2025

3rd Editon

백점으로 통하는 **기출문제집**

통합기출

백광훈
형사소송법

백광훈 편저

KB198125

백점으로 통하는 **기출문제집**

메가 **@** 공무원 ✕ **⊙** 경단기

박영사

2025년 시험 대비 백광훈 통합 기출문제집 형사소송법

2024년 대비 이전 판에 대한 독자 여러분들의 많은 호응에 힘입어 1년 만에 2025년 시험 대비 개정판을 출간하게 되었다.

본서의 특징을 요약하자면 아래와 같다.

첫째, 2024년에 시행된 주요 시험들에서 본서의 기존 내용과 되도록 겹치지 않는 문제들을 엄선하여 추가하였다. 개정판에 새로 추가된 시험들을 알기 쉽게 도표로 정리하면 아래와 같다.

국가공무원	• 2024 국가9급 형사소송법 | 2024 국가9급 형사소송법개론 • 2024 국가7급 형사소송법 – QR
경찰공무원	• 2024 경찰채용 1차 형사법 | 2024 경찰채용 2차 형사법 • 2024 경찰채용(전의경) 형사소송법
경찰간부후보생	2024 경찰간부 형사법
경찰승진	2024 경찰승진 형사소송법
경찰대학 편입학	2024 경찰대학 편입학 형사법
법원공무원	2024 법원9급 형사소송법
소방간부후보생	2024 소방간부 형사소송법
군무원	2024 군무원9급 형사소송법
변호사	2024 변호사시험 형사법

둘째, 기출문제집을 학습하면서 기본서와의 연계학습이 가능하도록 목차의 편제를 동일하게 구성하였음은 이전 판과 같다. 개정판의 각 편별 문항수와 총문항수를 간단히 정리해 보면 아래와 같다.

제1편	서론	15+11=26(+3)
제2편	소송주체와 소송행위	111+25=136(+2)
제3편	수사와 공소	104+187+16+63=370(+11)
제4편	공판	166+218+44=428(+4)
제5편	상소·비상구제절차·특별절차	92+21+7+38=158(-6)
제6편	종합문제	57(-4)

※ 괄호 안은 개정판에서 증가되거나 감소된 문항수
※ 총 1,175문항: 대표유형 445여 문항 \| 유사유형 670여 문항 \| 종합문제 60여 문항

셋째, 형사소송법 제33조 제1항 제1호의 '구속'의 의미를 변경한 대법원 판례(대법원 2024.5.23, 2021도6357 전원합의체)를 비롯한 최신판례와 개정법령들을 반영하였다.

넷째, 그동안 발견된 오탈자를 바로잡았고, 이외에는 이전 판의 집필원칙을 그대로 따랐다.

끝으로 본서의 편집, 교정 및 제작에 헌신적인 노고를 해 주신 도서출판 박영사의 임직원들에게 깊은 감사를 드린다.

2024년 10월

백광훈

학습문의 | http://cafe.daum.net/jplpexam (백광훈형사법수험연구소)

▲ 2024 국가7급
형사소송법 기출해설

▲ 과년도 문제은행

개정과정에서 뺀 오래된 기출문제들을 한데 모아 편집하였으니 학습에 참고하시기 바랍니다.

2024년 시험 대비 백광훈 통합 기출문제집 형사소송법

지난 1년간 독자들의 많은 호응에 힘입어 올해도 본서의 개정판을 출간하게 되었다. 이번 2024년 시험 대비 개정판은 장기간의 대대적인 개정작업을 통하여 준비하였다.

본서의 특징은 아래와 같이 간추릴 수 있다.

첫째, 더욱 다양한 시험들에서 보다 신선한 문제유형들을 추가·수록하고자 하였다. 이 과정에서 책의 분량이 다소 증가할 수밖에 없었음을 밝혀둔다. 다만, 책의 기존 내용과 중복되지 않는 문제들을 위주로 엄선하여 추가함으로써 책의 분량이 불필요하게 증가되지 않도록 하였다. 개정판에 새로 추가된 시험들을 알기 쉽게 도표로 정리하면 아래와 같다.

국가공무원	• 2022·2023 국가7급 형사소송법 • 2023 국가9급 형사소송법 ǀ 2023 국가9급 형사소송법개론
경찰공무원	• 2022 경찰특공대 형사소송법 ǀ 2023 경찰경채 형사소송법 • 2023 경찰채용 1차 형사법 ǀ 2023 경찰채용 2차 형사법
경찰간부후보생	2023 경찰간부 형사법
경찰승진	2023 경찰승진 형사소송법
해양경찰공무원	2022·2023 해경채용 2차 형사법
해양경찰승진	2022 해경승진(경위) 형사소송법 ǀ 2023 해경승진(경장) 형사소송법
법원공무원	2023 법원9급 형사소송법
소방간부후보생	2023 소방간부 형사소송법
군무원	2021·2022·2023 군무원9급 형사소송법
변호사	2023 변호사시험 형사법

둘째, 기출문제집을 학습하면서 기본서와의 연계학습이 가능하도록 목차의 편제를 동일하게 구성하였음은 이전 판과 같다. 개정판의 각 편별 문항수와 총문항수를 간단히 정리해 보면 아래와 같다.

제1편	서론	13+10=23(+4)
제2편	소송주체와 소송행위	110+24=134(+20)
제3편	수사와 공소	99+178+15+67=359(+63)
제4편	공판	174+206+44=424(+46)
제5편	상소·비상구제절차·특별절차	99+21+7+37=164(+24)
제6편	종합문제	61(=)

※ 괄호 안은 개정판에서 추가된 문항수
※ 총 1,165문항: 대표유형 450여 문항 ǀ 유사유형 650여 문항 ǀ 종합문제 60여 문항

셋째, 필자의 기출문제집의 가장 뚜렷한 특징은 '설명하는 기출문제집'이라는 점이다. 즉 본서는 '자세한 해설'을 통하여 문제풀이의 올바른 해법을 전달함은 물론이고, 나아가 '조문·이론·판례·기출의 종합적인 학습'을 통하여 독자들의 고득점 획득을 가능케 한다는 것에 분명한 목표를 둔 책이다. 각 지문에 상응하는 법조문을 바로 읽을 수 있도록 배치하고, 각 지문의 논점과 풀이방법을 정확하고 소상하게 설명하는 이유도 바로 여기에 있다. 따라서 독자들은 문제를 맞히는 것에 목표를 두지 말고, 해설을 읽고 이해하며 정리하는 것에 목표를 두어야 할 것이다.

넷째, 헌법재판소의 위헌결정에 따라 개정된 2023년 「성폭력범죄의 처벌 등에 관한 특례법」, 2023년 11월 1일부터 시행되는 「검사와 사법경찰관의 상호협력과 일반적 수사준칙에 관한 규정」 등 최근의 개정법령 및 판례에 따라 기존의 해설과 정답에서 수정이 필요한 부분을 반영하였다.

다섯째, 그동안 발견된 오탈자를 바로잡았고, 이외에는 이전 판의 집필원칙을 그대로 따랐다.

아무쪼록 본 기출문제집이 묵묵히 정진하는 독자들의 고득점 합격에 이바지하길 바라는 마음뿐이다. 끝으로 필자의 까다로운 요청을 기꺼이 수용해 주시고, 늘 최고의 교재들을 제작해 주시는 도서출판 박영사의 임직원들에게 심심한 감사의 마음을 전한다.

2023년 10월

백광훈

학습문의 | http://cafe.daum.net/jplpexam (백광훈형사법수험연구소)

2023년 시험 대비 백광훈 통합 기출문제집 형사소송법

본서는 형사소송법의 전 범위 기출문제 학습을 위하여 만들어진 전략수험서로, 국가공무원부터 경찰공무원, 법원공무원 등의 채용시험과 경찰승진시험 및 변호사시험을 준비하는 독자들을 위한 기출문제집이다.

본래 이전까지 필자가 기출문제 총정리 강의교재로 삼고 있던 책은 '통합 대표유형 기출문제집'이었고, 이 책은 독자들의 과분한 사랑을 받아 매년 개정판을 출간할 수 있었다. 헌데 2022년 7월부터 필자가 경찰공무원시험을 준비하는 분들을 지도하게 됨에 따라, 그동안 교재로 삼았던 위 기출문제집에 경찰 관련 기출문제들을 더욱 보강하여 명실공히 전 직렬에게 도움이 될 『백광훈 통합 기출문제집 형사소송법』을 펴내게 되었다.

본서의 특징은 아래와 같이 간추릴 수 있다.

첫째, '최소한의 분량'에 최대한의 기출문제들을 대표유형과 유사유형으로 분류·수록하였다. 필자가 늘 신경 쓰는 부분은 분량이다. 즉, 시험에 나왔다고 하여 무조건 수록하는 것이 아니라, 기존 문제와 다른 학습할 필요가 있는 문제들만을 엄선하여 수록하고자 하였다. 이토록 본서의 분량에 신경 쓰는 이유는 독자들의 '회독 수 증가'를 위함이다. 결국 중압감이 밀려드는 시험장에서 제한된 시간 안에 본 실력을 제대로 발휘하려면 보다 확실한 직관적·기계적 해결능력이 요구된다는 점에서, 기출문제집이라는 교재는 무엇보다 독자들의 '고반복'이 가능하여야 하기 때문이다.

새롭게 펴낸 본서에 추가한 문제들은 다음과 같다.

2018년 경찰채용 1·2·3차, 2019년 경찰채용 1·2차, 2020년 경찰채용 2차(이상 과목명은 모두 형사소송법), 2022년 경찰간부 형사법, 경찰승진 형사소송법, 경찰채용 1·2차 형사법, 국가9급 형사소송법 및 형사소송법개론, 법원9급 형사소송법, 변호사시험(이상 직렬 및 시험명은 가나다순) 등이 그것이다.

그 결과 본서는 각 목차별 대표유형(410여 문항), 유사유형(530여 문항), 종합문제(60여 문항)가 수록된 총 1,000여 문항을 가지게 되었다.

둘째, 백광훈 형사소송법 기본서의 목차순서와 동기화한 문제구성으로써 독자들의 '쉬운 발췌독'을 돕고자 하였다. 기출문제들을 보다 보면 순서가 뒤죽박죽 나열되어 있어 기본서에서 해당 내용을 찾기 어려운 경우가 허다하다. 이에 본서는 기본서의 목차와 동일한 목차로 구성하고(제1편 서론: 19문항, 제2편 소송주체와 소송행위: 114문항, 제3편 수사와 공소: 296문항, 제4편 공판: 378문항, 제5편 상소·비상구제절차·특별절차: 140문항, 제6편 종합문제: 61문항), 그 목차의 내용흐름까지도 가능한 한 기본서와 상응하도록 배치함으로써 기본서와 쉽게 연결하여 학습할 수 있도록 하였다.

셋째, '자세한 문제해설'로 문제풀이의 올바른 해법을 전달하기 위하여 정성을 들였다. 기출문제는 정답만이 아닌 지문도 중요하다는 점에서 지문 하나하나를 '상세하되 알기 쉽게' 해설하는 데 초점을 두었고, 절차법의 특성상 각 지문마다 필요한 경우에 법조문을 읽을 수 있도록 하단에 별도로 배치하였으며, 각 지문의 논점과 풀이방법을 정확하게 설명함으로써 독자들의 문제풀이 능력을 급속히 향상시킬 수 있도록 노력하였다.

넷째, 난이도 표시에 의한 자기실력 확인의 기회를 제공하고자 하였다. 즉, 각 기출문제의 난이도를 꼼꼼하게 파악하여 표기함으로써 독자들로 하여금 자기의 실력을 확인하고, 보다 현장감 있는 기출문제 학습이 가능하도록 한 것이다.

다섯째, 최근까지의 개정법령 및 판례의 변경에 따라 기존 해설과 정답에 수정이 필요한 부분을 반영하였고, 그동안 발견된 오탈자 또한 바로잡았다. 이외에는 이전 책의 집필원칙을 그대로 따랐다.

아무쪼록 새롭게 펴낸 본서,『백광훈 통합 기출문제집 형사소송법』이 열심히 정진하는 독자들의 성공에 작은 도움이라도 되길 바라는 마음뿐이다. 끝으로 늘 최고의 기술력으로 필자의 책들을 제작해 주시는 도서출판 박영사의 임직원들에게 깊은 감사의 마음을 전한다.

2022년 10월
백광훈

학습문의 | http://cafe.daum.net/jplpexam (백광훈형사법수험연구소)

구성과 특징

---

1 재판의 기본개념

001 ✓ 유사 ◆◆◇ 　　　　　　　법원9급 2021

재판서에 관한 다음 설명 중 옳지 않은 것은 모두 몇 개인가? (다툼이 있는 경우 판례에 의함)

가. 판결서에는 기소한 검사의 관직, 성명과 변호인의 성명을 기재하여야 하나, 공판에 관여한 검사의 관직과 성명은 기재할 필요가 없다.

나. 형사소송법 제38조의 규정에 의하면 재판은 법관이 작성한 재판서에 의하여야 하고, 같은 법 제41조의 규정에 의하면 재판서에는 재판한 법관의 서명날인을 하여야 하나, 재판장이 서명날인할 수 없는 때에는 다른 법관이 서명날인하되 아니라도 형사소송법 제383조 제1호 소정의 판결에 영향을 미친 법률 위반에 해당하지 않는다.

다. 재판의 선고 또는 고지는 주심 판사가 하고, 판결을 선고함에는 이유의 요지를 설명하고 주문을 낭독하여야 한다.

라. 재판은 법관이 작성한 재판서에 의하여야 하나, 결정 또는 명령을 고지하는 경우에는 재판서를 작성하

---

2 종국재판

I 유죄의 판결

002 ✓ 대표 ◆◆◇ 　　　　　　　법원9급 2018

유죄판결에 명시될 이유에 관한 다음 설명 중 가장 옳은 것은? (다툼이 있는 경우 판례에 의하고, 전원합의체 판결의 경우 다수의견에 의함)

① 유죄판결을 선고하면서 판결이유에 범죄사실, 증거의 요지, 법령의 적용 중 어느 하나를 전부 누락한 경우에는 판결에 영향을 미친 법률 위반으로 파기사유가 된다.

② 유죄판결 이유에서 그에 대한 판단을 명시하여야 할 '형의 감면의 이유되는 사실'에는 형의 필요적 감면사유뿐만 아니라 임의적 감면사유도 이에 포함한다.

③ 피고인이 자수감경에 관한 주장을 하였음에도 판결 이유에서 이에 대하여 판단하지 아니한 것은 위법하다.

④ 판결에 범죄사실에 대한 증거를 설시함에 있어 어느 증거의 어느 부분에 의하여 어느 범죄사실을 인정한다고 구체적으로 설시하지 아니하였다 하더라도 그 죄시한 증거들에 의하여 범죄사실을 인정할 수 있으며 이

---

1 기출문제의 유형 분류(대표유형 · 유사유형)

경찰 · 국가 · 법원직 및 변호사시험과 더불어 주요 시험의 기출문제들을 유형별로 분류하여 효율적인 학습이 가능하도록 하였습니다. 1회독 시 대표유형 풀이, 2회독 시 유사유형 풀이, 3회독 시 모든 유형 풀이를 단계적으로 진행하기를 추천드립니다.

---

018 ✓ 유사 ◆◇◇ 　　　　　　　법원9급 2024

관할에 관한 다음 설명 중 가장 옳지 않은 것은?

① 단독판사의 관할사건이 공소장변경에 의하여 합의부 관할사건으로 변경된 경우에는 단독판사는 관할위반의 판결을 선고하여 사건을 관할권이 있는 합의부에 이송해야 한다.

② 같은 사건이 사물관할을 같이 하는 여러 개의 법원에 계속된 경우에 각 법원에 공통되는 바로 위의 상급법원은 검사나 피고인의 신청에 의하여 결정으로 뒤에 공소를 받은 법원으로 하여금 심판하게 할 수 있다.

③ 관할이전의 사유가 존재하는 경우 검사는 직근 상급법원에 관할의 이전을 신청할 의무가 있다.

④ 토지관할에 있어서 '현재지'는 공소제기 당시 피고인이 현재한 장소로서 임의에 의한 현재지뿐만 아니라 적법한 강제에 의한 현재지도 이에 해당한다.

---

2 각종 시험의 기출문제 수록(2024년 최신 기출문제 포함)

기존 검찰 · 교정 · 법원직 기출문제들과 함께 경찰간부 · 경채 · 승진 · 채용 · 특공대, 국가7급 · 9급, 군무원9급, 법원9급, 소방간부, 해경승진 · 채용 등의 기출문제들을 새로이 수록하였습니다. 형사소송법 기출문제집은 이 한 권으로 충분합니다!

CHAPTER 01 형사소송법의 기본개념

1 형사소송법의 의의와 성격

001 ✓ 대표 ◆◆◇ 　　　　　　　변호경 2024

형사소송법에 관한 설명으로 가장 적절하지 않은 것은?

① 형사소송법은 절차법이지만 실체법인 형법과 함께 사법법(司法法)이라는 점에서 그 성격을 같이 한다.

② 형사소송법은 「형사소송법」이라는 명칭을 가진 형식적 의미의 형사소송법과 「국민의 형사재판 참여에 관한 법률」 등과 같이 그 실질적 내용이 형사재판 규정하는 실질적 의미의 형사소송법으로 나눌 수 있다.

③ 실체진실주의란 소송의 실체에 관하여 객관적 진실을 발견하여 사안의 진상을 명백히 하자는 형사절차의 지도이념으로 공정한 재판의 원칙, 비례의 원칙을 그 내용으로 한다.

④ 「형사소송법」에 의하면 검사와 사법경찰관은 수사, 공소제기 및 공소유지에 관하여 서로 협력하여야 한다.

---

2 형사소송법의 법원과 적용범위

I 법원

002 ✓ 대표 ◆◆◇ 　　　　　　국가9급/채용 2021

대한민국에서 형사절차에 관하여 명시적으로 규정하고 있는 것만을 모두 고르면?

ㄱ. 누구든지 체포 또는 구속을 당한 때에는 적부의 심사를 법원에 청구할 권리를 가진다.

ㄴ. 적법한 절차에 따르지 아니하고 수집한 증거는 증거로 할 수 없다.

ㄷ. 형사피의자 또는 형사피고인으로서 구금되었던 자가 법률이 정하는 불기소처분을 받거나 무죄판결을 받은 때에는 법률이 정하는 바에 의하여 국가에 정당한 보상을 청구할 수 있다.

ㄹ. 피고인의 자백이 고문 · 폭행 · 협박 · 구속의 부당한 장기화 또는 기망 기타의 방법에 의하여 자의로 진

---

3 백광훈 형사소송법 기본서의 목차순서와 동기화한 문제구성

기본서의 목차순서와 동기화한 문제구성으로써 독자들의 쉬운 발췌독을 돕고자 하였습니다. 기본서 학습과 기출문제 풀이를 병행할 수 있도록 구성하여 학습효과를 극대화하였습니다.

해설

④ (×) 통설과 달리 판례는 인과관계 필요설의 입장이다. "임의성이 없다고 의심할 만한 이유가 있는 때에 해당함에도 불구하고 임의성이 없다고 의심하게 된 사유들과 피고인들의 자백과의 사이에는 인과관계가 존재하지 않는 것이 명백하여 그 자백의 임의성이 있음이 인정된다고 할 것이다(대법원 1984.11.27, 84도2252)."

① (○) 대법원 2011.2.24, 2010도14720

② (○) 이러한 진술조서는 자백자 본인의 진술 자체를 기재한 것은 아니므로 같은 법 제310조의 자백에는 포함되지 않는다 할 것이지만, 피고인의 자백 내용을 하고 있는 이와 같은 진술기재 내용을 피고인의 자백의 보강증거로 삼는다면 결국 피고인의 자백을 피고인의 자백으로서 보강하는 결과가 되어 이러한 보강을 하는 바 없을 것이니 보강증거가 되지 못하고, 오히려 보강증거를 필요로 하는 피고인의 자백과 동일하게 보아야 할 성질의 것이라고 할 것이므로 피고인의 자백의 보강증거로 될 수 없다(대법원 2008.2.14, 2007도10937).

③ (○) 대법원 1983.9.13, 83도712

정답 ④

해설

③ (×) 상업장부나 항해일지, 진료일지 또는 이와 유사한 금전출납부 등과 같이 범죄사실의 인정 여부와는 관계없이 자기에게 맡겨진 사무를 처리한 사무 내역을 그때그때 계속적, 기계적으로 기재한 문서 등의 경우는 사무 처리 내역을 증명하기 위하여 존재하는 문서로서 그 존재 자체 및 기재가 그러한 내용의 사무가 처리되었음의 여부를 판단할 수 있는 별개의 독립된 증거자료이고, 설사 그 문서가 우연히 피고인이 작성하였고 그 문서의 내용 중 피고인의 범죄사실의 존재를 추론할 수 있는, 즉 공소사실에 일부 부합되는 사실의 기재가 있다고 하더라도, 이를 일컬어 피고인이 범죄사실을 자백하는 문서라고 볼 수는 없다(대법원 1996.10.17, 94도2865 전원합의체).

① (○) 피고인이 경찰에서 가혹행위 등으로 인하여 임의성 없는 자백을 하고 그 후 검찰이나 법정에서도 임의성 없는 심리상태가 계속되어 동일한 내용의 자백을 하였다면 각 자백도 임의성 없는 자백이라고 보아야 한다(대법원 2014.12.11, 2012도15405 등).

② (○) 임의성에 다툼이 있을 때에는 그 임의성을 의심할 만한 합리적이고 구체적인 사실이 피고인이 증명할 것이 아니고 검사가 그 임의성의 의문점을 없애는 증명을 하여야 하며, 검사가 그 임의성의 의문점을 없애는 증명을 하지 못한 경우에는 그 진술증거는 증거능력이 부정된다(대법원 2006.1.26, 2004도517 등).

④ (○) 자백에 대한 보강증거는 범죄사실의 전부 또는 그 중요 부분을 인정할 수 있는 정도가 되지 아니하도, 피고인의 자백이 가공적인 것이 아닌 진실한 것임을 인정할 수 있는 정도만 되면 충분하고, 또한 직접증거가 아닌 간접증거나 정황증거도 보강증거가 될

---

4 정확하고 풍부한 해설

자세한 해설을 통한 문제풀이의 올바른 해법 전달에 정성을 들였습니다. 각 지문을 '상세하되 알기 쉽게' 해설하는 데 초점을 두었고, 각 지문의 논점과 풀이방법을 정확하게 설명함으로써 문제풀이 능력을 급속히 향상시킬 수 있도록 노력하였습니다.

---

038 ☑ 유사 ◆◆◇ ┃ 국가9급채용 2019

자백의 증거능력에 대한 설명으로 옳은 것은? (다툼이 있는 경우 판례에 의함)

① 자백하면 가벼운 형으로 처벌되도록 하겠다고 약속하거나 또는 일정한 증거가 발견되면 자백하겠다는 약속하에 이루어진 자백이라고 하여 곧 임의성이 부정되는 것은 아니다.

② 수사기관이 피의자를 신문함에 있어서 피의자에게 미리 진술거부권을 고지하지 않은 경우라 하더라도 진술의 임의성이 있으면 증거능력이 인정된다.

③ 피고인이 경찰수사 단계에서 고문 등 가혹행위로 인하여 임의성 없는 자백을 하고, 그 후에도 임의성 없는 심리상태가 검사 조사단계에도 계속된 경우에는 검사 앞에서의 자백도 임의성이 부정된다.

④ 공범인 공동피고인의 법정 자백은 피고인들 간에 이해관계가 상반되지 않는 경우에만 다른 공동피고인에 대하여 독립한 증거능력이 있다.

해설

③ (○) 피고인이 검사 이전의 수사기관에서 고문 등 가혹행위로 인

---

4 위법수집증거배제법칙

Ⅰ 의의

039 ☑ 대표 ◆◆◇ ┃ 국가7급 2017

위법수집증거배제법칙에 대한 설명으로 옳은 것만을 모두 고른 것은? (다툼이 있는 경우 판례에 의함)

ㄱ. 수사기관이 압수·수색영장에 기하여 피의자의 주거지에서 증거물 A를 압수하고, 며칠 후 영장 유효기간이 도래하기 전에 위 영장으로 다시 같은 장소에서 증거물 B를 압수한 경우, 증거물 B는 위법수집증거이다.

ㄴ. 수사기관이 영장을 발부받지 아니한 채 교통사고로 의식불명인 피의자의 동의 없이 그의 아버지의 동의를 받아 피의자의 혈액을 채취하고 사후에도 지체없이 영장을 발부받지 않았다면 그 혈액에 대한 통중알코올농도에 관한 감정의회회보는 위법수집증거이다.

ㄷ. 甲이 휴대전화기로 乙과 통화한 후 예우차원에서 바로 전화를 끊지 않고 기다리던 중 그 휴대전화기로

---

5 기출문제의 난이도 표시

난이도 표시에 의한 자기실력 확인의 기회를 제공하고자 하였습니다. 각 기출문제의 난이도를 꼼꼼하게 파악하여 표기함으로써 독자들로 하여금 자기의 실력을 확인하고, 보다 효과적인 기출문제 학습이 가능하도록 하였습니다.

해설

② (×) 형사소송법 제33조 제1항 제1호의 필요국선사유인 '피고인이 구속된 때'라 함은 피고인이 해당 형사사건에서 구속되어 재판을 받고 있는 경우에 한정되지 않고, 피고인이 별건으로 구속영장이 발부되어 집행되거나 다른 형사사건에서 유죄판결이 확정되어 그 판결의 집행으로 구금 상태에 있는 경우도 포괄한다(대법원 2024.5.23, 2021도6357 전원합의체).

④ (×) 피고인의 청구를 요건으로 하는 경우이다. 제33조 제2항 참조.

> **제33조(국선변호인)** ② 법원은 피고인이 빈곤이나 그 밖의 사유로 변호인을 선임할 수 없는 경우에 피고인이 청구하면 변호인을 선정하여야 한다.

---

6 최신 개정법령 및 판례 반영

최신 개정법령 및 판례를 반영하였습니다. 기존 기출문제의 해설에 개정법령과 판례변경의 내용을 반영하여 수정함으로써 내용적 정확성을 담보하였습니다.

PART 01 서론

CHAPTER 01 형사소송법의 기본개념

구 분	경찰							국가7급							국가9급							국가9급개론							법원9급							변호사						
	18	19	20	21	22	23	24	18	19	20	21	22	23	24	18	19	20	21	22	23	24	18	19	20	21	22	23	24	18	19	20	21	22	23	24	18	19	20	21	22	23	24
제1절 형사소송법의 의의와 성격		1	1									1							1	1						1	1	1														
제2절 형사소송법의 법원과 적용범위	1	1	1										1					1								1																
제3절 형사소송법의 역사																																										
출제율	5/400(1.3%)							2/160(1.3%)							3/140(2.1%)							4/140(2.9%)							0/175(0.0%)							0/132(0.0%)						

CHAPTER 02 형사소송법의 이념과 구조

구 분	경찰							국가7급							국가9급							국가9급개론							법원9급							변호사						
	18	19	20	21	22	23	24	18	19	20	21	22	23	24	18	19	20	21	22	23	24	18	19	20	21	22	23	24	18	19	20	21	22	23	24	18	19	20	21	22	23	24
제1절 형사소송법의 지도이념	1		1		1																																					
제2절 형사소송의 기본구조										1	1						1							1																		
출제율	3/400(0.8%)							2/160(1.3%)							1/140(0.7%)							1/140(0.7%)							0/175(0.0%)							0/132(0.0%)						

PART 02 소송주체와 소송행위

CHAPTER 01 소송의 주체

구 분	경찰							국가7급							국가9급							국가9급개론							법원9급							변호사						
	18	19	20	21	22	23	24	18	19	20	21	22	23	24	18	19	20	21	22	23	24	18	19	20	21	22	23	24	18	19	20	21	22	23	24	18	19	20	21	22	23	24
제1절 소송주체의 의의																																										
제2절 법원	1	1	1							1	1		1	1	1	1	1			1	1	1	2	1			1	1	1	2		1	1	2	1						1	1
제3절 검사		1																	1	1						1																
제4절 피고인	2	1		1					1		2	1		1	1				1		1	1	2			1	1		1	1				1	1					1	1	
제5절 변호인	1	1	2	2	1				2	1		2	1		1	2	1	1			2	1	1	1	1		1		1	1	1		1				1		1			1
출제율	15/400(3.8%)							15/160(9.4%)							17/140(12.1%)							17/140(12.1%)							16/175(9.1%)							5/132(3.8%)						

CHAPTER 02 소송행위

구 분	경찰 18	19	20	21	22	23	24	국가7급 18	19	20	21	22	23	24	국가9급 18	19	20	21	22	23	24	국가9급개론 18	19	20	21	22	23	24	법원9급 18	19	20	21	22	23	24	변호사 18	19	20	21	22	23	24
제1절 소송행위의 의의와 종류												1	1							1																				1	1	
제2절 소송행위의 일반적 요소			1									1	1					1								1			1	1	1	1										
제3절 소송행위의 가치판단										1							1																1									
제4절 소송조건																																					1					
출제율	1/400(0.3%)							5/160(3.1%)							3/140(2.1%)							1/140(0.7%)							7/175(4.0%)							1/132(0.8%)						

PART 03 수사와 공소

CHAPTER 01 수사

구 분	경찰 18	19	20	21	22	23	24	국가7급 18	19	20	21	22	23	24	국가9급 18	19	20	21	22	23	24	국가9급개론 18	19	20	21	22	23	24	법원9급 18	19	20	21	22	23	24	변호사 18	19	20	21	22	23	24
제1절 수사의 의의와 구조		1	1		1		2	1			1	1			1									1																		
제2절 수사의 개시	2	1	3	4	3	2	1	1		1	1	1	1	1		2		1		1	1	1	2	1	1	1	1	1	1	1	1	1	1	1	1			2	1	1		
제3절 임의수사	1	1	2	3	1		2						1							1		1	1					1						2								1
출제율	31/400(7.8%)							10/160(6.3%)							5/140(3.6%)							12/140(8.6%)							9/175(5.1%)							6/132(4.5%)						

CHAPTER 02 강제처분과 강제수사

구 분	경찰 18	19	20	21	22	23	24	국가7급 18	19	20	21	22	23	24	국가9급 18	19	20	21	22	23	24	국가9급개론 18	19	20	21	22	23	24	법원9급 18	19	20	21	22	23	24	변호사 18	19	20	21	22	23	24
제1절 체포와 구속	5	3	5	3	6	6	2	2	2	1	2	2	1	1	1	2	1	1		2	1	2	1	1	2		1	1	2	4	1	1	2	3	2	2	2	2	1		1	
제2절 압수·수색·검증·감정	7	7	3	3	3	3	3		1	2	1	1	1		1	3	4		2	1		1	1	4	1	3		1			1	1	1	2		1	1	1	1		3	1
제3절 수사상의 증거보전				1	1	1																																				
출제율	62/400(15.5%)							17/160(10.6%)							18/140(12.9%)							19/140(13.6%)							21/1715(12.0%)							18/132(13.6%)						

최근 7개년 출제경향 분석

CHAPTER 03 수사의 종결

구 분	경찰							국가7급							국가9급							국가9급개론							법원9급							변호사						
	18	19	20	21	22	23	24	18	19	20	21	22	23	24	18	19	20	21	22	23	24	18	19	20	21	22	23	24	18	19	20	21	22	23	24	18	19	20	21	22	23	24
제1절 사법경찰관과 검사의 수사종결	1			2	2		1																									1	1		1							
제2절 공소제기 후의 수사				1	1		1						1							1	1					1	1														1	1
출제율	9/400(2.25%)							1/160(0.6%)							2/140(1.4%)							2/140(1.4%)							3/175(1.7%)							2/132(1.5%)						

CHAPTER 04 공소의 제기

구 분	경찰							국가7급							국가9급							국가9급개론							법원9급							변호사						
	18	19	20	21	22	23	24	18	19	20	21	22	23	24	18	19	20	21	22	23	24	18	19	20	21	22	23	24	18	19	20	21	22	23	24	18	19	20	21	22	23	24
제1절 공소와 공소권이론																								1																		
제2절 공소제기의 기본원칙	1	1								1				1																1	1		1									
제3절 공소제기의 방식	1		1					1	1		1	1	1		2	1	1			1	2	1	1	1		1	1	1	1	2			2		2	1				2		
제4절 공소제기의 효과										1			1					1																								1
제5절 공소시효	2	2	1	1	1			1	1		1	1	1	1	1		1			1						1			1	1	1		1						1	1	1	1
출제율	11/400(2.8%)							15/160(9.4%)							11/140(7.9%)							8/140(5.7%)							14/175(8.0%)							8/132(6.1%)						

PART 04 공판

CHAPTER 01 공판절차

구분	경찰							국가7급							국가9급							국가9급개론							법원9급							변호사						
	18	19	20	21	22	23	24	18	19	20	21	22	23	24	18	19	20	21	22	23	24	18	19	20	21	22	23	24	18	19	20	21	22	23	24	18	19	20	21	22	23	24
제1절 공판절차의 기본원칙	1							1							1																1									1		1
제2절 공판심리의 범위		3	1	2				1	1		1				1	1		1								1				1		2				1	1					
제3절 공판준비절차		1							1		1			1	1	1	1			1			2	1										1								
제4절 증거개시				1	1					1		1			2	1						1	1			1			1	1	1											
제5절 공판정의 심리										1		1	2	1	1					1				1			1	1	1	2		1									
제6절 공판기일의 절차		1						1	1		1	1	1		2		1	2	1	1					1	1	1		1	1	2	1	1		1	1						
제7절 증인신문·감정과 검증	4		1	2	2			1		1	1		1	1					1	1	1	1		1			1	1	2		2	1	2	1				1	1	1	1	2
제8절 공판절차의 특칙	2	2		1	1			1	1	1	1		1	1	1			1		2		1	1	1	1	1		1	1	1		1	1					1				
출제율	26/400(6.5%)							29/160(18.1%)							28/140(20.0%)							24/140(17.1%)							30/175(17.1%)							12/132(9.1%)						

CHAPTER 02 증거

구분	경찰							국가7급							국가9급							국가9급개론							법원9급							변호사						
	18	19	20	21	22	23	24	18	19	20	21	22	23	24	18	19	20	21	22	23	24	18	19	20	21	22	23	24	18	19	20	21	22	23	24	18	19	20	21	22	23	24
제1절 증거법 일반				1				1							1		1					2	1		1	1										1						1
제2절 증명의 기본원칙	1	1	2	1	1	3	2	1	1		1	1	1	1	1	1				1				1					1		1			1							1	
제3절 자백배제법칙	1		1		2									1													1															
제4절 위법수집증거배제법칙	2		2	1	1	2	2			1	1	1	1	1	1			1	1		1			1	1	1	1			2	1	1	1			1	1	1		3	2	1
제5절 전문법칙	9	2	3	2	4	4	5		1	2		2		2	1		1	1	1	1	1	1	2	2	1	2	1	2	1	1		1	1	1		1	3	2	3	3	1	1
제6절 당사자의 동의와 증거능력	1	1	1	1	1	1	1	1	1		1						1			2							1		1	1	1			1	1	1		1			2	1
제7절 탄핵증거	1		1	1			1			1			1	1	1									1			1						1					1				
제8절 자백의 보강법칙	1		1		2		1	1	1	1								1		1		1	1						1		1	1	1			1		1	1	1	1	
제9절 공판조서의 배타적 증명력																																		1								
출제율	70/400(17.5%)							28/160(17.5%)							21/140(15.0%)							28/140(20.0%)							26/175(14.9%)							37/132(28.0%)						

최근 7개년 출제경향 분석

CHAPTER 03 재판

구분	경찰 18	19	20	21	22	23	24	국가7급 18	19	20	21	22	23	24	국가9급 18	19	20	21	22	23	24	국가9급개론 18	19	20	21	22	23	24	법원9급 18	19	20	21	22	23	24	변호사 18	19	20	21	22	23	24
제1절 재판의 기본개념											1																					1										
제2절 종국재판		2		1						1	1	1	1		1	2	2			3	1		1	1			1	1	3		1	1	1		1		1	1	2			1
제3절 재판의 확정과 효력	1			1									1							2		1					2					1	1				1			1	
제4절 소송비용 및 기타절차																															1										
출제율	5/400(1.3%)							6/160(3.8%)							11/140(7.9%)							7/140(5.0%)							11/175(6.3%)							7/132(5.3%)						

PART 05 상소 · 비상구제절차 · 특별절차

CHAPTER 01 상소

구분	경찰 18	19	20	21	22	23	24	국가7급 18	19	20	21	22	23	24	국가9급 18	19	20	21	22	23	24	국가9급개론 18	19	20	21	22	23	24	법원9급 18	19	20	21	22	23	24	변호사 18	19	20	21	22	23	24
제1절 상소	3	2	1	2	1			3		2	2	1	2	1	2	2	1	1			2	1	1	1	2		1		1	2	2	2	2	2	1	1	1				1	1
제2절 항소	1			1	1									1					1									1		1	1		2	2	1	1						
제3절 상고					.				1																				1	1		1										1
제4절 항고	1		1					1	1		1		1			1	1								1	1					1			1								1
출제율	14/400(3.5%)							17/160(10.6%)							11/140(7.9%)							9/140(6.4%)							24/175(13.7%)							7/132(5.3%)						

CHAPTER 02 비상구제절차

구분	경찰 18	19	20	21	22	23	24	국가7급 18	19	20	21	22	23	24	국가9급 18	19	20	21	22	23	24	국가9급개론 18	19	20	21	22	23	24	법원9급 18	19	20	21	22	23	24	변호사 18	19	20	21	22	23	24
제1절 재심	1	1		1				1		1	1	1						1		1	1			1		1	1		1	1	1	1	1			1	1	1	1	1		
제2절 비상상고																	1					1												1								
출제율	3/400(0.8%)							4/160(2.5%)							4/140(2.9%)							4/140(2.9%)							6/175(3.4%)							5/132(3.8%)						

CHAPTER 03 재판의 집행과 형사보상

구 분	경찰							국가7급							국가9급							국가9급개론							법원9급							변호사						
	18	19	20	21	22	23	24	18	19	20	21	22	23	24	18	19	20	21	22	23	24	18	19	20	21	22	23	24	18	19	20	21	22	23	24	18	19	20	21	22	23	24
제1절 재판의 집행												1																			1							1				
제2절 형사보상																		1							1																	
출제율	0/4600(0.0%)							1/160(0.6%)							1/140(0.7%)							1/140(0.7%)							1/175(0.6%)							1/132(0.8%)						

CHAPTER 04 특별절차

구 분	경찰							국가7급							국가9급							국가9급개론							법원9급							변호사						
	18	19	20	21	22	23	24	18	19	20	21	22	23	24	18	19	20	21	22	23	24	18	19	20	21	22	23	24	18	19	20	21	22	23	24	18	19	20	21	22	23	24
제1절 약식절차	1	1	1	1							1	1																					1	1								2
제2절 즉결심판절차	1			1	1						1		1					1							1						1											
제3절 소년형사절차		1																																								
제4절 배상명령절차와 범죄피해자 구조제도		1																													1	1										
출제율	9/400(2.3%)							4/160(2.5%)							1/140(0.7%)							1/140(0.7%)							5/175(2.9%)							2/132(1.5%)						

PART 06 종합문제

구 분	경찰							국가7급							국가9급							국가9급개론							법원9급							변호사						
	18	19	20	21	22	23	24	18	19	20	21	22	23	24	18	19	20	21	22	23	24	18	19	20	21	22	23	24	18	19	20	21	22	23	24	18	19	20	21	22	23	24
종합문제	2	1		1				2	1								1	1	1					1	1						2					9		2	5			2
출제율	4/400(1.0%)							3/160(1.9%)							3/140(2.1%)							2/140(1.4%)							2/175(1.1%)							18/132(13.6%)						

CONTENTS
차례

백광훈

통합 기출문제집

[형사소송법]

1 형사소송법의 의의와 성격

001 ✓대표 ◆◇◇ 전의경 2024

형사소송법에 관한 설명으로 가장 적절하지 않은 것은?

① 형사소송법은 절차법이지만 실체법인 형법과 함께 사법법(司法法)이라는 점에서 그 성격을 같이 한다.

② 형사소송법은 「형사소송법」이라는 명칭을 가진 형식적 의미의 형사소송법과 「국민의 형사재판 참여에 관한 법률」 등과 같이 그 실질적 내용이 형사절차를 규정하는 실질적 의미의 형사소송법으로 나눌 수 있다.

③ 실체진실주의란 소송의 실체에 관하여 객관적 진실을 발견하여 사안의 진상을 명백히 하자는 형사절차의 지도이념으로 공정한 재판의 원칙, 비례성의 원칙을 그 내용으로 한다.

④ 「형사소송법」에 의하면 검사와 사법경찰관은 수사, 공소제기 및 공소유지에 관하여 서로 협력하여야 한다.

해설

③ (✕) 실체적 진실주의란 법원이 당사자의 사실상의 주장이나 사실의 인부, 제출한 증거 등에 구속되지 아니하고 객관적 진실을 발견하여 사안의 진상을 명백히 밝혀야 한다는 원칙이다. 한편 공정한 재판의 원칙, 비례성의 원칙 및 피고인 보호의 원칙은 적정절차의 원칙에 관한 내용이다.

① (○) 사법(司法)이라 함은 정의를 실현하는 것, 즉 유죄자 처벌, 무죄자 불벌이라는 형벌권을 실현하는 것을 말한다. 형법과 형사소송법은 모두 사법법(司法法)인데, 형법은 윤리적인 성격이 강하므로 사법법의 성격이 엄격하게 유지되지만, 형사소송법은 기술적인 성격이 강하므로 수사절차·형집행절차에 있어서는 합목적성이 강조되기도 한다.

② (○) 그 명칭이 '형사소송법'인 법률이 형식적 의미의 형사소송법이며, 명칭 여하를 불문하고 그 내용(실질)이 형사절차를 규정하고 있는 법률이 실질적 의미의 형사소송법이다.

④ (○) 제195조 제1항 참조.

> **제195조(검사와 사법경찰관의 관계 등)** ① 검사와 사법경찰관은 수사, 공소제기 및 공소유지에 관하여 서로 협력하여야 한다.

정답 ③

2 형사소송법의 법원과 적용범위

Ⅰ 법원

002 ✓대표 ◆◇◇ 국가9급/개론 2021

대한민국헌법에서 형사절차와 관련하여 명시적으로 규정하고 있는 것만을 모두 고르면?

> ㄱ. 누구든지 체포 또는 구속을 당한 때에는 적부의 심사를 법원에 청구할 권리를 가진다.
> ㄴ. 적법한 절차에 따르지 아니하고 수집한 증거는 증거로 할 수 없다.
> ㄷ. 형사피의자 또는 형사피고인으로서 구금되었던 자가 법률이 정하는 불기소처분을 받거나 무죄판결을 받은 때에는 법률이 정하는 바에 의하여 국가에 정당한 보상을 청구할 수 있다.
> ㄹ. 피고인의 자백이 고문·폭행·협박·구속의 부당한 장기화 또는 기망 기타의 방법에 의하여 자의로 진술된 것이 아니라고 인정될 때 또는 정식재판에 있어서 피고인의 자백이 그에게 불리한 유일한 증거일 때에는 이를 유죄의 증거로 삼거나 이를 이유로 처벌할 수 없다.
> ㅁ. 영장에 의한 체포·긴급체포 또는 현행범인의 체포에 따라 체포된 피의자에 대하여 구속영장을 청구받은 판사는 지체 없이 피의자를 심문하여야 한다.

① ㄱ, ㄷ
② ㄱ, ㄷ, ㄹ
③ ㄴ, ㄷ, ㄹ
④ ㄴ, ㄹ, ㅁ

해설

ㄱ. (○) 헌법 제12조 제6항
ㄷ. (○) 헌법 제28조
ㄹ. (○) 헌법 제12조 제7항
ㄴ. (✕), ㅁ. (✕) 위법수집증거배제법칙과 영장실질심사제도는 형사소송법의 규정 내용이며, 헌법에서 규정하고 있는 내용이 아니다.

정답 ②

003 ✓ 유사 ◆◇◇

헌법에 명시된 형사절차에 관한 규정은?

① 위법수집증거배제법칙　② 자백보강법칙
③ 전문법칙　　　　　　　④ 법정증거주의

해설

② (○) 헌법 제12조 제7항
④ (×) 법정증거주의는 자유심증주의의 반대개념으로서, 이는 증거의 증명력을 미리 법률에 정해놓는 주의를 말하고, 우리 형사소송법에서는 취하지 않는 원칙이다(법정증거주의 자체가 없음).

정답 ②

004 ✓ 유사 ◆◇◇

다음 〈보기〉 중 「헌법」상 형사절차와 관련하여 명시적으로 규정하고 있는 것을 모두 고른 것은?

| 보기 |

○ 누구든지 체포 또는 구속을 당한 때에는 적부의 심사를 법원에 청구할 권리를 가진다.
○ 적법한 절차에 따르지 아니하고 수집한 증거는 증거로 할 수 없다.
○ 형사피의자 또는 형사피고인으로서 구금되었던 자가 법률이 정하는 불기소처분을 받거나 무죄판결을 받은 때에는 법률이 정하는 바에 의하여 국가에 정당한 보상을 청구할 수 있다.
○ 영장에 의한 체포·긴급체포 또는 현행범인의 체포에 따라 체포된 피의자에 대하여 구속영장을 청구받은 판사는 지체 없이 피의자를 심문하여야 한다.

① ㉠, ㉡　　　　　　　② ㉠, ㉢
③ ㉡, ㉣　　　　　　　④ ㉢, ㉣

해설

㉠ (○) 헌법 제12조 제6항 참조.

> **헌법 제12조** ⑥ 누구든지 체포 또는 구속을 당한 때에는 적부의 심사를 법원에 청구할 권리를 가진다.

㉡ (×), ㉣ (×) 위법수집증거배제법칙과 영장실질심사제도는 형사소송법의 규정내용이지, 헌법의 규정내용은 아니다.
㉢ (○) 헌법 제28조 참조.

> **헌법 제28조** 형사피의자 또는 형사피고인으로서 구금되었던 자가 법률이 정하는 불기소처분을 받거나 무죄판결을 받은 때에는 법률이 정하는 바에 의하여 국가에 정당한 보상을 청구할 수 있다.

정답 ②

005 ✓ 유사 ◆◇◇

다음 중 헌법에 명시적으로 규정되어 있지 않은 것은?

① 적법한 절차에 따르지 아니하고 수집한 증거는 증거로 할 수 없다.
② 모든 국민은 고문을 받지 아니하며, 형사상 자기에게 불리한 진술을 강요당하지 아니한다.
③ 피고인의 자백이 고문·폭행·협박·구속의 부당한 장기화 또는 기망 기타의 방법에 의하여 자의로 진술된 것이 아니라고 인정될 때 또는 정식재판에 있어서 피고인의 자백이 그에게 불리한 유일한 증거일 때에는 이를 유죄의 증거로 삼거나 이를 이유로 처벌할 수 없다.
④ 형사피해자는 법률이 정하는 바에 의하여 당해 사건의 재판절차에서 진술할 수 있다.

해설

① (×) 위법수집증거배제법칙은 헌법에 규정되어 있지 않고 형사소송법 제308조의2에 규정되어 있다.
② (○) 헌법 제12조 제2항
③ (○) 헌법 제12조 제7항
④ (○) 헌법 제27조 제5항

정답 ①

006 ✓ 유사 ◆◇◇ 경찰2차 2016 | 국가9급 2022 유사

「헌법」 제12조에서 형사절차와 관련하여 명시적으로 규정한 것으로 옳은 것은 모두 몇 개인가?

> ㉠ 모든 국민은 고문을 받지 아니하며, 형사상 자기에게 불리한 진술을 강요당하지 아니한다.
> ㉡ 체포·구속·압수 또는 수색을 할 때에는 적법한 절차에 따라 검사의 신청에 의하여 법관이 발부한 영장을 제시하여야 한다. 다만, 현행범인인 경우와 장기 3년 이상의 형에 해당하는 죄를 범하고 도피 또는 증거인멸의 염려가 있을 때에는 사후에 영장을 청구할 수 있다.
> ㉢ 누구든지 체포 또는 구속을 당한 때에는 즉시 변호인의 조력을 받을 권리를 가진다. 다만, 형사피고인이 스스로 변호인을 구할 수 없을 때에는 법률이 정하는 바에 의하여 국가가 변호인을 붙인다.
> ㉣ 누구든지 체포 또는 구속을 당한 때에는 적부의 심사를 법원에 청구할 권리를 가진다.
> ㉤ 피고인의 자백이 고문·폭행·협박·구속의 부당한 장기화 또는 기망 기타의 방법에 의하여 자의로 진술된 것이 아니라고 인정될 때 또는 정식재판에 있어서 피고인의 자백이 그에게 불리한 유일한 증거일 때에는 이를 유죄의 증거로 삼거나 이를 이유로 처벌할 수 없다.

① 1개　　　② 3개
③ 4개　　　④ 5개

해설
㉠ (○) 헌법 제12조 제2항, 참고로 진술거부권을 고지 받을 권리는 헌법에 규정되어 있지 않고 형사소송법에 규정되어 있다(피의자는 제244조의3, 피고인은 제283조의2).
㉡ (○) 헌법 제12조 제3항
㉢ (○) 헌법 제12조 제4항
㉣ (○) 헌법 제12조 제6항
㉤ (○) 헌법 제12조 제7항

정답 ④

007 ✓ 유사 ◆◇◇ 경찰1차 2018

「헌법」 제12조에서 형사절차와 관련하여 명시적으로 규정한 것을 모두 고른 것은?

> ㉠ 누구든지 체포 또는 구속을 당한 때에는 적부의 심사를 법원에 청구할 권리를 가진다.
> ㉡ 체포·구속·압수 또는 수색을 할 때에는 적법한 절차에 따라 검사의 신청에 의하여 법관이 발부한 영장을 제시하여야 한다. 다만, 현행범인인 경우와 장기 3년 이상의 형에 해당하는 죄를 범하고 도피 또는 증거인멸의 염려가 있을 때에는 사후에 영장을 청구할 수 있다.
> ㉢ 적법한 절차에 따르지 아니하고 수집한 증거는 증거로 할 수 없다.
> ㉣ 재판장은 검사의 의견을 들은 후 피고인과 변호인에게 최종의 의견을 진술할 기회를 주어야 한다.
> ㉤ 모든 국민은 고문을 받지 아니하며, 형사상 자기에게 불리한 진술을 강요당하지 아니한다.

① ㉠, ㉡, ㉣　　　② ㉠, ㉡, ㉤
③ ㉡, ㉣, ㉤　　　④ ㉢, ㉣, ㉤

해설
㉠ (○) 헌법 제12조 제6항
㉡ (○) 헌법 제12조 제3항
㉢ (×) 형사소송법 제308조의2
㉣ (×) 형사소송법 제303조
㉤ (○) 헌법 제12조 제2항

정답 ②

008 ✓ 유사 ◆◇◇ 경찰2차 2019 변형

「형사소송법」의 법원(法源)에 대한 설명으로 가장 적절한 것은? (다툼이 있는 경우 판례에 의함)

① 헌법은 최상위법으로 「형사소송법」의 법원이며, 검사의 영장청구권과 사법경찰관의 검사에 대한 영장신청권이 헌법에 명시적으로 규정되어 있다.
② 실질적 의미의 「형사소송법」이란 내용과 명칭이 모두 「형사소송법」인 법률을 말하며 형사절차의 가장 중요한 법원이 된다.
③ 대법원규칙은 헌법상 명시적 근거 없이 대법원이 법원의 내부 규율과 사무처리의 통일을 위해 제정한 준칙에 불과하므로 형사절차의 법원이 될 수 없다.
④ 재기수사의 명령이 있는 사건에 관하여 지방검찰청 검사가 다시 불기소처분을 하고자 하는 경우에는 미리 그 명령청의 장의 승인을 얻도록 한 「검찰사건사무규칙」의 규정은 법규적 효력을 가진 것이 아니다.

해설

④ (○) 법무부령은 형사소송법의 법원이 아니다. 헌법재판소 1991. 7.8, 91헌마42 참조.

① (×) 헌법은 최상위법으로 「형사소송법」의 법원이며, 검사의 영장신청권은 헌법 제12조 제3항에 명시적으로 규정되어 있지만, 사법경찰관의 검사에 대한 영장신청권은 헌법에 규정되어 있지 않고, 형사소송법에 규정되어 있다.

② (×) 실질적 의미의 「형사소송법」이란 명칭 여하를 불문하고 그 내용이 형사절차를 규정하는 법률을 총칭한다.

③ (×) 헌법 제108조에 의하여 대법원은 법률에 저촉되지 아니하는 범위 안에서 소송에 관한 절차, 법원의 내부규율과 사무처리에 관한 규칙을 제정할 수 있으므로, 형사소송규칙 등 대법원규칙은 형사소송법의 법원이 될 수 있다.

정답 ④

---

009 ✓ 유사 ◆◇◇　　　경찰승진 2023

형사소송법의 법원(法源)에 대한 설명으로 가장 적절하지 않은 것은? (다툼이 있는 경우 판례에 의함)

① 헌법은 피고인과 피의자의 기본적 인권의 보장을 위하여 형사절차에 관한 규정을 두고 있으며, 이러한 헌법의 규정은 형사소송법의 법원이 된다.

② 실질적 의미의 형사소송법이란 그 실질적 내용이 형사절차를 규정한 법률을 말하며, 「법원조직법」, 「소년법」, 「소송촉진 등에 관한 특례법」을 예로 들 수 있다.

③ 헌법 제108조에 의하여 대법원은 소송에 관한 절차, 법원의 내부규율과 사무처리에 관한 규칙을 제정할 수 있으며, 형사절차의 기본적 구조나 피고인을 비롯한 소송관계자의 이해에 관한 사항을 제한 없이 규칙으로 제정할 수 있다.

④ 「검찰사건사무규칙」 제149조의 재기수사의 명령 관련 규정은 검찰청 내부의 사무처리지침에 불과한 것일 뿐 법규적 효력을 가진 것은 아니다.

해설

③ (×) (출제의도를 고려하여 해설함) 헌법 제108조에 의하여 대법원은 '법률에 저촉되지 아니하는 범위' 안에서 소송에 관한 절차, 법원의 내부규율과 사무처리에 관한 규칙을 제정할 수 있다. 여기서 법률에 저촉되지 않는 범위에 관해서는, ㉠ 형사소송의 기본구조에 반하지 않는 이상 대법원규칙으로 제정할 수 있다는 견해(차/최), 형사소송법의 형성적 규칙으로 보아 형사소송규칙의 규율범위를 넓게 파악하는 견해(배/이/정/이) 등의 입장과 ㉡ 형사절차법정주의의 원칙상 대법원규칙은 형사절차의 기본적 구조나 피의자·피고인을 비롯한 소송관계인의 이해에 영향을 미치지 않는 소송절차에 관한 순수한 기술적 사항만 규율할 수 있다는 입장(多 : 신동운, 이/조, 정/백, 진계호 등)이 대립한다. 후자의 입장이 다수학설이므로 이에 따르면 위 지문은 틀린 것이다. [보충] 명시적인 판례는 없고 학설이 대립하는 문제이므로 엄밀히는 논쟁적인 지문에 해당한다.

① (○) 형사소송에 관한 헌법의 규정들은 단순한 지침을 넘어서 그 자체로서 형사절차를 지배하는 최고의 재판규범이라는 성격을

가지고, 이를 헌법적 형사소송법이라 한다.

② (○) 실질적 의의의 형사소송법은 광의의 형사소송법 개념으로, 그 명칭 여하를 불문하고 그 내용(실질)이 형사절차를 규정하고 있는 법률을 총칭한다. 「법원조직법」, 「소년법」, 「소송촉진 등에 관한 특례법」 등을 그 예로 들 수 있다.

④ (○) 재기수사의 명령이 있는 사건에 관하여 지방검찰청 검사가 다시 불기소처분을 하고자 하는 경우에는 미리 그 명령청의 장의 승인을 얻도록 한 검찰사건사무규칙의 규정은 검찰청 내부의 사무처리지침에 불과한 것일 뿐 법규적 효력을 가진 것이 아니다 (헌법재판소 1991.7.8, 91헌마42).

정답 ③

---

010 ✓ 유사 ◆◇◇　　　경찰승진 2024

형사소송법의 법원(法源), 이념 및 구조에 관한 설명으로 가장 적절하지 않은 것은? (다툼이 있는 경우 판례에 의함)

① 적법절차란 법률이 정한 절차 및 그 실체적 내용이 모두 적정하여야 함을 말하는 것으로서 적정하다는 것은 공정하고 합리적이며 상당성이 있어 정의관념에 합치됨을 뜻한다.

② 형사소송법의 법원(法源)이 되는 헌법은 수사절차에 대하여 강제수사법정주의를 명시하고 있지 않다.

③ 대법원은 법률에 저촉되지 아니하는 범위 안에서 소송에 관한 절차, 법원의 내부규율과 사무처리에 관한 규칙을 제정할 수 있으며, 이에 대법원규칙인 「형사소송규칙」은 형사소송법의 법원(法源)이 된다.

④ 검사, 피고인 또는 변호인의 증거신청 및 법원의 증거조사에 관한 규정(「형사소송법」 제294조 및 제295조)에서 우리나라 「형사소송법」은 당사자주의와 직권주의가 혼합되어 있음을 알 수 있다.

해설

② (×) 강제수사법정주의 내지 강제처분법정주의는 형사소송법 제199조 제1항뿐만 아니라 근본적으로 헌법 제12조 제1항 제2문 전단에 명시되어 있다고 볼 수 있다.

① (○) 헌법 제12조 제1항 후문이 규정하고 있는 적법절차란 법률이 정한 절차 및 그 실체적 내용이 모두 적정하여야 함을 말하는 것으로서 적정하다고 함은 공정하고 합리적이며 상당성이 있어 정의관념에 합치되는 것을 뜻한다(대법원 1988.11.16, 88초60).

> **헌법 제12조** ① 모든 국민은 신체의 자유를 가진다. 누구든지 법률에 의하지 아니하고는 체포·구속·압수·수색 또는 심문을 받지 아니하며, 법률과 적법한 절차에 의하지 아니하고는 처벌·보안처분 또는 강제노역을 받지 아니한다.
> **형사소송법 제199조(수사와 필요한 조사)** ① 수사에 관하여는 그 목적을 달성하기 위하여 필요한 조사를 할 수 있다. 다만, 강제처분은 이 법률에 특별한 규정이 있는 경우에 한하며, 필요한 최소한도의 범위 안에서만 하여야 한다.

③ (○) 대법원규칙은 헌법에 근거를 두고 있으므로 형사소송법의 법원이 된다(헌법 제108조).

> **헌법 제108조** 대법원은 법률에 저촉되지 아니하는 범위 안에서 소송에 관한 절차, 법원의 내부규율과 사무처리에 관한 규칙을 제정할 수 있다.

④ (○) 당사자의 증거신청(제294조)은 당사자주의적 요소요, 법원의 직권에 의한 증거조사(제295조)는 직권주의적 요소이다.

> **제294조(당사자의 증거신청)** ① 검사, 피고인 또는 변호인은 서류나 물건을 증거로 제출할 수 있고, 증인·감정인·통역인 또는 번역인의 신문을 신청할 수 있다.
> **제295조(증거신청에 대한 결정)** 법원은 제294조 및 제294조의2의 증거신청에 대하여 결정을 하여야 하며 직권으로 증거조사를 할 수 있다.

[정답] ②

Ⅱ 적용범위

1. 시간적 적용범위

2. 장소적 적용범위

3. 인적 적용범위

011 ☑ 대표 ◆◇◇ 경찰2차 2020 유사 | 국가7급 2017

「형사소송법」의 적용범위에 대한 설명으로 옳지 않은 것은? (다툼이 있는 경우 판례에 의함)

① 국회의원의 면책특권에 속하는 행위에 대하여 공소가 제기된 경우 법원은 공소기각판결을 선고하여야 한다.
② 중국 북경시에 소재한 대한민국 영사관 내부에서 중국인이 사문서를 위조한 경우 우리나라 법원은 그 중국인에 대하여 재판권이 없다.
③ 내국 법인의 대표자인 외국인이 외국에서 그 법인에 대한 횡령죄를 범한 경우 행위지의 법률에 따르면 범죄를 구성하지 아니하거나 소추 또는 형의 집행을 면제할 경우가 아니라면 그 외국인에 대하여 우리나라 법원에 재판권이 있다.
④ 일반 국민이 범한 특정 군사범죄와 그 밖의 일반 범죄가 「형법」제37조 전단의 경합범 관계에 있다고 보아 하나의 사건으로 기소된 경우라면, 특정 군사범죄에 대하여 전속적인 재판권을 가지는 군사법원은 그 밖의 일반 범죄에 대하여도 재판권을 행사할 수 있다.

해설

④ (×) 일반 국민이 범한 수개의 죄 가운데 특정 군사범죄와 그 밖의 일반범죄가 형법 제37조 전단의 경합범 관계에 있다고 보아 하나의 사건으로 기소된 경우, 특정 군사범죄에 대하여는 군사법원이 전속적인 재판권을 가지므로 일반 법원은 이에 대하여 재판권을 행사할 수 없다. 반대로 그밖의 일반 범죄에 대하여 군사법원이 재판권을 행사하는 것도 허용될 수 없다(대법원 2016.6.16, 2016초기318 전원합의체).
① (○) 국회의원인 피고인이, 구 국가안전기획부 내 정보수집팀이 대기업 고위관계자와 중앙일간지 사주 간의 사적 대화를 불법 녹음한 자료를 입수한 후 그 대화 내용과, 전직 검찰간부인 피해자

가 위 대기업으로부터 이른바 떡값 명목의 금품을 수수하였다는 내용이 게재된 보도자료를 작성하여 국회 법제사법위원회 개의 당일 국회 의원회관에서 기자들에게 배포한 경우, 피고인이 국회 법제사법위원회에서 발언할 내용이 담긴 위 보도자료를 사전에 배포한 행위는 국회의원 면책특권의 대상이 되는 직무부수행위에 해당하므로, 피고인에 대한 허위사실적시 명예훼손 및 통신비밀보호법 위반의 점에 대한 공소를 기각하여야 한다(대법원 2011.5.13, 2009도14442).
(판결이유 중) … 이 사건 보도자료를 사전에 배포한 행위는 국회의원의 면책특권의 대상이 되는 직무부수행위에 해당한다고 할 것이다 … 형사소송법 제327조 제2호의 "공소제기의 절차가 법률의 규정에 위반하여 무효인 때"에 해당되어 그 공소를 기각하여야 한다 …
② (○) 외국인이 중국 북경시에 소재한 대한민국 영사관 내에서 여권발급신청서를 위조하였다는 취지의 공소사실에 대하여, 외국인의 국외범에 해당한다는 이유로 피고인에 대한 재판권이 없다(대법원 2006.9.22, 2006도5010).
③ (○) 내국 법인의 대표자인 외국인이 내국 법인이 외국에 설립한 특수목적법인에 위탁해 둔 자금을 정해진 목적과 용도 외에 임의로 사용한 데 따른 횡령죄의 피해자는 당해 금전을 위탁한 내국 법인이다. 따라서 그 행위가 외국에서 이루어진 경우에도 행위지의 법률에 의하여 범죄를 구성하지 아니하거나 소추 또는 형의 집행을 면제할 경우가 아니라면 그 외국인에 대해서도 우리 형법이 적용되어(형법 제6조), 우리 법원에 재판권이 있다(대법원 2017.3.22, 2016도17465).

[정답] ④

012 ☑ 대표 ◆◇◇ 국가9급 2013

형사소송법의 적용범위에 대한 설명으로 옳지 않은 것은?

① 형사소송법은 대한민국의 재판권을 행사하는 법원에서 심판되는 사건에 대하여만 적용된다.
② 국회의원의 면책특권에 속하는 행위에 대하여 공소를 제기한 경우, 법원은 면소판결을 하여야 한다.
③ 형사소송법의 개정이 있는 경우 신법 시행 당시 법원에 계속 중인 사건뿐만 아니라 수사 중인 사건에도 신법을 적용한다.
④ 형사소송법의 개정이 있더라도 신법 시행 전에 구법에 의하여 행한 소송행위의 효력에는 영향을 미치지 아니한다.

해설

② (×) 면소판결이 아니라 공소기각판결을 하여야 한다. 즉, 국회의 면책특권에 속하는 행위에 대하여는 공소를 제기할 수 없으며 이에 반하여 공소가 제기 된 것은 결국 공소권이 없음에도 공소가 제기된 것이 되어 형사소송법 제327조 제2호의 '공소제기의 절차가 법률의 규정에 위반하여 무효인 때'에 해당되므로 공소를 기각하여야 한다(대법원 2011.5.13, 2009도14442; 1992. 9.22, 91도3317).
① (○) 형사소송법은 형법을 실현하는 법이므로 그 장소적 적용범위는 형법의 장소적 적용범위와 일치한다. 따라서 형법상 속지주의(형법 제2조)는 형사소송법에도 그대로 적용되어, 내국인과 외국인의 국내범에 대한 형사절차에 대해서는 우리 형사소송법이

적용된다.
③ (O) 형사소송법은 절차법으로 죄형법정주의 소급효금지원칙이 적용되지 않는다.
④ (O) 소송경제의 관점에서 구법에 의한 소송행위의 효력도 부정되지 않는다.

정답 ②

013 ☑ 유사 ◆◆◇　　　　경찰 2013 유사·2016

형사소송법의 적용범위에 관한 다음 설명 중 가장 적절하지 않은 것은? (다툼이 있으면 판례에 의함)

① 미합중국 국적을 가진 미합중국 군대의 군속인 피고인이 범행 당시 10년 넘게 대한민국에 머물면서 한국인 아내와 결혼하여 가정을 마련하고 직장 생활을 하는 등 생활근거지를 대한민국에 두고 있었던 경우에도 미합중국 군대의 군속에 관한 형사재판권 관련 조항이 적용될 수 있다.
② 캐나다 시민권자인 피고인이 캐나다에서 위조사문서를 행사하였다는 내용으로 기소된 사안에서, 피고인의 행위에 대하여는 우리나라에 재판권이 없다.
③ 국회의원의 면책특권 대상이 되는 행위는 국회의 직무수행에 필수적인 국회의원의 국회 내에서의 직무상 발언과 표결이라는 의사표현행위 자체에만 국한되지 아니하고 이에 통상적으로 부수하여 행하여지는 행위까지 포함하며, 그와 같은 부수행위인지 여부는 구체적인 행위의 목적·장소·태양 등을 종합하여 개별적으로 판단하여야 한다.
④ 항소심이 신법 시행을 이유로 구법이 정한 바에 따라 적법하게 진행된 제1심의 증거조사절차 등을 위법하다고 보아 그 효력을 부정하고 다시 절차를 진행하는 것은 허용되지 아니하며, 다만, 이미 적법하게 이루어진 소송행위의 효력을 부정하지 않는 범위 내에서 신법의 취지에 따라 절차를 진행하는 것은 허용된다.

해설

① (×) 한미 간 군대지위에 관한 행정협정(SOFA)의 '통상적으로 대한민국에 거주하는 자'에 해당하므로, 피고인에게는 위 협정에서 정한 미합중국 군대의 군속에 관한 형사재판권 관련 조항이 적용될 수 없다(대법원 2006.5.11, 2005도798).
② (O) 대법원 2011.8.25, 2011도6507
③ (O) 대법원 2011.5.13, 2009도14442
④ (O) 대법원 2008.10.23, 2008도2826

정답 ①

014 ☑ 유사 ◆◆◇　　　　경찰승진 2024

형사소송법의 적용범위에 관한 설명으로 가장 적절한 것은? (다툼이 있는 경우 판례에 의함)

① 대통령은 내란 또는 외환의 죄를 범한 경우를 제외하고는 재직 중에 수사를 받지 아니한다.
② 10년 넘게 대한민국에 머물면서 한국인 아내와 결혼하여 가정을 마련하고 직장생활을 하는 등 생활근거지를 대한민국에 두고 있는 미합중국 국적을 가진 미합중국 군대의 군속이 평시 상태의 대한민국 내에서 공무집행 중 저지른 「교통사고처리 특례법」 위반 범행에 대하여 대한민국의 형사재판권을 바로 행사할 수 있다.
③ 소급효금지의 원칙은 형사법의 대원칙으로서, 형사소송법의 개정이 이루어지는 경우 개정법 시행 당시 수사 중이거나 법원에 계속 중인 사건에 대해서는 신법을 적용하고 구법에 따라 이미 행한 소송행위의 효력은 인정되지 아니한다.
④ 국회의원 면책특권의 대상이 되는 행위는 국회의 직무수행에 필수적인 국회의원의 국회 내에서의 직무상 발언과 표결이라는 의사표현행위 자체에만 국한되며, 이에 통상적으로 행해지는 직무부수행위까지는 포함되지 않는다.

해설

② (O) SOFA가 적용되지 않으므로 우리의 형사재판권을 바로 행사할 수 있다.
[판례] 미합중국 국적을 가진 미합중국 군대의 군속인 피고인이 범행 당시 10년 넘게 대한민국에 머물면서 한국인 아내와 결혼하여 가정을 마련하고 직장생활을 하는 등 생활근거지를 대한민국에 두고 있었던 경우, 피고인은 대한민국과 아메리카합중국 간의 상호방위조약 제4조에 의한 시설과 구역 및 대한민국에서의 합중국 군대의 지위에 관한 협정에서 말하는 '통상적으로 대한민국에 거주하는 자'에 해당하므로, 피고인에게는 위 협정에서 정한 미합중국 군대의 군속에 관한 형사재판권 관련 조항이 적용될 수 없다(대법원 2006.5.11, 2005도798).
① (×) 재직 중 소추를 받지 않는 것이지 수사를 받지 아니하는 것은 아니다. 헌법 제84조 참조.
[보충] 재직 중 수사가 가능한가에 대해서는 논쟁이 있으나 수험에서는 헌법 조문에 의하여 풀어야 한다.

> **헌법 제84조** 대통령은 내란 또는 외환의 죄를 범한 경우를 제외하고는 재직 중 형사상의 소추를 받지 아니한다.

③ (×) 형사소송법 부칙(1995.12.29.) 제2항은 형사절차가 개시된 후 종결되기 전에 형사소송법이 개정된 경우 신법과 구법 중 어느 법을 적용할 것인지에 관한 입법례 중 이른바 혼합주의를 채택하여 구법 당시 진행된 소송행위의 효력은 그대로 인정하되 신법 시행 후의 소송절차에 대하여는 신법을 적용한다는 취지에서 규정된 것으로서, 위 개정법률 시행 당시 법원 또는 검찰에 계속된 사건이 아닌 경우에 위 개정법률이 적용되지 않는다는 것은 아니며, 위 개정법률은 그 시행일인 1997.1.1.부터 적용되는 것이다(대법원 2003.11.27, 2003도4327).
④ (×) 국회의원의 면책특권의 대상이 되는 행위는 직무상의 발언과 표결이라는 의사표현행위 자체에 국한되지 아니하고 이에 통

상적으로 부수하여 행하여지는 행위까지 포함하고, 그와 같은 부수행위인지 여부는 결국 구체적인 행위의 목적, 장소, 태양 등을 종합하여 개별적으로 판단할 수밖에 없다(대법원 1992.9.22, 91도3317).

정답 ②

015 ✅ 유사 ◆◇◇   경찰 2014

다음은 형사소송법에 대한 설명이다. 가장 적절한 것은?

① 형사소송법은 형법과는 달리 소급효금지원칙이 적용되지 않으며, 신법을 적용할 것인가 구법을 적용할 것인가는 입법정책의 문제이다.

② 수사이전 단계를 내사라 하는데, 형사소송법은 피의자의 권리를 피내사자에게도 준용하는 명문의 규정을 두고 있다.

③ 현행 형사소송법은 직권주의 형태를 강하게 나타내며 공판정에서 피고인 좌석의 위치도 변호인과 분리되어 법관과 직접 대면토록 대응하게 위치시키고 있다.

④ 형사소송법은 공소제기로 인하여 공판절차가 시작되고, 피내사자의 지위가 피의자의 지위로 바뀜을 규정하고 있다.

해설

① (○) 형사소송법은 절차법으로 죄형법정주의의 소급효금지원칙이 적용되지 않으며, 구법과 신법 중 어느 법을 적용할 것인가의 문제는 입법정책의 문제에 불과하고, 현행법은 양 법의 효력을 모두 부정하지 않는 혼합주의를 취하고 있다.

② (×) 그와 같은 명문의 규정은 없다. 참고로, 내사·진정사건 처리에 관하여는 검찰사건사무규칙 제141조부터 제143조에서 규정하고 있을 뿐이다.

③ (×) 현행 형사소송법은 당사자주의를 기본구조로 하고 있다는 것이 다수설·판례의 입장이다. 제275조 제3항 참조.

> **제275조(공판정의 심리)** ③ 검사의 좌석과 피고인 및 변호인의 좌석은 대등하며, 법대의 좌우측에 마주 보고 위치하고, 증인의 좌석은 법대의 정면에 위치한다. 다만, 피고인신문을 하는 때에는 피고인은 증인석에 좌석한다.

④ (×) 그와 같은 명문의 규정은 없다.

정답 ①

형사소송법의 이념과 구조

1 형사소송의 지도이념

Ⅰ 형사소송의 이념과 상호관계

001 ☑ 대표 ◆◇◇ 경찰1차 2019

형사소송의 이념에 대한 설명으로 가장 적절하지 않은 것은? (다툼이 있는 경우 판례에 의함)

① 실체진실주의는 적법절차의 원칙과 신속한 재판의 원칙에 의하여 제약을 받는다.

② 적법절차란 법률이 정한 절차 및 그 실체적 내용이 모두 적정하여야 함을 말하는 것으로서 적정하다는 것은 공정하고 합리적이며 상당성이 있어 정의관념에 합치됨을 뜻한다.

③ 형사소송에 있어서 경찰 공무원은 당해 피고인에 대한 수사를 담당하였는지의 여부에 관계없이 그 피고인의 공판과정에서는 제3자라고 할 수 있으므로 수사담당 경찰 공무원의 증인적격을 인정하더라도 적법절차의 원칙에 반한다고 할 수 없다.

④ 신속한 재판의 원칙은 피고인의 이익을 보호하기 위하여 인정된 원칙이므로 실체적 진실발견, 소송경제, 재판에 대한 국민의 신뢰를 위하여 작동하여서는 안 된다.

> 해설

④ (✕) 신속한 재판의 원칙은 <u>주로 피고인의 이익을 보호하기 위한 것</u>이지만 동시에 <u>실체진실의 발견, 소송경제, 재판에 대한 국민의 신뢰와 형벌 목적의 달성과 같은 공공의 이익에도 그 근거를 두고 있다</u>(헌법재판소 1995.11.30, 92헌마44).

① (○) 실체적 진실주의는 실체진실을 발견함에 있어서 적정한 절차에 의하여야 한다는 적법절차원칙과, 피의자·피고인의 이익 보호와 소송경제의 실현을 위하여 신속한 재판에 의하여야 한다는 시간적인 제약을 받는다.

② (○) 헌법 제12조 제3항 본문은 동조 제1항과 함께 적법절차원리의 일반조항에 해당하는 것으로서, 형사절차상의 영역에 한정되지 않고 입법, 행정 등 국가의 모든 공권력의 작용에는 <u>절차상의 적법성뿐만 아니라 법률의 구체적 내용도 합리성과 정당성을 갖춘 실체적인 적법성이 있어야 하는 적법절차의 원칙</u>을 헌법의 기본원리로 명시하고 있는 것이다(헌법재판소 1992.12.24, 92헌가8).

③ (○) 수사기관으로서의 검사와 소추기관으로서의 검사는 그 법률상의 지위가 다르므로 공판에 관여하는 소송당사자로서의 검사와 사법경찰관리를 지휘, 감독하는 수사 주재자로서의 검사를 동일하게 볼 수 없고, 실체 판단의 자료가 되는 경찰 공무원의 증언 내용은 공소사실과 관련된 주관적 '의견'이 아닌 경험에 의한 객관적 '사실'에 그치는 것이며, 또한 형사소송구조상 경찰 공무원은 당사자가 아닌 제3자의 지위에 있을 뿐만 아니라, 나아가 경찰 공무원의 증언에 대하여 피고인 또는 변호인은 반대신문권을 보장받고 있다는 점에서, 이 사건 법률조항에 의하여 <u>경찰 공무원의</u>

증인적격을 인정한다 하더라도 적법절차의 원칙에 반한다거나 그 근거조항인 위 법 조항이 합리적이고 정당한 법률이 아니라고 말할 수는 없다(헌법재판소 2001.11.29, 2001헌바41).

정답 ④

002 ☑ 대표 ◆◇◇ 국가9급 2016

형사소송의 이념과 목적에 대한 설명으로 옳지 않은 것은? (다툼이 있는 경우 판례에 의함)

① 헌법이 보장하는 공정한 재판을 받을 권리 속에는 원칙적으로 당사자주의와 구두변론주의가 보장되어 당사자가 공소사실에 대한 답변과 입증 및 반증하는 등 공격·방어권이 충분히 보장되는 재판을 받을 권리가 포함되어 있다.

② 형사소송에 관한 절차법에서 소극적 진실주의의 요구를 외면한 채 범인필벌의 요구만을 앞세워 합리성과 정당성을 갖추지 못한 방법이나 절차에 의한 증거수집과 증거조사를 허용하는 것은 적법절차의 원칙 및 공정한 재판을 받을 권리에 위배된다.

③ 헌법상 보장되는 '변호인의 조력을 받을 권리'는 변호인의 '충분한 조력'을 받을 권리를 의미하므로, 일정한 경우 피고인에게 국선변호인의 조력을 받을 권리를 보장하여야 할 국가의 의무에는 형사소송절차에서 단순히 국선변호인을 선정하여 주는 데 그치지 않고 한 걸음 더 나아가 피고인이 국선변호인의 실질적인 조력을 받을 수 있도록 필요한 업무 감독과 절차적 조치를 취할 책무까지 포함된다.

④ 공소장일본주의를 위반하는 것은 소송절차의 생명이라 할 수 있는 공정한 재판의 원칙에 치명적인 손상을 가하는 것이고, 이를 위반한 공소제기는 법률의 규정에 위배된 것으로 치유될 수 없는 것이므로 소송절차의 시기 및 위반의 정도와 무관하게 항상 공소기각의 판결을 해야 한다.

> 해설

④ (✕) 판례는 공소장일본주의 위반의 효과는 원칙적으로는 공소기각판결사유에 해당하나, 일정한 조건 하에 그 하자의 치유를 인정하고 있다. "공소장일본주의에 위배된 공소제기라고 인정되는 때에는 그 절차가 법률의 규정을 위반하여 무효인 때에 해당하는 것으로 보아 <u>공소기각의 판결을 선고하는 것이 원칙</u>이다. 그러나 공소장 기재의 방식에 관하여 <u>피고인측으로부터 아무런 이의가 제기되지 아니하였고</u> 법원 역시 범죄사실의 실체를 파악

하는 데 지장이 없다고 판단하여 그대로 공판절차를 진행한 결과 <u>증거조사절차가 마무리되어 법관의 심증형성이 이루어진 단계</u>에서는 소송절차의 동적 안정성 및 소송경제의 이념 등에 비추어 볼 때 이제는 더 이상 공소장일본주의 위배를 주장하여 이미 진행된 소송절차의 효력을 다툴 수는 없다고 보아야 한다(대법원 2009.10.22, 2009도7436 전원합의체)."

[정리] 공소장일본주의 위반 시에도 ㉠ 이의제기 없고 ㉡ 증거조사 완료되어 심증형성이 이루어지면 하자는 치유됨

① (○) 헌법재판소 1996.1.25, 95헌가5
② (○) 형사소송에 관한 절차법에서 소극적 진실주의의 요구를 외면한 채 범인필벌의 요구만을 앞세워 합리성과 정당성을 갖추지 못한 방법이나 절차에 의한 증거수집과 증거조사를 허용하는 것은 적법절차의 원칙 및 공정한 재판을 받을 권리에 위배되는 것으로서 헌법상 용인될 수 없다.
③ (○) 헌법상 보장되는 '변호인의 조력을 받을 권리'는 변호인의 '충분한 조력'을 받을 권리를 의미하므로, 피고인에게 국선변호인의 조력을 받을 권리를 보장하여야 할 국가의 의무에는 피고인이 국선변호인의 실질적 조력을 받을 수 있도록 할 의무가 포함된다(대법원 2015.12.23, 2015도9951).

정답 ④

---

003 ☑유사 ◆◇◇ 경찰승진 2022

다음은 형사소송의 이념에 대한 설명이다. 아래 ㉠부터 ㉣까지의 설명 중 옳고 그름의 표시(○, ×)가 바르게 된 것은? (다툼이 있는 경우 판례에 의함)

> ㉠ 헌법 제12조 제1항 후문이 규정하고 있는 적법절차란 법률이 정한 절차 및 그 실체적 내용이 모두 적정하여야 함을 말하고, 적정하다고 함은 공정하고 합리적이며 상당성이 있어 정의관념에 합치되는 것을 뜻한다.
> ㉡ 검사가 법원에 의하여 증인으로 채택된 수감자를 그 증언에 이르기까지 거의 매일 검사실로 하루 종일 소환하여 피고인 측 변호인이 접근하는 것을 차단하고, 검찰에서의 진술을 번복하는 증언을 하지 않도록 회유·압박하는 한편, 때로는 검사실에서 그에게 편의를 제공하기도 한 행위만으로는 피고인의 공정한 재판을 받을 권리를 침해하였다고 할 수 없다.
> ㉢ 신속한 재판을 받을 권리는 주로 피고인의 이익을 보호하기 위하여 인정된 기본권이지만 동시에 실체적 진실발견, 소송경제, 재판에 대한 국민의 신뢰와 형벌목적의 달성과 같은 공공의 이익에도 근거가 있기 때문에 어느 면에서는 이중적인 성격을 갖고 있다.
> ㉣ 신속한 재판을 받을 권리와 관련하여 공판심리의 현저한 지연은 현행법상 명문으로 면소사유뿐만 아니라 공소기각 사유로도 규정하고 있다.

① ㉠ (○), ㉡ (×), ㉢ (○), ㉣ (×)
② ㉠ (○), ㉡ (×), ㉢ (×), ㉣ (○)
③ ㉠ (×), ㉡ (×), ㉢ (○), ㉣ (○)
④ ㉠ (×), ㉡ (○), ㉢ (○), ㉣ (×)

해설
㉠ (○) 대법원 1988.11.16, 88초60
㉡ (×) 법원에 의하여 채택된 증인은 검사와 피고인 쌍방이 공평한 기회를 가지고 법관의 면전에서 조사·진술되어야 하는 중요한 증거자료의 하나로서, 비록 검사의 신청에 의하여 채택된 증인이라 하더라도, 그는 검사만을 위하여 증언하는 것이 아니며, 오로지 그가 경험한 사실대로 증언하여야 할 의무가 있는 것이고, 따라서 <u>검사이든 피고인이든 공평하게 증인에 접근할 수 있도록 기회가 보장되지 않으면 안 되며</u>, 검사와 피고인 쌍방 중 어느 한편이 증인과의 접촉을 독점하거나 상대방의 접근을 차단하도록 허용한다면 이는 상대방의 공정한 재판을 받을 권리를 침해하는 것이 되고, <u>구속된 증인에 대한 편의제공</u> 역시 그것이 일방당사자인 검사에게만 허용된다면 그 증인과 검사와의 부당한 인간관계의 형성이나 회유의 수단 등으로 오용될 우려가 있고, 또 거꾸로 그러한 편의의 박탈 가능성이 증인에게 심리적 압박수단으로 작용할 수도 있으므로 접근차단의 경우와 마찬가지로 공정한 재판을 해하는 역할을 할 수 있다(대법원 2002.10.8, 2001도3931).
㉢ (○) 헌법재판소 1995.11.30, 92헌마44
㉣ (×) 신속한 재판을 받을 권리와 관련하여 공판심리의 현저한 지연을 구제하는 현행법상 별도의 명문규정은 없다.

정답 ①

---

004 ☑유사 ◆◇◇ 경찰1차 2018

「형사소송법」의 이념에 대한 설명으로 가장 적절하지 않은 것은? (다툼이 있는 경우 판례에 의함)

① 검사와 피고인 쌍방이 항소한 경우에 1심선고 형기 경과 후 2심공판이 개정되었다면 이를 위법이라 할 수 있고 신속한 재판을 받을 권리를 박탈한 것이라고 할 수 있다.
② 심리에 2일 이상이 필요한 경우에는 부득이한 사정이 없는 한 매일 계속 개정하여야 한다. 재판장은 부득이한 사정으로 매일 계속 개정하지 못하는 경우에도 특별한 사정이 없는 한 전회의 공판기일부터 14일 이내로 다음 공판기일을 지정하여야 한다.
③ 소송의 지연을 목적으로 함이 명백한 경우에 기피신청을 받은 법원 또는 법관이 이를 기각할 수 있도록 규정한 「형사소송법」 제20조 제1항은 헌법상 보장되는 공정한 재판을 받을 권리를 침해하였다고 할 수 없다.
④ 구속사건에 대해서는 법원이 구속기간 내에 재판을 하면 되는 것이고 구속만기 25일을 앞두고 제1회 공판이 있었다 하여 헌법에 정한 신속한 재판을 받을 권리를 침해하였다고 할 수 없다.

해설
① (×) 검사와 피고인 쌍방이 항소한 경우에 1심선고 형기 경과 후 2심공판이 개정되었다고 하여 이를 <u>위법이라 할 수 없고 신속한 재판을 받을 권리를 박탈한 것이라고 할 수 없다</u>(대법원 1972.5.23, 72도840).
② (○) 제267조의2 제2항·제4항
③ (○) 헌법재판소 2006.7.27, 2005헌바58

④ (○) 대법원 1990.6.12, 90도672

정답 ①

Ⅱ 실체적 진실주의

Ⅲ 적정절차의 원칙

005 ☑ 대표 ◆◇◇ 국가7급 2014

적법절차의 원칙에 대한 설명으로 옳지 않은 것은? (다툼이 있는 경우 판례에 의함)

① 적법절차의 원칙은 형사절차의 적법성뿐만 아니라 적정성도 보장해야 함을 의미한다.

② 헌법 제12조 제1항 제2문과 동조 제3항에서 적법절차의 원칙을 규정한 것은 법관이 헌법과 법률을 적용함에 있어 국가형벌권보다 개인의 인권옹호에 우위를 두라는 취지이다.

③ 헌법상 영장제도와 적법절차원칙의 규정취지에 비추어 볼 때, 형사재판 중인 피고인에 대하여 법원이 구속영장을 발부하는 경우에는 검사의 신청이 있어야 한다.

④ 직접주의와 전문법칙의 예외를 규정한 형사소송법 제314조는 그 내용에 있어서 합리성과 정당성을 갖춘 적정한 것이어서 적법절차에 합치하는 법률규정이다.

해설

③ (✕) 헌법상 영장제도의 취지에 비추어 볼 때, 헌법 제12조 제3항은 헌법 제12조 제1항과 함께 이른바 적법절차의 원칙을 규정한 것으로서 범죄수사를 위하여 구속 등의 강제처분을 함에 있어서는 법관이 발부한 영장이 필요하다는 것과 수사기관 중 검사만 법관에게 영장을 신청할 수 있다는 데에 그 의의가 있고, 형사재판을 주재하는 법원이 피고인에 대하여 구속영장을 발부하는 경우에도 검사의 신청이 있어야 한다는 것이 그 규정의 취지라고 볼 수는 없다(대법원 1996.8.12, 96모46)(법원의 피고인 구속에는 검사의 영장청구 불요).

① (○) 적법절차원칙은 형식적 적법성뿐만 아니라 내용적 적정성까지 갖추어야 한다(헌법재판소 1993.7.29, 90헌바35).

② (○) 헌법 제12조는 신체의 자유를 보장하기 위한 인신구속에 관한 여러 규정을 두면서 그 제1항에서 누구든지 법률과 적법한 절차에 의하지 아니하고는 처벌·보안처분 또는 강제노역을 받지 아니한다고 규정하여 인신구속과 처벌에 관하여 "적법절차주의"를 선언하고 있는바, 신체의 자유와 증거능력에 관한 헌법 제12조의 첫머리에 법률 이외에 "적법한 절차"를 규정한 취지는 법관이 인신의 구속에 관한 헌법과 법률의 규정들을 해석·적용함에 있어 국가형벌권보다 개인의 인권옹호에 우위를 두고 헌법과 법률을 해석·적용함으로써 개인의 인신구속에 신중을 기하여야 한다는 것으로 풀이된다(대법원 2003.11.11, 2003모402).

④ (○) 직접주의와 전문법칙의 예외를 규정한 법 제314조는 그 내용에 있어 사망, 질병 또는 이에 준하는 부득이한 사유로 원진술자 또는 작성자가 진술을 할 수 없는 때에 한하여 그 필요성을 인정함으로써 직접주의 및 전문법칙의 예외를 인정할 사유로서 정당성을 가지고 있고, 그러한 필요성이 있는 경우에도 "특히 신빙할 수 있는 상태하에서 행하여진 때에 한"하여 적용하도록 규정하여 그 적용범위를 목적달성에 필요한 최소한도로 한정하였으므로, 그 내용에 있어서 합리성과 정당성을 갖춘 적정한 것이

어서 적법절차에 합치하는 법률규정이고, 따라서 공정한 공개재판을 받을 권리나 무죄추정을 받을 권리를 본질적으로 침해하거나 형해화하였다고 할 수 없고 적법절차에도 합치되므로 헌법에 위반되지 아니한다(헌법재판소 2005.12.22, 2004헌바45).

정답 ③

006 ☑ 대표 ◆◆◇ 해경승진 2023

다음 중 적법절차원칙에 대한 설명으로 가장 옳지 않은 것은? (다툼이 있는 경우 판례에 의함)

① 법관이 아닌 사회보호위원회가 치료감호의 종료 여부를 결정하도록 한 「구 사회보호법」(1996.12.12. 법률 제5197호로 개정된 것) 제9조 제2항은 본 위원회의 결정에 대해 행정소송을 제기하여 법관에 의한 재판이 가능하다는 점 등을 고려할 때 재판청구권을 침해하거나 적법절차에 위배된다고 할 수 없다.

② 「형사소송법」상 법원은 법률에 다른 규정이 없으면 누구든지 증인으로 신문할 수 있기 때문에 경찰공무원의 증인적격을 인정하더라도 이를 적법절차의 원칙에 반한다고 할 수 없다.

③ 위법하게 수집한 증거는 위법수집의 영향이 차단되거나 소멸되었더라도 적법절차의 원칙에 따라 그 증거능력을 인정할 수 없다.

④ 피고인의 구속기간은 법원이 피고인을 구속한 상태에서 재판할 수 있는 기간을 의미하는 것이지, 법원의 재판기간 내지 심리기간 자체를 제한하려는 규정이라고 할 수는 없으며, 구속기간을 엄격히 제한하고 있다 하더라도 공정한 재판을 받을 권리가 침해된다고 볼 수는 없다.

해설

③ (✕) 헌법 제12조 제1항, 제5항, 형사소송법 제200조의5, 제213조의2, 제308조의2를 종합하면, 적법한 절차에 따르지 아니한 위법행위를 기초로 하여 증거가 수집된 경우에는 당해 증거뿐 아니라 그에 터 잡아 획득한 2차적 증거에 대해서도 증거능력은 부정되어야 한다. 다만, 위와 같은 위법수집증거 배제의 원칙은 수사과정의 위법행위를 억지함으로써 국민의 기본적 인권을 보장하기 위한 것이므로 적법절차에 위배되는 행위의 영향이 차단되거나 소멸되었다고 볼 수 있는 상태에서 수집한 증거는 그 증거능력을 인정하더라도 적법절차의 실질적 내용에 대한 침해가 일어나지는 않는다 할 것이니 그 증거능력을 부정할 이유는 없다(대법원 2013.3.14, 2010도2094).

① (○) 이 사건 법률조항은 법관의 선고에 의하여 개시된 치료감호를 사회보호위원회가 그 종료 여부를 결정하도록 규정하고 있으나, 피치료감호자 등은 치료감호의 종료 여부를 심사·결정하여 줄 것을 사회보호위원회에 신청할 수 있고, 위원회가 신청을 기각하는 경우에 이들은 그 결정에 대하여 행정소송을 제기하여 법관에 의한 재판을 받을 수 있다고 해석되므로, 피치료감호자 등의 재판청구권이 침해된 것이 아니다(헌법재판소 2005.2.3, 2003헌바1 전원재판부).

② (○) 형사소송구조상 경찰 공무원은 당사자가 아닌 제3자의 지위에 있을 뿐만 아니라, 나아가 경찰 공무원의 증언에 대하여 피

고인 또는 변호인은 반대신문권을 보장받고 있다는 점에서, 이 사건 법률조항에 의하여 경찰 공무원의 증인적격을 인정한다 하더라도 적법절차의 원칙에 반한다거나 그 근거조항인 위 법 조항이 합리적이고 정당한 법률이 아니라고 말할 수는 없다(헌법재판소 2001.11.29, 2001헌바41).

④ (○) 사건 법률조항에서 말하는 '구속기간'은 '법원이 피고인을 구속한 상태에서 재판할 수 있는 기간'을 의미하는 것이지, '법원이 형사재판을 할 수 있는 기간' 내지 '법원이 구속사건을 심리할 수 있는 기간'을 의미한다고 볼 수 없다. 즉, 이 사건 법률조항은 미결구금의 부당한 장기화로 인하여 피고인의 신체의 자유가 침해되는 것을 방지하기 위한 목적에서 미결구금기간의 한계를 설정하고 있는 것이지, 신속한 재판의 실현 등을 목적으로 법원의 재판기간 내지 심리기간 자체를 제한하려는 규정이라 할 수는 없다(헌법재판소 2001.6.28, 99헌가14 전원재판부).

정답 ③

Ⅳ 신속한 재판의 원칙

007 ✓ 대표 ◆◇◇   국가9급 2015

형사소송의 이념과 목적에 대한 설명으로 옳지 않은 것은? (다툼이 있는 경우 판례에 의함)

① 적법절차를 위반한 수사행위에 기초하여 수집한 증거라도 적법절차에 위배되는 행위의 영향이 차단되거나 소멸되었다고 볼 수 있는 상태에서 수집한 것이라면 유죄 인정의 증거로 사용할 수 있다.

② 대법원의 파기환송 판결에 의하여 사건을 환송받은 법원이 2월의 구속기간의 만료에 따라 구속기간을 갱신하는 것은 신체의 자유를 제한하는 것이므로 무죄추정 원칙에 위배된다.

③ 헌법 제12조 제3항에 규정된 영장주의는 구속의 개시시점 뿐만 아니라 구속영장의 취소 또는 실효의 여부도 법관의 판단에 의하여 결정되어야 한다는 것을 의미한다.

④ 신속한 재판을 받을 권리는 주로 피고인의 이익을 보호하기 위한 기본권이지만 동시에 실체적 진실발견, 소송경제 등의 공공의 이익에도 근거가 있다.

해설

② (×) 대법원의 파기환송 판결에 의하여 사건을 환송받은 법원은 형사소송법 제92조 제1항에 따라 2월의 구속기간이 만료되면 특히 계속할 필요가 있는 경우에는 2차(대법원이 형사소송규칙 제57조 제2항에 의하여 구속기간을 갱신한 경우에는 1차)에 한하여 결정으로 구속기간을 갱신할 수 있는 것이고, 한편 무죄추정을 받는 피고인이라고 하더라도 그에게 구속의 사유가 있어 구속영장이 발부, 집행된 이상 신체의 자유가 제한되는 것은 당연한 것이므로, 이러한 조치가 무죄추정의 원칙에 위배되는 것이라고 할 수는 없다(대법원 2001.11.30, 2001도5225).

① (○) 헌법 제12조 제1항, 제5항, 형사소송법 제200조의5, 제213조의2, 제308조의2를 종합하면, 적법한 절차에 따르지 아니한 위법행위를 기초로 하여 증거가 수집된 경우에는 당해 증거뿐 아니라 그에 터 잡아 획득한 2차적 증거에 대해서도 증거능력은 부정되어야 한다. 다만, 위와 같은 위법수집증거 배제의 원칙은 수사과정의 위법행위를 억지함으로써 국민의 기본적 인권을 보장

하기 위한 것이므로 적법절차에 위배되는 행위의 영향이 차단되거나 소멸되었다고 볼 수 있는 상태에서 수집한 증거는 그 증거능력을 인정하더라도 적법절차의 실질적 내용에 대한 침해가 일어나지는 않는다 할 것이니 그 증거능력을 부정할 이유는 없다(대법원 2013.3.14, 2010도2094).

③ (○) 헌법 제12조 제3항에 규정된 영장주의는 구속의 개시시점에 한하지 않고 구속영장의 효력을 계속 유지할 것인지 아니면 취소 또는 실효시킬 것인지의 여부도 사법권독립의 원칙에 의하여 신분이 보장되고 있는 법관의 판단에 의하여 결정되어야 한다는 것을 의미한다(헌법재판소 1992.12.24, 92헌가8).

④ (○) 신속한 재판을 받을 권리는 주로 피고인의 이익을 보호하기 위하여 인정된 기본권이지만 동시에 실체적 진실발견, 소송경제, 재판에 대한 국민의 신뢰와 형벌목적의 달성과 같은 공공의 이익에도 근거가 있기 때문에 어느 면에서는 이중적인 성격을 갖고 있다(헌법재판소 1995.11.30, 92헌마44).

정답 ②

008 ✓ 유사 ◆◇◇   경찰경채 2023

신속한 재판의 원칙에 관한 설명으로 가장 적절하지 않은 것은? (다툼이 있는 경우 판례에 의함)

① 신속한 재판을 받을 권리는 주로 피고인의 이익을 보호하기 위하여 인정된 기본권이지만 동시에 실체적 진실발견, 소송경제, 재판에 대한 국민의 신뢰와 형벌목적의 달성과 같은 공공의 이익에도 근거가 있기 때문에 어느 면에서는 이중적인 성격을 갖고 있다고 할 수 있어, 형사사법체제 자체를 위하여서도 아주 중요한 의미를 갖는 기본권이다.

② 검사와 피고인 쌍방이 항소한 경우에 제1심 선고형기 경과 후 제2심 공판이 개정되었다면 이는 위법으로서 신속한 재판을 받을 권리를 박탈한 것이다.

③ 구속만기 25일을 앞두고 제1회 공판이 있었다 하여 헌법에 정한 신속한 재판을 받을 권리를 침해하였다 할 수 없다.

④ 공판기일의 심리는 집중되어야 하고, 심리에 2일 이상이 필요한 경우에는 부득이한 사정이 없는 한 매일 계속 개정하여야 하며, 재판장은 부득이한 사정으로 매일 계속 개정하지 못하는 경우에도 특별한 사정이 없는 한 전회의 공판기일부터 14일 이내로 다음 공판기일을 지정하여야 한다.

해설

② (×) 검사와 피고인 쌍방이 항소한 경우에 1심 선고형기 경과 후 2심 공판이 개정되었다고 하여 이를 위법이라 할 수 없고 신속한 재판을 받을 권리를 박탈한 것이라고 할 수 없다(대법원 1972.5.23, 72도840).

① (○) 헌법재판소 1995.11.30, 92헌마44

③ (○) 구속사건에 대해서는 법원이 구속기간 내에 재판을 하면 되는 것이고 구속만기 25일을 앞두고 제1회 공판이 있었다 하여 헌법에 정한 신속한 재판을 받을 권리를 침해하였다 할 수 없다(대

법원 1990.6.12, 90도672).

④ (○) 제267조의2 참조.

> **제267조의2(집중심리)** ① 공판기일의 심리는 집중되어야 한다.
> ② 심리에 2일 이상이 필요한 경우에는 부득이한 사정이 없는 한 매일 계속 개정하여야 한다.
> ③ 재판장은 여러 공판기일을 일괄하여 지정할 수 있다.
> ④ 재판장은 부득이한 사정으로 매일 계속 개정하지 못하는 경우에도 특별한 사정이 없는 한 전회의 공판기일부터 14일 이내로 다음 공판기일을 지정하여야 한다.
> ⑤ 소송관계인은 기일을 준수하고 심리에 지장을 초래하지 아니하도록 하여야 하며, 재판장은 이에 필요한 조치를 할 수 있다.

[정답] ②

2 형사소송의 기본구조

Ⅰ 형사소송구조론

009 ✓ 대표 ◆◇◇ 　　　　국가9급 2018

형사소송의 구조에 대한 설명으로 옳지 않은 것은?

① 소추기관과 재판기관이 분리되었는지 여부에 따라 규문주의와 탄핵주의로 구별된다.

② 소송의 스포츠화 또는 합법적 도박이 야기될 수 있다는 점은 당사자주의에 대한 비판이고, 사건의 심리가 국가기관의 자의적 판단이나 독단으로 흐를 수 있다는 점은 직권주의에 대한 비판이다.

③ 증인에 대한 교호신문절차, 증거동의제도는 당사자주의적 요소이다.

④ 피고인신문제도, 법원의 공소장변경 요구의무, 공소장일본주의는 직권주의적 요소이다.

[해설]

④ (×) 공소장일본주의는 당사자주의적 요소이다. 당사자의 공격·방어에 대하여 법관의 자유로운 심증이 형성되기 위해서는 법관이 예단 없는 백지의 상태에서 심리에 임해야 하기 때문이다.

① (○), ② (○), ③ (○) 통설의 태도이다.

[정답] ④

Ⅱ 직권주의와 당사자주의

010 ✓ 대표 ◆◇◇ 　　　　국가7급 2018

형사소송의 이념과 구조에 대한 설명으로 옳지 않은 것은? (다툼이 있는 경우 판례에 의함)

① 국민참여재판을 받을 권리는 헌법상 기본권으로서 보호될 수는 없지만, 「국민의 형사재판 참여에 관한 법률」에서 정하는 대상 사건에 해당하는 한 피고인은 원칙적으로 국민참여재판으로 재판을 받을 법률상 권리를 가진다고 할 것이고, 이러한 형사소송절차상의 권리를 배제함에 있어서는 헌법에서 정한 적법절차의 원칙을 따라야 한다.

② 헌법 제109조, 「법원조직법」 제57조 제1항에서 정한 공개금지사유가 없음에도 불구하고 재판의 심리에 관한 공개를 금지하기로 결정한 경우, 그러한 공개금지결정은 공개재판을 받을 권리를 침해한 것이지만, 변호인의 반대신문권이 보장되었다면 그 절차에 의하여 이루어진 증인의 증언은 증거능력이 인정된다.

③ 규문주의 하에서는 재판기관이 소추기관의 소추 없이 직권으로 재판절차를 개시하여 심리·판단하므로 피고인은 단지 조사의 대상일 뿐 방어권의 주체가 되기 어렵다.

④ 직권주의 하에서는 법원이 소송에서 주도적으로 활동하여 심리의 능률과 신속을 도모할 수 있고, 당사자주의 하에서는 당사자가 소송에서 주도적으로 활동하여 많은 증거의 수집과 제출이 이루어질 경우 실체적 진실발견에 도움이 될 수 있다.

[해설]

② (×) 헌법 제27조 제3항 후문은 "형사피고인은 상당한 이유가 없는 한 지체 없이 공개재판을 받을 권리를 가진다."고 규정하여 형사피고인에게 공개재판을 받을 권리가 기본권으로 보장됨을 선언하고 있다. … 헌법 제109조, 법원조직법 제57조 제1항이 정한 공개금지사유가 없음에도 불구하고 재판의 심리에 관한 공개를 금지하기로 결정하였다면 그러한 공개금지결정은 피고인의 공개재판을 받을 권리를 침해한 것으로서 그 절차에 의하여 이루어진 증인의 증언은 증거능력이 없다고 할 것이고, 변호인의 반대신문권이 보장되었더라도 달리 볼 수 없으며, 이러한 법리는 공개금지결정의 선고가 없는 등으로 공개금지결정의 사유를 알 수 없는 경우에도 마찬가지라 할 것이다(대법원 2013.7.26, 2013도2511).

① (○) 국민참여재판을 받을 권리는 헌법상 기본권으로서 보호될 수는 없지만, 재판참여법에서 정하는 대상 사건에 해당하는 한 피고인은 원칙적으로 국민참여재판으로 재판을 받을 법률상 권리를 가진다고 할 것이고, 이러한 형사소송절차상의 권리를 배제함에 있어서는 헌법에서 정한 적법절차원칙을 따라야 한다(헌법재판소 2014.1.28, 2012헌바298).

③ (○) 규문주의에 따르면 옳은 지문이다.

④ (○) 직권주의와 당사자주의에 대한 옳은 설명이다.

[정답] ②

011 ☑ 유사 ◆◇◇ 소방간부 2024

형사소송의 이념과 구조에 관한 설명으로 옳지 않은 것은? (다툼이 있는 경우 판례에 의함)

① 무죄추정의 원칙은 수사를 하는 단계뿐만 아니라, 판결이 확정될 때까지 형사절차와 형사재판 전반을 이끄는 대원칙이다.

② 적법절차의 원칙은 형사절차상의 영역에 한정되지 않으며, 입법·행정 등 국가의 모든 공권력의 작용에는 절차상의 적법성뿐만 아니라 법률의 구체적 내용도 합리성과 정당성을 갖춘 실체적인 적법성이 있어야 한다는 것을 의미한다.

③ 실체진실주의는 형사소송의 지도이념이며, 이를 공판절차에서 구현하기 위하여 「형사소송법」은 법원이 직권에 의한 증거조사를 할 수 있도록 규정하고 있다.

④ 형사소송의 구조를 당사자주의와 직권주의 중 어느 것으로 할 것인가의 문제는 입법정책의 문제로서, 우리나라 「형사소송법」은 직권주의를 기본 골격으로 하고 있다.

⑤ 증거동의제도와 증인에 대한 교호신문절차는 당사자주의 요소이고, 직권에 의한 증거조사와 피고인신문제도는 직권주의 요소이다.

【해설】

④ (✕) 형사소송의 구조를 당사자주의와 직권주의 중 어느 것으로 할 것인가의 문제는 입법정책의 문제로서 우리나라 형사소송법은 그 해석상 소송절차의 전반에 걸쳐 기본적으로 당사자주의 소송구조를 취하고 있는 것으로 이해되는바, 당사자주의에 충실하려면 제1심 법원에서 항소법원으로 소송기록을 바로 송부함이 바람직하다(헌법재판소 1995.11.30, 92헌마44).

① (○) 대법원 2017.10.31, 2016도21231

② (○) 헌법 제12조 제3항 본문은 동조 제1항과 함께 적법절차원리의 일반조항에 해당하는 것으로서, 형사절차상의 영역에 한정되지 않고 입법, 행정 등 국가의 모든 공권력의 작용에는 절차상의 적법성뿐만 아니라 법률의 구체적 내용도 합리성과 정당성을 갖춘 실체적인 적법성이 있어야 한다는 적법절차의 원칙을 헌법의 기본원리로 명시하고 있는 것이므로 헌법 제12조 제3항에 규정된 영장주의는 구속의 개시시점에 한하지 않고 구속영장의 효력을 계속 유지할 것인지 아니면 취소 또는 실효시킬 것인지의 여부도 사법권독립의 원칙에 의하여 신분이 보장되고 있는 법관의 판단에 의하여 결정되어야 한다는 것을 의미하고, 따라서 형사소송법 제331조 단서 규정과 같이 구속영장의 실효 여부를 검사의 의견에 좌우되도록 하는 것은 헌법상의 적법절차의 원칙에 위배된다(헌법재판소 1992.12.24, 92헌가8).

③ (○) 당사자의 신청에 의한 증거조사 외에도 법원의 직권에 의한 증거조사를 인정한 것은 실체진실주의를 실현하고자 함에 있다. 제295조 참조.

> **제295조(증거신청에 대한 결정)** 법원은 제294조 및 제294조의2의 증거신청에 대하여 결정을 하여야 하며 직권으로 증거조사를 할 수 있다.

⑤ (○) 증거동의는 당사자에게 증거동의의 권한을 주는 것이요, 증인에 대한 교호신문은 신청한 당사자가 주신문을, 반대당사자가

반대신문을 진행하는 것이므로 당사자주의적 제도이다. 이에 비해 법원의 직권에 의한 증거조사는 말 그대로 직권주의적 제도이고, 당사자인 피고인이 검사·변호인뿐만 아니라 법원으로부터 신문을 받는 피고인신문도 직권주의적 제도이다.

【정답】 ④

백광훈

통합 기출문제집

[형사소송법]

PART

02

소송주체와 소송행위

1 소송주체의 의의

001 ✓ 대표 ◆◆◇ 국가9급/개론 2021

소송주체에 대한 설명으로 옳지 않은 것은? (다툼이 있는 경우 판례에 의함)

① 단독판사의 관할사건이 공소장변경에 의하여 합의부 관할사건으로 변경된 경우에 법원은 결정으로 사건을 관할권이 있는 법원에 이송하여야 한다.

② 변호인의 선임은 심급마다 변호인과 연명날인한 서면으로 제출하여야 하며, 공소제기 전의 변호인 선임은 제1심에도 그 효력이 있다.

③ 검사는 부패범죄, 경제범죄, 공직자범죄, 선거범죄, 방위사업범죄, 대형참사 등 검사의 수사개시 범죄 범위에 관한 규정이 정하는 중요범죄, 경찰공무원이 범한 범죄에 대하여 수사를 개시할 수 있다.

④ 반의사불벌죄의 피해자는 피의자나 피고인 및 그들의 변호인에게 자신을 대리하여 수사기관이나 법원에 자신의 처벌불원의사를 표시할 수 있는 권한을 수여할 수 없다.

해설

③ (×) 2022.5.9. 검찰청법 개정에 의하여 공직자범죄, 선거범죄, 방위사업범죄, 대형참사범죄는 검사의 수사개시범죄에 제외되었고(검찰청법 제4조 제1항 제1호 가목), 경찰공무원이 범한 범죄뿐만 아니라 고위공직자범죄수사처 소속 공무원이 범한 범죄에 대해서도 수사를 개시할 수 있게 되었다(동 나목).

> **검찰청법 제4조(검사의 직무)** ① 검사는 공익의 대표자로서 다음 각 호의 직무와 권한이 있다.
> 1. 범죄수사, 공소의 제기 및 그 유지에 필요한 사항. 다만, 검사가 수사를 개시할 수 있는 범죄의 범위는 다음 각 목과 같다.
>   가. 부패범죄, 경제범죄 등 대통령령으로 정하는 중요 범죄
>   나. 경찰공무원(다른 법률에 따라 사법경찰관리의 직무를 행하는 자를 포함한다) 및 고위공직자범죄수사처 소속 공무원(「고위공직자범죄수사처 설치 및 운영에 관한 법률」에 따른 파견공무원을 포함한다)이 범한 범죄
>   다. 가목·나목의 범죄 및 사법경찰관이 송치한 범죄와 관련하여 인지한 각 해당 범죄와 직접 관련성이 있는 범죄

④ (×) 반의사불벌죄의 피해자는 피의자나 피고인 및 그들의 변호인에게 자신을 대리하여 수사기관이나 법원에 자신의 처벌불원의사를 표시할 수 있는 권한을 수여할 수 있다(대법원 2017.9.7, 2017도8989).

① (○) 제8조 제2항

② (○) 제32조

정답 ③ · ④

2 법원

I 법원의 의의와 종류

II 법원의 관할

002 ✓ 대표 ◆◆◇ 국가9급 2015

법원의 관할에 대한 설명으로 옳지 않은 것은? (다툼이 있는 경우 판례에 의함)

① 법원은 공소제기 된 사건에 대하여 군사법원이 재판권을 가졌음이 판명된 때는 결정으로 사건을 재판권이 있는 같은 심급의 군사법원으로 이송하여야 한다.

② 단독판사 관할 피고사건의 항소사건이 지방법원 합의부에 계속 중일 때 그 변론종결 시까지 청구된 치료감호사건의 관할법원은 고등법원이고, 이때 피고사건의 관할법원도 고등법원이 된다.

③ 고유관할사건 계속 중 고유관할 법원에 관련 사건이 계속된 이상 그 후 양 사건이 병합심리되지 아니한 채 고유사건에 대한 심리가 먼저 종결되었더라도 관련 사건에 대한 관할권은 유지된다.

④ 제1심 공판절차에서 합의부 관할사건이 공소장변경에 의하여 단독판사 관할사건으로 변경된 경우 사건을 단독판사에게 재배당하여야 한다.

해설

④ (×) 제1심에서 합의부 관할사건에 관하여 단독판사 관할사건으로 죄명, 적용법조를 변경하는 공소장변경허가신청서가 제출되자, 합의부가 공소장변경을 허가하는 결정을 하지 않은 채 착오배당을 이유로 사건을 단독판사에게 재배당한 경우, 형사소송법은 제8조 제2항에서 단독판사의 관할사건이 공소장변경에 의하여 합의부 관할사건으로 변경된 경우 합의부로 이송하도록 규정하고 있을 뿐 그 반대의 경우에 관하여는 규정하고 있지 아니하며, '법관 등의 사무분담 및 사건배당에 관한 예규'에서도 이러한 경우를 재배당사유로 규정하고 있지 아니하므로, <u>사건을 배당받은 합의부는 공소장변경허가결정을 하였는지에 관계없이 사건의 실체에 들어가 심판하였어야 하고 사건을 단독판사에게 재배당할 수 없는데도</u>, 사건을 재배당받은 제1심 및 원심이 사건에 관한 실체 심리를 거쳐 심판한 조치는 관할권이 없는데도 이를 간과하고 실체 판결을 한 것으로서 소송절차에 관한 법령을 위반한 잘못이 있다(대법원 2013.4.25, 2013도1658).

① (○) 제16조의2

② (○) 단독판사 관할 피고사건의 항소사건이 지방법원 합의부나 지방법원지원 합의부에 계속 중일 때 그 변론종결 시까지 청구된 치료감호사건의 관할법원은 고등법원이고, 피고사건의 관할법원도 치료감호사건의 관할을 따라 고등법원이 된다. 따라서 위와 같은 치료감호사건이 지방법원이나 지방법원지원에 청구되어 피고사건 항소심을 담당하는 합의부에 배당된 경우 그 합의부는 치료감호사건과 피고사건을 모두 고등법원에 이송하여야 한다(대법원 2009.11.12, 2009도6946,2009감도24).

③ (○) 형사소송법 제5조에 정한 관련 사건의 관할은, 이른바 고유관할사건 및 그 관련 사건이 반드시 병합기소되거나 병합되어 심리될 것을 전제요건으로 하는 것은 아니고, 고유관할사건 계속 중 고유관할 법원에 관련 사건이 계속된 이상 그 후 양 사건이 병합되어 심리되지 아니한 채 고유사건에 대한 심리가 먼저 종결되었다 하더라도 관련 사건에 대한 관할권은 여전히 유지된다(대법원 2008.6.12, 2006도8568).

정답 ④

---

003 ✓ 대표 ◆◇◇ 변호사 2022

관할에 관한 설명 중 옳지 않은 것은? (다툼이 있는 경우 판례에 의함)

① 제1심 법원의 소재지가 피고인이 현재 거주하는 곳인 이상, 그 범죄지나 주소지가 아니더라도 그 판결에 토지관할 위반의 위법은 없다.

② 토지관할을 달리하는 2개의 관련사건이 각각 다른 법원에 계속된 때에는 공통되는 바로 위의 상급법원은 검사나 피고인의 신청에 의하여 결정으로 한 개 법원으로 하여금 병합심리하게 할 수 있다.

③ 합의부는 2개의 관련사건이 사물관할을 달리하는 경우에 결정으로 단독판사에게 속한 사건을 병합하여 심리할 수 있지만, 2개의 관련사건이 사물관할과 토지관할을 모두 달리하는 경우에는 병합하여 심리할 수 없다.

④ 제1심에서 합의부 관할사건에 관하여 단독판사 관할사건으로 죄명, 적용법조를 변경하는 공소장변경허가신청서가 제출된 경우, 사건을 배당받은 합의부는 공소장변경허가결정을 하였는지에 관계없이 사건의 실체에 들어가 심판하여야 한다.

⑤ 같은 사건이 사물관할을 같이하는 여러 개의 법원에 계속된 경우에 각 법원에 공통되는 바로 위의 상급법원은 검사나 피고인의 신청에 의하여 결정으로 뒤에 공소를 받은 법원으로 하여금 심판하게 할 수 있다.

해설

③ (×) 사물관할을 달리하는 수개의 관련사건이 각각 법원합의부와 단독판사에 계속된 때에는 합의부는 결정으로 단독판사에 속한 사건을 병합하여 심리할 수 있고(제10조), 이는 법원합의부와 단독판사에 계속된 각 사건이 토지관할을 달리하는 경우에도 마찬가지이다(규칙 제4조 제1항).
[보충] 사물관할을 달리하는 수개의 관련항소사건이 각각 고등법원과 지방법원본원합의부에 계속된 때에는 고등법원은 결정으로

지방법원본원합의부에 계속한 사건을 병합하여 심리할 수 있다. 이 경우 수개의 관련항소사건이 토지관할을 달리하는 경우에도 같다(규칙 제4조의2 제1항).

① (○) 대법원 1984.2.28, 83도3333
② (○) 제6조
④ (○) 대법원 2013.4.25, 2013도1658
⑤ (○) 제13조

정답 ③

---

004 ✓ 유사 ◆◆◇ 국가9급 2024 유사 법원 2015

형사소송절차에서의 법원의 관할에 관한 다음 설명 중 가장 옳지 않은 것은? (다툼이 있는 경우 판례에 의함)

① 법원은 피고인이 그 관할구역 내에 현재하지 아니하는 경우에 특별한 사정이 있으면 결정으로 사건을 피고인의 현재지를 관할하는 동급 법원에 이송할 수 있고, 합의부의 관할사건이 공소장변경에 의하여 단독판사의 관할사건으로 변경된 경우에 법원의 결정으로 관할권이 있는 단독판사에게 재배당하여야 한다.

② 토지관할은 범죄지, 피고인의 주소, 거소 또는 현재지로 하고, 국외에 있는 대한민국 선박 내에서 범한 죄에 관하여는 위에 규정한 곳 외에 선적지 또는 범죄 후의 선착지로 한다.

③ 토지관할을 달리하는 수개의 관련사건이 각각 다른 법원에 계속된 때에는 공통되는 직근 상급법원(2020.12.8. 개정: 바로 위의 상급법원)은 검사 또는 피고인의 신청에 의하여 결정으로 1개 법원으로 하여금 병합심리하게 할 수 있다.

④ 동일사건이 사물관할을 같이하는 수개의 법원에 계속된 때에는 먼저 공소를 받은 법원이 심판하되, 각 법원에 공통되는 직근 상급법원(2020.12.8. 개정: 바로 위의 상급법원)은 검사 또는 피고인의 신청에 의하여 결정으로 뒤에 공소를 받은 법원으로 하여금 심판하게 할 수 있다.

해설

① (×) 지문의 전반부는 제8조 제1항의 내용이다.

> 제8조(사건의 직권이송) ① 법원은 피고인이 그 관할구역 내에 현재하지 아니하는 경우에 특별한 사정이 있으면 결정으로 사건을 피고인의 현재지를 관할하는 동급 법원에 이송할 수 있다.

지문의 후반부는 다음 판례에 근거한 것이다.
제1심에서 합의부 관할사건에 관하여 단독판사 관할사건으로 죄명, 적용법조를 변경하는 공소장변경허가신청서가 제출되자, 합의부가 공소장변경을 허가하는 결정을 하지 않은 채 착오배당을 이유로 사건을 단독판사에게 재배당한 경우, 형사소송법은 제8조 제2항에서 단독판사의 관할사건이 공소장변경에 의하여 합의부 관할사건으로 변경된 경우 합의부로 이송하도록 규정하고 있을 뿐 그 반대의 경우에 관하여는 규정하고 있지 아니하며, '법관

등의 사무분담 및 사건배당에 관한 예규'에서도 이러한 경우를 재배당사유로 규정하고 있지 아니하므로, 사건을 배당받은 합의부는 공소장변경허가결정을 하였는지에 관계없이 사건의 실체에 들어가 심판하였어야 하고 사건을 단독판사에게 재배당할 수 없는데도, 사건을 재배당 받은 제1심 및 원심이 사건에 관한 실체심리를 거쳐 심판한 조치는 관할권이 없는 데도 이를 간과하고 실체 판결을 한 것으로서 소송절차에 관한 법령을 위반한 잘못이 있다(대법원 2013.4.25, 2013도1658).

[정리] 합의부 심리 중 공소장변경에 의하여 단독판사의 사물관할이 되어도 합의부에서 계속 심리함

② (○) 제4조 제1항·제2항 참조.

> **제4조(토지관할)** ① 토지관할은 범죄지, 피고인의 주소, 거소 또는 현재지로 한다.
> ② 국외에 있는 대한민국 선박 내에서 범한 죄에 관하여는 전항에 규정한 곳 외에 선적지 또는 범죄 후의 선착지로 한다.

③ (○) 제6조 참조.

> **제6조(토지관할의 병합심리)** 토지관할이 다른 여러 개의 관련사건이 각각 다른 법원에 계속된 때에는 공통되는 바로 위의 상급법원은 검사나 피고인의 신청에 의하여 결정(決定)으로 한 개 법원으로 하여금 병합심리하게 할 수 있다. 〈개정 2020.12.8.〉

④ (○) 제13조 참조.

> **제13조(관할의 경합)** 같은 사건이 사물관할이 같은 여러 개의 법원에 계속된 때에는 먼저 공소를 받은 법원이 심판한다. 다만, 각 법원에 공통되는 바로 위의 상급법원은 검사나 피고인의 신청에 의하여 결정으로 뒤에 공소를 받은 법원으로 하여금 심판하게 할 수 있다. 〈개정 2020.12.8.〉

정답 ①

---

005 ✓유사 ◆◇◇   법원 2016

관할에 관한 다음 설명 중 가장 옳지 않은 것은? (다툼이 있는 경우 판례에 의함)

① 사물관할을 달리하는 수개의 관련 항소사건이 각각 고등법원과 지방법원본원합의부에 계속된 때에는 고등법원은 결정으로 지방법원본원합의부에 계속한 사건을 병합하여 심리할 수 있다.

② 법원은 직권으로 관할을 조사하여야 한다.

③ 국민참여재판 대상이었던 합의부 관할사건이 공소사실의 변경 등으로 인하여 대상사건에 해당하지 아니하게 된 경우에는, 법원은 그 사건을 단독재판부로 이송하여야 한다.

④ 단독판사 관할사건이 항소심 계속 중 공소장변경에 의하여 합의부 관할사건으로 된 경우에 법원은 사건을 관할권이 있는 법원에 이송하여야 하고, 그 경우 관할권이 있는 법원은 고등법원이다.

해설

③ (✕) 단독판사에게 이송해서는 안 되고, 국민참여재판을 계속 진행한다. 국민참여재판법 제6조 제1항 참조.

> **국민참여재판법 제6조(공소사실의 변경 등)** ① 법원은 공소사실의 일부 철회 또는 변경으로 인하여 대상사건에 해당하지 아니하게 된 경우에도 이 법에 따른 재판을 계속 진행한다. 다만, 법원은 심리의 상황이나 그 밖의 사정을 고려하여 국민참여재판으로 진행하는 것이 적당하지 아니하다고 인정하는 때에는 결정으로 당해 사건을 지방법원 본원 합의부가 국민참여재판에 의하지 아니하고 심판하게 할 수 있다.

[정리] 합의부에서 단독판사에게 이송되는 것은, 합의부 병합심리 중 분리 이송하는 경우(제9조)뿐이다.

① (○) 규칙 제4조2 참조.

> **규칙 제4조의2(항소사건의 병합심리)** ① 사물관할을 달리하는 수개의 관련 항소사건이 각각 고등법원과 지방법원본원합의부에 계속된 때에는 고등법원은 결정으로 지방법원본원합의부에 계속한 사건을 병합하여 심리할 수 있다. 수개의 관련 항소사건이 토지관할을 달리하는 경우에도 같다.

② (○) 제1조 참조.

> **제1조(관할의 직권조사)** 법원은 직권으로 관할을 조사하여야 한다.

④ (○) 항소심에서 공소장변경에 의하여 단독판사의 관할사건이 합의부 관할사건으로 된 경우에도 법원은 사건을 관할권이 있는 법원에 이송하여야하고 항소심에서 변경된 합의부 관할사건에 대한 관할권이 있는 법원은 고등법원이라고 봄이 상당하다(대법원 1997.12.12, 97도2463).

정답 ③

006 ✓ 유사 ◆◆◇ 경찰 2014 유사 | 법원승진 2013

관할에 관한 설명으로 옳지 않은 것은? (다툼이 있는 경우 판례에 의함)

① 사물관할을 달리하는 수개의 관련사건이 각각 법원합의부와 단독판사에 계속된 때에는 합의부는 결정으로 단독판사에 속한 사건을 병합하여 심리할 수 있는데, 다만 법원합의부와 단독판사에 계속된 각 사건이 토지관할을 달리하는 경우에는 위 제1심 법원들에 공통되는 직근 상급법원이 합의부로 하여금 병합심리하도록 결정하게 된다.

② 법원은 그 계속 중인 사건에 관하여 토지관할의 병합심리신청이 제기 된 경우에는 급속을 요하는 경우를 제외하고는 그 신청에 대한 결정이 있기까지 소송절차를 정지하여야 한다.

③ 토지관할을 달리하는 수개의 관련사건이 동일법원에 계속된 경우에 병합심리의 필요가 없는 때에는 법원은 결정으로 이를 분리하여 관할권 있는 다른 법원에 이송할 수 있다.

④ 항소심에서 공소장변경에 의하여 단독판사의 관할사건이 합의부 관할사건으로 된 경우에도 법원은 사건을 관할권이 있는 법원에 이송하여야 한다.

【해설】

① (×) 사물관할의 병합심리는 합의부의 결정에 의하고 이는 토지관할을 달리하는 경우에도 그대로 적용된다(법 제10조, 규칙 제4조 제1항 참조).

> **법 제10조(사물관할의 병합심리)** 사물관할을 달리하는 수개의 관련사건이 각각 법원합의부와 단독판사에 계속된 때에는 합의부는 결정으로 단독판사에 속한 사건을 병합하여 심리할 수 있다.
> **규칙 제4조(사물관할의 병합심리)** ① 법 제10조의 규정은 법원합의부와 단독판사에 계속된 각 사건이 토지관할을 달리하는 경우에도 이를 적용한다.

② (○) 토지관할의 병합심리신청과 관할지정신청·관할이전신청이 제기된 경우에는 급속을 요하는 경우를 제외하고는 소송절차가 정지된다(규칙 제7조 참조).

> **규칙 제7조(소송절차의 정지)** 법원은 그 계속 중인 사건에 관하여 토지관할의 병합심리신청, 관할지정신청 또는 관할이전신청이 제기 된 경우에는 그 신청에 대한 결정이 있기까지 소송절차를 정지하여야 한다. 다만, 급속을 요하는 경우에는 그러하지 아니하다.

③ (○) 제7조 참조.

> **제7조(토지관할의 심리분리)** 토지관할을 달리하는 수개의 관련사건이 동일법원에 계속된 경우에 병합심리의 필요가 없는 때에는 법원은 결정으로 이를 분리하여 관할권 있는 다른 법원에 이송할 수 있다.

④ (○) 제8조 제2항 참조. 항소심에서 공소장변경에 의하여 단독판사의 관할사건이 합의부 관할사건으로 된 경우에도 법원은 사건을 관할권이 있는 법원에 이송하여야 하고, 항소심에서 변경된

위 합의부 관할사건에 대한 관할권이 있는 법원은 고등법원이라고 봄이 상당하다(대법원 1997.12.12, 97도2463).

> **제8조(사건의 직권이송)** ② 단독판사의 관할사건이 공소장변경에 의하여 합의부 관할사건으로 변경된 경우에 법원은 결정으로 관할권이 있는 법원에 이송한다.

【정답】 ①

---

007 ✓ 유사 ◆◆◇ 국가7급 2014

법원의 관할에 대한 설명으로 옳지 않은 것은? (다툼이 있는 경우 판례에 의함)

① 합의부 관할사건에 관하여 단독판사 관할사건으로 죄명과 적용 법조를 변경하는 공소장변경허가신청서가 제출되면 합의부는 착오배당을 이유로 사건을 단독판사에게 이송하여야 한다.

② 관련사건이 항소심인 A지방법원 항소부와 B고등법원에 각각 계속되자 피고인이 병합심리를 신청하는 경우, 법원은 그 신청을 기각하는 결정을 내려야 한다.

③ 피고인의 현재지이면, 범죄지, 주소지가 아니더라도 토지관할이 인정된다.

④ 단독판사 관할 피고사건의 항소사건이 지방법원 합의부에 계속 중일 때 치료감호가 청구된 경우, 치료감호사건과 피고사건의 관할법원은 고등법원이다.

【해설】

① (×) 사건을 배당받은 합의부는 공소장변경허가결정을 하였는지에 관계없이 사건의 실체에 들어가 심판하였어야 하고 사건을 단독판사에게 재배당할 수 없다(대법원 2013.4.25, 2013도1658). 사건을 재배당받은 제1심 및 원심이 사건에 관한 실체 심리를 거쳐 심판한 조치는 관할권이 없는데도 이를 간과하고 실체 판결을 한 것으로서 소송절차에 관한 법령을 위반한 잘못이 있고, 이러한 잘못은 판결에 영향을 미쳤으므로, 원심판결 및 제1심판결을 모두 파기하고 사건을 관할권이 있는 법원 제1심 합의부에 이송한 경우이다.

② (○) 형사소송법 제6조는 토지관할을 달리하는 수개의 관련사건이 각각 다른 법원에 계속된 때에는 공통되는 직근 상급법원은 검사 또는 피고인의 신청에 의하여 결정으로 1개 법원으로 하여금 병합심리하게 할 수 있다(2020.12.8. 개정: 토지관할이 다른 여러 개의 관련사건이 각각 다른 법원에 계속된 때에는 공통되는 바로 위의 상급법원은 검사나 피고인의 신청에 의하여 결정(決定)으로 한 개 법원으로 하여금 병합심리하게 할 수 있다)고 규정하고 있는데 여기서 말하는 "각각 다른 법원"이란 사물관할은 같으나 토지관할을 달리 하는 동종, 동등의 법원을 말하는 것이므로 사건이 각각 계속된 마산지방법원 항소부와 부산고등법원은 심급은 같을지언정 사물관할을 같이하지 아니하여 여기에 해당하지 아니한다(대법원1990.5.23, 90초56).

③ (○) 형사소송법 제4조 제1항은 토지관할을 범죄지, 피고인의 주소, 거소 또는 현재지로 하고 있으므로, 제1심 법원이 피고인의 현재지인 이상, 그 범죄지나 주소지가 아니더라도 그 판결에 토지관할 위반의 위법은 없다(대법원 1984.2.28, 83도3333).

④ (○) 치료감호사건의 관할법원은 고등법원이고, 피고사건의 관

할법원도 치료감호사건의 관할을 따라 고등법원이 된다(대법원 2009.11.12, 2009도6946,2009감도24). 따라서 위와 같은 치료감호사건이 지방법원이나 지방법원지원에 청구되어 피고사건 항소심을 담당하는 합의부에 배당된 경우 그 합의부는 치료감호사건과 피고사건을 모두 고등법원에 이송하여야 한다.

정답 ①

---

008 ✅ 유사 ◆◆◇ 경찰 2015

법원의 관할에 대한 설명으로 다음 중 틀린 것은 모두 몇 개인가? (다툼이 있으면 판례에 의함)

> ㉠ 소송행위는 관할위반인 경우에도 그 효력에 영향이 없다.
> ㉡ 단독판사의 관할사건이 공소장변경에 의하여 합의부 관할사건으로 변경된 경우에 법원은 결정으로 관할권이 있는 법원에 이송한다.
> ㉢ 항소심에서 공소장변경에 의하여 단독판사의 관할사건이 합의부 관할사건으로 된 경우에는 법원은 사건을 관할권이 있는 법원에 이송할 수 없다.
> ㉣ 토지관할을 달리하는 수개의 제1심 법원들에 관련사건이 계속된 경우에 그 소속 고등법원이 같은 경우에는 그 고등법원이, 그 소속 고등법원이 다른 경우에는 대법원이 위 제1심 법원들의 공통되는 직근 상급법원으로서 토지관할 병합심리 신청사건의 관할법원이 된다.
> ㉤ 토지관할을 달리하는 수개의 관련사건이 동일법원에 계속된 경우라면, 병합심리의 필요가 없더라도 법원은 이를 분리하여 관할권 있는 다른 법원에 이송할 수 없다.

① 1개   ② 2개
③ 3개   ④ 4개

해설

㉠ (○) 제2조 참조.

> **제2조(관할위반과 소송행위의 효력)** 소송행위는 관할위반인 경우에도 그 효력에 영향이 없다.

㉡ (○) 제8조 제2항 참조.

> **제8조(사건의 직권이송)** ② 단독판사의 관할사건이 공소장변경에 의하여 합의부 관할사건으로 변경된 경우에 법원은 결정으로 관할권이 있는 법원에 이송한다.

㉢ (×) 항소심에서 공소장변경에 의하여 단독판사의 관할사건이 합의부 관할사건으로 된 경우에도 법원은 사건을 관할권이 있는 법원에 이송하여야하고 항소심에서 변경된 합의부 관할사건에 대한 관할권이 있는 법원은 고등법원이라고 봄이 상당하다(대법원 1997.12.12, 97도2463).

㉣ (○) 사물관할은 같지만 토지관할을 달리하는 수개의 제1심 법원(지원을 포함한다. 이하 같다)들에 관련 사건이 계속된 경우에 있어서, 형사소송법 제6조에서 말하는 '공통되는 직근상급법원(2020.

12.8. 개정: 바로 위의 상급법원)'은 그 성질상 형사사건의 토지관할 구역을 정해 놓은 '각급 법원의 설치와 관할구역에 관한 법률' 제4조에 기한 [별표 3]의 관할구역 구분을 기준으로 정하여야 할 것인바, 형사사건의 제1심 법원은 각각 일정한 토지관할 구역을 나누어 가지는 대등한 관계에 있으므로 그 상급법원은 위 표에서 정한 제1심 법원들의 토지관할 구역을 포괄하여 관할하는 고등법원이 된다. 따라서 토지관할을 달리하는 수개의 제1심 법원들에 관련사건이 계속된 경우에 그 소속 고등법원이 같은 경우에는 그 고등법원이, 그 소속 고등법원이 다른 경우에는 대법원이 위 제1심 법원들의 공통되는 직근상급법원(2020.12.8. 개정: 바로 위의 상급법원)으로서 위 조항에 의한 토지관할 병합심리 신청사건의 관할법원이 된다(대법원 2006.12.5, 2006초기335 전원합의체).

㉤ (×) 제7조 참조.

> **제7조(토지관할의 심리분리)** 토지관할을 달리하는 수개의 관련사건이 동일법원에 계속된 경우에 병합심리의 필요가 없는 때에는 법원은 결정으로 이를 분리하여 관할권 있는 다른 법원에 이송할 수 있다.

정답 ②

---

009 ✅ 유사 ◆◆◇ 국가9급 2013 유사 군무원9급 2024

관련사건의 관할과 심리에 대한 설명으로 가장 옳지 않은 것은?

① 사물관할을 달리하는 수개의 사건이 관련된 때에는 원칙적으로 법원합의부가 병합관할한다.
② 토지관할을 달리하는 수개의 사건이 관련된 때에는 공통되는 바로 위의 상급법원이 병합관할한다.
③ 사물관할을 달리하는 수개의 관련사건이 각각 법원합의부와 단독판사에 계속된 때에는 합의부가 단독판사에 속한 사건을 병합심리할 수 있다.
④ 토지관할을 달리하는 수개의 관련사건이 동일법원에 계속된 때에는 이를 분리하여 관할권 있는 다른 법원에 이송할 수 있다.

해설

② (×) 토지관할을 달리하는 수개의 사건이 관련된 때에는 <u>1개의 사건에 관하여 관할권 있는 법원은 다른 사건까지 관할할 수 있다(제5조)</u>.
[보충] 이렇게 제9조와 제6조는 관련사건의 병합관할(권)을 정하고 있다.

① (○) 제9조 참조.

> **제9조(사물관할의 병합)** 사물관할을 달리하는 수개의 사건이 관련된 때에는 법원합의부는 병합관할한다. 단, 결정으로 관할권 있는 법원단독판사에게 이송할 수 있다.

③ (○) 제10조 참조.

> **제10조(사물관할의 병합심리)** 사물관할을 달리하는 수개의 관련사건이 각각 법원합의부와 단독판사에 계속된 때에는 합의부는 결정으로 단독판사에 속한 사건을 병합하여 심리할 수 있다.

④ (○) 제7조 참조.

> **제7조(토지관할의 심리분리)** 토지관할을 달리하는 수개의 관련사건이 동일법원에 계속된 경우에 병합심리의 필요가 없는 때에는 법원은 결정으로 이를 분리하여 관할권 있는 다른 법원에 이송할 수 있다.

정답 ②

010 ✓유사 ◆◇◇ 법원 2014

사건의 이송에 관한 설명 중 가장 옳지 않은 것은?

① 피고인이 국민참여재판을 원하는 의사를 표시한 경우 지방법원 지원 합의부가 배제결정을 하지 아니하는 경우에는 국민참여재판절차회부결정을 하여 사건을 지방법원본원 합의부로 이송하여야 한다.

② 법원은 공소가 제기된 사건에 대하여 군사법원이 재판권을 가지게 되었거나 재판권을 가졌음이 판명된 때에는 결정으로 사건을 재판권이 있는 같은 심급의 군사법원으로 이송하여야 하는데, 이 경우 이송 전에 행한 소송행위는 원칙적으로 무효이므로, 이송 후 군사법원에서 다시 소송행위를 하여야 한다.

③ 단독판사의 관할사건이 공소장변경에 의하여 합의부 관할사건으로 변경된 경우, 법원은 관할위반의 판결을 할 것이 아니라, 결정으로 관할권이 있는 법원에 이송한다.

④ 상고심에서 관할의 인정이 법률에 위반됨을 이유로 원심판결 또는 제1심판결을 파기하는 경우에는 판결로써 사건을 관할 있는 법원에 이송하여야 한다.

해설

② (×) 제16조의2 참조.

> **제16조의2(사건의 군사법원 이송)** 법원은 공소가 제기된 사건에 대하여 군사법원이 재판권을 가지게 되었거나 재판권을 가졌음이 판명된 때에는 결정으로 사건을 재판권이 있는 같은 심급의 군사법원으로 이송한다. <u>이 경우에 이송 전에 행한 소송행위는 이송 후에도 그 효력에 영향이 없다.</u>

① (○) 국민참여재판법 제10조 제1항 참조.

> **국민참여재판법 제10조(지방법원 지원 관할 사건의 특례)** ① 제8조에 따라 <u>피고인이 국민참여재판을 원하는 의사를 표시한 경우 지방법원 지원합의부가 제9조 제1항의 배제결정을 하지 아니하는 경우에는 국민참여재판절차 회부결정을 하여 사건을 지방법원 본원 합의부로 이송하여야 한다.</u>

③ (○) 제8조 제2항 참조.

> **제8조(사건의 직권이송)** ② <u>단독판사의 관할사건이 공소장변경에 의하여 합의부 관할사건으로 변경된 경우에 법원은 결정으로 관할권이 있는 법원에 이송한다.</u>

④ (○) 제394조 참조.

> **제394조(관할인정과 이송의 판결)** 관할의 인정이 법률에 위반됨을 이유로 원심판결 또는 제1심판결을 파기하는 경우에는 판결로써 사건을 관할 있는 법원에 이송하여야 한다.

정답 ②

011 ✓유사 ◆◇◇ 국가7급 2016

법원의 관할에 대한 설명으로 옳지 않은 것은? (다툼이 있는 경우 판례에 의함)

① 토지관할의 기준으로서 '현재지'는 공소제기 당시 피고인이 현재한 장소로서 임의에 의한 현재지뿐만 아니라 적법한 강제에 의한 현재지도 포함한다.

② 보증금몰수사건의 관할법원은 당해 형사본안 사건의 기록이 존재하는 법원 또는 그 기록을 보관하는 검찰청에 대응하는 법원이 아니라 소송절차 계속 중에 보석허가결정 또는 그 취소결정 등을 한 본안 관할법원이다.

③ 사실발견을 위하여 필요하거나 긴급을 요하는 경우 법원은 관할구역 외에서 직무를 행하거나 사실조사에 필요한 처분을 할 수 있다.

④ 사물관할은 동일하지만 토지관할을 달리하는 수개의 제1심 법원들에 관련 사건이 계속된 경우 그 소속 고등법원이 다른 때에는 대법원이 직근상급법원으로서 토지관할 병합심리 신청사건의 관할법원이 된다.

해설

② (×) 보석보증금의 몰수(몰취)에는 임의적 몰취와 필요적 몰취가 있다(제103조). 이러한 보증금몰수사건은 수소법원(재판부) 관할이 아니라, 토지관할은 본안의 기록이 있는 법원이고, 사물관할은 그 본안관할법원의 단독판사에 속한다. "ⓐ 보증금몰수사건은 그 성질상 당해 형사본안 사건의 기록이 존재하는 법원 또는 그 기록을 보관하는 검찰청에 대응하는 법원의 토지관할에 속하고, ⓑ 그 법원이 지방법원인 경우에 있어서 사물관할은 법원조직법 제7조 제4항의 규정에 따라 지방법원 단독판사에게 속하는 것이지 소송절차 계속 중에 보석허가결정 또는 그 취소결정 등을 본안 관할법원인 제1심 합의부 또는 항소심인 합의부에서 한 바 있었다고 하여 그러한 법원이 사물관할을 갖게 되는 것은 아니다(대법원 2002.5.17, 2001모53)."
[정리] 본안이 합의부사건이어도 보증금몰수사건은 단독판사 사물관할임

① (○) 대법원 2011.12.22, 2011도12927

③ (○) 제3조 제1항 참조.

> **제3조(관할구역 외에서의 집무)** ① 법원은 사실발견을 위하여 필요하거나 긴급을 요하는 때에는 관할구역 외에서 직무를 행하거나 사실조사에 필요한 처분을 할 수 있다.

④ (○) 대법원 2006.12.5, 2006초기335 전원합의체

정답 ②

012 ✓ 유사 ◆◆◇ 법원 2017

관할에 관한 다음 설명 중 가장 옳은 것은? (다툼이 있으면 판례에 의함)

① 법원은 직권으로 관할을 조사하여야 하므로 법원은 피고인의 신청이 없더라도 토지관할이 없다는 것이 밝혀진 경우 관할위반 판결을 선고하여야 한다.
② 검사가 피고인이 입대하기 전의 행위를 기소하였는데, 공소제기 이후 피고인이 입대하여 군인이 된 경우 법원의 심리결과 공소사실이 유죄로 인정되면 위 행위는 피고인이 군인이 아닐 때 이루어진 것이므로 법원은 유죄판결을 선고하여야 한다.
③ 사물관할을 달리하는 수개의 관련사건이 각각 법원합의부와 단독판사에 계속된 때에는 수개의 관련사건은 사물관할을 달리하므로 합의부가 단독판사에 속한 사건을 병합하여 심리할 수 없다.
④ 제1심에서 합의부 관할사건에 관하여 단독판사 관할사건으로 죄명, 적용법조를 변경하는 공소장변경 허가신청서가 제출되더라도 합의부는 사건의 실체에 들어가 심판하여야 하고, 사건을 단독판사에게 재배당하여서는 아니 된다.

해설

② (O) 군사법원법 제2조 제2항 제3호 참조.

> **군사법원법 제2조(신분적 재판권)** ② 제1항에도 불구하고 법원은 다음 각 호에 해당하는 범죄 및 그 경합범 관계에 있는 죄에 대하여 재판권을 가진다. 다만, 전시·사변 또는 이에 준하는 국가비상사태 시에는 그러하지 아니하다. 〈개정 2021.9.24.〉
> 3. 「군형법」 제1조 제1항부터 제3항까지에 규정된 사람이 그 신분취득 전에 범한 죄

④ (O) 사건 단독판사 관할사건이 합의부 관할사건으로 변경된 경우 합의부로 이송해야 한다고 형사소송법 제8조 제2항에 규정되어 있으나, 그 역(逆)으로 합의부 관할사건이 단독판사 관할사건으로 변경된 경우에 대해서는 형사소송법에 명문의 규정이 없다. 이 경우 그냥 합의부가 심판해야하고 단독판사로 이송할 수 없다(대법원 2013.4.25, 2013도1658).

① (×) 제320조 제1항 참조.

> **제320조(토지관할 위반)** ① 법원은 피고인의 신청이 없으면 토지관할에 관하여 관할 위반의 선고를 하지 못한다.

③ (×) 제10조 참조.

> **제10조(사물관할의 병합심리)** 사물관할을 달리하는 수개의 관련사건이 각각 법원합의부와 단독판사에 계속된 때에는 합의부는 결정으로 단독판사에 속한 사건을 병합하여 심리할 수 있다.

정답 ② · ④

013 ✓ 유사 ◆◆◇ 법원9급 2019

관할에 관한 다음 설명 중 가장 옳지 않은 것은?

① 제1심 형사사건에 관하여 지방법원 본원과 지방법원지원은 소송법상 별개의 법원이자 각각 일정한 토지관할 구역을 나누어 가지는 대등한 관계에 있으므로, 지방법원 본원과 지방법원 지원 사이의 관할의 분배도 지방법원 내부의 사법행정사무로서 행해진 지방법원 본원과 지원 사이의 단순한 사무분배에 그치는 것이 아니라 소송법상 토지관할의 분배에 해당한다. 그러므로 형사소송법 제4조에 의하여 지방법원 본원에 제1심 토지관할이 인정된다고 볼 특별한 사정이 없는 한, 지방법원 지원에 제1심 토지관할이 인정된다는 사정만으로 당연히 지방법원 본원에도 제1심 토지관할이 인정된다고 볼 수는 없다.
② 형사소송법 제4조 제1항은 "토지관할은 범죄지, 피고인의 주소, 거소 또는 현재지로 한다."라고 정하고, 여기서 '현재지'라고 함은 공소제기 당시 피고인이 현재한 장소로서 임의에 의한 현재지뿐만 아니라 적법한 강제에 의한 현재지도 이에 해당한다.
③ 토지관할을 달리하는 수개의 제1심 법원들에 관련 사건이 계속된 경우 그 소속 고등법원이 같은 경우에도 대법원이 위 제1심 법원들의 공통되는 직근상급법원(2020.12.8. 개정: 바로 위의 상급법원)으로서 형사소송법 제6조에 의한 토지관할 병합 심리신청사건의 관할법원이 된다.
④ 형사소송법 제5조에 정한 관련 사건의 관할은, 이른바 고유관할사건 및 그 관련 사건이 반드시 병합기소되거나 병합되어 심리될 것을 전제요건으로 하는 것은 아니고, 고유관할사건 계속 중 고유관할 법원에 관련 사건이 계속된 이상, 그 후 양 사건이 병합되어 심리되지 아니한 채 고유사건에 대한 심리가 먼저 종결되었다 하더라도 관련 사건에 대한 관할권은 여전히 유지된다.

해설

③ (×) 그 소속 고등법원이 같은 경우에는 그 고등법원이, 그 소속 고등법원이 다른 경우에는 대법원이다(대법원 2006.12.5, 2006초기335 전원합의체).
① (O) 대법원 2015.10.15, 2015도1803
② (O) 대법원 2011.12.22, 2011도12927
④ (O) 대법원 2008.6.12, 2006도8568

정답 ③

014 ✅유사 ◆◆◇

관할에 관한 설명 중 옳지 않은 것은? (다툼이 있는 경우 판례에 의함)

① 제1심 형사사건에 관하여 지방법원 본원과 지방법원 지원은 소송법상 별개의 법원이자 각각 일정한 토지관할 구역을 나누어 가지는 대등한 관계에 있으므로, 지방법원 본원에 제1심 토지관할이 인정된다고 볼 특별한 사정이 없는 한 지방법원 지원에 제1심 토지관할이 인정된다는 사정만으로 당연히 지방법원 본원에도 제1심 토지관할이 인정된다고 볼 수는 없다.

② 단독판사 관할 피고사건의 항소사건이 지방법원 지원 합의부에 계속 중일 때 그 변론종결 시까지 청구된 치료감호사건의 관할법원은 고등법원이고, 피고사건의 관할법원도 치료감호사건의 관할을 따라 고등법원이 되며, 위와 같은 치료감호사건이 지방법원 지원에 청구되어 피고사건 항소심을 담당하는 합의부에 배당된 경우 그 합의부는 치료감호사건과 피고사건을 모두 고등법원에 이송하여야 한다.

③ 합의부의 관할사건이 공소장변경에 의하여 단독판사 관할사건으로 변경된 경우, 합의부는 그 사건의 실체에 들어가 심판하여야 하고 사건을 단독판사에게 재배당할 수는 없다.

④ 토지관할은 공소제기 시점에 존재하면 족하며, 관할위반이 있는 경우 관할위반의 판결을 선고한 법원의 공판절차에서 작성된 공판조서·증인신문조서 등은 당해 사건에 대하여 다시 공소가 제기되면 증거로 사용할 수 있다.

⑤ 같은 사건이 사물관할이 같은 여러 개의 법원에 계속된 때에는 먼저 공소를 받은 법원이 심판하는 것이 원칙이고, 이 경우 관할의 경합으로 인해 심판을 하지 않게 된 법원은 판결로써 공소기각의 선고를 하여야 한다.

[해설]

⑤ (✕) 같은 사건이 사물관할이 같은 여러 개의 법원에 계속된 때에는 먼저 공소를 받은 법원이 심판하는 것이 원칙이고, 이 경우 관할의 경합으로 인해 심판을 하지 않게 된 법원은 공소기각의 결정을 하여야 한다(후단이 틀린 것임).

> **제13조(관할의 경합)** 같은 사건이 사물관할이 같은 여러 개의 법원에 계속된 때에는 먼저 공소를 받은 법원이 심판한다. 다만, 각 법원에 공통되는 바로 위의 상급법원은 검사나 피고인의 신청에 의하여 결정으로 뒤에 공소를 받은 법원으로 하여금 심판하게 할 수 있다.
> **제328조 (공소기각의 결정)** ① 다음 경우에는 결정으로 공소를 기각하여야 한다.
> 3. 제12조 또는 제13조의 규정에 의하여 재판할 수 없는 때

① (O) 제1심 형사사건에 관하여 지방법원 본원과 지방법원 지원은 소송법상 별개의 법원이자 각각 일정한 토지관할 구역을 나누어 가지는 대등한 관계에 있으므로, 지방법원 본원과 지방법원 지원 사이의 관할의 분배도 지방법원 내부의 사법행정사무로서 행해진 지방법원 본원과 지원 사이의 단순한 사무분배에 그치는 것이 아니라 소송법상 토지관할의 분배에 해당한다. 그러므로 형사소송법 제4조에 의하여 지방법원 본원에 제1심 토지관할이 인정된다고 볼 특별한 사정이 없는 한, 지방법원 지원에 제1심 토지관할이 인정된다는 사정만으로 당연히 지방법원 본원에도 제1심 토지관할이 인정된다고 볼 수는 없다(대법원 2015.10.15, 2015도1803).

② (O) 치료감호법 제3조 제2항, 제4조 제5항, 제12조 제2항의 내용을 종합해 보면, 단독판사 관할 피고사건의 항소사건이 지방법원 합의부나 지방법원 지원 합의부에 계속 중일 때 그 변론종결 시까지 청구된 치료감호사건의 관할법원은 고등법원이고, 피고사건의 관할법원도 치료감호사건의 관할을 따라 고등법원이 된다. 따라서 위와 같은 치료감호사건이 지방법원이나 지방법원 지원에 청구되어 피고사건 항소심을 담당하는 합의부에 배당된 경우 그 합의부는 치료감호사건과 피고사건을 모두 고등법원에 이송하여야 한다(대법원 2009.11.12, 2009도6946, 2009감도24).

③ (O) 제1심에서 합의부 관할사건에 관하여 단독판사 관할사건으로 죄명, 적용법조를 변경하는 공소장변경허가신청서가 제출되자, 합의부가 공소장변경을 허가하는 결정을 하지 않은 채 착오배당을 이유로 사건을 단독판사에게 재배당한 경우, 형사소송법은 제8조 제2항에서 단독판사의 관할사건이 공소장변경에 의하여 합의부 관할사건으로 변경된 경우 합의부로 이송하도록 규정하고 있을 뿐 그 반대의 경우에 관하여는 규정하고 있지 아니하며, '법관 등의 사무분담 및 사건배당에 관한 예규'에서도 이러한 경우를 재배당사유로 규정하고 있지 아니하므로, 사건을 배당받은 합의부는 공소장변경허가결정을 하였는지에 관계없이 사건의 실체에 들어가 심판하였어야 하고 사건을 단독판사에게 재배당할 수 없다(대법원 2013.4.25, 2013도1658).

④ (O) 공판기일에 피고인이나 피고인 아닌 자의 진술을 기재한 조서는 증거로 할 수 있고(제311조), 관할위반의 판결이 선고되어도 그 동안의 소송행위의 효력에는 영향이 없다(제2조). 이에 따라 관할위반의 판결을 선고한 법원의 공판절차에서 작성된 공판조서, 증인신문조서, 검증조서 등은 이후에 동일한 사건이 공소제기된 법원의 공판절차에서 증거로 사용될 수 있는 것이다.
[보충] 마찬가지로, 공판절차 갱신 전의 공판조서, 파기환송 또는 이송 전의 공판조서에 피고인 또는 피고인 아닌 자의 진술이 기재된 경우에도 법 제311조에 의하여 증거로 할 수 있다.

> **제311조(법원 또는 법관의 조서)** 공판준비 또는 공판기일에 피고인이나 피고인 아닌 자의 진술을 기재한 조서와 법원 또는 법관의 검증의 결과를 기재한 조서는 증거로 할 수 있다. 제184조 및 제221조의2의 규정에 의하여 작성한 조서도 또한 같다.
> **제2조(관할위반과 소송행위의 효력)** 소송행위는 관할위반인 경우에도 그 효력에 영향이 없다.

[정답] ⑤

015 ✓ 유사 ◆◆◇ 　　　　　국가9급/개론 2017

법원의 관할에 대한 설명으로 옳지 않은 것은? (다툼이 있으면 판례에 의함)

① 동일사건이 사물관할을 달리하는 수개의 법원에 계속된 때에는 법원합의부가 심판하고, 심판하지 않게 된 법원은 판결로 공소를 기각하여야 한다.

② 사물관할을 달리하는 수개의 관련사건이 각각 법원합의부와 단독판사에 계속된 때에는 합의부는 결정으로 단독판사에 속한 사건을 병합하여 심리할 수 있다.

③ 토지관할을 달리하는 수개의 제1심 법원들에 관련사건이 계속된 경우에 그 소속 고등법원이 같은 때에는 그 고등법원이, 그 소속 고등법원이 다른 때에는 대법원이 제1심 법원들의 공통되는 직근상급법원으로서 토지관할 병합심리 신청사건의 관할법원이 된다.

④ 단독판사의 관할사건이 공소장변경에 의하여 합의부 관할사건으로 변경된 경우에 법원은 결정으로 관할권이 있는 법원에 이송한다.

해설

① (×) 동일사건이 사물관할을 달리하는 수개의 법원에 계속된 때에는 법원합의부가 심판하고, 심판하지 않게 된 법원은 결정으로 공소를 기각하여야 한다(제328조 제1항 제3호).

> **제12조(동일사건과 수개의 소송계속)** 동일사건을 사물관할을 달리하는 수개의 법원에 계속된 때에는 법원합의부가 심판한다.
> **제328조(공소기각의 결정)** ① 다음 경우에는 결정으로 공소를 기각하여야 한다.
> 3. 제12조 또는 제13조의 규정에 의하여 재판할 수 없는 때

② (○) 제10조
③ (○) 대법원 2006.12.5, 2006초기335 전원합의체
④ (○) 제8조 제2항

정답 ①

016 ✓ 유사 ◆◆◇ 　　　　　국가7급 2020

법원의 관할에 대한 설명으로 옳은 것은? (다툼이 있는 경우 판례에 의함)

① 고유관할사건 계속 중 고유관할 법원에 관련사건이 계속되었지만 그 후 양 사건이 병합심리되지 아니한 채 고유사건에 대한 심리가 먼저 종결되었다면 관련사건에 대한 관할권은 유지되지 않는다.

② 「형사소송법」 제6조(토지관할을 달리하는 수개의 관련사건이 각각 다른 법원에 계속된 때에는 공통되는 직근상급법원은 검사 또는 피고인의 신청에 의하여 결정으로 1개법원으로 하여금 병합심리하게 할 수 있다)의 '각각 다른 법원'은 사물관할은 같으나 토지관할을 달리하는 동종, 동등의 법원을 말한다.

③ 법원의 관할이 명확하지 않은 경우 검사, 피고인 또는 변호인은 관계있는 제1심법원에 공통되는 직근상급법원에 관할지정을 신청하여야 한다.

④ 동일사건이 사물관할을 달리하는 수개의 법원에 계속된 때에는 먼저 공소를 받은 법원이 심판한다.

해설

② (○) 대법원 1990.5.23, 90초56
① (×) 형사소송법 제5조에 정한 관련 사건의 관할은, 이른바 고유관할사건 및 그 관련 사건이 반드시 병합기소되거나 병합되어 심리될 것을 전제요건으로 하는 것은 아니고, 고유관할사건 계속 중 고유관할 법원에 관련 사건이 계속된 이상 그 후 양 사건이 <u>병합되어 심리되지 아니한 채 고유사건에 대한 심리가 먼저 종결되었다 하더라도 관련 사건에 대한 관할권은 여전히 유지된다</u>(대법원 2008.6.12, 2006도8568).
③ (×) 법원의 관할이 명확하지 아니한 때에는 검사는 관계있는 제1심법원에 공통되는 직근상급법원에 관할지정을 신청하여야 한다(제14조 제1호). 즉, 피고인이나 변호인은 관할지정을 신청할 수 없다.
④ (×) 동일사건이 사물관할을 달리하는 수개의 법원에 계속된 때에는 법원합의부가 심판한다(제12조).

정답 ②

017 ✓유사 ◆◇◇ 경찰2차 2020

다음 법원의 관할에 대한 설명 중 적절한 것만을 모두 고른 것은? (다툼이 있는 경우 판례에 의함)

㉠ 「특정범죄 가중처벌 등에 관한 법률」 제5조의3 제1항(교통사고 후 도주)에 해당하는 사건은 단독판사 관할 사건이다.

㉡ 항소심이 제1심의 공소기각 판결이 잘못이라고 하여 파기하면서도 사건을 제1심법원에 환송하지 아니하고 본안에 들어가 심리한 후 피고인에게 유죄를 선고한 것은 「형사소송법」 제366조를 위반한 것이다.

㉢ 형사소송법 제5조(토지관할의 병합)에 정한 관련 사건의 관할은 고유관할사건 및 그 관련 사건이 반드시 병합기소되거나 병합되어 심리될 것을 전제로 하므로 고유관할사건 계속 중 고유관할 법원에 관련 사건이 계속된 이상 그 후 양 사건이 병합되어 심리되지 아니한 채 고유사건에 대한 심리가 먼저 종결되었다면 관련 사건에 대한 관할권은 종결된다.

㉣ 토지관할의 기준 사이에는 우열이 없으므로 하나의 피고사건에 관하여 수개의 법원이 동시에 토지관할을 가질 수 있고, 검사는 그 중 어느 곳에서든지 공소제기를 할 수 있다.

㉤ 토지관할의 기준 중 하나인 현재지는 공소제기 당시 피고인이 현재한 장소로서 임의에 의한 현재지뿐만 아니라 적법한 강제에 의한 현재지도 포함한다.

① ㉠, ㉡, ㉢, ㉣
② ㉡, ㉢, ㉤
③ ㉢, ㉣, ㉤
④ ㉠, ㉡, ㉣, ㉤

해설

㉠ (○) 법원조직법 제32조 제1항 제3호 참조.

> **법원조직법 제32조(합의부의 심판권)** ① 지방법원과 그 지원의 합의부는 다음의 사건을 제1심으로 심판한다.
> 1. 합의부에서 심판할 것으로 합의부가 결정한 사건
> 2. 민사사건에 관하여는 대법원규칙으로 정하는 사건
> 3. 사형, 무기 또는 단기 1년 이상의 징역 또는 금고에 해당하는 사건. 다만, 다음 각 목의 사건은 제외한다.
>   가. 「형법」 제258조의2 제1항, 제331조, 제332조(제331조의 상습범으로 한정한다)와 그 각 미수죄, 제350조의2와 그 미수죄, 제363조에 해당하는 사건
>   나. 「폭력행위 등 처벌에 관한 법률」 제2조 제3항 제2호·제3호, 제6조(제2조 제3항 제2호·제3호의 미수죄로 한정한다) 및 제9조에 해당하는 사건
>   다. 「병역법」 위반사건
>   라. 「특정범죄 가중처벌 등에 관한 법률」 제5조의3 제1항, 제5조의4 제5항 제1호·제3호 및 제5조의11에 해당하는 사건
>   마. 「보건범죄 단속에 관한 특별조치법」 제5조에 해당하는 사건
>   바. 「부정수표 단속법」 제5조에 해당하는 사건
>   사. 「도로교통법」 제148조의2 제1항·제2항, 같은 조 제3항 제1호 및 제2호에 해당하는 사건
>   아. 「중대재해 처벌 등에 관한 법률」 제6조 제1항·제3항 및 제10조 제1항에 해당하는 사건
> 4. 제3호의 사건과 동시에 심판할 공범사건
> 5. 지방법원판사에 대한 제척·기피사건
> 6. 다른 법률에 따라 지방법원 합의부의 권한에 속하는 사건

㉡ (○) 형사소송법 제366조는 "공소기각 또는 관할위반의 재판이 법률에 위반됨을 이유로 원심판결을 파기하는 때에는 판결로써 사건을 원심법원에 환송하여야 한다."라고 규정하고 있으므로, 원심으로서는 위와 같이 제1심의 공소기각 판결이 법률에 위반된다고 판단한 이상 본안에 들어가 심리할 것이 아니라 제1심판결을 파기하고 사건을 제1심법원에 환송하여야 한다(대법원 1998.5.8, 98도631 등). 따라서 원심이 제1심의 공소기각 판결이 잘못이라고 하여 파기하면서도 사건을 제1심법원에 환송하지 아니하고 본안에 들어가 심리한 후 피고인에게 유죄를 선고한 것은 형사소송법 제366조를 위반한 것이다(대법원 2020.1.30, 2019도15987).

㉢ (×) 대법원 2008.6.12, 2006도8568

㉣ (○) 범죄지, 피고인의 주소, 거소 또는 현재지 중 그 어디에 속하는 법원이든 관계없이 모두 토지관할권을 갖는다. "형사소송법 제4조 제1항은 토지관할을 범죄지, 피고인의 주소, 거소 또는 현재지로 하고 있으므로, 제1심 법원이 피고인의 현재지인 이상, 그 범죄지나 주소지가 아니더라도 그 판결에 토지관할 위반의 위법은 없다(대법원 1984.2.28, 83도3333)."

㉤ (○) 대법원 2011.12.22, 2011도12927

정답 ④

018 ✓유사 ◆◇◇ 법원9급 2024

관할에 관한 다음 설명 중 가장 옳지 않은 것은?

① 단독판사의 관할사건이 공소장변경에 의하여 합의부 관할사건으로 변경된 경우에는 단독판사는 관할위반의 판결을 선고하여 사건을 관할권이 있는 합의부에 이송해야 한다.

② 같은 사건이 사물관할을 같이 하는 여러 개의 법원에 계속된 경우에 각 법원에 공통되는 바로 위의 상급법원은 검사나 피고인의 신청에 의하여 결정으로 뒤에 공소를 받은 법원으로 하여금 심판하게 할 수 있다.

③ 관할이전의 사유가 존재하는 경우 검사는 직근 상급법원에 관할의 이전을 신청할 의무가 있다.

④ 토지관할에 있어서 '현재지'는 공소제기 당시 피고인이 현재한 장소로서 임의에 의한 현재지뿐만 아니라 적법한 강제에 의한 현재지도 이에 해당한다.

해설

① (×) 관할위반판결을 선고함이 없이 관할권 있는 합의부로 이송한다. 제8조 제2항 참조.

> **제8조(사건의 직권이송)** ② 단독판사의 관할사건이 공소장변경에 의하여 합의부 관할사건으로 변경된 경우에 법원은 결정으로 관할권이 있는 법원에 이송한다.

② (○) 제13조 참조.

> **제13조(관할의 경합)** 같은 사건이 사물관할이 같은 여러 개의 법원에 계속된 때에는 먼저 공소를 받은 법원이 심판한다. 다만, 각 법원에 공통되는 바로 위의 상급법원은 검사나 피고인의 신청에 의하여 결정으로 뒤에 공소를 받은 법원으로 하여금 심판하게 할 수 있다.

③ (○) 제15조 참조.

> **제15조(관할이전의 신청)** 검사는 다음 경우에는 직근 상급법원에 관할이전을 신청하여야 한다. 피고인도 이 신청을 할 수 있다.
> 1. 관할법원이 법률상의 이유 또는 특별한 사정으로 재판권을 행할 수 없는 때
> 2. 범죄의 성질, 지방의 민심, 소송의 상황 기타 사정으로 재판의 공평을 유지하기 어려운 염려가 있는 때

④ (○) 대법원 2011.12.22, 2011도12927

정답 ①

---

019 ✅ 유사 ◆◆◇   소방간부 2024

법원의 관할에 관한 설명으로 옳은 것은? (다툼이 있는 경우 판례에 의함)

① 관할법원이 법률상의 이유 또는 특별한 사정으로 재판권을 행할 수 없는 때 또는 범죄의 성질, 지방의 민심, 소송의 상황 기타 사정으로 재판의 공평을 유지하기 어려운 염려가 있는 때에는 검사만 직근 상급법원에 관할이전을 신청할 수 있다.

② 관련 사건이 A지방법원 단독판사와 B지방법원 합의부에 각각 계속된 때에는 공통되는 바로 위의 상급법원은 검사나 피고인의 신청에 의하여 결정으로 1개의 법원으로 하여금 병합심리하게 할 수 있다.

③ 동일사건이 사물관할을 달리하는 수개의 법원에 계속된 때에는 먼저 공소를 받은 법원이 심판한다. 다만, 각 법원에 공통되는 바로 위의 상급법원은 검사나 피고인의 신청에 의하여 결정으로 뒤에 공소를 받은 법원으로 하여금 심판하게 할 수 있다.

④ 일반 국민이 범한 수개의 죄 가운데 특정 군사범죄와 그 밖의 일반범죄가 「형법」 제37조 전단의 경합범 관계에 있다고 보아 하나의 사건으로 기소된 경우 특정 군사범죄에 대하여 전속적인 재판권을 가지는 군사법원은 그 밖의 일반범죄에 대하여도 재판권을 행사할 수 있다.

⑤ 단독판사 관할 피고사건의 항소사건이 C지방법원 합의부에 계속 중일 때 검사가 C지방법원에 치료감호청구를 하였고, 그 치료감호사건이 피고사건 항소심을 담당하는 합의부에 배당된 경우 그 합의부는 치료감호사건과 피고사건을 모두 관할권이 있는 고등법원에 이송하여야 한다.

해설

⑤ (○) 치료감호법 제3조 제2항, 제4조 제5항, 제12조 제2항의 내용을 종합해 보면, 단독판사 관할 피고사건의 항소사건이 지방법원 합의부나 지방법원 지원 합의부에 계속 중일 때 그 변론종결 시까지 청구된 치료감호사건의 관할법원은 고등법원이고, 피고사건의 관할법원도 치료감호사건의 관할을 따라 고등법원이 된다. 따라서 위와 같은 치료감호사건이 지방법원이나 지방법원 지원에 청구되어 피고사건 항소심을 담당하는 합의부에 배당된 경우 그 합의부는 치료감호사건과 피고사건을 모두 고등법원에 이송하여야 한다(대법원 2009.11.12, 2009도6946,2009감도24).

① (✕) 관할이전의 경우, 검사는 신청하여야 하고 피고인은 신청할 수 있다. 제15조 참조.

> **제15조(관할이전의 신청)** 검사는 다음 경우에는 직근 상급법원에 관할이전을 신청하여야 한다. 피고인도 이 신청을 할 수 있다.
> 1. 관할법원이 법률상의 이유 또는 특별한 사정으로 재판권을 행할 수 없는 때
> 2. 범죄의 성질, 지방의 민심, 소송의 상황 기타 사정으로 재판의 공평을 유지하기 어려운 염려가 있는 때

② (✕) 사물관할이 다른 경우이므로 합의부결정으로 병합심리할 수 있다.

> **제10조(사물관할의 병합심리)** 사물관할을 달리하는 수개의 관련사건이 각각 법원합의부와 단독판사에 계속된 때에는 합의부는 결정으로 단독판사에 속한 사건을 병합하여 심리할 수 있다.

[판례] 형사소송법 제6조는 토지관할을 달리하는 수 개의 관련사건이 각각 다른 법원에 계속된 때에는 공통되는 직근 상급법원은 검사 또는 피고인의 신청에 의하여 결정으로 1개 법원으로 하여금 병합심리하게 할 수 있다고 규정하고 있는데 여기서 말하는 "각각 다른 법원"이란 사물관할은 같으나 토지관할을 달리하는 동종, 동등의 법원을 말하는 것이므로 사건이 각각 계속된 마산지방법원 항소부와 부산고등법원은 심급은 같을지언정 사물관할을 같이하지 아니하여 여기에 해당하지 아니한다(대법원 1990.5.23, 90초56).

③ (✕) 사물관할의 경합 시에는 합의부가 심판한다(제12조).
[보충] 지문은 토지관할의 경합에 관한 내용이다(제13조).

> **제12조(동일사건과 수개의 소송계속)** 동일사건이 사물관할을 달리하는 수개의 법원에 계속된 때에는 법원합의부가 심판한다.
> **제13조(관할의 경합)** 같은 사건이 사물관할이 같은 여러 개의 법원에 계속된 때에는 먼저 공소를 받은 법원이 심판한다. 다만, 각 법원에 공통되는 바로 위의 상급법원은 검사나 피고인의 신청에 의하여 결정으로 뒤에 공소를 받은 법원으로 하여금 심판하게 할 수 있다.

④ (✕) 일반 국민이 범한 수개의 죄 가운데 특정 군사범죄와 그 밖의 일반범죄가 형법 제37조 전단의 경합범 관계에 있다고 보아 하나의 사건으로 기소된 경우, 특정 군사범죄에 대하여는 군사법원이 전속적인 재판권을 가지므로 일반법원이 이에 대하여 재판권을 행사할 수 없지만, 반대로 그 밖의 일반범죄에 대하여는 일반법원이 재판권을 가지므로 군사법원은 재판권을 행사할 수 없다(대법원 2018.8.30, 2016도6288).

정답 ⑤

020 ✓유사 ◆◇◇ | 국가9급/개론 2023

형사소송의 기본원칙에 대한 설명으로 옳지 않은 것은?

① 형사재판의 증거법칙과 관련하여서는 소극적 진실주의가 헌법적으로 보장되어 있으므로, 피고인은 형사소송절차에서 검사에 대하여 무기대등의 원칙이 보장되는 절차를 향유할 헌법적 권리를 가진다.

② 형사소송법 제57조 제1항은 "공무원이 작성하는 서류에는 법률에 다른 규정이 없는 때에는 작성 연월일과 소속 공무소를 기재하고 기명날인 또는 서명하여야 한다."라고 규정하고 있다. 여기에서 '법률의 다른 규정'에 검찰사건사무규칙은 포함되지 않는다.

③ 지방법원 본원과 지방법원 지원 사이의 관할의 분배는 토지관할의 분배가 아니라 지방법원 내부의 사법행정사무로서 행해진 지방법원 본원과 지원 사이의 단순한 사무분배에 해당한다.

④ 우리나라 군인이 전시(戰時)에 범한 성폭력범죄의 처벌 등에 관한 특례법 제2조의 성폭력범죄에 대해서는 우리나라 군사법원이 재판권을 가진다.

해설

③ (✕) 제1심 형사사건에 관하여 지방법원 본원과 지방법원 지원은 소송법상 별개의 법원이자 각각 일정한 토지관할 구역을 나누어 가지는 대등한 관계에 있으므로, <u>지방법원 본원과 지방법원 지원 사이의 관할의 분배도 지방법원 내부의 사법행정사무로서 행해진 지방법원 본원과 지원 사이의 단순한 사무분배에 그치는 것이 아니라 소송법상 토지관할의 분배에 해당한다</u>(대법원 2015.10. 15, 2015도1803).

① (○) 형사재판의 증거법칙과 관련하여서는 <u>소극적 진실주의가 헌법적으로 보장되어 있다</u> 할 것이다. 즉 형사피고인으로서는 형사소송절차에서 단순한 처벌대상이 아니라 절차를 형성·유지하는 절차의 <u>당사자로서의 지위</u>를 향유하며 형사소송절차에서는 검사에 대하여 <u>무기대등의 원칙이 보장되는 절차를 향유할 헌법적 권리를 가진다</u> 할 것이다(헌법재판소 1996.12.26, 94헌바1).

② (○) 검찰사건사무규칙은 검찰청법 제11조의 규정에 따라 각급 검찰청의 사건의 수리·수사·처리 및 공판수행 등에 관한 사항을 정함으로써 사건사무의 적정한 운영을 기함을 목적으로 하여 제정된 것으로서 그 실질은 검찰 내부의 업무처리지침으로서의 성격을 가지는 것이므로, <u>이를 형사소송법 제57조의 적용을 배제하기 위한 '법률의 다른 규정'으로 볼 수 없다</u>(대법원 2007.10. 25, 2007도4961).

④ (○) 군사법원법 개정(2021.9.24. 개정, 2022.7.1. 시행)에도 불구하고, 군인 등의 성폭력범죄라 하더라도 <u>전시 등 국가비상사태 시에는 군사법원법 제2조 제2항 단서에 의하여 군사법원이 재판권을 가진다</u>.

> **군사법원법 제2조(신분적 재판권)** ② 제1항에도 불구하고 법원은 다음 각 호에 해당하는 범죄 및 그 경합범 관계에 있는 죄에 대하여 재판권을 가진다. 다만, 전시·사변 또는 이에 준하는 국가비상사태 시에는 그러하지 아니하다.
> 1. 「군형법」 제1조 제1항부터 제3항까지에 규정된 사람이 범한 「성폭력범죄의 처벌 등에 관한 특례법」 제2조의 성폭력범죄 및 같은 법 제15조의2의 죄, 「아동·청소년의 성보호에 관한 법률」 제2조 제2호의 죄

정답 ③

Ⅲ 제척 · 기피 · 회피

021 ✓대표 ◆◆◇ | 법원9급 2018

다음 중 법관의 제척사유에 해당하는 경우는? (다툼이 있는 경우 판례에 의하고, 전원합의체 판결의 경우 다수의견에 의함)

① 환송판결 전의 원심에 관여한 법관이 환송 후 원심에 관여하는 경우

② 제1심판결에서 유죄의 증거로 사용된 증거를 조사하였으나, 경질되어 판결 선고에는 관여하지 않은 법관이 항소심에 관여하는 경우

③ 선거관리위원장으로서 공직선거법 위반 혐의 사실에 대하여 수사기관에 수사 의뢰를 한 법관이 당해 피고인에 대한 항소심에 관여하는 경우

④ 수사단계에서 피고인에 대하여 구속영장을 발부한 법관이 항소심에 관여하는 경우

해설

② (○) 제1심판결에서 피고인에 대한 유죄의 증거로 사용된 증거를 조사한 판사는 형사소송법 제17조 제7호 소정의 전심재판의 기초가 되는 조사, 심리에 관여하였다 할 것이고, 그와 같이 전심재판의 기초가 되는 조사, 심리에 관여한 판사는 직무집행에서 제척되어 항소심 재판에 관여할 수 없다(대법원 1999.10.22, 99도3534).

① (✕) 환송판결전의 원심에 관여한 재판관이 환송후의 원심재판관으로 관여하였다 하여 군법회의법 제48조나 형사소송법 제17조에 위배된다고 볼 수 없다(대법원 1979.2.27, 78도3204).

③ (✕) 형사소송법 제17조 제7호의 제척원인인 '법관이 사건에 관하여 그 기초되는 조사에 관여한 때'라 함은 전심재판의 내용 형성에 사용될 자료의 수집·조사에 관여하여 그 결과가 전심재판의 사실인정 자료로 쓰여진 경우를 말하므로, 법관이 선거관리위원장으로서 공직선거및선거부정방지법 위반혐의사실에 대하여 수사기관에 수사의뢰를 하고, 그 후 당해 형사피고사건의 항소심 재판을 하는 경우, 형사소송법 제17조 제7호 소정의 '법관이 사건에 관하여 그 기초되는 조사에 관여한 때'에 해당한다고 볼 수는 없다(대법원 1999.4.13, 99도155).

④ (✕) 법관이 수사단계에서 피고인에 대하여 구속영장을 발부한 경우는 형사소송법 제17조 제7호 소정의 "법관이 사건에 관하여 전심재판 또는 그 기초되는 조사, 심리에 관여한 때"에 해당한다고 볼 수 없다(대법원 1989.9.12, 89도612).

정답 ②

022 ✓ 대표 ◆◆◇　　　　법원9급 2022

법관의 제척사유에 해당하는 경우는? (다툼이 있는 경우 판례에 의하고, 전원합의체 판결의 경우 다수의견에 의함)

① 법관이 사건에 관하여 피고인의 변호인이거나 피고인·피해자의 대리인인 법무법인, 법무법인(유한), 법무조합, 법률사무소, 「외국법자문사법」 제2조 제9호에 따른 합작법무법인에서 퇴직한 날부터 2년이 지나지 아니한 때
② 원심 합의부원인 법관이 원심 재판장에 대한 기피신청 사건의 심리와 기각결정에 관여한 경우
③ 고발사실 중 검사가 불기소한 부분에 관한 재정신청을 기각한 법관이 위 고발사실 중 나머지 공소제기 된 부분에 대한 사건에 관여한 경우
④ 공소제기 전에 검사의 청구에 의하여 증거보전절차상의 증인신문을 한 법관

[해설]

① (○) 제17조 제8호 참조.

> **제17조(제척의 원인)** 법관은 다음 경우에는 직무집행에서 제척된다.
> 8. 법관이 사건에 관하여 <u>피고인의 변호인이거나 피고인·피해자의 대리인인 법무법인</u>, 법무법인(유한), 법무조합, 법률사무소, 「외국법자문사법」 제2조 제9호에 따른 합작법무법인에서 <u>퇴직한 날부터 2년이 지나지 아니한 때</u>

② (×) <u>원심 합의부원인 법관이 원심 재판장에 대한 기피신청 사건의 심리와 기각결정에 관여한 경우</u>는 제척사유에 해당하지 않는다(대법원 2010.12.9, 2007도10121).
③ (×) <u>고발사실 중 검사가 불기소한 부분에 관한 재정신청을 기각한 법관</u>이 위 고발사실 중 나머지 공소제기 된 부분에 대한 사건에 관여한 경우는 제척사유에 해당하지 않는다(대법원 2014.1.16, 2013도10316).
④ (×) <u>공소제기 전에 검사의 청구에 의하여 증거보전절차상의 증인신문을 한 법관</u>은 제척사유에 해당하지 않는다(대법원 1971.7.6, 71도974).

[정답] ①

023 ✓ 대표 ◆◆◇　　　　법원9급 2019

법관의 기피에 관한 다음 설명 중 가장 옳지 않은 것은?

① 법관에게 제척사유가 있는 때에는 검사 또는 피고인은 법관의 기피를 신청할 수 있고, 기피사유는 신청한 날로부터 3일 이내에 서면으로 소명하여야 한다.
② 기피신청이 소송의 지연을 목적으로 함이 명백한 경우에는 형사소송법 제20조 제1항에 의하여 법원 또는 법관은 결정으로 이를 기각할 수 있고, 이 경우 소송진행을 정지하여야 한다.
③ 기피신청을 받은 법관이 형사소송법 제22조 본문에 위반하여 본안의 소송절차를 정지하지 않은 채 그대로 소송을 진행하여서 한 소송행위는 그 효력이 없고, 이는 그 후 그 기피신청에 대한 기각결정이 확정되었다고 하더라도 마찬가지이다.
④ 기피신청에 대한 재판은 기피당한 법관의 소속법원합의부에서 결정으로 하여야 하지만, 소송지연만을 목적으로 한 기피신청은 기피당한 법관에 의하여 구성된 재판부가 스스로 이를 각하할 수 있다.

[해설]

② (×) 간이기각결정 시에는 소송진행을 정지하지 않는다(제22조 본문).

> **제20조(기피신청기각과 처리)** ① 기피신청이 소송의 지연을 목적으로 함이 명백하거나 제19조의 규정에 위배된 때에는 신청을 받은 법원 또는 법관은 결정으로 이를 기각한다. 〈개정 1995.12.29.〉
> **제22조(기피신청과 소송의 정지)** 기피신청이 있는 때에는 제20조 제1항의 경우를 제한 외에는 소송진행을 정지하여야 한다. 단, 급속을 요하는 경우에는 예외로 한다.

① (○) 제18조 제1항, 제19조 제2항 참조.

> **제18조(기피의 원인과 신청권자)** ① 검사 또는 피고인은 다음 경우에 법관의 기피를 신청할 수 있다.
> 1. 법관이 전조 각 호의 사유에 해당되는 때
> 2. 법관이 불공평한 재판을 할 염려가 있는 때
> **제19조(기피신청의 관할)** ② 기피사유는 신청한 날로부터 3일 이내에 서면으로 소명하여야 한다.

③ (○) 대법원 2012.10.11, 2012도8544
④ (○) 제21조 제1항, 제20조 제1항 참조.

> **제20조(기피신청기각과 처리)** ① 기피신청이 소송의 지연을 목적으로 함이 명백하거나 제19조의 규정에 위배된 때에는 신청을 받은 법원 또는 법관은 결정으로 이를 기각한다. 〈개정 1995.12.29.〉
> **제21조(기피신청에 대한 재판)** ① 기피신청에 대한 재판은 기피당한 법관의 소속법원 합의부에서 결정으로 하여야 한다.

[정답] ②

024 ✓ 대표 ◆◇◇

법관의 기피에 대한 설명으로 옳은 것은?

① 기피원인으로서의 '불공평한 재판을 할 염려가 있는 때'란 당사자가 불공평한 재판이 될지도 모른다고 추측할 만한 주관적인 사정이 있는 때를 말한다.

② 재판부가 당사자의 증거신청을 채택하지 않았다는 것만으로는 기피사유가 되지 않지만, 이미 행한 증거결정을 취소하였다는 것은 그 자체로서 기피사유가 된다.

③ 재판장이 피고인의 증인신문권의 본질적인 부분을 침해하였다고 볼 만한 소명자료가 없더라도, 재판장이 증인에 대한 피고인의 신문을 제지한 사실이 있다는 것은 그 자체로서 기피사유가 된다.

④ 재판부가 형사소송법에 정한 기간 내에 재정신청사건의 결정을 하지 아니하였다는 사유만으로는 기피사유가 되지 않는다.

해설

④ (○) 형사소송법 제18조 제2호의 "불공정한 재판을 할 염려가 있는 때"라 함은 통상인의 판단으로서 법관과 사건과의 관계상 불공평한 재판을 할 것이라는 의혹을 갖는 것이 합리적이라고 인정할 만한 객관적인 사정이 있는 때를 말하는것이므로 재판부가 당사자의 증거신청을 채택하지 아니하였다거나 같은 법 제262조에 정한 기간 내에 재정신청사건의 결정을 하지 아니하였다는 사유만으로는 재판의 공평을 기대하기 어려운 객관적인 사정이 있다 할 수 없다(내법원 1990.11.2, 90보44).

① (×) 기피원인에 관한 형사소송법 제18조 제1항 제2호 소정의 "불공평한 재판을 할 염려가 있는 때"라 함은, 당사자가 불공평한 재판이 될지도 모른다고 추측할 만한 주관적인 사정이 있는 때를 말하는 것이 아니라, 통상인의 판단으로써 법관과 사건과의 관계상 불공평한 재판을 할 것이라는 의혹을 갖는 것이 합리적이라고 인정할 만한 객관적인 사정이 있는 때를 말한다(대법원 1995.4.3, 95모10).

② (×) 재판부가 당사자의 증거신청을 채택하지 아니하거나 이미 한 증거결정을 취소하였다 하더라도 그러한 사유만으로는 재판의 공평을 기대하기 어려운 객관적인 사정이 있다고 할 수 없다(대법원 1995.4.3, 95모10).

③ (×) 형사소송법 제299조 규정상 재판장이 피고인의 증인신문권의 본질적인 부분을 침해하였다고 볼 만한 아무런 소명자료가 없다면, 재판장이 피고인의 증인에 대한 신문을 제지한 사실이 있다는 것만으로는 법관과 사건과의 관계상 불공평한 재판을 할 것이라는 의혹을 갖는 것이 합리적이라고 인정할 만한 객관적인 사정이 있는 경우에 해당한다고 볼 수 없다(대법원 1995.4.3, 95모10).

정답 ④

025 ✓ 대표 ◆◆◇

제척, 기피제도에 대한 설명으로 옳지 않은 것은? (다툼이 있는 경우 판례에 의함)

① 법원사무관 등과 통역인에 대한 기피재판은 소송지연의 목적이 명백하거나 관할위반의 경우를 제외하고, 그 소속법원이 결정으로 하여야 한다.

② 약식명령을 발령한 법관이 정식재판절차의 제1심 판결에 관여하였다고 하여 제척의 원인이 된다고 볼 수는 없다.

③ 기피신청을 인용한 결정 및 기각한 결정에 대하여는 즉시항고가 허용된다.

④ 기피당한 법관은 기피에 관한 결정에 관여하지 못하며, 기피당한 법관의 소속법원이 합의부를 구성하지 못하는 때에는 직근 상급법원이 결정하여야 한다.

해설

③ (×) 기피신청을 인용한 결정에 대해서는 불복할 수 없다.

> **제23조(기피신청기각과 즉시항고)** ① 기피신청을 기각한 결정에 대하여는 즉시항고를 할 수 있다.
> **제403조(판결 전의 결정에 대한 항고)** ① 법원의 관할 또는 판결 전의 소송절차에 관한 결정에 대하여는 특히 즉시항고를 할 수 있는 경우 외에는 항고하지 못한다.

① (○) 제25조 참조.

> **제25조(법원사무관등에 대한 제척·기피·회피)** ① 본장의 규정은 제17조 제7호의 규정을 제한 외에는 법원서기관·법원사무관·법원주사 또는 법원주사보(이하 "법원사무관등"이라 한다)와 통역인에 준용한다. 〈개정 2007.6.1.〉
> ② 전항의 법원사무관등과 통역인에 대한 기피재판은 그 소속법원이 결정으로 하여야 한다. 단, 제20조 제1항의 결정은 기피당한 자의 소속법관이 한다.

② (○) 약식절차와 피고인 또는 검사의 정식재판청구에 의하여 개시된 제1심 공판절차는 동일한 심급 내에서 서로 절차만 달리할 뿐이므로, 약식명령이 제1심공판절차의 전심재판에 해당하는 것은 아니고, 따라서 약식명령을 발부한 법관이 정식재판절차의 제1심판결에 관여하였다고 하여 형사소송법 제17조 제7호에 정한 '법관이 사건에 관하여 전심재판 또는 그 기초되는 조사, 심리에 관여한 때'에 해당하여 제척의 원인이 된다고 볼 수는 없다(대법원 2002.4.12, 2002도944).

④ (○) 제21조 참조.

> **제21조(기피신청에 대한 재판)** ① 기피신청에 대한 재판은 기피당한 법관의 소속법원합의부에서 결정으로 하여야 한다.
> ② 기피당한 법관은 전항의 결정에 관여하지 못한다.
> ③ 기피당한 판사의 소속법원이 합의부를 구성하지 못하는 때에는 직근 상급법원이 결정하여야 한다.

정답 ③

026 ✓ 대표 ◆◆◇ 경찰 2015

형사소송법상 제척·기피·회피에 관한 다음 설명 중 가장 적절한 것은? (다툼이 있으면 판례에 의함)

① 법관이 해당 사건의 직접피해자인 경우뿐만 아니라 간접피해자인 경우에도 제척사유에 해당되어 그 사건을 심판하는 법관이 될 수 없다.

② 회피제도는 법관에게 제척사유가 있음에도 불구하고 재판에 관여하거나 기타 불공평한 재판을 할 사정이 있는 경우에 당사자의 신청에 의하여 그 법관을 직무집행으로부터 탈퇴하게 하는 제도를 말한다.

③ 통역인이 피해자의 사실혼 배우자라면 통역인에게 제척사유가 있다.

④ 재판부가 당사자의 증거신청을 채택하지 아니하거나 이미 한 증거결정을 취소하였다 하더라도 그러한 사유만으로는 재판의 공평을 기대하기 어려운 객관적인 사정이 있다고 할 수 없다.

해설

④ (○) 재판부가 당사자의 증거신청을 채택하지 아니하거나 이미 한 증거결정을 취소하였다 하더라도 그러한 사유만으로는 재판의 공평을 기대하기 어려운 객관적인 사정이 있다고 할 수 없고, 또 형사소송법 제299조 규정상 재판장이 피고인의 증인신문권의 본질적인 부분을 침해하였다고 볼 만한 아무런 소명자료가 없다면, 재판장이 피고인의 증인에 대한 신문을 제지한 사실이 있다는 것만으로는 법관과 사건과의 관계상 불공평한 재판을 할 것이라는 의혹을 갖는 것이 합리적이라고 인정할 만한 객관적인 사정이 있는 경우에 해당한다고 볼 수 없다(대법원 1995.4.3, 95모10).

① (×) 간접적 피해자는 범위가 불명확하여 법적 안정성 차원에서 제외된다. 제17조 참조.

> **제17조(제척의 원인)** 법관은 다음 경우에는 직무집행에서 제척된다.
> 1. 법관이 피해자인 때

② (×) 회피제도는 법관이 스스로 직무집행에서 물러나는 제도이다.

③ (×) 사실혼 관계의 배우자는 친족에 포함되지 아니한다. "형사소송법 제17조 제2호는 '법관이 피고인 또는 피해자의 친족 또는 친족관계가 있었던 자인 때에는 직무집행에서 제척된다'고 규정하고 있고, 위 규정은 형사소송법 제25조 제1항에 의하여 통역인에게 준용되나, 사실혼관계에 있는 사람은 민법에서 정한 친족이라고 할 수 없어 형사소송법 제17조 제2호에서 말하는 친족에 해당하지 않으므로, 통역인이 피해자의 사실혼 배우자라고 하여도 통역인에게 형사소송법 제25조 제1항, 제17조 제2호에서 정한 제척사유가 있다고 할 수 없다(대법원 2011.4.14, 2010도13583)."

정답 ④

027 ✓ 유사 ◆◇◇ 법원 2013

법관에 대한 제척원인에 해당하지 않는 것은?

① 법관이 불공평한 재판을 할 염려가 있는 때

② 법관이 사건에 관하여 검사 또는 사법경찰관의 직무를 행한 때

③ 법관이 피고인 또는 피해자의 친족 또는 친족관계가 있었던 자인 때

④ 법관이 사건에 관하여 전심재판 또는 그 기초되는 조사, 심리에 관여한 때

해설

① (×) 기피사유이다(제18조 제1항 제2호). 나머지는 제척사유에 해당한다(제17조).

[정리] 제척사유: 유형적·제한적, 기피사유: 비유형적·비제한적

> **제17조(제척의 원인)** 법관은 다음 경우에는 직무집행에서 제척된다. 〈개정 2020.12.8.〉
> 1. 법관이 피해자인 때
> 2. 법관이 피고인 또는 피해자의 친족 또는 친족관계가 있었던 자인 때
> 3. 법관이 피고인 또는 피해자의 법정대리인, 후견감독인인 때
> 4. 법관이 사건에 관하여 증인, 감정인, 피해자의 대리인으로 된 때
> 5. 법관이 사건에 관하여 피고인의 대리인, 변호인, 보조인으로 된 때
> 6. 법관이 사건에 관하여 검사 또는 사법경찰관의 직무를 행한 때
> 7. 법관이 사건에 관하여 전심재판 또는 그 기초되는 조사, 심리에 관여한 때
> 8. 법관이 사건에 관하여 피고인의 변호인이거나 피고인·피해자의 대리인인 법무법인, 법무법인(유한), 법무조합, 법률사무소, 「외국법자문사법」 제2조 제9호에 따른 합작법무법인에서 퇴직한 날부터 2년이 지나지 아니한 때
> 9. 법관이 피고인인 법인·기관·단체에서 임원 또는 직원으로 퇴직한 날부터 2년이 지나지 아니한 때
> **제18조(기피의 원인과 신청권자)** ① 검사 또는 피고인은 다음 경우에 법관의 기피를 신청할 수 있다.
> 1. 법관이 전조 각 호의 사유에 해당되는 때
> 2. 법관이 불공평한 재판을 할 염려가 있는 때

정답 ①

028 ✓유사 ◆◆◇

제척에 대한 설명으로 옳지 않은 것은? (다툼이 있으면 판례에 의함)

① 제1심 공판기일에서 증거조사를 하고 그 증거들이 제1심 판결에서 유죄의 증거로 사용되었으나 판결은 그 이후 경질된 판사가 하였다면, 제1심에서 증거조사를 한 판사가 항소심 재판을 하는 것은 제척 사유에 해당하지 않는다.

② 선거관리위원장으로서 공직선거법위반 혐의사실에 대하여 수사기관에 수사의뢰를 한 법관이 당해 형사피고 사건의 재판을 하는 것은 제척사유에 해당하지 않는다.

③ 통역인이 사건에 관하여 증인으로 증언한 때에는 직무집행에서 제척되나, 통역인이 피해자의 사실혼 배우자인 경우에는 통역인에게 제척사유가 있다고 할 수 없다.

④ 약식명령을 발부한 법관이 정식재판절차의 제1심 판결에 관여하는 경우는 제척사유에 해당하지 않으나, 약식명령을 한 판사가 그에 대한 정식재판 절차의 항소심판결에 관여하는 경우는 제척사유에 해당한다.

해설

① (×) 제1심판결에서 피고인에 대한 유죄의 증거로 사용된 증거를 조사한 판사는 전심재판의 기초가 되는 조사·심리에 관여하였다 할 것이고 그와 같이 전심재판의 기초가 되는 조사·심리에 관여한 판사는 직무집행에서 제척되어 항소심 재판에 관여할 수 없다 (대법원 1999.10.22, 99도3534).

② (○) 대법원 1999.4.13, 99도155

③ (○) 대법원 2011.4.14, 2010도13583

④ (○) 대법원 2011.4.28, 2011도17

정답 ①

029 ✓유사 ◆◇◇

기피신청에 대한 설명으로 옳지 않은 것은? (다툼이 있는 경우 판례에 의함)

① 소송의 지연을 목적으로 함이 명백한 때에는 기피신청을 받은 법원 또는 법관은 결정으로 이를 기각한다.

② 소송의 지연을 목적으로 함이 명백하다는 이유로 한 기각 결정에 대해 즉시항고를 한 경우 재판의 집행은 정지된다.

③ 판결 선고절차가 시작되어 재판장이 이유의 요지 상당부분을 설명하는 중 그 공판에 참여한 법원사무관에 대한 기피신청과 동시에 선고절차의 정지를 요구하는 것은 선고절차의 중단 등 소송의 지연만을 목적으로 한 것으로 부적법하다.

④ 기피신청이 이유 있어 그 재판에 관여하지 못할 판사가 심판에 관여한 때에는 절대적 항소이유가 된다.

해설

② (×) 제23조 제2항 참조.

> **제23조(기피신청기각과 즉시항고)** ② 제20조 제1항의 기각 결정에 대한 즉시항고는 재판의 집행을 정지하는 효력이 없다.

① (○) 제20조 제1항 참조.

> **제20조(기피신청기각과 처리)** ① 기피신청이 소송의 지연을 목적으로 함이 명백하거나 제19조의 규정에 위배된 때에는 신청을 받은 법원 또는 법관은 결정으로 이를 기각한다.

③ (○) 간이기각결정사유에 해당한다. 대법원 1985.10.19, 85모40

④ (○) 제361조의5 제7호 참조.

> **제361조의5(항소이유)** 다음 사유가 있을 경우에는 원심판결에 대한 항소이유로 할 수 있다.
> 7. 법률상 그 재판에 관여하지 못할 판사가 그 사건의 심판에 관여한 때

[정리] 절대적 항소이유: 공 '판' 이관폐양재, 상대적 항소이유: 법사

정답 ②

030 ✓유사 ◆◆◇

다음 사례에 대한 설명으로 옳은 것은? (다툼이 있는 경우 판례에 의함)

> 甲은 상해죄로 긴급 체포된 후, 구속되어 수사를 받던 도중에 구속적부심사를 청구, ㉠ 법원의 석방결정에 의하여 석방된 후 불구속 기소되었다. 검사는 정상을 참작하여 甲에 대해 벌금 300만원의 약식명령을 청구하였고 ○○지방법원판사 A는 甲에게 벌금 300만원의 약식명령을 고지하였다. ㉡ 이후 甲이 정식재판을 청구하였는데 그 재판은 甲에 대한 구속영장을 발부한 판사B가 담당하게 되었다. ㉢ 변론이 모두 종결된 후 선고를 앞둔 상태에서 甲은 B가 자신의 구속영장을 발부한 판사임을 알고 기피신청을 하였으나 B는 소송절차를 정지하지 않은 채 그대로 벌금 300만원을 선고하였다. ㉣ 이에 甲이 항소하였는데 항소심 재판부의 합의부원 중 한 명이 판사A였으며 A는 항소사건의 제1차 공판에는 관여하였으나 제2차 공판에서 경질되어 항소심의 판결에는 관여하지 않았다.

① ㉠과 관련, 법원의 석방결정에 대하여 검사는 항고할 수 없다.

② ㉡과 관련, 판사B에게는 형사소송법 제17조 제7호의 제척사유가 있다.

③ ㉢과 관련, 판사B가 소송절차를 정지하지 않고 한 판결선고는 위법하다.

④ ㉣에서 판사A에게는 형사소송법 제17조 제7호의 제척사유가 있다.

해설

① (○) 제214조의2 제8항 참조.

> **제214조의2(체포와 구속의 적부심사)** ⑧ 제3항과 제4항의 결정에 대해서는 항고할 수 없다. 〈개정 2020.12.8.〉

[정리] 이렇듯 수임판사의 결정에 대하여는 불복할 수 없다. 다만, 증거보전청구기각결정에 대해서는 3일 내 항고할 수 있다(제184조 제3항).

② (✕) 법관이 수사단계에서 피고인에 대하여 구속영장을 발부한 경우는 형사소송법 제17조 제7호 소정의 "법관이 사건에 관하여 전심재판 또는 그 기초되는 조사, 심리에 관여한 때"에 해당한다고 볼 수 없다(대법원 1989.9.12, 89도612).

③ (✕) 기피신청에 의하여 정지되는 절차는 실체형성행위에 해당하는 본안의 소송절차이므로, 구속기간의 갱신이나 판결의 선고는 여기에 포함되지 아니한다. "법관에 대한 기피신청이 있는 경우 형사소송법 제22조에 따라 정지되는 소송 진행에 판결의 선고는 포함되지 아니하므로, 피고인이 변론 종결 뒤 재판부에 대한 기피신청을 하였지만, 원심이 소송 진행을 정지하지 아니하고 판결을 선고한 것은 정당하고, 거기에 상고이유의 주장과 같이 판결에 영향을 미친 절차위반 등의 위법이 없다(대법원 2002.11.13, 2002도4893)."

④ (✕) 약식명령을 발부한 법관이 그 정식재판 절차의 항소심판결에 관여함은 형사소송법 제17조 제7호, 제18조 제1항 제1호 소정의 법관이 사건에 관하여 전심재판 또는 그 기초되는 조사심리에 관여한 때에 해당하여 제척, 기피의 원인이 되나, 제척 또는 기피되는 재판은 불복이 신청된 당해사건의 판결절차를 말하는 것이므로 약식명령을 발부한 법관이 그 정식재판 절차의 항소심 공판에 관여한 바 있어도 후에 경질되어 그 판결에는 관여하지 아니한 경우는 전심재판에 관여한 법관이 불복이 신청된 당해사건의 재판에 관여하였다고 할 수 없다(대법원 1985.4.23, 85도281).
[참고] ④번 해설은 출제의 의도를 고려하여 해설한 것이나, ㉣의 경우 판사 A에게 제척사유가 존재하는 것은 사실이다(따라서 출제의 의도를 고려하지 않는다면, 이 지문도 옳은 것임). 다만, A는 제2회 공판기일부터 경질되어 판결에 관여하지 아니하였으므로 항소심판결에는 위법이 없다고 출제를 하였어야 타당했을 것이다.

정답 ①

제1심 공판절차에서 피고인 甲의 변호인이 단독판사 A에 대한 기피신청을 A에게 하였다. 이에 대한 설명으로 옳은 것은? (다툼이 있는 경우 판례에 의함)

① 기피신청은 피고인을 위한 소송행위이므로 변호인은 甲의 명시적 의사에 반해 A에 대한 기피신청을 할 수 있다.

② 단독판사에 대한 기피신청은 해당 법관이 소속된 법원 합의부에 하여야 하므로 A는 결정으로 신청을 기각할 수 있다.

③ 변호인의 기피신청이 소송의 지연을 목적으로 함이 명백한 경우 A는 소송 진행을 정지하고 결정으로 신청을 기각하여야 한다.

④ 소송진행 정지에 대한 예외 사유가 없음에도 불구하고 A가 소송진행을 정지하지 않고 증거조사를 한 경우 그 증거조사는 무효이다.

해설

④ (○) 기피신청을 받은 법관이 형사소송법 제22조에 위반하여 본안의 소송절차를 정지하지 않은 채 그대로 소송을 진행하여서 한 소송행위는 그 효력이 없고, 이는 그 후 그 기피신청에 대한 기각결정이 확정되었다고 하더라도 마찬가지이다(대법원 2012.10.11, 2012도8544).

① (✕) 명시적 의사에 반하지 아니하는 때에 한하여 할 수 있는 독립대리권이다(묵시적 의사에 반하여 할 수 있는 독립대리권, 제18조 제2항).

② (✕) 단독판사에 대한 기피는 당해 법관에게 신청하여야 한다(제19조 제1항 후단).

③ (✕) 기피신청이 소송의 지연을 목적으로 함이 명백한 경우에는 소송진행을 정지하지 않는다(제22조 본문, 제20조 제1항).

정답 ④

032 ✓ 유사 ◆◇◇

법관에 대한 기피신청의 설명으로 옳은 것은? (다툼이 있는 경우 판례에 의함)

① 기피신청을 받은 법관이 소송진행 정지에 대한 예외 사유가 없음에도 불구하고 본안의 소송절차를 정지하지 않은 채 그대로 진행한 소송행위는 효력이 없지만, 그 후 기피신청에 대한 기각결정이 확정되었다면 유효하다.

② 원심 합의부원인 법관이 원심 재판장에 대한 기피신청 사건의 심리와 기각결정에 관여한 사실이 있다면, 이는 「형사소송법」 제17조 제7호 소정의 '법관이 사건에 관하여 그 기초되는 조사, 심리에 관여한 때'에 해당하여 기피사유가 인정된다.

③ 법관이 피고인의 증거신청을 채택하지 아니하거나 이미 한 증거결정을 취소한 사정만으로도 기피사유에 해당한다.

④ 법관에 대한 기피신청이 있는 경우 「형사소송법」 제22조에 따라 정지되는 소송진행에 판결의 선고는 포함되지 아니한다.

> **해설**

④ (○) 대법원 1987.5.28, 87모10; 1995.1.9, 94모77 등 참조.

① (×) 기피신청을 받은 법관이 형사소송법 제22조에 위반하여 본안의 소송절차를 정지하지 않은 채 그대로 소송을 진행하여서 한 소송행위는 그 효력이 없고, 이는 그 후 그 기피신청에 대한 기각결정이 확정되었다고 하더라도 마찬가지이다(대법원 2012.10.11, 2012도8544).

② (×) 원심 합의부원인 법관이 원심 재판장에 대한 기피신청 사건의 심리와 기각결정에 관여한 사실이 있다고 하더라도, 이를 형사소송법 제17조 제7호 소정의 '법관이 사건에 관하여 그 기초되는 조사, 심리에 관여한 때'에 해당한다고 볼 수는 없다(대법원 2001.12.24, 2001도5126).

③ (×) 재판부가 당사자의 증거신청을 채택하지 아니하거나 이미 한 증거결정을 취소하였다 하더라도 그러한 사유만으로는 재판의 공평을 기대하기 어려운 객관적인 사정이 있다고 할 수 없다(대법원 1995.4.3, 95모10).

> **정답** ④

033 ✓ 유사 ◆◇◇

형사소송법에 관한 설명으로 가장 적절하지 않은 것은? (다툼이 있으면 판례에 의함)

① 포괄일죄의 공소시효는 최종의 범죄행위가 종료한 때로부터 진행한다.

② 기피신청 사유로서 법관이 불공평한 재판을 할 염려가 있는 때라 함은 당사자가 불공평한 재판이 될지도 모른다고 추측할 만한 주관적인 사정이 있는 때를 말한다.

③ 공판기일의 효율적이고 집중적인 심리를 준비하기 위하여 마련한 공판준비절차에서는 쟁점정리, 증거정리, 증거개시 및 심리계획을 할 수 있다.

④ 피의자의 진술을 영상녹화할 때에는 피의자에게 영상녹화사실을 알려주면 족하며 동의를 받을 필요는 없다.

> **해설**

② (×) 기피의 원인은 비유형적이므로 이는 객관적 사정을 요한다는 것이 통설·판례이다. "기피원인에 관한 형사소송법 제18조 제1항 제2호 소정의 '불공정한 재판을 할 염려가 있는 때'라고 함은 당사자가 불공평한 재판이 될지도 모른다고 추측할 만한 <u>주관적인 사정</u>이 있는 때를 말하는 것이 아니라, 통상인의 판단으로서 법관과 사건과의 관계상 불공평한 재판을 할 것이라는 의혹을 갖는 것이 합리적이라고 인정할 만한 <u>객관적인 사정</u>이 있는 때를 말하는 것이다(대법원 1996.2.9, 95모93)."

① (○) 포괄일죄의 공소시효는 최종의 범죄행위가 종료한 때로부터 진행한다(대법원 2012.9.13, 2010도17418).

③ (○) 제266조의9 제1항 참조.

> **제266조의9(공판준비에 관한 사항)** ① 법원은 공판준비절차에서 다음 행위를 할 수 있다.
> 1. 공소사실 또는 적용법조를 명확하게 하는 행위
> 2. 공소사실 또는 적용법조의 추가·철회 또는 변경을 허가하는 행위
> 3. 공소사실과 관련하여 주장할 내용을 명확히 하여 사건의 쟁점을 정리하는 행위
> 4. 계산이 어렵거나 그 밖에 복잡한 내용에 관하여 설명하도록 하는 행위
> 5. 증거신청을 하도록 하는 행위
> 6. 신청된 증거와 관련하여 입증 취지 및 내용 등을 명확하게 하는 행위
> 7. 증거신청에 관한 의견을 확인하는 행위
> 8. 증거 채부(採否)의 결정을 하는 행위
> 9. 증거조사의 순서 및 방법을 정하는 행위
> 10. 서류 등의 열람 또는 등사와 관련된 신청의 당부를 결정하는 행위
> 11. 공판기일을 지정 또는 변경하는 행위
> 12. 그 밖에 공판절차의 진행에 필요한 사항을 정하는 행위

④ (○) 피의자의 경우 미리 영상녹화사실을 알려주면 족하고, 피의자의 동의를 얻을 필요는 없다. 제244조의2 제1항 참조.

> **제244조의2(피의자진술의 영상녹화)** ① 피의자의 진술은 영상 녹화할 수 있다. 이 경우 미리 영상녹화사실을 알려주어야 하며, 조사의 개시부터 종료까지의 전 과정 및 객관적 정황을 영상녹화 하여야 한다.

> **정답** ②

I 검사의 의의와 성격

II 검사의 조직과 구조

III 검사의 소송법상 지위

034 ✔ 대표 ◆◇◇ [국가9급 2015 변형]

검사제도에 대한 설명으로 옳지 않은 것은? (다툼이 있는 경우 판례에 의함)

① 사법경찰관은 모든 수사에 관하여 검사의 지휘를 받는다.
② 검사동일체원칙의 내용인 직무승계권과 직무이전권은 검찰총장, 검사장 및 지청장만 가지며, 법무부장관은 이를 가질 수 없다.
③ 지방검찰청 검사장이 경찰서장이 아닌 경정 이하의 사법경찰관리의 직무집행에 관한 부당한 행위를 이유로 임용권자에게 그 사법경찰관리의 교체를 요구하면 임용권자는 정당한 사유가 없는 한 이에 응하여야 한다.
④ 검사가 수사 및 공판과정에서 피고인에게 유리한 증거를 발견한 경우 피고인의 이익을 위하여 이를 법원에 제출할 의무가 있다.

해설

① (×) 구법 제196조 제1항의 내용으로서, 이는 2020.2.4. 개정으로 폐지되었다. 대신에 개정법 제195조 제1항에 따라 검사와 사법경찰관은 상호 협력관계에 있게 된다.
② (○) 검찰청법 제7조의2 참조.

> **제7조의2(검사 직무의 위임·이전 및 승계)** ① 검찰총장, 각급 검찰청의 검사장(檢事長) 및 지청장은 소속 검사로 하여금 그 권한에 속하는 직무의 일부를 처리하게 할 수 있다.
> ② 검찰총장, 각급 검찰청의 검사장 및 지청장은 소속 검사의 직무를 자신이 처리하거나 다른 검사로 하여금 처리하게 할 수 있다.

③ (○) 검찰청법 제54조 참조.

> **제54조(교체임용의 요구)** ① 서장이 아닌 경정 이하의 사법경찰관리가 직무 집행과 관련하여 부당한 행위를 하는 경우 지방검찰청 검사장은 해당 사건의 수사 중지를 명하고, 임용권자에게 그 사법경찰관리의 교체임용을 요구할 수 있다.
> ② 제1항의 요구를 받은 임용권자는 정당한 사유가 없으면 교체 임용을 하여야 한다.

④ (○) 검사의 객관의무에 관한 지문이다. 검찰청법 제4조 제1항은 검사는 공익의 대표자로서 범죄수사·공소제기와 그 유지에 관한 사항 및 법원에 대한 법령의 정당한 적용의 청구 등의 직무와 권한을 가진다고 규정하고, 같은 조 제2항은 검사는 그 직무를 수행함에 있어 그 부여된 권한을 남용하여서는 아니된다고 규정하고 있을 뿐 아니라, 형사소송법 제424조는 검사는 피고인을 위하여 재심을 청구할 수 있다고 규정하고 있고, 검사는 피고인의 이익을 위하여 항소할 수 있다고 해석되므로 검사는 공익의 대표자로서 실체적 진실에 입각한 국가 형벌권의 실현을 위하여 공소제기와 유지를 할 의무뿐만 아니라 그 과정에서 피고인의 정

당한 이익을 옹호하여야 할 의무를 진다고 할 것이고, 따라서 검사가 수사 및 공판과정에서 피고인에게 유리한 증거를 발견하게 되었다면 피고인의 이익을 위하여 이를 법원에 제출하여야 한다(대법원 2002.2.22, 2001다23447).

정답 ①

035 ✔ 유사 ◆◇◇ [국가9급 2013]

검사의 권한 내지 지위에 대한 설명으로 옳지 않은 것은? (다툼이 있는 경우 판례에 의함)

① 검사는 공익의 대표자로서 실체적 진실에 입각한 국가 형벌권의 실현을 위하여 공소제기와 유지를 할 의무뿐만 아니라 그 과정에서 피고인의 정당한 이익을 옹호하여야 할 의무를 진다.
② 공소제기 전에 피고인을 피의자로 조사하였던 검사의 법정증언이 피고인의 진술을 그 내용으로 하는 것인 때에는 그 진술이 특히 신빙할 수 있는 상태하에서 행하여졌음이 증명된 때에 한하여 이를 증거로 할 수 있다.
③ 검사의 공소권 남용으로 보아 공소제기의 효력을 부인하기 위해서는 단순히 직무상의 과실에 의한 것만으로는 부족하고 적어도 미필적이나마 어떤 의도가 있는 자의적인 공소권의 행사라야 한다.
④ 공판개정 후 공소유지를 담당하는 검사가 교체된 때에는 공판절차를 갱신하여야 한다.

해설

④ (×) 검사동일체의 원칙상 공판절차를 갱신할 필요가 없다. 판사가 변경된 경우에는 공판절차의 갱신이 필요하다(제301조).
① (○) 검사의 객관의무, 헌법재판소 1997.11.27, 94헌마60
② (○) 전문법칙의 예외 중 하나인 조사자증언제도이다(제316조 제1항).
③ (○) 대법원 2001.9.7, 2001도3026

정답 ④

036 ✔ 유사 ◆◇◇ [국가9급/개론 2023]

형사소송법이 명시적으로 규정하고 있는 검사의 권한에 속하지 않는 것은?

① 피고인의 구속취소청구
② 피고인의 구속집행정지신청
③ 피의자의 감정유치청구
④ 재심의 청구

해설

② (×) 피고인에 대한 구속집행정지는 법원의 직권에 의한다.

> **제101조(구속의 집행정지)** ① 법원은 상당한 이유가 있는 때

에는 결정으로 구속된 피고인을 친족·보호단체 기타 적당한 자에게 부탁하거나 피고인의 주거를 제한하여 구속의 집행을 정지할 수 있다.

[보충] 구속된 피의자에 대해서는 검사 또는 사법경찰관도 구속의 집행을 정지할 수 있다.

> **제209조(준용규정)** 제70조 제2항, 제71조, 제75조, 제81조 제1항 본문·제3항, 제82조, 제83조, 제85조부터 제87조까지, 제89조부터 제91조까지, 제93조, 제101조 제1항, 제102조 제2항 본문(보석의 취소에 관한 부분은 제외한다) 및 제200조의5는 검사 또는 사법경찰관의 피의자 구속에 관하여 준용한다.

① (○) 구속취소청구권자는 검사, 피고인, 변호인과 피고인의 법정대리인, 배우자, 직계친족, 형제자매이다.

> **제93조(구속의 취소)** 구속의 사유가 없거나 소멸된 때에는 법원은 직권 또는 검사, 피고인, 변호인과 제30조 제2항에 규정한 자의 청구에 의하여 결정으로 구속을 취소하여야 한다.

③ (○) 피의자에 대한 감정유치청구권은 검사만 가진다.

> **제221조의3(감정의 위촉과 감정유치의 청구)** ① 검사는 제221조의 규정에 의하여 감정을 위촉하는 경우에 제172조 제3항의 유치처분이 필요할 때에는 판사에게 이를 청구하여야 한다.
> **제221조(제3자의 출석요구 등)** ② 검사 또는 사법경찰관은 수사에 필요한 때에는 감정·통역 또는 번역을 위촉할 수 있다.
> **제172조(법원 외의 감정)** ③ 피고인의 정신 또는 신체에 관한 감정에 필요한 때에는 법원은 기간을 정하여 병원 기타 적당한 장소에 피고인을 유치하게 할 수 있고 감정이 완료되면 즉시 유치를 해제하여야 한다.

④ (○) 재심청구권자는 검사, 유죄의 선고를 받은 자, 유죄의 선고를 받은 자의 법정대리인, 유죄의 선고를 받은 자가 사망하거나 심신장애가 있는 경우에는 그 배우자, 직계친족 또는 형제자매이다.

> **제424조(재심청구권자)** 다음 각 호의 1에 해당하는 자는 재심의 청구를 할 수 있다.
> 1. 검사
> 2. 유죄의 선고를 받은 자
> 3. 유죄의 선고를 받은 자의 법정대리인
> 4. 유죄의 선고를 받은 자가 사망하거나 심신장애가 있는 경우에는 그 배우자, 직계친족 또는 형제자매

정답 ②

---

037 ✓ 유사 ◆◇◇ 국가9급 2024

「검찰청법」상 검사에 대한 설명으로 옳지 않은 것은?

① 검사는 사법경찰관이 송치한 범죄를 제외하고 자신이 수사개시한 범죄에 대하여는 공소를 제기할 수 없다.

② 검사는 경찰공무원 및 고위공직자범죄수사처 소속 공무원이 범한 범죄에 대해 수사를 개시할 수 있다.

③ 법무부장관은 검찰사무의 최고 감독자로서 구체적인 사건에 대하여 검사를 지휘·감독한다.

④ 검사는 구체적 사건과 관련된 검찰사무에 관한 소속 상급자의 지휘·감독의 적법성 또는 정당성에 대하여 이견이 있을 때에는 이의를 제기할 수 있다.

해설

① (○) 검찰청법 제4조 제2항 참조.

> **검찰청법 제4조(검사의 직무)** ② 검사는 자신이 수사개시한 범죄에 대하여는 공소를 제기할 수 없다. 다만, 사법경찰관이 송치한 범죄에 대하여는 그러하지 아니하다.

② (○) 검찰청법 제4조 제1항 제1호 나목 참조.

> **검찰청법 제4조(검사의 직무)** ① 검사는 공익의 대표자로서 다음 각 호의 직무와 권한이 있다.
> 1. 범죄수사, 공소의 제기 및 그 유지에 필요한 사항. 다만, 검사가 수사를 개시할 수 있는 범죄의 범위는 다음 각 목과 같다.
>   나. 경찰공무원(다른 법률에 따라 사법경찰관리의 직무를 행하는 자를 포함한다) 및 고위공직자범죄수사처 소속 공무원(「고위공직자범죄수사처 설치 및 운영에 관한 법률」에 따른 파견공무원을 포함한다)이 범한 범죄

③ (×) 구체적 사건에 대하여는 법무부장관은 검찰총장만을 지휘·감독할 수 있을 뿐이다. 검찰청법 제8조 참조.

> **검찰청법 제8조(법무부장관의 지휘·감독)** 법무부장관은 검찰사무의 최고 감독자로서 일반적으로 검사를 지휘·감독하고, 구체적 사건에 대하여는 검찰총장만을 지휘·감독한다.

④ (○) 검찰청법 제7조 제2항 참조.

> **검찰청법 제7조(검찰사무에 관한 지휘·감독)** ② 검사는 구체적 사건과 관련된 제1항의 지휘·감독의 적법성 또는 정당성에 대하여 이견이 있을 때에는 이의를 제기할 수 있다.

정답 ③

4 | 피고인

Ⅰ 피고인의 의의와 특정

038 ✓ 대표 ◆◆◇ `국가7급 2020` `국가9급 2022 유사`

공동피고인에 대한 설명으로 옳지 않은 것은? (다툼이 있는 경우 판례에 의함)

① 공동피고인 중 1인이 다른 공동피고인들과 공동하여 범행을 하였다고 자백한 경우, 법원은 자유심증주의의 원칙상 자백한 피고인 자신의 범행에 관한 부분만을 취신하고 다른 공동피고인들이 범행에 관여하였다는 부분은 배척할 수 있다.

② 이해가 상반되는 공동피고인 甲과 乙 중 甲이 A법무법인을 변호인으로 선임하고 A 법무법인이 담당변호사로 B를 지정하였는데, 법원이 B를 乙의 국선변호인으로 선정하였다면 이는 乙의 국선변호인의 조력을 받을 권리를 침해하는 것이다.

③ 공범인 공동피고인은 당해 소송절차에서 분리되어 피고인의 지위에서 벗어나게 되면 다른 공동피고인에 대한 공소사실에 관하여 증인이 될 수 있지만 대향범인 공동피고인의 경우에는 증인이 될 수 없다.

④ 「형사소송법」 제364조의2(피고인을 위하여 원심판결을 파기하는 경우에 파기의 이유가 항소한 공동피고인에게 공통되는 때에는 그 공동피고인에게 대하여도 원심판결을 파기하여야 한다)의 규정은 공동피고인 사이에서 파기의 이유가 공통되는 해당 범죄사실이 동일한 소송절차에서 병합심리된 경우에만 적용된다.

[해설]

③ (✕) 피고인의 지위에 있는 공동피고인은 다른 공동피고인에 대한 공소사실에 관하여 증인이 될 수 없으나, <u>소송절차가 분리되어 피고인의 지위에서 벗어나게 되면</u> 다른 공동피고인에 대한 공소사실에 관하여 증인이 될 수 있고, 이는 <u>대향범인 공동피고인의 경우에도 다르지 않다</u>(대법원 2012.3.29, 2009도11249).

① (〇) 대법원 1995.12.8, 95도2043
② (〇) 대법원 2015.12.23, 2015도9951
④ (〇) 대법원 2019.8.29, 2018도14303 전원합의체

[정답] ③

039 ✓ 대표 ◆◆◇ `국가9급 2018`

피고인의 특정에 대한 설명으로 옳지 않은 것은? (다툼이 있는 경우 판례에 의함)

① 피의자가 다른 사람의 성명을 모용하였기 때문에 공소장에 피모용자가 피고인으로 표시되었다고 하면, 검사는 모용자에 대하여 공소를 제기한 것이므로 모용자가 피고인이 된다.

② 성명을 모용한 사실이 재판 중에 밝혀진 경우 검사는 공소장 변경절차를 거쳐 피고인의 인적사항을 변경하여야 한다.

③ 피모용자가 약식명령에 대하여 정식재판을 청구함으로써 정식재판절차에서 성명모용사실이 판명된 경우와 같이 피모용자에게 사실상의 소송계속이 발생하고 형식상 또는 외관상 피고인의 지위를 갖게 된 경우 법원은 그에게 공소기각의 판결을 선고하여야 한다.

④ 검사가 공소장의 피고인 성명모용을 바로잡지 아니한 경우에는 공소제기의 방식이 형사소송법의 규정에 위반하여 무효이므로 법원은 공소기각의 판결을 선고하여야 한다.

[해설]

② (✕) 성명모용의 경우 검사는 공소장의 인적사항의 기재를 정정하여 피고인의 표시를 바로잡아야 하는 것인바, 이는 <u>피고인의 표시상의 착오를 정정하는 것이지 공소장을 변경하는 것이 아니므로 형사소송법 제298조에 따른 공소장변경의 절차를 밟을 필요가 없고 법원의 허가도 필요로 하지 않는다</u>(대법원 1993.1.19, 92도2554).

① (〇) 피의자가 다른 사람의 성명을 모용한 탓으로 공소장에 피모용자가 피고인으로 표시되었다 하더라도 이는 당사자의 표시상의 착오일 뿐이고 검사는 모용자에 대하여 공소를 제기한 것이므로 모용자가 피고인이 되고 피모용자에게 공소의 효력이 미친다고 할 수 없다(대법원 1993.1.19, 92도2554).

③ (〇) 피모용자가 약식명령을 송달받고 이에 대하여 정식재판의 청구를 하여 피모용자를 상대로 심리를 하는 과정에서 성명모용사실이 발각되고 검사가 공소장을 정정하는 등 사실상의 소송계속이 발생하고 형식상 또는 외관상 피고인의 지위를 갖게 된 경우에는 법원으로서는 피모용자에게 적법한 공소의 제기가 없었음을 밝혀주는 의미에서 형사소송법 제327조 제2호를 유추 적용하여 공소기각의 판결을 함으로써 피모용자의 불안정한 지위를 명확히 해소해 주어야 할 것이다(대법원 1997.11.28, 97도2215).

④ (〇) <u>검사가 공소장의 피고인표시를 정정하여 모용관계를 바로잡지 아니한 경우</u>에는 외형상 피모용자 명의로 공소가 제기된 것으로 되어 있어 공소제기의 방식이 형사소송법 제254조의 규정에 위반하여 무효라 할 것이므로 <u>법원은 공소기각의 판결을 선고하여야 한다</u>(대법원 1993.1.19, 92도2554).

[정답] ②

040 ✓ 대표 ◆◆◇　　　　　　　　국가9급개론 2023

피고인의 특정 및 성명모용에 대한 설명으로 옳지 않은 것은?

① 피고인이 타인의 성명을 모용한 경우 검사가 공소장의 피고인 표시를 정정함에 있어 공소장변경의 절차를 밟을 필요는 없지만 법원의 허가를 요한다.

② 피고인이 타인의 성명을 모용한 사실이 공판심리 중에 밝혀졌는데도 검사가 공소장의 피고인 표시를 정정하여 모용관계를 바로잡지 아니하면 법원은 공소기각의 판결을 하여야 한다.

③ 검사는 공소장에 피고인을 특정할 수 있는 사항을 기재해야 하고, 공소제기의 효력은 검사가 피고인으로 지정한 사람에게만 미친다.

④ 법원이 성명모용사실을 알지 못하여 외형상으로는 피모용자에 대해 유죄판결을 선고하거나 판결이 확정되어도 그 판결의 효력은 모용자에게만 미치고 피모용자에게는 미치지 않는다.

〔해설〕

① (×) 피의자가 다른 사람의 성명을 모용한 탓으로 공소장에 피모용자가 피고인으로 표시되었다 하더라도 이는 당사자의 표시상의 착오일 뿐이고 검사는 모용자에 대하여 공소를 제기한 것이므로 모용자가 피고인이 되고 피모용자에게 공소의 효력이 미친다고 할 수 없고, 이와 같은 경우 검사는 공소장의 인적 사항의 기재를 정정하여 피고인의 표시를 바로잡아야 하는 것인바, 이는 피고인의 표시상의 착오를 정정하는 것이지 공소장을 변경하는 것이 아니므로 형사소송법 제298조에 따른 공소장변경의 절차를 밟을 필요가 없고 법원의 허가도 필요로 하지 아니한다(대법원 1993.1.19, 92도2554).

② (○) 검사가 공소장의 피고인 표시를 정정하여 모용관계를 바로잡지 아니한 경우에는 외형상 피모용자 명의로 공소가 제기된 것으로 되어 있어 공소제기의 방식이 형사소송법 제254조의 규정에 위반하여 무효라 할 것이므로 법원은 공소기각의 판결을 선고하여야 하고, 검사가 피고인 표시를 바로잡은 경우에는 처음부터 모용자에 대한 공소의 제기가 있었고 피모용자에 대한 공소의 제기가 있었던 것이 아니므로 법원은 모용자에 대하여 심리하고 재판을 하면 되지 원칙적으로 피모용자에 대하여 심판할 것이 아니다(대법원 1993.1.19, 92도2554).

③ (○) 검사는 공소장에 피고인의 성명 기타 피고인을 특정할 수 있는 사항을 기재하여야 하고(제254조 제3항 제1호), 검사가 피고인으로 지정한 사람에게만 공소제기의 효력이 미친다(제248조 제1항).

> **제254조(공소제기의 방식과 공소장)** ③ 공소장에는 다음 사항을 기재하여야 한다.
> 1. 피고인의 성명 기타 피고인을 특정할 수 있는 사항
> 2. 죄명
> 3. 공소사실
> 4. 적용법조
> **제248조(공소의 효력 범위)** ① 공소의 효력은 검사가 피고인으로 지정한 자에게만 미친다.

④ (○) 판결확정 후 성명모용사실이 판명된 경우, 확정판결의 효력은 피모용자에게만 미치지 아니하고 모용자에게는 미친다. 실무

적으로는 규칙 제25조 제1항에 의한 판결경정의 결정으로 처리하고 있다.

〔정답〕 ①

041 ✓ 대표 ◆◆◇　　　　　　　　경찰승진 2024

피고인 특정과 관련하여 아래의 괄호 안에 들어갈 적절한 용어를 모두 고른 것은? (다툼이 있는 경우 판례에 의함)

> 공판심리 중 성명모용사실이 밝혀지면 검사는 (㉠)절차에 의해 피고인의 표시를 바로 잡아야 한다. 만약 검사가 그 모용관계를 바로 잡지 아니한 경우, 이는 (㉡)에 해당하므로 법원은 (㉢)(으)로 공소를 기각하여야 한다.

① ㉠ 공소장정정 ㉡ 피고인에 대한 재판권이 없는 경우 ㉢ 결정

② ㉠ 공소장변경 ㉡ 적법한 공소제기가 없는 경우 ㉢ 판결

③ ㉠ 공소장변경 ㉡ 피고인에 대한 재판권이 없는 경우 ㉢ 결정

④ ㉠ 공소장정정 ㉡ 적법한 공소제기가 없는 경우 ㉢ 판결

〔해설〕

④ (○) ㉠ 공소장정정 ㉡ 적법한 공소제기가 없는 경우 ㉢ 판결
[판례] 형사소송법 제248조에 의하여 공소는 검사가 피고인으로 지정한 이외 다른 사람에게 그 효력이 미치지 아니하는 것이므로 공소제기의 효력은 검사가 피고인으로 지정한 자에 대하여만 미치는 것이고, 따라서 피의자가 다른 사람의 성명을 모용한 탓으로 공소장에 피모용자가 피고인으로 표시되었다 하더라도 이는 당사자의 표시상의 착오일 뿐이고 검사는 모용자에 대하여 공소를 제기한 것이므로, 모용자가 피고인이 되고 피모용자에게 공소의 효력이 미친다고 할 수는 없을 것이다. 검사는 공소장의 인적사항의 기재를 정정하여 피고인의 표시를 바로 잡아야 하는 것인바, 이는 피고인의 표시상의 착오를 정정하는 것이지 공소장을 변경하는 것이 아니므로, 형사소송법 제298조에 따른 공소장변경의 절차를 밟을 필요는 없고 법원의 허가도 필요로 하지 아니한다고 할 것이다. 그러나 검사가 이와 같은 피고인의 표시를 정정하여 그 모용관계를 바로 잡지 아니한 경우에는 외형상 피모용자 명의로 공소가 제기된 것으로 되어 있고, 이는 공소제기의 방식이 형사소송법 제254조의 규정에 위반하여, 무효라 할 것이므로 법원은 공소기각의 판결을 선고하여야 할 것이다(대법원 1982. 10.12, 82도2078; 1985.6.11, 85도756; 1993.1.19, 92도2554).

〔정답〕 ④

042 ✓ 대표 ◆◆◇

甲은 도박을 한 혐의로 약식으로 공소제기 되었으나, 사실은 甲이 검사에게 乙의 성명, 생년월일, 주민등록번호 등을 사칭하였고, 이에 검사는 乙의 이름으로 공소제기 하였다. 이 경우에 가장 적절하지 않은 것은? (다툼이 있으면 판례에 의함)

① 공소장에 피모용자 乙이 피고인으로 표시되었다 하더라도 이는 당사자의 표시상의 착오일 뿐이고 검사는 모용자 甲에 대하여 공소를 제기한 것이므로 甲이 피고인이 되고 乙에게 공소의 효력이 미친다고 할 수 없다.

② 이와 같은 경우 검사는 공소장의 인적사항의 기재를 정정하여 피고인의 표시를 바로잡아야 하는 것인 바, 이는 피고인의 표시상의 착오를 정정하는 것이지 공소장을 변경하는 것이 아니므로, 「형사소송법」 제298조에 따른 공소장변경의 절차를 밟을 필요는 없고 법원의 허가도 필요로 하지 아니한다.

③ 위 ①, ②에 있어서 검사가 공소장의 피고인 표시를 정정하여 모용관계를 바로 잡지 아니한 경우에는 외형상 피모용자 乙명의로 공소가 제기 된 것으로 되어 있어 공소제기의 방식이 「형사소송법」 제254조의 규정에 위반하여 무효라 할 것이므로 법원은 공소기각의 판결을 선고하여야 할 것이다.

④ 만일 피모용자 乙이 약식명령에 대하여 정식재판을 청구하여 乙을 상대로 심리를 하는 과정에서 성명모용사실이 발각되어 검사가 공소장을 정정하는 등 사실상의 소송계속이 발생하고 형식상 또는 외관상 피고인의 지위를 갖게 된 경우 법원으로서는 乙에게 적법한 공소의 제기가 없었음을 밝혀주는 의미에서 「형사소송법」 제327조 제2호를 유추 적용하여 공소기각의 판결을 함으로써 乙의 불안정한 지위를 명확히 해소시킬 필요는 없다.

해설

④ (×) 피모용자(乙)가 약식명령을 송달받고 이에 대하여 정식재판의 청구를 하여 피모용자(乙)를 상대로 심리를 하는 과정에서 성명모용사실이 발각되고 검사가 공소장을 정정하는 등 사실상의 소송계속이 발생하고 형식상 또는 외관상 피고인의 지위를 갖게 된 경우에는 법원으로서는 피모용자(乙)에게 적법한 공소의 제기가 없었음을 밝혀주는 의미에서 형사소송법 제327조 제2호를 유추 적용하여 공소기각의 판결을 함으로써 피 모용자(乙)의 불안정한 지위를 명확히 해소해 주어야 할 것이다(대법원 1997.11. 28, 97도2215).

① (○), ② (○) 피의자가 다른 사람의 성명을 모용한 탓으로 공소장에 피모용자가 피고인으로 표시되었다 하더라도 이는 당사자의 표시상의 착오일 뿐이고 검사는 모용자에 대하여 공소를 제기한 것이므로 모용자가 피고인이 되고 피모용자에게 공소의 효력이 미친다고 할 수 없고, 이와 같은 경우 검사는 공소장의 인적사항의 기재를 정정하여 피고인의 표시를 바로잡아야 하는 것인 바, 이는 피고인의 표시상의 착오를 정정하는 것이지 공소장을 변경하는 것이 아니므로 형사소송법 제298조에 따른 공소장변경의 절차를 밟을 필요가 없고 법원의 허가도 필요로 하지 아니

한다(대법원 1993.1.19, 92도2554).

③ (○) 검사가 공소장의 피고인표시를 정정하여 모용관계를 바로 잡지 아니한 경우에는 외형상 피모용자 명의로 공소가 제기 된 것으로 되어 있어 공소제기의 방식이 형사소송법 제254조의 규정에 위반하여 무효라 할 것이므로 법원은 공소기각의 판결을 선고하여야 한다(대법원 1993.1.19, 92도2554).

정답 ④

---

043 ✓ 유사 ◆◆◇

검사가 甲을 도로교통법 위반을 공소사실로 약식으로 공소를 제기하였으나, 사실 위 공소사실은 乙에 대한 것인데 乙이 수사단계에서 甲의 성명, 생년월일 등 인적사항을 모용하였기 때문에 검사가 乙을 甲으로 오인하여 기소한 것이다. 법원에서도 그대로 약식명령을 하였고, 약식명령을 송달받은 甲이 정식재판청구를 하여 정식재판절차에서 위와 같은 사실이 밝혀졌다. 이러한 사실관계를 전제로 할 때, 위 사례에 대한 설명으로 가장 적절한 것은? (단, 다툼이 있는 경우에는 판례에 의함)

① 甲이 피고인으로 표시되어 있으므로 甲이 실질적 피고인이 된다.

② 甲에게 사실상의 소송계속이 발생하고 형식상 또는 외관상 피고인의 지위를 갖게 된 경우에는 법원으로서는 공소기각의 판결을 함으로써 피모용자의 불안정한 지위를 명확히 해소해 주어야 한다.

③ 乙에 대하여 재판을 진행하게 되는 경우에도 乙은 이미 자신에 대하여 수사가 진행되었다는 사실을 알고 있으므로 乙에게 약식명령을 다시 송달할 필요가 없다.

④ 검사는 甲에서 乙로 공소장변경을 하여야 한다.

해설

② (○), ③ (×), ④ (×) (대법원 1993.1.19, 92도2554 판결을 사례화한 문제이다) 피모용자가 약식명령에 대하여 정식재판을 청구하여 피모용자를 상대로 심리를 하는 과정에서 성명모용사실이 발각되어 검사가 공소장을 정정하는 등 사실상의 소송계속이 발생하고 형식상 또는 외관상 피고인의 지위를 갖게 된 경우에 법원으로서는 피모용자에게 적법한 공소의 제기가 없었음을 밝혀 주는 의미에서 형사소송법 제327조 제2호를 유추적용하여 공소기각의 판결을 함으로써 피모용자의 불안정한 지위를 명확히 해소해 주어야 하고(②), 피모용자가 정식재판을 청구하였다 하여도 모용자에게는 아직 약식명령의 송달이 없었다 할 것이어서 검사는 공소장에 기재된 피고인의 표시를 정정할 수 있으며(④), 법원은 이에 따라 약식명령의 피고인 표시를 경정할 수 있고, 본래의 약식명령정본과 함께 이 경정결정을 모용자에게 송달하면 이때에 약식명령의 적법한 송달이 있다고 볼 것이며(③), 이에 대하여 소정의 기간 내에 정식재판의 청구가 없으면 약식명령은 확정된다(대법원 1993.1.19, 92도2554 판결).

① (×) 실질적 피고인은 모용자 乙이다. 피모용자 甲은 비록 공소장에 피고인으로 표시되어 있더라도, 실질적 피고인이 아니다.

정답 ②

044 ✅유사 ◆◆◇ 국가7급 2021

(가), (나)에 들어갈 말을 바르게 연결한 것은? (다툼이 있는 경우 판례에 의함)

- 甲이 乙의 성명을 모용하여 乙의 이름으로 공소가 제기된 경우, 공소제기의 효력은 명의를 사칭한 甲에게만 미치므로 甲만이 피고인이 되고 명의를 모용당한 乙에게는 공소의 효력이 미치지 않는다. 이 경우 검사는 (가) 절차에 의하여 피고인의 표시를 바로잡아야 한다.
- 甲이 乙의 성명을 모용하여 乙이 약식명령을 송달받고 정식재판을 청구하여 乙을 상대로 심리를 하는 과정에서 성명모용사실이 발각되어 검사가 표시를 바로잡는 등 사실상의 소송계속이 발생하고 乙이 형식상 또는 외관상 피고인의 지위를 갖게 되면, 이 경우 법원은 乙에게 (나) 을 하여야 한다.

	(가)	(나)
①	공소장변경	공소기각결정
②	공소장변경	공소기각판결
③	공소장정정	공소기각결정
④	공소장정정	공소기각판결

해설

(가) 피의자가 다른 사람의 성명을 모용한 탓으로 공소장에 피모용자가 피고인으로 표시되었다 하더라도 이는 당사자의 표시상의 착오일 뿐이고 검사는 모용자에 대하여 공소를 제기한 것이므로 모용자가 피고인이 되고 피모용자에게 공소의 효력이 미친다고 할 수 없고, 이와 같은 경우 검사는 <u>공소장의 인적 사항의 기재를 정정</u>하여 피고인의 표시를 바로잡아야 하는 것인바, <u>이는 피고인의 표시상의 착오를 정정하는 것이지 공소장을 변경하는 것이 아니므로 형사소송법 제298조에 따른 공소장변경의 절차를 밟을 필요가 없고 법원의 허가도 필요로 하지 아니한다.</u>
(만약) 검사가 공소장의 피고인 표시를 정정하여 모용관계를 바로잡지 아니한 경우에는 외형상 피모용자 명의로 공소가 제기된 것으로 되어 있어 공소제기의 방식이 형사소송법 제254조의 규정에 위반하여 무효라 할 것이므로 법원은 공소기각의 판결을 선고하여야 하고, 검사가 피고인 표시를 바로잡은 경우에는 처음부터 모용자에 대한 공소의 제기가 있었고 피모용자에 대한 공소의 제기가 있었던 것이 아니므로 법원은 모용자에 대하여 심리하고 재판을 하면 되지 원칙적으로 피모용자에 대하여 심판할 것이 아니다.
(나) 피모용자가 약식명령에 대하여 정식재판을 청구하여 피모용자를 상대로 심리를 하는 과정에서 성명모용사실이 발각되어 검사가 공소장을 정정하는 등 사실상의 소송계속이 발생하고 형식상 또는 외관상 피고인의 지위를 갖게 된 경우에 법원으로서는 피모용자에게 적법한 공소의 제기가 없었음을 밝혀 주는 의미에서 형사소송법 제327조 제2호를 유추적용하여 <u>공소기각의 판결</u>을 함으로써 피모용자의 <u>불안정한 지위를 명확히 해소해 주어야</u> 하고, 피모용자가 정식재판을 청구하였다 하여도 모용자에게는 아직 약식명령의 송달이 없었다 할 것이어서 검사는 공소장에 기재된 피고인의 표시를 정정할 수 있으며, 법원은 이에 따라 약식명령의 피고인 표시를 경정할 수 있고, 본래의 약

식명령정본과 함께 이 경정결정을 모용자에게 송달하면 이때에 약식명령의 적법한 송달이 있다고 볼 것이며, 이에 대하여 <u>소정의 기간 내에 정식재판의 청구가 없으면 약식명령은 확정된다</u>(대법원 1993.1.19, 92도2554).

정답 ④

045 ✅유사 ◆◆◇ 소방간부 2024

甲은 강도범죄의 피의자로서 수사과정에서 乙의 성명을 모용하였고, 검사는 공소장에 乙을 피고인으로 표시하여 기소하였다. 이후 재판에서도 甲은 계속하여 乙의 이름으로 출석하다가 공판심리 도중 모용사실이 발각되었다. 한편 乙은 이러한 모용사실을 모르고 있었고 일체의 소송절차에 전혀 관여하지 않아서 형식상 또는 외관상 피고인의 지위를 갖게 된 경우라고 할 수 없는 상태이다. 이 사안에 관한 설명으로 옳지 않은 것은? (다툼이 있는 경우 판례에 의함)

① 검사는 공소장변경절차를 통해 피고인 표시를 乙에서 甲으로 바로잡아야 한다.
② 검사가 피고인 표시를 바로잡지 아니하는 경우에는 법원은 공소제기의 방식이 무효인 것으로 보아 공소기각의 판결을 선고하여야 한다.
③ 공소장에 乙이 피고인으로 표시되었다 하더라도 검사는 甲에 대하여 공소를 제기한 것이므로 乙에게 공소제기의 효력이 미친다고 할 수 없다.
④ 검사가 피고인 표시를 바로잡은 경우에는 처음부터 甲에 대한 공소의 제기가 있었다고 할 수 있다.
⑤ 검사가 피고인 표시를 바로잡은 경우에는 법원은 甲에 대하여 심리하고 재판을 하면 되지 원칙적으로 乙에 대하여 심판할 것은 아니다.

해설

① (×) 피의자가 다른 사람의 성명을 모용한 탓으로 공소장에 피모용자가 피고인으로 표시되었다 하더라도 이는 당사자의 표시상의 착오일 뿐이고 검사는 모용자에 대하여 공소를 제기한 것이므로 모용자가 피고인이 되고 피모용자에게 공소의 효력이 미친다고 할 수 없고, 이와 같은 경우 <u>검사는 공소장의 인적 사항의 기재를 정정하여 피고인의 표시를 바로잡아야 하는 것인바, 이는 피고인의 표시상의 착오를 정정하는 것이지 공소장을 변경하는 것이 아니므로 형사소송법 제298조에 따른 공소장변경의 절차를 밟을 필요가 없고 법원의 허가도 필요로 하지 아니한다</u>(대법원 1993.1.19, 92도2554).
② (○) 검사가 공소장의 피고인 표시를 정정하여 모용관계를 바로잡지 아니한 경우에는 외형상 피모용자 명의로 공소가 제기된 것으로 되어 있어 공소제기의 방식이 형사소송법 제254조의 규정에 위반하여 무효라 할 것이므로 법원은 공소기각의 판결을 선고하여야 한다(대법원 1993.1.19, 92도2554).
③ (○) 피의자가 다른 사람의 성명을 모용한 탓으로 공소장에 피모용자가 피고인으로 표시되었다 하더라도 이는 당사자의 표시상의 착오일 뿐이고 검사는 모용자에 대하여 공소를 제기한 것이므

로 모용자가 피고인이 되고 피모용자에게 공소의 효력이 미친다고 할 수 없다(대법원 1993.1.19, 92도2554).

④ (O) 검사가 피고인 표시를 바로잡은 경우에는 처음부터 모용자에 대한 공소의 제기가 있었다고 할 수 있다(대법원 1993.1.19, 92도2554).

⑤ (O) 검사가 피고인 표시를 바로잡은 경우에는 처음부터 모용자에 대한 공소의 제기가 있었고 피모용자에 대한 공소의 제기가 있었던 것이 아니므로 법원은 모용자에 대하여 심리하고 재판을 하면 되지 원칙적으로 피모용자에 대하여 심판할 것이 아니다(대법원 1993.1.19, 92도2554).

정답 ①

---

046 ✓ 유사 ◆◆◇   군무원9급 2024

〈보기-1〉의 사례에 관한 〈보기-2〉의 설명 중 옳은 것을 모두 고르면? (다툼이 있으면 판례에 의함)

┤ 보기 ├

〈보기-1〉
2024.2.15. 군검찰관 X는 음주운전으로 교통사고를 낸 병장 甲을 약식기소하려고 하였으나 甲이 수사단계에서 상병 乙의 인적사항을 모용하였기 때문에 상병 乙을 약식기소하였다. 재판을 담당한 군사법원도 그대로 상병 乙에게 약식명령을 송달하였으나 이를 받은 상병 乙이 정식재판을 청구하였으며, 이에 따라 정식재판절차에서 성명모용사실이 밝혀졌다.

〈보기-2〉
ㄱ. 성명모용사실이 밝혀진 경우, 군검찰관 X는 피고인 표시를 상병 乙에서 병장 甲으로 변경하기 위해서는 군사법원의 허가를 받은 후 피고인표시를 정정하여야 한다.

ㄴ. 군검찰관 X가 공소장에 기재된 피고인의 표시를 정정하면, 군사법원은 이에 따라 약식명령의 피고인표시를 상병 乙에서 병장 甲으로 경정한 후 본래의 약식명령정본과 함께 이 경정결정을 모용자 甲에게 송달하면 이때부터 약식명령의 적법한 송달이 있다.

ㄷ. 군사법원은 피모용자인 상병 乙에 대해서는 피모용자에게 적법한 공소의 제기가 없었음을 밝혀 주는 의미에서 형사소송법 제327조 제2호를 유추적용하여 공소기각의 결정을 함으로써 피모용자의 불안정한 지위를 명확히 해소해 주어야 한다.

ㄹ. 약식절차와 정식재판절차는 동일한 심급 내에서 서로 절차를 달리할 뿐이므로 약식명령을 발부한 법관이 정식재판절차에 관여하였다고 하더라도 형사소송법 제17조 제7호에 정한 '법관이 사건에 관하여 전심재판 또는 그 기초되는 조사, 심리에 관여한 때'에 해당하여 제척의 원인이 된다고 볼 수는 없다.

① ㄱ, ㄷ   ② ㄴ, ㄹ
③ ㄱ, ㄷ, ㄹ   ④ ㄱ, ㄴ, ㄷ, ㄹ

해설

② ㄴ, ㄹ

ㄱ. (×) 피의자가 다른 사람의 성명을 모용한 탓으로 공소장에 피모용자가 피고인으로 표시되었다 하더라도 이는 당사자의 표시상의 착오일 뿐이고 검사는 모용자에 대하여 공소를 제기한 것이므로 모용자가 피고인이 되고 피모용자에게 공소의 효력이 미친다고 할 수 없고, 이와 같은 경우 검사는 공소장의 인적 사항의 기재를 정정하여 피고인의 표시를 바로잡아야 하는 것인바, 이는 피고인의 표시상의 착오를 정정하는 것이지 공소장을 변경하는 것이 아니므로 형사소송법 제298조에 따른 공소장변경의 절차를 밟을 필요가 없고 법원의 허가도 필요로 하지 아니한다(대법원 1993.1.19, 92도2554).

ㄴ. (O), ㄷ. (×) 피모용자가 약식명령에 대하여 정식재판을 청구하여 피모용자를 상대로 심리를 하는 과정에서 성명모용사실이 발각되어 검사가 공소장을 정정하는 등 사실상의 소송계속이 발생하고 형식상 또는 외관상 피고인의 지위를 갖게 된 경우에 법원으로서는 피모용자에게 적법한 공소의 제기가 없었음을 밝혀 주는 의미에서 형사소송법 제327조 제2호를 유추적용하여 공소기각의 판결을 함으로써 피모용자의 불안정한 지위를 명확히 해소해 주어야 하고, 피모용자가 정식재판을 청구하였다 하여도 모용자에게는 아직 약식명령의 송달이 없었다 할 것이어서 검사는 공소장에 기재된 피고인의 표시를 정정할 수 있으며, 법원은 이에 따라 약식명령의 피고인 표시를 경정할 수 있고, 본래의 약식명령정본과 함께 이 경정결정을 모용자에게 송달하면 이때에 약식명령의 적법한 송달이 있다고 볼 것이며, 이에 대하여 소정의 기간 내에 정식재판의 청구가 없으면 약식명령은 확정된다(대법원 1993.1.19, 92도2554).

ㄹ. (O) 약식절차와 피고인 또는 검사의 정식재판청구에 의하여 개시된 제1심공판절차는 동일한 심급 내에서 서로 절차만 달리할 뿐이므로, 약식명령이 제1심공판절차의 전심재판에 해당하는 것은 아니고, 따라서 약식명령을 발부한 법관이 정식재판절차의 제1심판결에 관여하였다고 하여 형사소송법 제17조 제7호에 정한 '법관이 사건에 관하여 전심재판 또는 그 기초되는 조사, 심리에 관여한 때'에 해당하여 제척의 원인이 된다고 볼 수는 없다(대법원 2002.4.12, 2002도944).

정답 ②

▌ Ⅱ 피고인의 소송법상 지위

047 ✓ 유사 ◆◇◇   경찰 2015

「형사소송법」상 피고인이 할 수 없는 것은?

① 관할이전의 신청(제15조)
② 압수·수색영장의 집행 참여(제121조)
③ 증거보전의 청구(제184조 제1항)
④ 공소장 변경 요구(제298조 제2항)

해설

④ (×) 공소장변경요구권은 피고인에게는 없고 수소법원에게 있다(제298조 제2항).

제298조(공소장의 변경) ② 법원은 심리의 경과에 비추어 상당하다고 인정할 때에는 공소사실 또는 적용법조의 추가 또는 변경을 요구하여야 한다.

① (○) 제15조 참조.

> **제15조(관할이전의 신청)** 검사는 다음 경우에는 직근 상급법원에 관할이전을 신청하여야 한다. 피고인도 이 신청을 할 수 있다.
> 1. 관할법원이 법률상의 이유 또는 특별한 사정으로 재판권을 행할 수 없는 때
> 2. 범죄의 성질, 지방의 민심, 소송의 상황 기타 사정으로 재판의 공평을 유지하기 어려운 염려가 있는 때

② (○) 제121조 참조.

> **제121조(영장집행과 당사자의 참여)** 검사, 피고인 또는 변호인은 압수·수색영장의 집행에 참여할 수 있다.

③ (○) 제184조 제1항 참조.

> **제184조(증거보전의 청구와 그 절차)** ① 검사, 피고인, 피의자 또는 변호인은 미리 증거를 보전하지 아니하면 그 증거를 사용하기 곤란한 사정이 있는 때에는 제1회 공판기일 전이라도 판사에게 압수, 수색, 검증, 증인신문 또는 감정을 청구할 수 있다.

정답 ④

048 ✓ 유사 ◆◇◇ 경찰3차 2018

피의자와 피고인에 대한 설명으로 가장 적절하지 않은 것은? (다툼이 있는 경우 판례에 의함)

① 검사뿐만 아니라 피의자, 피고인 또는 변호인도 미리 증거를 보전하지 아니하면 그 증거를 사용하기 곤란한 사정이 있는 때에는 제1회 공판기일 전이라도 판사에게 압수, 수색, 검증, 증인신문 또는 감정을 청구할 수 있다.

② 검사는 공판정에서의 심리의 전부 또는 일부를 속기사로 하여금 속기하게 하거나 녹음장치 또는 영상녹화장치를 사용하여 녹음 또는 영상녹화할 것을 신청할 수는 있고, 법원도 이를 직권으로 명할 수 있지만, 피고인은 이를 신청할 수 없다.

③ 불구속 피의자의 경우 변호인의 조력을 받을 권리는 우리 헌법에 나타난 법치국가원리, 적법절차원칙에서 인정되는 당연한 내용이다.

④ 회사가 회사해산 및 청산등기 전에 업무 또는 재산에 관한 위반행위로 인하여 재산형에 해당하는 사건으로 공소제기된 것은 청산인의 현존사무 중에 포함되는 것이므로 비록 피고인 회사의 청산종료의 등기가 경료되었다 하더라도 그 피고사건이 종결되기까지는 피고인 회사의 청산사무는 종료되지 아니하고, 「형사소송법」상 당사자능력도 그대로 존속한다.

해설

② (×) 법원은 검사, 피고인 또는 변호인의 신청이 있는 때에는 특별한 사정이 없는 한 공판정에서의 심리의 전부 또는 일부를 속기사로 하여금 속기하게 하거나 녹음장치 또는 영상녹화장치를

사용하여 녹음 또는 영상녹화(녹음이 포함된 것을 말한다)하여야 하며, 필요하다고 인정하는 때에는 직권으로 이를 명할 수 있다(제56조의2 제1항).

① (○) 제184조 제1항

③ (○) 우리 헌법은 변호인의 조력을 받을 권리가 불구속 피의자·피고인 모두에게 포괄적으로 인정되는지 여부에 관하여 명시적으로 규율하고 있지는 않지만, 불구속 피의자의 경우에도 변호인의 조력을 받을 권리는 우리 헌법에 나타난 법치국가원리, 적법절차원칙에서 인정되는 당연한 내용이고, 헌법 제12조 제4항도 이를 전제로 특히 신체구속을 당한 사람에 대하여 변호인의 조력을 받을 권리의 중요성을 강조하기 위하여 별도로 명시하고 있다(헌법재판소 2004.9.23, 2000헌마138).

> **헌법 제12조** ④ 누구든지 체포 또는 구속을 당한 때에는 즉시 변호인의 조력을 받을 권리를 가진다. 다만, 형사피고인이 스스로 변호인을 구할 수 없을 때에는 법률이 정하는 바에 의하여 국가가 변호인을 붙인다.

④ (○) 회사가 이 사건에 있어서와 같이 회사해산 및 청산등기 전에 업무 또는 재산에 관한 위반행위로 인하여 재산형에 해당하는 사건으로 소추를 받는 것과 같은 것은 청산인의 현존사무(상법 제254조 제1항 제4호) 중에 포함되는 것이라 할 것이므로 비록 피고인 회사의 청산종료의 등기가 경료되었다 하더라도 그 피고사건이 종결되기까지는 피고인회사의 청산사무는 종료되지 아니하고, 형사소송법상 당사자능력도 그대로 존속한다(대법원 1982.3.23, 81도1450).

정답 ②

049 ✓ 유사 ◆◆◇ 해경승진 2023

다음 중 피의자에게 인정되는 권리로 가장 옳지 않은 것은?

① 접견교통권　　　　　② 진술거부권
③ 보석청구권　　　　　④ 증거보전청구권

해설

접견교통권, 진술거부권, 증거보전청구권은 피의자에게 인정되는 권리이나, 보석청구권은 공소제기된 구속피고인에게 인정되는 권리이지 수사를 받고 있는 피의자에게 인정되는 권리는 아니다.

정답 ③

III 무죄추정의 원리

050 ✓대표 ◆◆◇   국가9급 2014

무죄추정의 원칙에 대한 설명으로 옳지 않은 것은? (다툼이 있는 경우 판례에 의함)

① 피고인은 유죄 판결 확정시까지 무죄로 추정된다.

② 형사재판의 유죄확정 전에 징계혐의 사실이 인정되어 징계 처분을 하는 것은 무죄추정의 원칙에 반하지 않는다.

③ 파기환송을 받은 법원이 구속을 계속할 사유가 있다고 판단하여 구속기간을 갱신하고 피고인을 계속 구속하는 것은 무죄추정의 원칙에 반하지 않는다.

④ 공소장의 공소사실 첫머리에 피고인 특정을 위해 피고인이 전에 받은 소년부송치처분을 기재한 것은 무죄추정의 원칙에 반한다.

해설

④ (×) 공소장의 공소사실 첫머리에 피고인이 전에 받은 소년부송치처분과 직업 없음을 기재하였다 하더라도 이는 형사소송법 제254조 제3항 제1호에서 말하는 피고인을 특정할 수 있는 사항에 속하는 것이어서 그와 같은 내용의 기재가 있다 하여 공소제기의 절차가 법률의 규정에 위반된 것이라고 할 수 없고 또 헌법상의 형사피고인에 대한 무죄추정조항이나 평등조항에 위배되는 것도 아니다(대법원 1990.10.16, 90도1813).

① (○) 형사소송법 제275조의2, 헌법 제27조 제4항. 이렇듯 법조문에서는 '피고인'만 규정하고 있다. 그러나 '피의자'에게도 인정된다는 것이 통설·판례이다.

② (○) 대법원 1986.6.10, 85누407

③ (○) 대법원 2001.11.30, 2001도5225

정답 ④

051 ✓대표 ◆◆◇   경찰 2015

무죄추정의 원칙에 관한 다음 설명 중 가장 적절하지 않은 것은? (다툼이 있으면 판례에 의함)

① 사립학교법이 형사사건으로 기소된 교원에 대하여 필요적으로 직위해제처분을 하도록 규정한 것은 무죄추정의 원칙 등에 반하여 위헌이다.

② 피고인은 유죄 판결 확정될 때까지는 무죄로 추정된다.

③ 공소장의 공소사실 첫머리에 피고인이 전에 받은 소년부송치 처분을 기재하였다면 이는 무죄추정의 원칙에 반한다.

④ 파기환송을 받은 법원이 피고인 구속을 계속할 사유가 있어 결정으로 구속기간을 갱신하여 피고인을 계속 구속하는 것은 무죄추정의 원칙에 반하지 않는다.

해설

③ (×) 공소장의 공소사실 첫머리에 피고인이 전에 받은 소년부송

치처분과 직업 없음을 기재하였다 하더라도 이는 형사소송법 제254조 제3항 제1호에서 말하는 피고인을 특정할 수 있는 사항에 속하는 것이어서 그와 같은 내용의 기재가 있다 하여 공소제기의 절차가 법률의 규정에 위반된 것이라고 할 수 없고 또 헌법상의 형사피고인에 대한 무죄추정조항이나 평등조항에 위배되는 것도 아니다(대법원 1990.10.16, 90도1813).

① (○) 헌법재판소 1994.7.29, 93헌가3

② (○) 헌법 제27조 제4항, 형사소송법 제275조의2

④ (○) 대법원 2001.11.30, 2001도5225

정답 ③

052 ✓유사 ◆◆◇   국가9급/개론 2024

무죄추정의 원칙에 대한 설명으로 옳지 않은 것은?

① 무죄추정의 원칙은 형사절차뿐만 아니라 기타 일반 법생활영역에서의 기본권 제한과 같은 경우에도 적용된다.

② 「형사소송법」상의 구속기간은 헌법상의 무죄추정의 원칙에서 파생되는 불구속수사원칙에 대한 예외로서 설정된 기간이다.

③ 구금시설의 소장이 마약류사범인 미결수용자에 대하여 시설의 안전과 질서유지를 위하여 필요한 범위에서 계호를 엄중히 하는 등 다른 미결수용자와 달리 관리할 수 있도록 한 「형의 집행 및 수용자의 처우에 관한 법률」 규정은 무죄추정의 원칙에 반하지 않는다.

④ 법무부장관이 형사사건으로 공소가 제기된 변호사에 대하여 그 판결이 확정될 때까지 업무정지를 명할 수 있도록 하는 구 「변호사법」 규정은 무죄추정의 원칙에 반하지 않는다.

해설

④ (×) 법무부장관의 일반적 명령에 의하여 변호사 업무를 정지시키는 변호사법 제15조는 당해 변호사가 자기에게 유리한 사실을 진술하거나 필요한 증거를 제출할 수 있는 청문의 기회가 보장되지 아니하여 적법절차를 존중하지 아니한 것으로서, 직업선택의 자유를 규정한 헌법 제15조, 무죄추정의 원칙을 규정한 동 제27조 제4항에 위반된 것이 명백하다(헌법재판소 1990.11.19, 90헌가48 전원재판부).

① (○) 헌법 제27조 제4항은 "형사피고인은 유죄의 판결이 확정될 때까지는 무죄로 추정된다."고 규정하여 무죄추정의 원칙을 천명하고 있다. 무죄추정이란 유죄의 판결이 확정되기 전에 죄 있는 자에 준하여 취급함으로써 법률적, 사실적 측면에서 유형, 무형의 불이익을 주는 것을 말하고, 여기서 불이익이란 유죄를 근거로 그에 대하여 사회적 비난 내지 기타 응보적 의미의 차별 취급을 가하는 유죄 인정의 효과로서의 불이익을 뜻한다고 할 것이다. 흔히 무죄추정의 원칙은 형사절차 내에서 원칙으로 인식되고 있으나 형사절차뿐만 아니라 기타 일반 법생활영역에서의 기본권 제한과 같은 경우에도 적용된다고 할 것이다(헌법재판소 2005.5.26, 2002헌마699).

② (○) 구속기간은 오랜 수사경험에 비추어 그 정도의 기간이면 공소제기 여부의 판단에 지장이 없을 것으로 보아 책정된 것이라고

말할 수 있으며, 이 구속기간은 헌법상의 무죄추정의 원칙에서 파생되는 불구속수사원칙에 대한 예외로서 설정된 기간이다(헌법재판소 1992.4.14, 90헌마82 전원재판부).

③ (O) 이 사건 법률조항은 마약류에 대한 중독성 및 그로 인한 높은 재범률이라는 마약류사범의 일반적 특성을 고려하여, 마약류사범인 수용자에 대하여서는 그가 미결수용자인지 또는 수형자인지 여부를 불문하고 교정시설의 안전 및 질서유지를 위하여 마약류 반입 및 그로 인한 교정사고 발생을 예방하고 치료·교육 등 재활을 위하여 필요한 조치를 할 수 있음을 규정한 것일 뿐, 마약류사범인 미결수용자에 대하여 범죄사실의 인정 또는 유죄판결을 전제로 불이익을 가하는 것이 아니다. 따라서 이 사건 법률조항은 무죄추정원칙에 위배되지 아니한다(헌법재판소 2013.7.25, 2012헌바63 전원재판부).

정답 ④

---

053 ✓ 대표 ◆◆◇ 　　　　경찰경채 2023

피의자나 피고인이 형사절차에서 갖는 권리에 관한 설명으로 가장 적절한 것은? (다툼이 있는 경우 판례에 의함)

① 헌법과 「형사소송법」은 피고인에 대해서만 무죄추정을 규정하고 있으므로, 피의자에 대해서는 무죄추정이 적용되지 아니한다.

② 수사기관에서 구속된 피의자의 도주, 항거 등을 억제하는 데 필요하다고 인정할 상당한 이유가 있는 경우에 필요한 한도 내에서 포승이나 수갑을 사용하는 것은 무죄추정의 원칙에 위배되는 것이라고 할 수는 없다.

③ 피고인과 변호인에게 소송계속 중의 관계 서류 또는 증거물에 대한 열람·복사권은 인정되나, 공소제기 후 검사가 보관하고 있는 서류 등에 대한 열람·등사권은 인정되지 않는다.

④ 주취운전의 혐의자에게 음주측정에 응할 의무를 지우고 이에 불응한 사람을 처벌하는 것은 형사상 불리한 '진술'을 강요하는 것에 해당한다.

해설

② (O) 무죄추정을 받는 피의자라고 하더라도 그에게 구속의 사유가 있어 구속영장이 발부, 집행된 이상 신체의 자유가 제한되는 것은 당연한 것이고, 특히 수사기관에서 구속된 피의자의 도주, 항거 등을 억제하는 데 필요하다고 인정할 상당한 이유가 있는 경우에는 필요한 한도 내에서 포승이나 수갑을 사용할 수 있는 것이며, 이러한 조치가 무죄추정의 원칙에 위배되는 것이라고 할 수는 없다(대법원 1996.5.14, 96도561).

① (×) 헌법 제27조 제4항과 형사소송법 제275조의2는 피고인만 규정하고 있으나, 피의자에 대해서도 당연히 무죄추정이 적용된다는 것이 통설·판례이다.

③ (×) 피고인 또는 변호인에게는 공소제기 후 검사가 보관하고 있는 서류 등에 대한 열람·등사권이 인정된다(증거개시, 제266조의3 제1항).

제266조의3(공소제기 후 검사가 보관하고 있는 서류 등의 열람·등사) ① 피고인 또는 변호인은 검사에게 공소제기된 사건에 관한 서류 또는 물건(이하 "서류등"이라 한다)의 목록과 공소사실의 인정 또는 양형에 영향을 미칠 수 있는 다음 서류등의 열람·등사 또는 서면의 교부를 신청할 수 있다. 다만, 피고인에게 변호인이 있는 경우에는 피고인은 열람만을 신청할 수 있다.
　1. 검사가 증거로 신청할 서류등 (이하 생략)

④ (×) 헌법 제12조 제2항은 진술거부권을 보장하고 있으나, 여기서 "진술"이라 함은 생각이나 지식, 경험사실을 정신작용의 일환인 언어를 통하여 표출하는 것을 의미하는 데 반해, 도로교통법 제41조 제2항에 규정된 음주측정은 호흡측정기에 입을 대고 호흡을 불어 넣음으로써 신체의 물리적, 사실적 상태를 그대로 드러내는 행위에 불과하므로 이를 두고 "진술"이라 할 수 없고, 따라서 주취운전의 혐의자에게 호흡측정기에 의한 주취 여부의 측정에 응할 것을 요구하고 이에 불응할 경우 처벌한다고 하여도 이는 형사상 불리한 "진술"을 강요하는 것에 해당한다고 할 수 없으므로 헌법 제12조 제2항의 진술거부권조항에 위배되지 아니한다(헌법재판소 1997.3.27, 96헌가11 전원재판부).

정답 ②

ⅣV 진술거부권

054 ✓ 대표 ◆◆◇ 　법원9급 2018 　법원승진 2024 유사

진술거부권에 관한 다음 설명 중 가장 옳지 않은 것은? (다툼이 있는 경우 판례에 의하고, 전원합의체 판결의 경우 다수의견에 의함)

① 재판장은 공판준비기일에 출석한 피고인에게 진술을 거부할 수 있음을 알려주어야 한다.

② 수사기관이 피의자에게 미리 진술거부권을 고지하지 아니한 경우에는 그 피의자의 진술은 임의성이 인정되더라도 증거능력이 없다.

③ 공판절차를 갱신하는 경우에는 피고인에게 진술거부권을 다시 고지할 필요가 없다.

④ 진술거부권 행사도 진실발견을 적극적으로 숨기거나 법원을 오도하려는 시도에 기인한 경우 등 일정한 경우에는 양형의 가중요건으로 참작할 수 있다.

해설

③ (×) 규칙 제144조 제1항 참조.

규칙 제144조 ① 법 제301조, 법 제301조의2 또는 제143조에 따른 공판절차의 갱신은 다음 각 호의 규정에 의한다.
　1. 재판장은 제127조의 규정에 따라 피고인에게 진술거부권 등을 고지한 후 법 제284조에 따른 인정신문을 하여 피고인임에 틀림없음을 확인하여야 한다.

① (O) 재판장은 출석한 피고인에게 진술을 거부할 수 있음을 알려주어야 한다(제266조의8 제6항).

② (O) 피의자의 진술을 녹취 내지 기재한 서류 또는 문서가 수사기관에서의 조사 과정에서 작성된 것이라면, 그것이 '진술조서, 진술서, 자술서'라는 형식을 취하였다고 하더라도 피의자신문조서와 달리 볼 수 없다. 형사소송법이 보장하는 피의자의 진술거

부권은 헌법이 보장하는 형사상 자기에게 불리한 진술을 강요당하지 않는 자기부죄거부의 권리에 터 잡은 것이므로, 수사기관이 피의자를 신문함에 있어서 피의자에게 미리 진술거부권을 고지하지 않은 때에는 그 피의자의 진술은 위법하게 수집된 증거로서 진술의 임의성이 인정되는 경우라도 증거능력이 부인되어야 한다(대법원 2009.8.20, 2008도8213).

④ (○) 형법 제51조 제4호에서 양형의 조건의 하나로 정하고 있는 범행 후의 정황 가운데에는 형사소송절차에서의 피고인의 태도나 행위를 들 수 있는데, 모든 국민은 형사상 자기에게 불리한 진술을 강요당하지 아니할 권리가 보장되어 있으므로(헌법 제12조 제2항), 형사소송절차에서 피고인은 방어권에 기하여 범죄사실에 대하여 진술을 거부하거나 거짓 진술을 할 수 있고, 이 경우 범죄사실을 단순히 부인하고 있는 것이 죄를 반성하거나 후회하고 있지 않다는 인격적 비난요소로 보아 가중적 양형의 조건으로 삼는 것은 결과적으로 피고인에게 자백을 강요하는 것이 되어 허용될 수 없다고 할 것이나, 그러한 태도나 행위가 피고인에게 보장된 방어권 행사의 범위를 넘어 객관적이고 명백한 증거가 있음에도 진실의 발견을 적극적으로 숨기거나 법원을 오도하려는 시도에 기인한 경우에는 가중적 양형의 조건으로 참작될 수 있다(대법원 2001.3.9, 2001도192).

정답 ③

055 ✓ 대표 ◆◆◇ 경찰2차 2018 유사 법원9급 2019

진술거부권에 관한 다음 설명 중 가장 옳지 않은 것은?

① 수사기관이 피의자를 신문함에 있어서 피의자에게 미리 진술거부권을 고지하지 않은 때에는 그 피의자의 진술은 진술의 임의성이 인정되는 경우라도 증거능력이 없다.

② 수사기관에 의한 진술거부권 고지 대상이 되는 피의자 지위는 수사기관이 조사대상자에 대한 범죄혐의를 인정하여 수사를 개시하는 행위를 한 때 인정되는 것으로 보아야 한다. 따라서 이러한 피의자 지위에 있지 아니한 자에 대하여는 진술거부권이 고지되지 아니하였더라도 진술의 증거능력을 부정할 것은 아니다.

③ 사법경찰관이 피의자에게 진술거부권을 행사할 수 있음을 알려 주고 그 행사 여부를 질문하였다 하더라도, 진술거부권 행사 여부에 대한 피의자의 답변이 자필로 기재되어 있지 아니하거나 그 답변 부분에 피의자의 기명날인 또는 서명이 되어 있지 아니한 사법경찰관 작성의 피의자신문조서는 그 증거능력을 인정할 수 없다.

④ 피고인은 방어권에 기하여 범죄사실에 대하여 진술을 거부하거나 거짓 진술을 할 수 있으므로 그러한 태도나 행위가 피고인에게 보장된 방어권 행사의 범위를 넘어 객관적이고 명백한 증거가 있음에도 진실의 발견을 적극적으로 숨기거나 법원을 오도하려는 시도에 기인한 경우라도 가중적 양형의 조건으로 참작될 수는 없다.

해설

④ (×) 대법원 2001.3.9, 2001도192

① (○) 대법원 2009.8.20, 2008도8213

② (○) 대법원 2011.11.10, 2011도8125

③ (○) 특별한 사정이 없는 한 형사소송법 제312조 제3항에서 정한 '적법한 절차와 방식'에 따라 작성된 조서라 할 수 없으므로 그 증거능력을 인정할 수 없다(대법원 2013.3.28, 2010도3359).

정답 ④

056 ✓ 대표 ◆◆◇ 국가9급개론 2018

진술증거의 증거능력에 대한 설명으로 옳지 않은 것은? (다툼이 있는 경우 판례에 의함)

① 임의성이 인정되지 아니하여 증거능력이 없는 진술증거는 피고인이 증거로 함에 동의하더라도 증거로 삼을 수 없다.

② 참고인으로 조사를 받으면서 수사기관으로부터 진술거부권을 고지받지 않았다면 그 진술조서는 위법수집 증거로서 증거능력이 없다.

③ 공판기일에 피고인의 진술을 기재한 조서는 전문법칙에도 불구하고 증거로 할 수 있다.

④ 공판기일에 피고인에게 유리한 증언을 한 증인을 이후 검사가 소환하여 일방적으로 번복시키는 방식으로 작성한 진술조서는 증거능력이 없다.

해설

② (×) 참고인에 대한 진술거부권 고지의무는 없다. "진술거부권 고지에 관한 형사소송법의 규정내용 및 진술거부권 고지가 갖는 실질적인 의미를 고려하면 수사기관에 의한 진술거부권 고지의 대상이 되는 피의자의 지위는 수사기관이 조사대상자에 대한 범죄혐의를 인정하여 수사를 개시하는 행위를 한때에 인정되는 것으로 봄이 상당하다. 따라서 이러한 피의자의 지위에 있지 아니한 자에 대하여는 진술거부권이 고지되지 아니하였다 하더라도 그 진술의 증거능력을 부정할 것은 아니다(대법원 2011.11.10, 2011도8125)."

① (○) 임의성이 인정되지 아니하여 증거능력이 없는 진술증거는 피고인이 증거로 함에 동의하더라도 증거로 삼을 수 없다(대법원 2006.11.23, 2004도7900; 2013.7.11, 2011도14044).

③ (○) 제311조 참조.

> 제311조(법원 또는 법관의 조서) 공판준비 또는 공판기일에 피고인이나 피고인 아닌 자의 진술을 기재한 조서와 법원 또는 법관의 검증의 결과를 기재한 조서는 증거로 할 수 있다. 제184조 및 제221조의2의 규정에 의하여 작성한 조서도 또한 같다.

④ (○) 공판준비 또는 공판기일에서 이미 증언을 마친 증인을 검사가 소환한 후 피고인에게 유리한 증언 내용을 추궁하여 이를 일방적으로 번복시키는 방식으로 작성한 진술조서를 유죄의 증거로 삼는 것은 당사자주의·공판중심주의·직접주의를 지향하는 현행 형사소송법의 소송구조에 어긋나는 것일 뿐만 아니라, 헌법 제27조가 보장하는 기본권, 즉 법관의 면전에서 모든 증거자료가 조사·진술되고 이에 대하여 피고인이 공격·방어할 수 있는

기회가 실질적으로 부여되는 재판을 받을 권리를 침해하는 것이므로, 이러한 진술조서는 피고인이 증거로 할 수 있음에 동의하지 아니하는 한 증거능력이 없고, 그 후 원진술자인 종전 증인이 다시 법정에 출석하여 증언을 하면서 그 진술조서의 성립의 진정함을 인정하고 피고인측에 반대신문의 기회가 부여되었다고 하더라도 그 증언 자체를 유의의 증거로 할 수 있음은 별론으로 하고 위와 같은 진술조서의 증거능력이 없다는 결론은 달리할 것이 아니다(대법원 2013.8.14, 2012도13665).

정답 ②

---

057 ✓ 대표 ◆◆◇ 　국가9급 2014 유사　 법원 2017

진술거부권에 관한 다음 설명 중 가장 옳지 않은 것은? (다툼이 있으면 판례에 의함)

① 수사기관에 의한 진술거부권 고지 대상이 되는 피의자 지위는 수사기관이 조사대상자에 대한 범죄혐의를 인정하여 수사를 개시하는 행위를 하기 이전에도 인정된다.

② 진술거부권은 헌법이 보장하는 형사상 자기에 불리한 진술을 강요당하지 않는 자기부죄거부의 권리에 터잡은 것이다.

③ 진술거부권이 보장되는 절차에서 진술거부권을 고지받을 권리가 헌법 제12조 제2항에 의하여 바로 도출된다고 할 수 없고, 이를 인정하기 위해서는 입법적 뒷받침이 필요하다.

④ 주취운전의 혐의자에게 호흡측정기에 의한 주취 여부의 측정에 응할 것을 요구하고 이에 불응할 경우에 처벌한다고 하여도 이를 형사상 불리한 진술을 비인간적으로 강요하는 것에 해당한다고 볼 수는 없다.

해설

① (×) 수사기관에 의한 진술거부권 고지 대상이 되는 피의자 지위는 수사기관이 조사대상자에 대한 범죄혐의를 인정하여 수사를 개시하는 행위를 한 때 인정되는 것으로 보아야 한다. 따라서 이러한 피의자 지위에 있지 아니한 자에 대하여는 진술거부권이 고지되지 아니하였더라도 진술의 증거능력을 부정할 것은 아니다(대법원 2014.4.30, 2012도725).

② (○) 대법원 2014.4.10, 2014도1779

③ (○) 대법원 2014.1.16, 2013도5441

④ (○) 대법원 2009.9.24, 2009도7924

정답 ①

---

058 ✓ 대표 ◆◆◇ 　법원 2014

진술거부권에 대한 설명 중 가장 옳지 않은 것은? (다툼이 있는 경우 판례에 의함)

① 수사기관에 의한 진술거부권 고지 대상이 되는 피의자 지위는 수사기관이 조사대상자에 대한 범죄혐의를 인정하여 수사를 개시하는 행위를 한 때 인정된다.

② 구속영장 발부에 의하여 적법하게 구금된 피의자가 피의자신문을 위한 출석요구에 응하지 아니하면서 수사기관 조사실에 출석을 거부할 경우, 수사기관이 구속영장의 효력에 의하여 피의자를 조사실로 구인할 수 있고, 이때 피의자를 신문하기 전에 진술거부권을 고지하여야 한다.

③ 피의자를 신문함에 있어서 피의자에게 미리 진술거부권을 고지하지 않은 때에는 그 피의자의 진술은 위법하게 수집된 증거로서 진술의 임의성이 인정되는 경우라도 증거능력이 부인되어야 한다.

④ 진술거부권을 고지하지 않은 상태에서 임의로 행해진 피고인의 자백을 기초로 한 2차적 증거 중 피고인 및 피해자의 법정진술은 공개된 법정에서 임의로 이루어진 것이라고 하더라도 유죄 인정의 증거로 사용할 수 없다.

해설

④ (×) 강도 현행범으로 체포된 피고인에게 진술거부권을 고지하지 아니한 채 강도범행에 대한 자백을 받고, 이를 기초로 여죄에 대한 진술과 증거물을 확보한 후 진술거부권을 고지하여 피고인의 임의자백 및 피해자의 피해사실에 대한 진술을 수집한 경우, 제1심 법정에서의 피고인의 자백은 진술거부권을 고지받지 않은 상태에서 이루어진 최초 자백 이후 40여 일이 지난 후에 변호인의 충분한 조력을 받으면서 공개된 법정에서 임의로 이루어진 것이고, 피해자의 진술은 법원의 적법한 소환에 따라 자발적으로 출석하여 위증의 벌을 경고받고 선서한 후 공개된 법정에서 임의로 이루어진 것이어서, 예외적으로 유죄 인정의 증거로 사용할 수 있는 2차적 증거에 해당한다(대법원 2009.3.12, 2008도11437). 독수과실의 예외이론이 적용된 판례이다.

① (○) 피의자에 대한 진술거부권 고지는 피의자의 진술거부권을 실효적으로 보장하여 진술이 강요되는 것을 막기 위해 인정되는 것인데, 이러한 진술거부권 고지에 관한 형사소송법 규정내용 및 진술거부권 고지가 갖는 실질적인 의미를 고려하면 수사기관에 의한 진술거부권 고지 대상이 되는 피의자 지위는 수사기관이 조사대상자에 대한 범죄혐의를 인정하여 수사를 개시하는 행위를 한 때 인정되는 것으로 보아야 한다. 따라서 이러한 피의자 지위에 있지 아니한 자에 대하여는 진술거부권이 고지되지 아니하였더라도 진술의 증거능력을 부정할 것은 아니다(대법원 2011.11.10, 2011도8125).

② (○) 구속영장 발부에 의하여 적법하게 구금된 피의자가 피의자신문을 위한 출석요구에 응하지 아니하면서 수사기관 조사실에 출석을 거부한다면 수사기관은 그 구속영장의 효력에 의하여 피의자를 조사실로 구인할 수 있다고 보아야 한다. 다만 이러한 경우에도 그 피의자신문 절차는 어디까지나 법 제199조 제1항 본문, 제200조의 규정에 따른 임의수사의 한 방법으로 진행되어야 하므로, 피의자는 헌법 제12조 제2항과 법 제244조의3에 따라

일체의 진술을 하지 아니하거나 개개의 질문에 대하여 진술을 거부할 수 있고, 수사기관은 피의자를 신문하기 전에 그와 같은 권리를 알려주어야 한다(대법원 2013.7.1, 2013모160).

③ (O) 대법원 2011.11.10, 2010도8294; 2009.8.20, 2008도8213 등

정답 ④

---

059 ✅ 대표 ◆◆◇ 〔국가7급 2015〕 〔국가9급 2013 유사〕

진술거부권에 대한 설명으로 옳지 않은 것은? (다툼이 있는 경우 판례에 의함)

① 진술거부권을 고지 받지 않은 상태에서 임의로 자백을 하였다면, 이후 피고인이 변호인으로부터 충분한 조력을 받고 상당한 기간이 흘러 자발적으로 계속하여 동일한 내용의 자백을 하더라도 자백은 형사소송법 제308조의2에 따라 증거능력이 부정된다.

② 피고인이 증거서류의 진정성립을 묻는 검사의 질문에 대하여 진술거부권을 행사하여 진술을 거부한 경우는 형사소송법 제314조의 '그 밖에 이에 준하는 사유로 인하여 진술할 수 없는 때'에 해당하지 아니한다.

③ 진술거부권 고지에 관한 형사소송법 규정내용 및 진술거부권 고지가 갖는 실질적인 의미를 고려한다면 피의자 지위에 있지 아니한 자에 대하여는 진술거부권이 고지되지 아니하였더라도 진술의 증거능력을 부정할 것은 아니다.

④ 피의자에게 진술거부권을 고지하였더라도 진술거부권 행사 여부에 대한 피의자의 답변이 자필로 기재되지 않거나 답변 부분에 피의자의 기명날인 또는 서명이 되어 있지 않다면, 당해 피의자신문조서의 증거능력을 인정할 수 없다.

해설

① (×) 강도 현행범으로 체포된 피고인에게 진술거부권을 고지하지 아니한 채 강도범행에 대한 자백을 받고, 이를 기초로 여죄에 대한 진술과 증거물을 확보한 후 진술거부권을 고지하여 피고인의 임의자백 및 피해자의 피해사실에 대한 진술을 수집한 경우, 제1심 법정에서의 피고인의 자백은 진술거부권을 고지받지 않은 상태에서 이루어진 최초 자백 이후 40여 일이 지난 후에 변호인의 충분한 조력을 받으면서 공개된 법정에서 임의로 이루어진 것이고, 피해자의 진술은 법원의 적법한 소환에 따라 자발적으로 출석하여 위증의 벌을 경고받고 선서한 후 공개된 법정에서 임의로 이루어진 것이어서, 예외적으로 유죄 인정의 증거로 사용할 수 있는 2차적 증거에 해당한다(대법원 2009.3.12, 2008도11437).

② (O) 법정에 출석한 증인이 형사소송법 제148조, 제149조 등에서 정한 바에 따라 정당하게 증언거부권을 행사하여 증언을 거부한 경우는 형사소송법 제314조의 '그 밖에 이에 준하는 사유로 인하여 진술할 수 없는 때'에 해당하지 아니한다(대법원 2012.5.17, 2009도6788 전원합의체).

③ (O) 피의자에 대한 진술거부권 고지는 피의자의 진술거부권을 실효적으로 보장하여 진술이 강요되는 것을 막기 위해 인정되는

것인데, 이러한 진술거부권 고지에 관한 형사소송법 규정내용 및 진술거부권 고지가 갖는 실질적인 의미를 고려하면 수사기관에 의한 진술거부권 고지 대상이 되는 피의자 지위는 수사기관이 조사대상자에 대한 범죄혐의를 인정하여 수사를 개시하는 행위를 한 때 인정되는 것으로 보아야 한다. 따라서 이러한 피의자 지위에 있지 아니한 자에 대하여는 진술거부권이 고지되지 아니하였더라도 진술의 증거능력을 부정할 것은 아니다(대법원 2011.11.10, 2011도8125).

④ (O) [1] 헌법 제12조 제2항, 형사소송법 제244조의3 제1항, 제2항, 제312조 제3항에 비추어 보면, 비록 사법경찰관이 피의자에게 진술거부권을 행사할 수 있음을 알려 주고 그 행사 여부를 질문하였다 하더라도, 형사소송법 제244조의3 제2항에 규정한 방식에 위반하여 진술거부권 행사 여부에 대한 피의자의 답변이 자필로 기재되어 있지 아니하거나 그 답변 부분에 피의자의 기명날인 또는 서명이 되어 있지 아니한 사법경찰관 작성의 피의자신문조서는 특별한 사정이 없는 한 형사소송법 제312조 제3항에서 정한 '적법한 절차와 방식'에 따라 작성된 조서라 할 수 없으므로 그 증거능력을 인정할 수 없다.

[2] 헌법 제12조 제1항, 제4항 본문, 형사소송법 제243조의2 제1항 및 그 입법 목적 등에 비추어 보면, 피의자가 변호인의 참여를 원한다는 의사를 명백하게 표시하였음에도 수사기관이 정당한 사유 없이 변호인을 참여하게 하지 아니한 채 피의자를 신문하여 작성한 피의자신문조서는 형사소송법 제312조에 정한 '적법한 절차와 방식'에 위반된 증거일 뿐만 아니라, 형사 소송법 제308조의2에서 정한 '적법한 절차에 따르지 아니하고 수집한 증거'에 해당하므로 이를 증거로 할 수 없다(대법원 2013.3.28, 2010도3359).

정답 ①

060 ☑대표 ◆◆◇ 국가9급 2016

진술거부권에 대한 설명으로 옳지 않은 것은? (다툼이 있는 경우 판례에 의함)

① 수사기관에 의한 진술거부권 고지의 대상이 되는 피의자의 지위는 수사기관이 범죄인지서를 작성하는 등의 형식적인 사건수리 절차를 거치기 전이라도 조사대상자에 대하여 범죄의 혐의가 있다고 보아 실질적으로 수사를 개시하는 행위를 한 때에 인정된다.

② 헌법 제12조 제2항은 진술거부권을 국민의 기본적 권리로 보장하고 있으며, 이는 형사책임과 관련하여 비인간적인 자백의 강요와 고문을 근절하고 인간의 존엄성과 가치를 보장하려는 데에 그 취지가 있으므로, 진술거부권이 보장되는 절차에서 진술거부권을 고지받을 권리는 헌법 제12조 제2항에 의하여 바로 도출된다.

③ 사법경찰관이 피의자에게 진술거부권을 행사할 수 있음을 알려 주고 그 행사 여부를 질문하였다 하더라도, 형사소송법 제244조의3 제2항에 규정한 방식에 위반하여 진술거부권 행사 여부에 대한 피의자의 답변이 자필로 기재되어 있지 아니하거나 그 답변 부분에 피의자의 기명날인 또는 서명이 되어 있지 아니한 사법경찰관 작성의 피의자 신문조서는 특별한 사정이 없는 한 증거능력이 없다.

④ 수사기관이 피의자를 신문함에 있어서 피의자에게 미리 진술거부권을 고지하지 않은 때에는 그 피의자의 진술은 위법하게 수집된 증거로서 진술의 임의성이 인정되는 경우라도 증거능력이 부인되어야 한다.

해설

② (✕) [1] 헌법 제12조는 제1항에서 적법절차의 원칙을 선언하고, 제2항에서 "모든 국민은 고문을 받지 아니하며, 형사상 자기에게 불리한 진술을 강요당하지 아니한다."고 규정하여 진술거부권을 국민의 기본적 권리로 보장하고 있다. 이는 형사책임과 관련하여 비인간적인 자백의 강요와 고문을 근절하고 인간의 존엄성과 가치를 보장하려는 데에 그 취지가 있다. 그러나 진술거부권이 보장되는 절차에서 진술거부권을 고지받을 권리가 헌법 제12조 제2항에 의하여 바로 도출된다고 할 수는 없고, 이를 인정하기 위해서는 입법적 뒷받침이 필요하다.
[2] 구 공직선거법(2013.8.13. 법률 제12111호로 개정되기 전의 것, 이하 같다)은 제272조의2에서 선거범죄 조사와 관련하여 선거관리위원회 위원·직원이 관계자에게 질문·조사를 할 수 있다고 규정하면서도 진술거부권의 고지에 관하여는 별도의 규정을 두지 않았고, 수사기관의 피의자에 대한 진술거부권 고지를 규정한 형사소송법 제244조의3 제1항이 구 공직선거법상 선거관리위원회 위원·직원의 조사절차에 당연히 유추 적용된다고 볼 수도 없다. 한편 2013.8.13. 법률 제12111호로 개정된 공직선거법은 제272조의2 제7항을 신설하여 선거관리위원회의 조사절차에서 피조사자에게 진술거부권을 고지하도록 하는 규정을 마련하였으나, 그 부칙 제1조는 "이 법은 공포한 날부터 시행한다."고 규정하고 있어 그 시행 전에 이루어진 선거관리위원회의 조사절차에 대하여는 구 공직선거법이 적용된다. 결국 구 공직선거법 시행 당시 선거관리위원회 위원·직원이 선거범죄 조사와 관련하여 관계자에게 질문을 하면서 미리 진술거부권을 고지하지 않았다고 하여 단지 그러한 이유만으로 그 조사절차가 위법하다거나 그 과정에서 작성·수집된 선거관리위원회 문답서의 증거능력이 당연히 부정된다고 할 수는 없다(대법원 2014.1.16, 2013도5441).

① (○) 피의자의 진술을 기재한 서류 또는 문서가 수사기관에서의 조사 과정에서 작성된 것이라면, 그것이 '진술조서, 진술서, 자술서'라는 형식을 취하였다고 하더라도 피의자신문조서와 달리 볼 수 없고, 수사기관에 의한 진술거부권 고지의 대상이 되는 피의자의 지위는 수사기관이 범죄인지서를 작성하는 등의 형식적인 사건수리 절차를 거치기 전이라도 조사대상자에 대하여 범죄의 혐의가 있다고 보아 실질적으로 수사를 개시하는 행위를 한 때에 인정된다. 특히 조사대상자의 진술 내용이 단순히 제3자의 범죄에 관한 경우가 아니라 자신과 제3자에게 공동으로 관련된 범죄에 관한 것이거나 제3자의 피의사실뿐만 아니라 자신의 피의사실에 관한 것이기도 하여 실질이 피의자신문조서의 성격을 가지는 경우에 수사기관은 진술을 듣기 전에 미리 진술거부권을 고지하여야 한다(대법원 2015.10.29, 2014도5939).

③ (○) [1] 헌법 제12조 제2항, 형사소송법 제244조의3 제1항, 제2항, 제312조 제3항에 비추어 보면, 비록 사법경찰관이 피의자에게 진술거부권을 행사할 수 있음을 알려 주고 그 행사 여부를 질문하였다 하더라도, 형사소송법 제244조의3 제2항에 규정한 방식에 위반하여 진술거부권 행사 여부에 대한 피의자의 답변이 자필로 기재되어 있지 아니하거나 그 답변 부분에 피의자의 기명날인 또는 서명이 되어 있지 아니한 사법경찰관 작성의 피의자신문조서는 특별한 사정이 없는 한 형사소송법 제312조 제3항에서 정한 '적법한 절차와 방식'에 따라 작성된 조서라 할 수 없으므로 그 증거능력을 인정할 수 없다.
[2] 헌법 제12조 제1항, 제4항 본문, 형사소송법 제243조의2 제1항 및 그 입법 목적 등에 비추어 보면, 피의자가 변호인의 참여를 원한다는 의사를 명백하게 표시하였음에도 수사기관이 정당한 사유 없이 변호인을 참여하게 하지 아니한 채 피의자를 신문하여 작성한 피의자신문조서는 형사소송법 제312조에 정한 '적법한 절차와 방식'에 위반된 증거일 뿐만 아니라, 형사소송법 제308조의2에서 정한 '적법한 절차에 따르지 아니하고 수집한 증거'에 해당하므로 이를 증거로 할 수 없다(대법원 2013.3.28, 2010도3359).

④ (○) 대법원 1992.6.23, 92도682

정답 ②

061 ✓ 유사 ◆◆◇

진술거부권에 관한 설명으로 가장 적절하지 않은 것은? (다툼이 있는 경우 판례에 의함)

① 우리나라 헌법은 진술거부권을 기본권으로 보장하고, 「형사소송법」은 피의자와 피고인의 진술거부권을 규정하고 있다.

② 진술거부권의 '진술'은 구두의 진술에 한하는 것이 아니므로, 신체의 사실적 상태를 그대로 드러내는 「도로교통법」 제44조 제2항에 규정된 음주측정도 그 '진술'에 해당한다.

③ 피의자를 신문함에 있어서 피의자에게 미리 진술거부권을 고지하지 않은 때에는 그 피의자의 진술은 위법하게 수집된 증거로서 진술의 임의성이 인정되는 경우라도 증거능력이 부인된다.

④ 피고인인 법인의 대표자도 진술거부권의 주체가 된다.

[해설]

② (✕) 헌법 제12조 제2항은 "모든 국민은 고문을 받지 아니하며, 형사상 자기에게 불리한 진술을 강요당하지 아니한다."고 규정하는데 … 여기서 "진술"이라 함은 생각이나 지식, 경험사실을 정신작용의 일환인 언어를 통하여 표출하는 것을 의미하는 데 반해, 도로교통법 제44조 제2항에 규정된 음주측정은 호흡측정기에 입을 대고 호흡을 불어 넣음으로써 신체의 물리적, 사실적 상태를 그대로 드러내는 행위에 불과하므로 이를 두고 "진술"이라 할 수 없다(대법원 2009.9.24, 2009도7924).

① (○) 진술거부권은 헌법상 국민의 기본권으로 보장되고 있으며(헌법 제12조 제2항), 형사소송법도 피의자와 피고인의 진술거부권(및 이를 고지받을 권리)을 규정하고 있다(피의자의 경우 제244조의3, 피고인의 경우 제283조의2).

③ (○) 형사소송법 제200조 제2항은 검사 또는 사법경찰관이 출석한 피의자의 진술을 들을 때에는 미리 피의자에 대하여 진술을 거부할 수 있음을 알려야 한다고 규정하고 있는바, 이러한 피의자의 진술거부권은 헌법이 보장하는 형사상 자기에 불리한 진술을 강요당하지 않는 자기부죄거부의 권리에 터잡은 것이므로 수사기관이 피의자를 신문함에 있어서 피의자에게 미리 진술거부권을 고지하지 않은 때에는 그 피의자의 진술은 위법하게 수집된 증거로서 진술의 임의성이 인정되는 경우라도 증거능력이 부인되어야 한다(대법원 1992.6.23, 92도682).

④ (○) 헌법 제12조 제2항은 모든 국민에게 진술거부권을 보장하고 있으므로 진술거부권의 주체에는 제한이 없다. 따라서 피고인·피의자 이외에 의사무능력자인 피의자·피고인의 대리인(제26조), 피고인인 법인의 대표자도 진술거부권을 가진다.

[정답] ②

---

062 ✓ 유사 ◆◆◇

진술거부권에 관한 설명으로 옳지 않은 것은? (다툼이 있는 경우 판례에 의함)

① 간이공판절차는 진술거부권 고지 이후에 그 개시결정이 이루어지게 되는 것이므로, 간이공판절차의 취소를 이유로 공판절차를 갱신하는 경우 피고인에게 다시 진술거부권을 고지할 필요가 없다.

② 진술거부권은 형사상 자기에게 불리한 내용의 진술을 강요당하지 아니하는 것이므로 고문 등 폭행에 의한 강요는 물론 법률로서도 진술을 강제할 수 없다.

③ 수사기관이 피의자를 신문함에 있어서 피의자에게 미리 진술거부권을 고지하지 않은 때에는 그 피의자의 진술은 위법하게 수집된 증거로서, 진술의 임의성이 인정되는 경우라도 증거능력이 부인되어야 한다.

④ 피의자는 진술거부권, 자기에게 유리한 진술을 할 권리와 유리한 증거를 제출할 권리를 가질 뿐이고, 수사기관에 대하여 진실만을 진술하여야 할 의무가 있는 것은 아니다.

⑤ 진술거부권 고지의 대상이 되는 피의자의 지위는 수사기관이 범죄인지서를 작성하는 등의 형식적인 사건수리 절차를 거치기 전이라도 조사대상자에 대하여 범죄의 혐의가 있다고 보아 실질적으로 수사를 개시하는 행위를 한 때에 인정된다.

[해설]

① (✕) 공판절차의 갱신은 공판절차를 다시 진행하는 것이므로, 종래의 절차를 무효로 하고 진술거부권고지절차부터 다시 시작하여야 한다.

② (○) 진술거부권은 형사상 자기에게 불리한 내용의 진술을 강요당하지 아니하는 것이므로 고문 등 폭행에 의한 강요는 물론 법률로서도 진술을 강제할 수 없음을 의미한다(대법원 2015.5.28, 2015도3136).

③ (○) 대법원 2009.8.20, 2008도8213

④ (○) 피의자는 진술거부권 및 자기에게 유리한 진술을 할 권리와 유리한 증거를 제출할 권리를 가질 뿐이고, 수사기관에 대하여 진실만을 진술하여야 할 의무가 있는 것은 아니다(대법원 2019.3.14, 2018도18646).

⑤ (○) 대법원 2013.7.25, 2012도8698

[정답] ①

063 ✓유사 ◆◆◇　　　　법원 2013

진술거부권에 관한 설명 중 가장 옳지 않은 것은?

① 진술거부권에는 형사책임에 관한 한 범죄사실뿐만 아니라 범죄사실 발견의 단서가 되는 사실도 포함한다.

② 헌법은 진술거부권을 기본적 인권으로 보장하고, 형사소송법은 피고인뿐만 아니라 피의자의 진술거부권을 규정하고 있다.

③ 수사기관이 피의자에게 미리 진술거부권을 고지하지 아니한 경우에는 그 피의자진술은 위법수집증거로서 진술의 임의성이 인정되더라도 증거능력이 부정되어야 한다.

④ 공판절차를 갱신하는 경우에는 피고인에게 진술거부권을 다시 고지할 필요는 없다.

해설

④ (×) 공판절차를 갱신한 경우 재판장은 피고인에게 <u>진술거부권 등을 고지한 후</u> 인정신문을 하여야 한다(규칙 제144조 제1항 제1호).

> **제144조(공판절차의 갱신절차)** ① 법 제301조, 법 제301조의2 또는 제143조에 따른 공판절차의 갱신은 다음 각 호의 규정에 의한다.
> 1. 재판장은 제127조의 규정에 따라 피고인에게 진술거부권 등을 고지한 후 법 제284조에 따른 인정신문을 하여 피고인임에 틀림없음을 확인하여야 한다.

① (○) 불리한 진술이란 형사책임에 관한 것이며, 형사책임에 관한 범죄사실 또는 간접사실뿐만 아니라 <u>범죄사실 발견의 단서가 되는 사실도 포함</u>된다고 해석된다(통설).

② (○) 헌법 제12조 제2항, 형사소송법 제244조의3, 제283조의2 참조.

> **헌법 제12조** ② <u>모든 국민은 고문을 받지 아니하며, 형사상 자기에게 불리한 진술을 강요당하지 아니한다.</u>
> **형사소송법 제244조의3(진술거부권 등의 고지)** ① 검사 또는 사법경찰관은 <u>피의자를 신문하기 전에</u> 다음 각 호의 사항을 알려주어야 한다.
> 1. 일체의 진술을 하지 아니하거나 개개의 질문에 대하여 진술을 하지 아니할 수 있다는 것
> 2. 진술을 하지 아니하더라도 불이익을 받지 아니한다는 것
> 3. 진술을 거부할 권리를 포기하고 행한 진술은 법정에서 유죄의 증거로 사용될 수 있다는 것
> 4. 신문을 받을 때에는 변호인을 참여하게 하는 등 변호인의 조력을 받을 수 있다는 것
> **제283조의2(피고인의 진술거부권)** ① <u>피고인은 진술하지 아니하거나 개개의 질문에 대하여 진술을 거부할 수 있다.</u>
> ② 재판장은 피고인에게 제1항과 같이 진술을 거부할 수 있음을 고지하여야 한다.

③ (○) 형사소송법 제200조 제2항은 검사 또는 사법경찰관이 출석한 피의자의 진술을 들을 때에는 미리 피의자에 대하여 진술을 거부할 수 있음을 알려야 한다고 규정하고 있는바, 이러한 피의자의 진술거부권은 헌법이 보장하는 형사상 자기에 불리한 진술을 강요당하지 않는 자기부죄거부의 권리에 터잡은 것이므로 <u>수사기관이 피의자를 신문함에 있어서 피의자에게 미리 진술거부권을 고지하지 않은 때에는 그 피의자의 진술은 위법하게 수집된 증거로서 진술의 임의성이 인정되는 경우라도 증거능력이 부인</u>

되어야 한다(대법원 1992.6.23, 92도682).

정답 ④

064 ✓유사 ◆◆◇　　　　국가9급 2019

진술거부권에 대한 설명으로 옳지 않은 것은? (다툼이 있는 경우 판례에 의함)

① 피고인이 증거서류의 진정성립을 묻는 검사의 질문에 대하여 진술거부권을 행사하여 진술을 거부한 경우는 「형사소송법」 제314조의 '그 밖에 이에 준하는 사유로 인하여 진술할 수 없는 때'에 해당하지 아니한다.

② 헌법상 진술거부권이 보장되므로, 진술거부권이 보장되는 절차에서 진술거부권을 고지받을 권리를 인정하기 위하여 별도의 입법적 뒷받침이 필요한 것은 아니다.

③ 헌법상 보장된 진술거부권에 비추어 볼 때, 교통사고를 낸 차의 운전자 등의 신고의무는 사고의 규모나 당시의 구체적인 상황에 따라 피해자의 구호 및 교통질서의 회복을 위하여 당사자의 개인적인 조치를 넘어 경찰관의 조직적 조치가 필요하다고 인정되는 경우에만 있는 것이다.

④ 조사대상자의 진술내용이 자신과 제3자에게 공동으로 관련된 범죄에 관한 것이거나 제3자의 피의사실뿐만 아니라 자신의 피의사실에 관한 것이기도 하여 그 실질이 피의자신문조서의 성격을 가지는 경우에 수사기관은 그 진술을 듣기 전에 미리 진술거부권을 고지하여야 한다.

해설

② (×) 진술거부권이 보장되는 절차에서 진술거부권을 고지받을 권리가 헌법 제12조 제2항에 의하여 바로 도출된다고 할 수는 없고, 이를 인정하기 위해서는 입법적 뒷받침이 필요하다(대법원 2014.1.16, 2013도5441).

① (○) 대법원 2013.6.13, 2012도16001

③ (○) 도로교통법상 신고의무 규정의 입법취지와 헌법상 보장된 진술거부권 및 평등원칙에 비추어 볼 때, 교통사고를 낸 차의 운전자 등의 신고의무는 사고의 규모나 당시의 구체적인 상황에 따라 피해자의 구호 및 교통질서의 회복을 위하여 당사자의 개인적인 조치를 넘어 경찰관의 조직적 조치가 필요하다고 인정되는 경우에만 있는 것이라고 해석하여야 한다(대법원 1991.6.25, 91도1013).

④ (○) 대법원 2013.7.25, 2012도8698 등

정답 ②

065 ✓ 유사 ◆◇◇　　　　　　　경찰 2014 유사·2015

진술거부권에 관한 헌법재판소의 결정내용으로 가장 적절하지 않은 것은? (다툼이 있으면 판례에 의함)

① 주취운전의 혐의자에게 호흡측정기에 의한 주취 여부의 측정에 응할 것을 요구하고 이에 불응할 경우 처벌한다면 이는 형사상 불리한 진술을 강요하는 것에 해당한다고 할 수 있으므로 헌법 제12조 제2항의 진술거부권조항에 위배된다.

② 헌법은 형사책임에 관하여 자기에게 불이익한 진술을 강요당하지 아니할 것을 국민의 기본권으로 보장하고 있으며, 진술거부권은 고문 등 폭행에 의한 강요는 물론 법률로서도 진술을 강제할 수 없음을 의미한다.

③ 헌법이 진술거부권을 국민의 기본적 권리로 보장하는 것은 피고인 또는 피의자의 인권을 형사소송의 목적인 실체적 진실발견이나 사회정의의 실현이라는 국가이익보다 우선적으로 보호함으로써 인간의 존엄성과 생존가치를 보장하고, 나아가 비인간적인 자백의 강요와 고문을 근절하려는데 있다.

④ 진술거부권은 현재 피의자나 피고인으로서 수사 또는 공판절차에 계속 중인 자 뿐만 아니라 장차 피의자나 피고인이 될 가능성이 있는 자에게도 보장되며, 형사절차에서만 보장되는 것은 아니고 행정절차이거나 국회에서의 질문 등에서도 보장된다.

해설

① (×) 헌법 제12조 제2항은 진술거부권을 보장하고 있으나, 여기서 "진술"이라 함은 생각이나 지식, 경험사실을 정신작용의 일환인 언어를 통하여 표출하는 것을 의미하는데 반해, 도로교통법 제41조 제2항에 규정된 음주측정은 호흡측정기에 입을 대고 호흡을 불어 넣음으로써 신체의 물리적, 사실적 상태를 그대로 드러내는 행위에 불과하므로 이를 두고 "진술"이라 할 수 없고, 따라서 주취운전의 혐의자에게 호흡측정기에 의한 주취 여부의 측정에 응할 것을 요구하고 이에 불응할 경우 처벌한다고 하여도 이는 형사상 불리한 "진술"을 강요하는 것에 해당한다고 할 수 없으므로 헌법 제12조 제2항의 진술거부권조항에 위배되지 아니한다(헌법재판소 1997.3.27, 96헌가11 전원재판부).

② (○), ③ (○), ④ (○) 헌법재판소 2005.12.22, 2004헌바25

정답 ①

066 ✓ 유사 ◆◆◇　　　　　　　경찰 2016

진술거부권에 대한 설명으로 가장 적절하지 않은 것은? (다툼이 있으면 판례에 의함)

① 수사기관에 의한 진술거부권 고지 대상이 되는 피의자 지위는 수사기관이 조사대상자에 대한 범죄혐의를 인정하여 수사를 개시하는 행위를 한 때 인정되는 것으로 보아야 한다. 따라서 이러한 피의자 지위에 있지 아니한 자에 대하여는 진술거부권이 고지되지 아니하였더라도 진술의 증거능력을 부정할 것은 아니다.

② 진술거부권은 현재 피의자나 피고인으로서 수사 또는 공판절차에 계속 중인 자뿐만 아니라 장차 피의자나 피고인이 될 가능성이 있는 자에게도 보장되지만 행정절차나 국회에서의 조사 절차에 있어서는 보장되지 아니한다.

③ 재판장은 공판절차를 갱신하는 경우 피고인에게 진술거부권 등을 고지한 후 인정신문을 하여 피고인임에 틀림없음을 확인하여야 한다.

④ 조사대상자의 진술 내용이 단순히 제3자의 범죄에 관한 경우가 아니라 자신과 제3자에게 공동으로 관련된 범죄에 관한 것이거나 제3자의 피의사실뿐만 아니라 자신의 피의사실에 관한 것이기도 하여 실질이 피의자신문조서의 성격을 가지는 경우라면 수사기관은 진술을 듣기 전에 미리 진술거부권을 고지하여야 한다.

해설

② (×) 진술거부권은 현재 피의자나 피고인으로서 수사 또는 공판절차에 계속 중인 자뿐만 아니라 장차 피의자나 피고인이 될 자에게도 보장되며, 형사절차뿐 아니라 행정절차나 국회에서의 조사절차 등에서도 보장된다(헌법재판소 1997.3.27, 96헌가11 전원재판부).

① (○) 대법원 2014.4.30, 2012도725

③ (○) 규칙 제144조 제1항 제1호

④ (○) 대법원 2015.10.29, 2014도5939

정답 ②

067 ✓ 유사 ◆◆◇ 경찰1차 2021

진술거부권에 대한 설명으로 적절한 것만을 모두 고른 것은? (다툼이 있는 경우 판례에 의함)

> ㉠ 헌법에 규정된 진술거부권은 형사상 자기에게 불리한 내용의 진술을 강요당하지 아니하는 것이므로, 고문 등 폭행에 의한 강요는 물론 법률로써도 진술을 강제할 수 없다.
> ㉡ 「형사소송법」상 진술거부권의 고지 대상에는 피의자·피고인은 물론 피해자 및 피해자의 대리인, 피고인인 법인의 대표자도 포함된다.
> ㉢ 검사가 당해 재판의 피고인에게 사법경찰관이 작성한 피고인에 대한 피의자신문조서의 진정성립 여부를 묻는 경우, 피고인은 진술거부권을 행사할 수 없다.
> ㉣ 피의자에게는 진술거부권과 자기에게 유리한 진술을 할 권리와 유리한 증거를 제출할 권리가 있지만, 수사기관에 대하여 진실만을 진술하여야 할 의무가 있는 것은 아니다.

① ㉠, ㉡
② ㉠, ㉢
③ ㉠, ㉣
④ ㉡, ㉣

해설

㉠ (○) 헌법재판소 1990.8.27, 89헌가118
㉡ (×) 형사소송법상 진술거부권의 고지 대상에는 피의자·피고인과 피고인인 법인의 대표자는 포함되나 <u>피해자 및 피해자의 대리인</u>은 포함되지 않는다.
㉢ (×) 형사소송법 제283조의2 제1항에 따르면 피고인은 진술하지 아니하거나 개개의 질문에 대하여 진술을 거부할 수 있다.
㉣ (○) 대법원 2003.7.25, 2003도1609

정답 ③

Ⅴ 당사자능력과 소송능력

068 ✓ 대표 ◆◇◇ 국가7급 2022

당사자능력과 소송능력에 대한 설명으로 옳지 않은 것은? (다툼이 있는 경우 판례에 의함)

① 자동차 운전자인 피고인이 업무상 과실로 성년인 피해자에게 상해를 가하였다고 하여 교통사고처리특례법 위반죄로 기소된 사안에서, 의식불명상태에 있는 피해자의 아버지가 피고인에 대한 처벌을 희망하지 아니한다는 의사를 표시하였더라도 그 의사표시는 피해자의 의사표시로서의 소송법상 효력이 없다.

② 반의사불벌죄에 있어서 피해자의 피고인 또는 피의자에 대한 처벌을 희망하지 않는다는 의사표시 또는 처벌을 희망하는 의사표시의 철회는 형사소송절차에 있어서의 소송능력에 관한 일반원칙에 따라 의사능력이 있는 미성년자인 피해자가 단독으로 할 수 있고, 거기에 법정대리인의 동의가 있어야 하는 것은 아니다.

③ 음주운전과 관련한 도로교통법위반죄의 범죄수사를 위하여 미성년자인 피의자의 혈액채취가 필요한 경우에도 피의자에게 의사능력이 있다면 피의자 본인만이 혈액채취에 관한 유효한 동의를 할 수 있고, 피의자에게 의사능력이 없는 경우에도 명문의 규정이 없는 이상 법정대리인이 피의자를 대리하여 동의할 수는 없다.

④ 법인의 해산 또는 청산종결 등기 이전에 업무나 재산에 관한 위반행위가 있는 경우, 청산종결 등기가 된 이후 위반행위에 대한 수사가 개시되거나 공소가 제기되었다면 그에 따른 수사나 재판을 받는 일이 법인의 청산사무에 포함된다고 볼 수 없고, 따라서 청산종결 등기가 완료된 법인의 「형사소송법」상 당사자능력은 인정되지 아니한다.

해설

④ (×) <u>법인에 대한 청산종결 등기가 되었더라도 청산사무가 종결되지 않는 한 그 범위 내에서는 청산법인으로 존속한다.</u> 법인의 해산 또는 청산종결 등기 이전에 업무나 재산에 관한 위반행위가 있는 경우에는 <u>청산종결 등기가 된 이후 위반행위에 대한 수사가 개시되거나 공소가 제기되더라도 그에 따른 수사나 재판을 받는 일은 법인의 청산사무에 포함되므로, 그 사건이 종결될 때까지 법인의 청산사무는 종료되지 않고 형사소송법상 당사자능력도 그대로 존속한다</u>(대법원 2021.6.30, 2018도14261).

① (○) 피해자가 의식을 회복하지 못하고 있는 이상 피해자에게 반의사불벌죄에서 처벌희망 여부에 관한 의사표시를 할 수 있는 소송능력이 있다고 할 수 없고, <u>피해자의 아버지가 피해자를 대리하여 피고인에 대한 처벌을 희망하지 아니한다는 의사를 표시하는 것 역시 허용되지 아니할 뿐만 아니라</u>(친고죄의 고소권자에 관한 법정대리인 규정—법 제225조—을 반의사불벌죄에 유추적용할 수 없음) <u>피해자가 성년인 이상 의사능력이 없다는 것만으로 피해자의 아버지가 당연히 법정대리인이 된다고 볼 수도 없으므로</u>, 피해자의 아버지가 피고인에 대한 처벌을 희망하지 아니한다는 의사를 표시하였더라도 그것이 반의사불벌죄에서의 처벌희망 여부에 관한 피해자의 의사표시로서 소송법적으로 효력이 발

생할 수는 없다(대법원 2013.9.26, 2012도568).

② (○) 형사소송법상 소송능력이라 함은 소송당사자가 유효하게 소송행위를 할 수 있는 능력, 즉 피고인 또는 피의자가 자기의 소송상의 지위와 이해관계를 이해하고 이에 따라 방어행위를 할 수 있는 의사능력을 의미한다. 의사능력이 있으면 소송능력이 있다는 원칙은 피해자 등 제3자가 소송행위를 하는 경우에도 마찬가지라고 보아야 한다. 따라서 반의사불벌죄에 있어서 피해자의 피고인 또는 피의자에 대한 처벌을 희망하지 않는다는 의사표시 또는 처벌을 희망하는 의사표시의 철회는, 위와 같은 형사소송절차에 있어서의 소송능력에 관한 일반원칙에 따라, 의사능력이 있는 피해자가 단독으로 이를 할 수 있고, 거기에 법정대리인의 동의가 있어야 한다거나 법정대리인에 의해 대리되어야만 한다고 볼 것은 아니다(대법원 2009.11.19, 2009도6058 전원합의체).

③ (○) 음주운전과 관련한 도로교통법 위반죄의 범죄수사를 위하여 미성년자인 피의자의 혈액채취가 필요한 경우에도 피의자에게 의사능력이 있다면 피의자 본인만이 혈액채취에 관한 유효한 동의를 할 수 있고, 피의자에게 의사능력이 없는 경우에도 명문의 규정이 없는 이상 법정대리인이 피의자를 대리하여 동의할 수는 없다(대법원 2014.11.13, 2013도1228).
[보충] 소송행위의 대리는 명문의 규정이 있어야 가능하다.

정답 ④

5 변호인

Ⅰ 변호인제도의 의의

Ⅱ 변호인의 선임·선정

069 ✓ 대표 ◆◆◇ 국가9급 2018

변호인에 대한 설명으로 옳지 않은 것은? (다툼이 있는 경우 판례에 의함)

① 피고인 및 피의자와 형사소송법 제30조 제2항에 규정된 자뿐만 아니라 피고인 및 피의자로부터 그 선임권을 위임받은 자도 피고인이나 피의자를 대리하여 변호인을 선임할 수 있다.

② 국선변호인 선정을 청구한 피고인이 빈곤으로 인하여 변호인을 선임할 수 없다고 인정할 여지가 충분한 경우, 법원은 특별한 사정이 없는 한 국선변호인 선정결정을 하여야 한다.

③ 공범관계에 있지 않은 공동피고인들 사이에서 공소사실로 보아 어느 피고인에 대하여는 유리한 변론이 다른 피고인에 대하여는 불리한 결과를 초래하는 사건의 경우, 그 공동피고인들에 대하여 선정된 동일한 국선변호인이 공동피고인들을 함께 변론하였다면 위법하다.

④ 구속 전 피의자심문에서 심문할 피의자에게 변호인이 없는 때에는 지방법원판사는 직권으로 변호인을 선정하여야 하며, 이 경우 변호인의 선정은 피의자에 대한 구속 영장 청구가 기각된 경우를 제외하고, 제1심까지 효력이 있다.

해설

① (×) 형사소송에 있어서 변호인을 선임할 수 있는 자는 피고인 및 피의자와 형사소송법 제30조 제2항에 규정된 자에 한정되는 것이고, 피고인 및 피의자로부터 그 선임권을 위임받은 자가 피고인이나 피의자를 대리하여 변호인을 선임할 수는 없는 것이다(대법원 1994.10.28, 94모25).

② (○) 피고인이 빈곤으로 인하여 변호인을 선임할 수 없는 경우에 해당한다고 인정할 여지가 충분한데도 국선변호인 선정결정 없이 공판심리를 진행한 원심의 조치에는 법령위반의 잘못이 있다(대법원 2016.12.29, 2016도16661).

③ (○) 피고인에 대한 공소사실 범행의 피해자가 공동피고인이고 범행동기도 공동피고인에 대한 공소사실 범행에 있어 피고인에 대한 유리한 변론은 공동피고인의 정상에 대하여 불리한 결과를 초래하므로 공소사실들 자체로 피고인과 공동피고인은 이해가 상반되는 관계에 있다고 보아 동일한 국선변호인을 선정한 것은 형사소송규칙 제15조 제2항에 위배된다(대법원 2000.11.24, 2000도4398).

④ (○) 제201조의2 제8항 참조.

> **제201조의2(구속영장 청구와 피의자 심문)** ⑧ 심문할 피의자에게 변호인이 없는 때에는 지방법원판사는 직권으로 변호인을 선정하여야 한다. 이 경우 변호인의 선정은 피의자에 대한 구속영장 청구가 기각되어 효력이 소멸한 경우를 제외하고는 제1심까지 효력이 있다.

정답 ①

070 ✓ 대표 ◆◇◇ 법원 2016

변호인에 관한 다음 설명 중 가장 옳지 않은 것은? (다툼이 있는 경우 판례에 의함)

① 변호인은 피고인의 동의를 얻어 상소를 취하할 수 있으므로, 변호인의 상소취하에 피고인의 동의가 없다면 상소취하의 효력은 발생하지 아니한다.

② 변호인의 상소취하에 대한 피고인의 동의는 공판정에서는 구술로써 할 수 있지만, 피고인의 구술 동의는 명시적으로 이루어져야만 한다.

③ 구속영장실질심사를 위하여 심문할 피의자에게 변호인이 없는 때에는 지방법원판사는 직권으로 변호인을 선정하여야 한다. 이 경우 변호인의 선정은 피의자에 대한 구속영장 청구가 기각된 경우에도 제1심까지 효력이 있다.

④ 환송 전 원심에서의 변호인 선임은 파기환송 후에도 효력이 있다.

해설

③ (×) 제201조의2 제8항 참조.

> **제201조의2(구속영장 청구와 피의자 심문)** ⑧ 심문할 피의자에게 변호인이 없는 때에는 지방법원판사는 직권으로 변호인을 선정하여야 한다. 이 경우 변호인의 선정은 피의자에 대한 구속영장 청구가 기각되어 효력이 소멸한 경우를 제외하고는 제1심까지 효력이 있다.

① (○), ② (○) 변호인은 피고인의 동의를 얻어 상소를 취하할 수 있으므로(형사소송법 제351조, 제341조, 종속대리권: 관할이전·위반신청, 정식재판청구취하, 상소취하), 변호인의 상소취하에 피고인의 동의가 없다면 상소취하의 효력은 발생하지 아니한다. 한편 변호인이 상소취하를 할 때 원칙적으로 피고인은 이에 동의하는 취지의 서면을 제출하여야 하나(형사소송규칙 제153조 제2항), 피고인은 공판정에서 구술로써 상소취하를 할 수 있으므로(형사소송법 제352조 제1항 단서), 변호인의 상소취하에 대한 피고인의 동의도 공판정에서 구술로써 할 수 있다. 다만 상소를 취하하거나 상소의 취하에 동의한 자는 다시 상소를 하지 못하는 제한을 받게 되므로(형사소송법 제354조), 상소취하에 대한 피고인의 구술 동의는 명시적으로 이루어져야만 한다(대법원 2015.9.10, 2015도7821).

④ (○) 변호인선임은 당해 심급에 대해서만 효력이 있으며(법 제32조 제1항 참조), 원심의 변호인선임은 상소심의 파기환송 또는 파기이송이 있은 후에도 효력이 있다(규칙 제158조).

[정답] ③

071 ✓ 대표 ◆◆◇   법원9급 2020

다음 설명 중 가장 옳지 않은 것은?

① 미성년자인 피고인이 항소취하서를 제출하였고, 피고인의 법정대리인 중 어머니가 항소취하 동의서를 제출하였어도 아버지가 항소취하 동의서를 제출하지 않았다면 피고인의 항소취하는 효력이 없다.

② 변호인은 피고인의 동의를 얻어 상소를 취하할 수 있으므로, 변호인의 상소취하에 피고인의 동의가 없다면 상소취하의 효력은 발생하지 아니한다.

③ 음주운전과 관련한 도로교통법 위반죄의 범죄수사를 위하여 미성년자인 피의자의 혈액채취가 필요한 경우에 피의자에게 의사능력이 있다면 피의자 본인만이 혈액채취에 관한 유효한 동의를 할 수 있으나, 피의자에게 의사 능력이 없는 경우에는 법정대리인이 피의자를 대리하여 동의할 수 있다.

④ 피고인 또는 피의자가 법인인 때에는 그 대표자가 소송행위를 대표한다. 수인이 공동하여 법인을 대표하는 경우에도 소송행위에 관하여는 각자가 대표한다.

[해설]
③ (×) 음주운전과 관련한 도로교통법 위반죄의 범죄수사를 위하여 미성년자인 피의자의 혈액채취가 필요한 경우에도 피의자에게 의사능력이 있다면 피의자 본인만이 혈액채취에 관한 유효한 동의를 할 수 있고, 피의자에게 의사능력이 없는 경우에도 명문의 규정이 없는 이상 법정대리인이 피의자를 대리하여 동의할 수는 없다(대법원 2014.11.13, 2013도1228).
① (○) 친권자가 법정대리인인 경우로서 친권은 공동으로 행사되어야 한다는 취지이다. 대법원 2019.7.10, 2019도4221 참조.
② (○) 대법원 2015.9.10, 2015도7821
④ (○) 제27조

[정답] ③

072 ✓ 유사 ◆◇◇   법원9급 2022

변호인에 관한 다음 설명 중 가장 옳지 않은 것은? (다툼이 있는 경우 판례에 의하고, 전원합의체 판결의 경우 다수의견에 의함)

① 피고인 또는 피의자의 법정대리인, 배우자, 직계친족과 형제자매는 독립하여 변호인을 선임할 수 있고, 공소제기 전의 변호인 선임은 제1심에도 그 효력이 있다.

② 피고인의 배우자, 직계친족, 형제자매 또는 원심의 대리인이나 변호인은 피고인을 위하여 상소할 수 있지만, 피고인의 명시한 의사에 반하여 하지 못하고, 피고인의 동의를 얻어 상소를 취하할 수 있다.

③ 수인의 변호인이 있는 때에는 재판장은 피고인·피의자 또는 변호인의 신청에 의하여 대표변호인을 지정할 수 있고 그 지정을 철회 또는 변경할 수 있으며, 신청이 없는 때에도 재판장은 직권으로 대표변호인을 지정할 수 있지만, 그 지정을 철회 또는 변경할 수는 없다.

④ 변호사인 변호인에게는 변호사법이 정하는 바에 따라서 이른바 진실의무가 인정되는 것이지만, 변호인이 신체구속을 당한 사람에게 법률적 조언을 하는 것은 그 권리이자 의무이므로 변호인이 적극적으로 피고인 또는 피의자로 하여금 허위진술을 하도록 하는 것이 아니라 단순히 헌법상 권리인 진술거부권이 있음을 알려 주고 그 행사를 권고하는 것을 가리켜 변호사로서의 진실의무에 위배되는 것이라고는 할 수 없다.

[해설]
③ (×) 재판장은 대표변호인의 지정·철회·변경에 대하여 모두 직권에 의할 수 있다. 제32조의2 제2항 참조.

> 제32조의2(대표변호인) ① 수인의 변호인이 있는 때에는 재판장은 피고인·피의자 또는 변호인의 신청에 의하여 대표변호인을 지정할 수 있고 그 지정을 철회 또는 변경할 수 있다. ② 제1항의 신청이 없는 때에는 재판장은 직권으로 대표변호인을 지정할 수 있고 그 지정을 철회 또는 변경할 수 있다.

① (○) 제30조 제2항, 제32조 제2항 참조.

> 제30조(변호인선임권자) ② 피고인 또는 피의자의 법정대리인, 배우자, 직계친족과 형제자매는 독립하여 변호인을 선임할 수 있다.
> 제32조(변호인선임의 효력) ② 공소제기 전의 변호인 선임은 제1심에도 그 효력이 있다.

② (○) 제341조 제1항, 제351조 참조.

> 제341조(동전) ① 피고인의 배우자, 직계친족, 형제자매 또는 원심의 대리인이나 변호인은 피고인을 위하여 상소할 수 있다.
> ② 전항의 상소는 피고인의 명시한 의사에 반하여 하지 못한다.
> 제351조(상소의 취하와 피고인의 동의) 피고인의 법정대리인 또는 제341조에 규정한 자는 피고인의 동의를 얻어 상소를 취하할 수 있다.

[비교] 제340조(당사자 이외의 상소권자) 피고인의 법정대리인은 피고인을 위하여 상소할 수 있다.

④ (O) 대법원 2007.1.31, 2006모656

정답 ③

073 ✓ 대표 ◆◆◆
국가9급/개론 2020   법원승진 2013 유사

필요적 변호사건에 대한 설명으로 옳은 것만을 모두 고르면? (다툼이 있는 경우 판례에 의함)

ㄱ. 필요적 변호사건과 다른 사건을 병합하여 심리하는 경우에 변호인의 관여 없이 공판절차를 진행한 위법은 필요적 변호사건이 아닌 다른 사건 부분에는 미치지 않는다.

ㄴ. 필요적 변호사건에서 항소법원이 국선변호인을 선정하고 피고인과 그 변호인에게 소송기록접수통지를 한 다음 피고인이 새로이 사선변호인을 선임함에 따라 국선변호인의 선정을 취소한 경우, 항소법원은 사선변호인에게 소송기록접수통지를 다시 하여야 한다.

ㄷ. 필요적 변호사건의 항소심에서는, 원심법원이 피고인 본인의 항소이유서 제출기간 경과 후 국선변호인을 선정하고 그에게 소송기록접수통지를 하였으나 국선변호인이 법정기간 내에 항소이유서를 제출하지 아니한 경우, 국선변호인의 항소이유서 불제출에 대하여 피고인의 귀책사유가 밝혀지지 아니한 이상 피고인의 항소를 기각할 것이 아니라 국선변호인의 선정을 취소하고 새로운 국선변호인을 선정하는 조치를 취하여야 한다.

ㄹ. 필요적 변호사건이라 하여도 피고인이 재판거부의 의사를 표시하고 재판장의 허가 없이 퇴정한 후 변호인마저 이에 동조하여 퇴정해 버린 경우, 피고인과 변호인이 출석하지 않은 상태에서 증거조사를 할 수밖에 없는 때에는 피고인의 증거동의가 있는 것으로 간주한다.

① ㄱ, ㄴ   ② ㄴ, ㄷ
③ ㄷ, ㄹ   ④ ㄱ, ㄷ, ㄹ

해설

ㄱ. (×) 피고인이 필요적 변호사건인 '흉기휴대 상해'의 폭력행위 등 처벌에 관한 법률 위반죄로 기소된 후 '사기죄'의 약식명령에 대해 정식재판을 청구하여 제1심에서 모두 유죄판결을 받고 항소하였는데, 원심이 국선변호인을 선정하지 아니한 채 두 사건을 병합·심리하여 항소기각판결을 선고한 경우, <u>변호인의 관여 없이 공판절차를 진행한 위법은 필요적 변호사건이 아닌 사기죄 부분에도 미치며, 이는 사기죄 부분에 대해 별개의 벌금형을 선고하였더라도 마찬가지이다</u>(대법원 2011.4.28, 2011도2279)

ㄴ. (×) 형사소송법은 항소법원이 항소인인 피고인에게 소송기록접수통지를 하기 전에 변호인의 선임이 있는 때에는 변호인에게도 소송

기록접수통지를 하도록 정하고 있으므로(제361조의2 제2항), <u>피고인에게 소송기록접수통지를 한 다음에 변호인이 선임된 경우에는 변호인에게 다시 같은 통지를 할 필요가 없다</u>. 이는 필요적 변호사건에서 항소법원이 국선변호인을 선정하고 피고인과 그 변호인에게 소송기록접수통지를 한 다음 피고인이 사선변호인을 선임함에 따라 항소법원이 국선변호인의 선정을 취소한 경우에도 마찬가지이다(대법원 2018.11.22, 2015도10651 전원합의체).

ㄷ. (O) 피고인과 국선변호인이 모두 법정기간 내에 항소이유서를 제출하지 아니하였더라도, 국선변호인이 항소이유서를 제출하지 아니한 데 대하여 피고인에게 귀책사유가 있음이 특별히 밝혀지지 않는 한, 항소법원은 종전 국선변호인의 선정을 취소하고 새로운 국선변호인을 선정하여 다시 소송기록접수통지를 함으로써 새로운 국선변호인으로 하여금 그 통지를 받은 때로부터 형사소송법 제361조의3 제1항의 기간 내에 피고인을 위하여 항소이유서를 제출하도록 하여야 한다(대법원 2012.2.16, 2009모1044 전원합의체).

ㄹ. (O) 필요적 변호사건이라 하여도 피고인이 재판거부의 의사를 표시하고 재판장의 허가 없이 퇴정하고 변호인마저 이에 동조하여 퇴정해 버린 것은 모두 피고인측의 방어권의 남용 내지 변호권의 포기로 볼 수밖에 없는 것이므로 수소법원으로서는 형사소송법 제330조에 의하여 피고인이나 변호인의 재정 없이도 심리판결 할 수 있다. 위와 같이 피고인과 변호인들이 출석하지 않은 상태에서 증거조사를 할 수밖에 없는 경우에는 형사소송법 제318조 제2항의 규정상 피고인의 진의와는 관계없이 형사소송법 제318조 제1항의 동의가 있는 것으로 간주하게 되어 있다(대법원 1991.6.28, 91도865).

정답 ③

074 ✓ 대표 ◆◆◇
국가7급 2019

변호인에 대한 설명으로 옳지 않은 것은? (다툼이 있는 경우 판례에 의함)

① 약식명령 후 선임된 변호인이 변호인선임신고서를 제출하지 않고 자신의 명의로 정식재판청구서만 제출하고, 정식재판청구기간 경과 후에 변호인선임신고서가 제출된 경우, 그 정식재판청구서는 적법·유효한 정식재판청구로서의 효력이 없다.

② 사망자를 위하여 재심을 청구한 자가 재심심판절차에서 변호인을 선임하지 않은 때에는 재판장은 직권으로 변호인을 선임하여야 한다.

③ 신체구속을 당한 사람이 그 변호인을 자신의 범죄행위에 공범으로 가담시키려고 하였다는 사정만으로, 신체구속을 당한 사람과 그 변호인의 접견교통을 금지하는 것은 정당화될 수 없다.

④ 필요적 변호사건에서 항소법원이 국선변호인을 선정하고, 피고인과 그 변호인에게 소송기록접수통지를 한 후, 피고인이 사선변호인을 선임함에 따라 항소법원이 국선 변호인의 선정을 취소한 경우, 항소이유서 제출기간은 사선변호인이 소송기록접수통지를 받은 날부터 계산하여야 한다.

해설

④ (×) 형사소송법은 항소법원이 항소인인 피고인에게 소송기록접수통지를 하기 전에 변호인의 선임이 있는 때에는 변호인에게도 소송기록접수통지를 하도록 정하고 있으므로(제361조의2 제2항), 피고인에게 소송기록접수통지를 한 다음에 변호인이 선임된 경우에는 변호인에게 다시 같은 통지를 할 필요가 없다. 이는 필요적 변호사건에서 항소법원이 국선변호인을 선정하고 피고인과 그 변호인에게 소송기록접수통지를 한 다음 피고인이 사선변호인을 선임함에 따라 항소법원이 국선변호인의 선정을 취소한 경우에도 마찬가지이다. <u>이러한 경우 항소이유서 제출기간은 국선변호인 또는 피고인이 소송기록접수통지를 받은 날부터 계산하여야 한다</u>(대법원 2006.12.7, 2006모623 등). 한편 형사소송규칙 제156조의2 제3항은 항소이유서 제출기간 내에 피고인이 책임질 수 없는 사유로 국선변호인이 변경되면 그 국선변호인에게도 소송기록접수통지를 하여야 한다고 정하고 있는데, 이 규정을 새로 선임된 사선변호인의 경우까지 확대해서 적용하거나 유추적용할 수는 없다(대법원 2018.11.22, 2015도10651 전원합의체).

① (○) 대법원 1969.10.4, 69모68; 2001.11.1, 2001도4839

② (○) 제438조 제2항 제1호·제3항·제4항 참조.

> **제438조(재심의 심판)** ② 다음 경우에는 제306조 제1항, 제328조 제1항 제2호의 규정은 전항의 심판에 적용하지 아니한다. 〈개정 2014.12.30.〉
> 1. 사망자 또는 회복할 수 없는 심신장애인을 위하여 재심의 청구가 있는 때
> 2. 유죄의 선고를 받은 자가 재심의 판결 전에 사망하거나 회복할 수 없는 심신장애인으로 된 때
> ③ 전항의 경우에는 피고인이 출정하지 아니하여도 심판을 할 수 있다. 단, 변호인이 출정하지 아니하면 개정하지 못한다.
> ④ 전2항의 경우에 재심을 청구한 자가 변호인을 선임하지 아니한 때에는 재판장은 직권으로 변호인을 선임하여야 한다.

③ (○) 대법원 2007.1.31, 2006모656

정답 ④

---

075 ✓ 유사 ◆◇◇ 경찰2차 2020

변호인에 대한 설명으로 가장 적절한 것은? (다툼이 있는 경우 판례에 의함)

① 피고인들의 제1심 변호인에게 「변호사법」 제31조 제1호의 수임 제한 규정을 위반한 위법이 있다면 피고인들 스스로 그 변호인을 선임한 경우라도 소송절차가 무효가 된다.

② 재항고인이 제1심에서만 변호인선임신고서를 제출하고 항고심과 재항고심에서는 별도의 변호인선임신고서를 제출하지 않은 상태에서 재항고인의 제1심 변호인이 법정기간 내에 자신의 명의로 재항고장을 제출하였다면 재항고는 효력이 있다.

③ 필요적 변호사건에서 항소법원이 국선변호인을 선정하고 피고인과 그 변호인에게 소송기록접수통지를 한 다음 피고인이 사선변호인을 선임함에 따라 항소법원이 국선변호인의 선정을 취소한 경우, 항소이유서 제출기간은 국선변호인의 선정 취소를 한 날부터 계산하여야 한다.

④ 피의자신문에 참여한 변호인은 신문 중이라도 부당한 신문방법에 대하여 이의를 제기할 수 있고, 검사 또는 사법경찰관의 부당한 신문방법에 대한 이의제기는 고성, 폭언 등 그 방식이 부적절하거나 또는 합리적 근거 없이 반복적으로 이루어지는 등의 특별한 사정이 없는 한, 원칙적으로 변호인에게 인정된 권리의 행사에 해당하며, 신문을 방해하는 행위로는 볼 수 없다.

해설

④ (○) 형사소송법 제243조의2 제1항은 검사 또는 사법경찰관은 피의자 또는 변호인 등이 신청할 경우 <u>정당한 사유가 없는 한 변호인을 피의자신문에 참여하게 하여야 한다고 규정하고 있다. 여기에서 '정당한 사유'란 변호인이 피의자신문을 방해하거나 수사기밀을 누설할 염려가 있음이 객관적으로 명백한 경우 등을 말한다</u>. 형사소송법 제243조의2 제3항 단서는 피의자신문에 참여한 변호인은 신문 중이라도 부당한 신문방법에 대하여 이의를 제기할 수 있다고 규정하고 있으므로, 검사 또는 사법경찰관의 <u>부당한 신문방법에 대한 이의제기는 고성, 폭언 등 그 방식이 부적절하거나 또는 합리적 근거 없이 반복적으로 이루어지는 등의 특별한 사정이 없는 한, 원칙적으로 변호인에게 인정된 권리의 행사</u>에 해당하며, <u>신문을 방해하는 행위로는 볼 수 없다</u>. 따라서 검사 또는 사법경찰관이 그러한 특별한 사정 없이, 단지 <u>변호인이 피의자신문 중에 부당한 신문방법에 대한 이의제기를 하였다는 이유만으로 변호인을 조사실에서 퇴거시키는 조치는</u> 정당한 사유 없이 변호인의 피의자신문 참여권을 제한하는 것으로서 <u>허용될 수 없다</u>(대법원 2020.3.17, 2015모2357).

① (×) 피고인들의 제1심 변호인에게 변호사법 제31조 제1호의 수임제한 규정을 위반한 위법이 있다 하여도, 피고인들 스스로 위 변호사를 변호인으로 선임한 이 사건에 있어서 다른 특별한 사정이 없는 한 위와 같은 위법으로 인하여 변호인의 조력을 받을 피고인들의 권리가 침해되었다거나 그 소송절차가 무효로 된다고 볼 수는 없다(대법원 2009.2.26, 2008도9812).

② (×) 재항고인이 제1심에서만 변호인선임신고서를 제출하고 원심과 재항고심에는 별도의 변호인선임신고서를 제출하지 않았

는데, 재항고인의 제1심 변호인이 그 명의로 재항고장을 제출한 경우, 법정기간 내에 변호인선임신고서의 제출 없이 변호인 명의로 제출된 재항고장은 재항고의 효력이 없다(대법원 2017.7. 27, 2017모1377).

③ (×) 형사소송법은 항소법원이 항소인인 피고인에게 소송기록접수통지를 하기 전에 변호인의 선임이 있는 때에는 변호인에게도 소송기록접수통지를 하도록 정하고 있으므로(제361조의2 제2항), 피고인에게 소송기록접수통지를 한 다음에 변호인이 선임된 경우에는 변호인에게 다시 같은 통지를 할 필요가 없다. 이는 필요적 변호사건에서 항소법원이 국선변호인을 선정하고 피고인과 그 변호인에게 소송기록접수통지를 한 다음 피고인이 사선변호인을 선임함에 따라 항소법원이 국선변호인의 선정을 취소한 경우에도 마찬가지이다. 이러한 경우 항소이유서 제출기간은 국선변호인 또는 피고인이 소송기록접수통지를 받은 날부터 계산하여야 한다(대법원 2018.11.22, 2015도10651 전원합의체).

정답 ④

---

076 ✓ 대표 ◆◆◆　　법원9급 2020

국선변호인에 관한 다음 설명 중 가장 옳지 않은 것은?

① 구속영장이 청구되어 심문할 피의자에게 변호인이 없어 판사가 직권으로 국선변호인을 선정한 경우에 구속영장의 청구가 기각되어 효력이 소멸한 경우를 제외하고는 제1심까지 국선변호인선정의 효력이 있다.

② 법원이 국선변호인을 반드시 선정해야 하는 사유로 형사소송법 제33조 제1항 제5호에서 정한 '피고인이 심신장애의 의심이 있는 때'란 진단서나 정신감정 등 객관적인 자료에 의하여 피고인의 심신장애 상태를 확신할 수 있는 경우만을 의미한다.

③ 이해가 상반된 피고인들 중 어느 피고인이 법무법인을 변호인으로 선임하고, 법무법인이 담당변호사를 지정하였을 때, 법원이 담당변호사 중 1인 또는 수인을 다른 피고인을 위한 국선변호인으로 선정한다면, 이는 국선변호인의 조력을 받을 피고인의 권리를 침해하는 것이다.

④ 피고인이 별건으로 구속되어 있거나 다른 형사사건에서 유죄로 확정되어 수형 중인 경우는 형사소송법 제33조 제1항 제1호의 "피고인이 구속된 때"에 해당하지 않는다.

해설

② (×) 법원이 국선변호인을 반드시 선정해야 하는 사유로 형사소송법 제33조 제1항 제5호에서 정한 '피고인이 심신장애의 의심이 있는 때(2020.12.8. 개정: 피고인이 심신장애가 있는 것으로 의심되는 때)'란 진단서나 정신감정 등 객관적인 자료에 의하여 피고인의 심신장애 상태를 확신할 수 있거나 그러한 상태로 추단할 수 있는 근거가 있는 경우는 물론, 범행의 경위, 범행의 내용과 방법, 범행 전후 과정에서 보인 행동 등과 아울러 피고인의 연령(2020.12.8. 개정: 나이)·지능·교육 정도 등 소송기록과 소명자료에 드러난 제반 사정에 비추어 피고인의 의식상태나 사물에 대한 변별능력, 행위통제능력이 결여되거나 저하된 상태로 의심되

어 피고인이 공판심리단계에서 효과적으로 방어권을 행사하지 못할 우려가 있다고 인정되는 경우를 포함한다(대법원 2019.9. 26, 2019도8531).

① (○) 심문할 피의자에게 변호인이 없는 때에는 지방법원판사는 직권으로 변호인을 선정하여야 한다. 이 경우 변호인의 선정은 피의자에 대한 구속영장 청구가 기각되어 효력이 소멸한 경우를 제외하고는 제1심까지 효력이 있다(제201조의2 제8항).

③ (○) 공소사실 기재 자체로 보아 어느 피고인에 대한 유리한 변론이 다른 피고인에게는 불리한 결과를 초래하는 경우 공동피고인들 사이에 이해가 상반된다. 이해가 상반된 피고인들 중 어느 피고인이 법무법인을 변호인으로 선임하고, 법무법인이 담당변호사를 지정하였을 때, 법원이 담당변호사 중 1인 또는 수인을 다른 피고인을 위한 국선변호인으로 선정한다면, 국선변호인으로 선정된 변호사는 이해가 상반된 피고인들 모두에게 유리한 변론을 하기 어렵다. 결국 이로 인하여 다른 피고인은 국선변호인의 실질적 조력을 받을 수 없게 되고, 따라서 국선변호인 선정은 국선변호인의 조력을 받을 피고인의 권리를 침해하는 것이다(대법원 2015.12.23, 2015도9951).

④ (×) 필요적 국선변호인 선정사유인 '피고인이 구속된 때'를 '해당 형사사건에서 구속되어 재판을 받는 경우'로 한정하여 해석할 것은 아니고, 피고인이 별건으로 구속영장이 발부되어 집행되거나 다른 형사사건에서 유죄판결이 확정되어 그 판결의 집행으로 구금 상태에 있는 경우 또한 이에 해당하는 것이다(대법원 2024. 5.23, 2021도6357 전원합의체).

정답 ② · ④

---

077 ✓ 대표 ◆◆◇　　경찰승진 2024

구속에 관한 설명으로 가장 적절하지 않은 것은? (다툼이 있는 경우 판례에 의함)

① 피고인이 구속된 경우에 변호인이 없는 때에는 법원은 직권으로 변호인을 선정하여야 하는데, 여기서 '피고인이 구속된 경우'란 피고인이 당해 형사사건에서 구속되어 재판을 받고 있는 경우뿐만 아니라 피고인이 별건으로 구속되어 있거나 다른 형사사건에서 유죄로 확정되어 수형 중인 경우도 이에 포함된다.

② 법관에 대한 기피신청이 있을 때에는 소송의 지연을 목적으로 함이 명백하거나 기피신청의 관할 규정에 위배된 경우를 제외하고는 소송진행을 정지하여야 하지만 급속을 요하는 경우에는 예외로 하고, 기피신청으로 소송진행이 정지되더라도 구속기간의 진행은 정지되지 아니한다.

③ 교도소에 구속된 자에 대한 공소장의 송달은 교도소장에게 송달하면 구속된 자에게 전달된 여부와 관계없이 효력이 생긴다.

④ 형집행정지 중에 있는 경우는 법률에 따라 구속 중인 경우에 해당한다고 볼 수 없다.

해설

② (×) 기피신청으로 소송진행이 정지되더라도 구속기간의 진행은 정지되지 아니한다는 부분이 틀렸다. 즉, 기피신청으로 소송진행

이 정지되면 법원의 피고인 구속기간의 진행도 정지된다. 제92조 제3항, 제22조 참조.

> **제92조(구속기간과 갱신)** ① 구속기간은 2개월로 한다.
> ② 제1항에도 불구하고 특히 구속을 계속할 필요가 있는 경우에는 심급마다 2개월 단위로 2차에 한하여 결정으로 갱신할 수 있다. 다만, 상소심은 피고인 또는 변호인이 신청한 증거의 조사, 상소이유를 보충하는 서면의 제출 등으로 추가심리가 필요한 부득이한 경우에는 3차에 한하여 갱신할 수 있다.
> ③ 제22조, 제298조 제4항, 제306조 제1항 및 제2항의 규정에 의하여 공판절차가 정지된 기간 및 공소제기 전의 체포·구인·구금기간은 제1항 및 제2항의 기간에 산입하지 아니한다.
> **제22조(기피신청과 소송의 정지)** 기피신청이 있는 때에는 제20조 제1항의 경우를 제한 외에는 소송진행을 정지하여야 한다. 단, 급속을 요하는 경우에는 예외로 한다.
> **제20조(기피신청기각과 처리)** ① 기피신청이 소송의 지연을 목적으로 함이 명백하거나 제19조의 규정에 위배된 때에는 신청을 받은 법원 또는 법관은 결정으로 이를 기각한다.
> ② 기피당한 법관은 전항의 경우를 제한 외에는 지체 없이 기피신청에 대한 의견서를 제출하여야 한다.
> ③ 전항의 경우에 기피당한 법관이 기피의 신청을 이유 있다고 인정하는 때에는 그 결정이 있은 것으로 간주한다.
> **제19조(기피신청의 관할)** ① 합의법원의 법관에 대한 기피는 그 법관의 소속법원에 신청하고 수명법관, 수탁판사 또는 단독판사에 대한 기피는 당해 법관에게 신청하여야 한다.
> ② 기피사유는 신청한 날로부터 3일 이내에 서면으로 소명하여야 한다.

① (O) 형사소송법 제33조 제1항 제1호의 문언, 위 법률조항의 입법 과정에서 고려된 '신체의 자유', '변호인의 조력을 받을 권리', '공정한 재판을 받을 권리' 등 헌법상 기본권 규정의 취지와 정신 및 입법 목적 그리고 피고인이 처한 입장 등을 종합하여 보면, 형사소송법 제33조 제1항 제1호의 '피고인이 구속된 때'라고 함은 피고인이 해당 형사사건에서 구속되어 재판을 받고 있는 경우에 한정된다고 볼 수 없고, 피고인이 별건으로 구속영장이 발부되어 집행되거나 다른 형사사건에서 유죄판결이 확정되어 그 판결의 집행으로 구금 상태에 있는 경우 또한 포괄하고 있다고 보아야 한다(2024.5.23, 2021도6357 전원합의체)

③ (O) 교도소 또는 구치소에 구속된 자에 대한 송달은 그 소장에게 송달하면 구속된 자에게 전달된 여부와 관계없이 효력이 생기는 것이다(대법원 1995.1.12, 94도2687).

④ (O) 형집행정지 중에 있는 경우는 향토예비군설치법 제5조 제2항 제2호에서 말하는 법률의 규정에 의하여 구속 중인 경우에 해당한다고 볼 수 없다(대법원 1986.10.14, 86도588).

정답 ②

078 ✓ 대표 ◆◆◇ 　　법원9급 2018

국선변호인의 선정 등에 관한 다음 설명 중 가장 옳지 않은 것은? (다툼이 있는 경우 판례에 의하고, 전원합의체 판결의 경우 다수의견에 의함)

① 별건으로 구속되어 있거나 다른 형사사건에서 유죄로 확정되어 수형 중인 피고인에 대하여 국선변호인을 선정하지 아니하였다 하더라도 법원이 직권으로 변호인을 선정하여야 하는 형사소송법 제33조 제1항 제1호를 위반한 것이 아니다.

② 필요적 변호사건의 항소심에서, 항소심 법원이 피고인 본인의 항소이유서 제출기간 경과 후 국선변호인을 선정하고 그에게 소송기록접수통지를 하였으나 국선변호인이 법정기간 내에 항소이유서를 제출하지 아니하였다면 종전 국선변호인의 선정을 취소하고 새로운 국선변호인을 선정하는 조치를 할 필요는 없다.

③ 변호인 없는 불구속 피고인에 대하여 국선변호인을 선정하지 않은 채 판결을 선고한 다음 법정구속을 하더라도 법원이 직권으로 변호인을 선정하여야 하는 형사소송법 제33조 제1항 제1호를 위반한 것이 아니다.

④ 이해가 상반된 피고인들 중 어느 피고인이 법무법인을 변호인으로 선임하고, 법무법인이 담당변호사를 지정하였을 때, 법원이 담당변호사 중 1인 또는 수인을 다른 피고인을 위한 국선변호인으로 선정하는 것은 국선변호인의 조력을 받을 피고인의 권리를 침해하는 것이다.

해설

① (✕) 필요적 국선변호인 선정사유인 '피고인이 구속된 때'를 '해당 형사사건에서 구속되어 재판을 받는 경우'로 한정하여 해석할 것은 아니고, 피고인이 별건으로 구속영장이 발부되어 집행되거나 다른 형사사건에서 유죄판결이 확정되어 그 판결의 집행으로 구금 상태에 있는 경우 또한 이에 해당하는 것이다(대법원 2024.5.23, 2021도6357 전원합의체).

② (✕) 피고인을 위하여 선정된 국선변호인이 법정기간 내에 항소이유서를 제출하지 아니하면 이는 피고인을 위하여 요구되는 충분한 조력을 제공하지 아니한 것으로 보아야 하고, 이런 경우에 피고인에게 책임을 돌릴 만한 아무런 사유가 없는데도 항소법원이 형사소송법 제361조의4 제1항 본문에 따라 피고인의 항소를 기각한다면, 이는 피고인에게 국선변호인으로부터 충분한 조력을 받을 권리를 보장하고 이를 위한 국가의 의무를 규정하고 있는 헌법의 취지에 반하는 조치이다. 따라서 피고인과 국선변호인이 모두 법정기간 내에 항소이유서를 제출하지 아니하였더라도, 국선변호인이 항소이유서를 제출하지 아니한 데 대하여 피고인에게 귀책사유가 있음이 특별히 밝혀지지 않는 한, 항소법원은 종전 국선변호인의 선정을 취소하고 새로운 국선변호인을 선정하여 다시 소송기록접수통지를 함으로써 새로운 국선변호인으로 하여금 그 통지를 받은 때로부터 형사소송법 제361조의3 제1항의 기간 내에 피고인을 위하여 항소이유서를 제출하도록 하여야 한다(대법원 2012.2.16, 2009모1044 전원합의체).

③ (O) 형사소송법 제33조 제1항 제1호 소정의 '피고인이 구속된 때'라고 함은 피고인이 당해 형사사건(2021도6357 전원합의체 판례에 의하여 별건 사건 및 다른 사건도 포함됨)에서 이미 구속되어 재판을 받고 있는 경우를 의미하는 것이므로, 불구속 피고인에 대하여 판결을 선고한 다음 법정구속을 하더라도 구속되기

이전까지는 위 규정이 적용된다고 볼 수 없다(대법원 2011.3.10, 2010도17353).

④ (O) 공소사실 기재 자체로 보아 어느 피고인에 대한 유리한 변론이 다른 피고인에게는 불리한 결과를 초래하는 경우 공동피고인들 사이에 이해가 상반된다. 이해가 상반된 피고인들 중 어느 피고인이 법무법인을 변호인으로 선임하고, 법무법인이 담당변호사를 지정하였을 때, 법원이 담당변호사 중 1인 또는 수인을 다른 피고인을 위한 국선변호인으로 선정한다면, 국선변호인으로 선정된 변호사는 이해가 상반된 피고인들 모두에게 유리한 변론을 하기 어렵다. 결국 이로 인하여 다른 피고인은 국선변호인의 실질적 조력을 받을 수 없게 되고, 따라서 국선변호인 선정은 국선변호인의 조력을 받을 피고인의 권리를 침해하는 것이다(대법원 2015.12.23, 2015도9951).

정답 ① · ②

---

079 ✓대표 ◆◆◇ 경찰1차 2020 변형

형사절차상 변호인제도에 대한 설명 중 가장 적절하지 않은 것은? (다툼이 있는 경우 판례에 의함)

① 「형사소송법」 제282조에 규정된 필요적 변호사건에 해당하는 사건에서 제1심의 공판절차가 변호인 없이 이루어진 경우 그와 같은 위법한 공판절차에서 이루어진 소송 행위는 무효이므로 이러한 경우에는 항소심으로서는 변호인이 있는 상태에서 소송행위를 새로이 한 후 위법한 제1심 판결을 파기하고, 항소심에서의 진술 및 증거조사 등 심리결과에 기하여 다시 판결하여야 한다.

② 원심법원이 피고인 본인의 항소이유서 제출기간 경과 후 국선변호인을 선정하고 그에게 소송기록접수통지를 하였으나 국선변호인이 법정기간 내에 항소이유서를 제출하지 아니한 경우 국선변호인의 항소이유서 미제출에 관하여 피고인의 귀책사유가 밝혀지지 않은 경우라 하더라도 항소법원은 종전 국선변호인의 선정을 취소하고 새로운 국선변호인을 선정하는 조치를 취할 필요까지는 없다.

③ 「형사소송법」 제282조의 필요적 변호사건에 있어서 선임된 사선변호인에 대한 기일통지를 하지 아니함으로써 사선변호인의 출석 없이 제1회 공판기일을 진행하였더라도 그 공판기일에 국선변호인이 출석하였다면 변호인 없이 재판한 잘못이 있다 할 수 없고, 또한 사선변호인이 제2회 공판기일부터는 계속 출석하여 변호권을 행사하였다면 사선변호인으로부터의 변호를 받을 기회를 박탈하였다거나 사선변호인의 변호권을 제한하였다 할 수 없다.

④ 법원으로서는 피고인이 시각장애인인 경우 장애의 정도를 비롯하여 연령(2020.12.8. 개정: 나이) · 지능 · 교육 정도 등을 확인한 다음 권리보호를 위하여 필요하다고 인정하는 때에는 「형사소송법」 제33조 제3항의 규정에 의하여 피고인의 명시적 의사에 반하지 아니하는 범위 안에서 국선변호인을 선정하여 방어권을 보장해 줄 필요가 있다.

해설

② (X) 필요적 변호사건의 항소심에서, 원심법원이 피고인 본인의 항소이유서 제출기간 경과 후 국선변호인을 선정하고 그에게 소송기록접수통지를 하였으나 국선변호인이 법정기간 내에 항소이유서를 제출하지 아니한 경우, 국선변호인의 항소이유서 불제출에 대하여 피고인의 귀책사유가 밝혀지지 아니한 이상 국선변호인의 선정을 취소하고 새로운 국선변호인을 선정하는 조치를 취했어야 하는데도, 위와 같은 조치를 취하지 아니한 채 항소를 기각한 원심결정에는 법리오해의 위법이 있다(대법원 2012.2.16, 2009모1044 전원합의체).

① (O) 대법원 1995.4.25, 94도2347
③ (O) 대법원 1990.9.25, 90도1571
④ (O) 대법원 2014.8.28, 2014도4496

정답 ②

---

080 ✓유사 ◆◇◇ 법원9급 2019

국선변호인에 대한 다음 설명 중 가장 옳지 않은 것은?

① 피고인이 2급 시각장애인으로서 점자자료가 아닌 경우에는 인쇄물 정보접근에 상당한 곤란을 겪는 수준임에도 국선변호인 선정절차를 취하지 아니한 채 공판심리를 진행하였다면 위법하다.

② 항소심에서 국선변호인을 선정하고 그에게 소송기록접수통지를 한 이후에 변호인이 없는 다른 사건이 병합된 경우, 국선변호인 선정의 효력은 선정 이후 병합된 다른 사건에도 미치므로, 항소법원은 국선변호인에게 그 병합된 사건에 관하여도 소송기록 접수통지를 할 필요는 없다.

③ 제1심에서 국선변호인 선정청구가 인용되고 불구속 상태로 실형을 선고받은 피고인이 그 후 별건 구속된 상태에서 항소를 제기하여 다시 국선변호인 선정청구를 하였는데, 원심이 이에 대해 아무런 결정도 하지 않고 공판기일을 진행하여 실질적 변론과 심리를 모두 마치고 난 뒤에 국선변호인 선정청구를 기각하고 판결을 선고하였다면 위법하다.

④ 형사소송법 제33조 제1항 각 호에 해당하는 경우가 아닌 한 법원으로서는 권리보호를 위하여 필요하다고 인정하지 않으면 국선변호인을 선정하지 않아도 위법이 아니다.

해설

② (X) 국선변호인 선정의 효력은 선정 이후 병합된 다른 사건에도 미치는 것이므로, 항소심에서 국선변호인이 선정된 이후 변호인이 없는 다른 사건이 병합된 경우에는 형사소송법 제361조의2, 형사소송규칙 제156조의2의 규정에 따라 항소법원은 지체 없이 국선변호인에게 병합된 사건에 관한 소송기록 접수통지를 함으로써 병합된 다른 사건에도 마찬가지로 국선변호인으로 하여금 피고인을 위하여 항소이유서를 작성 · 제출할 수 있도록 하여야 한다(대법원 2010.5.27, 2010도3377).

① (O) 헌법상 변호인의 조력을 받을 권리 및 형사소송법상 국선변

호인제도의 취지와 점자자료로 작성된 소송계속 중의 관계 서류 등의 제공이 이루어지지 아니하는 현행 형사소송실무 등에 비추어, 법원으로서는 형사소송법 제33조 제3항의 규정을 준용하여 피고인의 연령(2020.12.8. 개정: 나이)·지능·교육 정도를 비롯한 시각장애의 정도 등을 확인한 다음 권리보호를 위하여 필요하다고 인정하는 때에는 시각장애인인 피고인의 명시적 의사에 반하지 아니하는 범위 안에서 국선변호인을 선정하여 방어권을 보장해 줄 필요가 있다. 그럼에도 국선변호인의 선정 없이 공판심리가 이루어져 피고인의 방어권이 침해됨으로써 판결에 영향을 미쳤다고 인정되는 경우에는 형사소송법 제33조 제3항을 위반한 위법이 있다고 보아야 할 것이다(대법원 2010.4.29, 2010도881).

③ (O) 피고인은 항소이유서 제출기간 내에 서면으로 형사소송법 제33조 제2항에서 정한 빈곤을 사유로 한 국선변호인 선정청구를 하였고, 제1심의 국선변호인 선정결정과 달리 원심에서 피고인의 국선변호인 선정청구를 배척할 특별한 사정변경이 있다고 볼 만한 자료를 찾아볼 수 없을 뿐만 아니라 오히려 피고인은 빈곤(2020.12.8. 개정: 빈곤이나) 그 밖의 사유로 변호인을 선임할 수 없는 경우에 해당한다고 인정할 여지가 충분하므로, 특별한 사정이 없는 한 지체 없이 국선변호인 선정결정을 하여 선정된 변호인으로 하여금 공판심리에 참여하도록 하였어야 함에도, 국선변호인 선정청구에 대하여 아무런 결정도 하지 아니한 채 변호인 없이 피고인만 출석한 상태에서 공판기일을 진행하여 실질적 변론과 심리를 모두 마치고 난 뒤에야 국선변호인 선정청구를 기각하는 결정을 고지한 원심의 조치에는 국선변호인 선정에 관한 형사소송법 규정을 위반한 잘못이 있다(대법원 2013.7.11, 2012 도16334).

④ (O) 법원은 형사소송법 제33조 제1항 각 호에 해당하는 경우가 아닌 한 권리보호를 위하여 필요하다고 인정하지 않으면 국선변호인을 선정하지 않아도 되고, 국선변호인을 선정하지 않고 공판심리를 하더라도 피고인의 방어권이 침해되어 판결에 영향을 미쳤다고 인정되지 않는 경우에는 형사소송법 제33조 제3항을 위반한 위법이 있다고 볼 수 없다(대법원 2013.5.9, 2013도1886 등).

정답 ②

081 ✓유사 ◆◇◇ 국가7급 2015

A가 강도 혐의로 구속되자 배우자 C는 A의 반대에도 불구하고 B를 변호인으로 선임하였다. B는 사법경찰관 D에게 A에 대한 피의자신문에 참여시켜 줄 것을 요구하였지만, D는 단순히 수사에 방해된다는 이유로 B의 피의자신문참여를 인정하지 않은 상태에서 신문조서를 작성하였다. 이에 대한 설명으로 옳지 않은 것은? (다툼이 있는 경우 판례에 의함)

① B는 A의 의사에 반하여 변호인으로 선임된 자이므로 A에게 선임의 효과가 발생하지 않는다.

② B는 피의자신문참여거부처분의 취소를 서면으로 관할 법원에 청구할 수 있다.

③ C가 구속적부심사를 청구한다면 그 절차에서 B는 A 에 대한 피의자신문조서를 열람할 수 있다.

④ A에 대한 피의자신문조서는 형사소송법 제308조의2 에서 정한 '적법한 절차에 따르지 아니하고 수집한 증거'에 해당하므로 증거능력이 없다.

해설

① (×) 선임대리권자의 변호인 선임권은 독립대리권의 성질을 가지므로, 본인의 명시 또는 묵시의 의사에 반하여 변호인을 선임할 수 있다(법배직형의 변호인선임대리권: 명시적 의사에 반하여 행사할 수 있는 독립대리권). 제30조 제2항 참조.

> **제30조(변호인선임권자)** ② 피고인 또는 피의자의 법정대리인, 배우자, 직계친족과 형제자매는 독립하여 변호인을 선임할 수 있다.

② (O) 제406조, 제417조 참조.
[정리] 수사기관의 처분에 대한 준항고: 압/구/변(제417조)

> **제406조(항고의 절차)** 항고를 함에는 항고장을 원심법원에 제출하여야 한다.
> **제417조(동전)** 검사 또는 사법경찰관의 구금, 압수 또는 압수물의 환부에 관한 처분과 제243조의2에 따른 변호인의 참여 등에 관한 처분에 대하여 불복이 있으면 그 직무집행지의 관할법원 또는 검사의 소속검찰청에 대응한 법원에 그 처분의 취소 또는 변경을 청구할 수 있다.

③ (O) 규칙 제96조의21, 규칙 제104조의2 참조.
[정리] 수사단계에서의 열람·등사: 영장실질심사, 체포·구속적부심사, 긴급체포 후 석방, 증거보전청구절차, 재정신청심리과정

> **규칙 제96조의21(구속영장청구서 및 소명자료의 열람)** ① 피의자 심문에 참여할 변호인은 지방법원 판사에게 제출된 구속영장청구서 및 그에 첨부된 고소·고발장, 피의자의 진술을 기재한 서류와 피의자가 제출한 서류를 열람할 수 있다.
> **제104조의2(준용규정)** 제96조의21의 규정은 체포·구속의 적부심사를 청구한 피의자의 변호인에게 이를 준용한다.

④ (O) 피의자가 변호인의 참여를 원한다는 의사를 명백하게 표시하였음에도 수사기관이 정당한 사유 없이 변호인을 참여하게 하지 아니한 채 피의자를 신문하여 작성한 피의자신문조서는 형사소송법 제312조에 정한 '적법한 절차와 방식'에 위반된 증거일 뿐만 아니라, 형사소송법 제308조의2에서 정한 '적법한 절차에 따르지 아니하고 수집한 증거'에 해당하므로 이를 증거로 할 수 없다(대법원 2013.3.28, 2010도3359).

정답 ①

082 ✓ 유사 ◆◆◇　　　경찰 2015

변호인에 관한 다음 설명 중 옳은 것은 모두 몇 개인가? (다툼이 있으면 판례에 의함)

> ㉠ 피고인이 2급 시각장애인으로서, 점자자료가 아닌 경우에는 인쇄물 정보접근에 상당한 곤란을 겪는 수준이더라도 국선변호인 선정사유인 '농아자'(2020. 12.8. 개정: 듣거나 말하는 데 모두 장애가 있는 사람인 때) 또는 '심신장애의 의심이 있는 때'(2020. 12.8. 개정: 심신장애가 있는 것으로 의심되는 때)에 해당하지 않으므로 국선변호인의 선정 없이 공판심리를 진행했다고 하여 위법하다고 할 수 없다.
> ㉡ 1인의 피의자 또는 피고인은 변호인을 3인까지 선임할 수 있다.
> ㉢ 공소제기 전에 변호인을 선임한 경우에는 제1심에도 효력이 있다.
> ㉣ 변호인은 진실의무가 있으므로 유죄임을 안 경우 무죄의 변론을 하는 것은 허용되지 않는다.
> ㉤ 수사기관이나 법원의 접견불허처분이 없더라도 변호인의 구속피의자에 대한 접견신청일이 경과하도록 접견이 이루어지지 아니한 것은 실질적으로 접견불허가 처분이 있는 것과 동일시된다.

① 1개　　　　　　② 2개
③ 3개　　　　　　④ 4개

해설

㉠ (×) 헌법상 변호인의 조력을 받을 권리 및 형사소송법상 국선변호인제도의 취지와 점자자료로 작성된 소송계속 중의 관계 서류 등의 제공이 이루어지지 아니하는 현행 형사소송실무 등에 비추어, 법원으로서는 형사소송법 제33조 제3항의 규정을 준용하여 피고인의 연령(2020.12.8. 개정: 나이)·지능·교육 정도를 비롯한 시각장애의 정도 등을 확인한 다음 권리보호를 위하여 필요하다고 인정하는 때에는 시각장애인인 피고인의 <u>명시적 의사에 반하지 아니하는 범위 안에서</u> 국선변호인을 선정하여 방어권을 보장해 줄 필요가 있다. 그럼에도 국선변호인의 선정 없이 공판심리가 이루어져 피고인의 방어권이 침해됨으로써 판결에 영향을 미쳤다고 인정되는 경우에는 위 법 제33조 제3항을 위반한 위법이 있다고 보아야 한다(대법원 2010.4.29, 2010도881).

㉡ (×) 변호인의 수에는 제한이 없다. 제32조의2 제3항에서 규정하는 '대표변호인의 3인 제한'만이 있을 뿐이다.

㉢ (○) 제32조 제3항 참조.

> **제32조(변호인선임의 효력)** ② 공소제기 전의 변호인 선임은 제1심에도 그 효력이 있다.

㉣ (×) 변호인은 진실의무 외에 침묵의무도 있고, 진실의무도 소극적 의무에 불과하므로 유죄임을 알고서도 입증미비 등을 이유로 무죄변론을 할 수 있다.

㉤ (○) 변호인의 조력을 받을 권리를 규정하고 있는 헌법 제12조 제4항 전문, 절차상 또는 시기상의 아무런 제약 없이 변호인의 피고인 또는 피의자와의 접견교통권을 보장하고 있는 형사소송법 제34조, 구속 피고인 또는 피의자에 대한 변호인의 접견교통권을 규정한 같은 법 제89조, 제90조, 제91조 등의 규정에 의하면 변호인의 접견교통권은 신체구속을 당한 피고인이나 피의자

의 인권보장과 방어준비를 위하여 필수불가결한 권리로서 법령에 의한 제한이 없는 한 수사기관의 처분은 물론 법원의 결정으로도 이를 제한할 수 없다 할 것인바, 위 관계법령의 규정취지에 비추어 볼 때 접견신청일이 경과하도록 접견이 이루어지지 아니한 것은 실질적으로 접견불허가처분이 있는 것과 동일시된다고 할 것이다(대법원 1991.3.28, 91모24).

정답 ②

---

083 ✓ 유사 ◆◆◇　　국가9급 2013 유사　법원승진 2014

국선변호인에 관한 다음 설명 중 가장 옳지 않은 것은?

① 피고인이 구속된 때, 미성년자인 때, 70세 이상인 때, 농아자(2020.12.8. 개정: 듣거나 말하는 데 모두 장애가 있는 사람)인 때, 심신장애의 의심이 있는 때(2020. 12.8. 개정: 심신장애가 있는 것으로 의심되는 때), 사형·무기 또는 단기 3년 이상의 징역이나 금고에 해당하는 사건으로 기소된 때에 피고인에게 변호인이 없으면 법원은 직권으로 변호인을 선정하여야 한다.

② 치료감호법에 의하여 치료감호청구가 있는 사건은 변호인 없이 개정할 수 없으므로, 피치료감호청구인에게 변호인이 없거나 변호인이 출석하지 아니한 때에는 법원은 변호인을 선정하여야 한다.

③ 국선변호인은 피고인이나 피의자마다 한 명을 선정할 수 있고, 사건이 특수하다는 등의 사정을 이유로 한 피고인이나 피의자의 요구가 있다고 하더라도 사선변호인과 달리 2인 이상을 선정할 수 없다.

④ 구속영장을 청구 받은 지방법원판사가 피의자를 심문하는 경우 피의자에게 변호인이 없는 때에는 지방법원판사는 직권으로 변호인을 선정하여야 하는데, 이 경우 변호인의 선정은 피의자에 대한 구속영장 청구가 기각되어 효력이 소멸한 경우를 제외하고는 제1심까지 효력이 있다.

해설

③ (×) 규칙 제15조 제1항 참조.

> **규칙 제15조(변호인의 수)** ① 국선변호인은 피고인 또는 피의자마다 1인을 선정한다. 다만, 사건의 특수성에 비추어 필요하다고 인정할 때에는 1인의 피고인 또는 피의자에게 수인의 국선변호인을 선정할 수 있다.

① (○) 제33조 제1항 참조.

> **제33조(국선변호인)** ① 다음 각 호의 어느 하나에 해당하는 경우에 변호인이 없는 때에는 법원은 직권으로 변호인을 선정하여야 한다.
> 1. 피고인이 구속된 때
> 2. 피고인이 미성년자인 때
> 3. 피고인이 70세 이상인 때
> 4. 피고인이 듣거나 말하는 데 모두 장애가 있는 사람인 때
> 〈개정 2020.12.8.〉

5. 피고인이 심신장애가 있는 것으로 의심되는 때 〈개정 2020.12.8.〉

6. 피고인이 사형, 무기 또는 단기 3년 이상의 징역이나 금고에 해당하는 사건으로 기소된 때

② (○) 치료감호법 제15조 제2항 참조.

④ (○) 제201조의2 제8항 참조.

> **제201조의2(구속영장 청구와 피의자 심문)** ⑧ 심문할 피의자에게 변호인이 없는 때에는 지방법원판사는 직권으로 변호인을 선정하여야 한다. 이 경우 변호인의 선정은 피의자에 대한 구속영장 청구가 기각되어 효력이 소멸한 경우를 제외하고는 제1심까지 효력이 있다.

[정답] ③

---

084 ✓ 유사 ◆◇◇ `국가7급 2015`

필요적 변호사건에 대한 설명으로 옳지 않은 것은? (다툼이 있는 경우 판례에 의함)

① 피고인이 구속된 때 또는 농아자인 때는 필요적 변호사건에 해당한다.

② 필요적 변호사건에서 변호인이 출석하지 않은 채 국선변호인 선정 취소 결정이 고지된 후 변호인 없이 피해자에 대한 증인신문이 이루어진 경우 그 증인신문은 무효이다.

③ 필요적 변호사건에서 판결만을 선고하는 경우 변호인의 출석 없이 개정할 수 있다.

④ 피고인과 국선변호인이 법정기간 내에 항소이유서를 제출하지 않은 경우 국선변호인의 항소이유서 불제출에 대하여 피고인의 귀책사유의 존부를 불문하고 법원은 항소를 기각하여야 한다.

해설

④ (×) [다수의견] (가) 헌법상 보장되는 '변호인의 조력을 받을 권리'는 변호인의 '충분한 조력'을 받을 권리를 의미하므로, 일정한 경우 피고인에게 국선변호인의 조력을 받을 권리를 보장하여야 할 국가의 의무에는 형사소송절차에서 단순히 국선변호인을 선정하여 주는 데 그치지 않고 한 걸음 더 나아가 피고인이 국선변호인의 실질적인 조력을 받을 수 있도록 필요한 업무 감독과 절차적 조치를 취할 책무까지 포함된다고 할 것이다.

(나) 피고인을 위하여 선정된 국선변호인이 법정기간 내에 항소이유서를 제출하지 아니하면 이는 피고인을 위하여 요구되는 충분한 조력을 제공하지 아니한 것으로 보아야 하고, 이런 경우에 피고인에게 책임을 돌릴 만한 아무런 사유가 없는데도 항소법원이 형사소송법 제361조의4 제1항 본문에 따라 피고인의 항소를 기각한다면, 이는 피고인에게 국선변호인으로부터 충분한 조력을 받을 권리를 보장하고 이를 위한 국가의 의무를 규정하고 있는 헌법의 취지에 반하는 조치이다. 따라서 피고인과 국선변호인이 모두 법정기간 내에 항소이유서를 제출하지 아니하였더라도, <u>국선변호인이 항소이유서를 제출하지 아니한 데 대하여 피고인에게 귀책사유가 있음이 특별히 밝혀지지 않는 한</u>, 항소법원은 종전 국선변호인의 선정을 취소하고 <u>새로운 국선변호인을 선정</u>

하여 다시 소송기록접수통지를 함으로써 새로운 국선변호인으로 하여금 그 통지를 받은 때로부터 형사소송법 제361조의3 제1항의 기간 내에 피고인을 위하여 항소이유서를 제출하도록 하여야 한다(대법원 2012.2.16, 2009모1044 전원합의체).

① (○) 제33조 제1항 참조.

> **제33조(국선변호인)** ① 다음 각 호의 어느 하나에 해당하는 경우에 변호인이 없는 때에는 법원은 직권으로 변호인을 선정하여야 한다.
> 1. 피고인이 구속된 때
> 2. 피고인이 미성년자인 때
> 3. 피고인이 70세 이상인 때
> 4. 피고인이 듣거나 말하는 데 모두 장애가 있는 사람인 때 〈개정 2020.12.8.〉
> 5. 피고인이 심신장애가 있는 것으로 의심되는 때 〈개정 2020.12.8.〉
> 6. 피고인이 사형, 무기 또는 단기 3년 이상의 징역이나 금고에 해당하는 사건으로 기소된 때

② (○) 필요적 변호사건의 공판절차가 사선 변호인과 국선 변호인이 모두 불출석한 채 개정되어 국선 변호인 선정 취소 결정이 고지된 후 변호인 없이 피해자에 대한 증인신문 등 심리가 이루어진 경우, 그와 같은 위법한 공판절차에서 이루어진 피해자에 대한 증인신문 등 일체의 소송행위는 모두 무효라고 할 것이다(대법원 1999.4.23, 99도915).

③ (○) 제282조 참조.

> **제282조(필요적 변호)** 제33조 제1항 각 호의 어느 하나에 해당하는 사건 및 같은 조 제2항·제3항의 규정에 따라 변호인이 선정된 사건에 관하여는 변호인 없이 개정하지 못한다. 단, 판결만을 선고할 경우에는 예외로 한다.

[정답] ④

---

085 ✓ 유사 ◆◆◆ `군무원9급 2024`

법원이 직권으로 국선변호인을 선정해야 하는 경우를 모두 고르면? (다툼이 있으면 판례에 의함)

> ㄱ. 재심개시결정 전의 절차에서 재심청구인이 국선변호인선임청구를 한 때
> ㄴ. 구속영장의 청구를 받은 판사가 피의자를 직접 심문하여 구속사유를 판단할 경우에 심문할 피의자에게 변호인이 없는 때
> ㄷ. 69세의 피고인에게 변호인이 없는 때
> ㄹ. 구속적부심사를 청구한 17세 피의자에게 변호인이 없는 때

① ㄴ, ㄹ

② ㄱ, ㄴ, ㄷ

③ ㄱ, ㄷ, ㄹ

④ ㄱ, ㄴ, ㄷ, ㄹ

해설

ㄱ. (×) 국선변호인제도는 (구속 전 피의자심문과) 구속적부심의 경

우를 제외하고는 공판절차에서 <u>피고인</u>의 지위에 있는 자에게만 인정되는 것으로서, 공판절차가 아닌 재심개시결정 전의 절차에서 재심청구인이 국선변호인선임청구를 할 수는 없다(대법원 1993.12.3, 92모49).

ㄴ. (○) 구속 전 피의자심문(영장실질심사)은 필요적 변호 사건이다. 제201조의2 제8항 참조.

> **제201조의2(구속영장 청구와 피의자 심문)** ① 제200조의2·제200조의3 또는 제212조에 따라 체포된 피의자에 대하여 구속영장을 청구받은 판사는 지체 없이 피의자를 심문하여야 한다. 이 경우 특별한 사정이 없는 한 구속영장이 청구된 날의 다음 날까지 심문하여야 한다.
> ⑧ 심문할 피의자에게 변호인이 없는 때에는 지방법원판사는 직권으로 변호인을 선정하여야 한다. 이 경우 변호인의 선정은 피의자에 대한 구속영장 청구가 기각되어 효력이 소멸한 경우를 제외하고는 제1심까지 효력이 있다.

ㄷ. (✕) 필요국선사유에 해당하는 피고인의 고령사유 기준은 70세 이상이다. 제33조 제1항 제3호 참조.

> **제33조(국선변호인)** ① 다음 각 호의 어느 하나에 해당하는 경우에 변호인이 없는 때에는 법원은 직권으로 변호인을 선정하여야 한다.
> 3. 피고인이 70세 이상인 때

ㄹ. (○) 체포·구속적부심사는 필요적 변호 사건이다. 제214조의2 제10항 참조

> **제214조의2(체포와 구속의 적부심사)** ⑩ 체포되거나 구속된 피의자에게 변호인이 없는 때에는 제33조를 준용한다.

정답 ①

---

086 ✓유사 ◆◆◇

경찰 2013 유사　경찰승진 2022 유사　국가7급 2019

국선변호인에 대한 설명으로 옳은 것(○)과 옳지 않은 것(✕)을 바르게 연결한 것은? (다툼이 있는 경우 판례에 의함)

> ㄱ. 「형사소송법」 제33조 제1항의 국선변호인 선정 사유 중 제1호에서 정한 '피고인이 구속된 때'라고 함은, 피고인이 당해 형사사건에서 구속되어 재판을 받고 있는 경우를 의미하고, 피고인이 별건으로 구속되어 있는 경우는 이에 해당하지 않는다.
> ㄴ. 피고인에게 국선변호인의 조력을 받을 권리를 보장해야 할 국가의 의무에는 피고인이 국선변호인의 실질적 조력을 받을 수 있도록 할 의무가 포함된다.
> ㄷ. 국선변호인 선정의 효력은 선정 이후 병합된 다른 사건에는 미치지 않으므로, 항소심에서 법원이 국선변호인을 선정한 이후 변호인이 없는 다른 사건이 병합된 경우에는 항소법원은 국선변호인에게 병합된 사건에 관한 소송기록 접수통지를 하지 않아도 된다.
> ㄹ. 피고인이 시각장애인인 경우, 법원은 장애의 정도를 비롯하여 연령(2020.12.8. 개정: 나이)·지능·교육 정도 등을 확인한 다음, 권리보호를 위하여 필요하다고 인정하는 때에는, 피고인의 명시적 의사에 반하지 않는 범위 내에서 국선변호인을 선정하여야 한다.

	ㄱ	ㄴ	ㄷ	ㄹ
①	○	○	✕	○
②	○	✕	○	○
③	✕	○	○	○
④	○	○	○	✕

해설

ㄱ. (✕) 필요적 국선변호인 선정사유인 '피고인이 구속된 때'를 '해당 형사사건에서 구속되어 재판을 받는 경우'로 한정하여 해석할 것은 아니고, 피고인이 별건으로 구속영장이 발부되어 집행되거나 다른 형사사건에서 유죄판결이 확정되어 그 판결의 집행으로 구금 상태에 있는 경우 또한 이에 해당하는 것이다(대법원 2024.5.23, 2021도6357 전원합의체).

ㄴ. (○) 대법원 2012.2.16, 2009모1044 전원합의체

ㄷ. (✕) 대법원 2010.5.27, 2010도3377

ㄹ. (○) 대법원 2010.4.29, 2010도881

정답 정답 없음

087 ✓ 유사 ◆◆◇ 전의경 2024

국선변호인에 관한 설명으로 가장 적절하지 않은 것은? (다툼이 있는 경우 판례에 의함)

① 「형사소송법」 제201조의2에 따라 구속영장을 청구받은 지방법원판사가 피의자를 심문하는 경우에 심문할 피의자에게 변호인이 없는 때에는 직권으로 변호인을 선정하여야 한다.

② 법원은 피고인이 구속된 때 변호인이 없는 경우에는 직권으로 변호인을 선정하여야 하며, 여기서 '피고인이 구속된 때'에는 피고인이 형사사건에서 구속되어 재판을 받고 있는 경우를 말하고, 피고인이 별건으로 구속되어 있거나 다른 형사사건에서 유죄로 확정되어 수형 중인 경우는 이에 해당하지 않는다.

③ 법원은 피고인의 나이·지능 및 교육 정도 등을 참작하여 권리보호를 위하여 필요하다고 인정하면 피고인의 명시적 의사에 반하지 아니하는 범위에서 변호인을 선정하여야 한다.

④ 법원이 직권으로 국선변호인을 선정하여야 하는 사유에 「형사소송법」은 '피고인이 빈곤이나 그 밖의 사유로 변호인을 선임할 수 없는 경우'를 포함하고 있다.

해설

② (×) 형사소송법 제33조 제1항 제1호의 필요국선사유인 '피고인이 구속된 때'라 함은 피고인이 해당 형사사건에서 구속되어 재판을 받고 있는 경우에 한정되지 않고, 피고인이 별건으로 구속영장이 발부되어 집행되거나 다른 형사사건에서 유죄판결이 확정되어 그 판결의 집행으로 구금 상태에 있는 경우도 포괄한다(대법원 2024.5.23, 2021도6357 전원합의체).

④ (×) 피고인의 청구를 요건으로 하는 경우이다. 제33조 제2항 참조.

> **제33조(국선변호인)** ② 법원은 피고인이 빈곤이나 그 밖의 사유로 변호인을 선임할 수 없는 경우에 피고인이 청구하면 변호인을 선정하여야 한다.

① (○) 제201조의2 제8항 참조.

> **제201조의2(구속영장 청구와 피의자 심문)** ⑧ 심문할 피의자에게 변호인이 없는 때에는 지방법원판사는 직권으로 변호인을 선정하여야 한다. 이 경우 변호인의 선정은 피의자에 대한 구속영장 청구가 기각되어 효력이 소멸한 경우를 제외하고는 제1심까지 효력이 있다.

[보충] 형사소송법 제33조 제1항 제1호는 피고인에게 변호인이 없는 때에 법원이 직권으로 변호인을 선정하여야 할 사유(이하 '필요적 국선변호인 선정사유'라고 한다) 중 하나로 '피고인이 구속된 때'를 정하고 있다. 대법원은 그동안 형사소송법 제33조 제1항 제1호의 '피고인이 구속된 때'란, 원래 구속제도가 형사소송의 진행과 형벌의 집행을 확보하기 위하여 법이 정한 요건과 절차 아래 피고인의 신병을 확보하는 제도라는 점 등에 비추어 볼 때 피고인이 해당 형사사건에서 구속되어 재판을 받는 경우를 의미하고, 피고인이 해당 형사사건이 아닌 별개의 사건, 즉 별건으로 구속되어 있거나 다른 형사사건에서 유죄로 확정되어 수형 중인 경우는 이에 해당하지 않는다고 판시하여 왔다(이하 '종래의 판례 법리'라고 한다). 형사소송법 제33조 제1항 제1호의 문언,

위 법률조항의 입법 과정에서 고려된 '신체의 자유', '변호인의 조력을 받을 권리', '공정한 재판을 받을 권리' 등 헌법상 기본권 규정의 취지와 정신 및 입법 목적 그리고 피고인이 처한 입장 등을 종합하여 보면, 형사소송법 제33조 제1항 제1호의 '피고인이 구속된 때'란 피고인이 해당 형사사건에서 구속되어 재판을 받고 있는 경우에 한정된다고 볼 수 없고, 피고인이 별건으로 구속영장이 발부되어 집행되거나 다른 형사사건에서 유죄판결이 확정되어 그 판결의 집행으로 구금 상태에 있는 경우 또한 포괄하고 있다고 보아야 한다(위 판례).

③ (○) 제33조 제3항 참조.

> **제33조(국선변호인)** ③ 법원은 피고인의 나이·지능 및 교육 정도 등을 참작하여 권리보호를 위하여 필요하다고 인정하면 피고인의 명시적 의사에 반하지 아니하는 범위에서 변호인을 선정하여야 한다.

정답 ② · ④

088 ✓ 유사 ◆◆◆ 국가7급 2016

국선변호인에 대한 설명으로 옳지 않은 것은? (다툼이 있는 경우 판례에 의함)

① 피고인에게 국선변호인의 조력을 받을 권리를 보장하여야 할 국가의 의무에는 피고인이 국선변호인의 실질적 조력을 받을 수 있도록 할 의무가 포함된다.

② 항소심에서 국선변호인이 선정된 이후 변호인이 없는 다른 사건이 병합된 경우, 항소법원은 지체 없이 국선변호인에게 병합된 사건에 관한 소송기록 접수통지를 함으로써 국선변호인으로 하여금 피고인을 위하여 병합된 다른 사건에도 항소이유서를 작성·제출할 수 있도록 하여야 한다.

③ 국선변호인이 법정기간 내에 항소이유서를 제출하지 아니한 때에는 그에 대한 피고인의 귀책사유의 유무를 불문하고 피고인 본인이 적법한 항소이유서를 제출하지 아니한 이상 항소기각의 결정을 하여야 한다.

④ 법원은 시각장애인인 피고인의 연령(2020.12.8. 개정: 나이)·지능·교육 정도를 비롯한 시각장애의 정도 등을 확인한 다음 권리보호를 위하여 필요하다고 인정하는 때에는 피고인의 명시적 의사에 반하지 아니하는 범위 안에서(2020.12.8. 개정: 범위에서) 국선변호인을 선정하는 절차를 취하여야 한다.

해설

③ (×) 피고인을 위하여 선정된 국선변호인이 법정기간 내에 항소이유서를 제출하지 아니하면 이는 피고인을 위하여 요구되는 충분한 조력을 제공하지 아니한 것으로 보아야 하고, 이런 경우에 피고인에게 책임을 돌릴 만한 아무런 사유가 없는데도 항소법원이 형사소송법 제361조의4 제1항 본문에 따라 피고인의 항소를 기각한다면, 이는 피고인에게 국선변호인으로부터 충분한 조력을 받을 권리를 보장하고 이를 위한 국가의 의무를 규정하고 있는 헌법의 취지에 반하는 조치이다. 따라서 피고인과 국선변호인

이 모두 법정기간 내에 항소이유서를 제출하지 아니하였더라도, 국선변호인이 항소이유서를 제출하지 아니한 데 대하여 피고인에게 귀책사유가 있음이 특별히 밝혀지지 아니하는 한, 항소법원은 종전 국선변호인의 선정을 취소하고 새로운 국선변호인을 선정하여 다시 소송기록접수통지를 함으로써 새로운 국선변호인으로 하여금 그 통지를 받은 때로부터 형사소송법 제361조의3 제1항의 기간 내에 피고인을 위하여 항소이유서를 제출하도록 하여야 한다(대법원 2012.2.16, 2009모1044 전원합의체).

① (○) 대법원 2015.12.23, 2015도9951
② (○) 대법원 2010.5.27, 2010도3377
④ (○) 대법원 2010.4.29, 2010도881

정답 ③

---

089 ✅ 유사 ◆◆◆　　　　　　　　국가9급/개론 2017

다음 설명 중 옳지 않은 것은? (다툼이 있으면 판례에 의함)

① 검사의 항소이유가 실질적으로 구두변론을 거쳐 심리되지 않았다고 평가될 경우 항소심 법원이 검사의 항소이유 주장을 받아들여 피고인에게 불리하게 제1심 판결을 변경하는 것은 허용되지 않는다.

② 검사가 공소제기 후 수소법원 이외의 지방법원판사에게 청구하여 발부받은 영장에 의하여 압수·수색을 하였다면, 그와 같이 수집된 증거는 적법한 절차에 따르지 않은 것으로서 원칙적으로 유죄의 증거로 삼을 수 없다.

③ 헌법은 "누구든지 체포 또는 구속을 당한 때에는 즉시 변호인의 조력을 받을 권리를 가진다."라고 규정하고 있으므로 집행유예가 선고된 제1심 판결에 대해 검사만이 양형부당을 이유로 항소하고 항소심에서 형을 선고하는 경우에는 공판심리 단계에서 국선변호인을 선정하는 것보다 판결 선고 후 피고인을 법정구속한 뒤에 국선변호인을 선정하는 것이 바람직하다.

④ 검사는 성폭력범죄의 처벌 등에 관한 특례법상 성폭력범죄의 피해자에게 변호사가 없는 경우 국선변호사를 선정하여 형사절차에서 피해자의 권익을 보호할 수 있다.

해설

③ (×) 피고인에 대하여 제1심법원이 집행유예를 선고하였으나 검사만이 양형부당을 이유로 항소하였고, 항소심이 변호인이 선임되지 않은 피고인에 대하여 검사의 양형부당 항소를 받아들여 형을 선고하는 경우에는 판결 선고 후 피고인을 법정구속한 뒤에 비로소 국선변호인을 선정하는 것보다는, 피고인의 권리보호를 위해 판결 선고 전 공판심리 단계에서부터 형사소송법 제33조 제3항에 따라 피고인의 명시적 의사에 반하지 아니하는 범위 안에서(2020.12.8. 개정: 범위에서) 국선변호인을 선정해 주는 것이 바람직하다(대법원 2016.11.10, 2016도7622).

① (○) 대법원 2015.12.10, 2015도11696
② (○) 대법원 2011.4.28, 2009도10412
④ (○) 성폭력처벌법 제27조 제6항 참조.

성폭력처벌법 제27조(성폭력범죄 피해자에 대한 변호사 선임의 특례) ⑥ 검사는 피해자에게 변호사가 없는 경우 국선변호사를 선정하여 형사절차에서 피해자의 권익을 보호할 수 있다. 다만, 19세미만피해자등에게 변호사가 없는 경우에는 국선변호사를 선정하여야 한다. 〈개정 2023.7.11.〉

정답 ③

---

090 ✅ 유사 ◆◆◇　　　　　　　　　　변호사 2019

국선변호인에 관한 설명 중 옳지 않은 것은? (다툼이 있는 경우 판례에 의함)

① 헌법상 보장되는 '변호인의 조력을 받을 권리'는 변호인의 충분한 조력을 받을 권리를 의미하므로, 피고인에게 국선변호인의 조력을 받을 권리를 보장하여야 할 국가의 의무에는 피고인이 국선변호인의 실질적 조력을 받을 수 있도록 할 의무가 포함된다.

② 「형사소송법」 제33조 제1항 제1호 소정의 '피고인이 구속된 때'라고 함은 피고인이 당해(2021도6357 전합 판례에 의하여 별건 사건 및 다른 사건도 포함됨) 형사사건에서 이미 구속되어 재판을 받고 있는 경우를 의미하는 것이므로, 변호인 없는 불구속 피고인에 대하여 국선변호인을 선정하지 않은 채 판결을 선고한 다음 법정구속을 하더라도 구속되기 이전까지는 위 규정이 적용된다고 볼 수 없다.

③ 이해가 상반된 피고인들 중 어느 피고인이 법무법인을 변호인으로 선임하고, 법무법인이 담당변호사들을 지정하였을 때, 법원이 그 담당변호사들 중 1인 또는 수인을 다른 피고인을 위한 국선변호인으로 선정한다면, 다른 피고인은 국선변호인의 실질적 조력을 받을 수 없게 되고, 이러한 국선변호인 선정은 국선변호인의 조력을 받을 피고인의 권리를 침해하는 것이다.

④ 필요적 변호사건의 항소심에서 피고인 본인의 항소이유서 제출기간 경과 후 국선변호인을 선정하고 그에게 소송기록접수통지를 하였으나 국선변호인이 법정기간 내에 항소이유서를 제출하지 아니한 경우, 국선변호인이 항소이유서를 제출하지 아니한 데 대하여 피고인에게 책임을 돌릴 만한 사유가 특별히 밝혀지지 아니한 이상, 항소심 법원은 국선변호인의 선정을 취소하고 새로운 국선변호인을 선정하여 그에게 소송기록접수통지를 함으로써 새로운 국선변호인이 항소이유서를 제출하도록 하는 조치를 취하여야 한다.

⑤ 피고인에 대하여 제1심법원이 집행유예를 선고하였으나 검사만이 양형부당을 이유로 항소한 경우, 항소심이 변호인이 선임되지 않은 피고인에 대하여 검사의 양형부당 항소를 받아들여 형을 선고하는 경우에는 판결 선고 후 피고인을 법정구속한 뒤에 국선변호인을 선정하는 것이 바람직하다.

해설

⑤ (×) 피고인에 대하여 제1심법원이 집행유예를 선고하였으나 검사만이 양형부당을 이유로 항소한 경우, 항소심이 변호인이 선임되지 않은 피고인에 대하여 검사의 양형부당 항소를 받아들여 형을 선고하는 경우에는 판결 선고 후 피고인을 법정구속한 뒤에 비로소 국선변호인을 선정하는 것보다는, 피고인의 권리보호를 위해 판결 선고 전 공판심리 단계에서부터 형사소송법 제33조 제3항에 따라 피고인의 명시적 의사에 반하지 아니하는 범위 안에서(2020.12.8. 개정: 범위에서) 국선변호인을 선정해 주는 것이 바람직하다(대법원 2016.11.10, 2016도7622).

① (○) 헌법상 보장되는 '변호인의 조력을 받을 권리'는 변호인의 '충분한 조력을 받을 권리'를 의미하므로, 일정한 경우 피고인에게 국선변호인의 조력을 받을 권리를 보장하여야 할 국가의 의무에는 형사소송절차에서 단순히 국선변호인을 선정하여 주는 데 그치지 않고 한 걸음 더 나아가 피고인이 국선변호인의 실질적인 조력을 받을 수 있도록 필요한 업무 감독과 절차적 조치를 취할 책무까지 포함된다고 할 것이다(대법원 2012.2.16, 2009모1044 전원합의체).

② (○) 형사소송법 제33조 제1항 제1호 소정의 '피고인이 구속된 때'라고 함은 피고인이 당해(2021도6357 전원합의체 판례에 의하여 별건 사건 및 다른 사건도 포함됨) 형사사건에서 이미 구속되어 재판을 받고 있는 경우를 의미하는 것이므로, 불구속 피고인에 대하여 판결을 선고한 다음 법정구속을 하더라도 구속되기 이전까지는 위 규정이 적용된다고 볼 수 없다(대법원 2011.3.10, 2010도17353).

③ (○) 이해가 상반된 피고인들 중 어느 피고인이 법무법인을 변호인으로 선임하고, 법무법인이 담당변호사를 지정하였을 때, 법원이 담당변호사 중 1인 또는 수인을 다른 피고인을 위한 국선변호인으로 선정한다면, 국선변호인으로 선정된 변호사는 이해가 상반된 피고인들 모두에게 유리한 변론을 하기 어렵다. 결국 이로 인하여 다른 피고인은 국선변호인의 실질적 조력을 받을 수 없게 되고, 따라서 국선변호인 선정은 국선변호인의 조력을 받을 피고인의 권리를 침해하는 것이다(대법원 2015.12.23, 2015도9951).

④ (○) 필요적 변호사건의 항소심에서, 원심법원이 피고인 본인의 항소이유서 제출기간 경과 후 국선변호인을 선정하고 그에게 소송기록접수통지를 하였으나 국선변호인이 법정기간 내에 항소이유서를 제출하지 아니한 경우, 국선변호인이 항소이유서를 제출하지 아니한 데 대하여 피고인에게 책임을 돌릴 만한 사유가 특별히 밝혀지지 아니한 이상, 국선변호인의 선정을 취소하고 새로운 국선변호인을 선정하여 그에게 소송기록접수통지를 함으로써 새로운 국선변호인이 항소이유서를 제출하도록 하는 조치를 취했어야 한다(대법원 2012.2.16, 2009모1044 전원합의체).

정답 ⑤

---

091 ✓ 유사 ◆◆◇ 군무원9급 2024

국선변호인에 대한 설명으로 가장 옳은 것은? (다툼이 있을 경우 판례에 의함)

① 피고인이 시각 장애인이거나 청각 장애인인데 변호인이 없으면 법원이 직권으로 변호인을 선정하여야 한다.

② 피고인이 빈곤하여 사선변호인을 선임할 수 없더라도 변론종결 시까지 국선변호인의 선정을 청구하지 아니하면 법원이 변호인 없이 공판절차를 진행해도 위법은 아니다.

③ 법원은 피고인의 연령·지능 및 교육 정도 등을 참작하여 권리보호를 위하여 필요하다고 인정하는 때에는 피고인의 명시적 의사에 반하더라도 국선변호인을 선정하여야 한다.

④ 법원은 공판준비기일이 지정된 사건에 관하여 변호인이 없는 때에는 피고인의 의견을 들어 국선변호인을 선정하여야 한다.

해설

② (○) 형사소송법 제33조 제5호에 의하여 빈곤 기타 사유로 변호인을 선임할 수 없을때 국선변호인을 선정하는 것은 피고인의 청구가 있는 경우에 한하는 것인바, 피고인이 원심 변론종결 시까지 위 법조에 의한 국선변호인 선정을 청구한 일이 없다면 국선변호인을 선정함이 없이 진행한 공판절차는 위법이라고 할 수 없다(대법원 1983.10.11, 83도2117).

① (×) 법원이 직권으로 변호인을 선정하여야 하는 경우는 피고인이 청각 장애인인 동시에 언어 장애인인 경우이다(제33조 제1항 제4호). 따라서 단지 청각 장애인인 경우는 이에 해당하지 않고, 시각 장애인인 경우는 동조 제3항의 재량국선에 해당할 수는 있으나, 필요국선에 해당하는 것은 아니다.

[보충] 심신장애의 의심이 있는 경우는 필요국선에 해당한다.

> **제33조(국선변호인)** ① 다음 각 호의 어느 하나에 해당하는 경우에 변호인이 없는 때에는 법원은 직권으로 변호인을 선정하여야 한다.
> 4. 피고인이 듣거나 말하는 데 모두 장애가 있는 사람인 때
> 5. 피고인이 심신장애가 있는 것으로 의심되는 때

③ (×) 제33조 제3항의 재량국선의 경우, 피고인의 명시적 의사에 반하지 아니하는 범위에서만 국선변호인을 선정한다. 제33조 제3항 참조.

> **제33조(국선변호인)** ③ 법원은 피고인의 나이·지능 및 교육 정도 등을 참작하여 권리보호를 위하여 필요하다고 인정하면 피고인의 명시적 의사에 반하지 아니하는 범위에서 변호인을 선정하여야 한다.

④ (×) 공판준비기일은 필요적 변호 사건이므로, 피고인에게 변호인이 없는 때에는 피고인의 의견을 들을 필요 없이 국선변호인을 선정하여야 한다. 제266조의8 제4항 참조.

> **제266조의8(검사 및 변호인 등의 출석)** ④ 법원은 공판준비기일이 지정된 사건에 관하여 변호인이 없는 때에는 직권으로 변호인을 선정하여야 한다.

정답 ②

변호인에 대한 설명으로 옳지 않은 것은? (다툼이 있는 경우 판례에 의함)

① 「형사소송법」제33조 제1항이 정하는 필요적 변호사건이 아닌 경우에도 제1심법원이 피고인의 청구에 따라 또는 직권으로 국선변호인을 선정하여 공판을 진행하였다면, 항소법원이 특별한 사정변경 없이 국선변호인을 선정하지 않고 심리를 진행하는 것은 위법하다.

② 「형사소송규칙」은 항소이유서 제출기간 내에 피고인이 책임질 수 없는 사유로 국선변호인이 변경되면 그 국선변호인에게도 소송기록접수통지를 하여야 한다고 정하고 있는데, 이 규정을 새로 선임된 사선변호인의 경우까지 확대해서 적용하거나 유추적용할 수는 없다.

③ 항소법원은 피고인에게 소송기록접수통지를 한 다음에 변호인이 선임된 경우에는 그 변호인에게 다시 같은 통지를 할 필요가 없고, 이는 필요적 변호사건에서 항소법원이 국선변호인을 선정하고 피고인과 그 변호인에게 소송기록접수통지를 한 다음 피고인이 사선변호인을 선임함에 따라 항소법원이 국선변호인의 선정을 취소한 경우에도 마찬가지이다.

④ 피고인과 국선변호인이 모두 법정기간 내에 항소이유서를 제출하지 아니하였더라도, 국선변호인이 항소이유서를 제출하지 아니한 데 대하여 피고인에게 귀책사유가 있음이 특별히 밝혀지지 않는 한, 항소법원은 종전 국선변호인의 선정을 취소하고 새로운 국선변호인을 선정하여 다시 소송기록접수통지를 함으로써 새로운 변호인으로 하여금 그 통지를 받은 때로부터 「형사소송법」제361조의3 제1항의 기간 내에 피고인을 위하여 항소이유서를 제출하도록 하여야 한다.

해설

① (✕) '바람직'하지 않을 수는 있어도 '위법'은 아니다.
[판례 1] 제1심에서 피고인의 청구 또는 직권으로 국선변호인이 선정되어 공판이 진행된 경우 항소법원은 특별한 사정변경이 없는 한 국선변호인을 선정하는 것이 바람직하다(대법원 2013.7. 11, 2013도351 등).
[판례 2] 필요적 국선사건이 아님에도 제1심이 국선변호인을 선정하여 준 후 피고인에게 징역 1년의 형을 선고하면서 법정구속을 하지 않았는데, 피고인이 항소장만을 제출한 다음 국선변호인 선정청구를 하지 않은 채 법정기간 내에 항소이유서를 제출하지 아니하자 원심이 피고인의 항소를 기각한 경우, 피고인의 권리보호를 위하여 법원이 재량으로 국선변호인 선정을 해 줄 필요는 없다고 보아 국선변호인 선정 없이 공판심리를 진행한 원심의 판단과 조치 및 절차는 정당하고, 피고인이 피해자들과의 합의를 전제로 감형만을 구하였던 이상 원심이 국선변호인을 선정하여 주지 않은 것이 피고인의 방어권을 침해하여 판결에 영향을 미쳤다고 보기도 어렵다(대법원 2013.5.9, 2013도1886).
[판례 3] 피고인에 대하여 제1심법원이 집행유예를 선고하였으나 검사만이 양형부당을 이유로 항소한 경우, 항소심이 변호인이 선임되지 않은 피고인에 대하여 검사의 양형부당 항소를 받아들

여 형을 선고하는 경우에는 판결 선고 후 피고인을 법정구속한 뒤에 비로소 국선변호인을 선정하는 것보다는, 피고인의 권리보호를 위해 판결 선고 전 공판심리 단계에서부터 형사소송법 제33조 제3항에 따라 피고인의 명시적 의사에 반하지 아니하는 범위 안에서 국선변호인을 선정해 주는 것이 바람직하다(대법원 2016.11.10, 2016도7622).

② (○) 형사소송규칙 제156조의2 제3항은 항소이유서 제출기간 내에 피고인이 책임질 수 없는 사유로 국선변호인이 변경되면 그 국선변호인에게도 소송기록접수통지를 하여야 한다고 정하고 있는데, 이 규정을 새로 선임된 사선변호인의 경우까지 확대해서 적용하거나 유추적용할 수는 없다(대법원 2018.11.22, 2015도10651 전원합의체).

③ (○) 대법원 2018.11.22, 2015도10651 전원합의체

④ (○) 대법원 2012.2.16, 2009모1044 전원합의체

정답 ①

변호인에 대한 설명으로 옳은 것만을 모두 고르면?

ㄱ. 국선변호인제도는 집행유예의 취소청구사건의 심리절차에서는 인정되지 않는다.

ㄴ. 국선변호인에 관한 형사소송법 제33조 제1항 제5호에서 정한 '피고인이 심신장애가 있는 것으로 의심되는 때'란 진단서나 정신감정 등 객관적인 자료에 의하여 피고인의 심신장애상태를 확신할 수 있거나 그러한 상태로 추단할 수 있는 근거가 있는 경우만을 의미한다.

ㄷ. 피의자인 피압수자가 수사기관에 압수·수색영장의 집행에 참여하지 않는다는 의사를 명시하였다고 하더라도, 특별한 사정이 없는 한 그 변호인에게는 미리 집행의 일시와 장소를 통지하는 등으로 압수·수색영장의 집행에 참여할 기회를 별도로 보장하여야 한다.

ㄹ. 형사소송법 제282조에 규정된 필요적 변호사건에 해당하는 사건에서 제1심의 공판절차가 변호인 없이 이루어진 경우, 그와 같은 위법한 공판절차에서 이루어진 소송행위는 무효이므로 항소심은 소송행위를 새로이 함이 없이 위법한 제1심판결을 파기하고 사건을 제1심법원으로 환송하여야 한다.

① ㄱ, ㄷ   ② ㄱ, ㄹ
③ ㄴ, ㄷ   ④ ㄴ, ㄹ

해설

① ㄱ, ㄷ

ㄱ. (○) 국선변호인제도는 구속영장실질심사, 체포·구속 적부심사의 경우를 제외하고는 공판절차에서 피고인의 지위에 있는 자에게만 인정되고 이 사건과 같이 집행유예의 취소청구 사건의 심리절차에서는 인정되지 않는다(대법원 2019.1.4, 2018모3621).

ㄴ. (✕) 헌법상 변호인의 조력을 받을 권리와 형사소송법에 국선변호인제도를 마련한 취지 등에 비추어 보면, 법원이 국선변호인을

반드시 선정해야 하는 사유로 형사소송법 제33조 제1항 제5호에서 정한 '피고인이 심신장애의 의심이 있는 때'란 진단서나 정신감정 등 객관적인 자료에 의하여 피고인의 심신장애상태를 확신할 수 있거나 그러한 상태로 추단할 수 있는 근거가 있는 경우는 물론, 범행의 경위, 범행의 내용과 방법, 범행 전후 과정에서 보인 행동 등과 아울러 피고인의 연령·지능·교육 정도 등 소송기록과 소명자료에 드러난 제반 사정에 비추어 피고인의 의식상태나 사물에 대한 변별능력, 행위통제능력이 결여되거나 저하된 상태로 의심되어 피고인이 공판심리단계에서 효과적으로 방어권을 행사하지 못할 우려가 있다고 인정되는 경우를 포함한다(대법원 2019.9.26, 2019도8531).

ㄷ. (○) 형사소송법 제219조, 제121조가 규정한 변호인의 참여권은 피압수자의 보호를 위하여 변호인에게 주어진 고유권이다. 따라서 설령 피압수자가 수사기관에 압수·수색영장의 집행에 참여하지 않는다는 의사를 명시하였다고 하더라도, 특별한 사정이 없는 한 그 변호인에게는 형사소송법 제219조, 제122조에 따라 미리 집행의 일시와 장소를 통지하는 등으로 압수·수색영장의 집행에 참여할 기회를 별도로 보장하여야 한다(대법원 2020.11.26, 2020도10729).

ㄹ. (×) 형사소송법 제282조에 규정된 필요적 변호사건에 해당하는 사건에서 제1심의 공판절차가 변호인 없이 이루어진 경우, 그와 같은 위법한 공판절차에서 이루어진 소송행위는 무효이므로, 이러한 경우에는 항소심으로서는 변호인이 있는 상태에서 소송행위를 새로이 한 후 위법한 제1심판결을 파기하고, 항소심에서의 진술 및 증거조사 등 심리결과에 기하여 다시 판결하여야 한다(대법원 1995.4.25, 94도2347).

정답 ①

Ⅲ 변호인의 지위

Ⅳ 변호인의 권한

094 ✓ 대표 ◆◇◇

경찰특공대 2022

변호인의 대리권 중 본인의 묵시적 의사에 반하여 행사는 가능하지만 명시적 의사에 반해서 행사할 수 없는 것은?

① 보석청구
② 구속취소청구
③ 상소제기
④ 증거보전청구

해설

③ (○) 상소의 제기(제342조 제1항)는 본인의 명시적 의사에 반할 수 없으나, 묵시적 의사에 반하여 행사할 수 있는 대리권이다.

① (×) 보석의 청구(제94조)는 본인의 명시적 의사에 반하여 행사할 수 있는 대리권이다.

② (×) 구속취소의 청구(제93조)는 인의 명시적 의사에 반하여 행사할 수 있는 대리권이다.

④ (×) 증거보전의 청구(제184조 제1항)는 본인의 의사에 반하여 행사할 수 있는 대리권이다.

[보충] 변호인의 대리권이란 변호인의 성질상 대리가 허용되는 소송행위에 관하여 피의자·피고인을 포괄적으로 대리할 수 있는 권리로, 독립대리권과 종속대리권으로 구분된다. ㉠ 독립대리권은 본인의 의사에 반하여 행사할 수 있는 대리권으로서 구속취소청구(제93조), 보석청구(제94조), 증거보전청구(제184조 제1항), 공판기일변경신청(제270조 제1항), 증거조사에 대한 이의신청

(제296조 제1항) 등이 있다. 반면, ㉡ 본인의 명시적 의사에 반할 수 없으나, 묵시적 의사에 반하여 행사할 수 있는 대리권에는 기피신청(제18조 제2항), 증거동의(제318조 제1항), 상소제기(제342조 제1항) 등이 있다. 그리고 ㉢ 종속대리권은 본인의 의사에 반하여 행사할 수 없는 대리권으로서 관할이전신청(제15조), 관할위반신청(제320조 제1항), 상소취하(제349조), 정식재판청구취하(제458조) 등이 있다.

정답 ③

095 ✓ 대표 ◆◆◆

해경승진 2022

다음 변호인의 대리권 중 본인의 명시한 의사에 반하여 행사할 수 있는 대리권으로 가장 옳지 않은 것은?

① 상소제기권
② 보석청구권
③ 증거조사에 대한 이의신청권
④ 구속취소청구권

해설

① (×) 변호인의 상소제기는 피고인의 명시한 의사에 반하지 아니하는 범위에서만 대리 가능하다.

②·③·④는 명시한 의사에 반하여도 행사할 수 있다.

> 제340조(당사자 이외의 상소권자) 피고인의 법정대리인은 피고인을 위하여 상소할 수 있다.
> 제341조(동전) ① 피고인의 배우자, 직계친족, 형제자매 또는 원심의 대리인이나 변호인은 피고인을 위하여 상소할 수 있다.
> ② 전항의 상소는 피고인의 명시한 의사에 반하여 하지 못한다.

[정리] 명시적 의사에 반하여 행사할 수 있는 변호인의 독립대리권 : 구속취소청구(제93조), 보석청구(제94조)(이상 석방청구), 증거보전청구(제184조), 증거조사에 대한 이의신청(제296조), 공판기일변경신청(제270조 제1항)(명−구/보/증보/증이/공)

정답 ①

096 ✓ 대표 ◆◆◇ 군무원9급 2022

변호인에 대한 다음 설명 중 가장 옳지 않은 것은? (다툼이 있는 경우 판례에 의함)

① 변호인은 독립하여 구속취소청구를 할 수도 있고, 피고인의 명시한 의사에 반하여 보석을 청구할 수도 있다.

② 변호인은 피고인의 명시한 의사에 반하지 않는 한 약식명령에 대한 정식재판청구를 할 수 있고, 피고인의 동의를 얻으면 정식재판청구를 취하할 수 있다.

③ 변호인은 피고인으로 하여금 허위진술을 하도록 할 수는 없으나 피고인을 위한 적극적 변론으로 허위의 진술을 할 수는 있다.

④ 변호인은 피고인의 위임이 없더라도 소송계속 중의 관계서류를 열람할 수도 있고 등사할 수도 있다.

해설

③ (×) 변호사는 공공성을 지닌 법률 전문직으로서 독립하여 자유롭게 직무를 수행하여야 하고(변호사법 제2조), 직무를 수행하면서 진실을 은폐하거나 거짓 진술을 하여서는 아니 된다(같은 법 제24조 제2항). 따라서 형사변호인의 기본적인 임무가 피고인 또는 피의자를 보호하고 그의 이익을 대변하는 것이라고 하더라도, 그러한 이익은 법적으로 보호받을 가치가 있는 정당한 이익으로 제한되고, 변호인이 의뢰인의 요청에 따른 변론행위라는 명목으로 수사기관이나 법원에 대하여 적극적으로 허위의 진술을 하거나 피고인 또는 피의자로 하여금 허위진술을 하도록 하는 것은 허용되지 않는다(대법원 2012.8. 30, 2012도6027).

① (○) 구속취소청구와 보석청구는 피고인의 명시한 의사에 반하여도 행사할 수 있는 변호인의 독립대리권이다.

② (○) 약식명령에 대한 정식재판청구(및 상소제기)는 피고인의 명시한 의사에 반하지 아니하는 범위에서 행사할 수 있는 독립대리권이다. 정식재판청구취하(및 상소취하)는 피고인의 동의를 받아야만 행사할 수 있는 변호인의 종속대리권이다.

[참고] **변호인의 권한**

Ⅰ. 대리권
  1. 독립대리권
    (1) 의의 : 본인의 의사에 반하여 행사할 수 있는 대리권을 말한다(제36조).
    (2) 종류
      ① 본인의 명시적 의사에 반하여도 행사할 수 있는 것 : 구속취소청구(제93조), 보석청구(제94조), 증거보전청구(제184조 제1항), 공판기일변경신청(제270조 제1항), 증거조사에 대한 이의신청(제296조 제1항)
      ② 본인의 (명시적 의사에 반할 수 없으나) 묵시적 의사에 반하여 행사할 수 있는 것 : 기피신청(제18조 제2항), 증거동의(判, 제318조 제1항)(通 : 종속대리권), 상소제기(제341조 제1항)(=정식재판청구)
  2. 종속대리권
    (1) 의의 : 본인의 의사에 반하여는 행사할 수 없는 대리권을 말한다.
    (2) 내용 : 관할이전신청(제15조), 관할위반신청(제320조 제1항), 상소취하(제349조), 정식재판청구취하(제458조)
Ⅱ. 고유권
  1. 변호인만이 가지는 권리(협의의 고유권) : 접견교통권(제34조), 피고인신문권(제296조의2 제1항), 상고심에서의 변론권(제387조)

  2. 피고인 또는 피의자와 중복하여 가지는 권리 : 서류·증거 열람·등사권(제35조, 제266조의3~4), 압수·수색·검증영장의 집행에의 참여(제121조, 제145조), 감정에의 참여(제176조 제1항), 증인신문에의 참여(제163조 제1항), 증거제출권·증인신문신청권(제294조), 증인신문권(제161조의2 제1항), 최종의견진술권(제303조)

④ (○) 제35조 제1항 참조.

> **제35조(서류·증거물의 열람·복사)** ① 피고인과 변호인은 소송계속 중의 관계 서류 또는 증거물을 열람하거나 복사할 수 있다.

정답 ③

---

097 ✓ 대표 ◆◆◇

경찰 2013 유사 | 법원 2013 유사 | 법원 2014

변호인의 피의자신문 참여에 관한 설명 중 가장 옳지 않은 것은? (다툼이 있는 경우 판례에 의함)

① 신문에 참여한 변호인은 신문 후 의견을 진술할 수 있지만, 신문 중이라도 부당한 신문방법에 대하여 이의를 제기할 수 있다.

② 변호인의 의견이 기재된 피의자신문조서는 변호인에게 열람하게 한 후 변호인으로 하여금 그 조서에 기명날인 또는 서명하게 하여야 한다.

③ 검사 또는 사법경찰관의 변호인참여 등에 관한 처분에 불복이 있으면, 그 직무집행지의 관할법원 또는 검사의 소속 검찰청에 대응한 법원에 그 처분의 취소 또는 변경을 청구할 수 있다.

④ 피의자가 변호인의 참여를 원한다는 의사를 명백하게 표시하였음에도 수사기관이 정당한 사유 없이 변호인을 참여하게 하지 아니한 채 피의자를 신문하여 작성한 피의자신문조서라도 증거능력 자체가 부정되는 것은 아니나, 증명력이 낮게 평가될 수밖에 없다.

해설

④ (×) 변호인 피의자신문참여권 제한 조서는 위법수집증거이므로 증거능력이 부정된다. "피의자가 변호인의 참여를 원한다는 의사를 명백하게 표시하였음에도 수사기관이 정당한 사유 없이 변호인을 참여하게 하지 아니한 채 피의자를 신문하여 작성한 피의자신문조서는 형사소송법 제312조에 정한 '적법한 절차와 방식'에 위반된 증거일 뿐만 아니라, 형사소송법 제308조의2에서 정한 '적법한 절차에 따르지 아니하고 수집한 증거'에 해당하므로 이를 증거로 할 수 없다(대법원 2013.3.28, 2010도3359)."

① (○) 제243조의2 제3항 참조.

> **제243조의2(변호인의 참여 등)** ③ 신문에 참여한 변호인은 신문 후 의견을 진술할 수 있다. 다만, 신문 중이라도 부당한 신문방법에 대하여 이의를 제기할 수 있고, 검사 또는 사법경찰관의 승인을 얻어 의견을 진술할 수 있다.

② (○) 제243조의2 제4항 참조.

> **제243조의2(변호인의 참여 등)** ④ 제3항에 따른 변호인의

의견이 기재된 <u>피의자신문조서는 변호인에게 열람하게 한</u> 후 <u>변호인으로 하여금 그 조서에 기명날인 또는 서명하게 하</u> <u>여야 한다.</u>

③ (○) 제417조 참조.

> **제417조(동전)** 검사 또는 사법경찰관의 구금, 압수 또는 압 수물의 환부에 관한 처분과 제243조의2에 따른 <u>변호인의 참</u> <u>여 등에 관한 처분</u>에 대하여 불복이 있으면 <u>그 직무집행지의</u> <u>관할법원 또는 검사의 소속검찰청에 대응한 법원에 그 처분</u> <u>의 취소 또는 변경을 청구</u>할 수 있다.

정답 ④

---

098 ☑ 유사 ◆◇◇   법원9급 2017

변호인에 관한 다음 설명 중 가장 옳지 않은 것은? (다툼 이 있으면 판례에 의함)

① 변호인은 피고인의 동의를 얻어 상소를 취하할 수 있다.

② 변호인이 피의자에게 진술거부권이 있음을 알려 주고 그 행사를 권고하는 것은 변호사로서의 진실의무에 위 배되는 것이라고 할 수 없다.

③ 공동피고인 1인에 대한 유리한 변론이 다른 공동피고 인에 대하여 불리한 결과를 초래하는 등 공동피고인 사이에 이해가 상반되는 경우 법원은 공동피고인들에 대하여 동일한 국선변호인을 선정할 수 없다.

④ 검사 또는 사법경찰관이 피의자에 대한 신문에 변호인 의 참여를 제한하거나 퇴거시킨 경우 그 이후 공판절 차에서 변호인의 피의자신문에 대한 참여권이 침해되 었다는 이유를 들어 그 피의자신문조서의 증거능력을 다툴 수 있으므로 위 제한이나 퇴거 처분을 준항고로 다툴 수 없다.

해설

④ (×) 피의자신문 시 변호인의 참여 등에 관한 처분에 대하여 불 복이 있으면 준항고로 다툴 수 있다(제417조).

① (○) 제351조

② (○) 대법원 2007.1.31, 2006모656

③ (○) 대법원 2014.12.24, 2014도13797

정답 ④

---

099 ☑ 대표 ◆◆◇   법원9급 2018

기록 등의 열람·복사 등에 관한 다음 설명 중 가장 옳지 않은 것은?

① 누구든지 판결이 확정된 사건의 판결서를 보관하는 법 원에서 이를 열람 및 복사할 수 있다. 다만, 사건관계 인의 사생활의 비밀을 현저히 해할 우려가 있는 경우 에는 소송관계인의 신청이 있는 경우에 한하여 판결서 의 열람 및 복사를 제한할 수 있다.

② 법원공무원은 위 ①에 따른 열람 및 복사에 앞서 판결 서에 기재된 성명 등 개인정보가 공개되지 아니하도록 대법원규칙으로 정하는 보호조치를 하여야 한다.

③ 위 ②에 따른 개인정보 보호조치를 한 법원공무원은 고의 또는 과실로 인한 것이 아니면 위 ①에 따른 열람 및 복사와 관련하여 민사상·형사상 책임을 지지 아니 한다.

④ 누구든지 권리구제·학술연구 또는 공익적 목적으로 재판이 확정된 사건의 소송기록을 보관하고 있는 검찰 청에 그 소송기록의 열람 또는 등사를 신청할 수 있는 데, 검사는 소송관계인이 동의하지 않는 경우에는 소 송기록의 전부 또는 일부의 열람 또는 등사를 제한할 수 있다.

해설

③ (×) 과실 → 중대한 과실, 제59조의3 제3항 참조.

> **제59조의3(확정 판결서등의 열람·복사)** ② 법원사무관등 이나 그 밖의 법원공무원은 제1항에 따른 열람 및 복사에 앞 서 판결서 등에 기재된 성명 등 개인정보가 공개되지 아니하 도록 대법원규칙으로 정하는 보호조치를 하여야 한다.
> ③ 제2항에 따른 개인정보 보호조치를 한 법원사무관등이나 그 밖의 법원공무원은 고의 또는 중대한 과실로 인한 것이 아니면 제1항에 따른 열람 및 복사와 관련하여 민사상·형사 상 책임을 지지 아니한다.

① (○) 제59조의3 제1항 제5호 참조.

> **제59조의3(확정 판결서등의 열람·복사)** ① 누구든지 판결 이 확정된 사건의 판결서 또는 그 등본, 증거목록 또는 그 등 본, 그 밖에 검사나 피고인 또는 변호인이 법원에 제출한 서 류·물건의 명칭·목록 또는 이에 해당하는 정보(이하 "판결 서등"이라 한다)를 보관하는 법원에서 해당 판결서등을 열람 및 복사(인터넷, 그 밖의 전산정보처리시스템을 통한 전자적 방법을 포함한다. 이하 이 조에서 같다)할 수 있다. 다만, 다 음 각 호의 어느 하나에 해당하는 경우에는 판결서등의 열람 및 복사를 제한할 수 있다.
> 5. 제59조의2 제2항 제3호 또는 제6호의 사유가 있는 경 우. 다만, 소송관계인의 신청이 있는 경우에 한정한다.
> **제59조의2(재판확정기록의 열람·등사)** ② 검사는 다음 각 호의 어느 하나에 해당하는 경우에는 소송기록의 전부 또는 일부의 열람 또는 등사를 제한할 수 있다. 다만, 소송관계인 이나 이해관계 있는 제3자가 열람 또는 등사에 관하여 정당 한 사유가 있다고 인정되는 경우에는 그러하지 아니하다.
> 3. 소송기록의 공개로 인하여 사건관계인의 명예나 사생활

의 비밀 또는 생명·신체의 안전이나 생활의 평온을 현저히 해할 우려가 있는 경우

② (○) 제59조의3 제2항 참조.

> **제59조의3(확정 판결서등의 열람·복사)** ② 법원사무관등이나 그 밖의 법원공무원은 제1항에 따른 열람 및 복사에 앞서 판결서 등에 기재된 성명 등 개인정보가 공개되지 아니하도록 대법원규칙으로 정하는 보호조치를 하여야 한다.

④ (○) 제59조의2 제1항, 제2항 제7호 참조.

> **제59조의2(재판확정기록의 열람·등사)** ① 누구든지 권리구제·학술연구 또는 공익적 목적으로 재판이 확정된 사건의 소송기록을 보관하고 있는 검찰청에 그 소송기록의 열람 또는 등사를 신청할 수 있다.
> ② 검사는 다음 각 호의 어느 하나에 해당하는 경우에는 소송기록의 전부 또는 일부의 열람 또는 등사를 제한할 수 있다. 다만, 소송관계인이나 이해관계 있는 제3자가 열람 또는 등사에 관하여 정당한 사유가 있다고 인정되는 경우에는 그러하지 아니하다.

정답 ③

---

100 ✓유사 ◆◆◇ 법원9급 2022

형사소송법 제59조의2(재판확정기록의 열람·등사), 제59조의3(확정 판결서등의 열람·복사)에 관한 다음 설명 중 가장 옳지 않은 것은? (다툼이 있는 경우 판례에 의하고, 전원합의체 판결의 경우 다수의견에 의함)

① 법원사무관등이나 그 밖의 법원공무원은 확정 판결서 등의 열람 및 복사에 앞서 판결서등에 기재된 성명 등 개인정보가 공개되지 아니하도록 대법원규칙으로 정하는 보호조치를 하여야 하며, 이때 개인정보 보호조치를 한 법원사무관등이나 그 밖의 법원공무원은 고의로 인한 것이 아니면 위 열람 및 복사와 관련하여 민사상·형사상 책임을 지지 아니한다.

② 검사는 소송기록의 보존을 위하여 필요하다고 인정하는 경우에는 그 소송기록의 등본을 열람 또는 등사하게 할 수 있다. 다만, 원본의 열람 또는 등사가 필요한 경우에는 그러하지 아니하다.

③ 누구든지 판결이 확정된 사건의 판결서 또는 그 등본, 증거 목록 또는 그 등본, 그 밖에 검사나 피고인 또는 변호인이 법원에 제출한 서류·물건의 명칭·목록 또는 이에 해당하는 정보를 보관하는 법원에서 해당 판결서 등을 열람 및 복사할 수 있다.

④ 검사는 소송기록의 공개로 인하여 공범관계에 있는 자 등의 증거인멸 또는 도주를 용이하게 하거나 관련 사건의 재판에 중대한 영향을 초래할 우려가 있는 경우에는 소송기록의 전부 또는 일부의 열람 또는 등사를 제한할 수 있다. 다만, 소송관계인이나 이해관계 있는 제3자가 열람 또는 등사에 관하여 정당한 사유가 있다고 인정되는 경우에는 그러하지 아니하다.

해설

① (×) 법원공무원에게 중대한 과실이 있는 경우에도 민사상·형사상 책임을 지게 할 수 있다. 제59조의3 제3항 참조.

> **제59조의3(확정 판결서등의 열람·복사)** ② 법원사무관등이나 그 밖의 법원공무원은 제1항에 따른 열람 및 복사에 앞서 판결서등에 기재된 성명 등 개인정보가 공개되지 아니하도록 대법원규칙으로 정하는 보호조치를 하여야 한다.
> ③ 제2항에 따른 개인정보 보호조치를 한 법원사무관등이나 그 밖의 법원공무원은 고의 또는 중대한 과실로 인한 것이 아니면 제1항에 따른 열람 및 복사와 관련하여 민사상·형사상 책임을 지지 아니한다.

② (○) 제59조의2 제4항 참조.

> **제59조의2(재판확정기록의 열람·등사)** ④ 검사는 소송기록의 보존을 위하여 필요하다고 인정하는 경우에는 그 소송기록의 등본을 열람 또는 등사하게 할 수 있다. 다만, 원본의 열람 또는 등사가 필요한 경우에는 그러하지 아니하다.

③ (○) 제59조의3 제1항 참조.

> **제59조의3(확정 판결서등의 열람·복사)** ① 누구든지 판결이 확정된 사건의 판결서 또는 그 등본, 증거목록 또는 그 등본, 그 밖에 검사나 피고인 또는 변호인이 법원에 제출한 서류·물건의 명칭·목록 또는 이에 해당하는 정보(이하 "판결서등"이라 한다)를 보관하는 법원에서 해당 판결서등을 열람 및 복사(인터넷, 그 밖의 전산정보처리시스템을 통한 전자적 방법을 포함한다. 이하 이 조에서 같다)할 수 있다. 다만, 다음 각 호의 어느 하나에 해당하는 경우에는 판결서등의 열람 및 복사를 제한할 수 있다.
> 1. 심리가 비공개로 진행된 경우
> 2. 「소년법」 제2조에 따른 소년에 관한 사건인 경우
> 3. 공범관계에 있는 자 등의 증거인멸 또는 도주를 용이하게 하거나 관련 사건의 재판에 중대한 영향을 초래할 우려가 있는 경우
> 4. 국가의 안전보장을 현저히 해할 우려가 명백하게 있는 경우
> 5. 제59조의2 제2항 제3호 또는 제6호의 사유가 있는 경우. 다만, 소송관계인의 신청이 있는 경우에 한정한다.

④ (○) 제59조의2 제2항 제4호 참조.

> **제59조의2(재판확정기록의 열람·등사)** ② 검사는 다음 각 호의 어느 하나에 해당하는 경우에는 소송기록의 전부 또는 일부의 열람 또는 등사를 제한할 수 있다. 다만, 소송관계인이나 이해관계 있는 제3자가 열람 또는 등사에 관하여 정당한 사유가 있다고 인정되는 경우에는 그러하지 아니하다.
> 4. 소송기록의 공개로 인하여 공범관계에 있는 자 등의 증거인멸 또는 도주를 용이하게 하거나 관련 사건의 재판에 중대한 영향을 초래할 우려가 있는 경우

정답 ①

101 ✅ 유사 ◆◆◇ [법원 2016] [법원승진 2013 유사]

증거의 열람·등사제도에 관한 다음 설명 중 가장 옳은 것은?

① 변호인이 검사가 공소제기 후 아직 법원에 증거로 제출하지 않은 관계서류나 제출하지 않을 서류 등도 열람 또는 등사할 수 있는지, 그 범위는 어디까지인지 등에 대하여는 형사소송법에서 정하고 있지 않아 아직도 해석상의 다툼이 있다.

② 공소가 제기된 후 피고인 또는 변호인이 검사에게 형사소송법이 정하고 있는 서류 등의 열람·등사 등을 청구할 수 있지만, 피고인에게 변호인이 있는 경우에는 피고인은 열람만을 신청할 수 있다.

③ 열람·등사 청구에 대하여, 검사는 국가안보, 증인보호의 필요성 등을 이유로 이를 허용하지 않을 상당한 이유가 있을 때에는 서류 등의 목록에 대하여도 열람·등사를 거부할 수 있다.

④ 검사가 열람·등사 의무를 이행하지 않는다는 이유로 피고인측이 검사의 서류 등의 열람·등사를 거부할 수 없다.

해설

② (○) 제266조의3 제1항

① (×) 명문의 규정이 있다. 즉, 2007년 개정 형사소송법 제266조의3에서 변호인이 검사가 공소제기 후 아직 법원에 증거로 제출하지 않은 관계서류나 제출하지 않을 서류 등도 열람 또는 등사할 수 있는지, 그 범위는 어디까지인지 등에 관하여 규정하고 있다.

③ (×) 제266조의3 제5항 참조.

> **제266조의3(공소제기 후 검사가 보관하고 있는 서류 등의 열람·등사)** ① 피고인 또는 변호인은 검사에게 공소제기 된 사건에 관한 서류 또는 물건(이하 "서류 등"이라 한다)의 목록과 공소사실의 인정 또는 양형에 영향을 미칠 수 있는 다음 서류 등의 열람·등사 또는 서면의 교부를 신청할 수 있다. 다만, 피고인에게 변호인이 있는 경우에는 피고인은 열람만을 신청할 수 있다.
> 1. 검사가 증거로 신청할 서류 등
> 2. 검사가 증인으로 신청할 사람의 성명·사건과의 관계 등을 기재한 서면 또는 그 사람이 공판기일 전에 행한 진술을 기재한 서류 등
> 3. 제1호 또는 제2호의 서면 또는 서류 등의 증명력과 관련된 서류 등
> 4. 피고인 또는 변호인이 행한 법률상·사실상 주장과 관련된 서류 등(관련 형사재판확정기록, 불기소처분기록 등을 포함한다) (거/인/명/주)
> ② 검사는 국가안보, 증인보호의 필요성, 증거인멸의 염려, 관련 사건의 수사에 장애를 가져올 것으로 예상되는 구체적인 사유 등 열람·등사 또는 서면의 교부를 허용하지 아니할 상당한 이유가 있다고 인정하는 때에는 열람·등사 또는 서면의 교부를 거부하거나 그 범위를 제한할 수 있다(국/보/염/장).
> ③ 검사는 열람·등사 또는 서면의 교부를 거부하거나 그 범위를 제한하는 때에는 지체 없이 그 이유를 서면으로 통지하여야 한다.

④ 피고인 또는 변호인은 검사가 제1항의 신청을 받은 때부터 48시간 이내에 제3항의 통지를 하지 아니하는 때에는 제266조의4 제1항의 신청을 할 수 있다.
⑤ 검사는 제2항에도 불구하고 서류 등의 목록에 대하여는 열람 또는 등사를 거부할 수 없다.
⑥ 제1항의 서류 등은 도면·사진·녹음테이프·비디오테이프·컴퓨터용 디스크, 그 밖에 정보를 담기 위하여 만들어진 물건으로서 문서가 아닌 특수매체를 포함한다. 이 경우 특수매체에 대한 등사는 필요 최소한의 범위에 한한다.

④ (×) 제266조의11 제2항 본문 참조(거부 vs 거부).

> **제266조의11(피고인 또는 변호인이 보관하고 있는 서류 등의 열람·등사)** ② 피고인 또는 변호인은 검사가 제266조의3 제1항에 따른 서류 등의 열람·등사 또는 서면의 교부를 거부한 때에는 제1항에 따른 서류 등의 열람·등사 또는 서면의 교부를 거부할 수 있다. 다만, 법원이 제266조의4 제1항에 따른 신청을 기각하는 결정을 한 때에는 그러하지 아니하다.

정답 ②

102 ✅ 유사 ◆◆◇ [경찰 2015]

「형사소송법」상 열람·등사에 대한 설명으로 가장 적절하지 않은 것은?

① 피고인과 변호인은 소송계속 중의 관계 서류 또는 증거물을 열람하거나 등사할 수 있다.

② 소송계속 중인 사건의 피해자(피해자가 사망하거나 그 심신에 중대한 장애가 있는 경우에는 그 배우자·직계친족 및 형제자매를 포함한다), 피해자 본인의 법정대리인 또는 이들로부터 위임을 받은 피해자 본인의 배우자·직계친족·형제자매·변호사는 소송기록의 열람 또는 등사를 재판장에게 신청할 수 있다.

③ 피고인 또는 변호인은 검사에게 공소제기 된 사건에 관한 서류 또는 물건(이하 "서류 등"이라 한다)의 목록과 공소사실의 인정 또는 양형에 영향을 미칠 수 있는 검사가 증거로 신청할 서류 등의 열람·등사 또는 서면의 교부를 신청할 수 있다.

④ 다만, 위 ③에 있어서 피고인에게 변호인이 있는 경우에는 피고인은 서면의 교부만을 신청할 수 있다.

해설

③ (○), ④ (×) 피고인에게 변호인이 있는 경우에는 열람만을 신청할 수 있다. 제266조의3 제1항 참조.

> **제266조의3(공소제기 후 검사가 보관하고 있는 서류 등의 열람·등사)** ① 피고인 또는 변호인은 검사에게 공소제기 된 사건에 관한 서류 또는 물건(이하 "서류 등"이라 한다)의 목록과 공소사실의 인정 또는 양형에 영향을 미칠 수 있는 다음 서류 등의 열람·등사 또는 서면의 교부를 신청할 수 있다. 다만, 피고인에게 변호인이 있는 경우에는 피고인은 열람만을 신청할 수 있다.

① (○) 제35조 제1항 참조.

> **제35조(서류·증거물의 열람·등사)** ① 피고인과 변호인은 소송계속 중의 관계 서류 또는 증거물을 열람하거나 등사할 수 있다.

② (○) 제294조의4 제1항 참조.

> **제294조의4(피해자 등의 공판기록 열람·등사)** ① 소송계속 중인 사건의 피해자(피해자가 사망하거나 그 심신에 중대한 장애가 있는 경우에는 그 배우자·직계친족 및 형제자매를 포함한다), 피해자 본인의 법정대리인 또는 이들로부터 위임을 받은 피해자 본인의 배우자·직계친족·형제자매·변호사는 소송기록의 열람 또는 등사를 재판장에게 신청할 수 있다.

정답 ④

인 1인을 지정한다. 지정이 없는 경우에는 검사 또는 사법경찰관이 이를 지정할 수 있다.

③ (×) 위임장 및 신분증 모두 제출하여야 한다. 제35조 참조.

> **제35조(서류·증거물의 열람·등사)** ① 피고인과 변호인은 소송계속 중의 관계 서류 또는 증거물을 열람하거나 등사할 수 있다.
> ② 피고인의 법정대리인, 제28조에 따른 특별대리인, 제29조에 따른 보조인 또는 피고인의 배우자·직계친족·형제자매로서 피고인의 위임장 및 신분관계를 증명하는 문서를 제출한 자도 제1항과 같다.

정답 ④

---

103 ✓ 유사 ◆◆◆ 경찰 2014 유사 국가9급 2015

다음 설명 중 옳은 것은?

① 형사소송법은 구속·불구속 피의자의 신문 시 변호인 또는 변호인이 되려는 자의 참여권을 인정하고 있다.

② 피의자신문에 참여하고자 하는 변호인이 2인 이상인 경우 검사는 피의자의 의견을 물어 신문에 참여할 변호인을 지정하여야 한다.

③ 피고인의 법정대리인, 특별대리인, 보조인은 피고인의 위임장이나 신분관계증명문서 중 하나를 제출하면 소송계속 중의 관계서류 또는 증거물을 열람·등사할 수 있다.

④ 판례에 따르면 피고인의 공판조서 열람·등사의 청구에 법원이 응하지 아니한 것이 피고인의 방어권이나 변호인의 변호권을 본질적으로 침해한 정도에 이르지는 않은 경우 그 공판조서는 증거로 사용할 수 있다.

해설

④ (○) 형사소송법 제55조 제1항이 피고인에게 공판조서의 열람 또는 등사청구권을 부여한 이유는 공판조서의 열람 또는 등사를 통하여 피고인으로 하여금 진술자의 진술내용과 그 기재된 조서의 기재 내용의 일치 여부를 확인할 수 있도록 기회를 줌으로써 그 조서의 정확성을 담보함과 아울러 피고인의 방어권을 충실하게 보장하려는 데 있으므로 (대법원 2003.10.10, 2003도3282), 비록 피고인이 차회 공판기일 전 등 원하는 시기에 공판조서를 열람·등사하지 못하였다 하더라도 그 변론종결 이전에 이를 열람·등사한 경우에는 그 열람·등사가 늦어짐으로 인하여 피고인의 방어권 행사에 지장이 있었다는 등의 특별한 사정이 없는 한 형사소송법 제55조 제1항 소정의 피고인의 공판조서의 열람·등사청구권이 침해되었다고 볼 수 없어, 그 공판조서를 유죄의 증거로 할 수 있다고 보아야 한다(대법원 2007.7.26, 2007도3906).

① (×) 변호인과 달리 변호인이 되려는 자의 참여권에 대해서는 명문의 규정이 없다.
[비교] 접견교통권과는 다른 부분이다(제34조).

② (×) 피의자가 지정함이 원칙이다. 제243조의2 제2항 참조.

> **제243조의2(변호인의 참여 등)** ② 신문에 참여하고자 하는 변호인이 2인 이상인 때에는 피의자가 신문에 참여할 변호

---

104 ✓ 유사 ◆◇◇ 국가9급/개론 2023

변호인에 대한 설명으로 옳은 것은?

① 피고인이 법인일 때는 법인의 대표자가 제삼자에게 변호인 선임을 위임하여 그로 하여금 법인을 위한 변호인을 선임하도록 할 수 있다.

② 변호인이 되려는 자가 변호인 선임서를 제출하지 않은 채 상고이유서만을 제출하고 상고이유서 제출기간이 지난 후에 변호인 선임서를 제출하였더라도 그 상고이유서는 적법·유효하다.

③ 필요적 변호사건에서 변호인 없이 개정하여 심리를 진행한 다음 무죄판결을 한 경우, 이는 소송절차의 법령위반에 해당하므로 당해 판결은 무효이다.

④ 구속된 피고인에 대한 변호인이 여러 명인 경우, 변호인의 접견교통권 행사가 그 한계를 일탈한 것인지의 여부는 해당 변호인을 기준으로 하여 개별적으로 판단하여야 한다.

해설

④ (○) 변호인의 접견교통의 상대방인 신체구속을 당한 사람이 그 변호인을 자신의 범죄행위에 공범으로 가담시키려고 하였다는 등의 사정만으로 그 변호인의 신체구속을 당한 사람과의 접견교통을 금지하는 것이 정당화될 수는 없다. 이러한 법리는 신체구속을 당한 사람의 변호인이 1명이 아니라 여러 명이라고 하여 달라질 수 없고, <u>어느 변호인의 접견교통권의 행사가 그 한계를 일탈한 것인지의 여부는 해당 변호인을 기준으로 하여 개별적으로 판단하여야 할 것이다</u>(대법원 2007.1.31, 2006모657).

① (×) 형사소송에 있어서 변호인을 선임할 수 있는 자는 피고인 및 피의자와 형사소송법 제30조 제2항에 규정된 자에 한정되는 것이고, 피고인 및 피의자로부터 그 선임권을 위임받은 자가 피고인이나 피의자를 대리하여 변호인을 선임할 수는 없는 것이므로, <u>피고인이 법인인 경우에는 형사소송법 제27조 제1항 소정의 대표자가 피고인인 당해 법인을 대표하여 피고인을 위한 변호인을 선임하여야 하며, 대표자가 제3자에게 변호인 선임을 위임하여 제3자로 하여금 변호인을 선임하도록 할 수는 없다</u>(대법원 1994.10.28, 94모25).

② (×) 변호인의 선임은 심급마다 변호인과 연명날인한 서면으로 제출하여야 한다(형사소송법 제32조 제1항). 따라서 <u>변호인 선임</u>

서를 제출하지 않은 채 상고이유서만을 제출하고 상고이유서 제출기간이 지난 후에 변호인 선임서를 제출하였다면 그 상고이유서는 적법·유효한 변호인의 상고이유서가 될 수 없다(대법원 2015. 2.26, 2014도12737).

③ (×) 필요적 변호사건에서 변호인 없이 개정하여 심리를 진행하고 판결한 것은 소송절차의 법령위반에 해당하지만 피고인의 이익을 위하여 만들어진 필요적 변호의 규정 때문에 피고인에게 불리한 결과를 가져오게 할 수는 없으므로 그와 같은 법령위반은 무죄판결에 영향을 미친 것으로는 되지 아니한다(대법원 2003. 3.25, 2002도5748).

[정답] ④

---

105 ☑ 유사 ◆◇◇ | 경찰2차 2019

변호인의 조력을 받을 권리에 대한 설명으로 가장 적절하지 않은 것은? (다툼이 있는 경우 판례에 의함)

① 「형사소송법」제34조에 의한 변호인의 접견교통권은 법령에 의한 제한이 없는 한 수사기관의 처분은 물론 법원의 결정으로도 이를 제한할 수 없다.

② 변호인이 피의자에 대한 접견신청을 하였을 때 피의자가 변호인의 조력을 받을 권리의 의미와 범위를 정확히 이해하면서 이성적 판단에 따라 자발적으로 그 권리를 포기한 경우라도 수사기관이 접견을 허용하지 않는다면 변호인의 접견교통권을 침해하는 것이다.

③ 피의자에게 수인의 변호인이 있는 경우 검사는 피의자 또는 변호인의 신청이 없더라도 직권으로 대표변호인을 지정할 수 있다.

④ 판결내용 자체가 아니고 다만 구속 등 소송절차가 법령에 위반된 경우에는, 그로 인하여 피고인의 방어권이나 변호인의 조력을 받을 권리가 본질적으로 침해되고 판결의 정당성마저 인정하기 어렵다고 보이는 정도에 이르지 않는 한, 그것 자체만으로는 판결에 영향을 미친 위법이라고 할 수 없다.

[해설]

② (×) 변호인의 접견교통권은 피의자 등이 변호인의 조력을 받을 권리를 실현하기 위한 것으로서, 피의자 등이 헌법 제12조 제4항에서 보장한 기본권의 의미와 범위를 정확히 이해하면서도 이성적 판단에 따라 자발적으로 그 권리를 포기한 경우까지 피의자 등의 의사에 반하여 변호인의 접견이 강제될 수 있는 것은 아니다(대법원 2018.12.27, 2016다266736).

① (○) 접견교통권은 피고인 또는 피의자나 피내사자의 인권보장과 방어준비를 위하여 필수불가결한 권리이므로 법령에 의한 제한이 없는 한 수사기관의 처분은 물론 법원의 결정으로도 이를 제한할 수 없다(대법원 1996.6.3, 96모18).

③ (○) 제32조의2 제5항, 제2항 참조.

> **제32조의2(대표변호인)** ① 수인의 변호인이 있는 때에는 재판장은 피고인·피의자 또는 변호인의 신청에 의하여 대표변호인을 지정할 수 있고 그 지정을 철회 또는 변경할 수 있다.

> ② 제1항의 신청이 없는 때에는 재판장은 직권으로 대표변호인을 지정할 수 있고 그 지정을 철회 또는 변경할 수 있다.
> ③ 대표변호인은 3인을 초과할 수 없다.
> ④ 대표변호인에 대한 통지 또는 서류의 송달은 변호인 전원에 대하여 효력이 있다.
> ⑤ 제1항 내지 제4항의 규정은 피의자에게 수인의 변호인이 있는 때에 검사가 대표변호인을 지정하는 경우에 이를 준용한다.

④ (○) 대법원 1994.11.4, 94도129

[정답] ②

---

106 ☑ 유사 ◆◆◇ | 해경승진 2022

다음 중 변호인의 조력을 받을 권리에 관한 설명으로 가장 옳지 않은 것은? (다툼이 있는 경우 판례에 의함)

① 변호인의 조력을 받을 권리는 불구속 피의자·피고인 모두에게 포괄적으로 인정되는 권리이므로 신체구속 상태에 있지 아니한 자도 변호인의 조력을 받을 권리의 주체가 될 수 있다.

② 변호인이 되려는 의사를 표시한 자가 객관적으로 변호인이 될 가능성이 있다고 인정되는데도, 「형사소송법」제34조에서 정한 '변호인 또는 변호인이 되려는 자'가 아니라고 보아 신체구속을 당한 피고인 또는 피의자와 접견하지 못하도록 제한하여서는 아니 된다.

③ 구치소장이 「형의 집행 및 수용자의 처우에 관한 법률 및 그 시행규칙」의 규정에 따라 변호인 접견실에 영상녹화, 음성수신, 확대기능 등이 없는 CCTV를 설치하여 미결수용자와 변호인 간의 접견을 관찰하였다 하더라도 이를 통해 대화내용을 알게 되는 것이 불가능하였다면 변호인의 조력을 받을 권리를 침해한 것이라고 할 수 없다.

④ 교도관이 변호인 접견이 종료된 뒤 변호인과 미결수용자가 지켜보는 가운데 미결수용자와 변호인 간에 주고받는 서류를 확인하여 그 제목을 소송관계처리부에 기재하여 등재한 행위는 이를 통해 내용에 대한 검열이 이루어질 수 없었다 하더라도 침해의 최소성 요건을 갖추지 못하였으므로 변호인의 조력을 받을 권리를 침해한다.

[해설]

④ (×) 서류확인 및 등재행위는 구금시설의 안전과 질서를 유지하고, 금지물품이 외부로부터 반입 또는 외부로 반출되는 것을 차단하기 위한 것으로서 그 목적이 정당하고, 변호인 접견 시 수수된 서류에 소송서류 외에 제3자 앞으로 보내는 서신과 같은 서류가 포함되어 있는지 또는 금지물품이 서류 속에 숨겨져 있는지 여부를 확인하고 이를 기록하는 것은 위 목적달성에 적절한 수단이다. 서류확인 및 등재는 변호인 접견이 종료된 뒤 이루어지고, 교도관은 변호인과 미결수용자가 지켜보는 가운데 서류를 확인

하여 그 제목 등을 소송관계처리부에 기재하여 등재하므로 내용에 대한 검열이 이루어질 수도 없는 점에 비추어 보면 침해의 최소성 요건을 갖추었고, 달성하고자 하는 공익과 제한되는 청구인의 사익 간에 불균형이 발생한다고 볼 수 없으므로 법익의 균형성도 갖추었다. 따라서 이 사건 서류확인 및 등재행위는 청구인의 변호인의 조력을 받을 권리를 침해한다고 할 수 없다(헌법재판소 2016.4.28, 2015헌마243).

① (O) 우리 헌법이 변호인의 조력을 받을 권리가 불구속 피의자·피고인 모두에게 포괄적으로 인정되는지 여부에 관하여 명시적으로 규율하고 있지는 않지만, 불구속 피의자의 경우에도 변호인의 조력을 받을 권리는 우리 헌법에 나타난 법치국가원리, 적법절차원칙에서 인정되는 당연한 내용이고, 헌법 제12조 제4항도 이를 전제로 특히 신체구속을 당한 사람에 대하여 변호인의 조력을 받을 권리의 중요성을 강조하기 위하여 별도로 명시하고 있다고 할 것이다(헌법재판소 2004.9.23, 2000헌마138).

> **헌법 제12조** ④ 누구든지 체포 또는 구속을 당한 때에는 즉시 변호인의 조력을 받을 권리를 가진다. 다만, 형사피고인이 스스로 변호인을 구할 수 없을 때에는 법률이 정하는 바에 의하여 국가가 변호인을 붙인다.

② (O) 형사소송법 제34조는 "변호인 또는 변호인이 되려는 자는 신체구속을 당한 피고인 또는 피의자와 접견하고 서류 또는 물건을 수수할 수 있으며 의사로 하여금 진료하게 할 수 있다."라고 규정하고 있으므로, 변호인이 되려는 의사를 표시한 자가 객관적으로 변호인이 될 가능성이 있다고 인정되는데도, 형사소송법 제34조에서 정한 '변호인 또는 변호인이 되려는 자'가 아니라고 보아 신체구속을 당한 피고인 또는 피의자와 접견하지 못하도록 제한하여서는 아니 된다(대법원 2017.3.9, 2013도16162).

③ (O) 형집행법은 전자장비에 따라 계호하는 경우에는 피계호자의 인권이 침해되지 아니하도록 유의하여야 한다고 명시하고(제94조 제3항), 전자장비의 종류·설치장소·사용방법 및 녹화기록물의 관리 등에 관하여 필요한 사항은 법무부령으로 정하도록 하였다(제94조 제4항). … 이 사건 변호인접견실에 설치된 CCTV는 영상만 실시간으로 촬영할 뿐 영상녹화기능이나 음성수신기능이 활성화되어 있지 않고, 확대기능이 없으며 촬영 영상도 19인치 크기의 모니터에 16개로 분할되어 나타나므로 미결수용자의 표정이나 입 모양 등을 통하여 대화내용을 알게 되는 것은 불가능하다. 따라서 교도관이 CCTV를 통해 미결수용자와 변호인 간의 접견을 관찰하더라도 접견내용의 비밀이 침해되거나 접견교통에 방해가 되지 아니한다. 따라서 이 사건 CCTV 관찰행위는 청구인의 변호인의 조력을 받을 권리를 침해하지 아니한다(헌법재판소 2016.4.28, 2015헌마243).

정답 ④

---

107 ✓ 유사 ◆◆◇

피의자 또는 피고인과 변호인의 접견교통권에 대한 설명으로 옳지 않은 것은? (다툼이 있는 경우 판례에 의함)

① 변호인의 구속피의자에 대한 접견이 접견신청일부터 상당한 기간이 경과하도록 허용되지 않고 있는 것은 접견불허처분이 있는 것과 동일하다.

② 변호인과 구속피의자와의 접견에는 교도관이 참여하지 못하며 그 내용을 청취 또는 녹취할 수 없지만, 보이는 거리에서 관찰할 수 있다.

③ 신체구속을 당한 피고인이 범한 것으로 의심받고 있는 범죄행위에 해당 변호인이 공범으로 관련되어 있다 하더라도 그 변호인의 접견교통을 금지할 수 없다.

④ 임의동행의 형식으로 수사기관에 연행된 피의자에게도 변호인 또는 변호인이 되려는 자와의 접견교통권이 인정되지만, 임의동행의 형식으로 연행된 피내사자의 경우에는 그러하지 아니하다.

해설

④ (×) 임의동행된 피내사자에게도 변호인 또는 변호인 되려는 자와의 접견교통권은 당연히 인정된다. "임의동행의 형식으로 수사기관에 연행된 피의자에게도 변호인 또는 변호인이 되려는 자와의 접견교통권은 당연히 인정된다고 보아야 하고, 임의동행의 형식으로 연행된 피내사자의 경우에도 이는 마찬가지이다(대법원 1996.6.3, 96모18)."

① (O) 구치소에 구속되어 검사로부터 수사를 받고 있던 피의자들의 변호인으로 선임되었거나 선임되려는 변호사들이 피의자들을 접견하려고 1989.7.31. 구치소장에게 접견신청을 하였으나 같은 해 8.9.까지도 접견이 허용되지 아니하고 있었다면, 수사기관의 구금 등에 관한 처분에 대하여 불복이 있는 경우 행정소송절차와는 다른 특별절차로서 준항고 절차를 마련하고 있는 형사소송법의 취지에 비추어, 위와 같이 피의자들에 대한 접견이 접견신청일로부터 상당한 기간이 경과하도록 허용되지 않고 있는 것은 접견불허처분이 있는 것과 동일시된다고 봄이 상당하다(대법원 1990.2.13, 89모37).

② (O) 형집행법 제84조 참조.

> **형집행법 제84조(변호인과의 접견 및 서신수수)** ① 제41조 제2항에도 불구하고 미결수용자와 변호인(변호인이 되려고 하는 사람을 포함한다)과의 접견에는 교도관이 참여하지 못하며 그 내용을 청취 또는 녹취하지 못한다. 다만, 보이는 거리에서 미결수용자를 관찰할 수 있다.

③ (O) 신체구속을 당한 피의자 또는 피고인이 범한 것으로 의심받고 있는 범죄행위에 해당 변호인이 관련되어 있다는 등의 사유에 기하여 그 변호인의 변호활동을 광범위하게 규제하는 변호인의 제척과 같은 제도를 두고 있지 아니한 우리 법제 아래에서는, 변호인의 접견교통의 상대방인 신체구속을 당한 사람이 그 변호인을 자신의 범죄행위에 공범으로 가담시키려고 하였다는 등의 사정만으로 그 변호인의 신체구속을 당한 사람과의 접견교통을 금지하는 것이 정당화될 수는 없다(대법원 2007.1.31, 2006모656).

정답 ④

108 ✓유사 ◆◇◇

접견교통권에 관한 다음 설명 중 가장 적절하지 않은 것은?
(다툼이 있으면 판례에 의함)

① 변호인의 구속된 피고인 또는 피의자와의 접견교통권은 피고인 또는 피의자 자신이 가지는 변호인과의 접견교통권과는 성질을 달리하는 것으로서, 헌법상 보장된 권리라고는 할 수 없다.

② 미결수용자의 변호인 접견권 역시 국가안전보장·질서유지 또는 공공복리를 위해 필요한 경우에는 법률로써 제한될 수 있음은 당연하다.

③ 미결수용자 또는 변호인이 원하는 특정한 시점에 접견이 이루어지지 못하였다 하더라도 그것만으로 곧바로 변호인의 조력을 받을 권리가 침해되었다고 단정할 수는 없다.

④ 구치소장의 접견불허 처분에 대하여서는 형사소송법 제417조에 의한 준항고로 다툴 수 있다.

해설 ▶

① (×) 헌법재판소 2019.2.28, 2015헌마1204

④ (×) 교도소 또는 구치소에 의하여 접견교통권이 침해된 경우, 판례는 행정소송(행정상 취소소송)에 의하여 불복할 수 있다는 입장을 취하고 있다(대법원 1992.8.7, 92두30).
[정리] 접견교통권 침해 구제방법: ㉠ 법원의 결정: 보통항고(제403조 제2항), ㉡ 수사기관의 처분: 준항고(제417조)(헌법소원은 원칙적으로 불가하나, 준항고 인용 시에도 재차 거부 시 헌법소원 가능), ㉢ 교도소장·구치소장 등 행형기관: 행정소송·헌법소원·국가배상청구

② (○), ③ (○) 헌법재판소 2011.5.26, 2009헌마341

정답 ①·④

109 ✓유사 ◆◆◇

접견교통권에 관한 다음 설명 중 틀린 것은 모두 몇 개인가? (다툼이 있으면 판례에 의함)

㉠ 국가정보원 사법경찰관이 경찰서 유치장에 구금되어 있던 피의자에 대하여 의사의 진료를 받게 할 것을 신청한 변호인에게 국가정보원이 추천하는 의사의 참여를 요구한 것은 변호인의 수진권을 침해하는 위법한 처분이라고 할 수 있다.

㉡ 수사기관의 형사소송법 제243조의2에 따른 변호인의 참여 등에 관한 처분에 대하여 불복이 있으면 준항고에 의해서 할 수 있다.

㉢ 변호인의 접견교통권은 법령에 의한 제한이 없는 한 수사기관의 처분이나 법원의 결정으로 제한할 수 없다.

㉣ 법원은 도망하거나 또는 죄증을 인멸할 염려가 있다고 인정할 만한 상당한 이유가 있는 때에는 직권 또는 검사의 청구에 의하여 결정으로 구속된 피고인과 비변호인과의 접견을 금하거나 수수할 서류 기타 물건의 검열, 의류, 양식 및 의료품을 포함한 물건의 수수를 금지 또는 압수를 할 수 있다.

① 0개   ② 1개
③ 2개   ④ 3개

해설 ▶

㉠ (×) 변호인의 구속된 피고인 또는 피의자와의 접견교통권은 신체구속을 당한 피고인 또는 피의자의 인권보장과 방어준비를 위하여 필수불가결한 권리이므로, 수사기관의 처분 등에 의하여 이를 제한할 수 없고, 다만 법령에 의하여서만 제한이 가능하다. 경찰서 유치장은 미결수용실에 준하는 것이어서(행형법 제68조) 그 곳에 수용된 피의자에 대하여는 행형법 및 그 시행령이 적용되고, 행형법시행령 제176조는 '형사소송법 제34조, 제89조, 제209조의 규정에 의하여 피고인 또는 피의자가 의사의 진찰을 받는 경우에는 교도관 및 의무관이 참여하고 그 경과를 신분장부에 기재하여야 한다.'고 규정하고 있는바, 이는 피고인 또는 피의자의 신병을 보호, 관리해야 하는 수용기관의 입장에서 수진과정에서 발생할지도 모르는 돌발상황이나 피고인 또는 피의자의 신체에 대한 위급상황을 예방하거나 대처하기 위한 것으로서 합리성이 있으므로, 행형법 제176조의 규정은 변호인의 수진권 행사에 대한 법령상의 제한에 해당한다고 보아야 할 것이고, 그렇다면 국가정보원 사법경찰관이 경찰서 유치장에 구금되어 있던 피의자에 대하여 의사의 진료를 받게 할 것을 신청한 변호인에게 국가정보원이 추천하는 의사의 참여를 요구한 것은 행형법시행령 제176조의 규정에 근거한 것으로서 적법하고, 이를 가리켜 변호인의 수진권을 침해하는 위법한 처분이라고 할 수는 없다(대법원 2002.5.6, 2000모112).

㉡ (○) 제417조 참조.

> **제417조(동전)** 검사 또는 사법경찰관의 구금, 압수 또는 압수물의 환부에 관한 처분과 제243조의2에 따른 변호인의 참여 등에 관한 처분에 대하여 불복이 있으면 그 직무집행지의 관할법원 또는 검사의 소속검찰청에 대응한 법원에 그 처분의 취소 또는 변경을 청구할 수 있다.

ⓒ (○) 변호인의 조력을 받을 권리를 규정하고 있는 헌법 제12조 제4항 전문, 절차상 또는 시기상의 아무런 제약 없이 변호인의 피고인 또는 피의자와의 접견교통권을 보장하고 있는 형사소송법 제34조, 구속 피고인 또는 피의자에 대한 변호인의 접견교통권을 규정한 같은 법 제89조, 제90조, 제91조 등의 규정에 의하면 변호인의 접견교통권은 신체구속을 당한 피고인이나 피의자의 인권보장과 방어준비를 위하여 필수불가결한 권리로서 <u>법령에 의한 제한이 없는 한 수사기관의 처분은 물론 법원의 결정으로도 이를 제한할 수 없다</u> 할 것인바, 위 관계법령의 규정취지에 비추어 볼 때 접견신청일이 경과하도록 접견이 이루어지지 아니한 것은 실질적으로 접견불허가처분이 있는 것과 동일시된다고 할 것이다(대법원 1991.3.28, 91모24).

ⓔ (×) 제91조 참조.

> **제91조(변호인 아닌 자와의 접견·교통)** 법원은 도망하거나 범죄의 증거를 인멸할 염려가 있다고 인정할 만한 상당한 이유가 있는 때에는 직권 또는 검사의 청구에 의하여 결정으로 구속된 피고인과 제34조에 규정한 외의 타인과의 접견을 금지할 수 있고, 서류나 그 밖의 물건을 수수하지 못하게 하거나 검열 또는 압수할 수 있다. 다만, 의류·양식·의료품은 수수를 금지하거나 압수할 수 없다. 〈개정 2020.12.8.〉

정답 ③

110 ✓ 유사 ◆◆◇ 경찰승진 2024

접견교통권에 관한 설명으로 가장 적절하지 않은 것은? (다툼이 있는 경우 판례에 의함)

① 미결수용자가 가지는 변호인과의 접견교통권은 그와 표리관계인 변호인의 접견교통권과 함께 헌법상 기본권으로 보장되고 있다.

② 미결수용자의 변호인이 교도관에게 변호인 접견을 신청하는 경우 미결수용자의 형사사건에 관하여 변호인이 실제 변호를 할 의사가 있는지 여부는 교도관의 심사대상이 된다.

③ 임의동행의 형식으로 수사기관에 연행된 피의자에게도 변호인 또는 변호인이 되려는 자와의 접견교통권은 당연히 인정되고, 이는 임의동행의 형식으로 연행된 피혐의자의 경우에도 마찬가지이다.

④ 변호인의 접견교통권이 제한된 위법한 상태에서 얻어진 피의자의 자백은 그 증거능력을 부인하여 유죄의 증거에서 배제하여야 하며, 이러한 위법증거의 배제는 실질적이고 완전하게 증거에서 제외함을 뜻하는 것이다.

해설

② (×) <u>미결수용자의 변호인이 교도관에게 변호인 접견을 신청하는 경우 미결수용자의 형사사건에 관하여 변호인이 구체적으로 어떠한 변호 활동을 하는지, 실제 변호를 할 의사가 있는지 여부 등은 교도관의 심사대상이 되지 않는다.</u> 따라서 이 사건 접견변호사들이 미결수용자의 개인적인 업무나 심부름을 위해 접견신청행위를 하였다는 이유만으로 교도관들에 대한 위계에 해당한다거나 그로 인해 교도관의 직무집행이 구체적이고 현실적으로

방해되었다고 볼 수 없다(소위 집사변호사 위법 부정 사례, 대법원 2022.6.30, 2021도244).

① (○) 헌법재판소 1992.1.28, 91헌마111

③ (○) 대법원 1996.6.3, 96모18

④ (○) 변호인의 접견교통권 제한은 헌법이 보장한 기본권을 침해하는 것으로서 그러한 위법한 상태에서 얻어진 피의자의 자백은 그 증거능력을 부인하여 유죄의 증거에서 배제하여야 하며, <u>이러한 위법증거의 배제는 실질적이고 완전하게 증거에서 제외함을 뜻하는 것이다</u>(대법원 1990.9.25, 90도1586).

정답 ②

111 ✓ 유사 ◆◇◇ 변호사 2021

甲은 A를 살해하려다 미수에 그친 사건으로 수사를 받게 되었다. 甲이 변호사 L로부터 도움을 받으려고 하는 경우에 관한 설명 중 옳은 것을 모두 고른 것은? (다툼이 있는 경우 판례에 의함)

> ㄱ. L이 변호인이 되려는 의사를 표시하였고 객관적으로 변호인이 될 가능성이 있다고 인정되는 경우에는 「형사소송법」 제34조 "변호인이 되려는 자"의 지위를 갖는다.
>
> ㄴ. 甲이 피내사자로서 임의동행 형식으로 연행된 경우에도 甲에게 변호인으로 선임된 L과 접견교통권이 인정된다.
>
> ㄷ. 변호인으로 선임된 L이 피의자신문 절차에서 인정신문을 시작하기 전에 검사에게 피의자 甲의 수갑을 해제하여 달라고 계속 요구하였으나 검사가 도주, 자해, 다른 사람에 대한 위해 등의 위험이 없음에도 L의 요구를 거부한 경우, 검사의 거부 조치에 대해서 L은 「형사소송법」 제417조의 준항고를 제기할 수 있다.
>
> ㄹ. 甲이 피고인으로 출석한 공판기일에서 증거로 함에 부동의한다는 의견이 진술된 경우, 그 후 甲이 출석하지 아니한 공판기일에 변호인으로 선임된 L만이 출석하여 甲의 종전 의견을 번복하여 증거로 함에 동의하였더라도 특별한 사정이 없는 한 증거동의 효력이 인정되지 않는다.
>
> ㅁ. 피고인 甲과 변호인으로 선임된 L에게 최종의견 진술의 기회를 주지 않고 변론을 종결하고 판결을 선고하는 것은 소송절차의 법령위반에 해당한다.

① ㄱ, ㄷ, ㄹ ② ㄱ, ㄴ, ㄷ, ㅁ

③ ㄱ, ㄴ, ㄹ, ㅁ ④ ㄴ, ㄷ, ㄹ, ㅁ

⑤ ㄱ, ㄴ, ㄷ, ㄹ, ㅁ

해설

ㄱ. (○) 대법원 2017.3.9, 2013도16162

ㄴ. (○) 대법원 1996.6.3, 96모18

ㄷ. (○) 검사 또는 사법경찰관이 보호장비 사용을 정당화할 예외적 사정이 존재하지 않음에도 구금된 피의자에 대한 교도관의 보호

장비 사용을 용인한 채 그 해제를 요청하지 않는 경우에, 검사 및 사법경찰관의 이러한 조치를 형사소송법 제417조에서 정한 '구금에 관한 처분'으로 보지 않는다면 구금된 피의자로서는 이에 대하여 불복하여 침해된 권리를 구제받을 방법이 없게 된다. 따라서 검사 또는 사법경찰관이 구금된 피의자를 신문할 때 피의자 또는 변호인으로부터 보호장비를 해제해 달라는 요구를 받고도 거부한 조치는 형사소송법 제417조에서 정한 '구금에 관한 처분'에 해당한다고 보아야 한다(대법원 2020.3.17, 2015모2357).

ㄹ. (○) 대법원 2013.3.28, 2013도3

ㅁ. (○) 재판장은 검사의 의견을 들은 후 피고인과 변호인에게 최종의 의견을 진술할 기회를 주어야 한다(제303조).

정답 ⑤

1 소송행위의 의의와 종류

2 소송행위의 일반적 요소

I 소송행위의 주체

---

001 ✓ 대표 ◆◆◇ 〔법원9급 2019〕

소송행위에 관한 다음 설명 중 가장 옳지 않은 것은? (다툼이 있는 경우 판례에 의하고, 전원합의체 판결의 경우 다수 의견에 의함)

① 음주운전과 관련한 도로교통법 위반죄의 범죄수사를 위하여 피의자의 혈액채취가 필요한 상황에서 만 17세인 피의자가 사고로 인한 의식불명의 상태에 있어 의사능력이 없는 때에는 모친이 법정대리인으로서 피의자를 대리하여 유효하게 혈액채취에 동의할 수 있다.

② 반의사불벌죄에 있어서 피해자의 피고인 또는 피의자에 대한 처벌을 희망하지 않는다는 의사표시는 의사능력이 있는 한 미성년자인 피해자 자신이 단독으로 유효하게 이를 할 수 있고 거기에 법정대리인의 동의가 있을 필요는 없다.

③ 피고인이 법인인 경우에는 그 대표자가 당해 법인을 대표하여 피고인을 위한 변호인을 선임하여야 하고 대표자가 제3자에게 변호인 선임을 위임하여 제3자로 하여금 유효하게 변호인을 선임하도록 할 수는 없다.

④ 피고인 또는 피의자의 법정대리인, 배우자, 직계친족과 형제자매는 보조인이 될 수 있는데, 보조인이 되고자 하는 자는 심급별로 그 취지를 법원에 신고하여야 한다.

〔해설〕

① (✕) 피의자에게 의사능력이 있으면 직접 소송행위를 하는 것이 원칙이고, 피의자에게 의사능력이 없는 경우에는 형법 제9조 내지 제11조의 규정의 적용을 받지 아니하는 범죄사건에 한하여 예외적으로 그 법정대리인이 소송행위를 대리할 수 있다(제26조). 따라서 음주운전과 관련한 도로교통법위반죄의 범죄수사를 위하여 미성년자인 피의자의 혈액채취가 필요한 경우에도 피의자에게 의사능력이 있다면 피의자 본인만이 혈액채취에 관한 유효한 동의를 할 수 있고, 피의자에게 의사능력이 없는 경우에도 명문의 규정이 없는 이상 법정대리인이 피의자를 대리하여 동의할 수는 없다(대법원 2014.11.13, 2013도1228).

② (○) 의사능력이 있는 피해자가 단독으로 할 수 있다(대법원 2009.11.19, 2009도6058 전원합의체).

③ (○) 피고인인 법인의 대표자가 제3자에게 변호인 선임을 위임하여 제3자로 하여금 변호인을 선임하도록 할 수는 없다(대법원 1994.10.28, 94모25).

④ (○) 제29조 제1항·제3항 참조.

> **제29조(보조인)** ① 피고인 또는 피의자의 법정대리인, 배우자, 직계친족과 형제자매는 보조인이 될 수 있다. 〈개정 2005.3.31.〉
> ② 보조인이 될 수 있는 자가 없거나 장애 등의 사유로 보조인으로서 역할을 할 수 없는 경우에는 피고인 또는 피의자와 신뢰관계 있는 자가 보조인이 될 수 있다. 〈신설 2015.7.31.〉
> ③ 보조인이 되고자 하는 자는 심급별로 그 취지를 신고하여야 한다. 〈개정 2007.6.1, 2015.7.31.〉
> ④ 보조인은 독립하여 피고인 또는 피의자의 명시한 의사에 반하지 아니하는 소송행위를 할 수 있다. 단, 법률에 다른 규정이 있는 때에는 예외로 한다. 〈개정 2015.7.31.〉

〔정답〕 ①

---

002 ✓ 대표 ◆◇◇ 〔국가7급 2019〕

당사자능력과 소송능력에 대한 설명으로 옳은 것은? (다툼이 있는 경우 판례에 의함)

① 「형법」상 책임무능력자도 「형사소송법」상 당사자능력을 가질 수 있다.

② 법인에 대한 형사처벌이 양벌규정을 통하여 인정되는 경우에도 법인의 당사자능력은 인정되지 않는다.

③ 소송능력은 소송조건이므로 소송능력이 없는 사람에 대하여 공소를 제기한 경우 공소기각의 결정을 하여야 한다.

④ 반의사불벌죄에 있어서 피해자는 의사능력이 있더라도 피의자에 대한 처벌을 희망하지 않는다는 의사표시를 단독으로 할 수 없다.

〔해설〕

① (○) 자연인은 연령·의사능력·책임능력을 불문하고 언제나 당사자능력이 있다. 다만 태아나 사자는 없다.

② (✕) 양벌규정이 있는 경우 법인에게 당사자능력이 있음은 당연하다.
[보충] 이러한 명문의 규정이 없는 경우에도 당사자능력을 인정할 수 있는가에 대해서는 학설이 대립한다. ㉠ 부정설에서는 공소기각결정을, ㉡ 긍정설(多)에서는 무죄판결을 해야 한다고 주장한다.

③ (✕) 소송능력은 당사자능력과 달리 소송조건이 아니다. 따라서 피고인이 소송능력이 없는 경우에도 형식재판을 할 수 없고 공판절차 정지사유에 불과하다. 또한, 소송능력 없는 피고인의 소송행위는 무효이지만, 소송능력 없는 자에 대한 공소제기나 공소장부본 송달은 모두 유효하다.

④ (✕) 반의사불벌죄라고 하더라도 피해자인 청소년에게 의사능력이 있는 이상, 단독으로 피고인 또는 피의자의 처벌을 희망하지 않는다는 의사표시 또는 처벌희망 의사표시의 철회를 할 수 있

고, 거기에 법정대리인의 동의가 있어야 하는 것으로 볼 것은 아니다(대법원 2009.11.19, 2009도6058 전원합의체).

정답 ①

---

003 ✅ 대표 ◆◇◇ 국가9급 2016

소송행위의 대리 중 형사소송법 상 허용되는 것만을 모두 고른 것은?

┤ 보기 ├
ㄱ. 다액 500만원 이하의 벌금에 해당하는 사건에 관한 피고인의 출석 대리
ㄴ. 의사무능력자인 피고인의 법정대리인에 의한 소송행위의 대리
ㄷ. 증언의 대리
ㄹ. 고소취소의 대리

① ㄱ, ㄴ
② ㄷ, ㄹ
③ ㄱ, ㄴ, ㄹ
④ ㄴ, ㄷ, ㄹ

해설

ㄱ. (○) 제277조 제1호 참조.

> 제277조(경미사건 등과 피고인의 불출석) 다음 각 호의 어느 하나에 해당하는 사건에 관하여는 피고인의 출석을 요하지 아니한다. 이 경우 피고인은 대리인을 출석하게 할 수 있다.
> 1. 다액 500만원 이하의 벌금 또는 과료에 해당하는 사건

ㄴ. (○) 제26조 참조.

> 제26조(의사무능력자와 소송행위의 대리) 「형법」 제9조 내지 제11조의 규정의 적용을 받지 아니하는 범죄사건에 관하여 피고인 또는 피의자가 의사능력이 없는 때에는 그 법정대리인이 소송행위를 대리한다.

[보충] 위 두 경우는 소송행위의 대리 중 포괄대리의 경우이다. 여기에는 의사무능력자(법정대리인·특별대리인, 제26조, 제28조) (위 ㄴ), 법인(대표자·특별대리인, 제27조, 제28조), 보조인(제29조), 그리고 경미사건의 대리(대리인의 출석으로 공판 가능, 제277조)가 있는데, 그중 경미사건 대리는 500만원 이하의 벌금(위 ㄱ), 과료, 공소기각·면소의 재판을 할 경우, 3년 이하의 징역·금고, 500만원 초과 벌금, 구류를 선고할 사건에서 불출석 허가를 받은 경우, 약식명령에 대하여 피고인만 정식재판을 청구하여 판결을 선고하는 경우를 말한다.

ㄷ. (✕) 증언의 대리에 대한 명문규정이 없고, 명문규정이 없는 경우 대리가 허용되는지에 대해 판례는 부정설을 취하고 있으므로, 옳지 않은 지문이다.
[관련판례] "변호사 甲이 피고인 등의 대리인으로 본건 재항고를 한 것인 바 그 대리권을 증명할 하등의 자료가 없을 분 아니라 본법상 특별한 규정이 있는 경우에 한하여 대리인에 의하여 소송행위를 할 수 있고 결정에 대한 재항고는 대리인에 의하여 할 수 있는 소송행위가 아니다(대법원 1953.6.9, 4286형항3)."

ㄹ. (○) 제236조 참조.

> 제236조(대리고소) 고소 또는 그 취소는 대리인으로 하여금 하게 할 수 있다.

[정리] 특정대리: 고/재/변/상/적

정답 ③

Ⅱ 소송행위의 내용
Ⅲ 소송행위의 방식

004 ✅ 대표 ◆◇◇ 해경승진 2022

다음 〈보기〉 중 반드시 서면으로 하여야 하는 소송행위는 모두 몇 개인가?

┤ 보기 ├
㉠ 상소의 제기
㉡ 상소의 포기
㉢ 공소의 제기
㉣ 공소의 취소
㉤ 약식명령청구

① 1개
② 2개
③ 3개
④ 4개

해설

③ (○) 상소의 제기, 공소의 제기, 약식명령청구 3개이다.
[참고] 반드시 서면으로 하여야 하는 소송행위: ㉠ 상소의 제기(제343조 제1항), ㉢ 공소의 제기(제254조 참조), ㉤ 약식명령청구(제449조)
서면 또는 구술로 가능한 소송행위: ㉡ 상소의 포기(제352조), ㉣ 공소의 취소(제255조)

정답 ③

피고인에 대한 공소장 부본, 피고인소환장 등의 송달에 관한 다음 설명 중 가장 옳지 않은 것은?

① 피고인이 구치소나 교도소 등에 수감 중에 있는 경우는 법원이 수감 중인 피고인에 대하여 공소장 부본과 피고인 소환장 등을 종전 주소지 등으로 송달한 경우는 물론 공시송달의 방법으로 송달하였더라도 이는 위법하다.

② 피고인에 대한 공판기일 소환은 형사소송법이 정한 소환장의 송달 또는 이와 동일한 효력이 있는 방법에 의하여야 하고, 그 밖의 방법에 의한 사실상의 기일의 고지 또는 통지 등은 적법한 피고인 소환이라고 할 수 없다.

③ 피고인 주소지에 피고인이 거주하지 아니한다는 이유로 여러 차례에 걸쳐 집행불능되어 반환된 구속영장이나 경찰관이 작성한 소재탐지불능보고서를 소송촉진 등에 관한 특례법이 정한 '송달불능보고서의 접수'로 볼 수는 없다.

④ 제1심이 공소장 부본을 피고인 또는 변호인에게 송달하지 아니한 채 공시송달의 방법으로 피고인을 소환하여 피고인이 공판기일에 출석하지 아니한 가운데 제1심 공판절차가 진행된 경우 항소심은 피고인 또는 변호인에게 공소장 부본을 송달하고 적법한 절차에 의하여 소송행위를 새로이 한 후 항소심에서의 진술과 증거조사 등 심리결과에 기초하여 다시 판결하여야 한다.

해설

③ (×) 소송촉진 등에 관한 특례법 제23조와 같은 법 시행규칙 제19조 제1항에 의하면, 피고인의 소재를 확인하기 위하여 필요한 조치를 취하였음에도 불구하고 피고인에 대한 송달불능보고서가 접수된 때로부터 6월이 경과하도록 피고인의 소재가 확인되지 아니한 때에 비로소 공시송달의 방법에 의하도록 하고 있는데, 피고인 주소지에 피고인이 거주하지 아니한다는 이유로 구속영장이 여러 차례에 걸쳐 집행불능되어 반환된 바 있었다고 하더라도 이를 소송촉진 등에 관한 특례법이 정한 '송달불능보고서의 접수'로 볼 수는 없다. 반면에 소재탐지불능보고서의 경우는 경찰관이 직접 송달 주소를 방문하여 거주자나 인근 주민 등에 대한 탐문 등의 방법으로 피고인의 소재 여부를 확인하므로 송달불능보고서보다 더 정확하게 피고인의 소재 여부를 확인할 수 있기 때문에 송달불능보고서와 동일한 기능을 한다고 볼 수 있으므로 소재탐지불능보고서의 접수는 소송촉진 등에 관한 특례법이 정한 '송달불능보고서의 접수'로 볼 수 있다(대법원 2014.10.16, 2014모1557).

① (○) 대법원 2013.6.27, 2013도2714
② (○) 대법원 2018.11.29, 2018도13377
④ (○) 대법원 2014.4.24, 2013도9498

정답 ③

공시송달에 대한 설명으로 옳지 않은 것은? (다툼이 있는 경우 판례에 의함)

① 「소송촉진 등에 관한 특례법」 제23조에 따라 법원이 피고인의 출정 없이 증거조사를 하는 경우에는 「형사소송법」 제318조 제2항에 따른 피고인의 증거동의가 있는 것으로 간주할 수 없다.

② 법원이 수감 중인 피고인에 대하여 공소장부본과 피고인 소환장 등을 종전 주소지 등으로 송달한 경우는 물론 공시송달의 방법으로 송달하였더라도 이는 위법하다.

③ 공시송달은 법원사무관 등이 송달할 서류를 보관하고 그 사유를 법원게시장에 공시하는 방법으로 시행하며, 법원은 그 사유를 관보나 신문지상에 공고할 것을 명할 수 있다.

④ 피고인이 소송계속 중인 사실을 알면서도 법원에 거주지 변경 신고를 하지 않았다고 하더라도 잘못된 공시송달에 터 잡아 피고인의 진술 없이 공판이 진행되고 피고인이 출석하지 않은 기일에 판결이 선고되었다면, 피고인은 자기 또는 대리인이 책임질 수 없는 사유로 상소제기기간 내에 상소를 하지 못한 것으로 볼 수 있다.

해설

① (×) 피고인이 공시송달의 방법에 의한 공판기일 소환을 2회 이상 받고도 출석하지 않아 법원이 피고인의 출정 없이 증거조사를 하는 경우, <u>형사소송법 제318조 제2항에 따라 피고인의 증거동의가 간주되는지 여부(적극)</u>(대법원 2011.3.10, 2010도15977). (판결이유 중) … <u>소송촉진 등에 관한 특례법 제23조는</u> … 피고인의 출정 없이도 … 증거조사가 행해지게 마련이어서 … 형사소송법 제318조 제1항의 동의가 있는 것으로 간주하게 되어 있는 점 …

② (○) 피고인이 구치소나 교도소 등에 수감 중에 있는 경우는 형사소송법 제63조 제1항에 규정된 '피고인의 주거, 사무소, 현재지를 알 수 없는 때'나 '소송촉진 등에 관한 특례법' 제23조에 규정된 '피고인의 소재를 확인할 수 없는 경우'에 해당한다고 할 수 없으므로, <u>법원이 수감 중인 피고인에 대하여 공소장 부본과 피고인소환장 등을 종전 주소지 등으로 송달한 경우는 물론 공시송달의 방법으로 송달하였더라도 이는 위법하다</u>고 보아야 한다(대법원 2013.6.27, 2013도2714).

③ (○) 제64조 제2항·제3항 참조.

> **제64조(공시송달의 방식)** ② 공시송달은 법원사무관등이 송달할 서류를 보관하고 그 사유를 법원게시장에 공시하여야 한다.
> ③ 법원은 전항의 사유를 관보나 신문지상에 공고할 것을 명할 수 있다.

④ (○) <u>피고인이 소송이 계속된 사실을 알면서 법원에 거주지 변경 신고를 하지 않은 잘못을 저질렀다고 하더라도</u>, 상소제기기간이란 상소의 대상이 되는 판결의 선고일자를 기준으로 정해지는 것인데, 공판의 진행과 판결의 선고에 절차상 위법이 없었다면 그 판결이 그 날짜에 선고될 수는 없는 이치로서, 그러한 법원의 직무상 위법과 피고인이 상소제기기간을 지키지 못한 것 사이에 관련이 없다고 보기 어렵고, 공판과 판결의 절차에 명백한 위법이 있음에도 거주지 변경 신고의무의 해태라는 본인의 잘못을 이유로 불

복의 기회를 박탈한다면, 이는 비단 피고인의 권익 보호 차원에서 부당할 뿐만 아니라 소송절차상 위법의 통제라는 형사 상소제도의 목적에도 반하며, 형사소송법 제345조의 '자기 또는 대리인이 책임질 수 없는 사유'라 함은 본인 또는 대리인에게 귀책사유가 전혀 없는 경우는 물론, 본인 또는 대리인의 귀책사유가 있더라도 그와 상소제기기간의 도과라는 결과 사이에 다른 독립한 원인이 개입된 경우를 배제한다고 보기 어려우므로, <u>위법한 공시송달에 터 잡아 피고인의 진술 없이 공판이 진행되고, 피고인이 출석하지 않은 기일에 판결이 선고된 이상, 피고인은 자기 또는 대리인이 책임질 수 없는 사유로 인하여 상소제기기간 내에 상소를 하지 못한 것으로 봄이 상당하다</u>(대법원 2006.2.8, 2005모507).

정답 ①

---

007 ✅ 유사 ◆◇◇ 국가7급 2019

송달에 대한 설명으로 옳지 않은 것은? (다툼이 있는 경우 판례에 의함)

① 법원의 구내에 있는 피고인에 대하여 공판기일을 통지한 때에는 소환장송달의 효력이 있다.

② 피고인, 대리인, 대표자, 변호인 또는 보조인이 법원소재지에 서류의 송달을 받을 수 있는 주거 또는 사무소를 두지 아니한 때에는 법원 소재지에 주거 또는 사무소가 있는 자를 송달영수인으로 선임하여 연명한 서면으로 신고하여야 한다.

③ 제1심 공판절차에서, 법정형이 3년 이하의 징역인 A죄로 공소제기된 피고인에 대한 송달불능보고서가 접수된 때로부터 6개월이 지나도록 검사에게 주소보정을 요구하거나 기타 필요한 조치를 취하였음에도 피고인의 소재를 확인할 수 없는 경우, 피고인에 대한 송달은 공시송달의 방법에 의한다.

④ 약식명령은 그 재판서를 피고인에게 송달함으로써 피고인에 대한 고지의 효력이 발생하나, 변호인이 있는 경우에는 변호인에게도 약식명령 등본을 송달해야 피고인에 대한 고지의 효력이 발생한다.

해설

④ (×) 형사소송법 제452조에서 약식명령의 고지는 검사와 피고인에 대한 재판서의 송달에 의하도록 규정하고 있으므로, 약식명령은 그 재판서를 피고인에게 송달함으로써 효력이 발생하고, 변호인이 있는 경우라도 반드시 변호인에게 약식명령 등본을 송달해야 하는 것은 아니다(따라서 정식 재판 청구기간은 피고인에 대한 약식명령 고지일을 기준으로 하여 기산하여야 함)(대법원 2016.12.2, 2016모2711).

① (○) 제268조 참조.
[보충] ㉠ 법원의 구내에서의 피고인에 대한 기일 통지 이외에도 ㉡ 피고인의 출석 취지 서면 제출(제76조 제2항 전단), ㉢ 출석한 피고인에 대한 차회 기일의 출석명령(동항 후단), ㉣ 구금된 피고인에 대한 교도관으로부터의 소환통지(동조 제4항·제5항)의 경우가 소환장 송달이 의제되는 경우이다.

> **제268조(소환장송달의 의제)** 법원의 구내에 있는 피고인에 대하여 공판기일을 통지한 때에는 소환장송달의 효력이 있다.

② (○) 제60조 제1항 참조.
[보충] 다만 구속피고인에게는 송달영수인 신고의무가 없다.

> **제60조(송달받기 위한 신고)** ① 피고인, 대리인, 대표자, 변호인 또는 보조인이 법원 소재지에 서류의 송달을 받을 수 있는 주거 또는 사무소를 두지 아니한 때에는 법원 소재지에 주거 또는 사무소 있는 자를 송달영수인으로 선임하여 연명한 서면으로 신고하여야 한다.

③ (○) 소송촉진법상 소재불명으로 인한 공시송달 및 불출석재판의 경우이다. 소송촉진법 제23조, 소송촉진특례규칙 제18조, 제19조 참조.

> **소송촉진법 제23조(제1심 공판의 특례)** 제1심 공판절차에서 피고인에 대한 송달불능보고서(送達不能報告書)가 접수된 때부터 6개월이 지나도록 피고인의 소재(所在)를 확인할 수 없는 경우에는 대법원규칙으로 정하는 바에 따라 피고인의 진술 없이 재판할 수 있다. 다만, 사형, 무기 또는 장기(長期) 10년이 넘는 징역이나 금고에 해당하는 사건의 경우에는 그러하지 아니하다.
>
> **소송촉진특례규칙 제18조(주소의 보고와 보정)** ① 재판장은 피고인에 대한 인정신문을 마친 뒤 피고인에 대하여 그 주소의 변동이 있을 때에는 이를 법원에 보고할 것을 명하고, 피고인의 소재가 확인되지 않는 때에는 그 진술없이 재판할 경우가 있음을 경고하여야 한다.
> ② 피고인에 대한 송달이 불능인 경우에 재판장은 그 소재를 확인하기 위하여 소재조사촉탁, 구인장의 발부 기타 필요한 조치를 취하여야 한다.
> ③ 공소장에 기재된 피고인의 주소가 특정되어 있지 아니하거나 그 기재된 주소에 공소제기 당시 피고인이 거주하지 아니한 사실이 인정된 때에는 재판장은 검사에게 상당한 기간을 정하여 그 주소를 보정할 것을 요구하여야 한다.
>
> **제19조(불출석피고인에 대한 재판)** ① 피고인에 대한 송달 불능보고서가 접수된 때로부터 6월이 경과하도록 제18조 제2항 및 제3항의 규정에 의한 조치에도 불구하고 피고인의 소재가 확인되지 아니한 때에는 그 후 피고인에 대한 송달은 공시송달의 방법에 의한다.
> ② 피고인이 제1항의 규정에 의한 공판기일의 소환을 2회이상 받고도 출석하지 아니한 때에는 법 제23조의 규정에 의하여 피고인의 진술없이 재판할 수 있다.

정답 ④

송달에 관한 다음 설명 중 가장 옳지 않은 것은? (다툼이 있는 경우 판례에 의함)

① 교도소 또는 구치소에 구속된 자에 대한 송달은 그 소장에게 송달하면 구속된 자에게 전달된 여부와 관계없이 효력이 생긴다.

② 주거, 사무소 또는 송달영수인의 선임을 신고하여야 할 자가 그 신고를 하지 아니하는 때에는 법원사무관 등은 서류를 우체에 부치거나 기타 적당한 방법에 의하여 송달할 수 있고, 서류를 우체에 부친 경우에는 도달된 때에 송달된 것으로 간주한다.

③ 피고인 주소지에 피고인이 거주하지 아니한다는 이유로 구속영장이 여러 차례에 걸쳐 집행불능되어 반환된 바 있었다면 이를 소송촉진 등에 관한 특례법이 정한 '송달 불능보고서의 접수'로 볼 수 있다.

④ 송달 자체가 부적법하다면 당사자가 약식명령이 고지된 사실을 다른 방법으로 알았다고 하더라도 송달의 효력은 발생하지 아니한다.

해설

③ (×) 소송촉진 등에 관한 특례법 제23조와 같은 법 시행규칙 제19조 제1항에 의하면, 피고인의 소재를 확인하기 위하여 필요한 조치를 취하였음에도 불구하고 피고인에 대한 송달불능보고서가 접수된 때로부터 6월이 경과하도록 피고인의 소재가 확인되지 아니한 때에 비로소 공시 송달의 방법에 의하도록 하고 있는데, 피고인 주소지에 피고인이 거주하지 아니한다는 이유로 구속영장이 여러 차례에 걸쳐 집행불능되어 반환된 바 있었다고 하더라도 이를 소송촉진 등에 관한 특례법이 정한 '송달불능보고서의 접수'로 볼 수는 없다(대법원 2014.10.16, 2014모1557).

① (○) 교도소 또는 구치소에 구속된 자에 대한 송달은 그 소장에게 송달하면 구속된 자에게 전달된 여부와 관계없이 그 효력이 생긴다(대법원 1992.3.10, 91도3272).

② (○) 제61조 참조.

> 제61조(우체에 부치는 송달) ① 주거, 사무소 또는 송달영수인의 선임을 신고하여야 할 자가 그 신고를 하지 아니하는 때에는 법원사무관등은 서류를 우체에 부치거나 기타 적당한 방법에 의하여 송달할 수 있다.
> ② 서류를 우체에 부친 경우에는 도달된 때에 송달된 것으로 간주한다.

④ (○) 재감자에 대한 약식명령의 송달을 교도소 등의 소장에게 하지 아니하고 수감되기 전의 종전 주·거소에다 하였다면 부적법하여 무효이고, 수소법원이 송달을 실시함에 있어 당사자 또는 소송관계인의 수감사실을 모르고 종전의 주·거소에 하였다고 하여도 마찬가지로 송달의 효력은 발생하지 않고, 송달 자체가 부적법한 이상 당사자가 약식명령이 고지된 사실을 다른 방법으로 알았다고 하더라도 송달의 효력은 여전히 발생하지 않는다(대법원 1995.6.14, 95모14).

정답 ③

공판조서 등 소송 관련 서류에 관한 다음 설명 중 가장 옳지 않은 것은? (다툼이 있는 경우 판례에 의하고, 전원합의체 판결의 경우 다수의견에 의함)

① 공판기일의 소송절차로서 공판조서에 기재된 것은 조서만으로 증명하여야 하고 그 증명력은 공판조서 이외의 자료에 의한 반증이 허용되지 않는 절대적인 것이다.

② 증거목록도 공판조서의 일부인 이상 검사 제출의 증거에 관한 피고인의 동의 또는 진정성립 여부 등에 관한 의견이 증거목록에 기재된 경우에는 명백한 오기가 아닌 이상 그 기재 내용도 절대적인 증명력을 갖는다.

③ 당해 공판기일에 열석하지 아니한 판사가 재판장으로서 서명날인한 공판조서는 적식의 공판조서라고 할 수 없어 소송법상 무효이므로, 공판기일에 있어서의 소송절차를 증명할 공판조서로서의 증명력은 인정될 수 없다.

④ 피고인이 자신의 진술 내용을 확인하기 위해 공판조서에 대한 열람·등사 청구를 하였으나 법원이 이에 불응하여 열람·등사청구권이 침해된 경우에도 공판조서의 기재 내용 자체에는 영향이 없으므로 위 공판조서에 기재된 당해 피고인의 진술은 유죄의 증거로 할 수 있다.

해설

④ (×) 형사소송법 제55조 제1항이 피고인에게 공판조서의 열람 또는 등사청구권을 부여한 이유는 공판조서의 열람 또는 등사를 통하여 피고인으로 하여금 진술자의 진술내용과 그 기재된 조서의 기재내용의 일치 여부를 확인할 수 있도록 기회를 줌으로써 그 조서의 정확성을 담보함과 아울러 피고인의 방어권을 충실하게 보장하려는 데 있으므로 피고인의 공판조서에 대한 열람 또는 등사청구에 법원이 불응하여 피고인의 열람 또는 등사청구권이 침해된 경우에는 그 공판조서를 유죄의 증거로 할 수 없을 뿐만 아니라, 공판조서에 기재된 당해 피고인이나 증인의 진술도 증거로 할 수 없다(대법원 2003.10.10, 2003도3282).

① (○) 공판조서의 기재가 명백한 오기인 경우를 제외하고는 공판기일의 소송절차로서 공판조서에 기재된 것은 조서만으로써 증명하여야 하고, 그 증명력은 공판조서 이외의 자료에 의한 반증이 허용되지 않는 절대적인 것이다(대법원 2002.7.12, 2002도2134).

② (○) 공판조서의 기재가 명백한 오기인 경우를 제외하고는 공판기일의 소송절차로서 공판조서에 기재된 것은 조서만으로써 증명하여야 하고 그 증명력은 공판조서 이외의 자료에 의한 반증이 허용되지 않는 절대적인 것이므로, 검사 제출의 증거에 관하여 동의 또는 진정성립 여부 등에 관한 피고인의 의견이 증거목록에 기재된 경우에는 그 증거목록의 기재는 공판조서의 일부로서 명백한 오기가 아닌 이상 절대적인 증명력을 가지게 된다(대법원 2012.6.14, 2011도12571).

③ (○) 공판조서에 서명날인할 재판장은 당해 공판기일에 열석한 재판장이어야 하므로 당해 공판기일에 열석하지 아니한 판사가 재판장으로서 서명날인한 공판조서는 적식의 공판조서라고 할 수 없어 이와 같은 공판조서는 소송법상 무효라 할 것이므로 공판기일에 있어서의 소송절차를 증명할 공판조서로서의 증명력이 없다(대법원 1983.2.8, 82도2940).

정답 ④

010 ✅ 대표 ◆◆◇　　　법원 2017

송달에 관한 다음 설명 중 가장 옳지 않은 것은?

① 검사에 대한 송달은 서류를 소속 검찰청에 송부하여야 한다.

② 교도소에 신체를 구속당한 자에 대한 송달은 교도소의 장에게 한다.

③ 사형, 무기 또는 장기 10년이 넘는 징역이나 금고에 해당하는 사건의 제1심 공판절차에서는 피고인에 대한 송달불능보고서가 접수된 때부터 6개월이 지나도록 피고인이 소재불명이더라도 피고인 불출석 재판을 진행할 수 없다.

④ 최초의 공시송달은 법원게시장에 공시를 한 날로부터 2주일을 경과하면 그 효력이 생기고, 제2회 이후의 송달은 공시를 한 날로부터 1주일을 경과하면 그 효력이 생긴다.

해설

④ (×) 최초의 공시송달은 제2항의 공시를 한 날로부터 2주일을 경과하면 그 효력이 생긴다. 단, 제2회 이후의 공시송달은 5일을 경과하면 그 효력이 생긴다(제64조 제4항).

① (○) 제62조

② (○) 민사소송법 제182조, 형사소송법 제65조

③ (○) 소송촉진법 제23조

정답 ④

011 ✅ 유사 ◆◇◇　　　법원 2013 유사 ｜ 법원 2015

송달에 관한 다음 설명 중 가장 옳지 않은 것은? (다툼이 있는 경우 판례에 의함)

① 피고인이 재판권이 미치지 아니하는 장소에 있는 경우에 다른 방법으로 송달할 수 없는 때에도 공시 송달을 할 수 있다.

② 공시 송달 방법에 의한 피고인 소환이 부적법하여 피고인이 공판기일에 출석하지 않은 가운데 진행된 제1심의 절차가 위법한 경우에도, 제1심에서 증거조사가 이루어진 이상 그 증거에 대하여 그 항소심이 새로이 증거조사를 거칠 필요는 없다.

③ 주거, 사무소 또는 송달영수인의 선임을 신고하여야 할 자가 그 신고를 하지 아니하는 때에는 법원사무관 등은 서류를 우체에 부치거나 기타 적당한 방법에 의하여 송달할 수 있고, 이때 서류를 우체에 부친 경우에는 도달된 때에 송달된 것으로 간주한다.

④ 교도소·구치소 또는 국가경찰관서의 유치장에 체포·구속 또는 유치된 사람에게 할 송달은 그 교도소·구치소 또는 국가경찰관서의 장에게 한다.

해설

② (×) 공시 송달의 방법에 의한 피고인의 소환이 부적법하여 피고인이 공판기일에 출석하지 않은 가운데 진행된 제1심의 절차가 위법하고 그에 따른 제1심판결이 파기되어야 한다면, 원심(필자주: 항소심)으로서는 다시 적법한 절차에 의하여 소송행위를 새로이 한 후 원심(필자주: 항소심)에서의 진술과 증거조사 등 심리 결과에 기초하여 다시 판결하여야 한다(대법원 2012.4.26, 2012도986; 2004.2.27, 2002도5800).

① (○) 제63조 제2항 참조.

> **제63조(공시 송달의 원인)** ① 피고인의 주거, 사무소와 현재지를 알 수 없는 때에는 공시 송달을 할 수 있다.
> ② 피고인이 재판권이 미치지 아니하는 장소에 있는 경우에 다른 방법으로 송달할 수 없는 때에도 전항과 같다.

③ (○) 제61조 참조.

> **제61조(우체에 부치는 송달)** ① 주거, 사무소 또는 송달영수인의 선임을 신고하여야 할 자가 그 신고를 하지 아니하는 때에는 법원사무관등은 서류를 우체에 부치거나 기타 적당한 방법에 의하여 송달할 수 있다.
> ② 서류를 우체에 부친 경우에는 도달된 때에 송달된 것으로 간주한다.

④ (○) 형사소송법 제65조, 민사소송법 제182조 참조.

> **형사소송법 제65조(「민사소송법」의 준용)** 서류의 송달에 관하여 법률에 다른 규정이 없는 때에는 「민사소송법」을 준용한다.
> **민사소송법 제182조(구속된 사람 등에게 할 송달)** 교도소·구치소 또는 국가경찰관서의 유치장에 체포·구속 또는 유치(留置)된 사람에게 할 송달은 교도소·구치소 또는 국가경찰관서의 장에게 한다.

정답 ②

소송서류와 소송행위에 대한 설명으로 옳지 않은 것은? (다툼이 있는 경우 판례에 의함)

① 피고인에 대한 공판기일 소환은 「형사소송법」이 정한 소환장의 송달 또는 이와 동일한 효력이 있는 방법에 의하여야 하고, 그 밖의 방법에 의한 사실상의 기일의 고지 또는 통지 등은 적법한 피고인 소환이라고 할 수 없다.

② 공판기일 외의 증인신문조서를 작성한 때에는 진술자의 청구가 없더라도 이를 진술자에게 열람하게 하여 기재내용이 정확한지를 물어야 하고, 진술자가 조서에 대하여 추가, 삭제 또는 변경의 청구를 한 때에는 그 진술내용을 조서에 기재하여야 한다.

③ 피고인이 원하는 시기에 공판조서를 열람·등사하지 못하였다 하더라도 그 변론종결 이전에 이를 열람·등사한 경우에는 그 열람·등사가 늦어짐으로 인하여 피고인의 방어권 행사에 지장이 있었다는 등의 특별한 사정이 없는 한 공판조서의 열람·등사청구권이 침해되었다고 볼 수 없다.

④ 피고인이 즉결심판에 대하여 제출한 정식재판청구서에 피고인의 자필로 보이는 이름이 기재되어 있고 그 옆에 서명이 되어 있어 위 서류가 작성자 본인인 피고인의 진정한 의사에 따라 작성되었다는 것을 명백하게 확인할 수 있다면, 피고인의 인장이나 지장이 찍혀 있지 않다고 하더라도 해당 정식재판청구는 적법하다고 보아야 한다.

해설

② (×) 공판조서와 공판기일 외의 증인신문조서는 진술자에게 읽어 주거나 열람하게 하여 기재내용이 정확한지를 물어야 할 필요가 없다. 형사소송법 제52조 본문, 제48조 제3항·제4항 참조.

> **제52조(공판조서작성상의 특례)** 공판조서 및 공판기일 외의 증인신문조서에는 제48조 제3항 내지 제7항의 규정에 의하지 아니한다. 단, 진술자의 청구가 있는 때에는 그 진술에 관한 부분을 읽어 주고 증감변경의 청구가 있는 때에는 그 진술을 기재하여야 한다.
> **제48조(조서의 작성 방법)** ③ 조서는 진술자에게 읽어 주거나 열람하게 하여 기재내용이 정확한지를 물어야 한다.
> ④ 진술자가 조서에 대하여 추가, 삭제 또는 변경의 청구를 한 때에는 그 진술내용을 조서에 기재하여야 한다.

[보충] 다만, 진술자가 추가, 삭제 또는 변경의 청구를 한 때에는 그 진술내용으로 조서에 기재하여야 한다는 제48조 제4항은 이와 동일한 내용이 제52조 단서에도 규정되어 있으므로("진술자의 증감변경의 청구가 있는 때에는 그 진술을 기재하여야 한다"), 위 지문의 후단 부분은 틀린 것이 아니다(다만, 출제자가 이 부분을 고려하고 출제한 것인지는 확실치 않음).

① (○) 형사소송법은 피고인을 소환함에 있어서는 법률이 정한 방식에 따라 작성된 소환장을 송달하여야 한다고 정하면서(제73조, 제74조, 제76조 제1항), 다만 피고인이 기일에 출석한다는 서면을 제출하거나 출석한 피고인에 대하여 차회기일을 정하여 출석

을 명한 때, 구금된 피고인에 대하여 교도관을 통하여 소환통지를 한 때, 법원의 구내에 있는 피고인에 대하여 공판기일을 통지한 때 등에는 소환장의 송달과 동일한 효력을 인정하고 있다(제76조 제2항 내지 제5항, 제268조). … 피고인에 대한 공판기일 소환은 형사소송법이 정한 소환장의 송달 또는 이와 동일한 효력이 있는 방법에 의하여야 하고, 그 밖의 방법에 의한 사실상의 기일의 고지 또는 통지 등은 적법한 피고인 소환이라고 할 수 없다(대법원 2018.11.29, 2018도13377).

③ (○) 비록 피고인이 차회 공판기일 전 등 원하는 시기에 공판조서를 열람·등사하지 못하였다 하더라도 그 변론종결 이전에 이를 열람·등사한 경우에는 그 열람·등사가 늦어짐으로 인하여 피고인의 방어권 행사에 지장이 있었다는 등의 특별한 사정이 없는 한 형사소송법 제55조 제1항 소정의 피고인의 공판조서의 열람·등사청구권이 침해되었다고 볼 수 없어, 그 공판조서를 유죄의 증거로 할 수 있다고 보아야 한다(대법원 2007.7.26, 2007도3906).

④ (○) 2017.12.12. 법률 제15164호로 형사소송법을 개정할 당시 제59조에서도 본인확인방법으로 기명날인 외에 서명을 허용하였다. 피고인이 즉결심판에 대하여 제출한 정식재판청구서에 피고인의 자필로 보이는 이름이 기재되어 있고 그 옆에 서명이 되어 있어 위 서류가 작성자 본인인 피고인의 진정한 의사에 따라 작성되었다는 것을 명백하게 확인할 수 있으며 형사소송절차의 명확성과 안정성을 저해할 우려가 없으므로, 정식재판청구는 적법하다고 보아야 한다. 피고인의 인장이나 지장이 찍혀 있지 않다고 해서 이와 달리 볼 것이 아니다(대법원 2019.11.29, 2017모3458).

> **제59조(비공무원의 서류)** 공무원 아닌 자가 작성하는 서류에는 연월일을 기재하고 기명날인 또는 서명하여야 한다. 인장이 없으면 지장으로 한다. 〈개정 2017.12.12.〉

정답 ②

013 ✓유사 ◆◇◇ 국가7급 2023

소송서류의 송달에 대한 설명으로 옳은 것만을 모두 고르면?

ㄱ. 소송촉진 등에 관한 특례규칙에 따르면 제1심 공판절차에서 공시송달의 방법으로 소환한 피고인이 불출석하는 경우, 사형·무기 또는 장기 10년이 넘는 징역이나 금고에 해당하는 사건이 아니라면, 다시 공판기일을 지정하고 공시송달의 방법으로 피고인을 재소환한 후 그 기일에도 피고인이 불출석하여야 비로소 피고인의 불출석상태에서 재판절차를 진행할 수 있다.

ㄴ. 형사소송절차에서도 보충송달이 허용되나, 이 경우 피고인의 동거가족에게 서류가 교부되고 그 동거가족이 사리를 변별할 지능이 있더라도 피고인이 그 서류의 내용을 알지 못한 경우에는 송달의 효력이 없다.

ㄷ. 소재탐지불능보고서의 경우는 경찰관이 직접 송달주소를 방문하여 거주자나 인근 주민 등에 대한 탐문 등의 방법으로 피고인의 소재 여부를 확인하므로 송달불능보고서보다 더 정확하게 피고인의 소재 여부를 확인할 수 있기 때문에 송달불능보고서와 동일한 기능을 한다고 볼 수 있으므로, 소재탐지불능보고서의 접수는 소송촉진 등에 관한 특례법이 정한 '송달불능보고서의 접수'로 볼 수 있다.

ㄹ. 송달명의인이 체포 또는 구속된 날 소송기록접수통지서 등의 송달서류가 송달명의인의 종전 주·거소에 송달되었다면 송달의 효력발생 여부는 체포 또는 구속된 시각과 송달된 시각의 선·후에 의하여 결정하되, 선·후관계가 명백하지 않다면 송달의 효력은 발생하지 않는다.

① ㄱ, ㄹ
② ㄴ, ㄹ
③ ㄱ, ㄴ, ㄷ
④ ㄱ, ㄷ, ㄹ

[해설]

ㄱ. (○) 소송촉진 등에 관한 특례규칙 제19조 제2항의 규정에 의하면, 제1심 공판절차에서 피고인에 대한 소환이 공시송달로 행하여지는 경우에도 법원이 피고인의 진술 없이 재판을 하기 위하여는 공시송달의 방법으로 소환받은 피고인이 2회 이상 불출석할 것이 요구된다. 그러므로 공시송달의 방법으로 소환한 피고인이 불출석하는 경우 다시 공판기일을 지정하고 공시송달의 방법으로 피고인을 재소환한 후 그 기일에도 피고인이 불출석하여야 비로소 피고인의 불출석상태에서 재판절차를 진행할 수 있다(대법원 2011.5.13, 2011도1094).

> **소송촉진특례규칙 제19조(불출석피고인에 대한 재판)** ① 피고인에 대한 송달불능보고서가 접수된 때로부터 6월이 경과하도록 제18조 제2항 및 제3항의 규정에 의한 조치에도 불구하고 피고인의 소재가 확인되지 아니한 때에는 그 후 피고인에 대한 송달은 공시송달의 방법에 의한다.
> ② 피고인이 제1항의 규정에 의한 공판기일의 소환을 2회 이

상 받고도 출석하지 아니한 때에는 법 제23조의 규정에 의하여 피고인의 진술 없이 재판할 수 있다.

ㄴ. (×) 형사소송절차에서도 형사소송법 제65조에 의하여 보충송달에 관한 민사소송법 제172조 제1항이 준용되므로, 피고인의 동거가족에게 서류가 교부되고 그 동거가족이 사리를 변식할 지능이 있는 이상 피고인이 그 서류의 내용을 알지 못한 경우에도 송달의 효력이 있고, 사리를 변식할 지능이 있다고 하기 위하여는 사법제도 일반이나 소송행위의 효력까지 이해할 필요는 없더라도 송달의 취지를 이해하고 영수한 서류를 수송달자에게 교부하는 것을 기대할 수 있는 정도의 능력이 있으면 족하다(대법원 2000.2.14, 99모225).

ㄷ. (○) 소송촉진 등에 관한 특례법 제23조와 같은 법 시행규칙 제19조 제1항에 의하면, 피고인의 소재를 확인하기 위하여 필요한 조치를 취하였음에도 불구하고 피고인에 대한 송달불능보고서가 접수된 때로부터 6월이 경과하도록 피고인의 소재가 확인되지 아니한 때에 비로소 공시송달의 방법에 의하도록 하고 있는데, 피고인 주소지에 피고인이 거주하지 아니한다는 이유로 구속영장이 여러 차례에 걸쳐 집행불능되어 반환된 바 있었다고 하더라도 이를 소송촉진 등에 관한 특례법이 정한 '송달불능보고서의 접수'로 볼 수는 없다. 반면에 소재탐지불능보고서의 경우는 경찰관이 직접 송달주소를 방문하여 거주자나 인근 주민 등에 대한 탐문 등의 방법으로 피고인의 소재 여부를 확인하므로 송달불능보고서보다 더 정확하게 피고인의 소재 여부를 확인할 수 있기 때문에 송달불능보고서와 동일한 기능을 한다고 볼 수 있으므로 소재탐지불능보고서의 접수는 소송촉진 등에 관한 특례법이 정한 '송달불능보고서의 접수'로 볼 수 있다(대법원 2014.10.16, 2014모1557).

ㄹ. (○) 송달명의인이 체포 또는 구속된 날 소송기록접수통지서 등의 송달서류가 송달명의인의 종전 주·거소에 송달되었다면 송달의 효력발생 여부는 체포 또는 구속된 시각과 송달된 시각의 선후에 의하여 결정하되, 선후관계가 명백하지 않다면 송달의 효력은 발생하지 않는 것으로 보아야 한다(대법원 2017.11.7, 2017모2162).

[정답] ④

송달에 관한 다음 설명 중 가장 옳지 않은 것은?

① 피고인이 구치소나 교도소 등에 수감 중에 있는 경우는, 법원이 수감 중인 피고인에 대하여 공소장 부본과 피고인소환장 등을 종전 주소지 등으로 송달한 경우는 물론 공시송달의 방법으로 송달하였더라도 이는 위법하다고 보아야 한다.

② 구치소에 재감 중인 피고인이 제1심판결에 대하여 항소하였는데, 항소심법원이 구치소로 소송기록접수통지서를 송달하면서 송달받을 사람을 구치소의 장이 아닌 피고인으로 하였고 구치소 서무계원이 이를 수령한 경우에는 송달받을 사람을 피고인으로 한 송달은 효력이 없고, 달리 피고인에게 소송기록접수의 통지가 도달하였다는 등의 사정을 발견할 수 없다면, 소송기록접수의 통지는 효력이 없다.

③ 형사피고사건으로 법원에 재판이 계속되어 있는 사람은 공소제기 당시의 주소지나 그 후 신고한 주소지를 옮길 때에는 자기의 새로운 주소지를 법원에 신고하거나 기타 소송진행상태를 알 수 있는 방법을 강구하여야 하고, 만일 이러한 조치를 취하지 않았다면, 원칙적으로 소송서류가 송달되지 않아서 공판기일에 출석하지 못하거나 판결 선고사실을 알지 못하여 상고기간을 도과하는 등 불이익을 받는 책임을 면할 수 없다.

④ 기록에 피고인의 주민등록지 이외의 주소가 나타나 있고 피고인의 집 전화번호 또는 휴대전화번호 등이 나타나 있는 경우라도, 피고인이 재판이 계속 중인 사실을 알면서도 새로운 주소지 등을 법원에 신고하는 등 조치를 하지 않아 소환장이 송달불능되었다면, 법원이 곧바로 공시송달의 방법으로 송달하였다 하여 위법하다고 볼 수 없다.

해설

④ (×) 피고인이 재판이 계속 중인 사실을 알면서도 새로운 주소지 등을 법원에 신고하는 등 조치를 하지 않아 소환장이 송달불능되었더라도, 법원은 기록에 주민등록지 이외의 주소가 나타나 있고 피고인의 집 전화번호 또는 휴대전화번호 등이 나타나 있는 경우에는 위 주소지 및 전화번호로 연락하여 송달받을 장소를 확인하여 보는 등의 시도를 해 보아야 하고, 그러한 조치 없이 곧바로 공시송달 방법으로 송달하는 것은 형사소송법 제63조 제1항, 소송촉진 등에 관한 특례법 제23조에 위배되어 허용되지 아니하는데, 이처럼 허용되지 아니하는 잘못된 공시송달에 터 잡아 피고인의 진술 없이 공판이 진행되고 피고인이 출석하지 않은 기일에 판결이 선고된 경우에는, 피고인은 자기 또는 대리인이 책임질 수 없는 사유로 상소 제기기간 내에 상소를 하지 못한 것으로 봄이 타당하다(대법원 2022.5.26, 2022모439).

① (○) 피고인이 구치소나 교도소 등에 수감 중에 있는 경우는 형사소송법 제63조 제1항에 규정된 '피고인의 주거, 사무소, 현재지를 알 수 없는 때'나 '소송촉진 등에 관한 특례법' 제23조에 규정된 '피고인의 소재를 확인할 수 없는 경우'에 해당한다고 할 수 없으므로, 법원이 수감 중인 피고인에 대하여 공소장 부본과 피고인소환장 등을 종전 주소지 등으로 송달한 경우는 물론 공시송달의 방법으로 송달하였더라도 이는 위법하다고 보아야 한다. 따라서 법원은 주거, 사무소, 현재지 등 소재가 확인되지 않는 피고인에 대하여 공시송달을 할 때에는 검사에게 주소보정을 요구하거나 기타 필요한 조치를 취하여 피고인의 수감 여부를 확인할 필요가 있다(대법원 2013.6.27, 2013도2714).

② (○) 구치소에 재감 중인 재항고인이 제1심판결에 대하여 항소하였는데, 항소심법원이 구치소로 소송기록접수통지서를 송달하면서 송달받을 사람을 구치소의 장이 아닌 재항고인으로 하였고 구치소 서무계원이 이를 수령한 경우, 송달받을 사람을 재항고인으로 한 송달은 효력이 없고, 달리 재항고인에게 소송기록접수의 통지가 도달하였다는 등의 사정을 발견할 수 없으므로, 소송기록접수의 통지는 효력이 없다(대법원 2017.9.22, 2017모1680).

③ (○) 형사피고사건으로 법원에 재판이 계속 중인 사람은 공소제기 당시의 주소지나 그 후 신고한 주소지를 옮길 때 새로운 주소지를 법원에 신고하거나 기타 소송진행상태를 알 수 있는 방법을 강구하여야 하고, 만일 이러한 조치를 하지 않았다면 특별한 사정이 없는 한 소송서류가 송달되지 않아서 공판기일에 출석하지 못하거나 판결 선고사실을 알지 못하여 상소 제기기간을 도과하는 등 불이익을 면할 수 없다(대법원 2022.5.26, 2022모439; 2008.3.10, 2007모795).

정답 ④

015 ✓ 유사 ◆◇◇ 법원9급 2024

형사소송법상 송달영수인 신고제도에 관한 다음 설명 중 가장 옳지 않은 것은?

① 피고인, 대리인, 대표자, 변호인 또는 보조인이 법원 소재지에 서류의 송달을 받을 수 있는 주거 또는 사무소를 두지 아니한 때에는 법원 소재지에 주거 또는 사무소 있는 자를 송달영수인으로 선임하여 연명한 서면으로 신고하여야 한다.

② 송달영수인 선임 및 신고가 필요한 '법원 소재지'는 당해 법원이 위치한 특별시, 광역시, 시 또는 군이므로, 인천광역시 옹진군이나 대구광역시 달성군에 서류 송달을 받을 수 있는 주거나 사무소를 두고 있는 피고인은 송달영수인을 선임하여 이를 신고할 필요가 없다.

③ 송달영수인의 자격에는 제한이 없으며 자연인은 물론 법인도 송달영수인으로 선임할 수 있으며, 송달영수인의 선임은 같은 지역에 있는 각 심급법원에 대하여 효력이 있으므로, 사건의 이송 또는 상소에 의해서 사건이 다른 지역에 있는 법원에 계속된 경우에는 송달영수인의 선임신고는 당연히 효력을 잃는다.

④ 송달영수인에게 항소기록접수통지서가 송달된 경우 항소이유서를 제출하여야 할 사람은 송달영수인이 아니라 피고인이므로, 항소이유서 제출기간의 연장 여부는 피고인 본인의 주거 또는 사무소를 기준으로 결정된다.

해설

② (×) (법원직만 볼 것) <u>광역시 내 군은 법원 소재지에 해당하지 않는다</u>(규칙 제42조). 따라서 광역시 내 군에 주거·사무소를 두고 있는 피고인은 법원 소재지에 서류 송달을 받을 수 있는 주거·사무소를 두지 아니한 때에 해당하므로, 법원 소재지에 주거·사무소 있는 자를 송달영수인으로 선임하여 연명한 서면으로 신고하여야 한다.

> **규칙 제42조(법 제60조에 의한 법원 소재지의 범위)** 법 제60조 제1항에 규정한 법원 소재지는 당해 법원이 위치한 특별시, 광역시, 시 또는 군(<u>다만 광역시 내의 군은 제외</u>)으로 한다.
> **법 제60조(송달받기 위한 신고)** ① 피고인, 대리인, 대표자, 변호인 또는 보조인이 법원 소재지에 <u>서류의 송달을 받을 수 있는 주거 또는 사무소를 두지 아니한 때</u>에는 법원 소재지에 주거 또는 사무소 있는 자를 송달영수인으로 선임하여 연명한 서면으로 신고하여야 한다.

① (○) (법원직만 볼 것) 제60조 참조.

> **제60조(송달받기 위한 신고)** ① 피고인, 대리인, 대표자, 변호인 또는 보조인이 법원 소재지에 서류의 송달을 받을 수 있는 주거 또는 사무소를 두지 아니한 때에는 법원 소재지에 주거 또는 사무소 있는 자를 송달영수인으로 선임하여 연명한 서면으로 신고하여야 한다.

③ (○) (법원직만 볼 것) 형사소송법 제65조에 의하여 준용되는 민사소송법 제183조 제1항, 제184조에 의하면, 송달은 송달받을

사람의 주소·거소·영업소 또는 사무소 등의 송달장소에서 하여야 하고, 당사자·법정대리인 또는 변호인은 주소 등 외의 장소를 송달받을 장소로 정하여 법원에 신고할 수 있으며, 이 경우에는 송달영수인을 정하여 신고할 수 있다. 송달영수인의 신고가 있으면 송달은 신고된 장소와 영수인에게 하여야 하고, 송달영수인이 송달받은 때에 송달의 효력이 발생하나, <u>송달영수인 신고의 효력은 그 심급에만 미치므로, 상소 또는 이송을 받은 법원의 소송절차에서는 그 신고의 효력이 없다</u>(대법원 2024.5.9, 2024도3298).

④ (○) (법원직만 볼 것) 제1심 변호인이 피고인의 송달영수인으로 제1심 변호인을, 송달장소로 그 사무소를 각 기재한 신고서를 제1심에 제출하였고, 원심은 국선변호인 선정결정 후 국선변호인에게 소송기록접수통지서 등을 송달하며, 제1심 변호인의 사무소로 피고인에 대한 소송기록접수통지서 등을 송달하였는데, 이후 피고인이 원심에서 제1심과 다른 변호인을 선임하여 변호인 선임서를 제출하자, 원심은 국선변호인 선정을 취소한 후 피고인에 대한 제1회 공판기일 소환장을 제1심 변호인의 사무소로 송달하였고, 원심 변호인에게 소송기록접수통지를 하지 않은 채 공판기일을 진행한 후 변론을 종결하고 판결을 선고한 경우, <u>제1심 변호인의 사무소는 피고인의 주소·거소·영업소 또는 사무소 등의 송달장소가 아니고, 제1심에서 한 송달영수인 신고의 효력은 원심법원에 미치지 아니하므로 피고인에게 소송기록접수통지서가 적법하게 송달되었다고 볼 수 없어</u>, 피고인에 대한 적법한 소송기록접수통지가 이루어지지 않은 상태에서 사선변호인이 선임되고 국선변호인 선정이 취소되었으므로 원심으로서는 피고인과는 별도로 원심에서 선임된 변호인에게도 소송기록접수통지를 하여야 하고, 그 통지가 이루어지기 전에는 항소이유서 제출기간이 진행하지 않으므로 그 기간의 경과를 기다리지 않고는 항소사건을 심판할 수 없다(대법원 2024.5.9, 2024도3298).

정답 ②

Ⅳ 소송행위의 일시와 장소

016 ✓ 유사 ◆◆◇ 경찰2차 2016

「형사소송법」상 기간 등에 대한 설명으로 가장 적절하지 않은 것은?

① 구인한 피고인을 법원에 인치한 경우에 구금할 필요가 없다고 인정한 때에는 그 인치한 때로부터 24시간 내에 석방하여야 한다.

② 체포·구속적부심사를 청구 받은 법원은 청구서가 접수된 때부터 48시간 이내에 체포 또는 구속된 피의자를 심문하고 수사 관계 서류와 증거물을 조사하여 그 청구가 이유없다고 인정한 때에는 결정으로 이를 기각하고, 이유 있다고 인정한 때에는 결정으로 체포 또는 구속된 피의자의 석방을 명하여야 한다.

③ 공소가 제기 된 범죄는 판결의 확정 없이 공소를 제기한 때로부터 30년을 경과하면 공소시효가 완성한 것으로 간주한다.

④ 장기 5년 이상의 자격정지에 해당하는 범죄는 3년의 경과로 공소시효가 완성된다.

해설

③ (×) 공소가 제기된 범죄는 판결의 확정이 없이 공소를 제기한 때로부터 25년을 경과하면 공소시효가 완성한 것으로 간주한다

(제249조 제2항).
① (○) 제71조
② (○) 제214조의2 제4항
④ (○) 제249조 제1항 제6호
[정리] 공소시효기간: 사25(살인제외)/무15/5−10:1−3−5−5
−7− 10/벌5/몰1

정답 ③

---

3 **소송행위의 가치판단**

I **소송행위의 해석과 가치판단**

II **소송행위의 성립·불성립**

III **소송행위의 유효·무효**

017 ✓ 대표 ◆◇◇   국가9급 2015

소송행위에 대한 설명으로 옳은 것은? (다툼이 있는 경우 판례에 의함)

① 검사가 공소장을 제출하지 아니하고서 행한 공소제기는 무효이지만 추완이 허용된다.

② 반의사불벌죄 사건에서 피해자인 청소년의 처벌희망 의사표시의 철회는 법정대리인의 동의가 있거나 법정대리인의 대리에 의하여야 효력이 있다.

③ 기피신청을 받은 법관이 본안의 소송절차를 정지해야 함에도 그대로 소송을 진행해서 이루어진 소송행위는 그 후 기피신청에 대한 기각결정이 확정되었더라도 무효이다.

④ 법원에서 피고인이 국민참여재판을 원하는지에 관한 의사의 확인절차를 거치지 아니한 채 통상의 공판절차로 재판을 진행한 경우 그 공판절차에서 이루어진 소송행위는 유효하다.

해설

③ (○) 기피신청을 받은 법관이 형사소송법 제22조에 위반하여 본안의 소송절차를 정지하지 않은 채 그대로 소송을 진행하여서 한 소송행위는 그 효력이 없고, 이는 그 후 그 기피신청에 대한 기각결정이 확정되었다고 하더라도 마찬가지이다(대법원 2012.10.11, 2012도8544).

① (×) 검사에 의한 공소장의 제출은 공소제기라는 소송행위가 성립하기 위한 본질적 요소라고 보아야 할 것이므로, 이러한 공소장의 제출이 없는 경우에는 소송행위로서의 공소제기가 성립되었다고 할 수 없다(대법원 2003.11.14, 2003도2735).

② (×) 형사소송법상 소송능력이라 함은 소송당사자가 유효하게 소송행위를 할 수 있는 능력, 즉 피고인 또는 피의자가 자기의 소송상의 지위와 이해관계를 이해하고 이에 따라 방어행위를 할 수 있는 의사능력을 의미한다. 의사능력이 있으면 소송능력이 있다는 원칙은 피해자 등 제3자가 소송행위를 하는 경우에도 마찬가지라고 보아야 한다. 따라서 반의사불벌죄에 있어서 피해자의 피고인 또는 피의자에 대한 처벌을 희망하지 않는다는 의사표시 또는 처벌을 희망하는 의사표시의 철회는, 위와 같은 형사소송절

차에 있어서의 소송능력에 관한 일반원칙에 따라, 의사능력이 있는 피해자가 단독으로 이를 할 수 있고, 거기에 법정대리인의 동의가 있어야 한다거나 법정대리인에 의해 대리되어야만 한다고 볼 것은 아니다. 나아가 청소년의 성보호에 관한 법률이 형사소송법과 다른 특별한 규정을 두고 있지 않는 한, 위와 같은 반의사불벌죄에 관한 해석론은 청소년의 성보호에 관한 법률의 경우에도 그대로 적용되어야 한다. 그러므로 청소년의 성보호에 관한 법률 제16조에 규정된 반의사불벌죄라고 하더라도, 피해자인 청소년에게 의사능력이 있는 이상, 단독으로 피고인 또는 피의자의 처벌을 희망하지 않는다는 의사표시 또는 처벌희망 의사표시의 철회를 할 수 있고, 거기에 법정대리인의 동의가 있어야 하는 것으로 볼 것은 아니다(대법원 2009.11.19, 2009도6058 전원합의체).

④ (×) 국민참여재판의 실시 여부는 일차적으로 피고인의 의사에 따라 결정되므로 국민참여재판 대상사건의 공소제기가 있으면 법원은 피고인에 대하여 국민참여재판을 원하는지 여부에 관한 의사를 서면 등의 방법으로 반드시 확인하여야 하고(법 제8조 제1항), 이를 위해 공소장 부본과 함께 피고인 또는 변호인에게 국민참여재판의 절차, 법 제8조 제2항에 따른 서면의 제출, 법 제8조 제4항에 따른 의사번복의 제한, 그 밖의 주의사항이 기재된 국민참여재판에 관한 안내서를 송달하여야 한다(국민의 형사재판참여에 관한 규칙 제3조 제1항). 만일 이러한 규정에도 불구하고 법원에서 피고인이 국민참여재판을 원하는지에 관한 의사의 확인절차를 거치지 아니한 채 통상의 공판절차로 재판을 진행하였다면, 이는 피고인의 국민참여재판을 받을 권리에 대한 중대한 침해로서 그 절차는 위법하고 이러한 위법한 공판절차에서 이루어진 소송행위도 무효라고 보아야 한다(대법원 2013.1.31, 2012도13896).

정답 ③

018 ✓ 대표 ◆◆◇   국가9급 2017

검사의 공소제기에 대한 설명으로 옳은 것은? (다툼이 있으면 판례에 의함)

① 공소장에 검사의 기명날인 또는 서명이 누락된 경우에는 공소제기가 무효이며, 검사가 공소장에 기명날인 또는 서명을 추완하더라도 유효하게 될 수 없다.

② 공소장일본주의에 위배된 공소제기는 무효이며, 공소장 기재 방식에 관하여 피고인 측으로부터 아무런 이의제기 없이 심리 및 증거조사가 마무리되어 법관의 심증형성이 이루어졌다 하더라도 그 하자가 치유되는 것은 아니다.

③ 공소장부본 송달 등의 절차 없이 검사가 공판기일에 공소장의 형식적 요건을 갖추지 못한 공소장변경허가신청서로 공소장을 갈음한다고 구두 진술한 것만으로는 유효한 공소제기가 있다고 할 수 없고, 피고인과 변호인이 그에 대해 이의를 제기하지 않았다 하더라도 그 하자는 치유되지 않는다.

④ 본래 범의를 가지지 아니한 자에 대하여 수사기관이 사술이나 계략 등을 써서 범의를 유발케 하여 범죄인을 검거하는 함정수사는 위법하지만, 이러한 함정수사에 기한 공소제기까지 무효인 것은 아니다.

해설

③ (○) 대법원 2009.2.26, 2008도11813

① (×) 검사의 기명날인 또는 서명이 없는 상태로 제출된 공소장은 형사소송법 제57조 제1항에 위반된 서류라 할 것이고, 이와 같이 법률이 정한 형식을 갖추지 못한 공소장 제출에 의한 공소의 제기는 특별한 사정이 없는 한 그 절차가 법률의 규정에 위반하여 무효인 때에 해당한다. 다만, 이 경우 공소를 제기한 검사가 공소장에 기명날인 또는 서명을 추완하는 등의 방법에 의하여 공소의 제기가 유효하게 될 수 있다(대법원 2012.9.27, 2010도17052).

② (×) 공소장 기재의 방식에 관하여 피고인측으로부터 아무런 이의가 제기되지 아니하였고 법원 역시 범죄사실의 실체를 파악하는 데 지장이 없다고 판단하여 그대로 공판절차를 진행한 결과 증거조사절차가 마무리되어 법관의 심증형성이 이루어진 단계에서는 더 이상 공소장일본주의 위배를 주장하여 이미 진행된 소송절차의 효력을 다툴 수는 없다(대법원 2009.10.22, 2009도7436 전원합의체).

④ (×) 본래 범의를 가지지 아니한 자에 대하여 수사기관이 사술이나 계략 등을 써서 범의를 유발케 하여 범죄인을 검거하는 함정수사는 위법함을 면할 수 없고 이러한 함정수사에 기한 공소제기는 그 절차가 법률의 규정에 위반하여 무효인 때에 해당한다(대법원 2008.10.23, 2008도7362).

정답 ③

---

019 ✓ 유사 ◆◇◇ 　　　　　　　　　　　　　국가7급 2014

소송행위에 대한 설명으로 옳은 것은? (다툼이 있는 경우 판례에 의함)

① 형사소송법에 대리에 관한 명문규정이 없더라도 소송행위의 대리는 허용된다.

② 교도소에 구속된 자에 대한 소송서류의 송달은 교도소장에게 송달하여 구속된 자에게 전달되어야 효력이 발생한다.

③ 소송행위의 방식에서 고소와 고발, 변호인의 선임, 상소의 포기는 구두주의와 서면주의가 모두 적용된다.

④ 절차형성적 소송행위가 착오로 인하여 행하여진 경우, 그 행위가 무효로 되기 위하여는 착오가 행위자 또는 대리인이 책임질 수 없는 사유로 발생하였을 것이 요구된다.

해설

④ (○) 항소포기와 같은 절차형성적 소송행위가 착오로 인하여 행하여진 경우 그 행위가 무효로 되기 위하여는 그 착오가 행위자 또는 대리인이 책임질 수 없는 사유로 발생하였을 것이 요구된다(대법원 1995.8.17, 95모49)(안경이 없어 상소포기서에 서명날인한 행위는 무효로 볼 수 없으므로, 상소포기의 효력발생).

① (×) 형사소송법에 특히 명문의 규정이 있는 것 외에는 소송행위의 대리를 허용하지 않는다(대법원 1956.4.27, 4288형재항10).

② (×) 교도소 또는 구치소에 구속된 자에 대한 송달은 그 소장에게 송달하면 구속된 자에게 전달된 여부와 관계없이 효력이 생기는 것이다(대법원 1995.1.12, 94도2687).

③ (×) 변호인의 선임은 서면주의만, 고소·고발과 상소의 포기는 서면주의와 구두주의가 모두 적용된다.

제32조(변호인선임의 효력) ① 변호인의 선임은 심급마다 변호인과 연명날인한 서면으로 제출하여야 한다.

제237조(고소, 고발의 방식) ① 고소 또는 고발은 서면 또는 구술로써 검사 또는 사법경찰관에게 하여야 한다.

제352조(상소포기 등의 방식) ① 상소의 포기 또는 취하는 서면으로 하여야 한다. 단, 공판정에서는 구술로써 할 수 있다.

정답 ④

---

020 ✓ 유사 ◆◇◇ 　　　　　　　　　　　　　국가7급 2020

소송행위에 대한 설명으로 옳지 않은 것은? (다툼이 있는 경우 판례에 의함)

① 제1심법원이 「국민의 형사재판 참여에 관한 법률」상 국민참여재판 대상인 사건의 피고인에게 국민참여재판을 원하는지 확인하지 아니한 채 통상의 공판절차에 따라 재판을 진행하여 유죄를 인정하였더라도, 항소심에서 피고인에게 국민참여재판에 관하여 충분히 안내하고 그 희망 여부에 관하여 숙고할 수 있는 상당한 시간을 부여하였으며, 피고인도 그에 따라 숙고한 후 제1심의 절차적 위법을 문제 삼지 않겠다는 의사를 명백히 밝혔다면 제1심의 공판절차상 하자는 치유된다.

② 법원이 피고인에 대한 공소장 부본이 송달되지 않아서 공시송달의 방법으로 피고인을 소환하였고 피고인이 출석하지 않은 상태에서 피고인의 진술 없이 공판절차를 진행하고 판결을 선고한 경우, 판결을 선고하기까지 공소장 부본을 송달하지 않았다면 이는 소송절차에 관한 법령위반으로 무효이다.

③ 검사가 제1심결정에 대해 항고하면서 상세한 항고이유서를 첨부하여 제출하였는데, 검사가 「형사소송법」 제412조(검사는 항고사건에 대하여 의견을 진술할 수 있다)에 따라 별도로 의견을 진술하지 아니한 상태에서 항고심이 소송기록접수 통지서를 송달한 다음 날 항고를 기각한 것은 위법하다.

④ 검사가 공소장을 변경하고자 하는 때에는 그 취지를 기재한 공소장변경허가신청서를 법원에 제출하여야 하지만, 피고인이 재정하는 공판정에서 피고인에게 이익이 되거나 피고인이 동의하는 예외적인 경우에는 법원은 구술에 의한 공소장변경을 허가할 수 있다.

해설

③ (×) 검사가 제1심결정에 대해 항고하면서 항고이유서를 첨부하였는데 항고심인 원심법원이 검사에게 소송기록접수통지서를 송달한 다음 날 항고를 기각한 경우, 검사가 항고장에 상세한 항고이유서를 첨부하여 제출함으로써 의견진술을 하였으므로 형사소송법 제412조에 따라 별도로 의견을 진술하지 아니한 상태에서 원심이 항고를 기각하였더라도 그 결정에 위법이 없다(대법원 2012. 4.20, 2012모459).

제412조(검사의 의견진술) 검사는 항고사건에 대하여 의견을 진술할 수 있다.

① (○) 대법원 2012.6.14, 2011도15484
② (○) 형사소송법 제266조는 "법원은 공소의 제기가 있는 때에는 지체 없이 공소장의 부본을 피고인 또는 변호인에게 송달하여야 한다. 단, 제1회 공판기일 전 5일까지 송달하여야 한다."고 규정하고 있으므로, 제1심이 공소장 부본을 피고인 또는 변호인에게 송달하지 아니한 채 공판절차를 진행하였다면 이는 소송절차에 관한 법령을 위반한 경우에 해당한다(대법원 2014.4.24, 2013도9498).
④ (○) 규칙 제142조 제1항·제5항

정답 ③

Ⅳ 소송행위의 적법·부적법

Ⅴ 소송행위의 이유 유무

---

4 소송조건

Ⅰ 소송조건의 의의와 종류

Ⅱ 소송조건의 조사와 흠결

Ⅲ 소송조건의 추완

021 ✓ 대표 ◆◇◇ [국가9급 2018]

소송행위의 무효 및 추완에 대한 설명으로 옳은 것만을 모두 고른 것은? (다툼이 있는 경우 판례에 의함)

ㄱ. 제1심법원이 공소장 부본을 피고인 또는 변호인에게 송달하지 않은 채 공판절차가 진행되었다면, 그 공판절차에서 이루어진 소송행위는 효력이 없으며, 피고인 또는 변호인의 이의가 없더라도 추완도 인정되지 않는다.
ㄴ. 변호인 선임신고 이전에 변호인으로서 한 소송행위라고 하더라도 소송절차의 동적·발전적 성격을 고려하여 변호인 선임신고에 의해서 추완이 인정된다.
ㄷ. 당사자에게 참여의 기회를 주지 않고 행한 증인신문은 참여권을 침해한 것으로서 무효이지만, 피고인이 그 증인신문조서에 대하여 증거동의를 하면 그 하자는 치유된다.
ㄹ. 세무공무원의 고발 없이 조세범처벌법 위반사건의 공소가 제기된 이후에 세무공무원이 고발한 경우에는 공소제기의 흠결이 치유될 수 없다.

① ㄱ, ㄴ   ② ㄷ, ㄹ
③ ㄱ, ㄷ   ④ ㄴ, ㄹ

해설

ㄱ. (✕) 형사소송법 제266조는 "법원은 공소의 제기가 있는 때에는

지체 없이 공소장의 부본을 피고인 또는 변호인에게 송달하여야 한다. 단, 제1회 공판기일 전 5일까지 송달하여야 한다."고 규정하고 있으므로, 제1심이 공소장 부본을 피고인 또는 변호인에게 송달하지 아니한 채 공판절차를 진행하였다면 이는 소송절차에 관한 법령을 위반한 경우에 해당한다. 다만, 이러한 경우에도 피고인이 제1심 법정에서 이의함이 없이 공소사실에 관하여 충분히 진술할 기회를 부여받았다면 판결에 영향을 미친 위법이 있다고 할 수 없다(대법원 2014.4.24, 2013도9498).

ㄴ. (✕) 대법원 2005.1.20, 2003모429

ㄷ. (○) 판사가 형사소송법 제184조에 의한 증거보전절차로 증인신문을 하는 경우에는 동법 제221조의2에 의한 증인신문의 경우와는 달리 동법 제163조에 따라 검사, 피의자 또는 변호인에게 증인신문의 시일과 장소를 미리 통지하여 증인신문에 참여할 수 있는 기회를 주어야 하나 참여의 기회를 주지 아니한 경우라도 피고인과 변호인이 증인신문조서를 증거로 할 수 있음에 동의하여 별다른 이의없이 적법하게 증거조사를 거친 경우에는 위 증인신문조서는 증인신문절차가 위법하였는지의 여부에 관계없이 증거능력이 부여된다(대법원 1988.11.8, 86도1646).

ㄹ. (○) 세무공무원의 고발없이 조세범칙사건의 공소가 제기된 후에 세무공무원이 그 고발을 하였다 하여도 그 공소절차의 무효가 치유된다고는 볼 수 없다(대법원 1970.7.28, 70도942).

정답 ②

---

022 ✓ 대표 ◆◇◇ [국가7급 2014 변형]

소송행위의 추완에 대한 설명으로 옳지 않은 것은? (다툼이 있는 경우 판례에 의함)

① 친고죄에 대하여 고소 없이 공소가 제기된 경우에도 이후 피해자의 고소가 있었다면 공소의 제기는 적법·유효한 것으로 추완된다.
② 비친고죄로 공소제기되었다가 친고죄로 공소장이 변경된 경우에도 고소의 추완은 허용되지 않는다.
③ 성명모용으로 인하여 피고인의 특정이 잘못되었거나 범행의 일시·장소 등의 기재에 사소한 오기가 발생한 경우에는 피고인의 방어권을 해하지 않는 범위 내에서 공소장의 보정이 허용된다.
④ 변호인선임신고서를 제출하지 아니한 변호인이 변호인 명의로 약식명령에 대하여 정식재판청구서를 제출하고 정식재판청구기간 경과 후에 비로소 변호인선임신고서를 제출한 경우, 위 정식재판청구서는 적법·유효한 정식재판청구로서의 효력이 없다.

해설

① (✕), ② (○) (개정 전 형법에 의하면) 강간죄는 친고죄로서 피해자의 고소가 있어야 죄를 논할 수 있고 기소 이후의 고소의 추완은 허용되지 아니한다 할 것이며 이는 비친고죄인 강간치사죄로 기소되었다가 친고죄인 강간죄로 공소장이 변경되는 경우에도 동일하다 할 것이니, 강간치사죄의 공소사실을 강간죄로 변경한 후에 이르러 비로소 피해자의 부가 고소장을 제출한 경우에는 강간죄의 공소 제기절차는 법률의 규정에 위반하여 무효인 때에 해당한다(대법원 1982.9.14, 82도1504).

---

③ (○) 대법원 1993.1.19, 92도2554
[보충] 공소장의 정정·보정: 법원의 허가 불요
④ (○) 대법원 2005.1.20, 2003모429

정답 ①

---

023 ☑ 유사 ◆◆◇ 〔법원9급 2023〕

소송행위의 추완에 관한 다음 설명 중 가장 옳은 것은?

① 변호인 선임서를 제출하지 않은 채 상고이유서만을 제출하고 상고이유서 제출기간이 지난 후에 변호인 선임서를 제출하였다면 그 상고이유서는 적법·유효한 변호인의 상고이유서로 볼 수 있다.

② 친고죄에서 피해자의 고소가 없거나 고소가 취소되었음에도 친고죄로 기소되었다가 그 후 당초에 기소된 공소사실과 동일성이 인정되는 비친고죄로 공소장변경이 허용된 경우라도 그 공소제기의 흠은 치유될 수 없다.

③ 원래 공소제기가 없었음에도 피고인의 소환이 이루어지는 등 사실상의 소송계속이 발생한 상태에서 검사가 약식명령을 청구하는 공소장을 제1심법원에 제출하고, 위 공소장에 기하여 공판절차를 진행한 경우 제1심법원으로서는 이에 기하여 유·무죄의 실체판단을 하여야 한다.

④ 세무공무원의 고발 없이 조세범칙사건의 공소가 제기된 후에 세무공무원이 고발을 한 경우 그 공소절차의 흠은 치유된다.

해설

③ (○) 원래 공소제기가 없었음에도 피고인의 소환이 이루어지는 등 사실상의 소송계속이 발생한 상태에서 <u>검사가 약식명령을 청구하는 공소장을 제1심법원에 제출하고, 위 공소장에 기하여 공판절차를 진행한 경우 제1심법원으로서는 이에 기하여 유·무죄의 실체판단을 하여야 한다</u>(대법원 2003.11.14, 2003도2735).

① (×) <u>변호인의 선임은 심급마다 변호인과 연명날인한 서면으로 제출하여야 한다</u>(형사소송법 제32조 제1항). 따라서 변호인 선임서를 제출하지 않은 채 상고이유서만을 제출하고 상고이유서 제출기간이 지난 후에 변호인 선임서를 제출하였다면 그 상고이유서는 <u>적법·유효한 변호인의 상고이유서가 될 수 없다</u>(대법원 2015.2.26, 2014도12737).

② (×) <u>친고죄에서 피해자의 고소가 없거나 고소가 취소되었음에도 친고죄로 기소되었다가 그 후 당초에 기소된 공소사실과 동일성이 인정되는 비친고죄로 공소장변경이 허용된 경우 그 공소제기의 흠은 치유되고</u>, 친고죄로 기소된 후에 피해자의 고소가 취소되더라도 제1심이나 항소심에서 당초에 기소된 공소사실과 동일성이 인정되는 범위 내에서 다른 공소사실로 공소장을 변경할 수 있으며 이러한 경우 변경된 공소사실에 대하여 심리·판단하여야 하는데, 이는 반의사불벌죄에서 피해자의 '처벌을 희망하지 아니하는 의사표시' 또는 '처벌을 희망하는 의사표시의 철회'가 있는 경우에도 마찬가지로 보아야 한다(대법원 2011.5.13, 2011도2233).

④ (×) <u>세무공무원의 고발 없이 조세범칙사건의 공소가 제기된 후에 세무공무원이 그 고발을 하였다 하여도 그 공소절차의 무효가</u>

<u>치유된다고는 볼 수 없다</u>(대법원 1970.7.28, 70도942).

정답 ③

---

024 ☑ 유사 ◆◆◇ 〔국가9급 2013〕

다음 설명 중 옳지 않은 것은? (다툼이 있는 경우 판례에 의함)

① 강간치사죄로 기소되었다가 강간죄로 공소장이 변경된 후에 피해자가 고소장을 제출한 경우, 제1심판결 선고 전이면 고소의 추완이 인정되므로 강간죄에 대하여 유죄판결을 선고할 수 있다.

② 무죄의 제1심판결에 대하여 검사가 항소하였으나 공소기각의 판결사유가 있다고 인정될 경우, 항소심법원은 직권으로 제1심판결을 파기하고 공소기각판결을 선고하여야 한다.

③ 동일사건이 사물관할을 달리하는 수개의 법원에 계속(係屬)된 때에는 법원합의부가 심판하며, 동일사건이 법원합의부에 계속되고 있는 것이 발견되면 단독판사는 공소기각의 결정으로 소송을 종결하여야 한다.

④ 피고인이 상소권을 포기하면 상소권은 소멸하므로, 원심의 변호인은 피고인을 위하여 상소를 제기할 수 없다.

해설

① (×) (개정 전 형법에 의하면) 강간죄는 친고죄로서 피해자의 고소가 있어야 죄를 논할 수 있고 기소 이후의 고소의 추완은 허용되지 아니한다 할 것이며 이는 비친고죄인 강간치사죄로 기소되었다가 친고죄인 강간죄로 공소장이 변경되는 경우에도 동일하다 할 것이니, 강간치사죄의 공소사실을 강간죄로 변경한 후에 이르러 비로소 피해자의 부가 고소장을 제출한 경우에는 강간죄의 공소 제기절차는 법률의 규정에 위반하여 무효인 때에 해당한다(대법원 1982.9.14, 82도1504). 2013년 6월 19일부터 강간죄에 대한 친고죄의 폐지로 인하여 해당 판례는 그 결론부분에서 그 의미가 없어졌으나, 고소의 추완이 인정되지 않는다는 면에서는 의미가 있다.

② (○) 소송조건의 흠결은 직권조사사항에 속하기 때문이다(대법원 1994.10.14, 94도1818).

③ (○) 제12조, 제328조 제1항 제3호

④ (○) 변호인의 상소권은 독립대리권에 불과하다(묵-기/동/상)(대법원 1986.7.12, 86모24; 1992.4.14, 92도10)

정답 ①

소송행위에 관한 설명으로 옳지 않은 것은? (다툼이 있는 경우 판례에 의함)

① 반의사불벌죄에서 성년후견인은 가정법원의 허가를 얻었더라도 명문의 규정이 없는 한 의사무능력자인 피해자를 대리하여 피고인 또는 피의자에 대하여 처벌을 희망하지 않는다는 의사를 결정하거나 처벌을 희망하는 의사표시를 철회하는 행위를 할 수 없다.

② 필요적 변호사건에서 변호인이 없거나 출석하지 아니한 채 공판절차가 진행되었기 때문에 그 공판절차가 위법한 것이라 하더라도, 그 절차에서의 소송행위 외에 다른 절차에서 적법하게 이루어진 소송행위까지 모두 무효로 된다고 볼 수 없다.

③ 세무공무원의 고발 없이 조세범칙사건의 공소가 제기된 후라도 세무공무원이 고발을 하면 그 공소절차의 무효는 치유된다.

④ 피고인에 대한 공판기일 소환은 「형사소송법」이 정한 소환장의 송달 또는 이와 동일한 효력이 있는 방법에 의하여야 하고, 그 밖의 방법에 의한 사실상의 기일의 고지 또는 통지 등은 적법한 피고인 소환이라고 할 수 없다.

⑤ 피고인이 즉결심판에 대하여 제출한 정식재판청구서에 피고인의 자필로 보이는 이름이 기재되어 있고, 그 옆에 서명이 되어 있어 위 서류가 작성자 본인인 피고인의 진정한 의사에 따라 작성되었다는 것을 명백하게 확인할 수 있다면, 피고인의 인장이나 지장이 찍혀 있지 않다고 하더라도 해당 정식재판청구는 적법하다고 보아야 한다.

해설

③ (✕) 친고죄에 있어서 고소 없이 공소가 제기된 후에 비로소 고소가 있는 경우 그 공소제기가 적법하게 될 수 있는가(친고죄의 고소의 추완)에 대하여 다수설·판례는 부정설의 입장이다(친고죄의 고소의 추완이 인정되지 않아 공소기각판결). 이는 즉시고발사건에서 관계공무원의 고발 없이 공소가 제기된 후에 비로소 관계공무원의 고발이 있는 경우에도 마찬가지이다.
[판례] 세무공무원의 고발 없이 조세범칙사건의 공소가 제기된 후에 세무공무원이 그 고발을 하였다 하여도 그 공소절차의 무효가 치유된다고는 볼 수 없다(대법원 1970.7.28, 70도942).

① (○) 반의사불벌죄에서 성년후견인은 명문의 규정이 없는 한 의사무능력자인 피해자를 대리하여 피고인 또는 피의자에 대하여 처벌을 희망하지 않는다는 의사를 결정하거나 처벌을 희망하는 의사표시를 철회하는 행위를 할 수 없다. 이는 성년후견인의 법정대리권 범위에 통상적인 소송행위가 포함되어 있거나 성년후견개시심판에서 정하는 바에 따라 성년후견인이 소송행위를 할 때 가정법원의 허가를 얻었더라도 마찬가지이다(대법원 2023. 7.17, 2021도11126 전원합의체).

② (○) 대법원 1999.4.23, 99도915

④ (○) 형사소송법은 피고인을 소환함에 있어서는 법률이 정한 방식에 따라 작성된 소환장을 송달하여야 한다고 정하면서(제73조, 제74조, 제76조 제1항), 다만 피고인이 기일에 출석한다는 서면을 제출하거나 출석한 피고인에 대하여 차회기일을 정하여 출석을 명한 때, 구금된 피고인에 대하여 교도관을 통하여 소환통지를 한 때, 법원의 구내에 있는 피고인에 대하여 공판기일을 통지한 때 등에는 소환장의 송달과 동일한 효력을 인정하고 있다(제76조 제2항 내지 제5항, 제268조). 위와 같은 관련 규정의 문언과 취지, 그리고 피고인과 달리 공판기일 출석의무가 없는 검사·변호인 등의 소송관계인에 대해서는 소환을 하는 대신 공판기일을 통지하도록 하고 있는 점(제267조 제3항) 등을 종합하면, 피고인에 대한 공판기일 소환은 형사소송법이 정한 소환장의 송달 또는 이와 동일한 효력이 있는 방법에 의하여야 하고, 그 밖의 방법에 의한 사실상의 기일의 고지 또는 통지 등은 적법한 피고인 소환이라고 할 수 없다(대법원 2018.11.29, 2018도13377).

⑤ (○) 구 형사소송법 제59조에서 정한 기명날인의 의미, 이 규정이 개정되어 기명날인 외에 서명도 허용한 경위와 취지 등을 종합하면, 피고인이 즉결심판에 대하여 제출한 정식재판청구서에 피고인의 자필로 보이는 이름이 기재되어 있고 그 옆에 서명이 되어 있어 위 서류가 작성자 본인인 피고인의 진정한 의사에 따라 작성되었다는 것을 명백하게 확인할 수 있으며 형사소송절차의 명확성과 안정성을 저해할 우려가 없으므로, 정식재판청구는 적법하다고 보아야 한다. 피고인의 인장이나 지장이 찍혀 있지 않다고 해서 이와 달리 볼 것이 아니다(대법원 2019.11.29, 2017모3458).

정답 ③

백광훈

통합 기출문제집

[형사소송법]

PART

03

수사와 공소

CHAPTER 01 수사

1 수사의 의의와 구조

I 수사와 수사기관

001 ⊘ 대표 ◆◇◇ `국가7급 2021`

수사기관에 대한 설명으로 옳지 않은 것은?

① 특별사법경찰관은 모든 수사에 관하여 검사의 지휘를 받는다.

② 검사는 경찰청 소속 사법경찰관과 동일한 범죄사실을 수사하게 된 때에는 사법경찰관에게 사건을 송치할 것을 요구할 수 있다.

③ 경찰청 소속 사법경찰관이 고소·고발 사건을 포함하여 범죄를 수사한 때에 범죄혐의가 인정되지 않을 경우에는 그 이유를 명시한 서면만을 검사에게 송부하면 된다.

④ 검사가 경찰청 소속 사법경찰관이 신청한 영장을 정당한 이유 없이 판사에게 청구하지 아니한 경우 경찰청 소속 사법경찰관은 그 검사 소속의 지방검찰청 소재지를 관할하는 고등검찰청에 영장 청구 여부에 대한 심의를 신청할 수 있다.

> 해설
> ③ (×) 이유를 명시한 서면과 함께 관계 서류와 증거물을 지체 없이 검사에게 송부하여야 한다. 이 경우 검사는 송부받은 날부터 90일 이내에 사법경찰관에게 반환하여야 한다(제245조의5 제2호).
> ① (○) 제245조의10 제2항
> ② (○) 제197조의4 제1항
> ④ (○) 제221조의5 제1항

> 정답 ③

002 ⊘ 대표 ◆◆◆ `경찰승진 2023`

형사소송법의 개정내용에 대한 설명으로 가장 적절하지 않은 것은?

① 체포·구속장소의 감찰결과 피의자가 적법한 절차에 의하지 아니하고 체포 또는 구속된 것이라고 의심할 만한 상당한 이유가 있는 경우에 검사는 즉시 체포 또는 구속된 자를 석방하거나 사건을 검찰에 송치할 것을 명하여야 하는데, 이 송치요구에 따라 사법경찰관으로부터 송치받은 사건에 관하여 검사는 동일성을 해치지 아니하는 범위 내에서 수사할 수 있다.

② 수사기관이 수사 중인 사건의 범죄혐의를 밝히기 위한 목적으로 합리적인 근거 없이 별개의 사건을 부당하게 수사하여서는 아니 된다.

③ 수사기관은 다른 사건의 수사를 통해 확보된 증거 또는 자료를 내세워 관련 없는 사건에 대한 자백이나 진술을 강요하여서는 아니 된다.

④ 사법경찰관의 불송치결정에 대하여 「형사소송법」 제245조의7에 따라 해당 사법경찰관의 소속 관서의 장에게 이의신청을 할 수 있는 주체에는 고발인이 포함된다.

> 해설
> ④ (×) 제245조의6, 제245조의7 제1항·제2항 참조.
>
> **제245조의6(고소인 등에 대한 송부통지)** 사법경찰관은 제245조의5 제2호의 경우에는 그 송부한 날부터 7일 이내에 서면으로 고소인·고발인·피해자 또는 그 법정대리인(피해자가 사망한 경우에는 그 배우자·직계친족·형제자매를 포함한다)에게 사건을 검사에게 송치하지 아니하는 취지와 그 이유를 통지하여야 한다.
> **제245조의7(고소인 등의 이의신청)** ① 제245조의6의 통지를 받은 사람(고발인을 제외한다)은 해당 사법경찰관의 소속 관서의 장에게 이의를 신청할 수 있다.
> ② 사법경찰관은 제1항의 신청이 있는 때에는 지체 없이 검사에게 사건을 송치하고 관계 서류와 증거물을 송부하여야 하며, 처리결과와 그 이유를 제1항의 신청인에게 통지하여야 한다.
>
> ① (○) 제196조 제2항, 제198조의2 제1항·제2항 참조.
>
> **제196조(검사의 수사)** ② 검사는 제197조의3 제6항, 제198조의2 제2항 및 제245조의7 제2항에 따라 사법경찰관으로부터 송치받은 사건에 관하여는 해당 사건과 동일성을 해치지 아니하는 범위 내에서 수사할 수 있다.
> **제198조의2(검사의 체포·구속장소감찰)** ① 지방검찰청 검사장 또는 지청장은 불법체포·구속의 유무를 조사하기 위하

여 검사로 하여금 매월 1회 이상 관하수사관서의 피의자의 체포·구속장소를 감찰하게 하여야 한다. 감찰하는 검사는 체포 또는 구속된 자를 심문하고 관련 서류를 조사하여야 한다.

② 검사는 적법한 절차에 의하지 아니하고 체포 또는 구속된 것이라고 의심할 만한 상당한 이유가 있는 경우에는 즉시 체포 또는 구속된 자를 석방하거나 사건을 검찰에 송치할 것을 명하여야 한다.

② (○) 제198조 제4항 전문 참조.

> **제198조(준수사항)** ④ 수사기관은 수사 중인 사건의 범죄혐의를 밝히기 위한 목적으로 합리적인 근거 없이 별개의 사건을 부당하게 수사하여서는 아니 되고, 다른 사건의 수사를 통하여 확보된 증거 또는 자료를 내세워 관련 없는 사건에 대한 자백이나 진술을 강요하여서도 아니 된다.

③ (○) 제198조 제4항 후문 참조.

> **제198조(준수사항)** ④ 수사기관은 수사 중인 사건의 범죄혐의를 밝히기 위한 목적으로 합리적인 근거 없이 별개의 사건을 부당하게 수사하여서는 아니 되고, 다른 사건의 수사를 통하여 확보된 증거 또는 자료를 내세워 관련 없는 사건에 대한 자백이나 진술을 강요하여서도 아니 된다.

정답 ④

003 ✓ 대표 ◆◆◆

검사와 사법경찰관의 수사권에 관한 설명으로 가장 적절하지 않은 것은?

① 사법경찰관은 피의자를 신문하기 전에 수사과정에서 법령위반, 인권침해 또는 현저한 수사권 남용이 있는 경우 '검사에게 구제를 신청할 수 있음'을 피의자에게 알려주어야 하며, 이때 사법경찰관은 피의자로부터 고지확인서를 받아 사건기록에 편철하여야 한다.

② 검사와 사법경찰관은 수사 및 공소제기뿐만 아니라 공소유지에 관하여도 서로 협력하여야 한다.

③ 검사와 사법경찰관은 수사를 할 때 물적 및 인적 증거를 기본으로 하여 객관적이고 신빙성 있는 증거를 발견하고 수집하기 위해 노력하여 실체적 진실을 발견하여야 한다.

④ 검사는 사법경찰관과 동일한 범죄사실을 수사하게 된 때에는 사법경찰관에게 사건을 송치할 것을 요구할 수 있으며 송치요구를 받은 사법경찰관은 지체 없이 검사에게 사건을 송치하여야 하나, 검사가 영장을 청구하기 전에 동일한 범죄사실에 관하여 사법경찰관이 영장을 신청한 경우에는 해당 영장에 기재된 범죄사실을 계속 수사할 수 있다.

해설

③ (✕) 검사와 사법경찰관의 상호협력과 일반적 수사준칙에 관한

규정(이하 "수사준칙")상 수사의 기본원칙 조항은 수사기관이 인적 증거, 즉 진술 위주의 수사를 지양하고 '물적 증거'를 기본으로 할 것을 정하고 있다. 수사준칙 제3조 제3항 제1호 참조.

> **수사준칙 제3조(수사의 기본원칙)** ① 검사와 사법경찰관은 모든 수사과정에서 헌법과 법률에 따라 보장되는 피의자와 그 밖의 피해자·참고인 등(이하 "사건관계인"이라 한다)의 권리를 보호하고, 적법한 절차에 따라야 한다.
> ② 검사와 사법경찰관은 예단(豫斷)이나 편견 없이 신속하게 수사해야 하고, 주어진 권한을 자의적으로 행사하거나 남용해서는 안 된다.
> ③ 검사와 사법경찰관은 수사를 할 때 다음 각 호의 사항에 유의하여 실체적 진실을 발견해야 한다.
> 1. 물적 증거를 기본으로 하여 객관적이고 신빙성 있는 증거를 발견하고 수집하기 위해 노력할 것
> 2. 과학수사기법과 관련 지식·기술 및 자료를 충분히 활용하여 합리적으로 수사할 것
> 3. 수사과정에서 선입견을 갖지 말고, 근거 없는 추측을 배제하며, 사건관계인의 진술을 과신하지 않도록 주의할 것
> ④ 검사와 사법경찰관은 다른 사건의 수사를 통해 확보된 증거 또는 자료를 내세워 관련이 없는 사건에 대한 자백이나 진술을 강요해서는 안 된다.

① (○) 형사소송법 제197조의2 제8항, 수사준칙 제47조 참조.

> **형사소송법 제197조의3(시정조치요구 등)** ⑧ 사법경찰관은 피의자를 신문하기 전에 수사과정에서 법령위반, 인권침해 또는 현저한 수사권 남용이 있는 경우 검사에게 구제를 신청할 수 있음을 피의자에게 알려 주어야 한다.
> **수사준칙 제47조(구제신청 고지의 확인)** 사법경찰관은 법 제197조의3 제8항에 따라 검사에게 구제를 신청할 수 있음을 피의자에게 알려 준 경우에는 피의자로부터 고지확인서를 받아 사건기록에 편철한다. 다만, 피의자가 고지확인서에 기명날인 또는 서명하는 것을 거부하는 경우에는 사법경찰관이 고지확인서 끝부분에 그 사유를 적고 기명날인 또는 서명해야 한다.

② (○) 형사소송법 제195조 제1항 및 수사준칙 제6조 제1항 참조.

> **형사소송법 제195조(검사와 사법경찰관의 관계 등)** ① 검사와 사법경찰관은 수사, 공소제기 및 공소유지에 관하여 서로 협력하여야 한다.
> **수사준칙 제6조(상호협력의 원칙)** ① 검사와 사법경찰관은 상호 존중해야 하며, 수사, 공소제기 및 공소유지와 관련하여 협력해야 한다.
> ② 검사와 사법경찰관은 수사와 공소제기 및 공소유지를 위해 필요한 경우 수사·기소·재판 관련 자료를 서로 요청할 수 있다.
> ③ 검사와 사법경찰관의 협의는 신속히 이루어져야 하며, 협의의 지연 등으로 수사 또는 관련 절차가 지연되어서는 안 된다.

④ (○) 수사의 경합 시에는 검사수사를 원칙으로 하나, 사법경찰관의 영장신청이 선행된 경우에는 사법경찰관의 계속수사가 가능하다. 제197조의4 제1항·제2항 참조.

> **형사소송법 제197조의4(수사의 경합)** ① 검사는 사법경찰관과 동일한 범죄사실을 수사하게 된 때에는 사법경찰관에게 사건을 송치할 것을 요구할 수 있다.
> ② 제1항의 요구를 받은 사법경찰관은 지체 없이 검사에게

사건을 송치하여야 한다. 다만, 검사가 영장을 청구하기 전에 동일한 범죄사실에 관하여 사법경찰관이 영장을 신청한 경우에는 해당 영장에 기재된 범죄사실을 계속 수사할 수 있다.

수사준칙 제48조(동일한 범죄사실 여부의 판단 등) ① 검사와 사법경찰관은 법 제197조의4에 따른 수사의 경합과 관련하여 동일한 범죄사실 여부나 영장(「통신비밀보호법」 제6조 및 제8조에 따른 통신제한조치허가서 및 같은 법 제13조에 따른 통신사실 확인자료제공 요청허가서를 포함한다. 이하 이 조에서 같다) 청구·신청의 시간적 선후관계 등을 판단하기 위해 필요한 경우에는 그 필요한 범위에서 사건기록의 상호 열람을 요청할 수 있다.
② 제1항에 따른 영장청구·신청의 시간적 선후관계는 검사의 영장청구서와 사법경찰관의 영장신청서가 각각 법원과 검찰청에 접수된 시점을 기준으로 판단한다.
③ 검사는 제2항에 따른 사법경찰관의 영장신청서의 접수를 거부하거나 지연해서는 안 된다.

정답 ③

004 ✓ 대표 ◆◆◇

검사와 사법경찰관의 상호협력과 일반적 수사준칙에 관한 규정상 사법경찰관의 사건송치에 관한 설명으로 가장 적절하지 않은 것은?

① 사법경찰관이 사건을 수사한 결과, 불송치결정 중 죄가 안됨에 해당하여 형법 제10조 제1항에 따라 피의자를 벌할 수 없는 경우에는 해당 사건을 검사에게 이송한다.

② 검사는 사법경찰관의 불송치결정이 위법 또는 부당한 경우에는 관계 서류와 증거물을 송부받은 날로부터 90일 이내에 재수사를 요청할 수 있는데, 만약 불송치결정에 영향을 줄 수 있는 명백히 새로운 증거 또는 사실이 발견된 경우에는 90일이 지난 후에도 재수사를 요청할 수 있다.

③ 사법경찰관은 수사결과에 따라 범죄의 혐의가 있다고 인정되는 경우에는 지체 없이 검사에게 사건을 송치하고 관계 서류와 증거물을 검사에게 송부하여야 하는데, 이때 보완수사가 필요하다고 인정되는 경우에도 검사는 직접 보완수사할 수 없으며 사법경찰관에 대한 보완수사요구만 가능하다.

④ 사법경찰관이 재수사 중인 사건에 대해 「형사소송법」 제245조의7 제1항에 따른 고소인 등의 이의신청이 있는 경우에는 사법경찰관은 재수사를 중단해야 하며, 같은 조 제2항에 따라 해당 사건을 지체 없이 검사에게 송치하고 관계 서류와 증거물을 송부해야 한다.

해설

③ (×) 검사는 직접 보완수사하거나 사법경찰관에게 보완수사를 요구할 수 있다. 개정 수사준칙 제59조 제1항 참조.

형사소송법 제245조의5(사법경찰관의 사건송치 등) 사법경찰관은 고소·고발 사건을 포함하여 범죄를 수사한 때에는 다음 각 호의 구분에 따른다.
1. 범죄의 혐의가 있다고 인정되는 경우에는 지체 없이 검사에게 사건을 송치하고, 관계 서류와 증거물을 검사에게 송부하여야 한다.
2. 그 밖의 경우에는 그 이유를 명시한 서면과 함께 관계 서류와 증거물을 지체 없이 검사에게 송부하여야 한다. 이 경우 검사는 송부받은 날부터 90일 이내에 사법경찰관에게 반환하여야 한다.

개정 수사준칙 제59조(보완수사요구의 대상과 범위) ① 검사는 사법경찰관으로부터 송치받은 사건에 대해 보완수사가 필요하다고 인정하는 경우 직접 보완수사하거나 법 제197조의2 제1항 제1호에 따라 사법경찰관에게 보완수사를 요구할 수 있다. 다만, 법 제197조의2 제1항 제1호 전단의 경우로서 다음 각 호의 어느 하나에 해당하는 때에는 특별히 사법경찰관에게 보완수사를 요구할 필요가 있다고 인정되는 경우를 제외하고는 검사가 직접 보완수사를 하는 것을 원칙으로 한다.
1. 사건을 수리한 날(이미 보완수사요구가 있었던 사건의 경우 보완수사 이행결과를 통보받은 날)로부터 1개월이 경과한 경우
2. 사건이 송치된 이후 검사에 의하여 해당 피의자 및 피의사실에 대해 상당한 정도의 보완수사가 이루어진 경우
3. 법 제197조의3 제5항, 제197조의4 제1항, 제198조의2 제2항에 따라 사법경찰관으로부터 송치받은 경우
4. 제7조 또는 제8조에 따라 검사와 사법경찰관이 사건송치 전에 수사할 사항, 증거수집의 대상, 법령의 적용 등에 관하여 협의를 마치고 송치한 경우

① (○) 심신상실(형법 제10조 제1항)에 의하여 죄가안됨 불송치결정(개정 수사준칙 제51조 제1항 제3호 나목)을 하는 경우에 사법경찰관은 해당 사건을 검사에게 이송하여야 한다(동조 제3항 제1호).

개정 수사준칙 제51조(사법경찰관의 결정) ① 사법경찰관은 사건을 수사한 경우에는 다음 각 호의 구분에 따라 결정해야 한다.
3. 불송치
　나. 죄가안됨
　다. 공소권없음
③ 사법경찰관은 제1항 제3호 나목 또는 다목에 해당하는 사건이 다음 각 호의 어느 하나에 해당하는 경우에는 해당 사건을 검사에게 이송한다.
1. 「형법」 제10조 제1항에 따라 벌할 수 없는 경우
2. 기소되어 사실심 계속 중인 사건과 포괄일죄를 구성하는 관계에 있거나 「형법」 제40조에 따른 상상적 경합 관계에 있는 경우

② (○) 사법경찰관의 불송치결정에 대한 검사의 재수사요청은 관계서류와 증거물을 송부받은 날부터 원칙적으로 90일 이내에 해야 하나, 예외적인 경우에는 90일이 지난 후에도 할 수 있다. 개정 수사준칙 제63조 제1항 참조.

개정 수사준칙 제62조(사법경찰관의 사건불송치) ① 사법경찰관은 법 제245조의5 제2호 및 이 영 제51조 제1항 제3호에 따라 불송치결정을 하는 경우 불송치의 이유를 적은 불송치 결정서와 함께 압수물 총목록, 기록목록 등 관계 서류와 증거물을 검사에게 송부해야 한다.
② 제1항의 경우 영상녹화물의 송부 및 새로운 증거물 등의

추가 송부에 관하여는 제58조 제2항 및 제3항을 준용한다.
제63조(재수사요청의 절차 등) ① 검사는 법 제245조의8에 따라 사법경찰관에게 재수사를 요청하려는 경우에는 법 제245조의5 제2호에 따라 관계 서류와 증거물을 송부받은 날부터 90일 이내에 해야 한다. 다만, 다음 각 호의 어느 하나에 해당하는 경우에는 관계 서류와 증거물을 송부받은 날부터 90일이 지난 후에도 재수사를 요청할 수 있다.
1. 불송치결정에 영향을 줄 수 있는 명백히 새로운 증거 또는 사실이 발견된 경우
2. 증거 등의 허위, 위조 또는 변조를 인정할 만한 상당한 정황이 있는 경우
② 검사는 제1항에 따라 재수사를 요청할 때에는 그 내용과 이유를 구체적으로 적은 서면으로 해야 한다. 이 경우 법 제245조의5 제2호에 따라 송부받은 관계 서류와 증거물을 사법경찰관에게 반환해야 한다.
③ 검사는 법 제245조의8에 따라 재수사를 요청한 경우 그 사실을 고소인등에게 통지해야 한다.
④ 사법경찰관은 법 제245조의8 제1항에 따른 재수사의 요청이 접수된 날로부터 3개월 이내에 재수사를 마쳐야 한다.

④ (○) 사법경찰관의 불송치결정에 대하여 고소인 등의 이의신청이 있으면 사법경찰관은 사건을 검사에게 송치해야 한다(제245조의7 제2항). 즉, 사법경찰관의 불송치결정에 대한 고소인 등의 이의신청은 해당 사건에 대한 검찰송치 강제효과를 가지므로, 사법경찰관의 수사종결에 대한 제한사유가 된다. 마찬가지로, 사법경찰관의 불송치결정에 대한 검사의 재수사요청에 따른 사법경찰관의 재수사 중에도, 위 고소인 등의 이의신청이 있으면 사법경찰관은 재수사를 중단하고 사건을 검사에게 송치해야 한다(수사준칙 제65조).

> **형사소송법 제245조의7(고소인 등의 이의신청)** ① 제245조의6의 통지를 받은 사람(고발인을 제외한다)은 해당 사법경찰관의 소속 관서의 장에게 이의를 신청할 수 있다. 〈개정 2022.5.9.〉
> ② 사법경찰관은 제1항의 신청이 있는 때에는 지체 없이 검사에게 사건을 송치하고 관계 서류와 증거물을 송부하여야 하며, 처리결과와 그 이유를 제1항의 신청인에게 통지하여야 한다.
> **수사준칙 제65조(재수사 중의 이의신청)** 사법경찰관은 법 제245조의8 제2항에 따라 재수사 중인 사건에 대해 법 제245조의7 제1항에 따른 이의신청이 있는 경우에는 재수사를 중단해야 하며, 같은 조 제2항에 따라 해당 사건을 지체 없이 검사에게 송치하고 관계 서류와 증거물을 송부해야 한다.

정답 ③

005 ✓ 대표 ◆◆◇ 경찰2차 2021 국가9급개론 2022 유사

검사와 사법경찰관의 관계에 관한 설명으로 옳지 않은 것을 모두 고른 것은?

> ⊙ 검사는 사법경찰관과 동일한 범죄사실을 수사하게 된 때에는 사법경찰관에게 사건을 송치할 것을 요구할 수 있고 그 요구를 받은 사법경찰관은 지체 없이 검사에게 사건을 송치하여야 하나, 검사가 영장을 청구하기 전에 범죄사실에 관하여 사법경찰관이 영장을 신청한 경우에는 해당 영장에 기재된 범죄사실을 계속 수사할 수 있다.
> ⓒ 사법경찰관이 범죄를 수사하여 범죄의 혐의가 있다고 인정되는 경우에는 지체 없이 검사에게 사건을 송치하고 관계 서류와 증거물을 검사에게 송부하여야 하고, 그 밖의 경우에는 그 이유를 명시한 서면과 함께 관계 서류와 증거물을 지체 없이 검사에게 송부하여야 한다. 후자의 경우 검사는 관계 서류와 증거물을 사법경찰관에게 반환할 필요가 없다.
> ⓒ 위 ⓒ의 밑줄 친 경우 사법경찰관이 사건을 검사에게 송치하지 아니한 것이 위법 또는 부당한 때에는 검사는 그 이유를 문서로 명시하여 사법경찰관에게 재수사를 요청할 수 있고, 검사가 재수사를 요청한 경우 사법경찰관은 사건을 재수사 하여야 한다.
> ⓔ 검사는 사법경찰관리의 수사과정에서 법령위반, 인권침해 또는 현저한 수사권 남용이 의심되는 사실의 신고가 있거나 그러한 사실을 인식하게 된 경우에는 즉시 사법경찰관에게 사건의 송치를 요구할 수 있고, 검사의 송치요구를 받은 사법경찰관은 검사에게 사건을 송치하여야 한다.

① ⊙, ⓒ　　　　　　　② ⊙, ⓒ
③ ⓒ, ⓔ　　　　　　　④ ⓒ, ⓔ

해설

⊙ (○) 제197조의4 제1항·제2항
ⓒ (×) 사법경찰관이 범죄를 수사하여 범죄의 혐의가 있다고 인정되는 경우에는 지체 없이 검사에게 사건을 송치하고 관계 서류와 증거물을 검사에게 송부하여야 하고, 그 밖의 경우에는 그 이유를 명시한 서면과 함께 관계 서류와 증거물을 지체 없이 검사에게 송부하여야 하며, 후자의 경우 검사는 관계 서류와 증거물을 송부받은 날부터 90일 이내에 사법경찰관에게 반환하여야 한다(제245조의5).
ⓒ (○) 제245조의8 제1항·제2항
ⓔ (×) 위법·부당수사의 신고가 있거나 인식한 경우 검사는 처음부터 사건송치를 요구할 수 있는 것은 아니고, 사건기록등본송부요구와 시정조치요구에도 불구하고 사법경찰관이 정당한 이유 없이 이를 시정하지 않은 경우에 사건송치를 요구할 수 있는 것이다(제197조의3 참조). "검사는 사법경찰관리의 수사과정에서 법령위반, 인권침해 또는 현저한 수사권 남용이 의심되는 사실의 신고가 있거나 그러한 사실을 인식하게 된 경우에는 사법경찰관에게 사건기록 등본의 송부를 요구할 수 있고, 검사의 송부 요구를 받은 사법경찰관은 지체 없이 검사에게 사건기록 등본을 송부하여야 한다(제197조의3 제1항·제2항)."

정답 ③

다음 중 검사와 사법경찰관의 관계에 대한 설명으로 가장 옳지 않은 것은?

① 검사는 사법경찰관이 사건을 송치하지 아니한 것이 위법 또는 부당한 때에는 그 이유를 문서로 명시하여 사법경찰관에게 보완수사를 요구할 수 있다.

② 사법경찰관은 보완수사 요구가 있는 때에는 정당한 이유가 없는 한 지체 없이 이를 이행하고, 그 결과를 검사에게 통보하여야 한다.

③ 검사는 사법경찰관이 신청한 영장의 청구결정에 관하여 필요한 경우에 사법경찰관에게 보완수사를 요구할 수 있다.

④ 검찰총장 또는 각급 검찰청 검사장은 사법경찰관이 정당한 이유 없이 보완수사 요구에 따르지 아니하는 때에는 권한 있는 사람에게 해당 사법경찰관의 직무배제 또는 징계를 요구할 수 있다.

[해설]

① (✕) 사법경찰관의 불송치결정에 대하여 검사는 <u>재수사를 요청</u>할 수 있는 것이지(제245조의8 제1항) 보완수사를 요구할 수 있는 것이 아니다.

> **제245조의8(재수사요청 등)** ① 검사는 제245조의5 제2호의 경우에 사법경찰관이 사건을 송치하지 아니한 것이 위법 또는 부당한 때에는 그 이유를 문서로 명시하여 <u>사법경찰관에게 재수사를 요청</u>할 수 있다.
> ② 사법경찰관은 제1항의 요청이 있는 때에는 사건을 재수사하여야 한다.

② (〇) 제197조의2 제2항 참조.

> **제197조의2(보완수사요구)** ① 검사는 다음 각 호의 어느 하나에 해당하는 경우에 사법경찰관에게 <u>보완수사를 요구</u>할 수 있다.
> 1. 송치사건의 공소제기 여부 결정 또는 공소의 유지에 관하여 필요한 경우
> 2. 사법경찰관이 신청한 영장의 청구 여부 결정에 관하여 필요한 경우
> ② <u>사법경찰관은 제1항의 요구가 있는 때에는 정당한 이유가 없는 한 지체 없이 이를 이행하고, 그 결과를 검사에게 통보하여야 한다.</u>

③ (〇) 제197조의2 제1항 참조.

> **제197조의2(보완수사요구)** ① 검사는 다음 각 호의 어느 하나에 해당하는 경우에 사법경찰관에게 보완수사를 요구할 수 있다.
> 1. 송치사건의 공소제기 여부 결정 또는 공소의 유지에 관하여 필요한 경우
> 2. <u>사법경찰관이 신청한 영장의 청구 여부 결정에 관하여 필요한 경우</u>

④ (〇) 제197조의2 제3항 참조.

> **제197조의2(보완수사요구)** ① 검사는 다음 각 호의 어느 하나에 해당하는 경우에 사법경찰관에게 보완수사를 요구할

수 있다.
> 1. 송치사건의 공소제기 여부 결정 또는 공소의 유지에 관하여 필요한 경우
> 2. 사법경찰관이 신청한 영장의 청구 여부 결정에 관하여 필요한 경우
> ③ <u>검찰총장 또는 각급 검찰청 검사장은 사법경찰관이 정당한 이유 없이 제1항의 요구에 따르지 아니하는 때에는 권한 있는 사람에게 해당 사법경찰관의 직무배제 또는 징계를 요구할 수 있고, 그 징계절차는 「공무원 징계령」 또는 「경찰공무원 징계령」에 따른다.</u>

[정답] ①

「검사와 사법경찰관의 상호협력과 일반적 수사준칙에 관한 규정」의 내용으로 가장 적절한 것은?

① 검사 또는 사법경찰관은 피의자신문에 참여한 변호인이 피의자의 옆자리 등 실질적인 조력을 할 수 있는 위치에 앉도록 해야 하고, 정당한 사유가 없으면 피의자에 대한 법적인 조언·상담을 보장해야 하며, 피의자에 대한 신문이 아닌 단순 면담 등이라는 이유로 변호인의 참여·조력을 제한해서는 안 된다.

② 피의자신문에 참여한 변호인은 검사 또는 사법경찰관의 신문 후 조서를 열람하고 의견을 진술할 수 있으며, 신문 중이라도 부당한 신문방법에 대해서는 검사 또는 사법경찰관의 승인을 받아 이의를 제기할 수 있다.

③ 검사 또는 사법경찰관은 피의자의 범죄수법, 범행 동기, 피해자와의 관계, 언동 및 그 밖의 상황으로 보아 피해자가 피의자 또는 그 밖의 사람으로부터 생명·신체에 위해를 입거나 입을 염려가 있다고 인정되는 경우에는 피해자의 신청이 있는 때에 한하여 신변보호에 필요한 조치를 강구할 수 있다.

④ 검사 또는 사법경찰관은 피의자에게 출석요구를 하려는 경우에는 피의자와 조사의 일시·장소에 관하여 협의해야 하고 변호인이 있는 때에는 변호인과도 협의해야 하나, 피의자 외의 사람에 대한 출석요구의 경우에는 협의를 요하지 아니한다.

[해설]

① (〇) 수사준칙 제13조 제1항·제2항

② (✕) 피의자신문에 참여한 변호인은 검사 또는 사법경찰관의 신문 후 조서를 열람하고 의견을 진술할 수 있으며(수사준칙 제14조 제1항), <u>부당한 신문방법에 대해서는 신문 중이라도 이의를 제기할 수 있다</u>(동조 제14조 제3항). <u>이때에는 검사 또는 사법경찰관의 승인을 받을 필요가 없다.</u>

③ (✕) 수사기관의 피해자 보호의무를 정한 내용인데, 수사기관의 직권으로도 가능하다. "검사 또는 사법경찰관은 피의자의 범죄수법, 범행 동기, 피해자와의 관계, 언동 및 그 밖의 상황으로 보아 피해자가 피의자 또는 그 밖의 사람으로부터 생명·신체에 위해

를 입거나 입을 염려가 있다고 인정되는 경우에는 직권 또는 피해자의 신청에 따라 신변보호에 필요한 조치를 강구해야 한다(수사준칙 제15조 제2항)."

④ (×) 수사기관 출석요구 시 협의의무를 정한 내용인데, 이는 피의자·변호인뿐만 아니라 피의자 이외의 자에 대한 경우에도 동일하다. "검사 또는 사법경찰관은 피의자에게 출석요구를 하려는 경우에는 피의자와 조사의 일시·장소에 관하여 협의해야 하고 변호인이 있는 때에는 변호인과도 협의해야 하며(수사준칙 제19조 제2항), 이는 피의자 외의 사람에 대한 출석요구의 경우에도 적용한다(동조 제6항)."

[정답] ①

---

008 ✓ 유사 ◆◆◇ 경찰1차 2021

「검사와 사법경찰관의 상호협력과 일반적 수사준칙에 관한 규정」에 대한 설명으로 가장 적절하지 않은 것은?

① 검사 또는 사법경찰관은 특별한 사정이 없으면 총 조사시간 중 식사시간, 휴식시간 및 조서의 열람시간 등을 제외한 실제 조사시간이 12시간을 초과하지 않도록 해야 한다.

② 검사 또는 사법경찰관은 조사에 상당한 시간이 소요되는 경우에는 특별한 사정이 없으면 피의자 또는 사건관계인에게 조사 도중에 최소한 2시간마다 10분 이상의 휴식시간을 주어야 한다.

③ 검사 또는 사법경찰관은 피의자에게 출석요구를 하려는 경우 피의자와 조사의 일시·장소에 관하여 협의해야 하고, 이 경우 변호인이 있는 경우에는 변호인과도 협의해야 한다.

④ 검사 또는 사법경찰관은 임의동행을 요구하는 경우 상대방에게 동행을 거부할 수 있다는 것과 동행하는 경우에도 언제든지 자유롭게 동행 과정에서 이탈하거나 동행 장소에서 퇴거할 수 있다는 것을 알려야 한다.

[해설]

① (×) 총 조사시간은 12시간, 실제 조사시간은 8시간 이내로 한다. 검사 또는 사법경찰관은 특별한 사정이 없으면 총조사시간 중 식사시간, 휴식시간 및 조서의 열람시간 등을 제외한 실제 조사시간이 8시간을 초과하지 않도록 해야 한다(수사준칙 제22조 제2항).

수사준칙 제22조(장시간 조사 제한) ① 검사 또는 사법경찰관은 조사, 신문, 면담 등 그 명칭을 불문하고 피의자나 사건관계인을 조사하는 경우에는 대기시간, 휴식시간, 식사시간 등 모든 시간을 합산한 조사시간(이하 "총조사시간"이라 한다)이 12시간을 초과하지 않도록 해야 한다. 다만, 다음 각 호의 어느 하나에 해당하는 경우에는 예외로 한다.
1. 피의자나 사건관계인의 서면 요청에 따라 조서를 열람하는 경우
2. 제21조 제2항 각 호의 어느 하나에 해당하는 경우
② 검사 또는 사법경찰관은 특별한 사정이 없으면 총조사시간 중 식사시간, 휴식시간 및 조서의 열람시간 등을 제외한

실제 조사시간이 8시간을 초과하지 않도록 해야 한다.
③ 검사 또는 사법경찰관은 피의자나 사건관계인에 대한 조사를 마친 때부터 8시간이 지나기 전에는 다시 조사할 수 없다. 다만, 제1항 제2호에 해당하는 경우에는 예외로 한다.

② (○) 수사준칙 제23조 제1항
③ (○) 수사준칙 제19조 제2항
④ (○) 수사준칙 제20조

[정답] ①

---

009 ✓ 유사 ◆◆◇ 군무원9급 2021

수사에 대한 설명으로 적절한 것을 모두 고른 것은?

ㄱ. 검사는 사법경찰관과 동일한 범죄사실을 수사하게 된 때에는 사법경찰관에게 사건을 송치할 것을 요구할 수 있다.

ㄴ. 검사는 사법경찰관이 신청한 영장의 청구 여부 결정에 관하여 필요한 경우에 사법경찰관에게 보완수사를 요구할 수 있다.

ㄷ. 검사는 경찰공무원이 범한 범죄에 대하여 수사를 개시할 수 있다.

ㄹ. 사법경찰관은 피의자를 신문하기 전에 수사과정에서 법령위반, 인권침해 또는 현저한 수사권 남용이 있는 경우 검사에게 구제를 신청할 수 있음을 피의자에게 알려주어야 한다.

① ㄱ, ㄴ
② ㄱ, ㄷ, ㄹ
③ ㄴ, ㄷ, ㄹ
④ ㄱ, ㄴ, ㄷ, ㄹ

[해설]

ㄱ. (○) 제197조의4 제1항
ㄴ. (○) 제197조의2 제1항 제2호 참조.

제197조의2(보완수사요구) ① 검사는 다음 각 호의 어느 하나에 해당하는 경우에 사법경찰관에게 보완수사를 요구할 수 있다.
1. 송치사건의 공소제기 여부 결정 또는 공소의 유지에 관하여 필요한 경우
2. 사법경찰관이 신청한 영장의 청구 여부 결정에 관하여 필요한 경우

ㄷ. (○) 형사소송법 제196조, 검찰청법 제4조 제1항 제1호 단서 나목 참조.

형사소송법 제196조(검사의 수사) 검사는 범죄의 혐의가 있다고 사료하는 때에는 범인, 범죄사실과 증거를 수사한다.
검찰청법 제4조(검사의 직무) ① 검사는 공익의 대표자로서 다음 각 호의 직무와 권한이 있다. 〈개정 2020.2.4, 2022.5.9.〉
1. 범죄수사, 공소의 제기 및 그 유지에 필요한 사항. 다만, 검사가 수사를 개시할 수 있는 범죄의 범위는 다음 각 목과 같다.
가. 부패범죄, 경제범죄 등 대통령령으로 정하는 중요

범죄
　　나. 경찰공무원(다른 법률에 따라 사법경찰관리의 직무
　　　를 행하는 자를 포함한다) 및 고위공직자범죄수사처
　　　소속 공무원(「고위공직자범죄수사처 설치 및 운영에
　　　관한 법률」에 따른 파견공무원을 포함한다)이 범한
　　　범죄
　　다. 가목·나목의 범죄 및 사법경찰관이 송치한 범죄와
　　　관련하여 인지한 각 해당 범죄와 직접 관련성이 있는
　　　범죄

ㄹ. (○) 제197조의3 제8항

[정답] ④

---

010 ☑유사 ◆◆◆   경찰2차 2024

「형사소송법」 제197조의3(시정조치요구 등), 제197조의4(수사의경합) 및 「검사와 사법경찰관의 상호협력과 일반적 수사준칙에 관한 규정」에 대한 설명으로 가장 적절하지 않은 것은?

① 검사는 사법경찰관리의 수사과정에서 법령위반, 인권침해 또는 현저한 수사권 남용이 의심되는 사실의 신고가 있거나 그러한 사실을 인식하게 된 경우에는 사법경찰관에게 사건기록 등본의 송부를 요구할 수 있다.

② 위의 ①에 따라 검사로부터 사건기록 등본의 송부 요구를 받은 사법경찰관은 지체 없이 검사에게 사건기록 등본을 송부하여야 하며, 이 경우 사법경찰관은 요구를 받은 날부터 7일 이내에 사건기록 등본을 검사에게 송부해야 한다.

③ 검사는 사법경찰관과 동일한 범죄사실을 수사하게 된 때에는 사법경찰관에게 사건을 송치할 것을 요구할 수 있으며, 이때에는 그 내용과 이유를 구체적으로 적은 서면으로 해야 한다.

④ 수사의 경합에 따라 사건송치를 요구받은 사법경찰관은 지체 없이 검사에게 사건을 송치하여야 하며, 검사가 영장을 청구하기 전에 동일한 범죄사실에 관하여 사법경찰관이 영장을 신청한 경우 사법경찰관은 해당 영장에 기재된 범죄사실을 계속 수사할 수 없다.

[해설]

④ (✕) 제197조의4 제2항 참조.

　제197조의4(수사의 경합) ② 제1항의 요구를 받은 사법경찰
　관은 지체 없이 검사에게 사건을 송치하여야 한다. 다만, 검
　사가 영장을 청구하기 전에 동일한 범죄사실에 관하여 사법
　경찰관이 영장을 신청한 경우에는 해당 영장에 기재된 범죄
　사실을 계속 수사할 수 있다.

① (○) 제197조의3 제1항 참조.

　제197조의3(시정조치요구 등) ① 검사는 사법경찰관리의 수
　사과정에서 법령위반, 인권침해 또는 현저한 수사권 남용이

의심되는 사실의 신고가 있거나 그러한 사실을 인식하게 된
경우에는 사법경찰관에게 사건기록 등본의 송부를 요구할
수 있다.

② (○) 형사소송법 제197조의3 제2항, 수사준칙 제45조 제2항
참조.

　형사소송법 제197조의3(시정조치요구 등) ② 제1항의 송부
　요구를 받은 사법경찰관은 지체 없이 검사에게 사건기록 등
　본을 송부하여야 한다.
　수사준칙 제45조(시정조치 요구의 방법 및 절차 등) ② 사법
　경찰관은 제1항에 따른 요구를 받은 날부터 7일 이내에 사건
　기록 등본을 검사에게 송부해야 한다.

③ (○) 형사소송법 제197조의4 제1항, 수사준칙 제49조 제1항
참조.

　형사소송법 제197조의4(수사의 경합) ① 검사는 사법경찰관
　과 동일한 범죄사실을 수사하게 된 때에는 사법경찰관에게
　사건을 송치할 것을 요구할 수 있다.
　수사준칙 제49조(수사경합에 따른 사건송치) ① 검사는 법
　제197조의4 제1항에 따라 사법경찰관에게 사건송치를 요구
　할 때에는 그 내용과 이유를 구체적으로 적은 서면으로 해야
　한다.

[정답] ④

---

011 ☑유사 ◆◆◆   전의경 2024

「검사와 사법경찰관의 상호협력과 일반적 수사준칙에 관한 규정」에 대한 설명으로 가장 적절하지 않은 것은? (다툼이 있는 경우 판례에 의함)

① 검사가 사법경찰관으로부터 송치받은 사건이 수리한 날부터 1개월이 경과하였다면, 공소제기 여부 결정에 필요한 경우로서 특별히 사법경찰관에게 보완수사를 요구할 필요가 있다고 인정되는 경우를 제외하고는 검사가 직접 보완수사를 하는 것을 원칙으로 한다.

② 검사와 사법경찰관은 수사와 사건의 송치, 송부 등에 관한 이견의 조정이나 협력 등이 필요한 경우 서로 협의를 요청할 수 있고, 이 경우 특별한 사정이 없으면 상대방의 협의 요청에 응해야 한다.

③ 검사 또는 사법경찰관이 피의자신문조서의 작성에 착수한 때에는 수사를 개시한 것으로 보므로, 이 경우 검사 또는 사법경찰관은 해당 사건을 즉시 입건해야 한다.

④ 사법경찰관은 사건을 수사한 경우에는 '검찰송치, 불송치, 수사중지, 이송' 중에서 결정해야 하고, '법원송치' 결정은 할 수 없다.

[해설]

④ (✕) 수사준칙 제51조 제1항 참조.

　수사준칙 제51조(사법경찰관의 결정) ① 사법경찰관은 사건
　을 수사한 경우에는 다음 각 호의 구분에 따라 결정해야 한다.

1. 법원송치
2. 검찰송치
3. 불송치
   가. 혐의없음
      1) 범죄인정안됨
      2) 증거불충분
   나. 죄가안됨
   다. 공소권없음
   라. 각하
4. 수사중지
   가. 피의자중지
   나. 참고인중지
5. 이송

소년법 제4조(보호의 대상과 송치 및 통고) ① 다음 각 호의 어느 하나에 해당하는 소년은 소년부의 보호사건으로 심리한다.
1. 죄를 범한 소년
2. 형벌 법령에 저촉되는 행위를 한 10세 이상 14세 미만인 소년
3. 다음 각 목에 해당하는 사유가 있고 그의 성격이나 환경에 비추어 앞으로 형벌 법령에 저촉되는 행위를 할 우려가 있는 10세 이상인 소년
   가. 집단적으로 몰려다니며 주위 사람들에게 불안감을 조성하는 성벽(性癖)이 있는 것
   나. 정당한 이유 없이 가출하는 것
   다. 술을 마시고 소란을 피우거나 유해환경에 접하는 성벽이 있는 것
② 제1항 제2호 및 제3호에 해당하는 소년이 있을 때에는 경찰서장은 직접 관할 소년부에 송치(送致)하여야 한다.

① (O) ㉠ 보완수사의 원칙은 검사가 직접 보완수사를 하거나 사법경찰관에게 보완수사를 요구하여 사법경찰관으로 하여금 보완수사를 하게 하는 것이나, ㉡ 예외적으로는 특별히 사법경찰관에게 보완수사를 요구할 필요가 있다고 인정되는 경우를 제외하고는 검사가 직접 보완수사를 하는 것을 원칙으로 한다. 이러한 예외적인 경우 중 하나가 검사가 사법경찰관으로부터 송치받은 사건이 사건을 수리한 날(이미 보완수사요구가 있던 사건이라면 보완수사 이행 결과를 통보받은 날 포함)부터 1개월이 경과한 경우이다. 수사준칙 제59조 제1항 제1호 참조.

수사준칙 제59조(보완수사요구의 대상과 범위) ① 검사는 사법경찰관으로부터 송치받은 사건에 대해 보완수사가 필요하다고 인정하는 경우에는 직접 보완수사를 하거나 법 제197조의2 제1항 제1호에 따라 사법경찰관에게 보완수사를 요구할 수 있다. 다만, 송치사건의 공소제기 여부 결정에 필요한 경우로서 다음 각 호의 어느 하나에 해당하는 경우에는 특별히 사법경찰관에게 보완수사를 요구할 필요가 있다고 인정되는 경우를 제외하고는 검사가 직접 보완수사를 하는 것을 원칙으로 한다.
1. 사건을 수리한 날(이미 보완수사요구가 있었던 사건의 경우 보완수사 이행 결과를 통보받은 날을 말한다)부터 1개월이 경과한 경우
2. 사건이 송치된 이후 검사가 해당 피의자 및 피의사실에 대해 상당한 정도의 보완수사를 한 경우
3. 법 제197조의3 제5항, 제197조의4 제1항 또는 제198조의2 제2항에 따라 사법경찰관으로부터 사건을 송치받은 경우

4. 제7조 또는 제8조에 따라 검사와 사법경찰관이 사건 송치 전에 수사할 사항, 증거수집의 대상 및 법령의 적용 등에 대해 협의를 마치고 송치한 경우
② 검사는 법 제197조의2 제1항에 따른 보완수사요구 여부를 판단하는 경우 필요한 보완수사의 정도, 수사 진행 기간, 구체적 사건의 성격에 따른 수사 주체의 적합성 및 검사와 사법경찰관의 상호 존중과 협력의 취지 등을 종합적으로 고려한다.
③ 검사는 법 제197조의2 제1항 제1호에 따라 사법경찰관에게 송치사건 및 관련사건(법 제11조에 따른 관련사건 및 법 제208조 제2항에 따라 간주되는 동일한 범죄사실에 관한 사건을 말한다. 다만, 법 제11조 제1호의 경우에는 수사기록에 명백히 현출(現出)되어 있는 사건으로 한정한다)에 대해 다음 각 호의 사항에 관한 보완수사를 요구할 수 있다.
1. 범인에 관한 사항
2. 증거 또는 범죄사실 증명에 관한 사항
3. 소송조건 또는 처벌조건에 관한 사항
4. 양형자료에 관한 사항
5. 죄명 및 범죄사실의 구성에 관한 사항
6. 그 밖에 송치받은 사건의 공소제기 여부를 결정하는 데 필요하거나 공소유지와 관련해 필요한 사항
④ 검사는 사법경찰관이 신청한 영장(「통신비밀보호법」 제6조 및 제8조에 따른 통신제한조치허가서 및 같은 법 제13조에 따른 통신사실 확인자료 제공 요청 허가서를 포함한다. 이하 이 항에서 같다)의 청구 여부를 결정하기 위해 필요한 경우 법 제197조의2 제1항 제2호에 따라 사법경찰관에게 보완수사를 요구할 수 있다. 이 경우 보완수사를 요구할 수 있는 범위는 다음 각 호와 같다.
1. 범인에 관한 사항
2. 증거 또는 범죄사실 소명에 관한 사항
3. 소송조건 또는 처벌조건에 관한 사항
4. 해당 영장이 필요한 사유에 관한 사항
5. 죄명 및 범죄사실의 구성에 관한 사항
6. 법 제11조(법 제11조 제1호의 경우는 수사기록에 명백히 현출되어 있는 사건으로 한정한다)와 관련된 사항
7. 그 밖에 사법경찰관이 신청한 영장의 청구 여부를 결정하기 위해 필요한 사항

② (O) 수사준칙 제8조 제1항 참조.

수사준칙 제8조(검사와 사법경찰관의 협의) ① 검사와 사법경찰관은 수사와 사건의 송치, 송부 등에 관한 이견의 조정이나 협력 등이 필요한 경우 서로 협의를 요청할 수 있다. 이 경우 특별한 사정이 없으면 상대방의 협의 요청에 응해야 한다.

③ (O) 수사준칙 제16조 제1항 제2조 참조.

수사준칙 제16조(수사의 개시) ① 검사 또는 사법경찰관이 다음 각 호의 어느 하나에 해당하는 행위에 착수한 때에는 수사를 개시한 것으로 본다. 이 경우 검사 또는 사법경찰관은 해당 사건을 즉시 입건해야 한다.
1. 피혐의자의 수사기관 출석조사
2. 피의자신문조서의 작성
3. 긴급체포
4. 체포·구속영장의 청구 또는 신청
5. 사람의 신체, 주거, 관리하는 건조물, 자동차, 선박, 항공기 또는 점유하는 방실에 대한 압수·수색 또는 검증영장(부검을 위한 검증영장은 제외한다)의 청구 또는 신청

② 검사 또는 사법경찰관은 수사 중인 사건의 범죄 혐의를 밝히기 위한 목적으로 관련 없는 사건의 수사를 개시하거나 수사기간을 부당하게 연장해서는 안 된다.

③ 검사 또는 사법경찰관은 입건 전에 범죄를 의심할 만한 정황이 있어 수사 개시 여부를 결정하기 위한 사실관계의 확인 등 필요한 조사를 할 때에는 적법절차를 준수하고 사건관계인의 인권을 존중하며, 조사가 부당하게 장기화되지 않도록 신속하게 진행해야 한다.

④ 검사 또는 사법경찰관은 제3항에 따른 조사 결과 입건하지 않는 결정을 한 때에는 피해자에 대한 보복범죄나 2차 피해가 우려되는 경우 등을 제외하고는 피혐의자 및 사건관계인에게 통지해야 한다.

⑤ 제4항에 따른 통지의 구체적인 방법 및 절차 등은 법무부장관, 경찰청장 또는 해양경찰청장이 정한다.

⑥ 제3항에 따른 조사와 관련한 서류 등의 열람 및 복사에 관하여는 제69조 제1항, 제3항, 제5항(같은 조 제1항 및 제3항을 준용하는 부분으로 한정한다. 이하 이 항에서 같다) 및 제6항(같은 조 제1항, 제3항 및 제5항에 따른 신청을 받은 경우로 한정한다)을 준용한다.

제16조의2(고소·고발 사건의 수리 등) ① 검사 또는 사법경찰관은 고소 또는 고발을 받은 경우에는 이를 수리해야 한다.

② 검사 또는 사법경찰관은 고소 또는 고발에 따라 범죄를 수사하는 경우에는 고소 또는 고발을 수리한 날부터 3개월 이내에 수사를 마쳐야 한다.

정답 ④

---

012 ☑유사 ◆◆◇   경찰간부 2024

사법경찰관의 사건 송치, 불송치에 관한 설명으로 옳지 않은 것은? (다툼이 있는 경우 판례에 의함)

① 경찰서장은 20만원 이하의 벌금, 구류 또는 과료에 처할 범죄사건에 대하여 즉결심판을 청구할 수 있으나, 촉법소년과 우범소년에 대하여는 직접 소년부송치를 할 수 없다.

② 공소시효 임박 사건이나 중요사건에 대하여 검사와 사법경찰관은 송치 전에 수사할 사항, 증거수집 대상, 법령 적용 등에 관하여 상호 의견을 제시·교환할 것을 요청할 수 있다.

③ 사법경찰관이 불송치 결정을 한 때에는 서류와 증거를 검사에게 송부한 날부터 7일 이내에 서면으로 고소인, 고발인, 피해자 등에게 사건을 검사에게 송치하지 않는 취지와 그 이유를 통지해야 한다.

④ 경찰관이 고소사건을 처리하지 아니하였음에도 경찰범죄정보시스템에 그 사건을 검찰에 송치한 것으로 허위사실을 입력한 경우에는 공전자기록위작죄에서 말하는 위작에 해당한다.

해설

① (✕) 즉결심판청구 부분은 맞다(즉결심판법 제2조, 제3조 제1항). 다만 소년사건 처리절차 중에서 검사의 소년부송치, 법원의

소년부송치뿐 아니라 촉법소년, 우범소년에 대한 경찰서장의 관할법원 소년부에 대한 직접 소년부송치제도가 존재하므로, 소년법 관련 사항은 틀렸다. 소년법 제4조 제2항 참조.

[정리] 촉법소년, 우범소년이 있는 때에는 경찰서장은 직접 관할 소년부에 송치해야 함

즉결심판법 제2조(즉결심판의 대상) 지방법원, 지원 또는 시·군법원의 판사(이하 "判事"라 한다)는 즉결심판절차에 의하여 피고인에게 <u>20만원 이하의 벌금, 구류 또는 과료에</u> 처할 수 있다.

제3조(즉결심판청구) ① 즉결심판은 관할경찰서장 또는 관할해양경찰서장(이하 "경찰서장"이라 한다)이 관할법원에 이를 청구한다.

소년법 제4조(보호의 대상과 송치 및 통고) ① 다음 각 호의 어느 하나에 해당하는 소년은 소년부의 보호사건으로 심리한다.

1. 죄를 범한 소년
2. 형벌 법령에 저촉되는 행위를 한 10세 이상 14세 미만인 소년
3. 다음 각 목에 해당하는 사유가 있고 그의 성격이나 환경에 비추어 앞으로 형벌 법령에 저촉되는 행위를 할 우려가 있는 10세 이상인 소년
   가. 집단적으로 몰려다니며 주위 사람들에게 불안감을 조성하는 성벽(性癖)이 있는 것
   나. 정당한 이유 없이 가출하는 것
   다. 술을 마시고 소란을 피우거나 유해환경에 접하는 성벽이 있는 것

② 제1항 제2호 및 제3호에 해당하는 소년이 있을 때에는 경찰서장은 직접 관할 소년부에 송치(送致)하여야 한다.

② (○) 수사준칙 제7조 제1항 참조.

수사준칙 제7조(중요사건 협력절차) ① 검사와 사법경찰관은 다음 각 호의 어느 하나에 해당하는 사건(이하 "중요사건"이라 한다)의 경우에는 송치 전에 수사할 사항, 증거 수집의 대상, 법령의 적용, 범죄수익 환수를 위한 조치 등에 관하여 <u>상호 의견을 제시·교환할 것을 요청할 수 있다.</u> 이 경우 검사와 사법경찰관은 특별한 사정이 없으면 상대방의 요청에 응해야 한다.

1. 공소시효가 임박한 사건
2. 내란, 외환, 대공(對共), 선거(정당 및 정치자금 관련 범죄를 포함한다), 노동, 집단행동, 테러, 대형참사 또는 연쇄살인 관련 사건
3. 범죄를 목적으로 하는 단체 또는 집단의 조직·구성·가입·활동 등과 관련된 사건
4. 주한 미합중국 군대의 구성원·외국인군무원 및 그 가족이나 초청계약자의 범죄 관련 사건
5. 그 밖에 많은 피해자가 발생하거나 국가적·사회적 피해가 큰 중요한 사건

③ (○) 제245조의6 참조.

제245조의6(고소인 등에 대한 송부통지) 사법경찰관은 제245조의5 제2호의 경우에는 그 송부한 날부터 <u>7일 이내에 서면으로 고소인·고발인·피해자 또는 그 법정대리인(피해자가 사망한 경우에는 그 배우자·직계친족·형제자매를 포함한다)에게 사건을 검사에게 송치하지 아니하는 취지와 그 이유를 통지하여야 한다.</u>

④ (○) <u>경찰관이 고소사건을 처리하지 아니하였음에도 경찰범죄정</u>

보시스템에 그 사건을 검찰에 송치한 것으로 허위사실을 입력한 행위는 공전자기록위작죄에서 말하는 위작에 해당한다(대법원 2005.6.9, 2004도6132).

정답 ①

013 ☑ 유사 ◆◇◇　　　소방간부 2024

고위공직자범죄수사처에 관한 설명으로 옳지 않은 것은?

① 고위공직자범죄수사처는 대법원장 및 대법관, 검찰총장, 판사 및 검사, 경무관 이상 경찰공무원이 재직 중에 본인 또는 본인의 가족이 범한 고위공직자범죄 및 관련 범죄의 공소제기와 그 유지를 수행한다.
② 고위공직자범죄수사처장은 고위공직자범죄수사처장 후보추천위원회가 2명을 추천하고, 대통령이 그중 1명을 지명한 후 인사청문회를 거쳐 임명한다.
③ 고위공직자범죄수사처 검사의 임기는 3년으로 하고, 3회에 한정하여 연임할 수 있다.
④ 고소·고발인은 고위공직자범죄수사처 검사로부터 공소를 제기하지 아니한다는 통지를 받은 때에는 서울중앙지방법원에 그 당부에 관한 재정을 신청할 수 있다.
⑤ 고위공직자범죄수사처 검사는 수사처에 공소권이 부여된 사건을 제외한 고위공직자범죄 등 사건의 수사를 한 때에는 관계 서류와 증거물을 지체 없이 서울중앙지방검찰청 소속 검사에게 송부하여야 한다.

해설

④ (×) 공수처법 제29조 제1항 참조.

> **공수처법 제29조(재정신청에 대한 특례)** ① 고소·고발인은 수사처검사로부터 공소를 제기하지 아니한다는 통지를 받은 때에는 서울고등법원에 그 당부에 관한 재정을 신청할 수 있다.

① (O) 고위공직자범죄수사처 설치 및 운영에 관한 법률(이하 '공수처법') 제3조 제1항 제2호 참조.

> **공수처법 제3조(고위공직자범죄수사처의 설치와 독립성)** ① 고위공직자범죄 등에 관하여 다음 각 호에 필요한 직무를 수행하기 위하여 고위공직자범죄수사처(이하 "수사처"라 한다)를 둔다.
> 1. 고위공직자범죄 등에 관한 수사
> 2. 제2조 제1호 다목, 카목, 파목, 하목에 해당하는 고위공직자로 재직 중에 본인 또는 본인의 가족이 범한 고위공직자범죄 및 관련 범죄의 공소제기와 그 유지

② (O) 공수처법 제5조 제1항 참조.

> **공수처법 제5조(처장의 자격과 임명)** ① 처장은 다음 각 호의 직에 15년 이상 있던 사람 중에서 제6조에 따른 고위공직자범죄수사처장 후보추천위원회가 2명을 추천하고, 대통령이 그중 1명을 지명한 후 인사청문회를 거쳐 임명한다.
> 1. 판사, 검사 또는 변호사
> 2. 변호사 자격이 있는 사람으로서 국가기관, 지방자치단체,

> 「공공기관의 운영에 관한 법률」 제4조에 따른 공공기관 또는 그 밖의 법인에서 법률에 관한 사무에 종사한 사람
> 3. 변호사 자격이 있는 사람으로서 대학의 법률학 조교수 이상으로 재직하였던 사람

③ (O) 공수처법 제8조 제3항 참조.

> **공수처법 제8조(수사처검사)** ③ 수사처검사의 임기는 3년으로 하고, 3회에 한정하여 연임할 수 있으며, 정년은 63세로 한다.

⑤ (O) 공수처법 제26조 제1항 참조.

> **공수처법 제26조(수사처검사의 관계 서류와 증거물 송부 등)** ① 수사처검사는 제3조 제1항 제2호에서 정하는 사건을 제외한 고위공직자범죄등에 관한 수사를 한 때에는 관계 서류와 증거물을 지체 없이 서울중앙지방검찰청 소속 검사에게 송부하여야 한다.

정답 ④

014 ☑ 유사 ◆◆◇　　　소방간부 2023

수사기관에 관한 설명으로 옳지 않은 것은? (다툼이 있는 경우 판례에 의함)

① 일반 경찰공무원인 사법경찰관리는 검사의 수사지휘를 받지 않으며 1차적 수사종결권이 있는 반면, 검찰청 직원인 사법경찰관리는 검사에 대해 수사보조자로서의 지위를 갖는다.
② 고위공직자범죄수사처 수사관은 수사대상범죄가 고위공직자범죄 및 관련 범죄로 한정되고, 고위공직자범죄수사처 검사의 지휘·감독을 받는다.
③ 「공직선거법」상 각급선거관리위원회의 위원·직원은 선거범죄에 관하여 사법경찰관리의 직무를 행하는 특별사법경찰관리로서 선거범죄에 관하여 관계인에 대하여 질문·조사를 하거나 자료제출을 요구할 수 있다.
④ 검사는 사법경찰관으로부터 송치받은 사건에 대해 보완수사가 필요하다고 인정하는 경우에는 특별히 직접 보완수사를 할 필요가 있다고 인정되는 경우를 제외하고는 사법경찰관에게 보완수사를 요구하는 것을 원칙으로 한다.
⑤ 사법경찰관이 송치한 범죄를 제외하고 검사는 자신이 수사개시한 범죄에 대하여는 공소를 제기할 수 없다.

해설

③ (×) 선거관리위원회의 본질적 기능은 선거의 공정한 관리 등 행정기능이고, 그 효과적인 기능 수행과 집행의 실효성을 확보하기 위한 수단으로서 선거범죄 조사권을 인정하고 있다. 심판대상조항에 의한 자료제출요구는 위와 같은 조사권의 일종으로서 행정조사에 해당하고, 선거범죄 혐의 유무를 명백히 하여 공소의 제기와 유지 여부를 결정하려는 목적으로 범인을 발견·확보하고 증거를 수집·보전하기 위한 수사기관의 활동인 수사와는 근본적으로

그 성격을 달리한다(헌법재판소 2019.9.26, 2016헌바381).

> **공선법 제272조의2(선거범죄의 조사등)** ① 각급선거관리위원회(읍·면·동선거관리위원회를 제외한다) 위원·직원은 선거범죄에 관하여 그 범죄의 혐의가 있다고 인정되거나, 후보자(예비후보자를 포함한다)·예비후보자·선거사무장·선거연락소장 또는 선거사무원이 제기한 그 범죄의 혐의가 있다는 소명이 이유 있다고 인정되는 경우 또는 현행범의 신고를 받은 경우에는 그 장소에 출입하여 관계인에 대하여 질문·조사를 하거나 관련 서류 기타 조사에 필요한 자료의 제출을 요구할 수 있다.
>
> **형사소송법 제245조의10(특별사법경찰관리)** ① 삼림, 해사, 전매, 세무, 군수사기관, 그 밖에 특별한 사항에 관하여 사법경찰관리의 직무를 행할 특별사법경찰관리와 그 직무의 범위는 법률로 정한다.

④ (×) 구 수사준칙에 의하면 맞지만(구 수사준칙 제59조 제1항), 2023.11.1. 시행 개정 수사준칙에 의하면 검사가 직접 보완수사하거나 사법경찰관에게 보완수사를 요구할 수 있는 것을 원칙으로 한다.

> **개정 수사준칙 제59조(보완수사요구의 대상과 범위)** ① 검사는 사법경찰관으로부터 송치받은 사건에 대해 보완수사가 필요하다고 인정하는 경우 직접 보완수사하거나 법 제197조의2 제1항 제1호에 따라 사법경찰관에게 보완수사를 요구할 수 있다. 다만, 법 제197조의2 제1항 제1호 전단의 경우로서 다음 각 호의 어느 하나에 해당하는 때에는 특별히 사법경찰관에게 보완수사를 요구할 필요가 있다고 인정되는 경우를 제외하고는 검사가 직접 보완수사를 하는 것을 원칙으로 한다.
> 1. 사건을 수리한 날(이미 보완수사요구가 있었던 사건의 경우 보완수사 이행결과를 통보받은 날)로부터 1개월이 경과한 경우
> 2. 사건이 송치된 이후 검사에 의하여 해당 피의자 및 피의사실에 대해 상당한 정도의 보완수사가 이루어진 경우
> 3. 법 제197조의3 제5항, 제197조의4 제1항, 제198조의2 제2항에 따라 사법경찰관으로부터 송치받은 경우
> 4. 제7조 또는 제8조에 따라 검사와 사법경찰관이 사건송치 전에 수사할 사항, 증거수집의 대상, 법령의 적용 등에 관하여 협의를 마치고 송치한 경우

① (○) 일반 경찰공무원인 사법경찰관리가 검사의 수사지휘를 받지 않는다는 것은 형사소송법 제195조 제1항, 1차적 수사종결권이 있다는 것은 형사소송법 제245조의5 및 수사준칙 제51조, 검찰청 직원인 사법경찰관리가 검사에 대한 수사보조자로서의 지위를 갖는다는 것은 형사소송법 제245조의9 제2항·제3항 참조.

> **형사소송법 제195조(검사와 사법경찰관의 관계 등)** ① 검사와 사법경찰관은 수사, 공소제기 및 공소유지에 관하여 서로 협력하여야 한다.
> **제245조의5(사법경찰관의 사건송치 등)** 사법경찰관은 고소·고발 사건을 포함하여 범죄를 수사한 때에는 다음 각 호의 구분에 따른다.
> 1. 범죄의 혐의가 있다고 인정되는 경우에는 지체 없이 검사에게 사건을 송치하고, 관계 서류와 증거물을 검사에게 송부하여야 한다.
> 2. 그 밖의 경우에는 그 이유를 명시한 서면과 함께 관계 서류와 증거물을 지체 없이 검사에게 송부하여야 한다. 이 경우 검사는 송부받은 날부터 90일 이내에 사법경찰관에게 반환하여야 한다.
> **수사준칙 제51조(사법경찰관의 결정)** ① 사법경찰관은 사건

을 수사한 경우에는 다음 각 호의 구분에 따라 결정해야 한다.
> 1. 법원송치
> 2. 검찰송치
> 3. 불송치 (이하 생략)
>
> **형사소송법 제245조의9(검찰청 직원)** ② 사법경찰관의 직무를 행하는 검찰청 직원은 검사의 지휘를 받아 수사하여야 한다.
> ③ 사법경찰리의 직무를 행하는 검찰청 직원은 검사 또는 사법경찰관의 직무를 행하는 검찰청 직원의 수사를 보조하여야 한다.

② (○) 공수처법 제21조 참조.

> **공수처법 제21조(수사처수사관의 직무)** ① 수사처수사관은 수사처검사의 지휘·감독을 받아 직무를 수행한다.
> ② 수사처수사관은 고위공직자범죄등에 대한 수사에 관하여 「형사소송법」 제197조 제1항에 따른 사법경찰관의 직무를 수행한다.
> **제2조(정의)** 이 법에서 사용하는 용어의 정의는 다음과 같다.
> 3. "고위공직자범죄"란 고위공직자로 재직 중에 본인 또는 본인의 가족이 범한 다음 각 목의 어느 하나에 해당하는 죄를 말한다. 다만, 가족의 경우에는 고위공직자의 직무와 관련하여 범한 죄에 한정한다. (중략)
> 4. "관련범죄"란 다음 각 목의 어느 하나에 해당하는 죄를 말한다.
>   가. 고위공직자와 「형법」 제30조부터 제32조까지의 관계에 있는 자가 범한 제3호 각 목의 어느 하나에 해당하는 죄 (이하 생략)
> 5. "고위공직자범죄등"이란 제3호와 제4호의 죄를 말한다.
> **형사소송법 제197조(사법경찰관리)** ① 경무관, 총경, 경정, 경감, 경위는 사법경찰관으로서 범죄의 혐의가 있다고 사료하는 때에는 범인, 범죄사실과 증거를 수사한다.

⑤ (○) 검찰청법 제4조 제2항 참조.

> **검찰청법 제4조(검사의 직무)** ② 검사는 자신이 수사개시한 범죄에 대하여는 공소를 제기할 수 없다. 다만, 사법경찰관이 송치한 범죄에 대하여는 그러하지 아니하다.

정답 ③·④

015 ✓ 유사 ◆◇◇　　　　　　　　　경찰 2014

다음은 전문수사자문위원에 대한 설명이다. 적절하지 않은 것은 모두 몇 개인가?

> ㉠ 검사는 공소제기 여부와 관련된 사실관계를 분명하게 하기 위하여 필요한 경우에는 직권이나 피의자 또는 변호인의 신청에 의하여 전문수사자문위원을 지정하여 수사절차에 참여하게 하고 자문을 들을 수 있다.
> ㉡ 전문수사자문위원은 전문적인 지식에 의한 설명 또는 의견을 기재한 서면을 제출하거나 전문적인 지식에 의하여 설명이나 의견을 진술할 수 있다. 이에 대해서 검사는 피의자 또는 변호인에게 구술 또는 서면에 의한 의견진술의 기회를 줄 수 있다.
> ㉢ 검사는 상당하다고 인정하는 때에는 전문수사자문위원의 지정을 취소할 수 있다.
> ㉣ 피의자 또는 변호인은 검사의 전문수사자문위원 지정에 대하여 관할 지방검찰청검사장에게 이의를 제기할 수 있다.

① 1개　　　　　　　② 2개
③ 3개　　　　　　　④ 4개

[해설]

㉠ (○) 제245조의2 제1항 참조.

> **제245조의2(전문수사자문위원의 참여)** ① 검사는 공소제기 여부와 관련된 사실관계를 분명하게 하기 위하여 필요한 경우에는 직권이나 피의자 또는 변호인의 신청에 의하여 전문수사자문위원을 지정하여 수사절차에 참여하게 하고 자문을 들을 수 있다.

㉡ (×) 제245조의2 제3항 참조.

> **제245조의2(전문수사자문위원의 참여)** ③ 검사는 제2항에 따라 전문수사자문위원이 제출한 서면이나 전문수사자문위원의 설명 또는 의견의 진술에 관하여 피의자 또는 변호인에게 구술 또는 서면에 의한 의견진술의 기회를 주어야 한다.

㉢ (○), ㉣ (×) 제245조의3 제2항·제3항 참조.

> **제245조의3(전문수사자문위원 지정 등)** ② 검사는 상당하다고 인정하는 때에는 전문수사자문위원의 지정을 취소할 수 있다.
> ③ 피의자 또는 변호인은 검사의 전문수사자문위원 지정에 대하여 관할 고등검찰청검사장에게 이의를 제기할 수 있다.

[정답] ②

---

016 ✓ 대표 ◆◆◇　　　　　　국가9급개론 2018

함정수사에 대한 설명으로 옳지 않은 것은? (다툼이 있는 경우 판례에 의함)

① 피고인이 본래 범의를 가지지 아니하였는데 수사기관의 사술 또는 계략으로 인해 범의를 일으켜 행위한 것으로 인정된다면 법원은 무죄판결을 하여야 한다.

② 구체적인 사건에서 위법한 함정수사에 해당하는지 여부는 해당 범죄의 종류와 성질, 유인자의 지위와 역할, 유인의 경위와 방법, 유인에 따른 피유인자의 반응, 피유인자의 처벌 전력 및 유인행위 자체의 위법성 등을 종합하여 판단하여야 한다.

③ 경찰관들이 노래방 단속실적을 올리기 위하여 평소 손님들에게 도우미 알선영업을 해왔다는 자료나 첩보가 없음에도 노래방에 손님을 가장하고 들어가 도우미를 불러줄 것을 재차 요구한 후 이를 단속하였다면 이는 위법한 함정수사에 해당한다.

④ 수사기관과 직접 관련이 없는 사인(私人)이 피고인에게 범죄의 실행을 부탁한 경우, 그로 인하여 피고인의 범의가 유발되었다 하더라도 이는 위법한 함정수사에 해당하지 아니한다.

[해설]

① (×) 판례는 공소기각판결설이다. "본래 범의를 가지지 아니한 자에 대하여 수사기관이 사술이나 계략 등을 써서 범의를 유발케 하여 범죄인을 검거하는 함정수사는 위법함을 면할 수 없고 이러한 함정수사에 기한 공소제기는 그 절차가 법률의 규정에 위반하여 무효인 때에 해당한다(대법원 2008.10.23, 2008도7362)."

② (○) 본래 범의를 가지지 아니한 자에 대하여 수사기관이 사술이나 계략 등을 써서 범의를 유발케 하여 범죄인을 검거하는 함정수사는 위법하다할 것인 바, 구체적인 사건에 있어서 위법한 함정수사에 해당하는지 여부는 해당 범죄의 종류와 성질, 유인자의 지위와 역할, 유인의 경위와 방법, 유인에 따른 피유인자의 반응, 피유인자의 처벌 전력 및 유인행위 자체의 위법성 등을 종합하여 판단하여야 하고, 따라서 유인자가 수사기관과 직접적인 관련을 맺지 아니한 상태에서 피유인자를 상대로 단순히 수차례 반복적으로 범행을 교사하였을 뿐, 수사기관이 사술이나 계략 등을 사용하였다고 볼 수 없는 경우는, 설령 그로 인하여 피유인자의 범의가 유발되었다 하더라도 위법한 함정수사에 해당하지 아니한다(대법원 2008.3.13, 2007도10804).

③ (○) 이 사건의 경우 경찰관들이 단속 실적을 올리기 위하여 손님을 가장하고 들어가 도우미를 불러 줄 것을 요구하였던 점, 피고인측은 평소 자신들이 손님들에게 도우미를 불러 준 적도 없으며, 더군다나 이 사건 당일 도우미를 불러달라는 다른 손님들이 있었으나 응하지 않고 모두 돌려보낸 바 있다고 주장하는데, 위 노래방이 평소 손님들에게 도우미 알선 영업을 해 왔다는 아무런 자료도 없는 점, 위 경찰관들도 그와 같은 제보나 첩보를 가지고 이 사건 노래방에 대한 단속을 한 것이 아닌 점, 위 경찰관들이 피고인측으로부터 한 차례 거절당하였으면서도 다시 위 노래방에 찾아가 도우미를 불러 줄 것을 요구하여 도우미가 오게 된 점

등 여러 사정들을 종합해 보면, 이 사건 단속은 수사기관이 사술이나 계략 등을 써서 피고인의 범의를 유발케 한 것으로서 위법하다(대법원 2008.10.23, 2008도7362).

④ (O) 유인자가 수사기관과 직접적인 관련을 맺지 아니한 상태에서 피유인자를 상대로 단순히 수차례 반복적으로 범행을 부탁하였을 뿐 수사기관이 사술이나 계략 등을 사용하였다고 볼 수 없는 경우는, 설령 그로 인하여 피유인자의 범의가 유발되었다 하더라도 위법한 함정수사에 해당하지 아니한다(대법원 2013.3.28, 2013도1473).

정답 ①

---

017 ⊘ 대표 ◆◆◇ 법원 2017

다음 설명 중 가장 옳지 않은 것은? (다툼이 있으면 판례에 의함)

① 범의를 가지지 아니한 자에 대하여 수사기관이 사술이나 계략 등을 써서 범의를 유발케 하여 범죄인을 검거하는 함정수사는 위법하다.

② 검사의 기소편의주의에 의한 재량권 행사에 따라 공소를 제기하였다고 하여 공소권을 남용한 경우에 해당한다고 할 수 없다.

③ 공소제기 전 불법구금의 위법사유가 있다고 하더라도 그 위법한 절차에 의하여 수집된 증거를 배제할 이유는 될지언정 공소제기의 절차 자체가 위법하여 무효인 경우에 해당한다고 볼 수 없다.

④ 위법한 함정수사에 기하여 공소가 제기된 경우 법원은 그 범죄의 증명이 없다고 보아 무죄판결을 선고하여야 한다.

해설

④ (×) 본래 범의를 가지지 아니한 자에 대하여 수사기관이 사술이나 계략 등을 써서 범의를 유발케 하여 범죄인을 검거하는 함정수사는 위법함을 면할 수 없고, 이러한 함정수사에 기한 공소제기는 그 절차가 법률의 규정에 위반하여 무효인 때에 해당한다(대법원 2008.10.23, 2008도7362). 따라서 공소기각판결을 선고하여야 한다.
① (O) 대법원 2008.10.23, 2008도7362
② (O) 대법원 1990.9.25, 90도1613
③ (O) 대법원 1996.5.14, 96도561

정답 ④

---

018 ⊘ 유사 ◆◇◇ 경찰2차 2022

함정수사에 관한 설명 중 가장 적절하지 않은 것은? (다툼이 있는 경우 판례에 의함)

① 물품반출 업무담당자 A가 물품을 밀반출하는 甲의 행위를 소속회사에 사전에 알리고 그 정확한 증거를 확보하기 위하여 甲의 밀반출행위를 묵인한 경우, 이는 함정수사에 해당하지 아니한다.

② 이미 마약류관리에 관한 법률 위반죄를 범한 甲을 검거하기 위하여 수사기관이 정보원을 이용하여 그를 검거장소로 유인하여 검거한 것에 불과한 경우, 이는 위법한 함정수사에 해당하지 아니한다.

③ A가 수사기관에 체포된 동거남의 석방을 위한 공적을 쌓기 위하여 B에게 필로폰 밀수입에 관한 정보제공을 부탁하면서 대가의 지급을 약속하고, 이에 B가 C에게, C가 甲에게 순차적으로 필로폰 밀수입을 권유하여, 이를 승낙하고 필로폰을 받으러 나온 甲이 체포된 경우, B와 C가 각자의 사적인 동기에 기하여 수사기관과 직접적인 관련이 없이 독자적으로 甲을 유인한 것으로서 위법한 함정수사에 해당하지 아니한다.

④ 함정수사가 위법하다고 평가받는 경우, 공소기각설은 수사기관이 제공한 범죄의 동기나 기회를 일반인이 뿌리칠 수 없었다는 범죄인 개인의 특수한 상황으로 인하여 가벌적 위법성이 결여된다는 점을 논거로 하여 공소기각의 판결을 선고하여야 한다고 본다.

해설

④ (×) 위법한 함정수사에 대하여 공소기각의 판결을 선고하여야 한다고 보는 견해는, 그 공소제기절차가 법률의 규정에 위반하여 무효임을 논거로 한다(공소기각판결설, 다수설·판례, 대법원 2005.10.28, 2005도1247).
[참고] 가벌적 위법성이 결여된다는 것은 무죄판결설(신동운)의 논거이다.
① (O) 대법원 1987.6.9, 87도915
② (O) 대법원 2007.7.26, 2007도4532
③ (O) 대법원 2007.11.29, 2007도7680

정답 ④

019 ✅ 유사 ◆◇◇   경찰1차 2022

함정수사에 관한 설명으로 가장 적절하지 않은 것은? (다툼이 있는 경우 판례에 의함)

① 수사기관과 직접 관련이 있는 유인자가 피유인자와의 개인적인 친밀관계를 이용하여 피유인자의 동정심이나 감정에 호소하거나, 금전적·심리적 압박이나 위협 등을 가하거나, 거절하기 힘든 유혹을 하거나, 또는 범행방법을 구체적으로 제시하고 범행에 사용될 금전까지 제공하는 등으로 과도하게 개입함으로써 피유인자로 하여금 범의를 일으키게 하는 것은, 위법한 함정수사에 해당하여 허용되지 않는다.

② 본래 범의를 가지지 아니한 자에 대하여 수사기관이 사술이나 계략 등을 써서 범의를 유발케 하여 범죄인을 검거하는 함정수사는 위법함을 면할 수 없고, 이러한 함정수사에 기한 공소제기는 그 절차가 법률의 규정에 위반하여 무효인 때에 해당한다.

③ 범의를 가진 자에 대하여 단순히 범행의 기회를 제공하거나 범행을 용이하게 하는 것에 불과한 수사방법도 경우에 따라 허용될 수 있다.

④ 아동·청소년의 성보호에 관한 법률에 의하면 사법경찰관리는 아동·청소년을 대상으로 하는 디지털 성범죄에 대해 신분비공개수사는 가능하지만, 신분위장수사는 위법한 함정수사로서 허용되지 않는다.

> **해설**

④ (×) 아동·청소년대상 디지털 성범죄에 대해서는 사법경찰관리는 신분비공개수사 및 신분위장수사를 할 수 있다(2021.3.23. 개정 청소년성보호법 제25조의2부터 제25조의9까지 신설).
[보충] 2021.3.23. 개정 아청법(시행 2021.9.24.)에서는, 텔레그램 n번방 사건과 같이 아동·청소년대상 '온라인 그루밍'의 경우, 성착취물의 제작 및 유포에 따른 파급효과가 극심하고 피해의 회복이 어려우므로, 이를 범죄행위로 규정하여 처벌하는 한편, <u>아동·청소년대상 디지털 성범죄를 사전에 예방하고 증거능력 있는 자료를 확보하기 위하여 사법경찰관리가 신분을 위장하여 수사할 수 있도록 수사 특례 규정을 마련하고 있다.</u> 이외에도, 아동·청소년의 성을 사기 위하여 권유·유인하는 경우의 법정형을 상향하고(동법 제13조 제2항), 아동·청소년에 대한 성적 착취를 목적으로 성적 욕망이나 수치심 또는 혐오감을 유발하는 대화를 지속적 또는 반복적으로 하는 행위 등의 처벌 규정을 마련하였으며(동법 제15조의2 신설), 아동·청소년성착취물 제작·수입·수출죄의 경우에는 「형사소송법」상 공소시효를 적용하지 아니하도록 하였다(동법 제20조 제4항 제2호).

> **청소년성보호법 제25조의2(아동·청소년대상 디지털 성범죄의 수사 특례)** ① 사법경찰관리는 다음 각 호의 어느 하나에 해당하는 범죄(이하 "디지털 성범죄"라 한다)에 대하여 <u>신분을 비공개하고 범죄현장(정보통신망을 포함한다) 또는 범인으로 추정되는 자들에게 접근하여 범죄행위의 증거 및 자료 등을 수집(이하 "신분비공개수사"라 한다)</u>할 수 있다.
> 1. 제11조 및 제15조의2의 죄
> 2. 아동·청소년에 대한 「성폭력범죄의 처벌 등에 관한 특례법」 제14조 제2항 및 제3항의 죄

> ② 사법경찰관리는 디지털 성범죄를 계획 또는 실행하고 있거나 실행하였다고 의심할 만한 충분한 이유가 있고, 다른 방법으로는 그 범죄의 실행을 저지하거나 범인의 체포 또는 증거의 수집이 어려운 경우에 한정하여 수사 목적을 달성하기 위하여 부득이한 때에는 다음 각 호의 행위(이하 "신분위장수사"라 한다)를 할 수 있다.
> 1. 신분을 위장하기 위한 문서, 도화 및 전자기록 등의 작성, 변경 또는 행사
> 2. 위장 신분을 사용한 계약·거래
> 3. 아동·청소년성착취물 또는 「성폭력범죄의 처벌 등에 관한 특례법」 제14조 제2항의 촬영물 또는 복제물(복제물의 복제물을 포함한다)의 소지, 판매 또는 광고

① (○) 대법원 2020.7.9, 2020도483
② (○), ③ (○) 대법원 2008.10.23, 2008도7362

> 정답 ④

020 ✅ 유사 ◆◆◇   경찰간부 2024

함정수사에 관한 설명으로 옳지 않은 것은? (다툼이 있는 경우 판례에 의함)

① 게임장에 잠복근무 중인 경찰관이 게임점수를 환전해 줄 것을 요구하여 피고인이 거절했음에도 지속적으로 요구하여 어쩔 수 없이 현금으로 환전해 준 것은 위법한 함정수사에 해당한다.

② 사법경찰관리가 「아동·청소년의 성보호에 관한 법률」에 따른 신분비공개수사를 하려는 때에는 사전에 상급 경찰관서 수사 부서장의 승인을 받아야 한다.

③ 사법경찰관리가 「아동·청소년의 성보호에 관한 법률」에 따른 신분위장수사를 하는 경우에 긴급을 요하는 때에는 법원의 허가 없이 신분위장수사를 개시할 수 있다.

④ 위법한 범의유발형 함정수사에 기초해 공소가 제기된 경우, 법원은 공소제기절차가 법률의 규정에 위반하여 무효인 때에 해당하므로 무죄판결을 선고해야 한다.

> **해설**

④ (×) 판례는 공소제기절차가 법률의 규정에 위반하여 무효인 때에 해당하므로, 공소기각판결을 하여야 한다는 입장이다(공소기각판결설, 반대견해로는 무죄판결설, 유죄판결설이 있음).
[판례] 범의를 가진 자에 대하여 단순히 범행의 기회를 제공하거나 범행을 용이하게 하는 것에 불과한 수사방법이 경우에 따라 허용될 수 있음은 별론으로 하고, 본래 범의를 가지지 아니한 자에 대하여 수사기관이 사술이나 계략 등을 써서 범의를 유발케 하여 범죄인을 검거하는 함정수사는 위법함을 면할 수 없고, 이러한 함정수사에 기한 공소제기는 그 절차가 법률의 규정에 위반하여 무효인 때에 해당한다(대법원 2005.10.28, 2005도1247).

① (○) 피고인이 2016.9.10. 이 사건 게임장에 잠복근무 중인 경찰관 공소외인으로부터 게임점수를 환전해 줄 것을 요구받고 거절하였음에도 위 공소외인의 지속적인 요구에 어쩔 수 없이 게임점수를 현금으로 환전해 준 것은 본래 범의를 가지지 않은 자에 대

하여 수사기관이 계략으로 범의를 유발하게 한 함정수사에 해당한다(대법원 2021.7.29, 2017도16810).

② (○) 청소년보호법 제25조의3 제1항 참조.

> **청소년보호법 제25조의3(아동·청소년대상 디지털 성범죄 수사 특례의 절차)** ① 사법경찰관리가 신분비공개수사를 진행하고자 할 때에는 사전에 상급 경찰관서 수사부서의 장의 승인을 받아야 한다. 이 경우 그 수사기간은 3개월을 초과할 수 없다.
> ② 제1항에 따른 승인의 절차 및 방법 등에 필요한 사항은 대통령령으로 정한다.
> ③ 사법경찰관리는 신분위장수사를 하려는 경우에는 검사에게 신분위장수사에 대한 허가를 신청하고, 검사는 법원에 그 허가를 청구한다.
> ④ 제3항의 신청은 필요한 신분위장수사의 종류·목적·대상·범위·기간·장소·방법 및 해당 신분위장수사가 제25조의2 제2항의 요건을 충족하는 사유 등의 신청사유를 기재한 서면으로 하여야 하며, 신청사유에 대한 소명자료를 첨부하여야 한다.
> ⑤ 법원은 제3항의 신청이 이유 있다고 인정하는 경우에는 신분위장수사를 허가하고, 이를 증명하는 서류(이하 "허가서"라 한다)를 신청인에게 발부한다.
> ⑥ 허가서에는 신분위장수사의 종류·목적·대상·범위·기간·장소·방법 등을 특정하여 기재하여야 한다.
> ⑦ 신분위장수사의 기간은 3개월을 초과할 수 없으며, 그 수사기간 중 수사의 목적이 달성되었을 경우에는 즉시 종료하여야 한다.
> ⑧ 제7항에도 불구하고 제25조의2 제2항의 요건이 존속하여 그 수사기간을 연장할 필요가 있는 경우에는 사법경찰관리는 소명자료를 첨부하여 3개월의 범위에서 수사기간의 연장을 검사에게 신청하고, 검사는 법원에 그 연장을 청구한다. 이 경우 신분위장수사의 총기간은 1년을 초과할 수 없다.

③ (○) 청소년보호법 제25조의4 제1항 참조.

> **청소년보호법 제25조의4(아동·청소년대상 디지털 성범죄에 대한 긴급 신분위장수사)** ① 사법경찰관리는 제25조의2 제2항의 요건을 구비하고, 제25조의3 제3항부터 제8항까지에 따른 절차를 거칠 수 없는 긴급을 요하는 때에는 법원의 허가 없이 신분위장수사를 할 수 있다.
> ② 사법경찰관리는 제1항에 따른 신분위장수사 개시 후 지체 없이 검사에게 허가를 신청하여야 하고, 사법경찰관리는 48시간 이내에 법원의 허가를 받지 못한 때에는 즉시 신분위장수사를 중지하여야 한다.
> ③ 제1항 및 제2항에 따른 신분위장수사 기간에 대해서는 제25조의3 제7항 및 제8항을 준용한다.

정답 ④

---

021 ✓ 유사 ◆◆◇ 경찰 2015 경찰2차 2019 유사

함정수사에 관한 다음 설명 중 옳은 것은 모두 몇 개인가? (다툼이 있으면 판례에 의함)

> ㉠ 유인자가 수사기관과 직접적인 관련을 맺지 아니한 상태에서 피유인자를 상대로 단순히 수차례 반복적으로 범행을 부탁하였을 뿐 수사기관이 사술이나 계략 등을 사용하였다고 볼 수 없는 경우라도, 그로 인하여 피유인자의 범의가 유발되었다면 위법한 함정수사에 해당한다.
> ㉡ 경찰관이 부축빼기 절도범을 단속하기 위하여 공원 인도에 쓰러져 있는 취객 근처에서 감시하고 있다가 마침 피고인이 나타나 취객을 부축하여 10m 정도를 끌고 가 지갑을 뒤지자 현장에서 체포하여 기소한 경우, 위법한 함정수사에 의한 공소제기이다.
> ㉢ 경찰관이 노래방의 도우미 알선 영업 단속 실적을 올리기 위하여 그에 대한 제보나 첩보가 없는데도 손님을 가장하고 들어가 도우미를 불러낸 경우 수사기관이 사술이나 계략 등을 써서 피고인의 범의를 유발케 한 것으로서 위법하다.
> ㉣ 수사기관이 피고인의 범죄사실을 인지하고도 피고인을 바로 체포하지 않고 추가 범행을 지켜보고 있다가 범죄사실이 많이 늘어난 뒤에야 피고인을 체포하였다는 사정만으로 피고인에 대한 수사와 공소제기가 위법하다거나 함정수사에 해당한다고 할 수 없다.
> ㉤ 위법한 함정수사에 기하여 공소를 제기한 경우 그 수사에 기하여 수집한 증거는 증거능력이 없다고 보아야 하므로 법원은 무죄판결을 하여야 한다.

① 1개
② 2개
③ 3개
④ 4개

해설

㉠ (×) 유인자가 수사기관과 직접적인 관련을 맺지 아니한 상태에서 피유인자를 상대로 단순히 수차례 반복적으로 범행을 부탁하였을 뿐 수사기관이 사술이나 계략 등을 사용하였다고 볼 수 없는 경우는, 설령 그로 인하여 피유인자의 범의가 유발되었다 하더라도 위법한 함정수사에 해당하지 아니한다(대법원 2007.7.12, 2006도2339). 수사기관과 직접 관련이 있는 유인자가 피유인자와의 개인적인 친밀관계를 이용하여 피유인자의 동정심이나 감정에 호소하거나, 금전적·심리적 압박이나 위협 등을 가하거나, 거절하기 힘든 유혹을 하거나, 또는 범행방법을 구체적으로 제시하고 범행에 사용할 금전까지 제공하는 등으로 과도하게 개입함으로써 피유인자로 하여금 범의를 일으키게 하는 것은 위법한 함정수사에 해당하여 허용되지 아니한다.

㉡ (×) 경찰관이 취객을 상대로 한 이른바 부축빼기 절도범을 단속하기 위하여, 공원 인도에 쓰러져 있는 취객 근처에서 감시하고 있다가, 마침 피고인이 나타나 취객을 부축하여 10m 정도를 끌고 가 지갑을 뒤지자 현장에서 체포하여 기소한 경우, 위법한 함정수사에 기한 공소제기가 아니다(대법원 2007.5.31, 2007도1903).

㉢ (○) 대법원 2008.10.23, 2008도7362

㉣ (○) 대법원 2007.6.29, 2007도3164

ⓜ (×) 본래 범의를 가지지 아니한 자에 대하여 수사기관이 사술이나 계략 등을 써서 범의를 유발케 하여 범죄인을 검거하는 함정수사는 위법함을 면할 수 없고, 이러한 함정수사에 기한 공소제기는 그 절차가 법률의 규정에(2020.12.8. 개정: 규정을) 위반하여 무효인 때에 해당한다(대법원 2005.10.28, 2005도1247). 공소기각판결

정답 ②

022 ✅ 유사 ◆◇◇ 경찰 2014 유사 경찰2차 2016

경찰관이 취객을 상대로 한 이른바 부축빼기 절도범을 단속하기 위하여, 공원 인도에 쓰러져 있는 취객 근처에서 감시하고 있다가, 마침 피고인이 나타나 취객을 부축하여 10m 정도를 끌고 가 지갑을 뒤지자 현장에서 체포하여 기소한 경우와 관련하여, 판례의 태도에 비추어 옳은 것(O)과 옳지 않은 것(×)을 바르게 연결한 것은?

> ⓐ 본래 범의를 가지지 아니한 자에 대하여 수사기관이 사술이나 계략 등을 써서 범의를 유발케 하여 범죄인을 검거하는 함정수사는 위법함을 면할 수 없고, ⓑ 이러한 함정수사에 기한 공소제기는 그 절차가 법률의 규정에 위반하여 무효인 때에 해당한다 할 것이지만, ⓒ 범의를 가진 자에 대하여 단순히 범행의 기회를 제공하는 것에 불과한 경우에는 위법한 함정수사라고 단정할 수 없다.

① ⓐ (×), ⓑ (O), ⓒ (O)
② ⓐ (O), ⓑ (×), ⓒ (O)
③ ⓐ (O), ⓑ (O), ⓒ (×)
④ ⓐ (O), ⓑ (O), ⓒ (O)

해설

④ ⓐ (O), ⓑ (O), ⓒ (O)
[판례] 본래 범의를 가지지 아니한 자에 대하여 수사기관이 사술이나 계략 등을 써서 범의를 유발케 하여 범죄인을 검거하는 함정수사는 위법함을 면할 수 없고, 이러한 함정수사에 기한 공소제기는 그 절차가 법률의 규정에(2020.12.8. 개정: 규정을) 위반하여 무효인 때에 해당한다 할 것이지만, 범의를 가진 자에 대하여 단순히 범행의 기회를 제공하는 것에 불과한 경우에는 위법한 함정수사라고 단정할 수 없다(대법원 2007.5.31, 2007도1903).

정답 ④

023 ✅ 유사 ◆◆◇ 국가7급 2016

위법한 함정수사에 해당하지 않는 것으로만 모두 묶은 것은? (다툼이 있는 경우 판례에 의함)

> ㄱ. 甲이 수사기관에 체포된 동거남의 석방을 위한 공적을 쌓기 위하여 乙에게 대가의 지급을 약속하며 도움을 부탁하였고, 이를 승낙한 乙은 마약수사관에게 연락하여 甲의 동거남을 석방해주는 조건으로 필로폰 밀수입에 관한 정보를 제공하기로 협의한 다음 丙에게 필로폰 밀수입을 권유하였고, 丙은 다시 丁에게 필로폰 밀수입을 권유하여 丁이 이를 승낙하고 필로폰을 받으러 나오자 乙의 연락을 받은 마약수사관이 丁을 체포한 경우
> ㄴ. 경찰관이 노래방의 도우미 알선 영업 단속 실적을 올리기 위하여 그에 대한 제보나 첩보가 없는데도 손님을 가장하고 노래방에 들어가 업주에게 도우미를 불러달라고 수차례 요청하여 업주가 도우미를 불러온 경우
> ㄷ. 취객을 상대로 한 이른바 부축빼기 절도범을 단속하기 위하여 경찰관이 공원 인도에 쓰러져 있는 취객 근처에서 감시하고 있다가, 마침 피의자가 나타나 취객을 부축하여 10m 정도를 끌고 가 지갑을 뒤지자 현장에서 체포한 경우

① ㄱ, ㄴ
② ㄱ, ㄷ
③ ㄴ, ㄷ
④ ㄱ, ㄴ, ㄷ

해설

ㄱ. (×) 甲이 수사기관에 체포된 동거남의 석방을 위한 공적을 쌓기 위하여 乙에게 필로폰 밀수입에 관한 정보제공을 부탁하면서 대가의 지급을 약속하고, 이에 乙이 丙에게, 丙은 丁에게 순차 필로폰 밀수입을 권유하여, 이를 승낙하고 필로폰을 받으러 나온 丁을 체포한 경우, 乙, 丙 등이 각자의 사적인 동기에 기하여 수사기관과 직접적인 관련이 없이 독자적으로 丁을 유인한 것으로서 위법한 함정수사에 해당하지 않는다(대법원 2007.11.29, 2007도7680).
ㄴ. (O) 경찰관이 노래방의 도우미 알선 영업 단속 실적을 올리기 위하여 그에 대한 제보나 첩보가 없는데도 손님을 가장하고 들어가 도우미를 불러낸 경우, 위법한 함정수사로서 공소제기가 무효인 때에 해당한다(대법원 2008.10.23, 2008도7362).
ㄷ. (×) 경찰관이 취객을 상대로 한 이른바 부축빼기 절도범을 단속하기 위하여, 공원 인도에 쓰러져 있는 취객 근처에서 감시하고 있다가, 마침 피고인이 나타나 취객을 부축하여 10m 정도를 끌고 가 지갑을 뒤지자 현장에서 체포하여 기소한 경우, 위법한 함정수사에 기한 공소제기가 아니다(대법원 2007.5.31, 2007도1903).

정답 ②

024 ✓ 대표 ◆◇◇　　　　　국가7급 2021

수사에 대한 설명으로 옳지 않은 것은? (다툼이 있는 경우 판례에 의함)

① 임의동행은 「경찰관 직무집행법」 제3조 제2항에 따른 행정경찰 목적의 경찰활동으로 행하여지는 것 외에도 「형사소송법」 제199조 제1항에 따라 범죄 수사를 위하여 오로지 피의자의 자발적인 의사에 의하여 이루어진 경우에도 가능하다.

② 범의를 가진 자에 대하여 단순히 범행의 기회를 제공하거나 범행을 용이하게 하는 것에 불과한 수사방법이 경우에 따라 허용될 수 있음은 별론으로 하고, 본래 범의를 가지지 아니한 자에 대하여 수사기관이 사술이나 계략 등을 써서 범의를 유발케 하여 범죄인을 검거하는 함정수사는 위법하므로 이러한 함정수사에 기한 공소제기에 대해 법원은 공소기각결정을 선고해야 한다.

③ 범죄의 인지는 실질적인 개념이므로 인지절차를 거치기 전에 범죄의 혐의가 있다고 보아 수사를 개시하는 행위를 한 때에 범죄를 인지한 것으로 보아야 하며, 그 뒤 범죄인지서를 작성하여 사건수리 절차를 밟은 때에 비로소 범죄를 인지하였다고 볼 것은 아니다.

④ 검사가 조사실에서 피의자를 신문할 때 도주, 자해 등의 위험이 없다면 교도관에게 피의자의 수갑 해제를 요청할 의무가 있고, 교도관은 이에 응하여야 한다.

해설

② (✕) 공소기각결정이 아니라 공소기각판결을 내려야 한다는 것이 판례이다(대법원 2008.10.23, 2008도7362).

① (○) 임의동행은 경찰관 직무집행법 제3조 제2항에 따른 행정경찰 목적의 경찰활동으로 행하여지는 것 외에도 형사소송법 제199조 제1항에 따라 범죄 수사를 위하여 수사관이 동행에 앞서 피의자에게 동행을 거부할 수 있음을 알려 주었거나 동행한 피의자가 언제든지 자유로이 동행과정에서 이탈 또는 동행장소로부터 퇴거할 수 있었음이 인정되는 등 오로지 피의자의 자발적인 의사에 의하여 이루어진 경우에도 가능하다(대법원 2020.5.14, 2020도398).

③ (○) 범죄의 인지는 실질적인 개념이므로 검사가 범죄의 혐의가 있다고 보아 수사를 개시하는 행위를 한 때에는 이때에 범죄를 인지한 것으로 보아야 하며, 그 뒤 범죄인지서를 작성하여 사건수리 절차를 밟은 때에 비로소 범죄를 인지하였다고 볼 것이 아니다. 따라서 이러한 인지절차를 밟기 전에 수사를 하였다고 하더라도, 그 수사가 장차 인지의 가능성이 전혀 없는 상태하에서 행해졌다는 등의 특별한 사정이 없는 한, 인지절차가 이루어지기 전에 수사를 하였다는 이유만으로 그 수사가 위법하다고 볼 수는 없고, 따라서 그 수사과정에서 작성된 피의자신문조서나 진술조서 등의 증거능력도 이를 부인할 수 없다(대법원 2001.10.26, 2000도2968).

④ (○) 대법원 2020.3.17, 2015모2357
[보충] 형사소송법 제417조는 검사 또는 사법경찰관의 '구금에 관한 처분'에 불복이 있으면 법원에 그 처분의 취소 또는 변경을 청구할 수 있다고 규정하고 있다. 검사 또는 사법경찰관이 보호장비 사용을 정당화할 예외적 사정이 존재하지 않음에도 구금된 피의자에 대한 교도관의 보호장비 사용을 용인한 채 그 해제를 요청하지 않는 경우에, 검사 및 사법경찰관의 이러한 조치를 형사소송법 제417조에서 정한 '구금에 관한 처분'으로 보지 않는다면 구금된 피의자로서는 이에 대하여 불복하여 침해된 권리를 구제받을 방법이 없게 된다. 따라서 검사 또는 사법경찰관이 구금된 피의자를 신문할 때 피의자 또는 변호인으로부터 보호장비를 해제해 달라는 요구를 받고도 거부한 조치는 형사소송법 제417조에서 정한 '구금에 관한 처분'에 해당한다고 보아야 한다(위 판례).

정답 ②

I 수사의 단서
II 불심검문

025 ✓ 대표 ◆◇◇　　　　　국가9급 2013

불심검문에 대한 설명으로 옳지 않은 것은?

① 경찰관은 어떠한 죄를 범하였거나 범하려 하고 있다고 의심할 만한 상당한 이유가 있는 자를 정지시켜 질문할 수 있고, 질문하기 위하여 부근의 경찰관서에 동행할 것을 요구할 수 있다.

② 경찰관이 불심검문을 위하여 질문하거나 동행을 요구할 경우 자신의 신분을 표시하는 증표를 제시하여야 하며, 동행의 경우에는 동행장소를 밝혀야 할 뿐만 아니라 변호인의 조력을 받을 권리가 있음을 고지하여야 한다.

③ 경찰관은 동행요구를 거절하는 대상자를 동행할 수 없고, 동행요구에 응한 대상자라도 6시간을 초과하여 경찰관서에 머물게 할 수 없다.

④ 경찰관은 불심검문을 위하여 질문을 할 때에는 흉기의 소지여부를 조사할 수 있고, 동행을 요구할 때에는 경찰장구를 사용할 수 있다.

해설

④ (✕) 경찰관이 동행을 요구할 때 당해인은 형사소송에 관한 법률에 의하지 않고는 신체를 구속당하지 아니하며 그 의사에 반하여 답변을 강요당하지 아니한다(경찰관 직무집행법 제3조 제7항). 경찰장구 사용은 강제수사에 해당하는 것으로 긴급체포, 현행범체포, 체포현장에서의 압수·수색 등을 제외하고는 원칙적으로 법관이 발부한 영장이 있어야 가능하다.

① (○) 경찰관 직무집행법 제3조 제1항·제2항

② (○) 경찰관 직무집행법 제3조 제4항·제5항

③ (○) 경찰관 직무집행법 제3조 제6항

정답 ④

026 ✓유사 ◆◇◇ 경찰2차 2016 경찰승진 2022 유사

「경찰관 직무집행법」상 불심검문에 대한 설명으로 가장 적절하지 않은 것은?

① 경찰관은 이미 행하여진 범죄나 행하여지려고 하는 범죄행위에 관한 사실을 안다고 인정되는 사람을 정지시켜 질문할 수 있다.

② 경찰관은 정지시킨 장소에서 질문을 하는 것이 그 사람에게 불리하거나 교통에 방해된다고 인정될 때에는 질문을 하기 위하여 가까운 경찰서·지구대·파출소 또는 출장소로 동행할 것을 요구할 수 있다.

③ 경찰관은 질문을 하거나 동행을 요구할 경우 자신의 신분을 표시하는 증표를 제시하면서 소속과 성명을 밝히고 질문이나 동행의 목적과 이유를 설명하여야 하며, 동행을 요구하는 경우에는 동행 장소를 밝혀야 한다.

④ 경찰관은 동행한 사람의 가족이나 친지 등에게 동행한 경찰관의 신분, 동행장소, 동행목적과 이유를 알리거나 본인으로 하여금 즉시 연락할 수 있는 기회를 주어야 하나, 변호인의 도움을 받을 권리가 있음을 알려야 할 필요는 없다.

[해설]

④ (×) 질문을 위한 동행요구를 받고 경찰서에 임의동행한 자에게는 변호인의 조력을 받을 수 있는 권리가 있음을 알려서, 변호인과의 접견교통권을 원활하게 행사할 수 있도록 하여야 한다(경찰관 직무집행법 제3조 제5항). 경찰관은 동행한 사람의 가족이나 친지 등에게 동행한 경찰관의 신분, 동행 장소, 동행 목적과 이유를 알리거나 본인으로 하여금 즉시 연락할 수 있는 기회를 주어야 하며, 변호인의 도움을 받을 권리가 있음을 알려야 한다.

① (○) 경찰관 직무집행법 제3조 제1항

② (○) 경찰관 직무집행법 제3조 제2항

③ (○) 경찰관 직무집행법 제3조 제4항

[정답] ④

027 ✓유사 ◆◇◇ 경찰간부 2022

「경찰관 직무집행법」 제3조에 따른 불심검문에 대한 설명으로 옳지 않은 것은? (다툼이 있는 경우 판례에 의함)

① 「경찰관 직무집행법」은 경찰관이 불심검문 대상자에 대하여 질문을 할 때 흉기 소지 여부를 조사할 수 있다고 규정하고 있을 뿐 흉기 이외의 소지품 검사에 대해서는 규정하고 있지 않다.

② 불심검문이 적법하기 위해서는 불심검문 대상자에게 「형사소송법」상 체포나 구속에 이를 정도의 혐의가 있어야 하는 것은 아니다.

③ 불심검문하는 사람이 경찰관이고 검문하는 이유가 자신의 범죄행위에 관한 것임을 불심검문을 당하는 자가 충분히 알고 있었다고 보이는 경우에는 경찰관이 불심검문을 당하는 자에게 신분증을 제시하지 않았다 하더라도 그 불심검문이 위법한 것은 아니다.

④ 불심검문 대상자 해당 여부는 사전에 알려진 정보나 전문지식을 기초로 하는 것이 아니라 불심검문 당시의 구체적 상황을 기초로 판단하여야 한다.

[해설]

④ (×) 경찰관 직무집행법의 목적, 법 제1조 제1항, 제2항, 제3조 제1항, 제2항, 제3항, 제7항의 내용 및 체계 등을 종합하면, 경찰관이 법 제3조 제1항에 규정된 대상자 해당 여부를 판단할 때에는 불심검문 당시의 구체적 상황은 물론 사전에 얻은 정보나 전문적 지식 등에 기초하여 불심검문 대상자인지를 객관적·합리적인 기준에 따라 판단하여야 한다(대법원 2014.2.27, 2011도13999).

① (○) 경찰관 직무집행법에 의하여 경찰관은 수상한 행동이나 그 밖의 주위 사정을 합리적으로 판단하여 볼 때 어떠한 죄를 범하였거나, 범하려 하고 있다고 의심할 만한 상당한 이유가 있는 사람이나 이미 행하여진 범죄나 행하여지려고 하는 범죄행위에 관한 사실을 안다고 인정되는 사람을 정지시켜 질문할 수 있고(동법 제3조 제1항), 질문을 할 때에 그 사람이 흉기를 가지고 있는지를 조사할 수 있다(동 제3항). 따라서 흉기 이외의 소지품 검사에 대해서는 규정하고 있지 않다.

[보충] 이에 흉기 이외의 소지품에 대한 조사가 가능한지와 관련하여 긍정설과 부정설이 대립하고 있는데, 참고로 필자는 긍정설의 입장이다(기본서 참조).

> **경찰관 직무집행법 제3조(불심검문)** ① 경찰관은 다음 각 호의 어느 하나에 해당하는 사람을 정지시켜 질문할 수 있다.
> 1. 수상한 행동이나 그 밖의 주위 사정을 합리적으로 판단하여 볼 때 어떠한 죄를 범하였거나 범하려 하고 있다고 의심할 만한 상당한 이유가 있는 사람
> 2. 이미 행하여진 범죄나 행하여지려고 하는 범죄행위에 관한 사실을 안다고 인정되는 사람
> ③ 경찰관은 제1항 각 호의 어느 하나에 해당하는 사람에게 질문을 할 때에 그 사람이 흉기를 가지고 있는지를 조사할 수 있다.

② (○) 경찰관이 법 제3조 제1항에 규정된 대상자 해당 여부를 판단할 때에는 불심검문 당시의 구체적 상황은 물론 사전에 얻은 정보나 전문적 지식 등에 기초하여 불심검문 대상자인지를 객관적·합리적인 기준에 따라 판단하여야 하나, 반드시 불심검문 대상자에게 형사소송법상 체포나 구속에 이를 정도의 혐의가 있을

것을 요한다고 할 수는 없다(대법원 2014.2.27, 2011도13999).
③ (○) 대법원 2014.12.11, 2014도7976

정답 ④

028 ✓ 유사 ◆◇◇

불심검문에 관한 설명 중 가장 적절한 것은? (다툼이 있는 경우 판례에 의함)

① 경찰관이 불심검문 대상자 해당 여부를 판단할 때에는 불심검문 당시의 구체적 상황은 물론 사전에 얻은 정보나 전문적 지식 등에 기초하여 그 대상자인지를 객관적·합리적 기준에 따라 판단하여야 하므로, 불심검문의 적법요건으로 불심검문 대상자에게 「형사소송법」상 체포나 구속에 이를 정도의 혐의가 있을 것을 요한다.

② 행정경찰 목적의 경찰활동으로 행하여지는 「경찰관 직무집행법」 제3조 제2항 소정의 질문을 위한 동행요구가 「형사소송법」의 규율을 받는 수사로 이어지는 경우에는 「형사소송법」 제199조 제1항 및 제200조 규정에 의하여야 한다.

③ 「경찰관 직무집행법」 제3조 제4항은 경찰관이 불심검문을 하고자 할 때에는 자신의 신분을 표시하는 증표를 제시하여야 한다고 규정하고 있고, 동법 시행령은 위 법에서 규정한 신분을 표시하는 증표가 경찰관의 공무원증이라고 규정하고 있으므로, 경찰관이 불심검문 과정에서 공무원증을 제시하지 않았다면 어떠한 경우라도 그 불심검문은 위법한 공무집행에 해당한다.

④ 「경찰관 직무집행법」 제3조 제6항은 불심검문에 관하여 임의동행한 사람을 6시간을 초과하여 경찰관서에 머물게 할 수 없다고 규정하고 있으므로, 대상자를 6시간 동안 경찰관서에 구금하는 것이 허용된다.

해설

② (○) 형사소송법 제199조 제1항에 의하여 수사관이 수사과정에서 당사자의 동의를 받는 형식으로 피의자를 수사관서 등에 동행하는 경우 및 제200조의 규정에 의하여 수사기관의 피의자의 임의적 출석을 요구하면서 일정 장소로의 동행을 요구하는 경우, 수사관이 동행에 앞서 피의자에게 동행을 거부할 수 있음을 알려주었거나 동행한 피의자가 언제든지 자유로이 동행과정에서 이탈 또는 동행장소로부터 퇴거할 수 있었음이 인정되는 등 <u>오로지 피의자의 자발적인 의사에 의하여 수사관서 등에의 동행이 이루어졌음이 객관적인 사정에 의하여 명백하게 입증된 경우에 한하여 그 적법성이 인정</u>된다. 한편 행정경찰 목적의 경찰활동으로 행하여지는 <u>경찰관 직무집행법 제3조 제2항 소정의 질문을 위한 동행요구도 형사소송법의 규율을 받는 수사로 이어지는 경우에는 역시 위에서 본 법리가 적용되어야 한다</u>(대법원 2006.7.6, 2005도6810).

제199조(수사와 필요한 조사) ① 수사에 관하여는 <u>그 목적을 달성하기 위하여 필요한 조사</u>를 할 수 있다. 다만, 강제처분은 이 법률에 특별한 규정이 있는 경우에 한하며, 필요한 최소한도의 범위 안에서만 하여야 한다. 〈개정 1995.12.29.〉
제200조(피의자의 출석요구) 검사 또는 사법경찰관은 <u>수사에 필요한 때에는 피의자의 출석을 요구하여 진술을 들을 수 있다.</u>

① (×) 경찰관 직무집행법의 목적, 법 제1조 제1항, 제2항, 제3조 제1항, 제2항, 제3항, 제7항의 내용 및 체계 등을 종합하면, 경찰관이 법 제3조 제1항에 규정된 대상자 해당 여부를 판단할 때에는 불심검문 당시의 구체적 상황은 물론 사전에 얻은 정보나 전문적 지식 등에 기초하여 불심검문 대상자인지를 객관적·합리적인 기준에 따라 판단하여야 하나, <u>반드시 불심검문 대상자에게 형사소송법상 체포나 구속에 이를 정도의 혐의가 있을 것을 요한다고 할 수는 없다</u>(대법원 2014.2.27, 2011도13999).

③ (×) 경찰관 직무집행법 제3조 제4항은 경찰관이 불심검문을 하고자 할 때에는 자신의 신분을 표시하는 증표를 제시하여야 한다고 규정하고, 경찰관 직무집행법 시행령 제5조는 위 법에서 규정한 신분을 표시하는 증표는 경찰관의 공무원증이라고 규정하고 있는데, 불심검문을 하게 된 경우, 불심검문 당시의 현장상황과 검문을 하는 경찰관들의 복장, 피고인이 공무원증 제시나 신분확인을 요구하였는지 여부 등을 종합적으로 고려하여, <u>검문하는 사람이 경찰관이고 검문하는 이유가 범죄행위에 관한 것임을 피고인이 충분히 알고 있었다고 보이는 경우에는 신분증을 제시하지 않았다고 하여 그 불심검문이 위법한 공무집행이라고 할 수 없다</u>(대법원 2014.12.11, 2014도7976).

④ (×) 임의동행은 상대방의 동의 또는 승낙을 그 요건으로 하는 것이므로 경찰관으로부터 임의동행 요구를 받은 경우 상대방은 이를 거절할 수 있을 뿐만 아니라 임의동행 후 언제든지 경찰관서에서 퇴거할 자유가 있다 할 것이고, <u>경찰관 직무집행법 제3조 제6항이 임의동행한 경우 당해인을 6시간을 초과하여 경찰관서에 머물게 할 수 없다고 규정하고 있다고 하여 그 규정이 임의동행한 자를 6시간 동안 경찰관서에 구금하는 것을 허용하는 것은 아니다</u>(대법원 1997.8.22, 97도1240).

정답 ②

III 변시자의 검시

029 ✓ 대표 ◆◇◇ 경찰2차 2020 변형

변사자에 대한 설명으로 가장 적절한 것은? (다툼이 있는 경우 판례에 의함)

① 변사자란 부자연한 사망으로서 그 사인이 분명하지 않은 자뿐만 아니라 범죄로 사망한 것이 명백한 자도 포함된다.

② 변사자는 수사의 단서로서 발견 즉시 수사가 개시된다.

③ 변사자 또는 변사의 의심있는 사체가 있는 때에는 그 소재지를 관할하는 지방검찰청 검사는 사법경찰관에게 검시를 명할 수 없으나, 검사와 사법경찰관은 변사자의 검시를 한 사건에 대하여 사건 종결 전에 수사할 사항 등에 관하여 상호 의견을 제시·교환하여야 한다.

④ 변사자 검시로 범죄의 혐의를 인정하고 긴급을 요할 때에는 검사는 영장없이 검증할 수 있으며, 이 경우 검사는 사법경찰관에게 위 처분을 명할 수 있다.

[해설]

④ (○) 변사자 검시로 범죄의 혐의를 인정하고 긴급을 요할 때에는 <u>영장 없이 검증할 수 있고</u>, 검사는 이러한 검시 후 영장 없는 긴급검증도 <u>사법경찰관에게 명하여 대행</u>하게 할 수 있다(대행검시, 제222조 제2항·제3항).

① (×) 형법 제163조의 변사자라 함은 부자연한 사망으로서 그 사인이 분명하지 않은 자를 의미하고 그 <u>사인이 명백한 경우는 변사자라 할 수 없으므로</u>, 범죄로 인하여 사망한 것이 명백한 자의 사체는 같은 법조 소정의 변사체검시방해죄의 객체가 될 수 없다(대법원 2003.6.27, 2003도1331).

② (×) 변사자의 검시는 수사의 일부분이 아니라 <u>수사의 단서에 불과</u>하므로, 검시로써 범죄의 혐의가 있다고 사료하여 이에 따른 행위를 외부적으로 행한 때에 수사가 개시된다.

③ (×) <u>검사는 사법경찰관에게 변사자 검시 및 검시 후 영장 없는 긴급검증을 명할 수 있다</u>(대행검시, 형사소송법 제222조 제3항). 따라서 전단이 틀렸다. 후단은 수사준칙 제17조 제4항의 내용으로 옳다.

> **형사소송법 제222조(변사자의 검시)** ① 변사자 또는 변사의 <u>의심 있는 사체</u>가 있는 때에는 그 소재지를 관할하는 <u>지방검찰청 검사</u>가 검시하여야 한다.
> ② 전항의 검시로 범죄의 혐의를 인정하고 긴급을 요할 때에는 영장없이 검증할 수 있다.
> ③ 검사는 사법경찰관에게 전2항의 처분을 명할 수 있다.
> **수사준칙 제17조(변사자의 검시 등)** ① 사법경찰관은 변사자 또는 변사한 것으로 의심되는 사체가 있으면 변사사건 발생사실을 검사에게 통보해야 한다.
> ② 검사는 법 제222조 제1항에 따라 검시를 했을 경우에는 검시조서를, 검증영장이나 같은 조 제2항에 따라 검증을 했을 경우에는 검증조서를 각각 작성하여 사법경찰관에게 송부해야 한다.
> ③ 사법경찰관은 법 제222조 제1항 및 제3항에 따라 검시를 했을 경우에는 검시조서를, 검증영장이나 같은 조 제2항 및 제3항에 따라 검증을 했을 경우에는 검증조서를 각각 작성하여 검사에게 송부해야 한다.

④ 검사와 사법경찰관은 법 제222조에 따라 변사자의 검시를 한 사건에 대해 사건 종결 전에 수사할 사항 등에 관하여 상호 의견을 제시·교환해야 한다.

[정답] ④

030 ✓ 유사 ◆◇◇ 해경승진 2022

다음 〈보기〉 중 변사자 검시에 관한 설명으로 옳은 것은 모두 몇 개인가?

> ㉠ 변사자의 검시는 수사가 아닌 수사의 단서에 불과하다.
> ㉡ 변사자의 검시는 검증과 유사하므로 유족의 동의가 없으면 판사의 영장을 발부받아 검시를 하여야 한다.
> ㉢ 「검사와 사법경찰관의 상호협력과 일반적 수사준칙에 관한 규정」 제17조 제1항에 의하면 사법경찰관리는 변사자 또는 변사의 의심이 있으면 관할 지방검찰청 또는 지청의 검사에게 보고하고 지휘를 받아야 한다. 단 긴급을 요하는 경우 그러하지 아니하다.
> ㉣ 변사자 또는 변사의 의심 있는 사체가 있는 때에는 그 소재지를 관할하는 사법경찰관이 검시하여야 한다.

① 없음   ② 1개
③ 2개   ④ 3개

[해설]

㉠ (○) 변사자의 검시는 수사의 단서에 불과하며, 검시를 통하여 범죄혐의가 인정되면 수사를 개시하게 된다.
[보충] 변사자의 검시는 수사 전의 처분이라는 점에서 수사가 개시된 이후의 처분인 수사상 검증과는 구별된다.

㉡ (×) 변사자의 검시는 변사자의 상황을 조사하는 것이므로 <u>수사의 단서에 불과하여 영장이 필요 없다.</u>
[보충] 나아가 변사자 검시 후 사체해부 등 검증처분은 수사개시 이후의 처분이므로 영장이 있어야 하나, 대상이 사체라는 특수성과 수사의 긴급성 때문에 영장주의의 예외가 인정된다(제222조 제2항 참조).

> **제222조(변사자의 검시)** ② 전항의 검시로 범죄의 혐의를 인정하고 긴급을 요할 때에는 영장없이 검증할 수 있다.

㉢ (×) <u>사법경찰관리의 변사자 검시에 관하여는 검사의 지휘를 요하지 않는다.</u> 즉, 사법경찰관은 변사자 또는 변사한 것으로 의심되는 사체가 있으면 변사사건 발생사실을 <u>검사에게 통보하여야 한다(수사준칙 제17조 제1항).</u>

> **수사준칙 제17조(변사자의 검시 등)** ① 사법경찰관은 변사자 또는 변사한 것으로 의심되는 사체가 있으면 변사사건 발생사실을 검사에게 통보해야 한다.

[참고] 위 지문은 종전의 대통령령(검사의 사법경찰관에 대한 수사지휘 및 사법경찰관리의 수사준칙에 관한 규정) 제51조의 사법경찰관리의 변사자의 검시에 관한 검사의 수사지휘 규정을 출제한 것으로 보인다. 이러한 변사자 검시에 관한 검사의 수사지휘 규정은 현재 존재하지 않는다.

ⓔ (×) 변사자 검시의 주체는 <u>지방검찰청 검사</u>이다. 제222조 제1항 참조.

> **제222조(변사자의 검시)** ① 변사자 또는 변사의 의심 있는 사체가 있는 때에는 그 소재지를 관할하는 <u>지방검찰청검사</u>가 검시하여야 한다.

[보충] 검사는 사법경찰관에게 검시를 명할 수 있다(대행검시, 동 제2항).

정답 ②

Ⅳ 고소

031 ✅ 대표 ◆◆◇
경찰경채 2023

고소권자에 관한 설명으로 가장 적절한 것은? (다툼이 있는 경우 판례에 의함)

① 구 「컴퓨터프로그램 보호법」 제48조는 '프로그램저작권자 또는 프로그램배타적발행권자' 등의 고소가 있어야 공소를 제기할 수 있다고 규정하고 있는데, 프로그램저작권이 명의신탁된 경우 제3자의 침해행위에 대한 고소권자는 명의신탁자이다.

② 피해자의 법정대리인은 피해자의 고소권 소멸 여부에 관계없이 고소할 수 있지만, 피해자의 명시한 의사에 반해서는 행사할 수 없다.

③ 법원이 선임한 부재자 재산관리인이 그 관리대상인 부재자의 재산에 대한 범죄행위에 관하여 법원으로부터 고소권 행사에 관한 허가를 얻은 경우, 「형사소송법」 제225조 제1항에서 정한 법정대리인으로서 적법한 고소권자에 해당한다.

④ 특정 캐릭터의 국내 상품화를 위하여 저작재산권자와 사이에 저작물의 이용허락계약을 체결한 사람은 저작재산권침해에 관하여 독자적으로 고소할 수 있다.

해설

③ (○) 대법원 2022.5.26, 2021도2488
① (×) 구 컴퓨터프로그램 보호법(2009.4.22. 법률 제9625호 저작권법 부칙 제2조로 폐지, 이하 같다) 제48조는 '프로그램저작권자 또는 프로그램배타적발행권자' 등의 고소가 있어야 공소를 제기할 수 있다고 규정하고 있는데, 프로그램저작권이 명의신탁된 경우 <u>대외적인 관계에서는 명의수탁자만이 프로그램저작권자이므로 제3자의 침해행위에 대한 구 컴퓨터프로그램 보호법 제48조에서 정한 고소 역시 명의수탁자만이 할 수 있다</u>(대법원 2013.3.28, 2010도8467).
② (×) 형사소송법 제225조 제1항이 규정한 법정대리인의 고소권은 무능력자의 보호를 위하여 법정대리인에게 주어진 고유권이므로, <u>법정대리인은 피해자의 고소권 소멸 여부에 관계없이 고소할 수 있고, 이러한 고소권은 피해자의 명시한 의사에 반하여도 행사할 수 있다</u>(대법원 1999.12.24, 99도3784).
④ (×) 피고인들에 대한 이 부분 공소는 피해자(저작재산권자)의 고소가 있어야 논할 사건이고, <u>저작재산권자와 사이에 국내 상품화 계약을 체결한 사람은 저작재산권침해행위에 대하여 독자적으로 고소할 수 있는 권한이 없어</u> 고소권자에 의한 적법한 고소가 없는 사건이다(대법원 2006.12.22, 2005도4002).

정답 ③

032 ✅ 대표 ◆◆◇
국가7급 2020

고소 등에 대한 설명으로 옳은 것은? (다툼이 있는 경우 판례에 의함)

① 반의사불벌죄에 있어서 성인인 피해자가 교통사고로 인해 의식을 회복하지 못하여 처벌희망 여부에 관한 의사표시를 할 수 있는 소송능력이 있다고 할 수 없는 경우, 피해자의 부모가 피해자를 대리하여 처벌을 희망하지 아니한다는 의사를 표시하면 처벌할 수 없다.

② 반의사불벌죄에 있어서 미성년자인 피해자는 의사능력이 있더라도 단독으로는 처벌을 희망하는 의사표시를 할 수 없고 법정대리인의 동의가 있어야 한다.

③ 「형사소송법」 제230조 제1항(고소기간)의 '범인을 알게 된'은 통상인의 입장에서 보아 고소권자가 고소를 할 수 있을 정도로 범죄사실과 범인을 아는 것을 의미하고, 여기서 범죄사실을 안다는 것은 고소권자가 친고죄에 해당하는 범죄의 피해가 있었다는 사실관계에 관하여 확정적인 인식이 있음을 말한다.

④ 고소인이 사건 당일 범죄사실을 신고하면서 현장에 출동한 경찰관에게 고소장을 교부하였다면, 그 후 경찰서에 도착하여 최종적으로 고소장을 접수시키지 아니하기로 결심하고 고소장을 반환받았더라도 고소의 효력이 발생된다.

해설

③ (○) 대법원 2001.10.9, 2001도3106
① (×) 피해자가 의식을 회복하지 못하고 있는 이상 피해자에게 반의사불벌죄에서 처벌희망 여부에 관한 의사표시를 할 수 있는 소송능력이 있다고 할 수 없고, 피해자의 아버지가 피해자를 대리하여 피고인에 대한 처벌을 희망하지 아니한다는 의사를 표시하는 것 역시 허용되지 아니할 뿐만 아니라 <u>피해자가 성년인 이상 의사능력이 없다는 것만으로 피해자의 아버지가 당연히 법정대리인이 된다고 볼 수도 없으므로</u>, 피해자의 아버지가 피고인에 대한 처벌을 희망하지 아니한다는 의사를 표시하였더라도 그것이 반의사불벌죄에서의 처벌희망 여부에 관한 피해자의 의사표시로서 소송법적으로 효력이 발생할 수는 없다(대법원 2013.9.26, 2012도568). [보충] <u>제26조가 적용되는 경우도 아님.</u>
② (×) 청소년의 성보호에 관한 법률 제16조에 규정된 반의사불벌죄라고 하더라도, 피해자인 청소년에게 의사능력이 있는 이상, 단독으로 피고인 또는 피의자의 처벌을 희망하지 않는다는 의사표시 또는 처벌희망 의사표시의 철회를 할 수 있고, 거기에 법정대리인의 동의가 있어야 하는 것으로 볼 것은 아니다(대법원 2009.11.19, 2009도6058 전원합의체).
④ (×) 비록 고소인이 사건 당일 간통의 범죄사실을 신고하면서 현장에 출동한 경찰관에게 고소장을 교부하였다고 하더라도, <u>송파경찰서에 도착하여 최종적으로 고소장을 접수시키지 아니하기로 결심하고 고소장을 반환받은 것이라면, 고소장이 수사기관에 적법하게 수리되어 고소의 효력이 발생되었다고 할 수 없다</u>(나아가 고소인이 당시 피고인들에 대하여 처벌 불원의 의사를 표시하였다고 하더라도, 애초 적법한 고소가 없었던 이상, 그로부터 3개월이 지나 제기된 이 사건 고소가 재고소의 금지를 규정한 형사소송법 제232조 제2항에 위반된다고 볼 수도 없음)(대법원 2008.11.27, 2007도4977).

정답 ③

033 ✓ 대표 ◆◆◇ | 경찰2차 2020 유사 | 법원9급 2018

고소에 관한 설명 중 가장 옳지 않은 것은? (다툼이 있는 경우 판례에 의하고, 전원합의체 판결의 경우 다수의견에 의함)

① 자기 또는 배우자의 직계존속을 고소하지 못하지만, 형법 제298조의 강제추행죄의 경우에는 자기 또는 배우자의 직계존속을 고소할 수 있다.

② A와 B가 2012.3.1. 함께 C를 강제추행하여 C가 A와 B를 성폭력범죄의 처벌 등에 관한 특례법 제4조 제2항의 특수강제추행죄로 고소하였는데, 검사가 A에 대하여 형법 제298조의 강제추행죄로 기소한 경우에, C가 B에 대한 고소를 취소하였다면 고소취소의 효력이 A에게도 미쳐 공소기각의 판결을 하여야 한다.

③ 제1심 법원이 반의사불벌죄로 기소된 피고인에 대하여 소송촉진 등에 관한 특례법 제23조에 따라 피고인의 진술 없이 유죄를 선고하여 판결이 확정된 경우 피고인이 같은 법 제23조의2에 따른 재심청구를 한 경우에는 피해자는 재심의 제1심 판결 선고 전까지 처벌을 희망하는 의사표시를 철회할 수 있다.

④ 위 ③항의 경우에, 피고인이 소송촉진 등에 관한 특례법 제23조의2에 따른 재심청구가 아니라 형사소송법 제345조에 의한 항소권회복청구를 하여 항소심 재판을 받게 된 경우에도 재심을 신청한 경우와의 형평성을 고려하여 항소심 판결이 선고되기 전까지는 피해자가 처벌을 희망하는 의사표시를 철회할 수 있다.

해설

④ (×) 피고인이 제1심 법원에 소송촉진법 제23조의2에 따른 재심을 청구하는 대신 항소권회복청구를 함으로써 항소심 재판을 받게 되었다면 항소심을 제1심이라고 할 수 없는 이상 항소심 절차에서는 처벌을 희망하는 의사표시를 철회할 수 없다(대법원 2016. 11.25, 2016도9470).

① (○) 자기 또는 배우자의 직계존속을 고소하지 못한다(제224조). 성폭력범죄에 대하여는 「형사소송법」 제224조(고소의 제한) 및 「군사법원법」 제266조에도 불구하고 자기 또는 배우자의 직계존속을 고소할 수 있다(성폭력처벌법 제18조).

② (○) 범죄 당시에 강제추행죄는 친고죄였고, 친고죄의 공범 중 그 1인 또는 수인에 대한 고소 또는 그 취소는 다른 공범자에 대하여도 효력이 있으므로(233조), 지문은 옳다. 참고로 형법 부칙(〈제11574호, 2012.12.18〉 제1조(시행일) 이 법은 공포 후 6개월이 경과한 날부터 시행한다. 제2조(친고죄 폐지에 관한 적용례) 제296조 및 제306조의 개정규정은 이 법 시행 후 최초로 저지른 범죄부터 적용한다)에 따라 2013.6.19 이후에는 개정형법이 적용되어 강제추행죄는 친고죄가 아니다.

③ (○) 제1심 법원이 반의사불벌죄로 기소된 피고인에 대하여 소송촉진 등에 관한 특례법(이하 '소송촉진법'이라고 한다) 제23조에 따라 피고인의 진술 없이 유죄를 선고하여 판결이 확정된 경우, 만일 피고인이 책임을 질 수 없는 사유로 공판절차에 출석할 수 없었음을 이유로 소송촉진법 제23조의2에 따라 제1심 법원에 재심을 청구하여 재심개시결정이 내려졌다면 피해자는 재심의 제1심 판결 선고 전까지 처벌을 희망하는 의사표시를 철회할 수 있다(대법원 2016.11.25, 2016도9470).

정답 ④

034 ✓ 대표 ◆◆◇ | 경찰간부 2023

고소에 관한 설명으로 옳은 것을 모두 고른 것은? (다툼이 있는 경우 판례에 의함)

가. 고소는 어떤 범죄사실 등이 구체적으로 특정되어야 하는데, 그 특정의 정도는 범인의 동일성을 식별할 수 있을 정도로 인식하면 족하고 범인의 성명이 불명 또는 오기가 있었다거나, 범행일시·장소·방법 등이 명확하지 않거나 틀리는 것이 있다고 하더라도 고소의 효력에는 영향이 없다.

나. 법원이 선임한 부재자 재산관리인은 관리대상재산에 관한 범죄행위에 대하여 법원으로부터 고소권행사 허가를 받은 경우, 독립하여 고소권을 가지는 법정대리인에 해당한다.

다. 고소조서는 반드시 독립된 조서일 필요가 없으므로 참고인으로 조사하는 과정에서 고소권자가 처벌을 희망하는 의사표시를 하고 그 의사표시가 참고인진술조서에 기재된 경우에도 고소는 유효하나, 다만 그러한 의사표시가 사법경찰관의 질문에 답하는 형식으로 이루어진 것은 유효하지 않다.

라. 친고죄 피해자 A의 법정대리인 甲의 고소기간은 甲이 범인을 알게 된 날로부터 진행하고, A가 변호사 乙을 선임하여 乙이 고소를 제기한 경우에는 乙이 범인을 알게 된 날부터 고소기간이 기산된다.

마. 관련 민사사건에서 제1심판결 선고 전에 '이 사건과 관련하여 서로 상대방에 대하여 제기한 형사고소 사건의 일체를 모두 취하한다'는 내용이 포함된 조정이 성립되었다면, 조정성립 후 고소인이 제1심 법정에서 여전히 피고인의 처벌을 원한다는 취지로 진술하더라도 고소를 취소한 것으로 볼 수 있다.

① 가, 나
② 가, 나, 다
③ 다, 라, 마
④ 가, 나, 라, 마

해설

① 가, 나

가. (○) 고소는 범죄의 피해자등이 수사기관에 대하여 범죄사실을 신고하여 범인의 소추처벌을 구하는 의사표시이므로 그 범죄사실 등이 구체적으로 특정되어야 할 것이나, 그 특정의 정도는 고소인의 의사가 수사기관에 대하여 일정한 범죄사실을 지정·신고하여 범인의 소추처벌을 구하는 의사표시가 있었다고 볼 수 있을 정도면 그것으로 충분하고, 범인의 성명이 불명이거나 또는 오기가 있었다거나 범행의 일시·장소·방법 등이 명확하지 않거나 틀리는 것이 있다고 하더라도 그 효력에는 아무 영향이 없다(대법원 1984.10.23, 84도1704).

나. (○) 법원이 선임한 부재자 재산관리인이 그 관리대상인 부재자의 재산에 대한 범죄행위에 관하여 법원으로부터 고소권 행사에 관한 허가를 얻은 경우 부재자 재산관리인은 형사소송법 제225조 제1항에서 정한 법정대리인으로서 적법한 고소권자에 해당한다고 보아야 한다(대법원 2022.5.26, 2021도2488).

다. (×) 피해자는 2008.1.31. 수사기관에서 피해자로 조사받으면서 피고인이 이 부분 공소사실과 같이 위 피해자를 강제추행한 사실 등을 진술함과 아울러 피고인의 처벌을 요구하는 의사표시를 하였고 그 의사표시가 당시 작성된 진술조서에 기재되어 있음을 알 수 있으므로, 이 부분 공소사실에 관하여 적법한 고소가 있었다 할 것이고, 위 피해자의 의사표시가 경찰관의 질문에 답변하는 방식으로 이루어졌다 하여 달리 볼 것은 아니다(대법원 2009.7.9, 2009도3860).

라. (×) 친고죄 피해자 A의 법정대리인 甲의 고소기간은 甲이 범인을 알게 된 날로부터 진행하고(아래 판례 1), A가 변호사 乙(대리인)을 선임하여 乙이 고소를 제기한 경우에는, A가 범인을 알게 된 날부터 고소기간이 기산된다(아래 판례 2).

[판례 1] 형사소송법 제225조 제1항이 규정한 법정대리인의 고소권은 무능력자의 보호를 위하여 법정대리인에게 주어진 고유권이어서 피해자의 고소권 소멸 여부에 관계없이 고소할 수 있는 것이며, 그 고소기간은 법정대리인 자신이 범인을 알게 된 날부터 진행한다(대법원 1984.9.11, 84도1579).

[판례 2] 형사소송법 제236조의 대리인에 의한 고소의 경우, 대리권이 정당한 고소권자에 의하여 수여되었음이 실질적으로 증명되면 충분하고, 그 방식에 특별한 제한은 없으므로, 고소를 할 때 반드시 위임장을 제출한다거나 '대리'라는 표시를 하여야 하는 것은 아니고, 또 고소기간은 대리고소인이 아니라 정당한 고소권자를 기준으로 고소권자가 범인을 알게 된 날부터 기산한다(대법원 2001.9.4, 2001도3081).

마. (×) 관련 민사사건에서 '이 사건과 관련하여 서로 상대방에 대하여 제기한 형사고소 사건 일체를 모두 취하한다'는 내용이 포함된 조정이 성립된 것만으로는 고소취소나 처벌불원의 의사표시를 한 것으로 보기 어렵다(대법원 2004.3.25, 2003도8136).

정답 ①

---

035 ✓ 대표 ◆◆◇ 국가7급 2017 국가9급 2022 유사

친고죄의 고소에 대한 설명으로 옳지 않은 것은? (다툼이 있는 경우 판례에 의함)

① 구술에 의한 고소를 받은 수사기관은 조서를 작성하여야 하지만 그 조서가 독립된 조서일 필요는 없으며, 수사기관이 고소권자를 증인 또는 피해자로서 신문한 경우에 그 진술에 범인의 처벌을 요구하는 의사표시가 포함되어 있고 그 의사표시가 조서에 기재되면 고소는 적법하다.

② 고소인이 현장에 출동한 경찰관에게 고소장을 교부하였으나 경찰서에 도착하여 최종적으로 고소장을 접수하지 아니하기로 마음먹고 고소장을 반환받았다면, 고소장이 수사기관에 적법하게 수리되었다고 할 수 없다.

③ 항소심에서 비로소 공소사실이 친고죄로 변경된 경우 항소심에서 고소인이 고소를 취소하면 이는 친고죄에 대한 고소취소로서 유효하다.

④ 고소권자가 피고인의 처벌을 구하는 의사를 철회한다는 취지의 합의서를 제1심 법원에 제출하였다면 그 고소는 적법하게 취소되었다고 할 것이고, 그 후 고소취소를 철회하는 의사표시를 다시 하여도 그 의사표시는 효력이 없다.

해설

③ (×) 항소심에서 비로소 공소사실이 친고죄로 변경된 경우, 항소

심에서의 고소취소가 친고죄에 대한 고소취소로서의 효력이 있는지 여부(소극)(대법원 2007.3.15, 2007도210).

① (○) 친고죄에서 고소는, 고소권 있는 자가 수사기관에 대하여 범죄사실을 신고하고 범인의 처벌을 구하는 의사표시로서 서면뿐만 아니라 구술로도 할 수 있고, 다만 구술에 의한 고소를 받은 검사 또는 사법경찰관은 조서를 작성하여야 하지만 그 조서가 독립된 조서일 필요는 없으며, 수사기관이 고소권자를 증인 또는 피해자로서 신문한 경우에 그 진술에 범인의 처벌을 요구하는 의사표시가 포함되어 있고 그 의사표시가 조서에 기재되면 고소는 적법하다(대법원 2011.6.24, 2011도4451).

② (○) 고소는 범죄의 피해자 기타 고소권자가 수사기관에 대하여 범죄사실을 신고하여 범인의 소추를 구하는 의사표시를 말하는 것으로서, 단순한 피해사실의 신고는 소추·처벌을 구하는 의사표시가 아니므로 고소가 아니다(대법원 2008.11.27, 2007도4977).

(판결이유 중) … 고소인이 … 현장에 출동한 경찰관에게 고소장을 교부하였다고 하더라도, 송파경찰서에 도착하여 최종적으로 고소장을 접수시키지 아니하기로 결심하고 고소장을 반환받은 것이라면, 고소장이 수사기관에 적법하게 수리되어 고소의 효력이 발생되었다고 할 수 없다 …

④ (○) 고소권자의 고소취소 의사표시의 방법 및 효력(대법원 2009.9.24, 2009도6779).

(판결이유 중) … 피고인의 처벌을 구하는 의사를 철회한다는 의사로 합의서를 제1심법원에 제출하였다고 할 것이므로 … 그 후 … 고소취소를 철회하는 의사표시를 하였다고 하여도 그것은 아무런 효력이 없다 …

정답 ③

---

036 ✓ 대표 ◆◆◇ 경찰3차 2018 유사 법원 2015

고소에 관한 다음 설명 중 가장 옳지 않은 것은? (다툼이 있는 경우 판례에 의함)

① 고소는 제1심 판결 선고 전까지 취소할 수 있다.

② 절대적 친고죄의 공범 중 1인 또는 수인에 대한 고소 또는 그 취소는 다른 공범자에 대하여도 효력이 있다.

③ 고소의 주관적 불가분의 원칙을 규정한 형사소송법 제233조의 규정은 반의사불벌죄에도 준용된다.

④ 항소심에서 공소장변경 또는 법원의 직권에 의하여 비친고죄를 친고죄로 인정한 경우에도, 항소심에서의 고소취소는 제1심판결 선고 이후에 해당하므로 그 효력이 없다.

해설

③ (×) 형사소송법이 고소와 고소취소에 관한 규정을 하면서 제232조 제1항, 제2항에서 고소취소의 시한과 재고소의 금지를 규정하고 제3항에서는 반의사불벌죄에 제1항, 제2항의 규정을 준용하는 규정을 두면서도, 제233조에서 고소와 고소취소의 불가분에 관한 규정을 함에 있어서는 반의사불벌죄에 이를 준용하는 규정을 두지 아니한 것은 처벌을 희망하지 아니하는 의사표시나 처벌을 희망하는 의사표시의 철회에 관하여 친고죄와는 달리 공범자간에 불가분의 원칙을 적용하지 아니하고자 함에 있다고 볼 것이지, 입법의 불비로 볼 것은 아니다(대법원 1994.4.26, 93도1689).

① (O) 제232조 제1항 참조.

> **제232조(고소의 취소)** ① 고소는 제1심 판결 선고 전까지 취소할 수 있다.

② (O) 제233조 참조.

> **제233조(고소의 불가분)** 친고죄의 공범 중 그 1인 또는 수인에 대한 고소 또는 그 취소는 다른 공범자에 대하여도 효력이 있다.

④ (O) 항소심에서 공소장의 변경에 의하여 또는 공소장변경절차를 거치지 아니하고 법원 직권에 의하여 친고죄가 아닌 범죄를 친고죄로 인정하였더라도 항소심을 제1심이라 할 수는 없는 것이므로, <u>항소심에 이르러 비로소 고소인이 고소를 취소하였다면 이는 친고죄에 대한 고소취소로서의 효력은 없다</u>(대법원 1999.4.15, 96도1922 전원합의체).

정답 ③

---

037 ✓대표 ◆◆◇ 　법원 2017

고소에 관한 다음 설명 중 가장 옳지 않은 것은? (다툼이 있으면 판례에 의함)

① 친고죄에 있어서의 고소는 고소권 있는 자가 수사기관에 대하여 범죄사실을 신고하고 범인의 처벌을 구하는 의사표시로서 서면뿐만 아니라 구술로도 할 수 있는 것이고, 다만, 구술에 의한 고소를 받은 검사 또는 사법경찰관은 조서를 작성하여야 하지만 그 조서가 독립된 조서일 필요는 없다.

② 고소를 할 때는 소송행위능력, 즉 고소능력이 있어야 하는데, 민법상 행위능력이 없는 사람은 고소능력이 인정될 수 없다.

③ 친고죄에서 적법한 고소가 있었는지는 자유로운 증명의 대상이 되고, 일죄의 관계에 있는 범죄사실 일부에 대한 고소의 효력은 일죄 전부에 대하여 미친다.

④ 범행 당시 고소능력이 없던 피해자가 그 후에 비로소 고소능력이 생겼다면 그 고소기간은 고소능력이 생긴 때로부터 기산하여야 한다.

해설

② (✗) 고소능력은 피해를 입은 사실을 이해하고 고소에 따른 사회생활상의 이해관계를 알아차릴 수 있는 사실상의 의사능력으로 충분하므로, 민법상 행위능력이 없는 사람이라도 위와 같은 능력을 갖추었다면 고소능력이 인정된다(대법원 2011.6.24, 2011도4451).

① (O) 친고죄에서 고소는, 고소권 있는 자가 수사기관에 대하여 범죄사실을 신고하고 범인의 처벌을 구하는 의사표시로서 서면뿐만 아니라 구술로도 할 수 있고, 다만, 구술에 의한 고소를 받은 검사 또는 사법경찰관은 조서를 작성하여야 하지만 그 조서가 독립된 조서일 필요는 없으며, 수사기관이 고소권자를 증인 또는 피해자로서 신문한 경우에 그 진술에 범인의 처벌을 요구하는 의사표시가 포함되어 있고 그 의사표시가 조서에 기재되면 고소는 적법하다(대법원 2011.6.24, 2011도4451).

③ (O) 대법원 2011.6.24, 2011도4451
④ (O) 대법원 1995.5.9, 95도696

정답 ②

---

038 ✓대표 ◆◆◇ 　국가7급 2015

고소에 대한 설명으로 옳은 것을 모두 고른 것은? (다툼이 있는 경우 판례에 의함)

> ㄱ. 수사기관이 고소권자를 증인 또는 피해자로서 신문하였는데 그중 범인 처벌을 요구하는 고소권자의 의사표시가 조서에 기재된 경우 이를 적법한 고소로 볼 수 있다.
> ㄴ. 대리인에 의한 고소의 경우 구술에 의한 방식으로 고소할 수 없으며, 대리권이 정당한 고소권자에 의하여 수여되었음이 반드시 위임장이나 대리의 표시를 통해 증명되어야 한다.
> ㄷ. 간음 목적 미성년자 약취 범행 당시 피해자가 11세 남짓한 초등학교 6학년생이었다면 미성년자로서 민법상 행위능력이 없는 사람이므로 고소능력이 없다.
> ㄹ. 친고죄에서 적법한 고소가 있었는지는 자유로운 증명의 대상이고, 일죄의 관계에 있는 범죄사실 일부에 대한 고소의 효력은 일죄 전부에 미친다.

① ㄱ, ㄴ　　　　　② ㄱ, ㄷ
③ ㄱ, ㄹ　　　　　④ ㄴ, ㄹ

해설

ㄱ. (O) 친고죄에 있어서의 고소는 고소권 있는 자가 수사기관에 대하여 범죄사실을 신고하고 범인의 처벌을 구하는 의사표시로서 서면뿐만 아니라 구술로도 할 수 있는 것이고, 다만, 구술에 의한 고소를 받은 검사 또는 사법경찰관은 조서를 작성하여야 하지만 그 조서가 독립된 조서일 필요는 없으며 <u>수사기관이 고소권자를 증인 또는 피해자로서 신문 한 경우에 그 진술에 범인의 처벌을 요구하는 의사표시가 포함되어 있고 그 의사표시가 조서에 기재되면 고소는 적법하게 이루어진 것이다</u>(대법원 1985.3.12, 85도190).

ㄴ. (✗) 형사소송법 제236조의 대리인에 의한 고소의 경우 대리권이 정당한 고소권자에 의하여 수여되었음이 실질적으로 증명되면 충분하고 그 방식에 특별한 제한은 없다고 할 것이며, 한편 친고죄에 있어서의 고소는 고소권 있는 자가 수사기관에 대하여 범죄사실을 신고하고 범인의 처벌을 구하는 의사표시로서 서면뿐만 아니라 구술로도 할 수 있는 것이므로, 피해자로부터 고소를 위임받은 대리인은 수사기관에 구술에 의한 방식으로 고소를 제기할 수도 있다(대법원 2002.6.14, 2000도4595).

ㄷ. (✗) 고소능력은 민법상 행위능력과 달리 사실상 의사능력이 있으면 충분하다. "피고인이 간음할 목적으로 미성년자인 피해자를 범행 당일 02:30경 주차장으로 끌고 간 다음 같은 날 02:40경 다시 부근의 빌딩 2층으로 끌고 가 약취하였다는 내용으로 기소된 경우, 당시 피해자는 11세 남짓한 초등학교 6학년생으로서 피해입은 사실을 이해하고 고소에 따른 사회생활상의 이해관계를 알아차릴 수 있는 사실상의 의사능력이 있었던 것으로 보인다(대법원 2011.6.24, 2011도4451)."

ㄹ. (O) 친고죄에서 적법한 고소가 있었는지는 자유로운 증명의 대상이 되고, 일죄의 관계에 있는 범죄사실 일부에 대한 고소의 효력은 일죄 전부에 대하여 미친다(대법원 2011.6.24, 2011도4451).

정답 ③

---

039 ✅ 대표 ◆◆◇ 경찰1차 2018 유사 변호사 2018

친고죄와 반의사불벌죄에 관한 설명 중 옳지 않은 것은? (다툼이 있는 경우 판례에 의함)

① 친고죄에서 고소권자의 고소가 유효함에도 고소의 효력이 없다는 이유로 공소를 기각한 제1심 판결에 대하여 항소심 절차가 진행되던 중 고소인이 고소를 취소하였는데 항소심이 제1심의 공소기각 부분이 위법하다는 이유로 사건을 파기환송한 경우, 환송 후의 제1심 법원은 고소취소를 이유로 공소기각판결을 선고할 수 없다.

② 피해자가 반의사불벌죄의 공범 중 그 1인에 대하여 처벌을 희망하는 의사를 철회한 경우, 다른 공범자에 대하여도 처벌희망의사가 철회된 것으로 볼 수 없다.

③ 친고죄로 고소를 제기하였다가 공소제기 전 고소를 취소한 후 고소기간 내에 다시 동일한 친고죄로 고소하여 공소제기된 경우, 수소법원은 「형사소송법」 제327조 제2호의 '공소제기의 절차가 법률의 규정에 위반하여 무효인 때'에 해당함을 이유로 판결로써 공소기각의 선고를 하여야 한다.

④ 고소권자로부터 고소권한을 위임받은 대리인이 친고죄에 대하여 고소를 한 경우, 고소기간은 대리인이 아니라 고소권자가 범인을 알게 된 날부터 기산한다.

⑤ 친고죄의 공범 중 일부에 대하여 제1심 판결이 선고된 후에는 제1심 판결선고 전의 다른 공범자에 대하여 고소를 취소할 수 없고, 고소의 취소가 있다 하더라도 그 효력이 발생하지 않는다.

해설

① (×) 형사소송법 제232조 제1항은 고소를 제1심판결 선고 전까지 취소할 수 있도록 규정하여 친고죄에서 고소취소의 시한을 한정하고 있다. 그런데 상소심에서 형사소송법 제366조 또는 제393조 등에 의하여 법률 위반을 이유로 제1심 공소기각판결을 파기하고 사건을 제1심법원에 환송함에 따라 다시 제1심 절차가 진행된 경우, 종전의 제1심판결은 이미 파기되어 효력을 상실하였으므로 환송 후의 제1심판결 선고 전에는 고소 취소의 제한사유가 되는 제1심판결 선고가 없는 경우에 해당한다(대법원 2011.8.25, 2009도9112).

② (O) 제233조에서 고소와 고소취소의 불가분에 관한 규정을 함에 있어서는 반의사불벌죄에 이를 준용하는 규정을 두지 아니한 것은 처벌을 희망하지 아니하는 의사표시나 처벌을 희망하는 의사표시의 철회에 관하여 친고죄와는 달리 공범자간에 불가분의 원칙을 적용하지 아니하고자 함에 있다고 볼 것이지, 입법의 불비로 볼 것은 아니다(대법원 1994.4.26, 93도1689).

③ (O) 고소를 취소한 자는 다시 고소하지 못하고, 다시 고소하여 공소제기 되었다면 공소기각의 판결을 한다(제327조 제2호).

> 제232조(고소의 취소) ① 고소는 제1심 판결선고 전까지 취소할 수 있다.
> ② 고소를 취소한 자는 다시 고소할 수 없다. 〈개정 2020. 12.8.〉

④ (O) 형사소송법 제236조의 대리인에 의한 고소의 경우, 대리권이 정당한 고소권자에 의하여 수여되었음이 실질적으로 증명되면 충분하고, 그 방식에 특별한 제한은 없으므로, 고소를 할 때 반드시 위임장을 제출한다거나 '대리'라는 표시를 하여야 하는 것은 아니고, 또 고소기간은 대리고소인이 아니라 정당한 고소권자를 기준으로 고소권자가 범인을 알게 된 날부터 기산한다(대법원 2001.9.4, 2001도3081).

⑤ (O) 친고죄의 공범 중 그 일부에 대하여 제1심판결이 선고된 후에는 제1심판결 선고 전의 다른 공범자에 대하여는 그 고소를 취소할 수 없고 그 고소의 취소가 있다 하더라도 그 효력을 발생할 수 없으며, 이러한 법리는 필요적 공범이나 임의적 공범을 구별함이 없이 모두 적용된다(대법원 1985.11.12, 85도1940).

정답 ①

---

040 ✅ 대표 ◆◆◇ 법원9급 2020

다음 설명 중 가장 옳지 않은 것은?

① 반의사불벌죄의 공범 중 일부에 대하여 제1심 판결이 선고된 후에는 제1심 판결선고 전의 다른 공범자에 대하여 처벌을 희망하지 아니하는 의사표시나 처벌을 희망하는 의사표시의 철회를 할 수 없고, 이를 하더라도 그 효력이 발생하지 않는다.

② 친고죄에서 처벌을 구하는 의사표시의 철회는 수사기관이나 법원에 대한 공법상의 의사표시로서 절차적 확실성을 해하는 조건부 고소나 조건부 고소취소는 허용되지 않는다.

③ 반의사불벌죄에 있어서 미성년자인 피해자의 피고인 또는 피의자에 대한 처벌을 희망하지 않는다는 의사표시 또는 처벌을 희망하는 의사표시의 철회는, 의사능력이 있는 한 피해자가 단독으로 할 수 있고, 거기에 법정대리인의 동의가 있어야 한다거나 법정대리인에 의해 대리되어야 하는 것은 아니다.

④ 항소심에서 공소장의 변경에 의하여 또는 공소장변경 절차를 거치지 아니하고 법원 직권에 의하여 친고죄가 아닌 범죄를 친고죄로 인정하였더라도 항소심을 제1심이라 할 수는 없는 것이므로, 항소심에 이르러 비로소 고소인이 고소를 취소하였더라도 이는 친고죄에 대한 고소 취소로서의 효력이 없다.

해설

① (×) 친고죄의 경우 고소불가분의 원칙이 적용되나, 반의사불벌죄의 경우에는 고소불가분의 원칙이 적용되지 않으므로 공범자에 대한 1심판결 후라도 피고인의 제1심 판결선고 전까지는 처벌

불원 및 처벌희망 의사표시의 철회를 할 수 있다.
② (O) 통설의 입장이다.
③ (O) 대법원 2009.11.19, 2009도6058 전원합의체
④ (O) 대법원 1999.4.15, 96도1922 전원합의체

정답 ①

041 ✓ 대표 ◆◆◇ 법원9급 2013 유사 경찰1차 2020

고소 등에 대한 다음의 설명(㉠~㉤) 중 옳고 그름의 표시(O, ×)가 바르게 된 것은? (다툼이 있는 경우 판례에 의함)

㉠ 고소능력은 피해를 입은 사실을 이해하고 고소에 따른 사회생활상의 이해관계를 알아차릴 수 있는 사실상의 의사능력으로 충분하므로, 「민법」상 행위능력이 없는 사람이라도 위와 같은 능력을 갖추었다면 고소능력이 인정된다.

㉡ 고소권자가 비친고죄로 고소한 사건이더라도 검사가 사건을 친고죄로 구성하여 공소를 제기하였다면, 공소장 변경절차를 거쳐 공소사실이 비친고죄로 변경되지 아니하는 한, 법원으로서는 친고죄에서 소송조건이 되는 고소가 유효하게 존재하는지를 직권으로 조사·심리하여야 한다.

㉢ 법정대리인의 고소권은 무능력자의 보호를 위하여 법정대리인에게 주어진 고유권이어서 피해자의 고소권 소멸 여부에 관계없이 고소할 수 있는 것이며, 그 고소기간은 법정대리인 자신이 범인을 알게 된 날로부터 진행한다.

㉣ 「형사소송법」제236조의 대리인에 의한 고소의 경우, 대리권이 정당한 고소권자에 의하여 수여되었음을 증명하기 위해 반드시 위임장을 제출한다거나 '대리'라는 표시를 하여야 한다.

㉤ 친고죄에 관한 고소의 주관적 불가분 원칙을 규정한 「형사소송법」제233조는 「공정거래법」상 공정거래위원회의 고발에 준용된다.

① ㉠ (O) ㉡ (×) ㉢ (O) ㉣ (O) ㉤ (×)
② ㉠ (O) ㉡ (O) ㉢ (×) ㉣ (×) ㉤ (×)
③ ㉠ (×) ㉡ (×) ㉢ (×) ㉣ (×) ㉤ (O)
④ ㉠ (O) ㉡ (O) ㉢ (O) ㉣ (×) ㉤ (×)

해설

㉠ (O) 대법원 2011.6.24, 2011도4451
㉡ (O) 대법원 2015.11.17, 2013도7987
㉢ (O) 대법원 1984.9.11, 84도1579
㉣ (×) 형사소송법 제236조의 대리인에 의한 고소의 경우, 대리권이 정당한 고소권자에 의하여 수여되었음이 실질적으로 증명되면 충분하고, 그 방식에 특별한 제한은 없으므로, 고소를 할 때 반드시 위임장을 제출한다거나 '대리'라는 표시를 하여야 하는 것은 아니고, 또 고소기간은 대리고소인이 아니라 정당한 고소권자

를 기준으로 고소권자가 범인을 알게 된 날부터 기산한다(대법원 2001.9.4, 2001도3081).

㉤ (×) 독점규제 및 공정거래에 관한 법률 제71조 제1항은 "제66조 제1항 제9호 소정의 부당한 공동행위를 한 죄는 공정거래위원회의 고발이 있어야 공소를 제기할 수 있다."고 규정함으로써 그 소추조건을 명시하고 있다. 반면에 위 법은 공정거래위원회가 같은 법 위반행위자 중 일부에 대하여만 고발을 한 경우에 그 고발의 효력이 나머지 위반행위자에게도 미치는지 여부 즉, 고발의 주관적 불가분원칙의 적용 여부에 관하여는 명시적으로 규정하고 있지 아니하고, 형사소송법도 제233조에서 친고죄에 관한 고소의 주관적 불가분원칙을 규정하고 있을 뿐 고발에 대하여 그 주관적 불가분의 원칙에 관한 규정을 두고 있지 않고, 또한 형사소송법 제233조를 준용하고 있지도 아니하다(대법원 2010.9.30, 2008도4762).

정답 ④

042 ✓ 대표 ◆◆◇ 경찰 2016

고소와 관련한 다음 설명 중 가장 적절하지 않은 것은? (다툼이 있으면 판례에 의함)

① 친고죄에서 고소는 서면뿐만 아니라 구술로도 할 수 있고, 다만, 구술에 의한 고소를 받은 검사 또는 사법경찰관은 조서를 작성하여야 하지만 그 조서가 독립된 조서일 필요는 없다.

② 고소권자가 비친고죄로 고소한 사건을 검사가 친고죄로 구성하여 공소를 제기하였다면 공소장 변경절차를 거쳐 공소사실이 비친고죄로 변경되지 아니하는 한, 법원으로서는 친고죄에서 소송조건이 되는 고소가 유효하게 존재하는지를 직권으로 조사·심리하여야 하고, 만일 그 공소사실에 대하여 피고인과 공범관계에 있는 자에 대한 적법한 고소취소가 있다면 그 고소취소의 효력은 피고인에 대하여도 미친다.

③ 친고죄의 공범 중 그 일부에 대하여 제1심 판결이 선고된 후에는 제1심 판결을 선고하기 이전의 다른 공범자에 대하여 고소취소를 할 수 없고 고소의 취소가 있더라도 그 효력이 발생하지 않는다.

④ 형사소송법 제230조 제1항 규정에서 범인을 알게 된 다함은 통상인의 입장에서 보아 고소권자가 고소를 할 수 있을 정도로 범죄사실과 범인을 아는 것을 의미하고, 여기서 범죄사실을 안다는 것은 고소권자가 친고죄에 해당하는 범죄의 피해가 있었다는 사실관계에 관하여 미필적 인식이 있음을 말한다.

해설

④ (×) 친고죄의 고소기간의 시기인 '범인을 알게 된 날'에 해당하려면 범죄사실에 관해서는 '확정적 인식'이 있어야 한다. 「형사소송법」제230조 제1항 본문은 "친고죄에 대하여는 범인을 알게 된 날로부터 6월을 경과하면 고소하지 못한다"고 규정하고 있는 바, 여기서 범인을 알게 된다 함은 통상인의 입장에서 보아 고소권자가 고소를 할 수 있을 정도로 범죄사실과 범인을 아는 것을

의미하고, 범죄사실을 안다는 것은 고소권자가 친고죄에 해당하는 범죄의 피해가 있었다는 사실관계에 관하여 <u>확정적인 인식</u>이 있음을 말한다(대법원 2010.7.15, 2010도4680)."

① (○) 대법원 2011.6.24, 2011도4451; 1985.3.12, 85도190; 1966.1.31, 65도1089 등

② (○) 법원은 검사가 공소를 제기한 범죄사실을 심판하는 것이지 고소권자가 고소한 내용을 심판하는 것이 아니므로, 고소권자가 비친고죄로 고소한 사건이더라도 검사가 사건을 친고죄로 구성하여 공소를 제기하였다면 공소장 변경절차를 거쳐 공소사실이 비친고죄로 변경되지 아니하는 한, 법원으로서는 친고죄에서 소송조건이 되는 고소가 유효하게 존재하는지를 직권으로 조사·심리하여야 한다. 그리고 이 경우 친고죄에서 고소와 고소취소의 불가분 원칙을 규정한 형사소송법 제233조는 당연히 적용되므로, 만일 공소사실에 대하여 피고인과 공범관계에 있는 사람에 대한 적법한 고소취소가 있다면 고소취소의 효력은 피고인에 대하여 미친다(대법원 2015.11.17, 2013도7987).

③ (○) 친고죄의 공범중 그 일부에 대하여 제1심판결이 선고된 후에는 제1심판결 선고 전의 다른 공범자에 대하여는 그 고소를 취소할 수 없고 그 고소의 취소가 있다 하더라도 그 효력을 발생할 수 없으며, 이러한 법리는 필요적 공범이나 임의적 공범이냐를 구별함이 없이 모두 적용된다(대법원 1985.11.12, 85도1940).

정답 ④

---

043 ✔대표 ◆◇◇ 국가9급 2014 법원9급 2022 유사

다음 설명 중 옳지 않은 것은? (다툼이 있는 경우 판례에 의함)

① 고소기간은 공범 중 1인을 안 때로부터 진행되므로, 상대적 친고죄의 공범 중 신분관계가 있는 자에 대한 고소기간은 그자를 알지 못하여도 신분관계가 없는 자를 안 때로부터 진행한다.

② 피해자의 법정대리인은 피해자 본인의 고소권이 소멸하더라도 고소권을 행사할 수 있다.

③ 고소능력이란 고소의 의미를 이해할 수 있는 사실상의 의사능력으로 민법상의 행위능력과는 구별된다.

④ 반의사불벌죄의 공범 중 1인에 대한 처벌을 희망하지 않는 의사표시는 다른 공범자에 대하여 효력이 없다.

해설

① (×) 친고죄의 고소기간은 범인을 알게 된 날부터 진행한다. 상대적 친고죄의 경우에는 신분관계 있는 범인을 알게 된 날로부터 기산한다.

② (○) 형사소송법 제225조 제1항이 규정한 법정대리인의 고소권은 무능력자의 보호를 위하여 법정대리인에게 주어진 고유권으로서 피해자의 고소권 소멸여부에 관계없이 고소할 수 있는 것이므로 법정대리인의 고소기간은 법정대리인 자신이 범인을 알게 된 날로부터 진행한다(대법원 1987.6.9, 87도857).

③ (○) 고소를 함에는 소송행위능력, 즉 고소능력이 있어야 하는바, 고소능력은 피해를 받은 사실을 이해하고 고소에 따른 사회생활상의 이해관계를 알아차릴 수 있는 사실상의 의사능력으로 충분하므로 민법상의 행위능력이 없는 자라도 위와 같은 능력을 갖춘 자에게는 고소능력이 인정된다고 할 것이고, 고소위임을 위한 능력도 위와 마찬가지라고 할 것이다(대법원 1999.2.9, 98도2074).

---

④ (○) 형사소송법이 고소와 고소취소에 관한 규정을 하면서 제232조 제1항, 제2항에서 고소취소의 시한과 재고소의 금지를 규정하고 제3항에서는 반의사불벌죄에 제1항, 제2항의 규정을 준용하는 규정을 두면서도, 제233조에서 고소와 고소취소의 불가분에 관한 규정을 함에 있어서는 반의사불벌죄에 이를 준용하는 규정을 두지 아니한 것은 처벌을 희망하지 아니하는 의사표시나 처벌을 희망하는 의사표시의 철회에 관하여 친고죄와는 달리 공범자간에 불가분의 원칙을 적용하지 아니하고자 함에 있다고 볼 것이지, 입법의 불비로 볼 것은 아니다(대법원 1994.4.26, 93도1689).

정답 ①

---

044 ✔유사 ◆◆◇ 경찰2차 2022

고소에 관한 다음 설명 중 옳고 그름의 표시(○, ×)가 모두 바르게 된 것은? (다툼이 있는 경우 판례에 의함)

> ㉠ 범죄 당시 고소능력이 없던 피해자가 그 후에 비로소 고소능력이 생겼다면 고소기간은 고소능력이 생긴 때로부터 기산된다.
>
> ㉡ 「형사소송법」상 고소의 대리는 허용되나, 고소취소의 대리는 허용되지 아니한다.
>
> ㉢ 고소인은 범죄사실을 특정하여 신고하면 족하고 범인이 누구인지 나아가 범인 중 처벌을 구하는 자가 누구인지를 적시할 필요는 없다.
>
> ㉣ 「형사소송법」 제232조에 의하면 고소는 제1심판결 선고 전까지 취소할 수 있고, 고소를 취소한 자는 다시 고소할 수 없으며, 고소권자가 서면 또는 구술로써 수사기관 또는 법원에 고소를 취소하는 의사표시를 하였다면 그 고소는 적법하게 취소된 것이고, 그후 고소취소를 철회하는 의사표시를 다시 하였다고 하여도 그것은 효력이 없다.
>
> ㉤ 피해자의 친족은 피해자의 법정대리인이 피의자이거나 법정대리인의 친족이 피의자인 때에는 독립하여 고소할 수 있다.

① ㉠ (○) ㉡ (×) ㉢ (○) ㉣ (○) ㉤ (○)

② ㉠ (○) ㉡ (×) ㉢ (○) ㉣ (×) ㉤ (○)

③ ㉠ (×) ㉡ (○) ㉢ (×) ㉣ (○) ㉤ (×)

④ ㉠ (○) ㉡ (○) ㉢ (○) ㉣ (○) ㉤ (○)

해설

㉠ (○) 강제추행의 피해자가 범인을 안 날로부터 6월이 경과된 후에 고소제기하였더라도, 범행 당시 피해자가 11세의 소년에 불과하여 <u>고소능력이 없었다가 고소 당시에 비로소 고소능력이 생겼다면, 그 고소기간은 고소능력이 생긴 때부터 기산되어야 하므로</u>, 고소기간이 경과된 것으로 볼 것이 아니다(대법원 1995.5.9, 95도696).

㉡ (×) 제236조 참조.

> **제236조(대리고소)** 고소 또는 그 취소는 대리인으로 하여금 하게 할 수 있다.

ⓒ (○) 고소는 범죄의 피해자 또는 그와 일정한 관계가 있는 고소권자가 수사기관에 대하여 범죄사실을 신고하여 범인의 처벌을 구하는 의사표시이므로, 고소인은 범죄사실을 특정하여 신고하면 족하고 범인이 누구인지 나아가 범인 중 처벌을 구하는 자가 누구인지를 적시할 필요도 없다(대법원 1996.3.12, 94도2423).
ⓔ (○) 대법원 2005.4.15, 2005도887
ⓜ (○) 제226조 참조.

> **제226조(동전)** 피해자의 법정대리인이 피의자이거나 법정대리인의 친족이 피의자인 때에는 피해자의 친족은 독립하여 고소할 수 있다.

정답 ①

---

045 ✓ 유사 ◆◇◇ 법원 2016

고소에 관한 다음 설명 중 가장 옳지 않은 것은? (다툼이 있는 경우 판례에 의함)

① 수사기관이 고소권자를 증인 또는 피해자로서 신문한 경우에 그 진술에 범인의 처벌을 요구하는 의사표시가 포함되어 있고 그 의사표시가 조서에 기재되면 이를 적법한 고소로 볼 수 있다.
② 대리인에 의한 고소의 경우, 고소기간은 대리고소인이 아니라 정당한 고소권자를 기준으로 고소권자가 범인을 알게 된 날부터 기산한다.
③ 고발에 있어서는 이른바 고소·고발 불가분의 원칙이 적용되지 아니하므로, 고발의 구비 여부는 양벌규정에 의하여 처벌받는 자연인인 행위자와 법인에 대하여 개별적으로 논하여야 한다.
④ 출판물에 의한 명예훼손죄의 공범 중 1인에 대한 고소의 효력은 다른 공범에 대해서도 미친다.

해설

④ (×) 형사소송법은 친고죄의 고소의 주관적 불가분의 원칙에 대해서만 규정하고 있으므로, 반의사불벌죄에 대해서는 주관적 불가분의 원칙이 적용되지 아니한다. 제233조 참조.

> **제233조(고소의 불가분)** 친고죄의 공범 중 그 1인 또는 수인에 대한 고소 또는 그 취소는 다른 공범자에 대하여도 효력이 있다.

① (○) 대법원 2011.6.24, 2011도4451
② (○) 대법원 2001.9.4, 2001도3081
③ (○) 조세범처벌법 제6조는 조세에 관한 범칙행위에 대하여는 원칙적으로 국세청장 등의 고발을 기다려 논하도록 규정하고 있는바, 같은 법에 의하여 하는 고발에 있어서는 이른바 고소·고발 불가분의 원칙이 적용되지 아니하므로, 고발의 구비 여부는 양벌규정에 의하여 처벌받는 자연인인 행위자와 법인에 대하여 개별적으로 논하여야 한다(대법원 2004.9.24, 2004도4066).

정답 ④

---

046 ✓ 유사 ◆◆◇ 경찰1차 2018 유사 국가7급 2013

고소취소에 대한 설명으로 옳지 않은 것은? (다툼이 있는 경우 판례에 의함)

① 친고죄의 고소를 제1심 판결 선고 후에 취소한 경우에는 고소취소의 효력이 없다.
② 피해자의 명시한 의사에 반하여 죄를 논할 수 없는 사건에 있어서 처벌을 희망하는 의사표시의 철회에 관하여도 고소의 취소에 관한 규정이 준용된다.
③ 상해죄로 기소되어 제1심에서 무죄가 선고된 후 항소심에 이르러 비로소 폭행죄로 공소장변경이 이루어진 경우, 항소심에서 피해자가 처벌을 희망하지 않는 의사를 표시하였다면 법원은 판결로써 공소기각을 하여야 한다.
④ 고소취소는 수사기관 또는 법원에 대한 고소권자의 의사표시로서 서면 또는 구술로 할 수 있다.

해설

③ (×) 피해자가 처벌을 희망하지 않는다는 취지의 취하서를 제1심 판결 선고 후인 항소심 계속 중에 제출한 경우에는 형사소송법 제327조 제6호 공소기각의 판결사유에 해당되지 아니한다(대법원 1983.7.26, 83도1399). 비록 항소심에서 공소장변경이 있었다고 하여 항소심을 제1심으로 볼 수는 없다. 처벌을 희망하지 아니하는 의사의 명시는 처벌희망 의사표시의 철회와 마찬가지로 제1심판결 선고 전까지 할 수 있다(대법원 1985.11.12, 85도1940).
① (○) 제232조 제1항, 대법원 1999.4.15, 96도1922 전원합의체
② (○) 제232조 제3항, 대법원 1988.3.8, 85도2518 등
④ (○) 제239조

정답 ③

다음 〈보기〉 중 고소취소에 해당하는 것은 모두 몇 개인가? (다툼이 있는 경우 판례에 의함)

┤ 보기 ├
㉠ (단순히) 고소인이 합의서를 피고인에게 작성하여 준 경우
㉡ 관련 민사사건에서 '형사 고소사건 일체를 모두 취하한다'는 내용이 포함된 조정이 성립되었으나, 고소인이 조정이 성립된 이후에도 수사기관 및 제1심 법정에서 여전히 피고인의 처벌을 원한다는 취지로 진술하고 있으며 달리 고소인이 위 조정조서사본 등을 수사기관이나 제1심 법정에 제출하지 않은 경우
㉢ 검사가 작성한 피해자에 대한 진술조서 기재 중 '피의자들의 처벌을 원하는가요?'라는 물음에 대하여 '법대로 처벌하여 주시기 바랍니다'로 되어 있고 이어서 '더 할 말이 있는가요?'라는 물음에 대하여 '젊은 사람들이니 한 번 기회를 주시면 감사하겠습니다'로 기재되어 있는 경우

① 없음
② 1개
③ 2개
④ 3개

해설
㉠ (×) 형사소송법 제239조, 제237조의 규정상 고소인이 합의서를 피고인에게 작성하여 준 것만으로는 고소가 적법히 취소된 것으로 볼 수 없다(대법원 1983.9.27, 83도516).
㉡ (×) 고소인이 위 조정이 성립된 이후에도 수사기관 및 제1심 법정에서 여전히 피고인의 처벌을 원한다는 취지로 진술하고 있으며 달리 고소인이 고소취소 또는 처벌불원의 의사를 표시하기 위하여 위 조정조서 사본 등을 수사기관이나 제1심 법정에 제출하지 아니하였다는 이유로, 위와 같은 조정이 성립된 것만으로는 고소인이 수사기관이나 제1심 법정에 피고인에 대한 고소를 취소하였다거나 처벌을 원하지 아니한다는 의사를 표시한 것으로 보기 어렵다(대법원 2004.3.25, 2003도8136).
㉢ (×) 검사가 작성한 피해자에 대한 진술조서 기재 중 '피의자들의 처벌을 원하는 가요?'라는 물음에 대하여 '법대로 처벌하여 주기 바랍니다'로 되어 있고 이어서 '더 할 말이 있는가요?'라는 물음에 대하여 '젊은 사람들이니 한 번 기회를 주시면 감사하겠습니다'로 기재되어 있다면 피해자의 진술취지는 법대로 처벌하되 관대한 처분을 바란다는 취지로 보아야 하고 처벌의사를 철회한 것으로 볼 것이 아니다(대법원 1981.1.13, 80도2210).

정답 ①

고소취소에 대한 설명으로 가장 옳은 것은? (다툼이 있는 경우 판례에 의함)

① 친고죄의 공범 3명 가운데 1명에 대한 고소는 다른 2명에게도 효력이 미치지만, 1명에 대한 고소취소는 나머지 2명에 대하여 효력이 미치지 아니한다.
② 고소취소는 공소제기 전에는 고소사건을 담당하는 수사기관에, 공소제기 후에는 고소사건의 수소법원에 대하여 이루어져야 한다.
③ 항소심에서 종전 제1심 공소기각판결이 파기되고 사건이 제1심 법원에 환송된 후 진행된 환송 후 제1심 판결이 선고되기 전에 고소취소가 이루어진 경우 공소기각판결을 할 수 없다.
④ 고소인인 피해자가 작성한 합의서를 피고인의 변호인이 제1심 법원에 제출한 이후 고소인이 법정에 나와 고소취소의 의사가 없다고 말한 경우 합의서가 고소인의 자유의사에 의하여 작성되었다면 고소취소의 효력이 발생하기 때문에 공소기각판결을 하여야 한다.

해설
② (○) 형사소송법 제232조 제1항, 제3항에 의하면 친고죄에서 고소의 취소 및 반의사불벌죄에서 처벌을 희망하는 의사표시의 철회는 제1심판결 선고 전까지만 할 수 있고, 따라서 제1심판결 선고 후에 고소가 취소되거나 처벌을 희망하는 의사표시가 철회된 경우에는 효력이 없으므로 형사소송법 제327조 제5호 내지 제6호의 공소기각 재판을 할 수 없다. 그리고 고소의 취소나 처벌을 희망하는 의사표시의 철회는 수사기관 또는 법원에 대한 법률행위적 소송행위이므로 공소제기 전에는 고소사건을 담당하는 수사기관에, 공소제기 후에는 고소사건의 수소법원에 대하여 이루어져야 한다(대법원 2012.2.23, 2011도17264).
① (×) 친고죄의 고소불가분의 원칙(제233조)에 의하여 친고죄의 공범 3명 가운데 1명에 대한 고소는 다른 2명에게도 효력이 미치고, 1명에 대한 고소취소는 나머지 2명에 대하여도 효력이 미친다.

> 제233조(고소의 불가분) 친고죄의 공범 중 그 1인 또는 수인에 대한 고소 또는 그 취소는 다른 공범자에 대하여도 효력이 있다.

③ (×) 형사소송법 제232조 제1항은 고소를 제1심판결 선고 전까지 취소할 수 있도록 규정하여 친고죄에서 고소취소의 시한을 한정하고 있다. 그런데 상소심에서 형사소송법 제366조 또는 제393조 등에 의하여 법률위반을 이유로 제1심 공소기각판결을 파기하고 사건을 제1심법원에 환송함에 따라 다시 제1심절차가 진행된 경우, 종전의 제1심판결은 이미 파기되어 효력을 상실하였으므로 환송 후의 제1심판결 선고 전에는 고소취소의 제한사유가 되는 제1심판결 선고가 없는 경우에 해당한다(환송 후 제1심판결 선고 전 고소가 취소되면 형사소송법 제327조 제5호에 의하여 판결로써 공소를 기각, 대법원 2011.8.25, 2009도9112).
④ (×) 고소인(강간피해자)과 피고인(강간가해자) 사이에 작성된, "상호간에 원만히 해결되었으므로 이후에 민·형사 간 어떠한 이의도 제기하지 아니할 것을 합의한다"는 취지의 합의서가 제1심 법원에 제출되었으나 고소인이 제1심에서 고소취소의 의사가 없다고 증언하였다면 위 합의서의 제출로 고소취소의 효력이 발생하지 아니한다(대법원 1981.10.6, 81도1968).

정답 ②

049　✓ 유사　◆◇◇　　군무원9급 2024

고소취소에 대한 설명으로 가장 옳은 것은? (다툼이 있을 경우 판례에 의함)

① 친고죄의 공범 3명 가운데 1명에 대한 고소는 다른 2명에게도 효력이 미치지만, 1명에 대한 고소취소가 나머지 2명에 대하여는 효력이 미치지 아니한다.

② 피고인에 대한 고소취소를 검사에게 한 자가 제1심 공판정에 출석하여 고소취소의 의사가 없음을 진술한 경우, 고소취소를 이유로 공소기각판결을 해야 하는 것은 아니다.

③ 피해자의 명시한 의사에 반하여 죄를 논할 수 없는 사건에 있어서 처벌을 희망하는 의사표시의 철회에 관하여는 고소취소 후 재고소 금지에 관한 규정이 준용되지 아니한다.

④ 피해자가 협박죄로 고소한 사건의 제1심 공판절차에서 고소취소가 있는 경우, 검사가 공갈죄로 공소장변경을 하였더라도 법원은 공갈죄에 대한 실체판결이 아니라 협박죄의 공소기각판결을 해야 한다.

해설

② (○) 공소제기 이후의 단계이므로 고소취소는 수소법원에 대하여 하여야 한다.
[판례] 피고인이 甲의 명예를 훼손하고 甲을 모욕하였다는 내용으로 기소된 경우, 공소제기 후에 피고인에 대한 다른 사건의 검찰 수사과정에서 피고인에 대한 이전의 모든 고소 등을 취소한다는 취지가 기재된 합의서가 작성되었으나 그것이 제1심판결 선고 전에 법원에 제출되었다고 볼 자료가 없고, 오히려 甲이 제1심법정에서 증언하면서 위 합의건은 기소된 사건과 별개이고 피고인의 처벌을 원한다고 진술하여, 고소취소 및 처벌의사의 철회가 있었다고 할 수 없다(대법원 2012.2.23, 2011도17264).

① (×) 제233조 참조.

> **제233조(고소의 불가분)** 친고죄의 공범 중 그 1인 또는 수인에 대한 고소 또는 그 취소는 다른 공범자에 대하여도 효력이 있다.

③ (×) 고소취소의 시한과 재고소 금지규정은 반의사불벌죄에 준용된다. 제232조 제3항 참조.

> **제232조(고소의 취소)** ① 고소는 제1심 판결선고 전까지 취소할 수 있다.
> ② 고소를 취소한 자는 다시 고소할 수 없다.
> ③ 피해자의 명시한 의사에 반하여 공소를 제기할 수 없는 사건에서 처벌을 원하는 의사표시를 철회한 경우에도 제1항과 제2항을 준용한다.

④ (×) 협박죄는 반의사불벌죄이나 공소장이 변경된 공갈죄는 반의사불벌죄가 아니므로, 고소취소는 소송조건에 영향을 주지 않는다.
[판례] 공갈죄의 수단으로서 한 협박은 공갈죄에 흡수될 뿐 별도로 협박죄를 구성하지 않으므로, 그 범죄사실에 대한 피해자의 고소는 결국 공갈죄에 대한 것이라 할 것이어서 그 후 고소가 취소되었다 하여 공갈죄로 처벌하는 데에 아무런 장애가 되지 아니하며, 검사가 공소를 제기할 당시에는 그 범죄사실을 협박죄로 구성하여 기소하였다 하더라도, 그 후 공판 중에 기본적 사실관계가 동일하여 공소사실을 공갈미수로 공소장변경이 허용된 이상 그 공소제기의 하자는 치유된다(대법원 1996.9.24, 96도2151).

정답 ②

050　✓ 유사　◆◇◇　　경찰승진 2022 유사　국가9급 2017

반의사불벌죄에 대한 설명으로 옳지 않은 것은? (다툼이 있으면 판례에 의함)

① 반의사불벌죄에서 피고인 또는 피의자의 처벌을 희망하지 않는다는 의사표시 또는 처벌희망 의사표시 철회의 유무나 그 효력 여부에 관한 사실은 엄격한 증명의 대상이다.

② 반의사불벌죄에서 처벌불원의 의사표시의 부존재는 소위 소극적 소송조건으로서 직권조사사항이다.

③ 반의사불벌죄에서 피해자의 처벌불원 의사표시 또는 처벌을 희망하는 의사표시의 철회는 법정대리인의 동의 없이도 의사능력이 있는 미성년자인 피해자가 단독으로 할 수 있다.

④ 반의사불벌죄에서 처벌을 희망하지 아니하는 의사표시나 처벌을 희망하는 의사표시의 철회에 관하여는 공범자 간에 불가분의 원칙이 적용되지 않는다.

해설

① (×) 반의사불벌죄에서 처벌을 희망하지 않는다는 의사표시 또는 처벌희망 의사표시 철회의 유무나 그 효력 여부에 관한 사실은 자유로운 증명의 대상이다(대법원 2010.10.14, 2010도5610, 2010전도31).

② (○) 대법원 2009.12.10, 2009도9939

③ (○) 대법원 2009.11.19, 2009도6058 전원합의체

④ (○) 대법원 1994.4.26, 93도1689

정답 ①

051 ✓유사 ◆◇◇　　　법원 2014 변형

고소에 관한 설명 중 가장 옳지 않은 것은? (다툼이 있는 경우 판례에 의함)

① 친고죄에서 피해자의 고소가 없거나 고소가 취소되었음에도 친고죄로 기소되었다가, 그 후 당초에 기소된 공소사실과 동일성이 인정되는 비친고죄로 공소장변경이 허용된 경우 그 공소제기의 흠은 치유되지 않는다.

② 반의사불벌죄에 있어서 피해자가 사망한 후 그 상속인이 피해자를 대신하여 처벌불원의 의사표시를 할 수는 없다.

③ 친고죄에서 고소는, 고소권 있는 자가 수사기관에 대하여 범죄사실을 신고하고 범인의 처벌을 구하는 의사표시로서 서면뿐만 아니라 구술로도 할 수 있고, 다만, 구술에 의한 고소를 받은 검사 또는 사법경찰관은 조서를 작성하여야 하지만 그 조서가 독립된 조서일 필요는 없으며, 수사기관이 고소권자를 증인 또는 피해자로서 신문한 경우에 그 진술에 범인의 처벌을 요구하는 의사표시가 포함되어 있고 그 의사표시가 조서에 기재되면 고소는 적법하다.

④ 고소의 취소나 처벌을 희망하는 의사표시의 철회는 수사기관 또는 법원에 대한 법률행위적 소송행위이므로 공소제기 전에는 고소사건을 담당하는 수사기관에, 공소제기 후에는 고소사건의 수소법원에 대하여 이루어져야 한다.

해설

① (×) 공소장변경에 의하여 공소사실의 추완이 인정될 수 있다. "친고죄에서 <u>피해자의 고소가 없거나 고소가 취소되었음에도 친고죄로 기소되었다가 그 후 당초에 기소된 공소사실과 동일성이 인정되는 비친고죄로 공소장변경이 허용된 경우 그 공소제기의 흠은 치유되고</u>, 친고죄로 기소된 후에 피해자의 고소가 취소되더라도 제1심이나 항소심에서 당초에 기소된 공소사실과 동일성이 인정되는 범위 내에서 다른 공소사실로 공소장을 변경할 수 있으며 이러한 경우 변경된 공소사실에 대하여 심리·판단하여야 하는데 이는 반의사불벌죄에서 피해자의 '처벌을 희망하지 아니하는 의사표시' 또는 '처벌을 희망하는 의사표시의 철회'가 있는 경우에도 마찬가지로 보아야 한다(대법원 2011.5.13, 2011도2233; 1996.9.24, 96도2151 등)."

② (○) 친고죄에서 고소대리권자가 피해자가 한 고소를 취소할 수 없듯이(대법원 1969.4.29, 69도376), 반의사불벌죄에서 피해자가 사망한 후 상속인이 그 의사표시를 대신할 수는 없다(대법원 2010.5.27, 2010도2680).

③ (○) 대법원 2011.6.24, 2011도4451; 1985.3.12, 85도190; 1966.1.31, 65도1089 등

④ (○) 형사소송법 제232조 제1항, 제3항에 의하면 친고죄에서 고소의 취소 및 반의사불벌죄에서 처벌을 희망하는 의사표시의 철회는 제1심판결 선고 전까지만 할 수 있고, 따라서 제1심판결 선고 후에 고소가 취소되거나 처벌을 희망하는 의사표시가 철회된 경우에는 효력이 없으므로 형사소송법 제327조 제5호 내지 제6호의 공소기각 재판을 할 수 없다. 그리고 <u>고소의 취소나 처벌을 희망하는 의사표시의 철회는 수사기관 또는 법원에 대한 법률행위적 소송행위이므로 공소제기 전에는 고소사건을 담당하는 수</u>사기관에, 공소제기 후에는 <u>고소사건의 수소법원에 대하여 이루어져야 한다</u>(대법원 2012.2.23, 2011도17264).

정답 ①

052 ✓유사 ◆◆◇　　　법원9급 2018

친고죄와 반의사불벌죄에 관한 다음 설명 중 가장 옳지 않은 것은? (다툼이 있는 경우 판례에 의하고, 전원합의체 판결의 경우 다수의견에 의함)

① 반의사불벌죄에 있어서 처벌불원의 의사표시의 부존재는 법원이 직권으로 조사·판단하여야 한다.

② 항소심에 이르러 비로소 반의사불벌죄가 아닌 죄에서 반의사불벌죄로 공소장이 변경된 경우 그 처벌을 희망하는 의사표시를 철회할 수 있다.

③ 친고죄의 공범 중 공범자 1인에 대하여 제1심 판결이 선고된 후에는 나머지 공범자에 대하여 고소를 취소할 수 없다.

④ 고소인이 민·형사상의 아무런 이의를 제기하지 않는다는 합의서를 피고인에게 작성하여준 것만으로는 고소가 적법하게 취소된 것으로 볼 수 없다.

해설

② (×) 형사소송법 제232조 제1항, 제3항의 취지는 국가형벌권의 행사가 피해자의 의사에 의하여 좌우되는 현상을 장기간 방치할 것이 아니라 제1심판결선고 이전까지로 제한하자는데 그 목적이 있다 할 것이므로 비록 항소심에 이르러 비로소 반의사불벌죄가 아닌 죄에서 반의사불벌죄로 공소장변경이 있었다 하여 항소심인 제2심을 제1심으로 볼 수는 없다(대법원 1988.3.8, 85도2518).

① (○) 이른바 반의사 불벌죄에 있어서 처벌불원의 의사표시의 부존재는 소위 소극적 소송조건으로서 직권조사사항이라 할 것이므로 당사자가 항소이유로 주장하지 아니하였다고 하더라도 법원은 이를 직권으로 조사·판단하여야 한다(대법원 2001.4.24, 2000도3172).

③ (○) 친고죄의 공범 중 그 일부에 대하여 제1심판결이 선고된 후에는 제1심판결선고전의 다른 공범자에 대하여는 그 고소를 취소할 수 없고 그 고소의 취소가 있다 하더라도 그 효력을 발생할 수 없으며, 이러한 법리는 필요적 공범이나 임의적 공범이나를 구별함이 없이 모두 적용된다(대법원 1985.11.12, 85도1940).

④ (○) 고소인(강간피해자)과 피고인(가해자)사이에 작성된, "상호간에 원만히 해결되었으므로 이후에 민·형사간 어떠한 이의도 제기하지 아니할 것을 합의한다"는 취지의 합의서가 제1심 법원에 제출되었으나 고소인이 제1심에서 고소취소의 의사가 없다고 증언하였다면 위 합의서의 제출로 고소취소의 효력이 발생하지 아니한다(대법원 1981.10.6, 81도1968).

정답 ②

053 ☑ 유사 ◆◆◇　　　　　경찰간부 2024

고소와 처벌불원의사에 관한 설명으로 옳지 않은 것은?
(다툼이 있는 경우 판례에 의함)

① 공갈죄의 수단으로서 한 협박은 공갈죄에 흡수되어 별도로 협박죄를 구성하지 않으므로, 乙이 甲을 협박죄로 고소하였다가 취소하였다고 하여도 이는 甲을 공갈죄로 처벌하는 데에 장애가 되지 않는다.

② 성년후견인이 의사무능력인 피해자를 대리하여 반의사불벌죄의 처벌불원의사를 결정하거나 처벌희망의사를 철회할 수 없으나, 성년후견개시심판에서 가정법원의 허가를 얻은 경우에는 그렇지 않다.

③ 회사의 업무를 처리하는 사람이 회사 명의의 합의서를 임의로 작성·교부한 행위에 의해 회사에 재산상 손해를 가하였다면, 사문서위조죄 및 동행사죄와 업무상 배임죄가 성립할 수 있다.

④ 고소는 수사기관에 '접수'되어야 하므로 현장출동 경찰관에게 고소장을 교부하였다가 경찰관이 경찰서에 접수시키기 전에 반환받았다면 고소로서의 효력이 발생하지 않는다.

해설

② (×) 반의사불벌죄에서 성년후견인은 명문의 규정이 없는 한 의사무능력자인 피해자를 대리하여 피고인 또는 피의자에 대하여 처벌을 희망하지 않는다는 의사를 결정하거나 처벌을 희망하는 의사표시를 철회하는 행위를 할 수 없다. 이는 성년후견인의 법정대리권 범위에 통상적인 소송행위가 포함되어 있거나 성년후견개시심판에서 정하는 바에 따라 성년후견인이 소송행위를 할 때 가정법원의 허가를 얻었더라도 마찬가지이다(대법원 2023.7.17, 2021도11126 전원합의체).

① (○) 공갈죄의 수단으로서 한 협박은 공갈죄에 흡수될 뿐 별도로 협박죄를 구성하지 않으므로, 그 범죄사실에 대한 피해자의 고소는 결국 공갈죄에 대한 것이라 할 것이어서 그 후 고소가 취소되었다 하여 공갈죄로 처벌하는 데에 아무런 장애가 되지 아니하며, 검사가 공소를 제기할 당시에는 그 범죄사실을 협박죄로 구성하여 기소하였다 하더라도, 그 후 공판 중에 기본적 사실관계가 동일하여 공소사실을 공갈미수로 공소장 변경이 허용된 이상 그 공소제기의 하자는 치유된다(대법원 1996.9.24, 96도2151).

③ (○) 회사 명의 합의서를 임의로 작성·교부한 행위에 대하여 약식명령이 확정된 사문서위조 및 그 행사죄의 범죄사실과 그로 인하여 회사에 재산상 손해를 가하였다는 업무상 배임의 공소사실은 그 객관적 사실관계가 하나의 행위이므로 1개의 행위가 수 개의 죄에 해당하는 경우로서 형법 제40조에 정해진 상상적 경합관계에 있다(대법원 2009.4.9, 2008도5634).

④ (○) 고소인이 사건 당일 간통의 범죄사실을 신고하면서 현장에 출동한 경찰관에게 고소장을 교부하였다고 하더라도, 송파경찰서에 도착하여 최종적으로 고소장을 접수시키지 아니하기로 결심하고 고소장을 반환받은 것이라면, 고소장이 수사기관에 적법하게 수리되어 고소의 효력이 발생되었다고 할 수 없다(대법원 2008.11.27, 2007도4977).

정답 ②

---

054 ☑ 유사 ◆◆◇　　　　　변호사 2022

친고죄와 반의사불벌죄에 관한 설명 중 옳은 것(○)과 옳지 않은 것(×)을 올바르게 조합한 것은? (다툼이 있는 경우 판례에 의함)

ㄱ. 제1심 법원이 반의사불벌죄로 기소된 피고인에 대하여 소송촉진 등에 관한 특례법 제23조에 따라 피고인에 대한 송달불능보고서가 접수된 때부터 6개월이 지나도록 피고인의 소재를 확인할 수 없어 피고인의 진술 없이 유죄를 선고하여 판결이 확정된 경우, 만일 피고인이 항소권회복청구를 함으로써 항소심 재판을 받게 되었다면 피해자는 그 항소심 절차에서 처벌을 희망하는 의사표시를 철회할 수 없다.

ㄴ. 반의사불벌죄에 있어서 청소년인 피해자에게 비록 의사능력이 있다 하더라도 피고인에 대하여 처벌을 희망하지 않는다는 의사표시 또는 처벌을 희망하는 의사표시의 철회는 피해자가 단독으로 이를 할 수 없고 법정대리인의 동의가 있어야 한다.

ㄷ. 고소는 제1심 판결선고 전까지 취소할 수 있으므로 친고죄의 공범 중 일부에 대하여 제1심 판결이 선고된 후라도 제1심 판결선고 전의 다른 공범자에 대하여는 그 고소를 취소할 수 있고, 고소를 취소한 경우 친고죄에 대한 고소 취소로서의 효력이 있다.

ㄹ. 친고죄에 있어서의 피해자의 고소권은 공법상의 권리라고 할 것이므로 법이 특히 명문으로 인정하는 경우를 제외하고는 자유처분을 할 수 없고, 따라서 일단 제기한 고소는 취소할 수 있으나 고소 전에 고소권을 포기할 수는 없다.

	ㄱ	ㄴ	ㄷ	ㄹ
①	○	○	×	×
②	○	×	×	○
③	×	○	○	×
④	×	×	○	○
⑤	×	×	×	○

해설

ㄱ. (○) 대법원 2016.11.25, 2016도9470
ㄴ. (×) 대법원 2009.11.19, 2009도6058 전원합의체
ㄷ. (×) 친고죄의 공범 중 그 일부에 대하여 제1심 판결이 선고된 후에는 제1심 판결선고 전의 다른 공범자에 대하여는 그 고소를 취소할 수 없고 그 고소의 취소가 있다 하더라도 그 효력을 발생할 수 없으며, 이러한 법리는 필요적 공범이나 임의적 공범이 나를 구별함이 없이 모두 적용된다(대법원 1985.11.12, 85도1940). [비교] 반의사불벌죄의 경우에는 제1심 판결선고 전의 다른 공범자에 대하여 처벌희망의사표시를 철회할 수 있다.
ㄹ. (○) 대법원 1967.5.23, 67도471

정답 ②

055 ✓ 유사 ◆◆◇ 법원9급 2019

고소에 관한 다음 설명 중 가장 옳지 않은 것은?

① 친고죄에서 공범 중 일부에 대하여만 처벌을 구하고 나머지에 대하여는 처벌을 원하지 않는 내용의 고소는 적법한 고소라고 할 수 없고, 공범 중 1인에 대한 고소취소는 고소인의 의사와 상관없이 다른 공범에 대하여도 효력이 있다.

② 항소심에서 공소장의 변경에 의하여 친고죄가 아닌 범죄를 친고죄로 인정하였더라도, 항소심에 이르러 비로소 고소인이 고소를 취소하였다면 이는 친고죄에 대한 고소취소로서의 효력은 없다.

③ 친고죄의 공범 중 그 일부에 대하여 제1심판결이 선고된 후에는 제1심판결 선고 전의 다른 공범자에 대하여는 그 고소를 취소할 수 없고 그 고소의 취소가 있다 하더라도 그 효력을 발생할 수 없다.

④ 피해자가 반의사불벌죄의 공범 중 1인에 대하여 처벌을 희망하는 의사를 철회한 경우, 다른 공범자에 대하여도 처벌희망의사가 철회된 것으로 볼 수 있다.

해설

④ (×) 반의사불벌죄에 대해서는 고소불가분의 원칙이 적용되지 아니한다(대법원 1994.4.26, 93도1689).
① (○) 대법원 1994.4.26, 93도1689
② (○) 대법원 1999.4.15, 96도1922 전원합의체
③ (○) 대법원 1985.11.12, 85도1940

정답 ④

056 ✓ 유사 ◆◆◇ 국가7급 2018

고소불가분의 원칙에 대한 설명으로 옳지 않은 것은?

① 다른 환자들 앞에서 수술결과에 불만을 품고 거칠게 항의하는 환자 A에 대하여 의사 甲이 욕을 하면서 업무상 지득한 A에 대한 비밀을 누설한 경우, 모욕행위에 대한 A의 고소는 업무상 비밀누설행위에 대하여도 효력이 미친다.

② 甲이 하나의 문서를 통해 A, B, C를 모욕하였으나 A만이 甲을 모욕죄로 고소한 경우, A의 고소는 B, C에 대한 모욕행위에는 효력이 미치지 않는다.

③ 변호사 甲이 A에게 직무상 알게 된 비밀을 누설하는 방법으로 B의 명예를 훼손한 경우, 명예훼손행위에 대한 B의 고소는 업무상 비밀누설행위에 대하여도 효력이 미친다.

④ 수회의 모욕이 경합범의 관계에 있다면 이 중 하나의 모욕행위에 대한 고소는 다른 모욕행위에 대하여 효력이 미치지 않는다.

해설

③ (×) 업무상비밀누설죄과 명예훼손은 상상적 경합에 해당하는 바, 업무상비밀누설은 친고죄이지만 명예훼손죄는 친고죄가 아니므로(반의사불벌죄) 객관적 불가분 원칙이 적용되지 않는다.
① (○) 이 경우 모욕죄와 업무상비밀누설죄는 상상적 경합에 해당하고 이는 소송법상 1죄에 해당한다. 양죄는 모두 친고죄이고 피해자가 동일하므로 객관적 불가분의 원칙이 적용되어 각 범죄에 대한 고소는 다른 범죄에 영향을 미친다.
② (○) 3개의 모욕죄는 상상적 경합에 해당하나, 각 피해자가 다르므로 각 고소는 다른 모욕죄에 영향을 미치지 않는다.
④ (○) 실체적 경합범에는 고소의 객관적 불가분의 원칙이 적용되지 않는다. 객관적 불가분의 원칙은 소송법상 일죄에 적용되므로, 실체적 경합범의 경우 수개의 고소가 필요하다.

정답 ③

057 ✓ 유사 ◆◆◇ 해경승진 2022

다음 〈보기〉 중 고소에 관한 설명으로 옳은 것은 모두 몇 개인가? (다툼이 있는 경우 판례에 의함)

> ㉠ 피해자가 고소장을 제출하여 처벌을 희망하는 의사를 분명히 표시한 후, 고소를 취소한 바 없다면 비록 고소 전에 처벌을 원치 않았다 하더라도 그 후에 한 피해자의 고소는 유효하다.
>
> ㉡ 범인의 성명이 불명이거나 또는 오기가 있었다거나 범행의 일시·장소·방법 등이 명확하지 않거나 틀린 곳이 있다고 하더라도 고소의 효력에는 영향이 없다.
>
> ㉢ 고소장에 명예훼손죄라는 죄명을 붙이고, 명예훼손에 관한 사실을 적어 두었으나 그 사실이 명예훼손죄를 구성하지 않고 원심판시와 같이 모욕죄를 구성하는 경우에는 위 고소는 모욕죄에 대한 고소로서의 효력을 갖는다.
>
> ㉣ 고소인이 사건 당일 범죄사실을 신고하면서 현장에 출동한 경찰관에게 고소장을 교부하였다면, 경찰서에 도착하여 최종적으로 고소장을 접수시키지 아니하기로 결심하고 고소장을 반환받은 것이라도 고소장이 수사기관에 적법하게 수리되어 고소의 효력이 발생되었다고 할 수 있다.

① 1개   ② 2개
③ 3개   ④ 4개

해설

㉠ (○) 고소는 범죄의 피해자 기타 고소권자가 수사기관에 대하여 범죄사실을 신고하여 범인의 소추를 구하는 의사표시를 말하는 것으로서, 단순한 피해사실의 신고는 소추·처벌을 구하는 의사표시가 아니므로 고소가 아니라고 할 것이다. 또한, 피해자가 고소장을 제출하여 처벌을 희망하는 의사를 분명히 표시한 후 고소를 취소한 바 없다면 비록 고소 전에 피해자가 처벌을 원치 않았다 하더라도 그 후에 한 피해자의 고소는 유효하다(대법원 2008.11.27, 2007도4977).

ⓛ (○) 고소는 범죄의 피해자등이 수사기관에 대하여 범죄사실을 신고하여 범인의 소추처벌을 구하는 의사표시이므로 그 범죄사실 등이 구체적으로 특정되어야 할 것이나, 그 특정의 정도는 고소인의 의사가 수사기관에 대하여 일정한 범죄사실을 지정신고하여 범인의 소추처벌을 구하는 의사표시가 있었다고 볼 수 있을 정도면 그것으로 충분하고, 범인의 성명이 불명이거나 또는 오기가 있었다거나 범행의 일시·장소·방법 등이 명확하지 않거나 틀리는 것이 있다고 하더라도 그 효력에는 아무 영향이 없다(대법원 1984.10.23, 84도1704).

ⓒ (○) 고소가 어떠한 사항에 관한 것인가의 여부는 고소장에 붙인 죄명에 구애될 것이 아니라 고소의 내용에 의하여 결정하여야 할 것이므로 고소장에 명예훼손죄의 죄명을 붙이고 그 죄에 관한 사실을 적었으나 그 사실이 명예훼손죄를 구성하지 않고 모욕죄를 구성하는 경우에는 위 고소는 모욕죄에 대한 고소로서의 효력을 갖는다(대법원 1981.6.23, 81도1250).

ⓔ (×) 고소인이 사건 당일 간통의 범죄사실을 신고하면서 현장에 출동한 경찰관에게 고소장을 교부하였다고 하더라도, 송파경찰서에 도착하여 최종적으로 고소장을 접수시키지 아니하기로 결심하고 고소장을 반환받은 것이라면, 고소장이 수사기관에 적법하게 수리되어 고소의 효력이 발생되었다고 할 수 없다(대법원 2008.11.27, 2007도4977).

정답 ③

---

058 ✓ 유사 ◆◇◇ 경찰 2015

고소에 관한 다음 설명 중 가장 적절하지 않은 것은?
(다툼이 있으면 판례에 의함)

① 수사기관이 고소권자를 피해자로서 신문하였는데, 그 중 범인 처벌을 요구하는 고소권자의 의사표시가 조서에 기재되어도 이를 적법한 고소로는 볼 수 없다.

② 고소를 할 때는 소송행위능력, 즉 고소능력이 있어야 하나 고소능력은 사실상의 의사능력으로 충분하다.

③ 친고죄에서 적법한 고소가 있었는지는 자유로운 증명의 대상이다.

④ 일죄의 관계에 있는 범죄사실 일부에 대한 고소의 효력은 일죄 전부에 대하여 미친다.

해설

① (×) 수사기관이 고소권자를 증인 또는 피해자로서 신문한 경우에 그 진술에 범인의 처벌을 요구하는 의사표시가 포함되어 있고 그 의사표시가 조서에 기재되면 고소는 적법하게 이루어진 것이다(대법원 1985.3.12, 85도190).

② (○) 대법원 1999.2.9, 98도2074

③ (○) 대법원 2011.6.24, 2011도4451

④ (○) 한 개의 범죄사실의 일부분에 대한 고소 또는 그 취소는 그 범죄사실의 전부에 대하여 효력이 발생한다는 고소의 객관적 불가분의 원칙상 타당하다. 한 개의 범죄의 불가분적 취급(고소의 객관적 불가분의 원칙)은 형사소송법의 기본원칙이므로 명문규정은 없으나 당연히 인정된다.

정답 ①

---

059 ✓ 유사 ◆◆◇ 경찰 2015

반의사불벌죄에 관한 다음 설명 중 가장 적절하지 않은 것은? (다툼이 있으면 판례에 의함)

① 항소심에 이르러 비로소 반의사불벌죄가 아닌 죄에서 반의사불벌죄로 공소장이 변경된 경우 그 처벌을 희망하는 의사표시를 철회할 수 있다.

② 반의사불벌죄에 있어서 처벌을 희망하는 의사표시의 철회는 철회한 상대방에게만 그 효력이 미친다.

③ 반의사불벌죄에 있어서 피해자의 피고인 또는 피의자에 대한 처벌을 희망하지 않는다는 의사표시 또는 처벌을 희망하는 의사표시의 철회는 형사소송절차에 있어서의 소송능력에 관한 일반원칙에 따라 의사능력이 있는 미성년자인 피해자가 단독으로 이를 할 수 있고, 거기에 법정대리인의 동의가 있어야 한다거나 법정대리인에 의해 대리되어야만 한다고 볼 것은 아니다.

④ 반의사불벌죄에 있어서 처벌불원의 의사표시의 부존재는 법원이 직권으로 조사·판단하여야 한다.

해설

① (×) 형사소송법 제232조 제1항, 제3항의 취지는 국가형벌권의 행사가 피해자의 의사에 의하여 좌우되는 현상을 장기간 방치할 것이 아니라 제1심판결 선고 이전까지로 제한하자는데 그 목적이 있다 할 것이므로 비록 항소심에 이르러 비로소 반의사불벌죄가 아닌 죄에서 반의사불벌죄로 공소장변경이 있었다 하여 항소심인 제2심을 제1심으로 볼 수는 없다(대법원 1988.3.8, 85도2518 등).

② (○) 형사소송법이 고소와 고소취소에 관한 규정을 하면서 제232조 제1항, 제2항에서 고소취소의 시한과 재고소의 금지를 규정하고 제3항에서는 반의사불벌죄에 제1항, 제2항의 규정을 준용하는 규정을 두면서도, 제233조에서 고소와 고소취소의 불가분에 관한 규정을 함에 있어서는 반의사불벌죄에 이를 준용하는 규정을 두지 아니한 것은 처벌을 희망하지 아니하는 의사표시나 처벌을 희망하는 의사표시의 철회에 관하여 친고죄와는 달리 공범자간에 불가분의 원칙을 적용하지 아니하고자 함에 있다고 볼 것이지, 입법의 불비로 볼 것은 아니다(대법원 1994.4.26, 93도1689).

③ (○) 형사소송법상 소송능력이라 함은 소송당사자가 유효하게 소송행위를 할 수 있는 능력, 즉 피고인 또는 피의자가 자기의 소송상의 지위와 이해관계를 이해하고 이에 따라 방어행위를 할 수 있는 의사능력을 의미한다. 의사능력이 있으면 소송능력이 있다는 원칙은 피해자 등 제3자가 소송행위를 하는 경우에도 마찬가지라고 보아야 한다. 따라서 반의사불벌죄에 있어서 피해자의 피고인 또는 피의자에 대한 처벌을 희망하지 않는다는 의사표시 또는 처벌을 희망하는 의사표시의 철회는, 위와 같은 형사소송절차에 있어서의 소송능력에 관한 일반원칙에 따라, 의사능력이 있는 피해자가 단독으로 이를 할 수 있고, 거기에 법정대리인의 동의가 있어야 한다거나 법정대리인에 의해 대리되어야만 한다고 볼 것은 아니다. 나아가 청소년의 성보호에 관한 법률이 형사소송법과 다른 특별한 규정을 두고 있지 않는 한, 위와 같은 반의사불벌죄에 관한 해석론은 청소년의 성보호에 관한 법률의 경우에도 그대로 적용되어야 한다. 그러므로 청소년의 성보호에 관한 법률 제16조에 규정된 반의사불벌죄라고 하더라도, 피해자인 청소년에게 의사능력이 있는 이상, 단독으로 피고인 또는 피의자의 처벌을 희망하지 않는다는 의사표시 또는 처벌희망 의사표시의

철회를 할 수 있고, 거기에 법정대리인의 동의가 있어야 하는 것으로 볼 것은 아니다(대법원 2009.11.19, 2009도6058 전원합의체).

④ (○) 이른바 반의사불벌죄에 있어서 처벌불원의 의사표시의 부존재는 소위 소극적 소송조건으로서 직권조사사항이라 할 것이므로 당사자가 항소이유로 주장하지 아니하였다고 하더라도 원심은 이를 직권으로 조사·판단하여야 한다(대법원 2009.12.10, 2009도9939).

정답 ①

---

060 ✓ 유사 ◆◆◇

甲·乙·丙은 '피고인들은 공모하여 여성잡지에 허위사실을 게재함으로써 사망한 전 국회의원 A와 A의 전 보좌관 B 그리고 모델 C의 명예를 훼손하였다'라는 사자명예훼손 및 출판물명예훼손의 공소사실로 기소가 되었다. 제1심 공판 도중 고소인 D(A의 처), E(A의 동생), B는 乙·丙에 대해서만 고소를 취소하였고 또한 고소인 C도 乙·丙에 대해서만 처벌을 희망하는 의사표시를 철회하였다. 이 경우 법원이 甲에 대하여 취해야 할 조치로서 가장 옳은 것은? (다툼이 있는 경우 판례에 의함)

① 사자명예훼손 및 출판물명예훼손의 공소사실 모두에 대해서 실체재판을 하여야 한다.
② 사자명예훼손 및 출판물명예훼손의 공소사실 모두에 대해서 공소기각판결을 선고하여야 한다.
③ 사자명예훼손의 공소사실에 대해서는 실체재판을 하여야 하고, 출판물명예훼손의 공소사실에 대해서는 공소기각판결을 선고하여야 한다.
④ 사자명예훼손의 공소사실에 대해서는 공소기각판결을 선고하여야 하고, 출판물명예훼손의 공소사실에 대해서는 실체재판을 하여야 한다.

해설

④ (○) A에 대하여는 사자명예훼손죄(친고죄), B·C에 대하여는 출판물명예훼손죄(반의사불벌죄)가 문제된다. 공범인 경우, 친고죄에서는 1인에 대한 고소나 취소의 효력이 전원에 미치나, 반의사불벌죄의 경우에는 고소불가분의 원칙이 적용되지 아니한다. 따라서 A의 유족 D·E의 乙·丙에 대한 고소취소는 甲에게도 미치게 되어 모두 공소기각판결을 선고하여야 한다. 그러나 B·C의 乙·丙에 대한 고소취소는 甲에게 미치지 아니하므로, 甲은 (유·무죄의) 실체재판을 하여야 한다.

정답 ④

---

061 ✓ 유사 ◆◆◇

친고죄에서의 고소취소 및 고소권 포기에 대한 설명으로 가장 적절하지 않은 것은? (다툼이 있는 경우 판례에 의함)

① 고소를 한 피해자가 가해자에게 합의서를 작성하여 준 것만으로는 적법한 고소취소로 보기 어렵지만, '가해자와 원만히 합의하였으므로 피해자는 가해자를 상대로 이 사건과 관련한 어떠한 민·형사상의 책임도 묻지 아니한다.'는 취지의 합의서를 공소제기 이전 수사기관에 제출하였다면 고소취소의 효력이 있다.
② 고소는 제1심판결 선고 전까지 취소할 수 있지만, 항소심에서 공소장변경절차를 거치지 아니하고 법원이 직권으로 친고죄가 아닌 범죄를 친고죄로 인정한 경우, 항소심에서 고소인이 고소를 취소하였다면 친고죄에 대한 고소취소로서 효력을 갖는다.
③ 일단 고소를 취소한 자는 고소기간이 남았더라도 다시 고소하지 못한다.
④ 고소권은 고소 전에 포기될 수 없으므로, 비록 고소 전에 피해자가 처벌을 원치 않았다 하더라도 피해자가 고소장을 제출하여 처벌을 희망하는 의사를 분명히 표시한 후 그 고소를 취소한 바 없다면 피해자의 고소는 유효하다.

해설

② (×) 원래 고소의 대상이 된 피고소인의 행위가 친고죄에 해당할 경우 소송요건인 그 친고죄의 고소를 취소할 수 있는 시기를 언제까지로 한정하는가는 형사소송절차운영에 관한 입법정책상의 문제이기에 형사소송법의 그 규정은 국가형벌권의 행사가 피해자의 의사에 의하여 좌우되는 현상을 장기간 방치하지 않으려는 목적에서 고소취소의 시한을 획일적으로 제1심판결 선고시까지로 한정한 것이고, 따라서 그 규정을 현실적 심판의 대상이 된 공소사실이 친고죄로 된 당해 심급의 판결 선고시까지 고소인이 고소를 취소할 수 있다는 의미로 볼 수는 없다 할 것이어서, 항소심에서 공소장의 변경에 의하여 또는 공소장변경절차를 거치지 아니하고 법원 직권에 의하여 친고죄가 아닌 범죄를 친고죄로 인정하였더라도 항소심을 제1심이라 할 수는 없는 것이므로, 항소심에 이르러 비로소 고소인이 고소를 취소하였다면 이는 친고죄에 대한 고소취소로서의 효력은 없다(대법원 1999.4.15, 96도1922 전원합의체).

① (○) 대법원 2002.7.12, 2001도6777
③ (○) 고소를 취소한 자는 다시 고소하지 못한다(제232조 제2항).
④ (○) 대법원 1993.10.22, 93도1620

정답 ②

062 ✓ 유사 ◆◆◇

甲, 乙은 공모하여 함께 공연히 A를 모욕하였다. 이에 대한 설명으로 가장 적절하지 않은 것은? (단, 다툼이 있는 경우에는 판례에 의함)

① A가 甲을 고소한 경우, 사법경찰관은 甲을 긴급체포할 수 있다.

② A가 아무도 고소하지 않은 경우에도 특단의 사정이 없다면, 사법경찰관은 甲에 대한 수사를 진행할 수 있다.

③ A가 乙만을 고소한 경우에도 검사는 甲을 기소할 수 있다.

④ A는 甲에 대한 제1심 판결이 선고된 후에는 乙에 대하여 제1심 선고 전이라고 하여도 乙에 대한 고소를 취소할 수 없다.

해설

① (✕) 모욕죄(형법 제311조)는 긴급체포의 대상범죄(사형·무기 또는 장기 3년 이상의 징역이나 금고에 해당하는 죄)인 중대범죄에 해당하지 아니한다. 따라서 사법경찰관은 甲을 긴급체포할 수 없다.

> 형법 제311조(모욕) 공연히 사람을 모욕한 자는 1년 이하의 징역이나 금고 또는 200만원 이하의 벌금에 처한다.

② (○) 친고죄나 세무공무원 등의 고발이 있어야 논할 수 있는 죄에 있어서 고소 또는 고발은 이른바 소추조건에 불과하고 당해 범죄의 성립요건이나 수사의 조건은 아니므로, 위와 같은 범죄에 관하여 고소나 고발이 있기 전에 수사를 하였다고 하더라도, 그 수사가 장차 고소나 고발이 있을 가능성이 없는 상태하에서 행해졌다는 등의 특단의 사정이 없는 한, 고소나 고발이 있기 전에 수사를 하였다는 이유만으로 그 수사가 위법하다고 볼 수는 없다(대법원 1995.2.24, 94도252).

③ (○), ④ (○) 형사소송법 제233조는 친고죄의 공범 중 그 1인 또는 수인에 대한 고소 또는 그 취소는 다른 공범자에 대하여도 효력이 있다고 하고 동법 제232조 제1항은 고소는 제1심판결 선고 전까지 취소할 수 있다라고 규정하고 있으므로 친고죄의 공범 중 그 일부에 대하여 제1심판결이 선고된 후에는 제1심판결 선고 전의 다른 공범자에 대하여는 그 고소를 취소할 수 없고 그 고소의 취소가 있다 하더라도 그 효력을 발생할 수 없다 할 것인데, 이러한 법리는 필요적 공범이나 임의적 공범이나를 구별함이 없이 모두 다 적용된다고 해석함이 상당하다(대법원 1985.11.12, 85도1940).

정답 ①

063 ✓ 유사 ◆◆◇

고소에 관한 다음 설명 중 가장 옳지 않은 것은? (다툼이 있는 경우 판례에 의함)

① 친고죄가 아닌 죄로 공소가 제기되어 제1심에서 친고죄가 아닌 죄의 유죄판결을 선고받은 경우, 제1심에서 친고죄의 범죄사실은 현실적 심판대상이 되지 아니하였으므로 그 판결을 친고죄에 대한 제1심판결로 볼 수는 없고, 따라서 친고죄에 대한 제1심판결은 없었다고 할 것이므로 그 사건의 항소심에서도 고소를 취소할 수 있다.

② 형사소송법이 고소취소의 시한과 재고소의 금지를 규정하고 반의사불벌죄에 위 규정을 준용하는 규정을 두면서도, 고소와 고소취소의 불가분에 관한 규정을 함에 있어서는 반의사불벌죄에 이를 준용하는 규정을 두지 아니한 것은 처벌을 희망하지 아니하는 의사표시나 처벌을 희망하는 의사표시의 철회에 관하여 친고죄와는 달리 공범자 간에 불가분의 원칙을 적용하지 아니하고자 함에 있다.

③ 친고죄에서 구술에 의한 고소를 받은 수사기관은 조서를 작성하여야 하지만 그 조서가 독립된 조서일 필요는 없으며, 수사기관이 고소권자를 증인 또는 피해자로서 신문한 경우에 그 진술에 범인의 처벌을 요구하는 의사표시가 포함되어 있고 그 의사표시가 조서에 기재되면 고소는 적법하다.

④ 제1심 법원이 반의사불벌죄로 기소된 피고인에 대하여 소송촉진 등에 관한 특례법(이하 '소송촉진법'이라고 한다) 제23조에 따라 피고인의 진술 없이 유죄를 선고하여 판결이 확정된 경우, 소송촉진법 제23조의2에 따라 제1심 법원에 재심을 청구하여 재심개시결정이 내려졌다면 피해자는 재심의 제1심 판결선고 전까지 처벌을 희망하는 의사표시를 철회할 수 있다.

해설

① (✕) 원래 고소의 대상이 된 피고소인의 행위가 친고죄에 해당할 경우 소송요건인 그 친고죄의 고소를 취소할 수 있는 시기를 언제까지로 한정하는가는 형사소송절차운영에 관한 입법정책상의 문제이기에 형사소송법의 그 규정은 국가형벌권의 행사가 피해자의 의사에 의하여 좌우되는 현상을 장기간 방치하지 않으려는 목적에서 고소취소의 시한을 획일적으로 제1심판결 선고시까지로 한정한 것이고, 따라서 그 규정을 현실적 심판의 대상이 된 공소사실이 친고죄로 된 당해 심급의 판결 선고시까지 고소인이 고소를 취소할 수 있다는 의미로 볼 수는 없다 할 것이어서, 항소심에서 공소장의 변경에 의하여 또는 공소장변경절차를 거치지 아니하고 법원 직권에 의하여 친고죄가 아닌 범죄를 친고죄로 인정하였더라도 항소심을 제1심이라 할 수는 없는 것이므로, 항소심에 이르러 비로소 고소인이 고소를 취소하였다면 이는 친고죄에 대한 고소취소로서의 효력은 없다(대법원 1999.4.15, 96도1922 전원합의체).

② (○) 대법원 1994.4.26, 93도1689

③ (○) 대법원 1985.3.12, 85도190

④ (○) 대법원 2016.11.25, 2016도9470

정답 ①

064 ✓유사 ◆◆◇ 경찰승진 2022 유사 변호사 2021

고소에 관한 설명 중 옳은 것은? (다툼이 있는 경우 판례에 의함)

① 민사사건에서 '이 사건과 관련하여 서로 상대방에 대해 제기한 형사사건의 고소를 모두 취하한다'는 내용이 포함된 조정이 성립된 것만으로도 위 형사사건의 고소가 취소된 것으로 볼 수 있다.

② 법정대리인의 고소권은 무능력자의 보호를 위하여 법정대리인에게 주어진 독립대리권이므로, 피해자의 명시한 의사에 반하여 행사할 수 없다.

③ 항소심에서 공소장변경 또는 법원의 직권에 의하여 비친고죄를 친고죄로 인정한 경우, 항소심에 이르러 비로소 고소인이 고소를 취소하였다면 이는 친고죄에 대한 고소취소로서 효력이 있다.

④ 영업범 등 포괄일죄의 경우 고소권자가 범죄행위가 계속되는 도중에 범인을 알았다 하더라도 최후의 범죄행위가 종료한 때에 고소기간이 진행된다.

⑤ 변호사 甲이 친고죄의 피해자인 의뢰인 乙로부터 가해자인 A에 대한 고소대리권을 수여받아 고소를 제기한 경우, 고소기간은 고소대리인인 甲이 범죄사실을 알게 된 날부터 기산한다.

해설

④ (○) 대법원 2004.10.28, 2004도5014

① (×) 관련 민사사건에서 '이 사건과 관련하여 서로 상대방에 대하여 제기한 형사 고소 사건 일체를 모두 취하한다'는 내용이 포함된 조정이 성립된 것만으로는 고소 취소나 처벌불원의 의사표시를 한 것으로 보기 어렵다(대법원 2004.3.25, 2003도8136).

② (×) 형사소송법 제225조 제1항이 규정한 법정대리인의 고소권은 무능력자의 보호를 위하여 법정대리인에게 주어진 <u>고유권</u>이므로, 법정대리인은 피해자의 고소권 소멸 여부에 관계없이 고소할 수 있고, 이러한 고소권은 <u>피해자의 명시한 의사에 반하여도 행사할 수 있다</u>(대법원 1999.12.24, 99도3784).

③ (×) 원래 고소의 대상이 된 피고소인의 행위가 친고죄에 해당할 경우 소송요건인 그 친고죄의 고소를 취소할 수 있는 시기를 언제까지로 한정하는가는 형사소송절차운영에 관한 입법정책상의 문제이기에 형사소송법의 그 규정은 국가형벌권의 행사가 피해자의 의사에 의하여 좌우되는 현상을 장기간 방치하지 않으려는 목적에서 고소취소의 시한을 획일적으로 제1심판결 선고시까지로 한정한 것이고, 따라서 그 규정을 현실적 심판의 대상이 된 공소사실이 친고죄로 된 당해 심급의 판결 선고시까지 고소인이 고소를 취소할 수 있다는 의미로 볼 수는 없다 할 것이어서, 항소심에서 공소장의 변경에 의하여 또는 공소장변경절차를 거치지 아니하고 법원 직권에 의하여 친고죄가 아닌 범죄를 친고죄로 인정하였더라도 항소심을 제1심이라 할 수는 없는 것이므로, 항소심에 이르러 비로소 고소인이 고소를 취소하였다면 이는 친고죄에 대한 고소취소로서의 효력은 없다(대법원 1999.4.15, 96도1922 전원합의체).

⑤ (×) 형사소송법 제236조의 대리인에 의한 고소의 경우, 대리권이 정당한 고소권자에 의하여 수여되었음이 실질적으로 증명되면 충분하고, 그 방식에 특별한 제한은 없으므로, 고소를 할 때 반드시 위임장을 제출한다거나 '대리'라는 표시를 하여야 하는 것은 아니고, 또 <u>고소기간은 대리고소인이 아니라 정당한 고소권자</u>

065 ✓유사 ◆◆◇ 경찰간부 2022 법원승진 2014 유사

다음 설명 중 옳은 것은 모두 몇 개인가? (다툼이 있는 경우 판례에 의함)

가. 甲이 자신의 친구 乙과 함께 다른 도시에 살고 있는 甲의 삼촌 A의 물건을 절취한 경우, A가 乙에 대해서만 고소를 하였다면, 그 고소의 효력은 甲에게도 미친다.

나. 甲이 제1심 법원에서 「소송촉진 등에 관한 특례법」에 따라 甲의 진술 없이 A에 대한 폭행죄로 유죄를 선고받고 확정된 후 적법하게 제1심 법원에 재심을 청구하여 재심개시결정이 내려졌다면 A는 그 재심의 제1심 판결 선고 전까지 처벌희망의사표시를 철회할 수 없으나, 甲이 재심을 청구하는 대신 항소권회복청구를 함으로써 항소심 재판을 받게 되었다면 그 항소심 절차에서는 처벌희망의사표시를 철회할 수 있다.

다. 수 개의 범칙사실 중 일부만을 범칙사건으로 하는 고발이 있는 경우에 고발장에 기재된 범칙사실과 동일성이 인정되지 않는 다른 범칙사실에 대해서는 고발의 효력이 미치지 아니한다.

라. 甲과 乙이 공모하여 A에 대하여 사실적시에 의한 명예훼손을 한 혐의로 공소제기 되었으나 A가 甲에 대하여만 처벌불원의 의사를 표시하였다면, 법원은 A의 이러한 의사에 기하여 乙에 대하여 공소기각판결을 선고해서는 안 된다.

① 1개　　　　② 2개
③ 3개　　　　④ 4개

해설

② 2개

가. (×) 상대적 친고죄의 경우, 공범자 전원에게 당해 신분관계가 있는 경우를 제외하고는 주관적 불가분의 원칙이 적용되지 않는다.

나. (×) 제1심 법원이 반의사불벌죄로 기소된 피고인에 대하여 소송촉진 등에 관한 특례법 제23조에 따라 피고인의 진술 없이 유죄를 선고하여 판결이 확정된 경우, ㉠ 만일 피고인이 책임을 질 수 없는 사유로 공판절차에 출석할 수 없었음을 이유로 소송촉진법 제23조의2에 따라 <u>제1심 법원에 재심을 청구하여 재심개시결정이 내려졌다면 피해자는 재심의 제1심 판결 선고 전까지 처벌을 희망하는 의사표시를 철회할 수 있다</u>. ㉡ 그러나 피고인이 제1심 법원에 소송촉진법 제23조의2에 따른 <u>재심을 청구하는 대신 항소권회복청구를 함으로써 항소심 재판을 받게 되었다면 항소심을 제1심이라고 할 수 없는 이상 항소심 절차에서는 처벌을 희망하는 의사표시를 철회할 수 없다</u>(대법원 2016.11.25, 2016도9470).

다. (○) 즉시고발사건의 고발에도 객관적 불가분의 원칙은 적용되나 이는 <u>일죄의 경우를 전제하므로, 범칙사실이 수 개인 경우에는 적용되지 아니한다.</u> "수 개의 범칙사실 중 일부만을 범칙사건으로 하는 고발이 있는 경우 고발장에 기재된 범칙사실과 동일성이 인정되지 않는 다른 범칙사실에 대해서까지 그 고발의 효력이 미칠 수는 없다(대법원 2009.7.23, 2009도3282)."

라. (○) 제233조에서 고소와 고소취소의 불가분에 관한 규정을 함에 있어서는 <u>반의사불벌죄에 이를 준용하는 규정을 두지 아니한 것은 처벌을 희망하지 아니하는 의사표시나 처벌을 희망하는 의사표시의 철회에 관하여 <u>친고죄와는 달리 공범자간에 불가분의 원칙을 적용하지 아니하고자 함</u>에 있다고 볼 것이지, 입법의 불비로 볼 것은 아니다(대법원 1994.4.26, 93도1689).

정답 ②

V 고발 · 자수

066 ✓ 대표 ◆◇◇   경찰 2015 변형

고소 및 고발에 관한 설명으로 옳은 것은 모두 몇 개인가? (다툼이 있으면 판례에 의함)

> ㉠ 고소는 서면 또는 구술로써 검사 또는 사법경찰관에게 하여야 한다.
> ㉡ 피해자가 범행을 당할 때에는 나이가 어려 고소능력이 없었다가 그 후에 비로소 고소능력이 생겼다면 그 고소기간은 고소능력이 생긴 때로부터 기산되어야 한다.
> ㉢ 고발은 고발인 자신의 개인적 이해관계에 따라 범죄규제를 통한 국법질서의 유지를 위하여 협력함이 주된 목적이므로 고발인에게 개인적 주관적인 권리나 재판절차에서 진술권이 허용될 수 있다.
> ㉣ 조세범처벌법에서는 조세에 관한 범칙행위에 대해서는 원칙적으로 국세청장 등의 고발을 기다려 논하도록 규정하고 있는바, 고발의 구비 여부는 양벌규정에 의하여 처벌받는 자연인인 행위자와 법인에 대하여 개별적으로 논하여야 한다.

① 1개   ② 2개
③ 3개   ④ 4개

해설

㉠ (○) 제237조 제1항 참조.

> 제237조(고소, 고발의 방식) ① 고소 또는 고발은 서면 또는 구술로써 검사 또는 사법경찰관에게 하여야 한다.

㉡ (○) 고소를 함에는 고소능력이 있어야 하는바, 이는 피해를 받은 사실을 이해하고 고소에 따른 사회생활상의 이해관계를 알아차릴 수 있는 사실상의 의사능력으로 충분하므로 민법상의 행위능력이 없는 자라도 위와 같은 능력을 갖춘 자에게는 고소능력이 인정되고, 범행 당시 고소능력이 없던 피해자가 그 후에 비로소 고소능력이 생겼다면 그 고소기간은 고소능력이 생긴 때로부터 기산하여야 한다(대법원 2007.10.11, 2007도4962).

㉢ (×) 범죄 피해자가 아닌 고발인에게는 개인적·주관적인 권리나 재판절차에서의 진술권 따위의 기본권이 허용될 수 없으므로 검

사가 자의적으로 불기소처분을 하였다고 하여 달리 특별한 사정이 없으면 헌법소원심판청구의 요건인 자기관련성이 없다(헌법재판소 1989.12.22, 89헌마145).

㉣ (○) 고발에는 친고죄의 고소불가분원칙이 적용되지 아니한다(대법원 2004.9.24, 2004도4066).

정답 ③

067 ✓ 대표 ◆◆◇   국가7급 2022

고소와 고발에 대한 설명으로 옳지 않은 것은? (다툼이 있는 경우 판례에 의함)

① 명예훼손죄의 피해자가 그 죄의 공범 甲, 乙 중 甲에 대하여 처벌을 희망하는 의사를 철회한 경우, 乙에 대하여도 처벌희망의사가 철회된 것으로 볼 수는 없다.

② 친고죄로 기소된 후에 피해자의 고소가 취소되었다면, 당초에 기소된 공소사실과 동일성이 인정되는 범위 내에서 비친고죄의 공소사실로 공소장이 변경되었더라도 공소기각의 판결을 하여야 한다.

③ 세무공무원 등의 고발이 있어야 공소를 제기할 수 있는 조세범처벌법위반죄에 관하여 일단 불기소처분이 있었더라도 세무공무원 등이 종전에 한 고발은 여전히 유효하므로, 나중에 같은 범죄사실로 공소를 제기함에 있어 세무공무원 등의 새로운 고발이 있어야 하는 것은 아니다.

④ 「형사소송법」 제225조 제1항이 규정한 법정대리인의 고소권은 무능력자의 보호를 위하여 법정대리인에게 주어진 고유권이어서 법정대리인은 피해자의 고소권 소멸 여부에 관계없이 고소할 수 있는 것이며, 그 고소기간은 법정대리인 자신이 범인을 알게 된 날로부터 진행한다.

해설

② (×) 친고죄에서 피해자의 고소가 없거나 고소가 취소되었음에도 친고죄로 기소되었다가 그 후 당초에 기소된 공소사실과 동일성이 인정되는 <u>비친고죄로 공소장변경이 허용된 경우 그 공소제기의 흠은 치유되고,</u> 친고죄로 기소된 후에 피해자의 고소가 취소되더라도 제1심이나 항소심에서 <u>당초에 기소된 공소사실과 동일성이 인정되는 범위 내에서 다른 공소사실로 공소장을 변경할 수 있으며</u> 이러한 경우 변경된 공소사실에 대하여 심리·판단하여야 하는데, 이는 반의사불벌죄에서 피해자의 '처벌을 희망하지 아니하는 의사표시' 또는 '처벌을 희망하는 의사표시의 철회'가 있는 경우에도 마찬가지로 보아야 한다(대법원 2011.5.13, 2011도2233).

① (○) 명예훼손죄는 반의사불벌죄이고, 반의사불벌죄에는 친고죄의 고소의 주관적 불가분의 원칙이 적용되지 아니하므로, 피해자의 甲에 대한 고소취소는 공범 乙에게 그 효력이 미치지 아니한다.
[판례] 형사소송법이 고소와 고소취소에 관한 규정을 하면서 제232조 제1항, 제2항에서 고소취소의 시한과 재고소의 금지를 규정하고 제3항에서는 반의사불벌죄에 제1항, 제2항의 규정을 준

용하는 규정을 두면서도, 제233조에서 고소와 고소취소의 불가분에 관한 규정을 함에 있어서는 반의사불벌죄에 이를 준용하는 규정을 두지 아니한 것은 처벌을 희망하지 아니하는 의사표시나 처벌을 희망하는 의사표시의 철회에 관하여 친고죄와는 달리 공범자 간에 불가분의 원칙을 적용하지 아니하고자 함에 있다고 볼 것이지, 입법의 불비로 볼 것은 아니다(대법원 1994.4.26, 93도1689).

③ (○) 검사의 불기소처분에는 확정재판에 있어서의 확정력과 같은 효력이 없어 일단 불기소처분을 한 후에도 공소시효가 완성되기 전이면 언제라도 공소를 제기할 수 있으므로, 세무공무원 등의 고발이 있어야 공소를 제기할 수 있는 조세범처벌법위반죄에 관하여 일단 불기소처분이 있었더라도 세무공무원 등이 종전에 한 고발은 여전히 유효하다. 따라서 나중에 공소를 제기함에 있어 세무공무원 등의 새로운 고발이 있어야 하는 것은 아니다(대법원 2009.10.29, 2009도6614).

④ (○) 대법원 1987.6.9, 87도857

정답 ②

---

068 ✓ 대표 ◆◇◇ 국가7급 2023

고소와 고발에 대한 설명으로 옳은 것은?

① 검사는 고소 또는 고발 있는 사건에 관하여 공소를 제기하지 아니하는 처분을 한 경우에 고소인 또는 고발인의 청구가 있는 때에는 7일 이내에 고소인 또는 고발인에게 그 이유를 구두 또는 서면으로 설명하여야 한다.

② 수사기관은 고소장에 범죄사실로 기재된 내용이 불명확하고 특정되어 있지 않은 경우에도 고소의 수리를 거부하거나 진정으로 접수하여 처리할 수는 없다.

③ 법원이 선임한 부재자 재산관리인이 그 관리대상인 부재자의 재산에 대한 범죄행위에 관하여 법원으로부터 고소권 행사에 관한 허가를 얻은 경우, 형사소송법 제225조 제1항에서 정한 법정대리인으로서의 적법한 고소권자에 해당한다.

④ 사법경찰관으로부터 불송치결정(형사소송법 제245조의5 제2호)의 통지(형사소송법 제245조의6)를 받은 고소인·고발인·피해자 또는 그 법정대리인은 해당 사법경찰관의 소속 관서의 장에게 이의를 신청할 수 있고, 사법경찰관은 그러한 신청이 있는 때에는 지체 없이 검사에게 사건을 송치하고 관계 서류와 증거물을 송부하여야 하며, 처리결과와 그 이유를 신청인에게 통지하여야 한다.

해설

② (○) 2023.11.1. 시행 개정 수사준칙에 의하면, 고소 또는 고발이 있는 때에는 수사기관은 이를 수리하여야 한다. 따라서 위 지문은 옳은 것이다.

> **개정 수사준칙 제16조의2(고소·고발 사건의 수리 등)** ① 검사 또는 사법경찰관이 고소 또는 고발을 받은 때에는 이를

수리해야 한다.
② 검사 또는 사법경찰관이 고소 또는 고발에 의하여 범죄를 수사할 때에는 고소 또는 고발을 수리한 날로부터 3개월 이내에 수사를 마쳐야 한다.

[참고] 위 시험 시행일 기준에서는, 고소 또는 고발사건으로 제출된 서류가 불분명하거나 구체적 사실이 적시되어 있지 않을 때에는 진정사건으로 수리할 수 있었다(검찰사건사무규칙 제224조 제3항 제1호, 경찰수사규칙 제21조 제2항 제1호). 다만, 이제는 수사준칙의 개정에 의하여 옳은 지문이 된 것이다. 따라서 아래 제시하는 법무부령인 검찰사건사무규칙과 행정안전부령인 경찰수사규칙도 위 수사준칙에 따라 개정될 것으로 예상된다.

> **검찰사건사무규칙 제224조(진정 등 수리)** ③ 검사는 고소 또는 고발사건으로 제출된 서류가 다음 각 호의 어느 하나에 해당하는 경우에는 이를 진정사건으로 수리할 수 있다.
> 1. 고소인 또는 고발인의 진술이나 고소장 또는 고발장의 내용이 불분명하거나 구체적 사실이 적시되어 있지 않은 경우
>
> **경찰수사규칙 제21조(고소·고발의 수리)** ① 사법경찰관리는 진정인·탄원인 등 민원인이 제출하는 서류가 고소·고발의 요건을 갖추었다고 판단하는 경우 이를 고소·고발로 수리한다.
> ② 사법경찰관리는 고소장 또는 고발장의 명칭으로 제출된 서류가 다음 각 호의 어느 하나에 해당하는 경우에는 이를 진정(陳情)으로 처리할 수 있다.
> 1. 고소인 또는 고발인의 진술이나 고소장 또는 고발장에 따른 내용이 불분명하거나 구체적 사실이 적시되어 있지 않은 경우
> 2. 피고소인 또는 피고발인에 대한 처벌을 희망하는 의사표시가 없거나 처벌을 희망하는 의사표시가 취소된 경우

③ (○) 법원이 선임한 부재자 재산관리인이 그 관리대상인 부재자의 재산에 대한 범죄행위에 관하여 법원으로부터 고소권 행사에 관한 허가를 얻은 경우, 형사소송법 제225조 제1항에서 정한 법정대리인으로서의 적법한 고소권자에 해당한다(대법원 2022.5. 26, 2021도2488).

① (×) 제259조 참조.

> **제259조(고소인등에의 공소불제기이유고지)** 검사는 고소 또는 고발 있는 사건에 관하여 공소를 제기하지 아니하는 처분을 한 경우에 고소인 또는 고발인의 청구가 있는 때에는 7일 이내에 고소인 또는 고발인에게 그 이유를 서면으로 설명하여야 한다.

④ (×) 이의신청권의 주체에서 고발인은 제외되었다(2022.5.9. 개정 제245조의7 제1항).

> **제245조의5(사법경찰관의 사건송치 등)** 사법경찰관은 고소·고발 사건을 포함하여 범죄를 수사한 때에는 다음 각 호의 구분에 따른다.
> 1. 범죄의 혐의가 있다고 인정되는 경우에는 지체 없이 검사에게 사건을 송치하고, 관계 서류와 증거물을 검사에게 송부하여야 한다.
> 2. 그 밖의 경우에는 그 이유를 명시한 서면과 함께 관계 서류와 증거물을 지체 없이 검사에게 송부하여야 한다. 이 경우 검사는 송부받은 날부터 90일 이내에 사법경찰관에게 반환하여야 한다.
>
> **제245조의6(고소인 등에 대한 송부통지)** 사법경찰관은 제245조의5 제2호의 경우에는 그 송부한 날부터 7일 이내에

서면으로 고소인·고발인·피해자 또는 그 법정대리인(피해자가 사망한 경우에는 그 배우자·직계친족·형제자매를 포함한다)에게 사건을 검사에게 송치하지 아니하는 취지와 그 이유를 통지하여야 한다.

제245조의7(고소인 등의 이의신청) ① 제245조의6의 통지를 받은 사람(고발인을 제외한다)은 해당 사법경찰관의 소속 관서의 장에게 이의를 신청할 수 있다.

② 사법경찰관은 제1항의 신청이 있는 때에는 지체 없이 검사에게 사건을 송치하고 관계 서류와 증거물을 송부하여야 하며, 처리결과와 그 이유를 제1항의 신청인에게 통지하여야 한다.

정답 ② · ③

---

069 ✓ 유사 ◆◇◇ 　　경찰1차 2024

고소·고발에 관한 설명으로 옳지 않은 것은 모두 몇 개인가? (다툼이 있는 경우 판례에 의함)

⊙ 친고죄의 공범 중 그 1인 또는 수인에 대한 고소 또는 그 취소는 다른 공범자에 대하여도 효력이 있고, 여기의 공범에는 「형법」 총칙상의 공범뿐만 아니라 필요적 공범도 포함된다.

ⓒ 「조세범 처벌절차법」에 따라 범칙사건에 대한 고발이 있는 경우, 그 고발의 효력은 범칙사건에 관련된 범칙사실의 전부에 미치고 한 개의 범칙사실의 일부에 대한 고발은 그 전부에 대하여 효력이 생긴다.

ⓒ 친고죄에 있어서 고소불가분의 원칙을 규정한 「형사소송법」 제233조는 반의사불벌죄에 관하여도 적용된다.

ⓔ 고소인이 수사기관에서 조사를 받으면서 '법대로 처벌하되 관대한 처분을 바란다'는 취지로 한 진술은 고소의 취소라고 보기 어렵다.

ⓜ 고소는 서면 또는 구술로 검사 또는 사법경찰관에게 하면 충분하므로, 경찰청 홈페이지에 '甲을 철저히 조사해 달라'는 취지의 민원을 접수한 것만으로도 적법한 고소에 해당한다.

① 2개 　　　　② 3개
③ 4개 　　　　④ 5개

해설

⊙ (○) 친고죄의 고소의 주관적 불가분 원칙을 규정한 제233조의 '공범'에는, 형법총칙상 공범뿐만 아니라 필요적 공범도 포함된다. [판례] 친고죄의 공범 중 그 일부에 대하여 제1심판결이 선고된 후에는 제1심판결 선고 전의 다른 공범자에 대하여는 그 고소를 취소할 수 없고 그 고소의 취소가 있다 하더라도 그 효력을 발생할 수 없으며, 이러한 법리는 필요적 공범이나 임의적 공범이냐를 구별함이 없이 모두 적용된다(대법원 1985.11.12, 85도1940).

ⓒ (○) 고발은 (주관적 불가분 원칙은 적용되지 않지만) 객관적 불가분 원칙은 적용된다.

[판례] 고발은 범죄사실에 대한 소추를 요구하는 의사표시로서 그 효력은 고발장에 기재된 범죄사실과 동일성이 인정되는 사실 모두에 미치므로, 조세범 처벌절차법에 따라 범칙사건에 대한 고발이 있는 경우 고발의 효력은 범칙사건에 관련된 범칙사실의 전부에 미치고 한 개의 범칙사실의 일부에 대한 고발은 전부에 대하여 효력이 생긴다(대법원 2014.10.15, 2013도5650).

ⓒ (×) 반의사불벌죄는 제233조의 친고죄의 고소의 주관적 불가분 원칙이 적용되지 않는다.

[판례] 형사소송법 제233조에서 고소와 고소취소의 불가분에 관한 규정을 함에 있어서는 반의사불벌죄에 이를 준용하는 규정을 두지 아니한 것은 처벌을 희망하지 아니하는 의사표시나 처벌을 희망하는 의사표시의 철회에 관하여 친고죄와는 달리 공범자 간에 불가분의 원칙을 적용하지 아니하고자 함에 있다고 볼 것이지, 입법의 불비로 볼 것은 아니다(대법원 1994.4.26, 93도1689).

ⓔ (○) 검사가 작성한 피해자에 대한 진술조서 기재 중 '피의자들의 처벌을 원하는 가요?'라는 물음에 대하여 '법대로 처벌하여 주기 바랍니다'로 되어 있고 이어서 '더 할 말이 있는 가요?'라는 물음에 대하여 '젊은 사람들이니 한번 기회를 주시면 감사하겠습니다'로 기재되어 있다면 피해자의 진술취지는 법대로 처벌하되 관대한 처분을 바란다는 취지로 보아야 하고 처벌의사를 철회한 것으로 볼 것이 아니다(대법원 1981.1.13, 80도2210).

ⓜ (×) 피해자가 경찰청 인터넷 홈페이지에 '피고인을 철저히 조사해 달라'는 취지의 민원을 접수하는 형태로 피고인에 대한 조사를 촉구하는 의사표시를 한 것은 형사소송법에 따른 적법한 고소로 보기 어렵다(대법원 2012.2.23, 2010도9524).

정답 ①

070 ✅ 유사 ◆◆◇

2018.1.1.부터 2020.12.31.까지 사업자 甲은 다른 사업자 乙, 丙과 함께 「독점규제 및 공정거래에 관한 법률」(이하 '공정거래법'이라고 한다)에서 금지하고 있는 부당한 공동행위를 하였는데, 2021.5.1. 공정거래위원회는 이를 인지하여 조사한 후 甲만을 검찰에 고발하고, 乙과 丙에 대하여는 시정조치를 명하였다. 참고로 공정거래법상 부당한 공동행위를 할 경우에는 공정거래위원회의 고발이 있어야 공소를 제기할 수 있다. 이에 대한 설명으로 옳은 것은 모두 몇 개인가? (다툼이 있는 경우 판례에 의함)

> ㉠ 甲에 대한 공정거래위원회의 고발이 있기 전에 수사기관이 甲에 대한 공정거래법 위반 혐의를 수사하였다면 그 수사는 위법하다.
> ㉡ 공정거래위원회의 甲에 대한 고발은 친고죄에 관한 고소의 주관적 불가분 원칙을 규정한 「형사소송법」 제233조의 준용에 의하여 乙, 丙에 대하여도 그 효력이 발생한다.
> ㉢ 검사가 2021.5.20. 甲에 대하여 불기소처분을 한 이후 甲이 2022년도에 다시 공정거래법상 금지되고 있는 부당한 공동행위를 한 경우, 만약 공정거래위원회가 甲의 2022년도 위반행위에 대하여만 검찰에 고발하였더라도 甲의 2020년도 위반행위에 대하여 공소를 제기할 수 있다.
> ㉣ 공정거래위원회가 甲에게 공정거래법의 규정을 위반한 혐의가 있다고 인정하여 공정거래법에 따라 甲을 고발하였더라도, 해당 혐의에 관한 공정거래위원회의 처분이 위법하여 행정소송에서 취소된다면 공정거래위원회의 고발을 기초로 이루어진 공소제기의 효력이 부정된다.

① 1개
② 2개
③ 3개
④ 4개

[해설]

㉠ (×) 친고죄나 세무공무원 등의 고발이 있어야 논할 수 있는 죄에 있어서 고소 또는 고발은 이른바 소추조건에 불과하고 당해 범죄의 성립 요건이나 수사의 조건은 아니므로, 위와 같은 범죄에 관하여 고소나 고발이 있기 전에 수사를 하였다고 하더라도, 그 수사가 장차 고소나 고발이 있을 가능성이 없는 상태하에서 행해졌다는 등의 특단의 사정이 없는 한, 고소나 고발이 있기 전에 수사를 하였다는 이유만으로 그 수사가 위법하다고 볼 수는 없다(대법원 1995.2.24, 94도252).

㉡ (×) 친고죄에 관한 고소의 주관적 불가분 원칙을 규정하고 있는 형사소송법 제233조가 공정거래위원회의 고발에도 유추적용된다고 해석한다면 이는 공정거래위원회의 고발이 없는 행위자에 대해서까지 형사처벌의 범위를 확장하는 것으로서, 결국 피고인에게 불리하게 형벌법규의 문언을 유추해석한 경우에 해당하므로 죄형법정주의에 반하여 허용될 수 없다(대법원 2010.9.30, 2008도4762).

㉢ (○) 검사의 불기소처분에는 확정재판에 있어서의 확정력과 같은 효력이 없어 일단 불기소처분을 한 후에도 공소시효가 완성되기 전이면 언제라도 공소를 제기할 수 있으므로, 세무공무원 등의 고발이 있어야 공소를 제기할 수 있는 조세범처벌법 위반죄에 관하여 일단 불기소처분이 있었더라도 세무공무원 등이 종전에 한 고발은 여전히 유효하다. 따라서 나중에 공소를 제기함에 있어 세무공무원 등의 새로운 고발이 있어야 하는 것은 아니다(대법원 2009.10.29, 2009도6614).

㉣ (×) 공정거래위원회가 사업자에게 독점규제 및 공정거래에 관한 법률(이하 '공정거래법'이라 한다)의 규정을 위반한 혐의가 있다고 인정하여 공정거래법 제71조에 따라 사업자를 고발하였다면 이로써 소추의 요건은 충족되며 공소가 제기된 후에는 고발을 취소하지 못함에 비추어 보면, 법원이 본안에 대하여 심판한 결과 공정거래법의 규정에 위반되는 혐의 사실이 인정되지 아니하거나 그 위반 혐의에 관한 공정거래위원회의 처분이 위법하여 행정소송에서 취소된다 하더라도 이러한 사정만으로는 그 고발을 기초로 이루어진 공소제기 등 형사절차의 효력에 영향을 미치지 아니한다(대법원 2015.9.10, 2015도3926).

[정답] ①

071 ✅ 대표 ◆◇◇

자수에 대한 설명으로 옳은 것은? (다툼이 있는 경우 판례에 의함)

① 피고인이 자수하였음에도 불구하고 법원이 「형법」 제52조 제1항에 따른 자수감경을 하지 않거나 자수감경 주장에 대하여 판단을 하지 않았더라도 위법하지 않다.

② 수사기관에의 자발적 신고 내용이 범행을 부인하는 등 범죄성립요건을 갖추지 아니한 경우에는 자수는 성립하지 않지만, 그 후 수사과정에서 범행을 시인하였다면 새롭게 자수가 성립될 여지가 있다.

③ 수사기관의 직무상의 질문 또는 조사에 응하여 범죄사실을 진술하는 경우라도 자수가 인정될 수 있다.

④ 범인이 수사기관에 뇌물수수의 범죄사실을 자발적으로 신고하였다면, 「특정범죄 가중처벌 등에 관한 법률」의 적용을 피하기 위해 그 수뢰액을 실제보다 적게 신고한 것일지라도 자수는 성립한다.

[해설]

① (○) 피고인이 항소이유로 자수감경을 주장함에 대하여 원심이 자수감경을 하지 않고 자수감경 주장에 대하여도 별도의 판단을 하지 아니한 사실을 알 수 있으나, 피고인이 자수하였다고 하더라도 자수한 사람에 대하여는 법원이 임의로 형을 감경할 수 있을 뿐이어서 원심이 자수감경을 하지 아니하였다거나 자수감경 주장에 대하여 판단을 하지 아니하였다고 하여 이를 위법하다고 할 수 없다(대법원 2011.12.22, 2011도12041 등).

② (×) 수사기관에의 신고가 자발적이라고 하더라도 그 신고의 내용이 자기의 범행을 명백히 부인하는 등의 내용으로 자기의 범행으로서 범죄성립요건을 갖추지 아니한 사실일 경우에는 자수는 성립하지 아니하고, 일단 자수가 성립하지 아니한 이상 그 이후의 수사과정이나 재판과정에서 범행을 시인하였다고 하더라도 새롭게 자수가 성립할 여지는 없다(대법원 2011.12.22, 2011도

12041).

③ (×) 수사기관의 직무상의 질문 또는 조사에 응하여 범죄사실을 진술하는 것은 자백일 뿐 자수로는 되지 아니한다(대법원 2004. 10.14, 2003도3133).

④ (×) 적용법조와 법정형을 달리하는 이 사건 특정범죄 가중처벌 등에 관한 법률 제2조 제1항 제1호, 형법 제129조 위반죄의 범죄성립요건에 관하여 신고한 것이라고 할 수 없으므로 이 사건 죄에 관한 자수가 성립하였다고 할 수 없다(대법원 2004.6.24, 2004도2003).

정답 ①

침이 없는 자수는 그 외형은 자수일지라도 법률상 형의 감경사유가 되는 진정한 자수라고는 할 수 없다(대법원 1994.10.14, 94도2130).

㉣ (×) 법률상의 형의 감경사유가 되는 자수를 위하여는, 범인이 자기의 범행으로서 범죄성립요건을 갖춘 객관적 사실을 자발적으로 수사관서에 신고하여 그 처분에 맡기는 것으로 족하고, 더 나아가 법적으로 그 요건을 완전히 갖춘 범죄행위라고 적극적으로 인식하고 있을 필요까지는 없다(대법원 1995.6.30, 94도1017).

정답 ②

---

072 ✓ 유사 ◆◆◇ 해경승진 2022

다음 〈보기〉 중 자수에 관한 설명으로 옳지 않은 것은? (다툼이 있는 경우 판례에 의함)

┤ 보기 ├

㉠ 범인이 수개의 범죄사실 중의 일부를 수사기관에 자진신고하였으나 그 동기가 투명치 않고 그 후 공범을 두둔하였다면 그 자수한 부분 범죄사실에 대하여 자수의 효력이 없다.

㉡ 일단 자수가 성립한 이상 자수의 효력은 확정적으로 발생하고 그 후에 범인이 번복하여 수사기관이나 법정에서 범행을 부인한다고 하더라도 일단 발생한 자수의 효력이 소멸하는 것은 아니다.

㉢ 범죄사실을 부인하거나 죄의 뉘우침이 없는 자수는 그 외형은 자수일지라도 법률상 형의 감경사유가 되는 진정한 자수라고는 할 수 없다.

㉣ 법률상의 형의 감경사유인 자수를 위하여는, 범인이 자기의 범행으로서 범죄성립요건을 갖춘 객관적 사실을 자발적으로 수사관서에 신고하여 그 처분에 맡기는 것뿐만 아니라 법적으로 그 요건을 완전히 갖춘 범죄행위라고 적극적으로 인식하고 있어야 한다.

① 1개　　　　② 2개
③ 3개　　　　④ 4개

해설

㉠ (×) 범인이 수개의 범죄사실 중의 일부라도 수사기관에 자진신고한 이상, 그 동기가 투명치 않고 그 후 공범을 두둔하더라도 그 자수한 부분 범죄사실에 대하여는 자수의 효력이 있다(대법원 1969.7.22, 69도779).

㉡ (○) 형법 제52조 제1항 소정의 자수란 범인이 자발적으로 자신의 범죄사실을 수사기관에 신고하여 그 소추를 구하는 의사표시를 함으로써 성립하는 것으로서, 일단 자수가 성립한 이상 자수의 효력은 확정적으로 발생하고 그 후에 범인이 번복하여 수사기관이나 법정에서 범행을 부인한다고 하더라도 일단 발생한 자수의 효력이 소멸하는 것은 아니라고 할 것이다(대법원 1999.7.9, 99도1695).

㉢ (○) 형법 제52조 제1항 소정의 자수란 범인이 자발적으로 자신의 범죄사실을 수사기관에 신고하여 그 소추를 구하는 의사표시로서 이를 형의 감경사유로 삼는 주된 이유는 범인이 그 죄를 뉘우치고 있다는 점에 있으므로 범죄사실을 부인하거나 죄의 뉘우

073 ✓ 유사 ◆◇◇ 경찰1차 2021

전속고발에 대한 설명으로 가장 적절하지 않은 것은? (다툼이 있는 경우 판례에 의함)

① 공정거래위원회의 고발이 있어야 공소를 제기할 수 있는 「독점 규제 및 공정거래에 관한 법률」 위반죄를 적용하여 위반행위자들 중 일부에 대하여 공정거래위원회가 고발을 하였다면 나머지 위반행위자에 대하여도 위 고발의 효력이 미친다.

② 전속고발사건에 있어서 수사기관이 고발에 앞서 수사를 하고 甲에 대한 구속영장을 발부받은 후 검찰의 요청에 따라 관계 공무원이 고발조치를 하였다고 하더라도 공소제기 전에 고발이 있은 이상 甲에 대한 공소제기의 절차가 법률의 규정에 위반하여 무효라고 할 수는 없다.

③ 세무공무원 등의 고발이 있어야 공소를 제기할 수 있는 「조세범 처벌법」 위반죄에 관하여 일단 불기소처분이 있었더라도 세무공무원 등이 종전에 한 고발은 여전히 유효하고, 따라서 나중에 공소를 제기함에 있어 세무공무원 등의 새로운 고발이 있어야 하는 것은 아니다.

④ 공정거래위원회가 사업자에게 「독점규제 및 공정거래에 관한 법률」의 규정을 위반한 혐의가 있다고 인정하여 동법 제71조에 따라 사업자를 고발하였다면, 법원이 본안에 대하여 심판한 결과 위반되는 혐의 사실이 인정되지 아니하더라도 이러한 사정만으로는 그 고발을 기초로 이루어진 공소제기 등 형사절차의 효력에 영향을 미치지 아니한다.

해설

① (×) 명문의 근거 규정이 없을 뿐만 아니라 소추요건이라는 성질상의 공통점 외에 그 고소·고발의 주체와 제도적 취지 등이 상이함에도, 친고죄에 관한 고소의 주관적 불가분원칙을 규정하고 있는 형사소송법 제233조가 공정거래위원회의 고발에도 유추적용된다고 해석한다면 이는 공정거래위원회의 고발이 없는 행위자에 대해서까지 형사처벌의 범위를 확장하는 것으로서, 결국 피고인에게 불리하게 형벌법규의 문언을 유추해석한 경우에 해당하므로 죄형법정주의에 반하여 허용될 수 없다(대법원 2010.9.30, 2008도4762).

② (○) 대법원 1995.3.10, 94도3373
③ (○) 대법원 2009.10.29, 2009도6614
④ (○) 대법원 2015.9.10, 2015도3926

정답 ①

② (○) 대법원 2020.6.25, 2019도17995
③ (○) 소위 편면적 공방대상론이 나타난 판례이다(대법원 2008. 12.11, 2008도8922).
⑤ (○) 대법원 2016.3.24, 2016도1131

정답 ④

074 ✓ 유사 ◆◆◇ 변호사 2021

다음 설명 중 옳지 않은 것은? (다툼이 있는 경우 판례에 의함)

① 제1심 법원이 소송비용의 부담을 명하는 재판을 하지 않았음에도 항소심법원이 제1심의 소송비용에 관하여 피고인에게 부담하도록 재판을 한 경우, 불이익변경금지원칙에 위배되지 않는다.

② 검사와 피고인 양쪽이 상소를 제기한 경우, 어느 일방의 상소는 이유 없으나 다른 일방의 상소가 이유 있어 원판결을 파기하고 다시 판결하는 때에는 이유 없는 상소에 대해서는 판결이유 중에서 그 이유가 없다는 점을 적으면 충분하고 주문에서 그 상소를 기각해야 하는 것은 아니다.

③ 상상적 경합 관계에 있는 수죄에 대하여 제2심에서 모두 무죄가 선고되었고, 이에 검사가 무죄 부분 전부에 대하여 상고하였으나 그중 일부 무죄 부분(A)에 대하여는 이를 상고이유로 삼지 않은 경우, 상고심은 그 무죄 부분(A)에까지 나아가 판단할 수 없고, 상고심으로부터 다른 무죄 부분(B)에 대한 원심판결이 잘못되었다는 이유로 사건을 파기환송 받은 원심도 그 무죄 부분(A)에 대하여 다시 심리·판단하여 유죄를 선고할 수 없다.

④ 피고인 A, B는 공동하여 공정거래위원회의 고발이 있어야 공소를 제기할 수 있는 독점규제 및 공정거래에 관한 법률위반의 범행을 저질렀는데, 공정거래위원회가 A만 고발하였다 하더라도, 고발대상에서 제외된 B에 대하여도 고발의 효력이 미치므로 법원은 B에 대하여 공소기각판결을 하여서는 아니 된다.

⑤ 재심대상사건에서 징역형의 집행유예를 선고하였음에도 재심사건에서 원판결보다 주형을 경하게 하고 집행유예를 없앤 경우, 불이익변경금지원칙에 위배된다.

해설

④ (✕) 제233조의 고소의 주관적 불가분원칙은 친고죄의 고소에 적용될 뿐이고, 고발에 대해서는 적용되지 않는다. "친고죄에 관한 고소의 주관적 불가분원칙을 규정하고 있는 형사소송법 제233조가 공정거래위원회의 고발에도 유추적용된다고 해석한다면 이는 공정거래위원회의 고발이 없는 행위자에 대해서까지 형사처벌의 범위를 확장하는 것으로서, 결국 피고인에게 불리하게 형벌법규의 문언을 유추해석한 경우에 해당하므로 죄형법정주의에 반하여 허용될 수 없다(대법원 2010.9.30, 2008도4762)."
① (○) 대법원 2001.4.24, 2001도872

3 임의수사

I 임의수사와 강제수사

075 ✓ 대표 ◆◇◇ 경찰2차 2020 변형

수사에 대한 설명으로 가장 적절하지 않은 것은? (다툼이 있는 경우 판례에 의함)

① 구「조세범 처벌법」(2010.1.1. 법률 제9919호로 개정되기 전의 것) 제6조의 세무종사 공무원의 고발에 앞서 수사를 하고 피고인에 대한 구속영장을 발부받은 후 검찰의 요청에 따라 세무서장이 공소제기 전에 고발을 하였다면「조세범 처벌법」위반사건 피고인에 대한 공소제기의 절차가 무효라고 할 수는 없다.

② 검사는 사법경찰관리의 수사과정에서 법령위반, 인권침해 또는 현저한 수사권 남용이 의심되는 사실의 신고가 있거나 그러한 사실을 인식하게 된 경우에는 사법경찰관에게 사건기록 등본의 송부를 요구할 수 있고, 송부를 받은 검사는 필요한 경우 사법경찰관에게 시정조치를 요구할 수 있으며, 검사는 시정조치 요구가 정당한 이유 없이 이행되지 않은 경우에 사법경찰관에게 보완수사를 요구하여야 한다.

③ 사법경찰관리는 수사과정에서 수사와 관련하여 작성하거나 취득한 서류 또는 물건에 대한 목록을 빠짐없이 작성하여야 한다.

④ 구속영장 발부에 의하여 적법하게 구금된 피의자가 피의자신문을 위한 출석요구에 응하지 아니하면서 수사기관 조사실에 출석을 거부한다면 수사기관은 그 구속영장의 효력에 의하여 피의자를 조사실로 구인할 수 있다고 보아야 한다. 다만 이러한 경우에도 그 피의자신문 절차는「형사소송법」제199조 제1항 본문, 제200조의 규정에 따른 임의수사의 한 방법으로 진행되어야 하므로, 피의자는 일체의 진술을 거부할 수 있다.

해설

② (✕) 시정조치 요구가 정당한 이유 없이 이행되지 않았다고 인정되는 경우에는, 보완수사가 아니라 사건송치를 요구할 수 있다(제197조의3 제5항).

제197조의3(시정조치 요구 등) ① 검사는 사법경찰관리의 수사과정에서 법령위반, 인권침해 또는 현저한 수사권 남용이 의심되는 사실의 신고가 있거나 그러한 사실을 인식하게 된 경우에는 사법경찰관에게 사건기록 등본의 송부를 요구

할 수 있다.

② 제1항의 송부 요구를 받은 사법경찰관은 지체 없이 검사에게 사건기록 등본을 송부하여야 한다.

③ 제2항의 송부를 받은 검사는 필요하다고 인정되는 경우에는 사법경찰관에게 시정조치를 요구할 수 있다.

④ 사법경찰관은 제3항의 시정조치 요구가 있는 때에는 정당한 이유가 없으면 지체 없이 이를 이행하고, 그 결과를 검사에게 통보하여야 한다.

⑤ 제4항의 통보를 받은 검사는 제3항에 따른 <u>시정조치 요구가 정당한 이유 없이 이행되지 않았다고 인정되는 경우에는 사법경찰관에게 사건을 송치할 것을 요구할 수 있다.</u>

⑥ 제5항의 송치 요구를 받은 사법경찰관은 검사에게 사건을 송치하여야 한다.

⑦ 검찰총장 또는 각급 검찰청 검사장은 사법경찰관리의 수사과정에서 법령위반, 인권침해 또는 현저한 수사권 남용이 있었던 때에는 권한 있는 사람에게 해당 사법경찰관리의 징계를 요구할 수 있고, 그 징계 절차는 「공무원 징계령」 또는 「경찰공무원 징계령」에 따른다.

⑧ 사법경찰관은 피의자를 신문하기 전에 수사과정에서 법령위반, 인권침해 또는 현저한 수사권 남용이 있는 경우 검사에게 구제를 신청할 수 있음을 피의자에게 알려주어야 한다.

① (O) 대법원 1995.3.10, 94도3373
③ (O) 제198조 제3항 참조.

> **제198조(준수사항)** ③ 검사·사법경찰관리와 그 밖에 직무상 수사에 관계있는 자는 수사과정에서 수사와 관련하여 작성하거나 취득한 서류 또는 물건에 대한 목록을 빠짐없이 작성하여야 한다.

④ (O) 대법원 2013.7.1, 2013모160

정답 ②

---

076 ✓ 대표 ◆◆◇ 경찰간부 2023 법원 2013 유사

수사의 방법에 관한 설명으로 가장 적절하지 않은 것은? (다툼이 있는 경우 판례에 의함)

① 「형사소송법」에서 규정하고 있는 임의수사로는 피의자신문, 참고인조사, 공무소 등에 대한 사실조회, 감정·통역·번역의 위촉이 있다.

② 수사기관이 범죄를 수사함에 있어 현재 범행이 행하여지고 있거나 행하여진 직후이고, 증거보전의 필요성 및 긴급성이 있으며 일반적으로 허용되는 상당한 방법에 의하여 촬영을 한 경우에는, 그 촬영행위가 영장 없이 이루어졌다 하여 이를 위법하다고 할 수 없다.

③ 마약류사범인 수형자에게 마약류반응검사를 위해 소변을 받아 제출하도록 하는 것은 법관의 영장을 필요로 하는 강제처분이므로 구치소 등 교정시설 내에서 소변채취가 법관의 영장 없이 실시된 경우에는 영장주의 원칙에 반한다.

④ 피의자의 진술은 조서에 기재하여야 하며, 조서를 열람하게 하거나 읽어 들려 주는 과정에서 피의자가 이의를 제기하거나 의견을 진술한 때에는 이를 조서에 추가로 기재하여야 한다.

해설

③ (×) 헌법 제12조 제3항의 영장주의는 법관이 발부한 영장에 의하지 아니하고는 수사에 필요한 강제처분을 하지 못한다는 원칙으로 (수형자에게) <u>소변을 받아 제출하도록 한 것은 교도소의 안전과 질서유지를 위한 것으로 수사에 필요한 처분이 아닐 뿐만 아니라 검사대상자들의 협력이 필수적이어서 강제처분이라고 할 수도 없어 영장주의의 원칙이 적용되지 않는다</u>(헌법재판소 2006. 7.27, 2005헌마277 전원재판부).

① (O) 제199조 제2항, 제200조, 제221조 제1항·제2항 등

② (O) 수사기관이 범죄를 수사하면서 현재 범행이 행하여지고 있거나 행하여진 직후이고, 증거보전의 필요성 및 긴급성이 있으며, 일반적으로 허용되는 상당한 방법으로 촬영한 경우라면 위 촬영이 영장 없이 이루어졌다 하여 이를 위법하다고 할 수 없다(대법원 2023.7.13, 2019도7891).

④ (O) 제244조 제1항·제2항 참조.

> **제244조(피의자신문조서의 작성)** ① 피의자의 진술은 조서에 기재하여야 한다.
> ② 제1항의 조서는 피의자에게 열람하게 하거나 읽어 들려 주어야 하며, 진술한 대로 기재되지 아니하였거나 사실과 다른 부분의 유무를 물어 피의자가 증감 또는 변경의 청구 등 이의를 제기하거나 의견을 진술한 때에는 이를 조서에 추가로 기재하여야 한다. 이 경우 피의자가 이의를 제기하였던 부분은 읽을 수 있도록 남겨두어야 한다.

정답 ③

077 ✓ 대표 ◆◆◇　　　　　　　　법원 2014

영장주의에 관한 설명 중 가장 옳지 않은 것은? (다툼이 있는 경우 판례에 의함)

① 형 집행장은 사형 또는 자유형을 집행하기 위하여 검사가 발부하는 것이며, 수형자를 대상으로 한다. 따라서 형 집행장은 영장에 해당하지 않는다.

② 검사의 구속영장 청구 전 피의자 대면조사에 있어 피의자는 검사의 출석 요구에 응할 의무가 없고, 피의자가 검사의 출석 요구에 동의한 때에 한하여 사법경찰관리는 피의자를 검찰청으로 호송하여야 한다.

③ 일반영장의 발부는 금지된다. 따라서 구속영장에 있어서는 범죄사실과 피의자는 물론 인치·구금할 장소가 특정되어야 하며, 압수·수색영장에 있어서는 압수수색의 대상이 특정되어야 한다.

④ 긴급체포는 영장주의원칙에 대한 예외인 만큼 요건을 갖추지 못한 긴급체포는 법적 근거에 의하지 아니한 영장 없는 체포로서 위법한 체포에 해당하는 것이고, 여기서 긴급체포의 요건을 갖추었는지 여부는 사후에 밝혀진 객관적 사정을 기초로 판단하여야 하고, 이에 관한 검사나 사법경찰관 등 수사주체의 판단에는 재량의 여지가 없다.

해설

④ (×) 긴급체포는 영장주의원칙에 대한 예외인 만큼 형사소송법 제200조의3 제1항의 요건을 모두 갖춘 경우에 한하여 예외적으로 허용되어야 하고, 요건을 갖추지 못한 긴급체포는 법적 근거에 의하지 아니한 영장 없는 체포로서 위법한 체포에 해당하는 것이고, 여기서 <u>긴급체포의 요건을 갖추었는지 여부는 사후에 밝혀진 사정을 기초로 판단하는 것이 아니라 체포 당시의 상황을 기초로 판단하여야 하고, 이에 관한 검사나 사법경찰관 등 수사주체의 판단에는 상당한 재량의 여지가 있다</u>고 할 것이나, 긴급체포 당시의 상황으로 보아서도 그 요건의 충족 여부에 관한 검사나 사법경찰관의 판단이 경험칙에 비추어 현저히 합리성을 잃은 경우에는 그 체포는 위법한 체포라 할 것이고, 이러한 위법은 영장주의에 위배되는 중대한 것이니 그 체포에 의한 유치 중에 작성된 피의자신문조서는 위법하게 수집된 증거로서 특별한 사정이 없는 한 이를 유죄의 증거로 할 수 없다(대법원 2008.3.27, 2007도11400; 2002.6.11, 2000도5701 등).

① (○) <u>확정된 형을 집행하는 단계까지 법관의 영장에 의하게 하는 것은 절차의 번잡을 초래한다는 점을 고려하여 검사의 형 집행장에 의한 구인이 인정된다</u>(제473조 참조). 형 집행장은 영장에 해당하지 않으나 구속영장과 동일한 효력이 있다(제474조 제2항 참조).

> **제473조(집행하기 위한 소환)** ① 사형, 징역, 금고 또는 구류의 선고를 받은 자가 구금되지 아니한 때에는 검사는 형을 집행하기 위하여 이를 소환하여야 한다.
> ② 소환에 응하지 아니한 때에는 <u>검사는 형 집행장을 발부하여 구인하여야</u> 한다.
> ③ 제1항의 경우에 형의 선고를 받은 자가 도망하거나 도망할 염려가 있는 때 또는 현재지를 알 수 없는 때에는 소환함이 없이 형 집행장을 발부하여 구인할 수 있다.

> **제474조(형 집행장의 방식과 효력)** ① 전조의 형 집행장에는 형의 선고를 받은 자의 성명, 주거, 연령, 형명, 형기 기타 필요한 사항을 기재하여야 한다.
> ② 형 집행장은 구속영장과 동일한 효력이 있다.

② (○) <u>검사의 구속영장 청구 전 피의자 대면조사는 긴급체포의 적법성을 의심할 만한 사유가 기록 기타 객관적 자료에 나타나고 피의자의 대면조사를 통해 그 여부의 판단이 가능할 것으로 보이는 예외적인 경우에 한하여 허용될 뿐, 긴급체포의 합당성이나 구속영장 청구에 필요한 사유를 보강하기 위한 목적으로 실시되어서는 아니 된다. 나아가 검사의 구속영장 청구 전 피의자 대면조사는 강제수사가 아니므로 피의자는 검사의 출석 요구에 응할 의무가 없고, 피의자가 검사의 출석 요구에 동의한 때에 한하여 사법경찰관리는 피의자를 검찰청으로 호송하여야 한다</u>(대법원 2010.10.28, 2008도11999).

③ (○) 제75조 제1항, 제114조 제1항, 제219조 참조.

> **제75조(구속영장의 방식)** ① 구속영장에는 <u>피고인의 성명, 주거, 죄명, 공소사실의 요지, 인치 구금할 장소, 발부년월일, 그 유효기간과 그 기간을 경과하면 집행에 착수하지 못하며 영장을 반환하여야 할 취지를 기재하고 재판장 또는 수명법관이 서명날인하여야</u> 한다.
> **제114조(영장의 방식)** ① 압수·수색영장에는 다음 각 호의 사항을 기재하고 재판장이나 수명법관이 서명날인하여야 한다. 다만, 압수·수색할 물건이 전기통신에 관한 것인 경우에는 작성기간을 기재하여야 한다. 〈개정 2020.12.8.〉
> 1. 피고인의 성명
> 2. 죄명
> 3. 압수할 물건
> 4. 수색할 장소·신체·물건
> 5. 영장 발부 연월일
> 6. 영장의 유효기간과 그 기간이 지나면 집행에 착수할 수 없으며 영장을 반환하여야 한다는 취지
> 7. 그 밖에 대법원규칙으로 정하는 사항
> **제219조(준용규정)** 제106조, 제107조, 제109조 내지 제112조, <u>제114조</u>, 제115조 제1항 본문, 제2항, 제118조부터 제132조까지, 제134조, 제135조, 제140조, 제141조, 제333조 제2항, 제486조의 규정은 <u>검사 또는 사법경찰관의 본장의 규정에 의한 압수, 수색 또는 검증에 준용한다</u>. 단, 사법경찰관이 제130조, 제132조 및 제134조에 따른 처분을 함에는 검사의 지휘를 받아야 한다.

정답 ④

078 ✓ 유사 ◆◇◇   경찰2차 2022

임의동행에 관한 설명 중 가장 적절하지 않은 것은? (다툼이 있는 경우 판례에 의함)

① 경찰관이 동행에 앞서 피의자에게 동행을 거부할 수 있음을 알려 주었거나 동행한 피의자가 언제든지 자유로이 동행과정에서 이탈 또는 동행장소로부터 퇴거할 수 있었음이 인정되는 등 오로지 피의자의 자발적인 의사에 의하여 수사관서에의 동행이 이루어졌음이 객관적인 사정에 의하여 명백하게 입증된 경우에 한하여 임의동행의 적법성이 인정된다.

② 경찰관이 甲을 경찰서로 동행할 당시 甲에게 언제든지 동행을 거부할 수 있음을 고지한 다음 동행에 대한 동의를 구하였고, 이에 甲이 고개를 끄덕이며 동행의 의사표시를 하였으며, 동행 당시 경찰관에게 욕을 하거나 특별한 저항을 하지 않고서 동행에 순순히 응하였으며, 동행 당시 술에 취한 상태이긴 하였으나, 동행 후 경찰서에서 주취운전자 정황진술보고서의 날인을 거부하고 "이번이 3번째 음주운전이다. 난 시청직원이다. 1번만 봐달라."라고 말한 경우, 甲에 대한 임의동행은 적법하다.

③ 경찰관이 甲의 정신상태, 신체에 있는 주사바늘 자국, 알콜솜 휴대, 전과 등을 근거로 甲의 마약류 투약 혐의가 상당하다고 판단하여 경찰서로 임의동행을 요구하였고, 동행장소인 경찰서에서 甲에게 마약류 투약 혐의를 밝힐 수 있는 소변과 모발의 임의제출을 요구하였다면, 이때 임의동행은 형사소송법 제199조 제1항에 따른 임의동행에 해당하지 아니한다.

④ 술에 취한 상태에 있다고 인정할 만한 상당한 이유가 있는 운전자가 경찰관으로부터 언제라도 자유로이 퇴거할 수 있음을 고지받고 파출소까지 자발적으로 동행한 경우, 이 파출소에서의 음주측정요구는 위법한 체포 상태에서 이루어진 것이라고 할 수 없다.

해설

③ (✕) 경찰관은 당시 피고인의 정신 상태, 신체에 있는 주사바늘 자국, 알콜솜 휴대, 전과 등을 근거로 피고인의 마약류 투약 혐의가 상당하다고 판단하여 경찰서로 임의동행을 요구하였고, 동행장소인 경찰서에서 피고인에게 마약류 투약 혐의를 밝힐 수 있는 소변과 모발의 임의제출을 요구하였으므로 피고인에 대한 임의동행은 마약류 투약 혐의에 대한 수사를 위한 것이어서 형사소송법 제199조 제1항에 따른 임의동행에 해당한다(대법원 2020.5.14, 2020도398).

[참고] 원심의 판단은, 피고인에 대한 임의동행은 경찰관 직무집행법 제3조 제2항에 의한 것인데 같은 조 제6항을 위반하여 불법구금 상태에서 제출된 피고인의 소변과 모발은 위법하게 수집된 증거라고 본 것인데, 이는 임의동행에 관한 법리를 오해한 잘못이 있다. 다만 원심은, 수사기관이 위 소변과 모발을 형사소송법 제218조에 따른 임의제출물로 압수함에 있어 그 제출의 임의성도 부정하였고, 검사가 위 임의성의 존재에 관하여 합리적 의

심을 배제할 정도로 증명하는 데에 실패하였다고 볼 수 있어서 임의성을 부정한다고 판단하였는데, 여기에는 잘못이 없다. 결국 피고인의 소변과 모발은 증거능력을 인정할 수 없으므로, 앞서 본 원심의 임의동행에 관한 법리를 오해한 잘못은 판결에 영향이 없다(위 판례).

① (○) 대법원 2006.7.6, 2005도6810; 2011.6.30, 2009도6717

② (○) 자발적 의사에 따른 임의동행임을 인정한 사례이다.

[판례] 수사관이 동행에 앞서 피의자에게 동행을 거부할 수 있음을 알려 주었거나 동행한 피의자가 언제든지 자유로이 동행과정에서 이탈 또는 동행장소에서 퇴거할 수 있었음이 인정되는 등 오로지 피의자의 자발적인 의사에 의하여 수사관서 등에 동행이 이루어졌다는 것이 객관적인 사정에 의하여 명백하게 입증된 경우에 한하여, 동행의 적법성이 인정된다고 보는 것이 타당하다(대법원 2011.6.30, 2009도6717 등). 경찰관 공소외인은 피고인을 경찰서로 동행할 당시 피고인에게 언제든지 동행을 거부할 수 있음을 고지한 다음 동행에 대한 동의를 구하였고, 이에 피고인이 고개를 끄덕이며 동의의 의사표시를 하였던 점, 피고인은 동행 당시 경찰관에게 욕을 하거나 특별한 저항을 하지도 않고 동행에 순순히 응하였던 점, 비록 동행 당시 피고인이 술에 취한 상태이기는 하였으나, 동행 후 경찰서에서 주취운전자정황진술보고서의 날인을 거부하고 "이번이 3번째 음주운전이다. 난 시청 직원이다. 1번만 봐 달라."고 말하기도 하는 등 동행 전후 피고인의 언행에 비추어 피고인이 당시 경찰관의 임의동행 요구에 대하여 이에 따를 것인지 여부에 관한 판단을 할 정도의 의사능력은 충분히 있었던 것으로 보이는 점 등 그 판시와 같은 사정을 종합하여, 피고인에 대한 임의동행은 피고인의 자발적인 의사에 의하여 이루어진 것으로서 적법하다(대법원 2012.9.13, 2012도8890).

④ (○) 대법원 2015.12.24, 2013도8481

정답 ③

수사에 관한 설명 중 가장 적절한 것은? (다툼이 있는 경우 판례에 의함)

① 누구든지 자기의 얼굴 기타 모습을 함부로 촬영당하지 않을 자유를 가지므로, 수사기관이 범죄를 수사함에 있어 타인의 얼굴 기타 모습을 영장 없이 촬영하였다면, 그 촬영은 어떠한 경우라도 허용될 수 없다.

② 음주운전에 대한 수사과정에서 음주운전 혐의가 있는 운전자에 대하여 「도로교통법」에 따른 호흡측정이 이루어진 경우 과학적이고 중립적인 호흡측정 수치가 도출되었다 하여도 그 결과에 오류가 있다고 인정할 만한 객관적이고 합리적인 사정이 있는 경우라면 추가로 음주측정을 할 필요성이 있으므로, 경찰관이 혐의를 제대로 밝히기 위해 혈액채취에 의한 측정방법으로 재측정하는 것을 위법하다 할 수 없고 운전자는 이에 따라야 할 의무가 있다.

③ 위법한 체포상태에서 마약투약 혐의를 확인하기 위한 채뇨 요구가 이루어진 경우, 채뇨 요구를 위한 위법한 체포와 그에 이은 채뇨 요구는 마약투약이라는 범죄행위에 대한 증거수집을 위하여 연속하여 이루어진 것으로서 개별적으로 그 적법 여부를 평가하는 것은 적절하지 아니하므로 그 일련의 과정을 전체적으로 보아 위법한 채뇨 요구가 있었던 것으로 보아야 한다.

④ 「경범죄 처벌법」 제3조 제1항 제34호의 지문채취 불응 시 처벌규정은 영장주의에 따른 강제처분을 규정한 것으로, 수사상 필요에 의하여 수사기관이 직접강제에 의하여 지문을 채취하려 하는 경우와 마찬가지로 법관에 의해 발부된 영장이 필요하다.

해설

③ (○) 피의자가 동행을 거부하는 의사를 표시하였음에도 불구하고 경찰관들이 영장에 의하지 아니하고 피의자를 강제로 연행한 행위는 수사상의 강제처분에 관한 형사소송법상의 절차를 무시한 채 이루어진 것으로 위법한 체포에 해당하고, 이와 같이 위법한 체포상태에서 마약투약 혐의를 확인하기 위한 채뇨 요구가 이루어진 경우, 채뇨 요구를 위한 위법한 체포와 그에 이은 채뇨 요구는 마약투약이라는 범죄행위에 대한 증거수집을 위하여 연속하여 이루어진 것으로서 개별적으로 그 적법 여부를 평가하는 것은 적절하지 아니하므로 그 일련의 과정을 전체적으로 보아 위법한 채뇨 요구가 있었던 것으로 볼 수밖에 없다(대법원 2013.3.14, 2012도13611).

① (×) 누구든지 자기의 얼굴 기타 모습을 함부로 촬영당하지 않을 자유를 가지나 이러한 자유도 국가권력의 행사로부터 무제한으로 보호되는 것은 아니고 국가의 안전보장·질서유지·공공복리를 위하여 필요한 경우에는 상당한 제한이 따르는 것이고, 수사기관이 범죄를 수사함에 있어 현재 범행이 행하여지고 있거나 행하여진 직후이고, 증거보전의 필요성 및 긴급성이 있으며, 일반적으로 허용되는 상당한 방법에 의하여 촬영을 한 경우라면 위 촬영이 영장 없이 이루어졌다 하여 이를 위법하다고 단정할 수 없다(대법원 1999.9.3, 99도2317).

② (×) 음주운전에 대한 수사과정에서 음주운전 혐의가 있는 운전

자에 대하여 구 도로교통법 제44조 제2항에 따른 호흡측정이 이루어진 경우에는 그에 따라 과학적이고 중립적인 호흡측정 수치가 도출된 이상 다시 음주측정을 할 필요성은 사라졌으므로 운전자의 불복이 없는 한 다시 음주측정을 하는 것은 원칙적으로 허용되지 아니한다. 그러나 운전자의 태도와 외관, 운전행태 등에서 드러나는 주취 정도, 운전자가 마신 술의 종류와 양, 운전자가 사고를 야기하였다면 경위와 피해 정도, 목격자들의 진술 등 호흡측정 당시의 구체적 상황에 비추어 호흡측정기의 오작동 등으로 인하여 호흡측정 결과에 오류가 있다고 인정할 만한 객관적이고 합리적인 사정이 있는 경우라면 그러한 호흡측정 수치를 얻은 것만으로는 수사의 목적을 달성하였다고 할 수 없어 추가로 음주측정을 할 필요성이 있으므로, 경찰관이 음주운전 혐의를 제대로 밝히기 위하여 운전자의 자발적인 동의를 얻어 혈액 채취에 의한 측정의 방법으로 다시 음주측정을 하는 것을 위법하다고 볼 수는 없다. 이 경우 운전자가 일단 호흡측정에 응한 이상 재차 음주측정에 응할 의무까지 당연히 있다고 할 수는 없으므로, 운전자의 혈액 채취에 대한 동의의 임의성을 담보하기 위하여는 경찰관이 미리 운전자에게 혈액 채취를 거부할 수 있음을 알려주었거나 운전자가 언제든지 자유로이 혈액 채취에 응하지 아니할 수 있었음이 인정되는 등 운전자의 자발적인 의사에 의하여 혈액 채취가 이루어졌다는 것이 객관적인 사정에 의하여 명백한 경우에 한하여 혈액 채취에 의한 측정의 적법성이 인정된다(대법원 2015.7.9, 2014도16051).

④ (×) 이 사건 법률조항에 의한 지문채취의 강요는 영장주의에 의하여야 할 강제처분이라 할 수 없다. 또한 수사상 필요에 의하여 수사기관이 직접강제에 의하여 지문을 채취하려 하는 경우에는 반드시 법관이 발부한 영장에 의하여야 하므로 영장주의원칙은 여전히 유지되고 있다고 할 수 있다(헌법재판소 2004.9.23, 2002헌가17·18).

정답 ③

음주측정에 대한 설명으로 옳지 않은 것은? (다툼이 있는 경우 판례에 의함)

① 운전자가 거부할 경우 사법경찰관에게 호흡측정을 강요할 권한은 없으나, 적법한 호흡조사 측정요구를 거부하는 행위 자체가 도로교통법위반(음주측정거부)죄를 구성한다.

② 도로교통법에 따른 호흡측정이 이루어졌으나 호흡측정 당시의 구체적 상황에 비추어 호흡측정 결과에 오류가 있다고 인정할 만한 객관적이고 합리적인 사정이 있는 경우에는 혈액 채취에 의한 측정 방법으로 다시 음주측정을 하는 것이 허용될 수 있다.

③ 위드마크 공식의 경우 그 적용을 위한 자료로는 섭취한 알코올의 양, 음주시각, 체중 등이 필요하므로 그런 전제사실을 인정하기 위해서는 엄격한 증명이 필요하다.

④ 음주운전이 의심되는 상황에서 운전자가 혈중알코올농도 측정 직전에 추가로 음주를 한 경우에는 위드마크 공식을 통해 혈중알코올농도를 추정할 수 없다.

해설

④ (×) 죄증을 인멸하기 위해 추가음주가 이루어지는 경우 정당한 형사처벌의 필요성이 인정되지만, <u>별도의 입법적 조치가 없는 현 상황에서는 위드마크 공식을 통해 혈중알코올농도를 추정할 수밖에 없다</u>(대법원 2023.12.28, 2020도6417).

① (○) 도로교통법 제156조 제12호 참조.

> **도로교통법 제156조(벌칙)** 다음 각 호의 어느 하나에 해당하는 사람은 20만원 이하의 벌금이나 구류 또는 과료(科料)에 처한다.
> 12. 술에 취한 상태에 있다고 인정할 만한 상당한 이유가 있는 사람으로서 제44조 제2항에 따른 경찰공무원의 측정에 응하지 아니한 사람(자전거등을 운전한 사람으로 한정한다)

② (○) <u>호흡측정 당시의 구체적 상황에 비추어 호흡측정기의 오작동 등으로 인하여 호흡측정 결과에 오류가 있다고 인정할 만한 객관적이고 합리적인 사정이 있는 경우라면 … 운전자의 자발적인 동의를 얻어 혈액 채취에 의한 측정의 방법으로 다시 음주측정할 수 있다</u>(대법원 2015.7.9, 2014도16051).
[보충] ㉠ 구 도로교통법 제44조 제2항, 제3항은 음주운전 혐의가 있는 운전자에게 수사를 위한 호흡측정에도 응할 것을 간접적으로 강제하는 한편 혈액 채취 등의 방법에 의한 재측정을 통하여 호흡측정의 오류로 인한 불이익을 구제받을 수 있는 기회를 보장하는 데 취지가 있으므로, 이 규정들이 음주운전에 대한 수사방법으로서의 혈액 채취에 의한 측정의 방법을 운전자가 호흡측정 결과에 불복하는 경우에만 한정하여 허용하려는 취지의 규정이라고 해석할 수는 없다. ㉡ 음주운전에 대한 수사 과정에서 음주운전 혐의가 있는 운전자에 대하여 구 도로교통법 제44조 제2항에 따른 호흡측정이 이루어진 경우에는 그에 따라 과학적이고 중립적인 호흡측정 수치가 도출된 이상 다시 음주측정을 할 필요성은 사라졌으므로 운전자의 불복이 없는 한 다시 음주측정을 하는 것은 원칙적으로 허용되지 아니한다. 그러나 ㉢ 호흡측정 당시의 구체적 상황에 비추어 호흡측정기의 오작동 등으로 인하여 호흡측정 결과에 오류가 있다고 인정할 만한 객관적이고 합리적인 사정이 있는 경우라면 그러한 호흡측정 수치를 얻은 것만으로는 수사의 목적을 달성하였다고 할 수 없어 추가로 음주측정을 할 필요성이 있으므로, 경찰관이 음주운전 혐의를 제대로 밝히기 위하여 운전자의 자발적인 동의를 얻어 혈액 채취에 의한 측정의 방법으로 다시 음주측정을 하는 것을 위법하다고 볼 수는 없다. 이 경우 운전자가 일단 호흡측정에 응한 이상 재차 음주측정에 응할 의무까지 당연히 있다고 할 수는 없으므로, 운전자의 혈액 채취에 대한 동의의 임의성을 담보하기 위하여는 경찰관이 미리 운전자에게 혈액 채취를 거부할 수 있음을 알려주었거나 운전자가 언제든지 자유로이 혈액 채취에 응하지 아니할 수 있었음이 인정되는 등 운전자의 자발적인 의사에 의하여 혈액 채취가 이루어졌다는 것이 객관적인 사정에 의하여 명백한 경우에 한하여 혈액 채취에 의한 측정의 적법성이 인정된다(위 판례).

③ (○) 음주운전에 있어서 운전 직후에 운전자의 혈액이나 호흡 등 표본을 검사하여 혈중알코올농도를 측정할 수 있는 경우가 아니라면 소위 위드마크 공식을 사용하여 수학적 방법에 따른 계산결과로 운전 당시의 혈중알코올농도를 추정할 수 있으나, <u>범죄구성요건사실의 존부를 알아내기 위해 과학공식 등의 경험칙을 이용하는 경우에는 그 법칙 적용의 전제가 되는 개별적이고 구체적인 사실에 대하여는 엄격한 증명을 요한다 할 것이고, 위드마크 공식의 경우 그 적용을 위한 자료로는 섭취한 알코올의 양, 음주시각, 체중 등이 필요하므로 그런 전제사실을 인정하기 위해서는 엄격한 증명이 필요하다</u>(대법원 2000.11.10, 99도5541).

정답 ④

---

081 ✓ 대표　◆◆◇　국가9급 2017 변형

통신비밀보호법상 통신제한조치에 대한 설명으로 옳지 않은 것은? (다툼이 있으면 판례에 의함)

① 전기통신의 감청은 현재 이루어지고 있는 전기통신의 내용을 지득·채록하는 경우와 통신의 송·수신을 직접적으로 방해하는 경우를 의미하고, 전자우편이 송신되어 이미 수신이 완료된 전기통신에 관하여 남아 있는 기록이나 내용을 열어보는 등의 행위는 포함하지 않는다.

② 통신기관 등은 통신제한조치허가서 또는 긴급감청서 등에 기재된 통신제한조치 대상자의 전화번호 등이 사실과 일치하지 않을 경우에는 그 집행을 거부할 수 있으며, 어떠한 경우에도 전기통신에 사용되는 비밀번호를 누설할 수 없다.

③ 통신제한조치는 범죄수사 또는 국가안전보장을 위하여 보충적인 수단으로 이용되어야 한다.

④ 국가안보를 위한 경우를 제외한 범죄수사를 위한 통신제한조치기간은 2개월을 초과하지 못하고, 허가요건이 존속하는 경우 2개월의 범위에서 기간연장을 청구할 수 있으나, 이 경우에도 총 연장기간은 2년을 초과할 수 없다.

해설

④ (×) <u>총 연장기간은 1년을 초과할 수 없다</u>(2019.12.31. 개정 통신비밀보호법 제6조 제8항 본문).
[보충] 국가안보 관련범죄의 경우에는 3년(동 단서)
① (○) 대법원 2013.11.28, 2010도12244
② (○) 통신비밀보호법 제9조 제4항
③ (○) 통신비밀보호법 제3조 제2항

정답 ④

082 ✓유사 ◆◇◇ 국가9급/개론 2022

「통신비밀보호법」이 규정하는 통신제한조치에 대한 설명으로 옳은 것은? (다툼이 있는 경우 판례에 의함)

① 「통신비밀보호법」에서 보호하는 타인 간의 '대화'에는 원칙적으로 현장에 있는 당사자들이 말을 주고받는 육성과 의사소통 과정에서 사물에서 발생하는 음향이 포함된다.

② 「통신비밀보호법」이 규정하는 감청에는 실시간으로 전기통신의 내용을 지득·채록하는 행위, 통신의 송·수신을 직접적으로 방해하는 행위, 이미 수신이 완료된 전기통신에 관하여 남아 있는 기록이나 내용을 열어보는 행위 등이 포함된다.

③ 통신의 당사자 일방이 수사기관에 제출할 의도로 상대방의 동의 없이 전자장치나 기계장치를 사용하여 통신의 음향·문언·부호·영상을 청취하는 것은 「통신비밀보호법」이 정한 감청에 해당하지 아니한다.

④ 사법경찰관은 인터넷 회선을 통하여 송·수신하는 전기통신을 대상으로 통신제한조치를 집행한 후 그 전기통신의 보관등을 하고자 하는 때에는 집행종료일부터 14일 이내에 보관등이 필요한 전기통신을 선별하여 검사에게 보관등의 승인을 청구하고, 검사는 청구가 이유 있다고 인정하는 경우에는 보관등을 승인하여야 한다.

해설

③ (○) 대법원 2002.10.8, 2002도123
① (×) 통신비밀보호법에서 보호하는 타인 간의 '대화'는 원칙적으로 현장에 있는 당사자들이 육성으로 말을 주고받는 의사소통행위를 가리킨다. 따라서 <u>사람의 육성이 아닌 사물에서 발생하는 음향은 타인 간의 '대화'에 해당하지 않는다.</u> 또한 사람의 목소리라고 하더라도 상대방에게 의사를 전달하는 말이 아닌 단순한 비명소리나 탄식 등은 타인과 의사소통을 하기 위한 것이 아니라면 특별한 사정이 없는 한 타인 간의 '대화'에 해당한다고 볼 수 없다(대법원 2017.3.15, 2016도19843).
② (×) 통신비밀보호법 제2조 제3호 및 제7호에 의하면 같은 법상 '감청'은 전자적 방식에 의하여 모든 종류의 음향·문언·부호 또는 영상을 송신하거나 수신하는 전기통신에 대하여 당사자의 동의 없이 전자장치·기계장치 등을 사용하여 통신의 음향·문언·부호·영상을 청취·공독하여 그 <u>내용을 지득 또는 채록하거나</u> 전기통신의 송·수신을 방해하는 것을 말한다. 그런데 해당 규정의 문언이 송신하거나 수신하는 전기통신 행위를 감청의 대상으로 규정하고 있을 뿐 송·수신이 완료되어 보관 중인 전기통신 내용은 대상으로 규정하지 않은 점, 일반적으로 감청은 다른 사람의 대화나 통신 내용을 몰래 엿듣는 행위를 의미하는 점 등을 고려하여 보면, 통신비밀보호법상 '감청'이란 대상이 되는 전기통신의 송·수신과 동시에 이루어지는 경우만을 의미하고, <u>이미 수신이 완료된 전기통신의 내용을 지득하는 등의 행위는 포함되지 않는다</u>(대법원 2012.10.25, 2012도4644).
④ (×) 사법경찰관은 검사에게 보관등의 승인을 청구하는 것이 아니라 신청하는 것이고, 검사도 법원에 보관등의 승인을 청구할 수 있을 뿐 그 보관등을 승인할 수 있는 권한은 없다(통신비밀보호법 제12조의2 제2항).

통신비밀보호법 제12조의2(범죄수사를 위하여 인터넷 회선에 대한 통신제한조치로 취득한 자료의 관리) ② <u>사법경찰관</u>은 인터넷 회선을 통하여 송신·수신하는 전기통신을 대상으로 제6조 또는 제8조(제5조 제1항의 요건에 해당하는 사람에 대한 긴급통신제한조치에 한정한다)에 따른 통신제한조치를 집행한 경우 그 전기통신의 보관등을 하고자 하는 때에는 집행종료일부터 <u>14일 이내</u>에 보관등이 필요한 전기통신을 선별하여 검사에게 보관등의 승인을 신청하고, <u>검사는 신청일부터 7일 이내</u>에 통신제한조치를 허가한 법원에 그 승인을 청구할 수 있다.

정답 ③

---

083 ✓유사 ◆◆◆ 해경승진 2023

다음 중 「통신비밀보호법」상 통신제한조치에 대한 설명으로 가장 옳지 않은 것은? (다툼이 있는 경우 판례에 의함)

① 범죄수사를 위한 통신제한조치의 기간은 2개월을 초과하지 못하고, 그 기간 중 통신제한조치의 목적이 달성되었을 경우에는 즉시 종료하여야 한다.

② 수사기관은 감청의 실시를 종료하면 감청 대상이 된 전기통신의 가입자에게 감청사실 등을 통지하여야 하지만, 통지로 인하여 수사에 방해될 우려가 있다고 인정할 때에는 그 사유가 해소될 때까지 통지를 유예할 수 있다.

③ 3인 간의 대화에 있어서 그중 한 사람이 그 대화를 녹음하는 경우에 다른 두 사람의 발언은 그 녹음자에 대한 관계에서 '타인 간의 대화'라고 할 수 없다.

④ 국가안보를 위한 통신제한조치에서 통신의 일방 또는 쌍방당사자가 내국인인 때에는 고등법원 수석판사의 허가를 받아야 한다.

해설

② (×) 통신제한조치 종료 시에는 30일 이내에 그 대상자에게 통신제한조치 집행사실·집행기관·집행기간 등을 서면으로 통지하여야 한다(통신비밀보호법 제9조의2 제3항). 다만, 통신제한조치 통지로 인하여 <u>국가의 안전보장, 공공의 안녕질서를 위태롭게 할 현저한 우려가 있거나 사람의 생명·신체에 중대한 위험을 초래할 염려가 현저한 때</u>에 한하여 그 사유해소 시까지 통신제한조치 집행사실 등 통지를 유예할 수 있다(통신비밀보호법 제9조의2 제4항). 따라서 <u>단지 수사에 방해가 될 우려가 있다는 사유정도로는 통지유예사유가 될 수 없다.</u>

통신비밀보호법 제9조의2(통신제한조치의 집행에 관한 통지) ③ 정보수사기관의 장은 제7조 제1항 제1호 본문 및 제8조 제1항의 규정에 의한 통신제한조치를 종료한 날부터 30일 이내에 우편물 검열의 경우에는 그 대상자에게, 감청의 경우에는 그 대상이 된 전기통신의 가입자에게 통신제한조치를 집행한 사실과 집행기관 및 그 기간 등을 서면으로 통지하여야 한다.

④ 제1항 내지 제3항의 규정에 불구하고 다음 각호의 1에 해당하는 사유가 있는 때에는 그 사유가 해소될 때까지 통지를 유예할 수 있다.
1. 통신제한조치를 통지할 경우 국가의 안전보장·공공의 안녕질서를 위태롭게 할 현저한 우려가 있는 때
2. 통신제한조치를 통지할 경우 사람의 생명·신체에 중대한 위험을 초래할 염려가 현저한 때

① (○) 통신비밀보호법 제6조 참조.

> **통신비밀보호법 제6조(범죄수사를 위한 통신제한조치의 허가절차)** ⑦ 통신제한조치의 기간은 2개월을 초과하지 못하고, 그 기간 중 통신제한조치의 목적이 달성되었을 경우에는 즉시 종료하여야 한다. 다만, 제5조 제1항의 허가요건이 존속하는 경우에는 소명자료를 첨부하여 제1항 또는 제2항에 따라 2개월의 범위에서 통신제한조치기간의 연장을 청구할 수 있다.

③ (○) 통신비밀보호법 제3조 제1항이 "공개되지 아니한 타인 간의 대화를 녹음 또는 청취하지 못한다"라고 정한 것은, 대화에 원래부터 참여하지 않는 제3자가 그 대화를 하는 타인들 간의 발언을 녹음해서는 아니 된다는 취지이다. 3인 간의 대화에 있어서 그중 한 사람이 그 대화를 녹음하는 경우에 다른 두 사람의 발언은 그 녹음자에 대한 관계에서 '타인 간의 대화'라고 할 수 없으므로, 이와 같은 녹음행위가 통신비밀보호법 제3조 제1항에 위배된다고 볼 수는 없다(대법원 2006.10.12, 2006도4981).

④ (○) 국가안보를 위한 통신제한조치의 경우, 통신의 일방 또는 쌍방당사자가 내국인인 때에는 고등법원 수석판사의 허가를 받아야 하고(통신비밀보호법 제7조 제1항 제1호 본문), 이외에는 대통령의 승인을 얻어야 한다.

> **통신비밀보호법 제7조(국가안보를 위한 통신제한조치)** ① 대통령령이 정하는 정보수사기관의 장(이하 "정보수사기관의 장"이라 한다)은 국가안전보장에 상당한 위험이 예상되는 경우 또는 「국민보호와 공공안전을 위한 테러방지법」 제2조 제6호의 대테러활동에 필요한 경우에 한하여 그 위해를 방지하기 위하여 이에 관한 정보수집이 특히 필요한 때에는 다음 각 호의 구분에 따라 통신제한조치를 할 수 있다.
> 1. 통신의 일방 또는 쌍방당사자가 내국인인 때에는 고등법원 수석판사의 허가를 받아야 한다. 다만, 군용전기통신법 제2조의 규정에 의한 군용전기통신(작전수행을 위한 전기통신에 한한다)에 대하여는 그러하지 아니하다.
> 2. 대한민국에 적대하는 국가, 반국가활동의 혐의가 있는 외국의 기관·단체와 외국인, 대한민국의 통치권이 사실상 미치지 아니하는 한반도 내의 집단이나 외국에 소재하는 그 산하단체의 구성원의 통신인 때 및 제1항 제1호 단서의 경우에는 서면으로 대통령의 승인을 얻어야 한다.

> **정답** ②

☑ 유사 ◆◇◇

통신비밀보호법상 전기통신의 감청에 대한 설명 중 옳은 것은? (다툼이 있는 경우 판례에 의함)

① 수사기관이 대화의 일방당사자의 동의를 얻어 통화내용을 녹음하였다면 그 상대방의 동의가 없더라도, 그 녹음은 통신비밀보호법이 금지하는 감청에 해당하지 않는다.
② 무전기와 같은 무선전화기를 이용한 통화는 통신비밀보호법상 '전기통신'에 해당하고 '타인간의 대화'에 포함되지 않는다.
③ 불법감청에 의하여 녹음된 전화통화의 내용은 통신비밀보호법에 의하여 증거능력이 없으나, 피고인이나 변호인이 이를 증거로 함에 동의한 때에는 예외적으로 증거능력이 인정된다.
④ 통신비밀보호법상의 '감청'에는 전기통신의 송수신과 동시에 이루어지는 경우뿐만 아니라 이미 수신이 완료된 전기통신의 내용을 지득하는 행위도 포함된다.

해설

② (○) 무전기와 같은 무선전화기를 이용한 통화가 위 법에서 규정하고 있는 전기통신에 해당함은 전화통화의 성질 및 위 규정 내용에 비추어 명백하므로 이를 같은 법 제3조 제1항 소정의 '타인 간의 대화'에 포함된다고 할 수 없다(대법원 2003.11.13, 2001도6213).

① (×) 제3자의 경우는 설령 전화통화 당사자 일방의 동의를 받고 그 통화내용을 녹음하였다 하더라도 그 상대방의 동의가 없었던 이상, 사생활 및 통신의 불가침을 국민의 기본권의 하나로 선언하고 있는 헌법규정과 통신비밀의 보호와 통신의 자유신장을 목적으로 제정된 통신비밀보호법의 취지에 비추어 이는 동법 제3조 제1항 위반이 된다고 해석하여야 할 것이다(대법원 2002.10.8, 2002도123).

③ (×) 통신비밀보호법 제3조 제1항에 위반한 불법감청에 의하여 녹음된 전화통화의 내용은 법 제4조에 의하여 증거능력이 없다. 그리고 사생활 및 통신의 불가침을 국민의 기본권의 하나로 선언하고 있는 헌법규정과 통신비밀의 보호와 통신의 자유 신장을 목적으로 제정된 통신비밀보호법의 취지에 비추어 볼 때 피고인이나 변호인이 이를 증거로 함에 동의하였다고 하더라도 달리 볼 것은 아니다(대법원 2010.10.14, 2010도9016).
[보충] 위법수집증거는 증거동의의 대상이 아니다.

④ (×) 통신비밀보호법상 '감청'이란 대상이 되는 전기통신의 송·수신과 동시에 이루어지는 경우만을 의미하고, 이미 수신이 완료된 전기통신의 내용을 지득하는 등의 행위는 포함되지 않는다(대법원 2012.10.25, 2012도4644).

> **정답** ②

PART 03 CHAPTER 01 수사

CHAPTER 01 수사 **149**

085 ✓유사 ◆◇◇ 경찰승진 2024

「통신비밀보호법」상 감청에 관한 설명으로 가장 적절하지 않은 것은? (다툼이 있는 경우 판례에 의함)

① 전화통화 당사자의 일방이 상대방 모르게 통화내용을 녹음하는 것은 감청에 해당하지 아니하지만, 제3자의 경우는 설령 전화통화 당사자 일방의 동의를 받고 그 통화내용을 녹음하였다 하더라도 그 상대방의 동의가 없었던 이상 「통신비밀보호법」 제3조를 위반한 불법 감청에 해당한다.

② 「통신비밀보호법」 제3조 제1항 본문에 의하면 누구든지 이 법과 형사소송법 또는 군사법원법의 규정에 의하지 않고는 공개되지 않은 타인 간의 대화를 녹음하거나 청취하지 못하는데, 여기서 말하는 '공개되지 않았다.'는 것은 반드시 비밀과 동일한 의미는 아니다.

③ 인터넷개인방송의 방송자가 비밀번호를 설정하는 등 그 수신 범위를 한정하는 비공개 조치를 취하지 않고 방송을 송출하는 경우, 그 시청자는 인터넷개인방송의 당사자인 수신인에 해당하고, 이러한 시청자가 방송 내용을 지득·채록하는 것은 「통신비밀보호법」에서 정한 감청에 해당하지 않는다.

④ A가 비공개 조치를 한 후 인터넷개인방송을 하는 과정에서 A와 잘 아는 사이인 甲이 불상의 방법으로 접속하거나 시청하고 있다는 사정을 알면서도 방송을 중단하거나 甲을 배제하는 조치를 취하지 아니하고, 오히려 甲의 시청 사실을 전제로 甲을 상대로 한 발언을 하기도 하는 등 계속 진행을 하였더라도, 甲이 해당 방송을 시청하면서 음향·영상 등을 청취하거나 녹음하였다면 「통신비밀보호법」 제3조를 위반한 불법감청에 해당한다.

해설

④ (×) 피해자가 수사기관에 제출한 방송녹음파일 중 2021.6.6.자 방송과 2021.6.17. 23:17경부터 시작된 방송은 피고인이 비공개 조치를 하지 않은 상태에서 한 방송이거나, 피고인이 비공개 조치를 한 후 방송을 하는 과정에서 피고인과 잘 아는 사이인 피해자가 불상의 방법으로 접속하거나 시청하고 있다는 사정을 알면서도 방송을 중단하거나 피해자를 배제하는 조치를 취하지 아니하고, 오히려 피해자의 시청 사실을 전제로 피해자를 상대로 한 발언을 하기도 하는 등 계속 진행한 방송임을 알 수 있다. 이러한 경위에 비추어 피해자는 위 각 방송의 당사자에 포함될 뿐 당사자가 아닌 제3자에 해당한다고 볼 수는 없으므로, 피해자가 위 각 방송을 시청하면서 음향·영상 등을 청취하거나 녹음하였더라도 통신비밀보호법 제3조를 위반한 불법감청에 해당하지 않는다(대법원 2022.10.27, 2022도9877).

① (○) 대법원 2002.10.8, 2002도123

② (○) 대화에 원래부터 참여하지 않는 제3자가 일반 공중이 알 수 있도록 공개되지 않은 타인 간의 발언을 녹음하거나 전자장치 또는 기계적 수단을 이용하여 청취하는 것은 특별한 사정이 없는 한 제3조 제1항에 위반된다(대법원 2016.5.12, 2013도15616). '공개되지 않았다.'는 것은 반드시 비밀과 동일한 의미는 아니고, 구체적으로 공개된 것인지는 발언자의 의사와 기대, 대화의 내용

과 목적, 상대방의 수, 장소의 성격과 규모, 출입의 통제 정도, 청중의 자격 제한 등 객관적인 상황을 종합적으로 고려하여 판단해야 한다(대법원 2022.8.31, 2020도1007).

③ (○) 인터넷개인방송의 방송자가 비밀번호를 설정하는 등 그 수신 범위를 한정하는 비공개 조치를 취하지 않고 방송을 송출하는 경우, 누구든지 시청하는 것을 포괄적으로 허용하는 의사라고 볼 수 있으므로, 그 시청자는 인터넷개인방송의 당사자인 수신인에 해당하고, 이러한 시청자가 방송 내용을 지득·채록하는 것은 통신비밀보호법에서 정한 감청에 해당하지 않는다(대법원 2022.10.27, 2022도9877).

정답 ④

086 ✓유사 ◆◆◇ 해경승진 2023

다음 중 「통신비밀보호법」상 통신제한조치에 관한 긴급처분의 요건으로 가장 옳지 않은 것은?

① 국가안보를 위협하는 음모행위
② 범인의 체포 또는 증거의 수집이 어려운 경우
③ 조직범죄의 계획이나 실행 등과 같은 긴박한 상황이 있는 경우
④ 직접적인 사망이나 심각한 상해의 위험을 야기할 수 있는 범죄

해설

② (×) 통비법상 긴급통신제한조치는 검사, 사법경찰관 또는 정보수사기관의 장이 법원의 허가서 발부절차를 거칠 수 없는 긴급한 사유가 있는 때에 법원의 허가 없이 하는 통신제한조치를 말한다. 긴급통신제한조치의 요건은 국가안보를 위협하는 음모행위(①), 직접적인 사망이나 심각한 상해의 위험을 야기할 수 있는 범죄(④) 또는 조직범죄등 중대한 범죄의 계획이나 실행 등 긴박한 상황(③)이고(통신비밀보호법 제8조 제1항), 단지 다른 방법으로는 범인의 체포 또는 증거의 수집이 어려운 경우는, 범죄를 계획 또는 실행하고 있거나 실행하였다고 의심할 만한 충분한 이유와 더불어 (긴급통신제한조치가 아니라) 통상의 통신제한조치 허가에 의한 감청의 요건이다(통신비밀보호법 제5조 제1항).

> **통신비밀보호법 제8조(긴급통신제한조치)** ① 검사, 사법경찰관 또는 정보수사기관의 장은 국가안보를 위협하는 음모행위, 직접적인 사망이나 심각한 상해의 위험을 야기할 수 있는 범죄 또는 조직범죄등 중대한 범죄의 계획이나 실행 등 긴박한 상황에 있고 제5조 제1항 또는 제7조 제1항 제1호의 규정에 의한 요건을 구비한 자에 대하여 제6조 또는 제7조 제1항 및 제3항의 규정에 의한 절차를 거칠 수 없는 긴급한 사유가 있는 때에는 법원의 허가 없이 통신제한조치를 할 수 있다.
> **제5조(범죄수사를 위한 통신제한조치의 허가요건)** ① 통신제한조치는 다음 각 호의 범죄를 계획 또는 실행하고 있거나 실행하였다고 의심할 만한 충분한 이유가 있고 다른 방법으로는 그 범죄의 실행을 저지하거나 범인의 체포 또는 증거의 수집이 어려운 경우에 한하여 허가할 수 있다.

정답 ②

087 ✓ 유사 ◆◆◇ 경찰2차 2021

「통신비밀보호법」상 사법경찰관의 통신제한조치(전기통신의 감청)에 관한 설명으로 옳은 것을 모두 고른 것은?

ⓐ 일정한 요건이 구비된 경우에는 검사에 대하여 각 피의자별 또는 각 피내사자별로 통신제한조치에 대한 허가를 신청하고, 검사는 법원에 대하여 그 허가를 청구할 수 있다.

ⓑ 통신제한조치의 기간은 3개월을 초과하지 못하나 허가요건이 존속하는 경우에는 3개월의 범위에서 통신제한조치기간의 연장을 청구할 수 있다. 다만 통신제한조치의 연장을 청구하는 경우에 통신제한조치의 총연장기간은 1년(일정한 범죄의 경우는 3년)을 초과할 수 없다.

ⓒ 통신제한조치를 집행한 사건에 관하여 검사로부터 공소를 제기하거나 제기하지 아니하는 처분(기소중지 또는 참고인중지결정은 제외한다)의 통보를 받거나 검찰송치를 하지 아니하는 처분(수사중지결정은 제외한다) 또는 내사사건에 관하여 입건하지 아니하는 처분을 한 때에는 그날부터 30일 이내에 감청의 대상이 된 전기통신의 가입자에게 통신제한조치를 집행한 사실과 집행기관 및 그 기간 등을 서면으로 통지하여야 한다.

ⓓ 사법경찰관은 인터넷 회선을 통하여 송신·수신하는 전기통신을 대상으로 통신제한조치를 집행한 경우 그 전기통신의 보관 등을 하고자 하는 때에는 집행종료일부터 10일 이내에 보관 등이 필요한 전기통신을 선별하여 검사에게 보관 등의 승인을 신청하고, 검사는 신청일부터 10일 이내에 통신제한조치를 허가한 법원에 그 승인을 청구할 수 있다.

① ⓐ, ⓒ　　　　② ⓐ, ⓓ
③ ⓑ, ⓒ　　　　④ ⓑ, ⓓ

해설

ⓐ (O) 통신비밀보호법 제6조 제2항

ⓑ (✕) 통신제한조치의 기간은 2개월을 초과하지 못하고, 허가요건이 존속하는 경우에는 소명자료를 첨부하여 2개월의 범위에서 통신제한조치기간의 연장을 청구할 수 있다(통신비밀보호법 제6조 제7항). 다만 통신제한조치의 연장을 청구하는 경우에 통신제한조치의 총연장기간은 1년(일정한 범죄의 경우는 3년)을 초과할 수 없다(통신비밀보호법 제6조 제8항).

ⓒ (O) 통신비밀보호법 제9조의2 제2항

ⓓ (✕) 사법경찰관은 인터넷 회선을 통하여 송신·수신하는 전기통신을 대상으로 통신제한조치를 집행한 경우 그 전기통신의 보관 등을 하고자 하는 때에는 집행종료일부터 14일 이내에 보관 등이 필요한 전기통신을 선별하여 검사에게 보관 등의 승인을 신청하고, 검사는 신청일부터 7일 이내에 통신제한조치를 허가한 법원에 그 승인을 청구할 수 있다(통신비밀보호법 제12조의2 제2항).

정답 ①

088 ✓ 유사 ◆◇◇ 경찰승진 2022

다음은 「통신비밀보호법」에 대한 설명이다. 아래 ⓐ부터 ⓓ까지의 설명 중 옳고 그름의 표시(O, ✕)가 바르게 된 것은? (다툼이 있는 경우 판례에 의함)

ⓐ 사람의 목소리인 이상 상대방에게 의사를 전달하는 말이 아닌 단순한 비명소리나 탄식 등이라 할지라도 「통신비밀보호법」이 보호하는 타인 간의 '대화'에 해당한다.

ⓑ 「통신비밀보호법」상 '전기통신의 감청'은 전기통신이 이루어지고 있는 상황에서 실시간으로 전기통신의 내용을 지득·채록하는 경우와 통신의 송·수신을 직접적으로 방해하는 경우뿐만 아니라 이미 수신이 완료된 전기통신에 관하여 남아 있는 기록이나 내용을 열어보는 등의 행위를 포함한다.

ⓒ 통신제한조치허가서에 의하여 허가된 통신제한조치가 '전기통신 감청 및 우편물 검열'뿐인 경우 그 후 연장결정서에 당초 허가 내용에 없던 '대화녹음'이 기재되어 있다고 하더라도 이는 대화녹음의 적법한 근거가 되지 못한다.

ⓓ 검사는 형의 집행을 위하여 필요한 경우 「전기통신사업법」에 의한 전기통신사업자에게 통신사실 확인자료의 열람이나 제출을 요청할 수 있고, 이 경우에는 관할 지방법원(보통군사법원을 포함한다) 또는 지원의 허가를 받아야 한다.

① ⓐ (O), ⓑ (O), ⓒ (✕), ⓓ (✕)
② ⓐ (O), ⓑ (O), ⓒ (✕), ⓓ (O)
③ ⓐ (✕), ⓑ (✕), ⓒ (✕), ⓓ (O)
④ ⓐ (✕), ⓑ (✕), ⓒ (O), ⓓ (O)

해설

ⓐ (✕) 사람의 목소리라고 하더라도 상대방에게 의사를 전달하는 말이 아닌 단순한 비명소리나 탄식 등은 타인과 의사소통을 하기 위한 것이 아니라면 특별한 사정이 없는 한 타인 간의 '대화'에 해당한다고 볼 수 없다(대법원 2017.3.15, 2016도19843).

ⓑ (✕) '전기통신의 감청'은 '감청'의 개념 규정에 비추어 전기통신이 이루어지고 있는 상황에서 실시간으로 전기통신의 내용을 지득·채록하는 경우와 통신의 송·수신을 직접적으로 방해하는 경우를 의미하는 것이지, 이미 수신이 완료된 전기통신에 관하여 남아 있는 기록이나 내용을 열어보는 등의 행위를 포함하지 않는다(대법원 2016.10.13, 2016도8137).

ⓒ (O) 대법원 1999.9.3, 99도2317

ⓓ (O) 통신비밀보호법 제13조 제1항·제3항

> 통신비밀보호법 제13조(범죄수사를 위한 통신사실 확인자료 제공의 절차) ① 검사 또는 사법경찰관은 수사 또는 형의 집행을 위하여 필요한 경우 전기통신사업법에 의한 전기통신사업자(이하 "전기통신사업자"라 한다)에게 통신사실 확인자료의 열람이나 제출(이하 "통신사실 확인자료제공"이라 한다)을 요청할 수 있다.
> ③ 제1항 및 제2항에 따라 통신사실 확인자료제공을 요청하

는 경우에는 요청사유, 해당 가입자와의 연관성 및 필요한 자료의 범위를 기록한 서면으로 관할 지방법원(군사법원을 포함한다) 또는 지원의 허가를 받아야 한다. 다만, 관할 지방법원 또는 지원의 허가를 받을 수 없는 긴급한 사유가 있는 때에는 통신사실 확인자료제공을 요청한 후 지체 없이 그 허가를 받아 전기통신사업자에게 송부하여야 한다.

④ 제3항 단서에 따라 긴급한 사유로 통신사실 확인자료를 제공받았으나 지방법원 또는 지원의 허가를 받지 못한 경우에는 지체 없이 제공받은 통신사실 확인자료를 폐기하여야 한다.

정답 ④

089 ✓ 유사 ◆◆◆ 경찰2차 2024

「통신비밀보호법」상의 통신제한조치에 관한 설명으로 옳은 것을 모두 고른 것은? (다툼이 있는 경우 판례에 의함)

⊙ 전기통신의 감청은 '감청'의 개념 규정에 비추어 전기통신이 이루어지고 있는 상황에서 실시간으로 전기통신의 내용을 지득·채록하는 경우와 전기통신의 송·수신을 직접적으로 방해하는 경우를 의미하는 것이므로, 이미 수신이 완료된 전기통신에 관하여 남아 있는 기록이나 내용을 열어보는 등의 행위는 포함하지 않는다.

⊙ 범죄수사를 위한 통신제한조치의 기간은 1개월을 초과하지 못하고, 그 기간 중 통신제한조치의 목적이 달성되었을 경우에는 즉시 종료하여야 한다.

⊙ 사법경찰관은 「통신비밀보호법」 제8조에 따른 긴급통신제한조치를 한 경우에 집행에 착수한 때부터 36시간 이내에 법원의 허가를 받지 못한 경우에는 해당 조치를 즉시 중지하고 해당 조치로 취득한 자료를 폐기하여야 한다.

⊙ 사법경찰관은 통신제한조치를 집행한 사건에 관하여 검사가 공소를 제기하거나 제기하지 아니하는 처분(기소중지 또는 참고인중지 결정은 포함한다)의 통보를 받은 때에는 그 통보를 받은 날부터 30일 이내에 감청의 대상이 된 전기통신의 가입자에게 통신제한조치를 집행한 사실과 집행기관 및 그 기간 등을 서면으로 통지하여야 한다.

⊙ 「통신비밀보호법」 제3조 제1항을 위반한 불법감청에 의하여 녹음된 전화통화의 내용은 「통신비밀보호법」 제4조에 의하여 원칙적으로 증거능력이 없으나, 피고인이나 변호인이 이를 증거로 함에 동의하였다면 증거능력이 인정된다.

① ⊙⊙ ② ⊙⊙
③ ⊙⊙⊙ ④ ⊙⊙⊙

① ⊙⊙

⊙ (○) 대법원 2016.10.13, 2016도8137

⊙ (×) 통신제한조치의 기간은 2개월이다. 통신비밀보호법 제6조 제7항 참조.

> **통신비밀보호법 제6조(범죄수사를 위한 통신제한조치의 허가절차)** ⑦ 통신제한조치의 기간은 2개월을 초과하지 못하고, 그 기간 중 통신제한조치의 목적이 달성되었을 경우에는 즉시 종료하여야 한다. 다만, 제5조 제1항의 허가요건이 존속하는 경우에는 소명자료를 첨부하여 제1항 또는 제2항에 따라 2개월의 범위에서 통신제한조치기간의 연장을 청구할 수 있다.
> ⑧ 검사 또는 사법경찰관이 제7항 단서에 따라 통신제한조치의 연장을 청구하는 경우에 통신제한조치의 총연장기간은 1년을 초과할 수 없다. 다만, 다음 각 호의 어느 하나에 해당하는 범죄의 경우(내란의 죄 등)에는 통신제한조치의 총 연장기간이 3년을 초과할 수 없다.

⊙ (○) 긴급통신제한조치 착수 시로부터 36시간 내에 법원의 허가를 받아야 한다. 통신비밀보호법 제8조 제5항 참조.

[보충] 구 통신비밀보호법에서는 긴급통신제한조치가 단시간내에 종료되어 법원의 허가를 받을 필요가 없는 경우에는 그 종료 후 7일 이내에 법원에 긴급통신제한조치통보서를 송부하도록 하였는데(구 통신비밀보호법 제8조 제5항, 긴급감청 단시간 종료 시 법원에 대한 사후통보제도), 2022년 12월 27일 통신비밀보호법 개정으로 긴급통신제한조치가 단시간 내에 종료된 경우라도 예외 없이 법원의 허가를 받도록 하고, 긴급통신제한조치의 집행에 착수한 때부터 36시간 이내에 법원의 허가를 받지 못한 경우에는 해당 조치로 취득한 자료를 폐기하도록 하였다.

> **통신비밀보호법 제8조(긴급통신제한조치)** ① 검사, 사법경찰관 또는 정보수사기관의 장은 국가안보를 위협하는 음모행위, 직접적인 사망이나 심각한 상해의 위험을 야기할 수 있는 범죄 또는 조직범죄등 중대한 범죄의 계획이나 실행 등 긴박한 상황에 있고 제5조 제1항 또는 제7조 제1항 제1호의 규정에 의한 요건을 구비한 자에 대하여 제6조 또는 제7조 제1항 및 제3항의 규정에 의한 절차를 거칠 수 없는 긴급한 사유가 있는 때에는 법원의 허가 없이 통신제한조치를 할 수 있다.
> ② 검사, 사법경찰관 또는 정보수사기관의 장은 제1항에 따른 통신제한조치(이하 "긴급통신제한조치"라 한다)의 집행에 착수한 후 지체 없이 제6조(제7조 제3항에서 준용하는 경우를 포함한다)에 따라 법원에 허가청구를 하여야 한다. 〈개정 2022.12.27.〉
> ③ 사법경찰관이 긴급통신제한조치를 할 경우에는 미리 검사의 지휘를 받아야 한다. 다만, 특히 급속을 요하여 미리 지휘를 받을 수 없는 사유가 있는 경우에는 긴급통신제한조치의 집행착수 후 지체 없이 검사의 승인을 얻어야 한다.
> ⑤ 검사, 사법경찰관 또는 정보수사기관의 장은 긴급통신제한조치의 집행에 착수한 때부터 36시간 이내에 법원의 허가를 받지 못한 경우에는 해당 조치를 즉시 중지하고 해당 조치로 취득한 자료를 폐기하여야 한다.

⊙ (×) 수사기관은 공소제기·불기소·검찰불송치·불입건 처분 시 통신제한조치 집행을 받은 자에 대하여는 30일 이내에 통신제한조치 집행사실·집행기간 등을 서면으로 통지하여야 한다. 단, 기소중지·참고인중지·수사중지 시는 예외로 한다. 통신비밀보호법 제9조의2 제2항 참조.

통신비밀보호법 제9조의2(통신제한조치의 집행에 관한 통지) ① 검사는 제6조 제1항 및 제8조 제1항에 따라 통신제한조치를 집행한 사건에 관하여 공소를 제기하거나, 공소의 제기 또는 입건을 하지 아니하는 처분(기소중지결정, 참고인중지결정을 제외한다)을 한 때에는 그 처분을 한 날부터 30일 이내에 우편물 검열의 경우에는 그 대상자에게, 감청의 경우에는 그 대상이 된 전기통신의 가입자에게 통신제한조치를 집행한 사실과 집행기관 및 그 기간 등을 서면으로 통지하여야 한다. (중략)
② 사법경찰관은 제6조 제1항 및 제8조 제1항에 따라 통신제한조치를 집행한 사건에 관하여 검사로부터 공소를 제기하거나 제기하지 아니하는 처분(기소중지 또는 참고인중지결정은 제외한다)의 통보를 받거나 검찰송치를 하지 아니하는 처분(수사중지 결정은 제외한다) 또는 내사사건에 관하여 입건하지 아니하는 처분을 한 때에는 그날부터 30일 이내에 우편물 검열의 경우에는 그 대상자에게, 감청의 경우에는 그 대상이 된 전기통신의 가입자에게 통신제한조치를 집행한 사실과 집행기관 및 그 기간 등을 서면으로 통지하여야 한다.

ⓜ (×) 법 제3조 제1항에 위반한 불법감청에 의하여 녹음된 전화통화의 내용은 법 제4조에 의하여 증거능력이 없다. 그리고 사생활 및 통신의 불가침을 국민의 기본권의 하나로 선언하고 있는 헌법규정과 통신비밀의 보호와 통신의 자유 신장을 목적으로 제정된 통신비밀보호법의 취지에 비추어 볼 때 피고인이나 변호인이 이를 증거로 함에 동의하였다고 하더라도 달리 볼 것은 아니다(대법원 2010.10.14, 2010도9016).

정답 ①

Ⅱ 임의수사와 강제수사의 구체적 한계

Ⅲ 임의수사의 방법

090 ✓ 대표 ◆◆◇

경찰1차 2020

피의자신문에 대한 설명 중 가장 적절하지 않은 것은? (다툼이 있는 경우 판례에 의함)

① 변호인의 수사방해나 수사기밀의 유출에 대한 우려가 없고 조사실의 장소적 제약 등과 같은 특별한 사정이 없는 상황에서 수사관 A가 피의자신문에 참여한 변호인 B에게 피의자 후방에 앉으라고 요구하는 행위는 목적의 정당성과 수단의 적절성뿐만 아니라 침해의 최소성과 법익균형성도 충족하지 못하므로 B의 변호권을 침해한다.

② 피의자신문에 참여한 변호인은 원칙적으로 신문 후 의견을 진술할 수 있다. 다만 신문 중이더라도 부당한 신문방법에 대하여 이의를 제기할 수 있고, 검사 또는 사법경찰관의 승인을 얻어 의견을 진술할 수 있다.

③ 검사 또는 사법경찰관은 피의자가 신체적 또는 정신적 장애로 사물을 변별하거나 의사를 결정·전달할 능력이 미약한 때와 피의자의 연령·성별·국적 등의 사정을 고려하여 그 심리적 안정의 도모와 원활한 의사소통을 위하여 필요한 경우 직권 또는 피의자, 법정대리인의 신청에 따라 피의자와 신뢰관계인을 동석시킬 수 있다. 이 경우 동석한 신뢰관계인이 피의자를 대신하여 진술할 수 있으며 진술한 부분이 조서에 기재되어 있다면 이를 유죄 인정의 증거로 사용할 수 있다.

④ 인지절차를 밟기 전에 수사를 하였다고 하더라도 그 수사가 장차 인지의 가능성이 전혀 없는 상태하에서 행해졌다는 등의 특별한 사정이 없는 한 인지절차가 이루어지기 전에 수사를 하였다는 이유만으로 그 수사가 위법하다고 볼 수는 없고, 따라서 그 수사과정에서 작성된 피의자신문조서나 진술조서 등의 증거능력도 이를 부인할 수 없다.

해설

③ (×) 형사소송법 제244조의5는, 검사 또는 사법경찰관은 피의자를 신문하는 경우 피의자가 신체적 또는 정신적 장애로 사물을 변별하거나 의사를 결정·전달할 능력이 미약한 때나 피의자의 연령·성별·국적 등의 사정을 고려하여 그 심리적 안정의 도모와 원활한 의사소통을 위하여 필요한 경우에는, 직권 또는 피의자·법정대리인의 신청에 따라 피의자와 신뢰관계에 있는 자를 동석하게 할 수 있도록 규정하고 있다. 구체적인 사안에서 위와 같은 동석을 허락할 것인지는 원칙적으로 검사 또는 사법경찰관이 피의자의 건강 상태 등 여러 사정을 고려하여 재량에 따라 판단하여야 할 것이나, 이를 허락하는 경우에도 동석한 사람으로 하여금 피의자를 대신하여 진술하도록 하여서는 안 된다. 만약 동석한 사람이 피의자를 대신하여 진술한 부분이 조서에 기재되어 있다면 그 부분은 피의자의 진술을 기재한 것이 아니라 동석한 사람의 진술을 기재한 조서에 해당하므로, 그 사람에 대한 진술조서

로서의 증거능력을 취득하기 위한 요건을 충족하지 못하는 한 이를 유죄 인정의 증거로 사용할 수 없다(대법원 2009.6.23, 2009도1322).

① (○) 변호인이 피의자신문에 자유롭게 참여할 수 있는 권리는 피의자가 가지는 변호인의 조력을 받을 권리를 실현하는 수단이므로 헌법상 기본권인 변호인의 변호권으로서 보호되어야 한다. 피의자신문에 참여한 변호인이 피의자 옆에 앉는다고 하여 피의자 뒤에 앉는 경우보다 수사를 방해할 가능성이 높아진다거나 수사기밀을 유출할 가능성이 높아진다고 볼 수 없으므로, 이 사건 후방착석요구행위의 목적의 정당성과 수단의 적절성을 인정할 수 없다. 이 사건 후방착석요구행위로 인하여 위축된 피의자가 변호인에게 적극적으로 조언과 상담을 요청할 것을 기대하기 어렵고, 변호인이 피의자의 뒤에 앉게 되면 피의자의 상태를 즉각적으로 파악하거나 수사기관이 피의자에게 제시한 서류 등의 내용을 정확하게 파악하기 어려우므로, 이 사건 후방착석요구행위는 변호인인 청구인의 피의자신문참여권을 과도하게 제한한다. 그런데 이 사건에서 변호인의 수사방해나 수사기밀의 유출에 대한 우려가 없고, 조사실의 장소적 제약 등과 같이 이 사건 후방착석요구행위를 정당화할 그 외의 특별한 사정도 없으므로, 이 사건 후방착석요구행위는 침해의 최소성 요건을 충족하지 못한다. 이 사건 후방착석요구행위로 얻어질 공익보다는 변호인의 피의자신문참여권 제한에 따른 불이익의 정도가 크므로, 법익의 균형성 요건도 충족하지 못한다. 따라서 이 사건 후방착석요구행위는 변호인인 청구인의 변호권을 침해한다(헌법재판소 2017.11.30, 2016헌마503).

② (○) 제243조의2 제3항

④ (○) 대법원 2001.10.26, 2000도2968

정답 ③

피의자신문에 관한 다음 설명 중 가장 적절한 것은? (다툼이 있으면 판례에 의함)

① 수사기관이 피의자의 진술을 영상녹화 하는 경우에는 반드시 피의자 내지 변호인의 동의를 받아야 하고, 피의자가 아닌 자의 진술을 영상녹화 하는 경우에는 미리 영상녹화 사실을 고지하면 되고 그의 동의를 요하지는 않는다.

② 피의자가 변호인의 참여를 원한다는 의사를 명백하게 표시하였음에도 수사기관이 정당한 사유 없이 변호인을 참여하게 하지 아니한 채 피의자를 신문하여 작성한 피의자신문조서라도 증거능력 자체가 부정되는 것은 아니나, 증명력이 낮게 평가될 수밖에 없다.

③ 피의자와 동석한 신뢰관계에 있는 사람이 피의자를 대신하여 진술한 부분이 조서에 기재되어 있다면 그 부분은 피의자의 진술을 기재한 것이 아니라 동석한 사람의 진술을 기재한 조서에 해당하므로, 그 사람에 대한 진술조서로서의 증거능력을 취득하기 위한 요건을 충족하지 못하는 한 이를 유죄의 증거로 사용할 수 없다.

④ 검사 또는 사법경찰관은 피의자 또는 그 변호인·법정대리인·배우자·직계친족·형제자매의 신청에 따라 변호인을 피의자와 접견하게 하거나 정당한 사유가 없는 한 피의자에 대한 신문에 참여하게 할 수 있다.

해설

③ (○) 형사소송법 제244조의5는, 검사 또는 사법경찰관은 피의자를 신문하는 경우 피의자가 신체적 또는 정신적 장애로 사물을 변별하거나 의사를 결정·전달할 능력이 미약한 때나 피의자의 연령·성별·국적 등의 사정을 고려하여 그 심리적 안정의 도모와 원활한 의사소통을 위하여 필요한 경우에는 직권 또는 피의자·법정대리인의 신청에 따라 피의자와 신뢰관계에 있는 자를 동석하게 할 수 있도록 하고 있다. 구체적인 사안에서 위와 같은 동석을 허락할 것인지는 원칙적으로 검사 또는 사법경찰관이 피의자의 건강 상태 등 여러 사정을 고려하여 재량에 따라 판단하여야 할 것이나, 이를 허락하는 경우에도 동석한 사람으로 하여금 피의자를 대신하여 진술하도록 하여서는 아니되는 것이고 만약 동석한 사람이 피의자를 대신하여 진술한 부분이 조서에 기재되어 있다면 그 부분은 피의자의 진술을 기재한 것이 아니라 동석한 사람의 진술을 기재한 조서에 해당하므로 그 사람에 대한 진술조서로서의 증거능력을 취득하기 위한 요건을 충족하지 못하는 한 이를 유죄 인정의 증거로 사용할 수 없는 것이다(대법원 2009.6.23, 2009도1322).

① (✕) 반대로 설명되어 있다. 제244조의2 제1항, 제221조 제3항 참조.

> **제244조의2(피의자진술의 영상녹화)** ① 피의자의 진술은 영상녹화할 수 있다. 이 경우 미리 영상녹화사실을 알려주어야 하며, 조사의 개시부터 종료까지의 전 과정 및 객관적 정황을 영상녹화하여야 한다.
> **제221조(제3자의 출석요구 등)** ① 검사 또는 사법경찰관은 수사에 필요한 때에는 피의자가 아닌 자의 출석을 요구하여

진술을 들을 수 있다. 이 경우 그의 동의를 받아 영상녹화할 수 있다.

② (✕) 헌법 제12조 제1항, 제4항 본문, 형사소송법 제243조의2 제1항 및 그 입법 목적 등에 비추어 보면, 피의자가 변호인의 참여를 원한다는 의사를 명백하게 표시하였음에도 수사기관이 정당한 사유 없이 변호인을 참여하게 하지 아니한 채 피의자를 신문하여 작성한 피의자신문조서는 형사소송법 제312조에 정한 '적법한 절차와 방식'에 위반된 증거일 뿐만 아니라, 형사소송법 제308조의2에서 정한 '적법한 절차에 따르지 아니하고 수집한 증거'에 해당하므로 이를 증거로 할 수 없다(대법원 2013.3.28, 2010도3359). 증거능력이 없다는 판시이다.

④ (✕) 제243조의2 제1항 참조.

> **제243조의2(변호인의 참여 등)** ① 검사 또는 사법경찰관은 피의자 또는 그 변호인·법정대리인·배우자·직계친족·형제자매의 신청에 따라 변호인을 피의자와 접견하게 하거나 정당한 사유가 없는 한 피의자에 대한 신문에 참여하게 하여야 한다.

[정답] ③

---

092 ✓ 유사 ◆◇◇   경찰승진 2022

「검사와 사법경찰관의 상호협력과 일반적 수사준칙에 관한 규정」상 심야조사 및 장시간 조사에 대한 설명으로 가장 적절하지 않은 것은?

① 검사 또는 사법경찰관은 조사, 신문, 면담 등 그 명칭을 불문하고 피의자나 사건관계인을 조사하는 경우에는 원칙적으로 대기시간, 휴식시간, 식사시간 등 모든 시간을 합산한 조사시간이 12시간을 초과하지 않도록 해야 한다.

② 검사 또는 사법경찰관은 피의자나 사건관계인에 대해 원칙적으로 오후 9시부터 오전 6시까지 사이에 심야조사를 해서는 안 되지만, 이미 작성된 조서의 열람을 위한 절차는 예외적으로 오후 9시부터 오전 6시까지 사이에 진행할 수 있다.

③ 검사 또는 사법경찰관은 피의자를 체포한 후 48시간 이내에 구속영장의 청구 또는 신청 여부를 판단하기 위해 불가피한 경우 오후 9시부터 오전 6시까지 사이에 심야조사를 할 수 있다.

④ 검사 또는 사법경찰관은 사건의 성질 등을 고려할 때 심야조사가 불가피하다고 판단되는 경우 등 법무부장관, 경찰청장 또는 해양경찰청장이 정하는 경우로서 검사 또는 사법경찰관의 소속기관의 장이 지정하는 인권보호 책임자의 허가 등을 받은 때에는 오후 9시부터 오전 6시까지 사이에 심야조사를 할 수 있다.

[해설]

② (✕) 심야조사는 원칙적으로 금지되나, 이미 작성된 조서의 열람

을 위한 절차는 '자정 이전까지' 진행할 수 있다(수사준칙 제21조 제1항 단서).

> **수사준칙 제21조(심야조사 제한)** ① 검사 또는 사법경찰관은 조사, 신문, 면담 등 그 명칭을 불문하고 피의자나 사건관계인에 대해 오후 9시부터 오전 6시까지 사이에 조사(이하 "심야조사"라 한다)를 해서는 안 된다. 다만, 이미 작성된 조서의 열람을 위한 절차는 '자정 이전'까지 진행할 수 있다.
> ② 제1항에도 불구하고 다음 각 호의 어느 하나에 해당하는 경우에는 심야조사를 할 수 있다. 이 경우 심야조사의 사유를 조서에 명확하게 적어야 한다.
> 1. 피의자를 체포한 후 48시간 이내에 구속영장의 청구 또는 는 신청 여부를 판단하기 위해 불가피한 경우
> 2. 공소시효가 임박한 경우
> 3. 피의자나 사건관계인이 출국, 입원, 원거리 거주, 직업상 사유 등 재출석이 곤란한 구체적인 사유를 들어 심야조사를 요청한 경우(변호인이 심야조사에 동의하지 않는다는 의사를 명시한 경우는 제외한다)로서 해당 요청에 상당한 이유가 있다고 인정되는 경우
> 4. 그 밖에 사건의 성질 등을 고려할 때 심야조사가 불가피하다고 판단되는 경우 등 법무부장관, 경찰청장 또는 해양경찰청장이 정하는 경우로서 검사 또는 사법경찰관의 소속 기관의 장이 지정하는 인권보호 책임자의 허가 등을 받은 경우 → 영/시/청/기허 심야조사 돼

① (〇) 수사준칙 제22조 제1항 참조.

> **수사준칙 제22조(장시간 조사 제한)** ① 검사 또는 사법경찰관은 조사, 신문, 면담 등 그 명칭을 불문하고 피의자나 사건관계인을 조사하는 경우에는 대기시간, 휴식시간, 식사시간 등 모든 시간을 합산한 조사시간(이하 "총조사시간"이라 한다)이 12시간을 초과하지 않도록 해야 한다. 다만, 다음 각 호의 어느 하나에 해당하는 경우에는 예외로 한다.
> 1. 피의자나 사건관계인의 서면 요청에 따라 조서를 열람하는 경우
> 2. 제21조 제2항 각 호의 어느 하나에 해당하는 경우
> ② 검사 또는 사법경찰관은 특별한 사정이 없으면 총조사시간 중 식사시간, 휴식시간 및 조서의 열람시간 등을 제외한 실제 조사시간이 8시간을 초과하지 않도록 해야 한다.
> ③ 검사 또는 사법경찰관은 피의자나 사건관계인에 대한 조사를 마친 때부터 8시간이 지나기 전에는 다시 조사할 수 없다. 다만, 제1항 제2호에 해당하는 경우에는 예외로 한다.

③ (〇) 체포 후 48시간 이내에 검사가 구속영장을 청구하지 않으면 석방해야 하는데(형사소송법 제200조의2 제5항), 이 경우 48시간 이내에 검사의 구속영장 청구 또는 사법경찰관의 구속영장 신청 여부를 판단하기 위해 불가피한 경우에는 예외적으로 심야조사가 가능하다(수사준칙 제21조 제2항 제1호).

④ (〇) 심야조사가 가능한 예외적인 경우는 ⊙ 체포 후 48시간 이내에 구속영장의 청구 또는 신청 여부를 판단하기 위해 불가피한 경우, ⓒ 공소시효가 임박한 경우, ⓒ 피의자나 사건관계인이 재출석이 곤란한 구체적인 사유를 들어 심야조사를 요청한 경우(이때 변호인의 명시적 부동의가 있으면 심야조사 금지) 그리고 ⓔ 그밖에 사건의 성질 등을 고려할 때 심야조사가 불가피하다고 판단되는 경우 등 법무부장관, 경찰청장, 해양경찰청장이 정하는 경우의 네 가지 경우가 있다(영/시/청/기허 심야조사 돼). 마지막 ⓔ의 경우에는 검사 또는 사법경찰관의 소속기관의 장이 지정하는 인권보호 책임자의 허가 등을 받아야 한다(수사준칙 제21조 제2항).
[참고] 검사 또는 사법경찰관은 피의자나 사건관계인에 대한 조사를 마친 때부터 8시간 내에는 재조사가 금지되나, 역시 위 네

가지 경우에는 8시간 내 재조사가 가능하다(영/시/청/기 8시간 내 재조사 돼).

정답 ②

---

093 ✓유사 ◆◆◇

다음 중 「검사와 사법경찰관의 상호협력과 일반적 수사준칙에 관한 규정」상 심야조사와 장시간조사에 대한 설명으로 가장 옳지 않은 것은?

① 검사 또는 사법경찰관은 피의자나 사건관계인에 대해 원칙적으로 오후 9시부터 오전 6시까지 사이에 심야조사를 해서는 안 되지만, 이미 작성된 조서의 열람을 위한 절차는 예외적으로 오후 9시부터 오전 6시까지 사이에 진행할 수 있다.

② 검사 또는 사법경찰관은 피의자를 체포한 후 48시간 이내에 구속영장의 청구 또는 신청 여부를 판단하기 위해 불가피한 경우 오후 9시부터 오전 6시까지 사이에 심야조사를 할 수 있다.

③ 검사 또는 사법경찰관은 사건의 성질 등을 고려할 때 심야조사가 불가피하다고 판단되는 경우 등 법무부장관, 경찰청장 또는 해양경찰청장이 정하는 경우로서 검사 또는 사법경찰관의 소속 기관의 장이 지정하는 인권보호 책임자의 허가 등을 받은 때에는 오후 9시부터 오전 6시까지 사이에 심야조사를 할 수 있다.

④ 검사 또는 사법경찰관은 조사, 신문, 면담 등 그 명칭을 불문하고 피의자나 사건관계인을 조사하는 경우에는 원칙적으로 대기시간, 휴식시간, 식사시간 등 모든 시간을 합산한 조사시간이 12시간을 초과하지 않도록 해야 한다.

해설

① (×) 심야조사는 원칙적으로 금지되나, 이미 작성된 조서의 열람을 위한 절차는 '자정 이전까지' 진행할 수 있다(수사준칙 제21조 제1항 단서).

> **수사준칙 제21조(심야조사 제한)** ① 검사 또는 사법경찰관은 조사, 신문, 면담 등 그 명칭을 불문하고 피의자나 사건관계인에 대해 오후 9시부터 오전 6시까지 사이에 조사(이하 "심야조사"라 한다)를 해서는 안 된다. 다만, 이미 작성된 조서의 열람을 위한 절차는 '자정 이전'까지 진행할 수 있다.
> ② 제1항에도 불구하고 다음 각 호의 어느 하나에 해당하는 경우에는 심야조사를 할 수 있다. 이 경우 심야조사의 사유를 조서에 명확하게 적어야 한다.
> 1. 피의자를 체포한 후 48시간 이내에 구속영장의 청구 또는 신청 여부를 판단하기 위해 불가피한 경우
> 2. 공소시효가 임박한 경우
> 3. 피의자나 사건관계인이 출국, 입원, 원거리 거주, 직업상 사유 등 재출석이 곤란한 구체적인 사유를 들어 심야조사를 요청한 경우(변호인이 심야조사에 동의하지 않는다

는 의사를 명시한 경우는 제외한다)로서 해당 요청에 상당한 이유가 있다고 인정되는 경우
> 4. 그 밖에 사건의 성질 등을 고려할 때 심야조사가 불가피하다고 판단되는 경우 등 법무부장관, 경찰청장 또는 해양경찰청장이 정하는 경우로서 검사 또는 사법경찰관의 소속 기관의 장이 지정하는 인권보호 책임자의 허가 등을 받은 경우

② (○) 체포 후 48시간 이내에 검사가 구속영장을 청구하지 않으면 석방해야 하는데(형사소송법 제200조의2 제5항), 이 경우 48시간 이내에 검사의 구속영장 청구 또는 사법경찰관의 구속영장 신청 여부를 판단하기 위해 불가피한 경우에는 예외적으로 심야조사가 가능하다(수사준칙 제21조 제2항 제1호).

③ (○) 심야조사가 가능한 예외적인 경우는 ㉠ 체포 후 48시간 이내에 구속영장의 청구 또는 신청 여부를 판단하기 위해 불가피한 경우, ㉡ 공소시효가 임박한 경우, ㉢ 피의자나 사건관계인이 재출석이 곤란한 구체적인 사유를 들어 심야조사를 요청한 경우(이때 변호인의 명시적 부동의가 있으면 심야조사 금지) 그리고 ㉣ 그 밖에 사건의 성질 등을 고려할 때 심야조사가 불가피하다고 판단되는 경우 등 법무부장관, 경찰청장, 해양경찰청장이 정하는 경우의 네 가지 경우가 있다. 마지막 ㉣의 경우에는 검사 또는 사법경찰관의 소속기관의 장이 지정하는 인권보호책임자의 허가 등을 받아야 한다(수사준칙 제21조 제2항).
[참고] 검사 또는 사법경찰관은 피의자나 사건관계인에 대한 조사를 마친 때부터 8시간 내에는 재조사가 금지되나, 역시 위 네 가지 경우에는 8시간 내 재조사가 가능하다.

④ (○) 수사준칙 제22조 제1항 참조.

> **수사준칙 제22조(장시간 조사 제한)** ① 검사 또는 사법경찰관은 조사, 신문, 면담 등 그 명칭을 불문하고 피의자나 사건관계인을 조사하는 경우에는 대기시간, 휴식시간, 식사시간 등 모든 시간을 합산한 조사시간(이하 "총조사시간"이라 한다)이 12시간을 초과하지 않도록 해야 한다. 다만, 다음 각 호의 어느 하나에 해당하는 경우에는 예외로 한다.
> 1. 피의자나 사건관계인의 서면 요청에 따라 조서를 열람하는 경우
> 2. 제21조 제2항 각 호의 어느 하나에 해당하는 경우
> ② 검사 또는 사법경찰관은 특별한 사정이 없으면 총조사시간 중 식사시간, 휴식시간 및 조서의 열람시간 등을 제외한 실제 조사시간이 8시간을 초과하지 않도록 해야 한다.
> ③ 검사 또는 사법경찰관은 피의자나 사건관계인에 대한 조사를 마친 때부터 8시간이 지나기 전에는 다시 조사할 수 없다. 다만, 제1항 제2호에 해당하는 경우에는 예외로 한다.

정답 ①

094 ✓유사 ◆◇◇　　　국가9급개론 2019

피의자신문에 대한 설명으로 옳지 않은 것은? (다툼이 있는 경우 판례에 의함)

① 적법한 구속영장이 발부된 이상 수사기관으로서는 피의자신문을 위해 그 구속영장의 효력에 의하여 구금된 피의자를 조사실로 구인할 수 있다.

② 수사기관이 진술자의 성명을 가명으로 기재하여 조서를 작성하였다고 해서 그 이유만으로 그 조서가 '적법한 절차와 방식'에 따라 작성되지 않았다고 할 것은 아니다.

③ 검사가 피고인의 공판절차에서 이미 증언을 마친 증인에게 수사기관에 출석할 것을 요구하여 그 증인을 상대로 위증의 혐의를 조사한 내용을 담은 피의자신문조서는 그 피고인이 증거로 함에 동의하더라도 증거능력이 인정되지 않는다.

④ 피의자의 진술을 영상녹화하는 경우 미리 그 사실을 알려주어야 하며, 조사의 개시부터 종료까지의 전 과정 및 객관적 정황을 영상녹화하여야 한다.

해설

③ (×) 원칙적으로 위법수집증거이나, 증거동의가 있으면 증거능력이 인정됨을 인정한 예외적인 경우이다. "공판준비 또는 공판기일에서 이미 증언을 마친 증인을 검사가 소환한 후 피고인에게 유리한 그 증언 내용을 추궁하여 이를 일방적으로 번복시키는 방식으로 작성한 진술조서를 유죄의 증거로 삼는 것은 당사자주의·공판중심주의·직접주의를 지향하는 현행 형사소송법의 소송구조에 어긋나는 것일 뿐만 아니라, 헌법 제27조가 보장하는 기본권, 즉 법관의 면전에서 모든 증거자료가 조사·진술되고 이에 대하여 피고인이 공격·방어할 수 있는 기회가 실질적으로 부여되는 재판을 받을 권리를 침해하는 것이므로, 이러한 진술조서는 피고인이 증거로 할 수 있음에 동의하지 아니하는 한 증거능력이 없다고 할 것이고, 그 후 원진술자인 종전 증인이 다시 법정에 출석하여 증언을 하면서 그 진술조서의 성립의 진정함을 인정하고 피고인 측에 반대신문의 기회가 부여되었다고 하더라도 그 증언 자체를 유죄의 증거로 할 수 있음은 별론으로 하고 위와 같은 진술조서의 증거능력이 없다는 결론은 달리할 것이 아니다(대법원 2000.6.15, 99도1108 전원합의체; 2012.6.14, 2012도534 등). 이는 검사가 공판준비 또는 공판기일에서 이미 증언을 마친 증인에게 수사기관에 출석할 것을 요구하여 그 증인을 상대로 위증의 혐의를 조사한 내용을 담은 피의자신문조서의 경우도 마찬가지이다(대법원 2013.8.14, 2012도13665).

① (○) 구속영장 발부에 의하여 적법하게 구금된 피의자가 피의자신문을 위한 출석요구에 응하지 아니하면서 수사기관 조사실에의 출석을 거부한다면 수사기관은 그 구속영장의 효력에 의하여 피의자를 조사실로 구인할 수 있다(대법원 2013.7.1, 2013모160).

② (○) 형사소송법은 조서에 진술자의 실명 등 인적 사항을 확인하여 이를 그대로 밝혀 기재할 것을 요구하는 규정을 따로 두고 있지는 아니하다. 따라서 「특정범죄신고자 등 보호법」 등에서처럼 명시적으로 진술자의 인적사항의 전부 또는 일부의 기재를 생략할 수 있도록 한 경우가 아니라 하더라도, 진술자와 피고인의 관계, 범죄의 종류, 진술자 보호의 필요성 등 여러 사정으로 볼 때 상당한 이유가 있는 경우에는 수사기관이 진술자의 성명을 가

으로 기재하여 조서를 작성하였다고 해서 그 이유만으로 그 조서가 '적법한 절차와 방식'에 따라 작성되지 않았다고 할 것은 아니다(대법원 2012.5.24, 2011도7757).

④ (○) 제244조의2 제1항 제2문 참조.

> **제244조의2(피의자진술의 영상녹화)** ① 피의자의 진술은 영상녹화할 수 있다. 이 경우 미리 영상녹화사실을 알려주어야 하며, 조사의 개시부터 종료까지의 전 과정 및 객관적 정황을 영상녹화하여야 한다.

정답 ③

095 ✓유사 ◆◆◇　　　경찰간부 2023

피의자신문에 관한 설명으로 가장 적절하지 않은 것은? (다툼이 있는 경우 판례에 의함)

① 검사 또는 사법경찰관은 피의자신문 전에 진술거부권과 신문받을 때 변호인의 조력을 받을 수 있음을 고지해야 하나, 이러한 권리를 행사할 것인지의 여부에 대한 피의자의 답변을 반드시 조서에 기재할 필요는 없다.

② 검사 또는 사법경찰관은 조사, 신문, 면담 등 그 명칭을 불문하고 피의자에 대해 원칙적으로 오후 9시부터 오전 6시까지 사이에는 심야조사를 해서는 안 되며, 조서를 열람하거나 예외적으로 심야조사가 허용되는 경우를 제외하고는 총조사시간은 12시간을 초과하지 않아야 한다.

③ 변호인의 수사방해나 수사기밀의 유출에 대한 우려가 없고, 조사실의 장소적 제약 등이 없음에도 수사관이 피의자신문에 참여한 변호인에게 '피의자 후방에 앉으라'고 요구한 행위는 변호인의 변호권을 침해하는 것이다.

④ 피의자의 진술은 피의자 또는 변호인의 동의 없이도 영상을 녹화할 수 있으나, 다만 미리 영상녹화사실을 알려주어야 하며 조사의 개시부터 종료까지의 전 과정 및 객관적 정황을 영상녹화해야 한다.

해설

① (×) 피의자신문 전 고지사항에 속하는 진술거부권 및 변호인조력권의 고지는, 고지만으로는 불충분하고 반드시 피의자의 답변을 조서에 기재하는 등의 확인절차를 밟아야 한다. 제244조의3 제2항 참조.

> **제244조의3(진술거부권 등의 고지)** ① 검사 또는 사법경찰관은 피의자를 신문하기 전에 다음 각 호의 사항을 알려주어야 한다.
> 1. 일체의 진술을 하지 아니하거나 개개의 질문에 대하여 진술을 하지 아니할 수 있다는 것
> 2. 진술을 하지 아니하더라도 불이익을 받지 아니한다는 것
> 3. 진술을 거부할 권리를 포기하고 행한 진술은 법정에서 유죄의 증거로 사용될 수 있다는 것

4. 신문을 받을 때에는 변호인을 참여하게 하는 등 변호인의 조력을 받을 수 있다는 것

② 검사 또는 사법경찰관은 제1항에 따라 알려준 때에는 <u>피의자가 진술을 거부할 권리와 변호인의 조력을 받을 권리를 행사할 것인지의 여부를 질문하고, 이에 대한 피의자의 답변을 조서에 기재하여야 한다.</u> 이 경우 피의자의 답변은 피의자로 하여금 자필로 기재하게 하거나 검사 또는 사법경찰관이 피의자의 답변을 기재한 부분에 기명날인 또는 서명하게 하여야 한다.

② (O) 심야조사는 원칙적으로 금지되고(수사준칙 제21조), 총조사시간은 12시간 이내를 원칙으로 한다(수사준칙 제22조).

> **수사준칙 제21조(심야조사 제한)** ① 검사 또는 사법경찰관은 조사, 신문, 면담 등 그 명칭을 불문하고 피의자나 사건관계인에 대해 <u>오후 9시부터 오전 6시까지 사이에 조사(이하 "심야조사"라 한다)를 해서는 안 된다.</u> 다만, 이미 작성된 조서의 열람을 위한 절차는 자정 이전까지 진행할 수 있다.
> ② 제1항에도 불구하고 다음 각 호의 어느 하나에 해당하는 경우에는 심야조사를 할 수 있다. 이 경우 심야조사의 사유를 조서에 명확하게 적어야 한다.
> 1. 피의자를 체포한 후 48시간 이내에 구속영장의 청구 또는 신청 여부를 판단하기 위해 불가피한 경우
> 2. 공소시효가 임박한 경우
> 3. 피의자나 사건관계인이 출국, 입원, 원거리 거주, 직업상 사유 등 재출석이 곤란한 구체적인 사유를 들어 심야조사를 요청한 경우(변호인이 심야조사에 동의하지 않는다는 의사를 명시한 경우는 제외한다)로서 해당 요청에 상당한 이유가 있다고 인정되는 경우
> 4. 그 밖에 사건의 성질 등을 고려할 때 심야조사가 불가피하다고 판단되는 경우 등 법무부장관, 경찰청장 또는 해양경찰청장이 정하는 경우로서 검사 또는 사법경찰관의 소속 기관의 장이 지정하는 인권보호 책임자의 허가 등을 받은 경우
> **제22조(장시간 조사 제한)** ① 검사 또는 사법경찰관은 조사, 신문, 면담 등 그 명칭을 불문하고 피의자나 사건관계인을 조사하는 경우에는 대기시간, 휴식시간, 식사시간 등 <u>모든 시간을 합산한 조사시간(이하 "총조사시간"이라 한다)이 12시간을 초과하지 않도록 해야 한다.</u> 다만, 다음 각 호의 어느 하나에 해당하는 경우에는 예외로 한다.
> 1. 피의자나 사건관계인의 서면 요청에 따라 조서를 열람하는 경우
> 2. 제21조 제2항 각 호의 어느 하나에 해당하는 경우

③ (O) 헌법재판소 2017.11.30, 2016헌마503

④ (O) 제244조의2 제1항 참조.

> **제244조의2(피의자진술의 영상녹화)** ① <u>피의자의 진술은 영상녹화할 수 있다.</u> 이 경우 <u>미리 영상녹화사실을 알려주어야 하며,</u> 조사의 개시부터 종료까지의 전 과정 및 객관적 정황을 영상녹화하여야 한다.

[정답] ①

피의자신문에 대한 설명으로 가장 적절한 것은? (다툼이 있는 경우 판례에 의함)

① 피의자신문에 대한 변호인의 참여권은 구속된 피의자의 방어권을 실질적으로 보장하기 위한 취지이므로 불구속 피의자의 피의자신문에 대해서는 정당한 사유가 있는 경우에만 변호인의 참여가 허용된다.

② 피의자신문에 참여한 변호인은 신문 후 의견을 진술할 수 있고, 부당한 신문방법에 대하여는 신문 중이더라도 이의를 제기하고 의견을 진술할 수 있다. 다만, 부당한 신문방법에 대한 신문 중의 이의제기는 검사 또는 사법경찰관의 승인을 얻어야 한다.

③ 피의자가 "변호인의 조력을 받을 권리를 행사할 것인가요"라는 사법경찰관의 물음에 "예"라고 답변하였음에도 사법경찰관이 변호인의 참여를 제한하여야 할 정당한 사유 없이 변호인이 참여하지 아니한 상태에서 계속하여 피의자를 상대로 신문을 행한 경우, 그 내용을 기재한 피의자신문조서는 적법한 절차에 따르지 않고 수집한 증거에 해당한다.

④ 변호인에게 피의자신문 참여권을 인정하는 이유는 피의자 등이 가지는 '변호인의 조력을 받을 권리'를 충실하게 보장하기 위한 목적에서 비롯된 것이지, 그것이 변호인 자신의 기본권을 보장하기 위하여 인정되는 권리라고 볼 수는 없다.

[해설]

③ (O) 헌법 제12조 제1항, 제4항 본문, 형사소송법 제243조의2 제1항 및 그 입법 목적 등에 비추어 보면, <u>피의자가 변호인의 참여를 원한다는 의사를 명백하게 표시하였음에도 수사기관이 정당한 사유 없이 변호인을 참여하게 하지 아니한 채 피의자를 신문하여 작성한 피의자신문조서는 형사소송법 제312조에 정한 '적법한 절차와 방식'에 위반된 증거일 뿐만 아니라, 형사소송법 제308조의2에서 정한 '적법한 절차에 따르지 아니하고 수집한 증거'에 해당하므로 이를 증거로 할 수 없다</u>(대법원 2013.3.28, 2010도3359).

① (X) 피의자신문에 대한 변호인의 참여권은 원칙적으로 모든 피의자에게 인정되는 것이고, 검사 또는 사법경찰관은 단지 <u>정당한 사유가 있는 경우에만 제한할 수 있을 뿐이다</u>(제243조의2 제1항).

> **제243조의2(변호인의 참여 등)** ① 검사 또는 사법경찰관은 피의자 또는 그 변호인·법정대리인·배우자·직계친족·형제자매의 신청에 따라 변호인을 피의자와 접견하게 하거나 <u>정당한 사유가 없는 한 피의자에 대한 신문에 참여하게 하여야 한다.</u>

② (X) 부당한 신문방법에 대한 이의제기는 신문 중이라고 하더라도 수사기관의 승인을 요하지 아니한다(제243조의2 제3항).

> **제243조의2(변호인의 참여 등)** ③ 신문에 참여한 변호인은 신문 후 의견을 진술할 수 있다. 다만, <u>신문 중이라도 부당한 신문방법에 대하여 이의를 제기할 수 있고,</u> 검사 또는 사법경찰관의 승인을 얻어 의견을 진술할 수 있다.

④ (×) 변호인이 피의자신문에 자유롭게 참여할 수 있는 권리는 피의자가 가지는 변호인의 조력을 받을 권리를 실현하는 수단이므로 헌법상 기본권인 변호인의 변호권으로서 보호되어야 한다(헌법재판소 2017.11.30, 2016헌마503).

정답 ③

097 ✓ 유사 ◆◆◇

피의자신문에 관한 설명으로 가장 적절하지 않은 것은?
(다툼이 있는 경우 판례에 의함)

① 검사가 조사실에서 구금된 피의자를 신문할 때에는 피의자에게 보호장비를 사용하지 말아야 하는 것이 원칙이므로 도주·자해 또는 다른 사람에 대한 위해 등 특별한 사정이 없는 이상 교도관에게 보호장비의 해제를 요청할 의무가 있고, 교도관은 이에 응하여야 한다.

② 수사기관에 의한 진술거부권 고지의 대상이 되는 피의자의 지위는 수사기관이 범죄인지서를 작성하는 등의 형식적인 사건수리절차를 거치기 전이라도 조사대상자에 대하여 범죄의 혐의가 있다고 보아 실질적으로 수사를 개시하는 행위를 한 때에 인정된다.

③ 검사 또는 사법경찰관리가 피의자를 조사하는 도중에 영상녹화의 필요성이 발생한 때에는 그 시점에서 진행 중인 조사를 중단하고, 중단한 조사를 다시 시작하는 때부터 조서에 기명날인 또는 서명을 마치는 시점까지의 모든 과정을 영상녹화해야 한다.

④ 검사 또는 사법경찰관은 피의자의 연령·성별·국적 등의 사정을 고려하여 그 심리적 안정의 도모와 원활한 의사소통을 위하여 필요한 경우에는 직권 또는 피의자·법정대리인의 신청에 따라 피의자와 신뢰관계에 있는 자를 동석하게 하여야 한다.

해설

④ (×) 피의자신문 시 신뢰관계자 동석은 임의적 동석이다. 제244조의5 제2호 참조.

> **244조의5(장애인 등 특별히 보호를 요하는 자에 대한 특칙)**
> 검사 또는 사법경찰관은 피의자를 신문하는 경우 다음 각 호의 어느 하나에 해당하는 때에는 직권 또는 피의자·법정대리인의 신청에 따라 피의자와 신뢰관계에 있는 자를 동석하게 할 수 있다.
> 1. 피의자가 신체적 또는 정신적 장애로 사물을 변별하거나 의사를 결정·전달할 능력이 미약한 때
> 2. 피의자의 연령·성별·국적 등의 사정을 고려하여 그 심리적 안정의 도모와 원활한 의사소통을 위하여 필요한 경우

① (○) 검사가 조사실에서 피의자를 신문할 때 피의자가 신체적으로나 심리적으로 위축되지 않은 상태에서 자기의 방어권을 충분히 행사할 수 있도록 피의자에게 보호장비를 사용하지 말아야 하는 것이 원칙이고, 다만 도주, 자해, 다른 사람에 대한 위해 등

형집행법 제97조 제1항 각 호에 규정된 위험이 분명하고 구체적으로 드러나는 경우에만 예외적으로 보호장비를 사용하여야 한다. 따라서 구금된 피의자는 형집행법 제97조 제1항 각 호에 규정된 사유에 해당하지 않는 이상 보호장비 착용을 강제당하지 않을 권리를 가진다. 검사는 조사실에서 피의자를 신문할 때 해당 피의자에게 그러한 특별한 사정이 없는 이상 교도관에게 보호장비의 해제를 요청할 의무가 있고, 교도관은 이에 응하여야 한다(대법원 2020.3.17, 2015모2357).

② (○) 대법원 2013.7.25, 2012도8698

③ (○) 검찰사건사무규칙 제45조 제1항 후단, 경찰수사규칙 제43조 제1항 단서 참조.

> **검찰사건사무규칙 제45조(영상녹화)** ① 검사는 법 제221조 제1항 또는 제244조의2 제1항에 따라 피의자 또는 피의자가 아닌 사람을 영상녹화하는 경우 해당 조사의 시작부터 종료 시까지의 전 과정을 영상녹화하며, 조사 도중 영상녹화의 필요성이 발생한 경우에는 그 시점에서 진행 중인 조사를 종료하고, 그 다음 조사의 시작부터 종료 시까지의 전 과정을 영상녹화한다.
> **경찰수사규칙 제43조(영상녹화)** ① 사법경찰관리는 법 제221조 제1항 또는 제244조의2 제1항에 따라 피의자 또는 피의자가 아닌 사람을 영상녹화하는 경우 그 조사의 시작부터 조서에 기명날인 또는 서명을 마치는 시점까지의 모든 과정을 영상녹화해야 한다. 다만, 조사 도중 영상녹화의 필요성이 발생한 때에는 그 시점에서 진행 중인 조사를 중단하고, 중단한 조사를 다시 시작하는 때부터 조서에 기명날인 또는 서명을 마치는 시점까지의 모든 과정을 영상녹화해야 한다.

정답 ④

피의자신문에 관한 설명으로 옳은 것을 모두 고른 것은?

> ㉠ 검사 또는 사법경찰관은 피의자를 신문하기 전에 진술을 하지 아니할 수 있다는 것, 진술을 거부할 권리를 포기하고 행한 진술은 법정에서 유죄의 증거로 사용될 수 있다는 것, 신문을 받을 때에는 변호인을 참여하게 하는 등 변호인의 조력을 받을 수 있다는 것을 고지하여야 한다.
>
> ㉡ 검사 또는 사법경찰관은 피의자의 연령·성별·국적 등의 사정을 고려하여 그 심리적 안정의 도모와 원활한 의사소통을 위하여 필요한 경우 피의자와 신뢰관계에 있는 자를 동석하게 하여야 하며, 신뢰관계인이 동석하지 않은 상태에서 행한 진술은 임의성이 인정되더라도 유죄인정의 증거로 사용할 수 없다.
>
> ㉢ 검사 또는 사법경찰관은 오후 9시부터 오전 6시까지 사이에 조사를 해서는 안 되지만, 공소시효가 임박하거나 피의자를 체포한 후 48시간 이내에 구속영장의 청구 또는 신청 여부를 판단하기 위해 불가피한 경우에는 심야조사를 할 수 있다.
>
> ㉣ 피의자의 진술을 영상녹화하는 경우 미리 영상녹화 사실을 알려주어야 하며, 조사의 개시부터 종료까지의 전 과정 및 객관적 정황을 영상녹화하여야 하고, 영상녹화가 완료된 때에는 피의자 또는 변호인의 요구가 없더라도 피의자 또는 변호인 앞에서 영상녹화물을 재생하여 시청하게 한 후 지체 없이 그 원본을 봉인하고 피의자로 하여금 기명날인 또는 서명하게 하여야 한다.

① ㉠㉢

② ㉠㉣

③ ㉡㉢

④ ㉠㉡㉢㉣

해설

㉠ (○) 제244조의3 제1항 참조.

> **제244조의3(진술거부권 등의 고지)** ① 검사 또는 사법경찰관은 피의자를 신문하기 전에 다음 각 호의 사항을 알려주어야 한다.
> 1. 일체의 진술을 하지 아니하거나 개개의 질문에 대하여 진술을 하지 아니할 수 있다는 것
> 2. 진술을 하지 아니하더라도 불이익을 받지 아니한다는 것
> 3. 진술을 거부할 권리를 포기하고 행한 진술은 법정에서 유죄의 증거로 사용될 수 있다는 것
> 4. 신문을 받을 때에는 변호인을 참여하게 하는 등 변호인의 조력을 받을 수 있다는 것

㉡ (×) 피의자신문 시 신뢰관계인 동석은 직권 또는 신청에 의한 임의적 동석이라 할 것이다. 따라서 <u>동석하게 하여야 하는 것이 아니므로, 신뢰관계인 미동석 상태에서의 피의자진술을 위법수집증거라 할 수 없다.</u> 제244조의5 참조.

> **제244조의5(장애인 등 특별히 보호를 요하는 자에 대한 특칙)** 검사 또는 사법경찰관은 피의자를 신문하는 경우 다음 각 호의 어느 하나에 해당하는 때에는 <u>직권 또는 피의자·법정대리인의 신청에 따라</u> 피의자와 신뢰관계에 있는 자를 동석하게 할 수 있다.
> 2. 피의자의 연령·성별·국적 등의 사정을 고려하여 그 심리적 안정의 도모와 원활한 의사소통을 위하여 필요한 경우

㉢ (○) 수사준칙 제21조 제1항·제2항 참조.

> **제21조(심야조사 제한)** ① 검사 또는 사법경찰관은 조사, 신문, 면담 등 그 명칭을 불문하고 피의자나 사건관계인에 대해 <u>오후 9시부터 오전 6시까지 사이에 조사(이하 "심야조사"라 한다)를 해서는 안 된다.</u> 다만, 이미 작성된 조서의 열람을 위한 절차는 자정 이전까지 진행할 수 있다.
> ② 제1항에도 불구하고 다음 각 호의 어느 하나에 해당하는 경우에는 <u>심야조사를 할 수 있다.</u> 이 경우 심야조사의 사유를 조서에 명확하게 적어야 한다.
> 1. 피의자를 체포한 후 48시간 이내에 구속영장의 청구 또는 신청 여부를 판단하기 위해 불가피한 경우
> 2. 공소시효가 임박한 경우
> 3. 피의자나 사건관계인이 출국, 입원, 원거리 거주, 직업상 사유 등 재출석이 곤란한 구체적인 사유를 들어 심야조사를 요청한 경우(변호인이 심야조사에 동의하지 않는다는 의사를 명시한 경우는 제외한다)로서 해당 요청에 상당한 이유가 있다고 인정되는 경우
> 4. 그 밖에 사건의 성질 등을 고려할 때 심야조사가 불가피하다고 판단되는 경우 등 법무부장관, 경찰청장 또는 해양경찰청장이 정하는 경우로서 검사 또는 사법경찰관의 소속 기관의 장이 지정하는 인권보호 책임자의 허가 등을 받은 경우

㉣ (×) 영상녹화 완료 시 피의자·변호인에 대한 영상녹화물 재생·시청의무는 피의자·변호인의 요구가 있을 때에만 발생한다. 제244조의2 참조.

> **제244조의2(피의자진술의 영상녹화)** ① 피의자의 진술은 영상녹화할 수 있다. 이 경우 미리 영상녹화사실을 알려주어야 하며, 조사의 개시부터 종료까지의 전 과정 및 객관적 정황을 영상녹화하여야 한다.
> ② 제1항에 따른 영상녹화가 완료된 때에는 피의자 또는 변호인 앞에서 지체 없이 그 원본을 봉인하고 피의자로 하여금 기명날인 또는 서명하게 하여야 한다.
> ③ 제2항의 경우에 <u>피의자 또는 변호인의 요구가 있는 때에는 영상녹화물을 재생하여 시청하게 하여야 한다.</u> 이 경우 그 내용에 대하여 이의를 진술하는 때에는 그 취지를 기재한 서면을 첨부하여야 한다.

정답 ①

099 ✓ 유사 ◆◆◇ 경찰 2013 유사 해경승진 2023

다음 중 피의자신문에 대한 설명으로 가장 옳지 않은 것은? (다툼이 있는 경우 판례에 의함)

① 피의자가 변호인의 참여를 원한다는 의사를 명백하게 표시하였음에도 수사기관이 정당한 사유 없이 변호인을 참여하게 하지 아니한 채 피의자를 신문하여 작성한 피의자신문조서는 증거능력이 없다.

② 신문에 참여하고자 하는 변호인이 2인 이상인 때에는 피의자가 신문에 참여할 변호인 1인을 지정한다. 지정이 없는 경우에는 검사 또는 사법경찰관이 이를 지정할 수 있다.

③ 검사가 피의자신문조서를 작성함에 있어 피의자에게 그 조서의 기재내용을 알려 주지 아니하였다 하더라도 그 사실만으로는 피의자신문조서의 증거능력이 없다고 할 수 없다.

④ 검사 또는 사법경찰관은 피의자가 신체적 또는 정신적 장애로 사물을 변별하거나 의사를 결정·전달할 능력이 미약한 때에는 신뢰관계에 있는 자를 동석하게 하여야 하며, 이때 신뢰관계인이 동석하지 않은 상태로 행한 진술은 임의성이 인정되더라도 유죄인정의 증거로 사용할 수 없다.

해설

④ (×) 피의자신문 시 신뢰관계자 동석은 <u>임의적 동석</u>이다(제244조의5).

> **제244조의5(장애인 등 특별히 보호를 요하는 자에 대한 특칙)** 검사 또는 사법경찰관은 피의자를 신문하는 경우 다음 각 호의 어느 하나에 해당하는 때에는 직권 또는 피의자·법정대리인의 신청에 따라 <u>피의자와 신뢰관계에 있는 자를 동석하게 할 수 있다.</u>
> 1. 피의자가 신체적 또는 정신적 장애로 사물을 변별하거나 의사를 결정·전달할 능력이 미약한 때
> 2. 피의자의 연령·성별·국적 등의 사정을 고려하여 그 심리적 안정의 도모와 원활한 의사소통을 위하여 필요한 경우

① (○) 헌법 제12조 제1항, 제4항 본문, 형사소송법 제243조의2 제1항 및 그 입법 목적 등에 비추어 보면, 피의자가 변호인의 참여를 원한다는 의사를 명백하게 표시하였음에도 수사기관이 정당한 사유 없이 변호인을 참여하게 하지 아니한 채 피의자를 신문하여 작성한 피의자신문조서는 형사소송법 제312조에 정한 '적법한 절차와 방식'에 위반된 증거일 뿐만 아니라, 형사소송법 제308조의2에서 정한 '적법한 절차에 따르지 아니하고 수집한 증거'에 해당하므로 이를 증거로 할 수 없다(대법원 2013.3.28, 2010도3359). 증거능력이 없다는 판시이다.

② (○) 제243조의2 제2항 참조.

> **제243조의2(변호인의 참여 등)** ② 신문에 참여하고자 하는 변호인이 2인 이상인 때에는 피의자가 신문에 참여할 변호인 1인을 지정한다. 지정이 없는 경우에는 검사 또는 사법경찰관이 이를 지정할 수 있다.

③ (○) 피의자신문조서를 작성함에 있어 <u>피고인들에게 그 조서의</u>

기재내용을 알려 주지 아니하였다 하더라도 <u>그 사실만으로는 피의자신문조서의 증거능력이 없다고 할 수 없다</u>(대법원 1993.5.14, 93도486).

[유사] 형사소송법 제244조의 규정에 비추어 수사기관이 피의자신문조서를 작성함에 있어서는 그것을 열람하게 하거나 읽어 들려야 하는 것이나 그 절차가 비록 행해지지 안 했다 하더라도 그것만으로 그 피의자신문조서가 증거능력이 없게 된다고는 할 수 없고 같은 법 제312조 소정의 요건을 갖추게 되면 그것을 증거로 할 수 있다(대법원 1988.5.10, 87도2716).

[보충] 위와 같은 과거의 대법원 판례들은 2007년 개정 제312조 제1항(적법한 절차와 방식에 따라 작성될 것)하에서 그대로 유지되기 어렵다는 견해가 통설에 속한다. 따라서 출제 자체가 다소 적절하지 못한 측면이 있다. 물론, 수험에서는 새로운 판례가 나오기 전까지는 위 판례대로 문제를 풀어야 한다.

정답 ④

100 ✓ 유사 ◆◇◇ 경찰 2015 경찰1차 2019 유사

임의수사에 관한 다음 설명 중 가장 적절하지 않은 것은? (다툼이 있으면 판례에 의함)

① 수사기관의 임의동행 시 오로지 피의자의 자발적인 의사에 의하여 수사관서 등에의 동행이 이루어졌음이 객관적인 사정에 의하여 명백하게 입증된 경우에 한하여 그 적법성이 인정된다.

② 수사기관이 수사의 필요상 피의자를 임의 동행한 경우에도 조사 후 귀가시키지 아니하고 그의 의사에 반하여 경찰서 보호실 등에 계속 유치함으로써 신체의 자유를 속박하였다면 이는 구금에 해당한다.

③ 수사기관에 의한 진술거부권 고지 대상이 되는 피의자 지위는 수사기관이 조사대상자에 대한 범죄혐의를 인정하여 수사를 개시하는 행위를 한 때 인정되는 것으로, 이러한 피의자 지위에 있지 아니한 자에 대하여는 진술거부권이 고지되지 아니하였더라도 진술의 증거능력을 부정할 것은 아니다.

④ 범인식별절차와 관련하여, 용의자 한 사람을 단독으로 목격자와 대질시키거나 용의자의 사진 한 장만을 목격자에게 제시하여 범인 여부를 확인하게 하는 방식은 부가적인 사정이 없는 한 그 신빙성이 높다고 보아야 한다.

해설

④ (×) 일반적으로 용의자의 인상착의 등에 의한 범인식별 절차에서 용의자 한 사람을 단독으로 목격자와 대질시키거나 용의자의 사진 한 장만을 목격자에게 제시하여 범인 여부를 확인하게 하는 것은, 사람의 기억력의 한계 및 부정확성과 구체적인 상황 하에서 용의자나 그 사진 상의 인물이 범인으로 의심받고 있다는 무의식적 암시를 목격자에게 줄 수 있는 가능성으로 인하여, 그러한 방식에 의한 범인식별 절차에서의 목격자의 진술은, 그 용의자가 종전에 피해자와 안면이 있는 사람이라든가 피해자의 진술 외에도 그 용의자를 범인으로 의심할 만한 다른 정황이 존재한다

든가 하는 등의 부가적인 사정이 없는 한 그 신빙성이 낮다고 보아야 한다(대법원 2009.6.11, 2008도12111).

① (○) 대법원 2006.7.6, 2005도6810

② (○) 대법원 1997.6.13, 97도877

③ (○) 대법원 2011.11.10, 2011도8125

정답 ④

---

101 ✓ 유사 ◆◇◇ 경찰2차 2018

임의수사에 대한 설명으로 가장 적절하지 않은 것은?
(다툼이 있는 경우 판례에 의함)

① 즉결심판 피의자의 정당한 귀가요청을 거절한 채 다음 날 즉결심판법정이 열릴 때까지 피의자를 경찰서 보호실에 강제유치시키려고 함으로써 피의자를 경찰서 내 즉결피의자 대기실에 10~20분 동안 있게 한 행위는 불법한 감금행위에 해당한다.

② 변사체를 검시하는 검사 혹은 검사의 명을 받은 사법경찰관은 변사자의 검시 결과 범죄의 혐의가 인정되고 긴급을 요할 때에는 영장 없이 검증할 수 있다.

③ 수사기관은 피의자신문절차에서 피의자의 동의없이도 피의자의 진술을 영상녹화할 수 있으며, 영상녹화물의 내용에 대해 피의자가 이의를 진술하는 경우 그 진술을 따로 영상녹화하여 첨부하여야 한다.

④ 특별한 이유 없이 호흡측정기에 의한 측정에 불응하는 운전자에게 경찰공무원이 혈액채취에 의한 측정방법이 있음을 고지하고 그 선택 여부를 물어야 할 의무가 있다고는 할 수 없다.

해설

③ (✕) 수사기관은 피의자신문절차에서 피의자의 동의 없이 영상녹화사실을 사전고지한 후 피의자의 진술을 영상녹화할 수 있다(제244조의2 제1항). 다만, 영상녹화물의 내용에 대해 피의자가 이의를 진술한 경우에는 그 취지를 기재한 서면을 첨부하여야 한다(동 제3항).

① (○) 형사소송법이나 경찰관 직무집행법 등의 법률에 정하여진 구금 또는 보호유치 요건에 의하지 아니하고는 즉결심판 피의자라는 사유만으로 피의자를 구금, 유치할 수 있는 아무런 법률상 근거가 없고, 경찰 업무상 그러한 관행이나 지침이 있었다 하더라도 이로써 원칙적으로 금지되어 있는 인신구속을 행할 수 있는 근거로 할 수 없으므로, 즉결심판 피의자의 정당한 귀가요청을 거절한 채 다음 날 즉결심판법정이 열릴 때까지 피의자를 경찰서 보호실에 강제유치시키려고 함으로써 피의자를 경찰서 내 즉결피의자 대기실에 10-20분 동안 있게 한 행위는 형법 제124조 제1항의 불법감금죄에 해당하고, 이로 인하여 피의자를 보호실에 밀어넣으려는 과정에서 상해를 입게 하였다면 특정범죄 가중처벌 등에 관한 법률 제4조의2 제1항 위반죄에 해당한다(대법원 1997.6.13, 97도877).

② (○) 제222조 제2항·제3항 참조.

> **제222조(변사자의 검시)** ① 변사자 또는 변사의 의심 있는 사체가 있는 때에는 그 소재지를 관할하는 지방검찰청 검사

가 검시하여야 한다.
② 전항의 검시로 범죄의 혐의를 인정하고 긴급을 요할 때에는 영장없이 검증할 수 있다.
③ 검사는 사법경찰관에게 전2항의 처분을 명할 수 있다.

④ (○) 대법원 2002.10.25, 2002도4220

정답 ③

---

102 ✓ 유사 ◆◇◇ 경찰간부 2022

사법경찰관의 피의자신문에 대한 설명으로 옳지 않은 것은?

① 사법경찰관이 피의자를 신문함에는 사법경찰관리를 참여하게 하여야 한다.

② 사법경찰관은 피의자의 진술을 영상녹화하는 경우 미리 영상녹화사실을 알려주어야 하지만, 조사의 전 과정을 영상녹화할 필요는 없다.

③ 사법경찰관은 변호인의 피의자 신문참여 및 그 제한에 관한 사항을 피의자 신문조서에 기재하여야 한다.

④ 피의자가 신문조서에 대하여 이의나 의견이 없음을 진술한 때에는 피의자로 하여금 그 취지를 자필로 기재하게 하고 조서에 간인한 후 기명날인 또는 서명하게 한다.

해설

② (✕) 영상녹화 시 조사의 전 과정을 영상녹화하여야 한다(제244조의2 제1항 후문).

> **제244조의2(피의자진술의 영상녹화)** ① 피의자의 진술은 영상녹화할 수 있다. 이 경우 미리 영상녹화사실을 알려주어야 하며, 조사의 개시부터 종료까지의 전 과정 및 객관적 정황을 영상녹화하여야 한다.

① (○) 검사가 피의자를 신문함에는 검찰청수사관 또는 서기관이나 서기를 참여하게 하여야 하고 사법경찰관이 피의자를 신문함에는 사법경찰관리를 참여하게 하여야 한다(제243조).

③ (○) 제243조의2 제5항

④ (○) 제244조 제3항

정답 ②

103 ✅ 유사 ◆◇◇ 　　　　경찰승진 2022

피의자신문 시 변호인 참여에 대한 설명으로 가장 적절하지 않은 것은? (다툼이 있는 경우 판례에 의함)

① 검사 또는 사법경찰관은 피의자 또는 그 변호인·법정대리인·배우자·직계친족·형제자매의 신청에 따라 변호인을 피의자와 접견하게 하거나 정당한 사유가 없는 한 피의자에 대한 신문에 참여하게 하여야 한다.

② 검사 또는 사법경찰관은 피의자신문에 참여한 변호인이 피의자의 옆자리 등 실질적인 조력을 할 수 있는 위치에 앉도록 해야 하고, 정당한 사유가 없으면 피의자에 대한 법적인 조언·상담을 보장해야 하며, 법적인 조언·상담을 위한 변호인의 메모를 허용해야 한다.

③ 변호인이 피의자신문을 방해하거나 수사기밀을 누설할 염려가 있음이 객관적으로 명백한 경우가 아니더라도, 수사기관이 피의자신문을 하면서 변호인에 대하여 피의자로부터 떨어진 곳으로 옮겨 앉으라고 지시를 한 다음 이러한 지시에 따르지 않았음을 이유로 퇴실을 명하였다면, 이는 변호인의 피의자신문 참여권에 대한 정당한 제한이라 할 수 있다.

④ 피의자신문에 참여한 변호인은 검사 또는 사법경찰관의 신문 후 조서를 열람하고 별도의 서면으로 의견을 제출할 수 있으며, 검사 또는 사법경찰관은 해당 서면을 사건기록에 편철한다.

해설

③ (✕) 변호인의 피의자신문 참여권을 규정한 형사소송법 제243조의2 제1항에서 '정당한 사유'란 변호인이 피의자신문을 방해하거나 수사기밀을 누설할 염려가 있음이 객관적으로 명백한 경우 등을 말하는 것이므로, 수사기관이 피의자신문을 하면서 위와 같은 <u>정당한 사유가 없는데도</u> 변호인에 대하여 피의자로부터 떨어진 곳으로 옮겨 앉으라고 지시를 한 다음 이러한 지시에 따르지 않았음을 이유로 변호인의 피의자신문 참여권을 제한하는 것은 허용될 수 없다(대법원 2008.9.12, 2008모793).

① (○) 제243조의2 제1항

② (○) 수사준칙 제13조 제1항 참조.

> **수사준칙 제13조(변호인의 피의자신문 참여·조력)** ① 검사 또는 사법경찰관은 피의자신문에 참여한 변호인이 피의자의 <u>옆자리 등 실질적인 조력을 할 수 있는 위치에 앉도록 해야</u> 하고, <u>정당한 사유가 없으면 피의자에 대한 법적인 조언·상담을 보장해야 하며, 법적인 조언·상담을 위한 변호인의 메모를 허용해야 한다.</u>
> ② 검사 또는 사법경찰관은 피의자에 대한 신문이 아닌 단순 면담 등이라는 이유로 변호인의 참여·조력을 제한해서는 안 된다.
> ③ 제1항 및 제2항은 검사 또는 사법경찰관의 사건관계인에 대한 조사·면담 등의 경우에도 적용한다.

④ (○) 수사준칙 제14조 제1항 참조.

> **수사준칙 제14조(변호인의 의견진술)** ① 피의자신문에 참여한 변호인은 검사 또는 사법경찰관의 신문 후 조서를 열람하고 의견을 진술할 수 있다. 이 경우 변호인은 별도의 서

면으로 의견을 제출할 수 있으며, 검사 또는 사법경찰관은 해당 서면을 사건기록에 편철한다.
> ② 피의자신문에 참여한 변호인은 신문 중이라도 검사 또는 사법경찰관의 승인을 받아 의견을 진술할 수 있다. 이 경우 검사 또는 사법경찰관은 정당한 사유가 있는 경우를 제외하고는 변호인의 의견진술 요청을 승인해야 한다.
> ③ 피의자신문에 참여한 변호인은 제2항에도 불구하고 부당한 신문방법에 대해서는 검사 또는 사법경찰관의 승인 없이 이의를 제기할 수 있다.
> ④ 검사 또는 사법경찰관은 제1항부터 제3항까지의 규정에 따른 의견진술 또는 이의제기가 있는 경우 해당 내용을 조서에 적어야 한다.

정답 ③

104 ✅ 유사 ◆◇◇ 　　　　군무원9급 2024

변호인의 피의자신문 참여에 대한 설명으로 가장 옳지 않은 것은?

① 신체구속을 당하지 아니한 피의자의 변호인도 체포·구속된 피의자의 변호인과 마찬가지로 피의자신문에의 참여를 신청할 수 있다.

② 신문에 참여하고자 하는 변호인이 수인인 경우 검사 또는 사법경찰관이 피의자의 명시적인 의사에 반하여 신문에 참여할 변호인 1인을 지정할 수는 없다.

③ 피의자신문에 참여한 변호인은 신문 중에 신문방법의 부당함을 이유로 이의제기를 할 수 있다.

④ 검사 또는 사법경찰관의 변호인 참여 등에 관한 처분에 불복이 있는 경우 그 직무집행지의 관할 지방검찰청검사장에게 항고할 수 있다.

해설

④ (✕) 제417조 참조.

> **제417조(동전)** 검사 또는 사법경찰관의 구금, 압수 또는 압수물의 환부에 관한 처분과 제243조의2에 따른 변호인의 참여 등에 관한 처분에 대하여 불복이 있으면 그 직무집행지의 관할법원 또는 검사의 소속검찰청에 대응한 법원에 그 처분의 취소 또는 변경을 청구할 수 있다.

① (○) 변호인은 미체포·불구속 피의자에 대한 피의자신문에 참여할 수 있으며, 미체포·불구속 피의자도 피의자신문을 받을 때에 변호인의 참여를 요구할 권리를 갖는다(제243조의2 제1항).

> **제243조의2(변호인의 참여 등)** ① 검사 또는 사법경찰관은 피의자 또는 그 변호인·법정대리인·배우자·직계친족·형제자매의 신청에 따라 <u>변호인을 피의자와 접견하게 하거나 정당한 사유가 없는 한 피의자에 대한 신문에 참여하게 하여야 한다.</u>

② (○) 제243조의2 제2항 참조.

> **제243조의2(변호인의 참여 등)** ② 신문에 참여하고자 하는 변호인이 2인 이상인 때에는 피의자가 신문에 참여할 변호

인 1인을 지정한다. 지정이 없는 경우에는 검사 또는 사법경
찰관이 이를 지정할 수 있다.

③ (O) 제243조의2 제3항 참조.

> **제243조의2(변호인의 참여 등)** ③ 신문에 참여한 변호인은
> 신문 후 의견을 진술할 수 있다. 다만, 신문 중이라도 부당한
> 신문방법에 대하여 이의를 제기할 수 있고, 검사 또는 사법
> 경찰관의 승인을 받아 의견을 진술할 수 있다.

[정답] ④

CHAPTER 02 강제처분과 강제수사

1 체포와 구속

Ⅰ 체포

001 ☑ 대표 ◆◇◇ 경찰2차 2018

영장에 의한 체포에 대한 설명으로 가장 적절한 것은? (다툼이 있는 경우 판례에 의함)

① 수사기관이 영장에 의한 체포를 하고자 하는 경우 검사는 관할지방법원 판사에게 체포영장을 청구할 수 있고, 사법경찰관리는 검사의 승인을 얻어 관할지방법원 판사에게 체포영장을 청구할 수 있다.

② 수사기관이 체포영장을 집행하는 경우 필요한 때에는 영장 없이 타인의 주거에서 피의자 수색을 할 수 있다는 규정은 헌법상 영장주의에 위반되지 않는다.

③ 체포영장을 발부받은 후 피의자를 체포하지 아니한 경우 검사 또는 사법경찰관은 변호인이 있는 경우는 피의자의 변호인에게, 변호인이 없는 경우에는 피의자 혹은 변호인선임권자 중 피의자가 지정하는 자에게 지체 없이 그 사유를 서면으로 통지해야 한다.

④ 경찰관들이 체포를 위한 실력행사에 나아가기 전에 체포영장을 제시하고 미란다 원칙을 고지할 여유가 있었음에도 애초부터 미란다 원칙을 체포 후에 고지할 생각으로 먼저 체포행위에 나선 경우 이러한 행위는 적법하지 않다.

해설

④ (O) 경찰관들이 체포영장을 소지하고 메트암페타민(일명 필로폰) 투약 등 혐의로 피고인을 체포하려고 하자, 피고인이 이에 거세게 저항하는 과정에서 경찰관들에게 상해를 가하였다고 하여 공무집행방해 및 상해의 공소사실로 기소된 경우, 경찰관들이 체포를 위한 실력행사에 나아가기 전에 체포영장을 제시하고 미란다 원칙을 고지할 여유가 있었음에도 애초부터 미란다 원칙을 체포 후에 고지할 생각으로 먼저 체포행위에 나선 행위는 적법한 공무집행이라고 보기 어렵다는 등의 이유로 무죄를 선고한 원심 판단은 정당하다(대법원 2017.9.21, 2017도10866).

① (×) 검사는 관할지방법원 판사에게 체포영장을 청구할 수 있으나, 사법경찰관은 검사에게 신청하여 검사의 청구로 관할지방법원 판사의 체포영장을 발부받아 피의자를 체포할 수 있을 뿐이다(제200조의2 제1항 본문).

② (×) 헌법 제16조의 영장주의에 대해서도 그 예외를 인정하되, 이는 ① 그 장소에 범죄혐의 등을 입증할 자료나 피의자가 존재할 개연성이 소명되고, ① 사전에 영장을 발부받기 어려운 긴급한 사정이 있는 경우에만 제한적으로 허용될 수 있다고 보는 것이 타당하다. 심판대상조항은 체포영장을 발부받아 피의자를 체포하는 경우에 필요한 때에는 영장 없이 타인의 주거 등 내에서 피의자 수사를 할 수 있다고 규정함으로써, 앞서 본 바와 같이 별도로 영장을 발부받기 어려운 긴급한 사정이 있는지 여부를 구별하지 아니하고 피의자가 소재할 개연성만 소명되면 영장 없이 타인의 주거 등을 수색할 수 있도록 허용하고 있다. 이는 체포영장이 발부된 피의자가 타인의 주거 등에 소재할 개연성은 소명되나, 수색에 앞서 영장을 발부받기 어려운 긴급한 사정이 인정되지 않는 경우에도 영장 없이 피의자 수색을 할 수 있다는 것이므로, 위에서 본 헌법 제16조의 영장주의 예외 요건을 벗어나는 것으로서 영장주의에 위반된다(헌법재판소 2018.4.26, 2015헌바370).

③ (×) 검사가 영장발부 법원에 지체 없이 서면으로 통지하여야 한다(제204조).

> **제204조(영장발부와 법원에 대한 통지)** 체포영장 또는 구속영장의 발부를 받은 후 피의자를 체포 또는 구속하지 아니하거나 체포 또는 구속한 피의자를 석방한 때에는 지체 없이 검사는 영장을 발부한 법원에 그 사유를 서면으로 통지하여야 한다.

정답 ④

002 ☑ 대표 ◆◆◆ 경찰간부 2023

체포에 관한 설명으로 가장 적절하지 않은 것은? (다툼이 있는 경우 판례에 의함)

① 피의자가 죄를 범하였다고 의심할 만한 상당한 이유가 있고 정당한 이유 없이 출석요구에 응하지 아니하거나 응하지 아니할 우려가 있는 때라고 하더라도 명백히 체포의 필요가 없다고 인정되는 때에는 체포영장 청구를 받은 지방법원판사는 체포영장의 청구를 기각하여야 한다.

② 검사 또는 사법경찰관은 긴급체포되었다가 구속영장이 청구되지 아니하여 석방된 자를 영장 없이는 동일한 범죄사실에 관하여 다시 체포하지 못한다.

③ 체포영장의 청구서에는 체포사유로서 도망이나 증거인멸의 우려가 있는 사유를 기재하여야 한다.

④ 체포영장을 집행하는 경우 피의자에게 반드시 체포영장을 제시하고 그 사본을 교부하여야 하며 신속히 지정된 법원 기타 장소에 인치하여야 한다.

해설

③ (×) 영장에 의한 체포의 사유는 출석요구에 불응하거나 불응할 우려이지 체포의 필요성, 즉 도망이나 증거인멸의 우려가 아니다. 따라서 체포영장청구서의 기재사항에도 법 제200조의2 제1항에 정한 체포의 사유(출석요구에 응하지 아니하거나 응하지 아니할 우려가 있는 때)는 포함되나(규칙 제95조 제7호), 도망이나 증거인멸의 우려가 있는 사유는 포함되지 아니한다. 규칙

제95조 참조.

규칙 제95조(체포영장청구서의 기재사항) 체포영장의 청구서에는 다음 각 호의 사항을 기재하여야 한다.
1. 피의자의 성명(분명하지 아니한 때에는 인상, 체격, 그 밖에 피의자를 특정할 수 있는 사항), 주민등록번호 등, 직업, 주거
2. 피의자에게 변호인이 있는 때에는 그 성명
3. 죄명 및 범죄사실의 요지
4. 7일을 넘는 유효기간을 필요로 하는 때에는 그 취지 및 사유
5. 여러 통의 영장을 청구하는 때에는 그 취지 및 사유
6. 인치구금할 장소
7. 법 제200조의2 제1항에 규정한 체포의 사유
8. 동일한 범죄사실에 관하여 그 피의자에 대하여 전에 체포영장을 청구하였거나 발부받은 사실이 있는 때에는 다시 체포영장을 청구하는 취지 및 이유
9. 현재 수사 중인 다른 범죄사실에 관하여 그 피의자에 대하여 발부된 유효한 체포영장이 있는 경우에는 그 취지 및 그 범죄사실

① (○) 영장에 의한 체포에 있어서 체포의 필요성은 적극적 요건이 아니나 소극적 요건으로서 기능한다. 제200조의2 제2항 참조.

제200조의2(영장에 의한 체포) ① 피의자가 죄를 범하였다고 의심할 만한 상당한 이유가 있고, 정당한 이유 없이 제200조의 규정에 의한 출석요구에 응하지 아니하거나 응하지 아니할 우려가 있는 때에는 검사는 관할 지방법원판사에게 청구하여 체포영장을 발부받아 피의자를 체포할 수 있고, 사법경찰관은 검사에게 신청하여 검사의 청구로 관할 지방법원판사의 체포영장을 발부받아 피의자를 체포할 수 있다. 다만, 다액 50만원 이하의 벌금, 구류 또는 과료에 해당하는 사건에 관하여는 피의자가 일정한 주거가 없는 경우 또는 정당한 이유 없이 제200조의 규정에 의한 출석요구에 응하지 아니한 경우에 한한다.
② 제1항의 청구를 받은 지방법원판사는 상당하다고 인정할 때에는 체포영장을 발부한다. 다만, 명백히 체포의 필요가 인정되지 아니하는 경우에는 그러하지 아니하다.

② (○) 제200조의4 제3항 참조.

제200조의4(긴급체포와 영장청구기간) ① 검사 또는 사법경찰관이 제200조의3의 규정에 의하여 피의자를 체포한 경우 피의자를 구속하고자 할 때에는 지체 없이 검사는 관할 지방법원판사에게 구속영장을 청구하여야 하고, 사법경찰관은 검사에게 신청하여 검사의 청구로 관할 지방법원판사에게 구속영장을 청구하여야 한다. 이 경우 구속영장은 피의자를 체포한 때부터 48시간 이내에 청구하여야 하며, 제200조의3 제3항에 따른 긴급체포서를 첨부하여야 한다.
② 제1항의 규정에 의하여 구속영장을 청구하지 아니하거나 발부받지 못한 때에는 피의자를 즉시 석방하여야 한다.
③ 제2항의 규정에 의하여 석방된 자는 영장 없이는 동일한 범죄사실에 관하여 체포하지 못한다.

④ (○) 제200조의6, 제85조 제1항 참조.

제200조의6(준용규정) 제75조, 제81조 제1항 본문 및 제3항, 제82조, 제83조, 제85조 제1항·제3항 및 제4항, 제86조, 제87조, 제89조부터 제91조까지, 제93조, 제101조 제4항 및 제102조 제2항 단서의 규정은 검사 또는 사법경찰관이 피의자를

체포하는 경우에 이를 준용한다. 이 경우 "구속"은 이를 "체포"로, "구속영장"은 이를 "체포영장"으로 본다.
제85조(구속영장집행의 절차) ① 구속영장을 집행함에는 피고인에게 반드시 이를 제시하고 그 사본을 교부하여야 하며 신속히 지정된 법원 기타 장소에 인치하여야 한다.

정답 ③

---

003 ✓ 대표 ◆◆◇ 변호사 2021

메트암페타민 투약 등 혐의가 있어서 체포영장이 발부된 甲에 대한 사법경찰관 A의 체포행위와 검사 B가 법원에 청구한 구속영장에 관한 설명 중 옳은 것은? (다툼이 있는 경우 판례에 의함)

① 영장을 집행함에 있어서는 원본을 제시하여야 하므로, A가 체포영장을 소지하지 아니하여 영장 원본을 제시할 수 없는 경우 급속을 요하는 경우라도 영장을 집행할 수 없다.

② A가 체포영장의 제시 및 미란다원칙을 고지하려고 할 때, 만약 甲이 흉기를 꺼내 폭력으로 대항하여 甲을 실력으로 제압할 수밖에 없는 경우에는 A가 甲을 제압하고 지체 없이 체포영장을 제시하면서 미란다원칙을 고지할 수 있다.

③ 구속 전 피의자심문을 받을 甲에게 변호인이 없는 때에는 판사는 직권으로 변호인을 선정하여야 하고, 이 경우 甲에 대한 구속영장 청구가 기각되더라도 변호인의 선정은 제1심까지 효력이 있다.

④ A는 체포영장에 의하여 체포된 甲에게 구속의 필요성이 인정되어 체포된 다음 날 구속영장을 신청하였고, B의 구속영장 청구와 지방법원판사가 발부한 구속영장에 의해 甲이 구속된 경우, A는 구속영장에 의해 甲이 구속된 때로부터 10일 이내에 검사에게 甲을 인치하지 아니하면 석방하여야 한다.

⑤ 지방법원판사가 구속영장청구를 기각한 경우에는 B는 구속영장을 재청구하거나 「형사소송법」 제416조의 준항고를 통해 불복할 수 있다.

해설

② (○) 대법원 2008.10.9, 2008도3640
① (×) 구속영장을 소지하지 아니한 경우에 급속을 요하는 때에는 피고인에 대하여 공소사실의 요지와 영장이 발부되었음을 고하고 집행할 수 있다(제85조 제3항). 제75조, 제81조 제1항 본문 및 제3항, 제82조, 제83조, 제85조 제1항·제3항 및 제4항, 제86조, 제87조, 제89조부터 제91조까지, 제93조, 제101조 제4항 및 제102조 제2항 단서의 규정은 검사 또는 사법경찰관이 피의자를 체포하는 경우에 이를 준용한다. 이 경우 "구속"은 이를 "체포"로, "구속영장"은 이를 "체포영장"으로 본다(제200조의6).
③ (×) 심문할 피의자에게 변호인이 없는 때에는 지방법원판사는 직권으로 변호인을 선정하여야 한다. 이 경우 변호인의 선정은 피의자에 대한 구속영장 청구가 기각되어 효력이 소멸한 경우를 제외

하고는 제1심까지 효력이 있다(제201조의2 제8항).

④ (×) A는 체포영장에 의해 甲을 체포한 때부터 10일 내에 검사에게 인치하지 아니하면 석방해야 하므로(제202조) <u>사법경찰관의 구속기간의 기산일은 구속된 날이 아니라 체포된 날이 된다.</u> 따라서 위 지문에서 '구속된 때로부터 10일 이내'라는 표현은 틀린 것이다. 또한 법원이 구속영장청구서·수사 관계 서류 및 증거물을 접수한 날부터 구속영장을 발부하여 검찰청에 반환한 날까지의 기간은 위 10일에 산입하지 않아야 한다는 표현도 들어가야 정확한 지문이 된다(제201조의2 제7항).

⑤ (×) 제416조는 준항고의 대상을 재판장 또는 수명법관의 재판으로 정하고 있으므로, <u>지방법원 판사의 재판에 대해서는 준항고가 허용되지 않는다.</u>

[보충] 검사로는 구속사유를 인정할 수 있는 자료를 보강하여 추후 구속영장을 재청구하는 방법만 남아 있을 뿐이다.

정답 ②

---

004 ✓대표 ◆◆◇ 법원 2014 유사 | 변호사 2020

체포에 관한 설명 중 옳은 것을 모두 고른 것은? (다툼이 있는 경우 판례에 의함)

ㄱ. 순찰 중이던 경찰관이, 교통사고를 낸 차량이 도주하였다는 무전연락을 받고 주변을 수색하다가 범퍼 등의 파손상태로 보아 사고차량으로 인정되는 차량에서 내리는 사람을 발견한 경우, 준현행범인으로 영장 없이 체포할 수 있다.

ㄴ. 현행범인으로 규정된 '범죄의 실행의 즉후인 자'라고 함은 범죄의 실행행위를 종료한 직후의 범인이라는 것이 체포를 당하는 자의 입장에서 볼 때 명백한 경우를 일컫는 것이다.

ㄷ. 검사 또는 사법경찰관리 아닌 자가 현행범인을 체포한 때에는 즉시 검사 등에게 인도하여야 하는데, 여기서 '즉시'라고 함은 반드시 체포시점과 시간적으로 밀착된 시점이어야 하는 것은 아니고, '정당한 이유 없이 인도를 지연하거나 체포를 계속하는 등으로 불필요한 지체를 함이 없이'라는 뜻이다.

ㄹ. 사법경찰관이 피의자를 긴급체포하기 위하여 달아나는 피의자를 쫓아가 붙들거나 폭력으로 대항하는 피의자를 실력으로 제압하는 경우에도, 피의사실의 요지, 체포의 이유와 변호인을 선임할 수 있음을 반드시 긴급체포를 위한 실력행사에 들어가기 이전에 미리 고지하여야 한다.

ㅁ. 검사가 긴급체포한 피의자를 구속하기 위하여 관할 지방법원판사에게 구속영장을 청구하였으나 구속영장을 발부받지 못한 때에는 피의자를 즉시 석방하여야 한다.

① ㄱ, ㄷ, ㅁ   ② ㄱ, ㄹ, ㅁ
③ ㄴ, ㄷ, ㄹ   ④ ㄴ, ㄷ, ㅁ
⑤ ㄱ, ㄴ, ㄹ, ㅁ

해설

ㄱ. (○) 대법원 2000.7.4, 99도4341

ㄴ. (×) 형사소송법 제211조가 현행범인으로 규정한 '범죄의 실행의 즉후인 자'라고 함은, 범죄의 실행행위를 종료한 직후의 범인이라는 것이 체포하는 자의 입장에서 볼 때 명백한 경우를 일컫는 것이다(대법원 2002.5.10, 2001도300).

ㄷ. (○) 대법원 2011.12.22, 2011도12927

ㄹ. (×) 검사 또는 사법경찰관이 형사소송법 제200조의3의 규정에 의하여 피의자를 긴급체포하는 경우에는 반드시 피의사실의 요지, 체포의 이유와 변호인을 선임할 수 있음을 말하고, 변명할 기회를 주어야 한다. 이와 같은 고지는 긴급체포를 위한 실력행사에 들어가기 이전에 미리 하여야 하는 것이 원칙이나, 달아나는 피의자를 쫓아가 붙들거나 폭력으로 대항하는 피의자를 실력으로 제압하는 경우에는 붙들거나 제압하는 과정에서 하거나, 그것이 여의치 않은 경우에는 일단 붙들거나 제압한 후에 지체 없이 하여야 한다(대법원 2008.7.24, 2008도2794).

ㅁ. (○) 제200조의4 제2항

정답 ①

005 ✓ 대표 ◆◆◇ 법원9급 2019 · 2022 유사

긴급체포 또는 현행범체포에 관한 다음 설명 중 가장 옳지 않은 것은?

① A가 필로폰을 투약한다는 제보를 받은 경찰관이 제보된 주거지에 A가 살고 있는지 등 제보의 정확성을 사전에 확인한 후에 제보자를 불러 조사하기 위하여 A의 주거지를 방문하였다가, 현관에서 담배를 피우고 있는 A를 발견하고 사진을 찍어 제보자에게 전송하여 사진에 있는 사람이 제보한 대상자가 맞다는 확인을 한 후, 가지고 있던 A의 전화번호로 전화를 하여 차량접촉사고가 났으니 나오라고 하였으나 나오지 않고, 또한 경찰관임을 밝히고 만나자고 하는데도 현재 집에 있지 않다는 취지로 거짓말을 하자 A의 집 문을 강제로 열고 들어가 A를 긴급체포한 경우, A에 대한 긴급체포는 위법하다.

② 검사 등이 아닌 이에 의하여 현행범인이 체포된 후 불필요한 지체 없이 검사 등에게 인도된 경우라도 체포시부터 48시간내에 구속영장을 청구하지 못할 경우 석방하여야 한다.

③ 형사소송법 제200조의4 제3항은 영장 없이는 긴급체포 후 석방된 피의자를 동일한 범죄사실에 관하여 체포하지 못한다고 규정하고 있으나, 위와 같이 석방된 피의자라도 법원으로부터 구속영장을 발부받아 구속할 수는 있다.

④ 순찰 중이던 경찰관이 교통사고를 낸 차량이 도주하였다는 무전연락을 받고 주변을 수색하다가 범퍼 등의 파손상태로 보아 사고차량으로 인정되는 차량에서 내리는 사람을 발견한 경우, 준현행범으로 영장 없이 체포할 수 있다.

해설

② (×) 검사 등이 아닌 이에 의하여 현행범인이 체포된 후 불필요한 지체 없이 검사 등에게 인도된 경우 위 48시간의 기산점은 체포시가 아니라 검사 등이 현행범인을 인도받은 때라고 할 것이다(대법원 2011.12.22, 2011도12927).

① (○) 피고인이 마약에 관한 죄를 범하였다고 의심할 만한 상당한 이유가 있었다고 하더라도, 경찰관이 이미 피고인의 신원과 주거지 및 전화번호 등을 모두 파악하고 있었고, 당시 마약 투약의 범죄 증거가 급속하게 소멸될 상황도 아니었다고 보이는 점 등의 사정을 감안하면, 피고인에 대한 긴급체포는 미리 체포영장을 받을 시간적 여유가 없었던 경우에 해당하지 아니한다(대법원 2016.10.13, 2016도5814).

③ (○) 대법원 2001.9.28, 2001도4291

④ (○) 피고인으로서는 형사소송법 제211조 제2항 제2호의 '장물이나 범죄에 사용되었다고 인정함에 충분한 흉기 기타의 물건을 소지하고 있는 때'에 해당한다고 볼 수 있으므로, 준현행범인으로서 영장 없이 체포할 수 있는 경우에 해당한다(대법원 2000.7.4, 99도4341).

정답 ②

---

006 ✓ 대표 ◆◇◇ 법원9급 2019

체포에 관한 다음 설명 중 가장 옳은 것은?

① 체포영장의 청구를 받은 지방법원판사는 필요하다고 인정할 때에는 발부 전에 영장실질심사를 위해서 피의자심문을 할 수 있다.

② 검사 또는 사법경찰관은 긴급체포한 피의자에 대하여 구속영장을 청구하지 않거나 발부받지 못하여 석방한 경우에는 다른 중요한 증거를 발견한 경우를 제외하고는 동일한 범죄사실로 다시 체포하지 못한다.

③ 검사의 체포영장 청구를 기각한 지방법원판사의 재판에 대하여는 항고나 준항고가 허용되지 않는다.

④ 긴급체포의 요건을 갖추었는지 여부는 체포 당시의 상황과 사후에 밝혀진 사정을 종합하여 판단하여야 하고, 이에 관한 검사나 사법경찰관 등 수사주체의 판단에는 상당한 재량의 여지가 있다.

해설

③ (○) 검사의 체포영장 또는 구속영장 청구에 대한 지방법원판사의 재판은 형사소송법 제402조의 규정에 의하여 항고의 대상이 되는 '법원의 결정'에 해당되지 아니하고, 제416조 제1항의 규정에 의하여 준항고의 대상이 되는 '재판장 또는 수명법관의 구금 등에 관한 재판'에도 해당되지 아니함이 분명하다고 할 것이다(대법원 1958.3.14, 4290형재항9; 2005.3.31, 2004모517 등).

① (×) 체포영장을 발부하기 위하여 피의자심문을 할 수는 없다.

② (×) 영장에 의한 체포만 가능하고, 다른 중요한 증거를 발견한 경우라 하더라도 재차 긴급체포는 허용되지 않는다. 제200조의4 제2항·제3항 참조.

> **제200조의4(긴급체포와 영장청구기간)** ② 제1항의 규정에 의하여 구속영장을 청구하지 아니하거나 발부받지 못한 때에는 피의자를 즉시 석방하여야 한다.
> ③ 제2항의 규정에 의하여 석방된 자는 영장없이는 동일한 범죄사실에 관하여 체포하지 못한다.

④ (×) 긴급체포의 요건을 갖추었는지 여부는 사후에 밝혀진 사정을 기초로 판단하는 것이 아니라 체포 당시의 상황을 기초로 판단하여야 한다(대법원 2002.6.11, 2000도5701 등).

정답 ③

007 ✓ 유사 ◆◆◇ 　　경찰2차 2019 변형

체포절차에 대한 설명으로 가장 적절하지 않은 것은?

① 사법경찰관이 피의자를 체포하였을 때에는 변호인이 있으면 변호인에게, 변호인이 없으면 변호인선임권자 중 피의자가 지정한 자에게 지체 없이 서면으로 체포의 통지를 하여야 한다.

② 체포된 피의자는 관할법원에 체포의 적부심사를 청구할 수 있으며, 청구를 받은 법원은 심사청구 후 피의자에 대하여 공소제기가 있는 경우에도 청구가 이유 있다고 인정한 때에는 결정으로 피의자의 석방을 명하여야 한다.

③ 사법경찰관이 기소중지된 피의자를 해당 수사관서가 위치하는 특별시·광역시·도 또는 특별자치도 외의 지역에서 긴급체포하였을 때에는 12시간 내에 검사에게 긴급체포의 승인을 요청해야 한다.

④ 사법경찰관은 긴급체포한 피의자에 대하여 구속영장을 신청하지 아니하고 석방한 경우에는 즉시 검사에게 보고하여야 한다.

[해설]

③ (×) <u>원칙적으로는 12시간 내이지만</u>, ⓛ 제51조 제1항 제4호 가목에 따른 피의자중지 또는 제52조 제1항 제3호에 따른 기소중지 결정이 된 피의자를 소속 경찰관서가 위치하는 특별시·광역시·특별자치시·도 또는 특별자치도 외의 지역에서 긴급체포한 경우나, 「해양경비법」 제2조 제2호에 따른 경비수역에서 긴급체포한 경우에는 <u>긴급체포 후 24시간 이내에 긴급체포의 승인을 요청해야 한다</u>(개정 수사준칙 제27조 제1항).

> **개정 수사준칙 제27조(긴급체포)** ① 사법경찰관은 법 제200조의3 제2항에 따라 <u>긴급체포 후 12시간 내에</u> 검사에게 긴급체포의 승인을 요청해야 한다. 다만, 다음 각 호의 어느 하나에 해당하는 경우에는 <u>긴급체포 후 24시간 이내에</u> 긴급체포의 승인을 요청해야 한다.
> 1. 제51조 제1항 제4호 가목에 따른 피의자중지 또는 제52조 제1항 제3호에 따른 기소중지 결정이 된 피의자를 소속 경찰관서가 위치하는 특별시·광역시·특별자치시·도 또는 특별자치도 외의 지역에서 긴급체포한 경우
> 2. 「해양경비법」 제2조 제2호에 따른 경비수역에서 긴급체포한 경우

① (○) 제200조의6, 제87조

② (○) 제214조의2 제1항·제4항 참조.

> **제214조의2(체포와 구속의 적부심사)** ① <u>체포되거나 구속된 피의자</u> 또는 그 변호인, 법정대리인, 배우자, 직계친족, 형제자매나 가족, 동거인 또는 고용주는 <u>관할법원에 체포 또는 구속의 적부심사(適否審査)를 청구</u>할 수 있다.
> ④ 제1항의 청구를 받은 법원은 청구서가 접수된 때부터 48시간 이내에 체포되거나 구속된 피의자를 심문하고 수사 관계 서류와 증거물을 조사하여 그 청구가 이유 없다고 인정한 경우에는 결정으로 기각하고, <u>이유 있다고 인정한 경우에는 결정으로 체포되거나 구속된 피의자의 석방을 명하여야 한다.</u> <u>심사청구 후 피의자에 대하여 공소제기가 있는 경우에도 또한 같다.</u>

---

④ (○) 제200조의4 제6항

[정답] ③

---

008 ✓ 유사 ◆◇◇ 　　경찰승진 2022

영장에 의한 체포에 대한 설명으로 가장 적절한 것은? (다툼이 있는 경우 판례에 의함)

① 수사기관이 영장에 의한 체포를 하고자 하는 경우, 검사는 관할 지방법원판사에게 체포영장을 청구할 수 있고, 사법경찰관리는 검사의 승인을 받아 관할 지방법원판사에게 체포영장을 청구할 수 있다.

② 체포한 피의자를 구속하고자 할 때에는 체포한 때부터 48시간 이내에 구속영장을 청구하여야 하고, 그 기간 내에 구속영장을 청구하지 아니하는 때에는 피의자를 즉시 석방하여야 한다.

③ 체포영장을 발부받은 후 피의자를 체포하지 아니한 경우 검사는 변호인이 있는 때에는 피의자의 변호인에게, 변호인이 없는 때에는 피의자 또는 피의자의 동거가족 중 피의자가 지정하는 자에게 지체 없이 그 사유를 서면으로 통지해야 한다.

④ 경찰관들이 체포를 위한 실력행사에 나아가기 전에 체포영장을 제시하고 미란다 원칙을 고지할 여유가 있었음에도 애초부터 미란다 원칙을 체포 후에 고지할 생각으로 먼저 체포행위에 나선 경우라도 이러한 행위를 위법하다고 할 수 없다.

[해설]

② (○) 제200조의2 제5항

① (×) <u>사법경찰관은 검사에게 체포영장의 청구를 신청할 수 있을 뿐</u>, 관할 지방법원판사에게 직접 체포영장을 청구할 수는 없다(제200조의2 제1항).

> **제200조의2(영장에 의한 체포)** ① 피의자가 죄를 범하였다고 의심할 만한 상당한 이유가 있고, 정당한 이유 없이 제200조의 규정에 의한 출석요구에 응하지 아니하거나 응하지 아니할 우려가 있는 때에는 검사는 관할 지방법원판사에게 청구하여 체포영장을 발부받아 피의자를 체포할 수 있고, <u>사법경찰관은 검사에게 신청하여</u> 검사의 청구로 관할 지방법원판사의 체포영장을 발부받아 피의자를 체포할 수 있다. 다만, 다액 50만원 이하의 벌금, 구류 또는 과료에 해당하는 사건에 관하여는 피의자가 일정한 주거가 없는 경우 또는 정당한 이유 없이 제200조의 규정에 의한 출석요구에 응하지 아니한 경우에 한한다.

③ (×) <u>체포영장을 발부받았음에도 피의자를 체포하지 아니하거나 체포한 피의자를 석방한 때에 검사는</u>, 변호인 등이 아닌 <u>영장을 발부한 법원에 지체 없이 그 사유를 서면으로 통지하여야 한다</u>(제204조).

> **제204조(영장발부와 법원에 대한 통지)** 체포영장 또는 구속영장의 발부를 받은 후 피의자를 체포 또는 구속하지 아니하

거나 체포 또는 구속한 피의자를 석방한 때에는 지체 없이 검사는 영장을 발부한 법원에 그 사유를 서면으로 통지하여야 한다. 〈개정 1995.12.29.〉

④ (×) 경찰관들이 체포영장을 소지하고 메트암페타민(일명 필로폰) 투약 등 혐의로 피고인을 체포하려고 하자, 피고인이 이에 거세게 저항하는 과정에서 경찰관들에게 상해를 가한 경우, 피고인이 경찰관들과 마주하자마자 도망가려는 태도를 보이거나 먼저 폭력을 행사하며 대항한 바 없는 등 경찰관들이 체포를 위한 실력행사에 나아가기 전에 체포영장을 제시하고 미란다 원칙을 고지할 여유가 있었음에도 애초부터 미란다 원칙을 체포 후에 고지할 생각으로 먼저 체포행위에 나선 행위는 적법한 공무집행이라고 보기 어렵다(피고인의 행위는 정당방위, 대법원 2017.9.21, 2017도10866).

[정답] ②

009 ✓ 유사 ◆◆◇　　　　군무원9급 2024

영장에 의한 체포에 대한 설명으로 옳은 것을 모두 고르면?

ㄱ. 피의자가 죄를 범하였다고 의심할 만한 상당한 이유가 있고, 정당한 이유 없이 출석요구에 응하지 아니하거나 응하지 아니할 우려가 있는 때에는 검사는 관할 지방법원판사에게 청구하여 체포영장을 발부받아 피의자를 체포할 수 있고, 사법경찰관은 검사에게 신청하여 검사의 청구로 관할 지방법원판사의 체포영장을 발부받아 피의자를 체포할 수 있다. 다만, 다액 50만원 이하의 벌금, 구류 또는 과료에 해당하는 사건에 관하여는 피의자가 일정한 주거가 없는 경우에 한한다.

ㄴ. 체포영장의 청구를 받은 지방법원판사는 상당하다고 인정할 때에는 체포영장을 발부한다. 다만, 명백히 체포의 필요가 인정되지 아니하는 경우에는 그러하지 아니하다.

ㄷ. 체포영장의 청구를 받은 지방법원판사가 체포영장을 발부하지 아니할 때에는 청구서에 그 취지 및 이유를 기재하고 서명날인하여 청구한 검사에게 교부한다.

ㄹ. 체포한 피의자를 구속하고자 할 때에는 체포한 때부터 48시간 이내에 구속의 규정에 의하여 구속영장을 청구하여야 하고, 그 기간 내에 구속영장을 청구하지 아니하는 때에는 피의자를 즉시 석방하여야 한다.

① ㄷ, ㄹ　　　　　　② ㄱ, ㄴ, ㄷ
③ ㄱ, ㄴ, ㄹ　　　　④ ㄴ, ㄷ, ㄹ

[해설]

④ ㄴ, ㄷ, ㄹ

ㄱ. (×) 경미사건의 피의자에 대한 영장에 의한 체포는 주거부정뿐만 아니라 출석요구 불응 시에도 가능하다. 제200조의2 제1항 단서 참조.

제200조의2(영장에 의한 체포) ① 피의자가 죄를 범하였다고 의심할 만한 상당한 이유가 있고, 정당한 이유 없이 제200조의 규정에 의한 출석요구에 응하지 아니하거나 응하지 아니할 우려가 있는 때에는 검사는 관할 지방법원판사에게 청구하여 체포영장을 발부받아 피의자를 체포할 수 있고, 사법경찰관은 검사에게 신청하여 검사의 청구로 관할 지방법원판사의 체포영장을 발부받아 피의자를 체포할 수 있다. 다만, 다액 50만원 이하의 벌금, 구류 또는 과료에 해당하는 사건에 관하여는 피의자가 일정한 주거가 없는 경우 또는 정당한 이유 없이 제200조의 규정에 의한 출석요구에 응하지 아니한 경우에 한한다.

ㄴ. (○) 제200조의2 제2항 참조.

제200조의2(영장에 의한 체포) ② 제1항의 청구를 받은 지방법원판사는 상당하다고 인정할 때에는 체포영장을 발부한다. 다만, 명백히 체포의 필요가 인정되지 아니하는 경우에는 그러하지 아니하다.

ㄷ. (○) 제200조의2 제3항 참조.

제200조의2(영장에 의한 체포) ③ 제1항의 청구를 받은 지방법원판사가 체포영장을 발부하지 아니할 때에는 청구서에 그 취지 및 이유를 기재하고 서명날인하여 청구한 검사에게 교부한다.

ㄹ. (○) 제200조의2 제5항 참조.

제200조의2(영장에 의한 체포) ⑤ 체포한 피의자를 구속하고자 할 때에는 체포한 때부터 48시간 이내에 제201조의 규정에 의하여 구속영장을 청구하여야 하고, 그 기간 내에 구속영장을 청구하지 아니하는 때에는 피의자를 즉시 석방하여야 한다.

[정답] ④

010 ✓ 유사 ◆◆◇　　　　경찰승진 2024

영장에 의한 체포에 관한 설명으로 가장 적절하지 않은 것은? (다툼이 있는 경우 판례에 의함)

① 사법경찰관은 체포영장의 유효기간 내에 영장의 집행에 착수하지 못했거나 그 밖의 사유로 영장의 집행이 불가능하거나 불필요하게 되었을 때에는 그 영장을 청구한 검사에게 반환하고, 검사는 사법경찰관이 반환한 영장을 법원에 반환한다.

② 검사 또는 사법경찰관은 체포된 피의자의 배우자가 체포영장 등본의 교부를 청구하면 그 등본을 교부해야 한다.

③ 사법경찰관이 피의자를 영장에 의하여 체포한 후 구속한 경우에 있어서 구속기간은 피의자를 구속한 날부터 기산한다.

④ 검사는 체포영장을 발부받은 후 피의자를 체포하기 이전에 체포영장을 첨부하여 판사에게 인치·구금할 장소의 변경을 청구할 수 있다.

해설

① (○) 수사준칙 제35조 참조.

> **수사준칙 제35조(체포·구속영장의 반환)** ① 검사 또는 사법 경찰관은 체포·구속영장의 유효기간 내에 영장의 집행에 착수하지 못했거나, 그 밖의 사유로 영장의 집행이 불가능하거나 불필요하게 되었을 때에는 즉시 해당 영장을 법원에 반환해야 한다. 이 경우 체포·구속영장이 여러 통 발부된 경우에는 모두 반환해야 한다.
> ② 검사 또는 사법경찰관은 제1항에 따라 체포·구속영장을 반환하는 경우에는 반환사유 등을 적은 영장반환서에 해당 영장을 첨부하여 반환하고, 그 사본을 사건기록에 편철한다.
> ③ 제1항에 따라 사법경찰관이 체포·구속영장을 반환하는 경우에는 그 영장을 청구한 검사에게 반환하고, 검사는 사법경찰관이 반환한 영장을 법원에 반환한다.

② (○) 형사소송규칙 제101조, 수사준칙 제34조, 형사소송법 제214조의2 제1항 참조.

> **형사소송규칙 제101조(체포·구속적부심청구권자의 체포·구속영장 등본 교부청구 등)** 구속영장이 청구되거나 체포 또는 구속된 피의자, 그 변호인, 법정대리인, 배우자, 직계친족, 형제자매나 동거인 또는 고용주는 긴급체포서, 현행범인 체포서, 체포영장, 구속영장 또는 그 청구서를 보관하고 있는 검사, 사법경찰관 또는 법원사무관 등에게 그 등본의 교부를 청구할 수 있다.
> **수사준칙 제34조(체포·구속영장 등본의 교부)** 검사 또는 사법경찰관은 법 제214조의2 제1항에 따른 자가 체포·구속영장 등본의 교부를 청구하면 그 등본을 교부해야 한다.
> **형사소송법 제214조의2(체포와 구속의 적부심사)** ① 체포되거나 구속된 피의자 또는 그 변호인, 법정대리인, 배우자, 직계친족, 형제자매나 가족, 동거인 또는 고용주는 관할법원에 체포 또는 구속의 적부심사(適否審査)를 청구할 수 있다.

③ (×) 체포한 날부터 기산한다. 제203조의2 참조.

> **제203조의2(구속기간에의 산입)** 피의자가 제200조의2·제200조의3·제201조의2 제2항 또는 제212조의 규정에 의하여 체포 또는 구인된 경우에는 제202조 또는 제203조의 구속기간은 피의자를 체포 또는 구인한 날부터 기산한다.

④ (○) 규칙 제96조의3 참조.

> **규칙 제96조의3(인치·구금할 장소의 변경)** 검사는 체포영장을 발부받은 후 피의자를 체포하기 이전에 체포영장을 첨부하여 판사에게 인치·구금할 장소의 변경을 청구할 수 있다.

정답 ③

---

011 ✅ 유사 ◆◆◇ **경찰2차 2024**

체포에 관한 설명으로 가장 적절하지 않은 것은? (다툼이 있는 경우 판례에 의함)

① 체포영장에 의하여 체포된 자가 그 후 석방되었더라도, 동일한 범죄사실에 관하여 다시 체포영장을 청구하는 취지 및 이유를 기재한 후 체포영장을 다시 청구할 수 있다.

② 체포된 피의자는 관할법원에 체포의 적부심사를 청구할 수 있으며, 청구를 받은 법원은 그 청구가 이유 있다고 인정한 경우에는 심사청구 후 피의자에 대하여 공소제기가 있는 경우에도 결정으로 체포된 피의자의 석방을 명하여야 한다.

③ 사법경찰관은 체포영장에 의해 피의자를 체포하는 경우에는 미리 수색영장을 발부받기 어려운 긴급한 사정이 있는 때에 한정하여 영장 없이 타인의 주거나 타인이 간수하는 가옥,건조물, 항공기, 선차 내에서의 피의자 발견을 위한 수색을 할 수 있다. 이 경우에는 사후에 지체 없이 수색영장을 받아야 한다.

④ 현행범인으로 체포하기 위하여는 행위의 가벌성, 범죄의 현행성·시간적 접착성, 범인·범죄의 명백성 외에 체포의 필요성, 즉 도망 또는 증거인멸의 염려가 있어야 하며, 이러한 현행범인 체포의 요건을 갖추었는지는 체포 당시의 상황을 기초로 판단하여야 하고, 이에 관한 수사주체의 판단에는 상당한 재량의 여지가 있다.

해설

③ (×) 체포나 구속을 위하여 행하는 피의자 수색은 사후영장이 필요 없다(제216조 제1항 제1호).

> **제216조(영장에 의하지 아니한 강제처분)** ① 검사 또는 사법경찰관은 제200조의2·제200조의3·제201조 또는 제212조의 규정에 의하여 피의자를 체포 또는 구속하는 경우에 필요한 때에는 영장 없이 다음 처분을 할 수 있다.
> 1. 타인의 주거나 타인이 간수하는 가옥, 건조물, 항공기, 선차 내에서의 피의자 수색. 다만, 제200조의2 또는 제201조에 따라 피의자를 체포 또는 구속하는 경우의 피의자 수색은 미리 수색영장을 발부받기 어려운 긴급한 사정이 있는 때에 한정한다.

① (○) 긴급체포와 달리(제200조의4 제3항) 영장에 의한 체포는 재체포 제한사유가 없다. 단지 동일 범죄사실에 관하여 다시 체포영장을 청구하는 취지 및 이유를 영장청구서에 기재하여야 할 뿐이다. 제200조의2 제4항 참조.

> **제200조의2(영장에 의한 체포)** ④ 검사가 제1항의 청구를 함에 있어서 동일한 범죄사실에 관하여 그 피의자에 대하여 전에 체포영장을 청구하였거나 발부받은 사실이 있는 때에는 다시 체포영장을 청구하는 취지 및 이유를 기재하여야 한다.
> **제200조의4(긴급체포와 영장청구기간)** ① 검사 또는 사법경찰관이 제200조의3의 규정에 의하여 피의자를 체포한 경우 피의자를 구속하고자 할 때에는 지체 없이 검사는 관할지

방법원판사에게 구속영장을 청구하여야 하고, 사법경찰관은 검사에게 신청하여 검사의 청구로 관할지방법원판사에게 구속영장을 청구하여야 한다. 이 경우 구속영장은 피의자를 체포한 때부터 48시간 이내에 청구하여야 하며, 제200조의3 제3항에 따른 긴급체포서를 첨부하여야 한다.

② 제1항의 규정에 의하여 구속영장을 청구하지 아니하거나 발부받지 못한 때에는 피의자를 즉시 석방하여야 한다.

③ 제2항의 규정에 의하여 <u>석방된 자는 영장 없이는 동일한 범죄사실에 관하여 체포하지 못한다.</u>

② (○) 제214조의2 제4항 참조.

> **제214조의2(체포와 구속의 적부심사)** ④ 제1항의 청구를 받은 법원은 청구서가 접수된 때부터 48시간 이내에 체포되거나 구속된 피의자를 심문하고 수사 관계 서류와 증거물을 조사하여 그 청구가 이유 없다고 인정한 경우에는 결정으로 기각하고, 이유 있다고 인정한 경우에는 결정으로 체포되거나 구속된 피의자의 석방을 명하여야 한다. 심사청구 후 피의자에 대하여 공소제기가 있는 경우에도 또한 같다.

④ (○) 현행범인은 누구든지 영장 없이 체포할 수 있는데(형사소송법 제212조), <u>현행범인으로 체포하기 위하여는 행위의 가벌성, 범죄의 현행성·시간적 접착성, 범인·범죄의 명백성 이외에 체포의 필요성, 즉 도망 또는 증거인멸의 염려가 있어야 하고,</u> 이러한 요건을 갖추지 못한 현행범인 체포는 법적 근거에 의하지 아니한 영장 없는 체포로서 위법한 체포에 해당한다. 여기서 현행범인 체포의 요건을 갖추었는지는 체포 당시 상황을 기초로 판단하여야 하고, 이에 관한 검사나 사법경찰관 등 수사주체의 판단에는 상당한 재량 여지가 있으나, 체포 당시 상황으로 보아도 요건충족 여부에 관한 검사나 사법경찰관 등의 판단이 경험칙에 비추어 현저히 합리성을 잃은 경우에는 그 체포는 위법하다고 보아야 한다(대법원 2011.5.26, 2011도3682).

정답 ③

「형사소송법」상 긴급체포에 대한 설명으로 가장 적절한 것은?

① 사법경찰관이 피의자를 긴급체포하는 경우에는 피의사실의 요지, 체포의 이유와 변호인을 선임할 수 있음을 말하고 변명할 기회를 주어야 하는데, 대통령령에 의할 때 진술거부권을 고지하여야 할 필요는 없다.

② 사법경찰관이 피의자를 긴급체포한 경우에는 긴급체포서를 반드시 작성·첨부하여 긴급체포서작성시부터 48시간 이내에 검사의 승인을 얻어야 한다.

③ 사법경찰관은 피의자를 긴급체포하는 경우에 필요한 때에는 영장 없이 타인의 주거나 타인이 간수하는 가옥, 건조물, 항공기, 선차 내에서의 피의자수사를 할 수 있다.

④ 긴급체포된 자가 소유·소지 또는 보관하는 물건에 대하여 긴급히 압수할 필요가 있는 경우에는 체포한 때부터 24시간 이내에 한하여 영장 없이 압수·수색할 수 있으며, 압수한 물건을 계속 압수할 필요가 있는 경우에는 지체 없이 압수·수색영장을 청구하여야 한다. 이 경우 압수·수색영장의 청구는 압수 후 48시간 이내에 하여야 한다.

해설

③ (○) 2019.12.31. 개정법에 의하면 제216조 제1항 제1호의 단서에 긴급성 요건이 추가되었으나, 긴급성 요건은 영장에 의한 체포와 구속의 경우에 요구되는 것이다. 위 지문은 긴급체포의 경우이므로 여전히 맞는 지문이다.

> **제216조(영장에 의하지 아니한 강제처분)** ① 검사 또는 사법경찰관은 제200조의2·제200조의3·제201조 또는 제212조의 규정에 의하여 피의자를 체포 또는 구속하는 경우에 필요한 때에는 영장 없이 다음 처분을 할 수 있다.
>
> 1. 타인의 주거나 타인이 간수하는 가옥, 건조물, 항공기, 선차 내에서의 피의자 <u>수색.</u> 다만, 제200조의2 또는 제201조에 따라 피의자를 체포 또는 구속하는 경우의 피의자 수색은 미리 수색 영장을 발부받기 어려운 긴급한 사정이 있는 때에 한정한다.

[보충] 2018.4.26 헌법재판소는 수색에 앞서 영장을 발부받기 어려운 긴급한 사정이 있는지에 대한 여부를 구별하지 아니하고 피의자가 소재할 개연성이 있으면 영장 없이 곧바로 타인의 주거 등을 수색할 수 있도록 하는 것은 헌법 제16조에 따른 영장주의에 위반된다는 이유로 헌법불합치 결정을 내렸다. 이에 2019.12. 31. 개정법에 의하여 체포영장과 구속영장 집행을 위하여 영장 없이 타인의 주거 등을 수색하려는 경우에는 미리 수색영장을 발부받기 어려운 긴급한 사정이 있어야 한다는 예외사유를 규정하게 된 것이다(제137조, 제216조 제1항 제1호). 다만 긴급체포와 현행범인체포의 경우에는 그 자체로 체포영장을 받을 수 없는 긴급성과 범죄의 현행성이 요구되므로, 체포를 위한 피의자 수색 시의 수색영장을 받기 어려운 긴급성을 추가로 요구하고 있지는 않은 것이다.

① (×) 형사소송법 제200조의5에 의하여 전단은 맞는 내용이다. 다만, 대통령령에 의하면 이 경우 진술거부권을 고지하여야 한다(수사준칙 제32조).

형사소송법 제200조의5(체포와 피의사실 등의 고지) 검사 또는 사법경찰관은 피의자를 체포하는 경우에는 피의사실의 요지, 체포의 이유와 변호인을 선임할 수 있음을 말하고 변명할 기회를 주어야 한다.

수사준칙 제32조(체포·구속영장 집행 시의 권리 고지) ① 검사 또는 사법경찰관은 피의자를 체포하거나 구속할 때에는 법 제200조의5(법 제209조에서 준용하는 경우를 포함한다)에 따라 피의자에게 피의사실의 요지, 체포·구속의 이유와 변호인을 선임할 수 있음을 말하고, 변명할 기회를 주어야 하며, 진술거부권을 알려주어야 한다.
② 제1항에 따라 피의자에게 알려주어야 하는 진술거부권의 내용은 법 제244조의3 제1항 제1호부터 제3호까지의 사항으로 한다.
③ 검사와 사법경찰관이 제1항에 따라 피의자에게 그 권리를 알려준 경우에는 피의자로부터 권리 고지 확인서를 받아 사건기록에 편철한다.

② (✕) 48시간이 아니라 즉시 승인을 얻어야 한다. 제200조의3 제2항 참조.

제200조의3(긴급체포) ② 사법경찰관이 제1항의 규정에 의하여 피의자를 체포한 경우에는 즉시 검사의 승인을 얻어야 한다.

[보충] 즉시 검사의 승인을 얻기 위하여 12시간 내 긴급체포 승인건의를 하여야 한다(수사준칙 제35조 제3항).

④ (✕) 압수 후가 아니라 체포 후 48시간 이내이다. 제217조 제2항 참조.

제217조(영장에 의하지 아니하는 강제처분) ① 검사 또는 사법경찰관은 제200조의3에 따라 체포된 자가 소유·소지 또는 보관하는 물건에 대하여 긴급히 압수할 필요가 있는 경우에는 체포한 때부터 24시간 이내에 한하여 영장 없이 압수·수색 또는 검증을 할 수 있다.
② 검사 또는 사법경찰관은 제1항 또는 제216조 제1항 제2호에 따라 압수한 물건을 계속 압수할 필요가 있는 경우에는 지체 없이 압수수색영장을 청구하여야 한다. 이 경우 압수수색영장의 청구는 체포한 때부터 48시간 이내에 하여야 한다.

정답 ③

---

013 ✓ 대표 ◆◆◆ 경찰1차 2020

체포제도에 대한 설명 중 가장 적절하지 않은 것은? (다툼이 있는 경우 판례에 의함)

① 사법경찰관이 긴급체포된 피의자에 대해 검사에게 긴급체포의 승인건의와 구속영장 신청을 함께 한 경우 검사는 긴급체포의 합당성이나 구속영장 청구에 필요한 사유를 보강하기 위해 피의자 대면조사를 실시할 수 있다.

② 현행범 체포의 요건으로서 행위의 가벌성, 범죄의 현행성·시간적 접착성, 범인·범죄의 명백성 이외에 체포의 필요성 즉, 도망 또는 증거인멸의 우려가 있어야 한다.

③ 체포영장이 발부된 피의자를 체포하기 위하여 타인의 주거 등을 수색하는 경우에는 피의자가 그 장소에 소재할 개연성 이외에도 별도로 사전에 수색영장을 발부받기 어려운 긴급한 사정이 있는 경우에만 제한적으로 이루어져야 한다.

④ A가 경찰관 B의 불심검문을 받아 운전면허증을 교부한 후 B에게 큰 소리로 욕설을 하는 것을 인근에 있던 C, D 등도 들은 상황에서 B가 A를 현행범으로 체포하는 것은 적법한 공무집행이라 볼 수 없다.

해설

① (✕) 검사의 구속영장 청구 전 피의자 대면조사는 긴급체포의 적법성을 의심할 만한 사유가 기록 기타 객관적 자료에 나타나고 피의자의 대면조사를 통해 그 여부의 판단이 가능할 것으로 보이는 예외적인 경우에 한하여 허용될 뿐, 긴급체포의 합당성이나 구속영장 청구에 필요한 사유를 보강하기 위한 목적으로 실시되어서는 아니 된다(대법원 2010.10.28, 2008도11999).

② (○) 대법원 1999.1.26, 98도3029

③ (○) 제216조 제1항 제1호 단서

④ (○) 피고인이 경찰관의 불심검문을 받아 운전면허증을 교부한 후 경찰관에게 큰 소리로 욕설을 하였는데, 경찰관이 모욕죄의 현행범으로 체포하겠다고 고지한 후 피고인의 오른쪽 어깨를 붙잡자 반항하면서 경찰관에게 상해를 가한 경우, 피고인은 경찰관의 불심검문에 응하여 이미 운전면허증을 교부한 상태이고, 경찰관뿐 아니라 인근 주민도 욕설을 직접 들었으므로, 피고인이 도망하거나 증거를 인멸할 염려가 있다고 보기는 어렵고, 피고인의 모욕 범행은 불심검문에 항의하는 과정에서 저지른 일시적, 우발적인 행위로서 사안 자체가 경미할 뿐 아니라, 피해자인 경찰관이 범행현장에서 즉시 범인을 체포할 급박한 사정이 있다고 보기도 어려우므로, 경찰관이 피고인을 체포한 행위는 적법한 공무집행이라고 볼 수 없고, 피고인이 체포를 면하려고 반항하는 과정에서 상해를 가한 것은 불법체포로 인한 신체에 대한 현재의 부당한 침해에서 벗어나기 위한 행위로서 정당방위에 해당한다(대법원 2011.5.26, 2011도3682)

정답 ①

014 ✓ 대표 ◆◆◇ 　　　　国家9급개론 2017

긴급체포에 대한 설명으로 옳지 않은 것은? (다툼이 있으면 판례에 의함)

① 피의자가 마약투약을 하였다고 의심할 만한 상당한 이유가 있었더라도, 경찰관이 이미 피의자의 신원과 주거지 및 전화번호 등을 모두 파악하고 있었고 당시 증거가 급속하게 소멸될 상황도 아니었다면 긴급체포의 요건으로 미리 체포영장을 받을 시간적 여유가 없었던 경우에 해당하지 않는다.

② 긴급체포 후 석방된 자 또는 그 변호인·법정대리인·배우자·직계친족·형제자매는 통지서 및 관련 서류를 열람하거나 등사할 수 있다.

③ 수사기관이 긴급체포된 자에 대하여 구속영장을 청구하지 아니하거나 발부받지 못한 때에는 피의자를 즉시 석방하여야 하고, 이 경우 석방된 자는 영장 없는 동일한 범죄사실에 관하여 체포하지 못한다.

④ 사법경찰관이 검사에게 긴급체포된 피의자에 대한 승인 건의와 함께 구속영장을 신청한 경우 검사는 긴급체포의 합당성이나 구속영장 청구에 필요한 사유를 보강하기 위하여 긴급체포한 피의자를 검찰청으로 출석시켜 직접 대면조사할 수 있다.

> **해설**
>
> ④ (×) 검사의 구속영장 청구 전 피의자 대면조사는 긴급체포의 적법성을 의심할 만한 사유가 기록 기타 객관적 자료에 나타나고 피의자의 대면조사를 통해 그 여부의 판단이 가능할 것으로 보이는 예외적인 경우에 한하여 허용될 뿐, <u>긴급체포의 합당성이나 구속영장 청구에 필요한 사유를 보강하기 위한 목적으로 실시되어서는 아니 된다</u>(대법원 2010.10.28, 2008도11999).
>
> ① (○) 피고인이 필로폰을 투약한다는 제보를 받은 경찰관이 제보된 주거지에 피고인이 살고 있는지 등 제보의 정확성을 사전에 확인한 후에 제보자를 불러 조사하기 위하여 피고인의 주거지를 방문하였다가, 현관에서 담배를 피우고 있는 피고인을 발견하고 사진을 찍어 제보자에게 전송하여 사진에 있는 사람이 제보한 대상자가 맞다는 확인을 한 후, 가지고 있던 피고인의 전화번호로 전화를 하여 차량 접촉사고가 났으니 나오라고 하였으나 나오지 않고, 또한 경찰관임을 밝히고 만나자고 하는데도 현재 집에 있지 않다는 취지로 거짓말을 하자 피고인의 집 문을 강제로 열고 들어가 피고인을 긴급체포한 경우, 피고인이 마약에 관한 죄를 범하였다고 의심할 만한 상당한 이유가 있었더라도, 경찰관이 이미 피고인의 신원과 주거지 및 전화번호 등을 모두 파악하고 있었고, 당시 마약 투약의 범죄 증거가 급속하게 소멸될 상황도 아니었던 점 등의 사정을 감안하면, 긴급체포가 미리 체포영장을 받을 시간적 여유가 없었던 경우에 해당하지 않아 위법하다(대법원 2016.10.13, 2016도5814).
>
> ② (○) 제200조의4 제5항
>
> ③ (○) 제200조의4 제2항·제3항

> **정답** ④

015 ✓ 유사 ◆◇◇ 　　　　경찰2차 2020

긴급체포에 대한 다음 설명 중 옳고 그름의 표시(○, ×)가 모두 바르게 된 것은? (다툼이 있는 경우 판례에 의함)

> ㉠ 긴급체포된 피의자에 대하여 구속영장이 발부된 경우 그 구속기간은 피의자를 체포한 날부터 기산한다.
>
> ㉡ 긴급체포 요건을 갖추었는지 여부는 체포 당시 상황과 사후에 밝혀진 사정을 종합적으로 판단함으로써 검사나 사법경찰관 등 수사주체의 판단에는 상당한 재량의 여지가 있다.
>
> ㉢ 「형사소송법」 제208조(재구속의 제한)에서 말하는 '구속되었다가 석방된 자'의 범위에는 긴급체포나 현행범으로 체포되었다가 사후영장발부 전에 석방된 경우도 포함된다.
>
> ㉣ 긴급체포된 자로부터 압수한 물건에 대해서는 24시간 이내에 한하여 영장없이 압수·수색할 수 있고, 압수된 물건을 계속 압수할 필요가 있는 경우에는 압수한 때로부터 48시간 이내에 압수·수색영장을 청구하여야 한다.
>
> ㉤ 긴급체포 후 구속영장을 발부받지 못하여 석방한 경우 동일한 범죄사실로 다시 긴급체포할 수 없다. 그러나 체포영장을 다시 발부받은 경우 체포가 가능하다.

① ㉠ (○), ㉡ (×), ㉢ (×), ㉣ (×), ㉤ (○)

② ㉠ (○), ㉡ (○), ㉢ (○), ㉣ (×), ㉤ (○)

③ ㉠ (○), ㉡ (×), ㉢ (×), ㉣ (○), ㉤ (×)

④ ㉠ (×), ㉡ (○), ㉢ (○), ㉣ (×), ㉤ (○)

> **해설**
>
> ㉠ (○) 제203조의2 참조.
>
> > **제203조의2(구속기간에의 산입)** 피의자가 제200조의2·제200조의3·제201조의2 제2항 또는 제212조의 규정에 의하여 체포 또는 구인된 경우에는 제202조 또는 제203조의 구속기간은 피의자를 체포 또는 구인한 날부터 기산한다.
>
> ㉡ (×) <u>긴급체포의 요건을 갖추었는지 여부는 사후에 밝혀진 사정을 기초로 판단하는 것이 아니라 체포 당시의 상황을 기초로 판단하여야 하고, 이에 관한 검사나 사법경찰관 등 수사주체의 판단에는 상당한 재량의 여지가 있다</u>(대법원 2008.3.27, 2007도11400).
>
> ㉢ (×) 형사소송법 제200조의4 제3항은 영장 없이는 긴급체포 후 석방된 피의자를 동일한 범죄사실에 관하여 체포하지 못한다는 규정으로, 위와 같이 석방된 피의자라도 법원으로부터 구속영장을 발부받아 구속할 수 있음은 물론이고, <u>같은 법 제208조 소정의 '구속되었다가 석방된 자'라 함은 구속영장에 의하여 구속되었다가 석방된 경우를 말하는 것이지, 긴급체포나 현행범으로 체포되었다가 사후영장발부 전에 석방된 경우는 포함되지 않는다</u>할 것이므로, 피고인이 수사 당시 긴급체포되었다가 수사기관의 조치로 석방된 후 법원이 발부한 구속영장에 의하여 구속이 이루어진 경우 앞서 본 법조에 위배되는 위법한 구속이라고 볼 수 없다(대법원 2001.9.28, 2001도4291).
>
> ㉣ (×) 제217조 제1항·제2항 참조.

> **제217조(영장에 의하지 아니하는 강제처분)** ① 검사 또는 사법경찰관은 제200조의3에 따라 체포된 자가 소유·소지 또는 보관하는 물건에 대하여 긴급히 압수할 필요가 있는 경우에는 체포한 때부터 24시간 이내에 한하여 영장 없이 압수·수색 또는 검증을 할 수 있다.
> ② 검사 또는 사법경찰관은 제1항 또는 제216조 제1항 제2호에 따라 압수한 물건을 계속 압수할 필요가 있는 경우에는 지체 없이 압수수색영장을 청구하여야 한다. 이 경우 압수수색영장의 청구는 체포한 때부터 48시간 이내에 하여야 한다.

ⓜ (○) 제200조의4 제3항

정답 ①

---

016 ☑유사 ◆◆◇   경찰1차 2021

긴급체포에 대한 설명으로 가장 적절하지 않은 것은? (다툼이 있는 경우 판례에 의함)

① 긴급체포의 요건을 갖추었는지 여부는 사후에 밝혀진 사정을 기초로 판단하는 것이 아니라 체포 당시의 상황을 기초로 판단하여야 하고, 이에 관한 검사나 사법경찰관 등 수사주체의 판단에는 상당한 재량의 여지가 있다.

② 긴급체포 후 구속영장을 청구하지 아니하거나 발부받지 못하여 석방된 자는 영장 없이는 동일한 범죄사실에 관하여 체포하지 못한다.

③ 피의자를 긴급체포하는 경우에 필요한 때에는 영장 없이 체포 현장에서 압수·수색을 할 수 있고, 이에 따라 압수한 물건을 계속 압수할 필요가 있는 경우에는 지체 없이 압수·수색영장을 청구하여야 하며, 청구한 압수·수색영장을 발부받지 못한 때에는 압수한 물건을 즉시 반환하여야 하는 바, 이를 위반하여 압수·수색영장을 발부받지 아니하고도 즉시 반환하지 아니한 압수물은 피고인이나 변호인이 이를 증거로 함에 동의하지 않는 한 유죄 인정의 증거로 사용할 수 없다.

④ 긴급체포되어 조사를 받고 구속영장이 청구되지 아니하여 석방된 후 검사가 그 석방일로부터 30일 이내에 석방통지를 법원에 하지 아니하더라도, 긴급체포 당시의 상황과 경위, 긴급체포 후 조사과정 등에 특별한 위법이 없는 이상, 그 긴급체포에 의한 유치 중에 작성된 피의자신문조서가 위법하게 작성되었다고 볼 수는 없다.

해설

③ (×) 형사소송법 제216조 제1항 제2호, 제217조 제2항, 제3항은 사법경찰관은 형사소송법 제200조의3(긴급체포)의 규정에 의하여 피의자를 체포하는 경우에 필요한 때에는 영장 없이 체포현장에서 압수·수색을 할 수 있고, 압수한 물건을 계속 압수할 필요가 있는 경우에는 지체 없이 압수수색영장을 청구하여야 하며, 청구한 압수수색영장을 발부받지 못한 때에는 압수한 물건을 즉시 반환하여야 한다고 규정하고 있는바, 형사소송법 제217조 제2항,

---

제3항에 위반하여 압수수색영장을 청구하여 이를 발부받지 아니하고도 즉시 반환하지 아니한 압수물은 이를 유죄 인정의 증거로 사용할 수 없는 것이고, 헌법과 형사소송법이 선언한 영장주의의 중요성에 비추어 볼 때 피고인이나 변호인이 이를 증거로 함에 동의하였다고 하더라도 달리 볼 것은 아니다(대법원 2009.12.24, 2009도11401).

① (○) 대법원 2003.3.27, 2002모81

② (○) 제200조의4 제3항

④ (○) 기록에 의하면, 공소외 7이 2009.11.2. 22:00경 긴급체포되어 조사를 받고 구속영장이 청구되지 아니하여 2009.11.4. 20:10경 석방되었음에도 검사가 그로부터 30일 이내에 법 제200조의4에 따른 석방통지를 법원에 하지 아니한 사실을 알 수 있으나, 공소외 7에 대한 긴급체포 당시의 상황과 경위, 긴급체포 후 조사 과정 등에 특별한 위법이 있다고 볼 수 없는 이상, 단지 사후에 석방통지가 법에 따라 이루어지지 않았다는 사정만으로 그 긴급체포에 의한 유치 중에 작성된 공소외 7에 대한 피의자신문조서들의 작성이 소급하여 위법하게 된다고 볼 수는 없다(대법원 2014.8.26, 2011도6035).

정답 ③

---

017 ☑유사 ◆◆◇   경찰승진 2024

긴급체포에 관한 설명으로 가장 적절하지 않은 것은? (다툼이 있는 경우 판례에 의함)

① 검사 또는 사법경찰관이 피의자를 긴급체포하는 경우에는 반드시 피의사실의 요지, 체포의 이유와 변호인을 선임할 수 있음을 말하고, 변명할 기회를 주어야 한다.

② 검사 또는 사법경찰관은 긴급체포된 자가 소유·소지 또는 보관하는 물건에 대하여 긴급히 압수할 필요가 있는 경우에는 체포한 때부터 24시간 이내에 한하여 영장 없이 압수·수색 또는 검증을 할 수 있으며, 이는 현행범인 체포의 경우에도 준용된다.

③ 사법경찰관이 검사에게 긴급체포된 피의자에 대한 긴급체포 승인 건의와 함께 구속영장을 신청한 경우, 검사는 긴급체포의 적법성 여부를 심사하면서 수사서류뿐만 아니라 피의자를 검찰청으로 출석시켜 직접 대면 조사할 수 있는 권한을 가진다.

④ 영장 없이는 긴급체포 후 석방된 피의자를 동일한 범죄사실에 관하여 체포하지 못하지만, 이와 같이 석방된 피의자라도 법원으로부터 구속영장을 발부받아 구속할 수 있다.

해설

② (×) 제217조 제1항은 긴급체포된 자에 관한 규정으로서 현행범인 체포의 경우에는 준용되지 않는다.

> **제217조(영장에 의하지 아니하는 강제처분)** ① 검사 또는 사법경찰관은 제200조의3에 따라 체포된 자가 소유·소지 또는 보관하는 물건에 대하여 긴급히 압수할 필요가 있는 경우에는 체포한 때부터 24시간 이내에 한하여 영장 없이 압수·수색 또는 검증을 할 수 있다.

① (O) 제200조의5, 제213조의2 참조.

> **제200조의5(체포와 피의사실 등의 고지)** 검사 또는 사법경찰관은 피의자를 체포하는 경우에는 피의사실의 요지, 체포의 이유와 변호인을 선임할 수 있음을 말하고 변명할 기회를 주어야 한다.
> **제213조의2(준용규정)** 제87조, 제89조, 제90조, 제200조의2 제5항 및 제200조의5의 규정은 검사 또는 사법경찰관리가 현행범인을 체포하거나 현행범인을 인도받은 경우에 이를 준용한다.

③ (O) 사법경찰관이 검사에게 긴급체포된 피의자에 대한 긴급체포 승인 건의와 함께 구속영장을 신청한 경우, 검사는 긴급체포의 승인 및 구속영장의 청구가 피의자의 인권에 대한 부당한 침해를 초래하지 않도록 긴급체포의 적법성 여부를 심사하면서 수사서류뿐만 아니라 피의자를 검찰청으로 출석시켜 직접 대면조사할 수 있는 권한을 가진다고 보아야 한다(대법원 2010.10.28, 2008도11999).

④ (O) 형사소송법 제200조의4 제3항은 영장 없이는 긴급체포 후 석방된 피의자를 동일한 범죄사실에 관하여 체포하지 못한다는 규정으로, 위와 같이 석방된 피의자라도 법원으로부터 구속영장을 발부받아 구속할 수 있음은 물론이다(대법원 2001.9.28, 2001도4291).

정답 ②

✓ 유사 ◆◆◇ 　　법원9급 2024

긴급체포에 관한 다음 설명 중 가장 옳지 않은 것은?

① 검사가 형사소송법 제200조의4 제4항에 따른 석방통지를 법원에 하지 아니하였더라도 긴급체포 당시의 상황과 경위, 긴급체포 후 조사 과정 등에 특별한 위법이 있다고 볼 수 없는 이상, 단지 사후에 석방통지가 법에 따라 이루어지지 않았다는 사정만으로 그 긴급체포에 의한 유치 중에 작성된 피의자신문조서들의 작성이 소급하여 위법하게 된다고 볼 수는 없다.

② 검사 또는 사법경찰관은 피의자를 긴급체포하는 경우에 필요한 때에는 영장 없이 타인의 주거나 타인이 간수하는 가옥, 건조물, 항공기, 선차 내에서의 피의자 수색, 체포현장에서의 압수, 수색, 검증을 할 수 있고, 긴급체포된 피의자가 소유·소지 또는 보관하는 물건에 대하여 긴급히 압수할 필요가 있는 경우에는 체포한 때부터 48시간 이내에 한하여 영장 없이 압수·수색 또는 검증을 할 수 있다.

③ 검사 또는 사법경찰관은 구속영장을 청구하거나 신청하지 않고 긴급체포한 피의자를 석방하려는 때에는 긴급체포 후 석방된 자의 인적사항, 긴급체포의 일시·장소와 긴급체포하게 된 구체적 이유, 석방의 일시·장소 및 사유, 긴급체포 및 석방한 검사 또는 사법경찰관의 성명을 적은 피의자 석방서를 작성해야 한다.

④ 사법경찰관은 긴급체포한 피의자에 대하여 구속영장을 신청하지 아니하고 석방한 경우에는 즉시 검사에게 보고하여야 하나, 사전에 석방 건의서를 작성·제출하여 검사의 지휘를 받을 필요는 없다.

해설

② (×) 긴급체포된 피의자가 소유·소지·보관하는 물건에 대해서 긴급히 압수할 필요가 있는 경우에는 체포한 때부터 24시간 이내에 한하여 영장 없이 압수·수색·검증을 할 수 있다. 제217조 제1항 참조.

> **제216조(영장에 의하지 아니한 강제처분)** ① 검사 또는 사법경찰관은 제200조의2·제200조의3·제201조 또는 제212조의 규정에 의하여 피의자를 체포 또는 구속하는 경우에 필요한 때에는 영장 없이 다음 처분을 할 수 있다.
> 1. 타인의 주거나 타인이 간수하는 가옥, 건조물, 항공기, 선차 내에서의 피의자 수색. 다만, 제200조의2 또는 제201조에 따라 피의자를 체포 또는 구속하는 경우의 피의자 수색은 미리 수색영장을 발부받기 어려운 긴급한 사정이 있는 때에 한정한다.
> 2. 체포현장에서의 압수, 수색, 검증
> **제217조(영장에 의하지 아니하는 강제처분)** ① 검사 또는 사법경찰관은 제200조의3에 따라 체포된 자가 소유·소지 또는 보관하는 물건에 대하여 긴급히 압수할 필요가 있는 경우에는 체포한 때부터 24시간 이내에 한하여 영장 없이 압수·수색 또는 검증을 할 수 있다.

① (O) 공소외 7이 2009.11.2. 22:00경 긴급체포되어 조사를 받

고 구속영장이 청구되지 아니하여 2009.11.4. 20:10경 석방되었음에도 검사가 그로부터 30일 이내에 법 제200조의4에 따른 석방통지를 법원에 하지 아니한 사실을 알 수 있으나, 공소외 7에 대한 긴급체포 당시의 상황과 경위, 긴급체포 후 조사 과정 등에 특별한 위법이 있다고 볼 수 없는 이상, 단지 사후에 석방통지가 법에 따라 이루어지지 않았다는 사정만으로 그 긴급체포에 의한 유치 중에 작성된 공소외 7에 대한 피의자신문조서들의 작성이 소급하여 위법하게 된다고 볼 수는 없다(대법원 2014.8.26, 2011도6035).

③ (○) 형사소송법 제200조의4 제4항, 수사준칙 제36조 제1항 참조.

> **형사소송법 제200조의4(긴급체포와 영장청구기간)** ④ 검사는 제1항에 따른 구속영장을 청구하지 아니하고 피의자를 석방한 경우에는 석방한 날부터 30일 이내에 서면으로 다음 각 호의 사항을 법원에 통지하여야 한다. 이 경우 긴급체포서의 사본을 첨부하여야 한다.
> 1. 긴급체포 후 석방된 자의 인적사항
> 2. 긴급체포의 일시·장소와 긴급체포하게 된 구체적 이유
> 3. 석방의 일시·장소 및 사유
> 4. 긴급체포 및 석방한 검사 또는 사법경찰관의 성명
>
> **수사준칙 제36조(피의자의 석방)** ① 검사 또는 사법경찰관은 법 제200조의2 제5항 또는 제200조의4 제2항에 따라 구속영장을 청구하거나 신청하지 않고(사법경찰관이 구속영장의 청구를 신청하였으나 검사가 그 신청을 기각한 경우를 포함한다) 체포 또는 긴급체포한 피의자를 석방하려는 때에는 다음 각 호의 구분에 따른 사항을 적은 피의자 석방서를 작성해야 한다.
> 1. 체포한 피의자를 석방하려는 때: 체포 일시·장소, 체포 사유, 석방 일시·장소, 석방 사유 등
> 2. 긴급체포한 피의자를 석방하려는 때: 법 제200조의4 제4항 각 호의 사항
> ② 사법경찰관은 제1항에 따라 피의자를 석방한 경우 다음 각 호의 구분에 따라 처리한다.
> 1. 체포한 피의자를 석방한 때: 지체 없이 검사에게 석방사실을 통보하고, 그 통보서 사본을 사건기록에 편철한다.
> 2. 긴급체포한 피의자를 석방한 때: 즉시 검사에게 석방사실을 보고하고, 그 보고서 사본을 사건기록에 편철한다.

④ (○) 형사소송법 제200조의4 제6항, 수사준칙 제36조 제2항 제2호 참조.

[참고] 구 수사준칙(검사의 사법경찰관에 대한 수사지휘 및 일반적 수사준칙에 관한 규정)상 석방건의·석방지휘제도는 현행 수사준칙에 의하여 폐지되었다.

> **형사소송법 제200조의4(긴급체포와 영장청구기간)** ⑥ 사법경찰관은 긴급체포한 피의자에 대하여 구속영장을 신청하지 아니하고 석방한 경우에는 즉시 검사에게 보고하여야 한다.
> **수사준칙 제36조(피의자의 석방)** ② 사법경찰관은 제1항에 따라 피의자를 석방한 경우 다음 각 호의 구분에 따라 처리한다.
> 1. 체포한 피의자를 석방한 때: 지체 없이 검사에게 석방사실을 통보하고, 그 통보서 사본을 사건기록에 편철한다.
> 2. 긴급체포한 피의자를 석방한 때: 즉시 검사에게 석방사실을 보고하고, 그 보고서 사본을 사건기록에 편철한다.

정답 ②

---

019 ⊘ 대표 ◆◆◇ 국가7급 2016

현행범인 체포에 대한 설명으로 옳지 않은 것은? (다툼이 있는 경우 판례에 의함)

① 현행범인 체포의 요건으로 '범죄의 실행행위를 종료한 직후'란 시간적으로나 장소적으로 보아 체포를 당하는 자가 방금 범죄를 실행한 범인이라는 점에 관한 죄증이 명백히 존재하는 것으로 인정되는 경우를 말한다.

② 수사기관이 아닌 사인(私人)이 현행범인을 체포한 때에는 즉시 수사기관에 인도하여야 하며, 여기서 '즉시'란 '정당한 이유 없이 인도를 지연하거나 체포를 계속하는 등으로 불필요한 지체를 함이 없이'라는 의미이다.

③ 사인이 현행범인을 체포하여 수사기관에 인도한 경우 수사기관이 그 피의자를 구속하고자 할 때에는 수사기관이 사인으로부터 현행범인을 인도받은 때로부터 48시간 이내에 구속영장을 청구하여야 한다.

④ 수사기관이 현행범인을 직접 체포한 경우와는 달리 사인에 의해 체포된 현행범인을 인도받는 경우에는 피의자에 대하여 피의사실의 요지, 체포의 이유와 변호인을 선임할 수 있음을 말하고 변명할 기회를 주지 않아도 된다.

해설

④ (×) 검사 또는 사법경찰관리는 현행범인을 체포하거나 일반인이 체포한 현행범인을 인도받는 경우 형사소송법 제213조의2에 의하여 준용되는 제200조의5에 따라 피의자에 대하여 피의사실의 요지, 체포의 이유와 변호인을 선임할 수 있음을 말하고 변명할 기회를 주어야 하고, 이와 같은 고지는 체포를 위한 실력행사에 들어가기 전에 미리 하여야 하는 것이 원칙이지만, 달아나는 피의자를 쫓아가 붙들거나 폭력으로 대항하는 피의자를 실력으로 제압하는 경우에는 붙들거나 제압하는 과정에서 하거나 그것이 여의치 않은 경우에는 일단 붙들거나 제압한 후에 지체 없이 하면 된다(대법원 2012.2.9, 2011도7193).

① (○) 대법원 2002.5.10, 2001도300
② (○), ③ (○) 대법원 2011.12.22, 2011도12927

정답 ④

020 ✅ 유사 ◆◆◇

경찰승진 2022 유사 | 국가9급 2013 유사 · 2019

체포 및 영장제도에 대한 설명으로 옳지 않은 것은? (다툼이 있는 경우 판례에 의함)

① 경찰의 긴급체포 승인 및 구속영장의 신청이 있으면, 검사는 체포된 피의자를 검찰청으로 출석시켜 직접 대면조사할 수 있지만, 검사의 구속영장 청구 전 피의자 대면조사는 임의수사이므로 피의자는 검사의 출석 요구에 응할 의무가 없다.

② 검사가 현행범인을 체포하는 경우 체포를 위한 실력행사에 들어가기 전에 미리 피의사실의 요지와 변호인선임권 등을 고지하여야 하지만, 폭력으로 대항하는 피의자를 실력으로 제압하는 경우에는 제압하는 과정에서 고지하거나, 그것이 여의치 않은 경우에는 제압한 후에 지체 없이 고지하여야 한다.

③ 사법경찰관은 범행 중 또는 범행 직후의 범죄장소에서 긴급을 요하여 판사의 영장을 받을 수 없는 때에는 영장 없이 압수·수색 또는 검증을 할 수 있으나, 이 경우에는 사후에 지체 없이 영장을 받아야 한다.

④ 경찰은 피의자를 긴급체포한 후 24시간 이내에 피의자가 보관하는 물건을 영장없이 압수할 수 있으며, 압수한 물건을 계속 압수할 필요가 있는 경우에는 압수·수색이 종료한 때로부터 48시간 이내에 영장을 청구하여야 한다.

해설 ↓

④ (×) 압수한 때가 아니라 체포한 때부터 48시간 이내이다(제217조 제2항).

> 제217조(영장에 의하지 아니하는 강제처분) ① 검사 또는 사법경찰관은 제200조의3에 따라 체포된 자가 소유·소지 또는 보관하는 물건에 대하여 긴급히 압수할 필요가 있는 경우에는 체포한 때부터 24시간 이내에 한하여 영장 없이 압수·수색 또는 검증을 할 수 있다.
> ② 검사 또는 사법경찰관은 제1항 또는 제216조 제1항 제2호에 따라 압수한 물건을 계속 압수할 필요가 있는 경우에는 지체 없이 압수수색영장을 청구하여야 한다. 이 경우 압수수색영장의 청구는 체포한 때부터 48시간 이내에 하여야 한다.

① (○) 사법경찰관이 검사에게 긴급체포된 피의자에 대한 긴급체포 승인 건의와 함께 구속영장을 신청한 경우, 검사는 긴급체포의 승인 및 구속영장의 청구가 피의자의 인권에 대한 부당한 침해를 초래하지 않도록 긴급체포의 적법성 여부를 심사하면서 수사서류 뿐만 아니라 피의자를 검찰청으로 출석시켜 직접 대면조사할 수 있는 권한을 가진다고 보아야 한다. … 나아가 검사의 구속영장 청구 전 피의자 대면조사는 강제수사가 아니므로 피의자는 검사의 출석 요구에 응할 의무가 없고, 피의자가 검사의 출석 요구에 동의한 때에 한하여 사법경찰관리는 피의자를 검찰청으로 호송하여야 한다(대법원 2010.10.28, 2008도11999).

② (○) 달아나는 피의자를 쫓아가 붙들거나 폭력으로 대항하는 피의자를 실력으로 제압하는 경우에는 붙들거나 제압하는 과정에서 고지하거나, 그것이 여의치 않은 경우에는 일단 붙들거나 제압한 후에 지체 없이 고지하여야 한다(대법원 2010.6.24, 2008

도11226 등).

③ (○) 제216조 제3항 참조.

> 제216조(영장에 의하지 아니한 강제처분) ③ 범행 중 또는 범행 직후의 범죄 장소에서 긴급을 요하여 법원판사의 영장을 받을 수 없는 때에는 영장없이 압수, 수색 또는 검증을 할 수 있다. 이 경우에는 사후에 지체 없이 영장을 받아야 한다. 〈신설 1961.9.1.〉

정답 ④

021 ✅ 유사 ◆◆◇

경찰 2013 | 경찰1차 2018 유사

긴급체포에 대한 다음 설명 중 가장 적절한 것은? (다툼이 있는 경우 판례에 의함)

① 피고인이 수사 당시 긴급체포 되었다가 수사기관의 조치로 석방된 후 법원이 발부한 구속영장에 의하여 구속이 이루어진 경우에는 위법한 구속에 해당한다.

② 긴급체포 후 구속영장을 청구하지 않고 피의자를 석방하는 것은 피의자에게 유리하므로 사법경찰관은 즉시 검사에게 보고하지 않고 석방 후 30일 이내에 보고하면 충분하다.

③ 긴급체포의 요건을 갖추었는지 여부는 체포 당시의 상황을 토대로 판단하는 것이 아니라, 사후에 밝혀진 사정을 기초로 법원이 객관적으로 엄격하게 판단하여야 한다.

④ 현행법상 체포된 피의자에 대하여는 보증금납입조건부 석방결정이 허용되지 않는다는 것이 판례의 입장이다.

해설 ↓

④ (○) 형사소송법은 수사단계에서의 체포와 구속을 명백히 구별하고 있고 이에 따라 체포와 구속의 적부심사를 규정한 같은 법 제214조의2에서 체포와 구속을 서로 구별되는 개념으로 사용하고 있는바, 같은 조 제4항에 기소 전 보증금 납입을 조건으로 한 석방의 대상자가 '구속된 피의자'라고 명시되어 있고, 같은 법 제214조의3 제2항의 취지를 체포된 피의자에 대하여도 보증금 납입을 조건으로 한 석방이 허용되어야 한다는 근거로 보기는 어렵다 할 것이어서 현행법상 체포된 피의자에 대하여는 보증금 납입을 조건으로 한 석방이 허용되지 않는다(대법원 1997.8.27, 97모21).

① (×) 형사소송법 제200조의4 제3항은 영장 없이는 긴급체포 후 석방된 피의자를 동일한 범죄사실에 관하여 체포하지 못한다는 규정으로, 위와 같이 석방된 피의자라도 법원으로부터 구속영장을 발부받아 구속할 수 있음은 물론이고, 같은 법 제208조 소정의 '구속되었다가 석방된 자'라 함은 구속영장에 의하여 구속되었다가 석방된 경우를 말하는 것이지, 긴급체포나 현행범으로 체포되었다가 사후영장발부 전에 석방된 경우는 포함되지 않는다 할 것이므로, 피고인이 수사 당시 긴급체포되었다가 수사기관의 조치로 석방된 후 법원이 발부한 구속영장에 의하여 구속이 이루어진 경우 앞서 본 법조에 위배되는 위법한 구속이라고 볼 수 없다(대법원 2001.9.28, 2001도4291).

② (×) 제200조의4 제6항 참조.

제200조의4(긴급체포와 영장청구기간) ⑥ 사법경찰관은 긴급체포한 피의자에 대하여 구속영장을 신청하지 아니하고 석방한 경우에는 즉시 검사에게 보고하여야 한다.

③ (×) 긴급체포는 영장주의원칙에 대한 예외인 만큼 형사소송법 제200조의3 제1항의 요건을 모두 갖춘 경우에 한하여 예외적으로 허용되어야 하고, 요건을 갖추지 못한 긴급체포는 법적 근거에 의하지 아니한 영장 없는 체포로서 위법한 체포에 해당하는 것이고, 여기서 긴급체포의 요건을 갖추었는지 여부는 사후에 밝혀진 사정을 기초로 판단하는 것이 아니라 체포 당시의 상황을 기초로 판단하여야 하고, 이에 관한 검사나 사법경찰관 등 수사주체의 판단에는 상당한 재량의 여지가 있다고 할 것이다(대법원 2008.3.27, 2007도11400).

정답 ④

---

022 ✓ 유사 ◆◇◇ 〔경찰 2013 유사〕 〔경찰승진 2022〕

긴급체포에 대한 설명으로 가장 적절한 것은? (다툼이 있는 경우 판례에 의함)

① 사법경찰관은 피의자를 긴급체포한 경우 즉시 긴급체포서를 작성해야 하나, 검사가 피의자를 긴급체포한 경우에는 긴급체포서를 작성할 필요가 없다.

② 긴급체포의 요건을 갖추었는지 여부는 사후에 밝혀진 사정과 체포 당시의 상황을 종합적으로 고려하여 판단하여야 한다.

③ 긴급체포되었지만 구속영장을 청구하지 아니하거나 구속영장을 발부받지 못하여 석방된 자는 영장 없이는 동일한 범죄사실에 관하여 다시 체포하지 못한다.

④ 사법경찰관이 긴급체포한 피의자에 대하여 구속영장을 신청하지 아니하고 석방한 경우에는 7일 이내에 검사에게 보고하여야 한다.

해설

③ (○) 긴급체포의 남용을 방지하기 위한 재체포 제한규정이다. 제200조의4 제3항 참조.

① (×) 검사 또는 사법경찰관은 피의자를 체포한 경우에는 즉시 긴급체포서를 작성하여야 한다(제200조의3 제3항).

② (×) 긴급체포의 요건을 갖추었는지 여부는 사후에 밝혀진 사정을 기초로 판단하는 것이 아니라 체포 당시의 상황을 기초로 판단하여야 하고, 이에 관한 검사나 사법경찰관 등 수사주체의 판단에는 상당한 재량의 여지가 있다고 할 것이나, 긴급체포 당시의 상황으로 보아서도 그 요건의 충족 여부에 관한 검사나 사법경찰관의 판단이 경험칙에 비추어 현저히 합리성을 잃은 경우에는 그 체포는 위법한 체포라 할 것이다(대법원 2003.3.27, 2002모81).

④ (×) 사법경찰관은 긴급체포한 피의자에 대하여 구속영장을 신청하지 아니하고 석방한 경우에는 즉시 검사에게 보고하여야 한다(제200조의4 제6항).

정답 ③

---

023 ✓ 유사 ◆◆◇ 〔경찰 2015〕

사법경찰관 甲이 乙을 공갈죄로 긴급체포한 후 구속과 관련하여서 아래의 절차가 이루어졌다. 사법경찰관 甲은 언제까지 乙을 검사에게 인치(검찰청에 송치)하여야 하는가?

> ㉠ 2015.5.1. 23:00 사법경찰관 甲이 乙을 긴급체포하여 조사
> ㉡ 2015.5.2. 14:00 사법경찰관 甲이 검사에게 구속영장을 신청 하면서 구속영장신청서와 수사 서류 등을 제출
> ㉢ 2015.5.2. 16:00 검사가 판사에게 구속영장을 청구하면서 법원에 구속영장청구서, 수사 관계 서류 및 기록을 접수시킴
> ㉣ 2015.5.3. 10:00 판사의 구속 전 피의자 심문, 12:00 구속영장 발부, 13:00 검찰청에 구속영장 및 수사기록 반환(15:00에 검찰청으로부터 경찰서에 서류 도착)
> ㉤ 2015.5.3. 18:00 구속영장 집행

① 2015.5.10. 24:00
② 2015.5.11. 23:00
③ 2015.5.11. 24:00
④ 2015.5.12. 24:00

해설

④ (○) 사법경찰관의 구속기간은 10일이며(제202조), 구속기간은 일로써 계산한다(제66조 제1항). 또한 일로써 계산하는 기간은 초일을 산입하지 않는 것이 원칙이나(제66조 본문), 형사소송법은 신체구속의 최소화를 도모하기 위해 구속기간의 경우에는 초일을 산입하여야 한다고 예외를 정하고 있다(제66조 제1항 단서). 나아가 형사소송법은 신체구속의 최소화를 도모하기 위하여 사실상 신체구속의 효과가 있는 체포기간 역시 구속기간에 산입하여야 함을 규정하고 있다(제203조의2). 이러한 계산법에 의하면 원칙적으로 최초에 긴급체포를 한 2015.5.1.이 기산점이 되고 구속의 최종시점은 2015.5.10. 24시가 되어야 하는 것이 원칙이다. 다만, 형사소송법은 영장실질심사 과정에서 피의자심문을 하는 경우에는 법원이 구속영장청구서·수사 관계 서류 및 증거물을 접수한 날부터 구속영장을 발부하여 검찰청에 반환한 날까지의 기간은 제202조(사법경찰관의 구속기간) 및 제203조(검사의 구속기간)의 적용에 있어서 그 구속기간에 이를 산입하지 아니함을 규정하고 있다(제201조의2 제7항). 실질적인 수사기간을 확보해 줄 목적으로 신설된 조문이라 하겠다. 따라서 설문에서는 서류가 검찰청에 접수한 2015.5.2.부터 다시금 서류를 반환받은 2015.5.3.까지의 기간은 구속기간에 산입되지 않는다. 그 결과 사법경찰관의 구속기간은 최장 2015.5.12. 24시가 된다. 따라서 동 기간 내에 사법경찰관 甲은 乙을 검사에게 인치하여야 한다.

정답 ④

의 구체적 상황을 기초로 객관적으로 판단하여야 하고, 사후에 범인으로 인정되었는지에 의할 것은 아니다(대법원 2013.8.23, 2011도4763).

정답 ④

024 ✅유사 ◆◇◇ 경찰2차 2020

현행범인 체포에 대한 설명으로 가장 적절한 것은? (다툼이 있는 경우 판례에 의함)

① 검사 또는 사법경찰관리 아닌 이가 현행범인을 체포한 때에는 즉시 검사 또는 사법경찰관리에게 인도하여야 하고, 여기서 '즉시'란 반드시 체포시점과 시간적으로 밀착된 시점이어야 한다.

② 현행범인으로 체포하기 위하여는 행위의 가벌성, 범죄의 현행성·시간적 접착성, 범인·범죄의 명백성이 있으면 족하고, 도망 또는 증거인멸의 염려가 있어야 하는 것은 아니다.

③ 현행범 체포의 적법성은 체포 당시의 구체적 상황을 기초로 주관적으로 판단하여야 하고, 사후에 범인으로 인정되었는지에 의할 것은 아니다.

④ 현행범을 체포한 경찰관의 진술이라 하더라도 범행을 목격한 부분에 관하여는 여느 목격자의 진술과 다름없이 증거능력이 있다.

해설

④ (○) 현행범을 체포한 경찰관의 진술이라 하더라도 범행을 목격한 부분에 관하여는 여느 목격자와 다름없이 증거능력이 있고, 다만 그 증거의 신빙성만 문제되는 것이라 할 것이며, 위와 같은 경찰관의 체포행위를 도운 자가 범인의 범행을 목격하였다는 취지의 진술은 그 사람이 경찰정보원이라 하더라도 그 증거능력을 부인할 아무런 이유가 없다 할 것이므로, 원심이 피고인을 현행범으로 체포한 경찰관 S와 위 체포행위를 도운 공소외 Y의 수사기관에서의 각 진술 및 법정에서의 각 증언이 증거능력이 있다고 판단한 것은 정당하다 할 것이고, 소론이 지적하는 당원의 판례(대법원 1982.2.23, 81도3324)는 피고인을 현행범으로 체포한 것이 아니라 용의자로 검거하여 조사한 경찰관이 증인으로 나서 피고인이 경찰조사 당시 임의로 자백하였다는 취지로 증언한 내용으로서 이 사건과 사안을 달리함이 명백하여 이 사건에 원용할 수 없다 할 것이다(대법원 1995.5.9, 95도535).

① (×) 현행범인은 누구든지 영장 없이 체포할 수 있고(형사소송법 제212조), 검사 또는 사법경찰관리(이하 '검사 등'이라고 한다) 아닌 이가 현행범인을 체포한 때에는 즉시 검사 등에게 인도하여야 한다(형사소송법 제213조 제1항). 여기서 '즉시'라고 함은 반드시 체포시점과 시간적으로 밀착된 시점이어야 하는 것은 아니고, '정당한 이유 없이 인도를 지연하거나 체포를 계속하는 등으로 불필요한 지체를 함이 없이'라는 뜻으로 볼 것이다(대법원 2011.12.22, 2011도12927).

② (×) 현행범인은 누구든지 영장 없이 체포할 수 있다(형사소송법 제212조). 현행범인으로 체포하기 위하여는 행위의 가벌성, 범죄의 현행성과 시간적 접착성, 범인·범죄의 명백성 이외에 체포의 필요성, 즉 도망 또는 증거인멸의 염려가 있어야 한다. 이러한 요건을 갖추지 못한 현행범인 체포는 법적 근거에 의하지 아니한 영장 없는 체포로서 위법한 체포에 해당한다(대법원 2017.4.7, 2016도19907).

③ (×) 공무집행방해죄는 공무원의 적법한 공무집행이 전제로 되는데, 추상적인 권한에 속하는 공무원의 어떠한 공무집행이 적법한지 여부는 행위 당시의 구체적 상황에 기하여 객관적·합리적으로 판단하여야 하고 사후적으로 순수한 객관적 기준에서 판단할 것은 아니다. 마찬가지로 현행범 체포의 적법성은 체포 당시

025 ✅유사 ◆◆◇ 국가9급 2016

현행범체포에 대한 설명으로 옳지 않은 것은? (다툼이 있는 경우 판례에 의함)

① 피고인의 행위가 구성요건에 해당하지 않아 사후적으로 무죄로 판단된다고 하더라도, 피고인이 소란을 피운 당시 상황에서는 객관적으로 보아 피고인이 현행범이라고 인정할 만한 충분한 이유가 있는 경우에는 피고인에 대한 현행범체포는 적법하다.

② '범죄의 실행행위를 종료한 직후'라고 함은 범죄행위를 실행하여 끝마친 순간 또는 이에 아주 접착된 시간적 단계를 의미하는 것으로 해석되므로, 시간적으로나 장소적으로 보아 체포를 당하는 자가 방금 범죄를 실행한 범인이라는 점에 관한 죄증이 명백히 존재하는 것으로 인정된다면 현행범인으로 볼 수 있다.

③ 사법경찰리가 현행범인으로 체포하는 경우에는 반드시 범죄사실의 요지, 구속의 이유와 변호인을 선임할 수 있음을 말하고 변명할 기회를 주어야 하며, 이와 같은 고지는 반드시 체포를 위한 실력행사에 들어가기 전에 미리 행하여야 한다.

④ 일반인이 현행범인을 체포한 경우 즉시 검사 등에게 인도해야 하는데, 여기서 '즉시'라고 함은 반드시 체포시점과 시간적으로 밀착된 시점이어야 하는 것은 아니고, '정당한 이유 없이 인도를 지연하거나 체포를 계속하는 등으로 불필요한 지체를 함이 없이'라는 뜻이다.

해설

③ (×) 검사 또는 사법경찰관리는 현행범인을 체포하거나 일반인이 체포한 현행범인을 인도받는 경우 형사소송법 제213조의2에 의하여 준용되는 제200조의5에 따라 피의자에 대하여 피의사실의 요지, 체포의 이유와 변호인을 선임할 수 있음을 말하고 변명할 기회를 주어야 하고, 이와 같은 고지는 체포를 위한 실력행사에 들어가기 전에 미리 하여야 하는 것이 원칙이지만, 달아나는 피의자를 쫓아가 붙들거나 폭력으로 대항하는 피의자를 실력으로 제압하는 경우에는 붙들거나 제압하는 과정에서 하거나 그것이 여의치 않은 경우에는 일단 붙들거나 제압한 후에 지체 없이 하면 된다(대법원 2012.2.9, 2011도7193).

① (○) 대법원 2013.8.23, 2011도4763
② (○) 대법원 2007.4.13, 2007도1249
④ (○) 대법원 2011.12.22, 2011도12927

정답 ③

026 ✓ 유사 ◆◆◇ 경찰 2013 유사 경찰 2016

현행범인 또는 준현행범인 체포에 관한 다음 설명 중 옳은 것은 모두 몇 개인가? (다툼이 있으면 판례에 의함)

┌───┐
│ ㉠ 현행범인은 누구든지 영장 없이 체포할 수 있는데, │
│   현행범인으로 체포하기 위하여는 행위의 가벌성, 범 │
│   죄의 현행성·시간적 접착성, 범인·범죄의 명백성 │
│   이외에 체포의 필요성 즉, 도망 또는 증거인멸의 염 │
│   려가 있어야 하는 것은 아니다. │
│ ㉡ '범죄의 실행행위를 종료한 직후'라고 함은 범죄행위를 │
│   실행하여 끝마친 순간 또는 이에 아주 접착된 시간적 │
│   단계를 의미하는 것으로 해석되므로, 시간적으로나 장 │
│   소적으로 보아 체포를 당하는 자가 방금 범죄를 실행 │
│   한 범인이라는 점에 관한 죄증이 명백히 존재하는 것 │
│   으로 인정되는 경우에만 현행범인으로 볼 수 있다. │
│ ㉢ 경찰관의 현행범인 체포경위 및 그에 관한 현행범인 │
│   체포서와 범죄사실의 기재에 다소 차이가 있더라도, │
│   그것이 논리와 경험칙상 장소적·시간적 동일성이 │
│   인정되는 범위 내라면 그 체포행위가 공무집행방해 │
│   죄의 요건인 적법한 공무집행에 해당한다. │
│ ㉣ 다액 50만원 이하의 벌금, 구류 또는 과료에 해당하 │
│   는 죄의 현행범인에 대하여는 범인의 주거가 분명하 │
│   지 아니한 때에 한하여 현행범인으로 체포할 수 있다. │
│ ㉤ 사법경찰관리가 현행범인의 인도를 받은 때에는 체 │
│   포자의 성명, 주거, 체포의 사유를 물어야 하고 필요 │
│   하더라도 체포자에 대하여 경찰관서에 동행함을 요 │
│   구할 수는 없다. │
└───┘

① 1개   ② 2개
③ 3개   ④ 4개

해설

㉠ (✗) 현행범인은 누구든지 영장 없이 체포할 수 있는데(형사소송법 제212조), 현행범인으로 체포하기 위하여는 행위의 가벌성, 범죄의 현행성·시간적 접착성, 범인·범죄의 명백성 이외에 체포의 필요성 즉, 도망 또는 증거인멸의 염려가 있어야 하고, 이러한 요건을 갖추지 못한 현행범인 체포는 법적 근거에 의하지 아니한 영장 없는 체포로서 위법한 체포에 해당한다. 여기서 현행범인 체포의 요건을 갖추었는지는 체포 당시 상황을 기초로 판단하여야 하고, 이에 관한 검사나 사법경찰관 등 수사주체의 판단에는 상당한 재량 여지가 있으나, 체포 당시 상황으로 보아도 요건충족 여부에 관한 검사나 사법경찰관 등의 판단이 경험칙에 비추어 현저히 합리성을 잃은 경우에는 그 체포는 위법하다고 보아야 한다(대법원 2011.5.26, 2011도3682; 2002.12.10, 2002도4227; 2002.6.11, 2000도5701 등).

㉡ (○) "범죄의 실행행위를 종료한 직후"라고 함은, 범죄행위를 실행하여 끝마친 순간 또는 이에 아주 접착된 시간적 단계를 의미하는 것으로 해석되므로, 시간적으로나 장소적으로 보아 체포를 당하는 자가 방금 범죄를 실행한 범인이라는 점에 관한 죄증이 명백히 존재하는 것으로 인정되는 경우에만 현행범인으로 볼 수 있는 것이다(대법원 2007.4.13, 2007도1249).

㉢ (○) 경찰관의 현행범인 체포경위 및 그에 관한 현행범인체포서와 범죄사실의 기재에 다소 차이가 있더라도, 그것이 논리와 경

험칙상 장소적·시간적 동일성이 인정되는 범위 내라면 그 체포행위가 공무집행방해죄의 요건인 적법한 공무집행에 해당한다(대법원 2008.10.9, 2008도3640).

㉣ (○) 제214조 참조.

┌───┐
│ **제214조(경미사건과 현행범인의 체포)** 다액 50만원 이하의 │
│ 벌금, 구류 또는 과료에 해당하는 죄의 현행범인에 대하여는 │
│ 범인의 주거가 분명하지 아니한 때에 한하여 제212조 내지 │
│ 제213조의 규정을 적용한다. │
└───┘

㉤ (✗) 제213조 제2항 참조.

┌───┐
│ **제213조(체포된 현행범인의 인도)** ② 사법경찰관리가 현행 │
│ 범인의 인도를 받은 때에는 체포자의 성명, 주거, 체포의 사 │
│ 유를 물어야 하고 필요한 때에는 체포자에 대하여 경찰관서 │
│ 에 동행함을 요구할 수 있다. │
└───┘

정답 ③

---

027 ✓ 유사 ◆◆◇ 국가7급 2021

현행범체포에 대한 설명으로 옳지 않은 것은? (다툼이 있는 경우 판례에 의함)

① 현행범을 체포한 경찰관의 진술이라 하더라도 범행을 목격한 부분에 관하여는 여느 목격자의 진술과 다름없이 증거능력이 있으며, 다만 그 증거의 신빙성만 문제가 된다.

② 甲과 乙이 주차문제로 다투던 중 乙이 112신고를 하였고, 甲이 출동한 경찰관에게 폭행을 가하여 공무집행방해죄의 현행범으로 체포된 경우, 112에 신고를 한 것은 乙이었고, 甲이 현행범으로 체포되어 파출소에 도착한 이후에도 경찰관의 신분증 제시 요구에 20여 분 동안 응하지 아니하면서 인적 사항을 밝히지 아니하였다면, 甲에게는 현행범체포 당시에 도망 또는 증거 인멸의 염려가 있었다고 할 수 있다.

③ 범행 중 또는 범행 직후의 범죄 장소에서 영장 없이 압수·수색 또는 검증을 할 수 있도록 규정한 형사소송법 제216조 제3항의 요건 중 어느 하나라도 갖추지 못한 경우 압수·수색 또는 검증은 잠정적으로 위법하지만, 이에 대하여 사후에 법원으로부터 영장을 발부받게 되면 그 위법성은 소급하여 치유될 수 있다.

④ 전투경찰대원들이 공장에서 점거농성 중이던 조합원들을 체포하는 과정에서 체포의 이유 등을 제대로 고지하지 않다가 30~40분이 지난 후 체포된 조합원 등의 항의를 받고 나서야 비로소 체포의 이유 등을 고지한 것은 현행범체포의 적법한 절차를 준수한 것이 아니므로 적법한 공무집행이라고 볼 수 없다.

해설

③ (✗) 사후에 법원으로부터 영장을 발부받았다고 하여 그 위법성

이 치유되지 아니한다(대법원 2012.2.9, 2009도14884). 예컨대, 형사소송법 제216조 제3항이 정한 '긴급을 요하여 법원 판사의 영장을 받을 수 없는 때'의 요건을 갖추지 못하였음에도 영장 없이 압수·수색을 한 경우에는 사후영장을 발부받았다 하더라도 그 위법이 치유될 수 없다(대법원 2017.11.29, 2014도16080).

① (O) 현행범을 체포한 경찰관의 진술이라 하더라도 범행을 목격한 부분에 관하여는 여느 목격자와 다름없이 증거능력이 있고, 다만 그 증거의 신빙성만 문제되는 것이라 할 것이며, 위와 같은 경찰관의 체포행위를 도운 자가 범인의 범행을 목격하였다는 취지의 진술은 그 사람이 경찰정보원이라 하더라도 그 증거능력을 부인할 아무런 이유가 없다(대법원 1995.5.9, 95도535).
[비교] 다만, 피고인을 현행범으로 체포한 것이 아니라 피고인을 피의자신문에 의하여 조사한 경찰관이 증인으로 나서 피고인이 경찰조사 당시 임의로 자백하였다는 취지로 증언한 내용은 피고인이 이를 부인하였다면 법 제312조 제3항에 따라 그 증거능력이 없다는 판례가 다수 있다. "피고인이 경찰조사 시 범행을 자백하였고 그에 따라 범행사실을 확인하였다는 조사경찰관의 증언이나 같은 내용의 동인에 대한 검사 작성의 참고인 진술조서는, 피고인이 경찰에서의 진술을 부인하는 이상 증거능력이 없다(대법원 1979.5.8, 79도493).

② (O) 대법원 2018.3.29, 2017도21537
④ (O) 대법원 2017.3.15, 2013도2168

정답 ③

028 ☑ 유사 ◆◆◆◇ 경찰2차 2016

현행범체포에 대한 설명으로 옳지 않은 것은 모두 몇 개인가? (다툼이 있으면 판례에 의함)

> ㉠ 범죄의 실행 중이거나 실행의 즉후인 자를 현행범인이라 한다.
> ㉡ 「형사소송법」 제211조가 현행범인으로 규정한 "범죄의 실행의 즉후인 자"라고 함은, 범죄의 실행행위를 종료한 직후의 범인이라는 것이 체포하는 자의 입장에서 볼 때 명백한 경우를 말한다.
> ㉢ 현행범인으로서의 요건을 갖추고 있었다고 인정되지 않는 상황에서 경찰관들이 동행을 거부하는 자를 체포하거나 강제로 연행하려고 하였다면, 이는 적법한 공무집행이라고 볼 수 없다.
> ㉣ 사법경찰관은 피의자를 체포하는 경우에는 피의사실의 요지, 체포의 이유와 변호인을 선임할 수 있음을 말하고 변명할 기회를 주어야 한다.

① 0개   ② 1개
③ 3개   ④ 4개

해설

㉠ (O) 제211조 제1항
[보충] 2020.12.8. 개정: 범죄를 실행하고 있거나 실행하고 난 직후의 사람
㉡ (O) 대법원 2007.4.13, 2007도1249

㉢ (O) 대법원 2002.5.10, 2001도300
㉣ (O) 제213조의2, 제200조의5

정답 ①

029 ☑ 유사 ◆◆◆ 경찰1차 2023

현행범인의 체포에 관한 다음 설명 중 옳고 그름의 표시(O, ×)가 바르게 된 것은? (다툼이 있는 경우 판례에 의함)

> ㉠ 사인의 현행범 체포과정에서 일어날 수 있는 물리적 충돌이 적정한 한계를 벗어났는지 여부는 그 행위가 소극적인 방어행위인가 적극적인 공격행위인가에 따라 결정된다.
> ㉡ 「형사소송법」 제211조 제1항이 현행범인으로 규정한 '범죄를 실행하고 난 직후의 사람'이라고 함은, 범죄의 실행행위를 종료한 직후의 범인이라는 것이 체포하는 자의 입장에서 볼 때 명백한 경우를 일컫는 것으로서, '범죄의 실행행위를 종료한 직후'라고 함은, 범죄행위를 실행하여 끝마친 순간 또는 이에 아주 접착된 시간적 단계를 의미하는 것으로 해석된다.
> ㉢ 현행범인은 누구든지 영장 없이 체포할 수 있고, 검사 또는 사법경찰관리가 아닌 자가 현행범인을 체포한 때에는 즉시 검사 등에게 인도하여야 하며, 이때 인도시점은 반드시 체포시점과 시간적으로 밀착된 시점이어야 한다.
> ㉣ 공장을 점거하여 농성 중이던 조합원들이 경찰과 부식반입문제를 협의하거나 기자회견장 촬영을 위해 공장 밖으로 나오자, 전투경찰대원들은 '고착관리'라는 명목으로 그 조합원들을 방패로 에워싸고 이동하지 못하게 한 사안에서, 위 조합원들이 어떠한 범죄행위를 목전에서 저지르려고 하는 등 긴급한 사정이 있는 경우가 아니라면, 위 전투경찰대원들의 행위는 「형사소송법」상 체포에 해당한다.

① ㉠ (O) ㉡ (×) ㉢ (O) ㉣ (×)
② ㉠ (O) ㉡ (O) ㉢ (×) ㉣ (O)
③ ㉠ (×) ㉡ (×) ㉢ (O) ㉣ (×)
④ ㉠ (×) ㉡ (O) ㉢ (×) ㉣ (O)

해설

④ ㉠ (×) ㉡ (O) ㉢ (×) ㉣ (O)
㉠ (×) 적정한 한계를 벗어나는 현행범인 체포행위는 그 부분에 관한 한 법령에 의한 행위로 될 수 없다고 할 것이나, 적정한 한계를 벗어나는 행위인가 여부는 결국 정당행위의 일반적 요건을 갖추었는지 여부에 따라 결정되어야 할 것이고 그 행위가 소극적인 방어행위인가 적극적인 공격행위인가에 따라 결정되어야 하는 것은 아니다(대법원 1999.1.26, 98도3029).
㉡ (O) 형사소송법 제211조가 현행범인으로 규정한 "범죄의 실행의 즉후인 자"라고 함은, 범죄의 실행행위를 종료한 직후의 범인

이라는 것이 체포하는 자의 입장에서 볼 때 명백한 경우를 일컫는 것으로서, "범죄의 실행행위를 종료한 직후"라고 함은, 범죄행위를 실행하여 끝마친 순간 또는 이에 아주 접착된 시간적 단계를 의미하는 것으로 해석되므로, 시간적으로나 장소적으로 보아 체포를 당하는 자가 방금 범죄를 실행한 범인이라는 점에 관한 죄증이 명백히 존재하는 것으로 인정되는 경우에만 현행범인으로 볼 수 있는 것이다(대법원 1991.9.24, 91도1314).

ⓒ (×) 현행범인은 누구든지 영장 없이 체포할 수 있고(형사소송법 제212조), 검사 또는 사법경찰관리 아닌 이가 현행범인을 체포한 때에는 즉시 검사 등에게 인도하여야 한다(형사소송법 제213조 제1항). 여기서 '즉시'라고 함은 반드시 체포시점과 시간적으로 밀착된 시점이어야 하는 것은 아니고, '정당한 이유 없이 인도를 지연하거나 체포를 계속하는 등으로 불필요한 지체를 함이 없이'라는 뜻으로 볼 것이다(대법원 2011.12.22, 2011도12927).

ⓔ (○) ○○자동차 주식회사 △△공장을 점거하여 농성 중이던 □□□□노동조합 ○○자동차지부 조합원인 공소외 1 등이 2009.6.26. 경찰과 부식반입문제를 협의하거나 기자회견장 촬영을 위해 공장 밖으로 나오자, 전투경찰대원들은 '고착관리'라는 명목으로 위 공소외 1 등 6명의 조합원을 방패로 에워싸 이동하지 못하게 하였다. 위 조합원들이 어떠한 범죄행위를 목전에서 저지르려고 하거나 이들의 행위로 인하여 인명·신체에 위해를 미치거나 재산에 중대한 손해를 끼칠 우려 등 긴급한 사정이 있는 경우가 아닌데도 방패를 든 전투경찰대원들이 위 조합원들을 둘러싸고 이동하지 못하게 가둔 행위는 구 경찰관 직무집행법 제6조 제1항에 근거한 제지 조치라고 볼 수 없고, 이는 형사소송법상 체포에 해당한다(대법원 2017.3.15, 2013도2168).

[보충] 전투경찰대원들이 위 조합원들을 체포하는 과정에서 체포의 이유 등을 제대로 고지하지 않다가 30~40분이 지난 후 피고인 등의 항의를 받고 나서야 비로소 체포의 이유 등을 고지한 것은 형사소송법상 현행범인 체포의 적법한 절차를 준수한 것이 아니므로 적법한 공무집행이라고 볼 수 없다(위 판례).

정답 ④

---

030 ☑ 유사 ◆◆◇

현행범체포에 대한 설명으로 옳은 것(○)과 옳지 않은 것(×)을 올바르게 조합한 것은? (다툼이 있는 경우 판례에 의함)

> 가. 「형사소송법」 제211조가 현행범인으로 규정한 "범죄의 실행의 즉후인 자"라고 함은, 범죄의 실행행위를 종료한 직후의 범인이라는 것이 일반인의 입장에서 볼 때 명백한 경우를 말한다.
>
> 나. 사법경찰관리가 현행범인을 체포하는 경우에 체포이유 등의 고지는 체포를 위한 실력행사 전에 하여야 하는 것이 원칙이나, 달아나거나 대항하는 피의자 등에 대하여는 붙들거나 제압한 후에 지체 없이 행할 수 있다.
>
> 다. 범죄의 실행 중이거나 실행 즉후인 형사미성년자도 현행범체포의 대상이 될 수 있다.
>
> 라. 사법경찰관이 피의자를 현행범으로 체포하면서 체포사유 및 변호인선임권을 고지하지 아니하였음에도 불구하고, 고지한 것으로 현행범인체포서를 작성한 경우 허위공문서작성죄가 성립한다.

① 가 (×), 나 (○), 다 (×), 라 (○)
② 가 (○), 나 (○), 다 (○), 라 (×)
③ 가 (○), 나 (×), 다 (×), 라 (×)
④ 가 (×), 나 (○), 다 (○), 라 (○)

해설

① 가 (×), 나 (○), 다 (×), 라 (○)

가. (×) 형사소송법 제211조가 현행범인으로 규정한 "범죄의 실행의 즉후인 자"라고 함은, 범죄의 실행행위를 종료한 직후의 범인이라는 것이 체포하는 자의 입장에서 볼 때 명백한 경우를 일컫는 것으로서, "범죄의 실행행위를 종료한 직후"라고 함은, 범죄행위를 실행하여 끝마친 순간 또는 이에 아주 접착된 시간적 단계를 의미하는 것으로 해석되므로, 시간적으로나 장소적으로 보아 체포를 당하는 자가 방금 범죄를 실행한 범인이라는 점에 관한 죄증이 명백히 존재하는 것으로 인정되는 경우에만 현행범인으로 볼 수 있는 것이다(대법원 1991.9.24, 91도1314).

나. (○) 대법원 2000.7.4, 99도4341

다. (×) 현행범체포의 요건으로는 죄를 범한 범인임이 명백해야 한다는 명백성이 요구되는데, 여기에서 형사처벌이 가능하다는 가벌성 요건이 필요하게 된다. 따라서 외형상 죄를 범한 것처럼 보일지라도, 위법성조각사유나 책임조각사유가 존재하여 범죄불성립이 명백한 경우에는 현행범으로 체포할 수 없다. 형사미성년자의 경우에는 책임이 조각되므로(형법 제9조) 현행범으로 체포할 수 없다.

라. (○) 피고인들을 비롯한 경찰관들이 피의자 4명을 현행범으로 체포하거나 현행범인체포서를 작성할 때 체포사유 및 변호인선임권을 고지하지 아니하였음에도 불구하고, '체포의 사유 및 변호인선임권 등을 고지 후 현행범 체포한 것임'이라는 내용의 허위의 현행범인체포서 4장과 '현행범인으로 체포하면서 범죄사실의 요지, 구속의 이유와 변호인을 선임할 수 있음을 고지하고 변명의 기회를 주었다'는 내용의 허위의 확인서 4장을 각 작성한 경우, 당시 피고인들에게 허위공문서 작성에 대한 범의도 있었다고 보아야 한다(대법원 2010.6.24, 2008도11226).

정답 ①

체포에 관한 다음 설명 중 옳지 않은 것만을 모두 고른 것은? (다툼이 있는 경우 판례에 의함)

> ㉠ 경찰관들이 성폭력범죄 혐의에 대한 체포영장을 근거로 체포절차에 착수하였으나 피의자가 흥분하여 타고 있던 승용차를 출발시켜 경찰관들에게 상해를 입히는 범죄를 추가로 저지르자, 경찰관들이 그 승용차를 멈춘 후 저항하는 피의자를 별도 범죄인 특수공무집행방해치상의 현행범으로 적법하게 체포하였더라도, 집행완료에 이르지 못한 성폭력범죄 체포영장은 사후에 그 피의자에게 제시하여야 한다.
>
> ㉡ 긴급체포의 요건을 갖추었는지 여부는 사후에 밝혀진 사정을 기초로 판단하는 것이 아니라 체포 당시 상황을 기초로 판단하여 수사주체의 판단에 상당한 재량의 여지가 있지만, 긴급체포 당시의 상황으로 보아서도 그 요건의 충족 여부에 관한 수사주체의 판단이 경험칙에 비추어 현저히 합리성을 잃은 경우에는 그 체포는 위법한 체포가 된다.
>
> ㉢ 사법경찰관은 긴급체포한 피의자에 대하여 구속영장을 신청하지 아니하고 석방한 경우에는 즉시 검사에게 보고하여야 하고, 검사는 석방한 날부터 30일 이내에 서면으로 긴급체포 후 석방된 자의 인적사항, 긴급체포의 일시·장소와 긴급체포하게 된 구체적 이유 등을 법원에 통지하여야 한다.
>
> ㉣ 체포한 피의자를 구속하고자 할 때에는 체포한 때부터 48시간 이내에 구속영장을 청구해야 하는데, 검사 또는 사법경찰관이 아닌 이에 의하여 현행범인이 체포된 후 불필요한 지체 없이 검사 등에게 인도된 경우 위 48시간의 기산점은 체포시이다.

① ㉠㉣　　　　　　　② ㉠㉢㉣
③ ㉡㉢　　　　　　　④ ㉣

해설

① ㉠㉣

㉠ (×) 피고인에 대한 체포가 체포영장과 관련 없는 새로운 피의사실인 특수공무집행방해치상을 이유로 별도의 현행범 체포절차에 따라 진행된 이상, 집행완료에 이르지 못한 체포영장을 사후에 피고인에게 제시할 필요는 없다.

[판례] 검사 또는 사법경찰관이 체포영장을 집행할 때에는 피의자에게 반드시 체포영장을 제시하여야 한다. 다만 체포영장을 소지하지 아니한 경우에 급속을 요하는 때에는 피의자에게 범죄사실의 요지와 영장이 발부되었음을 고하고 체포영장을 집행할 수 있다. 이 경우 집행을 완료한 후에는 신속히 체포영장을 제시하여야 한다(형사소송법 제200조의6, 제85조 제1항, 제3항, 제4항). … 경찰관들이 체포영장을 근거로 체포절차에 착수하였으나 피고인이 흥분하며 타고 있던 승용차를 출발시켜 경찰관들에게 상해를 입히는 범죄를 추가로 저지르자, 경찰관들이 위 승용차를 멈춘 후 저항하는 피고인을 별도 범죄인 특수공무집행방해치상의 현행범으로 체포한 경우, … 체포영장에 의한 체포절차가 착수된 단계에 불과하였고, 피고인에 대한 체포가 체포영장과 관련 없는 새로운 피의사실인 특수공무집행방해치상을 이유로 별도의

현행범 체포절차에 따라 진행된 이상, 집행완료에 이르지 못한 체포영장을 사후에 피고인에게 제시할 필요는 없는 점을 고려하면 피고인에 대한 체포절차는 적법하다.

㉡ (○) 긴급체포의 요건을 갖추었는지 여부는 사후에 밝혀진 사정을 기초로 판단하는 것이 아니라 체포 당시의 상황을 기초로 판단하여야 하고, 이에 관한 검사나 사법경찰관 등 수사주체의 판단에는 상당한 재량의 여지가 있다고 할 것이나, 긴급체포 당시의 상황으로 보아서도 그 요건의 충족 여부에 관한 검사나 사법경찰관의 판단이 경험칙에 비추어 현저히 합리성을 잃은 경우에는 그 체포는 위법한 체포라 할 것이다(대법원 2005.11.10, 2004도42).

㉢ (○) 전단은 제200조의4 제6항, 후단은 동조 제4항 참조.

> **제200조의4(긴급체포와 영장청구기간)** ④ 검사는 제1항에 따른 구속영장을 청구하지 아니하고 피의자를 석방한 경우에는 석방한 날부터 30일 이내에 서면으로 다음 각 호의 사항을 법원에 통지하여야 한다. 이 경우 긴급체포서의 사본을 첨부하여야 한다.
> 1. 긴급체포 후 석방된 자의 인적사항
> 2. 긴급체포의 일시·장소와 긴급체포하게 된 구체적 이유
> 3. 석방의 일시·장소 및 사유
> 4. 긴급체포 및 석방한 검사 또는 사법경찰관의 성명
> ⑤ 긴급체포 후 석방된 자 또는 그 변호인·법정대리인·배우자·직계친족·형제자매는 통지서 및 관련 서류를 열람하거나 등사할 수 있다.
> ⑥ 사법경찰관은 긴급체포한 피의자에 대하여 구속영장을 신청하지 아니하고 석방한 경우에는 즉시 검사에게 보고하여야 한다.

㉣ (×) 검사 등이 현행범인을 체포하거나 현행범인을 인도받은 후 현행범인을 구속하고자 하는 경우 48시간 이내에 구속영장을 청구하여야 하고 그 기간 내에 구속영장을 청구하지 아니하는 때에는 즉시 석방하여야 한다(형사소송법 제213조의2, 제200조의2 제5항). 위와 같이 체포된 현행범인에 대하여 일정 시간 내에 구속영장 청구 여부를 결정하도록 하고 그 기간 내에 구속영장을 청구하지 아니하는 때에는 즉시 석방하도록 한 것은 영장에 의하지 아니한 체포상태가 부당하게 장기화되어서는 안 된다는 인권보호의 요청과 함께 수사기관에서 구속영장 청구 여부를 결정하기 위한 합리적이고 충분한 시간을 보장해 주려는 데에도 그 입법취지가 있다고 할 것이다. 따라서 검사 등이 아닌 이에 의하여 현행범인이 체포된 후 불필요한 지체 없이 검사 등에게 인도된 경우 위 48시간의 기산점은 체포시가 아니라 검사 등이 현행범인을 인도받은 때라고 할 것이다(대법원 2011.12.22, 2011도12927).

정답 ①

032 ✅유사 ◆◆◇

체포에 관한 설명 중 옳은 것은 모두 몇 개인가? (다툼이 있는 경우 판례에 의함)

ⓐ「검사와 사법경찰관의 상호협력과 일반적 수사준칙에 관한 규정」제31조에 의하면 사법경찰관은 동일한 범죄사실로 다시 체포영장을 신청하는 경우에 그 취지를 체포영장 신청서에 적어야 한다.

ⓑ 다액 50만원 이하의 벌금, 구류 또는 과료에 해당하는 사건의 경우, 피의자가 일정한 주거가 없는 때에 한하여 사법경찰관은 체포영장을 발부받아 피의자를 체포할 수 있다.

ⓒ 긴급체포한 피의자를 구속하고자 할 때 구속영장은 피의자를 체포한 때로부터 24시간 이내에 청구되어야 한다.

ⓓ 사법경찰관은 피의자가 죄를 범하였다고 의심할 만한 정황이 있고「형사소송법」제200조에 의한 출석요구에 응하지 아니한 때에는 체포영장을 신청하여 피의자를 체포할 수 있다.

ⓔ 甲의 마약 투약 제보를 받은 경찰관 P가 자신의 집에 있던 甲을 밖으로 유인하여 불러내려 하였으나, 이를 실패하자 甲의 집 현관문의 잠금장치를 해제하고 강제로 들어가서 수색한 후 甲을 긴급체포한 경우, P가 이미 甲의 신원, 주거지, 전화번호를 모두 알고 있었고, 마약 투약의 증거가 급속히 소멸될 상황이 아니었다고 하더라도 甲이 마약 관련 범죄를 범했다고 의심할 만한 상당한 이유가 있었다면, 이 긴급체포는 위법하지 아니하다.

① 1개   ② 2개
③ 3개   ④ 4개

해설

ⓐ (O) 수사준칙 제31조 참조.

> **수사준칙 제31조(체포·구속영장의 재청구·재신청)** 검사 또는 사법경찰관은 동일한 범죄사실로 다시 체포·구속영장을 청구하거나 신청하는 경우(체포·구속영장의 청구 또는 신청이 기각된 후 다시 체포·구속영장을 청구하거나 신청하는 경우와 이미 발부받은 체포·구속영장과 동일한 범죄사실로 다시 체포·구속영장을 청구하거나 신청하는 경우를 말한다)에는 그 취지를 체포·구속영장 청구서 또는 신청서에 적어야 한다.
> **형사소송법 제200조의2(영장에 의한 체포)** ① 피의자가 죄를 범하였다고 의심할 만한 상당한 이유가 있고, 정당한 이유 없이 제200조의 규정에 의한 출석요구에 응하지 아니하거나 응하지 아니할 우려가 있는 때에는 검사는 관할 지방법원판사에게 청구하여 체포영장을 발부받아 피의자를 체포할 수 있고, 사법경찰관은 검사에게 신청하여 검사의 청구로 관할 지방법원판사의 체포영장을 발부받아 피의자를 체포할 수 있다. 다만, 다액 50만원 이하의 벌금, 구류 또는 과료에 해당하는 사건에 관하여는 피의자가 일정한 주거가 없는 경우 또는 정당한 이유 없이 제200조의 규정에 의한 출석요구에 응

하지 아니한 경우에 한한다.
> ④ 검사가 제1항의 청구를 함에 있어서 동일한 범죄사실에 관하여 그 피의자에 대하여 전에 체포영장을 청구하였거나 발부받은 사실이 있는 때에는 다시 체포영장을 청구하는 취지 및 이유를 기재하여야 한다.
> **규칙 제95조(체포영장청구서의 기재사항)** 체포영장의 청구서에는 다음 각 호의 사항을 기재하여야 한다.
> 8. 동일한 범죄사실에 관하여 그 피의자에 대하여 전에 체포영장을 청구하였거나 발부받은 사실이 있는 때에는 다시 체포영장을 청구하는 취지 및 이유

ⓑ (X) 경미사건 피의자에 대한 영장에 의한 체포는 ⓐ (출석요구에 응하지 아니할 우려가 있는 때에는 나아가) 일정한 주거가 없는 경우뿐만 아니라, ⓑ 정당한 이유 없이 출석요구에 응하지 아니한 경우에도 가능하다(제200조의2 제1항 단서).

> **제200조의2(영장에 의한 체포)** ① 피의자가 죄를 범하였다고 의심할 만한 상당한 이유가 있고, 정당한 이유 없이 제200조의 규정에 의한 출석요구에 응하지 아니하거나 응하지 아니할 우려가 있는 때에는 검사는 관할 지방법원판사에게 청구하여 체포영장을 발부받아 피의자를 체포할 수 있고, 사법경찰관은 검사에게 신청하여 검사의 청구로 관할 지방법원판사의 체포영장을 발부받아 피의자를 체포할 수 있다. 다만, 다액 50만원 이하의 벌금, 구류 또는 과료에 해당하는 사건에 관하여는 피의자가 일정한 주거가 없는 경우 또는 정당한 이유 없이 제200조의 규정에 의한 출석요구에 응하지 아니한 경우에 한한다.

ⓒ (X) 48시간 이내이다(제200조의4 제1항 후단).

> **제200조의4(긴급체포와 영장청구기간)** ① 검사 또는 사법경찰관이 제200조의3의 규정에 의하여 피의자를 체포한 경우 피의자를 구속하고자 할 때에는 지체 없이 검사는 관할 지방법원판사에게 구속영장을 청구하여야 하고, 사법경찰관은 검사에게 신청하여 검사의 청구로 관할 지방법원판사에게 구속영장을 청구하여야 한다. 이 경우 구속영장은 피의자를 체포한 때부터 48시간 이내에 청구하여야 하며, 제200조의3 제3항에 따른 긴급체포서를 첨부하여야 한다.

ⓓ (X) (다소 모호하게 출제되었으나, 그 의도를 고려하여 해설함) 영장체포는 피의자가 죄를 범하였다고 의심할 만한 '정황'으로는 부족하고 '상당한 이유'가 있어야 하며, 출석요구에 '응하지 아니한 때'뿐만 아니라 '응하지 아니할 우려가 있는 때'에도 가능하고, 사법경찰관은 체포영장을 신청하면 바로 피의자를 체포할 수 있는 것이 아니라 '검사의 청구로 관할 지방법원판사의 체포영장을 발부받아야만 피의자를 체포'할 수 있다.

> **제200조의2(영장에 의한 체포)** ① 피의자가 죄를 범하였다고 의심할 만한 상당한 이유가 있고, 정당한 이유 없이 제200조의 규정에 의한 출석요구에 응하지 아니하거나 응하지 아니할 우려가 있는 때에는 검사는 관할 지방법원판사에게 청구하여 체포영장을 발부받아 피의자를 체포할 수 있고, 사법경찰관은 검사에게 신청하여 검사의 청구로 관할 지방법원판사의 체포영장을 발부받아 피의자를 체포할 수 있다.

ⓔ (X) 피고인이 필로폰을 투약한다는 제보를 받은 경찰관이 제보된 주거지에 피고인이 살고 있는지 등 제보의 정확성을 사전에 확인한 후에 제보자를 불러 조사하기 위하여 피고인의 주거지를 방문하였다가, 현관에서 담배를 피우고 있는 피고인을 발견하고 사진을 찍어 제보자에게 전송하여 사진에 있는 사람이 제보한 대상자가 맞다는 확인을 한 후, 가지고 있던 피고인의 전화번호로

전화를 하여 차량 접촉사고가 났으니 나오라고 하였으나 나오지 않고, 또한 경찰관임을 밝히고 만나자고 하는데도 현재 집에 있지 않다는 취지로 거짓말을 하자 피고인의 집 문을 강제로 열고 들어가 피고인을 긴급체포한 경우, 피고인이 마약에 관한 죄를 범하였다고 의심할 만한 상당한 이유가 있었더라도, 경찰관이 이미 피고인의 신원과 주거지 및 전화번호 등을 모두 파악하고 있었고, 당시 마약 투약의 범죄 증거가 급속하게 소멸될 상황도 아니었던 점 등의 사정을 감안하면, 긴급체포는 미리 체포영장을 받을 시간적 여유가 없었던 경우에 해당하지 않아 위법하다(대법원 2016.10.13, 2016도5814).

정답 ①

---

033 ✓유사 ◆◆◇ 소방간부 2024

체포에 관한 설명으로 옳은 것만을 〈보기〉에서 고른 것은? (다툼이 있는 경우 판례에 의함)

┤ 보기 ├

㉠ 검사 또는 사법경찰관리가 아닌 자에 의하여 현행범인이 체포된 후 불필요한 지체 없이 검사 또는 사법경찰관리에게 인도된 경우 현행범인을 구속하려면 체포 시로부터 48시간 이내에 구속영장을 청구하여야 한다.

㉡ 사법경찰관리는 현행범인의 인도를 받은 때에는 체포자의 성명, 주거, 체포의 사유를 물을 수는 있으나, 체포자에 대하여 경찰관서 동행을 요구할 수 없다.

㉢ 전투경찰대원들이 조합원들을 체포하는 과정에서 체포의 이유 등을 제대로 고지하지 않다가 30~40분이 지난 후 피고인 등의 항의를 받고 나서야 비로소 체포의 이유 등을 고지한 것은 「형사소송법」상 현행범인 체포의 적법한 절차를 준수한 것이 아니다.

㉣ 경찰관의 현행범인 체포경위 및 그에 관한 현행범인체포서와 범죄사실의 기재에 다소 차이가 있다고 하더라도, 그것이 논리와 경험칙상 장소적·시간적 동일성이 인정되는 범위 내라면 그 체포행위는 공무집행방해죄의 요건인 적법한 공무집행에 해당한다.

㉤ 검사가 사법경찰관이 신청한 영장을 정당한 이유 없이 판사에게 청구하지 아니한 경우 사법경찰관은 그 검사 소속의 지방검찰청에 영장 청구 여부에 대한 심의를 신청할 수 있다.

① ㉠, ㉡
② ㉠, ㉤
③ ㉡, ㉢
④ ㉢, ㉣
⑤ ㉣, ㉤

해설

㉠ (✕) 검사 등이 아닌 이에 의하여 현행범인이 체포된 후 불필요한 지체 없이 검사 등에게 인도된 경우 위 48시간의 기산점은 체포 시가 아니라 검사 등이 현행범인을 인도받은 때라고 할 것이다(대법원 2011.12.22, 2011도12927).

㉡ (✕) 제213조 제2항 참조.

제213조(체포된 현행범인의 인도) ② 사법경찰관리가 현행범인의 인도를 받은 때에는 체포자의 성명, 주거, 체포의 사유를 물어야 하고 필요한 때에는 체포자에 대하여 경찰관서에 동행함을 요구할 수 있다.

㉢ (〇) 전투경찰대원들이 위 조합원들을 체포하는 과정에서 체포의 이유 등을 제대로 고지하지 않다가 30~40분이 지난 후 피고인 등의 항의를 받고 나서야 비로소 체포의 이유 등을 고지한 것은 형사소송법상 현행범인 체포의 적법한 절차를 준수한 것이 아니므로 적법한 공무집행이라고 볼 수 없다(대법원 2017.3.15, 2013도2168).

㉣ (〇) 경찰관의 현행범인 체포경위 및 그에 관한 현행범인체포서와 범죄사실의 기재에 다소 차이가 있더라도, 그것이 논리와 경험칙상 장소적·시간적 동일성이 인정되는 범위 내라면 그 체포행위가 공무집행방해죄의 요건인 적법한 공무집행에 해당한다(대법원 2008.10.9, 2008도3640).

㉤ (✕) 사법경찰관의 영장심의 신청은 지방검찰청이 아닌 고등검찰청에 하는 것이다. 제221조의5 제1항 참조.

제221조의5(사법경찰관이 신청한 영장의 청구 여부에 대한 심의) ① 검사가 사법경찰관이 신청한 영장을 정당한 이유 없이 판사에게 청구하지 아니한 경우 사법경찰관은 그 검사 소속의 지방검찰청 소재지를 관할하는 고등검찰청에 영장 청구 여부에 대한 심의를 신청할 수 있다.

정답 ④

034 ✓ 유사 ◆◇◇

소말리아 해적인 피고인들 등이 아라비아해 인근 공해상에서 대한민국 해운회사가 운항 중인 선박을 납치하여 대한민국 국민인 선원 등에게 해상강도 등 범행을 저질렀다는 내용으로 국군 청해부대에 의해 체포·이송되어 국내 수사기관에 인도된 후 구속·기소된 사안에 대한 설명으로 옳지 않은 것은 모두 몇 개인가? (다툼이 있으면 판례에 의함)

> ○ 「형사소송법」 제4조 제1항은 "토지관할은 범죄지, 피고인의 주소, 거소 또는 현재지로 한다"라고 정하고, 여기서 '현재지'라고 함은 공소제기 당시 피고인이 현재한 장소로서 임의에 의한 현재지 뿐만 아니라 적법한 강제에 의한 현재지도 이에 해당한다.
> ○ 현행범인은 누구든지 영장 없이 체포할 수 있고, 검사 또는 사법경찰관리(이하 '검사 등'이라고 한다) 아닌 이가 현행범인을 체포한 때에는 즉시 검사 등에게 인도하여야 한다.
> ○ 여기서 '즉시'라고 함은 반드시 체포 시점과 시간적으로 밀착된 시점이어야 하므로, '정당한 이유 없이 인도를 지연하거나 체포를 계속하는 등으로 불필요한 지체를 함이 없이'라는 뜻으로 볼 것이다.
> ○ 검사 등이 현행범인을 체포하거나 현행범인을 인도받은 후 현행범인을 구속하고자 하는 경우 48시간 이내에 구속영장을 청구하여야 하고, 그 기간 내에 구속영장을 청구하지 아니하는 때에는 즉시 석방하여야 한다.
> ○ 검사 등이 아닌 이에 의하여 현행범인이 체포된 후 불필요한 지체 없이 검사 등에게 인도된 경우 위 48시간의 기산점은 체포 시가 아니라 검사 등이 현행범인을 인도받은 때라고 할 것이다.

① 0개   ② 1개
③ 2개   ④ 3개

해설

○ (○), ○ (○), ○ (○), ○ (○) 대법원 2011.12.22, 2011도12927
○ (×) 여기서 '즉시'라고 함은 반드시 체포 시점과 시간적으로 밀착된 시점이어야 하는 것이 아니고, '정당한 이유 없이 인도를 지연하거나 체포를 계속하는 등으로 불필요한 지체를 함이 없이'라는 뜻으로 볼 것이다(대법원 2011.12.22, 2011도12927).

정답 ②

II 구속

035 ✓ 대표 ◆◆◇

구속에 대한 설명으로 옳지 않은 것은? (다툼이 있는 경우 판례에 의함)

① '범죄의 중대성, 재범의 위험성, 피해자 및 중요 참고인 등에 대한 위해우려 등'은 독립된 구속사유가 아니라 구속사유를 심사함에 있어서 필요적 고려사항이다.
② 지방법원판사가 구속영장청구를 기각한 경우에 검사는 지방법원판사의 기각결정에 대하여 항고 또는 준항고의 방법으로 불복할 수 없다.
③ 긴급체포된 피의자를 구속 전 피의자심문을 하는 경우 구속기간은 구속영장 발부시가 아닌 피의자를 체포한 날부터 기산하며, 법원이 구속영장청구서·수사 관계 서류 및 증거물을 접수한 날부터 구속영장을 발부하여 검찰청에 반환한 날까지의 기간은 구속기간에 산입하지 않는다.
④ 구속영장 발부에 의하여 적법하게 구금된 피의자가 피의자신문을 위한 출석요구에 응하지 아니하면서 수사기관 조사실에 출석을 거부하는 경우에도 수사기관은 구속영장의 효력에 의하여 피의자를 조사실로 구인할 수 없다.

해설

④ (×) 형사소송법(이하 '법') 제70조 제1항 제1호, 제2호, 제3호, 제199조 제1항, 제200조, 제200조의2 제1항, 제201조 제1항의 취지와 내용에 비추어 보면, 수사기관이 관할 지방법원 판사가 발부한 구속영장에 의하여 <u>피의자를 구속하는 경우</u>, 그 구속영장은 기본적으로 장차 공판정에의 출석이나 형의 집행을 담보하기 위한 것이지만, 이와 함께 법 제202조, 제203조에서 정하는 구속기간의 범위 내에서 수사기관이 법 제200조, 제241조 내지 제244조의5에 규정된 피의자신문의 방식으로 구속된 피의자를 조사하는 등 적정한 방법으로 범죄를 수사하는 것도 예정하고 있다고 할 것이다. 따라서 구속영장 발부에 의하여 적법하게 구금된 피의자가 피의자신문을 위한 출석요구에 응하지 아니하면서 수사기관 조사실에 출석을 거부한다면 수사기관은 그 <u>구속영장의 효력에 의하여 피의자를 조사실로 구인할 수 있다</u>고 보아야 한다(대법원 2013.7.1, 2013모160).
① (○) 제70조 제2항
② (○) 대법원 2006.12.18, 2006모646
③ (○) 제201조의2 제7항, 제203조의2

정답 ④

036 ✓ 대표 ◆◆◇ 법원9급 2018

법원의 구속에 관한 다음 설명 중 가장 옳지 않은 것은? (다툼이 있는 경우 판례에 의하고, 전원합의체 판결의 경우 다수의견에 의함)

① 공소기각판결, 무죄판결, 면소판결, 선고유예판결, 형면제판결의 선고는 구속영장이 실효되는 사유에 해당한다.

② 피고인의 구속기간이 만료될 무렵에 종전 구속영장에 기재된 범죄사실과 다른 범죄사실로 피고인을 구속하였다는 사정만으로 그 구속이 위법하다고 할 수 없다.

③ 구속되었다가 공소제기 후 수소법원이 석방한 피고인은 다른 중요한 증거가 발견된 경우가 아니면 동일한 범죄사실에 관하여 재차 구속하지 못한다.

④ 구인한 피고인을 법원에 인치한 경우에 구금할 필요가 없다고 인정한 때에는 그 인치한 때로부터 24시간 내에 석방하여야 한다.

해설

③ (✕) 형사소송법 제208조의 규정은 검사 또는 사법경찰관이 피의자를 구속함을 규율하는 것일 뿐 법원이 피고인을 구속하는 것까지를 제한하는 것이었다고는 할 수 없다(대법원 1969.5.27, 69도509).

① (〇) 제331조 참조.

> **제331조(무죄등 선고와 구속영장의 효력)** 무죄, 면소, 형의 면제, 형의 선고유예, 형의 집행유예, 공소기각 또는 벌금이나 과료를 과하는 판결이 선고된 때에는 구속영장은 효력을 잃는다.

② (〇) 구속의 효력은 원칙적으로 구속영장에 기재된 범죄사실에만 미친다는 점, 재항고인과 함께 병합심리되고 있는 공동피고인이 상당수에 이를 뿐만 아니라 재항고인과 공동피고인들에 대한 공소사실이 방대하고 복잡하여 그 심리에 상당한 시일이 요구될 것으로 예상된다는 점 등에 비추어 보면, 구속기간이 만료될 무렵에 종전 구속영장에 기재된 범죄사실과는 다른 범죄사실로 재항고인을 구속하였다는 사정만으로는 재항고인에 대한 구속이 위법하다고 단정할 수는 없다(대법원 1996.8.12, 96모46).

④ (〇) 제71조 참조.

> **제71조(구인의 효력)** 구인한 피고인을 법원에 인치한 경우에 구금할 필요가 없다고 인정한 때에는 그 인치한 때로부터 24시간 내에 석방하여야 한다.

정답 ③

037 ✓ 대표 ◆◆◇ 법원 2015

구속에 관한 다음 설명 중 가장 옳지 않은 것은? (다툼이 있는 경우 판례에 의함)

① 다액 50만원 이하의 벌금, 구류 또는 과료에 해당하는 사건에 관하여는 피고인이 일정한 주거가 없는 경우 외에는 구속할 수 없다.

② 수사기관이 관할 지방법원 판사가 발부한 구속영장에 의하여 피의자를 구속하는 경우, 구속영장 발부에 의하여 적법하게 구금된 피의자가 피의자신문을 위한 출석요구에 응하지 아니하면서 수사기관 조사실에의 출석을 거부한다면 수사기관은 그 구속영장의 효력에 의하여 피의자를 조사실로 구인할 수 있다.

③ 구인한 피고인을 법원에 인치한 경우에 구금할 필요가 없다고 인정한 때에는 그 인치한 때로부터 48시간 내에 석방하여야 한다.

④ 피고인에 대하여 범죄사실의 요지, 구속의 이유와 변호인을 선임할 수 있음을 말하고 변명할 기회를 준 후가 아니면 구속할 수 없다. 다만, 피고인이 도망한 경우에는 그러하지 아니하다.

해설

③ (✕) 48시간이 아니라 24시간이다(제71조 참조).

> **제71조(구인의 효력)** 구인한 피고인을 법원에 인치한 경우에 구금할 필요가 없다고 인정한 때에는 그 인치한 때로부터 <u>24시간</u> 내에 석방하여야 한다.

① (〇) 제70조 제3항 참조.

> **제70조(구속의 사유)** ③ 다액 50만원 이하의 벌금, 구류 또는 과료에 해당하는 사건에 관하여는 제1항 제1호의 경우를 제한 외에는 구속할 수 없다.

② (〇) 형사소송법(이하 '법'이라고 한다) 제70조 제1항 제1호, 제2호, 제3호, 제199조 제1항, 제200조, 제200조의2 제1항, 제201조 제1항의 취지와 내용에 비추어 보면, 수사기관이 관할 지방법원 판사가 발부한 구속영장에 의하여 피의자를 구속하는 경우, 그 구속영장은 기본적으로 장차 공판정에의 출석이나 형의 집행을 담보하기 위한 것이지만, 이와 함께 법 제202조, 제203조에서 정하는 구속기간의 범위 내에서 수사기관이 법 제200조, 제241조 내지 제244조의5에 규정된 피의자신문의 방식으로 구속된 피의자를 조사하는 등 적정한 방법으로 범죄를 수사하는 것도 예정하고 있다고 할 것이다. 따라서 <u>구속영장 발부에 의하여 적법하게 구금된 피의자가 피의자신문을 위한 출석요구에 응하지 아니하면서 수사기관 조사실에 출석을 거부한다면 수사기관은 그 구속영장의 효력에 의하여 피의자를 조사실로 구인할 수 있다고 보아야 한다.</u> 다만, 이러한 경우에도 그 피의자신문 절차는 어디까지나 법 제199조 제1항 본문, 제200조의 규정에 따른 임의수사의 한 방법으로 진행되어야 하므로, 피의자는 헌법 제12조 제2항과 법 제244조의3에 따라 일체의 진술을 하지 아니하거나 개개의 질문에 대하여 진술을 거부할 수 있고, 수사기관은 피의자를 신문하기 전에 그와 같은 권리를 알려주어야 한다(대법원 2013.7.1, 2013모160).

④ (〇) 제72조 참조.

제72조(구속과 이유의 고지) 피고인에 대하여 범죄사실의 요지, 구속의 이유와 변호인을 선임할 수 있음을 말하고 변명할 기회를 준 후가 아니면 구속할 수 없다. 다만, 피고인이 도망한 경우에는 그러하지 아니하다.

[보충] 피의자구속 시에도 마찬가지로 미란다원칙이 적용된다(제200조의5). 이는 피의자구속을 위한 미체포피의자 구인 시에도 동일하다(영장실질심사를 위한 구인, 제201조의2 제2항·제10항, 제200조의5).

제200조의5(체포와 피의사실 등의 고지) 검사 또는 사법경찰관은 피의자를 체포하는 경우에는 피의사실의 요지, 체포의 이유와 변호인을 선임할 수 있음을 말하고 변명할 기회를 주어야 한다.

정답 ③

---

038 ☑ 대표 ◆◆◇ 경찰간부 2023

구속에 관한 설명으로 옳고 그름의 표시(○, ×)가 바르게 된 것은? (다툼이 있는 경우 판례에 의함)

가. 수사기관의 청구에 의하여 발부하는 구속영장은 허가장으로서의 성질을 가지며, 법원이 직권으로 발부하는 영장은 명령장으로서의 성질을 가진다.

나. 구속기간이 만료될 무렵에 종전 구속영장에 기재된 범죄사실과 다른 범죄사실로 다시 구속영장을 집행하는 것은 위법하다.

다. 적법하게 체포된 피의자에 대하여 구속영장을 청구받은 판사는 필요하다고 인정되는 때에는 지체 없이 영장실질심사를 위하여 피의자를 심문할 수 있으며, 심문할 피의자에게 변호인이 없는 때에는 판사는 직권으로 변호인을 선정하여야 한다.

라. 구속 전 피의자심문을 하는 경우 법원이 구속영장청구서·수사 관계 서류 및 증거물을 접수한 날부터 구속영장을 발부하여 검찰청에 반환한 날까지의 기간은 사법경찰관 및 검사의 피의자 구속기간에 산입하지 아니한다.

마. 피의자에 대한 심문절차는 공개하지 아니하지만, 판사는 상당하다고 인정하는 경우에는 일반인의 방청을 허가할 수 있다.

	가	나	다	라	마
①	×	×	○	×	×
②	○	×	○	○	○
③	○	○	×	○	○
④	○	×	×	○	×

해설

④ 가 (○), 나 (×), 다 (×), 라 (○), 마 (×)

가. (○) 헌법재판소 1997.3.27, 96헌바28 전원재판부

나. (×) 구속의 효력은 원칙적으로 위 방식에 따라 작성된 구속영장에 기재된 범죄사실에만 미치는 것이므로, 구속기간이 만료될 무렵에 종전 구속영장에 기재된 범죄사실과 다른 범죄사실로 피고인을 구속하였다는 사정만으로는 피고인에 대한 구속이 위법하다고 할 수 없다(대법원 2000.11.10, 2000모134).

[보충] 구속영장의 효력범위에 관한 사건단위설에 의하면, 이중구속은 적법하다.

다. (×) 전단이 틀린 내용인데, 영장실질심사(구속 전 피의자심문)는 판사의 필요성 판단과 무관하게 필수적 절차이기 때문이다. 제201조의2 제1항 참조.

제201조의2(구속영장 청구와 피의자 심문) ① 제200조의2·제200조의3 또는 제212조에 따라 체포된 피의자에 대하여 구속영장을 청구받은 판사는 지체 없이 피의자를 심문하여야 한다. 이 경우 특별한 사정이 없는 한 구속영장이 청구된 날의 다음 날까지 심문하여야 한다.
② 제1항 외의 피의자에 대하여 구속영장을 청구받은 판사는 피의자가 죄를 범하였다고 의심할 만한 이유가 있는 경우에 구인을 위한 구속영장을 발부하여 피의자를 구인한 후 심문하여야 한다. 다만, 피의자가 도망하는 등의 사유로 심문할 수 없는 경우에는 그러하지 아니하다.

라. (○) 피의자구속기간에서 제외되는 경우 중 하나이다. 제201조의2 제7항 참조.

제201조의2(구속영장 청구와 피의자 심문) ⑦ 피의자심문을 하는 경우 법원이 구속영장청구서·수사 관계 서류 및 증거물을 접수한 날부터 구속영장을 발부하여 검찰청에 반환한 날까지의 기간은 제202조 및 제203조의 적용에 있어서 그 구속기간에 산입하지 아니한다.

마. (×) 구속 전 피의자심문은 비공개로 진행하되, 방청을 허가하는 경우에도 일반인의 방청은 허용되지 아니하며, 이해관계인의 방청만을 제한적으로 허가할 수 있다. 규칙 제96조의14 참조.

규칙 제96조의14(심문의 비공개) 피의자에 대한 심문절차는 공개하지 아니한다. 다만, 판사는 상당하다고 인정하는 경우에는 피의자의 친족, 피해자 등 이해관계인의 방청을 허가할 수 있다.

정답 ④

039 ✓ 대표 ◆◆◇

현행법상 영장실질심사제도에 대한 설명으로 옳지 않은 것은?

① 피의자에 대한 심문절차는 공개하지 아니하지만, 판사는 상당하다고 인정하는 경우에는 일반인의 방청을 허가할 수 있다.

② 체포된 피의자 외의 피의자에 대한 심문기일은 관계인에 대한 심문기일의 통지 및 그 출석에 소요되는 시간 등을 고려하여 법원은 피의자가 법원에 인치된 때부터 가능한 한 빠른 일시로 지정하여야 한다.

③ 검사와 변호인은 판사의 심문이 끝난 후에 의견을 진술할 수 있지만, 필요한 경우에는 심문 도중에도 판사의 허가를 얻어 의견을 진술할 수 있다.

④ 변호인은 구속영장이 청구된 피의자에 대한 심문 시작 전에 피의자와 접견할 수 있다.

해설

① (✕) 수사단계이므로 일반인의 방청을 허용할 수는 없고, 예외적으로 이해관계인의 방청이 허가될 수 있을 뿐이다. 규칙 제96조의14 참조.

> 제96조의14(심문의 비공개) 피의자에 대한 심문절차는 공개하지 아니한다. 다만, 판사는 상당하다고 인정하는 경우에는 피의자의 친족, 피해자 등 이해관계인의 방청을 허가할 수 있다.

② (○) 규칙 제96조의12 제2항 참조.

> 제96조의12(심문기일의 지정, 통지) ② 체포된 피의자 외의 피의자에 대한 심문기일은 관계인에 대한 심문기일의 통지 및 그 출석에 소요되는 시간 등을 고려하여 피의자가 법원에 인치된 때로부터 가능한 한 빠른 일시로 지정하여야 한다.

③ (○) 규칙 제96조의16 제3항 참조.

> 제96조의16(심문기일의 절차) ③ 검사와 변호인은 판사의 심문이 끝난 후에 의견을 진술할 수 있다. 다만, 필요한 경우에는 심문 도중에도 판사의 허가를 얻어 의견을 진술할 수 있다.

④ (○) 규칙 제96조의20 제1항 참조.

> 제96조의20(변호인의 접견 등) ① 변호인은 구속영장이 청구된 피의자에 대한 심문 시작 전에 피의자와 접견할 수 있다.

정답 ①

040 ✓ 대표 ◆◆◇

체포 및 구속에 대한 설명으로 옳은 것만을 모두 고르면? (다툼이 있는 경우 판례에 의함)

> ㄱ. 현행범인 체포의 요건으로는 행위의 가벌성, 범죄의 현행성, 시간적 접착성, 범인·범죄의 명백성 외에 체포의 필요성, 즉 도망 또는 증거인멸의 염려가 있을 것을 요한다.
> ㄴ. 현행범인 체포에 있어서 체포 당시의 상황으로 보아 체포의 요건에 관한 수사주체의 판단이 경험칙에 비추어 현저히 합리성이 없다고 인정되지 않는 한, 수사주체의 현행범인 체포를 위법하다고 단정할 수 없다.
> ㄷ. 법원은 피고인에 대한 구속영장을 발부함에 있어서, 피고인에게 범죄사실의 요지, 구속의 이유와 변호인을 선임할 수 있음을 말하고 변명할 기회를 주는 것을 합의부원으로 하여금 이행하게 할 수 있다.
> ㄹ. "검사 또는 사법경찰관에 의하여 구속되었다가 석방된 자는 다른 중요한 증거를 발견한 경우를 제외하고는 동일한 범죄사실에 관하여 재차 구속하지 못한다."라는 「형사소송법」 규정은 법원이 피고인을 구속하는 경우에는 적용되지 않는다.

① ㄱ, ㄹ
② ㄱ, ㄴ, ㄷ
③ ㄴ, ㄷ, ㄹ
④ ㄱ, ㄴ, ㄷ, ㄹ

해설

ㄱ. (○), ㄴ. (○) 범죄를 실행 중이거나 실행 직후의 현행범인은 누구든지 영장없이 체포할 수 있다(제212조). 현행범인으로 체포하려면 행위의 가벌성, 범죄의 현행성·시간적 접착성, 범인·범죄의 명백성 외에 체포의 필요성, 즉 도망 또는 증거인멸의 염려가 있어야 하는데(대법원 1999.1.26, 98도3029 등), 이러한 현행범인 체포의 요건을 갖추었는지는 체포 당시의 상황을 기초로 판단하여야 하고, 이에 관한 수사주체의 판단에는 상당한 재량의 여지가 있다고 할 것이다. 따라서 체포 당시의 상황에서 보아 그 요건에 관한 수사주체의 판단이 경험칙에 비추어 현저히 합리성이 없다고 인정되지 않는 한 수사주체의 현행범인 체포를 위법하다고 단정할 것은 아니다(대법원 2012.11.29, 2012도8184 등).

ㄷ. (○) 제72조, 제72조의2 참조.

> 제72조(구속과 이유의 고지) 피고인에 대하여 범죄사실의 요지, 구속의 이유와 변호인을 선임할 수 있음을 말하고 변명할 기회를 준 후가 아니면 구속할 수 없다 다만, 피고인이 도망한 경우에는 그러하지 아니하다. 〈개정 1987.11.28, 2007.6.1.〉
> 제72조의2(수명법관) 법원은 합의부원으로 하여금 제72조의 절차를 이행하게 할 수 있다.

ㄹ. (○) 수소법원의 구속에 관하여는 검사 또는 사법경찰관이 피의자를 구속함을 규율하는 형사소송법 제208조의 규정은 적용되지 아니하므로, 구속 기간의 만료로 피고인에 대한 구속의 효력이 상실된 후 원심법원이 피고인에 대한 판결을 선고하면서 피고인을 구속하였다 하여 위 법조에 위배되는 재구속 또는 이중구속이라 할 수는 없다(대법원 1985.7.23, 85모12).

정답 ④

041 ✔ 대표 ◆◆◇

구속에 대한 설명으로 옳은 것은? (다툼이 있는 경우 판례에 의함)

① 구속기간의 만료로 피고인에 대한 구속의 효력이 상실된 후 항소법원이 판결을 선고하면서 피고인을 구속한 것은 실질적으로 재구속 또는 이중구속에 해당되므로 위법하다.

② 법원이 구속된 피고인의 구속집행정지의 결정을 함에 있어서 급속을 요하는 경우가 아닌 한 검사의 의견을 물어야 하지만, 구속집행정지결정에 대한 검사의 즉시항고는 허용되지 않는다.

③ 구속의 사유가 소멸된 때에는 법원은 직권 또는 검사, 피고인, 변호인 등의 청구에 의하여 결정으로 구속을 취소하여야 하므로, 구속 중인 피고인에 대하여 자유형(실형)의 판결이 확정된 때에는 법원은 구속의 취소결정을 하여야 한다.

④ 수사 당시 긴급체포되었다가 수사기관의 조치로 석방된 피의자를 동일한 범죄사실에 관하여 법원이 발부한 구속영장에 의하여 수사기관이 다시 구속하는 것은 위법하다.

해설

② (○) 제101조 제2항, 헌법재판소 2012.6.27, 2011헌가36

① (×) 항소법원은 항소피고사건의 심리 중 또는 판결선고 후 상고제기 또는 판결확정에 이르기까지 수소법원으로서 형사소송법 제70조 제1항 각 호의 사유 있는 불구속 피고인을 구속할 수 있고 또 수소법원의 구속에 관하여는 검사 또는 사법경찰관이 피의자를 구속함을 규율하는 형사소송법 제208조의 규정은 적용되지 아니하므로 구속기간의 만료로 피고인에 대한 구속의 효력이 상실된 후 항소법원이 피고인에 대한 판결을 선고하면서 피고인을 구속하였다 하여 위 법 제208조의 규정에 위배되는 재구속 또는 이중구속이라 할 수 없다(대법원 1985.7.23, 85모12).

③ (×) 형사소송법 제93조에 의한 구속의 취소는 구속영장에 의하여 구속된 피고인에 대하여 구속의 사유가 없거나 소멸된 때에 법원이 직권 또는 피고인 등의 청구에 의하여 결정으로 구속을 취소하는 것으로서, 그 결정에 의하여 구속영장이 실효되므로, 구속영장의 효력이 존속하고 있음을 전제로 하는 것이고, 다른 사유로 이미 구속영장이 실효된 경우에는 피고인이 계속 구금되어 있더라도 위 규정에 의한 구속의 취소 결정을 할 수 없다(대법원 1999.9.7, 99초355).

④ (×) 형사소송법 제200조의4 제3항은 영장 없는 긴급체포 후 석방된 피의자를 동일한 범죄사실에 관하여 체포하지 못한다는 규정으로, 위와 같이 석방된 피의자라도 법원으로부터 구속영장을 발부받아 구속할 수 있음은 물론이고, 같은 법 제208조 소정의 '구속되었다가 석방된 자'라 함은 구속영장에 의하여 구속되었다가 석방된 경우를 말하는 것이지, 긴급체포나 현행범으로 체포되었다가 사후영장발부 전에 석방된 경우는 포함되지 않는다 할 것이므로, 피고인이 수사 당시 긴급체포되었다가 수사기관의 조치로 석방된 후 법원이 발부한 구속영장에 의하여 구속이 이루어진 경우 앞서 본 법조에 위배되는 위법한 구속이라고 볼 수 없다(대법원 2001.9.28, 2001도4291).

정답 ②

042 ✔ 대표 ◆◇◇

체포 및 구속에 대한 설명으로 옳지 않은 것은? (다툼이 있는 경우 판례에 의함)

① 변호인 없는 불구속 피고인에 대하여 국선변호인을 선정하지 않은 채 판결을 선고한 다음 법정 구속하더라도 「형사소송법」 제33조 제1항 제1호 위반에 해당하지 않는다.

② 사법경찰관이 검사에게 긴급체포된 피의자에 대한 긴급체포 승인 건의와 함께 구속영장을 신청한 경우, 검사는 긴급체포의 합당성을 보강하기 위한 목적으로 피의자를 검찰청으로 출석시켜 직접 대면 조사할 수 있다.

③ 「형사소송법」에서 현행범인으로 규정한 '범죄의 실행의 즉후인 자(2020.12.8. 개정: 범죄를 실행하고 난 직후의 사람)'라고 함은 범죄의 실행행위를 종료한 직후의 범인임이 체포하는 자의 시각에서 볼 때 명백한 경우를 의미한다.

④ 피의자가 긴급체포된 후 사후영장 발부 전에 수사기관의 조치에 의하여 석방되었다면, 그 후 동일한 범죄사실에 관하여 법원이 발부한 구속영장에 의하여 구속하더라도 위법은 아니다.

해설

② (×) 검사의 구속영장 청구 전 피의자 대면조사는 긴급체포의 적법성을 의심할 만한 사유가 기록 기타 객관적 자료에 나타나고 피의자의 대면조사를 통해 그 여부의 판단이 가능할 것으로 보이는 예외적인 경우에 한하여 허용될 뿐, 긴급체포의 합당성이나 구속영장 청구에 필요한 사유를 보강하기 위한 목적으로 실시되어서는 아니 된다(대법원 2010.10.28, 2008도11999).

① (○) 형사소송법 제33조 제1항 제1호 소정의 '피고인이 구속된 때'라고 함은 피고인이 당해(2021도6357 전원합의체 판례에 의하여 별건 사건 및 다른 사건도 포함됨) 형사사건에서 이미 구속되어 재판을 받고 있는 경우를 의미하는 것이므로, 불구속 피고인에 대하여 판결을 선고한 다음 법정구속을 하더라도 구속되기 이전까지는 위 규정이 적용된다고 볼 수 없다(대법원 2011.3.10, 2010도17353).

③ (○) 형사소송법 제211조가 현행범인으로 규정한 "범죄의 실행의 즉후인 자(2020.12.8. 개정: 범죄를 실행하고 난 직후의 사람)"라고 함은, 범죄의 실행행위를 종료한 직후의 범인이라는 것이 체포하는 자의 입장에서 볼 때 명백한 경우를 일컫는 것으로서, … 범죄행위를 실행하여 끝마친 순간 또는 이에 아주 접착된 시간적 단계를 의미하는 것으로 해석되므로, 시간적으로나 장소적으로 보아 체포를 당하는 자가 방금 범죄를 실행한 범인이라는 점에 관한 죄증이 명백히 존재하는 것으로 인정되는 경우에만 현행범인으로 볼 수 있는 것이다(대법원 1991.9.24, 91도1314).

④ (○) 형사소송법 제200조의4 제3항은 영장 없는 긴급체포 후 석방된 피의자를 동일한 범죄사실에 관하여 체포하지 못한다는 규정으로, 위와 같이 석방된 피의자라도 법원으로부터 구속영장을 발부받아 구속할 수 있음은 물론이고, 같은 법 제208조 소정의 '구속되었다가 석방된 자'라 함은 구속영장에 의하여 구속되었다가 석방된 경우를 말하는 것이지, 긴급체포나 현행범으로 체포되었다가 사후영장발부 전에 석방된 경우는 포함되지 않는다 할 것이므로, 피고인이 수사 당시 긴급체포되었다가 수사기관의 조치로 석방된 후 법원이 발부한 구속영장에 의하여 구속이 이루어

진 경우 앞서 본 법조에 위배되는 위법한 구속이라고 볼 수 없다(대법원 2001.9.28, 2001도4291).

정답 ②

043 ✓ 대표 ◆◆◇ 국가9급 2015

강도사건 피의자 甲은 2014.4.12. 09:00 체포영장이 발부되어 2014.4.13. 10:00 체포되었다. 이에 甲의 변호인은 체포 당일 체포적부심을 청구하였고, 2014.4. 14. 11:00 수사 관계 서류와 증거물이 법원에 접수되어 청구기각결정 후 2014.4.15. 13:00 검찰청에 반환되었다. 이때 검사가 甲에 대한 구속영장을 법원에 청구할 수 있는 일시는 (㉠)까지이고, 사법경찰관이 구속영장에 의해 甲을 구속한 후 사법경찰관이 구속할 수 있는 일시는 (㉡)까지이다. 괄호 안에 들어갈 일시로 옳은 것은?

	㉠	㉡
①	2014.4.15. 10:00	2014.4.22. 24:00
②	2014.4.16. 12:00	2014.4.22. 24:00
③	2014.4.16. 12:00	2014.4.24. 24:00
④	2014.4.16. 24:00	2014.4.24. 24:00

해설

③ (○) 체포적부심사에 있어 법원이 수사 관계 서류와 증거물을 접수한 때부터 결정 후 검찰청에 반환된 때까지의 기간은 구속영장 청구시한 또는 구속 기간에 산입하지 않는다(제214조의2 제13항). 갑이 체포된 2014.4.13. 10:00부터 기산하여 48시간인 2014. 4.15. 10:00까지 일응구속영장을 청구하여야 하지만(제200조의2 제5항), 서류가 접수된 후 반환된 때까지의 시간인 26시간은 산입하지 않는다. 따라서 2014.4.16. 12:00까지 구속영장을 신청하여야 한다. 그리고 서류가 접수된 후 반환된 때까지의 2일은 산입하지 않으므로 2014.4.24. 24:00까지 구속할 수 있다.

정답 ③

044 ✓ 대표 ◆◆◇ 경찰대편입 2023

구속에 대한 설명으로 옳지 않은 것은? (다툼이 있는 경우 판례에 의함)

① 피의자에 대한 구속영장의 제시와 집행이 그 발부 시로부터 정당한 사유 없이 시간이 지체되어 이루어진 경우라도, 구속영장이 그 유효기간 내에 집행되었다면, 이 기간 동안의 체포 내지 구금 상태는 위법한 것으로 볼 수 없다.

② 구속기간 연장을 허가하지 않는 판사의 결정이 있는 경우, 이에 대하여는 준항고가 허용되지 않는다.

③ 사법경찰관리는 구속영장을 집행할 때에는 피의자에게 반드시 영장을 제시하고 그 사본을 교부하여야 하나, 이를 소지하지 않은 경우에 급속을 요하는 때에는 피의자에 대하여 피의사실의 요지와 영장이 발부되었음을 알리고 집행할 수 있으며, 집행을 완료한 후에는 신속히 구속영장을 제시하고 그 사본을 교부하여야 한다.

④ 검사는 다액 50만원 이하의 벌금, 구류 또는 과료에 해당하는 범죄에 관하여는 피의자가 일정한 주거가 없는 경우에 한하여 구속영장을 받아 피의자를 구속할 수 있다.

⑤ 구속적부심사에 의하여 석방된 피의자가 도망하거나 범죄의 증거를 인멸하는 경우를 제외하고는, 수사기관은 그 피의자를 동일한 범죄사실로 재차 체포하거나 구속할 수 없다.

해설

① (×) 헌법이 정한 적법절차와 영장주의 원칙, 형사소송법이 정한 체포된 피의자의 구금을 위한 구속영장의 청구, 발부, 집행절차에 관한 규정을 종합하면, 법관이 검사의 청구에 의하여 체포된 피의자의 구금을 위한 구속영장을 발부하면 검사와 사법경찰관리는 지체 없이 신속하게 구속영장을 집행하여야 한다. 피의자에 대한 구속영장의 제시와 집행이 그 발부 시로부터 정당한 사유 없이 시간이 지체되어 이루어졌다면, 구속영장이 그 유효기간 내에 집행되었다고 하더라도 위 기간 동안의 체포 내지 구금 상태는 위법하다(대법원 2021.4.29, 2020도16438).

② (○) 형사소송법 제402조, 제403조에서 말하는 법원은 형사소송법상의 수소법원만을 가리키므로, 같은 법 제205조 제1항 소정의 구속기간의 연장을 허가하지 아니하는 지방법원 판사의 결정에 대하여는 같은 법 제402조, 제403조가 정하는 항고의 방법으로는 불복할 수 없고, 나아가 그 지방법원 판사는 수소법원으로서의 재판장 또는 수명법관도 아니므로 그가 한 재판은 같은 법 제416조가 정하는 준항고의 대상이 되지도 않는다(대법원 1997.6.16, 97모1).

③ (○) 제85조, 제209조 참조.

> 제85조(구속영장집행의 절차) ① 구속영장을 집행함에는 피고인에게 반드시 이를 제시하고 그 사본을 교부하여야 하며 신속히 지정된 법원 기타 장소에 인치하여야 한다.
> ② 제77조 제3항의 구속영장에 관하여는 이를 발부한 판사에게 인치하여야 한다.

③ 구속영장을 소지하지 아니한 경우에 급속을 요하는 때에는 피고인에 대하여 공소사실의 요지와 영장이 발부되었음을 고하고 집행할 수 있다.
④ 전항의 집행을 완료한 후에는 신속히 구속영장을 제시하고 그 사본을 교부하여야 한다.
제209조(준용규정) 제70조 제2항, 제71조, 제75조, 제81조 제1항 본문·제3항, 제82조, 제83조, 제85조부터 제87조까지, 제89조부터 제91조까지, 제93조, 제101조 제1항, 제102조 제2항 본문(보석의 취소에 관한 부분은 제외한다) 및 제200조의5는 검사 또는 사법경찰관의 피의자 구속에 관하여 준용한다.

④ (○) 제200조의2 제1항 단서 참조.

제200조의2(영장에 의한 체포) ① 피의자가 죄를 범하였다고 의심할 만한 상당한 이유가 있고, 정당한 이유 없이 제200조의 규정에 의한 출석요구에 응하지 아니하거나 응하지 아니할 우려가 있는 때에는 검사는 관할 지방법원판사에게 청구하여 체포영장을 발부받아 피의자를 체포할 수 있고, 사법경찰관은 검사에게 신청하여 검사의 청구로 관할 지방법원판사의 체포영장을 발부받아 피의자를 체포할 수 있다. 다만, 다액 50만원 이하의 벌금, 구류 또는 과료에 해당하는 사건에 관하여는 피의자가 일정한 주거가 없는 경우 또는 정당한 이유 없이 제200조의 규정에 의한 출석요구에 응하지 아니한 경우에 한한다.

⑤ (○) 제214조의3 제1항 참조.

제214조의3(재체포 및 재구속의 제한) ① 제214조의2 제4항에 따른 체포 또는 구속 적부심사결정에 의하여 석방된 피의자가 도망하거나 범죄의 증거를 인멸하는 경우를 제외하고는 동일한 범죄사실로 재차 체포하거나 구속할 수 없다.

정답 ①

045 ✓ 대표 ◆◆◇ 법원 2014 유사 | 법원승진 2014

구속에 관한 다음 설명 중 가장 옳지 않은 것은? (다툼이 있는 경우 판례에 의함)

① 상소심은 피고인 또는 변호인이 신청한 증거의 조사, 상소이유를 보충하는 서면의 제출 등으로 추가 심리가 필요한 부득이한 경우에는 2차에 한하여 구속기간을 갱신할 수 있다.
② 형사소송법 제72조는 '피고인에 대하여 범죄사실의 요지, 구속의 이유와 변호인을 선임할 수 있음을 말하고 변명할 기회를 준 후가 아니면 구속할 수 없다.'고 규정하고 있는바, 이는 피고인을 구속함에 있어 법관에 의한 사전 청문절차를 규정한 것으로서, 구속영장을 집행함에 있어 집행기관이 취하여야 하는 절차가 아니라 구속영장을 발부함에 있어 수소법원 등 법관이 취하여야 하는 절차라 할 것이므로, 법원이 피고인에 대하여 구속영장을 발부함에 있어 사전에 위 규정에 따른 절차를 거치지 아니한 채 구속영장을 발부하였다면 그 발부결정은 위법하고, 형사소송법 제88조는 '피고인을 구속한 때에는 즉시 공소사실의 요지와 변호인을 선임할 수 있음을 알려야 한다.'고 규정하고 있는바, 이는 사후 청문절차에 관한 규정으로서 이를 위반하였다 하여 구속영장의 효력에 어떠한 영향을 미치는 것은 아니다.
③ 2014.3.1.에 구속되어 2014.3.20. 공소 제기된 피고인에 대하여 제1심 법원에서 구속을 계속할 수 있는 최장기한의 말일은 2014.9.19.이다.
④ 대법원의 파기환송 판결에 의하여 사건을 환송받은 법원은 형사소송법 제92조 제1항에 따라 2월의 구속기간이 만료되면 특히 구속을 계속할 필요가 있는 경우에는 2차에 한하여 결정으로 구속기간을 갱신할 수 있다.

해설

① (×), ③ (○) 제92조 제2항 참조.

제92조(구속기간과 갱신) ① 구속기간은 2개월로 한다.
② 제1항에도 불구하고 특히 구속을 계속할 필요가 있는 경우에는 심급마다 2개월 단위로 2차에 한하여 결정으로 갱신할 수 있다. 다만, 상소심은 피고인 또는 변호인이 신청한 증거의 조사, 상소이유를 보충하는 서면의 제출 등으로 추가 심리가 필요한 부득이한 경우에는 3차에 한하여 갱신할 수 있다.

② (○) 법원의 피고인구속에 있어서 사전청문절차(제72조)를 위반한 것은 원칙적으로 위법하다. 다만, 이미 변호인을 선정하여 공판절차에서 변명과 증거의 제출을 다하고 그의 변호 아래 판결을 선고받은 경우 등과 같이 제72조에서 정한 절차적 권리가 실질적으로 보장되었다고 볼 수 있는 경우에는 사전청문절차를 거치지 아니한 채 구속영장이 발부된 것만으로 가지고 위법하다고 볼 것은 아니다(하자의 치유, 대법원 2000.11.10, 2000모134; 2001.5.29, 2001도1154; 2016.6.14, 2015모1032). 또한 형사소송법 제88조는 "피고인을 구속한 때에는 즉시 공소사실의 요지와 변호

인을 선임할 수 있음을 알려야 한다."고 규정하고 있는바, 이는 사후 청문절차에 관한 규정으로서 이를 위반하였다 하여 구속영장의 효력에 어떠한 영향을 미치는 것은 아니다(대법원 2000.11.10, 2000모134).

[보충] 범죄사실에 대한 충분한 소명과 공방이 이루어지고 그 과정에서 피고인에게 자신의 범죄사실 및 구속사유에 관하여 변명을 할 기회가 충분히 부여되었다고 볼 수 있을 정도의 사유가 아닌 이상 함부로 사전청문절차 흠결의 위법이 치유된다고 해석하여서는 아니 된다(대법원 2016.6.14, 2015모1032).

④ (○) 대법원의 파기환송 판결에 의하여 사건을 환송받은 법원은 형사소송법 제92조 제1항에 따라 2월의 구속기간이 만료되면 특히 계속할 필요가 있는 경우에는 2차(대법원이 형사소송규칙 제57조 제2항에 의하여 구속기간을 갱신한 경우에는 1차)에 한하여 결정으로 구속기간을 갱신할 수 있는 것이고, 한편 무죄추정을 받는 피고인이라고 하더라도 그에게 구속의 사유가 있어 구속영장이 발부, 집행된 이상 신체의 자유가 제한되는 것은 당연한 것이므로, 이러한 조치가 무죄추정의 원칙에 위배되는 것이라고 할 수는 없다(대법원 2001.11.30, 2001도5225).

정답 ①

046 ☑ 유사 ◆◇◇

경찰 2014 유사 · 2016 법원9급 2022 유사

구속에 관한 다음 설명 중 가장 적절하지 않은 것은? (다툼이 있으면 판례에 의함)

① 수사기관이 관할 지방법원 판사가 발부한 구속영장에 의하여 피의자를 구속하는 경우, 구속영장 발부에 의하여 적법하게 구금된 피의자가 피의자신문을 위한 출석요구에 응하지 아니하면서 수사기관 조사실에 출석을 거부한다면 수사기관은 그 구속영장의 효력에 의하여 피의자를 조사실로 구인할 수 있다.

② 형사소송법 제88조는 '피고인을 구속한 때에는 즉시 공소사실의 요지와 변호인을 선임할 수 있음을 알려야 한다.'고 규정하고 있는 바, 이를 위반할 경우 구속영장의 효력이 상실된다.

③ 구속영장에는 청구인을 구금할 수 있는 장소로 특정 경찰서 유치장으로 기재되어 있었는데, 그 신병이 조사차 국가안전기획부 직원에게 인도된 후 위 경찰서 유치장에 인도된 바 없이 계속하여 국가안전기획부 청사에 사실상 구금되어 있다면, 청구인의 방어권이나 접견교통권의 행사에 중대한 장애를 초래하는 것이므로 위법하다.

④ 구인한 피고인을 법원에 인치한 경우에 구금할 필요가 없다고 인정한 때에는 그 인치한 때로부터 24시간 내에 석방하여야 한다.

해설

② (×) 형사소송법 제88조는 "피고인을 구속한 때에는 즉시 공소사실의 요지와 변호인을 선임할 수 있음을 알려야 한다."고 규정하고 있는 바, 이는 사후 청문절차에 관한 규정으로서 이를 위반

하였다 하여 구속영장의 효력에 어떠한 영향을 미치는 것은 아니다(대법원 2000.11.10, 2000모134).

[정리] 법원의 피고인 구속 시 사전청문 위반은 원칙적 위법, 예외적 하자치유, 사후청문 위반은 영장효력 무관

① (○) 형사소송법(이하 '법'이라고 한다) 제70조 제1항 제1호, 제2호, 제3호, 제199조 제1항, 제200조, 제200조의2 제1항, 제201조 제1항의 취지와 내용에 비추어 보면, 수사기관이 관할 지방법원 판사가 발부한 구속영장에 의하여 피의자를 구속하는 경우, 그 구속영장은 기본적으로 장차 공판정에의 출석이나 형의 집행을 담보하기 위한 것이지만, 이와 함께 법 제202조, 제203조에서 정하는 구속기간의 범위 내에서 수사기관이 법 제200조, 제241조 내지 제244조의5에 규정된 피의자신문의 방식으로 구속된 피의자를 조사하는 등 적정한 방법으로 범죄를 수사하는 것도 예정하고 있다고 할 것이다. 따라서 구속영장 발부에 의하여 적법하게 구금된 피의자가 피의자신문을 위한 출석요구에 응하지 아니하면서 수사기관 조사실에 출석을 거부한다면 수사기관은 그 구속영장의 효력에 의하여 피의자를 조사실로 구인할 수 있다고 보아야 한다. 다만, 이러한 경우에도 그 피의자신문 절차는 어디까지나 법 제199조 제1항 본문, 제200조의 규정에 따른 임의수사의 한 방법으로 진행되어야 하므로, 피의자는 헌법 제12조 제2항과 법 제244조의3에 따라 일체의 진술을 하지 아니하거나 개개의 질문에 대하여 진술을 거부할 수 있고, 수사기관은 피의자를 신문하기 전에 그와 같은 권리를 알려주어야 한다(대법원 2013.7.1, 2013모160).

③ (○) 구속영장에는 청구인을 구금할 수 있는 장소로 특정 경찰서 유치장으로 기재되어 있었는데, 청구인에 대하여 위 구속영장에 의하여 1995.11.30. 07:50경 위 경찰서 유치장에 구속이 집행되었다가 같은 날 08:00에 그 신병이 조사차 국가안전기획부 직원에게 인도된 후 위 경찰서 유치장에 인도된 바 없이 계속하여 국가안전기획부 청사에 사실상 구금되어 있다면, 청구인에 대한 이러한 사실상의 구금장소의 임의적 변경은 청구인의 방어권이나 접견교통권의 행사에 중대한 장애를 초래하는 것이므로 위법하다(대법원 1996.5.15, 95모94).

④ (○) 제71조 참조.

> **제71조(구인의 효력)** 구인한 피고인을 법원에 인치한 경우에 구금할 필요가 없다고 인정한 때에는 그 인치한 때로부터 24시간 내에 석방하여야 한다.

정답 ②

047 ✅ 유사 ◆◇◇

구속에 관한 설명으로 가장 적절하지 않은 것은? (다툼이 있는 경우 판례에 의함)

① 구속기간의 만료로 피고인에 대한 구속의 효력이 상실된 후 항소법원이 피고인에 대한 판결을 선고하면서 피고인을 구속한 경우, 이는 「형사소송법」 제208조(재구속의 제한)의 규정에 위배되는 재구속 또는 이중구속에 해당하지 않는다.

② 피의자가 체포 또는 구인된 경우 경찰 수사과정에서의 구속기간 또는 검찰 수사과정에서의 구속기간은 피의자를 체포 또는 구인한 날부터 기산하며, 구속기간의 초일은 시간을 계산함이 없이 1일로 산정한다.

③ 구속의 사유가 없거나 소멸된 때에는 피고인, 피고인의 변호인·법정대리인·배우자·직계친족·형제자매·가족·동거인 또는 고용주는 법원에 구속된 피고인의 구속취소를 청구할 수 있다.

④ 구속 전 피의자심문을 하는 경우 법원이 구속영장청구서·수사 관계 서류 및 증거물을 접수한 날부터 구속영장을 발부하여 검찰청에 반환한 날까지의 기간은 사법경찰관 및 검사의 피의자에 대한 구속기간에 산입하지 않는다.

해설

③ (×) 적부심청구나 보석청구와 달리, <u>가족·동거인 또는 고용주</u>는 법원에 구속된 피고인의 <u>구속취소를 청구할 수 없다</u>(제93조).

[정리 1] 구속취소는 직권 또는 청구에 의하며, 청구권자는 검사, 피고인(피의자), 변호인, 법정대리인, 배우자, 직계친족, 형제자매이다. 가족·동거인·고용주는 제외된다.

[정리 2] 검사가 피의자에 대한 구속취소를 한 때에는 지체 없이 영장발부법원에 그 사유를 서면으로 통지하여야 한다.

> **제93조(구속의 취소)** 구속의 사유가 없거나 소멸된 때에는 법원은 <u>직권 또는 검사, 피고인, 변호인과 제30조 제2항에 규정한 자의 청구</u>에 의하여 결정으로 구속을 취소하여야 한다.
> **제209조(준용규정)** 제70조 제2항, 제71조, 제75조, 제81조 제1항 본문·제3항, 제82조, 제83조, 제85조부터 제87조까지, 제89조부터 제91조까지, <u>제93조</u>, 제101조 제1항, 제102조 제2항 본문(보석의 취소에 관한 부분은 제외한다) 및 제200조의5는 <u>검사 또는 사법경찰관의 피의자 구속에 관하여 준용</u>한다.
> **제204조(영장발부와 법원에 대한 통지)** 체포영장 또는 구속영장의 발부를 받은 후 피의자를 체포 또는 구속하지 아니하거나 체포 또는 구속한 피의자를 석방한 때에는 지체 없이 검사는 영장을 발부한 법원에 그 사유를 서면으로 통지하여야 한다.

① (○) 수사기관의 <u>피의자구속과 달리 법원의 피고인구속에는 재구속 제한사유가 없다.</u>

[보충] 항소법원은 항소피고사건의 심리 중 또는 판결선고 후 상고제기 또는 판결확정에 이르기까지 수소법원으로서 형사소송법 제70조 제1항 각 호의 사유 있는 불구속 피고인을 구속할 수 있고 또 수소법원의 구속에 관하여는 검사 또는 사법경찰관이 피의자를 구속함을 규율하는 형사소송법 제208조의 규정은 적용되지 아니하므로 <u>구속기간의 만료로 피고인에 대한 구속의 효력이 상실된 후 항소법원이 피고인에 대한 판결을 선고하면서 피고인을 구속하였다 하여 위 법 제208조의 규정에 위배되는 재구속 또는 이중구속이라 할 수 없다</u>(대법원 1985.7.23, 85모12).

> **제208조(재구속의 제한)** ① 검사 또는 사법경찰관에 의하여 구속되었다가 석방된 자는 다른 중요한 증거를 발견한 경우를 제외하고는 동일한 범죄사실에 관하여 재차 구속하지 못한다.

② (○) 제66조 제1항, 제203조의2 참조.

> **제66조(기간의 계산)** ① 기간의 계산에 관하여는 시(時)로 계산하는 것은 즉시(卽時)부터 기산하고 일(日), 월(月) 또는 연(年)으로 계산하는 것은 초일을 산입하지 아니한다. 다만, <u>시효(時效)와 구속기간의 초일은 시간을 계산하지 아니하고 1일로 산정한다.</u>
> **제203조의2(구속기간에의 산입)** 피의자가 제200조의2·제200조의3·제201조의2 제2항 또는 제212조의 규정에 의하여 체포 또는 구인된 경우에는 제202조 또는 제203조의 <u>구속기간은 피의자를 체포 또는 구인한 날부터 기산한다.</u>

④ (○) 제201조의2 제7항 참조.

> **제201조의2(구속영장 청구와 피의자 심문)** ⑦ 피의자심문을 하는 경우 <u>법원이 구속영장청구서·수사 관계 서류 및 증거물을 접수한 날부터 구속영장을 발부하여 검찰청에 반환한 날까지의 기간은 제202조 및 제203조의 적용에 있어서 그 구속기간에 산입하지 아니한다.</u>

정답 ③

048 ✅ 유사 ◆◆◇ 국가9급개론 2019

체포 및 구속에 대한 설명으로 옳은 것만을 모두 고르면? (다툼이 있는 경우 판례에 의함)

> ㄱ. 긴급체포의 요건을 갖추었는지 여부는 사후에 밝혀진 사정을 기초로 판단하는 것이 아니라 체포 당시의 상황을 기초로 판단하여야 한다.
>
> ㄴ. 구속집행 당시 영장이 제시되지는 않았으나, 피고인이 청구한 구속적부심사절차에서 영장을 제시받아 그 기재된 범죄사실을 숙지하고 있으며, 구속 중 이루어진 법정진술의 임의성 등을 다투지 않고 오히려 변호인과의 충분한 상의를 거친 후 공소사실 전부에 대하여 자백한 경우라면, 그 자백을 증거로 할 수 있다.
>
> ㄷ. 현행범인 체포의 적법성과 관련하여 체포사유의 판단은 현행범인체포서에 기재된 죄명에 의하여야만 한다.
>
> ㄹ. 「형사소송법」 제33조 제1항은 국선변호인을 반드시 선정해야 하는 사유를 정하고 있는데, 그 제1호에서 정한 '피고인이 구속된 때'라고 함에는 피고인이 별건으로 구속된 경우가 제외되는 것은 아니다.

① ㄱ, ㄴ
② ㄱ, ㄹ
③ ㄴ, ㄷ
④ ㄷ, ㄹ

해설

ㄱ. (○) 대법원 2002.6.11, 2000도5701 등 참조.

ㄴ. (○) 사전에 구속영장을 제시하지 아니한 채 구속영장을 집행하고, 그 구속 중 수집한 피고인의 진술증거 중 피고인의 제1심 법정진술은, 피고인이 구속집행절차의 위법성을 주장하면서 청구한 구속적부심사의 심문 당시 구속영장을 제시받은 바 있어 그 이후에는 구속영장에 기재된 범죄사실에 대하여 숙지하고 있었던 것으로 보이고, 구속 이후 원심에 이르기까지 구속적부심사와 보석의 청구를 통하여 구속집행절차의 위법성만을 다투었을 뿐, 그 구속 중 이루어진 진술증거의 임의성이나 신빙성에 대하여는 전혀 다투지 않았을 뿐만 아니라, 변호인과의 충분한 상의를 거친 후 공소사실 전부에 대하여 자백한 것이라면, 유죄 인정의 증거로 삼을 수 있는 예외적인 경우에 해당한다(대법원 2009.4.23, 2009도526).

ㄷ. (×) 범죄행위의 동일성이 유지되는 범위 안에서 죄명은 체포 후에 얼마든지 변경할 수 있는 것이므로 죄명에 의해 체포 사유가 한정된다고 볼 수는 없다(대법원 2006.9.28, 2005도6461). [보충] 피고인이 서울 ○○역에서 경찰관들에게 체포되기 직전까지 한 원심 판시의 행패 행위는, 폭행죄로 의율하기에는 다소 애매한 점이 있다 하더라도, 적어도 ○○역 역무종사자의 정당한 업무를 방해한 행위로서 형법 제314조의 업무방해죄에 해당되는 범죄행위로 보기에는 충분하므로 피고인은 당시 그 범죄의 현행범인 상태에 있었다고 볼 수 있고, 한편 피고인에 대한 현행범인체포서(공판기록 제4쪽)를 보면, 그 '범죄사실 및 체포의 사유'란에 피고인의 위와 같은 행패의 과정이 모두 기재되어 있어, 피고인을 단순히 폭행죄의 현행범으로서만 체포한 것이 아니라 피고인의 행패 행위 전체를 범죄행위로 평가하여 체포의 사유로 삼았음을 쉽게 알 수 있다(다만, 위 체포서에는 죄명으로 '공무집행방해 및 폭력행위 등 처벌에 관한 법률 위반'만이 기재되어 있을

뿐이지만, 범죄행위의 동일성이 유지되는 범위 안에서 죄명은 체포 후에 얼마든지 변경할 수 있는 것이므로 죄명에 의해 체포사유가 한정된다고 볼 수는 없다). 그렇다면 이 사건에 있어 경찰관이 위 (역 이름 생략)역에 도착할 당시에는 피고인을 현행범으로 체포할 수 있는 적법한 사유가 있었다고 보아야 할 것이고, 나아가 당해 경찰관이 그 사유에 터잡아 피고인을 현행범으로 체포한 이상 그 체포는 당연히 적법한 것이라 할 것이며, 이 경우 가사 체포 사유로 삼은 범죄사실 중의 다른 일부가 범죄로 인정되지 않는다 하여도 그 이유만으로 이를 불법체포라고 할 수는 없을 것이다(위 판례의 판결이유).

ㄹ. (○) 필요적 국선변호인 선정사유인 '피고인이 구속된 때'를 '해당 형사사건에서 구속되어 재판을 받는 경우'로 한정하여 해석할 것은 아니고, 피고인이 별건으로 구속영장이 발부되어 집행되거나 다른 형사사건에서 유죄판결이 확정되어 그 판결의 집행으로 구금 상태에 있는 경우 또한 이에 해당하는 것이다(대법원 2024.5.23, 2021도6357 전원합의체).

정답 정답 없음

049 ✅ 유사 ◆◆◇ 경찰2차 2018 유사 | 법원 2015

영장실질심사와 관련한 다음 설명 중 가장 옳지 않은 것은?

① 체포영장에 의한 체포·긴급체포 또는 현행범인의 체포에 의하여 체포된 피의자에 대하여 구속영장을 청구받은 판사는 구속의 사유를 판단하기 위하여 필요하다고 인정하는 때에는 피의자를 심문할 수 있다.

② 심문할 피의자에게 변호인이 없는 때에는 판사는 직권으로 변호인을 선정하여야 한다.

③ 판사는 피의자가 심문기일에 출석을 거부하거나 질병 그 밖의 사유로 출석이 현저하게 곤란하고, 피의자를 심문법정에 인치할 수 없다고 인정되는 때에는 피의자의 출석없이 심문절차를 진행할 수 있다.

④ 피의자에 대한 심문절차는 공개하지 아니한다. 다만, 판사는 이해관계인의 방청을 허가할 수 있다.

해설

① (×) 형사소송법은 구속 전 피의자심문을 피의자의 의사나 법관의 필요성 판단과 관계없이 필요적으로 실시하도록 하고 있다(필요적 피의자심문제도, 제201조의2 제1항 참조).

> **201조의2(구속영장 청구와 피의자 심문)** ① 제200조의2·제200조의3 또는 제212조에 따라 체포된 피의자에 대하여 구속영장을 청구 받은 판사는 지체 없이 피의자를 심문하여야 한다. 이 경우 특별한 사정이 없는 한 구속영장이 청구된 날의 다음 날까지 심문하여야 한다.

② (○) 제201조의2 제8항 참조.

> **제201조의2(구속영장 청구와 피의자 심문)** ⑧ 심문할 피의자에게 변호인이 없는 때에는 지방법원판사는 직권으로 변호인을 선정하여야 한다. 이 경우 변호인의 선정은 피의자에 대한 구속영장 청구가 기각되어 효력이 소멸한 경우를 제외하고는 제1심까지 효력이 있다.

③ (○) 규칙 제96조의13 제1항 참조.

규칙 제96조의13(피의자의 심문절차) ① 판사는 피의자가 심문기일에의 출석을 거부하거나 질병 그 밖의 사유로 출석이 현저하게 곤란하고, 피의자를 심문 법정에 인치할 수 없다고 인정되는 때에는 피의자의 출석 없이 심문절차를 진행할 수 있다.

④ (○) 규칙 제96조의14 참조.

규칙 제96조의14(심문의 비공개) 피의자에 대한 심문절차는 공개하지 아니한다. 다만, 판사는 상당하다고 인정하는 경우에는 피의자의 친족, 피해자 등 이해관계인의 방청을 허가할 수 있다.

정답 ①

규칙 제96조의16(심문기일의 절차) ③ 검사와 변호인은 판사의 심문이 끝난 후에 의견을 진술할 수 있다. 다만, 필요한 경우에는 심문 도중에도 판사의 허가를 얻어 의견을 진술할 수 있다.

③ (○) 규칙 제96조의12 제3항 참조.

규칙 제96조의12(심문기일의 지정, 통지) ③ 심문기일의 통지는 서면 이외에 구술·전화·모사전송·전자우편·휴대전화 문자전송 그 밖에 적당한 방법으로 신속하게 하여야 한다. 이 경우 통지의 증명은 그 취지를 심문조서에 기재함으로써 할 수 있다.

정답 ④

050 ✓유사 ◆◆◆ 법원9급 2023

피의자에 대한 구속영장 청구 사건의 심문절차에 관한 다음 설명 중 가장 옳지 않은 것은?

① 판사는 피의자가 구속 전 피의자심문의 심문기일에의 출석을 거부하거나 질병 그 밖의 사유로 출석이 현저하게 곤란하고, 피의자를 심문법정에 인치할 수 없다고 인정되는 때에는 피의자의 출석 없이 심문절차를 진행할 수 있다.

② 검사와 변호인은 판사의 심문이 끝난 후에 의견을 진술할 수 있다. 다만, 필요한 경우에는 심문 도중에도 판사의 허가를 얻어 의견을 진술할 수 있다.

③ 심문기일의 통지는 서면 이외에 구술·전화·모사전송·전자우편·휴대전화 문자전송 그 밖에 적당한 방법으로 신속하게 하여야 한다. 이 경우 통지의 증명은 그 취지를 심문조서에 기재함으로써 할 수 있다.

④ 판사는 구속 여부의 판단을 위하여 필요하다고 인정하는 때에는 심문절차를 일시 중단하고 피해자 그 밖의 제3자가 의견을 진술하도록 할 수는 있으므로 심문장소에 출석한 피해자 그 밖의 제3자를 심문할 수는 없다.

해설

④ (✕) 규칙 제96조의16 제5항 참조.

규칙 제96조의16(심문기일의 절차) ⑤ 판사는 구속 여부의 판단을 위하여 필요하다고 인정하는 때에는 <u>심문장소에 출석한 피해자 그 밖의 제3자를 심문할 수 있다.</u>

① (○) 구속 전 피의자심문에 있어서 불출석심문의 경우이다(규칙 제96조의13 제1항).

규칙 제96조의13(피의자의 심문절차) ① 판사는 <u>피의자가 심문기일에의 출석을 거부하거나 질병 그 밖의 사유로 출석이 현저하게 곤란하고, 피의자를 심문법정에 인치할 수 없다고 인정되는 때에는 피의자의 출석 없이 심문절차를 진행할 수 있다.</u>

② (○) 규칙 제96조의16 제3항 참조.

051 ✓유사 ◆◇◇ 경찰간부 2022

구속 전 피의자심문(영장실질심사)에 대한 설명 중 옳은 것만을 모두 고른 것은?

가. 판사는 구속 여부를 판단하기 위하여 필요한 사항에 관하여 신속하고 간결하게 심문하여야 하며, 피의자의 교우관계 등 개인적인 사항에 관하여 심문할 수는 없다.

나. 심문할 피의자에게 변호인이 없는 때에는 지방법원 판사는 직권으로 변호인을 선정하여야 한다.

다. 피의자심문에 참여할 변호인은 지방법원판사에게 제출된 구속영장청구서 및 그에 첨부된 고소·고발장, 피의자의 진술을 기재한 서류와 피의자가 제출한 서류를 열람할 수 있으나, 지방법원판사는 구속영장청구서를 제외하고는 위 서류의 전부 또는 일부의 열람을 제한할 수 있다.

라. 피의자가 출석을 거부하거나 질병 기타 부득이한 사유로 법원에 출석할 수 없는 때에는 경찰서에서 피의자에 대한 구속 전 심문을 할 수 있다.

마. 피의자에 대한 구속 전 심문절차는 공개하지 아니하지만, 판사는 상당하다고 인정하는 경우 이해관계인의 방청을 허가할 수 있다.

① 가, 나, 라

② 가, 다, 마

③ 나, 다, 라, 마

④ 가, 나, 다, 라, 마

해설

가. (✕) 판사는 증거인멸 또는 도망의 염려를 판단하기 위하여 필요한 때에는 피의자의 경력, 가족관계나 교우관계 등 개인적인 사항에 관하여 심문할 수 있다(규칙 제96조의16 제2항).

규칙 제96조의16(심문기일의 절차) ① 판사는 피의자에게 구속영장청구서에 기재된 범죄사실의 요지를 고지하고, 피의자에게 일체의 진술을 하지 아니하거나 개개의 질문에 대하여 진술을 거부할 수 있으며, 이익 되는 사실을 진술할 수 있음을 알려주어야 한다.

② 판사는 구속 여부를 판단하기 위하여 필요한 사항에 관하여 신속하고 간결하게 심문하여야 한다. 증거인멸 또는 도망의 염려를 판단하기 위하여 필요한 때에는 피의자의 경력, 가족관계나 교우관계 등 개인적인 사항에 관하여 심문할 수 있다.

③ 검사와 변호인은 판사의 심문이 끝난 후에 의견을 진술할 수 있다. 다만, 필요한 경우에는 심문 도중에도 판사의 허가를 얻어 의견을 진술할 수 있다.

④ 피의자는 판사의 심문 도중에도 변호인에게 조력을 구할 수 있다.

⑤ 판사는 구속 여부의 판단을 위하여 필요하다고 인정하는 때에는 심문장소에 출석한 피해자 그 밖의 제3자를 심문할 수 있다.

⑥ 구속영장이 청구된 피의자의 법정대리인, 배우자, 직계친족, 형제자매나 가족, 동거인 또는 고용주는 판사의 허가를 얻어 사건에 관한 의견을 진술할 수 있다.

⑦ 판사는 심문을 위하여 필요하다고 인정하는 경우에는 호송경찰관 기타의 자를 퇴실하게 하고 심문을 진행할 수 있다.

나. (○) 제201조의2 제8항 참조.

> **제201조의2(구속영장 청구와 피의자심문)** ⑧ 심문할 피의자에게 변호인이 없는 때에는 지방법원판사는 직권으로 변호인을 선정하여야 한다. 이 경우 변호인의 선정은 피의자에 대한 구속영장 청구가 기각되어 효력이 소멸한 경우를 제외하고는 제1심까지 효력이 있다.

다. (○) 적부심사에 참여하는 변호인에게는 일정한 서류에 대한 열람권이 부여된다(규칙 제96조의21 제1항)(학설에서는 열람권뿐 아니라 등사권도 부여된다는 주장이 있다). 이에 검사는 증거인멸이나 도망의 염려 등 수사 방해의 염려가 있으면 구속영장청구서를 제외한 나머지 서류에 대한 열람 제한 의견을 제출할 수 있고, 지방법원 판사는 검사의 의견이 상당하면 열람을 제한할 수 있다(동조 제2항).

> **규칙 제96조의21(구속영장청구서 및 소명자료의 열람)** ① 피의자 심문에 참여할 변호인은 지방법원 판사에게 제출된 구속영장청구서 및 그에 첨부된 고소·고발장, 피의자의 진술을 기재한 서류와 피의자가 제출한 서류를 열람할 수 있다.
> ② 검사는 증거인멸 또는 피의자나 공범 관계에 있는 자가 도망할 염려가 있는 등 수사에 방해가 될 염려가 있는 때에는 지방법원 판사에게 제1항에 규정된 서류(구속영장청구서는 제외한다)의 열람 제한에 관한 의견을 제출할 수 있고, 지방법원 판사는 검사의 의견이 상당하다고 인정하는 때에는 그 전부 또는 일부의 열람을 제한할 수 있다. 〈개정 2011.12.30.〉
> ③ 지방법원 판사는 제1항의 열람에 관하여 그 일시, 장소를 지정할 수 있다.

라. (○) 구속 전 피의자심문의 장소는 원칙적으로 법원청사 내이나, 예외적으로 경찰서 등 적당한 장소에서도 가능하다.

> **규칙 제96조의15(심문장소)** 피의자의 심문은 법원청사 내에서 하여야 한다. 다만, 피의자가 출석을 거부하거나 질병 기타 부득이한 사유로 법원에 출석할 수 없는 때에는 경찰서, 구치소 기타 적당한 장소에서 심문할 수 있다.

마. (○) 수사단계에서 진행되는 영장실질심사이므로 비공개로 진행함이 원칙이다. 다만 판사는 피의자의 친족, 피해자 등 이해관계인에 대하여 제한적으로 방청을 허가할 수 있다(규칙 제96조의14).

> **규칙 제96조의14(심문의 비공개)** 피의자에 대한 심문절차는

공개하지 아니한다. 다만, 판사는 상당하다고 인정하는 경우에는 피의자의 친족, 피해자 등 이해관계인의 방청을 허가할 수 있다.

정답 ③

---

052 ☑ 유사 ◆◇◇   경찰승진 2022

구속 전 피의자심문제도에 대한 설명으로 적절하지 않은 것을 모두 고른 것은?

> ㉠ 체포영장에 의한 체포·긴급체포 또는 현행범인의 체포에 의하여 체포된 피의자에 대하여 구속영장을 청구받은 판사는 구속의 사유를 판단하기 위하여 필요하다고 인정하는 때에는 피의자를 심문할 수 있다.
>
> ㉡ 구속 전 피의자심문 시 피의자에게 변호인이 없는 때에는 지방법원판사는 직권으로 변호인을 선정하여야 한다.
>
> ㉢ 변호인은 구속영장이 청구된 피의자에 대한 심문 시작 전에 피의자와 접견할 수 있고, 피의자는 판사의 심문이 끝난 후에만 변호인에게 조력을 구할 수 있다.
>
> ㉣ 판사는 지정된 심문기일에 피의자를 심문할 수 없는 특별한 사정이 있는 경우에는 그 심문기일을 변경할 수 있으며, 법원은 변호인의 사정이나 그 밖의 사유로 변호인 선정결정이 취소되어 변호인이 없게 된 때에는 직권으로 변호인을 다시 선정할 수 있다.
>
> ㉤ 피의자심문을 하는 경우 법원이 구속영장청구서·수사 관계 서류 및 증거물을 접수한 날부터 구속영장을 발부하여 검찰청에 반환한 날까지의 기간은 사법경찰관이나 검사의 피의자 구속기간에 산입하지 아니한다.

① ㉠, ㉡   ② ㉠, ㉢
③ ㉡, ㉢   ④ ㉡, ㉣, ㉤

해설

㉠ (×) 체포영장에 의한 체포·긴급체포 또는 현행범인의 체포에 의하여 체포된 피의자에 대하여 구속영장을 청구받은 판사는 지체 없이 피의자를 심문하여야 한다(제201조의2 제1항).

㉡ (○) 제201조의2 제8항

㉢ (×) 변호인은 구속영장이 청구된 피의자에 대한 심문 시작 전에 피의자와 접견할 수 있고(규칙 제96조의20 제1항), 피의자는 판사의 심문 도중에도 변호인에게 조력을 구할 수 있다(규칙 제96조의16 제4항).

㉣ (○) 규칙 제96조의22, 법 제201조의2 제9항

㉤ (○) 제201조의2 제7항

정답 ②

053 ✓ 유사 ◆◆◇

다음 중 구속 전 피의자심문제도에 관한 설명으로 가장 옳지 않은 것은?

① 체포된 피의자 외의 피의자에 대한 (구속 전 피의자)심문기일은 관계인에 대한 심문기일의 통지 및 그 출석에 소요되는 시간 등을 고려하여 피의자가 법원에 인치된 때로부터 가능한 한 빠른 일시로 지정하여야 한다.

② (구속 전 피의자)심문기일의 통지는 서면 이외에 구술·전화·모사전송·전자우편·휴대전화 문자전송 그 밖에 적당한 방법으로 신속하게 하여야 한다.

③ 변호인은 구속영장이 청구된 피의자에 대한 심문시작 전에 피의자와 접견할 수 있고, 피의자는 판사의 심문 도중에도 변호인에게 조력을 구할 수 있다.

④ 판사는 구속 여부의 판단을 위하여 심문장소에 출석한 피해자 그 밖의 제3자를 심문하여야 한다.

해설

④ (×) 판사는 구속 여부의 판단을 위하여 심문장소에 출석한 피해자 그 밖의 제3자를 <u>심문할 수 있다</u>(규칙 제96조의16 제5항).

> **규칙 제96조의16(심문기일의 절차)** ⑤ 판사는 구속 여부의 판단을 위하여 필요하다고 인정하는 때에는 심문장소에 출석한 피해자 그 밖의 제3자를 <u>심문할 수 있다</u>.

① (○) 규칙 제96조의12 제2항 참조.

> **규칙 제96조의12(심문기일의 지정, 통지)** ② <u>체포된 피의자 외의 피의자</u>에 대한 심문기일은 관계인에 대한 심문기일의 통지 및 그 출석에 소요되는 시간 등을 고려하여 피의자가 법원에 인치된 때로부터 가능한 한 빠른 일시로 지정하여야 한다.

② (○) 규칙 제96조의12 제3항 참조.

> **규칙 제96조의12(심문기일의 지정, 통지)** ③ 심문기일의 통지는 서면 이외에 구술·전화·모사전송·전자우편·휴대전화 문자전송 그밖에 적당한 방법으로 신속하게 하여야 한다. 이 경우 통지의 증명은 그 취지를 심문조서에 기재함으로써 할 수 있다.

③ (○) 규칙 제96조의20 제1항, 규칙 제96조의16 제4항 참조.

> **규칙 제96조의20(변호인의 접견 등)** ① 변호인은 구속영장이 청구된 피의자에 대한 심문 시작 전에 피의자와 접견할 수 있다.
> **제96조의16(심문기일의 절차)** ④ 피의자는 판사의 심문 도중에도 변호인에게 조력을 구할 수 있다.

정답 ④

054 ✓ 유사 ◆◆◇

다음은 체포·구속에 관한 설명이다. ㉠부터 ㉤까지의 설명 중 옳고 그름의 표시(○, ×)가 모두 바르게 된 것은? (다툼이 있는 경우 판례에 의함)

> ㉠ 검사는 긴급체포한 피의자를 구속영장 청구 없이 석방한 경우에는 석방한 날로부터 30일 이내에 긴급체포서 사본과 함께 법정기재사항이 기재된 서면으로 법원에 통지하여야 하고, 만약 사후에 석방통지가 법에 따라 이루어지지 않은 사정이 있다면 그와 같은 사정만으로도 긴급체포 중에 작성된 피의자신문조서의 증거능력은 소급하여 부정된다.
>
> ㉡ 구속영장 발부에 의하여 적법하게 구금된 피의자가 피의자신문을 위한 출석요구에 응하지 아니하면서 수사기관 조사실에 출석을 거부한다면 수사기관은 그 구속영장의 효력에 의하여 피의자를 조사실로 구인할 수 있는데, 이 경우 피의자신문 절차도 강제수사의 한 방법으로 진행되어야 하므로 수사기관은 피의자를 신문하기 전에 진술거부권이 있음을 고지하여야 한다.
>
> ㉢ 검사의 구속영장 청구 전 피의자 대면조사는 강제수사가 아니므로 피의자는 검사의 출석 요구에 응할 의무가 없다.
>
> ㉣ 영장실질심사는 필요적 변호사건이므로 심문할 피의자에게 변호인이 없는 때에는 지방법원판사는 직권으로 변호인을 선정하여야 한다. 이 경우 변호인 선정의 효력은 구속영장청구가 기각된 경우에도 제1심까지 효력이 있다.
>
> ㉤ 공동피의자의 순차적인 체포·구속적부심사청구가 수사방해를 목적으로 하고 있음이 명백한 때에는 법원은 피의자에 대한 심문 없이 결정으로 청구를 기각할 수 있으며, 이와 같은 결정에 대해서는 피의자가 항고할 수 없다.

① ㉠ (○), ㉡ (○), ㉢ (×), ㉣ (○), ㉤ (×)

② ㉠ (○), ㉡ (×), ㉢ (○), ㉣ (○), ㉤ (×)

③ ㉠ (×), ㉡ (○), ㉢ (○), ㉣ (×), ㉤ (○)

④ ㉠ (×), ㉡ (×), ㉢ (○), ㉣ (×), ㉤ (○)

해설

㉠ (×) 전단은 제200조의4 제4항의 내용으로서 맞다. 그러나 후단은 다음의 판례에 근거하여 틀렸다. "긴급체포 당시의 상황과 경위, 긴급체포 후 조사 과정 등에 특별한 위법이 있다고 볼 수 없는 이상, 단지 사후에 법 제200조의4 제4항의 석방통지가 법에 따라 이루어지지 않았다는 사정만으로 그 긴급체포에 의한 유치 중에 작성된 피의자신문조서가 소급하여 위법하게 된다고 볼 수는 없다(대법원 2014.8.26, 2011도6035)."

> **제200조의4(긴급체포와 영장청구기간)** ① 검사 또는 사법경찰관이 제200조의3의 규정에 의하여 피의자를 체포한 경우 피의자를 구속하고자 할 때에는 지체 없이 검사는 관할 지방법원판사에게 구속영장을 청구하여야 하고, 사법경찰관

은 검사에게 신청하여 검사의 청구로 관할 지방법원판사에게 구속영장을 청구하여야 한다. 이 경우 구속영장은 피의자를 체포한 때부터 48시간 이내에 청구하여야 하며, 제200조의3 제3항에 따른 긴급체포서를 첨부하여야 한다.
② 제1항의 규정에 의하여 구속영장을 청구하지 아니하거나 발부받지 못한 때에는 피의자를 즉시 석방하여야 한다.
③ 제2항의 규정에 의하여 석방된 자는 영장없이는 동일한 범죄사실에 관하여 체포하지 못한다.
④ 검사는 제1항에 따른 구속영장을 청구하지 아니하고 피의자를 석방한 경우에는 석방한 날부터 30일 이내에 서면으로 다음 각 호의 사항을 법원에 통지하여야 한다. 이 경우 긴급체포서의 사본을 첨부하여야 한다.
1. 긴급체포 후 석방된 자의 인적사항
2. 긴급체포의 일시·장소와 긴급체포하게 된 구체적 이유
3. 석방의 일시·장소 및 사유
4. 긴급체포 및 석방한 검사 또는 사법경찰관의 성명
⑤ 긴급체포 후 석방된 자 또는 그 변호인·법정대리인·배우자·직계친족·형제자매는 통지서 및 관련 서류를 열람하거나 등사할 수 있다.
⑥ 사법경찰관은 긴급체포한 피의자에 대하여 구속영장을 신청하지 아니하고 석방한 경우에는 즉시 검사에게 보고하여야 한다. 〈신설 2007.6.1.〉

ⓛ (×) 구속상태에서 이루어지는 피의자신문도 임의수사라는 것이 판례이다. "구속영장 발부에 의하여 적법하게 구금된 피의자가 피의자신문을 위한 출석요구에 응하지 아니하면서 수사기관 조사실에 출석을 거부한다면 수사기관은 그 구속영장의 효력에 의하여 피의자를 조사실로 구인할 수 있다고 보아야 한다. 다만 이러한 경우에도 그 피의자신문 절차는 어디까지나 법 제199조 제1항 본문, 제200조의 규정에 따른 임의수사의 한 방법으로 진행되어야 하므로, 피의자는 헌법 제12조 제2항과 법 제244조의3에 따라 일체의 진술을 하지 아니하거나 개개의 질문에 대하여 진술을 거부할 수 있고, 수사기관은 피의자를 신문하기 전에 그와 같은 권리를 알려주어야 한다(대법원 2013.7.1, 2013모160)."
ⓒ (○) 대법원 2010.10.28, 2008도11999
ⓔ (×) 구속영장청구가 기각된 경우에는 국선변호인 선정은 효력을 잃는다. "영장실질심사에서 심문할 피의자에게 변호인이 없는 때에는 지방법원판사는 직권으로 변호인을 선정하여야 한다. 이 경우 변호인의 선정은 피의자에 대한 구속영장 청구가 기각되어 효력이 소멸한 경우를 제외하고는 제1심까지 효력이 있다(제201조의2 제8항)."
ⓜ (○) 체포·구속적부심사청구에 대한 간이기각결정, 기각결정 및 석방결정에 대해서는 불복이 허용되지 아니한다(제214조의2 제3항·제8항).

> 제214조의2(체포와 구속의 적부심사) ③ 법원은 제1항에 따른 청구가 다음 각 호의 어느 하나에 해당하는 때에는 제4항에 따른 심문 없이 결정으로 청구를 기각할 수 있다.
> 1. 청구권자 아닌 사람이 청구하거나 동일한 체포영장 또는 구속영장의 발부에 대하여 재청구한 때
> 2. 공범이나 공동피의자의 순차청구(順次請求)가 수사 방해를 목적으로 하고 있음이 명백한 때
> ④ 제1항의 청구를 받은 법원은 청구서가 접수된 때부터 48시간 이내에 체포되거나 구속된 피의자를 심문하고 수사 관계 서류와 증거물을 조사하여 그 청구가 이유 없다고 인정한 경우에는 결정으로 기각하고, 이유 있다고 인정한 경우에는 결정으로 체포되거나 구속된 피의자의 석방을 명하여야 한다. 심사청구 후 피의자에 대하여 공소제기가 있는 경우에도

> 또한 같다.
> ⑧ 제3항과 제4항의 결정에 대해서는 항고할 수 없다.

정답 ④

055 ✅ 유사 ◆◇◇ 경찰 2015

체포·구속제도에 관한 다음 설명 중 옳은 것은 모두 몇 개인가? (다툼이 있으면 판례에 의함)

> ㉠ 피고인이 수사 당시 긴급체포되었다가 수사기관의 조치로 석방된 후 법원이 발부한 구속영장에 의하여 구속이 이루어진 경우에는 위법한 구속이라고 볼 수 없다.
> ㉡ 일반 사인이라도 현행범 체포 규정에 의하여 피의자를 현행범으로 체포하는 경우에 영장 없이 타인의 주거에 들어갈 수 있다.
> ㉢ 피고인이 경찰관의 불심검문을 받아 운전면허증을 교부한 후 경찰관에게 큰 소리로 욕설을 한 경우, 피고인이 경찰관의 불심검문에 응하여 이미 운전면허증을 교부한 상태이고, 경찰관뿐 아니라 인근 주민도 욕설을 직접 들었다면, 경찰관이 피고인을 모욕죄의 현행범으로 체포하는 행위는 적법한 공무집행이라고 볼 수 없다.
> ㉣ 사법경찰관이 피고인을 수사관서까지 동행한 것이 강제연행, 즉 불법 체포에 해당한다고 하더라도, 불법체포로부터 6시간 상당이 경과한 이후에 이루어진 긴급체포는 하자가 치유된 것으로 적법하다.

① 1개   ② 2개
③ 3개   ④ 4개

해설

㉠ (○) 대법원 2001.9.28, 2001도4291
㉡ (×) 사인의 현행범 체포는 형사소송법 제212조에 의해서 위법성이 조각될 수 있으나, 사인이 현행범 체포를 위해 타인의 주거에 들어가는 것까지 위법성이 조각되지는 않는다.
㉢ (○) 대법원 2011.5.26, 2011도3682
㉣ (×) 사법경찰관이 피고인을 수사관서까지 동행한 것이 사실상의 강제연행, 즉 불법 체포에 해당하고, 불법 체포로부터 6시간 상당이 경과한 후에 이루어진 긴급체포 또한 위법하다(대법원 2006.7.6, 2005도6810).

정답 ②

056 ☑유사 ◆◇◇ 경찰2차 2022

구속에 관한 설명 중 가장 적절하지 않은 것은? (다툼이 있는 경우 판례에 의함)

① 「검사와 사법경찰관의 상호협력과 일반적 수사준칙에 관한 규정」 제35조에 의하면 검사 또는 사법경찰관은 구속영장의 유효기간 내에 영장의 집행에 착수하지 못한 경우, 반환사유 등을 적은 영장반환서에 해당 영장을 첨부하여 즉시 법원에 반환하여야 하고, 구속영장이 여러 통 발부된 경우에는 모두 반환하여야 한다.

② 체포된 피의자에 대하여 구속영장을 청구받은 관할 지방법원 판사는 구속사유의 존부를 심리·판단하기 위하여 지체 없이 피의자를 심문하여야 한다.

③ 구속적부심사절차에서 작성된 조서는 「형사소송법」 제311조의 법원 또는 법관의 조서에 해당하는 것이 아니라, 동법 제315조 제3호의 '기타 특히 신용할 만한 정황에 의하여 작성된 문서'로서 당연히 증거능력이 있는 서류에 해당한다.

④ 구속영장을 집행함에는 피의자의 신청이 있는 때에 한하여 피의자에게 그 사본을 교부할 수 있다.

해설

④ (×) 영장을 제시하고 그 사본을 교부하여야 한다. 2022.2.3. 개정 제85조 제1항, 제209조 참조.

> 제85조(구속영장집행의 절차) ① 구속영장을 집행함에는 피고인에게 반드시 이를 제시하고 그 사본을 교부하여야 하며 신속히 지정된 법원 기타 장소에 인치하여야 한다.
> 제209조(준용규정) 제70조 제2항, 제71조, 제75조, 제81조 제1항 본문·제3항, 제82조, 제83조, 제85조부터 제87조까지, 제89조부터 제91조까지, 제93조, 제101조 제1항, 제102조 제2항 본문(보석의 취소에 관한 부분은 제외한다) 및 제200조의5는 검사 또는 사법경찰관의 피의자 구속에 관하여 준용한다.

① (○) 수사준칙 제35조 제1항·제2항 참조.

> 수사준칙 제35조(체포·구속영장의 반환) ① 검사 또는 사법경찰관은 체포·구속영장의 유효기간 내에 영장의 집행에 착수하지 못했거나, 그 밖의 사유로 영장의 집행이 불가능하거나 불필요하게 되었을 때에는 즉시 해당 영장을 법원에 반환해야 한다. 이 경우 체포·구속영장이 여러 통 발부된 경우에는 모두 반환해야 한다.
> ② 검사 또는 사법경찰관은 제1항에 따라 체포·구속영장을 반환하는 경우에는 반환사유 등을 적은 영장반환서에 해당 영장을 첨부하여 반환하고, 그 사본을 사건기록에 편철한다.
> ③ 제1항에 따라 사법경찰관이 체포·구속영장을 반환하는 경우에는 그 영장을 청구한 검사에게 반환하고, 검사는 사법경찰관이 반환한 영장을 법원에 반환한다.
> 형사소송법 제204조(영장발부와 법원에 대한 통지) 체포영장 또는 구속영장의 발부를 받은 후 피의자를 체포 또는 구속하지 아니하거나 체포 또는 구속한 피의자를 석방한 때에는 지체 없이 검사는 영장을 발부한 법원에 그 사유를 서면으로 통지하여야 한다.

> 형사소송규칙 제96조의19(영장발부와 통지) ① 법 제204조의 규정에 의한 통지는 다음 각 호의 1에 해당하는 사유가 발생한 경우에 이를 하여야 한다.
> 1. 피의자를 체포 또는 구속하지 아니하거나 못한 경우
> ③ 제1항 제1호에 해당하는 경우에는 체포영장 또는 구속영장의 원본을 첨부하여야 한다.

② (○) 제201조의2 제1항 참조.

> 제201조의2(구속영장 청구와 피의자 심문) ① 제200조의2·제200조의3 또는 제212조에 따라 체포된 피의자에 대하여 구속영장을 청구받은 판사는 지체 없이 피의자를 심문하여야 한다. 이 경우 특별한 사정이 없는 한 구속영장이 청구된 날의 다음 날까지 심문하여야 한다.

③ (○) 대법원 2004.1.16, 2003도5693

정답 ④

057 ☑유사 ◆◆◇ 소방간부 2024

구속에 관한 설명으로 옳은 것은? (다툼이 있는 경우 판례에 의함)

① 구속 전 피의자심문에서 심문할 피의자에게 변호인이 없는 때에는 지방법원 판사는 직권으로 변호인을 선정하여야 하는데, 이 경우 변호인의 선정은 피의자에 대한 구속영장 청구가 기각된 경우에도 제1심까지 효력이 있다.

② 공소장의 변경으로 인해 공판절차가 정지된 기간뿐만 아니라 관할이전으로 인해 공판절차가 정지된 기간도 피고인 구속기간에 산입하지 않는다.

③ 대법원의 파기환송 판결에 의하여 사건을 환송받은 법원은 「형사소송법」 제92조 제1항에 따라 2월의 구속기간이 만료되면 특히 계속할 필요가 있는 경우에는 2차(대법원이 「형사소송규칙」 제57조 제2항에 의하여 구속기간을 갱신한 경우에는 1차)에 한하여 결정으로 구속기간을 갱신할 수 있다.

④ 피고인이 수사 당시 긴급체포되었다가 수사기관의 조치로 석방된 후 동일한 범죄사실에 관하여 법원이 발부한 구속영장에 의하여 구속이 이루어진 경우에는 위법한 구속에 해당한다.

⑤ 구속영장에 기재된 횡령죄의 범죄사실과 공소장에 기재된 사기죄의 공소사실이 범행일시 및 장소, 범행의 목적물과 그 행위의 내용에 있어서는 같다고는 하지만, 그 영득행위에 대한 법적인 평가가 다르다면 아무리 그 기본적인 사실관계가 동일하더라도 구속영장의 효력이 공소사실에 미친다고 볼 수 없다.

해설

③ (○) 대법원의 파기환송 판결에 의하여 사건을 환송받은 법원은

형사소송법 제92조 제1항에 따라 2월의 구속기간이 만료되면 특히 계속할 필요가 있는 경우에는 2차(대법원이 형사소송규칙 제57조 제2항에 의하여 구속기간을 갱신한 경우에는 1차)에 한하여 결정으로 구속기간을 갱신할 수 있다(대법원 2001.11.30, 2001도5225).

① (×) 제201조의2 제8항 참조.

> **제201조의2(구속영장 청구와 피의자 심문)** ⑧ 심문할 피의자에게 변호인이 없는 때에는 지방법원 판사는 직권으로 변호인을 선정하여야 한다. 이 경우 변호인의 선정은 피의자에 대한 구속영장 청구가 기각되어 효력이 소멸한 경우를 제외하고는 제1심까지 효력이 있다.

② (×) 공소장변경으로 공판절차가 정지된 기간은 피고인 구속기간에 산입하지 않지만(제92조 제3항)(심/헌/기/공/보/구/도/피/감), 관할의 지정, 관할의 이전, 토지관할 병합심리로 인하여 소송절차가 정지된 기간이나 호송 중 가유치(임시유치) 기간은 구속기간에 산입된다.

[정리] 관/병/호는 구속기간 포함

> **제92조(구속기간과 갱신)** ③ 제22조, 제298조 제4항, 제306조 제1항 및 제2항의 규정에 의하여 공판절차가 정지된 기간 및 공소제기 전의 체포·구인·구금기간은 제1항 및 제2항의 기간에 산입하지 아니한다.

④ (×) 형사소송법 제200조의4 제3항은 영장 없이는 긴급체포 후 석방된 피의자를 동일한 범죄사실에 관하여 체포하지 못한다는 규정으로, 위와 같이 석방된 피의자라도 법원으로부터 구속영장을 발부받아 구속할 수 있음은 물론이고, 같은 법 제208조 소정의 '구속되었다가 석방된 자'라 함은 구속영장에 의하여 구속되었다가 석방된 경우를 말하는 것이지, 긴급체포나 현행범으로 체포되었다가 사후영장발부 전에 석방된 경우는 포함되지 않는다 할 것이므로, 피고인이 수사 당시 긴급체포되었다가 수사기관의 조치로 석방된 후 법원이 발부한 구속영장에 의하여 구속이 이루어진 경우 앞서 본 법조에 위배되는 위법한 구속이라고 볼 수 없다(대법원 2001.9.28, 2001도4291).

⑤ (×) 구속영장에 기재된 횡령죄의 범죄사실과 공소장에 기재된 사기죄의 공소사실이 범행일시 및 장소, 범행의 목적물과 그 행위의 내용에 있어서는 같으나 그 영득행위에 대한 법적인 평가만이 다를 뿐이므로 그 기본적인 사실관계는 동일하므로 구속영장의 효력은 공소사실에 미친다고 본다(대법원 2001.5.25, 2001모85).

[보충] 재항고인이 이 사건 공소사실에 관하여 별도로 영장실질심사를 받을 권리를 고지받지 못하여 영장실질심사를 받을 기회를 박탈당하였으므로 재항고인은 현재 불법구금되어 있는 것이라는 재항고이유의 주장은 원심이 적법하게 판단한 것과 달리 이 사건 구속영장의 효력이 이 사건 공소사실에 미치지 아니하는 것을 전제로 한 것이므로 더 나아가 살펴 볼 필요 없이 이유 없다(위 판례).

정답 ③

---

058 ✓ 유사 ◆◇◇   법원 2013 유사·2016

법원의 피고인 구속에 관한 다음 설명 중 가장 옳지 않은 것은?

① 피고인을 구속한 때에는 변호인이 있는 경우에는 변호인에게, 변호인이 없는 경우에는 법정대리인, 배우자, 직계 친족과 형제자매 중 피고인이 지정한 자에게 피고사건명, 구속일시·장소, 범죄사실의 요지, 구속의 이유와 변호인을 선임할 수 있는 취지를 알려야 한다.

② 구속기간의 초일은 시간을 계산하지 않고 1일로 산정한다.

③ 기피신청으로 소송 진행이 정지된 기간은 구속기간에 산입되지 아니한다.

④ 공소제기전의 체포·구인·구금된 기간은 구속기간에 산입된다.

해설

③ (○), ④ (×) 공소제기 이후만이 법원의 구속기간이다. 제92조 제3항 참조.

> **제92조(구속기간과 갱신)** ③ 제22조, 제298조 제4항, 제306조 제1항 및 제2항의 규정에 의하여 공판절차가 정지된 기간 및 공소제기 전의 체포·구인·구금기간은 제1항 및 제2항의 기간에 산입하지 아니한다.
> **제22조(기피신청과 소송의 정지)** 기피신청이 있는 때에는 제20조 제1항의 경우를 제한 외에는 소송 진행을 정지하여야 한다. 단, 급속을 요하는 경우에는 예외로 한다.

① (○) 제87조 제1항 참조.

> **제87조(구속의 통지)** ① 피고인을 구속한 때에는 변호인이 있는 경우에는 변호인에게, 변호인이 없는 경우에는 제30조 제2항에 규정한 자 중 피고인이 지정한 자에게 피고사건명, 구속일시·장소, 범죄사실의 요지, 구속의 이유와 변호인을 선임할 수 있는 취지를 알려야 한다.

② (○) 제66조 제1항 단서 참조.

> **제66조(기간의 계산)** ① 기간의 계산에 관하여는 시(時)로 계산하는 것은 즉시(卽時)부터 기산하고 일(日), 월(月) 또는 연(年)으로 계산하는 것은 초일을 산입하지 아니한다. 다만, 시효(時效)와 구속기간의 초일은 시간을 계산하지 아니하고 1일로 산정한다.
> [전문개정 2020.12.8.]

정답 ④

059 ✓유사 ◆◆◇ 　　해경승진 2022

다음 중 구속기간에 관한 설명으로 가장 옳지 않은 것은?

① 구속기간의 말일이 공휴일 또는 토요일이면 구속기간에 산입하지 아니한다.

② 공소장변경으로 피고인의 불이익이 증가할 염려가 있다고 인정되어 공판절차가 정지된 기간은 구속기간에 산입하지 아니한다.

③ 기피신청으로 소송진행이 정지된 기간은 구속기간에 산입하지 아니한다.

④ 구속 전 피의자심문을 위하여 법원이 구속영장청구서·수사 관계 서류 및 증거물을 접수한 날부터 구속영장을 발부하여 검찰청에 반환한 날까지의 기간은 구속기간에 산입하지 아니한다.

해설

① (✕) 제66조 제3항 참조.

> **제66조(기간의 계산)** ③ 기간의 말일이 공휴일이거나 토요일이면 그날은 기간에 산입하지 아니한다. 다만, 시효와 구속기간에 관하여는 예외로 한다.

② (○) 공소장변경으로 피고인의 불이익을 증가할 염려가 있다고 인정되어 공판절차가 정지된 기간은 구속기간에 산입하지 아니한다(제92조 제3항, 제298조 제4항 참조).

> **제92조(구속기간과 갱신)** ③ 제22조, 제298조 제4항, 제306조 제1항 및 제2항의 규정에 의하여 공판절차가 정지된 기간 및 공소제기 전의 체포·구인·구금기간은 제1항 및 제2항의 기간에 산입하지 아니한다.
> **제298조(공소장의 변경)** ④ 법원은 전3항의 규정에 의한 공소사실 또는 적용법조의 추가, 철회 또는 변경이 피고인의 불이익을 증가할 염려가 있다고 인정한 때에는 직권 또는 피고인이나 변호인의 청구에 의하여 피고인으로 하여금 필요한 방어의 준비를 하게 하기 위하여 결정으로 필요한 기간 공판절차를 정지할 수 있다.

③ (○) 기피신청으로 소송진행이 정지된 기간은 구속기간에 산입하지 아니한다(제92조 제3항, 제22조 참조).

> **제92조(구속기간과 갱신)** ③ 제22조, 제298조 제4항, 제306조 제1항 및 제2항의 규정에 의하여 공판절차가 정지된 기간 및 공소제기 전의 체포·구인·구금기간은 제1항 및 제2항의 기간에 산입하지 아니한다.
> **제22조(기피신청과 소송의 정지)** 기피신청이 있는 때에는 제20조 제1항의 경우를 제한 외에는 소송진행을 정지하여야 한다. 단, 급속을 요하는 경우에는 예외로 한다.

④ (○) 제201조의2 제7항 참조.

> **제201조의2(구속영장 청구와 피의자 심문)** ⑦ 피의자심문을 하는 경우 법원이 구속영장청구서·수사 관계 서류 및 증거물을 접수한 날부터 구속영장을 발부하여 검찰청에 반환한 날까지의 기간은 제202조 및 제203조의 적용에 있어서 그 구속기간에 산입하지 아니한다.

정답 ①

060 ✓유사 ◆◆◇ 　　해경승진 2023

다음 〈보기〉 중 「형사소송법」 제92조 제3항에 규정된 것으로 구속기간에 산입하지 않는 기간을 모두 고른 것은?

> **보기**
> ㉠ 관할이전으로 인한 공판절차 정지기간
> ㉡ 기피신청에 의한 소송진행 정지기간
> ㉢ 공소장변경으로 인한 공판절차 정지기간
> ㉣ 호송 중의 가유치기간
> ㉤ 심신장애로 인한 공판절차 정지기간

① ㉠, ㉡, ㉣　　　　　　② ㉠, ㉢, ㉤
③ ㉡, ㉢, ㉤　　　　　　④ ㉡, ㉣, ㉤

해설

③ (○) ㉡·㉢·㉤은 구속기간에 산입하지 아니한다. 이에 반하여 관할이전으로 인한 공판절차 정지기간과 호송 중의 가유치기간은 피고인 구속기간에 산입되는 기간이다.

> **형사소송법 제92조(구속기간과 갱신)** ③ 제22조(기피신청과 소송의 정지), 제298조(공소장변경) 제4항, 제306조 제1항(피고인이 사물의 변별 또는 의사의 결정을 할 능력이 없는 상태에 있는 때에는 법원은 검사와 변호인의 의견을 들어서 결정으로 그 상태가 계속하는 기간 공판절차를 정지하여야 한다) 및 제2항(피고인이 질병으로 인하여 출정할 수 없는 때에는 법원은 검사와 변호인의 의견을 들어서 결정으로 출정할 수 있을 때까지 공판절차를 정지하여야 한다)의 규정에 의하여 공판절차가 정지된 기간 및 공소제기 전의 체포·구인·구금기간은 제1항 및 제2항의 기간에 산입하지 아니한다.

[보충] 피고인 구속기간에 산입되는 기간 : 관할지정·이전에 의한 소송절차 정지기간, 토지관할 병합심리로 인한 소송절차 정지기간, 호송 중 가유치(임시유치)기간 → 관/토(병)/호는 산입해

정답 ③

법원의 구속기간과 갱신에 관한 설명으로 옳은 것은?
(다툼이 있는 경우 판례에 의함)

① 구속기간은 2개월로 한다. 구속을 계속할 필요가 있는 경우에는 심급마다 2개월 단위로 2차에 한하여 결정으로 갱신할 수 있고, 다만, 상소심은 검사 또는 피고인이 신청한 증거의 조사, 상소이유를 보충하는 서면의 제출 등으로 추가 심리가 필요한 부득이한 경우에는 3차에 한하여 갱신할 수 있다.

② 공소제기 전에 체포·구속된 경우 구속기간은 체포·구속된 날로부터 기산한다.

③ 기피신청으로 공판절차가 정지된 기간은 구속기간에 산입하지 않는다.

④ 구속기간의 말일이 공휴일 또는 토요일이면 구속기간에 산입하지 아니한다.

해설

① (×) 제92조 제1항·제2항 참조. '검사'가 신청한 증거의 조사로 추가심리가 필요한 부득이한 경우는 3차에 한하여 갱신할 수 있는 경우에 포함되지 아니한다.

> **제92조(구속기간과 갱신)** ① 구속기간은 2개월로 한다.
> ② 제1항에도 불구하고 특히 구속을 계속할 필요가 있는 경우에는 심급마다 2개월 단위로 2차에 한하여 결정으로 갱신할 수 있다. 다만, 상소심은 '피고인 또는 변호인'이 신청한 증거의 조사, 상소이유를 보충하는 서면의 제출 등으로 추가 심리가 필요한 부득이한 경우에는 3차에 한하여 갱신할 수 있다.

② (×), ③ (○) 제92조 제3항, 제22조 참조.

> **제92조(구속기간과 갱신)** ③ 제22조, 제298조 제4항, 제306조 제1항 및 제2항의 규정에 의하여 공판절차가 정지된 기간 및 공소제기 전의 체포·구인·구금기간은 제1항 및 제2항의 기간에 산입하지 아니한다.

④ (×) 제66조 제3항 참조. 기간의 말일이 공휴일 또는 토요일이라도 구속기간에는 산입한다.

> **제66조(기간의 계산)** ③ 기간의 말일이 공휴일이거나 토요일이면 그날은 기간에 산입하지 아니한다. 다만, 시효와 구속기간에 관하여는 예외로 한다.
> [전문개정 2020.12.8.]

정답 ③

법원의 구속기간과 갱신에 관한 다음 설명 중 가장 옳지 않은 것은? (다툼이 있는 경우 판례에 의함)

① 구속기간은 2개월로 하며, 구속을 계속할 필요가 있는 경우에는 심급마다 2개월 단위로 2차에 한하여 결정으로 갱신할 수 있다. 다만, 상소심은 검사, 피고인 또는 변호인이 신청한 증거의 조사, 상소이유를 보충하는 서면의 제출 등으로 추가 심리가 필요한 부득이한 경우에는 3차에 한하여 갱신할 수 있다.

② 대법원의 파기환송 판결에 의하여 사건을 환송받은 법원은 형사소송법 제92조 제1항에 따라 2월의 구속기간이 만료되면 특히 계속할 필요가 있는 경우에는 2차(대법원이 형사소송규칙 제57조 제2항에 의하여 구속기간을 갱신한 경우에는 1차)에 한하여 결정으로 구속기간을 갱신할 수 있는 것이고, 무죄추정을 받는 피고인이라고 하더라도 이러한 조치가 무죄추정의 원칙에 위배되는 것이라고 할 수는 없다.

③ 기피신청으로 소송진행이 정지된 기간, 공소장의 변경이 피고인의 불이익을 증가할 염려가 있다고 인정되어 피고인으로 하여금 필요한 방어의 준비를 하게 하기 위하여 결정으로 공판절차를 정지한 기간, 공소제기 전의 체포·구인·구금기간은 법원의 구속기간에 산입하지 아니한다.

④ 구속 중인 피고인에 대하여 감정유치장이 집행되어 피고인이 유치되어 있는 기간은 법원의 구속기간에 산입하지 않지만 미결구금일수의 산입에 있어서는 구속으로 간주한다.

해설

① (×) 상소심의 예외적 3차 갱신의 사유인 신청주체에 검사는 포함되어 있지 않다. 제92조 제1항·제2항 참조.

② (○) 대법원 2001.11.30, 2001도5225

③ (○) 제92조 제3항

④ (○) 제172조 제8항, 제172조의2 제1항

정답 ①

체의 진술을 하지 아니하거나 개개의 질문에 대하여 진술을 거부할 수 있고, 수사기관은 피의자를 신문하기 전에 그와 같은 권리를 알려주어야 한다(대법원 2013.7.1, 2013모160).

정답 ④

063 ✓유사 ◆◆◇   경찰 2015

구속에 대한 다음 설명 중 옳은 것(○)과 옳지 않은 것(×)을 올바르게 연결한 것은? (다툼이 있으면 판례에 의함)

㉠ 수사기관이 관할 지방법원 판사가 발부한 구속영장에 의하여 피의자를 구속하는 경우, 그 구속영장은 기본적으로 장차 공판정에의 출석이나 형의 집행을 담보하기 위한 것이다. 그렇지만 이와 함께 「형사소송법」 제202조, 제203조에서 정하는 구속기간의 범위 내에서 수사기관이 동법 제200조, 제241조 내지 제244조의5에 규정된 피의자신문의 방식으로 구속된 피의자를 조사하는 등 적정한 방법으로 범죄를 수사하는 것까지 예정하고 있지는 않다.

㉡ 구속된 피의자의 경우에도 그 피의자신문 절차는 어디까지나 「형사소송법」 제199조 제1항 본문, 제200조의 규정에 따른 임의수사의 한 방법으로 진행되어야 한다.

㉢ 구속된 피의자도 「헌법」 제12조 제2항과 「형사소송법」 제244조의3에 따라 일체의 진술을 하지 아니하거나 개개의 질문에 대하여 진술을 거부할 수 있고, 수사기관은 피의자를 신문하기 전에 그와 같은 권리를 알려주어야 한다.

㉣ 구속영장 발부에 의하여 적법하게 구금된 피의자가 피의자신문을 위한 출석요구에 응하지 아니하면 이는 출석불응에 해당하므로, 수사기관은 「형사소송법」 제200조의2(영장체포)에 따라 별도의 체포영장을 발부받아야 피의자를 조사실로 구인할 수 있다.

① ㉠ (○), ㉡ (○), ㉢ (○), ㉣ (×)
② ㉠ (○), ㉡ (×), ㉢ (×), ㉣ (○)
③ ㉠ (×), ㉡ (○), ㉢ (○), ㉣ (○)
④ ㉠ (×), ㉡ (○), ㉢ (○), ㉣ (×)

해설

㉠ (×), ㉡ (○), ㉢ (○), ㉣ (×) 형사소송법(이하 '법'이라고 한다) 제70조 제1항 제1호, 제2호, 제3호, 제199조 제1항, 제200조, 제200조의2 제1항, 제201조 제1항의 취지와 내용에 비추어 보면, 수사기관이 관할 지방법원 판사가 발부한 구속영장에 의하여 피의자를 구속하는 경우, 그 구속영장은 기본적으로 장차 공판정에의 출석이나 형의 집행을 담보하기 위한 것이지만, 이와 함께 법 제202조, 제203조에서 정하는 구속기간의 범위 내에서 수사기관이 법 제200조, 제241조 내지 제244조의5에 규정된 피의자신문의 방식으로 구속된 피의자를 조사하는 등 적정한 방법으로 범죄를 수사하는 것도 예정하고 있다고 할 것이다. 따라서 구속영장 발부에 의하여 적법하게 구금된 피의자가 피의자신문을 위한 출석요구에 응하지 아니하면서 수사기관 조사실에 출석을 거부한다면 수사기관은 그 구속영장의 효력에 의하여 피의자를 조사실로 구인할 수 있다고 보아야 한다. 다만, 이러한 경우에도 그 피의자신문 절차는 어디까지나 법 제199조 제1항 본문, 제200조의 규정에 따른 임의수사의 한 방법으로 진행되어야 하므로, 피의자는 헌법 제12조 제2항과 법 제244조의3에 따라 일

064 ✓유사 ◆◇◇   경찰 2015

구속제도에 관한 다음 설명 중 가장 적절하지 않은 것은? (다툼이 있으면 판례에 의함)

① 검사 또는 사법경찰관에 의하여 구속되었다가 석방된 자는 다른 중요한 증거를 발견한 경우를 제외하고는 동일한 범죄사실에 관하여 재차 구속하지 못한다.

② 현행범 체포된 피의자에 대하여 구속영장을 청구받은 판사는 지체 없이 피의자를 심문하여야 하며, 이 경우 특별한 사정이 없는 한 구속영장이 청구된 날의 다음 날까지 심문하여야 한다.

③ 검사의 구속영장 청구에 대한 지방법원판사의 재판은 항고나 준항고의 대상이 되는 법원의 결정이나 재판에 해당하지 않는다.

④ 공소제기전의 체포·구인·구금기간은 피고인 구속기간에 산입한다.

해설

④ (×) 공소제기 전의 체포·구인·구금기간은 피고인에 대한 구속기간에 산입하지 아니한다(제92조 제3항).
① (○) 제208조 제1항
② (○) 제201조의2 제1항
③ (○) 대법원 2006.12.18, 2006모646

정답 ④

065 ✅ 유사 ◆◆◆

구속에 관한 설명으로 가장 적절하지 않은 것은? (다툼이 있는 경우 판례에 의함)

① 항소법원이 구속기간의 만료로 피고인에 대한 구속의 효력이 상실된 후 피고인에 대한 판결을 선고하면서 피고인을 구속하였다 하여 「형사소송법」 제208조의 규정에 위배되는 재구속 또는 이중구속이라 할 수 없다.

② 구속적부심사청구에 대한 법원의 기각결정 및 석방결정에 대해서는 항고할 수 없지만, 보증금납입조건부 석방결정에 대해서는 피의자나 검사가 그 취소의 실익이 있으면 「형사소송법」 제402조에 의하여 항고할 수 있다.

③ 지방법원 판사가 구속기간의 연장을 허가하지 않는 결정을 하더라도 「형사소송법」 제402조 또는 제403조가 정하는 항고의 방법으로는 불복할 수 없으며, 다만, 「형사소송법」 제416조가 정하는 준항고의 대상이 될 뿐이다.

④ 구속의 효력은 원칙적으로 「형사소송법」 제75조 제1항의 방식에 따라 작성된 구속영장에 기재된 범죄사실에만 미치는 것이므로, 구속기간이 만료될 무렵에 종전 구속영장에 기재된 범죄사실과 다른 범죄사실로 피고인을 구속하였다는 사정만으로는 피고인에 대한 구속이 위법하다고 할 수 없다.

해설

③ (×) 형사소송법 제402조, 제403조에서 말하는 법원은 형사소송법상의 수소법원만을 가리키므로, 같은 법 제205조 제1항 소정의 구속기간의 연장을 허가하지 아니하는 지방법원 판사의 결정에 대하여는 같은 법 제402조, 제403조가 정하는 항고의 방법으로는 불복할 수 없고, 나아가 그 지방법원 판사는 수소법원으로서의 재판장 또는 수명법관도 아니므로 그가 한 재판은 같은 법 제416조가 정하는 준항고의 대상이 되지도 않는다(대법원 1997. 6.16, 97모1).

① (○) 법원의 피고인 구속에는 재구속 제한이 적용되지 아니한다. [판례] 항소법원은 항소피고사건의 심리 중 또는 판결선고 후 상고제기 또는 판결확정에 이르기까지 수소법원으로서 형사소송법 제70조 제1항 각 호의 사유 있는 불구속 피고인을 구속할 수 있고 또 수소법원의 구속에 관하여는 검사 또는 사법경찰관이 피의자를 구속함을 규율하는 형사소송법 제208조의 규정은 적용되지 아니하므로 구속기간의 만료로 피고인에 대한 구속의 효력이 상실된 후 항소법원이 피고인에 대한 판결을 선고하면서 피고인을 구속하였다 하여 위 법 제208조의 규정에 위배되는 재구속 또는 이중구속이라 할 수 없다(대법원 1985.7.23, 85모12).

② (○) 구속적부심에서의 법원의 기각결정·석방결정에 대해서는 불복할 수 없고, 보증금납입조건부 피의자석방결정에 대해서는 검사와 피의자 모두 보통항고 할 수 있다. [판례] 형사소송법 제402조의 규정에 의하면, 법원의 결정에 대하여 불복이 있으면 항고를 할 수 있으나 다만 같은 법에 특별한 규정이 있는 경우에는 예외로 하도록 되어 있는바, 체포 또는 구속적부심사절차에서의 법원의 결정에 대한 항고의 허용 여부에 관하여 같은 법 제214조의2 제7항은 제2항과 제3항의 기각결정 및 석방결정에 대하여 항고하지 못하는 것으로 규정하고 있을 뿐

이고 제4항에 의한 석방결정(보증금납입조건부 피의자석방결정)에 대하여 항고하지 못한다는 규정은 없을 뿐만 아니라 … 기소 후 보석결정에 대하여 항고가 인정되는 점에 비추어 그 보석결정과 성질 및 내용이 유사한 기소 전 보증금납입조건부 석방결정에 대하여도 항고할 수 있도록 하는 것이 균형에 맞는 측면도 있다 할 것이므로, 같은 법 제214조의2 제4항의 석방결정에 대하여는 피의자나 검사가 그 취소의 실익이 있는 한 같은 법 제402조에 의하여 항고할 수 있다(대법원 1997.8.27, 97모21).

④ (○) 구속영장의 효력범위에 관한 사건단위설에 의하여 이중구속의 적법성은 인정된다. [판례] 형사소송법 제75조 제1항은, "구속영장에는 피고인의 성명, 주거, 죄명, 공소사실의 요지, 인치구금할 장소, 발부연월일, 그 유효기간과 그 기간을 경과하면 집행에 착수하지 못하며 영장을 반환하여야 할 취지를 기재하고 재판장 또는 수명법관이 서명날인하여야 한다."고 규정하고 있는바, 구속의 효력은 원칙적으로 위 방식에 따라 작성된 구속영장에 기재된 범죄사실에만 미치는 것이므로, 구속기간이 만료될 무렵에 종전 구속영장에 기재된 범죄사실과 다른 범죄사실로 피고인을 구속하였다는 사정만으로는 피고인에 대한 구속이 위법하다고 할 수 없다(대법원 2000. 11.10, 2000모134).

정답 ③

066 ✅ 유사 ◆◆◇

피고인 구속에 관한 다음 설명 중 가장 옳지 않은 것은?

① 법원은 피고인에 대하여 범죄사실의 요지, 구속의 이유와 변호인을 선임할 수 있음을 말하고 변명할 기회를 준 후가 아니면 구속할 수 없고, 이러한 사전청문절차는 합의부원 1인이 진행할 수는 없으므로 재판부를 구성하는 법관 전원이 참여한 가운데 이루어져야 한다.

② 사전청문절차는 피고인의 출석하에 이루어지는 것이 원칙이나, 피고인이 출석하기 어려운 특별한 사정이 있고 상당하다고 인정하는 때에는 검사와 변호인의 의견을 들어 비디오 등 중계장치에 의한 중계시설을 통하여 진행할 수 있다.

③ 피고인을 구속하는 구속영장에는 피고인의 성명, 주거, 죄명, 공소사실의 요지, 인치 구금할 장소, 발부년월일, 그 유효기간과 그 기간을 경과하면 집행에 착수하지 못하며 영장을 반환하여야 할 취지를 기재하여야 하나, 피고인의 성명이 분명하지 아니한 때에는 인상, 체격, 기타 피고인을 특정할 수 있는 사항으로 피고인을 표시할 수 있다.

④ 법원은 피고인의 현재지의 지방법원판사에게 피고인의 구속을 촉탁할 수 있고, 이 경우 촉탁을 받은 지방법원판사는 피고인이 관할구역 내에 현재하지 아니한 때에는 그 현재지의 지방법원판사에게 다시 피고인의 구속을 촉탁할 수 있으며, 촉탁을 받은 지방법원판사는 구속영장을 발부하여야 한다.

해설

① (×) 제72조, 제72조의2 제1항 참조.

> **제72조(구속과 이유의 고지)** 피고인에 대하여 범죄사실의 요지, 구속의 이유와 변호인을 선임할 수 있음을 말하고 변명할 기회를 준 후가 아니면 구속할 수 없다. 다만, 피고인이 도망한 경우에는 그러하지 아니하다.
> **제72조의2(고지의 방법)** ① 법원은 합의부원으로 하여금 제72조의 절차를 이행하게 할 수 있다.

② (○) 제72조의2 제2항 참조.

> **제72조의2(고지의 방법)** ② 법원은 피고인이 출석하기 어려운 특별한 사정이 있고 상당하다고 인정하는 때에는 검사와 변호인의 의견을 들어 비디오 등 중계장치에 의한 중계시설을 통하여 제72조의 절차를 진행할 수 있다.

③ (○) 제75조 참조.

> **제75조(구속영장의 방식)** ① 구속영장에는 피고인의 성명, 주거, 죄명, 공소사실의 요지, 인치 구금할 장소, 발부년월일, 그 유효기간과 그 기간을 경과하면 집행에 착수하지 못하며 영장을 반환하여야 할 취지를 기재하고 재판장 또는 수명법관이 서명날인하여야 한다.
> ② 피고인의 성명이 분명하지 아니한 때에는 인상, 체격, 기타 피고인을 특정할 수 있는 사항으로 피고인을 표시할 수 있다.

④ (○) 제77조 제1항·제2항·제3항 참조.

> **제77조(구속의 촉탁)** ① 법원은 피고인의 현재지의 지방법원판사에게 피고인의 구속을 촉탁할 수 있다.
> ② 수탁판사는 피고인이 관할구역 내에 현재하지 아니한 때에는 그 현재지의 지방법원판사에게 전촉할 수 있다.
> ③ 수탁판사는 구속영장을 발부하여야 한다.
> ④ 제75조의 규정은 전항의 구속영장에 준용한다.

정답 ①

---

067 ✓ 유사 ◆◆◆ 국가7급 2022

「형사소송법」이 명문으로 '다른 중요한 증거를 발견한 경우'를 요구하는 상황만을 모두 고르면?

> ㄱ. 사기죄로 긴급체포되었다가 구속영장이 발부되지 않아 석방된 자를 사법경찰관이 동일한 사기죄의 범죄사실로 다시 체포하는 경우
> ㄴ. 사기죄로 구속되었다가 석방된 자를 사법경찰관이 동일한 사기죄의 범죄사실로 재차 구속하는 경우
> ㄷ. 사기죄에 대하여 공소취소에 의한 공소기각의 결정이 확정된 후, 검사가 다시 동일한 사기죄의 범죄사실로 공소를 제기하는 경우
> ㄹ. 사기죄의 불기소처분에 대한 재정신청이 법률상 방식에 위배된다는 이유로 그 신청을 기각하는 결정이 확정된 후, 검사가 다시 동일한 사기죄의 범죄사실로 공소를 제기하는 경우

① ㄱ, ㄴ   ② ㄷ, ㄹ
③ ㄱ, ㄴ, ㄹ   ④ ㄴ, ㄷ, ㄹ

해설

④ ㄴ, ㄷ, ㄹ

ㄱ. (×) 다른 중요한 증거를 발견하여도 긴급체포는 불가하고, 영장에 의한 체포만 가능하다. 제200조의4 제3항 참조.

> **제200조의4(긴급체포와 영장청구기간)** ③ 제2항의 규정에 의하여 석방된 자는 영장 없이는 동일한 범죄사실에 관하여 체포하지 못한다.

ㄴ. (○) 구속된 피의자로서 석방된 자를 다시 동일한 범죄사실로 구속하려면, 다른 중요한 증거를 발견한 경우이어야 한다(피의자 구속 시 재구속 제한). 제208조 제1항 참조.

> **제208조(재구속의 제한)** ① 검사 또는 사법경찰관에 의하여 구속되었다가 석방된 자는 다른 중요한 증거를 발견한 경우를 제외하고는 동일한 범죄사실에 관하여 재차 구속하지 못한다.

ㄷ. (○) 공소제기 후 검사의 공소취소로 공소기각결정이 확정된 후 그 범죄사실로 다시 공소를 제기하려면, 다른 중요한 증거를 발견한 경우이어야 한다(공소취소 시 재기소 제한). 제329조 참조.

> **제329조(공소취소와 재기소)** 공소취소에 의한 공소기각의 결정이 확정된 때에는 공소취소 후 그 범죄사실에 대한 다른 중요한 증거를 발견한 경우에 한하여 다시 공소를 제기할 수 있다.

ㄹ. (○) 재정신청기각결정 확정 후 그 사건에 대하여 검사가 공소를 제기하려면, 다른 중요한 증거를 발견한 경우이어야 한다(재정신청기각결정 확정 후 공소제기 제한). 제262조 제4항 제2문 참조.

> **제262조(심리와 결정)** ④ 제2항 제1호의 결정에 대하여는 제415조에 따른 즉시항고를 할 수 있고, 제2항 제2호의 결정에 대하여는 불복할 수 없다. 제2항 제1호의 결정이 확정된 사건에 대하여는 다른 중요한 증거를 발견한 경우를 제외하고는 소추할 수 없다.

정답 ④

068 ✓유사 ◆◆◆

재체포·재구속에 대한 설명으로 옳은 것은?

① 보증금 납입을 조건으로 석방된 피의자가 주거의 제한이나 그 밖에 법원이 정한 조건을 위반한 때에는 동일한 범죄사실로 재차 체포하거나 구속할 수 있다.

② 체포 또는 구속적부심사결정에 의하여 석방된 피의자가 도망하거나 범죄의 증거를 인멸할 염려가 있다고 믿을 만한 충분한 이유가 있는 때에는 동일한 범죄사실로 재차 체포하거나 구속할 수 있다.

③ 보증금 납입을 조건으로 석방된 피의자가 피해자, 당해 사건의 재판에 필요한 사실을 알고 있다고 인정되는 자 또는 그 친족의 생명·신체·재산에 해를 가하거나 가할 염려가 있다고 믿을 만한 충분한 이유가 있는 때에는 동일한 범죄사실로 재차 체포하거나 구속할 수 있다.

④ 검사 또는 사법경찰관에 의하여 영장에 의해 체포되었다가 석방된 자는 다른 중요한 증거를 발견한 경우를 제외하고는 동일한 범죄사실로 재차 체포하지 못한다.

해설

① (O) 구속적부심에서 보증금납입조건부 피의자석방결정에 의하여 석방된 피의자에 대한 재구속사유로, 제214조의3 제2항 제4호에 해당한다.

> **제214조의3(재체포 및 재구속의 제한)** ② 제214조의2 제5항에 따라 석방된 피의자에게 다음 각 호의 어느 하나에 해당하는 사유가 있는 경우를 제외하고는 동일한 범죄사실로 재차 체포하거나 구속할 수 없다.
> 1. 도망한 때
> 2. 도망하거나 범죄의 증거를 인멸할 염려가 있다고 믿을 만한 충분한 이유가 있는 때
> 3. 출석요구를 받고 정당한 이유 없이 출석하지 아니한 때
> 4. 주거의 제한이나 그 밖에 법원이 정한 조건을 위반한 때

② (×) 구속적부심에서 석방결정에 의하여 석방된 피의자에 대한 재체포·재구속사유는 실제 도망하거나 증거를 인멸한 경우에 한한다.

> **제214조의3(재체포 및 재구속의 제한)** ① 제214조의2 제4항에 따른 체포 또는 구속적부심사결정에 의하여 석방된 피의자가 도망하거나 범죄의 증거를 인멸하는 경우를 제외하고는 동일한 범죄사실로 재차 체포하거나 구속할 수 없다.

③ (×) 피고인 보석에 대한 보석취소사유이지 보증금납입조건부 피의자석방결정에 대한 재구속사유는 아니다.

> **제102조(보석조건의 변경과 취소 등)** ① 법원은 직권 또는 제94조에 규정된 자의 신청에 따라 결정으로 피고인의 보석조건을 변경하거나 일정 기간 동안 당해 조건의 이행을 유예할 수 있다.
> ② 법원은 피고인이 다음 각 호의 어느 하나에 해당하는 경우에는 직권 또는 검사의 청구에 따라 결정으로 보석 또는 구속의 집행정지를 취소할 수 있다. 다만, 제101조 제4항에 따른 구속영장의 집행정지는 그 회기 중 취소하지 못한다.

> 1. 도망한 때
> 2. 도망하거나 죄증을 인멸할 염려가 있다고 믿을 만한 충분한 이유가 있는 때
> 3. 소환을 받고 정당한 사유 없이 출석하지 아니한 때
> 4. 피해자, 당해 사건의 재판에 필요한 사실을 알고 있다고 인정되는 자 또는 그 친족의 생명·신체·재산에 해를 가하거나 가할 염려가 있다고 믿을 만한 충분한 이유가 있는 때
> 5. 법원이 정한 조건을 위반한 때
> ③ 법원은 피고인이 정당한 사유 없이 보석조건을 위반한 경우에는 결정으로 피고인에 대하여 1천만원 이하의 과태료를 부과하거나 20일 이내의 감치에 처할 수 있다.
> ④ 제3항의 결정에 대하여는 즉시항고를 할 수 있다.

④ (×) 위 내용은 피의자 구속의 경우에 석방된 자에 대한 재구속 제한사유이다. 영장에 의한 체포의 경우에는 재체포 제한이 적용되지 아니한다.

> **제208조(재구속의 제한)** ① 검사 또는 사법경찰관에 의하여 구속되었다가 석방된 자는 다른 중요한 증거를 발견한 경우를 제외하고는 동일한 범죄사실에 관하여 재차 구속하지 못한다.

정답 ①

Ⅲ 피고인과 피의자의 접견교통권

069 ✓대표 ◆◆◇

접견교통권에 대한 설명으로 옳은 것은? (다툼이 있는 경우 판례에 의함)

① 구속피의자가 변호인을 자신의 범죄행위에 공범으로 가담시키려고 하였다는 사정만으로 수사기관이 그 변호인의 구속피의자와의 접견교통을 금지하는 것은 정당화될 수 없다.

② 변호인의 구속된 피고인과의 접견교통권에 관한 「형사소송법」 제34조는 형이 확정되어 집행 중에 있는 수형자에 대한 재심 개시의 여부를 결정하는 재심청구절차에도 그대로 적용된다.

③ 구속된 피고인의 변호인과의 접견교통권과 달리 변호인의 구속된 피고인과의 접견교통권은 헌법이 아니라 「형사소송법」에 의해 보장되는 권리이므로, 그 제한은 법령 또는 법원의 결정에 의해서만 가능하고 수사기관의 처분에 의해서는 할 수 없다.

④ 수사기관에 임의동행 형식으로 연행된 피의자에게는 변호인 또는 변호인이 되려는 자와의 접견교통권이 인정되지만, 임의동행 형식으로 연행된 피내사자의 경우에는 그 접견교통권이 인정되지 않는다.

해설

① (O) 대법원 2007.1.31, 2006모656
② (×) 형사소송법 제34조는 "변호인 또는 변호인이 되려는 자는 신체구속을 당한 피고인 또는 피의자와 접견하고 서류 또는 물건

을 수수할 수 있으며 의사로 하여금 진료하게 할 수 있다."고 규정하고 있는바, 이 규정은 형이 확정되어 집행 중에 있는 수형자에 대한 재심 개시의 여부를 결정하는 재심청구절차에는 그대로 적용될 수 없다(대법원 1998.4.28, 96다48831).

③ (×) 변호인의 구속된 피고인 또는 피의자와의 접견교통권은 피고인 또는 피의자 자신이 가지는 변호인과의 접견교통권과는 성질을 달리하는 것으로서 헌법상 보장된 권리라고는 할 수 없고, 형사소송법 제34조에 의하여 비로소 보장되는 권리라는 것은 과거의 판례이다(대법원 2002.5.6, 2000모112). 2019년 헌법재판소는 "변호인 되려는 자의 접견교통권은 피의자 등을 조력하기 위한 핵심적인 부분으로서 피의자 등이 가지는 헌법상 기본권인 변호인 되려는 자와의 접견교통권과 표리의 관계에 있으므로, 변호인 되려는 자의 접견교통권도 역시 헌법상 기본권으로 보장되어야 한다."고 판시하였다(헌법재판소 2019.2.28, 2015헌마1204). 따라서 변호인의 피고인과의 접견교통권은 법률에 의한 제한만 가능하고, 법원의 결정이나 수사기관의 처분에 의해서는 제한할 수 없다.

④ (×) 변호인의 조력을 받을 권리를 실질적으로 보장하기 위하여는 변호인과의 접견교통권의 인정이 당연한 전제가 되므로, 임의동행의 형식으로 수사기관에 연행된 피의자에게도 변호인 또는 변호인이 되려는 자와의 접견교통권은 당연히 인정된다고 보아야 하고, 임의동행의 형식으로 연행된 피내사자의 경우에도 이는 마찬가지이다(대법원 1996.6.3, 96모18).

정답 ①

---

070 ✓ 대표 ◆◆◇◇ 경찰2차 2018 유사 │ 국가7급 2017

다음 사례에 대한 설명으로 옳지 않은 것은? (다툼이 있는 경우 판례에 의함)

> 사법경찰관 甲은 ○○노동조합 시위현장에서 6명의 조합원을 ㉠ 집회 및 시위에 관한 법률 위반 혐의로 현행범 체포 후 경찰서로 연행하였고, ㉡ 그 과정에서 체포의 이유를 설명하지 않다가 조합원들의 항의를 받고 1시간이 지난 후 그 이유를 설명하였다. 한편 위 노동조합으로부터 사전에 "조합원이 경찰에 강제 연행될 경우 신속한 변호사 접견이 이루어질 수 있도록 적절한 조치를 취해달라"는 공문을 받은 ㉢ 변호사 A는 시위 현장에서 위 상황을 목격한 후 甲에게 자신이 변호사임을 밝히고 노동조합의 공문을 보여주며 조합원들을 접견할 수 있도록 해달라고 요청하였다. ㉣ 하지만 甲은 이에 응하지 않았다.

① ㉠과 관련, 현행범 체포의 요건을 갖추었는지를 판단할 때 수사기관에 상당한 재량의 여지가 있으나, 체포 당시 상황으로 보아도 체포 요건 충족에 관한 甲의 판단이 경험칙에 비추어 현저히 합리성을 잃은 경우에는 체포는 위법하다.

② ㉡과 관련, 특별한 사정이 없는 한 체포 당시에 체포이유를 고지하였어야 하므로 항의를 받은 후에야 체포이유를 고지한 것은 위법하다.

③ ㉢과 관련, A는 변호인이 되려는 자로서 접견교통권을 갖는다.

④ ㉣과 관련, A는 법원에 甲의 처분의 취소를 청구할 수 없다.

해설

④ (×) 제417조 참조.

> **제417조(동전)** 검사 또는 사법경찰관의 구금, 압수 또는 압수물의 환부에 관한 처분과 제243조의2에 따른 변호인의 참여 등에 관한 처분에 대하여 불복이 있으면 그 직무집행지의 관할법원 또는 검사의 소속검찰청에 대응한 법원에 그 처분의 취소 또는 변경을 청구할 수 있다.

→ 제417조에 의해 처분의 취소를 청구할 수 있다(준항고).

① (○) 범죄를 실행 중이거나 실행 직후의 현행범인은 누구든지 영장 없이 체포할 수 있다(형사소송법 제212조). 현행범인으로 체포하기 위하여는 행위의 가벌성, 범죄의 현행성·시간적 접착성, 범인·범죄의 명백성 외에 체포의 필요성, 즉 도망 또는 증거인멸의 염려가 있어야 하는데, 이러한 현행범인 체포의 요건을 갖추었는지는 체포 당시의 상황을 기초로 판단하여야 하고, 이에 관한 수사주체의 판단에는 상당한 재량의 여지가 있다. 따라서 체포 당시의 상황에서 보아 그 요건에 관한 수사주체의 판단이 경험칙에 비추어 현저히 합리성이 없다고 인정되지 않는 한 수사주체의 현행범인 체포를 위법하다고 단정할 것은 아니다(대법원 2016.2.18, 2015도13726).

② (○) 검사 또는 사법경찰관리는 현행범인을 체포하거나 일반인이 체포한 현행범인을 인도받는 경우 형사소송법 제213조의2에 의하여 준용되는 제200조의5에 따라 피의자에 대하여 피의사실

의 요지, 체포의 이유와 변호인을 선임할 수 있음을 말하고 변명할 기회를 주어야 하고, 이와 같은 고지는 체포를 위한 실력행사에 들어가기 전에 <u>미리 하여야 하는 것이 원칙이지만</u>, 달아나는 피의자를 쫓아가 붙들거나 폭력으로 대항하는 <u>피의자를 실력으로 제압하는 경우에는</u> 붙들거나 제압하는 과정에서 하거나 그것이 여의치 않은 경우에는 일단 붙들거나 제압한 후에 지체 없이 하면 된다(대법원 2012.2.9, 2011도7193).

③ (O) 제34조 참조.

> **제34조(피고인·피의자와의 접견, 교통, 진료)** 변호인이나 변호인이 되려는 자는 신체가 구속된 피고인 또는 피의자와 접견하고 서류나 물건을 수수(授受)할 수 있으며 의사로 하여금 피고인이나 피의자를 진료하게 할 수 있다.
> [전문개정 2020.12.8.]

정답 ④

---

071 ✅ 유사 ◆◇◇ 법원 2017

접견교통에 관한 다음 설명 중 가장 옳지 않은 것은?
(다툼이 있으면 판례에 의함)

① 변호인과의 자유로운 접견은 신체구속을 당한 사람에게 보장된 변호인의 조력을 받을 권리의 가장 중요한 내용이어서 국가안전보장, 질서유지, 공공복리 등 어떠한 명분으로도 제한될 수 있는 성질의 것이 아니다.

② 변호인의 구속된 피고인 또는 피의자와의 접견교통권은 헌법상 보장된 권리로 법령에 의하여 제한할 수 없다.

③ 법원은 일정한 경우에 직권 또는 검사의 청구에 의하여 구속된 피고인과 변호인(변호인이 되려는 자 포함) 이외의 타인과의 접견을 금할 수 있다.

④ 변호인이 피의자를 접견할 때 국가정보원 직원이 승낙 없이 사진촬영을 한 것은 접견교통권 침해에 해당한다.

해설

② (×) 변호인의 구속된 피고인 또는 피의자와의 접견교통권은 신체구속을 당한 피고인 또는 피의자의 인권보장과 방어준비를 위하여 필수불가결한 권리이므로 수사기관의 처분 등에 의하여 이를 제한할 수 없고, 다만, 법령에 의하여서만 제한이 가능하다(대법원 2002.5.6, 2000모112).

① (O) 헌법재판소가 91헌마111 결정에서 미결수용자와 변호인과의 접견에 대해 어떠한 명분으로도 제한할 수 없다고 한 것은 구속된 자와 변호인 간의 접견이 실제로 이루어지는 경우에 있어서의 '자유로운 접견', 즉 '대화내용에 대하여 비밀이 완전히 보장되고 어떠한 제한, 영향, 압력 또는 부당한 간섭 없이 자유롭게 대화할 수 있는 접견'을 제한할 수 없다는 것이지, 변호인과의 접견 자체에 대해 아무런 제한도 가할 수 없다는 것을 의미하는 것이 아니므로 미결수용자의 변호인 접견권 역시 국가안전보장·질서유지 또는 공공복리를 위해 필요한 경우에는 법률로써 제한될 수 있음은 당연하다(헌법재판소 2011.5.26, 2009헌마341).

③ (O) 제91조

④ (O) 대법원 2003.1.10, 2002다56628

정답 ②

---

072 ✅ 유사 ◆◆◇ 경찰1차 2023

접견교통권에 관한 설명 중 가장 적절하지 않은 것은?
(다툼이 있는 경우 판례에 의함)

① 변호인의 접견교통의 상대방인 신체구속을 당한 사람이 그 변호인을 자신의 범죄행위에 공범으로 가담시키려고 하였다는 등의 사정만으로 그 변호인의 신체구속을 당한 사람과의 접견교통을 금지하는 것이 정당화될 수는 없다.

② 「형사소송법」 제34조에 따르면 변호인 또는 변호인이 되려는 자는 신체구속을 당한 피고인 또는 피의자와 접견하고 서류 또는 물건을 수수할 수 있으며 의사로 하여금 진료하게 할 수 있으므로, 변호인이 되려는 의사를 표시한 자가 객관적으로 변호인이 될 가능성이 있다고 인정된다면, 신체구속을 당한 피고인 또는 피의자와 접견하지 못하도록 제한해서는 안 된다.

③ 변호인의 구속된 피고인 또는 피의자와의 접견교통권은 피고인 또는 피의자 자신이 가지는 변호인과의 접견교통권과는 성질을 달리하는 것으로서 헌법상 보장된 권리라고 할 수 없으므로, 수사기관의 처분 등에 의하여 이를 제한할 수 있으며 반드시 법령에 의하여서만 제한 가능한 것은 아니다.

④ 변호인의 조력을 받을 권리를 보장하는 목적은 피의자 또는 피고인의 방어권 행사를 보장하기 위한 것이므로, 변호인의 조력을 받을 기회가 충분히 보장되었다고 인정될 수 있는 경우에는 미결수용자 또는 변호인이 원하는 특정한 시점에 접견이 이루어지지 못하였다 하더라도 그것만으로 곧바로 변호인의 조력을 받을 권리가 침해되었다고 단정할 수는 없다.

해설

③ (×) 변호인의 구속된 피고인 또는 피의자와의 접견교통권은 <u>헌법상 보장된 권리로, 수사기관의 처분 등에 의하여 이를 제한할 수 없으며, 반드시 법령에 의하여서만 제한 가능</u>하다.
[판례] 피의자 등이 가지는 '변호인이 되려는 자'의 조력을 받을 권리가 실질적으로 확보되기 위해서는 <u>'변호인이 되려는 자'의 접견교통권 역시 헌법상 기본권</u>으로서 보장되어야 한다(헌법재판소 2019.2.28, 2015헌마1204).

① (O) 신체구속을 당한 피의자 또는 피고인이 범한 것으로 의심받고 있는 범죄행위에 해당 변호인이 관련되어 있다는 등의 사유에 기하여 그 변호인의 변호활동을 광범위하게 규제하는 변호인의 제척과 같은 제도를 두고 있지 아니한 우리 법제 아래에서는, <u>변호인의 접견교통의 상대방인 신체구속을 당한 사람이 그 변호인을 자신의 범죄행위에 공범으로 가담시키려고 하였다는 등의 사정만으로 그 변호인의 신체구속을 당한 사람과의 접견교통을 금지하는 것이 정당화될 수는 없다</u>(대법원 2007.1.31, 2006모656).

② (O) 형사소송법 제34조는 "변호인 또는 변호인이 되려는 자는 신체구속을 당한 피고인 또는 피의자와 접견하고 서류 또는 물건을 수수할 수 있으며 의사로 하여금 진료하게 할 수 있다."라고 규정하고 있으므로, <u>변호인이 되려는 의사를 표시한 자가 객관적으로 변호인이 될 가능성이 있다고 인정되는데도, 형사소송법 제34조에서 정한 '변호인 또는 변호인이 되려는 자'가 아니라고 보</u>

아 신체구속을 당한 피고인 또는 피의자와 접견하지 못하도록 제한하여서는 아니 된다(대법원 2017.3.9, 2013도16162).
④ (○) 변호인의 조력을 받을 권리를 보장하는 목적은 피의자 또는 피고인의 방어권 행사를 보장하기 위한 것이므로, 미결수용자 또는 변호인이 원하는 특정한 시점에 접견이 이루어지지 못하였다 하더라도 그것만으로 곧바로 변호인의 조력을 받을 권리가 침해되었다고 단정할 수는 없는 것이고, 변호인의 조력을 받을 권리가 침해되었다고 하기 위해서는 접견이 불허된 특정한 시점을 전후한 수사 또는 재판의 진행경과에 비추어 보아, 그 시점에 접견이 불허됨으로써 피의자 또는 피고인의 방어권 행사에 어느 정도는 불이익이 초래되었다고 인정할 수 있어야만 하며, 그 시점을 전후한 변호인 접견의 상황이나 수사 또는 재판의 진행과정에 비추어 미결수용자가 방어권을 행사하기 위해 변호인의 조력을 받을 기회가 충분히 보장되었다고 인정될 수 있는 경우에는, 비록 미결수용자 또는 그 상대방인 변호인이 원하는 특정 시점에는 접견이 이루어지지 못하였다 하더라도 변호인의 조력을 받을 권리가 침해되었다고 할 수 없다(헌법재판소 2011.5.26, 2009헌마341).

정답 ③

Ⅳ 체포 · 구속적부심사제도

073 ✓ 대표 ◆◆◇ 법원 2013 유사 국가9급개론 2018

체포 · 구속적부심사제도에 대한 설명으로 옳지 않은 것은?

① 체포적부심을 신청한 피의자에 대하여 법원은 직권으로 보증금납입조건부 석방결정을 할 수 있다.
② 심사청구 후 검사가 전격 기소한 경우에도 법원은 심사청구에 대한 판단을 해야 한다.
③ 구속영장을 발부한 법관도 구속적부심사의 심문, 조사, 결정에 관여할 수 있는 경우가 있다.
④ 법원은 공동피의자의 연속적인 심사청구가 수사방해의 목적임이 명백한 경우에는 심문 없이 기각할 수 있다.

해설

① (×) 보증금납입조건부 석방결정은 구속적부심에서만 가능하다.

> **제214조의2(체포와 구속의 적부심사)** ① 체포되거나 구속된 피의자 또는 그 변호인, 법정대리인, 배우자, 직계친족, 형제자매나 가족, 동거인 또는 고용주는 관할법원에 체포 또는 구속의 적부심사(適否審査)를 청구할 수 있다. 〈개정 2020.12.8.〉
> ⑤ 법원은 구속된 피의자(심사청구 후 공소제기된 사람을 포함한다)에 대하여 피의자의 출석을 보증할 만한 보증금의 납입을 조건으로 하여 결정으로 제4항의 석방을 명할 수 있다. 다만, 다음 각 호에 해당하는 경우에는 그러하지 아니하다. 〈개정 2020.12.8.〉
> 1. 범죄의 증거를 인멸할 염려가 있다고 믿을 만한 충분한 이유가 있는 때
> 2. 피해자, 당해 사건의 재판에 필요한 사실을 알고 있다고 인정되는 사람 또는 그 친족의 생명·신체나 재산에 해를 가하거나 가할 염려가 있다고 믿을 만한 충분한 이유가 있는 때

② (○) 제214조의2 제4항 제2문 참조.

> **제214조의2(체포와 구속의 적부심사)** ④ 제1항의 청구를 받은 법원은 청구서가 접수된 때부터 48시간 이내에 체포되거나 구속된 피의자를 심문하고 수사 관계 서류와 증거물을 조사하여 그 청구가 이유 없다고 인정한 경우에는 결정으로 기각하고, 이유 있다고 인정한 경우에는 결정으로 체포하거나 구속된 피의자의 석방을 명하여야 한다. 심사청구 후 피의자에 대하여 공소제기가 있는 경우에도 또한 같다. 〈개정 2020.12.8.〉

③ (○) 제214조의2 제2항 단서 참조.

> **제214조의2(체포와 구속의 적부심사)** ⑫ 체포영장이나 구속영장을 발부한 법관은 제4항부터 제6항까지의 심문·조사·결정에 관여할 수 없다. 다만, 체포영장 또는 구속영장을 발부한 법관 외에는 심문·조사·결정을 할 판사가 없는 경우에는 그러하지 아니하다. 〈개정 2020.12.8.〉

④ (○) 제214조의2 제3항 제2호 참조.

> **제214조의2(체포와 구속의 적부심사)** ③ 법원은 제1항에 따른 청구가 다음 각 호의 어느 하나에 해당하는 때에는 제4항에 따른 심문 없이 결정으로 청구를 기각할 수 있다. 〈개정 2020.12.8.〉
> 2. 공범이나 공동피의자의 순차청구(順次請求)가 수사 방해를 목적으로 하고 있음이 명백한 때

정답 ①

074 ✓대표 ◆◆◇ 〔변호사 2018〕

체포와 구속의 적부심사에 관한 설명 중 옳은 것(○)과 옳지 않은 것(×)을 올바르게 조합한 것은?

> ㄱ. 공범 또는 공동피의자의 구속적부심사 순차청구가 수사방해의 목적임이 명백하다고 하더라도 법원은 피의자에 대한 심문 없이 그 청구를 기각할 수는 없다.
>
> ㄴ. 구속적부심사청구 후 검사가 피의자를 기소한 경우, 법원은 심문 없이 결정으로 청구를 기각하여야 하며 피고인은 수소법원에 보석을 청구할 수 있다.
>
> ㄷ. 구속적부심사를 청구한 피의자에게 변호인이 없는 때에는 「형사소송법」 제33조의 규정에 따라 법원은 직권으로 변호인을 선정하여야 한다.
>
> ㄹ. 체포적부심사청구를 받은 법원이 그 청구가 이유 있다고 인정한 때에는 결정으로 체포된 피의자의 석방을 명하여야 하며, 검사는 이 결정에 대하여 항고하지 못한다.
>
> ㅁ. 체포적부심사결정에 의하여 석방된 피의자가 도망하거나 죄증을 인멸하는 경우, 동일한 범죄사실에 관하여 재차 체포할 수 있다.

	ㄱ	ㄴ	ㄷ	ㄹ	ㅁ
①	○	×	○	×	○
②	○	○	×	×	×
③	×	○	×	○	○
④	×	○	○	○	×
⑤	×	×	○	○	○

해설

ㄱ. (×) 제214조의2 제3항 제2호 참조.

> **제214조의2(체포와 구속의 적부심사)** ③ 법원은 제1항에 따른 청구가 다음 각 호의 어느 하나에 해당하는 때에는 제4항에 따른 심문 없이 결정으로 청구를 기각할 수 있다. 〈개정 2020.12.8.〉
> 2. 공범이나 공동피의자의 순차청구(順次請求)가 수사 방해를 목적으로 하고 있음이 명백한 때

ㄴ. (×) 전격기소 시에도 적부심 절차는 유지된다. 제214조의2 제4항 제2문 참조.

> **제214조의2(체포와 구속의 적부심사)** ④ 제1항의 청구를 받은 법원은 청구서가 접수된 때부터 48시간 이내에 체포되거나 구속된 피의자를 심문하고 수사 관계 서류와 증거물을 조사하여 그 청구가 이유 없다고 인정한 경우에는 결정으로 기각하고, 이유 있다고 인정한 경우에는 결정으로 체포하거나) 구속된 피의자의 석방을 명하여야 한다. 심사청구 후 피의자에 대하여 공소제기가 있는 경우에도 또한 같다. 〈개정 2020. 12.8.〉

ㄷ. (○) 제214조의2 제10항 참조.

> **제214조의2(체포와 구속의 적부심사)** ⑩ 체포되거나 구속된 피의자에게 변호인이 없는 때에는 제33조를 준용한다. 〈개정 2020.12.8.〉

ㄹ. (○) 제214조의2 제8항 참조.

> **제214조의2(체포와 구속의 적부심사)** ⑧ 제3항과 제4항의 결정에 대해서는 항고할 수 없다. 〈개정 2020.12.8.〉

ㅁ. (○) 제214조의3 제1항 참조.

> **제214조의3(재체포 및 재구속의 제한)** ① 제214조의2 제4항에 따른 체포 또는 구속 적부심사결정에 의하여 석방된 피의자가 도망하거나 범죄의 증거를 인멸하는 경우를 제외하고는 동일한 범죄사실로 재차 체포하거나 구속할 수 없다.

정답 ⑤

---

075 ✓대표 ◆◆◇ 〔경찰승진 2022 유사〕 〔국가7급 2015〕

체포·구속적부심에 대한 설명으로 옳지 않은 것은? (다툼이 있는 경우 판례에 의함)

① 법원의 보증금납입조건부 석방결정에 대하여 검사는 항고할 수 없다.

② 법원이 수사 관계 서류와 증거물을 접수한 때부터 결정 후 검찰청에 반환된 때까지의 기간은 구속기간에 산입하지 아니한다.

③ 형사소송법 제214조의2 제4항에 의한 법원의 석방결정에 따라 석방된 피의자가 도망하거나 죄증을 인멸하는 경우에는 동일한 범죄사실에 대하여 재체포 또는 재구속할 수 있다.

④ 동거인이나 고용주도 체포·구속적부심사를 청구할 수 있으나 피고인은 청구할 수 없다.

해설

① (×) 피의자보석결정에 대해서는 검사든 피의자든 보통항고가 가능하다. "보증금납입조건부 피의자석방결정에 대해서는 형사소송법 제402조의 규정에 의하면, 법원의 결정에 대하여 불복이 있으면 항고를 할 수 있으나 다만, 같은 법에 특별한 규정이 있는 경우에는 예외로 하도록 되어 있는 바, 체포 또는 구속적부심사 절차에서의 법원의 결정에 대한 항고의 허용 여부에 관하여 같은 법 제214조의2 제7항은 제2항과 제3항의 기각결정 및 석방결정에 대하여 항고하지 못하는 것으로 규정하고 있을 뿐이고 제4항에 의한 석방결정에 대하여 항고하지 못한다는 규정은 없을 뿐만 아니라, 같은 법 제214조의2 제3항의 석방결정은 체포 또는 구속이 불법이거나 이를 계속할 사유가 없는 등 부적법한 경우에 피의자의 석방을 명하는 것임에 비하여, 같은 법 제214조의2 제4항의 석방결정은 구속의 적법을 전제로 하면서 그 단서에서 정한 제한사유가 없는 경우에 한하여 출석을 담보할 만한 보증금의 납입을 조건으로 하여 피의자의 석방을 명하는 것이어서 같은 법 제214조의2 제3항의 석방결정과 제4항의 석방결정은 원래 그 실질적인 취지와 내용을 달리 하는 것이고, 또한 기소 후 보석결정에 대하여 항고가 인정되는 점에 비추어 그 보석결정과 성질 및 내용이 유사한 기소 전 보증금 납입 조건부 석방결정에 대하여도 항고할 수 있도록 하는 것이 균형에 맞는 측면도 있다 할 것이므로, 같은 법 제214조의2 제4항의 석방결정에 대하여는 피의자나 검사가 그 취소의 실익이 있는 한 같은 법 제402조에 의하여 항고할 수 있다(대법원 1997.8.27, 97모21)."

② (○) 제214조의2 제13항 참조.

제214조의2(체포와 구속의 적부심사) ⑬ 법원이 수사 관계 서류와 증거물을 접수한 때부터 결정 후 검찰청에 반환된 때까지의 기간은 제200조의2 제5항(제213조의2에 따라 준용되는 경우를 포함한다) 및 제200조의4 제1항을 적용할 때에는 그 제한기간에 산입하지 아니하고, 제202조·제203조 및 제205조의 적용를 적용할 때에는 그 구속기간에 산입하지 아니한다. 〈개정 2020.12.8.〉

③ (○) 제214조의3 제1항 참조.

[정리] 적(부심 석방 시 재체포·재구속) - 도/증

제214조의3(재체포 및 재구속의 제한) ① 제214조의2 제4항에 따른 체포 또는 구속 적부심사결정에 의하여 석방된 피의자가 도망하거나 범죄의 증거를 인멸하는 경우를 제외하고는 동일한 범죄사실로 재차 체포하거나 구속할 수 없다. 〈개정 2020.12.8.〉

④ (○) 제214조의2 제1항 참조.

제214조의2(체포와 구속의 적부심사) ① 체포되거나 구속된 피의자 또는 그 변호인, 법정대리인, 배우자, 직계친족, 형제자매나 가족, 동거인 또는 고용주는 관할법원에 체포 또는 구속의 적부심사(適否審査)를 청구할 수 있다. 〈개정 2020. 12.8.〉

[보충] 피고인은 적부심을 청구할 수 없다. 단, 피의자 청구 시 검사가 전격기소하여 피고인이 된 경우에도 적부심 절차는 유지된다. '피의자' 지위는 적부심 개시 내지 청구의 요건일 뿐 절차 유지의 요건은 아니다.

정답 ①

---

076 ✓ 대표 ◆◇◇ 〔국가9급 2019〕

체포·구속적부심사에 대한 설명으로 옳지 않은 것은? (다툼이 있는 경우 판례에 의함)

① 체포·구속적부심사의 청구권자(「형사소송법」 제214조의2 제1항)는 변호인선임권자(「형사소송법」 제30조 제2항)보다 범위가 넓다.

② 구속적부심사절차와 달리 체포적부심사절차에서는 보증금납입조건부 피의자석방결정을 할 수 없다.

③ 구속적부심사청구에 대한 법원의 결정에는 기각결정과 석방결정, 보증금납입조건부 석방결정이 있으며, 검사와 피의자는 이와 같은 법원의 결정에 대해 항고할 수 없다.

④ 구속적부심문조서는 특히 신용할 만한 정황에 의하여 작성된 문서이므로 특별한 사정이 없는 한, 증거동의 여부와 상관없이 당연히 증거능력이 인정된다.

해설

③ (×) 보증금납입조건부 석방결정에 대해서는 보통항고 할 수 있다는 것이 판례의 태도이다. "형사소송법 제402조의 규정에 의하면, 법원의 결정에 대하여 불복이 있으면 항고를 할 수 있으나 다만 같은 법에 특별한 규정이 있는 경우에는 예외로 하도록 되어 있는 바, 체포 또는 구속적부심사절차에서의 법원의 결정에

대한 항고의 허용 여부에 관하여 같은 법 제214조의2 제7항은 제2항과 제3항의 기각결정 및 석방결정에 대하여 항고하지 못하는 것으로 규정하고 있을 뿐이고 제4항에 의한 석방결정에 대하여 항고하지 못한다는 규정은 없을 뿐만 아니라, 같은 법 제214조의2 제3항의 석방결정은 체포 또는 구속이 불법이거나 이를 계속할 사유가 없는 등 부적법한 경우에 피의자의 석방을 명하는 것임에 비하여, 같은 법 제214조의2 제4항의 석방결정은 구속의 적법을 전제로 하면서 그 단서에서 정한 제한사유가 없는 경우에 한하여 출석을 담보할 만한 보증금의 납입을 조건으로 하여 피의자의 석방을 명하는 것이어서 같은 법 제214조의2 제3항의 석방결정과 제4항의 석방결정은 원래 그 실질적인 취지와 내용을 달리 하는 것이고, 또한 기소 후 보석결정에 대하여 항고가 인정되는 점에 비추어 그 보석결정과 성질 및 내용이 유사한 기소 전 보증금 납입 조건부 석방결정에 대하여도 항고할 수 있도록 하는 것이 균형에 맞는 측면도 있다 할 것이므로, 같은 법 제214조의2 제4항의 석방결정에 대하여는 피의자나 검사가 그 취소의 실익이 있는 한 같은 법 제402조에 의하여 항고 할 수 있다(대법원 1997.8.27, 97모21)."

① (○) 적부심청구권자에는 가족, 동거인, 고용주도 포함된다.

제214조의2(체포와 구속의 적부심사) ① 체포되거나 구속된 피의자 또는 그 변호인, 법정대리인, 배우자, 직계친족, 형제자매나 가족, 동거인 또는 고용주는 관할법원에 체포 또는 구속의 적부심사(適否審査)를 청구할 수 있다. 〈개정 2020. 12.8.〉
제30조(변호인선임권자) ① 피고인 또는 피의자는 변호인을 선임할 수 있다.
② 피고인 또는 피의자의 법정대리인, 배우자, 직계친족과 형제자매는 독립하여 변호인을 선임할 수 있다.

② (○) 형사소송법은 수사단계에서의 체포와 구속을 명백히 구별하고 있고 이에 따라 체포와 구속의 적부심사를 규정한 같은 법 제214조의2에서 체포와 구속을 서로 구별되는 개념으로 사용하고 있는 바, 같은 조 제4항에 기소 전 보증금 납입을 조건으로 한 석방의 대상자가 '구속된 피의자'라고 명시되어 있고, 같은 법 제214조의3 제2항의 취지를 체포된 피의자에 대하여도 보증금 납입을 조건으로 한 석방이 허용되어야 한다는 근거로 보기는 어렵다 할 것이어서 현행법상 체포된 피의자에 대하여는 보증금 납입을 조건으로 한 석방이 허용되지 않는다(대법원 1997.8.27, 97모21).

제214조의2(체포와 구속의 적부심사) ④ 제1항의 청구를 받은 법원은 청구서가 접수된 때부터 48시간 이내에 체포되거나 구속된 피의자를 심문하고 수사 관계 서류와 증거물을 조사하여 그 청구가 이유 없다고 인정한 경우에는 결정으로 기각하고, 이유 있다고 인정한 경우에는 결정으로 체포하거나 구속된 피의자의 석방을 명하여야 한다. 심사청구 후 피의자에 대하여 공소제기가 있는 경우에도 또한 같다. 〈개정 2020.12.8.〉
⑤ 법원은 구속된 피의자(심사청구 후 공소제기된 사람을 포함한다)에 대하여 피의자의 출석을 보증할 만한 보증금의 납입을 조건으로 하여 결정으로 제4항의 석방을 명할 수 있다. 〈개정 2020.12.8.〉

④ (○) 구속적부심은 구속된 피의자 또는 그 변호인 등의 청구로 수사기관과는 별개 독립의 기관인 법원에 의하여 행하여지는 것으로서 구속된 피의자에 대하여 피의사실과 구속사유 등을 알려 그에 대한 자유로운 변명의 기회를 주어 구속의 적부를 심사함으로써 피의자의 권리보호에 이바지하는 제도인바, 법원 또는 합의부원, 검사, 변호인, 청구인이 구속된 피의자를 심문하고 그에 대

한 피의자의 진술 등을 기재한 구속적부심문조서는 형사소송법 제311조가 규정한 문서에는 해당하지 않는다 할 것이나, 특히 신용할만한 정황에 의하여 작성된 문서라고 할 것이므로 특별한 사정이 없는 한, 피고인이 증거로 함에 부동의하더라도 형사소송법 제315조 제3호에 의하여 당연히 그 증거능력이 인정된다(대법원 2004.1.16, 2003도5693).

> 정답 ③

---

077 ✓ 대표 ◆◆◇

체포·구속적부심사에 관한 다음 설명 중 가장 적절하지 않은 것은? (다툼이 있으면 판례에 의함)

① 체포·구속적부심사결정에 의하여 석방된 피의자가 도망하거나 죄증을 인멸하는 경우를 제외하고는 동일한 범죄사실에 관하여 재차 체포 또는 구속하지 못한다.

② 체포·구속적부심사청구에 대한 기각결정에 대하여는 3일 이내 항고할 수 있다.

③ 법원이 수사 관계 서류와 증거물을 접수한 때부터 결정 후 검찰청에 반환된 때까지의 기간은 형사소송법 제202조·제203조 및 제205조의 적용에 있어서는 그 구속기간에 산입하지 아니한다.

④ 구속적부심절차에서 피구속자의 변호를 맡은 변호인은 수사기록 중 고소장과 피의자신문조서를 열람·등사할 권리가 있다.

> **해설**
>
> ② (×) 제214조의2 제8항 참조.
>
> > **제214조의2(체포와 구속의 적부심사)** ⑧ 제3항과 제4항의 결정에 대해서는 항고할 수 없다. 〈개정 2020.12.8.〉
>
> ① (○) 제214조의3 제1항 참조.
>
> > **제214조의3(재체포 및 재구속의 제한)** ① 제214조의2 제4항의 규정에 따른 체포 또는 구속 적부심사결정에 의하여 석방된 피의자가 도망하거나 범죄의 증거를 인멸하는 경우를 제외하고는 동일한 범죄사실로 재차 체포하거나 구속할 수 없다. 〈개정 2020.12.8.〉
>
> ③ (○) 제214조의2 제13항 참조.
>
> > **제214조의2(체포와 구속의 적부심사)** ⑬ 법원이 수사 관계 서류와 증거물을 접수한 때부터 결정 후 검찰청에 반환된 때까지의 기간은 제200조의2 제5항(제213조의2에 따라 준용되는 경우를 포함한다) 및 제200조의4 제1항을 적용할 때에는 그 제한기간에 산입하지 아니하고, 제202조·제203조 및 제205조를 적용할 때에는 그 구속기간에 산입하지 아니한다. 〈개정 2020.12.8.〉
>
> ④ (○) 규칙 제96조의21, 규칙 제104조의2 참조.
>
> > **규칙 제96조의21(구속영장청구서 및 소명자료의 열람)** ① 피의자 심문에 참여할 변호인은 지방법원 판사에게 제출된

구속영장청구서 및 그에 첨부된 고소·고발장, 피의자의 진술을 기재한 서류와 피의자가 제출한 서류를 열람할 수 있다.

> **제104조의2(준용규정)** 제96조의21의 규정은 체포·구속의 적부심사를 청구한 피의자의 변호인에게 이를 준용한다.

> 정답 ②

---

078 ✓ 유사 ◆◇◇

체포·구속적부심사에 대한 설명으로 가장 적절하지 않은 것은? (다툼이 있으면 판례에 의함)

① 긴급체포 등 체포영장에 의하지 아니하고 체포된 피의자의 경우에도 체포·구속적부심사를 청구할 권리를 가진다.

② 체포·구속적부심사결정에 의하여 석방된 피의자는 도망한 때, 죄증을 인멸할 염려가 있다고 믿을 만한 충분한 이유가 있을 때, 출석요구를 받고 정당한 이유 없이 출석하지 아니한 때, 주거의 제한 기타 법원이 정한 조건을 위반한 때를 제외하고는 동일한 범죄사실에 관하여 재차 체포 또는 구속하지 못한다.

③ 체포·구속적부심사청구에 대한 법원의 결정은 체포 또는 구속된 피의자에 대한 심문이 종료된 때로부터 24시간 이내에 하여야 한다.

④ 구속된 피의자로부터 구속적부심사의 청구를 받은 법원이 피의자의 출석을 보증할 만한 보증금의 납입을 조건으로 하여 석방결정을 하는 경우에 주거의 제한, 법원 또는 검사가 지정하는 일시·장소에 출석할 의무 기타 적당한 조건을 부가할 수 있다.

> **해설**
>
> ② (×) 도/염/출/조는 적부심에서 보석된 경우의 재구속 요건이다. 피의자보석이 아니라 단순히 적부심에서 석방된 경우에는 도/증이 재체포·재구속 요건임(제214조의3 제1항 참조).
>
> > **제214조의3(재체포 및 재구속의 제한)** ① 제214조의2 제4항의 규정에 따른 체포 또는 구속 적부심사결정에 의하여 석방된 피의자가 도망하거나 범죄의 증거를 인멸하는 경우를 제외하고는 동일한 범죄사실로 재차 체포하거나 구속할 수 없다. 〈개정 2020.12.8.〉
>
> ① (○) 형사소송법은 긴급체포나 현행범으로 체포된 피의자 등 영장에 의하지 아니하고 체포된 피의자 등에게도 명문규정으로 적부심사청구권을 인정하고 있다(제214조의2 제1항 참조, 07년 개정에 의하여 영장요건 삭제됨). 대법원 판례도 '긴급체포나 현행범으로 체포된 피의자 등 영장에 의하지 아니하고 체포된 피의자 등'에게도 적부심사청구권을 인정하고 있다(대법원 1997.8.27, 97모21).
>
> > **제214조의2(체포와 구속의 적부심사)** ① 체포되거나 구속된 피의자 또는 그 변호인, 법정대리인, 배우자, 직계친족, 형제자매나 가족, 동거인 또는 고용주는 관할법원에 체포 또는 구속의 적부심사(適否審査)를 청구할 수 있다. 〈개정 2020.12.8.〉

③ (○) 규칙 제106조 참조.
　[정리] 적부심: 48+24
　cf. 긴급체포 후 압수: 24/48(제217조 제1항).

> **규칙 제106조(결정의 기한)** 체포 또는 구속의 적부심사청구에 대한 결정은 체포 또는 구속된 피의자에 대한 심문이 종료된 때로부터 24시간 이내에 이를 하여야 한다.

④ (○) 피의자보석결정 시 보증금납입조건은 필수이며, 여기에 주거제한, 출석의무부과 등 적당한 조건을 부가할 수 있다. 제214조의2 제5항·제6항 참조.

> **제214조의2(체포와 구속의 적부심사)** ⑤ 법원은 구속된 피의자(심사청구 후 공소제기 된 자를 포함한다)에 대하여 피의자의 출석을 보증할 만한 보증금의 납입을 조건으로 하여 결정으로 제4항의 석방을 명할 수 있다. 다만, 다음 각 호에 해당하는 경우에는 그러하지 아니하다. 〈개정 2020.12.8.〉
> 1. 범죄의 증거를 인멸할 염려가 있다고 믿을 만한 충분한 이유가 있는 때
> 2. 피해자, 당해 사건의 재판에 필요한 사실을 알고 있다고 인정되는 사람 또는 그 친족의 생명·신체나 재산에 해를 가하거나 가할 염려가 있다고 믿을 만한 충분한 이유가 있는 때
> ⑥ 제5항의 석방 결정을 하는 경우에는 주거의 제한, 법원 또는 검사가 지정하는 일시·장소에 출석할 의무, 그 밖의 적당한 조건을 부가할 수 있다. 〈개정 2020.12.8.〉

정답 ②

---

079 ☑ 유사 ◆◆◆　　　　경찰승진 2024

체포·구속적부심사에 관한 설명으로 가장 적절하지 않은 것은? (다툼이 있는 경우 판례에 의함)

① 체포되거나 구속된 피의자 또는 그 변호인, 법정대리인, 배우자, 직계친족, 형제자매나 가족, 동거인 또는 고용주는 관할법원에 체포 또는 구속의 적부심사를 청구할 수 있다.

② 법원은 청구권자 아닌 사람이 구속의 적부심사를 청구하는 경우에는 심문 없이 결정으로 청구를 기각할 수 있는데, 이와 같은 기각결정에 대해서는 항고할 수 없다.

③ 법원은 구속된 피의자에 대하여 피의자의 출석을 보증할 만한 보증금의 납입을 조건으로 하여 결정으로 석방을 명할 수 있는데, 석방된 피의자가 출석요구를 받고 정당한 이유 없이 출석하지 아니하더라도 동일한 범죄사실로 재차 체포하거나 구속할 수 없다.

④ 기소 전 보증금납입조건부 석방결정에 대하여 피의자나 검사가 그 취소의 실익이 있는 한 「형사소송법」 제402조에 의하여 항고할 수 있다.

해설

③ (×) 보증금납입조건부 피의자석방결정에 따라 석방된 피의자가 출석요구를 받고 정당한 이유 없이 출석하지 아니한 때에는, 동일한 범죄사실로 재차 체포하거나 구속할 수 있다. 제214조의2

제5항, 제214조의3 제2항 제3호 참조.

> **제214조의2(체포와 구속의 적부심사)** ⑤ 법원은 구속된 피의자(심사청구 후 공소제기된 사람을 포함한다)에 대하여 피의자의 출석을 보증할 만한 보증금의 납입을 조건으로 하여 결정으로 제4항의 석방을 명할 수 있다. (중략)
>
> **제214조의3(재체포 및 재구속의 제한)** ① 제214조의2 제4항에 따른 체포 또는 구속 적부심사결정에 의하여 석방된 피의자가 도망하거나 범죄의 증거를 인멸하는 경우를 제외하고는 동일한 범죄사실로 재차 체포하거나 구속할 수 없다.
> ② 제214조의2 제5항에 따라 석방된 피의자에게 <u>다음 각 호의 어느 하나에 해당하는 사유가 있는 경우를 제외하고는 동일한 범죄사실로 재차 체포하거나 구속할 수 없다.</u>
> 1. 도망한 때
> 2. 도망하거나 범죄의 증거를 인멸할 염려가 있다고 믿을 만한 충분한 이유가 있는 때
> 3. <u>출석요구를 받고 정당한 이유 없이 출석하지 아니한 때</u>
> 4. 주거의 제한이나 그 밖에 법원이 정한 조건을 위반한 때

① (○) 제214조의2 제1항 참조.

> **제214조의2(체포와 구속의 적부심사)** ① <u>체포되거나 구속된 피의자 또는 그 변호인, 법정대리인, 배우자, 직계친족, 형제자매나 가족, 동거인 또는 고용주는 관할법원에 체포 또는 구속의 적부심사(適否審査)를 청구할 수 있다.</u>

② (○) 제214조의2 제3항·제8항 참조.

> **제214조의2(체포와 구속의 적부심사)** ③ 법원은 제1항에 따른 청구가 다음 각 호의 어느 하나에 해당하는 때에는 제4항에 따른 심문 없이 결정으로 청구를 기각할 수 있다.
> 1. 청구권자 아닌 사람이 청구하거나 동일한 체포영장 또는 구속영장의 발부에 대하여 재청구한 때
> 2. 공범이나 공동피의자의 순차청구(順次請求)가 수사 방해를 목적으로 하고 있음이 명백한 때
> ⑧ 제3항과 제4항의 결정에 대해서는 항고할 수 없다.

④ (○) 대법원 1997.8.27, 97모21

정답 ③

080 ✅ 유사 ◆◆◇

체포·구속적부심사에 대한 설명으로 가장 옳은 것은?

① 긴급체포 또는 현행범체포로 체포된 피의자가 아니라 체포영장에 의해 체포된 피의자는 체포적부심사의 청구권자에 해당하지 아니한다.

② 체포·구속적부심사를 청구한 피의자에 대하여 검사가 공소를 제기한 경우에 수소법원이 적부심사를 행하여 청구기각결정이나 석방결정을 할 수 있다.

③ 구속된 피의자로부터 구속적부심사의 청구를 받은 법원이 보증금납입조건부 피의자 석방의 결정을 내린 경우에도 보증금 납입 후라야 석방할 수 있다.

④ 구속적부심사를 청구한 피의자에게 변호인이 없는 경우 법원은 피의자의 청구가 있는 때에 국선변호인을 선정하여야 한다.

해설

③ (○) 보증금납입조건부 피의자석방결정에 있어서 보증금 납입은 필수적 조건(이 점에서 피고인 보석과는 다름)이자 선이행조건(피고인 보석과 같음)이다. 제214조의2 제7항, 제100조 제1항 전단 참조.

> **제214조의2 제214조의2(체포와 구속의 적부심사)** ⑤ 법원은 구속된 피의자(심사청구 후 공소제기된 사람을 포함한다)에 대하여 피의자의 출석을 보증할 만한 보증금의 납입을 조건으로 하여 결정으로 제4항의 석방을 명할 수 있다. 다만, 다음 각 호에 해당하는 경우에는 그러하지 아니하다.
> 1. 범죄의 증거를 인멸할 염려가 있다고 믿을 만한 충분한 이유가 있는 때
> 2. 피해자, 당해 사건의 재판에 필요한 사실을 알고 있다고 인정되는 사람 또는 그 친족의 생명·신체나 재산에 해를 가하거나 가할 염려가 있다고 믿을 만한 충분한 이유가 있는 때
> ⑦ 제5항에 따라 보증금 납입을 조건으로 석방을 하는 경우에는 제99조와 제100조를 준용한다.
> **제100조(보석집행의 절차)** ① 제98조 제1호·제2호·제5호·제7호 및 제8호의 조건은 이를 이행한 후가 아니면 보석허가결정을 집행하지 못하며, 법원은 필요하다고 인정하는 때에는 다른 조건에 관하여도 그 이행 이후 보석허가결정을 집행하도록 정할 수 있다.

① (✕) 헌법 제12조 제6항은 누구든지 체포 또는 구속을 당한 때에는 적부의 심사를 법원에 청구할 권리를 가진다고 규정하고 있고, 형사소송법 제214조의2 제1항은 체포영장 또는 구속영장에 의하여 체포 또는 구속된 피의자 등이 체포 또는 구속의 적부심사를 청구할 수 있다고 규정하고 있는바, 형사소송법의 위 규정이 체포영장에 의하지 아니하고 체포된 피의자의 적부심사청구권을 제한한 취지라고 볼 것은 아니므로 긴급체포 등 체포영장에 의하지 아니하고 체포된 피의자의 경우에도 헌법과 형사소송법의 위 규정에 따라 그 적부심사를 청구할 권리를 가진다(대법원 1997.8.27, 97모21).

② (✕) 전격기소의 경우에도 수소법원이 아니라 적부심사청구를 받은 법원(수임판사, 합의부 또는 단독판사)이 적부심사와 결정을 한다. 제214조의2 제4항 참조.

> **제214조의2(체포와 구속의 적부심사)** ④ 제1항의 청구를 받은 법원은 청구서가 접수된 때부터 48시간 이내에 체포되거나 구속된 피의자를 심문하고 수사 관계 서류와 증거물을 조사하여 그 청구가 이유 없다고 인정한 경우에는 결정으로 기각하고, 이유 있다고 인정한 경우에는 결정으로 체포되거나 구속된 피의자의 석방을 명하여야 한다. 심사청구 후 피의자에 대하여 공소제기가 있는 경우에도 또한 같다.

④ (✕) 적부심을 청구한 피의자에게 변호인이 없는 경우, 적부심사는 필요적 변호사건이므로, 법원은 직권으로 국선변호인을 선정해야 하는 것이다. 제214조의2 제10항 참조.

> **제214조의2(체포와 구속의 적부심사)** ⑩ 체포되거나 구속된 피의자에게 변호인이 없는 때에는 제33조를 준용한다.

정답 ③

081 ✅ 유사 ◆◆◇

체포·구속적부심사에 관한 다음 설명 중 가장 옳지 않은 것은?

① 체포적부심사청구를 받은 법원이 그 청구가 이유 있다고 인정할 때에는 결정으로 체포된 피의자의 석방을 명하여야 하며, 검사는 이 결정에 대하여 항고하지 못한다.

② 구속영장을 발부한 법관은 구속적부심사의 심문·조사·결정에 관여하지 못하고, 이는 구속영장을 발부한 법관 외에는 심문·조사·결정을 할 판사가 없는 경우에도 마찬가지이다.

③ 체포영장에 의하여 체포된 피의자뿐만 아니라 체포영장에 의하지 아니하고 긴급체포된 피의자도 체포적부심사의 청구권자에 해당한다.

④ 구속된 피의자로부터 구속적부심사의 청구를 받은 법원이 보증금납입조건부 피의자 석방결정을 내린 경우 보증금이 납입된 후에야 피의자를 석방할 수 있다.

해설

② (✕) 제214조의2 제12항 단서 참조.

> **제214조의2(체포와 구속의 적부심사)** ⑫ 체포영장이나 구속영장을 발부한 법관은 제4항부터 제6항까지의 심문·조사·결정에 관여할 수 없다. 다만, 체포영장이나 구속영장을 발부한 법관 외에는 심문·조사·결정을 할 판사가 없는 경우에는 그러하지 아니하다.

① (○) 제214조의2 제4항·제8항 참조.

> **제214조의2(체포와 구속의 적부심사)** ④ 제1항의 청구를 받은 법원은 청구서가 접수된 때부터 48시간 이내에 체포되거나 구속된 피의자를 심문하고 수사 관계 서류와 증거물을 조사하여 그 청구가 이유 없다고 인정한 경우에는 결정으로 기각하고, 이유 있다고 인정한 경우에는 결정으로 체포되거나 구속된 피의자의 석방을 명하여야 한다. 심사청구 후 피의

자에 대하여 공소제기가 있는 경우에도 또한 같다.

⑧ 제3항과 제4항의 결정에 대해서는 항고할 수 없다.

③ (O) 헌법 제12조 제6항은 누구든지 체포 또는 구속을 당한 때에는 적부의 심사를 법원에 청구할 권리를 가진다고 규정하고 있고, 형사소송법 제214조의2 제1항은 체포영장 또는 구속영장에 의하여 체포 또는 구속된 피의자 등이 체포 또는 구속의 적부심사를 청구할 수 있다고 규정하고 있는바, 형사소송법의 위 규정이 체포영장에 의하지 아니하고 체포된 피의자의 적부심사청구권을 제한한 취지라고 볼 것은 아니므로 <u>긴급체포 등 체포영장에 의하지 아니하고 체포된 피의자의 경우에도 헌법과 형사소송법의 위 규정에 따라 그 적부심사를 청구할 권리를 가진다</u>(대법원 1997.8.27, 97모21).

④ (O) 제214조의2 제5항, 제100조 제1항 전단 참조.
[보충] 또한 피의자보석은 피고인보석과 달리 보증금 납입이 필수적 조건이다.

> **제214조의2(체포와 구속의 적부심사)** ⑤ 법원은 구속된 피의자(심사청구 후 공소제기된 사람을 포함한다)에 대하여 피의자의 출석을 보증할 만한 보증금의 납입을 조건으로 하여 결정으로 제4항의 석방을 명할 수 있다. 다만, 다음 각 호에 해당하는 경우에는 그러하지 아니하다.
> 1. 범죄의 증거를 인멸할 염려가 있다고 믿을 만한 충분한 이유가 있는 때
> 2. 피해자, 당해 사건의 재판에 필요한 사실을 알고 있다고 인정되는 사람 또는 그 친족의 생명·신체나 재산에 해를 가하거나 가할 염려가 있다고 믿을 만한 충분한 이유가 있는 때
> ⑦ 제5항에 따라 보증금 납입을 조건으로 석방을 하는 경우에는 제99조와 제100조를 준용한다.
> **제100조(보석집행의 절차)** ① 제98조 제1호·제2호·제5호·제7호 및 제8호의 조건은 이를 이행한 후가 아니면 보석허가결정을 집행하지 못하며, 법원은 필요하다고 인정하는 때에는 다른 조건에 관하여도 그 이행 이후 보석허가결정을 집행하도록 정할 수 있다.

정답 ②

082 ✓ 유사 ◆◆◇

체포·구속에 관한 다음 설명 중 가장 적절하지 않은 것은? (다툼이 있으면 판례에 의함)

① 체포·구속적부심사의 청구를 받은 법원은 청구서가 접수된 때부터 48시간 이내에 체포 또는 구속된 피의자를 심문하고 수사 관계 서류와 증거물을 조사하여 그 청구가 이유 없다고 인정한 때에는 결정으로 이를 기각한다.

② 체포·구속적부심사결정에 의하여 석방된 피의자가 도망하거나 죄증을 인멸하는 경우를 제외하고는 동일한 범죄사실에 관하여 재차 체포 또는 구속하지 못한다.

③ 법원은 체포·구속된 피의자에 대하여 피의자의 출석을 보증할 만한 보증금의 납입을 조건으로 석방을 명할 수 있다.

④ 체포 또는 구속된 피의자 또는 그 변호인, 법정대리인, 배우자, 직계친족, 형제자매나 가족, 동거인 또는 고용주는 관할법원에 체포 또는 구속의 적부심사를 청구할 수 있다.

해설

③ (×) 형사소송법은 수사단계에서의 체포와 구속을 명백히 구별하고 있고 이에 따라 체포와 구속의 적부심사를 규정한 같은 법 제214조의2에서 체포와 구속을 서로 구별되는 개념으로 사용하고 있는 바, 같은 조 제4항에 기소 전 보증금 납입을 조건으로 한 석방의 대상자가 '구속된 피의자'라고 명시되어 있다(현행법으로는 제214조의2 제5항). 그런데 체포 또는 구속의 적부심사와는 달리 기소 전 보증금 납입을 조건으로 한 석방은 헌법상 그에 관한 권리가 규정되어 있지 아니하며, 체포의 적부심사권이 인정되고 체포한 때부터 48시간 이내에 구속영장을 청구하지 아니하는 때에는 피의자를 즉시 석방하여야 하며 구속의 사유를 판단하기 위하여 필요하다고 인정하는 때에는 피의자의 심문이 이루어지는 점 등을 고려하면 체포의 단계에서 보증금 납입을 조건으로 한 석방을 허용하지 아니하더라도 피의자의 신체의 자유에 대한 절차적 보장이 미흡하다고 볼 수는 없고, 한편 기소 전 보증금 납입을 조건으로 석방된 피의자의 재체포 및 재구속의 제한에 관하여 규정하고 있는 같은 법 제214조의3 제2항의 취지를 체포된 피의자에 대하여도 보증금 납입을 조건으로 한 석방이 허용되어야 한다는 근거로 보기는 어렵다고 할 것이다. 그러므로 현행법상 체포된 피의자에 대하여는 보증금 납입을 조건으로 한 석방이 허용되지 않는다고 보아야 할 것이다(대법원 1997.8.27, 97모21).

① (O) 제214조의2 제4항 참조.

> **제214조의2(체포와 구속의 적부심사)** ④ 제1항의 청구를 받은 법원은 청구서가 접수된 때부터 48시간 이내에 체포되거나 구속된 피의자를 심문하고 수사 관계 서류와 증거물을 조사하여 그 청구가 이유 없다고 인정한 경우에는 결정으로 기각하고, 이유 있다고 인정한 경우에는 결정으로 체포하거나 구속된 피의자의 석방을 명하여야 한다. 심사청구 후 피의자에 대하여 공소제기가 있는 경우에도 또한 같다. 〈개정 2020. 12.8.〉

② (O) 제214조의3 제1항 참조.

> **제214조의3(재체포 및 재구속의 제한)** ① 제214조의2 제4

항의 규정에 따른 체포 또는 구속 적부심사결정에 의하여 석
방된 피의자가 도망하거나 범죄의 증거를 인멸하는 경우를
제외하고는 동일한 범죄사실로 재차 체포하거나 구속할 수
없다. 〈개정 2020.12.8.〉

④ (○) 제214조의2 제1항 참조.

> **제214조의2(체포와 구속의 적부심사)** ① 체포되거나 구속된
> 피의자 또는 그 변호인, 법정대리인, 배우자, 직계친족, 형
> 제자매나 가족, 동거인 또는 고용주는 관할법원에 체포 또는
> 구속의 적부심사(適否審査)를 청구할 수 있다. 〈개정 2020.
> 12.8.〉

정답 ③

083 ✓ 대표 ◆◆◇ 〔법원9급 2018〕

형사소송법상 피의자를 보호하기 위한 제도에 관한 다음 설명 중 가장 옳지 않은 것은?

① 체포·구속적부심사에 관한 법원의 결정에 대하여는 기각결정과 석방결정을 불문하고 항고가 허용되지 않는다.

② 미체포된 피의자에 대하여는 구속영장을 청구받은 판사는 피의자가 죄를 범하였다고 의심할만한 이유가 있는 경우에 피의자가 도망하는 등의 사유로 심문할 수 없는 경우 이외에는 피의자를 구인한 후 심문하여야 한다.

③ 법원은 체포·구속적부심사에서 체포 또는 구속된 피의자에게 변호인이 없는 때에는 국선변호인을 선정하여야 하나, 심문 없이 기각 결정하는 경우에는 국선변호인을 선정할 필요는 없다.

④ 체포·구속적부심사의 심문기일에 출석한 검사·변호인·청구인은 피의자를 직접 심문할 수 없고 법원의 심문이 끝난 후 의견을 진술할 수 있다.

해설

③ (✕) 심문 없이 기각 결정하는 경우에도 같다. 제214조의2 제10항 참조.

> **제214조의2(체포와 구속의 적부심사)** ⑩ 체포되거나 구속된
> 피의자에게 변호인이 없는 때에는 제33조를 준용한다. 〈개정
> 2020.12.8.〉

① (○) 체포·구속적부심사에 관한 법원의 결정에 대하여는 기각결정과 석방결정을 불문하고 항고가 허용되지 않는다(제214조의2 제8항). 다만, 보증금납입조건부 피의자석방결정에 대해서는 보통항고가 가능하다.

② (○) 제201조의2 제2항 참조.

> **제201조의2(구속영장 청구와 피의자 심문)** ② 제1항 외의
> 피의자에 대하여 구속영장을 청구 받은 판사는 피의자가 죄
> 를 범하였다고 의심할 만한 이유가 있는 경우에 구인을 위한
> 구속영장을 발부하여 피의자를 구인한 후 심문하여야 한다.

다만, 피의자가 도망하는 등의 사유로 심문할 수 없는 경우
에는 그러하지 아니한다.

④ (○) 제105조 제1항 참조.

> **제105조(심문기일의 절차)** ① 법 제214조의2 제9항에 따라
> 심문기일에 출석한 검사·변호인·청구인은 법원의 심문이
> 끝난 후 의견을 진술할 수 있다. 다만, 필요한 경우에는 심문
> 도중에도 판사의 허가를 얻어 의견을 진술할 수 있다.

정답 ③

084 ✓ 유사 ◆◆◇ 〔경찰 2015〕

형사소송절차상 피의자를 보호하기 위한 제도에 관한 설명으로 가장 적절하지 않은 것은?

① 체포·구속적부심사의 청구를 받은 법원은 청구서가 접수된 때부터 48시간 이내에 체포 또는 구속된 피의자를 심문하고 수사 관계 서류와 증거물을 조사하여야 한다.

② 미체포된 피의자에 대하여 구속영장을 청구 받은 판사는 피의자가 죄를 범하였다고 의심할 만한 이유가 있는 경우에 피의자가 도망하는 등의 사유로 심문할 수 없는 경우 외에는 피의자를 구인한 후 심문하여야 한다.

③ 체포·구속적부심사에 관한 법원의 결정에 대하여는 기각결정과 석방결정을 불문하고 항고가 허용되지 않는다.

④ 보증금납입조건부 피의자석방제도는 체포된 피의자가 아니라 구속된 피의자의 보석청구로 보증금의 납입을 조건으로 석방하는 제도이다.

해설

④ (✕) 구속피의자의 보석청구권은 인정되지 아니한다. 다만, 구속적부심을 청구한 경우 법관의 재량으로 보석을 명할 수 있을 뿐이다. 제214조의2 제5항 참조.

> **제214조의2(체포와 구속의 적부심사)** ⑤ 법원은 구속된 피
> 의자(심사청구 후 공소제기 된 자를 포함한다)에 대하여 피
> 의자의 출석을 보증할 만한 보증금의 납입을 조건으로 하여
> 결정으로 제4항의 석방을 명할 수 있다. 다만, 다음 각 호에
> 해당하는 경우에는 그러하지 아니한다. 〈개정 2020.12.8.〉
> 1. 범죄의 증거를 인멸할 염려가 있다고 믿을 만한 충분한
>   이유가 있는 때
> 2. 피해자, 당해 사건의 재판에 필요한 사실을 알고 있다고
>   인정되는 사람 또는 그 친족의 생명·신체나 재산에 해
>   를 가하거나 가할 염려가 있다고 믿을 만한 충분한 이유
>   가 있는 때

① (○), ② (○), ③ (○) 제214조의2 참조.

> **제214조의2(체포와 구속의 적부심사)** ② 피의자를 체포하거
> 나 구속한 검사 또는 사법경찰관은 체포하거나 구속된 피의
> 자와 제1항에 규정된 사람 중에서 피의자가 지정하는 사람에

게 제1항에 따른 적부심사를 청구할 수 있음을 알려야 한다. 〈개정 2020.12.8.〉

④ 제1항의 청구를 받은 법원은 청구서가 접수된 때부터 48시간 이내에 체포되거나 구속된 피의자를 심문하고 수사 관계 서류와 증거물을 조사하여 그 청구가 이유 없다고 인정한 경우에는 결정으로 기각하고, 이유 있다고 인정한 경우에는 결정으로 체포하거나 구속된 피의자의 석방을 명하여야 한다. 심사청구 후 피의자에 대하여 공소제기가 있는 경우에도 또한 같다. 〈개정 2020.12.8.〉

⑧ 제3항과 제4항의 결정에 대해서는 항고할 수 없다. 〈개정 2020.12.8.〉

정답 ④

---

085 ✓ 유사 ◆◆◇ 경찰 2013

다음 사례에 대한 설명 중 가장 적절하지 않은 것은? (다툼이 있는 경우 판례에 의함)

검사 A는 2002.11.28. 甲에 대하여 개발제한구역의지정및관리에관한특별조치법위반혐의에 대하여 조사한 다음, 판사에게 구속영장을 청구하였고, 판사는 형사소송법 제201조의2의 규정에 따른 피의자심문을 한 다음, 2002.11.29. 甲에 대하여 구속영장을 발부하였다. 그런데, 甲이 2002.11.30. 위 구속이 부당하다는 이유로 구속적부심사를 청구하자, 검사 A는 같은 날 甲에 대한 공소를 제기하였다.

① 체포·구속적부심사제도는 수사기관에 의하여 체포 또는 구속된 피의자에 대하여 법원이 체포 또는 구속의 적법여부와 그 필요성을 심사하여 그 체포 또는 구속이 부적법·부당한 경우에 피의자를 석방시키는 제도이다.

② 체포 또는 구속된 피의자 또는 그 변호인, 법정대리인, 배우자, 직계친족, 형제자매나 가족, 동거인 또는 고용주는 관할법원에 체포 또는 구속의 적부심사를 청구할 수 있다.

③ 위 사례에서 甲은 피고인으로 신분이 변경되었기 때문에, 법원은 구속적부심사청구를 기각하여야 한다.

④ 체포·구속적부심사에 관한 법원의 기각결정 및 석방결정에 대하여는 항고하지 못한다.

해설

③ (×) 제214조의2 제4항 참조.

제214조의2(체포와 구속의 적부심사) ④ 제1항의 청구를 받은 법원은 청구서가 접수된 때부터 48시간 이내에 체포되거나 구속된 피의자를 심문하고 수사 관계 서류와 증거물을 조사하여 그 청구가 이유 없다고 인정한 경우에는 결정으로 기각하고, 이유 있다고 인정한 경우에는 결정으로 체포하거나

구속된 피의자의 석방을 명하여야 한다. 심사청구 후 피의자에 대하여 공소제기가 있는 경우에도 또한 같다. 〈개정 2020.12.8.〉

① (○), ② (○) 제214조의2 제1항 참조.

제214조의2(체포와 구속의 적부심사) ① 체포되거나 구속된 피의자 또는 그 변호인, 법정대리인, 배우자, 직계친족, 형제자매나 가족, 동거인 또는 고용주는 관할법원에 체포 또는 구속의 적부심사(適否審査)를 청구할 수 있다. 〈개정 2020.12.8.〉

④ (○) 제214조의2 제8항

정답 ③

---

086 ✓ 유사 ◆◆◇ 경찰 2014

다음은 체포·구속적부심사제도에 대한 설명이다. 적절하지 않은 것은 모두 몇 개인가? (다툼이 있는 경우 판례에 의함)

㉠ 구속적부심문조서는 법원 또는 법관 면전에서 작성된 조서로서 형사소송법 제311조에 의하여 당연히 그 증거능력이 인정된다.

㉡ 법원이 수사 관계 서류와 증거물을 접수한 때부터 결정 후 검찰청에 반환된 때까지의 기간은 수사기관의 체포·구속 기간에 산입하지 아니한다.

㉢ 법원은 체포 및 구속적부심사청구가 있는 경우 피의자의 출석을 보증할만한 보증금의 납입을 조건으로 석방을 명할 수 있다.

㉣ 법원은 체포 또는 구속된 피의자에 대한 심문이 종료된 때로부터 24시간 이내에 체포·구속적부심사청구에 대한 결정을 하여야 한다.

㉤ 체포·구속적부심사청구에 대한 법원의 결정에는 항고 할 수 있다.

㉥ 체포 또는 구속적부심사결정에 의하여 석방된 피의자가 도망하거나 죄증을 인멸하는 경우를 제외하고는 동일한 범죄사실에 관하여 재차 체포 또는 구속하지 못한다.

① 3개　　　　② 4개
③ 5개　　　　④ 6개

해설

㉠ (×) 구속적부심은 구속된 피의자 또는 그 변호인 등의 청구로 수사기관과는 별개 독립의 기관인 법원에 의하여 행하여지는 것으로서 구속된 피의자에 대하여 피의사실과 구속사유 등을 알려 그에 대한 자유로운 변명의 기회를 주어 구속의 적부를 심사함으로써 피의자의 권리보호에 이바지하는 제도인바, 법원 또는 합의부원, 검사, 변호인, 청구인이 구속된 피의자를 심문하고(cf. 현행법상 검사·변호인·청구인 등의 구속피의자에 대한 신문권을 인정되지 않음) 그에 대한 피의자의 진술 등을 기재한 구속적부심문조서는 형사소송법 제311조가 규정한 문서에는 해당하지 않는다 할 것이나, 특히 신용할 만한 정황에 의하여 작성된 문서라고 할 것이므로 특별한 사정이 없는 한, 피고인이 증거로 함에

부동의하더라도 형사소송법 제315조 제3호에 의하여 당연히 그 증거능력이 인정된다(대법원 2004.1.16, 2003도5693).

ⓛ (O) 제214조의2 제13항 참조.

> **제214조의2(체포와 구속의 적부심사)** ⑬ 법원이 수사 관계 서류와 증거물을 접수한 때부터 결정 후 검찰청에 반환된 때까지의 기간은 제200조의2 제5항(제213조의2에 따라 준용되는 경우를 포함한다) 및 제200조의4 제1항을 적용할 때에는 그 제한기간에 산입하지 아니하고, 제202조·제203조 및 제205조를 적용할 때에는 그 구속기간에 산입하지 아니한다. 〈개정 2020.12.8.〉

ⓒ (×) 형사소송법은 수사단계에서의 체포와 구속을 명백히 구별하고 있고 이에 따라 체포와 구속의 적부심사를 규정한 같은 법 제214조의2에서 체포와 구속을 서로 구별되는 개념으로 사용하고 있는 바, 같은 조 제4항에 기소 전 보증금 납입을 조건으로 한 석방의 대상자가 '구속된 피의자'라고 명시되어 있고, 같은 법 제214조의3 제2항의 취지를 체포된 피의자에 대하여도 보증금 납입을 조건으로 한 석방이 허용되어야 한다는 근거로 보기는 어렵다 할 것이어서 현행법상 체포된 피의자에 대하여는 보증금 납입을 조건으로 한 석방이 허용되지 않는다(대법원 1997.8.27, 97모21).

ⓔ (O) 규칙 제106조 참조.

> **제106조(결정의 기한)** 체포 또는 구속의 적부심사청구에 대한 결정은 체포 또는 구속된 피의자에 대한 심문이 종료된 때로부터 24시간 이내에 이를 하여야 한다.

ⓜ (×) 제214조의2 제8항 참조.

> **제214조의2(체포와 구속의 적부심사)** ⑧ 제3항과 제4항의 결정에 대해서는 항고할 수 없다. 〈개정 2020.12.8.〉

ⓗ (O) 제214조의3 제1항 참조.

> **제214조의3(재체포 및 재구속의 제한)** ① 제214조의2 제4항의 규정에 따른 체포 또는 구속 적부심사결정에 의하여 석방된 피의자가 도망하거나 범죄의 증거를 인멸하는 경우를 제외하고는 동일한 범죄사실로 재차 체포하거나 구속할 수 없다. 〈개정 2020.12.8.〉

정답 ①

✅ 유사 ◆◆◇

체포·구속적부심사에 대한 설명으로 옳은 것만을 모두 고르면?

> ㄱ. 체포영장이나 구속영장을 발부한 법관은 체포·구속적부심사의 심문·조사·결정에 관여할 수 없지만, 체포영장이나 구속영장을 발부한 법관 외에는 심문·조사·결정을 할 판사가 없는 경우에는 그러하지 아니하다.
> ㄴ. 체포·구속적부심사결정에 의하여 석방(보증금납입조건부 피의자석방의 경우는 제외한다)된 피의자가 도망할 우려가 있거나 범죄의 증거를 인멸할 염려가 있는 경우에는 동일한 범죄사실로 재차 체포하거나 구속할 수 있다.
> ㄷ. 보증금 납입을 조건으로 석방된 피의자가 동일한 범죄사실에 관하여 형의 선고를 받고 그 판결이 확정된 후, 집행하기 위한 소환을 받고 정당한 이유 없이 출석하지 아니하거나 도망한 때에는 검사의 결정으로 보증금의 전부 또는 일부를 몰수하여야 한다.
> ㄹ. 구속적부심문조서는 특히 신용할 만한 정황에 의하여 작성된 문서라고 할 것이므로, 특별한 사정이 없는 한 피고인이 증거로 함에 부동의하더라도 형사소송법 제315조 제3호에 의하여 당연히 그 증거능력이 인정된다.

① ㄱ, ㄴ 　　　② ㄱ, ㄹ
③ ㄴ, ㄷ 　　　④ ㄷ, ㄹ

해설

ㄱ. (O) 제214조의2 제12항 참조.

> **제214조의2(체포와 구속의 적부심사)** ⑫ 체포영장이나 구속영장을 발부한 법관은 제4항부터 제6항까지의 심문·조사·결정에 관여할 수 없다. 다만, 체포영장이나 구속영장을 발부한 법관 외에는 심문·조사·결정을 할 판사가 없는 경우에는 그러하지 아니하다.

ㄴ. (×) 적부심에 의하여 석방된 피의자의 도망할 우려나 범죄증거를 인멸할 염려로는 재체포·재구속이 불가하다. 제213조의3 제1항 참조.

> **제214조의3(재체포 및 재구속의 제한)** ① 제214조의2 제4항에 따른 체포 또는 구속 적부심사결정에 의하여 석방된 피의자가 도망하거나 범죄의 증거를 인멸하는 경우를 제외하고는 동일한 범죄사실로 재차 체포하거나 구속할 수 없다.

ㄷ. (×) 검사는 결정권이 아닌 청구권만 있을 뿐이고 법원의 결정에 의한다. 제214조의4 제2항 참조.

> **제214조의4(보증금의 몰수)** ② 법원은 제214조의2 제5항에 따라 석방된 자가 동일한 범죄사실에 관하여 형의 선고를 받고 그 판결이 확정된 후, 집행하기 위한 소환을 받고 정당한 이유 없이 출석하지 아니하거나 도망한 때에는 직권 또는 검사의 청구에 의하여 결정으로 보증금의 전부 또는 일부를 몰수하여야 한다.

ㄹ. (O) 대법원 2004.1.16, 2003도5693

정답 ②

---

088 ✓ 유사 ◆◆◇ 변호사 2023

체포·구속적부심사에 관한 설명 중 옳지 않은 것은?
(다툼이 있는 경우 판례에 의함)

① 체포영장에 의해 체포된 피의자뿐만 아니라 체포영장에 의하지 아니하고 긴급체포된 피의자도 체포적부심사의 청구권자에 해당한다.

② 구속적부심사를 청구한 피의자에 대하여 검사가 공소를 제기한 경우에도 법원이 적부심사를 행하여 청구의 이유 유무에 따라 청구기각결정이나 석방결정을 하여야 한다.

③ 피의자의 진술 등을 기재한 구속적부심문조서는 특별한 사정이 없는 한 피고인이 증거로 함에 부동의하더라도 「형사소송법」 제315조 제3호에 의하여 '기타 특히 신용할 만한 정황에 의하여 작성된 문서'로 당연히 그 증거능력이 인정된다.

④ 구속된 피의자로부터 구속적부심사의 청구를 받은 법원이 보증금 납입조건부 피의자석방결정을 내린 경우 보증금이 납입된 후에야 피의자를 석방할 수 있다.

⑤ 법원이 구속된 피의자에 대하여 피의자의 출석을 보증할 만한 보증금 납입을 조건으로 석방결정을 한 때에는 「형사소송법」 제402조에 따른 항고를 할 수 없다.

해설

⑤ (×) 형사소송법 제402조의 규정에 의하면, 법원의 결정에 대하여 불복이 있으면 항고를 할 수 있으나 다만 같은 법에 특별한 규정이 있는 경우에는 예외로 하도록 되어 있는바, 체포 또는 구속적부심사절차에서의 법원의 결정에 대한 항고의 허용 여부에 관하여 같은 법 제214조의2 제7항은 제2항과 제3항의 기각결정 및 석방결정에 대하여 항고하지 못하는 것으로 규정하고 있을 뿐이고 제4항에 의한 석방결정에 대하여 항고하지 못한다는 규정은 없을 뿐만 아니라, … 기소 후 보석결정에 대하여 항고가 인정되는 점에 비추어 그 보석결정과 성질 및 내용이 유사한 기소 전 보증금납입조건부 석방결정에 대하여도 항고할 수 있도록 하는 것이 균형에 맞는 측면도 있다 할 것이므로, 같은 법 제214조의2 제4항의 석방결정에 대하여는 피의자나 검사가 그 취소의 실익이 있는 한 같은 법 제402조에 의하여 항고할 수 있다(대법원 1997.8.27, 97모21).

① (O) 헌법 제12조 제6항은 누구든지 체포 또는 구속을 당한 때에는 적부의 심사를 법원에 청구할 권리를 가진다고 규정하고 있고, 형사소송법 제214조의2 제1항은 체포영장 또는 구속영장에 의하여 체포 또는 구속된 피의자 등이 체포 또는 구속의 적부심사를 청구할 수 있다고 규정하고 있는바, 형사소송법의 위 규정이 체포영장에 의하지 아니하고 체포된 피의자의 적부심사청구권을 제한한 취지라고 볼 것은 아니므로 긴급체포 등 체포영장에 의하지 아니하고 체포된 피의자의 경우에도 헌법과 형사소송법의 위 규정에 따라 그 적부심사를 청구할 권리를 가진다(대법원 1997.8.27, 97모21).

---

② (O) 전격기소의 경우에도 적부심절차는 유지된다. 제214조의2 제4항 제2문 참조.

> 제214조의2(체포와 구속의 적부심사) ④ 제1항의 청구를 받은 법원은 청구서가 접수된 때부터 48시간 이내에 체포되거나 구속된 피의자를 심문하고 수사 관계 서류와 증거물을 조사하여 그 청구가 이유 없다고 인정한 경우에는 결정으로 기각하고, 이유 있다고 인정한 경우에는 결정으로 체포되거나 구속된 피의자의 석방을 명하여야 한다. 심사청구 후 피의자에 대하여 공소제기가 있는 경우에도 또한 같다.

③ (O) 구속적부심문조서는 형사소송법 제311조가 규정한 문서에는 해당하지 않는다 할 것이나, 특히 신용할 만한 정황에 의하여 작성된 문서라고 할 것이므로 특별한 사정이 없는 한, 피고인이 증거로 함에 부동의하더라도 형사소송법 제315조 제3호에 의하여 당연히 그 증거능력이 인정된다(대법원 2004.1.16, 2003도5693).

④ (O) 보증금을 납입한 후가 아니면 피의자보석결정을 집행하지 못한다(제214조의2 제7항, 제100조 제1항 전단).
[보충] 다만, 법원은 유가증권 또는 피의자 외의 자가 제출한 보증서로써 보증금에 갈음함을 허가할 수 있다(제214조의2 제7항, 제100조 제3항). 이 보증서에는 보증금액을 언제든지 납입할 것을 기재하여야 한다(제100조 제4항).

정답 ⑤

---

089 ✓ 유사 ◆◇◇ 경찰 2015

형사소송법상 체포·구속에 관한 설명으로 옳은 것은 모두 몇 개인가?

> ㉠ 체포된 피의자에 대하여 구속영장을 청구 받은 판사는 지체 없이 심문하여야 한다. 이 경우 특별한 사정이 없는 한 구속영장이 청구된 때부터 24시간 이내에 피의자를 심문하여야 한다.
> ㉡ 구속의 사유가 없거나 소멸된 때에는 법원은 직권 또는 검사, 피고인, 변호인과 제30조 제2항에 규정한 자의 청구에 의하여 결정으로 구속을 취소하여야 한다.
> ㉢ 피고인을 구속한 때에는 변호인이 있는 경우에는 변호인에게 피고사건명, 구속일시·장소, 범죄사실의 요지, 구속의 이유와 변호인을 선임할 수 있는 취지를 지체 없이 서면으로 알려야 한다.
> ㉣ 체포·구속적부심사의 심문기일에 출석한 검사·변호인은 법원의 심문이 끝난 후에 피의자를 심문할 수 있다.

① 0개 ② 1개
③ 2개 ④ 3개

해설

㉠ (×) 체포피의자에 대한 영장실질심사는 지체 없이 하여야 하고, 특별한 사정이 없는 한 영장청구일의 다음 날까지 심문하여야 한다. 제201조의2 제1항 참조.

> 제201조의2(구속영장 청구와 피의자 심문) ① 제200조의2·제200조의3 또는 제212조에 따라 체포된 피의자에 대하

여 구속영장을 청구 받은 판사는 <u>지체 없이</u> 피의자를 심문하여야 한다. 이 경우 특별한 사정이 없는 한 구속영장이 청구된 날의 다음 날까지 심문하여야 한다.

ⓛ (○) 제93조 참조.

> **제93조(구속의 취소)** 구속의 사유가 없거나 소멸된 때에는 법원은 직권 또는 검사, 피고인, 변호인과 제30조 제2항에 규정한 자의 청구에 의하여 결정으로 구속을 취소하여야 한다.

[보충] 가/동/고: 적부심과 보석청구권자이고, 구속취소청구권자는 아님

ⓒ (○) 제87조 제1항 참조.

> **제87조(구속의 통지)** ① 피고인을 구속한 때에는 변호인이 있는 경우에는 변호인에게, 변호인이 없는 경우에는 제30조 제2항에 규정한 자 중 피고인이 지정한 자에게 피고사건명, 구속일시·장소, 범죄사실의 요지, 구속의 이유와 변호인을 선임할 수 있는 취지를 알려야 한다.
> ② 제1항의 통지는 지체 없이 서면으로 하여야 한다.

ⓔ (×) 검사와 변호인은 피의자 신문권이 없으며, 단지 의견진술권이 있을 뿐이다. 규칙 제105조 제1항, 법 제214조의2 제4항 참조.

> **규칙 제105조(심문기일의 절차)** ① 법 제214조의2 제9항에 따라 심문기일에 출석한 검사·변호인·청구인은 법원의 심문이 끝난 후 의견을 진술할 수 있다. 다만, 필요한 경우에는 심문 도중에도 판사의 허가를 얻어 의견을 진술할 수 있다.
> **법 제214조의2(체포와 구속의 적부심사)** ④ 제1항의 청구를 받은 법원은 청구서가 접수된 때부터 48시간 이내에 체포되거나 구속된 피의자를 심문하고 수사 관계 서류와 증거물을 조사하여 그 청구가 이유 없다고 인정한 경우에는 결정으로 기각하고, 이유 있다고 인정한 경우에는 결정으로 체포하거나 구속된 피의자의 석방을 명하여야 한다. 심사청구 후 피의자에 대하여 공소제기가 있는 경우에도 또한 같다. 〈개정 2020.12.8.〉

정답 ③

V 보석

090 ✓대표 ◆◇◇ 법원9급 2018

법원의 구속집행정지 및 보석제도에 관한 다음 설명 중 가장 옳지 않은 것은? (다툼이 있는 경우 판례에 의하고, 전원합의체 판결의 경우 다수의견에 의함)

① 검사는 법원의 구속집행정지결정에 관하여 즉시항고를 할 수 없다.
② 피고인이 집행유예기간 중에 있는 때에는 보석을 허가할 수 없다.
③ 구속영장의 효력이 소멸한 때에는 보석조건은 즉시 그 효력을 상실한다.
④ 보석취소의 결정이 있는 때에는 그 취소결정의 등본에 의하여 피고인을 재구금하여야 한다.

해설

② (×) 피고인이 집행유예의 기간 중에 있어 집행유예의 결격자라고 하여 보석을 허가할 수 없는 것은 아니고 형사소송법 제95조

는 그 제1호 내지 제5호 이외의 경우에는 필요적으로 보석을 허가하여야 한다는 것이지 여기에 해당하는 경우에는 보석을 허가하지 아니할 것을 규정한 것이 아니므로 집행유예기간 중에 있는 피고인의 보석을 허가한 것이 누범과 상습범에 대하여는 보석을 허가하지 아니할 수 있다는 형사소송법 제95조 제2호의 취지에 위배되어 위법이라고 할 수 없다(대법원 1990.4.18, 90모22).

① (○) 법원의 구속집행정지결정에 대하여 검사가 즉시항고할 수 있도록 한 형사소송법(1973.1.25. 법률 제2450호로 개정된 것) 제101조 제3항(이하 '이 사건 법률조항'이라 한다)이 헌법상 영장주의 및 적법절차원칙에 위배되고, 과잉금지원칙에 위배된다(헌법재판소 2012.6.27, 2011헌가36). 따라서 법원의 구속집행정지결정에 대하여 검사는 즉시항고 할 수 없다.

③ (○) 제104조의2 제1항 참조.

> **제104조의2(보석조건의 효력상실 등)** ① 구속영장의 효력이 소멸한 때에는 보석조건은 즉시 그 효력을 상실한다.

④ (○) 규칙 제56조 제1항 참조.

> **규칙 제56조(보석 등의 취소에 의한 재구금절차)** ① 법 제102조 제2항에 따른 보석취소 또는 구속집행정지취소의 결정이 있는 때 또는 기간을 정한 구속집행정지결정의 기간이 만료된 때에는 검사는 그 취소결정의 등본 또는 기간을 정한 구속집행정지결정의 등본에 의하여 피고인을 재구금하여야 한다. 다만, 급속을 요하는 경우에는 재판장, 수명법관 또는 수탁판사가 재구금을 지휘할 수 있다.

정답 ②

091 ✓대표 ◆◇◇ 법원9급 2019

보석보증금에 관한 다음 설명 중 가장 옳지 않은 것은?

① 형사소송법 제103조(보석된 자가 형의 선고를 받고 그 판결이 확정된 후 집행하기 위한 소환을 받고 정당한 이유 없이 출석하지 아니하거나 도망한 때에는 직권 또는 검사의 청구에 의하여 결정으로 보증금의 전부 또는 일부를 몰수하여야 한다)에 의한 보증금몰수사건은 보석허가결정 또는 그 취소결정 등을 한 본안재판부에 관할이 있다.
② 보석보증금을 몰수하려면 반드시 보석취소결정과 동시에 하여야만 하는 것이 아니라 보석취소결정 후에 별도로 할 수도 있다.
③ 형사소송법 제103조의 '보석된 자'에는 판결확정 전에 그 보석이 취소되었으나 도망 등으로 재구금이 되지 않은 상태에 있는 사람도 포함된다.
④ 보석보증금이 소송절차 진행 중의 피고인의 출석을 담보하는 기능 외에 형 확정 후의 형 집행을 위한 출석을 담보하는 기능도 담당한다.

해설

① (×) 형사소송법 제103조는 "보석된 자가 형의 선고를 받고 그 판결이 확정된 후 집행하기 위한 소환을 받고 정당한 이유 없이 출석하지 아니하거나 도망한 때에는 직권 또는 검사의 청구에 의하여 결정으로 보증금의 전부 또는 일부를 몰수하여야 한다."고

규정하고 있는 바, 이 규정에 의한 보증금몰수사건은 그 성질상 당해 형사본안 사건의 기록이 존재하는 법원 또는 그 기록을 보관하는 검찰청에 대응하는 법원의 토지관할에 속하고, 그 법원이 지방법원인 경우에 있어서 사물관할은 법원조직법 제7조 제4항의 규정에 따라 지방법원 단독판사에게 속하는 것이지 소송절차 계속 중에 보석허가결정 또는 그 취소결정 등을 본안 관할법원인 제1심 합의부 또는 항소심인 합의부에서 한 바 있었다고 하여 그러한 법원이 사물관할을 갖게 되는 것은 아니다(대법원 2002.5.17, 2001모53).

② (○) 형사소송법 제102조 제2항은 "보석을 취소할 때에는 결정으로 보증금의 전부 또는 일부를 몰수할 수 있다."라고 규정하고 있는 바, 이는 보석취소사유가 있어 보석취소결정을 할 경우에는 보석보증금의 전부 또는 일부를 몰수하는 것도 가능하다는 의미로 해석될 뿐, … 보석보증금을 몰수하려면 반드시 보석취소와 동시에 하여야만 가능한 것이 아니라 보석취소 후에 별도로 보증금몰수결정을 할 수도 있다고 할 것이다(대법원 2001.5.29, 2000모22 전원합의체).

③ (○), ④ (○) 보석보증금이 소송절차 진행 중의 피고인의 출석을 담보하는 기능 외에 형 확정 후의 형 집행을 위한 출석을 담보하는 기능도 담당하는 것이고 형사소송법 제102조 제2항의 규정에 의한 보증금몰수결정은 반드시 보석취소결정과 동시에 하여야만 하는 것이 아니라 보석취소결정 후에 별도로 할 수도 있다고 해석되는 점(대법원 2001.5.29, 2000모22 전원합의체)에 비추어 보면, 위 법 제103조에서 규정하는 "보석된 자"란 보석허가결정에 의하여 석방된 사람 모두를 가리키는 것이지, 판결확정 전에 그 보석이 취소되었으나 도망 등으로 재구금이 되지 않은 상태에 있는 사람이라고 하여 여기에서 제외할 이유가 없다고 할 것이다(대법원 2002.5.17, 2001모53).

정답 ①

092 ✔ 대표 ◆◇◇ 법원9급 2019

보석제도에 관한 다음 설명 중 가장 옳지 않은 것은?

① 보석의 청구를 받은 법원은 이미 제출한 자료만을 검토하여 보석을 허가하거나 불허가할지 여부가 명백하다면, 심문기일을 열지 않은 채 보석의 허가 여부에 관한 결정을 할 수도 있다.

② 보석허가결정으로 구속영장은 효력이 소멸하므로 피고인이 도망하는 등 피고인을 재구금할 필요가 생긴 때에는 법원이 피고인에 대해 새로운 구속영장을 발부하여야 한다.

③ 보석보증금은 현금으로 전액이 납부되어야 하고 유가증권이나 피고인 외의 자가 제출한 보증서로써 이를 갈음하기 위해서는 반드시 법원의 허가를 받아야 한다.

④ 출석보증서의 제출을 보석조건으로 한 법원의 보석허가결정에 따라 석방된 피고인이 정당한 사유 없이 기일에 불출석하는 경우, 출석보증인에 대하여 500만원 이하의 과태료를 부과하는 제재를 가할 수 있다.

해설

② (×) 보석허가결정으로 구속영장의 효력이 소멸하는 것이 아니므로, 재구금의 필요가 있는 때에는 보석취소결정의 등본에 의하

는 것이지 새로운 구속영장을 발부해야 하는 것이 아니다. 제56조 제1항 참조.

> **제56조(보석 등의 취소에 의한 재구금절차)** ① 법 제102조 제2항에 따른 보석취소 또는 구속집행정지취소의 결정이 있는 때 또는 기간을 정한 구속집행정지결정의 기간이 만료된 때에는 검사는 그 취소결정의 등본 또는 기간을 정한 구속집행정지결정의 등본에 의하여 피고인을 재구금하여야 한다. 다만, 급속을 요하는 경우에는 재판장, 수명법관 또는 수탁판사가 재구금을 지휘할 수 있다. 〈개정 1996.12.3, 2007. 10.29〉

① (○) 일종의 간이기각결정의 경우로서, 지문의 경우는 규칙 제54조의2 제4호 참조.

> **규칙 제54조의2(보석의 심리)** ① 보석의 청구를 받은 법원은 지체 없이 심문기일을 정하여 구속된 피고인을 심문하여야 한다. 다만, 다음 각 호의 어느 하나에 해당하는 때에는 그러하지 아니하다. 〈개정 2007.10.29.〉
> 1. 법 제94조에 규정된 청구권자 이외의 사람이 보석을 청구한 때
> 2. 동일한 피고인에 대하여 중복하여 보석을 청구하거나 재청구한 때
> 3. 공판준비 또는 공판기일에 피고인에게 그 이익되는 사실을 진술할 기회를 준 때
> 4. 이미 제출한 자료만으로 보석을 허가하거나 불허가할 것이 명백한 때

③ (○) 보석보증금은 현금으로 납입하는 것이 원칙이지만, 법원은 유가증권이나 피고인의 외의 자가 제출한 보증서로써 보증금에 갈음하는 것을 허가할 수 있다(제100조 제3항).

> **제100조(보석집행의 절차)** ① 제98조 제1호·제2호·제5호·제7호 및 제8호의 조건은 이를 이행한 후가 아니면 보석허가결정을 집행하지 못하며, 법원은 필요하다고 인정하는 때에는 다른 조건에 관하여도 그 이행 이후 보석허가결정을 집행하도록 정할 수 있다. 〈개정 2007.6.1.〉
> ② 법원은 보석청구자 이외의 자에게 보증금의 납입을 허가할 수 있다.
> ③ 법원은 유가증권 또는 피고인 외의 자가 제출한 보증서로써 보증금에 갈음함을 허가할 수 있다. 〈개정 2007.6.1.〉

④ (○) 제100조의2 제1항 참조.

> **제100조의2(출석보증인에 대한 과태료)** ① 법원은 제98조 제5호의 조건을 정한 보석허가결정에 따라 석방된 피고인이 정당한 사유 없이 기일에 불출석하는 경우에는 결정으로 그 출석보증인에 대하여 500만원 이하의 과태료를 부과할 수 있다.
> ② 제1항의 결정에 대하여는 즉시항고를 할 수 있다.

정답 ②

093 ✓ 대표 ◆◆◇ 국가9급개론 2018

보석에 대한 설명으로 옳지 않은 것은?

① 피고인이 사형, 무기 또는 장기 10년이 넘는 징역이나 금고에 해당하는 죄를 범한 경우에도 법원이 직권으로 보석을 허가할 수 있다.

② 구속된 피고인 외에도 그 변호인·법정대리인·배우자·직계친족·형제자매, 가족·동거인·고용주가 보석을 청구할 수 있다.

③ 법원은 보석청구자 이외의 자에게 보증금의 납입을 허가할 수 있고, 유가증권으로써 보증금에 갈음함을 허가할 수 있다.

④ 보석으로 석방된 피고인이 재판 중 법원의 소환에 불응한 경우 법원은 직권 또는 검사의 청구에 따라 결정으로 보증금의 전부 또는 일부를 몰수하여야 한다.

[해설]

④ (✕) 보석취소사유에 해당하므로, 임의적 몰취사유이지, 필요적 몰취사유가 아니다. 제102조 제2항 제3호, 제103조 참조.

> **제102조(보석조건의 변경과 취소 등)** ② 법원은 피고인이 다음 각 호의 어느 하나에 해당하는 경우에는 직권 또는 검사의 청구에 따라 결정으로 보석 또는 구속의 집행정지를 취소할 수 있다. 다만, 제101조 제4항에 따른 구속영장의 집행정지는 그 회기 중 취소하지 못한다.
> 3. 소환을 받고 정당한 사유 없이 출석하지 아니한 때
> **제103조(보증금 등의 몰취)** ① 법원은 보석을 취소하는 때에는 직권 또는 검사의 청구에 따라 결정으로 보증금 또는 담보의 전부 또는 일부를 몰취할 수 있다.

① (○) 제96조 참조.

> **제95조(필요적 보석)** 보석의 청구가 있는 때에는 다음 이외의 경우에는 보석을 허가하여야 한다.
> 1. 피고인이 사형, 무기 또는 장기 10년이 넘는 징역이나 금고에 해당하는 죄를 범한 때
> **제96조(임의적 보석)** 법원은 제95조의 규정에 불구하고 상당한 이유가 있는 때에는 직권 또는 제94조에 규정한 자의 청구에 의하여 결정으로 보석을 허가할 수 있다.

② (○) 제94조 참조.

> **제94조(보석의 청구)** 피고인, 피고인의 변호인·법정대리인·배우자·직계친족·형제자매·가족·동거인 또는 고용주는 법원에 구속된 피고인의 보석을 청구할 수 있다.

③ (○) 제100조 제2항·제3항 참조.

> **제100조(보석집행의 절차)** ② 법원은 보석청구자 이외의 자에게 보증금의 납입을 허가할 수 있다.
> ③ 법원은 유가증권 또는 피고인 외의 자가 제출한 보증서로써 보증금에 갈음함을 허가할 수 있다.

[정답] ④

094 ✓ 대표 ◆◆◇ 법원 2017

보석제도에 관한 다음 설명 중 가장 옳지 않은 것은? (다툼이 있으면 판례에 의함)

① 재판장은 보석에 관한 결정을 하기 전에 검사의 의견을 물어야 한다.

② 검사의 의견청취절차는 보석에 관한 결정의 본질적 부분이므로 이를 거치지 아니한 보석허가결정은 절차상의 하자로 인하여 취소되어야 한다.

③ 법원은 특별한 사정이 없는 한 보석의 청구를 받은 날부터 7일 이내에 그에 관한 결정을 하여야 한다.

④ 상소기간 중 또는 상소 중의 사건에 관하여 보석에 대한 결정은 소송기록이 원심법원에 있는 때에는 원심법원이 하여야 한다.

[해설]

② (✕) 검사의 의견청취의 절차는 보석에 관한 결정의 본질적 부분이 되는 것은 아니므로 설사 법원이 검사의 의견을 듣지 아니한 채 보석에 관한 결정을 하였다고 하더라도 그 결정이 적정한 이상 절차상의 하자만을 들어 그 결정을 취소할 수는 없다(대법원 1997.11.27, 97모88).

① (○) 제97조 제1항
[정리] 검사의견 필요적 청취: 집/보/구/간/개

③ (○) 규칙 제55조
[정리] 보석: 지없/지없/7/항/항/항/7

④ (○) 제105조

[정답] ②

095 ✓ 대표 ◆◇◇ 경찰 2014

보석제도에 관한 다음 설명 중 가장 적절하지 않은 것은? (다툼이 있으면 판례에 의함)

① 법원은 피고인 이외의 자가 작성한 출석보증서를 제출할 것을 조건으로 한 보석허가결정에 따라 석방된 피고인이 정당한 사유 없이 기일에 불출석 하는 경우에는 결정으로 그 출석보증인에 대하여 과태료를 부과하거나 감치에 처할 수 있다.

② 법원이 검사의 의견을 듣지 아니한 채 보석에 관한 결정을 하였다고 하더라도 그 결정이 적정하다면, 절차상의 하자만을 들어 그 결정을 취소할 수는 없다.

③ 피고인이 집행유예기간 중에 있어도 보석이 가능하다.

④ 보석취소의 결정이 있는 때에는 그 취소결정의 등본에 의하여 피고인을 재구금하여야 한다.

[해설]

① (✕) 보석조건위반의 제재 중 감치는 피고인에 대한 것이다. 제3자인 출석보증인을 감치에 처할 수는 없다. 제100조의2 제1항 참조.

제100조의2(출석보증인에 대한 과태료) ① 법원은 제98조 제5호의 조건을 정한 보석허가결정에 따라 석방된 피고인이 정당한 사유 없이 기일에 불출석하는 경우에는 결정으로 그 출석보증인에 대하여 500만원 이하의 과태료를 부과할 수 있다.

[보충] 제98조 제5호: 피고인 아닌 자가 작성한 출석보증서를 제출할 것
[정리] 보석조건 위반의 제재: ㉠ 피고인에게는 1천만원 이하의 과태료, 20일 이내의 감치(제102조 제3항·제4항), ㉡ 출석보증인에게는 500만원 이하의 과태료(감치 ×, 제100조의2)

② (O) 검사의 의견청취의 절차는 보석에 관한 결정의 본질적 부분이 되는 것은 아니므로, 설사 법원이 검사의 의견을 듣지 아니한 채 보석에 관한 결정을 하였다고 하더라도 그 결정이 적정한 이상, 절차상의 하자만을 들어 그 결정을 취소할 수는 없다(대법원 1997.11.27, 97모88).

③ (O) 피고인이 집행유예의 기간 중에 있어 집행유예의 결격자라고 하여 보석을 허가할 수 없는 것은 아니고 형사소송법 제95조는 그 제1호 내지 제5호 이외의 경우에는 필요적으로 보석을 허가하여야 한다는 것이지 여기에 해당하는 경우에는 보석을 허가하지 아니할 것을 규정한 것이 아니므로 집행유예기간 중에 있는 피고인의 보석을 허가한 것이 누범과 상습범에 대하여는 보석을 허가하지 아니할 수 있다는 형사소송법 제95조 제2호의 취지에 위배되어 위법이라고 할 수 없다(대법원 1990.4.18, 90모22).

④ (O) 규칙 제56조 제1항 참조.

규칙 제56조(보석 등의 취소에 의한 재구금절차) ① 법 제102조 제2항에 따른 보석취소 또는 구속집행정지취소의 결정이 있는 때 또는 기간을 정한 구속집행정지결정의 기간이 만료된 때에는 검사는 그 취소결정의 등본 또는 기간을 정한 구속집행정지결정의 등본에 의하여 피고인을 재구금하여야 한다. 다만, 급속을 요하는 경우에는 재판장, 수명법관 또는 수탁판사가 재구금을 지휘할 수 있다.

정답 ①

096 ✓ 대표 ◆◆◆ 　경찰 2013

다음은 보석에 대한 설명이다. 옳은 것은 모두 몇 개인가? (다툼이 있는 경우 판례에 의함)

㉠ 법원은 보석의 조건을 정함에 있어서 범죄의 성질 및 죄상(罪狀), 증거의 증명력, 피고인의 전과·성격·환경 및 자산, 피해자에 대한 배상 등 범행 후의 정황에 관련된 사항을 고려하여야 한다.
㉡ 법원은 유가증권 또는 피고인 외의 자가 제출한 보증서로써 보증금에 갈음함을 허가할 수 있다.
㉢ 법원은 피고인이 정당한 사유 없이 보석조건을 위반한 경우에는 결정으로 피고인에 대하여 1천만원 이하의 과태료를 부과하거나 20일 이내의 감치에 처할 수 있다. 이와 같은 결정에 대하여는 즉시항고를 할 수 있다.
㉣ 구속 또는 보석을 취소하거나 구속영장의 효력이 소멸된 때에는 몰취하지 아니한 보증금 또는 담보를 청구한 날로부터 7일 이내에 환부하여야 한다.
㉤ 구속영장의 효력이 소멸한 때에는 보석조건은 즉시 그 효력을 상실한다.

① 2개　　　　② 3개
③ 4개　　　　④ 5개

해설

㉠ (O) 제99조 제1항 참조.

규칙 제99조(보석조건의 결정 시 고려사항) ① 법원은 제98조의 조건을 정할 때 다음 각 호의 사항을 고려하여야 한다. 〈개정 2020.12.8.〉
1. 범죄의 성질 및 죄상(罪狀)
2. 증거의 증명력
3. 피고인의 전과(前科)·성격·환경 및 자산
4. 피해자에 대한 배상 등 범행 후의 정황에 관련된 사항

㉡ (O) 제100조 제3항 참조.

제100조(보석집행의 절차) ③ 법원은 유가증권 또는 피고인 외의 자가 제출한 보증서로써 보증금에 갈음함을 허가할 수 있다.

㉢ (O) 제102조 제3항·제4항 참조.

제102조(보석조건의 변경과 취소 등) ③ 법원은 피고인이 정당한 사유 없이 보석조건을 위반한 경우에는 결정으로 피고인에 대하여 1천만원 이하의 과태료를 부과하거나 20일 이내의 감치에 처할 수 있다.
④ 제3항의 결정에 대하여는 즉시항고를 할 수 있다.

㉣ (O) 제104조 참조.

제104조(보증금 등의 환부) 구속 또는 보석을 취소하거나 구속영장의 효력이 소멸된 때에는 몰취하지 아니한 보증금 또는 담보를 청구한 날로부터 7일 이내에 환부하여야 한다.

[보충] 보석취소: ㉠ 사유는 도/염/출/보/조, ㉡ 재구금 시 별도 영장 불요, ㉢ 보석조건은 즉시 실효(보증금·담보조건 예외), ㉣ 임의적 몰취는 직권 또는 검사청구에 의하고, 보석취소결정과 반

드시 동시일 필요는 없음, ⓒ 몰취하지 않은 보증금의 환부는 7일 이내

ⓔ (○) 제104조의2 제1항 참조.

> **제104조의2(보석조건의 효력상실 등)** ① 구속영장의 효력이 소멸한 때에는 보석조건은 즉시 그 효력을 상실한다.

[보충] 보석조건 실효사유: ㉠ 구속영장실효, ㉡ 보석취소(단, 보증금·담보 제외)

정답 ④

---

097 ✓ 유사 ◆◆◇

보석에 대한 설명으로 옳은 것만을 모두 고른 것은? (다툼이 있는 경우 판례에 의함)

> ㄱ. 법원은 특별한 사정이 없는 한 보석청구를 받은 날부터 7일 이내에 그에 관한 결정을 하여야 한다.
> ㄴ. 피고인이 보석조건을 위반한 경우 과태료 또는 감치의 제재결정을 내릴 수 있으며, 이 제재결정에 대해서는 즉시항고를 할 수 있다.
> ㄷ. 범죄사실과 관련하여 피고인에 대한 새로운 중요한 증거가 발견된 경우 법원은 보석을 취소할 수 있다.
> ㄹ. 보증금 몰수사건은 지방법원 단독판사의 관할이지만 소송절차 계속 중에 보석허가결정이나 그 취소결정을 본안 관할법원인 제1심 합의부가 한 경우 당해 합의부가 사물관할을 갖는다.

① ㄱ, ㄴ 　　　　　 ② ㄴ, ㄷ
③ ㄱ, ㄴ, ㄹ 　　　 ④ ㄱ, ㄷ, ㄹ

해설

ㄱ. (○) 규칙 제55조
ㄴ. (○) 제102조 제3항·제4항
ㄷ. (×) 제102조 제2항(보석취소사유: 도/염/출/보/조), 피고인에 대한 새로운 중요한 증거가 발견된 경우가 보석취소사유가 되는 것은 아니다.
ㄹ. (×) 형사소송법 제103조는 "보석된 자가 형의 선고를 받고 그 판결이 확정된 후 집행하기 위한 소환을 받고 정당한 이유 없이 출석하지 아니하거나 도망한 때에는 직권 또는 검사의 청구에 의하여 결정으로 보증금의 전부 또는 일부를 몰수하여야 한다."고 규정하고 있는 바, 이 규정에 의한 보증금몰수사건은 그 성질상 당해 형사본안사건의 기록이 존재하는 법원 또는 그 기록을 보관하는 검찰청에 대응하는 법원의 토지관할에 속하고, 그 법원이 지방법원인 경우에 있어서 사물관할은 법원조직법 제7조 제4항의 규정에 따라 지방법원 단독판사에게 속하는 것이지 소송절차 계속 중에 보석허가결정 또는 그 취소결정 등을 본안 관할법원인 제1심 합의부 또는 항소심인 합의부에서 한 바 있었다고 하여 그러한 법원이 사물관할을 갖게 되는 것은 아니다(대법원 2002.5.17, 2001모53).

정답 ①

---

098 ✓ 유사 ◆◆◇

다음 중 「형사소송법」상 보석에 관한 설명으로 가장 옳지 않은 것은?

① 법원은 특별한 사정이 없는 한 보석의 청구를 받은 날부터 7일 이내에 그에 관한 결정을 하여야 한다.

② 법원은 보석허가결정 이후에 피고인의 보석조건을 변경할 수는 있으나, 일정 기간 동안 당해 조건의 이행을 유예할 수는 없다.

③ 「형사소송법」 제98조 제1호(피고인 본인의 서약서), 제2호(피고인 본인의 보증금 약정서), 제5호(피고인 이외의 자의 출석보증서), 제7호(피해자의 권리회복에 필요한 금원의 공탁이나 담보제공), 제8호(보증금 납부 또는 담보제공)의 보석조건을 이행한 후가 아니면 보석허가결정을 집행하지 못한다.

④ 심문기일을 정한 법원은 즉시 검사, 피고인, 보석청구인 및 피고인을 구금하고 있는 관서의 장에게 심문기일과 장소를 통지하여야 한다.

해설

② (×) 제102조 제1항 참조.

> **제102조(보석조건의 변경과 취소 등)** ① 법원은 직권 또는 제94조에 규정된 자의 신청에 따라 결정으로 피고인의 보석조건을 변경하거나 일정 기간 동안 당해 조건의 이행을 유예할 수 있다.

① (○) 규칙 제55조 참조.

> **규칙 제55조(보석 등의 결정기한)** 법원은 특별한 사정이 없는 한 보석 또는 구속취소의 청구를 받은 날부터 7일 이내에 그에 관한 결정을 하여야 한다.

③ (○) 제100조 제1항 참조.

> **제100조(보석집행의 절차)** ① 제98조 제1호·제2호·제5호·제7호 및 제8호의 조건은 이를 이행한 후가 아니면 보석허가결정을 집행하지 못하며, 법원은 필요하다고 인정하는 때에는 다른 조건에 관하여도 그 이행 이후 보석허가결정을 집행하도록 정할 수 있다.

④ (○) 규칙 제54조의2 제2항 참조.

> **규칙 제54조의2(보석의 심리)** ② 제1항의 규정에 의하여 심문기일을 정한 법원은 즉시 검사, 변호인, 보석청구인 및 피고인을 구금하고 있는 관서의 장에게 심문기일과 장소를 통지하여야 하고, 피고인을 구금하고 있는 관서의 장은 위 심문기일에 피고인을 출석시켜야 한다.

정답 ②

099 ✓ 유사 ◆◇◇

보석에 대한 설명으로 옳지 않은 것은? (다툼이 있는 경우 판례에 의함)

① 구속영장의 효력이 소멸하는 경우에도 보석조건이 즉시 효력을 상실하는 것은 아니다.

② 법원은 직권 또는 보석청구권자의 청구에 의하여 결정으로 보석을 허가할 수 있다.

③ 법원이 보석을 취소하는 때에는 직권 또는 검사의 청구에 따라 결정으로 보증금 또는 담보의 전부 또는 일부를 몰취할 수 있다.

④ 상소기간 중 또는 상소 중의 사건에 관한 피고인 보석의 결정은 소송기록이 상소법원에 도달하기까지는 원심법원이 하여야 한다.

해설

① (✕) 구속영장이 실효되면 보석조건도 실효된다. 제104조의2 제1항 참조.

> **제104조의2(보석조건의 효력상실 등)** ① 구속영장의 효력이 소멸한 때에는 보석조건은 즉시 그 효력을 상실한다.

② (○) 임의적 보석을 표현한 지문이다. 제96조 참조.

> **제96조(임의적 보석)** 법원은 제95조의 규정에 불구하고 상당한 이유가 있는 때에는 직권 또는 제94조에 규정한 자의 청구에 의하여 결정으로 보석을 허가할 수 있다.

③ (○) 보석취소결정이 있는 때에는 보증금에 대한 임의적 몰취가 가능하다. 제103조 제1항 참조.

> **제103조(보증금 등의 몰취)** ① 법원은 보석을 취소하는 때에는 직권 또는 검사의 청구에 따라 결정으로 보증금 또는 담보의 전부 또는 일부를 몰취할 수 있다.

④ (○) 구속, 보석 등에 관한 결정은 소송기록이 있는 법원이 한다. 제57조 제1항 참조.

> **제57조(상소 등과 구속에 관한 결정)** ① 상소기간 중 또는 상소 중의 사건에 관한 피고인의 구속, 구속기간갱신, 구속취소, 보석, 보석의 취소, 구속집행정지와 그 정지의 취소의 결정은 소송기록이 상소법원에 도달하기까지는 원심법원이 이를 하여야 한다.

정답 ①

100 ✓ 유사 ◆◇◇

보석에 대한 설명으로 옳지 않은 것은? (다툼이 있는 경우 판례에 의함)

① 법원이 검사의 의견을 듣지 아니한 채 보석에 관한 결정을 하였다고 하더라도 그 결정이 적정한 이상 절차상의 하자만을 들어 그 결정을 취소할 수는 없다

② 보석의 청구를 받은 법원은 24시간 이내에 심문기일을 정하여 구속된 피고인을 심문하여야 하고, 특별한 사정이 없는 한 보석의 청구를 받은 날부터 7일 이내에 그에 관한 결정을 하여야 한다.

③ 보석이 취소된 경우 보석조건은 즉시 그 효력을 상실하지만, 보증금납입 또는 담보제공의 보석조건은 예외로 한다.

④ 법원은 피고인이 정당한 사유 없이 보석조건을 위반한 경우에는 결정으로 피고인에 대하여 1천만원 이하의 과태료를 부과하거나 20일 이내의 감치처분을 내릴 수 있고, 이 결정에 대하여는 즉시항고가 가능하다.

해설

② (✕) 전단이 틀린 내용이다. 24시간 이내가 아니라 지체 없이 정하여야 한다.

> **규칙 제54조의2(보석의 심리)** ① 보석의 청구를 받은 법원은 지체 없이 심문기일을 정하여 구속된 피고인을 심문하여야 한다. 다만, 다음 각 호의 어느 하나에 해당하는 때에는 그러하지 아니하다. 〈개정 2007.10.29.〉
> 1. 법 제94조에 규정된 청구권자 이외의 사람이 보석을 청구한 때
> 2. 동일한 피고인에 대하여 중복하여 보석을 청구하거나 재청구한 때
> 3. 공판준비 또는 공판기일에 피고인에게 그 이익되는 사실을 진술할 기회를 준 때
> 4. 이미 제출한 자료만으로 보석을 허가하거나 불허가할 것이 명백한 때
> **제55조(보석 등의 결정기한)** 법원은 특별한 사정이 없는 한 보석 또는 구속취소의 청구를 받은 날부터 7일 이내에 그에 관한 결정을 하여야 한다.
> [전문개정 2007.10.29]

① (○) 검사의 의견청취의 절차는 보석에 관한 결정의 본질적 부분이 되는 것은 아니므로, 설사 법원이 검사의 의견을 듣지 아니한 채 보석에 관한 결정을 하였다고 하더라도 그 결정이 적정한 이상, 절차상의 하자만을 들어 그 결정을 취소할 수는 없다(대법원 1997.11.27. 97모88).

③ (○) 제104조의2 참조.

> **제104조의2(보석조건의 효력상실 등)** ① 구속영장의 효력이 소멸한 때에는 보석조건은 즉시 그 효력을 상실한다.
> ② 보석이 취소된 경우에도 제1항과 같다. 다만, 제98조 제8호의 조건은 예외로 한다.

④ (○) 제100조의2 참조.

> **제100조의2(출석보증인에 대한 과태료)** ① 법원은 제98조 제5호의 조건을 정한 보석허가결정에 따라 석방된 피고인이

정당한 사유 없이 기일에 불출석하는 경우에는 결정으로 그 출석보증인에 대하여 500만원 이하의 과태료를 부과할 수 있다.
② 제1항의 결정에 대하여는 즉시항고를 할 수 있다.

정답 ②

101 ✓ 유사 ◆◇◇

보석제도에 대한 설명으로 가장 적절하지 않은 것은?
(다툼이 있는 경우 판례에 의함)

① 법원이 집행유예기간 중에 있는 피고인의 보석을 허가한 경우, 이러한 법원의 결정은 누범과 상습범을 필요적 보석의 제외사유로 규정한 「형사소송법」 제95조 제2호의 취지에 반하여 위법이라고 할 수 없다.

② 보석허가결정의 취소는 그 취소결정을 고지하거나 결정법원에 대응하는 검찰청 검사에게 결정서를 교부 또는 송달함으로써 즉시 집행할 수 있는 것이고, 그 결정 등본이 피고인에게 송달되어야 집행할 수 있는 것은 아니다.

③ 「형사소송법」 제97조 제1항은 "재판장은 보석에 관한 결정을 하기 전에 검사의 의견을 물어야 한다"라고 규정하고 있으므로, 법원이 검사의 의견을 듣지 아니한 채 보석에 관한 결정을 하였다면 결정의 적정성 여부를 불문하고 절차상의 하자만으로도 그 결정을 취소할 수 있다.

④ 법원은 보석취소 후에 별도로 보증금몰수결정을 할 수도 있다.

해설

③ (×) 검사의 의견이 법원을 구속하는 것은 아니며, 설사 법원이 검사의 의견을 듣지 아니한 채 보석에 관한 결정을 하였다고 하더라도 그 결정이 적정한 이상, 절차상의 하자만을 들어 그 결정을 취소할 수는 없다(대법원 1997.11.27, 97모88).

① (○) 피고인이 집행유예의 기간 중에 있어 집행유예의 결격자라고 하여 보석을 허가할 수 없는 것은 아니고 형사소송법 제95조는 그 제1호 내지 제5호 이외의 경우에는 필요적으로 보석을 허가하여야 한다는 것이지 여기에 해당하는 경우에는 보석을 허가하지 아니할 것을 규정한 것이 아니므로 집행유예기간 중에 있는 피고인의 보석을 허가한 것이 누범과 상습범에 대하여는 보석을 허가하지 아니할 수 있다는 형사소송법 제95조 제2호의 취지에 위배되어 위법하다고 할 수 없다(대법원 1990.4.18, 90모22).

② (○) 보석허가결정의 취소는 그 취소결정을 고지하거나 결정법원에 대응하는 검찰청 검사에게 결정서를 교부 또는 송달함으로써 즉시 집행할 수 있는 것이고 그 결정등본이 피고인에게 송달(또는 고지)되어야 집행할 수 있는 것은 아니다(대법원 1983.4.21, 83모19).

④ (○) 보석보증금을 몰수하려면 반드시 보석취소와 동시에 하여야만 가능한 것이 아니라 보석취소 후에 별도로 보증금몰수결정을 할 수 있다(대법원 2001.5.29, 2000모22 전원합의체).

정답 ③

102 ✓ 유사 ◆◇◇

보석제도에 관한 설명으로 가장 적절하지 않은 것은?
(다툼이 있는 경우 판례에 의함)

① 보석불허가 이유로 피고인이 죄증을 인멸할 염려가 있다고 믿을 만한 충분한 이유가 있다고 설시한 것은 필요적 보석의 제외사유에 해당함을 명시한 것이므로, 이를 보석불허가 사유를 명시하도록 한 규정에 어긋나는 설시라고 할 수 없다.

② 법원이 집행유예기간 중에 있는 피고인의 보석을 허가한 것은 누범과 상습범에 대하여는 보석을 허가하지 아니할 수 있다는 「형사소송법」 제95조 제2호의 취지에 위배되어 위법하다.

③ 법원이 검사의 의견을 듣지 아니한 채 보석에 관한 결정을 하였다고 하더라도 그 결정이 적정한 이상, 그와 같은 절차상의 하자만을 들어 그 결정을 취소할 수는 없다.

④ 제1심이 피고인에 대한 보석허가결정을 하여 그 결정 등본이 검사에게 송달되자, 검사가 그 결정에 대하여 즉시항고가 아닌 보통항고를 하였다면, 항고심이 이에 기하여 제1심의 보석허가결정을 취소하는 결정을 할 수 있다.

해설

② (×) 집행유예기간 중에 있는 피고인의 보석을 허가한 것이 누범과 상습범에 대하여는 보석을 허가하지 아니할 수 있다는 형사소송법 제95조 제2호의 취지에 위배되어 위법이라고 할 수 없다(대법원 1990.4.18, 90모22).

① (○) 보석불허가 이유로 피고인이 죄증을 인멸할 염려가 있다고 믿을 만한 충분한 이유가 있다고 설시한 것은 필요적 보석의 제외사유인 형사소송법 제95조 제3호에 해당함을 명시한 것이므로 형사소송규칙 제55조의2에 위반되지 아니한다(대법원 1991.8.13, 91모53).

③ (○) 검사의 의견청취의 절차는 보석에 관한 결정의 본질적 부분이 되는 것은 아니므로, 설사 법원이 검사의 의견을 듣지 아니한 채 보석에 관한 결정을 하였다고 하더라도 그 결정이 적정한 이상, 절차상의 하자만을 들어 그 결정을 취소할 수는 없다(대법원 1997.11.27, 97모88).

④ (○) 제1심이 1997.1.8. 피고인에 대한 보석허가결정을 하여 그 결정 등본이 같은 날 검사에게 송달되자, 검사는 같은 해 1.17. 그 결정에 대하여 즉시항고가 아닌 보통항고를 하였음이 분명하므로, 이에 기하여 제1심의 보석허가결정을 취소하는 결정을 한 원심의 조치는 정당하다(대법원 1997.4.18, 97모26).

정답 ②

Ⅵ 구속의 집행정지와 실효

103 ✓ 대표 ◆◇◇ 경찰2차 2020

구속의 집행정지와 취소에 대한 설명으로 가장 적절하지 않은 것은? (다툼이 있는 경우 판례에 의함)

① 구속의 사유가 없거나 소멸된 때에는 법원은 직권 또는 검사, 피고인, 변호인과 「형사소송법」 제30조 제2항에 규정된 자의 청구에 의하여 결정으로 구속을 취소하여야 한다.

② 피고인 甲은 「형사소송법」 제72조에 정한 사전청문절차 없이 발부된 구속영장에 기하여 구속되었다. 제1심 법원이 그 위법을 시정하기 위하여 구속취소결정 후 적법한 청문절차를 밟아 甲에 대한 구속영장을 발부하였고, 甲이 이 청문절차부터 제1·2심의 소송절차에 이르기까지 변호인의 조력을 받았다면, 법원은 甲에 대한 구속영장 발부와 집행에 관한 소송절차의 법령위반 등을 다투는 상고이유 주장은 받아들이지 않는다.

③ 법원은 「형사소송법」 제101조 제4항에 따라 구속영장의 집행이 정지된 국회의원이 소환을 받고도 정당한 사유 없이 출석하지 아니한 때에는 그 회기 중이라도 구속영장의 집행정지를 취소할 수 있다.

④ 법원은 상당한 이유가 있는 때에는 결정으로 구속된 피고인을 친족·보호단체 기타 적당한 자에게 부탁하거나 피고인의 주거를 제한하여 구속의 집행을 정지할 수 있고, 이때 급속을 요하는 경우를 제외하고는 검사의 의견을 물어야 한다.

[해설]

③ (✕) 국회의 석방요구에 의하여 구속영장의 집행이 정지된 국회의원의 경우에는, 구속영장의 집행정지 취소사유가 있어도 <u>그 회기 중 취소하지 못한다</u>(제102조 제2항 단서).

> **제101조(구속의 집행정지)** ① 법원은 상당한 이유가 있는 때에는 결정으로 구속된 피고인을 친족·보호단체 기타 적당한 자에게 부탁하거나 피고인의 주거를 제한하여 구속의 집행을 정지할 수 있다.
> ② 전항의 결정을 함에는 검사의 의견을 물어야 한다. 단, 급속을 요하는 경우에는 그러하지 아니하다.
> <u>④ 헌법 제44조에 의하여 구속된 국회의원에 대한 석방요구가 있으면 당연히 구속영장의 집행이 정지된다.</u>
> ⑤ 전항의 석방요구의 통고를 받은 검찰총장은 즉시 석방을 지휘하고 그 사유를 수소법원에 통지하여야 한다.
> **제102조(보석조건의 변경과 취소 등)** ② 법원은 피고인이 다음 각 호의 어느 하나에 해당하는 경우에는 직권 또는 검사의 청구에 따라 결정으로 보석 또는 구속의 집행정지를 취소할 수 있다. 다만, 제101조 제4항에 따른 구속영장의 집행정지는 그 회기 중 취소하지 못한다.
> 1. 도망한 때
> 2. 도망하거나 죄증을 인멸할 염려가 있다고 믿을 만한 충분한 이유가 있는 때
> 3. <u>소환을 받고 정당한 사유 없이 출석하지 아니한 때</u>

> 4. 피해자, 당해 사건의 재판에 필요한 사실을 알고 있다고 인정되는 자 또는 그 친족의 생명·신체·재산에 해를 가하거나 가할 염려가 있다고 믿을 만한 충분한 이유가 있는 때
> 5. 법원이 정한 조건을 위반한 때

① (○) 제93조 참조.

> **제93조(구속의 취소)** 구속의 사유가 없거나 소멸된 때에는 법원은 직권 또는 검사, 피고인, 변호인과 제30조 제2항에 규정한 자의 청구에 의하여 결정으로 구속을 취소하여야 한다.

② (○) 판결내용 자체가 아니고 다만 <u>피고인의 신병확보를 위한 구속 등 소송절차가 법령에 위반된 경우에는</u>, 그로 인하여 피고인의 방어권이나 변호인의 조력을 받을 권리가 본질적으로 침해되고 판결의 정당성마저 인정하기 어렵다고 보이는 정도에 이르지 않는 한, <u>그것 자체만으로는 판결에 영향을 미친 위법이라고 할 수 없다</u>(대법원 1985.7.23. 85도1003; 1994.11.4. 94도129 등). … (위 지문의 경우) 피고인에 대한 신체구금 과정에 피고인의 방어권이 본질적으로 침해되어 원심판결의 정당성마저 인정하기 어렵다고 볼 정도의 위법은 없다. 따라서 피고인에 대한 구속영장 발부와 집행에 관한 소송절차의 법령위반 등을 다투는 상고이유 주장은 받아들이지 않는다(대법원 2019.2.28. 2018도19034).

④ (○) 제101조 제1항·제2항 참조.

> **제101조(구속의 집행정지)** ① 법원은 상당한 이유가 있는 때에는 결정으로 구속된 피고인을 친족·보호단체 기타 적당한 자에게 부탁하거나 피고인의 주거를 제한하여 구속의 집행을 정지할 수 있다.
> ② 전항의 결정을 함에는 검사의 의견을 물어야 한다. 단, 급속을 요하는 경우에는 그러하지 아니하다.

[정답] ③

104 ✓ 유사 ◆◇◇ 경찰승진 2024

구속집행정지에 관한 설명으로 가장 적절하지 않은 것은? (다툼이 있는 경우 판례에 의함)

① 검사는 법원으로부터 구속집행정지에 관한 의견요청이 있을 때에는 의견서와 소송서류 및 증거물을 지체 없이 법원에 제출하여야 하는데, 이 경우 특별한 사정이 없는 한 의견요청을 받은 날의 다음 날까지 제출하여야 한다.

② 법원의 구속집행정지 결정에 대하여 검사는 보통항고를 할 수 있다.

③ 피의자·피고인에 대한 구속집행정지의 결정 여부는 법원의 권한이므로, 검사는 이를 할 수 없다.

④ 상소 중의 사건에 관한 피고인의 구속집행정지와 그 정지의 취소의 결정은 소송기록이 상소법원에 도달하기까지는 원심법원이 이를 하여야 한다.

해설

③ (×) 구속된 피의자에 대해서는 검사 또는 사법경찰관도 구속의 집행을 정지할 수 있다.

[보충] 체포 또는 구속한 피의자를 구속집행정지나 구속취소하는 등 석방하는 경우에 검사는 지체 없이 영장을 발부한 법원에 그 사유를 서면으로 통지하여야 한다.

> **제209조(준용규정)** 제70조 제2항, 제71조, 제75조, 제81조 제1항 본문·제3항, 제82조, 제83조, 제85조부터 제87조까지, 제89조부터 제91조까지, 제93조, <u>제101조 제1항</u>, 제102조 제2항 본문(보석의 취소에 관한 부분은 제외한다) 및 제200조의5는 <u>검사 또는 사법경찰관의 피의자 구속에 관하여 준용</u>한다.
> **제101조(구속의 집행정지)** ① 법원은 상당한 이유가 있는 때에는 결정으로 구속된 피고인을 친족·보호단체 기타 적당한 자에게 부탁하거나 피고인의 주거를 제한하여 구속의 집행을 정지할 수 있다.
> ② 전항의 결정을 함에는 검사의 의견을 물어야 한다. 단, 급속을 요하는 경우에는 그러하지 아니하다.
> **제204조(영장발부와 법원에 대한 통지)** 체포영장 또는 구속영장의 발부를 받은 후 피의자를 체포 또는 구속하지 아니하거나 체포 또는 구속한 피의자를 석방한 때에는 지체 없이 검사는 영장을 발부한 법원에 그 사유를 서면으로 통지하여야 한다.

① (○) 규칙 제54조 제1항 참조.

> **규칙 제54조(기록 등의 제출)** ① <u>검사는 법원으로부터 보석, 구속취소 또는 구속집행정지에 관한 의견요청이 있을 때에는 의견서와 소송서류 및 증거물을 지체 없이 법원에 제출하여야 한다.</u> 이 경우 특별한 사정이 없는 한 의견요청을 받은 날의 다음 날까지 제출하여야 한다.

② (○) 헌법재판소 2012.6.27, 2011헌가36

④ (○) 제105조 참조.

> **제105조(상소와 구속에 관한 결정)** 상소기간 중 또는 상소 중의 사건에 관하여 구속기간의 갱신, 구속의 취소, 보석, 구속의 집행정지와 그 정지의 취소에 대한 결정은 소송기록이 원심법원에 있는 때에는 원심법원이 하여야 한다.

정답 ③

---

105 유사 ◆◇◇   법원9급 2024

구속집행정지에 관한 다음 설명 중 가장 옳지 않은 것은?

① 구속집행정지는 피고인 등의 신청 또는 직권에 의하여 할 수 있고, 구속의 집행이 정지될 뿐이며 구속영장의 효력에는 영향이 없다는 점에서 보석과 동일하나, 보증금의 납입 등을 조건으로 하지 않고 친족·보호단체 기타 적당한 자에게 부탁하거나 주거를 제한하여 석방한다는 점에서는 보석과 차이가 있다.

② 구속집행이 정지된 피고인은 수사기관의 관찰대상이 되지만 이것만으로 피고인의 도망을 막기에는 부족하고, 또한 피고인이 도망할 염려가 있는 경우에는 구속집행정지 취소사유가 될 뿐이다.

③ 구속집행정지결정에는 정지의 기간을 정할 수도 있고 정하지 않을 수도 있으며, 구속집행정지결정에 있어서 기간을 정할 것인지 여부가 법원의 재량에 맡겨져 있으므로 결정 후 이를 연장 또는 단축하는 것도 가능하다.

④ 헌법 제44조 제2항에 따라 구속된 국회의원에 대하여 국회의 석방요구가 있으면 구속영장의 집행이 당연히 정지되므로, 수소법원은 구속집행정지의 결정을 따로 할 필요가 없다. 국회의 석방요구가 있는 경우 검찰총장은 즉시 석방을 지휘하고 그 사유를 수소법원에 통지하여야 한다.

해설

① (×) <u>구속집행정지는 피고인 등에게 신청권이 없고 법원 또는 수사기관의 직권에 의한다.</u> 제101조 제1항 참조.

> **제101조(구속의 집행정지)** ① 법원은 상당한 이유가 있는 때에는 결정으로 구속된 피고인을 친족·보호단체 기타 적당한 자에게 부탁하거나 피고인의 주거를 제한하여 구속의 집행을 정지할 수 있다.

② (○) (법원직만 볼 것) 보석·구속집행정지 및 적부심 등 사건의 처리에 관한 예규 제16조 제2항 참조.

> **보석·구속집행정지 및 적부심 등 사건의 처리에 관한 예규 제16조(기본방향)** ② <u>구속집행정지된 피고인은 수사기관의 시찰대상이 되지만 이것만으로 피고인의 도망을 막기에는 부족하고, 또한 피고인이 도망할 염려가 있는 경우에는 구속집행정지 취소사유가 되므로</u>, 구속집행정지 여부를 결정함에 있어서는 친족에게 부탁 또는 주거제한 등의 조치에도 불구하고 피고인이 도망할 염려가 있는지 여부를 신중히 판단하여야 한다.

③ (○) (법원직만 볼 것) <u>구속집행정지결정에 대해서는 법정기간이 없다.</u> 다만, 규칙 제56조 제1항은 "<u>기간을 정한 구속집행정지결정의 기간이 만료된 때</u>에는 검사는 그 취소결정의 등본 또는 기간을 정한 구속집행정지결정의 등본에 의하여 피고인을 재구금하여야 한다."고 규정하고 있다(<u>급속 시 재판장 등 집행지휘</u>).
[보충] 물론 도망한 때 등의 사유가 있는 경우에는 구속집행정지를 취소할 수 있다(제102조 제2항, 보석취소사유와 동일).

> **규칙 제56조(보석 등의 취소에 의한 재구금절차)** ① 법 제

102조 제2항에 따른 보석취소 또는 구속집행정지취소의 결정이 있는 때 또는 <u>기간을 정한 구속집행정지결정의 기간이 만료된 때에는</u> 검사는 그 취소결정의 등본 또는 기간을 정한 구속집행정지결정의 등본에 의하여 피고인을 재구금하여야 한다. 다만, 급속을 요하는 경우에는 재판장, 수명법관 또는 수탁판사가 재구금을 지휘할 수 있다.

④ (O) 제101조 제4항·제5항 참조.

> **제101조(구속의 집행정지)** ④ 헌법 제44조에 의하여 구속된 국회의원에 대한 석방요구가 있으면 당연히 구속영장의 집행이 정지된다.
> ⑤ 전항의 석방요구의 통고를 받은 검찰총장은 즉시 석방을 지휘하고 그 사유를 수소법원에 통지하여야 한다.

정답 ①

---

106 ✅ 유사 ◆◆◇ 군무원9급 2024

형사소송법상 영장의 효력이 상실되는 경우를 모두 고르면?

> ㄱ. 구속의 집행정지
> ㄴ. 구속의 취소
> ㄷ. 구속적부심사에 의한 석방결정
> ㄹ. 형의 집행유예의 선고

① ㄱ, ㄴ, ㄷ
② ㄱ, ㄴ, ㄹ
③ ㄱ, ㄷ, ㄹ
④ ㄴ, ㄷ, ㄹ

해설

④ ㄴ, ㄷ, ㄹ

ㄱ. (×) 보석이나 구속의 집행정지는 구속영장의 효력이 유지되면서 그 집행을 정지하여 석방하는 것에 불과하고, 구속영장의 효력이 상실되는 것이 아니다.
  [보충] 보석허가결정이나 구속집행정지결정을 받은 자를 재구금하는 경우에는, 보석취소결정이나 구속집행정지취소결정에 의하면 되는 것이고, 별도로 새로운 구속영장을 발부할 것을 요하지 아니한다.

ㄴ. (O) 구속의 취소는 구속영장을 실효시켜 석방하는 제도이다.
  [판례] 형사소송법 제93조에 의한 구속의 취소는 구속영장에 의하여 구속된 피고인에 대하여 구속의 사유가 없거나 소멸된 때에 법원이 직권 또는 피고인 등의 청구에 의하여 결정으로 구속을 취소하는 것으로서, 그 결정에 의하여 구속영장이 실효된다(대법원 1999.9.7, 99초355,99도3454).

ㄷ. (O) 체포·구속적부심사에 의하여 법원의 석방결정이 있을 경우에는, 법원의 결정에 따라 석방되므로 구속영장의 효력은 당연히 소멸된다.

ㄹ. (O) 구속의 당연실효의 경우로, 사형이나 자유형의 실형선고를 제외한 다른 판결의 선고(석방을 내용으로 하는 판결의 선고)가 있는 경우에 구속영장이 실효된다. 제331조 참조.

> **제331조(무죄등 선고와 구속영장의 효력)** 무죄, 면소, 형의

면제, 형의 선고유예, <u>형의 집행유예</u>, 공소기각 또는 벌금이나 과료를 과하는 판결이 선고된 때에는 구속영장은 효력을 잃는다.

정답 ④

---

2 압수 · 수색 · 검증

I 압수와 수색

107 ✅ 대표 ◆◆◆ 경찰승진 2022 유사 국가9급 2021

압수·수색에 대한 설명으로 옳지 않은 것만을 모두 고르면? (다툼이 있는 경우 판례에 의함)

> ㄱ. 수사기관이 정보저장매체에 기억된 정보 중에서 범죄 혐의사실과 관련 있는 정보를 선별한 다음, 선별한 파일을 복제하여 생성한 파일을 제출받아 적법하게 압수하였다면 수사기관 사무실에서 위와 같이 압수된 이미지 파일을 탐색·복제·출력하는 과정에서 피의자 등에게 참여의 기회를 보장하여야 하는 것은 아니다.
> ㄴ. 영장담당판사가 발부한 압수·수색영장에 법관의 서명이 있다면 비록 날인이 없다고 하더라도 그 압수·수색영장은 형사소송법이 정한 요건을 갖추지 못하였다고 볼 수는 없다.
> ㄷ. 압수·수색영장의 피처분자가 현장에 없거나 현장에서 그를 발견할 수 없는 등 영장제시가 현실적으로 불가능한 경우에도 영장을 제시하지 아니한 채 압수·수색을 하면 위법하다.
> ㄹ. 수사기관이 압수·수색영장을 집행하면서 압수·수색대상 기관에 팩스로 영장 사본을 송신하기만 하였을 뿐 영장 원본을 제시하거나 압수조서와 압수물 목록을 작성하여 피압수·수색 당사자에게 교부하지도 않았다면 그 압수·수색은 위법하다.

① ㄱ, ㄴ   ② ㄱ, ㄹ
③ ㄴ, ㄷ   ④ ㄷ, ㄹ

해설

ㄱ. (O) 대법원 2018.2.8, 2017도13263

ㄴ. (×) 압수·수색영장에는 피의자의 성명, 죄명, 압수할 물건, 수색할 장소, 신체, 물건, 발부 연월일, 유효기간과 그 기간을 경과하면 집행에 착수하지 못하며 영장을 반환하여야 한다는 취지 그 밖에 대법원규칙으로 정한 사항을 기재하고 영장을 발부하는 법관이 서명날인하여야 한다(형사소송법 제219조, 제114조 제1항 본문). <u>이 사건 영장은 법관의 서명날인란에 서명만 있고 날인이 없으므로, 형사소송법이 정한 요건을 갖추지 못하여 적법하게 발부되었다고 볼 수 없다</u>(대법원 2019.7.11, 2018도20504).
  [보충] 그런데도 원심이 이와 달리 이 사건 영장이 법관의 진정한 의사에 따라 발부되었다는 등의 이유만으로 이 사건 영장이 유효라고 판단한 것은 잘못이다. 그러나 … <u>이 사건 영장이 형사소송</u>

법이 정한 요건을 갖추지 못하여 적법하게 발부되지 못하였다고 하더라도, 그 영장에 따라 수집한 이 사건 파일 출력물의 증거능력을 인정할 수 있다. 이에 기초하여 획득한 2차적 증거인 위 각 증거 역시 증거능력을 인정할 수 있다(위 판례).

ㄷ. (×) 형사소송법 제219조가 준용하는 제118조는 "압수·수색영장은 처분을 받는 자에게 반드시 제시하여야 한다."고 규정하고 있으나, 이는 영장제시가 현실적으로 가능한 상황을 전제로 한 규정으로 보아야 하고, 피처분자가 현장에 없거나 현장에서 그를 발견할 수 없는 경우 등 영장제시가 현실적으로 불가능한 경우에는 영장을 제시하지 아니한 채 압수·수색을 하더라도 위법하다고 볼 수 없다(대법원 2015.1.22, 2014도10978 전원합의체). [보충] 대법원 2015.1.22, 2014도10978 전원합의체 판례에 의하여 제118조가 개정되어 명문으로, 처분을 받는 자가 현장에 없는 등 영장의 제시나 그 사본의 교부가 현실적으로 불가능한 경우에는 예외적으로 처분을 받는 자에게 제시하지 아니하거나 사본을 교부하지 아니하여도 된다고 규정하고 있다.

> **제118조(영장의 제시와 사본교부)** 압수·수색영장은 처분을 받는 자에게 반드시 제시하여야 하고, 처분을 받는 자가 피고인인 경우에는 그 사본을 교부하여야 한다. 다만, 처분을 받는 자가 현장에 없는 등 영장의 제시나 그 사본의 교부가 현실적으로 불가능한 경우 또는 처분을 받는 자가 영장의 제시나 사본의 교부를 거부한 때에는 예외로 한다.

ㄹ. (○) 대법원 2017.9.7, 2015도10648

정답 ③

---

108 ✓ 대표 ◆◆◇ | 법원9급 2022 유사 | 변호사 2021

형사소송법 압수·수색 절차에 관한 설명 중 옳은 것을 모두 고른 것은? (다툼이 있는 경우 판례에 의함)

> ㄱ. 압수·수색영장은 처분을 받는 자에게 반드시 제시하여야 하지만, 피처분자가 현장에 없거나 현장에서 그를 발견할 수 없는 경우 등 영장 제시가 현실적으로 불가능한 경우에는 영장을 제시하지 아니한 채 압수·수색을 하더라도 위법하지 아니하다.
>
> ㄴ. 수사기관이 휴대전화 등을 압수할 당시 압수당한 피의자가 수사관에게 압수·수색영장의 내용을 보여 달라고 요구하였으나 수사관이 영장의 겉표지만 보여 주고 내용은 확인시켜 주지 않았더라도, 그 후 변호인이 피의자조사에 참여하면서 영장을 확인하였다면 압수처분은 위법하지 아니하다.
>
> ㄷ. 수사기관이 압수·수색에 착수하면서 그 장소의 관리책임자에게 영장을 제시하였더라도 물건을 소지하고 있는 다른 사람으로부터 이를 압수하고자 하는 때에는 그 사람에게 따로 영장을 제시하여야 한다.
>
> ㄹ. 수사기관이 피의자 참여하에 정보저장매체에 기억된 정보 중에서 키워드 또는 확장자 검색 등을 통해 범죄 혐의 사실과 관련 있는 정보를 선별한 다음 정보저장매체와 동일하게 비트열 방식으로 복제하여 생성한 파일을 제출받아 압수한 경우, 수사기관에서 위와 같이 압수된 파일을 탐색·복제·출력하는 과정에서도 피의자 등에게 참여의 기회를 보장하여야 한다.
>
> ㅁ. 환부를 받을 피압수자가 수사기관에 압수물의 환부청구권을 포기한다는 의사표시를 한 경우에도 수사기관의 필요적 환부의무는 면제되지 않는다.

① ㄱ, ㄴ, ㅁ
② ㄱ, ㄷ, ㅁ
③ ㄱ, ㄴ, ㄷ, ㄹ
④ ㄱ, ㄷ, ㄹ, ㅁ
⑤ ㄴ, ㄷ, ㄹ, ㅁ

해설

ㄱ. (○) 형사소송법 제219조가 준용하는 제118조는 "압수·수색영장은 처분을 받는 자에게 반드시 제시하여야 한다."고 규정하고 있으나, 이는 영장제시가 현실적으로 가능한 상황을 전제로 한 규정으로 보아야 하고, 피처분자가 현장에 없거나 현장에서 그를 발견할 수 없는 경우 등 영장제시가 현실적으로 불가능한 경우에는 영장을 제시하지 아니한 채 압수·수색을 하더라도 위법하다고 볼 수 없다(대법원 2015.1.22, 2014도10978 전원합의체).

> **제118조(영장의 제시와 사본교부)** 압수·수색영장은 처분을 받는 자에게 반드시 제시하여야 하고, 처분을 받는 자가 피고인인 경우에는 그 사본을 교부하여야 한다. 다만, 처분을 받는 자가 현장에 없는 등 영장의 제시나 그 사본의 교부가 현실적으로 불가능한 경우 또는 처분을 받는 자가 영장의 제시나 사본의 교부를 거부한 때에는 예외로 한다.

ㄴ. (×) 수사기관이 재항고인의 휴대전화 등을 압수할 당시 재항고인에게 압수·수색영장을 제시하였는데 재항고인이 영장의 구

체적인 확인을 요구하였으나 수사기관이 영장의 범죄사실 기재 부분을 보여주지 않았고, 그 후 재항고인의 변호인이 재항고인에 대한 조사에 참여하면서 영장을 확인한 경우, 수사기관이 위 압수처분 당시 재항고인으로부터 영장 내용의 구체적인 확인을 요구받았음에도 압수·수색영장의 내용을 보여주지 않았던 것으로 보이므로 형사소송법 제219조, 제118조에 따른 적법한 압수·수색영장의 제시라고 인정하기 어렵다(대법원 2020.4.16, 2019모3526).

ㄷ. (○) 대법원 2009.3.12, 2008도763

ㄹ. (✕) 수사기관이 정보저장매체에 기억된 정보 중에서 키워드 또는 확장자 검색 등을 통해 범죄 혐의사실과 관련 있는 정보를 선별한 다음 정보저장매체와 동일하게 비트열 방식으로 복제하여 생성한 파일(이하 '이미지 파일')을 제출받아 압수하였다면 이로써 압수의 목적물에 대한 압수·수색 절차는 종료된 것이므로, 수사기관이 수사기관 사무실에서 위와 같이 압수된 이미지 파일을 탐색·복제·출력하는 과정에서도 피의자 등에게 참여의 기회를 보장하여야 하는 것은 아니다(대법원 2018.2.8, 2017도13263).

ㅁ. (○) 대법원 1996.8.16, 94모51 전원합의체

정답 ②

---

109 ✓ 대표 ◆◆◇ 국가9급 2014 유사 변호사 2017

대물적 강제수사에 관한 설명 중 옳은 것(○)과 옳지 않은 것(✕)을 올바르게 조합한 것은? (다툼이 있는 경우 판례에 의함)

ㄱ. 수사기관이 압수·수색에 착수하면서 그 장소의 관리책임자에게 영장을 제시하였다고 하더라도, 물건을 소지하고 있는 다른 사람으로부터 이를 압수하고자 하는 때에는 그 사람에게 따로 영장을 제시하여야 한다.

ㄴ. 압수·수색영장의 피처분자가 현장에 없거나 현장에서 그를 발견할 수 없는 등 영장제시가 현실적으로 불가능한 경우라도 영장을 제시하지 아니한 채 압수·수색을 하면 위법하다.

ㄷ. 압수·수색영장을 한 번 집행하였다면, 아직 그 영장의 유효기간이 남아 있더라도 동일한 장소 또는 목적물에 대하여 압수·수색을 하기 위하여는 다시 새로운 압수·수색영장을 발부받아야 한다.

ㄹ. 교도관이 재소자가 맡긴 비망록을 수사기관에 임의로 제출한 경우, 그 비망록의 증거사용에 대하여 재소자의 사생활의 비밀 기타 인격적 법익이 침해되는 등의 특별한 사정이 없는 한 반드시 그 재소자의 동의를 받아야 하는 것은 아니다.

ㅁ. 피압수자인 피의자가 압수물에 대하여 소유권을 포기하였다 하더라도 환부사유가 생기고 피압수자가 환부를 청구하면 검사는 이를 환부하여야 한다.

	ㄱ	ㄴ	ㄷ	ㄹ	ㅁ
①	✕	○	✕	○	✕
②	○	✕	○	○	○
③	✕	✕	○	○	✕
④	○	✕	○	✕	✕
⑤	○	○	✕	○	○

해설

ㄱ. (○) 대법원 2009.3.12, 2008도763

ㄴ. (✕) 형사소송법 제219조가 준용하는 제118조는 '압수·수색영장은 처분을 받는 자에게 반드시 제시하여야 한다'고 규정하고 있으나, 이는 영장제시가 현실적으로 가능한 상황을 전제로 한 규정으로 보아야 하고, 피처분자가 현장에 없거나 현장에서 그를 발견할 수 없는 경우 등 영장제시가 현실적으로 불가능한 경우에는 영장을 제시하지 아니한 채 압수·수색을 하더라도 위법하다고 볼 수 없다(대법원 2015.1.22, 2014도10978 전원합의체).

> 제118조(영장의 제시와 사본교부) 압수·수색영장은 처분을 받는 자에게 반드시 제시하여야 하고, 처분을 받는 자가 피고인인 경우에는 그 사본을 교부하여야 한다. 다만, 처분을 받는 자가 현장에 없는 등 영장의 제시나 그 사본의 교부가 현실적으로 불가능한 경우 또는 처분을 받는 자가 영장의 제시나 사본의 교부를 거부한 때에는 예외로 한다.

ㄷ. (○) 대법원 1999.12.1, 99모161

ㄹ. (○) 대법원 2008.5.15, 2008도1097
ㅁ. (○) 대법원 1996.8.16, 94모51 전원합의체

정답 ②

110 ✓ 대표 ◆◆◇ 국가7급 2017

압수·수색에 대한 설명으로 옳지 않은 것은? (다툼이 있는 경우 판례에 의함)

① 법원은 압수·수색영장 집행 사실을 미리 알려주면 증거물을 은닉할 염려가 있어 압수·수색의 실효를 거두기 어려울 경우에는 영장 집행의 일시와 장소를 피고인 또는 변호인에게 미리 통지하지 않을 수 있다.

② 우편물 통관검사절차에서 압수·수색영장 없이 우편물의 개봉, 시료채취, 성분분석 등 검사가 진행되었다면 이 검사는 특별한 사정이 없는 한 위법하다.

③ 수사기관이 압수·수색영장 집행 과정에서 영장 발부의 사유인 범죄 혐의사실과 무관한 별개의 증거를 압수하였다가 피압수자 등에게 환부하고 후에 이를 다시 임의제출 받아 압수한 경우 검사가 위 압수물 제출의 임의성을 증명하면 이를 유죄 인정의 증거로 사용할 수 있다.

④ 수사기관의 압수물 환부 처분의 취소를 구하는 준항고는 소송계속 중 준항고로써 달성하고자 하는 목적이 이미 이루어졌거나 시일의 경과 등으로 그 이익이 상실된 경우에는 부적법하게 된다.

해설

② (✕) 관세법 제246조 제1항, 제2항, 제257조, '국제우편물 수입통관 사무 처리'(2011.9.30. 관세청고시 제2011-40호) 제1-2조 제2항, 제1-3조, 제3-6조, 구 '수출입물품 등의 분석사무 처리에 관한 시행세칙'(2013.1.4. 관세청훈령 제1507호로 개정되기 전의 것) 등과 관세법이 관세의 부과·징수와 아울러 수출입물품의 통관을 적정하게 함을 목적으로 한다는 점(관세법 제1조)에 비추어 보면, 우편물 통관검사절차에서 이루어지는 우편물의 개봉, 시료채취, 성분분석 등의 검사는 수출입물품에 대한 적정한 통관 등을 목적으로 한 행정조사의 성격을 가지는 것으로서 수사기관의 강제처분이라고 할 수 없으므로, 압수·수색영장 없이 우편물의 개봉, 시료채취, 성분분석 등 검사가 진행되었다 하더라도 특별한 사정이 없는 한 위법하다고 볼 수 없다(대법원 2013.9.26, 2013도7718).

① (○) 제122조 단서 참조.

> **제121조(영장집행과 당사자의 참여)** 검사, 피고인 또는 변호인은 압수·수색영장의 집행에 참여할 수 있다.
> **제122조(영장집행과 참여권자에의 통지)** 압수·수색영장을 집행함에는 미리 집행의 일시와 장소를 전조에 규정한 자에게 통지하여야 한다. 단, 전조에 규정한 자가 참여하지 아니한다는 의사를 명시한 때 또는 급속을 요하는 때에는 예외로 한다.

피의자 또는 변호인은 압수·수색영장의 집행에 참여할 수 있고(형사소송법 제219조, 제121조), 압수·수색영장을 집행함에는 원칙

적으로 미리 집행의 일시와 장소를 피의자 등에게 통지하여야 하나(형사소송법 제122조 본문), '급속을 요하는 때'에는 위와 같은 통지를 생략할 수 있다(형사소송법 제122조 단서). 여기서 '급속을 요하는 때'라고 함은 압수·수색영장 집행 사실을 미리 알려주면 증거물을 은닉할 염려 등이 있어 압수·수색의 실효를 거두기 어려울 경우라고 해석함이 옳고, 그와 같이 합리적인 해석이 가능하므로 형사소송법 제122조 단서가 명확성의 원칙 등에 반하여 위헌이라고 볼 수 없다(대법원 2012.10.11, 2012도7455).

③ (○) 검사 또는 사법경찰관은 범죄수사에 필요한 때에는 피의자가 죄를 범하였다고 의심할 만한 정황이 있는 경우에 판사로부터 발부받은 영장에 의하여 압수·수색을 할 수 있으나, 압수·수색은 영장 발부의 사유로 된 범죄 혐의사실과 관련된 증거에 한하여 할 수 있으므로, 영장 발부의 사유로 된 범죄 혐의사실과 무관한 별개의 증거를 압수하였을 경우 이는 원칙적으로 유죄 인정의 증거로 사용할 수 없다. 다만 수사기관이 별개의 증거를 피압수자 등에게 환부하고 후에 임의제출 받아 다시 압수하였다면 증거를 압수한 최초의 절차 위반행위와 최종적인 증거수집 사이의 인과관계가 단절되었다고 평가할 수 있으나, 환부 후 다시 제출하는 과정에서 수사기관의 우월적 지위에 의하여 임의제출 명목으로 실질적으로 강제적인 압수가 행하여질 수 있으므로, 제출에 임의성이 있다는 점에 관하여는 검사가 합리적 의심을 배제할 수 있을 정도로 증명하여야 하고, 임의로 제출된 것이라고 볼 수 없는 경우에는 증거능력을 인정할 수 없다(대법원 2016.3.10, 2013도11233).

④ (○) 수사기관의 압수물 환부에 관한 처분의 취소를 구하는 준항고의 법적 성격(=항고소송) 및 이익이 있어야 하는지 여부(적극) / 소송계속 중 준항고로써 달성하고자 하는 목적이 이미 이루어졌거나 이익이 상실된 경우, 준항고가 부적법하게 되는지 여부(적극)(대법원 2015.10.15, 2013모1970).

정답 ②

111 ✓ 대표 ◆◆◆ | 경찰 2014 유사 | 법원 2016 변형

압수·수색에 관한 다음 설명 중 가장 옳지 않은 것은? (다툼이 있는 경우 판례에 의함)

① 전자정보에 대한 압수·수색영장을 집행할 때, 특별한 사정에 의해 저장매체 자체를 수사기관 사무실 등으로 옮겼다 하더라도, 범죄 혐의 관련성에 대한 구분 없이 저장된 전자정보 중 임의로 문서출력 혹은 파일복사를 하는 행위는 원칙적으로 영장주의에 반하는 위법한 집행이다.

② 압수된 디지털 저장매체로부터 출력한 문건을 진술증거로 사용하는 경우, 그 기재 내용의 진실성에 관하여는 전문법칙이 적용되므로 형사소송법 제313조 제1항·제2항에 따라 작성자 또는 진술자의 진술 또는 객관적 방법에 의하여 성립의 진정함이 증명되어야 이를 증거로 할 수 있다.

③ 범죄의 피해자인 검사가 그 사건의 수사에 관여하거나, 압수·수색영장의 집행에 참여한 검사가 다시 수사에 관여하였다는 이유만으로 바로 그 수사가 위법하다거나 그에 따른 참고인이나 피의자의 진술에 임의성이 없다고 볼 수 없다.

④ 우편물 통관검사절차에서 이루어지는 우편물의 개봉, 시료채취, 성분분석 등의 검사는 행정조사의 성격을 가지는 것이라 하더라도 수사기관의 강제처분의 성격도 함께 가지므로 압수·수색영장 없이 이루어졌다면 원칙적으로 위법하다.

해설

④ (×) 우편물 통관검사절차에서 이루어지는 우편물의 개봉, 시료채취, 성분 분석 등의 검사는 수출입물품에 대한 적정한 통관 등을 목적으로 한 행정조사의 성격을 가지는 것으로서 수사기관의 강제처분이라고 할 수 없으므로, 압수·수색영장 없이 우편물의 개봉, 시료채취, 성분분석 등 검사가 진행되었다 하더라도 특별한 사정이 없는 한 위법하다고 볼 수 없다(대법원 2013.9.26, 2013도7718).

① (○) 전자정보에 대한 압수·수색영장을 집행할 때에는 원칙적으로 영장 발부의 사유인 혐의사실과 관련된 부분만을 문서 출력물로 수집하거나 수사기관이 휴대한 저장매체에 해당 파일을 복사하는 방식으로 이루어져야 하고, 집행현장 사정상 위와 같은 방식에 의한 집행이 불가능하거나 현저히 곤란한 부득이한 사정이 존재하더라도 저장매체 자체를 직접 혹은 하드카피나 이미징 등 형태로 수사기관 사무실 등 외부로 반출하여 해당 파일을 압수·수색할 수 있도록 영장에 기재되어 있고 실제 그와 같은 사정이 발생한 때에 한하여 위 방법이 예외적으로 허용될 수 있을 뿐이다. 나아가 이처럼 저장매체 자체를 수사기관 사무실 등으로 옮긴 후 영장에 기재된 범죄 혐의 관련 전자정보를 탐색하여 해당 전자정보를 문서로 출력하거나 파일을 복사하는 과정 역시 전체적으로 압수·수색영장 집행의 일환에 포함된다고 보아야 한다. 따라서 그러한 경우 문서출력 또는 파일복사 대상 역시 혐의사실과 관련된 부분으로 한정되어야 하는 것은 헌법 제12조 제1항, 제3항, 형사소송법 제114조, 제215조의 적법절차 및 영장주의 원칙상 당연하다. 그러므로 수사기관 사무실 등으로 옮긴 저장 매체에서 범죄 혐의 관련성에 대한 구분 없이 저장된 전자정

보 중 임의로 문서출력 혹은 파일복사를 하는 행위는 특별한 사정이 없는 한 영장주의 등 원칙에 반하는 위법한 집행이다(대법원 2011.5.26, 2009모1190).

② (○) 압수물인 디지털 저장매체로부터 출력한 문건을 증거로 사용하기 위해서는 디지털 저장매체 원본에 저장된 내용과 출력한 문건의 동일성이 인정되어야 하고, 이를 위해서는 디지털 저장매체 원본이 압수 시부터 문건 출력 시까지 변경되지 않았음이 담보되어야 한다. 그리고 압수된 디지털 저장매체로부터 출력한 문건을 진술증거로 사용하는 경우, 그 기재 내용의 진실성에 관하여는 전문법칙이 적용되므로 형사소송법 제313조 제1항에 따라 공판준비나 공판기일에서의 그 작성자 또는 진술자의 진술에 의하여 그 성립의 진정함이 증명된 때에 한하여 이를 증거로 사용할 수 있다(대법원 2013.6.13, 2012도16001).

[보충] 2016.5.29. 개정 제313조 제2항에 의하여 진술서의 작성자가 성립의 진정을 부인하는 경우에는 과학적 분석결과에 기초한 디지털포렌식 자료, 감정 등 객관적 방법으로 성립의 진정을 증명할 수 있다. 위 기출지문에서는 이러한 2016년 5월 개정법을 반영한 것이다. 다만, 문제출제가 객관적 방법에 의한 대체증명을 반영하지 않더라도 틀렸다고 단정하여서는 안 되고, 판례의 입장에 따라 상대적으로 풀어주어야 한다.

③ (○) 대법원 2013.9.12, 2011도12918

정답 ④

---

112 ✓ 대표 ◆◆◇ | 국가9급 2017

다음 설명 중 옳은 것은? (다툼이 있으면 판례에 의함)

① 피처분자가 현장에 없거나 현장에서 그를 발견할 수 없는 경우 등 영장제시가 현실적으로 불가능한 경우에는 영장을 제시하지 아니한 채 압수·수색을 하더라도 위법하다고 볼 수 없다.

② 형사소송법 제72조는 "피고인에 대하여 범죄사실의 요지, 구속의 이유와 변호인을 선임할 수 있음을 말하고 변명할 기회를 준 후가 아니면 구속할 수 없다"고 규정하고 있는데, 이는 구속영장을 집행함에 있어 집행기관이 취해야 하는 절차를 규정한 것이다.

③ 검사는 형벌권의 존부와 범위에 관해서 거증책임을 지므로 공연히 사실을 적시하여 사람의 명예를 훼손한 행위가 진실한 사실로서 오로지 공공의 이익에 관한 때에 해당하지 않는다는 점에 대해서도 검사가 거증책임을 진다.

④ 검사작성의 피의자신문조서의 실질적 진정성립을 부인하는 경우 검사는 영상 녹화물이나 조사관 또는 조사 과정에 참여한 통역인 등의 증언의 방법으로 실질적 진정성립을 증명할 수 있다.

해설

① (○) 대법원 2015.1.22, 2014도10978 전원합의체

> **제118조(영장의 제시와 사본교부)** 압수·수색영장은 처분을 받는 자에게 반드시 제시하여야 하고, 처분을 받는 자가 피고인인 경우에는 그 사본을 교부하여야 한다. 다만, 처분을

받는 자가 현장에 없는 등 영장의 제시나 그 사본의 교부가 현실적으로 불가능한 경우 또는 처분을 받는 자가 영장의 제시나 사본의 교부를 거부한 때에는 예외로 한다.

② (×) 형사소송법 제72조는 피고인을 구속함에 있어 법관에 의한 사전 청문절차를 규정한 것으로서 구속영장을 집행함에 있어 집행기관이 취하여야 하는 절차가 아니라 구속영장 발부함에 있어 수소법원 등 법관이 취하여야 하는 절차이다(대법원 2000.11.10, 2000모134).

③ (×) 공연히 사실을 적시하여 사람의 명예를 훼손한 행위가 형법 제310조의 규정에 따라서 위법성이 조각되어 처벌대상이 되지 않기 위하여는 그것이 진실한 사실로서 오로지 공공의 이익에 관한 때에 해당된다는 점을 행위자가 증명하여야 하는 것이고, 법원이 적법하게 증거를 채택하여 조사한 다음 형법 제310조 소정의 위법성조각사유의 요건이 입증되지 않는다면 그 불이익은 피고인이 부담하는 것이다(대법원 2004.5.28, 2004도1497).

④ (×) (구법상 판례임) 검사 작성의 피의자신문조서에 대한 실질적 진정성립을 증명할 수 있는 수단으로서 형사소송법 제312조 제2항에 규정된 '영상녹화물이나 그 밖의 객관적인 방법'이라 함은 형사소송법 및 형사소송규칙에 규정된 방식과 절차에 따라 제작된 영상녹화물 또는 그러한 영상녹화물에 준할 정도로 피고인의 진술을 과학적·기계적·객관적으로 재현해 낼 수 있는 방법만을 의미한다고 봄이 타당하고, 그 외에 조사관 또는 조사 과정에 참여한 통역인 등의 증언은 이에 해당한다고 볼 수 없다(대법원 2016.2.18, 2015도16586).

정답 ①

---

113 ✓ 대표 ◆◆◇ 국가9급 2017

압수·수색에 대한 설명으로 옳지 않은 것은? (다툼이 있으면 판례에 의함)

① 검사는 범죄수사에 필요한 때에는 피의자가 죄를 범하였다고 의심할 만한 정황이 있고 해당 사건과 관계가 있다고 인정할 수 있는 것에 한정하여 지방법원판사에게 청구하여 발부받은 영장에 의하여 압수·수색을 할 수 있다.

② 공무원 또는 공무원이었던 자가 소지 또는 보관하는 물건은 본인 또는 그 해당 공무소가 직무상의 비밀에 관한 것임을 신고한 때에는 그 소속공무소 또는 당해 감독관공서의 승낙 없이는 압수하지 못하나, 소속공무소 또는 당해 감독관공서는 국가의 중대한 이익을 해하는 경우를 제외하고는 승낙을 거부하지 못한다.

③ 수사기관이 압수·수색에 착수하면서 그 장소의 관리책임자에게 영장을 제시하였다면 물건을 소지하고 있는 다른 사람으로부터 이를 압수하고자 하는 때에도 그 사람에게 따로 영장을 제시하여야 하는 것은 아니다.

④ 검사가 피의자를 적법하게 체포하는 경우 그 체포현장에서 영장 없이 압수·수색을 할 수 있고, 이때 압수한 물건을 계속 압수할 필요가 있는 경우에는 늦어도 피의자를 체포한 때로부터 48시간 이내에 압수·수색영장을 청구하여야 한다.

해설

③ (×) 수사기관이 압수·수색에 착수하면서 그 장소의 관리책임자에게 영장을 제시하였다고 하더라도 물건을 소지하고 있는 다른 사람으로부터 이를 압수하고자 하는 때에는 그 사람에게 따로 영장을 제시하여야 한다(대법원 2009.3.12, 2008도763).

① (○) 제215조 제1항
② (○) 제111조, 제219조
④ (○) 제216조 제1항 제2호, 제217조 제2항

정답 ③

---

114 ✓ 유사 ◆◇◇ 경찰1차 2019

압수·수색에 대한 설명으로 가장 적절하지 않은 것은? (다툼이 있는 경우 판례에 의함)

① 압수·수색영장에 기재한 혐의사실과 범죄와의 객관적 관련성은 압수·수색영장에 기재된 혐의사실의 내용과 수사의 대상, 수사 경위 등을 종합하여 구체적·개별적 연관관계가 있는 경우에는 인정되지만, 혐의사실과 단순히 동종 또는 유사 범행이라는 사유만으로 관련성이 있다고 할 것은 아니다.

② 압수·수색영장 대상자와 피의자 사이에 요구되는 인적 관련성은 압수·수색영장에 기재된 대상자의 공동정범이나 교사범 등 공범이나 간접정범은 물론 필요적 공범 등에 대한 피고사건에 대해서도 인정될 수 있다.

③ 피압수자에게 영장의 표지인 첫 페이지와 피압수자의 혐의사실 부분만을 보여주고 나머지 부분을 확인하지 못하게 한 것은 압수·수색영장의 필요적 기재사항이나 그와 일체를 이루는 사항을 충분히 알 수 있도록 제시한 것이라 할 수 없다.

④ 수사기관이 압수·수색에 착수하면서 그 장소의 관리책임자에게 영장을 제시하였다면, 물건을 소지하고 있는 다른 사람으로부터 이를 압수하고자 하는 때에는 그 사람에게 따로 영장을 제시할 필요는 없다.

해설

④ (×) 압수·수색영장은 처분을 받는 자에게 반드시 제시하여야 하는바, 현장에서 압수·수색을 당하는 사람이 여러 명일 경우에는 그 사람들 모두에게 개별적으로 영장을 제시해야 하는 것이 원칙이다. 수사기관이 압수·수색에 착수하면서 그 장소의 관리책임자에게 영장을 제시하였다고 하더라도, 물건을 소지하고 있는 다른 사람으로부터 이를 압수하고자 하는 때에는 그 사람에게 따로 영장을 제시하여야 한다(대법원 2009.3.12, 2008도763).

① (○) 압수·수색영장의 범죄 혐의사실과 관계있는 범죄라는 것은 압수·수색영장에 기재한 혐의사실과 객관적 관련성이 있고 압수·수색영장 대상자와 피의자 사이에 인적 관련성이 있는 범죄를 의미한다. 그중 혐의사실과의 객관적 관련성은 압수·수색영장에 기재된 혐의사실 자체 또는 그와 기본적 사실관계가 동일한 범행과 직접 관련되어 있는 경우는 물론 범행 동기와 경위, 범행수단과 방법, 범행 시간과 장소 등을 증명하기 위한 간접증거나 정황증거 등으로 사용될 수 있는 경우에도 인정될 수 있다. 그 관련성은 압수·수색영장에 기재된 혐의사실의 내용과 수사의 대

상, 수사 경위 등을 종합하여 구체적·개별적 연관관계가 있는 경우에만 인정되고, 혐의사실과 단순히 동종 또는 유사 범행이라는 사유만으로 관련성이 있다고 할 것은 아니다(대법원 2017.12.5, 2017도13458).

② (○) 피의자와 사이의 인적 관련성은 압수·수색영장에 기재된 대상자의 공동정범이나 교사범 등 공범이나 간접정범은 물론 필요적 공범 등에 대한 피고사건에 대해서도 인정될 수 있다(대법원 2017.12.5, 2017도13458).

③ (○) 사법경찰관이 압수·수색영장의 피압수자에게 압수·수색영장을 제시함에 있어 표지에 해당하는 첫 페이지와 피압수자의 혐의사실이 기재된 부분만을 보여 주고, 나머지 압수·수색영장의 기재 내용(압수·수색·검증할 물건, 압수·수색·검증할 장소, 압수·수색·검증을 필요로 하는 사유, 압수 대상 및 방법의 제한 등 필요적 기재 사항 및 그와 일체를 이루는 일부 기각 취지 부분 등)을 확인하지 못하게 한 경우, 위와 같은 압수·수색영장의 제시는 피압수자로 하여금 그 내용을 충분히 알 수 있도록 제시한 것으로 보기 어려워 위법하고, 이로 인해 취득한 증거는 위법수집증거로서 증거능력이 없다(대법원 2017.9.21, 2015도12400).

[정답] ④

115 ☑ 유사 ◆◆◇ `경찰 2015` `경찰2차 2018 유사`

압수·수색에 관한 다음 설명 중 가장 적절하지 않은 것은? (다툼이 있으면 판례에 의함)

① 압수·수색영장 집행 당시 피처분자가 현장에 없거나 현장에서 그를 발견할 수 없는 경우 등 영장제시가 현실적으로 불가능한 경우에는 영장을 제시하지 아니한 채 압수·수색을 하더라도 위법하다고 볼 수 없다.

② 수사기관이 압수·수색에 착수하면서 그 장소의 관리책임자에게 영장을 제시하였다면 물건을 소지하고 있는 다른 사람으로부터 이를 압수하고자 하는 때에 그 사람에게 따로 영장을 제시할 필요는 없다.

③ 검사가 공소제기 후 피고사건에 관하여 수소법원 이외의 지방법원 판사에게 압수·수색영장을 청구하여 발부받은 영장에 의하여 압수·수색을 하였다면, 그와 같이 수집된 증거는 원칙적으로 유죄의 증거로 삼을 수 없다.

④ 압수·수색영장에 기재된 피의자와 무관한 타인의 범죄사실에 관한 녹음파일을 압수한 경우, 이 녹음파일은 적법한 절차에 따르지 아니하고 수집한 증거로서 이를 증거로 사용할 수 없다.

[해설]

② (×) 압수·수색영장은 처분을 받는 자에게 반드시 제시하여야 하는바(2022.2.3. 개정 제118조 본문: 압수·수색영장은 처분을 받는 자에게 반드시 제시하여야 하고, 처분을 받는 자가 피고인인 경우에는 그 사본을 교부하여야 한다), 현장에서 압수·수색을 당하는 사람이 여러 명일 경우에는 그 사람들 모두에게 개별적으로 영장을 제시해야 하는 것이 원칙이다. 수사기관이 압수·수색에 착수하면서 그 장소의 관리책임자에게 영장을 제시하였다고 하더라도, 물건을 소지하고 있는 다른 사람으로부터 이를 압수하고자 하는 때에는 그 사람에게 따로 영장을 제시하여야 한다(대법원 2009.3.12, 2008도763).

① (○) 대법원 2015.1.22, 2014도10978 전원합의체
[보충] 압수·수색영장의 집행에는 긴급집행이 인정되지 않으므로 모두에게 개별 제시하여야 한다. 다만, 위 지문처럼 현실적 제시 불가능시에는 영장 제시 없이 압수·수색을 할 수 있다는 것이 판례가 인정한 유일한 예외이다.

③ (○) 대법원 2011.4.28, 2009도10412
[보충] 공소제기 후 강제수사는 원칙적으로 허용되지 않는다.

④ (○) 대법원 2014.1.16, 2013도7101

[정답] ②

116 ☑ 유사 ◆◆◆ `경찰2차 2023`

압수·수색 절차에 관한 설명으로 가장 적절하지 않은 것은? (다툼이 있는 경우 판례에 의함)

① 압수·수색영장은 원칙적으로 처분을 받는 자에게 반드시 제시하고, 처분을 받는 자가 피의자인 경우에는 그 사본을 교부해야 하는데, 이는 준항고 등 피압수자의 불복신청의 기회를 실질적으로 보장하기 위한 것이다.

② 압수·수색영장을 소지하지 아니한 경우에 급속을 요하는 때에는 피의자에 대하여 공소사실의 요지와 영장이 발부되었음을 고지하고 집행할 수 있다.

③ 압수·수색영장 통지의 예외사유인 '급속을 요하는 때'란 압수·수색영장 집행사실을 미리 알려주면 증거물을 은닉할 염려 등이 있어 압수·수색의 실효를 거두기 어려울 경우를 의미한다.

④ 수사기관이 A 회사에서 압수·수색영장을 집행하면서 A회사에 팩스로 영장 사본을 송신하기만 하고 영장 원본을 제시하지 않았고 또한 압수조서와 압수물 목록을 작성하여 피압수·수색당사자에게 교부하지 않은 채 피고인의 이메일을 압수한 후 이를 증거로 제출한 것은 적법절차원칙의 실질적인 내용을 침해한 것이다.

[해설]

② (×) 압수·수색영장을 소지하지 아니한 경우에는 급속을 요하는 때라도 피의자에 대하여 공소사실의 요지와 영장이 발부되었음을 고지하고 집행할 수 없다.
[비교] 체포·구속영장을 소지하지 아니한 경우에 급속을 요하는 때에는 피고인에 대하여 공소사실의 요지와 영장이 발부되었음을 고지하고 집행할 수 있다.

> **제85조(구속영장집행의 절차)** ③ 구속영장을 소지하지 아니한 경우에 급속을 요하는 때에는 피고인에 대하여 공소사실의 요지와 영장이 발부되었음을 고하고 집행할 수 있다.
> ④ 전항의 집행을 완료한 후에는 신속히 구속영장을 제시하고 그 사본을 교부하여야 한다.
> **제200조의6(준용규정)** 제75조, 제81조 제1항 본문 및 제3항, 제82조, 제83조, 제85조 제1항·제3항 및 제4항, 제86조, 제87조, 제89조부터 제91조까지, 제93조, 제101조 제4항 및 제102조 제2항 단서의 규정은 검사 또는 사법경찰관이 피의자를 체포하는 경우에 이를 준용한다. 이 경우 "구속"은

이를 "체포"로, "구속영장"은 이를 "체포영장"으로 본다.

제201조의2(구속영장 청구와 피의자 심문) ② 제1항 외의 피의자에 대하여 구속영장을 청구받은 판사는 피의자가 죄를 범하였다고 의심할 만한 이유가 있는 경우에 구인을 위한 구속영장을 발부하여 피의자를 구인한 후 심문하여야 한다. 다만, 피의자가 도망하는 등의 사유로 심문할 수 없는 경우에는 그러하지 아니하다.

⑩ 제71조, 제71조의2, 제75조, 제81조부터 제83조까지, <u>제85조 제1항·제3항·제4항, 제86조, 제87조 제1항, 제89조부터 제91조까지 및 제200조의5는 제2항에 따라 구인을 하는 경우에 준용</u>하고, 제48조, 제51조, 제53조, 제56조의2 및 제276조의2는 피의자에 대한 심문의 경우에 준용한다.

제209조(준용규정) 제70조 제2항, 제71조, 제75조, 제81조 제1항 본문·제3항, 제82조, 제83조, <u>제85조부터 제87조까지</u>, 제89조부터 제91조까지, 제93조, 제101조 제1항, 제102조 제2항 본문(보석의 취소에 관한 부분은 제외한다) 및 제200조의5는 <u>검사 또는 사법경찰관의 피의자 구속에 관하여 준용</u>한다.

① (○) 제118조, 제219조 참조.

> **제118조(영장의 제시와 사본교부)** 압수·수색영장은 <u>처분을 받는 자에게 반드시 제시하여야 하고, 처분을 받는 자가 피고인인 경우에는 그 사본을 교부하여야 한다.</u> 다만, 처분을 받는 자가 현장에 없는 등 영장의 제시나 그 사본의 교부가 현실적으로 불가능한 경우 또는 처분을 받는 자가 영장의 제시나 사본의 교부를 거부한 때에는 예외로 한다.
>
> **제219조(준용규정)** 제106조, 제107조, 제109조 내지 제112조, 제114조, 제115조 제1항 본문, 제2항, <u>제118조부터 제132조까지</u>, 제134조, 제135조, 제140조, 제141조, 제333조 제2항, 제486조의 규정은 <u>검사 또는 사법경찰관의 본장의 규정에 의한 압수, 수색 또는 검증에 준용</u>한다. 단, 사법경찰관이 제130조, 제132조 및 제134조에 따른 처분을 함에는 검사의 지휘를 받아야 한다.

③ (○) 피의자 또는 변호인은 압수·수색영장의 집행에 참여할 수 있고(형사소송법 제219조, 제121조), 압수·수색영장을 집행함에는 원칙적으로 미리 집행의 일시와 장소를 피의자 등에게 통지하여야 하나(형사소송법 제122조 본문), <u>'급속을 요하는 때'에는 위와 같은 통지를 생략할 수 있다(형사소송법 제122조 단서)</u>. 여기서 <u>'급속을 요하는 때'라고 함은 압수·수색영장 집행사실을 미리 알려주면 증거물을 은닉할 염려 등이 있어 압수·수색의 실효를 거두기 어려울 경우라고 해석함이 옳고</u>, 그와 같이 합리적인 해석이 가능하므로 형사소송법 제122조 단서가 명확성의 원칙 등에 반하여 위헌이라고 볼 수 없다(대법원 2012.10.11, 2012도7455).

④ (○) <u>수사기관은 위 압수수색영장을 집행할 당시 공소외 1 주식회사에 팩스로 영장 사본을 송신한 사실은 있으나 영장 원본을 제시하지 않았고 또한 압수조서와 압수물 목록을 작성하여 이를 피압수·수색 당사자에게 교부하였다고 볼 수도 없다고 전제한</u> 다음, 위와 같은 방법으로 압수된 위 각 이메일은 헌법과 형사소송법 제219조, 제118조, 제129조가 정한 절차를 위반하여 수집한 위법수집증거로 원칙적으로 유죄의 증거로 삼을 수 없고, <u>이러한 절차위반은 헌법과 형사소송법이 보장하는 적법절차원칙의 실질적인 내용을 침해하는 경우에 해당하고 위법수집증거의 증거능력을 인정할 수 있는 예외적인 경우에 해당한다고 볼 수도 없어 증거능력이 없다</u>(대법원 2017.9.7, 2015도10648).

> **정답** ②

---

117 ✓ 유사 ◆◆◇ 경찰1차 2019 유사 | 법원9급 2019

압수·수색에 관한 다음 설명 중 가장 옳지 않은 것은?

① 영장 발부의 사유로 된 범죄 혐의사실과 무관한 별개의 증거를 압수하였을 경우 이는 원칙적으로 유죄 인정의 증거로 사용할 수 없다.

② 정보저장매체에 저장된 전자정보에 대한 압수·수색은 영장 발부의 사유로 된 범죄 혐의사실과 관련된 부분만을 출력하거나 복제하는 방법으로 하여야 하고, 다만 범위를 정하여 출력 또는 복제하는 방법이 불가능하거나 압수의 목적을 달성하기에 현저히 곤란한 경우에는 정보저장매체 자체를 압수할 수 있다.

③ 수사기관이 인터넷서비스이용자인 피의자를 상대로 피의자의 컴퓨터 등 정보처리장치 내에 저장되어 있는 이메일 등 전자정보를 압수·수색하는 것은 전자정보의 소유자 내지 소지자를 상대로 해당 전자정보를 압수·수색하는 강제처분으로 형사소송법의 해석상 허용된다.

④ 이메일 등 전자정보 압수·수색 시 해외 인터넷서비스제공자의 저장매체가 국외에 있는 경우에는 우리나라의 재판권이 미치지 않으므로 피의자의 이메일 계정에 대한 접근권한에 갈음하여 발부받은 압수·수색 영장에 따라 수사기관이 적법하게 취득한 이메일 계정 아이디와 비밀번호를 입력하는 등의 방법으로, 국외에 있는 원격지의 저장매체에 접속하여 내려받은 전자정보에 대한 압수·수색은 위법하다.

> **해설**

④ (×) 압수·수색할 전자정보가 압수·수색영장에 기재된 수색장소에 있는 컴퓨터 등 정보처리장치 내에 있지 아니하고 그 정보처리장치와 정보통신망으로 연결되어 제3자가 관리하는 원격지의 서버 등 저장매체에 저장되어 있는 경우에도, 수사기관이 피의자의 이메일 계정에 대한 접근권한에 갈음하여 발부받은 영장에 따라 영장 기재 수색장소에 있는 컴퓨터 등 정보처리장치를 이용하여 적법하게 취득한 피의자의 이메일 계정 아이디와 비밀번호를 입력하는 등 피의자가 접근하는 통상적인 방법에 따라 그 원격지의 저장매체에 접속하고 그곳에 저장되어 있는 피의자의 이메일 관련 전자정보를 수색장소의 정보처리장치로 내려받거나 그 화면에 현출시키는 것 역시 피의자의 소유에 속하거나 소지하는 전자정보를 대상으로 이루어지는 것이므로 그 전자정보에 대한 압수·수색을 위와 달리 볼 필요가 없다(대법원 2017.11.29, 2017도9747).

① (○) 대법원 2016.3.10, 2013도11233

② (○) 전자정보에 대한 압수·수색영장의 집행에 있어서는 원칙적으로 영장 발부의 사유로 된 혐의사실과 관련된 부분만을 문서 출력물로 수집하거나 수사기관이 휴대한 저장매체에 해당 파일을 복사하는 방식으로 이루어져야 하고, 집행현장의 사정상 위와 같은 방식에 의한 집행이 불가능하거나 현저히 곤란한 부득이한 사정이 있더라도 그와 같은 경우에 그 저장 매체 자체를 직접 또는 하드카피나 이미징 등 형태로 수사기관 사무실 등 외부로 반출하여 해당 파일을 압수·수색할 수 있도록 영장에 기재되어 있고 실제 그와 같은 사정이 발생한 때에 한하여 예외적으로 허용

될 수 있을 뿐이다(대법원 2011.5.26, 2009모1190 등).

③ (○) 대법원 2017.11.29, 2017도9747

정답 ④

---

118 ✓유사 ◆◆◇ 법원 2013 유사 | 변호사 2022

압수·수색에 관한 설명 중 옳지 않은 것은? (다툼이 있는 경우 판례에 의함)

① 수사기관이 압수·수색영장을 제시하고 집행에 착수하여 압수·수색을 실시하고 그 집행을 종료하였다면 이미 그 영장은 목적을 달성하여 효력이 상실되는 것이므로, 동일한 장소 또는 목적물에 대하여 다시 압수·수색할 필요가 있는 경우라도 그 영장을 제시하고 다시 압수·수색을 할 수 없다.

② 압수·수색할 전자정보가 영장에 기재된 수색장소에 있는 컴퓨터에 있지 않고 그 컴퓨터와 정보통신망으로 연결되어 제3자가 관리하는 원격지의 서버에 저장되어 있는 경우, 영장에 기재된 수색장소의 컴퓨터를 이용하여 원격지의 저장매체에 접속하는 것은 피의자가 접근하는 통상적인 방법에 따라 한 것이라도 허용된 집행의 장소적 범위를 벗어난 것으로 위법하다.

③ 압수·수색영장에 기재된 혐의사실과의 객관적 관련성은 압수·수색영장에 기재된 혐의사실 자체 또는 그와 기본적 사실관계가 동일한 범행과 직접 관련되어 있는 경우는 물론 범행 동기와 경위 등을 증명하기 위한 간접증거나 정황증거 등으로 사용될 수 있는 경우에도 인정될 수 있다.

④ 압수·수색영장은 처분을 받는 자에게 반드시 제시하여야 하지만, 피처분자가 현장에 없거나 현장에서 그를 발견할 수 없는 경우 등 영장제시가 현실적으로 불가능한 경우에는 영장을 제시하지 아니한 채 압수·수색을 하더라도 위법하다고 볼 수 없다.

⑤ 형사소송법 제215조는 검사가 압수·수색영장을 청구할 수 있는 시기를 공소제기 전으로 한정하고 있지 않지만, 그럼에도 일단 공소가 제기된 후에는 피고사건에 관하여 검사로서는 형사소송법 제215조에 의하여 압수·수색을 할 수 없다.

해설

② (✕) 수사기관이 인터넷서비스이용자인 피의자를 상대로 피의자의 컴퓨터 등 정보처리장치 내에 저장되어 있는 <u>이메일 등 전자정보를 압수·수색하는 것은</u> 전자정보의 소유자 내지 소지자를 상대로 해당 전자정보를 압수·수색하는 대물적 강제처분으로 형사소송법의 해석상 허용된다. 나아가 압수·수색할 전자정보가 압수·수색영장에 기재된 수색장소에 있는 컴퓨터 등 정보처리장치 내에 있지 아니하고 그 정보처리장치와 정보통신망으로 연결되어 제3자가 관리하는 원격지의 서버 등 저장매체에 저장되어 있는 경우에도, <u>수사기관이 '피의자의 이메일 계정에 대한 접근권한에 갈음하여 발부받은 영장'에 따라 영장 기재 수색장소</u>

에 있는 컴퓨터 등 정보처리장치를 이용하여 적법하게 취득한 피의자의 이메일 계정 아이디와 비밀번호를 입력하는 등 피의자가 접근하는 통상적인 방법에 따라 원격지의 저장매체에 접속하고 그곳에 저장되어 있는 피의자의 이메일 관련 전자정보를 수색장소의 정보처리장치로 내려받거나 그 화면에 현출시키는 것 역시 피의자의 소유에 속하거나 소지하는 전자정보를 대상으로 이루어지는 것이므로 그 전자정보에 대한 압수·수색을 위와 달리 볼 필요가 없다(대법원 2017.11.29, 2017도9747).

[보충] 법원이 발부한 압수·수색영장에 압수·수색·검증할 물건으로 '피고인이 북한 대남공작조직 225국과 간첩 통신수단으로 사용한 중국 인터넷서비스제공자인 공소외 1 회사와 공소외 2 회사가 제공하는 이메일서비스의 총 10개 계정 중 국가보안법 위반 혐의와 관련해 개설시점부터 2015.11.24.까지 사이의 이메일 계정, 받은 편지함 등 각종 편지함, 임시 보관함 등 각종 보관함(스팸·휴지통, 주소록 등 기타 내용 포함), 이메일과 연결된 드라이브 내 각종 문서함(휴지통·캘린더 등 기타 내용 포함)에 송·수신이 완료되어 저장되어 있는 내용과 동 내용을 출력한 출력물, 동 내용을 저장한 저장매체(메일 헤더가 기록된 원본내용 포함)'가 기재되어 있으므로, 위 압수·수색은 영장주의 위반이 아니다.

[비교] 법원이 발부한 압수·수색영장에는 '압수할 물건'이 '여성의 신체를 몰래 촬영한 것으로 판단되는 사진, 동영상 파일이 저장된 컴퓨터 하드디스크 및 외부 저장매체'로 되어 있는데, 사법경찰관 P는 위 압수·수색영장으로 압수한 휴대전화가 구글계정에 로그인되어 있는 상태를 이용하여 구글클라우드에서 불법촬영물을 다운로드 받는 방식으로 압수하였다. P의 압수는 영장주의 위반인가?

[판례] <u>압수할 전자정보가 저장된 저장매체로서 압수·수색영장에 기재된 수색장소에 있는 컴퓨터, 하드디스크, 휴대전화와 같은 컴퓨터 등 정보처리장치와 수색장소에 있지는 않으나 컴퓨터 등 정보처리장치와 정보통신망으로 연결된 원격지의 서버 등 저장매체(이하 '원격지 서버'라 한다)는 소재지, 관리자, 저장 공간의 용량 측면에서 서로 구별된다. 원격지 서버에 저장된 전자정보를 압수·수색하기 위해서는 컴퓨터 등 정보처리장치를 이용하여 정보통신망을 통해 원격지 서버에 접속하고 그곳에 저장되어 있는 전자정보를 컴퓨터 등 정보처리장치로 내려 받거나 화면에 현출시키는 절차가 필요하므로, 컴퓨터 등 정보처리장치 자체에 저장된 전자정보와 비교하여 압수·수색의 방식에 차이가 있다. 원격지 서버에 저장되어 있는 전자정보와 컴퓨터 등 정보처리장치에 저장되어 있는 전자정보는 그 내용이나 질이 다르므로 압수·수색으로 얻을 수 있는 전자정보의 범위와 그로 인한 기본권 침해 정도도 다르다. 따라서 수사기관이 압수·수색영장에 적힌 '수색할 장소'에 있는 컴퓨터 등 정보처리장치에 저장된 전자정보 외에 원격지 서버에 저장된 전자정보를 압수·수색하기 위해서는 압수·수색영장에 적힌 '압수할 물건'에 별도로 원격지 서버 저장 전자정보가 특정되어 있어야 한다. 압수·수색영장에 적힌 '압수할 물건'에 컴퓨터 등 정보처리장치 저장 전자정보만 기재되어 있다면 컴퓨터 등 정보처리장치를 이용하여 원격지 서버 저장 전자정보를 압수할 수는 없다. 압수·수색영장에 적힌 '압수할 물건'에 원격지 서버 저장 전자정보가 기재되어 있지 않은 이상 '압수할 물건'은 컴퓨터 하드디스크 및 외부 저장매체에 저장된 전자정보에 한정되므로 경찰이 압수한 불법촬영물은 위법수집증거에 해당하고, 이를 이용하여 수집한 다른 증거도 위법수집증거에 기한 2차적 증거에 해당하여 증거능력이 없다</u>(대법원 2022.6.30, 2022도1452).

① (○) 대법원 1999.12.1, 99모161

③ (○) 대법원 2017.12.5, 2017도13458

④ (○) 대법원 2015.1.22, 2014도10978 전원합의체

⑤ (○) 대법원 2011.4.28, 2009도10412

정답 ②

119 ✓ 대표 ◆◆◇ 국가9급 2018

다음 사례에 대한 설명으로 옳지 않은 것은? (다툼이 있는 경우 판례에 의함)

> 경찰관은 절도범을 현행범으로 체포하면서 상의 주머니와 소지품을 수색하여 지갑과 노트북 1대를 압수하였다. 그 이후 노트북은 피의자의 소유인 것으로 확인하여 돌려주었다가, 추가 수사의 목적으로 다시 임의제출 받았다.

① 노트북 1대를 임의제출 받는 과정에서 제출에 임의성이 있었다는 점에 대해서는 검사가 입증해야 한다.
② 지갑이 체포범죄사실과 관련성이 있다면 압수영장 없이 압수했더라도 적법하다.
③ 현행범 체포과정에서 적법하게 압수한 것이라도 계속 압수할 필요성이 있으면 압수한 때로부터 48시간 내에 사후압수영장을 받아야 한다.
④ 현행범으로 체포하면서 현장에서 범인의 상의 주머니를 수색한 행위는 적법하다.

[해설]

③ (×) 압수한 때로부터 48시간 내에 사후압수영장을 받아야 하는 것이 아니라 체포한 때로부터 48시간 내에 사후압수영장을 청구하여야 한다. 제217조 제2항 참조.

> **제217조(영장에 의하지 아니하는 강제처분)** ② 검사 또는 사법경찰관은 제1항 또는 제216조 제1항 제2호에 따라 압수한 물건을 계속 압수할 필요가 있는 경우에는 지체 없이 압수수색영장을 청구하여야 한다. 이 경우 압수수색영장의 청구는 체포한 때부터 48시간 이내에 하여야 한다.

① (○) 수사기관이 별개의 증거를 피압수자 등에게 환부하고 후에 임의제출받아 다시 압수하였다면 증거를 압수한 최초의 절차 위반행위와 최종적인 증거수집 사이의 인과관계가 단절되었다고 평가할 수 있으나, 환부 후 다시 제출하는 과정에서 수사기관의 우월적 지위에 의하여 임의 제출 명목으로 실질적으로 강제적인 압수가 행하여질 수 있으므로, 제출에 임의성이 있다는 점에 관하여는 검사가 합리적 의심을 배제할 수 있을 정도로 증명하여야 하고, 임의로 제출된 것이라고 볼 수 없는 경우에는 증거능력을 인정할 수 없다(대법원 2016.3.10, 2013도11233).
② (○) 체포현장에서의 압수에 해당하므로 영장주의 예외에 속한다(제216조 제1항 제2호).
④ (○) (②와 마찬가지로) 현행범으로 체포하면서 현장에서 범인의 상의 주머니를 수색한 행위는 적법하다. 제216조 참조.

> **제216조(영장에 의하지 아니한 강제처분)** ① 검사 또는 사법경찰관은 제200조의2·제200조의3·제201조 또는 제212조의 규정에 의하여 피의자를 체포 또는 구속하는 경우에 필요한 때에는 영장없이 다음 처분을 할 수 있다.
> 2. 체포현장에서의 압수, 수색, 검증

[정답] ③

---

120 ✓ 대표 ◆◇◇ 법원 2017 변형

형사소송법상 영장에 의하지 아니한 강제처분에 관한 다음 설명 중 가장 옳지 않은 것은?

① 검사 또는 사법경찰관은 제200조의2(영장에 의한 체포), 제200조의3(긴급체포), 제201조(구속) 또는 제212조(현행범인의 체포)의 규정에 의하여 피의자를 체포 또는 구속하는 경우에 필요한 때에는 영장없이 타인의 주거나 타인이 간수하는 가옥, 건조물, 항공기, 선차 내에서의 피의자 수사를 할 수 있다. 다만, 제200조의2 또는 제201조에 따라 피의자를 체포 또는 구속하는 경우의 피의자 수색은 미리 수색영장을 발부받기 어려운 긴급한 사정이 있는 때에 한정한다.
② 검사 또는 사법경찰관은 제200조의2(영장에 의한 체포), 제200조의3(긴급체포), 제201조(구속) 또는 제212조(현행범인의 체포)의 규정에 의하여 피의자를 체포 또는 구속하는 경우에 필요한 때에는 영장없이 체포현장에서의 압수, 수색, 검증을 할 수 있고, 검사 또는 사법경찰관은 이에 따라 압수한 물건을 계속 압수할 필요가 있는 경우에는 지체 없이 압수수색영장을 청구하여야 하며, 이 경우 압수수색 영장의 청구는 체포한 때부터 24시간 이내에 하여야 한다.
③ 범행 중 또는 범행직후의 범죄장소에서 긴급을 요하여 법원판사의 영장을 받을 수 없는 때에는 영장없이 압수, 수색 또는 검증을 할 수 있다. 이 경우에는 사후에 지체 없이 영장을 받아야 한다.
④ 검사 또는 사법경찰관은 제200조의3(긴급체포)에 따라 체포된 자가 소유·소지 또는 보관하는 물건에 대하여 긴급히 압수할 필요가 있는 경우에는 체포한 때부터 24시간 이내에 한하여 영장없이 압수·수색 또는 검증을 할 수 있다.

[해설]

② (×) 지체 없이 사후영장을 청구하되, 체포한 때부터 24시간이 아니라 48시간 이내이다.

> **제217조(영장에 의하지 아니하는 강제처분)** ② 검사 또는 사법경찰관은 제1항 또는 제216조 제1항 제2호에 따라 압수한 물건을 계속 압수할 필요가 있는 경우에는 지체 없이 압수수색영장을 청구하여야 한다. 이 경우 압수수색영장의 청구는 체포한 때부터 48시간 이내에 하여야 한다.

① (○) 2019.12.31. 개정 형사소송법 제216조 제1항 제1호의 내용이다.
③ (○) 제216조 제3항
④ (○) 제217조 제1항

[정답] ②

121 ✓ 대표 ◆◇◇

「형사소송법」상 압수·수색에 대한 설명으로 가장 적절하지 않은 것은?

① 사법경찰관은 제200조의2(영장에 의한 체포)의 규정에 의하여 피의자를 체포하는 경우에 필요한 때에는 영장 없이 타인의 주거 내에서 피의자를 수색할 수 있다.

② 사법경찰관은 제200조의3(긴급체포)에 따라 체포된 자가 소유하는 물건에 대하여 긴급히 압수할 필요가 있는 경우에는 체포한 때부터 24시간 이내에 한하여 영장 없이 압수할 수 있다.

③ 사법경찰관은 제212조(현행범인의 체포)의 규정에 의하여 피의자를 체포하는 경우에 필요한 때에는 영장 없이 체포현장에서 압수할 수 있다.

④ 사법경찰관은 제216조(영장에 의하지 아니한 강제처분)의 규정에 의하면 범행 중 또는 범행직후의 장소에서 긴급을 요하여 법원판사의 영장을 받을 수 없는 때에는 영장 없이 압수할 수 있다. 이 경우에는 사후 24시간 이내에 영장을 받아야 한다.

해설

① (×) '필요한 때에는' → '필요한 때에는 미리 수색영장을 발부받기 어려운 긴급한 사정이 있는 때에 한정하여'로 바꿔야 맞다. (2019.12.31. 개정 형사소송법 제216조 제1항 제1호)

④ (×) 형사소송법 제216조 제3항 범행 중 또는 범행직후의 범죄장소에서 긴급을 요하여 법원판사의 영장을 받을 수 없는 때에는 영장 없이 압수, 수색 또는 검증을 할 수 있다. 이 경우에는 사후에 지체 없이 영장을 받아야 한다.

② (○) 제217조 제1항

③ (○) 제216조 제1항 제2호

정답 ① · ④

122 ✓ 대표 ◆◆◆

〈보기〉의 설명에 대하여 옳고(○) 그름(×)을 바르게 표시한 것은? (다툼이 있는 경우 판례에 의함)

보기

ㄱ. 피해자 등 제3자가 '피의자의 소유·관리에 속하는 정보저장매체'를 영장에 의하지 않고 임의제출한 경우에는 실질적 피압수자인 피의자에게도 참여권을 보장하는 등 피의자의 절차적 권리를 보장하기 위한 적절한 조치가 이루어져야 한다.

ㄴ. 피압수자가 수사기관에 압수·수색영장의 집행에 참여하지 않는다는 의사를 명시하였다면 그 변호인에게는 압수·수색영장의 집행에 참여할 기회를 별도로 보장할 필요는 없다.

ㄷ. 압수·수색영장은 처분을 받는 자에게 반드시 제시하여야 하고 처분을 받는 자가 피의자가 아니라 제3자인 경우에도 그 사본을 교부하여야 한다.

ㄹ. 검사가 공소제기 후 「형사소송법」 제215조에 따라 수소법원 이외의 지방법원 판사에게 청구하여 발부받은 영장에 의하여 압수·수색을 하였다면 그와 같이 수집된 증거는 적법한 절차에 따른 것이 아니다.

ㅁ. 범행 중 또는 범행 직후의 범죄장소에서 긴급을 요하여 법원 판사의 영장을 받을 수 없는 때에는 영장 없이 압수·수색 또는 검증을 할 수 있으나 사후에 지체 없이 영장을 받아야 하고, 이 중 어느 하나라도 갖추지 못한 경우에 그러한 압수·수색 또는 검증은 위법하나 사후에 법원으로부터 영장을 발부받았다면 그 위법성은 치유된다.

	ㄱ	ㄴ	ㄷ	ㄹ	ㅁ
①	×	○	×	○	○
②	○	×	○	○	×
③	○	×	×	○	×
④	×	×	×	○	○
⑤	○	○	○	×	×

해설

③ ㄱ (○) ㄴ (×) ㄷ (×) ㄹ (○) ㅁ (×)

ㄱ. (○) 피해자 등 제3자가 피의자의 소유·관리에 속하는 정보저장매체를 영장에 의하지 않고 임의제출한 경우에는 실질적 피압수·수색 당사자(이하 '피압수자'라 한다)인 피의자가 수사기관으로 하여금 그 전자정보 전부를 무제한 탐색하는 데 동의한 것으로 보기 어려울 뿐만 아니라 피의자 스스로 임의제출한 경우 피의자의 참여권 등이 보장되어야 하는 것과 견주어 보더라도 특별한 사정이 없는 한 형사소송법 제219조, 제121조, 제129조에 따라 피의자에게 참여권을 보장하고 압수한 전자정보 목록을 교부하는 등 피의자의 절차적 권리를 보장하기 위한 적절한 조치가 이루어져야 한다(대법원 2022.1.27, 2021도11170).

ㄴ. (×) 형사소송법 제219조, 제121조가 규정한 변호인의 참여권은 피압수자의 보호를 위하여 변호인에게 주어진 고유권이다. 따라서 설령 피압수자가 수사기관에 압수·수색영장의 집행에 참여하지 않는다는 의사를 명시하였다고 하더라도, 특별한 사정이 없는

한 그 변호인에게는 형사소송법 제219조, 제122조에 따라 미리 집행의 일시와 장소를 통지하는 등으로 압수·수색영장의 집행에 참여할 기회를 별도로 보장하여야 한다(대법원 2020.11.26, 2020도10729).

ㄷ. (×) 처분을 받는 자가 피고인·피의자인 경우에 한하여 그 사본을 교부하여야 한다(제118조 참조).

> **제118조(영장의 제시와 사본교부)** 압수·수색영장은 처분을 받는 자에게 반드시 제시하여야 하고, 처분을 받는 자가 피고인인 경우에는 그 사본을 교부하여야 한다. 다만, 처분을 받는 자가 현장에 없는 등 영장의 제시나 그 사본의 교부가 현실적으로 불가능한 경우 또는 처분을 받는 자가 영장의 제시나 사본의 교부를 거부한 때에는 예외로 한다.

ㄹ. (○) 형사소송법은 제215조에서 검사가 압수·수색 영장을 청구할 수 있는 시기를 공소제기 전으로 명시적으로 한정하고 있지는 아니하나, 헌법상 보장된 적법절차의 원칙과 재판받을 권리, 공판중심주의·당사자주의·직접주의를 지향하는 현행 형사소송법의 소송구조, 관련 법규의 체계, 문언형식, 내용 등을 종합하여 보면, 일단 공소가 제기된 후에는 피고사건에 관하여 검사로서는 형사소송법 제215조에 의하여 압수·수색을 할 수 없다고 보아야 하며, 그럼에도 검사가 공소제기 후 형사소송법 제215조에 따라 수소법원 이외의 지방법원 판사에게 청구하여 발부받은 영장에 의하여 압수·수색을 하였다면, 그와 같이 수집된 증거는 기본적 인권보장을 위해 마련된 적법한 절차에 따르지 않은 것으로서 원칙적으로 유죄의 증거로 삼을 수 없다.

ㅁ. (×) 범행 중 또는 범행 직후의 범죄장소에서 긴급을 요하여 법원 판사의 영장을 받을 수 없는 때에는 영장 없이 압수·수색 또는 검증을 할 수 있으나, 사후에 지체 없이 영장을 받아야 한다(형사소송법 제216조 제3항). 형사소송법 제216조 제3항의 요건 중 어느 하나라도 갖추지 못한 경우에 그러한 압수·수색 또는 검증은 위법하며, 이에 대하여 사후에 법원으로부터 영장을 발부받았다고 하여 그 위법성이 치유되지 아니한다(대법원 2017.11.29, 2014도16080).

정답 ③

---

123 ✅ 대표 ◆◆◇ 경찰3차 2018 유사 국가9급 2015

압수·수색에 대한 설명으로 옳지 않은 것은? (다툼이 있는 경우 판례에 의함)

① 경찰관이 간호사로부터 진료 목적으로 채혈된 甲의 혈액 중 일부를 주취운전 여부에 대한 감정을 목적으로 제출받아 압수한 경우 특별한 사정이 없는 한 그 압수절차가 甲 또는 그의 가족의 동의 및 영장 없이 행하여졌더라도 적법절차의 위반이 아니다.

② 수사기관이 피의자 甲의 공직선거법 위반 혐의로 발부받은 압수·수색영장의 집행과정에서 甲의 혐의사실과 무관한 乙과 丙 사이의 대화가 녹음된 파일을 압수한 경우 위 녹음파일은 위법수집증거이므로 乙과 丙의 공직선거법 위반 혐의사실을 입증하는 증거로 사용할 수 없다.

③ 음주운전과 관련한 도로교통법 위반죄의 수사를 위하여 미성년자인 피의자의 혈액채취가 필요한 경우 피의자에게 의사능력이 없는 때에는 법정대리인이 피의자를 대리하여 동의하면 영장 없이 혈액을 채취할 수 있다.

④ 경찰관이 음주운전자를 단속하면서 주취운전이라는 범죄행위로 체포·구속하지 아니한 경우에도 필요하다면 그 음주운전자의 차량열쇠는 영장 없이 압수할 수 있다.

해설

③ (×) 형사소송법상 소송능력이란 소송당사자가 유효하게 소송행위를 할 수 있는 능력, 즉 피고인 또는 피의자가 자기의 소송상의 지위와 이해관계를 이해하고 이에 따라 방어행위를 할 수 있는 의사능력을 의미하는데, 피의자에게 의사능력이 있으면 직접 소송행위를 하는 것이 원칙이고, 피의자에게 의사능력이 없는 경우에는 형법 제9조 내지 제11조의 규정의 적용을 받지 아니하는 범죄사건에 한하여 예외적으로 법정대리인이 소송행위를 대리할 수 있다(형사소송법 제26조). 따라서 음주운전과 관련한 도로교통법 위반죄의 범죄수사를 위하여 미성년자인 피의자의 혈액채취가 필요한 경우에도 피의자에게 의사능력이 있다면 피의자 본인만이 혈액채취에 관한 유효한 동의를 할 수 있고, 피의자에게 의사능력이 없는 경우에도 명문의 규정이 없는 이상 법정대리인이 피의자를 대리하여 동의할 수는 없다(대법원 2014.11.13, 2013도1228).

[보충] 피의자가 의사능력이 없고 소송행위의 대리에 관한 명문의 규정이 없는 이상, 법관이 발부한 영장에 의한 압수·검증이나 감정처분허가장에 의한 감정처분에 의하여야 한다는 것이다.

① (○) 의료인이 진료 목적으로 채혈한 환자의 혈액을 수사기관에 임의로 제출하였다면 그 혈액의 증거사용에 대하여도 환자의 사생활의 비밀 기타 인격적 법익이 침해되는 등의 특별한 사정이 없는 한 반드시 그 환자의 동의를 받아야 하는 것이 아니고, 따라서 경찰관이 간호사로부터 진료 목적으로 이미 채혈되어 있던 피고인의 혈액 중 일부를 주취운전 여부에 대한 감정을 목적으로 임의로 제출 받아 이를 압수한 경우, 당시 간호사가 위 혈액의 소지자 겸 보관자인 병원 또는 담당의사를 대리하여 혈액을 경찰관에게 임의로 제출할 수 있는 권한이 없었다고 볼 특별한 사정이 없는 이상, 그 압수절차가 피고인 또는 피고인의 가족의 동의 및 영장 없이 행하여졌다고 하더라도 이에 적법절차를 위반한 위법이 있다고 할 수 없다(대법원 1999.9.3, 98도968).

② (○) 헌법 제12조 제1항 후문, 제3항 본문이 규정하는 영장주의를 위반한 절차적 위법이 있으므로, 녹음파일은 형사소송법 제308조의2에서 정한 '적법한 절차에 따르지 아니하고 수집한 증거'로서 증거로 쓸 수 없고, 그 절차적 위법은 헌법상 영장주의 내지 적법절차의 실질적 내용을 침해하는 중대한 위법에 해당하여 예외적으로 증거능력을 인정할 수도 없다(대법원 2014.1.16. 2013도7101).

④ (○) 주취운전이라는 범죄행위로 당해 음주운전자를 구속·체포하지 아니한 경우에도 필요하다면 그 <u>차량열쇠는 범행 중 또는 범행 직후의 범죄장소에서의 압수로서</u> 형사소송법 제216조 제3항에 의하여 영장 없이 이를 압수할 수 있다(대법원 1998.5.8. 97다54482).

정답 ③

---

124 ☑ 유사 ◆◆◇ 　　　　　　 경찰2차 2021

미성년자인 甲은 술에 취한 상태에서 승용차를 운전하던 중 교통사고를 야기하고 그 직후 의식불명인 상태로 병원응급실로 후송되었다. 이 경우 甲의 혈액 압수에 관한 설명으로 가장 적절하지 않은 것은? (다툼이 있는 경우 판례에 의함)

① 수사기관이 범죄 증거를 수집할 목적으로 甲의 동의 없이 甲의 혈액을 취득·보관하는 행위는 법원으로부터 감정처분허가장을 받아 감정에 필요한 처분으로도 할 수 있지만, 압수의 방법으로도 할 수 있고, 압수의 방법에 의하는 경우 혈액의 취득을 위하여 甲의 신체로부터 혈액을 채취하는 행위는 압수영장의 집행에 있어 필요한 처분에 해당한다.

② 의식불명인 甲에 대하여 영장을 발부받을 시간적 여유가 없는 상황에서 甲에게서 술냄새가 강하게 나는 등 준현행범인의 요건이 갖추어져 있고 교통사고 발생 시각으로부터 범행 직후라고 볼 수 있는 시간 내라면, 사법경찰관은 의료인으로 하여금 의학적인 방법에 따라 필요최소한의 한도 내에서 甲의 혈액을 채취하게 한 후 그 혈액을 영장 없이 압수할 수 있다.

③ 甲의 법정대리인인 부모가 병원 응급실에 있는 경우 사법경찰관은 부모의 동의를 받아 의료인으로 하여금 의료용 기구로 의학적인 방법에 따라 필요최소한의 한도 내에서 甲의 혈액을 채취하게 한 후 그 혈액을 영장 없이 압수할 수 있다.

④ 간호사가 병원이나 담당 의사를 대리하여 甲의 혈액을 사법경찰관에게 임의로 제출할 수 있는 권한이 없다고 볼 특별한 사정이 없는 이상, 사법경찰관은 간호사가 진료 목적으로 채혈해 둔 甲의 혈액 중 일부를 주취운전 여부에 대한 감정의 목적으로 임의로 제출받아 압수할 수 있다.

해설

③ (×) 음주운전과 관련한 도로교통법 위반죄의 범죄수사를 위하여 미성년자인 피의자의 혈액채취가 필요한 경우에도 피의자에게 의사능력이 있다면 피의자 본인만이 혈액채취에 관한 유효한 동의를 할 수 있고, 피의자에게 의사능력이 없는 경우에도 <u>명문의 규정이 없는 이상 법정대리인이 피의자를 대리하여 동의할 수는 없다</u>(대법원 2014.11.13. 2013도1228).

① (○), ② (○) 대법원 2012.11.15. 2011도15258

④ (○) 대법원 1999.9.3. 98도968

정답 ③

甲은 혈중알코올농도 0.12%의 술에 취한 상태로 승용차를 운전하다가 편도 2차선 도로에서 중앙선을 침범한 과실로 다른 승용차를 충격하여 상대 차량 운전자인 A에게 상해를 입혔다. 교통사고로 인한 부상자들은 구급차에 실려 병원으로 후송되었는데, 甲은 의식이 없는 상태에 있었다. 교통사고 신고를 받은 사법경찰관 P는 교통사고 현장을 점검하고, 곧바로 甲이 치료를 받고 있는 병원으로 출동하였으며, 甲의 신체나 의복류에 술 냄새가 강하게 나서 甲이 음주운전을 하다가 교통사고를 낸 것으로 보고 甲의 병원 후송 직후에 그에 관한 증거를 수집하고자 한다. 이에 관한 설명 중 옳은 것은? (다툼이 있는 경우 판례에 의함)

① 만약 甲이 교통사고 당시 음주의 영향으로 정상적인 운전이 곤란한 상태였음이 인정된다면, 甲은 도로교통법위반(음주운전) 및 특정범죄가중처벌등에관한법률위반(위험운전치상)의 죄책을 지게 되고, 양 죄는 상상적 경합관계에 있다.

② 만약 甲이 위 혈중알코올농도(0.12%)에도 불구하고 교통사고 당시 음주의 영향으로 정상적인 운전이 곤란한 상태였음이 인정되지 않고, 수사기관에 피해자 A의 甲에 대한 처벌불원서가 제출되었다면, 검사는 교통사고처리특례법위반(치상)의 점에 대하여는 공소를 제기할 수 없다.

③ 호흡조사에 의한 甲의 음주측정이 불가능하고 혈액채취에 대한 동의를 받을 수도 없을 뿐만 아니라 법원으로부터 혈액채취에 관한 감정처분허가장이나 압수영장을 발부받을 시간적 여유가 없는 경우에 P는 교통사고 발생시각으로부터 사회통념상 범행직후라고 볼 수 있는 시간 내에 증거수집을 위해 「의료법」상 의료인의 자격이 있는 자로 하여금 의료용 기구로 의학적인 방법에 따라 필요최소한의 혈액을 채취하게 하여 이를 압수할 수 있는데, 다만 이때에는 사후에 압수영장을 발부받아야 한다.

④ 만약 P가 교통사고 소식을 듣고 달려온 甲의 배우자 동의를 받아 「의료법」상 의료인의 자격이 있는 자로 하여금 甲의 혈액을 채취하도록 하였다면 사후에 압수영장을 발부받았는지 여부와 상관없이 이는 적법한 수사이다.

⑤ 강제채혈에 비해 강제채뇨는 피의자에게 더 큰 신체적 고통이나 수치심, 굴욕감을 줄 수 있으므로, 수사기관이 범죄증거를 수집할 목적으로 피의자의 동의 없이 피의자의 소변을 채취하는 것은 법원으로부터 감정처분허가장을 받아 '감정에 필요한 처분'으로는 할 수 있지만, 압수·수색영장을 받아 '압수·수색의 방법'으로는 할 수 없다.

해설

③ (○) 형사소송법 제211조 제2항 제3호가 정하는 범죄의 증적이 현저한 준현행범인의 요건이 갖추어져 있고 교통사고 발생시각으로부터 사회통념상 범행 직후라고 볼 수 있는 시간 내라면, 피의자의 생명·신체를 구조하기 위하여 사고현장으로부터 곧바로 후송된 병원 응급실 등의 장소는 형사소송법 제216조 제3항의 범죄장소에 준한다 할 것이므로, 검사 또는 사법경찰관은 피의자의 혈중알코올농도 등 증거의 수집을 위하여 의료법상 의료인의 자격이 있는 자로 하여금 의료용 기구로 의학적인 방법에 따라 필요최소한의 한도 내에서 피의자의 혈액을 채취하게 한 후 그 혈액을 영장 없이 압수할 수 있다. 다만 이 경우에도 형사소송법 제216조 제3항 단서, 형사소송규칙 제58조, 제107조 제1항 제3호에 따라 사후에 지체 없이 강제채혈에 의한 압수의 사유 등을 기재한 영장청구서에 의하여 법원으로부터 압수영장을 받아야 한다(대법원 2012.11.15, 2011도15258).

① (×) 음주로 인한 특정범죄가중처벌 등에 관한 법률 위반(위험운전치사상)죄와 도로교통법 위반(음주운전)죄는 입법취지와 보호법익 및 적용영역을 달리하는 별개의 범죄이므로, 양 죄가 모두 성립하는 경우 두 죄는 실체적 경합관계에 있다(대법원 2008.11.13, 2008도7143).

② (×) 중앙선 침범과 음주운전에 해당하는 사안이므로, 피해자의 명시한 의사에 반하여 검사는 공소를 제기할 수 있다(교통사고처리 특례법 제3조 제2항 단서 및 제2호·제8호 참조).

> **교통사고처리 특례법 제3조(처벌의 특례)** ① 차의 운전자가 교통사고로 인하여 「형법」 제268조의 죄를 범한 경우에는 5년 이하의 금고 또는 2천만원 이하의 벌금에 처한다.
> ② 차의 교통으로 제1항의 죄 중 업무상과실치상죄(業務上過失致傷罪) 또는 중과실치상죄(重過失致傷罪)와 「도로교통법」 제151조의 죄를 범한 운전자에 대하여는 피해자의 명시적인 의사에 반하여 공소(公訴)를 제기할 수 없다. 다만, 차의 운전자가 제1항의 죄 중 업무상과실치상죄 또는 중과실치상죄를 범하고도 피해자를 구호(救護)하는 등 「도로교통법」 제54조 제1항에 따른 조치를 하지 아니하고 도주하거나 피해자를 사고장소로부터 옮겨 유기(遺棄)하고 도주한 경우, 같은 죄를 범하고 「도로교통법」 제44조 제2항을 위반하여 음주측정 요구에 따르지 아니한 경우(운전자가 채혈측정을 요청하거나 동의한 경우는 제외한다)와 다음 각 호의 어느 하나에 해당하는 행위로 인하여 같은 죄를 범한 경우에는 그러하지 아니하다.
> 2. 「도로교통법」 제13조 제3항을 위반하여 중앙선을 침범하거나 같은 법 제62조를 위반하여 횡단, 유턴 또는 후진한 경우
> 8. 「도로교통법」 제44조 제1항을 위반하여 술에 취한 상태에서 운전을 하거나 같은 법 제45조를 위반하여 약물의 영향으로 정상적으로 운전하지 못할 우려가 있는 상태에서 운전한 경우

[참고] 정상적인 운전이 곤란할 상태이어야 함을 요구하는 구성요건은 특가법상 위험운전치사상죄이다(특가법 제5조의11 제1항). 이는 다시 도로교통법 제45조의 약물운전죄가 정상적으로 운전하지 못할 우려가 있는 상태에 이르러야만 하는 것은 아니라는 점(대법원 2020.12.25, 2010도11272)과 구별된다.

[조문] 특정범죄 가중처벌 등에 관한 법률 제5조의11(위험운전 등 치사상) ① 음주 또는 약물의 영향으로 정상적인 운전이 곤란한 상태에서 자동차등을 운전하여 사람을 상해에 이르게 한 사람은 1년 이상 15년 이하의 징역 또는 1천만원 이상 3천만원 이하의 벌금에 처하고, 사망에 이르게 한 사람은 무기 또는 3년 이상의 징역에 처한다. 〈개정 2018.12.18, 2020.2.4, 2022.12.27.〉

④ (×) 음주운전과 관련한 도로교통법 위반죄의 범죄수사를 위하여 미성년자인 피의자의 혈액채취가 필요한 경우에도 피의자에게 의사능력이 있다면 피의자 본인만이 혈액채취에 관한 유효한 동의를 할 수 있고, <u>피의자에게 의사능력이 없는 경우에도 명문의 규정이 없는 이상 법정대리인이 피의자를 대리하여 동의할 수는 없다</u>(대법원 2014.11.13, 2013도1228).

⑤ (×) 수사기관이 범죄증거를 수집할 목적으로 피의자의 동의 없이 피의자의 소변을 채취하는 것은 법원으로부터 감정허가장을 받아 형사소송법 제221조의4 제1항, 제173조 제1항에서 정한 <u>'감정에 필요한 처분'</u>으로 할 수 있지만(피의자를 병원 등에 유치할 필요가 있는 경우에는 형사소송법 제221조의3에 따라 법원으로부터 감정유치장을 받아야 한다), 형사소송법 제219조, 제106조 제1항, 제109조에 따른 <u>압수·수색의 방법</u>으로도 할 수 있다(대법원 2018.7.12, 2018도6219).

[정답] ③

---

126 ✅ 유사 ◆◆◇ 경찰1차 2024

다음 사례에 관한 설명으로 가장 적절하지 않은 것은? (다툼이 있는 경우 판례에 의함)

> 甲은 2022.1.10.경 관할법원에 피해자 A를 상대로 허위의 지급명령을 신청하고 이에 속은 그 법원 판사로부터 위 신청서와 같은 취지의 지급명령을 송달받은 후 지급명령 정본에 집행문을 부여받아 A로부터 1,000만원을 편취하였다. 신고를 받은 사법경찰관 P는 2023.3.10. 15:00경 甲이 운영하는 회사 사무실에서 甲을 사기죄로 적법하게 긴급체포하였고, 'A와 주고받은 대화내용'이 기재된 수첩(증 제1호)을 발견하자 임의제출을 거부하는 甲으로부터 영장 없이 이를 압수하였다.
>
> P는 체포 당일 경찰서에서 甲을 조사하였고, 甲은 "자신의 집에 A가 자신을 무고한 것임을 증명할 자료가 있다"라고 주장하며 범행을 부인하였다. P는 자료를 확보하기 위하여 2023.3.11. 16:00경 甲과 함께 甲의 집으로 갔으나 이를 발견하지 못하고 오히려 '甲이 A로부터 돈을 받은 내역'이 기재된 통장(증 제2호)을 발견하자 임의제출을 거부하는 甲으로부터 영장 없이 이를 압수하였다. 이후 P는 甲에 대하여 검사를 통해 적법하게 구속영장만을 청구하였으나, 지방법원 판사는 2023.3.12. 17:00경 甲의 방어권 보장이 필요하다며 구속영장을 기각하였다. 이에 甲은 즉시 석방되었고, P는 위 통장(증 제2호)만을 환부하였다. 이후 甲은 위 사기죄로 불구속기소되었다.

① 만약 위 사기 혐의가 인정되고 甲이 허위의 내용으로 신청한 지급명령이 그대로 확정되었다면, 소송사기의 방법으로 승소판결을 받아 확정된 경우와 마찬가지로 사기죄는 이미 기수에 이른 것이다.

② P가 통장(증 제2호)을 환부한 후에도 수첩(증 제1호)을 계속 보관하는 것은 「형사소송법」 제216조 제1항 제2호의 '체포현장에서의 압수'에 의한 것이므로 적법하다.

③ P가 통장(증 제2호)을 압수한 것은 「형사소송법」 제217조의 요건을 갖추지 못하여 위법하다.

④ 만약 검찰송치 전 P가 甲의 사기 혐의에 대한 결정적인 객관적 증거를 추가로 확보하였다면, 甲이 외국으로 출국하려 하는 등 긴급한 사정이 있더라도, P는 甲을 사기 혐의를 이유로 재차 긴급체포할 수 없다.

[해설]

① (○) 지급명령을 송달받은 채무자가 2주일 이내에 이의신청을 하지 않는 경우에는 구 민사소송법(2002.1.26. 법률 제6626호로 전문개정되기 전의 것) 제445조에 따라 지급명령은 확정되고, 이와 같이 확정된 지급명령에 대해서는 항고를 제기하는 등 동일한 절차 내에서는 불복절차가 따로 없어서 이를 취소하기 위해서는 재심의 소를 제기하거나 위 법 제505조에 따라 청구이의의 소로써 강제집행의 불허를 소구할 길이 열려 있을 뿐인데, 이

는 피해자가 별도의 소로써 피해구제를 받을 수 있는 것에 불과하므로 허위의 내용으로 신청한 지급명령이 그대로 확정된 경우에는 소송사기의 방법으로 승소판결을 받아 확정된 경우와 마찬가지로 사기죄는 이미 기수에 이르렀다고 볼 것이다(대법원 2004. 6.24, 2002도4151).

② (×) 제216조 제1항 제2호에 따른 체포현장에서 압수한 증거를 계속 압수할 필요가 있는 경우에는, 제217조 제2항에 따라 지체 없이 압수수색영장을 청구하여야 한다. 이 경우 압수수색영장의 청구는 체포한 때부터 48시간 이내에 하여야 한다. 그런데 사안의 경우, 사법경찰관 P는 수첩(증 제1호)에 대하여 체포한 때부터 48시간 이내에 사후영장을 청구하지 않았다.

> 제217조(영장에 의하지 아니하는 강제처분) ② 검사 또는 사법경찰관은 제1항 또는 제216조 제1항 제2호에 따라 압수한 물건을 계속 압수할 필요가 있는 경우에는 지체 없이 압수수색영장을 청구하여야 한다. 이 경우 압수수색영장의 청구는 체포한 때부터 48시간 이내에 하여야 한다.

③ (O) 검사 또는 사법경찰관은 긴급체포된 자가 소유·소지 또는 보관하는 물건에 대하여 긴급히 압수할 필요가 있는 경우에는, 체포한 때부터 24시간 이내에 한하여 영장 없이 압수·수색 또는 검증을 할 수 있는바, 사법경찰관 P는 긴급체포한 시점부터 24시간이 경과한 후 통장을 압수하였으므로 위법하다.

> 제217조(영장에 의하지 아니하는 강제처분) ① 검사 또는 사법경찰관은 제200조의3에 따라 체포된 자가 소유·소지 또는 보관하는 물건에 대하여 긴급히 압수할 필요가 있는 경우에는 체포한 때부터 24시간 이내에 한하여 영장 없이 압수·수색 또는 검증을 할 수 있다.

④ (O) 긴급체포 후 석방된 경우이므로 영장 없이는 동일 범죄사실로 다시 체포하지 못한다. 제200조의4 제3항 참조.

> 제200조의4(긴급체포와 영장청구기간) ③ 제2항의 규정에 의하여 석방된 자는 영장 없이는 동일한 범죄사실에 관하여 체포하지 못한다.

[정답] ②

---

127 ✓ 대표 ◆◇◇ 　　　 법원 2015

다음 설명 중 가장 옳지 않은 것은? (다툼이 있는 경우 판례에 의함)

① 검사 또는 사법경찰관은 긴급체포된 자가 소유·소지 또는 보관하는 물건에 대하여 긴급히 압수할 필요가 있는 경우에는 체포한 때로부터 24시간 이내에 한하여 영장 없이 압수·수색할 수 있다.

② 범행 중 또는 범행직후의 범죄장소에서 긴급을 요하여 판사의 영장을 받을 수 없는 때에는 영장 없이 압수·수색 할 수 있으나, 사후에 지체 없이 영장을 받아야 한다.

③ 검사 또는 사법경찰관이 체포현장에서 영장 없이 압수·수색을 한 경우 체포와의 시간적 접착성이 인정되면 계속 압수할 필요가 있는 경우에도 사후에 별도로 압수·수색 영장을 받지 않아도 된다.

④ 수사기관이 증거수집 과정에서 절차를 위반한 경우라 하더라도, 그 절차 위반행위가 적법절차의 실질적인 내용을 침해하는 것이 아니고, 오히려 그 증거의 증거능력을 배제하는 것이 형사사법의 정의를 실현하려 한 취지에 반하는 결과를 초래하는 예외적인 경우에는 증거능력이 인정될 수 있다.

해설

③ (×) 제216조 제1항 제2호, 제217조 제2항 참조.

> 제217조(영장에 의하지 아니하는 강제처분) ② 검사 또는 사법경찰관은 제1항 또는 제216조 제1항 제2호에 따라 압수한 물건을 계속 압수할 필요가 있는 경우에는 지체 없이 압수수색영장을 청구하여야 한다. 이 경우 압수수색영장의 청구는 체포한 때부터 48시간 이내에 하여야 한다.

① (O) 제217조 제1항 참조.

> 제217조(영장에 의하지 아니하는 강제처분) ① 검사 또는 사법경찰관은 제200조의3(긴급체포)에 따라 체포된 자가 소유·소지 또는 보관하는 물건에 대하여 긴급히 압수할 필요가 있는 경우에는 체포한 때부터 24시간 이내에 한하여 영장 없이 압수·수색 또는 검증을 할 수 있다.

② (O) 제216조 제3항 참조.

> 제216조(영장에 의하지 아니한 강제처분) ① 검사 또는 사법경찰관은 제200조의2·제200조의3·제201조 또는 제212조의 규정에 의하여 피의자를 체포 또는 구속하는 경우에 필요한 때에는 영장 없이 다음 처분을 할 수 있다.
> 1. 타인의 주거나 타인이 간수하는 가옥, 건조물, 항공기, 선차 내에서의 피의자 수사
> 2. 체포현장에서의 압수, 수색, 검증
> ③ 범행 중 또는 범행직후의 범죄 장소에서 긴급을 요하여 법원판사의 영장을 받을 수 없는 때에는 영장 없이 압수, 수색 또는 검증을 할 수 있다. 이 경우에는 사후에 지체 없이 영장을 받아야 한다.

④ (O) [1] 기본적 인권 보장을 위하여 압수수색에 관한 적법절차와 영장주의의 근간을 선언한 헌법과 이를 이어받아 실체적 진실규명과 개인의 권리보호 이념을 조화롭게 실현할 수 있도록 압수수

색절차에 관한 구체적 기준을 마련하고 있는 형사소송법의 규범력은 확고히 유지되어야 한다. 그러므로 헌법과 형사소송법이 정한 절차에 따르지 아니하고 수집한 증거는 기본적 인권 보장을 위해 마련된 적법한 절차에 따르지 않은 것으로서 원칙적으로 유죄 인정의 증거로 삼을 수 없다. 수사기관의 위법한 압수수색을 억제하고 재발을 방지하는 가장 효과적이고 확실한 대응책은 이를 통하여 수집한 증거는 물론 이를 기초로 하여 획득한 2차적 증거를 유죄 인정의 증거로 삼을 수 없도록 하는 것이다. [2] 다만, 법이 정한 절차에 따르지 아니하고 수집한 압수물의 증거능력 인정 여부를 최종적으로 판단함에 있어서는, 실체적 진실규명을 통한 정당한 형벌권의 실현도 헌법과 형사소송법이 형사소송 절차를 통하여 달성하려는 중요한 목표이자 이념이므로, 형식적으로 보아 정해진 절차에 따르지 아니하고 수집한 증거라는 이유만을 내세워 획일적으로 그 증거의 증거능력을 부정하는 것 역시 헌법과 형사소송법이 형사소송에 관한 절차 조항을 마련한 취지에 맞는다고 볼 수 없다. 따라서 수사기관의 증거 수집 과정에서 이루어진 절차 위반행위와 관련된 모든 사정 즉, 절차 조항의 취지와 그 위반의 내용 및 정도, 구체적인 위반 경위와 회피가능성, 절차 조항이 보호하고자 하는 권리 또는 법익의 성질과 침해 정도 및 피고인과의 관련성, 절차 위반행위와 증거수집 사이의 인과관계 등 관련성의 정도, 수사기관의 인식과 의도 등을 전체적·종합적으로 살펴 볼 때, 수사기관의 절차 위반행위가 적법절차의 실질적인 내용을 침해하는 경우에 해당하지 아니하고, 오히려 그 증거의 증거능력을 배제하는 것이 헌법과 형사소송법이 형사소송에 관한 절차 조항을 마련하여 적법절차의 원칙과 실체적 진실규명의 조화를 도모하고 이를 통하여 형사 사법 정의를 실현하려 한 취지에 반하는 결과를 초래하는 것으로 평가되는 예외적인 경우라면, 법원은 그 증거를 유죄 인정의 증거로 사용할 수 있다고 보아야 한다. 이는 적법한 절차에 따르지 아니하고 수집한 증거를 기초로 하여 획득한 2차적 증거의 경우에도 마찬가지여서, 절차에 따르지 아니한 증거 수집과 2차적 증거수집 사이 인과관계의 희석 또는 단절 여부를 중심으로 2차적 증거수집과 관련된 모든 사정을 전체적·종합적으로 고려하여 예외적인 경우에는 유죄 인정의 증거로 사용할 수 있다(대법원 2007.11.15, 2007도3061 전원합의체).

정답 ③

유사 ◆◆◇ 경찰 2013 유사 국가9급/개론 2021

형사절차에 대한 설명으로 옳지 않은 것은? (다툼이 있는 경우 판례에 의함)

① 체포·구속적부심사에 대한 법원의 기각결정에 대하여는 항고하지 못하지만, 보증금납입조건부 석방결정에 대하여는 항고할 수 있다.

② 법원은 피고인이 도망하거나 죄증을 인멸할 염려가 있다고 믿을 만한 충분한 이유가 있는 때에는 직권으로 보석을 취소할 수 있으며, 이러한 보석취소결정에 대하여는 항고할 수 있다.

③ 수사기관이 법원으로부터 영장 또는 감정처분허가장을 발부받지 아니한 채 피의자의 동의 없이 피의자의 신체로부터 혈액을 채취하고 사후에도 지체 없이 영장을 발부받지 아니한 채 혈액 중 알코올농도에 관한 감정을 의뢰하였더라도, 이러한 과정을 거쳐 얻은 감정의뢰회보 등은 피고인이나 변호인의 동의가 있다면 유죄의 증거로 사용할 수 있다.

④ 압수·수색의 방법으로 소변을 채취하는 경우 압수대상물인 피의자의 소변을 확보하기 위한 수사기관의 노력에도 불구하고, 피의자가 소변 채취에 적합한 인근 병원 등으로 이동하는 것에 저항하는 등 임의동행을 기대할 수 없는 사정이 있는 때에는, 수사기관으로서는 소변 채취에 적합한 장소로 피의자를 데려가기 위해서 필요 최소한의 유형력을 행사하는 것이 허용된다.

해설

③ (✕) 수사기관의 강제처분에 관하여 상세한 절차조항을 규정하고 있는 형사소송법의 취지에 비추어 볼 때, 수사기관이 법원으로부터 영장 또는 감정처분허가장을 발부받지 아니한 채 피의자의 동의 없이 피의자의 신체로부터 혈액을 채취하고 사후에도 지체 없이 영장을 발부받지 아니한 채 그 혈액 중 알코올농도에 관한 감정을 의뢰하였다면, 이러한 과정을 거쳐 얻은 감정의뢰회보 등은 형사소송법상 영장주의 원칙을 위반하여 수집하거나 그에 기초하여 획득한 증거로서, 그 절차위반행위가 적법절차의 실질적인 내용을 침해하여 피고인이나 변호인의 동의가 있더라도 유죄의 증거로 사용할 수 없다(대법원 2014.11.13, 2013도1228).

① (○) 제214조의2 제8항, 대법원 1997.8.27, 97모21
② (○) 제102조 제2항 제2호, 제403조
④ (○) 대법원 2018.7.12, 2018도6219

정답 ③

PART 03 CHAPTER 02 강제처분과 강제수사

129 ✓ 대표 ◆◆◆

영장주의에 관한 설명 중 가장 적절하지 않은 것은? (다툼이 있는 경우 판례에 의함)

① 수사기관이 甲 주식회사에서 압수수색영장을 집행하면서 甲 회사에 팩스로 영장 사본을 송신하기만 하고 영장 원본을 제시하거나 압수조서와 압수물 목록을 작성하여 피압수·수색 당사자에게 교부하지도 않은 채 피고인의 이메일을 압수한 후 이를 증거로 제출한 사안에서, 위와 같은 방법으로 압수된 이메일은 「형사소송법」 등에서 정한 절차를 위반한 것으로 유죄 인정의 증거로 사용할 수 없다.

② 법원이 피고인에 대하여 구속영장을 발부하기 전에 「형사소송법」 제72조에서 규정한 절차를 거치지 아니하였다 하더라도 같은 규정에 따른 절차적 권리가 실질적으로 보장되었다면, 위 사전청문절차를 거치지 않은 것만으로 그 구속영장발부결정이 위법하다고 볼 것은 아니다.

③ 「형사소송법」 제88조는 "피고인을 구속한 때에는 즉시 공소사실의 요지와 변호인을 선임할 수 있음을 알려야 한다"고 규정하고 있는바, 이는 사후 청문절차에 관한 규정으로서 이를 위반한 경우 구속영장의 효력에 어떠한 영향을 미치는 것은 아니다.

④ 「형사소송법」 제217조 제2항, 제3항에 위반하여 압수수색영장을 발부받지 아니하고도 즉시 반환하지 아니한 압수물은 이를 유죄 인정의 증거로 사용할 수 없지만, 피고인이나 변호인이 이를 증거로 함에 동의하였다면 유죄 인정의 증거로 사용할 수 있다.

해설

④ (×) 형사소송법 제217조 제2항, 제3항에 위반하여 압수수색영장을 청구하여 이를 발부받지 아니하고도 즉시 반환하지 아니한 압수물은 이를 유죄 인정의 증거로 사용할 수 없는 것이고, 헌법과 형사소송법이 선언한 영장주의의 중요성에 비추어 볼 때 피고인이나 변호인이 이를 증거로 함에 동의하였다고 하더라도 달리 볼 것은 아니다(대법원 2009.12.24, 2009도11401).

① (○) 수사기관이 甲 주식회사에서 압수수색영장을 집행하면서 甲 회사에 팩스로 영장 사본을 송신하기만 하고 영장 원본을 제시하거나 압수조서와 압수물 목록을 작성하여 피압수·수색 당사자에게 교부하지도 않은 채 피고인의 이메일을 압수한 후 이를 증거로 제출한 경우, 위와 같은 방법으로 압수된 이메일은 증거능력이 없다(대법원 2017.9.7, 2015도10648).

② (○) 법원이 피고인에 대하여 구속영장을 발부하기 전에 형사소송법 제72조에서 규정한 절차를 거치지 아니하였다 하더라도 같은 규정에 따른 절차적 권리가 실질적으로 보장되었다는 이유로 그 구속영장발부결정이 위법하다고 볼 것은 아니다(대법원 2000.11.10, 2000모134).

③ (○) 형사소송법 제88조는 "피고인을 구속한 때에는 즉시 공소사실의 요지와 변호인을 선임할 수 있음을 알려야 한다."고 규정하고 있는바, 이는 사후 청문절차에 관한 규정으로서 이를 위반하였다 하여 구속영장의 효력에 어떠한 영향을 미치는 것은 아니다(대법원 2000.11.10, 2000모134).

정답 ④

130 ✓ 대표 ◆◆◇

다음 중 원칙적으로 피고인에 대한 유죄 인정의 증거로 삼을 수 없는 증거를 모두 고른 것은? (다툼이 있는 경우 판례에 의하고, 전원합의체 판결의 경우 다수의견에 의함)

ㄱ. 경찰이 피고인의 집에서 20m 떨어진 곳에서 피고인을 체포한 후 피고인의 집안을 수색하여 칼과 합의서를 압수하였고, 적법한 시간 내에 압수수색영장을 청구하여 발부받지 않은 경우, 위 칼과 합의서를 기초로 한 2차 증거인 '임의제출동의서', '압수조서 및 목록', '압수품 사진'

ㄴ. 미성년자인 피고인의 음주운전과 관련된 도로교통법 위반죄의 수사를 위하여 의식을 잃은 피고인을 대신하여 법정대리인인 아버지의 동의를 받아 혈액을 채취하였으나 사후영장은 발부받지 않은 경우, 피고인의 혈중알코올농도에 대한 국립과학수사연구소의 감정의뢰회보

ㄷ. 피고인에 대하여 「성매매알선 등 행위의 처벌에 관한 법률 위반」으로 공소가 제기된 사건에서 피고인 아닌 갑(甲)을 사실상 강제연행한 상태에서 받은 자술서 및 진술조서

ㄹ. 피고인에 대하여 뇌물수수죄로 공소가 제기된 사건에서 공판절차 진행 중 수소법원 이외의 지방법원 판사로부터 발부받은 뇌물공여자 을(乙)에 대한 압수·수색 영장에 의해 수집한 '자립예탁금 거래내역표' 및 '수표 사본'

① ㄱ, ㄷ   ② ㄱ, ㄴ, ㄹ

③ ㄱ, ㄷ, ㄹ   ④ ㄱ, ㄴ, ㄷ, ㄹ

해설

ㄱ. (×) 체포현장에서의 압수로 볼 수 없다(대법원 2010.7.22, 2009도14376).

ㄴ. (×) 형사소송법상 소송능력이란 소송당사자가 유효하게 소송행위를 할 수 있는 능력, 즉 피고인 또는 피의자가 자기의 소송상의 지위와 이해관계를 이해하고 이에 따라 방어행위를 할 수 있는 의사능력을 의미하는데, 피의자에게 의사능력이 있으면 직접 소송행위를 하는 것이 원칙이고, 피의자에게 의사능력이 없는 경우에는 형법 제9조 내지 제11조의 규정의 적용을 받지 아니하는 범죄사건에 한하여 예외적으로 법정대리인이 소송행위를 대리할 수 있다(형사소송법 제26조). 따라서 음주운전과 관련한 도로교통법 위반죄의 범죄수사를 위하여 미성년자인 피의자의 혈액채취가 필요한 경우에도 피의자에게 의사능력이 있다면 피의자 본인만이 혈액채취에 관한 유효한 동의를 할 수 있고, 피의자에게 의사능력이 없는 경우에도 명문의 규정이 없는 이상 법정대리인이 피의자를 대리하여 동의할 수는 없다(대법원 2014.11.13, 2013도1228). 수사기관이 법원으로부터 영장 또는 감정처분허가장을 발부받지 아니한 채 피의자의 동의 없이 피의자의 신체로부터 혈액을 채취하고 사후에도 지체 없이 영장을 발부받지 아니한 채 혈액 중 알코올농도에 관한 감정을 의뢰하였다면, 이러한 과정을 거쳐 얻은 감정의뢰회보 등은 형사소송법상 영장주의 원칙을 위반하여 수집하거나 그에 기초하여 획득한 증거로서, 원칙

적으로 절차위반행위가 적법절차의 실질적인 내용을 침해하여 피고인이나 변호인의 동의가 있더라도 유죄의 증거로 사용할 수 없다(대법원 2012.11.15, 2011도15258).

ㄷ. (×) 유흥주점 업주와 종업원인 피고인들이 영업장을 벗어나 시간적 소요의 대가로 금품을 받아서는 아니되는데도, 이른바 '티켓영업' 형태로 성매매를 하면서 금품을 수수하였다고 하여 구 식품위생법(2007.12.21. 법률 제8779호로 개정되기 전의 것) 위반으로 기소된 경우, 경찰이 피고인 아닌 甲, 乙을 사실상 강제연행하여 불법체포한 상태에서 甲, 乙 간의 성매매행위나 피고인들의 유흥업소 영업행위를 처벌하기 위하여 甲, 乙에게서 자술서를 받고 甲, 乙에 대한 진술조서를 작성한 경우, 위 각 자술서와 진술조서는 헌법과 형사소송법이 규정한 체포·구속에 관한 영장주의 원칙에 위배하여 수집된 것으로서 수사기관이 피고인 아닌 자를 상대로 적법한 절차에 따르지 아니하고 수집한 증거에 해당하여 형사소송법 제308조의2에 따라 증거능력이 부정된다는 이유로, 이를 피고인들에 대한 유죄인정의 증거로 삼을 수 없다(대법원 2011.6.30, 2009도6717).

ㄹ. (×) 법은 제215조에서 검사가 압수·수색 영장을 청구할 수 있는 시기를 공소제기 전으로 명시적으로 한정하고 있지는 아니하나, 위에서 본 바와 같은 헌법 상 보장된 적법절차의 원칙과 재판받을 권리, 공판중심주의·당사자주의·직접주의를 지향하는 현행 형사소송법의 소송구조, 관련 법규의 체계, 문언 형식, 내용 등을 종합하여 보면, 일단 공소가 제기된 후에는 그 피고사건에 관하여 검사로서는 법 제215조에 의하여 압수·수색을 할 수 없다고 보아야 하며, 그럼에도 검사가 공소제기 후 법 제215조에 따라 수소법원 이외의 지방법원 판사에게 청구하여 발부받은 영장에 의하여 압수·수색을 하였다면, 그와 같이 수집된 증거는 기본적 인권보장을 위해 마련된 적법한 절차에 따르지 않은 것으로서 원칙적으로 유죄의 증거로 삼을 수 없다(대법원 2011.4.28, 2009도10412).

정답 ④

---

131 ✓ 대표 ◆◆◇　　국가9급개론 2017

다음 사법경찰관의 압수·수색 중 적법하지 않은 것은? (다툼이 있으면 판례에 의함)

① 음주운전 중 교통사고를 당하여 의식불명 상태에 빠져 병원에 후송된 피의자에 대해 사법경찰관이 수사의 목적으로 피의자의 가족으로부터 동의를 받고 의료진에게 요청하여 피의자의 혈액을 채취하였으나 사후 압수·수색 영장을 발부받지 않았다.

② 음란물유포의 범죄혐의를 이유로 압수·수색영장을 발부받은 사법경찰관이 피의자의 주거지를 수색하는 과정에서 대마를 발견하자 피의자를 마약류관리에관한법률위반죄의 현행범으로 체포하면서 대마를 압수하고 그 다음 날 피의자를 석방하면서 압수한 대마에 대해 사후 압수·수색영장을 발부받았다.

③ 사법경찰관이 현행범 체포의 현장에서 소지자로부터 임의로 제출 받은 물건을 영장 없이 압수하고 사후에 압수·수색영장을 발부받지 않았다.

④ 사법경찰관은 2017.3.1. 10:00 보이스피싱 혐의로 피의자를 긴급체포하고 그 다음 날인 3.2. 09:00 피의자가 보관하고 있던 다른 사람의 주민등록증을 발견하고 압수한 다음, 그것을 계속 압수할 필요가 있다고 판단하여 곧바로 검사에게 사후영장 청구를 신청하였고 검사는 같은 날 11:00 사후영장을 청구하였다.

해설

① (×) 음주운전 중 교통사고를 야기한 후 운전자가 의식불명 상태에 빠져 있는 등으로 호흡조사에 의한 음주측정이 불가능하고 채혈에 대한 동의를 받을 수도 없으며 법원으로부터 감정처분허가장이나 사전압수영장을 발부받을 시간적 여유도 없는 긴급한 상황이 발생한 경우에는 수사기관은 예외적인 요건 하에 음주운전범죄의 증거 수집을 위하여 운전자의 동의나 사전 영장 없이 혈액을 채취하여 압수할 수 있으나, 이 경우에도 형사소송법에 따라 사후에 지체 없이 법원으로부터 압수영장을 받아야 한다(대법원 2016.12.27, 2014두46850). 사법경찰관이 사후에 압수·수색영장을 발부받지 않았으므로 지문의 압수는 위법하다. 피의자 본인이 아니라 가족으로부터 받은 채혈동의는 무효라는 점을 주의하여야 한다(대법원 2016.12.27, 2014두46850 어머니 동의; 대법원 2012.11.15, 2011도15258 아들 동의; 대법원 2011.7.14, 2010도12604 딸 동의; 대법원 2011.5.13, 2009도10871 처 동의; 대법원 2011.4.28, 2009도2109 동서 동의).

② (○) 피고인을 마약법위반죄의 현행범으로 체포하면서 대마를 압수하였으나, 그 다음 날 피고인을 석방하였음에도 사후 압수·수색영장을 발부받지 않은 경우, 압수물과 압수조서는 형사소송법상 영장주의를 위반하여 수집한 증거로서 증거능력이 부정된다(대법원 2009.5.14, 2008도10914).

③ (○) 현행범 체포현장이나 범죄장소에서도 소지자 등이 임의로 제출하는 물건은 형사소송법 제218조에 의하여 영장 없이 압수할 수 있고, 이 경우에는 검사나 사법경찰관이 사후에 영장을 받을 필요가 없다(대법원 2016.2.18, 2015도13726).

④ (○) 사법경찰관은 긴급체포된 피의자의 소유물 등에 대하여 긴급히 압수할 필요가 있는 경우에는 체포한 때부터 24시간 이내에 한하여 영장 없이 압수·수색을 할 수 있고, 이 경우 지체 없이

(늦어도 체포한 때부터 48시간 이내에) 사후영장을 청구하여야 한다(제217조 제1항·제2항).

정답 ①

132 ✅유사 ◆◆◆

압수·수색영장의 제시 및 교부에 관한 설명으로 가장 적절한 것은? (다툼이 있는 경우 판례에 의함)

① 압수·수색의 처분을 받는 자가 여럿인 경우에는 모두에게 개별적으로 영장을 제시해야 하고, 이 경우 압수할 물건의 소유자·소지자·보관자 기타 이에 준하는 자에게 개별적으로 해당 영장의 사본을 교부해야 한다.

② 사법경찰관이 피압수자에게 영장을 제시하면서 표지에 해당하는 첫 페이지와 혐의사실이 기재된 부분만을 보여 주고, 영장의 내용 중 압수·수색·검증할 물건, 압수·수색·검증할 장소, 압수·수색·검증을 필요로 하는 사유, 압수 대상 및 방법의 제한 등 필요적 기재 사항 및 그와 일체를 이루는 부분을 확인하지 못하게 한 경우에도 해당 영장 제시는 적법한 압수·수색영장의 제시라고 볼 수 있다.

③ 피의자가 영장의 사본을 수령하기를 거부하는 경우에는 검사 또는 사법경찰관이 영장 사본 교부 확인서 끝 부분에 그 사유를 적고 기명날인 또는 서명해야 한다.

④ 수사기관이 압수·수색영장을 제시하고 집행에 착수하여 압수·수색을 실시하고 그 집행을 종료한 후, 동일한 장소 또는 목적물에 대하여 다시 압수·수색할 필요가 있는 경우, 앞서 발부받은 압수·수색영장의 유효기간이 남아 있다면 이를 제시하고 다시 압수·수색을 할 수 있다.

해설

③ (○) 수사준칙 제32조의2 제4항 참조.

> **수사준칙 제32조의2(체포·구속영장 사본의 교부)** ④ 피의자가 영장의 사본을 수령하기를 거부하거나 영장 사본 교부 확인서에 기명날인 또는 서명하는 것을 거부하는 경우에는 검사 또는 사법경찰관이 영장 사본 교부 확인서 끝 부분에 그 사유를 적고 기명날인 또는 서명해야 한다.

① (×) 압수·수색영장은 처분을 받는 자에게 반드시 제시하여야 하는바(형사소송법 제219조, 제118조), 현장에서 압수·수색을 당하는 사람이 여러 명일 경우에는 그 사람들 모두에게 개별적으로 영장을 제시해야 하는 것이 원칙이고, 수사기관이 압수·수색에 착수하면서 그 장소의 관리책임자에게 영장을 제시하였다고 하더라도, 물건을 소지하고 있는 다른 사람으로부터 이를 압수하고자 하는 때에는 그 사람에게 따로 영장을 제시하여야 한다(대법원 2009.3.12, 2008도763). 다만, 압수·수색영장 사본의 교부는 처분을 받는 자가 피고인 내지 피의자인 경우이며, 압수할 물건의 소유자·소지자·보관자 기타 이에 준하는 자에게 영장 사본을 교부하여야 하는 것은 아니다. 제118조, 제219조 참조.

> **제118조(영장의 제시와 사본교부)** 압수·수색영장은 처분을 받는 자에게 반드시 제시하여야 하고, 처분을 받는 자가 피고인인 경우에는 그 사본을 교부하여야 한다. 다만, 처분을 받는 자가 현장에 없는 등 영장의 제시나 그 사본의 교부가 현실적으로 불가능한 경우 또는 처분을 받는 자가 영장의 제시나 사본의 교부를 거부한 때에는 예외로 한다.
> **제219조(준용규정)** 제106조, 제107조, 제109조 내지 제112조, 제114조, 제115조 제1항 본문, 제2항, 제118조부터제132조까지, 제134조, 제135조, 제140조, 제141조, 제333조 제2항, 제486조의 규정은 검사 또는 사법경찰관의 본장의 규정에 의한 압수, 수색 또는 검증에 준용한다. 단, 사법경찰관이 제130조, 제132조 및 제134조에 따른 처분을 함에는 검사의 지휘를 받아야 한다.

② (×) 충북지방경찰청 소속 사법경찰관이 이 사건 영장의 피압수자인 공소외 1에게 이 사건 영장을 제시하면서 표지에 해당하는 첫 페이지와 공소외 1의 혐의사실이 기재된 부분만을 보여 주고, 이 사건 영장의 내용 중 압수·수색·검증할 물건, 압수·수색·검증할 장소, 압수·수색·검증을 필요로 하는 사유, 압수 대상 및 방법의 제한 등 필요적 기재 사항 및 그와 일체를 이루는 부분을 확인하지 못하게 한 것은 이 사건 영장을 집행할 때 피압수자인 공소외 1이 그 내용을 충분히 알 수 있도록 제시한 것으로 보기 어렵다(대법원 2017.9.21, 2015도12400).

④ (×) 대법원 1999.12.1, 99모161

정답 ③

133 ✓ 대표 ◆◆◇

압수·수색에 관한 설명 중 옳지 않은 것은? (다툼이 있는 경우 판례에 의함)

① 수사기관이 피의자의 동의 없이 피의자의 소변을 채취하는 것은 법원으로부터 감정처분허가장을 받아 '감정에 필요한 처분'으로 할 수 있지만, 압수수색영장을 받아 집행할 수도 있다.

② 검사 또는 사법경찰관은 체포현장에서 영장 없이 압수한 물건을 계속 압수할 필요가 있는 경우에는 지체 없이 압수수색영장을 청구하여야 하는데, 이 경우 압수수색영장의 청구는 압수한 때부터 48시간 이내에 하여야 한다.

③ 소유자, 소지자 또는 보관자 아닌 자로부터 임의로 제출받은 물건을 영장 없이 압수한 경우 그 압수물 및 압수물을 찍은 사진은 이를 유죄의 증거로 사용할 수 없다.

④ 범행 중 또는 범행직후의 범죄장소에서 긴급을 요하여 법원판사의 영장을 받을 수 없는 때에는 영장 없이 압수, 수색 또는 검증을 할 수 있고, 이 경우에는 사후에 지체 없이 영장을 받아야 한다.

⑤ 전자정보에 대한 압수수색영장을 집행할 때에는 원칙적으로 영장 발부의 사유인 혐의사실과 관련된 부분만을 문서 출력물로 수집하거나 수사기관이 휴대한 저장매체에 해당 파일을 복사하는 방식으로 이루어져야 하지만, 집행현장 사정상 이러한 방식에 의한 집행이 불가능하거나 현저히 곤란한 부득이한 사정이 존재하는 경우, 압수수색영장에 저장매체 자체를 직접 혹은 하드카피나 이미징 등 형태로 수사기관 사무실 등 외부로 반출하여 해당 파일을 압수·수색할 수 있도록 기재되어 있고 실제 그와 같은 사정이 발생한 때에 한하여 위 방법이 예외적으로 허용될 수 있을 뿐이다.

해설
② (×) 검사 또는 사법경찰관은 체포현장에서 영장 없이 압수한 물건을 계속 압수할 필요가 있는 경우에는 지체 없이 압수수색영장을 청구하여야 한다. 이 경우 압수수색영장의 청구는 '체포한 때'부터 48시간 이내에 하여야 한다(제217조 제2항).
① (○) 대법원 2018.7.12, 2018도6219
③ (○) 형사소송법 제218조는 "사법경찰관은 소유자, 소지자 또는 보관자가 임의로 제출한 물건을 영장없이 압수할 수 있다"고 규정하고 있는 바, 위 규정을 위반하여 소유자, 소지자 또는 보관자가 아닌 자로부터 제출받은 물건을 영장없이 압수한 경우 그 '압수물' 및 '압수물을 찍은 사진'은 이를 유죄 인정의 증거로 사용할 수 없는 것이고, 헌법과 형사소송법이 선언한 영장주의의 중요성에 비추어 볼 때 피고인이나 변호인이 이를 증거로 함에 동의하였다고 하더라도 달리 볼 것은 아니다(대법원 2010.1.28, 2009도10092).
④ (○) 제216조 제3항
⑤ (○) 대법원 2011.5.26, 2009모1190

정답 ②

134 ✓ 대표 ◆◆◇

압수와 수색에 대한 설명으로 옳지 않은 것은? (다툼이 있는 경우 판례에 의함)

① 압수의 대상은 압수·수색영장의 범죄사실 자체와 직접적으로 연관된 물건에 한정되지 않으므로, 압수·수색영장의 범죄사실과 기본적 사실관계가 동일한 범행 또는 동종·유사의 범행과 관련된다고 의심할 만한 상당한 이유가 있는 범위 내에서는 압수를 실시할 수 있다.

② 압수·수색영장의 집행에 있어서 여관, 음식점 기타 야간에 공중이 출입할 수 있는 장소는 공개한 시간 내에 한하여 야간집행의 제한을 받지 않는다.

③ 전자정보에 대한 압수·수색이 종료되기 전에 혐의사실과 관련된 전자정보를 적법하게 탐색하는 과정에서 별도의 범죄혐의와 관련된 전자정보를 우연히 발견한 경우라면, 수사기관은 더 이상의 추가 탐색을 중단하고 법원에서 별도의 범죄혐의에 대한 압수·수색영장을 발부받은 경우에 한하여 그 정보에 대하여 적법하게 압수·수색을 할 수 있다.

④ 검사 또는 사법경찰관은 현행범 체포현장이나 범죄장소에서 소지자 등이 임의로 제출하는 물건을 영장 없이 압수할 수 있다. 다만, 이 경우에 검사나 사법경찰관은 사후에 영장을 받아야 한다.

해설
④ (×) 형사소송법 제218조에 의하면 검사 또는 사법경찰관은 피의자 등이 유류한 물건이나 소유자·소지자 또는 보관자가 임의로 제출한 물건은 영장 없이 압수할 수 있으므로, 현행범 체포현장이나 범죄 장소에서도 소지자 등이 임의로 제출하는 물건은 위 조항에 의하여 영장 없이 압수할 수 있고, 이 경우에는 검사나 사법경찰관이 사후에 영장을 받을 필요가 없다(대법원 2016.2.18, 2015도13726).
① (○) 형사소송법 제215조 제1항에서 … 혐의사실과의 객관적 관련성은 압수·수색영장에 기재된 혐의사실 자체 또는 그와 기본적 사실관계가 동일한 범행과 직접 관련되어 있는 경우는 물론 범행 동기와 경위, 범행 수단과 방법, 범행 시간과 장소 등을 증명하기 위한 간접증거나 정황증거 등으로 사용될 수 있는 경우에도 인정될 수 있다. 이러한 객관적 관련성은 압수·수색영장에 기재된 혐의사실의 내용과 수사의 대상, 수사 경위 등을 종합하여 구체적·개별적 연관관계가 있는 경우에만 인정된다고 보아야 하고, 혐의사실과 단순히 동종 또는 유사 범행이라는 사유만으로 객관적 관련성이 있다고 할 것은 아니다(대법원 2020.2.13, 2019도14341,2019전도130).
② (○) 제126조 제2호
③ (○) 대법원 2015.7.16, 2011모1839 전원합의체

정답 ④

135 ✓ 대표 ◆◆◆

압수·수색에 대한 설명으로 옳지 않은 것은? (다툼이 있는 경우 판례에 의함)

① 수사기관 사무실 등으로 반출된 저장매체 또는 복제본에서 혐의사실 관련성에 대한 구분 없이 임의로 저장된 전자정보를 문서로 출력하거나 파일로 복제하는 행위는 원칙적으로 영장주의 원칙에 반하는 위법한 압수가 된다.

② 수사기관의 압수물의 환부에 관한 처분의 취소를 구하는 준항고는, 소송 계속 중 그것으로써 달성하고자 하는 목적이 이미 이루어졌거나 시일의 경과 또는 그 밖의 사정으로 인하여 그 이익이 상실된 경우에는 부적법하게 된다.

③ 수사기관이 영장에 따라 압수·수색하는 과정에서 영장발부의 사유로 된 범죄 혐의사실과 무관한 별개의 증거를 압수하였다가 피압수자에게 환부한 다음 임의제출받아 다시 압수한 경우, 그 압수물의 제출에 임의성이 있다는 점에 관하여 검사가 합리적 의심을 배제할 수 있을 정도로 증명하면 그 증거능력이 인정된다.

④ 압수·수색영장은 처분을 받는 자에게 반드시 제시하여야 하나 현장에서 압수·수색을 당하는 사람이 여러 명일 경우에는 그 장소의 관리책임자에게 영장을 제시하면 족하고, 물건을 소지하고 있는 다른 사람으로부터 이를 압수하고자 하는 때에도 그 사람에게 따로 영장을 제시할 필요가 없다.

해설

④ (×) 압수·수색영장은 처분을 받는 자에게 반드시 제시하여야 하는바, 현장에서 압수·수색을 당하는 사람이 여러 명일 경우에는 그 사람들 모두에게 개별적으로 영장을 제시해야 하는 것이 원칙이다. 수사기관이 압수·수색에 착수하면서 그 장소의 관리책임자에게 영장을 제시하였다고 하더라도, <u>물건을 소지하고 있는 다른 사람으로부터 이를 압수하고자 하는 때에는 그 사람에게 따로 영장을 제시하여야 한다</u>(대법원 2009.3.12, 2008도763).

① (○) 대법원 2015.7.16, 2011모1839 전원합의체
② (○) 대법원 2015.10.15, 2013모1970
③ (○) 검사 또는 사법경찰관은 범죄수사에 필요한 때에는 피의자가 죄를 범하였다고 의심할 만한 정황이 있는 경우에 판사로부터 발부받은 영장에 의하여 압수·수색을 할 수 있으나, 압수·수색은 영장 발부의 사유로 된 범죄 혐의사실과 관련된 증거에 한하여 할 수 있으므로, 영장 발부의 사유로 된 범죄 혐의사실과 무관한 별개의 증거를 압수하였을 경우 이는 원칙적으로 유죄 인정의 증거로 사용할 수 없다. 다만, 수사기관이 별개의 증거를 피압수자 등에게 환부하고 후에 임의제출받아 다시 압수하였다면 증거를 압수한 최초의 절차 위반행위와 최종적인 증거수집 사이의 인과관계가 단절되었다고 평가할 수 있으나, 환부 후 다시 제출하는 과정에서 수사기관의 우월적 지위에 의하여 임의제출 명목으로 실질적으로 강제적인 압수가 행하여질 수 있으므로, 제출에 임의성이 있다는 점에 관하여는 검사가 합리적 의심을 배제할 수 있을 정도로 증명하여야 하고, 임의로 제출된 것이라고 볼 수 없는 경우에는 증거능력을 인정할 수 없다(대법원 2016.3.10, 2013도11233).

정답 ④

---

136 ✓ 유사 ◆◇◇

임의제출물의 압수에 대한 설명으로 옳지 않은 것은? (다툼이 있는 경우 판례에 의함)

① 검사가 교도관으로부터 그가 보관하고 있던 재소자의 인격적 법익에 대한 침해와 무관한 비망록을 뇌물수수 등의 증거자료로 임의제출받은 경우 그 압수절차가 재소자의 승낙없이 행해졌더라도 위법하지 않다.

② 수사기관이 압수·수색 영장의 집행과정에서 영장발부의 사유인 범죄 혐의사실과 무관한 별개의 증거를 압수하였다가 피압수자 등에게 환부하고 후에 이를 다시 임의제출받아 압수한 경우 검사가 그 압수물 제출의 임의성을 합리적 의심을 배제할 수 있을 정도로 증명하면 이를 유죄 인정의 증거로 사용할 수 있다.

③ 甲이 골프채로 A를 상해한 사건에서, 사법경찰관이 甲 소유의 골프채를 甲의 집 앞마당에서 발견했음에도 그 소지자 또는 보관자가 아닌 피해자 A로부터 임의로 제출받는 형식으로 위 골프채를 압수하였다면, 이는 위법한 압수이다.

④ 사법경찰관이 절도죄의 피의자 A를 현행범으로 체포하면서 A로부터 절도를 위하여 소지하고 있던 드라이버를 임의제출받은 경우 사법경찰관은 「형사소송법」 제216조 제1항 제2호 및 같은 법 제217조 제2항에 따라서 사후에 압수영장을 발부받아야 한다.

해설

④ (×) 형사소송법 제218조에 의하면 검사 또는 사법경찰관은 피의자 등이 유류한 물건이나 소유자·소지자 또는 보관자가 임의로 제출한 물건은 영장 없이 압수할 수 있으므로, <u>현행범 체포 현장이나 범죄 장소에서도 소지자 등이 임의로 제출하는 물건</u>은 위 조항에 의하여 영장 없이 압수할 수 있고, 이 경우에는 검사나 사법경찰관이 <u>사후에 영장을 받을 필요가 없다</u>(대법원 2016.2.18, 2015도13726).

① (○) 대법원 2008.5.15, 2008도1097
② (○) 검사 또는 사법경찰관은 범죄수사에 필요한 때에는 피의자가 죄를 범하였다고 의심할 만한 정황이 있는 경우에 판사로부터 발부받은 영장에 의하여 압수·수색을 할 수 있으나, 압수·수색은 영장 발부의 사유로 된 범죄 혐의사실과 관련된 증거에 한하여 할 수 있으므로, 영장 발부의 사유로 된 범죄 혐의사실과 무관한 별개의 증거를 압수하였을 경우 이는 원칙적으로 유죄 인정의 증거로 사용할 수 없다. 다만 <u>수사기관이 별개의 증거를 피압수자 등에게 환부하고 후에 임의제출받아 다시 압수하였다면</u> 증거를 압수한 최초의 절차 위반행위와 최종적인 증거수집 사이의 인과관계가 단절되었다고 평가할 수 있으나, 환부 후 다시 제출하는 과정에서 수사기관의 우월적 지위에 의하여 임의제출 명목으로 실질적으로 강제적인 압수가 행하여질 수 있으므로, <u>제출에 임의성이 있다는 점에 관하여는 검사가 합리적 의심을 배제할 수 있을 정도로 증명하여야 하고,</u> 임의로 제출된 것이라고 볼 수 없는 경우에는 증거능력을 인정할 수 없다(대법원 2016.3.10, 2013도11233).

③ (○) 형사소송법 제218조는 "사법경찰관은 소유자, 소지자 또는 보관자가 임의로 제출한 물건을 영장 없이 압수할 수 있다"고 규정하고 있는바, 위 규정을 위반하여 <u>소유자, 소지자 또는 보관자</u>

가 아닌 자로부터 제출받은 물건을 영장 없이 압수한 경우 그 '압수물' 및 '압수물을 찍은 사진'은 이를 유죄 인정의 증거로 사용할 수 없는 것이고, 헌법과 형사소송법이 선언한 영장주의의 중요성에 비추어 볼 때 피고인이나 변호인이 이를 증거로 함에 동의하였다고 하더라도 달리 볼 것은 아니다(대법원 2010.1.28, 2009도10092).

정답 ④

137 ✓유사 ◆◆◇ 경찰1차 2021

압수·수색에 대한 설명으로 가장 적절하지 않은 것은? (다툼이 있는 경우 판례에 의함)

① 설령 피압수자가 수사기관에 압수·수색영장의 집행에 참여하지 않는다는 의사를 명시하였다고 하더라도, 특별한 사정이 없는 한 그 변호인에게는 미리 집행의 일시와 장소를 통지하는 등으로 압수·수색영장의 집행에 참여할 기회를 별도로 보장하여야 한다.

② 압수·수색영장을 집행하는 수사기관은 원칙적으로 피압수자로 하여금 법관이 발부한 영장에 의한 압수·수색이라는 사실을 확인함과 동시에 「형사소송법」이 압수·수색영장에 필요적으로 기재하도록 정한 사항이나 그와 일체를 이루는 사항을 충분히 알 수 있도록 압수·수색영장을 제시하여야 한다.

③ 저장매체에 대한 압수·수색 과정에서 압수의 목적을 달성하기에 현저히 곤란한 예외적인 사정이 인정되어 전자정보가 담긴 저장매체 등을 수사기관 사무실 등으로 옮겨 복제·탐색·출력하는 경우에도 피압수자나 변호인에게 참여 기회를 보장하여야 하는데, 이는 수사기관이 저장매체 등에서 혐의사실과 관련된 전자정보만을 복제·출력하는 경우에도 마찬가지이다.

④ 검사나 사법경찰관에게는 현행범 체포현장에서 소지자 등이 임의로 제출하는 물건을 「형사소송법」 제218조에 의하여 영장 없이 압수하는 것이 허용되는데, 이후 검사나 사법경찰관이 압수한 물건을 계속 압수할 필요가 있는 경우에는 지체 없이 영장을 청구하여야 한다.

해설

④ (×) 형사소송법 제218조에 의하면 검사 또는 사법경찰관은 피의자 등이 유류한 물건이나 소유자·소지자 또는 보관자가 임의로 제출한 물건은 영장 없이 압수할 수 있으므로, 현행범 체포현장이나 범죄 장소에서도 소지자 등이 임의로 제출하는 물건은 위 조항에 의하여 영장 없이 압수할 수 있고, 이 경우에는 검사나 사법경찰관이 사후에 영장을 받을 필요가 없다(대법원 2016.2. 18, 2015도13726).

① (○) 형사소송법 제219조, 제121조가 규정한 변호인의 참여권은 피압수자의 보호를 위하여 변호인에게 주어진 고유권이다. 따라서 설령 피압수자가 수사기관에 압수·수색영장의 집행에 참여하지 않는다는 의사를 명시하였다고 하더라도, 특별한 사정이 없는 한 그 변호인에게는 형사소송법 제219조, 제122조에 따라 미

리 집행의 일시와 장소를 통지하는 등으로 압수·수색영장의 집행에 참여할 기회를 별도로 보장하여야 한다(대법원 2020.11.26, 2020도10729).

② (○) 대법원 2017.9.21, 2015도12400

③ (○) 대법원 2020.11.26, 2020도10729

정답 ④

138 ✓유사 ◆◆◇ 변호사 2023

변호인에 관한 설명 중 옳지 않은 것은? (다툼이 있는 경우 판례에 의함)

① 변호인 선임에 관한 서면을 제출하지 않았지만 변호인이 되려는 의사를 표시하고 객관적으로 변호인이 될 가능성이 있는 경우에 이와 같이 변호인이 되려는 자에게도 피의자를 접견할 권한이 있기 때문에 수사기관이 정당한 이유 없이 접견을 거부해서는 안된다.

② 피압수자가 수사기관에 압수·수색영장의 집행에 참여하지 않는다는 의사를 명시한 경우에 그 변호인에게 「형사소송법」 제219조, 제122조의 영장집행과 참여권자에 대한 통지규정에 따라 미리 집행의 일시와 장소를 통지하는 등으로 압수·수색영장의 집행에 참여할 기회를 별도로 보장하여야 하는 것은 아니다.

③ 수사기관이 피의자신문 시 정당한 사유가 없음에도 변호인 참여를 거부하는 처분을 하는 경우에 변호인은 준항고를 할 수 있다.

④ 피의자 또는 그 변호인은 검사 또는 사법경찰관이 수사 중인 사건에 관한 본인의 진술이 기재된 부분 및 본인이 제출한 서류의 전부 또는 일부에 대한 열람·복사를 신청할 수 있다.

⑤ 직권으로 국선변호인을 선정하여야 하는 사유 중 하나인 「형사소송법」 제33조 제1항 제1호의 '피고인이 구속된 때'라고 함은 피고인이 당해 형사사건에서 구속되어 재판을 받고 있는 경우를 의미하고, 피고인이 별건으로 구속되어 있거나 다른 형사사건에서 유죄로 확정되어 수형 중인 경우는 이에 해당하지 아니한다.

해설

② (×) 형사소송법 제219조, 제121조가 규정한 변호인의 참여권은 피압수자의 보호를 위하여 변호인에게 주어진 고유권이다. 따라서 설령 피압수자가 수사기관에 압수·수색영장의 집행에 참여하지 않는다는 의사를 명시하였다고 하더라도, 특별한 사정이 없는 한 그 변호인에게는 형사소송법 제219조, 제122조에 따라 미리 집행의 일시와 장소를 통지하는 등으로 압수·수색영장의 집행에 참여할 기회를 별도로 보장하여야 한다(대법원 2020.11.26, 2020도10729).

① (○) 형사소송법 제34조는 "변호인 또는 변호인이 되려는 자는 신체구속을 당한 피고인 또는 피의자와 접견하고 서류 또는 물건을 수수할 수 있으며 의사로 하여금 진료하게 할 수 있다."라고 규정하고 있으므로, 변호인이 되려는 의사를 표시한 자가 객관적

으로 변호인이 될 가능성이 있다고 인정되는데도, 형사소송법 제34조에서 정한 '변호인 또는 변호인이 되려는 자'가 아니라고 보아 신체구속을 당한 피고인 또는 피의자와 접견하지 못하도록 제한하여서는 아니 된다(대법원 2017.3.9, 2013도16162).

③ (○) 형사소송법 제417조는 검사 또는 사법경찰관의 구금에 관한 처분에 불복이 있으면 법원에 그 처분의 취소 또는 변경을 청구할 수 있다고 규정하고 있는바, 이는 피의자의 구금 또는 구금 중에 행하여지는 검사 또는 사법경찰관의 처분에 대한 유일한 불복방법인 점에 비추어 볼 때, 영장에 의하지 아니한 구금이나 변호인 또는 변호인이 되려는 자와의 접견교통권을 제한하는 처분뿐만 아니라 구금된 피의자에 대한 신문에 변호인의 참여(입회)를 불허하는 처분 역시 구금에 관한 처분에 해당하는 것으로 보아야 한다(대법원 2003.11.11, 2003모402).

④ (○) 수사준칙 제69조 제1항 참조.

> **수사준칙 제69조(수사서류 등의 열람·복사) ①** 피의자, 사건관계인 또는 그 변호인은 검사 또는 사법경찰관이 수사 중인 사건에 관한 본인의 진술이 기재된 부분 및 본인이 제출한 서류의 전부 또는 일부에 대해 열람·복사를 신청할 수 있다.

⑤ (✕) 필요적 국선변호인 선정사유인 '피고인이 구속된 때'를 '해당 형사사건에서 구속되어 재판을 받는 경우'로 한정하여 해석할 것은 아니고, 피고인이 별건으로 구속영장이 발부되어 집행되거나 다른 형사사건에서 유죄판결이 확정되어 그 판결의 집행으로 구금 상태에 있는 경우 또한 이에 해당하는 것이다(대법원 2024.5.23, 2021도6357 전원합의체).

정답 ②,⑤

✓ 유사 ◆◆◇

다음 사례에 대한 설명 중 가장 적절한 것은? (다툼이 있는 경우 판례에 의함)

> A는 2022.2.10. 甲의 집에서 자고 있는 사이 甲이 자신의 의사에 반해 나체를 촬영한 범행을 저질렀다며 경찰에 甲을 신고하였다. A는 甲을 신고하면서 甲의 집에서 가지고 나온 甲 소유의 휴대폰 2대(휴대폰1, 휴대폰2)를 사법경찰관 P에게 임의제출하였고, P는 A에게 제출범위에 관한 의사를 따로 확인하지 않았다. P는 휴대폰1에 저장된 동영상 파일을 통해 甲의 A에 대한 범행을 확인한 후, 휴대폰2에서도 甲의 범행의 증거를 찾던 중 2021.1.경 A가 아닌 B와 C의 나체를 불법 촬영한 동영상 30개와 사진을 발견하였다. P는 발견한 동영상과 사진을 CD에 복제한 후, 압수·수색 영장을 발부받아 이 CD를 압수하였다.

① 휴대폰은 임의제출물이기 때문에 2대의 휴대폰에 저장된 전자정보 전부가 임의제출되어 압수된 것으로 취급할 수 있다.

② 2021.1.경 범행 동영상은 2022.2.10. 범행과 동종·유사한 범행이므로 2022.2.10. 범행과 구체적 개별적 연관관계가 없다 하더라도 2022.2.10. 범행 혐의사실과 관련성이 있다.

③ A가 제출한 휴대폰이 임의제출물이라 하더라도 휴대폰을 탐색하는 과정에서 甲에게 참여권을 보장하고 압수목록을 교부해야 한다.

④ 압수된 CD에 저장된 동영상과 휴대폰2에 저장된 원본 동영상과의 동일성은 검사가 주장·입증해야 하며, 엄격한 증명의 방법으로 증명되어야 한다.

해설

③ (○) 피해자 등 제3자가 피의자의 소유·관리에 속하는 정보저장매체를 영장에 의하지 않고 임의제출한 경우에는 실질적 피압수자인 피의자가 수사기관으로 하여금 그 전자정보 전부를 무제한 탐색하는 데 동의한 것으로 보기 어려울 뿐만 아니라 피의자 스스로 임의제출한 경우 피의자의 참여권 등이 보장되어야 하는 것과 견주어 보더라도 특별한 사정이 없는 한 형사소송법 제219조, 제121조, 제129조에 따라 피의자에게 참여권을 보장하고 압수한 전자정보 목록을 교부하는 등 피의자의 절차적 권리를 보장하기 위한 적절한 조치가 이루어져야 한다(대법원 2021.11.18, 2016도348 전원합의체).

① (✕) 피의자가 소유·관리하는 정보저장매체를 피의자 아닌 피해자 등 제3자가 임의제출하는 경우에는, 그 임의제출 및 그에 따른 수사기관의 압수가 적법하더라도 임의제출의 동기가 된 범죄혐의사실과 구체적·개별적 연관관계가 있는 전자정보에 한하여 압수의 대상이 되는 것으로 더욱 제한적으로 해석하여야 한다. 임의제출의 주체가 소유자 아닌 소지자·보관자이고 그 제출행위로 소유자의 사생활의 비밀 기타 인격적 법익이 현저히 침해될 우려가 있는 경우에는 임의제출에 따른 압수·수색의 필요성과 함께 임의제출에 동의하지 않은 소유자의 법익에 대한 특별한 배려도 필요한바, 피의자 개인이 소유·관리하는 정보저장매체에

는 그의 사생활의 비밀과 자유, 정보에 대한 자기결정권 등 인격적 법익에 관한 모든 것이 저장되어 있어 제한 없이 압수·수색이 허용될 경우 피의자의 인격적 법익이 현저히 침해될 우려가 있기 때문이다. 그러므로 임의제출자인 제3자가 제출의 동기가 된 범죄혐의사실과 구체적·개별적 연관관계가 인정되는 범위를 넘는 전자정보까지 일괄하여 임의제출한다는 의사를 밝혔더라도, 그 정보저장매체 내 전자정보 전반에 관한 처분권이 그 제3자에게 있거나 그에 관한 피의자의 동의 의사를 추단할 수 있는 등의 특별한 사정이 없는 한, 그 임의제출을 통해 수사기관이 영장 없이 적법하게 압수할 수 있는 전자정보의 범위는 범죄혐의사실과 관련된 전자정보에 한정된다고 보아야 한다(대법원 2021.11.18, 2016도348 전원합의체).

② (×) 피고인이 2014.12.11. 피해자 甲을 상대로 저지른 성폭력범죄의 처벌 등에 관한 특례법 위반(카메라등이용촬영) 범행(이하 '2014년 범행')에 대하여 甲이 즉시 피해 사실을 경찰에 신고하면서 피고인의 집에서 가지고 나온 피고인 소유의 휴대전화 2대에 피고인이 촬영한 동영상과 사진이 저장되어 있다는 취지로 말하고 이를 범행의 증거물로 임의제출하였는데, 경찰이 이를 압수한 다음 그 안에 저장된 전자정보를 탐색하다가 甲을 촬영한 휴대전화가 아닌 다른 휴대전화에서 피고인이 2013.12.경 피해자 乙, 丙을 상대로 저지른 같은 법 위반(카메라등이용촬영) 범행(이하 '2013년 범행')을 발견하고 그에 관한 동영상·사진 등을 영장 없이 복제한 CD를 증거로 제출한 경우, 甲은 경찰에 피고인의 휴대전화를 증거물로 제출할 당시 그 안에 수록된 전자정보의 제출범위를 명확히 밝히지 않았고, 담당 경찰관들도 제출자로부터 그에 관한 확인절차를 거치지 않은 이상 휴대전화에 담긴 전자정보의 제출범위에 관한 제출자의 의사가 명확하지 않거나 이를 알 수 없는 경우에 해당하므로, 휴대전화에 담긴 전자정보 중 임의제출을 통해 적법하게 압수된 범위는 임의제출 및 압수의 동기가 된 피고인의 2014년 범행 자체와 구체적·개별적 연관관계가 있는 전자정보로 제한적으로 해석하는 것이 타당하고, 이에 비추어 볼 때 범죄발생 시점 사이에 상당한 간격이 있고 피해자 및 범행에 이용한 휴대전화도 전혀 다른 피고인의 2013년 범행에 관한 동영상은 임의제출에 따른 압수의 동기가 된 범죄혐의사실(2014년 범행)과 구체적·개별적 연관관계 있는 전자정보로 보기 어려워 수사기관이 사전영장 없이 이를 취득한 이상 증거능력이 없고, 사후에 압수·수색영장을 받아 압수절차가 진행되었더라도 달리 볼 수 없다(대법원 2021.11.18, 2016도348 전원합의체).

④ (×) 압수된 CD에 저장된 동영상과 휴대폰2에 저장된 원본 동영상과의 동일성은 검사가 주장·입증해야 하며, 자유로운 증명의 방법으로 증명되어야 한다.

정답 ③

140 ✓ 대표 ◆◆◇   경찰2차 2018 유사 국가7급 2018

수사에 대한 설명으로 옳지 않은 것은? (다툼이 있는 경우 판례에 의함)

① 헌법 제16조 후문은 "주거에 대한 압수나 수색을 할 때에는 검사의 신청에 의하여 법관이 발부한 영장을 제시하여야 한다."라고 규정하고 있을 뿐 영장주의에 대한 예외를 마련하고 있지 않지만, 주거에 대한 압수나 수색에 있어 영장주의가 예외 없이 반드시 관철되어야 하는 것은 아니다.

② 피의자가 구속 당시에 헌법 및 「형사소송법」에 규정된 사항(구속의 이유 및 변호인의 조력을 받을 권리)을 고지받지 못하였고, 구금기간 중 면회거부 등의 처분을 받은 경우, 이는 「형사소송법」 제93조의 구속취소사유에 해당한다.

③ 검사는 증거에 사용할 압수물에 대하여 소유자 등에 의한 가환부의 청구가 있는 경우, 가환부를 거부할 수 있는 특별한 사정이 없는 한 가환부에 응하여야 한다.

④ 재소자가 법령에 근거하여 위탁한 비망록을 교도관이 수사기관에 임의로 제출하였다면, 재소자의 사생활의 비밀 기타 인격적 법익이 침해되는 등의 특별한 사정이 없는 한 그 비망록의 증거사용에 대하여 반드시 재소자의 동의를 받아야 하는 것은 아니다.

해설

② (×) 체포, 구금 당시에 헌법 및 형사소송법에 규정된 사항(체포, 구금의 이유 및 변호인의 조력을 받을 권리) 등을 고지받지 못하였고, 그 후의 구금기간 중 면회거부 등의 처분을 받았다 하더라도 이와 같은 사유는 형사소송법 제93조 소정의 구속취소사유에는 해당하지 아니한다(대법원 1991.12.30, 91모76).

① (○) 헌법 제16조에서 영장주의에 대한 예외를 마련하지 아니하였다고 하여, 주거에 대한 압수나 수색에 있어 영장주의가 예외 없이 반드시 관철되어야 함을 의미하는 것은 아니다(헌법재판소 2018.4.26, 2015헌바370).

③ (○) 형사소송법 제218조의2 제1항은 '검사는 사본을 확보한 경우 등 압수를 계속할 필요가 없다고 인정되는 압수물 및 증거에 사용할 압수물에 대하여 공소제기 전이라도 소유자, 소지자, 보관자 또는 제출인의 청구가 있는 때에는 환부 또는 가환부하여야 한다'고 규정하고 있다. 따라서 검사는 증거에 사용할 압수물에 대하여 가환부의 청구가 있는 경우 가환부를 거부할 수 있는 특별한 사정이 없는 한 가환부에 응하여야 한다(대법원 2017.9.29, 2017모236).

④ (○) 교도관이 재소자가 맡긴 비망록을 수사기관에 임의로 제출하였다면 그 비망록의 증거사용에 대하여도 재소자의 사생활의 비밀 기타 인격적 법익이 침해되는 등의 특별한 사정이 없는 한 반드시 그 재소자의 동의를 받아야 하는 것은 아니다. 따라서 검사가 교도관으로부터 그가 보관하고 있던 피고인의 비망록을 뇌물수수 등의 증거자료로 임의로 제출받아 이를 압수한 경우, 그 압수절차가 피고인의 승낙 및 영장 없이 행하여졌다고 하더라도 이에 적법절차를 위반한 위법이 있다고 할 수 없다(대법원 2008.5.15, 2008도1097).

정답 ②

압수·수색에 관한 설명 중 가장 적절하지 않은 것은? (다툼이 있는 경우 판례에 의함)

① 검사 또는 사법경찰관이 피의자를 영장에 의하여 체포하는 경우에 필요한 때에는 영장 없이 타인의 주거나 타인이 간수하는 가옥, 건조물, 항공기, 선차 안에서의 피의자 수색이 허용된다.

② 검사 또는 사법경찰관은 피의자를 현행범인으로 체포하는 경우에 필요한 때에는 영장 없이 체포현장에서 압수·수색을 할 수 있다.

③ 수사기관이 범죄 혐의사실과 관련 있는 정보를 선별하여 압수한 후에도 그와 관련이 없는 나머지 정보를 삭제·폐기·반환하지 아니한 채 그대로 보관하고 있다면, 범죄 혐의사실과 관련이 없는 부분에 대하여는 압수의 대상이 되는 전자정보의 범위를 넘어서는 전자정보를 영장 없이 압수·수색하여 취득한 것이어서 위법하고, 사후에 압수·수색영장이 발부되었다거나 피고인이나 변호인이 이를 증거로 함에 동의하였다고 하여 그 위법성이 치유된다고 볼 수 없다.

④ 검사는 사본을 확보한 경우 등 압수를 계속할 필요가 없다고 인정되는 압수물 및 증거에 사용할 압수물에 대하여 공소제기 전이라도 소유자, 소지자, 보관자 또는 제출인의 청구가 있는 때에는 환부 또는 가환부하여야 한다.

해설

① (×) 피의자에 대한 체포영장에 의한 체포와 구속의 경우, 수색영장 없는 피의자 수색은 미리 그 영장을 발부받기 어려운 긴급한 사정이 있는 때에만 가능하다(2019.12.31. 개정 제216조 제1항 제1호).

> **제216조(영장에 의하지 아니한 강제처분)** ① 검사 또는 사법경찰관은 제200조의2·제200조의3·제201조 또는 제212조의 규정에 의하여 피의자를 체포 또는 구속하는 경우에 필요한 때에는 영장 없이 다음 처분을 할 수 있다.
> 1. 타인의 주거나 타인이 간수하는 가옥, 건조물, 항공기, 선차 내에서의 피의자 수색. 다만, 제200조의2 또는 제201조에 따라 피의자를 체포 또는 구속하는 경우의 피의자 수색은 미리 수색영장을 발부받기 어려운 긴급한 사정이 있는 때에 한정한다.

② (○) 제216조 제1항 제2호 참조.

> **제216조(영장에 의하지 아니한 강제처분)** ① 검사 또는 사법경찰관은 제200조의2·제200조의3·제201조 또는 제212조(현행범체포)의 규정에 의하여 피의자를 체포 또는 구속하는 경우에 필요한 때에는 영장 없이 다음 처분을 할 수 있다.
> 2. 체포현장에서의 압수, 수색, 검증

③ (○) 법원은 압수·수색영장의 집행에 관하여 범죄 혐의사실과 관련 있는 전자정보의 탐색·복제·출력이 완료된 때에는 지체 없이 영장 기재 범죄 혐의사실과 관련이 없는 나머지 전자정보에 대해 삭제·폐기 또는 피압수자 등에게 반환할 것을 정할 수 있다. 수사

기관이 범죄 혐의사실과 관련 있는 정보를 선별하여 압수한 후에도 그와 관련이 없는 나머지 정보를 삭제·폐기·반환하지 아니한 채 그대로 보관하고 있다면 범죄 혐의사실과 관련이 없는 부분에 대하여는 압수의 대상이 되는 전자정보의 범위를 넘어서는 전자정보를 영장 없이 압수·수색하여 취득한 것이어서 위법하고, 사후에 법원으로부터 압수·수색영장이 발부되었다거나 피고인이나 변호인이 이를 증거로 함에 동의하였다고 하여 그 위법성이 치유된다고 볼 수 없다(대법원 2022.1.14, 2021모1586).

④ (○) 제218조의2 참조.

> **제218조의2(압수물의 환부, 가환부)** ① 검사는 사본을 확보한 경우 등 압수를 계속할 필요가 없다고 인정되는 압수물 및 증거에 사용할 압수물에 대하여 공소제기 전이라도 소유자, 소지자, 보관자 또는 제출인의 청구가 있는 때에는 환부 또는 가환부하여야 한다.

정답 ①

142 ✓ 유사 ◆◆◆ 　　　　　　　　　변호사 2023

압수·수색에 관한 설명 중 옳지 않은 것은? (다툼이 있는 경우 판례에 의함)

① 수사기관이 2022.9.12. 甲을 성폭력범죄의처벌등에관한특례법위반(카메라등이용촬영)의 현행범으로 체포하면서 휴대전화를 임의제출받은 후 피의자신문과정에서 甲과 함께 휴대전화를 탐색하던 중 2022.6.경의 동일한 범행에 관한 영상을 발견하고 그 영상을 甲에게 제시하였으며 甲이 해당 영상을 언제, 어디에서 촬영한 것인지 쉽게 알아보고 그에 관해 구체적으로 진술하였던 경우에 甲에게 전자정보의 파일 명세가 특정된 압수목록이 작성·교부되지 않았더라도 甲의 절차상 권리가 실질적으로 침해되었다고 볼 수 없다.

② 甲이 A 소유 모텔 객실에 위장형 카메라를 몰래 설치해 불법촬영을 하였는데 이후 甲의 범행을 인지한 수사기관이 A로부터 임의제출 형식으로 위 카메라를 압수한 경우, 카메라의 메모리카드에 사실상 대부분 압수의 대상이 되는 전자정보만이 저장되어 있어 해당 전자정보인 불법촬영 동영상을 탐색·출력하는 과정에서 위 임의제출에 따른 통상의 압수절차 외에 별도의 조치가 따로 요구되는 것은 아니므로, 甲에게 참여의 기회를 보장하지 않고 전자정보 압수목록을 작성·교부하지 않았다는 점만으로 곧바로 위 임의제출물의 증거능력을 부정할 수 없다.

③ 정보저장매체를 임의제출한 피압수자에 더하여 임의제출자 아닌 피의자에게도 참여권이 보장되어야 하는 '피의자의 소유·관리에 속하는 정보저장매체'에 해당하는지 여부는 전자정보에 의해 식별되는 정보주체의 정보자기결정권을 고려할 때 압수·수색 당시 외형적·객관적으로 인식 가능한 사실상의 상태가 아니라 민사법상 권리의 귀속에 따른 법률적·사후적 판단을 기준으로 판단하여야 한다.

④ 수사기관은 압수 직후 현장에서 압수물 목록을 바로 작성하여 교부해야 하는 것이 원칙이고 압수된 전자정보의 상세목록에는 정보의 파일 명세가 특정되어 있어야 하며 수사기관은 이를 출력한 서면을 교부하거나 전자파일 형태로 복사해주거나 이메일을 전송하는 등의 방식으로도 할 수 있다.

⑤ 수사기관이 압수·수색영장으로 압수한 휴대전화가 클라우드 서버에 로그인되어 있는 상태를 이용하여 클라우드 서버에서 불법촬영물을 다운로드받아 압수한 경우 압수·수색영장에 적힌 '압수할 물건'에 원격지 서버 저장 전자정보가 기재되어 있지 않았다면 압수한 불법촬영물은 유죄의 증거로 사용할 수 없다.

해설

③ (×) 정보저장매체를 임의제출한 피압수자에 더하여 임의제출자 아닌 피의자에게도 참여권이 보장되어야 하는 '피의자의 소유·관리에 속하는 정보저장매체'란, 피의자가 압수·수색 당시 또는 이와 시간적으로 근접한 시기까지 해당 정보저장매체를 현실적으로 지배·관리하면서 그 정보저장매체 내 전자정보 전반에 관한 전속적인 관리처분권을 보유·행사하고, 달리 이를 자신의 의사에 따라 제3자에게 양도하거나 포기하지 아니한 경우로서, 피의자를 그 정보저장매체에 저장된 전자정보에 대하여 실질적인 피압수자로 평가할 수 있는 경우를 말하는 것이다. <u>이에 해당하는지 여부는 민사법상 권리의 귀속에 따른 법률적·사후적 판단이 아니라 압수·수색 당시 외형적·객관적으로 인식 가능한 사실상의 상태를 기준으로 판단하여야 한다.</u> 이러한 정보저장매체의 외형적·객관적 지배·관리 등 상태와 별도로 단지 피의자나 그 밖의 제3자가 과거 그 정보저장매체의 이용 내지 개별 전자정보의 생성·이용 등에 관여한 사실이 있다거나 그 과정에서 생성된 전자정보에 의해 식별되는 정보주체에 해당한다는 사정만으로 그들을 실질적으로 압수·수색을 받는 당사자로 취급하여야 하는 것은 아니다(대법원 2022.1.27, 2021도11170).

① (○) 수사기관이 휴대전화를 임의제출받은 후 피의자신문과정에서 <u>피의자와 함께 휴대전화를 탐색하던 중 그 이전의 동일한 범행에 관한 영상을 발견하고 그 영상을 피의자에게 제시하였으며 피의자가 해당 영상을 언제, 어디에서 촬영한 것인지 쉽게 알아보고 그에 관해 구체적으로 진술하였던 경우에는, 피의자가 위 휴대전화의 압수 과정에 참여하였다고 볼 수 있으므로, 피의자에게 전자정보의 파일 명세가 특정된 압수목록이 작성·교부되지 않았더라도 피의자의 절차상 권리가 실질적으로 침해되었다고 보기도 어렵다.</u>

[판례 1] 다른 범행에 관한 영상은 임의제출에 따른 압수의 동기가 된 범행의 동기와 경위, 범행 수단과 방법 등을 증명하기 위한 간접증거나 정황증거 등으로 사용될 수 있으므로 구체적·개별적 연관관계가 인정되어 관련성이 있는 증거에 해당하고, <u>경찰이 1회 피의자신문 당시 휴대전화를 피고인과 함께 탐색하는 과정에서 다른 범행에 관한 영상을 발견하였으므로 피고인이 휴대전화의 탐색 과정에 참여하였다고 볼 수 있으며, 경찰은 같은 날 곧바로 진행된 2회 피의자신문에서 이 사건 사진을 피고인에게 제시하였고, 5장에 불과한 이 사건 사진은 모두 동일한 일시, 장소에서 촬영된 다른 범행에 관한 영상을 출력한 것임을 육안으로 쉽게 알 수 있으므로, 비록 피고인에게 전자정보의 파일 명세가 특정된 압수목록이 작성·교부되지 않았더라도 절차 위반행위가 이루어진 과정의 성질과 내용 등에 비추어 피고인의 절차상 권리가 실질적으로 침해되었다고 보기도 어렵다</u>(대법원 2022.1.13, 2016도9596).

[판례 2] 피고인이 휴대전화로 성명 불상 피해자들의 신체를 그 의사에 반하여 촬영하거나(이하 '1~7번 범행'이라고 한다), 짧은 치마를 입고 횡단보도 앞에서 신호를 기다리던 피해자의 다리를 몰래 촬영하여(이하 '8번 범행'이라고 한다) 성폭력범죄의 처벌 등에 관한 특례법 위반(카메라등이용촬영)으로 기소되었는데, 8번 범행 피해자의 신고를 받고 출동한 경찰관이 현장에서 피고인으로부터 임의제출받아 압수한 휴대전화를 사무실에서 탐색하는 과정에서 1~7번 범행의 영상을 발견한 경우, 1~7번 범행에 관한 동영상은 촬영기간이 8번 범행 일시와 가깝고, 8번 범행과 마찬가지로 버스정류장 등 공공장소에서 촬영되어 임의제출의 동기가 된 8번 범죄혐의사실과 관련성 있는 증거인 점, <u>경찰관은 임의제출받은 휴대전화를 피고인이 있는 자리에서 살펴보고 8번 범행이 아닌 영상을 발견하였으므로 피고인이 탐색에 참여하였다고 볼 수 있는 점, 경찰관이 피의자신문 시 1~7번 범행 영상을 제시하자 피고인은 그 영상이 언제 어디에서 찍은 것인지 쉽게</u>

알아보고 그에 관해 구체적으로 진술하였으므로, 비록 피고인에게 압수된 전자정보가 특정된 목록이 교부되지 않았더라도 절차위반행위가 이루어진 과정의 성질과 내용 등에 비추어 절차상 권리가 실질적으로 침해되었다고 보기 어려운 점 등을 종합하면, 1∼7번 범행으로 촬영한 영상의 출력물과 파일 복사본을 담은 시디(CD)는 임의제출에 의해 적법하게 압수된 전자정보에서 생성된 것으로서 증거능력이 인정된다(대법원 2022.2.17, 2019도4938).

② (○) 대법원 2021.11.25, 2019도7342

④ (○) 압수물 목록은 피압수자 등이 압수처분에 대한 준항고를 하는 등 권리행사절차를 밟는 가장 기초적인 자료가 되므로, 수사기관은 이러한 권리행사에 지장이 없도록 압수 직후 현장에서 압수물 목록을 바로 작성하여 교부해야 하는 것이 원칙이다. 이러한 압수물 목록 교부 취지에 비추어 볼 때, 압수된 정보의 상세목록에는 정보의 파일 명세가 특정되어 있어야 하고, 수사기관은 이를 출력한 서면을 교부하거나 전자파일 형태로 복사해 주거나 이메일을 전송하는 등의 방식으로도 할 수 있다(대법원 2018. 2.8, 2017도13263).

⑤ (○) 수사기관이 압수·수색영장에 적힌 '수색할 장소'에 있는 컴퓨터 등 정보처리장치에 저장된 전자정보 외에 원격지 서버에 저장된 전자정보를 압수·수색하기 위해서는 압수·수색영장에 적힌 '압수할 물건'에 별도로 원격지 서버 저장 전자정보가 특정되어 있어야 한다. 압수·수색영장에 적힌 '압수할 물건'에 컴퓨터 등 정보처리장치 저장 전자정보만 기재되어 있다면 컴퓨터 등 정보처리장치를 이용하여 원격지 서버 저장 전자정보를 압수할 수는 없다(대법원 2022.6.30, 2022도1452).

정답 ③

압수·수색에 관한 설명 중 옳고 그름의 표시(○, ×)가 바르게 된 것은? (다툼이 있는 경우 판례에 의함)

㉠ 압수·수색의 처분을 받는 자가 여럿인 경우에는 모두에게 개별적으로 영장을 제시해야 하며, 이 경우 피의자에게는 개별적으로 해당 영장의 사본을 교부해야 하는데, 피의자에게 영장을 제시하거나 영장의 사본을 교부할 때에는 사건관계인의 개인정보가 피의자의 방어권 보장을 위해 필요한 정도를 넘어 불필요하게 노출되지 않도록 유의해야 한다.

㉡ 압수·수색영장의 범죄 혐의사실과 관계있는 범죄라는 것은 압수·수색영장에 기재한 혐의사실과 객관적 관련성이 있고 압수·수색영장 대상자와 피의자 사이에 인적 관련성이 있는 범죄를 의미하는데, 이러한 인적 관련성은 압수·수색영장에 기재된 대상자의 공동정범이나 교사범 등 공범이나 간접정범에 대한 피고사건에 대해서만 인정되는 것이지, 필요적 공범에 대한 피고사건에 대해서 인정되는 것은 아니다.

㉢ 현행범 체포현장이나 범죄현장에서 소지자 등이 임의로 제출하는 물건은 영장 없이 압수할 수 있으며, 다만 이 경우 검사나 사법경찰관은 사후에 지체 없이 영장을 받아야 한다.

㉣ 수사기관에 의해 참여권을 고지받은 피압수자가 압수·수색현장에 출입한 상태에서 수사기관이 정보저장매체에 기억된 정보 중에서 키워드 또는 확장자 검색 등을 통해 범죄 혐의사실과 관련 있는 정보를 선별한 다음 정보저장매체와 동일하게 비트열 방식으로 복제하여 생성한 파일을 제출받아 압수한 경우, 수사기관이 수사기관 사무실에서 위와 같이 압수된 이미지 파일을 탐색·복제·출력하는 과정에서도 피의자 등에게 참여의 기회를 보장하여야 한다.

① ㉠ (○) ㉡ (○) ㉢ (×) ㉣ (×)
② ㉠ (○) ㉡ (×) ㉢ (×) ㉣ (×)
③ ㉠ (○) ㉡ (×) ㉢ (×) ㉣ (○)
④ ㉠ (×) ㉡ (×) ㉢ (○) ㉣ (○)

해설

② ㉠ (○) ㉡ (×) ㉢ (×) ㉣ (×)

㉠ (○) 수사준칙 제38조 제2항·제3항 참조.

수사준칙 제38조(압수·수색 또는 검증영장의 제시·교부) ① 검사 또는 사법경찰관은 법 제219조에서 준용하는 법 제118조에 따라 영장을 제시할 때에는 처분을 받는 자에게 법관이 발부한 영장에 따른 압수·수색 또는 검증이라는 사실과 영장에 기재된 범죄사실 및 수색 또는 검증할 장소·신체·물건, 압수할 물건 등을 명확히 알리고, 처분을 받는 자가 해당 영장을 열람할 수 있도록 해야 한다. 이 경우 처분을 받는 자가 피의자인 경우에는 해당 영장의 사본을 교부해야 한다.

② 압수·수색 또는 검증의 처분을 받는 자가 여럿인 경우에는 모두에게 개별적으로 영장을 제시해야 한다. 이 경우 <u>피의자에게는 개별적으로 해당 영장의 사본을 교부해야 한다.</u>
③ 검사 또는 사법경찰관은 제1항 및 제2항에 따라 피의자에게 영장을 제시하거나 영장의 사본을 교부할 때에는 사건관계인의 개인정보가 피의자의 방어권 보장을 위해 필요한 정도를 넘어 불필요하게 노출되지 않도록 유의해야 한다.
④ 검사 또는 사법경찰관은 제1항 후단 및 제2항 후단에 따라 피의자에게 영장의 사본을 교부한 경우에는 피의자로부터 영장 사본 교부 확인서를 받아 사건기록에 편철한다.
⑤ 피의자가 영장의 사본을 수령하기를 거부하거나 영장 사본 교부 확인서에 기명날인 또는 서명하는 것을 거부하는 경우에는 검사 또는 사법경찰관이 영장 사본 교부 확인서 끝부분에 그 사유를 적고 기명날인 또는 서명해야 한다.

ⓒ (×) 인적 관련성은 압수·수색영장 기재 대상자와 필요적 공범 등에 대한 피고사건에 대해서도 인정될 수 있다.
[판례] 압수·수색영장의 범죄 혐의사실과 관계있는 범죄라는 것은 압수·수색영장에 기재한 혐의사실과 객관적 관련성이 있고 압수·수색영장 대상자와 피의자 사이에 인적 관련성이 있는 범죄를 의미한다. 그중 혐의사실과의 객관적 관련성은 압수·수색영장에 기재된 혐의사실 자체 또는 그와 기본적 사실관계가 동일한 범행과 직접 관련되어 있는 경우를 의미하는 것이나, 범행 동기와 경위, 범행 수단과 방법, 범행 시간과 장소 등을 증명하기 위한 간접증거나 정황증거 등으로 사용될 수 있는 경우에도 인정될 수 있다. 이때 객관적 관련성은 압수·수색영장에 기재된 혐의사실의 내용과 수사의 대상, 수사 경위 등을 종합하여 구체적·개별적 연관관계가 있는 경우에만 인정된다고 보아야 하고, 혐의사실과 단순히 동종 또는 유사 범행이라는 사유만으로 그 관련성이 있다고 할 것은 아니다. 그리고 피의자와 사이의 인적 관련성은 압수·수색영장에 기재된 대상자의 범죄를 의미하는 것이나, <u>그의 공동정범이나 교사범 등 공범이나 간접정범은 물론 필요적 공범 등에 대한 피고사건에 대해서도 인정될 수 있다</u>(대법원 2021. 7.29, 2020도14654).
ⓒ (×) 범죄를 실행 중이거나 실행 직후의 현행범인은 누구든지 영장 없이 체포할 수 있고(형사소송법 제212조), 검사 또는 사법경찰관은 피의자 등이 유류한 물건이나 소유자·소지자 또는 보관자가 임의로 제출한 물건은 영장 없이 압수할 수 있으므로(제218조), 현행범 체포현장이나 범죄 현장에서도 소지자 등이 임의로 <u>제출하는 물건은 형사소송법 제218조에 의하여 영장 없이 압수하는 것이 허용되고, 이 경우 검사나 사법경찰관은 별도로 사후에 영장을 받을 필요가 없다</u>(대법원 2019.11.14, 2019도13290).
ⓔ (×) 수사기관이 정보저장매체에 기억된 정보 중에서 키워드 또는 확장자 검색 등을 통해 범죄 혐의사실과 관련 있는 정보를 선별한 다음 정보저장매체와 동일하게 비트열 방식으로 복제하여 생성한 파일(이하 '이미지 파일'이라 한다)을 제출받아 압수하였다면 이로써 압수의 목적물에 대한 압수·수색 절차는 종료된 것이므로, 수사기관이 수사기관 사무실에서 <u>위와 같이 압수된 이미지 파일을 탐색·복제·출력하는 과정에서도 피의자 등에게 참여의 기회를 보장하여야 하는 것은 아니다</u>(대법원 2018.2.8, 2017도13263).

정답 ②

---

144 ✅ 유사 ◆◆◇　　　변호사 2024

甲은 짧은 치마를 입고 지하철 에스컬레이터를 이용하는 여성 A의 치마 밑으로 휴대전화 카메라를 넣어 약 1분간 속옷과 신체를 촬영하다가 A에게 발각되었다. A의 신고를 받고 출동한 경찰관은 甲으로부터 휴대전화를 임의제출받았다. 이에 관한 설명 중 옳은 것은? (다툼이 있는 경우 판례에 의함)

① 만약 甲이 위 범죄현장에서 현행범인으로 체포되었던 경우, 통상 현행범인 체포현장에서 자신의 죄책을 증명하는 물건을 스스로 제출할 의사가 있다고 해석할 수 없고 현행범인으로 체포된 자에 대하여는 「형사소송법」 제216조 제1항 제2호에 따라 긴급압수가 가능하므로 임의제출에 의한 압수는 허용되지 않는다.

② 경찰관이 甲으로부터 휴대전화를 임의제출받으면서 휴대전화에 담긴 정보 중 무엇을 제출하는지 甲으로부터 임의제출의 범위를 명확히 확인하지 않았다면 범행 동기와 경위, 수단과 방법, 시간과 장소 등에 관한 간접증거나 정황증거로 사용될 수 있는 정보는 압수의 대상에 포함될 수 없다.

③ 만약 甲이 위 촬영물을 A에게 보내 주었다면 촬영물을 타인에게 제공한 때에 해당하여 성폭력범죄의처벌등에관한특례법위반(카메라등이용촬영·반포등)죄가 별도로 성립한다.

④ 甲이 A를 촬영한 후 일정 시간이 경과하여 위 영상정보가 주기억장치에 입력되었다고 하더라도 그 촬영된 영상정보가 전자파일 등의 형태로 영구저장되지 않은 채 사용자에 의해 강제종료되었다면 성폭력범죄의처벌등에관한특례법위반(카메라등이용촬영·반포등)죄의 미수에 해당한다.

⑤ 경찰관이 압수·수색영장을 발부받아 甲의 집에서 다른 저장매체를 압수하고, 그 저장매체와 연동된 클라우드에 접속하여 그곳에 저장된 불법촬영 영상을 증거로 확보하기 위해서는 압수·수색영장의 압수할 물건에 원격지 서버 저장 전자정보가 포함되어 있어야 한다.

해설

⑤ (○) 수사기관이 압수·수색영장에 적힌 '수색할 장소'에 있는 컴퓨터 등 정보처리장치에 저장된 전자정보 외에 원격지 서버에 저장된 전자정보를 압수·수색하기 위해서는 압수·수색영장에 적힌 '압수할 물건'에 별도로 원격지 서버 저장 전자정보가 특정되어 있어야 한다. 압수·수색영장에 적힌 '압수할 물건'에 컴퓨터 등 정보처리장치 저장 전자정보만 기재되어 있다면 컴퓨터 등 정보처리장치를 이용하여 원격지 서버 저장 전자정보를 압수할 수는 없다(대법원 2022.6.30, 2022도1452).
① (×) 형사소송법 제218조에 의하면 검사 또는 사법경찰관은 피의자 등이 유류한 물건이나 소유자·소지자 또는 보관자가 임의로 제출한 물건은 영장 없이 압수할 수 있으므로, 현행범 체포현장이나 범죄 장소에서도 소지자 등이 임의로 제출하는 물건은 위 조항에 의하여 영장 없이 압수할 수 있고, 이 경우에는 검사나

사법경찰관이 사후에 영장을 받을 필요가 없다(대법원 2016.2. 18, 2015도13726).

② (×) 전자정보를 압수하고자 하는 수사기관이 정보저장매체와 거기에 저장된 전자정보를 임의제출의 방식으로 압수할 때, 제출자의 구체적인 제출범위에 관한 의사를 제대로 확인하지 않는 등의 사유로 인해 임의제출자의 의사에 따른 전자정보 압수의 대상과 범위가 명확하지 않거나 이를 알 수 없는 경우에는 임의제출에 따른 압수의 동기가 된 범죄혐의사실과 관련되고 이를 증명할 수 있는 최소한의 가치가 있는 전자정보에 한하여 압수의 대상이 된다. 이때 범죄혐의사실과 관련된 전자정보에는 범죄혐의사실 그 자체 또는 그와 기본적 사실관계가 동일한 범행과 직접 관련되어 있는 것은 물론 범행 동기와 경위, 범행 수단과 방법, 범행 시간과 장소 등을 증명하기 위한 간접증거나 정황증거 등으로 사용될 수 있는 것도 포함될 수 있다. 다만 그 관련성은 임의제출에 따른 압수의 동기가 된 범죄혐의사실의 내용과 수사의 대상, 수사의 경위, 임의제출의 과정 등을 종합하여 구체적·개별적 연관관계가 있는 경우에만 인정되고, 범죄혐의사실과 단순히 동종 또는 유사 범행이라는 사유만으로 관련성이 있다고 할 것은 아니다(대법원 2021.11.25, 2019도7342).

③ (×) 성폭력처벌법 제14조 제1항에서 '반포'와 별도로 열거된 '제공'은, '반포'에 이르지 아니하는 무상 교부행위로서 '반포'할 의사 없이 '특정한 1인 또는 소수의 사람'에게 무상으로 교부하는 것을 의미하는데, 성폭력처벌법 제14조 제1항에서 촬영행위뿐만 아니라 촬영물을 반포·판매·임대·제공 또는 공공연하게 전시·상영하는 행위까지 처벌하는 것이 촬영물의 유포행위를 방지함으로써 피해자를 보호하기 위한 것임에 비추어 볼 때, 촬영의 대상이 된 피해자 본인은 성폭력처벌법 제14조 제1항에서 말하는 '제공'의 상대방인 '특정한 1인 또는 소수의 사람'에 포함되지 않는다고 봄이 타당하다. 따라서 피해자 본인에게 촬영물을 교부하는 행위는 다른 특별한 사정이 없는 한 성폭력처벌법 제14조 제1항의 '제공'에 해당한다고 할 수 없다(대법원 2018.8.1, 2018도1481).

④ (×) 구 성폭력범죄의 처벌 및 피해자보호 등에 관한 법률(2010. 4.15. 법률 제10258호 성폭력범죄의 피해자보호 등에 관한 법률로 개정되기 전의 것) 제14조의2 제1항에서 정한 '카메라 등 이용 촬영죄'는 카메라 기타 이와 유사한 기능을 갖춘 기계장치 속에 들어 있는 필름이나 저장장치에 피사체에 대한 영상정보가 입력됨으로써 기수에 이른다고 보아야 한다. 그런데 최근 기술문명의 발달로 등장한 디지털카메라나 동영상 기능이 탑재된 휴대전화 등의 기계장치는, 촬영된 영상정보가 사용자 등에 의해 전자파일 등의 형태로 저장되기 전이라도 일단 촬영이 시작되면 곧바로 촬영된 피사체의 영상정보가 기계장치 내 RAM(Random Access Memory) 등 주기억장치에 입력되어 임시저장되었다가 이후 저장명령이 내려지면 기계장치 내 보조기억장치 등에 저장되는 방식을 취하는 경우가 많고, 이러한 저장방식을 취하고 있는 카메라 등 기계장치를 이용하여 동영상 촬영이 이루어졌다면 범행은 촬영 후 일정한 시간이 경과하여 영상정보가 기계장치 내 주기억장치 등에 입력됨으로써 기수에 이르는 것이고, 촬영된 영상정보가 전자파일 등의 형태로 영구저장되지 않은 채 사용자에 의해 강제종료되었다고 하여 미수에 그쳤다고 볼 수는 없다(대법원 2011.6.9, 2010도10677).

정답 ⑤

전자정보의 압수·수색에 대한 설명으로 옳지 않은 것은? (다툼이 있는 경우 판례에 의함)

① 전자정보에 대한 압수·수색은 원칙적으로 영장 발부의 사유로 된 범죄 혐의사실과 관련된 부분만을 문서 출력물로 수집하거나 수사기관이 휴대한 저장매체에 해당 파일을 복제하는 방식으로 이루어져야 한다.

② 수사기관 사무실 등으로 반출된 저장매체 또는 복제본에서 혐의사실 관련성에 대한 구분 없이 임의로 저장된 전자정보를 문서로 출력하거나 파일로 복제하는 행위는 원칙적으로 영장주의 원칙에 반하는 위법한 압수가 된다.

③ 전자정보가 담긴 저장매체 또는 복제본을 수사기관 사무실 등으로 옮겨 이를 복제·탐색·출력하는 경우, 피압수자 측에 절차 참여를 보장한 취지가 실질적으로 침해되었더라도 수사기관이 저장매체 또는 복제본에서 혐의사실과 관련된 전자정보만을 복제·출력하였다면 그 압수·수색은 적법하다.

④ 전자정보에 대한 압수·수색이 종료되기 전에 혐의사실과 관련된 전자정보를 적법하게 탐색하는 과정에서 별도의 범죄혐의와 관련된 전자정보를 우연히 발견한 경우, 수사기관으로서는 더 이상의 추가 탐색을 중단하고 법원으로부터 별도의 범죄혐의에 대한 압수·수색영장을 발부받은 경우에 한하여 그러한 정보에 대하여도 적법하게 압수·수색을 할 수 있다.

해설

③ (×) 저장매체에 대한 압수·수색 과정에서 범위를 정하여 출력 또는 복제하는 방법이 불가능하거나 압수의 목적을 달성하기에 현저히 곤란한 예외적인 사정이 인정되어 전자정보가 담긴 저장매체 또는 하드카피나 이미징 등 형태(이하 '복제본'이라 한다)를 수사기관 사무실 등으로 옮겨 복제·탐색·출력하는 경우에도, 그와 같은 일련의 과정에서 형사소송법 제219조, 제121조에서 규정하는 피압수·수색 당사자(이하 '피압수자'라 한다)나 변호인에게 참여의 기회를 보장하고 혐의사실과 무관한 전자정보의 임의적인 복제 등을 막기 위한 적절한 조치를 취하는 등 영장주의 원칙과 적법절차를 준수하여야 한다. 만약 그러한 조치가 취해지지 않았다면 피압수자 측이 참여하지 아니한다는 의사를 명시적으로 표시하였거나 절차 위반 행위가 이루어진 과정의 성질과 내용 등에 비추어 피압수자 측에 절차 참여를 보장한 취지가 실질적으로 침해되었다고 볼 수 없을 정도에 해당한다는 등의 특별한 사정이 없는 이상 압수·수색이 적법하다고 평가할 수 없고, 비록 수사기관이 저장매체 또는 복제본에서 혐의사실과 관련된 전자정보만을 복제·출력하였다 하더라도 달리 볼 것은 아니다.

① (○) 수사기관의 전자정보에 대한 압수·수색은 원칙적으로 영장 발부의 사유로 된 범죄 혐의사실과 관련된 부분만을 문서 출력물로 수집하거나 수사기관이 휴대한 저장매체에 해당 파일을 복제하는 방식으로 이루어져야 하고, 저장매체 자체를 직접 반출하거나 저장매체에 들어있는 전자파일 전부를 하드카피나 이미징 등 형태(이하 '복제본'이라 한다)로 수사기관 사무실 등 외부로 반출하는 방식으로 압수·수색하는 것은 현장의 사정이나 전

자정보의 대량성으로 관련 정보 획득에 긴 시간이 소요되거나 전문 인력에 의한 기술적 조치가 필요한 경우 등 범위를 정하여 출력 또는 복제하는 방법이 불가능하거나 압수의 목적을 달성하기에 현저히 곤란하다고 인정되는 때에 한하여 예외적으로 허용될 수 있을 뿐이다. 이처럼 저장매체 자체 또는 적법하게 획득한 복제본을 탐색하여 혐의사실과 관련된 전자정보를 문서로 출력하거나 파일로 복제하는 일련의 과정 역시 전체적으로 하나의 영장에 기한 압수·수색의 일환에 해당하므로, 그러한 경우의 문서출력 또는 파일복제의 대상 역시 저장매체 소재지에서의 압수·수색과 마찬가지로 <u>혐의사실과 관련된 부분으로 한정되어야 함</u>은 헌법 제12조 제1항, 제3항과 형사소송법 제114조, 제215조의 적법절차 및 영장주의 원칙이나 비례의 원칙에 비추어 당연하다.

② (○) 따라서 수사기관 사무실 등으로 반출된 저장매체 또는 복제본에서 혐의사실 관련성에 대한 구분 없이 임의로 저장된 전자정보를 문서로 출력하거나 파일로 복제하는 행위는 원칙적으로 영장주의 원칙에 반하는 위법한 압수가 된다.

④ (○) 전자정보에 대한 압수·수색에 있어 저장매체 자체를 외부로 반출하거나 하드카피·이미징 등의 형태로 복제본을 만들어 외부에서 저장매체나 복제본에 대하여 압수·수색이 허용되는 예외적인 경우에도 혐의사실과 관련된 전자정보 이외에 이와 무관한 전자정보를 탐색·복제·출력하는 것은 원칙적으로 위법한 압수·수색에 해당하므로 허용될 수 없다. 그러나 <u>전자정보에 대한 압수·수색이 종료되기 전에 혐의사실과 관련된 전자정보를 적법하게 탐색하는 과정에서 별도의 범죄혐의와 관련된 전자정보를 우연히 발견한 경우라면, 수사기관은 더 이상의 추가 탐색을 중단하고 법원에서 별도의 범죄혐의에 대한 압수·수색영장을 발부받은 경우에 한하여 그러한 정보에 대하여도 적법하게 압수·수색을 할 수 있다.</u> 나아가 이러한 경우에도 별도의 압수·수색 절차는 최초의 압수·수색 절차와 구별되는 별개의 절차이고, 별도 범죄혐의와 관련된 전자정보는 최초의 압수·수색영장에 의한 압수·수색의 대상이 아니어서 저장매체의 원래 소재지에서 별도의 압수·수색영장에 기해 압수·수색을 진행하는 경우와 마찬가지로 피압수·수색 당사자(이하 '피압수자'라 한다)는 최초의 압수·수색 이전부터 해당 전자정보를 관리하고 있던 자라 할 것이므로, 특별한 사정이 없는 한 피압수자에게 형사소송법 제219조, 제121조, 제129조에 따라 참여권을 보장하고 압수한 전자정보 목록을 교부하는 등 피압수자의 이익을 보호하기 위한 적절한 조치가 이루어져야 한다(대법원 2015.7.16, 2011모1839 전원합의체: 종근당 압수·수색 사건).

[보충] 위 판례는 제1처분은 적법하나 제2처분·제3처분이 위법하므로 전체를 위법하다고 본 사례이다.

정답 ③

---

146 ✓유사 ◆◆◆ 경찰2차 2023

전자정보 압수·수색에 관한 다음 설명 중 옳지 않은 것은 모두 몇 개인가? (다툼이 있는 경우 판례에 의함)

> ㉠ 수사기관이 압수·수색영장에 적힌 '수색할 장소'에 있는 컴퓨터 등 정보처리장치에 저장된 전자정보 외에 원격지클라우드에 저장된 전자정보를 압수·수색하기 위해서는 압수·수색영장에 적힌 '압수할 물건'에 별도로 원격지클라우드 저장 전자정보가 특정되어 있어야 한다.
>
> ㉡ 수사기관이 전자정보에 대한 압수·수색이 종료되기 전에 혐의사실과 관련된 전자정보를 적법하게 탐색하는 과정에서 별도 범죄혐의와 관련된 전자정보를 우연히 발견한 경우, 대법원은 '우연한 육안발견원칙(plain view doctrine)'에 의해 별도의 영장 없이 우연히 발견한 별도 범죄혐의와 관련된 전자정보를 압수·수색할 수 있다고 판시하였다.
>
> ㉢ 수사기관이 피의자의 이메일 계정에 대한 접근권한에 갈음하여 발부받은 압수·수색영장에 따라, 원격지의 저장매체에 적법하게 접속하여 내려 받거나 현출된 전자정보를 대상으로 하여 범죄혐의사실과 관련된 부분에 대하여 압수·수색하는 것은 특별한 사정이 없는 한 허용되지만, 원격지 저장매체가 국외에 있는 경우에는 허용되지 않는다.
>
> ㉣ 수사기관이 범죄 혐의사실과 관련 있는 정보를 선별하여 압수한 후에도 그와 관련이 없는 나머지 정보를 법원의 영장내용에 반하여 삭제·폐기·반환하지 아니한 채 그대로 보관하고 있다면, 범죄혐의사실과 관련이 없는 부분에 대하여는 압수의 대상이 되는 전자정보의 범위를 넘어서는 전자정보를 영장 없이 압수·수색하여 취득한 것이어서 위법하다.
>
> ㉤ 피의자가 휴대전화를 임의제출하면서 휴대전화에 저장된 전자정보가 아닌 클라우드 등 제3자가 관리하는 원격지에 저장되어 있는 전자정보를 수사기관에 제출한다는 의사로 수사기관에게 클라우드 등에 접속하기 위한 아이디와 비밀번호를 임의로 제공하였다면 위 클라우드 등에 저장된 전자정보를 임의제출하는 것으로 볼 수 있다.

① 1개 ② 2개
③ 3개 ④ 4개

해설

② 2개

㉠ (○) 수사기관이 압수·수색영장에 적힌 '수색할 장소'에 있는 컴퓨터 등 정보처리장치에 저장된 전자정보 외에 <u>원격지 서버에 저장된 전자정보를 압수·수색하기 위해서는 압수·수색영장에 적힌 '압수할 물건'에 별도로 원격지 서버 저장 전자정보가 특정되어 있어야 한다.</u> 압수·수색영장에 적힌 '압수할 물건'에 컴퓨터 등 정보처리장치 저장 전자정보만 기재되어 있다면 컴퓨터 등 정보처리장치를 이용하여 원격지 서버 저장 전자정보를 압수할 수

는 없다(대법원 2022.6.30, 2020모735).

ⓒ (×) 만약 전자정보에 대한 압수·수색이 종료되기 전에 범죄혐의사실과 관련된 전자정보를 적법하게 탐색하는 과정에서 <u>별도의 범죄혐의와 관련된 전자정보를 우연히 발견한 경우라면, 수사기관은 더 이상의 추가 탐색을 중단하고 법원으로부터 별도의 범죄혐의에 대한 압수·수색영장을 발부받은 경우에 한하여 그러한 정보에 대하여도 적법하게 압수·수색을 할 수 있다.</u> 따라서 임의제출된 정보저장매체에서 압수의 대상이 되는 전자정보의 범위를 넘어서는 전자정보에 대해 수사기관이 영장 없이 압수·수색하여 취득한 증거는 위법수집증거에 해당하고, 사후에 법원으로부터 영장이 발부되었다거나 피고인이나 변호인이 이를 증거로 함에 동의하였다고 하여 그 위법성이 치유되는 것도 아니다(대법원 2021.11.18, 2016도348 전원합의체).

[참고] 위 지문에서 언급된 '우연한 육안발견원칙(plain view doctrine)'이라 함은 과거 미국의 판례에서 나타난 것으로, 수사기관이 적법한 압수·수색을 하는 과정에서 관련성이 명백한 물건을 육안으로 발견한 경우, 영장 없이 압수·수색할 수 있다는 이론이다. 특히 디지털증거에 대한 압수·수색절차에서 이를 적용할 수 있을지가 문제되나, 헌법상 영장주의의 예외를 인정하기 위해서는 명시적인 법률적 근거가 필요하다는 점에서 우리의 학계와 대법원은 이를 받아들이지 않는 것으로 보인다.

ⓒ (×) 피의자의 이메일 계정에 대한 접근권한에 갈음하여 발부받은 압수·수색영장에 따라 원격지의 저장매체에 적법하게 접속하여 내려 받거나 현출된 전자정보를 대상으로 하여 범죄혐의사실과 관련된 부분에 대하여 압수·수색하는 것은, 압수·수색영장의 집행을 원활하고 적정하게 행하기 위하여 필요한 최소한도의 범위 내에서 이루어지며 그 수단과 목적에 비추어 사회통념상 타당하다고 인정되는 대물적 강제처분 행위로서 허용되며, 형사소송법 제120조 제1항에서 정한 <u>압수·수색영장의 집행에 필요한 처분에 해당한다.</u> 그리고 이러한 법리는 <u>원격지의 저장매체가 국외에 있는 경우라 하더라도 그 사정만으로 달리 볼 것은 아니다</u>(대법원 2017.11.29, 2017도9747).

ⓒ (○) <u>수사기관이 범죄혐의사실과 관련 있는 정보를 선별하여 압수한 후에도 그와 관련이 없는 나머지 정보를 삭제·폐기·반환하지 아니한 채 그대로 보관하고 있다면</u> 범죄혐의사실과 관련이 없는 부분에 대하여는 압수의 대상이 되는 전자정보의 범위를 넘어서는 전자정보를 영장 없이 압수·수색하여 취득한 것이어서 <u>위법</u>하고, 사후에 법원으로부터 압수·수색영장이 발부되었다거나 피고인이나 변호인이 이를 증거로 함에 동의하였다고 하여 그 위법성이 치유된다고 볼 수 없다(대법원 2022.1.14, 2021모1586).

ⓜ (○) 피의자가 휴대전화를 임의제출하면서 휴대전화에 저장된 전자정보가 아닌 클라우드 등 제3자가 관리하는 원격지에 저장되어 있는 전자정보를 수사기관에 제출한다는 의사로 <u>수사기관에게 클라우드 등에 접속하기 위한 아이디와 비밀번호를 임의로 제공하였다면 위 클라우드 등에 저장된 전자정보를 임의제출하는 것으로 볼 수 있다</u>(대법원 2021.7.29, 2020도14654).

정답 ②

147 ◯ 유사 ◆◆◆ 경찰간부 2023

전자정보의 압수·수색절차에 관한 설명으로 옳은 것은 모두 몇 개인가? (다툼이 있는 경우 판례에 의함)

가. 수사기관이 임의제출받은 정보저장매체가 대부분 임의제출에 따른 적법한 압수의 대상이 되는 전자정보만이 저장되어 있어서 그렇지 않은 전자정보와 혼재될 여지가 거의 없는 경우라 하더라도, 전자정보인 이상 소지·보관자의 임의제출에 따른 통상의 압수절차 외에 피압수자에게 참여의 기회를 보장하지 않았고 전자정보 압수목록을 작성·교부하지 않았다면 곧바로 증거능력을 인정할 수 없다.

나. 압수물 목록은 수사기관의 압수 직후 현장에서 바로 작성하여 교부해야 하는 것이 원칙인데, 압수된 정보의 상세목록에는 정보의 파일 명세가 특정되어 있어야 하고 수사기관은 이를 출력한 서면을 교부해야 하며, 이를 전자파일 형태로 복사해 주거나 이메일을 전송하는 등의 방식으로 교부해서는 안 된다.

다. 정보저장매체를 임의제출한 피압수자와 임의제출자 아닌 피의자에게도 참여권이 보장되어야 하는 '피의자 소유·관리에 속하는 정보저장매체'에 해당하는지 여부는 압수·수색 당시 외형적·객관적으로 인식 가능한 사실상의 상태를 기준으로 판단하는 것이 아니라 민사법상 권리의 귀속에 따른 법률적·사후적 판단을 기준으로 판단하여야 한다.

라. 압수·수색영장에 적힌 '압수할 물건'에 컴퓨터 등 정보처리장치 저장 전자정보만 기재되어 있고 별도로 원격지 서버 저장의 전자정보가 특정되어 있지 않았다 하더라도, 영장에 기재된 해당 컴퓨터 등 정보처리장치를 이용하여 로그인되어 있는 상태의 원격지 서버 저장 전자정보를 압수한 경우는 영장주의 원칙에 반하지 않는다.

마. 수사기관이 압수·수색·검증영장을 발부받은 후 그 집행현장에서 정보저장매체에 기억된 정보 중에서 키워드 또는 확장자 검색 등을 통해 범죄 혐의사실과 관련 있는 정보를 선별한 다음 정보저장매체와 동일하게 비트열 방식으로 복제하여 생성한 파일을 제출받아 적법하게 압수하였다면, 수사기관은 수사기관 사무실에서 위와 같이 압수된 이미지 파일을 탐색·복제·출력하는 과정에서 피의자 등에게 참여의 기회를 보장해야 하는 것은 아니다.

① 1개 ② 2개
③ 3개 ④ 4개

해설

① 1개

가. (×) (위장형 카메라 등 특수한 정보저장매체에 관한 판례의 법리임) <u>수사기관이 임의제출받은 정보저장매체가 그 기능과 속성상 임의제출에 따른 적법한 압수의 대상이 되는 전자정보와 그렇지 않은 전자정보가 혼재될 여지가 거의 없어 사실상 대부분 압</u>

수의 대상이 되는 전자정보만이 저장되어 있는 경우에는 소지·보관자의 임의제출에 따른 통상의 압수절차 외에 피압수자에게 참여의 기회를 보장하지 않고 전자정보 압수목록을 작성·교부하지 않았다는 점만으로 곧바로 증거능력을 부정할 것은 아니다(대법원 2021.11.25, 2019도7342).

[보충] 임의제출된 이 사건 각 위장형 카메라 및 그 메모리카드에 저장된 전자정보처럼 오직 불법촬영을 목적으로 방실 내 나체나 성행위 모습을 촬영할 수 있는 벽 등에 은밀히 설치되고, 촬영대상 목표물의 동작이 감지될 때에만 카메라가 작동하여 촬영이 이루어지는 등, 그 설치 목적과 장소, 방법, 기능, 작동원리상 소유자의 사생활의 비밀 기타 인격적 법익의 관점에서 그 소지·보관자의 임의제출에 따른 적법한 압수의 대상이 되는 전자정보와 구별되는 별도의 보호가치 있는 전자정보의 혼재가능성을 상정하기 어려운 경우에는 위 소지·보관자의 임의제출에 따른 통상의 압수절차 외에 별도의 조치가 따로 요구된다고 보기는 어렵다. 따라서 피고인 내지 변호인에게 참여의 기회를 보장하지 않고 전자정보 압수목록을 작성·교부하지 않았다는 점만으로 곧바로 증거능력을 부정할 것은 아니다. 따라서 수사기관이 이 사건 각 위장형 카메라에 저장된 205호, 308호, 507호에서 각 촬영된 영상은 그 증거능력이 인정된다(위 판례).

나. (×) (압수된 전자정보의 상세목록의 교부방법은 출력한 서면의 교부뿐만 아니라, 전자파일 형태로 복사하여 교부하거나 이메일 전송 등의 방식에 의하여도 가능) 압수물 목록은 피압수자 등이 압수처분에 대한 준항고를 하는 등 권리행사절차를 밟는 가장 기초적인 자료가 되므로, 수사기관은 이러한 권리행사에 지장이 없도록 압수 직후 현장에서 압수물 목록을 바로 작성하여 교부해야 하는 것이 원칙이다. 이러한 압수물 목록 교부 취지에 비추어 볼 때, 압수된 정보의 상세목록에는 정보의 파일 명세가 특정되어 있어야 하고, 수사기관은 이를 출력한 서면을 교부하거나 전자파일 형태로 복사해 주거나 이메일을 전송하는 등의 방식으로도 할 수 있다(대법원 2018.2.8, 2017도13263).

다. (×) 정보저장매체를 임의제출한 피압수자에 더하여 임의제출자 아닌 피의자에게도 참여권이 보장되어야 하는 '피의자의 소유·관리에 속하는 정보저장매체'란, 피의자가 압수·수색 당시 또는 이와 시간적으로 근접한 시기까지 해당 정보저장매체를 현실적으로 지배·관리하면서 그 정보저장매체 내 전자정보 전반에 관한 전속적인 관리처분권을 보유·행사하고, 달리 이를 자신의 의사에 따라 제3자에게 양도하거나 포기하지 아니한 경우로써, 피의자를 그 정보저장매체에 저장된 전자정보에 대하여 실질적인 피압수자로 평가할 수 있는 경우를 말하는 것이다. 이에 해당하는지 여부는 민사법상 권리의 귀속에 따른 법률적·사후적 판단이 아니라 압수·수색 당시 외형적·객관적으로 인식 가능한 사실상의 상태를 기준으로 판단하여야 한다(대법원 2022.1.27, 2021도11170).

라. (×) 수사기관이 압수·수색영장에 적힌 '수색할 장소'에 있는 컴퓨터 등 정보처리장치에 저장된 전자정보 외에 원격지 서버에 저장된 전자정보를 압수·수색하기 위해서는 압수·수색영장에 적힌 '압수할 물건'에 별도로 원격지 서버 저장 전자정보가 특정되어 있어야 한다. 압수·수색영장에 적힌 '압수할 물건'에 컴퓨터 등 정보처리장치 저장 전자정보만 기재되어 있다면 컴퓨터 등 정보처리장치를 이용하여 원격지 서버 저장 전자정보를 압수할 수는 없다(대법원 2022.6.30, 2022도1452).

마. (○) 수사기관이 정보저장매체에 기억된 정보 중에서 키워드 또는 확장자 검색 등을 통해 범죄 혐의사실과 관련 있는 정보를 선별한 다음 정보저장매체와 동일하게 비트열 방식으로 복제하여 생성한 파일(이하 '이미지 파일'이라 한다)을 제출받아 압수하였다면 이로써 압수의 목적물에 대한 압수·수색절차는 종료된 것이므로, 수사기관이 수사기관 사무실에서 위와 같이 압수된 이미지 파일을 탐색·복제·출력하는 과정에서도 피의자 등에게 참여

의 기회를 보장하여야 하는 것은 아니다(대법원 2018.2.8, 2017도13263).

정답 ①

148 ✓ 대표 ◆◆◆ 경찰1차 2024

정보저장매체의 압수·수색에 관한 설명으로 가장 적절하지 않은 것은? (다툼이 있는 경우 판례에 의함)

① 수사기관의 전자정보에 대한 압수·수색은 원칙적으로 영장발부의 사유로 된 범죄 혐의사실과 관련된 부분만을 문서 출력물로 수집하거나 수사기관이 휴대한 저장매체에 해당 파일을 복제하는 방식으로 이루어져야 하고, 수사기관 사무실 등 외부로 저장매체 자체를 직접 반출하는 방식으로 압수·수색하는 것은 예외적으로만 허용된다.

② 압수의 목적을 달성하기에 현저히 곤란한 사정이 인정되어 전자정보가 담긴 저장매체를 수사기관 사무실 등으로 옮겨 혐의사실과 관련된 전자정보만을 복제·탐색·출력하는 경우에도, 피압수·수색 당사자나 변호인에게 참여의 기회를 보장하여야 한다.

③ 수사기관이 범죄 혐의사실과 관련 있는 전자정보를 선별 압수한 후 그와 관련이 없는 나머지 정보를 삭제·폐기·반환하지 아니한 채 보관하고 있더라도, 사후에 위 나머지 정보에 대하여 법원으로부터 압수·수색영장을 발부받거나 피고인 또는 변호인이 이를 증거로 함에 동의하였다면 증거로 사용할 수 있다.

④ 수사기관이 압수·수색영장에 적힌 '수색할 장소'에 있는 컴퓨터 등 정보처리장치에 저장된 전자정보 외에 원격지 서버에 저장된 전자정보를 압수·수색하기 위해서는 그 영장에 적힌 '압수할 물건'에 별도로 원격지 서버 저장 전자정보가 특정되어 있어야 하고, '압수할 물건'에 컴퓨터 등 정보처리장치 저장 전자정보만 기재되어 있다면 컴퓨터 등 정보처리장치를 이용하여 원격지 서버 저장 전자정보를 압수할 수는 없다.

해설

③ (×) 법원은 압수·수색영장의 집행에 관하여 범죄 혐의사실과 관련 있는 전자정보의 탐색·복제·출력이 완료된 때에는 지체 없이 영장 기재 범죄 혐의사실과 관련이 없는 나머지 전자정보에 대해 삭제·폐기 또는 피압수자 등에게 반환할 것을 정할 수 있다. 수사기관이 범죄 혐의사실과 관련 있는 정보를 선별하여 압수한 후에도 그와 관련이 없는 나머지 정보를 삭제·폐기·반환하지 아니한 채 그대로 보관하고 있다면 범죄 혐의사실과 관련이 없는 부분에 대하여는 압수의 대상이 되는 전자정보의 범위를 넘어서는 전자정보를 영장 없이 압수·수색하여 취득한 것이어서 위법하고, 사후에 법원으로부터 압수·수색영장이 발부되었다거나 피고인이나 변호인이 이를 증거로 함에 동의하였다고 하여 그 위법성이 치유된다고 볼 수 없다(대법원 2022.1.14, 2021모1586).

① (○) 수사기관의 전자정보에 대한 압수·수색은 원칙적으로 영장 발부의 사유로 된 범죄 혐의사실과 관련된 부분만을 문서 출력물로 수집하거나 수사기관이 휴대한 저장매체에 해당 파일을 복제하는 방식으로 이루어져야 한다. 수사기관이 저장매체 자체를 직접 반출하거나 그 저장매체에 들어 있는 전자파일 전부를 하드카피나 이미징 등 형태(복제본)로 수사기관 사무실 등 외부에 반출하는 방식으로 압수·수색하는 것은 현장의 사정이나 전자정보의 대량성으로 인하여 관련 정보 획득에 긴 시간이 소요되거나 전문 인력에 의한 기술적 조치가 필요한 경우 등 범위를 정하여 출력 또는 복제하는 방법이 불가능하거나 압수의 목적을 달성하기에 현저히 곤란하다고 인정되는 때에 한하여 예외적으로 허용될 수 있을 뿐이다(대법원 2023.6.1, 2018도19782).

② (○) 저장매체에 대한 압수·수색 과정에서 범위를 정하여 출력 또는 복제하는 방법이 불가능하거나 압수의 목적을 달성하기에 현저히 곤란한 예외적인 사정이 인정되어 전자정보가 담긴 저장 매체 또는 하드카피나 이미징 등 형태를 수사기관 사무실 등으로 옮겨 복제·탐색·출력할 수는 있다. 그러나 압수·수색 과정에서 위와 같은 예외적인 사정이 존재하였다는 점에 대하여는 영장의 집행기관인 수사기관이 이를 구체적으로 증명하여야 하고, 이러한 증명이 이루어졌음을 전제로 전자정보가 담긴 저장매체 또는 하드카피·이미징 등 형태를 수사기관 사무실 등으로 옮겨 복제·탐색·출력을 통하여 압수·수색영장을 집행하는 경우에도 그 과정에서 피의자·피압수자 또는 변호인에게 참여의 기회를 보장하고 혐의사실과 무관한 전자정보의 임의적 복제 등을 막기 위한 적법한 조치를 하는 등 헌법상 영장주의 및 적법절차의 원칙을 준수하여야 한다. 만약 그러한 조치를 취하지 않았다면, 그럼에도 피의자 등에 대하여 절차 참여를 보장한 취지가 실질적으로 침해되지 않았다고 볼 수 있는 특별한 사정이 없는 이상, 압수·수색을 적법하다고 평가할 수 없다(대법원 2022.7.14, 2019모2584).

④ (○) 수사기관이 압수·수색영장에 적힌 '수색할 장소'에 있는 컴퓨터 등 정보처리장치에 저장된 전자정보 외에 원격지 서버에 저장된 전자정보를 압수·수색하기 위해서는 압수·수색영장에 적힌 '압수할 물건'에 별도로 원격지 서버 저장 전자정보가 특정되어 있어야 한다. 압수·수색영장에 적힌 '압수할 물건'에 컴퓨터 등 정보처리장치 저장 전자정보만 기재되어 있다면 컴퓨터 등 정보처리장치를 이용하여 원격지 서버 저장 전자정보를 압수할 수는 없다(대법원 2022.6.30, 2022도1452).

정답 ③

---

149 ✓ 유사 ◆◆◇ 경찰1차 2022

수사기관의 강제처분에 관한 설명으로 가장 적절하지 않은 것은? (다툼이 있는 경우 판례에 의함)

① 「통신비밀보호법」에 규정된 통신제한조치상의 '전기통신의 감청'은 '감청'의 개념 규정에 비추어 이미 수신이 완료된 전기통신에 관하여 남아 있는 기록이나 내용을 열어보는 등의 행위는 포함하지 않는다.

② 공무원에게 금품을 제공한 혐의로 발부된 통신사실확인자료 제공요청 허가서에 대상자로 기재되어 있는 피고인 甲이 피고인 乙의 뇌물수수 범행의 증뢰자라면, 위 허가서에 의하여 제공받은 甲과 乙의 통화내역을 乙의 수뢰사실의 증명을 위한 증거로 사용할 수 있다.

③ 임의제출물의 압수는 압수물에 대한 수사기관의 점유 취득이 제출자의 의사에 따라 이루어지므로, 임의제출된 정보저장매체에서 압수의 대상이 되는 전자정보의 범위를 초과하여 수사기관이 임의로 전자정보를 탐색·복제·출력하는 것은 원칙적으로 위법한 압수·수색에 해당한다고 할 수 없다.

④ 수사기관이 범죄증거를 수집할 목적으로 피의자의 동의 없이 피의자의 소변을 채취하기 위해서는 법원으로부터 감정허가장을 받아 「형사소송법」 제221조의4 제1항, 제173조 제1항에서 정한 '감정에 필요한 처분'으로 할 수 있지만, 「형사소송법」 제219조, 제106조 제1항, 제109조에 따른 압수·수색의 방법으로도 할 수 있다.

해설

③ (✕) 수사기관이 제출자의 의사를 쉽게 확인할 수 있음에도 이를 확인하지 않은 채 특정 범죄혐의사실과 관련된 전자정보와 그렇지 않은 전자정보가 혼재된 정보저장매체를 임의제출받은 경우, 그 정보저장매체에 저장된 전자정보 전부가 임의제출되어 압수된 것으로 취급할 수는 없다. 전자정보를 압수하고자 하는 수사기관이 정보저장매체와 거기에 저장된 전자정보를 임의제출의 방식으로 압수할 때, 제출자의 구체적인 제출 범위에 관한 의사를 제대로 확인하지 않는 등의 사유로 인해 임의제출자의 의사에 따른 전자정보 압수의 대상과 범위가 명확하지 않거나 이를 알 수 없는 경우에는 임의제출에 따른 압수의 동기가 된 범죄혐의사실과 관련되고 이를 증명할 수 있는 최소한의 가치가 있는 전자정보에 한하여 압수의 대상이 된다. 이때 범죄혐의사실과 관련된 전자정보에는 범죄혐의사실 그 자체 또는 그와 기본적 사실관계가 동일한 범행과 직접 관련되어 있는 것은 물론 범행 동기와 경위, 범행 수단과 방법, 범행 시간과 장소 등을 증명하기 위한 간접증거나 정황증거 등으로 사용될 수 있는 것도 포함될 수 있다. 다만 그 관련성은 임의제출에 따른 압수의 동기가 된 범죄혐의사실의 내용과 수사의 대상, 수사의 경위, 임의제출의 과정 등을 종합하여 구체적·개별적 연관관계가 있는 경우에만 인정되고, 범죄혐의사실과 단순히 동종 또는 유사 범행이라는 사유만으로 관련성이 있다고 할 것은 아니다(대법원 2021.11.18, 2016도348 전원합의체).

① (○) 대법원 2016.10.13, 2016도8137

② (○) 통신비밀보호법은 통신제한조치의 집행으로 인하여 취득된 전기통신의 내용은 통신제한조치의 목적이 된 범죄나 이와 관련되는 범죄를 수사·소추하거나 그 범죄를 예방하기 위한 경우 등

에 한정하여 사용할 수 있도록 규정하고(제12조 제1호), 통신사실확인자료의 사용제한에 관하여 이 규정을 준용하도록 하고 있다(제13조의5). 따라서 통신사실확인자료 제공요청에 의하여 취득한 통화내역 등 통신사실확인자료를 범죄의 수사·소추를 위하여 사용하는 경우 대상 범죄는 <u>통신사실확인자료 제공요청의 목적이 된 범죄 및 이와 관련된 범죄에 한정되어야 한다.</u> 여기서 통신사실확인자료 제공요청의 목적이 된 범죄와 관련된 범죄란 통신사실확인자료 제공요청 허가서에 기재한 혐의사실과 <u>객관적 관련성</u>이 있고 자료제공 요청대상자와 피의자 사이에 <u>인적 관련성</u>이 있는 범죄를 의미한다. … 피의자와 사이의 인적 관련성은 통신사실확인자료 제공요청 허가서에 기재된 대상자의 공동정범이나 교사범 등 공범이나 간접정범은 물론 <u>필요적 공범</u> 등에 대한 피고사건에 대해서도 인정될 수 있다(대법원 2017.1.25, 2016도13489).

[보충] 이 사건에서 증거로 제출된 통신사실확인자료는 그 범행과 관련된 뇌물수수 등 범죄에 대한 포괄적인 수사를 하는 과정에서 취득한 점 등을 종합하여 보면, 이 사건 공소사실과 이 사건 통신사실확인자료 제공요청 허가서에 기재된 혐의사실은 객관적 관련성이 인정된다고 할 것이고, <u>또한 그 허가서에 대상자로 기재된 피고인 1은 이 사건 피고인 2의 뇌물수수 범행의 증뢰자로서 필요적 공범에 해당하는 이상 인적 관련성도 있다고 할 것이다.</u>

④ (○) 강제채혈·강제채뇨에 필요한 영장에 관하여 판례는 소위 택일설의 입장이다(대법원 2018.7.12, 2018도6219).

정답 ③

150 ✓ 대표 ◆◆◇

압수·수색에 대한 설명으로 옳은 것은? (다툼이 있는 경우 판례에 의함)

① 증거물을 압수하였을 때에는 압수조서 및 압수목록을 작성하여야 하지만, 수색한 결과 증거물이 없는 경우에는 그 취지의 증명서를 교부할 필요는 없다.

② 수사기관이 압수·수색영장을 제시하고 압수·수색을 실시하여 그 집행을 종료하였다 하더라도 영장의 유효기간이 남아 있다면 아직 그 영장의 효력이 상실되지 않았으므로, 동일한 장소에 대하여 다시 압수·수색할 수 있다.

③ 수사기관이 압수·수색영장 집행과정에서 영장발부의 사유인 범죄혐의사실과 무관한 별개의 증거를 압수하였다가 피압수자에게 환부하고 후에 이를 다시 임의제출받아 압수한 경우, 검사가 위 압수물 제출의 임의성을 합리적인 의심을 배제할 수 있을 정도로 증명하여 임의성이 인정된다면 이를 유죄 인정의 증거로 사용할 수 있다.

④ 압수·수색할 전자정보가 영장에 기재된 수색장소에 있는 정보처리장치에 있지 않고 그 정보처리장치와 정보통신망으로 연결되어 제3자가 관리하고 있는 원격지의 저장매체에 저장되어 있는 경우, 수사기관이 압수·수색영장에 기재되어 있는 압수할 물건을 적법한 절차와 집행방법에 따라 수색장소의 정보처리장치를 이용하여 원격지의 저장매체에 접속하였다 하더라도 이와 같은 압수·수색은 형사소송법에 위반된다.

해설

③ (○) 대법원 2016.3.10, 2013도11233

① (×) 검증, 압수 또는 수색에 관하여는 조서를 작성하여야 하며(제49조 제1항), 압수한 경우에는 목록을 작성하여 소유자, 소지자, 보관자 기타 이에 준할 자에게 교부하여야 하고(제129조), <u>수색한 경우에 증거물 또는 몰취할 물건이 없는 때에는 그 취지의 증명서를 교부하여야 한다(제128조).</u>

② (×) 형사소송법 제215조에 의한 압수·수색영장은 수사기관의 압수·수색에 대한 허가장으로서 거기에 기재되는 유효기간은 집행에 착수할 수 있는 종기(終期)를 의미하는 것일 뿐이므로, 수사기관이 압수·수색영장을 제시하고 집행에 착수하여 압수·수색을 실시하고 그 집행을 종료하였다면 이미 그 영장은 목적을 달성하여 효력이 상실되는 것이고, 동일한 장소 또는 목적물에 대하여 다시 압수·수색할 필요가 있는 경우라면 그 필요성을 소명하여 법원으로부터 새로운 압수·수색영장을 발부 받아야 하는 것이지, 앞서 발부 받은 압수·수색영장의 유효기간이 남아있다고 하여 이를 제시하고 다시 압수·수색을 할 수는 없다(대법원 1999.12.1, 99모161).

④ (×) 압수·수색할 전자정보가 압수·수색영장에 기재된 수색장소에 있는 컴퓨터 등 정보처리장치 내에 있지 아니하고 그 정보처리장치와 정보통신망으로 연결되어 제3자가 관리하는 원격지의 서버 등 저장매체에 저장되어 있는 경우에도, 수사기관이 피의자의 이메일 계정에 대한 접근권한에 갈음하여 발부받은 영장에 따라 영장 기재 수색장소에 있는 컴퓨터 등 정보처리장치를

이용하여 적법하게 취득한 피의자의 이메일 계정 아이디와 비밀번호를 입력하는 등 피의자가 접근하는 통상적인 방법에 따라 원격지의 저장매체에 접속하고 그곳에 저장되어 있는 피의자의 이메일 관련 전자정보를 수색장소의 정보처리장치로 내려받거나 그 화면에 현출시키는 것 역시 피의자의 소유에 속하거나 소지하는 전자정보를 대상으로 이루어지는 것이므로 그 전자정보에 대한 압수·수색은 적법하다(대법원 2017.11.29, 2017도9747).

[정답] ③

---

151 ✓유사 ◆◆◆ 경찰 2015

디지털 정보 저장매체의 압수 및 증거사용에 관한 다음 설명 중 가장 적절하지 않은 것은? (다툼이 있으면 판례에 의함)

① 압수물인 디지털 저장매체로부터 출력한 문건을 증거로 사용하기 위해서는 정보저장매체 원본에 저장된 내용과 출력한 문건의 동일성이 인정되어야 하고, 이를 위해서는 디지털 저장매체원본이 압수 시부터 문건 출력 시까지 변경되지 않았음이 담보되어야 한다.

② 컴퓨터용 디스크에 기억된 문자정보를 증거자료로 하는 경우에는 읽을 수 있도록 출력하여 인증한 등본을 낼 수 있다.

③ 컴퓨터디스크 등에 기억된 문자정보를 증거로 하는 경우에 증거조사를 신청한 당사자는 법원이 명하거나 상대방이 요구한 때에는 컴퓨터디스크 등에 입력한 사람과 입력한 일시, 출력한 사람과 출력한 일시를 밝혀야 한다.

④ 전자정보에 대한 압수·수색영장을 집행할 때에는 원칙적으로 저장매체 자체를 수사기관 사무실 등으로 옮겨 혐의사실과 관련된 부분만을 문서로 출력하거나 해당 파일을 복사하는 방식으로 이루어져야 한다.

해설

④ (×) 전자정보에 대한 압수·수색영장을 집행할 때에는 원칙적으로 영장 발부의 사유인 혐의사실과 관련된 부분만을 문서 출력물로 수집하거나 수사기관이 휴대한 저장매체에 해당 파일을 복사하는 방식으로 이루어져야하고, 집행현장 사정상 위와 같은 방식에 의한 집행이 불가능하거나 현저히 곤란한 부득이한 사정이 존재하더라도 <u>저장매체 자체를 직접 혹은 하드카피나 이미징 등 형태로 수사기관 사무실 등 외부로 반출하여 해당 파일을 압수·수색할 수 있도록 영장에 기재되어 있고 실제 그와 같은 사정이 발생한 때에 한하여 위 방법이 예외적으로 허용될 수 있을 뿐이다.</u> 나아가 이처럼 저장매체 자체를 수사기관 사무실 등으로 옮긴 후 영장에 기재된 범죄 혐의 관련 전자정보를 탐색하여 해당 전자정보를 문서로 출력하거나 파일을 복사하는 과정 역시 전체적으로 압수·수색영장 집행의 일환에 포함된다고 보아야 한다. 따라서 그러한 경우 문서출력 또는 파일복사 대상 역시 혐의사실과 관련된 부분으로 한정되어야 하는 것은 헌법 제12조 제1항, 제3항, 형사소송법 제114조, 제215조의 적법절차 및 영장주의 원칙상 당연하다. 그러므로 수사기관 사무실 등으로 옮긴 저장매체에서 범

<u>죄 혐의 관련성에 대한 구분 없이 저장된 전자정보 중 임의로 문서 출력 혹은 파일복사를 하는 행위는 특별한 사정이 없는 한 영장주의 등 원칙에 반하는 위법한 집행이다</u>(대법원 2011.5.26, 2009모1190).

① (○) 압수물인 디지털 저장매체로부터 출력한 문건을 증거로 사용하기 위해서는 디지털 저장매체 원본에 저장된 내용과 출력한 문건의 동일성이 인정되어야 하고, 이를 위해서는 디지털 저장매체 원본이 압수 시부터 문건 출력 시까지 변경되지 않았음이 담보되어야 한다. 그리고 압수된 디지털 저장매체로부터 출력한 문건을 진술증거로 사용하는 경우, 그 기재 내용의 진실성에 관하여는 전문법칙이 적용되므로 형사소송법 제313조 제1항에 따라 공판준비나 공판기일에서의 그 작성자 또는 진술자의 진술에 의하여 그 성립의 진정함이 증명된 때에 한하여 이를 증거로 사용할 수 있다(대법원 2013.6.13, 2012도16001).

② (○), ③ (○) 규칙 제134조의7 참조.

> **규칙 제134조의7(컴퓨터용 디스크 등에 기억된 문자정보 등에 대한 증거조사)** ① 컴퓨터용 디스크 그 밖에 이와 비슷한 정보저장매체(다음부터 이 조문 안에서 이 모두를 "컴퓨터디스크 등"이라 한다)에 기억된 문자정보를 증거자료로 하는 경우에는 읽을 수 있도록 출력하여 인증한 등본을 낼 수 있다.
> ② 컴퓨터디스크 등에 기억된 문자정보를 증거로 하는 경우에 증거조사를 신청한 당사자는 법원이 명하거나 상대방이 요구한 때에는 컴퓨터디스크 등에 입력한 사람과 입력한 일시, 출력한 사람과 출력한 일시를 밝혀야 한다.

[정답] ④

152 ✓ 유사 ◆◆◆ 　　　　　　 국가9급 2022

전자정보의 압수에 대한 설명으로 옳은 것은? (다툼이 있는 경우 판례에 의함)

① 피의자 소유 정보저장매체를 제3자가 보관하고 있던 중 이를 수사기관에 임의제출하면서 그곳에 저장된 모든 전자정보를 일괄하여 임의제출한다는 의사를 밝힌 경우에도 특별한 사정이 없는 한 수사기관은 범죄혐의사실과 관련된 전자정보에 한정하여 영장 없이 적법하게 압수할 수 있다.

② 임의제출된 전자정보매체에서 압수의 대상이 되는 전자정보의 범위를 넘어서는 전자정보에 대해 수사기관이 영장 없이 압수·수색하여 취득한 증거는 위법수집증거에 해당하지만, 사후에 법원으로부터 영장이 발부되거나 피고인 또는 변호인이 이를 증거로 함에 동의하였다면 그 위법성은 치유된다.

③ 정보저장매체를 임의제출 받아 이를 탐색·복제·출력하는 경우, 압수·수색 당시 또는 이와 시간적으로 근접한 시기까지 해당 정보저장매체를 현실적으로 지배·관리하지는 아니하였더라도 그곳에 저장되어 있는 개별 전자정보의 생성·이용 등에 관여한 자에 대하여서는 압수·수색절차에 대한 참여권을 보장해 주어야 한다.

④ 수사기관이 임의제출된 정보저장매체에서 범죄혐의사실이 아닌 별도의 범죄혐의와 관련된 전자정보를 우연히 발견한 경우, 당해 정보저장매체에 대한 임의제출에 기한 압수·수색이 종료되기 전이라면 별도의 영장을 발부받지 않고 이를 적법하게 압수·수색할 수 있으나 임의제출에 의한 압수·수색이 종료되었던 경우에는 별도의 범죄혐의에 대한 압수·수색영장을 발부받아야 이를 적법하게 압수할 수 있다.

해설

① (○) 전자정보를 압수하고자 하는 수사기관이 정보저장매체와 거기에 저장된 전자정보를 임의제출의 방식으로 압수할 때, 제출자의 구체적인 제출 범위에 관한 의사를 제대로 확인하지 않는 등의 사유로 인해 임의제출자의 의사에 따른 전자정보 압수의 대상과 범위가 명확하지 않거나 이를 알 수 없는 경우에는 <u>임의제출에 따른 압수의 동기가 된 범죄혐의사실과 관련되고 이를 증명할 수 있는 최소한의 가치가 있는 전자정보에 한하여 압수의 대상</u>이 된다(대법원 2021.11.18, 2016도348 전원합의체).

② (×) 임의제출된 정보저장매체에서 압수의 대상이 되는 전자정보의 범위를 초과하여 수사기관이 임의로 전자정보를 탐색·복제·출력하는 것은 원칙적으로 위법한 압수·수색에 해당하므로 허용될 수 없다. 만약 전자정보에 대한 압수·수색이 종료되기 전에 범죄혐의사실과 관련된 전자정보를 적법하게 탐색하는 과정에서 별도의 범죄혐의와 관련된 전자정보를 우연히 발견한 경우라면, 수사기관은 더 이상의 추가 탐색을 중단하고 법원으로부터 별도의 범죄혐의에 대한 압수·수색영장을 발부받은 경우에 한하여 그러한 정보에 대하여도 적법하게 압수·수색을 할 수 있다. 따라서 임의제출된 정보저장매체에서 압수의 대상이 되는 전

자정보의 범위를 넘어서는 전자정보에 대해 수사기관이 영장 없이 압수·수색하여 취득한 증거는 위법수집증거에 해당하고, <u>사후에 법원으로부터 영장이 발부되었다거나 피고인이나 변호인이 이를 증거로 함에 동의하였다고 하여 그 위법성이 치유되는 것도 아니다</u>(대법원 2021.11.18, 2016도348 전원합의체).

③ (×) 피해자 등 제3자가 피의자의 소유·관리에 속하는 정보저장매체를 영장에 의하지 않고 임의제출한 경우에는 실질적 피압수·수색 당사자(이하 '피압수자'라 한다)인 피의자가 수사기관으로 하여금 그 전자정보 전부를 무제한 탐색하는 데 동의한 것으로 보기 어려울 뿐만 아니라 피의자 스스로 임의제출한 경우 피의자의 참여권 등이 보장되어야 하는 것과 견주어 보더라도 특별한 사정이 없는 한 형사소송법 제219조, 제121조, 제129조에 따라 피의자에게 참여권을 보장하고 압수한 전자정보 목록을 교부하는 등 피의자의 절차적 권리를 보장하기 위한 적절한 조치가 이루어져야 한다. 이와 같이 <u>정보저장매체를 임의제출한 피압수자에 더하여 임의제출자 아닌 피의자에게도 참여권이 보장되어야 하는 '피의자의 소유·관리에 속하는 정보저장매체'란</u>, 피의자가 압수·수색 당시 또는 이와 시간적으로 근접한 시기까지 해당 정보저장매체를 현실적으로 지배·관리하면서 그 정보저장매체 내 전자정보 전반에 관한 전속적인 관리처분권을 보유·행사하고, 달리 이를 자신의 의사에 따라 제3자에게 양도하거나 포기하지 아니한 경우로써, <u>피의자를 그 정보저장매체에 저장된 전자정보에 대하여 실질적인 피압수자로 평가할 수 있는 경우</u>를 말하는 것이다. 이에 해당하는지 여부는 민사법상 권리의 귀속에 따른 법률적·사후적 판단이 아니라 압수·수색 당시 외형적·객관적으로 인식 가능한 사실상의 상태를 기준으로 판단하여야 한다. 이러한 정보저장매체의 외형적·객관적 지배·관리 등 상태와 별도로 <u>단지 피의자나 그 밖의 제3자가 과거 그 정보저장매체의 이용 내지 개별 전자정보의 생성·이용 등에 관여한 사실이 있다거나 그 과정에서 생성된 전자정보에 의해 식별되는 정보주체에 해당한다는 사정만으로 그들을 실질적으로 압수·수색을 받는 당사자로 취급하여야 하는 것은 아니다</u>(대법원 2022.1.27, 2021도11170).

④ (×) 임의제출된 정보저장매체에서 압수의 대상이 되는 전자정보의 범위를 초과하여 수사기관이 임의로 전자정보를 탐색·복제·출력하는 것은 원칙적으로 위법한 압수·수색에 해당하므로 허용될 수 없다. 만약 <u>전자정보에 대한 압수·수색이 종료되기 전에 범죄혐의사실과 관련된 전자정보를 적법하게 탐색하는 과정에서 별도의 범죄혐의와 관련된 전자정보를 우연히 발견한 경우라면, 수사기관은 더 이상의 추가 탐색을 중단하고 법원으로부터 별도의 범죄혐의에 대한 압수·수색영장을 발부받은 경우에 한하여 그러한 정보에 대하여도 적법하게 압수·수색을 할 수 있</u>다. 따라서 임의제출된 정보저장매체에서 압수의 대상이 되는 전자정보의 범위를 넘어서는 전자정보에 대해 수사기관이 영장 없이 압수·수색하여 취득한 증거는 위법수집증거에 해당하고, 사후에 법원으로부터 영장이 발부되었다거나 피고인이나 변호인이 이를 증거로 함에 동의하였다고 하여 그 위법성이 치유되는 것도 아니다(대법원 2021.11.18, 2016도348 전원합의체).

정답 ①

153 ✓유사 ◆◆◇　　　경찰2차 2022

다음 사례에 대한 설명 중 가장 적절한 것은? (다툼이 있는 경우 판례에 의함)

> 사법경찰관 P는 甲을 「정보통신망 이용촉진 및 정보보호 등에 관한 법률」상 명예훼손 혐의로 수사하면서 압수·수색 영장을 발부받아 甲의 집에서 그의 컴퓨터를 압수·수색 하였다. P는 甲의 컴퓨터 하드디스크를 하드카피 방법으로 복제본을 생성한 후, 수사기관 사무실로 가지고 나왔다. P는 甲에게 참여권을 고지하지 않은 채 甲의 참여 없이 반출한 복제본을 탐색하는 과정에서 우연히 성폭력범죄의 처벌 등에 관한 특례법 위반죄에 해당되는 성폭력범죄 동영상 파일을 발견하였다. 이후 P는 압수·수색 영장을 발부받아 이 동영상 파일을 압수하였다.

① 사법경찰관 P는 압수목록에 컴퓨터 하드디스크 규격과 개수를 기재한 후, 하드카피 방법으로 복제본을 생성한 때 지체 없이 甲에게 교부하여야 한다.

② 압수·수색 영장집행은 甲의 집에서 하드디스크 복제본을 생성한 때 종료된 것이므로 탐색과정에서는 甲에게 참여권을 보장하지 않아도 된다.

③ 甲의 컴퓨터를 압수·수색함에 있어서 압수·수색영장 집행사실을 미리 알려주면 컴퓨터에 저장된 파일을 삭제할 염려 등이 있더라도 사전에 집행의 일시와 장소를 甲에게 통지하여 참여권을 보장해야 한다.

④ 성폭력범죄 동영상 파일을 우연히 발견하고, 사후에 영장을 발부받았다 하더라도 이 동영상 파일은 증거능력이 인정되지 않는다.

해설

④ (○) 수사기관이 피압수자 측에게 참여의 기회를 보장하거나 압수한 전자정보 목록을 교부하지 않는 등 영장주의 원칙과 적법절차를 준수하지 않은 위법한 압수·수색과정을 통하여 취득한 증거는 위법수집증거에 해당하고(대법원 2015.7.16, 2011모1839 전원합의체; 2021.11.18, 2016도348 전원합의체), <u>사후에 법원으로부터 영장이 발부되었다거나 피고인이나 변호인이 이를 증거로 함에 동의하였다고 하여 위법성이 치유되는 것도 아니다</u>(대법원 2021.11.18, 2016도348 전원합의체; 2022.7.28, 2022도2960).

① (×) 사법경찰관 P는 압수목록에 컴퓨터 <u>하드디스크 규격과 개수를 기재하는 것이 아니라, 전자정보의 파일 명세가 특정된 상세목록을 교부하여야 한다. 또한 압수목록은 하드카피 방법으로 복제본을 생성한 때 교부하는 것이 아니라, 범죄 혐의사실과 관련 있는 정보의 탐색·복제가 완료된 때 지체 없이 교부하는 것</u>이다.
　[판례] 수사기관은 압수영장을 집행한 직후에 압수물목록을 곧바로 작성하여 압수한 물건의 소유자·소지자·보관자 기타 이에 준하는 사람에게 교부하여야 한다(형사소송법 제219조, 제129조). 법원은 압수·수색영장의 집행에 관하여 <u>범죄 혐의사실과 관련 있는 정보의 탐색·복제·출력이 완료된 때에는 지체 없이 압수된 정보의 상세목록을 피의자 등에게 교부할 것을 정할 수 있다.</u> 압

수물 목록은 피압수자 등이 압수처분에 대한 준항고를 하는 등 권리행사절차를 밟는 가장 기초적인 자료가 되므로, 수사기관은 이러한 권리행사에 지장이 없도록 <u>압수 직후 현장에서 압수물 목록을 바로 작성하여 교부해야 하는 것이 원칙이다. 이러한 압수물목록 교부 취지에 비추어 볼 때, 압수된 정보의 상세목록에는 정보의 파일 명세가 특정되어 있어야 한다</u>(대법원 2018.2.8, 2017도13263; 2022.1.14, 2021모1586).

② (×) 수사기관이 압수·수색영장을 집행할 때에는 피압수자 또는 변호인은 그 집행에 참여할 수 있다(형사소송법 제219조, 제121조). 저장매체에 대한 압수·수색 과정에서 범위를 정하여 출력·복제하는 방법이 불가능하거나 압수의 목적을 달성하기에 현저히 곤란한 예외적인 사정이 인정되어 <u>전자정보가 담긴 저장매체, 하드카피나 이미징(imaging) 등 형태를 수사기관 사무실 등으로 옮겨 복제·탐색·출력하는 경우에도, 피압수자나 변호인에게 참여 기회를 보장하고 혐의사실과 무관한 전자정보의 임의적인 복제 등을 막기 위한 적절한 조치를 취하는 등</u> 영장주의 원칙과 적법절차를 준수하여야 한다. <u>만일 그러한 조치를 취하지 않았다면 피압수자 측이 위와 같은 절차나 과정에 참여하지 않는다는 의사를 명시적으로 표시하였거나 절차 위반행위가 이루어진 과정의 성질과 내용 등에 비추어 피압수자에게 절차 참여를 보장한 취지가 실질적으로 침해되었다고 볼 수 없을 정도에 해당한다는 등의 특별한 사정이 없는 이상 압수·수색이 적법하다고 할 수 없다</u>(대법원 2020.11.26, 2020도10729).

③ (×) 피의자 또는 변호인은 압수·수색영장의 집행에 참여할 수 있고(형사소송법 제219조, 제121조), 압수·수색영장을 집행함에는 원칙적으로 미리 집행의 일시와 장소를 피의자 등에게 통지하여야 하나(형사소송법 제122조 본문), <u>'급속을 요하는 때'</u>에는 위와 같은 통지를 생략할 수 있다(형사소송법 제122조 단서). 여기서 <u>'급속을 요하는 때'라고 함은 압수·수색영장 집행 사실을 미리 알려주면 증거물을 은닉할 염려 등이 있어 압수·수색의 실효를 거두기 어려울 경우라고 해석함이 옳고, 그와 같이 합리적인 해석이 가능하므로 형사소송법 제122조 단서가 명확성의 원칙 등에 반하여 위헌이라고 볼 수 없다</u>(대법원 2012.10.11, 2012도7455).

정답 ④

154 ✓대표 ◆◆◆　　　국가9급 2024

압수·수색영장의 집행에 대한 설명으로 옳은 것은?

① 압수·수색영장은 피처분자에게 반드시 제시하여야 하므로 집행현장에서 피처분자를 발견할 수 없는 경우 등 영장제시가 현실적으로 불가능하더라도 영장을 제시하지 아니한 채 압수·수색을 하는 것은 위법하다.

② 사법경찰관이 압수·수색영장에 의하여 피의자 이외의 사람의 주거를 수색하는 경우 그 주거주(住居主)에게 미리 집행의 일시와 장소를 통지하여야 한다.

③ 사법경찰관이 압수·수색영장에 의하여 여관을 수색하는 경우, 그 영장에 야간집행을 할 수 있는 기재가 없다면 공개된 시간 내라도 야간에는 집행할 수 없다.

④ 수사기관이 작성하여 피압수자 등에게 교부해야 하는 압수물 목록은 압수 직후 현장에서 바로 작성하여 교부하여야 함을 원칙으로 한다.

해설

④ (○) 법원은 압수·수색영장의 집행에 관하여 범죄 혐의사실과 관련 있는 정보의 탐색·복제·출력이 완료된 때에는 지체 없이 압수된 정보의 상세목록을 피의자 등에게 교부할 것을 정할 수 있다. 압수물 목록은 피압수자 등이 압수처분에 대한 준항고를 하는 등 권리행사절차를 밟는 가장 기초적인 자료가 되므로, 수사기관은 이러한 권리행사에 지장이 없도록 압수 직후 현장에서 압수물 목록을 바로 작성하여 교부해야 하는 것이 원칙이다. 이러한 압수물 목록 교부 취지에 비추어 볼 때, 압수된 정보의 상세목록에는 정보의 파일 명세가 특정되어 있어야 한다(대법원 2022. 1.14, 2021모1586).

① (×) 영장제시가 현실적으로 불가능한 경우에는 영장제시 없이 압수·수색이 가능하다. 제118조, 제219조 참조.

> **제118조(영장의 제시와 사본교부)** 압수·수색영장은 처분을 받는 자에게 반드시 제시하여야 하고, 처분을 받는 자가 피고인인 경우에는 그 사본을 교부하여야 한다. 다만, 처분을 받는 자가 현장에 없는 등 영장의 제시나 그 사본의 교부가 현실적으로 불가능한 경우 또는 처분을 받는 자가 영장의 제시나 사본의 교부를 거부한 때에는 예외로 한다.

② (×) 압수·수색영장 집행의 일시와 장소를 미리 통지받는 권리를 가진 자는 검사, 피고인(피의자) 또는 그 변호인이다(제121, 제122조, 제219조).
[보충] 주거주 참여 규정은 공무소, 군사용 항공기 또는 선박·차량 외에 타인의 주거, 간수자 있는 가옥·건조물·항공기·선박·차량 안에서 압수·수색영장을 집행할 때이다(이 경우 주거주, 간수자 또는 이에 준하는 사람을 참여하게 하여야 함, 제123조 제2항, 제219조).

> **제121조(영장집행과 당사자의 참여)** 검사, 피고인 또는 변호인은 압수·수색영장의 집행에 참여할 수 있다.
> **제122조(영장집행과 참여권자에의 통지)** 압수·수색영장을 집행함에는 미리 집행의 일시와 장소를 전조에 규정한 자에게 통지하여야 한다. 단, 전조에 규정한 자가 참여하지 아니한다는 의사를 명시한 때 또는 급속을 요하는 때에는 예외로 한다.
> **제219조(준용규정)** 제106조, 제107조, 제109조 내지 제112조, 제114조, 제115조 제1항 본문, 제2항, 제118조부터 제132조까지, 제134조, 제135조, 제140조, 제141조, 제333조 제2항, 제486조의 규정은 검사 또는 사법경찰관의 본장의 규정에 의한 압수, 수색 또는 검증에 준용한다. 단, 사법경찰관이 제130조, 제132조 및 제134조에 따른 처분을 함에는 검사의 지휘를 받아야 한다.

③ (×) 여관, 음식점 기타 야간에 공중이 출입할 수 있는 장소의 경우, 공개한 시간 내라면 영장에 야간집행 가능 기재가 없다 하더라도 야간집행이 가능하다. 제125조, 제126조 참조.

> **제125조(야간집행의 제한)** 일출 전, 일몰 후에는 압수·수색영장에 야간집행을 할 수 있는 기재가 없으면 그 영장을 집행하기 위하여 타인의 주거, 간수자 있는 가옥, 건조물, 항공기 또는 선차 내에 들어가지 못한다.
> **제126조(야간집행제한의 예외)** 다음 장소에서 압수·수색영장을 집행함에는 전조의 제한을 받지 아니한다.
> 1. 도박 기타 풍속을 해하는 행위에 상용된다고 인정하는 장소
> 2. 여관, 음식점 기타 야간에 공중이 출입할 수 있는 장소. 단, 공개한 시간 내에 한한다.

정답 ④

---

155 ✓ 대표 ◆◆◇ 국가9급 2018

수사의 적법성에 대한 설명으로 옳지 않은 것은? (다툼이 있는 경우 판례에 의함)

① 법원으로부터 감정처분허가장이 아닌 혈액에 대한 압수영장을 발부받아 피의자의 신체로부터 혈액을 채취하는 행위는 위법한 강제수사이다.

② 검찰수사관이 피의자신문에 참여한 변호인에게 피의자 후방에 앉으라고 요구한 행위는 이를 정당화할 특별한 사정이 없는 한 변호인의 변호권을 침해하므로 헌법에 위배된다.

③ 응급구호가 필요한 자살기도자를 영장 없이 24시간을 초과하지 아니하는 범위에서 경찰서에 설치되어 있는 보호실에 유치한 것은 위법한 강제수사가 아니다.

④ 수사기관이 범행 중 또는 직후에 증거보전의 필요성, 긴급성이 있어서 상당한 방법으로 사진을 촬영한 경우라면 영장 없는 사진촬영도 위법한 수사가 아니다.

해설

① (×) 강제채혈에 필요한 영장의 종류에 관하여 판례는 압수·수색영장 또는 감정처분허가장 택일설(또는 검증영장 또는 감정처분허가장택일설)을 취하므로, 판례에 따르면 한 장의 영장만 있으면 된다. 따라서 위 지문은 틀렸다. 판례는 다음과 같다. "수사기관이 범죄 증거를 수집할 목적으로 피의자의 동의 없이 피의자의 혈액을 취득·보관하는 행위는 법원으로부터 감정처분허가장을 받아 형사소송법 제221조의4 제1항, 제173조 제1항에 의한 '감정에 필요한 처분'으로도 할 수 있지만, 형사소송법 제219조, 제106조 제1항에 정한 압수의 방법으로도 할 수 있고, 압수의 방법에 의하는 경우 혈액의 취득을 위하여 피의자의 신체로부터 혈액을 채취하는 행위는 혈액의 압수를 위한 것으로서 형사소송법 제219조, 제120조 제1항에 정한 '압수영장의 집행에 있어 필요한 처분'에 해당한다(대법원 2012.11.15, 2011도15258)."

② (○) 헌법재판소 2017.11.30, 2016헌마503

③ (○) 경찰관 직무집행법 제4조 제1항 제2호 및 제7항 참조. 관련 판례는 다음과 같다. "경찰관 직무집행법에 의하면 경찰관은 범죄의 예방, 진압 및 수사 등 외에도 국민의 자유, 권리의 보호와 사회 공공의 안녕 및 질서유지를 위한 직무를 행하여야 하고, 자살을 기도하는 자나 미아, 병자, 부상자 등으로서 적당한 보호자가 없으며 응급의 구호를 요한다고 인정되는 자를 발견한 때에는 보건의료기관 또는 공공구호기관에 긴급구호를 요청하거나 경찰관서에 보호하는 등 적당한 조치를 취할 수 있다(대법원 1994.2.22, 93다4472)."

④ (○) 수사기관이 범죄를 수사함에 있어 현재 범행이 행하여지고 있거나 행하여진 직후이고, 증거보전의 필요성 및 긴급성이 있으며, 일반적으로 허용되는 상당한 방법으로 촬영한 경우라면 위 촬영이 영장 없이 이루어졌다 하여 이를 위법하다고 단정할 수 없다(대법원 2013.7.26, 2013도2511).

정답 ①

156 ✅유사 ◆◆◇

다음 사례에 대한 대법원의 판결 내용으로 가장 적절하지 않은 것은? (다툼이 있는 경우 판례에 의함)

┤ 사례 ├

피고인은 구로동 부근에서 혈중알코올농도 0.21%의 만취상태에서 오토바이를 운전하다가 선행 차량의 뒷부분을 들이받는 교통사고를 야기한 후 의식을 잃은 채 119 구급차량에 의하여 병원 응급실로 후송되고, 사고 시각으로부터 약 1시간 후에 사고 신고를 받고 병원 응급실로 출동한 경찰관이 법원으로부터 압수영장을 발부받지 아니한 채 피고인의 아들로부터 동의를 받아 간호사로 하여금 의식을 잃고 응급실에 누워 있는 피고인으로부터 채혈을 하도록 하였다.

① 수사기관이 범죄증거를 수집할 목적으로 피의자의 동의없이 피의자의 혈액을 취득·보관하는 행위는 형사소송법 제221조의4 제1항, 제173조 제1항에 의한 '감정에 필요한 처분'에 해당하는 것이지 형사소송법 제219조, 제120조 제1항에 정한 '압수영장의 집행에 있어서 필요한 처분'에 해당하는 것은 아니다.

② 피의자의 신체 내지 의복류에 주취로 인한 냄새가 강하게 나는 등 형사소송법 제211조 제2항 제3호가 정하는 범죄의 증적이 현저한 준현행범인으로서의 요건이 갖추어져 있고, 교통사고 발생 시각으로부터 사회통념상 범행 직후라고 볼 수 있는 시간 내라면 피의자의 생명·신체를 구조하기 위하여 사고현장으로부터 곧바로 후송된 병원 응급실 등의 장소는 형사소송법 제216조 제3항의 범죄장소에 준한다.

③ 검사 또는 사법경찰관은 피의자의 혈중알코올농도 등 증거의 수집을 위하여 의료법상 의료인의 자격이 있는 자가 의료용 기구로 의학적인 방법에 따라 필요최소한의 한도 내에서 피의자의 혈액을 채취하게 한 후 그 혈액을 압수할 수 있다. 다만, 이 경우에도 사후에 지체 없이 강제채혈에 의한 압수의 사유 등을 기재한 영장청구서에 의하여 법원으로부터 압수영장을 받아야 한다.

④ 수사기관이 법원으로부터 영장 또는 감정처분허가장을 발부받지 아니한 채 피의자의 동의 없이 피의자의 신체로부터 혈액을 채취하고 사후에도 지체 없이 영장을 발부받지 아니한 채 혈액 중 알코올농도에 관한 감정을 의뢰하였다면, 원칙적으로 절차위반행위가 적법절차의 실질적인 내용을 침해하여 피고인이나 변호인의 동의가 있더라도 유죄의 증거로 사용할 수 없다.

해설

① (×), ② (○), ③ (○), ④ (○) [1] 수사기관이 법원으로부터 영장 또는 감정처분허가장을 발부받지 아니한 채 피의자의 동의 없이 피의자의 신체로부터 혈액을 채취하고 사후에도 지체 없이 영장을 발부받지 아니한 채 혈액 중 알코올농도에 관한 감정을 의

뢰하였다면, 이러한 과정을 거쳐 얻은 감정의뢰회보 등은 형사소송법상 영장주의 원칙을 위반하여 수집하거나 그에 기초하여 획득한 증거로서, 원칙적으로 절차위반행위가 적법절차의 실질적인 내용을 침해하여 피고인이나 변호인의 동의가 있더라도 유죄의 증거로 사용할 수 없다(④).

[2] 수사기관이 범죄 증거를 수집할 목적으로 피의자의 동의 없이 피의자의 혈액을 취득·보관하는 행위는 법원으로부터 감정처분허가장을 받아 형사소송법 제221조의4 제1항, 제173조 제1항에 의한 '감정에 필요한 처분'으로도 할 수 있지만, 형사소송법 제219조, 제106조 제1항에 정한 압수의 방법으로도 할 수 있고, 압수의 방법에 의하는 경우 혈액의 취득을 위하여 피의자의 신체로부터 혈액을 채취하는 행위는 혈액의 압수를 위한 것으로서 형사소송법 제219조, 제120조 제1항에 정한 '압수영장의 집행에 있어 필요한 처분'에 해당한다(①)(강제채혈의 영장 요건에 관한 판례의 입장: 압수·수색영장 또는 감정처분허가장 택일설 내지 검증영장 또는 감정처분허가장 택일설임 ∴ 감정처분허가장이 아니라 압수·수색영장으로도 가능).

[3] 음주운전 중 교통사고를 야기한 후 피의자가 의식불명 상태에 빠져 있는 등으로 도로교통법이 음주운전의 제1차적 수사방법으로 규정한 호흡조사에 의한 음주측정이 불가능하고 혈액 채취에 대한 동의를 받을 수도 없을 뿐만 아니라 법원으로부터 혈액 채취에 대한 감정처분허가장이나 사전압수영장을 발부받을 시간적 여유도 없는 긴급한 상황이 생길 수 있다. 이러한 경우 피의자의 신체 내지 의복류에 주취로 인한 냄새가 강하게 나는 등 형사소송법 제211조 제2항 제3호가 정하는 범죄의 증적이 현저한 준현행범인의 요건이 갖추어져 있고 교통사고 발생 시각으로부터 사회통념상 범행 직후라고 볼 수 있는 시간 내라면, 피의자의 생명·신체를 구조하기 위하여 사고현장으로부터 곧바로 후송된 병원 응급실 등의 장소는 형사소송법 제216조 제3항의 범죄 장소에 준한다 할 것이므로, 검사 또는 사법경찰관은 피의자의 혈중알코올농도 등 증거의 수집을 위하여 의료법상 의료인의 자격이 있는 자로 하여금 의료용 기구로 의학적인 방법에 따라 필요 최소한의 한도 내에서 피의자의 혈액을 채취하게 한 후 그 혈액을 영장 없이 압수할 수 있다. 다만, 이 경우에도 형사소송법 제216조 제3항 단서, 형사소송규칙 제58조, 제107조 제1항 제3호에 따라 사후에 지체 없이 강제채혈에 의한 압수의 사유 등을 기재한 영장청구서에 의하여 법원으로부터 압수영장을 받아야 한다(②·③)(대법원 2012.11.15, 2011도15258).

정답 ①

157 ✓ 유사 ◆◆◇ 　国家9급 2022

다음 사례에서 P가 할 수 있는 조치에 대한 설명으로 옳은 것은? (다툼이 있는 경우 판례에 의함)

> 미성년자 甲은 음주운전을 하다가 교통사고를 내고 구급차에 실려 병원으로 이송되었다. 사법경찰관 P는 응급실에 누워 있는 甲에게서 술냄새가 강하게 나는 것을 인지하고 甲을 도로교통법위반(음주운전)죄로 입건하기 위해 증거 수집의 목적으로 甲의 혈액을 취득·보관하려고 한다.

① P가 甲의 동의 없이 혈액을 강제로 취득하는 것은 「형사소송법」이 정한 압수의 방법으로 하여야 하고, 감정에 필요한 처분으로는 이를 할 수 없다.

② 甲이 응급실에서 의식을 잃지 않고 의사능력이 있는 경우라도 甲은 미성년자이므로 P는 甲의 법정대리인의 동의를 얻어야 그의 혈액을 압수할 수 있다.

③ 위 응급실은 「형사소송법」 제216조 제3항의 범죄장소에 준한다고 볼 수 없으므로, P는 긴급체포 시 압수의 방법으로 영장 없이 甲의 혈액을 취득할 수 있다.

④ P는 당시 간호사가 위 혈액의 소지자 겸 보관자인 의료기관 또는 담당의사를 대리하여 혈액을 경찰관에게 임의로 제출할 수 있는 권한이 없었다고 볼 특별한 사정이 없는 이상, 간호사로부터 진료 목적으로 채혈해 놓은 甲의 혈액을 임의로 제출받아 영장 없이 압수할 수 있다.

해설

④ (○) 형사소송법 제218조의 보관자가 임의로 제출한 물건에 해당하는 경우이다. "의료인이 진료 목적으로 채혈한 환자의 혈액을 수사기관에 임의 제출하였다면 그 혈액의 증거사용에 대하여도 환자의 사생활의 비밀 기타 인격적 법익이 침해되는 등의 특별한 사정이 없는 한 반드시 그 환자의 동의를 받아야 하는 것이 아니고, 따라서 경찰관이 간호사로부터 진료 목적으로 이미 채혈되어 있던 피고인의 혈액 중 일부를 주취운전 여부에 대한 감정을 목적으로 임의로 제출 받아 이를 압수한 경우, 당시 간호사가 위 혈액의 소지자 겸 보관자인 병원 또는 담당의사를 대리하여 혈액을 경찰관에게 임의로 제출할 수 있는 권한이 없었다고 볼 특별한 사정이 없는 이상, 그 압수절차가 피고인 또는 피고인의 가족의 동의 및 영장 없이 행하여졌다고 하더라도 이에 적법절차를 위반한 위법이 있다고 할 수 없다(대법원 1999.9.3, 98도968)."

① (×) 강체채혈·강제채뇨에 필요한 영장에 관하여 판례는 소위 택일설의 입장이다. "수사기관이 범죄 증거를 수집할 목적으로 피의자의 동의 없이 피의자의 혈액을 취득·보관하는 행위는 법원으로부터 감정처분허가장을 받아 형사소송법 제221조의4 제1항, 제173조 제1항에 의한 '감정에 필요한 처분'으로도 할 수 있지만, 형사소송법 제219조, 제106조 제1항에 정한 압수의 방법으로도 할 수 있고, 압수의 방법에 의하는 경우 혈액의 취득을 위하여 피의자의 신체로부터 혈액을 채취하는 행위는 혈액의 압수를 위한 것으로서 형사소송법 제219조, 제120조 제1항에 정한 '압수영장의 집행에 있어 필요한 처분'에 해당한다(대법원 2012.11.15,

2011도15258)."

② (×) 음주운전과 관련한 도로교통법 위반죄의 범죄수사를 위하여 미성년자인 피의자의 혈액채취가 필요한 경우에도 피의자에게 의사능력이 있다면 피의자 본인만이 혈액채취에 관한 유효한 동의를 할 수 있고, 피의자에게 의사능력이 없는 경우에도 명문의 규정이 없는 이상 법정대리인이 피의자를 대리하여 동의할 수는 없다(대법원 2014.11.13, 2013도1228).

③ (×) 위 응급실은 제216조 제3항의 범죄 장소에 준한다고 볼 수 있으므로, 제213조의 방법에 따라 영장 없이 혈액을 취득할 수 있다. 이 경우 당연히 사후에 지체 없이 압수영장을 받아야 한다. "음주운전 중 교통사고를 야기한 후 피의자가 의식불명 상태에 빠져 있는 등으로 도로교통법이 음주운전의 제1차적 수사방법으로 규정한 호흡조사에 의한 음주측정이 불가능하고 혈액 채취에 대한 동의를 받을 수도 없을 뿐만 아니라 법원으로부터 혈액 채취에 대한 감정처분허가장이나 사전 압수영장을 발부받을 시간적 여유도 없는 긴급한 상황이 생길 수 있다. 이러한 경우 피의자의 신체 내지 의복류에 주취로 인한 냄새가 강하게 나는 등 형사소송법 제211조 제2항 제3호가 정하는 범죄의 증적이 현저한 준현행범인의 요건이 갖추어져 있고 교통사고 발생 시각으로부터 사회통념상 범행 직후라고 볼 수 있는 시간 내라면, 피의자의 생명·신체를 구조하기 위하여 사고현장으로부터 곧바로 후송된 병원 응급실 등의 장소는 형사소송법 제216조 제3항의 범죄 장소에 준한다 할 것이므로, 검사 또는 사법경찰관은 피의자의 혈중알코올농도 등 증거의 수집을 위하여 의료법상 의료인의 자격이 있는 자로 하여금 의료용 기구로 의학적인 방법에 따라 필요최소한의 한도 내에서 피의자의 혈액을 채취하게 한 후 그 혈액을 영장 없이 압수할 수 있다. 다만 이 경우에도 형사소송법 제216조 제3항 단서, 형사소송규칙 제58조, 제107조 제1항 제3호에 따라 사후에 지체 없이 강제채혈에 의한 압수의 사유 등을 기재한 영장청구서에 의하여 법원으로부터 압수영장을 받아야 한다(대법원 2012.11.15, 2011도15258)."

정답 ④

158 ✓ 유사 ◆◆◇ 경찰 2013 유사 | 경찰 2015

압수·수색에 대한 설명으로 다음 중 틀린 것은 모두 몇 개인가? (다툼이 있으면 판례에 의함)

> ㉠ 검사가 폐수무단방류 혐의가 인정된다는 이유로 피의자들의 공장부지, 건물, 기계류 일체 및 폐수운반 차량 7대에 대하여 한 압수처분은 수사상의 필요에서 행하는 압수의 본래의 취지를 넘는 것으로 상당성이 없을 뿐만 아니라, 수사상의 필요와 그로 인한 개인의 재산권 침해의 정도를 비교형량해 보면 비례성의 원칙에 위배되어 위법하다.
>
> ㉡ 「형사소송법」은 제215조에서 검사가 압수·수색 영장을 청구할 수 있는 시기를 공소제기 전으로 명시적으로 한정하고 있지는 아니하나, 일단 공소가 제기된 후에는 피고사건에 관하여 검사로서는 「형사소송법」 제215조에 의하여 압수·수색을 할 수 없다고 보아야 하며, 그럼에도 검사가 공소제기 후 「형사소송법」 제215조에 따라 수소법원 이외의 지방법원 판사에게 청구하여 발부받은 영장에 의하여 압수·수색을 하였다면, 그와 같이 수집된 증거는 기본적 인권 보장을 위해 마련된 적법한 절차에 따르지 않은 것으로서 원칙적으로 유죄의 증거로 삼을 수 없다.
>
> ㉢ 경찰관이 이른바 전화사기죄 범행의 혐의자를 긴급체포하면서 그가 보관하고 있던 다른 사람의 주민등록증, 운전면허증등을 압수한 경우, 이는 (구)「형사소송법」 제217조 제1항에서 규정한 해당 범죄사실의 수사에 필요한 범위 내의 압수가 아니므로, 이를 위 혐의자의 점유이탈물횡령죄 범행에 대한 유죄의 증거로 사용할 수 없다.

① 없음
② 1개
③ 2개
④ 3개

해설

㉠ (O) [1] 형사소송법 제215조에 의하면 검사나 사법경찰관이 범죄수사에 필요한 때에는 영장에 의하여 압수를 할 수 있으나, 여기서 '범죄수사에 필요한 때'라 함은 단지 수사를 위해 필요할 뿐만 아니라 강제처분으로서 압수를 행하지 않으면 수사의 목적을 달성할 수 없는 경우를 말하고, 그 필요성이 인정되는 경우에도 무제한적으로 허용되는 것은 아니며, 압수물이 증거물 내지 몰수하여야 할 물건으로 보이는 것이라 하더라도, 범죄의 형태나 경중, 압수물의 증거가치 및 중요성, 증거인멸의 우려 유무, 압수로 인하여 피압수자가 받을 불이익의 정도 등 제반 사정을 종합적으로 고려하여 판단해야 한다.
[2] 검사의 압수처분이 수사상의 필요에서 행하는 압수의 본래의 취지를 넘는 것으로 상당성이 없을 뿐만 아니라, 수사상의 필요와 그로 인한 개인의 재산권 침해의 정도를 비교형량해 보면 비례성의 원칙에 위배되어 위법하다(대법원 2004.3.23, 2003모126).
㉡ (O) 공소제기 돼 사건을 맡은 법원(수소 법원)이 아닌 다른 지방법원 판사로부터 발부받은 압수·수색 영장을 집행해 압수한 물품은 유죄 인정의 증거로 쓸 수 없다(대법원 2011.4.28, 2009도10412).
㉢ (×) [1] 구 형사소송법(2007.6.1. 법률 제8496호로 개정되기

전의 것) 제217조 제1항 등에 의하면 검사 또는 사법경찰관은 피의자를 긴급체포한 경우 체포한 때부터 48시간 이내에 한하여 영장 없이, 긴급체포의 사유가 된 범죄사실 수사에 필요한 최소한의 범위 내에서 당해 범죄사실과 관련된 증거물 또는 몰수할 것으로 판단되는 피의자의 소유, 소지 또는 보관하는 물건을 압수할 수 있다. 이때, 어떤 물건이 긴급체포의 사유가 된 범죄사실 수사에 필요한 최소한의 범위 내의 것으로서 압수의 대상이 되는 것인지는 당해 범죄사실의 구체적인 내용과 성질, 압수하고자 하는 물건의 형상·성질, 당해 범죄사실과의 관련 정도와 증거가치, 인멸의 우려는 물론 압수로 인하여 발생하는 불이익의 정도 등 압수 당시의 여러 사정을 종합적으로 고려하여 객관적으로 판단하여야 한다.
[2] 경찰관이 이른바 전화사기죄 범행의 혐의자를 긴급체포하면서 그가 보관하고 있던 다른 사람의 주민등록증, 운전면허증 등을 압수한 경우, 이는 구 형사소송법(2007.6.1. 법률 제8496호로 개정되기 전의 것) 제217조 제1항에서 규정한 해당 범죄사실의 수사에 필요한 범위 내의 압수로서 적법하므로, 이를 위 혐의자의 점유이탈물횡령죄 범행에 대한 증거로 인정할 수 있다(대법원 2008.7.10, 2008도2245).

정답 ②

159 ✓ 유사 ◆◆◇ 경찰 2015

압수·수색·검증에 관한 형사소송법의 내용으로 가장 적절하지 않은 것은?

① 검사 또는 사법경찰관은 현행범인을 체포하는 경우 필요한 때에는 영장 없이 체포현장에서의 압수, 수색, 검증을 할 수 있다.
② 범행 중 또는 범행직후의 범죄장소에서 긴급을 요하여 법원판사의 영장을 받을 수 없는 때에는 영장 없이 압수, 수색 또는 검증을 할 수 있다.
③ 검사 또는 사법경찰관은 긴급체포된 자가 소유·소지 또는 보관하는 물건에 대하여 긴급히 압수할 필요가 있는 경우에는 체포한 때부터 48시간 이내에 한하여 영장 없이 압수·수색 또는 검증을 할 수 있다.
④ 검사, 사법경찰관은 피의자 기타인의 유류한 물건이나 소유자, 소지자 또는 보관자가 임의로 제출한 물건을 영장 없이 압수할 수 있다.

해설

③ (×) 제217조 제1항 참조.

> **제217조(영장에 의하지 아니하는 강제처분)** ① 검사 또는 사법경찰관은 제200조의3에 따라 체포된 자가 소유·소지 또는 보관 하는 물건에 대하여 긴급히 압수할 필요가 있는 경우에는 체포한 때부터 24시간 이내에 한하여 영장 없이 압수·수색 또는 검증을 할 수 있다.

① (O) 제216조 제1항 제2호 참조.

> **제216조(영장에 의하지 아니한 강제처분)** ① 검사 또는 사법경찰관은 제200조의2·제200조의3·제201조 또는 제212조의 규정에 의하여 피의자를 체포 또는 구속하는 경우에 필요한 때에는 영장 없이 다음 처분을 할 수 있다.

1. 타인의 주거나 타인이 간수하는 가옥, 건조물, 항공기, 선차 내에서의 피의자 수사
2. 체포현장에서의 압수, 수색, 검증

② (○) 제216조 제3항 참조.

> **제216조(영장에 의하지 아니한 강제처분)** ③ 범행 중 또는 범행 직후의 범죄 장소에서 긴급을 요하여 법원판사의 영장을 받을 수 없는 때에는 영장 없이 압수, 수색 또는 검증을 할 수 있다. 이 경우에는 사후에 지체 없이 영장을 받아야 한다.

④ (○) 제218조 참조.

> **제218조(영장에 의하지 아니한 압수)** 검사, 사법경찰관은 피의자 기타인의 유류한 물건이나 소유자, 소지자 또는 보관자가 임의로 제출한 물건을 영장 없이 압수할 수 있다.

정답 ③

---

160 ✓ 유사 ◆◆◇　　　경찰경채 2023

수사상 검증과 감정에 관한 설명으로 가장 적절하지 않은 것은? (다툼이 있는 경우 판례에 의함)

① 검사 또는 사법경찰관은 검증을 함에 있어 신체의 검사, 사체의 해부, 분묘의 발굴, 물건의 파괴 기타 필요한 처분을 할 수 있으며, 특히 사체의 해부 또는 분묘의 발굴을 하는 때에는 예(禮)에 어긋나지 아니하도록 주의하고 미리 유족에게 통지하여야 한다.

② 신체의 검사에 관하여는 검사를 받는 사람의 성별, 나이, 건강상태, 그 밖의 사정을 고려하여 그 사람의 건강과 명예를 해하지 아니하도록 주의하여야 하고, 여자의 신체를 검사하는 경우에는 의사나 성년의 여자를 참여하게 하여야 한다.

③ 사법경찰관 P는 법원으로부터 영장 또는 감정처분허가장을 발부받지 아니한 채 甲의 동의 없이 甲의 혈액을 채취하고 사후에도 지체 없이 영장을 발부받지 아니한 채 그 혈액 중 알코올농도에 관한 감정을 의뢰하였다면, 이러한 과정을 거쳐 P가 얻은 감정의뢰회보 등은 甲이나 변호인의 동의가 있더라도 유죄의 증거로 사용할 수 없다.

④ 수사상 감정유치란 피의자의 정신 또는 신체를 감정하기 위하여 일정 기간 동안 병원 기타 적당한 장소에 피의자를 유치하는 강제처분으로서 이미 구속 중인 피의자나 피의자 아닌 제3자에 대해서는 허용되지 아니한다.

해설

④ (×) 피의자에 대하여는 구속·불구속을 불문하고 감정유치가 허용되며(따라서 위 지문은 틀림)(제221조의3, 제172조 제3항), 구속 중인 피의자에 대하여 감정유치가 집행된 경우, 미결구금일수로는 산입되나(제172조 제8항), 구속기간과 관련하여서는 구속

집행정지로 간주한다(제172조 제1항). 다만, 피의자가 아닌 제3자는 감정유치의 대상이 아니다.

[보충] 신체검사는 피의자가 아닌 제3자도 그 대상이 될 수 있고(제141조 제2항), 피고인은 수소법원에 의한 감정유치가 가능하므로(제172조 제3항), 수사상 감정유치의 대상은 될 수 없다.

> **제221조의3(감정의 위촉과 감정유치의 청구)** ① 검사는 제221조의 규정에 의하여 감정을 위촉하는 경우에 제172조 제3항의 유치처분이 필요할 때에는 판사에게 이를 청구하여야 한다.
> ② 판사는 제1항의 청구가 상당하다고 인정할 때에는 유치처분을 하여야 한다. 제172조 및 제172조의2의 규정은 이 경우에 준용한다.
>
> **제221조(제3자의 출석요구 등)** ② 검사 또는 사법경찰관은 수사에 필요한 때에는 감정·통역 또는 번역을 위촉할 수 있다.
>
> **제172조(법원 외의 감정)** ① 법원은 필요한 때에는 감정인으로 하여금 법원 외에서 감정하게 할 수 있다.
> ② 전항의 경우에는 감정을 요하는 물건을 감정인에게 교부할 수 있다.
> ③ 피고인의 정신 또는 신체에 관한 감정에 필요한 때에는 법원은 기간을 정하여 병원 기타 적당한 장소에 피고인을 유치하게 할 수 있고 감정이 완료되면 즉시 유치를 해제하여야 한다.
> ④ 전항의 유치를 함에는 감정유치장을 발부하여야 한다.
> ⑤ 제3항의 유치를 함에 있어서 필요한 때에는 법원은 직권 또는 피고인을 수용할 병원 기타 장소의 관리자의 신청에 의하여 사법경찰관리에게 피고인의 간수를 명할 수 있다.
> ⑥ 법원은 필요한 때에는 유치기간을 연장하거나 단축할 수 있다.
> ⑦ 구속에 관한 규정은 이 법률에 특별한 규정이 없는 경우에는 제3항의 유치에 관하여 이를 준용한다. 단, 보석에 관한 규정은 그러하지 아니하다.
> ⑧ 제3항의 유치는 미결구금일수의 산입에 있어서는 이를 구속으로 간주한다.
>
> **제172조의2(감정유치와 구속)** ① 구속 중인 피고인에 대하여 감정유치장이 집행되었을 때에는 피고인이 유치되어 있는 기간 구속은 그 집행이 정지된 것으로 간주한다.
> ② 전항의 경우에 전조 제3항의 유치처분이 취소되거나 유치기간이 만료된 때에는 구속의 집행정지가 취소된 것으로 간주한다.

① (○), ② (○) 제140조, 제141조 참조.

> **제140조(검증과 필요한 처분)** 검증을 함에는 신체의 검사, 사체의 해부, 분묘의 발굴, 물건의 파괴 기타 필요한 처분을 할 수 있다.
>
> **제141조(신체검사에 관한 주의)** ① 신체의 검사에 관하여는 검사를 받는 사람의 성별, 나이, 건강상태, 그 밖의 사정을 고려하여 그 사람의 건강과 명예를 해하지 아니하도록 주의하여야 한다.
> ② 피고인 아닌 사람의 신체검사는 증거가 될 만한 흔적을 확인할 수 있는 현저한 사유가 있는 경우에만 할 수 있다.
> ③ 여자의 신체를 검사하는 경우에는 의사나 성년 여자를 참여하게 하여야 한다.
> ④ 시체의 해부 또는 분묘의 발굴을 하는 때에는 예(禮)에 어긋나지 아니하도록 주의하고 미리 유족에게 통지하여야 한다.

③ (○) 수사기관이 법원으로부터 영장 또는 감정처분허가장을 발

부받지 아니한 채 피의자의 동의 없이 피의자의 신체로부터 혈액을 채취하고 사후에도 지체 없이 영장을 발부받지 아니한 채 혈액 중 알코올농도에 관한 감정을 의뢰하였다면, 이러한 과정을 거쳐 얻은 감정의뢰회보 등은 형사소송법상 영장주의원칙을 위반하여 수집하거나 그에 기초하여 획득한 증거로서, 원칙적으로 절차위반행위가 적법절차의 실질적인 내용을 침해하여 피고인이나 변호인의 동의가 있더라도 유죄의 증거로 사용할 수 없다(대법원 2012.11.15, 2011도15258).

정답 ④

161 ✓ 유사 ◆◆◇ 변호사 2022

순찰 중인 사법경찰관 P가 교통사고를 낸 차량이 도주하였다는 무전연락을 받고 주변을 수색하다가 사고시점으로부터 약 10분 후 사고지점과 약 1km 떨어진 도로변에서 범퍼 등의 파손상태로 보아 사고차량으로 인정되는 차량에서 내리는 甲을 발견하고 체포하였다. 이에 관한 설명 중 옳지 않은 것은? (다툼이 있는 경우 판례에 의함)

① 사안의 경우 범죄에 사용되었다고 인정함에 충분한 물건을 소지하고 있는 때에 해당하므로, P는 甲을 준현행범인으로서 영장 없이 체포할 수 있다.

② 甲이 자신을 체포하려는 P에게 저항하며 도주하여, P가 甲을 실력으로 제압하는 경우, P는 그 과정에서 피의사실의 요지, 체포의 이유와 변호인을 선임할 수 있음을 말하고 변명할 기회를 주어야 하고, 여의치 않다면 甲을 실력으로 제압한 후에 지체 없이 하여야 한다.

③ P가 甲을 영장 없이 체포하기 위해서는 甲에게 도망 또는 증거인멸의 염려가 있어야 하고, 만약 체포 당시 상황을 기초로 판단하였을 때에 이러한 요건을 갖추지 못하였다면 그러한 체포는 위법한 체포에 해당한다.

④ P가 甲을 체포해서 조사 중 위 교통사고와 무관한 별건 범죄를 발견하고 그 수사를 위하여 甲의 주거지에 있는 甲 소유의 휴대전화를 긴급히 압수할 필요가 있는 경우 체포한 때부터 24시간 이내라면 영장 없이 압수할 수 있다.

⑤ P는 甲을 체포하면서 영장 없이 사고차량에 설치된 블랙박스를 甲의 의사에 반하여서도 압수할 수 있고, 이를 계속 압수할 필요가 있는 경우에는 검사를 통하여 지체 없이 압수·수색영장을 청구하여야 한다.

해설

④ (✕) 이 문제는 현행범체포의 경우이므로, 제217조 제1항과는 무관하다. 또한 별건 범죄의 수사를 위해 압수의 필요가 있는 때에는 별도로 압수·수색영장을 받아야 한다. "영장 발부의 사유로 된 범죄 혐의사실과 무관한 별개의 증거를 압수하였을 경우 이는 원칙적으로 유죄 인정의 증거로 사용할 수 없다(대법원 2017.12.5, 2017도13458)."

[보충] 위 지문의 끝부분은 긴급체포 후 24시간 내의 긴급압수·

수색·검증에 관한 것이다(제217조 제1항). 다만, 이 경우에도 긴급체포의 사유가 범죄와 관계있다고 인정할 수 있는 것에 한한다.

① (○) 제211조 제2항 제2호, 제212조 참조.

> **제211조(현행범인과 준현행범인)** ② 다음 각 호의 어느 하나에 해당하는 사람은 현행범인으로 본다.
> 2. 장물이나 범죄에 사용되었다고 인정하기에 충분한 흉기나 그 밖의 물건을 소지하고 있을 때
> **제212조(현행범인의 체포)** 현행범인은 누구든지 영장 없이 체포할 수 있다.

② (○) 제213조의2, 제200조의5 및 대법원 2008.10.9, 2008도3640 참조.

> **제213조의2(준용규정)** 제87조, 제89조, 제90조, 제200조의2 제5항 및 제200조의5의 규정은 검사 또는 사법경찰관리가 현행범인을 체포하거나 현행범인을 인도받은 경우에 이를 준용한다.
> **제200조의5(체포와 피의사실 등의 고지)** 검사 또는 사법경찰관은 피의자를 체포하는 경우에는 피의사실의 요지, 체포의 이유와 변호인을 선임할 수 있음을 말하고 변명할 기회를 주어야 한다.

③ (○) 대법원 2016.2.18, 2015도13726

⑤ (○) 제216조 제1항 제2호, 제217조 제2항 참조.

> **제216조(영장에 의하지 아니한 강제처분)** ① 검사 또는 사법경찰관은 제200조의2·제200조의3·제201조 또는 제212조의 규정에 의하여 피의자를 체포 또는 구속하는 경우에 필요한 때에는 영장 없이 다음 처분을 할 수 있다.
> 2. 체포현장에서의 압수, 수색, 검증
> **제217조(영장에 의하지 아니하는 강제처분)** ② 검사 또는 사법경찰관은 제1항 또는 제216조 제1항 제2호에 따라 압수한 물건을 계속 압수할 필요가 있는 경우에는 지체 없이 압수수색영장을 청구하여야 한다. 이 경우 압수수색영장의 청구는 체포한 때부터 48시간 이내에 하여야 한다.

정답 ④

162 ✓유사 ◆◇◇　　　경찰2차 2018

영장에 의하지 않는 압수·수색·검증에 대한 설명으로 가장 적절한 것은? (다툼이 있는 경우 판례에 의함)

① 사고발생 직후 사고장소에서 사법경찰관 사무취급이 작성한 실황조서가 긴급을 요하여 판사의 영장 없이 작성된 것이어서 「형사소송법」 제216조 제3항에 의한 검증에 해당한다면, 이 조서는 적법한 절차에 따라 작성된 것이므로 특별한 사유가 없는 한 증거능력이 있다.

② 범행 직후의 범죄 장소에서는 수사상 필요가 있는 경우라면, 긴급한 경우가 아니더라도, 수사기관은 영장 없이 압수·수색 또는 검증을 할 수 있으나, 사후에 지체 없이 영장을 받아야 한다.

③ 교통사고로 의식을 잃어 응급실에 실려 온 운전자에게서 담당의사가 응급수술을 목적으로 이미 채취한 혈액 중 일부를 주취운전 여부의 감정을 목적으로 출동한 경찰관이 담당의사로부터 임의로 제출받아 이를 압수한 경우, 담당의사에게 혈액제출권한이 없었다고 볼 특별한 사정이 없는 한 사후영장을 받지 않아도 이러한 압수는 위법하지 않다.

④ 경찰관이 피고인 소유의 쇠파이프를 피고인의 주거지 앞마당에서 발견하였음에도 그 소유자, 소지자 또는 보관자가 아닌 피해자로부터 임의로 제출받는 형식으로 그 쇠파이프를 압수하였고 그 후 압수물의 사진을 찍은 경우, 그 '압수물' 및 '압수물을 찍은 사진'은 피고인이 증거로 사용함에 동의한 경우에만 유죄인정의 증거로 사용할 수 있다.

해설

③ (O) 형사소송법 및 기타 법령상 의료인이 진료 목적으로 채혈한 혈액을 수사기관이 수사 목적으로 압수하는 절차에 관하여 특별한 절차적 제한을 두고 있지 않으므로, 의료인이 진료 목적으로 채혈한 환자의 혈액을 수사기관에 임의로 제출하였다면 그 혈액의 증거사용에 대하여도 환자의 사생활의 비밀 기타 인격적 법익이 침해되는 등의 특별한 사정이 없는 한 반드시 그 환자의 동의를 받아야 하는 것이 아니고, 따라서 경찰관이 <u>간호사로부터 진료 목적으로 이미 채혈되어 있던 피고인의 혈액 중 일부를 주취운전 여부에 대한 감정을 목적으로 임의로 제출 받아 이를 압수한 경우</u>, 당시 간호사가 위 혈액의 소지자 겸 보관자인 병원 또는 담당의사를 대리하여 혈액을 경찰관에게 임의로 제출할 수 있는 권한이 없었다고 볼 특별한 사정이 없는 이상, 그 압수절차가 피고인 또는 피고인의 가족의 동의 및 영장 없이 행하여졌다고 하더라도 이에 <u>적법절차를 위반한 위법이 있다고 할 수 없다</u>(대법원 1999.9.3, 98도968).

① (X) 사법경찰관 사무취급이 작성한 실황조서가 사고발생 직후 사고장소에서 긴급을 요하여 판사의 영장 없이 시행된 것으로서 형사소송법 제216조 제3항에 의한 검증에 따라 작성된 것이라면 <u>사후영장을 받지 않는 한 유죄의 증거로 삼을 수 없다</u>(대법원 1989.3.14, 88도1399).

② (X) 범행 중 또는 범행직후의 범죄 장소에서 <u>긴급을 요하여 법원 판사의 영장을 받을 수 없는 때</u>에는 영장 없이 압수·수색 또는 검증을 할 수 있으나, 사후에 지체 없이 영장을 받아야 한다(형사

소송법 제216조 제3항). 형사소송법 제216조 제3항의 요건 중 어느 하나라도 갖추지 못한 경우에 그러한 압수·수색 또는 검증은 위법하며, 이에 대하여 <u>사후에 법원으로부터 영장을 발부받았다고 하여 그 위법성이 치유되지 아니한다</u>(대법원 2017.11.29, 2014도16080).

④ (X) 형사소송법 제218조는 "사법경찰관은 소유자, 소지자 또는 보관자가 임의로 제출한 물건을 영장 없이 압수할 수 있다"고 규정하고 있는바, 위 규정을 위반하여 <u>소유자, 소지자 또는 보관자가 아닌 자로부터 제출받은 물건을 영장 없이 압수한 경우 그 '압수물' 및 '압수물을 찍은 사진'은 이를 유죄 인정의 증거로 사용할 수 없는 것이고</u>, 헌법과 형사소송법이 선언한 영장주의의 중요성에 비추어 볼 때 피고인이나 변호인이 이를 증거로 함에 동의하였다고 하더라도 달리 볼 것은 아니다(대법원 2010.1.28, 2009도10092).

정답 ③

163 ✓유사 ◆◆◇　　　경찰 2013 유사 경찰 2016

압수·수색에 관한 다음 설명 중 틀린 것은 모두 몇 개인가? (다툼이 있으면 판례에 의함)

　⊙ 압수·수색영장에서 압수할 물건을 '압수장소에 보관 중인 물건'이라고 기재하고 있는 것을 '압수장소에 현존하는 물건'으로 해석할 수는 없다.

　⊙ 소유자, 소지자 또는 보관자가 아닌 자로부터 제출받은 물건을 영장 없이 압수한 '압수물' 및 '압수물을 찍은 사진'은 이를 유죄 인정의 증거로 사용할 수 없지만 피고인이나 변호인이 이를 증거로 함에 동의하였다면 증거능력이 인정된다.

　⊙ 수사기관이 압수·수색에 착수하면서 그 장소의 관리책임자에게 영장을 제시하였다면 물건을 소지하고 있는 다른 사람으로부터 이를 압수하고자 하는 때 그 사람에게 따로 영장을 제시할 필요는 없다.

　⊙ 검사가 공소제기 후 형사소송법 제215조에 따라 수소 법원 이외의 지방법원 판사에게 청구하여 발부받은 영장에 의하여 압수·수색을 하였다면, 그와 같이 수집된 증거는 원칙적으로 유죄의 증거로 삼을 수 없다.

　⊙ 전자정보에 대한 압수·수색에 있어 저장매체 자체를 외부로 반출하거나 하드카피·이미징 등의 형태로 복제본을 만들어 외부에서 저장매체나 복제본에 대하여 압수·수색이 허용되는 예외적인 경우에도 혐의사실과 관련된 전자정보 이외에 이와 무관한 전자정보를 탐색·복제·출력하는 것은 원칙적으로 위법한 압수·수색에 해당하므로 허용될 수 없다.

① 1개　　　　　　　　② 2개
③ 3개　　　　　　　　④ 4개

해설

⊙ (O) 헌법과 형사소송법이 구현하고자 하는 적법절차와 영장주

의의 정신에 비추어 볼 때, 법관이 압수·수색영장을 발부하면서 '압수할 물건'을 특정하기 위하여 기재한 문언은 엄격하게 해석하여야 하고, 함부로 피압수자 등에게 불리한 내용으로 확장 또는 유추 해석하여서는 안 된다. 따라서 압수·수색영장에서 압수할 물건을 '압수장소에 보관 중인 물건'이라고 기재하고 있는 것을 '압수장소에 현존하는 물건'으로 해석할 수는 없다(대법원 2009. 3.12. 2008도763).

ⓛ (×) 형사소송법 제218조는 "사법경찰관은 소유자, 소지자 또는 보관자가 임의로 제출한 물건을 영장 없이 압수할 수 있다"고 규정하고 있는 바, 위 규정을 위반하여 소유자, 소지자 또는 보관자가 아닌 자로부터 제출받은 물건을 영장 없이 압수한 경우 그 '압수물' 및 '압수물을 찍은 사진'은 이를 유죄 인정의 증거로 사용할 수 없는 것이고, 헌법과 형사소송법이 선언한 영장주의의 중요성에 비추어 볼 때 피고인이나 변호인이 이를 증거로 함에 동의하였다고 하더라도 달리 볼 것은 아니다(대법원 2010.1.28. 2009도10092).

ⓒ (×) 압수·수색영장은 처분을 받는 자에게 반드시 제시하여야 하는바, 현장에서 압수·수색을 당하는 사람이 여러 명일 경우에는 그 사람들 모두에게 개별적으로 영장을 제시해야 하는 것이 원칙이다. 수사기관이 압수·수색에 착수하면서 그 장소의 관리책임자에게 영장을 제시하였다고 하더라도, 물건을 소지하고 있는 다른 사람으로부터 이를 압수하고자 하는 때에는 그 사람에게 따로 영장을 제시하여야 한다(대법원 2009.3.12. 2008도763).

ⓔ (○) 형사소송법 제215조 제2항은 "사법경찰관이 범죄수사에 필요한 때에는 검사에게 신청하여 검사의 청구로 지방법원 판사가 발부한 영장에 의하여 압수, 수색 또는 검증을 할 수 있다."고 규정하고 있는 바, 사법경찰관이 위 규정을 위반하여 영장 없이 물건을 압수한 경우 그 압수물은 물론 이를 기초로 하여 획득한 2차적 증거 역시 유죄 인정의 증거로 사용할 수 없는 것이고, 이와 같은 법리는 헌법과 형사소송법이 선언한 영장주의의 중요성에 비추어 볼 때 위법한 압수가 있은 직후에 피고인으로부터 작성받은 그 압수물에 대한 임의제출동의서도 특별한 사정이 없는 한 마찬가지라고 할 것이다(대법원 2010.7.22. 2009도14376).

ⓜ (○) 대법원 2015.7.16. 2011모1839 전원합의체

정답 ②

---

164 ✓유사 ◆◆◇

압수·수색에 대한 설명으로 가장 적절하지 않은 것은? (다툼이 있는 경우 판례에 의함)

① 수사기관의 압수·수색은 법관이 발부한 압수·수색영장에 의하여야 하는 것이 원칙이고, 그 영장에는 피의자의 성명, 압수할 물건, 수색할 장소·신체·물건과 압수·수색의 사유 등이 특정되어야 하며, 피의자 아닌 자의 신체 또는 물건은 압수할 물건이 있음을 인정할 수 있는 경우에 한하여 수색할 수 있다.

② 법관이 압수·수색영장을 발부하면서 '압수할 물건'을 특정하기 위하여 기재한 문언은 엄격하게 해석해야 하고, 함부로 피압수자 등에게 불리한 내용으로 확장 또는 유추해석해서는 안되므로, 압수·수색영장에서 압수할 물건을 '압수장소에 보관중인 물건'이라고 기재하고 있는 것을 '압수장소에 현존하는 물건'으로 해석할 수는 없다.

③ 피의자의 컴퓨터 내에 저장되어 있는 이메일 등 전자정보를 압수·수색하는 것은 전자정보의 소유자 내지 소지자를 상대로 해당 전자정보를 압수·수색하는 대물적 강제처분으로 「형사소송법」의 해석상 허용된다.

④ 영장에 수색할 장소를 특정하도록 한 취지에 비추어 보면, 수색장소에 있는 정보처리장치를 이용하여 정보통신망으로 연결된 원격지의 저장매체에서 수색장소에 있는 정보처리장치로 전자정보를 내려 받아 이를 압수하는 것은 압수·수색영장에서 허용한 집행의 장소적 범위를 위법하게 확대하는 것이다.

해설

④ (×) 수사기관이 인터넷서비스이용자인 피의자를 상대로 피의자의 컴퓨터 등 정보처리장치 내에 저장되어 있는 이메일 등 전자정보를 압수·수색하는 것은 전자정보의 소유자 내지 소지자를 상대로 해당 전자정보를 압수·수색하는 대물적 강제처분으로 형사소송법의 해석상 허용된다. 나아가 압수·수색할 전자정보가 압수·수색영장에 기재된 수색장소에 있는 컴퓨터 등 정보처리장치 내에 있지 아니하고 그 정보처리장치와 정보통신망으로 연결되어 제3자가 관리하는 원격지의 서버 등 저장매체에 저장되어 있는 경우에도, 수사기관이 피의자의 이메일 계정에 대한 접근권한에 갈음하여 발부받은 영장에 따라 영장 기재 수색장소에 있는 컴퓨터 등 정보처리장치를 이용하여 적법하게 취득한 피의자의 이메일 계정 아이디와 비밀번호를 입력하는 등 피의자가 접근하는 통상적인 방법에 따라 원격지의 저장매체에 접속하고 그곳에 저장되어 있는 피의자의 이메일 관련 전자정보를 수색장소의 정보처리장치로 내려받거나 그 화면에 현출시키는 것 역시 피의자의 소유에 속하거나 소지하는 전자정보를 대상으로 이루어지는 것이므로 그 전자정보에 대한 압수·수색을 위와 달리 볼 필요가 없다(대법원 2017.11.29. 2017도9747).

[비교] 압수·수색영장에 적힌 '압수할 물건'에 컴퓨터 등 정보처리장치 저장 전자정보만 기재되어 있다면 컴퓨터 등 정보처리장치를 이용하여 원격지 서버 저장 전자정보를 압수할 수는 없다. 압수·수색영장에 적힌 '압수할 물건'에 원격지 서버 저장 전자정보가 기재되어 있지 않은 이상 '압수할 물건'은 컴퓨터 하드디스

크 및 외부 저장매체에 저장된 전자정보에 한정되므로 <u>경찰이 압수한 불법촬영물은 위법수집증거에 해당하고, 이를 이용하여 수집한 다른 증거도 위법수집증거에 기한 2차적 증거에 해당하여 증거능력이 없다</u>(대법원 2022.6.30, 2022도1452).

① (○) 수사기관의 압수·수색은 법관이 발부한 압수수색영장에 의하여야 하는 것이 원칙이고, 그 영장에는 피의자의 성명, 압수할 물건, 수색할 장소·신체·물건과 압수수색의 사유 등이 특정되어야 한다(대법원 2017.9.7, 2015도10648). 후단은 제219조, 제109조 제2항 참조.

> **제219조(준용규정)** 제106조, 제107조, <u>제109조</u> 내지 제112조, 제114조, 제115조 제1항 본문, 제2항, 제118조부터 제132조까지, 제134조, 제135조, 제140조, 제141조, 제333조 제2항, 제486조의 규정은 <u>검사 또는 사법경찰관의 본장의 규정에 의한 압수, 수색 또는 검증에 준용한다. 단, 사법경찰관이 제130조, 제132조 및 제134조에 따른 처분을 함에는 검사의 지휘를 받아야 한다.
> **제109조(수색)** ① 법원은 필요한 때에는 피고사건과 관계가 있다고 인정할 수 있는 것에 한정하여 피고인의 신체, 물건 또는 주거, 그 밖의 장소를 수색할 수 있다.
> ② 피고인 아닌 자의 신체, 물건, 주거 기타 장소에 관하여는 압수할 물건이 있음을 인정할 수 있는 경우에 한하여 수색할 수 있다.

② (○) 대법원 2009.3.12, 2008도763

③ (○) 수사기관이 인터넷서비스이용자인 피의자를 상대로 <u>피의자의 컴퓨터 등 정보처리장치 내에 저장되어 있는 이메일 등 전자정보를 압수·수색하는 것은 전자정보의 소유자 내지 소지자를 상대로 해당 전자정보를 압수·수색하는 대물적 강제처분으로 형사소송법의 해석상 허용된다</u>(대법원 2017.11.29, 2017도9747).

정답 ④

---

165 ✓ 유사 ◆◇◇ 경찰승진 2022

압수·수색에 대한 설명으로 가장 적절한 것은? (다툼이 있는 경우 판례에 의함)

① 사법경찰관은 긴급체포된 자가 소유·소지 또는 보관하는 물건에 대하여 긴급히 압수할 필요가 있는 경우에는 체포한 때부터 48시간 이내에 한하여 영장 없이 압수·수색 또는 검증을 할 수 있다.

② 범행 직후의 범죄장소에서 수사상 필요가 있는 때에는 긴급한 경우가 아니더라도 수사기관은 영장 없이 압수·수색 또는 검증을 할 수 있으나, 사후에 지체 없이 영장을 받아야 한다.

③ 경찰관이 현행범인 체포 당시 피의자로부터 임의제출 방식으로 압수한 휴대전화기에 대하여 작성한 압수조서 중 압수경위란에 피의자의 범행을 목격한 사람의 진술이 기재된 경우, 이는 「형사소송법」 제312조 제5항에서 정한 '피고인이 아닌 자가 수사과정에서 작성한 진술서'에 준하는 것으로 볼 수 있지만, 휴대전화기에 대한 임의제출절차가 적법하지 않다면 위 압수조서에 기재된 피의자의 범행을 목격한 사람의 진술 역시 피의자가 증거로 함에 동의하더라도 유죄를 인정하기 위한 증거로 사용할 수 없다.

④ 「형사소송법」 제218조를 위반하여 소유자, 소지자 또는 보관자가 아닌 자로부터 제출받은 물건을 영장 없이 압수한 경우 그 '압수물' 및 '압수물을 찍은 사진'은 이를 유죄 인정의 증거로 사용할 수 없는 것이고, 헌법과 형사소송법이 선언한 영장주의의 중요성에 비추어 볼 때 피고인이나 변호인이 이를 증거로 함에 동의하였다고 하더라도 달리 볼 것은 아니다.

해설

④ (○) 대법원 2010.1.28, 2009도10092

① (×) 검사 또는 사법경찰관은 제200조의3(긴급체포)에 따라 체포된 자가 소유·소지 또는 보관하는 물건에 대하여 긴급히 압수할 필요가 있는 경우에는 <u>체포한 때부터 24시간 이내에 한하여</u> 영장 없이 압수·수색 또는 검증을 할 수 있다(제217조 제1항).

② (×) 범행 중 또는 범행 직후의 범죄 장소에서 <u>긴급을 요하여 법원판사의 영장을 받을 수 없는 때</u>에는 영장 없이 압수, 수색 또는 검증을 할 수 있다. 이 경우에는 사후에 지체 없이 영장을 받아야 한다(제216조 제3항).

③ (×) 휴대전화기에 대한 압수조서 중 '압수경위'란에 기재된 상기의 내용은, 피고인이 이 부분 공소사실과 같은 범행을 저지르는 현장을 직접 목격한 사람의 진술이 담긴 것으로서 형사소송법 제312조 제5항에서 정한 '피고인이 아닌 자가 수사과정에서 작성한 진술서'에 준하는 것으로 볼 수 있고, 이에 따라 이 사건 <u>휴대전화기에 대한 임의제출절차가 적법하였는지 여부에 영향을 받지 않는 별개의 독립적인 증거에 해당하므로, 피고인이 증거로 함에 동의한 이상 유죄를 인정하기 위한 증거로 사용할 수 있을 뿐 아니라 이 부분 공소사실에 대한 피고인의 자백을 보강하는 증거가 된다고 볼 여지가 많다</u>(대법원 2019.11.14, 2019도13290).

정답 ④

166 ⊘ 대표 ◆◆◇ 경찰2차 2018 유사 국가7급 2021

대물적 강제수사에 대한 설명으로 옳지 않은 것은? (다툼이 있는 경우 판례에 의함)

① 검사는 증거에 사용할 압수물에 대하여 가환부 청구가 있는 경우, 이를 거부할 수 있는 특별한 사정이 없는 한 가환부에 응하여야 한다.

② 피고인 이외 제3자의 소유에 속하는 압수물에 대하여 몰수를 선고한 판결이 있는 경우, 그 판결의 효력은 유죄판결을 받은 피고인에 대하여 미치는 것뿐만 아니라 제3자의 소유권에도 영향을 미친다.

③ 압수물 목록 교부 취지에 비추어 볼 때, 압수된 정보의 상세 목록에는 정보의 파일 명세가 특정되어 있어야 하고, 수사기관은 이를 출력한 서면을 교부하거나 전자파일 형태로 복사해 주거나 이메일을 전송하는 등의 방식으로도 할 수 있다.

④ 세관공무원이 마약류 수사에 관한 「마약류 불법거래 방지에 관한 특례법」 제4조 제1항에 따른 조치의 일환으로 검사의 요청에 따라 특정한 수출입물품을 개봉하여 검사하고 그 내용물의 점유를 취득한 행위는 통상의 수출입물품에 대한 적정한 통관 등을 목적으로 조사를 하는 경우와는 달리 사전 또는 사후에 영장을 받아야 한다.

해설

② (X) 그 물건을 소지하지 못하게 하는 데 그치고, 그 사건에서 <u>재판을 받지 아니한 제3자의 소유권에 어떤 영향을 미치는 것은 아니다</u>(대법원 2017.9.29, 2017모236).

① (○) 형사소송법 제218조의2 제1항은 '검사는 <u>사본을 확보한 경우 등 압수를 계속할 필요가 없다고 인정되는 압수물 및 증거에 사용할 압수물에 대하여 공소제기 전이라도 소유자, 소지자, 보관자 또는 제출인의 청구가 있는 때에는 환부 또는 가환부하여야 한다</u>'고 규정하고 있다. 따라서 <u>검사는 증거에 사용할 압수물에 대하여 가환부의 청구가 있는 경우 가환부를 거부할 수 있는 특별한 사정이 없는 한 가환부에 응하여야 한다</u>. 그리고 그러한 특별한 사정이 있는지는 범죄의 태양, 경중, 몰수 대상인지 여부, 압수물의 증거로서의 가치, 압수물의 은닉·인멸·훼손될 위험, 수사나 공판수행상의 지장 유무, 압수에 의하여 받는 피압수자 등의 불이익의 정도 등 여러 사정을 검토하여 종합적으로 판단하여야 한다(대법원 2017.9.29, 2017모236).

③ (○) 형사소송법 제219조, 제129조에 의하면, 압수한 경우에는 목록을 작성하여 소유자, 소지자, 보관자 기타 이에 준할 자에게 교부하여야 한다. 그리고 법원은 압수·수색영장의 집행에 관하여 범죄 혐의사실과 관련 있는 정보의 탐색·복제·출력이 완료된 때에는 지체 없이 압수된 정보의 상세목록을 피의자 등에게 교부할 것을 정할 수 있다. <u>압수물 목록은 피압수자 등이 압수처분에 대한 준항고를 하는 등 권리행사절차를 밟는 가장 기초적인 자료가 되므로</u>, 수사기관은 이러한 권리행사에 지장이 없도록 압수 직후 현장에서 압수물 목록을 바로 작성하여 교부해야 하는 것이 원칙이다. 이러한 압수물 목록 교부 취지에 비추어 볼 때, <u>압수된 정보의 상세목록에는 정보의 파일 명세가 특정되어 있어야 하고, 수사기관은 이를 출력한 서면을 교부하거나 전자파일 형태로 복사해 주거나 이메일을 전송하는 등의 방식으로도 할 수 있다</u>(대법원 2018.2.8, 2017도13263).

④ (○) 대법원 2017.7.18, 2014도8719

정답 ②

167 ⊘ 대표 ◆◆◆ 변호사 2019

강제처분에 관한 설명 중 옳지 않은 것은? (다툼이 있는 경우 판례에 의함)

① 「형사소송법」 제217조 제1항은 수사기관이 피의자를 긴급체포한 상황에서 피의자가 체포되었다는 사실이 공범이나 관련자들에게 알려짐으로써 관련자들이 증거를 파괴하거나 은닉하는 것을 방지하고, 범죄사실과 관련된 증거물을 신속히 확보할 수 있도록 하기 위한 것이므로, 긴급체포된 자가 체포현장이 아닌 장소에서 소유·소지 또는 보관하는 물건을 압수할 수는 없다.

② 체포영장의 제시나 고지 등은 체포를 위한 실력행사에 들어가기 이전에 미리 하여야 하는 것이 원칙이나, 달아나는 피의자를 쫓아가 붙들거나 폭력으로 대항하는 피의자를 실력으로 제압하는 경우에는 붙들거나 제압하는 과정에서 하거나, 그것이 여의치 않은 경우에는 일단 붙들거나 제압한 후에 지체 없이 하여야 한다.

③ 현행범 체포현장이나 범죄장소에서 소지자 등이 임의로 제출하는 물건은 영장 없이 압수할 수 있고, 이 경우에는 검사나 사법경찰관이 사후에 영장을 받을 필요가 없다.

④ 피고인이 수사 당시 긴급체포되었다가 수사기관의 조치로 석방된 후 법원이 발부한 구속영장에 의하여 구속이 이루어진 경우 「형사소송법」 제200조의4 제3항, 제208조에 규정된 재체포 또는 재구속 제한에 위배되는 위법한 구속이라고 볼 수 없다.

⑤ A가 필로폰을 투약한다는 제보를 받은 경찰관이 A의 주거지를 방문하였다가, 그곳에서 A를 발견하고 A의 전화번호로 전화를 하여 나오라고 하였으나 응하지 않자 A의 집 문을 강제로 열고 들어가 긴급체포한 경우, 경찰관이 A의 신원과 주거지 및 전화번호 등을 모두 파악하고 있었고, 당시 마약 투약의 범죄 증거가 급속하게 소멸될 상황도 아니었다면, 위법한 체포이다.

해설

① (X) 형사소송법 제217조 제1항 규정에 따른 압수·수색 또는 검증은 체포현장에서의 압수·수색 또는 검증을 규정하고 있는 형사소송법 제216조 제1항 제2호와 달리, 체포현장이 아닌 장소에서도 긴급체포된 자가 소유·소지 또는 보관하는 물건을 대상으로 할 수 있다(대법원 2017.9.12, 2017도10309).

② (○) 체포영장의 제시나 고지 등은 체포를 위한 실력행사에 들어가기 이전에 미리 하여야 하는 것이 원칙이나, 달아나는 피의자를 쫓아가 붙들거나 폭력으로 대항하는 피의자를 실력으로 제압하는 경우에는 붙들거나 제압하는 과정에서 하거나, 그것이 여의치 않은 경우에라도 일단 붙들거나 제압한 후에 지체 없이 행하

여야 한다(대법원 2008.2.14, 2007도10006).

③ (○) 형사소송법 제218조에 의하면 검사 또는 사법경찰관은 피의자 등이 유류한 물건이나 소유자·소지자 또는 보관자가 임의로 제출한 물건은 영장 없이 압수할 수 있으므로, 현행범 체포 현장이나 범죄 장소에서도 소지자 등이 임의로 제출하는 물건은 위 조항에 의하여 영장 없이 압수할 수 있고, 이 경우에는 검사나 사법경찰관이 사후에 영장을 받을 필요가 없다 (대법원 2016.2.18, 2015도13726).

④ (○) 형사소송법 제200조의4 제3항은 영장 없이는 긴급체포 후 석방된 피의자를 동일한 범죄사실에 관하여 체포하지 못한다는 규정으로, 위와 같이 석방된 피의자라도 법원으로부터 구속영장을 발부받아 구속할 수 있음은 물론이고, 같은 법 제208조 소정의 '구속되었다가 석방된 자'라 함은 구속영장에 의하여 구속되었다가 석방된 경우를 말하는 것이지, 긴급체포나 현행범으로 체포되었다가 사후영장발부 전에 석방된 경우는 포함되지 않는다 할 것이므로, 피고인이 수사 당시 긴급체포되었다가 수사기관의 조치로 석방된 후 법원이 발부한 구속영장에 의하여 구속이 이루어진 경우 앞서 본 법조에 위배되는 위법한 구속이라고 볼 수 없다(대법원 2001.9.28, 2001도4291).

⑤ (○) 피고인이 마약에 관한 죄를 범하였다고 의심할 만한 상당한 이유가 있었더라도, 경찰관이 이미 피고인의 신원과 주거지 및 전화번호 등을 모두 파악하고 있었고, 당시 마약 투약의 범죄 증거가 급속하게 소멸될 상황도 아니었던 점 등의 사정을 감안하면, 긴급체포가 미리 체포영장을 받을 시간적 여유가 없었던 경우에 해당하지 않아 위법하다(대법원 2016.10.13, 2016도5814).

정답 ①

168 ✓ 대표 ◆◆◆ 변호사 2019

압수·수색에 관한 설명 중 옳지 않은 것은? (다툼이 있는 경우 판례에 의함)

① 압수·수색영장은 피압수자로 하여금 법관이 발부한 영장에 의한 압수·수색이라는 사실을 확인함과 동시에 압수·수색영장에 필요적으로 기재하도록 정한 사항이나 그와 일체를 이루는 사항을 충분히 알 수 있도록 제시하여야 한다.

② 정보통신서비스 회사에서 보관 중인 이메일에 대하여 압수·수색영장을 집행하면서 팩스로 영장사본을 송신하였다면, 집행 시에 그 영장의 원본을 제시하지 않더라도 위법하지 않다.

③ 수사기관이 압수·수색을 실시하여 그 집행을 종료하였다면 영장의 유효기간이 남아있다고 하더라도 그 영장의 효력은 상실된다.

④ 전자정보에 대한 압수·수색영장에 기하여 저장매체 자체를 반출한 후 유관정보를 탐색하는 과정에서 당해 영장의 범죄혐의와는 다른 별도의 범죄혐의와 관련된 증거를 발견하게 되어 이를 압수하려는 경우에는 더 이상의 집행을 중단하고 법원으로부터 별도의 범죄혐의에 대한 압수·수색영장을 발부받아야 한다.

⑤ 피의자의 이메일 계정에 대한 접근권한에 갈음하여 발부받은 압수·수색영장의 집행에 필요한 처분은 원격지 서버에 있는 피의자의 이메일 등 관련 전자정보를 수색장소의 정보처리장치로 내려받거나 그 화면에 현출시키는 행위와 같이 집행의 목적을 달성하기 위한 필요 최소한도의 범위 내에서 그 수단과 목적에 비추어 사회통념상 상당하다고 인정되는 행위이어야 한다.

해설

② (×) 공소외 1 주식회사에 팩스로 영장 사본을 송신한 사실은 있으나 영장 원본을 제시하지 않았고 또한 압수조서와 압수물 목록을 작성하여 이를 피압수·수색 당사자에게 교부하였다고 볼 수도 없다고 전제한 다음, 위와 같은 방법으로 압수된 위 각 이메일은 헌법과 형사소송법 제219조, 제118조, 제129조가 정한 절차를 위반하여 수집한 위법수집증거로 원칙적으로 유죄의 증거로 삼을 수 없다(대법원 2017.9.7, 2015도10648).

① (○) 관련 규정과 영장 제시 제도의 입법 취지 등을 종합하여 보면, 압수·수색영장을 집행하는 수사기관은 피압수자로 하여금 법관이 발부한 영장에 의한 압수·수색이라는 사실을 확인함과 동시에 형사소송법이 압수·수색영장에 필요적으로 기재하도록 정한 사항이나 그와 일체를 이루는 사항을 충분히 알 수 있도록 압수·수색영장을 제시하여야 한다(대법원 2017.9.21, 2015도12400).

③ (○) 수사기관이 압수·수색영장을 제시하고 집행에 착수하여 압수·수색을 실시하고 그 집행을 종료하였다면 이미 그 영장은 목적을 달성하여 효력이 상실되는 것이고, 동일한 장소 또는 목적물에 대하여 <u>다시 압수·수색할 필요가 있는 경우라면 그 필요성을 소명하여 법원으로부터 새로운 압수·수색영장을 발부 받아야 하는 것이지</u>, 앞서 발부 받은 압수·수색영장의 유효기간이 남아있다고 하여 이를 제시하고 다시 압수·수색을 할 수는 없다(대법원 1999.12.1, 99모161).

④ (○) 전자정보에 대한 압수·수색이 종료되기 전에 혐의사실과 관련된 전자정보를 적법하게 탐색하는 과정에서 별도의 범죄혐의와 관련된 전자정보를 우연히 발견한 경우라면, 수사기관은 더 이상의 추가 탐색을 중단하고 법원에서 별도의 범죄혐의에 대한 압수·수색영장을 발부받은 경우에 한하여 그러한 정보에 대하여도 적법하게 압수·수색을 할 수 있다(대법원 2015.7.16, 2011모1839 전원합의체).

⑤ (○) 피의자의 이메일 계정에 대한 접근권한에 갈음하여 발부받은 압수·수색영장에 따라 원격지의 저장매체에 적법하게 접속하여 내려받거나 현출된 전자정보를 대상으로 하여 범죄 혐의사실과 관련된 부분에 대하여 압수·수색하는 것은, 압수·수색영장의 집행을 원활하고 적정하게 행하기 위하여 필요한 최소한도의 범위 내에서 이루어지며 그 수단과 목적에 비추어 사회통념상 타당하다고 인정되는 대물적 강제처분 행위로서 허용된다(대법원 2017.11.29, 2017도9747).

정답 ②

---

169 ✓유사 ◆◆◇ <국가9급개론 2024>

대물적 강제처분에 대한 설명으로 옳지 않은 것은?

① 「통신비밀보호법」에 따라 검사 또는 사법경찰관은 수사를 위해 필요한 경우 법원의 허가를 받아 정보통신망에 접속된 정보통신기기의 위치를 확인할 수 있는 발신기지국의 위치추적자료의 제공을 요청할 수 있다.

② 전자정보가 담긴 저장매체 또는 하드카피·이미징 등 형태를 수사기관 사무실 등으로 옮겨 복제·탐색·출력을 통하여 압수·수색영장을 집행하는 경우에도 그 과정에서 피압수자 또는 변호인에게 참여의 기회를 보장하여야 한다.

③ 압수·수색영장에 기재된 '압수할 물건'에 별도로 원격지 서버 저장 전자정보가 특정되어 있지 않은 채 컴퓨터 등 정보처리장치 저장 전자정보만 기재되어 있더라도 컴퓨터 등 정보처리장치를 이용하여 원격지 서버 저장 전자정보를 압수할 수 있다.

④ 피해자 등 제3자가 피의자의 소유·관리에 속하는 정보저장매체를 영장에 의하지 않고 피의자의 동의 없이 임의제출한 경우에는 실질적 피압수자인 피의자가 수사기관으로 하여금 그 전자정보 전부를 무제한 탐색하는 데 동의한 것으로 보기 어렵다.

해설

③ (×) 수사기관이 압수·수색영장에 적힌 '수색할 장소'에 있는 컴퓨터 등 정보처리장치에 저장된 전자정보 외에 원격지 서버에 저장된 전자정보를 압수·수색하기 위해서는 압수·수색영장에 적힌 '압수할 물건'에 별도로 원격지 서버 저장 전자정보가 특정되어 있어야 한다. 압수·수색영장에 적힌 '압수할 물건'에 컴퓨터 등 정보처리장치 저장 전자정보만 기재되어 있다면 컴퓨터 등 정보처리장치를 이용하여 원격지 서버 저장 전자정보를 압수할 수는 없다(대법원 2022.6.30, 2022도1452).

① (○) 통신비밀보호법 제2조, 제13조 제1항·제3항 참조

> **통신비밀보호법 제2조(정의)** 이 법에서 사용하는 용어의 정의는 다음과 같다.
> 11. "통신사실확인자료"라 함은 다음 각목의 어느 하나에 해당하는 전기통신사실에 관한 자료를 말한다.
>   바. 정보통신망에 접속된 정보통신기기의 위치를 확인할 수 있는 발신기지국의 위치추적자료
>
> **제13조(범죄수사를 위한 통신사실 확인자료제공의 절차)**
> ① 검사 또는 사법경찰관은 수사 또는 형의 집행을 위하여 필요한 경우 전기통신사업법에 의한 전기통신사업자(이하 "전기통신사업자"라 한다)에게 통신사실 확인자료의 열람이나 제출(이하 "통신사실 확인자료제공"이라 한다)을 요청할 수 있다.
> ③ 제1항 및 제2항에 따라 통신사실 확인자료제공을 요청하는 경우에는 요청사유, 해당 가입자와의 연관성 및 필요한 자료의 범위를 기록한 서면으로 관할 지방법원(군사법원을 포함한다. 이하 같다) 또는 지원의 허가를 받아야 한다. 다만, 관할 지방법원 또는 지원의 허가를 받을 수 없는 긴급한 사유가 있는 때에는 통신사실 확인자료제공을 요청한 후 지체 없이 그 허가를 받아 전기통신사업자에게 송부하여야 한다.

② (○) 전자정보가 담긴 저장매체 또는 하드카피·이미징 등 형태를 수사기관 사무실 등으로 옮겨 복제·탐색·출력을 통하여 압수·수색영장을 집행하는 경우에도 그 과정에서 피의자·피압수자 또는 변호인에게 참여의 기회를 보장하고 혐의사실과 무관한 전자정보의 임의적 복제 등을 막기 위한 적법한 조치를 하는 등 헌법상 영장주의 및 적법절차의 원칙을 준수하여야 한다(대법원 2022.7.14, 2019모2584).

④ (○) 피해자 등 제3자가 피의자의 소유·관리에 속하는 정보저장매체를 임의제출한 경우에는 실질적 피압수자인 피의자가 수사기관으로 하여금 그 전자정보 전부를 무제한 탐색하는 데 동의한 것으로 보기 어려울 뿐만 아니라 피의자 스스로 임의제출한 경우 피의자의 참여권 등이 보장되어야 하는 것과 견주어 보더라도 특별한 사정이 없는 한 피의자에게 참여권을 보장하고 압수한 전자정보 목록을 교부하는 등 피의자의 절차적 권리를 보장하기 위한 적절한 조치가 이루어져야 한다(대법원 2023.9.18, 2022도7453 전원합의체).

정답 ③

170 ✓ 대표 ◆◆◇ 경찰 2013 유사 경찰2차 2021

압수·수색에 관한 설명으로 가장 적절하지 않은 것은?
(다툼이 있는 경우 판례에 의함)

① 사법경찰관은 긴급체포된 자가 소유·소지 또는 보관하는 물건에 대하여 긴급히 압수할 필요가 있는 경우에는 체포한 때부터 24시간 이내에 한하여 영장 없이 압수·수색 또는 검증을 할 수 있으며, 이 경우 압수·수색 또는 검증은 체포현장이 아닌 장소에서도 할 수 있다.

② 경찰관이 현행범인 체포 당시 임의제출방식으로 피의자로부터 압수한 휴대전화기에 대하여 작성한 압수조서 중 압수경위란에 피의자의 범행을 직접 목격한 사람의 진술이 기재된 경우, 이는 「형사소송법」 제312조 제5항에서 정한 '피고인이 아닌 자가 수사과정에서 작성한 진술서'에 준하며, 휴대전화기에 대한 임의제출 절차가 적법하지 않다면 압수조서에 기재된 진술은 증거로 할 수 없다.

③ 사법경찰관은 소유자·소지자 또는 보관자가 임의로 제출한 물건을 영장 없이 압수할 수 있으므로, 현행범 체포현장이나 범죄 현장에서도 소지자 등이 임의로 제출하는 물건을 영장 없이 압수하는 것이 허용되고, 이 경우 별도로 사후에 영장을 받을 필요가 없다.

④ 사법경찰관은 피의사실이 중대하고 범죄혐의가 명백함에도 불구하고 피의자가 장시간의 설득에도 소변의 임의제출을 거부하면서 영장집행에 저항하여 다른 방법으로 수사 목적을 달성하기 곤란하다고 판단한 때에는, '압수·수색영장의 집행에 필요한 처분'으로 필요 최소한의 한도 내에서 피의자를 강제로 인근 병원으로 데리고 가서 의사로 하여금 피의자의 신체에서 소변을 채취하는 것이 허용된다.

해설

② (×) 체포 당시 임의제출 방식으로 압수된 피고인 소유 휴대전화기에 대한 압수조서 중 '압수경위'란에 기재된 내용은 피고인이 범행을 저지르는 현장을 직접 목격한 사람의 진술이 담긴 것으로서 형사소송법 제312조 제5항에서 정한 '피고인이 아닌 자가 수사과정에서 작성한 진술서'에 준하는 것으로 볼 수 있으므로 이는 휴대전화기에 대한 임의제출절차가 적법하였는지에 영향을 받지 않는 별개의 독립적인 증거에 해당한다(대법원 2019.11.14, 2019도13290).

① (○) 대법원 2017.9.12, 2017도10309

③ (○) 대법원 2016.2.18, 2015도13726

④ (○) 대법원 2018.7.12, 2018도6219

정답 ②

171 ✓ 대표 ◆◆◇ 경찰1차 2018 유사 법원 2017

압수물의 환부·가환부에 관한 다음 설명 중 가장 옳지 않은 것은? (다툼이 있으면 판례에 의함)

① 법원은 압수를 계속할 필요가 없다고 인정되는 압수물은 피고사건 종결 전이라도 결정으로 환부하여야 하고 증거에 공할 압수물은 소유자, 소지자, 보관자 또는 제출인의 청구에 의하여 가환부할 수 있다.

② 형사소송법 제133조 제1항의 '증거에 공할 압수물'에는 증거물로서의 성격과 몰수할 것으로 사료되는 물건으로서의 성격을 가진 압수물이 포함되어 있다고 해석함이 상당하다.

③ 몰수할 것이라고 사료되어 압수한 물건 중 법률의 특별한 규정에 의하여 필요적으로 몰수할 것에 해당하거나 누구의 소유도 허용되지 아니하여 몰수할 것에 해당하는 물건은 가환부의 대상이 되지 않는다.

④ 피압수자 등 환부를 받을 자가 압수 후 그 소유권을 포기하더라도 그 때문에 압수물을 환부하여야 하는 수사기관의 의무에 어떠한 영향을 미칠 수 없으나 만약 그가 수사기관에 대하여 형사소송법상의 환부청구권을 포기한다는 의사표시를 하였다면 수사기관은 환부의무를 면하게 된다.

해설

④ (×) 피압수자 등 환부를 받을 자가 압수 후 그 소유권을 포기하는 등에 의하여 실체법상의 권리를 상실하더라도 그 때문에 압수물을 환부하여야 하는 수사기관의 의무에 어떠한 영향을 미칠 수 없고 또한 수사기관에 대하여 형사소송법상의 환부청구권을 포기한다는 의사표시를 하더라도 그 효력이 없어 그에 의하여 수사기관의 필요적 환부의무가 면제된다고 볼 수는 없으므로 압수물의 소유권이나 그 환부청구권을 포기하는 의사표시로 인하여 환부의무에 대응하는 압수물에 대한 환부청구권이 소멸하는 것은 아니다(대법원 1996.8.16, 94모51 전원합의체).

① (○) 제133조 제1항

② (○), ③ (○) 대법원 1998.4.16, 97모25

정답 ④

172 ☑️ 대표 ◆◆◇ 경찰 2015

압수물 처리에 대한 설명으로 다음 중 틀린 것은 모두 몇 개인가? (다툼이 있으면 판례에 의함)

┌───┐
│ ㉠ 법령상 생산·제조·소지·소유 또는 유통이 금지된 압 │
│ 수물로서 부패의 염려가 있거나 보관하기 어려운 압 │
│ 수물은 소유자 등 권한 있는 자의 동의를 받아 폐기 │
│ 하여야 한다. │
│ ㉡ 피압수자 등 환부를 받을 자가 압수 후에 그 소유권 │
│ 을 포기하는 등 실체법상의 권리를 상실하면, 이는 │
│ 압수를 계속할 필요가 없는 압수물을 환부해야 하는 │
│ 수사기관의 의무에도 영향을 미치므로 결국 그에 대 │
│ 응하는 압수물 환부를 청구할 수 있는 절차법상의 권 │
│ 리도 함께 소멸하게 된다. │
│ ㉢ 피압수자 등 환부를 받을 자가 수사기관에 대하여 「형 │
│ 사소송법」상의 환부청구권을 포기한다는 의사표시 │
│ 를 하면 수사기관의 필요적 환부의무가 면제되므로 │
│ 위 환부의무에 대응하는 압수물 환부를 청구할 수 있 │
│ 는 절차법상의 권리가 소멸한다. │
│ ㉣ 수사단계에서 소유권을 포기한 압수물에 대하여 형 │
│ 사재판에서 몰수형이 선고되지 않은 경우, 피압수자 │
│ 는 국가에 대하여 민사소송으로 그 반환을 청구할 수 │
│ 있다. │
│ ㉤ 범인으로부터 압수한 물품에 대하여 몰수의 선고가 │
│ 없어 그 압수가 해제된 것으로 간주된다고 하더라도 │
│ 공범자에 대한 범죄수사를 위하여 여전히 그 물품의 │
│ 압수가 필요하다면 검사는 그 압수 해제된 물품을 다 │
│ 시 압수할 수 있다. │
└───┘

① 1개   ② 2개
③ 3개   ④ 4개

해설

㉠ (×) 폐기할 수 있는 것이지, 폐기하여야 하는 것은 아니다. 제130조 제3항 참조.

┌───┐
│ **제130조(압수물의 보관과 폐기)** ③ 법령상 생산·제조·소지· │
│ 소유 또는 유통이 금지된 압수물로서 부패의 염려가 있거나 │
│ 보관하기 어려운 압수물은 소유자 등 권한 있는 자의 동의를 │
│ 받아 폐기할 수 있다. │
└───┘

㉡ (×), ㉢ (×) 피압수자 등 환부를 받을 자가 압수 후 그 소유권을 포기하는 등에 의하여 실체법상의 권리를 상실하더라도 그 때문에 압수물을 환부하여야 하는 수사기관의 의무에 어떠한 영향을 미칠 수 없고, 또한 수사기관에 대하여 형사소송법상의 환부청구권을 포기한다는 의사표시를 하더라도 그 효력이 없어 그에 의하여 수사기관의 필요적 환부의무가 면제된다고 볼 수는 없으므로, 압수물의 소유권이나 그 환부청구권을 포기하는 의사표시로 인하여 위 환부의무에 대응하는 압수물에 대한 환부청구권이 소멸하는 것은 아니다(대법원 1996.8.16, 94모51 전원합의체).

㉣ (○) 수사단계에서 소유권을 포기한 압수물에 대하여 형사재판에서 몰수형이 선고되지 않은 경우, 피압수자는 국가에 대하여 민사소송으로 그 반환을 청구할 수 있다(대법원 2000.12.22, 2000다27725).

㉤ (○) 형사소송법 제215조, 제219조, 제106조 제1항의 규정을 종

합하여 보면, 검사는 범죄수사에 필요한 때에는 증거물 또는 몰수할 것으로 사료하는 물건을 법원으로부터 영장을 발부받아서 압수할 수 있는 것이고, 합리적인 의심의 여지가 없을 정도로 범죄사실이 인정되는 경우에만 압수할 수 있는 것은 아니라 할 것이며, 한편 범인으로부터 압수한 물품에 대하여 몰수의 선고가 없어 그 압수가 해제된 것으로 간주된다고 하더라도 공범자에 대한 범죄수사를 위하여 여전히 그 물품의 압수가 필요하다거나 공범자에 대한 재판에서 그 물품이 몰수될 가능성이 있다면 검사는 그 압수 해제된 물품을 다시 압수할 수도 있다(대법원 1997.1.9, 96모34).

정답 ③

173 ☑️ 유사 ◆◆◇ 법원 2013 유사 해경승진 2023

다음 중 압수물 처리에 대한 설명으로 가장 옳지 않은 것은?

① 법령상 생산·제조·소지·소유 또는 유통이 금지된 압수물로서 부패의 염려가 있거나 보관하기 어려운 압수물은 소유자 등 권한 있는 자의 동의를 받아 폐기할 수 있다.

② 압수를 계속할 필요가 없다고 인정되는 압수물은 피고사건 종결 전이라도 결정으로 환부하여야 하고 증거에 공할 압수물은 소유자, 소지자, 보관자 또는 제출인의 청구에 의하여 가환부할 수 있다.

③ 몰수하여야 할 압수물로서 멸실·파손·부패 또는 현저한 가치 감소의 염려가 있거나 보관하기 어려운 압수물은 매각하여 대가를 보관하여야 한다.

④ 압수한 장물은 피해자에게 환부할 이유가 명백한 때에는 피고사건의 종결 전이라도 결정으로 피해자에게 환부할 수 있다.

해설

③ (×) 대가보관은 <u>임의적</u> 처분이다. 제132조 참조.

┌───┐
│ **제132조(압수물의 대가보관)** ① 몰수하여야 할 압수물로서 │
│ 멸실·파손·부패 또는 현저한 가치 감소의 염려가 있거나 보 │
│ 관하기 어려운 압수물은 매각하여 대가를 <u>보관할 수 있다</u>. │
│ ② 환부하여야 할 압수물 중 환부를 받을 자가 누구인지 알 │
│ 수 없거나 그 소재가 불명한 경우로서 그 압수물의 멸실·파 │
│ 손·부패 또는 현저한 가치 감소의 염려가 있거나 보관하기 │
│ 어려운 압수물은 매각하여 대가를 <u>보관할 수 있다</u>. │
└───┘

① (○) 제130조 제3항 참조.

┌───┐
│ **형사소송법 제130조(압수물의 보관과 폐기)** ③ 법령상 생 │
│ 산·제조·소지·소유 또는 유통이 금지된 압수물로서 부패의 │
│ 염려가 있거나 보관하기 어려운 압수물은 소유자 등 권한 있 │
│ 는 자의 동의를 받아 폐기할 수 있다. │
└───┘

[판례] 형사소송법은 "몰수하여야 할 압수물로서 멸실, 파손, 부패 또는 현저한 가치 감소의 염려가 있거나 보관하기 어려운 압수물은 매각하여 대가를 보관할 수 있다."라고 규정하면서(제132조 제1항), "법령상 생산·제조·소지·소유 또는 유통이 금지된 압수물로서 부패의 염려가 있거나 보관하기 어려운 압수물은 소유자 등 권한 있는 자의 동의를 받아 폐기할 수 있다."라고 규정하고 있다(제

130조 제3항). 따라서 부패의 염려가 있거나 보관하기 어려운 압수물이라 하더라도 법령상 생산·제조·소지·소유 또는 유통이 금지되어 있고, 권한 있는 자의 동의를 받지 못하는 한 이를 폐기할 수 없고, 만약 그러한 요건이 갖추어지지 않았음에도 폐기하였다면 이는 위법하다(대법원 2022.1.14, 2019다282197).

② (○) 제133조 제1항 참조.

> **제133조(압수물의 환부, 가환부)** ① 압수를 계속할 필요가 없다고 인정되는 압수물은 피고사건 종결 전이라도 결정으로 환부하여야 하고 증거에 공할 압수물은 소유자, 소지자, 보관자 또는 제출인의 청구에 의하여 가환부할 수 있다.

④ (○) 제134조 참조.

> **제134조(압수장물의 피해자환부)** 압수한 장물은 피해자에게 환부할 이유가 명백한 때에는 피고사건의 종결 전이라도 결정으로 피해자에게 환부할 수 있다.

[해설] ③

---

174 ✓유사 ◆◆◇ [국가9급 2024]

압수물의 처리에 대한 설명으로 옳은 것은?

① 몰수하여야 할 압수물로서 멸실·파손·부패 또는 현저한 가치감소의 염려가 있거나 보관하기 어려운 압수물은 폐기하여야 한다.

② 피압수자 등 환부를 받을 자가 압수 후 그 소유권을 포기하여 실체법상의 권리를 상실하거나, 수사기관에 대하여 「형사소송법」상의 환부청구권을 포기한다는 의사표시를 한 경우에 압수물을 환부하여야 하는 수사기관의 의무는 면제된다.

③ 법원은 증거에만 공할 목적으로 압수한 물건으로서 그 소유자 또는 소지자가 계속 사용하여야 할 물건은 사진촬영 기타 원형보존의 조치를 취하고 신속히 가환부하여야 한다.

④ 압수한 장물은 피해자에게 환부할 이유가 명백하더라도 피고사건이 종결되지 않는 한 피해자에게 환부할 수 없다.

[해설]

③ (○) 제133조 제2항 참조.

> **제133조(압수물의 환부, 가환부)** ② 증거에만 공할 목적으로 압수한 물건으로서 그 소유자 또는 소지자가 계속 사용하여야 할 물건은 사진촬영 기타 원형보존의 조치를 취하고 신속히 가환부하여야 한다.

① (×) 폐기하여야 하는 것이 아니라 매각하여 대가를 보관할 수 있다. 제132조 제1항 참조.

> **제132조(압수물의 대가보관)** ① 몰수하여야 할 압수물로서 멸실·파손·부패 또는 현저한 가치감소의 염려가 있거나 보관하기 어려운 압수물은 매각하여 대가를 보관할 수 있다.

② (×) 피압수자 등 환부를 받을 자가 압수 후에 그 소유권을 포기

하는 등에 의하여 실체법상의 권리를 상실하는 일이 있다고 하더라도, 그로 인하여 압수를 계속할 필요가 없는 압수물을 환부하여야 하는 수사기관의 의무에 어떠한 영향을 미친다고 할 수는 없으니, 그에 대응하는 압수물의 환부를 청구할 수 있는 절차법상의 권리가 소멸하는 것은 아니다. 따라서 피압수자 등 압수물을 환부받을 자가 수사기관에 대하여 형사소송법의 환부청구권을 포기한다는 의사표시를 한 경우에 있어서도, 그 효력이 없어 그에 의하여 수사기관의 필요적 환부의무가 면제된다고 볼 수는 없으므로, 그 환부의무에 대응하는 압수물의 환부를 청구할 수 있는 절차법상의 권리가 소멸하는 것은 아니다(대법원 1996.8.16, 94모51 전원합의체).

④ (×) 제134조 참조.

> **제134조(압수장물의 피해자환부)** 압수한 장물은 피해자에게 환부할 이유가 명백한 때에는 피고사건의 종결 전이라도 결정으로 피해자에게 환부할 수 있다.

[정답] ③

---

175 ✓유사 ◆◇◇ [경찰간부 2022]

압수물의 환부 또는 가환부에 대한 설명으로 옳지 않은 것은?

① 검사는 압수를 계속할 필요가 없다고 인정되는 압수물 및 증거에 사용할 압수물에 대하여 공소제기 전이라도 소유자, 소지자, 보관자 또는 제출인의 청구가 있는 때에는 환부 또는 가환부하여야 한다.

② 소유자 등의 환부 또는 가환부 청구에 대해 검사가 이를 거부하는 경우, 신청인은 해당 검사의 소속 검찰청에 대응한 법원에 압수물의 환부 또는 가환부 결정을 청구할 수 있다.

③ 검사가 가환부 처분을 할 경우에는 미리 피해자, 피의자 또는 변호인에게 통지해야 한다.

④ 압수한 장물은 압수를 계속할 필요가 없다고 인정되는 경우 피해자의 청구가 있는 때에는 공소제기 전이라도 피해자에게 환부하여야 한다.

[해설]

④ (×) 압수한 장물은 피해자에게 환부할 이유가 명백한 때에는 피고사건의 종결 전이라도 결정으로 피해자에게 환부할 수 있다(제134조, 압수장물의 피해자환부). 이는 검사 또는 사법경찰관의 압수에도 마찬가지이므로(제219조, 단 사경의 위탁보관·폐기처분·대가보관·가환부·환부·압수장물피해자환부는 검사의 지휘 要, 동조 단서), '공소제기 전 수사기관이 판단하여 압수한 장물을 피해자에게 환부할 이유가 명백한 때에는 '결정으로 피해자에게 환부할 수 있다.' 요컨대, 압수장물의 환부절차는 '임의적 환부 결정'에 의한다.

[보충] 위 지문에서 압수장물을 압수물로, 피해자의 청구를 소유자·소지자·보관자·제출인의 청구로 바꾼다면 맞는 지문이 된다(제218조의2 제1항).

> **제133조(압수물의 환부, 가환부)** ① 압수를 계속할 필요가 없다고 인정되는 압수물은 피고사건 종결 전이라도 결정으로 환부하여야 하고 증거에 공할 압수물은 소유자, 소지자,

보관자 또는 제출인의 청구에 의하여 가환부할 수 있다.

② 증거에만 공할 목적으로 압수한 물건으로서 그 소유자 또는 소지자가 계속 사용하여야 할 물건은 사진촬영 기타 원형 보존의 조치를 취하고 신속히 가환부하여야 한다.

제134조(압수장물의 피해자환부) 압수한 장물은 피해자에게 환부할 이유가 명백한 때에는 피고사건의 종결 전이라도 결정으로 피해자에게 환부할 수 있다.

제219조(준용규정) 제106조, 제107조, 제109조 내지 제112조, 제114조, 제115조 제1항 본문, 제2항, 제118조부터 제132조까지, 제134조, 제135조, 제140조, 제141조, 제333조 제2항, 제486조의 규정은 검사 또는 사법경찰관의 본장의 규정에 의한 압수, 수색 또는 검증에 준용한다. 단, 사법경찰관이 제130조, 제132조 및 제134조에 따른 처분을 함에는 검사의 지휘를 받아야 한다.

[정리] 환부절차의 간단한 정리

㉠ 압수물의 환부	법원의 공판 중에는 필요적 환부결정 (제133조 제1항)
㉡ 압수장물의 환부	법원의 공판 중 또는 수사기관의 수사 중에는 임의적 환부결정 (제134조, 제219조)
㉢ 공소제기 전 수사 기관의 압수물의 환부·가환부	소유자·소지자·보관자·제출인의 청구 시 필요적 환부·가환부 (제218조의2 제1항)

① (O) 제218조의2 제1항 참조.

제218조의2(압수물의 환부, 가환부) ① 검사는 사본을 확보한 경우 등 압수를 계속할 필요가 없다고 인정되는 압수물 및 증거에 사용할 압수물에 대하여 공소제기 전이라도 소유자, 소지자, 보관자 또는 제출인의 청구가 있는 때에는 환부 또는 가환부하여야 한다.

② 제1항의 청구에 대하여 검사가 이를 거부하는 경우에는 신청인은 해당 검사의 소속 검찰청에 대응한 법원에 압수물의 환부 또는 가환부 결정을 청구할 수 있다.

③ 제2항의 청구에 대하여 법원이 환부 또는 가환부를 결정하면 검사는 신청인에게 압수물을 환부 또는 가환부하여야 한다.

④ 사법경찰관의 환부 또는 가환부 처분에 관하여는 제1항부터 제3항까지의 규정을 준용한다. 이 경우 사법경찰관은 검사의 지휘를 받아야 한다.

② (O) 제218조의2 제2항

③ (O) 법원은 대가보관·가환부·환부·압수장물피해자환부를 함에는 검사, 피해자, 피고인 또는 변호인에게 미리 통지하여야 한다(제135조). 이는 당해인의 의견진술의 기회를 보장하기 위함이다. 제135조의 규정은 검사·사법경찰관의 압수물 처리에 관해서도 그대로 준용된다(제219조).

제135조(압수물처분과 당사자에의 통지) 전3조의 결정을 함에는 검사, 피해자, 피고인 또는 변호인에게 미리 통지하여야 한다.

제219조(준용규정) 제106조, 제107조, 제109조 내지 제112조, 제114조, 제115조 제1항 본문, 제2항, 제118조부터 제132조까지, 제134조, 제135조, 제140조, 제141조, 제333조 제2항, 제486조의 규정은 검사 또는 사법경찰관의 본장의 규정에 의한 압수, 수색 또는 검증에 준용한다. 단, 사법

경찰관이 제130조, 제132조 및 제134조에 따른 처분을 함에는 검사의 지휘를 받아야 한다.

[정답] ④

176 ✓유사 ◆◆◇

압수물의 환부 및 가환부에 대한 설명으로 가장 적절하지 않은 것은? (다툼이 있으면 판례에 의함)

① 증거에 공할 압수물을 가환부할 것인지의 여부는 범죄의 태양, 경중, 압수물의 증거로서의 가치, 압수물의 은닉, 인멸, 훼손될 위험, 수사나 공판수행상의 지장 유무, 압수에 의하여 받는 피압수자 등의 불이익의 정도 등 여러 사정을 검토하여 종합적으로 판단하여야 할 것이다.

② 사법경찰관은 압수물을 피압수자에게 환부하기에 앞서 피해자뿐만 아니라 피의자에게도 통지하여야 한다.

③ 피압수자 등 압수물을 환부 받을 자가 수사기관에 대하여 「형사소송법」상의 환부청구권을 포기한다는 의사표시를 한 경우 그에 의하여 수사기관의 필요적 환부의무가 면제되므로, 그 환부의무에 대응하는 압수물의 환부를 청구할 수 있는 권리도 소멸하게 된다.

④ 검사는 사본을 확보한 경우 등 압수를 계속할 필요가 없다고 인정되는 압수물 및 증거에 사용할 압수물에 대하여 공소제기 전이라도 소유자의 청구가 있는 때에는 환부 또는 가환부하여야 한다.

[해설]

③ (×) 피압수자 등 환부를 받을 자가 압수 후 그 소유권을 포기하는 등에 의하여 실체법상의 권리를 상실하더라도 그 때문에 압수물을 환부하여야 하는 수사기관의 의무에 어떠한 영향을 미칠 수 없고 또한 수사기관에 대하여 형사소송법상의 환부청구권을 포기한다는 의사표시를 하더라도 그 효력이 없어 그에 의하여 수사기관의 필요적 환부의무가 면제된다고 볼 수는 없으므로 압수물의 소유권이나 그 환부청구권을 포기하는 의사표시로 인하여 환부의무에 대응하는 압수물에 대한 환부청구권이 소멸하는 것은 아니다(대법원 1996.8.16, 94모51 전원합의체).

① (O) 대법원 1994.8.18, 94모42

② (O) 피해자, 피의자 또는 변호인이 통지대상이다. 제135조, 제219조

④ (O) 제218조의2 제1항

[보충] 공소제기 전 환부·가환부: 청구 要(환부도 청구 要), 필요적

[정답] ③

177 ✓ 유사　◆◇◇

「형사소송법」상 압수물의 환부 및 가환부에 대한 설명으로 옳은 것을 모두 고른 것은? (다툼이 있는 경우 판례에 의함)

ⓘ 수사기관의 압수물의 환부에 관한 처분의 취소를 구하는 준항고는 소송 계속 중 준항고로써 달성하고자 하는 목적이 이미 이루어졌거나 시일의 경과 또는 그 밖의 사정으로 인하여 그 이익이 상실된 경우에도 적법하다.

ⓛ 검사는 사본을 확보한 경우 등 압수를 계속할 필요가 없다고 인정되는 압수물 및 증거에 사용할 압수물에 대하여 공소제기 전이라도 소유자, 소지자, 보관자 또는 제출인의 청구가 있는 때에는 환부 또는 가환부할 수 있다.

ⓒ 증거에만 공할 목적으로 압수한 물건으로서 그 소유자 또는 소지자가 계속 사용하여야 할 물건은 사진촬영 기타 원형보존의 조치를 취하고 신속히 가환부하여야 한다.

ⓔ 압수한 장물로서 피해자에게 환부할 이유가 명백한 것은 판결로써 피해자에게 환부하는 선고를 하여야 한다.

---

① ㉠, ㉡　　　　　② ㉡, ㉣

③ ㉢, ㉣　　　　　④ ㉠, ㉡, ㉢

┌ 해설 ┐

㉠ (×) 수사기관의 압수물의 환부에 관한 처분의 취소를 구하는 준항고는 일종의 항고소송이므로, 통상의 항고소송에서와 마찬가지로 그 이익이 있어야 하고, 소송 계속 중 준항고로써 달성하고자 하는 목적이 이미 이루어졌거나 시일의 경과 또는 그 밖의 사정으로 인하여 그 이익이 상실된 경우에는 준항고는 그 이익이 없어 부적법하게 된다(대법원 2015.10.15, 2013모1970).

㉡ (×) 검사는 사본을 확보한 경우 등 압수를 계속할 필요가 없다고 인정되는 압수물 및 증거에 사용할 압수물에 대하여 공소제기 전이라도 소유자, 소지자, 보관자 또는 제출인의 청구가 있는 때에는 환부 또는 가환부하여야 한다(제218조의2 제1항).

㉢ (○) 제133조 제2항

㉣ (○) 제333조 제1항

┌ 정답 ┐ ③

▌ Ⅱ　수사상의 검증

▌ Ⅲ　수사상의 감정

3　수사상의 증거보전

▌ Ⅰ　증거보전

178 ✓ 대표　◆◆◇

증거보전절차에 대한 설명으로 옳지 않은 것은? (다툼이 있는 경우 판례에 의함)

① 증거보전은 제1심 제1회 공판기일 전에 한하여 허용되는 것이므로 재심청구사건에서는 증거보전절차는 허용되지 않는다.

② 피고인, 피의자 또는 변호인은 증거보전청구를 할 수 있지만, 검사는 청구할 수 없다.

③ 증거보전의 방법으로 피고인신문을 청구할 수 없지만, 공동피고인을 증인으로 신문할 것을 청구할 수 있다.

④ 증거보전절차에서 피의자와 변호인에게 일시와 장소를 미리 통지하지 아니하여 참여기회를 주지 않은 때에는 증인신문조서의 증거능력이 인정되지 않는다.

┌ 해설 ┐

② (×) 증거보전은 피고인·피의자·변호인뿐만 아니라 검사도 청구할 수 있다. 제184조 제1항 참조.

> 제184조(증거보전의 청구와 그 절차) ① 검사, 피고인, 피의자 또는 변호인은 미리 증거를 보전하지 아니하면 그 증거를 사용하기 곤란한 사정이 있는 때에는 제1회 공판기일 전이라도 판사에게 압수, 수색, 검증, 증인신문 또는 감정을 청구할 수 있다.

① (○) 증거보전이란 장차 공판에 있어서 사용하여야 할 증거가 멸실되거나 또는 그 사용하기 곤란한 사정이 있을 경우에 당사자의 청구에 의하여 공판전에 미리 그 증거를 수집보전하여 두는 제도로서 제1심 제1회 공판기일 전에 한하여 허용되는 것이므로 재심청구사건에서는 증거보전절차는 허용되지 아니한다(대법원 1984.3.29, 84모15).
[보충] 증거보전: 수사개시~1회기일전 ∴ 내사/1회기일후/항소심/재심 ×

③ (○) 공동피고인과 피고인이 뇌물을 주고받은 사이로 필요적 공범관계에 있다고 하더라도 검사는 수사단계에서 피고인에 대한 증거를 미리 보전하기 위하여 필요한 경우에는 판사에게 공동피고인을 증인으로 신문할 것을 청구할 수 있다(대법원 1988.11.8, 86도1646).

④ (○) 제1회 공판기일 전에 형사소송법 제184조에 의한 증거보전절차에서 증인신문을 하면서, 위 증인신문의 일시와 장소를 피의자 및 변호인에게 미리 통지하지 아니하여 증인신문에 참여할 수 있는 기회를 주지 아니하였고, 또 변호인이 제1심 공판기일에 위 증인신문조서의 증거조사에 관하여 이의신청을 하였다면, 위 증인신문조서는 증거능력이 없다 할 것이고, 그 증인이 후에 법정에서 그 조서의 진정성립을 인정한다 하여 다시 그 증거능력을 취득한다고 볼 수도 없다(대법원 1992.2.28, 91도2337).

┌ 정답 ┐ ②

179 ✓ 대표 ◆◇◇　　　国가9급 2013 유사 ┃ 경찰 2014 ┃

증거보전에 관한 다음 설명 중 가장 적절하지 않은 것은?
(다툼이 있으면 판례에 의함)

① 증거보전은 제1회 공판기일 전에 한하여 할 수 있는데, 제1회 공판기일 전인 이상 공소제기의 전·후는 불문한다.
② 증거보전의 청구를 기각하는 결정에 대하여는 불복할 수 없다.
③ 증거보전절차에서 피의자의 신문을 청구할 수는 없으나, 공범자인 공동피고인에 대한 증인신문은 가능하다.
④ 증거보전절차에서 작성된 조서는 당연히 증거능력이 인정된다.

해설

② (×) 2007년 개정에 의하여 증거보전 청구기각결정에 대한 3일 내 항고제도가 신설되었다. 제184조 제4항 참조.

> 제184조(증거보전의 청구와 그 절차) ④ 제1항의 청구를 기각하는 결정에 대하여는 3일 이내에 항고할 수 있다.

① (○) 제184조 제1항 참조.

> 제184조(증거보전의 청구와 그 절차) ① 검사, 피고인, 피의자 또는 변호인은 미리 증거를 보전하지 아니하면 그 증거를 사용하기 곤란한 사정이 있는 때에는 제1회 공판기일 전이라도 판사에게 압수, 수색, 검증, 증인신문 또는 감정을 청구할 수 있다.

③ (○) 대법원 1979.6.12, 79도792; 1988.11.8, 86도1646
④ (○) 제311조 참조.

> 제311조(법원 또는 법관의 조서) 공판준비 또는 공판기일에 피고인이나 피고인 아닌 자의 진술을 기재한 조서와 법원 또는 법관의 검증의 결과를 기재한 조서는 증거로 할 수 있다. 제184조 및 제221조의2의 규정에 의하여 작성한 조서도 또한 같다.

정답 ②

180 ✓ 유사 ◆◇◇　　　경찰 2013 유사 ┃ 경찰 2015 ┃

증거보전절차에 대한 설명으로 가장 적절하지 않은 것은?
(다툼이 있으면 판례에 의함)

① 검사는 증거보전을 청구할 때에는 서면 또는 구술로 그 사유를 소명할 수 있다.
② 검사, 피고인, 피의자 또는 변호인은 미리 증거를 보전하지 아니하면 그 증거를 사용하기 곤란한 사정이 있는 때에는 제1회 공판기일 전이라도 판사에게 압수·수색·검증은 물론 증인신문 또는 감정을 청구할 수 있다.
③ 검사는 증거보전절차에서 피의자 신문을 청구할 수 없다.
④ 검사는 판사의 허가를 얻어 증거보전의 처분에 관한 서류와 증거물을 열람 또는 등사할 수 있다.

해설

① (×) 제184조 제3항 참조.

> 제184조(증거보전의 청구와 그 절차) ③ 제1항의 청구를 함에는 서면으로 그 사유를 소명하여야 한다.

② (○) 제184조 제1항 참조.

> 제184조(증거보전의 청구와 그 절차) ① 검사, 피고인, 피의자 또는 변호인은 미리 증거를 보전하지 아니하면 그 증거를 사용하기 곤란한 사정이 있는 때에는 제1회 공판기일 전이라도 판사에게 압수, 수색, 검증, 증인신문 또는 감정을 청구할 수 있다.

③ (○) 형사소송법 제184조에 의한 증거보전은 피고인 또는 피의자가 형사입건도 되기 전에는 청구할 수 없고, 또 피의자신문에 해당하는 사항을 증거보전의 방법으로 청구할 수 없다(대법원 1979.6.12, 79도792).
④ (○) 제185조 참조.

> 제185조(서류의 열람등) 검사, 피고인, 피의자 또는 변호인은 판사의 허가를 얻어 전조의 처분에 관한 서류와 증거물을 열람 또는 등사할 수 있다.

정답 ①

181 ✓ 유사 ◆◇◇　　　┃ 경찰2차 2016 ┃

증거보전제도에 대한 설명으로 가장 적절하지 않은 것은?
(다툼이 있으면 판례에 의함)

① 검사, 피고인, 피의자 또는 변호인은 미리 증거를 보전하지 아니하면 그 증거를 사용하기 곤란한 사정이 있는 때에는 제1회 공판기일 전이라도 판사에게 압수, 수색, 검증, 증인신문 또는 감정을 청구할 수 있다.
② 증거보전은 제1심 제1회 공판기일 전에 한하여 허용되는 것이므로 재심청구사건에서는 증거보전절차는 허용되지 아니한다.
③ 검사, 피고인, 피의자 또는 변호인은 법원의 허가를 얻어 증거보전의 처분에 관한 서류와 증거물을 열람 또는 등사할 수 있다.
④ 증거보전의 청구를 함에는 서면으로 그 사유를 소명하여야 한다.

해설

③ (×) 검사, 피고인, 피의자 또는 변호인은 판사의 허가를 얻어 증거보전의 처분에 관한 서류와 증거물을 열람 또는 등사할 수 있다(제185조).
① (○) 제184조 제1항
② (○) 대법원 1984.3.29, 84모15
④ (○) 제184조 제3항

정답 ③

182 ✓유사 ◆◆◇ 경찰경채 2023

검사의 지위 내지 권한 등에 관한 설명으로 가장 적절하지 않은 것은? (다툼이 있는 경우 판례에 의함)

① 영장청구권, 증거보전청구권, 수사상 증인신문청구권은 검사에게만 인정된다.

② 검사가 수사 및 공판과정에서 피고인에게 유리한 증거를 발견하게 되었다면 피고인의 이익을 위하여 이를 법원에 제출하여야 한다.

③ 검사는 특별사법경찰관에 대하여 범죄수사에 관한 지휘·감독권이 있고, 사법경찰관의 직무를 행하는 검찰청 직원에 대해서도 수사지휘권이 인정된다.

④ 고위공직자범죄수사처(이하 '수사처')검사는 수사처장의 지휘·감독에 따르며, 수사처검사는 수사처수사관을 지휘·감독한다.

[해설]

① (×) 증거보전청구권은 검사뿐만 아니라 <u>피고인, 피의자 또는 변호인에게도</u> 인정된다. 제184조 참조.

> **제184조(증거보전의 청구와 그 절차)** ① 검사, 피고인, 피의자 또는 변호인은 미리 증거를 보전하지 아니하면 그 증거를 사용하기 곤란한 사정이 있는 때에는 제1회 공판기일 전이라도 판사에게 압수, 수색, 검증, 증인신문 또는 감정을 청구할 수 있다.

② (○) 대법원 2002.2.22, 2001다23447

③ (○) 제245조의9, 제245조의10 참조.

> **제245조의9(검찰청 직원)** ② 사법경찰관의 직무를 행하는 검찰청 직원은 검사의 지휘를 받아 수사하여야 한다.
> **제245조의10(특별사법경찰관리)** ② 특별사법경찰관은 모든 수사에 관하여 검사의 지휘를 받는다.

④ (○) 공수처법 제20조 제2항

> **공수처법 제20조(수사처검사의 직무와 권한)** ① 수사처검사는 제3조 제1항 각 호에 따른 수사와 공소의 제기 및 유지에 필요한 행위를 한다.
> ② 수사처검사는 처장의 지휘·감독에 따르며, 수사처수사관을 지휘·감독한다.
> ③ 수사처검사는 구체적 사건과 관련된 제2항에 따른 지휘·감독의 적법성 또는 정당성에 대하여 이견이 있을 때에는 이의를 제기할 수 있다.

[정답] ①

ⅠⅠ 증인신문의 청구

183 ✓대표 ◆◆◇ 변호사 2018

공무원인 甲과 민간사업자인 乙은 뇌물을 주고받았다는 범죄사실로 수사를 받고 있고, A는 범죄의 수사에 없어서는 아니될 사실을 안다고 명백히 인정되는데도 검사의 출석요구를 거부하고 있다. 한편 甲에 대한 무혐의를 입증해 줄 수 있는 B는 외국지사로 발령이 나 외국으로 출국하려고 한다. 이에 관한 설명 중 옳은 것은? (다툼이 있는 경우 판례에 의함)

① 검사는 공소제기 전이라도 「형사소송법」 제221조의2에 의하여 판사에게 A에 대한 증인신문을 청구할 수 있으며, 청구를 기각한 결정에 대하여는 즉시항고를 할 수 있다.

② 위 ①의 청구에 따라 판사가 증인신문기일을 정한 때에도 특별히 수사에 지장이 있다고 인정되는 경우, 판사는 甲 또는 변호인에게 그 기일과 장소 및 증인신문에 참여할 수 있다는 취지를 통지하지 않고 증인신문을 할 수 있다.

③ 甲과 乙은 필요적 공범관계에 있기 때문에 수사단계에서 甲에 대한 증거를 미리 보전하기 위하여 필요한 경우라도 검사는 「형사소송법」 제184조에 따라 판사에게 乙을 증인으로 신문할 것을 청구할 수 없다.

④ 검사가 甲을 수뢰죄로 기소한 경우, 甲이 미리 증거를 보전하지 아니하면 그 증거를 사용하기 곤란한 사정이 있는 때에는 제1회 공판기일 전이라도 「형사소송법」 제184조에 의하여 판사에게 B에 대한 증인신문을 청구할 수 있으며, 청구를 기각하는 결정에 대하여는 3일 이내에 항고할 수 있다.

⑤ 위 ④에 의하여 작성된 증인신문조서는 공판기일 전에 작성되었더라도 당연히 증거능력이 있는 서류를 규정하고 있는 「형사소송법」 제315조 제3호의 '특히 신용할 만한 정황에 의하여 작성된 문서'로서 증거능력이 인정된다.

[해설]

④ (○) 제184조 제4항 참조.

> **제184조(증거보전의 청구와 그 절차)** ① 검사, 피고인, 피의자 또는 변호인은 미리 증거를 보전하지 아니하면 그 증거를 사용하기 곤란한 사정이 있는 때에는 제1회 공판기일 전이라도 판사에게 압수, 수색, 검증, 증인신문 또는 감정을 청구할 수 있다.
> ③ 제1항의 청구를 함에는 서면으로 그 사유를 소명하여야 한다.
> ④ 제1항의 청구를 기각하는 결정에 대하여는 <u>3일 이내에 항고할 수 있다.</u>

① (×) 즉시항고를 허용하는 규정이 없고, 수임판사의 결정이므로 불복할 수 없다.

② (×) 수사상 증인신문절차에서도 당사자의 참여권은 보장된다.

제221조의2 제5항 참조.

> 제221조의2(증인신문의 청구) ⑤ 판사는 제1항의 청구에 따라 증인신문기일을 정한 때에는 피고인·피의자 또는 변호인에게 이를 통지하여 증인신문에 참여할 수 있도록 하여야 한다.

③ (×) 공동피고인과 피고인이 뇌물을 주고받은 사이로 필요적 공범관계에 있다고 하더라도 검사는 수사단계에서 피고인에 대한 증거를 미리 보전하기 위하여 필요한 경우에는 판사에게 공동피고인을 증인으로 신문할 것을 청구할 수 있다(대법원 1988.11.8, 86도1646).

⑤ (×) 증거보전절차에서 작성한 조서는 법원 또는 법관의 조서로서 무조건 증거능력이 인정된다(제311조 제2문).

정답 ④

---

184 ☑ 유사 ◆◆◇   경찰 2014

다음은 수사상 증거보전과 증인신문에 대한 설명이다. 가장 적절한 것은?

① 검사는 증인신문 청구권을 가지나, 증거보전 청구권은 가지고 있지 않다.

② 증거보전은 물론 증인신문의 청구를 받은 판사도 그 처분에 관하여 법원 또는 재판장과 동일한 권한이 있다.

③ 범죄의 수사에 없어서는 아니 될 사실을 안다고 명백히 인정되는 자가 검사의 출석요구를 거부한 경우에는 검사는 공소제기 전에 한하여 판사에게 그에 대한 증인신문을 청구할 수 있다.

④ 증거보전 청구와 증인신문 청구에 대한 기각결정은 모두 항고로서 불복이 가능하다.

해설

② (O) 제184조 제2항, 제221조의2 제4항 참조.

> 제184조(증거보전의 청구와 그 절차) ② 전항의 청구를 받은 판사는 그 처분에 관하여 법원 또는 재판장과 동일한 권한이 있다.
> 제221조의2(증인신문의 청구) ④ 제1항의 청구를 받은 판사는 증인신문에 관하여 법원 또는 재판장과 동일한 권한이 있다.

① (×), ③ (×) 검사는 양자 모두 할 수 있고, 공소제기 전후를 불문한다. 제184조 제1항, 제221조의2 제1항 참조.

> 제184조(증거보전의 청구와 그 절차) ① 검사, 피고인, 피의자 또는 변호인은 미리 증거를 보전하지 아니하면 그 증거를 사용하기 곤란한 사정이 있는 때에는 제1회 공판기일 전이라도 판사에게 압수, 수색, 검증, 증인신문 또는 감정을 청구할 수 있다.
> 제221조의2(증인신문의 청구) ① 범죄의 수사에 없어서는 아니될 사실을 안다고 명백히 인정되는 자가 전조의 규정에 의한 출석 또는 진술을 거부한 경우에는 검사는 제1회 공판기일 전에 한하여 판사에게 그에 대한 증인신문을 청구할 수 있다.

④ (×) 증거보전청구의 기각결정에 대해서만 항고가 가능하다. 제184조 제4항 참조.

> 제184조(증거보전의 청구와 그 절차) ④ 제1항의 청구를 기각하는 결정에 대하여는 3일 이내에 항고할 수 있다.

정답 ②

---

185 ☑ 유사 ◆◆◇   경찰2차 2023

「형사소송법」 제184조의 수사상 증거보전과 「형사소송법」 제221조의2의 증인신문에 관한 설명으로 가장 적절하지 않은 것은? (다툼이 있는 경우 판례에 의함)

① 증거보전은 수사단계뿐 아니라 공소제기 이후에도 제1심 제1회 공판기일 전에 한하여 허용되지만, 재심청구 사건에서는 증거보전절차가 허용되지 않는다.

② 「형사소송법」 제221조의2의 증인신문청구를 하려면 증인의 진술로서 증명할 대상인 피의사실이 존재해야 하는데, 피의사실은 수사기관 내심의 혐의만으로는 존재한다고 할 수 없고, 고소·고발 또는 자수를 받는 등 수사의 대상으로 삼고 있음을 외부로 표현한 때에 비로소 그 존재를 인정할 수 있다.

③ 증거보전을 청구할 수 있는 것은 압수·수색·검증·증인신문·감정이어서 피의자의 신문을 구하는 청구는 할 수 없지만, 필요적 공범관계에 있는 공동피고인을 증인으로 신문할 것을 청구할 수 있다.

④ 「형사소송법」 제221조의2의 증인신문에 관한 서류는 증인신문을 한 법원이 보관하므로, 공소제기 이전에도 피의자 또는 변호인은 판사의 허가를 얻어 서류와 증거물을 열람 또는 등사할 수 있다.

해설

④ (×) 제221조의2의 증인신문에 관한 서류는 판사가 지체 없이 검사에게 송부하여야 하고, 이에 대한 열람 또는 등사는 불가능하다.

> 제221조의2(증인신문의 청구) ⑥ 판사는 제1항의 청구에 의한 증인신문을 한 때에는 지체 없이 이에 관한 서류를 검사에게 송부하여야 한다.

① (O) 증거보전이란 장차 공판에 있어서 사용하여야 할 증거가 멸실되거나 또는 그 사용하기 곤란한 사정이 있을 경우에 당사자의 청구에 의하여 공판 전에 미리 그 증거를 수집보전하여 두는 제도로서 제1심 제1회 공판기일 전에 한하여 허용되는 것이므로 재심청구사건에서는 증거보전절차는 허용되지 아니한다(대법원 1984.3.29, 84모15).

② (O) 형사소송법 제221조의2 제2항에 의한 검사의 증인신문청구는 수사단계에서의 피의자 이외의 자의 진술이 범죄의 증명에 없어서는 안 될 것으로 인정되는 경우에 공소유지를 위하여 이를 보전하려는 데 그 목적이 있으므로 이 증인신문청구를 하려면 증인의 진술로서 증명할 대상인 피의사실이 존재하여야 하고, 피의사실은 수사기관이 어떤 자에 대하여 내심으로 혐의를 품고 있는 정도의 상태만으로는 존재한다고 할 수 없고 고소, 고발 또는 자수를 받거나 또는 수사기관 스스로 범죄의 혐의가 있다고 보아 수사를 개시하는 범죄의 인지 등 수사의 대상으로 삼고 있음을

외부적으로 표현한 때에 비로소 그 존재를 인정할 수 있다(대법원 1989.6.20, 89도648).

③ (○) 대법원 1988.11.8, 86도1646

정답 ④

186 ✓ 유사 ◆◇◇ 변호사 2024

「형사소송법」 제184조에 의한 증거보전(A)과 제221조의2에 의한 증인신문의 청구(B)에 관한 설명 중 옳지 않은 것은? (다툼이 있는 경우 판례에 의함)

① A는 피의자 또는 피고인이 형사입건이 되기 전에는 청구할 수 없다.

② 피의자신문에 해당하는 사항을 A의 방법으로 청구할 수는 없고, 설령 A의 방법으로 피의자를 신문하였고 그 신문내용 가운데 다른 공범에 관한 부분의 진술이 있다 하더라도 그 공범이 그 신문 당시 형사입건이 되어 있지 않았다면 그 공범에 관한 증거보전의 효력도 인정할 수 없다.

③ 판사가 A절차에 의한 증인신문을 하는 경우에는 검사, 피의자 또는 변호인에게 증인신문의 시일과 장소를 미리 통지하여 증인신문에 참여할 수 있는 기회를 주어야 하나, 참여의 기회를 주지 아니한 경우라도 피고인과 변호인이 증인신문조서를 증거로 할 수 있음에 동의하여 별다른 이의 없이 적법하게 증거조사를 거친 경우에는 위 증인신문조서는 증거능력이 인정된다.

④ 검사 또는 사법경찰관에게 임의의 진술을 한 참고인이 공판기일에 전의 진술과 다른 진술을 할 염려가 있고 그의 진술이 범죄의 증명에 없어서는 아니 될 것으로 인정될 경우에도 검사는 제1회 공판기일 전에 한하여 B의 절차에 따라 판사에게 그에 대한 증인신문을 청구할 수 있다.

⑤ A와 B의 절차에 의한 증인신문조서는 「형사소송법」 제311조에 의하여 증거능력이 인정된다.

해설

④ (×) 형사소송법 제221조의2 제2항은 범인필벌의 요구만을 앞세워 과잉된 입법수단으로 증거수집과 증거조사를 허용함으로써 법관의 합리적이고 공정한 자유심증을 방해하여 헌법상 보장된 법관의 독립성을 침해할 우려가 있으므로, 결과적으로 그 자체로서도 적법절차의 원칙 및 공정한 재판을 받을 권리에 위배되는 것이다(헌법재판소 1996.12.26, 94헌바1).

[참고] 위헌으로 삭제된 구 형사소송법 제221조의2 제2항은 다음과 같다.

> **형사소송법 제221조의2(증인신문의 청구)** ② 전조의 규정에 의하여 검사 또는 사법경찰관에게 임의의 진술을 한 자가 공판기일에 전의 진술과 다른 진술을 할 염려가 있고 그의 진술이 범죄의 증명에 없어서는 아니 될 것으로 인정될 경우에는 검사는 제1회 공판기일 전에 한하여 판사에게 그에 대한 증인신문을 청구할 수 있다.

① (○) 형사소송법 제184조에 의한 증거보전은 피고인 또는 피의자가 형사입건도 되기 전에는 청구할 수 없고, 또 피의자신문에 해당하는 사항을 증거보전의 방법으로 청구할 수 없다(대법원 1979.6.12, 79도792).

② (○) 형사소송법 184조에 의한 증거보전은 피고인 또는 피의자가 형사입건도 되기 전에 청구할 수는 없고 또 피의자신문에 해당하는 사항을 증거보전의 방법으로 청구할 수 없다고 함이 상당하다 할 것인바 이 사건의 기록에 의하면 증거보전 신청은 원심 공동피고인이 피의자로 있던 때에 대한 것인데 그 신문내용을 보면 같은 피고인을 증인신문한 것으로 기재되어 있다. 이는 피의자를 그 스스로의 피의 사실에 대한 증인으로 바로 신문한 것으로 위법하여 같은 피고인에 대한 증거능력이 없음은 물론 그 신문내용 가운데 다른 공범에 관한 부분의 진술이 있다 하더라도 그 공범이 또한 그 신문 당시 형사입건되어 있지 않았다면 그 공범에 관한 증거보전의 효력도 인정할 수 없는 것이다(대법원 1979.6.12, 79도792).

③ (○) 판사가 형사소송법 제184조에 의한 증거보전절차로 증인신문을 하는 경우에는 동법 제221조의2에 의한 증인신문의 경우와는 달리 동법 제163조에 따라 검사, 피의자 또는 변호인에게 증인신문의 시일과 장소를 미리 통지하여 증인신문에 참여할 수 있는 기회를 주어야 하나 참여의 기회를 주지 아니한 경우라도 피고인과 변호인이 증인신문조서를 증거로 할 수 있음에 동의하여 별다른 이의 없이 적법하게 증거조사를 거친 경우에는 위 증인신문조서는 증인신문절차가 위법하였는지의 여부에 관계없이 증거능력이 부여된다(대법원 1988.11.8, 86도1646).

⑤ (○) 형사소송법 제311조에 의하여 증거보전절차(제184조)에 따라 작성된 조서 및 제1회 공판기일 전에 검사의 신청에 의하여 행한 증인신문절차(제221조의2)에 따라 작성된 조서는 당연히 증거능력이 있다.

정답 ④

187 ✓ 유사 ◆◇◇ 경찰 2013

다음 설명 중 가장 적절하지 않은 것은? (다툼이 있는 경우 판례에 의함)

① 증거보전청구를 함에는 서면 또는 구술로 그 사유를 소명할 수 있다.

② 검사, 피고인, 피의자 또는 변호인은 미리 증거를 보전하지 아니하면 그 증거를 사용하기 곤란한 사정이 있는 때에는 제1회 공판기일 전이라도 판사에게 압수, 수색, 검증, 증인신문 또는 감정을 청구할 수 있다.

③ 공동피고인이나 공범자를 증거보전절차에서 증인으로 신문하는 것은 허용된다.

④ 검사 또는 사법경찰관에게 임의의 진술을 한 자가 공판기일에 전의 진술과 다른 진술을 할 염려가 있다는 이유만으로는 검사는 판사에게 그에 대한 증인신문을 청구할 수 없다.

해설

① (×) 제184조 제3항 참조.

> **제184조(증거보전의 청구와 그 절차)** ③ 제1항의 청구를 함에는 서면으로 그 사유를 소명하여야 한다.

② (O) 제184조 제1항 참조.

> **제184조(증거보전의 청구와 그 절차)** ① 검사, 피고인, 피의자 또는 변호인은 미리 증거를 보전하지 아니하면 그 증거를 사용하기 곤란한 사정이 있는 때에는 제1회 공판기일 전이라도 판사에게 압수, 수색, 검증, 증인신문 또는 감정을 청구할 수 있다.

③ (O) 공동피고인과 피고인이 뇌물을 주고받은 사이로 필요적 공범관계에 있다고 하더라도 검사는 수사단계에서 피고인에 대한 증거를 미리 보전하기 위하여 필요한 경우에는 판사에게 공동피고인을 증인으로 신문할 것을 청구할 수 있다(대법원 1988.11.8, 86도1646).

④ (O) 지문은 아래 헌법재판소에 의해 위헌결정이 내려지기 전의 제221조의2의 내용이다.

> **구 제221조의2(증인신문의 청구)** ② 전조의 규정에 의하여 검사 또는 사법경찰관에게 임의의 진술을 한 자가 공판기일에 전의 진술과 다른 진술을 할 염려가 있고 그의 진술이 범죄의 증명에 없어서는 아니될 것으로 인정될 경우에는 검사는 제1회 공판기일 전에 한하여 판사에게 그에 대한 증인신문을 청구할 수 있다.

법 제221조의2 제2항은 범인필벌의 요구만을 앞세워 과잉된 입법수단으로 증거수집과 증거조사를 허용함으로써 법관의 합리적이고 공정한 자유심증을 방해하여 헌법상 보장된 법관의 독립성을 침해할 우려가 있으므로, 결과적으로 그 자체로서도 적법절차의 원칙 및 공정한 재판을 받을 권리에 위배되는 것이다(헌법재판소 1996.12.26, 94헌바1).

정답 ①

CHAPTER 03 수사의 종결

1 사법경찰관과 검사의 수사종결

Ⅰ 수사절차의 종결

Ⅱ 수사종결처분의 부수절차

001 ✓ 대표 ◆◆◇ 　　　　변호사 2017

검사의 불기소처분에 관한 설명 중 옳지 않은 것을 모두 고른 것은? (다툼이 있는 경우 판례에 의함)

ㄱ. 검사는 피의사실이 범죄구성요건에는 해당하지만 위법성조각사유나 책임조각사유 등 법률상 범죄의 성립을 조각하는 사유가 있는 경우에는 혐의없음 처분을 한다.

ㄴ. 검사는 피의사실이 인정되는 경우에 반드시 공소를 제기하여야 하는 것이 아니라 피의자의 연령, 피해자에 대한 관계, 범행의 동기 및 수단과 결과 등을 참작하여 소추를 필요로 하지 아니하는 경우에는 기소유예 처분을 할 수 있다.

ㄷ. 고소권자인 고소인이 검사의 불기소처분에 불복하여 재정신청을 하려면 「검찰청법」 제10조에 따른 항고를 반드시 거친 후, 그 검사 소속의 지방검찰청 소재지를 관할하는 고등법원에 재정신청서를 제출하여야 한다.

ㄹ. 고등법원의 재정신청 기각결정이 확정된 사건에 대하여는 다른 중요한 증거를 발견한 경우를 제외하고는 소추할 수 없는데, 이 경우 재정신청 기각결정이 확정된 사건이라 함은 재정신청사건을 담당하는 법원에서 공소제기의 가능성과 필요성 등에 관한 심리와 판단이 현실적으로 이루어져 재정신청 기각결정의 대상이 된 사건만을 의미한다.

ㅁ. 고등법원이 재정신청에 대하여 공소제기의 결정을 한 경우, 관련절차에 따라 담당검사로 지정된 검사는 공소를 제기하여야 하고, 공소를 취소할 수도 없다.

① ㄱ, ㄷ
② ㄴ, ㄹ
③ ㄱ, ㄷ, ㅁ
④ ㄱ, ㄹ, ㅁ
⑤ ㄷ, ㄹ, ㅁ

해설

ㄱ. (×) '죄가 안 됨' 불기소처분을 한다(검찰사건사무규칙 제69조 제3항 제3호).

ㄴ. (○) 제247조 참조.

> **제247조(기소편의주의)** 검사는 「형법」 제51조의 사항을 참작하여 공소를 제기하지 아니할 수 있다.

ㄷ. (×) 예외사유가 있으므로 '반드시'라는 부분이 옳지 않다(제260조 제2항).

> **제260조(재정신청)** ② 제1항에 따른 재정신청을 하려면 「검찰청법」 제10조에 따른 항고를 거쳐야 한다. 다만, 다음 각 호의 어느 하나에 해당하는 경우에는 그러하지 아니하다.
> 1. 항고 이후 재기수사가 이루어진 다음에 다시 공소를 제기하지 아니한다는 통지를 받은 경우
> 2. 항고 신청 후 항고에 대한 처분이 행하여지지 아니하고 3개월이 경과한 경우
> 3. 검사가 공소시효 만료일 30일 전까지 공소를 제기하지 아니하는 경우

또한, 재정신청서는 고등법원에 제출하는 것이 아니라 불기소처분을 한 검사가 소속한 지방검찰청 검사장 또는 지청장에게 제출하여야 한다(형사소송법 제260조 제3항).

ㄹ. (○) 대법원 2015.9.10, 2012도14755

ㅁ. (○) 제262조 제6항, 제264조의2 참조.

> **제262조(심리와 결정)** ⑥ 제2항 제2호의 결정에 따른 재정결정서를 송부받은 관할 지방검찰청 검사장 또는 지청장은 지체 없이 담당 검사를 지정하고 지정받은 검사는 공소를 제기하여야 한다.
> **제264조의2(공소취소의 제한)** 검사는 제262조 제2항 제2호의 결정에 따라 공소를 제기한 때에는 이를 취소할 수 없다.

정답 ①

002 ✓ 대표 ◆◆◇ 　　　　경찰특공대 2022

불기소처분에 관한 설명으로 가장 적절한 것은?

① 피의사실이 범죄구성요건에 해당하나 책임조각사유가 있는 경우는 '공소권없음'에 해당한다.

② 피의사실이 범죄구성요건에 해당하나 위법성조각사유가 있는 경우는 '혐의없음'에 해당한다.

③ 피의자가 사망한 경우는 '죄가안됨'에 해당한다.

④ 피의사실을 인정할 만한 증거가 없는 경우는 '혐의없음'에 해당한다.

해설

④ (○) 검찰사건사무규칙 제115조 제3항 제2호 나목 참조.

> **검찰사건사무규칙 제115조(불기소결정)** ③ 불기소결정의 주문은 다음과 같이 한다.
> 2. 혐의없음
> 　가. 혐의없음(범죄인정안됨): 피의사실이 범죄를 구성하지 않거나 피의사실이 인정되지 않는 경우
> 　나. 혐의없음(증거불충분) : 피의사실을 인정할 만한 충분한 증거가 없는 경우

① (×) 피의사실이 범죄구성요건에 해당하나 책임조각사유가 있는 경우는 '죄가안됨'에 해당한다.

> **검찰사건사무규칙 제115조(불기소결정)** ③ 불기소결정의 주문은 다음과 같이 한다.
> 3. 죄가안됨: 피의사실이 범죄구성요건에는 해당하지만 법률상 범죄의 성립을 조각하는 사유가 있어 범죄를 구성하지 않는 경우

② (×) 피의사실이 범죄구성요건에 해당하나 위법성조각사유가 있는 경우는 '죄가안됨'에 해당한다.

> **검찰사건사무규칙 제115조(불기소결정)** ③ 불기소결정의 주문은 다음과 같이 한다.
> 3. 죄가안됨: 피의사실이 범죄구성요건에는 해당하지만 법률상 범죄의 성립을 조각하는 사유가 있어 범죄를 구성하지 않는 경우

③ (×) 피의자가 사망한 경우는 '공소권없음'에 해당한다.

> **검찰사건사무규칙 제115조(불기소결정)** ③ 불기소결정의 주문은 다음과 같이 한다.
> 4. 공소권없음: 다음 각 목의 어느 하나에 해당하는 경우
> 가. 확정판결이 있는 경우
> 나. 통고처분이 이행된 경우
> 다. 「소년법」·가정폭력처벌법·성매매처벌법 또는 아동학대처벌법에 따른 보호처분이 확정된 경우(보호처분이 취소되어 검찰에 송치된 경우는 제외한다)
> 라. 사면이 있는 경우
> 마. 공소의 시효가 완성된 경우
> 바. 범죄 후 법령의 개정이나 폐지로 형이 폐지된 경우
> 사. 법률에 따라 형이 면제된 경우
> 아. 피의자에 관하여 재판권이 없는 경우
> 자. 같은 사건에 관하여 이미 공소가 제기된 경우(공소를 취소한 경우를 포함한다. 다만, 공소를 취소한 후에 다른 중요한 증거를 발견한 경우는 포함되지 않는다)
> 차. 친고죄 및 공무원의 고발이 있어야 논할 수 있는 죄의 경우에 고소 또는 고발이 없거나 그 고소 또는 고발이 무효 또는 취소된 경우
> 카. 반의사불벌죄의 경우 처벌을 희망하지 않는 의사표시가 있거나 처벌을 희망하는 의사표시가 철회된 경우
> 타. 피의자가 사망하거나 피의자인 법인이 존속하지 않게 된 경우

정답 ④

수사절차에 대한 설명으로 가장 적절하지 않은 것은?

① 사법경찰관이 검찰송치 결정을 한 경우에는 그 내용을 고소인·고발인·피해자 또는 그 법정대리인(피해자가 사망한 경우에는 그 배우자·직계친족·형제자매를 포함한다)과 피의자에게 통지해야 한다.

② 사법경찰관이 범죄를 수사한 후 범죄의 혐의가 있다고 인정되는 경우에는 지체 없이 검사에게 사건을 송치하고, 검사는 송치사건의 공소제기 여부 결정 또는 공소의 유지에 관하여 필요한 경우 사법경찰관에게 보완수사를 요구할 수 있으며, 특별히 직접 보완수사를 할 필요성이 인정되는 경우에는 예외적으로 직접 보완수사를 할 수 있다.

③ 사법경찰관리의 수사과정에서 현저한 수사권 남용이 의심되는 사실에 대하여, 「형사소송법」 제197조의3의 절차에 따라 사법경찰관으로부터 사건기록 등본을 송부받은 검사는 필요하다고 인정되는 경우 사법경찰관에게 시정조치를 요구할 수 있고, 그 이행 결과를 통보받은 후 시정조치 요구가 정당한 이유 없이 이행되지 않았다고 인정되는 경우에는 사법경찰관에게 사건을 송치할 것을 요구할 수 있다.

④ 사법경찰관이 범죄를 수사한 후 범죄의 혐의가 인정되지 않아 불송치 결정을 하는 경우, 사법경찰관은 그 이유를 명시한 서면과 함께 관계 서류와 증거물을 지체 없이 검사에게 송부해야 하며, 검사는 송부받은 날로부터 60일 이내에 사법경찰관에게 그 서류 등을 반환하여야 한다.

해설

② (×) 사법경찰관이 범죄를 수사한 후 범죄의 혐의가 있다고 인정되는 경우에는 지체 없이 검사에게 사건을 송치하고, 검사는 송치사건의 공소제기 여부 결정 또는 공소의 유지에 관하여 필요한 경우 <u>직접 보완수사하거나 사법경찰관에게 보완수사를 요구할 수 있다.</u> 형사소송법 제245조의5 제1호, 개정 수사준칙 제59조 참조.

> **형사소송법 제245조의5(사법경찰관의 사건송치 등)** 사법경찰관은 고소·고발 사건을 포함하여 범죄를 수사한 때에는 다음 각 호의 구분에 따른다.
> 1. 범죄의 혐의가 있다고 인정되는 경우에는 지체 없이 검사에게 사건을 송치하고, 관계 서류와 증거물을 검사에게 송부하여야 한다.
> **개정 수사준칙 제59조(보완수사요구의 대상과 범위)** ① 검사는 사법경찰관으로부터 송치받은 사건에 대해 보완수사가 필요하다고 인정하는 경우 <u>직접 보완수사하거나</u> 법 제197조의2 제1항 제1호에 따라 <u>사법경찰관에게 보완수사를 요구할 수 있다.</u> 다만, 법 제197조의2 제1항 제1호 전단의 경우로서 다음 각 호의 어느 하나에 해당하는 때에는 특별히 사법경찰관에게 보완수사를 요구할 필요가 있다고 인정되는 경우를 제외하고는 검사가 직접 보완수사를 하는 것을 원칙으로 한다.
> 1. 사건을 수리한 날(이미 보완수사요구가 있었던 사건의

경우 보완수사 이행결과를 통보받은 날)로부터 1개월이
경과한 경우

2. 사건이 송치된 이후 검사에 의하여 해당 피의자 및 피의
사실에 대해 상당한 정도의 보완수사가 이루어진 경우
3. 법 제197조의3 제5항, 제197조의4 제1항, 제198조의2
제2항에 따라 사법경찰관으로부터 송치받은 경우
4. 제7조 또는 제8조에 따라 검사와 사법경찰관이 사건 송
치 전에 수사할 사항, 증거수집의 대상, 법령의 적용 등
에 관하여 협의를 마치고 송치한 경우

④ (×) 사법경찰관이 범죄를 수사한 후 범죄의 혐의가 인정되지 않
아 불송치 결정을 하는 경우, 사법경찰관은 그 이유를 명시한 서
면과 함께 관계 서류와 증거물을 지체 없이 검사에게 송부해야
하며, 검사는 송부받은 날로부터 <u>90일 이내</u>에 사법경찰관에게
그 서류 등을 반환하여야 한다(제245조의5 제2호).

① (O) 사건 불송치 결정에 대하여는 고소인 등이 이의신청권을 행
사할 수 있다. 제245조의6, 제245조의7 참조.

> **제245조의6(고소인 등에 대한 송부통지)** 사법경찰관은 제
> 245조의5 제2호의 경우에는 그 송부한 날부터 7일 이내에
> 서면으로 고소인·고발인·피해자 또는 그 법정대리인(피해
> 자가 사망한 경우에는 그 배우자·직계친족·형제자매를 포
> 함한다)에게 사건을 검사에게 송치하지 아니하는 취지와 그
> 이유를 통지하여야 한다.
>
> **제245조의7(고소인 등의 이의신청)** ① 제245조의6의 통지
> 를 받은 사람은 해당 사법경찰관의 소속 관서의 장에게 이의
> 를 신청할 수 있다.
> ② 사법경찰관은 제1항의 신청이 있는 때에는 지체 없이 검사
> 에게 사건을 송치하고 관계 서류와 증거물을 송부하여야 하며,
> 처리결과와 그 이유를 제1항의 신청인에게 통지하여야 한다.

[보충] 위와 같은 통지는 피의자에게도 하여야 한다(개정 수사준
칙 제53조 제1항).

> **개정 수사준칙 제53조(수사 결과의 통지)** ① 검사 또는 사법
> 경찰관은 제51조 또는 제52조에 따른 결정을 한 경우에는
> 그 내용을 고소인·고발인·피해자 또는 그 법정대리인(피해
> 자가 사망한 경우에는그 배우자·직계친족·형제자매를 포함
> 한다. 이하 "고소인 등"이라 한다)과 피의자에게 통지해야 한
> 다. 다만, 다음 각 호의 어느 하나에 해당하는 경우에는 고소
> 인등에게만 통지한다.
> 1. 제51조 제1항 제4호 가목에 따른 피의자중지 결정 또는
>   제52조 제1항 제3호에 따른 기소중지 결정을 한 경우
> 2. 제51조 제1항 제5호 또는 제52조 제1항 제7호에 따른 이
>   송 결정을 한 경우(「형사소송법」 제256조에 해당하는 경
>   우는제외한다)로서 검사 또는 사법경찰관이 해당 피의자
>   에 대하여 출석요구 또는 제16조 제1항 각 호의 어느 하
>   나에 해당하는 행위를 하지 아니하였던 경우

③ (O) 제197조의3 제3항·제5항
[보충] 위법·부당수사에 대한 검사의 감독권 행사절차
㉠ 검사의 사건기록등본송부요구 →
㉡ 사경은 지체 없이(7일 내, 수사준칙 제45조 제2항) 송부 →
㉢ 검사는 필요시 시정조치요구(등본송부일로부터 30일 이내
   서면, 10일의 범위에서 1회 연장 可, 동조 제3항) →
㉣ 사경은 정당한 이유 없으면 지체 없이 이행 →
㉤ 불이행 시 검사는 사건송치요구(서면, 동조 제5항) →
㉥ 사경은 사건송치(7일 내, 동조 제6항) →
㉦ 검찰총장 또는 각급 검사장은 해당 사경리 징계요구 可

정답 ②·④

---

004 ✔ 대표 ◆◆◆ 　　　경찰2차 2023

수사에 관한 설명으로 가장 적절하지 않은 것은?

① 사법경찰관은 고소·고발 사건을 포함하여 범죄를 수
사한 때, 범죄혐의가 있다고 인정되면 지체 없이 관계
서류와 증거물을 함께 첨부하여 검사에게 사건을 송치
하고, 그 밖의 경우에는 그 이유를 명시한 서면만을 지
체 없이 검사에게 송부하여야 한다.

② 검사는 사법경찰관과 동일한 범죄사실을 수사하게 된
때에는 사법경찰관에게 사건을 송치할 것을 요구할 수
있으며, 송치요구를 받은 사법경찰관은 원칙적으로 지
체 없이 검사에게 사건을 송치하여야 한다.

③ 검사는 사법경찰관이 사건을 송치하지 아니한 것이 위
법 또는 부당한 때에는 그 이유를 문서로 명시하여 재
수사를 요청할 수 있는데, 사법경찰관은 재수사 후 기
소의견으로 사건을 검찰에 송치하거나 재차 불송치 결
정을 할 수 있다.

④ 검사의 수사개시는 예외적으로 인정되는데, 검사는 부
패범죄, 경제범죄 등 대통령령으로 정하는 중요 범죄
에 대해서는 수사를 개시할 수 있다.

해설

① (×) 그 밖의 경우에는 그 <u>이유를 명시한 서면</u>과 함께 <u>관계 서류</u>
와 증거물을 지체 없이 검사에게 송부하여야 한다. 제245조의5
제2호 참조.

> **제245조의5(사법경찰관의 사건송치 등)** 사법경찰관은 고
> 소·고발 사건을 포함하여 범죄를 수사한 때에는 다음 각 호
> 의 구분에 따른다.
> 1. 범죄의 혐의가 있다고 인정되는 경우에는 지체 없이 검
>   사에게 사건을 송치하고, 관계 서류와 증거물을 검사에
>   게 송부하여야 한다.
> 2. 그 밖의 경우에는 <u>그 이유를 명시한 서면과 함께 관계 서
>   류와 증거물을 지체 없이 검사에게 송부하여야 한다</u>. 이
>   경우 검사는 송부받은 날부터 90일 이내에 사법경찰관에
>   게 반환하여야 한다.

② (O) 수사의 경합 시 검사는 사법경찰관에서 사건송치를 요구할
수 있다. 제197조의4 제1항·제2항 참조.

> **제197조의4(수사의 경합)** ① 검사는 사법경찰관과 동일한
> 범죄사실을 수사하게 된 때에는 <u>사법경찰관에게 사건을 송
> 치할 것을 요구할 수 있다</u>.
> ② 제1항의 요구를 받은 사법경찰관은 지체 없이 검사에게
> <u>사건을 송치하여야 한다</u>. 다만, 검사가 영장을 청구하기 전
> 에 동일한 범죄사실에 관하여 사법경찰관이 영장을 신청한 경
> 우에는 해당 영장에 기재된 범죄사실을 계속 수사할 수 있다.

③ (O) 형사소송법 제245조의8 제1항·제2항, 개정 수사준칙 제
64조 제1항 참조.

> **형사소송법 제245조의8(재수사요청 등)** ① 검사는 제245
> 조의5 제2호의 경우에 <u>사법경찰관이 사건을 송치하지 아니한
> 것이 위법 또는 부당한 때에는 그 이유를 문서로 명시하여
> 사법경찰관에게 재수사를 요청할 수 있다</u>.

② 사법경찰관은 제1항의 요청이 있는 때에는 사건을 재수사하여야 한다.

개정 수사준칙 제64조(재수사 결과의 처리) ① 사법경찰관은 법 제245조의8 제2항에 따라 재수사를 한 경우 다음 각 호의 구분에 따라 처리한다.
1. 범죄의 혐의가 있다고 인정되는 경우: 법 제245조의5 제1호에 따라 검사에게 사건을 송치하고 관계 서류와 증거물을 송부
2. 기존의 불송치 결정을 유지하는 경우: 재수사 결과서에 그 내용과 이유를 구체적으로 적어 검사에게 통보

[보충] 개정 수사준칙에서는 제64조 제2항 이하를 아래와 같이 개정하였다(2023.11.1. 시행).

개정 수사준칙 제64조(재수사 결과의 처리) ② 검사는 사법경찰관이 제1항 제2호에 따라 재수사 결과를 통보한 사건에 대하여 다시 재수사를 요청하거나 송치 요구를 할 수 없다. 다만, 사법경찰관이 사건을 송치하지 않은 위법 또는 부당이 시정되지 않아 검사가 사건을 송치받아 수사할 필요가 있는 다음 각 호의 경우에는 법 제197조의3에 따라 사건송치를 요구할 수 있다.
1. 관련 법령 또는 법리에 위반된 경우
2. 범죄 혐의의 유무를 명확히 하기 위해 재수사요청한 사항에 관하여 그 이행이 이루어지지 않은 경우(다만, 불송치 결정의 유지에 영향을 미치지 않음이 명백한 경우는 제외한다)
3. 송부받은 관계 서류 및 증거물과 재수사 결과만으로도 범죄 혐의가 명백히 인정되는 경우
4. 공소시효 또는 형사소추의 요건을 판단하는 데 오류가 있는 경우
③ 검사는 전항 단서의 송치요구 여부를 판단하기 위하여 필요한 경우에는 사법경찰관에게 관계 서류와 증거물의 송부를 요청할 수 있다. 이 경우 요청을 받은 사법경찰관은 이에 협력해야 한다.
④ 검사는 재수사 결과를 통보받은 날(전항에 따라 관계 서류와 증거물의 송부를 요청한 경우 이를 송부받은 날)부터 30일 이내에 제2항 단서의 송치요구를 하여야 하고, 그 기간 내에 송치요구를 하지 않을 경우에는 송부받은 관계 서류와 증거물을 사법경찰관에게 반환해야 한다.

④ (O) 검찰청법 제4조 제1항 제1호 가목 참조.

검찰청법 제4조(검사의 직무) ① 검사는 공익의 대표자로서 다음 각 호의 직무와 권한이 있다.
1. 범죄수사, 공소의 제기 및 그 유지에 필요한 사항. 다만, 검사가 수사를 개시할 수 있는 범죄의 범위는 다음 각 목과 같다.
   가. 부패범죄, 경제범죄 등 대통령령으로 정하는 중요 범죄
   나. 경찰공무원(다른 법률에 따라 사법경찰관리의 직무를 행하는 자를 포함한다) 및 고위공직자범죄수사처 소속 공무원(「고위공직자범죄수사처 설치 및 운영에 관한 법률」에 따른 파견공무원을 포함한다)이 범한 범죄
   다. 가목·나목의 범죄 및 사법경찰관이 송치한 범죄와 관련하여 인지한 각 해당 범죄와 직접 관련성이 있는 범죄

정답 ①

---

005 ✓ 대표 ◆◆◆

「검사와 사법경찰관의 상호협력과 일반적 수사준칙에 관한 규정」에 따른 수사의 종결에 대한 설명으로 가장 적절하지 않은 것은?

① 사법경찰관은 사건을 수사한 경우에는 피의자중지, 참고인중지와 같은 수사중지결정을 할 수 있으며, 이 경우 7일 이내에 사건기록을 검사에게 송부해야 한다.
② 사법경찰관은 피의자중지 결정 후 그 내용을 고소인·고발인·피해자 또는 그 법정대리인(피해자가 사망한 경우에는 그 배우자·직계친족·형제자매를 포함한다)에게 통지해야 한다.
③ 사법경찰관으로부터 수사중지 결정의 통지를 받은 사람은 해당 사법경찰관이 소속된 바로 위 상급경찰관서의 장에게 이의를 제기할 수 있다.
④ 사법경찰관으로부터 수사중지 결정의 통지를 받은 사람은 해당 수사중지 결정이 법령에 위반되는 경우에 한하여 검사에게 「형사소송법」 제197조의3 제1항에 따른 신고를 할 수 있다.

해설

④ (×) 법령위반 외에도 인권침해 또는 현저한 수사권 남용이라고 의심되는 경우에도 검사에게 신고할 수 있다(수사준칙 제54조 제3항).

수사준칙 제54조(수사중지 결정에 대한 이의제기 등) ③ 제1항에 따른 통지를 받은 사람은 해당 수사중지 결정이 법령위반, 인권침해 또는 현저한 수사권 남용이라고 의심되는 경우 검사에게 법 제197조의3 제1항에 따른 신고를 할 수 있다.
④ 사법경찰관은 제53조에 따라 고소인등에게 제51조 제1항 제4호에 따른 수사중지 결정의 통지를 할 때에는 제3항에 따라 신고할 수 있다는 사실을 함께 고지해야 한다.

① (O) 수사준칙 제51조 제1항 제4호·제4항 참조.

수사준칙 제51조(사법경찰관의 결정) ① 사법경찰관은 사건을 수사한 경우에는 다음 각 호의 구분에 따라 결정해야 한다.
4. 수사중지
   가. 피의자중지
   나. 참고인중지
④ 사법경찰관은 제1항 제4호에 따른 수사중지 결정을 한 경우 7일 이내에 사건기록을 검사에게 송부해야 한다. 이 경우 검사는 사건기록을 송부받은 날부터 30일 이내에 반환해야 하며, 그 기간 내에 법 제197조의3에 따라 시정조치요구를 할 수 있다.

② (O) 수사준칙 제53조 제1항 참조.
[주의] 이 경우 통지대상에는 피의자가 포함되지 아니한다.

수사준칙 제53조(수사 결과의 통지) ① 검사 또는 사법경찰관은 제51조 또는 제52조에 따른 결정을 한 경우에는 그 내용을 고소인·고발인·피해자 또는 그 법정대리인(피해자가 사망한 경우에는 그 배우자·직계친족·형제자매를 포함한다. 이하 "고소인등"이라 한다)과 피의자에게 통지해야 한다. 다만, 제51조 제1항 제4호 가목에 따른 피의자중지 결정 또

는 제52조 제1항 제3호에 따른 기소중지 결정을 한 경우에 는 고소인등에게만 통지한다.

③ (○) 수사준칙 제54조 제1항 참조.

> **수사준칙 제54조(수사중지 결정에 대한 이의제기 등)** ① 제53 조에 따라 사법경찰관으로부터 제51조 제1항 제4호에 따른 수 사중지 결정의 통지를 받은 사람은 해당 사법경찰관이 소속된 바로 위 상급경찰서의 장에게 이의를 제기할 수 있다.
> ② 제1항에 따른 이의제기의 절차·방법 및 처리 등에 관하 여 필요한 사항은 경찰청장 또는 해양경찰청장이 정한다.

[참고] 형사소송법 제245조의7 제1항에 따르면, 사법경찰관의 불송치 결정의 통지를 받은 사람(고발인은 제외)은 해당 사법경 찰관의 소속 관서의 장에게 이의를 신청할 수 있다.

정답 ④

---

006 ✓ 유사 ◆◇◇ 경찰승진 2022

사법경찰관의 수사종결에 대한 설명으로 가장 적절하지 않은 것은?

① 사법경찰관은 고소·고발 사건을 포함하여 범죄를 수 사한 때에는 범죄의 혐의가 있다고 인정되는 경우에는 지체 없이 검사에게 사건을 송치하고, 관계 서류와 증 거물을 검사에게 송부하여야 한다.

② 사법경찰관은 고소·고발 사건을 포함하여 범죄를 수 사한 때에는 범죄의 혐의가 있다고 인정되는 경우를 제외한 그 밖의 경우에는 그 이유를 명시한 서면과 함 께 관계 서류와 증거물을 지체 없이 검사에게 송부하 여야 한다.

③ 사법경찰관은 고소·고발 사건을 포함하여 범죄를 수 사한 때에는 범죄의 혐의가 있다고 인정되는 경우를 제외한 그 밖의 경우에는 그 이유를 명시한 서면과 함 께 관계 서류와 증거물을 지체 없이 검사에게 송부하 여야 하고, 그 송부한 날부터 7일 이내에 서면으로 고 소인·고발인·피해자 또는 그 법정대리인(피해자가 사 망한 경우에는 그 배우자·직계친족·형제자매를 포함 한다)에게 사건을 검사에게 송치하지 아니하는 취지와 그 이유를 통지하여야 한다.

④ 사법경찰관으로부터 사건을 검사에게 송치하지 아니 하는 취지와 그 이유를 통지받은 사람은 통지를 받은 날로부터 30일 이내에 해당 사법경찰관의 소속 관서 의 장에게 이의를 신청하여야 한다.

해설

④ (×) 사법경찰관으로부터 사건을 검사에게 송치하지 아니하는 취지와 그 이유를 통지받은 사람(고발인을 제외한다)은 해당 사 법경찰관의 소속 관서의 장에게 이의를 신청할 수 있다(제245조 의7 제1항). 즉, 기간제한이 없다.
① (○) 제245조의5 제1호

② (○) 제245조의5 제2호
③ (○) 제245조의6

정답 ④

---

007 ✓ 유사 ◆◆◇ 경찰경채 2023

사법경찰관의 수사종결에 관한 설명으로 가장 적절한 것은?

① 사법경찰관은 고소·고발 사건을 포함하여 범죄의 혐 의가 인정되는 경우 외에는 그 이유를 명시한 서면과 함께 관계 서류와 증거물을 지체 없이 검사에게 송부 하여야 하며, 이 경우 검사는 송부받은 날부터 60일 이내에 사법경찰관에게 반환하여야 한다.

② 「검사와 사법경찰관의 상호협력과 일반적 수사준칙에 관한 규정」에 의하면, 검사의 재수사 요청에 따른 사법 경찰관의 재수사에도 불구하고 관련 법리에 위반되거 나 송부받은 관계 서류 및 증거물과 재수사 결과만으로 도 공소제기를 할 수 있을 정도로 명백히 채증법칙에 위 반되거나 공소시효 또는 형사소추의 요건을 판단하는 데 오류가 있어 사건을 송치하지 않은 위법 또는 부당이 시정되지 않은 경우, 검사는 재수사 결과를 통보받은 날부터 60일 이내에 사건송치를 요구할 수 있다.

③ 사법경찰관이 불송치하는 경우 검사에게 서류 등을 송 부한 날부터 7일 이내에 서면으로 고소인·고발인·피 해자 또는 그 법정대리인에게 사건을 검사에게 송치하 지 아니하는 취지와 그 이유를 통지하여야 한다.

④ 사법경찰관의 불송치 통지를 받은 고소인·고발인·피 해자 또는 그 법정대리인은 해당 사법경찰관의 소속 관서의 장에게 이의를 신청할 수 있고, 이의신청이 있 는 경우 사법경찰관은 지체 없이 검사에게 사건을 송 치하고 관계 서류와 증거물을 송부하여야 하며, 처리 결과와 그 이유를 신청인에게 통지하여야 한다.

해설

③ (○) 제245조의6 참조.

> **제245조의6(고소인 등에 대한 송부통지)** 사법경찰관은 제 245조의5 제2호의 경우에는 그 송부한 날부터 7일 이내에 서면으로 고소인·고발인·피해자 또는 그 법정대리인(피해 자가 사망한 경우에는 그 배우자·직계친족·형제자매를 포 함한다)에게 사건을 검사에게 송치하지 아니하는 취지와 그 이유를 통지하여야 한다.

① (×) 60일이 아닌 90일이다. 제245조의5 제2호 후단 참조.

> **제245조의5(사법경찰관의 사건송치 등)** 사법경찰관은 고 소·고발 사건을 포함하여 범죄를 수사한 때에는 다음 각 호 의 구분에 따른다.
> 1. 범죄의 혐의가 있다고 인정되는 경우에는 지체 없이 검 사에게 사건을 송치하고, 관계 서류와 증거물을 검사에

게 송부하여야 한다.

2. 그 밖의 경우에는 그 이유를 명시한 서면과 함께 관계 서류와 증거물을 지체 없이 검사에게 송부하여야 한다. 이 경우 검사는 송부받은 날부터 90일 이내에 사법경찰관에게 반환하여야 한다.

② (×) 60일이 아닌 30일이다. 개정 수사준칙 제64조 제2항·제4항 참조.

> **개정 수사준칙 제64조(재수사 결과의 처리)** ② 검사는 사법경찰관이 제1항 제2호에 따라 재수사 결과를 통보한 사건에 대하여 다시 재수사를 요청하거나 송치 요구를 할 수 없다. 다만, 사법경찰관이 사건을 송치하지 않은 위법 또는 부당이 시정되지 않아 검사가 사건을 송치받아 수사할 필요가 있는 다음 각 호의 경우에는 법 제197조의3에 따라 사건송치를 요구할 수 있다.
> 1. 관련 법령 또는 법리에 위반된 경우
> 2. 범죄 혐의의 유무를 명확히 하기 위해 재수사요청한 사항에 관하여 그 이행이 이루어지지 않은 경우(다만, 불송치 결정의 유지에 영향을 미치지 않음이 명백한 경우는 제외한다)
> 3. 송부받은 관계 서류 및 증거물과 재수사 결과만으로도 범죄 혐의가 명백히 인정되는 경우
> 4. 공소시효 또는 형사소추의 요건을 판단하는 데 오류가 있는 경우
> ③ 검사는 전항 단서의 송치요구 여부를 판단하기 위하여 필요한 경우에는 사법경찰관에게 관계 서류와 증거물의 송부를 요청할 수 있다. 이 경우 요청을 받은 사법경찰관은 이에 협력해야 한다.
> ④ 검사는 재수사 결과를 통보받은 날(전항에 따라 관계 서류와 증거물의 송부를 요청한 경우 이를 송부받은 날)부터 30일 이내에 제2항 단서의 송치요구를 하여야 하고, 그 기간 내에 송치요구를 하지 않을 경우에는 송부받은 관계 서류와 증거물을 사법경찰관에게 반환해야 한다.

④ (×) 2022.5.9. 형사소송법 개정에 의하여 고발인은 사법경찰관의 불송치 통지에 대한 이의신청을 할 수 있는 주체에서 제외되었다(제245조의7 제1항).

> **제245조의7(고소인 등의 이의신청)** ① 제245조의6의 통지를 받은 사람(고발인을 제외한다)은 해당 사법경찰관의 소속 관서의 장에게 이의를 신청할 수 있다. 〈개정 2022.5.9.〉
> ② 사법경찰관은 제1항의 신청이 있는 때에는 지체 없이 검사에게 사건을 송치하고 관계 서류와 증거물을 송부하여야 하며, 처리결과와 그 이유를 제1항의 신청인에게 통지하여야 한다.

정답 ③

형사소송법 제197조의2(보완수사요구)에 대한 설명으로 가장 적절하지 않은 것은?

① 검사는 '송치사건의 공소제기 여부 결정 또는 공소의 유지에 관하여 필요한 경우' 또는 '사법경찰관이 신청한 영장의 청구 여부 결정에 관하여 필요한 경우'에 사법경찰관에게 보완수사를 요구할 수 있다.

② 사법경찰관은 형사소송법 제197조의2 제1항에 따른 검사의 보완수사의 요구가 있는 때에는 정당한 이유가 없는 한 지체 없이 이를 이행하고, 그 결과를 검사에게 통보하여야 한다.

③ 형사소송법 제197조의2 제1항에 따른 보완수사의 요구를 받은 사법경찰관과 검사 사이에 형사소송법 제197조의2 제2항의 '정당한 이유의 유무'에 대하여 이견의 조정이 필요한 경우에 사법경찰관은 검사에 대하여 협의를 요청할 수 있다.

④ 형사소송법 제197조의2 제2항에 따른 '정당한 이유의 유무'에 대하여 이견이 있어 협의를 요청받은 검사는 이에 응하지 않을 수 있으며, 이 경우에는 해당 검사가 소속된 검찰청의 장과 해당 사법경찰관이 소속된 경찰관서의 장의 협의에 따른다.

해설

④ (×) 형사소송법 제197조의2 제2항에 따른 '정당한 이유의 유무'에 대하여 이견이 있어 협의를 요청받은 검사는 특별한 사정이 없는 한 이에 응해야 한다. 협의에도 불구하고 이견이 해소되지 않는 경우에는 해당 검사가 소속된 검찰청의 장과 해당 사법경찰관이 소속된 경찰관서(지방해양경찰관서를 포함)의 장의 협의에 따른다(개정 수사준칙 제8조).

> **개정 수사준칙 제8조(검사와 사법경찰관의 협의)** ① 검사와 사법경찰관은 수사와 사건의 송치, 송부 등에 관한 이견의 조정이나 협력 등이 필요한 경우 서로 협의를 요청할 수 있다. 이 경우 협의 요청을 받은 상대방은 특별한 사정이 없는 한 이에 응해야 한다.
> ② 제1항에 따른 협의에도 불구하고 이견이 해소되지 않는 경우로서 다음 각 호의 어느 하나에 해당하는 때에는 해당 검사가 소속된 검찰청의 장과 해당 사법경찰관이 소속된 경찰관서(지방해양경찰관서를 포함한다. 이하 같다)의 장의 협의에 따른다.
> 1. 중요사건에 관하여 상호 의견을 제시·교환하는 것에 대해 이견이 있거나, 제시·교환한 의견의 내용에 대해 이견이 있는 경우
> 2. 「형사소송법」(이하 "법"이라 한다) 제197조의2 제2항 및 제3항에 따른 정당한 이유의 유무에 대해 이견이 있는 경우
> 3. 법 제197조의4 제2항 단서에 따라 사법경찰관이 계속 수사할 수 있는지 여부나 사법경찰관이 계속 수사할 수 있는 경우 수사를 계속할 주체 또는 사건의 이송 여부 등에 대해 이견이 있는 경우
> 4. 법 제245조의8 제2항에 따른 재수사의 결과에 대해 이견이 있는 경우

① (○), ② (○) 제197조의2 제1항·제2항 참조.

> **제197조의2(보완수사요구)** ① 검사는 다음 각 호의 어느 하나에 해당하는 경우에 사법경찰관에게 보완수사를 요구할 수 있다.
> 1. 송치사건의 공소제기 여부 결정 또는 공소의 유지에 관하여 필요한 경우
> 2. 사법경찰관이 신청한 영장의 청구 여부 결정에 관하여 필요한 경우
> (→ 기소/영장은 보완수사 해주세요)
> ② 사법경찰관은 제1항의 요구가 있는 때에는 정당한 이유가 없는 한 지체 없이 이를 이행하고, 그 결과를 검사에게 통보하여야 한다.
> ③ 검찰총장 또는 각급 검찰청 검사장은 사법경찰관이 정당한 이유 없이 제1항의 요구에 따르지 아니하는 때에는 권한 있는 사람에게 해당 사법경찰관의 직무배제 또는 징계를 요구할 수 있고, 그 징계 절차는 「공무원 징계령」 또는 「경찰공무원 징계령」에 따른다.

③ (○) 수사를 함에 있어서 검·경 간에 이견조정이나 협력 등이 필요한 경우 상호 협의를 요청할 수 있다(개정 수사준칙 제8조 제1항 본문).

정답 ④

---

009 ☑ 유사 ◆◆◆ 경찰1차 2022

수사의 종결에 관한 설명으로 가장 적절하지 않은 것은? (다툼이 있는 경우 판례에 의함)

① 사법경찰관은 사건을 수사한 경우에는 혐의없음, 죄가 안됨, 공소권없음, 각하와 같은 불송치 결정을 할 수 있지만 기소유예는 할 수 없다.

② 검사와 사법경찰관의 상호협력과 일반적 수사준칙에 관한 규정 제53조 및 제54조에 의하면 사법경찰관은 수사종결 후 그 내용을 고소인등과 피의자에게 통지해야 하는데, 특히 수사중지 결정 통지를 받은 사람은 해당 사법경찰관이 소속된 경찰서의 장에게 이의를 제기할 수 있다.

③ 검사가 수사를 종결하고 공소제기한 이후 「형사소송법」 제215조에 따라 수소법원 이외의 지방법원 판사에게 청구하여 발부받은 영장에 의하여 압수·수색을 하였다면 이는 위법한 압수·수색에 해당한다.

④ 검사의 무혐의 불기소처분에 대해 재정신청을 받은 법원은 당해 불기소처분이 위법하다 하더라도 기록에 나타난 제반사정을 고려하여 기소유예의 불기소처분을 할 만한 사건이라고 인정되는 경우에는 재정신청을 기각할 수 있다.

해설

② (✕) 사법경찰관으로부터 수사중지 결정의 통지를 받은 사람은 해당 사법경찰관이 소속된 바로 위 상급경찰관서의 장에게 이의를 제기할 수 있다(수사준칙 제54조 제1항).

> **수사준칙 제54조(수사중지 결정에 대한 이의제기 등)** ① 제53조에 따라 사법경찰관으로부터 제51조 제1항 제4호에

따른 수사중지 결정의 통지를 받은 사람은 해당 사법경찰관이 소속된 바로 위 상급경찰관서의 장에게 이의를 제기할 수 있다.

[보충] 해당 사법경찰관의 소속 관서의 장에게 이의신청을 하는 제도는 사법경찰관의 불송치 결정의 경우이다(제245조의7 제1항).

> **제245조의5(사법경찰관의 사건송치 등)** 사법경찰관은 고소·고발 사건을 포함하여 범죄를 수사한 때에는 다음 각 호의 구분에 따른다.
> 1. 범죄의 혐의가 있다고 인정되는 경우에는 지체 없이 검사에게 사건을 송치하고, 관계 서류와 증거물을 검사에게 송부하여야 한다.
> 2. 그 밖의 경우에는 그 이유를 명시한 서면과 함께 관계 서류와 증거물을 지체 없이 검사에게 송부하여야 한다. 이 경우 검사는 송부받은 날부터 90일 이내에 사법경찰관에게 반환하여야 한다.
>
> **제245조의6(고소인 등에 대한 송부통지)** 사법경찰관은 제245조의5 제2호의 경우에는 그 송부한 날부터 7일 이내에 서면으로 고소인·고발인·피해자 또는 그 법정대리인(피해자가 사망한 경우에는 그 배우자·직계친족·형제자매를 포함한다)에게 사건을 검사에게 송치하지 아니하는 취지와 그 이유를 통지하여야 한다.
>
> **제245조의7(고소인 등의 이의신청)** ① 제245조의6의 통지를 받은 사람(고발인을 제외한다)은 해당 사법경찰관의 소속 관서의 장에게 이의를 신청할 수 있다. 〈개정 2022.5.9.〉
> ② 사법경찰관은 제1항의 신청이 있는 때에는 지체 없이 검사에게 사건을 송치하고 관계 서류와 증거물을 송부하여야 하며, 처리결과와 그 이유를 제1항의 신청인에게 통지하여야 한다.
>
> **제245조의8(재수사요청 등)** ① 검사는 제245조의5 제2호의 경우에 사법경찰관이 사건을 송치하지 아니한 것이 위법 또는 부당한 때에는 그 이유를 문서로 명시하여 사법경찰관에게 재수사를 요청할 수 있다.
> ② 사법경찰관은 제1항의 요청이 있는 때에는 사건을 재수사하여야 한다.

① (○) 2020.2.4. 검·경 수사권 조정에 의하여 사법경찰관에게도 1차적 수사종결권이 부여되었다. 다만, 공소제기와 기소유예를 포함한 불기소처분 등과 같은 최종적 수사종결권은 검사에게 부여되어 있다.

> **수사준칙 제51조(사법경찰관의 결정)** ① 사법경찰관은 사건을 수사한 경우에는 다음 각 호의 구분에 따라 결정해야 한다.
> 1. 법원송치
> 2. 검찰송치
> 3. 불송치
> 가. 혐의없음
>   1) 범죄인정안됨
>   2) 증거불충분
> 나. 죄가안됨
> 다. 공소권없음
> 라. 각하
> 4. 수사중지
> 가. 피의자중지
> 나. 참고인중지
> 5. 이송
> ② 사법경찰관은 하나의 사건 중 피의자가 여러 사람이거나

피의사실이 여러 개인 경우로서 분리하여 결정할 필요가 있는 경우 그중 일부에 대해 제1항 각 호의 결정을 할 수 있다.
③ 사법경찰관은 제1항 제3호 나목 또는 다목에 해당하는 사건이 다음 각 호의 어느 하나에 해당하는 경우에는 해당 사건을 검사에게 이송한다.
1. 「형법」 제10조 제1항에 따라 벌할 수 없는 경우
2. 기소되어 사실심 계속 중인 사건과 포괄일죄를 구성하는 관계에 있거나 「형법」 제40조에 따른 상상적 경합관계에 있는 경우
④ 사법경찰관은 제1항 제4호에 따른 수사중지 결정을 한 경우 7일 이내에 사건기록을 검사에게 송부해야 한다. 이 경우 검사는 사건기록을 송부받은 날부터 30일 이내에 반환해야 하며, 그 기간 내에 법 제197조의3에 따라 시정조치요구를 할 수 있다.
⑤ 사법경찰관은 제4항 전단에 따라 검사에게 사건기록을 송부한 후 피의자 등의 소재를 발견한 경우에는 소재 발견 및 수사 재개 사실을 검사에게 통보해야 한다. 이 경우 통보를 받은 검사는 지체 없이 사법경찰관에게 사건기록을 반환해야 한다.
제52조(검사의 결정) ① 검사는 사법경찰관으로부터 사건을 송치받거나 직접 수사한 경우에는 다음 각 호의 구분에 따라 결정해야 한다.
1. 공소제기
2. 불기소
   가. 기소유예
   나. 혐의없음
      1) 범죄인정안됨
      2) 증거불충분
   다. 죄가안됨
   라. 공소권없음
   마. 각하
3. 기소중지
4. 참고인중지
5. 보완수사요구
6. 공소보류
7. 이송
8. 소년보호사건 송치
9. 가정보호사건 송치
10. 성매매보호사건 송치
11. 아동보호사건 송치
② 검사는 하나의 사건 중 피의자가 여러 사람이거나 피의사실이 여러 개인 경우로서 분리하여 결정할 필요가 있는 경우 그중 일부에 대해 제1항 각 호의 결정을 할 수 있다.

③ (○) 대법원 2011.4.28, 2009도10412
④ (○) 대법원 1997.4.22, 97모30

정답 ②

수사의 종결에 관한 설명으로 옳고 그름의 표시(○, ×)가 바르게 된 것은? (다툼이 있는 경우 판례에 의함)

가. 고소인과 고발인은 사법경찰관으로부터 사건불송치 통지를 받은 경우에 해당 사법경찰관의 소속 관서의 장에게 이의를 신청할 수 있다.

나. 사법경찰관은 범죄혐의가 인정되지 않는다고 판단하는 경우 검사에게 사건을 송치할 필요는 없으나, 불송치 결정서와 함께 압수물 총목록, 기록목록 등 관계 서류와 증거물을 검사에게 송부하여야 한다.

다. 검사의 불기소처분에 의해 기본권을 침해받은 자는 헌법소원을 제기할 수 있으므로 고소하지 않은 피해자 및 기소유예처분을 받은 피의자는 헌법소원을 제기할 수 있으나 고발인은 특별한 사정이 없는 한 자기관련성이 없으므로 헌법소원심판을 청구할 수 없다.

라. 검사의 불기소처분에 대한 헌법소원에 있어서 그 대상이 된 범죄에 대하여 공소시효가 완성되었더라도 헌법소원을 제기할 수 있다.

	가	나	다	라
①	○	×	○	○
②	○	×	×	×
③	×	○	○	×
④	×	○	×	○

해설

③ 가 (×), 나 (○), 다 (○), 라 (×)

가. (×) 사법경찰관의 사건불송치 결정에 대한 이의신청권자에 고발인은 포함되지 아니한다. 2022.5.9. 개정 제245조의7 제1항 참조.

> **제245조의7(고소인 등의 이의신청)** ① 제245조의6의 통지를 받은 사람(고발인을 제외한다)은 해당 사법경찰관의 소속 관서의 장에게 이의를 신청할 수 있다.

나. (○) 형사소송법 제245조의5 제2호, 수사준칙 제62조

> **형사소송법 제245조의5(사법경찰관의 사건송치 등)** 사법경찰관은 고소·고발 사건을 포함하여 범죄를 수사한 때에는 다음 각 호의 구분에 따른다.
> 1. 범죄의 혐의가 있다고 인정되는 경우에는 지체 없이 검사에게 사건을 송치하고, 관계 서류와 증거물을 검사에게 송부하여야 한다.
> 2. 그 밖의 경우에는 그 이유를 명시한 서면과 함께 관계 서류와 증거물을 지체 없이 검사에게 송부하여야 한다. 이 경우 검사는 송부받은 날부터 90일 이내에 사법경찰관에게 반환하여야 한다.
>
> **수사준칙 제62조(사법경찰관의 사건불송치)** ① 사법경찰관은 법 제245조의5 제2호 및 이 영 제51조 제1항 제3호에 따라 불송치 결정을 하는 경우 불송치의 이유를 적은 불송치 결정서와 함께 압수물 총목록, 기록목록 등 관계 서류와 증거물을 검사에게 송부해야 한다.

다. (O) 검사의 불기소처분에 대하여 <u>고소하지 아니한 피해자</u>(헌법재판소 2008.11.27, 2008헌마399·400)와 <u>기소유예처분을 받은 피의자</u>(헌법재판소 1989.10.27, 89헌마56)는 헌법소원심판을 청구할 수 있다. 다만, 고소인은 재정신청이 가능하다는 점, <u>고발인은 자기관련성이 인정되지 않는다는 점</u>에서 헌법소원을 제기할 수 없다.

라. (×) 검사의 불기소처분에 대한 헌법소원심판청구 후에 그 불기소처분의 대상이 된 피의사실에 대하여 <u>공소시효가 완성된 경우</u>에는 그 불기소처분에 대한 헌법소원심판청구는 권리보호의 이익이 없어 부적법하다(헌법재판소 1992.7.23, 92헌마103 전원재판부).

[정답] ③

011 ☑유사 ◆◆◇ 해경승진 2023

다음 〈보기〉 중 수사의 종결에 대한 설명으로 옳은 것을 모두 고른 것은? (다툼이 있는 경우 판례에 의함)

──┤ 보기 ├──

㉠ 검사는 고소 또는 고발 있는 사건에 관하여 공소제기, 불기소, 공소취소 또는 타관송치의 처분을 한 때에는 그 처분한 날로부터 7일 이내에 서면으로 고소인 또는 고발인에게 그 취지를 통지하여야 한다.

㉡ 검사는 고소 또는 고발 있는 사건에 관하여 공소를 제기하지 아니하는 처분을 한 경우에 고소인 또는 고발인의 청구가 있는 때에는 7일 이내에 고소인 또는 고발인에게 그 이유를 서면으로 설명하여야 한다.

㉢ 검사의 불기소처분에는 확정력과 같은 효력이 없어 일단 불기소처분을 한 후에도 공소시효가 완성되기 전이면 공소를 제기할 수 있으나, 세무공무원 등의 고발이 있어야 공소를 제기할 수 있는 「조세범처벌법」 위반죄에 관하여 종전 세무공무원 등의 고발에 대한 불기소처분이 있었던 경우는 세무공무원 등의 새로운 고발이 있어야 공소를 제기할 수 있다.

㉣ 고소한 피해자는 불기소처분의 취소를 구하는 헌법소원심판을 청구할 수 있으나 고소하지 아니한 피해자 또는 고발인은 헌법소원심판을 청구할 수 없다.

㉤ 고소장의 기재만으로는 고소 사실이 불분명함에도 고소장 제출 후 고소인이 출석요구에 불응하거나 소재불명이 되어 고소사실에 대한 진술을 청취할 수 없는 경우는 불기소처분 중 각하사유에 해당한다.

① ㉠, ㉡
② ㉠, ㉡, ㉤
③ ㉡, ㉢, ㉣
④ ㉡, ㉢, ㉤

[해설]

㉠ (O), ㉡ (O) 제258조, 제259조 참조.

제258조(고소인등에의 처분고지) ① 검사는 고소 또는 고발 있는 사건에 관하여 공소를 제기하거나 제기하지 아니하는 처분, 공소의 취소 또는 제256조의 송치를 한 때에는 그 처분한 날로부터 7일 이내에 서면으로 고소인 또는 고발인에

게 그 취지를 통지하여야 한다.

제259조(고소인등에의 공소불제기이유고지) 검사는 고소 또는 고발 있는 사건에 관하여 공소를 제기하지 아니하는 처분을 한 경우에 고소인 또는 고발인의 청구가 있는 때에는 7일 이내에 고소인 또는 고발인에게 그 이유를 서면으로 설명하여야 한다.

㉢ (×) 검사의 불기소처분에는 확정재판에 있어서의 확정력과 같은 효력이 없어 일단 불기소처분을 한 후에도 공소시효가 완성되기 전이면 언제라도 공소를 제기할 수 있으므로, 세무공무원 등의 고발이 있어야 공소를 제기할 수 있는 조세범처벌법 위반죄에 관하여 일단 불기소처분이 있었더라도 <u>세무공무원 등이 종전에 한 고발은 여전히 유효하다</u>(대법원 2009.10.29, 2009도6614)

㉣ (×) 고소한 피해자는 재정신청을 할 수 있으므로 헌법소원심판을 청구할 수 없다. 고발인은 검사의 불기소처분으로 인하여 자기의 기본권이 침해당한 자가 아니므로 역시 헌법소원심판을 청구할 수 없다. 다만 고소하지 않은 피해자는 재정신청을 할 수 없으므로 헌법소원심판을 청구할 수 있다.

[판례] 불기소처분에 대하여 인정되는 검찰청법 제10조 제1항 및 제3항에 의한 항고 및 재항고의 구제절차는 고소인 또는 고발인이 청구할 수 있도록 규정되어 있으므로, <u>범죄피해자로서 고소한 사실이 없는 청구인은 검찰청법에 의한 항고 및 재항고의 구제절차를 거칠 필요 없이 불기소처분에 대하여 바로 헌법소원심판을 청구할 수 있다</u>(헌법재판소 1998. 8. 27, 97헌마79 전원재판부)

㉤ (O) 고소 또는 고발 사건에 관하여 고소인 또는 고발인의 진술이나 고소장 또는 고발장에 의하여 혐의없음, 죄가안됨, 공소권없음의 사유에 해당함이 명백한 경우에 행하는 처분이 '각하'이다. 각하사유에는 이외에도 <u>고소인 또는 고발인이 고소·고발장을 제출한 후 출석요구나 자료제출 등 혐의 확인을 위한 수사기관의 요청에 불응하거나 소재불명이 되는 등 고소·고발사실에 대한 수사를 개시·진행할 자료가 없는 경우</u>가 있다(검찰사건사무규칙 제115조 제3항 제5호 마목).

제115조(불기소결정) ③ 불기소결정의 주문은 다음과 같이 한다.
5. 각하
   가. 고소 또는 고발이 있는 사건에 관하여 고소인 또는 고발인의 진술이나 고소장 또는 고발장에 의하여 제2호부터 제4호까지의 규정에 따른 사유에 해당함이 명백한 경우
   나. 법 제224조, 제232조 제2항 또는 제235조에 위반한 고소·고발의 경우
   다. 같은 사건에 관하여 검사의 불기소결정이 있는 경우(새로이 중요한 증거가 발견되어 고소인, 고발인 또는 피해자가 그 사유를 소명한 경우는 제외한다)
   라. 법 제223조, 제225조부터 제228조까지의 규정에 따른 고소권자가 아닌 자가 고소한 경우
   마. <u>고소인 또는 고발인이 고소·고발장을 제출한 후 출석요구나 자료제출 등 혐의 확인을 위한 수사기관의 요청에 불응하거나 소재불명이 되는 등 고소·고발사실에 대한 수사를 개시·진행할 자료가 없는 경우</u>
   바. 고발이 진위 여부가 불분명한 언론 보도나 인터넷 등 정보통신망의 게시물, 익명의 제보, 고발 내용과 직접적인 관련이 없는 제3자로부터의 전문(전문)이나 풍문 또는 고발인의 추측만을 근거로 한 경우 등으로서 수사를 개시할 만한 구체적인 사유나 정황이 충분하지 않은 경우
   사. 고소·고발 사건(진정 또는 신고를 단서로 수사개시

된 사건을 포함한다)의 사안의 경중 및 경위, 피해회복 및 처벌의사 여부, 고소인·고발인·피해자와 피고소인·피고발인·피의자와의 관계, 분쟁의 종국적 해결 여부 등을 고려할 때 수사 또는 소추에 관한 공공의 이익이 없거나 극히 적은 경우로서 수사를 개시·진행할 필요성이 인정되지 않는 경우

[정답] ②

012 ✓유사 ◆◆◇   소방간부 2024

수사종결에 관한 설명으로 옳지 않은 것은? (다툼이 있는 경우 판례에 의함)

① 사법경찰관은 고소 또는 고발사건을 포함하여 범죄를 수사한 때 범죄의 혐의가 있다고 인정되는 경우 지체 없이 검사에게 사건을 송치하고, 관계 서류와 증거물을 검사에게 송부하여야 하고, 검사는 고소 또는 고발을 수리한 날로부터 3월 이내에 수사를 완료하여 공소제기 여부를 결정하여야 한다.

② 검사의 불기소처분에는 확정재판에 있어서의 확정력과 같은 효력이 없어 일단 불기소처분을 한 후에도 공소시효가 완성되기 전이면 언제라도 공소를 제기할 수 있다.

③ 검사는 고소 또는 고발사건에 관하여 공소를 제기하지 아니하는 처분을 한 때에는 그 처분을 한 날로부터 7일 이내에 서면으로 고소인 또는 고발인에게 그 취지를 통지하여야 한다.

④ 사법경찰관으로부터 사건을 검사에게 송치하지 아니하는 취지와 그 이유를 통지받은 사람(고발인을 제외한다)은 해당 사법경찰관의 소속 관서의 장에게 이의를 신청할 수 있다.

⑤ 검사의 재수사요청에도 사법경찰관이 기존의 불송치결정을 유지하는 경우 검사가 사법경찰관의 불송치결정이 위법·부당하다고 판단되어 송치받아 수사할 필요가 있더라도 사건송치를 요구할 수 없다.

[해설]

⑤ (×) 사법경찰관의 재수사 결과 불송치결정 유지를 통보한 사건에 대하여 검사는 다시 재수사를 요청하거나 송치 요구를 할 수 없음이 원칙이나, <u>예외적으로 사건을 송치하지 않은 위법 또는 부당이 시정되지 않아 사건을 송치받아 수사할 필요가 있는 일정한 경우에 검사는 사법경찰관에게 사건송치를 요구할 수 있다.</u> 수사준칙 제64조 제2항 단서 참조.

> **수사준칙 제64조(재수사 결과의 처리)** ② 검사는 사법경찰관이 제1항 제2호에 따라 재수사 결과를 통보한 사건에 대해서 다시 재수사를 요청하거나 송치 요구를 할 수 없다. 다만, <u>검사는 사법경찰관이 사건을 송치하지 않은 위법 또는 부당이 시정되지 않아 사건을 송치받아 수사할 필요가 있는 다음</u>

각 호의 경우에는 법 제197조의3에 따라 사건송치를 요구할 수 있다.
> 1. 관련 법령 또는 법리에 위반된 경우
> 2. 범죄 혐의의 유무를 명확히 하기 위해 재수사를 요청한 사항에 관하여 그 이행이 이루어지지 않은 경우. 다만, 불송치결정의 유지에 영향을 미치지 않음이 명백한 경우는 제외한다.
> 3. 송부받은 관계 서류 및 증거물과 재수사 결과만으로도 범죄의 혐의가 명백히 인정되는 경우
> 4. 공소시효 또는 형사소추의 요건을 판단하는 데 오류가 있는 경우

① (○) 제245조의5, 제257조 참조.

> **제245조의5(사법경찰관의 사건송치 등)** 사법경찰관은 고소·고발 사건을 포함하여 범죄를 수사한 때에는 다음 각 호의 구분에 따른다.
> 1. <u>범죄의 혐의가 있다고 인정되는 경우에는 지체 없이 검사에게 사건을 송치하고, 관계 서류와 증거물을 검사에게 송부하여야 한다.</u>
> 2. 그 밖의 경우에는 그 이유를 명시한 서면과 함께 관계 서류와 증거물을 지체 없이 검사에게 송부하여야 한다. 이 경우 검사는 송부받은 날부터 90일 이내에 사법경찰관에게 반환하여야 한다.
> **제257조(고소등에 의한 사건의 처리)** 검사가 고소 또는 고발에 의하여 범죄를 수사할 때에는 <u>고소 또는 고발을 수리한 날로부터 3월 이내에 수사를 완료하여 공소제기 여부를 결정하여야 한다.</u>

② (○) 검사의 불기소처분에는 확정재판에 있어서의 확정력과 같은 효력이 없어 일단 불기소처분을 한 후에도 공소시효가 완성되기 전이면 언제라도 공소를 제기할 수 있다(대법원 2009.10.29, 2009도6614).

③ (○) 제258조 제1항 참조.

> **제258조(고소인등에의 처분고지)** ① 검사는 고소 또는 고발 있는 사건에 관하여 공소를 제기하거나 제기하지 아니하는 처분, 공소의 취소 또는 제256조의 송치를 한 때에는 그 처분한 날로부터 7일 이내에 서면으로 고소인 또는 고발인에게 그 취지를 통지하여야 한다.

④ (○) 제245조의6, 제245조의7 참조.

> **제245조의6(고소인 등에 대한 송부통지)** 사법경찰관은 제245조의5 제2호의 경우에는 그 송부한 날부터 7일 이내에 서면으로 고소인·고발인·피해자 또는 그 법정대리인(피해자가 사망한 경우에는 그 배우자·직계친족·형제자매를 포함한다)에게 사건을 검사에게 송치하지 아니하는 취지와 그 이유를 통지하여야 한다.
> **제245조의7(고소인 등의 이의신청)** ① 제245조의6의 통지를 받은 사람(고발인을 제외한다)은 해당 사법경찰관의 소속 관서의 장에게 이의를 신청할 수 있다.
> ② 사법경찰관은 제1항의 신청이 있는 때에는 지체 없이 검사에게 사건을 송치하고 관계 서류와 증거물을 송부하여야 하며, 처리결과와 그 이유를 제1항의 신청인에게 통지하여야 한다.

[정답] ⑤

Ⅲ 불기소처분에 대한 불복

013 ✓ 대표 ◆◆◇ 〔국가9급 2017〕

다음 설명 중 옳지 않은 것은? (다툼이 있으면 판례에 의함)

① 검사는 고소 또는 고발 있는 사건에 관하여 공소제기, 불기소, 공소취소 또는 타관송치의 처분을 한 때에는 그 처분한 날로부터 7일 이내에 서면으로 고소인 또는 고발인에게 그 취지를 통지하여야 한다.

② 검사가 불기소 또는 타관송치의 처분을 한 때에는 피의자에게 즉시 그 취지를 통지하여야 한다.

③ 검사는 범죄로 인한 피해자 또는 그 법정대리인의 신청이 있는 때에는 당해 사건의 공소제기여부, 공판의 일시·장소, 재판 결과, 피의자·피고인의 구속·석방 등 구금에 관한 사실 등을 신속하게 통지하여야 한다.

④ 고소한 피해자는 불기소처분의 취소를 구하는 헌법소원심판을 청구할 수 있으나, 고소하지 아니한 피해자 또는 고발인은 헌법소원심판을 청구할 수 없다.

〔해설〕

④ (✗) 고소한 피해자는 검사의 불기소처분에 대하여는 헌법소원을 청구할 수 없으나(고소한 피해자는 검찰항고를 거쳐 재정신청을 제기하여야 하고, 일단 재정신청을 거친 이후에는 헌법소원을 청구하지 못한다), 고소하지 아니한 피해자는 헌법소원을 청구할 수 있다(헌법재판소 2008.11.27, 2008헌마399·400). 고발인은 범죄피해자가 아니므로 '범죄피해자의 재판절차진술권' 침해 등을 이유로 하는 헌법소원을 청구할 수 없다(헌법재판소 2013. 10.24, 2012헌마41).

① (○) 제258조 제1항

② (○) 제258조 제2항

③ (○) 제259조의2

〔정답〕 ④

2 공소제기 후의 수사

Ⅰ 의의

Ⅱ 공소제기 후의 강제수사

Ⅲ 공소제기 후의 임의수사

014 ✓ 대표 ◆◆◇ 〔국가7급 2017〕

공소제기 후 수사에 대한 설명으로 옳은 것은? (다툼이 있는 경우 판례에 의함)

① 공소제기 후에도 수사기관은 피고사건에 관하여 수소법원이 아닌 지방법원 판사로부터 구속영장을 발부받아 피고인을 구속할 수 있다.

② 공소제기 후 수사기관이 피고인에 대한 구속영장을 집행하는 경우에도 피고인이 소지하고 있는 당해 사건의 증거물을 압수할 수 있다.

③ 공소제기 후 제3자가 임의로 제출하는 피고사건에 대한 증거물을 수사기관이 압수하는 것은 위법하다.

④ 피고인에게 유리한 증언을 한 증인을 수사기관이 법정 외에서 다시 참고인으로 조사하면서 그 증언을 번복하게 하여 작성한 참고인 진술조서는 피고인이 동의하더라도 증거로 사용할 수 없다.

〔해설〕

② (○) 제216조 제2항 참조.

> **제216조(영장에 의하지 아니한 강제처분)** ① 검사 또는 사법경찰관은 제200조의2·제200조의3·제201조 또는 제212조의 규정에 의하여 피의자를 체포 또는 구속하는 경우에 필요한 때에는 영장 없이 다음 처분을 할 수 있다.
> 2. 체포현장에서의 압수, 수색, 검증
> ② 전항 제2호의 규정은 검사 또는 사법경찰관이 피고인에 대한 구속영장의 집행의 경우에 준용한다.

① (✗) 검사가 '공소제기 후' 형사소송법 제215조에 따라 수소법원 이외의 지방법원 판사로부터 발부받은 압수·수색 영장에 의해 수집한 증거의 증거능력 유무(원칙적 소극)(대법원 2011.4.28, 2009도10412).

(판결이유 중) … 공소가 제기된 후에는 그 피고사건에 관한 형사절차의 모든 권한이 사건을 주재하는 수소법원의 권한에 속하게 되며 … 구속·압수·수색 등 피고인의 기본적 인권에 직접 영향을 미치는 강제처분은 원칙적으로 수소법원의 판단에 의하여 이루어지지 않으면 안 된다 …

③ (✗) 공소제기 후 임의제출물 압수는 가능하다.

> **제108조(임의 제출물 등의 압수)** 소유자, 소지자 또는 보관자가 임의로 제출한 물건 또는 유류한 물건은 영장 없이 압수할 수 있다.
> **제218조(영장에 의하지 아니한 압수)** 검사, 사법경찰관은 피의자 기타인의 유류한 물건이나 소유자, 소지자 또는 보관자가 임의로 제출한 물건을 영장 없이 압수할 수 있다.

형사소송법은 임의제출물 압수에 대해 수소법원은 제108조, 수사과정에서 수사기관은 제218조에 규정하고 있다. 공소제기 후 수사기관에 의한 압수·수색·검증이 허용되는가에 대하여는 견해가 대립하고 있는데, 임의 제출물을 압수할 수 있다는 점에 대해서는 대체로 이론이 없다. 다만 근거에 대해 견해가 일치하지 않는데, 이를 임의수사로 해석하는 견해, 강제수사지만 점유취득 방법이 임의적이므로 허용된다는 견해가 있다.

④ (×) 공판준비 또는 공판기일에서 <u>이미 증언을 마친 증인을 검사가 소환한 후 피고인에게 유리한 그 증언 내용을 추궁하여 이를 일방적으로 번복시키는 방식으로 작성한 진술조서를 유죄의 증거로 삼는 것은</u> 당사자주의·공판중심주의·직접주의를 지향하는 현행 형사소송법의 소송구조에 어긋나는 것일 뿐만 아니라, 헌법 제27조가 보장하는 기본권, 즉 법관의 면전에서 모든 증거자료가 조사·진술되고 이에 대하여 피고인이 공격·방어할 수 있는 기회가 실질적으로 부여되는 재판을 받을 권리를 침해하는 것이므로, 이러한 진술조서는 <u>피고인이 증거로 할 수 있음에 동의하지 아니하는 한 그 증거능력이 없다</u>고 하여야 할 것이고, 그 후 원진술자인 종전 증인이 다시 법정에 출석하여 증언을 하면서 그 진술조서의 성립의 진정함을 인정하고 피고인측에 반대신문의 기회가 부여되었다고 하더라도 그 증언 자체를 유죄의 증거로 할 수 있음은 별론으로 하고 위와 같은 진술조서의 증거능력이 없다는 결론은 달리할 것이 아니다(대법원 2000.6.15, 99도1108 전원합의체).

정답 ②

---

015 ✓ 대표 ◆◆◇ 경찰승진 2022 유사 국가9급 2013

공소제기 후의 수사에 대한 설명으로 옳지 않은 것은? (다툼이 있는 경우 판례에 의함)

① 공소제기 후 피고인의 구속은 수소법원의 독자적 판단에 의하며, 검사는 수소법원에 불구속 피고인에 대한 구속영장을 청구할 권한이 없다.

② 검사 또는 사법경찰관이 피고인에 대한 구속영장을 집행하는 경우, 구속현장에서 영장 없이 압수·수색·검증을 할 수 있다.

③ 검사가 공소제기 후에 피고인을 피의자로 신문하여 작성한 진술조서는 그 증거능력이 없다.

④ 수사기관이 공판준비기일에 피고인에게 유리한 증언을 한 증인을 다시 참고인으로 조사하여 작성한 참고인진술 조서는 그 증거능력이 없다.

해설

③ (×) 공소제기 후 피고인신문은 임의수사로서 적법하다는 것이 판례의 입장이다. "검사작성의 피고인에 대한 진술조서가 공소제기 후에 작성된 것이라는 이유만으로는 곧 그 증거능력이 없다고 할 수 없다(대법원 1984.9.25, 84도1646)."

① (○) 공소제기 된 후에는 법원의 독자적 판단에 의하여 구속한다. 제73조.

② (○) 제216조 제2항

④ (○) 대법원 2000.6.15, 99도1108 전원합의체; 2012.6.14, 2012도534

정답 ③

---

016 ✓ 유사 ◆◆◇ 국가9급/개론 2021

공소가 제기된 이후 당해 피고인에 대한 수사와 관련된 설명으로 옳은 것은? (다툼이 있는 경우 판례에 의함)

① 불구속으로 기소된 피고인이 도망하거나 증거인멸의 염려가 있는 경우 검사는 지방법원판사에게 구속영장을 청구하여 발부받아 피고인을 구속할 수 있다.

② 검사 작성의 피고인에 대한 진술조서가 공소제기 후에 작성된 것이라는 이유만으로 곧 그 증거능력이 없다고 할 수는 없다.

③ 수사기관은 수소법원 이외의 지방법원판사로부터 압수·수색 영장을 청구하여 발부받아 피고사건에 관하여 압수·수색을 할 수 있다.

④ 피고인에 대한 수소법원의 구속영장을 집행하는 경우 필요한 때에도 수사기관은 그 집행현장에서 영장 없이는 압수·수색·검증을 할 수 없다.

해설

② (○) 대법원 1984.9.25, 84도1646

① (×) 일단 <u>공소가 제기된 후에는 피고사건에 관하여 검사로서는 피고인을 구속할 수 없고 구속영장을 청구할 수도 없으며 단지 수소법원의 직권발동을 촉구할 수 있을 뿐이다</u>(통설).

③ (×) 형사소송법은 제215조에서 검사가 압수·수색 영장을 청구할 수 있는 시기를 공소제기 전으로 명시적으로 한정하고 있지는 아니하나, 헌법상 보장된 적법절차의 원칙과 재판받을 권리, 공판중심주의·당사자주의·직접주의를 지향하는 현행 형사소송법의 소송구조, 관련 법규의 체계, 문언 형식, 내용 등을 종합하여 보면, <u>일단 공소가 제기된 후에는 피고사건에 관하여 검사로서는 형사소송법 제215조에 의하여 압수·수색을 할 수 없다</u>고 보아야 하며, 그럼에도 검사가 공소제기 후 형사소송법 제215조에 따라 수소법원 이외의 지방법원 판사에게 청구하여 발부받은 영장에 의하여 압수·수색을 하였다면, 그와 같이 수집된 증거는 기본적 인권 보장을 위해 마련된 적법한 절차에 따르지 않은 것으로서 원칙적으로 유죄의 증거로 삼을 수 없다(대법원 2011.4.28, 2009도10412).

④ (×) 검사 또는 사법경찰관이 <u>피고인에 대한 구속영장의 집행의 경우에 필요한 때에는 영장 없이 집행현장에서 압수·수색·검증을 할 수 있다</u>(제216조 제2항).

정답 ②

CHAPTER 04 공소의 제기

1 공소와 공소권이론

Ⅰ 공소의 의의

Ⅱ 공소권의 이론

Ⅲ 공소권남용이론

001 ✓ 대표 ◆◇◇ 국가9급 2023

공소제기에 대한 설명으로 옳지 않은 것은?

① 형사소송법 제254조 제3항은 공소장에 동항 소정의 사항들을 필요적으로 기재하도록 한 규정에 불과하고 그 이외의 사항의 기재를 금지하고 있는 규정이 아니므로, 공소시효가 완성된 범죄사실을 공소범죄사실 이외의 사실로 기재한 공소장은 위 규정에 위배된다고 볼 수 없다.

② 세무서장 등의 고발을 공소제기의 요건으로 하는 조세범 처벌법위반사건에 대해 수사기관이 고발에 앞서 수사를 하고 구속영장을 발부받은 후 검찰의 요청에 따라 세무서장이 고발조치를 한 경우, 그 고발이 있은 후에 공소제기가 있었다면 공소제기의 절차가 법률의 규정에 위반하여 무효라고 할 수 없다.

③ 검사가 자의적으로 공소권을 행사하여 피고인에게 실질적인 불이익을 줌으로써 소추재량권을 현저히 일탈한 경우에는 이를 공소권의 남용으로 보아 공소제기의 효력을 부인할 수 있고, 여기서 '자의적인 공소권의 행사'란 단순히 직무상의 과실에 의한 것만으로는 부족하고 적어도 미필적이나마 어떤 의도가 있어야 한다.

④ 공소제기된 사건에 대하여 불법연행, 불법구금 또는 구금장소의 임의적 변경의 위법사유가 있으면 그 위법한 절차에 의하여 수집된 증거가 배제되는 것은 물론, 공소제기의 절차 자체가 위법하여 무효인 경우에 해당한다.

해설

④ (×) 공소기각의 판결을 할 경우 중 형사소송법 제327조 제2호에 규정된 공소제기의 절차가 법률의 규정에 의하여 무효인 때라 함은 무권한자에 의하여 공소가 제기되거나 공소제기의 소송조건이 결여되거나 또는 공소장의 현저한 방식위반이 있는 경우를 가리키는 것인바, 불법구금, 구금장소의 임의적 변경 등의 위법사유가 있다고 하더라도 그 위법한 절차에 의하여 수집된 증거를 배제할 이유는 될지언정 공소제기의 절차 자체가 위법하여 무효인 경우에 해당한다고 볼 수 없다(대법원 1996.5.14, 96도561).

① (○) 형사소송법 제254조 제3항은 공소장에 동항 소정의 사항

들을 필요적으로 기재하도록 한 규정에 불과하고 그 이외의 사항의 기재를 금지하고 있는 규정이 아니므로 공소시효가 완성된 범죄사실을 공소범죄사실 이외의 사실로 기재한 공소장이 위 형사소송법 제254조 제3항의 규정에 위배된다고 볼 수 없다(대법원 1983.11.8, 83도1979).

[보충] 여죄의 기재가 공소장일본주의(규칙 제118조 제2항)와 충돌할 여지가 있음에도 불구하고, 판례는 위와 같이 위법하지 아니하다고 보는 입장이다.

> **법 제254조(공소제기의 방식과 공소장)** ① 공소를 제기함에는 공소장을 관할법원에 제출하여야 한다.
> ② 공소장에는 피고인수에 상응한 부본을 첨부하여야 한다.
> ③ 공소장에는 다음 사항을 기재하여야 한다.
> 1. 피고인의 성명 기타 피고인을 특정할 수 있는 사항
> 2. 죄명
> 3. 공소사실
> 4. 적용법조
> ④ 공소사실의 기재는 범죄의 시일, 장소와 방법을 명시하여 사실을 특정할 수 있도록 하여야 한다.
> ⑤ 수개의 범죄사실과 적용법조를 예비적 또는 택일적으로 기재할 수 있다.
>
> **규칙 제118조(공소장의 첨부서류)** ① 공소장에는, 공소제기 전에 변호인이 선임되거나 보조인의 신고가 있는 경우 그 변호인선임서 또는 보조인신고서를, 공소제기 전에 특별대리인의 선임이 있는 경우 그 특별대리인 선임결정등본을, 공소제기 당시 피고인이 구속되어 있거나, 체포 또는 구속된 후 석방된 경우 체포영장, 긴급체포서, 구속영장 기타 구속에 관한 서류를 각 첨부하여야 한다.
> ② 공소장에는 제1항에 규정한 서류 외에 사건에 관하여 법원에 예단이 생기게 할 수 있는 서류 기타 물건을 첨부하거나 그 내용을 인용하여서는 아니된다.

② (○) 조세범처벌법 제6조의 세무종사 공무원의 고발은 공소제기의 요건이고 수사개시의 요건은 아니므로 수사기관이 고발에 앞서 수사를 하고 피고인에 대한 구속영장을 발부받은 후 검찰의 요청에 따라 세무서장이 고발조치를 하였다고 하더라도 공소제기 전에 고발이 있은 이상 조세범처벌법 위반사건 피고인에 대한 공소제기의 절차가 법률의 규정에 위반하여 무효라고 할 수 없다(대법원 1995.3.10, 94도3373).

③ (○) 검사가 자의적으로 공소권을 행사하여 피고인에게 실질적인 불이익을 줌으로써 소추재량권을 현저히 일탈하였다고 보여지는 경우에 이를 공소권의 남용으로 보아 공소제기의 효력을 부인할 수 있는 것이고, 여기서 자의적인 공소권의 행사라 함은 단순히 직무상의 과실에 의한 것만으로는 부족하고 적어도 미필적이나마 어떤 의도가 있어야 한다(대법원 1999.12.10, 99도577).

정답 ④

2 공소제기의 기본원칙

Ⅰ 국가소추주의 · 기소독점주의

Ⅱ 기소편의주의

Ⅲ 공소의 취소

002 ✅ 대표 ◆◇◇ 　　法院 2013 유사 　法院 2014

공소취소에 관한 설명 중 가장 옳지 않은 것은? (다툼이 있는 경우 판례에 의함)

① 항소심의 파기환송·파기이송 후의 절차 및 재심절차에서는 제1심판결 선고 전일지라도 공소취소를 할 수 없다.

② 공소취소사유는 법률상 제한이 없다. 공소제기 후에 변경된 사정으로 불기소처분을 하는 것이 상당하다고 인정되는 경우이면 된다. 따라서 증거불충분이나 소송조건의 결여 등 어떤 사유로도 공소취소는 가능하다.

③ 실체적 경합관계에 있는 수개의 공소사실 중 어느 한 공소사실을 전부 철회하거나 그 공소사실의 소추대상에서 피고인을 완전히 제외하는 검사의 공소장변경신청이 있는 경우 이것이 그 부분의 소송을 취소하는 취지가 명백하다면 공소취소신청이라는 형식을 갖추지 아니하였더라도 이를 공소취소로 보아 공소기각을 하여야 한다.

④ 약식명령이 고지된 후 정식재판의 청구에 의하여 공판절차가 개시된 경우에는 공소취소를 할 수 없다.

해설

④ (✕) 공소는 제1심 판결 선고 전까지 취소할 수 있다(제255조 제1항). 약식명령도 법원의 종국판단이므로 그 발부 후에는 공소취소가 허용되지 않는다. 다만, 정식재판청구로 공판절차가 개시되면 공소취소가 가능하다 (통설).

① (○) 통설. 재심소송절차에 대한 판례는 대법원 1976.12.28, 76도3203 참조.
형사소송법 제255조 제1항에 의하면 공소는 제1심 판결의 선고 전까지 취소할 수 있다고 규정되어 있는 바, 이건 공소 사실에 대하여는 이미 오래 전에 제1심 판결이 선고되고 동 판결이 확정되어 이에 대한 재심소송절차가 진행 중에 있으므로 이 재심절차 중에 있어서의 공소취소는 이를 할 수 없는 것이라고 볼 것이다 (대법원 1976.12.28, 76도3203).

② (○) 공소취소의 사유에는 법률상 제한이 없다. 학설상으로 ㉠ 공소제기가 부적법한 경우, ㉡ 소송계속 중 소송조건이 흠결된 경우, ㉢ 유죄판결을 받을 가능성이 없어 공소유지가 불가능한 경우, ㉣ 가벌성이 희박한 경우 등이 공소취소사유로 거론된다.

③ (○) 여기서 공소기각은 결정을 의미한다. 대법원 1992.4.24, 91도1438; 1988.3.22, 88도67; 1986.9.23, 86도1487 등

정답 ④

003 ✅ 유사 ◆◆◇◇ 　　국가9급 2022 유사 　法院 2015

다음 설명 중 가장 옳지 않은 것은? (다툼이 있는 경우 판례에 의함)

① 검사가 공소제기 후 피고사건에 관하여 수소법원 이외의 지방법원 판사에게 청구하여 발부받은 압수·수색 영장에 의하여 수집된 증거는 원칙적으로 유죄의 증거로 삼을 수 없다.

② 공판준비 또는 공판기일에서 이미 증언을 마친 증인을 검사가 소환한 후 피고인에게 유리한 증언 내용을 추궁하여 일방적으로 번복시키는 방식으로 작성한 진술조서는 피고인이 증거로 할 수 있음에 동의하지 않는 한 증거능력이 인정되지 않는다.

③ 검사는 공판정에서는 구술로 공소취소를 할 수 있으나, 제1심 판결이 선고된 후에는 공소취소를 할 수 없다.

④ 공소가 취소된 경우 법원은 결정으로 공소를 기각하여야 하고, 공소기각 결정이 확정된 후에는 공소취소 후 다른 중요한 증거를 발견한 경우에도 다시 공소를 제기할 수 없다.

해설

④ (✕) 공소가 취소되었을 때 법원은 결정으로 공소를 기각하여야 하고(제328조 제1호), 공소취소에 의한 공소기각의 결정이 확정된 때에는 공소취소 후 그 범죄사실에 대한 다른 중요한 증거를 발견한 경우에 한하여 다시 공소를 제기할 수 있다(제329조).
[정리] 다중-구/기/재

> **제328조(공소기각의 결정)** ① 다음 경우에는 결정으로 공소를 기각하여야 한다.
> 1. 공소가 취소되었을 때
> **제329조(공소취소와 재기소)** 공소취소에 의한 공소기각의 결정이 확정된 때에는 공소취소 후 그 범죄사실에 대한 다른 중요한 증거를 발견한 경우에 한하여 다시 공소를 제기할 수 있다.

① (○) 형사소송법은 제215조에서 검사가 압수·수색 영장을 청구할 수 있는 시기를 공소제기 전으로 명시적으로 한정하고 있지는 아니하나, 헌법상 보장된 적법절차의 원칙과 재판받을 권리, 공판중심주의·당사자주의·직접주의를 지향하는 현행 형사소송법의 소송구조, 관련 법규의 체계, 문언 형식, 내용 등을 종합하여 보면, 일단 공소가 제기된 후에는 피고사건에 관하여 검사로서는 형사소송법 제215조에 의하여 압수·수색을 할 수 없다고 보아야 하며, 그럼에도 검사가 공소제기 후 형사소송법 제215조에 따라 수소법원 이외의 지방법원 판사에게 청구하여 발부받은 영장에 의하여 압수·수색을 하였다면, 그와 같이 수집된 증거는 기본적 인권 보장을 위해 마련된 적법한 절차에 따르지 않은 것으로서 원칙적으로 유죄의 증거로 삼을 수 없다(대법원 2011.4.28, 2009도10412).

② (○) 대법원 2000.6.15, 99도1108 전원합의체

③ (○) 제255조 참조.

> **제255조(공소의 취소)** ① 공소는 제1심판결의 선고 전까지 취소할 수 있다.
> ② 공소취소는 이유를 기재한 서면으로 하여야 한다. 단, 공판정에서는 구술로써 할 수 있다.

정답 ④

004 ✓ 유사 ◆◇◇ [국가7급 2019]

공소취소에 대한 설명으로 옳은 것만을 모두 고르면? (다툼이 있는 경우 판례에 의함)

> ㄱ. 공소는 사실심의 마지막 단계인 제2심판결 선고 전까지 취소할 수 있다.
> ㄴ. 재정신청에서 법원의 공소제기 결정에 따라 공소가 제기된 경우, 검사는 공소취소를 할 수 없다.
> ㄷ. 공소사실의 동일성이 인정되는 공소사실의 일부를 심판대상에서 제외시키는 것은 공소취소에 해당하지 않는다.
> ㄹ. 제1심 판결이 선고되어 확정되었더라도 제1심의 확정판결에 대한 재심소송절차가 진행 중인 경우에는 공소취소가 허용된다.

① ㄱ, ㄴ ② ㄱ, ㄹ
③ ㄴ, ㄷ ④ ㄷ, ㄹ

해설

ㄱ. (×) 공소는 제1심판결의 선고 전까지 취소할 수 있다(제255조 제1항).

ㄴ. (○) 제264조의2 참조.

> **제264조의2(공소취소의 제한)** 검사는 제262조 제2항 제2호의 결정에 따라 공소를 제기한 때에는 이를 취소할 수 없다.

ㄷ. (○) 공소장변경의 방식에 의한 공소사실의 철회는 공소사실의 동일성이 인정되는 범위 내의 일부 공소사실에 한하여 가능한 것이므로, 공소장에 기재된 수개의 공소사실이 서로 동일성이 없고 실체적 경합관계에 있는 경우에 그 일부를 소추대상에서 철회하려면 공소장변경의 방식에 의할 것이 아니라 공소의 일부취소절차에 의하여야 한다(대법원 1992.4.24, 91도1438).

ㄹ. (×) 형사소송법 제255조 제1항에 의하면 공소는 제1심 판결의 선고 전까지 취소할 수 있다고 규정되어 있는 바 이건 공소 사실에 대하여는 이미 오래전에 제1심 판결이 선고되고 동 판결이 확정되어 이에 대한 재심소송절차가 진행 중에 있으므로 이 재심절차 중에 있어서의 공소취소는 할 수 없다(대법원 1976.12.28, 76도3203).

정답 ③

005 ✓ 유사 ◆◇◇ [법원9급 2022 유사] [법원승진 2013]

공소취소에 관한 설명으로 옳은 것은?

① 공소취소는 사실심인 항소심판결 선고 전까지 할 수 있다.
② 공소취소는 서면으로 하여야 하나, 공판정에서는 구술로 할 수 있다.
③ 공소가 취소된 경우 법원은 공소기각 판결을 하여야 한다.
④ 공소취소로 공소기각이 확정된 때에는 일사부재리의 원칙에 의하여 다시는 공소를 제기할 수 없다.

해설

② (○) 제255조 제2항 참조.

> **제255조(공소의 취소)** ② 공소취소는 이유를 기재한 서면으로 하여야 한다. 단, 공판정에서는 구술로써 할 수 있다.

① (×) 제255조 제1항 참조.

> **제255조(공소의 취소)** ① 공소는 제1심판결의 선고 전까지 취소할 수 있다.

③ (×) 제328조 제1항 제1호 참조. 공소기각의 '판결'이 아니라 공소기각의 '결정'을 하여야 한다.

> **제328조(공소기각의 결정)** ① 다음 경우에는 결정으로 공소를 기각하여야 한다.
> 1. 공소가 취소 되었을 때

④ (×) 제329조 참조.

> **제329조(공소취소와 재기소)** 공소취소에 의한 공소기각의 결정이 확정된 때에는 공소취소 후 그 범죄사실에 대한 다른 중요한 증거를 발견한 경우에 한하여 다시 공소를 제기할 수 있다.

정답 ②

공소의 취소에 관한 다음 설명 중 가장 옳지 않은 것은? (다툼이 있는 경우 판례에 의함)

① 실체적 경합관계에 있는 수개의 공소사실 중 어느 한 공소사실을 전부 철회하는 검사의 공판정에서의 구두에 의한 공소장변경신청이 있는 경우 이것이 그 부분의 공소를 취소하는 취지가 명백하다면 비록 공소취소신청이라는 형식을 갖추지 아니하였더라도 이를 공소취소로 보아 공소기각결정을 하여야 한다.

② 공소의 취소는 제1심판결의 선고 전까지 할 수 있으나, 재정신청사건에 대한 법원의 공소제기 결정에 따라 검사가 공소를 제기한 때에는 제1심판결의 선고 전이라고 하여도 검사는 공소를 취소할 수 없다.

③ 공소취소에 의한 공소기각의 결정이 확정된 때에는 공소취소 후 그 범죄사실에 대한 다른 중요한 증거를 발견한 경우에 한하여 다시 공소를 제기할 수 있으나, 범죄의 태양, 수단, 피해의 정도, 범죄로 얻은 이익 등 범죄사실의 내용을 추가 변경하여 재기소하는 경우에는 변경된 범죄사실에 대하여 다른 중요한 증거가 발견되지 않아도 재기소할 수 있다.

④ 재심개시의 결정이 확정된 사건에 대하여 법원은 그 심급에 따라 다시 심판하여야 하나, 공소의 취소는 제1심판결의 선고 전까지 할 수 있는바 공소사실에 대하여는 이미 오래전에 제1심판결이 선고되고 동 판결이 확정되어 이에 대한 재심소송절차가 진행 중에 있으므로 이 재심절차 중에 있어서의 공소취소는 할 수 없는 것이다.

해설

③ (×) 형사소송법 제329조는 공소취소에 의한 공소기각의 결정이 확정된 때에는 공소취소 후 그 범죄사실에 대한 다른 중요한 증거를 발견한 경우에 한하여 다시 공소를 제기할 수 있다고 규정하고 있는바, 이는 단순일죄인 범죄사실에 대하여 공소가 제기되었다가 공소취소에 의한 공소기각결정이 확정된 후 다시 종전 범죄사실 그대로 재기소하는 경우뿐만 아니라 범죄의 태양, 수단, 피해의 정도, 범죄로 얻은 이익 등 범죄사실의 내용을 추가 변경하여 재기소하는 경우에도 마찬가지로 적용된다. 따라서 단순일죄인 범죄사실에 대하여 공소취소로 인한 공소기각결정이 확정된 후에 종전의 범죄사실을 변경하여 재기소하기 위하여는 변경된 범죄사실에 대한 다른 중요한 증거가 발견되어야 한다(대법원 2009.8.20, 2008도9634).

① (○) 대법원 1992.4.24, 91도1438

② (○) 법원의 종국판결이 검사의 공소취소로 인하여 그 효력이 상실하게 되는 것을 방지하려는 취지에서 공소의 취소는 제1심판결의 선고 전까지만 허용된다. 다만 재정결정에 따른 검사의 공소제기 후에는 공소취소를 할 수 없다(법 제264조의2).

④ (○) 대법원 1976.12.28, 76도3203

정답 ③

공소제기에 관한 설명으로 옳지 않은 것은? (다툼이 있는 경우 판례에 의함)

① 검사가 공판기일에서 피고인 등이 특정되어 있지 않은 공소장변경허가신청서를 공소장에 갈음하는 것으로 구두진술하고 피고인과 변호인이 이의를 제기하지 않은 경우, 이를 적법한 공소제기로 볼 수 없다.

② 공소장의 공소사실 첫머리에 피고인이 전에 받은 소년부송치처분과 직업 없음을 기재하였더라도 이는 피고인의 특정에 관한 사항에 속하는 것으로서 그 공소장 기재는 적법하다.

③ 공소장의 기재가 불명확한 경우 법원은 검사에게 석명을 구한 다음, 그래도 검사가 이를 명확하게 하지 않은 때에야 공소사실의 불특정을 이유로 공소를 기각해야 한다.

④ 공소취소에 의한 공소기각의 결정이 확정되거나 공소사실을 철회하는 공소장변경이 허가된 때에는 그 후 그 범죄사실에 대한 다른 중요한 증거를 발견한 경우가 아닌 한 다시 공소를 제기할 수 없다.

⑤ 제1상습사기범죄에 대하여 약식명령이 발령된 후 다시 행해진 제2상습사기범죄에 대하여 기소되었으나 종전의 약식명령에 대하여 정식재판청구권 회복의 결정이 내려진 경우 제2상습사기범죄에 대한 공소제기는 이중기소에 해당한다.

해설

④ (×) 공소취소에 의한 공소기각의 결정이 확정된 때에는, 다른 중요한 증거를 발견한 경우에 한하여 다시 공소를 제기할 수 있다(제329조). 다만, 공소사실을 철회하는 공소장변경이 허가된 때에는 위와 같은 재기소 제한은 적용되지 아니한다.

[보충] 물론 동일법원에 동일사건을 이중기소한 것에 해당된다면 공소기각판결사유에 해당한다(제327조 제3호).

> **제329조(공소취소와 재기소)** 공소취소에 의한 공소기각의 결정이 확정된 때에는 공소취소 후 그 범죄사실에 대한 다른 중요한 증거를 발견한 경우에 한하여 다시 공소를 제기할 수 있다.

① (○) 대법원 2009.2.26, 2008도11813

② (○) 공소장의 공소사실 첫머리에 피고인이 전에 받은 소년부송치처분과 직업 없음을 기재하였다 하더라도 이는 형사소송법 제254조 제3항 제1호에서 말하는 피고인을 특정할 수 있는 사항에 속하는 것이어서 그와 같은 내용의 기재가 있다 하여 공소제기의 절차가 법률의 규정에 위반된 것이라고 할 수 없고 또 헌법상의 형사피고인에 대한 무죄추정조항이나 평등조항에 위배되는 것도 아니다(대법원 1990.10.16, 90도1813).

③ (○) 재판장은 소송관계를 명료하게 하기 위하여 검사, 피고인 또는 변호인에게 사실상과 법률상의 사항에 관하여 석명을 구하거나 입증을 촉구할 수 있다(형사소송규칙 제141조 제1항). 공소장의 기재가 불분명한 경우에는 법원은 형사소송규칙 제141조에 따라 검사에게 석명을 한 다음, 그래도 검사가 이를 명확하게 하지 않은 때에야 공소사실의 불특정을 이유로 공소를 기각해야 한다(대법원 2022.1.13, 2021도13108).

⑤ (O) 검사가 일단 상습사기죄로 공소제기한 후 그 공소의 효력이 미치는 위 기준시까지의 사기행위 일부를 별개의 독립된 상습사기죄로 공소제기를 하는 것은, 동일사건에 대한 이중기소에 해당되어 허용될 수 없다.

[판례] 이중기소의 경우 공소기각판결을 하도록 규정한 형사소송법 제327조 제3호의 취지는 동일사건에 대하여 피고인으로 하여금 이중위험을 받지 아니하게 하고 법원이 2개의 실체판결을 하지 아니하도록 함에 있는 것이고(대법원 1996.10.11, 96도1698), 상습범에 있어서 공소제기의 효력은 공소가 제기된 범죄사실과 동일성이 인정되는 범죄사실 전체에 미치는 것이며, 또한 공소제기의 효력이 미치는 시적 범위는 사실심리의 가능성이 있는 최후의 시점인 판결선고 시를 기준으로 삼아야 할 것이므로, 검사가 일단 상습사기죄로 공소제기한 후 그 공소의 효력이 미치는 위 기준시까지의 사기행위 일부를 별개의 독립된 상습사기죄로 공소제기를 하는 것은 비록 그 공소사실이 먼저 공소제기를 한 상습사기의 범행 이후에 이루어진 사기 범행을 내용으로 한 것일지라도 공소가 제기된 동일사건에 대한 이중기소에 해당되어 허용될 수 없는 것이다(대법원 2001.7.24, 2001도2196). 따라서 제1상습사기범죄에 대하여 약식명령이 발령된 후 다시 행해진 제2상습사기범죄에 대하여 기소되었으나 종전의 약식명령에 대하여 정식재판청구권 회복의 결정이 내려진 경우, 제2상습사기범죄에 대한 공소제기는 이중기소에 해당한다(대법원 2004.8.20, 2004도3331).

정답 ④

Ⅳ 기소강제절차 - 재정신청제도

008 ✓ 대표 ◆◇◇ [경찰2차 2018 유사] [법원 2017]

재정신청에 관한 다음 설명 중 가장 옳지 않은 것은?

① 재정신청은 검사가 협의의 불기소처분을 하는 경우뿐만 아니라 기소유예처분을 하는 때에도 허용된다.

② 재정신청사건의 심리 중에는 원칙적으로 관련 서류 및 증거물을 열람 또는 등사할 수 없다.

③ 재정신청이 있으면 그에 따른 재정결정이 확정될 때까지 공소시효의 진행이 정지된다.

④ 검사는 법원의 공소제기결정에 대하여 불복할 수 있다.

해설

④ (×) 법원의 공소제기결정에 대하여는 불복할 수 없다.

제262조(심리와 결정) ① 법원은 재정신청서를 송부받은 때에는 송부받은 날부터 10일 이내에 피의자에게 그 사실을 통지하여야 한다.
② 법원은 재정신청서를 송부받은 날부터 3개월 이내에 항고의 절차에 준하여 다음 각 호의 구분에 따라 결정한다. 이 경우 필요한 때에는 증거를 조사할 수 있다.
1. 신청이 법률상의 방식에 위배되거나 이유 없는 때에는 신청을 기각한다.
2. 신청이 이유 있는 때에는 사건에 대한 공소제기를 결정한다.
③ 재정신청사건의 심리는 특별한 사정이 없는 한 공개하지 아니한다.

④ 제2항 제1호의 결정에 대하여는 제415조에 따른 즉시항고를 할 수 있고, 제2항 제2호의 결정에 대하여는 불복할 수 없다. 제2항 제1호의 결정이 확정된 사건에 대하여는 다른 중요한 증거를 발견한 경우를 제외하고는 소추할 수 없다. 〈개정 2016.1.6.〉

① (O) 재정신청의 대상은 불기소처분이다. 협의의 불기소처분뿐만 아니라 기소유예에 대해서도 재정신청을 할 수 있다. 대법원 1988.1.29, 86모58 참조.

② (O) 제262조의2

③ (O) 제262조의4 제1항

정답 ④

009 ✓ 대표 ◆◇◇ [법원9급 2019]

재정신청에 관한 다음 설명 중 가장 옳지 않은 것은?

① 형사소송법 제262조 제4항 후문은 재정신청 기각결정이 확정된 사건에 대하여 다른 중요한 증거를 발견한 경우를 제외하고는 소추할 수 없도록 규정하고 있는데, 재정신청 기각결정의 대상에 명시적으로 포함되지 않았다고 하더라도 고소의 효력이 미치는 객관적 범위 내에서는 위와 같은 재소추 제한의 효력이 그대로 미친다.

② 법원이 재정신청 대상 사건이 아님에도 이를 간과한 채 공소제기결정을 하였더라도, 그에 따른 공소가 제기되어 본안사건의 절차가 개시된 후에는 다른 특별한 사정이 없는 한 본안사건에서 위와 같은 잘못을 다툴 수 없다.

③ 재정신청 제기기간이 경과된 후에 재정신청보충서를 제출하면서 원래의 재정신청에 재정신청 대상으로 포함되어 있지 않은 고발사실을 재정신청의 대상으로 추가한 경우, 그 재정신청보충서에서 추가한 부분에 관한 재정신청은 법률상 방식에 어긋난 것으로서 부적법하다.

④ 재정신청절차는 고소·고발인이 검찰의 불기소처분에 불복하여 법원에 그 당부에 관한 판단을 구하는 절차로서 검사가 공소를 제기하여 공판절차가 진행되는 형사재판절차와는 다르며, 또한 고소·고발인인 재정신청인은 검사에 의하여 공소가 제기되어 형사재판을 받는 피고인과는 지위가 본질적으로 다르다.

해설

① (×) 형사소송법 제262조 제4항 후문에서 재정신청 기각결정이 확정된 사건에 대하여 다른 중요한 증거를 발견한 경우를 제외하고는 소추할 수 없도록 규정하고 있는 것은, 한편으로 법원의 판단에 의하여 재정신청 기각결정이 확정되었음에도 불구하고 검사의 공소제기를 제한 없이 허용할 경우 피의자를 지나치게 장기간 불안정한 상태에 두게 되고 유죄판결이 선고될 가능성이 낮은 사건에 사법인력과 예산을 낭비하게 되는 결과로 이어질 수 있음

을 감안하여 재정신청 기각결정이 확정된 사건에 대한 검사의 공소제기를 제한하면서, 다른 한편으로 재정신청사건에 대한 법원의 결정에는 일사부재리의 효력이 인정되지 않는 만큼 피의사실을 유죄로 인정할 명백한 증거가 발견된 경우에도 재정신청 기각결정이 확정되었다는 이유만으로 검사의 공소제기를 전적으로 금지하는 것은 사법정의에 반하는 결과가 된다는 점을 고려한 것이다. 위와 같은 형사소송법의 규정과 입법 취지 등에 비추어 보면, 형사소송법 제262조 제4항 후문에서 말하는 '제2항 제1호의 결정이 확정된 사건'은 재정신청사건을 담당하는 법원에서 공소제기의 가능성과 필요성 등에 관한 심리와 판단이 현실적으로 이루어져 재정신청 기각결정의 대상이 된 사건만을 의미한다고 해석함이 타당하다. 따라서 재정신청 기각결정의 대상이 되지 않은 사건은 형사소송법 제262조 제4항 후문에서 말하는 '제2항 제1호의 결정이 확정된 사건'이라고 할 수 없고, 설령 재정신청 기각결정의 대상이 되지 않은 사건이 고소인의 고소내용에 포함되어 있었다 하더라도 이와 달리 볼 수 없다(대법원 2015.9.10, 2012도14755).

② (O) 대법원 2017.11.14, 2017도13465
③ (O) 대법원 1997.4.22, 97모30
④ (O) 대법원 2015.7.16, 2013모2347 전원합의체

정답 ①

---

010 ✓ 대표 ◆◆◇ 　　　　　국가9급 2014

재정신청에 대한 설명으로 옳지 않은 것은? (다툼이 있는 경우 판례에 의함)

① 법원의 재정신청기각 결정에 대하여 항고 및 재항고로 불복할 수 없다.
② 공소제기 결정에 따른 재정결정서를 송부 받은 관할 지방검찰청 검사장 또는 지청장은 지체 없이 담당 검사를 지정하고 지정받은 검사는 공소를 제기하여야 한다.
③ 검사가 공소시효 만료일 30일 전까지 공소를 제기하지 아니하는 경우 검찰 항고를 거치지 않아도 된다.
④ 재정신청을 기각하는 결정이 확정된 사건에 대해서 다른 중요한 증거를 발견한 경우를 제외하고 소추할 수 없다.

해설

① (×) 법 (2007.6.1. 법률 제8496호로 개정된 것) 제262조 제4항의 "불복할 수 없다."는 부분이, 재정신청 기각결정에 대한 '불복'에 형사소송법(1963.12. 13. 법률 제1500호로 개정된 것) 제415조의 '재항고'가 포함되는 것으로 해석하는 한 재정신청인인 청구인들의 재판청구권 및 평등권을 침해한다. 이에 2016.1.6. 형사소송법이 개정되었고 개정 제262조 제4항, 제415조에 따른 즉시항고(재항고)가 가능하게 되었다(헌법재판소 2011.11.24, 2008헌마578).
② (O) 제262조 제6항
③ (O) 제260조 제3항 단서
　[보충] 이 경우 공소시효 만료일 전날까지 재정신청이 가능하다.
④ (O) 제262조 제4항
　[정리] 다중-구/기/재

정답 ①

---

011 ✓ 대표 ◆◆◇ 　　　　　국가9급/개론 2017

재정신청에 대한 설명으로 옳지 않은 것은? (다툼이 있으면 판례에 의함)

① 고등법원은 재정신청서를 송부받은 날부터 3개월 이내에 항고의 절차에 준하여 기각 또는 공소제기의 결정을 하여야 하고, 필요한 때에는 증거를 조사할 수 있다.
② 고등법원이 공소제기를 결정한 경우 검사는 그 결정에 대해서는 불복할 수 없으며, 기각결정이 확정된 사건에 대하여는 다른 중요한 증거를 발견한 경우를 제외하고는 소추할 수 없다.
③ 재정신청인이 그 신청을 취소한 경우 고등법원은 결정으로 재정신청인에게 신청절차에 의하여 생긴 비용의 전부 또는 일부를 부담하게 할 수 있다.
④ 재정신청인이 교도소에 수감되어 있는 경우 재정신청 기각결정에 대한 재항고의 법정기간 준수 여부는 재항고장을 교도소장에게 제출한 시점을 기준으로 판단하여야 한다.

해설

④ (×) 재정신청 기각결정에 대한 재항고나 그 재항고 기각결정에 대한 즉시항고로서의 재항고에 대한 법정기간의 준수 여부는 도달주의 원칙에 따라 재항고장이나 즉시항고장이 법원에 도달한 시점을 기준으로 판단하여야 하고, 거기에 재소자 피고인 특칙은 준용되지 아니한다고 해석함이 타당하다(대법원 2015.7.16, 2013모2347 전원합의체).
① (O) 제262조 제2항
② (O) 제262조 제4항
③ (O) 제262조의3 제1항

정답 ④

012 ✓ 대표 ◆◆◇

재정신청에 대한 설명으로 옳은 것은?

① 법원은 재정신청서를 송부받은 때에는 송부받은 날부터 7일 이내에 피의자에게 그 사실을 통지하여야 하고, 재정신청서를 송부받은 날부터 3개월 이내에 항고의 절차에 준하여 결정한다.

② 검사의 불기소처분은 물론 진정사건에 대한 입건 전 조사(내사) 종결처분도 재정신청의 대상이 된다.

③ 재정신청인이 자기 또는 대리인이 책임질 수 없는 사유로 인하여 재정신청 기각결정에 대한 재항고 제기기간을 준수하지 못한 경우, 형사소송법 제345조(상소권회복청구권자)에 따라 재항고권 회복을 청구할 수 있다.

④ 재소자인 재정신청인이 재정신청 기각결정에 불복하여 재항고를 제기하는 경우, 그 제기기간 내에 교도소장이나 구치소장 또는 그 직무를 대리하는 사람에게 재항고장을 제출한 때에 재항고를 한 것으로 간주한다.

해설

③ (○) 재정신청인이 자기 또는 대리인이 책임질 수 없는 사유로 인하여 재정신청 기각결정에 대한 재항고 제기기간을 준수하지 못한 경우에는 형사소송법 제345조에 따라 재항고권 회복을 청구할 수도 있다(대법원 2015.7.16, 2013모2347 전원합의체).

> **제345조 (상소권회복청구권자)** 제338조 내지 제341조의 규정에 의하여 상소할 수 있는 자는 자기 또는 대리인이 책임질 수 없는 사유로 인하여 상소의 제기기간 내에 상소를 하지 못한 때에는 상소권 회복의 청구를 할 수 있다.

① (×) 법원은 재정신청서를 송부받은 때에는 송부받은 날부터 10일 이내에 피의자에게 그 사실을 통지하여야 하고, 재정신청서를 송부받은 날부터 3개월 이내에 항고의 절차에 준하여 결정한다.

> **제262조(심리와 결정)** ① 법원은 재정신청서를 송부받은 때에는 송부받은 날부터 10일 이내에 피의자에게 그 사실을 통지하여야 한다.
> ② 법원은 재정신청서를 송부받은 날부터 3개월 이내에 항고의 절차에 준하여 다음 각 호의 구분에 따라 결정한다. 이 경우 필요한 때에는 증거를 조사할 수 있다.
> 1. 신청이 법률상의 방식에 위배되거나 이유 없는 때에는 신청을 기각한다.
> 2. 신청이 이유 있는 때에는 사건에 대한 공소제기를 결정한다.

② (×) 검사의 내사종결·공소제기·공소취소는 모두 불기소처분이 아니므로 재정신청의 대상이 되지 아니한다.

④ (×) 재정신청 기각결정에 대한 재항고나 그 재항고 기각결정에 대한 즉시항고로서의 재항고에 대한 법정기간의 준수 여부는 도달주의원칙에 따라 재항고장이나 즉시항고장이 법원에 도달한 시점을 기준으로 판단하여야 하고, 거기에 재소자피고인특칙은 준용되지 아니한다(대법원 2015.7.16, 2013모2347 전원합의체).

정답 ③

---

013 ✓ 대표 ◆◆◇

재정신청에 관한 다음 설명 중 옳은 것은 모두 몇 개인가? (다툼이 있으면 판례에 의함)

> ㉠ 검사가 공소시효 만료일 30일 전까지 공소를 제기하지 아니하는 경우에는 검찰항고를 거치지 않고 공소시효 만료일 전날까지 재정신청서를 제출할 수 있다.
> ㉡ 항고전치주의가 적용되는 경우, 재정신청서를 제출받은 지방검찰청검사장 또는 지청장은 재정신청서를 제출받은 날로부터 10일 이내에 재정신청서·의견서·수사 관계 서류 및 증거물을 관할 고등검찰청을 경유하여 관할 고등법원에 송부하여야 한다.
> ㉢ 재정신청은 대리인에 의하여 할 수 있으며 공동신청권자 중 1인의 신청은 그 전원을 위하여 효력을 발생한다.
> ㉣ 구 형사소송법 제262조 제1항에 20일 이내(현행법상 3월)에 재정결정을 하도록 규정한 것은 훈시적 규정에 불과하므로 원심법원이 그 기간이 지난 후에 재정결정을 하였다 하여 재정결정 자체가 위법한 것이라고 할 수는 없다.
> ㉤ 법원은 직권 또는 피의자의 신청에 따라 재정신청인에게 피의자가 재정신청절차에서 부담하였거나 부담할 변호인선임료 등 비용의 전부 또는 일부의 지급을 명할 수 있다.

① 2개   ② 3개
③ 4개   ④ 5개

해설

㉠ (○) 제260조 제2항 참조.

> **제260조(재정신청)** ② 제1항에 따른 재정신청을 하려면 「검찰청법」 제10조에 따른 항고를 거쳐야 한다. 다만, 다음 각 호의 어느 하나에 해당하는 경우에는 그러하지 아니하다.
> 1. 항고 이후 재기수사가 이루어진 다음에 다시 공소를 제기하지 아니한다는 통지를 받은 경우
> 2. 항고 신청 후 항고에 대한 처분이 행하여지지 아니하고 3개월이 경과한 경우
> 3. 검사가 공소시효 만료일 30일 전까지 공소를 제기하지 아니하는 경우

[정리] 검찰항고전치주의의 예외: 재/3/시

㉡ (×) 10일이 아니라 7일이다. 제261조 참조.

> **제261조(지방검찰청검사장 등의 처리)** 제260조 제3항에 따라 재정신청서를 제출받은 지방검찰청검사장 또는 지청장은 재정신청서를 제출받은 날부터 7일 이내에 재정신청서·의견서·수사 관계 서류 및 증거물을 관할 고등검찰청을 경유하여 관할 고등법원에 송부하여야 한다.

[정리] 재정신청절차 숫자 정리: 7일(불기소처분통지) - 30일(검찰항고) - 10일(재정신청) - 7일(지검→고법송부) - 10일(고법접수통지) - 3월(재정결정)

㉢ (○) 제264조 제1항 참조.

> 제264조(대리인에 의한 신청과 1인의 신청의 효력, 취소) ① 재정신청은 대리인에 의하여 할 수 있으며 공동신청권자 중 1인의 신청은 그 전원을 위하여 효력을 발생한다.

㉣ (○) 형사소송법 제262조 제1항이 20일 이내에 재정결정을 하도록 규정한 것은 훈시적 규정에 불과하므로 원심이 그 기간이 지난 후에 이 사건 재정결정을 하였다 하여 재정결정 자체가 위법한 것이라고 할 수는 없다(대법원 1971.3.30, 71모6).

㉤ (○) 제262조의3 제2항 참조.

> 제262조의3(비용부담 등) ② 법원은 직권 또는 피의자의 신청에 따라 재정신청인에게 피의자가 재정신청절차에서 부담하였거나 부담할 변호인선임료 등 비용의 전부 또는 일부의 지급을 명할 수 있다.

[보충] 재정신청인에 대한 소송비용부담결정에 대해서는 즉시항고가 가능하다. 한편 재정신청기각결정 또는 재정신청취소시에도 법원은 재정신청인에 대한 비용부담결정을 내릴 수 있다.

정답 ③

---

014 ✓ 대표 ◆◇◇   국가9급 2019

재정신청에 대한 설명으로 옳은 것은? (다툼이 있는 경우 판례에 의함)

① 재정신청 기각결정에 대한 재항고나 그 재항고 기각결정에 대한 즉시항고로서의 재항고에 대한 법정기간의 준수 여부는 재항고장이나 즉시항고장이 법원에 도달한 시점을 기준으로 판단하여야 하고, 거기에 재소자 피고인 특칙은 준용되지 아니한다.
② 재정신청사건의 심리 중에는 관련 서류 및 증거물을 열람 또는 등사할 수 있다.
③ 공동신청권자 중 1인의 재정신청 및 취소는 전원을 위하여 효력을 발생한다.
④ 법원이 재정신청 대상 사건이 아닌 「공직선거법」 제251조의 후보자비방죄에 관한 재정신청임을 간과한 채 공소제기결정을 한 관계로 그에 따른 공소가 제기되어 본안사건의 절차가 개시되었다면, 다른 특별한 사정이 없는 한 그 본안사건에서 그 잘못을 다툴 수 있다.

해설

① (○) 재소자 피고인 특칙은 준용되지 아니한다(대법원 2015.7.16, 2013모2347 전원합의체).
② (×) 제262조의2 본문 참조.

> 제262조의2(재정신청사건 기록의 열람·등사 제한) 재정신청사건의 심리 중에는 관련 서류 및 증거물을 열람 또는 등사할 수 없다. 다만, 법원은 제262조 제2항 후단의 증거조사과정에서 작성된 서류의 전부 또는 일부의 열람 또는 등사를 허가할 수 있다.

③ (×) 제264조 제3항 참조.

> 제264조(대리인에 의한 신청과 1인의 신청의 효력, 취소) ① 재정신청은 대리인에 의하여 할 수 있으며 공동신청권자 중

1인의 신청은 그 전원을 위하여 효력을 발생한다.
② 재정신청은 제262조 제2항의 결정이 있을 때까지 취소할 수 있다. 취소한 자는 다시 재정신청을 할 수 없다. 〈개정 2007.6.1.〉
③ 전항의 취소는 다른 공동신청권자에게 효력을 미치지 아니한다.

④ (×) 공소제기결정을 하여 그에 따른 공소가 제기되어 본안사건의 절차가 개시된 후에는 다른 특별한 사정이 없는 한 본안사건에서 위와 같은 잘못을 다툴 수 없다(대법원 2017.11.14, 2017도13465).

정답 ①

---

015 ✓ 유사 ◆◇◇   경찰1차 2019

재정신청에 대한 설명으로 가장 적절하지 않은 것은? (다툼이 있는 경우 판례에 의함)

① 재정신청의 신청권자는 불기소처분의 통지를 받은 고소인 또는 고발인인데 고소인은 모든 범죄에 대해, 고발인은 「형법」 제123조부터 제126조까지의 죄에 대해서만 재정신청이 가능하다.
② 재정신청에 대한 기각결정에 대해서는 법령위반을 이유로 대법원에 즉시항고할 수 있다. 단 법정기간의 준수 여부는 도달주의 원칙에 따라 재항고장이 법원에 도달한 시점을 기준으로 하고, 재소자 특칙은 준용되지 않는다.
③ 재정신청에 대한 공소제기결정에 대하여는 검사는 물론 공소제기결정의 대상이 된 피의자도 불복할 수 없다. 그러나 공소를 제기한 검사는 통상의 공판절차에서와 마찬가지로 권한을 행사하고 피고인의 이익을 위해서 공소취소도 할 수 있다.
④ 법원이 재정신청 대상 사건이 아님에도 이를 간과한 채 「형사소송법」 제262조 제2항 제2호에 따라 공소제기결정을 하였더라도, 그에 따른 공소가 제기되어 본안사건의 절차가 개시된 후에는 다른 특별한 사정이 없는 한 본안사건에서 위와 같은 잘못을 다툴 수 없다.

해설

③ (×) 공소제기결정에 대하여 불복할 수 없고, 검사는 공소취소도 할 수 없다(제264조의2).

> 제264조의2(공소취소의 제한) 검사는 제262조 제2항 제2호의 결정에 따라 공소를 제기한 때에는 이를 취소할 수 없다.
> 제262조(심리와 결정) ① 법원은 재정신청서를 송부받은 때에는 송부받은 날부터 10일 이내에 피의자에게 그 사실을 통지하여야 한다.
> ② 법원은 재정신청서를 송부받은 날부터 3개월 이내에 항고의 절차에 준하여 다음 각 호의 구분에 따라 결정한다. 이 경우 필요한 때에는 증거를 조사할 수 있다.
> 1. 신청이 법률상의 방식에 위배되거나 이유 없는 때에는 신청을 기각한다.

2. 신청이 이유 있는 때에는 사건에 대한 공소제기를 결정한다.

① (○) 제260조 제1항 참조.

> **제260조(재정신청)** ① 고소권자로서 고소를 한 자(「형법」 제123조부터 제126조까지의 죄에 대하여는 고발을 한 자를 포함한다)는 검사로부터 공소를 제기하지 아니한다는 통지를 받은 때에는 그 검사 소속의 지방검찰청 소재지를 관할하는 고등법원(이하 "관할 고등법원"이라 한다)에 그 당부에 관한 재정을 신청할 수 있다. 다만, 「형법」 제126조의 죄에 대하여는 피공표자의 명시한 의사에 반하여 재정을 신청할 수 없다.

② (○) 재정신청 기각결정에 대한 재항고나 그 재항고 기각결정에 대한 즉시항고로서의 재항고에 대한 법정기간의 준수 여부는 도달주의 원칙에 따라 재항고장이나 즉시항고장이 법원에 도달한 시점을 기준으로 판단하여야 하고, 거기에 재소자 피고인 특칙은 준용되지 아니한다(대법원 2015.7.16, 2013모2347 전원합의체).

④ (○) 법원이 재정신청서에 재정신청을 이유 있게 하는 사유가 기재되어 있지 않음에도 이를 간과한 채 제262조 제2항 제2호 소정의 공소제기결정을 한 관계로 그에 따른 공소가 제기되어 본안사건의 절차가 개시된 후에는, 다른 특별한 사정이 없는 한 이제 그 본안사건에서 위와 같은 잘못을 다툴 수 없다고 할 것이다. 그렇지 아니하고 위와 같은 잘못을 본안사건에서 다툴 수 있다고 한다면 이는 재정신청에 대한 결정에 대하여 그것이 기각결정이든 인용결정이든 불복할 수 없도록 한 제262조 제4항의 규정취지에 위배하여 형사소송절차의 안정성을 해칠 우려가 있기 때문이다(대법원 2010.11.11, 2009도224).

정답 ③

---

016 ✓ 유사 ◆◇◇   법원9급 2024

재정신청에 관한 다음 설명 중 가장 옳지 않은 것은?

① 고소권자인 고소인 또는 공무원의 일부 직무상 범죄(형법 제123조부터 제126조)에 대한 고발인은 검사로부터 공소를 제기하지 아니한다는 통지를 받은 때에는 그 검사 소속의 지방검찰청 소재지를 관할하는 고등법원에 그 당부에 관한 재정을 신청할 수 있다.

② 재정신청은 서면으로 불기소처분을 한 검사 소속의 지방검찰청 소재지를 관할하는 고등법원에 신청하되, 재정신청서는 그 검사가 소속한 지방검찰청 검사장 또는 지청장에게 제출하여야 한다.

③ 법원은 재정신청서를 송부받은 때에는 송부받은 날부터 10일 이내에 피의자에게 그 사실을 통지하여야 하며, 3개월 이내에 항고의 절차에 준하여 결정하여야 하나, 3개월의 처리기간은 훈시기간에 해당한다.

④ 재정신청서에 재정신청을 이유 있게 하는 사유가 기재되어 있지 않음에도 이를 간과한 채 공소제기결정을 하였다면, 본안 사건 재판부는 원칙적으로 공소제기의 절차가 법률에 위반되어 무효인 경우에 해당함을 이유로 공소기각판결을 하여야 한다.

해설

④ (×) 법원이 재정신청서에 재정신청을 이유 있게 하는 사유가 기재되어 있지 않음에도 이를 간과한 채 형사소송법 제262조 제2항 제2호 소정의 공소제기결정을 한 관계로 그에 따른 공소가 제기되어 본안사건의 절차가 개시된 후에는, 다른 특별한 사정이 없는 한 이제 그 본안사건에서 위와 같은 잘못을 다툴 수 없다. 그렇지 아니하고 위와 같은 잘못을 본안사건에서 다툴 수 있다고 한다면 이는 재정신청에 대한 결정에 대하여 그것이 기각결정이든 인용결정이든 불복할 수 없도록 한 같은 법 제262조 제4항의 규정취지에 위배하여 형사소송절차의 안정성을 해칠 우려가 있기 때문이다. 또한 위와 같은 잘못은 본안사건에서 공소사실 자체에 대하여 무죄, 면소, 공소기각 등을 할 사유에 해당하는지를 살펴 무죄 등의 판결을 함으로써 그 잘못을 바로잡을 수 있다. 뿐만 아니라 본안사건에서 심리한 결과 범죄사실이 유죄로 인정되는 때에는 이를 처벌하는 것이 오히려 형사소송의 이념인 실체적 정의를 구현하는 데 보다 충실하다는 점도 고려하여야 한다(대법원 2010.11.11, 2009도224).

① (○), ② (○) 제260조 참조.

> **제260조(재정신청)** ① 고소권자로서 고소를 한 자(「형법」 제123조부터 제126조까지의 죄에 대하여는 고발을 한 자를 포함한다. 이하 이 조에서 같다)는 검사로부터 공소를 제기하지 아니한다는 통지를 받은 때에는 그 검사 소속의 지방검찰청 소재지를 관할하는 고등법원(이하 "관할 고등법원"이라 한다)에 그 당부에 관한 재정을 신청할 수 있다. 다만, 「형법」 제126조의 죄에 대하여는 피공표자의 명시한 의사에 반하여 재정을 신청할 수 없다.
> ③ 제1항에 따른 재정신청을 하려는 자는 항고기각결정을 통지받은 날 또는 제2항 각 호의 사유가 발생한 날부터 10일 이내에 지방검찰청검사장 또는 지청장에게 재정신청서를 제출하여야 한다. 다만, 제2항 제3호의 경우에는 공소시효 만료일 전날까지 재정신청서를 제출할 수 있다.

③ (○) 제262조 참조.

> **제262조(심리와 결정)** ① 법원은 재정신청서를 송부받은 때에는 송부받은 날부터 10일 이내에 피의자에게 그 사실을 통지하여야 한다.
> ② 법원은 재정신청서를 송부받은 날부터 3개월 이내에 항고의 절차에 준하여 다음 각 호의 구분에 따라 결정한다. 이 경우 필요한 때에는 증거를 조사할 수 있다.
> 1. 신청이 법률상의 방식에 위배되거나 이유 없는 때에는 신청을 기각한다.
> 2. 신청이 이유 있는 때에는 사건에 대한 공소제기를 결정한다.

정답 ④

017 ✓ 유사 ◆◇◇　경찰 2015

다음 중 고발인이라 할지라도 예외적으로 재정신청을 할 수 있는 죄에 해당하지 않은 것은?

① 피의사실공표죄　② 직권남용죄
③ 직무유기죄　④ 불법체포·감금죄

해설

③ (×) 형법 제123조(직권남용), 제124조(불법체포·감금), 제125조(폭행·가혹행위), 제126조(피의사실공표)의 죄에 대한 고발인도 재정신청을 할 수 있다(제260조 제1항). 다만, 피의사실공표죄에 대하여는 피공표자의 명시한 의사에 반하여 재정을 신청할 수 없다(제260조 제1항 단서). 따라서 직무유기죄(형법 제122조)는 재정신청을 할 수 있는 범죄에 해당하지 않는다.

정답 ③

---

3 공소제기의 방식

I 공소장의 제출

II 공소장의 기재사항

018 ✓ 대표 ◆◆◇　법원9급 2018

공소제기와 관련된 다음 설명 중 가장 옳지 않은 것은? (다툼이 있는 경우 판례에 의하고, 전원합의체 판결의 경우 다수의견에 의함)

① 공소장에의 공소사실 기재는 범죄의 일시는 이중기소나 시효에 저촉되지 않을 정도로, 장소는 토지관할을 가늠할 수 있을 정도로, 방법에 있어서는 범죄구성요건을 밝히는 정도로 기재하면 족하다.

② 공소제기의 취지가 오해를 불러일으키거나 명료하지 못한 경우라면 법원은 검사에 대하여 석명권을 행사하여 그 취지를 명확하게 하여야 한다.

③ 공소장일본주의에 위배된 공소제기는 그 절차가 법률의 규정에 위반하여 무효인 때에 해당하므로 증거조사절차가 마무리되어 법관의 심증형성이 이루어진 단계라도 피고인 측에서는 공소장일본주의의 위배를 주장하여 이미 진행된 소송절차의 효력을 다툴 수 있다.

④ 공소장에 기재된 적용법조에 오기·누락이 있거나 적용법조에 해당하는 구성요건이 충족되지 않을 경우 법원은 공소사실의 동일성이 인정되는 범위 내로서 피고인의 방어에 실질적인 불이익을 주지 않는 한도에서 공소장 변경의 절차를 거침이 없이 직권으로 공소장 기재와 다른 법조를 적용할 수 있다.

해설

③ (×) 증거조사절차가 마무리되어 법관이 심증형성이 이뤄진 단계에서는 더 이상 공소장일본주의 위배를 주장하여 이미 진행된

소송절차의 효력을 다툴 수는 없다(대법원 2009.10.22, 2009도7436 전원합의체).

① (○) 범죄의 일시는 이중기소나 시효에 저촉되지 않을 정도로, 장소는 토지관할을 가늠할 수 있을 정도로, 그리고 방법에 있어서는 범죄구성요건을 밝히는 정도로 기재하면 족하다(대법원 1998.5.29, 97도1126).

② (○) 공소제기의 취지가 명료할 경우 법원이 이에 대하여 석명권을 행사할 필요는 없으나, 공소제기의 취지가 오해를 불러일으키거나 명료하지 못한 경우라면 법원은 형사소송규칙 제141조에 의하여 검사에 대하여 석명권을 행사하여 그 취지를 명확하게 하여야 한다(대법원 2017.6.15, 2017도3448).

④ (○) 공소장에는 공소사실의 법률적 평가를 명확히 하여 공소의 범위를 확정하는 데 보조기능을 하기 위하여 적용법조를 기재하여야 하는데(형사소송법 제254조 제3항), 적용법조의 기재에 오기·누락이 있거나 또는 적용법조에 해당하는 구성요건이 충족되지 않을 때에는 공소사실의 동일성이 인정되는 범위 내로서 피고인의 방어에 실질적인 불이익을 주지 않는 한도에서 법원이 공소장 변경의 절차를 거침이 없이 직권으로 공소장 기재와 다른 법조를 적용할 수 있지만, 공소장에 기재된 적용법조를 단순한 오기나 누락으로 볼 수 없고 구성요건이 충족됨에도 법원이 공소장 변경의 절차를 거치지 아니하고 임의적으로 다른 법조를 적용하여 처단할 수는 없다(대법원 2015.11.12, 2015도12372).

정답 ③

019 ✓ 대표 ◆◆◇　경찰1차 2018 유사　법원9급 2019

공소제기에 관한 다음 설명 중 가장 옳지 않은 것은?

① 검사의 기명날인 또는 서명이 없는 공소장 제출에 의한 공소의 제기는 법률의 규정에 위반하여 무효인 때에 해당한다. 다만, 공소를 제기한 검사가 공소장에 기명날인 또는 서명을 추완하는 등의 방법에 의하여 공소의 제기가 유효하게 될 수 있다.

② 공소를 제기할 때 공소장에 수개의 범죄사실과 적용법조를 예비적 또는 택일적으로 기재할 수 있다 함은 수개의 범죄사실 상호간에 범죄사실의 동일성이 인정되는 범위 내에서만 범죄의 일시, 장소, 방법, 객체 등의 사실면의 어느 점에 있어 상위한 사실을 예비적 또는 택일적으로 기재할 수 있음을 규정한 것이다.

③ 검사가 공소사실의 일부인 범죄일람표를 전자문서로 작성한 다음 종이문서로 출력하지 않은 채 저장매체 자체를 서면인 공소장에 첨부하여 제출한 경우에는, 법원은 저장매체에 저장된 전자문서 부분을 제외하고, 서면에 기재된 부분에 한하여 적법하게 공소가 제기된 것으로 보아야 한다.

④ 단순일죄인 범죄사실에 대하여 공소취소로 인한 공소기각결정이 확정된 후에 종전의 범죄사실을 변경하여 재기소하기 위하여는 변경된 범죄사실에 대한 다른 중요한 증거가 발견되어야 한다.

해설

② (×) 형사소송법 제254조 제5항에 "수개의 범죄사실과 적용법조

를 예비적 또는 택일적으로 기재할 수 있다."라 규정하고 있는바 이는 검사가 공소를 제기함에 있어 수개의 범죄사실과 적용법조를 예비적 또는 택일적으로 기재하여 그중 어느 하나의 범죄사실만의 처벌을 구할 수 있다는 것이며 그들 수개의 범죄사실간의 범죄사실의 동일성이 인정되는 범위 내에서 예비적 또는 택일적으로 기재할 수 있음은 물론이나 그들 범죄사실 상호간에 범죄의 일시, 장소, 수단, 및 객체 등이 달라서 수개의 범죄사실로 인정되는 경우에도 이들 수개의 범죄사실을 예비적 또는 택일적으로 기재할 수 있다고 해석할 것이다(대법원 1966.3.24, 65도114 전원합의체).

① (○) 대법원 2007.10.25, 2007도4961

③ (○) 검사가 공소사실의 일부가 되는 범죄일람표를 컴퓨터 프로그램을 통하여 열어보거나 출력할 수 있는 전자적 형태의 문서로 작성한 후, 종이문서로 출력하여 제출하지 아니하고 위 전자적 형태의 문서가 저장된 저장매체 자체를 서면인 공소장에 첨부하여 제출한 경우에는, 서면인 공소장에 기재된 부분에 한하여 공소가 제기된 것으로 볼 수 있을 뿐이고, 위 저장매체에 저장된 전자적 형태의 문서 부분까지 공소가 제기된 것이라고 할 수는 없다. 이러한 형태의 공소제기를 허용하는 별도의 규정이 없을 뿐만 아니라, 위 저장매체나 전자적 형태의 문서를 공소장의 일부로서의 '서면'으로 볼 수도 없기 때문이다. 이는 위 전자적 형태의 문서의 양이 방대하여 그와 같은 방식의 공소제기를 허용해야 할 현실적인 필요가 있다거나 피고인과 변호인이 이의를 제기하지 않고 변론에 응하였다고 하여 달리 볼 것도 아니다(대법원 2016.12.15, 2015도3682).

④ (○) 형사소송법 제329조는 단순일죄인 범죄사실에 대하여 공소가 제기되었다가 공소취소에 의한 공소기각결정이 확정된 후 다시 종전 범죄사실 그대로 재기소하는 경우뿐만 아니라 범죄의 태양, 수단, 피해의 정도, 범죄로 얻은 이익 등 범죄사실의 내용을 추가 변경하여 재기소하는 경우에도 마찬가지로 적용된다(대법원 2009.8.20, 2008도9634).

정답 ②

---

020 ✓ 대표 ◆◆◇ 국가9급 2018

공소제기에 대한 설명으로 옳은 것은? (다툼이 있는 경우 판례에 의함)

① 현행법은 기소편의주의를 취하고 있기 때문에 설사 검사가 고의로 공소권을 남용해서 피고인에게 실질적인 불이익을 주더라도 공소제기의 효력을 부인할 수는 없다.

② 수소법원은 늦어도 제1회 공판기일 전 5일까지는 피고인 또는 변호인에게 공소장 부본을 송달하여야 한다.

③ 검사가 기명날인만 있고 자필서명이 없는 공소장을 법원에 제출한 경우, 공소를 제기한 검사가 제1심의 제1회 공판기일에 공판검사로 출석해서 기소요지를 진술하고 공소장에 서명을 추가하더라도 이러한 공소제기는 무효이다.

④ 동일한 사건에 대해 동일한 법원에 이중으로 공소가 제기된 때에는 법원으로서는 후소에 대해 공소기각의 결정을 하여야 한다.

해설

② (○) 제266조 참조.

제266조(공소장부본의 송달) 법원은 공소의 제기가 있는 때에는 지체 없이 공소장의 부본을 피고인 또는 변호인에게 송달하여야 한다. 단, 제1회 공판기일 전 5일까지 송달하여야 한다.

① (×) 고의로 공소권을 남용한 경우에는 공소제기의 효력을 부인하여 공소기각판결을 내릴 수 있다는 것이 다수설 및 판례이다. "형사소송법 제246조와 제247조에 의하여 검사는 범죄의 구성요건에 해당하여 형사적 제재를 함이 상당하다고 판단되는 경우에는 공소를 제기할 수 있고 또 형법 제51조의 사항을 참작하여 공소를 제기하지 아니할 수 있는 재량권이 부여되어 있으나, 검사가 자의적으로 공소권을 행사하여 피고인에게 실질적인 불이익을 줌으로써 소추재량권을 현저히 일탈하였다고 보여지는 경우에 이를 공소권의 남용으로 보아 공소제기의 효력을 부인할 수 있는 것이고, 여기서 자의적인 공소권의 행사라 함은 단순히 직무상의 과실에 의한 것만으로는 부족하고 적어도 미필적이나마 어떤 의도가 있어야 한다(대법원 2001.9.7, 2001도3026)."

③ (×) 이 경우 공소제기는 원래 유효하다. 만약 기명날인 또는 서명이 없었던 경우에는 그 후 검사가 공소장에 서명을 추가하였다면 그때부터 공소제기는 유효하게 된다. "검사의 기명날인 또는 서명이 없는 상태로 관할법원에 제출된 공소장은 형사소송법 제57조 제1항에 위반된 서류라 할 것이다. 그리고 이와 같이 법률이 정한 형식을 갖추지 못한 공소장 제출에 의한 공소의 제기는 특별한 사정이 없는 한 그 절차가 법률의 규정에 위반하여 무효인 때(형사소송법 제327조 제2호)에 해당한다. 다만 이 경우 공소를 제기한 검사가 공소장에 기명날인 또는 서명을 추완하는 등의 방법에 의하여 공소의 제기가 유효하게 될 수 있다(대법원 2012.9.27, 2010도17052)."

④ (×) 동일법원에 공소제기되었으므로 공소기각판결사유이다(제327조 제3호 참조).

[주의] 공소기각결정이 내려지는 경우는 서로 다른 법원에 계속된 경우이다(제328조 제1항 제3호, 제12조, 제13조).

제328조(공소기각의 결정) ① 다음 경우에는 결정으로 공소를 기각하여야 한다.
3. 제12조 또는 제13조의 규정에 의하여 재판할 수 없는 때
제12조(동일사건과 수개의 소송계속) 동일사건이 사물관할을 달리하는 수개의 법원에 계속된 때에는 법원합의부가 심판한다.
제13조(관할의 경합) 같은 사건이 사물관할이 같은 여러 개의 법원에 계속된 때에는 먼저 공소를 받은 법원이 심판한다. 다만, 각 법원에 공통되는 바로 위의 상급법원은 검사나 피고인의 신청에 의하여 결정으로 뒤에 공소를 받은 법원으로 하여금 심판하게 할 수 있다. 〈개정 2020.12.8.〉

정답 ②

021 ✓유사 ◆◇◇　　　경찰승진 2024

공소제기에 관한 설명으로 가장 적절한 것은? (다툼이 있는 경우 판례에 의함)

① 공소사실의 특정은 공소제기의 유효조건이므로 공소장의 기재가 불명확한 경우는 공소제기의 절차가 법률의 규정을 위반하여 무효일 때에 해당하여 법원은 즉시 공소기각의 판결을 선고해야 한다.

② 동일한 사실관계에 대하여 서로 양립할 수 없는 적용법조의 적용을 주위적·예비적으로 구하는 경우 예비적 공소사실만 유죄로 인정되고 그 부분에 대하여 피고인만 상소하였다면 예비적 공소사실만 상소심의 심판대상에 포함되고 주위적 공소사실은 상소심의 심판대상에 포함되지 않는다.

③ 공소장에 적용법조의 오기나 누락이 피고인의 방어에 실질적인 불이익을 주더라도 법원은 공소장 변경 없이 공소장에 기재되어 있지 않은 법조를 적용할 수 있다.

④ 공소장에 검사의 간인이 없더라도 그 공소장의 형식과 내용이 연속된 것으로 일체성이 인정되고 동일한 검사가 작성하였다고 인정되는 한, 이러한 공소장 제출에 의한 공소제기는 그 절차가 법률의 규정에 위반하여 무효인 때에 해당한다고 할 수 없다.

해설

④ (○) 공소장에 검사의 간인이 없더라도 그 공소장의 형식과 내용이 연속된 것으로 일체성이 인정되고 동일한 검사가 작성하였다고 인정되는 한 그 공소장을 형사소송법 제57조 제2항에 위반되어 효력이 없는 서류라고 할 수 없다. 이러한 공소장 제출에 의한 공소제기는 그 절차가 법률의 규정에 위반하여 무효인 때(형사소송법 제327조 제2호)에 해당한다고 할 수 없다(대법원 2021.12.30, 2019도16259).

① (×) 공소장의 기재가 불명확한 경우에 법원은 검사에게 석명을 구하여 공소장을 보정함이 원칙이다.
[판례] 공소장의 기재가 불명확한 경우 법원은 형사소송규칙 제141조의 규정에 의하여 검사에게 석명을 구한 다음, 그래도 검사가 이를 명확하게 하지 않은 때에야 공소사실의 불특정을 이유로 공소를 기각함이 상당하다고 할 것이므로(대법원 1983.6.14, 82도293), 원심이 검사에게 공소사실 특정에 관한 석명에 이르지 아니한 채 곧바로 위와 같이 공소사실의 불특정을 이유로 공소기각의 판결을 한 데에는, 공소사실의 특정에 관한 법리를 오해하였거나 심리를 미진한 위법이 있다(대법원 2006.5.11, 2004도5972).

② (×) 주위적 공소사실과 예비적 공소사실의 불가분 관계에 있다(일부상소 ×, 전부상소 ○).
[판례] 원래 주위적·예비적 공소사실의 일부에 대한 상소제기의 효력은 나머지 공소사실 부분에 대하여도 미치는 것이고, 동일한 사실관계에 대하여 서로 양립할 수 없는 적용법조의 적용을 주위적·예비적으로 구하는 경우에는 예비적 공소사실만 유죄로 인정되고 그 부분에 대하여 피고인만 상소하였다고 하더라도 주위적 공소사실까지 함께 상소심의 심판대상에 포함된다(대법원 2006.5.25, 2006도1146).

③ (×) 공소장에는 죄명·공소사실과 함께 적용법조를 기재하여야 하지만(형사소송법 제254조) 공소장에 적용법조를 기재하는 이

유는 공소사실의 법률적 평가를 명확히 하여 공소의 범위를 확정하는 데 보조기능을 하도록 하고, 피고인의 방어권을 보장하고자 함에 있으므로, 적용법조의 기재에 오기나 누락이 있는 경우라 할지라도 이로 인하여 피고인의 방어에 실질적인 불이익을 주지 않는 한 공소제기의 효력에는 영향이 없고, 법원으로서도 공소장 변경의 절차를 거침이 없이 곧바로 공소장에 기재되어 있지 않은 법조를 적용할 수 있다(대법원 2006.4.14, 2005도9743).

정답 ④

022 ✓대표 ◆◇◇　　　법원 2013 변형

공소제기와 관련된 설명으로 가장 옳지 않은 것은? (다툼이 있는 경우 판례에 의함)

① 공범 중 1인에 대한 공소제기는 다른 공범자에 대하여 그 효력이 미치지 아니한다.

② 친고죄의 고소취소가 되었음에도 그 수단인 비친고죄로 공소제기 된 경우 공소기각의 판결을 하여야 한다.

③ 마약의 투약시기, 투약량과 투약방법 등의 공소사실이 특정되지 아니하여 피고인의 방어권 행사에 지장을 초래할 위험성이 큰 경우 무죄 판결을 해야 한다.

④ 피의자가 다른 사람의 성명을 모용한 탓으로 공소장에 피모용자가 피고인으로 표시되었다고 하더라도 모용자가 피고인이 되고 피모용자에게 공소의 효력이 미치지는 않는다.

해설

③ (×) 이러한 경우는 공소제기의 절차가 법률의 규정에(개정: 규정을) 위반하여 무효라고 할 것이어서 공소기각판결(제327조 제2호)을 하여야 한다(대법원 2010.10.14, 2010도9835; 2009.11.12, 2009도9717 등).
[1] 형사소송법 제254조 제4항이 "공소사실의 기재는 범죄의 시일, 장소와 방법을 명시하여 사실을 특정할 수 있도록 하여야 한다."라고 규정한 취지는, 심판의 대상을 한정함으로써 심판의 능률과 신속을 꾀함과 동시에 방어의 범위를 특정하여 피고인의 방어권 행사를 쉽게 해주기 위한 것이므로, 검사로서는 위 세 가지 특정요소를 종합하여 다른 사실과의 식별이 가능하도록 범죄 구성요건에 해당하는 구체적 사실을 기재하여야 하는바, 이는 마약류 취급자가 아니면서도 마약류를 매수하여 투약하였음을 내용으로 하는 마약류관리에 관한 법률 위반죄의 공소사실에 관한 기재에 있어서도 마찬가지라고 할 것이다.
[2] 이 사건 공소사실은 "피고인은 마약류 취급자가 아님에도, 2008년 1월경부터 같은 해 2월 일자불상 15:00경까지 사이에 인천 남구 용현동 물텀벙사거리에 있는 상호불상의 오락실 앞 노상에서 공소외인으로부터 1회용 주사기에 담긴 메스암페타민 약 0.7g을 교부받아 이를 매수한 외에, 그때부터 2009년 2월 내지 3월 일자불상 07:00경까지 총 21회에 걸쳐 필로폰을 매수·투약하였다."는 것인 바, 메스암페타민의 매수 및 투약시기에 관한 위와 같은 개괄적인 기재만으로는 피고인의 방어권 행사에 지장을 초래할 위험성이 크고, 단기간 내에 반복되는 공소 범죄사실의 특성에 비추어 볼 때 위 매수 및 투약시기로 기재된 기간 내에 복수의 범행 가능성이 농후하여 심판대상이 한정되었다고 보기 어렵다고 할 것이니, 이러한 공소사실의 기재는 특정한 구체적 사실의 기재에 해당한다고 볼 수 없어 형사소송법 제254조 제4

항에 정해진 요건을 갖추지 못하였으므로, 이 사건 공소는 공소제기의 절차가 법률의 규정에 위반하여 무효라고 할 것이다 (대법원 2010.10.14, 2010도9835).

① (○) 공소의 효력은 검사가 피고인으로 지정한 자에게만 미친다 (제248조 제1항, 불고불리의 원칙). 따라서 공범 중 1인에 대한 공소제기가 있어도 다른 공범자에 대하여는 그 효력이 미치지 아니한다. 다만, 공소제기로 인한 공소시효정지의 효력은 다른 공범자에게도 미친다(제253조 제2항).

> **제248조(공소의 효력범위)** ① 공소의 효력은 검사가 피고인으로 지정한 자에게만 미친다. 〈개정 2020.12.8.〉
> **제253조(시효의 정지와 효력)** ② 공범의 1인에 대한 전항의 시효정지는 다른 공범자에게 대하여 효력이 미치고 당해 사건의 재판이 확정된 때로부터 진행한다.

② (○) 우선 강간죄가 친고죄이었던 종래 형법에 따른 판례는 다음과 같다. "성폭력범죄의처벌및피해자보호등에관한법률이 시행된 이후에도 여전히 친고죄로 남아 있는 강간죄의 경우, 고소가 없거나 고소가 취소된 경우 또는 강간죄의 고소기간이 경과한 후에 고소가 있는 때에는 강간죄로 공소를 제기할 수 없음은 물론, 나아가 그 강간범행의 수단으로 또는 그에 수반하여 저질러진 폭행·협박의 점 또한 강간죄의 구성요소로서 그에 흡수되는 법조경합의 관계에 있는 만큼 이를 따로 떼어내어 폭행죄·협박죄 또는 폭력행위등처벌에관한법률위반의 죄로 공소제기 할 수 없다고 해야 마땅하고, 이는 만일 이러한 공소제기를 허용한다면, 강간죄를 친고죄로 규정한 취지에 반하기 때문이므로 결국 그와 같은 공소는 공소제기의 절차가 법률에 위반되어 무효인 경우로서 형사소송법 제327조 제2호에 따라 공소기각의 판결을 하여야 한다(대법원 2002.5.16, 2002도51 전원합의체)."
한편 2012.12.18. 형법개정으로 강간죄의 친고죄 규정이 삭제되었다. 다만, 그 시행일이 2013.6.19.이었기 때문에 본 시험 시행 당시는 개정법이 시행되기 전이었다. 판례가 공소기각판결의 주요한 근거로 강간죄를 친고죄로 규정한 취지를 들고 있음에 비추어 개정법이 시행된 현재의 입장에서도 판례의 결론이 그대로 유지될지는 지켜보아야 한다. 본서는 수험용 문제집이므로 최대한 판례의 입장에 따를 수밖에 없다.

④ (○) 피의자가 다른 사람의 성명을 모용한 탓으로 공소장에 피모용자가 피고인으로 표시되었다 하더라도 이는 당사자의 표시상의 착오일 뿐이고 검사는 모용자에 대하여 공소를 제기한 것이므로 모용자가 피고인이 되고 피모용자에게 공소의 효력이 미친다고 할 수 없고, 이와 같은 경우 검사는 공소장의 인적 사항의 기재를 정정하여 피고인의 표시를 바로잡아야 하는 것인 바, 이는 피고인의 표시상의 착오를 정정하는 것이지 공소장을 변경하는 것이 아니므로 형사소송법 제298조에 따른 공소장변경의 절차를 밟을 필요가 없고 법원의 허가도 필요로 하지 아니한다(대법원 1993.1.19, 92도2554).

정답 ③

023 ✓ 유사 ◆◇◇ 〔경찰2차 2020〕

공소장의 기재사항에 대한 설명으로 가장 적절하지 않은 것은? (다툼이 있는 경우 판례에 의함)

① 저작재산권 침해행위에 관한 공소사실의 특정은 침해 대상인 저작물 및 침해 방법의 종류, 형태 등 침해행위의 내용이 명확하게 기재되어 있다 하더라도 그 저작물의 저작재산권자가 누구인지 특정되어 있지 않다면 공소사실이 특정되었다고 볼 수 없다.

② 방조범의 공소사실을 기재함에 있어서는 방조사실뿐만 아니라 그 전제가 되는 정범의 범죄구성을 충족하는 구체적 사실까지 기재하여야 한다.

③ 유가증권 변조 여부가 문제된 사건에서 그 변조된 유가증권이 압수되어 현존하고 있다면 범행장소와 방법이 "서울 불상지", "불상의 방법으로 수취인의 기재를 삭제"와 같이 개괄적으로 기재되었더라도 그 공소제기는 위법하지 아니하다.

④ 검사의 기명날인 또는 서명이 없는 공소장에 의한 공소제기는 무효이나, 검사가 공소장에 기명날인 또는 서명을 추완하는 방법으로 공소제기가 유효하게 될 수 있다.

해설

① (×) 구 저작권법 제136조 제1항은 '저작재산권을 복제·공연·공중송신·전시·배포·대여·2차적 저작물 작성의 방법으로 침해'한 행위를 처벌대상으로 규정하고 있다. 그런데 저작재산권은 특허권 등과 달리 권리의 발생에 반드시 등록을 필요로 하지 않기 때문에 등록번호 등으로 특정할 수 없는 경우가 많고, 저작재산권자가 같더라도 저작물별로 각 별개의 죄가 성립하는 점, 그리고 2006.12.28. 법률 제8101호로 전부 개정된 구 저작권법이 영리를 위하여 상습적으로 한 저작재산권 침해행위를 비친고죄로 개정한 점 등을 고려해 보면, 저작재산권 침해행위에 관한 공소사실의 특정은 침해 대상인 저작물 및 침해 방법의 종류, 형태 등 침해행위의 내용이 명확하게 기재되어 있어 피고인의 방어권 행사에 지장이 없는 정도이면 되고, 각 저작물의 저작재산권자가 누구인지 특정되어 있지 않다고 하여 공소사실이 특정되지 않았다고 볼 것은 아니다(대법원 2016.12.15, 2014도1196).

② (○) 대법원 2001.12.28, 2001도5158

③ (○) 대법원 2008.3.27, 2007도11000

④ (○) 대법원 2012.9.27, 2010도17052

정답 ①

공소장 기재사항 등에 대한 설명으로 옳지 않은 것은?
(다툼이 있는 경우 판례에 의함)

① 포괄일죄의 공소장을 기재함에 있어서 검사는 그 전체 범죄의 시기와 종기, 범행방법, 범행횟수 또는 피해액의 합계 및 피해자나 상대방을 기재하는 것으로 족하지 않고 포괄일죄를 이루는 개개의 범죄사실이 모두 특정되도록 기재하여야 한다.

② 동일한 사실관계에 대하여 양립할 수 없는 적용법조의 적용을 주위적·예비적으로 구하는 사안에서 예비적 공소사실만 유죄로 인정되고 그 부분에 대하여 피고인만이 상소한 경우, 주위적 공소사실까지 상소심의 심판대상에 포함된다.

③ 공소장 적용법조의 기재에 오기나 누락이 있는 경우라 할지라도 이로 인하여 피고인의 방어에 실질적인 불이익을 주지 않는 한, 공소제기의 효력에는 영향이 없고 법원으로서도 공소장변경의 절차를 거치지 않고 공소장에 기재되어 있지 않은 법조를 적용할 수 있다.

④ 현행법규는 공소장일본주의에도 불구하고 공소장에 변호인선임서, 긴급체포서, 구속영장 등의 서류를 첨부하도록 하고 있다.

해설

① (✕) 포괄일죄에 있어서는 그 일죄의 일부를 구성하는 개개의 행위에 대하여 구체적으로 특정되지 아니하더라도 그 전체 범행의 시기와 종기, 범행방법, 피해자나 상대방, 범행횟수나 피해액의 합계 등을 명시하면 이로써 그 범죄사실은 특정되는 것이라고 할 것이다(대법원 1999.11.12, 99도2934).

② (○) 원래 주위적·예비적 공소사실의 일부에 대한 상소제기의 효력은 나머지 공소사실 부분에 대하여도 미치는 것이고, 동일한 사실관계에 대하여 서로 양립할 수 없는 적용법조의 적용을 주위적·예비적으로 구하는 경우에는 예비적 공소사실만 유죄로 인정되고 그 부분에 대하여 피고인만 상소하였다고 하더라도 주위적 공소사실까지 함께 상소심의 심판대상에 포함된다고 볼 것이다(대법원 2006.5.25, 2006도1146).

③ (○) 적용법조의 기재에 오기나 누락이 있는 경우라 할지라도 이로 인하여 피고인의 방어에 실질적인 불이익을 주지 않는 한 공소제기의 효력에는 영향이 없고, 법원으로서도 공소장 변경의 절차를 거침이 없이 곧바로 공소장에 기재되어 있지 않은 법조를 적용할 수 있다(대법원 2006.4.14, 2005도9743).

④ (○) 규칙 제118조 제1항 참조.

> **규칙 제118조(공소장의 첨부서류)** ① 공소장에는, 공소제기 전에 변호인이 선임되거나 보조인의 신고가 있는 경우 그 변호인선임서 또는 보조인신고서를, 공소제기전에 특별대리인의 선임이 있는 경우 그 특별대리인 선임결정등본을, 공소제기 당시 피고인이 구속되어 있거나, 체포 또는 구속된 후 석방된 경우 체포영장, 긴급체포서, 구속영장 기타 구속에 관한 서류를 각 첨부하여야 한다.

정답 ①

〈보기〉 중 공소제기가 유효한 경우를 모두 고른 것은?
(다툼이 있는 경우 판례에 의함)

┤ 보기 ├

ㄱ. 경찰관이 취객을 상대로 한 절도범을 단속하기 위해 공원 인도에 쓰러져 있는 취객 근처에서 감시하고 있다가, 그 취객을 부축하여 끌고 가서 지갑을 뒤지던 행위자를 현장에서 체포하여 기소한 경우

ㄴ. 법원에 제출된 공소장에 검사의 간인이 없으나 그 공소장의 형식과 내용이 연속된 것으로 일체성이 인정되고 동일한 검사가 작성하였다고 인정되는 경우

ㄷ. 검사의 기명날인 또는 서명이 누락된 공소장이 관할법원에 제출되었으나, 이때 검사가 공소장에 기명날인 또는 서명을 추완한 경우

ㄹ. 사위 기타 부정한 방법으로 저질러질 것을 구성요건으로 하는 관세포탈죄에 있어 행위자가 관세 등을 포탈함에 있어 이용한 사위 기타 부정한 방법이 어떠한 내용의 것인가를 구체적으로 공소장에 명시하지 않고 '사위의 방법으로 포탈한 것이다.'라고만 기재하여 기소한 경우

① ㄱ, ㄴ　　　　　　② ㄱ, ㄴ, ㄷ
③ ㄱ, ㄷ, ㄹ　　　　④ ㄴ, ㄷ, ㄹ

해설

② ㄱ, ㄴ, ㄷ

ㄱ. (○) 경찰관이 취객을 상대로 한 이른바 부축빼기 절도범을 단속하기 위하여, 공원 인도에 쓰러져 있는 취객 근처에서 감시하고 있다가, 마침 피고인이 나타나 취객을 부축하여 10m 정도를 끌고 가 지갑을 뒤지자 현장에서 체포하여 기소한 경우, <u>위법한 함정수사에 기한 공소제기가 아니다</u>(대법원 2007.5.31, 2007도1903).

ㄴ. (○) <u>공소장에 검사의 간인이 없더라도 그 공소장의 형식과 내용이 연속된 것으로 일체성이 인정되고 동일한 검사가 작성하였다고 인정되는 한</u> 그 공소장을 형사소송법 제57조 제2항에 위반되어 효력이 없는 서류라고 할 수 없다. 이러한 공소장 제출에 의한 공소제기는 그 절차가 법률의 규정에 위반하여 무효인 때(형사소송법 제327조 제2호)에 해당한다고 할 수 없다(대법원 2021.12.30, 2019도16259).

ㄷ. (○) 공소를 제기하려면 공소장을 관할법원에 제출하여야 한다(형사소송법 제254조 제1항). 공무원이 작성하는 서류에는 법률에 다른 규정이 없는 때에는 작성 연월일과 소속공무소를 기재하고 기명날인 또는 서명하여야 한다(형사소송법 제57조 제1항). 여기서 '공무원이 작성하는 서류'에는 검사가 작성하는 공소장이 포함되므로, <u>검사가 기명날인 또는 서명이 없는 상태로 공소장을 관할법원에 제출하는 것은 형사소송법 제57조 제1항에 위반된다</u>. 이와 같이 법률이 정한 형식을 갖추지 못한 채 공소장을 제출한 경우에는 특별한 사정이 없는 한 공소제기의 절차가 법률의 규정을 위반하여 무효인 때(형사소송법 제327조 제2호)에 해당한다. 다만 <u>이 경우 공소를 제기한 검사가 공소장에 기명날인 또는 서명을 추후 보완하는 등의 방법으로 공소제기가 유효하게 될 수 있다</u>(대법원 2021.12.16, 2019도17150).

ㄹ. (✕) 관세포탈죄는 사위 기타 부정한 방법에 의하여 저질러질 것

을 구성요건으로 하고 있으므로 검사로서는 피고인이 관세 등을 포탈함에 있어서 이용한 사위 기타 부정한 방법이 어떠한 내용의 것인가를 구체적으로 공소장에 명시하여야 그 구성요건 사실이 특정될 수 있을 것임에도 불구하고 만연히 "사위의 방법으로 … 포탈한 것이다." 라고 추상적 구성요건만을 기재함에 그치고, 그 밖에 공소장에 기재된 보세장치장에 장치된 물건을 수입면허를 받지 아니하고 방출하였다 하여 그것이 사위의 방법이라 단정할 수 없으니 본건 공소장에는 범죄의 특별구성요건을 충족하는 구체적 사실의 기재가 특정되어 있지 아니하여 그 공소제기절차가 부적법한 것이라 하겠다(대법원 1984.5.22, 84도471).

정답 ②

---

026 ✓ 대표 ◆◆◇ 국가7급 2019

공소제기에 대한 설명으로 옳은 것만을 모두 고르면?
(다툼이 있는 경우 판례에 의함)

ㄱ. 포괄일죄에 대한 공소사실의 기재에 있어서는 그 일죄의 일부를 구성하는 개개의 행위가 구체적으로 특정되지 않으면 그 전체 범행의 시기와 종기, 범행방법, 피해자나 상대방, 범행횟수나 피해액의 합계 등을 명시하더라도 범죄사실이 특정된 것으로 볼 수는 없다.

ㄴ. 불고불리의 원칙상 검사의 공소제기가 없으면 법원이 심판할 수 없고, 법원은 검사가 공소제기한 사건에 한하여 심판하여야 한다.

ㄷ. 포괄일죄인 영업범으로 공소제기된 A범죄사실과 동일성이 인정되는 B범죄사실이 추가로 발견되었고, A, B범죄 사이에 이들과 동일성이 인정되는 C범죄사실에 대한 유죄의 확정판결이 있는 경우, 검사는 공소장변경절차에 의해 B범죄사실을 공소사실로 추가할 수 있다.

ㄹ. 검사가 전자문서가 저장된 저장매체를 첨부하여 공소를 제기한 경우, 법원은 저장매체에 저장된 전자문서부분을 제외하고 서면인 공소장에 기재된 부분만으로 공소사실을 판단하여야 한다.

① ㄱ, ㄷ   ② ㄴ, ㄹ
③ ㄱ, ㄷ, ㄹ   ④ ㄴ, ㄷ, ㄹ

해설

ㄱ. (×) 포괄일죄에 있어서는 그 1죄의 일부를 구성하는 개개의 행위에 대하여 구체적으로 특정되지 아니하더라도 그 전체범행의 시기와 종기, 범행방법, 범행횟수 또는 피해액의 합계 및 피해자나 상대방을 명시하면 이로써 그 범죄사실은 특정되는 것이다(대법원 1992.9.14, 92도1532).

ㄴ. (○) 불고불리의 원칙상 검사의 공소제기가 없으면 법원이 심판할 수 없고, 법원은 검사가 공소제기한 사건에 한하여 심판하여야 한다(대법원 2001.12.27, 2001도5304).

ㄷ. (×) 포괄일죄인 영업범에서 공소제기의 효력은 공소가 제기된 범죄사실과 동일성이 인정되는 범죄사실의 전체에 미치므로, 공판심리 중에 그 범죄사실과 동일성이 인정되는 범죄사실이 추가로 발견된 경우에 검사는 공소장변경절차에 의하여 그 범죄사실

을 공소사실로 추가할 수 있다. 그러나 공소제기된 범죄사실과 추가로 발견된 범죄사실 사이에 그 범죄사실들과 동일성이 인정되는 또 다른 범죄사실에 대한 유죄의 확정판결이 있는 때에는, 추가로 발견된 확정판결 후의 범죄사실은 공소제기된 범죄사실과 분단되어 동일성이 없는 별개의 범죄가 된다. 따라서 이때 검사는 공소장 변경절차에 의하여 확정판결 후의 범죄사실을 공소사실로 추가할 수는 없고 별개의 독립된 범죄로 공소를 제기하여야 한다(대법원 2000.3.10, 99도2744; 2000.6.9, 2000도1411 등).

ㄹ. (○) 검사가 공소사실의 일부인 범죄일람표를 컴퓨터 프로그램을 통하여 열어보거나 출력할 수 있는 전자적 형태의 문서(이하 '전자문서'라고 한다)로 작성한 다음, 종이문서로 출력하지 않고 전자문서가 저장된 저장매체 자체를 서면인 공소장에 첨부하여 제출한 경우에는, 서면인 공소장에 기재된 부분에 한하여 적법하게 공소가 제기된 것으로 보아야 한다. 따라서 검사가 전자문서나 저장매체를 이용하여 공소를 제기한 경우, 법원은 저장매체에 저장된 전자문서 부분을 제외하고 서면인 공소장에 기재된 부분만으로 공소사실을 판단하여야 한다(대법원 2016.12.15, 2015도3682 등).

[보충] 만일 그 기재 내용만으로는 공소사실이 특정되지 않은 부분이 있다면 검사에게 특정을 요구하여야 하고, 그런데도 검사가 특정하지 않는다면 그 부분에 대해서는 공소를 기각할 수밖에 없다.

정답 ②

---

027 ✓ 대표 ◆◆◇ 국가9급 2016

공소제기에 대한 설명으로 옳지 않은 것은? (다툼이 있는 경우 판례에 의함)

① 사기죄에 있어서 여러 사람의 피해자에 대하여 따로 기망행위를 하여 각각 재물을 편취한 경우, 범의가 단일하고 범행방법이 동일하다면 그 전체가 포괄일죄가 되므로 공소사실의 기재에 각 피해자와 피해자별 피해액을 특정하여야 하는 것은 아니다.

② 피의자가 다른 사람의 성명을 모용한 탓으로 공소장에 피모용자가 피고인으로 표시되었다 하더라도 이는 당사자의 표시상의 착오일 뿐이고, 검사는 모용자에 대하여 공소를 제기한 것이므로 모용자가 피고인이 되고 피모용자에게 공소의 효력이 미친다고는 할 수 없다.

③ "피고인은 2000.11.2.경부터 2001.7.2.경까지 사이에 인천 이하 불상지에서 향정신성의약품인 메스암페타민 불상량을 불상의 방법으로 수회 투약하였다."는 공소사실의 경우, 투약량은 물론 투약방법을 불상으로 기재하면서 그 투약의 일시와 장소마저 위와 같이 기재한 것만으로는 형사소송법 제254조 제4항의 요건에 맞는 구체적 사실의 기재라고 볼 수 없으므로, 이 부분 공소는 그 공소사실이 특정되었다고 할 수 없다.

④ 약식절차나 즉결심판절차에 있어서는 공소장일본주의가 적용되지 않는다.

해설

①·③은 범죄의 죄수가 실체적 경합임에 착안하면 정리가 보다 쉽다.

① (×) 사기죄에 있어서 수인의 피해자에 대하여 각별로 기망행위를 하여 각각 재물을 편취한 경우에 그 범의가 단일하고 범행방법이 동일하다고 하더라도 포괄일죄가 되는 것이 아니라 피해자별로 1개씩의 죄가 성립하는 것으로 보아야 할 것이고, 이러한 경우 그 공소사실은 각 피해자와 피해자별 피해액을 특정할 수 있도록 기재하여야 할 것인 바, '일정한 기간 사이에 성명불상의 고객들에게 1일 평균 매상액 상당을 판매하여 그 대금 상당액을 편취하였다'는 내용은 피해자나 피해액이 특정되었다고 할 수 없다(대법원 1996.2.13, 95도2121).

② (○) 대법원 1993.1.19, 92도2554

③ (○) 대법원 2002.9.27, 2002도3194

④ (○) 약식명령은 아래 판례 참조, 즉결심판은 즉결심판에 관한 절차법 제4조 참조.

　검사가 약식명령을 청구하는 때에는 약식명령의 청구와 동시에 약식명령을 하는 데 필요한 증거서류 및 증거물을 법원에 제출하여야 하는 바(형사소송규칙 제170조), 이는 약식절차가 서면심리에 의한 재판이어서 공소장 일본주의의 예외를 인정한 것이므로 약식명령의 청구와 동시에 증거서류 및 증거물이 법원에 제출되었다 하여 공소장일본주의를 위반하였다 할 수 없고, 그 후 약식명령에 대한 정식재판청구가 제기되었음에도 법원이 증거서류 및 증거물을 검사에게 반환하지 않고 보관하고 있다고 하여 그 이전에 이미 적법하게 제기 된 공소제기의 절차가 위법하게 된다고 할 수도 없다(대법원 2007.7.26, 2007도3906).

> **즉결심판에 관한 절차법 제4조(서류·증거물의 제출)** 경찰서장은 즉결심판의 청구와 동시에 즉결심판을 함에 필요한 서류 또는 증거물을 판사에게 제출하여야 한다.

정답 ①

028　✓유사　◆◆◇　

공소사실의 특정이 인정되는 것은? (다툼이 있는 경우 판례에 의함)

① 마약류 관리에 관한 법률 위반사건에서 범행일시를 모발감정결과에 기초하여 투약가능기간을 역으로 추정한 '2010.11.경'으로, 투약장소를 시(市)와 구(區)까지 기재한 때

② 변호사법 위반사건에서 '2006.12.14.경부터 2007.2.15.경까지 2회에 걸쳐 합계 5,000만원을 받았다'고 기재한 때

③ 각 세금계산서마다 하나의 죄가 성립하는 구 조세범처벌법상 무거래 세금계산서 교부죄에 있어서 세금계산서의 총 매수와 그 공급가액의 합계액만을 기재한 때

④ 수인의 피해자에 대하여 각 별로 기망행위를 하여 각각 재물을 편취한 사기죄에 있어서 '일정한 기간 사이에 성명불상의 고객들에게 1일 평균 매상액 상당을 판매하여 그 대금 상당액을 편취하였다'고 기재한 때

해설

② (특정 ○) 이 사건은 피고인이 수회에 걸쳐 돈을 받은 행위를 포괄일죄로 하여 공소제기 된 것임이 명백하고, 포괄일죄에 있어서는 그 일죄를 구성하는 개개의 행위에 대하여 구체적으로 특정하지 아니하더라도 그 전체 범행의 시기와 종기, 범행방법과 장소, 상대방, 범행횟수나 피해액의 합계 등을 명시하면 이로써 그 범죄사실은 특정되었다고 할 것이므로(대법원 1999.11.12, 99도2934), 이 사건 공소장에 피고인이 위 각 일시에 받은 구체적 금액을 특정하지 않았다는 사유를 들어 공소사실이 특정되지 아니하였다는 상고이유의 주장은 받아들일 수 없다(대법원 2008.12.24, 2008도9414).

[보충] 연속범·영업범(무면허의료) 등 포괄일죄는 특정 인정, 단 상습절도는 예외

① (특정 ×) 피고인이 필로폰을 투약하였다고 하여 마약류 관리에 관한 법률 위반(향정)으로 기소되었는데, 공소장에 범행일시를 모발감정 결과에 기초하여 투약가능기간을 역으로 추정한 '2010.11.경'으로, 투약장소를 '부산 사하구 이하 불상지'로 기재한 경우, 마약류 투약범죄의 특성 등에 비추어 공소사실이 특정되었다고 보기 어렵다(대법원 2012.4.26, 2011도11817).

[보충] 모발감정 결과에 기초한 투약가능기간 역추정은 특정 부정

③ (특정 ×), ④ (특정 ×) 각 죄가 성립하는 경우이므로 각 죄에 대하여 특정이 이루어져야(대법원 2007.6.29, 2007도2076; 1996.2.13, 95도2121) 하므로 특정이 이루어졌다고 볼 수 없다.

[보충] 무거래 세금계산서 교부죄와 수인의 피해자에 대한 사기죄는 실체적 경합 사건이므로 각 범행이 특정되지 않으면 불특정

정답 ②

029 ✓ 유사 ◆◆◇

공소사실의 특정에 관한 설명으로 가장 적절하지 않은 것은? (다툼이 있는 경우 판례에 의함)

① 甲이 "2017.10.10.부터 2017.10.12.까지 태국 국적 마사지사 등 6명을 고용하고 인터넷사이트에 성매매 광고를 한 후, 광고를 보고 연락하는 불특정 다수의 남성 손님에게 대금 10만원을 받고 종업원인 위 태국 국적 여성과 성교행위를 하도록 하여 성매매를 알선하였다."는 내용으로 기소된 사안에서 포괄일죄에 대하여 일죄의 일부를 구성하는 개개의 행위로서 구체적인 성매수자, 범행횟수 등이 기재되지 않았다면 甲에 대한 공소사실이 특정되었다고 볼 수 없다.

② 甲이 필로폰을 투약하였다고 하여 마약류관리에관한 법률 위반죄로 기소되었는데, 공소장에 범행일시를 모발감정 결과에 기초하여 투약가능기간을 역으로 추정한 '2010.11.경'으로, 투약장소를 '부산 사하구 이하 불상지'로 기재하였다면 甲에 대한 공소사실이 특정되었다고 볼 수 없다.

③ 문서위조죄는 피고인들이 그 범행을 자백하지 아니한 이상 언제 어디에서 문서를 위조한 것인지 알기가 어려우며 그 범죄일시를 일정한 시점으로 특정하기 곤란하여 부득이하게 개괄적으로 표시할 수밖에 없으므로 유가증권위조의 점에 관한 공소사실의 범죄일시를 '2000. 초경부터 2003.3.경 사이에'로 비교적 장기간으로 기재하였다고 하여 공소사실이 불특정된 것으로 볼 수 없다.

④ 「조세범 처벌법」 제11조의2 제4항의 무거래 세금계산서 교부죄는 각 세금계산서마다 하나의 죄가 성립하므로, 세금계산서마다 그 공급가액이 공소장에 기재되어야 개개의 범죄사실이 구체적으로 특정되었다고 볼 수 있고, 세금계산서의 총매수와 그 공급가액의 합계액이 기재되어 있다고 하여 공소사실이 특정되었다고 볼 수 없다.

해설

① (×) 공소장의 공소사실에 포괄일죄의 일부를 구성하는 개개의 행위에 관한 구체적인 사실이 기재되어 있지 아니하더라도 법원의 심판대상을 한정하고 피고인의 방어권 행사를 쉽게 하는 데 지장이 없다면, 공소사실이 특정되지 아니하였다고 볼 것은 아니다. [판례] 동일 죄명에 해당하는 수개의 행위를 단일하고 계속된 범의하에 일정 기간 계속하여 행하고 그 피해법익도 동일한 경우에는 이들 각 행위를 통틀어 포괄일죄로 처단하여야 할 것이다. 이 사건 공소사실 기재 범행은 피고인이 2017.10.10.부터 2017.10. 12.까지 자신이 운영하던 성매매업소에서 성매매 광고를 보고 방문한 손님들에게 대금 10만원을 받고 종업원인 태국 국적 여성 6명과의 성매매를 알선하였다는 것으로서 모두 동일한 죄명과 법조에 해당하는 것으로 단일하고 계속된 범의하에 시간적으로 근접하여 동일한 장소에서 동일한 방법으로 이루어졌고 피해법익 역시 동일하여 포괄하여 일죄에 해당할 뿐, 실체적 경합관계

에 있다고 보기 어렵다. 나아가 원심이 공소를 기각한 이 부분 공소사실에는 범행의 시기와 종기, 범행의 장소, 고용한 성매매 여성의 수가 특정되어 있고, 성매매 광고를 보고 연락한 불특정 다수의 남성 손님들에게 10만원의 성매매 대금을 받고 성매매를 알선하였다는 내용으로 성매매알선의 방법 또한 특정되어 있다. 한편 구체적인 성매수자, 범행횟수 등이 기재되지 않았더라도 법원에 대하여 심판의 대상을 한정하고 피고인에게 방어의 범위를 특정함으로써 방어권 행사를 쉽게 하는 데에 지장이 없는 이상 공소사실이 특정되지 않았다고 볼 것은 아니다. 이러한 사정들을 앞서 본 포괄일죄의 공소사실 특정에 관한 법리에 비추어 살펴보면, 이 부분 공소사실은 특정되었다고 볼 수 있다(대법원 2023. 6.29, 2020도3626).

② (○) 대법원 2012.4.26, 2011도11817
③ (○) 대법원 2006.6.2, 2006도48
④ (○) 대법원 2006.10.26, 2006도5147

정답 ①

030 ✓ 유사 ◆◆◇

공소제기 및 공소장변경에 관한 설명 중 옳지 않은 것은? (다툼이 있는 경우 판례에 의함)

① 피고인을 특정하지 않은 공소제기임에도 피고인과 변호인이 이의를 제기하지 않고 변론에 응하였다면 그 공소제기의 하자는 치유된다.

② 범죄사실 상호간에 범죄의 일시, 장소, 수단 및 객체 등이 달라서 수개의 범죄사실로 인정되는 경우에도 이들 수개의 범죄사실을 예비적 또는 택일적으로 기재할 수 있다.

③ 포괄일죄의 경우에 그 공소장변경허가 여부를 결정함에 있어서는 포괄일죄를 구성하는 개개 공소사실별로 종전 것과의 동일성 여부를 따지기보다는 변경된 공소사실이 전체적으로 포괄일죄의 범주 내에 있는지 여부, 즉 단일하고 계속된 범의하에 동종의 범행을 반복하여 행하고 그 피해법익도 동일한 경우에 해당한다고 볼 수 있는지 여부에 초점을 맞추어야 한다.

④ 공소장변경으로 국민참여재판 대상사건에 해당하지 않게 된 경우에도 법원은 국민참여재판을 계속 진행하여야 하나, 법원은 국민참여재판에 의하지 않고 당해 사건을 지방법원 본원 합의부가 심판하기로 결정할 수 있고 그러한 결정에 대해서는 불복할 수 없다.

⑤ 변제할 의사와 능력 없이 피해자로부터 금원을 편취하였다고 기소된 사실을 공소장변경절차 없이 피해자에게 제3자를 소개케 하여 동액의 금원을 차용하고 피해자에게 그에 대한 보증채무를 부담케 하여 재산상의 이익을 취득하였다는 사실로 인정하였다 할지라도 거기에 어떠한 위법이 있다 할 수 없다.

해설

① (×) 피고인이 특정되지 않은 공소의 제기는 제327조 제2호의

공소기각판결사유에 해당한다.

[판례] 검사가 공판기일에서 피고인 등이 특정되어 있지 않은 공소장변경허가신청서를 공소장에 갈음하는 것으로 구두진술하고 피고인과 변호인이 이의를 제기하지 않은 경우, 이를 적법한 공소제기로 볼 수 없다(대법원 2009.2.26, 2008도11813).

② (O) 공소사실의 예비적·택일적 기재에는 공소사실의 동일성을 요하지 않는다.

[판례] 형사소송법 254조 5항에 수개의 범죄사실과 적용법조를 예비적 또는 택일적으로 기재할 수 있다 함은 수개의 범죄사실 간에 범죄사실의 동일성이 인정되는 범위 내에서는 물론 그들 범죄사실 상호간에 범죄의 일시, 장소, 수단 및 객체 등이 달라서 수개의 범죄사실로 인정되는 경우에도 이들 수개의 범죄사실을 예비적 또는 택일적으로 기재할 수 있다는 취지다(대법원 1966. 3.24, 65도114 전원합의체).

③ (O) 포괄일죄에 있어서는 공소장변경을 통한 종전 공소사실의 철회 및 새로운 공소사실의 추가가 가능한 점에 비추어 그 공소장변경허가 여부를 결정함에 있어서는 포괄일죄를 구성하는 개개 공소사실별로 종전 것과의 동일성 여부를 따지기보다는 변경된 공소사실이 전체적으로 포괄일죄의 범주 내에 있는지 여부, 즉 단일하고 계속된 범의하에 동종의 범행을 반복하여 행하고 그 피해법익도 동일한 경우에 해당한다고 볼 수 있는지 여부에 초점을 맞추어야 한다(대법원 2006.4.27, 2006도514).

④ (O) 국민참여재판법 제6조 제1항·제2항 참조.

> **국민참여재판법 제6조(공소사실의 변경 등)** ① 법원은 공소사실의 일부 철회 또는 변경으로 인하여 대상사건에 해당하지 아니하게 된 경우에도 이 법에 따른 재판을 계속 진행한다. 다만, 법원은 심리의 상황이나 그 밖의 사정을 고려하여 국민참여재판으로 진행하는 것이 적당하지 아니하다고 인정하는 때에는 결정으로 당해 사건을 지방법원 본원 합의부가 국민참여재판에 의하지 아니하고 심판하게 할 수 있다.
> ② 제1항 단서의 결정에 대하여는 불복할 수 없다.

⑤ (O) 변제할 의사와 능력 없이 피해자로부터 금원을 편취하였다고 기소된 사실을 '공소장변경절차 없이' 피해자에게 제3자를 소개케 하여 동액의 금원을 차용하고 피해자에게 그에 대한 보증채무를 부담케 하여 재산상의 이익을 취득하였다고 인정하였다 할지라도 위 양 범죄사실을 비교하여 보면 차용액, 기망의 태양, 피해의 내용이 실질에 있어 동일한 것이어서 피해자를 기망하여 금원을 편취하였다는 기본적 사실에 아무런 차이도 없으므로 원심의 인정사실이 공소사실의 동일성을 벗어난 것도 아닐 뿐더러 피고인이 스스로 이를 시인하고 있는 이상 피고인의 방어에 하등의 불이익을 주었다고 볼 수도 없으므로 거기에 위법이 있다 할 수 없다(대법원 1984.9.25, 84도312).

정답 ①

---

031 ⊘유사 ◆◇◇   국가9급 2014

공소장의 예비적·택일적 기재에 대한 설명으로 옳지 않은 것은? (다툼이 있는 경우 판례에 의함)

① 검사는 공소장에 수개의 범죄사실과 적용법조를 심판의 순서를 정하거나 또는 정하지 않고 기재할 수 있다.

② 항소심은 택일적 기재의 경우 하나의 사실을 유죄로 인정한 원심판결을 파기하고 다른 사실을 유죄로 할 수 있다.

③ 공소제기 후에는 공소사실의 동일성이 인정되더라도 공소장의 공소사실과 적용법조를 예비적·택일적으로 변경할 수 없다.

④ 예비적·택일적 기재의 경우 법원이 공소사실 모두에 대해 무죄를 선고하는 때에는 판결이유에서 모두 판단해야 한다.

해설

③ (X) 공소제기 시뿐만 아니라 공소장변경 시에도 예비적·택일적으로 변경할 수 있다.

① (O) 제254조 제5항

② (O) 모두가 현실적 심판대상이기 때문이다(대법원 1975.6.24, 70도2660).

④ (O) 주위적·예비적 모두, 택일적 모두에 대하여 판단해야 한다(대법원2006.12.22, 2004도7232).

정답 ③

032 ✓ 대표 ◆◆◆ | 변호사 2019

공소장 기재사항 및 공소사실의 특정에 관한 설명 중 옳은 것을 모두 고른 것은? (다툼이 있는 경우 판례에 의함)

ㄱ. 포괄일죄에 대한 공소장을 작성하는 경우에는 그 일죄의 일부를 구성하는 개개의 행위에 대하여 구체적으로 특정되지 아니하더라도 그 전체범행의 시기와 종기, 범행방법, 피해자나 상대방, 범행횟수나 피해액의 합계 등을 명시하면 이로써 그 범죄사실은 특정된 것이라고 할 수 있다.

ㄴ. 공소장의 기재가 불명확할 경우 비록 공소사실의 보완이 가능하더라도 법원이 검사에게 공소사실 특정에 대한 석명에 이르지 아니하고 공소사실의 불특정을 이유로 공소기각의 판결을 하여도 적법하다.

ㄷ. 교사범이나 방조범의 경우에는 정범의 범죄구성을 충족하는 구체적 사실을 특정할 필요가 없다.

ㄹ. 필요 이상 엄격하게 공소사실의 특정을 요구하는 것도 공소의 제기와 유지에 장애를 초래할 수 있으므로, 범죄의 일시는 이중기소나 시효에 저촉되지 않을 정도로, 장소는 토지관할을 가능할 수 있을 정도로, 그리고 방법에 있어서는 범죄구성요건을 밝히는 정도로 기재하면 족하다.

ㅁ. 공소사실의 기재는 다른 공소사실과 구별할 수 있는 정도로 특정하면 족하고 그 일부가 다소 불명확하게 적시되어 있더라도 그와 함께 적시된 다른 사항들에 의하여 그 공소사실을 특정할 수 있고 피고인의 방어권 행사에 지장이 없다면, 그 공소제기의 효력에는 영향이 없다.

① ㄱ, ㄴ, ㄷ ② ㄱ, ㄷ, ㄹ
③ ㄱ, ㄹ, ㅁ ④ ㄴ, ㄹ, ㅁ
⑤ ㄴ, ㄷ, ㄹ, ㅁ

해설

ㄱ. (○) 포괄일죄에 있어서는 그 일죄의 일부를 구성하는 개개의 행위에 대하여 구체적으로 특정되지 아니하더라도 그 전체 범행의 시기와 종기, 범행방법, 피해자나 상대방, 범행횟수나 피해액의 합계 등을 명시하면 이로써 그 범죄사실은 특정된다(대법원 2002. 6.20, 2002도807 전원합의체).

ㄴ. (×) 공소장의 기재가 불명확한 경우 법원은 형사소송규칙 제141조의 규정에 의하여 검사에게 석명을 구한 다음, 그래도 검사가 이를 명확하게 하지 않은 때에야 공소사실의 불특정을 이유로 공소를 기각함이 상당하다고 할 것이므로, 원심이 검사에게 공소사실 특정에 관한 석명에 이르지 아니한 채 곧바로 위와 같이 공소사실의 불특정을 이유로 공소기각의 판결을 한 데에는, 공소사실의 특정에 관한 법리를 오해하였거나 심리를 미진한 위법이 있다(대법원 2006.5.11, 2004도5972).

ㄷ. (×) 교사범, 방조범의 범죄사실 적시에 있어서는 그 전제요건이 되는 정범의 범죄구성요건이 되는 사실 전부를 적시하여야 하고, 이 기재가 없는 교사범, 방조범의 사실 적시는 죄가 되는 사실의 적시라고 할 수 없다(대법원 1981.11.24, 81도2422).

ㄹ. (○) 필요 이상 엄격하게 특정을 요구하는 것도 공소의 제기와 유지에 장애를 초래할 수 있으므로, 범죄의 일시는 이중기소나

시효에 저촉되지 않을 정도로, 장소는 토지관할을 가능할 수 있을 정도로, 그리고 방법에 있어서는 범죄구성요건을 밝히는 정도로 기재하면 족하다(대법원1998.5.29, 97도112).

ㅁ. (○) 공소사실의 특정은 공소 제기된 범죄의 성격에 비추어 공소의 원인이 된 구성요건 해당사실이 다른 사실과 구별될 수 있을 정도로 기재되어 있으면 족하고, 그 일부가 다소 불명확하더라도 함께 적시된 다른 사항들에 의하여 공소사실이 특정될 수 있어서 피고인의 방어권 행사에 지장이 없다면 공소제기의 효력에는 영향이 없다(대법원 2002.6.20, 2002도807 전원합의체).

정답 ③

033 ✓ 유사 ◆◆◇ | 국가7급 2021

공소제기에 대한 설명으로 옳지 않은 것은? (다툼이 있는 경우 판례에 의함)

① 검사가 절도죄에 관하여 일단 기소유예의 처분을 한 것을 그 후 다시 재기하여 기소하였다 하여도 기소의 효력에 아무런 영향이 없는 것이고, 법원이 그 기소사실에 대하여 유죄판결을 선고하였다 하여 그것이 일사부재리의 원칙에 반하는 것은 아니다.

② 검사의 기명날인 또는 서명이 없는 상태로 관할법원에 제출된 공소장에 의한 공소제기는 특별한 사정이 없는 한 그 절차가 법률의 규정에 위반하여 무효인 때에 해당하지만, 공소를 제기한 검사가 공소장에 기명날인 또는 서명을 추완하는 등의 방법에 의하여 공소제기가 유효하게 될 수 있다.

③ 하나의 행위가 여러 범죄의 구성요건을 동시에 충족하는 경우 공소제기권자는 자의적으로 공소권을 행사하여 소추재량을 현저히 벗어났다는 등의 특별한 사정이 없는 한, 증명의 난이 등 여러 사정을 고려하여 그중 일부 범죄에 관해서만 공소를 제기할 수도 있다.

④ 포괄일죄와 같이 공소범죄의 특성에 비추어 개괄적인 기재가 불가피한 경우에는 사실상 피고인의 방어권 행사에 지장을 가져오는 경우에도 구체적인 기재가 있는 공소장이라고 할 수 있다.

해설

④ (×) ⊙ 포괄일죄에 있어서는 그 일죄의 일부를 구성하는 개개의 행위에 대하여 구체적으로 특정되지 아니하더라도 그 전체 범행의 시기와 종기, 범행방법, 피해자나 상대방, 범행횟수나 피해액의 합계 등을 명시하면 이로써 그 범죄사실은 특정되는 것이라고 할 것이고, 상습사기와 같이 공소범죄의 특성상 개괄적 기재가 불가피한 경우 개별적 사기 범행의 피해자가 특정되지 아니하였다고 하더라도 기본적 사실관계에 차이가 없고 피고인의 방어권 행사에 지장을 주지 않는다면 그 공소내용이 특정되지 않았다고 할 수 없는 것이나(대법원 1999.11.12, 99도2934; 2005.3.24, 2004도8661 등), ⓒ 비록 공소범죄의 특성에 비추어 개괄적인 기재가 불가피한 경우가 있다 하더라도, 사실상 피고인의 방어권 행사에 지장을 가져오는 경우에는 형사소송법 제254조 제4항에서 정하고 있는 구체적인 범죄사실의 기재가 있는 공소장이라고

할 수 없다(대법원 2000.11.24, 2000도2119; 2007.8.23, 2006
도5041).
① (○) 대법원 1983.12.27, 83도2686,83감도456
② (○) 대법원 2012.9.27, 2010도17052
③ (○) 대법원 2017.12.5, 2017도13458

정답 ④

034 ✓ 대표 ◆◆◇   국가9급/개론 2020

공소사실의 특정에 대한 설명으로 옳지 않은 것은? (다툼이 있는 경우 판례에 의함)

① 약속어음거래에서 백지식 배서나 교부에 의한 양도를 한 경우라도 위조유가증권행사죄의 범죄사실에 어음거래의 상대방이나 이로 인한 피해자가 성명불상자로만 표시되어 있다면 공소사실의 특정은 인정되지 않는다.

② 사문서변조의 공소사실에 변조행위의 일시·장소와 방법, 변조의 실행행위자 등이 기재되지 않은 경우라면 공소사실의 특정은 인정되지 않는다.

③ 저작재산권 침해행위에 관한 공소사실에 침해대상인 저작물 및 침해방법의 종류, 형태 등 침해행위의 내용이 명확하게 기재되어 있어 피고인의 방어권 행사에 지장이 없는 정도라면 각 저작물의 저작재산권자가 누구인지 특정되지 않더라도 공소사실의 특정은 인정될 수 있다.

④ 교사범이나 방조범의 경우에는 교사나 방조의 사실뿐만 아니라 정범의 범죄구성을 충족하는 구체적 사실을 공소장에 기재하여야 한다.

해설

① (×) 위조된 유가증권이 압수되어 현존하는 이상 그 행사죄의 상대방이나 피해자가 성명불상자로 표시되어 있어도 공소사실이 특정되지 않았다고 볼 수는 없다는 것이 대체적인 판례이다.

② (○) 이 사건 사문서변조의 공소사실에는 그 변조의 대상이 된 예금잔액증명서의 발급경위와 이미 금액란의 변조가 마쳐진 상태의 예금잔액증명서가 피고인에게 전달된 과정이 기재되어 있을 뿐 사문서변조의 범죄구성요건에 해당하는 구체적 사실에 관해서는 그 일시·장소와 방법의 기재가 모두 빠져 있고, 변조의 실행행위를 한 사람도 전혀 나타나 있지 않다(공범자도 성명불상자로만 기재되어 있을 뿐이다). 이와 같은 공소사실은 범죄구성요건의 특정요소에 관한 기재 자체가 누락된 것이어서, 형사소송법이 요구하는 특정한 사실의 기재로 볼 수 없다(대법원 2009.1.15, 2008도9327).

③ (○) 대법원 2016.12.15, 2014도1196

④ (○) 대법원 1981.11.24, 81도2422

정답 ①

▌▌▌ Ⅲ 공소장일본주의

035 ✓ 대표 ◆◆◇   법원 2013

공소장일본주의에 관한 다음 기술 중 가장 옳지 않은 것은? (다툼이 있는 경우 판례에 의함)

① 공소장일본주의를 위반하는 것은 소송절차의 생명이라 할 수 있는 공정한 재판의 원칙에 치명적인 손상을 가하는 것이고, 이를 위반한 공소제기는 법률의 규정에 위배된 것으로 치유될 수 없는 것이므로 시기 및 위반의 정도와 무관하게 항상 공소기각의 판결을 하는 것이 타당하다.

② 공소사실 기재 중 일부분이 피고인들이 국가공무원법 제66조 제1항의 '공무 외의 일을 위한 집단행위'에 이르게 된 동기와 경위 등을 명확히 하기 위한 것으로 보일 경우, 그와 같은 기재가 법원에 예단이 생기게 할 수 있는 사유를 적시하여 공소장일본주의에 위배된다고 볼 수는 없다.

③ 약식명령의 청구와 동시에 증거서류 및 증거물이 법원에 제출되었다 하여 공소장일본주의를 위반하였다 할 수 없고, 그 후 약식명령에 대한 정식재판청구가 제기되었음에도 법원이 증거서류 및 증거물을 검사에게 반환하지 않고 보관하고 있다고 하여 그 이전에 이미 적법하게 제기 된 공소제기의 절차가 위법하게 된다고 할 수도 없다.

④ 공소장에 누범이나 상습범을 구성하지 않는 전과사실을 기재하였다 하더라도 그 공소장기재는 적법하다.

해설

① (×) 공소장일본주의에 위배된 공소제기라고 인정되는 때에는 그 절차가 법률의 규정을 위반하여 무효인 때에 해당하는 것으로 보아 공소기각의 판결을 선고하는 것이 원칙이다. 그러나 공소장 기재의 방식에 관하여 피고인측으로부터 아무런 이의가 제기되지 아니하였고 법원 역시 범죄사실의 실체를 파악하는 데 지장이 없다고 판단하여 그대로 공판절차를 진행한 결과 증거조사절차가 마무리되어 법관의 심증형성이 이루어진 단계에서는 소송절차의 동적 안정성 및 소송경제의 이념 등에 비추어 볼 때 이제는 더 이상 공소장일본주의 위배를 주장하여 이미 진행된 소송절차의 효력을 다툴 수는 없다고 보아야 한다(대법원 2009.10.22, 2009도7436 전원합의체).

② (○) 공소장일본주의는 검사가 공소를 제기할 때에는 원칙적으로 공소장 하나만을 제출하여야 하고 그 밖에 사건에 관하여 법원에 예단이 생기게 할 수 있는 서류 기타 물건을 첨부하거나 그 내용을 인용하여서는 아니된다는 원칙으로서(형사소송규칙 제118조 제2항), 공소장에 법령이 요구하는 사항 이외의 사실로서 법원에 예단이 생기게 할 수 있는 사유를 나열하는 것이 허용되지 않는다는 것도 이른바 '기타 사실의 기재 금지'로서 공소장일본주의의 내용에 포함된다. 공소장일본주의의 위배 여부는 공소사실로 기재된 범죄의 유형과 내용 등에 비추어 볼 때에 공소장에 첨부 또는 인용된 서류 기타 물건의 내용, 그리고 법령이 요구하는 사항 이외에 공소장에 기재된 사실이 법관 또는 배심원에게 예단을 생기게 하여 법관 또는 배심원이 범죄사실의 실체를 파악하는 데 장애가 될 수 있는지 여부를 기준으로 당해 사건에서 구

체적으로 판단하여야 한다. 이 사건 국가공무원법 위반의 공소사실 기재 부분 중 피고인들이 상고이유에서 지적하고 있는 부분은 피고인들이 국가공무원법 제66조 제1항의 '공무 외의 일을 위한 집단행위'에 이르게 된 동기와 경위 등을 명확히 하기 위한 것으로 보일 뿐이므로, 그와 같은 기재가 법원에 예단이 생기게 할 수 있는 사유를 적시하여 공소장일본주의에 위배된다고 볼 수는 없다(대법원 2012.4.19, 2010도6388 전원합의체).

③ (○) 검사가 약식명령을 청구하는 때에는 약식명령의 청구와 동시에 약식명령을 하는 데 필요한 증거서류 및 증거물을 법원에 제출하여야 하는바(형사소송규칙 제170조), 이는 약식절차가 서면심리에 의한 재판이어서 공소장일본주의의 예외를 인정한 것이므로 약식명령의 청구와 동시에 증거서류 및 증거물이 법원에 제출되었다 하여 공소장일본주의를 위반하였다 할 수 없고, 그 후 약식명령에 대한 정식재판청구가 제기되었음에도 법원이 증거서류 및 증거물을 검사에게 반환하지 않고 보관하고 있다고 하여 그 이전에 이미 적법하게 제기된 공소제기의 절차가 위법하게 된다고 할 수도 없다(대법원 2007.7.26, 2007도3906).

④ (○) 판례는 전과사실이나 소년부송치처분을 받은 사실 등을 피고인을 특정할 수 있는 사항으로 보아 공소장일본주의의 위배가 아니라는 입장이다. "공소장의 공소사실 첫머리에 피고인이 전에 받은 소년부송치처분과 직업 없음을 기재하였다 하더라도 이는 형사소송법 제254조 제3항 제1호에서 말하는 피고인을 특정할 수 있는 사항에 속하는 것이어서 그와 같은 내용의 기재가 있다 하여 공소제기의 절차가 법률의 규정에 위반된 것이라고 할 수 없고 또 헌법상의 형사피고인에 대한 무죄추정조항이나 평등조항에 위배되는 것도 아니다(대법원 1990.10.16, 90도1813)."
[보충] 판례는 누범·상습범을 구성하는 전과이든 구성하지 않는 전과이든 이를 기재하여 공소장일본주의 위반이 아니라는 입장이다.

정답 ①

---

036 ☑ 유사 ◆◆◇

공소장일본주의에 대한 설명으로 옳지 않은 것은? (다툼이 있는 경우 판례에 의함)

① 공소장일본주의에 위배된 공소제기라도 피고인 측에서 아무런 이의제기가 없고, 법원도 그대로 공판절차를 진행한 결과 증거조사절차가 마무리되어 법관의 심증형성이 이루어진 단계라면 공소장일본주의 위배를 주장하여 소송절차의 효력을 다툴 수 없다.

② 약식명령에 대한 정식재판청구가 제기된 경우, 법원이 증거서류 및 증거물을 검사에게 반환하지 않고 보관하고 있더라도 그 이전에 이미 적법하게 제기된 공소제기절차가 위법한 것은 아니다.

③ 피고인의 직접적 범죄동기가 아닌 동기를 공소장에 기재하는 것은 공소장일본주의에 위배되지 않는다.

④ 피고인의 특정을 위한 경우라도 상습범이나 누범요건과 무관하게 피고인의 전과 등 범죄전력을 공소장에 기재하는 것은 공소장일본주의에 위배된다.

해설
④ (×) 공소장에 누범이나 상습범을 구성하지 않는 전과사실을 기재하

였다 하더라도 이는 피고인을 특정할 수 있는 사항에 속한다 할 것으로서 그 공소장기재는 적법하다 할 것이다(대법원 1966.7.19, 66도793).

① (○) 대법원 2009.10.22, 2009도7436 전원합의체

② (○) 검사가 약식명령을 청구하는 때에는 약식명령의 청구와 동시에 약식명령을 하는 데 필요한 증거서류 및 증거물을 법원에 제출하여야 하는바(형사소송규칙 제170조), 이는 약식절차가 서면심리에 의한 재판이어서 공소장일본주의의 예외를 인정한 것이므로 약식명령의 청구와 동시에 증거서류 및 증거물이 법원에 제출되었다 하여 공소장일본주의를 위반하였다 할 수 없고, 그 후 약식명령에 대한 정식재판청구가 제기되었음에도 법원이 증거서류 및 증거물을 검사에게 반환하지 않고 보관하고 있다고 하여 그 이전에 이미 적법하게 제기 된 공소제기의 절차가 위법하게 된다고 할 수도 없다(대법원 2007.7.26, 2007도3906).

③ (○) 살인, 방화 등의 경우 범죄의 직접적인 동기 또는 공소범죄사실과 밀접불가분의 관계에 있는 동기를 공소사실에 기재하는 것이 공소장일본주의 위반이 아님은 명백하고, 설사 범죄의 직접적인 동기가 아닌 경우에도 동기의 기재는 공소장의 효력에 영향을 미치지 아니한다(대법원 2007.5.11, 2007도748).

정답 ④

---

037 ☑ 유사 ◆◇◇

공소장일본주의에 대한 설명 중 가장 옳은 것은? (다툼이 있는 경우 판례에 의함)

① 살인, 방화 등의 경우 범죄의 직접적인 동기 또는 공소범죄사실과 밀접불가분의 관계에 있는 동기를 공소사실에 기재하는 것이 공소장일본주의 위반이 아님은 명백하고, 설사 범죄의 직접적인 동기가 아닌 경우에도 동기의 기재는 공소장의 효력에 영향을 미치지 아니한다.

② 체포 또는 구속된 후 석방된 피고인에 대한 공소제기 시 공소장에 기존의 구속영장 기타 구속에 관한 서류를 첨부하는 것은 공소장일본주의의 위반이다.

③ 검사가 약식명령을 청구하는 때에는 약식명령의 청구와 동시에 약식명령을 하는 데 필요한 증거서류 및 증거물을 법원에 제출하여야 하지만, 그 후 약식명령에 대한 정식재판청구가 제기 된 경우, 법원이 증거서류 및 증거물을 검사에게 반환하지 않고 보관하고 있다면 이는 공소장일본주의에 위배되는 것이다.

④ 공소장에 누범이나 상습범을 구성하지 않는 전과사실을 기재하였다면 공소장일본주의에 위배된다.

해설
① (○) 대법원 2007.5.11, 2007도748
② (×) 규칙 제118조 제1항 참조.

> **규칙 제118조(공소장의 첨부서류)** ① 공소장에는, 공소제기 전에 변호인이 선임되거나 보조인의 신고가 있는 경우 그 변호인선임서 또는 보조인신고서를, 공소제기 전에 특별대리인의 선임이 있는 경우 그 특별대리인 선임결정등본을, 공소제기 당시 피고인이 구속되어 있거나, 체포 또는 구속된 후

석방된 경우 체포영장, 긴급체포서, 구속영장 기타 <u>구속에 관한 서류</u>를 각 첨부하여야 한다.

③ (×) 검사가 약식명령을 청구하는 때에는 약식명령의 청구와 동시에 약식명령을 하는 데 필요한 증거서류 및 증거물을 법원에 제출하여야 하는바(형사소송규칙 제170조), 이는 <u>약식절차가 서면심리에 의한 재판이어서 공소장일본주의의 예외를 인정한 것</u>이므로 약식명령의 청구와 동시에 증거서류 및 증거물이 법원에 제출되었다 하여 공소장일본주의를 위반하였다 할 수 없고, 그후 약식명령에 대한 정식재판청구가 제기되었음에도 법원이 증거서류 및 증거물을 검사에게 반환하지 않고 보관하고 있다고 하여 그 이전에 이미 적법하게 제기된 공소제기의 절차가 위법하게 된다고 할 수도 없다(대법원 2007.7.26, 2007도3906).

④ (×) 판례는 전과사실이나 소년부송치처분을 받은 사실 등을 피고인을 특정할 수 있는 사항으로 보아 공소장일본주의의 위배가 아니라는 입장이다. <u>공소장의 공소사실 첫머리에 피고인이 전에 받은 소년부송치처분과 직업 없음을 기재하였다 하더라도 이는</u> 형사소송법 제254조 제3항 제1호에서 말하는 <u>피고인을 특정할 수 있는 사항에 속하는 것</u>이어서 그와 같은 내용의 기재가 있다 하여 공소제기의 절차가 법률의 규정에 위반된 것이라고 할 수 없고 또 헌법상의 형사피고인에 대한 무죄추정조항이나 평등조항에 위배되는 것도 아니다(대법원 1990.10.16, 90도1813).

정답 ①

---

038 ✓ 유사 ◆◆◇   법원9급 2020

공소장일본주의에 관한 다음 설명 중 가장 옳지 않은 것은?

① 검사가 공소를 제기할 때에는 원칙적으로 공소장 하나만을 제출하여야 하고 그밖에 사건에 관하여 법원에 예단을 생기게 할 수 있는 서류 기타 물건을 첨부하거나 그 내용을 인용하여서는 안 된다.

② 공소장에 법령이 요구하는 사항 외의 사실로서 법원에 예단이 생기게 할 수 있는 사유를 나열하는 것이 허용되지 않는다는 것도 이른바 '기타 사실의 기재 금지'로서 공소장 일본주의의 내용에 포함된다.

③ 공소장일본주의에 위배된 공소제기라고 인정되는 때에는, 그 절차가 법률의 규정에 위반하여 무효인 때에 해당하는 것으로 보아 공소기각의 판결을 선고하는 것이 원칙이다.

④ 공소장일본주의는 즉결심판절차에서는 배제되지만, 피고인이 즉결심판에 대하여 정식재판을 청구하는 경우에는 적용된다.

해설

④ (×) 공소장일본주의는 즉결심판절차와 피고인이 즉결심판에 대하여 정식재판을 청구하는 경우 모두 적용되지 않는다(대법원 2011.1.27, 2008도7375).

① (○) 규칙 제118조 제2항

② (○), ③ (○) 대법원 2015.1.29, 2012도2957

정답 ④

---

4 공소제기의 효과

Ⅰ 의의

Ⅱ 공소제기의 소송법상 효과

Ⅲ 공소제기의 효력이 미치는 범위

039 ✓ 대표 ◆◇◇   경찰1차 2019 유사 국가9급 2019

공소제기에 대한 설명으로 옳지 않은 것은? (다툼이 있는 경우 판례에 의함)

① 약식명령에 대한 정식재판청구가 제기되었음에도 법원이 증거서류 및 증거물을 검사에게 반환하지 않고 보관하고 있다고 하여 그 이전에 이미 적법하게 제기된 공소제기의 절차가 위법하게 된다고 할 수 없다.

② 포괄일죄에서 공소장변경 허가 여부를 결정할 때는 포괄일죄를 구성하는 개개 공소사실별로 종전 것과의 동일성 여부를 판단하여야 한다.

③ 살인, 방화 등의 경우 범죄의 직접적인 동기 또는 공소 범죄사실과 밀접불가분의 관계에 있는 동기를 공소사실에 기재하는 것이 공소장일본주의 위반이 아님은 명백하고, 설사 범죄의 직접적인 동기가 아닌 경우에도 동기의 기재는 공소장의 효력에 영향을 미치지 아니한다.

④ 불특정 다수 인터넷 이용자들의 컴퓨터에 자신들의 프로그램을 설치하여 경쟁업체 프로그램이 정상적으로 사용되거나 설치되지 못하도록 함으로써 인터넷 이용자들의 인터넷 이용에 관한 업무를 방해하였다고 하여 '컴퓨터등장애업무방해'로 기소된 경우, 공소장 기재만으로는 업무 주체인 구체적인 피해자와 방해된 업무 내용을 알 수 없는 때는 공소사실이 특정되지 않은 것이다.

해설

② (×) 포괄일죄에 있어서는 공소장변경을 통한 종전 공소사실의 철회 및 새로운 공소사실의 추가가 가능한 점에 비추어 그 공소장변경허가 여부를 결정함에 있어서는 포괄일죄를 구성하는 개개 공소사실별로 종전 것과의 동일성 여부를 따지기보다는 변경된 공소사실이 전체적으로 포괄일죄의 범주 내에 있는지 여부, 즉 단일하고 계속된 범의 하에 동종의 범행을 반복하여 행하고 그 피해법익도 동일한 경우에 해당한다고 볼 수 있는지 여부에 초점을 맞추어야 할 것이다(대법원 2006.4.27, 2006도514).

① (○) 약식명령에 대한 정식재판청구가 제기되었음에도 법원이 증거서류 및 증거물을 검사에게 반환하지 않고 보관하고 있다고 하여 그 이전에 이미 적법하게 제기된 공소제기의 절차가 위법하게 된다고 할 수도 없다(대법원 2007.7.26, 2007도3906).

③ (○) 대법원 2007.5.11, 2007도748

④ (○) 컴퓨터 등 정보처리장치 등을 이용한 업무의 주체가 구체적으로 누구인지, 나아가 그 업무가 위 조항의 보호객체인 업무에 해당하는지를 심리·판단할 수 있을 정도로 특정되어야만 하고, 이에 이르지 못한 경우에는 공소사실로서 적법하게 특정되었다고 보기 어렵다(대법원 2009.3.12, 2008도11187).

정답 ②

040 ✓ 대표 ◆◆◇   경찰 2015

공소제기의 효과에 관한 다음 설명 중 가장 적절하지 않은 것은? (다툼이 있으면 판례에 의함)

① 공소제기에 의해 사건은 법원에 계속되고, 공소시효의 진행이 정지되며 법원은 검사가 공소제기 한 사건에 한하여 심판하여야 한다.

② 공소가 제기되면 동일사건에 대해 다시 공소를 제기할 수 없으므로 동일사건이 수개의 법원에 계속된 때에는 공소기각의 판결을 해야 한다.

③ 공소제기 후에 진범이 발견되어도 공소제기의 효력은 진범에게 미치지 아니한다.

④ 공범의 1인에 대한 공소제기가 있어도 다른 공범자에 대하여는 그 효력이 미치지 않지만, 공범의 1인에 대한 공소시효 정지의 효과는 다른 공범자에 대하여도 그 효력이 미친다.

해설

② (×) 공소기각결정을 한다. 제328조 제1항 제3호 참조.

> **제328조(공소기각의 결정)** ① 다음 경우에는 결정으로 공소를 기각하여야 한다.
> 3. 제12조 또는 제13조의 규정에 의하여 재판할 수 없는 때

[정리] 동일사건이 수개의 법원에 계속되면 관할의 경합이 있고 합의부나 선착수법원이 아닌 법원은 공소기각결정을 한다. 한편, 동일법원에 계속된 경우에는 동일사건에 대한 재차의 이중기소에 해당하므로 공소기각판결사유에 해당한다.

① (○) 제253조 제1항과 불고불리의 원칙상 타당하다.

> **제253조(시효의 정지와 효력)** ① 시효는 공소의 제기로 진행이 정지되고 공소기각 또는 관할위반의 재판이 확정된 때로부터 진행한다.

③ (○), ④ (○) 제253조 제1항·제2항 참조.

> **제253조(시효의 정지와 효력)** ① 시효는 공소의 제기로 진행이 정지되고 공소기각 또는 관할위반의 재판이 확정된 때로부터 진행한다. 〈개정 1961.9.1.〉
> ② 공범의 1인에 대한 전항의 시효정지는 다른 공범자에게 대하여 효력이 미치고 당해 사건의 재판이 확정된 때로부터 진행한다. 〈개정 1961.9.1.〉

정답 ②

041 ✓ 대표 ◆◆◇   국가7급 2020 법원9급 2022 유사

공소제기의 효력에 대한 설명으로 옳지 않은 것은? (다툼이 있는 경우 판례에 의함)

① 법원이 재정신청서를 송부받은 날부터 「형사소송법」 제262조 제1항에서 정한 기간 안에 피의자에게 그 사실을 통지하지 아니한 채 공소제기결정을 하였더라도, 그에 따른 공소가 제기되어 본안사건의 절차가 개시된 후에는 다른 특별한 사정이 없는 한 본안사건에서 위와 같은 잘못을 다툴 수 없다.

② 검사가 자의적으로 공소권을 행사하여 피고인에게 실질적인 불이익을 줌으로써 소추재량권을 현저히 일탈하였다고 보여지는 경우에는 이를 공소권남용으로 보아 공소제기효력을 부인할 수 있으며, 여기서 자의적인 공소권의 행사라고 함은 단순히 직무상의 과실에 의한 것만으로는 부족하고 적어도 미필적이나마 어떤 의도가 있어야 한다.

③ 상습범(선행범죄)으로 유죄확정판결을 받은 사람이 그 후 동일한 습벽에 의해 범행을 저질렀는데(후행범죄) 선행범죄의 유죄확정판결(재심대상판결)에 대하여 재심이 개시된 경우, 선행범죄와 후행범죄는 재심대상판결에 의하여 동일성이 없는 별개의 상습범이 되므로 선행범죄에 대한 공소제기의 효력은 후행범죄에 미치지 않는다.

④ 검사가 일단 상습사기죄(A)로 공소를 제기한 후 판결선고 전에 그 공소의 효력이 미치는 사기행위 일부를 별개의 독립된 상습사기죄(B)로 공소를 제기한 경우, B의 범행이 A의 범행 이후에 이루어진 것이라면 이중기소에 해당되지 않는다.

해설

④ (×) 상습범에 있어서 공소제기의 효력은 공소가 제기된 범죄사실과 동일성이 인정되는 범죄사실 전체에 미치는 것이며, 또한 공소제기의 효력이 미치는 시적 범위는 사실심리의 가능성이 있는 최후의 시점인 판결선고시를 기준으로 삼아야 할 것이므로, 검사가 일단 상습사기죄로 공소제기한 후 그 공소의 효력이 미치는 위 기준시까지의 사기행위 일부를 별개의 독립된 상습사기죄로 공소제기를 함은 비록 그 공소사실이 먼저 공소제기를 한 상습사기의 범행 이후에 이루어진 사기 범행을 내용으로 한 것일지라도 공소가 제기된 동일사건에 대한 이중기소에 해당되어 허용될 수 없다(대법원 1999.11.26, 99도3929).

① (○) 대법원 2017.3.9, 2013도16162

② (○) 대법원 1999.12.10, 99도577

③ (○) 상습범으로 유죄의 확정판결(이하 앞서 저질러 재심의 대상이 된 범죄를 '선행범죄'라 한다)을 받은 사람이 그 후 동일한 습벽에 의해 범행을 저질렀는데(이하 뒤에 저지른 범죄를 '후행범죄'라 한다) 유죄의 확정판결에 대하여 재심이 개시된 경우, 동일한 습벽에 의한 후행범죄가 재심대상판결에 대한 재심판결 선고 전에 저질러진 범죄라 하더라도 재심판결의 기판력이 후행범죄에 미치지 않는다. 재심심판절차에서 선행범죄, 즉 재심대상판결의 공소사실에 후행범죄를 추가하는 내용으로 공소장을 변경하거나 추가로 공소를 제기한 후 이를 재심대상사건에 병합하여 심리하는 것이 허용되지 않으므로 재심심판절차에서는 후행범죄에

대하여 사실심리를 할 가능성이 없다. 또한 재심심판절차에서 재심개시결정의 확정만으로는 재심대상판결의 효력이 상실되지 않으므로 재심대상판결은 확정판결로서 유효하게 존재하고 있고, 따라서 재심대상판결을 전후하여 범한 선행범죄와 후행범죄의 일죄성은 재심대상판결에 의하여 분단되어 동일성이 없는 별개의 상습범이 된다. 그러므로 선행범죄에 대한 공소제기의 효력은 후행범죄에 미치지 않고 선행범죄에 대한 재심판결의 기판력은 후행범죄에 미치지 않는다. 만약 재심판결의 기판력이 재심판결의 선고 전에 선행범죄와 동일한 습벽에 의해 저질러진 모든 범죄에 미친다고 하면, 선행범죄에 대한 재심대상판결의 선고 이후 재심판결 선고 시까지 저지른 범죄는 동시에 심리할 가능성이 없었음에도 모두 처벌할 수 없다는 결론에 이르게 되는데, 이는 처벌의 공백을 초래하고 형평에 반한다(대법원 2019.6.20, 2018도20698 전원합의체).

정답 ④

---

5 공소시효

I 의의와 본질

II 공소시효의 기간

042 ✓ 대표 ◆◇◇ 법원9급 2018·2022 유사

공소시효에 관한 다음 설명 중 가장 옳지 않은 것은? (다툼이 있는 경우 판례에 의하고, 전원합의체 판결의 경우 다수의견에 의함)

① 형법상 내란의 죄, 외환의 죄 등 일정한 헌정질서 파괴범죄는 형사소송법상의 공소시효 규정이 적용되지 아니한다.

② 공소장 변경이 있는 경우 공소시효의 완성 여부는 당초의 공소제기가 있었던 시점이 기준이 되어야 하고 공소장 변경시를 기준으로 삼아서는 안된다.

③ 공소장 변경으로 인해 공소사실이 변경됨에 따라 법정형에 차이가 생기는 경우라도 변경 전 공소사실에 대한 법정형이 공소시효 기간의 기준이 된다.

④ 포괄일죄의 공소시효는 최종의 범죄행위가 종료한 때로부터 진행한다.

해설

③ (×) 공소장변경절차에 의하여 공소사실이 변경됨에 따라 그 법정형에 차이가 있는 경우에는 변경된 공소사실에 대한 법정형이 공소시효기간의 기준이 된다(대법원 2001.8.24, 2001도2902).

① (○) 헌정질서 파괴범죄의 공소시효 등에 관한 특례법 제3조 참조.

> **헌정질서 파괴범죄의 공소시효 등에 관한 특례법 제3조(공소시효의 적용 배제)** 다음 각 호의 범죄에 대하여는 「형사소송법」 제249조부터 제253조까지 및 「군사법원법」 제291조부터 제295조까지에 규정된 공소시효를 적용하지 아니한다.
> 1. 제2조의 헌정질서 파괴범죄
> 2. 「형법」 제250조의 죄로서 「집단살해죄의 방지와 처벌에 관한 협약」에 규정된 집단살해에 해당하는 범죄

② (○) 공소장 변경이 있는 경우에 공소시효의 완성 여부는 당초의 공소제기가 있었던 시점을 기준으로 판단할 것이고 공소장 변경시를 기준으로 삼을 것은 아니다(대법원 2001.8.24, 2001도2902).

④ (○) 포괄일죄의 공소시효는 최종의 범죄행위가 종료한 때로부터 진행한다(대법원 2002.10.11, 2002도2939).

정답 ③

---

043 ✓ 대표 ◆◆◇ 국가9급 2018

공소시효에 대한 설명으로 옳지 않은 것은? (다툼이 있는 경우 판례에 의함)

① 재정신청이 있으면 재정결정이 확정될 때까지 공소시효의 진행이 정지되며, 공소제기결정이 있는 때에는 공소시효에 관하여 그 결정이 있는 날에 공소가 제기된 것으로 본다.

② 결과적 가중범의 경우 기본범죄행위가 종료되더라도 중한 결과가 발생하여야 공소시효가 진행된다.

③ 사람을 살해한 범죄(종범은 제외한다)로 사형에 해당하는 범죄에 대해 공소시효의 적용을 배제하는 형사소송법의 규정은 이 규정의 시행 후에 범한 범죄에 대해서만 적용된다.

④ 형사소송법은 공범 중 1인에 대한 공소제기로 다른 공범자에 대하여도 공소시효가 정지되도록 규정하고 있는데, 여기서의 공범에 뇌물공여죄와 뇌물수수죄 사이와 같은 대향범 관계는 포함되지 않는다.

해설

③ (×) 살인죄로 사형에 해당하는 범죄에 대한 공소시효 배제규정은 부진정소급효가 인정된다.

> **제253조의2(공소시효의 적용 배제)** 사람을 살해한 범죄(종범은 제외한다)로 사형에 해당하는 범죄에 대하여는 제249조부터 제253조까지에 규정된 공소시효를 적용하지 아니한다.
> **부칙 〈제13454호, 2015.7.31.〉**
> **제2조(공소시효의 적용 배제에 관한 경과조치)** 제253조의2의 개정규정은 이 법 시행 전에 범한 범죄로 아직 공소시효가 완성되지 아니한 범죄에 대하여도 적용한다.

① (○) 제262조의4 제1항·제2항 참조.

> **제262조의4(공소시효의 정지 등)** ① 제260조에 따른 재정신청이 있으면 제262조에 따른 재정결정이 확정될 때까지 공소시효의 진행이 정지된다.
> ② 제262조 제2항 제2호의 결정이 있는 때에는 공소시효에 관하여 그 결정이 있는 날에 공소가 제기된 것으로 본다.

② (○) 공소시효의 기산점에 관하여 규정한 형사소송법 제252조 제1항에 정한 '범죄행위'에는 당해 범죄행위의 결과까지도 포함하는 취지로 해석함이 상당하다(대법원 1994.3.22, 94도35).

④ (○) 뇌물공여죄와 뇌물수수죄 사이와 같은 이른바 대향범 관계에 있는 자는 강학상으로는 필요적 공범이라고 불리고 있으나, 서로 대향된 행위의 존재를 필요로 할 뿐 각자 자신의 구성요건을 실현하고 별도의 형벌규정에 따라 처벌되는 것이어서, 2인 이

상이 가공하여 공동의 구성요건을 실현하는 공범관계에 있는 자와는 본질적으로 다르며, 대향범 관계에 있는 자 사이에서는 각자 상대방의 범행에 대하여 형법총칙의 공범규정이 적용되지 아니한다. 이러한 점에 비추어 보면, 형사소송법 제253조 제2항에서 말하는 '공범'에는 뇌물공여죄와 뇌물수수죄 사이와 같은 대향범 관계에 있는 자는 포함되지 않는다(대법원 2015.2.12, 2012도4842).

정답 ③

---

044 ☑ 대표 ◆◇◇   경찰 2013 유사 · 2015

공소시효에 관한 다음 설명 중 가장 적절하지 않은 것은?
(다툼이 있으면 판례에 의함)

① 공소시효의 결정기준은 2개 이상의 형을 병과할 범죄에는 중한 형이고, 형법에 의하여 형을 가중할 경우에는 가중한 형이다.

② 범죄 후 법률의 개정에 의하여 법정형이 가벼워진 경우에는 형법 제1조 제2항에 의하여 당해 범죄사실에 적용될 가벼운 법정형이 공소시효 기간의 기준이 된다.

③ 공소제기 후 공소장변경이 이루어진 경우 변경된 범죄사실에 대한 법정형이 공소시효 기간의 기준이 되고, 공소시효의 완성 여부는 당초의 공소제기가 있었던 시점을 기준으로 판단한다.

④ 검사의 불기소처분에 대하여 재정신청이 있으면 이에 관한 고등법원의 재정결정이 확정될 때까지 공소시효의 진행이 정지되고, 공소제기의 결정이 있는 때에는 공소시효에 관하여 그 결정이 있는 날에 공소가 제기된 것으로 본다.

해설

① (×) 제251조 참조.

> **제251조(형의 가중, 감경과 시효기간)** 「형법」에 의하여 형을 가중 또는 감경한 경우에는 가중 또는 감경하지 아니한 형에 의하여 제249조의 규정을 적용한다.

② (○) 범죄후 법률의 개정에 의하여 법정형이 가벼워진 경우에는 형법 제1조에 의하여 당해 범죄사실에 적용될 가벼운 법정형(신법의 법정형)이 공소시효기간의 기준으로 된다(대법원 1987.12.22, 87도84).

③ (○) 공소장 변경이 있는 경우에 공소시효의 완성 여부는 당초의 공소제기가 있었던 시점을 기준으로 판단할 것이고 공소장 변경시를 기준으로 삼을 것은 아니다(대법원 2002.10.11, 2002도2939).

④ (○) 제262조의4 참조.

> **제262조의4(공소시효의 정지 등)** ① 제260조에 따른 재정신청이 있으면 제262조에 따른 재정결정이 확정될 때까지 공소시효의 진행이 정지된다.
> ② 제262조 제2항 제2호의 결정이 있는 때에는 공소시효에 관하여 그 결정이 있는 날에 공소가 제기 된 것으로 본다.

정답 ①

---

045 ☑ 유사 ◆◇◇   경찰 2014

다음 각 (   ) 안에 들어갈 숫자를 합산하면 얼마인가?

> ㉠ 장기 10년 이상의 자격정지에 해당하는 범죄에 대한 공소시효 기간은 (   )년이다.
> ㉡ 벌금에 해당하는 범죄에 대한 공소시효 기간은 (   )년이다.
> ㉢ 장기 10년 이상 징역 또는 금고에 해당하는 범죄에 대한 공소시효 기간은 (   )년이다.
> ㉣ 장기 5년 미만의 징역 또는 금고에 해당하는 범죄에 대한 공소시효 기간은 (   )년이다.

① 21   ② 23
③ 25   ④ 28

해설

[정리] 공소시효기간: 사25(15.7.31.개정으로 살인 사형은 없음, 부진정소급효는 인정, 살인방조는 예외), 무15, 5-10: 1-3-5/5-7-10, 벌5, 구과몰1

㉠ (5), ㉡ (5), ㉣ (5) 제249조 제1항 제5호 참조.

> **제249조(공소시효의 기간)** ① 공소시효는 다음 기간의 경과로 완성한다.
> 5. 장기 5년 미만의 징역 또는 금고, 장기 10년 이상의 자격정지 또는 벌금에 해당하는 범죄에는 5년

㉢ (10) 제249조 제1항 제3호 참조.

> **제249조(공소시효의 기간)** ① 공소시효는 다음 기간의 경과로 완성한다.
> 3. 장기 10년 이상의 징역 또는 금고에 해당하는 범죄에는 10년

정답 ③

---

046 ☑ 유사 ◆◇◇   경찰 2015

공소에 관한 다음 설명 중 가장 적절하지 않은 것은?
(다툼이 있으면 판례에 의함)

① '형법에 의하여 형을 가중 또는 감경할 경우에는 가중 또는 감경하지 아니한 형에 의하여 제249조(공소시효의 기간)의 규정을 적용한다.'라는 형사소송법 제251조는 형법 이외의 법률에 의하여 형을 가중 또는 감경할 경우에도 적용된다.

② 범죄사실의 일부에 대한 공소는 그 효력이 전부에 미친다.

③ 공소취소는 이유를 기재한 서면으로 하여야 한다. 단, 공판정에서는 구술로써 할 수 있다.

④ 범인이 형사처분을 면할 목적으로 국외에 있는 경우 그 기간 동안 공소시효는 정지된다.

① (×) 가중 또는 감경되지 않은 형을 기준으로 하는 것은 형법에 의하여 형이 가중·감경된 경우에 한하므로 특별법에 의하여 형이 가중·감경된 경우에는 그 법에 정한 법정형을 기준으로 시효기간을 결정해야 한다(대법원 1973.3.13, 72도2976).

② (○) 제248조 제2항
[보충] 2020.12.8. 개정: 범죄사실의 일부에 대한 공소의 효력은 범죄사실 전부에 미친다.

③ (○) 제255조 제2항

④ (○) 제253조 제3항

정답 ①

047 ✓ 유사 ◆◇◇

경찰2차 2016

「형사소송법」 제253조 규정이다. ( ) 안에 들어갈 말로 옳은 것은?

> 시효는 공소의 제기로 진행이 정지되고 ( ) 때로부터 진행한다.

① 공소기각 또는 면소판결의 재판이 확정된

② 공소기각 또는 관할위반의 재판이 확정된

③ 검사가 공소를 취소한

④ 판결이나 결정이 선고된

해설

② (○) 시효는 공소의 제기로 진행이 정지되고 공소기각 또는 관할위반의 재판이 확정된 때로부터 진행한다(제253조 제1항).

정답 ②

048 ✓ 유사 ◆◆◇

경찰1차 2021

공소시효에 대한 설명으로 가장 적절하지 않은 것은? (다툼이 있는 경우 판례에 의함)

① 구 「수산업협동조합법」 제178조 제5항 본문은 "제1항 내지 제4항에 규정된 죄의 공소시효는 해당 선거일 후 6월(선거일 후에 행하여진 죄는 그 행위가 있는 날부터 6월)을 경과함으로써 완성한다."라고 규정하고 있는데, 여기서 선거일까지 발생한 범죄의 공소시효 기산일인 '선거일 후'는 '선거일 다음 날'이 아니라 '선거일 당일'을 의미한다.

② 공소장변경이 있는 경우 공소시효의 완성 여부는 당초의 공소제기가 있었던 시점을 기준으로 판단할 것이고 공소장변경시를 기준으로 삼을 것이 아니다.

③ 무고죄에 있어서 그 신고된 범죄사실이 이미 공소시효가 완성된 것이어서 무고죄가 성립하지 아니하는 경우에 해당하는지 여부는 그 신고시를 기준으로 하여 판단하여야 한다.

④ 피고인의 신병이 확보되기 전에 공소가 제기되었다고 하더라도 그러한 사정만으로 공소제기가 부적법한 것이 아니고, 공소가 제기되면 「형사소송법」 제253조 제1항에 따라 공소시효의 진행이 정지된다.

해설

① (×) 구 수산업협동조합법(2010.4.12. 법률 제10245호로 개정되기 전의 것, 이하 '수산업협동조합법'이라 한다) 제178조 제5항 본문은 "제1항 내지 제4항에 규정된 죄의 공소시효는 해당 선거일 후 6월(선거일 후에 행하여진 죄는 그 행위가 있는 날부터 6월)을 경과함으로써 완성한다."고 규정함으로써, 수산업협동조합법에 규정된 선거범죄 중 선거일까지 발생한 범죄에 대하여는 '선거일 후'부터, 선거일 후에 발생한 범죄에 대하여는 '그 행위가 있었던 날' 즉, 범죄행위 종료일부터 각 공소시효가 진행되도록 하고 있다. 여기서 선거일까지 발생한 범죄의 공소시효 기산일인 '선거일 후'는 '선거일 당일'이 아니라 '선거일 다음 날'을 의미한다고 해석하는 것이 우선 위 조항의 문언에 부합한다(대법원 2012.10.11, 2011도17404).
[보충] 시효의 기산일에 관한 예외적 판례이므로 주의를 요함

② (○) 대법원 1982.5.25, 82도535

③ (○) 대법원 2008.3.27, 2007도11153

④ (○) 대법원 2017.1.25, 2016도15526

정답 ①

Ⅲ 공소시효의 정지

049 ✓ 대표 ◆◆◇ 변호사 2017

유흥업소를 운영하는 甲은 경찰관 乙에게 단속정보를 제공해 주는 대가로 2009.5.20. 200만원의 뇌물을 공여하였다는 혐의로 조사를 받았다. 하지만 甲은 "돈을 가져오지 않으면 구속수사 하겠다는 乙의 협박 때문에 200만원을 주었을 뿐이고, 乙로부터 단속정보를 제공받은 사실이 없으며, 그 대가로 준 것도 아니다."라고 강하게 부인하였다. 그 후 甲이 잠적해 버리자, 고민을 거듭하던 검사는 甲의 부인 A로부터 "구속수사를 피하기 위해 乙에게 200만원을 주었다는 얘기를 甲으로부터 들었다."라는 진술을 확보하여 2016.5.21. 乙을 공갈죄로 기소하였다. 乙의 공판이 진행되던 2016.7.10. 검찰에 자진출석한 甲은 "乙로부터 경찰의 단속정보를 제공받는 대가로 200만원을 제공한 것이 맞다."라고 진술하였다. 이에 관한 설명 중 옳은 것은? (다툼이 있는 경우 판례에 의함)

① 乙이 직무집행의 의사없이 甲을 공갈하여 200만원을 수수한 경우, 乙에게는 공갈죄와 뇌물수수죄의 상상적 경합이 인정된다.

② 乙이 직무처리와 대가적 관계없이 甲을 공갈하여 200만원을 甲으로부터 교부받은 경우, 甲에게는 뇌물공여죄가 성립한다.

③ 공소장변경을 통해 乙에 대한 공소사실이 공갈에서 뇌물수수로 변경될 경우, 乙에 대해 적용될 공소시효의 기간은 공갈죄를 기준으로 한다.

④ 乙에게 뇌물수수죄가 인정되고 甲에게 뇌물공여죄가 인정될 경우, 乙에 대해 공소가 제기되더라도 甲의 뇌물공여죄에 관한 공소시효가 정지되지 않는다.

⑤ "乙에게 200만원을 뇌물로 주었다."라는 甲의 진술이 유일한 증거인 경우, "甲으로부터 그런 얘기를 들었다."라는 A의 법정증언을 보강증거로 하여 甲의 뇌물공여를 유죄로 인정할 수 있다.

해설

④ (○) 대향범 관계에 있는 자 사이에서는 각자 상대방의 범행에 대하여 형법총칙의 공범규정이 적용되지 아니하므로 형사소송법 제253조 제2항에서 말하는 '공범'에는 뇌물공여죄와 뇌물수수죄 사이와 같은 대향범 관계에 있는 자는 포함되지 않는다(대법원 2015.2.12, 2012도4842).

① (×) 공무원이 직무집행의 의사 없이 또는 직무처리와 대가적 관계없이 타인을 공갈하여 재물을 교부하게 한 경우에는 공갈죄만이 성립하고, 이러한 경우 재물의 교부자는 공갈죄의 피해자가 될 것이고 뇌물공여죄는 성립될 수 없다(대법원 1994.12.22, 94도2528).

② (×) 대법원 1994.12.22, 94도2528

③ (×) 공소장변경절차에 의하여 공소사실이 변경됨에 따라 그 법정형에 차이가 있는 경우에는 변경된 공소사실에 대한 법정형이 공소시효기간의 기준이 된다(대법원 2013.7.26, 2013도6182).

⑤ (×) "피고인이 범행을 자인하는 것을 들었다"는 피고인 아닌 자의 진술내용은 형사소송법 제310조의 피고인의 자백에는 포함되지 아니하나 이는 피고인의 자백의 보강증거로 될 수 없다(대법원 2008.2.14, 2007도10937).

정답 ④

050 ✓ 대표 ◆◆◇ 국가7급 2017

공소제기에 대한 설명으로 옳지 않은 것은? (다툼이 있는 경우 판례에 의함)

① 포괄일죄의 일부를 구성하는 개개의 행위가 구체적으로 특정되지 아니하더라도 그 전체범행의 시기와 종기, 범행방법, 범행횟수나 피해액의 합계 및 피해자나 상대방 등을 공소장에 명시하면 이로써 그 범죄사실은 특정된다.

② 공소장에 공소장일본주의에 반하는 기재가 있는 경우 법원은 원칙적으로 공소기각의 판결을 선고하여야 한다.

③ 사람을 살해한 범죄(종범은 제외한다)로 사형에 해당하는 범죄에 대하여는 「형사소송법」의 공소시효에 관한 규정을 적용하지 아니한다.

④ 범인이 국외에서 범죄를 저지르고 형사처분을 면할 목적으로 국외에서 체류를 계속하는 경우는 공소시효의 정지사유인 '범인이 형사처분을 면할 목적으로 국외에 있는 경우'에 포함되지 않는다.

해설

④ (×) 형사소송법 제253조 제3항은 "범인이 형사처분을 면할 목적으로 국외에 있는 경우 그 기간 동안 공소시효는 정지된다."라고 규정하고 있다. 위 규정의 입법 취지는 범인이 우리나라의 사법권이 실질적으로 미치지 못하는 국외에 체류한 것이 도피의 수단으로 이용된 경우에 체류기간 동안은 공소시효가 진행되는 것을 저지하여 범인을 처벌할 수 있도록 하여 형벌권을 적정하게 실현하고자 하는 데 있다. 따라서 위 규정이 정한 '범인이 형사처분을 면할 목적으로 국외에 있는 경우'는 범인이 국내에서 범죄를 저지르고 형사처분을 면할 목적으로 국외로 도피한 경우에 한정되지 아니하고, 범인이 국외에서 범죄를 저지르고 형사처분을 면할 목적으로 국외에서 체류를 계속하는 경우도 포함된다(대법원 2015.6.24, 2015도5916).

① (○) 공소사실의 기재에 있어서 범죄의 일시·장소·방법을 명시하여 공소사실을 특정하도록 한 법의 취지는 법원에 대하여 심판의 대상을 한정하고 피고인에게 방어의 범위를 특정하여 그 방어권 행사를 쉽게 해 주기 위한 데에 있는 것이므로, 공소사실은 이러한 요소를 종합하여 구성요건 해당사실을 다른 사실과 구별할 수 있을 정도로 기재하면 족하고, 공소장에 범죄의 일시·장소·방법 등이 구체적으로 적시되지 않았더라도 위와 같이 공소사실을 특정하도록 한 법의 취지에 반하지 아니하고 공소범죄의 성격에 비추어 그 개괄적 표시가 부득이한 경우에는, 그 공소내용이 특정되지 않아 공소제기가 위법하다고 할 수 없으며, 특히 포괄일죄에 있어서는 그 일죄의 일부를 구성하는 개개의 행위에 대하여 구체적으로 특정되지 아니하더라도 그 전체 범행의 시기와 종기, 범행방법, 피해자나 상대방, 범행횟수나 피해액의 합계 등을 명시하면 이로써 그 범죄사실은 특정된다(대법원 2002.6.20,

2002도807 전원합의체).

② (O) 공소장일본주의에 위배된 공소제기라고 인정되는 때에는 그 절차가 법률의 규정을 위반하여 무효인 때에 해당하는 것으로 보아 공소기각의 판결을 선고하는 것이 원칙이다(대법원 2009.10.22, 2009도7436 전원합의체).

③ (O) 제253조의2 참조.

> **제253조의2(공소시효의 적용 배제)** 사람을 살해한 범죄(종범은 제외한다)로 사형에 해당하는 범죄에 대하여는 제249조부터 제253조까지에 규정된 공소시효를 적용하지 아니한다.

[보충] 제249조(공소시효의 기간), 제250조(두 개 이상의 형과 시효기간), 제251조(형의 가중, 감경과 시효기간), 제252조(시효의 기산점), 제253조(시효의 정지와 효력)는 공소시효에 관한 규정이다.

정답 ④

051 ✓ 대표 ◆◆◇
경찰2차 2018 유사 | 법원 2014 유사·2015

공소시효에 관한 다음 설명 중 가장 옳지 않은 것은? (다툼이 있는 경우 판례에 의함)

① 공소시효기간의 기준이 되는 형은 처단형이 아니라 법정형이고, 2개 이상의 형을 병과하거나 2개 이상의 형에서 그 1개를 과할 범죄에는 중한 형이 기준이 된다.

② 공소가 제기되면 공소시효는 중단되고, 공소기각 또는 관할위반의 재판이 확정되면 새로이 시효가 진행된다.

③ 공소시효가 완성된 범죄에 대하여 공소가 제기된 경우 법원은 판결로써 면소를 선고하여야 한다.

④ 범인이 형사처분을 면할 목적으로 국외에 있는 경우 그 기간 동안 공소시효가 정지되는데, 이때 형사처분을 면할 목적은 국외 체류의 유일한 목적으로 되는 것에 한정되지 않고 범인이 가지는 여러 국외 체류 목적 중에 포함되어 있으면 족하다.

해설

② (×) 공소시효에 관하여는 시효의 정지제도만 인정되고 시효의 중단제도는 없다(제253조 제1항 참조).

> **제253조(시효의 정지와 효력)** ① 시효는 공소의 제기로 진행이 정지되고 공소기각 또는 관할위반의 재판이 확정된 때로부터 진행한다.

① (O) 제250조 참조.

> **제250조(두 개 이상의 형과 시효기간)** 두 개 이상의 형을 병과(併科)하거나 두 개 이상의 형에서 한 개를 과(科)할 범죄에 대해서는 무거운 형에 의하여 제249조를 적용한다. [전문개정 2020.12.8.]

③ (O) 제326조 제3호 참조.

> **제326조(면소의 판결)** 다음 경우에는 판결로써 면소의 선고를 하여야 한다.
> 3. 공소의 시효가 완성되었을 때

④ (O) 지문의 전반부는 제253조 제3항의 내용이고, 지문의 후반부는 아래 판례에 근거한 것이다.

> **제253조(시효의 정지와 효력)** ③ 범인이 형사처분을 면할 목적으로 국외에 있는 경우 그 기간 동안 공소시효는 정지된다.

형사소송법 제253조 제3항이 정한 '형사처분을 면할 목적'은 국외 체류의 유일한 목적으로 되는 것에 한정되지 않고 범인이 가지는 여러 국외 체류 목적 중에 포함되어 있으면 족하고, 범인이 국외에 있는 것이 형사처분을 면하기 위한 방편이었다면 '형사처분을 면할 목적'이 있었다고 볼 수 있으며, '형사처분을 면할 목적'과 양립할 수 없는 범인의 주관적 의사가 명백히 드러나는 객관적 사정이 존재하지 않는 한 국외 체류기간 동안 '형사처분을 면할 목적'은 계속 유지된다(대법원 2014.4.24, 2013도9162).

정답 ②

052 ✓ 대표 ◆◆◇
경찰 2016

공소시효에 관한 다음 설명 중 가장 적절한 것은? (다툼이 있으면 판례에 의함)

① 공소시효를 정지·연장·배제하는 내용의 특례조항을 신설하면서 소급적용에 관한 명시적인 경과규정을 두지 아니한 경우에도 그 조항을 소급하여 적용할 수 있다고 볼 것인지에 관하여는 이를 해결할 보편타당한 일반원칙이 존재한다.

② 공소시효의 정지를 위해서는 '형사처분을 면할 목적'이 있을 것을 요구한다. 여기에서 '형사처분을 면할 목적'은 국외 체류의 유일한 목적으로 되는 것에 한정된다.

③ 형사소송법 제253조 제3항의 '범인이 형사처분을 면할 목적으로 국외에 있는 경우'는 범인이 국내에서 범죄를 저지르고 형사처분을 면할 목적으로 국외로 도피한 경우에 한정되고, 범인이 국외에서 범죄를 저지르고 형사처분을 면할 목적으로 국외에서 체류를 계속하는 경우는 포함되지 않는다.

④ 피고인이 당해 사건으로 처벌받을 가능성이 있음을 인지하였다고 보기 어려운 경우라면 피고인이 다른 고소사건과 관련하여 형사처분을 면할 목적으로 국외에 있은 경우라고 하더라도 당해 사건의 형사처분을 면할 목적으로 국외에 있었다고 볼 수 없다.

해설

④ (O) 피고인이 당해 사건으로 처벌받을 가능성이 있음을 인지하였다고 보기 어려운 경우라면 피고인이 다른 고소사건과 관련하여 형사처분을 면할 목적으로 국외에 있은 경우라고 하더라도 당해 사건의 형사처분을 면할 목적으로 국외에 있었다고 볼 수 없다(대법원 2014.4.24, 2013도9162).
[보충] 다른 사건: 대체로 부정

① (×) 법원이 어떠한 법률조항을 해석·적용함에 있어서 한 가지 해석방법에 의하면 헌법에 위배되는 결과가 되고 다른 해석방법에 의하면 헌법에 합치하는 것으로 볼 수 있을 때에는 위헌적인 해석을 피하고 헌법에 합치하는 해석방법을 택하여야 한다. 이는 입법방식에 다소 부족한 점이 있어 어느 법률조항의 적용 범위

등에 관하여 불명확한 부분이 있는 경우에도 마찬가지이다. 이러한 관점에서 보면, 공소시효를 정지·연장·배제하는 내용의 특례조항을 신설하면서 소급적용에 관한 명시적인 경과규정을 두지 아니한 경우에 그 조항을 소급하여 적용할 수 있다고 볼 것인지에 관하여는 이를 해결할 보편타당한 일반원칙이 존재할 수 없는 터이므로 적법절차원칙과 소급금지원칙을 천명한 헌법 제12조 제1항과 제13조 제1항의 정신을 바탕으로 하여 법적 안정성과 신뢰보호원칙을 포함한 법치주의 이념을 훼손하지 아니하도록 신중히 판단하여야 한다(대법원 2015.5.28, 2015도1362).

② (×), ③ (×) 형사소송법 제253조 제3항은 "범인이 형사처분을 면할 목적으로 국외에 있는 경우 그 기간 동안 공소시효는 정지된다."라고 규정하고 있다. 위 규정의 입법 취지는 범인이 우리나라의 사법권이 실질적으로 미치지 못하는 국외에 체류한 것이 도피의 수단으로 이용된 경우에 체류기간 동안은 공소시효가 진행되는 것을 저지하여 범인을 처벌할 수 있도록 하여 형벌권을 적정하게 실현하고자 하는 데 있다. 따라서 위 규정이 정한 '범인이 형사처분을 면할 목적으로 국외에 있는 경우'는 <u>범인이 국내에서 범죄를 저지르고 형사처분을 면할 목적으로 국외로 도피한 경우에 한정되지 아니하고, 범인이 국외에서 범죄를 저지르고 형사처분을 면할 목적으로 국외에서 체류를 계속하는 경우도 포함된다.</u> 한편 여기에서 <u>'형사처분을 면할 목적'은 국외 체류의 유일한 목적으로 되는 것에 한정되지 않고 범인이 가지는 여러 국외 체류 목적 중에 포함되어 있으면 충분하다.</u> 범인이 국외에 있는 것이 형사처분을 면하기 위한 방편이었다면 '형사처분을 면할 목적'이 있었다고 볼 수 있고, '형사처분을 면할 목적'과 양립할 수 없는 범인의 주관적 의사가 명백히 드러나는 객관적 사정이 존재하지 않는 한 국외 체류기간 동안 '형사처분을 면할 목적'은 계속 유지된다고 볼 것이다(대법원 2015.6.24, 2015도5916).

정답 ④

---

053 ✓ 대표 ◆◆◇ | 경찰2차 2019 유사 | 법원 2017

형사소송법 제253조 제3항(범인이 형사처분을 면할 목적으로 국외에 있는 경우 그 기간 동안 공소시효는 정지된다)에 관한 다음 설명 중 가장 옳지 않은 것은? (다툼이 있으면 판례에 의함)

① 위 조항의 입법취지는 범인이 우리나라의 사법권이 실질적으로 미치지 못하는 국외에 체류한 것이 도피의 수단으로 이용된 경우에 그 체류기간 동안은 공소시효가 진행되는 것을 저지하여 범인을 처벌할 수 있도록 하여 형벌권을 적정하게 실현하고자 하는 데 있다.

② '형사처분을 면할 목적'은 국외 체류의 유일한 목적으로 되는 것에 한정되지 않고 범인이 가지는 여러 국외 체류 목적 중에 포함되어 있으면 족하다.

③ 범인이 국외에 있는 것이 형사처분을 면하기 위한 방편이었다면 국외 체류기간 동안에는 별다른 사정이 없는 한 '형사처분을 면할 목적'이 있었다고 볼 수 있고, 위 '형사처분을 면할 목적'과 양립할 수 없는 범인의 주관적 의사가 명백히 드러나는 객관적 사정이 존재하지 않는 한 '형사처분을 면할 목적'은 계속 유지된다고 보아야 한다.

④ 피고인이 당해 사건으로 처벌받을 가능성이 있음을 인지하지 못하였으나, 다른 고소사건과 관련하여 형사처분을 면할 목적으로 국외에 있는 경우 당해 사건의 형사처분을 면할 목적으로 국외에 있었다고 보아야 한다.

해설

④ (×) 피고인이 당해 사건으로 처벌받을 가능성이 있음을 인지하였다고 보기 어려운 경우라면 피고인이 다른 고소사건과 관련하여 형사처분을 면할 목적으로 국외에 있은 경우라고 하더라도 당해 사건의 형사처분을 면할 목적으로 국외에 있었다고 볼 수 없다(대법원 2014.4.24, 2013도9162).

① (○), ② (○), ③ (○) 대법원 2015.6.24, 2015도5916

정답 ④

054 ✅ 대표 ◆◆◇

경찰3차 2018 유사 | 법원9급 2019 | 법원승진 2014 유사

공소시효에 관한 다음 설명 중 가장 옳지 않은 것은?

① 형사소송법 제253조 제3항은 "범인이 형사처분을 면할 목적으로 국외에 있는 경우 그 기간 동안 공소시효는 정지된다."라고 규정하고 있는 바, 위 규정이 정한 '범인이 형사처분을 면할 목적으로 국외에 있는 경우'는 범인이 국내에서 범죄를 저지르고 형사처분을 면할 목적으로 국외로 도피한 경우에 한정되고, 범인이 국외에서 범죄를 저지르고 형사처분을 면할 목적으로 국외에서 체류를 계속하는 경우는 포함되지 아니한다.

② 공소시효는 범죄행위가 종료한 때부터 진행하고, 미수범은 범죄의 실행에 착수하여 행위를 종료하지 못하였거나 결과가 발생하지 아니한 때에 처벌받게 되므로, 미수범의 범죄행위는 행위를 종료하지 못하였거나 결과가 발생하지 아니하여 더 이상 범죄가 진행될 수 없는 때부터 공소시효가 진행한다.

③ 범죄 후 법률의 개정에 의하여 법정형이 가벼워진 경우에는 형법 제1조 제2항에 의하여 당해 범죄사실에 적용될 가벼운 법정형(신법의 법정형)이 공소시효기간의 기준이 된다.

④ 공범의 1인으로 기소된 자가 구성요건에 해당하는 위법행위를 공동으로 하였다고 인정되기는 하나 책임조각을 이유로 무죄로 되는 경우와는 달리, 범죄의 증명이 없다는 이유로 공범 중 1인이 무죄의 확정판결을 선고받은 경우에는 그를 공범이라고 할 수 없어 그에 대하여 제기된 공소로써는 진범에 대한 공소시효정지의 효력이 없다.

[해설]

① (×) 위 규정이 정한 '범인이 형사처분을 면할 목적으로 국외에 있는 경우'는 범인이 국내에서 범죄를 저지르고 형사처분을 면할 목적으로 국외로 도피한 경우에 한정되지 아니하고, 범인이 국외에서 범죄를 저지르고 형사처분을 면할 목적으로 국외에서 체류를 계속하는 경우도 포함된다(대법원 2015.6.24, 2015도5916).
② (○) 대법원 2017.7.11, 2016도14820
③ (○) 대법원 1987.12.22, 87도84
④ (○) 대법원 1999.3.9, 98도4621

[정답] ①

055 ✅ 대표 ◆◆◇ 경찰1차 2018 유사 국가9급/개론 2017

공소시효에 대한 설명으로 옳지 않은 것은? (다툼이 있으면 판례에 의함)

① 범죄 후 법률의 개정에 의하여 법정형이 가벼워진 경우에는 형법 제1조 제2항에 의하여 당해 범죄사실에 적용될 가벼운 신법의 법정형이 공소시효기간의 기준이 된다.

② 정보통신망을 이용한 명예훼손의 경우 게재행위만으로 범죄가 성립하고 종료하므로 그때부터 공소시효를 기산해야 하고, 게시물이 삭제된 시점을 범죄의 종료시기로 보아서 그때부터 공소시효를 기산해야 하는 것은 아니다.

③ 공범 중 1인에 대해 약식명령이 확정된 후 그에 대한 정식재판청구권회복결정이 있었다면 그 사이의 기간 동안에는 특별한 사정이 없는 한 다른 공범자에 대한 공소시효가 정지된다.

④ 변호사법위반죄의 공소시효가 완성되었다고 하여도 그 죄와 상상적 경합관계에 있는 사기죄의 공소시효까지 완성되는 것은 아니다.

[해설]

③ (×) 공범 중 1인에 대해 약식명령이 확정된 후 그에 대한 정식재판청구권 회복결정이 있었다고 하더라도 그 사이의 기간 동안에는 특별한 사정이 없는 한 다른 공범자에 대한 공소시효는 정지함이 없이 계속 진행한다(대법원 2012.3.29, 2011도15137).
① (○) 대법원 2008.12.11, 2008도4376
② (○) 대법원 2007.10.25, 2006도346
④ (○) 대법원 2006.12.8, 2006도6356

[정답] ③

056 ✅ 유사 ◆◇◇ 법원 2013

다음 중 공소시효가 정지되는 기간에 해당하지 않는 것은?

① 범인이 형사처벌을 면할 목적으로 국외에 있는 기간

② 아동대상 성범죄의 경우 피해 아동이 성년이 되기까지의 기간

③ 대통령의 재직기간

④ 고소권자가 고소할 수 없는 불가항력적인 사유가 있었던 기간

[해설]

④ (×) 공소시효가 정지되는 사유에는 ① 범인의 국외도피(제253조 제3항), ② 미성년자에 대한 성폭력범죄나 아동·청소년대상 성범죄에서 피해를 당한 미성년자나 피해 아동이 성년에 달하기까지(청소년성보호법 제20조 제1항과 성폭력처벌법 제21조 제1항) ③ 대통령의 재직기간(헌법 제84조) 등이 있다. 이외에 공소의 제기(제253조 제1항), 재정신청(제262조의4 제1항), 소년보호사건의 심리개시결정(소년법 제54조) 등도 공소시효정지사유

에 해당한다. 한편, 고소할 수 없는 불가항력의 사유가 있을 때에는 고소기간은 그 사유가 없어진 날로부터 기산하지만, 이는 공소시효정지와는 무관하다.

[보충] 고소할 수 없는 불가항력의 사유: 의식불명상태는 포함, 해고가 두려워 고소하지 못한 경우는 불포함

[정리] 공소시효정지사유: 공/피/재, 헌/대/보

정답 ④

---

057 ✓ 유사 ◆◆◇

공소시효에 대한 설명으로 가장 적절하지 않은 것은? (다툼이 있으면 판례에 의함)

① 아동·청소년대상 성범죄의 공소시효는 해당 성범죄로 피해를 당한 아동·청소년이 성년에 달한 날부터 진행한다.

② 아동·청소년에 대한 강간·강제추행의 죄는 디엔에이(DNA) 증거 등 그 죄를 증명할 수 있는 과학적인 증거가 있는 때에는 공소시효가 10년 연장된다.

③ 2015년에 개정된「형사소송법」에 따르면, 사람을 살해한 범죄(종범을 포함한다)로 사형에 해당하는 범죄에 대하여는「형사소송법」제249조부터 제253조까지에 규정된 공소시효를 적용하지 아니한다. 이때 위 개정내용은 개정「형사소송법」부칙에 따라 개정법 시행 전에 범한 범죄로 공소시효가 완성된 범죄에 대하여도 적용된다.

④ 공범 중 1인에 대한 공소제기로 공소시효가 정지될 경우 그 공소시효의 효력은 다른 공범자에 대하여도 미치고 당해 사건의 재판이 확정된 때로부터 진행한다. 이때 뇌물공여죄와 뇌물수수죄 사이와 같은 대향범 관계에 있는 자는 여기의 공범에 포함되지 않는다.

해설

③ (×) 부진정소급효만 인정된다. 제253조의2, 부칙 제2조 참조.

> **제253조의2(공소시효의 적용 배제)** 사람을 살해한 범죄(종범은 제외한다)로 사형에 해당하는 범죄에 대하여는 제249조부터 제253조까지에 규정된 공소시효를 적용하지 아니한다.
> **부칙 제2조(공소시효의 적용 배제에 관한 경과조치)** 제253조의2의 개정규정은 이 법 시행 전에 범한 범죄로 아직 공소시효가 완성되지 아니한 범죄에 대하여도 적용한다.

① (○) 미성년자에 대한 성폭력범죄나 아동·청소년대상 성범죄에서 피해를 당한 미성년자나 피해 아동이 성년에 달하기까지 공소시효는 정지된다(청소년성보호법 제20조 제1항, 성폭력처벌법 제21조 제1항).

② (○) 제7조의 죄는 디엔에이(DNA)증거 등 그 죄를 증명할 수 있는 과학적인 증거가 있는 때에는 공소시효가 10년 연장된다(청소년보호법 제20조 제2항).

④ (○) 제253조 제2항, 아래 판례 참조.

> **제253조(시효의 정지와 효력)** ② 공범의 1인에 대한 전항의

> 시효정지는 다른 공범자에게 대하여 효력이 미치고 당해 사건의 재판이 확정된 때로부터 진행한다.

형사소송법 제248조 제1항, 제253조 제1항, 제2항에서 규정하는 바와 같이, 형사소송법은 공범 사이의 처벌에 형평을 기하기 위하여 공범 중 1인에 대한 공소의 제기로 다른 공범자에 대하여도 공소시효가 정지되도록 규정하고 있는데, 위 공범의 개념이나 유형에 관하여는 아무런 규정을 두고 있지 아니하다. 따라서 형사소송법 제253조 제2항의 공범을 해석할 때 에는 공범 사이의 처벌의 형평이라는 위 조항의 입법 취지, 국가형벌권의 적정한 실현이라는 형사소송법의 기본이념, 국가형벌권 행사의 대상을 규정한 형법 등 실체법과의 체계적 조화 등의 관점을 종합적으로 고려하여야 하고, 특히 위 조항이 공소제기 효력의 인적 범위를 확장하는 예외를 마련하여 놓은 것이므로 원칙적으로 엄격하게 해석하여야 하고 피고인에게 불리한 방향으로 확장하여 해석해서는 아니 된다.

뇌물공여죄와 뇌물수수죄 사이와 같은 이른바 대향범 관계에 있는 자는 강학상으로는 필요적 공범이라고 불리고 있으나, 서로 대향된 행위의 존재를 필요로 할 뿐 각자 자신의 구성요건을 실현하고 별도의 형벌규정에 따라 처벌되는 것이어서, 2인 이상이 가공하여 공동의 구성요건을 실현하는 공범관계에 있는 자와는 본질적으로 다르며, 대향범 관계에 있는 자 사이에서는 각자 상대방의 범행에 대하여 형법총칙의 공범규정이 적용되지 아니한다. 이러한 점들에 비추어 보면, 형사소송법 제253조 제2항에서 말하는 '공범'에는 뇌물공여죄와 뇌물수수죄 사이와 같은 대향범 관계에 있는 자는 포함되지 않는다(대법원 2015.2.12, 2012도4842).

정답 ③

058 ✅유사 ◆◆◇

공소시효에 대한 다음 설명 중 적절하지 않은 것만을 고른 것은 모두 몇 개인가? (다툼이 있는 경우 판례에 의함)

> ㉠ 당내경선운동에 관한 「공직선거법」 위반죄에 대한 공소시효의 기산일은 당내경선의 투표일이다.
>
> ㉡ 「독점규제 및 공정거래에 관한 법률」 제19조 제1항 제1호에서 정한 가격 결정 등의 합의 및 그에 기한 실행행위로 인한 동법 제66조 제1항 제9호 위반죄의 공소시효는 그 실행행위가 종료한 날이 아닌 그 합의가 있었던 날로부터 진행한다.
>
> ㉢ 공소시효 정지사유를 규정한 「형사소송법」 제253조 제3항의 '범인이 형사처분을 면할 목적으로 국외에 있는 경우'에는 범인이 국외에서 범죄를 저지르고 형사처분을 면할 목적으로 국외에서 체류를 계속하는 경우도 포함된다.
>
> ㉣ 미수범의 범죄행위는 행위를 종료하지 못하였거나 결과가 발생하지 아니하여 더 이상 범죄가 진행될 수 없는 때에 종료하고, 그때부터 미수범의 공소시효가 진행한다.
>
> ㉤ 허위사실이 기재된 귀화허가신청서를 담당공무원에게 제출한 위계에 의한 공무집행방해죄의 공소시효는 이를 담당하는 행정청의 구체적인 직무집행을 저지하거나 현실적으로 곤란하게 하는 데 이르렀는지의 여부와 상관없이 허위사실이 기재된 귀화허가신청서를 제출하여 접수한 때부터 진행한다.

① 1개 ② 2개
③ 3개 ④ 4개

[해설]

㉠ (×) 공직선거법 제268조 제1항 본문은 "이 법에 규정한 죄의 공소시효는 당해 선거일 후 6개월(선거일 후에 행하여진 범죄는 그 행위가 있는 날부터 6개월)을 경과함으로써 완성한다."라고 규정하고 있다. 여기서 말하는 '당해 선거일'이란 그 선거범죄와 직접 관련된 공직선거의 투표일을 의미한다. 이는 선거범죄가 당내경선운동에 관한 공직선거법 위반인 경우에도 마찬가지이므로, 그 선거범죄에 대한 공소시효의 기산일은 당내경선의 투표일이 아니라 그 선거범죄와 직접 관련된 공직선거의 투표일이다(대법원 2019.10.31, 2019도8815).

㉡ (×) 포괄일죄의 공소시효는 최종의 범죄행위가 종료한 때부터 진행하고, 독점규제 및 공정거래에 관한 법률(이하 '공정거래법'이라 한다) 제19조 제1항 제1호에서 정한 가격 결정 등의 합의 및 그에 기한 실행행위가 있었던 경우에 부당한 공동행위가 종료한 날은 그 합의가 있었던 날이 아니라 그 합의에 기한 실행행위가 종료한 날을 의미하므로, 공정거래법 제19조 제1항 제1호에서 정한 가격 결정 등의 합의 및 그에 기한 실행행위로 인한 공정거래법 제66조 제1항 제9호 위반죄의 공소시효는 그 실행행위가 종료한 날부터 진행한다(대법원 2015.9.10, 2015도3926).

㉢ (○) 대법원 2015.6.24, 2015도5916

㉣ (○) 대법원 2017.7.11, 2016도14820

㉤ (×) 피고인이 허위사실이 기재된 귀화허가신청서를 담당공무원에게 제출하여 그에 따라 귀화허가업무를 담당하는 행정청이 그

릇된 행위나 처분을 하여야만 위계에 의한 공무집행방해죄가 기수 및 종료로 이른다고 할 것이고, 한편 단지 허위사실이 기재된 귀화허가신청서를 제출하여 접수되게 한 사정만으로는 구체적인 직무집행을 저지하거나 현실적으로 곤란하게 하는 데까지 이르렀다고 단정할 수 없다(대법원 2017.4.27, 2017도2583).

[정답] ③

059 ✅유사 ◆◆◇

공소시효에 대한 설명으로 옳지 않은 것은? (다툼이 있는 경우 판례에 의함)

① 공범 중 1인에 대한 공소의 제기로 다른 공범자에 대하여도 공소시효가 정지되나, 여기서 공범에는 뇌물공여죄와 뇌물수수죄 사이와 같은 대향범 관계에 있는 자는 포함되지 않는다.

② 공범의 1인으로 기소된 자가 책임조각을 이유로 무죄로 되거나 범죄의 증명이 없다는 이유로 공범 중 1인이 무죄의 확정판결을 선고받은 경우에는 그를 공범이라고 할 수 없으므로 그에 대하여 제기된 공소로써는 진범에 대한 공소시효정지의 효력이 인정되지 않는다.

③ 공소장변경이 있는 경우 공소시효의 완성 여부는 당초의 공소제기가 있었던 시점을 기준으로 판단하고, 변경된 공소사실에 대한 법정형을 기준으로 공소제기 당시 이미 공소시효가 완성된 경우에는 면소판결을 선고하여야 한다.

④ 공소시효의 정지사유로서 범인이 형사처분을 면할 목적으로 국외에 있는 경우는 범인이 국내에서 범죄를 저지르고 형사처분을 면할 목적으로 국외로 도피한 경우에 한정되지 아니하고, 범인이 국외에서 범죄를 저지르고 형사처분을 면할 목적으로 국외에서 체류를 계속하는 경우도 포함한다.

[해설]

② (×) 형사소송법 제253조 제2항 소정의 재판이라 함은 종국재판이면 그 종류를 묻지 않는다고 할 것이나, 공범의 1인으로 기소된 자가 구성요건에 해당하는 위법행위를 공동으로 하였다고 인정되기는 하나 책임조각을 이유로 무죄로 되는 경우와는 달리 범죄의 증명이 없는 이유로 공범 중 1인이 무죄의 확정판결을 선고받은 경우에는 그를 공범이라고 할 수 없어 그에 대하여 제기된 공소로써는 진범에 대한 공소시효정지의 효력이 없다(대법원 1999.3.9, 98도4621).

① (○) 대법원 2015.2.12, 2012도4842

③ (○) 공소장 변경이 있는 경우에 공소시효의 완성 여부는 당초의 공소제기가 있었던 시점을 기준으로 판단할 것이고 공소장 변경시를 기준으로 삼을 것은 아니다(대법원 2002.10.11, 2002도2939). 공소제기 당시의 공소사실에 대한 법정형을 기준으로 하면 공소제기 당시 아직 공소시효가 완성되지 않았으나 변경된 공소사실에 대한 법정형을 기준으로 하면 공소제기 당시 이미 공소시효가 완성된 경우에는 공소시효의 완성을 이유로 면소판결을 선고하여야 한다(대법원 2001.8.24, 2001도2902).

④ (○) 대법원 2015.6.24, 2015도5916

정답 ②

---

060 유사 ◆◇◇ 국가7급 2019

공소시효에 대한 설명으로 옳지 않은 것은? (다툼이 있는 경우 판례에 의함)

① 공익법인이 주무관청의 승인을 받지 않은 채 수익사업을 하는 행위가 계속범에 해당하는 경우, 승인을 받지 않은 수익사업이 계속되고 있는 동안에는 공소시효가 진행되지 않는다.

② 공소시효기간을 계산할 때에는 초일은 시간을 계산함이 없이 1일로 산정하며, 공소시효기간의 말일이 공휴일 또는 토요일에 해당하는 날인 경우에도 기간에 산입한다.

③ 공무원이 취급하는 사건에 관하여 청탁 또는 알선의 의사와 능력이 없음에도 청탁 또는 알선을 한다고 기망하여 금품을 교부받은 행위가 사기죄와 변호사법위반죄의 상상적 경합이 되는 경우, 변호사법위반죄의 공소시효가 완성되면 사기죄의 공소시효도 완성된다.

④ 검사의 불기소처분에 대하여 재정신청이 있으면, 재정결정이 확정될 때까지 공소시효의 진행이 정지된다.

해설

③ (×) 상상적 경합(과형상 일죄)의 경우의 공소시효의 완성 여부는 각각 따져야 한다. "1개의 행위가 여러 개의 죄에 해당하는 경우 형법 제40조는 이를 과형상 일죄로 처벌한다는 것에 지나지 아니하고, 공소시효를 적용함에 있어서는 각 죄마다 따로 따져야 할 것인 바, 공무원이 취급하는 사건에 관하여 청탁 또는 알선을 할 의사와 능력이 없음에도 청탁 또는 알선을 한다고 기망하여 금품을 교부받은 경우에 성립하는 사기죄와 변호사법 위반죄는 상상적 경합의 관계에 있으므로(대법원 2006.1.27, 2005도8704), 변호사법 위반죄의 공소시효가 완성되었다고 하여 그 죄와 상상적 경합관계에 있는 사기죄의 공소시효까지 완성되는 것은 아니다(대법원 2006.12.8, 2006도6356).

① (○) 공익법인이 주무관청의 승인을 받지 않은 채 수익사업을 하는 행위는 시간적 계속성이 구성요건적 행위의 요소로 되어 있다는 점에서 계속범에 해당한다고 보아야 할 것인 만큼 승인을 받지 않은 수익사업이 계속되고 있는 동안에는 아직 공소시효가 진행하지 않는 것이다(대법원 1981.10.13, 81도1244).

② (○) 제66조 제1항·제3항 참조.

> **제66조(기간의 계산)** ① 기간의 계산에 관하여는 시로써 계산하는 것은 즉시부터 기산하고 일, 월 또는 연으로써 계산하는 것은 초일을 산입하지 아니한다. 단, 시효와 구속기간의 초일은 시간을 계산함이 없이 1일로 산정한다.
> ② 연 또는 월로써 정한 기간은 역서에 따라 계산한다.
> ③ 기간의 말일이 공휴일 또는 토요일에 해당하는 날은 기간에 산입하지 아니한다. 단, 시효와 구속의 기간에 관하여서는 예외로 한다.

④ (○) 제262조의4 제1항 참조.

> **제262조의4(공소시효의 정지 등)** ① 제260조에 따른 재정신청이 있으면 제262조에 따른 재정결정이 확정될 때까지 공소시효의 진행이 정지된다.

정답 ③

---

061 유사 ◆◆◇ 국가7급 2018

공소시효에 대한 설명으로 옳지 않은 것은? (다툼이 있는 경우 판례에 의함)

① 공소제기 당시의 공소사실에 대한 법정형을 기준으로 하면 아직 공소시효가 완성되지 않았으나 법원이 공소장을 변경하지 않고도 범죄사실을 인정하는 경우, 그 범죄사실에 대한 법정형을 기준으로 하면 공소제기 당시 이미 공소시효가 완성되었다면 법원은 면소판결을 선고하여야 한다.

② 법정최고형이 징역 5년인 구 부정수표단속법위반죄를 범한 사람이 중국으로 출국하여 체류하다가 그곳에서 다른 범죄로 징역 14년을 선고받고 8년 이상 복역한 후 우리나라로 추방되어 위 죄로 공소제기된 경우, 위 수감기간 동안에는 공소시효의 진행이 정지되지 않는다.

③ 미수범의 범죄행위는 실행에 착수하여 행위를 종료하지 못하였거나 결과가 발생하지 아니하여 더 이상 범죄가 진행될 수 없는 때에 종료하고, 그때부터 미수범의 공소시효가 진행한다.

④ 피고인이 A사건으로 처벌받을 가능성이 있음을 인지하였다고 보기 어려운 경우라도 다른 고소사건과 관련하여 형사처분을 면할 목적으로 국외에 있는 경우에는 A 사건의 형사처분을 면할 목적으로 국외에 있었다고 볼 수 있다.

해설

④ (×) 피고인이 당해 사건으로 처벌받을 가능성이 있음을 인지하였다고 보기 어려운 경우라면 피고인이 다른 고소사건과 관련하여 형사처분을 면할 목적으로 국외에 있는 경우라고 하더라도 당해 사건의 형사처분을 면할 목적으로 국외에 있었다고 볼 수 없다(대법원 2014.4.24, 2013도9162).

① (○) 공소장변경절차에 의하여 공소사실이 변경됨에 따라 그 법정형에 차이가 있는 경우에는 변경된 공소사실에 대한 법정형이 공소시효기간의 기준이 된다고 보아야 하므로 공소제기 당시의 공소사실에 대한 법정형을 기준으로 하면 공소제기 당시 아직 공소시효가 완성되지 않았으나 변경된 공소사실에 대한 법정형을 기준으로 하면 공소제기 당시 이미 공소시효가 완성된 경우에는 공소시효의 완성을 이유로 면소판결을 선고하여야 한다(대법원 2001.8.24, 2001도2902 등). 이러한 법리는 법원이 공소장을 변경하지 않고도 인정할 수 있는 사실에 대한 법정형을 기준으로 하면 공소제기 당시 이미 공소시효가 완성된 경우에도 마찬가지로 적용된다(대법원 2013.7.26, 2013도6182).

② (○) 위 수감기간 동안에는 형사소송법 제253조 제3항의 '형사처분을 면할 목적'을 인정할 수 없어 공소시효의 진행이 정지되지 않는다(대법원 2008.12.11, 2008도4101).

③ (O) 공소시효는 범죄행위가 종료한 때부터 진행한다(형사소송법 제252조 제1항). 미수범은 범죄의 실행에 착수하여 행위를 종료하지 못하였거나 결과가 발생하지 아니한 때에 처벌받게 되므로(형법 제25조 제1항), 미수범의 범죄행위는 행위를 종료하지 못하였거나 결과가 발생하지 아니하여 더 이상 범죄가 진행될 수 없는 때에 종료하고, 그때부터 미수범의 공소시효가 진행한다(대법원 2017.7.11, 2016도14820).

정답 ④

---

062 ☑ 유사 ◆◆◇   경찰승진 2022

공소시효에 대한 설명으로 가장 적절하지 않은 것은? (다툼이 있는 경우 판례에 의함)

① 「형사소송법」 제253조 제2항은 "공범의 1인에 대한 전항의 시효정지는 다른 공범자에 대하여 효력이 미치고 당해 사건의 재판이 확정된 때로부터 진행한다."고 규정하는바, 여기서 말하는 '공범'에는 뇌물공여죄와 뇌물수수죄 사이와 같은 대향범 관계에 있는 자는 포함되지 않는다.

② 공범 중 1인에 대한 공소의 제기로 다른 공범자에 대한 공소시효의 진행이 정지되더라도 공소가 제기된 공범 중 1인에 대한 재판이 확정되면, 그 재판의 결과가 공소기각 또는 관할위반인 경우뿐만 아니라 유죄, 무죄, 면소인 경우에도 그 재판이 확정된 때로부터 다시 공소시효가 진행되지만, 약식명령이 확정된 때에는 그러하지 아니하다.

③ 공범의 1인으로 기소된 자가 범죄의 증명이 없다는 이유로 무죄의 확정판결을 선고받은 경우, 그에 대하여 제기된 공소로써는 진범에 대한 공소시효정지의 효력이 없다.

④ 피고인과 공범관계에 있는 자가 같은 범죄사실로 공소제기가 된 후 대법원에서 상고기각됨으로써 유죄판결이 확정되었다면, 공범자인 피고인에 대하여도 그 공범관계에 있는 자가 공소제기된 때부터 그 재판이 확정된 때까지의 기간 동안은 공소시효의 진행이 정지된다.

해설

② (×) 공범 중 1인에 대한 공소의 제기로 다른 공범자에 대한 공소시효의 진행이 정지되더라도 공소가 제기된 공범 중 1인에 대한 재판이 확정되면, 그 재판의 결과가 형사소송법 제253조 제1항이 규정한 <u>공소기각 또는 관할위반인 경우뿐 아니라 유죄, 무죄, 면소인 경우에도 그 재판이 확정된 때로부터 다시 공소시효가 진행된다고 볼 것이고, 이는 약식명령이 확정된 때에도 마찬가지</u>라고 할 것이다(대법원 2012.3.29, 2011도15137).

① (O) 대법원 2015.2.12, 2012도4842
③ (O) 대법원 1999.3.9, 98도4621
④ (O) 대법원 1995.1.20, 94도2752

정답 ②

---

063 ☑ 유사 ◆◆◇   변호사 2022

필요적 공범에 관한 설명 중 옳지 않은 것은? (다툼이 있는 경우 판례에 의함)

① 공소시효는 공소의 제기로 진행이 정지되고, 형사소송법 제253조 제2항에 따라 공범의 1인에 대한 시효의 정지는 다른 공범자에 대하여 효력이 미치므로, 뇌물수수자에 대하여 공소가 제기되었다면 뇌물공여자에 대한 공소시효 또한 정지된다.

② 필요적 공범이라는 것은 법률상 범죄의 실행이 다수인의 협력을 필요로 하는 것을 가리키는 것으로서 이러한 범죄의 성립에는 행위의 공동을 필요로 하는 것에 불과하고 반드시 협력자 전부가 책임이 있음을 필요로 하는 것은 아니다.

③ 금품 등의 수수와 같이 2인 이상의 서로 대향된 행위의 존재를 필요로 하는 관계에 있어서는 금품 등을 공여한 자에게 따로 처벌규정이 없는 이상, 금품을 공여한 자의 행위에 대하여만 관여하여 그 공여행위를 교사하거나 방조한 행위는 상대방의 범행에 대하여 공범관계가 성립되지 아니한다.

④ 압수·수색영장의 범죄 혐의사실과 관계있는 범죄라는 것은 압수·수색영장에 기재한 혐의사실과 객관적 관련성이 있을 뿐 아니라, 압수·수색영장 대상자와 피의자 사이에 인적 관련성이 있는 범죄를 의미하는데, 이때 피의자와 사이의 인적 관련성은 압수·수색영장에 기재된 대상자의 공동정범이나 교사범 등 공범이나 간접정범은 물론 필요적 공범 등에 대한 피고사건에 대해서도 인정될 수 있다.

⑤ 형사소송법 제312조 제3항은 검사 이외의 수사기관이 작성한 해당 피고인과 공범관계에 있는 다른 피고인이나 피의자에 대한 피의자신문조서를 해당 피고인에 대한 유죄의 증거로 채택할 경우에도 적용되는데, 이때 공범에는 형법총칙의 공범 이외에 필요적 공범 관계에 있는 자들도 포함된다.

해설

① (×) 뇌물공여죄와 뇌물수수죄 사이와 같은 이른바 대향범 관계에 있는 자는 강학상으로는 필요적 공범이라고 불리고 있으나, 서로 대향된 행위의 존재를 필요로 할 뿐 각자 자신의 구성요건을 실현하고 별도의 형벌규정에 따라 처벌되는 것이어서, 2인 이상이 가공하여 공동의 구성요건을 실현하는 공범관계에 있는 자와는 본질적으로 다르며, 대향범 관계에 있는 자 사이에서는 각자 상대방의 범행에 대하여 형법총칙의 공범규정이 적용되지 아니한다. 이러한 점들에 비추어 보면, <u>형사소송법 제253조 제2항에서 말하는 '공범'에는 뇌물공여죄와 뇌물수수죄 사이와 같은 대향범 관계에 있는 자는 포함되지 않는다</u>(대법원 2015.2.12, 2012도4842).

② (O) 대법원 1987.12.22, 87도1699
③ (O) 대법원 2014.1.16, 2013도6969
④ (O) 대법원 2021.7.29, 2020도14654
⑤ (O) 형사소송법 제312조 제3항은 검사 이외의 수사기관이 작성

한 해당 피고인에 대한 피의자신문조서를 유죄의 증거로 하는 경우뿐만 아니라 검사 이외의 수사기관이 작성한 해당 피고인과 공범관계에 있는 다른 피고인이나 피의자에 대한 피의자신문조서를 해당 피고인에 대한 유죄의 증거로 채택할 경우에도 적용된다. … 그리고 이러한 법리는 공동정범이나 교사범, 방조범 등 공범관계에 있는 자들 사이에서뿐만 아니라, 서로 대향된 행위의 존재를 필요로 할 뿐 각자의 구성요건을 실현하고 별도의 형벌규정에 따라 처벌되는 강학상 필요적 공범 내지 대향범 관계에 있는 자들 사이에서도 적용된다. 이는 필요적 공범 내지 대향범의 경우 형법총칙의 공범관계와 마찬가지로 어느 한 피고인이 자기의 범죄에 대하여 한 진술이 나머지 대향적 관계에 있는 자가 저지른 범죄에도 내용상 불가분적으로 관련되어 있어 목격자, 피해자 등 제3자의 진술과는 본질적으로 다른 속성을 지니고 있음을 중시한 것이다(대법원 2020.6.11, 2016도9367).

[보충] 나아가, 형사소송법 제312조 제3항은 양벌규정에 따라 처벌되는 행위자와 행위자가 아닌 법인 또는 개인 간의 관계에서도 형법총칙의 공범관계 등과 마찬가지로 적용된다(위 판례).

정답 ①

백광훈

통합 기출문제집

[형사소송법]

PART

04

공판

CHAPTER

01 공판절차

1 공판절차의 기본원칙

Ⅰ 공판절차의 의의

Ⅱ 공판절차의 기본원칙

001 ✓ 대표 ◆◆◇ 　　　　　　　　국가9급 2018

공판절차에 대한 설명으로 옳지 않은 것은? (다툼이 있는 경우 판례에 의함)

① 재판공개의 원칙은 검사의 공소제기절차에는 적용되지 않으므로 공소가 제기되기 전까지 피고인이 그 내용이나 공소제기 여부를 알 수 없었다거나 피고인의 소송기록 열람·등사권이 제한되어 있었다고 하더라도 그 공소제기절차가 헌법에 위반된다고 할 수 없다.

② 검찰청이 보관하고 있는 불기소결정서는 수사기관 내부의 의사결정과정 또는 검토과정에 관한 문서로서, 이를 공개하면 수사에 관한 직무의 수행을 현저히 곤란하게 하므로 변호인의 열람·지정에 의한 공개의 대상이 될 수 없다.

③ 약식명령에 불복하여 정식재판을 청구한 피고인이 정식재판절차에서 정당한 사유 없이 2회 불출석한 경우 검사가 제출한 증거에 관하여 증거동의한 것으로 간주하여 증거능력을 부여할 수 있다.

④ 제1심에서 위법한 공시송달 결정에 터잡아 공소장 부본과 공판기일 소환장을 송달하고 피고인 출석 없이 재판절차를 진행한 위법이 있는데도, 항소심에서 직권으로 제1심의 위법을 시정하는 조치를 취하지 않은 채 제1심이 조사·채택한 증거들에 기하여 검사의 항소이유만을 판단한 것은 법리오해의 위법이 있다.

해설

② (×) 검찰청이 보관하고 있는 불기소처분기록에 포함된 불기소결정서는 형사피의자에 대한 수사의 종결을 위한 검사의 처분 결과와 이유를 기재한 서류로서, 작성 목적이나 성격 등에 비추어 이는 수사기관 내부의 의사결정과정 또는 검토과정에 있는 사항에 관한 문서도 아니고, 그 공개로써 수사에 관한 직무의 수행을 현저하게 곤란하게 하는 것도 아니므로, 달리 특별한 사정이 없는 한 변호인의 열람·지정에 의한 공개의 대상이 된다(대법원 2012.5.24, 2012도1284).

① (○) 헌법 제109조는 재판공개의 원칙을 규정하고 있는 것으로서 검사의 공소제기절차에는 적용될 여지가 없다. 따라서 공소가 제기되기 전까지 피고인이 그 내용이나 공소제기 여부를 알 수 없었다거나 피고인의 소송기록 열람·등사권이 제한되어 있었다고 하더라도 그 공소제기절차가 위 헌법 규정을 위반하였다고는 할 수 없다(대법원 2008.12.24, 2006도1427).

③ (○) 형사소송법 제458조 제2항, 제365조는 피고인이 출정을 하지 않음으로써 본안에 대한 변론권을 포기한 것으로 보는 일종의 제재적 규정으로, 이와 같은 경우 피고인의 출정 없이도 심리, 판결할 수 있고 공판심리의 일환으로 증거조사가 행해지게 마련이어서 피고인이 출석하지 아니한 상태에서 증거조사를 할 수밖에 없는 경우에는 위 법 제318조 제2항의 규정상 피고인의 진의와는 관계없이 같은 조 제1항의 동의가 있는 것으로 간주하게 되어 있는 점, 위 법 제318조 제2항의 입법 취지가 재판의 필요성 및 신속성 즉, 피고인의 불출정으로 인한 소송행위의 지연 방지 내지 피고인 불출정의 경우 전문증거의 증거능력을 결정하지 못함에 따른 소송지연 방지에 있는 점 등에 비추어, 약식명령에 불복하여 정식재판을 청구한 피고인이 정식재판절차에서 2회 불출정하여 법원이 피고인의 출정 없이 증거조사를 하는 경우에 위 법 제318조 제2항에 따른 피고인의 증거동의가 간주된다(대법원 2010.7.15, 2007도5776).

④ (○) 대법원 2014.5.16, 2014도3037

정답 ②

002 ✓ 대표 ◆◇◇ 　　　　　국가9급 2014 유사·2017

공개주의에 대한 설명으로 옳지 않은 것은? (다툼이 있으면 판례에 의함)

① 소년에 대한 형사사건의 심리는 공개하지 아니하나, 법원은 적당하다고 인정하는 자에게 참석을 허가할 수 있다.

② 누구든지 법정 안에서는 재판장의 허가 없이 녹화, 촬영, 중계방송 등의 행위를 하지 못한다.

③ 공개금지사유가 없음에도 불구하고 재판의 심리에 관한 공개를 금지하기로 결정하였다면 그 절차에 따라 이루어진 증인의 증언은 증거능력이 없다.

④ 공판의 공개에 관한 규정을 위반한 경우는 절대적 항소이유에 해당한다.

해설

① (×) 소년에 대한 형사사건에 관하여는 소년법에 특별한 규정이 없으면 일반 형사사건의 예에 따르므로(소년법 제48조), 소년에 대한 형사사건의 재판의 심리와 판결도 원칙적으로 공개하여야 한다(헌법 제109조, 법원조직법 제57조 제1항). 이는 비공개로 진행하는 법원 소년부의 소년보호사건와는 다른 점이다.

> **소년법 제48조(준거법례)** 소년에 대한 형사사건에 관하여는 이 법에 특별한 규정이 없으면 일반 형사사건의 예에 따른다.
> **헌법 제109조** 재판의 심리와 판결은 공개한다.
> **법원조직법 제57조(재판의 공개)** ① 재판의 심리와 판결은 공개한다.

② (○) 법원조직법 제59조

③ (○) 대법원 2005.10.28, 2005도5854

④ (○) 제361조의5 제9호

정답 ①

003 ✓ 유사 ◆◇◇ 경찰승진 2024

공판절차의 기본원칙에 관한 설명으로 가장 적절하지 않은 것은? (다툼이 있는 경우 판례에 의함)

① 헌법은 공개재판을 받을 권리를 피고인의 기본권으로 보장하고 있을 뿐만 아니라 원칙적으로 재판의 심리와 판결을 공개하도록 규정하고 있다.

② 「형사소송법」은 공판중심주의를 실현하기 위해 구두변론주의 원칙을 명시하고 있으며, 이는 당사자의 주장과 입증만에 의해 재판을 하게 되는 당사자처분권주의에 바탕을 두고 있다.

③ 「형사소송법」은 증명대상이 되는 사실과 가장 가까운 원본증거를 재판의 기초로 삼아야 하며, 원본증거의 대체물 사용은 원칙적으로 허용되지 않는다는 실질적 직접주의를 채택하고 있다.

④ 「형사소송법」에는 집중심리에 대한 명문의 규정이 있다.

해설

① (○) 헌법 제27조 제3항, 제109조 참조.

> **헌법 제27조** ③ 모든 국민은 신속한 재판을 받을 권리를 가진다. 형사피고인은 상당한 이유가 없는 한 지체 없이 공개재판을 받을 권리를 가진다.
> **제109조** 재판의 심리와 판결은 공개한다. 다만, 심리는 국가의 안전보장 또는 안녕질서를 방해하거나 선량한 풍속을 해할 염려가 있을 때에는 법원의 결정으로 공개하지 아니할 수 있다.

② (×) 구두변론주의는 형사소송법에 명문의 규정(제275조의3)을 두고 있는 공판절차의 기본원칙 중 하나이다(따라서 전단은 맞음). 현행 형사소송법의 기본구조가 무엇인가에 관하여는 견해가 대립하나, 판례는 우리 형사소송법의 구조를 기본적으로 당사자주의 소송구조로 이해하고 있다(헌법재판소 1995.11.30, 92헌마44 등). 다만, 당사자주의라 하여 민사소송법의 당사자처분권주의까지 의미하는 것은 아니다(따라서 후단은 틀림).

> **제275조의3(구두변론주의)** 공판정에서의 변론은 구두로 하여야 한다.

③ (○) 우리 형사소송법이 채택하고 있는 공판중심주의는 형사사건의 실체에 대한 유죄·무죄의 심증형성은 법정에서의 심리에 의하여야 한다는 원칙으로, 법관의 면전에서 직접 조사한 증거만을 재판의 기초로 삼을 수 있고 증명대상이 되는 사실과 가장 가까운 원본증거를 재판의 기초로 삼아야 하며 원본증거의 대체물 사용은 원칙적으로 허용되어서는 안 된다는 실질적 직접심리주의를 주요원리로 삼고 있다(대법원 2006.12.8, 2005도9730).

④ (○) 제267조의2 참조.

> **제267조의2(집중심리)** ① 공판기일의 심리는 집중되어야 한다.

② 심리에 2일 이상이 필요한 경우에는 부득이한 사정이 없는 한 매일 계속 개정하여야 한다.
③ 재판장은 여러 공판기일을 일괄하여 지정할 수 있다.
④ 재판장은 부득이한 사정으로 매일 계속 개정하지 못하는 경우에도 특별한 사정이 없는 한 전회의 공판기일부터 14일 이내로 다음 공판기일을 지정하여야 한다.
⑤ 소송관계인은 기일을 준수하고 심리에 지장을 초래하지 아니하도록 하여야 하며, 재판장은 이에 필요한 조치를 할 수 있다.

정답 ②

004 ✓ 유사 ◆◇◇ 국가7급 2014

공판절차의 기본원칙 중 공개주의에 대한 설명으로 옳지 않은 것은? (다툼이 있는 경우 판례에 의함)

① 공개주의는 검사의 공소제기절차에는 적용되지 않으므로 공소제기 전까지 피고인이 공소제기의 여부나 그 내용을 알 수 없었다고 하더라도 공개주의에 위반되지 않는다.

② 공개주의란 모든 국민이 참관하는 것을 의미하는 것이 아니므로 재판장은 법정질서를 유지하기 위해 필요하다고 판단될 때 방청인의 수를 제한할 수도 있고, 특정인에 대하여 퇴정을 명할 수도 있다.

③ 공판의 공개에 관한 규정에 위반한 때에는 항소이유 또는 상고이유가 된다.

④ 재판장은 공공의 이익을 위하여 상당한 이유가 있는 경우라도 피고인의 동의가 있는 경우에 한하여 법정 안에서 녹화, 촬영, 중계방송 등의 행위를 허가할 수 있다.

해설

④ (×) 법정방청 및 촬영 등에 관한 규칙 제4조 제2항 참조.

> **제4조(촬영등의 제한)** ② 재판장은 피고인(또는 법정에 출석하는 원, 피고)의 동의가 있는 때에 한하여 전항의 신청에 대한 허가를 할 수 있다. 다만, 피고인(또는 법정에 출석하는 원, 피고)의 동의 여부에 불구하고 촬영 등 행위를 허가함이 공공의 이익을 위하여 상당하다고 인정되는 경우에는 그러하지 아니하다.

① (○) 헌법 제109조는 재판공개의 원칙을 규정하고 있는 것으로서 검사의 공소제기절차에는 적용될 여지가 없다. 따라서 공소가 제기되기 전까지 피고인이 그 내용이나 공소제기 여부를 알 수 없었다거나 피고인의 소송기록 열람·등사권이 제한되어 있었다고 하더라도 그 공소제기절차가 위 헌법 규정을 위반하였다고는 할 수 없다(대법원 2008.12.24, 2006도1427).

② (○) 방청인의 수를 제한할 수 있음은 법정방청 및 촬영 등에 관한 규칙 제2조에, 특정인에 대해 퇴정을 명할 수 있음은 법원조직법 제58조 제2항에 규정되어 있다.

③ (○) 공판의 공개에 관한 규정을 위반한 경우, 절대적 항소이유 또는 상대적 상고이유가 된다.

> **제361조의5(항소이유)** 다음 사유가 있을 경우에는 원심판결

에 대한 항소이유로 할 수 있다.

9. 공판의 공개에 관한 규정에 위반한 때

제383조(상고이유) 다음 사유가 있을 경우에는 원심판결에 대한 상고이유로 할 수 있다.

1. 판결에 영향을 미친 헌법·법률·명령 또는 규칙의 위반이 있을 때

정답 ④

Ⅰ 심판의 대상

Ⅱ 공소장변경

005 ✓ 대표 ◆◆◇ 변호사 2018

공소장변경제도에 관한 설명 중 옳지 않은 것은?

① 항소심의 구조가 사후심으로서의 성격만을 가지는 것은 아니므로, 피고인의 상고에 의하여 상고심에서 원심판결을 파기하고 사건을 항소심에 환송한 경우에도 공소사실의 동일성이 인정되면 항소심 법원은 공소장변경을 허가하여 변경된 공소사실을 심판대상으로 삼을 수 있다.

② 검사가 구두로 공소장변경 허가신청을 하면서 변경하려는 공소사실의 일부만 진술하고 나머지는 전자적 형태의 문서로 저장한 저장매체를 제출한 경우, 저장매체에 저장된 전자적 형태의 문서로 제출된 부분은 공소장변경 허가신청이 된 것이라고 할 수 없으므로 법원이 그 부분에 대해서까지 공소장변경허가를 하였더라도 적법하게 공소장변경이 된 것으로 볼 수 없다.

③ 「형사소송규칙」은 "공소장변경 허가신청서가 제출된 경우 법원은 그 부본을 피고인 또는 변호인에게 즉시 송달하여야 한다."라고 규정하고 있는데, 이는 피고인과 변호인 모두에게 부본을 송달하여야 한다는 취지가 아니므로 공소장변경신청서 부본을 피고인과 변호인 중 어느 한 쪽에 대해서만 송달하였다고 하여 절차상 잘못이 있다고 할 수 없다.

④ 공소장변경절차에 의하여 공소사실이 변경됨에 따라 그 법정형에 차이가 있는 경우, 변경된 공소사실에 대한 법정형이 공소시효기간의 판단기준이 된다.

⑤ 제1심에서 합의부 관할사건에 관하여 단독판사 관할사건으로 죄명과 적용법조를 변경하는 공소장변경 허가신청서가 제출된 경우, 사건을 배당받은 합의부가 공소장변경을 허가하는 결정을 하였다면 합의부는 결정으로 관할권이 있는 단독판사에게 사건을 이송하여야 한다.

해설

⑤ (×) 형사소송법은 제8조 제2항에서 단독판사의 관할사건이 공

소장변경에 의하여 합의부 관할사건으로 변경된 경우 합의부로 이송하도록 규정하고 있을 뿐 그 반대의 경우에 관하여는 규정하고 있지 아니하며, '법관 등의 사무분담 및 사건배당에 관한 예규'에서도 이러한 경우를 재배당사유로 규정하고 있지 아니하므로, <u>사건을 배당받은 합의부는 공소장변경허가 결정을 하였는지에 관계없이 사건의 실체에 들어가 심판하였어야 하고 사건을 단독판사에게 재배당할 수 없는데도, 사건을 재배당받은 제1심 및 원심이 사건에 관한 실체 심리를 거쳐 심판한 조치는 관할권이 없는데도 이를 간과하고 실체 판결을 한 것으로서 소송절차에 관한 법령을 위반한 잘못이 있고, 이러한 잘못은 판결에 영향을 미쳤으므로, 원심판결 및 제1심 판결을 모두 파기하고 사건을 관할권이 있는 법원 제1심 합의부에 이송한다</u>(대법원 2013.4.25, 2013도1658).

① (○) 현행법상 형사항소심의 구조가 사후심으로서의 성격만을 가지는 것은 아니므로, 피고인의 상고에 의하여 상고심에서 원심판결을 파기하고 사건을 항소심에 환송한 경우에도 공소사실의 동일성이 인정되면 공소장변경을 허용하여 이를 심판대상으로 삼을 수 있다(대법원 2004.7.22, 2003도8153).

② (○) 검사가 구술에 의한 공소장변경 허가신청을 하는 경우에도 변경하고자 하는 공소사실의 내용은 서면에 의하여 신청을 할 때와 마찬가지로 구체적으로 특정하여 진술하여야 하므로, 검사가 구술로 공소장변경 허가신청을 하면서 변경하려는 공소사실의 일부만 진술하고 나머지는 전자적 형태의 문서로 저장한 저장매체를 제출하였다면, 공소사실의 내용을 구체적으로 진술한 부분에 한하여 공소장변경 허가신청이 된 것으로 볼 수 있을 뿐이다. 그 경우 저장매체에 저장된 전자적 형태의 문서는 공소장변경 허가신청이 된 것이라고 할 수 없고, 법원이 그 부분에 대해서까지 공소장변경허가를 하였더라도 적법하게 공소장변경이 된 것으로 볼 수 없다(대법원 2016.12.29, 2016도11138).

③ (○) 형사소송법 제298조의 공소장변경신청의 고지나 형사소송규칙 제142조의 공소장변경 허가신청서 부본송달은 어느 것이나 <u>피고인 또는 변호인에게 할 수 있게 되어 있으므로</u> 변호인이 검사의 공소장변경 허가신청서 부본을 영수해간 것이라면 피고인들에게 별도로 위 신청서 부본을 송달하지 않았다 하여 위법이라 할 수 없다(대법원 1985.8.13, 85도1193).

④ (○) 공소장변경절차에 의하여 공소사실이 변경됨에 따라 그 법정형에 차이가 있는 경우에는 변경된 공소사실에 대한 법정형이 공소시효기간의 기준이 된다(대법원 2002.10.11, 2002도2939).

정답 ⑤

006 ✓ 대표 ◆◆◇ 경찰2차 2019

공소장변경에 대한 설명으로 가장 적절한 것은? (다툼이 있는 경우 판례에 의함)

① 공소사실인 강제추행에는 위력에 의한 추행이 포함되어 있다고 볼 수 없으므로 피고인이 피해자를 추행한 사실 자체는 부인하지 않고 있다고 하더라도 공소장변경 없이 위력에 의한 추행을 유죄로 인정하는 것은 위법하다.

② 횡령죄와 배임죄는 다 같이 신임관계를 기본으로 하고 있는 재산범죄로서 그에 대한 형벌에서도 경중의 차이가 없으나 엄연히 구성요건을 달리하는 별개의 범죄이므로 횡령죄로 기소된 공소사실에 대하여 공소장변경 없이 배임죄를 적용하여 처벌할 수는 없다.

③ 공판심리 중인 범죄사실과 동일성이 인정되는 범죄사실이 추가로 발견되고 이들 범죄사실 사이에 그와 동일성이 인정되는 또 다른 범죄사실에 대한 유죄의 확정판결이 있는 경우, 검사는 확정판결 후의 범죄사실을 공소장변경절차에 의하여 공소사실로 추가할 수 없고 별개의 독립된 범죄로 공소를 제기하여야 한다.

④ 검사가 공소장에 적용법조를 단순음주운전 처벌규정으로 기재하였다고 하더라도 공소사실에 피고인이 음주운전 금지의무를 2회 이상 위반한 사실을 기재하였다면, 법원은 공소장변경 없이 직권으로 2회 이상 음주운전 금지의무를 위반하고 다시 음주운전을 한 운전자를 가중처벌하는 규정을 적용하여 피고인을 처벌할 수 있다.

해설

③ (○) 포괄일죄인 영업범에서 공소제기의 효력은 공소가 제기된 범죄사실과 동일성이 인정되는 범죄사실의 전체에 미치므로, 공판심리 중에 그 범죄사실과 동일성이 인정되는 범죄사실이 추가로 발견된 경우에 검사는 공소장변경절차에 의하여 그 범죄사실을 공소사실로 추가할 수 있다. 그러나 <u>공소제기된 범죄사실과 추가로 발견된 범죄사실 사이에 그 범죄사실들과 동일성이 인정되는 또 다른 범죄사실에 대한 유죄의 확정판결이 있는 때에는,</u> 추가로 발견된 확정판결 후의 범죄사실은 공소제기된 범죄사실과 분단되어 동일성이 없는 별개의 범죄가 된다. 따라서 이때 <u>검사는 공소장변경절차에 의하여 확정판결 후의 범죄사실을 공소사실로 추가할 수는 없고 별개의 독립된 범죄로 공소를 제기하여야 한다</u>(대법원 2017.4.28, 2016도21342).

① (×) 피고인이 피해자를 추행한 사실 자체는 부인하지 않고 있고, 이 사건 <u>공소사실인 강제추행에는 '위력에 의한' 추행이 포함되어 있다</u>고 볼 수 있으므로, 공소장변경 없이 위력에 의한 추행을 유죄로 인정하더라도 피고인의 방어권 행사에 불이익이 없다는 이유로, 공소장변경 없이 피고인이 위력으로 피해자를 추행한 사실을 유죄로 인정할 수 있다(대법원 2013.12.12, 2013도12803).

② (×) <u>횡령죄와 배임죄는 다 같이 신임관계를 기본으로 하고 있는 같은 죄질의 재산범죄로서 그에 대한 형벌에서도 경중의 차이가 없고</u> 동일한 범죄사실에 대하여 단지 법률적용만을 달리하는 경우에 해당하므로, 특별한 사정이 없는 한 법원은 <u>횡령죄로 기소된 공소사실에 대하여 공소장변경 없이도 배임죄를 적용하여 처벌할 수 있다</u>(대법원 2015.10.29, 2013도9481).

④ (×) 검사가 피고인을 도로교통법 위반(음주운전)으로 기소하면

서 공소사실을 '술에 취한 상태에서의 운전금지의무를 2회 이상 위반한 사람으로서 다시 혈중알코올농도 0.132%의 술에 취한 상태로 자동차를 운전하였다'고 기재하고, 적용법조를 '도로교통법 제148조의2 제2항 제2호, 제44조 제1항'으로 기재한 경우, <u>법원이 공소장변경 없이 직권으로 그보다 형이 무거운 '도로교통법 제148조의2 제1항 제1호, 제44조 제1항'을 적용하여 처벌하는 것은 불고불리 원칙에 반하여 피고인의 방어권 행사에 실질적인 불이익을 초래한다</u>(대법원 2019.6.13, 2019도4608).

정답 ③

007 ✓ 대표 ◆◆◇ 변호사 2017

공소장변경에 관한 설명 중 옳은 것을 모두 고른 것은? (다툼이 있는 경우 판례에 의함)

ㄱ. 공소사실의 동일성이 인정되는 경우라 하더라도 법원은 허위사실적시 출판물에 의한 명예훼손의 공소사실에 대하여 공소장변경 없이 사실적시 출판물에 의한 명예훼손으로 처벌할 수 없다.

ㄴ. 피고인의 상고에 의하여 상고심에서 원심판결을 파기하고 사건을 항소심에 환송한 경우에 그 항소심에서 공소장변경은 허용된다.

ㄷ. 약식명령에 대하여 피고인만 정식재판을 청구한 사건에서 법정형에 유기징역형만 있는 범죄로 공소장을 변경하는 것도 허용된다.

ㄹ. 법원의 공소장변경 허가결정은 판결 전의 소송절차에 관한 결정이므로 그 결정에 대하여 독립하여 항고할 수 있다.

ㅁ. 법원이 예비적으로 추가된 공소사실에 대하여 공소장변경 허가결정을 한 경우, 원래의 공소사실과 예비적으로 추가된 공소사실 사이에 동일성이 인정되지 않더라도 공소장변경 허가를 한 법원이 스스로 이를 취소할 수는 없다.

① ㄱ, ㄷ   ② ㄱ, ㄹ
③ ㄴ, ㄷ   ④ ㄴ, ㄷ, ㅁ
⑤ ㄴ, ㄹ, ㅁ

해설

ㄱ. (×) 허위사실적시 출판물에 의한 명예훼손의 공소사실에는 사실적시 출판물에 의한 명예훼손의 공소사실도 포함되어 있으므로, 피고인이 적시한 사실이 허위사실이 아니거나 피고인에게 적시한 사실이 허위사실이라는 인식이 없다면 법원은 공소장변경절차 없이도 사실적시 출판물에 의한 명예훼손죄로 인정할 수 있다(대법원 2008.11.13, 2006도7915).

ㄴ. (○) 대법원 2004.7.22, 2003도8153

ㄷ. (○) 대법원 2013.2.28, 2011도14986

ㄹ. (×) 공소사실 또는 적용법조의 추가, 철회 또는 변경의 허가에 관한 결정은 판결 전의 소송절차에 관한 결정이라 할 것이므로 그 결정을 함에 있어서 저지른 위법이 판결에 영향을 미친 경우에 한하여 그 판결에 대하여 상소를 하여 다툼으로써 불복하는 외에는 당사자가 이에 대하여 독립하여 상소할 수 없다(대법원

1987.3.28, 87모17).

ㅁ. (×) 공소사실의 동일성이 인정되지 않는 등의 사유로 공소장변경 허가결정에 위법사유가 있는 경우에는 공소장변경허가를 한 법원이 스스로 이를 취소할 수 있다(대법원 2001.3.27, 2001도116).

정답 ③

---

008 ✓ 유사 ◆◆◇ 국가9급 2018

공소장변경에 대한 설명으로 옳지 않은 것은? (다툼이 있는 경우 판례에 의함)

① 미수의 공소사실에 대해 예비나 음모를 인정하고자 하는 경우에도 공소장변경을 거쳐야 한다.

② 상고심에서는 공소장변경이 허용되지 않지만, 상고심에서 파기환송된 항소심에서는 공소장변경이 허용된다.

③ 공소장변경으로 공소사실을 예비적 또는 택일적으로 추가하는 경우에도 공소사실의 동일성이 인정되는 한도에서 허용된다.

④ 동일한 범죄사실에 대하여 포괄일죄로 기소된 것을 법원이 공소장변경절차를 거치지 아니하고 실체적 경합관계에 있는 수죄로 인정하는 것은 허용되지 아니한다.

해설

④ (×) 법원이 동일한 범죄사실을 가지고 포괄일죄로 보지 아니하고 실체적 경합관계에 있는 수죄로 인정하였다고 하더라도 이는 다만 죄수에 관한 법률적 평가를 달리한 것에 불과할 뿐이지 소추대상인 공소사실과 다른 사실을 인정한 것도 아니고 또 피고인의 방어권 행사에 실질적으로 불이익을 초래할 우려도 없으므로 불고불리의 원칙에 위반되는 것이 아니다(대법원 1987.5.26, 87도527).

① (○) 세관직원에게 부탁하여 사위의 방법으로 밀수입하려고 외국에서 구입한 손목시계 등 물품을 가지고 왔다가 통관시켜 줄 세관직원을 찾지 못하여 이를 보고창고에 예치시킨 행위에 대하여 관세포탈미수로 인한 특정범죄 가중처벌 등에 관한 법률위반죄로 공소제기된 경우에는 위 소위가 관세포탈예비로 인한 특정범죄 가중처벌 등에 관한 법률위반죄를 구성한다고 하더라도 검사가 공소장변경을 하지 아니한 이상 법원은 이에 관하여 심판할 수 없다(대법원 1983.4.12, 82도2939).

② (○) 현행법상 형사항소심의 구조가 사후심으로서의 성격만을 가지는 것은 아니므로, 피고인의 상고에 의하여 상고심에서 원심판결을 파기하고 사건을 항소심에 환송한 경우에도 공소사실의 동일성이 인정되면 공소장변경을 허용하여 이를 심판대상으로 삼을 수 있다(대법원 2004.7.22, 2003도8153).

③ (○) 제298조 제1항 참조.

> **제298조(공소장의 변경)** ① 검사는 법원의 허가를 얻어 공소장에 기재한 공소사실 또는 적용법조의 추가, 철회 또는 변경을 할 수 있다. 이 경우에 법원은 공소사실의 동일성을 해하지 아니하는 한도에서 허가하여야 한다.

정답 ④

---

009 ✓ 유사 ◆◆◇ 국가7급 2017

공소장변경에 대한 설명으로 옳지 않은 것은? (다툼이 있는 경우 판례에 의함)

① 공소장에 기재된 적용법조에 해당하는 구성요건이 충족되지 않을 때에는 공소사실의 동일성이 인정되고 피고인의 방어에 실질적인 불이익을 주지 않는다면, 법원은 공소장변경 없이 직권으로 공소장 기재와 다른 법조를 적용할 수 있다.

② 공소제기된 범죄사실에 포함된, 그보다 가벼운 다른 범죄사실이 인정되고 사안이 중대하여 공소장이 변경되지 않았다는 이유로 이를 처벌하지 않는 것이 현저히 정의와 형평에 반한다고 인정되는 경우 법원은 예외적으로 그 다른 범죄사실을 유죄로 판단하여야 한다.

③ 검사가 공소사실의 일부가 되는 범죄일람표를 컴퓨터 프로그램을 통하여 열어보거나 출력할 수 있는 전자적 형태의 문서로 작성한 후 종이문서로 출력하여 제출하지 아니하고 저장매체 자체를 서면인 공소장변경 허가신청서에 첨부하여 제출한 경우, 그 신청의 효력은 전자적 형태의 문서 부분까지 미친다.

④ 검사가 포괄일죄의 일부 범죄사실에 대하여 공소제기한 후 항소심에서 나머지 부분을 추가하는 공소장변경 허가를 신청한 경우 법원은 이를 허가하여야 한다.

해설

③ (×) 검사가 공소사실의 일부가 되는 범죄일람표를 컴퓨터 프로그램을 통하여 열어보거나 출력할 수 있는 전자적 형태의 문서로 작성한 후, 종이문서로 출력하여 제출하지 아니하고 전자적 형태의 문서가 저장된 저장매체 자체를 서면인 공소장에 첨부하여 제출한 경우에는, 서면인 공소장에 기재된 부분에 한하여 공소가 제기된 것으로 볼 수 있을 뿐이고, 저장매체에 저장된 전자적 형태의 문서 부분까지 공소가 제기된 것이라고 할 수는 없다(대법원 2016.12.15, 2015도3682).

① (○) [1] 법원은 공소사실의 동일성이 인정되는 범위 내에서 공소가 제기된 범죄사실에 포함된 보다 가벼운 범죄사실이 인정되는 경우에 심리의 경과에 비추어 피고인의 방어권 행사에 실질적 불이익을 초래할 염려가 없다고 인정되는 때에는 공소장이 변경되지 않았더라도 직권으로 공소장에 기재된 공소사실과 다른 공소사실을 인정할 수 있다.
[2] 강도상해죄로 기소된 공소사실에 대하여 공소장 변경 없이 주거침입죄 및 상해죄로 처단한 원심의 조처를 수긍한 사례이다(대법원 1996.5.10, 96도755).

② (○) 법원이 공소사실의 동일성이 인정되는 범위 내에서 공소가 제기된 범죄사실에 포함된 이보다 가벼운 범죄사실을 공소장변경 없이 직권으로 인정할 수 있는 경우라고 하더라도, 공소가 제기된 범죄사실과 대비하여 볼 때 실제로 인정되는 범죄사실의 사안이 중대하여 공소장이 변경되지 않았다는 이유로 이를 처벌하지 않는다면 적정절차에 의한 신속한 실체적 진실의 발견이라는 형사소송의 목적에 비추어 현저히 정의와 형평에 반하는 것으로 인정되는 경우가 아닌 한, 법원이 직권으로 그 범죄사실을 인정하지 아니하였다고 하여 위법한 것은 아니다(대법원 2008.10.9, 2007도1220).

④ (○) 제298조 제1항 참조.

PART 04 CHAPTER 01 공판절차

> **제298조(공소장의 변경)** ① 검사는 법원의 허가를 얻어 공소장에 기재한 공소사실 또는 적용법조의 추가, 철회 또는 변경을 할 수 있다. 이 경우에 법원은 공소사실의 동일성을 해하지 아니하는 한도에서 허가하여야 한다.

→ 포괄일죄의 일부 범죄사실은 공소사실의 동일성을 해하지 않으므로 검사가 이를 추가하는 공소장변경허가를 신청한 경우 법원은 공소장변경을 허가하여야 한다.

정답 ③

010 ✓ 유사 ◆◆◆ 　　　법원 2016

공소장변경에 관한 다음 설명 중 가장 옳은 것은? (다툼이 있는 경우 판례에 의함)

① 공소장의 변경은 제1심에서만 허용되므로, 항소심에서는 허용되지 않는다.
② 친고죄로 기소된 후에 피해자의 고소가 취소되더라도 당초에 기소된 공소사실과 동일성이 인정되는 범위 내에서 다른 공소사실(비친고죄)로 공소장이 변경된 경우 애초 공소제기의 흠이 치유되므로, 법원은 변경된 공소사실에 대하여 심리·판단하여야 한다.
③ 공소사실의 동일성 여부는 사실의 동일성이 갖는 기능을 염두에 두고 피고인의 행위와 그 사회적인 사실관계를 기본으로 하여야 하므로, 규범적 요소를 고려해서는 안 된다.
④ 공소장변경이 있는 경우에 공소시효의 완성 여부는 공소장변경 시를 기준으로 삼는다.

해설

② (○) 친고죄에서 피해자의 고소가 없거나 고소가 취소되었음에도 친고죄로 기소되었다가 그 후 당초에 기소된 공소사실과 동일성이 인정되는 비친고죄로 공소장변경이 허용된 경우 그 공소제기의 흠은 치유되고, 친고죄로 기소된 후에 피해자의 고소가 취소되더라도 제1심이나 항소심에서 당초에 기소된 공소사실과 동일성이 인정되는 범위 내에서 다른 공소사실로 공소장을 변경할 수 있으며 이러한 경우 변경된 공소사실에 대하여 심리·판단하여야 하는데, 이는 반의사불벌죄에서 피해자의 '처벌을 희망하지 아니하는 의사표시' 또는 '처벌을 희망하는 의사표시의 철회'가 있는 경우에도 마찬가지로 보아야 한다(대법원 2011.5.13, 2011도2233).
① (×) 법원이 종결된 변론을 재개하여 다시 공판심리를 하게 된 경우에도 검사는 적법하게 공소장변경 신청을 할 수 있고 항소심 절차에서도 이를 할 수 있으며 법원은 필요한 경우 직권으로 증거조사를 할 수 있다고 할 것이므로, 항소심법원이 변론기일에 변론을 종결하였다가 그 후 변론을 재개하여 심리를 속행한 다음 직권으로 증인을 심문한 뒤 검사의 공소장변경 신청을 허가하였다고 하더라도 이와 같은 항소심의 조치는 형사소송법의 절차나 규정에 위반하였다고 볼 수 없다(대법원 1995.12.5, 94도1520).
③ (×) 공소사실이나 범죄사실의 동일성 여부는 사실의 동일성이 갖는 법률적 기능을 염두에 두고 피고인의 행위와 그 사회적인 사실관계를 기본으로 하되 그 규범적 요소도 고려에 넣어 판단하여야 한다(대법원 1996.6.28, 95도1270).
[보충] 공소장변경의 요점: ㉠ 의의: 공소사실·적용법조의 추가·철회·변경(≠ 추가기소, 공소취소, 공소장정정·보정), ㉡

공소장변경의 한계: (수정된) 기본적 사실 동일설, ㉢ 공소장변경의 필요성: 사실기재설(피고인의 방어권에의 실질적 불이익 고려), ㉣ 절차: 검사의 신청에 의한 경우와 법원의 요구에 의한 경우.
④ (×) 공소장변경이 있는 경우에 공소시효의 완성 여부는 당초의 공소제기가 있었던 시점을 기준으로 판단할 것이고 공소장변경 시를 기준으로 삼을 것은 아니다(대법원 1982.5.25, 82도535).

정답 ②

011 ✓ 유사 ◆◆◇ 　　　법원9급 2019

공소장 변경에 관한 다음 설명 중 가장 옳은 것은?

① 검사의 공소장변경신청이 공소사실의 동일성에 반하는 내용임에도 법원이 이를 허가하는 결정을 하였을 때 피고인은 즉시항고로서 그 결정의 효력을 다툴 수 있다.
② 단독범으로 기소된 것을 다른 사람과 공모하여 동일한 내용의 범행을 한 것으로 인정하더라도 이로 인하여 피고인의 방어권 행사에 실질적 불이익을 줄 우려가 없다면 공소장 변경이 필요한 것은 아니다.
③ 항소심에서의 공소장변경이 변경 전의 공소사실과 기본적 사실관계가 동일하더라도 항소심에 이르러 새로운 공소의 추가적 제기와 다르지 않다면 심급이익을 박탈하는 것이 되어 허용될 수 없다.
④ 공소장변경 허가의 기준으로서 공소사실의 동일성이 있는지는 자연적·사회적 사실관계의 동일성이라는 관점에서 파악되어야 하고, 규범적 요소를 고려하여 기본적 사실관계가 실질적으로 동일한지 여부에 따라 결정될 수는 없다.

해설

② (○) 단독범으로 기소된 것을 다른 사람과 공모하여 동일한 내용의 범행을 한 것으로 인정하는 경우에 이로 말미암아 피고인에게 예기치 않은 타격을 주어 방어권 행사에 실질적 불이익을 줄 우려가 없다면 공소장 변경이 필요한 것은 아니다(대법원 2007.4.26, 2007도309; 2013.10.24, 2013도5752 등).
① (×) 대법원 1987.3.28, 87모17
③ (×) 변경된 공소사실이 변경 전의 공소사실과 기본적 사실관계에서 동일하다면 그것이 새로운 공소의 추가적 제기와 다르지 않다고 하더라도 항소심에서도 공소장변경을 할 수 있다(대법원 1995.2.17, 94도3297 등). 항소심에서 공소장변경을 하더라도 제1심에서 판단한 공소사실과 기본적 사실관계가 동일한 범위 내에서만 허용되기 때문에 그 변경된 공소사실의 기초를 이루는 사실관계는 제1심에서 이미 심리되었으므로, 항소심에서의 공소장변경이 피고인의 심급의 이익을 박탈한다고 보기도 어렵다(헌법재판소 2012.5.31, 2010헌바128).
④ (×) 기본적 사실관계의 동일성을 판단함에 있어서는 그 사실의 동일성이 갖는 기능을 염두에 두고 피고인의 행위와 그 사회적인 사실관계를 기본으로 하되 규범적 요소도 아울러 고려하여야 한다(대법원 2010.6.24, 2009도9593 등).

정답 ②

012 ✓ 유사 ◆◆◇ 〔국가7급 2015〕

공소장변경에 대한 설명으로 옳지 않은 것은? (다툼이 있는 경우 판례에 의함)

① 기수의 공소사실을 미수로 인정하는 경우와는 달리 미수의 공소사실을 예비로 인정하려면 공소장변경이 필요하다.

② 상고심에서는 공소장변경을 할 수 없지만, 상고심에서 파기환송된 사건에 대한 항소심에는 공소장변경을 할 수 있다.

③ 허위사실적시 출판물에 의한 명예훼손죄로 공소제기한 것을 사실적시 출판물에 의한 명예훼손죄로 변경하기 위해서는 공소장변경이 필요하다.

④ 법원은 피고인이 재정하는 공판정에서는 피고인에게 이익이 되거나 피고인이 동의하는 경우 구술에 의한 공소장변경을 허가할 수 있다.

해설

③ (✕) 축소사실을 인정함에 있어서는 공소장변경을 요하지 아니한다. "형법 제309조 제2항의 허위사실적시 출판물에 의한 명예훼손의 공소사실에는 같은 조 제1항 소정의 사실적시 출판물에 의한 명예훼손의 공소사실도 포함되어 있으므로, 피고인이 적시한 사실이 허위사실이 아니거나 피고인에게 적시한 사실이 허위사실이라는 인식이 없다면 법원은 공소장변경절차 없이도 형법 제309조 제1항의 사실적시 출판물에 의한 명예훼손죄로 인정할 수 있다(대법원 2008.11.13, 2006도7915)."

① (○) 세관직원에게 부탁하여 사위의 방법으로 밀수입하려고 외국에서 구입한 손목시계 등 물품을 가지고 왔다가 통관시켜 줄 세관직원을 찾지 못하여 이를 보세창고에 예치시킨 행위에 대하여 관세포탈미수로 인한 특정범죄 가중처벌 등에 관한 법률위반죄로 공소제기된 경우에는 위 소위가 관세포탈예비로 인한 특정범죄 가중처벌 등에 관한 법률위반죄를 구성한다고 하더라도 검사가 공소장변경을 하지 아니한 이상 법원은 이에 관하여 심판할 수 없다(대법원 1983.4.12, 82도2939).
[보충] 예비죄의 성립요건에 대해서는 별도의 방어 기회가 보장되어야 함.

② (○) 현행법상 형사항소심의 구조가 사후심으로서의 성격만을 가지는 것은 아니므로, 피고인의 상고에 의하여 상고심에서 원심판결을 파기하고 사건을 항소심에 환송한 경우에도 공소사실의 동일성이 인정되면 공소장변경을 허용하여 이를 심판대상으로 삼을 수 있다(대법원 2004.7.22, 2003도8153).

④ (○) 규칙 제142조 제5항 참조.

> **제142조(공소장의 변경)** ⑤ 법원은 제1항의 규정에도 불구하고 피고인이 재정하는 공판정에서는 피고인에게 이익이 되거나 피고인이 동의하는 경우 구술에 의한 공소장변경을 허가할 수 있다.

정답 ③

---

013 ✓ 유사 ◆◆◇ 〔경찰1차 2020 변형〕

〈보기 A〉에서 공소사실의 동일성 판단기준에 관한 판례의 입장을 고르고, 이러한 판례의 입장에 의해 공소사실의 동일성을 인정할 수 없는 경우를 〈보기 B〉에서 찾아 바르게 연결한 것은?

보기 A

㉠ 제1설: 공소사실은 자연적 사실이 아니라 구성요건의 유형적 본질인 죄질에 의한 사실관계의 파악이므로 죄질이 동일한 경우에만 공소사실의 동일성이 인정된다.

㉡ 제2설: 공소사실의 동일성은 그 사실의 기초가 되는 사회적 사실관계가 기본적인 점에서 동일하면 그대로 유지되는 것이며, 기본적 사실관계의 동일성을 판단함에 있어서는 사회적인 사실관계를 기본으로 하되 규범적 요소도 고려하여야 한다.

㉢ 제3설: 비교되는 두 사실이 구성요건적으로 상당한 정도 부합하는 때에는 공소사실의 동일성이 인정되고, 이때 양 구성요건이 죄질을 같이 하거나 공통된 특징을 가질 것을 요구하지 않는다.

보기 B

ⓐ '피고인은 1999.5. 일자 불상 04시경 피해자와 전화통화 중 다른 남자와의 관계를 아들에게 폭로하겠다고 말하여 협박하였다'라는 공소사실과 '피고인은 2000.8.4. 새벽경 위와 동일한 방법으로 동일한 피해자를 협박하였다'라는 범죄일시만을 변경한 공소사실

ⓑ '피고인은 2017.10. 하순경 승용차 안에서 甲에게 필로폰 0.3g을 교부하였다'라는 공소사실과 '피고인은 2017.10. 중순경 장소 불상지에서 전화로 甲에게 필로폰 10g을 구해주겠다고 속여 2017.10. 하순경 ○○역 근처에서 甲으로부터 필로폰 대금 370만원을 교부·편취하였다'는 공소사실

ⓒ '피고인은 피해자를 살해하려고 목을 누르는 등 폭행을 가하였으나 미수에 그쳤다'라는 공소사실과 '피고인은 피해자를 강간하려고 목을 누르는 등 폭행을 가하였으나 미수에 그치고 피해자에게 상해를 입혔다'라는 공소사실

① ㉠ - ⓐ   ② ㉡ - ⓑ
③ ㉡ - ⓒ   ④ ㉢ - ⓒ

해설

[보기 A]

㉡ 제1설은 죄질동일설, 제2설은 수정된 기본적 사실동일설, 제3설은 구성요건공통설의 입장이다(이외에도 공소사실의 동일성의 기준에 대해서는 기본적 사실동일설과 소인공통설도 주장되고 있음). 검사는 공소사실의 동일성을 해하지 아니하는 범위 내에서 법원의 허가를 얻어 공소장에 기재한 공소사실 또는 적용법조의 추가·철회 또는 변경을 할 수 있고, 공소사실의 동일성은 공

소사실의 기초가 되는 사회적 사실관계가 기본적인 점에서 동일하면 그대로 유지되는 것이며, 이러한 기본적 사실관계의 동일성을 판단함에 있어서는 그 사실의 동일성이 갖는 기능을 염두에 두고 피고인의 행위와 그 사회적인 사실관계를 기본으로 하되 규범적 요소도 아울러 고려하여야 한다(대법원 2014.2.27, 2013도12155). 즉, 판례는 공소사실의 동일성 판단기준에 대하여 ⓒ의 수정된 기본적 사실동일설을 취한다.

[보기 B]
ⓐ 야간협박에 의한 폭력행위 등 처벌에 관한 법률 위반의 공소사실 중 범행방법, 협박 내용 등 다른 공소사실은 그대로 유지한 채 범죄 일시만을 '1999.5. 일자불상 04:00경'에서 '2000.8.4. 새벽경'으로 변경한 경우, 그 변경 경위 등에 비추어 변경 전후의 공소사실의 동일성을 인정할 수 있다(대법원 2005.7.14, 2003도1166).
ⓑ 당초의 공소사실인 마약류관리에 관한 법률 위반(향정)의 범죄사실과 검사의 공소장변경에 의해 예비적으로 추가된 사기의 범죄사실은 그 수단·방법 등 범죄사실의 내용이나 행위의 태양 및 피해법익이 다르고 죄질에도 현저한 차이가 있어, 그 기본적인 사실관계가 동일하다고 볼 수 없다(대법원 2012.4.13, 2010도16659).
ⓒ 피고인이 피해자를 살해하려고 목을 누르는 등 폭행을 가하였으나 미수에 그쳤다는 살인미수의 공소사실에 대하여 예비적으로 피고인이 피해자를 강간하려고 위와 같은 폭행을 가하였으나 미수에 그치고 피해자에게 상해를 입혔다는 강간치상의 공소사실을 추가하는 공소장변경은 공소사실의 동일성을 해친다고 볼 수 없다(대법원 1984.6.26, 84도666).

[정답] ②

---

014 ✅ 유사 ◆◆◆ 　　국가7급 2019

甲에 대한 공소사실에 관하여 공소장변경이 허용되는 것은? (다툼이 있는 경우 판례에 의함)

① '甲이 2017.8.11. 토지거래허가구역 내 토지를 A에게 미등기 전매한 후 B에게 근저당권을 설정해주어 3억 5천만원의 이득을 취하였다'라는 배임죄의 공소사실로 기소하였다가 '甲이 2017.8.11. 근저당권을 말소하여 소유권이전등기를 넘겨줄 의사나 능력이 없음에도 A를 기망하여 2억 7,000만원의 매매대금을 편취하였다'라는 사기죄의 공소사실을 예비적으로 추가한 경우

② '공무원인 甲이 여행업자 乙과 공모하여 탐방행사의 여행경비를 부풀려 과다 청구하는 방법으로 학부모들을 기망하여 2017.5.1.부터 2018.9.23.까지 총 11회에 걸쳐 6,500만원을 편취하였다'라는 공소사실로 기소하였다가, '공무원인 甲이 자신에게 탐방행사를 맡겨 준 사례금 명목으로 2018.8.1.부터 2018.12.1.까지 총 5회에 걸쳐 乙로부터 1,300만원의 뇌물을 수수하였다'라는 공소사실을 예비적으로 추가한 경우

③ '의사인 甲이 2016.10.17.경부터 2018.9.30.경까지 A병원의 실제 운영자인 乙에게 월 300만원을 받고 의사 면허증을 대여하였다'라는 공소사실을 '의사가 아닌 자는 병원을 개설할 수 없음에도 의사인 甲은 의사면허가 없는 乙과 공모하여 병원을 甲명의로 개설하기로 하였다. 이에 따라 乙은 2016.10.17.경 甲명의로 A병원을 개설하였다'라는 내용으로 변경한 경우

④ '甲이 2017.10. 하순경 甲의 승용차 안에서 乙에게 필로폰 약 0.3g을 교부하였다'라는 「마약류관리에 관한 법률」 위반(향정)의 공소사실로 기소하였다가 '甲이 2017.10. 중순경 장소불상지에서 전화로 乙에게 필로폰 10g을 구해 주겠다고 속여 2017.10. 하순경 ○○역 근처에서 乙로부터 필로폰 대금 370만원을 교부받아 편취하였다'라는 사기 범죄사실을 예비적으로 추가한 경우

[해설]

③ (○) 피고인이 의사면허증을 대여해 준 행위와 비의료인의 의료기관 개설행위에 가담한 행위는 모두 피고인이 단일한 범의 아래 저지른 일련의 행위로서 밀접한 관계에 있고 죄질 및 피해법익도 유사하므로, 상고이유로 지적하는 사정들을 고려한다고 하더라도 양 사실은 그 기본적 사실관계가 동일한 것이라고 하지 않을 수 없다(대법원 2012.9.13, 2010도11338).

① (×) 피고인들에 대하여 공소가 제기된 당초의 배임 범죄사실과 검사가 공소장변경신청을 하여 예비적으로 추가한 사기 범죄사실은 그 범행 일시와 장소, 수단, 방법 등 범죄사실의 내용이나 행위 태양이 다르고 범죄의 결과도 다르며 죄질에도 현저히 차이가 있으므로 그 기본적 사실관계가 동일하다고 할 수 없다. 그렇다면 이 사건 공소장변경은 이를 허가할 것이 아니다(대법원 2012.4.13, 2011도3469).

② (×) 당초의 공소사실(사기)과 예비적 공소사실(뇌물수수)은 그

시기(시기)와 수단·방법 등의 범죄사실의 내용이나 행위 태양 및 피해법익이 다르고 죄질에도 현저한 차이가 있어 그 기본적인 사실관계가 동일하다고 보기 어려우므로, 이 사건 공소장변경 허가신청은 공소사실의 동일성 범위 내의 것이라고 할 수 없다(대법원 2017.8.29, 2015도1968).

④ (×) 당초의 공소사실인 마약류관리에 관한 법률 위반(향정)의 범죄사실과 검사의 공소장변경에 의해 예비적으로 추가된 사기의 범죄사실은 그 수단·방법 등 범죄사실의 내용이나 행위의 태양 및 피해법익이 다르고 죄질에도 현저한 차이가 있어, 그 기본적인 사실관계가 동일하다고 볼 수 없다(대법원 2012.4.13, 2010도16659).

정답 ③

015 ✓ 유사 ◆◆◆ 경찰 2013 유사·2015

공소장변경에 대한 설명으로 가장 적절하지 않은 것은? (다툼이 있으면 판례에 의함)

① 법원이 피고인에 대한 「상표법」 위반의 공소사실을 「부정경제방지 및 영업비밀보호에 관한 법률」 위반으로 공소장 변경을 요구하지 아니하거나, 직권으로 위 「부정경쟁방지 및 영업비밀보호에 관한 법률」 위반죄의 성립 여부를 판단하지 않은 것은 위법하지 않다.

② 공소장변경 없이 비지정문화재수출미수죄로 기소된 공소사실을 비지정문화재수출예비·음모죄로 인정할 수 없다.

③ 검사가 공소사실 중 임차권 양도계약 중개수수료 교부자를 甲에서 乙로 변경하는 공소장변경 신청을 하였을 경우, 피고인이 공소사실 기재 일시 및 장소에서 위 계약을 중개한 후 법정 수수료 상한을 초과한 중개수수료를 교부받았다는 사실에 변함이 없다 해도 공소사실의 동일성이 인정되지 않으므로 공소장변경이 허용되지 않는다.

④ 공소장의 변경은 항소심에서도 할 수 있으며, 상고심에서 원심판결을 파기하고 사건을 항소심에 환송한 경우의 항소심에서도 마찬가지이다.

해설

③ (×) 검사가 공소사실 중 임차권 양도계약 중개수수료 교부자를 甲에서 乙로 변경하는 공소장변경 신청을 하고 원심이 이를 허가한 경우, 그와 같이 공소장을 변경하더라도 피고인이 공소사실 기재 일시 장소에서 위 계약을 중개한 후 법정 수수료 상한을 초과한 중개수수료를 교부받았다는 사실에는 변함이 없으므로, 공소사실의 동일성이 인정된다(대법원 2010.6.24, 2009도9593).

① (○) [1] 법원이 검사에게 공소장 변경을 요구할 것인지 여부는 재량에 속하는 것이므로, 법원이 검사에게 공소장의 변경을 요구하지 아니하였다고 하여 위법하다고 할 수 없다 따라서 원심이 이 사건 상표법위반죄의 공소사실을 부정경쟁방지 및 영업비밀보호에 관한 법률(이하 '부정경쟁방지법'이라 한다) 위반죄로 공소장 변경을 요구하지 아니한 것이 위법하다는 상고이유의 주장은 받아들이지 아니한다.
[2] 법원이 공소장의 변경 없이 직권으로 공소장에 기재된 공소

사실과 다른 범죄사실을 인정하기 위해서는 공소사실의 동일성이 인정되는 범위 내이어야 할 뿐더러 또한 피고인의 방어권 행사에 실질적 불이익을 초래할 염려가 없어야 한다. 그런데 상표법 위반의 이 사건 공소사실과 검사 주장의 부정경쟁방지법 위반의 범죄사실은 그 범죄행위의 내용 내지 태양이 서로 달라 이에 대응할 피고인의 방어행위 역시 달라질 수밖에 없어, 공소장 변경 없이 검사 주장과 같은 범죄사실을 인정하는 경우에는 피고인의 방어권 행사에 실질적인 불이익을 초래할 염려가 있다 할 것이므로, 그와 같은 범죄사실을 인정할 증거가 있는지 여부에 관하여 판단할 필요도 없이 이 부분 상고이유의 주장도 받아들이지 아니한다(=부정경쟁방지 및 영업비밀보호에 관한 법률 위반죄의 성립여부를 판단하지 않아도 위법한 것은 아니다)(대법원 2011. 1.13, 2010도5994).
[보충 1] 상표법 위반 → 부정경쟁방지법 위반: 공소장변경 필요
[보충 2] 법원의 공소장변경요구: 의무가 아니라 재량

② (○) 비지정문화재수출미수죄로 기소된 공소사실을 공소장변경 없이 비지정 문화재수출예비·음모죄로 인정할 수 없다(대법원 1999.11.26, 99도2461).

④ (○) 현행법상 형사항소심의 구조가 사후심으로서의 성격만을 가지는 것은 아니므로, 피고인의 상고에 의하여 상고심에서 원심판결을 파기하고 사건을 항소심에 환송한 경우에도 공소사실의 동일성이 인정되면 공소장 변경을 허용하여 이를 심판대상으로 삼을 수 있다(대법원 2004.7.22, 2003도8153).

정답 ③

016 ✓ 유사 ◆◆◇ 경찰 2014

다음은 공소장변경이 없는 경우 공소사실과 다른 죄를 인정할 수 있는지 여부에 관한 판례이다. 판례의 태도와 부합하지 않은 것은 모두 몇 개인가?

㉠ 관세포탈 미수의 공소사실을 관세포탈 예비로 심판할 수 없다.
㉡ 히로뽕투약죄 기수의 공소사실을 히로뽕투약죄 미수로 인정할 수 있다.
㉢ 특수강도의 공소사실을 특수공갈죄로 처단할 수 없다.
㉣ 장물보관죄의 공소사실을 업무상과실장물보관죄로 의율 할 수 없다.
㉤ 살인죄의 공소사실을 폭행치사죄로 처단할 수 없다.
㉥ 실체적 경합범의 공소사실을 포괄일죄로 처벌할 수 있다.
㉦ 업무상과실치사죄의 공소사실을 단순과실치사죄로 인정할 수 없다.
㉧ 사실적시에 의한 명예훼손죄의 공소사실을 허위사실적시에 의한 명예훼손죄로 처벌할 수 없다.

---

① 0개   ② 1개
③ 2개   ④ 3개

해설

㉠ (○) 세관직원에게 부탁하여 사위의 방법으로 밀수입하려고 외국에서 구입한 손목시계 등 물품을 가지고 왔다가 통관시켜 줄

세관직원을 찾지 못하여 이를 보세창고에 예치시킨 행위에 대하여 관세포탈미수로 인한 특정범죄 가중처벌 등에 관한 법률위반죄로 공소제기된 경우에는 위 소위가 관세포탈예비로 인한 특정범죄 가중처벌 등에 관한 법률위반죄를 구성한다고 하더라도 검사가 공소장변경을 하지 아니한 이상 법원은 이에 관하여 심판할 수 없다(대법원 1983.4.12, 82도2939).

ⓛ (○) 히로뽕 투약죄의 기수범으로 기소된 공소사실에 대하여 실행행위에 착수한 사실은 인정되나 기수에 이른 사실은 인정되지 않는 경우, 마약류의 심각한 폐해와 마약사범의 급속한 증가현상에 비추어 볼 때 히로뽕 투약의 경우 그 미수범도 기수범에 못지 않게 그 사안이 중대하다고 할 것이어서 공소장이 변경되지 않았다는 이유로 이를 처벌하지 않으면 현저히 정의와 형평에 반한다고 여겨지므로, 심리의 경과에 비추어 그 미수의 범죄사실을 인정한다고 하여 피고인의 방어권 행사에 실질적인 불이익을 초래할 염려가 있다고 보여지지 않는다면 법원은 공소사실에 포함된 히로뽕 투약 미수의 범죄사실을 유죄로 인정하여야 한다(대법원 1999.11.9, 99도3674).

ⓒ (○) 특수강도 사실을 공소장 변경절차 없이 특수공갈죄로 처단함은 위법하다(대법원 1968.9.19, 68도995 전원합의체).
[보충] 강도상해교사 → 공갈교사: 공소장변경 필요(강공필)

ⓔ (○) 장물보관죄로 공소제기된 사건을 검사의 공소장변경절차 없이 업무상과실 장물보관죄로 의율 처단할 수는 없다(대법원 1984.2.28, 83도3334).
[보충] 고의범 → 과실범: 공소장변경 필요

ⓜ (○) 공소가 제기된 살인죄의 범죄사실에 대하여는 그 증명이 없으나 폭행치사죄의 증명이 있는 경우에도 살인죄의 구성요건이 반드시 폭행치사 사실을 포함한다고 할 수 없고, 따라서 공소장의 변경 없이 폭행치사죄를 인정함은 결국 폭행치사죄에 대한 피고인의 방어권 행사에 불이익을 주는 것이므로, 법원은 위와 같은 경우에 검사의 공소장변경 없이는 이를 폭행치사죄로 처단할 수는 없다(대법원 2001.6.29, 2001도1091).
[보충] 살인이 폭행치사를 반드시 포함하지 않음(고의범에서 과실범 인정에 공소장변경 필요의 법리와 유사함).

ⓗ (○) 실체적 경합범으로 공소제기된 범죄사실에 대하여 법원이 그 범죄사실을 그대로 인정하면서 다만 죄수에 관한 법률적인 평가만을 달리하여 포괄일죄로 처단하더라도 이는 피고인의 방어에 불이익을 미치는 것이 아니므로 법원은 공소장변경 없이도 포괄일죄로 처벌할 수 있다(대법원 1987.7.21, 87도546).

ⓢ (○) 검사가 피고인을 업무상 과실치사죄로 기소한 사건에 대하여 법원이 검사의 공소장변경절차도 없이 단순과실치사죄로 인정하여 유죄의 선고를 한 것은 공소의 범위에 관한 법리를 오해한 위법을 면치 못한다(대법원 1968.11.19, 68도1998).
[보충] 공소권면제 특례조항이 배제되는 불이익이 발생하므로, 공소장변경이 필요함.

◎ (○) 검사가 형법 제307조 제1항의 사실적시 명예훼손죄로 기소한 공소사실에 대하여 법원이 공소장의 변경 없이 그보다 형이 중한 형법 제307조 제2항의 허위사실적시 명예훼손죄를 인정하는 것은 피고인의 방어권 행사에 불이익을 주는 것으로서 허용될 수 없다(대법원 2001.11.27, 2001도5008).

정답 ①

017 ✓ 유사 ◆◆◇ 〔법원9급 2022〕

다음 설명 중 가장 옳지 않은 것은? (다툼이 있는 경우 판례에 의하고, 전원합의체 판결의 경우 다수의견에 의함)

① 공소장변경절차 없이도 법원이 심리·판단할 수 있는 죄가 한 개가 아니라 여러 개인 경우 법원으로서는 그 중 어느 하나를 임의로 선택하여 심리·판단할 수 있다.

② 공소사실의 동일성이 인정됨에도 불구하고 법원이 공소장 변경을 허가하지 않은 경우에도 검사는 이에 대하여 항고하여 다툴 수 없다.

③ 공소사실의 동일성이 인정되지 않는 등의 사유로 공소장변경허가결정에 위법사유가 있는 경우에는 공소장변경허가를 한 법원이 스스로 이를 취소할 수 있다.

④ '피고인은 피해자들로부터 차용금 명목으로 합계 24억 7,100만원을 교부받아 이를 편취하였다'는 공소사실과 '피고인은 피해자들로부터 투자금 명목으로 2007.11.27. 1억 3,000만원을 교부받은 것을 비롯하여 그때부터 2008.7.31.경까지 당심 별지 [범죄일람표(투자금산정서)] 기재와 같이 47회에 걸쳐 합계 2,458,389,426원을 교부받아 이를 편취하였다'는 공소사실 사이에는 동일성이 인정된다.

해설

① (×) 공소장변경절차 없이도 법원이 심리 판단할 수 있는 죄가 한 개가 아니라 여러 개인 경우에는, 법원으로서는 그 중 어느 하나를 임의로 선택할 수 있는 것이 아니라 검사에게 공소사실 및 적용법조에 관한 석명을 구하여 공소장을 보완하게 한 다음 이에 따라 심리 판단하여야 할 것이다(대법원 2005.7.8, 2005도279).

② (○) 판결전의 소송절차에 관한 결정에 대하여는 특히 즉시항고를 할 수 있는 경우외에는 항고를 하지 못하는 것인 바, 소송사실 또는 적용법조의 추가, 철회 또는 변경의 허가에 관한 결정은 판결전의 소송절차에 관한 결정이라 할 것이므로, 그 결정을 함에 있어서 저지른 위법이 판결에 영향을 미친 경우에 한하여 그 판결에 대하여 상소를 하여 다툼으로써 불복하는 외에는 당사자가 이에 대하여 독립하여 상소할 수 없다(대법원 1987.3.28, 87모17).

③ (○) 공소사실의 동일성이 인정되지 않는 등의 사유로 공소장변경허가결정에 위법사유가 있는 경우에는 공소장변경허가를 한 법원이 스스로 이를 취소할 수 있다(대법원 2001.3.27, 2001도116).

④ (○) 위 변경 전후의 공소사실은 모두 투자 권유를 통한 피고인의 일련의 편취행위를 대상으로 하는 것으로서, 단지 변경 후 공소사실은 변경 전 공소사실의 범죄 일시 등을 수정·특정하면서 편취 금액에 약간의 수정을 가하고 '차용금'을 '투자금'으로 정정한 것일 뿐, 당초의 공소사실 외에 별도로 이루어진 편취행위를 새로 공소사실에 추가하는 취지로 변경한 것은 아니라 할 것이므로, 위 변경 전후의 공소사실은 서로 양립 가능한 것이 아닌데다가 위 변경 후 공소사실은 그 기초가 되는 사회적 사실관계에 있어서 전체적으로 변경 전 공소사실의 사실관계에 포함되어, 위 공소장변경 전후의 공소사실은 상호 동일성이 인정된다고 할 것이다(대법원 2011.4.14, 2011도769).

정답 ①

018 ✓ 유사 ◆◆◆ 경찰 2015

공소장의 변경에 관한 다음 설명 중 옳은 것은 모두 몇 개인가? (다툼이 있으면 판례에 의함)

> ㉠ 검사는 법원의 허가를 얻어 공소장에 기재한 공소사실 또는 적용법조의 추가, 철회 또는 변경을 할 수 있다.
> ㉡ 법원은 검사의 공소장 변경신청이 공소사실의 동일성을 해하지 않는 범위라고 하더라도 공소장의 변경을 허가하지 않을 수 있다.
> ㉢ 법원이 검사에게 공소장의 변경을 요구할 것인지의 여부는 법원의 재량에 속하는 것이므로, 법원이 검사에게 공소장의 변경을 요구하지 아니하였다 하여 위법하다고 할 수 없다.
> ㉣ 공소장의 변경은 항소심에서도 할 수 있다.
> ㉤ 검사가 공소장의 변경을 하고자 하는 때에는 그 취지를 기재한 공소장변경 허가신청서를 법원에 제출하여야 한다.

① 1개　　　　　　② 2개
③ 3개　　　　　　④ 4개

해설

㉠ (○) 제298조 제1항 본문
㉡ (×) 형사소송법 제298조 제1항은 "검사는 법원의 허가를 얻어 공소장에 기재한 공소사실 또는 적용법조의 추가, 철회 또는 변경을 할 수 있다. 이 경우에 법원은 공소사실의 동일성을 해하지 아니하는 한도에서 허가하여야 한다."고 규정하고 있으므로, 검사의 공소장 변경신청이 공소사실의 동일성을 해하지 아니하는 한 법원은 이를 허가하여야 한다(대법원 1999.4.13, 99도375).
㉢ (○) 대법원 1997.8.22, 97도1516
㉣ (○) 대법원 1995.12.5, 94도1520
㉤ (○) 규칙 제142조 제1항

정답 ④

019 ✓ 유사 ◆◆◇ 법원 2015

다음 설명 중 가장 옳지 않은 것은? (다툼이 있는 경우 판례에 의함)

① 공소사실이나 범죄사실의 동일성 여부는 사실의 동일성이 갖는 법률적 기능을 염두에 두고 피고인의 행위와 그 사회적인 사실관계를 기본으로 하면서 규범적 요소 또한 아울러 고려하여 판단하여야 한다.

② 법원은 공소사실의 동일성이 인정되는 범위 내에서 피고인의 방어권 행사에 실질적 불이익을 초래할 염려가 없는 경우에만 공소장변경 없이 직권으로 공소장에 기재된 공소사실과 다른 범죄사실을 인정할 수 있다.

③ 형사소송법 제328조 제1항 제4호가 공소기각 결정의 사유로 정하고 있는 '공소장에 기재된 사실이 진실하다 하더라도 범죄가 될 만한 사실이 포함되지 아니한 때'란 공소장 기재사실 자체에 대한 판단으로 그 사실 자체가 죄가 되지 아니함이 명백한 경우를 말한다.

④ 검사의 공소장변경 허가신청이 공소사실의 동일성의 범위 안에 있더라도 법원은 재량에 따라 공소장변경을 허가하지 않을 수 있다.

해설

④ (×) 형사소송법 제298조 제1항 "검사는 법원의 허가를 얻어 공소장에 기재한 공소사실 또는 적용법조의 추가, 철회 또는 변경을 할 수 있고" "법원은 공소사실의 동일성을 해하지 아니하는 한도에서 이를 허가하여야 한다"는 규정의 취지는 검사의 공소장변경신청이 공소사실의 동일성을 해하지 아니하는 한 법원은 이를 허가하여야 한다는 뜻이다(대법원 1975.10.23, 75도2712; 2013.9.12, 2012도14097; 2012.4.13, 2010도16659). 즉, 법원의 허가는 의무적이다.

① (○) [1] 유죄로 확정된 장물취득죄와 이 사건 강도상해죄는 범행일시가 근접하고 위 장물취득죄의 장물이 이 사건 강도상해죄의 목적물 중 일부이기는 하나, 그 범행의 일시, 장소가 서로 다르고, 강도상해죄는 피해자를 폭행하여 상해를 입히고 재물을 강취하였다는 것인 데 반하여 위 장물취득죄는 위와 같은 강도상해의 범행이 완료된 이후에 강도상해죄의 범인이 아닌 피고인이 다른 장소에서 그 장물을 교부받았음을 내용으로 하는 것으로서 그 수단, 방법, 상대방 등 범죄사실의 내용이나 행위가 별개이고, 행위의 태양이나 피해 법익도 다르고 죄질에도 현저한 차이가 있어, 위 장물취득죄와 이 사건 강도상해죄 사이에는 동일성이 있다고 보기 어렵고, 따라서 피고인이 장물취득죄로 받은 판결이 확정되었다고 하여 강도상해죄의 공소사실에 대하여 면소를 선고하여야 한다거나 피고인을 강도상해죄로 처벌하는 것이 일사부재리의 원칙에 어긋난다고는 할 수 없다.
[2] 공소사실이나 범죄사실의 동일성은 형사소송법상의 개념이므로 이것이 형사소송절차에서 가지는 의의나 소송법적 기능을 고려하여야 할 것이고, 따라서 두 죄의 기본적 사실관계가 동일한가의 여부는 그 규범적 요소를 전적으로 배제한 채 순수하게 사회적, 전법률적인 관점에서만 파악할 수는 없고, 그 자연적, 사회적 사실관계나 피고인의 행위가 동일한 것인가 외에 그 규범적 요소도 기본적 사실관계 동일성의 실질적 내용의 일부를 이루는 것이라고 보는 것이 상당하다(대법원 1994.3.22, 93도2080 전원합의체).

② (○) 법원이 공소장의 변경 없이 직권으로 공소장에 기재된 공소사실과 다른 범죄사실을 인정하기 위하여는, 공소사실의 동일성이

인정되는 범위 내이어야 할 뿐더러 또한 피고인의 방어권 행사에 실질적 불이익을 초래할 염려가 없어야 한다(대법원 2001.2.9, 2000도5358; 1990.10.26, 90도1229; 1996. 5.10, 96도755; 1999.4.9, 98도667 등).

③ (O) 대법원 2014.5.16, 2012도12867; 1990.4.10, 90도174

정답 ④

---

020 ✓ 유사 ◆◇◇   법원 2017

공소장변경에 관한 다음 설명 중 가장 옳지 않은 것은? (다툼이 있는 경우 판례에 의함)

① 법원은 공소사실의 동일성이 인정되고, 피고인의 방어권 행사에 실질적 불이익을 초래할 염려가 없는 경우에는 공소장의 변경 없이 직권으로 공소장에 기재된 공소사실과 다른 범죄사실을 인정할 수 있다.

② 공소사실이나 범죄사실의 동일성 여부는 사실의 동일성이 갖는 법률적 기능을 염두에 두고 피고인의 행위와 그 사회적인 사실관계를 기본으로 하되 그 규범적 요소도 고려에 넣어 판단하여야 한다.

③ 검사의 공소장변경 허가신청이 공소사실의 동일성의 범위 안에 있는 것이라도 법원은 이를 허가하지 않을 수 있다.

④ 법원이 검사에게 공소장 변경을 요구할 것인지 여부는 재량에 속하는 것이므로 법원이 검사에게 공소장의 변경을 요구하지 아니하였다고 하여 위법하다고 할 수 없다.

해설

③ (×) 형사소송법 제298조 제1항은 '검사는 법원의 허가를 얻어 공소장에 기재한 공소사실 또는 적용법조의 추가, 철회 또는 변경을 할 수 있다. 이 경우에 법원은 공소사실의 동일성을 해하지 아니하는 한도에서 허가하여야 한다'고 규정하고 있으므로 검사의 공소장변경신청이 공소사실의 동일성을 해하지 아니하는 한 법원은 이를 허가하여야 한다(대법원 2013.9.12, 2012도14097).

① (O) 대법원 2015.12.10, 2013도13444

② (O) 대법원 2014.2.27, 2013도12155

④ (O) 대법원 2012.7.12, 2010도5835

정답 ③

---

021 ✓ 유사 ◆◆◇   법원 2016

공소제기에 관한 다음 설명 중 가장 옳은 것은? (다툼이 있는 경우 판례에 의함)

① 방조범의 공소사실을 기재함에 있어서 그 전제가 되는 정범의 범죄구성을 충족하는 구체적 사실을 기재할 필요는 없다.

② 공소사실의 동일성이 인정되는 범위 내의 사실에 대하여 법원은 검사의 공소장기재 적용법조에 구애됨이 없이 직권으로 법률을 적용할 수 있다.

③ 공소장의 기재가 불명확한 경우 법원은 검사에게 공소사실 특정에 관하여 별도의 석명을 구함이 없이 공소사실의 불특정을 이유로 공소를 기각할 수 있다.

④ 공소는 검사가 피고인으로 지정한 자 뿐만 아니라 다른 공범자에게도 그 효력이 미친다.

해설

② (O) 공소사실의 동일성이 인정되는 범위 내의 사실에 대하여는 법원은 검사의 공소장기재 적용법조에 구애됨이 없이 직권으로 법률을 적용할 수 있다(대법원 1976.11.23, 75도363).
[보충] 심지어 적용법조 미기재의 경우에도 공소제기는 유효함

① (×) 공소사실이란 범죄의 특별구성요건을 충족하는 구체적 사실이며 공소장에는 공소사실의 기재에 있어서 공소의 원인된 사실을 다른 사실과 구별할 수 있을 정도로 특정하도록 형사소송법이 요구하고 있으므로, 방조범의 공소사실을 기재함에 있어서는 그 전제가 되는 정범의 범죄구성을 충족하는 구체적 사실을 기재하여야 한다(대법원 2001.12.28, 2001도5158).

③ (×) 공소장의 기재가 불명확한 경우 법원은 형사소송규칙 제141조의 규정에 의하여 검사에게 석명을 구한 다음, 그래도 검사가 이를 명확하게 하지 않은 때에야 공소사실의 불특정을 이유로 공소를 기각함이 상당하다(대법원 2006.5.11, 2004도5972).

④ (×) 제248조 제1항 참조.

> 제248조(공소의 효력범위) ① 공소의 효력은 검사가 피고인으로 지정한 자에게만 미친다.

정답 ②

022 ✓ 유사 ◆◆◇ 　국가7급 2014

공소사실의 동일성에 대한 설명으로 옳지 않은 것은? (다툼이 있는 경우 판례에 의함)

① 범칙행위와 같은 시간과 장소에서 이루어진 행위라 하더라도 범칙행위의 동일성을 벗어난 형사범죄행위에 대하여는 범칙금의 납부에 따라 발생하는 일사부재리의 효력이 미치지 아니한다.

② 확정된 판결의 공소사실과 공소제기된 공소사실 간에 그 일시만 달리하는 사안에서 사안의 성질상 두 개의 공소사실이 양립할 수 있다고 볼 사정이 있는 경우에는 기본적 사실은 동일하다고 할 수 없다.

③ 갑이 을의 기념전시회에 참석한 손님들에게 을이 공사대금을 주지 않는다는 취지로 소리를 치며 소란을 피워 업무방해죄로 유죄판결을 받아 판결이 확정된 후 다시 명예훼손죄로 기소된 경우, 양 죄는 죄질 및 피해법익을 달리하므로 전자의 확정판결의 기판력은 후자의 공소사실에 대하여 영향력을 미치지 아니한다.

④ 갑이 을로부터 금품을 받은 단독범으로 기소된 것을 종전 적용법조에 형법 제30조를 추가하여 을과 공동정범으로 변경한 경우, 공소장변경 전후의 공소사실 사이에는 동일성이 인정된다.

해설

③ (×) 이 사건 확정판결의 범죄사실 중 업무방해죄와 이 사건 공소사실 중 명예훼손죄(이하 '이 사건 공소사실 2'라 한다)는 <u>모두 피고인이 같은 일시, 장소</u>에서 피해자의 기념전시회에 참석한 손님들에게 피해자가 공사대금을 주지 않는다는 취지로 소리를 치며 소란을 피웠다는 <u>1개의 행위에 의하여 실현된 경우로서 상상적 경합 관계</u>에 있다고 보아, 이 사건 확정판결의 기판력이 이 사건 공소사실 2에 대해서도 미친다고 할 것이어서, 이 사건 공소사실 2에 대하여 이미 확정판결이 있다는 이유로 면소의 판결을 선고한 제1심 판결은 정당하다(대법원 2007.2.23, 2005도10233).
[보충] 업무방해와 명예훼손의 상상적 경합에 해당하므로 공소사실의 동일성이 인정되어 확정판결의 기판력이 미침

① (○) 경범죄처벌법상 범칙금제도는 형사절차에 앞서 경찰서장 등의 통고처분에 의하여 일정액의 범칙금을 납부하는 기회를 부여하여 범칙금을 납부하는 사람에 대하여는 기소를 하지 아니하고 사건을 간이하고 신속·적정하게 처리하기 위하여 처벌의 특례를 마련해 둔 것이라는 점에서 법원의 재판절차와는 제도적 취지 및 법적 성질에서 차이가 있다. 그리고 범칙금의 납부에 따라 확정판결에 준하는 효력이 인정되는 범위는 범칙금 통고의 이유에 기재된 당해 범칙행위 자체 및 범칙행위와 동일성이 인정되는 범칙행위에 한정된다. 따라서 범칙행위와 같은 시간과 장소에서 이루어진 행위라 하더라도 범칙행위의 동일성을 벗어난 형사범죄행위에 대하여는 범칙금의 납부에 따라 확정판결에 준하는 일사부재리의 효력이 미치지 아니한다(대법원 2012.9.13, 2012도6612).

② (○) 공소사실의 동일성의 여부는 그 사실의 기초가 되는 사회적 사실관계가 기본적인 점에서 동일한가의 여부를 구체적 사실에 관하여 개별적으로 판단하여 결정하여야 할 것인바, 최초의 공소사실과 변경된 공소사실 간에 그 일시만 달리하는 경우 사안의 성질상 두 개의 공소사실이 양립할 수 있다고 볼 사정이 있는 경우에는 그 기본인 사회적 사실을 달리할 위험이 있다 할 것이므

로 기본적 사실은 동일하다고 볼 수 없다 할 것이지만, 일방의 범죄가 성립되는 때에는 타방의 범죄의 성립은 인정할 수 없다고 볼 정도로 양자가 밀접한 관계에 있는 경우에는 양자의 기본적 사실관계는 동일한 것이다(대법원 2007.5.10, 2007도1048).
[정리] 양립할 수 있다면 동일성이 없고, 양립할 수 없다면 동일성이 있음

④ (○) 변경된 공소사실은 피고인이 후원인으로부터 금품을 받은 단독범으로 기소된 것을 종전 적용법조에 형법 제30조만을 추가하여 <u>후원인과의 공동정범으로 변경</u>한 것에 불과하여, 공소사실의 동일성이 인정된다고 할 것이다(대법원 2009.1.30, 2008도8138).
[보충] 정범과 공범의 형태만의 변경: <u>법률적 평가만 달리하는 경우로서 공소사실이 동일할 뿐만 아니라 공소장변경이 필요하지 않음</u>

정답 ③

023 ✓ 유사 ◆◆◆ 　국가7급 2018

공소장변경에 대한 설명으로 옳지 않은 것은? (다툼이 있는 경우 판례에 의함)

① 포괄일죄인 영업범에서 공소제기된 범죄사실과 추가로 발견된 범죄사실 사이에 그 범죄사실들과 동일성이 인정되는 또 다른 범죄사실에 대한 유죄의 확정판결이 있는 때에는, 추가로 발견된 확정판결 후의 범죄사실은 공소제기된 범죄사실과 분단되어 동일성이 없는 별개의 범죄가 되므로, 검사는 공소장변경절차에 의하여 확정판결 후의 범죄사실을 공소사실로 추가할 수는 없다.

② 검사가 범죄사실을 협박죄로 구성하여 기소한 후 공판 중에 공소사실을 공갈미수로 하는 공소장변경이 허용되었더라도 공갈죄의 수단으로 한 협박에 대한 고소가 취소되었다면 그 효력은 반의사불벌죄인 협박죄에 대해서도 미치므로 법원은 공소기각의 판결을 하여야 한다.

③ 검사가 단순일죄로 기소한 후 포괄일죄인 상습범행을 추가로 기소하였으나 그 심리과정에서 전후에 기소된 범죄사실이 포괄일죄를 구성하는 것으로 밝혀진 경우, 검사는 원칙적으로 먼저 기소한 사건의 범죄사실에 추가로 기소한 범죄사실을 추가하여 전체를 상습범행으로 변경하는 공소장변경 신청을 하고, 추가기소한 사건에 대하여는 공소취소를 하는 것이 「형사소송법」의 규정에 충실한 조치이다.

④ 검사가 구술로 공소장변경 허가신청을 하면서 변경하려는 공소사실의 일부만 진술하고 나머지는 전자적 형태의 문서로 저장한 저장매체를 제출하였다면, 공소사실의 내용을 구체적으로 진술한 부분에 한하여 공소장변경 허가신청이 된 것으로 볼 수 있다.

해설

② (×) <u>공갈죄의 수단으로서 한 협박은 공갈죄에 흡수될 뿐 별도로 협박죄를 구성하지 않으므로</u>, 그 범죄사실에 대한 피해자의 고소

는 결국 공갈죄에 대한 것이라 할 것이어서 그 후 고소가 취소되었다 하여 공갈죄로 처벌하는 데에 아무런 장애가 되지 아니하며, 검사가 공소를 제기할 당시에는 그 범죄사실을 협박죄로 구성하여 기소하였다 하더라도, 그 후 공판 중에 기본적 사실관계가 동일하여 공소사실을 공갈미수로 공소장 변경이 허용된 이상 그 공소제기의 하자는 치유된다(대법원 1996.9.24, 96도2151).

① (○) 포괄일죄인 영업범에서 공소제기의 효력은 공소가 제기된 범죄사실과 동일성이 인정되는 범죄사실의 전체에 미치므로, 공판심리 중에 그 범죄사실과 동일성이 인정되는 범죄사실이 추가로 발견된 경우에 검사는 공소장변경절차에 의하여 그 범죄사실을 공소사실로 추가할 수 있다. 그러나 공소제기된 범죄사실과 추가로 발견된 범죄사실 사이에 그 범죄사실들과 동일성이 인정되는 또 다른 범죄사실에 대한 유죄의 확정판결이 있는 때에는, 추가로 발견된 확정판결 후의 범죄사실은 공소제기된 범죄사실과 분단되어 동일성이 없는 별개의 범죄가 된다. 따라서 이때 검사는 공소장변경절차에 의하여 확정판결 후의 범죄사실을 공소사실로 추가할 수는 없고 별개의 독립된 범죄로 공소를 제기하여야 한다(대법원 2017.4.28, 2016도21342).

③ (○) 검사가 단순일죄라고 하여 사기 범행을 먼저 기소하고 포괄일죄인 상습사기 범행을 추가로 기소하였으나 그 심리과정에서 전후에 기소된 범죄사실이 모두 포괄하여 상습사기의 일죄를 구성하는 것으로 밝혀진 경우에는, ㉠ 검사로서는 원칙적으로 먼저 기소한 사건의 범죄사실에 추가기소의 공소장에 기재한 범죄사실을 추가하여 전체를 상습범행으로 변경하고 그 죄명과 적용법조도 이에 맞추어 변경하는 공소장변경 신청을 하고 추가기소한 사건에 대하여는 공소취소를 하는 것이 형사소송법의 규정에 충실한 온당한 처리라고 할 것이나(따라서 ③번 지문은 옳음), ㉡ 이와 같은 처리에 의하지 않더라도 검사의 추가기소에는 전후에 기소된 각 범죄사실 전부를 포괄일죄로 처벌할 것을 신청하는 취지가 포함되었다고 볼 수 있어 공소사실을 추가하는 등의 공소장변경과는 절차상 차이가 있을 뿐 그 실질에 있어서 별 차이가 없으므로, 석명에 의하여 추가기소의 공소장의 제출은 포괄일죄를 구성하는 행위로서 먼저 기소된 공소장에 누락된 것을 추가 보충하고 죄명과 적용법조를 포괄일죄의 죄명과 적용법조로 변경하는 취지의 것으로서 1개의 죄에 대하여 중복하여 공소를 제기한 것이 아님이 분명하여진 경우에는 위의 추가기소에 의하여 공소장변경이 이루어진 것으로 보아 전후에 기소된 범죄사실 전부에 대하여 실체판단을 하여야 하고 추가기소에 대하여 공소기각판결을 할 필요는 없다(대법원 1999.11.26, 99도3929,99감도97).

④ (○) 검사가 공소장을 변경하고자 하는 때에는 그 취지를 기재한 공소장변경 허가신청서를 법원에 제출하여야 하고, 다만 피고인이 재정하는 공판정에서 피고인에게 이익이 되거나 피고인이 동의하는 예외적인 경우에 한하여 법원은 구술에 의한 공소장변경을 허가할 수 있다(형사소송규칙 제142조 제1항, 제5항). 따라서 검사가 구술에 의한 공소장변경 허가신청을 하는 경우에도 변경하고자 하는 공소사실의 내용은 서면에 의하여 신청을 할 때와 마찬가지로 구체적으로 특정하여 진술하여야 하므로, 검사가 구술로 공소장변경 허가신청을 하면서 변경하려는 공소사실의 일부만 진술하고 나머지는 전자적 형태의 문서로 저장한 저장매체를 제출하였다면, 공소사실의 내용을 구체적으로 진술한 부분에 한하여 공소장변경 허가신청이 된 것으로 볼 수 있을 뿐이다. 그 경우 저장매체에 저장된 전자적 형태의 문서는 공소장변경 허가신청이 된 것이라고 할 수 없고, 법원이 그 부분에 대해서까지 공소장변경허가를 하였더라도 적법하게 공소장변경이 된 것으로 볼 수 없다(대법원 2016.12.29, 2016도11138).

정답 ②

---

024 ✅ 유사 ◆◆◇ 국가9급 2013

형사소송에서 심판의 대상에 대한 설명으로 옳지 않은 것은? (다툼이 있는 경우 판례에 의함)

① 공소사실이 적법하게 변경된 경우, 변경된 공소사실뿐만 아니라 당초의 공소사실에 대하여도 형식적 또는 실체적 판단을 해야 한다.

② 피고인의 방어권 행사에 실질적인 불이익을 초래할 염려가 없는 경우에는 법원이 범죄사실을 인정함에 있어서 공소장변경의 절차를 거치지 아니하고 공소사실과 다르게 사실을 인정할 수 있다.

③ 공소사실이나 범죄사실의 동일성 여부는 사실의 동일성이 갖는 법률적 기능을 염두에 두고 피고인의 행위와 그 사회적인 사실관계를 기본으로 하되 그 규범적 요소도 고려에 넣어 판단하여야 한다.

④ 공소장에 택일적으로 공소사실이 기재된 경우, 항소심은 제1심에서 유죄로 인정한 공소사실을 파기하고 다른 공소사실을 유죄로 인정할 수 있다.

해설

① (×) 공소장변경이 적법하게 이루어졌다면 법원의 현실적 심판의 대상도 변경이 된 것이다. 따라서 법원은 불고불리의 원칙상 변경된 공소사실에 대해서만 실체적 심판을 하여야 하며 당초의 공소사실에 대해서는 실체적 판단을 해서는 안 된다.

② (○) 대법원 2006.6.15, 2006도1667; 2001.2.9, 2000도5358; 2007.12.27, 2007도4749 등.

③ (○) 대법원 2006.3.23, 2005도9678

④ (○) 공소장에 기재된 공소사실은 모두 법원의 현실적 심판대상에 속하기 때문에, 예비적·택일적 공소사실도 모두 법원의 심판의 대상에 속한다(대법원 1975.6.24, 70도2660; 2006.5.25, 2006도1146).

정답 ①

025 ✓유사 ◆◇◇ 국가9급 2016 국가9급/개론 2022 유사

공소사실의 동일성을 인정할 수 없는 경우는? (다툼이 있는 경우 판례에 의함)

① 과실로 교통사고를 발생시켰다는 교통사고처리 특례법위반죄의 공소사실과 고의로 교통사고를 낸 뒤 보험금을 청구하여 수령하거나 미수에 그쳤다는 사기 및 사기미수의 공소사실

② 참고인에 대하여 허위진술을 하여 달라고 요구하면서 이에 불응하면 어떠한 위해를 가할 듯한 태세를 보여 외포케 하여 참고인을 협박하였다는 공소사실과 위와 같이 협박하여 겁을 먹은 참고인으로 하여금 허위로 진술케 함으로써 수사기관에 검거되어 신병이 확보된 채 조사를 받고 있던 자를 증거불충분으로 풀려나게 하여 도피케 하였다는 공소사실

③ 거래처로부터 수금한 돈을 보관하던 중 횡령하였다는 공소사실과 그 돈의 수금권한이 없는데도 있는 것처럼 가장하고 수금하여 이를 편취하였다는 공소사실

④ 흉기를 휴대하고 다방에 모여 강도예비를 하였다는 공소사실과 정당한 이유 없이 폭력범죄에 공용될 우려가 있는 흉기를 휴대하고 있었다는 폭력행위 등 처벌에 관한 법률 제7조에 규정한 죄의 공소사실

[해설]

① (✕) [1] 형사재판이 실체적으로 확정되면 동일한 범죄에 대하여 거듭 처벌할 수 없고(헌법 제13조 제1항), 확정판결이 있는 사건과 동일사건에 대하여 공소의 제기가 있는 경우에는 판결로써 면소의 선고를 하여야 하는 것인바(형사소송법 제326조 제1호), 피고인에 대한 각 '교통사고 처리 특례법 위반죄'의 확정판결의 기판력이 '사기 및 사기미수죄'에 미치는 것인지의 여부는 그 기본적 사실관계가 동일한 것인가의 여부에 따라 판단하여야 할 것이다. 또한 기본적 사실관계가 동일한가의 여부는 규범적 요소를 전적으로 배제한 채 순수하게 사회적, 전법률적인 관점에서만 파악할 수는 없고, 그 자연적, 사회적 사실관계나 피고인의 행위가 동일한 것인가 외에 그 규범적 요소도 기본적 사실관계 동일성의 실질적 내용의 일부를 이루는 것이라고 보는 것이 상당하다. [2] 과실로 교통사고를 발생시켰다는 각 '교통사고처리 특례법 위반죄'와 고의로 교통사고를 낸 뒤 보험금을 청구하여 수령하거나 미수에 그쳤다는 '사기 및 사기미수죄'는 서로 행위 태양이 전혀 다르고, 각 교통사고처리 특례법 위반죄의 피해자는 교통사고로 사망한 사람들이나, 사기 및 사기 미수죄의 피해자는 피고인과 운전자보험계약을 체결한 보험회사들로서 역시 서로 다르며, 따라서 위 각 교통사고처리 특례법 위반죄와 사기 및 사기미수죄는 그 기본적 사실관계가 동일하다고 볼 수 없으므로, 위 전자에 관한 확정판결의 기판력이 후자에 미친다고 할 수 없다(대법원 2010.2.25, 2009도14263).
[유사] 필로폰 교부≠필로폰대금 편취사기, 미등기전매 후 근저당권설정한 배임≠매매대금 편취사기

② (○) 공소사실의 동일성은 기본적 사실관계가 동일하면 된다 할 것이므로 참고인에 대하여 허위진술을 하여 달라고 요구하면서 이에 불응하면 어떠한 위해를 가할듯한 태세를 보여 외포케 하여 참고인을 협박하였다는 공소사실과 위와 같이 협박하여 겁을 먹은 참고인으로 하여금 허위로 진술케 함으로써 2시경 수사기관

에 검거되어 신병이 확보된 채 조사를 받고 있던 자를 증거불충분으로 풀려나게 하여 도피케 하였다는 공소사실은 허위진술을 하도록 참고인을 강요, 협박하였다는 기본적 사실관계가 동일하여 공소사실의 동일성이 있다고 할 것이다(대법원 1987.2.10, 85도897).

③ (○) 제약회사 직원 약국 의약품대금 수금 사건이다(대법원 1984.2.28, 83도3074).
[유사] 다방경영 금원에 대한 횡령과 사기의 동일성을 인정한 판례도 있다(대법원 1983.11.8, 83도2500).

④ (○) 대법원 1987.1.20, 86도2396

정답 ①

---

026 ✓유사 ◆◆◆ 국가9급 2016

공소장변경제도에 대한 설명으로 옳지 않은 것은? (다툼이 있는 경우 판례에 의함)

① 공소장변경이 있는 경우 공소시효의 완성 여부는 당초의 공소제기가 있었던 시점을 기준으로 판단할 것이고, 공소장변경 시를 기준으로 삼을 것은 아니다.

② 일반법과 특별법의 동일한 구성요건에 모두 해당하는 범죄사실에 대하여 검사가 형이 가벼운 일반법을 적용하여 기소한 경우 법원이 공소장변경 없이 형이 더 무거운 특별법위반의 죄로 처단할 수 없다.

③ 공소장변경절차에 의하여 공소사실이 변경됨에 따라 그 법정형에 차이가 있는 경우에는 변경된 공소사실에 대한 법정형이 공소시효기간의 기준이 된다.

④ 비록 사실인정에 변화가 없고 그 사실에 대한 법률적 평가만을 달리하는 경우라도, 배임죄로 기소된 공소사실에 대하여 법원이 공소장변경 없이 횡령죄로 인정하는 것은 구성요건을 달리하는 것이어서 허용되지 않는다.

[해설]

④ (✕) 횡령죄와 배임죄는 다 같이 신임관계를 기본으로 하고 있는 같은 죄질의 재산범죄로서 그 형벌에 있어서도 경중의 차이가 없고 동일한 범죄사실에 대하여 단지 법률적용만을 달리하는 경우에 해당하므로 법원은 배임죄로 기소된 공소사실에 대하여 공소장변경 없이도 횡령죄를 적용하여 처벌할 수 있다(대법원 1999.11.26, 99도2651).

① (○), ③ (○) 대법원 2013.7.26, 2013도6182
② (○) 대법원 2008.3.14, 2007도10601

정답 ④

027 ✓유사 ◆◆◇ 　　　　　국가9급 2019

공소장변경에 대한 설명으로 옳은 것은? (다툼이 있는 경우 판례에 의함)

① 검사가 형이 보다 가벼운 일반법의 법조를 적용하여 그 죄명으로 기소한 경우, 공소사실에 변경이 없고 그 적용법조의 구성요건이 완전히 동일하다면 법원은 공소장변경 없이 형이 더 무거운 특별법의 법조를 적용하여 처벌할 수 있다.

② 단독범으로 기소된 것을 다른 사람과 공모하여 동일한 내용으로 공동정범의 범행을 한 것으로 인정하는 경우, 이로 말미암아 피고인에게 예기치 않은 타격을 주어 방어권 행사에 실질적 불이익을 줄 우려가 없더라도 공소장변경이 필요하다.

③ 기소된 공소사실의 재산상 피해자와 공소장에 기재된 피해자가 다른 것으로 판명된 경우에는 공소사실의 동일성을 해하지 않고 피고인의 방어권 행사에 실질적 불이익을 주지 않는 한 공소장변경 없이 공소장 기재의 피해자와 다른 실제의 피해자를 적시하여 이를 유죄로 인정해야 한다.

④ 동일한 범죄사실에 대하여 포괄일죄로 기소된 것을 법원이 공소장변경 없이 실체적 경합관계에 있는 수죄로 인정하는 것은 피고인의 방어권 행사에 실질적으로 불이익을 초래할 우려가 있어서 허용되지 아니한다.

해설

③ (○) 대법원 1987.12.22, 87도2168; 2002.8.23, 2001도6876 등

① (×) 일반법과 특별법이 동일한 구성요건을 가지고 있고 어느 범죄사실이 그 구성요건에 해당하는데 검사가 그중 형이 보다 가벼운 일반법의 법조를 적용하여 그 죄명으로 기소하였으며, 그 일반법을 적용한 때의 형의 범위가 '징역 5년 이하'이고, 특별법을 적용한 때의 형의 범위가 '무기 또는 10년 이상의 징역'으로서 차이가 나는 경우에는, 비록 그 공소 사실에 변경이 없고 또한, 그 적용법조의 구성요건이 완전히 동일하다 하더라도, 그러한 적용법조의 변경이 피고인의 방어권 행사에 실질적인 불이익을 초래한다고 보아야 하며, 따라서 법원은 공소장 변경 없이는 형이 더 무거운 특별법의 법조를 적용하여 특별법 위반의 죄로 처단할 수는 없다(대법원 2007.12.27, 2007도4749).

② (×) 공소장변경이 필요한 것은 아니다(대법원 2007.4.26, 2007도309; 2013.10.24, 2013도5752 등).

④ (×) 법원이 동일한 범죄사실을 가지고 포괄일죄로 보지 아니하고 실체적 경합관계에 있는 수죄로 인정하였다고 하여도 이는 다만 죄수에 관한 법률적 평가를 달리한 것에 불과할 뿐이지 소추대상인 공소사실과 다른 사실을 인정한 것도 아니고 또 피고인의 방어권 행사에 실질적으로 불이익을 초래할 우려도 없어서 불고불리의 원칙에 위반되는 것이 아니므로(대법원 1987.5.26, 87도527), 가사 원심에서 적법한 공소장변경이 없었다고 하더라도 원심이 피고인의공소외 1에 대한 부당대출죄와 공소외 2에 대한 부당대출죄를 포괄일죄로 보지 아니하고 실체적 경합범으로 인정한 것이 위법하다고 볼 수도 없다(대법원 2005.10.28, 2005도5996).

정답 ③

028 ✓유사 ◆◆◇ 　　　　　경찰 2016

「형사소송법」상 공소장변경에 관한 다음 설명 중 틀린 것은 모두 몇 개인가? (다툼이 있으면 판례에 의함)

> ㉠ 피고인의 방어권 행사에 실질적인 불이익을 초래할 염려가 없는 경우에는 공소사실과 기본적 사실이 동일한 범위 내에서 법원이 공소장변경절차를 거치지 아니하고 다르게 사실을 인정하더라도 불고불리 원칙에 위배되지 아니한다.
>
> ㉡ 공소장변경절차 없이도 법원이 심리·판단할 수 있는 죄가 한 개가 아니라 여러 개인 경우에는, 법원으로서는 그중 하나를 임의로 선택할 수 있고, 검사에게 공소사실 및 적용법조에 관한 석명을 구하여 공소장을 보완하게 한 다음 이에 따라 심리·판단하여야 할 것은 아니다.
>
> ㉢ 공소사실 또는 적용법조의 추가, 철회 또는 변경의 허가에 관한 결정은 판결 전의 소송절차에 관한 결정이라 할 것이므로, 그 결정을 함에 있어서 저지른 위법이 판결에 영향을 미친 경우에 한하여 그 판결에 대하여 상소를 하여 다툼으로써 불복하는 외에는 당사자가 이에 대하여 독립하여 상소할 수 없다.
>
> ㉣ 검사가 단순사기의 공소사실에 형법 제347조 제1항을 적용하여 기소한 경우에는 비록 상습성이 인정된다고 하더라도 공소장의 변경 없이는 법원이 상습사기로 인정하여 처벌할 수는 없다.
>
> ㉤ 검사가 형법 제307조 제1항의 사실적시 명예훼손죄로 기소한 공소사실에 대하여 법원이 공소장의 변경 없이 그보다 형이 중한 형법 제307조 제2항의 허위사실적시 명예훼손죄를 인정하는 것은 피고인의 방어권 행사에 불이익을 주는 것으로서 허용될 수 없다.

① 1개　　　　　② 2개
③ 3개　　　　　④ 4개

해설

㉠ (○) 피고인의 방어권 행사에 실질적인 불이익을 초래할 염려가 없는 경우에는 공소사실과 기본적 사실이 동일한 범위 내에서 법원이 공소장변경절차를 거치지 아니하고 다르게 사실을 인정하더라도 불고불리 원칙에 위배되지 아니한다(대법원 2011.6.30, 2011도1651).

㉡ (×) 공소권은 검사에게 있으므로 검사에게 석명을 구해야 한다. "공소장 변경 절차 없이도 법원이 심리·판단할 수 있는 죄가 한 개가 아니라 여러 개인 경우에는, 법원으로서는 그중 어느 하나를 임의로 선택할 수 있는 것이 아니라 검사에게 공소사실 및 적용법조에 관한 석명을 구하여 공소장을 보완하게 한 다음 이에 따라 심리·판단하여야 할 것이다(대법원 2005.7.8, 2005도279)." [보충] 폭처법상 야간흉기휴대협박으로 공소제기 하였으나 동죄에 대한 위헌결정이 내려진 경우, 흉기휴대협박과 단순협박 중 어느 죄로 공소를 제기하는 것인지를 검사에게 석명을 구해야 함

㉢ (○) 판결 전의 소송절차에 관한 결정에 대하여는 특히 즉시항고를 할 수 있는 경우 외에는 항고를 하지 못하는 것인 바, 소송사실 또는 적용법조의 추가, 철회 또는 변경의 허가에 관한 결정은 판

결 전의 소송절차에 관한 결정이라 할 것이므로, 그 결정을 함에 있어서 저지른 위법이 판결에 영향을 미친 경우에 한하여 그 판결에 대하여 상소를 하여 다툼으로써 불복하는 외에는 당사자가 이에 대하여 독립하여 상소할 수 없다(대법원 1987.3.28, 87모17).
ⓔ (○) 구성요건이 달라지면서 더 무겁게 되는 경우에는 공소장변경절차를 거쳐야 한다. "검사가 단순사기의 공소사실에 특정경제범죄 가중처벌 등에 관한 법률 제3조 제1항 제2호, 형법 제347조 제1항을 적용하여 기소한 경우에는 비록 상습성이 인정된다고 하더라도 공소장의 변경이 없는 한 법원이 상습사기의 같은 특별법위반으로 인정하여 처벌할 수는 없다(대법원 1989.6.13, 89도582)."
[유사] 누범절도 → 상습절도: 공소장변경 필요(누상필)
ⓜ (○) 검사가 형법 제307조 제1항의 사실적시 명예훼손죄로 기소한 공소사실에 대하여 법원이 공소장의 변경 없이 그보다 형이 중한 형법 제307조 제2항의 허위사실적시 명예훼손죄를 인정하는 것은 피고인의 방어권 행사에 불이익을 주는 것으로서 허용될 수 없다(대법원 2001.11.27, 2001도5008).

정답 ①

---

029 ☑ 유사 ◆◆◇   경찰2차 2016

공소장변경에 대한 설명으로 가장 적절하지 않은 것은?
(다툼이 있으면 판례에 의함)

① 공소사실의 동일성을 해하지 않고 피고인의 방어권 행사에 실질적인 불이익을 주지 않는 한, 공소장변경의 절차 없이 공소장에 적시된 피해자와 다른 피해자를 인정하여 피고인에 대한 범죄사실을 유죄로 인정하였다 하여도 불고불리의 원칙에 위배한 위법이 있다고 할 수 없다.

② 횡령죄와 배임죄는 신임관계를 기본으로 하고 있는 같은 죄질의 재산범죄로서 그 형벌에 있어서도 경중의 차이가 없고 동일한 범죄사실에 대하여 단지 법률 적용만을 달리하는 경우에 해당하므로 법원은 배임죄로 기소된 공소사실에 대하여 공소장변경 없이도 횡령죄를 적용하여 처벌할 수 있다.

③ 공소가 제기된 살인죄의 범죄사실에 대하여는 그 증명이 없으나 폭행치사죄의 증명이 있는 경우 살인죄의 구성요건은 폭행치사 사실을 포함한다고 할 수 있으므로 공소장 변경 없이 피고인에게 폭행치사죄를 인정한다하여 피고인의 방어권 행사에 불이익을 준다고 보기 어렵다.

④ 상해정도의 차이만 가지고는 기본적 사실의 동일성이 깨어진다고 볼 수 없으므로 공소장에 약 4개월간의 치료를 요하는 상해라고 적시된 것을 법원이 공소장변경절차 없이 약 8개월간의 치료를 요하는 것으로 인정하였다 하여도 이는 불고불리의 원칙에 반한다고 할 수 없다.

해설

③ (×) 공소가 제기된 살인죄의 범죄사실에 대하여는 그 증명이 없으나 폭행치사죄의 증명이 있는 경우에도 살인죄의 구성요건이 반드시 폭행치사 사실을 포함한다고 할 수 없고, 따라서 공소장의 변경 없이 폭행치사죄를 인정함은 결국 폭행치사죄에 대한 피고인의 방어권 행사에 불이익을 주는 것이므로 법원은 위와 같은 경우에 검사의 공소장변경 없이는 이를 폭행치사죄로 처단할 수는 없다(대법원 2001.6.29, 2001도1091).
① (○) 대법원 1992.10.23, 92도1983
② (○) 대법원 2015.10.29, 2013도9481
④ (○) 대법원 1984.10.23, 84도1803

정답 ③

---

030 ☑ 대표 ◆◆◇   국가7급 2021

공소장변경에 대한 설명으로 옳은 것만을 모두 고르면?
(다툼이 있는 경우 판례에 의함)

ㄱ. 공소장변경의 허가에 관한 결정은 판결 전의 소송절차에 관한 결정이므로 위법사유가 있는 경우 공소장변경허가를 한 법원이 스스로 이를 취소할 수는 있지만, 그 결정에 대해 독립하여 항고할 수 없고 그 결정을 함에 있어서 저지른 위법이 판결에 영향을 미친 경우에 한해 그 판결에 대해 상소를 제기할 수 있을 뿐이다.

ㄴ. 공무원이 취급하는 사건에 관하여 청탁 또는 알선을 할 의사와 능력이 없음에도 청탁 또는 알선을 한다고 기망하고 금품을 교부받아 사기죄와 「변호사법」 제111조 위반죄가 성립하고 두 죄가 상상적 경합관계에 있는 경우, 그중 어느 한 죄로만 공소가 제기되었음에도 법원이 공소장변경절차를 거치지 아니하고 다른 죄로 바꾸어 인정하거나 다른 죄를 추가로 인정하는 것은 불고불리 원칙에 위배된다.

ㄷ. 공소장변경절차 없이도 법원이 심리·판단할 수 있는 죄가 한 개가 아니라 여러 개인 경우, 법원으로서는 그중 어느 하나를 임의로 선택할 수 있고, 검사에게 공소사실 및 적용법조에 관한 석명을 구하여 공소장을 보완하게 한 다음 이에 따라 심리·판단하여야 하는 것은 아니다.

ㄹ. 공소사실의 예비적 기재는 공소사실의 동일성이 인정되지 않는 경우에도 허용되므로, 원래의 횡령의 공소사실과 예비적으로 추가한 사기의 공소사실 사이에 그 동일성이 있다고 보기 어렵다고 하여도 공소장을 변경할 수 있다.

① ㄱ, ㄴ   ② ㄱ, ㄹ
③ ㄴ, ㄷ   ④ ㄷ, ㄹ

해설

ㄱ. (○) 대법원 1987.3.28, 87모17

ㄴ. (○) 상상적 경합관계에 있는 두 죄 중 어느 한 죄로만 공소가 제기된 경우, 법원이 공소장변경절차를 거치지 아니하고 다른 죄로 바꾸어 인정하거나 다른 죄를 추가로 인정할 수 없다. 피고인의 방어권에 실질적 불이익을 주기 때문이다. "피고인이 공무원이 취급하는 사건에 관하여 청탁 또는 알선을 할 의사와 능력이 없음에도 청탁 또는 알선을 한다고 기망하고 이에 속은 피해자로부터 이른바 청탁자금 명목으로 금품을 받았다면 이러한 피고인의 행위는 형법 제347조 제1항의 사기죄와 변호사법 제111조 위반죄에 각 해당하고 위 두 죄는 상상적 경합의 관계에 있는 것이지만(대법원 2006.1.27, 2005도8704 등), 그렇다고 하여 그 중 어느 한 죄로만 공소가 제기된 경우에 법원이 공소장변경절차를 거치지 아니하고 다른 죄로 바꾸어 인정하거나 다른 죄를 추가로 인정하는 것은 불고불리의 원칙에 위배된다고 할 것이다(대법원 2007.5.10, 2007도2372)."

ㄷ. (✕) 공소장변경절차 없이도 법원이 심리·판단할 수 있는 죄가 한 개가 아니라 여러 개인 경우에는, 법원으로서는 그중 어느 하나를 임의로 선택할 수 있는 것이 아니라 검사에게 공소사실 및 적용법조에 관한 석명을 구하여 공소장을 보완하게 한 다음 이에 따라 심리·판단하여야 할 것이다(대법원 2005.7.8, 2005도279).

[보충] 헌법재판소의 위헌결정으로 실효된 폭력행위등처벌에관한법률 제3조 제2항 중 '야간에 흉기 기타 위험한 물건을 휴대하여 형법 제283조 제1항(협박)의 죄를 범한 자' 부분을 적용하여 기소된 공소사실에 관하여 폭력행위등처벌에관한법률 제2조 제2항, 형법 제283조 제1항 위반죄(야간협박)만 성립할 수 있다고 판단한 후 형사소송법 제327조 제6호에 의하여 이 부분 공소를 기각한 원심판결을, 위 공소사실 중에는 폭력행위등처벌에관한법률 제3조 제1항, 형법 제283조 제1항 위반죄(흉기휴대협박) 등 다른 죄의 공소사실이 포함되어 있으므로, 검사에게 공소사실 및 적용법조에 관한 석명을 구한 후 보완된 공소사실에 대하여 심리·판단하였어야 한다는 이유로 파기한 사례이다.

ㄹ. (✕) 공소장변경 시에는 공소사실의 동일성이 인정되는 범위 내에서만 예비적·택일적 기재가 가능하다. "피고인이 공소외인으로부터 피해자를 위한 합의금을 교부받아 보관 중 이를 횡령하였다는 원래의 공소사실과 피고인이 피해자를 기망하여 위임장 사본을 편취하였다는 예비적으로 추가한 공소사실 사이에 동일성이 있다고 보기 어렵다. 공소사실의 동일성이 인정되지 않는 등의 사유로 공소장변경허가결정에 위법사유가 있는 경우에는 공소장변경허가를 한 법원이 스스로 이를 취소할 수 있다(대법원 2001.3.27, 2001도116)."

정답 ①

☑ 유사 ◆◆◇   변호사 2022

공소장변경에 관한 설명 중 옳은 것(○)과 옳지 않은 것(✕)을 올바르게 조합한 것은? (다툼이 있는 경우 판례에 의함)

ㄱ. 변경된 공소사실이 변경 전의 공소사실과 기본적 사실관계에서 동일하다면 그것이 새로운 공소의 추가적 제기와 다르지 않다고 하더라도 공소장의 변경은 항소심에서도 할 수 있다.

ㄴ. 공소장변경절차 없이도 법원이 심리·판단할 수 있는 죄가 한 개가 아니라 여러 개인 경우로서 피고인의 방어권 행사에 실질적인 불이익이 없는 경우에, 법원으로서는 그중 어느 하나를 임의로 선택하여 심리·판단할 수 있다.

ㄷ. 피고인의 상고에 의하여 상고심에서 원심판결을 파기하고 사건을 항소심에 환송한 경우에도 공소사실의 동일성이 인정되면 공소장변경을 허용하여 이를 심판대상으로 삼을 수 있으므로, 환송 후 원심이 검사의 공소장변경신청을 허가하고 공소장변경을 이유로 직권으로 제1심 판결을 파기한 후 다시 판결할 수 있다.

ㄹ. 검사가 당초 '피고인이 A 등에게 필로폰 약 0.3g을 교부하였다'고 하여 마약류관리에 관한 법률위반(향정)으로 공소를 제기하였다가 '피고인이 A 등에게 필로폰을 구해주겠다고 속여 A 등에게서 필로폰 대금을 편취하였다'는 사기 범죄사실을 예비적으로 추가하는 공소장변경을 신청한 경우, 위 두 범죄사실은 기본적인 사실관계가 동일하므로 공소장변경은 허용된다.

ㅁ. 공소장변경절차에 의하여 공소사실이 변경됨에 따라 그 법정형에 차이가 있는 경우에는 변경된 공소사실에 대한 법정형이 공소시효기간의 기준이 되고, 그 공소시효의 완성 여부도 공소장 변경시를 기준으로 한다.

	ㄱ	ㄴ	ㄷ	ㄹ	ㅁ
①	○	○	○	✕	✕
②	○	✕	○	✕	✕
③	○	✕	✕	○	○
④	✕	✕	✕	○	✕
⑤	✕	✕	✕	✕	○

해설

ㄱ. (○) 대법원 2017.9.21, 2017도7843

ㄴ. (✕) 공소장변경절차 없이도 법원이 심리·판단할 수 있는 죄가 한 개가 아니라 여러 개인 경우에는, 법원으로서는 그 중 어느 하나를 임의로 선택할 수 있는 것이 아니라 검사에게 공소사실 및 적용법조에 관한 석명을 구하여 공소장을 보완하게 한 다음 이에 따라 심리·판단하여야 할 것이다(대법원 2005.7.8, 2005도279).

ㄷ. (○) 현행법상 형사항소심의 구조가 사후심으로서의 성격만을

CHAPTER 01 공판절차   **357**

PART 04 CHAPTER 01 공판절차

가지는 것은 아니므로, 피고인의 상고에 의하여 <u>상고심에서 원심판결을 파기하고 사건을 항소심에 환송한 경우에도 공소사실의 동일성이 인정되면 공소장변경을 허용하여 이를 심판대상으로 삼을 수 있는바</u>(대법원 1969.3.18, 68도1772; 2001.3.9, 2001도192 등), 환송 후 원심이 검사의 공소장변경신청을 허가하고 공소장변경을 이유로 직권으로 제1심판결을 파기한 후 다시 판결한 조치는 옳고, 거기에 환송 후 항소심의 구조와 공소장변경 허가에 관한 법리를 오해한 위법이 있다고 할 수 없다(대법원 2004.7.22, 2003도8153).

ㄹ. (×) <u>위 두 범죄사실은 기본적인 사실관계가 동일하다고 볼 수 없는데도, 공소장변경을 허가한 후 사기죄를 인정한 원심판결에는 법리오해의 위법이 있다</u>(대법원 2012.4.13, 2010도16659).

ㅁ. (×) 공소장변경절차에 의하여 공소사실이 변경됨에 따라 그 법정형에 차이가 있는 경우에는 변경된 공소사실에 대한 법정형이 공소시효기간의 기준이 되고, 공소장 변경이 있는 경우에 <u>공소시효의 완성 여부는 당초의 공소제기가 있었던 시점을 기준으로 판단할 것이고 공소장 변경시를 기준으로 삼을 것은 아니다</u>(대법원 2001.8.24, 2001도2902).

정답 ②

---

032 ✓ 유사 ◆◆◇   국가7급 2020

공소장변경에 대한 설명으로 옳지 않은 것은? (다툼이 있는 경우 판례에 의함)

① 법원은 공소장변경이 피고인의 불이익을 증가할 염려가 있다고 인정한 때에는 직권 또는 피고인이나 변호인의 청구에 의하여 피고인으로 하여금 필요한 방어의 준비를 하게 하기 위하여 결정으로 필요한 기간 공판절차를 정지할 수 있고, 이 정지된 기간은 피고인의 구속기간에 산입한다.

② 법원은 공소장의 내용을 보다 명확히 하기 위한 목적으로 사소한 오류를 바로잡기 위하여는 공소장변경의 절차를 거칠 필요 없이 정정하여 범죄사실을 인정할 수 있다.

③ 상고심에서 원심판결을 파기하고 사건을 항소심에 환송한 경우에도 공소사실의 동일성이 인정되면 항소심에서 공소장 변경이 허용된다.

④ 공소장변경허가신청서가 제출된 경우에 법원이 그 부본을 피고인과 변호인 중 어느 한쪽에 대해서만 송달하였다고 하더라도 절차상 잘못이 있다고 할 수 없다.

해설

① (×) 법원은 공소사실 또는 적용법조의 추가, 철회 또는 변경이 피고인의 불이익을 증가할 염려가 있다고 인정한 때에는 직권 또는 피고인이나 변호인의 청구에 의하여 피고인으로 하여금 필요한 방어의 준비를 하게 하기 위하여 결정으로 필요한 기간 공판절차를 정지할 수 있으나(제298조 제4항), <u>이 정지된 기간은 피고인의 구속기간에 산입하지 아니한다</u>(제92조 제3항).

② (○) 대법원 1986.9.23, 86도1547

③ (○) 대법원 2004.7.22, 2003도8153

④ (○) 대법원 2013.7.12, 2013도5165

정답 ①

---

033 ✓ 유사 ◆◆◇   국가9급 2024

공소장변경에 대한 설명으로 옳지 않은 것은?

① 법원은 공소사실의 동일성이 인정되는 범위 내에서 공소가 제기된 범죄사실보다 가벼운 범죄사실이 인정되는 경우, 피고인의 방어에 실질적인 불이익을 주는 것이 아니라면 공소장변경 없이 직권으로 가벼운 범죄사실을 인정할 수 있다.

② 장물취득죄로 기소되었으나 장물보관의 범죄사실만이 유죄로 인정되는 경우, 양자가 법적 평가에 있어서만 차이가 있을 뿐 공소사실의 동일성이 인정되는 범위 내에 있고, 이를 처벌하지 아니하는 것이 현저히 정의와 형평에 반한다면 공소사실의 변경이 없더라도 법원이 직권으로 장물보관의 범죄사실을 유죄로 인정하여야 한다.

③ 법원이 적법하게 공판의 심리를 종결한 뒤에라도 검사가 공소장변경허가신청을 한 경우, 공소사실의 동일성이 인정되는 범위에 있다면 반드시 공판의 심리를 재개하여 공소장변경을 허가하여야 한다.

④ 검사가 항소심의 제1회 공판기일이 열리기 전에 먼저 기소된 업무상횡령 공소사실과 상상적 경합관계에 있고 공소사실의 동일성이 인정되는 업무상횡령 공소사실을 추가하는 공소장변경허가신청서를 제출하였으나, 항소심이 공판정 외에서 공소장변경허가신청에 대한 결정을 하지 않고 공소장변경허가 여부를 결정하는 소송절차를 진행하지도 않은 채 제1회 공판기일을 진행하여 변론을 종결하고 검사의 항소를 기각한 경우 법리오해 등의 잘못이 있다.

해설

③ (×) 법원이 공판의 심리를 종결하기 전에 한 공소장의 변경에 대하여는 공소사실의 동일성을 침해하지 않는 한도에서 허가해야 한다. 그러나 <u>적법하게 공판의 심리를 종결하고 판결선고기일까지 고지한 후에 이르러서 한 검사의 공소장변경에 대하여는 그것이 변론재개신청과 함께 된 것이더라도 법원이 종결한 심리를 재개하여 공소장변경을 허가할 의무는 없다</u>(대법원 2003.12.26, 2001도6484).

① (○) <u>법원은 공소사실의 동일성이 인정되는 범위 내에서 공소가 제기된 범죄사실에 포함된 보다 가벼운 범죄사실이 인정되는 경우에 심리의 경과에 비추어 피고인의 방어권 행사에 실질적 불이익을 초래할 염려가 없다고 인정되는 때에는 공소장이 변경되지 않았더라도 직권으로 공소장에 기재된 공소사실과 다른 범죄사실을 인정할 수 있지만</u>, 이와 같은 경우라고 하더라도 공소가 제기된 범죄사실과 대비하여 볼 때 실제로 인정되는 범죄사실의 사안이 중대하여 공소장이 변경되지 않았다는 이유로 이를 처벌하지 않는다면 적정절차에 의한 신속한 실체적 진실의 발견이라는 형사소송의 목적에 비추어 현저히 정의와 형평에 반하는 것으로 인정되는 경우가 아닌 한 법원이 직권으로 그 범죄사실을 인정하지 아니하였다고 하여 위법한 것이라고까지 볼 수는 없다(대법원 1993.12.28, 93도3058).

② (○) 법원은 공소사실의 동일성이 인정되는 범위 내에서 심리의 경과에 비추어 피고인의 방어권 행사에 실질적인 불이익을 초래

할 염려가 없다고 인정되는 때에는, 공소장이 변경되지 않았더라도 직권으로 공소장에 기재된 공소사실과 다른 범죄사실을 인정할 수 있고, 이와 같은 경우 공소가 제기된 범죄사실과 대비하여 볼 때 실제로 인정되는 범죄사실의 사안이 가볍지 아니하여 공소장이 변경되지 않았다는 이유로 이를 처벌하지 않는다면 적정절차에 의한 신속한 실체적 진실의 발견이라는 형사소송의 목적에 비추어 현저히 정의와 형평에 반하는 것으로 인정되는 경우라면 법원으로서는 직권으로 그 범죄사실을 인정하여야 한다. 공소제기된 장물취득의 점과 실제로 인정되는 장물보관의 범죄사실 사이에는 법적 평가에 차이가 있을 뿐 공소사실의 동일성이 인정되는 범위 내에 있으므로 따로 공소사실의 변경이 없더라도 법원이 직권으로 장물보관의 범죄사실을 유죄로 인정하여야 한다(대법원 2003.5.13, 2003도1366).

④ (○) 원심은 검사의 공소장변경허가신청서 제출에 의한 공소장변경허가신청이 있었음에도 이를 간과하고 허가 여부를 결정하지 않은 채 절차를 진행한 것으로 의심되는 점, 공소장변경허가신청 전후의 공소사실은 업무상횡령의 피해자를 추가한 부분과 전체 횡령금액만을 달리할 뿐 그 밖에 횡령의 일시, 장소, 방법 등이 모두 동일하여 그 기본적 사실관계가 동일하므로 공소사실의 동일성을 해하지 않는 점을 종합하면, 원심은 검사가 서면으로 제출한 공소장변경허가신청에 대하여 허가 여부를 결정해야 하고, 나아가 상상적 경합관계에 있는 수죄 가운데 당초 공소를 제기하지 아니한 공소사실을 추가하는 내용의 공소장변경을 허가하여 추가된 공소사실에 대하여 심리·판단했어야 하므로, 이러한 조치 없이 검사의 항소를 기각한 원심판결에 법리오해 등의 잘못이 있다(대법원 2023.6.15, 2023도3038).

정답 ③

---

034 ✓ 유사 ◆◆◇ 〔경찰1차 2021〕

공소장변경에 대한 다음의 설명(㉠∼㉣) 중 옳고 그름의 표시(O, X)가 바르게 된 것은? (다툼이 있는 경우 판례에 의함)

㉠ 공소가 제기된 살인죄의 범죄사실에 대하여는 그 증명이 없으나 폭행치사죄의 증명이 있는 경우, 살인죄의 구성요건이 반드시 폭행치사 사실을 포함한다고 할 수 없으므로, 검사의 공소장변경 없이 이를 폭행치사죄로 처단할 수는 없다.

㉡ 피고인의 방어권 행사에 실질적인 불이익을 초래할 염려가 없는 경우에는 법원이 공소장변경절차 없이 일부 다른 사실을 인정하거나 적용법조를 수정하더라도 불고불리의 원칙에 위배되지 않는다.

㉢ 재심심판절차에서는 특별한 사정이 없는 한 검사가 재심대상 사건과 별개의 공소사실을 추가하는 내용으로 공소장을 변경하는 것은 허용되지 않는다.

㉣ 포괄일죄에서는 공소장변경을 통한 종전 공소사실의 철회 및 새로운 공소사실의 추가가 가능한 점에 비추어 그 공소장변경 허가 여부를 결정할 때는 변경된 공소사실이 전체적으로 포괄일죄의 범주 내에 있는지 여부를 따지기보다는 포괄일죄를 구성하는 개개 공소사실별로 종전 것과의 동일성 여부에 초점을 맞추어야 한다.

① ㉠ (×) ㉡ (×) ㉢ (○) ㉣ (×)
② ㉠ (○) ㉡ (○) ㉢ (×) ㉣ (○)
③ ㉠ (○) ㉡ (○) ㉢ (×) ㉣ (×)
④ ㉠ (○) ㉡ (○) ㉢ (○) ㉣ (×)

해설
㉠ (○) 대법원 2001.6.29, 2001도1091
㉡ (○) 대법원 2019.6.13, 2019도4608
㉢ (○) 대법원 2019.6.20, 2018도20698 전원합의체
㉣ (×) 포괄일죄에서는 공소장변경을 통한 종전 공소사실의 철회 및 새로운 공소사실의 추가가 가능한 점에 비추어 그 공소장변경 허가 여부를 결정할 때는 포괄일죄를 구성하는 개개 공소사실별로 종전 것과의 동일성 여부를 따지기보다는 변경된 공소사실이 전체적으로 포괄일죄의 범주 내에 있는지 여부, 즉 단일하고 계속된 범의하에 동종의 범행을 반복하여 행하고 그 피해법익도 동일한 경우에 해당한다고 볼 수 있는지 여부에 초점을 맞추어야 한다(대법원 2018.10.25, 2018도9810).

정답 ④

035 ✓ 유사 ◆◆◇ 　国家9급/개론 2023

공소장변경에 대한 설명으로 옳지 않은 것은?

① 검사가 제출한 공소장변경허가신청서 부본을 즉시 피고인에게 송달하지 않은 채 법원이 공판절차를 진행한 조치는 절차상의 법령위반에 해당하나, 그러한 경우에도 피고인의 방어권이나 변호인의 변호권 등이 본질적으로 침해되었다고 볼 정도에 이르지 않는 한 그것만으로 판결에 영향을 미친 위법이라고 할 수 없다.

② 포괄일죄인 영업범에서 공소제기된 범죄사실과 공판심리 중에 추가로 발견된 범죄사실 사이에 그 범죄사실들과 동일성이 인정되는 또 다른 범죄사실에 대한 유죄의 확정판결이 있더라도 추가로 발견된 범죄사실을 공소장변경절차에 의하여 공소사실로 추가할 수 있다.

③ 상고심에서 원심판결을 파기하고 사건을 항소심에 환송한 경우, 환송받은 항소심에서도 공소장변경이 허용된다.

④ 검사가 공소장변경을 하고자 하는 경우, 피고인이 재정하는 공판정에서는 피고인에게 이익이 되거나 피고인이 동의하면 법원은 구술에 의한 공소장변경을 허가할 수 있다.

해설

② (×) 포괄일죄인 영업범에서 공소제기의 효력은 공소가 제기된 범죄사실과 동일성이 인정되는 범죄사실의 전체에 미치므로, 공판심리 중에 그 범죄사실과 동일성이 인정되는 범죄사실이 추가로 발견된 경우에 검사는 공소장변경절차에 의하여 그 범죄사실을 공소사실로 추가할 수 있다. 그러나 <u>공소제기된 범죄사실과 추가로 발견된 범죄사실 사이에 그 범죄사실들과 동일성이 인정되는 또 다른 범죄사실에 대한 유죄의 확정판결이 있는 때에는</u>, 추가로 발견된 확정판결 후의 범죄사실은 공소제기된 범죄사실과 <u>분단되어 동일성이 없는 별개의 범죄</u>가 된다. 따라서 이때 검사는 <u>공소장변경절차에 의하여 확정판결 후의 범죄사실을 공소사실로 추가할 수는 없고</u> 별개의 독립된 범죄로 공소를 제기하여야 한다(대법원 2017.4.28, 2016도21342).

① (○) 검사의 서면에 의한 공소장변경허가신청이 있는데도 법원이 피고인 또는 변호인에게 공소장변경허가신청서 부본을 송달·교부하지 않은 채 공소장변경을 허가하고 공소장변경허가신청서에 기재된 공소사실에 관하여 유죄판결을 하였다면, <u>공소장변경허가신청서 부본을 송달·교부하지 않은 법원의 잘못은 판결에 영향을 미친 법령위반에 해당한다.</u> 다만 공소장변경 내용이 피고인의 방어권과 변호인의 변호권 행사에 지장이 없는 것이거나 피고인과 변호인이 공판기일에서 변경된 공소사실에 대하여 충분히 변론할 기회를 부여받는 등 <u>피고인의 방어권이나 변호인의 변호권이 본질적으로 침해되지 않았다고 볼 만한 특별한 사정이 있다면 판결에 영향을 미친 법령위반이라고 할 수 없다</u>(대법원 2021.6.30, 2019도7217).

③ (○) 현행법상 형사항소심의 구조가 사후심으로서의 성격만을 가지는 것은 아니므로, 피고인의 상고에 의하여 <u>상고심에서 원심판결을 파기하고 사건을 항소심에 환송한 경우에도 공소사실의 동일성이 인정되면 공소장변경을 허용하여 이를 심판대상으로 삼을 수 있다</u>(대법원 2004.7.22, 2003도8153).

④ (○) 규칙 제142조 제5항 참조.

> **규칙 제142조(공소장의 변경)** ① 검사가 법 제298조 제1항에 따라 공소장에 기재한 공소사실 또는 적용법조의 추가, 철회 또는 변경(이하 "공소장의 변경"이라 한다)을 하고자 하는 때에는 그 취지를 기재한 공소장변경허가신청서를 법원에 제출하여야 한다.
> ⑤ 법원은 제1항의 규정에도 불구하고 <u>피고인이 재정하는 공판정에서는</u> 피고인에게 이익이 되거나 <u>피고인이 동의하는 경우 구술에 의한 공소장변경을 허가할 수 있다.</u>

정답 ②

036 ✓ 유사 ◆◆◇ 　군무원9급 2021

甲은 층간소음으로 여러 차례 다툼이 있었던 윗집 거주자 X를 칼로 살해하였다는 혐의로 기소되었다. 甲의 집에서 피가 묻은 식도는 발견되었으나 X의 사체는 발견되지 않았다. 이 사례에 대한 설명으로 적절하지 않은 것은? (단, 다툼이 있는 경우 판례에 의함)

① 甲의 살인죄는 간접증거에 의해 인정될 수도 있으나 그 증명이 합리적인 의심을 허용하지 않을 정도에 이르러야 한다.

② 만약 甲에게 살인죄의 범죄사실에 대해서는 그 증명이 없으나 폭행치사의 증명이 있는 경우 법원은 공소장변경 없이 폭행치사죄를 인정할 수 있다.

③ 甲의 공판을 담당하던 합의부의 구성원 중 판사 1명이 경질된 경우 판결의 선고만을 하는 경우 외에는 공판절차를 갱신하여야 한다.

④ 제1심 법원이 甲의 의사에 따라 국민참여재판으로 진행함에 있어 별도의 개시결정을 할 필요는 없으며, 그에 관한 이의가 있어 국민참여재판으로 진행하기로 결정한 경우에도 검사는 그 결정에 대하여 항고를 할 수 없다.

해설

② (×) 공소가 제기된 살인죄의 범죄사실에 대하여는 그 증명이 없으나 폭행치사죄의 증명이 있는 경우에도 <u>살인죄의 구성요건이 반드시 폭행치사 사실을 포함한다고 할 수 없고,</u> 따라서 <u>공소장의 변경 없이 폭행치사죄를 인정함은 결국 폭행치사죄에 대한 피고인의 방어권 행사에 불이익을 주는 것이므로,</u> 법원은 위와 같은 경우에 검사의 공소장변경 없이는 이를 폭행치사죄로 처단할 수는 없다(대법원 2001.6.29, 2001도1091).

① (○) 살인죄 등과 같이 법정형이 무거운 범죄의 경우에도 직접증거 없이 간접증거만으로 유죄를 인정할 수 있으나, 그러한 유죄 인정에는 공소사실에 대한 관련성이 깊은 간접증거들에 의하여 신중한 판단이 요구되므로, <u>간접증거에 의하여 주요사실의 전제가 되는 간접사실을 인정할 때에는 증명이 합리적인 의심을 허용하지 않을 정도에 이르러야 하고, 하나하나의 간접사실 사이에 모순, 저촉이 없어야 하는 것은 물론 간접사실이 논리와 경험칙, 과학법칙에 의하여 뒷받침되어야 한다</u>(대법원 2011.5.26, 2011도1902).

③ (○) 공판개정 후 판사의 경질이 있는 때에는 공판절차를 갱신하여야 한다. 단, 판결의 선고만을 하는 경우에는 예외로 한다(제301조).

④ (○) 국민의 형사재판 참여에 관한 법률에 의하면 제1심 법원이 국민참여재판 대상사건을 피고인의 의사에 따라 국민참여재판으로 진행함에 있어 별도의 국민참여재판 개시결정을 할 필요는 없고, 그에 관한 이의가 있어 제1심 법원이 국민참여재판으로 진행하기로 하는 결정에 이른 경우 이는 판결 전의 소송절차에 관한 결정에 해당하며, 그에 대하여 특별히 즉시항고를 허용하는 규정이 없으므로 위 결정에 대하여는 항고할 수 없다. 따라서 국민참여재판으로 진행하기로 하는 제1심 법원의 결정에 대한 항고는 항고의 제기가 법률상의 방식을 위반한 때에 해당하여 위 결정을 한 법원이 항고를 기각하여야 하고, 위 결정을 한 법원이 항고기각의 결정을 하지 아니한 때에는 항고법원은 결정으로 항고를 기각하여야 한다(대법원 2009.10.23, 2009모1032).

정답 ②

037 ✓ 유사 ◆◇◇ 변호사 2024

甲은 2023.1.경 도로에서 운전면허를 받지 아니하고 혈중알코올농도 0.15%의 술에 취한 상태에서 자동차를 운전하였다. 검사는 甲에 대하여 무면허운전의 점에 관하여만 도로교통법위반(무면허운전)죄로 공소를 제기하였는데, 제1심 제1회 공판기일에 이르러 음주운전의 점에 관한 도로교통법위반(음주운전)죄를 추가하는 취지의 공소장변경허가신청서를 제출하였다. 이에 관한 설명 중 옳은 것을 모두 고른 것은? (다툼이 있는 경우 판례에 의함)

> ㄱ. 甲에 대한 도로교통법위반(무면허운전)죄와 도로교통법위반(음주운전)죄는 상상적 경합관계에 있다.
> ㄴ. 만약 甲이 운전한 장소가 「도로교통법」상 도로가 아니라면, 도로교통법위반(무면허운전)죄는 성립할 수 있지만 도로교통법위반(음주운전)죄는 성립할 수 없다.
> ㄷ. 제1심법원이 공소장변경허가신청에 대한 결정을 공판정에서 고지한 경우, 그 사실은 공판조서의 필요적 기재사항이다.
> ㄹ. 제1심법원이 공소장변경허가신청에 대하여 불허가 결정을 한 경우, 검사는 이에 불복하여 그 결정에 대한 즉시항고를 제기할 수 있다.

① ㄱ, ㄴ　　　　　② ㄱ, ㄷ
③ ㄴ, ㄷ　　　　　④ ㄴ, ㄹ
⑤ ㄷ, ㄹ

해설

ㄱ. (○) 형법 제40조에서 말하는 1개의 행위란 법적 평가를 떠나 사회관념상 행위가 사물자연의 상태로서 1개로 평가되는 것을 말하는바, 무면허인데다가 술이 취한 상태에서 오토바이를 운전하였다는 것은 위의 관점에서 분명히 1개의 운전행위라 할 것이고

이 행위에 의하여 도로교통법 제111조 제2호, 제40조와 제109조 제2호, 제41조 제1항의 각 죄에 동시에 해당하는 것이니 두 죄는 형법 제40조의 상상적 경합관계에 있다고 할 것이다(대법원 1987.2.24, 86도2731).

ㄴ. (×) 만약 甲이 운전한 장소가 「도로교통법」상 도로가 아니라면, 도로교통법위반(무면허운전)죄는 성립할 수 없지만, 도로교통법위반(음주운전)죄는 성립할 수 있다.
[판례] 도로교통법 제2조 제26호가 '술이 취한 상태에서의 운전' 등 일정한 경우에 한하여 예외적으로 도로 외의 곳에서 운전한 경우를 운전에 포함한다고 명시하고 있는 반면, 무면허운전에 관해서는 이러한 예외를 정하고 있지 않다. 따라서 도로교통법 제152조, 제43조를 위반한 무면허운전이 성립하기 위해서는 운전면허를 받지 않고 자동차등을 운전한 곳이 도로교통법 제2조 제1호에서 정한 도로, 즉 '도로법에 따른 도로', '유료도로법에 따른 도로', '농어촌도로 정비법에 따른 농어촌도로', '그 밖에 현실적으로 불특정 다수의 사람 또는 차마가 통행할 수 있도록 공개된 장소로서 안전하고 원활한 교통을 확보할 필요가 있는 장소' 중 하나에 해당해야 한다(대법원 2017.12.28, 2017도17762).

ㄷ. (○) 법원은 검사의 공소장변경허가신청에 대해 결정의 형식으로 이를 허가 또는 불허가하고, 법원의 허가 여부 결정은 공판정 외에서 별도의 결정서를 작성하여 고지하거나 공판정에서 구술로 하고 공판조서에 기재할 수도 있다. 만일 공소장변경허가 여부 결정을 공판정에서 고지하였다면 그 사실은 공판조서의 필요적 기재사항이다(형사소송법 제51조 제2항 제14호). 공소장변경허가신청이 있음에도 공소장변경허가 여부 결정을 명시적으로 하지 않은 채 공판절차를 진행하면 현실적 심판대상이 된 공소사실이 무엇인지 불명확하여 피고인의 방어권 행사에 영향을 줄 수 있으므로 공소장변경허가 여부 결정은 위와 같은 형식으로 명시적인 결정을 하는 것이 바람직하다(대법원 2023.6.15, 2023도3038).

ㄹ. (×) 판결 전의 소송절차에 관한 결정에 대하여는 특히 즉시항고를 할 수 있는 경우 외에는 항고를 하지 못하는 것인바, 소송사실 또는 적용법조의 추가, 철회 또는 변경의 허가에 관한 결정은 판결 전의 소송절차에 관한 결정이라 할 것이므로, 그 결정을 함에 있어서 저지른 위법이 판결에 영향을 미친 경우에 한하여 그 판결에 대하여 상소를 하여 다툼으로써 불복하는 외에는 당사자가 이에 대하여 독립하여 상소할 수 없다(대법원 1987.3.28, 87모17).

정답 ②

Ⅰ   의의

Ⅱ   내용

038 ✓ 대표   ◆◇◇   국가9급 2015

공판절차에 대한 설명으로 옳지 않은 것은? (다툼이 있는 경우 판례에 의함)

① 약식명령에 대하여 피고인만이 정식재판의 청구를 하여 판결을 선고하는 사건에서는 피고인의 출석을 요하지 아니한다.

② 증거물인 서면을 조사하기 위해서는 원칙적으로 증거신청인으로 하여금 그 서면을 제시하면서 낭독하게 하거나 이에 갈음하여 그 내용을 고지 또는 열람하도록 하여야 한다.

③ 재판장이 형사공판절차에서 변호인의 중복되고 상당하지 아니한 신문에 대하여 제한을 명하는 것은 현저하게 부당하거나 부적절한 경우가 아닌 한 재판장의 소송지휘권에 속하는 것으로서 위법이 아니다.

④ 법원이 공소장 부본을 송달하지 않고 공판절차를 진행한 경우 피고인이 법정에서 이의를 제기하지 않고 공소사실에 관하여 진술할 기회를 부여받았더라도 판결에 영향을 미친 위법에 해당한다.

해설

④ (×) 형사소송법 제266조는 "법원은 공소의 제기가 있는 때에는 지체 없이 공소장의 부본을 피고인 또는 변호인에게 송달하여야 한다. 단, 제1회 공판기일 전 5일까지 송달하여야 한다."고 규정하고 있으므로, 제1심이 공소장 부본을 피고인 또는 변호인에게 송달하지 아니한 채 공판절차를 진행하였다면 이는 소송절차에 관한 법령을 위반한 경우에 해당한다. 다만, 이러한 경우에도 피고인이 제1심 법정에서 이의함이 없이 공소사실에 관하여 충분히 진술할 기회를 부여받았다면 판결에 영향을 미친 위법이 있다고 할 수 없다(대법원 2014.4.24, 2013도9498).
[보충] 다만, 제1심이 공시송달의 방법으로 피고인을 소환하여 피고인이 공판기일에 출석하지 아니한 가운데 제1심의 절차가 진행되었다면 그와 같은 위법한 공판절차에서 이루어진 소송행위는 효력이 없으므로, 이러한 경우 항소심은 피고인 또는 변호인에게 공소장 부본을 송달하고 적법한 절차에 의하여 소송행위를 새로이 한 후 항소심에서의 진술과 증거조사 등 심리결과에 기초하여 다시 판결하여야 한다(위 판례).

① (○) 이 경우 형종상향금지원칙이 적용되므로 판결선고기일에는 피고인의 출석을 요하지 않는 것이다. 다만, 대리인의 출석은 가능하다. 제277조 제4호 참조.

② (○) 제292조, 제292조의2 제1항, 규칙 제134조의6의 취지에 비추어 보면, 본래 증거물이지만 증거서류의 성질도 가지고 있는 이른바 '증거물인 서면'을 조사하기 위해서는 증거서류의 조사방식인 낭독·내용고지 또는 열람의 절차와 증거물의 조사방식인 제시의 절차가 함께 이루어져야 하므로, 원칙적으로 증거신청인으로 하여금 그 서면을 제시하면서 낭독하게 하거나 이에 갈음하여 그 내용을 고지 또는 열람하도록 하여야 한다.

③ (○) 형사공판절차에서 변호인의 중복되고 상당하지 아니한 신

문에 대하여 재판장이 제한을 명하는 것은 재판장의 소송지휘권에 속하는 것으로서 그 신문의 제한이 현저하게 부당하거나 부적절한 경우가 아닌 한 신문을 제한한 재판장의 조치가 위법하다고 할 수 없다(대법원 2008.3.27, 2007도4116).

정답 ④

039 ✓ 유사   ◆◇◇   군무원9급 2021

공판에 대한 설명으로 가장 적절하지 않은 것은?

① 재판장은 피고인의 신청에 의하여 공판기일을 변경할 수 있다.

② 재판장은 피고인에게 각 증거조사의 결과에 대한 의견을 묻고 권리를 보호함에 필요한 증거조사를 신청할 수 있음을 고지하여야 한다.

③ 법원은 피고인의 신청이 있는 경우 공무소 또는 공사단체에 조회하여 필요한 사항의 보고 또는 그 보관서류의 송부를 요구하여야 한다.

④ 법원의 구내에 있는 피고인에 대하여 공판기일을 통지한 때에는 소환장송달의 효력이 있다.

해설

③ (×) 법원은 직권 또는 검사, 피고인이나 변호인의 신청에 의하여 공무소 또는 공사단체에 조회하여 필요한 사항의 보고 또는 그 보관서류의 송부를 요구할 수 있다(제272조 제1항).

① (○) 재판장은 직권 또는 검사, 피고인이나 변호인의 신청에 의하여 공판기일을 변경할 수 있다(제270조 제1항).
[보충] 위 신청의 기각은 결정으로 하여야 한다(동조 제2항).

② (○) 제293조

④ (○) 제268조

정답 ③

Ⅲ   공판 전 준비절차(협의의 준비절차)

040 ✓ 대표   ◆◇◇   국가7급 2021

공판준비절차에 대한 설명으로 옳은 것은?

① 법원은 합의부원으로 하여금 공판준비기일을 진행하게 할 수 있고, 이 경우 수탁판사는 공판준비기일에 관하여 법원 또는 재판장과 동일한 권한이 있다.

② 국민참여재판의 경우 배심원이 공판준비기일에 참여한다.

③ 공판준비기일은 검사, 피고인, 변호인의 신청에 따라 법원이 결정한 경우에 한하여 공개할 수 있다.

④ 공판준비기일에 피고인의 출석은 필수적인 요건이 아니다.

해설

④ (○) 공판준비기일에는 검사 및 변호인이 출석하여야 한다(제

266조의8 제1항). 즉, 피고인의 출석은 공판준비기일의 필수적 요건이 아니다. 다만, 법원은 필요하다고 인정하는 때에는 피고인을 소환할 수 있으며, 피고인은 법원의 소환이 없는 때에도 공판준비기일에 출석할 수 있다(동조 제5항).

① (×) 수탁판사가 아니라 수명법관이다(제266조의7 제3항).

② (×) 배심원은 공판준비기일에 참여하지 아니한다(국민참여재판법 제37조 제4항).

③ (×) 공판준비기일은 공개한다. 다만, 공개하면 절차의 진행이 방해될 우려가 있는 때에는 공개하지 아니할 수 있다(제266조의7 제4항). 즉, 공판준비기일은 원칙적으로 공개한다.

정답 ④

---

041 ✓ 대표 ◆◆◇ 법원 2015

공판준비절차에 관한 다음 설명 중 가장 옳지 않은 것은?

① 재판장은 효율적이고 집중적인 심리를 위하여 사건을 공판준비절차에 부칠 수 있다.

② 제1회 공판기일 후에는 사건을 공판준비절차에 부칠 수 없다.

③ 공판준비기일에서 신청하지 못한 증거는 그 신청으로 인하여 소송을 현저하게 지연시키지 않거나 중대한 과실 없이 공판준비기일에 제출하지 못하는 등 부득이한 사유를 소명한 때에 한하여 공판기일에 신청할 수 있다.

④ 법원은 공판준비기일이 지정된 사건에 관하여 변호인이 없는 때에는 직권으로 변호인을 선정하여야 한다.

해설

② (×) 일정한 경우 제1회 공판기일 이후에도 사건을 공판준비절차에 부칠 수 있다(기일간 공판준비절차, 제266조의15 참조).

> **제266조의15(기일간 공판준비절차)** 법원은 쟁점 및 증거의 정리를 위하여 필요한 경우에는 제1회 공판기일 후에도 사건을 공판 준비절차에 부칠 수 있다. 이 경우 기일전 공판준비절차에 관한 규정을 준용한다.

① (○) 공판준비절차는 이렇듯 임의적이다. 제266조의5 제1항 참조.

> **제266조의5(공판준비절차)** ① 재판장은 효율적이고 집중적인 심리를 위하여 사건을 공판준비절차에 부칠 수 있다.

③ (○) 제266조의13 제1항 참조.
[정리] 실권 - 부지/직

> **제266조의13(공판준비기일 종결의 효과)** ① 공판준비기일에서 신청하지 못한 증거는 다음 각 호의 어느 하나에 해당하는 경우에 한하여 공판기일에 신청할 수 있다.
> 1. 그 신청으로 인하여 소송을 현저히 지연시키지 아니하는 때
> 2. 중대한 과실 없이 공판준비기일에 제출하지 못하는 등 부득이한 사유를 소명한 때

④ (○) 제266조의8 제4항 참조.
[정리] 필요적 변호사건: 영/적/준/재/즉/참재

> **제266조의8(검사 및 변호인 등의 출석)** ④ 법원은 공판준비기일이 지정된 사건에 관하여 변호인이 없는 때에는 직권으로 변호인을 선정하여야 한다.

정답 ②

---

042 ✓ 대표 ◆◆◇ 국가9급개론 2017

공판준비절차에 대한 설명으로 옳지 않은 것은?

① 재판장은 효율적이고 집중적인 심리를 위하여 사건을 공판준비절차에 부칠 수 있으며, 피고인이 국민참여재판을 원하는 의사를 표시한 경우에는 법원이 배제결정을 하는 때를 제외하고는 사건을 공판준비절차에 부쳐야 한다.

② 법원은 공판준비절차에서 공소사실 또는 적용법조의 추가·철회 또는 변경을 허가할 수 있다.

③ 검사와 변호인은 공판준비기일에 출석하여야 하나, 피고인은 법원이 필요하다고 인정하여 소환한 때에 한하여 출석할 수 있고 법원의 소환이 없는 때에는 공판준비기일에 출석할 수 없다.

④ 공판준비기일에 신청하지 못한 증거는 그 신청으로 인하여 소송을 현저히 지연시키지 아니하거나 중대한 과실 없이 공판준비기일에 제출하지 못하는 등 부득이한 사유를 소명한 경우에 한하여 공판기일에 증거로 신청할 수 있다.

해설

③ (×) 법원은 필요하다고 인정하는 때에는 피고인을 소환할 수 있으며, 피고인은 법원의 소환이 없는 때에도 공판준비기일에 출석할 수 있다(제266조의8 제5항).

① (○) 형사소송법 제266조의5 제1항, 국민참여재판법 제36조 제1항

② (○) 제266조의9 제1항 제2호

④ (○) 제266조의13 제1항

정답 ③

---

043 ✓ 대표 ◆◆◇ 국가9급 2019

공판준비절차에 대한 설명으로 옳지 않은 것은?

① 피고인이 국민참여재판을 원하는 의사를 표시한 경우에 재판장은 사건을 공판준비절차에 부쳐야 하며, 공판준비기일에는 주장과 증거를 정리하고 심리계획을 수립하기 위해 검사와 변호인 이외에 배심원도 참여시켜야 한다.

② 공판준비기일에 신청하지 못한 증거라도 공판기일에 법원이 직권으로 증거조사를 할 수 있다.

③ 법원은 쟁점 및 증거의 정리를 위하여 필요한 경우에는 제1회 공판기일 후에도 사건을 공판준비절차에 부칠 수 있다.

④ 법원은 공판준비기일을 종료하는 때에는 검사, 피고인 또는 변호인에게 쟁점 및 증거에 관한 정리결과를 고지하고, 이에 대한 이의의 유무를 확인하여야 한다.

해설

① (×) 국민참여재판을 위한 공판준비기일에는 배심원이 참여하지 아니한다(국민참여재판법 제37조 제4항).

> **국민참여재판법 제37조(공판준비기일)** ① 법원은 주장과 증거를 정리하고 심리계획을 수립하기 위하여 공판준비기일을 지정하여야 한다.
> ④ 공판준비기일에는 배심원이 참여하지 아니한다.

② (○) 제266조의13 제2항 참조.

> **제266조의13(공판준비기일 종결의 효과)** ① 공판준비기일에서 신청하지 못한 증거는 다음 각 호의 어느 하나에 해당하는 경우에 한하여 공판기일에 신청할 수 있다.
> 1. 그 신청으로 인하여 소송을 현저히 지연시키지 아니하는 때
> 2. 중대한 과실 없이 공판준비기일에 제출하지 못하는 등 부득이한 사유를 소명한 때
> ② 제1항에도 불구하고 법원은 직권으로 증거를 조사할 수 있다.

③ (○) 제266조의15 참조.

> **제266조의15(기일간 공판준비절차)** 법원은 쟁점 및 증거의 정리를 위하여 필요한 경우에는 제1회 공판기일 후에도 사건을 공판준비절차에 부칠 수 있다. 이 경우 기일전 공판준비절차에 관한 규정을 준용한다.

④ (○) 제266조의10 제1항 참조.

> **제266조의10(공판준비기일 결과의 확인)** ① 법원은 공판준비기일을 종료하는 때에는 검사, 피고인 또는 변호인에게 쟁점 및 증거에 관한 정리결과를 고지하고, 이에 대한 이의의 유무를 확인하여야 한다.
> ② 법원은 쟁점 및 증거에 관한 정리결과를 공판준비기일조서에 기재하여야 한다.

정답 ①

을 공판준비절차에 부칠 수 있다. 이 경우 기일전 공판준비절차에 관한 규정을 준용한다.

[보충] 공판준비절차: ㉠ 공소사실 등 쟁점의 정리: 공소장변경 ○, ㉡ 증거신청 등 입증계획 수립: 단, 증거조사는 ×, ㉢ 증거개시: 열람·등사신청 및 당부의 결정, ㉣ 공판기일절차의 준비: 공판기일의 지정·변경 등

① (○) 제266조의13 참조.
[정리] 실권 – 부지/직

> **제266조의13(공판준비기일 종결의 효과)** ① 공판준비기일에서 신청하지 못한 증거는 다음 각 호의 어느 하나에 해당하는 경우에 한하여 공판기일에 신청할 수 있다.
> 1. 그 신청으로 인하여 소송을 현저히 지연시키지 아니하는 때
> 2. 중대한 과실 없이 공판준비기일에 제출하지 못하는 등 부득이한 사유를 소명한 때
> ② 제1항에도 불구하고 법원은 직권으로 증거를 조사할 수 있다.

② (○) 형사소송법 제266조의5 제1항, 국민참여재판법 제36조 제1항 참조.

> **형사소송법 제266조의5(공판준비절차)** ① 재판장은 효율적이고 집중적인 심리를 위하여 사건을 공판준비절차에 부칠 수 있다.
> **국민참여재판법 제36조(공판준비절차)** ① 재판장은 제8조에 따라 피고인이 국민참여재판을 원하는 의사를 표시한 경우에 사건을 공판준비절차에 부쳐야 한다. 다만, 공판준비절차에 부치기 전에 제9조 제1항의 배제결정이 있는 때에는 그러하지 아니하다.

③ (○) 제266조의5 제2항 참조.

> **제266조의5(공판준비절차)** ② 공판준비절차는 주장 및 입증계획 등을 서면으로 준비하게 하거나 공판준비기일을 열어 진행한다.

정답 ④

---

044 ✓ 대표 ◆◆◇ 국가7급개론 2024 유사 경찰 2015

공판준비절차에 관한 다음 설명 중 가장 적절하지 않은 것은?

① 공판준비기일에 신청하지 못한 증거라도 공판기일에 법원은 직권으로 증거조사를 할 수 있다.

② 국민참여재판과 달리 통상 공판절차에 있어서 공판준비절차에 부칠 것인지 여부는 재판장의 재량에 속한다.

③ 공판준비절차는 주장 및 입증계획 등을 서면으로 준비하게 하거나 공판준비기일을 열어 진행한다.

④ 법원은 쟁점 및 증거의 정리를 위하여 필요한 경우라도 제1회 공판기일 후에는 사건을 공판준비절차에 부칠 수 없다.

해설

④ (×) 제266조의15 참조.

> **제266조의15(기일간 공판준비절차)** 법원은 쟁점 및 증거의 정리를 위하여 필요한 경우에는 제1회 공판기일 후에도 사건

045 ✓ 유사 ◆◇◇ 국가9급개론 2019 | 법원승진 2014 유사

공판준비기일의 절차에 대한 설명으로 옳은 것은?

① 공판준비기일에 신청하지 못한 증거는 원칙적으로 공판기일에 신청할 수 없으나, 법원은 실체적 진실발견을 위하여 공판절차에서 직권으로 증거를 조사할 수 있다.

② 공판준비기일에 변호인의 출석은 필수요건이지만 피고인의 출석은 필수사항이 아니므로 피고인이 출석한 경우에도 재판장은 피고인에게 진술거부권을 고지할 필요가 없다.

③ 공판준비기일은 공개하지 않지만, 재판의 공정성을 위해서 필요한 경우에는 공개할 수 있다.

④ 검사, 피고인 또는 변호인은 법원에 대하여 공판준비기일의 지정을 신청할 수 있고, 이 경우 당해 신청에 관한 법원의 결정에 대하여는 불복할 수 있다.

해설

① (○) 제266조의13 제1항·제2항 참조.

> **제266조의13(공판준비기일 종결의 효과)** ① 공판준비기일에서 신청하지 못한 증거는 다음 각 호의 어느 하나에 해당하는 경우에 한하여 공판기일에 신청할 수 있다.
> 1. 그 신청으로 인하여 소송을 현저히 지연시키지 아니하는 때
> 2. 중대한 과실 없이 공판준비기일에 제출하지 못하는 등 부득이한 사유를 소명한 때
> ② 제1항에도 불구하고 법원은 직권으로 증거를 조사할 수 있다.

② (×) 전단은 맞다. 다만, 진술거부권 고지는 필수이므로 후단은 틀렸다(제266조의8 제6항 참조).

> **제266조의8(검사 및 변호인 등의 출석)** ⑤ 법원은 필요하다고 인정하는 때에는 피고인을 소환할 수 있으며, 피고인은 법원의 소환이 없는 때에도 공판준비기일에 출석할 수 있다. ⑥ 재판장은 출석한 피고인에게 진술을 거부할 수 있음을 알려주어야 한다.

③ (×) 공소제기 후의 공판단계이므로 공개주의가 원칙이다.

> **제266조의7(공판준비기일)** ④ 공판준비기일은 공개한다. 다만, 공개하면 절차의 진행이 방해될 우려가 있는 때에는 공개하지 아니할 수 있다.

④ (×) 불복할 수 없으므로 후단이 틀렸다.

> **제266조의7(공판준비기일)** ① 법원은 검사, 피고인 또는 변호인의 의견을 들어 공판준비기일을 지정할 수 있다.
> ② 검사, 피고인 또는 변호인은 법원에 대하여 공판준비기일의 지정을 신청할 수 있다. 이 경우 당해 신청에 관한 법원의 결정에 대하여는 불복할 수 없다.

정답 ①

---

046 ✓ 유사 ◆◆◇ 경찰 2014 유사 · 2016

「형사소송법」상 공판준비절차에 관한 다음 설명 중 가장 적절하지 않은 것은?

① 법원은 필요하다고 인정하는 때에는 피고인을 소환할 수 있으며, 피고인은 법원의 소환이 없는 때에도 공판준비기일에 출석할 수 있다.

② 공판준비기일은 원칙적으로 비공개한다.

③ 법원은 쟁점 및 증거의 정리를 위하여 필요한 경우에는 제1회 공판기일 후에도 사건을 공판준비절차에 부칠 수 있다.

④ 공판준비기일에서 신청하지 못한 증거는 중대한 과실 없이 공판준비기일에 제출하지 못하는 등 부득이한 사유를 소명한 때에는 공판기일에 신청할 수 있다.

해설

② (×) 제266조의7 제4항 참조.

> **제266조의7(공판준비기일)** ④ 공판준비기일은 공개한다. 다만, 공개하면 절차의 진행이 방해될 우려가 있는 때에는 공개하지 아니할 수 있다.

① (○) 제266조의8 제5항 참조.

> **제266조의8(검사 및 변호인 등의 출석)** ⑤ 법원은 필요하다고 인정하는 때에는 피고인을 소환할 수 있으며, 피고인은 법원의 소환이 없는 때에도 공판준비기일에 출석할 수 있다.

③ (○) 제266조의15 참조.

> **제266조의15(기일간 공판준비절차)** 법원은 쟁점 및 증거의 정리를 위하여 필요한 경우에는 제1회 공판기일 후에도 사건을 공판준비절차에 부칠 수 있다. 이 경우 기일전 공판준비절차에 관한 규정을 준용한다.

④ (○) 제266조의13 제1항 참조.

> **제266조의13(공판준비기일 종결의 효과)** ① 공판준비기일에서 신청하지 못한 증거는 다음 각 호의 어느 하나에 해당하는 경우에 한하여 공판기일에 신청할 수 있다.
> 1. 그 신청으로 인하여 소송을 현저히 지연시키지 아니하는 때
> 2. 중대한 과실 없이 공판준비기일에 제출하지 못하는 등 부득이한 사유를 소명한 때

[보충] 만약 이 지문에서 "소명한 때에 한하여"라고 하였다면 틀린 것이 된다. 공판기일의 신청으로 인하여 소송을 현저히 지연시키지 아니하는 때에도 신청이 가능하기 때문이다.

정답 ②

047 ⊘ 유사 ◆◇◇　법원9급 2023

공판준비기일 및 공판기일 절차에 관한 다음 설명 중 가장 옳은 것은?

① 공판준비기일에는 검사 및 피고인, 변호인이 출석하여야 한다.

② 제1회 공판기일은 소환장의 송달 후 5일 이상의 유예기간을 두어야 한다. 다만, 피고인이 이의 없는 때에는 전항의 유예기간을 두지 아니할 수 있다.

③ 공판준비절차가 종결되면 공판절차로 진행하기 때문에 공판준비기일을 재개할 수는 없다.

④ 법원은 공판준비절차에서 증거신청, 증거채부결정뿐만 아니라 필요하다고 인정하는 경우 증거조사를 할 수 있다.

해설

② (○) 제269조 제1항 참조.

> **제269조(제1회 공판기일의 유예기간)** ① 제1회 공판기일은 소환장의 송달 후 5일 이상의 유예기간을 두어야 한다.
> ② 피고인이 이의 없는 때에는 전항의 유예기간을 두지 아니할 수 있다.

① (×) 공판준비기일의 출석의무는 검사와 변호인에게 있고(제266조의8 제1항), 피고인에게는 출석의무가 아닌 출석권이 있다(동조 제5항).

> **제266조의8(검사 및 변호인 등의 출석)** ① 공판준비기일에는 검사 및 변호인이 출석하여야 한다.
> ⑤ 법원은 필요하다고 인정하는 때에는 피고인을 소환할 수 있으며, 피고인은 법원의 소환이 없는 때에도 공판준비기일에 출석할 수 있다.

③ (×) 제305조, 제266조의14 참조.

> **제305조(변론의 재개)** 법원은 필요하다고 인정한 때에는 직권 또는 검사, 피고인이나 변호인의 신청에 의하여 결정으로 종결한 변론을 재개할 수 있다.
> **제266조의14(준용규정)** 제305조는 공판준비기일의 재개에 관하여 준용한다.

④ (×) 증거신청·증거채부결정은 가능하나(제266조의9 제5호~제8호) 증거조사는 할 수 없다.

> **제266조의9(공판준비에 관한 사항)** ① 법원은 공판준비절차에서 다음 행위를 할 수 있다.
> 1. 공소사실 또는 적용법조를 명확하게 하는 행위
> 2. 공소사실 또는 적용법조의 추가·철회 또는 변경을 허가하는 행위
> 3. 공소사실과 관련하여 주장할 내용을 명확히 하여 사건의 쟁점을 정리하는 행위
> 4. 계산이 어렵거나 그 밖에 복잡한 내용에 관하여 설명하도록 하는 행위
> 5. 증거신청을 하도록 하는 행위
> 6. 신청된 증거와 관련하여 입증 취지 및 내용 등을 명확하게 하는 행위
> 7. 증거신청에 관한 의견을 확인하는 행위
> 8. 증거채부(採否)의 결정을 하는 행위
> 9. 증거조사의 순서 및 방법을 정하는 행위
> 10. 서류 등의 열람 또는 등사와 관련된 신청의 당부를 결정하는 행위
> 11. 공판기일을 지정 또는 변경하는 행위
> 12. 그 밖에 공판절차의 진행에 필요한 사항을 정하는 행위

정답 ②

---

4 증거개시

Ⅰ 의의

Ⅱ 피고인 · 변호인의 열람 · 등사청구권

Ⅲ 피고인 · 변호인의 증거개시의무

048 ⊘ 대표 ◆◆◇　국가9급 2013 유사 ｜ 국가7급 2017

열람 · 복사(등사)에 대한 설명으로 옳지 않은 것은?

① 재판장은 피해자, 증인 등 사건관계인의 생명 또는 신체의 안전을 현저히 해칠 우려가 있는 경우에는 소송계속 중의 관계 서류 또는 증거물에 대한 열람·복사에 앞서 사건관계인의 성명 등 개인정보가 공개되지 아니하도록 보호조치를 할 수 있다.

② 누구든지 권리구제·학술연구 또는 공익적 목적으로 재판이 확정된 사건의 소송기록을 보관하고 있는 검찰청에 그 소송기록의 열람·등사를 신청할 수 있다.

③ 변호인이 있는 피고인은 소송계속 중 법원이 보관하고 있는 관계 서류 또는 증거물에 대하여는 열람만을 신청할 수 있다.

④ 변호인이 공판기일에서 현장부재·심신상실 또는 심신미약 등 법률상·사실상의 주장을 한 때 검사는 변호인에게 이 주장과 관련된 서류 등의 열람·등사 또는 서면의 교부를 요구할 수 있다.

해설

③ (×) 공소제기 후 검사가 보관하고 있는 서류 기타 증거물에 대한 열람·등사와는 달리, 법원이 보관하는 소송계속 중의 관계서류 기타 증거물에 대해서는 피고인과 변호인 모두 열람·복사할 수 있다. 제35조와 제266조의11이 서로 다른 부분이니, 구별해 두어야 한다.

> **제35조(서류·증거물의 열람·복사)** ① 피고인과 변호인은 소송계속 중의 관계 서류 또는 증거물을 열람하거나 복사할 수 있다.
> **제266조의3(공소제기 후 검사가 보관하고 있는 서류 등의 열람·등사)** ① 피고인 또는 변호인은 검사에게 공소제기된 사건에 관한 서류 또는 물건(이하 "서류 등"이라 한다)의 목록과 공소사실의 인정 또는 양형에 영향을 미칠 수 있는 다음 서류 등의 열람·등사 또는 서면의 교부를 신청할 수 있다. 다만, 피고인에게 변호인이 있는 경우에는 피고인은 열람만을 신청할 수 있다.

→ 법원이 보관하고 있는 관계 서류 또는 증거물에는 검사가 보관하고 있는 것에 대한 제한이 없다.

① (○) 제35조 제3항 참조.

> **제35조(서류·증거물의 열람·복사)** ③ 재판장은 피해자, 증인 등 사건관계인의 생명 또는 신체의 안전을 현저히 해칠 우려가 있는 경우에는 제1항 및 제2항에 따른 열람·복사에 앞서 사건관계인의 성명 등 개인정보가 공개되지 아니하도록 보호조치를 할 수 있다.

② (○) 제59조의2 제1항 참조.

> **제59조의2(재판확정기록의 열람·등사)** ① 누구든지 권리구제·학술연구 또는 공익적 목적으로 재판이 확정된 사건의 소송기록을 보관하고 있는 검찰청에 그 소송기록의 열람 또는 등사를 신청할 수 있다.

④ (○) 제266조의11 제1항 제4호 참조.

> **제266조의11(피고인 또는 변호인이 보관하고 있는 서류 등의 열람·등사)** ① 검사는 피고인 또는 변호인이 공판기일 또는 공판준비절차에서 현장부재·심신상실 또는 심신미약 등 법률상·사실상의 주장을 한 때에는 피고인 또는 변호인에게 다음 서류 등의 열람·등사 또는 서면의 교부를 요구할 수 있다.
> 4. 피고인 또는 변호인이 행한 법률상·사실상의 주장과 관련된 서류 등

정답 ③

049 ✅ 대표 ◆◇◇ 법원 2017

기록의 열람·복사에 관한 다음 설명 중 가장 옳지 않은 것은?

① 구속적부심사건 피의자의 변호인은 지방법원 판사에게 제출된 구속영장청구서 및 그에 첨부된 고소장을 열람 및 복사할 수 있다.

② 피고인과 변호인은 소송계속 중의 관계 서류 또는 증거물을 열람하거나 복사할 수 있다.

③ 공소제기 후 검사가 보관하고 있는 서류의 열람·등사에 관하여는 피고인에게 변호인이 있는 때는 피고인은 열람만을 신청할 수 있다.

④ 피해자는 재판장의 허가를 받으면 계속 중인 소송기록을 열람 또는 등사할 수 있다.

해설

① (✕) 열람할 수 있을 뿐 복사는 인정되지 않는다.

> **규칙 제96조의21(구속영장청구서 및 소명자료의 열람)** ① 피의자 심문에 참여할 변호인은 지방법원 판사에게 제출된 구속영장청구서 및 그에 첨부된 고소·고발장, 형사소송규칙 피의자의 진술을 기재한 서류와 피의자가 제출한 서류를 열람할 수 있다.
> **제104조의2(준용규정)** 제96조의21의 규정은 체포·구속의 적부심사를 청구한 피의자의 변호인에게 이를 준용한다.

[보충] 고소장·피의자신문조서에 대해서는 열람·등사권 인정

(헌법재판소 2003.3.27, 2000헌마474).

② (○) 제35조 제1항

③ (○) 제266조의3 제1항

④ (○) 제294조의4

정답 ①

050 ✅ 대표 ◆◆◇ 경찰1차 2019 유사 국가9급 2018

증거개시제도에 대한 설명으로 옳지 않은 것은? (다툼이 있는 경우 판례에 의함)

① 법원의 개시결정에도 불구하고 검사가 피고인에게 유리한 증거서류의 열람·등사를 거부한 것은 피고인의 신속하고 공정한 재판을 받을 권리와 변호인의 조력을 받을 권리를 침해한 것으로 헌법에 위반된다.

② 피고인 또는 변호인은 검사가 서류 등의 열람·등사 또는 서면의 교부를 거부하거나 그 범위를 제한한 때에는 법원에 그 서류 등의 열람·등사 또는 서면의 교부를 허용하도록 할 것을 신청할 수 있다.

③ 검사는 공소제기된 사건에 관한 서류 또는 물건의 목록에 대하여는 국가안보, 증인보호의 필요성 등의 중대한 사유가 있는 경우를 제외하고, 열람 또는 등사를 거부할 수 없다.

④ 검사가 열람·등사 등에 관한 법원의 결정을 지체 없이 이행하지 아니하는 때에는 해당 증인 및 서류 등에 대한 증거신청을 할 수 없다.

해설

③ (✕) 서류 등의 목록에 대하여는 열람·등사를 거부할 수 없다.

> **제266조의3(공소제기 후 검사가 보관하고 있는 서류 등의 열람·등사)** ② 검사는 국가안보, 증인보호의 필요성, 증거인멸의 염려, 관련 사건의 수사에 장애를 가져올 것으로 예상되는 구체적인 사유 등 열람·등사 또는 서면의 교부를 허용하지 아니할 상당한 이유가 있다고 인정하는 때에는 열람·등사 또는 서면의 교부를 거부하거나 그 범위를 제한할 수 있다.
> ⑤ 검사는 제2항에도 불구하고 <u>서류 등의 목록에 대하여는 열람 또는 등사를 거부할 수 없다.</u>

① (○) 법원의 열람·등사 허용 결정에도 불구하고 검사가 이를 신속하게 이행하지 아니하는 경우에는 해당 증인 및 서류 등을 증거로 신청할 수 없는 불이익을 받는 것에 그치는 것이 아니라, 그러한 검사의 거부행위는 피고인의 열람·등사권을 침해하고, 나아가 피고인의 신속·공정한 재판을 받을 권리 및 변호인의 조력을 받을 권리까지 침해하게 되는 것이다(헌법재판소 2010.6.24, 2009헌마257).

② (○) 제266조의4 제1항 참조.

> **제266조의4(법원의 열람·등사에 관한 결정)** ① 피고인 또는 변호인은 검사가 서류 등의 열람·등사 또는 서면의 교부를 거부하거나 그 범위를 제한한 때에는 법원에 그 서류 등의 열람·등사 또는 서면의 교부를 허용하도록 할 것을 신청할 수 있다.

④ (○) 법원의 결정을 이행하지 아니하면 실권효가 발생한다.

> **제266조의4(법원의 열람·등사에 관한 결정)** ① 피고인 또는 변호인은 검사가 서류 등의 열람·등사 또는 서면의 교부를 거부하거나 그 범위를 제한한 때에는 법원에 그 서류 등의 열람·등사 또는 서면의 교부를 허용하도록 할 것을 신청할 수 있다.
> ② 법원은 제1항의 신청이 있는 때에는 열람·등사 또는 서면의 교부를 허용하는 경우에 생길 폐해의 유형·정도, 피고인의 방어 또는 재판의 신속한 진행을 위한 필요성 및 해당 서류 등의 중요성 등을 고려하여 검사에게 열람·등사 또는 서면의 교부를 허용할 것을 명할 수 있다. 이 경우 열람 또는 등사의 시기·방법을 지정하거나 조건·의무를 부과할 수 있다.
> ⑤ 검사는 제2항의 열람·등사 또는 서면의 교부에 관한 법원의 결정을 지체 없이 이행하지 아니하는 때에는 해당 증인 및 서류 등에 대한 증거신청을 할 수 없다.

정답 ③

---

051 ✓ 유사 ◆◇◇ 국가9급개론 2019

「형사소송법」제266조의3에서 규정하고 있는 '공소제기 후 검사가 보관하고 있는 서류 등의 열람·등사'에 대한 설명으로 옳은 것은?

① 피고인에게 변호인이 있는 경우에는 피고인은 열람·등사만을 신청할 수 있다.
② 서류 등에는 컴퓨터용 디스크나 그밖에 정보를 담기 위하여 만들어진 물건으로서 문서가 아닌 특수매체는 포함되지 않는다.
③ 검사는 열람·등사 또는 서면의 교부를 거부하거나 그 범위를 제한하는 때에는 48시간 이내에 그 이유를 서면으로 통지하여야 한다.
④ 검사는 서류 등의 목록에 대하여는 열람 또는 등사를 거부할 수 없다.

해설

④ (○) 제266조의3 제5항 참조.

> **제266조의3(공소제기 후 검사가 보관하고 있는 서류 등의 열람·등사)** ⑤ 검사는 제2항에도 불구하고 서류 등의 목록에 대하여는 열람 또는 등사를 거부할 수 없다.

① (×) 제266조의3 제1항 단서 참조.

> **제266조의3(공소제기 후 검사가 보관하고 있는 서류 등의 열람·등사)** ① 피고인 또는 변호인은 검사에게 공소제기된 사건에 관한 서류 또는 물건(이하 "서류 등"이라 한다)의 목록과 공소사실의 인정 또는 양형에 영향을 미칠 수 있는 다음 서류 등의 열람·등사 또는 서면의 교부를 신청할 수 있다. 다만, 피고인에게 변호인이 있는 경우에는 피고인은 열람만을 신청할 수 있다.

② (×) 제266조의3 제6항 제1문 참조.

> **제266조의3(공소제기 후 검사가 보관하고 있는 서류 등의 열람·등사)** ⑥ 제1항의 서류 등은 도면·사진·녹음테이프·

비디오테이프·컴퓨터용 디스크, 그 밖에 정보를 담기 위하여 만들어진 물건으로서 문서가 아닌 특수매체를 포함한다. 이 경우 특수매체에 대한 등사는 필요 최소한의 범위에 한한다.

③ (×) 48시간이 아니라 지체 없이 서면통지하여야 한다(제266조의3 제3항).

> **제266조의3(공소제기 후 검사가 보관하고 있는 서류 등의 열람·등사)** ③ 검사는 열람·등사 또는 서면의 교부를 거부하거나 그 범위를 제한하는 때에는 지체 없이 그 이유를 서면으로 통지하여야 한다.

[주의] 제한 시 이유의 통지는 지체 없이 하여야 함은 위와 같다. 다만, 검사가 열람·등사 거부 등의 조치를 하였음에도 열람·등사·서면교부의 신청을 받은 때로부터 48시간 이내에 그 이유를 서면으로 통지하지 아니한 때에는(제266조의3 제4항) 법원에 그 서류 등의 열람·등사·서면교부를 허용하도록 할 것을 신청할 수 있다(규칙 제123조의4). 즉, 48시간은 검사의 열람 거부·제한의 이유 통지의 시한이 아니라, 피고인 측이 법원에 허용 신청을 하는 데 필요한 요건이라는 의미를 갖는다.

정답 ④

---

052 ✓ 유사 ◆◇◇ 해경승진 2023

다음 중 「형사소송법」 제266조의3에서 규정하고 있는 '공소제기 후 검사가 보관하고 있는 서류 등의 열람·등사'에 대한 설명으로 가장 옳은 것은?

① 피고인에게 변호인이 있는 경우에는 피고인은 열람·등사만을 신청할 수 있다.
② 검사는 서류 등의 목록에 대하여는 열람 또는 등사를 거부할 수 없다.
③ 검사는 열람·등사 또는 서면의 교부를 거부하거나 그 범위를 제한하는 때에는 신청을 받은 때로부터 24시간 이내에 그 이유를 서면으로 통지하여야 한다.
④ '서류 등'에는 컴퓨터용 디스크나 그 밖에 정보를 담기 위하여 만들어진 물건으로 문서가 아닌 특수매체를 포함하며, 특수매체에 대한 등사는 전체 범위를 대상으로 한다.

해설

② (○) 제266조의3 제5항 참조.

> **제266조의3(공소제기 후 검사가 보관하고 있는 서류 등의 열람·등사)** ⑤ 검사는 제2항에도 불구하고 서류 등의 목록에 대하여는 열람 또는 등사를 거부할 수 없다.

① (×) 열람만 신청할 수 있다(제266조의3 제1항 단서).

> **제266조의3(공소제기 후 검사가 보관하고 있는 서류 등의 열람·등사)** ① 피고인 또는 변호인은 검사에게 공소제기된 사건에 관한 서류 또는 물건(이하 "서류 등"이라 한다)의 목록과 공소사실의 인정 또는 양형에 영향을 미칠 수 있는 다음 서류 등의 열람·등사 또는 서면의 교부를 신청할 수 있

다. 다만, 피고인에게 변호인이 있는 경우에는 <u>피고인은 열람만을 신청할 수 있다.</u>

③ (×) 검사는 열람·등사 또는 서면의 교부를 거부하거나 그 범위를 제한하는 때에는, 신청을 받은 때로부터 <u>24시간 이내가 아니라 지체 없이</u> 그 이유를 서면으로 통지하여야 한다.

> **제266조의3(공소제기 후 검사가 보관하고 있는 서류 등의 열람·등사)** ③ 검사는 열람·등사 또는 서면의 교부를 거부하거나 그 범위를 제한하는 때에는 지체 없이 그 이유를 서면으로 통지하여야 한다.

[보충] 증거개시에서 <u>24시간 이내는 아니고, 48시간 이내가 나오는 경우가 있다.</u> 즉, 피고인 또는 변호인은 검사가 증거개시신청을 받은 때부터 48시간 이내에 열람·등사·서면교부 거부·제한의 이유를 서면으로 통지하지 아니하는 때에는 법원에 그 서류 등의 열람·등사·서면교부 허용을 신청할 수 있다(제266조의3 제4항).

[정리] ㉠ 검사가 열람·등사·서면교부 거부·제한 시에는 <u>지체 없이</u> 그 이유를 서면으로 통지(법 제266조의3 제3항), ㉡ 검사가 피고인·변호인에게 증거개시 거부·제한의 이유를 <u>48시간 이내</u>에 통지하지 아니하는 때에는 피고인·변호인은 법원에 허용신청(법 제266조의3 제4항)

> **제266조의3(공소제기 후 검사가 보관하고 있는 서류 등의 열람·등사)** ① 피고인 또는 변호인은 검사에게 공소제기된 사건에 관한 서류 또는 물건(이하 "서류 등"이라 한다)의 목록과 공소사실의 인정 또는 양형에 영향을 미칠 수 있는 다음 서류 등의 열람·등사 또는 서면의 교부를 신청할 수 있다. 다만, 피고인에게 변호인이 있는 경우에는 피고인은 열람만을 신청할 수 있다.
> ③ 검사는 열람·등사 또는 서면의 교부를 거부하거나 그 범위를 제한하는 때에는 지체 없이 그 이유를 서면으로 통지하여야 한다.
> ④ 피고인 또는 변호인은 <u>검사가 제1항의 신청을 받은 때부터 48시간 이내에 제3항의 통지를 하지 아니하는 때에는 제266조의4 제1항의 신청을 할 수 있다.</u>
> **제266조의4(법원의 열람·등사에 관한 결정)** ① 피고인 또는 변호인은 검사가 서류 등의 열람·등사 또는 서면의 교부를 거부하거나 그 범위를 제한한 때에는 법원에 그 서류등의 열람·등사 또는 서면의 교부를 허용하도록 할 것을 신청할 수 있다.

④ (×) 제266조의3 제6항 참조.

> **제266조의3(공소제기 후 검사가 보관하고 있는 서류 등의 열람·등사)** ⑥ 제1항의 서류 등은 도면·사진·녹음테이프·비디오테이프·컴퓨터용 디스크, 그 밖에 정보를 담기 위하여 만들어진 물건으로서 문서가 아닌 특수매체를 포함한다. 이 경우 특수매체에 대한 등사는 필요 최소한의 범위에 한한다.

정답 ②

---

053 ✓ 유사 ◆◆◇　　국가7급 2015

증거개시제도에 대한 설명으로 옳은 것은? (다툼이 있는 경우 판례에 의함)

① 증거개시제도는 공판절차의 효율적 진행을 위하여 마련된 제도로서 증거개시 신청은 공판준비절차에서만 허용된다.

② 변호인이 없는 피고인은 공소제기 후 검사가 보관하고 있는 서류 등의 열람·등사를 신청할 수 있으며, 증거보전처분에 관한 서류 등의 열람·등사는 기소 전의 피의자도 신청할 수 있다.

③ 형사소송법은 검사가 수사서류의 열람·등사에 관한 법원의 허용 결정을 지체 없이 이행하지 아니하는 때에는 해당 증인 및 서류 등에 대한 증거신청을 할 수 없도록 규정하고 있으며, 이는 검사가 그와 같은 불이익을 감수하고 법원의 열람·등사 결정을 따르지 않을 수도 있다는 것을 의미한다.

④ 형사소송법은 검사의 열람·등사 거부처분에 대한 법원의 열람·등사 허용 결정에 대하여 검사의 즉시항고 등 불복절차를 별도로 규정하고 있다.

해설

② (○) 제266조의3 제1항, 제185조 참조.

> **제266조의3(공소제기 후 검사가 보관하고 있는 서류 등의 열람·등사)** ① 피고인 또는 변호인은 검사에게 공소제기된 사건에 관한 서류 또는 물건(이하 "서류 등"이라 한다)의 목록과 공소사실의 인정 또는 양형에 영향을 미칠 수 있는 다음 서류 등의 열람·등사 또는 서면의 교부를 신청할 수 있다. 다만, 피고인에게 변호인이 있는 경우에는 피고인은 열람만을 신청할 수 있다.
> 1. 검사가 증거로 신청할 서류 등
> 2. 검사가 증인으로 신청할 사람의 성명·사건과의 관계 등을 기재한 서면 또는 그 사람이 공판기일 전에 행한 진술을 기재한 서류 등
> 3. 제1호 또는 제2호의 서면 또는 서류 등의 증명력과 관련된 서류 등
> 4. 피고인 또는 변호인이 행한 법률상·사실상 주장과 관련된 서류 등(관련 형사재판확정기록, 불기소처분기록 등을 포함한다)
> **제185조(서류의 열람등)** 검사, 피고인, 피의자 또는 변호인은 판사의 허가를 얻어 전조의 처분에 관한 서류와 증거물을 열람 또는 등사할 수 있다.

① (×) 공소제기 후에도 허용되고, 제1회 기일 후에도 가능하다.

③ (×) 검사의 거부는 열람·등사권, 신속하고 공정한 재판청구권, 변호인의 조력을 받을 권리를 침해하는 분명 위헌적 조치라는 의미이고, 이에 국가배상법상의 과실도 인정된다. "형사소송법 제266조의4 제5항은 검사가 수사서류의 열람·등사에 관한 법원의 허용 결정을 지체 없이 이행하지 아니하는 때에는 해당 증인 및 서류 등에 대한 증거신청을 할 수 없도록 규정하고 있다. 그런데 <u>이는 검사가 그와 같은 불이익을 감수하기만 하면 법원의 열람·등사 결정을 따르지 않을 수도 있다는 의미가 아니라, 피고인의 열람·등사권을 보장하기 위하여 검사로 하여금 법원의 열람·

등사에 관한 결정을 신속히 이행하도록 강제하는 한편, 이를 이행하지 아니하는 경우에는 증거신청상의 불이익도 감수하여야 한다는 의미로 해석하여야 할 것이므로, 법원이 검사의 열람·등사 거부처분에 정당한 사유가 없다고 판단하고 그러한 거부처분이 피고인의 헌법상 기본권을 침해한다는 취지에서 수사서류의 열람·등사를 허용하도록 명한 이상, 법치국가와 권력분립의 원칙상 검사로서는 당연히 법원의 그러한 결정에 지체 없이 따라야 할 것이다(헌법재판소 2010.6.24, 2009헌마257).

④ (×) 법원의 열람·등사 허용결정에 대한 보통항고를 별도로 규정한 명문의 규정은 없다. 따라서 법원의 열람·등사 허용결정은 즉시 집행력을 가진다.

정답 ②

054 ✓유사 ◆◆◇ | 경찰 2013 유사·2014 유사·2016

'형사소송법'상 증거개시제도에 관한 다음 설명 중 옳은 것은 모두 몇 개인가?

> ㉠ 피고인 또는 변호인은 검사에게 공소제기된 사건에 관한 서류 또는 물건(이하 '서류 등'이라 한다)의 목록을 열람·등사 또는 서면의 교부를 신청할 수 있으며, 피고인에게 변호인이 있는 경우에도 피고인은 열람·등사 또는 서면의 교부를 신청할 수 있다.
> ㉡ 검사는 피고인 또는 변호인의 신청이 있는 경우 서류 등의 목록에 대하여는 열람 또는 등사를 거부할 수 없다.
> ㉢ 위 ㉠의 서류 등은 도면·사진·녹음테이프·비디오테이프·컴퓨터용 디스크, 그 밖에 정보를 담기 위하여 만들어진 물건으로서 문서가 아닌 특수매체를 포함한다.
> ㉣ 검사는 열람·등사 또는 서면의 교부를 거부하거나 그 범위를 제한하는 때에는 7일 이내에 피고인 또는 그 변호인에게 그 이유를 서면 또는 구두의 방법으로 통지하여야 한다.

① 1개　　　　　　② 2개
③ 3개　　　　　　④ 4개

해설

㉠ (×) 제266조의3 제1항 참조.

> **제266조의3(공소제기 후 검사가 보관하고 있는 서류 등의 열람·등사)** ① 피고인 또는 변호인은 검사에게 공소제기된 사건에 관한 서류 또는 물건(이하 "서류 등"이라 한다)의 목록과 공소사실의 인정 또는 양형에 영향을 미칠 수 있는 다음 서류 등의 열람·등사 또는 서면의 교부를 신청할 수 있다. 다만, 피고인에게 변호인이 있는 경우에는 피고인은 열람만을 신청할 수 있다.
> 1. 검사가 증거로 신청할 서류 등
> 2. 검사가 증인으로 신청할 사람의 성명·사건과의 관계 등을 기재한 서면 또는 그 사람이 공판기일 전에 행한 진술을 기재한 서류 등
> 3. 제1호 또는 제2호의 서면 또는 서류 등의 증명력과 관련된 서류 등

> 4. 피고인 또는 변호인이 행한 법률상·사실상 주장과 관련된 서류 등(관련 형사재판확정기록, 불기소처분기록 등을 포함한다)

㉡ (○) 제266조의3 제5항 참조.

> **제266조의3(공소제기 후 검사가 보관하고 있는 서류 등의 열람·등사)** ⑤ 검사는 제2항에도 불구하고 서류 등의 목록에 대하여는 열람 또는 등사를 거부할 수 없다.

㉢ (○) 제266조의3 제6항 참조.

> **제266조의3(공소제기 후 검사가 보관하고 있는 서류 등의 열람·등사)** ⑥ 제1항의 서류 등은 도면·사진·녹음테이프·비디오테이프·컴퓨터용 디스크, 그 밖에 정보를 담기 위하여 만들어진 물건으로서 문서가 아닌 특수매체를 포함한다. 이 경우 특수매체에 대한 등사는 필요 최소한의 범위에 한한다.

㉣ (×) 제266조의3 제3항 참조.

> **제266조의3(공소제기 후 검사가 보관하고 있는 서류 등의 열람·등사)** ③ 검사는 열람·등사 또는 서면의 교부를 거부하거나 그 범위를 제한하는 때에는 지체 없이 그 이유를 서면으로 통지하여야 한다.

정답 ②

5　공판정의 심리

Ⅰ　공판정의 구성

055 ✓대표 ◆◆◇ | 법원 2015

공판기일에 관한 다음 설명 중 가장 옳지 않은 것은? (다툼이 있는 경우 판례에 의함)

① 피고인이 법인인 경우에는 법인의 대표자 또는 특별대리인이 출석하여야 하고 그의 출석 없이는 개정할 수 없음이 원칙이나, 실무자 등 대리인을 출석시켜 개정할 수도 있다.

② 검사는 제1회 공판기일 이후에는 공판기일 전이라도 서류나 물건을 증거로 법원에 제출할 수 있다.

③ 피고인이 출석하지 아니하면 개정하지 못하는 경우에도 구속된 피고인이 정당한 사유 없이 출석을 거부한다면, 교도관에 의한 인치가 불가능하거나 현저히 곤란한 사정이 없다고 하여도, 출석한 검사와 변호인의 동의가 있는 이상 피고인의 출석 없이 공판절차를 진행할 수 있다.

④ 검사가 공판기일의 통지를 2회 이상 받고 출석하지 아니하거나 판결만을 선고하는 때에는 검사의 출석 없이도 개정할 수 있다.

해설

③ (×) 구속피고인의 출석거부로 인한 불출석재판은, 출석거부만으로는 안되고 교도관에 의한 인치가 불가능하거나 현저히 곤란

하다고 인정되는 경우이어야 한다(출석거부＋인치 현저곤란, 제277조의2 참조).

> **제277조의2(피고인의 출석거부와 공판절차)** ① 피고인이 출석하지 아니하면 개정하지 못하는 경우에 구속된 피고인이 정당한 사유 없이 출석을 거부하고, <u>교도관에 의한 인치가 불가능하거나 현저히 곤란하다고 인정되는 때</u>에는 피고인의 출석 없이 공판절차를 진행할 수 있다.
> ② 제1항의 규정에 의하여 공판절차를 진행할 경우에는 출석한 검사 및 변호인의 의견을 들어야 한다.

① (○) 제27조 제1항, 제28조 제1항, 제276조 참조.

> **제27조(법인과 소송행위의 대표)** ① 피고인 또는 피의자가 법인인 때에는 그 대표자가 소송행위를 대표한다.
> **제28조(소송행위의 특별대리인)** ① 전2조의 규정에 의하여 피고인을 대리 또는 대표할 자가 없는 때에는 법원은 직권 또는 검사의 청구에 의하여 <u>특별대리인</u>을 선임하여야 하며 피의자를 대리 또는 대표할 자가 없는 때에는 법원은 검사 또는 이해관계인의 청구에 의하여 특별대리인을 선임하여야 한다.
> **제276조(피고인의 출석권)** 피고인이 공판기일에 출석하지 아니한 때에는 특별한 규정이 없으면 개정하지 못한다. 단, <u>피고인이 법인인 경우에는 대리인을 출석하게 할 수 있다.</u>

[보충] 이 경우 대리권 수여 증명 서면제출(규칙 제126조)

② (○) 제1회 공판기일 이후 공판기일 전 증거제출은 가능하다. 제274조 참조.

> **제274조(당사자의 공판기일 전의 증거제출)** 검사, 피고인 또는 변호인은 공판기일 전에 서류나 물건을 증거로 법원에 제출할 수 있다.

④ (○) 검사는 2회 이상 불출석한 경우와 판결선고기일에는 불출석재판이 가능하다. 제278조 참조.

> **제278조(검사의 불출석)** 검사가 공판기일의 통지를 2회 이상 받고 출석하지 아니하거나 판결만을 선고하는 때에는 검사의 출석 없이 개정할 수 있다.

정답 ③

---

056 ✓ 대표 ◆◆◇

다음 설명 중 가장 옳지 않은 것은? (다툼이 있는 경우 판례에 의하고, 전원합의체 판결의 경우 다수의견에 의함)

① 피고인이 출석하지 아니하면 개정하지 못하는 경우에 구속된 피고인이 정당한 사유없이 출석을 거부하고 교도관에 의한 인치가 불가능하거나 현저히 곤란하다고 인정되는 때에는 피고인의 출석 없이 공판절차를 진행할 수 있다.

② 공소기각 또는 면소의 재판을 할 것이 명백한 사건에 관하여는 공판기일에 피고인의 출석 없이 개정할 수 있다.

③ 항소심에서 피고인이 제1회 공판기일에는 소환장을 적법하게 송달받고도 불출석하였다가 제2회 공판기일에는 출석하였으나, 제3회 공판기일에 소환장을 적법하게 송달받고도 다시 불출석하였다면, 피고인의 출석 없이 제3회 공판기일을 개정할 수 있다.

④ 필요적 변호사건이라 하여도 피고인이 재판거부의 의사를 표시하고 재판장의 허가 없이 퇴정하였으며, 변호인마저 이에 동조하여 퇴정해 버린 경우에는 피고인이나 변호인의 재정 없이도 심리판결 할 수 있다.

해설

③ (×) 형사소송법 제370조, 제276조에 의하면 항소심에서도 피고인의 출석 없이는 개정하지 못하는 것이 원칙이다. 다만 같은 법 제365조에 의하면 피고인이 항소심 공판기일에 출정하지 아니하여 다시 기일을 정하였는데도 정당한 사유 없이 그 기일에도 출정하지 아니한 때에는 피고인의 진술 없이 판결할 수 있으므로, 이와 같이 피고인이 불출석한 상태에서 그 진술 없이 판결할 수 있기 위해서는 피고인이 적법한 공판기일 통지를 받고서도 2회 연속으로 정당한 이유 없이 출정하지 아니한 경우에 해당하여야 한다(대법원 2006.2.23, 2005도9291).

① (○) 제277조2 제1항 참조.

> **제277조의2(피고인의 출석거부와 공판절차)** ① 피고인이 출석하지 아니하면 개정하지 못하는 경우에 구속된 피고인이 정당한 사유없이 출석을 거부하고, 교도관에 의한 인치가 불가능하거나 현저히 곤란하다고 인정되는 때에는 피고인의 출석 없이 공판절차를 진행할 수 있다.

② (○) 제277조 제2호 참조.

> **제277조(경미사건 등과 피고인의 불출석)** 다음 각 호의 어느 하나에 해당하는 사건에 관하여는 피고인의 출석을 요하지 아니한다. 이 경우 피고인은 대리인을 출석하게 할 수 있다.
> 2. 공소기각 또는 면소의 재판을 할 것이 명백한 사건

④ (○) 필요적 변호사건이라 하여도 피고인이 재판거부의 의사를 표시하고 재판장의 허가 없이 퇴정하고 변호인마저 이에 동조하여 퇴정해 버린 것은 모두 피고인측의 방어권의 남용 내지 변호권의 포기로 볼 수밖에 없는 것이므로 수소법원으로서는 형사소송법 제330조에 의하여 피고인이나 변호인의 재정 없이도 심리판결 할 수 있다(대법원 1991.6.28, 91도865).

정답 ③

PART 04
CHAPTER 01 공판절차

CHAPTER 01 공판절차 **371**

057 ✓ 대표 ◆◇◇

공판에 대한 설명으로 옳지 않은 것은? (다툼이 있는 경우 판례에 의함)

① 피고인이 출석하지 아니하면 개정하지 못하는 경우에는 구속된 피고인이 정당한 사유 없이 공판정 출석을 거부하고, 교도관에 의한 인치가 불가능하거나 현저히 곤란하다고 인정되는 때에도 피고인의 출석 없이 공판절차를 진행하였다면 위법하다.

② 항소심 공판기일에 증거조사가 종료되자 변호인이 피고인을 신문하겠다는 의사를 표시하였으나, 재판장이 일체의 피고인 신문을 불허하고 변호인에게 주장할 내용을 변론요지서로 제출할 것을 명령하면서 변론을 종결한 것은 위법하다.

③ 검사가 공판기일의 통지를 2회 이상 받고 출석하지 아니하거나 판결만을 선고하는 때에는 검사의 출석 없이 개정할 수 있다.

④ 법원은 공소의 제기가 있는 때에는 지체 없이, 늦어도 제1회 공판기일 전 5일까지 공소장부본을 피고인 또는 변호인에게 송달하여야 한다.

해설

① (×) 피고인이 출석하지 아니하면 개정하지 못하는 경우에 구속된 피고인이 정당한 사유 없이 출석을 거부하고, 교도관에 의한 인치가 불가능하거나 현저히 곤란하다고 인정되는 때에는 피고인의 출석 없이 공판절차를 진행할 수 있다(제277조의2 제1항).

② (○) 법 제370조, 제296조의2 제1항 본문은 "검사 또는 변호인은 증거조사 종료 후에 순차로 피고인에게 공소사실 및 정상에 관하여 필요한 사항을 신문할 수 있다."라고 규정하고 있으므로, <u>변호인의 피고인신문권은 변호인의 소송법상 권리이다.</u> 한편 재판장은 검사 또는 변호인이 항소심에서 피고인신문을 실시하는 경우 제1심의 피고인신문과 중복되거나 항소이유의 당부를 판단하는 데 필요 없다고 인정하는 때에는 그 신문의 전부 또는 일부를 제한할 수 있으나(규칙 제156조의6 제2항) 변호인의 본질적 권리를 해할 수는 없다(법 제370조, 제299조 참조). 따라서 재판장은 변호인이 피고인을 신문하겠다는 의사를 표시한 때에는 <u>피고인을 신문할 수 있도록 조치하여야 하고, 변호인이 피고인을 신문하겠다는 의사를 표시하였음에도 변호인에게 일체의 피고인 신문을 허용하지 않은 것은 변호인의 피고인신문권에 관한 본질적 권리를 해하는 것으로서 소송절차의 법령위반에 해당한다</u>(대법원 2020.12.24, 2020도10778).

③ (○) 제278조

④ (○) 제266조

정답 ①

058 ✓ 대표 ◆◆◇

피고인의 출석에 관한 다음 설명 중 가장 옳지 않은 것은?

① 장기 3년 이하의 징역 또는 금고, 다액 500만원을 초과하는 벌금 또는 구류에 해당하는 사건에서 피고인의 불출석 허가신청이 있어 법원이 허가한 사건은 판결을 선고하는 공판기일에 피고인의 출석을 요하지 아니한다.

② 약식명령에 대하여 피고인만 정식재판을 청구하여 판결을 선고하는 경우에는 피고인의 출석을 요하지 아니하고, 이 경우 피고인은 대리인을 출석하게 할 수 있다.

③ 피고인이 출석하지 아니하면 개정하지 못하는 경우에 피고인의 출석 없이 공판절차를 진행하기 위해서는 단지 구속된 피고인이 정당한 사유 없이 출석을 거부하였다는 것만으로는 부족하고 더 나아가 교도관에 의한 인치가 불가능하거나 현저히 곤란하다고 인정되어야 한다.

④ 약식명령에 대한 정식재판절차의 공판기일에 정식재판을 청구한 피고인이 출석하지 아니한 때에는 다시 기일을 정하고 피고인이 정당한 이유 없이 다시 정한 기일에도 출석하지 아니한 때에는 피고인의 진술 없이 판결할 수 있다.

해설

① (×) 장기 3년 이하의 징역 또는 금고, 다액 500만원을 초과하는 벌금 또는 구류에 해당하는 사건에서 피고인의 불출석허가신청이 있고 법원이 피고인의 불출석이 그의 권리를 보호함에 지장이 없다고 인정하여 이를 허가한 사건에 관하여는 피고인의 출석을 요하지 아니한다. 다만, 제284조에 따른 절차를 진행하거나 판결을 선고하는 공판기일에는 출석하여야 한다(제277조 제3호).

② (○) 제277조 제4호

③ (○) 형사소송법 제277조의2의 규정에 의하여 피고인의 출석 없이 공판절차를 진행하기 위해서는 단지 구속된 피고인이 정당한 사유 없이 출석을 거부하였다는 것만으로는 부족하고 더 나아가 교도관리에 의한 인치가 불가능하거나 현저히 곤란하다고 인정되어야 하는 것이므로, 구속된 피고인이 출석하지 않는 경우에 법원이 위 조문에 따라 피고인의 출석 없이 공판절차를 진행하기 위해서는 피고인의 출석거부사유가 정당한 것인지 여부뿐만 아니라 교도관에 의한 인치가 불가능하거나 현저히 곤란하였는지 여부 등 위 조문에 규정된 사유가 존재하는가의 여부를 조사하여야 하는 것이다(대법원 2001.6.12, 2001도114).

④ (○) 제365조, 제458조 제2항 참조.

> **제365조(피고인의 출정)** ① 피고인이 공판기일에 출정하지 아니한 때에는 다시 기일을 정하여야 한다.
> ② 피고인이 정당한 사유 없이 다시 정한 기일에 출정하지 아니한 때에는 피고인의 진술 없이 판결을 할 수 있다.
> **제458조(준용규정)** ② 제365조의 규정은 정식재판절차의 공판기일에 정식재판을 청구한 피고인이 출석하지 아니한 경우에 이를 준용한다.

정답 ①

059 ✓ 대표 ◆◆◇ 국가7급 2017

불출석재판에 대한 설명으로 옳지 않은 것은? (다툼이 있는 경우 판례에 의함)

① 공시송달의 방법으로 소환한 피고인이 불출석하는 경우 다시 공판기일을 지정하고 공시송달의 방법으로 피고인을 재소환한 후 그 기일에도 피고인이 불출석하여야 비로소 피고인이 불출석한 상태에서 재판절차를 진행할 수 있다.

② 항소심에서 피고인의 출석 없이 개정하려면 불출석이 2회 이상 계속되어야 한다.

③ 약식명령에 대한 정식재판절차의 공판기일에 정식재판을 청구한 피고인이 출석하지 아니한 경우 다시 기일을 정하여야 하고, 피고인이 정당한 사유 없이 또 다시 출정하지 아니한 때에는 피고인의 진술 없이 판결을 할 수 있다.

④ 「소송촉진 등에 관한 특례법」 제23조에 따라 진행된 제1심의 불출석 재판에 대하여 검사만 항소하고, 항소심도 불출석 재판으로 진행한 후 제1심 판결을 파기하고 다시 유죄판결을 선고하여 확정된 경우, 비록 피고인에게 불출석의 귀책사유가 없다고 하더라도 항소심 법원에 재심을 청구할 수는 없다.

해설

④ (×) 소송촉진 등에 관한 특례법(이하 '소송촉진법'이라 한다) 제23조(이하 '특례 규정'이라 한다)와 소송촉진법 제23조의2 제1항(이하 '재심 규정'이라 한다)의 내용 및 입법 취지, 헌법 및 형사소송법에서 정한 피고인의 공정한 재판을 받을 권리 및 방어권의 내용, 적법절차를 선언한 헌법 정신, 귀책사유 없이 불출석한 상태에서 제1심과 항소심에서 유죄판결을 받은 피고인의 공정한 재판을 받을 권리를 실질적으로 보호할 필요성 등의 여러 사정들을 종합하여 보면, 특례 규정에 따라 진행된 제1심의 불출석 재판에 대하여 검사만 항소하고 항소심도 불출석 재판으로 진행한 후에 제1심 판결을 파기하고 새로 또는 다시 유죄판결을 선고하여 유죄판결이 확정된 경우에도, 재심 규정을 유추 적용하여 귀책사유 없이 제1심과 항소심의 공판절차에 출석할 수 없었던 피고인은 재심 규정이 정한 기간 내에 항소심 법원에 유죄판결에 대한 재심을 청구할 수 있다(대법원 2015.6.25, 2014도17252 전원합의체).

① (○) 공시송달의 방법으로 소환한 피고인이 불출석하는 경우 다시 공판기일을 지정하고 공시송달의 방법으로 피고인을 재소환한 후 그 기일에도 피고인이 불출석하여야 비로소 피고인의 불출석 상태에서 재판 절차를 진행할 수 있다(대법원 2011.5.13, 2011도1094).

② (○), ③ (○) 형사소송법 제370조, 제276조에 의하면 항소심에서도 피고인의 출석 없이는 개정하지 못하는 것이 원칙이다. 다만 ③ 같은 법 제365조에 의하면 피고인이 항소심 공판기일에 출정하지 아니하여 다시 기일을 정하였는데도 정당한 사유 없이 그 기일에도 출정하지 아니한 때에는 피고인의 진술 없이 판결할 수 있으므로, 이와 같이 ② 피고인이 불출석한 상태에서 그 진술 없이 판결할 수 있기 위해서는 피고인이 적법한 공판기일 통지를 받고서도 2회 연속으로 정당한 이유 없이 출정하지 아니한 경우에 해당하여야 한다(대법원 2012.6.28, 2011도16166).

> **제458조(준용규정)** ② 제365조의 규정은 정식재판절차의

> 공판기일에 정식재판을 청구한 피고인이 출석하지 아니한 경우에 이를 준용한다.

→ 약식명령에 대한 정식재판절차의 공판기일에 제458조 제2항에 따라 제365조가 준용되므로 3번 지문도 옳다.

정답 ④

060 ✓ 대표 ◆◆◇ 국가9급 2018

피고인 출석의 예외에 대한 설명으로 옳지 않은 것은? (다툼이 있는 경우 판례에 의함)

① 장기 3년 이하의 징역 또는 금고, 다액 500만원을 초과하는 벌금 또는 구류에 해당하는 사건에서는 피고인이 불출석허가 신청을 하고 법원이 불출석을 허가하는 경우에는, 인정신문과 판결선고기일을 제외하고, 피고인의 출석 없이 개정할 수 있다.

② 항소심에서는 피고인이 적법한 공판기일 소환장을 받고도 정당한 사유 없이 공판기일에 1회 출정하지 아니한 때에는 피고인의 진술 없이 판결할 수 있다.

③ 사형, 무기 또는 장기 10년이 넘는 징역이나 금고에 해당하는 사건을 제외하고, 제1심 공판절차에서 피고인에 대한 송달불능보고서가 접수된 후 6월이 경과하도록 피고인의 소재를 확인할 수 없으면 2회 공시송달 후 궐석재판을 진행할 수 있다.

④ 법정형 다액 500만원 이하의 벌금 또는 과료에 해당하는 사건에서는 법원이 피고인을 소환하는 경우 피고인을 대신하여 대리인이 출석할 수 있다.

해설

② (×) 1회 불출석으로는 안 되고, 2회 연속 불출석한 경우이어야 한다.

> **제365조(피고인의 출정)** ① 피고인이 공판기일에 출정하지 아니한 때에는 다시 기일을 정하여야 한다.
> ② 피고인이 정당한 사유없이 다시 정한 기일에 출정하지 아니한 때에는 피고인의 진술없이 판결을 할 수 있다.

① (○) 제277조 제3호 참조.

> **제277조(경미사건 등과 피고인의 불출석)** 다음 각 호의 어느 하나에 해당하는 사건에 관하여는 피고인의 출석을 요하지 아니한다. 이 경우 피고인은 대리인을 출석하게 할 수 있다.
> 3. 장기 3년 이하의 징역 또는 금고, 다액 500만원을 초과하는 벌금 또는 구류에 해당하는 사건에서 피고인의 불출석허가신청이 있고 법원이 피고인의 불출석이 그의 권리를 보호함에 지장이 없다고 인정하여 이를 허가한 사건. 다만, 제284조에 따른 절차를 진행하거나 판결을 선고하는 공판기일에는 출석하여야 한다.

③ (○) 소송촉진법 제23조 참조.

> **소송촉진법 제23조(제1심 공판의 특례)** 제1심 공판절차에서 피고인에 대한 송달불능보고서가 접수된 때부터 6개월이 지

나도록 피고인의 소재를 확인할 수 없는 경우에는 대법원규칙으로 정하는 바에 따라 피고인의 진술 없이 재판할 수 있다. 다만, 사형, 무기 또는 장기 10년이 넘는 징역이나 금고에 해당하는 사건의 경우에는 그러하지 아니하다.

④ (○) 제277조 제1호 참조.

> **제277조(경미사건 등과 피고인의 불출석)** 다음 각 호의 어느 하나에 해당하는 사건에 관하여는 피고인의 출석을 요하지 아니한다. 이 경우 피고인은 대리인을 출석하게 할 수 있다.
> 1. 다액 500만원 이하의 벌금 또는 과료에 해당하는 사건

정답 ②

---

061 ✓ 대표 ◆◆◇ 국가9급/개론 2024

피고인의 공판정출석에 대한 설명으로 옳지 않은 것은?

① 피고인의 출정 없이 증거조사를 할 수 있는 경우, 대리인 또는 변호인이 출정하였더라도 피고인이 출정하지 아니하였다면 증거로 할 수 있음에 동의한 것으로 간주된다.

② 피고인이 공판기일에 출석하지 아니한 때에는 특별한 규정이 없으면 개정하지 못하나, 피고인이 법인인 경우에는 대리인을 출석하게 할 수 있다.

③ 다액 500만원 이하의 벌금 또는 과료에 해당하는 사건인 경우, 피고인의 출석을 요하지 아니하고 피고인은 대리인을 출석하게 할 수 있다.

④ 피고인이 질병으로 출정할 수 없는 경우에도 무죄, 면소, 형의 면제 또는 공소기각의 재판을 할 것으로 명백한 때에는 피고인의 출정 없이 재판할 수 있다.

해설

① (×) 제318조 참조.

> **제318조(당사자의 동의와 증거능력)** ① 검사와 피고인이 증거로 할 수 있음을 동의한 서류 또는 물건은 진정한 것으로 인정한 때에는 증거로 할 수 있다.
> ② 피고인의 출정 없이 증거조사를 할 수 있는 경우에 피고인이 출정하지 아니한 때에는 전항의 동의가 있는 것으로 간주한다. 단, 대리인 또는 변호인이 출정한 때에는 예외로 한다.

② (○) 제276조 참조.

> **제276조(피고인의 출석권)** 피고인이 공판기일에 출석하지 아니한 때에는 특별한 규정이 없으면 개정하지 못한다. 단, 피고인이 법인인 경우에는 대리인을 출석하게 할 수 있다.

③ (○) 제277조 참조.

> **제277조(경미사건 등과 피고인의 불출석)** 다음 각 호의 어느 하나에 해당하는 사건에 관하여는 피고인의 출석을 요하지 아니한다. 이 경우 피고인은 대리인을 출석하게 할 수 있다.
> 1. 다액 500만원 이하의 벌금 또는 과료에 해당하는 사건

④ (○) 제306조 참조.

> **제306조(공판절차의 정지)** ② 피고인이 질병으로 인하여 출정할 수 없는 때에는 법원은 검사와 변호인의 의견을 들어서 결정으로 출정할 수 있을 때까지 공판절차를 정지하여야 한다.
> ④ 피고사건에 대하여 무죄, 면소, 형의 면제 또는 공소기각의 재판을 할 것으로 명백한 때에는 제1항, 제2항의 사유 있는 경우에도 피고인의 출정 없이 재판할 수 있다.

정답 ①

---

062 ✓ 대표 ◆◆◇ 경찰 2015

당사자의 출석에 관한 다음 설명 중 가장 적절한 것은? (다툼이 있으면 판례에 의함)

① 피고인이 질병으로 인하여 출정할 수 없는 경우에도 피고사건에 관하여 무죄·면소·공소기각의 재판을 할 것이 명백한 경우에는 공판심리를 정지하지 아니하고 피고인의 출정 없이 재판할 수 있다. 다만, 유죄판결의 일종인 형 면제의 판결을 하는 경우에 위와 같은 불출석 개정은 허용되지 아니한다.

② 필요적 변호사건에서 피고인이 재판 거부의 의사를 표시하고 재판장의 허가 없이 퇴정하고 변호인마저 이에 동조하여 퇴정해버린 경우, 수소법원은 피고인이나 변호인의 재정 없이는 심리판결 할 수 없다.

③ 검사의 출석은 공판개정의 요건이므로, 검사가 공판기일의 통지를 2회 이상 받고도 출석하지 아니하거나 판결만을 선고하는 때에도 검사의 출석 없이 개정할 수 없다.

④ 피고인의 귀책사유에 의하지 않고 공판기일에 피고인이 출석하지 못한 경우에는 피고인이 출석하지 아니한 대로 그 진술 없이 판결할 수 없다.

해설

④ (○) 피고인이 공판기일에 출석하지 아니한 때에는 특별규정이 없으면 개정하지 못한다(제276조). 즉 피고인의 출석은 공판개정의 요건이다. 예컨대, 위법한 공시송달에 의하여 피고인이 공판기일에 출석하지 못하였음에도 진행된 재판은 위법하여 무효가 된다.

① (×) 피고사건에 대하여 무죄, 면소, 형의 면제 또는 공소기각의 재판을 할 것으로 명백한 때에는 제1항(심신상실), 제2항(질병)의 사유 있는 경우에도 피고인의 출정 없이 재판할 수 있다(의/질－무/면/공/면, 제306조 제4항). 즉, 형 면제의 판결을 하는 경우에도 불출석개정은 허용된다.

② (×) 필요적 변호사건이라 하여도 피고인이 재판거부의 의사를 표시하고 재판장의 허가 없이 퇴정하고 변호인마저 이에 동조하여 퇴정해 버린 것은 모두 피고인측의 방어권의 남용 내지 변호권의 포기로 볼 수밖에 없는 것이므로 수소법원으로서는 형사소송법 제330조에 의하여 피고인이나 변호인의 재정 없이도 심리판결 할 수 있다. 위와 같이 피고인과 변호인들이 출석하지 않은 상태에서 증거조사를 할 수밖에 없는 경우에는 형사소송법 제318조 제2항의 규정상 피고인의 진의와는 관계없이 형사소송법

제318조 제1항의 동의가 있는 것으로 간주하게 되어 있다(대법원 1991.6.28, 91도865).

③ (×) 검사가 공판기일의 통지를 2회 이상 받고 출석하지 아니하거나 판결만을 선고하는 때에는 검사의 출석 없이 개정할 수 있다(제278조).

정답 ④

063 ✓ 유사 ◆◆◇

경찰 2014 유사 | 국가7급 2022 | 국가9급 2014 유사

다음 설명 중 옳지 않은 것은? (다툼이 있는 경우 판례에 의함)

① 법원은 「형사소송법」 제165조의2 제3호의 요건이 충족될 경우 피고인뿐만 아니라 검사, 변호인, 방청인 등에 대하여도 차폐시설 등을 설치하는 방식으로 증인신문을 할 수 있으며, 이는 「형사소송규칙」 제84조의9에서 피고인과 증인 사이의 차폐시설 설치만을 규정하고 있다고 하여 달리 볼 것이 아니다.

② 필요적 변호사건이라 하여도 피고인이 재판거부의 의사를 표시하고 재판장의 허가 없이 퇴정하고 변호인마저 이에 동조하여 퇴정해 버린 것은 모두 피고인 측의 방어권의 남용 내지 변호권의 포기로 볼 수밖에 없는 것이므로 수소법원으로서는 「형사소송법」 제330조에 의하여 피고인이나 변호인의 재정 없이도 심리·판결할 수 있다.

③ 피고인이 항소심 제1회, 제2회 공판기일에는 출석하였으나 제3회 공판기일에는 건강상 이유로 불출석하였고, 제4회 공판기일에는 변호인과 함께 출석하였으나 다시 제5회 공판기일인 선고기일에 불출석한 경우, 피고인이 2회 연속으로 정당한 이유 없이 출정하지 않은 경우에 해당하므로 항소심법원은 제5회 공판기일을 개정하여 판결을 선고할 수 있다.

④ 피해자들을 증인으로 신문함에 있어서 증인들이 피고인의 면전에서 충분한 진술을 할 수 없다고 인정하여 피고인의 퇴정을 명하고 증인신문을 진행한 경우, 피고인의 변호인이 증인신문과정에 참여하였고 피고인을 입정하게 하고 법원사무관등으로 하여금 진술의 요지를 고지하게 한 다음 변호인을 통하여 반대신문의 기회를 부여하였다면, 피고인의 반대신문권을 침해한 위법은 인정되지 않는다.

해설

③ (×) 피고인이 고지된 선고기일인 제5회 공판기일에 출석하지 않았더라도 제4회 공판기일에 출석한 이상 2회 연속으로 정당한 이유 없이 출정하지 않은 경우에 해당하지 않아 형사소송법 제365조 제2항에 따라 제5회 공판기일을 개정할 수 없다. 그런데도 피고인의 출석 없이 제5회 공판기일을 개정하여 판결을 선고한 원심의 조치에는 소송절차에 관한 형사소송법 제365조에 반하여 판결

에 영향을 미친 잘못이 있다(대법원 2019.10.31, 2019도5426).
[판례] 항소심에서도 피고인의 출석 없이는 개정하지 못하는 것이 원칙이다(형사소송법 제370조, 제276조). 다만 피고인이 항소심 공판기일에 출정하지 않아 다시 기일을 정하였는데도 정당한 사유 없이 그 기일에도 출정하지 않은 때에는 피고인의 진술 없이 판결할 수 있다(형사소송법 제365조). 이와 같이 피고인이 불출석한 상태에서 그 진술 없이 판결할 수 있기 위해서는 피고인이 적법한 공판기일 통지를 받고서도 2회 연속으로 정당한 이유 없이 출정하지 않은 경우에 해당하여야 한다(대법원 2019.10.31, 2019도5426).

① (○) 형사소송법 제165조의2 제3호도 대상을 '피고인 등'이라고 규정하고 있으므로, 법원은 형사소송법 제165조의2 제3호의 요건이 충족될 경우 피고인뿐만 아니라 검사, 변호인, 방청인 등에 대하여도 차폐시설 등을 설치하는 방식으로 증인신문을 할 수 있으며, 이는 형사소송규칙 제84조의9에서 피고인과 증인 사이의 차폐시설 설치만을 규정하고 있다고 하여 달리 볼 것이 아니다(대법원 2015.5.28, 2014도18006).

> **법 제165조의2(비디오 등 중계장치 등에 의한 증인신문)** ① 법원은 다음 각 호의 어느 하나에 해당하는 사람을 증인으로 신문하는 경우 상당하다고 인정할 때에는 검사와 피고인 또는 변호인의 의견을 들어 비디오 등 중계장치에 의한 중계시설을 통하여 신문하거나 가림시설 등을 설치하고 신문할 수 있다.
> 1. 「아동복지법」 제71조 제1항 제1호·제1호의2·제2호·제3호에 해당하는 죄의 피해자
> 2. 「아동·청소년의 성보호에 관한 법률」 제7조, 제8조, 제11조부터 제15조까지 및 제17조 제1항의 규정에 해당하는 죄의 대상이 되는 아동·청소년 또는 피해자
> 3. 범죄의 성질, 증인의 나이, 심신의 상태, 피고인과의 관계, 그 밖의 사정으로 인하여 피고인 등과 대면하여 진술할 경우 심리적인 부담으로 정신의 평온을 현저하게 잃을 우려가 있다고 인정되는 사람
> **규칙 제84조의9(차폐시설 등)** ① 법원은 법 제165조의2 제1항에 따라 차폐시설을 설치함에 있어 피고인과 증인이 서로의 모습을 볼 수 없도록 필요한 조치를 취하여야 한다.
> ② 법 제165조의2 제1항에 따라 비디오 등 중계장치에 의한 중계시설을 통하여 증인신문을 할 때 중계장치를 통하여 증인이 피고인을 대면하거나 피고인이 증인을 대면하는 것이 증인의 보호를 위하여 상당하지 않다고 인정되는 경우 재판장은 검사, 변호인의 의견을 들어 증인 또는 피고인이 상대방을 영상으로 인식할 수 있는 장치의 작동을 중지시킬 수 있다.

② (○) 대법원 1991.6.28, 91도865

> **제330조(피고인의 진술 없이 하는 판결)** 피고인이 진술하지 아니하거나 재판장의 허가 없이 퇴정하거나 재판장의 질서유지를 위한 퇴정명령을 받은 때에는 피고인의 진술 없이 판결할 수 있다.

④ (○) 대법원 2012.2.23, 2011도15608

정답 ③

064 ✓ 유사 ◆◇◇ 〔법원 2013〕

다음 기술 중 가장 옳지 않은 것은? (다툼이 있는 경우 판례에 의함)

① 법정에서는 국어를 사용한다. 국어 아닌 문자 또는 부호는 번역하게 하여야 한다.

② 법원은 검사와 피고인 또는 변호인이 합의하여 전문심리위원의 참여결정을 취소할 것을 신청한 때에는 그 결정을 취소하여야 한다.

③ 전문심리위원은 기일에 재판장의 허가를 받아 피고인 또는 변호인, 증인 또는 감정인 등 소송관계인에게 소송관계를 분명하게 하기 위하여 필요한 사항에 관하여 직접 질문할 수 있다.

④ 수소법원이 심판에 필요한 자료의 수집·조사 등의 업무를 담당하는 법원 소속 조사관에게 양형의 조건이 되는 사항을 수집·조사하여 제출하게 하고, 이를 피고인에 대한 정상관계 사실과 함께 참작하여 형을 선고하는 것은 위법하다.

〔해설〕

④ (×) 제1심 법원이 법원조직법 제54조의3에 의하여 심판에 필요한 자료의 수집·조사 등의 업무를 담당하는 법원 소속 조사관에게 양형의 조건이 되는 사항을 수집·조사하여 제출하게 하고, 이를 피고인에 대한 정상 관계 사실과 함께 참작하여 피고인에게 <u>유죄를 선고한 경우, 조사관에 의한 양형조사가 현행법상 위법이라거나 양형조사가 위법하게 행하여졌다고 볼 수 없다</u>(대법원 2010.4.29, 2010도750).

① (○) 법원조직법 제62조 제1항, 형사소송법 제182조 참조.

> **법원조직법 제62조(법정의 용어)** ① <u>법정에서는 국어를 사용한다.</u>
> **형사소송법 제182조(번역)** <u>국어 아닌 문자 또는 부호는 번역하게 하여야 한다.</u>

② (○) 제279조의3 제2항 참조.

> **제279조의3(전문심리위원 참여결정의 취소)** ① 법원은 상당하다고 인정하는 때에는 검사, 피고인 또는 변호인의 신청이나 직권으로 제279조의2 제1항에 따른 결정을 취소할 수 있다.
> ② <u>법원은 검사와 피고인 또는 변호인이 합의하여 제279조의2 제1항의 결정을 취소할 것을 신청한 때에는 그 결정을 취소하여야 한다.</u>
> **제279조의2(전문심리위원의 참여)** ① 법원은 소송관계를 분명하게 하거나 소송절차를 원활하게 진행하기 위하여 필요한 경우에는 직권으로 또는 검사, 피고인 또는 변호인의 신청에 의하여 결정으로 전문심리위원을 지정하여 공판준비 및 공판기일 등 소송절차에 참여하게 할 수 있다.

③ (○) 제279조의2 제3항 참조.

> **제279조의2(전문심리위원의 참여)** ③ <u>전문심리위원은 기일에 재판장의 허가를 받아 피고인 또는 변호인, 증인 또는 감정인 등 소송관계인에게 소송관계를 분명하게 하기 위하여 필요한 사항에 관하여 직접 질문할 수 있다.</u>

〔정답〕 ④

065 ✓ 유사 ◆◆◇ 〔경찰 2015〕

제1심이 공소장 부본을 피고인 또는 변호인에게 송달하지 아니한 채 공시 송달의 방법으로 피고인을 소환하여 피고인이 공판기일에 출석하지 아니한 가운데 제1심 공판절차가 진행된 경우에 관한 설명이다. 가장 적절하지 않은 것은? (다툼이 있으면 판례에 의함)

① 제1심이 공소장 부본을 피고인 또는 변호인에게 송달하지 아니한 채 공판절차를 진행하였다면 이는 소송절차에 관한 법령을 위반한 경우에 해당한다.

② 피고인이 제1심 법정에서 이의함이 없이 공소사실에 관하여 충분히 진술할 기회를 부여받았다고 하더라도 방어권의 침해로서 판결에 영향을 미친 위법에 해당한다.

③ 피고인이 공판기일에 출석하지 아니한 가운데 제1심의 절차가 진행되었다면 위법한 공판절차에서 이루어진 소송행위로서 효력이 없다.

④ 항소심은 피고인 또는 변호인에게 공소장 부본을 송달하고 적법한 절차에 의하여 소송행위를 새로이 한 후 항소심에서의 진술과 증거조사 등 심리결과에 기초하여 다시 판결하여야 한다.

〔해설〕

① (○), ② (×), ③ (○), ④ (○) 형사소송법 제266조는 "법원은 공소의 제기가 있는 때에는 지체 없이 공소장의 부본을 피고인 또는 변호인에게 송달하여야 한다. 단, 제1회 공판기일 전 5일까지 송달하여야 한다."고 규정하고 있으므로, <u>제1심이 공소장 부본을 피고인 또는 변호인에게 송달하지 아니한 채 공판절차를 진행하였다면 이는 소송절차에 관한 법령을 위반한 경우에 해당한다.</u> 이러한 경우에도 <u>피고인이 제1심 법정에서 이의함이 없이 공소사실에 관하여 충분히 진술할 기회를 부여받았다면 판결에 영향을 미친 위법이 있다고 할 수 없으나,</u> 제1심이 공시 송달의 방법으로 피고인을 소환하여 피고인이 공판기일에 출석하지 아니한 가운데 제1심의 절차가 진행되었다면 그와 같은 위법한 공판절차에서 이루어진 소송행위는 효력이 없으므로, 이러한 경우 <u>항소심은 피고인 또는 변호인에게 공소장 부본을 송달하고 적법한 절차에 의하여 소송행위를 새로이 한 후 항소심에서의 진술과 증거조사 등 심리결과에 기초하여 다시 판결하여야 한다</u>(대법원 2014.4.24, 2013도9498).

〔정답〕 ②

066 ✓ 유사 ◆◇◇ 　　　　　　　　　국가7급 2020

전문심리위원의 공판준비 및 공판기일 등 소송절차 참여에 대한 설명으로 옳지 않은 것은? (다툼이 있는 경우 판례에 의함)

① 법원은 검사, 피고인 또는 변호인의 신청이 있는 경우에는 전문심리위원을 지정하여 소송절차에 참여하게 하여야 한다.

② 전문심리위원은 소송절차에 참여하여 전문적인 지식에 의한 설명 또는 의견을 기재한 서면을 제출하거나 공판기일에 전문적인 지식에 의하여 설명이나 의견을 진술할 수 있지만 재판의 합의에는 참여할 수 없다.

③ 법원은 전문심리위원과 관련된 절차 진행 등에 관한 사항을 당사자에게 적절한 방법으로 적시에 통지하여 당사자의 참여 기회가 실질적으로 보장될 수 있도록 세심한 배려를 하여야 한다.

④ 검사와 피고인 또는 변호인이 합의하여 전문심리위원의 소송절차 참여 결정을 취소할 것을 신청한 때에는 법원은 그 결정을 취소하여야 한다.

해설

① (✕) 법원은 소송관계를 분명하게 하거나 소송절차를 원활하게 진행하기 위하여 필요한 경우에는 직권으로 또는 검사, 피고인 또는 변호인의 신청에 의하여 결정으로 전문심리위원을 지정하여 공판준비 및 공판기일 등 소송절차에 <u>참여하게 할 수 있다</u>(제 279조의2 제1항).

② (〇) 제279조의2 제2항

③ (〇) 대법원 2019.5.30, 2018도19051

④ (〇) 제279조의3 제2항

정답 ①

---

067 ✓ 유사 ◆◇◇ 　　　　　　　국가9급/개론 2023

전문심리위원에 대한 설명으로 옳지 않은 것은?

① 전문심리위원은 공판기일에 한하여 재판장의 허가를 받아 피고인 또는 변호인, 증인 또는 감정인 등 소송관계인에게 소송관계를 분명하게 하기 위하여 필요한 사항에 관하여 의견을 진술하거나 직접 질문할 수 있지만 재판의 합의에 참여하는 것은 허용되지 않는다.

② 법원은 전문심리위원이 제출한 서면이나 전문심리위원의 설명 또는 의견의 진술에 관하여 검사, 피고인 또는 변호인에게 구술 또는 서면에 의한 의견진술의 기회를 주어야 한다.

③ 제척 또는 기피 신청이 있는 전문심리위원은 그 신청에 관한 결정이 확정될 때까지 그 신청이 있는 사건의 소송절차에 참여할 수 없다. 이 경우 전문심리위원은 해당 제척 또는 기피 신청에 대하여 의견을 진술할 수 있다.

④ 법원은 전문심리위원에 관한 규정들을 지켜야 하고, 이를 준수함에 있어서도 전문심리위원과 관련된 절차 진행 등에 관한 사항을 당사자에게 적절한 방법으로 적시에 통지하여 당사자의 참여기회가 실질적으로 보장될 수 있도록 세심한 배려를 하여야 한다.

해설

① (✕) 전문심리위원은 <u>공판준비 및 공판기일 등 소송절차에 참여</u>하게 할 수 있다. 제279조의2 제1항 참조.

> **제279조의2(전문심리위원의 참여)** ① 법원은 소송관계를 분명하게 하거나 소송절차를 원활하게 진행하기 위하여 필요한 경우에는 직권으로 또는 검사, 피고인 또는 변호인의 신청에 의하여 결정으로 전문심리위원을 지정하여 <u>공판준비 및 공판기일 등 소송절차에 참여하게 할 수 있다.</u>
> ② 전문심리위원은 전문적인 지식에 의한 설명 또는 의견을 기재한 서면을 제출하거나 기일에 전문적인 지식에 의하여 설명이나 의견을 진술할 수 있다. 다만, <u>재판의 합의에는 참여할 수 없다.</u>
> ③ 전문심리위원은 기일에 재판장의 허가를 받아 피고인 또는 변호인, 증인 또는 감정인 등 소송관계인에게 소송관계를 분명하게 하기 위하여 필요한 사항에 관하여 <u>직접 질문할 수 있다.</u>

② (〇) 제279조의2 제4항 참조.

> **제279조의2(전문심리위원의 참여)** ④ 법원은 제2항에 따라 전문심리위원이 제출한 서면이나 전문심리위원의 설명 또는 의견의 진술에 관하여 <u>검사, 피고인 또는 변호인에게 구술 또는 서면에 의한 의견진술의 기회를 주어야 한다.</u>

③ (〇) 제279조의5 제2항 참조.

> **제279조의5(전문심리위원의 제척 및 기피)** ① 제17조부터 제20조까지 및 제23조는 전문심리위원에게 준용한다.
> ② <u>제척 또는 기피 신청이 있는 전문심리위원은 그 신청에 관한 결정이 확정될 때까지 그 신청이 있는 사건의 소송절차에 참여할 수 없다. 이 경우 전문심리위원은 해당 제척 또는 기피 신청에 대하여 의견을 진술할 수 있다.</u>

PART 04　CHAPTER 01　공판절차

④ (○) 형사재판의 담당 법원은 전문심리위원에 관한 위 각각의 규정들을 지켜야 하고 이를 준수함에 있어서도 적법절차원칙을 특별히 강조하고 있는 헌법 제12조 제1항을 고려하여 전문심리위원과 관련된 절차진행 등에 관한 사항을 당사자에게 적절한 방법으로 적시에 통지하여 당사자의 참여기회가 실질적으로 보장될 수 있도록 세심한 배려를 하여야 한다(대법원 2019.5.30, 2018도19051).

정답 ①

Ⅱ 소송지휘권

068 ✓ 대표 ◆◆◇ ── 국가9급 2013

소송지휘권에 대한 설명으로 옳은 것만을 모두 고른 것은? (다툼이 있는 경우 판례에 의함)

> ㄱ. 재판장은 소송관계인의 진술 또는 신문이 중복된 사항이거나 그 소송에 관계없는 사항인 때에는 소송관계인의 본질적인 권리를 해하지 않는 범위 안에서 이를 제한할 수 있다.
> ㄴ. 재판장은 검사, 피고인 또는 변호인에게 사실상의 사항에 관한 입증을 촉구할 수는 있으나, 법률상의 사항에 관한 석명을 구할 수는 없다.
> ㄷ. 재판장은 증인이 피고인의 면전에서 충분한 진술을 할 수 없다고 인정한 때에는 피고인을 퇴정하게 할 수 있으나, 피고인이 재정인의 앞에서 충분한 진술을 할 수 없다고 인정한 때에는 그 재정인을 퇴정하게 할 수 없다.
> ㄹ. 재판장은 직권 또는 검사, 피고인이나 변호인의 신청에 의하여 공판기일을 변경할 수 있다.

① ㄱ, ㄴ   ② ㄱ, ㄹ
③ ㄱ, ㄷ, ㄹ   ④ ㄴ, ㄷ, ㄹ

해설

ㄱ. (○) 불필요한 변론의 제한(제299조)
ㄴ. (×) 재판장은 소송관계를 명료하게 하기 위하여 검사, 피고인 또는 변호인에게 사실상과 '법률상'의 사항에 관하여 석명을 구하거나 입증을 촉구할 수 있다(규칙 제141조).
ㄷ. (×) 재판장은 피고인이 어떤 재정인의 면전에서 충분한 진술을 할 수 없다고 인정한 때에는 그 재정인을 퇴정하게 하고 진술하게 할 수 있다(규칙 제140조의3).
ㄹ. (○) 제270조
　[보충] 법원의 소송지휘권: ⓐ 공소장변경의 허가, ⓑ 증거신청에 대한 결정, ⓒ 간이공판개시결정 등

정답 ②

6 공판기일의 절차

Ⅰ 모두절차

Ⅱ 사실심리절차

069 ✓ 대표 ◆◆◇ ── 국가9급 2017

증거조사에 대한 설명으로 옳지 않은 것은? (다툼이 있는 경우 판례에 의함)

① 법원은 직권 또는 검사, 피고인이나 변호인의 신청에 의하여 공무소 또는 공사단체에 조회하여 필요한 사항의 보고 또는 그 보관서류의 송부를 요구할 수 있다.
② 증거물인 서면을 조사하기 위해서는 증거서류의 조사방식인 낭독, 내용고지 또는 열람의 절차와 증거물의 조사방식인 제시의 절차가 함께 이루어져야 한다.
③ 법원은 검사, 피고인 또는 변호인의 신청에 의하여 공판준비에 필요하다고 인정한 때에는 공판기일 전에 피고인 또는 증인을 신문할 수 있다.
④ 검사, 피고인 또는 변호인은 증거조사에 관하여 이의신청을 할 수 있고, 증거결정에 대한 이의신청은 법령의 위반이 있거나 상당하지 아니함을 이유로 이를 할 수 있다.

해설

④ (×) 당사자의 증거신청에 대한 법원의 결정(증거결정)에 대해서는 증거결정이 법령의 위반이 있음을 이유로 하여서만 이의신청을 할 수 있다(제295조, 규칙 제135조의2 단서).
① (○) 제272조 제1항
② (○) 대법원 2013.7.26, 2013도2511
③ (○) 제273조 제1항

정답 ④

070 ✓ 대표 ◆◇◇ ── 국가9급 2019

증거의 신청 및 결정에 대한 설명으로 옳은 것은? (다툼이 있는 경우 판례에 의함)

① 증거로 할 부분을 특정하여 명시하면 서류나 물건의 일부에 대한 증거신청도 허용된다.
② 검사와 달리 피고인 또는 변호인이 증거신청을 하는 때에는 그 증거와 증명하고자 하는 사실과의 관계를 구체적으로 명시해야 하는 것은 아니다.
③ 범죄로 인한 피해자의 법정대리인은 그 피해자에 대한 증인신문을 신청할 수 없다.
④ 공판심리가 종결된 후에 피고인이 증인신청을 하였다면, 법원은 피고인의 방어권 보장을 위해 변론을 재개하여 증인신문을 하여야 한다.

① (○), ② (×) 규칙 제132조의2 제3항, 제1항 참조.

> 규칙 제132조의2(증거신청의 방식) ① 검사, 피고인 또는 변호인이 증거신청을 함에 있어서는 그 증거와 증명하고자 하는 사실과의 관계를 구체적으로 명시하여야 한다.
> ② 피고인의 자백을 보강하는 증거나 정상에 관한 증거는 보강증거 또는 정상에 관한 증거라는 취지를 특히 명시하여 그 조사를 신청하여야 한다.
> ③ 서류나 물건의 일부에 대한 증거신청을 함에 있어서는 증거로 할 부분을 특정하여 명시하여야 한다.

③ (×) 제294조의2 제1항 참조.

> 제294조의2(피해자등의 진술권) ① 법원은 범죄로 인한 피해자 또는 그 법정대리인(피해자가 사망한 경우에는 배우자·직계친족·형제자매를 포함한다. 이하 이 조에서 "피해자등"이라 한다)의 신청이 있는 때에는 그 피해자등을 증인으로 신문하여야 한다. 다만, 다음 각 호의 어느 하나에 해당하는 경우에는 그러하지 아니하다. 〈개정 2007.6.1.〉
> 1. 삭제 〈2007.6.1.〉
> 2. 피해자등 이미 당해 사건에 관하여 공판절차에서 충분히 진술하여 다시 진술할 필요가 없다고 인정되는 경우
> 3. 피해자등의 진술로 인하여 공판절차가 현저하게 지연될 우려가 있는 경우

④ (×) 증거신청의 채택 여부는 법원의 재량으로서 법원이 필요하지 않다고 인정할 때에는 이를 조사하지 않을 수 있는 것이고, 법원이 적법하게 공판의 심리를 종결한 뒤에 피고인이 증인신청을 하였다 하여 반드시 공판의 심리를 재개하여 증인신문을 하여야 하는 것은 아니다(대법원 2007.6.29, 2007도984; 2009.2.26, 2009도395 등).

정답 ①

---

071 ✓ 대표 ◆◆◇ 국가7급 2015

증거조사에 대한 설명으로 옳지 않은 것은? (다툼이 있는 경우 판례에 의함)

① 당사자의 증거신청에 대한 채택 여부는 법원의 재량이므로 법원은 피고인이나 변호인이 신청한 증거에 대하여 불필요 하다고 인정한 때에는 이를 조사하지 않을 수 있다.
② 증거조사에 대한 이의신청은 법령의 위반이 있거나 상당하지 아니함을 이유로 하여 이를 할 수 있다.
③ 법원이 직권으로 피해자를 공판기일에 출석하게 하여 증인신문에 의하지 아니하고 의견을 진술하게 한 경우 그 의견진술은 범죄사실의 인정을 위한 증거로 할 수 있다.
④ 법원은 범죄의 구성요건이나 법률상 규정된 형의 가중·감면의 사유가 되는 경우를 제외하고는, 법률이 규정한 증거로서의 자격이나 증거조사방식에 구애됨이 없이 상당한 방법으로 조사하여 양형의 조건이 되는 사항을 인정할 수 있다.

---

③ (×) 규칙 제134조의10 제1항 참조.

> 규칙 제134조의10(피해자등의 의견진술) ① 법원은 필요하다고 인정하는 경우에는 직권으로 또는 법 제294조의2 제1항에 정한 피해자등(이하 이 조 및 제134조의11에서 '피해자등'이라 한다)의 신청에 따라 피해자등을 공판기일에 출석하게 하여 법 제294조의2 제2항에 정한 사항으로서 범죄사실의 인정에 해당하지 않는 사항에 관하여 증인신문에 의하지 아니하고 의견을 진술하게 할 수 있다.

① (○) 판례는 증거결정을 자유재량으로 본다. "증거신청의 채택 여부는 법원의 재량으로서 법원이 필요하지 아니하다고 인정할 때에는 이를 조사하지 아니할 수 있는 것이고, 법원이 적법하게 공판의 심리를 종결한 뒤에 피고인이 증인신청을 하였다 하여 반드시 공판의 심리를 재개하여 증인신문을 하여야 하는 것은 아니다(대법원 2014.2.27, 2013도12155)."
② (○) 규칙 제135조의2 참조.
[보충] 단, 증거결정에 대한 이의신청은 법령위반에 한함

> 제135조의2(증거조사에 관한 이의신청의 사유) 법 제296조 제1항의 규정에 의한 이의신청은 법령의 위반이 있거나 상당하지 아니함을 이유로 하여 이를 할 수 있다. 다만, 법 제295조의 규정에 의한 결정에 대한 이의신청은 법령의 위반이 있음을 이유로 하여서만 이를 할 수 있다.

④ (○) 정상관계사실에 속하는 양형의 조건에 대해서는 자유로운 증명으로 족하다. "양형의 조건에 관하여 규정한 형법 제51조의 사항은 널리 형의 양정에 관한 법원의 재량사항에 속한다고 해석되므로(대법원 2008.5.29, 2008도1816 등), 법원은 범죄의 구성요건이나 법률상 규정된 형의 가중·감면의 사유가 되는 경우를 제외하고는, 법률이 규정한 증거로서의 자격이나 증거조사방식에 구애됨이 없이 상당한 방법으로 조사하여 양형의 조건이 되는 사항을 인정할 수 있다. 나아가 형의 양정에 관한 절차는 범죄사실을 인정하는 단계와 달리 취급하여야 하므로, 당사자가 직접 수집하여 제출하기 곤란하거나 필요하다고 인정되는 경우 등에는 직권으로 양형조건에 관한 형법 제51조의 사항을 수집·조사할 수 있다(대법원 2010.4.29, 2010도750)."

정답 ③

072 ✓ 유사 ◆◇◇   국가7급 2019

공판기일의 절차에 대한 설명으로 옳지 않은 것은? (다툼이 있는 경우 판례에 의함)

① 법원이 적법하게 공판의 심리를 종결한 뒤에 피고인이 증인신청을 하였다 하여 반드시 공판의 심리를 재개하여 증인신문을 하여야 하는 것은 아니다.

② 피고인이나 변호인이 무죄에 관한 자료로 제출한 서증 가운데 도리어 유죄임을 뒷받침하는 내용이 있는 경우, 해당 증거에 대한 상대방의 동의가 있고 진정성립 여부 등 법원의 적법한 증거조사가 있었더라도 그 서증을 유죄인정의 증거로 쓸 수 없다.

③ 피고인의 자백을 보강하는 증거나 정상에 관한 증거는 보강증거 또는 정상에 관한 증거라는 취지를 특히 명시하여 그 조사를 신청하여야 한다.

④ 증거조사와 피고인신문을 종료한 후 검사에게 의견진술의 기회를 주었음에도 검사가 양형에 관한 의견진술을 하지 않은 경우, 이는 판결에 영향을 미친 법률위반이 있는 경우에 해당한다고 할 수 없다.

> **해설**
>
> ② (×) 상대방의 동의가 있거나 전문법칙의 예외에 해당하면 증거능력이 인정된다. "피고인이나 변호인이 무죄에 관한 자료로 제출한 서증 가운데 도리어 유죄임을 뒷받침하는 내용이 있다고 하여도, 법원은 상대방의 원용(동의)이 없는 한 그 서류의 진정성립 여부 등을 조사하고 아울러 그 서류에 대한 피고인이나 변호인의 의견과 변명의 기회를 주지 않았다면 그 서증을 유죄인정의 증거로 쓸 수 없다. 그러나 해당 서류를 제출한 당사자는 그것을 증거로 함에 동의하고 있음이 명백한 것이므로 상대방인 검사의 원용이 있으면 그 서증을 유죄의 증거로 사용할 수 있다(대법원 2014. 2.27, 2013도12155)."
>
> ① (○) 증거신청의 채택 여부는 법원의 재량으로서 법원이 필요하지 않다고 인정할 때에는 이를 조사하지 않을 수 있는 것이고, 법원이 적법하게 공판의 심리를 종결한 뒤에 피고인이 증인신청을 하였다 하여 반드시 공판의 심리를 재개하여 증인신문을 하여야 하는 것은 아니다(대법원 2007.6.29, 2007도984; 2009.2. 26, 2009도395 등).
>
> ③ (○) 규칙 제132조의2 제2항 참조.
>
> > **규칙 제132조의2(증거신청의 방식)** ① 검사, 피고인 또는 변호인이 증거신청을 함에 있어서는 그 증거와 증명하고자 하는 사실과의 관계를 구체적으로 명시하여야 한다.
> > ② 피고인의 자백을 보강하는 증거나 정상에 관한 증거는 보강증거 또는 정상에 관한 증거라는 취지를 특히 명시하여 그 조사를 신청하여야 한다.
>
> ④ (○) 대법원 1977.5.10, 74도3293 참조.
> [보충] 또한, 검사의 구형은 양형에 관한 의견진술에 불과하여 법원이 그 의견에 구속된다고 할 수도 없다(대법원 2001.11.30, 2001도5225).

> **정답** ②

073 ✓ 유사 ◆◇◇   국가9급 2019

공판기일의 절차진행을 순서대로 바르게 나열한 것은?

① 인정신문 – 진술거부권 고지 – 모두절차 – 피고인신문 – 증거조사
② 인정신문 – 모두절차 – 진술거부권 고지 – 증거조사 – 피고인신문
③ 진술거부권 고지 – 인정신문 – 모두절차 – 증거조사 – 피고인신문
④ 진술거부권 고지 – 인정신문 – 모두절차 – 피고인신문 – 증거조사

> **해설**
>
> ③ (○) 진술거부권 고지 – 인정신문 – 모두절차 – 증거조사 – 피고인신문 순이다.

> **정답** ③

074 ✓ 유사 ◆◆◇   법원 2016

공판기일 진행절차를 원칙에 따라 순서대로 나열한 것은? (피고인, 검사가 모두 출석하여 정상적으로 재판이 진행되는 것을 전제로 함)

> ㉮ 피고인의 모두 진술(공소사실 인정 여부 등 진술)
> ㉯ 검사의 모두 진술(공소장에 의해 공소사실 등 낭독)
> ㉰ 인정신문(성명, 주거 등을 물어 출석한 자가 피고인이 맞는지 확인)
> ㉱ 진술거부권 고지
> ㉲ 증거조사
> ㉳ 피고인 신문

① ㉱ → ㉰ → ㉯ → ㉮ → ㉲ → ㉳
② ㉰ → ㉱ → ㉯ → ㉮ → ㉲ → ㉳
③ ㉰ → ㉱ → ㉯ → ㉲ → ㉮ → ㉳
④ ㉱ → ㉰ → ㉯ → ㉮ → ㉳ → ㉲

> **해설**
>
> ㉱ 제244조의3(진술거부권 등의 고지) → ㉰ 제284조(인정신문) → ㉯ 제285조(검사의 모두진술) → ㉮ 제286조(피고인의 모두진술) → ㉲ 제290조(증거조사) → ㉳ 제296조의2(피고인신문)

> **정답** ①

075 ✓ 유사 ◆◇◇ 〔국가9급 2022〕

공판기일의 절차에 대한 설명으로 옳지 않은 것은? (다툼이 있는 경우 판례에 의함)

① 법원은 서류 또는 물건이 증거로 제출된 경우에 이에 관한 증거결정을 함에 있어서는 제출한 자로 하여금 그 서류 또는 물건을 상대방에게 제시하게 하여 상대방으로 하여금 그 서류 또는 물건의 증거능력 유무에 관한 의견을 진술하게 하여야 한다.

② 증거신청의 채택 여부는 법원의 재량으로서 법원이 필요하지 아니하다고 인정할 때에는 이를 조사하지 아니할 수 있다.

③ 피고인은 검사의 모두진술이 끝난 뒤에, 진술거부권을 행사하는 경우를 제외하고, 공소사실의 인정 여부를 진술해야 하며, 만일 이 단계에서 피고인이 자백하면 간이공판절차로 이행하는 계기가 된다.

④ 법원의 증거결정에 대해서는 법령 위반이 있음을 이유로 해서 준항고 할 수 있다.

〔해설〕

④ (×) 수소법원의 결정에 대해서는 항고할 수 있고, 판결 전 소송절차에 관한 결정에 대해서는 즉시항고를 할 수 있는 경우를 제외하고는 항고할 수 없다. 법원의 증거결정에 대해서는 법령 위반이 있음을 이유로 해서 이의신청할 수 있으며(규칙 제135조), 항고나 준항고 할 수는 없다.

① (○) 규칙 제134조 제2항
[보충] 이때 증거동의도 행하여질 수 있다.

② (○) 판례는 증거결정의 성질에 관하여 자유재량설을 취한다(대법원 2003.10.10, 2003도3282).

③ (○) 제286조 제1항, 제286조의2

〔정답〕 ④

076 ✓ 유사 ◆◇◇ 〔법원9급 2024〕

공판기일의 진행에 관한 다음 설명 중 가장 옳지 않은 것은?

① 필요적 변호사건에서 변호인 없이 개정하여 심리를 진행하고 판결한 것은 소송절차의 법령위반에 해당하므로, 설령 법원이 무죄판결을 선고하였다고 하더라도 법원의 이러한 잘못은 판결에 영향을 미친 법령위반에 해당한다.

② 검사가 공판기일의 통지를 받고 1회 공판기일에 불출석하였고, 또한 공판기일의 통지를 받고도 2회 공판기일에 불출석한 때에는 2회 공판기일을 바로 개정할 수 있고, 나아가 2회 공판기일에서 다음 기일을 고지한 이상 따로 기일 통지를 할 필요도 없다.

③ 구속된 피고인이 공판기일에 출석하지 않는 경우에 법원이 형사소송법 제277조의2에 따라 피고인의 출석 없이 공판절차를 진행하기 위해서는 피고인의 출석거부사유가 정당한 것인지 여부뿐만 아니라 교도관에 의한 인치가 불가능하거나 현저히 곤란하였는지 여부 등 위 조문에 규정된 사유가 존재하는가의 여부를 조사하여야 한다.

④ 약식명령에 대해 피고인만이 정식재판을 청구한 사안에서, 법원이 피고인이 출석한 제1회 공판기일에 변론을 종결하고 제2회 공판기일인 선고기일을 지정·고지하였다면, 피고인이 출석하지 아니하였더라도 법원은 형사소송법 제370조, 제277조 제4호에 따라 제2회 공판기일에 판결을 선고할 수 있다.

〔해설〕

① (×) 필요적 변호사건에서 변호인 없이 개정하여 심리를 진행하고 판결한 것은 소송절차의 법령위반에 해당하지만 피고인의 이익을 위하여 만들어진 필요적 변호의 규정 때문에 피고인에게 불리한 결과를 가져오게 할 수는 없으므로 그와 같은 법령위반은 무죄판결에 영향을 미친 것으로는 되지 아니한다(대법원 2003.3.25, 2002도5748).

② (○) 검사가 공판기일의 통지를 받고 2회나 출석하지 아니하여 검사의 출석 없이 개정하였다고 하여 위법하다 할 수 없고 동 공판에서 다음 기일을 고지한 이상 그 명령을 받은 소송관계인 전원에 대하여 효력이 있다 할 것이다(대법원 1967.2.21, 66도1710).

> **제278조(검사의 불출석)** 검사가 공판기일의 통지를 2회 이상 받고 출석하지 아니하거나 판결만을 선고하는 때에는 검사의 출석 없이 개정할 수 있다.

[보충] 일단 적법하게 판결선고를 위한 공판기일이 지정·고지된 이상 그 기일에 당사자가 출석하지 아니한 상태에서 다시 새로운 기일이 지정·고지되었다 하여도 그와 같은 기일 고지는 출석하지 아니한 당사자에게 효력이 미치는 만큼 그 기일을 해태한 당사자에게 별도로 새로운 기일의 통지를 하여야 하는 것은 아니다(대법원 2000.9.26, 2000도2879).

③ (○) 대법원 2001.6.12, 2001도114

④ (○) 대법원 2021.8.12, 2021도5945

제370조(준용규정) 제2편 중 공판에 관한 규정은 본장에 특별한 규정이 없으면 항소의 심판에 준용한다.

제277조(경미사건 등과 피고인의 불출석) 다음 각 호의 어느 하나에 해당하는 사건에 관하여는 피고인의 출석을 요하지 아니한다. 이 경우 피고인은 대리인을 출석하게 할 수 있다.

1. 다액 500만원 이하의 벌금 또는 과료에 해당하는 사건
2. 공소기각 또는 면소의 재판을 할 것이 명백한 사건
3. 장기 3년 이하의 징역 또는 금고, 다액 500만원을 초과하는 벌금 또는 구류에 해당하는 사건에서 피고인의 불출석허가신청이 있고 법원이 피고인의 불출석이 그의 권리를 보호함에 지장이 없다고 인정하여 이를 허가한 사건. 다만, 제284조에 따른 절차를 진행하거나 판결을 선고하는 공판기일에는 출석하여야 한다.
4. 제453조 제1항에 따라 피고인만이 정식재판의 청구를 하여 판결을 선고하는 사건

정답 ①

---

077 ✓ 유사 ◆◆◇　　국가7급 2022

다음 설명 중 옳은 것만을 모두 고르면? (다툼이 있는 경우 판례에 의함)

> ㄱ. '변호인이 되려는 자'의 접견교통권은 피의자 또는 피고인을 조력하기 위한 핵심적인 부분으로서 헌법상 기본권으로 보장된다.
> ㄴ. 피고인이 공판기일에 출석하여 증거로 함에 부동의한 경우에는 그 후 피고인이 출석하지 아니한 공판기일에 변호인만이 출석하여 피고인의 의견을 번복하고 증거로 함에 동의하였더라도 이는 특별한 사정이 없는 한 효력이 없다.
> ㄷ. 강도살인 혐의로 기소된 피고인에 대한 제1심 공판절차가 변호인의 선임 또는 선정 없이 이루어졌다면, 그와 같은 공판절차에서 이루어진 증거조사와 피고인신문 등 일체의 소송행위는 모두 무효이다.
> ㄹ. 법원이 피고인에게는 최종의견을 진술할 기회를 주었으나 변호인에게는 최종의견 진술의 기회를 주지 않고 변론을 종결한 다음 판결을 선고하였다고 하더라도, 이를 소송절차의 법령위반에 해당한다고 할 수는 없다.

① ㄱ, ㄴ　　　　　② ㄱ, ㄹ
③ ㄱ, ㄴ, ㄷ　　　④ ㄴ, ㄷ, ㄹ

해설

③ ㄱ, ㄴ, ㄷ
ㄱ. (○) 헌법재판소 2019.2.28, 2015헌마1204
ㄴ. (○) 대법원 2013.3.28, 2013도3
ㄷ. (○) 강도살인죄는 사형 또는 무기에 처하므로(형법 제338조) 필요적 변호사건에 해당한다(형사소송법 제33조 제1항 제6호).

예컨대, 대법원 2011.9.8, 2011도6325 참조.

ㄹ. (×) 형사소송법 제303조는 "재판장은 검사의 의견을 들은 후 피고인과 변호인에게 최종의 의견을 진술할 기회를 주어야 한다."라고 정하고 있으므로, 최종의견 진술의 기회는 피고인과 변호인 모두에게 주어져야 한다. 이러한 최종의견 진술의 기회는 피고인과 변호인의 소송법상 권리로서 피고인과 변호인이 사실관계의 다툼이나 유리한 양형사유를 주장할 수 있는 마지막 기회이므로, 피고인이나 변호인에게 최종의견 진술의 기회를 주지 아니한 채 변론을 종결하고 판결을 선고하는 것은 소송절차의 법령위반에 해당한다(대법원 2018.3.29, 2018도327).

정답 ③

---

078 ✓ 유사 ◆◆◇　　국가7급 2022

공판준비절차와 공판절차에 대한 설명으로 옳은 것만을 모두 고르면? (다툼이 있는 경우 판례에 의함)

> ㄱ. 피고인은 모두진술 단계에서는 현장부재의 주장을 할 수 없다.
> ㄴ. 법원은 검사가 기소한 때에 지체 없이 공소장 부본을 피고인 또는 변호인에게 송달하여야 하며, 제1회 공판기일 전 3일까지 송달하여야 한다.
> ㄷ. 피고인이 공판준비절차에서 현장부재의 주장을 한 경우, 검사는 피고인에게 증거로 신청할 서류와 그 서류의 증명력과 관련된 서류의 교부를 요구할 수 있다.
> ㄹ. 공판준비기일에서 신청하지 못한 증거에 대해서도 법원은 직권으로 증거조사를 할 수 있다.

① ㄱ, ㄴ　　　　　② ㄱ, ㄷ
③ ㄴ, ㄹ　　　　　④ ㄷ, ㄹ

해설

④ ㄷ, ㄹ
ㄱ. (×) 피고인은 모두진술 단계에서 이익이 되는 사실을 진술할 수 있으므로, 현장부재의 주장을 할 수 있다.
[보충] 피고인 및 변호인은 공판의 피고인의 모두진술 단계뿐 아니라, 모든 단계에서 이익이 되는 사실을 진술할 수 있다.

제286조(피고인의 모두진술) ① 피고인은 검사의 모두진술이 끝난 뒤에 공소사실의 인정 여부를 진술하여야 한다. 다만, 피고인이 진술거부권을 행사하는 경우에는 그러하지 아니하다.
② 피고인 및 변호인은 이익이 되는 사실 등을 진술할 수 있다.

ㄴ. (×) 법원은 검사가 기소한 때에 지체 없이 공소장 부본을 피고인 또는 변호인에게 송달하여야 하며, 제1회 공판기일 전 5일까지 송달하여야 한다.

제266조(공소장 부본의 송달) 법원은 공소의 제기가 있는 때에는 지체 없이 공소장의 부본을 피고인 또는 변호인에게 송달하여야 한다. 단, 제1회 공판기일 전 5일까지 송달하여야 한다.

ㄷ. (○) 제266조의11 제1항 참조.

> **제266조의11(피고인 또는 변호인이 보관하고 있는 서류등의 열람·등사)** ① 검사는 피고인 또는 변호인이 공판기일 또는 공판준비절차에서 현장부재·심신상실 또는 심신미약 등 법률상·사실상의 주장을 한 때에는 피고인 또는 변호인에게 다음 서류등의 열람·등사 또는 서면의 교부를 요구할 수 있다.
> 1. 피고인 또는 변호인이 증거로 신청할 서류등
> 2. 피고인 또는 변호인이 증인으로 신청할 사람의 성명, 사건과의 관계 등을 기재한 서면
> 3. 제1호의 서류등 또는 제2호의 서면의 증명력과 관련된 서류등
> 4. 피고인 또는 변호인이 행한 법률상·사실상의 주장과 관련된 서류등

ㄹ. (○) 제266조의13 제2항 참조.

> **제266조의13(공판준비기일 종결의 효과)** ① 공판준비기일에서 신청하지 못한 증거는 다음 각 호의 어느 하나에 해당하는 경우에 한하여 공판기일에 신청할 수 있다.
> 1. 그 신청으로 인하여 소송을 현저히 지연시키지 아니하는 때
> 2. 중대한 과실 없이 공판준비기일에 제출하지 못하는 등 부득이한 사유를 소명한 때
> ② 제1항에도 불구하고 법원은 직권으로 증거를 조사할 수 있다.

정답 ④

---

079 ✓ 유사 ◆◇◇ 법원9급 2019

공판조서에 관한 다음 설명 중 가장 옳지 않은 것은?

① 결심공판에 검사가 출석하여 의견을 진술하였다고 하더라도 결심공판에 관한 공판조서에 검사의 의견진술이 누락되어 있다면 검사의 의견진술이 없는 것으로 보아야하므로 판결에 영향을 미친 잘못이 있다.

② 공판조서에 그 공판에 관여한 법관의 성명이 기재되어 있지 않다면 공판절차가 법령에 위반되어 판결에 영향을 미친 위법이 있다.

③ 공판조서에 재판장이 판결서에 의하여 판결을 선고하였음이 기재되어 있다면 동 판결선고 절차는 적법하게 이루어졌음이 증명되었다고 할 것이고 여기에는 다른 자료에 의한 반증은 허용되지 않는다.

④ 공판조서의 기재가 명백한 오기인 경우에는 공판조서의 기재에도 불구하고 공판조서에 기재된 내용과 다른 사실을 인정할 수 있다.

해설

① (✕) 결심공판에 출석한 검사가 사실과 법률적용에 관하여 의견을 진술하지 않더라도 공판절차가 무효로 되는 것은 아니며 위 공판조서에 검사의 의견진술이 누락되어 있다 하여도 이로써 판결에 영향을 미친 법률위반이 있는 경우에 해당한다고는 볼 수 없다(대법원 1977.5.10, 74도3293).

(판결이유 중) 원심의 제3차 공판기일인 1974.9.26. 14:00의 공판조서를 보면 그 기일에 관여검사 이○○이 공판정에 출석하였으며 재판장의 사실심리 및 증거조사 종료선언 후 검사에게 의견진술의 기회가 주어졌음이 기록상 명백한바 이러한 경우에는 검사가 사실과 법률적용에 관하여 의견을 진술하지 않더라도 공판절차가 무효로 되는 것은 아니라 할 것인즉 위 공판조서에 검사의 의견진술이 누락되어있다 하여도 이로써 판결에 영향을 미친 법률위반이 있는 경우에 해당한다고는 볼 수 없다.

② (○) 대법원 1970.9.22, 70도1312

③ (○) 대법원 1983.10.25, 82도571

④ (○) 공판조서의 기재가 명백한 오기인 경우에는 공판조서는 그 올바른 내용에 따라 증명력을 가진다 할 것이다(대법원 1995.4.14, 95도110).

정답 ①

---

080 ✓ 유사 ◆◆◇ 경찰 2016

증거조사에 관한 다음 설명 중 가장 적절한 것은? (다툼이 있으면 판례에 의함)

① 형사소송법 제318조에 규정된 증거동의의 의사표시는 증거조사가 완료된 뒤에도 취소 또는 철회가 인정되므로, 취소 또는 철회 이전에 이미 취득한 증거능력은 상실된다.

② 피고인이 철회한 증인을 법원이 직권 신문하고 이를 채증하더라도 위법이 아니다.

③ 피고인이 출석한 공판기일에서 증거로 함에 부동의한다는 의견이 진술된 경우에도 그 후 피고인이 출석하지 아니한 공판기일에 변호인만이 출석하여 종전 의견을 번복하여 증거로 함에 동의하였다면 이는 특별한 사정이 없는 한 효력이 있다.

④ 증거물이지만 증거서류의 성질도 가지고 있는 이른바 '증거물인 서면'을 조사하기 위해서는 증거서류의 조사방식인 낭독·내용고지 또는 열람의 절차와 증거물의 조사방식인 제시의 절차가 함께 이루어져야 하는 것은 아니다.

해설

② (○) 증인은 법원이 직권에 의하여 신문할 수도 있고 증거의 채부는 법원의 직권에 속하는 것이므로 피고인이 철회한 증인을 법원이 직권신문하고 이를 채증하더라도 위법이 아니다(대법원 1983.7.12, 82도3216).

① (✕) 증거동의의 의사표시는 증거조사가 완료되기 전까지 취소 또는 철회할 수 있으나, 일단 증거조사가 완료된 뒤에는 취소 또는 철회가 인정되지 아니하므로 취소 또는 철회 전에 이미 취득한 증거능력은 상실되지 아니한다(대법원 2015.8.27, 2015도3467).

③ (✕) 형사소송법 제318조에 규정된 증거동의의 주체는 소송 주체인 검사와 피고인이고, 변호인은 피고인을 대리하여 증거동의에 관한 의견을 낼 수 있을 뿐이므로 피고인의 명시한 의사에 반하여 증거로 함에 동의할 수는 없다. 따라서 피고인이 출석한 공판기일에서 증거로 함에 부동의한다는 의견이 진술된 경우에는 그 후

피고인이 출석하지 아니한 공판기일에 변호인만이 출석하여 종전 의견을 번복하여 증거로 함에 동의하였다 하더라도 이는 특별한 사정이 없는 한 효력이 없다고 보아야 한다(대법원 2013.3.28, 2013도3).
[보충] 변호인의 증거동의: 피고인의 묵시적 의사에 반하여 행사할 수 있는 독립대리권에 불과함

④ (×) 형사소송법 제292조, 제292조의2 제1항, 형사소송규칙 제134조의6의 취지에 비추어 보면, 본래 증거물이지만 증거서류의 성질도 가지고 있는 이른바 '증거물인 서면'을 조사하기 위해서는 증거서류의 조사방식인 낭독·내용고지 또는 열람의 절차와 증거물의 조사방식인 제시의 절차가 함께 이루어져야 하므로, 원칙적으로 증거신청인으로 하여금 그 서면을 제시하면서 낭독하게 하거나 이에 갈음하여 그 내용을 고지 또는 열람하도록 하여야 한다(대법원 2013.7.26, 2013도2511).

[정답] ②

---

081 ✓ 유사 ◆◆◇

다음 설명 중 옳은 것은? (다툼이 있는 경우 판례에 의함)

① 검사, 피고인 또는 변호인의 신청에 따라 증거서류를 조사하는 때에는 신청인이 이를 낭독하여야 하고, 재판장이 법원사무관 등으로 하여금 이를 낭독하게 할 수는 없다.

② 증거서류를 조사하는 때에는 낭독 또는 내용고지의 방법으로 하여야 하고, 증거서류를 제시하여 열람하게 하는 방법으로 조사하여서는 안 된다.

③ 법원은 검사가 신청한 증거를 조사한 후 피고인 또는 변호인이 신청한 증거를 조사하여야 하고, 그 순서를 직권으로 변경할 수는 없다.

④ 피고인과 변호인에게 최종의견 진술의 기회를 주지 않은 채 심리를 마치고 판결을 선고한 것은 위법이고 이는 판결에 영향을 미친 법률위반이 있는 경우에 해당한다.

[해설]
④ (○) 피고인과 변호인의 최종방어권을 봉쇄한 채 심리를 마치고 선고한 판결은 위법하여 이는 결과에 영향이 갈 것이다(대법원 1975.11.11, 75도1010).

① (×) 제292조 제1항·제4항 참조.

> **제292조(증거서류에 대한 조사방식)** ① 검사, 피고인 또는 변호인의 신청에 따라 증거서류를 조사하는 때에는 신청인이 이를 낭독하여야 한다.
> ④ 재판장은 법원사무관 등으로 하여금 제1항부터 제3항까지의 규정에 따른 낭독이나 고지를 하게 할 수 있다.

② (×) 제292조 제1항·제3항·제5항 참조.

> **제292조(증거서류에 대한 조사방식)** ① 검사, 피고인 또는 변호인의 신청에 따라 증거서류를 조사하는 때에는 신청인이 이를 낭독하여야 한다.
> ③ 재판장은 필요하다고 인정하는 때에는 제1항 및 제2항에

도 불구하고 내용을 고지하는 방법으로 조사할 수 있다.
⑤ 재판장은 열람이 다른 방법보다 적절하다고 인정하는 때에는 증거서류를 제시하여 열람하게 하는 방법으로 조사할 수 있다.

③ (×) 제291조의2 제1항·제3항 참조.

> **제291조의2(증거조사의 순서)** ① 법원은 검사가 신청한 증거를 조사한 후 피고인 또는 변호인이 신청한 증거를 조사한다.
> ③ 법원은 직권 또는 검사, 피고인·변호인의 신청에 따라 제1항 및 제2항의 순서를 변경할 수 있다.

[정답] ④

---

082 ✓ 유사 ◆◆◇

증거조사에 대한 설명으로 옳은 것을 모두 고른 것은? (다툼이 있는 경우 판례에 의함)

> ㄱ. 국민참여재판에서는 법원의 직권에 의한 증거조사가 허용되지 않는다.
> ㄴ. 법원의 증거신청에 관한 결정에 대한 이의신청은 법령의 위반이 있음을 이유로 하여서만 이를 할 수 있다.
> ㄷ. 증거조사에 대한 이의신청은 개개의 행위, 처분 또는 결정시마다 즉시 하여야 한다.
> ㄹ. 이의신청에 대한 결정에 의하여 판단이 된 사항에 대해서는 다시 이의신청을 할 수는 없으나, 항고는 허용된다.
> ㅁ. 범죄로 인해 사망한 피해자의 직계친족이 피해자 진술을 신청하는 경우 법원이 법률이 정한 예외사유에 해당하지 않는 한 그를 증인으로 신문하여야 하지만, 처벌에 관한 의견을 진술하게 할 수는 없다.

① ㄱ, ㄴ
② ㄴ, ㄷ
③ ㄷ, ㅁ
④ ㄹ, ㅁ

[해설]
ㄱ. (×) 국민참여재판법에는 이와 관련된 특별한 규정이 없으므로 형사소송법의 규정을 적용하고, 형사소송법에는 법원의 직권에 의한 증거조사가 규정되어 있다.

> **국민참여재판법 제4조(다른 법령과의 관계)** 국민참여재판에 관하여 이 법에 특별한 규정이 없는 때에는 「법원조직법」·「형사소송법」 등 다른 법령을 적용한다.
> **제295조(증거신청에 대한 결정)** 법원은 제294조 및 제294조의2의 증거신청에 대하여 결정을 하여야 하며 직권으로 증거조사를 할 수 있다.

ㄴ. (○) 제295조, 규칙 제135조의2 참조.

> **제295조(증거신청에 대한 결정)** 법원은 제294조 및 제294조의2의 증거신청에 대하여 결정을 하여야 하며 직권으로 증거조사를 할 수 있다.
> **규칙 제135조의2(증거조사에 관한 이의신청의 사유)** 법 제296조 제1항의 규정에 의한 이의신청은 법령의 위반이 있거

나 상당하지 아니함을 이유로 하여 이를 할 수 있다. 다만, 법 제295조의 규정에 의한 결정에 대한 이의신청은 법령의 위반이 있음을 이유로 하여서만 이를 할 수 있다.

ㄷ. (O) 규칙 제137조 참조.

> **규칙 제137조(이의신청의 방식과 시기)** 제135조 및 제136조에 규정한 이의신청(이하 이 절에서는 "이의신청"이라 한다)은 개개의 행위, 처분 또는 결정시마다 그 이유를 간결하게 명시하여 즉시 이를 하여야 한다.

ㄹ. (X) 증거조사에 대한 이의신청에 대한 결정에 대해서는 다시 이의신청을 할 수도 없고, 판결 전 소송절차에 관한 결정에 해당하고 즉시항고규정도 없으므로 이에 대해서는 항고를 할 수 없다. 제403조 제1항 참조.

> **제403조(판결 전의 결정에 대한 항고)** ① 법원의 관할 또는 판결 전의 소송절차에 관한 결정에 대하여는 특히 즉시항고를 할 수 있는 경우 외에는 항고하지 못한다.
> ② 전항의 규정은 구금, 보석, 압수나 압수물의 환부에 관한 결정 또는 감정하기 위한 피고인의 유치에 관한 결정에 적용하지 아니한다.

ㅁ. (X) 피해자 측의 신청이 있는 때에는 원칙적으로 증인으로 신문하여야 하고, 이 경우 피해의 정도·결과, 피고인의 처벌에 관한 의견 등에 관한 의견을 진술할 기회를 주어야 한다. 제294조의2 제1항·제2항 참조.

> **제294조의2(피해자등의 진술권)** ① 법원은 범죄로 인한 피해자 또는 그 법정대리인(피해자가 사망한 경우에는 배우자·직계친족·형제자매를 포함한다. 이하 이 조에서 "피해자등"이라 한다)의 신청이 있는 때에는 그 피해자등을 증인으로 신문하여야 한다. 다만, 다음 각 호의 어느 하나에 해당하는 경우에는 그러하지 아니하다.
> 1. 삭제 〈2007.6.1.〉
> 2. 피해자등 이미 당해 사건에 관하여 공판절차에서 충분히 진술하여 다시 진술할 필요가 없다고 인정되는 경우
> 3. 피해자등의 진술로 인하여 공판절차가 현저하게 지연될 우려가 있는 경우
> ② 법원은 제1항에 따라 피해자등을 신문하는 경우 피해의 정도 및 결과, 피고인의 처벌에 관한 의견, 그 밖에 당해 사건에 관한 의견을 진술할 기회를 주어야 한다.

정답 ②

⊘ **유사** ◆◇◇ **경찰승진 2022 유사** **국가7급 2018**

증거조사에 대한 설명으로 옳지 않은 것은? (다툼이 있는 경우 판례에 의함)

① 증거조사를 거치지 아니하였고 피고인이 이를 증거로 사용함에 동의를 한 바도 없기 때문에 증거능력이 인정되지 않는 증거라도 구성요건 사실을 추인하게 하는 간접사실의 인정자료로는 허용된다.

② 법원은 검사, 피고인 또는 변호인의 신청에 의하여 공판준비에 필요하다고 인정한 때에는 공판기일 전에 피고인 또는 증인을 신문할 수 있고, 검증, 감정 또는 번역을 명할 수 있다.

③ 재판부가 당사자의 증거신청을 채택하지 아니하거나 이미 한 증거결정을 취소하였다고 하더라도 그러한 사유만으로는 법관의 기피사유인 '불공평한 재판을 할 염려가 있는 때'에 해당하지 않는다.

④ 형의 양정에 관한 절차는 범죄사실을 인정하는 단계와 달리 취급하여야 하므로 당사자가 직접 수집하여 제출하기 곤란하거나 필요하다고 인정되는 경우, 법원은 직권으로 양형조건에 관한 「형법」 제51조의 사항을 수집·조사할 수 있다.

해설

① (X) 구성요건에 해당하는 사실은 엄격한 증명에 의하여 이를 인정하여야 하고, 증거능력이 없는 증거는 구성요건 사실을 추인하게 하는 간접사실이나 구성요건 사실을 입증하는 직접증거의 증명력을 보강하는 보조사실의 인정자료로도 사용할 수 없다(대법원 2006.12.8, 2006도6356 등).

② (O) 제273조 제1항 참조.

> **제273조(공판기일 전의 증거조사)** ① 법원은 검사, 피고인 또는 변호인의 신청에 의하여 공판준비에 필요하다고 인정한 때에는 공판기일 전에 피고인 또는 증인을 신문할 수 있고 검증, 감정 또는 번역을 명할 수 있다.

③ (O) 재판부가 당사자의 증거신청을 채택하지 아니하거나 이미 한 증거결정을 취소하였다 하더라도 그러한 사유만으로는 재판의 공평을 기대하기 어려운 객관적인 사정이 있다고 할 수 없고, 또 형사소송법 제299조 규정상 재판장이 피고인의 증인신문권의 본질적인 부분을 침해하였다고 볼 만한 아무런 소명자료가 없다면, 재판장이 피고인의 증인에 대한 신문을 제지한 사실이 있다는 것만으로는 법관과 사건과의 관계상 불공평한 재판을 할 것이라는 의혹을 갖는 것이 합리적이라고 인정할 만한 객관적인 사정이 있는 경우에 해당한다고 볼 수 없다(대법원 1995.4.3, 95모10).

④ (O) 양형의 조건에 관하여 규정한 형법 제51조의 사항은 널리 형의 양정에 관한 법원의 재량사항에 속한다고 해석되므로(대법원 2008.5.29, 2008도1816 등), 법원은 범죄의 구성요건이나 법률상 규정된 형의 가중·감면의 사유가 되는 경우를 제외하고는, 법률이 규정한 증거로서의 자격이나 증거조사방식에 구애됨이 없이 상당한 방법으로 조사하여 양형의 조건이 되는 사항을 인정할 수 있다. 나아가 형의 양정에 관한 절차는 범죄 사실을 인정하는 단계와 달리 취급하여야 하므로, 당사자가 직접 수집하여 제출하기 곤란하거나 필요하다고 인정되는 경우 등에는 직권

으로 양형 조건에 관한 형법 제51조의 사항을 수집·조사할 수 있다(대법원 2010.4.29, 2010도750).

정답 ①

---

084 ✅유사 ◆◇◇　　　　　　경찰승진 2022

증거조사에 대한 설명으로 가장 적절하지 않은 것은? (다툼이 있는 경우 판례에 의함)

① 증거신청은 검사가 먼저 이를 한 후 다음에 피고인 또는 변호인이 이를 한다.

② 법원은 서류 또는 물건이 증거로 제출된 경우에 이에 관한 증거결정을 함에 있어서는 제출한 자로 하여금 그 서류 또는 물건을 상대방에게 제시하게 하여 상대방으로 하여금 그 서류 또는 물건의 증거능력 유무에 관한 의견을 진술하게 하여야 한다. 다만, 「형사소송법」 제318조의3의 규정에 의하여 동의가 있는 것으로 간주되는 경우에는 그러하지 아니하다.

③ 법원은 증거결정을 함에 있어서 필요하다고 인정할 때에는 그 증거에 대한 검사, 피고인 또는 변호인의 의견을 들어야 한다.

④ 법원이 필요하지 않다고 인정할 때에는 증거를 조사하지 않을 수 있는 것이므로, 법원이 검사의 증인신청을 받아들이지 않았다고 하더라도 이를 두고 위법하다고 할 수는 없다.

해설

③ (×) 법원은 증거결정을 함에 있어서 필요하다고 인정할 때에는 그 증거에 대한 검사, 피고인 또는 변호인의 의견을 들을 수 있다(규칙 제134조 제1항).
① (○) 규칙 제133조
② (○) 규칙 제134조 제2항
④ (○) 대법원 2016.2.18, 2015도16586

정답 ③

---

085 ✅유사 ◆◇◇　　　　　　국가9급개론 2024

증거조사의 절차에 대한 설명으로 옳지 않은 것은?

① 검사, 피고인 또는 변호인은 서류나 물건을 증거로 제출할 수 있고 증인·감정인·통역인 또는 번역인의 신문을 신청할 수 있다.

② 검사와 달리 피고인 또는 변호인이 증거신청을 하는 때에는 그 증거와 증명하고자 하는 사실과의 관계를 구체적으로 명시해야 하는 것은 아니다.

③ 증거신청의 채택 여부는 법원의 재량으로서 법원이 필요하지 않다고 인정할 때에는 이를 조사하지 않을 수 있다.

④ 법원은 증거신청에 대한 결정을 보류하는 경우, 증거신청인으로부터 당해 증거서류 또는 증거물을 제출받아서는 아니 된다.

해설

② (×) 신청인은 증거신청을 함에 있어서 입증취지를 구체적으로 명시하여야 한다. 규칙 제132조의2 제1항 참조.

> **규칙 제132조의2(증거신청의 방식)** ① 검사, 피고인 또는 변호인이 증거신청을 함에 있어서는 그 증거와 증명하고자 하는 사실과의 관계를 구체적으로 명시하여야 한다.

① (○) 제294조 제1항 참조.

> **제294조(당사자의 증거신청)** ① 검사, 피고인 또는 변호인은 서류나 물건을 증거로 제출할 수 있고, 증인·감정인·통역인 또는 번역인의 신문을 신청할 수 있다.

③ (○) 증거신청의 채택 여부는 법원의 재량으로서 법원이 필요하지 않다고 인정할 때에는 이를 조사하지 않을 수 있는 것이고, 법원이 적법하게 공판의 심리를 종결한 뒤에 피고인이 증인신청을 하였다 하여 반드시 공판의 심리를 재개하여 증인신문을 하여야 하는 것은 아니다(대법원 2011.1.27, 2010도7947).

④ (○) 법원은 증거불채택 시 당해 증거를 제출받아서는 안 된다. 규칙 제134조 제4항 참조

> **규칙 제134조(증거결정의 절차)** ④ 법원은 증거신청을 기각·각하하거나, 증거신청에 대한 결정을 보류하는 경우, 증거신청인으로부터 당해 증거서류 또는 증거물을 제출받아서는 아니 된다.

정답 ②

086 ✓ 유사 ◆◇◇

다음은 증거조사의 이의신청에 대한 설명이다. 가장 적절한 것은?

① 시기에 늦은 이의신청, 소송지연만을 목적으로 하는 것임이 명백한 이의신청은 결정으로 이를 기각하여야 한다. 따라서 중요한 사항을 대상으로 하고 있는 경우라 할지라도 시기에 늦은 경우에는 기각결정을 하여야 한다.

② 증거조사를 마친 증거가 증거능력이 없음을 이유로 한 이의신청을 이유 있다고 인정할 경우에는 그 증거의 증거조사를 다시 하여야 한다는 취지의 결정을 하여야 한다.

③ 증거조사에 대한 이의신청은 법령의 위반이 있을 경우에만 할 수 있다.

④ 이의신청에 대한 결정에 의하여 판단이 된 사항에 대하여는 다시 이의신청을 할 수 없다.

해설

④ (O) 규칙 제140조 참조.

> **제140조(중복된 이의신청의 금지)** 이의신청에 대한 결정에 의하여 판단이 된 사항에 대하여는 다시 이의신청을 할 수 없다.

① (×) 중요한 사항을 대상으로 하는 이의신청은 시기에 늦은 것만을 이유로 기각해서는 안 된다. 규칙 제139조 제1항 참조.

> **규칙 제139조(이의신청에 대한 결정의 방식)** ① 시기에 늦은 이의신청, 소송지연만을 목적으로 하는 것임이 명백한 이의신청은 결정으로 이를 기각하여야 한다. 다만, 시기에 늦은 이의신청이 중요한 사항을 대상으로 하고 있는 경우에는 시기에 늦은 것만을 이유로 하여 기각하여서는 아니 된다.

② (×) 다시 증거조사를 해서는 안 되고, 증거배제결정을 하여야 한다. 규칙 제139조 제4항 참조.

> **제139조(이의신청에 대한 결정의 방식)** ④ 증거조사를 마친 증거가 증거능력이 없음을 이유로 한 이의신청을 이유 있다고 인정할 경우에는 그 증거의 전부 또는 일부를 배제한다는 취지의 결정을 하여야 한다.

③ (×) 규칙 제135조의2 참조.

> **제135조의2(증거조사에 관한 이의신청의 사유)** 법 제296조 제1항의 규정에 의한 이의신청은 법령의 위반이 있거나 상당하지 아니함을 이유로 하여 이를 할 수 있다. 다만, 법 제295조의 규정에 의한 결정에 대한 이의신청은 법령의 위반이 있음을 이유로 하여서만 이를 할 수 있다.

정답 ④

---

087 ✓ 유사 ◆◆◇

증거신청 및 조사에 관한 다음 설명 중 가장 적절하지 않은 것은?

① 법원은 검사가 신청한 증거나 피고인 또는 변호인이 신청한 증거에 앞서 직권으로 채택한 증거에 대하여 먼저 증거조사를 할 수 있다.

② 당사자는 증거신청에 대한 법원의 결정이 상당하지 아니한 때에는 이의신청을 할 수 있다.

③ 법원은 증거신청을 기각하는 경우 증거신청인으로부터 당해 증거서류 또는 증거물을 제출받아서는 아니 된다.

④ 법원은 검사, 피고인 또는 변호인이 고의로 증거를 뒤늦게 신청하여 공판의 완결을 지연하는 것으로 인정할 때에는 직권 또는 상대방의 신청에 따라 각하결정을 할 수 있다.

해설

② (×) 법 제295조, 규칙 제135조의2 참조.

> **법 제295조(증거신청에 대한 결정)** 법원은 제294조 및 제294조의2의 증거신청에 대하여 결정을 하여야 하며 직권으로 증거조사를 할 수 있다.
> **규칙 제135조의2(증거조사에 관한 이의신청의 사유)** 법 제296조 제1항의 규정에 의한 이의신청은 법령의 위반이 있거나 상당하지 아니함을 이유로 하여 이를 할 수 있다. 다만, 법 제295조의 규정에 의한 결정에 대한 이의신청은 법령의 위반이 있음을 이유로 하여서만 이를 할 수 있다.

① (O) 제291조의2 참조.

> **제291조의2(증거조사의 순서)** ① 법원은 검사가 신청한 증거를 조사한 후 피고인 또는 변호인이 신청한 증거를 조사한다.
> ② 법원은 제1항에 따른 조사가 끝난 후 직권으로 결정한 증거를 조사한다.
> ③ 법원은 직권 또는 검사, 피고인·변호인의 신청에 따라 제1항 및 제2항의 순서를 변경할 수 있다.

③ (O) 규칙 제134조 제4항 참조.

> **규칙 제134조(증거결정의 절차)** ④ 법원은 증거신청을 기각·각하하거나, 증거신청에 대한 결정을 보류하는 경우, 증거신청인으로부터 당해 증거서류 또는 증거물을 제출받아서는 아니 된다.

④ (O) 제294조 제2항 참조.

> **제294조(당사자의 증거신청)** ② 법원은 검사, 피고인 또는 변호인이 고의로 증거를 뒤늦게 신청함으로써 공판의 완결을 지연하는 것으로 인정할 때에는 직권 또는 상대방의 신청에 따라 결정으로 이를 각하할 수 있다.

정답 ②

다음 설명 중 가장 적절하지 않은 것은? (다툼이 있는 경우 판례에 의함)

① 「형사소송법」은 피고인에게 증거신청권과 증거보전청 구권, 증거조사에 대한 의견진술권과 증거조사에 대한 이의신청권 등을 보장하고 있는데, 이는 형사소송절차 에서 피고인에게 당사자로서의 지위를 인정하고 국가 의 형벌권 행사에 대하여 적절하게 방어할 수 있는 수 단과 기회를 제공함으로써 공정한 재판을 받을 권리를 실질적으로 보장하기 위한 것이다.

② 당사자의 증거신청에 대한 법원의 채택여부의 결정은 판결 전의 소송절차에 관한 결정으로서 이의신청을 하 는 외에는 달리 불복할 수 있는 방법이 없고, 그로 말 미암아 사실을 오인하여 판결에 영향을 미치기에 이른 경우에도 이를 이유로 상소를 할 수 없다.

③ 수사기관의 압수물의 환부에 관한 처분의 취소를 구하 는 준항고는 통상의 항고소송에서와 마찬가지로 그 이 익이 있어야 하고, 소송계속 중 준항고로써 달성하고 자 하는 목적이 이미 이루어졌거나 시일의 경과 또는 그 밖의 사정으로 인하여 그 이익이 상실된 경우에는 준항고가 부적법하게 된다.

④ 검사가 수사과정에서 압수·수색영장의 청구 등 강제 처분을 위한 조치를 취하지 아니함으로써 증거를 확보 하지 못하고 불기소 처분을 하였다면, 고소인이나 고 발인은 그 불기소처분에 대하여 재정신청이나 검찰항 고로써 불복할 수 있으나 압수·수색영장의 청구 등 강 제처분을 위한 조치를 취하지 아니한 것 그 자체를 '압 수에 관한 처분'으로 보아 준항고를 할 수는 없다.

해설

② (✕) 당사자의 증거신청에 대한 법원의 채택여부의 결정은 판결 전의 소송절차에 관한 결정으로서 이의신청을 하는 외에는 달리 불복할 수 있는 방법이 없고, 다만 그로 말미암아 사실을 오인하 여 판결에 영향을 미치기에 이른 경우에만 이를 상소의 이유로 삼을 수 있을 뿐이다(대법원 1990.6.8, 90도646).
① (○) 대법원 2015.6.25, 2014도17252 전원합의체
③ (○) 대법원 2015.10.15, 2013모1970
④ (○) 대법원 2007.5.25, 2007모82

정답 ②

---

7 증인신문·감정과 검증

증인에 관한 다음 설명 중 가장 옳은 것은? (다툼이 있 는 경우 판례에 의함)

① 공범인 공동피고인은 당해 소송절차에서는 피고인의 지위에 있으므로 다른 공동피고인에 대한 공소사실에 관하여 증인이 될 수 없으나, 소송절차가 분리되어 피 고인의 지위에서 벗어나게 되면 다른 공범인 공동피고 인에 대한 공소 사실에 관하여 증인이 될 수 있다.

② 누구든지 자기나 친족 또는 친족관계가 있었던 자가 형사소추 또는 공소제기를 당하거나 유죄판결을 받을 사실이 발로될 염려 있는 증언을 거부할 수 있으며 이 경우 증언을 거부하는 자는 거부사유를 소명하지 않아 도 된다.

③ 이미 유죄의 확정판결을 받은 피고인은 공범의 형사사 건에서 그 범행에 대한 증언을 거부할 수 없을 뿐만 아 니라 나아가 사실대로 증언하여야 하나, 만약 피고인 이 자신의 형사사건에서 시종일관 그 범행을 부인하였 다면 피고인에게 사실대로 진술할 것을 기대할 가능성 이 없다고 볼 수 있다.

④ 증인신문을 함에 있어서 증언거부권 있음을 설명하지 아니한 경우라면 증인이 선서하고 증언하였다고 하여 도 그 증언의 효력에 관하여는 영향이 있어 무효라고 해석하여야 한다.

해설

① (○) 대법원 2008.6.26, 2008도3300
② (✕) 증언거부사유를 소명해야 한다(제150조).
[보충] 제148조 제1호는 2020.12.8. 개정(2021. 12.9. 시행)되 어 표현이 다소 달라졌다.

> **제148조(근친자의 형사책임과 증언거부)** 누구든지 자기나 다음 각 호의 어느 하나에 해당하는 자가 형사소추(刑事訴 追) 또는 공소제기를 당하거나 유죄판결을 받을 사실이 드러 날 염려가 있는 증언을 거부할 수 있다.
> 1. 친족이거나 친족이었던 사람
> 2. 법정대리인, 후견감독인

③ (✕) 이미 유죄의 확정판결을 받은 피고인은 공범의 형사사건에 서 그 범행에 대한 증언을 거부할 수 없을 뿐만 아니라 나아가 사실대로 증언하여야 하고, 설사 피고인이 자신의 형사사건에서 시종일관 그 범행을 부인하였다 하더라도 이러한 사정은 위증죄 에 관한 양형참작사유로 볼 수 있음은 별론으로 하고 이를 이유 로 피고인에게 사실대로 진술할 것을 기대할 가능성이 없다고 볼 수는 없다(대법원 2008.10.23, 2005도10101).
④ (✕) 증인신문에 당하야 증언거부권 있음을 설명하지 아니한 경 우라 할지라도 증인이 선서하고 증언한 이상 그 증언의 효력에 관하여는 역시 영향이 없고 유효하다고 해석함이 타당하다(대법 원 1957.3.8, 4290형상23).

정답 ①

090 ☑ 대표 ◆◆◇ 경찰1차 2018 유사 국가7급 2017

공동피고인에 대한 설명으로 옳지 않은 것은? (다툼이 있는 경우 판례에 의함)

① 피고인을 위하여 원심판결을 파기하는 경우 파기의 이유가 상소한 공동피고인에게 공통된다면 그 공동피고인에 대하여도 원심판결을 파기하여야 한다.

② 공범관계에 있는 피고인들 중 일부가 국민참여재판을 원하지 않아 국민참여재판의 진행에 어려움이 있다고 인정되는 경우 법원은 결정으로 국민참여재판을 하지 않을 수 있다.

③ 공범인 공동피고인의 공판정에서의 자백은 이에 대한 피고인의 반대신문권이 보장되어 있어 증인으로 신문한 경우와 다를 바 없으므로 피고인들 간에 이해관계가 상반되는 경우를 제외하고는 독립한 증거능력이 있다.

④ 피고인이 공동피고인과 공범관계에 있다고 하더라도 검사는 수사단계에서 피고인에 대한 증거를 미리 보전하기 위하여 필요한 경우라면 판사에게 공동피고인을 증인으로 신문할 것을 청구할 수 있다.

[해설]

③ (×) 본조에서 말하는 피고인의 자백이란 함은 문리해석상으로도 다른 공동피고인(공범인 경우이건 아니건 가리지 않는다)의 자백을 포함한다 하는 취지로 되어 있지 않을 뿐 아니라 실지문제로서도 이 공동피고인의 자백에 대하여는 반대신문권도 충분히 보장되어 있는 것이므로 증인으로 신문한 경우나 다를 바가 없으므로 이러한 의미에서 공동피고인의 자백도 증거능력이 있다 할 것이다(대법원 1963.7.25, 63도185).
→ 이해관계가 상반되는 경우도 제외되지 않는다.

① (○) 제364조의2, 제392조 참조.

> **제364조의2(공동피고인을 위한 파기)** 피고인을 위하여 원심판결을 파기하는 경우에 파기의 이유가 항소한 공동피고인에게 공통되는 때에는 그 공동피고인에게 대하여도 원심판결을 파기하여야 한다.
> **제392조(공동피고인을 위한 파기)** 피고인의 이익을 위하여 원심판결을 파기하는 경우에 파기의 이유가 상고한 공동피고인에 공통되는 때에는 그 공동피고인에 대하여도 원심판결을 파기하여야 한다.

② (○) 국민참여재판법 제9조 제2호 참조.

> **국민참여재판법 제9조(배제결정)** ① 법원은 공소제기 후부터 공판준비기일이 종결된 다음 날까지 다음 각 호의 어느 하나에 해당하는 경우 국민참여재판을 하지 아니하기로 하는 결정을 할 수 있다.
> 1. 배심원·예비배심원·배심원후보자 또는 그 친족의 생명·신체·재산에 대한 침해 또는 침해의 우려가 있어서 출석의 어려움이 있거나 이 법에 따른 직무를 공정하게 수행하지 못할 염려가 있다고 인정되는 경우
> 2. 공범 관계에 있는 피고인들 중 일부가 국민참여재판을 원하지 아니하여 국민참여재판의 진행에 어려움이 있다고 인정되는 경우
> 3. 「성폭력범죄의 처벌 등에 관한 특례법」 제2조의 범죄로 인한 피해자(이하 "성폭력범죄 피해자"라 한다) 또는 법

> 정대리인이 국민참여재판을 원하지 아니하는 경우
> 4. 그 밖에 국민참여재판으로 진행하는 것이 적절하지 아니하다고 인정되는 경우

④ (○) 공동피고인과 피고인이 뇌물을 주고 받은 사이로 필요적 공범관계에 있다고 하더라도 검사는 수사단계에서 피고인에 대한 증거를 미리 보전하기 위하여 필요한 경우에는 판사에게 공동피고인을 증인으로 신문할 것을 청구할 수 있다(대법원 1988.11.8, 86도1646).

[정답] ③

091 ☑ 대표 ◆◆◇ 국가9급개론 2018

증인적격이 있는 자만을 모두 고른 것은? (다툼이 있는 경우 판례에 의함)

> ㄱ. 당해 사건에서 압수·수색을 집행한 검찰수사관
> ㄴ. 별개의 재판에서 이미 당해 사건에 대해 유죄판결이 확정된 공범
> ㄷ. 피고인의 배우자

① ㄱ
② ㄱ, ㄷ
③ ㄴ, ㄷ
④ ㄱ, ㄴ, ㄷ

[해설]

ㄱ. (○) 검찰수사관은 소송의 당사자가 아니므로 제3자로서 증인적격이 인정되며, 조사자증언제도에 의해서도 증언이 가능하다.

ㄴ. (○) 이미 유죄의 확정판결을 받은 경우에는 일사부재리의 원칙에 의해 다시 처벌되지 아니하므로 증언을 거부할 수 없는바, 이는 사실대로의 진술 즉 자신의 범행을 시인하는 진술을 기대할 수 있기 때문인 점 등에 비추어 보면, 피고인은 강도상해죄로 이미 유죄의 확정판결을 받았으므로 그 범행에 대한 증언을 거부할 수 없을 뿐만 아니라 나아가 사실대로 증언하여야 하고, 설사 피고인이 자신에 대한 형사사건에서 시종일관 그 범행을 부인하였다 하더라도 이러한 사정은 이 사건 위증죄에 관한 양형참작사유로 볼 수 있음은 별론으로 하고 이를 이유로 피고인에게 사실대로의 진술을 기대할 가능성이 없다고 볼 수는 없다(대법원 2008.10.23, 2005도10101).

ㄷ. (○) 증언거부자라 하여 증인적격이 없는 것은 아니다. 대법원 1983.9.13, 83도823

[정답] ④

092

✓ 대표 ◆◆◆　　　　　　　　　　국가9급 2015

공동피고인의 증인적격 및 증언의 증거능력에 대한 설명 중 옳은 것(○)과 옳지 않은 것(×)을 바르게 표시한 것은? (다툼이 있는 경우 판례에 의함)

> ㄱ. 공범인 공동피고인은 소송절차가 분리되어 피고인의 지위에서 벗어나게 되면 다른 공동피고인에 대한 공소사실에 관하여 증인이 될 수 있다.
>
> ㄴ. 대향범인 공동피고인은 소송절차가 분리되어 피고인의 지위에서 벗어나게 되면 다른 공동피고인에 대한 공소사실에 관하여 증인이 될 수 있다.
>
> ㄷ. 공동피고인인 절도범과 그 장물범의 경우 피고인이 증거로 함에 동의한 바 없는 공동피고인에 대한 검사 작성의 피의자신문조서는 공동피고인의 증언에 의하여 그 성립의 진정이 인정되지 아니하는 한 피고인의 공소 범죄사실을 인정하는 증거로 할 수 없다.
>
> ㄹ. 피고인과 별개의 범죄사실로 기소되어 병합심리 중인 공동피고인이 선서 없이 한 법정진술은 피고인의 공소 범죄사실을 인정하는 증거로 할 수 없다.

	ㄱ	ㄴ	ㄷ	ㄹ
①	○	○	○	○
②	○	×	○	○
③	○	○	×	×
④	×	○	×	×

해설

ㄱ. (○) 공범인 공동피고인은 당해 소송절차에서는 피고인의 지위에 있어 다른 공동피고인에 대한 공소사실에 관하여 증인이 될 수 없으나, 소송절차가 분리되어 피고인의 지위에서 벗어나게 되면 다른 공동피고인에 대한 공소사실에 관하여 증인이 될 수 있다(대법원 2012.12.13, 2010도10028).

ㄴ. (○) 피고인의 지위에 있는 공동피고인은 다른 공동피고인에 대한 공소사실에 관하여 증인이 될 수 없으나, 소송절차가 분리되어 피고인의 지위에서 벗어나게 되면 다른 공동피고인에 대한 공소사실에 관하여 증인이 될 수 있고, 이는 대향범인 공동피고인의 경우에도 다르지 않다(대법원 2012.3.29, 2009도11249).

ㄷ. (○) 공동피고인인 절도범과 그 장물범은 서로 다른 공동피고인의 범죄사실에 관하여는 증인의 지위에 있다 할 것이므로, 피고인이 증거로 함에 동의한 바 없는 공동피고인에 대한 피의자 신문조서는 공동피고인의 증언에 의하여 그 성립의 진정이 인정되지 아니하는 한 피고인의 공소 범죄사실을 인정하는 증거로 할 수 없다(대법원 2006.1.12, 2005도7601).

[정리] ㉠ 검사작성의 공범자에 대한 피의자신문조서에 대하여는 제312조 제1항 적용(아래 판례), ㉡ 검사작성의 공범자 아닌 자에 대한 피의자신문조서에 대하여는 제312조 제4항 적용(위 판례)

[판례] 형사소송법 제312조 제1항에서 정한 '검사가 작성한 피의자신문조서'란 당해 피고인에 대한 피의자신문조서만이 아니라 당해 피고인과 공범관계에 있는 다른 피고인이나 피의자에 대하여 검사가 작성한 피의자신문조서도 포함되고, 여기서 말하는 '공범'에는 형법 총칙의 공범 이외에도 서로 대향된 행위의 존재를 필요로 할 뿐 각자의 구성요건을 실현하고 별도의 형벌 규정

에 따라 처벌되는 강학상 필요적 공범 또는 대향범까지 포함한다. 따라서 피고인이 자신과 공범관계에 있는 다른 피고인이나 피의자에 대하여 검사가 작성한 피의자신문조서의 내용을 부인하는 경우에는 형사소송법 제312조 제1항에 따라 유죄의 증거로 쓸 수 없다(대법원 2023.6.1, 2023도3741).

ㄹ. (○) 피고인과 별개의 범죄사실로 기소되어 병합심리되고 있던 공동피고인은 피고인에 대한 관계에서는 증인의 지위에 있음에 불과하므로 선서 없이 한 그 공동피고인의 법정 및 검찰진술은 피고인에 대한 공소범죄사실을 인정하는 증거로 할 수 없다(대법원 1982.6.22, 82도898).

정답 정답 없음

✓ 유사 ◆◆◇　　　　　　　　　　경찰2차 2021

증인신문에 관한 설명으로 가장 적절하지 않은 것은? (다툼이 있는 경우 판례에 의함)

① 형사공판절차에서 증인의 구인은 증인이 정당한 사유 없이 소환에 불응하거나 법원에 출석해 있는 증인이 정당한 사유 없이 동행 명령에 따른 동행을 거부하는 때에 한하여 허용된다.

② 피고인의 지위에 있는 공동피고인은 소송절차가 분리되어 피고인의 지위에서 벗어나게 되지 않는 한 다른 공동피고인에 대한 공소사실에 관하여 증인이 될 수 없으나, 대향범인 공동피고인의 경우에는 그러하지 아니하다.

③ 범행을 하지 아니한 자가 범인으로 공소제기가 되어 피고인의 지위에서 범행사실을 허위자백하고 나아가 공범에 대한 증인의 자격에서 증언을 하면서 그 공범과 함께 범행하였다고 허위의 진술을 한 경우, 그 증언은 자신에 대한 유죄판결의 우려를 증대시키는 것이므로 증언거부권의 대상이 된다.

④ 수사기관에서 진술한 참고인이 법정에서 증언을 거부하여 피고인이 반대신문을 하지 못한 경우에는 정당하게 증언거부권을 행사한 것이 아니라도, 피고인이 증인의 증언거부 상황을 초래하였다는 등의 특별한 사정이 없는 한 「형사소송법」 제314조의 '그 밖에 이에 준하는 사유로 인하여 진술할 수 없는 때'에 해당하지 않으므로 수사기관이 그 증인의 진술을 기재한 서류는 증거능력이 없다.

해설

② (×) 공범인 공동피고인은 당해 소송절차에서는 피고인의 지위에 있으므로 다른 공동피고인에 대한 공소사실에 관하여 증인이 될 수 없으나, 소송절차가 분리되어 피고인의 지위에서 벗어나게 되면 다른 공동피고인에 대한 공소사실에 관하여 증인이 될 수 있다. 이는 대향범인 공동피고인의 경우에도 마찬가지이다(대법원 2008.6.26, 2008도3300; 2012.3.29, 2009도11249).

① (○) 형사공판절차에서 증인의 구인은 증인이 정당한 사유 없이 소환에 불응하거나(법 제152조), 법원에 출석해 있는 증인이 정

당한 사유 없이 동행명령에 따른 동행을 거부하는 때(법 제166조 제2항)에 한하여 허용되므로, 원심 재판과정에서 증인소환장을 송달받은 적이 없고 법원에 출석하지도 아니한 공소외 1을 구인하여 달라는 검사의 신청을 기각한 원심의 조치는 정당하다(대법원 2008.9.25, 2008도6985).

③ (○) 대법원 2012.12.13, 2010도10028
④ (○) 대법원 2019.11.21, 2018도13945 전원합의체

정답 ②

---

094 ✓ 유사 ◆◇◇ 국가9급개론 2021

증인신문에 대한 설명으로 옳지 않은 것은?

① 증언을 거부하는 자는 거부사유를 소명하여야 한다.
② 증인이 들을 수 없는 때에는 서면으로 묻고, 말할 수 없는 때에는 서면으로 답하게 할 수 있다.
③ 필요한 때에는 증인과 다른 증인 또는 피고인과 대질하게 할 수 있다.
④ 변호인이 신청한 증인은 검사, 변호인, 재판장의 순으로 신문하며, 합의부원은 당해 증인을 신문할 수 없다.

해설

④ (✕) 증인은 신청한 검사, 변호인 또는 피고인이 먼저 이를 신문하고 다음에 다른 검사, 변호인 또는 피고인이 신문하며(제161조의2 제1항), 이 다음 재판장이 신문한다(동 제2항). 합의부원은 재판장에게 고하고 신문할 수 있다(동 제5항).

① (○) 제150조
② (○) 규칙 제73조
③ (○) 제162조 제3항

정답 ④

---

095 ✓ 대표 ◆◇◇ 법원 2016

증인신문에 관한 다음 설명 중 가장 옳지 않은 것은?

① 증인 선서는 재판장이 증인으로 하여금 선서서를 낭독하고 기명날인 또는 서명하게 한다. 만약 증인이 낭독을 할 수 없거나 서명을 하지 못하는 때에는 법원사무관 등이 그 낭독 또는 서명을 대행한다.
② 만 16세 증인의 경우, 선서하게 하지 않고 증인 신문할 수 있다.
③ 증인이 피고인의 면전에서 충분한 진술을 할 수 없다고 인정될 때에는 재판장은 피고인을 퇴정하게 하고 진술시킬 수 있다. 그러나 이때에도 증인신문이 종료한 때에는 재판장은 피고인을 입정시켜서 법원사무관 등으로 하여금 진술의 요지를 알려주게 하여야 한다.
④ 범죄로 인한 피해자를 증인으로 신문하는 때에, 법원은 사생활의 비밀이나 신변보호를 위하여 필요하다고 인정되는 경우 결정으로 심리를 공개하지 않을 수 있다. 이때 이유를 붙여 고지해야만 한다.

해설

② (✕) 제159조 참조. 만 16세의 증인은 동조 제1호의 선서무능력자에 해당하지 아니한다.

> **제159조(선서 무능력)** 증인이 다음 각 호의 1에 해당한 때에는 선서하게 하지 아니하고 신문하여야 한다.
> 1. 16세 미만의 자
> 2. 선서의 취지를 이해하지 못하는 자

① (○) 제157조 제3항 참조.

> **제157조(선서의 방식)** ③ 재판장은 증인에게 선서서를 낭독하고 기명날인하거나 서명하게 하여야 한다. 다만, 증인이 선서서를 낭독하지 못하거나 서명을 하지 못하는 경우에는 참여한 법원사무관 등이 대행한다. 〈개정 2020.12.8.〉

③ (○) 이 경우 피고인의 직접적 증인대면이 제한된다. 단, 반대신문의 기회는 보장되어야 한다. 제297조 참조.

> **제297조(피고인등의 퇴정)** ① 재판장은 증인 또는 감정인이 피고인 또는 어떤 재정인의 면전에서 충분한 진술을 할 수 없다고 인정한 때에는 그를 퇴정하게 하고 진술하게 할 수 있다. 피고인이 다른 피고인의 면전에서 충분한 진술을 할 수 없다고 인정한 때에도 같다.
> ② 전항의 규정에 의하여 피고인을 퇴정하게 한 경우에 증인, 감정인 또는 공동피고인의 진술이 종료한 때에는 퇴정한 피고인을 입정하게 한 후 법원사무관등으로 하여금 진술의 요지를 고지하게 하여야 한다.

④ (○) 제294조의3 제1항·제2항 참조.

> **제294조의3(피해자 진술의 비공개)** ① 법원은 범죄로 인한 피해자를 증인으로 신문하는 경우 당해 피해자·법정대리인 또는 검사의 신청에 따라 피해자의 사생활의 비밀이나 신변보호를 위하여 필요하다고 인정하는 때에는 결정으로 심리를 공개하지 아니할 수 있다.
> ② 제1항의 결정은 이유를 붙여 고지한다.

정답 ②

증인신문에 관한 다음 설명 중 가장 옳지 않은 것은?

① 법원이 공판기일에 증인을 채택하여 다음 공판기일에 증인신문을 하기로 피고인에게 고지하였으나 피고인이 정당한 사유 없이 출석하지 아니한 경우에도 증인에 대한 증거조사를 할 수 있는 방법이 있다.

② 증인이 대면 진술함에 있어 심리적 부담으로 인해 정신의 평온을 현저하게 잃을 우려가 있는 상대방인 경우 차폐시설을 설치하고 신문할 수 있는데, 이러한 신문방식은 증인에 대해 인적보호조치가 취해지는 등 특별한 사정이 있는 때에는 피고인의 변호인에 대하여도 허용될 수 있다.

③ 재판장은 증인이 피고인의 면전에서 충분한 진술을 할 수 없다고 인정한 때에는 피고인을 퇴정하게 하고 증인신문을 진행할 수는 있는데, 이때 변호인이 재정하여 피고인을 위해 증인을 상대로 반대신문을 한 이상 피고인에게 별도로 반대신문의 기회를 줄 필요는 없다.

④ 검사가 제1심 증인신문 과정에서 주신문을 하면서 형사소송규칙상 허용되지 않는 유도신문을 하였다고 볼 여지가 있는 경우라도 그 다음 공판기일에서 피고인과 변호인이 제대로 이의제기하지 않았다면 주신문의 하자는 치유된다.

해설

③ (×) 피고인의 반대신문권은 변호인의 증인신문권과 별도로 부여된 권리이다. "형사소송법 제297조의 규정에 따라 재판장은 증인이 피고인의 면전에서 충분한 진술을 할 수 없다고 인정한 때에는 피고인을 퇴정하게 하고 증인신문을 진행함으로써 피고인의 직접적인 증인 대면을 제한할 수 있지만, 이러한 경우에도 피고인의 반대신문권을 배제하는 것은 허용되지 않는다(대법원 2010.1.14, 2009도9344).

① (○) 공판기일에서 증인을 채택하여 다음 공판기일에 증인신문을 하기로 피고인에게 고지하였는데 그 다음 공판기일에 증인은 출석하였으나 피고인이 정당한 사유 없이 출석하지 아니한 경우에, 그 사건이 형사소송법 제277조 본문에 규정된 다액 100만원(2007년 개정: 500만원) 이하의 벌금 또는 과료에 해당하거나 공소기각 또는 면소의 재판을 할 것이 명백한 사건이 아니어서 같은 법 제276조의 규정에 의하여 공판기일을 연기할 수밖에 없더라도, 이미 출석하여 있는 증인에 대하여 공판기일 외의 신문으로서 증인신문을 하고 다음 공판기일에 그 증인신문조서에 대한 서증조사를 하는 것은 증거조사절차로서 적법하다(대법원 2000.10.13, 2000도3265).

② (○) 변호인에 대한 차폐시설의 설치는, 특정범죄신고자 등 보호법 제7조에 따라 범죄 신고자 등이나 그 친족 등이 보복을 당할 우려가 있다고 인정되어 조서 등에 인적사항을 기재하지 아니한 범죄 신고자 등을 증인으로 신문하는 경우와 같이, 이미 인적사항에 관하여 비밀조치가 취해진 증인이 변호인을 대면하여 진술함으로써 자신의 신분이 노출되는 것에 대하여 심한 심리적 부담을 느끼는 등의 특별한 사정이 있는 경우에 예외적으로 허용될 수 있을 뿐이다(대법원 2015.5.28, 2014도18006).

④ (○) 대법원 2010.1.14, 2009도9344 등

정답 ③

증인신문에 대한 설명으로 옳지 않은 것은? (다툼이 있는 경우 판례에 의함)

① 증인의 기억이 명백하지 않은 사항에 관하여 기억을 환기시켜야 할 필요가 있을 때에는 제시하는 서류의 내용이 증인의 진술에 부당한 영향을 미치지 않도록 하는 범위 내에서 재판장의 허가를 얻어 서류를 제시하면서 증인을 신문할 수 있다.

② 공개금지사유가 없었음에도 공개금지결정에 따라 비공개로 진행된 증인신문절차에서의 증인의 증언도 변호인의 반대신문권이 보장되었다면 증거능력이 인정된다.

③ 검사가 증인에게 주신문을 하면서 유도신문을 하였으나 그 다음 공판기일에서 재판장이 증인신문 결과 등을 각 공판조서(증인신문조서)에 의하여 고지하였음에도 피고인과 변호인이 이의제기를 하지 않았다면 주신문의 하자는 치유된다.

④ 甲이 이미 유죄판결을 받아 확정된 후 별건으로 기소된 공범 乙에 대한 피고사건의 증인으로 출석하여 증언한 경우 甲에게는 증언거부권이 없으므로 사전에 증언거부권을 고지 받지 못하였더라도 증인신문절차는 위법이 아니다.

해설

② (×) 공개재판을 받을 기본원을 침해한 것이므로, 변호인의 반대신문권이 보장되었다고 하더라도 위법수집증거에 해당한다. "헌법 제27조 제3항 후문, 제109조와 법원조직법 제57조 제1항, 제2항의 취지에 비추어 보면, 헌법 제109조, 법원조직법 제57조 제1항에서 정한 공개금지사유가 없음에도 불구하고 재판의 심리에 관한 공개를 금지하기로 결정하였다면 그러한 공개금지결정은 피고인의 공개재판을 받을 권리를 침해한 것으로서 그 절차에 의하여 이루어진 증인의 증언은 증거능력이 없고, 변호인의 반대신문권이 보장되었더라도 달리 볼 수 없으며, 이러한 법리는 공개금지결정의 선고가 없는 등으로 공개금지결정의 사유를 알 수 없는 경우에도 마찬가지이다(대법원 2013.7.26, 2013도2511)."

① (○) 규칙 제83조

③ (○) 대법원 2012.7.26, 2009도9344
[보충] 검사가 제1심 증인신문과정에서 증인 甲 등에게 주신문을 하면서 형사소송규칙상 허용되지 않는 유도신문을 하였다고 볼 여지가 있었는데, 그 다음 공판기일에 재판장이 증인신문 결과 등을 각 공판조서(증인신문조서)에 의하여 고지하였음에도 피고인과 변호인이 '변경할 점과 이의할 점이 없다'고 진술한 경우, 주신문의 하자가 치유되었다(대법원2012.7.26, 2012도2937).

④ (○) 피고인이 마약류관리에 관한 법률 위반(향정)죄로 이미 유죄판결을 받아 확정된 후 별건으로 기소된 공범 甲에 대한 공판절차의 증인으로 출석하여 허위의 진술을 한 경우, 피고인에게 증언을 거부할 권리가 없으므로 증언에 앞서 증언거부권을 고지 받지 못하였더라도 증인신문절차상 잘못이 없다(대법원 2011.11.24, 2011도11994).

정답 ②

098 ✓ 유사 ◆◇◇ | 국가9급 2024

증인신문에 대한 설명으로 옳은 것은?

① 「형사소송법」에서 증언거부권의 대상으로 규정한 '공소제기를 당하거나 유죄판결을 받을 사실이 발로될 염려 있는 증언'에는 자신이 범행을 한 것으로 오인되어 유죄판결을 받을 우려가 있는 사실까지 포함되는 것은 아니다.

② 통역인 甲이 제1심 공판기일에 증인으로 출석하여 진술한 다음, 같은 기일에 이 사건의 피해자이자 자신의 사실혼 배우자인 증인 乙의 진술을 통역한 경우, 甲이 통역한 乙의 증인신문조서는 유죄인정의 증거로 사용할 수 있다.

③ 게임장의 종업원 甲이 그 운영자 乙과 함께 게임산업진흥에관한법률위반죄의 공범으로 기소되어 공동피고인으로 재판을 받던 중, 소송절차를 분리한 후 乙에 대한 공소사실에 관한 증인으로 증언하면서 위증을 한 경우에도 甲이 乙과 공범관계에 있는 이상 위증죄가 성립하지 않는다.

④ 공동피고인인 절도범과 그 장물범은 서로 다른 공동피고인의 범죄사실에 관하여는 증인의 지위에 있다.

해설

④ (○) 공동피고인인 절도범과 그 장물범은 서로 다른 공동피고인의 범죄사실에 관하여는 증인의 지위에 있다 할 것이므로, 피고인이 증거로 함에 동의한 바 없는 공동피고인에 대한 피의자신문조서는 공동피고인의 증언에 의하여 그 성립의 진정이 인정되지 아니하는 한 피고인의 공소 범죄사실을 인정하는 증거로 할 수 없다(대법원 2006.1.12, 2005도7601).

① (×) 형사소송법에서 위와 같이 증언거부권의 대상으로 규정한 '공소제기를 당하거나 유죄판결을 받을 사실이 발로될 염려 있는 증언'에는 자신이 범행을 한 사실뿐 아니라 범행을 한 것으로 오인되어 유죄판결을 받을 우려가 있는 사실 등도 포함된다고 할 것이다(대법원 2012.12.13, 2010도10028).

② (×) 통역인 甲이 피고인들에 대한 특정경제범죄 가중처벌 등에 관한 법률 위반(사기) 사건의 제1심 공판기일에 증인으로 출석하여 진술한 다음, 같은 기일에 위 사건의 피해자로서 자신의 사실혼 배우자인 증인 乙의 진술을 통역한 경우, 제척사유 있는 甲이 통역한 乙의 증인신문조서는 유죄 인정의 증거로 사용할 수 없는데도 원심이 이를 증거로 삼은 것은 잘못이다(대법원 2011. 4.14, 2010도13583).

③ (×) 공범인 공동피고인은 당해 소송절차에서는 피고인의 지위에 있으므로 다른 공동피고인에 대한 공소사실에 관하여 증인이 될 수 없으나, 소송절차가 분리되어 피고인의 지위에서 벗어나게 되면 다른 공동피고인에 대한 공소사실에 관하여 증인이 될 수 있다(대법원 2008.6.26, 2008도3300).

정답 ④

---

099 ✓ 유사 ◆◆◇ | 경찰1차 2018 유사 | 경찰1차 2021

증인신문에 대한 설명으로 가장 적절하지 않은 것은? (다툼이 있는 경우 판례에 의함)

① 다른 증거나 증인의 진술에 비추어 굳이 추가 증거조사를 할 필요가 없다는 등 특별한 사정이 없고, 소재탐지나 구인장 발부가 불가능한 것이 아님에도 불구하고, 불출석한 핵심 증인에 대하여 소재탐지나 구인장 발부 없이 증인채택 결정을 취소하는 것은 법원의 재량을 벗어나는 것으로서 위법하다.

② 공범인 공동피고인은 당해 소송절차에서는 피고인의 지위에 있어 다른 공동피고인에 대한 공소사실에 관하여 증인이 될 수 없으나, 소송절차가 분리되어 피고인의 지위에서 벗어나게 되면 다른 공동피고인에 대한 공소사실에 관하여 증인이 될 수 있다.

③ 자신에 대한 유죄판결이 확정된 증인이 공범에 대한 피고사건에서 증언할 당시 앞으로 재심을 청구할 예정이라면, 이를 이유로 증인에게는 「형사소송법」 제148조에 의한 증언거부권이 인정된다.

④ 재판과정에서 증인소환장을 송달받은 적이 없고 법원에 출석하지도 아니한 공소외인을 구인하여 달라는 검사의 신청을 기각한 법원의 조치는 정당하다.

해설

③ (×) 자신에 대한 유죄판결이 확정된 증인이 공범에 대한 피고사건에서 증언할 당시 앞으로 재심을 청구할 예정이라고 하여도, 이를 이유로 증인에게 형사소송법 제148조에 의한 증언거부권이 인정되지는 않는다(대법원 2011.11.24, 2011도11994).

① (○) 형사소송법이 증인의 법정 출석을 강제할 수 있는 권한을 법원에 부여한 취지는, 다른 증거나 증인의 진술에 비추어 굳이 추가 증인신문을 할 필요가 없다는 등 특별한 사정이 없는 한 사건의 실체를 규명하는 데 가장 직접적이고 핵심적인 증인으로 하여금 공개된 법정에 출석하여 선서 후 증언하도록 하고, 법원은 출석한 증인의 진술을 토대로 형성된 유죄·무죄의 심증에 따라 사건의 실체를 규명하도록 하기 위함이다. 따라서 다른 증거나 증인의 진술에 비추어 굳이 추가 증거조사를 할 필요가 없다는 등 특별한 사정이 없고, 소재탐지나 구인장 발부가 불가능한 것이 아님에도 불구하고, 불출석한 핵심 증인에 대하여 소재탐지나 구인장 발부 없이 증인채택 결정을 취소하는 것은 법원의 재량을 벗어나는 것으로서 위법하다(대법원 2020.12.10, 2020도2623).

② (○) 대법원 2008.6.26, 2008도3300

④ (○) 형사공판절차에서 증인의 구인은 증인이 정당한 사유 없이 소환에 불응하거나(법 제152조), 법원에 출석해 있는 증인이 정당한 사유 없이 동행명령에 따른 동행을 거부하는 때(법 제166조 제2항)에 한하여 허용되므로, 원심 재판과정에서 증인소환장을 송달받은 적이 없고 법원에 출석하지도 아니한 공소외 1을 구인하여 달라는 검사의 신청을 기각한 원심의 조치는 정당하다(대법원 2008.9.25, 2008도6985).

정답 ③

100 ✓ 유사 ◆◆◇ | 경찰 2013 유사 | 법원 2015 |

다음 설명 중 가장 옳지 않은 것은? (다툼이 있는 경우 판례에 의함)

① 공범인 공동피고인은 소송절차가 분리되어 피고인의 지위에서 벗어나게 되더라도 다른 공동피고인에 대한 공소사실에 관하여 증인이 될 수 없다.

② 16세 미만의 자와 선서의 취지를 이해하지 못하는 자는 선서무능력자이므로 선서하게 하지 아니하고 신문하여야 한다.

③ 법원은 범죄로 인한 피해자를 증인으로 신문하는 경우 증인의 연령, 심신의 상태, 그 밖의 사정을 고려하여 증인이 현저하게 불안 또는 긴장을 느낄 우려가 있다고 인정하는 때에는 직권 또는 피해자·법정대리인·검사의 신청에 따라 피해자와 신뢰관계에 있는 자를 동석하게 할 수 있다.

④ 법정에 출석한 증인이 형사소송법 제148조, 제149조 등에서 정한 바에 따라 정당하게 증언거부권을 행사하여 증언을 거부한 경우는 증거능력에 관한 예외를 규정한 형사소송법 제314조의 '그 밖에 이에 준하는 사유로 인하여 진술할 수 없는 때'에 해당하지 않는다.

[해설]

① (×) 공범인 공동피고인은 당해 소송절차에서는 피고인의 지위에 있어 다른 공동피고인에 대한 공소사실에 관하여 증인이 될 수 없으나, 소송절차가 분리되어 피고인의 지위에서 벗어나게 되면 다른 공동피고인에 대한 공소사실에 관하여 증인이 될 수 있다(대법원 2012.12.13, 2010도10028; 2008.6.26, 2008도3300 등).

② (○) 제159조 참조.

> **제159조(선서 무능력)** 증인이 다음 각 호의 1에 해당한 때에는 선서하게 하지 아니하고 신문하여야 한다.
> 1. 16세 미만의 자
> 2. 선서의 취지를 이해하지 못하는 자

③ (○) 제163조의2 제1항 참조.

> **제163조의2(신뢰관계에 있는 자의 동석)** ① 법원은 범죄로 인한 피해자를 증인으로 신문하는 경우 증인의 연령, 심신의 상태, 그 밖의 사정을 고려하여 증인이 현저하게 불안 또는 긴장을 느낄 우려가 있다고 인정하는 때에는 직권 또는 피해자·법정대리인·검사의 신청에 따라 피해자와 신뢰관계에 있는 자를 동석하게 할 수 있다.

④ (○) 현행 형사소송법 제314조의 문언과 개정 취지, 증언거부권 관련 규정의 내용 등에 비추어 보면, 법정에 출석한 증인이 형사소송법 제148조, 제149조 등에서 정한 바에 따라 정당하게 증언거부권을 행사하여 증언을 거부한 경우는 형사소송법 제314조의 '그 밖에 이에 준하는 사유로 인하여 진술할 수 없는 때'에 해당하지 아니한다(대법원 2012.5.17, 2009도6788 전원합의체).

[정답] ①

101 ✓ 대표 ◆◆◇ | 국가9급 2014 유사 | 변호사 2020 |

공판기일에서의 증인신문에 관한 설명 중 옳지 않은 것은?

① 공무원뿐만 아니라 공무원이었던 자도 그 직무에 관하여 알게 된 사실에 관하여 본인 또는 당해 공무소가 직무상 비밀에 속한 사항임을 신고한 때에는 그 소속공무소 또는 감독관공서의 승낙 없이는 증인으로 신문하지 못한다.

② 증인이 16세 미만일 경우 선서하게 하지 아니하고 신문하여야 한다.

③ 증인신문은 각 증인에 대하여 신문하여야 하고, 신문하지 아니한 증인이 재정한 때에는 퇴정을 명하여야 한다.

④ 주신문에서는 유도신문이 원칙적으로 허용되나 반대신문에서는 유도신문이 허용되지 않는다.

⑤ 법원은 13세 미만의 피해자를 증인으로 신문하는 경우, 재판에 지장을 초래할 우려가 있는 등 부득이한 경우가 아닌 한 피해자와 신뢰관계에 있는 자를 동석하게 하여야 한다.

[해설]

④ (×) 주신문에서는 유도신문이 원칙적으로 허용되지 아니하나, 반대신문에서는 필요한 때에는 유도신문을 할 수 있다.

> **규칙 제75조(주신문)** ② 주신문에 있어서는 유도신문을 하여서는 아니된다. 다만, 다음 각 호의 1의 경우에는 그러하지 아니하다.
> **제76조(반대신문)** ② 반대신문에 있어서 필요할 때에는 유도신문을 할 수 있다.

① (○) 공무원 또는 공무원이었던 자가 그 직무에 관하여 알게 된 사실에 관하여 본인 또는 당해 공무소가 직무상 비밀에 속한 사항임을 신고한 때에는 그 소속공무소 또는 감독관공서의 승낙 없이는 증인으로 신문하지 못한다(제147조 제1항).

② (○) 제159조 제1호

③ (○) 제162조 제1항·제2항

⑤ (○) 제163조의2 제2항

[정답] ④

102 ✓유사 ◆◇◇ 법원9급 2021

다음 설명 중 가장 옳지 않은 것은? (다툼이 있는 경우 판례에 의함)

① 법원은 특정범죄신고자 등 보호법이 직접 적용되거나 준용되는 사건의 증인에 대하여 증인 소환장이 송달되지 아니한 경우에는 공무소 등에 대한 조회의 방법으로 직권 또는 검사, 피고인, 변호인의 신청에 따라 소재탐지를 할 수도 있다.

② 19세 미만의 자나 선서의 취지를 이해하지 못하는 증인에 대하여는 선서하게 하지 아니하고 신문하여야 한다.

③ 법원이 직권으로 신문할 증인이나 범죄로 인한 피해자의 신청에 의하여 신문할 증인의 신문방식은 재판장이 정하는 바에 의하고, 합의부원은 재판장에게 고하고 신문할 수 있다.

④ 법원이 공판기일에 증인을 채택하여 다음 공판기일에 증인신문을 하기로 피고인에게 고지하였는데 그 다음 공판기일에 증인은 출석하였으나 피고인이 정당한 사유 없이 출석하지 아니한 경우, 그 사건이 형사소송법 제277조 본문에 규정된 다액 500만원 이하의 벌금 또는 과료에 해당하거나 공소기각 또는 면소의 재판을 할 것이 명백한 사건이 아니어서 같은 법 제276조의 규정에 의하여 공판기일을 연기할 수밖에 없더라도, 이미 출석하여 있는 증인에 대하여 공판기일 외의 신문으로서 증인신문을 하고 다음 공판기일에 그 증인신문조서에 대한 서증조사를 하는 것은 증거조사절차로서 적법하다.

[해설]

② (×) 16세 미만의 자나 선서의 취지를 이해하지 못하는 증인에 대하여는 선서하게 하지 아니하고 신문하여야 한다(제159조).

① (○) 모든 국민은 법정에 출석하여 증언할 의무를 부담한다. 법원은 소환장을 송달받은 증인이 정당한 사유 없이 출석하지 아니한 경우에 당해 불출석으로 인한 소송비용을 증인이 부담하도록 명하고, 500만원 이하의 과태료를 부과할 수 있으며(형사소송법 제151조 제1항 전문), 정당한 사유 없이 소환에 응하지 아니하는 경우에는 구인할 수 있다(형사소송법 제152조). 또한 법원은 증인 소환장이 송달되지 아니한 경우에는 공무소 등에 대한 조회의 방법으로 직권 또는 검사, 피고인, 변호인의 신청에 따라 소재탐지를 할 수도 있다(형사소송법 제272조 제1항 참조). 이는 '특정범죄신고자 등 보호법'이 직접 적용되거나 준용되는 사건에 대해서도 마찬가지이다(대법원 2020.12.10, 2020도2623).

[보충] (이 판례의 또 다른 논점 - 핵심증인에 대한 증인채택결정의 취소의 적법성) 형사소송법이 증인의 법정 출석을 강제할 수 있는 권한을 법원에 부여한 취지는, 다른 증거나 증인의 진술에 비추어 굳이 추가 증인신문을 할 필요가 없다는 등 특별한 사정이 없는 한 사건의 실체를 규명하는 데 가장 직접적이고 핵심적인 증인으로 하여금 공개된 법정에 출석하여 선서 후 증언하도록 하고, 법원은 출석한 증인의 진술을 토대로 형성된 유죄·무죄의 심증에 따라 사건의 실체를 규명하도록 하기 위함이다. 따라서 다른 증거나 증인의 진술에 비추어 굳이 추가 증거조사를 할 필요가 없다는 등 특별한 사정이 없고, 소재탐지나 구인장 발부가

불가능한 것이 아님에도 불구하고, 불출석한 핵심 증인에 대하여 소재탐지나 구인장 발부 없이 증인채택 결정을 취소하는 것은 법원의 재량을 벗어나는 것으로서 위법하다(대법원 2020.12.10, 2020도2623).

③ (○) 제161조의2 제4항·제5항

④ (○) 대법원 2000.10.13, 2000도3265

[정답] ②

103 ✓유사 ◆◆◇ 경찰1차 2019

증인신문에 대한 설명으로 옳지 않은 것을 모두 고른 것은? (다툼이 있는 경우 판례에 의함)

> ㉠ 「형사소송법」 제297조에 따라 재판장은 증인이 피고인의 면전에서 충분한 진술을 할 수 없다고 인정한 때에는 피고인을 퇴정하게 하고 증인신문을 진행할 수 있으며, 이러한 경우에는 피고인의 반대신문권을 배제할 수 있다.
>
> ㉡ 상호 간 폭행죄로 기소되어 병합심리 중인 공동피고인은 다른 피고인과의 관계에서는 증인의 지위가 인정되므로, 선서 없이 한 공동피고인의 법정진술을 다른 피고인의 공소범죄 사실을 인정하는 증거로 할 수 없다.
>
> ㉢ 선서무능력자가 선서를 하고 증언을 한 경우, 그 선서는 무효가 되고 이후의 증인신문도 무효로 되어 증언 자체의 효력이 부정된다.
>
> ㉣ 간이공판절차에서의 증인신문은 증거조사의 간이화라는 취지에 따라 교호신문방식으로 진행해야 한다.
>
> ㉤ 자신에 대한 유죄판결이 확정된 증인이 공범에 대한 피고 사건에서 증언할 당시 앞으로 재심을 청구할 예정이라면, 자기부죄(自己負罪)의 강요금지라는 「형사소송법」 제148조의 취지에 따라 증언거부권이 인정된다.

① ㉠, ㉡, ㉢, ㉣, ㉤

② ㉠, ㉡, ㉣, ㉤

③ ㉠, ㉢, ㉣, ㉤

④ ㉡, ㉢

[해설]

㉠ (×) 형사소송법 제297조의 규정에 따라 재판장은 증인이 피고인의 면전에서 충분한 진술을 할 수 없다고 인정한 때에는 피고인을 퇴정하게 하고 증인신문을 진행함으로써 피고인의 직접적인 증인 대면을 제한할 수 있지만, 이러한 경우에도 피고인의 반대신문권을 배제하는 것은 허용될 수 없다(대법원 2010.1.14, 2009도9344).

㉡ (○) 피고인과 별개의 범죄사실로 기소되어 병합심리중인 공동피고인은 피고인의 범죄사실에 관하여는 증인의 지위에 있다 할 것이므로 선서없이 한 공동피고인의 법정진술은 피고인의 공소 범죄사실을 인정하는 증거로 할 수 없다(대법원 1982.9.14, 82도1000).

㉢ (×) 선서무능력자에 대하여 선서케하고 신문한 경우라 할지라도

그 선서만이 무효가 되고 그 증언의 효력에 관하여는 영향이 없고 유효하다(대법원 1957.3.8, 4290형상23).

ㄹ. (×) 간이공판절차에서는 증인신문의 방식(제161조의2)이 적용되지 아니하므로(제297조의2), 교호신문의 방식에 의하지 아니하고 신문할 수 있다.

ㅁ. (×) 자신에 대한 유죄판결이 확정된 증인이 재심을 청구한다 하더라도, 이미 유죄의 확정판결이 있는 사실에 대해서는 일사부재리의 원칙에 의하여 거듭 처벌받지 않는다는 점에 변함이 없고, 형사소송법상 피고인의 불이익을 위한 재심청구는 허용되지 아니하며(형사소송법 제420조), 재심사건에는 불이익변경 금지 원칙이 적용되어 원판결의 형보다 중한 형을 선고하지 못하므로(형사소송법 제439조), 자신의 유죄 확정판결에 대하여 재심을 청구한 증인에게 증언의무를 부과하는 것이 형사소추 또는 공소제기를 당하거나 유죄판결을 받을 사실이 발로(발로)될 염려가 있는 증언을 강제하는 것이라고 볼 수는 없다. 따라서 <u>자신에 대한 유죄판결이 확정된 증인이 공범에 대한 피고사건에서 증언할 당시 앞으로 재심을 청구할 예정이라고 하여도, 이를 이유로 증인에게 형사소송법 제148조에 의한 증언거부권이 인정되지는 않는다</u>(대법원 2011.11.24, 2011도11994).

정답 ③

---

104 ✓유사 ◆◇◇ 경찰승진 2022

증인신문에 대한 설명으로 가장 적절하지 않은 것은? (다툼이 있는 경우 판례에 의함)

① 재판장은 증인이 피고인의 면전에서 충분한 진술을 할 수 없다고 인정한 때에는 피고인을 퇴정하게 하고 증인신문을 진행함으로써 피고인의 직접적인 증인 대면을 제한할 수 있지만, 이러한 경우에도 피고인의 반대신문권을 배제하는 것은 허용되지 않는다.

② 증인에 대한 감치재판절차를 개시한 후 감치결정 전에 그 증인이 증언을 하거나 그 밖에 감치에 처하는 것이 상당하지 아니하다고 인정되는 때에는 법원은 불처벌결정을 하여야 하며, 이에 대하여는 불복할 수 있다.

③ 피고인이 신청한 증인에 대하여 재판장이 먼저 신문하였다고 하여 이를 잘못이라 할 수 없다.

④ 공판기일에서 증인을 채택하여 다음 공판기일에 증인신문을 하기로 피고인에게 고지하였는데 그 다음 공판기일에 증인은 출석하였으나 피고인이 정당한 사유 없이 출석하지 아니한 경우, 이미 출석하여 있는 증인에 대하여 공판기일 외의 신문으로서 증인신문을 하고 다음 공판기일에 그 증인신문조서에 대한 서증조사를 하는 것은 증거조사절차로서 적법하다.

해설

② (×) 증인에 대한 감치재판절차를 개시한 후 감치결정 전에 그 증인이 증언을 하거나 그 밖에 감치에 처하는 것이 상당하지 아니하다고 인정되는 때에는 법원은 불처벌결정을 하여야 하며(규칙 제68조의4 제2항), 이에 대하여는 불복할 수 없다(동조 제3항).

규칙 제68조의4(증인에 대한 감치) ① 법 제151조 제2항부터 제8항까지의 감치재판절차는 법원의 감치재판개시결정에 따라 개시된다. 이 경우 <u>감치사유가 발생한 날부터 20일이 지난 때에는 감치재판개시결정을 할 수 없다.</u>

② <u>감치재판절차를 개시한 후 감치결정 전에 그 증인이 증언을 하거나 그 밖에 감치에 처하는 것이 상당하지 아니하다고 인정되는 때에는 법원은 불처벌결정을 하여야 한다.</u>

③ <u>제1항의 감치재판개시결정과 제2항의 불처벌결정에 대하여는 불복할 수 없다.</u>

제151조(증인이 출석하지 아니한 경우의 과태료 등) ① 법원은 소환장을 송달받은 증인이 정당한 사유 없이 출석하지 아니한 때에는 결정으로 당해 불출석으로 인한 소송비용을 증인이 부담하도록 명하고, 500만원 이하의 과태료를 부과할 수 있다. 제153조에 따라 준용되는 제76조 제2항·제5항에 따라 소환장의 송달과 동일한 효력이 있는 경우에도 또한 같다.

② 법원은 증인이 제1항에 따른 과태료 재판을 받고도 정당한 사유 없이 다시 출석하지 아니한 때에는 결정으로 증인을 7일 이내의 감치에 처한다.

③ 법원은 감치재판기일에 증인을 소환하여 제2항에 따른 정당한 사유가 있는지의 여부를 심리하여야 한다.

④ 감치는 그 재판을 한 법원의 재판장의 명령에 따라 사법경찰관리·교도관·법원경위 또는 법원사무관등이 교도소·구치소 또는 경찰서유치장에 유치하여 집행한다.

⑤ 감치에 처하는 재판을 받은 증인이 제4항에 규정된 감치시설에 유치된 경우 당해 감치시설의 장은 즉시 그 사실을 법원에 통보하여야 한다.

⑥ 법원은 제5항의 통보를 받은 때에는 지체 없이 증인신문기일을 열어야 한다.

⑦ <u>법원은 감치의 재판을 받은 증인이 감치의 집행 중에 증언을 한 때에는 즉시 감치결정을 취소하고 그 증인을 석방하도록 명하여야 한다.</u>

⑧ 제1항과 제2항의 결정에 대하여는 즉시항고를 할 수 있다. 이 경우 제410조는 적용하지 아니한다.

① (○) 대법원 2010.1.14, 2009도9344
③ (○) 대법원 1971.9.28, 71도1496
④ (○) 대법원 2000.10.13, 2000도3265

정답 ②

105 ✅ 유사 ◆◆◇ 　　　　국가9급/개론 2023

증인신문에 대한 설명으로 옳지 않은 것은?

① 다른 증거나 증인의 진술에 비추어 굳이 추가 증거조사를 할 필요가 없다는 등 특별한 사정이 없고, 소재탐지나 구인장 발부가 불가능한 것이 아님에도 불구하고 법원이 불출석한 핵심증인에 대하여 소재탐지나 구인장 발부 없이 증인채택 결정을 취소하는 것은 재량을 벗어나는 것으로서 위법하다.

② 피고인의 출석을 요하는 재판에서, 법원이 공판기일에 증인을 채택하여 다음 공판기일에 증인신문을 하기로 피고인에게 고지하였는데 그 다음 공판기일에 증인은 출석하였으나 피고인이 정당한 사유 없이 출석하지 아니한 경우, 법원이 이미 출석하여 있는 증인에 대하여 공판기일 외의 신문으로서 증인신문을 하고 다음 공판기일에 그 증인신문조서에 대한 서증조사를 하는 것은 증거조사절차로서 적법하다.

③ 증인신문에 있어서 변호인에 대한 차폐시설의 설치는 이미 인적사항에 관하여 비밀조치가 취해진 증인이 변호인을 대면하여 진술함으로써 자신의 신분이 노출되는 것에 대하여 심한 심리적인 부담을 느끼는 등의 특별한 사정이 있는 경우에 예외적으로 허용될 수 있을 뿐이다.

④ 형사소송법 제221조의2(증인신문의 청구)에 의한 증인신문절차에서는 피고인·피의자 또는 변호인의 참여가 필요적 요건이므로 피고인·피의자나 변호인이 증인신문절차에 참여하지 아니하였다면 위법이다.

해설

④ (×) 판사는 증인신문청구에 따라 증인신문기일을 정한 때에는 피고인·피의자 또는 변호인에게 이를 통지하여 증인신문에 참여할 수 있도록 하여야 하는데(2007.6.1. 개정 법 제221조의2 제5항, 규칙 제112조), 통지받은 피고인·피의자 또는 변호인의 출석이 증인신문절차의 요건인 것은 아니므로, 피고인 등의 출석 없이도 증인신문절차를 진행할 수 있다.
[참고] 2007.6.1. 개정 전 법에 의하면 '특별히 수사에 지장이 있다고 인정되는 경우를 제외하고는' 참여하게 하여야 한다고 규정하여 참여권을 배제할 여지가 있었다(이 때문에 2007.6.1. 개정에서 제외사유를 삭제함). 다만, 개정 전 법에 의한 판례도 결론적으로는 위 지문과 같은 점을 지적하고 있다. "같은 법 제221조의2 제5항은 판사는 수사에 지장이 없다고 인정할 때에는 피고인·피의자 또는 변호인을 증인신문에 참여하게 할 수 있다고 규정하고 있어, 그 제5항에 의한 증인신문절차에 있어서는 피고인·피의자나 그 변호인의 참여는 필요적 요건이 아니므로 그들에게 참여의 기회가 부여되지 아니하였다 하여 이것만 가지고 위법이라고 할 수는 없다(대법원 1992.9.22, 92도1751)."

① (○) 다른 증거나 증인의 진술에 비추어 굳이 추가 증거조사를 할 필요가 없다는 등 특별한 사정이 없고, 소재탐지나 구인장 발부가 불가능한 것이 아님에도 불구하고, 불출석한 핵심증인에 대하여 소재탐지나 구인장 발부 없이 증인채택 결정을 취소하는 것은 법원의 재량을 벗어나는 것으로서 위법하다(대법원 2020.12.10, 2020도2623).

② (○) 법원이 공판기일에 증인을 채택하여 다음 공판기일에 증인신문을 하기로 피고인에게 고지하였는데 그 다음 공판기일에 증인은 출석하였으나 피고인이 정당한 사유 없이 출석하지 아니한 경우, 그 사건이 형사소송법 제277조 본문에 규정된 다액 100만원 이하의 벌금 또는 과료에 해당하거나 공소기각 또는 면소의 재판을 할 것이 명백한 사건이 아니어서 같은 법 제276조의 규정에 의하여 공판기일을 연기할 수밖에 없더라도, 이미 출석하여 있는 증인에 대하여 공판기일 외의 신문으로서 증인신문을 하고 다음 공판기일에 그 증인신문조서에 대한 서증조사를 하는 것은 증거조사절차로서 적법하다(대법원 2000.10.13, 2000도3265).

③ (○) 증인이 변호인을 대면하여 진술함에 있어 심리적인 부담으로 정신의 평온을 현저하게 잃을 우려가 있다고 인정되는 경우는 일반적으로 쉽게 상정할 수 없고, 피고인뿐만 아니라 변호인에 대해서까지 차폐시설을 설치하는 방식으로 증인신문이 이루어지는 경우 피고인과 변호인 모두 증인이 증언하는 모습이나 태도 등을 관찰할 수 없게 되어 그 한도에서 반대신문권이 제한될 수 있으므로, 변호인에 대한 차폐시설의 설치는, 특정범죄신고자 등 보호법 제7조에 따라 범죄신고자 등이나 친족 등이 보복을 당할 우려가 있다고 인정되어 조서 등에 인적사항을 기재하지 아니한 범죄신고자 등을 증인으로 신문하는 경우와 같이, 이미 인적사항에 관하여 비밀조치가 취해진 증인이 변호인을 대면하여 진술함으로써 자신의 신분이 노출되는 것에 대하여 심한 심리적인 부담을 느끼는 등의 특별한 사정이 있는 경우에 예외적으로 허용될 수 있을 뿐이다(대법원 2015.5.28, 2014도18006).

정답 ④

106 ✅ 유사 ◆◆◆ 　　　　국가7급 2018

증인신문에 대한 설명으로 옳은 것(○)과 옳지 않은 것
(×)을 바르게 연결한 것은? (다툼이 있는 경우 판례에
의함)

> ㄱ. 공동피고인인 절도범과 그 장물범은 서로 다른 공동
> 피고인의 범죄사실에 관하여는 증인의 지위에 있다.
> ㄴ. 범행을 하지 아니한 자가 범인으로 공소제기가 되어
> 피고인의 지위에서 범행사실을 허위자백하고, 나아
> 가 공범에 대한 증인의 자격에서 증언을 하면서 그
> 공범과 함께 범행하였다고 허위의 진술을 한 경우,
> 이 증언은 증언거부권의 대상이 되지 않는다.
> ㄷ. 법원이 제2회 공판기일에서 증인을 채택하여 제3회
> 공판기일에 증인신문을 하기로 피고인에게 고지
> 하였는데 제3회 공판기일에 증인은 출석하였으나
> 피고인이 정당한 사유 없이 출석하지 아니한 경우,
> 「형사소송법」 제276조의 규정에 의하여 공판기일
> 을 연기할 수밖에 없는 사건에 해당하더라도 이미
> 출석하여 있는 증인에 대하여 공판기일 외의 신문으
> 로서 증인신문을 하고, 제4회 공판기일에 그 증인신
> 문조서에 대한 서증조사를 하는 것은 증거조사절차
> 로서 적법하다.
> ㄹ. 누구든지 자기가 형사소추 또는 공소제기를 당하거
> 나 유죄판결을 받을 사실이 드러날 염려가 있는 경
> 우에는 증인출석을 거부할 수 있다.

	ㄱ	ㄴ	ㄷ	ㄹ
①	○	×	○	×
②	×	×	○	○
③	○	○	×	○
④	○	○	○	×

해설

ㄱ. (○) 공동피고인인 절도범과 그 장물범은 서로 다른 공동피고인
의 범죄사실에 관하여는 증인의 지위에 있다 할 것이므로, 피고
인이 증거로 함에 동의한 바 없는 공동피고인에 대한 피의자신문
조서는 공동피고인의 증언에 의하여 그 성립의 진정이 인정되지
아니하는 한 피고인의 공소 범죄사실을 인정하는 증거로 할 수
없다(대법원 2006.1.12, 2005도7601).

ㄴ. (×) 위 증언은 자신에 대한 유죄판결을 우려를 증대시키는 것이
므로 증언거부권의 대상은 된다(대법원 2012.12.13, 2010도
10028).

ㄷ. (○) 법원이 공판기일에 증인을 채택하여 다음 공판기일에 증인
신문을 하기로 피고인에게 고지하였는데 그 다음 공판기일에 증
인은 출석하였으나 피고인이 정당한 사유 없이 출석하지 아니한
경우, 그 사건이 형사소송법 제277조 본문에 규정된 다액 100만원
(2007년 개정: 500만원) 이하의 벌금 또는 과료에 해당하거나
공소기각 또는 면소의 재판을 할 것이 명백한 사건이 아니어서
같은 법 제276조의 규정에 의하여 공판기일을 연기할 수밖에 없
더라도, 이미 출석하여 있는 증인에 대하여 공판기일 외의 신문
으로서 증인신문을 하고 다음 공판기일에 그 증인신문조서에 대
한 서증조사를 하는 것은 증거조사 절차로서 적법하다(대법원
2000.10.13, 2000도3265).

> ㄹ. (×) 증언거부권이 있다고 하여 출석까지 거부할 권리가 있는 것
> 은 아니다.

정답 ①

107 ✅ 대표 ◆◆◇ 　　　　국가7급 2017

증인의 증언거부권에 대한 설명으로 옳지 않은 것은?
(다툼이 있는 경우 판례에 의함)

① 증인이 증언을 거부할 수 있는 사유인 형사소추를 당
할 염려가 있는 경우에서 '형사소추'는 증인이 이미 저
지른 범죄사실에 대한 것을 의미하므로 증인의 증언에
의하여 비로소 범죄가 성립하는 경우는 이에 포함되지
않는다.

② 증인이 이미 유죄의 확정판결을 받은 경우에는 공범에
대한 피고사건에서 증언을 거부할 수 없고, 앞으로 재
심을 청구할 예정이라고 하여도 마찬가지이다.

③ 증언거부권의 대상인 '공소제기를 당하거나 유죄판결
을 받을 사실이 발로될 염려 있는 증언'에는 증인 자신
이 범행을 한 것으로 오인되어 유죄판결을 받을 우려
가 있는 사실은 포함되지 않는다.

④ 법정에 출석한 증인이 정당하게 증언거부권을 행사하
여 증언을 거부한 경우는 「형사소송법」 제314조의 '그
밖에 이에 준하는 사유로 인하여 진술할 수 없는 때'에
해당하지 아니한다.

해설

③ (×) 범행을 하지 아니한 자가 범인으로 공소제기 되어 피고인의
지위에서 범행사실을 허위자백하고, 나아가 공범에 대한 증인의
자격에서 증언하면서 공범과 함께 범행하였다고 허위의 진술을
한 경우, 증언거부권의 대상이 되는지 여부(적극)(대법원 2012.
12.13, 2010도10028).
(판결이유 중) … 증언거부권의 대상으로 규정한 '공소제기를 당
하거나 유죄판결을 받을 사실이 발로될 염려 있는 증언'에는 자
신이 범행을 한 사실뿐 아니라 범행을 한 것으로 오인되어 유죄
판결을 받을 우려가 있는 사실 등도 포함된다고 할 것이다 …

① (○) 형사소송법 제148조에서 '형사소추'는 증인이 이미 저지른
범죄사실에 대한 것을 의미하는지 여부(적극) 및 증인의 증언에
의하여 비로소 범죄가 성립하는 경우 증언거부권 고지대상이 되
는지 여부(소극)(대법원 2011.12.8, 2010도2816).

② (○) 형사소송법 제148조의 증언거부권은 헌법 제12조 제2항에
정한 불이익 진술의 강요금지 원칙을 구체화한 자기부죄거부특
권에 관한 것인데, 이미 유죄의 확정판결을 받은 경우에는 헌법
제13조 제1항에 정한 일사부재리의 원칙에 의해 다시 처벌받지
아니하므로 자신에 대한 유죄판결이 확정된 증인은 공범에 대한
사건에서 증언을 거부할 수 없고, 설령 증인이 자신에 대한 형사
사건에서 시종일관 범행을 부인하였더라도 그러한 사정만으로
증인이 진실대로 진술할 것을 기대할 수 있는 가능성이 없는 경
우에 해당한다고 할 수 없으므로 허위의 진술에 대하여 위증죄
성립을 부정할 수 없다. 한편 자신에 대한 유죄판결이 확정된 증
인이 재심을 청구한다 하더라도, 이미 유죄의 확정판결이 있는
사실에 대해서는 일사부재리의 원칙에 의하여 거듭 처벌받지 않
는다는 점에 변함이 없고, 형사소송법상 피고인의 불이익을 위한
재심청구는 허용되지 아니하며(형사소송법 제420조), 재심사건

에는 불이익변경 금지 원칙이 적용되어 원판결의 형보다 중한 형을 선고하지 못하므로(형사소송법 제439조), 자신의 유죄 확정판결에 대하여 재심을 청구한 증인에게 증언의무를 부과하는 것이 형사소추 또는 공소제기를 당하거나 유죄판결을 받을 사실이 발로될 염려 있는 증언을 강제하는 것이라고 볼 수는 없다. 따라서 자신에 대한 유죄판결이 확정된 증인이 공범에 대한 피고사건에서 증언할 당시 앞으로 재심을 청구할 예정이라고 하여도, <u>이를 이유로 증인에게 형사소송법 제148조에 의한 증언거부권이 인정되지는 않는다</u>(대법원 2011.11.24, 2011도11994).

④ (O) 현행 형사소송법 제314조의 문언과 개정 취지, 증언거부권 관련 규정의 내용 등에 비추어 보면, 법정에 출석한 증인이 형사소송법 제148조, 제149조 등에서 정한 바에 따라 정당하게 증언거부권을 행사하여 증언을 거부한 경우는 형사소송법 제314조의 '그 밖에 이에 준하는 사유로 인하여 진술할 수 없는 때'에 해당하지 아니한다(대법원 2012.5.17, 2009도6788 전원합의체).

정답 ③

---

108 ⊘ 유사 ◆◇◇

경찰2차 2018

증언거부권에 대한 설명으로 가장 적절하지 않은 것은?
(다툼이 있는 경우 판례에 의함)

① 법정에 증인으로 출석한 변호사가 증언할 내용이 「형사소송법」 제149조에서 정한 업무상 위탁을 받은 관계로 알게 된 사실로서 타인의 비밀에 관한 것에 해당하여 증언을 거부한 경우는 「형사소송법」 제314조의 '그 밖에 이에 준하는 사유로 인하여 진술할 수 없는 때'에 해당하지 아니한다.

② 피고인들이 증·수뢰사건으로 기소되어 공동피고인으로 함께 재판을 받으면서 서로 뇌물을 주고받은 사실이 없다고 다투던 중, 증·수뢰의 상대방인 공동피고인에 대한 사건이 변론 분리되어 뇌물공여 또는 뇌물수수의 증인으로 채택된 경우, 그 증인에게는 증언거부권이 인정되지 않는다.

③ 증언거부권자에게 증언거부권을 고지하지 아니하고 증언하게 한 경우, 증인이 침묵하지 아니하고 진술한 것이 자신의 진정한 의사에 의한 것이 아니라면, 그 진술은 위증죄의 구성요건으로 규정한 '법률에 의하여 선서한 증인'의 진술이 아니므로 그 진술내용이 허위라 하더라도 위증죄로 처벌할 수 없다.

④ 재판장은 증언거부권이 있는 자에게는 신문 전에 증언거부권을 고지하여야 하며, 선서한 증인에게 증언거부권을 고지하지 않고 신문한 경우에도 증언의 증거능력은 인정된다.

해설

② (×) <u>피고인의 지위에 있는 공동피고인</u>은 다른 공동피고인에 대한 공소사실에 관하여 증인이 될 수 없으나, <u>소송절차가 분리되어 피고인의 지위에서 벗어나게 되면 다른 공동피고인에 대한 공소사실에 관하여 증인이 될 수 있고, 이는 대향범인 공동피고인의 경우에도 다르지 않다</u>. 다만, 이러한 경우에도 자신의 범행과

관련된 부분에 대해서는 <u>증언거부권이 있다</u>(대법원 2012.3.29, 2009도11249).

① (O) 현행 형사소송법 제314조의 문언과 개정 취지, 증언거부권 관련 규정의 내용 등에 비추어 보면, 법정에 출석한 증인이 형사소송법 제148조, 제149조 등에서 정한 바에 따라 정당하게 증언거부권을 행사하여 증언을 거부한 경우는 형사소송법 제314조의 '그 밖에 이에 준하는 사유로 인하여 진술할 수 없는 때'에 해당하지 아니한다(대법원 2012.5.17, 2009도6788 전원합의체).

③ (O) 모든 국민은 형사상 자기에게 불리한 진술을 강요당하지 아니하므로(헌법 제12조 제2항), 자기가 공소제기를 당하거나 유죄판결을 받을 사실이 발로될 염려 있는 증언은 거부할 수 있고(형사소송법 제148조), 재판장은 그러한 증언은 거부할 수 있음을 증인신문 전에 미리 설명하여 증언거부권을 고지하여야 한다(형사소송법 제160조). 그럼에도 <u>증언거부권을 고지하지 아니하고 증언하게 하였다면, 그 진술은 형법 제152조 제1항이 위증죄의 구성요건으로 규정한 '법률에 의하여 선서한 증인'의 진술이 아니므로</u> 설사 그 진술 내용이 허위라 하더라도 위증죄로 처벌할 수 없는 것이 원칙이다. 다만 증언거부권 제도는 증인에게 증언의무의 이행을 거절할 수 있는 권리를 부여한 것이고, 형사소송법상 증언거부권의 고지 제도는 증인에게 그러한 권리의 존재를 확인시켜 침묵할 것인지 아니면 진술할 것인지에 관하여 심사숙고할 기회를 부여함으로써 침묵할 수 있는 권리를 보장하기 위한 것임을 감안할 때, <u>재판장이 신문 전에 증인에게 증언거부권을 고지하지 않은 경우에도 당해 사건에서 증언 당시 증인이 처한 구체적인 상황, 증언거부사유의 내용, 증인이 증언거부사유 또는 증언거부권의 존재를 이미 알고 있었는지 여부, 증언거부권을 고지받았더라도 허위진술을 하였을 것이라고 볼 만한 정황이 있는지 등을 전체적·종합적으로 고려하여 증인이 침묵하지 아니하고 진술한 것이 자신의 진정한 의사에 의한 것인지 여부를 기준으로 위증죄의 성립 여부를 판단하여야 한다</u>(대법원 2012.12.13, 2010도10028).

④ (O) 증인신문에 당하야 <u>증언거부권 있음을 설명하지 아니한 경우라 할지라도 증인이 선서하고 증언한 이상 그 증언의 효력에 관하여는 역시 영향이 없고 유효하다고 해석함이 타당하다</u>(대법원 1957.3.8, 4290형상23).

정답 ②

109 ☑ 유사 ◆◇◇

증언거부권에 대한 설명으로 가장 적절하지 않은 것은? (다툼이 있는 경우 판례에 의함)

① 증언거부권의 고지제도는 증인에게 증언의무의 이행을 거절할 수 있는 권리의 존재를 확인시켜 침묵할 것인지 아니면 진술할 것인지에 관하여 심사숙고할 기회를 충분히 부여함으로써 침묵할 수 있는 권리를 보장하기 위한 것이다.

② 증언거부권의 대상으로 규정한 '공소제기를 당하거나 유죄판결을 받을 사실이 드러날 염려가 있는 증언'에는 자신이 범행을 한 사실뿐만 아니라 범행을 한 것으로 오인되어 유죄판결을 받을 우려가 있는 사실 등도 포함된다.

③ 「형사소송법」 제148조의 '형사소추'는 증인이 이미 저지른 범죄사실에 대한 것 이외에 증인의 증언에 의하여 비로소 범죄가 성립하는 경우도 포함하므로, 후자의 경우에도 그 증언은 증언거부권 고지의 대상이 된다.

④ 자신에 대한 유죄판결이 확정된 증인이 공범에 대한 피고사건에서 증언할 당시 앞으로 재심을 청구할 예정이라고 하여도, 이를 이유로 그 증인에게 형사소송법 제148조에 의한 증언거부권이 인정되지는 않는다.

해설

③ (×) 형사소송법 제148조에서 '형사소추'는 증인이 <u>이미 저지른 범죄사실에 대한 것</u>을 의미한다고 할 것이므로, 증인의 증언에 의하여 비로소 범죄가 성립하는 경우에는 형사소송법 제160조, 제148조 소정의 증언거부권 고지대상이 된다고 할 수 없다(대법원 2011.12.8, 2010도2816).

① (○), ② (○) 대법원 2012.12.13, 2010도10028

④ (○) 대법원 2011.11.24, 2011도11994

정답 ③

110 ☑ 유사 ◆◆◇

증인신문에 대한 설명으로 다음 중 틀린 것은 모두 몇 개인가? (다툼이 있으면 판례에 의함)

> ㉠ 법원은 범죄의 성질, 증인의 연령, 피고인과의 관계, 그 밖의 사정으로 인하여 피고인 등과 대면하여 진술하면 심리적인 부담으로 정신의 평온을 현저하게 잃을 우려가 있다고 인정되는 사람을 증인으로 신문하는 경우 상당하다고 인정되는 때에는 검사와 피고인 또는 변호인의 의견을 들어 차폐시설 등을 설치하고 신문할 수 있다.
>
> ㉡ 위 ㉠과 같이 차폐시설 등을 설치할 경우 법원은 피고인뿐만 아니라 검사, 변호인에 대하여도 차폐시설 등을 설치하는 방식으로 증인신문을 할 수 있다. 그러나 방청인에 대하여까지 차폐시설 등을 설치하는 방식으로 증인신문을 할 수는 없다.
>
> ㉢ 피고인뿐만 아니라 변호인에 대해서도 차폐시설을 설치하는 방식으로 증인신문이 이루어지는 경우 피고인과 변호인 모두 증인이 증언하는 모습이나 태도 등을 관찰할 수 없게 되어 그 한도에서 반대신문권이 제한될 수 있으므로, 변호인에 대한 차폐시설의 설치는 이미 인적사항에 관하여 비밀조치가 취해진 증인이 변호인을 대면하여 진술함으로써 자신의 신분이 노출되는 것에 대하여 심한 심리적인 부담을 느끼는 등의 특별한 사정이 있는 경우에 예외적으로 허용될 수 있을 뿐이다.

① 없음　　　　② 1개
③ 2개　　　　④ 3개

해설

㉠ (○) 형사소송법 제165조의2 제3호(2021년 개정: 형사소송법 제165조의2 제1항 제3호)에 의하면, 법원은 범죄의 성질, 증인의 연령, 피고인과의 관계, 그 밖의 사정으로 인하여 '피고인 등'과 대면하여 진술하면 심리적인 부담으로 정신의 평온을 현저하게 잃을 우려가 있다고 인정되는 사람을 증인으로 신문하는 경우 상당하다고 인정되는 때에는 검사와 피고인 또는 변호인의 의견을 들어 차폐시설 등을 설치하고 신문할 수 있다(대법원 2015.5.28, 2014도18006).
[보충] 아동학대·아동성폭력 피해아동의 경우에도 같다(동조 제1호·제2호).

㉡ (×) 증인이 대면하여 진술함에 있어 심리적인 부담으로 정신의 평온을 현저하게 잃을 우려가 있는 상대방은 피고인인 경우가 대부분일 것이지만, 증인이나 피고인과의 관계에 따라서는 방청인 등 다른 사람도 상대방이 될 수 있다. 이에 따라 형사소송법 제165조의2 제3호(2021년 개정: 제165조의2 제1항 제3호)도 대상을 '피고인 등'이라고 규정하고 있으므로, 법원은 형사소송법 제165조의2 제3호의 요건이 충족될 경우 피고인뿐만 아니라 검사, 변호인, 방청인 등에 대하여도 차폐시설 등을 설치하는 방식으로 증인신문을 할 수 있으며, 이는 형사소송규칙 제84조의9에서 피고인과 증인 사이의 차폐시설 설치만을 규정하고 있다고 하여 달리 볼 것이 아니다(대법원 2015.5.28, 2014도18006).

㉢ (○) 다만 증인이 변호인을 대면하여 진술함에 있어 심리적인 부

담으로 정신의 평온을 현저하게 잃을 우려가 있다고 인정되는 경우는 일반적으로 쉽게 상정할 수 없고, 피고인뿐만 아니라 변호인에 대해서까지 차폐시설을 설치하는 방식으로 증인신문이 이루어지는 경우 피고인과 변호인 모두 증인이 증언하는 모습이나 태도 등을 관찰할 수 없게 되어 그 한도에서 반대신문권이 제한될 수 있으므로, 변호인에 대한 차폐시설의 설치는, 특정범죄신고자 등 보호법 제7조에 따라 범죄신고자 등이나 친족 등이 보복을 당할 우려가 있다고 인정되어 조서 등에 인적사항을 기재하지 아니한 범죄신고자 등을 증인으로 신문하는 경우와 같이, 이미 인적사항에 관하여 비밀조치가 취해진 증인이 변호인을 대면하여 진술함으로써 자신의 신분이 노출되는 것에 대하여 심한 심리적인 부담을 느끼는 등의 특별한 사정이 있는 경우에 예외적으로 허용될 수 있을 뿐이다(대법원 2015.5.28, 2014도18006).

정답 ②

111 ✓ 유사 ◆◆◇ 변호사 2022

증인신문에 관한 설명 중 옳은 것은? (다툼이 있는 경우 판례에 의함)

① 반대신문에 있어서 필요할 때에는 유도신문을 할 수 있으며, 반대신문의 기회에 주신문에 나타나지 아니한 새로운 사항에 관하여 신문하고자 할 때에는 재판장의 허가를 받아야 한다.

② 공판기일에 증인은 출석하였으나 피고인이 정당한 사유 없이 출석하지 아니하여 형사소송법 제276조의 규정에 의하여 공판기일을 연기할 수밖에 없는 경우, 법원이 이미 출석하여 있는 증인에 대하여 공판기일 외의 신문으로서 증인신문을 하고 다음 공판기일에 그 증인신문조서에 대한 서증조사를 하는 것은 증거조사절차로서 위법하다.

③ 형사소송법 제297조의 규정에 따라 재판장은 증인이 피고인의 면전에서 충분한 진술을 할 수 없다고 인정한 때에는 피고인을 퇴정하게 하고 증인신문을 진행함으로써 피고인의 직접적인 증인 대면을 제한하고 피고인의 반대신문권을 배제할 수 있다.

④ 법정 외에서 증인신문을 실시함에 있어서 피고인에 대하여 통지하지 아니하여 참여 기회를 주지 않았다면, 그 후 속개된 공판기일에서 피고인과 변호인이 그 증인신문조사에 대하여 별 의견이 없다고 진술하였더라도 그 증인신문조사의 하자는 치유되지 않는다.

⑤ 형사소송법 제165조의2 비디오 등 중계장치 등에 의한 증인신문에 있어서 형사소송규칙 제84조의9에서 피고인과 증인 사이의 차폐시설 설치만을 규정하고 있으므로 검사, 변호인, 방청인과 증인 사이에 차폐시설 등을 설치하는 방식으로 증인신문을 할 수 없다.

해설

① (○) 규칙 제76조 제2항·제4항 참조.

> 규칙 제76조(반대신문) ① 법 제161조의2 제1항 후단의 규정에 의한 신문(이하 "반대신문"이라 한다)은 주신문에 나타난 사항과 이에 관련된 사항에 관하여 한다.
> ② 반대신문에 있어서 필요할 때에는 유도신문을 할 수 있다.
> ③ 재판장은 유도신문의 방법이 상당하지 아니하다고 인정할 때에는 이를 제한할 수 있다.
> ④ 반대신문의 기회에 주신문에 나타나지 아니한 새로운 사항에 관하여 신문하고자 할 때에는 재판장의 허가를 받아야 한다.
> ⑤ 제4항의 신문은 그 사항에 관하여는 주신문으로 본다.

② (×) 법원이 공판기일에 증인을 채택하여 다음 공판기일에 증인신문을 하기로 피고인에게 고지하였는데 그 다음 공판기일에 증인은 출석하였으나 피고인이 정당한 사유 없이 출석하지 아니한 경우, 그 사건이 형사소송법 제277조 본문에 규정된 다액 100만 원(2007년 개정: 500만원) 이하의 벌금 또는 과료에 해당하거나 공소기각 또는 면소의 재판을 할 것이 명백한 사건이 아니어서 같은 법 제276조의 규정에 의하여 공판기일을 연기할 수밖에 없더라도, 이미 출석하여 있는 증인에 대하여 '공판기일 외의 신문으로서 증인신문'을 하고 다음 공판기일에 그 증인신문조서에 대한 서증조사를 하는 것은 증거조사절차로서 적법하다(대법원 2000. 10.13, 2000도3265).

③ (×) 형사소송법 제297조의 규정에 따라 재판장은 증인이 피고인의 면전에서 충분한 진술을 할 수 없다고 인정한 때에는 피고인을 퇴정하게 하고 증인신문을 진행함으로써 피고인의 직접적인 증인 대면을 제한할 수 있지만, 이러한 경우에도 피고인의 반대신문권을 배제하는 것은 허용될 수 없다(대법원 2010.1.14, 2009도9344).

④ (×) 법정 외에서 증인신문을 실시함에 있어서 피고인에 대하여 통지하지 아니하여 참여 기회를 주지 않은 잘못이 있다고 하더라도 그 후 속개된 공판기일에서 피고인과 변호인이 그 증인신문조사에 대하여 별 의견이 없다고 진술하였다면 그 잘못은 책문권의 포기로 치유된다 할 것이다(대법원 1980.5.20, 80도306).

⑤ (×) 형사소송법 제165조의2 제3호에 의하면, 법원은 범죄의 성질, 증인의 연령, 피고인과의 관계, 그 밖의 사정으로 인하여 '피고인 등'과 대면하여 진술하면 심리적인 부담으로 정신의 평온을 현저하게 잃을 우려가 있다고 인정되는 사람을 증인으로 신문하는 경우 상당하다고 인정되는 때에는 검사와 피고인 또는 변호인의 의견을 들어 차폐시설 등을 설치하고 신문할 수 있다. 증인이 대면하여 진술함에 있어 심리적인 부담으로 정신의 평온을 현저하게 잃을 우려가 있는 상대방은 피고인인 경우가 대부분일 것이지만, 증인이나 피고인과의 관계에 따라서는 방청인 등 다른 사람도 상대방이 될 수 있다. 이에 따라 형사소송법 제165조의2 제3호도 대상을 '피고인 등'이라고 규정하고 있으므로, 법원은 형사소송법 제165조의2 제3호의 요건이 충족될 경우 피고인뿐만 아니라 검사, 변호인, 방청인 등에 대하여도 차폐시설 등을 설치하는 방식으로 증인신문을 할 수 있으며, 이는 형사소송규칙 제84조의9에서 피고인과 증인 사이의 차폐시설 설치만을 규정하고 있다고 하여 달리 볼 것이 아니다(대법원 2015.5.28, 2014도18006).

정답 ①

112 ✓유사 ◆◆◆

증인신문에 대한 설명으로 옳지 않은 것은? (다툼이 있는 경우 판례에 의함)

① 절도범과 그 장물범이 공동피고인인 경우, 검사가 절도범에 대해 수사단계에서 작성한 피의자 신문조서 중 '내가 절취한 수표를 장물범을 통하여 교환한 사실이 있다'는 진술기재 부분은 장물범이 이를 증거로 함에 동의한 바 없다면, 절도범을 법정에서 증인으로 신문하는 등의 방법에 의하여 실질적 진정성립이 인정되어야 장물범에 대하여 증거능력이 인정될 수 있다.

② 변호인이 없는 피고인을 일시 퇴정하게 하고 증인신문을 한 다음 피고인에게 실질적인 반대신문의 기회를 부여하지 아니한 채 이루어진 증인의 법정진술은 위법한 증거로서 증거능력이 없고, 그 다음 공판기일에서 재판장이 증인신문 결과 등을 공판조서에 의하여 고지하였는데 피고인이 '변경할 점과 이의할 점이 없다'고 진술하여 책문권 포기 의사를 명시하였다고 하여 실질적인 반대신문의 기회를 부여받지 못한 하자가 치유되는 것은 아니다.

③ 공범인 공동피고인은 당해 소송절차에서는 피고인의 지위에 있으므로 다른 공동피고인에 대한 공소사실에 관하여 증인이 될 수 없으나, 소송절차가 분리되어 피고인의 지위에서 벗어나게 되면 다른 공동피고인에 대한 공소사실에 관하여 증인이 될 수 있고, 이는 대향범인 공동피고인의 경우에도 다르지 않다.

④ 증언거부권을 고지받을 권리가 형사상 자기에게 불리한 진술을 강요당하지 아니함을 규정한 「대한민국 헌법」 제12조 제2항에 의하여 바로 국민의 기본권으로 보장받아야 한다고 볼 수는 없고, 증언거부권의 고지를 규정한 「형사소송법」 제160조 규정이 「국회에서의 증언·감정 등에 관한 법률」에도 유추 적용되는 것으로 인정할 근거는 없다.

해설

② (×) 피고인이 책문권 포기의사를 명시함으로써 실질적인 반대신문의 기회를 부여받지 못한 <u>하자가 치유되었다고 할 수 있다</u> (대법원 2010.1.14, 2009도9344).
① (○) 검사작성 (공범자 아닌) 공동피고인에 대한 피의자신문조서에 대하여는 제312조 제4항에 의하여 원진술자의 진술(또는 객관적 방법)에 의하여 실질적 진정성립이 인정되어야 한다(또한 피고인·변호인의 반대신문권 보장과 원진술의 특신상태를 요함). "공동피고인인 절도범과 그 장물범은 서로 다른 공동피고인의 범죄사실에 관하여는 증인의 지위에 있다 할 것이므로, 피고인이 증거로 함에 동의한 바 없는 <u>(검사작성의) 공동피고인에 대한 피의자신문조서는 공동피고인의 증언에 의하여 그 성립의 진정이 인정되지 아니하는 한 피고인의 공소 범죄사실을 인정하는 증거로 할 수 없다</u>(대법원 2006.1.12, 2005도7601)."
③ (○) 대법원 2008.6.26, 2008도3300
④ (○) 형사소송법 제160조는 '증인이 제148조, 제149조에 해당하는 경우에는 재판장은 신문 전에 증언을 거부할 수 있음을 설명하여야 한다'고 규정하고 있음에 반해, '국회에서의 증언·감정 등에 관한 법률'은 위와 같은 증언거부권의 고지에 관한 규정을 두고 있지 아니한데, 증언거부권을 고지받을 권리가 형사상 자기에게 불리한 진술을 강요당하지 아니함을 규정한 헌법 제12조 제2항에 의하여 바로 국민의 기본권으로 보장받아야 한다고 볼 수는 없고, 증언거부권의 고지를 규정한 형사소송법 제160조 규정이 '국회에서의 증언·감정 등에 관한 법률'에도 유추 적용되는 것으로 인정할 근거가 없다(대법원 2012.10.25, 2009도13197).

정답 ②

113 ✓유사 ◆◆◇

현행법상 수사 및 공판단계에서의 범죄피해자에 대한 설명으로 옳은 것은?(다툼이 있는 경우 판례에 의함)

① 검사는 피의자와 범죄피해자 사이에 형사분쟁을 공정하고 원만하게 해결하여 범죄피해자가 입은 피해를 실질적으로 회복하는데 필요하다고 인정하면 당사자의 신청 또는 직권으로 수사 중인 형사사건을 형사조정에 회부할 수 있다.

② 검사 또는 사법경찰관은 19세 미만 성폭력피해자 등의 진술내용과 조사과정을 영상녹화장치로 녹화할 수 있다.

③ 재판장은 피해자 등의 권리구제를 위하여 필요하다고 인정하거나 그 밖의 정당한 사유가 있는 경우 범죄의 성질, 심리의 상황, 그 밖의 사정을 고려하여 상당하다고 인정하는 때에는 피해자나 그 법정대리인 등이 신청한 소송기록의 열람 또는 등사를 허가할 수 있고, 이에 관하여 검사는 항고할 수 있다.

④ 법원은 범죄로 인한 피해자, 법정대리인, 동거인, 고용주 등의 신청이 있는 경우에는 그 피해자를 증인으로 신문하여야 한다.

해설

① (○) 범죄피해자보호법 제41조 제1항 참조.

> **범죄피해자보호법 제41조(형사조정 회부)** ① 검사는 피의자와 범죄피해자(이하 "당사자"라 한다) 사이에 형사분쟁을 공정하고 원만하게 해결하여 범죄피해자가 입은 피해를 실질적으로 회복하는 데 필요하다고 인정하면 당사자의 신청 또는 직권으로 수사 중인 형사사건을 형사조정에 회부할 수 있다.

② (×) 영상녹화하고 영상녹화물을 보존하여야 하는 것은 <u>수사기관의 의무</u>이다. 성폭력처벌법 제30조 참조.

> **성폭력처벌법 제30조(19세 미만피해자등 진술내용 등의 영상녹화 및 보존 등)** ① 검사 또는 사법경찰관은 19세 미만피해자등의 진술내용과 조사과정을 영상녹화장치로 녹화(녹음이 포함된 것을 말하며, 이하 "영상녹화"라 한다)하고, 그 영상녹화물을 보존하여야 한다.
> ③ 제1항에도 불구하고 19세 미만피해자등 또는 그 법정대리인(법정대리인이 가해자이거나 가해자의 배우자인 경우는 제외한다)이 이를 원하지 아니하는 의사를 표시하는 경우에는 영상녹화를 하여서는 아니 된다.

③ (×) 항고 등 불복할 수 없다. 제294조의4 제6항 참조.

> **제294조의4(피해자 등의 공판기록 열람·등사)** ⑥ 제3항(열람등사 허가재판) 및 제4항(허가에 대한 조건부가 조항)에 관한 재판에 대하여는 불복할 수 없다.

④ (×) 진술권의 주체인 피해자 측은 피해자, 법정대리인, 피해자 사망 시에는 배우자·직계친족·형제자매이다. 동거인, 고용주는 신청권자가 아니다. 제294조의2 제1항 참조.

> **제294조의2(피해자등의 진술권)** ① 법원은 범죄로 인한 피해자 또는 그 법정대리인(피해자가 사망한 경우에는 배우자·직계친족·형제자매를 포함한다. 이하 이 조에서 "피해자등"이라 한다)의 신청이 있는 때에는 그 피해자등을 증인으로 신문하여야 한다.

[정답] ①

---

114 ✓ 유사 ◆◇◇ 경찰 2013 유사 법원 2017

증인신문에 관한 다음 설명 중 가장 옳은 것은? (다툼이 있는 경우 판례에 의함)

① 공범인 공동피고인은 당해 소송절차에서는 피고인의 지위에 있어 다른 공동피고인에 대한 공소사실에 관하여 증인이 될 수 없으므로 소송절차가 분리되어 피고인의 지위에서 벗어나게 되더라도 언제든지 다른 공동피고인에 대한 공소사실에 관하여 증인이 될 수 없다.

② 피고인과 별개의 범죄사실로 기소되어 병합심리 중인 공동피고인은 피고인의 공소사실에 관하여 증인이 될 수 없다.

③ 자신에 대한 유죄판결이 확정된 증인이 공범에 대한 피고사건에서 증언할 당시 앞으로 재심을 청구할 예정인 경우에도 이를 이유로 증언을 거부할 수 없다.

④ 주신문을 함에 있어 언제든지 유도신문이 허용된다.

[해설]

③ (○) 대법원 2011.11.24, 2011도11994

① (×) 공범인 공동피고인은 당해 소송절차에서는 피고인의 지위에 있어 다른 공동피고인에 대한 공소사실에 관하여 증인이 될 수 없으나, 소송절차가 분리되어 피고인의 지위에서 벗어나게 되면 다른 공동피고인에 대한 공소사실에 관하여 증인이 될 수 있다(대법원 2012.12.13, 2010도10028).

② (×) 피고인과 별개의 범죄사실로 기소되어 병합심리되고 있던 공동피고인은 피고인에 대한 관계에서는 증인의 지위에 있음에 불과하므로 선서 없이 한 그 공동피고인의 법정 및 검찰진술은 피고인에 대한 공소범죄사실을 인정하는 증거로 할 수 없다(대법원 1982.6.22, 82도898).

④ (×) 원칙적으로 주신문에 있어서는 유도신문이 허용되지 않는다.

> **규칙 제75조(주신문)** ② 주신문에 있어서는 유도신문을 하여서는 아니된다. 다만, 다음 각 호의 1의 경우에는 그러하지 아니하다.
> 1. 증인과 피고인과의 관계, 증인의 경력, 교우관계 등 실질적인 신문에 앞서 미리 밝혀둘 필요가 있는 준비적인 사항에 관한 신문의 경우

2. 검사, 피고인 및 변호인 사이에 다툼이 없는 명백한 사항에 관한 신문의 경우
3. 증인이 주신문을 하는 자에 대하여 적의 또는 반감을 보일 경우
4. 증인이 종전의 진술과 상반되는 진술을 하는 때에 그 종전진술에 관한 신문의 경우
5. 기타 유도신문을 필요로 하는 특별한 사정이 있는 경우

[정답] ③

---

115 ✓ 유사 ◆◇◇ 군무원9급 2024

증인신문에 대한 설명으로 가장 옳지 않은 것은? (다툼이 있는 경우 판례에 의함)

① 甲이 공판기일에 증인으로 출석하여 진술한 다음, 당해 사건의 같은 기일에 통역인으로서 증인 乙의 진술을 통역한 경우 甲이 통역한 乙에 대한 증인신문조서는 증거로 할 수 있다.

② 공동피고인과 피고인이 뇌물을 주고 받은 사이로 필요적 공범관계에 있더라도 수사상 증거보전의 필요성이 인정되는 경우 공동피고인을 증인으로 신문할 수 있다.

③ 특별한 지식에 의하여 알게 된 과거 사실을 신문받는 감정증인에 대하여는 감정이 아닌 증인신문에 관한 규정을 적용한다.

④ 서로 폭행을 했다는 이유로 기소되어 병합심리 중인 공동피고인이 증인신문절차에 따른 선서 없이 한 법정진술은 피고인이 증거로 함에 동의한 바 없다면 피고인에 대한 유죄의 증거로 사용할 수 없다.

[해설]

① (×) 형사소송법 제17조 제4호는 '법관이 사건에 관하여 증인, 감정인, 피해자의 대리인으로 된 때에는 직무집행에서 제척된다'고 규정하고 있고, 위 규정은 같은 법 제25조 제1항에 의하여 통역인에게 준용되므로, 통역인이 사건에 관하여 증인으로 증언한 때에는 직무집행에서 제척되고, 제척사유가 있는 통역인이 통역한 증인의 증인신문조서는 유죄 인정의 증거로 사용할 수 없다(대법원 2011.4.14, 2010도13583).

② (○) 대법원 1988.11.8, 86도1646

③ (○) 제179조 참조.

> **제179조(감정증인)** 특별한 지식에 의하여 알게 된 과거의 사실을 신문하는 경우에는 본장(감정)의 규정에 의하지 아니하고 전장(증인신문)의 규정에 의한다.

④ (○) 피고인과 별개의 범죄사실로 기소되어 병합심리 중인 공동피고인은 피고인의 범죄사실에 관하여는 증인의 지위에 있다 할 것이므로 선서 없이 한 공동피고인의 법정진술이나 피고인이 증거로 함에 동의한 바 없는 공동피고인에 대한 피의자 신문조서는 피고인의 공소 범죄사실을 인정하는 증거로 할 수 없다(대법원 1982.9.14, 82도1000).
[보충] 출제의도에 따라 해설하였으나 지문에서 "피고인이 증거로 함에 동의한 바 없다면" 부분은 삭제되어야 옳은 지문이다.

[정답] ①

증인신문에 관한 설명으로 옳지 않은 것만을 〈보기〉에서 고른 것은? (다툼이 있는 경우 판례에 의함)

┤ 보기 ├

ⓖ 甲은 10년 전 이혼한 아내인 乙이 형사소추를 당할 염려가 있음을 이유로 증언을 거부할 수는 없다.

ⓛ 법원은 내란수괴 등 피고사건의 재판절차에서 甲과 乙이 내란 및 내란목적살인의 범죄사실의 피해자로서 피해자 진술신청을 한 경우 그중에서 가장 적합하다고 여겨지는 甲의 신청만을 받아들이고 乙의 신청은 기각할 수 있다.

ⓒ 공범인 공동피고인 甲은 당해 소송절차에서는 피고인의 지위에 있으므로 다른 공동피고인 乙에 대한 공소사실에 관하여 증인이 될 수 없으나, 소송절차가 분리되어 피고인의 지위에서 벗어나게 되면 다른 공동피고인 乙에 대한 공소사실에 관하여 증인이 될 수 있다.

ⓔ 법원은 증인 甲이 불출석하자 과태료를 부과하였고, 그 후 정당한 사유 없이 재차 재판에 불출석하자 증인을 5일의 감치에 처하여 감치시설에 유치하였다. 감치 3일차 되던 날에 甲이 증언을 하였더라도 남은 감치기간이 경과해야만 석방된다.

ⓜ 재판장은 변호인이 없는 피고인 甲을 일시 퇴정하게 하고 甲에게 실질적인 반대신문권의 기회를 부여하지 아니한 채 증인 乙에 대한 증인신문을 진행하였고, 그 다음 공판기일에서 재판장이 甲에게 증인신문결과 등을 공판조서(증인신문조서)에 의하여 고지하였는데 甲이 '변경할 점과 이의할 점이 없다'고 진술하였다면 실질적인 반대신문의 기회를 부여받지 못한 하자가 치유되었다고 할 것이다.

① ㉠, ㉢
② ㉠, ㉣
③ ㉡, ㉢
④ ㉢, ㉤
⑤ ㉣, ㉤

해설

㉠ (✗) 친족이었던 사람이 형사소추를 당할 염려가 있는 증언은 거부할 수 있다. 제148조 제1호 참조.

> **제148조(근친자의 형사책임과 증언거부)** 누구든지 자기나 다음 각 호의 어느 하나에 해당하는 자가 형사소추(刑事訴追) 또는 공소제기를 당하거나 유죄판결을 받을 사실이 드러날 염려가 있는 증언을 거부할 수 있다.
> 1. 친족이거나 친족이었던 사람
> 2. 법정대리인, 후견감독인

㉡ (○) 제294조의2 제3항 참조.

> **제294조의2(피해자등의 진술권)** ① 법원은 범죄로 인한 피해자 또는 그 법정대리인(피해자가 사망한 경우에는 배우자·직계친족·형제자매를 포함한다. 이하 이 조에서 "피해자등"이라 한다)의 신청이 있는 때에는 그 피해자 등을

증인으로 신문하여야 한다. 다만, 다음 각 호의 어느 하나에 해당하는 경우에는 그러하지 아니하다.
> 1. 삭제 〈2007.6.1.〉
> 2. 피해자등 이미 당해 사건에 관하여 공판절차에서 충분히 진술하여 다시 진술할 필요가 없다고 인정되는 경우
> 3. 피해자등의 진술로 인하여 공판절차가 현저하게 지연될 우려가 있는 경우
> ③ 법원은 동일한 범죄사실에서 제1항의 규정에 의한 신청인이 여러 명인 경우에는 진술할 자의 수를 제한할 수 있다.

[판례] 형사소송법 제294조의2 제1항, 제3항 규정에 의하여, 법원으로서는 동일한 범죄사실에 대하여 피해자 진술신청을 한 자가 수인인 경우에는 피고인과의 관계, 피해의 정도와 그 결과, 신청인들이 진술하려는 취지와 내용, 재판절차가 지연될 가능성 등 여러 사정을 고려하여 그 신청인들 중에서 가장 적합하다고 여겨지는 자의 신청만을 받아들이고 그 나머지 자의 신청은 이를 기각할 수 있다(대법원 1996.11.14, 96모94).

㉢ (○) 대법원 2008.6.26, 2008도3300

㉣ (✗) 감치 중 증언을 한 때에는 즉시 감치결정을 취소하고 석방해야 한다. 제151조 제1항·제2항·제7항 참조.

> **제151조(증인이 출석하지 아니한 경우의 과태료 등)** ① 법원은 소환장을 송달받은 증인이 정당한 사유 없이 출석하지 아니한 때에는 결정으로 당해 불출석으로 인한 소송비용을 증인이 부담하도록 명하고, 500만원 이하의 과태료를 부과할 수 있다. 제153조에 따라 준용되는 제76조 제2항·제5항에 따라 소환장의 송달과 동일한 효력이 있는 경우에도 또한 같다.
> ② 법원은 증인이 제1항에 따른 과태료 재판을 받고도 정당한 사유 없이 다시 출석하지 아니한 때에는 결정으로 증인을 7일 이내의 감치에 처한다.
> ③ 법원은 감치재판기일에 증인을 소환하여 제2항에 따른 정당한 사유가 있는지의 여부를 심리하여야 한다.
> ④ 감치는 그 재판을 한 법원의 재판장의 명령에 따라 사법경찰관리·교도관·법원경위 또는 법원사무관등이 교도소·구치소 또는 경찰서유치장에 유치하여 집행한다.
> ⑤ 감치에 처하는 재판을 받은 증인이 제4항에 규정된 감치시설에 유치된 경우 당해 감치시설의 장은 즉시 그 사실을 법원에 통보하여야 한다.
> ⑥ 법원은 제5항의 통보를 받은 때에는 지체 없이 증인신문기일을 열어야 한다.
> ⑦ 법원은 감치의 재판을 받은 증인이 감치의 집행 중에 증언을 한 때에는 즉시 감치결정을 취소하고 그 증인을 석방하도록 명하여야 한다.
> ⑧ 제1항과 제2항의 결정에 대하여는 즉시항고를 할 수 있다. 이 경우 제410조는 적용하지 아니한다.

㉤ (○) 대법원 2010.1.14, 2009도9344

정답 ②

117 ✓ 대표 ◆◆◇ 　　국가7급 2017

형사피해자에 대한 설명으로 옳은 것만을 모두 고른 것은?

> ㄱ. 법원은 피고인의 구속사유를 심사할 때 피해자에 대한 위해 우려를 고려하여야 한다.
> ㄴ. 소송계속 중인 사건의 피해자는 재판장에게 소송기록의 열람 또는 등사를 신청할 수 있다.
> ㄷ. 압수한 장물은 피해자에게 환부할 이유가 명백한 때에는 피고사건의 종결 전이라도 결정으로 피해자에게 환부할 수 있다.
> ㄹ. 검사는 범죄로 인한 피해자 또는 그 법정대리인의 신청이 있는 때에는 당해 사건의 공소제기 여부, 피의자·피고인의 구속·석방 등 구금에 관한 사실 등을 신속하게 통지하여야 한다.

① ㄱ, ㄹ
② ㄱ, ㄴ, ㄷ
③ ㄴ, ㄷ, ㄹ
④ ㄱ, ㄴ, ㄷ, ㄹ

해설

ㄱ. (○) 제70조 제2항 참조.

> **제70조(구속의 사유)** ② 법원은 제1항의 구속사유를 심사함에 있어서 범죄의 중대성, 재범의 위험성, 피해자 및 중요 참고인 등에 대한 위해우려 등을 고려하여야 한다.

ㄴ. (○) 제294조의4 제1항 참조.

> **제294조의4(피해자 등의 공판기록 열람·등사)** ① 소송계속 중인 사건의 피해자(피해자가 사망하거나 그 심신에 중대한 장애가 있는 경우에는 그 배우자·직계친족 및 형제자매를 포함한다), 피해자 본인의 법정대리인 또는 이들로부터 위임을 받은 피해자 본인의 배우자·직계친족·형제자매·변호사는 소송기록의 열람 또는 등사를 재판장에게 신청할 수 있다.

ㄷ. (○) 제134조 참조.

> **제134조(압수장물의 피해자환부)** 압수한 장물은 피해자에게 환부할 이유가 명백한 때에는 피고사건의 종결 전이라도 결정으로 피해자에게 환부할 수 있다.

ㄹ. (○) 제259조의2 참조.

> **제259조의2(피해자 등에 대한 통지)** 검사는 범죄로 인한 피해자 또는 그 법정대리인(피해자가 사망한 경우에는 그 배우자·직계친족·형제자매를 포함한다)의 신청이 있는 때에는 당해 사건의 공소제기여부, 공판의 일시·장소, 재판결과, 피의자·피고인의 구속·석방 등 구금에 관한 사실 등을 신속하게 통지하여야 한다.

정답 ④

118 ✓ 대표 ◆◆◇ 　　국가9급개론 2018

피해자에 대한 설명으로 옳지 않은 것은?

① 고소의 주체가 되는 피해자에는 법인, 법인격 없는 사단이나 재단도 포함된다.
② 고소를 하지 않은 피해자라고 하더라도 검사의 불기소처분에 대하여 항고할 수 있다.
③ 성폭력범죄의 처벌 등에 관한 특례법 제30조 제1항에 따라 촬영한 영상물에 수록된 피해자의 진술에 대해서는 증거로 사용할 수 있는 특례가 마련되어 있다.
④ 법원은 범죄로 인한 피해자를 증인으로 신문하는 경우 당해 피해자·법정대리인 또는 검사의 신청에 따라 피해자의 신변보호를 위하여 필요하다고 인정하는 때에는 결정으로 심리를 공개하지 아니할 수 있다.

해설

② (×) 고소하지 않은 피해자는 검찰항고 및 재정신청을 할 수 없다. "검사의 불기소처분에 대한 검찰청법 소정의 항고 및 재항고는 그 피의사건의 고소인 또는 고발인만이 할 수 있을 뿐, 기소유예처분을 받은 피의자가 범죄혐의를 부인하면서 무고함을 주장하는 경우에는 검찰청법이나 다른 법률에 이에 대한 권리구제절차가 마련되어 있지 아니하므로, 검사의 기소유예처분의 취소를 구하는 헌법소원심판을 청구하는 경우에는 보충성원칙의 예외에 해당한다(헌법재판소 2010.6.24, 2008헌마716)."

① (○) "사기죄의 대상이 된 이 건 임야는 광산 김 씨 충장공파 문중의 소유로서 피해자는 위 문중이라 하겠으나 청구인은 위 문중의 구성원이며 문중의 법적 지위는 법인격 없는 사단이고 민법은 법인이 아닌 사단의 재산은 그 구성원의 총유로 한다(민법 제275조 제1항)고 규정하여 총유를 공동소유의 한 형태로 보고 있으므로 청구인은 위 임야의 총유자로서 이 건 사기죄에 대하여 피해자가 될 수 있다(헌법재판소 1994.12.29, 94헌마82)."

③ (○) 2023.7.11. 개정 성폭력처벌법(2023.10.12. 시행) 제30조의2에 의하면, 해당 성폭력피해자 진술에 대한 영상녹화물은, 성폭력처벌법 제30조 제4항부터 제6항까지에서 정한 (적법한) 절차와 방식에 따라 영상녹화된 것으로, 공판기일 등에 피고인 측의 피해자에 대한 반대신문권이 보장되었거나(적+반, 제30조의2 제1항 제1호), 사망 등의 사유로 진술할 수 없는 경우에는 특신상태가 증명된 때(적+필+특, 동항 제2호)에 증거로 할 수 있다.

> **성폭력처벌법 제30조의2(영상녹화물의 증거능력 특례)** ① 제30조 제1항에 따라 19세 미만피해자등의 진술이 영상녹화된 영상녹화물은 같은 조 제4항부터 제6항까지에서 정한 절차와 방식에 따라 영상녹화된 것으로서 다음 각 호의 어느 하나의 경우에 증거로 할 수 있다.
> 1. 증거보전기일, 공판준비기일 또는 공판기일에 그 내용에 대하여 피의자, 피고인 또는 변호인이 피해자를 신문할 수 있었던 경우. 다만, 증거보전기일에서의 신문의 경우 법원이 피의자나 피고인의 방어권이 보장된 상태에서 피해자에 대한 반대신문이 충분히 이루어졌다고 인정하는 경우로 한정한다.
> 2. 19세 미만피해자등이 다음 각 목의 어느 하나에 해당하는 사유로 공판준비기일 또는 공판기일에 출석하여 진술할 수 없는 경우. 다만, 영상녹화된 진술 및 영상녹화가 특별히 신빙(信憑)할 수 있는 상태에서 이루어졌음이 증명된 경우로 한정한다.

가. 사망
나. 외국 거주
다. 신체적, 정신적 질병·장애
라. 소재불명
마. 그 밖에 이에 준하는 경우

② 법원은 제1항 제2호에 따라 증거능력이 있는 영상녹화물을 유죄의 증거로 할지를 결정할 때에는 피고인과의 관계, 범행의 내용, 피해자의 나이, 심신의 상태, 피해자가 증언으로 인하여 겪을 수 있는 심리적 외상, 영상녹화물에 수록된 19세 미만피해자등의 진술내용 및 진술태도 등을 고려하여야 한다. 이 경우 법원은 전문심리위원 또는 제33조에 따른 전문가의 의견을 들어야 한다.

제30조(19세 미만피해자등 진술내용 등의 영상녹화 및 보존 등) ① 검사 또는 사법경찰관은 19세 미만피해자등의 진술내용과 조사과정을 영상녹화장치로 녹화(녹음이 포함된 것을 말하며, 이하 "영상녹화"라 한다)하고, 그 영상녹화물을 보존하여야 한다.

② 검사 또는 사법경찰관은 19세 미만피해자등을 조사하기 전에 다음 각 호의 사실을 피해자의 나이, 인지적 발달단계, 심리상태, 장애 정도 등을 고려한 적절한 방식으로 피해자에게 설명하여야 한다.

1. 조사과정이 영상녹화된다는 사실
2. 영상녹화된 영상녹화물이 증거로 사용될 수 있다는 사실

③ 제1항에도 불구하고 19세 미만피해자등 또는 그 법정대리인(법정대리인이 가해자이거나 가해자의 배우자인 경우는 제외한다)이 이를 원하지 아니하는 의사를 표시하는 경우에는 영상녹화를 하여서는 아니 된다.

④ 검사 또는 사법경찰관은 제1항에 따른 영상녹화를 마쳤을 때에는 지체 없이 피해자 또는 변호사 앞에서 봉인하고 피해자로 하여금 기명날인 또는 서명하게 하여야 한다.

⑤ 검사 또는 사법경찰관은 제1항에 따른 영상녹화 과정의 진행 경과를 조서(별도의 서면을 포함한다. 이하 같다)에 기록한 후 수사기록에 편철하여야 한다.

⑥ 제5항에 따라 영상녹화 과정의 진행 경과를 기록할 때에는 다음 각 호의 사항을 구체적으로 적어야 한다.

1. 피해자가 영상녹화 장소에 도착한 시각
2. 영상녹화를 시작하고 마친 시각
3. 그 밖에 영상녹화 과정의 진행 경과를 확인하기 위하여 필요한 사항

⑦ 검사 또는 사법경찰관은 19세 미만피해자등이나 그 법정대리인이 신청하는 경우에는 영상녹화 과정에서 작성한 조서의 사본 또는 영상녹화물에 녹음된 내용을 옮겨 적은 녹취서의 사본을 신청인에게 발급하거나 영상녹화물을 재생하여 시청하게 하여야 한다.

⑧ 누구든지 제1항에 따라 영상녹화한 영상녹화물을 수사 및 재판의 용도 외에 다른 목적으로 사용하여서는 아니 된다.

⑨ 제1항에 따른 영상녹화의 방법에 관하여는 「형사소송법」 제244조의2 제1항 후단을 준용한다.

[전문개정 2023.7.11.]

[2023.7.11. 법률 제19517호에 의하여 2021.12.23. 헌법재판소에서 위헌결정된 이 조를 개정함]

형사소송법 제244조의2(피의자진술의 영상녹화) ① 피의자의 진술은 영상녹화할 수 있다. 이 경우 미리 영상녹화사실을 알려주어야 하며, 조사의 개시부터 종료까지의 전 과정 및 객관적 정황을 영상녹화하여야 한다.

④ (○) 제294조의3 제1항 참조.

> **제294조의3(피해자 진술의 비공개)** ① 법원은 범죄로 인한 피해자를 증인으로 신문하는 경우 당해 피해자·법정대리인 또는 검사의 신청에 따라 피해자의 사생활의 비밀이나 신변보호를 위하여 필요하다고 인정하는 때에는 결정으로 심리를 공개하지 아니할 수 있다.

정답 ②

119 ✓ 대표 ◆◆◇

경찰 2015

형사소송법상 피해자의 지위에 관한 설명 중 가장 적절하지 않은 것은? (다툼이 있으면 판례에 의함)

① 법원은 범죄로 인한 피해자 또는 그 법정대리인(피해자가 사망한 경우에는 배우자·직계 존속·형제자매를 포함한다. 이하 "피해자 등"이라 한다)의 신청이 있는 때에는 특별한 사유가 없는 한 그 피해자 등을 증인으로 신문하여야 한다.

② 피해자는 재판장의 소송기록의 열람 또는 등사의 허가결정에 관하여 불복할 수 있다.

③ 법원은 범죄로 인한 피해자를 증인으로 신문하는 경우 당해 피해자·법정대리인 또는 검사의 신청에 따라 피해자의 사생활의 비밀이나 신변보호를 위하여 필요하다고 인정하는 때에는 결정으로 심리를 공개하지 아니할 수 있다.

④ 소송계속 중인 사건의 피해자는 소송기록의 열람 또는 등사를 재판장에게 신청할 수 있다.

해설

② (×) 피해자는 재판장의 소송기록의 열람 또는 등사의 허가결정에 관하여 불복할 수 없다(제294조의4 제6항).

[보충] 피해자 증인신문은 헌법상 보장된 피해자의 재판절차 진술권을 실현시킨다는 점에서 원칙적 의무, 피해자 소송기록 열람·등사는 임의적 허가사항이므로 이에 관한 결정에는 불복이 금지된다.

① (○) 제294조의2 제1항 본문
③ (○) 제294조의3 제1항
④ (○) 제294조의4 제1항

정답 ②

120 ✓유사 ◆◆◇   경찰1차 2021

형사절차상 피해자의 권리에 대한 설명으로 가장 적절하지 않은 것은?

① 소송계속 중인 사건의 피해자는 소송기록의 열람 또는 등사를 재판장에게 신청할 수 있다.

② 소송계속 중인 사건의 피해자의 소송기록 등사신청에 대하여 지방법원 단독판사가 사용목적을 제한하여 등사를 허가하였다면, 피해자는 그 결정에 불복하여 지방법원 본원합의부에 항고할 수 있다.

③ 법원은 범죄로 인한 피해자를 증인으로 신문하는 경우 증인의 연령, 심신의 상태, 그 밖의 사정을 고려하여 증인이 현저하게 불안 또는 긴장을 느낄 우려가 있다고 인정하는 때에는 직권 또는 피해자·법정대리인·검사의 신청에 따라 피해자와 신뢰관계에 있는 자를 동석하게 할 수 있다.

④ 법원에서 비디오 등 중계장치에 의한 중계시설을 통하여 범죄피해자를 증인으로 신문할 때, 중계장치를 통하여 증인이 피고인을 대면하거나 피고인이 증인을 대면하는 것이 증인의 보호를 위하여 상당하지 않다고 인정되는 경우 재판장은 검사, 변호인의 의견을 들어 증인 또는 피고인이 상대방을 영상으로 인식할 수 있는 장치의 작동을 중지시킬 수 있다.

해설

② (×) 소송계속 중인 사건의 피해자의 소송기록 등사신청에 대하여 재판장(위 지문에서는 지방법원 단독판사)은 사용목적을 제한하여 등사를 허가할 수는 있으나 피해자는 그 재판에 대하여 불복할 수 없다(제294조의4 제4항·제6항).

> **제294조의4(피해자 등의 공판기록 열람·등사)** ① 소송계속 중인 사건의 피해자(피해자가 사망하거나 그 심신에 중대한 장애가 있는 경우에는 그 배우자·직계친족 및 형제자매를 포함한다), 피해자 본인의 법정대리인 또는 이들로부터 위임을 받은 피해자 본인의 배우자·직계친족·형제자매·변호사는 소송기록의 열람 또는 등사를 재판장에게 신청할 수 있다.
> ② 재판장은 제1항의 신청이 있는 때에는 지체 없이 검사, 피고인 또는 변호인에게 그 취지를 통지하여야 한다.
> ③ 재판장은 피해자 등의 권리구제를 위하여 필요하다고 인정하거나 그 밖의 정당한 사유가 있는 경우 범죄의 성질, 심리의 상황, 그 밖의 사정을 고려하여 상당하다고 인정하는 때에는 열람 또는 등사를 허가할 수 있다.
> ④ 재판장이 제3항에 따라 <u>등사를 허가하는 경우에는 등사한 소송기록의 사용목적을 제한하거나 적당하다고 인정하는 조건을 붙일 수 있다.</u>
> ⑤ 제1항에 따라 소송기록을 열람 또는 등사한 자는 열람 또는 등사에 의하여 알게 된 사항을 사용함에 있어서 부당히 관계인의 명예나 생활의 평온을 해하거나 수사와 재판에 지장을 주지 아니하도록 하여야 한다.
> ⑥ 제3항 및 제4항에 관한 재판에 대하여는 <u>불복할 수 없다.</u>

① (○) 제294조의4 제1항
③ (○) 제163조의2 제1항 참조.

> **제163조의2(신뢰관계에 있는 자의 동석)** ① 법원은 범죄로 인한 피해자를 증인으로 신문하는 경우 증인의 연령, 심신의 상태, 그 밖의 사정을 고려하여 증인이 현저하게 불안 또는 긴장을 느낄 우려가 있다고 인정하는 때에는 <u>직권 또는 피해자·법정대리인·검사의 신청에 따라 피해자와 신뢰관계에 있는 자를 동석하게</u> 할 수 있다.
> ② 법원은 범죄로 인한 피해자가 13세 미만이거나 신체적 또는 정신적 장애로 사물을 변별하거나 의사를 결정할 능력이 미약한 경우에 재판에 지장을 초래할 우려가 있는 등 부득이한 경우가 아닌 한 피해자와 신뢰관계에 있는 자를 동석하게 하여야 한다.
> ③ 제1항 또는 제2항에 따라 동석한 자는 법원·소송관계인의 신문 또는 증인의 진술을 방해하거나 그 진술의 내용에 부당한 영향을 미칠 수 있는 행위를 하여서는 아니 된다.
> ④ 제1항 또는 제2항에 따라 동석할 수 있는 신뢰관계에 있는 자의 범위, 동석의 절차 및 방법 등에 관하여 필요한 사항은 대법원규칙으로 정한다.

④ (○) 규칙 제84조의9 참조.

> **규칙 제84조의9(차폐시설 등)** ① 법원은 법 제165조의2 제1항에 따라 차폐시설을 설치함에 있어 피고인과 증인이 서로의 모습을 볼 수 없도록 필요한 조치를 취하여야 한다. 〈개정 2021.10.29.〉
> ② 법 제165조의2 제1항에 따라 <u>비디오 등 중계장치에 의한 중계시설을 통하여 증인신문을 할 때 중계장치를 통하여 증인이 피고인을 대면하거나 피고인이 증인을 대면하는 것이 증인의 보호를 위하여 상당하지 않다고 인정되는 경우 재판장은 검사, 변호인의 의견을 들어 증인 또는 피고인이 상대방을 영상으로 인식할 수 있는 장치의 작동을 중지시킬 수 있다.</u> 〈신설 2021.10.29.〉

정답 ②

121 ✓대표 ◆◆◆   법원 2016

형사사건의 피해자에 관한 다음 설명 중 가장 옳지 않은 것은?

① 법원은 범죄피해자의 신청이 있는 때에는 원칙적으로 그 피해자를 증인으로 신문하여야 한다.

② 법원은 피해자를 증인으로 신문하는 경우 동일한 범죄사실에서 신청인의 수가 다수인 때에는 증인으로 신문할 자의 수를 제한할 수 있다.

③ 법원은 범죄로 인한 피해자의 신청이 있는 때에는 당해 사건의 공소제기 여부, 공판의 일시·장소, 재판결과, 피의자·피고인의 구속·석방 등 구금에 관한 사실 등을 신속하게 통지하여야 한다.

④ 법원은 직권 또는 피해자나 그 법정대리인의 신청에 따라 피해자를 공판기일에 출석하게 하여 피해정도 및 결과, 피고인의 처벌에 관한 의견 등 범죄사실의 인정에 해당하지 않는 사항에 관하여 증인신문에 의하지 아니하고 의견을 진술하게 할 수 있다.

해설

③ (×) 제259조의2 참조.

> **제259조의2(피해자 등에 대한 통지)** 검사는 범죄로 인한 피해자 또는 그 법정대리인(피해자가 사망한 경우에는 그 배우자·직계친족·형제자매를 포함한다)의 신청이 있는 때에는 당해 사건의 공소제기 여부, 공판의 일시·장소, 재판결과, 피의자·피고인의 구속·석방 등 구금에 관한 사실 등을 신속하게 통지하여야 한다.

① (○) 제294조의2 제1항 참조.

> **제294조의2(피해자등의 진술권)** ① 법원은 범죄로 인한 피해자 또는 그 법정대리인(피해자가 사망한 경우에는 배우자·직계친족·형제자매를 포함한다. 이하 이 조에서 "피해자등"이라 한다)의 신청이 있는 때에는 그 피해자등을 증인으로 신문하여야 한다. 다만, 다음 각 호의 어느 하나에 해당하는 경우에는 그러하지 아니하다.
> 1. 삭제 〈2007.6.1.〉
> 2. 피해자등 이미 당해 사건에 관하여 공판절차에서 충분히 진술하여 다시 진술할 필요가 없다고 인정되는 경우
> 3. 피해자등의 진술로 인하여 공판절차가 현저하게 지연될 우려가 있는 경우

② (○) 제294조의2 제3항 참조.

> **제294조의2(피해자등의 진술권)** ③ 법원은 동일한 범죄사실에서 제1항의 규정에 의한 신청인이 여러 명인 경우에는 진술할 자의 수를 제한할 수 있다.

④ (○) 제294조의2 제2항, 제295조 참조.

> **법 제294조의2(피해자등의 진술권)** ② 법원은 제1항에 따라 피해자등을 신문하는 경우 피해의 정도 및 결과, 피고인의 처벌에 관한 의견, 그 밖에 당해 사건에 관한 의견을 진술할 기회를 주어야 한다.
> **법 제295조(증거신청에 대한 결정)** 법원은 제294조 및 제294조의2의 증거신청에 대하여 결정을 하여야 하며 직권으로 증거조사를 할 수 있다.
> **규칙 제134조의10(피해자등의 의견진술)** ① 법원은 필요하다고 인정하는 경우에는 직권으로 또는 법 제294조의2 제1항에 정한 피해자등(이하 이 조 및 제134조의11에서 '피해자등'이라 한다)의 신청에 따라 피해자등을 공판기일에 출석하게 하여 법 제294조의2 제2항에 정한 사항으로서 범죄사실의 인정에 해당하지 않는 사항에 관하여 증인신문에 의하지 아니하고 의견을 진술하게 할 수 있다.

정답 ③

---

122 ✓ 유사 ◆◆◇　　　법원 2015

형사피해자와 관련된 다음 설명 중 가장 옳지 않은 것은?

① 범죄피해자가 소송기록의 열람·등사를 신청하면 재판장은 이를 허가하여야 한다.

② 법원은 범죄피해자의 신청이 있는 때에는 원칙적으로 그 피해자를 증인으로 신문하여야 한다.

③ 일정한 유형의 범죄사건에 대하여 유죄를 선고할 경우에 피해자의 신청이 없어도, 법원은 직권으로 범죄행위로 인하여 피해자에게 발생한 손해를 배상하도록 가해자인 피고인에게 명령할 수 있다.

④ 확정된 배상명령이 기재된 유죄판결서의 정본은 집행력 있는 민사판결 정본과 동일한 효력이 있다.

해설

① (×) 허가하여야 하는 것이 아니라 허가할 수 있다(제294조의4 제3항 참조).

> **제294조의4(피해자 등의 공판기록 열람·등사)** ③ 재판장은 피해자 등의 권리구제를 위하여 필요하다고 인정하거나 그 밖의 정당한 사유가 있는 경우 범죄의 성질, 심리의 상황, 그 밖의 사정을 고려하여 상당하다고 인정하는 때에는 열람 또는 등사를 허가할 수 있다.

② (○) 제294조의2 제1항 참조.

> **제294조의2(피해자등의 진술권)** ① 법원은 범죄로 인한 피해자 또는 그 법정대리인(피해자가 사망한 경우에는 배우자·직계친족·형제자매를 포함한다. 이하 이 조에서 "피해자등"이라 한다)의 신청이 있는 때에는 그 피해자등을 증인으로 신문하여야 한다. 다만, 다음 각 호의 어느 하나에 해당하는 경우에는 그러하지 아니하다.

③ (○) 상해, 성폭력, 재산죄 등에 대하여 인정되는 배상명령은 직권 또는 신청에 의한다. 소송촉진법 제25조 제1항 참조.

> **소송촉진법 제25조(배상명령)** ① 제1심 또는 제2심의 형사공판 절차에서 다음 각 호의 죄 중 어느 하나에 관하여 유죄판결을 선고할 경우, 법원은 직권에 의하여 또는 피해자나 그 상속인(이하 "피해자"라 한다)의 신청에 의하여 피고사건의 범죄행위로 인하여 발생한 직접적인 물적(物的) 피해, 치료비 손해 및 위자료의 배상을 명할 수 있다.

④ (○) 소송촉진법 제34조 제1항 참조.

> **소송촉진법 제34조(배상명령의 효력과 강제집행)** ① 확정된 배상명령 또는 가집행선고가 있는 배상명령이 기재된 유죄판결서의 정본은 「민사집행법」에 따른 강제집행에 관하여는 집행력 있는 민사판결 정본과 동일한 효력이 있다.

정답 ①

123 ✓ 유사 ◆◇◇ 　　법원9급 2019

형사피해자와 관련된 다음 설명 중 가장 옳지 않은 것은?

① 법원은 범죄로 인한 피해자 등의 신청이 있는 때에는 그 피해자 등을 증인으로 신문하여야 하는데, 동일한 범죄사실에서 진술을 신청한 피해자 등이 여러 명인 경우에는 진술할 자의 수를 제한할 수 있다.

② 소송계속 중인 사건의 피해자 등의 소송기록의 열람 또는 등사 청구에 대하여 등사한 소송기록의 사용목적 제한 등 적당한 조건을 붙인 재판장의 허가에 대하여 불복할 수 있다.

③ 법원은 범죄로 인한 피해자 등의 신청에 따라 그 피해자 등을 신문하는 경우 피해의 정도 및 결과, 피고인의 처벌에 관한 의견, 그밖에 당해 사건에 관한 의견을 진술할 기회를 주어야 한다.

④ 법원은 범죄로 인한 피해자를 증인으로 신문하는 경우 당해 피해자·법정대리인 또는 검사의 신청에 따라 피해자의 사생활의 비밀이나 신변보호를 위하여 필요하다고 인정하는 때에는 결정으로 심리를 공개하지 아니할 수 있다.

해설

② (×) 제294조의4 제6항 참조.

> **제294조의4(피해자 등의 공판기록 열람·등사)** ① 소송계속 중인 사건의 피해자(피해자가 사망하거나 그 심신에 중대한 장애가 있는 경우에는 그 배우자·직계친족 및 형제자매를 포함한다), 피해자 본인의 법정대리인 또는 이들로부터 위임을 받은 피해자 본인의 배우자·직계친족·형제자매·변호사는 소송기록의 열람 또는 등사를 재판장에게 신청할 수 있다.
> ③ 재판장은 피해자 등의 권리구제를 위하여 필요하다고 인정하거나 그 밖의 정당한 사유가 있는 경우 범죄의 성질, 심리의 상황, 그 밖의 사정을 고려하여 상당하다고 인정하는 때에는 열람 또는 등사를 허가할 수 있다.
> ④ 재판장이 제3항에 따라 등사를 허가하는 경우에는 등사한 소송기록의 사용목적을 제한하거나 적당하다고 인정하는 조건을 붙일 수 있다.
> ⑥ 제3항 및 제4항에 관한 재판에 대하여는 불복할 수 없다.

① (○), ③ (○) 제294조의2 제3항, 제2항 참조.

> **제294조의2(피해자등의 진술권)** ① 법원은 범죄로 인한 피해자 또는 그 법정대리인(피해자가 사망한 경우에는 배우자·직계친족·형제자매를 포함한다. 이하 이 조에서 "피해자등"이라 한다)의 신청이 있는 때에는 그 피해자등을 증인으로 신문하여야 한다.
> ② 법원은 제1항에 따라 피해자등을 신문하는 경우 피해의 정도 및 결과, 피고인의 처벌에 관한 의견, 그 밖에 당해 사건에 관한 의견을 진술할 기회를 주어야 한다. 〈개정 2007.6.1.〉
> ③ 법원은 동일한 범죄사실에서 제1항의 규정에 의한 신청인이 여러 명인 경우에는 진술할 자의 수를 제한할 수 있다. 〈개정 2007.6.1.〉

④ (○) 제294조의3 제1항 참조.

> **제294조의3(피해자 진술의 비공개)** ① 법원은 범죄로 인한 피해자를 증인으로 신문하는 경우 당해 피해자·법정대리인 또는 검사의 신청에 따라 피해자의 사생활의 비밀이나 신변보호를 위하여 필요하다고 인정하는 때에는 결정으로 심리를 공개하지 아니할 수 있다.

정답 ②

124 ✓ 유사 ◆◆◇ 　　법원9급 2020

신뢰관계에 있는 자의 동석에 관한 다음 설명 중 가장 옳지 않은 것은?

① 법원은 범죄로 인한 피해자를 증인으로 신문하는 경우 증인의 연령, 심신의 상태, 그 밖의 사정을 고려하여 증인이 현저하게 불안 또는 긴장을 느낄 우려가 있다고 인정하는 때에는 직권 또는 피해자·법정대리인·검사의 신청에 따라 피해자와 신뢰관계에 있는 자를 동석하게 할 수 있다.

② 법원은 범죄로 인한 피해자가 13세 미만이거나 신체적 또는 정신적 장애로 사물을 변별하거나 의사를 결정할 능력이 미약한 경우에 재판에 지장을 초래할 우려가 있는 등 부득이한 경우가 아닌 한 피해자와 신뢰관계에 있는 자를 동석하게 하여야 한다.

③ 동석한 자는 법원·소송관계인의 신문 또는 증인의 진술을 방해하거나 그 진술의 내용에 부당한 영향을 미칠 수 있는 행위를 하여서는 아니 되며, 재판장은 동석한 자가 부당하게 재판의 진행을 방해하는 때에는 그 행위의 중지를 명할 수 있으나 동석 자체를 중지시킬 수는 없다.

④ 피해자와 동석할 수 있는 신뢰관계에 있는 사람은 피해자의 배우자, 직계친족, 형제자매, 가족, 동거인, 고용주, 변호사, 그 밖에 피해자의 심리적 안정과 원활한 의사소통에 도움을 줄 수 있는 사람을 말한다.

해설

③ (×) 동석한 자는 법원·소송관계인의 신문 또는 증인의 진술을 방해하거나 그 진술의 내용에 부당한 영향을 미칠 수 있는 행위를 하여서는 아니 되며, 재판장은 동석한 자가 부당하게 재판의 진행을 방해하는 때에는 동석을 중지시킬 수 있다(제163조의2 제3항, 규칙 제84조의3 제3항).

① (○) 제163조의2 제1항

② (○) 제163조의2 제2항

④ (○) 규칙 제84조의3 제1항

정답 ③

125 ✓ 유사 ◆◆◇

신뢰관계에 있는 자의 동석에 대한 설명으로 가장 적절하지 않은 것은? (다툼이 있는 경우 판례에 의함)

① 법원은 범죄로 인한 피해자가 13세 미만이거나 신체적 또는 정신적 장애로 사물을 변별하거나 의사를 결정할 능력이 미약한 경우에 재판에 지장을 초래할 우려가 있는 등 부득이한 경우가 아닌 한 피해자와 신뢰관계에 있는 자를 동석하게 하여야 한다.

② 「형사소송규칙」 제84조의3 제1항에 의하면 피해자와 신뢰관계에 있는 사람은 피해자의 배우자, 직계친족, 형제자매, 가족, 동거인, 고용주, 변호사, 그밖에 피해자의 심리적 안정과 원활한 의사소통에 도움을 줄 수 있는 사람을 말한다.

③ 「형사소송법」 제163조의2 제1항 또는 제2항에 따라 동석한 자는 법원·소송관계인의 신문 또는 증인의 진술을 방해하거나 그 진술의 내용에 부당한 영향을 미칠 수 있는 행위를 하여서는 아니 되며, 재판장은 동석한 자가 부당하게 재판의 진행을 방해하는 때에는 그 행위의 중지를 명할 수 있으나, 동석 자체를 중지시킬 수는 없다.

④ 피의자를 신문하는 경우 피의자와 신뢰관계에 있는 자의 동석을 허락할 것인지는 원칙적으로 검사 또는 사법경찰관이 여러 사정을 고려하여 재량에 따라 판단할 수 있으나, 이를 허락하는 경우에도 동석한 사람으로 하여금 피의자를 대신하여 진술하도록 하여서는 안 된다.

해설

③ (×) 경우에 따라 동석 자체를 중지시킬 수 있다(규칙 제84조의3 제3항).

> **규칙 제84조의3(신뢰관계에 있는 사람의 동석)** ③ 재판장은 법 제163조의2 제1항 또는 제2항에 따라 동석한 자가 부당하게 재판의 진행을 방해하는 때에는 동석을 중지시킬 수 있다.

① (○) 제163조의2 제2항 참조.

> **제163조의2(신뢰관계에 있는 자의 동석)** ② 법원은 범죄로 인한 피해자가 13세 미만이거나 신체적 또는 정신적 장애로 사물을 변별하거나 의사를 결정할 능력이 미약한 경우에 재판에 지장을 초래할 우려가 있는 등 부득이한 경우가 아닌 한 피해자와 신뢰관계에 있는 자를 동석하게 하여야 한다.

② (○) 규칙 제84조의3 제1항 참조.

> **규칙 제84조의3(신뢰관계에 있는 사람의 동석)** ① 법 제163조의2에 따라 피해자와 동석할 수 있는 신뢰관계에 있는 사람은 피해자의 배우자, 직계친족, 형제자매, 가족, 동거인, 고용주, 변호사, 그밖에 피해자의 심리적 안정과 원활한 의사소통에 도움을 줄 수 있는 사람을 말한다.

④ (○) 대법원 2009.6.23, 2009도1322

정답 ③

126 ✓ 유사 ◆◆◇

피해자의 진술권에 관한 설명으로 가장 적절한 것은?

① 형사피해자의 진술권은 헌법과 형사소송법에 명문으로 규정되어 있는 것은 아니다.

② 법원은 범죄로 인한 피해자 또는 그 법정대리인의 신청이 있는 때에는 그 피해자 등을 증인으로 신문하여야 한다. 다만, 피해자 등이 이미 당해 사건에 관하여 공판절차에서 충분히 진술하여 다시 진술할 필요가 없다고 인정되는 경우 또는 피해자 등의 진술로 인하여 공판절차가 현저하게 지연될 우려가 있는 경우에는 그러하지 아니하다.

③ 피해자의 정보권을 보호하기 위하여 피해자 또는 그 법정대리인의 신청이 있는 때에는 당해 사건의 공소제기 여부 등을 통지하여야 하나, 피해자에게 공판기록 열람·등사권은 인정되지 않는다.

④ 피해자의 진술권을 보장하기 위해 필요한 변호인의 도움을 받을 권리나 공판절차와 수사절차에서 신뢰관계자의 동석은 현행법상 인정되지 않는다.

해설

① (×), ② (○) 헌법 제27조 제5항, 형사소송법 제294조의2 참조.

> **헌법 제27조** ⑤ 형사피해자는 법률이 정하는 바에 의하여 당해 사건의 재판절차에서 진술할 수 있다.
> **형사소송법 제294조의2(피해자등의 진술권)** ① 법원은 범죄로 인한 피해자 또는 그 법정대리인(피해자가 사망한 경우에는 배우자·직계친족·형제자매를 포함한다. 이하 이 조에서 "피해자등"이라 한다)의 신청이 있는 때에는 그 피해자등을 증인으로 신문하여야 한다.

③ (×) 제294조의4 제1항 참조.

> **제294조의4(피해자 등의 공판기록 열람·등사)** ① 소송계속 중인 사건의 피해자(피해자가 사망하거나 그 심신에 중대한 장애가 있는 경우에는 그 배우자·직계친족 및 형제자매를 포함한다), 피해자 본인의 법정대리인 또는 이들로부터 위임을 받은 피해자 본인의 배우자·직계친족·형제자매·변호사는 소송기록의 열람 또는 등사를 재판장에게 신청할 수 있다.

④ (×) 법 제221조, 법 제163조의2 제1항, 규칙 제84조의3 제1항 참조.

> **법 제221조(제3자의 출석요구 등)** ③ 제163조의2 제1항부터 제3항까지는 검사 또는 사법경찰관이 범죄로 인한 피해자를 조사하는 경우에 준용한다.
> **제163조의2(신뢰관계에 있는 자의 동석)** ① 법원은 범죄로 인한 피해자를 증인으로 신문하는 경우 증인의 연령, 심신의 상태, 그 밖의 사정을 고려하여 증인이 현저하게 불안 또는 긴장을 느낄 우려가 있다고 인정하는 때에는 직권 또는 피해자·법정대리인·검사의 신청에 따라 피해자와 신뢰관계에 있는 자를 동석하게 할 수 있다.
> ② 법원은 범죄로 인한 피해자가 13세 미만이거나 신체적 또는 정신적 장애로 사물을 변별하거나 의사를 결정할 능력이 미약한 경우에 재판에 지장을 초래할 우려가 있는 등 부득이한 경우가 아닌 한 피해자와 신뢰관계에 있는 자를 동석하게

하여야 한다.

규칙 제84조의3(신뢰관계에 있는 사람의 동석) ① 법 제163조의2에 따라 피해자와 동석할 수 있는 신뢰관계에 있는 사람은 피해자의 배우자, 직계친족, 형제자매, 가족, 동거인, 고용주, 변호사, 그 밖에 피해자의 심리적 안정과 원활한 의사소통에 도움을 줄 수 있는 사람을 말한다.

정답 ②

127 ✓유사 ◆◆◇ 국가7급 2023

범죄피해자의 진술권에 대한 설명으로 옳은 것은?

① 법원은 피해자의 신청이 있는 때에는 피해자가 이미 당해 사건에 관하여 공판절차에서 충분히 진술하여 다시 진술할 필요가 없다고 인정되는 경우에도 증인으로 신문하여야 한다.

② 법원은 피해자를 증인으로 신문하는 경우, 당해 피해자·법정대리인 또는 검사의 신청에 따라 피해자의 사생활의 비밀이나 신변보호를 위하여 필요하다고 인정되는 때에도 피고인의 동의가 없으면 심리를 비공개로 할 수 없다.

③ 법원이 피해자로 하여금 증인신문에 의하지 아니하고 의견을 진술하게 한 경우, 그러한 진술은 범죄사실의 인정을 위한 증거로 사용할 수 없다.

④ 법원은 동일한 범죄사실에서 의견진술에 관한 증인신문을 신청한 피해자가 여러 명인 경우에는 모두에게 진술할 기회를 제공하여야 한다.

해설

③ (○) 규칙 제134조의10 제1항 참조.

규칙 제134조의10(피해자등의 의견진술) ① 법원은 필요하다고 인정하는 경우에는 직권으로 또는 법 제294조의2 제1항에 정한 피해자등(이하 이 조 및 제134조의11에서 '피해자등'이라 한다)의 신청에 따라 피해자등을 공판기일에 출석하게 하여 법 제294조의2 제2항에 정한 사항으로서 <u>범죄사실의 인정에 해당하지 않는 사항에 관하여 증인신문에 의하지 아니하고 의견을 진술하게 할 수 있다.</u>

① (×) 제294조의2 제1항 제2호 참조.

제294조의2(피해자등의 진술권) ① 법원은 범죄로 인한 피해자 또는 그 법정대리인(피해자가 사망한 경우에는 배우자·직계친족·형제자매를 포함한다. 이하 이 조에서 "피해자등"이라 한다)의 신청이 있는 때에는 그 피해자등을 증인으로 신문하여야 한다. 다만, 다음 각 호의 어느 하나에 해당하는 경우에는 그러하지 아니하다.
1. 삭제 〈2007.6.1.〉
2. 피해자등 이미 당해 사건에 관하여 공판절차에서 충분히 진술하여 다시 진술할 필요가 없다고 인정되는 경우
3. 피해자등의 진술로 인하여 공판절차가 현저하게 지연될 우려가 있는 경우

② (×) 피해자 증인신문 시 비공개 심리결정에는 <u>피고인의 동의를 요하지 아니한다</u>(제294조의3 제1항).

제294조의3(피해자 진술의 비공개) ① 법원은 범죄로 인한 피해자를 증인으로 신문하는 경우 당해 피해자·법정대리인 또는 검사의 신청에 따라 피해자의 사생활의 비밀이나 신변보호를 위하여 필요하다고 인정하는 때에는 결정으로 심리를 공개하지 아니할 수 있다.

④ (×) 제294조의2 제3항 참조.

제294조의2(피해자등의 진술권) ③ 법원은 동일한 범죄사실에서 제1항의 규정에 의한 <u>신청인이 여러 명인 경우에는 진술할 자의 수를 제한할 수 있다.</u>

정답 ③

128 ✓유사 ◆◆◇ 경찰승진 2023

공판기일의 절차에 대한 설명으로 가장 적절하지 않은 것은? (다툼이 있는 경우 판례에 의함)

① 법원은 피고인이 철회한 증인을 직권으로 신문하여 이를 채증할 수 있다.

② 원칙적으로 증거의 채부는 법원의 재량에 의하여 판단할 것이지만, 형사사건의 실체를 규명하는 데 가장 직접적이고 핵심적인 증거는 법정에서 증거조사를 하기 곤란하거나 부적절한 경우 또는 다른 증거에 비추어 굳이 추가 증거조사를 할 필요가 없다는 등 특별한 사정이 없는 한 공개된 법정에서 그 증거방법에 가장 적합한 방식으로 증거조사를 해야 한다.

③ 다른 증거나 증인의 진술에 비추어 굳이 추가 증거조사를 할 필요가 없다는 등 특별한 사정이 없고 소재탐지나 구인장 발부가 불가능한 사유가 존재하지 않더라도, 법원은 불출석한 핵심증인에 대하여 소재탐지나 구인장 발부 없이 증인채택 결정을 취소할 수 있다.

④ 사실심 변론종결 후 검사나 피해자 등에 의해 피고인에게 불리한 새로운 양형조건에 관한 자료가 법원에 제출되었다면, 법원은 변론을 재개하여 그 양형자료에 대하여 피고인에게 의견진술 기회를 주는 등 필요한 양형심리절차를 거침으로써 피고인의 방어권을 실질적으로 보장해야 한다.

해설

③ (×) 다른 증거나 증인의 진술에 비추어 굳이 추가 증거조사를 할 필요가 없다는 등 특별한 사정이 없고, 소재탐지나 구인장 발부가 불가능한 것이 아님에도 불구하고, <u>불출석한 핵심증인에 대하여 소재탐지나 구인장 발부 없이 증인채택 결정을 취소하는 것은 법원의 재량을 벗어나는 것으로서 위법하다</u>(대법원 2020.12. 10, 2020도2623).

① (○) 증인은 법원이 직권에 의하여 신문할 수도 있고 증거의 채부는 법원의 직권에 속하는 것이므로 <u>피고인이 철회한 증인을 법원이 직권신문하고 이를 채증하더라도 위법이 아니다</u>(대법원 1983. 7.12, 82도3216).

② (○) 원칙적으로 증거의 채부는 법원의 재량에 의하여 판단할 것이지만, 형사사건의 실체를 규명하는 데 가장 직접적이고 핵심적

인 증거는 법정에서 증거조사를 하기 곤란하거나 부적절한 경우 또는 다른 증거에 비추어 굳이 추가 증거조사를 할 필요가 없다는 등 특별한 사정이 없는 한 공개된 법정에서 그 증거방법에 가장 적합한 방식으로 증거조사를 하고, 이를 통해 형성된 유죄·무죄의 심증에 따라 사건의 실체를 규명하는 것이 형사사건을 처리하는 법원이 마땅히 취하여야 할 조치이고, 그것이 우리 형사소송법이 채택한 증거재판주의, 공판중심주의 및 그 한 요소인 실질적 직접심리주의의 정신에도 부합한다고 할 것이다(대법원 2019. 11.28, 2015도12742).

④ (O) 사실심 변론종결 후 검사나 피해자 등에 의해 피고인에게 불리한 새로운 양형조건에 관한 자료가 법원에 제출되었다면, 사실심 법원으로서는 변론을 재개하여 그 양형자료에 대하여 피고인에게 의견진술 기회를 주는 등 필요한 양형심리절차를 거침으로써 피고인의 방어권을 실질적으로 보장해야 한다(대법원 2021. 9.30, 2021도5777).

정답 ③

---

129 ☑ 유사 ◆◇◇ | 법원9급 2024

감정, 감정촉탁에 관한 다음 설명 중 가장 옳지 않은 것은?

① 감정촉탁제도는 선서가 불가능한 단체 또는 기관 등의 감정결과를 증거로 활용하기 위한 것이므로, 개인이 아닌 공무소·학교·병원 기타 상당한 설비가 있는 단체 또는 기관에 대하여 실시할 수 있다.

② 당사자의 신청 또는 직권에 의하여 감정촉탁을 채택하는 경우에는 곧바로 촉탁절차로 나아가면 되고, 감정인의 소환이나 신문절차를 거칠 필요는 없으나, 공무소와 학교 기타 단체 및 기관에 감정촉탁을 한 경우에도 일반적인 감정에 준하여 감정료 등 감정에 관한 비용을 지급하여야 한다.

③ 형사소송법 제175조는 수명법관이 감정에 관하여 필요한 처분을 할 수 있도록 규정하고 있는데, 여기에서 말하는 처분에는 감정유치처분, 감정에 필요한 처분, 나아가 감정을 할 것인지의 여부에 대한 증거결정 등이 포함된다.

④ 감정인에 대한 감정인신문이나 감정인이 감정서를 작성하는 것은 형사소송법 제176조에서 규정한 감정에 해당하지 않는다. 따라서 감정서의 작성에는 당사자의 참여권이 인정되지 않으며, 다만 감정인신문에 대한 당사자의 참여권은 증인신문참여권 조항을 준용하여 보장된다.

해설

③ (×) (법원직만 볼 것) 제175조는 수명법관이 감정에 관하여 필요한 처분을 할 수 있도록 규정하고 있는데, 여기에서 말하는 처분에는 감정유치처분, 감정에 필요한 처분이 포함되고, 감정을 할 것인지의 여부에 대한 증거결정 등은 이에 포함되지 아니한다. [참고] 법원실무에서는 법원의 증거결정 단계에서 감정에 관한 결정을 하고, 여기서 감정을 하기로 하는 결정이 내려지면 그 후에 감정인을 지정하는 절차를 밟고 있다. 이렇게 해서 지정된 감정인이 행하는 처분을 포함하여 법원의 감정에 관하여 필요한 처

분에 대하여 법원은 이를 합의부원으로 하여금 하게 할 수 있는 것이다.

제175조(수명법관) 법원은 합의부원으로 하여금 감정에 관하여 필요한 처분을 하게 할 수 있다.

① (O) (법원직만 볼 것) 제179조의2 참조.

제179조의2(감정의 촉탁) ① 법원은 필요하다고 인정하는 때에는 공무소·학교·병원 기타 상당한 설비가 있는 단체 또는 기관에 대하여 감정을 촉탁할 수 있다. 이 경우 선서에 관한 규정은 이를 적용하지 아니한다.
② 제1항의 경우 법원은 당해 공무소·학교·병원·단체 또는 기관이 지정한 자로 하여금 감정서의 설명을 하게 할 수 있다.

② (O) 규칙 제87조 참조.

규칙 제87조(비용의 지급) ① 법원은 감정하기 위하여 피고인을 병원 기타 장소에 유치한 때에는 그 관리자의 청구에 의하여 입원료 기타 수용에 필요한 비용을 지급하여야 한다.
② 제1항의 비용은 법원이 결정으로 정한다.

④ (O) (법원직만 볼 것) 제176조가 규정한 감정에 대한 당사자의 참여권은 감정처분(감정인의 감정자료 수집에 관한 사실행위)에의 참여권을 말하므로, 감정인신문이나 감정인의 감정서 작성에 대한 참여권은 여기에 포함되지 않는다. 다만, 감정인신문에 대한 증인신문 준용규정에 의하여 감정인신문에 대한 당사자 참여권은 따로 보장된다.

제176조(당사자의 참여) ① 검사, 피고인 또는 변호인은 감정에 참여할 수 있다.
② 제122조의 규정은 전항의 경우에 준용한다.
제177조(준용규정) 감정에 관하여는 제12장(구인에 관한 규정은 제외한다)을 준용한다.
제163조(당사자의 참여권, 신문권) ① 검사, 피고인 또는 변호인은 증인신문에 참여할 수 있다.
② 증인신문의 시일과 장소는 전항의 규정에 의하여 참여할 수 있는 자에게 미리 통지하여야 한다. 단, 참여하지 아니한다는 의사를 명시한 때에는 예외로 한다.

정답 ③

8 공판절차의 특칙

Ⅰ 간이공판절차

130 ✓ 대표 ◆◆◇ 경찰1차 2018 유사 법원 2015

간이공판절차에 관한 다음 설명 중 가장 옳지 않은 것은?
(다툼이 있는 경우 판례에 의함)

① 제1심 관할사건인 때에는 사형·무기 또는 단기 1년 이상의 징역에 해당하는 사건에 대하여도 간이공판절차를 할 수 있다.

② 간이공판절차에서는 전문증거의 증거능력제한이 완화된다.

③ 피고인이 공판정에서 자백하더라도 간이공판절차의 개시여부는 법원의 재량사항이다.

④ 간이공판절차에서는 자백의 보강법칙이 적용되지 않는다.

해설

④ (×) 간이공판절차에서는 증거조사에 관한 특칙(제297조의2) 및 증거동의 간주(제318조의3) 이외에는 공판절차에 관한 일반 규정이 그대로 적용된다. 따라서 자백배제법칙이나 자백의 보강법칙이 그대로 적용된다.

① (○) 간이공판절차는 지방법원 또는 지방법원지원의 제1심 관할사건에 대하여만 인정된다. 제1심 관할사건인 때에는 단독사건은 물론 합의부 관할사건, 즉 사형·무기 또는 단기 1년 이상의 징역이나 금고에 해당하는 사건과 이와 동시에 심판할 공범사건 또는 합의부에서 심판할 것을 스스로 결정한 사건에 대하여도 간이공판절차를 할 수 있다.

② (○) 간이공판절차의 증거에 관하여는 전문법칙이 적용되는 증거에 대하여 제318조 제1항의 동의가 있는 것으로 간주한다(증거동의의제, 제318조의3).

> **제318조의3(간이공판절차에서의 증거능력에 관한 특례)** 제286조의2의 결정이 있는 사건의 증거에 관하여는 제310조의2, 제312조 내지 제314조 및 제316조의 규정에 의한 증거에 대하여 제318조 제1항의 동의가 있는 것으로 간주한다. 단, 검사, 피고인 또는 변호인이 증거로 함에 이의가 있는 때에는 그러하지 아니하다.

③ (○) 간이공판절차 개시의 요건이 구비된 때에는 법원은 간이공판절차에 의하여 심판할 것을 <u>결정할 수 있다</u>(제286조의2). 따라서 피고인이 자백한 제1심 관할사건에 대하여도 법원은 간이공판절차에 의하여 심판하지 않을 수 있다.

[보충] 간이공판절차 개시결정은 재량이고(결정할 수 있다), 간이공판절차 취소결정은 의무이다(취소하여야 한다).

정답 ④

131 ✓ 대표 ◆◆◇ 경찰 2013

다음은 간이공판절차에 대한 설명이다. 가장 적절하지 않은 것은? (다툼이 있는 경우 판례에 의함)

① 간이공판절차는 단독판사의 관할사건에 대하여만 가능하며, 합의부 관할사건에 대하여는 간이공판절차의 결정을 할 수 없다.

② 법원이 간이공판절차에 의하여 심판할 것으로 결정한 사건에 대하여는 법원은 상당하다고 인정하는 방법으로 증거조사를 할 수 있다.

③ 간이공판절차의 요건으로서 피고인의 '자백'은 공소장 기재사실을 인정하고 나아가 위법성이나 책임조각사유가 되는 사실을 진술하지 아니하는 것으로 충분하고 명시적으로 유죄를 자인하는 진술이 있어야 하는 것은 아니다.

④ 피고인이 제1심 법원에서 공소사실에 대하여 자백하여 제1심 법원이 이에 대하여 간이공판절차에 의하여 심판할 것을 결정하고, 이에 따라 상당하다고 인정하는 방법으로 증거조사를 한 이상, 항소심에 이르러 범행을 부인하였다고 하더라도 제1심 법원에서 증거로 할 수 있었던 증거는 항소법원에서도 증거로 할 수 있는 것이므로 제1심 법원에서 이미 증거능력이 있었던 증거는 항소심에서도 증거능력이 그대로 유지되어 다시 증거조사를 할 필요가 없다.

해설

① (×) 합의부 관할사건에 대해 간이공판절차를 할 수 없다는 제한은 없다.

② (○) 제297조의2의 조문 그대로의 지문이다.

③ (○) 형사소송법 제286조의2가 규정하는 간이공판절차의 결정의 요건인 공소사실의 자백이라 함은 공소장 기재사실을 인정하고 나아가 위법성이나 책임조각사유가 되는 사실을 진술하지 아니하는 것으로 충분하고 명시적으로 유죄를 자인하는 진술이 있어야 하는 것은 아니다(대법원 1987.8.18, 87도1269).

④ (○) 피고인이 제1심 법원에서 공소사실에 대하여 자백하여 제1심 법원이 이에 대하여 간이공판절차에 의하여 심판할 것을 결정하고, 이에 따라 제1심 법원이 제1심 판결 명시의 증거들을 증거로 함에 피고인 또는 변호인의 이의가 없어 형사소송법 제318조의3의 규정에 따라 증거능력이 있다고 보고, 상당하다고 인정하는 방법으로 증거조사를 한 이상, 가사 항소심에 이르러 범행을 부인하였다고 하더라도 제1심 법원에서 증거로 할 수 있었던 증거는 항소법원에서도 증거로 할 수 있는 것이므로 제1심 법원에서 이미 증거능력이 있었던 증거는 항소심에서도 증거능력이 그대로 유지되어 심판의 기초가 될 수 있고 다시 증거조사를 할 필요가 없다(대법원 1998.2.27, 97도3421).

정답 ①

간이공판절차에 관한 다음 설명 중 가장 옳은 것은? (다툼이 있는 경우 판례에 의함)

① 피고인이 공소사실은 모두 사실과 다름없다고 하면서 당시 심신상실의 상태에 있었다고 진술한 경우에 법원은 간이공판절차에 의하여 심판할 수 있다.

② 법원이 간이공판절차의 결정을 취소하는 경우 검사, 피고인 또는 변호인의 이의가 없는 때에는 공판절차를 갱신하지 않아도 된다.

③ 피고인의 출석 없이 개정할 수 있는 사건에 대하여 법원이 피고인의 출석 없이 개정하는 경우 피고인이 수사기관에서 자백하였다면 간이공판절차에 의하여 심판할 수 있다.

④ 피고인이 공판정에서 자백하는 경우 그 자백의 신빙성이 없다고 인정되더라도 법원은 간이공판절차에 의하여 심판할 수 있다.

> 해설

② (〇) 제301조의2

① (×) 피고인은 변호인의 반대신문에 대하여 "피고인으로서는 술에 너무 취해 무슨 행동을 하였는지조차 알 수 없다"는 취지로 진술하고 있음을 알 수 있는바, 이는 결국 범의를 부인함과 동시에 범행 당시 심신상실 또는 심신미약의 상태에 있었다는 주장으로서 법률상 범죄의 성립을 조각하거나 형의 감면의 이유가 되는 사실의 진술에 해당하므로 피고인은 적어도 공소사실을 부인하거나 심신상실의 책임조각사유를 주장하고 있는 것으로 볼 여지가 충분하다. 사정이 이러하다면, 이 사건 공소사실은 간이공판절차에 의하여 심판할 대상이 아니라 할 것이다(대법원 2004.7.9, 2004도2116).

③ (×) 간이공판절차는 피고인이 공판정에서 자백한 사건의 경우에만 허용된다.

> **제286조의2(간이공판절차의 결정)** 피고인이 공판정에서 공소사실에 대하여 자백한 때에는 법원은 그 공소사실에 한하여 간이공판절차에 의하여 심판할 것을 결정할 수 있다.

④ (×) 피고인의 자백의 신빙성이 없다고 인정되면 법원은 간이공판절차에 의하여 심판할 수 없다.

> **제286조의3(결정의 취소)** 법원은 전조의 결정을 한 사건에 대하여 피고인의 자백이 신빙할 수 없다고 인정되거나 간이공판절차로 심판하는 것이 현저히 부당하다고 인정할 때에는 검사의 의견을 들어 그 결정을 취소하여야 한다.

> 정답 ②

피고인 甲이 제1심 재판의 모두진술에서 공소사실을 인정함에 따라 법원은 간이공판절차에 의하여 심판할 것을 결정하였다. 이에 대한 설명으로 옳지 않은 것은? (다툼이 있는 경우 판례에 의함)

① 만약 甲이 법정에서 "공소사실은 모두 사실과 다름없다"고 하면서 술에 만취되어 기억이 없다는 취지로 진술한 경우라면 간이공판절차에 의하여 심판할 대상에 해당되지 않는다.

② 간이공판절차 개시결정은 판결 전 소송절차에 관한 결정이므로 항고할 수 없고, 간이공판절차의 요건을 구비하지 못하였음에도 불구하고 간이공판절차에 의하여 심판한 경우에는 판결 자체에 대해 상소할 수 있다.

③ 검사가 甲에 대해 작성한 피의자신문조서는 甲이나 그의 변호인의 이의가 없는 한 증거동의가 있는 것으로 간주된다.

④ 간이공판절차에서는 甲 또는 그의 변호인이 증거신청을 하거나 증거조사에 대해 이의신청을 할 수 없다.

> 해설

④ (×) 간이공판절차에서도 당사자의 증거신청권(제294조), 증거조사에 대한 이의신청권(제296조)은 인정된다.

① (〇) 대법원 2004.7.9, 2004도2116

② (〇) 제403조

③ (〇) 제318조의3

> 정답 ④

134 ✓ 유사 ◆◆◇ 〔변호사 2021〕

공판절차에 관한 설명 중 옳은 것은? (다툼이 있는 경우 판례에 의함)

① 피고인은 변호인이 있는 경우라도 공소제기된 사건에 관하여 검사가 증거로 신청할 피의자신문조서의 열람·등사 또는 서면의 교부를 검사에게 신청할 수 있다.

② 피고인의 출석 없이도 공판준비기일을 개정할 수 있기 때문에 법원의 소환 없이 공판준비기일에 출석한 피고인에게는 재판장은 진술거부권을 고지할 의무는 없다.

③ 변호인이 없는 피고인을 일시 퇴정케 하고 증인신문을 한 다음 피고인에게 실질적인 반대신문의 기회를 부여하지 않았다면, 다음 공판기일에서 재판장이 증인신문 결과 등을 공판조서에 의하여 고지하여 피고인이 '변경할 점과 이의할 점이 없다'고 진술하더라도 실질적인 반대신문의 기회를 부여받지 못한 하자는 치유되지 않는다.

④ 법률에 근거한 공개금지사유가 없음에도 불구하고 재판의 심리에 관한 공개를 금지하기로 한 공개금지결정은 피고인의 공개재판을 받을 권리를 침해한 것으로서 그 증인신문절차에서 이루어진 증인의 증언은 증거능력이 없으나, 만약 변호인의 반대신문권이 보장되었을 경우에는 이를 증거로 사용할 수 있다.

⑤ 피고인이 명시적으로 유죄를 자인하는 진술을 하지는 않았으나, 공소장 기재사실을 인정하고 나아가 위법성이나 책임조각사유가 되는 사실을 진술하지 않은 경우는 「형사소송법」 제286조의2가 규정하는 간이공판절차의 결정의 요건인 공소사실의 자백에 해당한다.

〔해설〕

⑤ (○) 대법원 1981.11.24, 81도2422

① (×) 피고인 또는 변호인은 검사에게 공소제기된 사건에 관한 서류 또는 물건(이하 "서류등"이라 한다)의 목록과 공소사실의 인정 또는 양형에 영향을 미칠 수 있는 다음 서류등의 열람·등사 또는 서면의 교부를 신청할 수 있다. 다만, 피고인에게 변호인이 있는 경우에는 피고인은 열람만을 신청할 수 있다(제266조의3 제1항).

② (×) 법원은 필요하다고 인정하는 때에는 피고인을 소환할 수 있으며, 피고인은 법원의 소환이 없는 때에도 공판준비기일에 출석할 수 있다. <u>재판장은 출석한 피고인에게 진술을 거부할 수 있음을 알려주어야 한다</u>(제266조의8 제5항·제6항).

③ (×) 형사소송법 제297조에 따라 변호인이 없는 피고인을 일시 퇴정하게 하고 증인신문을 한 다음 피고인에게 실질적인 반대신문의 기회를 부여하지 아니한 채 이루어진 증인의 법정진술은 위법한 증거로서 증거능력이 없다고 볼 여지가 있으나, 그 다음 공판기일에서 재판장이 증인신문 결과 등을 공판조서(증인신문조서)에 의하여 고지하였는데 피고인이 '변경할 점과 이의할 점이 없다'고 진술하여 책문권 포기 의사를 명시하였다면 실질적인 반대신문의 기회를 부여받지 못한 하자는 치유된다(대법원 2010.1.14, 2009도9344).

④ (×) 헌법 제27조 제3항 후문, 제109조와 법원조직법 제57조 제1항, 제2항의 취지에 비추어 보면, 헌법 제109조, 법원조직법 제57조 제1항에서 정한 공개금지사유가 없음에도 불구하고 재판의 심리에 관한 공개를 금지하기로 결정하였다면 그러한 공개금지결정은 피고인의 공개재판을 받을 권리를 침해한 것으로서 그 절차에 의하여 이루어진 증인의 증언은 증거능력이 없고, <u>변호인의 반대신문권이 보장되었더라도 달리 볼 수 없으며</u>, 이러한 법리는 공개금지결정의 선고가 없는 등으로 공개금지결정의 사유를 알 수 없는 경우에도 마찬가지이다(대법원 2013.7.26, 2013도2511).

〔정답〕 ⑤

135 ✓ 유사 ◆◆◇ 〔국가9급/개론 2020〕

간이공판절차에 대한 설명으로 옳은 것은? (다툼이 있는 경우 판례에 의함)

① 간이공판절차에서의 증거조사에서 증거방법을 표시하고 증거조사내용을 "증거조사함"이라고 표시하는 방법으로 하였다면 법원이 인정 채택한 상당한 증거방법이라고 인정할 수 있다.

② 상습폭행죄로 기소된 사건에서 피고인이 폭행사실을 인정한 경우에는 상습성을 부인하더라도 간이공판절차에 의하여 심판할 수 있다.

③ 피고인이 피의자 신분으로 수사기관에서 공소사실에 대하여 자백하였다면 법원은 간이공판절차를 명할 수 있다.

④ 간이공판절차의 개시 요건인 자백은 공소장 기재사실을 인정하는 것일 뿐만 아니라 명시적으로 유죄임을 자인하는 진술이어야 한다.

〔해설〕

① (○) 피고인이 공판정에서 공소사실을 자백한 때에 법원이 취하는 심판의 간이공판절차에서의 증거조사는 증거방법을 표시하고 증거조사내용을 "증거조사함"이라고 표시하는 방법으로 하였다면 간이절차에서의 증거조사에서 법원이 인정채택한 상당한 증거방법이라고 인정할 수 있다(대법원 1980.4.22, 80도333).

② (×) 제1심 공판기일에서의 피고인의 진술이 공소사실 중 일부를 부인하거나 또는 최소한 피고인에게 폭력의 습벽이 있음을 부인하는 취지라고 보임에도, 간이공판절차에 의하여 상습상해 내지 폭행의 공소사실을 유죄로 인정한 것은 간이공판절차에 관한 법리를 오해한 것이다(대법원 2006.5.11, 2004도6176).

③ (×) 피고인이 공판정에서 공소사실에 대하여 자백한 때에는 법원은 그 공소사실에 한하여 간이공판절차에 의하여 심판할 것을 결정할 수 있다(제286조의2).

④ (×) 형사소송법 제286조의2(간이공판절차의 결정) 소정의 '자백'은 공소장 기재사실을 인정하고 나아가 위법성이나 책임의 조각사유가 되는 사실을 진술하지 아니하는 것으로 충분하고, 명시적으로 유죄임을 자인하는 진술을 말하는 것이 아니다(대법원 1981.11.24, 81도2422).

〔정답〕 ①

136 ☑ 유사 ◆◆◇ 　법원 2013 유사　 국가7급 2015

간이공판절차에 대한 설명으로 옳은 것을 모두 고른 것은?
(다툼이 있는 경우 판례에 의함)

ㄱ. 법원의 간이공판개시결정에 대하여 즉시항고는 할
　 수 없으나 보통항고는 가능하다.
ㄴ. 간이공판절차에서도 위법수집증거배제법칙 및 자백
　 배제법칙은 적용되나 자백의 보강법칙은 적용되지
　 않는다.
ㄷ. 간이공판절차의 결정의 요건인 공소사실의 자백이
　 라 함은 공소장 기재사실을 인정하고 나아가 위법성
　 이나 책임조각사유가 되는 사실을 진술하지 아니하
　 는 것으로 충분하고 명시적으로 유죄를 자인하는 진
　 술이 있어야 하는 것은 아니다.
ㄹ. 법원이 간이공판절차의 개시결정을 할 때에는 검사
　 의 의견을 들을 필요가 없으나 그 결정을 취소할 때
　 에는 검사의 의견을 들어야 한다.

① ㄱ, ㄴ　　　　　　　　② ㄱ, ㄷ
③ ㄴ, ㄹ　　　　　　　　④ ㄷ, ㄹ

해설

ㄱ. (×) 제403조 제1항 참조.

> **제403조(판결 전의 결정에 대한 항고)** ① 법원의 관할 또는
> 판결 전의 소송절차에 관한 결정에 대하여는 특히 즉시항고
> 를 할 수 있는 경우 외에는 항고하지 못한다.

ㄴ. (×) 간이공판절차에서는 증거조사에 관한 특칙(제297조의2)
　 및 증거동의 간주(제318조의3) 이외에는 공판절차에 관한 일
　 반 규정이 그대로 적용된다.
ㄷ. (○) 형사소송법 제286조의2가 규정하는 간이공판절차의 결정
　 의 요건인 공소사실의 자백이라 함은 공소장 기재사실을 인정하
　 고 나아가 위법성이나 책임조각사유가 되는 사실을 진술하지 아
　 니하는 것으로 충분하고 명시적으로 유죄를 자인하는 진술이 있
　 어야 하는 것은 아니다(대법원 1987.8.18, 87도1269).
ㄹ. (○) 제286조의2, 제286조의3 참조.

> **제286조의2(간이공판절차의 결정)** 피고인이 공판정에서 공
> 소사실에 대하여 자백한 때에는 법원은 그 공소사실에 한하
> 여 간이공판절차에 의하여 심판할 것을 결정할 수 있다.
> **제286조의3(결정의 취소)** 법원은 전조의 결정을 한 사건에
> 대하여 피고인의 자백이 신빙할 수 없다고 인정되거나 간이
> 공판절차로 심판하는 것이 현저히 부당하다고 인정할 때에
> 는 검사의 의견을 들어 그 결정을 취소하여야 한다.

정답 ④

---

137 ☑ 유사 ◆◆◆ 　법원 2014 유사　 국가7급 2019

간이공판절차에 대한 설명으로 옳은 것만을 모두 고르면?
(다툼이 있는 경우 판례에 의함)

ㄱ. 간이공판절차는 제1심 단독판사의 관할사건에 대하
　 여만 인정되고, 제1심 합의부 관할사건, 항소심 또
　 는 상고심에서는 인정되지 않는다.
ㄴ. 제1심 법원이 간이공판절차에 의하여 상당하다고
　 인정하는 방법으로 적법하게 증거조사를 한 이상,
　 항소심에 이르러 피고인이 범행을 부인하더라도,
　 제1심 법원에서 증거로 할 수 있었던 증거는 항소법
　 원에서도 증거로 할 수 있다.
ㄷ. 검사가 공소사실에 대하여 신문을 할 때에는 피고인
　 이 '모두 사실과 다름없다'라고 진술하였다면, 변호
　 인이 신문을 할 때에 범의나 공소사실을 부인하더라
　 도 그 공소사실은 간이공판절차에 의하여 심판할 대
　 상에 해당한다.
ㄹ. 간이공판절차 결정의 요건인 '공소사실에 대한 자백'
　 은 공소장 기재사실을 인정하고 위법성이나 책임의
　 조각사유가 되는 사실을 진술하지 아니하는 것으로
　 충분하고, 명시적으로 유죄를 자인하는 진술이 있
　 어야 하는 것은 아니다.

① ㄱ, ㄴ　　　　　　　　② ㄱ, ㄷ
③ ㄴ, ㄹ　　　　　　　　④ ㄷ, ㄹ

해설

ㄱ. (×) 제1심 관할사건이라면 사건의 경중을 가리지 아니하므로,
　 단독판사의 관할사건은 물론 합의부 관할 사건에 대해서도 간이
　 공판절차를 할 수 있다.
ㄴ. (○) 대법원 1998.2.27, 97도3421
ㄷ. (×) 피고인이 공소사실에 대하여 검사가 신문을 할 때에는 공소
　 사실을 모두 사실과 다름없다고 진술하였으나 변호인이 신문을
　 할 때에는 범의나 공소사실을 부인하였다면 그 공소사실은 간이
　 공판절차에 의하여 심판할 대상이 아니고, 따라서 피고인의 법정
　 에서의 진술을 제외한 나머지 증거들은 간이공판절차가 아닌 일
　 반절차에 의한 적법한 증거조사를 거쳐 그에 관한 증거능력이 부
　 여되지 아니하는 한 그 공소사실에 대한 유죄의 증거로 삼을 수
　 없다(대법원 1981.6.9, 81도775; 1995.12.12, 95도2297; 1996.
　 3.12, 95도1883 등).
ㄹ. (○) 대법원 1981.11.24, 81도2422

정답 ③

138 ✓ 유사 ◆◇◇

「형사소송법」상 간이공판절차에 대한 설명이다. 다음 중 옳은 것은 모두 몇 개인가? (다툼이 있으면 판례에 의함)

┌─────────────────────────────────────┐
│ ㉠ 피고인이 공판정에서 자백하였다면 비록 해당 사건 │
│   이 합의부 관할 사건이라 할지라도 재판부는 결정으 │
│   로써 간이공판절차를 개시할 수 있다. │
│ ㉡ 간이공판절차의 결정의 요건으로 자백이라 함은 공 │
│   소 기재사실을 인정하고 나아가 위법성이나 책임조 │
│   각사유가 되는 사실을 진술하지 아니하는 것으로 충 │
│   분하다. │
│ ㉢ 피고인이 법정에서 "공소사실은 모두 사실과 다름없 │
│   다"고 하면서 술에 만취되어 기억이 없다는 취지의 │
│   진술을 하였다면 이 경우에는 간이공판절차를 개시 │
│   할 수 없다. │
│ ㉣ 간이공판절차에서도 위법수집증거배제의 법칙은 적 │
│   용되나 자백배제의 법칙은 적용되지 아니한다. │
│ ㉤ 피고인이 공판정에서 공소사실에 대하여 자백하여 │
│   간이공판절차의 결정이 내려진 경우라 할지라도 변 │
│   호인이 전문증거에 대하여 이의를 제기하였다면 증 │
│   거동의의 효력이 의제되지 아니한다. │
└─────────────────────────────────────┘

① 2개   ② 3개
③ 4개   ④ 5개

해설

㉠ (○) 제286조의2
㉡ (○) 대법원 1987.8.18, 87도1269
㉢ (○) 대법원 2004.7.9, 2004도2116
㉣ (×) 간이공판절차는 증거조사절차를 간이화하고 증거능력의 제한을 완화하여 심리를 신속하게 진행하기 위한 공판절차를 말한다(제286조의2). 간이공판절차에서 증거능력의 제한이 완화되는 것은 전문법칙에 한하며, 위법수집증거배제법칙 및 자백배제법칙과 같은 전문법칙 이외의 증거법칙은 그대로 적용된다.
㉤ (○) 제318조의3 단서

정답 ③

139 ✓ 유사 ◆◆◇

간이공판절차에 대한 설명으로 옳은 것은?

① 피고인이 공소사실에 대하여 검사가 신문을 할 때에 공소사실이 모두 사실과 다름없다고 진술하였다면, 변호인이 신문을 할 때에 범의나 공소사실을 부인하였더라도 그 공소사실은 간이공판절차에 의하여 심판할 대상이 된다.
② 간이공판절차의 결정이 있는 사건에 대하여는 형사소송법 제161조의2(증인신문의 방식), 제290조 내지 제293조(증거조사의 시기와 방식, 증거조사결과와 피고인의 의견), 제297조(증인신문 시의 피고인 등의 퇴정)의 규정을 적용하지 아니한다.
③ 피고인이 제1심법원에서 공소사실에 대하여 자백하여 제1심법원이 간이공판절차에 의하여 심판할 것을 결정하고 상당하다고 인정하는 방법으로 증거조사를 하였더라도, 피고인이 항소심에 이르러 범행을 부인하면 제1심법원에서 증거로 할 수 있었던 증거는 항소법원에서 증거로 할 수 없으므로 다시 증거조사를 하여야 한다.
④ 간이공판절차에서 요구되는 자백은 피고인이 공판기일에 공판정에서 할 것을 요하며, 이때 자백은 모두진술단계에서 하여야 한다.

해설

② (○) 제297조의2 참조.

┌─────────────────────────────────────┐
│ **제297조의2(간이공판절차에서의 증거조사)** 제286조의2의 │
│ 결정이 있는 사건에 대하여는 제161조의2, 제290조 내지 제 │
│ 293조, 제297조의 규정을 적용하지 아니하며 법원이 상당 │
│ 하다고 인정하는 방법으로 증거조사를 할 수 있다. │
└─────────────────────────────────────┘

[비교] 이에 비하여 공소장변경, 증인의 선서, 당사자의 증거조사참여권·증거신청권·증거조사이의신청권, 무죄판결·공소기각·관할위반판결 등은 간이공판절차에서도 적용되는 제도들이다.

① (×) 피고인이 공소사실에 대하여 검사가 신문을 할 때에는 공소사실을 모두 사실과 다름없다고 진술하였으나 변호인이 신문을 할 때에는 범의나 공소사실을 부인하였다면 그 공소사실은 간이공판절차에 의하여 심판할 대상이 아니고, 따라서 피고인의 법정에서의 진술을 제외한 나머지 증거들은 간이공판절차가 아닌 일반절차에 의한 적법한 증거조사를 거쳐 그에 관한 증거능력이 부여되지 아니하는 한 그 공소사실에 대한 유죄의 증거로 삼을 수 없다(대법원 1998.2.27, 97도3421).
③ (×) 피고인이 제1심법원에서 공소사실에 대하여 자백하여 제1심법원이 이에 대하여 간이공판절차에 의하여 심판할 것을 결정하고, 이에 따라 제1심법원이 제1심판결 명시의 증거들을 증거로 함에 피고인 또는 변호인의 이의가 없어 형사소송법 제318조의3의 규정에 따라 증거능력이 있다고 보고, 상당하다고 인정하는 방법으로 증거조사를 한 이상, 가사 항소심에 이르러 범행을 부인하였다고 하더라도 제1심법원에서 증거로 할 수 있었던 증거는 항소법원에서도 증거로 할 수 있는 것이므로 제1심법원에서 이미 증거능력이 있었던 증거는 항소심에서도 증거능력이 그대로 유지되어 심판의 기초가 될 수 있고 다시 증거조사를 할 필요가 없다(대법원 1998.2.27, 97도3421).

④ (×) 간이공판절차의 요건으로서의 자백은 피고인이 공판기일에 공판정에서 할 것을 요하나, 그 자백의 최종가능시점에 대하여는 명문의 규정이 없다. 학설로는 피고인모두진술시설, 변론종결시설, 피고인신문종결시설이 대립하고 있으나, 피고인모두진술시설이 법원실무의 태도이다.

> **제286조의2(간이공판절차의 결정)** 피고인이 공판정에서 공소사실에 대하여 자백한 때에는 법원은 그 공소사실에 한하여 간이공판절차에 의하여 심판할 것을 결정할 수 있다.
> **제287조(재판장의 쟁점정리 및 검사·변호인의 증거관계 등에 대한 진술)** ① 재판장은 피고인의 모두진술이 끝난 다음에 피고인 또는 변호인에게 쟁점의 정리를 위하여 필요한 질문을 할 수 있다.

정답 ②

140 ☑ 유사 ◆◇◇　군무원9급 2024

간이공판절차에 대한 설명으로 가장 옳지 않은 것은? (다툼이 있는 경우 판례에 의함)

① 피고인이 공판정에서 공소사실에 대하여 자백한 때에는 법원은 그 공소사실에 한하여 간이공판절차에 의하여 심판할 것을 결정할 수 있다.
② 법원은 피고인의 자백이 신빙할 수 없다고 인정된 때에는 검사의 의견을 들어 간이공판절차의 결정을 취소할 수 없다.
③ 간이공판절차에서 법원은 상당한 방법으로 증거조사를 할 수 있지만, 검사, 피고인 또는 변호인이 증거조사에 관하여 이의신청을 할 수는 있다.
④ 간이공판절차의 결정이 취소된 때에는 공판절차를 갱신하여야 한다. 단, 검사, 피고인 또는 변호인이 이의가 없는 때에는 갱신 없이 공판절차를 진행할 수 있다.

해설

② (×) 검사의 의견을 들어 간이공판절차 개시결정을 취소하여야 한다(제286의3).

> **제286조의3(결정의 취소)** 법원은 전조의 결정을 한 사건에 대하여 피고인의 자백이 신빙할 수 없다고 인정되거나 간이공판절차로 심판하는 것이 현저히 부당하다고 인정할 때에는 검사의 의견을 들어 그 결정을 취소하여야 한다.

① (○) 제286조의2 참조.

> **제286조의2(간이공판절차의 결정)** 피고인이 공판정에서 공소사실에 대하여 자백한 때에는 법원은 그 공소사실에 한하여 간이공판절차에 의하여 심판할 것을 결정할 수 있다.

③ (○) ⊙ 간이공판절차에서는 증인신문의 방식(제161조의2), 증거조사의 시기 및 방식(제290~292조), 증거조사의 결과에 대한 피고인의 의견과 고지(제293조), 증인신문 시 피고인의 퇴정(제297조) 규정이 적용되지 않으므로 법원이 상당하다고 인정하는 방법으로 증거조사를 할 수 있으나, ⓒ 간이공판절차에서도 공소장변경이 가능하고 증인의 선서가 필요하며(제156조) 당사자의 증거조사참여권(제163조), 증거신청권(제294조) 및 증거조

사에 대한 이의신청권(제296조)이 보장되고 유죄판결 외에도 공소기각, 관할위반 및 무죄판결까지도 가능하다.

> **제297조의2(간이공판절차에서의 증거조사)** 제286조의2의 결정이 있는 사건에 대하여는 제161조의2, 제290조 내지 제293조, 제297조의 규정을 적용하지 아니하며 법원이 상당하다고 인정하는 방법으로 증거조사를 할 수 있다.
> **제296조(증거조사에 대한 이의신청)** ① 검사, 피고인 또는 변호인은 증거조사에 관하여 이의신청을 할 수 있다.
> ② 법원은 전항의 신청에 대하여 결정을 하여야 한다.

④ (○) 제301조의2 참조.

> **제301조의2(간이공판절차결정의 취소와 공판절차의 갱신)** 제286조의2의 결정이 취소된 때에는 공판절차를 갱신하여야 한다. 단, 검사, 피고인 또는 변호인이 이의가 없는 때에는 그러하지 아니하다.

정답 ②

141 ☑ 유사 ◆◆◇　국가7급 2022

공판절차에 대한 설명으로 옳지 않은 것은? (다툼이 있는 경우 판례에 의함)

① 간이공판절차는 피고인이 공판정에서 공소사실에 대하여 자백하는 때에 한하여 허용되므로, 피고인이 법정에서 공소장에 기재된 사실 전부를 인정하였다면 이에 대해 책임조각사유를 주장하는 경우에도 간이공판절차를 진행할 수 있다.
② 공소장 부본을 송달받은 날부터 7일 이내에 '국민참여재판을 원하는지 여부에 관한 의사가 기재된 서면'을 제출하지 아니한 피고인도 제1회 공판기일이 열리기 전까지는 국민참여재판 신청을 할 수 있고, 법원은 그 의사를 확인하여 국민참여재판으로 진행할 수 있다.
③ 원래 공소제기가 없었음에도 피고인의 소환이 이루어지는 등 사실상의 소송계속이 발생한 상태에서 검사가 약식명령을 청구하는 공소장을 제1심법원에 제출하고 위 공소장에 기하여 공판절차를 진행한 경우, 제1심법원으로서는 이에 기하여 유·무죄의 실체판단을 하여야 한다.
④ 국민참여재판 대상사건의 공소제기가 있었음에도 불구하고 법원에서 피고인이 국민참여재판을 원하는지에 관한 의사확인절차를 거치지 아니한 채 통상의 공판절차로 재판을 진행하였다면 이는 피고인의 국민참여재판을 받을 권리에 대한 중대한 침해로서 그 절차는 위법하고, 이러한 위법한 공판절차에서 이루어진 소송행위도 무효라고 보아야 한다.

해설

① (×) 피고인이 법정에서 "공소사실은 모두 사실과 다름없다."고 하면서 술에 만취되어 기억이 없다는 취지로 진술한 경우에, 피

고인이 음주상태로 운전하다가 교통사고를 내었고, 또한, 사고 후에 도주까지 하였다고 하더라도 피고인이 술에 만취되어 사고 사실을 몰랐다고 범의를 부인함과 동시에 그 범행 당시 심신상실 또는 심신미약의 상태에 있었다는 주장으로서 형사소송법 제323조 제2항에 정하여진 법률상 범죄의 성립을 조각하거나 형의 감면의 이유가 되는 사실의 진술에 해당하므로 피고인은 적어도 공소사실을 부인하거나 심신상실의 책임조각사유를 주장하고 있는 것으로 볼 여지가 충분하므로 간이공판절차에 의하여 심판할 대상에 해당하지 아니한다(대법원 2004.7.9, 2004도2116).

② (○) 국민의 형사재판 참여에 관한 법률 제8조는 피고인이 공소장 부본을 송달받은 날부터 7일 이내에 국민참여재판을 원하는지 여부에 관한 의사가 기재된 서면(이하 '의사확인서')을 제출하도록 하고, 피고인이 그 기간 내에 의사확인서를 제출하지 아니한 때에는 국민참여재판을 원하지 아니하는 것으로 보며, 공판준비기일이 종결되거나 제1회 공판기일이 열린 이후 등에는 종전의 의사를 바꿀 수 없도록 규정하고 있다. 위 규정의 취지를 위 기한이 지나면 피고인이 국민참여재판 신청을 할 수 없도록 하려는 것으로는 보기 어려운 점 등에 비추어 볼 때, 공소장 부본을 송달받은 날부터 7일 이내에 의사확인서를 제출하지 아니한 피고인도 제1회 공판기일이 열리기 전까지는 국민참여재판 신청을 할 수 있고, 법원은 그 의사를 확인하여 국민참여재판으로 진행할 수 있다고 봄이 상당하다(대법원 2009.10.23, 2009모1032).

③ (○) 원래 공소제기가 없었음에도 피고인의 소환이 이루어지는 등 사실상의 소송계속이 발생한 상태에서 검사가 약식명령을 청구하는 공소장을 제1심법원에 제출하여 이때 비로소 적법한 공소제기가 있게 되었다고 할 수 있고, … 법원으로서는 추후 제출된 공소장에 의한 적법한 공소제기에 기하여 실체심리를 진행하였으므로 이에 기하여 유·무죄의 실체판단을 하였어야 한다(대법원 2003.11.14, 2003도2735).

[보충] 그런데 제1심은 검사의 착오에 의한 최초의 기록송부에 공소제기의 의사가 있다고 보아 공소제기가 성립하였으나 검사의 공소장 제출이 없으므로 이는 공소제기로서 무효라는 이유로 공소기각의 판결을 선고하였고, 원심도 같은 이유로 공소제기의 절차가 법률의 규정에 위반하여 무효인 때에 해당한다고 보고, 추후 공소장의 제출로서 이러한 하자가 치유되지 않는다는 이유로 제1심을 그대로 유지한 것은 공소제기에 관한 법리를 오해한 위법이 있고 이는 판결결과에 영향을 미쳤다고 할 것이다(위 판례).

④ (○) 대법원 2013.1.31, 2012도13869

정답 ①

Ⅱ 공판절차의 정지와 갱신

142 ✓ 대표 ◆◆◇ 법원 2015

공판절차의 정지에 관한 다음 설명 중 가장 옳지 않은 것은? (다툼이 있는 경우 판례에 의함)

① 법원은 공소사실이 변경된 경우에는 검사와 변호인의 의견을 들어서 결정으로 상당한 기간을 정하여 공판절차를 정지하여야 한다.

② 피고인이 질병으로 인하여 출정할 수 없는 때에는 법원은 검사와 변호인의 의견을 들어서 결정으로 출정할 수 있을 때까지 공판절차를 정지하여야 한다. 이 경우 공판절차를 정지하기 전에 의사의 의견을 들어야 한다.

③ 피고인이 사물을 변별하거나 의사를 결정할 능력이 없더라도, 피고사건에 대하여 무죄, 면소, 형의 면제 또는 공소기각의 재판을 할 것으로 명백한 때에는 피고인의 출정 없이 재판할 수 있다.

④ 피고인이 사물을 변별하거나 의사를 결정할 능력이 없어 공판절차가 정지되었다가, 그 정지사유가 소멸한 후에 공판절차를 다시 진행하는 경우에는 공판절차를 갱신하여야 한다.

해설

[정리] 공판절차 정지: 심/헌/기/공/관/재

① (×) 공소장이 변경된 경우 공판절차 정지 여부는 법원의 재량사항이다(유일한 임의적 정지, 제298조 제4항 참조). 그리고 검사와 변호인의 의견을 들어야 하는 것은 심신상실·질병으로 인한 경우이고, 공소장변경의 경우는 아니다.

> **제298조(공소장의 변경)** ④ 법원은 전3항의 규정에 의한 공소사실 또는 적용법조의 추가, 철회 또는 변경이 피고인의 불이익을 증가할 염려가 있다고 인정한 때에는 직권 또는 피고인이나 변호인의 청구에 의하여 피고인으로 하여금 필요한 방어의 준비를 하게 하기 위하여 결정으로 필요한 기간 공판절차를 정지할 수 있다.

② (○) 제306조 제2항·제3항 참조.

> **제306조(공판절차의 정지)** ② 피고인이 질병으로 인하여 출정할 수 없는 때에는 법원은 검사와 변호인의 의견을 들어서 결정으로 출정할 수 있을 때까지 공판절차를 정지하여야 한다. ③ 전2항의 규정에 의하여 공판절차를 정지함에는 의사의 의견을 들어야 한다.

③ (○) 피고인에게 유리한 사건의 경우 공판절차를 정지하지 않고 재판할 수 있다. 제306조 제4항 참조.

> **제306조(공판절차의 정지)** ④ 피고사건에 대하여 무죄, 면소, 형의 면제 또는 공소기각의 재판을 할 것으로 명백한 때에는 제1항, 제2항의 사유 있는 경우에도 피고인의 출정 없이 재판할 수 있다.

④ (○) 규칙 제143조, 법 제306조 참조.
[정리] 공판절차 갱신: 간이/경질/심신/배심

> **규칙 제143조(공판절차정지 후의 공판절차의 갱신)** 공판개정 후 법 제306조 제1항의 규정에 의하여 공판절차가 정지

된 경우에는 그 정지사유가 소멸한 후의 공판기일에 공판절차를 갱신하여야 한다.

> **법 제306조(공판절차의 정지)** ① 피고인이 사물의 변별 또는 의사의 결정을 할 능력이 없는 상태에 있는 때에는 법원은 검사와 변호인의 의견을 들어서 결정으로 그 상태가 계속하는 기간 공판절차를 정지하여야 한다.

정답 ①

---

143 ✓ 유사 ◆◆◇ 법원 2016

공판절차에 관한 다음 설명 중 가장 옳지 않은 것은? (다툼이 있는 경우 판례에 의함)

① 공소취소에 의한 공소기각결정이 확정된 때에는 나중에 그 범죄사실에 대한 다른 중요한 증거가 발견된 경우에 한하여만 다시 공소를 제기할 수 있다.

② 간이공판절차에 있어서는 통상의 절차에서 적용되는 전문법칙이 적용되지 않는다. 따라서 일정한 전문증거의 경우 검사, 피고인 또는 변호인이 증거로 함에 이의를 하지 않으면 동의가 있는 것으로 간주한다.

③ 제1심에서 적법하게 간이공판절차에 의하여 상당하다고 인정되는 방법으로 증거조사를 한 이상, 항소심에 이르러 범행을 부인한다고 하더라도 제1심에서 이미 증거능력이 있던 증거는 증거능력이 그대로 유지되므로 다시 증거조사할 필요가 없다.

④ 공판개정 후 판사의 경질이 있는 때에는, 판결의 선고만을 하는 경우라 하더라도, 공판절차를 갱신하여야 한다.

해설

④ (×) 판결의 선고만을 하는 경우에는 그러하지 아니한다(제301조).

> **제301조(공판절차의 갱신)** 공판개정 후 판사의 경질이 있는 때에는 공판절차를 갱신하여야 한다. 단, 판결의 선고만을 하는 경우에는 예외로 한다.

① (○) 제329조 참조.

> **제329조(공소취소와 재기소)** 공소취소에 의한 공소기각의 결정이 확정된 때에는 공소취소 후 그 범죄사실에 대한 다른 중요한 증거를 발견한 경우에 한하여 다시 공소를 제기할 수 있다.

② (○) 제318조의3 참조.

> **제318조의3(간이공판절차에서의 증거능력에 관한 특례)** 제286조의2의 결정이 있는 사건의 증거에 관하여는 제310조의2, 제312조 내지 제314조 및 제316조의 규정에 의한 증거에 대하여 제318조 제1항의 동의가 있는 것으로 간주한다. 단, 검사, 피고인 또는 변호인이 증거로 함에 이의가 있는 때에는 그러하지 아니하다.

③ (○) 피고인이 제1심 법원에서 공소사실에 대하여 자백하여 제1심 법원이 이에 대하여 간이공판절차에 의하여 심판할 것을 결정

하고, 이에 따라 제1심 법원이 제1심 판결 명시의 증거들을 증거로 함에 피고인 또는 변호인의 이의가 없어 형사소송법 제318조의3의 규정에 따라 증거능력이 있다고 보고, 상당하다고 인정하는 방법으로 증거조사를 한 이상, 가사 항소심에 이르러 범행을 부인하였다고 하더라도 제1심 법원에서 증거로 할 수 있었던 증거는 항소법원에서도 증거로 할 수 있는 것이므로 제1심 법원에서 이미 증거능력이 있었던 증거는 항소심에서도 증거능력이 그대로 유지되어 심판의 기초가 될 수 있고 다시 증거조사를 할 필요가 없다(대법원 1998.2.27, 97도3421).

정답 ④

---

144 ✓ 유사 ◆◇◇ 경찰 2014 유사 국가7급 2014

공판절차의 정지사유에 해당하는 것을 모두 고른 것은?

> ㄱ. 법관의 경질
> ㄴ. 병합심리신청
> ㄷ. 재심청구의 경합
> ㄹ. 간이공판절차의 취소
> ㅁ. 위헌법률심판의 제청
> ㅂ. 공판절차개시 후 새로운 배심원의 참여

① ㄱ, ㄴ, ㄹ   ② ㄴ, ㄷ, ㅁ
③ ㄷ, ㄹ, ㅁ   ④ ㄷ, ㅁ, ㅂ

해설

[정리] 공판절차정지: 심/헌/기/공/관/재, 공판절차 갱신: 간이/경질/심신/배심

ㄱ. (×) 공판절차의 정지가 아닌 갱신사유이다. 제301조 참조.

> **제301조(공판절차의 갱신)** 공판개정 후 판사의 경질이 있는 때에는 공판절차를 갱신하여야 한다. 단, 판결의 선고만을 하는 경우에는 예외로 한다.

ㄴ. (○) 규칙 제7조 참조.

> **규칙 제7조(소송절차의 정지)** 법원은 그 계속 중인 사건에 관하여 토지관할의 병합심리신청, 관할지정신청 또는 관할이전신청이 제기된 경우에는 그 신청에 대한 결정이 있기까지 소송절차를 정지하여야 한다. 다만, 급속을 요하는 경우에는 그러하지 아니하다.

ㄷ. (○) 규칙 제169조 참조.

> **규칙 제169조(청구의 경합과 공판절차의 정지)** ① 항소기각의 확정판결과 그 판결에 의하여 확정된 제1심 판결에 대하여 각각 재심의 청구가 있는 경우에 항소법원은 결정으로 제1심 법원의 소송절차가 종료할 때까지 소송절차를 정지하여야 한다.

ㄹ. (×) 공판절차의 정지가 아닌 갱신사유이다. 제301조의2 참조.

> **제301조의2(간이공판절차결정의 취소와 공판절차의 갱신)** 제286조의2의 결정이 취소된 때에는 공판절차를 갱신하여야 한다. 단, 검사, 피고인 또는 변호인이 이의가 없는 때에는 그러하지 아니하다.

ㅁ. (○) 헌법재판소법 제42조 제1항 참조.

> **헌법재판소법 제42조(재판의 정지 등)** ① 법원이 법률의 위헌 여부 심판을 헌법재판소에 제청한 때에는 당해 소송사건의 재판은 헌법재판소의 위헌 여부의 결정이 있을 때까지 정지된다. 다만, 법원이 긴급하다고 인정하는 경우에는 종국재판 외의 소송절차를 진행할 수 있다.

ㅂ. (×) 공판절차의 정지가 아닌 갱신사유이다. 국민참여재판법 제45조 제1항 참조.

> **국민참여재판법 제45조(공판절차의 갱신)** ① 공판절차가 개시된 후 새로 재판에 참여하는 배심원 또는 예비배심원이 있는 때에는 공판절차를 갱신하여야 한다.

정답 ②

Ⅲ 변론의 병합·분리·재개

145 ✓유사 ◆◆◇ 경찰2차 2019

다음 중 법원의 재량에 해당하는 것(○)과 재량에 해당하지 않는 것(×)을 모두 바르게 표시한 것은? (다툼이 있는 경우 판례에 의함)

> ㄱ 변론종결 후 변론재개신청이 있는 경우 법원이 종결한 변론을 재개해야 하는지 여부
> ㄴ 검사의 공소장변경 신청이 공소사실의 동일성을 해하지 아니하는 경우 법원이 이를 허가해야 하는지 여부
> ㄷ 고소권자가 비친고죄로 고소한 사건을 검사가 친고죄로 구성하여 공소를 제기하였으나 공소장변경절차를 거쳐 공소사실이 비친고죄로 변경되지 아니한 경우 법원이 친고죄의 소송조건인 고소가 유효하게 존재하는지를 직권으로 조사·심리해야 하는지 여부
> ㄹ 피고인이 국선변호인 선정청구를 하면서 제출한 소명자료에 의하면 피고인이 빈곤으로 인하여 변호인을 선임할 수 없는 경우에 해당한다고 인정할 여지가 충분하고 이와 달리 볼 만한 사정이 없는 경우 법원이 국선변호인을 선정해야 하는지 여부

① ㄱ (○), ㄴ (×), ㄷ (○), ㄹ (×)
② ㄱ (○), ㄴ (×), ㄷ (×), ㄹ (×)
③ ㄱ (×), ㄴ (○), ㄷ (×), ㄹ (○)
④ ㄱ (○), ㄴ (○), ㄷ (×), ㄹ (×)

해설

ㄱ (○) 종결한 변론을 재개하느냐의 여부는 법원의 재량에 속하는 사항으로서 원심이 변론종결 후 선임된 변호인의 변론재개신청을 들어주지 아니하였다 하여 심리미진의 위법이 있는 것은 아니다(대법원 1986.6.10, 86도769).

ㄴ (×) 형사소송법 제298조 제1항은 '검사는 법원의 허가를 얻어 공소장에 기재한 공소사실 또는 적용법조의 추가·철회 또는 변경을 할 수 있다. 이 경우에 법원은 공소사실의 동일성을 해하지 아니하는 한도에서 허가하여야 한다'고 규정하고 있으므로, 검사의 공소장변경허가신청이 공소사실의 동일성의 범위 안에 있는 것이면 법원은 이를 허가하여야 한다(대법원 2013.9.12, 2012도14097).

ㄷ (×) 법원은 검사가 공소를 제기한 범죄사실을 심판하는 것이지 고소권자가 고소한 내용을 심판하는 것이 아니므로, 고소권자가 비친고죄로 고소한 사건이더라도 검사가 사건을 친고죄로 구성하여 공소를 제기하였다면 공소장 변경절차를 거쳐 공소사실이 비친고죄로 변경되지 아니하는 한, 법원으로서는 친고죄에서 소송조건이 되는 고소가 유효하게 존재하는지를 직권으로 조사·심리하여야 한다(대법원 2015.11.17, 2013도7987).

ㄹ (×) 피고인이 국선변호인 선정청구를 하면서 제출한 국민기초생활수급자 증명서 등 소명자료에 의하면, 피고인이 빈곤으로 인하여 변호인을 선임할 수 없는 경우에 해당한다고 인정할 여지가 충분하고, 기록상 이와 달리 볼 만한 사정을 찾아볼 수 없다. 그렇다면 원심으로서는 특별한 사정이 없는 한 국선변호인 선정결정을 하여 그 선정된 변호인으로 하여금 공판심리에 참여하도록 하였어야 한다. 그럼에도 원심은 그러한 조치 없이 공판심리를 진행하였으니, 이는 국선변호인 선정에 관한 형사소송법 규정을 위반하여, 국선변호인의 조력을 받을 피고인의 권리를 침해한 것이다(대법원 2016.12.29, 2016도16661).

정답 ②

공판에 관한 설명 중 옳은 것을 모두 고른 것은? (다툼이 있는 경우 판례에 의함)

> ㄱ. 피고인은 항소심 제1회 공판기일에는 불출석, 제2회 공판기일에는 출석하였으나 제3회 공판기일에 다시 불출석하자 법원이 피고인의 변호인과 검사만 출석한 상태에서 공판절차를 진행하여 변론을 종결한 다음 제4회 공판기일에 피고인의 항소를 기각하는 판결을 선고하였다면, 이는 「형사소송법」 제365조에 따른 조치로서 적법하다.
>
> ㄴ. 제1심 공판절차에서 피고인에 대한 송달불능보고서가 접수된 때부터 6개월이 지나도록 피고인의 소재를 확인할 수 없는 경우에는 대법원규칙으로 정하는 바에 따라 피고인의 진술 없이 재판할 수 있으나, 사형, 무기 또는 장기 10년이 넘는 징역이나 금고에 해당하는 사건의 경우에는 피고인의 진술 없이 재판할 수 없다.
>
> ㄷ. 최종의견 진술의 기회는 피고인이나 변호인에게 주어지면 되는바, 재판장이 변호인의 최후변론이 끝나자마자 곧바로 선고기일을 지정·고지함으로써 피고인에게 최종의견 진술의 기회를 주지 아니한 채 변론을 종결하고 판결을 선고하였다 하더라도 이는 재판장의 소송지휘권의 범위 내에 속하는 재량행위로서 소송절차의 법령위반에 해당한다고 볼 수는 없다.
>
> ㄹ. 종결한 변론을 재개할지 여부는 원칙적으로 법원의 재량에 속하는 사항이나, 항소심이 변론종결한 후 선임된 변호인의 변론재개신청을 들어주지 않았다면 이는 심리미진의 위법이 있는 경우에 해당한다.
>
> ㅁ. 증거신청의 채택 여부는 법원의 재량으로서 법원의 증거결정에 대하여는 보통항고, 즉시항고 모두 할 수 없고, 다만 증거결정에 법령위반이 있는 경우에 한해 이의신청을 할 수 있을 뿐이며, 또한 그로 말미암아 사실을 오인하여 판결에 영향을 미치기에 이른 경우에만 이를 상소의 이유로 삼을 수 있다.

① ㄴ, ㄹ   ② ㄴ, ㅁ
③ ㄱ, ㄴ, ㄷ   ④ ㄱ, ㄷ, ㅁ
⑤ ㄱ, ㄴ, ㄷ, ㄹ, ㅁ

해설

ㄱ. (✕) 피고인들이 제1회 공판기일에 불출석하였으나 제2회 공판기일에는 출석하였으므로 원심으로서는 피고인들이 제3회 공판기일에 불출석하였다고 하여 바로 개정할 수 없고 제4회 공판기일을 다시 정하여 제4회 공판기일에도 불출석한 때 비로소 피고인들의 출석 없이 개정할 수 있다고 할 것이다. 그럼에도 원심은 피고인들이 2회 이상 계속하여 불출석한 것으로 보고 피고인들의 출석 없이 제3회 공판기일을 개정하였으니, 거기에는 형사소송법 제365조 등 소송절차에 관한 법령을 위반하여 판결에 영향을 미친 위법이 있다(대법원 2016.4.29, 2016도2210)

> **제365조(피고인의 출정)** ① 피고인이 공판기일에 출정하지 아니한 때에는 다시 기일을 정하여야 한다.
> ② 피고인이 정당한 사유 없이 다시 정한 기일에 출정하지 아니한 때에는 피고인의 진술 없이 판결을 할 수 있다.

ㄴ. (○) 소송촉진 등에 관한 특례법 제23조 참조.

> **소송촉진 등에 관한 특례법 제23조(제1심 공판의 특례)** 제1심 공판절차에서 피고인에 대한 송달불능보고서(送達不能報告書)가 접수된 때부터 6개월이 지나도록 피고인의 소재(所在)를 확인할 수 없는 경우에는 대법원규칙으로 정하는 바에 따라 피고인의 진술 없이 재판할 수 있다. 다만, 사형, 무기 또는 장기(長期) 10년이 넘는 징역이나 금고에 해당하는 사건의 경우에는 그러하지 아니하다.

ㄷ. (✕) 형사소송법 제303조는 "재판장은 검사의 의견을 들은 후 피고인과 변호인에게 최종의 의견을 진술할 기회를 주어야 한다."라고 정하고 있으므로, 최종의견 진술의 기회는 피고인과 변호인 모두에게 주어져야 한다. 이러한 최종의견 진술의 기회는 피고인과 변호인의 소송법상 권리로서 피고인과 변호인이 사실관계의 다툼이나 유리한 양형사유를 주장할 수 있는 마지막 기회이므로, 피고인이나 변호인에게 최종의견 진술의 기회를 주지 아니한 채 변론을 종결하고 판결을 선고하는 것은 소송절차의 법령위반에 해당한다(대법원 2018.3.29, 2018도327).

ㄹ. (✕) 종결한 변론을 재개하느냐의 여부는 법원의 재량에 속하는 사항으로서 원심이 변론종결 후 선임된 변호인의 변론재개신청을 들어주지 아니하였다 하여 심리미진의 위법이 있는 것은 아니다(대법원 1986.6.10, 86도769).

ㅁ. (○) 당사자의 증거신청에 대한 법원의 채택 여부의 결정은 판결 전의 소송절차에 관한 결정으로서 이의신청(증거결정이 법령에 위반된 경우에 한하여 이의신청 허용, 규칙 제135조의2)을 하는 외에는 달리 증거결정에 관해서만 독립하여 불복할 수 있는 방법이 없고(제403조), 다만 채증법칙 오인으로 말미암아 사실을 오인하여 판결에 영향을 미치기에 이른 경우에만 이를 상소의 이유로 삼아 상급심 법원의 통제를 받을 수 있을 뿐이다(대법원 1990.6.8, 90도646). 즉, 법원의 증거결정에 대해서는 항고할 수 없다.

정답 ②

147 ✓ 유사 ◆◇◇

변론의 종결, 속행, 재개, 분리, 병합 등에 관한 다음 설명 중 가장 옳지 않은 것은?

① 피고인의 변호인이 공판기일통지서를 받고도 공판기일에 출석하지 아니하여 변호인 없이 변론을 종결한 경우에는 법령위반에 해당한다고 볼 수 없다.

② 변론을 종결한 기일에 판결을 선고하는 경우에는 판결의 선고 후 5일 내에 판결서를 작성하여야 하고, 특별한 사정이 있는 때에는 따로 선고기일을 지정할 수 있지만, 그 선고기일은 변론종결 후 14일 이내로 지정되어야 한다.

③ 검사가 다수인의 집합에 의하여 구성되는 집합범이나 2인 이상이 공동하여 죄를 범한 공범의 관계에 있는 피고인들에 대하여 여러 개의 사건으로 나누어 공소를 제기한 경우에, 법원이 변론을 병합하지 않은 것은 형사소송절차에서의 구두변론주의와 직접심리주의를 위반한 것이라고 보아야 한다.

④ 변론종결 후 변론재개신청이 있는 경우에도 종결한 변론을 재개하느냐의 여부는 법원의 재량에 속하므로, 검사나 피고인에게 주장 및 증명을 위한 충분한 기회를 부여하였다가 변론을 종결한 이상 다른 특별한 사정이 없는 한 그 후에 이루어진 변론재개신청을 법원이 받아들이지 아니하였다고 하여 이를 위법하다고 할 수는 없다.

[해설]

③ (×) 변론의 병합, 분리 및 재개는 법원의 재량에 의한다는 것이 판례의 입장이다.
[판례] 검사가 다수인의 집합에 의하여 구성되는 집합범이나 2인 이상이 공동하여 죄를 범한 공범의 관계에 있는 피고인들에 대하여 여러 개의 사건으로 나누어 공소를 제기한 경우에 법원이 변론을 병합하지 아니하였다고 하여 형사소송절차에서의 구두변론주의와 직접심리주의에 위반한 것이라고 볼 수 없다(대법원 1990. 6.22, 90도764).

① (○) 변호인에게 최종변론의 기회를 주지 않았다고는 할 수 없다는 취지이다(대법원 1977.2.2, 76도4376).

② (○) 법 제318조의4 제1항·제3항, 규칙 제146조 참조

> **법 제318조의4(판결선고기일)** ① 판결의 선고는 변론을 종결한 기일에 하여야 한다. 다만, 특별한 사정이 있는 때에는 따로 선고기일을 지정할 수 있다.
> ② 변론을 종결한 기일에 판결을 선고하는 경우에는 판결의 선고 후에 판결서를 작성할 수 있다.
> ③ 제1항 단서의 선고기일은 변론종결 후 14일 이내로 지정되어야 한다.
> **규칙 제146조(판결서의 작성)** 변론을 종결한 기일에 판결을 선고하는 경우에는 선고 후 5일 내에 판결서를 작성하여야 한다.

④ (○) 대법원 2009.1.15, 2008도10365

[정답] ③

---

148 ✓ 유사 ◆◆◇

공판절차에 대한 설명으로 옳지 않은 것은?

① 동일한 피고인에 대하여 2개 이상의 사건이 각각 별도로 공소가 제기되었을 경우, 법원은 반드시 병합심리하여 동시에 판결을 선고하여야 하는 것은 아니다.

② 국선변호인에 관한 형사소송법 제33조 제1항 제1호의 '피고인이 구속된 때'라고 함은 피고인이 당해(2021도6357 전원합의체 판례에 의하여 별건 사건 및 다른 사건도 포함됨) 형사사건에서 이미 구속되어 재판을 받고 있는 경우를 의미하므로, 변호인 없는 불구속 피고인에 대하여 국선변호인을 선정하지 않은 채 판결을 선고한 다음 법정구속을 하더라도 구속되기 이전까지는 위 규정이 적용되지 않는다.

③ 검사가 다수인의 집합에 의하여 구성되는 집합범이나 2인 이상이 공동하여 죄를 범한 공범의 관계에 있는 피고인들에 대하여 여러 개의 사건으로 나누어 공소를 제기한 경우, 법원이 변론을 병합하지 않더라도 형사소송절차에서의 구두변론주의와 직접심리주의에 위반되는 것은 아니다.

④ 법원은 구속된 피고인이 집행유예기간 중에 있는 때에는 보석을 허가할 수 없다.

[해설]

④ (×) 피고인이 집행유예의 기간 중에 있어 집행유예의 결격자라고 하여 보석을 허가할 수 없는 것은 아니고 형사소송법 제95조는 그 제1 내지 5호 이외의 경우에는 필요적으로 보석을 허가하여야 한다는 것이지 여기에 해당하는 경우에는 보석을 허가하지 아니할 것을 규정한 것이 아니므로 집행유예기간 중에 있는 피고인의 보석을 허가한 것이 누범과 상습범에 대하여는 보석을 허가하지 아니할 수 있다는 형사소송법 제95조 제2호의 취지에 위배되어 위법이라고 할 수 없다(대법원 1990.4.18, 90모22).

① (○) 동일한 피고인에 대하여 각각 별도로 2개 이상의 사건이 공소제기되었을 경우 반드시 병합심리하여 동시에 판결을 선고하여야만 되는 것은 아니다(대법원 1994.11.4, 94도2354).

> **제300조(변론의 분리와 병합)** 법원은 필요하다고 인정한 때에는 직권 또는 검사, 피고인이나 변호인의 신청에 의하여 결정으로 변론을 분리하거나 병합할 수 있다.

② (○) 형사소송법 제33조 제1항 제1호 소정의 '피고인이 구속된 때'라고 함은 피고인이 당해(2021도6357 전원합의체 판례에 의하여 별건 사건 및 다른 사건도 포함됨) 형사사건에서 이미 구속되어 재판을 받고 있는 경우를 의미하는 것이므로, 불구속 피고인에 대하여 판결을 선고한 다음 법정구속을 하더라도 구속되기 이전까지는 위 규정이 적용된다고 볼 수 없다(대법원 2011.3.10, 2010도17353).

③ (○) 검사가 다수인의 집합에 의하여 구성되는 집합범이나 2인 이상이 공동하여 죄를 범한 공범의 관계에 있는 피고인들에 대하여 여러 개의 사건으로 나누어 공소를 제기한 경우에, 법원이 변론을 병합하지 아니하였다고 하여 형사소송절차에서의 구두변론주의와 직접심리주의에 위반한 것이라고 볼 수 없다(대법원 1990. 6.22, 90도764).

[정답] ④

149 ✓ 대표 ◆◆◇　　国家9급 2021

국민참여재판절차에 대한 설명으로 옳지 않은 것은?
(다툼이 있는 경우 판례에 의함)

① 국민참여재판에 관하여 변호인이 없는 때에는 법원은 직권으로 변호인을 선정하여야 한다.

② 국민참여재판에서 배심원은 사실의 인정, 법령의 적용 및 형의 양정에 관한 의견을 제시할 권한은 있으나, 법원의 증거능력에 관한 심리에 관여할 수는 없다.

③ 피고인의 국민참여재판 불희망 의사를 확인하였다고 하더라도, 국민참여재판 안내서 등을 피고인에게 교부하거나 사전에 송달하는 등의 국민참여재판절차에 관한 충분한 안내를 하지 않았거나 그 희망 여부에 관한 상당한 숙고시간을 부여하지 않았다면, 그 의사의 확인절차를 적법하게 거쳤다고 볼 수는 없다.

④ 법원이 국민참여재판 대상사건을 피고인의 의사에 따라 국민참여재판으로 진행함에 있어서는 별도의 국민참여재판 개시결정을 하여야 한다.

[해설]

④ (✕) 국민의 형사재판 참여에 관한 법률에 의하면 제1심 법원이 국민참여재판 대상사건을 <u>피고인의 의사에 따라 국민참여재판으로 진행함에 있어 별도의 국민참여재판 개시결정을 할 필요는 없고</u>, 그에 관한 이의가 있어 제1심 법원이 국민참여재판으로 진행하기로 하는 결정에 이른 경우 이는 판결 전의 소송절차에 관한 결정에 해당하며, 그에 대하여 특별히 즉시항고를 허용하는 규정이 없으므로 위 결정에 대하여는 항고할 수 없다. 따라서 국민참여재판으로 진행하기로 하는 제1심 법원의 결정에 대한 항고는 항고의 제기가 법률상의 방식을 위반한 때에 해당하여 위 결정을 한 법원이 항고를 기각하여야 하고, 위 결정을 한 법원이 항고기각의 결정을 하지 아니한 때에는 항고법원은 결정으로 항고를 기각하여야 한다(대법원 2009.10.23, 2009모1032).

① (○) 국민참여재판법 제7조

② (○) 국민참여재판법 제12조 제1항, 제44조

③ (○) 제1심법원이 국민참여재판 대상사건의 피고인에게 국민참여재판을 원하는지 확인하지 아니한 채 통상의 공판절차에 따라 재판을 진행하였는데, <u>원심법원이 제1회 공판기일에 피고인과 변호인이 이에 대하여 이의가 없다고 진술하자 같은 날 변론을 종결한 후 제2회 공판기일에 피고인의 항소를 기각하는 판결을 선고한 경우</u>, 원심이 피고인에게 국민의 형사재판 참여에 관한 법률 제8조 제1항, 국민의 형사재판 참여에 관한 규칙 제3조 제1항에 준하여 <u>사전에 국민참여재판절차 등에 관한 충분한 안내와 그 희망 여부에 관하여 숙고할 수 있는 상당한 시간을 부여함이 없이</u> 단지 피고인과 변호인이 제1심에서 통상의 공판절차에 따라 재판을 받은 것에 대하여 이의가 없다고 진술한 사실만으로 제1심의 공판절차상 하자가 모두 치유되어 그에 따른 판결이 적법하게 된다고 볼 수 없는데도, 제1심의 공판절차상 하자가 원심에서 적법하게 치유되었음을 전제로 피고인의 항소를 기각한 원심판결에는 법리오해의 위법이 있다(대법원 2012.4.26, 2012도1225).

[정답] ④

150 ✓ 대표 ◆◆◇　　법원9급 2020

국민참여재판에 관한 다음 설명 중 가장 옳은 것은?

① 피고인은 공소장 부본을 송달받은 날부터 7일 이내에 국민참여재판을 원하는지 여부에 관한 의사가 기재된 서면을 제출하여야 한다. 이 경우 피고인이 서면을 우편으로 발송한 때에는 법원에 도착한 날 법원에 제출한 것으로 본다.

② 국민참여재판 대상이 되는 사건임에도 법원에서 피고인이 국민참여재판을 원하는지에 관한 의사 확인절차를 거치지 아니한 채 통상의 공판절차로 재판을 진행하였다면, 그 절차는 위법하고 이러한 위법한 공판절차에서 이루어진 소송행위도 무효이다.

③ 제1심 법원이 국민참여재판 대상이 되는 사건임을 간과하여 이에 관한 피고인의 의사를 확인하지 아니한 채 통상의 공판절차로 재판을 진행하였다면, 피고인이 항소심에서 국민참여재판을 원하지 아니한다고 하면서 위와 같은 제1심의 절차적 위법을 문제 삼지 아니할 의사를 명백히 표시하여도 그 하자가 치유되지는 않는다.

④ 법원은 공소제기 후부터 공판준비기일이 종결된 다음 날까지 성폭력범죄의 처벌 등에 관한 특례법의 성폭력범죄 피해자가 국민참여재판을 원하지 아니하는 경우에 국민참여재판을 하지 아니하기로 하는 결정을 할 수 있는데 위 결정에 대하여 피고인은 불복할 수 없다.

[해설]

② (○) 법원에서 피고인이 국민참여재판을 원하는지에 관한 의사 확인절차를 거치지 아니한 채 통상의 공판절차로 재판을 진행하였다면, 이는 피고인의 국민참여재판을 받을 권리에 대한 중대한 침해로서 그 절차는 위법하고 이러한 위법한 공판절차에서 이루어진 소송행위도 무효라고 보아야 한다(대법원 2012.4.26, 2012도1225).

① (✕) 피고인은 공소장 부본을 송달받은 날부터 7일 이내에 국민참여재판을 원하는지 여부에 관한 의사가 기재된 서면을 제출하여야 한다. 이 경우 피고인이 서면을 우편으로 발송한 때, 교도소 또는 구치소에 있는 피고인이 서면을 교도소장·구치소장 또는 그 직무를 대리하는 자에게 제출한 때에 법원에 제출한 것으로 본다(국민참여재판법 제8조 제2항).

③ (✕) 제1심 법원이 국민참여재판 대상이 되는 사건임을 간과하여 이에 관한 피고인의 의사를 확인하지 아니한 채 통상의 공판절차로 재판을 진행하였더라도, 피고인이 항소심에서 국민참여재판을 원하지 아니한다고 하면서 위와 같은 제1심의 절차적 위법을 문제 삼지 아니할 의사를 명백히 표시하는 경우에는 하자가 치유되어 제1심 공판절차는 전체로서 적법하게 된다고 보아야 한다(대법원 2012.4.26, 2012도1225).

④ (✕) 법원의 국민참여재판을 하지 아니하기로 하는 결정에 대하여 피고인은 즉시항고를 할 수 있다(국민참여재판법 제9조 제3항).

[정답] ②

151 ✅ 대표 ◆◆◆ 변호사 2020

국민참여재판에 관한 설명 중 옳지 않은 것은? (다툼이 있는 경우 판례에 의함)

① 법원은 공소사실의 일부 철회 또는 변경으로 인하여 국민참여재판의 대상사건에 해당하지 아니하게 된 경우에도 국민참여재판을 계속 진행함이 원칙이다.

② 국민참여재판에 관하여 변호인이 없는 때에는 「형사소송법」 제33조 제1항 각호(구속, 미성년자, 70세 이상 등)의 어느 하나에 해당하는 경우가 아니더라도 법원은 직권으로 변호인을 선정하여야 한다.

③ 국민참여재판에서 배심원은 사실의 인정, 법령의 적용 및 형의 양정에 관한 의견을 제시할 권한은 있으나, 법원의 증거능력에 관한 심리에 관여할 수는 없다.

④ 제1심 법원이 국민참여재판 대상사건의 피고인에게 국민참여재판을 원하는지 확인하지 아니한 채 통상의 공판절차에 따라 재판을 진행하였더라도, 항소심 제1회 공판기일에 이에 대하여 이의가 없다는 피고인과 변호인의 진술만으로도 제1심의 공판절차상 하자가 치유되므로, 같은 날 변론을 종결한 후 다음 공판기일에 피고인의 항소를 기각하는 판결을 선고하더라도 이는 적법하다.

⑤ 공소장 부본을 송달받은 날부터 7일 이내에 의사확인서를 제출하지 아니한 피고인도 제1회 공판기일이 열리기 전까지는 국민참여재판 신청을 할 수 있고, 법원은 그 의사를 확인하여 국민참여재판으로 진행할 수 있다.

[해설]

④ (×) 제1심 법원이 국민참여재판 대상사건의 피고인에게 국민참여재판을 원하는지 확인하지 아니한 채 통상의 공판절차에 따라 재판을 진행하였는데, 원심법원이 제1회 공판기일에 피고인과 변호인이 이에 대하여 이의가 없다고 진술하자 같은 날 변론을 종결한 후 제2회 공판기일에 피고인의 항소를 기각하는 판결을 선고한 경우, 원심이 피고인에게 국민의 형사재판 참여에 관한 법률 제8조 제1항, 국민의 형사재판 참여에 관한 규칙 제3조 제1항에 준하여 사전에 국민참여재판 절차 등에 관한 충분한 안내와 그 희망 여부에 관하여 숙고할 수 있는 상당한 시간을 부여함이 없이 단지 피고인과 변호인이 제1심에서 통상의 공판절차에 따라 재판을 받은 것에 대하여 이의가 없다고 진술한 사실만으로 제1심의 공판절차상 하자가 모두 치유되어 그에 따른 판결이 적법하게 된다고 볼 수 없다(대법원 2012.4.26, 2012도1225).

① (○) 법원은 공소사실의 일부 철회 또는 변경으로 인하여 대상사건에 해당하지 아니하게 된 경우에도 이 법에 따른 재판을 계속 진행한다. 다만, 법원은 심리의 상황이나 그 밖의 사정을 고려하여 국민참여재판으로 진행하는 것이 적당하지 아니하다고 인정하는 때에는 결정으로 당해사건을 지방법원 본원 합의부가 국민참여재판에 의하지 아니하고 심판하게 할 수 있다(국민참여재판법 제6조 제1항).

② (○) 이 법에 따른 국민참여재판에 관하여 변호인이 없는 때에는 법원은 직권으로 변호인을 선정하여야 한다(국민참여재판법 제7조).

③ (○) 배심원은 국민참여재판을 하는 사건에 관하여 사실의 인정, 법령의 적용 및 형의 양정에 관한 의견을 제시할 권한이 있다(국민참여재판법 제12조 제1항). 배심원 또는 예비배심원은 법원의 증거능력에 관한 심리에 관여할 수 없다(국민참여재판법 제44조).

⑤ (○) 대법원 2009.10.23, 2009모1032

[정답] ④

---

152 ✅ 대표 ◆◆◇ 변호사 2018

국민참여재판에 관한 설명 중 옳지 않은 것은? (다툼이 있는 경우 판례에 의함)

① 피고인이 법원에 국민참여재판을 신청하였는데도 법원이 이에 대한 배제결정도 하지 않은 채 통상의 공판절차로 재판을 진행하였다면, 이러한 공판절차에서 이루어진 소송행위는 무효라고 보아야 한다.

② 제1심 법원이 피고인의 의사에 따라 국민참여재판으로 진행함에 있어 별도의 국민참여재판 개시결정을 할 필요는 없으나 그에 관한 이의가 있어 국민참여재판으로 진행하기로 결정한 경우, 검사는 그 결정에 대하여 즉시항고를 할 수 있다.

③ 국민참여재판에서 공판준비기일은 원칙적으로 공개하여야 하나, 배심원은 공판준비기일에는 참여하지 아니한다.

④ 국민참여재판은 간이공판절차에 의한 증거능력과 증거조사의 특칙을 적용하기에 부적합한 재판이기 때문에 간이공판절차에 관한 규정을 적용하지 아니한다.

⑤ 국민참여재판에 관하여 변호인이 없는 때에는 법원은 직권으로 변호인을 선정하여야 한다.

[해설]

② (×) 국민의 형사재판 참여에 관한 법률에 의하면 제1심 법원이 국민참여재판 대상사건을 피고인의 의사에 따라 국민참여재판으로 진행함에 있어 별도의 국민참여재판 개시결정을 할 필요는 없고, 그에 관한 이의가 있어 제1심 법원이 국민참여재판으로 진행하기로 하는 결정에 이른 경우 이는 판결 전의 소송절차에 관한 결정에 해당하며, 그에 대하여 특별히 즉시항고를 허용하는 규정이 없으므로 위 결정에 대하여는 항고할 수 없다(대법원 2009.10.23, 2009모1032).

① (○) 절차도 위법하고 그 절차에서 행해진 소송행위도 무효이다. "피고인이 국민참여재판을 원하는지에 관한 의사의 확인절차를 거치지 아니한 채 통상의 공판절차로 재판을 진행하였다면, 이는 피고인의 국민참여재판을 받을 권리에 대한 중대한 침해로서 그 절차는 위법하고 이러한 위법한 공판절차에서 이루어진 소송행위도 무효라고 보아야 한다(대법원 2013.1.31, 2012도13896).

③ (○) 국민참여재판법 제37조 제3항·제4항 참조.

> **국민참여재판법 제37조(공판준비기일)** ③ 공판준비기일은 공개한다. 다만, 법원은 공개함으로써 절차의 진행이 방해될 우려가 있는 때에는 공판준비기일을 공개하지 아니할 수 있다.
> ④ 공판준비기일에는 배심원이 참여하지 아니한다.

④ (○) 국민참여재판법 제43조 제2항 참조.

국민참여재판법 제43조(간이공판절차 규정의 배제) 국민참여재판에는 「형사소송법」 제286조의2를 적용하지 아니한다.

⑤ (○) 국민참여재판법 제7조 참조.

국민참여재판법 제7조(필요적 국선변호) 이 법에 따른 국민참여재판에 관하여 변호인이 없는 때에는 법원은 직권으로 변호인을 선정하여야 한다.

정답 ②

---

153 ✓ 대표 ◆◆◆ 법원 2016

국민참여재판에 관한 다음 설명 중 가장 옳지 않은 것은? (다툼이 있는 경우 판례에 의함)

① 국민참여재판에 관하여 변호인이 없는 때에는 법원은 직권으로 변호인을 선정하여야 한다.

② 법원이 피고인에게 국민참여재판을 원하는지에 관하여 의사를 확인하는 절차를 거치지 아니한 채 통상의 공판절차로 재판을 진행하였다면, 이는 피고인의 국민참여재판을 받을 권리에 대한 중대한 침해로서 그 절차는 위법하고 이러한 위법한 공판절차에서 이루어진 소송행위도 무효이다.

③ 제1심 법원이 국민참여재판 대상사건임을 간과하여 이에 관한 피고인의 의사를 확인하지 아니한 채 통상의 공판절차로 재판을 진행하여 항소된 경우, 항소심에서 제1심 공판절차상의 그러한 하자가 치유될 수는 없다.

④ 피고인이 공소장 부본을 송달받은 날부터 7일 이내에 의사확인서를 제출하지 아니한 경우에도 제1회 공판기일이 열리기 전까지는 국민참여재판 신청을 할 수 있다.

해설

③ (✗) 국민참여재판은 그 실시를 희망하는 의사의 번복에 관하여 국민의 형사재판 참여에 관한 법률 제8조 제4항에 따른 시기적·절차적 제한이 있는 외에는 피고인의 의사에 반하여 할 수 없으므로, 제1심 법원이 국민참여재판 대상이 되는 사건임을 간과하여 이에 관한 피고인의 의사를 확인하지 아니한 채 통상의 공판절차로 재판을 진행하였더라도, 피고인이 항소심에서 국민참여재판을 원하지 아니한다고 하면서 위와 같은 제1심의 절차적 위법을 문제 삼지 아니할 의사를 명백히 표시하는 경우에는 하자가 치유되어 제1심 공판절차는 전체로서 적법하게 된다고 보아야 하고, 다만 국민참여재판제도의 취지와 피고인의 국민참여재판을 받을 권리를 실질적으로 보장하고자 하는 관련 규정의 내용에 비추어 위 권리를 침해한 제1심 공판절차의 하자가 치유된다고 보기 위해서는 같은 법 제8조 제1항, 국민의 형사재판 참여에 관한 규칙 제3조 제1항에 준하여 피고인에게 국민참여재판 절차 등에 관한 충분한 안내와 그 희망 여부에 관하여 숙고할 수 있는 상당한 시간이 사전에 부여되어야 한다(대법원 2012.4.26, 2012도1225).

① (○) 국민참여재판법 제7조 참조.

국민참여재판법 제7조(필요적 국선변호) 이 법에 따른 국민참여재판에 관하여 변호인이 없는 때에는 법원은 직권으로 변호인을 선정하여야 한다.

[보충] 국민참여재판의 공판절차상 특칙: 필수적 공판준비절차, 필요적 변호, 간이공판절차 배제, 배심원의 증거능력 판단배제, 배심원 변경 시 공판절차 갱신

② (○) 법원에서 피고인이 국민참여재판을 원하는지에 관한 의사확인절차를 거치지 아니한 채 통상의 공판절차로 재판을 진행하였다면, 이는 피고인의 국민참여재판을 받을 권리에 대한 중대한 침해로서 그 절차는 위법하고 이러한 위법한 공판절차에서 이루어진 소송행위도 무효라고 보아야 한다(대법원 2012.4.26, 2012도1225).

④ (○) 의사의 번복이 가능하다(대법원 2009.10.23, 2009모1032).

정답 ③

---

154 ✓ 대표 ◆◆◆ 국가9급 2016

국민의 형사재판 참여에 관한 법률에 대한 설명으로 옳지 않은 것은? (다툼이 있는 경우 판례에 의함)

① 공소장부본을 송달받은 날부터 7일 이내에 의사확인서를 제출하지 아니한 피고인도 제1회 공판기일이 열리기 전까지는 국민참여재판 신청을 할 수 있고, 법원은 그 의사를 확인하여 국민참여재판으로 진행할 수 있다.

② 국민의 형사재판 참여에 관한 법률 제42조 제2항은 재판장의 공판기일에서의 최초 설명의무를 규정하고 있는데, 원칙적으로 설명의 대상에 검사가 아직 공소장에 의하여 낭독하지 아니한 공소사실 등은 포함된다고 볼 수 없다.

③ 공판절차가 개시된 후 새로 재판에 참여하는 배심원 또는 예비배심원이 있는 때에는 공판절차를 갱신하여야 한다.

④ 국민참여재판을 받을 권리는 헌법 제27조 제1항에서 규정한 재판을 받을 권리의 보호범위에 속한다.

해설

④ (✗) 헌법과 법률이 정한 법관에 의한 재판을 받을 권리는 직업법관에 의한 재판을 주된 내용으로 하는 것이므로, 국민참여재판을 받을 권리가 헌법 제27조 제1항에서 규정한 재판을 받을 권리의 보호범위에 속한다고 볼 수 없다(헌법재판소 2015.7.30, 2014헌바447).

[보충] 합의부사건으로 제한하는 것은 평등권 침해 ✗(합헌)

① (○) 대법원 2009.10.23, 2009모1032

② (○) 대법원 2014.11.13, 2014도8377

③ (○) 국민참여재판법 제45조 제1항 참조.

국민참여재판법 제45조(공판절차의 갱신) ① 공판절차가 개시된 후 새로 재판에 참여하는 배심원 또는 예비배심원이 있는 때에는 공판절차를 갱신하여야 한다.

정답 ④

155 ✅ 대표 ◆◆◇

국민의 형사재판 참여에 대한 설명으로 가장 적절하지 않은 것은? (다툼이 있으면 판례에 의함)

① 「국민의 형사재판 참여에 관한 법률」은 재판장의 공판기일에서의 최초 설명의무를 규정하고 있는데, 원칙적으로 그 설명의 대상에 검사가 아직 공소장에 의하여 낭독하지 아니한 공소사실 등이 포함된다고 볼 수 없다.

② 법원은 국민참여재판으로 진행하는 것이 적당하지 아니하다고 인정하는 때에는 결정으로 당해 사건을 지방법원 본원 합의부가 국민참여재판에 의하지 아니하고 심판하게 할 수 있다. 이러한 결정에 대하여는 불복할 수 없으며, 결정 전에 행한 소송행위는 결정 이후 그 효력이 소급적으로 소멸한다.

③ 법원은 공소제기 후부터 공판준비기일이 종결된 다음 날까지 공범 관계에 있는 피고인들 중 일부가 국민참여재판을 원하지 아니하여 국민참여재판의 진행에 어려움이 있다고 인정되는 경우에는 국민참여재판을 하지 아니하기로 하는 결정을 할 수 있으며, 이에 대하여는 즉시항고를 할 수 있다.

④ 금고 이상의 형의 집행유예를 선고받고 그 기간이 완료된 날부터 2년을 경과하지 아니한 사람은 배심원으로 선정될 수 없다.

해설

② (×) 일반 합의부절차 회부결정도 가능하다(국민참여재판법 제6조 제1항 단서). 다만, 일반 합의부절차 회부결정 전 행한 소송행위의 효력에는 영향이 없다(동 제4항).

> **제6조(공소사실의 변경 등)** ① 법원은 공소사실의 일부 철회 또는 변경으로 인하여 대상사건에 해당하지 아니하게 된 경우에도 이 법에 따른 재판을 계속 진행한다. 다만, 법원은 심리의 상황이나 그 밖의 사정을 고려하여 국민참여재판으로 진행하는 것이 적당하지 아니하다고 인정하는 때에는 결정으로 당해 사건을 지방법원 본원 합의부가 국민참여재판에 의하지 아니하고 심판하게 할 수 있다.
> ④ 제1항 단서의 결정 전에 행한 소송행위는 그 결정 이후에도 그 효력에 영향이 없다.

[보충 1] 참여재판 배제결정(사유: 침/공/성/적)에 대해서는 즉시항고 가능하나, 통상절차 회부결정(사유: 병/구/성/적)에 대해서는 불복할 수 없음
[보충 2] 공통점: 검·피·변 의견청취

① (○) 대법원 2014.11.13, 2014도8377
③ (○) 국민참여재판법 제9조 제1항·제3항 참조.

> **제9조(배제결정)** ① 법원은 공소제기 후부터 공판준비기일이 종결된 다음 날까지 다음 각 호의 어느 하나에 해당하는 경우 국민참여재판을 하지 아니하기로 하는 결정을 할 수 있다.
> 1. 배심원·예비배심원·배심원후보자 또는 그 친족의 생명·신체·재산에 대한 침해 또는 침해의 우려가 있어서 출석의 어려움이 있거나 이 법에 따른 직무를 공정하게 수행하지 못할 염려가 있다고 인정되는 경우

2. 공범 관계에 있는 피고인들 중 일부가 국민참여재판을 원하지 아니하여 국민참여재판의 진행에 어려움이 있다고 인정되는 경우
3. 「성폭력범죄의 처벌 등에 관한 특례법」 제2조의 범죄로 인한 피해자(이하 "성폭력범죄 피해자"라 한다) 또는 법정대리인이 국민참여재판을 원하지 아니하는 경우
4. 그 밖에 국민참여재판으로 진행하는 것이 적절하지 아니하다고 인정되는 경우
③ 제1항의 결정에 대하여는 즉시항고를 할 수 있다.

④ (○) 국민참여재판법 제17조 제4호 참조.

> **제17조(결격사유)** 다음 각 호의 어느 하나에 해당하는 사람은 배심원으로 선정될 수 없다.
> 4. 금고 이상의 형의 집행유예를 선고받고 그 기간이 완료된 날부터 2년을 경과하지 아니한 사람

[정리] 결격사유: 한/복/실5/유2/선유/자정

정답 ②

---

156 ✅ 대표 ◆◆◇

다음 중 「국민의 형사재판 참여에 관한 법률」상 국민참여재판의 배심원으로 선정될 수 있는 자는?

① 현직 경찰공무원
② 파산선고를 받고 복권되지 아니한 만 20세의 자
③ 피해자의 이혼한 배우자
④ 징역 10년의 실형을 선고받고 그 집행이 종료된 후 5년이 경과한 자

해설

④ (○) 국민참여재판법 제17조 제3호에 따르면 금고 이상의 실형을 선고받고 그 집행이 종료(종료된 것으로 보는 경우를 포함)되거나 집행이 면제된 후 5년을 경과하지 아니한 사람이 결격사유자에 해당하므로, 징역 10년의 실형을 선고받고 그 집행이 종료된 후 5년이 경과한 자는 국민참여재판의 배심원으로 선정될 수 있다.

> **국민참여재판법 제16조(배심원의 자격)** 배심원은 만 20세 이상의 대한민국 국민 중에서 이 법으로 정하는 바에 따라 선정된다.
> **제17조(결격사유)** 다음 각 호의 어느 하나에 해당하는 사람은 배심원으로 선정될 수 없다.
> 1. 피성년후견인 또는 피한정후견인
> 2. 파산선고를 받고 복권되지 아니한 사람
> 3. 금고 이상의 실형을 선고받고 그 집행이 종료(종료된 것으로 보는 경우를 포함한다)되거나 집행이 면제된 후 5년을 경과하지 아니한 사람
> 4. 금고 이상의 형의 집행유예를 선고받고 그 기간이 완료된 날부터 2년을 경과하지 아니한 사람
> 5. 금고 이상의 형의 선고유예를 받고 그 선고유예기간 중에 있는 사람
> 6. 법원의 판결에 의하여 자격이 상실 또는 정지된 사람
> **제18조(직업 등에 따른 제외사유)** 다음 각 호의 어느 하나에 해당하는 사람을 배심원으로 선정하여서는 아니 된다.

1. 대통령
2. 국회의원·지방자치단체의 장 및 지방의회의원
3. 입법부·사법부·행정부·헌법재판소·중앙선거관리위
   원회·감사원의 정무직 공무원
4. 법관·검사
5. 변호사·법무사
6. 법원·검찰 공무원
7. 경찰·교정·보호관찰 공무원
8. 군인·군무원·소방공무원 또는 예비군법에 따라 동원
   되거나 교육훈련의무를 이행 중인 예비군

제19조(제척사유) 다음 각 호의 어느 하나에 해당하는 사람
은 당해 사건의 배심원으로 선정될 수 없다.
1. 피해자
2. 피고인 또는 피해자의 친족이나 이러한 관계에 있었던
   사람
3. 피고인 또는 피해자의 법정대리인
4. 사건에 관한 증인·감정인·피해자의 대리인
5. 사건에 관한 피고인의 대리인·변호인·보조인
6. 사건에 관한 검사 또는 사법경찰관의 직무를 행한 사람
7. 사건에 관하여 전심 재판 또는 그 기초가 되는 조사·심
   리에 관여한 사람

제20조(면제사유) 법원은 직권 또는 신청에 따라 다음 각 호
의 어느 하나에 해당하는 사람에 대하여 배심원 직무의 수행
을 면제할 수 있다.
1. 만 70세 이상인 사람
2. 과거 5년 이내에 배심원후보자로서 선정기일에 출석한
   사람
3. 금고 이상의 형에 해당하는 죄로 기소되어 사건이 종결
   되지 아니한 사람
4. 법령에 따라 체포 또는 구금되어 있는 사람
5. 배심원 직무의 수행이 자신이나 제3자에게 위해를 초래
   하거나 직업상 회복할 수 없는 손해를 입게 될 우려가 있
   는 사람
6. 중병·상해 또는 장애로 인하여 법원에 출석하기 곤란한
   사람
7. 그 밖의 부득이한 사유로 배심원 직무를 수행하기 어려
   운 사람

① (×) 현직 경찰공무원은 「국민의 형사재판 참여에 관한 법률」(이
하 국민참여재판법) 제18조 제7호에 따라 국민참여재판의 배심
원으로 선정될 수 없다(직업적 제외사유).
② (×) 파산선고를 받고 복권되지 아니한 만 20세의 자는 국민참
여재판법 제17조 제2호에 따라 국민참여재판의 배심원으로 선정
될 수 없다(결격사유).
③ (×) 피해자의 이혼한 배우자는 국민참여재판법 제19조 제2호에
따라 국민참여재판의 배심원으로 선정될 수 없다(제척사유).

정답 ④

---

157 ✓ 대표 ◆◇◇   법원 2017

**국민참여재판에 관한 다음 설명 중 가장 옳지 않은 것은?
(다툼이 있으면 판례에 의함)**

① 배심원의 평결과 의견은 법원을 기속하지 아니한다.
② 배심원의 평결결과와 다른 판결을 선고하는 때에는 판
   결서에 그 이유를 기재하여야 한다.
③ 배심원은 법원의 증거능력에 관한 심리에 관여할 수
   있다.
④ 국민참여재판에서는 반드시 공판준비절차를 거쳐야
   한다.

해설

③ (×) 배심원 또는 예비배심원은 법원의 증거능력에 관한 심리에
   관여할 수 없다(국민참여재판법 제44조).
① (○) 국민참여재판법 제46조 제5항
② (○) 국민참여재판법 제49조 제2항
④ (○) 국민참여재판법 제36조 제1항

정답 ③

---

158 ✓ 대표 ◆◆◆   국가9급/개론 2017

**국민참여재판에 대한 설명으로 옳은 것만을 모두 고른
것은?**

> ㄱ. 국민참여재판에서 공소사실의 일부 철회 또는 변경
>   으로 인하여 대상사건에 해당하지 아니하게 된 경
>   우, 법원은 절차를 정지하고 결정으로 당해 사건을
>   지방법원 본원 합의부로 하여금 국민참여재판에 의
>   하지 아니하고 심판하게 하여야 한다.
> ㄴ. 국민참여재판에서는 피고인이 법정에서 자백하는
>   경우에도 간이공판절차 규정을 적용하지 아니한다.
> ㄷ. 심리에 관여한 배심원은 유·무죄에 관하여 평의하
>   고 평결이 유죄인 경우 양형에 관하여 토의하고 그
>   에 관한 의견을 개진하며, 평의 및 양형에 관한 토
>   의에는 심리에 관여한 판사가 참여할 수 없다.
> ㄹ. 배심원이 9인인 경우 검사와 변호인은 각자 5인의
>   범위 내에서 배심원후보자에 대하여 이유를 제시하
>   지 아니하는 기피신청을 할 수 있다.

① ㄱ, ㄹ   ② ㄴ, ㄷ
③ ㄴ, ㄹ   ④ ㄴ, ㄷ, ㄹ

해설

ㄱ. (×) 원칙적으로 참여재판을 계속 진행하며, 통상절차회부는 임
   의적이다.
ㄴ. (○) 국민참여재판법 제43조
ㄷ. (×) 심리관여판사가 평의 및 양형토의에 참여할 수 있는가를 묻
   고 있는데, 평의에 관해서는 만장일치 평결 시 배심원 과반수의
   요청이 있으면 심리관여판사의 의견을 들을 수 있고(국민참여재

판법 제46조 제2항), 다수결 평결 시에는 평결 전 심리관여판사의 의견을 듣는 것이 필수절차로 되어 있다(동조 제3항). 따라서 심리관여판사가 평의에 참여할 수 없다는 것은 틀렸다(단, 평결에는 참여 불가). 한편, 배심원 평결이 유죄인 경우, 배심원은 심리관여판사와 함께 양형에 관하여 토의하고 그에 관한 의견을 개진한다(동조 제4항 제1문). 이때 심리관여판사는 양형에 관하여 함께 토의하므로 양형토의에 참여할 수 없다는 것도 틀렸다.

> **국민참여재판법 제46조(재판장의 설명·평의·평결·토의 등)**
> ② 심리에 관여한 배심원은 제1항의 설명을 들은 후 유·무죄에 관하여 평의하고, 전원의 의견이 일치하면 그에 따라 평결한다. 다만, 배심원 과반수의 요청이 있으면 심리에 관여한 판사의 의견을 들을 수 있다.
> ③ 배심원은 유·무죄에 관하여 전원의 의견이 일치하지 아니하는 때에는 평결을 하기 전에 심리에 관여한 판사의 의견을 들어야 한다. 이 경우 유·무죄의 평결은 다수결의 방법으로 한다. 심리에 관여한 판사는 평의에 참석하여 의견을 진술한 경우에도 평결에는 참여할 수 없다.
> ④ 제2항 및 제3항의 평결이 유죄인 경우 배심원은 심리에 관여한 판사와 함께 양형에 관하여 토의하고 그에 관한 의견을 개진한다. 재판장은 양형에 관한 토의 전에 처벌의 범위와 양형의 조건 등을 설명하여야 한다.

ㄹ. (○) 무이유부 기피신청(국민참여재판법 제30조 제1항)

[정답] ③

---

159 ☑ 대표 ◆◇◇ [국가9급개론 2019]

「국민의 형사재판 참여에 관한 법률」에 따른 국민참여재판에 대한 설명으로 옳은 것은? (다툼이 있는 경우 판례에 의함)

① 제1심 법원이 피고인의 의사에 따라 국민참여재판으로 진행하기로 결정한 경우, 위 결정에 대해 검사는 항고할 수 있다.
② 국민참여재판에서 배심원이 만장일치 의견으로 내린 무죄의 평결을 존중하여 제1심 법원이 무죄판결을 내린 경우, 검사는 항소를 제기할 수 없다.
③ 피고인은 공소장 부본을 송달받은 날부터 7일이 경과한 후에는 국민참여재판 신청을 할 수 없다.
④ 법원은 국민참여재판으로 진행하는 것이 적절하지 아니하다고 인정되는 경우, 공소제기 후부터 공판준비기일이 종결된 다음 날까지 국민참여재판 배제결정을 할 수 있다.

[해설]

④ (○) 국민참여재판법 제9조 제1항 제4호 참조.

> **국민참여재판법 제9조(배제결정)** ① 법원은 공소제기 후부터 공판준비기일이 종결된 다음 날까지 다음 각 호의 어느 하나에 해당하는 경우 국민참여재판을 하지 아니하기로 하는 결정을 할 수 있다. 〈개정 2012.1.17.〉
> 4. 그 밖에 국민참여재판으로 진행하는 것이 적절하지 아니

하다고 인정되는 경우
> ② 법원은 제1항의 결정을 하기 전에 검사·피고인 또는 변호인의 의견을 들어야 한다.
> ③ 제1항의 결정에 대하여는 즉시항고를 할 수 있다.

① (×) 국민의 형사재판 참여에 관한 법률에 의하면 제1심 법원이 국민참여재판 대상사건을 피고인의 의사에 따라 국민참여재판으로 진행함에 있어 별도의 국민참여재판 개시결정을 할 필요는 없고, 그에 관한 이의가 있어 <u>제1심 법원이 국민참여재판으로 진행하기로 하는 결정에 이른 경우 이는 판결 전의 소송절차에 관한 결정에 해당하며, 그에 대하여 특별히 즉시항고를 허용하는 규정이 없으므로 위 결정에 대하여는 항고할 수 없다.</u> 따라서 국민참여재판으로 진행하기로 하는 제1심 법원의 결정에 대한 항고는 항고의 제기가 법률상의 방식을 위반한 때에 해당하여 위 결정을 한 법원이 항고를 기각하여야 하고, 위 결정을 한 법원이 항고기각의 결정을 하지 아니한 때에는 항고법원은 결정으로 항고를 기각하여야 한다(대법원 2009.10.23, 2009모1032).

② (×) 국민참여재판으로 이루어진 1심의 판결에 대해서는 검사는 얼마든지 항소를 제기할 수 있다.
[보충] 다만 이 지문에서 보다 중요한 부분은 1심의 무죄판결을 항소심이 유죄로 뒤집으려 하는 경우이다. 이에 대한 판례는 다음과 같다. "국민참여재판으로 진행된 제1심에서 배심원이 만장일치로 한 평결 결과를 받아들여 강도상해의 공소사실을 무죄로 판단하였으나, 항소심에서는 피해자에 대하여만 증인신문을 추가로 실시한 다음 제1심의 판단을 뒤집어 이를 유죄로 인정한 경우, 항소심 판단에는 공판중심주의와 실질적 직접심리주의의 원칙의 위반 및 증거재판주의에 관한 법리오해의 위법이 있다(대법원 2010.3.25, 2009도14065).

③ (×) 공소장 부본을 송달받은 날부터 7일 이내에 의사확인서를 제출하지 아니한 피고인도 제1회 공판기일이 열리기 전까지는 국민참여재판 신청을 할 수 있고, 법원은 그 의사를 확인하여 국민참여재판으로 진행할 수 있다(대법원 2009.10.23, 2009모1032).

[정답] ④

---

160 ☑ 유사 ◆◇◇ [경찰3차 2018]

형사절차에 대한 설명으로 가장 적절하지 않은 것은?

① 「국민의 형사재판 참여에 관한 법률」에 따르면 법원은 대상사건의 피고인에 대하여 국민참여재판을 원하는지 여부에 관한 의사를 서면 등의 방법으로 반드시 확인하여야 한다.
② 「국민의 형사재판 참여에 관한 법률」에 따르면 변호인은 배심원 후보자에 대하여 이유를 제시하지 아니하는 기피신청을 할 수 있으나, 검사는 이를 할 수 없다.
③ 「형사소송법」은 특정 범죄에 대하여 공소시효의 적용을 배제하는 규정을 두고 있다.
④ 「형사소송법」은 공판절차의 신속한 진행을 위하여 집중심리제도를 도입하고 있다.

[해설]

② (×) <u>검사와 변호인</u>은 배심원 후보자에 대하여 <u>이유를 제시하지 아니하는 기피신청을 할 수 있다</u>(국민참여재판법 제30조 제1항).

① (○) 국민참여재판법 제8조 제1항 전문
③ (○) 사람을 살해한 범죄(종범은 제외한다)로 사형에 해당하는 범죄에 대하여는 제249조부터 제253조까지에 규정된 공소시효를 적용하지 아니한다(제253조의2).
④ (○) 제267조의2

정답 ②

161 ✓ 유사 ◆◇◇ 소방간부 2024

국민참여재판에 관한 설명으로 옳은 것은? (다툼이 있는 경우 판례에 의함)

① 법원은 공소사실의 일부 철회 또는 변경으로 인하여 국민참여재판의 대상사건에 해당하지 아니하게 된 경우에는 국민참여재판이 아닌 통상재판에 의하여야 한다.

② 제1심법원이 국민참여재판 대상사건의 피고인에게 국민참여재판을 원하는지 확인하지 아니한 채 통상의 공판절차로 진행하여 유죄를 인정하였는데, 항소심법원이 국민참여재판을 원하는지 묻고 안내서를 교부한 후 선고기일을 연기한 다음, 피고인이 답변서와 국민참여재판 의사 확인서를 통해 '국민참여재판으로 진행하기를 원하지 않는다'는 의사를 법원이 확인하였다고 하더라도, 제1심 공판절차상의 하자가 치유되었다고 할 수 없다.

③ 징역 1년에 집행유예 3년을 선고받고 집행유예기간이 완료된 날부터 5년을 경과하지 않은 사람은 배심원으로 선정될 수 없다.

④ 유·무죄에 관하여 배심원 전원의 의견이 일치하지 아니하는 때에는 평결을 하지 않고 새롭게 배심원단을 구성한 후 공판절차를 진행해야 한다.

⑤ 국민참여재판으로 진행된 제1심에서 배심원이 만장일치로 한 평결 결과를 받아들여 강도상해의 공소사실을 무죄로 판단하였으나, 항소심에서는 피해자에 대하여만 증인신문을 추가로 실시한 후 제1심의 판단을 뒤집어 이를 유죄로 인정한 경우, 항소심 판단에 공판중심주의와 실질적 직접심리주의 원칙의 위반 및 증거재판주의에 관한 법리오해의 위법이 있다.

해설

⑤ (○) 국민참여재판에서 배심원이 만장일치의 의견으로 내린 무죄의 평결이 재판부의 심증에 부합하여 그대로 채택된 경우, 이는 항소심에서 한층 더 존중될 필요가 있다는 취지이다.
[판례] 제1심 증인의 진술에 대한 제1심과 항소심의 신빙성 평가방법의 차이에, 우리 형사소송법이 채택하고 있는 실질적 직접심리주의의 취지 및 정신을 함께 고려해 보면, 제1심판결 내용과 제1심에서 적법하게 증거조사를 거친 증거들에 비추어 제1심 증인이 한 진술의 신빙성 유무에 대한 제1심의 판단이 명백히 잘못되었다고 볼 특별한 사정이 있거나, 제1심의 증거조사 결과와 항소심 변론종결 시까지 추가로 이루어진 증거조사 결과를 종합하

면 제1심 증인이 한 진술의 신빙성 유무에 대한 제1심의 판단을 그대로 유지하는 것이 현저히 부당하다고 인정되는 등의 예외적인 경우가 아니라면, 항소심으로서는 제1심 증인이 한 진술의 신빙성 유무에 대한 제1심의 판단이 항소심의 판단과 다르다는 이유를 들어 제1심의 판단을 함부로 뒤집어서는 아니된다. 특히 공소사실을 뒷받침하는 증인의 진술의 신빙성을 배척한 제1심의 판단을 뒤집는 경우에는, 무죄추정의 원칙 및 형사증명책임의 원칙에 비추어 이를 수긍할 수 없는 충분하고도 납득할 만한 현저한 사정이 나타나는 경우라야 한다. … 국민참여재판에서 피해자를 비롯한 다수의 증인과 피고인에 대한 제1심 사실심리의 전 과정을 직접 지켜본 배심원이 만장일치로 내린 평결 결과를 받아들여 공소사실을 뒷받침하는 피해자 등의 진술의 신빙성을 배척하고 이를 토대로 무죄를 선고한 제1심의 판단을 뒤집기 위해서는 원심에서의 새로운 증거조사를 통해 그에 명백히 반대되는 충분하고도 납득할 만한 현저한 사정이 나타나는 경우라야 한다. … 국민참여재판으로 진행된 제1심에서 배심원이 만장일치로 한 평결 결과를 받아들여 강도상해의 공소사실을 무죄로 판단하였으나, 항소심에서는 피해자에 대하여만 증인신문을 추가로 실시한 다음 제1심의 판단을 뒤집어 이를 유죄로 인정한 경우, 항소심 판단에 공판중심주의와 실질적 직접심리주의의 원칙의 위반 및 증거재판주의에 관한 법리오해의 위법이 있다(대법원 2010.3.25, 2009도14065).

① (×) 참여재판 계속진행이 원칙이다. 국민참여재판법 제6조 제1항 참조.

> **국민참여재판법 제6조(공소사실의 변경 등)** ① 법원은 공소사실의 일부 철회 또는 변경으로 인하여 대상사건에 해당하지 아니하게 된 경우에도 이 법에 따른 재판을 계속 진행한다. 다만, 법원은 심리의 상황이나 그 밖의 사정을 고려하여 국민참여재판으로 진행하는 것이 적당하지 아니하다고 인정하는 때에는 결정으로 당해 사건을 지방법원 본원 합의부가 국민참여재판에 의하지 아니하고 심판하게 할 수 있다.

② (×) 국민참여재판은 피고인의 희망의사의 번복에 관한 일정한 제한(법 제8조 제4항)이 있는 외에는 피고인의 의사에 반하여 할 수 없는 것이므로, 제1심법원이 국민참여재판의 대상이 되는 사건임을 간과하여 이에 관한 피고인의 의사를 확인하지 아니한 채 통상의 공판절차로 재판을 진행하였더라도, 피고인이 항소심에서 국민참여재판을 원하지 아니한다고 하면서 위와 같은 제1심의 절차적 위법을 문제삼지 아니할 의사를 명백히 표시하는 경우에는 그 하자가 치유되어 제1심 공판절차는 전체로서 적법하게 된다고 봄이 상당하고, 다만 국민참여재판제도의 취지와 피고인의 국민참여재판을 받을 권리를 실질적으로 보장하고자 하는 관련 규정의 내용에 비추어 위 권리를 침해한 제1심 공판절차의 하자가 치유된다고 보기 위해서는 법 제8조 제1항, 위 규칙 제3조 제1항에 준하여 피고인에게 국민참여재판절차 등에 관한 충분한 안내가 이루어지고 그 희망 여부에 관하여 숙고할 수 있는 상당한 시간이 사전에 부여되어야 할 것이다(대법원 2013.1.31, 2012도13896).

③ (×) 5년이 아니라 2년이다. 국민참여재판법 제17조 제4호 참조.

> **국민참여재판법 제17조(결격사유)** 다음 각 호의 어느 하나에 해당하는 사람은 배심원으로 선정될 수 없다.
> 4. 금고 이상의 형의 집행유예를 선고받고 그 기간이 완료된 날부터 2년을 경과하지 아니한 사람

④ (×) 의견이 일치하지 아니하는 때에는 (새로 배심원단을 구성하는 것이 아니라) 심리에 관여한 판사의 의견을 듣고 다수결의 방법으로 평결을 한다. 국민참여재판법 제46조 제3항 참조.

국민참여재판법 제46조(재판장의 설명·평의·평결·토의 등)
③ 배심원은 유·무죄에 관하여 전원의 의견이 일치하지 아니하는 때에는 평결을 하기 전에 심리에 관여한 판사의 의견을 들어야 한다. 이 경우 유·무죄의 평결은 다수결의 방법으로 한다. 심리에 관여한 판사는 평의에 참석하여 의견을 진술한 경우에도 평결에는 참여할 수 없다.

정답 ⑤

---

162 ✓ 유사 ◆◇◇ 경찰1차 2019 법원 2014 유사

국민참여재판에 대한 설명으로 가장 적절한 것은? (다툼이 있는 경우 판례에 의함)

① 제1심 법원이 국민참여재판의 대상이 되는 사건임을 간과하여 이에 관한 피고인의 의사를 확인하지 아니한 채 통상의 공판절차로 재판을 진행한 경우, 피고인이 항소심에서 국민참여재판절차를 안내받고 그 희망 여부에 관하여 숙고할 수 있는 시간이 부여된 상황에서 위와 같은 제1심의 절차적 위법을 문제삼지 아니할 의사를 명백히 표시하였더라도 제1심 법원의 하자는 치유되지 않는다.

② 피고인이 제1심 법원에 국민참여재판을 신청하였음에도 불구하고 제1심 법원이 이에 대한 배제결정도 하지 않은 채 통상의 공판절차로 재판을 진행한 경우, 이러한 제1심 법원의 소송절차상의 하자는 직권조사사유에 해당하므로 피고인이 이러한 점을 항소사유로 삼고 있지 않다 하더라도 항소심 법원은 직권으로 제1심 판결을 파기하여야 한다.

③ 배심원의 평결은 전원의 의견이 일치하여야 하므로 전원의 의견이 일치하지 않는 경우에는 새로이 배심원단을 구성한 후 공판절차를 진행한다.

④ 국민참여재판의 피고인이 공판정에서 자백한 경우, 법원은 그 공소사실에 한하여 간이공판절차에 의하여 심판하도록 결정할 수 있다.

해설

② (○) 제1심법원이 피고인의 강간치상사건에 대하여 공소장 부본 송달일로부터 7일이 경과하기 전에 제1회 공판기일을 진행하면서 국민참여재판 신청 의사를 확인하지 않고, 그 이후 도착한 피고인의 국민참여재판 신청에 대해 배제결정도 하지 않은 채 통상의 공판절차로 재판을 진행한 경우, 이와 같이 위법한 공판절차에서 이루어진 소송행위는 무효라고 보아야 한다. 이러한 제1심 법원의 소송절차상의 하자는 직권조사사유에 해당하므로, 원심법원으로서는 비록 피고인이 이러한 점을 항소사유로 삼고 있지 않다 하더라도 이를 살펴 직권으로 제1심판결을 파기하였어야 함에도 불구하고 원심법원은 이러한 제1심판결의 위법에 대하여 아무런 심리, 판단을 하지 아니한 채 피고인의 항소를 기각하고 말았으니, 이러한 원심법원의 판단에도 국민참여재판을 받을 권리 및 소송절차상의 하자에 관한 법리를 오해하여 판결에 영향을 미친 위법이 있다. 원심판결과 제1심판결을 모두 파기하고 사건을 제1심법원에 환송한다(대법원 2011.9.8, 2011도7106).

① (×) 국민참여재판은 그 실시를 희망하는 의사의 번복에 관하여 법 제8조 제4항에 따른 시기적·절차적 제한이 있는 외에는 피고인의 의사에 반하여 할 수 없으므로, 제1심법원이 국민참여재판의 대상이 되는 사건임을 간과하여 이에 관한 피고인의 의사를 확인하지 아니한 채 통상의 공판절차로 재판을 진행하였더라도, 피고인이 항소심에서 국민참여재판을 원하지 아니한다고 하면서 위와 같은 제1심의 절차적 위법을 문제 삼지 아니할 의사를 명백히 표시하는 경우에는 그 하자가 치유되어 제심 공판절차는 전체로서 적법하게 된다고 봄이 상당하다(대법원 2012.4.26, 2012도1225).

③ (×) 국민참여재판법 제46조 제3항 참조.

> **국민참여재판법 제46조(재판장의 설명·평의·평결·토의 등)**
> ③ 배심원은 유·무죄에 관하여 전원의 의견이 일치하지 아니하는 때에는 평결을 하기 전에 심리에 관여한 판사의 의견을 들어야 한다. 이 경우 유·무죄의 평결은 다수결의 방법으로 한다. 심리에 관여한 판사는 평의에 참석하여 의견을 진술한 경우에도 평결에는 참여할 수 없다.

④ (×) 국민참여재판에는 「형사소송법」 제286조의2(간이공판절차)를 적용하지 아니한다(국민참여재판법 제43조).

정답 ②

---

163 ✓ 유사 ◆◆◆ 경찰 2013 유사 법원 2015

국민참여재판에 관한 다음 설명 중 가장 옳지 않은 것은?

① 배심원은 만 20세 이상의 대한민국 국민 중에서 선정되고, 파산선고를 받고 복권되지 않은 사람도 배심원이 될 수 있다.

② 법원은 대상사건의 피고인에 대하여 국민참여재판을 원하는지 여부에 관한 의사를 서면 등의 방법으로 반드시 확인하여야 한다.

③ 배심원들 사이에 유·무죄에 관하여 전원의 의견이 일치하지 아니하는 때에는 평결을 하기 전에 심리에 관여한 판사의 의견을 들은 다음 다수결의 방법으로 유·무죄의 평결을 한다.

④ 국민참여재판에 관하여 변호인이 없는 때에는 법원은 직권으로 변호인을 선정하여야 한다.

해설

① (×) 파산선고를 받고 복권되지 아니한 사람은 배심원으로 선정될 수 없다(국민참여재판법 제17조 제2호 참조).
[정리] 결격사유: 한/복/실5/유2/선유/자정

> **국민참여재판법 제16조(배심원의 자격)** 배심원은 만 20세 이상의 대한민국 국민 중에서 이 법으로 정하는 바에 따라 선정된다.
> **제17조(결격사유)** 다음 각 호의 어느 하나에 해당하는 사람은 배심원으로 선정될 수 없다.
> 2. 파산선고를 받고 복권되지 아니한 사람

② (○) 국민참여재판법 제8조 제1항 참조.

> **국민참여재판법 제8조(피고인 의사의 확인)** ① 법원은 대상사건의 피고인에 대하여 국민참여재판을 원하는지 여부에

관한 의사를 서면 등의 방법으로 반드시 확인하여야 한다. 이 경우 피고인 의사의 구체적인 확인 방법은 대법원규칙으로 정하되, 피고인의 국민참여재판을 받을 권리가 최대한 보장되도록 하여야 한다.

③ (O) 국민참여재판법 제46조 제3항 참조.

> **국민참여재판법 제46조(재판장의 설명·평의·평결·토의 등)** ③ 배심원은 유·무죄에 관하여 전원의 의견이 일치하지 아니하는 때에는 평결을 하기 전에 심리에 관여한 판사의 의견을 들어야 한다. 이 경우 유·무죄의 평결은 다수결의 방법으로 한다. 심리에 관여한 판사는 평의에 참석하여 의견을 진술한 경우에도 평결에는 참여할 수 없다.

④ (O) 국민참여재판법 제7조 참조.

> **국민참여재판법 제7조(필요적 국선변호)** 이 법에 따른 국민참여재판에 관하여 변호인이 없는 때에는 법원은 직권으로 변호인을 선정하여야 한다.

정답 ①

164 ✓ 유사 ◆◆◇ 경찰 2013

다음은 국민참여재판에 대한 설명이다. 옳은 것은 모두 몇 개인가? (다툼이 있는 경우 판례에 의함)

> ㉠ 제1심 법원이 국민참여재판의 대상이 되는 사건임을 간과하여 피고인의 의사를 확인하지 않은 채 통상의 공판절차로 재판을 진행하였다면 피고인에게 항소심에서 국민참여재판 절차 등에 관한 충분한 안내가 이루어지고 그 희망 여부에 관하여 숙고할 수 있는 상당한 시간이 사전에 부여되어 피고인이 이를 문제 삼지 않겠다는 의사를 명백히 밝히더라도 그 하자가 치유될 수는 없다.
> ㉡ 국민참여재판을 진행하던 중 공소사실의 변경으로 대상사건에 해당하지 않게 된 경우에는 국민참여재판으로 진행할 수 없다.
> ㉢ 공소장 부본을 송달받은 날부터 7일 이내에 의사확인서를 제출하지 아니한 피고인도 제1회 공판기일이 열리기 전까지는 국민참여재판 신청을 할 수 있고, 법원은 그 의사를 확인하여 국민참여재판으로 진행할 수 있다.
> ㉣ 국민참여재판의 경우에는 피고인이 공판정에서 공소사실을 자백하더라도 형사소송법상 간이공판절차에 관한 규정을 적용하지 아니한다.

① 1개   ② 2개
③ 3개   ④ 4개

해설

㉠ (×) 제1심 법원이 국민참여재판 대상인 강제추행치상 사건의 피고인에게 국민참여재판을 원하는지 확인하지 아니한 채 통상의 공판절차에 따라 재판을 진행하여 유죄를 인정하였는데, 원심법원

이 제7회 공판기일에 국민참여재판으로 재판받기를 원하는지 물어보고 그에 관한 안내서를 교부한 후 선고기일을 연기한 다음 피고인이 답변서와 국민참여재판 의사 확인서를 제출하면서 '국민참여재판으로 진행하기를 원하지 않는다'는 의사를 밝히자 제8회 공판기일에 제1심 판결을 파기하고 무죄를 선고한 경우, 제1심이 피고인의 국민참여재판을 받을 권리를 침해하여 위법하게 절차를 진행하고 그에 따라 제1심 소송행위가 무효라 하더라도, 원심이 피고인에게 국민참여재판에 관하여 안내하고 숙고의 기회를 부여하였으며, 피고인도 그에 따라 숙고한 후 제1심의 절차적 위법을 문제 삼지 않겠다는 의사를 명백히 밝혔으므로, 제1심의 공판절차상 하자는 치유되었다(대법원 2012.6.14, 2011도15484).

㉡ (×) 국민참여재판법 제6조 제1항 참조.

> **국민참여재판법 제6조(공소사실의 변경 등)** ① 법원은 공소사실의 일부 철회 또는 변경으로 인하여 대상사건에 해당하지 아니하게 된 경우에도 이 법에 따른 재판을 계속 진행한다. 다만, 법원은 심리의 상황이나 그 밖의 사정을 고려하여 국민참여재판으로 진행하는 것이 적당하지 아니하다고 인정하는 때에는 결정으로 당해 사건을 지방법원 본원 합의부가 국민참여재판에 의하지 아니하고 심판하게 할 수 있다.

㉢ (O) 국민의 형사재판 참여에 관한 법률 제8조는 피고인이 공소장 부본을 송달받은 날부터 7일 이내에 국민참여재판을 원하는지 여부에 관한 의사가 기재된 서면(이하 '의사확인서')을 제출하도록 하고, 피고인이 그 기간 내에 의사확인서를 제출하지 아니한 때에는 국민참여재판을 원하지 아니하는 것으로 보며, 공판준비기일이 종결되거나 제1회 공판기일이 열린 이후 등에는 종전의 의사를 바꿀 수 없도록 규정하고 있다. 위 규정의 취지를 위 기한이 지나면 피고인이 국민참여재판 신청을 할 수 없도록 하려는 것으로는 보기 어려운 점 등에 비추어 볼 때, 공소장 부본을 송달받은 날부터 7일 이내에 의사확인서를 제출하지 아니한 피고인도 제1회 공판기일이 열리기 전까지는 국민참여재판 신청을 할 수 있고, 법원은 그 의사를 확인하여 국민참여재판으로 진행할 수 있다고 봄이 상당하다(대법원 2009.10.23, 2009모1032).

㉣ (O) 국민참여재판법 제43조 참조.

> **국민참여재판법 제43조(간이공판절차 규정의 배제)** 국민참여재판에는 「형사소송법」 제286조의2를 적용하지 아니한다.

정답 ②

165 ✓ 유사 ◆◇◇

「국민의 형사사법 참여에 관한 법률」이 적용되는 국민 참여재판에 관한 설명으로 옳은 것을 모두 고르면?

> ㄱ. 법정형이 사형, 무기징역 또는 무기금고에 해당하는 대상사건의 국민참여재판에는 9인의 배심원이 참여하고, 그 외의 대상사건의 국민참여재판에는 7인의 배심원이 참여한다. 다만, 법원은 피고인 또는 변호인이 공판준비절차에서 공소사실의 주요내용을 인정할 때에는 5인의 배심원을 참여하게 할 수 있다.
> ㄴ. 배심원의 결원 등에 대비하여 5인 이내의 예비배심원을 둘 수 있다.
> ㄷ. 검사와 변호인은 배심원에 대한 이유부기피신청의 경우, 배심원이 9인인 경우는 5인, 배심원이 7인인 경우는 4인, 배심원이 5인인 경우는 3인의 범위 내에서 기피신청을 할 수 있다.
> ㄹ. 국민참여재판에서의 평결은 전원일치로 하되, 전원일치에 이르지 못하면 판사의 의견을 들은 후 다수결로 유무죄에 관하여 평결한다.

① ㄱ, ㄷ
② ㄴ, ㄹ
③ ㄱ, ㄴ, ㄹ
④ ㄱ, ㄴ, ㄷ, ㄹ

해설

③ ㄱ, ㄴ, ㄹ

ㄱ. (O) 국민참여재판법 제13조 제1항 참조.

> **국민참여재판법 제13조(배심원의 수)** ① 법정형이 사형·무기징역 또는 무기금고에 해당하는 대상사건에 대한 국민참여재판에는 9인의 배심원이 참여하고, 그 외의 대상사건에 대한 국민참여재판에는 7인의 배심원이 참여한다. 다만, 법원은 피고인 또는 변호인이 공판준비절차에서 공소사실의 주요내용을 인정한 때에는 5인의 배심원이 참여하게 할 수 있다.

ㄴ. (O) 국민참여재판법 제14조 제1항 참조.

> **국민참여재판법 제14조(예비배심원)** ① 법원은 배심원의 결원 등에 대비하여 5인 이내의 예비배심원을 둘 수 있다.

ㄷ. (×) 이유부기피신청의 경우에는 그 횟수에 제한이 없다. 횟수에 제한이 있는 것은 무이유부기피신청의 경우이다. 국민참여재판법 제30조 참조.

> **국민참여재판법 제30조(무이유부기피신청)** ① 검사와 변호인은 각자 다음 각 호의 범위 내에서 배심원후보자에 대하여 이유를 제시하지 아니하는 기피신청(이하 "무이유부기피신청"이라 한다)을 할 수 있다.
> 1. 배심원이 9인인 경우는 5인
> 2. 배심원이 7인인 경우는 4인
> 3. 배심원이 5인인 경우는 3인

ㄹ. (O) 국민참여재판법 제46조 제2항·제3항 참조.

> **국민참여재판법 제46조(재판장의 설명·평의·평결·토의 등)** ② 심리에 관여한 배심원은 제1항의 설명을 들은 후 유·무죄에 관하여 평의하고, 전원의 의견이 일치하면 그에 따라

평결한다. 다만, 배심원 과반수의 요청이 있으면 심리에 관여한 판사의 의견을 들을 수 있다.
③ 배심원은 유·무죄에 관하여 전원의 의견이 일치하지 아니하는 때에는 평결을 하기 전에 심리에 관여한 판사의 의견을 들어야 한다. 이 경우 유·무죄의 평결은 다수결의 방법으로 한다. 심리에 관여한 판사는 평의에 참석하여 의견을 진술한 경우에도 평결에는 참여할 수 없다.

정답 ③

---

166 ✓ 유사 ◆◇◇

국민참여재판 배심원에 대한 설명으로 옳지 않은 것은 모두 몇 개인가?

> ㉠ 법정형이 사형·무기징역 또는 무기금고에 해당하는 대상사건에 대한 국민참여재판에는 9인의 배심원이 참여하고, 그 외의 대상사건에 대한 국민참여재판에는 7인의 배심원이 참여한다. 다만, 법원은 피고인 또는 변호인이 공판준비절차에서 공소사실의 주요내용을 인정한 때에는 5인의 배심원이 참여하게 할 수 있다.
> ㉡ 만 20세 이상의 대한민국 국민이라 할지라도 금고 이상의 형의 집행유예를 선고 받고 그 기간이 완료된 날부터 2년이 경과하지 아니한 사람은 배심원으로 선정될 수 없다.
> ㉢ 법원은 지방자치단체의 장은 물론 지방의회의원 역시 배심원으로 선정하여서는 아니 된다.
> ㉣ 배심원이 법정에서 폭언 또는 그 밖의 부당한 언행을 하여 공판절차의 진행을 방해하였다는 이유로 검사의 신청에 따라 법원으로부터 배심원 해임 결정을 받았다면 변호인은 이에 불복할 수 없다.
> ㉤ 검사와 변호인이 적법한 절차에 따라 배심원후보자에 대하여 무이유부기피신청을 하였다면 법원은 당해 배심원후보자를 배심원으로 선정할 수 없다.

① 0개
② 1개
③ 2개
④ 3개

해설

㉠ (O) 국민참여재판법 제13조 제1항
㉡ (O) 국민참여재판법 제17조 제4호
㉢ (O) 국민참여재판법 제18조 제2호
㉣ (O) 국민참여재판법 제32조 제1항·제3항
㉤ (O) 국민참여재판법 제30조 제2항

정답 ①

1 증거법 일반

Ⅰ 증거의 의의

Ⅱ 증거의 종류

001 ✓ 대표 ◆◇◇ 　　　국가9급 2018

간접증거에 대한 설명으로 옳지 않은 것은? (다툼이 있는 경우 판례에 의함)

① 유죄의 심증은 반드시 직접증거에 의하여 형성되어야만 하는 것은 아니며 경험칙과 논리법칙에 위반되지 아니하는 한 간접증거에 의하여 형성되어도 된다.

② 간접증거가 개별적으로는 범죄사실에 대한 완전한 증명력을 가지지 못하더라도 전체 증거를 상호 관련 하에 종합적으로 고찰할 경우 종합적 증명력이 있는 것으로 판단되면 그에 의하여도 범죄사실을 인정할 수가 있다.

③ 형사재판에서 유죄로 인정하기 위한 심증형성의 정도는 합리적인 의심을 할 여지가 없을 정도여야 하나, 이는 모든 가능한 의심을 배제할 정도에 이를 것까지 요구하는 것은 아니다.

④ 간접증거에 의하여 주요사실의 전제가 되는 수개의 간접사실을 인정할 때에는 하나하나의 간접사실 사이에 모순, 저촉이 없어야 할 정도까지는 요구되지 않으며 전체적으로 고찰하여 유죄의 심증을 형성할 수 있으면 충분하다.

해설

④ (×) 간접증거에 의하여 주요사실의 전제가 되는 간접사실을 인정할 때에는 증명이 합리적인 의심을 허용하지 않을 정도에 이르러야 하고, <u>하나하나의 간접사실 사이에 모순, 저촉이 없어야 하는 것</u>은 물론 간접사실이 논리와 경험칙, 과학법칙에 의하여 뒷받침되어야 한다(대법원 2011.5.26, 2011도1902).

① (○) 유죄의 심증이 반드시 직접증거에 의하여 형성되어야만 하는 것은 아니고 경험과 논리의 법칙에 위반되지 아니하는 한 간접증거에 의하여 형성되어도 되는 것이다(대법원 2015.5.14, 2015도119).

② (○) 간접증거가 개별적으로는 범죄사실에 대한 완전한 증명력을 가지지 못하더라도 전체 증거를 상호 관련하에 종합적으로 고찰할 경우 그 단독으로는 가지지 못하는 종합적 증명력이 있는 것으로 판단되면 그에 의하여도 범죄사실을 인정할 수가 있다(대법원 2015.5.14, 2015도119).

③ (○) 형사재판에 있어서 유죄로 인정하기 위한 심증형성의 정도는 합리적인 의심을 할 여지가 없을 정도여야 하나, 이는 모든 가능한 의심을 배제할 정도에 이를 것까지 요구하는 것은 아니다

(대법원 2011.2.24, 2010도14262).

정답 ④

002 ✓ 대표 ◆◇◇ 　　　국가9급 2008

간접증거에 대한 설명으로 옳지 않은 것은? (다툼이 있으면 판례에 의함)

① 간접증거는 요증사실을 추측·인정하게 하는 각종의 정황에 관한 사실을 증명하는 증거이다.

② 범죄현장에서 발견된 피의자의 지문은 간접증거이다.

③ 유죄의 심증은 반드시 직접증거에 의하여 형성되어야만 하는 것은 아니고 경험칙과 논리법칙에 위반되지 아니하는 한 간접증거에 의하여 형성될 수 있다.

④ 간접증거가 개별적으로 완전한 증명력을 가지지 못한다면 종합적으로 고찰하여 증명력이 있는 것으로 판단되더라도 그에 의하여 범죄사실을 인정할 수 없다.

해설

③ (○), ④ (×) 유죄의 심증이 반드시 직접증거에 의하여 형성되어야만 하는 것은 아니고 경험과 논리의 법칙에 위반되지 아니하는 한 간접증거에 의하여 형성되어도 되는 것이며, 간접증거가 개별적으로는 범죄사실에 대한 완전한 증명력을 가지지 못하더라도 전체 증거를 상호 관련하에 종합적으로 고찰할 경우 그 단독으로는 가지지 못하는 종합적 증명력이 있는 것으로 판단되면 그에 의하여도 범죄사실을 인정할 수가 있다(대법원 2004.9.13, 2004도3163; 2015.5.14, 2015도119).

① (○), ② (○) 간접증거에 대한 설명으로 옳은 지문이다.

정답 ④

⨅ 증거능력과 증명력

003 ✓ 대표 ◆◆◇ 국가7급 2016

증명력에 대한 설명으로 옳지 않은 것은? (다툼이 있는 경우 판례에 의함)

① 탄핵증거는 진술의 증명력을 감쇄하기 위한 증거로서 뿐만 아니라 범죄사실 또는 그 간접사실을 인정하기 위한 증거로도 사용될 수 있다.

② 피고인이 변호인과 함께 출석한 공판기일의 공판조서에 검사가 제출한 증거에 대하여 동의한다는 기재가 되어 있다면 이는 피고인이 증거동의를 한 것으로 보아야 하고, 그 기재는 절대적인 증명력을 가진다.

③ 자백의 임의성에 다툼이 있을 때에는 검사가 그 임의성의 의문점을 없애는 증명을 하여야 하고, 그 임의성의 의문점을 없애는 증명을 하지 못한 경우에는 그 진술증거는 증거능력이 부정된다.

④ 범죄사실의 인정은 법관으로 하여금 합리적인 의심을 할 여지가 없을 정도의 확신을 가지게 하는 증명력이 있는 엄격한 증거에 의하여야 하고, 법관은 검사의 증명이 위와 같은 확신을 가지게 하는 정도에 이르지 못한 경우에는 피고인의 이익으로 판단하여야 한다.

해설

① (×) 탄핵증거는 진술의 증명력을 감쇄하기 위하여 인정되는 것이고 범죄사실 또는 그 간접사실의 인정의 증거로서는 허용되지 않는다(대법원 1996.9.6, 95도2945).

② (○) 공판기일의 소송절차로서 공판조서에 기재된 것은 명백한 오기가 아닌 한 배타적 증명력을 가진다(대법원 2016.3.10, 2015도19139). 이때 심리공개금지결정이나 증거동의 등 당해 소송절차의 적법성 및 그 존부에 대해 절대적 증명력이 부여되게 된다.

③ (○) 대법원 2015.9.10, 2012도9879

④ (○) 범죄사실의 인정을 위한 증명의 방법은 엄격한 증명이요, 이에 관한 거증책임은 검사에게 있다. "형사재판에서 범죄사실의 인정은 법관으로 하여금 합리적인 의심을 할 여지가 없을 정도의 확신을 가지게 하는 증명력을 가진 엄격한 증거에 의하여야 하므로, 검사의 증명이 위와 같은 확신을 가지게 하는 정도에 충분히 이르지 못한 경우에는 비록 피고인의 주장이나 변명이 모순되거나 석연치 않은 면이 있는 등 유죄의 의심이 간다고 하더라도 피고인의 이익으로 판단하여야 한다(대법원 2012.6.28, 2012도231)."

정답 ①

2 증명의 기본원칙

⨅ 증거재판주의

004 ✓ 대표 ◆◇◇ 법원 2015

다음 설명 중 가장 옳지 않은 것은? (다툼이 있는 경우 판례에 의함)

① 엄격한 증명이란 법률상 증거능력 있고 적법한 증거조사를 거친 증거에 의한 증명을 말한다.

② 공소장에 기재된 범죄사실은 엄격한 증명의 대상이 된다.

③ 목적과 용도를 정하여 위탁한 금전을 수탁자가 임의로 소비하면 횡령죄를 구성할 수 있으나, 이 경우 피해자가 목적과 용도를 정하여 금전을 위탁한 사실 및 그 목적과 용도가 무엇인지는 엄격한 증명의 대상이 된다.

④ 친고죄에서 적법한 고소가 있었는지 여부는 엄격한 증명의 대상이 된다.

해설

[정리] ㉠ 엄격한 증명: 구/위/책/처/형/간/경/법/보, ㉡ 자유로운 증명: 명/심/몰, 정/소/탄

④ (×) 소송조건의 존부와 같은 소송법적 사실은 자유로운 증명의 대상이다. "친고죄에서의 고소 유무에 대한 사실은 자유로운 증명의 대상이 된다(대법원 2011.6.24, 2011도4451; 1999.2.9, 98도2074 등)."

① (○) 엄격한 증명이라 법률상 증거능력 있고 적법한 증거조사를 거친 증거에 의한 증명을 말하고, 이를 요하지 않는 증거에 의한 증명인 자유로운 증명에 대립되는 개념이다.

② (○) 엄격한 증명이 요구되는 대상에는 검사가 공소장에 기재한 구체적 범죄사실 모두가 포함되고, 특히 공소사실에 특정된 범죄의 일시는 피고인의 방어권 행사의 주된 대상이 되므로, 범죄의 성격상 특수한 사정이 있는 경우가 아닌 한 엄격한 증명을 통하여 공소사실에 특정한 대로 범죄사실이 인정되어야 한다(대법원 2013.9.26, 2012도3722; 2011.4.28, 2010도14487).

③ (○) 객관적 구성요건요소는 엄격한 증명의 대상이다. "목적과 용도를 정하여 위탁한 금전을 수탁자가 임의로 소비하면 횡령죄를 구성할 수 있으나, 이 경우 피해자 등이 목적과 용도를 정하여 금전을 위탁한 사실 및 그 목적과 용도가 무엇인지는 엄격한 증명의 대상이라고 보아야 한다(대법원 2013.11.14, 2013도8121)."

정답 ④

005 ✓ 대표 ◆◆◇ 경찰 2016

다음 중 엄격한 증명의 대상인 것은? (다툼이 있는 경우 판례에 의함)

① 피고인의 검찰 진술의 임의성의 유무
② 친고죄에서 적법한 고소가 있었는지 여부
③ 형사소송법 제312조 제4항에서 '특히 신빙할 수 있는 상태'
④ 합동범에 있어서의 공모나 모의

해설

④ (○) 주관적 구성요건요소로서 엄격한 증명의 대상이다. "형법 제334조 제2항 소정의 합동범에 있어서의 공모나 모의는 반드시 사전에 이루어진 것만을 필요로 하는 것이 아니고, 범행현장에서 암묵리에 의사상통하는 것도 포함되나, 이와 같은 공모나 모의는 그 '범죄 될 사실'이라 할 것이므로 이를 인정하기 위하여는 엄격한 증명에 의하지 않으면 안 된다(대법원 2001.12.11, 2001도4013)."

① (×) 피고인의 검찰 진술의 임의성이 다투어지는 경우, 법원은 구체적 사건에 따라 피고인의 학력, 경력, 직업, 사회적 지위, 지능 정도, 진술의 내용, 피의자신문조서의 형식 등 제반 사정을 참작하여 자유로운 심증으로 위 진술이 임의로 된 것인지 아닌지를 판단하면 된다(대법원 2006.10.26, 2004도8106).

② (×) 친고죄에서 적법한 고소가 있었는지는 자유로운 증명의 대상이 된다(대법원 2011.6.24, 2011도4451).

③ (×) 피고인의 자필로 작성된 진술서의 경우에는 서류의 작성자가 동시에 진술자이므로 진정하게 성립된 것으로 인정되어 형사소송법 제313조 단서에 의하여 그 진술이 특히 신빙할 수 있는 상태하에서 행하여진 때에는 증거능력이 있고, 이러한 특신상태는 증거능력의 요건에 해당하므로 검사가 그 존재에 대하여 구체적으로 주장·입증하여야 하는 것이지만, 이는 소송상의 사실에 관한 것이므로, 엄격한 증명을 요하지 아니하고 자유로운 증명으로 족하다(대법원 2001.9.4, 2000도1743).

정답 ④

006 ✓ 유사 ◆◆◇ 경찰2차 2019 유사 국가9급 2016

엄격한 증명의 대상이 되는 것만을 모두 고른 것은? (다툼이 있는 경우 판례에 의함)

> ㄱ. 업무상횡령죄에서 불법영득의사를 실현하는 행위로서의 횡령행위가 있다는 점
> ㄴ. 형사소송법 제312조 제4항에서 정한 '특히 신빙할 수 있는 상태'의 존재
> ㄷ. 형법 제6조 단서에서 정한 '외국법규의 존재'와 관련하여 행위지의 법률에 의하여 범죄를 구성하는지 여부
> ㄹ. 몰수·추징의 대상이 되는지 여부나 추징액의 인정
> ㅁ. 목적과 용도를 정하여 위탁한 금전을 수탁자가 임의로 소비하여 횡령죄가 성립하는 경우 피해자 등이 목적과 용도를 정하여 금전을 위탁한 사실과 그 목적과 용도가 무엇인가라는 점

① ㄱ, ㄴ
② ㄷ, ㄹ
③ ㄱ, ㄷ, ㅁ
④ ㄴ, ㄹ, ㅁ

해설

ㄱ. (○) 대법원 2001.9.4, 2000도1743

ㄴ. (×) 피고인의 자필로 작성된 진술서의 경우에는 서류의 작성자가 동시에 진술자이므로 진정하게 성립된 것으로 인정되어 형사소송법 제313조 단서에 의하여 그 진술이 특히 신빙할 수 있는 상태하에서 행하여진 때에는 증거능력이 있고, 이러한 특신상태는 증거능력의 요건에 해당하므로 검사가 그 존재에 대하여 구체적으로 주장·입증하여야 하는 것이지만, 이는 소송상의 사실에 관한 것이므로, 엄격한 증명을 요하지 아니하고 자유로운 증명으로 족하다(대법원 2001.9.4, 2000도1743).

ㄷ. (○) 형법 제6조 본문에 의하여 외국인이 대한민국 영역 외에서 대한민국 국민에 대하여 범죄를 저지른 경우 우리 형법이 적용되지만, 같은 조 단서에 의하여 행위지 법률에 의하여 범죄를 구성하지 아니하거나 소추 또는 형의 집행을 면제할 경우에는 우리 형법을 적용하여 처벌할 수 없고, 이 경우 행위지 법률에 의하여 범죄를 구성하는지는 엄격한 증명에 의하여 검사가 이를 증명하여야 한다(대법원 2011.8.25, 2011도6507).

ㄹ. (×) 몰수대상이 되는지 여부나 추징액의 인정 등 몰수·추징의 사유는 범죄구성요건 사실에 관한 것이 아니어서 엄격한 증명은 필요 없지만 역시 증거에 의하여 인정되어야 한다(대법원 2006. 4.7, 2005도9858 전원합의체).

ㅁ. (○) 목적과 용도를 정하여 위탁한 금전을 수탁자가 임의로 소비하면 횡령죄를 구성할 수 있으나, 이 경우 피해자 등이 목적과 용도를 정하여 금전을 위탁한 사실 및 그 목적과 용도가 무엇인지는 엄격한 증명의 대상이라고 보아야 한다(대법원 2013.11.14, 2013도8121).

정답 ③

007 ☑ 유사 ◆◆◆ 국가7급 2021

증명에 대한 설명으로 옳은 것만을 모두 고르면? (다툼이 있는 경우 판례에 의함)

ㄱ. 검사는 체포영장의 유효기간을 연장할 필요가 있다고 인정하는 때에는 그 사유를 증명하여 다시 체포영장을 청구하여야 하지만, 그 증명은 자유로운 증명으로 족하다.

ㄴ. 탄핵증거는 범죄사실을 인정하는 증거가 아니므로 엄격한 증거조사를 거쳐야 할 필요가 없다.

ㄷ. 친고죄에서 적법한 고소가 있었는지 여부는 자유로운 증명의 대상이 된다.

ㄹ. 교통사고로 인하여 업무상과실치상죄 또는 중과실치상죄를 범한 운전자에 대하여 피해자의 명시한 의사에 반하여 공소를 제기할 수 있도록 하고 있는 교통사고처리 특례법 제3조 제2항 단서의 각 호에서 규정한 신호위반 등의 예외사유는 같은 법 제3조 제1항 위반죄의 구성요건 요소에 해당하므로 엄격한 증명을 필요로 한다.

① ㄱ, ㄹ
② ㄴ, ㄷ
③ ㄴ, ㄷ, ㄹ
④ ㄱ, ㄴ, ㄷ, ㄹ

해설

ㄱ. (×) 검사는 체포영장의 유효기간을 연장할 필요가 있다고 인정하는 때에는 <u>그 사유를 소명하여</u> 다시 체포영장을 청구하여야 한다(규칙 제96조의4). 즉, 체포나 구속의 사유인 '피의자가 죄를 범하였다고 의심할 만한 상당한 이유'는 <u>소명(疏明)의 대상이지 증명의 대상이 아니다.</u>

[보충] 증명이란 법관이 어떤 사실의 존부에 관하여 증거에 의하여 확신을 얻는 것을 말하며, 소명이란 법관이 어떤 사실의 존부에 관하여 확신을 얻지는 못하지만 사실의 존부를 추측할 수 있게 하는 정도의 심증을 갖게 하는 것을 말한다.

ㄴ. (○) 검사가 유죄의 자료로 제출한 사법경찰리 작성의 피고인에 대한 피의자신문조서는 피고인이 그 내용을 부인하는 이상 증거능력이 없으나, 그것이 임의로 작성된 것이 아니라고 의심할 만한 사정이 없는 한 피고인의 법정에서의 진술을 탄핵하기 위한 반대증거로 사용할 수 있으며, 또한 <u>탄핵증거는 범죄사실을 인정하는 증거가 아니므로 엄격한 증거조사를 거쳐야 할 필요가 없음</u>은 형사소송법 제318조의2의 규정에 따라 명백하나 법정에서 이에 대한 탄핵증거로서의 증거조사는 필요한 것이다(대법원 1996.1.26, 95도1333; 1998.2.27, 97도1770; 2005.8.19, 2005도2617 등).

ㄷ. (○) 대법원 1999.2.9, 98도2074

ㄹ. (×) 교통사고처리특례법 제3조 제2항 단서의 각 호에서 규정한 신호위반 등의 예외사유는 같은 법 제3조 제1항 위반죄의 <u>구성요건 요소가 아니라 그 공소제기의 조건에 관한 사유</u>이다(대법원 2007.4.12, 2006도4322).

정답 ②

008 ☑ 유사 ◆◆◇ 경찰 2014

다음 중 엄격한 증명의 대상은 모두 몇 개인가? (다툼이 있는 경우 판례에 의함)

㉠ 공모공동정범의 공모
㉡ 외국법규의 존재
㉢ 진술의 임의성
㉣ 몰수, 추징의 대상이 되는지 여부나 추징액의 인정
㉤ 증거의 증명력을 탄핵하는 보조사실
㉥ 친고죄에 있어서 고소의 유무
㉦ 뇌물죄에서의 수뢰액
㉧ 피고인 자필 작성 진술서의 특신상태

① 2개
② 3개
③ 4개
④ 5개

해설

㉠ (○) 대법원 2003.12.12, 2001도606

㉡ (○) 형법 제6조 본문에 의하여 외국인이 대한민국 영역 외에서 대한민국 국민에 대하여 범죄를 저지른 경우 우리 형법이 적용되지만, 같은 조 단서에 의하여 행위지 법률에 의하여 범죄를 구성하지 아니하거나 소추 또는 형의 집행을 면제할 경우에는 우리 형법을 적용하여 처벌할 수 없고, 이 경우 행위지 법률에 의하여 범죄를 구성하는지는 엄격한 증명에 의하여 검사가 이를 증명하여야 한다(대법원 2011.8.25, 2011도6507).

㉢ (×) 이에 대해 직접적으로 설시한 판례를 찾기는 어려우나, 진술의 임의성을 검토하는 판례의 태도로 미루어 진술의 임의성이 있어야 증거능력이 인정된다고 하는 것은 옳다. "피고인이 검사 작성의 피고인에 대한 피의자신문조서의 성립의 진정과 임의성을 인정하였다가 그 뒤 이를 부인하는 진술을 하거나 서면을 제출한 경우 그 조서의 증거능력이 언제나 없다고 할 수는 없고, 법원이 그 조서의 기재내용, 형식 등과 피고인의 법정에서의 범행에 관련한 진술 등 제반 사정에 비추어 성립의 진정을 인정한 최초의 진술이 신빙성이 있다고 보아 그 성립의 진정을 인정하는 때에는 그 피의자신문조서는 증거능력이 인정된다(대법원 1997.12.12, 97도2368)."

㉣ (×) 몰수대상이 되는지 여부나 추징액의 인정 등 몰수·추징의 사유는 범죄구성요건 사실에 관한 것이 아니어서 엄격한 증명은 필요 없지만 역시 증거에 의하여 인정되어야 한다(대법원 2006.4.7, 2005도9858 전원합의체).

㉤ (×) 형사소송법 제318조의2에 규정된 이른바 탄핵증거는 범죄사실을 인정하는 증거가 아니어서 엄격한 증거능력을 요하지 아니하는 것이므로, 이를 유죄 증거의 증명력을 다투기 위한 반대증거로 채택함에는 아무런 잘못이 없다(대법원 1996.1.26, 95도1333).

㉥ (×) <u>친고죄에서의 고소 유무에 대한 사실은 자유로운 증명의 대상이</u> 된다(대법원 2011.6.24, 2011도4451; 1999.2.9, 98도2074 등).

㉦ (○) 대법원 2011.5.26, 2009도2453

㉧ (×) 피고인의 자필로 작성된 진술서의 경우에는 서류의 작성자가 동시에 진술자로서 진정하게 성립된 것으로 인정되어 형사소송법 제313조 단서에 의하여 그 진술이 특히 신빙할 수 있는 상태하에서 행하여진 때에는 증거능력이 있고, 이러한 특신상태는 증거능력의 요건에 해당하므로 검사가 그 존재에 대하여 구체적으로 주장·입증하여야 하는 것이지만, 이는 소송상의 사실에 관한 것이므로, 엄격한 증명을 요하지 아니하고 자유로운 증명으로 족하다(대법원 2001.9.4, 2000도1743).

정답 ②

009 ✓ 유사 ◆◆◇

자유로운 증명의 대상이면서도 거증책임이 검사에게 있는 것을 모두 고른 것은? (다툼이 있는 경우 판례에 의함)

> ㄱ. 형법 제310조의 "형법 제307조 제1항의 행위가 진실한 사실로서 오로지 공공의 이익에 관한 때에는 벌하지 아니한다."는 규정과 관련하여 피고인이 주장하는 사실이 진실로서 오로지 공공의 이익에 해당하는지 여부의 입증
>
> ㄴ. 주취정도를 계산하기 위해 위드마크 공식을 적용하는 경우 그 전제사실이 되는 섭취한 알코올의 양, 음주시각, 체중 등의 사실에 관한 입증
>
> ㄷ. 검사가 피고인의 자필진술서를 유죄의 증거로 제출하는 경우 그 진술서의 진정성립에 대한 입증
>
> ㄹ. 몰수의 대상이 되는지 여부 또는 추징액의 인정 등 몰수·추징 사유의 입증

① ㄱ, ㄴ   ② ㄱ, ㄹ
③ ㄴ, ㄷ   ④ ㄷ, ㄹ

해설

ㄱ. (×) (자유로운 증명 / 피고인의 거증책임) 공연히 사실을 적시하여 사람의 명예를 훼손한 행위가 형법 제310조의 규정에 따라서 위법성이 조각되어 처벌대상이 되지 않기 위하여는 그것이 진실한 사실로서 오로지 공공의 이익에 관한 때에 해당된다는 점을 <u>행위자가 증명하여야 하는 것이나</u>, 그 증명은 유죄의 인정에 있어 요구되는 것과 같이 법관으로 하여금 의심할 여지가 없을 정도의 확신을 가지게 하는 증명력을 가진 <u>엄격한 증거에 의하여야 하는 것은 아니므로</u>, 이때에는 전문증거에 대한 증거능력의 제한을 규정한 형사소송법 제310조의2는 적용될 여지가 없다(대법원 1996.10.25, 95도1473).

ㄴ. (×) (엄격한 증명 / 검사의 거증책임) 범죄구성요건사실의 존부를 알아내기 위해 과학 공식 등의 경험칙을 이용하는 경우에 그 법칙 적용의 전제가 되는 개별적이고 구체적인 사실에 대하여는 엄격한 증명을 요하는바, 위드마크 공식의 경우 그 적용을 위한 자료로 섭취한 알코올의 양, 음주 시각, 체중 등이 필요하므로 그런 전제사실에 대한 <u>엄격한 증명이 요구</u>된다(대법원 2008.8.21, 2008도5531).

ㄷ. (○) (자유로운 증명 / 검사의 거증책임) 피고인의 자필로 작성된 진술서의 경우에는 서류의 작성자가 동시에 진술자이므로 진정하게 성립된 것으로 인정되어 그 증거능력이 부여되려면 검사가 그 성립의 진정에 대하여 구체적으로 주장·입증하여야 하는 것이지만, 이는 소송상의 사실에 관한 것이므로, 엄격한 증명을 요하지 아니하고 자유로운 증명으로 족하다(대법원 2001.9.4, 2000도1743).

ㄹ. (○) (자유로운 증명 / 검사의 거증책임) 몰수대상이 되는지 여부나 추징액의 인정 등 몰수·추징의 사유는 범죄구성요건 사실에 관한 것이 아니어서 엄격한 증명은 필요 없지만 역시 증거에 의하여 인정되어야 한다(대법원 2006.4.7, 2005도9858 전원합의체).

정답 ④

010 ✓ 유사 ◆◆◆

엄격한 증명의 대상이 되는 것(○)과 그렇지 않은 것(×)을 바르게 연결한 것은? (다툼이 있는 경우 판례에 의함)

> ㄱ. 범죄구성요건에 해당하는 사실을 증명하기 위한 근거가 되는 과학적인 연구결과
>
> ㄴ. 외국인의 국외범(「형법」 제6조)에 해당되는 사실이 행위지 법률에 의하여 범죄를 구성하는지 여부
>
> ㄷ. 참고인진술조서의 증거능력에 관하여 참고인의 진술이 '특히 신빙할 수 있는 상태'하에서 행하여졌다는 사실
>
> ㄹ. 몰수의 대상이 되는지 여부나 추징액의 인정 등 몰수·추징의 사유

	ㄱ	ㄴ	ㄷ	ㄹ
①	○	○	×	○
②	○	○	×	×
③	×	○	○	×
④	○	×	○	○

해설

ㄱ. (○) 범죄구성요건사실의 존부를 알아내기 위해 과학 공식 등의 경험칙을 이용하는 경우에는 그 법칙 적용의 전제가 되는 개별적이고 구체적인 사실에 대하여는 엄격한 증명을 요한다(대법원 2000.11.10, 99도5541 등).

ㄴ. (○) 형법 제6조 본문에 의하여 외국인이 대한민국 영역 외에서 대한민국 국민에 대하여 범죄를 저지른 경우 우리 형법이 적용되지만, 같은 조 단서에 의하여 행위지의 법률에 의하여 범죄를 구성하지 아니하거나 소추 또는 형의 집행을 면제할 경우에는 우리 형법을 적용하여 처벌할 수 없고, 이 경우 행위지의 법률에 의하여 범죄를 구성하는지 여부에 대해서는 엄격한 증명에 의하여 검사가 증명하여야 한다(대법원 2011.8.25, 2011도6507 등).

ㄷ. (×) 형사소송법 제312조 제4항의 '특히 신빙할 수 있는 상태'는 증거능력의 요건에 해당하므로 검사가 그 존재에 대하여 구체적으로 주장·입증하여야 하는 것이지만, 이는 소송상의 사실에 관한 것이므로 엄격한 증명을 요하지 아니하고 자유로운 증명으로 족하다(대법원 2001.9.4, 2000도1743).

ㄹ. (×) 몰수, 추징의 대상이 되는지 여부나 추징액의 인정은 엄격한 증명을 필요로 하지 아니한다(대법원 1993.6.22, 91도3346).

정답 ②

011 ✅ 대표 ◆◆◇

엄격한 증명과 자유로운 증명에 대한 다음 설명(㉠~㉣) 중 옳고 그름의 표시(○, ×)가 바르게 된 것은? (다툼이 있는 경우 판례에 의함)

㉠ 내란선동죄에서 국헌문란의 목적은 초과주관적 위법요소로서 엄격한 증명사항에 속하므로 확정적 인식임을 요한다.

㉡ 법원은 재심청구 이유의 유무를 판단함에 필요한 경우에는 사실을 조사할 수 있으며, 공판절차에 적용되는 엄격한 증거 조사 방식에 따라야 한다.

㉢ 공모관계를 인정하기 위해서는 엄격한 증명이 요구되지만 피고인이 공모관계를 부인하는 경우에는 상당한 관련성이 있는 간접사실 또는 정황사실을 증명하는 방법으로 이를 증명할 수밖에 없다.

㉣ 목적범의 목적은 내심의 의사로서 이를 직접 증명하는 것이 불가능하므로 고의 등과 같이 내심의 의사를 인정하는 통상적인 방법에 따라 정황사실 또는 간접사실 등에 의하여 이를 증명하여야 한다.

① ㉠ (○) ㉡ (○) ㉢ (○) ㉣ (×)

② ㉠ (○) ㉡ (×) ㉢ (○) ㉣ (○)

③ ㉠ (×) ㉡ (○) ㉢ (×) ㉣ (×)

④ ㉠ (×) ㉡ (×) ㉢ (○) ㉣ (○)

해설

㉠ (×) 국헌문란의 목적은 범죄 성립을 위하여 고의 외에 요구되는 초과주관적 위법요소로서 엄격한 증명사항에 속하나, 확정적 인식임을 요하지 아니하며, 다만 미필적 인식이 있으면 족하다(대법원 2015.1.22, 2014도10978 전원합의체).

㉡ (×) 재심청구에 대한 심리절차는 판결 선고절차가 아니라 결정절차이므로 구두변론에 의할 필요가 없고 공개할 필요도 없다. 다만, 재심의 청구를 받은 법원은 재심청구 이유의 유무를 판단함에 필요한 경우 사실을 조사할 수 있고(형사소송법 제37조 제3항), 공판절차에 적용되는 엄격한 증거조사 방식에 따라야만 하는 것은 아니다(대법원 2019.3.21, 2015모2229 전원합의체). 이에 증인신문·감정·검증 등의 처분을 함에 있어서도 피고인이었던 자 또는 재심청구인의 참여를 요하지 않는다.

㉢ (○) 대법원 2018.4.19, 2017도14322 전원합의체

㉣ (○) 대법원 2010.7.23, 2010도1189 전원합의체

정답 ④

012 ✅ 유사 ◆◇◇

엄격한 증명과 자유로운 증명에 관한 설명 중 가장 적절하지 않은 것은? (다툼이 있는 경우 판례에 의함)

① 양자는 증거능력의 유무와 증거조사방법에 차이가 있을 뿐 심증의 정도에는 차이가 없다.

② 자유로운 증명은 증거능력 없는 증거나 적법한 증거조사절차를 거치지 아니한 증거에 의한 증명을 의미한다.

③ 법원은 전과조회서가 변론종결 후에 회보되었다 하더라도 변론재개 없이 전과조회서에 기재된 누범전과의 사실을 근거로 형을 가중할 수 있다.

④ 친고죄에서 적법한 고소유무는 자유로운 증명의 대상이다.

해설

③ (×) 누범전과나 상습범가중에 있어서의 상습성과 같은 형의 가중사유인 사실은 범죄사실 자체는 아니지만, 범죄사실과 같이 중요하므로 범죄사실에 준하여 엄격한 증명의 대상이 된다.

[판례] 사실심 변론종결 후 검사나 피해자 등에 의해 피고인에게 불리한 새로운 양형조건에 관한 자료가 법원에 제출되었다면, 사실심 법원으로서는 변론을 재개하여 그 양형자료에 대하여 피고인에게 의견진술 기회를 주는 등 필요한 양형심리절차를 거침으로써 피고인의 방어권을 실질적으로 보장해야 한다(대법원 2021.9.30, 2021도5777).

① (○) 자유로운 증명의 경우에도 법관의 확신을 요한다.

② (○) 자유로운 증명이란 증거능력 없는 증거나 증거조사방법을 거치지 아니한 증거에 의한 증명이다.

④ (○) 친고죄에서의 고소 유무에 대한 사실은 자유로운 증명의 대상이 된다(대법원 1999.2.9, 98도2074).

정답 ③

013 ✓유사 ◆◆◇

증명의 대상과 방법에 관한 설명 중 가장 적절하지 않은 것은? (다툼이 있는 경우 판례에 의함)

① 「형법」 제6조 단서에 따라 "행위지의 법률에 의하여 범죄를 구성"하는가 여부는 법원의 직권조사사항이므로 증명의 대상이 될 수 없다.

② 출입국사범 사건에서 지방출입국·외국인관서의 장의 적법한 고발이 있었는지 여부가 문제 되는 경우에 법원은 증거조사의 방법이나 증거능력의 제한을 받지 아니하고 제반 사정을 종합하여 적당하다고 인정되는 방법에 의하여 자유로운 증명으로 그 고발 유무를 판단하면 된다.

③ 공동정범에 있어 공모관계를 인정하기 위해서는 엄격한 증명이 요구되지만, 피고인이 범죄의 주관적 요소인 공모관계를 부인하는 경우에는 사물의 성질상 이와 상당한 관련성이 있는 간접사실 또는 정황사실을 증명하는 방법으로 이를 증명할 수밖에 없다.

④ 「형사소송법」 제313조 제1항 단서의 특신상태는 증거능력의 요건에 해당하므로 검사가 그 존재에 대하여 구체적으로 주장·입증하여야 하는 것이지만, 이는 소송상의 사실에 관한 것이므로, 엄격한 증명을 요하지 아니하고 자유로운 증명으로 족하다.

┌─ 해설 ─┐

① (✕) 형법 제6조 본문에 의하여 외국인이 대한민국 영역 외에서 대한민국 국민에 대하여 범죄를 저지른 경우 우리 형법이 적용되지만, 같은 조 단서에 의하여 행위지 법률에 의하여 범죄를 구성하지 아니하거나 소추 또는 형의 집행을 면제할 경우에는 우리 형법을 적용하여 처벌할 수 없고, 이 경우 행위지 법률에 의하여 범죄를 구성하는지는 엄격한 증명에 의하여 검사가 이를 증명하여야 한다(대법원 2011.8.25, 2011도6507).

② (○) 출입국사범 사건에서 지방출입국·외국인관서의 장의 적법한 고발이 있었는지 여부가 문제 되는 경우에 법원은 증거조사의 방법이나 증거능력의 제한을 받지 아니하고 제반 사정을 종합하여 적당하다고 인정되는 방법에 의하여 자유로운 증명으로 그 고발 유무를 판단하면 된다(대법원 2021.10.28, 2021도404).

③ (○) 비록 전체의 모의과정이 없더라도 여러 사람 사이에 순차적으로 또는 암묵적으로 의사의 결합이 이루어지면 공모관계가 성립한다. 이러한 공모관계를 인정하기 위해서는 엄격한 증명이 요구되지만, 피고인이 범죄의 주관적 요소인 공모관계를 부인하는 경우에는 사물의 성질상 이와 상당한 관련성이 있는 간접사실 또는 정황사실을 증명하는 방법으로 이를 증명할 수밖에 없다(대법원 2018.4.19, 2017도14322 전원합의체)

④ (○) 피고인의 자필로 작성된 진술서의 경우에는 서류의 작성자가 동시에 진술자이므로 진정하게 성립된 것으로 인정되어 형사소송법 제313조 단서에 의하여 그 진술이 특히 신빙할 수 있는 상태하에서 행하여진 때에는 증거능력이 있고, 이러한 특신상태는 증거능력의 요건에 해당하므로 검사가 그 존재에 대하여 구체적으로 주장·입증하여야 하는 것이지만, 이는 소송상의 사실에 관한 것이므로, 엄격한 증명을 요하지 아니하고 자유로운 증명으로 족하다(대법원 2001.9.4, 2000도1743).

┌─ 정답 ─┐ ①

014 ✓유사 ◆◆◇

증명에 관한 설명으로 가장 적절한 것은? (다툼이 있는 경우 판례에 의함)

① 구성요건에 해당하는 사실은 엄격한 증명에 의하여 이를 인정하여야 하나, 증거능력이 인정되지 않는 증거라도 구성요건 사실을 입증하는 직접증거의 증명력을 보강하는 보조사실의 인정자료로서는 허용된다.

② 공모공동정범에 있어서 공모나 모의를 인정하기 위하여는 엄격한 증명에 의하여야 하고, 그 증거는 판결에 표시되어야 한다.

③ 의사에게 의료행위로 인한 업무상과실치상죄가 문제 되는 사안에서 공소사실에 기재된 업무상과실의 존재와 그러한 업무상과실로 인하여 환자에게 상해의 결과가 발생한 점은 자유로운 증명의 대상이다.

④ 친고죄에서 고소 유무에 대한 사실은 자유로운 증명의 대상이나, 반의사불벌죄에서 피고인 또는 피의자의 처벌불원 의사표시 또는 처벌희망 의사표시 철회의 유무나 그 효력 여부에 관한 사실은 엄격한 증명의 대상이다.

┌─ 해설 ─┐

② (○) 공모나 모의는 공모공동정범에 있어서의 "범죄될 사실"이라 할 것이므로 이를 인정하기 위하여는 엄격한 증명에 의하지 않으면 아니 되고 그 증거는 판결에 표시되어야 한다(대법원 1988.9.13, 88도111).

① (✕) 구성요건에 해당하는 사실은 엄격한 증명에 의하여 이를 인정하여야 하고, 증거능력이 없는 증거는 구성요건 사실을 추인하게 하는 간접사실이나 구성요건 사실을 입증하는 직접증거의 증명력을 보강하는 보조사실의 인정자료로서도 허용되지 아니한다(대법원 2006.12.8, 2006도6356).

③ (✕) 의사에게 의료행위로 인한 업무상과실치사상죄를 인정하기 위해서는, 의료행위 과정에서 공소사실에 기재된 업무상과실의 존재는 물론 그러한 업무상과실로 인하여 환자에게 상해·사망 등 결과가 발생한 점에 대하여도 엄격한 증거에 따라 합리적 의심의 여지가 없을 정도로 증명이 이루어져야 한다(대법원 2023.1.12, 2022도11163).

④ (✕) 반의사불벌죄에서 피고인 또는 피의자의 처벌을 희망하지 않는다는 의사표시 또는 처벌희망 의사표시 철회의 유무나 그 효력 여부에 관한 사실은 엄격한 증명의 대상이 아니라 증거능력이 없는 증거나 법률이 규정한 증거조사방법을 거치지 아니한 증거에 의한 증명, 이른바 자유로운 증명의 대상이다(대법원 2010.10.14, 2010도5610,2010전도31).

┌─ 정답 ─┐ ②

015 ✓ 유사 ◆◇◇

증거에 대한 설명으로 가장 적절하지 않은 것은? (다툼이 있는 경우 판례에 의함)

① 피해자가 피고인으로부터 당한 공갈 등 피해 내용을 담아 자신의 남동생에게 보낸 문자메시지의 내용을 촬영한 사진은 증거서류 중 피해자의 진술서에 준하는 것으로 보아야 한다.

② 「형사소송법」 제318조의2 제1항에 규정된 이른바 탄핵증거는 범죄사실을 인정하는 증거가 아니어서 엄격한 증거능력을 요하지 않으므로, 이를 유죄 증거의 증명력을 다투기 위한 반대증거로 사용할 수 있다.

③ 공모공동정범에서 공모나 모의는 '범죄될 사실'이므로, 이를 인정하기 위하여는 엄격한 증명에 의해야 하고 그 증거는 판결에 표시되어야 한다.

④ 피고인의 검찰 진술의 임의성의 유무가 다투어지는 경우에는 법원은 법률이 자격을 인정한 증거에 의하여 법률이 규정한 증거조사방식에 따라 증명하여야 한다는 엄격한 증명의 방법으로 그 임의성 유무를 판단하여야 한다.

해설

④ (×) 피고인의 검찰 진술의 임의성의 유무가 다투어지는 경우에는 <u>법원은 구체적인 사건에 따라 증거조사의 방법이나 증거능력의 제한을 받지 아니하고 제반 사정을 종합 참작하여 적당하다고 인정되는 방법에 의하여 <u>자유로운 증명으로 그 임의성 유무를 판단하면 된다</u>(대법원 2001.2.9, 2000도1216).

① (○) <u>피해자가 피고인으로부터 당한 공갈 등 피해 내용을 담아 남동생에게 보낸 문자메시지를 촬영한 사진은 형사소송법 제313조에 규정된 '피해자의 진술서'에 준하는 것인데</u>, 제반 사정에 비추어 그 진정성립이 인정되어 증거로 할 수 있다(대법원 2010.11.25, 2010도8735).

② (○) 형사소송법 제318조의2에 규정된 <u>이른바 탄핵증거는 범죄사실을 인정하는 증거가 아니어서 엄격한 증거능력을 요하지 아니하는 것이므로, 이를 유죄 증거의 증명력을 다투기 위한 반대증거로 채택함에는 아무런 잘못이 없다</u>(대법원 1996.1.26, 95도1333).

③ (○) <u>공모나 모의는 공모공동정범에 있어서의 "범죄될 사실"이라 할 것이므로 이를 인정하기 위하여는 엄격한 증명에 의하지 않으면 아니되고 그 증거는 판결에 표시되어야</u> 하며, 공모의 판시는 그 구체적 내용을 상세하게 판시할 필요는 없다 하겠으나 위에서 본 취지대로 성립된 것이 밝혀져야만 한다(대법원 1988.9.13, 88도1114).

정답 ④

▌ Ⅱ 거증책임

016 ✓ 대표 ◆◇◇

거증책임에 대한 설명으로 옳지 않은 것은? (다툼이 있는 경우 판례에 의함)

① 형사재판에 있어서 공소가 제기된 범죄사실에 대한 입증책임은 검사에게 있고, 유죄의 인정은 법관으로 하여금 합리적인 의심을 할 여지가 없을 정도로 공소사실이 진실한 것이라는 확신을 가지게 하는 증명력을 가진 증거에 의하여야 한다.

② 횡령죄에 있어서 불법영득의 의사에 관한 입증책임은 검사에게 있으므로 불법영득의 의사를 인정할 수 있는 사정을 검사가 입증하여야 한다.

③ 명예훼손죄의 위법성조각사유인 적시한 사실의 진실성과 공익성에 대하여도 그 부존재를 검사가 엄격한 증명의 방식으로 입증하여야 한다.

④ 검사 작성의 피의자신문조서에 기재된 진술의 임의성에 다툼이 있을 때에는 그 임의성을 의심할 만한 합리적이고 구체적인 사실을 피고인이 증명할 것이 아니라 검사가 그 임의성의 의문점을 없애는 증명을 하여야 한다.

해설

③ (×) 공연히 사실을 적시하여 사람의 명예를 훼손한 행위가 형법 제310조의 규정에 의해 위법성이 조각되어 처벌대상이 되지 않기 위하여는 그것이 진실한 사실로서 오로지 공공의 이익에 관한 때에 해당된다는 점을 행위자가 증명하여야 하는 것이나, 그 증명은 유죄의 인정에 있어 요구되는 것과 같이 법관으로 하여금 의심할 여지가 없을 정도의 확신을 가지게 하는 증명력을 가진 엄격한 증거에 의하여야 하는 것은 아니다(대법원 1996.10.25, 95도1473).

① (○) 대법원 2006.4.27, 2006도735

② (○) 대법원 2006.12.22, 2004도7232

④ (○) 대법원 1998.4.10, 97도3234

정답 ③

017 ✓ 대표 ◆◆◇

거증책임에 관한 설명으로 가장 적절하지 않은 것은? (다툼이 있는 경우 판례에 의함)

① 법위반에 대한 정당한 사유가 없다는 사실은 범죄구성요건이므로 검사가 증명해야 하는데, 다만 진정한 양심의 부존재와 같은 사실을 증명하는 것은 사회통념상 불가능한 반면 그 존재를 주장·증명하는 것이 좀 더 쉬우므로 이러한 사정은 검사가 증명책임을 다하였는지 판단할 때 고려해야 한다.

② 진술증거의 증거능력 인정 여부와 관련하여 진술의 임의성에 다툼이 있을 때에는 그 임의성을 의심할 만한 합리적이고 구체적인 사실을 피고인이 증명할 것이 아니고 검사가 그 임의성의 의문점을 없애는 증명을 하여야 한다.

③ 「공직선거법」상 허위사실공표죄에서 공표된 사실이 실제로 존재한다고 주장하는 자는 그러한 사실의 존재를 수긍할 만한 소명자료를 제시할 부담을 지고, 이때 제시하여야 할 소명자료는 적어도 허위성에 관한 검사의 증명활동이 현실적으로 가능한 정도의 구체성은 갖추어야 한다.

④ 공연성은 명예훼손죄의 구성요건으로서, 특정 소수에 대한 사실적시의 경우 공연성이 부정되는 유력한 사정이 될 수 있으므로 전파될 가능성에 관하여는 검사에게 증명의 책임이 있음이 원칙이나, 전파될 가능성은 특정되지 않은 기간과 공간에서 아직 구체화되지 않은 사실이므로 그 증명의 정도는 자유로운 증명으로 족하다.

[해설]

④ (✕) 공연성은 명예훼손죄의 구성요건으로서, 특정 소수에 대한 사실적시의 경우 공연성이 부정되는 유력한 사정이 될 수 있으므로, 전파될 가능성에 관하여는 검사의 엄격한 증명이 필요하다(대법원 2020.11.19, 2020도5813 전원합의체).

① (○) 병역법 제88조 제1항은 국방의 의무를 실현하기 위하여 현역입영 또는 소집통지서를 받고도 정당한 사유 없이 이에 응하지 않은 사람을 처벌함으로써 입영기피를 억제하고 병력구성을 확보하기 위한 규정이다. 위 조항에 따르면 정당한 사유가 있는 경우에는 피고인을 벌할 수 없는데, 여기에서 정당한 사유는 구성요건해당성을 조각하는 사유이다. … 정당한 사유가 없다는 사실은 범죄구성요건이므로 검사가 증명하여야 한다. 다만 진정한 양심의 부존재를 증명한다는 것은 마치 특정되지 않은 기간과 공간에서 구체화되지 않은 사실의 부존재를 증명하는 것과 유사하다. 위와 같은 불명확한 사실의 부존재를 증명하는 것은 사회통념상 불가능한 반면 그 존재를 주장·증명하는 것이 좀 더 쉬우므로, 이러한 사정은 검사가 증명책임을 다하였는지를 판단할 때 고려하여야 한다. 따라서 양심적 병역거부를 주장하는 피고인은 자신의 병역거부가 그에 따라 행동하지 않고서는 인격적 존재가치가 파멸되고 말 것이라는 절박하고 구체적인 양심에 따른 것이며 그 양심이 깊고 확고하며 진실한 것이라는 사실의 존재를 수긍할 만한 소명자료를 제시하고, 검사는 제시된 자료의 신빙성을 탄핵하는 방법으로 진정한 양심의 부존재를 증명할 수 있다. 이때 병역거부자가 제시해야 할 소명자료는 적어도 검사가 그에 기초하여

정당한 사유가 없다는 것을 증명하는 것이 가능할 정도로 구체성을 갖추어야 한다(대법원 2018.11.1, 2016도10912 전원합의체).

② (○) 임의성 없는 진술의 증거능력을 부정하는 취지는, 허위진술을 유발 또는 강요할 위험성이 있는 상태하에서 행하여진 진술은 그 자체가 실체적 진실에 부합하지 아니하여 오판을 일으킬 소지가 있을 뿐만 아니라 그 진위를 떠나서 진술자의 기본적 인권을 침해하는 위법 부당한 압박이 가하여지는 것을 사전에 막기 위한 것이므로, 그 임의성에 다툼이 있을 때에는 그 임의성을 의심할 만한 합리적이고 구체적인 사실을 피고인이 증명할 것이 아니고 검사가 그 임의성의 의문점을 없애는 증명을 하여야 할 것이고, 검사가 그 임의성의 의문점을 없애는 증명을 하지 못한 경우에는 그 진술증거는 증거능력이 부정된다(대법원 2006.11.23, 2004도7900).

③ (○) 근거가 박약한 의혹의 제기를 광범위하게 허용할 경우, 비록 나중에 그 의혹이 사실무근으로 밝혀지더라도 잠시나마 후보자의 명예가 훼손됨은 물론, 임박한 선거에서 유권자들의 선택을 오도하는 중대한 결과가 야기되고, 이는 오히려 공익에 현저히 반하는 결과가 된다. … 허위사실공표죄에서 의혹을 받을 일을 한 사실이 없다고 주장하는 사람에 대하여, 의혹을 받을 사실이 존재한다고 적극적으로 주장하는 자는, 그러한 사실의 존재를 수긍할 만한 소명자료를 제시할 부담을 지고, 검사는 제시된 그 자료의 신빙성을 탄핵하는 방법으로 허위성의 증명을 할 수 있다. 이때 제시하여야 할 소명자료는 위 법리에 비추어 단순히 소문을 제시하는 것만으로는 부족하고, 적어도 허위성에 관한 검사의 증명활동이 현실적으로 가능할 정도의 구체성은 갖추어야 하며, 이러한 소명자료의 제시가 없거나 제시된 소명자료의 신빙성이 탄핵된 때에는 허위사실 공표의 책임을 져야 한다(대법원 2018.9.28, 2018도10447).

[정답] ④

018 ✓ 유사 ◆◇◇

엄격한 증명의 대상이면서 검사에게 거증책임이 있는 것으로 가장 적절한 것은? (다툼이 있는 경우 판례에 의함)

① 「형사소송법」제312조 제4항에서 정한 '특히 신빙할 수 있는 상태'의 존재 입증

② 몰수대상이 되는지 여부나 추징액의 인정 등 '몰수·추징의 사유' 입증

③ 명예훼손죄의 위법성조각사유인 「형법」제310조 규정 중 '진실한 사실로서 오로지 공공의 이익에 관한 것'인지 여부에 대한 입증

④ 「형법」제6조 단서의 '행위지 법률에 의하여 범죄를 구성하는지' 여부에 대한 입증

[해설]

④ (○) 형법 제6조 본문에 의하여 외국인이 대한민국 영역 외에서 대한민국 국민에 대하여 범죄를 저지른 경우 우리 형법이 적용되지만, 같은 조 단서에 의하여 행위지 법률에 의하여 범죄를 구성하지 아니하거나 소추 또는 형의 집행을 면제할 경우에는 우리 형법을 적용하여 처벌할 수 없고, 이 경우 행위지 법률에 의하여 범죄를 구성하는지는 엄격한 증명에 의하여 검사가 이를 증명하여야 한다(대법원 2011.8.25, 2011도6507).

① (✕) 피고인의 자필로 작성된 진술서의 경우에는 서류의 작성자

가 동시에 진술자이므로 진정하게 성립된 것으로 인정되어 형사소송법 제313조 단서에 의하여 그 진술이 특히 신빙할 수 있는 상태하에서 행하여진 때에는 증거능력이 있고, 이러한 <u>특신상태는 증거능력의 요건에 해당하므로 검사가 그 존재에 대하여 구체적으로 주장·입증하여야 하는 것이지만, 이는 소송상의 사실에 관한 것이므로, 엄격한 증명을 요하지 아니하고 자유로운 증명으로 족하다</u>(대법원 2001.9.4, 2000도1743).

② (×) 몰수, 추징의 대상이 되는지 여부나 추징액의 인정은 엄격한 증명을 필요로 하지 아니한다(대법원 1993.6.22, 91도3346).

③ (×) 공연히 사실을 적시하여 사람의 명예를 훼손한 행위가 형법 제310조의 규정에 따라서 위법성이 조각되어 처벌대상이 되지 않기 위하여는 <u>그것이 진실한 사실로서 오로지 공공의 이익에 관한 때에 해당된다는 점을 행위자가 증명하여야 하는 것이나, 그 증명은 유죄의 인정에 있어 요구되는 것과 같이 법관으로 하여금 의심할 여지가 없을 정도의 확신을 가지게 하는 증명력을 가진 엄격한 증거에 의하여야 하는 것은 아니다</u>(대법원 1996.10.25, 95도1473).

정답 ④

Ⅲ 자유심증주의

019 ⊘ 대표 ◆◆◇ 변호사 2017

「형사소송법」 제308조에 규정된 자유심증주의에 관한 설명 중 옳지 않은 것은? (다툼이 있는 경우 판례에 의함)

① 증거의 증명력을 법관의 자유판단에 의하도록 하는 것은 그것이 실체적 진실발견에 적합하기 때문이지 법관의 자의적인 판단을 인용한다는 것은 아니다.

② 형사재판에 있어서 유죄로 인정하기 위한 심증형성의 정도는 합리적인 의심을 할 여지가 없을 정도이어야 하고, 여기서 합리적 의심이란 논리와 경험칙에 기하여 요증사실과 양립할 수 없는 사실의 개연성에 대한 합리성 있는 의문을 의미한다.

③ 형사재판에 있어서 관련된 다른 형사사건의 확정판결에서 인정된 사실은 특별한 사정이 없는 한 유력한 증거자료가 되기 때문에 당해 형사재판에서 제출된 다른 증거내용에 비추어 관련 형사사건 확정판결의 사실판단을 그대로 채택하기 어렵다고 인정될 경우라도 이를 배척할 수 없다.

④ 사실심 법원은 주장과 증거에 대하여 신중하고 충실한 심리를 하여야 하고, 그에 이르지 못하여 필요한 심리를 다하지 아니하는 등으로 판결 결과에 영향을 미친 때에는 사실인정을 사실심 법원의 전권으로 인정한 전제가 충족되지 아니하므로 이는 당연히 상고심의 심판대상에 해당한다.

⑤ 호흡측정기에 의한 음주측정치와 혈액검사에 의한 음주측정치가 다른 경우에 혈액채취에 의한 검사결과를 믿지 못할 특별한 사정이 없는 한, 혈액검사에 의한 음주측정치가 호흡측정기에 의한 측정치보다 측정 당시의 혈중 알코올농도에 더 근접한 음주측정치라고 보는 것이 경험칙에 부합한다.

해설

③ (×) 형사재판에서 이와 관련된 다른 형사사건의 확정판결에서 인정된 사실은 특별한 사정이 없는 한 유력한 증거자료가 되는 것이나, 당해 형사재판에서 제출된 다른 증거 내용에 비추어 관련 형사사건 확정판결의 사실판단을 그대로 채택하기 어렵다고 인정될 경우에는 이를 배척할 수 있다(대법원 2012.6.14, 2011도15653).

① (○) 대법원 2007.5.10, 2007도1950
② (○) 대법원 2011.1.27, 2010도12728
④ (○) 대법원 2016.10.13, 2015도17869
⑤ (○) 대법원 2004.2.13, 2003도6905

정답 ③

020 ⊘ 대표 ◆◆◇ 국가7급 2017

자유심증주의에 대한 설명으로 옳지 않은 것은? (다툼이 있는 경우 판례에 의함)

① 피고인이 변호인과 함께 출석한 공판기일의 공판조서에 검사가 제출한 증거에 대하여 동의한다고 기재되어 있다면 그 기재는 절대적인 증명력을 가진다.

② 형의 선고를 하는 때에는 판결이유에 범죄될 사실, 증거의 요지와 법령의 적용을 명시하여야 하며, 여기에서 '증거의 요지'는 어느 증거의 어느 부분에 의하여 범죄사실을 인정하였느냐 하는 이유 설명까지 포함한다.

③ 상고심으로부터 사건을 환송받은 법원은 환송 후의 심리과정에서 새로운 증거가 제시되어 기속적 판단의 기초가 된 증거관계에 변동이 생기지 않는 한 그 사건을 재판함에 있어서 상고법원이 파기이유로 한 사실상 및 법률상의 판단에 기속된다.

④ 자백에 대한 보강증거는 범죄사실의 전부 또는 중요 부분을 인정할 수는 없어도 피고인의 자백이 가공적인 것이 아닌 진실한 것임을 인정할 수 있는 정도만 되면 족하며, 직접증거가 아닌 간접증거도 보강증거가 될 수 있다.

해설

② (×) 형사소송법 제323조 제1항은 형의 선고를 하는 때에는 판결이유에 범죄될 사실, 증거의 요지와 법령의 적용을 명시하여야 한다고 규정하고 있는바, 여기에서 <u>'증거의 요지'는 어느 증거의 어느 부분에 의하여 범죄사실을 인정하였냐 하는 이유 설명까지 할 필요는 없지만 적어도 어떤 증거에 의하여 어떤 범죄사실을 인정하였는가를 알아볼 정도로 증거의 중요부분을 표시하여야</u> 하고, 피고인의 자백이 그 피고인에게 불이익한 유일의 증거인 때에는 이를 유죄의 증거로 하지 못하는 것이므로, "피고인의 법정 진술과 적법하게 채택되어 조사된 증거들"로만 기재된 제1심 판결의 증거의 요지를 그대로 인용한 항소심판결은 증거 없이 그 범죄사실을 인정하였거나 형사소송법 제323조 제1항을 위반한 위법을 저지른 것이라고 아니할 수 없다(대법원 2000.3.10, 99도5312).

① (○) 형사소송법 제318조에 규정된 증거 동의는 소송 주체인 검사와 피고인이 하는 것이고, 변호인은 피고인을 대리하여 증거 동의에 관한 의견을 낼 수 있을 뿐이므로, <u>피고인이 변호인과 함께 출석한 공판기일의 공판조서에 검사가 제출한 증거에 대하여 동의한다는 기재가 되어 있다면 이는 피고인이 증거 동의를 한</u>

것으로 보아야 하고, <u>그 기재는 절대적인 증명력을 가진다</u>(대법원 2016.3.10, 2015도19139).

③ (○) 상고심으로부터 사건을 환송받은 법원은 그 사건을 재판함에 있어서 상고법원이 파기이유로 한 사실상 및 법률상의 판단에 기속되는 것이지만, 환송 뒤 심리과정에서 새로운 증거가 제출되어 기속적 판단의 기초가 된 증거관계에 변동이 생기는 경우에는 그러하지 아니하다(대법원 2003.2.26, 2001도1314).

④ (○) <u>자백에 대한 보강증거는 범죄사실의 전부 또는 중요부분을 인정할 수 있는 정도가 되지 아니하더라도 피고인의 자백이 가공적인 것이 아닌 진실한 것임을 인정할 수 있는 정도만 되면 족할 뿐만 아니라 직접증거가 아닌 간접증거나 정황증거도 보강증거가 될 수 있으며, 또한 자백과 보강증거가 서로 어울려서 전체로서 범죄사실을 인정할 수 있으면 유죄의 증거로 충분하다</u>(대법원 2000.12.8, 99도214).

정답 ②

021 ✓ 대표 ◆◆◇ 국가9급 2015

자유심증주의에 대한 설명으로 옳지 않은 것은? (다툼이 있는 경우 판례에 의함)

① 형사재판에서 당해 사건과 관련된 다른 형사사건의 확정판결에서 인정된 사실은 배척할 수 없다.

② 상해진단서는 특별한 사정이 없는 한 피해자의 진술과 더불어 피고인의 상해사실에 대한 유력한 증거가 되며, 합리적인 근거 없이 그 증명력을 함부로 배척할 수는 없다.

③ 공동피고인 중 1인이 다른 공동피고인들과 공동하여 범행을 하였다고 자백한 경우 그 자백을 전부 믿어 공동피고인들 전부에 대하여 유죄를 인정하거나 그 전부를 배척하여야만 하는 것은 아니다.

④ 항소법원이 제1심에서 채용된 증거의 신빙성에 의문이 있는 경우 이미 증거조사를 거친 동일한 증거라도 그 증거의 신빙성에 대하여 더 심리하여 본 후 그 채부를 판단하여야 한다.

해설

① (×) 사실관계가 동일할 때에는 유력하나, 사실관계가 서로 다른 경우에는 배척할 수 있다. "형사재판에 있어서 이와 관련된 다른 형사사건의 확정판결에서 인정된 사실은 특별한 사정이 없는 한 유력한 증거자료가 되는 것이나, 당해 형사재판에서 제출된 다른 증거 내용에 비추어 관련 형사사건의 확정판결에서의 사실판단을 그대로 채택하기 어렵다고 인정될 경우에는 이를 배척할 수 있다(대법원 2012.6.14, 2011도15653)."

② (○) 상해진단서는 그 자체로서는 증명력이 부족하나, 일자가 시간상 근접하고 상해 부위·정도 일치 시에는 피해자의 진술과 더불어 유력한 증거가 된다. "상해죄의 피해자가 제출하는 상해진단서는 일반적으로 의사가 당해 피해자의 진술을 토대로 상해의 원인을 파악한 후 의학적 전문지식을 동원하여 관찰·판단한 상해의 부위와 정도 등을 기재한 것으로서 거기에 기재된 상해가 곧 피고인의 범죄행위로 인하여 발생한 것이라는 사실을 직접 증명하는 증거가 되기에 부족한 것이지만, 그 상해에 대한 진단일자 및 상해진단서 작성일자가 상해 발생시점과 시간상으로 근접

하고 상해진단서 발급 경우에 특별히 신빙성을 의심할 만한 사정이 없으며 거기에 기재된 상해 부위와 정도가 피해자가 주장하는 상해의 원인 내지 경위와 일치하는 경우에는, 그 무렵 피해자가 제3자로부터 폭행을 당하는 등으로 달리 상해를 입을 만한 정황이 발견되거나 의사가 허위로 진단서를 작성한 사실이 밝혀지는 등의 특별한 사정이 없는 한, 그 상해진단서는 피해자의 진술과 더불어 피고인의 상해 사실에 대한 유력한 증거가 되고, 합리적인 근거 없이 그 증명력을 함부로 배척할 수 없다."

③ (○) 공동피고인 중의 1인이 다른 공동피고인들과 공동하여 범행을 하였다고 자백한 경우, 반드시 그 자백을 전부 믿어 공동피고인들 전부에 대하여 유죄를 인정하거나 그 전부를 배척하여야 하는 것은 아니고, 자유심증주의의 원칙상 법원으로서는 자백한 피고인 자신의 범행에 관한 부분만을 취신하고, 다른 공동피고인들이 범행에 관여하였다는 부분을 배척할 수도 있다고 할 것이므로, 공동피고인 이현숙의 진술 중 그 자신의 범행에 관한 부분만을 믿고, 다른 피고인들의 범죄에 관한 부분을 배척한 원심의 조치가 잘못이라고 할 수도 없다(대법원 1995.12.8, 95도2043).

④ (○) 형사재판에서 항소심은 사후심 겸 속심의 구조이므로, 제1심이 채용한 증거에 대하여 그 신빙성에 의문은 가지만 그렇다고 직접 증거조사를 한 제1심의 자유심증이 명백히 잘못되었다고 볼 만한 합리적인 사유도 나타나 있지 아니한 경우에는, 비록 동일한 증거라고 하더라도 다시 한 번 증거조사를 하여 항소심이 느끼고 있는 의문점이 과연 그 증거의 신빙성을 부정할 정도의 것인지 알아보거나, 그 증거의 신빙성에 대하여 입증의 필요성을 느끼지 못하고 있는 검사에 대하여 항소심이 가지고 있는 의문점에 관하여 입증을 촉구하는 등의 방법으로 그 증거의 신빙성에 대하여 더 심리하여 본 후 그 채부를 판단하여야 하고, 그 증거의 신빙성에 의문이 간다는 사유만으로 더 이상 아무런 심리를 함이 없이 그 증거를 곧바로 배척하여서는 아니된다(대법원 1996.12.6, 96도2461).

정답 ①

022 ✓ 유사 ◆◆◇　　　　　　　　　　국가9급 2015

자유심증주의에 대한 판례의 태도로 옳은 것을 모두 고른 것은?

> ㄱ. 형사재판에 있어 심증형성은 간접증거에 의할 수도 있으며, 간접증거는 이를 개별적·고립적으로 평가하고, 치밀하고 모순 없는 논증을 거쳐야 한다.
> ㄴ. 형사재판에 있어 유죄로 인정하기 위한 심증형성의 정도는 합리적인 의심을 할 여지가 없을 정도여야 하나, 이는 모든 가능한 의심을 배제할 정도에 이를 것까지 요구하는 것은 아니다.
> ㄷ. 증명력이 있는 것으로 인정되는 증거를 합리적인 근거가 없는 의심을 일으켜 이를 배척하는 것은 자유심증주의의 한계를 벗어나는 것으로 허용되지 않는다.
> ㄹ. 합리적 의심이라 함은 피고인에게 불리한 정황을 사실인정과 관련하여 파악한 이성적 추론에 그 근거를 두어야 하는 것이므로 단순히 관념적인 의심이나 추상적인 가능성에 기초한 의심은 합리적 의심에 포함된다고 할 수 없다.

① ㄱ, ㄴ　　　　　　② ㄱ, ㄹ
③ ㄴ, ㄷ　　　　　　④ ㄷ, ㄹ

해설

ㄱ. (×) 간접증거는 개별적, 고립적으로 평가해서는 안 되고 모든 관점에서 빠짐없이 상호 관련시켜 종합적으로 평가하고 치밀하고 모순 없는 논증을 거쳐야 한다(대법원 2009.3.12, 2008도8486).
ㄴ. (○) 형사재판에 있어서 유죄로 인정하기 위한 심증형성의 정도는 합리적인 의심을 할 여지가 없을 정도여야 하나, 이는 모든 가능한 의심을 배제할 정도에 이를 것까지 요구하는 것은 아니며,
ㄷ. (○) 증명력이 있는 인정되는 증거를 합리적인 근거가 없는 의심을 일으켜 이를 배척하는 것은 자유심증주의의 한계를 벗어나는 것으로 허용되지 않고, 여기에서 말하는 합리적 의심이라 함은 모든 의문, 불신을 포함하는 것이 아니라 논리와 경험칙에 기하여 요증사실과 양립할 수 없는 사실의 개연성에 대한 합리성 있는 의문을 의미하는 것으로서,
ㄹ. (×) 피고인에게 유리한 정황을 사실 인정과 관련하여 파악한 이성적 추론에 그 근거를 두어야 하는 것이므로 단순히 관념적인 의심이나 추상적인 가능성에 기초한 의심은 합리적 의심에 포함된다고 할 수 없다(대법원 2011.2.24, 2010도14262)(불리한 정황이 아니라 유리한 정황에 대한 생각이 합리적 의심임).

정답 ③

023 ✓ 유사 ◆◆◇　　　　　　　　경찰승진 2022

자유심증주의에 대한 설명으로 가장 적절하지 않은 것은? (다툼이 있는 경우 판례에 의함)

① 조서의 내용에 대한 증명력은 전체적으로 고찰되어야 하므로, 진술조서의 기재 중 일부분을 믿고 다른 부분을 믿지 아니한다면 곧바로 부당하다고 평가되어야 한다.
② 검찰에서의 피고인의 자백이 법정진술과 다르다거나 피고인에게 지나치게 불리한 내용이라는 사유만으로는 그 자백의 신빙성이 의심스럽다고 할 수는 없다.
③ 유전자검사 결과 주사기에서 마약성분과 함께 피고인의 혈흔이 확인됨으로써 피고인이 필로폰을 투약한 사정이 적극적으로 증명되는 경우, 반증의 여지가 있는 소변 및 모발검사에서 마약성분이 검출되지 않았다는 소극적 사정에 관한 증거만으로 이를 쉽사리 뒤집을 수 없다.
④ 동일한 사실관계에 관하여 이미 확정된 형사판결이 인정한 사실은 유력한 증거자료가 되므로, 그 형사재판의 사실판단을 채용하기 어렵다고 인정되는 특별한 사정이 없는 한 이와 배치되는 사실은 인정할 수 없다.

해설

① (×) 진술조서의 기재 중 일부분을 믿고 다른 부분을 믿지 아니한다고 하여도 그것이 곧 부당하다고 할 수 없다(대법원 1980.3.11, 80도145).
② (○) 대법원 2010.7.22, 2009도1151
③ (○) 유전자검사나 혈액형검사 등 과학적 증거방법은 그 전제로 하는 사실이 모두 진실임이 입증되고 그 추론의 방법이 과학적으로 정당하여 오류의 가능성이 전무하거나 무시할 정도로 극소한 것으로 인정되는 경우에는 법관이 사실인정을 함에 있어 상당한 정도로 구속력을 가지므로, 비록 사실의 인정이 사실심의 전권이라 하더라도 아무런 합리적 근거 없이 함부로 이를 배척하는 것은 자유심증주의의 한계를 벗어나는 것으로서 허용될 수 없다. 과학적 증거방법이 당해 범죄에 관한 적극적 사실과 이에 반하는 소극적 사실 모두에 존재하는 경우에는 각 증거방법에 의한 분석결과에 발생할 수 있는 오류가능성 및 그 정도, 그 증거방법에 의하여 증명되는 사실의 내용 등을 종합적으로 고려하여 범죄의 유무 등을 판단하여야 하고, 여러 가지 변수로 인하여 반증의 여지가 있는 소극적 사실에 관한 증거로써 과학적 증거방법에 의하여 증명되는 적극적 사실을 쉽사리 뒤집어서는 안 된다. … 유전자검사 결과 주사기에서 마약성분과 함께 피고인의 혈흔이 확인됨으로써 피고인이 필로폰을 투약한 사정이 적극적으로 증명되는 경우, 반증의 여지가 있는 소변 및 모발검사에서 마약성분이 검출되지 않았다는 소극적 사정에 관한 증거만으로 이를 쉽사리 뒤집을 수 없다(대법원 2009.3.12, 2008도8486).
④ (○) 대법원 2009.12.24, 2009도11349

정답 ①

024 ✓유사 ◆◆◇

자유심증주의에 관한 설명으로 가장 적절하지 않은 것은? (다툼이 있는 경우 판례에 의함)

① 경찰에서의 진술조서의 기재와 당해 사건의 공판정에서의 같은 사람의 증인으로서의 진술이 상반되는 경우 반드시 공판정에서의 증언에 따라야 한다는 법칙은 없고 그중 어느 것을 채용하여 사실인정의 자료로 할 것인가는 오로지 사실심법원의 자유심증에 속하는 것이다.

② 호흡측정기에 의한 음주측정치와 혈액검사에 의한 음주측정치가 다른 경우에 혈액채취에 의한 검사결과를 믿지 못할 특별한 사정이 없는 한, 혈액검사에 의한 음주측정치가 호흡측정기에 의한 음주측정치보다 측정 당시의 혈중알코올농도에 더 근접한 음주측정치라고 보는 것이 경험칙에 부합한다.

③ '성추행 피해자가 추행 즉시 행위자에게 항의하지 않은 사정'이나 '피해신고 시 성폭력이 아닌 다른 피해 사실을 먼저 진술한 사정'만으로 곧바로 피해자 진술의 신빙성을 부정할 것은 아니고, 가해자와의 관계와 피해자의 구체적 상황을 모두 살펴 판단하여야 한다.

④ 형사재판에서 이와 관련된 다른 형사사건의 확정판결에서 인정된 사실은 특별한 사정이 없는 한 유력한 증거자료가 되는 것이므로, 당해 형사재판에서 제출된 다른 증거내용에 비추어 관련 형사사건 확정판결의 사실판단을 그대로 채택하기 어렵다고 인정되는 면이 있다고 하여도 이를 배척할 수는 없다.

해설

④ (×) 형사재판에서 이와 관련된 다른 형사사건의 확정판결에서 인정된 사실은 특별한 사정이 없는 한 유력한 증거자료가 되는 것이나, 당해 형사재판에서 제출된 다른 증거내용에 비추어 관련 형사사건 확정판결의 사실판단을 그대로 채택하기 어렵다고 인정될 경우에는 이를 배척할 수 있다(대법원 2012.6.14, 2011도15653).

① (○) 대법원 1987.6.9, 87도691,87감도63

② (○) 호흡측정기에 의한 측정의 경우 그 측정기의 상태, 측정방법, 상대방의 협조 정도 등에 의하여 그 측정결과의 정확성과 신뢰성에 문제가 있을 수 있다는 사정을 고려하면, 혈액의 채취 또는 검사과정에서 인위적인 조작이나 관계자의 잘못이 개입되는 등 혈액채취에 의한 검사결과를 믿지 못할 특별한 사정이 없는 한, 혈액검사에 의한 음주측정치가 호흡측정기에 의한 음주측정치보다 측정 당시의 혈중알코올농도에 더 근접한 음주측정치라고 보는 것이 경험칙에 부합한다(대법원 2004.2.13, 2003도6905).

③ (○) '성추행 피해자가 추행 즉시 행위자에게 항의하지 않은 사정'이나 '피해신고 시 성폭력이 아닌 다른 피해사실을 먼저 진술한 사정'만으로 곧바로 피해자 진술의 신빙성을 부정할 것이 아니고, 가해자와의 관계와 피해자의 구체적 상황을 모두 살펴 판단하여야 한다(대법원 2020.9.24, 2020도7869).

정답 ④

025 ✓유사 ◆◇◇

자유심증주의에 대한 설명으로 옳은 것은?

① 형사재판에서 이와 관련된 다른 형사사건의 확정판결에서 인정된 사실은 특별한 사정이 없는 한 유력한 증거자료가 되는 것이므로 당해 형사재판에서 제출된 다른 증거 내용에 비추어 이를 배척할 수는 없다.

② 감정인들의 감정의견이 상충된 경우 여러 의견 중에서 어떤 의견을 채용하여도 무방하지만, 여러 개의 감정의견이 일치되어 있는 경우 이를 배척하려면 특별한 이유를 밝히거나 또는 반대감정의견을 구하여야 한다.

③ 당해 사건 공판정에서 A가 증인으로서 진술한 내용이 다른 형사사건의 공판조서에 기재된 증인 A의 진술내용과 상반되는 경우, 반드시 당해 사건 공판정에서의 증언을 믿어야 된다는 법칙은 없다.

④ 증거보전 절차에서의 진술은 법원의 관여하에 행하여지는 것으로서 수사기관에서의 진술보다 임의성이 더 보장되는 것이므로 수사기관의 진술을 채택하고 증거보전 절차에서의 진술을 배척하는 것은 자유심증주의의 남용에 해당한다.

해설

③ (○) 경찰에서의 자술서, 검사작성의 각 피의자신문조서, 다른 형사사건의 공판조서의 기재와 당해 사건의 공판정에서의 같은 사람의 증인으로서의 진술이 상반되는 경우 반드시 공판정에서의 증언은 믿어야 된다는 법칙은 없고, 상반된 증언, 감정중에 그 어느 것을 사실인정의 자료로 인용할 것인가는 오로지 사실심법원의 자유심증에 속한다(대법원 1986.9.23, 86도1547).

① (×) 형사재판에서 이와 관련된 다른 형사사건의 확정판결에서 인정된 사실은 특별한 사정이 없는 한 유력한 증거자료가 되는 것이나, 당해 형사재판에서 제출된 다른 증거 내용에 비추어 관련 형사사건 확정판결의 사실판단을 그대로 채택하기 어렵다고 인정될 경우에는 이를 배척할 수 있다(대법원 2012.6.14, 2011도15653).

② (×) 감정의견의 판단과 그 채부여부는 법원의 자유심증에 따르며 법원이 감정결과를 전문적으로 비판할 능력을 가지지 못하는 경우에는 그 결과가 사실상 존중되는 수가 많게 된다해도 감정의견은 법원이 가지고 있지 못한 경험칙 등을 보태준다는 이유로 항상 따라야 하는 것도 아니고 감정의견이 상충된 경우 다수 의견을 안 따르고 소수 의견을 채용해도 되고 여러 의견 중에서 그 일부씩을 채용하여도 무방하며 여러 개의 감정의견이 일치되어 있어도 이를 배척하려면 특별한 이유를 밝히거나 또는 반대감정의견을 구하여야 된다는 법리도 없다(대법원 1976.3.23, 75도2068).

④ (×) 증거보전 절차에서의 진술이 법원의 관여하에 행하여지는 것으로서 수사기관에서의 진술보다 임의성이 더 보장되는 것이기는 하나 보전된 증거가 항상 진실이라고 단정지을 수는 없는 것이므로 법원이 그것을 믿지 않을만한 사유가 있어서 믿지 않는 것에 자유심증주의의 남용이 있다고 볼 수 없다(대법원 1980.4.8, 79도2125).

정답 ③

026 ✅ 유사 ◆◆◇ 경찰승진 2024

자유심증주의 또는 그 제한에 관한 설명으로 가장 적절한 것은? (다툼이 있는 경우 판례에 의함)

① 공소사실을 인정할 증거로 사실상 피해자의 진술이 유일한 경우에 피고인의 진술이 경험칙상 합리성이 없고 그 자체로 모순되어 믿을 수 없다는 사정은 공소사실을 인정하는 직접증거가 될 수 없으며, 이러한 사정은 법관의 자유판단에 따라 피해자 진술의 신빙성을 뒷받침하거나 직접증거인 피해자 진술과 결합하여 공소사실을 뒷받침하는 간접정황도 될 수 없다.

② 범행에 관한 간접증거만이 존재하고 그 간접증거의 증명력에 한계가 있는 경우에 증거의 증명력은 법관의 자유판단에 의하는 것이므로, 범인으로 지목되고 있는 자에게 범행을 저지를 만한 동기가 발견되지 않더라도 만연히 무엇인가 동기가 분명히 있는데 이를 범인이 숨기고 있는 것으로 단정한다고 하여도 형사증거법의 이념에 반하는 것은 아니다.

③ 유죄의 인정은 법관으로 하여금 합리적 의심의 여지가 없을 정도로 공소사실이 진실한 것이라는 확신을 가지게 하는 증명력을 가진 증거에 의하여야 하며, 이는 모든 가능한 의심을 배제할 정도에 이를 것을 요한다.

④ 살인죄 등과 같이 법정형이 무거운 범죄의 경우에도 직접증거 없이 간접증거만으로 유죄를 인정할 수 있으나, 그러한 유죄 인정에는 공소사실에 대한 관련성이 깊은 간접증거들에 의하여 신중한 판단이 요구된다.

해설

④ (○) 살인죄 등과 같이 법정형이 무거운 범죄의 경우에도 직접증거 없이 간접증거만으로 유죄를 인정할 수 있으나, 그러한 유죄 인정에는 공소사실에 대한 관련성이 깊은 간접증거들에 의하여 신중한 판단이 요구되므로, 간접증거에 의하여 주요사실의 전제가 되는 간접사실을 인정할 때에는 증명이 합리적인 의심을 허용하지 않을 정도에 이르러야 하고, 하나하나의 간접사실 사이에 모순, 저촉이 없어야 하는 것은 물론 간접사실이 논리와 경험칙, 과학법칙에 의하여 뒷받침되어야 한다(대법원 2011.5.26, 2011도1902).

① (×) 공소사실을 인정할 증거로 사실상 피해자의 진술이 유일한 경우에 피고인의 진술이 경험칙상 합리성이 없고 그 자체로 모순되어 믿을 수 없다고 하여 그것이 공소사실을 인정하는 직접증거가 되는 것은 아니지만, 이러한 사정은 법관의 자유판단에 따라 피해자 진술의 신빙성을 뒷받침하거나 직접증거인 피해자 진술과 결합하여 공소사실을 뒷받침하는 간접정황이 될 수 있다(대법원 2022.8.19, 2021도3451).

② (×) 범행에 관한 간접증거만이 존재하고 더구나 그 간접증거의 증명력에 한계가 있는 경우, 범인으로 지목되고 있는 자에게 범행을 저지를 만한 동기가 발견되지 않는다면, 만연히 무엇인가 동기가 분명히 있는데도 이를 범인이 숨기고 있다고 단정할 것이 아니라 반대로 간접증거의 증명력이 그만큼 떨어진다고 평가하는 것이 형사증거법의 이념에 부합하는 것이다(대법원 2022.6.16, 2022도2236).

③ (×) 모든 가능한 의심을 배제할 정도에 이를 필요는 없고 합리

적 의심을 배제할 정도이면 된다. "형사재판에서 공소된 범죄사실에 대한 입증책임은 검사에게 있는 것이고, 유죄의 인정은 법관으로 하여금 합리적인 의심을 할 여지가 없을 정도로 공소사실이 진실한 것이라는 확신을 가지게 하는 증명력을 가진 증거에 의하여야 한다(대법원 2001.8.21, 2001도2823)."

정답 ④

027 ✅ 유사 ◆◆◇ 변호사 2017

「정치자금법」상 금품수수 혐의로 공소제기된 피고인 甲이 법정에서 금품수수 사실을 부인하였고, 제1심 법원에 증인으로 출석한 乙은 甲에게 금품을 제공하였다고 증언하였지만 제1심 법원은 乙의 증언에 신빙성이 없고 범죄의 증명이 부족하다는 이유로 무죄를 선고하였다. 이에 관한 설명 중 옳지 않은 것은? (다툼이 있는 경우 판례에 의함)

① 甲의 혐의를 뒷받침할 금융자료 등 객관적 물증이 없는 경우, 제1심 법원이 금품수수 사실을 부인하는 甲에 대해 乙의 진술만으로 유죄를 인정하기 위해서는 乙의 진술이 증거능력이 있어야 함은 물론 합리적인 의심을 배제할 만한 신빙성이 있어야 한다.

② 항소심 법원이 乙을 증인으로 다시 신문한 결과 제1심이 들고 있는 의심과 일부 어긋날 수 있는 사실의 개연성이 드러나 제1심의 판단에 의문이 생긴 경우, 제1심이 일으킨 합리적인 의심을 충분히 해소할 수 있을 정도에까지 이르지 아니하더라도 乙의 진술의 신빙성이 부족하다는 제1심의 판단에 사실오인의 위법이 있다고 인정하여 공소사실을 유죄로 인정할 수 있다.

③ 만일 乙이 검찰에서는 자금을 조성하여 甲에게 정치자금으로 제공하였다고 진술하였다가 제1심 법정에서는 정치자금으로 제공한 사실을 부인하면서 자금의 사용처를 달리 증언하였다고 하더라도, 제1심 법원은 乙의 검찰 진술의 신빙성을 인정하여 甲에게 유죄를 선고할 수 있다.

④ 乙이 증인신문에 앞서 법원에 甲뿐만 아니라 변호인에 대해서까지 차폐시설의 설치를 요구한다면, 그러한 방식으로 증인신문이 이루어지는 경우 반대신문권이 제한될 수 있으므로, 법원은 특별한 사정이 있는 경우에만 예외적으로 변호인에 대한 차폐시설의 설치를 허용할 수 있다.

⑤ 항소심 법원이 공개금지사유가 없음에도 비공개로 乙에 대한 증인신문절차를 진행한 경우 乙의 증언은 증거능력이 인정되지 않는다.

해설

② (×) 항소심이 제1심 증인 등을 다시 신문하는 등의 추가 증거조사를 거쳐 그 신빙성을 심사하여 본 결과 제1심이 들고 있는 의심

과 일부 어긋날 수 있는 사실의 개연성이 드러남으로써 제1심의 판단에 의문이 생긴다 하더라도, 제1심이 제기한 의심이 금품 제공과 양립할 수 없거나 그 진술의 신빙성 인정에 장애가 되는 사실의 개연성에 대한 합리성 있는 근거에 기초하고 있고 제1심의 증거조사 결과와 항소심의 추가 증거조사 결과에 의하여도 제1심이 일으킨 이러한 합리적인 의심을 충분히 해소할 수 있을 정도에까지 이르지 아니한다면, 그와 같은 일부 반대되는 사실에 관한 개연성 또는 의문만으로 그 진술의 신빙성 및 범죄의 증명이 부족하다는 제1심의 판단에 사실오인의 위법이 있다고 단정하여 공소사실을 유죄로 인정하여서는 아니 된다(대법원 2016.6.23, 2016도2889).

① (O) 대법원 2016.6.23, 2016도2889
③ (O) 대법원 1988.6.28, 88도740 및 대법원 2015.8.20, 2013도11650 전원합의체(한명숙 전 총리 사건)
④ (O) 대법원 2015.5.28, 2014도18006
⑤ (O) 대법원 2005.10.28, 2005도5854

정답 ②

---

028 ✓ 유사 ◆◇◇

경찰2차 2020

증거와 증명에 대한 설명으로 가장 적절한 것은? (다툼이 있는 경우 판례에 의함)

① 「형사소송법」 제312조 제4항에서 '특히 신빙할 수 있는 상태'는 증거능력의 요건에 해당하므로 검사가 그 존재에 대하여 구체적으로 주장·증명하여야 하고, 엄격한 증명을 요한다.

② 강간죄에서 공소사실을 인정할 증거로 사실상 피해자의 진술이 유일하고 피고인의 진술은 경험칙상 합리성이 없고 그 자체로 모순되어 믿을 수 없는 경우, 이러한 사정은 법관의 자유판단의 대상이 되지 않는다.

③ 충분한 증명력이 있는 증거를 합리적인 근거 없이 배척하거나 반대로 객관적인 사실에 명백히 반하는 증거를 아무런 합리적인 근거 없이 채택·사용하는 등으로 논리와 경험의 법칙에 어긋나는 것이 아닌 이상, 법관은 자유심증으로 증거를 채택하여 사실을 인정할 수 있다.

④ 몰수는 부가형이자 형벌이므로 몰수의 대상 여부는 엄격한 증명의 대상이나, 추징은 형벌이 아니므로 추징의 대상, 추징액의 인정은 자유로운 증명의 대상이다.

해설

③ (O) 대법원 2019.3.28, 2018도16002 전원합의체
① (×) 형사소송법 제312조 제4항에서 '특히 신빙할 수 있는 상태'란 진술내용이나 조서 작성에 허위개입의 여지가 거의 없고, 진술내용의 신빙성이나 임의성을 담보할 구체적이고 외부적인 정황이 있는 것을 말한다. 그리고 이러한 '특히 신빙할 수 있는 상태'는 증거능력의 요건에 해당하므로 검사가 그 존재에 대하여 구체적으로 주장·증명하여야 하지만, 이는 소송상의 사실에 관한 것이므로 엄격한 증명을 요하지 아니하고 자유로운 증명으로 족하다(대법원 2012.7.26, 2012도2937).
② (×) 강간죄에서 공소사실을 인정할 증거로 사실상 피해자의 진

술이 유일한 경우에 피고인의 진술이 경험칙상 합리성이 없고 그 자체로 모순되어 믿을 수 없다고 하여 그것이 공소사실을 인정하는 직접증거가 되는 것은 아니지만, 이러한 사정은 법관의 자유판단에 따라 피해자 진술의 신빙성을 뒷받침하거나 직접증거인 피해자 진술과 결합하여 공소사실을 뒷받침하는 간접정황이 될 수 있다(대법원 2018.10.25, 2018도7709).

④ (×) 몰수, 추징의 대상이 되는지 여부나 추징액의 인정은 엄격한 증명을 필요로 하지 아니한다(대법원 2015.4.23, 2015도1233).

정답 ③

---

029 ✓ 유사 ◆◆◇

경찰경채 2023

증거 및 증명에 관한 설명으로 가장 적절하지 않은 것은? (다툼이 있는 경우 판례에 의함)

① 개별적, 구체적인 사건에서 성폭행 등의 피해자가 처하여 있는 특별한 사정을 충분히 고려하여야 하며, 피고인의 친딸로 가족관계에 있던 피해자가 '마땅히 그러한 반응을 보여야만 하는 피해자'로 보이지 않는다는 이유만으로 피해자 진술에 대하여 신빙성을 배척할 수 없다.

② 공판기일의 소송절차로서 공판조서에 기재된 것은 물론 공판조서에 기재되지 않은 사항이라 하더라도 자유심증주의의 예외로서 배타적 증명력이 인정된다.

③ 진정한 양심에 따른 병역거부는 「병역법」 제88조 제1항에서 정한 '정당한 사유'에 해당하며, 정당한 사유가 없다는 사실은 범죄구성요건이므로 검사가 증명하여야 한다.

④ 구성요건에 해당하는 사실은 엄격한 증명에 의하여 이를 인정하여야 하고, 증거능력이 없는 증거는 구성요건 사실을 추인하게 하는 간접사실이나 구성요건 사실을 입증하는 직접증거의 증명력을 보강하는 보조사실의 인정자료로도 사용할 수 없다.

해설

② (×) 공판조서의 배타적 증명력은 공판기일의 소송절차로서 공판조서에 기재된 사항에 대해서만 미친다. 공판조서에 기재되지 않은 사항은 공판조서 외의 자료에 의한 증명이 허용되고, 이는 소송법적 사실에 관한 증명이므로 자유로운 증명으로 족하다.
① (O) 성폭행 피해자의 대처 양상은 피해자의 성정이나 가해자와의 관계 및 구체적인 상황에 따라 다르게 나타날 수밖에 없다. 따라서 개별적, 구체적인 사건에서 성폭행 등의 피해자가 처하여 있는 특별한 사정을 충분히 고려하지 않은 채 피해자 진술의 증명력을 가볍게 배척하는 것은 정의와 형평의 이념에 입각하여 논리와 경험의 법칙에 따른 증거판단이라고 볼 수 없다. 피고인의 친딸로 가족관계에 있던 피해자가 '마땅히 그러한 반응을 보여야만 하는 피해자'로 보이지 않는다는 이유만으로 피해자 진술의 신빙성을 함부로 배척할 수 없다. 그리고 친족관계에 의한 성범죄를 당하였다는 피해자의 진술은 피고인에 대한 이중적인 감정, 가족들의 계속되는 회유와 압박 등으로 인하여 번복되거나 불분명해질 수 있는 특수성이 있다는 점을 고려해야 한다(대법원 2020.8.20, 2020도6965,2020전도74).

③ (○) 양심에 따른 병역거부, 이른바 양심적 병역거부는 종교적·윤리적·도덕적·철학적 또는 이와 유사한 동기에서 형성된 양심상 결정을 이유로 집총이나 군사훈련을 수반하는 병역의무의 이행을 거부하는 행위를 말한다. 양심적 병역거부자에게 병역의무의 이행을 일률적으로 강제하고 그 불이행에 대하여 형사처벌 등 제재를 하는 것은 양심의 자유를 비롯한 헌법상 기본권 보장체계와 전체 법질서에 비추어 타당하지 않을 뿐만 아니라 소수자에 대한 관용과 포용이라는 자유민주주의 정신에도 위배된다. 따라서 진정한 양심에 따른 병역거부라면, 이는 병역법 제88조 제1항의 '정당한 사유'에 해당한다고 보아야 한다. … <u>정당한 사유가 없다는 사실은 범죄구성요건이므로 검사가 증명하여야 한다</u>(대법원 2021.1.28, 2018도4708).

④ (○) 대법원 2008.12.11, 2008도7112

정답 ②

---

030 ✓ 유사 ◆◆◇　경찰1차 2022

증명에 관한 설명으로 가장 적절한 것은? (다툼이 있는 경우 판례에 의함)

① 증거능력이 없는 증거는 유죄의 직접적인 증거로 삼을 수 없으나, 구성요건 사실을 추인하게 하는 간접사실이나 구성요건 사실을 입증하는 직접증거의 증명력을 보강하는 보조사실의 인정자료로는 사용할 수 있다.

② 「형법」 제307조 제2항 허위사실 적시 명예훼손죄에서 허위사실의 인식과 달리 허위사실 자체는 엄격한 증명의 대상이 된다.

③ 「예비군법」 제15조 제9항 제1호에서 정한 정당한 사유가 없다는 사실은 범죄구성요건이므로 검사가 증명하여야 하지만, 양심적 예비군훈련 거부를 주장하는 피고인은 자신의 예비군훈련 거부가 그에 따라 행동하지 않고서는 인격적 존재가치가 파멸되고 말 것이라는 절박하고 구체적인 양심에 따른 것이며 그 양심이 깊고 확고하며 진실한 것이라는 사실의 존재를 수긍할 만한 소명자료를 제시하고, 검사는 제시된 자료의 신빙성을 탄핵하는 방법으로 진정한 양심의 부존재를 증명할 수 있다.

④ 합리적 의심이란 요증사실과 양립할 수 없는 사실의 개연성에 대한 합리성 있는 의문을 의미하는 것으로서, 관념적인 의심이나 추상적인 가능성에 기초한 의심도 포함된다.

해설

③ (○) 병역법 제88조 제1항은 국방의 의무를 실현하기 위하여 현역입영 또는 소집통지서를 받고도 <u>정당한 사유 없이</u> 이에 응하지 않은 사람을 처벌함으로써 입영기피를 억제하고 병력구성을 확보하기 위한 규정이다. … <u>정당한 사유가 없다는 사실은 범죄구성요건이므로 검사가 증명하여야 한다.</u> 다만 진정한 양심의 부존재를 증명한다는 것은 마치 특정되지 않은 기간과 공간에서 구체화되지 않은 사실의 부존재를 증명하는 것과 유사하다. 위와 같은 불명확한 사실의 부존재를 증명하는 것은 사회통념상 불가능

한 반면 그 존재를 주장·증명하는 것이 좀 더 쉬우므로, 이러한 사정은 검사가 증명책임을 다하였는지를 판단할 때 고려하여야 한다. 따라서 <u>양심적 병역거부를 주장하는 피고인은 자신의 병역거부가 그에 따라 행동하지 않고서는 인격적 존재가치가 파멸되고 말 것이라는 절박하고 구체적인 양심에 따른 것이며 그 양심이 깊고 확고하며 진실한 것이라는 사실의 존재를 수긍할 만한 소명자료를 제시하고, 검사는 제시된 자료의 신빙성을 탄핵하는 방법으로 진정한 양심의 부존재를 증명할 수 있다. 이때 병역거부자가 제시해야 할 소명자료는 적어도 검사가 그에 기초하여 정당한 사유가 없다는 것을 증명하는 것이 가능할 정도로 구체성을 갖추어야 한다</u>(대법원 2018.11.1, 2016도10912 전원합의체; 2021.2.4, 2020도3439).

① (×) 증거능력이 없는 증거는 구성요건 사실을 추인하게 하는 간접사실이나 구성요건 사실을 입증하는 직접증거의 증명력을 보강하는 보조사실의 인정자료로 사용할 수 없다(대법원 2007.11.15, 2007도3061 전원합의체).

② (×) <u>사람의 사회적 평가를 떨어뜨리는 사실이 적시되었다는 점, 그 적시된 사실이 객관적으로 진실에 부합하지 아니하여 허위일 뿐만 아니라 그 적시된 사실이 허위라는 것을 피고인이 인식하고서 이를 적시하였다는 점은 모두 검사가 엄격하게 증명하여야 한다</u>(대법원 2010.11.25, 2009도12132; 2014.9.4, 2012도13718 등).

④ (×) 피고인에게 유리한 정황을 사실인정과 관련하여 파악한 이성적 추론에 그 근거를 두어야 하는 것이므로 단순히 관념적인 의심이나 추상적인 가능성에 기초한 의심은 합리적 의심에 포함된다고 할 수 없다(대법원 2004.6.25, 2004도2221).

정답 ③

---

031 ✓ 유사 ◆◆◇　국가7급 2023

증명에 대한 설명으로 옳지 않은 것은?

① 진정한 양심과 같은 불명확한 사실의 부존재를 증명하는 것은 사회통념상 불가능한 반면 그 존재를 증명하는 것은 좀 더 쉬우므로, 예비군법위반사건에서 양심상의 이유로 예비군훈련 거부의 정당성을 주장하는 피고인은 자신의 양심이 깊고 확고하며 진실하여 '정당한 사유'에 해당한다는 점을 증명하여야 한다.

② 「공직선거법」상 허위사실공표죄에서 의혹을 받을 사실이 존재한다고 적극적으로 주장하는 피고인은 그러한 사실의 존재를 수긍할 만한 소명자료를 제시할 부담을 지고, 검사는 제시된 그 자료의 신빙성을 탄핵하는 방법으로 허위성을 증명할 수 있다.

③ 공판조서의 기재가 명백한 오기인 경우를 제외하고는 공판기일의 소송절차로서 공판조서에 기재된 것은 조서만으로 증명하여야 하고, 그 증명력은 공판조서 이외의 자료에 의한 반증이 허용되지 않는 절대적인 것이다.

④ 수사기관이 영장발부의 사유로 된 범죄혐의사실과 무관한 별개의 증거를 압수한 후에 피압수자에게 환부하고 이를 임의제출받아 다시 압수한 경우, 그 제출에 임의성이 있다는 점에 관하여는 검사가 합리적 의심을 배제할 수 있을 정도로 증명하여야 한다.

① (×) 피고인은 양심의 존재를 증명하는 것이 아니라 소명하는 것이다.

[보충] 이에 검사는 이를 탄핵하는 방법으로 진정한 양심의 부존재를 엄격하게 증명하여야 한다.

[판례] 불명확한 사실의 부존재를 증명하는 것은 사회통념상 불가능한 반면 그 존재를 주장·증명하는 것이 좀 더 쉬우므로, 이러한 사정은 검사가 증명책임을 다하였는지를 판단할 때 고려하여야 한다. 따라서 양심상의 이유로 예비군훈련 거부를 주장하는 피고인은 자신의 예비군훈련 거부가 그에 따라 행동하지 않고서는 인격적 존재가치가 파멸되고 말 것이라는 절박하고 구체적인 양심에 따른 것이며 그 양심이 깊고 확고하며 진실한 것이라는 사실의 존재를 수긍할 만한 소명자료를 제시하고, 검사는 제시된 자료의 신빙성을 탄핵하는 방법으로 진정한 양심의 부존재를 증명할 수 있다(대법원 2021.1.28, 2018도4708).

② (○) 허위사실공표죄의 피고인은 의혹을 받은 사실의 존재를 소명하여야 한다.

[보충] 이에 검사는 이를 탄핵하는 방법으로 허위성을 엄격하게 증명하여야 한다.

[판례] 공직선거법 제250조 제2항 소정의 허위사실공표죄가 성립하기 위하여는 검사가 공표된 사실이 허위라는 점을 적극적으로 증명할 것이 필요하고, 공표한 사실이 진실이라는 증명이 없다는 것만으로는 위 죄가 성립할 수 없다. 이와 관련하여 그 증명책임의 부담을 결정함에 있어 어느 사실이 적극적으로 존재한다는 것의 증명은 물론이고 어느 사실의 부존재 사실의 증명이라도 특정 기간과 장소에서의 특정 행위의 부존재 사실에 관한 것이라면 여전히 적극적 당사자인 검사가 그를 합리적 의심의 여지가 없이 증명할 의무를 부담한다(대법원 2003.11.28, 2003도5279; 2004.2.26, 99도5190; 2006.11.10, 2005도6375 등). … 허위사실공표죄에 있어서 의혹을 받을 일을 한 사실이 없다고 주장하는 사람에 대하여 의혹을 받을 사실이 존재한다고 적극적으로 주장하는 자는 그러한 사실의 존재를 수긍할 만한 소명자료를 제시할 부담을 지고, 검사는 제시된 그 자료의 신빙성을 탄핵하는 방법으로 허위성의 증명을 할 수 있다. 이때 제시하여야 할 소명자료는 위 법리에 비추어 단순히 소문을 제시하는 것만으로는 부족하고 적어도 허위성에 관한 검사의 증명활동이 현실적으로 가능할 정도의 구체성은 갖추어야 하며, 이러한 소명자료의 제시가 없거나 제시된 소명자료의 신빙성이 탄핵된 때에는 허위사실 공표로서의 책임을 져야 한다(대법원 2011.12.22, 2008도11847).

③ (○) 공판기일의 소송절차로서 판결 기타의 재판을 선고 또는 고지한 사실은 공판조서에 기재되어야 하는데(형사소송법 제51조 제1항, 제2항 제14호), 공판조서의 기재가 명백한 오기인 경우를 제외하고는, 공판기일의 소송절차로서 공판조서에 기재된 것은 조서만으로써 증명하여야 하고 그 증명력은 공판조서 이외의 자료에 의한 반증이 허용되지 않는 절대적인 것이다(대법원 2023.6.15, 2023도3038).

④ (○) 수사기관이 별개의 증거를 피압수자 등에게 환부하고 후에 임의제출받아 다시 압수하였다면 증거를 압수한 최초의 절차 위반행위와 최종적인 증거수집 사이의 인과관계가 단절되었다고 평가할 수 있으나, 환부 후 다시 제출하는 과정에서 수사기관의 우월적 지위에 의하여 임의제출 명목으로 실질적으로 강제적인 압수가 행하여질 수 있으므로, 제출에 임의성이 있다는 점에 관하여는 검사가 합리적 의심을 배제할 수 있을 정도로 증명하여야 하고, 임의로 제출된 것이라고 볼 수 없는 경우에는 증거능력을 인정할 수 없다(대법원 2016.3.10, 2013도11233).

정답 ①

032 ✓유사 ◆◆◇ 국가9급/개론 2021

과학적 증거에 대한 판례의 태도로서 옳지 않은 것은?

① 범죄구성요건에 해당하는 사실을 증명하기 위한 근거가 되는 과학적인 연구 결과는 적법한 증거조사를 거친 증거능력 있는 증거에 의하여 엄격한 증명으로 증명되어야 한다.

② 유전자검사나 혈액형검사 등 과학적 증거방법은 그 전제로 하는 사실이 모두 진실임이 입증되고 그 추론의 방법이 과학적으로 정당하여 오류의 가능성이 전무하거나 무시할 정도로 극소한 것으로 인정되는 경우에는 법관이 사실인정을 함에 있어 상당한 정도로 구속력을 가진다.

③ 전문 감정인이 공인된 표준 검사기법으로 분석한 후 법원에 제출한 과학적 증거는 모든 과정에서 시료의 동일성이 인정되고 인위적인 조작·훼손·첨가가 없었음이 담보되었다면, 각 단계에서 시료에 대한 정확한 인수·인계 절차를 확인할 수 있는 기록이 유지되지 않았다 하더라도 사실인정에 있어서 상당한 정도로 구속력을 가진다.

④ 컴퓨터 디스켓에 들어 있는 문건이 증거로 사용되는 경우 그 컴퓨터 디스켓은 그 기재의 매체가 다를 뿐 실질에 있어서는 피고인 또는 피고인 아닌 자의 진술을 기재한 서류와 크게 다를 바 없고, 압수 후의 보관 및 출력과정에 조작의 가능성이 있으며, 기본적으로 반대신문의 기회가 보장되지 않는 점 등에 비추어 그 기재 내용의 진실성에 관하여는 전문법칙이 적용된다.

해설

③ (×) 과학적 증거방법이 사실인정에 있어서 상당한 정도로 구속력을 갖기 위해서는 감정인이 전문적인 지식·기술·경험을 가지고 공인된 표준 검사기법으로 분석한 후 법원에 제출하였다는 것만으로는 부족하고, 시료의 채취·보관·분석 등 모든 과정에서 시료의 동일성이 인정되고 인위적인 조작·훼손·첨가가 없었음이 담보되어야 하며 각 단계에서 시료에 대한 정확한 인수·인계 절차를 확인할 수 있는 기록이 유지되어야 한다(대법원 2018.2.8, 2017도14222).

① (○) 대법원 2010.2.11, 2009도2338
② (○) 대법원 2009.3.12, 2008도8486
④ (○) 대법원 1999.9.3, 99도2317

정답 ③

3 자백배제법칙

Ⅰ 자백의 의의와 효과

Ⅱ 자백배제법칙

033 ✓ 대표 ◆◇◇ 경찰2차 2020

자백배제법칙에 대한 설명으로 가장 적절한 것은? (다툼이 있는 경우 판례에 의함)

① 피고인이나 그 변호인이 검사 작성의 당해 피고인에 대한 피의자신문조서의 임의성을 인정하는 진술을 하였다가 이를 번복하는 경우에는 검사가 아니라 피고인이 그 임의성의 의문점을 없애는 증명을 하여야 한다.

② 임의성이 의심되는 자백은 피고인이 증거동의를 하더라도 유죄의 증거로는 사용할 수 없으나, 탄핵증거로는 사용할 수 있다.

③ 진술거부권을 고지하지 아니하고 받은 자백도 진술의 임의성이 인정되는 경우에는 증거능력이 인정된다.

④ 일정한 증거가 발견되면 피의자가 자백하겠다고 한 약속이 검사의 강요나 위계에 의하여 이루어졌다든가 또는 불기소나 경한 죄의 소추 등 이익과 교환조건으로 된 것으로 인정되지 않는다면 위와 같은 자백의 약속 하에 된 자백이라 하여 곧 임의성이 없는 자백이라고 단정할 수 없다.

해설

④ (○) 대법원 1983.9.13, 83도712

① (×) 임의성 없는 진술의 증거능력을 부정하는 취지는, 허위진술을 유발 또는 강요할 위험성이 있는 상태하에서 행하여진 진술은 그 자체가 실체적 진실에 부합하지 아니하여 오판을 일으킬 소지가 있을 뿐만 아니라 그 진위를 떠나서 진술자의 기본적 인권을 침해하는 위법·부당한 압박이 가하여지는 것을 사전에 막기 위한 것이므로, 그 임의성에 다툼이 있을 때에는 그 임의성을 의심할 만한 합리적이고 구체적인 사실을 피고인이 증명할 것이 아니고 검사가 그 임의성의 의문점을 없애는 증명을 하여야 하고, 검사가 그 임의성의 의문점을 없애는 증명을 하지 못한 경우에는 그 진술증거는 증거능력이 부정된다(대법원 2015.9.10, 2012도9879).

② (×) 임의성이 의심되는 자백은 피고인이 증거동의를 하더라도 유죄의 증거로 사용할 수 없고, 탄핵증거로도 사용할 수 없다.

③ (×) 형사소송법이 보장하는 피의자의 진술거부권은 헌법이 보장하는 형사상 자기에게 불리한 진술을 강요당하지 않는 자기부죄거부의 권리에 터 잡은 것이므로, 수사기관이 피의자를 신문함에 있어서 피의자에게 미리 진술거부권을 고지하지 않은 때에는 그 피의자의 진술은 위법하게 수집된 증거로서 진술의 임의성이 인정되는 경우라도 증거능력이 부인되어야 한다(대법원 2009.8.20, 2008도8213).

정답 ④

034 ✓ 대표 ◆◇◇ 경찰1차 2018 유사 국가9급 2015

자백배제법칙에 대한 설명으로 옳은 것만을 모두 고른 것은? (다툼이 있는 경우 판례에 의함)

ㄱ. 피고인이 검사 이전의 수사기관에서 가혹행위로 인하여 임의성 없는 자백을 하고, 그 후 검사 조사단계에서도 임의성 없는 심리상태가 계속되어 동일한 내용의 자백을 하였다면 검사 조사단계에서 고문 등 자백 강요행위가 없었더라도 검사 앞에서의 자백은 임의성 없는 자백이라고 보아야 한다.

ㄴ. 진술의 임의성에 다툼이 있을 때에는 검사가 그 임의성의 의문점을 없애는 증명을 하여야 하며, 검사가 이를 증명하지 못하면 그 진술증거의 증거능력은 부정된다.

ㄷ. 검사 작성의 피의자신문조서에 기재된 피의자의 진술에 관하여 공판정에서 그 임의성 유무가 다투어지는 경우 법원은 구체적인 사건에 따라 제반사정을 종합 참작하여 적당하다고 인정되는 방법에 의하여 자유로운 증명으로 그 임의성 유무를 판단하면 된다.

ㄹ. 피고인이 수사기관에서 가혹행위 등으로 인하여 임의성 없는 자백을 하고, 그 후 법정에서도 임의성 없는 심리 상태가 계속되어 동일한 내용의 자백을 하였다면 법정에서의 자백도 임의성 없는 자백이라고 보아야 한다.

① ㄱ, ㄹ
② ㄱ, ㄴ, ㄷ
③ ㄴ, ㄷ, ㄹ
④ ㄱ, ㄴ, ㄷ, ㄹ

해설

피고인이 피의자신문조서에 기재된 피고인 진술의 임의성을 다투면서 그것이 허위자백이라고 주장하는 경우, ㄷ. (○) 법원은 구체적인 사건에 따라 피고인의 학력, 경력, 직업, 사회적 지위, 지능 정도, 진술의 내용, 피의자신문조서의 경우 그 조서의 형식 등 제반 사정을 참작하여 자유로운 심증으로 위 진술이 임의로 된 것인지의 여부를 판단하되, 자백의 진술내용 자체가 객관적인 합리성을 띠고 있는가, 자백의 동기나 이유 및 자백에 이르게 된 경위는 어떠한가, 자백 외의 정황증거 중 자백과 저촉되거나 모순되는 것이 없는가 하는 점 등을 고려하여 그 신빙성 유무를 판단하여야 하고(대법원 1999.11.12, 99도3801 참조), ㄱ. (○) 피고인이 검사 이전의 수사기관에서 고문 등 가혹행위로 인하여 임의성 없는 자백을 하고 그 후 검사의 조사단계에서도 임의성 없는 심리상태가 계속되어 동일한 내용의 자백을 하였다면 검사의 조사단계에서 고문 등 자백의 강요행위가 없었다고 하여도 검사 앞에서의 자백도 임의성 없는 자백이라고 보아야 한다(대법원 1992.11.24, 92도2409; 2011.10.27, 2009도1603 등). 한편, 임의성 없는 진술의 증거능력을 부정하는 취지는 허위진술을 유발 또는 강요할 위험성이 있는 상태하에서 행하여진 진술은 그 자체가 실체적 진실에 부합하지 아니하여 오판을 일으킬 소지가 있을 뿐만 아니라 그 진위를 떠나서 진술자의 기본적 인권을 침해하는 위법·부당한 압박이 가하여지는 것을 사전에 막기 위한 것이므로, ㄴ. (○) 그 임의성에 다툼이 있을 때에는 그 임의성을 의심할 만한 합리적이고 구체적인 사실을 피고인이 증명할 것이 아니고 검사가 그 임의성의 의문점을 없애는 증명을 하여야 할 것이고, 검사가 그 임의성의 의문점을 없애는 증명을 하지 못한 경우에는 그 진술증거는 증거능력이 부정된다. 또한 기록상 진술증거의 임의성에 관하여 의심할 만한 사정이 나타나 있는 경우에는 법원은 직권으로 그 임의성 여부에 관하여 조사를 하여야 하고, 임의성이 인정되지 아니하여 증거능력이 없는 진술증거는 피고인이 증거로 함에 동의하더라도 증거로 삼을 수 없다(대법원 2006.11.23, 2004도7900 등)(대법원 2013.7.11, 2011도14044).
ㄹ. (O) 피고인이 수사기관에서 가혹행위 등으로 인하여 임의성 없는 자백을 하고 그 후 법정에서도 임의성 없는 심리상태가 계속되어 동일한 내용의 자백을 하였다면 법정에서의 자백도 임의성 없는 자백이라고 보아야 한다(대법원 2012.11.29, 2010도3029).

정답 ④

---

035 ✓ 유사 ◆◇◇　　　경찰승진 2022

자백배제법칙에 대한 설명으로 가장 적절하지 않은 것은? (다툼이 있는 경우 판례에 의함)

① 피고인이 경찰에서 가혹행위 등으로 인하여 임의성 없는 자백을 하고 그 후 검찰이나 법정에서도 임의성 없는 심리상태가 계속되어 동일한 내용의 자백을 하였다면, 검찰에서의 자백은 임의성 없는 자백이라고 보아야 하지만 공개된 법정에서의 자백은 그러하지 아니하다.

② 경찰에서 부당한 신체구속을 당하였다 하더라도 검사 앞에서의 진술에 임의성이 인정되는 경우, 그와 같은 부당한 신체구속이 있었다는 사유만으로 검사가 작성한 피의자신문조서의 증거능력이 상실된다고 할 수 없다.

③ 검사 작성의 피의자신문조서가 사건의 송치를 받은 당일에 작성된 경우, 그와 같은 조서의 작성시기만으로는 그 조서에 기재된 피의자의 자백진술이 임의성 없다고 의심하여 증거능력을 부정할 수 없다.

④ 일정한 증거가 발견되면 피의자가 자백하겠다고 한 약속이 검사의 강요나 위계에 의하여 이루어졌다던가 또는 불기소나 경한 죄의 소추 등 이익과 교환조건으로 된 것이라고 인정되지 아니한 경우, 이와 같은 자백의 약속하에 된 자백을 곧 임의성이 없는 자백이라고 단정할 수는 없다.

해설
① (×) 피고인이 경찰에서 가혹행위 등으로 인하여 임의성 없는 자백을 하고 그 후 검찰이나 법정에서도 임의성 없는 심리상태가 계속되어 동일한 내용의 자백을 하였다면 각 자백도 임의성 없는 자백이라고 보아야 한다(대법원 2015.9.10, 2012도9879).
② (O) 대법원 1986.11.25, 83도1718
③ (O) 대법원 1984.5.29, 84도378
④ (O) 대법원 1983.9.13, 83도712

정답 ①

---

036 ✓ 유사 ◆◇◇　　　경찰1차 2022

자백배제법칙에 관한 설명으로 가장 적절하지 않은 것은? (다툼이 있는 경우 판례에 의함)

① 피고인의 자백이 고문, 폭행, 협박, 신체구속의 부당한 장기화 또는 기망 기타의 방법으로 임의로 진술한 것이 아니라고 의심할 만한 이유가 있는 때에는 이를 유죄의 증거로 하지 못한다.

② 임의성이 인정되지 아니하여 증거능력이 없는 진술증거는 피고인이 증거로 함에 동의하더라도 증거로 삼을 수 없으나, 임의성이 의심되는 자백은 피고인의 법정에서의 진술을 탄핵하기 위한 반대증거로는 사용할 수 있다.

③ 피고인이 피의자신문조서에 기재된 피고인의 진술 및 공판기일에서의 피고인의 진술의 임의성을 다투면서 그것이 허위자백이라고 다투는 경우, 법원은 제반 사정을 참작하여 자유로운 심증으로 임의성 여부를 판단하면 된다.

④ 피고인이나 그 변호인이 검사 작성의 당해 피고인에 대한 피의자신문조서의 임의성을 인정하는 진술을 하였다가 이를 번복하는 경우에, 증거조사를 마친 조서의 임의성을 다투는 주장이 받아들여지게 되면, 그 조서는 증거배제결정을 통하여 유죄 인정의 자료에서 제외되어야 한다.

해설
② (×) 탄핵증거로 사용될 수 있는 것은, 증거능력이 없는 전문증거로서 임의로 진술 내지 작성된 것이 아니라고 의심할 만한 사정이 없는 증거이다. 따라서 임의성이 의심되는 자백은 탄핵증거로 사용할 수 없다.
① (O) 제309조
③ (O) 대법원 2013.7.25, 2011도6380
④ (O) 검사 작성의 당해 피고인에 대한 피의자신문조서에 기재된 진술의 임의성에 다툼이 있을 때에는 그 임의성을 의심할 만한 합리적이고 구체적인 사실을 피고인이 증명할 것이 아니라 검사가 그 임의성의 의문점을 없애는 증명을 하여야 하고, 검사가 그 임의성의 의문점을 없애는 증명을 하지 못한 경우에는 그 조서는 유죄 인정의 증거로 사용할 수 없는데, 이러한 법리는 피고인이나 그 변호인이 검사 작성의 당해 피고인에 대한 피의자신문조서의 임의성을 인정하는 진술을 하였다가 이를 번복하는 경우에도 마찬가지로 적용되어야 한다. 따라서 증거조사를 마친 조서의 임의성을 다투는 주장이 받아들여지게 되면, 그 조서는 형사소송규칙의 증거배제결정을 통하여 유죄 인정의 자료에서 제외하여야 한다(대법원 2008.7.10, 2007도7760).

정답 ②

037 ✅ 유사 ◆◇◇

자백배제법칙과 증거능력에 관한 설명으로 가장 적절하지 않은 것은? (다툼이 있는 경우 판례에 의함)

① 수사기관은 수사 중인 사건의 범죄혐의를 밝히기 위한 목적으로 합리적인 근거 없이 별개의 사건을 부당하게 수사하여서는 아니 되고, 다른 사건의 수사를 통하여 확보된 증거 또는 자료를 내세워 관련 없는 사건에 대한 자백이나 진술을 강요하여서도 아니 된다.

② 피고인의 자백이 임의성이 없다고 의심할 만한 사유가 있는 때에 해당한다 할지라도 그 임의성이 없다고 의심하게 된 사유들과 피고인의 자백과의 사이에 인과관계가 존재하지 않은 것이 명백한 때에는 그 자백은 임의성이 있는 것으로 인정된다.

③ 피고인이 자백의 신빙성 유무를 판단할 때에는 그 자백에 「형사소송법」 제309조에 정한 사유 또는 자백의 동기나 과정에 합리적인 의심을 갖게 할 상황이 있었는지를 판단하여야 한다.

④ 증거조사를 마친 증거가 증거능력이 없음을 이유로 한 이의신청을 이유 있다고 인정할 경우에 법원은 그 증거의 일부가 아니라 전부를 배제하는 결정을 하여야 한다.

해설

④ (×) 증거배제결정은 증거의 일부에 대해서도 가능하다. 규칙 제139조 제4항 참조.

> **제139조(이의신청에 대한 결정의 방식)** ④ 증거조사를 마친 증거가 증거능력이 없음을 이유로 한 이의신청을 이유있다고 인정할 경우에는 그 증거의 전부 또는 일부를 배제한다는 취지의 결정을 하여야 한다.

① (○) 제198조 제4항 참조.

> **제198조(준수사항)** ④ 수사기관은 수사 중인 사건의 범죄 혐의를 밝히기 위한 목적으로 합리적인 근거 없이 별개의 사건을 부당하게 수사하여서는 아니 되고, 다른 사건의 수사를 통하여 확보된 증거 또는 자료를 내세워 관련 없는 사건에 대한 자백이나 진술을 강요하여서도 아니 된다.

② (○) 대법원 1984.11.27, 84도2252

③ (○) 검찰에서의 피고인의 자백이 법정진술과 다르다거나 피고인에게 지나치게 불리한 내용이라는 사유만으로는 그 자백의 신빙성이 의심스럽다고 할 수는 없는 것이고, 자백의 신빙성 유무를 판단할 때에는 자백의 진술 내용 자체가 객관적으로 합리성을 띠고 있는지, 자백의 동기나 이유가 무엇이며, 자백에 이르게 된 경위는 어떠한지 그리고 자백 이외의 정황증거 중 자백과 저촉되거나 모순되는 것이 없는지 하는 점 등을 고려하여 피고인의 자백에 형사소송법 제309조에 정한 사유 또는 자백의 동기나 과정에 합리적인 의심을 갖게 할 상황이 있었는지를 판단하여야 한다(대법원 2010.7.22, 2009도1151).

정답 ④

038 ✅ 유사 ◆◆◇

자백배제법칙에 관한 설명으로 가장 적절하지 않은 것은? (다툼이 있는 경우 판례에 의함)

① 피고인의 자백이 임의로 진술한 것이 아니라고 의심할 만한 이유가 있는 때에는 유죄의 증거가 될 수 없으며, 자백의 임의성이 인정되는 경우라도 수사기관에서의 신문절차에서 미리 진술거부권을 고지받지 아니하고 행한 것이라면 이는 위법하게 수집된 증거로서 증거능력이 부인되어야 한다.

② 자백은 일단 자백하였다가 이를 번복 내지 취소하더라도 그 효력이 없어지는 것은 아니기에, 피고인이 항소이유서에 '돈이 급해 지어서는 안될 죄를 지었습니다.', '진심으로 뉘우치고 있습니다.'라고 기재하였고 항소심 공판기일에 그 항소이유서를 진술하였다면, 이어진 검사의 신문에 범죄사실을 부인하였고 수사단계에서도 일관되게 범죄사실을 부인하여 온 사정이 있다고 하더라도 피고인이 자백한 것으로 볼 수 있다.

③ 피고인의 자백이 신문에 참여한 검찰주사가 피의사실을 자백하면 피의사실 부분은 가볍게 처리하고 부가적인 보안처분의 청구를 하지 않겠다는 각서를 작성하여 주면서 자백을 유도한 것에 기인한 것이라면 그 자백은 증거로 할 수 없다.

④ 「형사소송법」 제309조 소정의 사유로 임의성이 없다고 의심할 만한 이유가 있는 자백은 그 인과관계의 존재가 추정되는 것이므로 이를 유죄의 증거로 하려면 적극적으로 그 인과관계가 존재하지 아니하는 것이 인정되어야 할 것이다.

해설

② (×) 피고인이 제출한 항소이유서에 '피고인은 돈이 급해 지어서는 안 될 죄를 지었습니다.', '진심으로 뉘우치고 있습니다.'라고 기재되어 있고 피고인은 항소심 제2회 공판기일에 위 항소이유서를 진술하였으나, 곧 이어서 있은 검사와 재판장 및 변호인의 각 심문에 대하여 피고인은 범죄사실을 부인하였고, 수사단계에서도 일관되게 그와 같이 범죄사실을 부인하여 온 점에 비추어 볼 때, 위와 같이 추상적인 항소이유서의 기재만을 가지고 범죄사실을 자백한 것으로 볼 수 없다(대법원 1999.11.12, 99도3341).

① (○) 수사기관이 피의자를 신문함에 있어서 피의자에게 미리 진술거부권을 고지하지 않은 때에는 그 피의자의 진술은 위법하게 수집된 증거로서 진술의 임의성이 인정되는 경우라도 증거능력이 부인되어야 한다(대법원 1992.6.23, 92도682).

③ (○) 피고인의 자백이 심문에 참여한 검찰주사가 피의사실을 자백하면 피의사실 부분은 가볍게 처리하고 보호감호의 청구를 하지 않겠다는 각서를 작성하여 주면서 자백을 유도한 것이라면 위 자백은 기망에 의하여 임의로 진술한 것이 아니라고 의심할 만한 이유가 있는 때에 해당하여 형사소송법 제309조 및 제312조 제1항의 규정에 따라 증거로 할 수 없다(대법원 1985.12.10, 85도2182,85감도313).

④ (○) 대법원 1984.11.27, 84도2252

정답 ②

자백에 대한 설명 중 가장 적절하지 않은 것은? (다툼이 있는 경우 판례에 의함)

① 「형사소송법」 제309조의 자백배제법칙을 인정하는 것은 자백취득 과정에서의 위법성 때문에 그 증거능력을 부정하는 것이므로 만약 자백에서 임의성을 의심할 만한 사유가 있으면 그 사유와 자백 간의 인과관계가 명백히 없더라도 자백의 증거능력을 부정한다.

② 「형사소송법」 제309조에서 피고인의 진술이 임의로 한 것이 아니라고 특히 의심할 사유의 입증은 자유로운 증명으로 족하다.

③ 피고인이 위조신분증을 제시·행사한 사실을 자백하고 있고 위 제시·행사한 신분증이 현존한다면 그 자백이 임의성이 없는 것이 아닌 한 위 신분증은 피고인의 위 자백사실의 진실성을 인정할 간접증거가 된다.

④ 자백에 대한 보강증거는 범죄사실의 전부 또는 중요부분을 인정할 수 있는 정도가 되지 아니하더라도 피고인의 자백이 가공적인 것이 아닌 진실한 것임을 인정할 수 있는 정도만 되면 족할 뿐만 아니라 직접증거가 아닌 간접증거나 정황증거도 보강증거가 될 수 있으며 또한 자백과 보강증거가 서로 어울려서 전체로서 범죄사실을 인정할 수 있으면 유죄의 증거로 충분하다.

해설

① (×) 피고인의 자백이 임의성이 없다고 의심할 만한 사유가 있는 때에 해당한다 할지라도 그 임의성이 없다고 의심하게 된 사유들과 피고인의 자백과의 사이에 인과관계가 존재하지 않은 것이 명백한 때에는 그 자백은 임의성이 있는 것으로 인정된다(대법원 1984.11.27, 84도2252).

② (○) 대법원 1992.2.28, 91도2337

③ (○) 대법원 1983.2.22, 82도3107

④ (○) 대법원 2002.1.8, 2001도1897

정답 ①

자백에 대한 설명으로 옳지 않은 것은? (다툼이 있는 경우 판례에 의함)

① 자백의 임의성은 조서의 형식과 내용, 진술자의 신분·학력·지능 등 여러 사정을 종합하여 자유로운 심증으로 판단할 수 있다.

② 피고인이 범행을 자인하는 것을 들었다는 피고인 아닌 자의 진술은 피고인의 자백을 보강하는 증거가 될 수 없다.

③ 일정한 증거가 발견되면 피의자가 자백하겠다고 한 약속이 검사의 강요나 위계에 의하여 이루어졌다거나 불기소나 경한 죄의 소추 등의 이익과 교환조건으로 된 것으로 인정되지 않는다면 이와 같은 약속 하에 된 자백이라 하여 곧 임의성 없는 자백이라고 단정할 수는 없다.

④ 피고인의 자백이 임의성이 없다고 의심할 만한 사유가 있다면, 비록 그 임의성을 의심하게 된 사유와 자백과의 사이에 인과관계가 없는 것이 명백하더라도 자백의 임의성은 부정된다.

해설

④ (×) 통설과 달리 판례는 인과관계 필요설의 입장이다. "임의성이 없다고 의심할 만한 이유가 있는 때에 해당함에도 불구하고 임의성이 없다고 의심하게 된 사유들과 피고인들의 자백과의 사이에는 인과관계가 존재하지 않는 것이 명백하여 그 자백의 임의성이 있는 것임이 인정된다고 할 것이다(대법원 1984.11.27, 84도2252)."

① (○) 대법원 2011.2.24, 2010도14720

② (○) 이러한 진술조서는 자백자 본인의 진술 자체를 기재한 것은 아니므로 같은 법 제310조의 자백에는 포함되지 않는다 할 것이지만, 피고인의 자백을 내용으로 하고 있는 이와 같은 진술기재 내용을 피고인의 자백의 보강증거로 삼는다면 결국 피고인의 자백을 피고인의 자백으로서 보강하는 결과가 되어 아무런 보강도 하는 바 없는 것이니 보강증거가 되지 못하고, 오히려 보강증거를 필요로 하는 피고인의 자백과 동일하게 보아야 할 성질의 것이라고 할 것이므로 피고인의 자백의 보강증거로 될 수 없다(대법원 2008.2.14, 2007도10937).

③ (○) 대법원 1983.9.13, 83도712

정답 ④

041 ✓ 유사 ◆◇◇ 경찰2차 2018 유사 국가7급 2018

자백에 대한 설명으로 옳지 않은 것은? (다툼이 있는 경우 판례에 의함)

① 피고인이 경찰에서 임의성 없는 자백을 한 후 검찰이나 심지어 법정에서도 임의성 없는 심리상태가 계속되어 동일한 내용의 자백을 한 경우 각 자백의 임의성은 인정되지 아니한다.

② 자백의 임의성에 다툼이 있는 때에는 검사가 그 임의성의 의문점을 없애는 증명을 하여야 하고, 검사가 그 임의성의 의문점을 없애는 증명을 하지 못한 경우, 그 진술증거는 증거능력이 부정된다.

③ 피고인이 우연히 작성한 항해일지의 내용 중 공소사실에 일부 부합되는 사실의 기재가 있는 경우, 이 항해일지는 피고인이 범죄사실을 자백하는 문서라고 볼 수 있다.

④ 직접증거가 아닌 간접증거나 정황증거도 자백의 보강증거가 될 수 있고, 자백과 보강증거가 서로 어울려서 전체로서 범죄사실을 인정할 수 있으면 유죄의 증거로 충분하다.

해설

③ (×) 상업장부나 항해일지, 진료일지 또는 이와 유사한 금전출납부 등과 같이 범죄사실의 인정 여부와는 관계없이 자기에게 맡겨진 사무를 처리한 사무 내역을 그때그때 계속적, 기계적으로 기재한 문서 등의 경우는 사무 처리 내역을 증명하기 위하여 존재하는 문서로서 그 존재 자체 및 기재가 그러한 내용의 사무가 처리되었음의 여부를 판단할 수 있는 별개의 독립된 증거자료이고, 설사 그 문서가 우연히 피고인이 작성하였고 그 문서의 내용 중 피고인의 범죄사실의 존재를 추론해 낼 수 있는, 즉 공소사실에 일부 부합되는 사실의 기재가 있다고 하더라도, 이를 일컬어 피고인이 범죄사실을 자백하는 문서라고 볼 수는 없다(대법원 1996. 10.17, 94도2865 전원합의체).

① (○) 피고인이 경찰에서 가혹행위 등으로 인하여 임의성 없는 자백을 하고 그 후 검찰이나 법정에서도 임의성 없는 심리상태가 계속되어 동일한 내용의 자백을 하였다면 각 자백도 임의성 없는 자백이라고 보아야 한다(대법원 2014.12.11, 2012도15405 등).

② (○) 임의성에 다툼이 있을 때에는 그 임의성을 의심할 만한 합리적이고 구체적인 사실을 피고인이 증명할 것이 아니고 검사가 그 임의성의 의문점을 없애는 증명을 하여야 하며, 검사가 그 임의성의 의문점을 없애는 증명을 하지 못한 경우에는 그 진술증거는 증거능력이 부정된다(대법원 2006.1.26, 2004도517 등).

④ (○) 자백에 대한 보강증거는 범죄사실의 전부 또는 중요 부분을 인정할 수 있는 정도가 되지 않더라도, 피고인의 자백이 가공적인 것이 아닌 진실한 것임을 인정할 수 있는 정도만 되면 충분하다. 또한 직접증거가 아닌 간접증거나 정황증거도 보강증거가 될 수 있고, 자백과 보강증거가 서로 어울려서 전체로서 범죄사실을 인정할 수 있으면 유죄의 증거로 충분하다(대법원 2018.3.15, 2017도20247).

정답 ③

042 ✓ 유사 ◆◆◇ 국가9급개론 2019

자백의 증거능력에 대한 설명으로 옳은 것은? (다툼이 있는 경우 판례에 의함)

① 자백하면 가벼운 형으로 처벌되도록 하겠다고 약속하거나 또는 일정한 증거가 발견되면 자백하겠다는 약속하에 이루어진 자백이라고 하여 곧 임의성이 부정되는 것은 아니다.

② 수사기관이 피의자를 신문함에 있어서 피의자에게 미리 진술거부권을 고지하지 않은 경우라 하더라도 진술의 임의성이 있으면 증거능력이 인정된다.

③ 피고인이 경찰수사 단계에서 고문 등 가혹행위로 인하여 임의성 없는 자백을 하고, 그 후에도 임의성 없는 심리상태가 검사 조사단계에서도 계속된 경우에는 검사 앞에서의 자백도 임의성이 부정된다.

④ 공범인 공동피고인의 법정 자백은 피고인들 간에 이해관계가 상반되지 않는 경우에만 다른 공동피고인에 대하여 독립한 증거능력이 있다.

해설

③ (○) 피고인이 검사 이전의 수사기관에서 고문 등 가혹행위로 인하여 임의성 없는 자백을 하고 그 후 검사의 조사단계에서도 임의성 없는 심리상태가 계속되어 동일한 내용의 자백을 하였다면 검사의 조사단계에서 고문 등 자백의 강요행위가 없었다고 하여도 검사 앞에서의 자백도 임의성 없는 자백이라고 보아야 한다(대법원 1992.11.24, 92도2409; 2011.10.27, 2009도1603 등).

① (×) 일정한 증거가 발견되면 피의자가 자백하겠다고 한 약속이 검사의 강요나 위계에 의하여 이루어졌다던가 또는 불기소나 경한 죄의 소추 등 이익과 교환조건으로 된 것으로 인정되지 않는다면 위와 같은 자백의 약속 하에 된 자백이라 하여 곧 임의성 없는 자백이라고 단정할 수는 없다(대법원 1983.9.13, 83도712).

② (×) 대법원 2009.8.20, 2008도8213

④ (×) 공동피고인의 자백은 이에 대한 피고인의 반대신문권이 보장되어 있어 증인으로 신문한 경우와 다를 바 없으므로 독립한 증거능력이 있고(대법원 1985.6.25, 85도691; 1992.7.28, 92도917 등), 이는 피고인들 간에 이해관계가 상반된다고 하여도 마찬가지라 할 것이다(대법원 2006.5.11, 2006도1944).

정답 ③

I 의의

043 ✓ 대표 ◆◆◇ | 경찰 2013 유사 | 국가7급 2017 |

위법수집증거배제법칙에 대한 설명으로 옳은 것만을 모두 고른 것은? (다툼이 있는 경우 판례에 의함)

> ㄱ. 수사기관이 압수·수색영장에 기하여 피의자의 주거지에서 증거물 A를 압수하고, 며칠 후 영장 유효기간이 도과하기 전에 위 영장으로 다시 같은 장소에서 증거물 B를 압수한 경우, 증거물 B는 위법수집증거이다.
> ㄴ. 수사기관이 영장을 발부받지 아니한 채 교통사고로 의식불명인 피의자의 동의 없이 그의 아버지의 동의를 받아 피의자의 혈액을 채취하고 사후에도 지체 없이 영장을 발부받지 않았다면 그 혈액에 대한 혈중알코올농도에 관한 감정의뢰회보는 위법수집증거이다.
> ㄷ. 甲이 휴대전화기로 乙과 통화한 후 예우차원에서 바로 전화를 끊지 않고 기다리던 중 그 휴대전화기로부터 乙과 丙이 대화하는 내용이 들리자 이를 그 휴대전화기로 녹음한 경우, 이 녹음은 위법하다고 할 수 없다.
> ㄹ. 수사기관이 범행현장에서 지문채취 대상물인 유리컵에서 지문을 채취한 후, 그 유리컵을 적법한 절차에 의하지 아니한 채 압수하였다면 채취된 지문도 위법수집증거이다.

① ㄱ, ㄴ   ② ㄱ, ㄹ
③ ㄴ, ㄷ   ④ ㄷ, ㄹ

해설

ㄱ. (○) 형사소송법 제215조에 의한 압수·수색영장은 수사기관의 압수·수색에 대한 허가장으로서 거기에 기재되는 유효기간은 집행에 착수할 수 있는 종기(종기)를 의미하는 것일 뿐이므로, <u>수사기관이 압수·수색영장을 제시하고 집행에 착수하여 압수·수색을 실시하고 그 집행을 종료하였다면 이미 그 영장은 목적을 달성하여 효력이 상실되는 것이고</u>, 동일한 장소 또는 목적물에 대하여 다시 압수·수색할 필요가 있는 경우라면 그 필요성을 소명하여 법원으로부터 새로운 압수·수색영장을 발부 받아야 하는 것이지, <u>앞서 발부 받은 압수·수색영장의 유효기간이 남아있다고 하여 이를 제시하고 다시 압수·수색을 할 수는 없다</u> (대법원 1999.12.1, 99모161).
→ 따라서 증거물 B는 영장주의에 위반한 위법수집증거이다.

ㄴ. (○) <u>음주운전 중 교통사고를 야기한 후 피의자가 의식불명 상태에 빠져 있는 등</u>으로 도로교통법이 음주운전의 제1차적 수사방법으로 규정한 호흡조사에 의한 음주측정이 불가능하고 혈액 채취에 대한 동의를 받을 수도 없을 뿐만 아니라 <u>법원으로부터 혈액 채취에 대한 감정처분허가장이나 사전 압수영장을 발부받을 시간적 여유도 없는 긴급한 상황</u>이 생길 수 있다. 이러한 경우 피의자의 신체 내지 의복류에 주취로 인한 냄새가 강하게 나는 등 형사소송법 제211조 제2항 제3호가 정하는 범죄의 증적이 현

저한 준현행범인의 요건이 갖추어져 있고 교통사고 발생 시각으로부터 사회통념상 범행 직후라고 볼 수 있는 시간 내라면, 피의자의 생명·신체를 구조하기 위하여 사고현장으로부터 곧바로 후송된 병원 응급실 등의 장소는 형사소송법 제216조 제3항의 범죄 장소에 준한다 할 것이므로, 검사 또는 사법경찰관은 피의자의 혈중알코올농도 등 증거의 수집을 위하여 의료법상 의료인의 자격이 있는 자로 하여금 의료용 기구로 의학적인 방법에 따라 필요최소한의 한도 내에서 피의자의 혈액을 채취하게 한 후 그 혈액을 영장 없이 압수할 수 있다. <u>다만 이 경우에도 형사소송법 제216조 제3항 단서, 형사소송규칙 제58조, 제107조 제1항 제3호에 따라 사후에 지체 없이 강제채혈에 의한 압수의 사유 등을 기재한 영장청구서에 의하여 법원으로부터 압수영장을 받아야 한다</u>(대법원 2012.11.15, 2011도15258).
→ 혈액을 채취하고 사후영장을 받지 않았으므로 혈액은 영장주의에 위반한 위법수집증거이며, 이에 기초한 감정의뢰회보 역시 위법한 2차 증거로서 증거능력이 부정된다(독수의 과실 이론).

ㄷ. (×) 구 통신비밀보호법(2014.1.14. 법률 제12229호로 개정되기 전의 것) 제3조 제1항이 공개되지 아니한 타인간의 대화를 녹음 또는 청취하지 못하도록 한 것은, 대화에 원래부터 참여하지 않는 제3자가 그 대화를 하는 타인간의 발언을 녹음 또는 청취해서는 아니 된다는 취지이다. 따라서 대화에 원래부터 참여하지 <u>않는 제3자가 일반 공중이 알 수 있도록 공개되지 아니한 타인간의 발언을 녹음하거나 전자장치 또는 기계적 수단을 이용하여 청취하는 것은 특별한 사정이 없는 한 같은 법 제3조 제1항에 위반된다</u>(대법원 2016.5.12, 2013도15616).
(판결이유 중) … 피고인이 … 공소외 2와 약 8분간의 전화통화를 마친 후 상대방에 대한 예우 차원에서 바로 전화통화를 끊지 <u>않고 공소외 2가 전화를 먼저 끊기를 기다리던 중</u> … 공소외 3이 공소외 2와 인사를 나누면서 … <u>공소외 4를 소개하는 목소리가 피고인의 휴대폰을 통해 들려오고</u>, 때마침 공소외 2가 실수로 휴대폰의 통화종료 버튼을 누르지 아니한 채 이를 이사장실 내의 탁자 위에 놓아두자 … 자신의 휴대폰 수신 및 녹음기능을 이용하여 <u>이 사건 대화를 몰래 청취하면서 녹음한 사실</u> …

ㄹ. (×) 수사기관이 적법절차를 위반하여 지문채취 대상물을 압수한 경우, <u>그 전에 이미 범행 현장에서 위 대상물에서 채취한 지문이 위법수집증거에 해당하는지 여부(소극)</u>(대법원 2008.10.23, 2008도7471).

정답 ①

044 ✓ 대표 ◆◆◇

위법수집증거배제법칙에 대한 설명으로 옳지 않은 것은?
(다툼이 있는 경우 판례에 의함)

① 위법한 절차에 의하여 수집된 증거의 증거능력을 부정
하는 증거법칙으로 형사소송법은 이를 명문으로 규정
하고 있다.

② 위법수집증거배제법칙은 진술증거와 비진술증거 모두
에 적용된다.

③ 수사기관의 절차위반행위가 적법절차의 실질적 내용
을 침해하는 경우에 해당하지 않는다면, 법원은 예외
적으로 위법하게 수집된 증거를 유죄 인정의 증거로
사용할 수 있다.

④ 소송사기의 피해자가 제3자에 의하여 절취된 피고인
회사의 업무일지를 수사기관에 증거로 제출한 경우 피
고인의 사생활 영역에 대한 현저한 침해의 결과가 초
래되므로 이를 증거로 사용하는 것은 위법하다.

해설

④ (✕) 사문서위조·위조사문서행사 및 소송사기로 이어지는 일련
의 범행에 대하여 피고인을 형사소추하기 위해서는 이 사건 업무
일지가 반드시 필요한 증거로 보이므로, 설령 그것이 제3자에 의
하여 절취된 것으로서 위 소송사기 등의 피해자 측이 이를 수사
기관에 증거자료로 제출하기 위하여 대가를 지급하였다 하더라
도, 공익의 실현을 위하여는 이 사건 업무일지를 범죄의 증거로
제출하는 것이 허용되어야 하고, 이로 말미암아 피고인의 사생활
영역을 침해하는 결과가 초래된다 하더라도 이는 피고인이 수인
하여야 할 기본권의 제한에 해당된다(대법원 2008.6.26, 2008
도1584).

① (○) 제308조의2

② (○) 종래 대법원은 진술증거의 경우에는 위법수집증거배제법칙
이 적용된다고 하면서도 비진술증거의 경우에는 극히 예외적인
경우를 제외하고는 '성질·형상 불변론'의 입장(대법원 2006.7.
27, 2006도3194)을 유지하여왔고 이에 대해 학설은 비진술증
거에도 마찬가지로 위 법칙이 적용되어야 한다는 입장이었다. 그
러나 대법원 2007.11.15, 2007도3061 전원합의체 판결에 의해
비진술증거에도 위 법칙이 명시적으로 수용되었다.

③ (○) 위법수집증거 배제의 원칙은 수사과정의 위법행위를 억지
함으로써 국민의 기본적 인권을 보장하기 위한 것이므로 적법절
차에 위배되는 행위의 영향이 차단되거나 소멸되었다고 볼 수 있
는 상태에서 수집한 증거는 그 증거능력을 인정하더라도 적법절
차의 실질적 내용에 대한 침해가 일어나지는 않는다 할 것이니
그 증거능력을 부정할 이유는 없다(대법원 2013.3.14, 2010도
2094).

정답 ④

045 ✓ 유사 ◆◆◇

위법수집증거에 관한 다음 설명 중 가장 옳지 않은 것은?
(다툼이 있는 경우 판례에 의함)

① 영장 발부의 사유로 된 범죄 혐의사실과 무관한 별개
의 증거를 압수하였을 경우 이는 원칙적으로 유죄 인
정의 증거로 사용할 수 없다. 그러나 압수·수색의 목
적이 된 범죄나 이와 관련된 범죄의 경우에는 그 압
수·수색의 결과를 유죄의 증거로 사용할 수 있다.

② 수사기관에 의한 진술거부권 고지 대상이 되는 피의자
지위는 수사기관이 조사대상자에 대한 범죄혐의를 인
정하여 수사를 개시하는 행위를 한 때 인정되는 것으
로 보아야 한다. 따라서 이러한 피의자 지위에 있지 아
니한 자에 대하여는 진술거부권이 고지되지 아니하였
더라도 진술의 증거능력을 부정할 것은 아니다.

③ 제1심에서 피고인에 대하여 무죄판결이 선고되어 검사가
항소한 후, 수사기관이 항소심 공판기일에 증인으로 신
청하여 신문할 수 있는 사람을 특별한 사정 없이 미리 수
사기관에 소환하여 작성한 진술조서는 피고인이 증거로
할 수 있음에 동의하지 않는 한 증거능력이 없으나 위 참
고인이 나중에 법정에 증인으로 출석하여 위 진술조서의
성립의 진정을 인정하고 피고인 측에 반대신문의 기회가
부여된다면 위 진술조서의 증거능력을 인정할 수 있다.

④ 범행 현장에서 지문채취 대상물에 대한 지문채취가 먼
저 이루어진 이상, 수사기관이 그 이후에 지문채취 대
상물을 적법한 절차에 의하지 아니한 채 압수하였다고
하더라도, 위와 같이 채취된 지문을 위법수집증거라고
할 수 없다.

해설

③ (✕) 제1심에서 피고인에 대하여 무죄판결이 선고되어 검사가 항
소한 후, 수사기관이 항소심 공판기일에 증인으로 신청하여 신문
할 수 있는 사람을 특별한 사정 없이 미리 수사기관에 소환하여
작성한 진술조서는 피고인이 증거로 할 수 있음에 동의하지 않는
한 증거능력이 없다. 검사가 공소를 제기한 후 참고인을 소환하
여 피고인에게 불리한 진술을 기재한 진술조서를 작성하여 이를
공판절차에 증거로 제출할 수 있게 한다면, 피고인과 대등한 당
사자의 지위에 있는 검사가 수사기관으로서의 권한을 이용하여
일방적으로 법정 밖에서 유리한 증거를 만들 수 있게 하는 것이
므로 당사자주의·공판중심주의·직접심리주의에 반하고 피고
인의 공정한 재판을 받을 권리를 침해하기 때문이다. 위 참고인
이 나중에 법정에 증인으로 출석하여 위 진술조서의 성립의 진정
을 인정하고 피고인 측에 반대신문의 기회가 부여된다 하더라도
위 진술조서의 증거능력을 인정할 수 없음은 마찬가지이다(대법
원 2019.11.28, 2013도6825).

① (○) 대법원 2017.12.5, 2017도13458; 2020.2.13, 2019도14341,
2019전도130

② (○) 대법원 2011.11.10, 2011도8125

④ (○) 대법원 2008.10.23, 2008도7471

정답 ③

II 적용범위

046 ✓대표 ◆◇◇ 경찰3차 2018 유사 법원 2016

위법수집증거에 관한 다음 설명 중 가장 옳지 않은 것은? (다툼이 있는 경우 판례에 의함)

① 판례는 비진술증거인 증거물에 대하여도 위법수집증거의 배제원칙을 인정하고 있다.

② 아직 피의자의 지위에 있지 않은 사람에 대하여는 진술거부권이 고지되지 않았더라도 위법수집증거로 보아 그 진술의 증거능력을 부정할 것이 아니다.

③ 수사기관이 사전에 영장을 제시하지 않은 채 구속영장을 집행한 다음 공소제기 후에 이루어진 피고인의 법정진술은 이른바 2차적 증거로서 위법수집증거의 배제원칙에 따라 증거능력이 없다는 것이 판례이다.

④ 판례는 고소인이 피고인의 주거에 침입하여 절취한 증거물의 증거능력을 인정하였다.

해설

③ (×) 독수과실의 예외에 해당하므로 증거능력이 인정된다. "사전에 구속영장을 제시하지 아니한 채 구속영장을 집행하고, 그 구속 중 수집한 피고인의 진술증거 중 피고인의 제1심 법정진술은, 피고인이 구속집행절차의 위법성을 주장하면서 청구한 구속적부심사의 심문 당시 구속영장을 제시받은 바 있어 그 이후에는 구속영장에 기재된 범죄사실에 대하여 숙지하고 있었던 것으로 보이고, 구속 이후 원심에 이르기까지 구속적부심사와 보석의 청구를 통하여 구속집행절차의 위법성만을 다투었을 뿐, 그 구속 중 이루어진 진술증거의 임의성이나 신빙성에 대하여는 전혀 다투지 않았을 뿐만 아니라, 변호인과의 충분한 상의를 거친 후 공소사실 전부에 대하여 자백한 것이라면, 유죄 인정의 증거로 삼을 수 있는 예외적인 경우에 해당한다(대법원 2009.4.23, 2009도526)."

[정리] 판례의 독수과실 예외: ㉠ 진술거부권 불고지 자백 획득 후 자발적 진술, ㉡ 영장 없이 강제연행하여 1차 채뇨 후 압수영장에 의한 2차 채뇨, ㉢ 영장 없이 계좌정보 획득 후 석방 후 자백 or 임의제출 or 독립된 제3자의 진술에 의한 증거수집, ㉣ 영장 무관 압수 증거물을 환부한 후 임의 제출받아 압수(단, 임의성은 검사 증명) 등.

① (○) 종래 대법원은 진술증거의 경우에는 위법수집증거배제법칙이 적용된다고 하면서도 비진술증거의 경우에는 극히 예외적인 경우를 제외하고는 '성질·형상 불변론'의 입장(대법원 2006.7.27, 2006도3194 등)을 유지하여 왔고 이에 대해 학설은 비진술증거에도 마찬가지로 위 법칙이 적용되어야 한다는 입장이었다. 그러나 최근에는 대법원 2007.11.15, 2007도3061 전원합의체에 의해 비진술증거에도 위 법칙이 명시적으로 수용되었다.

② (○) 진술거부권 고지에 관한 형사소송법의 규정내용 및 진술거부권 고지가 갖는 실질적인 의미를 고려하면 수사기관에 의한 진술거부권 고지의 대상이 되는 피의자의 지위는 수사기관이 조사대상자에 대한 범죄혐의를 인정하여 수사를 개시하는 행위를 한 때에 인정되는 것으로 봄이 상당하다(대법원 2001.10.26, 2000도2968, 대법원 2010.6.24, 2008도12127 참조). 따라서 이러한 피의자의 지위에 있지 아니한 자에 대하여는 진술거부권이 고지되지 아니하였다 하더라도 그 진술의 증거능력을 부정할 것은 아니다(대법원 2011.11.10, 2011도8125).

④ (○) 피고인을 형사소추하기 위해서는 반드시 필요한 증거이므로 설령 제3자에 의하여 절취된 것으로서 소송사기 등의 피해자

측이 이를 수사기관에 증거자료로 제출하기 위하여 대가를 지급하였다 하더라도, 공익의 실현을 위하여는 이를 범죄의 증거로 제출하는 것이 허용되어야 하고, 이로 말미암아 피고인의 사생활 영역을 침해하는 결과가 초래된다 하더라도 이는 피고인이 수인하여야 할 기본권의 제한에 해당된다(대법원 2008.6.26, 2008도1584).

[보충] 판례는 대체로 사인에 의한 위법수집증거의 증거능력을 인정하는 경향임

정답 ③

---

047 ✓대표 ◆◇◇ 국가9급 2017

증거능력에 대한 설명으로 옳지 않은 것은? (다툼이 있으면 판례에 의함)

① 피의자에게 진술거부권을 행사할 수 있음을 알려 주고 그 행사 여부를 질문했더라도 그것에 대한 피의자의 답변이 자필로 기재되어 있지 않은 사법경찰관 작성의 피의자신문조서는 특별한 사정이 없는 한 증거능력이 없다.

② 세관공무원이 우편물 통관검사절차에서 압수·수색영장 없이 진행한 우편물의 개봉, 시료채취, 성분분석과 같은 검사의 결과는 원칙적으로 증거능력이 없다.

③ 약식명령에 불복하여 정식재판을 청구한 피고인이 정식재판 절차의 제1심에서 2회 불출정하여 증거동의가 간주된 후 증거조사를 완료한 이상, 비록 피고인이 항소심에 출석하여 간주된 증거동의를 철회 또는 취소한다는 의사표시를 하더라도 증거능력이 상실되는 것은 아니다.

④ 구성요건 사실은 엄격한 증명에 의하여 인정하여야 하고, 증거능력이 없는 증거는 구성요건 사실을 추인하게 하는 간접사실이나 구성요건 사실을 입증하는 직접증거의 증명력을 보강하는 보조사실의 인정자료로서도 허용되지 아니한다.

해설

② (×) 우편물 통관검사절차에서 이루어지는 우편물의 개봉, 시료채취, 성분분석 등의 검사는 수출입물품에 대한 적정한 통관 등을 목적으로 한 행정조사의 성격을 가지는 것으로서 수사기관의 강제처분이라고 할 수 없으므로 압수·수색영장 없이 우편물의 개봉, 시료채취, 성분분석 등 검사가 진행되었다 하더라도 특별한 사정이 없는 한 위법하다고 볼 수 없다(대법원 2013.9.26, 2013도7718).

① (○) 대법원 2014.4.10, 2014도1779

③ (○) 대법원 2010.7.15, 2007도5776

④ (○) 대법원 2015.1.22, 2014도10978 전원합의체

정답 ②

048 ✓ 유사 ◆◇◇　　　　　　　　　국가9급 2017

다음 중 위법수집증거로서 증거능력이 배제되는 것이 아닌 것은? (다툼이 있으면 판례에 의함)

① 군검사가 피고인을 뇌물수수 혐의로 기소한 후 형사사법 공조 절차를 거치지 아니한 채 외국에 현지 출장하여 그 곳에서 우리나라 국민인 뇌물공여자를 상대로 작성한 참고인 진술조서

② 사법경찰관이 피의자 소유의 쇠파이프를 피의자의 주거지 앞마당에서 발견하였으면서도 그 소유자, 소지자 또는 보관자가 아닌 피해자로부터 임의로 제출받는 형식으로 압수한 쇠파이프

③ 사법경찰관이 압수·수색영장을 제시하여 압수·수색을 실시하고 그 집행을 종료한 후 영장의 유효기간 내에 종전의 영장을 제시하고 동일한 장소 또는 목적물에 대하여 다시 압수·수색한 경우 그 압수물

④ 사법경찰관이 음란물유포의 혐의로 압수·수색영장을 발부받아 피의자의 주거지를 수색하면서 대마를 발견하여 피의자를 현행범으로 체포하고 대마를 압수하였으나 그 다음 날 피의자를 석방하고도 사후 압수·수색영장을 발부받지 않은 경우 그 대마

[해설]

① (✕) 검찰관이 피고인 甲을 뇌물수수 혐의로 기소한 후 형사사법 공조절차를 거치지 아니한 채 과테말라공화국에 현지 출장하여 그 곳 호텔에서 뇌물공여자 乙을 상대로 참고인진술조서를 작성한 경우 피고인에 대한 국내 형사소송절차에서 위와 같은 사유로 인하여 위법수집증거배제법칙이 적용된다고 할 수 없다(대법원 2011.7.14, 2011도3809).

② (○) 형사소송법 제218조 규정에 위반하여 소유자, 소지자 또는 보관자가 아닌 자로부터 제출받은 물건을 영장 없이 압수한 경우 그 압수물 및 압수물을 찍은 사진은 이를 유죄 인정의 증거로 사용할 수 없다(대법원 2010.1.28, 2009도10092).

③ (○) 수사기관이 압수·수색영장을 제시하고 집행에 착수하여 압수·수색을 실시하고 그 집행을 종료하였다면 이미 그 영장은 목적을 달성하여 효력이 상실되는 것이고, 앞서 발부 받은 압수·수색영장의 유효기간이 남아 있다고 하여 이를 제시하고 다시 압수·수색을 할 수는 없다(대법원 1999.12.1, 99모161).

④ (○) 피고인을 마약법위반죄의 현행범으로 체포하면서 대마를 압수하였으나, 그 다음 날 피고인을 석방하였음에도 사후 압수·수색영장을 발부받지 않은 경우, 압수물과 압수조서는 증거능력이 부정된다(대법원 2009.5.14, 2008도10914).

[정답] ①

049 ✓ 유사 ◆◆◇　　　　　　　　　군무원9급 2022

위법수집증거로서 증거능력이 배제되는 것으로 가장 옳은 것은? (다툼이 있는 경우 판례에 의함)

① 군검사가 피고인을 뇌물수수 혐의로 기소한 후 형사사법공조절차를 거치지 아니한 채 외국에 현지출장하여 그곳에서 우리나라 국민인 뇌물공여자를 상대로 작성한 참고인 진술조서

② 수사기관이 정보저장매체에 기억된 정보 중에서 범죄혐의사실과 관련 있는 정보를 선별하여 이를 복제·생성한 이미지 파일을 피의자로부터 제출받아 압수한 다음 수사기관 사무실에서 그 압수된 이미지 파일을 피의자나 변호인에게 참여의 기회를 보장하지 않은 채 탐색·복제·출력하여 획득한 정보

③ 수사기관이 범죄를 수사함에 있어 현재 범행이 행하여지고 있거나 행하여진 직후이고, 증거보전의 필요성 및 긴급성이 있으며, 일반적으로 허용되는 상당한 방법에 의하여 영장 없이 촬영을 한 경우 그 촬영물

④ 사법경찰관이 음란물 유포의 혐의로 압수·수색영장을 발부받아 피의자의 주거지를 수색하면서 대마를 발견하여 피의자를 마약류관리에 관한 법률 위반죄의 현행범으로 체포하고 대마를 압수하였으나 그 다음 날 피의자를 석방하고서도 사후 압수·수색영장을 발부받지 않은 경우 그 압수조서

[해설]

④ (○) 구 정보통신망 이용촉진 및 정보보호 등에 관한 법률상 음란물 유포의 범죄혐의를 이유로 압수·수색영장을 발부받은 사법경찰리가 피고인의 주거지를 수색하는 과정에서 대마를 발견하자, 피고인을 마약류관리에 관한 법률 위반죄의 현행범으로 체포하면서 대마를 압수하였으나, 그 다음 날 피고인을 석방하였음에도 사후 압수·수색영장을 발부받지 않은 경우, 위 압수물과 압수조서는 형사소송법상 영장주의를 위반하여 수집한 증거로서 증거능력이 부정된다(대법원 2009.5.14, 2008도10914).

① (✕) 검찰관이 피고인을 뇌물수수 혐의로 기소한 후, 형사사법공조절차를 거치지 아니한 채 과테말라공화국에 현지출장하여 그 곳 호텔에서 뇌물공여자 甲을 상대로 참고인 진술조서를 작성한 경우, … 피고인에 대한 국내 형사소송절차에서 위와 같은 사유로 인하여 위법수집증거배제법칙이 적용된다고 볼 수 없다(대법원 2011.7.14, 2011도3809).

② (✕) 수사기관이 정보저장매체에 기억된 정보 중에서 키워드 또는 확장자 검색 등을 통해 범죄 혐의사실과 관련 있는 정보를 선별한 다음 정보저장매체와 동일하게 비트열 방식으로 복제하여 생성한 파일(이하 '이미지 파일')을 제출받아 압수하였다면 이로써 압수의 목적물에 대한 압수·수색 절차는 종료된 것이므로, 수사기관이 수사기관 사무실에서 위와 같이 압수된 이미지 파일을 탐색·복제·출력하는 과정에서도 피의자 등에게 참여의 기회를 보장하여야 하는 것은 아니다(대법원 2018.2.8, 2017도13263).

③ (✕) 수사기관이 피녹화자의 의사에 반하여 영상녹화물을 녹화하려면 검증영장을 발부받아야 하는 것이 원칙이다. 그러나 예외적으로 ㉠ 현재 범행이 행하여지고 있거나 행하여진 직후이고, ㉡ 증거보전의 필요성 및 ㉢ 긴급성이 있으며, ㉣ 일반적으로 허용되는 상당한 방법으로 녹화가 이루어진 경우라면, 영장이 없는

녹화일지라도 위법수집증거가 되지 아니하고 증거능력이 인정될 수 있다는 것이 일반적이며, 판례도 같은 입장이다.

[판례] 누구든지 자기의 얼굴이나 모습을 함부로 촬영당하지 않을 자유를 가지나, 이러한 자유도 무제한으로 보장되는 것은 아니고 국가의 안전보장·질서유지·공공복리를 위하여 필요한 경우에는 그 범위 내에서 상당한 제한이 있을 수 있으며, 수사기관이 범죄를 수사함에 있어 <u>현재 범행이 행하여지고 있거나 행하여진 직후이고, 증거보전의 필요성 및 긴급성이 있으며, 일반적으로 허용되는 상당한 방법으로 촬영한 경우</u>라면 위 촬영이 영장 없이 이루어졌다 하여 이를 위법하다고 단정할 수 없다(대법원 1999.9.3, 99도2317; 2013.7.26, 2013도2511).

정답 ④

---

050 ✓ 유사 ◆◆◇ 법원 2017

증거에 관한 다음 설명 중 가장 옳지 않은 것은? (다툼이 있으면 판례에 의함)

① 검사 또는 사법경찰관이 영장 발부의 사유로 된 범죄혐의사실과 무관한 별개의 증거를 압수하였을 경우 이는 원칙적으로 유죄 인정의 증거로 사용할 수 없다.

② 수사기관이 위 ①번 지문과 같이 압수한 별개의 증거를 피압수자 등에게 환부하고 후에 임의제출 받아 다시 압수하였다면 증거를 압수한 최초의 절차 위반행위와 최종적인 증거수집 사이의 인과관계가 단절되었다고 평가할 수 있다.

③ 선거관리위원회 위원·직원이 관계인에게 진술이 녹음된다는 사실을 미리 알려 주지 아니한 채 진술을 녹음하였다면, 그와 같은 조사절차에 의하여 수집한 녹음파일 내지 그에 터 잡아 작성된 녹취록은 형사소송법 제308조의2에서 정하는 '적법한 절차에 따르지 아니하고 수집한 증거'에 해당하여 원칙적으로 유죄의 증거로 쓸 수 없다.

④ 수사기관이 피의자 甲의 공직선거법 위반 범행을 영장 범죄사실로 하여 발부받은 압수·수색영장의 집행 과정에서 乙, 丙사이의 대화가 녹음된 녹음파일을 압수하여 乙, 丙의 공직선거법 위반 혐의사실을 발견하였다면, 위 녹음파일은 별도의 압수수색영장을 발부받지 않더라도 증거능력이 있다.

해설

④ (×) '피의자: 甲, 압수할 물건: 乙이 소지하고 있는 휴대전화 등, 범죄사실: 甲은 공천과 관련하여 새누리당 공천심사위원에게 돈 봉투를 제공하였다 등'이라고 기재된 압수·수색영장에 의하여 검찰청 수사관이 乙의 주거지에서 그의 휴대전화를 압수하고 그 휴대전화에서 추출한 전자정보를 분석하던 중 피고인 乙, 丙사이의 대화가 녹음된 녹음파일을 통하여 피고인들에 대한 공직선거법위반의 혐의점을 발견하고 수사를 개시하였으나, 피고인들로부터 녹음파일을 임의로 제출받거나 새로운 압수·수색영장을 발부받지 아니한 경우, 그 녹음파일은 압수·수색영장에 의하여 압수할 수 있는 물건 내지 전자정보로 볼 수 없으므로(형사소송법

제215조 제1항에 규정된 '해당사건'과 관계가 있다고 인정할 수 있는 것에 해당한다고 할 수 없으므로) 피고인들의 공소사실(피고인 乙, 丙 사이의 정당 후보자 추천 및 선거운동 관련 대가제공 요구 및 약속 범행)에 대해서는 증거능력이 부정된다(대법원 2014.1.16, 2013도7101).

① (○), ② (○) 대법원 2016.3.10, 2013도11233
③ (○) 대법원 2014.10.15, 2011도3509

정답 ④

---

051 ✓ 유사 ◆◆◆ 경찰 2016

위법수집증거배제법칙에 관한 다음 설명 중 가장 적절하지 않은 것은? (다툼이 있으면 판례에 의함)

① 형사소송법 제217조 제2항, 제3항에 위반하여 압수·수색영장을 청구하여 이를 발부받지 아니하고도 즉시 반환하지 아니한 압수물은 이를 유죄의 증거로 사용할 수 없는 것이나, 피고인이나 변호인이 이를 증거로 함에 동의하면 유죄의 증거로 사용할 수 있다.

② 수사기관이 영장 또는 감정처분허가장을 발부받지 아니한 채 피의자의 동의 없이 피의자의 신체로부터 혈액을 채취하고 사후에도 지체 없이 영장을 발부받지 않았다면, 그 혈액 중 알코올농도에 관한 감정의뢰회보는 원칙적으로 유죄의 증거로 사용할 수 없다.

③ 피고인이 범행 후 피해자에게 전화를 걸어오자 피해자가 증거를 수집하려고 그 전화내용을 녹음한 경우, 그 녹음테이프가 피고인 모르게 녹음된 것이라 하여 이를 위법하게 수집된 증거라고 할 수 없다.

④ 수사기관이 피의자 甲의 공직선거법 위반 범행을 영장 범죄사실로 하여 발부받은 압수·수색영장의 집행과정에서 乙, 丙 사이의 대화가 녹음된 녹음파일(이하 '녹음파일'이라 한다)을 압수하여 乙, 丙의 공직선거법 위반 혐의사실을 발견한 사안에서, 압수·수색영장에 기재된 '피의자' 甲이 녹음파일에 의하여 의심되는 혐의사실과 무관한 이상, 수사기관이 별도의 압수·수색영장을 발부받지 않고 압수한 위 녹음파일은 위법수집증거로서 증거능력이 없다.

해설

① (×) 위법수집증거는 증거동의의 대상이 아니다. "형사소송법 제216조 제1항 제2호, 제217조 제2항, 제3항은 사법경찰관은 형사소송법 제200조의3(긴급체포)의 규정에 의하여 피의자를 체포하는 경우에 필요한 때에는 영장 없이 체포현장에서 압수·수색을 할 수 있고, 압수한 물건을 계속 압수할 필요가 있는 경우에는 지체 없이 압수수색영장을 청구하여야 하며, 청구한 압수수색영장을 발부받지 못한 때에는 압수한 물건을 즉시 반환하여야 한다고 규정하고 있는바, 형사소송법 제217조 제2항, 제3항에 위반하여 압수수색영장을 청구하여 이를 발부받지 아니하고도 즉시 반환하지 아니한 압수물은 이를 유죄인정의 증거로 사용할 수 없는 것이고, 헌법과 형사소송법이 선언한 영장주의의 중요성에 비

추어 볼 때 피고인이나 변호인이 이를 증거로 함에 동의하였다고 하더라도 달리 볼 것은 아니다(대법원 2009.12.24, 2009도11401)."

② (O) 음주운전 중 교통사고를 당하여 의식불명 상태에 빠져 병원에 후송된 피의자에 대해 수사기관이 수사의 목적으로 의료진에게 요청하여 혈액을 채취하였다거나 피의자의 가족으로부터 피의자의 혈액을 채취하는 것에 대한 동의를 받았다는 사정이 있다고 하더라도 이 사건 채혈이 법관으로부터 영장을 발부받지 않은 상태에서 이루어졌고, 사후에 영장을 발부받지도 아니하였다면 피고인의 혈중알코올농도에 대한 국립과학수사연구소 중부분소의 감정의뢰회보와 이에 기초한 수사보고 및 주취운전자 적발보고서는 위법수집증거로서 증거증력이 없다(대법원 2011.5.13, 2009도10871).

③ (O) 피고인이 범행 후 피해자에게 전화를 걸어오자 피해자가 증거를 수집하려고 그 전화내용을 녹음한 경우, 그 녹음테이프가 피고인 모르게 녹음된 것이라 하여 이를 위법하게 수집된 증거라고 할 수 없다(대법원 1997.3.28, 97도240).

④ (O) 대법원 2015.7.16, 2011모1839 전원합의체

정답 ①

052 ✓ 유리 ◆◆◇ 국가7급 2022

증거능력에 대한 설명으로 옳지 않은 것은? (다툼이 있는 경우 판례에 의함)

① 공개금지사유가 없음에도 불구하고 재판의 심리에 관한 공개를 금지하기로 결정한 경우, 그 절차에 의하여 이루어진 증인의 증언은 증거능력이 없지만 변호인의 반대신문권이 보장되었다면 증거능력이 있다.

② 수사기관이 피의자신문에 있어서 피의자에게 진술거부권을 고지하지 않은 경우, 그 피의자진술은 임의성이 인정되더라도 증거능력이 부인된다.

③ 「형사소송법」 제217조 제2항과 제3항에 위반하여 압수·수색영장을 발부받지 않았을 뿐만 아니라 확보한 압수물을 즉시 반환하지도 않은 경우, 피고인이 위 압수물을 증거로 함에 동의하더라도 증거능력이 부인된다.

④ 대화에 참가하지 않은 제3자가 몰래 타인 간의 전화통화를 녹음한 경우, 비록 대화 당사자 중 일방의 동의를 얻었다고 하더라도 그 상대방의 동의가 없었다면 통화녹음의 증거능력은 인정되지 않는다.

해설

① (×) 헌법 제109조, 법원조직법 제57조 제1항이 정한 공개금지사유가 없음에도 불구하고 재판의 심리에 관한 공개를 금지하기로 결정하였다면 그러한 공개금지결정은 피고인의 공개재판을 받을 권리를 침해한 것으로서 그 절차에 의하여 이루어진 증인의 증언은 증거능력이 없다고 할 것이고, 변호인의 반대신문권이 보장되었더라도 달리 볼 수 없으며, 이러한 법리는 공개금지결정의 선고가 없는 등으로 공개금지결정의 사유를 알 수 없는 경우에도 마찬가지라 할 것이다(대법원 2015.10.29, 2014도5939).

② (O) 대법원 2014.4.10, 2014도1779

③ (O) 대법원 2009.12.24, 2009도11401

④ (O) 전기통신의 감청은 제3자가 전기통신의 당사자인 송신인과 수신인의 동의를 받지 아니하고 전기통신 내용을 녹음하는 등의 행위를 하는 것만을 말한다고 해석함이 타당하므로, 전기통신에 해당하는 전화통화 당사자의 일방이 상대방 모르게 통화 내용을 녹음하는 것은 여기의 감청에 해당하지 않는다. 그러나 제3자의 경우는 설령 전화통화 당사자 일방의 동의를 받고 그 통화 내용을 녹음하였다 하더라도 그 상대방의 동의가 없었던 이상, 이는 여기의 감청에 해당하여 통신비밀보호법 제3조 제1항 위반이 되고, 이와 같이 제3조 제1항을 위반한 불법감청에 의하여 녹음된 전화통화의 내용은 제4조에 의하여 증거능력이 없다(대법원 2019.3.14, 2015도1900).

정답 ①

053 ✓ 유사 ◆◇◇ 국가9급/개론 2014 유사·2021

위법수집증거배제법칙에 대한 설명으로 옳지 않은 것은? (다툼이 있는 경우 판례에 의함)

① 사인이 위법하게 수집한 증거에 대해서는 효과적인 형사소추 및 형사소송에서의 진실발견이라는 공익과 개인의 인격적 이익 등의 보호이익을 비교형량하여 그 허용 여부를 결정하여야 한다.

② '악'과 같은 대화가 아닌 사람의 목소리를 녹음하거나 청취하는 행위가 개인의 사생활의 비밀과 자유 또는 인격권을 중대하게 침해하여 사회통념상 허용되는 한도를 벗어난 것이 아니라면 위와 같은 목소리를 들었다는 진술을 형사절차에서 증거로 사용할 수 있다.

③ 압수·수색영장의 집행과정에서 별건 범죄혐의와 관련된 증거를 우연히 발견하여 압수한 경우에는 별건 범죄혐의에 대해 별도의 압수·수색영장을 발부받지 않았다 하더라도 위법한 압수·수색에 해당하지 않는다.

④ 위법수집증거배제법칙에 대한 예외를 인정하기 위해서는 예외적인 경우에 해당한다고 볼 만한 구체적이고 특별한 사정이 존재한다는 점을 검사가 증명하여야 한다.

해설

③ (×) 전자정보에 대한 압수·수색이 종료되기 전에 혐의사실과 관련된 전자정보를 적법하게 탐색하는 과정에서 별도의 범죄혐의와 관련된 전자정보를 우연히 발견한 경우라면, 수사기관은 더 이상의 추가 탐색을 중단하고 법원에서 별도의 범죄혐의에 대한 압수·수색영장을 발부받은 경우에 한하여 그러한 정보에 대하여도 적법하게 압수·수색을 할 수 있다(대법원 2015.7.16, 2011모1839 전원합의체).

① (O) 대법원 1997.9.30, 97도1230

② (O) 대법원 2017.3.15, 2016도19843

④ (O) 대법원 2011.4.28, 2009도10412

정답 ③

054 ✓유사 ◆◆◇ 변호사 2021

형사소송법 위법수집증거배제법칙에 관한 설명 중 옳은 것(○)과 옳지 않은 것(×)을 올바르게 조합한 것은? (다툼이 있는 경우 판례에 의함)

> ㄱ. 위법한 체포 상태에서 음주측정요구가 이루어진 경우, 음주측정요구를 위한 위법한 체포와 그에 이은 음주측정요구는 주취운전이라는 범죄행위에 대한 증거 수집을 위하여 연속하여 이루어진 것으로서 그 일련의 과정을 전체적으로 보아 위법한 음주측정요구가 있었던 것으로 볼 수밖에 없다.
>
> ㄴ. 법관이 압수·수색영장을 발부하면서 '압수할 물건'을 특정하기 위하여 기재한 문언은 이를 엄격하게 해석하여야 하므로, 압수·수색영장의 범죄사실과 기본적 사실관계가 동일한 범행 또는 동종·유사의 범행과 관련된다고 의심할만한 상당한 이유가 있는 물건까지 압수하였다면 위법한 압수에 해당한다.
>
> ㄷ. 3인 간의 대화에 있어서 그중 한 사람이 그 대화를 녹음하는 경우에 다른 두 사람의 발언은 그 녹음자에 대한 관계에서 '타인 간의 대화'라고 할 수 있으므로, 이와 같은 녹음행위는 「통신비밀보호법」 제3조 제1항에 위배된다.
>
> ㄹ. 음주운전과 관련한 도로교통법위반죄의 범죄수사를 위하여 미성년자인 피의자의 혈액 채취가 필요한 경우에도 피의자에게 의사능력이 있다면 피의자 본인만이 혈액 채취에 관한 유효한 동의를 할 수 있고, 피의자에게 의사능력이 없는 경우에도 명문의 규정이 없는 이상 법정대리인이 피의자를 대리하여 동의할 수는 없다.

	ㄱ	ㄴ	ㄷ	ㄹ
①	○	○	○	×
②	○	○	×	○
③	○	×	○	○
④	○	×	×	○
⑤	×	×	×	×

해설

ㄱ. (○) 대법원 2006.11.9, 2004도8404

ㄴ. (×) 헌법과 형사소송법이 구현하고자 하는 적법절차와 영장주의의 정신에 비추어 볼 때, 법관이 압수수색영장을 발부하면서 '압수할 물건'을 특정하기 위하여 기재한 문언은 이를 엄격하게 해석하여야 하고, 함부로 피압수자 등에게 불리한 내용으로 확장 또는 유추해석하는 것은 허용될 수 없다. 그러나 <u>압수의 대상을 압수수색영장의 범죄사실 자체와 직접적으로 연관된 물건에 한정할 것은 아니고, 압수수색영장의 범죄사실과 기본적 사실관계가 동일한 범행 또는 동종·유사의 범행과 관련된다고 의심할 만한 상당한 이유가 있는 범위 내에서는 압수를 실시할 수 있다</u>(대법원 2018.10.12, 2018도6252).

ㄷ. (×) 통신비밀보호법 제3조 제1항이 "공개되지 아니한 타인 간의 대화를 녹음 또는 청취하지 못한다"라고 정한 것은, 대화에 원래

부터 참여하지 않는 제3자가 그 대화를 하는 타인들 간의 발언을 녹음해서는 아니 된다는 취지이다. 3인 간의 대화에 있어서 그 중 한 사람이 그 대화를 녹음하는 경우에 다른 두 사람의 발언은 그 녹음자에 대한 관계에서 '타인 간의 대화'라고 할 수 없으므로, 이와 같은 녹음행위가 통신비밀보호법 제3조 제1항에 위배된다고 볼 수는 없다(대법원 2006.10.12, 2006도4981).

ㄹ. (○) 대법원 2014.11.13, 2013도1228

정답 ④

055 ✓유사 ◆◆◇ 변호사 2022

위법수집증거배제법칙에 관한 설명 중 옳지 않은 것은? (다툼이 있는 경우 판례에 의함)

① 사법경찰관이 피고인이 아닌 A를 사실상 강제연행하여 불법체포한 상태에서 피고인의 행위를 처벌하기 위해 A에게 자술서를 받은 경우, 이를 피고인에 대한 유죄 인정의 증거로 사용할 수 없다.

② 수사기관이 피의자 甲의 범행을 영장 범죄사실로 하여 발부받은 압수·수색영장의 집행 과정에서 A와 B 사이의 대화가 녹음된 녹음파일을 압수하였는데, 그 녹음파일에서 발견된 A와 B의 범죄 혐의사실이 위 압수·수색영장에 기재된 피의자 甲과 무관한 경우 그 녹음파일을 A와 B에 대한 유죄 인정의 증거로 사용할 수 없다.

③ 적법한 공개금지사유가 없음에도 불구하고 공개금지 결정에 따라 비공개로 진행된 증인신문절차에 의하여 이루어진 증인의 증언은 변호인의 반대신문권이 보장되었다고 하더라도 증거능력이 없다.

④ 형사소송법의 규정을 위반하여 소유자, 소지자 또는 보관자가 아닌 피해자로부터 제출받은 물건을 영장 없이 압수한 경우 그 압수물을 유죄 인정의 증거로 사용할 수 없다.

⑤ 수사기관이 피의자의 범의를 명백하게 하기 위하여 A를 참고인으로 조사하는 과정에서 진술거부권을 고지하지 않고 진술조서를 작성하였는데, 추후 계속된 수사를 통하여 A가 피의자와 공범관계에 있을 가능성이 인정되었다면 A에 대한 위 조사 당시 A는 이미 피의자의 지위에 있었다고 볼 수 있으므로 A에 대한 위 진술조서는 증거능력이 없다.

해설

⑤ (×) 피의자에 대한 진술거부권 고지는 피의자의 진술거부권을 실효적으로 보장하여 진술이 강요되는 것을 막기 위해 인정되는 것인데, 이러한 진술거부권 고지에 관한 형사소송법 규정내용 및 진술거부권 고지가 갖는 실질적인 의미를 고려하면 <u>수사기관에 의한 진술거부권 고지 대상이 되는 피의자 지위는 수사기관이 조사대상자에 대한 범죄혐의를 인정하여 수사를 개시하는 행위를 한 때 인정되는 것으로 보아야 한다.</u> 따라서 이러한 피의자 지위에 있지 아니한 자에 대하여는 진술거부권이 고지되지 아니하였더라

도 진술의 증거능력을 부정할 것은 아니다(대법원 2011.11.10, 2011도8125).

[보충] 피고인들이 중국에 있는 甲과 공모한 후 중국에서 입국하는 乙을 통하여 필로폰이 들어 있는 곡물포대를 배달받는 방법으로 필로폰을 수입하였다고 하여 주위적으로 기소되었는데 검사가 乙에게서 곡물포대를 건네받아 피고인들에게 전달하는 역할을 한 참고인 丙에 대한 검사 작성 진술조서를 증거로 신청한 경우, 피고인들과 공범관계에 있을 가능성만으로 丙이 참고인으로서 검찰 조사를 받을 당시 또는 그 후라도 검사가 丙에 대한 범죄혐의를 인정하고 수사를 개시하여 피의자 지위에 있게 되었다고 단정할 수 없고, 검사가 丙에 대한 수사를 개시할 수 있는 상태이었는데도 진술거부권 고지를 잠탈할 의도로 피의자 신문이 아닌 참고인 조사의 형식을 취한 것으로 볼 만한 사정도 기록상 찾을 수 없으며, 오히려 피고인들이 수사과정에서 필로폰이 중국으로부터 수입되는 것인지 몰랐다는 취지로 변소하였기 때문에 피고인들의 수입에 관한 범의를 명백하게 하기 위하여 丙을 참고인으로 조사한 것이라면, 丙은 수사기관에 의해 범죄혐의를 인정받아 수사가 개시된 피의자의 지위에 있었다고 할 수 없고 참고인으로서 조사를 받으면서 수사기관에게서 진술거부권을 고지받지 않았다는 이유만으로 그 진술조서가 위법수집증거로서 증거능력이 없다고 할 수 없다(대법원 2011.11.10, 2011도8125).

① (○) 대법원 2011.6.30, 2009도6717
② (○) 대법원 2014.1.16, 2013도7101
③ (○) 대법원 2005.10.28, 2005도5854
④ (○) 대법원 2010.1.28, 2009도10092

정답 ⑤

---

056 ⊘ 유사 ◆◆◇

위법수집증거배제법칙에 관한 설명으로 가장 적절한 것은? (다툼이 있는 경우 판례에 의함)

① 검사가 공소외 甲을 구속 기소한 후 다시 소환하여 피고인 등 공범과의 활동에 관한 신문을 하면서 피의자신문조서가 아닌 일반적인 진술조서의 형식으로 조서를 작성한 경우, 이 진술조서의 내용이 피의자신문조서와 실질적으로 같고 진술의 임의성이 인정되는 경우라도, 甲에게 미리 진술거부권을 고지하지 않은 때에는 그 진술은 위법수집증거에 해당하므로 피고인에 대한 유죄의 증거로 사용할 수 없다.

② 법관의 서명날인란에 서명만 있고 날인이 없는 영장은 「형사소송법」이 정한 요건을 갖추지 못하여 적법하게 발부되었다고 볼 수 없으므로, 비록 판사의 의사에 기초하여 진정하게 영장이 발부되었다는 점이 외관상 분명하고 의도적으로 적법절차의 실질적인 내용을 침해한다거나 영장주의를 회피할 의도를 가지고 이 영장에 따른 압수·수색을 하였다고 보기 어렵다 하더라도, 이 영장에 따라 압수한 파일 출력물과 이에 기초하여 획득한 2차적 증거인 피의자신문조서도 유죄 인정의 증거로 사용할 수 없다.

③ 유흥주점 업주인 피고인이 성매매업을 하면서 금품을 수수하였다고 하여 기소된 사안에서, 경찰이 피고인 아닌 甲, 乙을 사실상 강제연행하여 불법체포한 상태에서 받은 자술서 및 진술조서가 위법수사로 얻은 진술증거에 해당하더라도, 이를 피고인에 대한 유죄 인정의 증거로 삼을 수 있다.

④ 피고인이 발송한 이메일에 대한 압수·수색영장을 집행하면서 수사기관이 甲회사에 팩스로 영장 사본을 송신하였다면, 비록 영장 원본을 제시하거나 압수조서와 압수물 목록을 작성하여 피압수·수색 당사자에게 교부하지 않았더라도, 이 같은 방법으로 압수된 피고인의 이메일은 위법수집증거의 증거능력을 인정할 수 있는 예외적인 경우에 해당하므로 증거능력이 부정되지 않는다.

해설

① (○) 대법원 2009.8.20, 2008도8213
② (×) 이 사건 영장에는 야간집행을 허가하는 판사의 수기와 날인, 그 아래 서명날인란에 판사 서명, 영장 앞면과 별지 사이에 판사의 간인이 있으므로, 판사의 의사에 기초하여 진정하게 영장이 발부되었다는 점은 외관상 분명하다. 당시 수사기관으로서는 영장이 적법하게 발부되었다고 신뢰할 만한 합리적인 근거가 있었고, 의도적으로 적법절차의 실질적인 내용을 침해한다거나 영장주의를 회피할 의도를 가지고 이 사건 영장에 따른 압수·수색을 하였다고 보기 어렵다. 이 사건 영장의 내용과 형식, 발부 경위와 수사기관의 압수·수색 경위 등에 비추어 보면, 수사기관이 이 사건 영장을 발부받아 그에 기초하여 이 사건 파일 출력물을 압수한 것이 위법수집증거의 증거능력을 부정함으로써 달성하려는 목적을 실질적

으로 침해한다고 보기도 어렵다. … 요컨대 <u>이 사건 영장이 형사소송법이 정한 요건을 갖추지 못하여 적법하게 발부되지 못하였다고 하더라도, 그 영장에 따라 수집한 이 사건 파일 출력물의 증거능력을 인정할 수 있다. 이에 기초하여 획득한 2차적 증거인 위 각 증거 역시 증거능력을 인정할 수 있다</u>(대법원 2019.7.11, 2018도20504).

③ (X) 형사소송법 제308조의2는 "적법한 절차에 따르지 아니하고 수집한 증거는 증거로 할 수 없다."고 규정하고 있는데, 수사기관이 헌법과 형사소송법이 정한 절차에 따르지 아니하고 수집한 증거는 유죄 인정의 증거로 삼을 수 없는 것이 원칙이므로, <u>수사기관이 피고인 아닌 자를 상대로 적법한 절차에 따르지 아니하고 수집한 증거는 원칙적으로 피고인에 대한 유죄 인정의 증거로 삼을 수 없다.</u> … 유흥주점 업주와 종업원인 피고인들이 영업장을 벗어나 시간적 소요의 대가로 금품을 받아서는 아니되는데도, 이른바 '티켓영업' 형태로 성매매를 하면서 금품을 수수하였다고 하여 기소된 경우, 경찰이 피고인 아닌 甲, 乙을 사실상 강제연행하여 불법체포한 상태에서 甲, 乙 간의 성매매행위나 피고인들의 유흥업소 영업행위를 처벌하기 위하여 甲, 乙에게서 자술서를 받고 甲, 乙에 대한 진술조서를 작성한 경우, 위 각 자술서와 진술조서는 헌법과 형사소송법이 규정한 체포·구속에 관한 영장주의 원칙에 위배하여 수집된 것으로서 수사기관이 피고인 아닌 자를 상대로 적법한 절차에 따르지 아니하고 수집한 증거에 해당하여 형사소송법 제308조의2에 따라 증거능력이 부정되므로, 이를 피고인들에 대한 유죄 인정의 증거로 삼을 수 없다(대법원 2011.6.30, 2009도6717).

④ (X) 수사기관이 甲 주식회사에서 압수수색영장을 집행하면서 <u>甲 회사에 팩스로 영장 사본을 송신하기만 하고 영장 원본을 제시하거나 압수조서와 압수물 목록을 작성하여 피압수·수색 당사자에게 교부하지도 않은 채</u> 피고인의 이메일을 압수한 후 이를 증거로 제출한 경우, 위와 같은 방법으로 압수된 이메일은 증거능력이 없다(대법원 2017.9.7, 2015도10648).
[비교] 수사기관의 압수·수색은 법관이 발부한 압수·수색영장에 의하여야 하는 것이 원칙이고, 영장의 원본은 처분을 받는 자에게 반드시 제시되어야 하므로, 금융계좌추적용 압수·수색영장의 집행에 있어서도 수사기관이 금융기관으로부터 금융거래자료를 수신하기에 앞서 금융기관에 영장 원본을 사전에 제시하지 않았다면 원칙적으로 적법한 집행 방법이라고 볼 수는 없다. 다만 수사기관이 금융기관에 금융실명거래 및 비밀보장에 관한 법률(이하 '금융실명법') 제4조 제2항에 따라서 <u>금융거래정보에 대하여 영장 사본을 첨부하여 그 제공을 요구한 결과 금융기관으로부터 회신받은 금융거래자료가 해당 영장의 집행 대상과 범위에 포함되어 있고, 이러한 모사전송 내지 전자적 송수신 방식의 금융거래정보 제공요구 및 자료 회신의 전 과정이 해당 금융기관의 자발적 협조의사에 따른 것이며, 그 자료 중 범죄혐의사실과 관련된 금융거래를 선별하는 절차를 거친 후 최종적으로 영장 원본을 제시하고 위와 같이 선별된 금융거래자료에 대한 압수절차가 집행된 경우로서,</u> 그 과정이 금융실명법에서 정한 방식에 따라 이루어지고 달리 적법절차와 영장주의 원칙을 잠탈하기 위한 의도에서 이루어진 것이라고 볼 만한 사정이 없어, 이러한 <u>일련의 과정을 전체적으로 '하나의 영장에 기하여 적시에 원본을 제시하고 이를 토대로 압수·수색하는 것'으로 평가할 수 있는 경우</u>에 한하여, 예외적으로 영장의 적법한 집행 방법에 해당한다고 볼 수 있다(대법원 2022.1.27, 2021도11170).

정답 ①

위법수집증거에 관한 설명 중 옳은 것은? (다툼이 있는 경우 판례에 의함)

① 임의제출된 정보저장매체에서 압수의 대상이 되는 전자정보의 범위를 넘어서는 전자정보에 대해 수사기관이 영장 없이 압수·수색하여 취득한 증거는 위법수집증거로서 증거능력이 없고, 설령 사후에 압수·수색영장이 발부되었거나 피고인이나 변호인이 이를 증거로 함에 동의하였더라도 그 위법성이 치유되지 않는다.

② 수사기관이 피의자를 신문함에 있어서 피의자에게 미리 진술거부권을 고지하지 않은 때에는 그 피의자의 진술은 설령 그 진술의 임의성이 인정되는 경우라도 증거능력이 부정되지만 이는 진술거부권을 고지받지 못한 당해 피의자에 대하여 유죄의 증거로 사용할 수 없다는 의미이므로, 당해 피의자의 공범에 대하여는 유죄의 증거로 사용할 수 있다.

③ 범죄 증거를 수집할 목적으로 피의자의 동의 없이 이루어지는 강제채뇨는 피의자에게 신체적 고통이나 장애를 초래하고 수치심이나 굴욕감을 주며 인간으로서의 존엄과 가치를 침해하는 수사방법이므로 「형사소송법」 제215조에 따라 판사로부터 압수·수색영장을 적법하게 발부받았더라도 허용되지 않는다.

④ 수출입물품 통관검사절차에서 이루어지는 물품의 개봉, 시료채취, 성분분석 등의 검사는 수출입물품에 대한 적정한 통관 등을 목적으로 하는 것으로서 세관공무원은 압수·수색영장 없이 이러한 검사를 진행할 수 있지만, 세관공무원이 통관검사를 위하여 직무상 소지하거나 보관하는 물품에 대하여 수사기관이 점유를 취득하기 위해서는 사전 또는 사후에 영장을 받아야만 한다.

⑤ 피고인이 문서위조를 위해 연습한 흔적이 남아 있는 업무일지는 공익과 사익을 비교형량할 때 피고인의 소송사기를 증명하기 위한 유죄의 증거로 사용할 수 있지만, 만약 그 업무일지가 제3자에 의하여 절취된 것이고 소송사기의 피해자가 대가를 지급하고 이를 취득한 것이라면 유죄의 증거로 사용할 수 없다.

해설

① (O) 임의제출된 정보저장매체에서 압수의 대상이 되는 전자정보의 범위를 넘어서는 전자정보에 대해 수사기관이 영장 없이 압수·수색하여 취득한 증거는 위법수집증거에 해당하고, <u>사후에 법원으로부터 영장이 발부되었다거나 피고인이나 변호인이 이를 증거로 함에 동의하였다고 하여 그 위법성이 치유되는 것도 아니다</u>(대법원 2021.11.18, 2016도348 전원합의체).

② (X) 진술거부권을 고지하지 않고 작성된 공범인 피의자의 진술조서는 위법하게 수집된 증거로서 다른 공범자의 유죄의 증거로 사용할 수 없다(위법수집증거배제법칙의 적용에 관한 당사자적격 부정설, 대법원 1992.6.23, 92도682).

③ (×) 수사기관이 범죄 증거를 수집할 목적으로 피의자의 동의 없이 피의자의 소변을 채취하는 것은 법원으로부터 감정허가장을 받아 형사소송법 제221조의4 제1항, 제173조 제1항에서 정한 '감정에 필요한 처분'으로 할 수 있지만(피의자를 병원 등에 유치할 필요가 있는 경우에는 형사소송법 제221조의3에 따라 법원으로부터 감정유치장을 받아야 한다), 형사소송법 제219조, 제106조 제1항, 제109조에 따른 압수·수색의 방법으로도 할 수 있다. 이러한 압수·수색의 경우에도 수사기관은 원칙적으로 형사소송법 제215조에 따라 판사로부터 압수·수색영장을 적법하게 발부받아 집행해야 한다(대법원 2018.7.12, 2018도6219).

④ (×) 수출입물품 통관검사절차에서 이루어지는 물품의 개봉, 시료채취, 성분분석 등의 검사는 수출입물품에 대한 적정한 통관 등을 목적으로 조사를 하는 것으로서 이를 수사기관의 강제처분이라고 할 수 없으므로, 세관공무원은 압수·수색영장 없이 이러한 검사를 진행할 수 있다. 세관공무원이 통관검사를 위하여 직무상 소지하거나 보관하는 물품을 수사기관에 임의로 제출한 경우에는 비록 소유자의 동의를 받지 않았다고 하더라도 수사기관이 강제로 점유를 취득하지 않은 이상 해당 물품을 압수하였다고 할 수 없다(대법원 2017.7.18, 2014도8719).

⑤ (×) 이 사건 업무일지 그 자체는 피고인 경영의 주식회사 수복건설이 그날그날 현장 및 사무실에서 수행한 업무내용 등을 담당직원이 기재한 것이고, 그 뒷면은 1996. 2. 25.자 태전사 신축공사계약서, 1998. 2. 25.자 태전사 신축추가 공사계약서 및 1999. 11. 27.자 약정서 등 이 사건 각 문서의 위조를 위해 미리 연습한 흔적이 남아 있는 것에 불과하여, 이를 피고인의 사생활 영역과 관계된 자유로운 인격권의 발현물이라고 볼 수는 없고, 사문서위조·위조사문서행사 및 소송사기로 이어지는 일련의 범행에 대하여 피고인을 형사소추하기 위해서는 이 사건 업무일지가 반드시 필요한 증거로 보이므로, 설령 그것이 제3자에 의하여 절취된 것으로서 위 소송사기 등의 피해자측이 이를 수사기관에 증거자료로 제출하기 위하여 대가를 지급하였다 하더라도, 공익의 실현을 위하여는 이 사건 업무일지를 범죄의 증거로 제출하는 것이 허용되어야 하고, 이로 말미암아 피고인의 사생활 영역을 침해하는 결과가 초래된다 하더라도 이는 피고인이 수인하여야 할 기본권의 제한에 해당된다(대법원 2008.6.26, 2008도1584).

정답 ①

058 ✓ 유사 ◆◇◇ 〔경찰 2015〕

위법수집증거배제법칙에 관한 다음 설명 중 가장 적절하지 않은 것은? (다툼이 있으면 판례에 의함)

① 선거관리위원회 위원·직원이 관계인에게 진술이 녹음된다는 사실을 미리 알려주지 아니한 채 진술을 녹음하였더라도, 그와 같은 조사절차에 의하여 수집한 녹음 파일 내지 그에 터 잡아 작성된 녹취록이 증거능력이 부정된다고 할 수 없다.

② 수사기관이 피의자를 신문함에 있어서 피의자에게 미리 진술거부권을 고지하지 않은 때에는 그 피의자의 진술은 위법하게 수집된 증거로서 진술의 임의성이 인정되는 경우라도 증거능력이 부인되어야 한다.

③ 경찰관이 이른바 전화사기죄 범행의 혐의자를 긴급체포하면서 그가 보관하고 있던 다른 사람의 주민등록증, 운전면허증 등을 압수한 사안에서, 이는 적법한 압수로서 위 혐의자의 점유이탈물횡령죄 범행에 대한 증거로 사용할 수 있다.

④ 수사기관이 적법절차를 위반하여 지문채취 대상물을 압수한 경우, 그 전에 이미 범행 현장에서 위 대상물에 대하여 채취한 지문은 위법수집증거에 해당하지 않는다.

해설

① (×) 공직선거법 제272조의2 제1항은 선거범죄 조사와 관련하여 선거관리위원회 위원·직원은 관계인에 대하여 질문·조사를 할 수 있다는 취지로 규정하고, 공직선거관리규칙 제146조의3 제3항에서는 "위원·직원은 조사업무 수행 중 필요하다고 인정되는 때에는 질문답변내용의 기록, 녹음·녹화, 사진촬영, 선거범죄와 관련 있는 서류의 복사 또는 수집 기타 필요한 조치를 취할 수 있다."고 규정하고 있으므로 선거관리위원회의 직원은 선거범죄의 조사를 위하여 관계인의 진술내용을 녹음할 수 있다. 한편 공직선거법 제272조의2 제6항은 선거관리위원회 위원·직원이 선거범죄와 관련하여 질문·조사하거나 자료의 제출을 요구하는 경우에는 관계인에게 그 신분을 표시하는 증표를 제시하고 소속과 성명을 밝히고 그 목적과 이유를 설명하여야 한다고 규정하고 있는데, 이는 선거범죄 조사와 관련하여 조사를 받는 관계인의 사생활의 비밀과 자유 내지 자신에 대한 정보를 결정할 자유, 재산권 등이 침해되지 않도록 하기 위한 절차적 규정이므로, 선거관리위원회 직원이 관계인에게 사전에 설명할 '조사의 목적과 이유'에는 조사할 선거범죄혐의의 요지, 관계인에 대한 조사가 필요한 이유뿐만 아니라 관계인의 진술을 기록 또는 녹음·녹화한다는 점도 포함된다. 따라서 선거관리위원회 위원·직원이 관계인에게 진술이 녹음된다는 사실을 미리 알려 주지 아니한 채 진술을 녹음하였다면, 그와 같은 조사절차에 의하여 수집한 녹음파일 내지 그에 터 잡아 작성된 녹취록은 형사소송법 제308조의2에서 정하는 '적법한 절차에 따르지 아니하고 수집한 증거'에 해당하여 원칙적으로 유죄의 증거로 쓸 수 없다(대법원 2014.10.15, 2011도3509).
[비교] 선관위 직원이 질문을 하기 전 진술거부권 불고지 시에는 증거능력 인정(2013도5441).

② (○) 대법원 1992.6.23, 92도682

③ (○) 대법원 2008.7.10, 2008도2245

④ (○) 승낙수색·승낙검증에 의하여 유류물을 압수한 사안으로서 독수과실 자체가 아니다(대법원 2008.10.23, 2008도7471).

정답 ①

059 ✓ 유사 ◆◆◇ 국가9급개론 2019 | 법원 2013 유사

위법수집증거에 대한 설명으로 옳은 것은? (다툼이 있는 경우 판례에 의함)

① 지문채취 대상물을 적법한 절차에 의하지 아니하고 압수한 경우에는 그 압수 이전에 범행현장에서 지문채취 대상물로부터 채취한 지문일지라도 그 지문의 증거능력은 없다.

② 위법하게 수집된 증거도 당사자의 동의가 있으면 증거능력이 인정된다.

③ 증인이 친분이 있던 피해자와 통화를 마친 후 전화가 끊기지 않은 상태에서 휴대전화를 통하여 몸싸움을 연상시키는 '악' 하는 소리와 '우당탕' 소리를 1~2분 들었다고 증언한 경우, 그 소리는 「통신비밀보호법」에서 말하는 타인 간의 대화에 해당하지 않는다.

④ 피고인이 범행 후 피해자에게 전화를 걸어오자 피해자가 증거를 수집하려고 그 전화내용을 녹음한 경우, 그 녹음테이프가 피고인 모르게 녹음된 것이면 그 녹음테이프는 위법하게 수집된 증거이다.

[해설]

③ (○) 통신비밀보호법 제1조, 제3조 제1항 본문, 제4조, 제14조 제1항, 제2항의 문언, 내용, 체계와 입법 취지 등에 비추어 보면, 통신비밀보호법에서 보호하는 타인 간의 '대화'는 원칙적으로 현장에 있는 당사자들이 육성으로 말을 주고받는 의사소통행위를 가리킨다. 따라서 사람의 육성이 아닌 사물에서 발생하는 음향은 타인 간의 '대화'에 해당하지 않는다. 또한 사람의 목소리라고 하더라도 상대방에게 의사를 전달하는 말이 아닌 단순한 비명소리나 탄식 등은 타인과 의사소통을 하기 위한 것이 아니라면 특별한 사정이 없는 한 타인 간의 '대화'에 해당한다고 볼 수 없다(대법원 2017.3.15, 2016도19843).

① (×) 범행 현장에서 지문채취 대상물에 대한 지문채취가 먼저 이루어진 이상, 수사기관이 그 이후에 지문채취 대상물을 적법한 절차에 의하지 아니한 채 압수하였다고 하더라도(한편, 이 사건 지문채취 대상물인 맥주컵, 물컵, 맥주병 등은 피해자 공소외 1이 운영하는 주점 내에 있던 피해자 공소외 1의 소유로서 이를 수거한 행위가 피해자 공소외 1의 의사에 반한 것이라고 볼 수 없으므로, 이를 가리켜 위법한 압수라고 보기도 어렵다), 위와 같이 채취된 지문은 위법하게 압수한 지문채취 대상물로부터 획득한 2차적 증거에 해당하지 아니함이 분명하여, 이를 가리켜 위법수집증거라고 할 수 없다(대법원 2008.10.23, 2008도7471).

② (×) 원칙적으로 위법수집증거는 증거동의의 대상이 아니다(대법원 2011.4.28, 2009도2109 등).

④ (×) 대법원 1997.3.28, 97도240

[정답] ③

060 ✓ 유사 ◆◆◇ 법원9급 2020

다음 설명 중 가장 옳지 않은 것은?

① 사법경찰관이 피의자에게 진술거부권을 행사할 수 있음을 알려주고 그 행사 여부를 실제로 질문하였다 하더라도, 진술거부권 행사 여부에 대한 피의자의 답변이 자필로 기재되어 있지 않거나 그 답변 부분에 피의자의 기명날인 또는 서명이 되어 있지 않다면, 그 사법경찰관 작성의 피의자 신문조서는 그 증거능력을 인정할 수 없다.

② 공범인 공동피고인의 경우 해당 소송절차에서는 피고인의 지위에 있으므로 다른 공동피고인에 대한 공소사실에 관하여 증인이 될 수 없으나, 소송절차가 분리되면 다른 공동피고인에 대한 공소사실에 관하여 증인이 될 수 있다.

③ 재판장은 피고인에 대하여 통상 인정신문을 하기 이전에 진술거부권에 관하여 1회 고지하면 되지만, 공판절차를 갱신하는 때에는 다시 진술거부권에 관하여 고지하여야 한다.

④ 진술거부권을 고지하지 않은 상태에서 임의로 행해진 피고인의 자백에 기초하여 피해자 신원이 밝혀지게 되었다면, 설령 그 피해자가 독립적 판단에 의해 적법한 소환절차에 따라 자발적으로 출석하여 공개된 법정에서 임의로 진술을 하였더라도 그 진술은 위법수집증거로서 유죄 인정의 증거로 사용할 수 없다.

[해설]

④ (×) 진술거부권을 고지하지 않은 상태에서 임의로 행해진 피고인의 자백을 기초로 한 2차적 증거 중 피고인 및 피해자의 법정진술은 공개된 법정에서 임의로 이루어진 것이라는 점에서 유죄 인정의 증거로 사용할 수 있다(대법원 2009.3.12, 2008도11437).

① (○) 비록 사법경찰관이 피의자에게 진술거부권을 행사할 수 있음을 알려 주고 그 행사 여부를 질문하였다 하더라도, 형사소송법 제244조의3 제2항에 규정한 방식에 위반하여 진술거부권 행사 여부에 대한 피의자의 답변이 자필로 기재되어 있지 아니하거나 그 답변 부분에 피의자의 기명날인 또는 서명이 되어 있지 아니한 사법경찰관 작성의 피의자신문조서는 특별한 사정이 없는 한 형사소송법 제312조 제3항에서 정한 '적법한 절차와 방식에 따라 작성된 조서라 할 수 없으므로 그 증거능력을 인정할 수 없다(대법원 2013.3.28, 2010도3359).

② (○) 대법원 2008.6.26, 2008도3300

③ (○) 법 제283조의2, 규칙 제144조 제1항 제1호

[정답] ④

위법수집증거배제법칙에 관한 설명으로 가장 적절하지 않은 것은? (다툼이 있는 경우 판례에 의함)

① 피고인이 자신의 휴대전화 카메라를 이용하여 총 9회에 걸쳐 성적 욕망 또는 수치심을 유발할 수 있는 피해자 4명의 신체를 그들의 의사에 반하여 촬영하였다는 성폭력범죄의 처벌 등에 관한 특례법 위반(카메라등이용촬영)죄의 공소사실과 관련하여, 수사기관이 피고인을 현행범으로 체포할 당시 임의제출 형식으로 압수한 휴대전화의 증거능력이 문제된 경우, 휴대전화제출에 관하여 검사가 임의성의 의문점을 없애는 증명을 다하지 못하였다면 휴대전화 및 그에 저장된 전자정보는 위법수집증거에 해당하여 증거능력이 없다.

② 수사기관은 복제본에 담긴 전자정보를 탐색하여 혐의사실과 관련된 정보를 선별하여 출력하거나 다른 저장매체에 저장하는 등으로 압수를 완료하면 혐의사실과 관련 없는 전자정보(이하 '무관정보'라 한다)를 삭제·폐기하여야 하므로, 무관정보가 남아있는 복제본은 더 이상 수사기관의 탐색, 복제 또는 출력 대상이 될 수 없다.

③ 수사기관이 이른바 전화사기죄 범행의 혐의자를 긴급체포하면서 그가 보관하고 있던 다른 사람의 주민등록증, 운전면허증 등을 압수한 경우, 이는 「형사소송법」 제217조 제1항에서 규정한 위 범죄사실의 수사에 필요한 범위 내의 적법한 압수로서 이를 위 혐의자의 점유이탈물횡령죄 범행에 대한 증거로 사용할 수 있다.

④ 사법경찰관이 피고인 아닌 자의 주거지·근무지를 방문한 곳에서 진술서 작성을 요구하여 제출받은 경우 등 그 진술서가 경찰서에서 작성한 것이 아니라 작성자가 원하는 장소를 방문하여 받은 것이라면, 위 진술서는 「형사소송법」 제312조 제5항이 적용되지 않아 「형사소송법」 제244조의4(수사과정의 기록)에서 정한 절차를 준수하지 않더라도 증거능력이 인정된다.

해설

④ (×) 수사기관이 수사에 필요하여 피의자가 아닌 자로부터 진술서를 작성·제출받는 경우에도 그 절차는 준수되어야 하므로, 피고인이 아닌 자가 수사과정에서 진술서를 작성하였지만 수사기관이 조사과정의 진행경과를 확인하기 위하여 필요한 사항을 그 진술서에 기록하거나 별도의 서면에 기록한 후 수사기록에 편철하는 등 적절한 조치를 취하지 아니하여 형사소송법 제244조의4 제1·3항에서 정한 절차를 위반한 경우에는, 그 진술증거 취득과정의 절차적 적법성의 제도적 보장이 침해되지 않았다고 볼 만한 특별한 사정이 없는 한 '적법한 절차와 방식'에 따라 수사과정에서 진술서가 작성되었다고 할 수 없어 증거능력을 인정할 수 없다(대법원 2015.4.23, 2013도3790 등). 이러한 형사소송법 규정 및 문언과 그 입법 목적 등에 비추어 보면, 형사소송법 제312조 제5항의 적용대상인 '수사과정에서 작성한 진술서'란 수사가 시작된 이후에 수사기관의 관여 아래 작성된 것이거나, 개시된 수사와 관련하여 수사과정에 제출할 목적으로 작성한 것으로, 작성 시기와 경위 등 여러 사정에 비추어 그 실질이 이에 해당하는 이상 명칭이나 작성된 장소 여부를 불문한다(대법원 2022. 10.27, 2022도9510).

① (○) 휴대전화 제출에 관하여 검사가 임의성의 의문점을 없애는 증명을 다하지 못하였으므로 휴대전화 및 그에 저장된 전자정보는 위법수집증거에 해당하여 증거능력이 없다(대법원 2024.3.12, 2020도9431).

② (○) 수사기관은 하드카피나 이미징 등 형태(이하 '복제본'이라 한다)에 담긴 전자정보를 탐색하여 혐의사실과 관련된 정보(이하 '유관정보'라 한다)를 선별하여 출력하거나 다른 저장매체에 저장하는 등으로 압수를 완료하면 혐의사실과 관련 없는 전자정보(이하 '무관정보'라 한다)를 삭제·폐기하여야 한다. 수사기관이 새로운 범죄 혐의의 수사를 위하여 무관정보가 남아 있는 복제본을 열람하는 것은 압수·수색영장으로 압수되지 않은 전자정보를 영장 없이 수색하는 것과 다르지 않다. 따라서 복제본은 더 이상 수사기관의 탐색, 복제 또는 출력 대상이 될 수 없으며, 수사기관은 새로운 범죄 혐의의 수사를 위하여 필요한 경우에도 유관정보만을 출력하거나 복제한 기존 압수·수색의 결과물을 열람할 수 있을 뿐이다(대법원 2023.6.1, 2018도19782).

③ (○) 대법원 2008.7.10, 2008도2245

정답 ④

위법수집증거배제법칙에 관한 설명 중 옳은 것은 모두 몇 개인가? (다툼이 있는 경우 판례에 의함)

> ㉠ 사기죄의 증거인 업무일지가 피고인의 사생활 영역과 관계된 자유로운 인격권의 발현물이라고 볼 수 없고 피고인을 형사소추하기 위해서는 이 사건 업무일지가 반드시 필요한 증거라 하더라도, 그것이 제3자에 의하여 절취된 것으로서 피해자 측이 이를 수사기관에 증거자료로 제출하기 위하여 대가를 지급하였다면, 위 업무일지는 위법수집증거로서 증거로 사용할 수 없다.
>
> ㉡ 사법경찰관이 체포 당시 외국인인 피고인에게 영사통보권을 지체 없이 고지하지 않았다면 피고인에게 영사조력이 가능한지 여부나 실질적인 불이익이 있었는지 여부와 상관없이 국제협약에 따른 피고인의 권리나 법익을 본질적으로 침해하였다고 볼 수 있으므로, 체포나 구속 이후 수집된 증거와 이에 기초한 증거들은 유죄인정의 증거로 사용할 수 없다.
>
> ㉢ 특별한 사정이 존재하지 아니하는 이상 피고인에게 실질적 반대신문권의 기회가 부여되지 아니한 채 이루어진 증인의 법정진술은 위법한 증거로서 증거능력을 인정하기 어렵지만, 피고인의 책문권 포기로 그 하자가 치유될 수 있고, 이 경우 피고인의 책문권 포기의 의사는 명시적인 것이어야 한다.
>
> ㉣ 검사가 공소제기 후 「형사소송법」 제215조에 따라 수소법원 이외의 지방법원 판사에게 청구하여 발부받은 영장에 의하여 압수·수색을 하였다면, 그와 같이 수집된 증거는 적법한 절차에 따른 것으로서 원칙적으로 유죄의 증거로 삼을 수 있다.

① 1개   ② 2개
③ 3개   ④ 4개

[해설]

㉠ (×) 이 사건 업무일지 그 자체는 피고인 경영의 주식회사 S건설이 그날그날 현장 및 사무실에서 수행한 업무내용 등을 담당직원이 기재한 것이고, 그 뒷면은 1996.2.25.자 태전사 신축 공사계약서, 1998.2.25.자 태전사 신축추가 공사계약서 및 1999.11.27.자 약정서 등 이 사건 각 문서의 위조를 위해 미리 연습한 흔적이 남아 있는 것에 불과하여, 이를 피고인의 사생활 영역과 관계된 자유로운 인격권의 발현물이라고 볼 수는 없고, 사문서위조·위조사문서행사 및 소송사기로 이어지는 일련의 범행에 대하여 피고인을 형사소추하기 위해서는 이 사건 업무일지가 반드시 필요한 증거로 보이므로, 설령 그것이 제3자에 의하여 절취된 것으로서 위 소송사기 등의 피해자 측이 이를 수사기관에 증거자료로 제출하기 위하여 대가를 지급하였다 하더라도, 공익의 실현을 위하여는 이 사건 업무일지를 범죄의 증거로 제출하는 것이 허용되어야 하고, 이로 말미암아 피고인의 사생활 영역을 침해하는 결과가 초래된다 하더라도 이는 피고인이 수인하여야 할 기본권의 제한에 해당된다(대법원 2008.6.26, 2008도1584).

㉡ (×) 수사기관이 피고인에게 영사통보권 등을 고지하지 않았더라도 그로 인해 피고인에게 실질적인 불이익이 초래되었다고 볼

수 없어 피고인에게 영사통보권 등을 고지하지 않은 사정이 수사기관의 증거수집이나 이후 공판절차에 상당한 영향을 미쳤다고 보기 어려우므로, 절차위반의 내용과 정도가 중대하거나 절차조항이 보호하고자 하는 외국인 피고인의 권리나 법익을 본질적으로 침해하였다고 볼 수 없어 체포나 구속 이후 수집된 증거와 이에 기초한 증거들은 유죄인정의 증거로 사용할 수 있다(대법원 2022.4.28, 2021도17103).
[판례] 사법경찰관이 인도네시아 국적의 외국인인 피고인을 출입국관리법 위반의 현행범인으로 체포하면서 소변과 모발을 임의제출받아 압수하였고, 소변검사 결과에서 향정신성의약품인 MDMA(일명 엑스터시) 양성반응이 나오자 피고인은 출입국관리법 위반과 마약류 관리에 관한 법률 위반(향정) 범행을 모두 자백한 후 구속되었는데, 피고인이 검찰수사 단계에서 자신의 구금 사실을 자국 영사관에 통보할 수 있음을 알게 되었음에도 수사기관에 영사기관 통보를 요구하지 않은 경우, 사법경찰관이 체포 당시 피고인에게 영사통보권 등을 지체 없이 고지하지 않았으므로 체포나 구속절차에 영사관계에 관한 비엔나협약(Vienna Convention on Consular Relations, 1977.4.6. 대한민국에 대하여 발효된 조약 제594호) 제36조 제1항 (b)호를 위반한 위법이 있으나, 제반 사정을 종합하면 피고인이 영사통보권 등을 고지받았더라도 영사의 조력을 구하였으리라고 보기 어렵고, 수사기관이 피고인에게 영사통보권 등을 고지하지 않았더라도 그로 인해 피고인에게 실질적인 불이익이 초래되었다고 볼 수 없어 피고인에게 영사통보권 등을 고지하지 않은 사정이 수사기관의 증거수집이나 이후 공판절차에 상당한 영향을 미쳤다고 보기 어려우므로, 절차위반의 내용과 정도가 중대하거나 절차조항이 보호하고자 하는 외국인 피고인의 권리나 법익을 본질적으로 침해하였다고 볼 수 없어 체포나 구속 이후 수집된 증거와 이에 기초한 증거들은 유죄인정의 증거로 사용할 수 있다(위 판례).

㉢ (○) 피고인에게 불리한 증거인 증인이 주신문의 경우와 달리 반대신문에 대하여는 답변을 하지 아니하는 등 진술내용의 모순이나 불합리를 그 증인신문 과정에서 드러내어 이를 탄핵하는 것이 사실상 곤란하였고, 그것이 피고인 또는 변호인에게 책임 있는 사유에 기인한 것이 아닌 경우라면, 관계 법령의 규정 혹은 증인의 특성 기타 공판절차의 특수성에 비추어 이를 정당화할 수 있는 특별한 사정이 존재하지 아니하는 이상, 이와 같이 실질적 반대신문권의 기회가 부여되지 아니한 채 이루어진 증인의 법정진술은 위법한 증거로서 증거능력을 인정하기 어렵다. 이 경우 피고인의 책문권 포기로 그 하자가 치유될 수 있으나, 책문권 포기의 의사는 명시적인 것이어야 한다(대법원 2022.3.17, 2016도17054).

㉣ (×) 검사가 공소제기 후 형사소송법 제215조에 따라 수소법원 이외의 지방법원 판사에게 청구하여 발부받은 영장에 의하여 압수·수색을 하였다면, 그와 같이 수집된 증거는 기본적 인권보장을 위해 마련된 적법한 절차에 따르지 않은 것으로서 원칙적으로 유죄의 증거로 삼을 수 없다(대법원 2011.4.28, 2009도10412).

[정답] ①

② (O) 구 통신비밀보호법 제3조 제1항이 공개되지 아니한 타인 간의 대화를 녹음 또는 청취하지 못하도록 한 것은, 대화에 원래부터 참여하지 않는 제3자가 그 대화를 하는 타인 간의 발언을 녹음 또는 청취해서는 아니 된다는 취지이다. 따라서 대화에 원래부터 참여하지 않는 제3자가 일반 공중이 알 수 있도록 공개되지 아니한 타인 간의 발언을 녹음하거나 전자장치 또는 기계적 수단을 이용하여 청취하는 것은 특별한 사정이 없는 한 같은 법 제3조 제1항에 위반된다(대법원 2016.5.12, 2013도15616).

정답 ③

---

063 ✓ 유사 ◆◆◆   경찰승진 2024

위법수집증거의 배제에 관한 설명으로 옳은 것은 모두 몇 개인가? (다툼이 있는 경우 판례에 의함)

㉠ 수사기관이 범행 현장에서 지문채취 대상물인 유리컵에서 지문을 채취하고, 그 후 그 유리컵을 적법한 절차에 의하지 않고 압수했다고 하더라도, 채취된 지문은 위법하게 압수한 지문채취 대상물로부터 획득한 2차적 증거에 해당하지 않으므로 위법수집증거에 해당하지 않는다.

㉡ 경찰관들이 피고인 甲, 乙, 丙의 나이트클럽 내에서의 음란행위 영업에 관한 범죄 혐의가 포착된 상태에서 그 증거를 보전하기 위하여 불특정 다수에게 공개된 장소인 클럽에 통상적인 방법으로 출입하여 손님들에게 공개된 丙의 성행위를 묘사하는 장면이 포함된 공연에 대한 촬영이 영장 없이 이루어졌다면, 이 촬영물과 이를 캡처한 영상사진은 증거능력이 없다.

㉢ 호텔 투숙객 甲이 마약을 투약하였다는 신고를 받고 출동한 경찰관이 임의동행을 거부하는 甲을 강제로 경찰서로 데리고 가서 채뇨 요구를 하자 이에 甲이 응하여 소변검사가 이루어진 경우, 그 결과물인 '소변검사시인서'는 증거능력이 없다.

㉣ 甲이 휴대전화기로 乙과 약 8분간의 통화를 마친 후 乙에 대한 예우 차원에서 바로 전화를 끊지 않고 乙이 먼저 전화를 끊기를 기다리던 중, 그 휴대전화기로부터 乙과 丙이 대화하는 내용이 들리자 이를 그 휴대전화기의 수신 및 녹음기능을 이용하여 대화를 몰래 청취하면서 녹음한 경우에 이 녹음은 위법하다고 할 수 있다.

① 1개 ② 2개
③ 3개 ④ 4개

해설

㉠ (○) 범행 현장에서 지문채취 대상물에 대한 지문채취가 먼저 이루어진 이상, 수사기관이 그 이후에 지문채취 대상물을 적법한 절차에 의하지 아니한 채 압수하였다고 하더라도(한편, 이 사건 지문채취 대상물인 맥주컵, 물컵, 맥주병 등은 피해자 공소외 1이 운영하는 주점 내에 있던 피해자 공소외 1의 소유로서 이를 수거한 행위가 피해자 공소외 1의 의사에 반한 것이라고 볼 수 없으므로, 이를 가리켜 위법한 압수라고 보기도 어렵다), 위와 같이 채취된 지문은 위법하게 압수한 지문채취 대상물로부터 획득한 2차적 증거에 해당하지 아니함이 분명하여, 이를 가리켜 위법수집증거라고 할 수 없다(대법원 2008.10.23, 2008도7471).

㉡ (✕) 경찰관들이 피고인들에 대한 범죄 혐의가 포착된 상태에서 클럽 내에서의 음란행위 영업에 관한 증거를 보전하기 위하여, 불특정 다수에게 공개된 장소인 클럽에 통상적인 방법으로 출입하여 손님들에게 공개된 모습을 촬영한 것이므로, 영장 없이 촬영이 이루어졌더라도 위 촬영물과 이를 캡처한 영상사진은 증거능력이 인정된다(대법원 2023.4.27, 2018도8161).

㉢ (○) 피고인을 강제로 연행한 조치는 위법한 체포에 해당하고, 위법한 체포상태에서 이루어진 채뇨 요구 또한 위법하므로 그에 의하여 수집된 '소변검사시인서'는 유죄 인정의 증거로 삼을 수

---

064 ✓ 유사 ◆◆◆   경찰2차 2023

위법수집증거배제법칙에 관한 설명으로 가장 적절한 것은? (다툼이 있는 경우 판례에 의함)

① 사법경찰관이 「형사소송법」 제215조 제2항을 위반하여 영장 없이 물건을 압수한 경우라도, 그러한 압수 직후 피고인으로부터 그 압수물에 대한 임의제출동의서를 작성받았고 그 동의서를 작성받음에 사법경찰관에 의한 강요나 기망의 정황이 없었다면, 그 압수물은 임의제출의 법리에 따라 유죄의 증거로 할 수 있다.

② 기본권의 본질적 영역에 대한 보호는 국가의 기본적 책무이고 사인 간의 공개되지 않은 대화에 대한 도청 및 감청을 불법으로 간주하는 「통신비밀보호법」의 취지 등을 종합적으로 고려하면 제3자가 권한 없이 개인의 전자우편을 무단으로 수집한 것은 비록 그 전자우편 서비스가 공공적 성격을 가지는 것이라고 하더라도 증거로 제출하는 것이 허용될 수 없다.

③ 「형사소송법」 제218조에 의하여 영장 없이 압수할 수 있는 유류물의 압수 후 압수조서의 작성 및 압수목록의 작성·교부 절차가 제대로 이행되지 아니한 잘못이 있더라도 이는 위법수집증거의 배제법칙에 비추어 증거능력의 배제가 요구되는 경우에 해당한다고 볼 수는 없다.

④ 경찰이 영장에 의해 압수된 피고인의 휴대전화를 탐색하던 중 영장에 기재된 범죄사실이 기록된 파일을 발견하여 이를 별도의 저장매체에 복제·출력한 경우, 이러한 탐색·복제·출력의 과정에서 피고인에게 참여의 기회를 부여하지 않았어도 사후에 그 파일에 대한 압수·수색영장을 발부받아 절차가 진행되었다면 적법하게 수집된 증거이다.

해설

③ (○) 이 사건 사고일인 2008.11.11.부터 3개월 가까이 경과한 2009.2.2. 이 사건 사고가 발생한 대전차 방호벽의 안쪽 벽면에 부착된 철제구조물에서 발견된 강판조각은 … 형사소송법 제218조에 규정된 유류물에 해당하므로 형사소송법 제218조에 의하여 영장 없이 압수할 수 있으므로 위 각 증거의 수집 과정에 영장주

의를 위반한 잘못이 있다 할 수 없고, 나아가 … 압수 후 압수조서의 작성 및 압수목록의 작성·교부 절차가 제대로 이행되지 아니한 잘못이 있다 하더라도, 그것이 적법절차의 실질적인 내용을 침해하는 경우에 해당한다거나 위법수집증거의 배제법칙에 비추어 그 증거능력의 배제가 요구되는 경우에 해당한다고 볼 수는 없다(대법원 2011.5.26, 2011도1902).

① (×) 형사소송법 제215조 제2항은 "사법경찰관이 범죄수사에 필요한 때에는 검사에게 신청하여 검사의 청구로 지방법원 판사가 발부한 영장에 의하여 압수, 수색 또는 검증을 할 수 있다."고 규정하고 있는바, 사법경찰관이 위 규정을 위반하여 영장 없이 물건을 압수한 경우 그 압수물은 물론 이를 기초로 하여 획득한 2차적 증거 역시 유죄인정의 증거로 사용할 수 없는 것이고, 이와 같은 법리는 헌법과 형사소송법이 선언한 영장주의의 중요성에 비추어 볼 때 위법한 압수가 있은 직후에 피고인으로부터 작성받은 그 압수물에 대한 임의제출동의서도 특별한 사정이 없는 한 마찬가지라고 할 것이다(대법원 2010.7.22, 2009도14376).

② (×) 국민의 인간으로서의 존엄과 가치를 보장하는 것은 국가기관의 기본적인 의무에 속하는 것이고 이는 형사절차에서도 당연히 구현되어야 하는 것이지만, 국민의 사생활 영역에 관계된 모든 증거의 제출이 곧바로 금지되는 것으로 볼 수는 없으므로 법원으로서는 효과적인 형사소추 및 형사소송에서의 진실발견이라는 공익과 개인의 인격적 이익 등의 보호이익을 비교형량하여 그 허용 여부를 결정하여야 한다(대법원 2010.9.9, 2008도3990 등). … 제3자가 위와 같은 방법으로 이 사건 전자우편을 수집하는 행위는 … 전자우편을 발송한 피고인의 사생활의 비밀 내지 통신의 자유 등의 기본권을 침해하는 행위에 해당한다는 점에서 일응 그 증거능력을 부인하여야 할 측면도 있어 보이나, 이 사건 전자우편은 ○○시청의 업무상 필요에 의하여 설치된 전자관리시스템에 의하여 전송·보관되는 것으로서 그 공공적 성격을 완전히 배제할 수는 없다고 할 것이다. 또한 이 사건 형사소추의 대상이 된 행위는 구 공직선거법에 의하여 처벌되는 공무원의 지위를 이용한 선거운동행위로서 공무원의 정치적 중립의무를 정면으로 위반하고 이른바 관권선거를 조장할 우려가 있는 중대한 범죄에 해당한다. … 이 사건 전자우편을 이 사건 공소사실에 대한 증거로 제출하는 것은 허용되어야 할 것이고, 이로 말미암아 피고인의 사생활의 비밀이나 통신의 자유가 일정 정도 침해되는 결과를 초래한다 하더라도 이는 피고인이 수인하여야 할 기본권의 제한에 해당한다고 보아야 할 것이다(대법원 2013.11.28, 2010도12244).

④ (×) 압수의 대상이 되는 전자정보와 그렇지 않은 전자정보가 혼재된 정보저장매체나 그 복제본을 압수·수색한 수사기관이 정보저장매체 등을 수사기관 사무실 등으로 옮겨 이를 탐색·복제·출력하는 경우, 그와 같은 일련의 과정에서 형사소송법 제219조, 제121조에서 규정하는 피압수·수색 당사자(이하 '피압수자')나 변호인에게 참여의 기회를 보장하고 압수된 전자정보의 파일 명세가 특정된 압수목록을 작성·교부하여야 하며 범죄혐의사실과 무관한 전자정보의 임의적인 복제 등을 막기 위한 적절한 조치를 취하는 등 영장주의원칙과 적법절차를 준수하여야 한다. 만약 그러한 조치가 취해지지 않았다면 피압수자 측이 참여하지 아니한다는 의사를 명시적으로 표시하였거나 절차위반행위가 이루어진 과정의 성질과 내용 등에 비추어 피압수자 측에 절차 참여를 보장한 취지가 실질적으로 침해되었다고 볼 수 없을 정도에 해당한다는 등의 특별한 사정이 없는 이상 압수·수색이 적법하다고 평가할 수 없고, 비록 수사기관이 정보저장매체 또는 복제본에서 범죄혐의사실과 관련된 전자정보만을 복제·출력하였다 하더라도 달리 볼 것은 아니다. 따라서 수사기관이 피압수자 측에 참여의 기회를 보장하거나 압수한 전자정보 목록을 교부하지 않는 등 영장주의원칙과 적법절차를 준수하지 않은 위법한 압수·수색 과

정을 통하여 취득한 증거는 위법수집증거에 해당하고, 사후에 법원으로부터 영장이 발부되었다거나 피고인이나 변호인이 이를 증거로 함에 동의하였다고 하여 위법성이 치유되는 것도 아니다(대법원 2022.7.28, 2022도2960).

정답 ③

---

065 ✓ 유사 ◆◆◆

반대신문권의 보장에 관한 다음 설명 중 가장 옳지 않은 것은?

① 피고인에게 불리한 증거인 증인이 주신문의 경우와 달리 반대신문에 대하여는 답변을 하지 아니하는 등 진술내용의 모순이나 불합리를 그 증인신문 과정에서 드러내어 이를 탄핵하는 것이 사실상 곤란하였고, 그것이 피고인 또는 변호인에게 책임 있는 사유에 기인한 것이 아닌 경우와 같이 실질적 반대신문권의 기회가 부여되지 아니한 채 이루어진 증인의 법정진술은 특별한 사정이 존재하지 아니하는 이상 위법한 증거로서 증거능력을 인정하기 어렵다.

② 피고인이 일시 퇴정한 상태에서 증인신문을 한 뒤 피고인에게 실질적인 반대신문의 기회를 부여하지 않았더라도, 그 다음 공판기일에서 재판장이 증인신문 결과 등을 공판조서(증인신문조서)에 의하여 고지하면서 이의 여부를 물었고 피고인이 '변경할 점과 이의할 점이 없다'고 진술하였다면 실질적인 반대신문의 기회를 부여받지 못한 하자가 치유된 것으로 볼 수 있다.

③ 실질적인 반대신문의 기회를 부여받지 못한 하자는 책문권 포기로 치유될 수 있으며, 이때 책문권 포기의 의사는 반드시 명시적인 것일 필요는 없다.

④ 수사기관에서 진술한 참고인이 법정에서 증언을 거부하여 피고인이 반대신문을 하지 못한 경우에는 정당하게 증언거부권을 행사한 것이 아니라도, 피고인이 증인의 증언거부 상황을 초래하였다는 등의 특별한 사정이 없는 한 형사소송법 제314조의 '그 밖에 이에 준하는 사유로 인하여 진술할 수 없는 때'에 해당하지 않는다고 보아야 한다.

해설

① (○), ③ (×) 반대신문권이 배제된 하자를 치유하기 위한 책문권 포기의사는 명시적이어야 한다.
[판례] 형사소송법은 제161조의2에서 피고인의 반대신문권을 포함한 교호신문제도를 규정하는 한편, 제310조의2에서 법관의 면전에서 진술되지 아니하고 피고인에 의한 반대신문의 기회가 부여되지 아니한 진술에 대하여는 원칙적으로 그 증거능력을 부여하지 아니함으로써, 형사재판에서 증거는 법관의 면전에서 진술·심리되어야 한다는 직접주의와 피고인에게 불리한 증거에 대하여 반대신문할 수 있는 권리를 원칙적으로 보장하고 있는데, 이러한 반대신문권의 보장은 피고인에게 불리한 주된 증거의 증

명력을 탄핵할 수 있는 기회가 보장되어야 한다는 점에서 형식적·절차적인 것이 아니라 실질적·효과적인 것이어야 한다. 따라서 피고인에게 불리한 증거인 증인이 주신문의 경우와 달리 반대신문에 대하여는 답변을 하지 아니하는 등 진술내용의 모순이나 불합리를 그 증인신문 과정에서 드러내어 이를 탄핵하는 것이 사실상 곤란하였고, 그것이 피고인 또는 변호인에게 책임 있는 사유에 기인한 것이 아닌 경우라면, 관계 법령의 규정 혹은 증인의 특성 기타 공판절차의 특수성에 비추어 이를 정당화할 수 있는 특별한 사정이 존재하지 아니하는 이상, 이와 같이 실질적 반대신문권의 기회가 부여되지 아니한 채 이루어진 증인의 법정진술은 위법한 증거로서 증거능력을 인정하기 어렵다. 이 경우 피고인의 책문권 포기로 그 하자가 치유될 수 있으나, 책문권 포기의 의사는 '명시적'인 것이어야 한다(대법원 2022.3.17, 2016도17054).

② (○) 형사소송법 제297조에 따라 변호인이 없는 피고인을 일시 퇴정하게 하고 증인신문을 한 다음 피고인에게 실질적인 반대신문의 기회를 부여하지 아니한 채 이루어진 증인의 법정진술은 위법한 증거로서 증거능력이 없다고 볼 여지가 있으나, 그 다음 공판기일에서 재판장이 증인신문 결과 등을 공판조서(증인신문조서)에 의하여 고지하였는데 피고인이 '변경할 점과 이의할 점이 없다'고 진술하여 책문권 포기의사를 명시함으로써 실질적인 반대신문의 기회를 부여받지 못한 하자가 치유되었다고 할 수 있다(대법원 2010.1.14, 2009도9344).

④ (○) 수사기관에서 진술한 참고인이 법정에서 증언을 거부하여 피고인이 반대신문을 하지 못한 경우에는 정당하게 증언거부권을 행사한 것이 아니라도, 피고인이 증인의 증언거부 상황을 초래하였다는 등의 특별한 사정이 없는 한 형사소송법 제314조의 '그 밖에 이에 준하는 사유로 인하여 진술할 수 없는 때'에 해당하지 않는다고 보아야 한다. 따라서 증인이 정당하게 증언거부권을 행사하여 증언을 거부한 경우와 마찬가지로 수사기관에서 그 증인의 진술을 기재한 서류는 증거능력이 없다(대법원 2019.11.21, 2018도13945 전원합의체).

정답 ③

---

066 ⊘ 유사 ◆◆◇

위법수집증거배제법칙에 관한 설명 중 옳지 않은 것을 모두 고른 것은? (다툼이 있는 경우 판례에 의함)

ㄱ. 호텔 투숙객 甲이 마약을 투약하였다는 신고를 받고 출동한 경찰관이 임의동행을 거부하는 甲을 강제로 경찰서로 데리고 가서 채뇨 요구를 하자 이에 甲이 응하여 소변검사가 이루어진 경우, 그 결과물인 소변검사시인서는 증거능력이 없다.

ㄴ. 음주운전 피의자에 대해 위법한 강제연행 상태에서 호흡측정방법에 의한 음주측정을 한 다음, 즉시 그 자리에서 피의자가 자신의 호흡측정 결과에 대한 탄핵을 하기 위하여 스스로 혈액채취방법에 의한 측정을 할 것을 요구하여 혈액채취가 이루어진 경우, 호흡측정에 의한 측정결과는 물론 혈액채취에 의한 측정결과도 증거능력이 없다.

ㄷ. 수사기관이 甲의 뇌물수수 범행을 범죄사실로 하여 발부받은 압수수색영장을 집행하는 과정에, 乙과 丙 사이의 甲과 무관한 별개의 뇌물수수에 관한 대화가 녹음된 녹음파일을 발견한 경우, 별도의 압수수색영장을 발부받지 않더라도 위 녹음파일을 乙과 丙에 대한 뇌물수수죄의 증거로 사용할 수 있다.

ㄹ. 검사가 甲을 긴급체포하여 조사 중, 甲의 친구인 변호사 A가 甲의 변호인이 되기 위하여 검사에게 접견신청을 하였으나, 검사가 변호인선임신고서의 제출을 요구하면서 변호인 접견을 못하게 한 상태에서 검사가 작성한 甲에 대한 피의자신문조서는 甲에 대한 유죄의 증거로 사용할 수 없다.

ㅁ. 피고인의 뇌물수수 범행에 대한 추가적인 증거를 확보할 목적으로, 수사기관이 구속 수감되어 있던 A에게 휴대전화를 제공하여 피고인과 통화하게 하고 그 통화내용을 녹음하게 한 경우, 이를 근거로 작성된 녹취록은 피고인이 증거로 함에 동의하면 증거능력이 있다.

① ㄱ, ㄷ   ② ㄷ, ㅁ

③ ㄱ, ㄴ, ㄹ   ④ ㄱ, ㄴ, ㄹ, ㅁ

⑤ ㄴ, ㄷ, ㄹ, ㅁ

해설

㉠ (○) 마약 투약 혐의를 받고 있던 피고인이 임의동행을 거부하겠다는 의사를 표시하였는데도 경찰관들이 피고인을 영장 없이 강제로 연행한 상태에서 마약 투약 여부의 확인을 위한 1차 채뇨절차가 이루어졌는데, 그 후 압수영장에 기하여 2차 채뇨절차가 이루어지고 그 결과를 분석한 소변 감정서 등이 증거로 제출된 경우, 1차 채뇨 요구에 의하여 수집된 증거는 증거능력이 없으나, 제반 사정을 고려할 때 2차적 증거인 소변 감정서 등은 증거능력이 인정된다(대법원 2013.3.14, 2012도13611).

㉡ (○) 위법한 강제연행 상태에서 호흡측정 방법에 의한 음주측정을 한 다음 강제연행 상태로부터 시간적·장소적으로 단절되었다고 볼 수도 없고 피의자의 심적 상태 또한 강제연행 상태로부터 완전히 벗어났다고 볼 수 없는 상황에서 피의자가 호흡측정 결과

에 대한 탄핵을 하기 위하여 스스로 혈액채취 방법에 의한 측정을 할 것을 요구하여 혈액채취가 이루어졌다고 하더라도 그 사이에 위법한 체포 상태에 의한 영향이 완전히 배제되고 피의자의 의사결정의 자유가 확실하게 보장되었다고 볼 만한 다른 사정이 개입되지 않은 이상 불법체포와 증거수집 사이의 인과관계가 단절된 것으로 볼 수는 없다. 따라서 그러한 혈액채취에 의한 측정 결과 역시 유죄인정의 증거로 쓸 수 없다고 보아야 한다(대법원 2013.3.14, 2010도2094).

ⓒ (×) 수사기관이 피의자 甲의 공직선거법 위반 범행을 영장 범죄사실로 하여 발부받은 압수·수색영장의 집행 과정에서 乙, 丙 사이의 대화가 녹음된 녹음파일(이하 '녹음파일'이라 한다)을 압수하여 乙, 丙의 공직선거법위반 혐의사실을 발견한 경우, 압수·수색영장에 기재된 '피의자'인 甲이 녹음파일에 의하여 의심되는 혐의사실과 무관한 이상, 수사기관이 별도의 압수·수색영장을 발부받지 아니한 채 압수한 녹음파일은 형사소송법 제308조의2에서 정한 '적법한 절차에 따르지 아니하고 수집한 증거'로서 증거로 쓸 수 없고, 그 절차적 위법은 헌법상 영장주의 내지 적법절차의 실질적 내용을 침해하는 중대한 위법에 해당하여 예외적으로 증거능력을 인정할 수도 없다(대법원 2014.1.16, 2013도7101).

ⓓ (○) 헌법상 보장된 변호인과의 접견교통권이 위법하게 제한된 상태에서 얻어진 피의자의 자백은 그 증거능력을 부인하는 유죄의 증거에서 실질적이고 완전하게 배제하여야 하는 것인바, 피고인이 구속되어 국가안전기획부에서 조사를 받다가 변호인의 접견신청이 불허되어 이에 대한 준항고를 제기 중에 검찰로 송치되어 검사가 피고인을 신문하여 제1회 피의자신문조서를 작성한 후 준항고절차에서 위 접견불허처분이 취소되어 접견이 허용된 경우에는 검사의 피고인에 대한 위 제1회 피의자신문은 변호인의 접견교통을 금지한 위법상태가 계속된 상황에서 시행된 것으로 보아야 할 것이므로 그 피의자신문조서는 증거능력이 없다(대법원 1990.9.25, 90도1586).

ⓔ (×) 수사기관이 甲으로부터 피고인의 마약류관리에 관한 법률위반(향정) 범행에 대한 진술을 듣고 추가적인 증거를 확보할 목적으로, 구속 수감되어 있던 甲에게 그의 압수된 휴대전화를 제공하여 피고인과 통화하고 위 범행에 관한 통화 내용을 녹음하게 한 행위는 불법감청에 해당하므로, 그 녹음 자체는 물론 이를 근거로 작성된 녹취록 첨부 수사보고는 피고인의 증거동의에 상관없이 그 증거능력이 없다(대법원 2010.10.14, 2010도9016).

정답 ②

다음 중 ⊙~ⓔ에 대해 증거능력이 있는 것(○)과 없는 것(×)을 순서대로 바르게 나열한 것은? (다툼이 있는 경우 판례에 의함)

- 甲의 행동으로 보아 마약을 투약한 것일지도 모른다는 취지의 제보를 받고 출동한 경찰관이 甲에게 임의동행을 요구하였으나 거절하자 甲을 영장 없이 경찰서로 강제 연행하였다. 연행된 甲은 경찰서에서 채뇨를 위한 '소변채취동의서'에 서명하고 그 소변을 제출하였는데, 소변에 대한 간이시약검사결과 메스암페타민에 대한 양성반응이 검출되자 이를 시인하는 취지의 ⊙ 소변검사 시인서에 서명하였고, 경찰관은 이를 근거로 체포의 이유 등을 고지하고 甲을 긴급체포하였다. 이후 경찰관은 甲에 대한 압수수색영장과 검증영장을 발부받아 소변과 모발을 채취하여 국립과학수사 연구원에 의뢰한 결과 메스암페타민 양성반응이 나왔다는 ⓒ 감정서를 회보받았다.

- 경찰관이 절도현장에 떨어진 매출전표를 근거로 금융회사로부터 거래명의자에 대한 정보를 취득하기 위해서는 법원의 영장을 발부받아야 함에도 불구하고 영장 없이 수사기관 명의의 공문서에 의하여 금융회사로부터 ⓒ 乙의 인적사항 등 정보를 제공받아 확인한 후, 乙을 주거지에서 긴급체포하였다. 乙은 경찰서로 연행된 뒤 조사과정에서 절도범행에 대하여 임의로 자백하였으나 구속영장이 기각되어 석방되었다. 乙은 석방된 지 5일 후에 다시 경찰서에 출석하여 임의로 제2의 절도범행을 자백하였다. 이에 경찰관은 제2의 절도범행의 피해자로부터 피해사실에 관한 ⓔ 진술서를 제출받았다.

	⊙	ⓒ	ⓒ	ⓔ
①	×	○	×	○
②	×	○	○	×
③	○	×	○	○
④	○	○	×	○

해설

1차적 증거는 위법하나, 2차적 증거는 독수과실의 예외에 해당한다는 주제를 담고 있는 문제이다.

⊙ (×), ⓒ (○) [1] 피의자가 동행을 거부하는 의사를 표시하였음에도 불구하고 경찰관들이 영장에 의하지 아니하고 피의자를 강제로 연행한 행위는 수사상의 강제처분에 관한 형사소송법상의 절차를 무시한 채 이루어진 것으로 위법한 체포에 해당하고, 이와 같이 위법한 체포상태에서 마약 투약 혐의를 확인하기 위한 채뇨 요구가 이루어진 경우, 채뇨 요구를 위한 위법한 체포와 그에 이은 채뇨 요구는 마약 투약이라는 범죄행위에 대한 증거수집을 위하여 연속하여 이루어진 것으로서 개별적으로 그 적법 여부를 평가하는 것은 적절하지 아니하므로 그 일련의 과정을 전체적으로 보아 위법한 채뇨 요구가 있었던 것으로 볼 수밖에 없다.
[2] 마약 투약 혐의를 받고 있던 피고인이 임의동행을 거부하겠다는 의사를 표시하였는데도 경찰관들이 피고인을 영장 없이 강제로 연행한 상태에서 마약 투약 여부의 확인을 위한 1차 채뇨절

차가 이루어졌는데, 그 후 피고인의 소변 등 채취에 관한 압수영장에 기하여 2차 채뇨절차가 이루어지고 그 결과를 분석한 소변 감정서 등이 증거로 제출된 경우, 피고인을 강제로 연행한 조치는 위법한 체포에 해당하고, <u>위법한 체포상태에서 이루어진 채뇨 요구</u> 또한 위법하므로 그에 의하여 수집된 '소변검사시인서'는 유죄인정의 증거로 삼을 수 없으나, 한편 연행 당시 피고인이 마약을 투약한 것이거나 자살할지도 모른다는 취지의 구체적 제보가 있었던 데다가, 피고인이 경찰관 앞에서 바지와 팬티를 내리는 등 비상식적인 행동을 하였던 사정 등에 비추어 피고인에 대한 긴급한 구호의 필요성이 전혀 없었다고 볼 수 없는 점, 경찰관들은 임의동행시점으로부터 얼마 지나지 아니하여 체포의 이유와 변호인 선임권 등을 고지하면서 피고인에 대한 긴급체포의 절차를 밟는 등 절차의 잘못을 시정하려고 한 바 있어, 경찰관들의 위와 같은 임의동행조치는 단지 수사의 순서를 잘못 선택한 것이라고 할 수 있지만 관련 법규정으로부터의 실질적 일탈 정도가 헌법에 규정된 영장주의 원칙을 현저히 침해할 정도에 이르렀다고 보기 어려운 점 등에 비추어 볼 때, 위와 같은 2차적 증거수집이 위법한 체포·구금절차에 의하여 형성된 상태를 직접 이용하여 행하여진 것으로는 쉽사리 평가할 수 없으므로, 이와 같은 사정은 체포과정에서의 절차적 위법과 2차적 증거수집 사이의 인과관계를 희석하게 할 만한 정황에 속하고, 메스암페타민 투약 범행의 중대성도 아울러 참작될 필요가 있는 점 등 제반 사정을 고려할 때 2차적 증거인 소변 감정서 등은 증거능력이 인정된다(대법원 2013.3.14, 2012도13611).
[보충] 마약범죄의 중대성을 고려한 판례로 보임

ⓒ (×), ⓓ (○) [1] 수사기관이 범죄 수사를 목적으로 금융실명거래 및 비밀보장에 관한 법률(이하 '금융실명법'이라 한다) 제4조 제1항에 정한 '거래정보 등'을 획득하기 위해서는 법관의 영장이 필요하고, 신용카드에 의하여 물품을 거래할 때 '금융회사 등'이 발행하는 매출전표의 거래명의자에 관한 정보 또한 금융실명법에서 정하는 '거래정보 등'에 해당하므로, 수사기관이 금융회사 등에 그와 같은 정보를 요구하는 경우에도 법관이 발부한 영장에 의하여야 한다. 그럼에도 <u>수사기관이 영장에 의하지 아니하고 매출전표의 거래명의자에 관한 정보를 획득하였다면, 그와 같이 수집된 증거는 원칙적으로 형사소송법 제308조의2에서 정하는 '적법한 절차에 따르지 아니하고 수집한 증거'에 해당하여 유죄의 증거로 삼을 수 없다.</u>
[2] 수사기관이 법관의 영장에 의하지 아니하고 매출전표의 거래명의자에 관한 정보를 획득한 경우, 이에 터 잡아 수집한 2차적 증거들, 예컨대 피의자의 자백이나 범죄 피해에 대한 제3자의 진술 등이 유죄인정의 증거로 사용될 수 있는지를 판단할 때, 수사기관이 의도적으로 영장주의 정신을 회피하는 방법으로 증거를 확보한 것이 아니라고 볼 만한 사정, 위와 같은 정보에 기초하여 범인으로 특정되어 체포되었던 피의자가 석방된 후 상당한 시간이 경과하였음에도 다시 동일한 내용의 자백을 하였다거나 그 <u>범행의 피해품을 수사기관에 임의로 제출하였다는 사정, 2차적 증거수집이 체포 상태에서 이루어진 자백 등으로부터 독립된 제3자의 진술에 의하여 이루어진 사정 등은 통상 2차적 증거의 증거능력을 인정할 만한 정황에 속한다고 볼 수 있다</u>(대법원 2013. 3.28, 2012도13607).

정답 ①

---

068 ☑ 유사 ◆◆◇

증거능력에 대한 설명으로 가장 적절하지 않은 것은? (다툼이 있으면 판례에 의함)

① 선거관리위원회 위원·직원이 관계인에게 진술이 녹음된다는 사실을 미리 알려주지 아니한 채 진술을 녹음하였다면, 그와 같은 조사절차에 의하여 수집한 녹음파일 내지 그에 터 잡아 작성된 녹취록은 「형사소송법」 제308조의2에서 정하는 '적법한 절차에 따르지 아니하고 수집한 증거'에 해당하여 원칙적으로 유죄의 증거로 쓸 수 없다.

② 「형사소송법」 제297조에 따라 변호인이 없는 피고인을 일시퇴정하게 하고 증인신문을 한 다음 피고인에게 실질적인 반대신문의 기회를 부여하지 아니한 채 이루어진 증인의 법정진술은 위법한 증거로서 증거능력이 없다고 볼 여지가 있으나, 그 다음 공판기일에서 재판장이 증인신문 결과 등을 공판조서(증인신문조서)에 의하여 고지하였는데 피고인이 '변경할 점과 이의할 점이 없다'고 진술하였다면 실질적인 반대신문의 기회를 부여받지 못한 하자가 치유되었다고 볼 수 있다.

③ 검사 이외의 수사기관 작성의 피의자신문조서는 공판준비 또는 공판기일에 그 피의자였던 피고인이나 변호인이 그 내용을 인정할 때에 한하여 증거로 할 수 있는바, '그 내용을 인정할 때'라 함은 피의자신문조서의 기재 내용이 진술내용대로 기재되어 있다는 의미가 아니고 그와 같이 진술한 내용이 실제 사실과 부합한다는 것을 의미한다.

④ 사법경찰관이 소유자, 소지자 또는 보관자가 아닌 자로부터 제출받은 물건을 영장 없이 압수한 경우에 그 압수물은 영장주의 위반으로서 유죄의 증거로 사용할 수 없으나, 압수물을 찍은 사진은 피고인이나 변호인이 이를 증거로 함에 동의하였다면 당사자주의 및 실체적 진실주의에 비추어 유죄인정의 증거로 사용할 수 있다.

해설

④ (×) 형사소송법 제218조는 "사법경찰관은 소유자, 소지자 또는 보관자가 임의로 제출한 물건을 영장 없이 압수할 수 있다"고 규정하고 있는바, 위 규정을 위반하여 소유자, 소지자 또는 보관자가 아닌 자로부터 제출받은 물건을 영장 없이 압수한 경우 그 '압수물' 및 '압수물을 찍은 사진'은 이를 유죄인정의 증거로 사용할 수 없는 것이고, 헌법과 형사소송법이 선언한 영장주의의 중요성에 비추어 볼 때 <u>피고인이나 변호인이 이를 증거로 함에 동의하였다고 하더라도 달리 볼 것은 아니다</u>(대법원 2010.1.28, 2009도10092).

① (○) [1] 헌법 제12조는 제1항에서 적법절차의 원칙을 선언하고, 제2항에서 "모든 국민은 고문을 받지 아니하며, 형사상 자기에게 불리한 진술을 강요당하지 아니한다."고 규정하여 진술거부권을 국민의 기본적 권리로 보장하고 있다. 이는 형사책임과 관련하여 비인간적인 자백의 강요와 고문을 근절하고 인간의 존엄성과 가치를 보장하려는 데에 그 취지가 있다. 그러나 진술거부권이 보

장되는 절차에서 진술거부권을 고지받을 권리가 헌법 제12조 제2항에 의하여 바로 도출된다고 할 수는 없고, 이를 인정하기 위해서는 입법적 뒷받침이 필요하다.

[2] 구 공직선거법(2013.8.13. 법률 제12111호로 개정되기 전의 것, 이하 같다)은 제272조의2에서 선거범죄 조사와 관련하여 선거관리위원회 위원·직원이 관계자에게 질문·조사를 할 수 있다고 규정하면서도 진술거부권의 고지에 관하여는 별도의 규정을 두지 않았고, 수사기관의 피의자에 대한 진술거부권 고지를 규정한 형사소송법 제244조의3 제1항이 구 공직선거법상 선거관리위원회 위원·직원의 조사절차에 당연히 유추 적용된다고 볼 수도 없다. 한편 2013.8.13. 법률 제12111호로 개정된 공직선거법은 제272조의2 제7항을 신설하여 선거관리위원회의 조사절차에서 피조사자에게 진술거부권을 고지하도록 하는 규정을 마련하였으나, 그 부칙 제1조는 "이 법은 공포한 날부터 시행한다."고 규정하고 있어 그 시행 전에 이루어진 선거관리위원회의 조사절차에 대하여는 구 공직선거법이 적용된다. 결국 구 공직선거법 시행 당시 선거관리위원회 위원·직원이 선거범죄조사와 관련하여 관계자에게 질문을 하면서 미리 진술거부권을 고지하지 않았다고 하여 단지 그러한 이유만으로 그 조사절차가 위법하다거나 그 과정에서 작성·수집된 선거관리위원회 문답서의 증거능력이 당연히 부정된다고 할 수는 없다(대법원 2014.1.16, 2013도5441).

② (○) 대법원 2010.1.14, 2009도9344
[보충] 검사가 제1심 증인신문과정에서 … 주신문의 하자가 치유되었다(대법원 2012.7.26, 2012도2937).

③ (○) 대법원 2010.6.24, 2010도5040

정답 ④

---

069 ✓ 유사 ◆◇◇ 법원 2015

다음 설명 중 가장 옳지 않은 것은? (다툼이 있는 경우 판례에 의함)

① 임의성 없는 진술은 증거능력이 부정되나, 그 임의성에 다툼이 있을 때에는 임의성을 의심할 만한 합리적이고 구체적인 사실을 피고인이 입증하여야 한다.

② 위법하게 수집된 증거는 피고인이 증거로 함에 동의하더라도 증거능력이 인정되지 않는 것이 원칙이다.

③ 피의자가 변호인 참여를 원하는 의사를 표시하였는데도 수사기관이 정당한 사유 없이 변호인을 참여하게 하지 아니한 채 피의자를 신문하여 작성한 피의자신문조서는 증거능력이 인정되지 않는다.

④ 헌법과 형사소송법이 정한 절차에 따르지 아니하고 수집된 증거는 기본적 인권보장을 위해 마련된 적법한 절차에 따르지 않은 것으로서 원칙적으로 유죄인정의 증거로 삼을 수 없다.

해설

① (×) 임의성 없는 진술의 증거능력을 부정하는 취지는, 허위진술을 유발 또는 강요할 위험성이 있는 상태하에서 행하여진 진술은 그 자체가 실체적 진실에 부합하지 아니하여 오판을 일으킬 소지가 있을 뿐만 아니라 그 진위 여부를 떠나서 진술자의 기본적 인권을 침해하는 위법 부당한 압박이 가하여지는 것을 사전에 막기 위한 것이므로, 그 임의성에 다툼이 있을 때에는 그 임의성을 의

심할 만한 합리적이고 구체적인 사실을 피고인이 입증할 것이 아니고 검사가 그 임의성의 의문점을 해소하는 입증을 하여야 한다(대법원 2006.1.26, 2004도517; 1998.4.10, 97도3234 등).

② (○) 대법원 2013.3.14, 2010도2094; 2009.12.24, 2009도11401

③ (○) 헌법 제12조 제1항, 제4항 본문, 형사소송법 제243조의2 제1항 및 그 입법 목적 등에 비추어 보면, 피의자가 변호인의 참여를 원한다는 의사를 명백하게 표시하였음에도 수사기관이 정당한 사유 없이 변호인을 참여하게 하지 아니한 채 피의자를 신문하여 작성한 피의자신문조서는 형사소송법 제312조에 정한 '적법한 절차와 방식'에 위반된 증거일 뿐만 아니라, 형사소송법 제308조의2에서 정한 '적법한 절차에 따르지 아니하고 수집한 증거'에 해당하므로 이를 증거로 할 수 없다(대법원 2013.3.28, 2010도3359).

④ (○) 대법원 2009.12.24, 2009도11401

정답 ①

---

070 ✓ 유사 ◆◆◇ 경찰 2015

독수의 과실이론에 관한 설명으로 가장 적절하지 않은 것은? (다툼이 있으면 판례에 의함)

① 독수의 과실이론이란 위법하게 수집된 증거에 의하여 발견된 제2차 증거의 증거능력을 배제하는 이론이다.

② 대법원은 위법수집 증거에 의하여 획득한 2차적 증거도 원칙적으로 유죄인정의 증거로 삼을 수 있다고 판시한 바 있다.

③ 적법절차를 따르지 않고 수집한 증거를 기초로 획득한 2차적 증거라도 1차 증거수집과의 사이에 인과관계의 희석 또는 단절여부를 중심으로 2차적 증거수집과 관련된 모든 사정을 전체적·종합적으로 고려하여 예외적인 경우에는 유죄인정의 증거로 사용할 수 있다.

④ 강도 현행범으로 체포된 피고인이 진술거부권을 고지받지 아니한 채 자백을 하고, 이후 40여 일이 지난 후에 변호인의 충분한 조력을 받으면서 공개된 법정에서 임의로 자백한 경우에 법정에서의 피고인의 자백은 증거로 사용할 수 있다.

해설

① (○), ② (×), ③ (○), ④ (○) [1] 형사소송법 제308조의2는 "적법한 절차에 따르지 아니하고 수집한 증거는 증거로 할 수 없다"고 규정하고 있는바, 수사기관이 헌법과 형사소송법이 정한 절차에 따르지 아니하고 수집한 증거는 물론, <u>이를 기초로 하여 획득한 2차적 증거 역시 유죄인정의 증거로 삼을 수 없는 것이 원칙이다.</u> 다만, 수사기관의 절차위반 행위가 적법절차의 실질적인 내용을 침해하는 경우에 해당하지 아니하고, 오히려 그 증거의 증거능력을 배제하는 것이 헌법과 형사소송법이 형사소송에 관한 절차조항을 마련하여 적법절차의 원칙과 실체적 진실 규명의 조화를 도모하고 이를 통하여 형사 사법 정의를 실현하려 한 취지에 반하는 결과를 초래하는 것으로 평가되는 예외적인 경우라면, 법원은 그 증거를 유죄인정의 증거로 사용할 수 있다. 따라서 법원이 2차적 증거의 증거능력 인정 여부를 최종적으로 판단할 때에는 먼저 절차에 따르지 아니한 1차적 증거수집과 관련된

모든 사정들, 즉 절차조항의 취지와 그 위반의 내용 및 정도, 구체적인 위반 경위와 회피가능성, 절차조항이 보호하고자 하는 권리 또는 법익의 성질과 침해 정도 및 피고인과의 관련성, 절차위반행위와 증거수집 사이의 인과관계 등 관련성의 정도, 수사기관의 인식과 의도 등을 살펴야 한다. 나아가 <u>1차적 증거를 기초로 하여 다시 2차적 증거를 수집하는 과정에서 추가로 발생한 모든 사정들까지 구체적인 사안에 따라 주로 인과관계 희석 또는 단절 여부를 중심으로 전체적·종합적으로 고려하여야 한다.</u>

[2] 구체적인 사안에서 2차적 증거들의 증거능력 인정 여부는 제반 사정을 전체적·종합적으로 고려하여 판단하여야 한다. 예컨대 진술거부권을 고지하지 않은 것이 단지 수사기관의 실수일 뿐 피의자의 자백을 이끌어 내기 위한 의도적이고 기술적인 증거확보의 방법으로 이용되지 않았고, 그 이후 이루어진 신문에서는 진술거부권을 고지하여 잘못이 시정되는 등 수사 절차가 적법하게 진행되었다는 사정, 최초 자백 이후 구금되었던 피고인이 석방되었다거나 변호인으로부터 충분한 조력을 받은 가운데 상당한 시간이 경과하였음에도 다시 자발적으로 계속하여 동일한 내용의 자백을 하였다는 사정, 최초 자백 외에도 다른 독립된 제3자의 행위나 자료 등도 물적 증거나 증인의 증언 등 2차적 증거 수집의 기초가 되었다는 사정, 증인이 그의 독립적인 판단에 의해 형사소송법이 정한 절차에 따라 소환을 받고 임의로 출석하여 증언하였다는 사정 등은 통상 2차적 증거의 증거능력을 인정할 만한 정황에 속한다.

[3] 강도 현행범으로 체포된 피고인에게 진술거부권을 고지하지 아니한 채 강도범행에 대한 자백을 받고, 이를 기초로 여죄에 대한 진술과 증거물을 확보한 후 진술거부권을 고지하여 피고인의 임의자백 및 피해자의 피해사실에 대한 진술을 수집한 경우, 제1심 법정에서의 피고인의 자백은 진술거부권을 고지 받지 않은 상태에서 이루어진 최초 자백 이후 40여 일이 지난 후에 변호인의 충분한 조력을 받으면서 공개된 법정에서 임의로 이루어진 것이고, 피해자의 진술은 법원의 적법한 소환에 따라 자발적으로 출석하여 위증의 벌을 경고받고 선서한 후 공개된 법정에서 임의로 이루어진 것이어서, 예외적으로 유죄인정의 증거로 사용할 수 있는 2차적 증거에 해당한다(대법원 2009.3.12, 2008도11437).

정답 ②

---

5 전문법칙

I 전문증거와 전문법칙

071 ✓ 대표 ◆◆◇ 변호사 2018

전문증거에 관한 설명 중 옳은 것은?

① 검사의 피고인에 대한 당해 공소사실에 관한 진술조서가 기소된 후에 작성된 것이라는 이유만으로도 당사자주의, 공판중심주의에 비추어 그 증거능력은 부정되어야 한다.

② A가 진술 당시 술에 취하여 횡설수설하였다는 것을 확인하기 위하여 제출된 A의 진술이 녹음된 녹음테이프는 전문증거에 해당한다.

③ 검찰에 송치되기 전에 검사가 작성한 구속 피의자에 대한 피의자신문조서도 작성주체에 따라 전문법칙의 예외를 인정하는 「형사소송법」의 규정체계에 따르는 한 적법한 검사 작성의 피의자신문조서로 볼 수밖에 없다.

④ 피고인이 조서의 진정성립을 인정한 경우 증거조사가 완료된 후에는 절차유지의 원칙상 일절 번복이 허용되지 않는다.

⑤ 수사기관이 작성한 조서의 내용이 원진술자가 진술한 대로 기재된 것이라 함은 조서작성 당시 원진술자의 진술대로 기재되었는지의 여부만을 의미하는 것으로, 이와 같이 진술하게 된 연유나 그 진술의 신빙성 여부는 고려할 것이 아니다.

해설

⑤ (○) <u>수사기관이 작성한 조서의 내용이 원진술자가 진술한 대로 기재된 것이라 함은 조서 작성 당시 원진술자의 진술대로 기재되었는지의 여부만을 의미하는 것으로, 그와 같이 진술하게 된 연유나 그 진술의 신빙성 여부는 고려할 것이 아니며,</u> 한편 검사가 피의자나 피의자 아닌 자의 진술을 기재한 조서 중 일부에 관하여만 원진술자가 공판준비 또는 공판기일에서 실질적 진정성립을 인정하는 경우에는 법원은 당해 조서 중 어느 부분이 원진술자가 진술한 대로 기재되어 있고 어느 부분이 달리 기재되어 있는지 여부를 구체적으로 심리한 다음 진술한 대로 기재되어 있다고 하는 부분에 한하여 증거능력을 인정하여야 하고, 그밖에 실질적 진정성립이 부정되는 부분에 대해서는 증거능력을 부정하여야 한다(대법원 2005.6.10, 2005도1849).

① (×) 검사 작성의 피고인에 대한 진술조서가 공소제기 후에 작성된 것이라는 이유만으로는 곧 그 증거능력이 없다고 할 수 없다(대법원 1984.9.25, 84도1646).

② (×) 어떤 행위를 설명하기 위한 경우와 <u>원진술자의 심리적·정신적 상황을 증명하기 위한 정황증거로 사용한 경우 전문법칙은 적용되지 않는다.</u> "수사기관이 아닌 사인(사인)이 피고인 아닌 자와의 전화대화를 녹음한 녹음테이프에 대하여 법원이 실시한 검증의 내용이 녹음테이프에 녹음된 전화대화의 내용이 검증조서에 첨부된 녹취서에 기재된 내용과 같다는 것에 불과한 경우에는 증거자료가 되는 것은 여전히 녹음테이프에 녹음된 대화내용이므로, 그중 피고인 아닌 자와의 대화의 내용은 실질적으로 형사소송법 제311조, 제312조 규정 이외의 피고인 아닌 자의 진술을 기재한 서류와 다를 바 없어서, 피고인이 그 녹음테이프를 증거로 할 수 있음에 동의하지 않은 이상 그 녹음테이프 검증조서의 기재

중 피고인 아닌 자의 진술내용을 증거로 사용하기 위해서는 형사소송법 제313조 제1항에 따라 공판준비나 공판기일에서 원진술자의 진술에 의하여 그 녹음테이프에 녹음된 진술내용이 자신이 진술한 대로 녹음된 것이라는 점이 인정되어야 하는 것이지만(대법원 1996.10.15, 96도1669; 1997.3.28, 96도2417 등), 이와는 달리 녹음테이프에 대한 검증의 내용이 그 진술 당시 진술자의 상태 등을 확인하기 위한 것인 경우에는, 녹음테이프에 대한 검증조서의 기재 중 진술내용을 증거로 사용하는 경우에 관한 위 법리는 적용되지 아니한다(대법원 2008.7.10, 2007도10755).

③ (×) 검찰에 송치되기 전에 구속피의자로부터 받은 검사 작성의 피의자신문조서는 극히 이례에 속하는 것으로, 그와 같은 상태에서 작성된 피의자신문조서는 내용만 부인하면 증거능력을 상실하게 되는 사법경찰관 작성의 피의자신문조서상의 자백 등을 부당하게 유지하려는 수단으로 악용될 가능성이 있어, 그렇게 했어야 할 특별한 사정이 보이지 않는 한 송치 후에 작성된 피의자신문조서와 마찬가지로 취급하기는 어렵다(대법원 1994.8.9, 94도1228).

④ (×) 적법절차 보장의 정신에 비추어 성립의 진정함을 인정한 최초의 진술에 그 효력을 그대로 유지하기 어려운 중대한 하자가 있고 그에 관하여 진술인에게 귀책사유가 없는 경우에 한하여 예외적으로 증거조사 절차가 완료된 뒤에도 그 진술을 취소할 수 있고, 그 취소 주장이 이유 있는 것으로 받아들여지게 되면 법원은 구 형사소송규칙(2007.10.29. 대법원규칙 제2106호로 개정되기 전의 것) 제139조 제4항의 증거배제결정을 통하여 그 조서를 유죄인정의 자료에서 제외하여야 한다(대법원 2008.7.10, 2007도7760).

정답 ⑤

---

072 ✔ 유사 ◆◇◇ 〔경찰2차 2022〕

전문증거에 관한 설명 중 가장 적절하지 않은 것은? (다툼이 있는 경우 판례에 의함)

① 녹음파일에 담긴 진술내용의 진실성이 증명의 대상이 되는 때에는 전문법칙이 적용된다고 할 것이나, 녹음파일에 담긴 진술내용의 진실성이 아닌 그와 같은 진술이 존재하는 것 자체가 증명의 대상이 되는 경우에는 전문법칙이 적용되지 아니한다.

② "피해자로부터 '피고인이 자신을 추행했다.'는 취지의 말을 들었다."는 A의 진술을 "피고인이 자신을 추행했다."는 피해자의 진술내용의 진실성을 증명하는 간접사실로 사용하는 경우에는 전문증거에 해당하지 않는다.

③ 전문증거라도 당사자가 동의한 경우에는 전문법칙이 적용되지 않으며, 증인의 신용성을 탄핵하기 위한 탄핵증거로 제출된 경우에도 전문법칙이 적용되지 않는다.

④ A에 대한 사기죄로 공소제기된 甲의 공판에서 甲이 자신의 처에게 보낸 "내가 A를 속여 투자금을 받았는데 그 돈을 송금한다."라는 내용의 문자 메시지가 증거로 제출되었다면 이 메시지는 전문증거에 해당한다.

해설

② (×) 피해자의 진술내용의 진실성을 증명하는 간접사실로 사용하는 경우에는 전문증거에 해당한다(피해자의 진술을 원진술로

하는 전문진술에 해당하므로 제316조 제2항이 적용됨).

[판례] 어떤 진술이 기재된 서류가 그 내용의 진실성이 범죄사실에 대한 직접증거로 사용될 때는 전문증거가 되지만, 그와 같은 진술을 하였다는 것 자체 또는 진술의 진실성과 관계없는 간접사실에 대한 정황증거로 사용될 때는 반드시 전문증거가 되는 것이 아니다. 그러나 어떠한 내용의 진술을 하였다는 사실 자체에 대한 정황증거로 사용될 것이라는 이유로 서류의 증거능력을 인정한 다음 그 사실을 다시 진술내용이나 그 진실성을 증명하는 간접사실로 사용하는 경우에 그 서류는 전문증거에 해당한다. 서류가 그곳에 기재된 원진술의 내용인 사실을 증명하는 데 사용되어 원진술의 내용인 사실이 요증사실이 되기 때문이다. 이러한 경우 형사소송법 제311조부터 제316조까지 정한 요건을 충족하지 못한다면 증거능력이 없다(대법원 2019.8.29, 2018도14303 전원합의체).

① (○) 녹음파일에 담긴 진술내용의 진실성이 아닌 그와 같은 진술이 존재하는 것 자체가 증명의 대상이 되거나 그 진술의 진실성과 관계없는 간접사실에 대한 정황증거로 사용할 때에는 전문법칙이 적용되지 않는다(대법원 2000.2.25, 99도1252).

③ (○) 전문증거라도 당사자가 동의한 경우에는 전문법칙이 적용되지 않아 증거능력이 부여되고, 증거능력 없는 전문증거는 탄핵증거로 사용할 수 있다.

④ (○) 甲이 자신의 처에게 보낸 자신의 범죄를 시인하는 내용의 문자메시지는 원진술내용의 진실이 요증사실이므로, 전문증거에 해당한다.

정답 ②

---

073 ✔ 대표 ◆◆◆ 〔국가7급 2017〕

전문법칙에 대한 설명으로 옳지 않은 것은? (다툼이 있는 경우 판례에 의함)

① 우리나라 법원의 형사사법공조 요청에 따라 미합중국 법원이 지명한 미합중국 검사가 작성한 피해자 및 공범에 대한 증언녹취서는 「형사소송법」 제312조 또는 제313조에 해당하는 조서 또는 서류로서, 원진술자가 공판기일에서 진술할 수 없는 때에는 「형사소송법」 제314조에 의하여 증거능력을 인정할 수 있다.

② 정보통신망을 통하여 공포심이나 불안감을 유발하는 글을 반복적으로 상대방에게 도달하게 한 죄의 증거로 문자정보가 저장되어 있는 피해자의 휴대전화기를 법정에 제출하는 경우 그 문자정보는 피고인이 성립의 진정을 인정하지 않으면 증거능력이 없다.

③ 대화내용을 녹음한 원본파일로부터 대화내용을 복사한 사본을 증거로 제출하는 경우, 원본 제출이 불능 또는 곤란하고 원본내용 그대로 복사된 사본임이 입증되어야만 증거능력을 인정할 수 있다.

④ 디지털 저장매체에 저장된 로그파일을 복사한 사본의 일부 내용을 요약·정리하여 작성한 새로운 문서파일에서 출력한 문서를 진술증거로 사용하기 위해서는 그 작성자 또는 진술자의 진술에 의하여 성립의 진정이 증명되어야 한다.

해설

② (×) 정보통신망을 통하여 공포심이나 불안감을 유발하는 글을 반복적으로 상대방에게 도달하게 하는 행위를 하였다는 공소사실에 대하여 휴대전화기에 저장된 문자정보가 그 증거가 되는 경우, 그 문자정보는 범행의 직접적인 수단이고 경험자의 진술에 갈음하는 대체물에 해당하지 않으므로, 형사소송법 제310조의2에서 정한 전문법칙이 적용되지 않는다(대법원 2008.11.13, 2006도2556).
→ 따라서 피고인이 성립의 진정을 인정하지 않더라도 증거능력을 인정할 수 있다.

① (○) 범행 직후 미합중국 주검찰 수사관이 작성한 피해자 및 공범에 대한 질문서(interrogatory)와 우리나라 법원의 형사사법공조요청에 따라 미합중국 법원의 지명을 받은 수명자(미합중국 검사)가 작성한 피해자 및 공범에 대한 증언녹취서(deposition)는 이를 형사소송법 제315조 소정의 당연히 증거능력이 인정되는 서류로는 볼 수 없다고 하더라도, 같은 법 제312조 또는 제313조에 해당하는 조서 또는 서류로서 그 원진술자가 공판기일에서 진술을 할 수 없는 때에 해당하고, 그 각 진술내용이나 조서 또는 서류의 작성에 허위 개입의 여지가 거의 없으며 그 진술내용의 신빙성이나 임의성을 담보할 구체적이고 외부적인 정황이 있다고 할 것이어서 그 진술 또는 서류의 작성이 특히 신빙할 수 있는 상태하에서 행하여진 것이라고 보기에 충분하므로, 형사소송법 제314조의 규정에 의하여 그 증거능력을 인정할 수 있다고 본 사례(대법원 1997.7.25, 97도1351).

③ (○) 대화 내용을 녹음한 파일 등의 전자매체는 성질상 작성자나 진술자의 서명 혹은 날인이 없을 뿐만 아니라, 녹음자의 의도나 특정한 기술에 의하여 내용이 편집·조작될 위험성이 있음을 고려하여 대화 내용을 녹음한 원본이거나 혹은 원본으로부터 복사한 사본일 경우에는 복사 과정에서 편집되는 등 인위적 개작 없이 원본의 내용 그대로 복사된 사본임이 입증되어야만 하고, 그러한 입증이 없는 경우에는 쉽게 그 증거능력을 인정할 수 없다(대법원 2015.1.22, 2014도10978 전원합의체).

④ (○) 디지털 저장매체에 저장된 로그파일 복사본의 일부 내용을 요약·정리하는 방식으로 새로운 문서파일이 작성된 경우, 문서파일 또는 거기에서 출력한 문서를 로그파일 원본의 내용을 증명하는 증거로 사용하기 위한 요건(대법원 2015.8.27, 2015도3467). (판결이유 중) … 디지털 저장매체에 저장된 로그파일의 원본이 아니라 그 복사본의 일부 내용을 요약·정리하는 방식으로 새로운 문서파일이 작성된 경우 … 거기에서 출력한 문서를 진술증거로 사용하는 경우 … 그 작성자 또는 진술자의 진술에 의하여 성립의 진정함이 증명된 때에 한하여 …

정답 ②

---

074 ✓ **대표** ◆◆◇ 국가9급 2016 법원9급 2022 유사

다음 사례에 대한 설명으로 옳지 않은 것은? (다툼이 있는 경우 판례에 의함)

> 평상시 남편의 가정폭력으로 이혼을 결심한 A는 남편 甲과의 이혼소송에 대비하여, 甲과의 대화 도중 甲모르게 대화 내용을 스마트폰으로 녹음하였다. 이에는 甲이 격분하여 "3년 전에 내가 X도 죽였는데 너는 못 죽이겠냐. 내 말 안 듣고 이혼을 요구하면 죽여버린다."라며 협박한 내용과 X를 살해한 사실을 자백하는 내용이 포함되어 있었다.

① 대화 일방 당사자인 A의 녹음은 위법수집증거에 해당되지 않는다.

② 甲의 협박죄 사건의 공판정에서 "내 말 안 듣고 이혼을 요구하면 죽여버린다."라고 甲이 말하였다고 A가 증언하였다면 이는 전문증거이다.

③ X의 사망사건 수사에 관하여 검사가 작성한 A의 진술조서에 甲이 "내가 X도 죽였다."고 말했다는 취지의 부분이 기재되어 있다면 전문진술이 기재된 조서로 재전문서류에 해당한다.

④ 대화 내용을 녹음한 파일 등 전자매체는 대화 내용을 녹음한 원본이거나 원본으로부터 복사한 사본일 경우 복사과정에서 편집되는 등의 인위적 개작 없이 원본의 내용 그대로 복사된 사본임이 증명되어야 한다.

해설

② (×) 타인의 진술을 내용으로 하는 진술이 전문증거인지 여부는 요증사실과의 관계에서 정하여지는바, 원진술의 내용인 사실이 요증사실인 경우에는 전문증거이나, 원진술의 존재 자체가 요증사실인 경우에는 본래증거이지 전문증거가 아니다(대법원 2008.11.13, 2008도8007). 이는 원진술의 존재 자체가 요증사실(협박죄)이므로 본래증거일 뿐 전문증거가 아니다.
[보충] 목격자의 증언에 해당하므로 직접증거이자 원본증거임

① (○) 고소인이 피고인과의 대화를 녹음한 부분은 타인간의 대화를 녹음한 것이 아니므로 통신비밀보호법 제14조의 적용을 받지는 않는다(대법원 2001.10.9, 2001도3106).

③ (○) 타인의 진술을 내용으로 하는 진술을 다시 서면으로 작성한 것이므로 재전문서류에 해당한다.

④ (○) 대화내용을 녹음한 테이프 등의 전자매체는 그 성질상 작성자나 진술자의 서명 혹은 날인이 없을 뿐만 아니라, 녹음자의 의도나 특정한 기술에 의하여 그 내용이 편집, 조작될 위험성이 있음을 고려하여, 그 대화내용을 녹음한 원본이거나 혹은 원본으로부터 복사한 사본일 경우에는 복사과정에서 편집되는 등의 인위적 개작 없이 원본의 내용 그대로 복사된 사본임이 입증되어야만 하고, 그러한 입증이 없는 경우에는 쉽게 그 증거능력을 인정할 수 없다(대법원 2007.3.15, 2006도8869).
[보충] 최량증거법칙: 원본과의 동일성을 요함

정답 ②

075 ✓ 대표 ◆◆◆ 경찰간부 2022 유사 국가9급개론 2019

다음 중 전문증거에 해당하는 것은? (다툼이 있는 경우 판례에 의함)

① 甲이 정보통신망을 통하여 공포심이나 불안감을 유발하는 글을 반복적으로 상대방에게 도달하게 하는 행위를 하였음을 공소사실로 하여 기소되었는데, 검사가 위 죄에 대한 유죄의 증거로 휴대전화기에 저장된 문자정보를 제출한 경우

② 증인이 법정에서 "甲이 ○○ 체육관 부지를 공시지가로 매입하게 해 주겠다고 말하였다."라고 증언하였는데, 그 증언이 甲이 그와 같이 말한 사실의 존재를 증명하기 위한 증거로 제출된 경우

③ 甲이 반국가단체 구성원 A와 회합한 후 A로부터 지령을 받고 국가기밀을 탐지·수집하였다는 공소사실로 기소되었고, 甲의 컴퓨터에서 "A 선생 앞: 2011년 면담은 1월 30일 북경에서 하였으면 하는 의견입니다."라는 등의 내용이 담겨져 있는 파일이 발견되었는데, 이 파일이 甲과 A의 회합을 입증하기 위한 증거로 제출된 경우

④ 甲이 반국가단체로부터 지령을 받고 국가기밀을 탐지·수집하였다는 공소사실로 기소되었는데 甲의 컴퓨터에 저장되어 있던 국가기밀을 담은 서류가 증거로 제출된 경우

해설

③ (○) 원심은 피고인 1, 피고인 2, 피고인 5의 특수잠입·탈출, 회합의 점에 관하여, '공소외 9 선생 앞: 2011년 면담은 1월 30일~2월 1일까지 공소외 9과 ▽▽선생과 함께 북경에서 하였으면 하는 의견입니다'라는 등의 내용이 담겨져 있는 파일들이 피고인 1의 컴퓨터에 '저장'되어 있었던 사실을 유죄인정의 근거가 되는 간접사실 중 하나로 들고 있음을 알 수 있다. 피고인 1, 피고인 5가 북한 공작원들과 그 일시경 실제로 회합하였음을 증명하려고 하는 경우에는 문건 내용이 진실한지가 문제되므로 전문법칙이 적용된다고 할 것이다(대법원 2013.7.26, 2013도2511).
[보충] 다만, 그와 같은 내용이 담긴 파일이 피고인 1의 컴퓨터에 저장되어 있다는 사실 자체는 그 기재 내용의 진실성과 관계없는 것으로서 이 부분 공소사실을 입증하기 위한 간접사실에 해당한다고 할 것이므로, 이러한 경우까지 전문법칙이 적용된다고 할 수 없다(위 판례).

① (×) 형사소송법 제310조의2는 "제311조 내지 제316조에 규정한 것 이외에는 공판준비 또는 공판기일에서의 진술에 대신하여 진술을 기재한 서류나 공판준비 또는 공판기일 외에서의 타인의 진술을 내용으로 하는 진술은 이를 증거로 할 수 없다."고 규정하고 있는바, 이는 사실을 직접 경험한 사람의 진술이 법정에 직접 제출되어야 하고 이에 갈음하는 대체물인 진술 또는 서류가 제출되어서는 안 된다는 이른바 전문법칙을 선언한 것이다. 따라서 정보통신망을 통하여 공포심이나 불안감을 유발하는 글을 반복적으로 상대방에게 도달하게 하는 행위를 하였다는 공소사실에 대하여 휴대전화기에 저장된 문자정보가 그 증거가 되는 경우와 같이, 그 문자정보가 범행의 직접적인 수단이 될 뿐 경험자의 진술에 갈음하는 대체물에 해당하지 않는 경우에는 형사소송법 제310조의2에서 정한 전문법칙이 적용될 여지가 없다(대법원 2008.11.13, 2006도2556).

② (×) 공소외 1은 제1심 법정에서 '피고인 1이 88체육관 부지를 공시지가로 매입하게 해 주고 KBS와의 시설이주 협의도 2개월 내로 완료하겠다고 말하였다'고 진술하였고, 공소외 2,6도 피고인의 진술을 내용으로 한 진술을 하였음을 알 수 있는데, 피고인 1의 위와 같은 원진술의 존재 자체가 이 부분 각 사기죄 또는 변호사법 위반죄에 있어서의 요증사실이므로, 이를 직접 경험한 공소외 1 등이 피고인으로부터 위와 같은 말을 들었다고 하는 진술은 전문증거가 아니라 본래증거에 해당한다고 할 것이다(대법원 2012.7.26, 2012도2937).

④ (×) 반국가단체의 구성원과 문건을 주고받는 방법으로 통신을 한 경우, 반국가단체로부터 지령을 받고 국가기밀을 탐지·수집하였다는 공소사실과 관련하여 수령한 지령 및 탐지·수집하여 취득한 국가기밀이 문건의 형태로 존재하는 경우나 편의제공의 목적물이 문건인 경우 등에는, 문건 내용의 진실성이 문제되는 것이 아니라 그러한 내용의 문건이 존재하는 것 자체가 증거가 되는 것으로서, 위와 같은 공소사실에 대하여는 전문법칙이 적용되지 않는다고 보아 해당 부분의 공소사실에 관한 증거로 제출된 출력 문건들의 증거능력이 인정된다(대법원 2013.7.26, 2013도2511).

정답 ③

076 ✓ 대표 ◆◆◆ 변호사 2019

다음 중 전문증거에 해당하는 것을 모두 고른 것은? (다툼이 있는 경우 판례에 의함)

> ㄱ. 건축허가를 둘러싼 A의 알선수재사건에서 "건축허가 담당공무원에게 내(B)가 사례비 2,000만원을 주기로 A와 상의하였다."라는 B의 증언
>
> ㄴ. 휴대전화기에 공포심이나 불안감을 유발하는 글을 반복적으로 상대방에게 도달하게 하는 행위를 하였다는 C에 대한 공소사실의 유죄증거로 C의 휴대전화기에 저장된 위와 같은 내용의 문자정보
>
> ㄷ. 횡령죄로 기소된 D의 의뢰를 받은 변호사가 작성하여 D에게 이메일로 전송한 '법률의견서'를 출력한 사본
>
> ㄹ. 반국가단체로부터 지령을 받고 국가기밀을 탐지·수집하였다는 공소사실로 기소된 E의 컴퓨터에 저장된 국가기밀문건
>
> ㅁ. F가 한 진술의 내용인 사실이 요증사실인 경우, F의 진술을 내용으로 하는 G의 진술

① ㄱ, ㄷ
② ㄴ, ㄹ
③ ㄷ, ㅁ
④ ㄱ, ㄴ, ㄷ
⑤ ㄱ, ㄴ, ㄹ, ㅁ

해설

ㄱ. (×) 타인의 진술을 내용으로 하는 진술이 전문증거인지 여부는 요증사실과의 관계에서 정하여지는바, 원진술의 내용인 사실이 요증사실인 경우에는 전문증거이나, 원진술의 존재 자체가 요증사실인 경우에는 본래증거이지 전문증거가 아니다. 피고인의 위와 같은 원진술의 존재 자체가 이 사건 알선수재죄에 있어서의 요증사실이므로, 이를 직접 경험한 공소외 2가 피고인으로부터

위와 같은 말들을 들었다고 하는 진술들은 전문증거가 아니라 본래증거에 해당된다(대법원 2008.9.25, 2008도5347).

ㄴ. (×) 정보통신망을 통하여 공포심이나 불안감을 유발하는 글을 반복적으로 상대방에게 도달하게 하는 행위를 하였다는 공소사실에 대하여 휴대전화기에 저장된 문자정보가 그 증거가 되는 경우, 그 문자정보는 범행의 직접적인 수단이고 경험자의 진술에 갈음하는 대체물에 해당하지 않으므로, 형사소송법 제310조의2에서 정한 전문법칙이 적용되지 않는다(대법원 2008.11.13, 2006도2556).

ㄷ. (○) 법률의견서는 압수된 디지털 저장매체로부터 출력한 문건으로서 실질에 있어서 형사소송법 제313조 제1항에 규정된 '피고인 아닌 자가 작성한 진술서나 그 진술을 기재한 서류'에 해당한다(대법원 2012.5.17, 2009도6788 전원합의체).

ㄹ. (×) 정보저장매체에 기억된 문자정보의 내용의 진실성이 아닌 그와 같은 내용의 문자정보가 존재하는 것 자체가 증거로 되는 경우에는 전문법칙이 적용되지 아니한다(대법원 1999.9.3, 99도2317).

ㅁ. (○) 타인의 진술을 내용으로 하는 진술이 전문증거인지 여부는 요증사실과의 관계에서 정하여지는바, 원진술의 내용인 사실이 요증사실인 경우에는 전문증거이나, 원진술의 존재 자체가 요증사실인 경우에는 본래증거이지 전문증거가 아니다(대법원 2008.9.25, 2008도5347).

정답 ③

■ Ⅱ 형사소송법상 전문법칙의 예외

1. 법원 또는 법관의 면전조서

077 ✓ 대표 ◆◆◆ 경찰2차 2016

전문법칙에 대한 설명으로 가장 적절하지 않은 것은? (다툼이 있으면 판례에 의함)

① 상업장부나 항해일지, 진료일지 또는 이와 유사한 금전출납부 등과 같이 범죄사실의 인정 여부와는 관계없이 자기에게 맡겨진 사무를 처리한 내역을 그때그때 계속적, 기계적으로 기재한 문서는 사무처리 내역을 증명하기 위하여 존재하는 문서로서 당연히 증거능력이 인정된다.

② 정보통신망을 통하여 공포심이나 불안감을 유발하는 글을 반복적으로 상대방에게 도달하게 하는 행위를 하였다는 공소사실에 대하여 휴대전화기에 저장된 문자정보가 그 증거가 되는 경우, 그 문자정보는 범행의 직접적인 수단이고 경험자의 진술에 갈음하는 대체물에 해당하지 않으므로, 「형사소송법」 제310조의2에서 정한 전문법칙이 적용되지 않는다.

③ 사법경찰관이 수사의 경위 및 결과를 내부적으로 보고하기 위하여 수사보고서를 작성하면서 그 수사보고서에 검증의 결과와 관련한 기재를 하였더라도 그 수사보고서를 두고 「형사소송법」 제312조 제1항(현행 제312조 제6항)이 규정하고 있는 검사 또는 사법경찰관이 검증의 결과를 기재한 조서라고 할 수는 없다.

④ 증인신문조서가 증거보전절차에서 피고인이 증인으로서 증언한 내용을 기재한 것이 아니라 증인의 증언내용을 기재한 것이고 다만 피의자였던 피고인이 당사자로 참여하여 자신의 범행사실을 시인하는 전제하에 위 증인에게 반대신문 한 내용이 기재되어 있을 뿐이라면 위 조서는 공판준비 또는 공판기일에 피고인 등의 진술을 기재한 조서도 아니고, 반대신문과정에서 피의자가 한 진술에 관한 한 「형사소송법」 제184조에 의한 증인신문조서도 아니므로 위 조서 중 피의자의 진술기재부분에 대하여는 「형사소송법」 제311조에 의한 증거능력을 인정할 수 있다.

해설

④ (×) 증인신문조서가 증거보전절차에서 피고인이 증인으로서 증언한 내용을 기재한 것이 아니라 증인(甲)의 증언내용을 기재한 것이고 다만 피의자였던 피고인이 당사자로 참여하여 자신의 범행사실을 시인하는 전제하에 위 증인에게 반대신문한 내용이 기재되어 있을 뿐이라면, 위 조서는 공판준비 또는 공판기일에 피고인 등의 진술을 기재한 조서도 아니고, 반대신문과정에서 피의자가 한 진술에 관한 한 형사소송법 제184조에 의한 증인신문조서도 아니므로 위 조서 중 피의자의 진술기재부분에 대하여는 형사소송법 제311조에 의한 증거능력을 인정할 수 없다(대법원 1984.5.15, 84도508).

① (○) 제315조 제2호의 업무상 통상문서에 해당한다(대법원 1996. 10.17, 94도2865 전원합의체).
② (○) 대법원 2008.11.13, 2006도2556
③ (○) 수사보고서는 실황조사서에 해당하지 않아 증거로 할 수 없다는 판례이다(대법원 2001.5.29, 2000도2933).

정답 ④

078 ✓ 유사 ◆◆◇

「형사소송법」 제311조에 따라서 증거능력이 인정되는 전문증거는 모두 몇 개인가? (다툼이 있는 경우 판례에 의함)

> 가. 당해 사건에서 상소심에 의한 파기환송 전의 공판조서
> 나. 당해 사건에서 공판절차 갱신 전의 공판조서
> 다. 당해 사건의 공판준비절차에서 작성된 감정인신문조서
> 라. 당해 사건의 공판기일에서 피고인이 행한 진술
> 마. 증거보전절차에서 작성된 증인신문조서 중 증인에 대한 반대신문과정에서 피의자가 진술한 내용을 기재한 부분

① 2개 　　② 3개
③ 4개 　　④ 5개

해설

가. (○), 나. (○), 다. (○) 제311조 참조.

> 제311조(법원 또는 법관의 조서) 공판준비 또는 공판기일에 피고인이나 피고인 아닌 자의 진술을 기재한 조서와 법원 또는 법관의 검증의 결과를 기재한 조서는 증거로 할 수 있다. 제184조 및 제221조의2의 규정에 의하여 작성한 조서도 또한 같다.

라. (×) 전문증거가 아니라 원본증거에 해당한다.
마. (×) 증인신문조서가 증거보전절차에서 피고인이 증인으로서 증언한 내용을 기재한 것이 아니라 증인 甲의 증언내용을 기재한 것이고 다만 피의자였던 피고인이 당사자로 참여하여 자신의 범행사실을 시인하는 전제하에 위 증인에게 반대신문한 내용이 기재되어 있을 뿐이라면, 위 조서는 공판준비 또는 공판기일에 피고인 등의 진술을 기재한 조서도 아니고, 반대신문과정에서 피의자가 한 진술에 관한 한 형사소송법 제184조에 의한 증인신문조서도 아니므로 위 조서 중 피의자의 진술기재부분에 대하여는 형사소송법 제311조에 의한 증거능력을 인정할 수 없다(대법원 1984.5. 15, 84도508).

정답 ②

2. 피의자신문조서

079 ✓ 대표 ◆◆◇

전문증거의 증거능력 등에 관한 다음 설명 중 가장 옳지 않은 것은? (다툼이 있는 경우 판례에 의하고, 전원합의체 판결의 경우 다수의견에 의함)

① 피고인 본인의 진술에 의한 실질적 진정성립의 인정은 공판준비 또는 공판기일에서 한 명시적인 진술에 의하여야 하지만, 피고인이 실질적 진정성립에 대하여 이의하지 않았고 조서 작성 절차와 방식의 적법성을 인정하였다면 실질적 진정성립을 인정한 것으로 볼 수 있다.
② 피고인이 아닌 자가 수사과정에서 진술서를 작성하였지만, 수사기관이 그에 대한 조사과정을 기록하지 아니하였다면 특별한 사정이 없으면 그 증거능력을 인정할 수 없다.
③ 수사기관이 피의자를 신문하면서 피의자에게 미리 진술거부권을 고지하지 않은 때에는 그 피의자의 진술은 진술의 임의성이 인정되는 경우라도 그 증거능력이 부인되어야 한다.
④ 검사의 참고인 조사 당시 참고인의 진술을 통역한 통역인의 증언은 검사 작성 진술조서에 대한 실질적 진정성립을 증명할 수 있는 수단에 해당한다고 볼 수 없다.

해설

① (×) 피고인 본인의 진술에 의한 실질적 진정성립의 인정은 공판준비 또는 공판기일에서 한 명시적인 진술에 의하여야 하고, 단지 피고인이 실질적 진정성립에 대하여 이의하지 않았다거나 조서 작성절차와 방식의 적법성을 인정하였다는 것만으로 실질적 진정성립까지 인정한 것으로 보아서는 아니 된다. 또한 특별한 사정이 없는 한 이른바 '입증취지 부인'이라고 진술한 것만으로 이를 조서의 진정성립을 인정하는 전제에서 그 증명력만을 다투는 것이라고 가볍게 단정해서도 안 된다(대법원 2013.3.14, 2011도8325).
② (○) 대법원 2015.4.23, 2013도3790
③ (○) 대법원 2011.11.10, 2010도8294; 2009.8.20, 2008도8213 등
④ (○) 형사소송법에 규정된 '영상녹화물이나 그 밖의 객관적인 방법'이라 함은 형사소송법 및 형사소송규칙에 규정된 방식과 절차에 따라 제작된 영상녹화물 또는 그러한 영상녹화물에 준할 정도로 피고인의 진술을 과학적·기계적·객관적으로 재현해 낼 수 있는 방법만을 의미한다고 봄이 타당하고, 그 외에 조사관 또는 조사과정에 참여한 통역인 등의 증언은 이에 해당한다고 볼 수 없다(대법원 2016.2.18, 2015도16586).

정답 ①

080 ✅ 대표 ◆◆◇ 국가7급 2017 변형

증거능력에 대한 설명으로 옳은 것만을 모두 고른 것은?
(다툼이 있는 경우 판례에 의함)

ㄱ. 수사기관이 작성한 진술조서의 진정성립과 관련하여 조사과정에 참여한 통역인의 증언은 '영상녹화물이나 그 밖의 객관적인 방법'에 해당한다.

ㄴ. 피고인과 공범관계가 있는 다른 피의자에 대한 사법경찰관 작성의 피의자신문조서는 그 다른 피의자가 사망하여 법정에서 진술할 수 없는 때에는 「형사소송법」 제314조에 따라 증거능력이 인정된다.

ㄷ. 피고인 아닌 자가 작성한 진술서에 대하여 작성자가 그 진정성립을 부인하는 경우에는 과학적 분석결과에 기초한 디지털포렌식 자료, 감정 등 객관적인 방법으로 성립의 진정이 증명되고, 반대신문의 기회가 제공되었다면 증거로 할 수 있다.

ㄹ. 피고인이 수표를 발행한 후 예금부족으로 지급되지 않도록 한 혐의로 공소제기된 부정수표단속법 위반 사실을 증명하기 위하여 제출된 원본수표를 복사한 사본에는 전문법칙이 적용되지 않는다.

① ㄱ, ㄴ

② ㄱ, ㄷ

③ ㄴ, ㄷ

④ ㄷ, ㄹ

해설

ㄱ. (×) 대법원 2016.2.18, 2015도16586

ㄴ. (×) 구 형사소송법(2007.6.1. 법률 제8496호로 개정되기 전의 것. 이하 같다) 제312조 제2항(현행 제312조 제3항)은 검사 이외의 수사기관이 작성한 당해 피고인에 대한 피의자신문조서를 유죄의 증거로 하는 경우뿐만 아니라 검사 이외의 수사기관이 작성한 당해 피고인과 공범관계에 있는 다른 피고인이나 피의자에 대한 피의자신문조서를 당해 피고인에 대한 유죄의 증거로 채택할 경우에도 적용된다. 따라서 당해 <u>피고인과 공범관계가 있는 다른 피의자에 대한 검사 이외의 수사기관 작성의 피의자신문조서는 그 피의자의 법정진술에 의하여 그 성립의 진정이 인정되더라도 당해 피고인이 공판기일에서 그 조서의 내용을 부인하면 증거능력이 부정되므로 그 당연한 결과로 그 피의자신문조서에 대하여는 사망 등 사유로 인하여 법정에서 진술할 수 없는 때에 예외적으로 증거능력을 인정하는 규정인 구 형사소송법 제314조(현행 제314조)가 적용되지 아니한다</u>(대법원 2008.9.25, 2008도5189).

ㄷ. (○) 제313조 제1항·제2항 참조.

> **제313조(진술서등)** ① 전2조의 규정 이외에 피고인 또는 피고인이 아닌 자가 작성한 진술서나 그 진술을 기재한 서류로서 그 작성자 또는 진술자의 자필이거나 그 서명 또는 날인이 있는 것(피고인 또는 피고인 아닌 자가 작성하였거나 진술한 내용이 포함된 문자·사진·영상 등의 정보로서 컴퓨터용디스크, 그 밖에 이와 비슷한 정보저장매체에 저장된 것을 포함한다. 이하 이 조에서 같다)은 공판준비나 공판기일에서의 그 작성자 또는 진술자의 진술에 의하여 그 성립의 진정함이 증명된 때에는 증거로 할 수 있다. 단, 피고인의 진술을 기재한 서류는 공판준비 또는 공판기일에서의 그 작성자의 진술에 의하여 그 성립의 진정함이 증명되고 그 진술이 특히 신빙할 수 있는 상태하에서 행하여진 때에 한하여 피고인의 공판준비 또는 공판기일에서의 진술에 불구하고 증거로 할 수 있다.
>
> ② 제1항 본문에도 불구하고 <u>진술서의 작성자가 공판준비나 공판기일에서 그 성립의 진정을 부인하는 경우에는 과학적 분석결과에 기초한 디지털포렌식 자료, 감정 등 객관적 방법으로 성립의 진정함이 증명되는 때에는 증거로 할 수 있다.</u> 다만, 피고인 아닌 자가 작성한 진술서는 피고인 또는 변호인이 공판준비 또는 공판기일에 그 기재 내용에 관하여 작성자를 신문할 수 있었을 것을 요한다.

ㄹ. (○) <u>피고인이 수표를 발행하였으나 예금부족 또는 거래정지처분으로 지급되지 아니하게 하였다는 부정수표단속법위반의 공소사실을 증명하기 위하여 제출되는 수표는 그 서류의 존재 또는 상태 자체가 증거가 되는 것이어서 증거물인 서면에 해당하고 어떠한 사실을 직접 경험한 사람의 진술에 갈음하는 대체물이 아니므로, 증거능력은 증거물의 예에 의하여 판단하여야 하고, 이에 대하여는 형사소송법 제310조의2에서 정한 전문법칙이 적용될 여지가 없다.</u> 이때 수표 원본이 아니라 전자복사기를 사용하여 복사한 <u>사본이 증거로 제출되었고 피고인이 이를 증거로 하는 데 부동의한 경우 위 수표 사본을 증거로 사용하기 위해서는 수표 원본을 법정에 제출할 수 없거나 제출이 곤란한 사정이 있고 수표 원본이 존재하거나 존재하였으며 증거로 제출된 수표 사본이 이를 정확하게 전사한 것이라는 사실이 증명되어야 한다(대법원 2015.4.23, 2015도2275).

정답 ④

甲과 乙은 "공모하여 마약류취급자가 아니면서 2017년 1월에서 3월 사이 일자불상 03:00경 S시 소재 상호불상의 모텔에서 청소년 A에게 메스암페타민(일명 필로폰)을 투약하였다"는 공소사실로 기소되었다. 경찰수사 과정에서 甲은 "乙과 함께 A에게 필로폰을 투약하였다"고 자백하였으나, 乙은 "甲과 범행을 공모한 적은 없고 단지 甲이 누군가에게 투약한다고 하면서 필로폰을 구해달라고 부탁하기에 필로폰을 구해주었을 뿐이다"라고 진술하였다. 이에 대한 설명으로 옳지 않은 것은? (다툼이 있는 경우 판례에 의함)

① 공소사실의 일시나 장소가 다소 개괄적으로 기재되었더라도 그 기재가 다른 사실과 식별이 곤란하다거나 피고인의 방어권 행사에 지장을 초래할 정도라고 보기 어렵다면 공소사실은 특정되었다고 보아야 한다.

② 乙에 대해 사법경찰관이 작성한 피의자신문조서는 甲이 공판기일에 그 내용을 부인하면 증거로 할 수 없다.

③ 甲이 乙에 대한 사법경찰관 작성 피의자신문조서의 내용을 부인하더라도 乙이 법정에서 "경찰수사를 받던 중에 피의자신문조서에 기재된 것과 같은 내용으로 진술하였다"는 취지로 증언하였다면 그 증언은 甲의 유죄인정의 증거로 할 수 있다.

④ 만약 甲과 乙이 모두 공소사실을 인정하는 자백을 하였다면 자백 이외에 다른 증거가 없더라도 법원은 甲과 乙에게 유죄를 선고할 수 있다.

[해설]

③ (×) [1] 당해 피고인과 공범관계에 있는 공동피고인에 대해 검사 이외의 수사기관이 작성한 피의자신문조서는 그 공동피고인의 법정진술에 의하여 성립의 진정이 인정되더라도 당해 피고인이 공판기일에서 그 조서의 내용을 부인하면 증거능력이 부정된다. [2] 그리고 이러한 경우 그 공동피고인이 법정에서 경찰 수사 도중 피의자신문조서에 기재된 것과 같은 내용으로 진술하였다는 취지로 증언하였다고 하더라도 이러한 증언은 원진술자인 공동피고인이 그 자신에 대한 경찰 작성의 피의자신문조서의 진정성립을 인정하는 취지에 불과하여 위 조서와 분리하여 독자적인 증거가치를 인정할 것은 아니므로, 위 조서의 증거능력이 부정되는 이상 위와 같은 증언 역시 이를 유죄인정의 증거로 쓸 수 없다(대법원 2009.10.15, 2009도1889).

① (○) 대법원 2014.10.30, 2014도6107
② (○) 대법원 2015.10.29, 2014도5939
④ (○) 대법원 1990.10.30, 90도1939

[정답] ③

사법경찰관이 작성한 조서의 증거능력에 관한 설명으로 가장 적절한 것은? (다툼이 있는 경우 판례에 의함)

① 검사 이외의 수사기관이 작성한 피의자신문조서의 증거능력에 관한 「형사소송법」 제312조 제3항은 당해 사건에서 작성된 피의자 신문조서뿐만 아니라 별개 사건에서 작성된 피의자신문조서에 대해서도 적용되므로, 피의자였던 피고인이 별개 사건에서 작성된 피의자신문조서의 내용을 부인하는 이상 그 조서는 당해 사건에 대한 유죄의 증거로 할 수 없다.

② 「형사소송법」 제312조 제3항은 검사 이외의 수사기관이 작성한 당해 피고인 甲에 대한 피의자신문조서를 유죄의 증거로 하는 경우에만 적용되고 甲과 공범관계에 있는 다른 피의자 乙에 대한 피의자신문조서에는 적용되지 않으므로, 乙에 대한 사법경찰관 작성의 피의자신문조서는 甲이 공판기일에서 그 조서의 내용을 부인하더라도 乙의 법정진술에 의하여 그 성립의 진정이 인정되면 증거로 할 수 있다.

③ 사법경찰관이 피의자 아닌 자의 진술을 기재한 조서를 작성함에 있어서 진술자의 성명을 가명으로 기재하였다면 그 이유만으로도 그 조서는 적법한 절차와 방식에 따라 작성되었다고 할 수 없고, 공판기일에 원진술자가 출석하여 자신의 진술을 기재한 조서임을 확인함과 아울러 그 조서의 실질적 진정성립을 인정하고 나아가 그에 대한 반대신문이 이루어졌다고 하더라도 그 증거능력이 인정되지 않는다.

④ 사법경찰관이 피의자를 조사하는 경우와는 달리 피의자가 아닌 자를 조사하는 경우에는 조사과정의 진행경과를 확인하기 위하여 필요한 사항을 조서에 기록하거나 별도의 서면에 기록한 후 수사기록에 편철할 것을 요지하지 않으므로, 사법경찰관이 그 조사과정을 기록하지 아니하였더라도 다른 특별한 사정이 없는 한 피의자 아닌 자가 조사과정에서 작성한 진술서는 증거로 할 수 있다.

[해설]

① (○) 대법원 1995.3.24, 94도2287
② (×) 형사소송법 제312조 제3항은 검사 이외의 수사기관이 작성한 당해 피고인에 대한 피의자신문조서를 유죄의 증거로 하는 경우뿐만 아니라, <u>검사 이외의 수사기관이 작성한 당해 피고인과 공범관계에 있는 다른 피고인이나 피의자에 대한 피의자신문조서를 당해 피고인에 대한 유죄의 증거로 채택할 경우에도 적용</u>된다. 따라서 당해 피고인과 공범관계에 있는 공동피고인에 대해 검사 이외의 수사기관이 작성한 피의자신문조서는 그 공동피고인의 법정진술에 의하여 성립의 진정이 인정되더라도 <u>당해 피고인이 공판기일에서 그 조서의 내용을 부인하면 증거능력이 부정</u>된다(대법원 2009.10.15, 2009도1889).
③ (×) 특정범죄신고자 등 보호법 등에서처럼 명시적으로 진술자의 인적 사항의 전부 또는 일부의 기재를 생략할 수 있도록 한 경우가 아니라 하더라도, 진술자와 피고인의 관계, 범죄의 종류,

진술자 보호의 필요성 등 여러 사정으로 볼 때 상당한 이유가 있는 경우에는 수사기관이 진술자의 성명을 가명으로 기재하여 조서를 작성하였다고 해서 그 이유만으로 그 조서가 '적법한 절차와 방식'에 따라 작성되지 않았다고 할 것은 아니다. 그러한 조서라도 공판기일 등에 원진술자가 출석하여 자신의 진술을 기재한 조서임을 확인함과 아울러 그 조서의 실질적 진정성립을 인정하고 나아가 그에 대한 반대신문이 이루어지는 등 형사소송법 제312조 제4항에서 규정한 조서의 증거능력 인정에 관한 다른 요건이 모두 갖추어진 이상 그 증거능력을 부정할 것은 아니라고 할 것이다(대법원 2012.5.24, 2011도7757).

④ (×) 검사 또는 사법경찰관이 피의자가 아닌 자를 조사하는 경우에는 피의자를 조사하는 경우와 마찬가지로 조사장소에 도착한 시각, 조사를 시작하고 마친 시각, 그 밖에 조사과정의 진행경과를 확인하기 위하여 필요한 사항을 조서에 기록하거나 별도의 서면에 기록한 후 수사기록에 편철하여야 한다고 규정하고 있다. 이와 같이 수사기관으로 하여금 피의자가 아닌 자를 조사할 수 있도록 하면서도 그 조사과정을 기록하도록 한 취지는 수사기관이 조사과정에서 피조사자로부터 진술증거를 취득하는 과정을 투명하게 함으로써 그 과정에서의 절차적 적법성을 제도적으로 보장하려는 데 있다. 따라서 수사기관이 수사에 필요하여 피의자가 아닌 자를 조사하는 과정에서 그 진술을 청취하여 증거로 남기는 방법으로 진술조서가 아닌 진술서를 작성·제출받는 경우에도 그 절차는 준수되어야 할 것이다. 이러한 형사소송법의 규정 및 그 입법 목적 등을 종합하여 보면, 피고인이 아닌 자가 수사과정에서 진술서를 작성하였지만 수사기관이 그에 대한 조사과정을 기록하지 아니하여 형사소송법 제244조의4 제3항, 제1항에서 정한 절차를 위반한 경우에는, 특별한 사정이 없는 한 '적법한 절차와 방식'에 따라 수사과정에서 진술서가 작성되었다 할 수 없으므로 그 증거능력을 인정할 수 없다(대법원 2015.4.23, 2013도3790).

정답 ①

083 ✓ 유사 ◆◆◆ 　법원 2017

다음 설명 중 가장 옳지 않은 것은? (다툼이 있는 경우 판례에 의함)

① 피고인에 대한 당해 사건이 아닌 다른 사건의 공판조서는 기타 특히 신용할 만한 정황에 의하여 작성된 문서로 형사소송법 제315조 제3호의 당연히 증거능력이 있는 서류에 해당하여 그 증거능력이 인정된다.

② 수사기관이 참고인을 조사하는 과정에서 참고인의 동의를 받아 작성한 영상녹화물은 언제든지 공소사실을 직접 증명할 수 있는 독립적 증거로 사용할 수 있다.

③ 진술의 임의성에 다툼이 있을 때에는 그 임의성을 의심할 만한 합리적이고 구체적인 사실을 피고인이 증명할 것이 아니고 검사가 그 임의성의 의문점을 없애는 증명을 하여야 한다.

④ 증거동의의 의사표시는 증거조사가 완료된 뒤에는 취소할 수 없다.

해설

② (×) 2007.6.1. 법률 제8496호로 개정되기 전의 형사소송법에

는 없던 수사기관에 의한 피의자 아닌 자(이하 '참고인'이라 한다)진술의 영상녹화를 새로 정하면서 그 용도를 참고인에 대한 진술조서의 실질적 진정성립을 증명하거나 참고인의 기억을 환기시키기 위한 것으로 한정하고 있는 현행 형사소송법의 규정 내용을 영상물에 수록된 성범죄 피해자의 진술에 대하여 독립적인 증거능력을 인정하고 있는 성폭력범죄의 처벌 등에 관한 특례법 제30조 제6항 또는 아동·청소년의 성보호에 관한 법률 제26조 제6항의 규정과 대비하여 보면, 수사기관이 참고인을 조사하는 과정에서 형사소송법 제221조 제1항에 따라 작성한 영상녹화물은, 다른 법률에서 달리 규정하고 있는 등의 특별한 사정이 없는 한, 공소사실을 직접 증명할 수 있는 독립적인 증거로 사용될 수는 없다고 해석함이 타당하다(대법원 2014.7.10, 2012도5041).

① (○) 대법원 2005.1.14, 2004도6646
③ (○) 대법원 2015.9.10, 2012도9879
④ (○) 대법원 2015.8.27, 2015도3467

정답 ②

084 ✓ 유사 ◆◆◇ 　국가9급개론 2020

증거와 재판에 대한 설명으로 옳은 것은? (다툼이 있는 경우 판례에 의함)

① 검사의 구형은 양형에 관한 의견진술에 불과하므로 법원이 그 의견에 구속되는 것은 아니지만, 법원이 피고인에 대한 형을 정함에 있어 검사의 구형에 포함되지 아니한 벌금형을 병과하는 것은 위법하다.

② 증거능력이 없는 증거도 구성요건 사실을 추인하게 하는 간접사실이나 구성요건 사실을 입증하는 직접증거의 증명력을 보강하는 보조사실의 인정자료로서는 허용된다.

③ 피고인이 증거로 함에 동의한 바 없는, 공범이 아닌 공동피고인에 대한 검사 작성 피의자신문조서는 공동피고인의 증언에 의하여 그 성립의 진정이 인정되지 아니하는 한 피고인의 공소범죄사실을 인정하는 증거로 할 수 없다.

④ 법원이 적법하게 공판의 심리를 종결한 후에 피고인이 증인신청을 하면 법원은 공판의 심리를 재개하여 증인신문을 하여야 한다.

해설

③ (○) 공동피고인인 절도범과 그 장물범은 서로 다른 공동피고인의 범죄사실에 관하여는 증인의 지위에 있다 할 것이므로, 피고인이 증거로 함에 동의한 바 없는 공동피고인에 대한 피의자신문조서는 공동피고인의 증언에 의하여 그 성립의 진정이 인정되지 아니하는 한 피고인의 공소 범죄사실을 인정하는 증거로 할 수 없다(대법원 2006.1.12, 2005도7601).

[정리] ㉠ 검사작성의 공범자에 대한 피의자신문조서에 대하여는 제312조 제1항 적용(아래 판례), ㉡ 검사작성의 공범자 아닌 자에 대한 피의자신문조서에 대하여는 제312조 제4항 적용(위 판례)

[판례] 형사소송법 제312조 제1항에서 정한 '검사가 작성한 피의자신문조서'란 당해 피고인에 대한 피의자신문조서만이 아니라 당해 피고인과 공범관계에 있는 다른 피고인이나 피의자에 대하

여 검사가 작성한 피의자신문조서도 포함되고, 여기서 말하는 '공범'에는 형법 총칙의 공범 이외에도 서로 대향된 행위의 존재를 필요로 할 뿐 각자의 구성요건을 실현하고 별도의 형벌 규정에 따라 처벌되는 강학상 필요적 공범 또는 대향범까지 포함한다. 따라서 피고인이 자신과 공범관계에 있는 다른 피고인이나 피의자에 대하여 검사가 작성한 피의자신문조서의 내용을 부인하는 경우에는 형사소송법 제312조 제1항에 따라 유죄의 증거로 쓸 수 없다(대법원 2023.6.1, 2023도3741).

① (×) 검사의 구형은 양형에 관한 의견진술에 불과하고 법원이 그 의견에 구속되는 것은 아니므로 피고인에 대한 형을 정함에 있어 검사의 구형에 포함되지 아니한 벌금형을 병과하였다 하여 위법이 될 수 없다(대법원 1984.4.24, 83도1789).

② (×) 구성요건에 해당하는 사실은 엄격한 증명에 의하여 이를 인정하여야 하고, 증거능력이 없는 증거는 구성요건 사실을 추인하게 하는 간접사실이나 구성요건 사실을 입증하는 직접증거의 증명력을 보강하는 보조사실의 인정자료로도 사용할 수 없다(대법원 2008.12.11, 2008도7112).

④ (×) 증거신청의 채택 여부는 법원의 재량으로서 법원이 필요하지 않다고 인정할 때에는 이를 조사하지 않을 수 있는 것이고, 법원이 적법하게 공판의 심리를 종결한 뒤에 피고인이 증인신청을 하였다 하여 반드시 공판의 심리를 재개하여 증인신문을 하여야 하는 것은 아니다(대법원 2011.1.27, 2010도7947).

정답 ③

---

085 ✓ 유사 ◆◆◇ 경찰 2016

피의자신문조서에 관한 다음 설명 중 틀린 것은 모두 몇 개인가? (다툼이 있으면 판례에 의함)

ⓧ 당해 피고인과 공범관계에 있는 공동피고인에 대해 검사 이외의 수사기관이 작성한 피의자신문조서는 그 공동피고인의 법정진술에 의하여 성립의 진정이 인정되더라도 당해 피고인이 공판기일에서 그 조서의 내용을 부인하면 증거능력이 부정된다.

ⓛ 형사소송법 제312조 제3항의 '그 내용을 인정할 때'라 함은 피의자신문조서의 기재 내용이 진술내용대로 기재되어 있다는 의미이고, 그와 같이 진술한 내용이 실제 사실과 부합한다는 것을 의미하는 것은 아니다.

ⓒ 피고인이 아닌 자가 자신의 진술을 기재한 검사 작성의 피의자신문조서 중 일부에 관하여만 실질적 진정성립을 인정하는 경우에는 법원은 당해 조서 중 어느 부분이 그 진술대로 기재되어 있고 어느 부분이 달리 기재되어 있는지 여부를 구체적으로 심리함이 없이 전체 피의자신문조서의 증거능력을 부정하여야 한다.

ⓔ 피의자의 진술을 녹취 내지 기재한 서류 또는 문서가 수사기관에서의 조사과정에서 작성된 것이라면, 그 것이 '진술조서, 진술서, 자술서'라는 형식을 취하였다고 하더라도 피의자신문조서와 달리 볼 수 없다.

① 0개   ② 1개
③ 2개   ④ 3개

해설

ⓧ (○) 형사소송법 제312조 제3항은 검사 이외의 수사기관이 작성한 당해 피고인에 대한 피의자신문조서를 유죄의 증거로 하는 경우뿐만 아니라, 검사 이외의 수사기관이 작성한 당해 피고인과 공범관계에 있는 다른 피고인이나 피의자에 대한 피의자신문조서를 당해 피고인에 대한 유죄의 증거로 채택할 경우에도 적용된다. 따라서 당해 피고인과 공범관계에 있는 공동피고인에 대해 검사 이외의 수사기관이 작성한 피의자신문조서는 그 공동피고인의 법정진술에 의하여 성립의 진정이 인정되더라도 당해 피고인이 공판기일에서 그 조서의 내용을 부인하면 증거능력이 부정된다(대법원 2009.10.15, 2009도1889).

ⓛ (×) 형사소송법 제312조 제3항에 의하면, 검사 이외의 수사기관 작성의 피의자신문조서는 공판준비 또는 공판기일에 그 피의자였던 피고인이나 변호인이 그 내용을 인정할 때에 한하여 증거로 할 수 있다고 규정하고 있는바, 위 규정에서 '그 내용을 인정할 때'라 함은 피의자신문조서의 기재 내용이 진술내용대로 기재되어 있다는 의미가 아니고 그와 같이 진술한 내용이 실제 사실과 부합한다는 것을 의미한다(대법원 2010.6.24, 2010도5040).

ⓒ (×) 검사가 피의자나 피의자 아닌 자의 진술을 기재한 조서 중 일부에 관하여만 원진술자가 공판준비 또는 공판기일에서 실질적 진정성립을 인정하는 경우에는 법원은 당해 조서 중 어느 부분이 원진술자가 진술한 대로 기재되어 있고 어느 부분이 달리 기재되어 있는지 여부를 구체적으로 심리한 다음 진술한 대로 기재되어 있다고 하는 부분에 한하여 증거능력을 인정하여야 하고, 그 밖에 실질적 진정성립이 부정되는 부분에 대해서는 증거능력을 부정하여야 한다(대법원 2013.5.23, 2010도15499).

[보충] 실질적 진정성립의 인정은 일부 인정도 가능

ⓔ (○) [1] 피의자의 진술을 녹취 내지 기재한 서류 또는 문서가 수사기관에서의 조사과정에서 작성된 것이라면, 그것이 '진술조서, 진술서, 자술서'라는 형식을 취하였다고 하더라도 피의자신문조서와 달리 볼 수 없다. 형사소송법이 보장하는 피의자의 진술거부권은 헌법이 보장하는 형사상 자기에게 불리한 진술을 강요당하지 않는 자기부죄거부의 권리에 터 잡은 것이므로, 수사기관이 피의자를 신문함에 있어서 피의자에게 미리 진술거부권을 고지하지 않은 때에는 그 피의자의 진술은 위법하게 수집된 증거로서 진술의 임의성이 인정되는 경우라도 증거능력이 부인되어야 한다. [2] 검사가 국가보안법 위반죄로 구속영장을 발부받아 피의자신문을 한 다음, 구속 기소한 후 다시 피의자를 소환하여 공범들과의 조직구성 및 활동 등에 관한 신문을 하면서 피의자신문조서가 아닌 일반적인 진술조서의 형식으로 조서를 작성한 경우, 진술조서의 내용이 피의자신문조서와 실질적으로 같고, 진술의 임의성이 인정되는 경우라도 미리 피의자에게 진술거부권을 고지하지 않았다면 위법수집증거에 해당하므로, 유죄인정의 증거로 사용할 수 없다(대법원 2009.8.20, 2008도8213).

정답 ③

086 ✓ 유사 ◆◆◇ 경찰2차 2018 변형

피의자신문조서에 대한 설명으로 가장 적절하지 않은 것은? (다툼이 있는 경우 판례에 의함)

① 검사가 작성한 피의자신문조서는 적법한 절차와 방식에 따라 작성된 것으로서 공판준비, 공판기일에 그 피의자였던 피고인 또는 변호인이 그 내용을 인정할 때에 한정하여 증거로 할 수 있다.

② 사법경찰관이 피의자에게 진술거부권을 행사할 수 있음을 알려 주고 그 행사 여부를 질문하였다 하더라도, 진술거부권 행사 여부에 대한 피의자의 답변이 자필로 기재되어 있지 아니하거나 그 답변 부분에 피의자의 기명날인 또는 서명이 되어 있지 않은 사법경찰관 작성의 피의자신문조서는 「형사소송법」 제312조 제3항에 위반되어 그 증거능력을 인정할 수 없다.

③ 검사 작성의 피의자신문조서에 작성자인 검사의 기명날인 또는 서명이 되어 있지 아니한 경우, 피고인이 법정에서 그 피의자신문조서에 대하여 진정성립과 임의성을 인정하면 증거능력을 인정할 수 있다.

④ 검사 이외의 수사기관이 작성한 피의자신문조서는 공판준비 또는 공판기일에 그 피의자였던 피고인 또는 변호인이 그 내용을 인정할 때에 한하여 증거로 할 수 있으며, 여기에서 '그 내용을 인정할 때'라 함은 피의자신문조서의 기재 내용이 실제 사실과 부합한다는 것을 의미한다.

해설

③ (✕) 형사소송법 제57조 제1항은 공무원이 작성하는 서류에는 법률에 다른 규정이 없는 때에는 작성년월일과 소속공무소를 기재하고 서명날인(현, 기명날인 또는 서명)하여야 한다고 규정하고 있는바, 그 서명날인은 공무원이 작성하는 서류에 관하여 그 기재 내용의 정확성과 완전성을 담보하는 것이므로 <u>검사 작성의 피의자신문조서에 작성자인 검사의 서명날인이 되어 있지 아니한 경우 그 피의자신문조서는 공무원이 작성하는 서류로서의 요건을 갖추지 못한 것으로서 위 법규정에 위반되어 무효이고 따라서 이에 대하여 증거능력을 인정할 수 없다</u>고 보아야 할 것이며, <u>그 피의자신문조서에 진술자인 피고인의 서명날인이 되어 있다거나, 피고인이 법정에서 그 피의자신문조서에 대하여 진정성립과 임의성을 인정하였다고 하여 달리 볼 것은 아니다</u>(대법원 2001.9.28, 2001도4091).

① (○) 제312조 제1항 참조.

> **제312조(검사 또는 사법경찰관의 조서 등)** ① 검사가 작성한 피의자신문조서는 적법한 절차와 방식에 따라 작성된 것으로서 공판준비, 공판기일에 그 피의자였던 피고인 또는 변호인이 그 내용을 인정할 때에 한정하여 증거로 할 수 있다.

② (○) 헌법 제12조 제2항, 형사소송법 제244조의3 제1항, 제2항, 제312조 제3항에 비추어 보면, 비록 사법경찰관이 피의자에게 진술거부권을 행사할 수 있음을 알려 주고 그 행사 여부를 질문하였다 하더라도, 형사소송법 제244조의3 제2항에 규정한 방식에 위반하여 <u>진술거부권 행사 여부에 대한 피의자의 답변이 자필로 기재되어 있지 아니하거나 그 답변 부분에 피의자의 기명날인 또는 서명이 되어 있지 아니한 사법경찰관 작성의 피의자신문조서는</u>

특별한 사정이 없는 한 형사소송법 제312조 제3항에서 정한 '적법한 절차와 방식에 따라 작성된 조서라 할 수 없으므로 그 증거능력을 인정할 수 없다(대법원 2013.3.28, 2010도3359).

④ (○) 형사소송법 제312조 제2항에 의하면 검사 이외의 수사기관 작성의 피의자신문조서는 공판준비 또는 공판기일에 그 피의자였던 피고인이나 변호인이 그 내용을 인정할 때 한하여 증거로 할 수 있다고 규정하고 있는바, 위 규정에서 그 내용을 인정할 때라 함은 위 피의자신문조서의 기재 내용이 진술내용대로 기재되어 있다는 의미가 아니고(그것은 문서의 진정성립에 속하는 사항임), 그와 같이 진술한 내용이 실제사실과 부합한다는 것을 의미한다(대법원 2001.9.28, 2001도3997).

정답 ③

---

087 ✓ 유사 ◆◆◇ 경찰 2014 유사 경찰2차 2018 변형

전문법칙 예외요건에 대한 설명으로 가장 적절하지 않은 것은? (다툼이 있는 경우 판례에 의함)

① 피고인 甲이 공판정에서 공동피고인인 공범 乙에 대한 사법경찰관 작성 피의자신문조서의 내용을 부인하면 乙이 법정에서 그 조서의 내용을 인정하더라도 그 조서를 피고인 甲의 공소사실에 대한 증거로 사용할 수 없다.

② 참고인과의 전화 대화내용을 문답형식으로 기재한 사법경찰리 작성의 수사보고서는 진술자의 서명 또는 날인이 없으므로 「형사소송법」 제312조 제4항의 진술기재서류가 아니므로 제314조가 적용될 수 없지만, 피고인이 증거로 함에 동의한 경우에는 증거로 사용할 수 있다.

③ 「형사소송법」 제314조에 규정된 '특히 신빙할 수 있는 상태'란 그 진술내용이나 조서의 작성에 허위개입의 여지가 거의 없고, 그 진술내용의 신용성이나 임의성을 담보할 구체적이고 외부적인 정황이 있는 경우를 말하며, 검사가 자유로운 증명을 통하여 증명하여야 한다.

④ 검사 또는 사법경찰관이 검증의 결과를 기재한 조서는 적법한 절차와 방식에 따라 작성된 것으로서 공판준비 또는 공판기일에서의 원진술자의 진술에 따라 그 성립의 진정함이 증명된 때에는 증거로 할 수 있다.

해설

④ (✕) 검사 또는 사법경찰관이 검증의 결과를 기재한 조서는 적법한 절차와 방식에 따라 작성된 것으로서 공판준비 또는 공판기일에서의 <u>작성자의 진술에 따라</u> 그 성립의 진정함이 증명된 때에는 증거로 할 수 있다(제312조 제6항).

① (○) 형사소송법 제312조 제3항은 검사 이외의 수사기관이 작성한 당해 피고인에 대한 피의자신문조서를 유죄의 증거로 하는 경우뿐만 아니라 검사 이외의 수사기관이 작성한 당해 피고인과 공범관계에 있는 다른 피고인이나 피의자에 대한 피의자신문조서를 당해 피고인에 대한 유죄의 증거로 채택할 경우에도 적용된다. 따라서 당해 피고인과 공범관계가 있는 다른 피의자에 대하여 <u>검사 이외의 수사기관이 작성한 피의자신문조서는, 그 피의자</u>

의 법정진술에 의하여 그 성립의 진정이 인정되는 등 형사소송법 제312조 제4항의 요건을 갖춘 경우라고 하더라도 당해 피고인이 공판기일에서 그 조서의 내용을 부인한 이상 이를 유죄인정의 증거로 사용할 수 없다(대법원 2009.7.9, 2009도2865).

② (O) 외국에 거주하는 참고인과의 전화 대화내용을 문답형식으로 기재한 검찰주사보 작성의 수사보고서는 전문증거로서 형사소송법 제310조의2에 의하여 제311조 내지 제316조에 규정된 것 이외에는 이를 증거로 삼을 수 없는 것인데, 위 수사보고서는 제311조, 제312조, 제315조, 제316조의 적용대상이 되지 아니함이 분명하므로, 결국 제313조(현 제312조 제4항)의 진술을 기재한 서류에 해당하여야만 제314조의 적용 여부가 문제될 것인바, 제313조가 적용되기 위하여는 그 진술을 기재한 서류에 그 진술자의 서명 또는 날인이 있어야 한다(대법원 1999.2.26, 98도2742). 다만, 증거능력이 없는 서류라도 피고인이 증거로 함에 동의한 경우에는 증거능력이 인정된다.

③ (O) 형사소송법 제314조 단서에 규정된 진술 또는 작성이 특히 신빙할 수 있는 상태하에서 행하여진 때라 함은 그 진술내용이나 조서 또는 서류의 작성에 허위개입의 여지가 거의 없고 그 진술내용의 신용성이나 임의성을 담보할 구체적이고 외부적인 정황이 있는 경우를 가리킨다(대법원 2007.6.14, 2004도5561). 그리고 특신상태는 증거능력의 요건에 해당하므로 검사가 그 존재에 대하여 구체적으로 주장·입증하여야 하는 것이지만, 이는 소송상의 사실에 관한 것이므로, 엄격한 증명을 요하지 아니하고 자유로운 증명으로 족하다(대법원 2001.9.4, 200도1743).

정답 ④

088 대표 ◆◆◇ 변호사 2017

공동피고인의 진술에 관한 설명 중 옳은 것을 모두 고른 것은? (다툼이 있는 경우 판례에 의함)

ㄱ. 피고인과 별개의 범죄사실로 기소되어 병합심리 중인 공동피고인은 피고인의 범죄사실에 관하여는 증인의 지위에 있다 할 것이므로 선서 없이 한 공동피고인의 법정진술은 피고인의 범죄사실을 인정하는 증거로 할 수 없다.
ㄴ. 피고인 甲이 공판정에서 공범인 공동피고인 乙에 대한 사법경찰관 작성의 피의자신문조서의 내용을 부인하면 乙이 법정에서 그 조서의 내용을 인정하여도 그 조서를 甲의 범죄사실에 대한 증거로 사용할 수 없다.
ㄷ. 甲과 乙이 공모하여 타인의 재물을 편취한 범죄사실로 기소된 사건에서, 甲은 법정에서 범행을 부인하고 乙은 경찰 수사 단계에서 범행을 자백하는 자술서를 작성·제출한 이후 사망하였다면, 공판준비 또는 공판기일에 진술을 요하는 자가 사망하여 진술할 수 없는 때에 해당하므로 乙의 자술서는 그 작성이 특히 신빙할 수 있는 상태하에서 행하여졌음이 증명되었다면 甲에 대한 유죄인정의 증거로 할 수 있다.
ㄹ. 공범인 공동피고인의 법정자백은 이에 대한 피고인의 반대신문권이 보장되어 있어 증인으로 신문한 경우와 다를 바 없으므로 독립한 증거능력이 있다.
ㅁ. 甲, 乙, 丙이 공모하여 타인의 재물을 편취한 범죄사실로 기소된 사건에서, 피고인 甲과 공동피고인 乙이 범죄사실을 자백하고 공동피고인 丙은 범죄사실을 부인하는 경우, 乙의 자백을 甲의 자백에 대한 보강증거로 사용할 수 없다.

① ㄱ, ㄴ, ㄷ ② ㄱ, ㄴ, ㄹ
③ ㄱ, ㄹ, ㅁ ④ ㄴ, ㄷ, ㅁ
⑤ ㄷ, ㄹ, ㅁ

해설

ㄱ. (O) 대법원 1982.9.14, 82도1000
ㄴ. (O) 대법원 2015.10.29, 2014도5939
ㄷ. (X) [1] 피의자의 진술을 기재한 서류 또는 문서가 수사기관에서의 조사과정에서 작성된 것이라면 그것이 '진술조서, 진술서, 자술서'라는 형식을 취하였다고 하더라도 피의자신문조서와 달리 볼 수 없다(대법원 2015.10.29, 2014도5939).
[2] 당해 피고인과 공범관계가 있는 다른 피의자에 대한 검사 이외의 수사기관 작성의 피의자신문조서는 그 피의자의 법정진술에 의하여 그 성립의 진정이 인정되더라도 당해 피고인이 공판기일에서 그 조서의 내용을 부인하면 증거능력이 부정되므로 그 당연한 결과로 그 피의자신문조서에 대하여는 사망 등 사유로 인하여 법정에서 진술할 수 없는 때에 예외적으로 증거능력을 인정하는 규정인 형사소송법 제314조가 적용되지 아니한다(대법원 2009.11.26, 2009도6602).
[3] 피고인이 당해 공소사실에 대하여 법정에서 부인한 경우에는 사법경찰리 작성의 피의자신문조서의 내용을 인정하지 아니한

것이다(대법원 1997.10.28, 97도2211).

ㄹ. (○) 대법원 2007.10.11, 2007도5577

ㅁ. (×) 공동피고인 중의 한 사람이 자백하였고 피고인 역시 자백했다면 다른 공동피고인 중의 한 사람이 부인한다 하여도 공동피고인 중의 한 사람이 자백은 피고인의 자백에 대한 보강증거가 된다(대법원 1968.3.19, 68도43).

정답 ②

---

089 ✅ 유사 ◆◆◇ 경찰간부 2022

다음 사례에 대한 설명으로 옳지 않은 것은? (다툼이 있는 경우 판례에 의함)

> 甲은 관급공사를 수주받기 위하여 공무원 乙에게 뇌물을 제공하고, 乙은 그 뇌물을 받은 혐의로 함께 기소되어 공동피고인으로 재판을 받고 있다. 검사는 사법경찰관 작성의 공범 甲에 대한 피의자신문조서와 乙에 대한 진술조서 및 乙의 진술을 적법하게 녹화한 영상녹화물을 증거로 제출하였다. 甲에 대한 피의자신문조서에는 甲이 乙에게 뇌물을 제공했다고 자백한 사실이 기재되어 있다.

① 乙의 진술이 담긴 영상녹화물은 乙의 공소사실을 직접 증명하는 독립적인 증거로 사용할 수 없다.
② 甲이 자신에 대한 피의자신문조서의 내용을 인정했더라도 乙이 공판기일에 甲에 대한 피의자신문조서의 내용을 부인하면 甲에 대한 피의자신문조서는 乙에게 증거능력이 없다.
③ 乙에 대한 진술조서는 乙에 대한 피의자신문조서로 보아야 한다.
④ 만약 공판이 진행되던 중 甲이 사망한 경우에는 甲에 대한 피의자신문조서는 특신상태만 증명되면 乙의 공소사실을 증명하는 증거로 사용할 수 있다.

해설

④ (×) 형사소송법 제312조 제2항(현 제3항)은 검사 이외의 수사기관이 작성한 당해 피고인에 대한 피의자신문조서를 유죄의 증거로 하는 경우뿐만 아니라 검사 이외의 수사기관이 작성한 당해 피고인과 공범관계에 있는 다른 피고인이나 피의자에 대한 피의자신문조서를 당해 피고인에 대한 유죄의 증거로 채택할 경우에도 적용되는바, 당해 피고인과 공범관계가 있는 다른 피의자에 대한 검사 이외의 수사기관 작성의 피의자신문조서는 그 피의자의 법정진술에 의하여 그 성립의 진정이 인정되더라도 당해 피고인이 공판기일에서 그 조서의 내용을 부인하면 증거능력이 부정되므로 그 당연한 결과로 그 피의자신문조서에 대하여는 사망 등 사유로 인하여 법정에서 진술할 수 없는 때에 예외적으로 증거능력을 인정하는 규정인 형사소송법 제314조가 적용되지 아니한다(대법원 2004.7.15, 2003도7185 전원합의체).

① (○) 대법원 2014.7.10, 2012도5041

② (○) 형사소송법 제312조 제3항은 검사 이외의 수사기관이 작성한 당해 피고인에 대한 피의자신문조서를 유죄의 증거로 하는 경우뿐만 아니라 검사 이외의 수사기관이 작성한 당해 피고인과 공

범관계에 있는 다른 피고인이나 피의자에 대한 피의자신문조서를 당해 피고인에 대한 유죄의 증거로 채택할 경우에도 적용되는바, 당해 피고인과 공범관계가 있는 다른 피의자에 대한 검사 이외의 수사기관 작성의 피의자신문조서는 그 피의자의 법정진술에 의하여 그 성립의 진정이 인정되더라도 당해 피고인이 공판기일에서 그 조서의 내용을 부인하면 증거능력이 부정된다(대법원 2014.4.10, 2014도1779).

③ (○) 피의자의 진술을 녹취 내지 기재한 서류 또는 문서가 수사기관에서의 조사과정에서 작성된 것이라면 그것이 진술조서, 진술서, 자술서라는 형식을 취하였다 하더라도 당해 수사기관이 작성한 피의자신문조서와 달리 볼 수 없다(대법원 2007.10.25, 2007도6129).

정답 ④

---

090 ✅ 유사 ◆◆◇ 국가7급 2015

공동피고인의 소송관계에 대한 설명으로 옳지 않은 것은? (다툼이 있는 경우 판례에 의함)

① 피고인과 별개의 범죄사실로 기소되어 병합심리 중인 공동피고인은 피고인의 범죄사실에 관하여는 증인의 지위에 있다.
② 공범 乙에 대한 검사 작성의 피의자신문조서등본이 증거로 제출된 경우 피고인 甲이 그 피의자신문조서를 증거로 함에 동의하지 않더라도 乙이 자신에 대한 공판절차에서 피의자신문조서의 진정성립을 인정하면 그 조서등본은 甲사건의 공소사실에 대한 증거능력이 있다.
③ 공범인 공동피고인은 소송절차의 분리로 피고인의 지위에서 벗어나게 되면 다른 공동피고인에 대한 공소사실에 관하여 증인이 될 수 있고, 이는 대향범인 공동피고인의 경우에도 다르지 않다.
④ 형사소송법 제310조의 '피고인의 자백'에는 공범인 공동피고인의 진술은 포함되지 않으며, 이러한 공동피고인의 진술은 독립한 증거능력이 있다.

해설

② (×) 형사소송법 제312조 제1항에서 정한 '검사가 작성한 피의자신문조서'란 당해 피고인에 대한 피의자신문조서만이 아니라 당해 피고인과 공범관계에 있는 다른 피고인이나 피의자에 대하여 검사가 작성한 피의자신문조서도 포함되고, 여기서 말하는 '공범'에는 형법 총칙의 공범 이외에도 서로 대향된 행위의 존재를 필요로 할 뿐 각자의 구성요건을 실현하고 별도의 형벌 규정에 따라 처벌되는 강학상 필요적 공범 또는 대향범까지 포함한다. 따라서 피고인이 자신과 공범관계에 있는 다른 피고인이나 피의자에 대하여 검사가 작성한 피의자신문조서의 내용을 부인하는 경우에는 형사소송법 제312조 제1항에 따라 유죄의 증거로 쓸 수 없다(대법원 2023.6.1, 2023도3741).

① (○) 피고인과 별개의 범죄사실로 기소되어 병합심리 중인 공동피고인은 피고인의 범죄사실에 관하여는 증인의 지위에 있다 할 것이므로 선서 없이 한 공동피고인의 법정진술이나 피고인이 증거로 함에 동의한 바 없는 공동피고인에 대한 피의자신문조서는 피고인의 공소 범죄사실을 인정하는 증거로 할 수 없다(대법원

1982.9.14, 82도1000).

③ (○) 피고인의 지위에 있는 공동피고인은 다른 공동피고인에 대한 공소사실에 관하여 증인이 될 수 없으나, 소송절차가 분리되어 피고인의 지위에서 벗어나게 되면 다른 공동피고인에 대한 공소사실에 관하여 증인이 될 수 있고, 이는 대향범인 공동피고인의 경우에도 다르지 않다(대법원 2012.3.29, 2009도11249).

④ (○) 대법원 1992.7.28, 92도917

[정답] ②

---

091 ✓ 대표 ◆◆◇ 경찰2차 2019 유사 변호사 2017

참고인조사에 관한 설명 중 옳지 않은 것은? (다툼이 있는 경우 판례에 의함)

① 참고인이 수사과정에서 진술서를 작성하였지만 수사기관이 그에 대한 조사과정을 기록하지 아니한 경우에는, 특별한 사정이 없는 한 '적법한 절차와 방식'에 따라 수사과정에서 진술서가 작성되었다 할 수 없으므로 증거능력을 인정할 수 없다.

② 진술거부권 고지의 대상이 되는 피의자의 지위는 수사기관이 범죄인지서를 작성하는 등의 형식적인 사건수리 절차를 거치기 전이라도 조사대상자에 대하여 범죄의 혐의가 있다고 보아 실질적으로 수사를 개시하는 행위를 한 때에 인정되므로, 진술조서의 형식을 취하더라도 실질이 피의자신문조서의 성격을 가지는 경우에는 수사기관은 진술을 듣기 전에 조사대상자에게 미리 진술거부권을 고지하여야 한다.

③ 검사가 작성한 참고인진술조서에 대하여 피고인이 증거로 함에 부동의한 경우, 원진술자가 법정에서 검사나 재판장의 신문에 대하여 수사기관에서 사실대로 진술하였다는 취지로 증언하더라도, 원진술자가 그 진술기재의 내용을 열람하거나 고지받지 못한 채로 그와 같이 증언한 것이라면 그 진술조서는 증거능력이 없다.

④ 검사가 공판기일에서 이미 증언을 마친 증인을 소환하여 피고인에게 유리한 증언 내용을 추궁한 다음 그로 하여금 본인의 증언 내용을 번복하는 내용의 진술서를 작성하도록 하여 법원에 제출한 경우, 이러한 진술서는 피고인이 증거로 할 수 있음에 동의하여도 증거능력이 없다.

⑤ 19세 미만의 성폭력범죄의 피해자의 진술내용과 조사과정을 촬영한 영상물에 수록된 피해자의 진술은 그 피해자가 공판기일에 출석하지 아니하더라도 조사과정에 동석하였던 신뢰관계인의 공판기일에서의 진술에 의하여 그 성립의 진정함이 인정되었다면 증거로 사용할 수 있다.

[해설]

④ (×) 공판준비 또는 공판기일에서 이미 증언을 마친 증인을 검사

가 소환한 후 피고인에게 유리한 증언 내용을 추궁하여 이를 일방적으로 번복시키는 방식으로 작성한 진술조서는 피고인이 증거로 할 수 있음에 '동의하지 아니하는 한' 증거능력이 없고, 이와 같은 법리는 검사가 진술조서를 작성하는 대신 증언 내용을 번복하는 내용의 진술서를 작성하도록 하여 법원에 제출한 경우에도 마찬가지로 적용된다(대법원 2012.6.14, 2012도534).

⑤ (×) 성폭력범죄의 처벌 등에 관한 특례법 제30조 제6항은 제1항(성폭력범죄의 피해자가 19세 미만이거나 신체적인 또는 정신적인 장애로 사물을 변별하거나 의사를 결정할 능력이 미약한 경우에는 피해자의 진술내용과 조사과정을 비디오녹화기 등 영상물 녹화장치로 촬영·보존하여야 한다)에 따라 촬영한 영상물에 수록된 피해자의 진술은 공판준비기일 또는 공판기일에 피해자나 조사과정에 동석하였던 신뢰관계에 있는 사람 또는 진술조력인의 진술에 의하여 그 성립의 진정함이 인정된 경우에 증거로 할 수 있다고 규정하고 있다. 그러나 2021년 12월 헌법재판소는 "동법 제30조 제6항 중 '제1항에 따라 촬영한 영상물에 수록된 피해자의 진술은 공판준비기일 또는 공판기일에 조사과정에 동석하였던 신뢰관계에 있는 사람 또는 진술조력인의 진술에 의하여 그 성립의 진정함이 인정된 경우에 증거로 할 수 있다' 부분 가운데 19세 미만 성폭력범죄 피해자에 관한 부분은 헌법에 위반된다(헌법재판소 2021.12.23, 2018헌바524)"는 위헌결정을 선고하였다. 따라서 이는 틀린 지문이다.

[보충] 2023.7.11. 개정 성폭력처벌법(2023.10.12. 시행) 제30조의2에 의하면, 해당 성폭력피해자 진술에 대한 영상녹화물은, 성폭력처벌법 제30조 제4항부터 제6항까지에서 정한 (적법한) 절차와 방식에 따라 영상녹화된 것으로, 공판기일 등에 피고인 측의 피해자에 대한 반대신문권이 보장되었거나(적+반, 제30조의2 제1항 제1호), 사망 등의 사유로 진술할 수 없는 경우에는 특신상태가 증명된 때(적+필+특, 동항 제2호)에 증거로 할 수 있다.

> **성폭력처벌법 제30조의2(영상녹화물의 증거능력 특례)** ① 제30조 제1항에 따라 19세 미만피해자등의 진술이 영상녹화된 영상녹화물은 같은 조 제4항부터 제6항까지에서 정한 절차와 방식에 따라 영상녹화된 것으로서 다음 각 호의 어느 하나의 경우에 증거로 할 수 있다.
> 1. 증거보전기일, 공판준비기일 또는 공판기일에 그 내용에 대하여 피의자, 피고인 또는 변호인이 피해자를 신문할 수 있었던 경우. 다만, 증거보전기일에서의 신문의 경우 법원이 피의자나 피고인의 방어권이 보장된 상태에서 피해자에 대한 반대신문이 충분히 이루어졌다고 인정하는 경우로 한정한다.
> 2. 19세 미만피해자등이 다음 각 목의 어느 하나에 해당하는 사유로 공판준비기일 또는 공판기일에 출석하여 진술할 수 없는 경우. 다만, 영상녹화된 진술 및 영상녹화가 특별히 신빙(信憑)할 수 있는 상태에서 이루어졌음이 증명된 경우로 한정한다.
> 가. 사망
> 나. 외국 거주
> 다. 신체적, 정신적 질병·장애
> 라. 소재불명
> 마. 그 밖에 이에 준하는 경우
> ② 법원은 제1항 제2호에 따라 증거능력이 있는 영상녹화물을 유죄의 증거로 할지를 결정할 때에는 피고인과의 관계, 범행의 내용, 피해자의 나이, 심신의 상태, 피해자가 증언으로 인하여 겪을 수 있는 심리적 외상, 영상녹화물에 수록된 19세 미만피해자등의 진술내용 및 진술태도 등을 고려하여야 한다. 이 경우 법원은 전문심리위원 또는 제33조에 따른

전문가의 의견을 들어야 한다.

제30조(19세 미만피해자등 진술내용 등의 영상녹화 및 보존 등) ① 검사 또는 사법경찰관은 19세 미만피해자등의 진술내용과 조사과정을 영상녹화장치로 녹화(녹음이 포함된 것을 말하며, 이하 "영상녹화"라 한다)하고, 그 영상녹화물을 보존하여야 한다.

② 검사 또는 사법경찰관은 19세 미만피해자등을 조사하기 전에 다음 각 호의 사실을 피해자의 나이, 인지적 발달단계, 심리상태, 장애 정도 등을 고려한 적절한 방식으로 피해자에게 설명하여야 한다.

1. 조사과정이 영상녹화된다는 사실

2. 영상녹화된 영상녹화물이 증거로 사용될 수 있다는 사실

③ 제1항에도 불구하고 19세 미만피해자등 또는 그 법정대리인(법정대리인이 가해자이거나 가해자의 배우자인 경우는 제외한다)이 이를 원하지 아니하는 의사를 표시하는 경우에는 영상녹화를 하여서는 아니 된다.

④ 검사 또는 사법경찰관은 제1항에 따른 영상녹화를 마쳤을 때에는 지체 없이 피해자 또는 변호사 앞에서 봉인하고 피해자로 하여금 기명날인 또는 서명하게 하여야 한다.

⑤ 검사 또는 사법경찰관은 제1항에 따른 영상녹화 과정의 진행 경과를 조서(별도의 서면을 포함한다. 이하 같다)에 기록한 후 수사기록에 편철하여야 한다.

⑥ 제5항에 따라 영상녹화 과정의 진행 경과를 기록할 때에는 다음 각 호의 사항을 구체적으로 적어야 한다.

1. 피해자가 영상녹화 장소에 도착한 시각

2. 영상녹화를 시작하고 마친 시각

3. 그 밖에 영상녹화 과정의 진행 경과를 확인하기 위하여 필요한 사항

⑦ 검사 또는 사법경찰관은 19세 미만피해자등이나 그 법정대리인이 신청하는 경우에는 영상녹화 과정에서 작성한 조서의 사본 또는 영상녹화물에 녹음된 내용을 옮겨 적은 녹취서의 사본을 신청인에게 발급하거나 영상녹화물을 재생하여 시청하게 하여야 한다.

⑧ 누구든지 제1항에 따라 영상녹화한 영상녹화물을 수사 및 재판의 용도 외에 다른 목적으로 사용하여서는 아니 된다.

⑨ 제1항에 따른 영상녹화의 방법에 관하여는 「형사소송법」 제244조의2 제1항 후단을 준용한다.

[전문개정 2023.7.11.]

[2023.7.11. 법률 제19517호에 의하여 2021.12.23. 헌법재판소에서 위헌결정된 이 조를 개정함]

형사소송법 제244조의2(피의자진술의 영상녹화) ① 피의자의 진술은 영상녹화할 수 있다. 이 경우 미리 영상녹화사실을 알려주어야 하며, 조사의 개시부터 종료까지의 전 과정 및 객관적 정황을 영상녹화하여야 한다.

① (O) 대법원 2015.4.23, 2013도3790

② (O) 대법원 2015.10.29, 2014도5939

③ (O) 피고인이 사법경찰리 작성의 공소외인에 대한 피의자신문조서, 진술조서 및 검사 작성의 피고인에 대한 피의자신문조서 중 위 공소외인의 진술기재 부분을 증거로 함에 부동의하였고, 원진술자인 위 공소외인이 재심 및 항소심에서 증인으로 나와 그 진술기재의 내용을 열람하거나 고지 받지 못한 채 단지 검사나 재판장의 신문에 대하여 수사기관에서 사실대로 진술하였다는 취지의 증언만을 하고 있을 뿐이라면, 그 피의자신문조서와 진술조서는 증거능력이 없어 이를 유죄의 증거로 삼을 수 없다(대법원 1982.10. 12, 82도1865,82감도383; 1994.11.11, 94도343).

정답 ④·⑤

증거능력에 대한 설명으로 옳지 않은 것은? (다툼이 있는 경우 판례에 의함)

① 조서말미에 피고인의 서명만 있고 간인이 없는 검사 작성의 피고인에 대한 피의자신문조서에 대해, 간인이 없는 것이 피고인이 간인을 거부하였기 때문이라는 취지가 조서말미에 기재되었다면, 그 조서의 증거능력을 인정할 수 있다.

② 문자메시지가 표시된 휴대전화기의 화면을 촬영한 사진을 증거로 사용하려면 그 휴대전화기를 법정에 제출할 수 없거나 제출이 곤란한 사정이 있고, 그 사진이 휴대전화기의 화면에 표시된 문자메시지와 정확하게 같다는 사실이 증명되어야 한다.

③ 형사소송법 제314조의 '특신상태'와 관련된 법리는 원진술자의 소재불명 등을 전제로 하고 있는 형사소송법 제316조 제2항의 '특신상태'에 관한 해석과 동일하다.

④ 피고인이 아닌 자가 수사과정에서 진술서를 작성하였으나 수사기관이 그에 대한 조사과정을 기록하지 아니한 경우, 특별한 사정이 없는 한 그 진술서의 증거능력을 인정할 수 없다.

해설

① (×) 서명만 있고 날인 또는 간인이 없는 피의자신문조서는 증거능력이 없다(개정법에서는 간인 후 기명날인 또는 서명이 요건이나, 여기서는 판례에 따라 설명함). "조서말미에 피고인의 서명만이 있고, 그 날인(무인 포함)이나 간인이 없는 검사 작성의 피고인에 대한 피의자신문조서는 증거능력이 없다고 할 것이고, 그 날인이나 간인이 없는 것이 피고인이 그 날인이나 간인을 거부하였기 때문이어서 그러한 취지가 조서말미에 기재되었다거나, 피고인이 법정에서 그 피의자신문조서의 임의성을 인정하였다고 하여 달리 볼 것은 아니다(대법원 1999.4.13, 99도237)."

② (O) 구 정보통신망 이용촉진 및 정보보호 등에 관한 법률(2005.12.30. 법률 제7812호로 개정되기 전의 것) 제65조 제1항 제3호는 정보통신망을 통하여 공포심이나 불안감을 유발하는 글을 반복적으로 상대방에게 도달하게 하는 행위를 처벌하고 있다. 검사가 위 죄에 대한 유죄의 증거로 문자정보가 저장되어 있는 휴대전화기를 법정에 제출하는 경우, 휴대전화기에 저장된 문자정보 그 자체가 범행의 직접적인 수단으로서 증거로 사용될 수 있다. 또한, 검사는 휴대전화기 이용자가 그 문자정보를 읽을 수 있도록 한 휴대전화기의 화면을 촬영한 사진을 증거로 제출할 수도 있는데, 이를 증거로 사용하려면 문자정보가 저장된 휴대전화기를 법정에 제출할 수 없거나 그 제출이 곤란한 사정이 있고, 그 사진의 영상이 휴대전화기의 화면에 표시된 문자정보와 정확하게 같다는 사실이 증명되어야 한다(대법원 2008.11.13, 2006도2556).

③ (O) 형사소송법 제314조의 '특신상태'와 관련된 법리는 마찬가지로 원진술자의 소재불명 등을 전제로 하고 있는 형사소송법 제316조 제2항의 '특신상태'에 관한 해석에도 그대로 적용된다(대법원 2014.4.30, 2012도725).

④ (O) 형사소송법 제221조 제1항, 제244조의4 제1항, 제3항, 제312조 제4항, 제5항 및 그 입법 목적 등을 종합하여 보면, 피고인이 아닌 자가 수사과정에서 진술서를 작성하였지만 수사기관이 그에 대한 조사과정을 기록하지 아니하여 형사소송법 제244조의

4 제3항, 제항에서 정한 절차를 위반한 경우에는, 특별한 사정이 없는 한 '적법한 절차와 방식에 따라 수사과정에서 진술서가 작성되었다 할 수 없으므로 증거능력을 인정할 수 없다(대법원 2015. 4.23, 2013도3790).

정답 ①

---

093 ✓유사 ◆◆◆ `국가7급 2016 변형`

증거능력에 대한 설명으로 옳지 않은 것은? (다툼이 있는 경우 판례에 의함)

① 피고인이 아닌 자가 수사과정에서 진술서를 작성하였지만 수사기관이 그에 대한 조사과정을 기록하지 아니한 경우에는 특별한 사정이 없는 한 적법한 절차와 방식에 따라 작성되었다고 할 수 없으므로 증거능력을 인정할 수 없다.

② 수사기관이 참고인을 조사하는 과정에서 작성한 영상녹화물은 다른 법률에서 달리 규정하고 있는 등의 특별한 사정이 없는 한, 공소사실을 직접 증명할 수 있는 독립적인 증거로 사용할 수 없다.

③ 대화내용을 녹음한 녹음테이프가 원본으로부터 복사한 사본일 경우, 그 녹음테이프의 증거능력이 인정되기 위해서는 복사 과정에서 편집되는 등의 인위적 개작 없이 원본의 내용 그대로 복사된 사본임이 증명되어야 한다.

④ 조사관 또는 조사과정에 참여한 통역인 등의 증언은 수사기관 작성의 진술조서의 실질적 진정성립을 증명할 수 있는 수단인 '영상녹화물이나 그 밖의 객관적인 방법'에 해당한다.

해설

④ (×) 대법원 2016.2.18, 2015도16586
① (○) 대법원 2015.4.23, 2013도3790
② (○) 대법원 2014.7.10, 2012도5041
③ (○) 대법원 2014.8.26, 2011도6035

정답 ④

---

094 ✓유사 ◆◆◆ `국가9급/개론 2024`

피의자신문조서의 증거능력에 대한 설명으로 옳은 것은?

① 「형사소송법」 제312조 제3항은 검사 이외의 수사기관이 작성한 해당 피고인과 공범관계에 있는 다른 피고인이나 피의자에 대한 피의자신문조서를 해당 피고인에 대한 유죄의 증거로 채택할 경우에도 적용되지만, 양벌규정에 따라 처벌되는 행위자와 행위자가 아닌 법인 또는 개인 간의 관계에는 적용되지 않는다.

② 검사 작성의 피고인에 대한 피의자신문조서에 피고인의 서명만 있고 날인이나 간인이 없는 경우라도, 그와 같이 작성된 이유가 피고인이 당시 날인이나 간인을 거부하였기 때문이라는 취지가 조서 말미에 기재되어 있고, 피고인이 법정에서 그 피의자신문조서의 임의성을 인정하였다면 형식적 진정성립은 긍정된다.

③ 피고인이 법정에서 공소사실을 부인하면서도 검사가 작성한 피의자신문조서에 대하여 자신이 진술한 대로 기재되어 있다는 점을 명확하게 밝힌 경우, 그 피의자신문조서 중 공소사실을 인정하는 취지의 진술 기재 부분은 「형사소송법」 제312조 제1항에 따라 증거능력이 인정된다.

④ A에게 필로폰을 매도한 혐의로 기소된 甲이 검사 작성의 A에 대한 피의자신문조서 사본에 대하여 내용부인의 취지로 증거로 사용함에 부동의한 경우, 그 피의자신문조서 사본은 「형사소송법」 제312조 제1항에 따라 甲에 대한 유죄의 증거로 사용할 수 없다.

해설

④ (○) 형사소송법 제312조 제1항에서 정한 '검사가 작성한 피의자신문조서'란 당해 피고인에 대한 피의자신문조서만이 아니라 당해 피고인과 공범관계에 있는 다른 피고인이나 피의자에 대하여 검사가 작성한 피의자신문조서도 포함되고, 여기서 말하는 '공범'에는 형법 총칙의 공범 이외에도 서로 대향된 행위의 존재를 필요로 할 뿐 각자의 구성요건을 실현하고 별도의 형벌 규정에 따라 처벌되는 강학상 필요적 공범 또는 대향범까지 포함한다. 따라서 피고인이 자신과 공범관계에 있는 다른 피고인이나 피의자에 대하여 검사가 작성한 피의자신문조서의 내용을 부인하는 경우에는 형사소송법 제312조 제1항에 따라 유죄의 증거로 쓸 수 없다(대법원 2023.6.1, 2023도3741).

① (×) 형사소송법 제312조 제3항은 검사 이외의 수사기관이 작성한 해당 피고인에 대한 피의자신문조서를 유죄의 증거로 하는 경우뿐만 아니라 검사 이외의 수사기관이 작성한 해당 피고인과 공범관계에 있는 다른 피고인이나 피의자에 대한 피의자신문조서를 해당 피고인에 대한 유죄의 증거로 채택할 경우에도 적용된다. 따라서 해당 피고인과 공범관계가 있는 다른 피의자에 대하여 검사 이외의 수사기관이 작성한 피의자신문조서는 그 피의자의 법정진술에 의하여 성립의 진정이 인정되는 등 형사소송법 제312조 제4항의 요건을 갖춘 경우라도 해당 피고인이 공판기일에서 그 조서의 내용을 부인한 이상 이를 유죄 인정의 증거로 사용할 수 없고, 그 당연한 결과로 위 피의자신문조서에 대하여는 사망 등 사유로 인하여 법정에서 진술할 수 없는 때에 예외적으로 증거능력을 인정하는 규정인 형사소송법 제314조가 적용되지 아

니한다. 그리고 이러한 법리는 공동정범이나 교사범, 방조범 등 공범관계에 있는 자들 사이에서뿐만 아니라, 법인의 대표자나 법인 또는 개인의 대리인, 사용인, 그 밖의 종업원 등 행위자의 위반행위에 대하여 행위자가 아닌 법인 또는 개인이 <u>양벌규정에 따라 기소된 경우, 이러한 법인 또는 개인과 행위자 사이의 관계에서도 마찬가지로 적용된다고 보아야 한다</u>(대법원 2020.6.11, 2016도9367).

② (×) <u>조서말미에 피고인의 서명만이 있고, 그 날인(무인 포함)이나 간인이 없는 검사 작성의 피고인에 대한 피의자신문조서는 증거능력이 없다고 할 것이고</u>, 그 날인이나 간인이 없는 것이 피고인이 그 날인이나 간인을 거부하였기 때문이어서 그러한 취지가 조서말미에 기재되었다거나, 피고인이 법정에서 그 피의자신문조서의 임의성을 인정하였다고 하여 달리 볼 것은 아니다(대법원 1999.4.13, 99도237).

③ (×) 2020. 2. 4. 법률 제16924호로 개정되어 2022. 1. 1.부터 시행된 형사소송법 제312조 제1항은 검사가 작성한 피의자신문조서는 공판준비, 공판기일에 그 피의자였던 피고인 또는 변호인이 그 내용을 인정할 때에 한정하여 증거로 할 수 있다고 규정하고 있다. 여기서 '그 내용을 인정할 때'라 함은 피의자신문조서의 기재 내용이 진술 내용대로 기재되어 있다는 의미가 아니고 그와 같이 진술한 내용이 실제 사실과 부합한다는 것을 의미한다. 따라서 <u>피고인이 공소사실을 부인하는 경우 검사가 작성한 피의자신문조서 중 공소사실을 인정하는 취지의 진술 부분은 그 내용을 인정하지 않았다고 보아야 한다</u>(대법원 2023.4.27, 2023도2102).

[정답] ④

095 ✓유사 ◆◆◆ 변호사 2019 변형

피의자신문조서에 관한 설명 중 옳은 것(○)과 옳지 않은 것(×)을 올바르게 조합한 것은? (다툼이 있는 경우 판례에 의함)

ㄱ. 피고인과 공범관계에 있는 공동피고인에 대해 검사 이외의 수사기관이 작성한 피의자신문조서는 그 공동피고인이 피의자신문조서에 기재된 것과 같은 내용으로 진술하였다는 취지로 증언하였더라도 당해 피고인이 공판기일에서 그 조서의 내용을 부인하면 증거능력이 부정된다.

ㄴ. 공동피고인이 아닌 공범에 관한 검사 작성의 피의자신문조서가 증거능력을 인정받기 위해서는 피고인이 위 공범에 대한 피의자신문조서를 증거로 함에 동의하지 않는 이상, 그 공범이 현재의 사건에 증인으로 출석하여 그 서류의 성립의 진정을 인정하여야 한다.

ㄷ. 피고인과 공범관계가 있는 다른 피의자에 대한 검사 이외의 수사기관 작성의 피의자신문조서에 대하여는 사망 등 사유로 인하여 법정에서 진술할 수 없는 때에 예외적으로 증거능력을 인정하는 규정인 「형사소송법」 제314조가 적용되지 않는다.

ㄹ. 절도범과 장물범이 공동피고인으로 기소된 경우, 피고인이 증거로 함에 동의한 바 없는 검사 작성의 공동피고인에 대한 피의자신문조서가 증거능력을 인정받기 위해서는 공동피고인의 증언에 의하여 그 성립의 진정이 인정되어야 한다.

ㅁ. 피고인이 검사 작성의 피고인에 대한 피의자신문조서의 성립이 진정함을 인정하는 진술을 하고, 그 피의자신문조서에 대하여 증거조사가 완료되었다면, 절차적 안정성을 위해 진술의 취소는 허용될 수 없다.

	ㄱ	ㄴ	ㄷ	ㄹ	ㅁ
①	○	○	○	○	×
②	○	○	○	×	○
③	○	×	○	○	×
④	×	○	○	○	×
⑤	×	○	×	×	○

[해설]

ㄱ. (○) 형사소송법 제312조 제3항은 검사 이외의 수사기관이 작성한 당해 피고인에 대한 피의자신문조서를 유죄의 증거로 하는 경우뿐만 아니라, 검사 이외의 수사기관이 작성한 당해 피고인과 공범관계에 있는 다른 피고인이나 피의자에 대한 피의자신문조서를 당해 피고인에 대한 유죄의 증거로 채택할 경우에도 적용된다. 따라서 당해 피고인과 공범관계에 있는 공동피고인에 대해 검사 이외의 수사기관이 작성한 피의자신문조서는 그 공동피고인의 법정진술에 의하여 성립의 진정이 인정되더라도 당해 피고인이 공판기일에서 그 조서의 내용을 부인하면 증거능력이 부정된다(대법원 2009.10.15, 2009도1889).

ㄴ. (×) 형사소송법 제312조 제1항에서 정한 '검사가 작성한 피의자신문조서'란 당해 피고인에 대한 피의자신문조서만이 아니라 당해 피고인과 공범관계에 있는 다른 피고인이나 피의자에 대하여 검사가 작성한 피의자신문조서도 포함되고, 여기서 말하는 '공범'에는 형법 총칙의 공범 이외에도 서로 대향된 행위의 존재를 필요로 할 뿐 각자의 구성요건을 실현하고 별도의 형벌 규정에 따라 처벌되는 강학상 필요적 공범 또는 대향범까지 포함한다. 따라서 피고인이 자신과 공범관계에 있는 다른 피고인이나 피의자에 대하여 검사가 작성한 피의자신문조서의 내용을 부인하는 경우에는 형사소송법 제312조 제1항에 따라 유죄의 증거로 쓸 수 없다(대법원 2023.6.1, 2023도3741).

ㄷ. (○) 당해 피고인과 공범관계가 있는 다른 피의자에 대한 검사 이외의 수사기관 작성의 피의자신문조서는 그 피의자의 법정진술에 의하여 그 성립의 진정이 인정되더라도 당해 피고인이 공판기일에서 그 조서의 내용을 부인하면 증거능력이 부정되므로, 그 당연한 결과로 그 피의자신문조서에 대하여는 사망 등 사유로 인하여 법정에서 진술할 수 없는 때에 예외적으로 증거능력을 인정하는 규정인 형사소송법 제314조가 적용되지 않는다(대법원 2009.11.26, 2009도6602).

ㄹ. (○) 공동피고인인 절도범과 그 장물범은 서로 다른 공동피고인의 범죄사실에 관하여는 증인의 지위에 있다 할 것이므로, 피고인이 증거로 함에 동의한 바 없는 공동피고인에 대한 피의자신문조서는 공동피고인의 증언에 의하여 그 성립의 진정이 인정되지 아니하는 한 피고인의 공소 범죄사실을 인정하는 증거로 할 수 없다(대법원 2006.1.12, 2005도7601).

ㅁ. (×) 적법절차 보장의 정신에 비추어 성립의 진정함을 인정한 최초의 진술에 그 효력을 그대로 유지하기 어려운 중대한 하자가 있고 그에 관하여 진술인에게 귀책사유가 없는 경우에 한하여 예외적으로 증거조사 절차가 완료된 뒤에도 그 진술을 취소할 수 있다(대법원 2008.7.10, 2007도7760).

정답 ③

3. 진술조서

096 ✓ 대표 ◆◇◇ 국가7급 2016

다음 설명 중 옳지 않은 것은? (다툼이 있는 경우 판례에 의함)

① 공소제기 후 법원이 피고인에 대하여 구속영장을 발부하는 경우에는 검사의 신청을 요하지 않는다.

② 검사가 공소제기 후 수소법원 이외의 지방법원 판사에게 청구하여 발부받은 영장에 의하여 압수·수색을 하였다면, 그와 같이 수집된 증거는 적법한 절차에 따르지 않은 것으로서 원칙적으로 유죄의 증거로 삼을 수 없다.

③ 검사가 피의자를 구속 기소한 후 다시 그를 소환하여 공범들과의 활동 등에 관한 신문을 하면서 피의자신문조서가 아닌 일반적인 진술조서의 형식으로 조서를 작성한 경우, 조서의 내용이 피의자신문조서와 실질적으로 같고, 그 진술의 임의성이 인정되는 경우라도 미리 피의자에게 진술거부권을 고지하지 않았다면 그 조서는 유죄의 증거로 할 수 없다.

④ 공판준비 또는 공판기일에서 이미 증언을 마친 증인을 검사가 소환한 후 그 증언 내용을 추궁하여 이를 일방적으로 번복시키는 방식으로 진술조서를 작성한 경우, 그 후 원진술자인 종전 증인이 다시 법정에 출석하여 증언을 하면서 그 진술조서의 성립의 진정함을 인정하고 피고인 측에 반대신문의 기회가 부여되었다면 그 진술조서는 증거능력이 있다.

해설

④ (×) 공판준비 또는 공판기일에서 이미 증언을 마친 증인을 검사가 소환한 후 피고인에게 유리한 증언 내용을 추궁하여 이를 일방적으로 번복시키는 방식으로 작성한 진술조서를 유죄의 증거로 삼는 것은 당사자주의·공판중심주의·직접주의를 지향하는 현행 형사소송법의 소송구조에 어긋나는 것일 뿐만 아니라, 헌법 제27조가 보장하는 기본권, 즉 법관의 면전에서 모든 증거자료가 조사·진술되고 이에 대하여 피고인이 공격·방어할 수 있는 기회가 실질적으로 부여되는 재판을 받을 권리를 침해하는 것이므로, 이러한 진술조서는 피고인이 증거로 할 수 있음에 동의하지 아니하는 한 증거능력이 없고, 그 후 원진술자인 종전 증인이 다시 법정에 출석하여 증언을 하면서 그 진술조서의 성립의 진정함을 인정하고 피고인 측에 반대신문의 기회가 부여되었다고 하더라도 그 증언 자체를 유죄의 증거로 할 수 있음은 별론으로 하고 위와 같은 진술조서의 증거능력이 없다는 결론은 달리할 것이 아니다(대법원 2013.8.14, 2012도13665).

① (○) 대법원 1996.8.12, 96모46
② (○) 대법원 2011.4.28, 2009도10412
③ (○) 대법원 2009.8.20, 2008도8213

정답 ④

097 ✅ 대표 ◆◆◇ 국가7급 2021 법원9급 2022 유사

증거에 대한 설명으로 옳지 않은 것은? (다툼이 있는 경우 판례에 의함)

① 유류물의 경우 영장 없이 압수하였더라도 영장주의를 위반한 잘못이 있다 할 수 없고, 압수 후 압수조서의 작성 및 압수 목록의 작성·교부 절차가 제대로 이행되지 아니한 잘못이 있다 하더라도, 그것이 적법절차의 실질적인 내용을 침해하는 경우에 해당하는 것은 아니다.

② 제1심에서 피고인에 대하여 무죄판결이 선고되어 검사가 항소한 후, 수사기관이 항소심 공판기일에 증인으로 신청하여 신문할 수 있는 사람을 특별한 사정 없이 미리 수사기관에 소환하여 작성한 진술조서나 피의자신문조서는 피고인이 증거로 삼는 데 동의하지 않는 한 증거능력이 없지만, 참고인 등이 나중에 법정에 증인으로 출석하여 위 진술조서 등의 진정성립을 인정하고 피고인 측에 반대신문의 기회까지 충분히 부여되었다면 하자가 치유되었다고 할 것이므로 위 진술조서 등의 증거능력을 인정할 수 있다.

③ 피고인의 사용인이 위반행위를 하여 피고인이 양벌규정에 따라 기소된 경우, 사용인에 대하여 사법경찰관이 작성한 피의자 신문조서에 대하여는 그 사용인이 사망하여 진술할 수 없더라도 「형사소송법」 제314조가 적용되지 않는다.

④ 압수조서의 '압수경위'란에 피고인이 범행을 저지르는 현장을 목격한 사법경찰관 및 사법경찰리의 진술이 담겨 있고, 그 하단에 피고인의 범행을 직접 목격하면서 위 압수조서를 작성한 사법경찰관 및 사법경찰리의 각 기명날인이 들어가 있다면, 위 압수조서 중 '압수경위'란에 기재된 내용은 「형사소송법」 제312조 제5항에서 정한 '피고인이 아닌 자가 수사과정에서 작성한 진술서'에 준하는 것으로 볼 수 있다.

해설

② (×) 참고인이 나중에 법정에 증인으로 출석하여 위 진술조서의 성립의 진정을 인정하고 피고인 측에 반대신문의 기회가 부여된다 하더라도 위 진술조서의 증거능력을 인정할 수 없음은 마찬가지이다(대법원 2019.11.28, 2013도6825).

① (○) 이 사건 강판조각은 형사소송법 제218조에 규정된 유류물에, 이 사건 차량에서 탈거 또는 채취된 이 사건 보강용 강판과 페인트는 위 차량의 보관자가 감정을 위하여 임의로 제출한 물건에 각 해당함을 알 수 있다. 따라서 이 사건 강판조각과 보강용 강판 및 차량에서 채취된 페인트는 형사소송법 제218조에 의하여 영장 없이 압수할 수 있으므로 위 각 증거의 수집 과정에 영장주의를 위반한 잘못이 있다 할 수 없고, 나아가 이 사건 공소사실과 위 각 증거와의 관련성 및 그 내용 기타 이 사건 수사의 개시 및 진행 과정 등에 비추어, 비록 상고이유의 주장처럼 위 각 증거의 압수 후 압수조서의 작성 및 압수목록의 작성·교부 절차가 제대로 이행되지 아니한 잘못이 있다 하더라도, 그것이 적법절차의 실질적

인 내용을 침해하는 경우에 해당한다거나 앞서 본 위법수집증거의 배제법칙에 비추어 그 증거능력의 배제가 요구되는 경우에 해당한다고 볼 수는 없다(대법원 2011.5.26, 2011도1902).

③ (○) 피고인과 공범관계가 있는 다른 피의자에 대하여 검사 이외의 수사기관이 작성한 피의자신문조서에 대해서는 형사소송법 제314조가 적용되지 아니한다. 이러한 법리는 법인의 대표자나 법인 또는 개인의 대리인, 사용인, 그 밖의 종업원 등 행위자의 위반행위에 대하여 행위자가 아닌 법인 또는 개인이 양벌규정에 따라 기소된 경우, 이러한 법인 또는 개인과 행위자 사이의 관계에서도 마찬가지로 적용된다(대법원 2020.6.11, 2016도9367).

④ (○) 피고인이 지하철역 에스컬레이터에서 휴대전화기의 카메라를 이용하여 성명불상 여성 피해자의 치마 속을 몰래 촬영하다가 현행범으로 체포되어 성폭력범죄의 처벌 등에 관한 특례법 위반(카메라등이용촬영)으로 기소된 경우, 피고인은 공소사실에 대해 자백하고 검사가 제출한 모든 서류에 대하여 증거로 함에 동의하였는데, 그 서류들 중 체포 당시 임의제출 방식으로 압수된 피고인 소유 휴대전화기(이하 '휴대전화기')에 대한 압수조서의 '압수경위'란에 '지하철역 승강장 및 게이트 앞에서 경찰관이 지하철범죄 예방·검거를 위한 비노출 잠복근무 중 검정 재킷, 검정 바지, 흰색 운동화를 착용한 20대 가량 남성이 짧은 치마를 입고 에스컬레이터를 올라가는 여성을 쫓아가 뒤에 밀착하여 치마 속으로 휴대폰을 집어넣는 등 해당 여성의 신체를 몰래 촬영하는 행동을 하였다'는 내용이 포함되어 있고, 그 하단에 피고인의 범행을 직접 목격하면서 위 압수조서를 작성한 사법경찰관 및 사법경찰리의 각 기명날인이 들어가 있으므로, 위 압수조서 중 '압수경위'란에 기재된 내용은 피고인이 범행을 저지르는 현장을 직접 목격한 사람의 진술이 담긴 것으로서 형사소송법 제312조 제5항에서 정한 '피고인이 아닌 자가 수사과정에서 작성한 진술서'에 준하는 것으로 볼 수 있고, 이에 따라 휴대전화기에 대한 임의제출절차가 적법하였는지에 영향을 받지 않는 별개의 독립적인 증거에 해당하여, 피고인이 증거로 함에 동의한 이상 유죄를 인정하기 위한 증거로 사용할 수 있을 뿐 아니라 피고인의 자백을 보강하는 증거가 된다고 볼 여지가 많다(대법원 2019.11.14, 2019도13290).

정답 ②

전문법칙에 대한 설명으로 옳은 것은? (다툼이 있는 경우 판례에 의함)

① "甲이 도둑질 하는 것을 보았다"라는 乙의 발언사실을 A가 법정에서 증언하는 경우, 乙의 명예훼손 사건에 대한 전문증거로서 전문법칙이 적용된다.

② 조사과정에 참여한 통역인의 증언은 검사 작성 피의자신문조서에 대한 실질적 진정성립을 증명할 수 있는 수단으로서 형사소송법 제312조 제4항에 규정된 '영상녹화물이나 그 밖의 객관적인 방법'에 해당한다고 볼 수 없다.

③ 사법경찰관작성의 공동피고인(乙)에 대한 피의자신문조서를 乙이 법정에서 진정성립 및 내용을 인정한 경우, 공동피고인(甲)이 그 피의자신문조서의 진정성립 및 내용을 인정하지 않더라도 甲에 대하여 증거능력이 있다.

④ 의사가 작성한 진단서는 업무상 필요에 의하여 순차적, 계속적으로 작성되는 것이고 그 작성이 특히 신빙할 만한 정황에 의하여 작성된 문서이므로 당연히 증거능력이 인정되는 서류라고 할 수 있다.

[해설]

② (O) 영상녹화물이나 그 밖의 객관적 방법에는 조사관이나 통역인의 진술과 같은 인적 방법은 포함되지 아니한다. "검사 작성의 피의자신문조서에 대한 실질적 진정성립을 증명할 수 있는 수단으로서 형사소송법 제312조 제2항(현재는 삭제됨)에 규정된 '영상녹화물이나 그 밖의 객관적인 방법'이란 형사소송법 및 형사소송규칙에 규정된 방식과 절차에 따라 제작된 영상녹화물 또는 그러한 영상녹화물에 준할 정도로 피고인의 진술을 과학적·기계적·객관적으로 재현해 낼 수 있는 방법만을 의미하고, 그 외에 조사관 또는 조사과정에 참여한 통역인 등의 증언은 이에 해당한다고 볼 수 없다(대법원 2016.2.18, 2015도16586)."

① (×) 명예훼손 발언을 들은 사람의 진술은 일종의 목격자의 증언과 같은 것으로서 원본증거이자 직접증거에 속한다. "타인의 진술을 내용으로 하는 진술이 전문증거인지는 요증사실과 관계에서 정하여지는데, 원진술의 내용인 사실이 요증사실인 경우에는 전문증거이나, 원진술의 존재 자체가 요증사실인 경우에는 본래증거이지 전문증거가 아니다(대법원 2012.7.26, 2012도2937)."

③ (×) 형사소송법 제312조 제3항은 검사 이외의 수사기관이 작성한 당해 피고인에 대한 피의자신문조서를 유죄의 증거로 하는 경우뿐만 아니라, 검사 이외의 수사기관이 작성한 당해 피고인과 공범관계에 있는 다른 피고인이나 피의자에 대한 피의자신문조서를 당해 피고인에 대한 유죄의 증거로 채택할 경우에도 적용된다. 따라서 당해 피고인과 공범관계에 있는 공동피고인에 대해 검사 이외의 수사기관이 작성한 피의자신문조서는 그 공동피고인의 법정진술에 의하여 성립의 진정이 인정되더라도 당해 피고인이 공판기일에서 그 조서의 내용을 부인하면 증거능력이 부정된다(대법원 2009.10.15, 2009도1889).

④ (×) 사인인 의사가 작성한 진단서는 환자 등 사인의 의뢰에 따라 개별적으로 작성되는 것이어서 특히 신용할 만한 정황에 의하여 작성된 문서라고 볼 수 없고(대법원 1969.3.31, 69도179), 진술서와 같이 제313조 제1항에 의하여 증거능력이 문제될 뿐이다.

[정답] ②

진술조서의 증거능력에 대한 설명으로 가장 적절하지 않은 것은? (다툼이 있는 경우 판례에 의함)

① 만약 동석한 사람이 피의자를 대신하여 진술한 부분이 조서에 기재되어 있다면 그 부분은 피의자의 진술을 기재한 것이 아니라 동석한 사람의 진술을 기재한 조서에 해당하므로 그 사람에 대한 진술조서로서의 증거능력을 취득하기 위한 요건을 충족하지 못하는 한 이를 유죄인정의 증거로 사용할 수 없다.

② 검사가 피의자 아닌 자의 진술을 기재한 조서에 대하여 그 원진술자가 공판기일에서 그 조서의 내용과 다른 진술을 하거나 변호인 또는 피고인의 반대신문에 대하여 아무런 답변을 하지 아니하였다 하여 곧 증거능력 자체를 부정할 사유가 되지는 아니한다.

③ 원진술자가 법정에서 증인으로 나와 진술조서의 기재내용을 열람하거나 고지받지 못한 채 단지 검사나 재판장의 신문에 대하여 수사기관에서 사실대로 진술하였다는 취지의 증언만을 하고 있을 뿐이라면, 그 진술조서는 증거능력을 인정할 수 없다.

④ 사법경찰관 작성의 피해자에 대한 진술조서가 피해자의 화상으로 인한 서명불능을 이유로 입회하고 있던 피해자의 동생에게 대신 읽어 주고 그 동생으로 하여금 서명날인하게 하는 방법으로 작성되었다면, 이는 「형사소송법」 제312조 제4항 소정의 형식적 요건을 구비한 서류로서 증거로 사용할 수 있다.

[해설]

④ (×) 사법경찰관 작성의 피해자에 대한 진술조서가 피해자의 화상으로 인한 서명불능을 이유로 입회하고 있던 피해자의 동생에게 대신 읽어 주고 그 동생으로 하여금 서명날인하게 하는 방법으로 작성된 경우, 이는 형사소송법 제312조 제4항 소정의 형식적 요건을 결여한 서류로서 증거로 사용할 수 없다(대법원 1997.4.11, 96도2865).

① (O) 대법원 2009.6.23, 2009도1322

② (O) 검사가 피의자 아닌 자의 진술을 기재한 조서는 원진술자의 공판준비 또는 공판기일에서의 진술에 의하여 그 성립의 진정함이 인정되면 증거로 할 수 있고, 여기에서 성립의 진정이라 함은 간인, 서명, 날인 등 조서의 형식적인 진정과 그 조서의 내용이 진술자의 진술내용대로 기재되었다는 실질적인 진정을 뜻하는 것이므로, 검사가 피의자 아닌 자의 진술을 기재한 조서에 대하여 그 원진술자가 공판기일에서 그 성립의 진정을 인정하면 그 조서는 증거능력이 있는 것이고, 원진술자가 공판기일에서 그 조서의 내용과 다른 진술을 하거나 변호인 또는 피고인의 반대신문에 대하여 아무런 답변을 하지 아니하였다 하여 곧 증거능력 자체를 부정할 사유가 되지는 아니한다(대법원 2001.9.14, 2001도1550).

[보충] 다만, 2007년 개정 제312조 제4항에 의하여 진술조서의 증거능력 인정요건으로서 반대신문권의 보장이 규정된 만큼, 위 판례가 향후에도 유지될지는 미지수이다.

[위 판례에서 참고할 논점] ㉠ 증인이 반대신문에 대하여 묵비함으로써 진술내용의 모순이나 불합리를 드러내는 것이 사실상 불

가능한 경우, 그 증인의 진술증거의 증명력 유무(한정 소극): 반대신문권의 보장은 형식적·절차적인 것이 아니라 실질적·효과적인 것이어야 하므로, 증인이 반대신문에 대하여 답변을 하지 아니함으로써 진술내용의 모순이나 불합리를 드러내는 것이 사실상 불가능하였다면, 그 사유가 피고인이나 변호인에게 책임있는 것이 아닌 한 그 진술증거는 법관의 올바른 심증형성의 기초가 될 만한 진정한 증거가치를 가진다고 보기 어렵다 할 것이고, 따라서 이러한 증거를 채용하여 공소사실을 인정함에 있어서는 신중을 기하여야 한다. ⓒ 검사 작성의 진술조서에 대하여 원진술자가 공판기일에서 그 성립의 진정을 인정하면서도 그 진술조서상의 진술내용을 탄핵하려는 변호인의 반대신문에 대하여 묵비한 것이 피고인 또는 변호인의 책임있는 사유에 기인한 것이라고 인정할 수 없는 경우, 그 진술기재는 반대신문에 의한 증명력의 탄핵이 제대로 이루어지지 아니한 것이므로 그 신빙성을 선뜻 인정하기 어렵다(대법원 2001.9.14, 2001도1550).
[비교] 피고인에게 불리한 증거인 증인이 주신문의 경우와 달리 반대신문에 대하여는 답변을 하지 아니하는 등 진술내용의 모순이나 불합리를 증인신문 과정에서 드러내어 이를 탄핵하는 것이 사실상 곤란하였고, 그것이 피고인 또는 변호인에게 책임 있는 사유에 기인한 것이 아닌 경우, 증인의 법정진술의 증거능력 유무(원칙적 소극): 형사소송법은 제161조의2에서 피고인의 반대신문권을 포함한 교호신문제도를 규정하는 한편, 제310조의2에서 법관의 면전에서 진술되지 아니하고 피고인에 의한 반대신문의 기회가 부여되지 아니한 진술에 대하여는 원칙적으로 그 증거능력을 부여하지 아니함으로써, 형사재판에서 증거는 법관의 면전에서 진술·심리되어야 한다는 직접주의와 피고인에게 불리한 증거에 대하여 반대신문할 수 있는 권리를 원칙적으로 보장하고 있는데, 이러한 반대신문권의 보장은 피고인에게 불리한 주된 증거의 증명력을 탄핵할 수 있는 기회가 보장되어야 한다는 점에서 형식적·절차적인 것이 아니라 실질적·효과적인 것이어야 한다. 따라서 피고인에게 불리한 증거인 증인이 주신문의 경우와 달리 반대신문에 대하여는 답변을 하지 아니하는 등 진술내용의 모순이나 불합리를 그 증인신문 과정에서 드러내어 이를 탄핵하는 것이 사실상 곤란하였고, 그것이 피고인 또는 변호인에게 책임 있는 사유에 기인한 것이 아닌 경우라면, 관계 법령의 규정 혹은 증인의 특성 기타 공판절차의 특수성에 비추어 이를 정당화할 수 있는 특별한 사정이 존재하지 아니하는 이상, 이와 같이 실질적 반대신문권의 기회가 부여되지 아니한 채 이루어진 증인의 법정진술은 위법한 증거로서 증거능력을 인정하기 어렵다. 이 경우 피고인의 책문권 포기로 그 하자가 치유될 수 있으나, 책문권 포기의 의사는 명시적인 것이어야 한다(대법원 2022.3.17, 2016도17054).
③ (○) 피고인이 사법경찰리 작성의 공소외인에 대한 피의자신문조서, 진술조서 및 검사 작성의 피고인에 대한 피의자신문조서 중 위 공소외인의 진술기재 부분을 증거로 함에 부동의하였고, 원진술자인 위 공소외인이 제1심 및 항소심에서 증인으로 나와 그 진술기재의 내용을 열람하거나 고지받지 못한 채 단지 검사나 재판장의 신문에 대하여 수사기관에서 사실대로 진술하였다는 취지의 증언만을 하고 있을 뿐이라면, 그 피의자신문조서와 진술조서는 증거능력이 없어 이를 유죄의 증거로 삼을 수 없다(대법원 1994.11.11, 94도343).

정답 ④

100 ✓ 유사 ◆◇◇

「형사소송법」 및 「형사소송규칙」상 영상녹화에 대한 내용으로 가장 적절하지 않은 것은?

① 검사 또는 사법경찰관은 수사에 필요한 때에는 피의자가 아닌 자의 출석을 요구하여 진술을 들을 수 있다. 이 경우 그의 동의를 받아 영상녹화할 수 있다.
② 검사는 피의자가 아닌 자가 공판준비 또는 공판기일에서 조서가 자신이 검사 또는 사법경찰관 앞에서 진술한 내용과 동일하게 기재되어 있음을 인정하지 아니하는 경우 그 부분의 성립의 진정을 증명하기 위하여 영상녹화물의 조사를 신청할 수 있다.
③ 법원은 검사가 영상녹화물의 조사를 신청한 경우 이에 관한 결정을 함에 있어 원진술자와 함께 피고인 또는 변호인으로 하여금 그 영상녹화물이 적법한 절차와 방식에 따라 작성되어 봉인된 것인지 여부에 관한 의견을 진술하게 하여야 한다.
④ 법원은 공판준비 또는 공판기일에서 봉인을 해체하고 영상녹화물의 전부 또는 일부를 재생하는 방법으로 조사하여야 한다. 이때 영상녹화물은 그 재생과 조사에 필요한 전자적 설비를 갖춘 법정 외의 장소에서는 이를 재생할 수 없다.

해설

④ (×) 법원은 공판준비 또는 공판기일에서 봉인을 해체하고 영상녹화물의 전부 또는 일부를 재생하는 방법으로 조사하여야 한다. 이때 영상녹화물은 그 재생과 조사에 필요한 전자적 설비를 갖춘 법정 외의 장소에서 이를 재생할 수 있다(규칙 제134조의4 제3항).
① (○) 제221조 제1항
② (○) 규칙 제134조의3 제1항
③ (○) 규칙 제134조의4 제1항 참조.

> **규칙 제134조의4(영상녹화물의 조사)** ① 법원은 검사가 영상녹화물의 조사를 신청한 경우 이에 관한 결정을 함에 있어 원진술자와 함께 피고인 또는 변호인으로 하여금 그 영상녹화물이 적법한 절차와 방식에 따라 작성되어 봉인된 것인지 여부에 관한 의견을 진술하게 하여야 한다. 〈개정 2020.12.28.〉

정답 ④

甲은 술에 취한 상태로 조수석에 이혼한 전처 乙을 태우고 빌린 승용차를 캠핑장에서 주차하던 중 액셀을 브레이크로 착각하고 세게 밟아 바위에 충돌하여 위 승용차 차량 뒷 범퍼가 파손되었다. 신고로 출동한 사법경찰관은 甲이 술에 취하여 운전하였다고 판단하고 甲에게 음주측정을 요구하였으나 甲은 거부하였다. 검사는 甲을 도로교통법위반(음주측정거부)죄 및 업무상과실재물손괴로 인한 도로교통법위반죄로 기소하였다. 乙은 위 사건의 제2회 공판기일에 증인으로 출석하여 증언거부권을 고지받고 선서한 후 甲이 아니라 자신이 운전을 하였다고 증언하였고, 증인신문절차가 그대로 종료되었다. 한편, 검사는 공소제기 후 법원영장전담판사(수소법원 이외의 지방법원판사)로부터 위 차량에 대한 압수·수색영장을 발부받아 차량 블랙박스 메모리칩을 압수한 결과 甲이 위 사건 당시 운전하는 장면을 발견하고 위 영상을 CD에 저장하여 추가 증거로 제출하였다. 이후 검사는 乙을 위증죄의 피의자로 소환하여 제2회 공판기일의 증언을 번복시켜 '운전자가 甲이 맞고 제2회 공판기일 당시 위증을 하였다'는 자백을 받아 이를 피의자신문조서에 기재하였다. 법원은 검사의 신청에 따라 乙을 다시 증인으로 채택하였고, 제5회 공판기일에 증인으로 출석한 乙은 위 피의자신문조서의 진정성립을 인정하는 동시에 운전자가 甲이 맞다는 취지로 진술하였다. 이에 관한 설명 중 옳은 것은? (다툼이 있는 경우 판례에 의함)

① 甲은 위 차량에 대한 업무상과실재물손괴로 인한 도로교통법위반의 죄책을 진다.

② 만일 증인소환장을 송달받은 乙이 정당한 사유 없이 증인으로 출석하지 아니한 때에는 법원은 결정으로 당해 불출석으로 인한 소송비용을 증인이 부담하도록 명하고 500만원 이하의 과태료를 부과할 수 있으며, 乙은 이러한 결정에 대해 즉시항고를 할 수 있다.

③ 검사는 공소제기 후에도 甲에 대한 원활한 공소유지를 위하여 위와 같이 법원의 영장을 받아 「형사소송법」 제215조에 따라 압수·수색을 할 수 있으므로 위 차량 블랙박스 동영상이 저장된 CD는 적법하게 수집된 증거이다.

④ 검사가 乙에 대하여 작성한 피의자신문조서는 당해 사건의 피고인이 아닌 사람의 진술을 기재한 서류로서 「형사소송법」 제312조 제4항에 따라 원진술자에 의한 진정성립이 인정되었으므로 甲의 증거동의가 없더라도 당해 사건에 대해 증거능력이 인정된다.

⑤ 증인의 증언은 그 전체를 일체로 관찰·판단하는 것이어서 선서한 증인이 일단 기억에 반하는 허위의 진술을 하였더라도 그 신문이 끝나기 전에 그 진술을 철회·시정한 경우 위증이 되지 아니하므로 제5회 공판기일에 다시 출석한 乙이 종전의 허위진술을 철회한 이상 乙은 위증죄로 처벌되지 아니한다.

해설

② (○) 제151조 제1항·제2항·제8항

> **제151조**(증인이 출석하지 아니한 경우의 과태료 등) ① 법원은 소환장을 송달받은 증인이 정당한 사유 없이 출석하지 아니한 때에는 결정으로 당해 불출석으로 인한 소송비용을 증인이 부담하도록 명하고, 500만원 이하의 과태료를 부과할 수 있다. 제153조에 따라 준용되는 제76조 제2항·제5항에 따라 소환장의 송달과 동일한 효력이 있는 경우에도 또한 같다.
> ② 법원은 증인이 제1항에 따른 과태료 재판을 받고도 정당한 사유 없이 다시 출석하지 아니한 때에는 결정으로 증인을 7일 이내의 감치에 처한다.
> ⑧ 제1항과 제2항의 결정에 대하여는 즉시항고를 할 수 있다. 이 경우 제410조는 적용하지 아니한다.

① (×) 차 또는 노면전차의 운전자가 업무상 필요한 주의를 게을리하거나 중대한 과실로 다른 사람의 건조물이나 그 밖의 재물을 손괴한 경우에는 2년 이하의 금고나 500만원 이하의 벌금에 처한다(도로교통법 제151조). 따라서 운전자 본인 운행 차량은 위 업무상과실재물손괴죄의 객체에 해당하지 아니한다.

[판례] 구 도로교통법 제108조는 "차의 운전자가 업무상 필요한 주의를 게을리하거나 중대한 과실로 다른 사람의 건조물이나 그 밖의 재물을 손괴한 때에는 2년 이하의 금고나 500만원 이하의 벌금의 형으로 벌한다."고 규정하고 있는바, 원래 형법에서는 고의가 아닌 과실로 재물을 손괴한 경우를 처벌하지 않고 있으나 도로운송에 즈음하여 차량운행과 관련 없는 제3자의 재물을 보호하려는 입법 취지에서 도로교통법에 특별히 위와 같은 처벌 규정을 둔 것이므로, 위 법조의 '그 밖의 재물' 중에는 범행의 수단 또는 도구로 제공된 차량 자체는 포함되지 아니한다(대법원 1986. 7.8, 86도620; 2007.3.15, 2007도291).

③ (×) 일단 공소가 제기된 후에는 피고사건에 관하여 검사로서는 형사소송법 제215조에 의하여 압수·수색을 할 수 없다고 보아야 하며, 그럼에도 검사가 공소제기 후 형사소송법 제215조에 따라 수소법원 이외의 지방법원 판사에게 청구하여 발부받은 영장에 의하여 압수·수색을 하였다면, 그와 같이 수집된 증거는 기본적 인권보장을 위해 마련된 적법한 절차에 따르지 않은 것으로서 원칙적으로 유죄의 증거로 삼을 수 없다(대법원 2011.4.28, 2009도10412).

④ (×) 공판준비 또는 공판기일에서 이미 증언을 마친 증인을 검사가 소환한 후 피고인에게 유리한 증언 내용을 추궁하여 이를 일방적으로 번복시키는 방식으로 작성한 진술조서를 유죄의 증거로 삼는 것은 당사자주의·공판중심주의·직접주의를 지향하는 현행 형사소송법의 소송구조에 어긋나는 것일 뿐만 아니라, 헌법 제27조가 보장하는 기본권, 즉 법관의 면전에서 모든 증거자료가 조사·진술되고 이에 대하여 피고인이 공격·방어할 수 있는 기회가 실질적으로 부여되는 재판을 받을 권리를 침해하는 것이므로, 이러한 진술조서는 피고인이 증거로 할 수 있음에 동의하지 아니하는 한 증거능력이 없고, 그 후 원진술자인 종전 증인이 다시 법정에 출석하여 증언을 하면서 그 진술조서의 성립의 진정함을 인정하고 피고인 측에 반대신문의 기회가 부여되었다고 하더라도 그 증언 자체를 유죄의 증거로 할 수 있음은 별론으로 하고 위와 같은 진술조서의 증거능력이 없다는 결론은 달리할 것이 아니다. 이는 검사가 공판준비 또는 공판기일에서 이미 증언을 마친 증인에게 수사기관에 출석할 것을 요구하여 그 증인을 상대로 위증의 혐의를 조사한 내용을 담은 피의자신문조서의 경우도 마찬가지이다(대법원 2013.8.14, 2012도13665).

⑤ (×) ⊙ 증인의 증언은 그 전부를 일체로 관찰·판단하는 것이므로 선서한 증인이 일단 기억에 반하는 허위의 진술을 하였더라도

그 신문이 끝나기 전에 그 진술을 철회·시정한 경우 위증이 되지 아니한다고 할 것이나, ⓒ 증인이 1회 또는 수회의 기일에 걸쳐 이루어진 1개의 증인신문절차에서 허위의 진술을 하고 그 진술이 철회·시정된 바 없이 그대로 증인신문절차가 종료된 경우 그로써 위증죄는 기수에 달하고, 그 후 별도의 증인신청 및 채택절차를 거쳐 그 증인이 다시 신문을 받는 과정에서 종전 신문절차에서의 진술을 철회·시정한다 하더라도 그러한 사정은 형법 제153조가 정한 형의 감면사유에 해당할 수 있을 뿐, 이미 종결된 종전 증인신문절차에서 행한 위증죄의 성립에 어떤 영향을 주는 것은 아니다(대법원 2010.9.30, 2010도7525).

정답 ②

4. 진술서 및 진술기재 서류

102 ✓ 대표 ◆◇◇   국가7급 2016

다음 설명 중 옳지 않은 것은? (다툼이 있는 경우 판례에 의함)

① 피고인이 수표를 발행하였으나 예금부족 또는 거래정지 처분으로 지급되지 아니하게 하였다는 부정수표단속법 위반의 공소사실을 증명하기 위하여 제출된 수표는 그 존재 또는 상태 자체가 증거가 되고 어떠한 사실을 직접 경험한 사람의 진술에 갈음하는 대체물이 아니므로 전문법칙이 적용될 여지가 없다.

② 서류에 기재된 진술내용의 진실성이 범죄사실에 대한 직접증거로 사용되는 경우는 전문증거가 되나, 압수된 디지털 저장매체로부터 출력한 문건을 진술증거로 사용하는 경우는 그 기재 내용의 진실성에 관하여 전문법칙이 적용되지 않는다.

③ 범행의 직접적인 수단이 된 문자정보가 저장된 휴대전화기의 화면을 촬영한 사진이 증거로 제출된 경우, 이를 증거로 사용하려면 문자정보가 저장된 휴대전화기를 법정에 제출할 수 없거나 그 제출이 곤란한 사정이 있고, 그 사진의 영상이 휴대전화기의 화면에 표시된 문자정보와 정확하게 같다는 사실이 증명되어야 한다.

④ "검거 당시 피고인이 범행사실을 순순히 자백하였다."라는 경찰관의 법정증언은 피고인이 공판정에서 범행을 부인하는 이상 증거능력이 인정되지 않는다.

해설

② (×) 디지털 저장매체로부터 출력한 문건의 내용의 진실성에 관해서는 전문법칙이 적용되므로 성립의 진정의 증명이 필요하게 된다. "컴퓨터용 디스크 그 밖에 이와 비슷한 정보저장매체에 입력하여 기억된 문자정보 또는 그 출력물을 증거로 사용하는 경우, 이는 실질에 있어서 피고인 또는 피고인 아닌 사람이 작성한 진술서나 그 진술을 기재한 서류와 크게 다를 바 없고, 압수 후의 보관 및 출력과정에 조작의 가능성이 있으며, 기본적으로 반대신문의 기회가 보장되지 않는 점 등에 비추어 그 내용의 진실성에 관하여는 전문법칙이 적용되고, 따라서 원칙적으로 형사소송법 제313조 제1항에 의하여 작성자 또는 진술자의 진술에 의하여 성립의 진정함이 증명된 때에 한하여 이를 증거로 사용할 수 있다(대법원 2013.2.15, 2010도3504)."

① (○) 대법원 2015.4.23, 2015도2275

③ (○) 대법원 2008.11.13, 2006도2556

④ (○) 피고인을 검거한 경찰관의, 검거 당시 또는 조사 당시 피고인이 범행사실을 순순히 자백하였다는 취지의 법정증언이나 위 경찰관의 진술을 기재한 서류는, 피고인이 그 경찰관 앞에서의 진술과는 달리 범행을 부인하는 이상 형사소송법 제312조 제2항(현 제312조 제3항)의 취지에 비추어 증거능력이 없다고 보아야 한다(대법원 2005.11.25, 2005도5831).

[보충] 내용부인이 나오면 판례에 의해 제312조 제3항을 적용하고, 특신상태가 나오면 조문에 의해 제316조 제1항 적용

정답 ②

103 ✓ 대표 ◆◆◆   법원9급 2023

증거능력에 관한 다음 설명 중 가장 옳지 않은 것은?

① 임의제출된 정보저장매체에서 압수의 대상이 되는 전자정보의 범위를 넘어서는 전자정보에 대해 수사기관이 영장 없이 압수·수색하여 취득한 증거는 위법수집증거에 해당하고, 사후에 법원으로부터 영장이 발부되었다거나 피고인이나 변호인이 이를 증거로 함에 동의하였다고 하여 그 위법성이 치유되는 것도 아니므로 증거능력이 없다.

② 법원조직법 제57조 제1항에서 정한 공개금지사유가 없음에도 불구하고 재판의 심리에 관한 공개를 금지하기로 결정하였다면, 그 절차에 의하여 이루어진 증인의 증언은 증거능력이 없고, 변호인의 반대신문권이 보장되었더라도 달리 볼 수 없으며, 이러한 법리는 공개금지결정의 선고가 없는 등으로 공개금지결정의 사유를 알 수 없는 경우에도 마찬가지이다.

③ 형사소송법 제244조의4(수사과정의 기록) 제1항은 피고인이 아닌 자가 수사과정에서 진술서를 작성하는 경우에도 준용되므로, 수사기관이 그에 대한 조사과정을 기록하지 아니한 경우에는, 특별한 사정이 없는 한 '적법한 절차와 방식'에 따라 수사과정에서 진술서가 작성되었다 할 수 없으므로 그 증거능력을 인정할 수 없다.

④ 경찰관이 피고인이 아닌 자의 주거지·근무지를 방문한 곳에서 진술서 작성을 요구하여 제출받은 경우 등 그 진술서가 경찰서에서 작성한 것이 아니라 작성자가 원하는 장소를 방문하여 받은 것이라면, 형사소송법 제244조의4(수사과정의 기록) 제1항 규정이 적용되지 않는다.

해설

④ (×) 검사 또는 사법경찰관이 피고인이 아닌 자의 진술을 기재한 조서의 증거능력이 인정되려면 '적법한 절차와 방식에 따라 작성된 것'이어야 한다는 법리는 피고인이 아닌 자가 수사과정에서 작성한 진술서의 증거능력에 관하여도 적용된다.

[판례] 경찰관이 입당원서 작성자의 주거지·근무지를 방문하여 입당원서 작성 경위 등을 질문한 후 진술서 작성을 요구하여 이를 제출받은 이상 형사소송법 제312조 제5항이 적용되어야 한

다. 따라서 <u>형사소송법 제244조의4에서 정한 절차를 준수하지</u> <u>않았다면 위 증거의 증거능력은 인정되지 않는다</u>(대법원 2022. 10.27, 2022도9510).

> **제244조의4(수사과정의 기록)** ① 검사 또는 사법경찰관은 <u>피의자가 조사장소에 도착한 시각, 조사를 시작하고 마친 시 각, 그 밖에 조사과정의 진행경과를 확인하기 위하여 필요한 사항을 피의자신문조서에 기록하거나 별도의 서면에 기록한 후 수사기록에 편철하여야 한다.</u>
> ② 제244조 제2항 및 제3항은 제1항의 조서 또는 서면에 관하여 준용한다.
> ③ 제1항 및 제2항은 <u>피의자가 아닌 자를 조사하는 경우에 준용한다.</u>

① (O) 임의제출된 정보저장매체에서 압수의 대상이 되는 전자정 보의 범위를 초과하여 수사기관이 임의로 전자정보를 탐색·복 제·출력하는 것은 원칙적으로 위법한 압수·수색에 해당하므로 허용될 수 없다. 만약 전자정보에 대한 압수·수색이 종료되기 전 에 범죄혐의사실과 관련된 전자정보를 적법하게 탐색하는 과정 에서 별도의 범죄혐의와 관련된 전자정보를 우연히 발견한 경우 라면, 수사기관은 더 이상의 추가 탐색을 중단하고 법원으로부터 별도의 범죄혐의에 대한 압수·수색영장을 발부받은 경우에 한하 여 그러한 정보에 대하여도 적법하게 압수·수색을 할 수 있다. <u>따라서 임의제출된 정보저장매체에서 압수의 대상이 되는 전자 정보의 범위를 넘어서는 전자정보에 대해 수사기관이 영장 없이 압수·수색하여 취득한 증거는 위법수집증거에 해당하고, 사후에 법원으로부터 영장이 발부되었다거나 피고인이나 변호인이 이를 증거로 함에 동의하였다고 하여 그 위법성이 치유되는 것도 아니 다</u>(대법원 2021.11.18, 2016도348 전원합의체).

② (O) 법원조직법 제57조 제1항에서 정한 공개금지사유가 없음에 도 불구하고 재판의 심리에 관한 공개를 금지하기로 결정하였다 면 그러한 공개금지결정은 피고인의 공개재판을 받을 권리를 침 해한 것으로서 그 절차에 의하여 이루어진 증인의 증언은 증거능 력이 없고, 변호인의 반대신문권이 보장되었더라도 달리 볼 수 없으며, 이러한 법리는 <u>공개금지결정의 선고가 없는 등으로 공개 금지결정의 사유를 알 수 없는 경우에도 마찬가지이다</u>(대법원 2013.7.26, 2013도2511).

> **법원조직법 제57조(재판의 공개)** ① 재판의 심리와 판결은 공개한다. 다만, <u>심리는 국가의 안전보장, 안녕질서 또는 선 량한 풍속을 해칠 우려가 있는 경우에는 결정으로 공개하지 아니할 수 있다.</u>
> ② <u>제1항 단서의 결정은 이유를 밝혀 선고한다.</u>

③ (O) 형사소송법 제221조 제1항, 제244조의4 제1항, 제3항, 제 312조 제4항, 제5항 및 그 입법 목적 등을 종합하여 보면, <u>피고 인이 아닌 자가 수사과정에서 진술서를 작성하였지만 수사기관 이 그에 대한 조사과정을 기록하지 아니하여 형사소송법 제244 조의4 제3항, 제1항에서 정한 절차를 위반한 경우에는, 특별한 사정이 없는 한 '적법한 절차와 방식'에 따라 수사과정에서 진술 서가 작성되었다 할 수 없으므로 증거능력을 인정할 수 없다</u>(대 법원 2015.4.23, 2013도3790).

<u>정답</u> ④

전문법칙에 관한 설명으로 가장 적절하지 않은 것은? **(다툼이 있는 경우 판례에 의함)**

① 피고인이 아닌 자의 진술을 기재한 서류가 비록 수사 기관이 아닌 자에 의하여 작성되었다고 하더라도, 수 사가 시작된 이후 수사기관의 관여나 영향 아래 작성 된 경우로서 서류를 작성한 자의 신분이나 지위, 서류 를 작성한 경위와 목적, 작성 시기와 장소 및 진술을 받는 방식 등에 비추어 실질적으로 고찰할 때 그 서류 가 수사과정 외에서 작성된 것이라고 보기 어렵다면, 이를「형사소송법」제313조 제1항의 '전 2조의 규정 이외에 피고인이 아닌 자의 진술을 기재한 서류'에 해 당한다고 할 수 없다.

②「형사소송법」제314조에서 '특히 신빙할 수 있는 상태 하에서 행하여졌음에 대한 증명'은 단지 그러할 개연성 이 있다는 정도로는 부족하고, 법정에서의 반대신문 등을 통한 검증을 굳이 거치지 않더라도 진술의 신빙 성을 충분히 담보할 수 있어 실질적 직접심리주의와 전문법칙에 대한 예외로 평가할 수 있는 정도에 이르 러야 한다.

③ 乙로부터 "甲이 도둑질하는 것을 보았다."라는 발언을 들은 A가 법정에서 증언하는 경우, 그 증언 내용은 乙 의 甲에 대한 명예훼손 사건에 관한 전문증거로서 전 문법칙이 적용된다.

④ 체포·구속인접견부는 유치된 피의자가 죄증을 인멸하 거나 도주를 기도하는 등 유치장의 안전과 질서를 위태 롭게 하는 것을 방지하기 위한 목적으로 작성되는 서류 로 보일 뿐이어서「형사소송법」제315조 제2호, 제3호 에 규정된 당연히 증거능력이 있는 서류로 볼 수 없다.

[해설]

③ (×) 어떤 증거가 <u>전문증거인지 여부는 요증사실과의 관계에서</u> <u>정하여지는바</u>, 원진술의 내용인 사실이 요증사실인 경우에는 전 문증거이나, <u>원진술의 존재 자체가 요증사실인 경우</u>, 예컨대 <u>명 예훼손사건에 있어서 명예훼손적 발언을 들은 자의 증언과 같은 경우는 본래증거이지 전문증거가 아니다</u>(대법원 2008.9.25, 2008도5347).

① (O) 대법원 2024.3.28, 2023도15133, 2023전도163, 2023 전도164
[보충] 검사가 피고인들의 성폭력범죄의 처벌 등에 관한 특례법 위반(친족관계에의한강간) 등 혐의를 수사하면서 아동인 피해자 의 진술 내용에 대하여 <u>대검찰청 과학수사부 소속 진술분석관에 게 분석을 의뢰하였고, 이에 따라 진술분석관이 피해자를 면담하 고 그 내용을 녹화한 '피해자 진술분석 과정 영상녹화 CD'(영상 녹화물)</u>가 제작되어 증거로 제출됨으로써 그 증거능력이 문제된 경우, 제반 사정에 비추어 <u>영상녹화물은 수사과정 외에서 작성된 것이라고 볼 수 없어 형사소송법 제313조 제1항에 따라 증거능 력을 인정할 수 없다</u>는 사례이다.

② (O) 대법원 2024.4.12, 2023도13406

④ (O) 대법원 2012.10.25, 2011도5459

<u>정답</u> ③

105 ✅ 유사 ◆◆◆ 변호사 2024

증거에 관한 설명 중 옳은 것(○)과 옳지 않은 것(×)을 올바르게 조합한 것은? (다툼이 있는 경우 판례에 의함)

> ㄱ. '증거물인 서면'을 조사하기 위해서는 증거서류의 조사방식인 낭독·내용고지 또는 열람의 절차와 증거물의 조사방식인 제시의 절차가 함께 이루어져야 한다.
>
> ㄴ. 상해의 증거로 제시된 상해부위를 촬영한 사진은 비진술증거로서 전문법칙이 적용되지 않는다.
>
> ㄷ. 「형사소송법」 제312조 제5항의 적용 대상인 '수사과정에서 작성한 진술서'란 수사가 시작된 이후에 수사기관의 관여 아래 수사관서 내에서 작성된 것을 말하므로, 수사관서 이외의 장소에서 수사기관의 요청에 따라 피의자가 작성한 진술서는 수사과정에서 작성한 진술서에 해당하지 않는다.
>
> ㄹ. 검사가 공판기일에 증인으로 신청하여 신문할 사람을 특별한 사정 없이 미리 수사기관에 소환하여 면담하는 절차를 거친 후 그 증인이 법정에서 피고인에게 불리한 내용을 진술한 경우, 검사가 증인신문 전 면담 과정에서 증인에 대한 회유나 압박, 답변 유도나 암시 등으로 증인의 법정진술에 영향을 미치지 않았다는 점이 담보되어야 증인의 법정진술을 신빙할 수 있다.

① ㄱ(○), ㄴ(○), ㄷ(×), ㄹ(×)
② ㄱ(×), ㄴ(×), ㄷ(○), ㄹ(○)
③ ㄱ(○), ㄴ(○), ㄷ(×), ㄹ(○)
④ ㄱ(×), ㄴ(○), ㄷ(○), ㄹ(×)
⑤ ㄱ(○), ㄴ(×), ㄷ(×), ㄹ(○)

[해설]

③ ㄱ(○), ㄴ(○), ㄷ(×), ㄹ(○)

ㄱ. (○) 형사소송법 제292조, 제292조의2 제1항, 형사소송규칙 제134조의6의 취지에 비추어 보면, 본래 증거물이지만 증거서류의 성질도 가지고 있는 이른바 '증거물인 서면'을 조사하기 위해서는 증거서류의 조사방식인 낭독·내용고지 또는 열람의 절차와 증거물의 조사방식인 제시의 절차가 함께 이루어져야 하므로, 원칙적으로 증거신청인으로 하여금 그 서면을 제시하면서 낭독하게 하거나 이에 갈음하여 그 내용을 고지 또는 열람하도록 하여야 한다(대법원 2013.7.26, 2013도2511).

ㄴ. (○) '공소외인의 상해부위를 촬영한 사진'은 비진술증거로서 전문법칙이 적용되지 않는다(대법원 2007.7.26, 2007도3906).

ㄷ. (×) 형사소송법 제312조 제5항의 적용대상인 '수사과정에서 작성한 진술서'란 수사가 시작된 이후에 수사기관의 관여 아래 작성된 것이거나, 개시된 수사와 관련하여 수사과정에 제출할 목적으로 작성한 것으로, 작성 시기와 경위 등 여러 사정에 비추어 그 실질이 이에 해당하는 이상 명칭이나 작성된 장소 여부를 불문한다(대법원 2022.10.27, 2022도9510).

ㄹ. (○) 검사가 공판기일에 증인으로 신청하여 신문할 사람을 특별한 사정 없이 미리 수사기관에 소환하여 면담하는 절차를 거친 후 증인이 법정에서 피고인에게 불리한 내용의 진술을 한 경우,

---

검사가 증인신문 전 면담 과정에서 증인에 대한 회유나 압박, 답변 유도나 암시 등으로 증인의 법정진술에 영향을 미치지 않았다는 점이 담보되어야 증인의 법정진술을 신빙할 수 있다고 할 것이다(대법원 2021.6.10, 2020도15891).

[정답] ③

106 ✅ 유사 ◆◆◆ 경찰2차 2024

다음 사례에 관한 설명으로 가장 적절한 것은? (다툼이 있는 경우 판례에 의함)

> 甲은 A(여, 23세)를 강간하기로 마음을 먹었다. 甲은 일반인의 출입이 허용되고, 문이 열려 있는 상가 건물의 1층 출입문을 통해 통상적인 출입방법으로 A를 뒤따라 들어갔다. 甲은 그곳에서 엘리베이터를 기다리는 A를 폭행·협박하여 A의 반항을 억압한 후 지하 1층 계단으로 끌고 가 강간행위를 실행하였다. 甲은 강간행위의 실행 도중 강도의 범의를 일으켜 범행현장에 있던 A 소유의 핸드백을 빼앗고 그 자리에서 강간행위를 계속한 후 핸드백을 가지고 도주하였다. 곧바로 A는 남동생 B에게 도움을 요청하면서 피해 내용을 문자메시지로 보냈다. 甲은 몇 달 후 수사기관에 의해 긴급체포되었는데 외국인으로 한국어가 몹시 서툴렀다. 사법경찰관은 피의자 甲을 신문하면서 피의자의 요청에 따라 신뢰관계 있는 사람을 동석하게 하여 피의자신문조서를 작성하였다. 甲은 위 범죄혐의로 기소되었고, 검사는 B로부터 피해 내용이 담긴 문자메시지를 촬영한 사진을 적법하게 임의제출받아 증거로 제출하였다.

① 甲이 A를 뒤따라 상가 건물 1층에 들어간 행위는 범죄를 목적으로 한 출입으로 건조물침입죄의 침입행위에 해당한다.

② 위 사례의 경우, 甲에게는 강간죄와 강도죄의 경합범이 성립한다.

③ 사법경찰관은 甲에 대한 피의자신문조서를 작성하면서 동석한 신뢰관계 있는 사람이 甲을 대신하여 진술하도록 하여서는 아니되지만, 만약 동석한 사람이 甲을 대신하여 진술한 부분을 사법경찰관이 조서에 기재하였다면 그 부분은 피의자의 진술을 기재한 것에 해당한다.

④ A와 B가 법정에 출석하여 A는 사진 속 문자메시지의 내용이 자신이 작성해 보낸 것과 동일함을 확인하고, B는 A가 보낸 문자메시지를 촬영한 사진이 맞다고 확인한 경우, 문자메시지를 촬영한 사진은 증거로 사용할 수 있다.

[해설]

④ (○) 이 사건 문자메시지는 피해자가 피고인으로부터 풀려난 당

일에 남동생에게 도움을 요청하면서 피고인이 협박한 말을 포함하여 공갈 등 피고인으로부터 피해를 입은 내용을 문자메시지로 보낸 것이므로, 이 사건 문자메시지의 내용을 촬영한 사진은 증거서류 중 피해자의 진술서에 준하는 것으로 취급함이 상당할 것인바, 진술서에 관한 형사소송법 제313조에 따라 이 사건 문자메시지의 작성자인 피해자 공소외 1이 제1심 법정에 출석하여 자신이 이 사건 문자메시지를 작성하여 동생에게 보낸 것과 같음을 확인하고, 동생인 공소외 3도 제1심 법정에 출석하여 피해자 공소외 1이 보낸 이 사건 문자메시지를 촬영한 사진이 맞다고 확인한 이상, 이 사건 문자메시지를 촬영한 사진은 그 성립의 진정함이 증명되었다고 볼 수 있으므로 이를 증거로 할 수 있다(대법원 2010.11.25, 2010도8735).

① (×) 일반인의 출입이 허용된 상가 등 영업장소에 영업주의 승낙을 받아 통상적인 출입방법으로 들어갔다면 특별한 사정이 없는 한 건조물침입죄에서 규정하는 침입행위에 해당하지 않는다. 설령 행위자가 범죄 등을 목적으로 영업장소에 출입하였거나 영업주가 행위자의 실제 출입 목적을 알았더라면 출입을 승낙하지 않았을 것이라는 사정이 인정되더라도 그러한 사정만으로는 출입 당시 객관적·외형적으로 드러난 행위태양에 비추어 사실상의 평온상태를 해치는 방법으로 영업장소에 들어갔다고 평가할 수 없으므로 침입행위에 해당하지 않는다(대법원 2022.8.25, 2022도3801).

② (×) 강도강간죄는 강도라는 신분을 가진 범인이 강간죄를 범하였을 때 성립하는 범죄이므로, 강간범이 강간행위 후에 강도의 범의를 일으켜 그 부녀의 재물을 강취하는 경우에는 강도강간죄가 아니라 강도죄와 강간죄의 경합범이 성립될 수 있을 뿐이나, 강간범이 강간행위 종료 전, 즉 그 실행행위의 계속 중에 강도의 행위를 할 경우에는 이 때에 바로 강도의 신분을 취득하는 것이므로 이후에 그 자리에서 강간행위를 계속하는 때에는 「형법」 제339조 소정의 강도강간죄를 구성한다 할 것이다(대법원 2010. 7.15, 2010도3594).

③ (×) 만약 동석한 사람이 피의자를 대신하여 진술한 부분이 조서에 기재되어 있다면 그 부분은 피의자의 진술을 기재한 것이 아니라 동석한 사람의 진술을 기재한 조서에 해당하므로, 그 사람에 대한 진술조서로서의 증거능력을 취득하기 위한 요건을 충족하지 못하는 한 이를 유죄 인정의 증거로 사용할 수 없다(대법원 2009.6.23, 2009도1322).

정답 ④

다음 사례에 대한 설명 중 옳은 것은 모두 몇 개인가? (다툼이 있는 경우 판례에 의함)

甲은 A를 인적이 드문 곳으로 유인한 후, 권총으로 살해하였다. 범행장면은 현장 인근의 건물에 적법하게 설치된 CCTV에 녹화되었다. 사법경찰관 P는 CCTV 관리자가 녹화저장장치에서 甲의 범행장면이 복사된 이동식 저장장치(이하 'USB')를 건네주자 이를 압수하였다. 이후 P는 권총의 구매 경위를 수사하기 위하여 甲의 이메일 계정을 압수하였다. 압수된 이메일에는 B가 甲에게 "권총을 구매하여 택배로 보냈다."는 내용이 있었다. 검사는 甲을 살인죄로 기소하면서 USB와 이메일 파일을 증거로 제출하였다.

㉠ USB에 저장된 파일이 복사 과정에서 편집되는 등 인위적 개작 없이 원본 내용을 그대로 복사한 사본이라는 점이 증명되어야 한다.

㉡ CCTV에 녹화된 甲의 얼굴 등은 개인정보에 해당하지만 CCTV 관리자가 정보주체의 동의 없이 임의제출하였더라도 위법수집증거에 해당하지 않는다.

㉢ USB에 저장된 CCTV 영상이 범죄 당시 현장의 영상이라는 사실이 요증사실인 경우에는 전문법칙이 적용되지 않는다.

㉣ 이메일 작성자인 B가 증인으로 출석하여 "甲에게 이메일을 보낸 기억이 없다."고 진술한 경우에는 과학적 분석결과에 기초한 디지털포렌식 자료, 감정 등 객관적 방법으로 성립의 진정함이 증명되는 때에도 증거로 할 수 없다.

① 1개　　② 2개
③ 3개　　④ 4개

해설

㉠ (○) 사본이 제출된 경우에는 원본과의 동일성이 입증되어야 한다(대법원 2004.9.13, 2004도3161 등).

㉡ (○) CCTV 관리자가 정보주체의 동의 없이 임의제출하였더라도, 이는 제218조의 보관자에 의한 임의제출물에 해당한다. 또한 위 CCTV 영상녹화물에 개인정보가 들어있다 하더라도, 피고인 개인의 권익침해 정도와 피고인이 행한 범죄의 중대성 등을 비롯한 공익을 비교형량하면 그 증거능력이 부정된다고 할 수 없다. [판례] 임의제출 받은 폐쇄회로 텔레비전(CCTV) 영상의 증거능력: 국가정보원 수사관이 피씨(PC)방과 △△대학교 측으로부터 해당 폐쇄회로 텔레비전(CCTV) 영상녹화물과 개인용 컴퓨터(PC) 사용정보를 임의제출받았고, 그 중 폐쇄회로 텔레비전(CCTV) 영상녹화물은 개인정보 보호법상 개인정보에 해당하나 그 임의제출로 인한 피고인의 사생활이나 개인의 권익에 대한 침해 정도와 피고인이 행한 범죄의 중대성 등을 비롯한 공익을 비교형량하면 위와 같은 임의제출로 취득한 폐쇄회로 텔레비전(CCTV) 영상녹화물 등이 위법수집증거여서 증거능력이 부정된다고 할 수 없다(대법원 2017.11.29, 2017도9747).

㉢ (○) 원진술의 내용의 진실이 요증사실인 경우가 아니라 살인범

행 당시 현장의 영상에 불과하므로, 이는 전문증거에 해당하지 않아 전문법칙이 적용되지 않는다.

ㄹ (×) 이메일은 B(피고인 아닌 자)가 수사과정 외에서 작성한 진술서에 해당하므로, 작성자의 진술에 의하여 성립의 진정이 부인되더라도, 객관적 방법으로 성립의 진정함이 증명되는 때에는 증거로 할 수 있다. 제313조 제2항 본문 참조.

> 제313조(진술서등) ① 전2조의 규정 이외에 피고인 또는 피고인이 아닌 자가 작성한 진술서나 그 진술을 기재한 서류로서 그 작성자 또는 진술자의 자필이거나 그 서명 또는 날인이 있는 것(피고인 또는 피고인 아닌 자가 작성하였거나 진술한 내용이 포함된 문자·사진·영상 등의 정보로서 컴퓨터용디스크, 그 밖에 이와 비슷한 정보저장매체에 저장된 것을 포함한다)은 공판준비나 공판기일에서의 그 작성자 또는 진술자의 진술에 의하여 그 성립의 진정함이 증명된 때에는 증거로 할 수 있다. 단, 피고인의 진술을 기재한 서류는 공판준비 또는 공판기일에서의 그 작성자의 진술에 의하여 그 성립의 진정함이 증명되고 그 진술이 특히 신빙할 수 있는 상태하에서 행하여진 때에 한하여 피고인의 공판준비 또는 공판기일에서의 진술에 불구하고 증거로 할 수 있다.
> ② 제1항 본문에도 불구하고 진술서의 작성자가 공판준비나 공판기일에서 그 성립의 진정을 부인하는 경우에는 과학적 분석결과에 기초한 디지털포렌식 자료, 감정 등 객관적 방법으로 성립의 진정함이 증명되는 때에는 증거로 할 수 있다. 다만, 피고인 아닌 자가 작성한 진술서는 피고인 또는 변호인이 공판준비 또는 공판기일에 그 기재 내용에 관하여 작성자를 신문할 수 있었을 것을 요한다.

정답 ③

5. 검증조서와 감정서

108 ✓ 대표 ◆◆◆ 경찰대편입 2024

검증 및 검증조서에 대한 설명으로 옳지 않은 것은? (다툼이 있는 경우 판례에 의함)

① 수사기관이 아닌 사인(私人)이 피고인 아닌 자와의 전화 대화를 녹음한 녹음테이프에 대하여 법원이 실시한 검증의 내용이, 녹음테이프에 녹음된 전화 대화의 내용이 검증조서에 첨부된 녹취서에 기재된 내용과 같다는 것인 경우, 피고인이 그 녹음테이프를 증거로 할 수 있음에 동의하지 않은 이상 그 녹음테이프 검증조서의 기재 중 피고인 아닌 자의 진술 내용을 증거로 사용하기 위해서는, 진술서 등의 증거능력에 관한 「형사소송법」 제313조 제1항 또는 제2항의 요건이 충족되어야 한다.

② 사법경찰관 작성의 검증조서 중 피고인의 진술 기재 부분과 범행 재연의 사진영상에 관한 부분에 대하여 원진술자이며 행위자인 피고인이 그 성립의 진정 및 내용을 인정하지 않을 때는 그 부분은 증거능력이 없다.

③ 사법경찰관이 행한 검증이 사건 발생 후 범행 장소에서 긴급을 요하여 판사의 영장 없이 시행되었다면 사후영장을 받지 않았더라도 이러한 검증조서는 유죄의 증거로 할 수 있다.

④ 서류를 검증하면서 피의자신문조서나 증인신문조서 중의 일부만을 발췌하여 검증조서를 작성하였다면 적법한 검증조서로서의 증거능력이 인정되지 않는다.

⑤ 당해 사건의 재판부가 공판기일에 법정에서 검증을 한 경우에는 그 검증 결과 자체에 관해서는 전문법칙이 적용되지 않는다.

해설

③ (×) 형사소송법 제216조 제3항을 위반한 위법수집증거이므로 유죄의 증거로 할 수 없다.

> 제216조(영장에 의하지 아니한 강제처분) ③ 범행 중 또는 범행직후의 범죄 장소에서 긴급을 요하여 법원판사의 영장을 받을 수 없는 때에는 영장없이 압수, 수색 또는 검증을 할 수 있다. 이 경우에는 사후에 지체없이 영장을 받아야 한다.

[판례] 사법경찰관 사무취급이 작성한 실황조서가 사고발생 직후 사고장소에서 긴급을 요하여 판사의 영장없이 시행된 것으로서 형사소송법 제216조 제3항에 의한 검증에 따라 작성된 것이라면 사후영장을 받지 않는 한 유죄의 증거로 삼을 수 없다(대법원 1989.3.14, 88도1399).

① (○) 피고인의 동료 교사가 학생들과의 사적인 대화 중에 피고인이 수업시간에 학생들에게 북한을 찬양·고무하는 발언을 하였다는 사실에 대한 학생들의 대화 내용을 학생들 모르게 녹음한 녹음테이프에 대하여 실시한 검증의 내용은 녹음테이프에 녹음된 대화의 내용이 검증조서에 첨부된 녹취서에 기재된 내용과 같다는 것에 불과하여 증거자료가 되는 것은 여전히 녹음테이프에 녹음된 대화의 내용이라고 할 것인바, 그 중 위와 같은 내용의 학생들의 대화의 내용은 실질적으로 형사소송법 제311조, 제312조 규정 이외의 피고인 아닌 자의 진술을 기재한 서류와 다를 바 없

으로, 피고인이 그 녹음테이프를 증거로 할 수 있음에 동의하지 않은 이상 녹음테이프의 녹음내용 중 위와 같은 내용의 학생들의 진술 및 이에 관한 검증조서의 기재 중 학생들의 진술내용을 공소사실을 인정하기 위한 증거자료로 사용하기 위하여서는 형사소송법 제313조 제1항에 따라 공판준비나 공판기일에서 원진술자인 학생들의 진술에 의하여 이 사건 녹음테이프에 녹음된 각자의 진술내용이 자신이 진술한 대로 녹음된 것이라는 점이 인정되어야 한다(대법원 1997.3.28, 96도2417).

② (○) 대법원 1981.4.14, 81도343 등

④ (○) 서증은 일체로서 증거가 된다 할 것이므로 서류를 검증함에 있어 피의자 신문조서나 증인신문조서중의 일부만을 발췌하여 검증조서를 작성하였다면 이는 적법한 검증조서의 증거능력이 없다 할 것이다(대법원 1969.9.23, 69도1235).

⑤ (○) 수소법원이 공판기일에 검증을 행한 경우에는 그 검증결과 즉 법원이 오관의 작용에 의하여 판단한 결과가 바로 증거가 되고, 그 검증의 결과를 기재한 검증조서가 서증으로서 증거가 되는 것은 아니다(대법원 2009.11.12, 2009도8949).
[보충] 기록에 의하면, 원심이 2009. 1. 21.자로 실시한 CCTV 동영상에 대한 검증은 서울중앙지방법원 제370호 영상실에서 제6회 공판기일을 진행하면서 재판부 전원, 참여 사무관, 피고인, 검사, 피고인의 변호인, 송일국 대리인 등이 참석한 가운데 진행하였음을 알 수 있다. 따라서 위 검증은 검증결과가 바로 증거가 된다고 할 것이므로 설령 그 검증의 결과를 검증조서에 일부 기재하지 않았다고 하더라도 이에 관하여 원심에 심리미진의 위법이 있다고 할 수 없다(위 판례).

정답 ③

109 ✓유사 ◆◆◇ 경찰간부 2022

피고인이 증거로 함에 동의하지 아니한 수사보고서(사법경찰관리 또는 검찰수사관이 수사의 경위 및 결과를 내부적으로 보고하기 위하여 작성한 후 사법경찰관 또는 검사에게 보고하는 문서)의 증거능력에 대한 설명으로 옳지 않은 것은? (다툼이 있는 경우 판례에 의함)

① 외국에 거주하는 참고인과의 전화 대화내용을 문답형식으로 기재한 검찰수사관 작성의 수사보고서는 증거능력이 없다.

② 甲이 乙과 합동하여 A의 재물을 절취하려다가 미수에 그쳤다는 내용의 공소사실을 자백한 사안에서, 甲이 범행에 사용한 도구와 손괴된 A의 집 문 쇠창살의 모습이 촬영된 현장사진이 첨부된 수사보고서는 甲의 자백의 진실성을 담보하기에 충분한 보강증거가 된다.

③ 증거능력이 없는 수사보고서를 피해자들의 처벌희망 의사표시 철회의 효력 여부를 판단하는 증거로 사용할 수 있다.

④ 상해사건 피해자의 피해부위에 대해 사법경찰리가 작성한 수사보고서는 진술서로 볼 수는 없고 검증조서로 보아야 한다.

해설

④ (×) 수사보고서에 검증의 결과에 해당하는 기재가 있는 경우,

그 기재 부분은 검찰사건사무규칙 제17조에 의하여 검사가 범죄의 현장 기타 장소에서 실황조사를 한 후 작성하는 실황조서 또는 사법경찰관리집무규칙 제49조 제1항, 제2항에 의하여 사법경찰관이 수사상 필요하다고 인정하여 범죄현장 또는 기타 장소에 임하여 실황을 조사할 때 작성하는 실황조사서에 해당하지 아니하며, 단지 수사의 경위 및 결과를 내부적으로 보고하기 위하여 작성된 서류에 불과하므로 그 안에 검증의 결과에 해당하는 기재가 있다고 하여 이를 형사소송법 제312조 제1항(현 제312조 제6항)의 '검사 또는 사법경찰관이 검증의 결과를 기재한 조서'라고 할 수 없을 뿐만 아니라 이를 같은 법 제313조 제1항의 '피고인 또는 피고인이 아닌 자가 작성한 진술서나 그 진술을 기재한 서류'라고 할 수도 없고, 같은 법 제311조, 제315조, 제316조의 적용대상이 되지 아니함이 분명하므로 그 기재 부분은 증거로 할 수 없다(대법원 2001.5.29, 2000도2933).

① (○) 대법원 1999.2.26, 98도2742

② (○) 피고인이 甲과 합동하여 乙의 재물을 절취하려다가 미수에 그쳤다는 내용의 공소사실을 자백한 경우, 피고인을 현행범으로 체포한 乙의 수사기관에서의 진술과 현장사진이 첨부된 수사보고서는 피고인 자백의 진실성을 담보하기에 충분한 보강증거가 된다(대법원 2011.9.29, 2011도8015).

③ (○) 반의사불벌죄에서 피고인 또는 피의자의 처벌을 희망하지 않는다는 의사표시 또는 처벌희망 의사표시 철회의 유무나 그 효력 여부에 관한 사실은 엄격한 증명의 대상이 아니라 증거능력이 없는 증거나 법률이 규정한 증거조사방법을 거치지 아니한 증거에 의한 증명, 이른바 자유로운 증명의 대상이다. 원심이 증거능력이 없는 이 사건 각 수사보고서를 피해자들의 처벌희망 의사표시 철회의 효력 여부를 판단하는 증거로 사용한 것 자체는 위와 같은 법리에 따른 것으로서 정당하다(대법원 2010.10.14, 2010도5610,2010전도31).

정답 ④

110 ✓ 유사 ◆◆◇

전문법칙에 관한 설명으로 옳지 않은 것은? (다툼이 있는 경우 판례에 의함)

① 검사가 작성한 피의자신문조서는 적법한 절차와 방식에 따라 작성된 것으로서 공판준비, 공판기일에 그 피의자였던 피고인 또는 변호인이 그 내용을 인정할 때에 한정하여 증거로 할 수 있다.

② 사법경찰관이 작성한 실황조사서에 피의자이던 피고인이 사법경찰관의 면전에서 자백한 범행내용을 현장에 따라 진술, 재연하고 사법경찰관이 그 진술, 재연의 상황을 기재하거나 이를 사진으로 촬영한 것 외에 별다른 기재가 없는 경우 피고인이 공판정에서 실황조사서에 기재된 진술내용 및 범행재연의 상황을 모두 부인하고 있다면 그 실황조사서는 증거능력이 없다.

③ 현행범을 체포한 경찰관의 진술이라 하더라도 범행을 목격한 부분에 관하여는 증거능력이 있고, 경찰관의 현행범 체포행위를 도운 자가 경찰정보원인 경우 그 자가 범인의 범행을 목격하였다는 취지로 한 진술은 증거능력이 없다.

④ 수사경찰 아닌 경찰관의 증언내용이 피고인이 경찰에서 피의자로서 조사받을 때 담당수사경찰이 없는 자리에서 자기에게 자백진술을 하였다는 내용이라면 이는 전문증거라고 할 것이므로 원진술자의 진술이 특히 신빙할 수 있는 상태에서 이루어진 것이라고 보기 어렵다면 이러한 증거들을 유죄의 증거로 삼을 수 없다.

⑤ 정보통신망을 통하여 공포심을 유발하는 글을 반복적으로 상대방에게 도달하게 하는 행위를 하였다는 공소사실에 대해 휴대전화기에 저장된 문자 정보가 그 증거가 되는 경우에는 전문법칙이 적용되지 않는다.

해설

③ (×) 현행범을 체포한 경찰관의 진술이라 하더라도 범행을 목격한 부분에 관하여는 여느 목격자와 다름없이 증거능력이 있고, 다만 그 증거의 신빙성만 문제되는 것이라 할 것이며, 위와 같은 경찰관의 체포행위를 도운 자가 범인의 범행을 목격하였다는 취지의 진술은 그 사람이 경찰정보원이라 하더라도 그 증거능력을 부인할 아무런 이유가 없다 할 것이다(대법원 1995.5.9, 95도535).

① (○) 제312조 제1항 참조.

> **제312조(검사 또는 사법경찰관의 조서 등)** ① 검사가 작성한 피의자신문조서는 적법한 절차와 방식에 따라 작성된 것으로써 공판준비, 공판기일에 그 피의자였던 피고인 또는 변호인이 그 내용을 인정할 때에 한정하여 증거로 할 수 있다.

② (○) 사법경찰관이 작성한 실황조사서에 피의자이던 피고인이 사법경찰관의 면전에서 자백한 범행내용을 현장에 따라 진술, 재연하고 사법경찰관이 그 진술, 재연의 상황을 기재하거나 이를 사진으로 촬영한 것 외에 별다른 기재가 없는 경우에 있어서 피고인이 공판정에서 실황조사서에 기재된 진술내용 및 범행재연의 상황을 모두 부인하고 있다면 그 실황조사서는 증거능력이 없

다 할 것이다(대법원 1984.5.29, 84도378).

④ (○) 피고인이 경찰에서 작성한 자술서가 진정성립을 인정할 자료가 없을 뿐만 아니라 피고인이 경찰에서 엄문을 당하면서 작성한 것이라고 보인다면 그 자술서에 임의성을 인정하기 어렵다 할 것이고 경찰관인 증인 甲의 증언내용이 피고인이 경찰에서 피의자로서 조사받을 때 담당수사경찰이 없는 자리에서 자기에게 자백진술을 하였다는 내용이라면 이는 전문증거라고 할 것이므로 원 진술자의 진술이 특히 신빙할 수 있는 상태에서 이루어진 것이라고 보기 어렵다면 이러한 증거들을 유죄의 증거로 삼을 수 없다(대법원 1980.8.12, 80도1289).

⑤ (○) 대법원 2008.11.13, 2006도2556

정답 ③

---

6. 제314조의 증거능력에 대한 예외

111 ✓ 대표 ◆◆◆

다음 중 형사소송법 제314조에 규정된 '진술을 요할 자가 사망·질병·외국거주·소재불명, 그 밖에 이에 준하는 사유로 진술할 수 없는 때'에 해당되는 경우는 모두 몇 개인가? (다툼이 있는 경우 판례에 의함)

> ⓐ 법정에 출석한 증인이 정당하게 증언거부권을 행사하여 증언을 거부한 경우
>
> ⓑ 피고인이 증거서류의 진정성립을 묻는 검사의 질문에 대하여 진술거부권을 행사하여 진술을 거부한 경우
>
> ⓒ 진술을 요할 자가 법원의 소환에 계속 불응하고, 구인하여도 구인장이 집행되지 아니하는 등 법정에서의 신문이 불가능한 상태의 경우
>
> ⓓ 진술을 요할 자가 외국에 있고 그를 공판정에 출석시켜 진술하게 할 가능하고 상당한 모든 수단을 다하더라도 출석하게 할 수 없는 경우
>
> ⓔ 공판기일에 진술을 요하는 자가 노인성 치매로 인한 기억력 장애 등으로 진술할 수 없는 상태일 때

① 1개   ② 2개
③ 3개   ④ 4개

해설

ⓐ (×), ⓑ (×) [다수의견] 형사소송법 제314조는 "제312조 또는 제313조의 경우에 공판준비 또는 공판기일에 진술을 요하는 자가 사망·질병·외국거주·소재불명, 그 밖에 이에 준하는 사유로 인하여 진술할 수 없는 때에는 그 조서 및 그 밖의 서류를 증거로 할 수 있다. 다만, 그 진술 또는 작성이 특히 신빙할 수 있는 상태하에서 행하여졌음이 증명된 때에 한한다."라고 정함으로써, 원진술자 등의 진술에 의하여 진정성립이 증명되지 아니하는 전문증거에 대하여 예외적으로 증거능력이 인정될 수 있는 사유로 '사망·질병·외국거주·소재불명, 그 밖에 이에 준하는 사유로 인하여 진술할 수 없는 때'를 들고 있다. 위 증거능력에 대한 예외사유로 1995.12.29. 법률 제5054호로 개정되기 전의 구 형사소송법 제314조가 '사망, 질병 기타 사유로 인하여 진술할 수 없는 때', 2007.6.1. 법률 제8496호로 개정되기 전의 구 형사소송법 제314조 '사망, 질병, 외국거주 기타 사유로 인하여 진술할 수 없는 때'라고 각 규정한 것에 비하여 현행 형사소송법은 그 예외사유의 범위를 더욱 엄격하게 제한하고 있는데, 이는 직접심리주의와 공

판중심주의의 요소를 강화하려는 취지가 반영된 것이다. 한편 형사소송법은 누구든지 자기 또는 친족 등이 형사소추 또는 공소제기를 당하거나 유죄판결을 받을 사실이 발로될 염려가 있는 증언을 거부할 수 있도록 하고(제148조), 또한 변호사, 변리사, 공증인, 공인회계사, 세무사, 대서업자, 의사, 한의사, 치과의사, 약사, 약종상, 조산사, 간호사, 종교의 직에 있는 자 또는 이러한 직에 있던 사람은 그 업무상 위탁을 받은 관계로 알게 된 사실로서 타인의 비밀에 관한 것은 증언을 거부할 수 있도록 규정하여(제149조 본문), 증인에게 일정한 사유가 있는 경우 증언을 거부할 수 있는 권리를 보장하고 있다. 위와 같은 현행 형사소송법 제314조의 문언과 개정 취지, 증언거부권 관련 규정의 내용 등에 비추어 보면, 법정에 출석한 증인이 형사소송법 제148조, 제149조 등에서 정한 바에 따라 정당하게 증언거부권을 행사하여 증언을 거부한 경우는 형사소송법 제314조의 '그 밖에 이에 준하는 사유로 인하여 진술할 수 없는 때'에 해당하지 아니한다(대법원 2012.5.17, 2009도6788 전원합의체). 나아가 피고인이 증거서류의 진정성립을 묻는 검사의 질문에 대하여 진술거부권을 행사하여 진술을 거부한 경우는 형사소송법 제314조의 '그 밖에 이에 준하는 사유로 인하여 진술할 수 없는 때'에 해당하지 아니한다(대법원 2013.6.13, 2012도16001).

ⓒ (O) 법원이 수회에 걸쳐 진술을 요할 자에 대한 증인소환장이 송달되지 아니하여 그 소재탐지촉탁까지 하였으나 그 소재를 알지 못하게 된 경우 또는 진술을 요할 자가 일정한 주거를 가지고 있더라도 법원의 소환에 계속 불응하고 구인하여도 구인장이 집행되지 아니하는 등 법정에서의 신문이 불가능한 상태의 경우에는 형사소송법 제314조 소정의 "공판정에 출정하여 진술을 할 수 없는 때"에 해당한다고 할 것이므로, 그 진술내용이나 조서의 작성에 허위개입의 여지가 거의 없고 그 진술내용의 신빙성이나 임의성을 담보할 구체적이고 외부적인 정황이 있는 경우에는 그 진술조서의 증거능력이 인정된다(대법원 1995.6.13, 95도523; 2005.9.30, 2005도2654 등).
[보충] 송달불능 + 소재수사에도 구인불능 = 그밖에 준하는 사유

ⓓ (O) 구 형사소송법(2007.6.1. 법률 제8461호로 개정되기 전의 것) 제314조에 따라 같은 법 제312조의 조서나 같은 법 제313조의 진술서, 서류 등을 증거로 하기 위하여는 '진술을 요할 자가 사망·질병·외국거주 기타 사유로 인하여 공판정에 출석하여 진술을 할 수 없는 경우'이어야 하고, '그 진술 또는 서류의 작성이 특히 신빙할 수 있는 상태하에서 행하여진 것'이라야 한다는 두 가지 요건이 갖추어져야 할 것인바, 첫째 요건과 관련하여 '외국거주'라 함은 진술을 요할 자가 외국에 있다는 것만으로는 부족하고, 수사 과정에서 수사기관이 그 진술을 청취하면서 그 진술자의 외국거주 여부와 장래 출국 가능성을 확인하고 만일 그 진술자의 거주지가 외국이거나 그가 가까운 장래에 출국하여 장기간 외국에 체류하는 등의 사정으로 향후 공판정에 출석하여 진술을 할 수 없는 경우가 발생할 개연성이 있다면 그 진술자의 외국 연락처를, 일시 귀국할 예정이 있다면 그 귀국 시기와 귀국시 체류 장소와 연락 방법 등을 사전에 미리 확인하고 그 진술자에게 공판정 진술을 하기 전에는 출국을 미루거나, 출국한 후라도 공판 진행 상황에 따라 일시 귀국하여 공판정에 출석하여 진술하게끔 하는 방안을 확보하여 그 진술자로 하여금 공판정에 출석하여 진술할 기회를 충분히 제공하며, 그 밖에 그를 공판정에 출석시켜 진술하게 할 모든 수단을 강구하는 등 가능하고 상당한 수단을 다하더라도 그 진술을 요할 자를 법정에 출석하게 할 수 없는 사정이 있어야 예외적으로 그 요건이 충족된다(대법원 2008.2.28, 2007도10004).

ⓔ (O) 사법경찰리 작성의 피해자에 대한 진술조서와 검사 및 사법경찰리 작성의 피고인에 대한 각 피의자신문조서 중 피해자의 진술부분은 비록 피고인이 이를 증거로 함에 동의하지 아니하였고 또 피해자가 제1심이나 원심에서 그 진정성립을 인정한 바도 없지만, 피해자는 제1심에서 증인으로 소환당할 당시부터 노인성 치매로 인한 기억력 장애, 분별력 상실 등으로 인하여 진술할 수 없는 상태하에 있었고 나아가 위 각 진술이 그 내용에 있어서 시종 일관되며 특히 검사 및 사법경찰리 작성의 각 피의자신문조서상의 각 진술부분은 피고인과의 대질하에서 이루어진 것인 점 등에 비추어 그 각 진술내용의 신용성이나 임의성을 담보할 만한 구체적인 정황이 있는 경우에 해당되어 특히 신빙할 수 있는 상태하에서 행하여진 것이라고 보여지므로, 각 형사소송법 제314조에 의하여 증거능력이 있는 증거라 할 것이다(대법원 1992.3.13, 91도2281).

정답 ③

---

112 유사 ◆◆◇   변호사 2024

전문서류의 증거능력에 관한 설명 중 옳지 않은 것은? (다툼이 있는 경우 판례에 의함)

① 증인이 자신에 대한 관련 형사판결이 확정되었음에도 정당한 이유 없이 법정증언을 거부하여 피고인이 반대신문을 하지 못하였다면, 설령 피고인이 증인의 증언거부 상황을 초래하였다고 하더라도 「형사소송법」 제314조의 '그 밖에 이에 준하는 사유로 인하여 진술할 수 없는 때'에 해당하지 않아 수사기관에서 그 증인의 진술을 기재한 서류는 증거능력이 없다.

② 「형사소송법」 제312조 제1항의 '검사가 작성한 피의자신문조서'란 당해 피고인에 대한 피의자신문조서만이 아니라 당해 피고인과 공범관계에 있는 다른 피고인이나 피의자에 대하여 검사가 작성한 피의자신문조서도 포함하는 개념으로서, 이때의 '공범'에는 대향범도 포함된다.

③ 조세범칙조사를 담당하는 세무공무원이 피고인이 된 혐의자 또는 참고인에 대하여 심문한 내용을 기재한 조서는 피고인 또는 피고인이 아닌 자가 작성한 진술서나 그 진술을 기재한 서류에 해당하므로 「형사소송법」 제313조에 따라 증거능력의 존부를 판단하여야 한다.

④ 보험사기 사건에서 건강보험심사평가원이 수사기관의 의뢰에 따라 그 보내온 자료를 토대로 입원진료의 적정성에 대한 의견을 제시하는 내용의 '건강보험심사평가원의 입원진료 적정성 여부 등 검토의뢰에 대한 회신'은 사무 처리 내역을 계속적, 기계적으로 기재한 문서가 아니므로 「형사소송법」 제315조 제3호의 '기타 특히 신용할 만한 정황에 의하여 작성된 문서'에 해당하지 않는다.

⑤ 전문진술이 기재된 조서는 「형사소송법」 제312조 또는 제314조의 규정의 요건과 「형사소송법」 제316조의 규정의 요건을 갖추는 경우 증거능력이 인정된다.

해설

① (×) 수사기관에서 진술한 참고인이 법정에서 증언을 거부하여 피고인이 반대신문을 하지 못한 경우에는 정당하게 증언거부권을 행사한 것이 아니라도, 피고인이 증인의 증언거부 상황을 초

래하였다는 등의 특별한 사정이 없는 한 형사소송법 제314조의 '그 밖에 이에 준하는 사유로 인하여 진술할 수 없는 때'에 해당하지 않는다고 보아야 한다. 따라서 증인이 정당하게 증언거부권을 행사하여 증언을 거부한 경우와 마찬가지로 수사기관에서 그 증인의 진술을 기재한 서류는 증거능력이 없다. 다만 <u>피고인이 증인의 증언거부 상황을 초래하였다는 등의 특별한 사정이 있는 경우</u>에는 형사소송법 제314조의 적용을 배제할 이유가 없다. 이러한 경우까지 형사소송법 제314조의 '그 밖에 이에 준하는 사유로 인하여 진술할 수 없는 때'에 해당하지 않는다고 보면 사건의 실체에 대한 심증 형성은 법관의 면전에서 본래증거에 대한 반대신문이 보장된 증거조사를 통하여 이루어져야 한다는 실질적 직접심리주의와 전문법칙에 대하여 예외를 정한 형사소송법 제314조의 취지에 반하고 정의의 관념에도 맞지 않기 때문이다(대법원 2019.11.21, 2018도13945 전원합의체).

② (○) 형사소송법 제312조 제1항에서 정한 '검사가 작성한 피의자신문조서'란 당해 피고인에 대한 피의자신문조서만이 아니라 <u>당해 피고인과 공범관계에 있는 다른 피고인이나 피의자에 대하여 검사가 작성한 피의자신문조서도 포함되고, 여기서 말하는 '공범'</u>에는 형법 총칙의 공범 이외에도 서로 대향된 행위의 존재를 필요로 할 뿐 각자의 구성요건을 실현하고 별도의 형벌 규정에 따라 처벌되는 강학상 필요적 공범 또는 대향범까지 포함한다. 따라서 피고인이 자신과 공범관계에 있는 다른 피고인이나 피의자에 대하여 검사가 작성한 피의자신문조서의 내용을 부인하는 경우에는 형사소송법 제312조 제1항에 따라 유죄의 증거로 쓸 수 없다(대법원 2023.6.1, 2023도3741).

③ (○) 조세범칙조사를 담당하는 세무공무원이 피고인이 된 혐의자 또는 참고인에 대하여 심문한 내용을 기재한 조서는 검사·사법경찰관 등 수사기관이 작성한 조서와 동일하게 볼 수 없으므로 형사소송법 제312조에 따라 증거능력의 존부를 판단할 수는 없고, 피고인 또는 피고인이 아닌 자가 작성한 진술이나 그 진술을 기재한 서류에 해당하므로 형사소송법 제313조에 따라 공판준비 또는 공판기일에서 작성자·진술자의 진술에 따라 성립의 진정함이 증명되고 나아가 그 진술이 특히 신빙할 수 있는 상태 아래에서 행하여진 때에 한하여 증거능력이 인정된다(대법원 2022.12.15, 2022도8824).

④ (○) 보험사기 사건에서 건강보험심사평가원이 수사기관의 의뢰에 따라 그 보내온 자료를 토대로 입원진료의 적정성에 대한 의견을 제시하는 내용의 '건강보험심사평가원의 입원진료 적정성 여부 등 검토의뢰에 대한 회신'은 형사소송법 제315조 제3호의 '기타 특히 신용할 만한 정황에 의하여 작성된 문서'에 해당하지 않는다(대법원 2017.12.5, 2017도12671).

⑤ (○) 전문진술이 기재된 조서는 형사소송법 <u>제312조 또는 제314조에 따라 증거능력이 인정될 수 있는 경우에 해당하여야 함은 물론 형사소송법 제316조 제2항에 따른 요건을 갖추어야</u> 예외적으로 증거능력이 있다(대법원 2017.7.18, 2015도12981, 2015전도218).

정답 ①

---

113 ☑ 대표 ◆◆◆ 국가9급 2019

다음 사례에 대한 설명으로 옳은 것은? (다툼이 있는 경우 판례에 의함)

> 甲은 출근길 지하철에서 휴대전화로 여성의 은밀한 신체 부위를 몰래 촬영하는 乙을 발견하고 소리를 지른 후 주위 사람들과 합세하여 乙을 현행범인으로 체포하였고, 이후 출동한 사법경찰관 丙에게 인계하였다. 丙은 인계받은 乙로부터 휴대전화를 임의제출 받아 영치하였지만 사후에 압수영장을 발부받지는 않았다. 한편 甲은 丙의 요청으로 인근 지하철 수사대 사무실로 가서 자신이 목격한 사실을 자필 진술서로 작성하여 丙에게 제출하였다. 이후 乙에 대한 공소가 제기되어 형사재판이 진행되었으나 甲의 소재 불명으로 법정 출석이 불가능하게 되자 검사는 甲의 진술서와 乙의 휴대전화를 증거로 제출하였다.

① 검사가 증거로 제출한 휴대전화는 위법수집증거로서 증거능력이 인정되지 않는다.
② 甲이 소재불명이라 하더라도 공판기일에 丙이 출석하여 甲의 진술서 작성사실에 대한 진정성립을 인정하면 甲의 진술서의 증거능력이 인정된다.
③ 甲이 소재불명이므로 甲의 진술서는 특히 신빙할 수 있는 상태에서 작성되었음이 증명된 경우에 한해 증거능력이 인정된다.
④ 위 ③의 특신상태의 증명은 단지 그러할 개연성이 있다는 정도로 충분하다.

해설

③ (○) 제314조의 필요성의 예외 규정에 근거하여 맞는 지문이다.

> **제314조(증거능력에 대한 예외)** 제312조 또는 제313조의 경우에 공판준비 또는 공판기일에 진술을 요하는 자가 사망·질병·외국거주·소재불명 그밖에 이에 준하는 사유로 인하여 진술할 수 없는 때에는 그 조서 및 그 밖의 서류(피고인 또는 피고인 아닌 자가 작성하였거나 진술한 내용이 포함된 문자·사진·영상 등의 정보로서 컴퓨터용디스크, 그 밖에 이와 비슷한 정보저장매체에 저장된 것을 포함한다)를 증거로 할 수 있다. 다만, 그 진술 또는 작성이 특히 신빙할 수 있는 상태하에서 행하여졌음이 증명된 때에 한한다. 〈개정 2016.5.29.〉

① (×) 검사 또는 사법경찰관은 형사소송법 제212조의 규정에 의하여 피의자를 현행범 체포하는 경우에 필요한 때에는 체포 현장에서 영장 없이 압수·수색·검증을 할 수 있으나, 이와 같이 압수한 물건을 계속 압수할 필요가 있는 경우에는 체포한 때부터 48시간 이내에 지체 없이 압수영장을 청구하여야 한다(제216조 제1항 제2호, 제217조 제2항). 그리고 검사 또는 사법경찰관이 범행 중 또는 범행 직후의 범죄 장소에서 긴급을 요하여 판사의 영장을 받을 수 없는 때에는 영장 없이 압수·수색 또는 검증을 할 수 있으나, 이 경우에는 사후에 지체 없이 영장을 받아야 한다(제216조 제3항). 다만 형사소송법 제218조에 의하면 검사 또는 사법경찰관은 피의자 등이 유류한 물건이나 소유자·소지자 또는 보관자가 임의로 제출한 물건은 영장 없이 압수할 수 있으므

로, 현행범 체포 현장이나 범죄 장소에서도 소지자 등이 임의로 제출하는 물건은 위 조항에 의하여 영장 없이 압수할 수 있고, 이 경우에는 검사나 사법경찰관이 사후에 영장을 받을 필요가 없다(대법원 2016.2.18, 2015도13726).

② (×) 수사과정에서 작성한 진술서는 제312조 제5항의 적용대상이다. 참고인 진술서에 해당하므로 제312조 제4항이 적용된다. 이러한 진술조서의 실질적 성립진정의 인정은 원진술자의 공판준비 또는 공판기일에서의 진술이나 영상녹화물 또는 그 밖의 객관적인 방법에 의하여야 한다. 따라서 작성자(진술자)가 아닌 사법경찰관이 진정성립을 인정하더라도 그 증거능력이 인정될 수 없다.

> **제312조(검사 또는 사법경찰관의 조서 등)** ④ 검사 또는 사법경찰관이 피고인이 아닌 자의 진술을 기재한 조서는 적법한 절차와 방식에 따라 작성된 것으로서 그 조서가 검사 또는 사법경찰관 앞에서 진술한 내용과 동일하게 기재되어 있음이 원진술자의 공판준비 또는 공판기일에서의 진술이나 영상녹화물 또는 그 밖의 객관적인 방법에 의하여 증명되고, 피고인 또는 변호인이 공판준비 또는 공판기일에 그 기재 내용에 관하여 원진술자를 신문할 수 있었던 때에는 증거로 할 수 있다. 다만, 그 조서에 기재된 진술이 특히 신빙할 수 있는 상태하에서 행하여졌음이 증명된 때에 한한다.
> ⑤ 제1항부터 제4항까지의 규정은 피고인 또는 피고인이 아닌 자가 수사과정에서 작성한 진술서에 관하여 준용한다.

④ (×) 결국 참고인의 소재불명 등의 경우에 그 참고인이 진술하거나 작성한 진술조서나 진술서에 대하여 증거능력을 인정하는 것은, 형사소송법이 제312조 또는 제313조에서 참고인 진술조서 등 서면증거에 대하여 피고인 또는 변호인의 반대신문권이 보장되는 등 엄격한 요건이 충족될 경우에 한하여 증거능력을 인정할 수 있도록 함으로써 직접심리주의 등 기본원칙에 대한 예외를 인정한 데 대하여 다시 중대한 예외를 인정하여 원진술자 등에 대한 반대신문의 기회조차 없이 증거능력을 부여할 수 있도록 한 것이므로, 그 경우 참고인의 진술 또는 작성이 '특히 신빙할 수 있는 상태하에서 행하여졌음에 대한 증명'은 단지 그러할 개연성이 있다는 정도로는 부족하고 합리적인 의심의 여지를 배제할 정도에 이르러야 한다고 할 것이다(대법원 2014.2.21, 2013도12652).

정답 ③

---

114 ✓ 대표 ◆◆◇

전문증거에 관한 다음 설명 중 가장 옳지 않은 것은? (다툼이 있으면 판례에 의함)

① 피고인이 수표를 발행하였으나 예금부족 또는 거래정지 처분으로 지급되지 아니하게 하였다는 부정수표단속법 위반의 공소사실을 증명하기 위하여 제출되는 수표는 그 서류의 존재 또는 상태 자체가 증거가 되는 것이어서 증거물인 서면에 해당하고 어떠한 사실을 직접 경험한 사람의 진술에 갈음하는 대체물이 아니다.

② 형사소송법 제314조에 따라 참고인의 소재불명 등의 경우에 그 참고인이 진술하거나 작성한 진술조서나 진술서에 대하여 증거능력을 인정하는 경우 참고인의 진술 또는 작성이 '특히 신빙할 수 있는 상태하에서 행하여졌음에 대한 증명'은 그러할 개연성이 있다는 정도에 이르러야 한다.

③ 압수된 디지털 저장매체로부터 출력한 문건을 진술증거로 사용하는 경우 그 기재 내용의 진실성에 관하여는 전문법칙이 적용되므로 형사소송법 제313조 제1항에 따라 공판준비나 공판기일에서의 그 작성자 또는 진술자의 진술에 의하여 그 성립의 진정함이 증명된 때에 한하여 이를 증거로 사용할 수 있다.

④ 법정에 출석한 증인이 형사소송법 제148조, 제149조 등에서 정한 바에 따라 정당하게 증언거부권을 행사하여 증언을 거부한 경우는 형사소송법 제314조의 '그 밖에 이에 준하는 사유로 인하여 진술할 수 없는 때'에 해당하지 아니한다.

해설

② (×) 참고인의 소재불명 등의 경우 형사소송법 제314조의 의하여 그 참고인이 진술하거나 작성한 진술조서나 진술서에 대하여 증거능력을 인정하는 것은 원진술자 등에 대한 반대신문의 기회조차 없이 증거능력을 부여할 수 있도록 한 것이므로, 그 경우 참고인의 진술 또는 작성이 '특히 신빙할 수 있는 상태하에서 행하여졌음에 대한 증명'은 단지 그러할 개연성이 있다는 정도로는 부족하고 합리적인 의심의 여지를 배제할 정도에 이르러야 한다(대법원 2014.2.21, 2013도12652).

① (○) 대법원 2015.4.23, 2015도2275

③ (○) 대법원 2013.6.13, 2012도16001, 다만, 2016.5. 개정으로 객관적 방법에 의한 대체증명이 가능하게 되었다.

④ (○) 대법원 2012.5.17, 2009도6788 전원합의체

정답 ②

115 ☑ 대표 ◆◆◆ 변호사 2023

증거능력과 증명에 관한 설명 중 옳지 않은 것은? (다툼이 있는 경우 판례에 의함)

① 피고인 甲이 사업주(실질적 경영귀속주체)인 사업체의 종업원 乙이 법규위반행위를 하여 甲이 양벌규정에 의하여 기소되고 사법경찰관이 작성한 乙에 대한 피의자신문조서가 증거로 제출되었으나 甲이 이를 내용부인 취지로 부동의하였고 재판진행 중 乙이 지병으로 사망한 경우 위 피의자신문조서는 「형사소송법」 제314조에 의해 증거능력이 인정될 수 있다.

② 제1심에서 피고인에 대하여 무죄판결이 선고되어 검사가 항소한 후 수사기관이 항소심 공판기일에 증인으로 신청하여 신문할 수 있는 사람을 특별한 사정 없이 미리 수사기관에 소환하여 작성한 진술조서는 피고인이 증거로 할 수 있음에 동의하지 않는 한 증거능력이 없다.

③ 피고인 아닌 자의 공판기일에서의 진술이 피고인 아닌 타인의 진술을 그 내용으로 하는 경우 「형사소송법」 제316조 제2항이 요구하는 특히 신빙할 수 있는 상태하에서 행하여졌음에 대한 증명은 단지 그러한 개연성이 있다는 정도로는 부족하고 합리적인 의심의 여지를 배제하는 정도에 이르러야 한다.

④ 목적과 용도를 정하여 위탁한 금전을 수탁자가 임의로 소비하면 횡령죄를 구성할 수 있으며 피해자 등이 목적과 용도를 정하여 금전을 위탁한 사실 및 그 목적과 용도가 무엇인지는 엄격한 증명의 대상이 된다.

⑤ 양심적 병역거부를 주장하는 피고인이 자신의 병역거부가 그에 따라 행동하지 않고서는 인격적 존재가치가 파멸되고 말 것이라는 절박하고 구체적인 양심에 따른 것으로 그 양심이 깊고 확고하며 진실한 것이라는 사실의 존재를 수긍할 만한 소명자료를 법원에 제출한 경우, 검사는 제출된 자료의 신빙성을 탄핵하는 방법으로 진정한 양심의 부존재를 증명할 수 있다.

[해설]

① (×) 형사소송법 제312조 제3항은 검사 이외의 수사기관이 작성한 해당 피고인에 대한 피의자신문조서를 유죄의 증거로 하는 경우뿐만 아니라 검사 이외의 수사기관이 작성한 해당 피고인과 공범관계에 있는 다른 피고인이나 피의자에 대한 피의자신문조서를 해당 피고인에 대한 유죄의 증거로 채택할 경우에도 적용된다. 따라서 해당 피고인과 공범관계가 있는 다른 피의자에 대하여 검사 이외의 수사기관이 작성한 피의자신문조서는 그 피의자의 법정진술에 의하여 성립의 진정이 인정되는 등 형사소송법 제312조 제4항의 요건을 갖춘 경우라도 해당 피고인이 공판기일에서 그 조서의 내용을 부인한 이상 이를 유죄인정의 증거로 사용할 수 없고, 그 당연한 결과로 위 피의자신문조서에 대하여는 사망 등 사유로 인하여 법정에서 진술할 수 없는 때에 예외적으로 증거능력을 인정하는 규정인 형사소송법 제314조가 적용되지 아니한다. 그리고 이러한 법리는 공동정범이나 교사범, 방조범 등 공범관계에 있는 자들 사이에서뿐만 아니라, 법인의 대표자나 법인 또는 개인의 대리인, 사용인, 그 밖의 종업원 등 행위자의 위반행위에 대하여 행위자가 아닌 법인 또는 개인이 양벌규정에 따라 기소된 경우, 이러한 법인 또는 개인과 행위자 사이의 관계에서도 마찬가지로 적용된다고 보아야 한다(대법원 2020.6.11, 2016도9367).

② (○) 제1심에서 피고인에 대하여 무죄판결이 선고되어 검사가 항소한 후, 수사기관이 항소심 공판기일에 증인으로 신청하여 신문할 수 있는 사람을 특별한 사정 없이 미리 수사기관에 소환하여 작성한 진술조서는 피고인이 증거로 할 수 있음에 동의하지 않는 한 증거능력이 없다(대법원 2019.11.28, 2013도6825).
[보충] 위 참고인이 나중에 법정에 증인으로 출석하여 위 진술조서의 성립의 진정을 인정하고 피고인 측에 반대신문의 기회가 부여된다 하더라도 위 진술조서의 증거능력을 인정할 수 없음은 마찬가지이다. 위 참고인이 법정에서 위와 같이 증거능력이 없는 진술조서와 같은 취지로 피고인에게 불리한 내용의 진술을 한 경우, 그 진술에 신빙성을 인정하여 유죄의 증거로 삼을 것인지는 증인신문 전 수사기관에서 진술조서가 작성된 경위와 그것이 법정진술에 영향을 미쳤을 가능성 등을 종합적으로 고려하여 신중하게 판단하여야 한다(위 판례).

③ (○) 제314조, 제316조 제2항에서 말하는 '그 진술 또는 작성이 특히 신빙할 수 있는 상태하에서 행하여진 때'라 함은 그 진술내용이나 조서 또는 서류의 작성에 허위개입의 여지가 거의 없고 그 진술내용의 신빙성이나 임의성을 담보할 구체적이고 외부적인 정황이 있는 경우를 가리키며, 위 조항들은 직접심리주의 등 기본원칙에 대한 예외를 인정한 데 대하여 다시 중대한 예외를 인정하여 원진술자 등에 대한 반대신문의 기회조차 없이 증거능력을 부여할 수 있도록 한 것이므로 '특히 신빙할 수 있는 상태하에서 행하여졌음에 대한 증명'은 단지 그러할 개연성이 있다는 정도로는 부족하고 합리적인 의심의 여지를 배제할 정도에 이르러야 하고, 나아가 법원이 제314조에 따라 증거능력을 인정하기 위하여는 단순히 진술이나 조서의 작성과정에 뚜렷한 절차적 위법이 보이지 않는다거나 진술의 임의성을 의심할 만한 구체적 사정이 없다는 것만으로는 부족하고, 이를 넘어 법정에서의 반대신문 등을 통한 검증을 굳이 거치지 않더라도 진술의 신빙성과 임의성을 충분히 담보할 수 있는 구체적이고 외부적인 정황이 있어 그에 기초하여 법원이 유죄의 심증을 형성하더라도 증거재판주의의 원칙에 어긋나지 않는다고 평가할 수 있는 정도에 이르러야 한다(대법원 2014.4.30, 2012도725).

④ (○) 목적과 용도를 정하여 위탁한 금전을 수탁자가 임의로 소비하면 횡령죄를 구성할 수 있으나, 이 경우 피해자 등이 목적과 용도를 정하여 금전을 위탁한 사실 및 그 목적과 용도가 무엇인지는 엄격한 증명의 대상이라고 보아야 한다(대법원 2013.11.14, 2013도8121).

⑤ (○) 양심적 병역거부를 주장하는 피고인은 자신의 병역거부가 그에 따라 행동하지 않고서는 인격적 존재가치가 파멸되고 말 것이라는 절박하고 구체적인 양심에 따른 것이며 그 양심이 깊고 확고하며 진실한 것이라는 사실의 존재를 수긍할 만한 소명자료를 제시하고, 검사는 제시된 자료의 신빙성을 탄핵하는 방법으로 진정한 양심의 부존재를 증명할 수 있다(대법원 2020.11.26, 2019도12787).

[정답] ①

PART 04 CHAPTER 02 증거

CHAPTER 02 증거 **507**

116 ✓유사 ◆◆◆ 변호사 2022

甲과 乙은 카드 뒷면에 형광물질로 표시를 하여 특수한 콘택트렌즈를 끼면 상대의 패를 볼 수 있는 특수카드를 이용하여 사기도박을 하기로 공모하고, 피해자 A와 B를 도박장소에 유인하여 처음 40분 동안은 정상적인 도박을 하다가 몰래 특수카드로 바꾼 다음 피해자들의 패를 보면서 도박을 하여 피해자들로부터 각 1,000만원을 편취하였다. 甲과 乙은 위 범행으로 기소되어 공동피고인으로 재판을 받게 되었다. 이에 관한 설명으로 옳은 것을 모두 고른 것은? (다툼이 있는 경우 판례에 의함)

> ㄱ. 甲과 乙이 처음 40분 동안 한 도박은 사기죄의 실행행위에 포함되는 것이어서 별도로 도박죄가 성립하지 않는다.
> ㄴ. A가 甲과 동거하지 않는 사촌관계인 경우, A가 甲과 乙을 고소하였다가 제1심 법정에서 甲에 대한 고소를 취소하였다면, 법원은 甲과 乙의 A에 대한 사기죄에 대하여 모두 공소기각 판결을 선고하여야 한다.
> ㄷ. 甲이 제1심 법정에서 '乙과 함께 사기도박범행을 저지른 것이 맞다'고 자백하였다면, 위 자백은 乙의 반대신문권이 보장되어 있어 독립한 증거능력이 있다.
> ㄹ. 검찰에서 B에 대한 참고인 진술조서가 작성되고 B가 제1심 법정에 증인으로 출석하여 정당한 사유 없이 증언을 거부하였다면, 위 진술조서는 특별한 사정이 없는 한 형사소송법 제314조에 따라 증거능력이 있다.

① ㄱ, ㄴ   ② ㄱ, ㄷ
③ ㄴ, ㄹ   ④ ㄷ, ㄹ
⑤ ㄱ, ㄷ, ㄹ

[해설]

ㄱ. (○) 대법원 2011.1.13, 2010도9330; 2015.10.29, 2015도10948

ㄴ. (×) 상대적 친고죄에서는 모두 신분관계가 있는 경우가 아니라면 친고죄의 고소의 주관적 불가분 원칙이 적용되지 아니한다. 형법 제328조 제2항의 친족간 특례가 적용되는 자는 A와 甲이므로, A가 甲과 乙을 고소하였다가 제1심 법정에서 甲에 대한 고소를 취소하였다면 법원은 甲에게만 공소기각판결을 선고하고, 乙에게는 실체재판을 해야 한다.

ㄷ. (○) 공범자의 공판정 자백은 증거능력이 있다(대법원 1992.7.28, 92도917 등).

ㄹ. (×) 수사기관에서 진술한 참고인이 법정에서 증언을 거부하여 피고인이 반대신문을 하지 못한 경우에는 <u>정당하게 증언거부권을 행사한 것이 아니라도</u>, 피고인이 증인의 증언거부 상황을 초래하였다는 등의 특별한 사정이 없는 한 <u>형사소송법 제314조의 '그 밖에 이에 준하는 사유로 인하여 진술할 수 없는 때'에 해당하지 않는다고 보아야 한다.</u> 따라서 증인이 정당하게 증언거부권을 행사하여 증언을 거부한 경우와 마찬가지로 수사기관에서 그 증인의 진술을 기재한 서류는 증거능력이 없다(대법원 2019.11.21, 2018도13945 전원합의체).

[정답] ②

117 ✓유사 ◆◆◇ 변호사 2022

甲과 乙은 A를 살해하기로 공모하고 A의 집으로 찾아가, 乙이 망을 보고 있는 동안 甲은 가지고 있던 식칼로 A를 찔러 살해하였다. 우연히 이를 목격한 행인 B가 경찰에 신고하였고, 사법경찰관 P는 甲과 乙의 범행 직후 A의 집에 도착하여 그 현장에서 甲을 적법하게 체포하고, 甲으로부터 범행에 사용한 식칼을 임의로 제출받아 압수하면서 즉석에서 현장검증을 실시하여 검증조서를 작성하였다. 한편 P는 위 압수한 식칼에 관하여 사후에 압수영장을 발부받지 않았고, B에 대하여는 진술조서를 작성하였다. 이에 관한 설명 중 옳지 않은 것을 모두 고른 것은? (다툼이 있는 경우 판례에 의함)

> ㄱ. P가 실시한 현장검증은 체포현장에서의 검증에 해당하여 영장 없이 할 수 있다.
> ㄴ. 甲이 B에 대한 진술조서를 증거로 함에 동의하지 않은 경우라도 위 진술조서에 기재된 B의 주소로 보낸 증인소환장이 주소불명으로 송달되지 않자 검사가 증인신청을 철회하였다면, 위 진술조서를 甲에 대한 유죄인정의 증거로 사용할 수 있다.
> ㄷ. 甲이 B에 대한 진술조서를 증거로 함에 동의하지 않아 B를 증인으로 소환하였으나 B가 증인소환장을 송달받고도 법원의 소환에 계속하여 불응하고 구인장도 집행되지 않아 B에 대한 법정에서의 신문이 불가능한 경우, 검사가 B에 대한 구인장의 강제력에 기하여 B의 법정 출석을 위한 가능하고도 충분한 노력을 다하였음에도 불구하고 부득이 B의 법정 출석이 불가능하게 되었다는 사정을 입증하더라도 위 진술조서를 甲에 대한 유죄인정의 증거로 사용할 수 없다.
> ㄹ. 검사가 위 식칼을 乙에 대한 증거로 제출하였다면, 乙이 이를 증거로 함에 동의하지 않은 경우라도 乙에 대한 유죄인정의 증거로 사용할 수 있다.

① ㄴ   ② ㄱ, ㄹ
③ ㄴ, ㄷ   ④ ㄱ, ㄴ, ㄷ
⑤ ㄴ, ㄷ, ㄹ

[해설]

ㄱ. (○) 제216조 제1항 제2호 참조.

> **제216조(영장에 의하지 아니한 강제처분)** ① 검사 또는 사법경찰관은 제200조의2·제200조의3·제201조 또는 제212조의 규정에 의하여 피의자를 체포 또는 구속하는 경우에 필요한 때에는 영장 없이 다음 처분을 할 수 있다.
> 2. 체포현장에서의 압수, 수색, 검증

ㄴ. (×) 제314조의 '소재불명 그밖에 이에 준하는 사유'로 인하여 진술할 수 없는 때에 해당하지 않는다.

ㄷ. (×) 제314조의 '소재불명 그밖에 이에 준하는 사유'로 인하여 진술할 수 없는 때에 해당한다. "직접주의와 전문법칙의 예외를 정한 형사소송법 제314조의 요건 충족 여부는 엄격히 심사하여야

하고 전문증거의 증거능력을 갖추기 위한 요건에 관한 입증책임은 검사에게 있는 것이므로, 법원이 증인에 대한 구인장 집행불능 상황을 형사소송법 제314조의 '기타 사유로 인하여 진술할 수 없는 때'에 해당한다고 인정할 수 있으려면, 형식적으로 구인장 집행이 불가능하다는 취지의 서면이 제출되었다는 것만으로는 부족하고, 증인에 대한 구인장의 강제력에 기하여 증인의 법정 출석을 위한 가능하고도 충분한 노력을 다하였음에도 불구하고, 부득이 증인의 법정 출석이 불가능하게 되었다는 사정을 검사가 입증한 경우여야 한다(대법원 2013.4.11, 2013도1435)."

ㄹ. (O) 제218조에 규정된 임의제출물의 경우로서 적법하게 수집한 증거이므로 그 증거능력이 있다. 이 경우 증거동의를 요하지 않는다.

> **제218조(영장에 의하지 아니한 압수)** 검사, 사법경찰관은 피의자 기타인의 유류한 물건이나 소유자, 소지자 또는 보관자가 임의로 제출한 물건을 영장 없이 압수할 수 있다.

정답 ③

---

118 ✅ 유사 ◆◆◆

다음 사례에 관한 설명 중 가장 적절한 것은? (다툼이 있는 경우 판례에 의함)

> 연구실을 함께 운영하는 甲과 乙은 소속 연구원들에 대한 인건비 지급 명목으로 X학교법인에 지원금 지급을 신청하여 지급받은 금원을 연구실 운영비로 사용하기로 공모하였다. 이에 따라 甲은 2022년 1월부터 12월까지 매월 1회 지급신청을 하고 해당 금액을 지급받는 동일한 방식으로 총 12회에 걸쳐 연구원 인건비 명목으로 X학교법인으로부터 합계 1억원 상당을 송금받았다. 다만, 乙은 2022년 8월에 퇴직하여 이후의 연구실 운영에는 관여하지 않았다. 이후 甲과 乙에 대한 재판에서 검사는 '연구실원 A에 대한 참고인 진술조서'(이하, '조서'라 한다)를 증거로 제출하였으나, 공판기일에 증인으로 출석한 A는 甲과의 관계를 우려하여 조서의 진정성립을 비롯한 일체의 증언을 거부하였다.

① 甲과 乙이 2022년 1월부터 12월까지 금원을 지급받은 것이 사기죄에 해당하는 경우, 각 지급행위 시마다 별개의 사기죄가 성립한다.

② A가 증언을 거부하면 甲의 반대신문권이 보장되지 않는 것인데, 이 경우 A의 증언거부가 정당한 증언거부권의 행사라 하더라도 甲의 반대신문권이 보장되지 않는다는 점에서는 아무런 차이가 없다.

③ 乙은 퇴직 이후에 甲이 금원을 송금받은 부분에 대해서는 사기죄의 죄책을 부담하지 않는다.

④ 만약 A가 법정에서 증언을 거부하지 않고 조서에 대해 "기재된 바와 같이 내가 말한 것은 맞는데, 그건 일부러 거짓말을 한 것이다."라고 진술하게 되면 조서는 증거로 사용할 수 없게 된다.

해설

② (O) 현행 형사소송법 제312조 제4항은 구 형사소송법이 정한 원진술자의 진정성립 인정요건 외에 '피고인 또는 변호인이 공판준비 또는 공판기일에 그 기재내용에 관하여 원진술자를 신문할 수 있었던 때', 즉 피고인의 반대신문권이 보장될 것을 증거능력 인정의 요건으로 추가함으로써 피고인의 반대신문권이 보장되지 않은 참고인에 대한 진술조서는 원칙적으로 증거능력이 인정되지 않음을 선언하였다. 반대신문권의 보장은 형식적·절차적인 것이 아니라 실질적·효과적인 것이어야 한다. … 수사기관에서 진술한 참고인이 법정에서 증언을 거부하여 피고인이 반대신문을 하지 못한 경우에는 정당하게 증언거부권을 행사한 것이 아니라도, 피고인이 증인의 증언거부 상황을 초래하였다는 등의 특별한 사정이 없는 한 형사소송법 제314조의 '그 밖에 이에 준하는 사유로 인하여 진술할 수 없는 때'에 해당하지 않는다고 보아야 한다. 따라서 증인이 정당하게 증언거부권을 행사하여 증언을 거부한 경우(대법원 2012.5.17, 2009도6788 전원합의체)와 마찬가지로 수사기관에서 그 증인의 진술을 기재한 서류는 증거능력이 없다(대법원 2019.11.21, 2018도13945 전원합의체).
[보충] 다만 피고인이 증인의 증언거부 상황을 초래하였다는 등의 특별한 사정이 있는 경우에는 형사소송법 제314조의 적용을 배제할 이유가 없다. 이러한 경우까지 형사소송법 제314조의 '그 밖에 이에 준하는 사유로 인하여 진술할 수 없는 때'에 해당하지 않는다고 보면 사건의 실체에 대한 심증형성은 법관의 면전에서 본래증거에 대한 반대신문이 보장된 증거조사를 통하여 이루어져야 한다는 실질적 직접심리주의와 전문법칙에 대하여 예외를 정한 형사소송법 제314조의 취지에 반하고 정의의 관념에도 맞지 않기 때문이다(위 판례).

① (×) 사기죄에 있어서 동일한 피해자에 대하여 수회에 걸쳐 기망행위를 하여 금원을 편취한 경우, 범의가 단일하고 범행방법이 동일하다면 사기죄의 포괄일죄가 성립한다(대법원 2000.2.11, 99도4862).

③ (×) 행위자 상호간에 범죄의 실행을 공모하였다면 다른 공모자가 이미 실행에 착수한 이후에는 그 공모관계에서 이탈하였다고 하더라도 공동정범의 책임을 면할 수 없다(대법원 1984.1.31, 83도2941).

④ (×) "기재된 바와 같이 내가 말한 것은 맞다."라고 진술하였다면 형사소송법 제312조 제4항의 요건인 실질적 진정성립을 인정한 것이므로, "그건 일부러 거짓말을 한 것이다."라고 하여 그 내용을 부인하더라도 증거능력이 부정되지 아니한다.

정답 ②

119 ✓ 유사 ◆◆◇

형사소송법 제314조에 규정된 '공판준비 또는 공판기일에 진술을 요하는 자가 사망·질병·외국거주·소재불명 그 밖에 이에 준하는 사유로 인하여 진술할 수 없는 때'에 대한 설명으로 옳지 않은 것은? (다툼이 있는 경우 판례에 의함)

① '외국거주'라 함은 진술을 요할 자가 외국에 있다는 것만으로는 부족하고, 그를 공판정에 출석시켜 진술하게 할 모든 수단을 강구하는 등 가능하고 상당한 수단을 다하더라도 그 진술을 요할 자를 법정에 출석하게 할 수 없는 사정이 있는 예외적인 경우를 말한다.

② 증인이 '소재불명이거나 그 밖에 이에 준하는 사유로 인하여 진술할 수 없는 때'에 해당한다고 인정할 수 있으려면 증인의 법정 출석을 위한 가능하고도 충분한 노력을 다하였음에도 불구하고 부득이 증인의 법정 출석이 불가능하게 되었다는 사정이 있어야 하며, 이는 검사가 증명하여야 한다.

③ 수사기관에서 진술한 피해자인 유아가 공판정에서 진술을 하였더라도 증인신문 당시 일정한 사항에 관하여 기억이 나지 않는다는 취지로 진술하여 그 진술의 일부가 재현 불가능하게 된 경우는 '원진술자가 진술을 할 수 없는 때'에 해당하지 않는다.

④ 법정에 출석한 증인이 정당하게 증언거부권을 행사하여 증언을 거부한 경우는 '그 밖에 이에 준하는 사유로 인하여 진술할 수 없는 때'에 해당하지 않는다.

> **해설**
>
> ③ (×) 피해자가 공판정에서 진술을 하였더라도 증인신문 당시 일정한 사항에 관하여 기억이 나지 않는다는 취지로 진술하여 그 진술의 일부가 재현 불가능하게 된 경우는 '원진술자가 진술을 할 수 없는 때'에 해당한다(대법원 2006.4.14, 2005도9561).
> ① (○) 대법원 2016.2.18, 2015도17115
> ② (○) 대법원 2007.1.11, 2006도7228; 2013.10.17, 2013도5001
> ④ (○) 대법원 2012.5.17, 2009도6788 전원합의체

> **정답** ③

120 ✓ 유사 ◆◇◇

「형사소송법」 제314조에 의한 증거능력의 인정요건에 대한 설명으로 가장 적절하지 않은 것은? (다툼이 있는 경우 판례에 의함)

① 「형사소송법」 제314조에서 말하는 '외국거주'라고 함은 진술을 요할 자가 외국에 있다는 것만으로는 부족하고, 가능하고 상당한 수단을 다하더라도 그 진술을 요할 자를 법정에 출석하게 할 수 없는 사정이 있어야 예외적으로 그 적용이 있다.

② 진술을 요할 자가 일정한 주거를 가지고 있더라도 법원의 소환에 계속 불응하고 구인하여도 구인장이 집행되지 아니하는 등 법정에서의 신문이 불가능한 상태의 경우에는 「형사소송법」 제314조 소정의 '진술할 수 없는 때'에 해당한다.

③ 증인의 주소지가 아닌 곳으로 소환장을 보내 송달불능이 되자 그곳을 중심으로 한 소재탐지 끝에 소재불능회보를 받은 경우에는 「형사소송법」 제314조에서 말하는 원진술자가 공판정에서 진술할 수 없는 때라고 할 수 없다.

④ 수사기관에서 진술한 참고인이 법정에서 증언을 거부하여 피고인이 반대신문을 하지 못한 경우, 정당하게 증언거부권을 행사한 것이 아니라면 피고인이 증인의 증언거부 상황을 초래하였다는 등의 특별한 사정이 있더라도 「형사소송법」 제314조의 '그 밖에 이에 준하는 사유로 인하여 진술할 수 없는 때'에 해당하지 않는다.

> **해설**
>
> ④ (×) 피고인이 증인의 증언거부 상황을 초래하였다는 등의 특별한 사정이 있다면, 제314조의 '그밖에 이에 준하는 사유로 인하여 진술할 수 없는 때'에 해당할 수 있다. 따라서 해당 전문서류의 증거능력이 인정될 수 있다. "수사기관에서 진술한 참고인이 법정에서 증언을 거부하여 피고인이 반대신문을 하지 못한 경우에는 정당하게 증언거부권을 행사한 것이 아니라도, 피고인이 증인의 증언거부 상황을 초래하였다는 등의 특별한 사정이 없는 한 형사소송법 제314조의 '그 밖에 이에 준하는 사유로 인하여 진술할 수 없는 때'에 해당하지 않는다고 보아야 한다(대법원 2019.11.21, 2018도13945 전원합의체)."
> ① (○) 대법원 2002.3.26, 2001도5666
> ② (○) 대법원 2000.6.9, 2000도1765
> ③ (○) 대법원 2006.12.22, 2006도7479

> **정답** ④

121 ✓ 유사 ◆◆◆

甲의 상황이 「형사소송법」 제314조의 '사망·질병·외국거주·소재불명 그 밖에 이에 준하는 사유로 인하여 진술할 수 없는 때'에 해당한다고 볼 수 있는 것은? (다툼이 있는 경우 판례에 의함)

① 공판기일에 진술을 요하는 甲이 질병을 앓고 있으나 임상신문이나 출장신문은 가능한 경우

② 공판기일에 진술을 요하는 甲이 외국에 거주하고 있으나 증언 자체를 거부하는 의사가 분명하지 않고, 거주하는 외국의 주소와 연락처가 파악되며, 대한민국과 그 외국 간에 국제형사사법공조조약이 체결되어 있어 甲을 증인으로 소환할 수 있는 경우

③ 수사기관에서 진술한 피해자인 유아 甲이 공판정에서 진술을 하였으나 증인신문 당시 일정한 사항에 관하여 '기억이 나지 않는다'라는 취지로 진술하여 그 진술의 일부가 재현 불가능하게 된 경우

④ 수사기관에서 참고인으로 진술한 甲이 법정에서 증언을 거부하여 피고인이 반대신문을 하지 못하였고, 피고인이 그러한 甲의 증언거부 상황을 초래하지 않은 경우

[해설]

③ (〇) 수사기관에서 진술한 피해자인 유아가 공판정에서 진술을 하였더라도 증인신문 당시 일정한 사항에 관하여 기억이 나지 않는다는 취지로 진술하여 그 진술의 일부가 재현 불가능하게 된 경우, 형사소송법 제314조, 제316조 제2항에서 말하는 '원진술자가 진술을 할 수 없는 때'에 해당한다(대법원 2006.4.14, 2005도9561).

① (×) 형사소송법 제314조에 의하면, 같은 법 제312조 소정의 조서나 같은 법 제313조 소정의 서류 등을 증거로 하기 위해서는, 첫째로 진술을 요할 자가 사망, 질병, 외국거주 기타 사유로 인하여 공판준비 또는 공판기일에 진술할 수 없는 경우이어야 하고('필요성의 요건'), 둘째로 그 진술 또는 서류의 작성이 특히 신빙할 수 있는 상태하에서 행하여진 것이어야 한다('신용성 정황적 보장의 요건'). 위 필요성의 요건 중 질병은 진술을 요할 자가 공판이 계속되는 동안 임상신문이나 출장신문도 불가능할 정도의 중병임을 요한다고 할 것이고, '기타 사유'는 사망 또는 질병에 준하여 증인으로 소환될 당시부터 기억력이나 분별력의 상실상태에 있다거나, 법정에 출석하여 증언거부권을 행사한다거나, 증인소환장을 송달받고 출석하지 아니하여 구인을 명하였으나 끝내 구인의 집행이 되지 아니하는 등으로 진술을 요할 자가 공판준비 또는 공판기일에 진술할 수 없는 예외적인 사유가 있어야 한다(대법원 2006.5.25, 2004도3619).

② (×) 진술을 요하는 자가 외국에 거주하고 있어 공판정 출석을 거부하면서 공판정에 출석할 수 없는 사정을 밝히고 있더라도 증언 자체를 거부하는 의사가 분명한 경우가 아닌 한 거주하는 외국의 주소나 연락처 등이 파악되고, 해당 국가와 대한민국 간에 국제형사사법공조조약이 체결된 상태라면 우선 사법공조의 절차에 의하여 증인을 소환할 수 있는지를 검토해 보아야 하고, 소환을 할 수 없는 경우라도 외국의 법원에 사법공조로 증인신문을 실시하도록 요청하는 등의 절차를 거쳐야 하고, 이러한 절차를 전혀 시도해 보지도 아니한 것은 가능하고 상당한 수단을 다하더라도 진술을 요하는 자를 법정에 출석하게 할 수 없는 사정이 있는 때

에 해당한다고 보기 어렵다(대법원 2016.2.18, 2015도17115).

④ (×) 수사기관에서 진술한 참고인이 법정에서 증언을 거부하여 피고인이 반대신문을 하지 못한 경우에는 정당하게 증언거부권을 행사한 것이 아니라도, 피고인이 증인의 증언거부 상황을 초래하였다는 등의 특별한 사정이 없는 한 형사소송법 제314조의 '그 밖에 이에 준하는 사유로 인하여 진술할 수 없는 때'에 해당하지 않는다고 보아야 한다. 따라서 증인이 정당하게 증언거부권을 행사하여 증언을 거부한 경우와 마찬가지로 수사기관에서 그 증인의 진술을 기재한 서류는 증거능력이 없다(대법원 2019.11.21, 2018도13945 전원합의체).

[정답] ③

7. 당연히 증거능력이 있는 서류

122 ✓ 대표 ◆◆◇

형사소송법 제315조에 규정된 당연히 증거능력 있는 서류에 해당하는 것(〇)과 해당하지 않는 것(×)을 바르게 연결한 것은? (다툼이 있는 경우 판례에 의함)

┌───
ㄱ. 보험사기 사건에서 건강보험심사평가원이 수사기관의 의뢰에 따라 그 수사기관이 보내온 자료를 토대로 작성한 입원진료의 적정성에 대한 의견을 제시하는 내용의 '입원진료 적정성 여부 등 검토의뢰에 대한 회신'

ㄴ. 대한민국 주중국 대사관 영사가 공무수행과정에서 작성하였지만 공적인 증명보다는 상급자에 대한 보고를 목적으로 작성한 사실확인서(공인(公印) 부분은 제외)

ㄷ. 검찰에서 피고인이 소지·탐독을 인정한 유인물에 대하여, 사법경찰관이 그 내용을 분석하고 이를 기계적으로 복사하여 그 말미에 그대로 첨부하여 작성한 수사보고서

ㄹ. 성매매업소에서 성매매 여성들이 영업에 참고하기 위하여 성매매 상대방의 아이디, 전화번호 등에 관한 정보를 입력하여 작성한 메모리카드의 내용
└───

	ㄱ	ㄴ	ㄷ	ㄹ
①	〇	×	〇	×
②	×	×	〇	×
③	〇	〇	×	〇
④	×	×	×	〇

[해설]

ㄱ. (×) 이른바 보험사기 사건에서 건강보험심사평가원이 수사기관의 의뢰에 따라 그 보내온 자료를 토대로 입원진료의 적정성에 대한 의견을 제시하는 내용의 '건강보험심사평가원의 입원진료 적정성 여부 등 검토의뢰에 대한 회신'은 형사소송법 제315조 제3호의 '기타 특히 신용할 만한 정황에 의하여 작성된 문서'에 해당하지 않는다(대법원 2017.12.5, 2017도12671).

ㄴ. (×) 대한민국 주중국 대사관 영사가 작성한 사실확인서 중 공인 부분을 제외한 나머지 부분이 비록 영사의 공무수행 과정 중 작성되었지만 공적인 증명보다는 상급자 등에 대한 보고를 목적으로 하는 것인 경우, 형사소송법 제315조 제1호의 '공무원의 직무상

증명할 수 있는 사항에 관하여 작성한 문서' 또는 제3호의 '기타 특히 신뢰할 만한 정황에 의하여 작성된 문서라고 볼 수 없으므로 증거능력이 없다(대법원 2007.12.13, 2007도7257).

ㄷ. (○) 사법경찰관 작성의 새세대 16호에 대한 수사보고서는 피고인이 검찰에서 소지 탐독사실을 인정하고 있는 새세대 16호라는 유인물의 내용을 분석하고, 이를 기계적으로 복사하여 그 말미에 그대로 첨부한 문서로써 그 신용성이 담보되어 있어 형사소송법 제315조 제3호 소정의 "기타 특히 신용할만한 정황에 의하여 작성된 문서"에 해당되는 문서로써 당연히 증거능력이 인정된다고 판단한 것은 정당하게 수긍되고, 원심판결에 소론과 같은 증거능력이 없는 증거를 채택한 위법이 없다(대법원 1992.8.14, 92도1211).

ㄹ. (○) 성매매업소에 고용된 여성들이 성매매를 업으로 하면서 영업에 참고하기 위하여 성매매 상대방의 아이디와 전화번호 및 성매매방법 등을 메모지에 적어두었다가 직접 메모리카드에 입력하거나 업주가 고용한 다른 여직원이 그 내용을 입력한 경우, 위 메모리카드의 내용은 형사소송법 제315조 제2호의 '영업상 필요로 작성한 통상문서로서 당연히 증거능력 있는 문서에 해당한다(대법원 2007.7.26, 2007도3219)

정답 ④

123 ✓ 대표 ◆◇◇   국가7급 2020

「형사소송법」 제315조의 '당연히 증거능력이 있는 서류'에 대한 설명으로 옳지 않은 것은? (다툼이 있는 경우 판례에 의함)

① 변호사가 피고인에 대한 법률자문 과정에 작성하여 피고인에게 전송한 전자문서를 출력한 법률의견서는 '업무상 필요로 작성한 통상문서'에 해당하지 않는다.

② '기타 특히 신용할 만한 정황에 의하여 작성된 문서'는 굳이 반대신문의 기회 부여 여부가 문제되지 않을 정도로 고도의 신용성의 정황적 보장이 있는 문서를 의미한다.

③ 다른 피고인에 대한 형사사건의 공판조서 중 일부인 증인 신문조서는 '기타 특히 신용할 만한 정황에 의하여 작성된 문서'에 해당한다.

④ 특별한 자격이 없이 범칙물자에 대한 시가감정업무에 4~5년 종사해 온 세관공무원이 세관에 비치된 기준과 수입신고서에 기재된 가격을 참작하여 작성한 감정서는 '공무원의 직무상 증명할 수 있는 사항에 관하여 작성한 문서'에 해당하지 않는다.

해설

④ (×) 특별한 자격이 있지는 아니하나 범칙물자에 대한 시가감정업무에 4~5년 종사해온 세관공무원이 세관에 비치된 기준과 수입신고서에 기재된 가격을 참작하여 작성한 감정서는 공무원이 그 직무상 작성한 공문서라 할 것이므로 피고인의 동의여부에 불구하고 형사소송법 제315조 제1호에 의하여 당연히 증거능력이 있다고 할 것이며 또 그 증명력에 무슨 하자가 있다고도 할 수 없다(대법원 1985.4.9, 85도225).

① (○) 대법원 2012.5.17, 2009도6788 전원합의체. 피고인 아닌 자의 진술서에 해당한다.

② (○), ③ (○) 2013.10.24, 2011헌바79

정답 ④

124 ✓ 대표 ◆◆◇   경찰3차 2018 유사 법원9급 2018

다음 중 형사소송법 제315조의 각 호에 해당하여 증거능력이 인정될 수 있는 증거가 아닌 것은? (다툼이 있는 경우 판례에 의하고, 전원합의체 판결의 경우 다수의견에 의함)

① 특별한 자격을 갖추지 아니한 채 범칙물자에 대한 시가 감정업무에 4~5년 종사해 온 것에 불과한 세관공무원이 세관에 비치된 기준과 수입신고서에 기재된 가격을 참작하여 작성한 감정서

② 성매매업소에 고용된 여성들이 성매매를 업으로 하면서 영업에 참고하기 위하여 성매매 상대방의 아이디와 전화번호 및 성매매 방법 등을 메모지에 적어두었다가 그 내용을 직접 입력하여 작성한 메모리카드의 기재 내용

③ 법원 또는 합의부원, 검사, 변호인, 청구인이 구속된 피의자를 심문하고 그에 대한 피의자의 진술 등을 기재한 구속적부심문조서

④ 보험사기 사건에서 건강보험심사평가원이 수사기관의 의뢰에 따라 수사기관이 보내온 자료를 토대로 입원진료의 적정성에 대한 의견을 제시하는 내용의 '건강보험심사평가원의 입원진료 적정성 여부 등 검토의뢰에 대한 회신'

해설

④ (×) 사무처리 내역을 계속적, 기계적으로 기재한 문서가 아니라 범죄사실의 인정 여부와 관련 있는 어떠한 의견을 제시하는 내용을 담고 있는 문서는 형사소송법 제315조 제3호에서 규정하는 당연히 증거능력이 있는 서류에 해당한다고 볼 수 없으므로, 이른바 보험사기 사건에서 건강보험심사평가원이 수사기관의 의뢰에 따라 그 보내온 자료를 토대로 입원진료의 적정성에 대한 의견을 제시하는 내용의 '건강보험심사평가원의 입원진료 적정성 여부 등 검토의뢰에 대한 회신'은 형사소송법 제315조 제3호의 '기타 특히 신용할 만한 정황에 의하여 작성된 문서'에 해당하지 않는다(대법원 2017.12.5, 2017도12671).

① (○) 특별한 자격이 있지는 아니하나 범칙물자에 대한 시가감정업무에 4~5년 종사해온 세관공무원이 세관에 비치된 기준과 수입신고서에 기재된 가격을 참작하여 작성한 감정서는 공무원이 그 직무상 작성한 공문서라 할 것이므로 피고인의 동의여부에 불구하고 형사소송법 제315조 제1호에 의하여 당연히 증거능력이 있다고 할 것이며 또 그 증명력에 무슨 하자가 있다고도 할 수 없다(대법원 1985.4.9, 85도225).

② (○) 성매매업소에 고용된 여성들이 성매매를 업으로 하면서 영업에 참고하기 위하여 성매매 상대방의 아이디와 전화번호 및 성매매방법 등을 메모지에 적어두었다가 직접 메모리카드에 입력하거나 업주가 고용한 다른 여직원이 그 내용을 입력한 경우, 위 메모리카드의 내용은 형사소송법 제315조 제2호의 '영업상 필요로 작성한 통상문서'로서 당연히 증거능력 있는 문서에 해당한다(대법원 2007.7.26, 2007도3219).

③ (○) 구속적부심은 구속된 피의자 또는 그 변호인 등의 청구로 수사기관과는 별개 독립의 기관인 법원에 의하여 행하여지는 것으로서 구속된 피의자에 대하여 피의사실과 구속사유 등을 알려 그에 대한 자유로운 변명의 기회를 주어 구속의 적부를 심사함으

로써 피의자의 권리보호에 이바지하는 제도인바, 법원 또는 합의부원, 검사, 변호인, 청구인이 구속된 피의자를 심문하고 그에 대한 피의자의 진술 등을 기재한 구속적부심문조서는 형사소송법 제311조가 규정한 문서에는 해당하지 않는다 할 것이나, 특히 신용할 만한 정황에 의하여 작성된 문서라고 할 것이므로 특별한 사정이 없는 한, 피고인이 증거로 함에 부동의하더라도 형사소송법 제315조 제3호에 의하여 당연히 그 증거능력이 인정된다(대법원 2004.1.16, 2003도5693).

정답 ④

---

125 ✓ 대표 ◆◆◇

변호사 2017

다음 〈사례〉에 관한 설명 중 옳은 것을 모두 고른 것은? (다툼이 있는 경우 판례에 의함)

┤ 사례 ├

甲과 乙은 야간에 A의 집에 있는 다이아몬드를 훔쳐서 유흥비를 마련하기로 모의하면서, 범행이 발각되는 경우 어떤 수단을 사용해서라도 체포되어서는 아니된다고 약속하였다. 밤 12시 경 甲이 집 밖에서 망을 보고 있는 사이 乙은 A의 집에 들어가서 다이아몬드를 들고 나오다가 이를 본 A가 "도둑이야!"라고 소리치자 집 밖으로 도망쳤다.

ⓐ A가 乙을 체포하기 위해 집 밖으로 나오는 순간 집 밖에서 기다리고 있던 甲은 체포를 면탈할 목적으로 A를 넘어뜨려 A는 상해를 입었고, A는 더 이상 추적을 할 수 없었다.

ⓑ 이에 A는 경찰서에 신고를 하였고, 출동한 경찰관 B는 乙을 추격하여 체포하려고 하자, 乙은 B를 밀쳐서 B는 상해를 입었다.

ⓒ 甲과 乙은 모두 체포되어 공동정범으로 기소되어 재판을 받고 있다. 甲은 법정에서 범행을 자백하면서 乙과 함께 다이아몬드를 훔칠 것을 모의하였다고 진술하였다. 그러나 乙은 모의한 사실이 없고 지나가다가 甲의 범행에 도움을 준 것이라고 주장하면서 범행을 부인하였다.

ⓓ 한편 경찰관 C는 증거확보를 위해 A의 상해부위를 사진촬영하였고, 검사는 그 사진을 법원에 증거로 신청하였다.

ㄱ. ⓐ사실과 관련하여 甲에게는 강도상해죄 또는 강도치상죄가 성립한다.

ㄴ. ⓐ사실과 관련하여 乙에게는 강도상해죄 또는 강도치상죄가 성립한다.

ㄷ. ⓑ사실과 관련하여 乙에게는 공무집행방해치상죄가 성립한다.

ㄹ. ⓒ사실과 관련하여 변론의 분리 없이도 甲은 乙의 범죄사실에 대한 증인적격이 인정된다.

ㅁ. ⓓ사실과 관련하여 상해부위 촬영사진에 대해서는 전문법칙이 적용되지 않는다.

① ㄹ, ㅁ   ② ㄱ, ㄴ, ㄹ

③ ㄱ, ㄴ, ㅁ   ④ ㄱ, ㄷ, ㅁ

⑤ ㄱ, ㄴ, ㄷ, ㅁ

해설

ㄱ. (○) 절도가 절도행위의 기회계속 중이라고 볼 수 있는 그 실행 중 또는 실행직후에 체포를 면탈할 목적으로 폭행을 가한 때에는 준강도죄가 성립되고 이로써 상해를 입혔을 때는 강도상해죄가 성립된다(대법원 1987.10.26, 87도1662).

ㄴ. (○) 2인 이상이 합동하여 절도를 한 경우 범인 중의 1인이 체포를 면탈할 목적으로 폭행을 하여 상해를 가한 때에는 나머지 범

인도 이를 예기하지 못한 것으로 볼 수 없으면 강도상해죄의 죄책을 면할 수 없다(대법원 1988.2.9, 87도2460).

ㄷ. (×) 공무집행방해치상죄라는 죄는 존재하지 아니한다. 강도상해·치상죄와 공무집행방해죄의 상상적 경합에 해당될 것이다.

ㄹ. (×) 공범인 공동피고인은 당해 소송절차에서는 피고인의 지위에 있어 다른 공동피고인에 대한 공소사실에 관하여 증인이 될 수 없으나, 소송절차가 분리되어 피고인의 지위에서 벗어나게 되면 다른 공동피고인에 대한 공소사실에 관하여 증인이 될 수 있다(대법원 2012.12.13, 2010도10028).

ㅁ. (○) 상해부위를 촬영한 사진은 비진술증거로서 전문법칙이 적용되지 않으므로, 사진이 진술증거임을 전제로 전문법칙이 적용되어야 한다는 취지의 상고이유의 주장 또한 받아들일 수 없다(대법원 2007.7.26, 2007도3906).

정답 ③

---

126 ✓ 대표 ◆◇◇
경찰 2013 유사·2015 | 국가9급 2014 유사

「형사소송법」 제315조에 의하여 당연히 증거능력이 인정되는 것으로 가장 적절하지 않은 것은? (다툼이 있으면 판례에 의함)

① 성매매업소에 고용된 여성들이 성매매를 업으로 하면서 영업에 참고하기 위하여 성매매 상대방의 아이디와 전화번호 및 성매매방법 등을 메모지에 적어두었다가 직접 메모리카드에 입력한 경우, 위 메모리카드의 내용

② 육군과학수사연구소 실험분석관이 작성한 감정서

③ 국립과학수사연구소장 작성의 감정의뢰회보서

④ 일본하관 세관서 통괄심리관 작성의 범칙물건감정서 등본과 분석의뢰서 및 분석회답서 등본

해설

② (×) (경찰직에서 주로 내므로, 이외 직렬은 참고) 육군과학수사연구소 실험분석관이 작성한 감정서는 피고인들이 이를 증거로 함에 동의하지 아니하는 경우에는 유죄의 증거로 할 수 있는 증거능력이 없다(대법원 1976.10.12, 76도2960).

① (○) 성매매업소에 고용된 여성들이 <u>성매매를 업으로 하면서 영업에 참고하기 위하여</u> 성매매 상대방의 아이디와 전화번호 및 성매매방법 등을 메모지에 적어두었다가 직접 메모리카드에 입력하거나 업주가 고용한 다른 여직원이 그 내용을 입력한 경우, 위 <u>메모리카드</u>의 내용은 형사소송법 제315조 제2호의 '영업상 필요로 작성한 통상문서'로서 <u>당연히 증거능력 있는 문서</u>에 해당한다(대법원 2007.7.26, 2007도3219).

③ (○) 위 회보서는 공무원인 위 연구소장이 직무상 증명할 수 있는 사항에 관하여 작성한 문서라고 할 것이므로 당연히 증거능력 있는 서류라고 할 것이다(대법원 1982.9.14, 82도1504).

④ (○) 외국공무원이 직무상 증명할 수 있는 사항에 관하여 작성한 문서는 이를 증거로 할 수 있으므로(형사소송법 제315조 제1호), 원심이 이 사건 일본 하관 세관서 통괄심리관 작성의 범칙물건감정서등본과 분석의뢰서 및 분석 회답서등본 등을 증거로 하였음은 적법하다(대법원 1984.2.28, 83도3145).

정답 ②

---

127 ✓ 유사 ◆◆◇
국가7급 2019

전문증거에 대한 설명으로 옳지 않은 것은? (다툼이 있는 경우 판례에 의함)

① 「형사소송법」 제314조에서의 '진술 또는 작성이 특히 신빙할 수 있는 상태하에서 행하여졌음에 대한 증명'은 단지 그러한 개연성이 있다는 정도로는 부족하고, 합리적인 의심의 여지를 배제할 정도에 이르러야 한다.

② 타인의 진술을 내용으로 하는 진술이 전문증거인지 여부는 요증사실과의 관계에서 정해지므로, 요증사실이 원진술의 내용인 사실이 아니라 원진술의 존재 자체인 경우에도 전문증거에 해당한다.

③ 피고인이 수표를 발행하였으나 예금부족 또는 거래정지 처분으로 지급되지 아니하게 하였다는 「부정수표 단속법」 위반의 공소사실을 증명하기 위하여 제출되는 수표에 대하여는 「형사소송법」 제310조의2에 따른 전문법칙이 적용되지 않는다.

④ 체포·구속인접견부는 유치된 피의자가 죄증을 인멸하거나 도주를 기도하는 등 유치장의 안전과 질서를 위태롭게 하는 것을 방지하기 위한 목적으로 작성되는 서류일 뿐이므로, 「형사소송법」 제315조에 따른 당연히 증거능력이 있는 서류로 볼 수 없다.

해설

② (×) 타인의 진술을 내용으로 하는 진술이 전문증거인지 여부는 요증사실과의 관계에서 정해진다. 원진술의 내용인 사실이 요증사실인 경우에는 전문증거이나, 원진술의 존재 자체가 요증사실인 경우에는 본래증거이지 전문증거가 아니다(대법원 2012.7.26, 2012도2937 등).

① (○) 여기에서 '특히 신빙할 수 있는 상태'는 진술내용이나 조서 또는 서류의 작성에 허위가 개입할 여지가 거의 없고, 진술내용의 신빙성이나 임의성을 담보할 구체적이고 외부적인 정황이 있는 경우를 가리킨다(대법원 2006.4.14, 2005도9561 등). 이 경우 특히 신빙할 수 있는 상태에 대한 증명은 단지 그러할 개연성이 있다는 정도로는 부족하고 합리적인 의심의 여지를 배제할 정도에 이르러야 한다(대법원 2014.2.21, 2013도12652; 2014.4.30, 2012도725 등).

③ (○) 대법원 2008.11.13, 2006도2556

④ (○) 체포·구속인접견부는 유치된 피의자가 죄증을 인멸하거나 도주를 기도하는 등 유치장의 안전과 질서를 위태롭게 하는 것을 방지하기 위한 목적으로 작성되는 서류로 보일 뿐이어서 형사소송법 제315조 제2, 3호에 규정된 당연히 증거능력이 있는 서류로 볼 수는 없다(대법원 2012.10.25, 2011도5459).

정답 ②

128 ✓ 유사 ◆◆◇ 국가9급 2016

증거능력에 대한 설명으로 옳지 않은 것은? (다툼이 있는 경우 판례에 의함)

① 제척사유가 있는 통역인이 통역한 증인의 증인신문조서는 유죄인정의 증거로 사용할 수 없다.
② 압수된 디지털 저장매체로부터 출력한 문건을 진술증거로 사용하는 경우에 그 기재 내용의 진실성에 관하여는 전문법칙이 적용된다.
③ 어떤 진술이 기재된 서류가 그 진술의 진실성과 관계없는 간접사실에 대한 정황증거로 사용될 경우 반드시 전문증거가 되는 것은 아니다.
④ 체포·구속인접견부는 특히 신용할 만한 정황에 의하여 작성된 문서로서 형사소송법 제315조 제2호, 제3호에 규정된 '당연히 증거능력이 있는 서류'에 해당된다.

해설

④ (×) 체포·구속인접견부는 유치된 피의자가 죄증을 인멸하거나 도주를 기도하는 등 유치장의 안전과 질서를 위태롭게 하는 것을 방지하기 위한 목적으로 작성되는 서류로 보일 뿐이어서 <u>형사소송법 제315조 제2, 3호에 규정된 당연히 증거능력이 있는 서류로 볼 수는 없다</u>(대법원 2012.10.25, 2011도5459).

① (O) 대법원 2011.4.14, 2010도13583
② (O), ③ (O) 대법원 2013.6.13, 2012도16001

정답 ④

---

129 ✓ 유사 ◆◆◆ 경찰승진 2024

전문법칙 또는 그 예외에 관한 설명으로 옳고 그름의 표시 (O, ×)가 바르게 된 것은? (다툼이 있는 경우 판례에 의함)

> ㉠ 대한민국 영사가 작성한 사실확인서 중 공인 부분을 제외한 나머지 부분이 공적인 증명보다는 상급자 등에 대한 보고를 목적으로 하는 경우에는 「형사소송법」 제315조 제1호에 정한 '공무원의 직무상 증명할 수 있는 사항에 관하여 작성한 문서'라고 할 수 없다.
> ㉡ 법원·법관의 공판기일에서의 검증의 결과를 기재한 조서와 수사기관이 작성한 검증조서는 당연히 증거능력이 인정된다.
> ㉢ 법관의 면전에서 조사·진술되지 않고 그에 대하여 피고인이 공격·방어할 수 있는 반대신문의 기회가 실질적으로 부여되지 않은 진술은 원칙적으로 증거로 할 수 없다.
> ㉣ 사인(私人)이 피고인 아닌 자의 전화 대화를 녹음한 녹음테이프에 대하여 법원이 실시한 검증의 내용이 그 진술 당시 진술자의 상태 등을 확인하기 위한 것인 경우에는 그 내용을 기재한 검증조서는 「형사소송법」 제313조 제1항에 따른 요건을 갖추어야 증거능력이 인정될 수 있다.
> ㉤ 감정의 경과와 결과를 기재한 서류는 공판준비 또는 공판기일에서 그 작성자가 성립의 진정을 부인하면 과학적 분석결과에 기초한 디지털포렌식 자료, 감정 등 객관적 방법으로 성립의 진정함이 증명되더라도 증거로 할 수 없다.

① ㉠(×) ㉡(×) ㉢(O) ㉣(×) ㉤(×)
② ㉠(O) ㉡(×) ㉢(O) ㉣(×) ㉤(×)
③ ㉠(O) ㉡(×) ㉢(O) ㉣(O) ㉤(×)
④ ㉠(×) ㉡(O) ㉢(×) ㉣(×) ㉤(O)

해설

㉠ (O) 대한민국 주중국 대사관 영사가 작성한 사실확인서 중 공인 부분을 제외한 나머지 부분이 비록 영사의 공무수행 과정 중 작성되었지만 공적인 증명보다는 상급자 등에 대한 보고를 목적으로 하는 것인 경우, <u>형사소송법 제315조 제1호의 '공무원의 직무상 증명할 수 있는 사항에 관하여 작성한 문서' 또는 제3호의 '기타 특히 신뢰할 만한 정황에 의하여 작성된 문서'라고 볼 수 없다</u>(대법원 2007.12.13, 2007도7257).

㉡ (×) 법원·법관의 검증조서는 형사소송법 제311조에 의하여 절대적 증거능력이 있으나, <u>수사기관 작성 검증조서는 형사소송법 제312조 제6항의 요건을 갖추거나 피고인 측의 증거동의가 있어야 그 증거능력이 인정</u>된다.

㉢ (O) ⓐ 원진술자에 대한 반대신문의 기회가 보장되지 않은 <u>진술조서는 형사소송법 제312조 제4항의 요건을 갖추지 못한 것으로 그 증거능력이 없으나</u>(대법원 2000.6.15, 99도1108 전원합의체), ⓑ 증인이 피고인의 반대신문에 대하여 답변하지 않고 묵비하는 등 피고인의 실질적인 반대신문권의 기회가 부여되지 아니한 채 이루어진 <u>증인의 법정진술에 대해서는 그 증거능력은 인정</u>

하되 증명력 판단에 있어서 신중을 요한다는 견해가 있으나(과거의 판례도 대체로 이러한 취지였음, 대법원 2001.9.14, 2001도1550), 2022년 3월 대법원 판례는 피고인에게 실질적인 반대신문의 기회가 부여되지 않은 증인의 진술은 위법한 증거로서 증거능력을 인정할 수 없다고 판시하였다(단 피고인의 명시적인 책문권 포기가 있으면 하자 치유 가능, 대법원 2022.3.17, 2016도17054).

[참고] 형사소송법은 제161조의2에서 피고인의 반대신문권을 포함한 교호신문제도를 규정하는 한편, 제310조의2에서 <u>법관의 면전에서 진술되지 아니하고 피고인에 의한 반대신문의 기회가 부여되지 아니한 진술에 대하여는 원칙적으로 그 증거능력을 부여하지 아니함으로써</u>, 형사재판에서 증거는 법관의 면전에서 진술·심리되어야 한다는 직접주의와 피고인에게 불리한 증거에 대하여 반대신문할 수 있는 권리를 원칙적으로 보장하고 있는데, 이러한 반대신문권의 보장은 피고인에게 불리한 주된 증거의 증명력을 탄핵할 수 있는 기회가 보장되어야 한다는 점에서 형식적·절차적인 것이 아니라 실질적·효과적인 것이어야 한다. 따라서 피고인에게 불리한 증거인 증인이 주신문의 경우와 달리 <u>반대신문에 대하여 답변을 하지 아니하는 등 진술 내용의 모순이나 불합리를 그 증인신문 과정에서 드러내어 이를 탄핵하는 것이 사실상 곤란하였고</u>, 그것이 피고인 또는 변호인에게 책임 있는 사유에 기인한 것이 아닌 경우라면, 관계 법령의 규정 혹은 증인의 특성 기타 공판절차의 특수성에 비추어 이를 정당화할 수 있는 <u>특별한 사정이 존재하지 아니하는 이상, 이와 같이 실질적 반대신문권의 기회가 부여되지 아니한 채 이루어진 증인의 법정진술은 위법한 증거로서 증거능력을 인정하기 어렵다.</u> 이 경우 피고인의 책문권 포기로 그 하자가 치유될 수 있으나, 책문권 포기의 의사는 명시적인 것이어야 한다(위 판례).

[관련판례] 공판준비 또는 공판기일에서 이미 증언을 마친 증인을 검사가 소환한 후 피고인에게 유리한 그 증언 내용을 추궁하여 이를 일방적으로 번복시키는 방식으로 작성한 진술조서를 유죄의 증거로 삼는 것은 당사자주의·공판중심주의·직접주의를 지향하는 현행 형사소송법의 소송구조에 어긋나는 것일 뿐만 아니라, <u>헌법 제27조가 보장하는 기본권, 즉 법관의 면전에서 모든 증거자료가 조사·진술되고 이에 대하여 피고인이 공격·방어할 수 있는 기회가 실질적으로 부여되는 재판을 받을 권리를 침해</u>하는 것이므로, 이러한 <u>진술조서는 피고인이 증거로 할 수 있음에 동의하지 아니하는 한 그 증거능력이 없다</u>고 하여야 할 것이고, 그 후 원진술자인 종전 증인이 다시 법정에 출석하여 증언을 하면서 그 진술조서의 성립의 진정함을 인정하고 피고인측에 반대신문의 기회가 부여되었다고 하더라도 그 증언 자체를 유죄의 증거로 할 수 있음은 별론으로 하고 위와 같은 진술조서의 증거능력이 없다는 결론은 달리할 것이 아니다(대법원 2000.6.15, 99도1108 전원합의체).

ⓔ (×) <u>녹음테이프에 대한 검증의 내용이 그 진술 당시 진술자의 상태 등을 확인하기 위한 것인 경우에는</u>, 녹음테이프에 대한 검증조서의 기재 중 진술내용을 증거로 사용하는 경우에 관한 위법리는 적용되지 아니하고, 따라서 위 검증조서는 법원의 검증의 결과를 기재한 조서로서 <u>형사소송법 제311조에 의하여 당연히 증거로 할 수 있다</u>(대법원 2008.7.10, 2007도10755).

ⓜ (×) <u>감정서</u>에 대해서는 형사소송법 제313조 제3항에 의하여 '수사과정 외에서 작성된 피고인 아닌 자의 진술서'에 준하므로 <u>동조 제2항의 대체증명</u> 조항에 의하여 그 성립의 진정이 증명될 수 있다.

> **제313조(진술서등)** ① 전2조의 규정 이외에 피고인 또는 피고인이 아닌 자가 작성한 진술서나 그 진술을 기재한 서류로서 그 작성자 또는 진술자의 자필이거나 그 서명 또는 날인이 있는 것(피고인 또는 피고인 아닌 자가 작성하였거나 진

술한 내용이 포함된 문자·사진·영상 등의 정보로서 컴퓨터용 디스크, 그 밖에 이와 비슷한 정보저장매체에 저장된 것을 포함한다. 이하 이 조에서 같다)은 공판준비나 공판기일에서의 그 작성자 또는 진술자의 진술에 의하여 그 성립의 진정함이 증명된 때에는 증거로 할 수 있다. 단, 피고인의 진술을 기재한 서류는 공판준비 또는 공판기일에서의 그 작성자의 진술에 의하여 그 성립의 진정함이 증명되고 그 진술이 특히 신빙할 수 있는 상태하에서 행하여 진 때에 한하여 피고인의 공판준비 또는 공판기일에서의 진술에 불구하고 증거로 할 수 있다.
② 제1항 본문에도 불구하고 진술서의 작성자가 공판준비나 공판기일에서 그 성립의 진정을 부인하는 경우에는 과학적 분석결과에 기초한 디지털포렌식 자료, 감정 등 객관적 방법으로 성립의 진정함이 증명되는 때에는 증거로 할 수 있다. 다만, 피고인 아닌 자가 작성한 진술서는 피고인 또는 변호인이 공판준비 또는 공판기일에 그 기재 내용에 관하여 작성자를 신문할 수 있었을 것을 요한다.
③ 감정의 경과와 결과를 기재한 서류도 제1항 및 제2항과 같다.

정답 ②

8. 전문진술

130 ✔대표 ◆◆◆ 　　변호사 2020

전문증거의 증거능력에 관한 설명 중 옳지 않은 것은? (다툼이 있는 경우 판례에 의함)

① 정보통신망을 통하여 공포심이나 불안감을 유발하는 글을 반복적으로 상대방에게 도달하게 하는 행위를 하였다는 공소사실에 대하여 휴대전화기에 저장된 문자정보가 그 증거가 되는 경우, 그 문자정보는 범행의 직접적인 수단이고 경험자의 진술에 갈음하는 대체물에 해당하지 않으므로 전문법칙이 적용되지 않는다.

② 성폭력 피해아동이 어머니에게 진술한 내용을 어머니가 상담원에게 전한 후, 상담원이 그 내용을 검사 면전에서 진술하여 작성된 진술조서는 이른바 '재전문진술을 기재한 조서'로서, 피고인이 동의하지 않는 한 증거능력이 인정되지 아니한다.

③ A가 특정범죄 가중처벌 등에 관한 법률 위반(알선수재)죄로 기소된 피고인으로부터 건축허가를 받으려면 담당공무원에게 사례비를 주어야 한다는 말을 들었다는 취지의 법정진술을 한 경우, 원진술의 존재 자체가 알선수재죄에서의 요증사실이므로 A의 진술은 전문증거가 아니라 본래증거에 해당한다.

④ 수사기관이 참고인을 조사하는 과정에서 촬영한 영상녹화물은, 다른 법률에서 달리 규정하고 있는 등의 특별한 사정이 없는 한, 공소사실을 직접 증명할 수 있는 독립적인 증거로 사용할 수 없다.

⑤ 보험사기 사건에서 건강보험심사평가원이 수사기관의 의뢰에 따라 그 보내온 자료를 토대로 입원진료의 적정성에 대한 의견을 제시하는 내용의 '건강보험심사평가원의 입원진료 적정성 여부 등 검토의뢰에 대한 회신'은 「형사소송법」 제315조 제3호의 '기타 특히 신용할 만한 정황에 의하여 작성된 문서'에 해당한다.

해설

⑤ (×) <u>사무처리 내역을 계속적, 기계적으로 기재한 문서가 아니라 범죄사실의 인정 여부와 관련 있는 어떠한 의견을 제시하는 내용을 담고 있는 문서는 형사소송법 제315조 제3호에서 규정하는 당연히 증거능력이 있는 서류에 해당한다고 볼 수 없으므로</u>, 이른바 보험사기 사건에서 건강보험심사평가원이 수사기관의 의뢰에 따라 그 보내온 자료를 토대로 입원진료의 적정성에 대한 의견을 제시하는 내용의 <u>'건강보험심사평가원의 입원진료 적정성 여부 등 검토의뢰에 대한 회신'은 형사소송법 제315조 제3호의 '기타 특히 신용할 만한 정황에 의하여 작성된 문서'에 해당하지 않는다</u>(대법원 2017.12.5, 2017도12671).

① (○) 대법원 2008.11.13, 2006도2556

② (○) 인천 성폭력상담소 상담원인 윤○○의 검찰에서의 진술을 기재한 조서는 윤○○이, 공소외 1이 피해자로부터 들었다는 피해자의 피해사실을, 공소외 1로부터 다시 전해 들어서 알게 되었다는 것을 그 내용으로 하고 있는바, 이러한 윤○○의 검찰에서의 진술조서는 요증사실을 체험한 자의 진술을 들은 자의 공판준비 또는 공판기일 외에서의 진술을 그 내용으로 하는 이른바 재

전문진술을 기재한 조서라고 할 것이다. 그런데 형사소송법은 전문진술에 대하여 제316조에서 실질상 단순한 전문의 형태를 취하는 경우에 한하여 예외적으로 그 증거능력을 인정하는 규정을 두고 있을 뿐, 재전문진술이나 재전문진술을 기재한 조서에 대하여는 달리 그 증거능력을 인정하는 규정을 두고 있지 아니하고 있으므로, 피고인이 증거로 하는 데 동의하지 아니하는 한 형사소송법 제310조의2의 규정에 의하여 이를 증거로 할 수 없다 할 것인바, 윤○○의 검찰에서의 진술을 기재한 조서는 재전문진술을 기재한 조서이므로 이를 증거로 할 수 없음이 명백하다고 할 것이다(대법원 2000.3.10, 2000도159).

③ (○) 대법원 2008.11.13, 2008도8007

④ (○) 대법원 2014.7.10, 2012도5041

정답 ⑤

131 ✔대표 ◆◇◇ 　　경찰승진 2022

전문증거의 증거능력에 대한 설명으로 가장 적절하지 않은 것은? (다툼이 있는 경우 판례에 의함)

① 甲이 진술 당시 술에 취하여 횡설수설하였다는 것을 확인하기 위하여 제출된 甲의 진술이 녹음된 녹음테이프는 전문증거에 해당한다.

② 보험사기 사건에서 건강보험심사평가원이 수사기관의 의뢰에 따라 그 보내온 자료를 토대로 입원진료의 적정성에 대한 의견을 제시하는 내용의 '건강보험심사평가원의 입원진료 적정성 여부 등 검토의뢰에 대한 회신'은 「형사소송법」 제315조 제3호의 '기타 특히 신용할 만한 정황에 의하여 작성된 문서'에 해당하지 않는다.

③ 정보통신망을 통하여 공포심이나 불안감을 유발하는 글을 반복적으로 상대방에게 도달하게 하는 행위를 하였다는 공소사실에 대하여 휴대전화기에 저장된 문자정보가 그 증거가 되는 경우와 같이, 그 문자정보가 범행의 직접적인 수단이 될 뿐 경험자의 진술에 갈음하는 대체물에 해당하지 않는 경우에는 전문법칙이 적용될 여지가 없다.

④ 성폭력 피해아동이 어머니에게 진술한 내용을 어머니가 상담원에게 전한 후, 상담원이 그 내용을 검사 면전에서 진술하여 작성된 진술조서는 이른바 '재전문진술을 기재한 조서'로서, 피고인이 동의하지 않는 한 증거능력이 인정되지 않는다.

해설

① (×) 진술내용의 진실성이 아니라, 진술 당시 술에 취하여 횡설수설 하였다는 것을 확인하기 위하여 제출된 진술증거는, 원진술자의 심리적·정신적 상황을 증명하기 위한 정황증거에 불과하므로, 전문법칙이 적용되는 전문증거에 해당하지 아니한다.

② (○) 대법원 2017.12.5, 2017도12671

③ (○) 대법원 2008.11.13, 2006도2556

④ (○) 형사소송법은 전문진술에 대하여 제316조에서 실질상 단순한 전문의 형태를 취하는 경우에 한하여 예외적으로 그 증거능력을 인정하는 규정을 두고 있을 뿐, <u>재전문진술이나 재전문진술을</u>

기재한 조서에 대하여는 달리 그 증거능력을 인정하는 규정을 두고 있지 아니하고 있으므로, <u>피고인이 증거로 하는 데 동의하지 아니하는 한</u> 형사소송법 제310조의2의 규정에 의하여 이를 증거로 할 수 없다(대법원 2000.3.10, 2000도159).

정답 ①

---

132 ✓ 대표 ◆◆◆　　　　　경찰 2015

전문진술의 증거능력에 관한 다음 설명 중 가장 적절하지 않은 것은? (다툼이 있으면 판례에 의함)

① 형사소송법은 전문진술에 대하여 제316조에서 실질상 단순한 전문의 형태를 취하는 경우에 한하여 예외적으로 그 증거능력을 인정하는 규정을 두고 있을 뿐, 재전문진술이나 재전문진술을 기재한 조서에 대하여는 달리 그 증거능력을 인정하는 규정을 두고 있지 아니하고 있으므로, 피고인이 증거로 하는 데 동의하지 아니하는 한 이를 증거로 할 수 없다.

② 피고인 아닌 자의 공판준비 또는 공판기일에서의 진술이 피고인 아닌 타인의 진술을 그 내용으로 하는 것인 때에는 원진술자가 사망, 질병 기타 사유로 인하여 진술할 수 없고 그 진술이 특히 신빙할 수 있는 상태하에서 행하여진 때에 한하여 이를 증거로 할 수 있는데, 여기서 말하는 피고인 아닌 자에는 공동피고인이나 공범자는 포함되지 아니한다.

③ 형사소송법 제316조에 규정된 '그 진술이 특히 신빙할 수 있는 상태하에서 행하여진 때'라 함은 그 진술을 하였다는 것에 허위개입의 여지가 거의 없고, 그 진술내용의 신빙성이나 임의성을 담보할 구체적이고 외부적인 정황이 있는 경우이어야만 한다.

④ 전문의 진술을 증거로 함에 있어서는 전문진술자가 원진술자로부터 진술을 들을 당시 원진술자가 증언능력에 준하는 능력을 갖춘 상태에 있어야 할 것이다.

해설

② (×) 형사소송법 제316조 제2항에 의하면 피고인 아닌 자의 공판준비 또는 공판기일에서의 진술이 피고인 아닌 타인의 진술을 그 내용으로 하는 것인 때에는 원진술자가 사망, 질병 기타 사유로 인하여 진술할 수 없고 그 진술이 특히 신빙할 수 있는 상태하에서 행하여진 때에 한하여 이를 증거로 할 수 있다고 규정하고 있는데, 여기서 말하는 피고인 아닌 자라고 함은 제3자는 말할 것도 없고 공동피고인이나 공범자를 모두 포함한다고 해석된다(대법원 2007.2.23, 2004도8654).

① (○), ③ (○) 대법원 2000.3.10, 2000도159

④ (○) 대법원 2006.4.14, 2005도9561

정답 ②

---

133 ✓ 대표 ◆◆◇　　　　　경찰1차 2021·2022 유사

전문법칙에 대한 설명으로 적절한 것만을 고른 것은 모두 몇 개인가? (다툼이 있는 경우 판례에 의함)

㉠ 다른 사람의 진술을 내용으로 하는 진술이 전문증거인지는 요증사실이 무엇인지에 따라 정해지는 바, 다른 사람의 진술, 즉 원진술의 내용인 사실이 요증사실인 경우에는 전문증거이지만 원진술의 존재 자체가 요증사실인 경우에는 본래증거이지 전문증거가 아니다.

㉡ 어떤 진술이 기재된 서류가 어떠한 내용의 진술을 하였다는 사실 자체에 대한 정황증거로 사용될 것이라는 이유로 서류의 증거능력을 인정한 다음 그 사실을 다시 진술내용이나 그 진실성을 증명하는 간접사실로 사용하는 경우에 그 서류는 전문증거에 해당한다.

㉢ 甲이 乙로부터 들은 피고인 A의 진술내용을 수사기관이 진술조서에 기재하여 증거로 제출하였다면, 그 진술조서 중 피고인 A의 진술을 기재한 부분은 乙이 증거로 하는 데 동의하지 않는 한 「형사소송법」 제310조의2의 규정에 의하여 이를 증거로 할 수 없다.

㉣ 「형사소송법」 제312조부터 제316조까지의 규정에 따라 증거로 할 수 없는 서류나 진술이라도 공판준비 또는 공판기일에서의 피고인 또는 피고인 아닌 자의 진술의 증명력을 다투기 위하여 증거로 할 수 있다.

① 1개 　② 2개
③ 3개 　④ 4개

해설

옳은 것은 ㉠, ㉡, ㉣ 3개이다.

㉠ (○) 대법원 2019.8.29, 2018도13792 전원합의체

㉡ (○) 어떤 진술이 기재된 서류가 그 내용의 진실성이 범죄사실에 대한 직접증거로 사용될 때는 전문증거가 되지만, 그와 같은 진술을 하였다는 것 자체 또는 진술의 진실성과 관계없는 간접사실에 대한 정황증거로 사용될 때는 반드시 전문증거가 되는 것이 아니다. 그러나 <u>어떠한 내용의 진술을 하였다는 사실 자체에 대한 정황증거로 사용될 것이라는 이유로 서류의 증거능력을 인정한 다음 그 사실을 다시 진술내용이나 그 진실성을 증명하는 간접사실로 사용하는 경우에 그 서류는 전문증거에 해당한다.</u> 서류가 그곳에 기재된 원진술의 내용인 사실을 증명하는 데 사용되어 원진술의 내용인 사실이 요증사실이 되기 때문이다. 이러한 경우 형사소송법 제311조부터 제316조까지 정한 요건을 충족하지 못한다면 증거능력이 없다(대법원 2019.8.29, 2018도14303 전원합의체).

㉢ (×) 위 재재전문서류에 대한 증거동의 주체는 이 경우 피고인이다. "형사소송법은 전문진술에 대하여 제316조에서 실질상 단순한 전문의 형태를 취하는 경우에 한하여 예외적으로 그 증거능력을 인정하는 규정을 두고 있을 뿐, 재전문진술이나 재전문진술을 기재한 조서에 대하여는 달리 그 증거능력을 인정하는 규정을 두고 있지 아니하고 있으므로, <u>피고인이 증거로 하는 데 동의하지 아니하는 한</u> 형사소송법 제310조의2의 규정에 의하여 이를 증거로 할 수 없다(대법원 2004.3.11, 2003도171)."

㉣ (○) 제318조의2

정답 ③

---

134 ☑ 유사 ◆◆◆ 　　　　경찰2차 2024

전문증거에 관한 설명으로 가장 적절하지 않은 것은? (다툼이 있는 경우 판례에 의함)

① 수사기관이 참고인을 조사하는 과정에서 「형사소송법」 제221조 제1항에 따라 작성한 영상녹화물은 다른 법률에서 달리 규정하고 있는 등의 특별한 사정이 없는 한, 공소사실을 직접 증명할 수 있는 독립적인 증거로 사용될 수 없다.

② 甲은 악덕 사채업자 A와 채무변제 문제로 시비가 붙자 홧김에 A를 살해한 혐의로 기소되었는데, 甲의 친구 B는 공판에서 "甲이 나에게 '악덕 사채업자는 죽어도 싸다. 내가 A를 없애 버렸다'고 말한 적이 있습니다."라고 증언하였다면, 甲의 진술이 '특히 신빙할 수 있는 상태에서 행하여졌음'이 증명된 때에 한하여 B의 진술을 증거로 할 수 있다.

③ 사법경찰관이 작성한 실황조서가 사고발생 직후 사고 장소에서 긴급을 요하여 판사의 영장없이 시행된 것으로서 「형사소송법」 제216조 제3항에 의한 검증에 따라 작성된 것이라면 사후에 지체없이 영장을 받지 않는 한 유죄의 증거로 삼을 수 없다.

④ 참고인의 진술을 내용으로 하는 조사자 증언은 그 참고인이 법정에 출석하여 조사 당시의 진술을 부인하는 취지로 증언하였더라도, 그 진술이 '특히 신빙할 수 있는 상태에서 행하여졌음'이 증명되면 증거능력이 인정된다.

[해설]

④ (×) 피고인 아닌 자의 진술을 원진술로 하는 전문진술(법 제316조 제2항)에 해당하므로 원진술자의 진술불능(필요성) 요건이 구비되어야 한다.
[판례] 조사자의 증언에 증거능력이 인정되기 위해서는 원진술자가 사망, 질병, 외국거주, 소재불명, 그 밖에 이에 준하는 사유로 인하여 진술할 수 없어야 하는 것이라서, 원진술자가 법정에 출석하여 수사기관에서 한 진술을 부인하는 취지로 증언한 이상 원진술자의 진술을 내용으로 하는 조사자의 증언은 증거능력이 없다(대법원 2008.9.25, 2008도6985).

① (○) 대법원 2014.7.10, 2012도5041

② (○) 피고인의 진술을 원진술로 하는 전문진술(법 제316조 제1항)에 해당하므로, 甲의 진술이 '특히 신빙할 수 있는 상태'에서 행하여졌음이 증명된 경우에 한하여 B의 진술을 甲에 대한 증거로 사용할 수 있다.

③ (○) 대법원 1989.3.14, 88도1399

[정답] ④

135 ☑ 유사 ◆◆◇ 　　　　경찰대편입 2023

진술 또는 서류의 증거능력에 대한 설명으로 옳지 않은 것은? (다툼이 있는 경우 판례에 의함)

① 피고인이 아닌 원진술자가 법정에 출석하여 수사기관에서 한 진술을 부인하는 취지로 증언하였다면 그 원진술자의 진술을 내용으로 하는 조사자의 증언은 증거능력이 없다.

② 어떤 진술을 하였다는 사실 자체에 대한 정황증거로 사용될 것이라는 이유로 서류의 증거능력을 인정한 때에는, 그 사실을 다시 진술 내용이나 그 진실성을 증명하는 간접사실로 사용하는 경우라도, 그 서류의 증거능력이 인정되기 위하여 형사소송법에서 규정한 전문법칙의 예외 요건이 충족될 필요는 없다.

③ 조세범칙조사를 담당하는 세무공무원이 피고인이 된 혐의자 또는 참고인에 대하여 심문한 내용을 기재한 조서는 그 증거능력을 논함에 있어서 형사소송법 제313조에서의 '피고인 또는 피고인이 아닌 자가 작성한 진술서나 그 진술을 기재한 서류'에 해당한다.

④ 특별한 자격이 있지는 않더라도 범칙물자에 대한 시가 감정업무에 4~5년 종사해온 세관공무원이 세관에 비치된 기준과 수입신고서에 기재된 가격을 참작하여 작성한 감정서에 대해서는 피고인의 동의 여부와 상관없이 형사소송법에 따라 당연히 증거능력이 인정된다.

⑤ 형사소송법 제314조는 진술조서 등의 증거능력에 관해, '공판준비 또는 공판기일에 진술을 요하는 자가 사망·질병·외국거주·소재불명 그 밖에 이에 준하는 사유로 인하여 진술할 수 없는 때'를 규정하고 있는데, 수사기관에서 진술한 참고인이 법정에서 증언을 거부하여 피고인이 반대신문을 하지 못하였으나 정당하게 증언거부권을 행사한 것이 아닌 경우도, 피고인이 증인의 증언거부 상황을 초래한 경우라면, '그 밖에 이에 준하는 사유로 인하여 진술할 수 없는 때'에 해당한다.

[해설]

② (×) 어떠한 내용의 진술을 하였다는 사실 자체에 대한 정황증거로 사용될 것이라는 이유로 서류의 증거능력을 인정한 다음 그 사실을 다시 진술 내용이나 그 진실성을 증명하는 간접사실로 사용하는 경우에 그 서류는 전문증거에 해당한다. 서류가 그곳에 기재된 원진술의 내용인 사실을 증명하는 데 사용되어 원진술의 내용인 사실이 요증사실이 되기 때문이다. 이러한 경우 형사소송법 제311조부터 제316조까지 정한 요건을 충족하지 못한다면 증거능력이 없다(대법원 2019.8.29, 2018도14303 전원합의체).

① (○) (형사소송법 제316조 제2항에 의하면) 조사자의 증언에 증거능력이 인정되기 위해서는 원진술자가 사망, 질병, 외국거주, 소재불명 그 밖에 이에 준하는 사유로 인하여 진술할 수 없어야 하는 것이라서, 원진술자가 법정에 출석하여 수사기관에서 한 진술을 부인하는 취지로 증언한 이상 원진술자의 진술을 내용으로 하는 조사자의 증언은 증거능력이 없다(대법원 2008.9.25, 2008도6985).

③ (○) 조세범칙조사를 담당하는 세무공무원이 피고인이 된 혐의자 또는 참고인에 대하여 심문한 내용을 기재한 조서는 검사·사법경찰관 등 수사기관이 작성한 조서와 동일하게 볼 수 없으므로 형사소송법 제312조에 따라 증거능력의 존부를 판단할 수는 없고, 피고인 또는 피고인이 아닌 자가 작성한 진술서나 그 진술을 기재한 서류에 해당하므로 형사소송법 제313조에 따라 공판준비 또는 공판기일에서 작성자·진술자의 진술에 따라 성립의 진정함이 증명되고 나아가 그 진술이 특히 신빙할 수 있는 상태 아래에서 행하여진 때에 한하여 증거능력이 인정된다(대법원 2022.12. 15, 2022도8824).

④ (○) 특별한 자격이 있지는 아니하나 범칙물자에 대한 시가감정 업무에 4~5년 종사해온 세관공무원이 세관에 비치된 기준과 수입신고서에 기재된 가격을 참작하여 작성한 감정서는 공무원이 그 직무상 작성한 공문서라 할 것이므로 피고인의 동의여부에 불구하고 형사소송법 제315조 제1호에 의하여 당연히 증거능력이 있다고 할 것이며 또 그 증명력에 무슨 하자가 있다고도 할 수 없다(대법원 1985.4.9, 85도225).

⑤ (○) 대법원 2019.11.21, 2018도13945 전원합의체

정답 ②

---

136 ✓유사 ◆◆◇ 경찰1차 2019 변형

전문증거에 대한 설명으로 가장 적절하지 않은 것은? (다툼이 있는 경우 판례에 의함)

① 전문진술이 기재된 조서로서 재전문서류는 「형사소송법」 제312조 또는 제314조의 전문서류의 증거능력 인정요건을 갖추어야 함은 물론 나아가 「형사소송법」 제316조의 전문진술의 증거능력 인정요건을 모두 갖추어야 증거능력이 인정된다.

② 디지털 저장매체에 저장된 로그파일의 원본이 아니라 그 복사본의 일부내용을 요약·정리하는 방식으로 새로운 문서파일이 작성된 경우에 피고인이 증거사용에 동의하지 않은 상황에서 새로운 문서파일에 대해 진술증거로서 증거능력을 인정하기 위해서는 로그파일 원본과의 동일성이 인정되는 외에 전문법칙에 따라 성립의 진정이 증명되어야 한다.

③ 구속적부심문조서는 법원 또는 법관의 면전에서 작성된 조서로서 법원 또는 법관의 검증의 결과를 기재한 조서이므로 「형사소송법」 제311조에 따라 당연히 증거능력이 인정된다.

④ 대한민국 법원의 형사사법공조요청에 따라 미합중국 법원의 지명을 받은 수명자(미합중국 검사)가 작성한 피해자 및 공범에 대한 증언녹취서(deposition)는 이를 「형사소송법」 제315조 소정의 당연히 증거능력이 인정되는 서류로 볼 수 없다.

해설

③ (×) 구속적부심문조서는 형사소송법 제311조가 규정한 문서에는 해당하지 않는다 할 것이나, 특히 신용할 만한 정황에 의하여 작성된 문서라고 할 것이므로 특별한 사정이 없는 한, 피고인이 증거로 함에 부동의하더라도 형사소송법 제315조 제3호에 의하

여 당연히 그 증거능력이 인정된다(대법원 2004.1.16, 2003도5693).

① (○) 전문진술이 기재된 조서는 형사소송법 제312조 내지 제314조의 규정에 의하여 증거능력이 인정될 수 있는 경우에 해당하여야 함은 물론 나아가 형사소송법 제316조의 규정에 따른 위와 같은 조건을 갖춘 때에 예외적으로 증거능력을 인정하여야 한다(대법원 2000.9.8, 99도4814).

② (○) 대법원 2015.8.27, 2015도3467
[보충] 이후 2016년 5월 개정에 따라 진술에 의하여 성립의 진정이 부인되는 경우에도 과학적 분석결과에 기초한 디지털포렌식 자료, 감정 등 객관적 방법으로써 증명된 경우에는 증거로 할 수 있게 되었다.

> **제313조(진술서등)** ① 전2조의 규정 이외에 피고인 또는 피고인이 아닌 자가 작성한 진술서나 그 진술을 기재한 서류로서 그 작성자 또는 진술자의 자필이거나 그 서명 또는 날인이 있는 것(피고인 또는 피고인 아닌 자가 작성하였거나 진술한 내용이 포함된 문자·사진·영상 등의 정보로서 컴퓨터용디스크, 그 밖에 이와 비슷한 정보저장매체에 저장된 것을 포함한다)은 공판준비나 공판기일에서의 그 작성자 또는 진술자의 진술에 의하여 그 성립의 진정함이 증명된 때에는 증거로 할 수 있다. 단, 피고인의 진술을 기재한 서류는 공판준비 또는 공판기일에서의 그 작성자의 진술에 의하여 그 성립의 진정함이 증명되고 그 진술이 특히 신빙할 수 있는 상태하에서 행하여진 때에 한하여 피고인의 공판준비 또는 공판기일에서의 진술에 불구하고 증거로 할 수 있다. 〈개정 2016.5.29.〉
> ② 제1항 본문에도 불구하고 진술서의 작성자가 공판준비나 공판기일에서 그 성립의 진정을 부인하는 경우에는 과학적 분석결과에 기초한 디지털포렌식 자료, 감정 등 객관적 방법으로 성립의 진정함이 증명되는 때에는 증거로 할 수 있다. 다만, 피고인 아닌 자가 작성한 진술서는 피고인 또는 변호인이 공판준비 또는 공판기일에 그 기재 내용에 관하여 작성자를 신문할 수 있었을 것을 요한다. 〈개정 2016.5.29.〉

④ (○) 범행 직후 미합중국 주검찰 수사관이 작성한 피해자 및 공범에 대한 질문서(interrogatory)와 우리나라 법원의 형사사법공조요청에 따라 미합중국 법원의 지명을 받은 수명자(미합중국 검사)가 작성한 피해자 및 공범에 대한 증언녹취서(deposition)는 이를 형사소송법 제315조 소정의 당연히 증거능력이 인정되는 서류로는 볼 수 없다고 하더라도, 같은 법 제312조 또는 제313조에 해당하는 조서 또는 서류로서 그 원진술자가 공판기일에서 진술을 할 수 없는 때에 해당하고, 그 각 진술내용이나 조서 또는 서류의 작성에 허위 개입의 여지가 거의 없으며 그 진술내용의 신빙성이나 임의성을 담보할 구체적이고 외부적인 정황이 있다고 할 것이어서 그 진술 또는 서류의 작성이 특히 신빙할 수 있는 상태하에서 행하여진 것이라고 보기에 충분하므로, 형사소송법 제314조의 규정에 의하여 그 증거능력을 인정할 수 있다(대법원 1997.7.25, 97도1351).

정답 ③

137 ✓ 유사 ◆◆◆

전문증거에 관한 설명으로 가장 적절하지 않은 것은? (다툼이 있는 경우 판례에 의함)

① 현장사진 중 '사진 가운데에 위치한 촬영일자' 부분이 조작된 것이라고 다투는 경우, 위 '현장사진의 촬영일자'는 전문법칙이 적용된다.

② 어떤 진술이 기재된 서류가 그 내용의 진술을 하였다는 사실 자체에 대한 정황증거로 사용되었다 하더라도, 그 서류가 다시 진술내용이나 그 진실성을 증명하는 간접사실로 사용되는 경우에는 전문증거에 해당하므로 전문법칙이 적용된다.

③ 피고인 아닌 자의 공판기일에서의 진술이 피고인 아닌 타인의 진술을 그 내용으로 하는 경우 「형사소송법」 제316조 제2항이 요구하는 특히 신빙할 수 있는 상태 하에서 행하여졌음에 대한 증명은 단지 그러한 개연성이 있다는 정도로 족하며 합리적인 의심의 여지를 배제하는 정도에 이를 필요는 없다.

④ 피고인 아닌 자의 진술이 기재된 조서에 원진술자가 실질적 진정성립을 부인하더라도 영상녹화물 또는 그 밖의 객관적인 방법에 의하여 증명하는 방법이 있는데, 여기서 '그 밖의 객관적인 방법'이라 함은 영상녹화물에 준할 정도로 피고인의 진술을 과학적·기계적·객관적으로 재현해 낼 수 있는 방법만을 의미하며 조사관 또는 조사과정에 참여한 통역인 등의 증언은 이에 해당한다고 볼 수 없다.

[해설]

③ (✕) 이러한 경우 참고인의 진술 또는 작성이 '특히 신빙할 수 있는 상태하에서 행하여졌음에 대한 증명'은 단지 그러할 개연성이 있다는 정도로는 부족하고 합리적인 의심의 여지를 배제할 정도에 이르러야 한다. 나아가 이러한 법리는 원진술자의 소재불명 등을 전제로 하고 있는 형사소송법 제316조 제2항의 경우에도 그대로 적용된다(대법원 2017.7.18, 2015도12981,2015전도218).

① (○) (제3자가 공갈목적을 숨기고 피고인의 동의하에 찍은 나체사진 사건에 있어서) 피고인이 이 사건 사진의 촬영일자 부분에 대하여 조작된 것이라고 다툰다고 하더라도 이 부분은 전문증거에 해당되어 별도로 증거능력이 있는지를 살펴보면 족한 것이다(증거동의가 있었으므로 증거능력 인정, 대법원 1997.9.30, 97도1230).

② (○) 어떠한 내용의 진술을 하였다는 사실 자체에 대한 정황증거로 사용될 것이라는 이유로 서류의 증거능력을 인정한 다음 그 사실을 다시 진술내용이나 그 진실성을 증명하는 간접사실로 사용하는 경우에 그 서류는 전문증거에 해당한다(대법원 2019.8.29, 2018도14303 전원합의체).

④ (○) '영상녹화물이나 그 밖의 객관적인 방법'이란 형사소송법 및 형사소송규칙에 규정된 방식과 절차에 따라 제작된 영상녹화물 또는 그러한 영상녹화물에 준할 정도로 피고인의 진술을 과학적·기계적·객관적으로 재현해 낼 수 있는 방법만을 의미하고, 그 외에 조사관 또는 조사과정에 참여한 통역인 등의 증언은 이에 해당한다고 볼 수 없다(대법원 2016.2.18, 2015도16586).

[정답] ③

138 ✓ 유사 ◆◆◆

전문증거에 관한 설명 중 가장 적절한 것은? (다툼이 있는 경우 판례에 의함)

① 제1심에서 피고인에 대하여 무죄판결이 선고되어 검사가 항소한 후, 수사기관이 항소심 공판기일에 증인으로 신청하여 신문할 수 있는 사람을 특별한 사정 없이 미리 수사기관에 소환하여 작성한 진술조서는 피고인이 증거로 할 수 있음에 동의하지 않는 한 증거능력이 없지만, 위 참고인이 법정에 증인으로 출석하여 위 진술조서의 진정성립을 인정하고 피고인 측에 반대신문의 기회가 부여된다면 예외적으로 증거능력이 인정된다.

② 피고인의 진술을 피고인 아닌 자가 녹음한 경우 피고인이 해당 녹음테이프를 증거로 할 수 있음에 동의하지 않은 이상 녹음테이프에 녹음된 피고인의 진술내용을 증거로 사용하기 위해서는 「형사소송법」 제313조 제1항 단서에 따라 공판준비 또는 공판기일에서 진술자인 피고인의 진술에 의하여 녹음테이프에 녹음된 진술내용이 자신이 진술한 대로 녹음된 것임이 증명되고 나아가 그 진술이 특히 신빙할 수 있는 상태하에서 행하여진 것임이 인정되어야 한다.

③ 피고인이 아닌 자가 수사과정에서 진술서를 작성하였지만 수사기관이 그에 대한 조사과정을 기록하지 아니하여 「형사소송법」 제244조의4 제3항, 제1항에서 정한 절차를 위반한 경우에는, 특별한 사정이 없는 한 '적법한 절차와 방식'에 따라 수사과정에서 진술서가 작성되었다 할 수 없으므로 증거능력을 인정할 수 없다.

④ 「형사소송법」 제316조 제2항에 의하면, '피고인 아닌 자'의 공판준비 또는 공판기일에서의 진술이 피고인 아닌 타인의 진술을 그 내용으로 하는 것인 때에는 원진술자가 사망, 질병 기타 사유로 인하여 진술할 수 없고 그 진술이 특히 신빙할 수 있는 상태에서 행하여진 때에 한하여 이를 증거로 할 수 있다고 규정하고 있는데, 여기서 말하는 '피고인 아닌 자'라고 함은 공동피고인이나 공범자를 제외한 제3자를 의미한다.

[해설]

③ (○) 형사소송법의 규정 및 그 입법목적 등을 종합하여 보면, 피고인이 아닌 자가 수사과정에서 진술서를 작성하였지만 수사기관이 그에 대한 조사과정을 기록하지 아니하여 형사소송법 제244조의4 제3항, 제1항에서 정한 절차를 위반한 경우에는, 특별한 사정이 없는 한 '적법한 절차와 방식'에 따라 수사과정에서 진술서가 작성되었다 할 수 없으므로 그 증거능력을 인정할 수 없다(대법원 2015.4.23, 2013도3790).

① (✕) 제1심에서 피고인에 대하여 무죄판결이 선고되어 검사가 항소한 후, 수사기관이 항소심 공판기일에 증인으로 신청하여 신문할 수 있는 사람을 특별한 사정 없이 미리 수사기관에 소환하여

작성한 진술조서는 피고인이 증거로 할 수 있음에 동의하지 않는 한 증거능력이 없다. 검사가 공소를 제기한 후 참고인을 소환하여 피고인에게 불리한 진술을 기재한 진술조서를 작성하여 이를 공판절차에 증거로 제출할 수 있게 한다면, 피고인과 대등한 당사자의 지위에 있는 검사가 수사기관으로서의 권한을 이용하여 일방적으로 법정 밖에서 유리한 증거를 만들 수 있게 하는 것이므로 당사자주의·공판중심주의·직접심리주의에 반하고 피고인의 공정한 재판을 받을 권리를 침해하기 때문이다. <u>위 참고인이 나중에 법정에 증인으로 출석하여 위 진술조서의 성립의 진정을 인정하고 피고인 측에 반대신문의 기회가 부여된다 하더라도 위 진술조서의 증거능력을 인정할 수 없음은 마찬가지이다</u>(대법원 2019.11.28, 2013도6825).

② (×) 피고인과 상대방 사이의 대화 내용에 관한 녹취서가 공소사실의 증거로 제출되어 녹취서의 기재 내용과 녹음테이프의 녹음 내용이 동일한지에 대하여 법원이 검증을 실시한 경우에, 증거자료가 되는 것은 녹음테이프에 녹음된 대화 내용 자체이고, 그중 <u>피고인의 진술내용은 실질적으로 형사소송법 제311조, 제312조의 규정 이외에 피고인의 진술을 기재한 서류와 다름없어, 피고인이 녹음테이프를 증거로 할 수 있음에 동의하지 않은 이상 녹음테이프에 녹음된 피고인의 진술내용을 증거로 사용하기 위해서는 형사소송법 제313조 제1항 단서에 따라 공판준비 또는 공판기일에서 작성자인 상대방의 진술에 의하여 녹음테이프에 녹음된 피고인의 진술내용이 피고인이 진술한 대로 녹음된 것임이 증명되고 나아가 그 진술이 특히 신빙할 수 있는 상태하에서 행하여진 것임이 인정되어야 한다</u>(대법원 2012.9.13, 2012도7461).

④ (×) 형사소송법 제316조 제2항에 의하면 피고인 아닌 자의 공판준비 또는 공판기일에서의 진술이 <u>피고인 아닌 타인의 진술을 그 내용으로 하는 것</u>인 때에는 원진술자가 사망, 질병 기타 사유로 인하여 진술할 수 없고 그 진술이 특히 신빙할 수 있는 상태하에서 행하여진 때에 한하여 이를 증거로 할 수 있다고 규정하고 있는데 여기서 말하는 "피고인 아닌 타인"이라 함은 제3자는 말할 것도 없고 <u>공동피고인이나 공범자를 모두 포함한다</u>(대법원 1984.11.27, 84도2279).

정답 ③

전문법칙의 예외에 관한 설명으로 가장 적절하지 않은 것은? (다툼이 있는 경우 판례에 의함)

① A가 B와의 개별면담에서 대화한 내용을 피고인 甲에게 불러주었고, 그 내용이 기재된 甲의 업무수첩이 그 대화내용을 증명하기 위한 진술증거인 경우에는 피고인이 작성한 진술서에 대한 「형사소송법」 제313조 제1항에 따라 증거능력을 판단해야 한다.

② 공소제기 전에 피고인을 피의자로 조사했던 사법경찰관이 공판기일에 피고인의 진술을 그 내용으로 하여 한 진술을 증거로 하기 위해서는 사법경찰관이 피의자였던 피고인으로부터 진술을 들을 당시 피고인이 증언능력에 준하는 능력을 갖춘 상태에 있었어야 한다.

③ 피해자가 제1심 법정에서 수사기관에서의 진술조서에 대해 실질적 진정성립을 부인하는 취지로 진술하였다면, 이후 피해자가 사망하였더라도 피해자를 조사하였던 조사자에 의한 수사기관에서 이루어진 피해자의 진술을 내용으로 하는 제2심 법정에서의 증언은 증거능력이 없다.

④ 법원이 구속된 피의자를 심문하고 그에 대한 피의자의 진술 등을 기재한 구속적부심문조서는 「형사소송법」 제315조 제3호의 '특히 신용할 만한 정황에 의하여 작성된 문서'에 해당하여 피고인이 증거로 함에 부동의하더라도 당연히 그 증거능력이 인정된다.

해설

① (×) <u>A의 원진술을 甲이 듣고 甲의 업무수첩에 기재한 것이므로, 업무수첩은 전문진술(피고인 아닌 A의 진술을 원진술로 하는 甲의 전문진술, 제316조 제2항)을 기재한 서류(피고인 甲의 진술서, 제313조 제1항·제2항)에 해당한다(재전문서류).</u> 따라서 '피고인이 작성한 진술에 대한 제313조 제1항에 따라 증거능력을 판단'한다는 부분은 틀렸고, 우선 <u>전문진술에 대한 증거능력의 예외규정인 제316조 제2항이 적용되어야 한다.</u>

[판례] <u>어떤 진술이 기재된 서류가 그 내용의 진실성이 범죄사실에 대한 직접증거로 사용될 때는 전문증거가 되지만, 그와 같은 진술을 하였다는 것 자체 또는 진술의 진실성과 관계없는 간접사실에 대한 정황증거로 사용될 때는 반드시 전문증거가 되는 것이 아니다.</u> 그러나 어떠한 내용의 진술을 하였다는 사실 자체에 대한 정황증거로 사용될 것이라는 이유로 서류의 증거능력을 인정한 다음 <u>그 사실을 다시 진술내용이나 그 진실성을 증명하는 간접사실로 사용하는 경우에 그 서류는 전문증거에 해당한다.</u> 서류가 그곳에 기재된 원진술의 내용인 사실을 증명하는 데 사용되어 원진술의 내용인 사실이 요증사실이 되기 때문이다. 이러한 경우 형사소송법 제311조부터 제316조까지 정한 요건을 충족하지 못한다면 증거능력이 없다. … 제18대 대통령 박근혜(이하 '전 대통령')가 피고인 2에게 말한 내용에 관한 피고인 2의 업무수첩 등에는 '전 대통령이 피고인 2에게 지시한 내용'(이하 '지시 사항 부분')과 '전 대통령과 개별 면담자가 나눈 대화 내용을 전 대통령이 단독 면담 후 피고인 2에게 불러주었다는 내용'(이하 '대화 내용 부분')이 함께 있다. 첫째, 피고인 2의 진술 중 지시 사항 부분은 전 대통령이 피고인 2에게 지시한 사실을 증명하기 위한 것이라면 원진술의 존재 자체가 요증사실인 경우에 해당하여 본래증거

이고 전문증거가 아니다. 그리고 피고인 2의 업무수첩 중 지시사항 부분은 형사소송법 제313조 제1항에 따라 공판준비나 공판기일에서 그 작성자인 피고인 2의 진술로 성립의 진정함이 증명된 경우에는 진술증거로 사용할 수 있다. 둘째, 피고인 2의 업무수첩 등의 대화 내용 부분이 전 대통령과 개별 면담자 사이에서 대화한 내용을 증명하기 위한 진술증거인 경우에는 전문진술로서 형사소송법 제316조 제2항에 따라 원진술자가 사망, 질병, 외국거주, 소재불명 그 밖에 이에 준하는 사유로 진술할 수 없고 그 진술이 특히 신빙할 수 있는 상태에서 한 것임이 증명된 때에 한하여 증거로 사용할 수 있다. 이 사건에서 피고인 2의 업무수첩 등이 이 요건을 충족하지 못한다. 따라서 피고인 2의 업무수첩 등은 전 대통령과 개별 면담자가 나눈 대화 내용을 추단할 수 있는 간접사실의 증거로 사용하는 것도 허용되지 않는다. 이를 허용하면 대화 내용을 증명하기 위한 직접증거로 사용할 수 없는 것을 결국 대화 내용을 증명하는 증거로 사용하는 결과가 되기 때문이다(대법원 2019.8.29, 2018도13792 전원합의체).

② (O) (원진술자의 증언능력을 요구하는 것은 제316조 제2항의 피고인 아닌 자의 진술을 원진술로 하는 전문진술의 경우이므로, 피고인의 진술을 원진술로 하는 것을 내용으로 하는 위 지문의 출제는 다소 맞지 아니하나, 여기서는 출제의도를 고려하여 해설함) 전문의 진술을 증거로 함에 있어서는 전문진술자가 원진술자로부터 진술을 들을 당시 원진술자가 증언능력에 준하는 능력을 갖춘 상태에 있어야 할 것이다(대법원 2006.4.14, 2005도9561).

③ (O) 조사자의 증언에 증거능력이 인정되기 위해서는 원진술자가 사망, 질병, 외국거주, 소재불명, 그 밖에 이에 준하는 사유로 인하여 진술할 수 없어야 하는 것이라서(법 제316조 제2항), 원진술자가 법정에 출석하여 수사기관에서 한 진술을 부인하는 취지로 증언한 이상 원진술자의 진술을 내용으로 하는 조사자의 증언은 증거능력이 없다(대법원 2008.9.25, 2008도6985).

④ (O) 구속적부심문조서는 형사소송법 제311조가 규정한 문서에는 해당하지 않는다 할 것이나, 특히 신용할 만한 정황에 의하여 작성된 문서라고 할 것이므로 특별한 사정이 없는 한, 피고인이 증거로 함에 부동의하더라도 형사소송법 제315조 제3호에 의하여 당연히 그 증거능력이 인정된다(대법원 2004.1.16, 2003도5693).

정답 ①

---

140 ⓥ 유사 ◆◇◇ 국가9급/개론 2022

전문증거에 대한 설명으로 옳지 않은 것은? (다툼이 있는 경우 판례에 의함)

① 검사가 작성한 피의자신문조서는 적법한 절차와 방식에 따라 작성된 것으로서 공판준비, 공판기일에 그 피의자였던 피고인 또는 변호인이 그 내용을 인정할 때에 한정하여 증거로 할 수 있다.

② 상업장부, 항해일지 기타 업무상 필요로 작성한 통상문서는 당연히 증거능력 있는 서류이다.

③ 법정에 출석한 증인이 「형사소송법」 제148조, 제149조 등에서 정한 바에 따라 정당하게 증언거부권을 행사하여 증언을 거부한 경우도 「형사소송법」 제314조의 '그 밖에 이에 준하는 사유로 인하여 진술할 수 없는 때'에 해당한다.

④ 피고인의 진술을 그 내용으로 하는 전문진술이 기재된 조서는 「형사소송법」 제312조 내지 제314조의 규정에 의하여 각 그 증거능력이 인정될 수 있는 경우에 해당하여야 함은 물론, 나아가 「형사소송법」 제316조 제1항의 규정에 따라 피고인의 진술이 특히 신빙할 수 있는 상태하에서 행하여진 때에는 이를 증거로 할 수 있다.

해설

③ (×) 증인이 형사소송법에서 정한 바에 따라 정당하게 증언거부권을 행사하여 증언을 거부한 경우는 형사소송법 제314조의 '그 밖에 이에 준하는 사유로 인하여 진술할 수 없는 때'에 해당하지 아니한다(대법원 2012.5.17, 2009도6788 전원합의체).
[보충] 수사기관에서 진술한 참고인이 법정에서 증언을 거부하여 피고인이 반대신문을 하지 못한 경우에는 정당하게 증언거부권을 행사한 것이 아니라도, 피고인이 증인의 증언거부 상황을 초래하였다는 등의 특별한 사정이 없는 한 형사소송법 제314조의 '그밖에 이에 준하는 사유로 인하여 진술할 수 없는 때'에 해당하지 않는다(대법원 2019.11.21, 2018도13945 전원합의체).

① (O) 2020.2.4. 개정 제312조 제1항(시행 2022.1.1.)의 내용이다.

② (O) 제315조 제2호

④ (O) 전문진술이나 전문진술을 기재한 조서는 형사소송법 제310조의2의 규정에 의하여 원칙적으로 증거능력이 없으나, 다만 피고인 아닌 자의 공판준비 또는 공판기일에서의 진술이 피고인의 진술을 그 내용으로 하는 것인 때에는 형사소송법 제316조 제1항의 규정에 따라 그 진술이 특히 신빙할 수 있는 상태하에서 행하여진 때에 한하여 이를 증거로 할 수 있고, 그 전문진술이 기재된 조서는 형사소송법 제312조 내지 제314조의 규정에 의하여 그 증거능력이 인정될 수 있는 경우에 해당하여야 함은 물론 나아가 형사소송법 제316조 제1항의 규정에 따른 위와 같은 조건을 갖춘 때에 예외적으로 증거능력을 인정하여야 할 것이다(대법원 2000.3.10, 2000도159).
[보충] 사법경찰관 사무취급 작성의 윤○○에 대한 진술조서 중 피고인의 진술을 내용으로 하는 부분은 "피고인이 휴대폰을 훔쳐 간 것으로 의심하는 말을 피해자로부터 들은 후에 피고인과 전화통화를 하였는데, '공소외인과 함께 공장에 들어갔다가 사용할 목적으로 자신이 휴대폰을 훔쳐 가지고 나왔다'고 피고인이 얘기하였다"는 내용으로서, 위 진술조서에는 진술자인 윤○○의 서명무인이 있고 공판기일에서의 윤○○의 진술에 의하여 그 성립의 진정함이 증명되었으므로 형사소송법 제313조 제1항(현 제312

조 제4항)의 규정에 따른 요건을 갖추었다 할 것이고, 또한 피고인이 위와 같은 진술을 하게 된 경위에 비추어 볼 때, 피고인의 진술은 특히 신빙할 수 있는 상태에서 행하여진 것으로 판단되므로 형사소송법 제316조 제1항의 규정에 따른 요건을 갖추었다 할 것이어서 결국 위 진술조서 중 피고인의 진술을 내용으로 하는 부분은 증거능력이 있다(위 판례).

정답 ③

141 ✓유사 ◆◇◇　　国家9급 2022

전문증거에 대한 설명으로 옳은 것만을 모두 고르면?
(다툼이 있는 경우 판례에 의함)

> ㄱ. 사법경찰관이 피의자를 신문하기 전에 피의자에게 진술거부권을 행사할 수 있음을 알려 주고 그 행사 여부를 질문하였다면 비록 진술거부권 행사 여부에 대한 피의자의 답변이 자필로 기재되어 있지 아니하더라도 사법경찰관 작성의 피의자신문조서는 특별한 사정이 없는 한 「형사소송법」 제312조 제3항에서 정한 '적법한 절차와 방식'에 따라 작성된 조서라 할 수 있다.
> ㄴ. 어떤 진술이 기재된 서류가 그 내용의 진실성이 범죄사실에 대한 직접증거로 사용함에 있어서는 전문증거가 된다고 하더라도 그와 같은 진술을 하였다는 것 자체 또는 그 진술의 진실성과 관계없는 간접사실에 대한 정황증거로 사용함에 있어서는 반드시 전문증거가 되는 것은 아니다.
> ㄷ. 재전문진술이나 재재전문진술을 기재한 조서는 증거능력이 인정되지 않으며, 나아가 설령 피고인이 증거로 하는 데 동의한 경우라 하더라도 증거로 할 수 없다.
> ㄹ. 사법경찰관 사무취급이 작성한 실황조사서가 사고 발생 직후 사고장소에서 긴급을 요하여 판사의 영장 없이 시행된 것으로서 「형사소송법」 제216조 제3항에 의한 검증에 따라 작성된 것이라면 사후영장을 받지 않는 한 유죄의 증거로 삼을 수 없다.

① ㄱ, ㄴ　　　　② ㄴ, ㄷ
③ ㄴ, ㄹ　　　　④ ㄷ, ㄹ

해설

ㄱ. (×) 헌법 제12조 제2항, 형사소송법 제244조의3 제1항, 제2항, 제312조 제3항에 비추어 보면, 비록 사법경찰관이 피의자에게 진술거부권을 행사할 수 있음을 알려 주고 그 행사 여부를 질문하였다 하더라도, <u>형사소송법 제244조의3 제2항에 규정한 방식에 위반하여 진술거부권 행사 여부에 대한 피의자의 답변이 자필로 기재되어 있지 아니하거나 그 답변 부분에 피의자의 기명날인 또는 서명이 되어 있지 아니한 사법경찰관 작성의 피의자신문조서는 특별한 사정이 없는 한 형사소송법 제312조 제3항에서 정한 '적법한 절차와 방식'에 따라 작성된 조서라 할 수 없으므로</u> 그 증거능력을 인정할 수 없다(대법원 2013.3.28, 2010도3359).

ㄴ. (○) 대법원 2000.2.25, 99도1252
ㄷ. (×) 재전문진술이나 재재전문서류는 제316조의 적용대상이 아니므로 전문법칙의 예외가 인정되지 않지만, 증거동의에 의하여 그 증거능력이 부여될 수는 있다. "형사소송법은 전문진술에 대하여 제316조에서 실질상 단순한 전문의 형태를 취하는 경우에 한하여 예외적으로 그 증거능력을 인정하는 규정을 두고 있을 뿐, 재전문진술이나 재전문진술을 기재한 조서에 대하여는 달리 그 증거능력을 인정하는 규정을 두고 있지 아니하고 있으므로, 피고인이 증거로 하는 데 동의하지 아니하는 한 형사소송법 제310조의2의 규정에 의하여 이를 증거로 할 수 없다(대법원 2004.3.11, 2003도171)."
ㄹ. (○) 대법원 1989.3.14, 88도1399

정답 ③

142 ✓유사 ◆◆◆   경찰1차 2024

전문증거에 관한 설명으로 옳은 것은 모두 몇 개인가? (다툼이 있는 경우 판례에 의함)

ⓐ 어떤 진술이 기재된 서류가 그 내용의 진실성이 범죄사실에 대한 직접증거로 사용될 때는 전문증거가 되지만, 그와 같은 진술을 하였다는 것 자체 또는 진술의 진실성과 관계없는 간접사실에 대한 정황증거로 사용될 때는 반드시 전문증거가 되는 것이 아니다.

ⓑ 「형사소송법」 제312조 제1항은 검사가 작성한 피의자신문조서는 공판준비, 공판기일에 그 피의자였던 피고인 또는 변호인이 그 내용을 인정할 때에 한정하여 증거로 할 수 있다고 규정하고 있다. 여기서 '그 내용을 인정할 때'라 함은 피의자신문조서의 기재내용이 진술내용대로 기재되어 있다는 의미가 아니고 그와 같이 진술한 내용이 실제 사실과 부합한다는 것을 의미한다.

ⓒ 피고인이 자신과 공범관계에 있는 다른 피고인이나 피의자에 대하여 검사가 작성한 피의자신문조서의 내용을 부인하는 경우에는 「형사소송법」 제312조 제1항이 적용되지 아니하므로 이를 유죄의 증거로 쓸 수 있다.

ⓓ 재전문진술이 기재된 조서는 「형사소송법」 제312조 또는 제314조에 따라 증거능력이 인정될 수 있는 경우에 해당하여야 함은 물론 「형사소송법」 제316조 제2항에 따른 요건을 갖추어야 예외적으로 증거능력이 있다.

ⓔ 「형사소송법」은 전문진술에 대하여 제316조에서 실질상 단순한 전문의 형태를 취하는 경우에 한하여 예외적으로 그 증거능력을 인정하는 규정을 두고 있을 뿐, 재전문진술이나 재전문진술을 기재한 조서에 대하여는 달리 그 증거능력을 인정하는 규정을 두고 있지 아니하므로, 피고인이 증거로 하는 데 동의하더라도 「형사소송법」 제310조의2의 규정에 의하여 이를 증거로 할 수 없다.

① 2개   ② 3개
③ 4개   ④ 5개

해설

ⓐ (○) 대법원 2019.8.29, 2018도14303 전원합의체

ⓑ (○) 대법원 2023.6.1, 2023도3741

ⓒ (×) 형사소송법 제312조 제1항에서 정한 '검사가 작성한 피의자신문조서'란 당해 피고인에 대한 피의자신문조서만이 아니라 당해 피고인과 공범관계에 있는 다른 피고인이나 피의자에 대하여 검사가 작성한 피의자신문조서도 포함되고, 여기서 말하는 '공범'에는 형법 총칙의 공범 이외에도 서로 대향된 행위의 존재를 필요로 할 뿐 각자의 구성요건을 실현하고 별도의 형벌 규정에 따라 처벌되는 강학상 필요적 공범 또는 대향범까지 포함한다. 따라서 피고인이 자신과 공범관계에 있는 다른 피고인이나 피의자에 대하여 검사가 작성한 피의자신문조서의 내용을 부인하는 경

우에는 형사소송법 제312조 제1항에 따라 유죄의 증거로 쓸 수 없다(대법원 2023.6.1, 2023도3741).

ⓓ (×) 재전문진술에 대해서는 형사소송법 제316조가 적용되지 않는다는 것이 판례이다.

ⓔ (×) 재전문진술에 대해서는 형사소송법 제316조는 적용되지 아니하나 피고인 측의 증거동의가 있으면 이를 증거로 할 수 있다. [판례] 형사소송법은 전문진술에 대하여 제316조에서 실질상 단순한 전문의 형태를 취하는 경우에 한하여 예외적으로 그 증거능력을 인정하는 규정을 두고 있을 뿐, 재전문진술이나 재전문진술을 기재한 조서에 대하여는 달리 그 증거능력을 인정하는 규정을 두고 있지 아니하고 있으므로, 피고인이 증거로 하는 데 동의하지 아니하는 한 형사소송법 제310조의2의 규정에 의하여 이를 증거로 할 수 없다(대법원 2000.3.10, 2000도159).

정답 ①

143 ✓대표 ◆◆◆   경찰승진 2024

전문진술에 관한 설명으로 가장 적절하지 않은 것은? (다툼이 있는 경우 판례에 의함)

① 공소제기 전에 피고인 아닌 타인을 조사한 자의 증언은 원진술자가 법정에 출석하여 수사기관에서 한 진술을 부인하는 취지로 증언하였다면 「형사소송법」 제316조 제2항에 따라 증거능력이 인정되지 않는다.

② 전문의 진술을 증거로 함에 있어서는 전문진술자가 원진술자로부터 진술을 들을 당시 원진술자가 증언능력에 준하는 능력을 갖춘 상태에 있어야 할 것인데, 그 능력의 유무는 단지 공술자의 연령에 의하므로 만 3세 3개월 내지 만 3세 7개월 가량 된 유아의 증언능력은 부인된다.

③ 「형사소송법」 제316조 제2항에서 말하는 '원진술자가 진술을 할 수 없는 때'에는 사망, 질병 등 명시적으로 열거된 사유 외에도 원진술자가 공판정에서 진술을 한 경우라도 증인신문 당시 일정한 사항에 관하여 기억이 나지 않는다는 취지로 진술하여 그 진술의 일부가 재현 불가능하게 된 경우도 포함한다.

④ 「형사소송법」 제316조 제2항에서 말하는 '그 진술이 특히 신빙할 수 있는 상태하에서 행하여진 때'라 함은 그 진술을 하였다는 것에 허위 개입의 여지가 거의 없고, 그 진술 내용의 신빙성이나 임의성을 담보할 구체적이고 외부적인 정황이 있는 경우를 가리킨다.

해설

② (×) 전문의 진술을 증거로 함에 있어서는 전문진술자가 원진술자로부터 진술을 들을 당시 원진술자가 증언능력에 준하는 능력을 갖춘 상태에 있어야 할 것인데, 증인의 증언능력은 증인 자신이 과거에 경험한 사실을 그 기억에 따라 공술할 수 있는 정신적인 능력이라 할 것이므로, 유아의 증언능력에 관해서도 그 유무는 단지 공술자의 연령만에 의할 것이 아니라 그의 지적수준에 따라 개별적이고 구체적으로 결정되어야 함은 물론 공술의 태도 및 내용 등을 구체적으로 검토하고, 경험한 과거의 사실이 공술

자의 이해력, 판단력 등에 의하여 변식될 수 있는 범위 내에 속하는가의 여부도 충분히 고려하여 판단하여야 한다(대법원 2006. 4.14, 2005도9561).

① (○) 형사소송법 제316조 제2항의 요건을 갖추려면 원진술자의 진술불능 즉, 필요성 요건이 구비되어야 한다.
[판례] 조사자의 증언에 증거능력이 인정되기 위해서는 원진술자가 사망, 질병, 외국거주, 소재불명 그 밖에 이에 준하는 사유로 인하여 진술할 수 없어야 하는 것이라서, 원진술자가 법정에 출석하여 수사기관에서 한 진술을 부인하는 취지로 증언한 이상 원진술자의 진술을 내용으로 하는 조사자의 증언은 증거능력이 없다(대법원 2008.9.25, 2008도6985).

③ (○) 형사소송법 제314조, 제316조 제2항에서 말하는 '원진술자가 진술을 할 수 없는 때'에는 사망, 질병 등 명시적으로 열거된 사유 외에도 원진술자가 공판정에서 진술을 한 경우라도 증인신문 당시 일정한 사항에 관하여 기억이 나지 않는다는 취지로 진술하여 그 진술의 일부가 재현 불가능하게 된 경우도 포함하는 것이다(대법원 2006.4.14, 2005도9561).

④ (○) '그 진술이 특히 신빙할 수 있는 상태하에서 행하여진 때'라 함은 그 진술을 하였다는 것에 허위 개입의 여지가 거의 없고, 그 진술 내용의 신빙성이나 임의성을 담보할 구체적이고 외부적인 정황이 있는 경우를 가리킨다(대법원 2010.11.25, 2010도8735).

정답 ②

---

144 ✓유사 ◆◆◆ 경찰간부 2022

다음 사례에 대한 설명으로 옳지 않은 것은? (다툼이 있는 경우 판례에 의함)

> 피해자 A에 대한 강도 사건에서 甲은 정범으로, 乙은 교사범으로 기소되어 甲과 乙 모두 공동피고인으로 재판을 받고 있다. 공판정에서 甲은 乙이 시켜서 A에 대한 범행을 했다고 자백한 반면, 乙은 甲에게 교사한 적이 없다고 부인하였다. 증인 丙은 공판정에서 사건 발생 직후 甲으로부터 "乙이 시켜서 A에 대한 범행을 했다."는 말을 들었다고 증언하였다. 법원은 甲의 진술과 丙의 증언에 신빙성이 있다고 판단하고 있으나 甲의 자백 외에는 다른 증거가 없다.

① 법원은 甲의 자백만으로 乙에게 유죄를 선고할 수 있다.
② 甲이 丙에게 한 진술의 특신상태가 증명되면 丙의 증언은 甲의 범죄사실을 입증하는 증거로 사용할 수 있다.
③ 甲의 범죄사실에 대한 丙의 증언에 증거능력이 인정되면 법원은 丙의 증언을 기초로 甲에게 유죄를 선고할 수 있다.
④ 丙의 증언은 乙의 범죄사실을 입증하는 증거로 사용할 수 없다.

해설

③ (×) 丙의 공판정 증언은 피고인 甲의 자백 자체는 아니지만, 피고인 甲의 자백을 내용으로 하는 진술에 불과하므로, 피고인 甲의 자백에 대한 보강증거가 될 수 없다. "피고인이 범행을 자인하

는 것을 들었다는 피고인 아닌 자의 진술내용은 형사소송법 제310조의 피고인의 자백에는 포함되지 아니하나 이는 피고인의 자백의 보강증거로 될 수 없다(대법원 1981.7.7, 81도1314)."

① (○) 공범자의 자백은 별도의 보강증거가 필요 없다.

② (○) 전문진술자 丙의 증언이 피고인 甲의 진술을 원진술로 하고 있으므로, 제316조 제1항의 적용을 받아 원진술의 특신상태가 인정되면 이를 증거로 할 수 있다.

> **제316조(전문의 진술)** ① 피고인이 아닌 자(공소제기 전에 피고인을 피의자로 조사하였거나 그 조사에 참여하였던 자를 포함한다)의 공판준비 또는 공판기일에서의 진술이 피고인의 진술을 그 내용으로 하는 것인 때에는 그 진술이 특히 신빙할 수 있는 상태하에서 행하여졌음이 증명된 때에 한하여 이를 증거로 할 수 있다.

④ (○) 乙의 혐의에 대해서, 丙의 진술은 甲(피고인 아닌 자)의 진술을 원진술로 하는 전문진술에 해당하므로, 제316조 제2항이 적용된다. 그런데 甲은 공판정에 출석하여 재판을 받고 있으므로, 전문진술의 필요성이 결여되어 그 증거능력이 인정되지 아니한다.

> **제316조(전문의 진술)** ② 피고인 아닌 자의 공판준비 또는 공판기일에서의 진술이 피고인 아닌 타인의 진술을 그 내용으로 하는 것인 때에는 원진술자가 사망, 질병, 외국거주, 소재불명 그 밖에 이에 준하는 사유로 인하여 진술할 수 없고, 그 진술이 특히 신빙할 수 있는 상태하에서 행하여졌음이 증명된 때에 한하여 이를 증거로 할 수 있다.

정답 ③

145 ✓ 유사 ◆◆◆ 변호사 2022

甲과 乙은 丙과 공모하여 피해자 A로부터 금품을 갈취한 공소사실로 기소되었는데, 丙은 경찰 수사 단계에서 범행을 자백하는 취지의 진술서를 작성한 이후 갑자기 사망하였다. 검사는 丙의 동생인 B가 丙으로부터 "나는 甲, 乙과 함께 A의 금품을 갈취하였다."라는 말을 들었다는 것을 알고, B를 조사하여 그와 같은 내용의 B에 대한 진술조서를 작성하였다. 甲과 乙은 공판과정에서 위 공소사실을 다투고 있다. 이에 관한 설명 중 옳은 것은? (다툼이 있는 경우 판례에 의함)

① 甲이 사법경찰관이 작성한 乙에 대한 피의자신문조서에 대하여 증거로 함에 동의하지 않은 경우라도 乙이 법정에서 경찰 수사 도중 위 피의자신문조서에 기재된 것과 같은 내용으로 진술하였다는 취지로 증언하였다면 이러한 증언은 甲에 대한 유죄인정의 증거로 사용할 수 있다.

② 乙이 출석한 공판기일에서 乙을 조사한 사법경찰관이 법정에 증인으로 출석하여 乙에 대한 피의자신문을 하면서 乙이 자백하는 것을 들었던 내용을 증언한 경우, 그 증언은 乙의 진술이 특히 신빙할 수 있는 상태하에서 행하여졌음이 증명된 경우라도 甲의 증거동의가 없는 한 甲에 대한 유죄인정의 증거로 사용할 수 없다.

③ 丙이 경찰에서 작성한 진술서는 그 작성이 특히 신빙할 수 있는 상태에서 행하여졌음이 증명된다면 甲이 증거로 사용함에 동의하지 않더라도 甲에 대한 유죄인정의 증거로 사용할 수 있다.

④ B에 대한 진술조서는 B가 증언을 거부하여 진정성립이 인정되지 않더라도 丙이 사망하여 진술할 수 없는 경우에 해당하므로 甲에 대한 유죄인정의 증거로 사용할 수 있다.

⑤ B에 대한 진술조서는 전문진술을 기재한 서류이므로 乙이 증거동의하더라도 乙에 대한 유죄인정의 증거로 사용할 수 없다.

해설

② (〇) 乙의 자백을 들었다는 사법경찰관의 진술은 피고인 아닌 자(조사자인 사법경찰관)의 공판준비 또는 공판기일에서의 진술로, 피고인(甲) 아닌 타인(乙)의 진술을 그 내용으로 하는 것인 때에 해당한다. 따라서 제316조 제2항에 의하여, 원진술자인 乙이 사망, 질병, 외국거주, 소재불명 그 밖에 이에 준하는 사유로 인하여 진술할 수 없고, 그 진술이 특히 신빙할 수 있는 상태하에서 행하여졌음이 증명된 때에 한하여 이를 증거로 할 수 있다. 그런데 위 문제에서 乙이 출석하여 甲과 함께 위 공소사실을 다투고 있다는 조건이 주어졌으므로, 제316조 제2항이 요구하는 필요성 요건이 결여되어 乙의 진술의 특신상태가 증명된 경우라도, (甲의 증거동의가 없는 한) 이를 甲에 대한 증거로 할 수 없다.
[보충] 만약 이를 乙에 대한 증거로 사용하는 경우에는 제316조 제1항에 의하여 증거로 할 수 있다.

① (✕) 당해 피고인과 공범관계에 있는 공동피고인이 법정에서 경찰수사 도중 피의자신문조서에 기재된 것과 동일한 내용을 진술하였다는 취지로 증언한 경우, 그 증언의 증거능력에 관해서도

제312조 제3항에 의한다. "형사소송법 제312조 제3항은 검사 이외의 수사기관이 작성한 당해 피고인에 대한 피의자신문조서를 유죄의 증거로 하는 경우뿐만 아니라, 검사 이외의 수사기관이 작성한 당해 피고인과 공범관계에 있는 다른 피고인이나 피의자에 대한 피의자신문조서를 당해 피고인에 대한 유죄의 증거로 채택할 경우에도 적용된다. 따라서 당해 피고인과 공범관계에 있는 공동피고인에 대해 검사 이외의 수사기관이 작성한 피의자신문조서는 그 공동피고인의 법정진술에 의하여 성립의 진정이 인정되더라도 당해 피고인이 공판기일에서 그 조서의 내용을 부인하면 증거능력이 부정된다. 그리고 이러한 경우 그 공동피고인이 법정에서 경찰수사 도중 피의자신문조서에 기재된 것과 같은 내용으로 진술하였다는 취지로 증언하였다고 하더라도, 이러한 증언은 원진술자인 공동피고인이 그 자신에 대한 경찰 작성의 피의자신문조서의 진정성립을 인정하는 취지에 불과하여 위 조서와 분리하여 독자적인 증거가치를 인정할 것은 아니므로, 앞서 본 바와 같은 이유로 위 조서의 증거능력이 부정되는 이상 위와 같은 증언 역시 이를 유죄인정의 증거로 쓸 수 없다(대법원 2009.10.15, 2009도1889)."

③ (✕) 丙이 경찰에서 작성한 진술서는 제312조 제5항에 의하여 제312조 제3항이 적용된다. 따라서 피고인 甲 측의 내용인정이 없으면 甲에 대한 증거로 사용할 수 없다. 위 지문에서 증거동의가 없다는 것도 위와 같은 의미이다.

④ (✕) 전문진술이나 재전문진술을 기재한 조서는 형사소송법 제310조의2의 규정에 의하여 원칙적으로 증거능력이 없는 것인데, 다만 전문진술은 형사소송법 제316조 제2항의 규정에 따라 원진술자가 사망, 질병, 외국거주 기타 사유로 인하여 진술할 수 없고 그 진술이 특히 신빙할 수 있는 상태하에서 행하여진 때에 한하여 예외적으로 증거능력이 있다고 할 것이고, 전문진술이 기재된 조서는 형사소송법 제312조 또는 제314조의 규정에 의하여 각 그 증거능력이 인정될 수 있는 경우에 해당하여야 함을 물론 나아가 형사소송법 제316조 제2항의 규정에 따른 위와 같은 요건을 갖추어야 예외적으로 증거능력이 있다고 할 것이다(대법원 2000.3.10, 2000도159). 그런데, 전문진술자인 B가 증언을 거부하여 진정성립이 인정되지 않는다면 제312조 제4항의 요건인 반대신문권의 보장이 결여되고, 이 경우 제314조의 필요성 예외규정이 적용될 수 있는가가 문제되는데, 위 B의 증언거부가 정당한 증언거부권의 행사가 아니라고 하더라도(자신의 형 丙은 이미 사망하였으므로 B는 제148조의 증언거부권자에 해당하지 않음) 제314조의 '그 밖에 이에 준하는 사유로 인하여 진술할 수 없는 때'에 해당하지 않는다. 따라서 위 재전문서류의 증거능력은 인정될 수 없다.
[판례] [다수의견] 수사기관에서 진술한 참고인이 법정에서 증언을 거부하여 피고인이 반대신문을 하지 못한 경우에는 정당하게 증언거부권을 행사한 것이 아니라도, 피고인이 증인의 증언거부 상황을 초래하였다는 등의 특별한 사정이 없는 한 형사소송법 제314조의 '그 밖에 이에 준하는 사유로 인하여 진술할 수 없는 때'에 해당하지 않는다고 보아야 한다. 따라서 증인이 정당하게 증언거부권을 행사하여 증언을 거부한 경우와 마찬가지로 수사기관에서 그 증인의 진술을 기재한 서류는 증거능력이 없다. 다만 피고인이 증인의 증언거부 상황을 초래하였다는 등의 특별한 사정이 있는 경우에는 형사소송법 제314조의 적용을 배제할 이유가 없다. 이러한 경우까지 형사소송법 제314조의 '그 밖에 이에 준하는 사유로 인하여 진술할 수 없는 때'에 해당하지 않는다고 보면 사건의 실체에 대한 심증 형성은 법관의 면전에서 본래증거에 대한 반대신문이 보장된 증거조사를 통하여 이루어져야 한다는 실질적 직접심리주의와 전문법칙에 대하여 예외를 정한 형사소송법 제314조의 취지에 반하고 정의의 관념에도 맞지 않기 때문이다(대법원 2019.11.21, 2018도13945 전원합의체).

⑤ (✕) 재전문서류이므로 형사소송법상 전문법칙의 예외규정이 적용될 수도 있고, 피고인측이 증거동의를 하면 그 증거능력이 인정될 수도 있다.

정답 ②

甲은 회식자리에서 직원 A의 옆에 앉아 술을 마시며 대화하던 중 오른손으로 갑자기 A의 엉덩이 부위를 옷 위로 쓰다듬었다. 그 자리에 있던 동료직원 B는 수사기관에 참고인으로 출석하여 "甲이 A의 엉덩이 부위를 쓰다듬어 A가 매우 놀라며 황급히 일어나 밖으로 나가는 것을 보았다."라고 진술하였다. 결국 甲은 A를 위와 같이 강제추행하였다는 공소사실로 기소되었는데, A는 제2회 공판기일 법정에서 甲으로부터 위와 같이 강제추행을 당하였다고 증언하였고, 동료직원 B는 같은 공판기일 법정에 출석하였으나 증언거부사유가 없음에도 증언을 거부하였으며, 다른 동료직원 C는 같은 공판기일 법정에서 "이 사건 다음 날 A로부터 '甲에게 추행을 당했다'는 말을 들었다."라고 증언하였다. 이에 관한 설명 중 옳은 것을 모두 고른 것은? (다툼이 있는 경우 판례에 의함)

> ㄱ. 강제추행죄에는 폭행행위 자체가 추행행위라고 인정되는 이른바 기습추행의 경우도 포함되고, 기습추행에 있어서의 폭행행위는 반드시 상대방의 의사를 억압할 정도의 것임을 요하지 않고 상대방의 의사에 반하는 유형력의 행사가 있기만 하면 그 힘의 대소강약을 불문한다.
>
> ㄴ. B가 정당하게 증언거부권을 행사한 것이 아니라고 하더라도 甲이 증언거부 상황을 초래하였다는 등의 특별한 사정이 없다면 B의 증언거부는 「형사소송법」 제314조의 '그 밖에 이에 준하는 사유로 인하여 진술할 수 없는 때'에 해당하지 않는다.
>
> ㄷ. 「형사소송법」 제297조(피고인등의 퇴정)의 규정에 따라 재판장은 증인 A가 피고인 甲의 면전에서 충분한 진술을 할 수 없다고 인정한 때에는 피고인을 퇴정하게 하고 증인신문을 진행함으로써 피고인의 직접적인 증인대면을 제한할 수 있지만, 이러한 경우 피고인의 반대신문권까지 배제하는 것은 허용될 수 없다.
>
> ㄹ. C가 법정에서 한 증언은 원진술자인 A가 법정에 증인으로 출석하였으므로 「형사소송법」 제316조 제2항의 요건이 충족되지 않아 피고인 甲의 증거동의가 없는 이상 증거능력이 없다.

① ㄱ
② ㄱ, ㄴ
③ ㄴ, ㄷ
④ ㄱ, ㄷ, ㄹ
⑤ ㄱ, ㄴ, ㄷ, ㄹ

해설

⑤ ㄱ, ㄴ, ㄷ, ㄹ

ㄱ. (○) 강제추행죄는 상대방에 대하여 폭행 또는 협박을 가하여 항거를 곤란하게 한 뒤에 추행행위를 하는 경우뿐만 아니라 폭행행위 자체가 추행행위라고 인정되는 이른바 기습추행의 경우도 포함되며, 이 경우의 폭행은 반드시 상대방의 의사를 억압할 정도의 것임을 요하지 않고 상대방의 의사에 반하는 유형력의 행사가 있는 이상 그 힘의 대소강약을 불문한다(대법원 2019.7.11, 2018도2614).

ㄴ. (○) 수사기관에서 진술한 참고인이 법정에서 증언을 거부하여 피고인이 반대신문을 하지 못한 경우에는 정당하게 증언거부권을 행사한 것이 아니라도, 피고인이 증인의 증언거부 상황을 초래하였다는 등의 특별한 사정이 없는 한 형사소송법 제314조의 '그 밖에 이에 준하는 사유로 인하여 진술할 수 없는 때'에 해당하지 않는다고 보아야 한다. 따라서 증인이 정당하게 증언거부권을 행사하여 증언을 거부한 경우와 마찬가지로 수사기관에서 그 증인의 진술을 기재한 서류는 증거능력이 없다(대법원 2019.11.21, 2018도13945 전원합의체).

ㄷ. (○) 형사소송법 제297조의 규정에 따라 재판장은 증인이 피고인의 면전에서 충분한 진술을 할 수 없다고 인정한 때에는 피고인을 퇴정하게 하고 증인신문을 진행함으로써 피고인의 직접적인 증인대면을 제한할 수 있지만, 이러한 경우에도 피고인의 반대신문권을 배제하는 것은 허용되지 않는다(대법원 2022.4.14, 2021도17410).

ㄹ. (○) C의 법정증언은 피고인 아닌 A의 진술을 내용으로 하는 것이므로, 원진술자 A가 진술할 수 없는 때에 한하여 증거로 할 수 있는데(제316조 제2항), 위 사례에서 A는 공판기일에 출석하였으므로, C의 전문진술은 피고인 甲의 동의가 없는 이상 그 증거능력이 인정되지 아니한다.

> **제316조(전문의 진술)** ② 피고인 아닌 자의 공판준비 또는 공판기일에서의 진술이 피고인 아닌 타인의 진술을 그 내용으로 하는 것인 때에는 원진술자가 사망, 질병, 외국거주, 소재불명 그 밖에 이에 준하는 사유로 인하여 진술할 수 없고, 그 진술이 특히 신빙할 수 있는 상태하에서 행하여졌음이 증명된 때에 한하여 이를 증거로 할 수 있다.

정답 ⑤

147 ☑유사 ◆◆◇　　법원9급 2021

전문증거에 관한 다음 설명 중 가장 옳은 것은? (다툼이 있는 경우 판례에 의함)

① 피고인과 공범관계가 있는 다른 피의자에 대하여 검사 이외의 수사기관이 작성한 피의자신문조서는 그 피의자의 법정진술에 의하여 성립의 진정이 인정되는 등 형사소송법 제312조 제4항의 요건을 갖춘 경우라면 해당 피고인이 공판기일에서 그 조서의 내용을 부인하여도 이를 유죄인정의 증거로 사용할 수 있다.

② 수사기관에서 진술한 참고인이 법정에서 증언을 거부하여 피고인이 반대신문을 하지 못한 경우에는 증인이 정당하게 증언거부권을 행사한 것이 아니라면 형사소송법 제314조의 '그 밖에 이에 준하는 사유로 인하여 진술할 수 없는 때'에 해당한다고 보아야 한다.

③ 수사기관이 참고인을 조사하는 과정에서 참고인의 동의를 받아 작성한 영상녹화물은, 다른 법률에서 달리 규정하고 있는 등의 특별한 사정이 없는 한, 공소사실을 직접 증명할 수 있는 독립적인 증거로 사용될 수 있다.

④ 형사소송법은 전문진술에 대하여 제316조에서 실질상 단순한 전문의 형태를 취하는 경우에 한하여 예외적으로 그 증거능력을 인정하는 규정을 두고 있을 뿐, 재전문진술이나 재전문진술을 기재한 조서에 대하여는 달리 그 증거능력을 인정하는 규정을 두고 있지 아니하므로, 피고인이 증거로 하는 데 동의하지 아니하는 한 형사소송법 제310조의2의 규정에 의하여 이를 증거로 할 수 없다.

해설

④ (○) 대법원 2004.3.11, 2003도171

① (×) 당해 피고인과 공범관계에 있는 공동피고인에 대해 검사 이외의 수사기관이 작성한 피의자신문조서는 그 공동피고인의 법정진술에 의하여 성립의 진정이 인정되더라도 당해 피고인이 공판기일에서 그 조서의 내용을 부인하면 증거능력이 부정된다. 그리고 이러한 경우 그 공동피고인이 법정에서 경찰 수사 도중 피의자신문조서에 기재된 것과 같은 내용으로 진술하였다는 취지로 증언하였다고 하더라도, 이러한 증언은 원진술자인 공동피고인이 그 자신에 대한 경찰 작성의 피의자신문조서의 진정성립을 인정하는 취지에 불과하여 위 조서와 분리하여 독자적인 증거가치를 인정할 것은 아니므로, 앞서 본 바와 같은 이유로 위 조서의 증거능력이 부정되는 이상 위와 같은 증언 역시 이를 유죄인정의 증거로 쓸 수 없다고 보아야 한다(대법원 2009.10.15, 2009도1889).

② (×) 수사기관에서 진술한 참고인이 법정에서 증언을 거부하여 피고인이 반대신문을 하지 못한 경우에는 정당하게 증언거부권을 행사한 것이 아니라도, 피고인이 증인의 증언거부 상황을 초래하였다는 등의 특별한 사정이 없는 한 형사소송법 제314조의 '그 밖에 이에 준하는 사유로 인하여 진술할 수 없는 때'에 해당하지 않는다고 보아야 한다(대법원 2019.11.21, 2018도13945 전원합의체).

③ (×) 수사기관이 참고인을 조사하는 과정에서 형사소송법 제221조 제1항에 따라 작성한 영상녹화물은, 다른 법률에서 달리 규정

하고 있는 등의 특별한 사정이 없는 한, 공소사실을 직접 증명할 수 있는 독립적인 증거로 사용될 수는 없다고 해석함이 타당하다(대법원 2014.7.10, 2012도5041).

정답 ④

148 ☑유사 ◆◆◇　　경찰 2013 유사　경찰2차 2022

전문법칙의 예외에 관한 설명 중 가장 적절한 것은? (다툼이 있는 경우 판례에 의함)

① 사법경찰관이 적법한 절차와 방식에 따라 작성한 검증조서에 피의자 아닌 자의 진술이 기재된 경우, 그 진술이 영상녹화물에 의하여 증명되고 공판기일에서 작성자인 사법경찰관의 진술에 따라 그 성립의 진정함이 증명된 때에는 증거로 할 수 있다.

② A는 살인현장을 목격한 친구 B가 "甲이 길 가던 여자를 죽였다."고 말한 내용을 자필 일기장에 작성하였고, 훗날 이 일기장이 甲의 살인죄 공판에 증거로 제출된 경우, 이 일기장은 형사소송법 제313조 제1항의 진술기재서(류)에 해당된다.

③ 자기에게 맡겨진 사무를 처리한 내역을 그때그때 계속적, 기계적으로 기재한 문서라 하더라도 불법적인 업무과정에서 작성한 문서는 신용성이 없으므로 당연히 증거능력이 인정되지 않는다.

④ 甲이 살인죄로 공소제기된 공판에서 A가 증인으로 출석하여 교통사고로 사망한 B가 생전에 자신에게 "甲이 C를 살해하는 것을 보았다."는 말을 한 적이 있다고 진술한 경우, B의 진술이 특히 신빙할 수 있는 상태하에서 행하여졌음이 증명된 때에 한하여 이를 증거로 할 수 있다.

해설

④ (○) B(피고인 아닌 자)의 진술을 원진술로 하는 전문진술자(A)의 진술에 해당하므로, 제316조 제2항이 적용된다. 원진술자 B가 사망하였으므로, 원진술의 특신상태가 인정된다면 전문진술의 증거능력이 인정된다.

> **제316조(전문의 진술)** ② 피고인 아닌 자의 공판준비 또는 공판기일에서의 진술이 피고인 아닌 타인의 진술을 그 내용으로 하는 것인 때에는 원진술자가 사망, 질병, 외국거주, 소재불명 그 밖에 이에 준하는 사유로 인하여 진술할 수 없고, 그 진술이 특히 신빙할 수 있는 상태하에서 행하여졌음이 증명된 때에 한하여 이를 증거로 할 수 있다.

① (×) 수사기관 검증조서에 피의자 아닌 자의 진술이 기재되어 있다면, 제312조 제6항이 아닌 제312조 제4항이 적용된다. 따라서 실질적 진정성립 인정의 주체는 작성자인 사법경찰관이 아니라 원진술자인 피의자 아닌 자이어야 한다.

② (×) 일기장은 수사과정 외에서 A(사인)가 살인현장 목격자 B(피고인 아닌 자)의 진술을 기재한 서류에 해당하므로, B의 원진술에 대한 A의 전문진술이 기재된 서류인 재전문서류에 해당한다. 따라서 제316조 제2항과 제313조 제1항의 요건을 충족하여

야 증거로 사용할 수 있다.

[보충] 진술기재서(류)와 재전문서류의 구별

두 서류 모두 작성자와 진술자가 일치하지 않는다는 공통점이 있으나, 아래와 같은 차이가 있다.

㉠ 진술기재서(류): 타인의 진술을 기재한 서류로, 이에 대한 원진술자의 서명·날인이 있는 것을 말한다. 원진술자의 확인이 있으므로 단순한 전문증거의 형태에 속한다.

> 예 대화녹음도 진술자 음성의 동일성이 확인되면 진술자의 자필·서명·날인과 마찬가지이므로, 이 진술기재서(류)에 포함된다.

㉡ 재전문서류 : 타인의 진술이 기재된 서류인 점에서 진술기재서(류)와 동일하나, 원진술자의 서명·날인이 없는 것을 말한다. 전형적으로는 ⓐ 전문진술자에 대해 수사기관이 참고인 조사를 작성한 진술조서(전문진술자의 서명 등이 있으나 원진술자의 서명 등이 없음)나, ⓑ 원진술자의 진술을 작성자가 듣고(전문하고, 1차 전문), 그 내용을 작성자가 서류로 만든 것(전문서류, 2차 전문)(원진술자의 서명·날인이 없음) 등이 이에 해당한다. 원진술자의 확인절차가 결여되어 있으므로 전문진술이 기재된 서류로서 재전문증거에 속한다. 요컨대, 재전문서류에는 원진술자의 확인이 없다.

[연습] 살인현장을 목격한 친구 B가 "甲이 길 가던 여자를 죽였다."고 A에게 말한 경우, ㉠ 이를 A가 공판정에서 증언하는 때에는 전문진술에 해당하고(제316조 제2항), ㉡ 수사기관이 A에 대한 참고인 조사를 통해 작성한 진술조서는 재전문서류에 해당한다(제316조 제2항, 제312조 제4항). 만약, A가 자필로 일기장에 기재한 경우, ㉢ B가 여기에 서명 또는 날인을 해주었다면 이는 진술기재서(류)에 해당하나(제313조 제1항), ㉣ B가 이에 대한 서명 또는 날인을 해주지 않은 보통의 일기장이라면 이는 재전문서류에 해당한다(제316조 제2항, 제313조 제1항).

③ (×) 성매매업소에 고용된 여성들이 성매매를 업으로 하면서 영업에 참고하기 위하여 성매매 상대방의 아이디와 전화번호 및 성매매방법 등을 메모지에 적어두었다가 직접 메모리카드에 입력하거나 업주가 고용한 다른 여직원이 그 내용을 입력한 경우, 위 메모리카드의 내용은 형사소송법 제315조 제2호의 '영업상 필요로 작성한 통상문서'로서 당연히 증거능력 있는 문서에 해당한다(대법원 2007.7.26, 2007도3219).

> 정답 ④

---

149 ✓ 유사 ◆◆◆ 변호사 2019

시골마을에 사는 할머니 甲은 경작지의 농수 문제로 시비가 붙어 인근에 사는 A 할머니를 둔기로 때려 살해하였다는 혐의로 검사 S에 의해 기소되었다. 甲의 주거지 근처에서 피가 묻은 둔기는 발견되었으나, A의 사체는 발견되지 않았다. 이에 관한 설명 중 옳지 않은 것은? (다툼이 있는 경우 판례에 의함)

① 甲의 살인죄는 간접증거에 의해 인정될 수도 있다.

② 만약 甲이 경찰서에 자진 출석해서 범죄사실을 자백하여 자수가 성립한 경우, 형을 감경하지 않아도 위법하지 않다.

③ 만약 甲이 A의 사체에 돌을 매달아 저수지에 버렸다면, 별개의 사체유기죄가 성립한다.

④ 살인죄의 구성요건은 폭행치사 사실을 포함하므로, 법원은 살인죄가 인정되지 않더라도 공소장 변경 없이 폭행치사죄를 인정할 수 있다.

⑤ 만약 주민 B가 "甲이 나에게 '망할 놈의 할망구, 내가 A를 없애 버렸다'고 말한 적이 있다."라고 증언하였다면, 甲의 진술이 특히 신빙할 수 있는 상태하에서 행하여졌음이 증명된 때에 한하여 B의 진술을 증거로 할 수 있다.

해설

④ (×) 공소가 제기된 살인죄의 범죄사실에 대하여는 그 증명이 없으나 폭행치사죄의 증명이 있는 경우에도 <u>살인죄의 구성요건이 반드시 폭행치사 사실을 포함한다고 할 수 없고</u>, 따라서 <u>공소장의 변경 없이 폭행치사죄를 인정함은 결국 폭행치사죄에 대한 피고인의 방어권 행사에 불이익을 주는 것이므로</u>, 법원은 위와 같은 경우에 검사의 공소장변경 없이는 이를 폭행치사죄로 처단할 수는 없다(대법원 2001.6.29, 2001도1091).

① (○) 살인죄 등과 같이 법정형이 무거운 범죄의 경우에도 직접증거 없이 간접증거만에 의하여 유죄를 인정할 수 있고, 살해의 방법이나 피해자의 사망경위에 관한 중요한 단서인 피해자의 사체가 멸실된 경우라 하더라도 간접증거를 상호 관련하에서 종합적으로 고찰하여 살인죄의 공소사실을 인정할 수 있다(대법원 2012.9.27, 2012도2658).

② (○) 피고인이 자수하였다 하더라도 자수한 자에 대하여는 법원이 임의로 형을 감경할 수 있음에 불과한 것으로서 원심이 자수감경을 하지 아니하였다거나 자수감경 주장에 대하여 판단을 하지 아니하였다 하여 위법하다고 할 수 없다(대법원 2004.6.11, 2004도2018).

③ (○) 사람을 살해한 자가 그 사체를 다른 장소로 옮겨 유기하였을 때에는 별도로 사체유기죄가 성립하고, 이와 같은 사체유기를 불가벌적 사후행위로 볼 수는 없다(대법원 1997.7.25, 97도1142).

⑤ (○) 피고인이 아닌 자의 공판준비 또는 공판기일에서의 진술이 피고인의 진술을 그 내용으로 하는 것인 때에는 그 진술이 특히 신빙할 수 있는 상태하에서 행하여졌음이 증명된 때에 한하여 이를 증거로 할 수 있다(제316조 제1항).

> 정답 ④

150 ☑ 유사 ◆◆◆ 변호사 2021

甲이 A종중으로부터 명의신탁을 받아 보관 중인 X토지에 관하여 A종중의 승낙 없이 B로부터 금원을 차용하면서 B 앞으로 채권최고액 3억원의 근저당권을 설정하여 주었는데, 그 당시 X토지의 시가는 8억원이고, 위 근저당권 설정 이전에 이미 채권최고액 2억원의 1순위 근저당권 설정등기가 마쳐져 있었다. 한편 위 각 근저당권의 실제 피담보채무액도 위 각 채권최고액과 같다. 이에 관한 설명 중 옳은 것(O)과 옳지 않은 것(×)을 올바르게 조합한 것은? (다툼이 있는 경우 판례에 의함)

ㄱ. 甲이 횡령행위로 인하여 취득한 구체적인 이득액은 X토지의 시가 상당액 8억원에서 1순위 근저당권의 피담보채무액 2억원을 공제한 6억원이 아니라 X토지를 담보로 제공한 피담보채무액 내지 채권최고액인 3억원이다.

ㄴ. 검사가 甲의 횡령행위에 대해 그 행위종료일부터 7년이 경과하여 특정경제범죄 가중처벌 등에 관한 법률 위반(횡령)죄로 기소한 경우, 법원은 공소장변경 없이 형법상의 횡령죄를 인정할 수 있고 특정경제범죄 가중처벌 등에 관한 법률 위반(횡령)죄의 공소시효가 지나지 않았더라도 형법상 횡령죄의 공소시효가 지났다면 면소판결을 선고할 수 있다.

ㄷ. 만약 A종중의 대표자 C가 친구 D에게 'A종중은 甲에게 X토지에 관한 근저당권설정행위에 대하여 동의하여 준 일이 없다'고 말하였고, D가 甲의 횡령행위에 대한 제1심 공판절차에 증인으로 출석하여 C로부터 들었다고 하면서 C가 말해준 위 내용을 진술하였다면, 이러한 D의 법정진술은 甲의 동의가 없는 한 甲에 대한 유죄의 증거로 쓸 수 없다.

ㄹ. 만약 甲이 피의자신문을 받으면서 사법경찰관 P에게 'A종중으로부터 X토지에 관한 근저당권설정행위에 대하여 동의를 받은 일이 없다'고 진술하였고, P가 甲의 횡령행위에 대한 제1심 공판절차에 증인으로 출석하여 甲이 피의자 조사과정에서 위와 같이 진술하였다고 진술하였다면, 이러한 P의 법정진술은 甲의 동의가 없다고 하더라도 甲의 위 진술이 특히 신빙할 수 있는 상태하에서 행하여졌음이 증명된 때에 한하여 甲에 대하여 증거능력이 있다.

	ㄱ	ㄴ	ㄷ	ㄹ
①	O	O	×	O
②	O	×	O	O
③	O	×	×	O
④	×	O	×	×
⑤	×	×	O	×

해설

ㄱ. (O) 피고인이 근저당권설정등기를 마치는 방법으로 위 각 부동

산을 횡령하여 취득한 구체적인 이득액은 위 각 부동산의 시가 상당액에서 위 범행 전에 설정된 피담보채무액을 공제한 잔액이 아니라 위 각 부동산을 담보로 제공한 피담보채무액 내지 그 채권최고액이라고 보아야 한다(이 경우 피고인의 이득액은 5억원 미만이므로 특경가법을 적용할 수 없는데도 특경가법을 적용한 원심판결에 법리오해의 잘못이 있음, 대법원 2013.5.9, 2013도2857).

ㄴ. (O) 공소장변경절차에 의하여 공소사실이 변경됨에 따라 그 법정형에 차이가 있는 경우에는 변경된 공소사실에 대한 법정형이 공소시효기간의 기준이 된다. 공소제기 당시의 공소사실에 대한 법정형을 기준으로 하면 공소제기 당시 아직 공소시효가 완성되지 않았으나 변경된 공소사실에 대한 법정형을 기준으로 하면 공소제기 당시 이미 공소시효가 완성된 경우에는 공소시효의 완성을 이유로 면소판결을 선고하여야 한다(대법원 2001.8.24, 2001도2902).

ㄷ. (×) D의 진술은 피고인 아닌 자의 진술을 원진술로 하는 전문진술에 해당한다. 이에 대해서는 "피고인 아닌 자의 공판준비 또는 공판기일에서의 진술이 피고인 아닌 타인의 진술을 그 내용으로 하는 것인 때에는 원진술자가 사망, 질병, 외국거주, 소재불명 그 밖에 이에 준하는 사유로 인하여 진술할 수 없고, 그 진술이 특히 신빙할 수 있는 상태하에서 행하여졌음이 증명된 때에 한하여 이를 증거로 할 수 있다(제316조 제2항)." 따라서 피고인의 증거동의가 없다 하더라도 제316조 제2항의 요건을 갖춘 경우에는 증거로 할 수 있다.

ㄹ. (O) P의 진술을 소위 조사자 증언이라 하는데, 이는 피고인의 진술을 원진술로 하는 전문진술에 해당한다. 이에 대해서는 "피고인이 아닌 자(공소제기 전에 피고인을 피의자로 조사하였거나 그 조사에 참여하였던 자를 포함한다. 이하 이 조에서 같다)의 공판준비 또는 공판기일에서의 진술이 피고인의 진술을 그 내용으로 하는 것인 때에는 그 진술이 특히 신빙할 수 있는 상태하에서 행하여졌음이 증명된 때에 한하여 이를 증거로 할 수 있다(제316조 제1항)."

[보충] 만약 피고인의 그 내용을 부인하였다고 출제되면 제312조 제3항에 의하여 접근할 것.

정답 ①

Ⅲ 진술의 임의성

Ⅳ 전문법칙 관련문제

1. 사진과 녹음테이프의 증거능력

151 ✓ 대표 ◆◆◇ 국가9급 2015

압수된 디지털 저장매체로부터 출력한 문건에 대한 설명으로 옳지 않은 것은? (다툼이 있는 경우 판례에 의함)

① 그 문건을 증거로 사용하기 위해서는 디지털 저장매체 원본에 저장된 내용과 출력한 문건의 동일성이 인정되어야 한다.

② 그 문건을 진술증거로 사용하는 경우 그것에 기재된 내용의 진실성에 관해서는 전문법칙이 적용된다.

③ 그 문건을 간접사실에 대한 정황증거로 사용하는 경우 언제나 전문증거에 해당하므로 공판준비기일 또는 공판기일에 그 작성자의 진술에 의해 성립의 진정이 증명되어야 한다.

④ 디지털 저장매체 원본을 대신하여 저장매체에 저장된 자료를 '하드카피' 또는 '이미징'한 매체로부터 출력한 문건의 경우에는 디지털 저장매체 원본과 '하드카피' 또는 '이미징'한 매체 사이에 자료의 동일성도 인정되어야 한다.

해설

③ (×) 어떤 진술이 기재된 서류가 그 진술의 진실성과 관계없는 간접사실에 대한 정황증거로 사용될 경우 반드시 전문증거가 되는 것은 아니다(대법원 2013.6.13, 2012도16001).

① (○), ② (○), ④ (○) 압수물인 디지털 저장매체로부터 출력한 문건을 증거로 사용하기 위해서는 디지털 저장매체 원본에 저장된 내용과 출력한 문건의 동일성이 인정되어야 하고, 이를 위해서는 디지털 저장매체 원본이 압수 시부터 문건 출력 시까지 변경되지 않았음이 담보되어야 한다. 그리고 압수된 디지털 저장매체로부터 출력한 문건을 진술증거로 사용하는 경우, 그 기재 내용의 진실성에 관하여는 전문법칙이 적용되므로 형사소송법 제313조 제1항에 따라 공판준비나 공판기일에서의 그 작성자 또는 진술자의 진술에 의하여 그 성립의 진정함이 증명된 때에 한하여 이를 증거로 사용할 수 있다(대법원 2013.6.13, 2012도16001).

정답 ③

152 ✓ 대표 ◆◆◇ 국가7급 2018

정보저장매체기록의 증거능력에 대한 설명으로 옳은 것은? (다툼이 있는 경우 판례에 의함)

① 수사기관이 압수물목록을 작성하는 경우 압수된 정보의 상세목록에는 정보의 파일 명세를 특정하여야 하고, 이를 출력한 서면을 피의자 등에게 교부하여야 하되 전자파일 형태로 복사해 주는 방식으로 교부하는 것은 허용되지 않는다.

② 수사기관이 압수현장에서 정보저장매체에 기억된 정보 중에서 범죄 혐의사실과 관련 있는 정보를 선별한 다음 이를 복제하여 생성한 이미지 파일을 제출받아 압수한 경우, 수사기관이 수사기관 사무실에서 압수된 파일을 탐색·복제·출력하는 과정에서 피의자 등에게 참여의 기회를 보장하여야 한다.

③ 압수된 디지털 저장매체로부터 출력된 문건이 진술증거로 사용되는 경우에는 「형사소송법」 제313조 제1항에 의하여 공판준비나 공판기일에서의 그 작성자 또는 진술자의 진술에 의하여 그 성립의 진정함이 증명된 때에 한하여 이를 증거로 사용할 수 있다.

④ 컴퓨터디스켓에 들어있는 기재내용을 증거로 사용하는 경우 컴퓨터디스켓 자체를 물증으로 취급하여야 하므로 그 기재내용의 진실성에 관하여는 전문법칙이 적용되지 않는다.

해설

③ (○) 압수물인 디지털 저장매체로부터 출력한 문건을 증거로 사용하기 위해서는 디지털 저장매체 원본에 저장된 내용과 출력한 문건의 동일성이 인정되어야 하고, 이를 위해서는 디지털 저장매체 원본이 압수 시부터 문건 출력 시까지 변경되지 않았음이 담보되어야 한다. 그리고 압수된 디지털 저장매체로부터 출력한 문건을 진술증거로 사용하는 경우, 그 기재 내용의 진실성에 관하여는 전문법칙이 적용되므로 형사소송법 제313조 제1항에 따라 공판준비나 공판기일에서의 그 작성자 또는 진술자의 진술에 의하여 그 성립의 진정함이 증명된 때에 한하여 이를 증거로 사용할 수 있다(대법원 2013.6.13, 2012도16001).

[보충] 이 문제는 다른 지문이 모두 틀렸다는 점, 판례에 의하여 풀어야 한다는 점 등을 고려할 때 이 지문은 맞는 것으로 처리하여야 한다. 다만 2016년 개정에 의하여, '진술서의 작성자가 성립의 진정을 부인하는 경우'에는 과학적 분석결과에 기초한 디지털포렌식 자료, 감정 등 객관적 방법으로 성립의 진정함이 증명되는 때에는 증거로 할 수 있다(제313조 제2항 본문).

① (×) 형사소송법 제219조, 제129조에 의하면, 압수한 경우에는 목록을 작성하여 소유자, 소지자, 보관자 기타 이에 준할 자에게 교부하여야 한다. 그리고 법원은 압수·수색영장의 집행에 관하여 범죄 혐의사실과 관련 있는 정보의 탐색·복제·출력이 완료된 때에는 지체 없이 압수된 정보의 상세목록을 피의자 등에게 교부할 것을 정할 수 있다. 압수물 목록은 피압수자 등이 압수처분에 대한 준항고를 하는 등 권리행사절차를 밟는 가장 기초적인 자료가 되므로, 수사기관은 이러한 권리행사에 지장이 없도록 압수 직후 현장에서 압수물 목록을 바로 작성하여 교부해야 하는 것이 원칙이다. 이러한 압수물 목록 교부 취지에 비추어 볼 때, 압수된 정보의 상세목록에는 정보의 파일 명세가 특정되어 있어야 하고,

수사기관은 이를 출력한 서면을 교부하거나 전자파일 형태로 복사해 주거나 이메일을 전송하는 등의 방식으로도 할 수 있다(대법원 2018.2.8, 2017도13263).

② (×) 수사기관이 정보저장매체에 기억된 정보 중에서 키워드 또는 확장자 검색 등을 통해 범죄 혐의사실과 관련 있는 정보를 선별한 다음 정보저장매체와 동일하게 비트열 방식으로 복제하여 생성한 파일(이하 '이미지 파일'이라 한다)을 제출받아 압수하였다면 이로써 압수의 목적물에 대한 압수·수색 절차는 종료된 것이므로, 수사기관이 수사기관 사무실에서 위와 같이 압수된 이미지 파일을 탐색·복제·출력하는 과정에서도 피의자 등에게 참여의 기회를 보장하여야 하는 것은 아니다(대법원 2018.2.8, 2017도13263).

④ (×) 컴퓨터 디스켓에 담긴 문건이 증거로 사용되는 경우 그 기재 내용의 진실성에 관하여는 전문법칙이 적용된다 할 것이고, 따라서 피고인 또는 피고인 아닌 자가 작성하거나 또는 그 진술을 기재한 문건의 경우 원칙적으로 형사소송법 제313조 제1항 본문에 의하여 그 작성자 또는 진술자의 진술에 의하여 그 성립의 진정함이 인정된 때에 이를 증거로 사용할 수 있다(대법원 2001.3.23, 2000도486).

정답 ③

153 ✓ 대표 ◆◆◇ 　국가9급 2019

디지털 저장매체에 저장되어 있는 피고인 아닌 자가 작성한 문서를 출력하여 제출한 경우, 그 증거능력 인정요건에 대한 설명으로 옳지 않은 것은? (증거동의가 없음을 전제하고, 다툼이 있는 경우 판례에 의함)

① 디지털 저장매체의 사용자 및 소유자, 로그기록 등 저장매체에 남은 흔적, 초안 문서의 존재, 작성자만의 암호 사용 여부, 전자서명의 유무 등 객관적 사정에 의하여 동일인이 작성하였다고 볼 수 있다면 그 작성자의 부인에도 불구하고 진정성립을 인정할 수 있다.

② 디지털 저장매체 원본에 저장된 내용과 출력 문건의 동일성이 인정되어야 하고, 이를 위해서는 정보저장매체 원본이 압수 시부터 문건 출력 시까지 변경되지 않았다는 무결성이 담보되어야 한다.

③ 작성자가 자기에게 맡겨진 사무를 처리한 내역을 그때그때 계속적·기계적으로 기재하여 저장해 놓은 문서로서 업무상 필요로 작성한 통상문서에 해당하면 증거능력이 인정된다.

④ 디지털 저장매체에 저장된 로그파일의 원본이 아니라 그 복사본의 일부 내용을 요약·정리하는 방식으로 새로운 문서파일이 작성된 경우, 새로 작성한 파일을 출력한 문서는 로그파일의 복사본과 원본의 동일성이 인정되더라도 로그파일 원본의 내용을 증명하는 증거로 사용할 수 없다.

해설

④ (×) 디지털 저장매체에 저장된 로그파일의 원본이 아니라 그 복사본의 일부 내용을 요약·정리하는 방식으로 새로운 문서파일이 작성된 경우 그 문서파일 또는 거기에서 출력한 문서를 로그

파일 원본의 내용을 증명하는 증거로 사용하기 위하여는 피고인이 이를 증거로 하는 데 동의하지 아니하는 이상 그 문서파일의 기초가 된 로그파일 복사본과 로그파일 원본의 동일성도 인정되어야 한다(대법원 2013.6.13, 2012도16001 등).

① (○) 2016년 5월 개정 전 법 제313조 제1항에 관한 대법원판례는 다음과 같았다. "압수된 디지털 저장매체로부터 출력한 문서를 진술증거로 사용하는 경우, 그 기재 내용의 진실성에 관하여는 전문법칙이 적용되므로 형사소송법 제313조 제1항에 따라 그 작성자 또는 진술자의 공판준비나 공판기일에서의 진술에 의하여 그 성립의 진정함이 증명된 때에 한하여 이를 증거로 사용할 수 있다는 것이 대법원의 확립된 판례이다. 이에 관하여는 1954.9.23. 제정되고 1961.9.1. 개정된 형사소송법 제313조 제1항의 규정은 21세기 정보화시대를 맞이하여 그에 걸맞게 해석하여야 하므로, 디지털 저장매체로부터 출력된 문서에 관하여는 저장매체의 사용자 및 소유자, 로그기록 등 저장매체에 남은 흔적, 초안 문서의 존재, 작성자만의 암호 사용 여부, 전자서명의 유무 등 여러 사정에 의하여 동일인이 작성하였다고 볼 수 있고 그 진정성을 탄핵할 다른 증거가 없는 한 그 작성자의 공판준비나 공판기일에서의 진술과 상관없이 성립의 진정을 인정하여야 한다는 견해가 유력하게 주장되고 있는바, 그 나름 경청할 만한 가치가 있는 것은 사실이나, 입법을 통하여 해결하는 것은 몰라도 해석을 통하여 위와 같은 실정법의 명문조항을 달리 확장 적용할 수는 없다. 이는 '의심스러울 때는 피고인의 이익으로'라는 형사법의 대원칙에 비추어 보아도 그러하다(대법원 2015.7.16, 2015도2625 전원합의체)." 2016년 5월 법 제313조의 개정은 바로 위와 같은 견해에 근거하고 있는 것이다. 특히 제313조 제2항의 '과학적 분석결과에 기초한 디지털포렌식 자료'가 진술에 의한 성립 진정 부인 시의 성립 진정의 대체증명의 방법으로 신설된 것이다. 따라서 이 지문은 맞다.

> 제313조(진술서등) ① 전2조의 규정 이외에 피고인 또는 피고인이 아닌 자가 작성한 진술서나 그 진술을 기재한 서류로서 그 작성자 또는 진술자의 자필이거나 그 서명 또는 날인이 있는 것(피고인 또는 피고인 아닌 자가 작성하였거나 진술한 내용이 포함된 문자·사진·영상 등의 정보로서 컴퓨터용디스크, 그 밖에 이와 비슷한 정보저장매체에 저장된 것을 포함한다. 이하 이 조에서 같다)은 공판준비나 공판기일에서의 그 작성자 또는 진술자의 진술에 의하여 그 성립의 진정함이 증명된 때에는 증거로 할 수 있다. 단, 피고인의 진술을 기재한 서류는 공판준비 또는 공판기일에서의 그 작성자의 진술에 의하여 그 성립의 진정함이 증명되고 그 진술이 특히 신빙할 수 있는 상태하에서 행하여진 때에 한하여 피고인의 공판준비 또는 공판기일에서의 진술에 불구하고 증거로 할 수 있다. 〈개정 2016.5.29.〉
> ② 제1항 본문에도 불구하고 진술서의 작성자가 공판준비나 공판기일에서 그 성립의 진정을 부인하는 경우에는 과학적 분석결과에 기초한 디지털포렌식 자료, 감정 등 객관적 방법으로 성립의 진정함이 증명되는 때에는 증거로 할 수 있다. 다만, 피고인 아닌 자가 작성한 진술서는 피고인 또는 변호인이 공판준비 또는 공판기일에 그 기재 내용에 관하여 작성자를 신문할 수 있었을 것을 요한다. 〈개정 2016.5.29.〉

② (○) 대법원 2013.7.26, 2013도2511
③ (○) 제315조 제2호에 의하여 당연히 증거능력이 인정된다(대법원 1996.10.17, 94도2865 전원합의체 등).

정답 ④

154 ✓ 대표 ◆◆◇ 법원 2016

전문법칙에 관한 다음 설명 중 가장 옳지 않은 것은?
(다툼이 있는 경우 판례에 의함)

① 어떤 진술이 범죄사실에 대한 직접증거로 사용함에 있어서는 전문증거가 된다고 하더라도 그와 같은 진술을 하였다는 것 자체 또는 그 진술의 진실성과 관계없는 간접사실에 대한 정황증거로 사용함에 있어서는 반드시 전문증거가 되는 것은 아니다.

② 정보통신망을 통하여 공포심이나 불안감을 유발하는 글을 반복적으로 상대방에게 도달하게 하는 행위를 하였다는 공소사실에 대하여 휴대전화기에 저장된 문자정보가 그 증거가 되는 경우, 그 문자정보는 범행의 직접적인 수단이고 경험자의 진술에 갈음하는 대체물에 해당하지 않으므로, 전문법칙이 적용되지 않는다.

③ 디지털 녹음기에 녹음된 내용을 전자적 방법으로 테이프에 전사한 사본인 녹음테이프를 대상으로 법원이 검증절차를 진행하여, 녹음된 내용이 녹취록의 기재와 일치하고 그 음성이 진술자의 음성임을 확인하였다면, 녹음테이프의 증거능력을 인정할 수 있다.

④ 참고인의 진술에 임의성이 인정되지 아니하여 그 진술조서가 증거능력이 없는 경우에는 피고인이 증거로 함에 동의하더라도 이를 증거로 삼을 수 없다.

해설

③ (×) 최량증거법칙에 의할 때, 녹음테이프와 녹취록의 일치만 검증하여서는 아니 되고, 디지털녹음기의 녹음내용 원본을 그대로 복사한 것이라는 입증이 필요하다. "피고인과 상대방 사이의 대화내용에 관한 녹취서가 공소사실의 증거로 제출되어 그 녹취서의 기재내용과 녹음테이프의 녹음내용이 동일한지 여부에 대하여 법원이 검증을 실시한 경우에, 증거자료가 되는 것은 녹음테이프에 녹음된 대화내용 그 자체이고, 그중 피고인의 진술내용은 실질적으로 형사소송법 제311조, 제312조의 규정 이외에 피고인의 진술을 기재한 서류와 다름없어, 피고인이 그 녹음테이프를 증거로 할 수 있음에 동의하지 않은 이상 그 녹음테이프 검증조서의 기재 중 피고인의 진술내용을 증거로 사용하기 위해서는 형사소송법 제313조 제1항 단서에 따라 공판준비 또는 공판기일에서 그 작성자인 상대방의 진술에 의하여 녹음테이프에 녹음된 피고인의 진술내용이 피고인이 진술한 대로 녹음된 것임이 증명되고 나아가 그 진술이 특히, 신빙할 수 있는 상태하에서 행하여진 것임이 인정되어야 하며(대법원 2001.10.9, 2001도3106; 2004. 5.27, 2004도1449 등), 또한 녹음테이프는 그 성질상 작성자나 진술자의 서명 혹은 날인이 없을 뿐만 아니라, 녹음자의 의도나 특정한 기술에 의하여 그 내용이 편집, 조작될 위험성이 있음을 고려하여, 그 대화 내용을 녹음한 원본이거나 혹은 원본으로부터 복사한 사본일 경우에는 복사과정에서 편집되는 등의 인위적 개작 없이 원본의 내용 그대로 복사된 사본임이 증명되어야만 하고, 그러한 증명이 없는 경우에는 쉽게 그 증거능력을 인정할 수 없다(대법원 2008.12.24, 2008도9414).

① (○) 대법원 2000.2.25, 99도1252

② (○) 대법원 2008.11.13, 2006도2556

④ (○) 임의성 없는 진술의 증거능력을 부정하는 취지는, 허위진술을 유발 또는 강요할 위험성이 있는 상태하에서 행하여진 진술은 그 자체가 실체적 진실에 부합하지 아니하여 오판을 일으킬 소지

가 있을 뿐만 아니라 그 진위를 떠나서 진술자의 기본적 인권을 침해하는 위법 부당한 압박이 가하여지는 것을 사전에 막기 위한 것이므로, 그 임의성에 다툼이 있을 때에는 그 임의성을 의심할 만한 합리적이고 구체적인 사실을 피고인이 증명할 것이 아니고 검사가 그 임의성의 의문점을 없애는 증명을 하여야 할 것이고, 검사가 그 임의성의 의문점을 없애는 증명을 하지 못한 경우에는 그 진술증거는 증거능력이 부정된다. 기록상 진술증거의 임의성에 관하여 의심할 만한 사정이 나타나 있는 경우에는 법원은 직권으로 그 임의성 여부에 관하여 조사를 하여야 하고, 임의성이 인정되지 아니하여 증거능력이 없는 진술증거는 피고인이 증거로 함에 동의하더라도 증거로 삼을 수 없다(대법원 2006.11.23, 2004도7900).

정답 ③

155 ✓ 대표 ◆◆◆ 국가9급 2016

녹음테이프의 증거능력에 대한 설명으로 옳지 않은 것은?
(다툼이 있는 경우 판례에 의함)

① 사인(私人)이 피고인 아닌 사람과의 대화내용을 녹음한 녹음테이프는 원본으로서 공판준비나 공판기일에서 원진술자의 진술에 의하여 녹음된 각자의 진술내용이 자신이 진술한대로 녹음된 것이라는 점이 인정되더라도 피고인이 동의하지 않는다면 증거로 사용할 수 없다.

② 피고인과 A의 대화를 녹음한 녹취록에 관하여 피고인이 위 녹취록에 대하여 부동의한 사건에서, A가 위 대화를 자신이 녹음하였고 위 녹취록의 내용이 다 맞다고 1심 법정에서 진술하였을 뿐 그 이외에 위 녹취록에 그 작성자가 기재되어 있지 않을 뿐만 아니라 검사는 위 녹취록 작성의 토대가 된 위 대화내용을 녹음한 원본 녹음테이프 등을 증거로 제출하지도 아니하는 경우, 위 녹취록의 기재는 증거능력이 없어 이를 증거로 사용할 수 없다.

③ 사인(私人)이 피고인 아닌 사람과의 대화내용을 녹음한 녹음테이프에 대해 법원이 그 진술당시 진술자의 상태 등을 확인하기 위하여 작성한 검증조서는 법원의 검증결과를 기재한 조서로서 형사소송법 제311조에 의하여 증거로 할 수 있다.

④ 피고인이 범행 후 피해자에게 전화를 걸어오자 피해자가 증거를 수집하려고 그 전화내용을 녹음한 경우 그 녹음테이프가 피고인 모르게 녹음된 것이라 하더라도 위법수집증거는 아니다.

해설

① (×) 피고인 아닌 자의 진술을 기재한 서류에 해당하므로, 피고인의 증거동의가 없어도 제313조 제1항 본문에 의하여 원진술자의 진술에 의하여 성립의 진정이 인정되면 증거로 할 수 있다(아래 ②번 해설의 [1] 참조).

② (○) 피고인과 甲·乙의 대화에 관한 녹취록은 피고인의 진술에 관한 전문증거인데 피고인이 위 녹취록에 대하여 부동의한 경우, 乙이 위 대화를 자신이 녹음하였고 녹취록의 내용이 다 맞다고 법정에서 진술하였다 하더라도, 녹취록에 그 작성자가 기재되어

있지 않을 뿐만 아니라 검사 역시 녹취록 작성의 토대가 된 위 대화내용을 녹음한 원본 녹음테이프 등을 증거로 제출하지도 아니하는 등 형사소송법 제313조 제1항에 따라 위 녹취록의 진정 성립을 인정할 수 있는 요건이 전혀 갖추어지지 아니한 이상, 그 녹취록의 기재는 증거능력이 없어 이를 증거로 사용할 수 없다 (대법원 2010.3.11, 2009도14525).

③ (○) 대법원 2008.7.10, 2007도10755

[보충] 법원의 검증 내용이 나온 경우의 판단: ㉠ 녹음테이프의 녹음내용(대화내용)에 과한 검증조서에 첨부된 녹취서는 진술서 이므로 제313조에 따라 성립의 진정의 인정을 요하며, ㉡ 이 지 문처럼 진술자의 상태를 확인하는 법원의 검증조서는 제311조에 의하여 절대적 증거능력이 인정된다.

④ (○) 대법원 1997.3.28, 97도240

정답 ①

---

156 ✓ 대표 ◆◆◇ 변호사 2017

甲은 A의 집에 들어가 금품을 절취하려다 A에게 발각 되자 A를 강간한 후에 도주하였다. 甲은 양심에 가책을 느꼈지만 처벌이 두려워 자수하지 못하고 친구인 乙에 게 자신의 범행을 이야기 하였는데, 乙은 다시 이 사실 을 여자친구 丙에게 이야기하였다. 이에 관한 설명 중 옳지 않은 것을 모두 고른 것은? (다툼이 있는 경우 판 례에 의함)

> ㄱ. 甲이 자필로 작성한 범행을 인정하는 내용의 메모지 가 甲의 집에서 발견되어 증거로 제출된 경우, 甲이 공판기일에서 그 성립의 진정을 부인하면 필적감정 에 의하여 성립의 진정함이 증명되더라도 증거로 사 용할 수 없다.
>
> ㄴ. 乙이 甲과의 대화를 녹음한 녹음테이프의 원본이 증 거로 제출된 경우, 공판기일에서 甲이 녹음내용을 부인하여도 乙의 진술에 의하여 녹음테이프에 녹음 된 甲의 진술내용이 甲이 진술한 대로 녹음된 것이 증명되고 그 진술이 특히 신빙할 수 있는 상태하에 서 행하여진 것이 인정되는 때에는 증거로 사용할 수 있다.
>
> ㄷ. 丙이 乙로부터 들은 甲의 진술내용을 사법경찰관에 게 진술하였고 그러한 진술이 기재된 진술조서가 증 거로 제출된 경우, 해당 진술조서 중 甲의 진술기재 부분은 「형사소송법」 제316조 제1항 및 제312조 제 4항의 규정에 따른 요건을 갖춘 때에 한하여 증거로 사용할 수 있다.
>
> ㄹ. 피해자 A는 피해내용을 아버지 B에게 문자메시지 로 보냈고 B가 그 문자메시지를 촬영한 사진이 증 거로 제출된 경우, A와 B가 법정에 출석하여 A는 사진 속 문자메시지의 내용이 자신이 작성해 보낸 것과 동일함을 확인하고, B는 A가 보낸 문자메시지 를 촬영한 사진이 맞다고 확인한 때에는 증거로 사 용할 수 있다.

① ㄱ, ㄴ ② ㄱ, ㄷ
③ ㄴ, ㄹ ④ ㄷ, ㄹ
⑤ ㄱ, ㄷ, ㄹ

해설

ㄱ. (×) 제313조(진술서 등) ② 제1항 본문에도 불구하고 진술서의 작성자가 공판준비나 공판기일에서 그 성립의 진정을 부인하는 경우에는 과학적 분석결과에 기초한 디지털포렌식 자료, 감정 등 객관적 방법으로 성립의 진정함이 증명되는 때에는 증거로 할 수 있다. 다만, 피고인 아닌 자가 작성한 진술서는 피고인 또는 변호 인이 공판준비 또는 공판기일에 그 기재 내용에 관하여 작성자를 신문할 수 있었을 것을 요한다.

ㄴ. (○) 피고인과 상대방 사이의 대화 내용에 관한 녹취서가 공소사 실의 증거로 제출되어 녹취서의 기재 내용과 녹음테이프의 녹음 내용이 동일한 지에 대하여 법원이 검증을 실시한 경우에, 증거 자료가 되는 것은 녹음테이프에 녹음된 대화 내용 자체이고, 그

중 피고인의 진술내용은 실질적으로 형사소송법 제311조, 제312조의 규정 이외에 피고인의 진술을 기재한 서류와 다름없어, 피고인이 녹음테이프를 증거로 할 수 있음에 동의하지 않은 이상 녹음테이프에 녹음된 피고인의 진술내용을 증거로 사용하기 위해서는 형사소송법 제313조 제1항 단서에 따라 공판준비 또는 공판기일에서 작성자인 상대방의 진술에 의하여 녹음테이프에 녹음된 피고인의 진술내용이 피고인이 진술한 대로 녹음된 것임이 증명되고 나아가 그 진술이 특히 신빙할 수 있는 상태하에서 행하여진 것임이 인정되어야 한다. 또한 대화 내용을 녹음한 파일 등 전자매체는 성질상 작성자나 진술자의 서명 또는 날인이 없을 뿐만 아니라, 녹음자의 의도나 특정한 기술에 의하여 내용이 편집·조작될 위험성이 있음을 고려하여, 대화 내용을 녹음한 원본이거나 원본으로부터 복사한 사본일 경우에는 복사과정에서 편집되는 등의 인위적 개작 없이 원본의 내용 그대로 복사된 사본임이 증명되어야 한다(대법원 2012.9.13, 2012도7461).

ㄷ. (×) 판례는 재전문진술이나 재전문진술을 기재한 조서(재재전문서류)에 대하여는 피고인 측의 증거동의가 없는 이상 원칙적으로 증거능력을 부정한다(대법원 2000.3.10, 2000도159).

ㄹ. (○) 문자메시지의 내용을 촬영한 사진은 피해자의 진술서에 준하는 것으로 취급함이 상당할 것인바, 진술서에 관한 형사소송법 제313조에 따라 문자메시지의 작성자인 A가 법정에 출석하여 자신이 문자메시지를 작성하여 동생에게 보낸 것과 같음을 확인하고, 동생인 B도 법정에 출석하여 A가 보낸 문자메시지를 촬영한 사진이 맞다고 확인한 이상, 문자메시지를 촬영한 사진은 그 성립의 진정함이 증명되었다고 볼 수 있으므로 이를 증거로 할 수 있다(대법원 2010.11.25, 2010도8735).

정답 ②

증거에 관한 설명 중 옳지 않은 것을 모두 고른 것은? (다툼이 있는 경우 판례에 의함)

> ㄱ. 제1심 법원에서 이미 증거능력이 있었던 증거는 항소심에서도 증거능력이 그대로 유지되어 심판의 기초가 될 수 있고, 다시 증거조사를 할 필요가 없으므로, 항소심법원의 재판장은 증거조사절차에 들어가기에 앞서 제1심의 증거관계와 증거조사결과의 요지를 고지할 필요가 없다.
>
> ㄴ. 행위자가 아닌 법인 또는 개인이 양벌규정에 따라 기소된 경우, 검사 이외의 수사기관이 행위자에 대하여 작성한 피의자신문조서는 행위자가 그 내용을 인정한 경우에라도 당해 피고인인 법인 또는 개인이 그 내용을 부인하는 경우에는 「형사소송법」 제312조 제3항이 적용되어 증거능력이 없고, 「형사소송법」 제314조를 적용하여 증거능력을 인정할 수도 없다.
>
> ㄷ. 수사기관이 구속수감되어 있던 甲으로부터 乙의 마약류관리에 관한 법률위반(향정) 범행에 대한 진술을 듣고 추가적인 증거를 확보할 목적으로 甲에게 그의 압수된 휴대전화를 제공하여 乙과 통화하고 위 범행에 관한 통화 내용을 녹음하게 한 경우, 甲이 통화당사자가 되므로 그 녹음은 乙에 대한 유죄인정의 증거로 사용할 수 있다.
>
> ㄹ. 전자문서를 수록한 파일 등의 경우에는 원본임이 증명되거나 혹은 원본으로부터 복사한 사본일 경우에는 복사 과정에서 편집되는 등 인위적 개작 없이 원본의 내용 그대로 복사된 사본임이 증명되어야만 하고, 그러한 증명이 없는 경우에는 쉽게 그 증거능력을 인정할 수 없다. 이때 원본 동일성은 증거능력의 요건에 해당하므로 검사가 그 존재에 대하여 구체적으로 주장·증명하여야 한다.

① ㄱ, ㄷ
② ㄴ, ㄹ
③ ㄱ, ㄴ, ㄷ
④ ㄱ, ㄷ, ㄹ
⑤ ㄴ, ㄷ, ㄹ

해설

ㄱ. (×) 형사소송법 제364조 제3항은 "제1심법원에서 증거로 할 수 있었던 증거는 항소법원에서도 증거로 할 수 있다."라고 정하고 있다. 따라서 제1심법원에서 이미 증거능력이 있었던 증거는 항소심에서도 증거능력이 그대로 유지되어 심판의 기초가 될 수 있고, 다시 증거조사를 할 필요가 없다. 다만 항소법원의 재판장은 증거조사 절차에 들어가기에 앞서 제1심의 증거관계와 증거조사 결과의 요지를 고지하여야 한다(대법원 2018.8.1, 2018도8651).

ㄴ. (○) 형사소송법 제312조 제3항은 검사 이외의 수사기관이 작성한 해당 피고인에 대한 피의자신문조서를 유죄의 증거로 하는 경우뿐만 아니라 검사 이외의 수사기관이 작성한 해당 피고인과 공범관계에 있는 다른 피고인이나 피의자에 대한 피의자신문조서를 해당 피고인에 대한 유죄의 증거로 채택할 경우에도 적용된다. 따라서 해당 피고인과 공범관계가 있는 다른 피의자에 대하여 검

사 이외의 수사기관이 작성한 피의자신문조서는 그 피의자의 법정진술에 의하여 성립의 진정이 인정되는 등 형사소송법 제312조 제4항의 요건을 갖춘 경우라도 해당 피고인이 공판기일에서 그 조서의 내용을 부인한 이상 이를 유죄인정의 증거로 사용할 수 없고, 그 당연한 결과로 위 피의자신문조서에 대하여는 사망 등 사유로 인하여 법정에서 진술할 수 없는 때에 예외적으로 증거능력을 인정하는 규정인 형사소송법 제314조가 적용되지 아니한다. 그리고 이러한 법리는 공동정범이나 교사범, 방조범 등 공범관계에 있는 자들 사이에서뿐만 아니라, 법인의 대표자나 법인 또는 개인의 대리인, 사용인, 그 밖의 종업원 등 행위자의 위반행위에 대하여 행위자가 아닌 법인 또는 개인이 양벌규정에 따라 기소된 경우, 이러한 법인 또는 개인과 행위자 사이의 관계에서도 마찬가지로 적용된다(대법원 2020.6.11, 2016도9367).

ㄷ. (×) 녹음행위는 수사기관이 공소외인으로부터 피고인의 이 사건 공소사실 범행에 대한 진술을 들은 다음 추가적인 증거를 확보할 목적으로 구속수감되어 있던 공소외인에게 그의 압수된 휴대전화를 제공하여 그로 하여금 피고인과 통화하고 피고인의 이 사건 공소사실 범행에 관한 통화 내용을 녹음하게 한 것이라 할 것이고, 이와 같이 수사기관이 구속수감된 자로 하여금 피고인의 범행에 관한 통화 내용을 녹음하게 한 행위는 수사기관 스스로가 주체가 되어 구속수감된 자의 동의만을 받고 상대방인 피고인의 동의가 없는 상태에서 그들의 통화 내용을 녹음한 것으로서 범죄수사를 위한 통신제한조치의 허가 등을 받지 아니한 불법감청에 해당한다고 보아야 할 것이므로, 그 녹음 자체는 물론이고 이를 근거로 작성된 이 사건 수사보고의 기재 내용과 첨부 녹취록 및 첨부 mp3파일도 모두 피고인과 변호인의 증거동의에 상관없이 증거능력이 없다고 할 것이다(대법원 2010.10.14, 2010도9016).

ㄹ. (○) 증거로 제출된 전자문서 파일의 사본이나 출력물이 복사·출력 과정에서 편집되는 등 인위적 개작 없이 원본 내용을 그대로 복사·출력한 것이라는 사실은 전자문서 파일의 사본이나 출력물의 생성과 전달 및 보관 등의 절차에 관여한 사람의 증언이나 진술, 원본이나 사본 파일 생성 직후의 해시(Hash)값 비교, 전자문서 파일에 대한 검증·감정 결과 등 제반 사정을 종합하여 판단할 수 있다. 이러한 원본 동일성은 증거능력의 요건에 해당하므로 검사가 그 존재에 대하여 구체적으로 주장·증명해야 한다(대법원 2018.2.8, 2017도13263).

정답 ①

---

158 ✓ 대표　◆◆◇　

다음은 녹음과 관련된 설명이다. 가장 적절하지 않은 것은? (다툼이 있는 경우 판례에 의함)

① 수사기관 아닌 사인(私人)이 피고인 아닌 사람과의 대화내용을 녹음한 녹음테이프는 피고인의 증거동의가 없는 이상 그 증거능력을 부여하기 위해서는, 첫째 녹음테이프가 원본이거나 인위적 개작 없이 원본 내용 그대로 복사된 사본일 것, 둘째 형사소송법 제313조 제1항에 따라 공판준비나 공판기일에서 원진술자의 진술에 의하여 녹음테이프에 녹음된 각자의 진술내용이 자신이 진술한대로 녹음된 것이라는 점이 인정되어야 한다.

② 디지털 녹음기로 녹음한 내용이 콤팩트디스크에 다시 복사되어 그 콤팩트디스크에 녹음된 내용을 담은 녹취록이 증거로 제출된 사안에서, 위 콤팩트디스크가 현장에서 녹음하는 데 사용된 디지털 녹음기의 녹음내용 원본을 그대로 복사한 것이라는 입증이 없는 이상, 그 콤팩트디스크의 내용이나 이를 녹취한 녹취록의 기재는 증거능력이 없다.

③ 피고인과의 대화내용을 녹음한 보이스펜 자체에 대하여는 증거동의가 있었지만 그 녹음내용을 재녹음한 녹음테이프, 녹음테이프의 음질을 개선한 후 재녹음한 시디 및 녹음테이프의 녹음내용을 풀어 쓴 녹취록 등에 대하여는 증거로 함에 부동의 하였다면, 극히 일부의 청취가 불가능한 부분을 제외하고는 보이스펜, 녹음테이프 등에 녹음된 대화내용과 녹취록의 기재가 일치하는 것으로 확인되고 그 진술이 특히 신빙할 수 있는 상태하에서 행하여진 것으로 인정되더라도 이를 증거로 사용할 수 없다.

④ 디지털 녹음기로 피고인과의 대화를 녹음한 후 저장된 녹음파일 원본을 컴퓨터에 복사하고 디지털 녹음기의 파일 원본을 삭제한 뒤 다음 대화를 다시 녹음하는 과정을 반복하여 작성한 녹음파일 사본과 해당 녹취록의 경우 복사 과정에서 편집되는 등의 인위적 개작 없이 원본 내용 그대로 복사된 것으로 대화자들이 진술한 대로 녹음된 것이 인정되고, 제반 상황에 비추어 그 진술이 특히 신빙할 수 있는 상태하에서 행하여진 것으로 인정된다면 그 녹음파일 사본과 녹취록의 증거능력은 인정된다.

해설

③ (×) 녹음테이프·시디·녹취록에 대하여는 증거부동의하였으나 원본인 보이스펜에 대하여 증거동의가 있고, 녹음테이프·녹취록이 보이스펜과 일치되는 것이 확인된다면 그 증거능력이 인정된다. "피고인과의 대화내용을 녹음한 보이스펜 자체의 청취 결과 피고인의 변호인이 피고인의 음성임을 인정하고 이를 증거로 함에 동의하였고, 보이스펜의 녹음내용을 재녹음한 녹음테이프, 녹음테이프의 음질을 개선한 후 재녹음한 시디 및 녹음테이

프의 녹음내용을 풀어쓴 녹취록 등에 대하여는 증거로 함에 부동의하였으나, 극히 일부의 청취가 불가능한 부분을 제외하고는 보이스펜, 녹음테이프 등에 녹음된 대화내용과 녹취록의 기재가 일치하는 것으로 확인된 사안에서, 원본인 보이스펜이나 복제본인 녹음테이프 등에 대한 검증조서(녹취록)에 기재된 진술은 그 성립의 진정을 인정하는 작성자의 법정 진술은 없었으나, 피고인의 변호인이 보이스펜을 증거로 함에 동의하였고, 보이스펜, 녹음테이프 등에 녹음된 대화내용과 녹취록의 기재가 일치함을 확인하였으므로, 결국 그 진정성립이 인정된다고 할 것이고, 나아가 녹음의 경위 및 대화내용에 비추어 그 진술이 특히 신빙할 수 있는 상태하에서 행하여진 것으로 인정되므로 이를 증거로 사용할 수 있다(대법원 2008.3.13, 2007도10804)."

[보충] 특신상태가 인정되어 증거로 사용될 수 있다고 한 부분은 피고인의 진술을 기재한 서류에 해당되어 제313조 제1항 단서를 적용한 것으로 보이지만, 증거동의가 인정되므로 엄밀히는 별도로 논할 필요는 없음

① (○) 수사기관 아닌 사인이 피고인 아닌 사람과의 대화내용을 녹음한 녹음테이프는 형사소송법 제311조, 제312조 규정 이외의 피고인 아닌 자의 진술을 기재한 서류와 다를 바 없으므로, 피고인이 녹음테이프를 증거로 할 수 있음에 동의하지 아니하는 이상 그 증거능력을 부여하기 위해서는, 첫째 녹음테이프가 원본이거나 원본으로부터 복사한 사본일 경우 복사과정에서 편집되는 등의 인위적 개작 없이 원본 내용 그대로 복사된 사본일 것, 둘째 형사소송법 제313조 제1항에 따라 공판준비나 공판기일에서 원진술자의 진술에 의하여 녹음테이프에 녹음된 각자의 진술내용이 자신이 진술한 대로 녹음된 것이라는 점이 인정되어야 한다(대법원 2011.9.8, 2010도7497).

② (○) 디지털 녹음기로 녹음한 내용이 콤팩트디스크에 다시 복사되어 그 콤팩트디스크에 녹음된 내용을 담은 녹취록이 증거로 제출된 경우, 위 콤팩트디스크가 현장에서 녹음하는 데 사용된 디지털 녹음기의 녹음내용 원본을 그대로 복사한 것이라는 입증이 없는 이상, 그 콤팩트디스크의 내용이나 이를 녹취한 녹취록의 기재는 증거능력이 없다(대법원 2007.3.15, 2006도8869).

④ (○) 구 특정경제범죄 가중처벌 등에 관한 법률(2012.2.10. 법률 제11304호로 개정되기 전의 것) 위반(공갈) 피고사건에서, 피해자 토지구획정리사업조합의 대표자 갑이 디지털 녹음기로 피고인과의 대화를 녹음한 후 저장된 녹음파일 원본을 컴퓨터에 복사하고 디지털 녹음기의 파일 원본을 삭제한 뒤 다음 대화를 다시 녹음하는 과정을 반복하여 작성한 녹음파일 사본과 해당 녹취록의 증거능력이 문제된 경우, 제반 사정에 비추어 녹음파일 사본은 타인 간의 대화를 녹음한 것이 아니므로 타인의 대화비밀 침해금지를 규정한 통신비밀보호법 제14조의 적용 대상이 아니고, 복사 과정에서 편집되는 등의 인위적 개작 없이 원본 내용 그대로 복사된 것으로 대화자들이 진술한 대로 녹음된 것이 인정되며, 녹음 경위, 대화 장소, 내용 및 대화자 사이의 관계 등에 비추어 그 진술이 특히 신빙할 수 있는 상태하에서 행하여진 것으로 인정된다(대법원 2012.9.13, 2012도7461).

정답 ③

사진의 증거능력에 대한 설명으로 가장 옳지 않은 것은? (다툼이 있는 경우 판례에 의함)

① 범행의 현장을 촬영한 현장사진은 비진술증거에 해당하므로 사진 가운데 촬영일자 부분 역시 전문법칙이 적용되지 않는다.

② 정보통신망을 통하여 공포심이나 불안감을 유발하는 글을 반복적으로 상대방에게 도달하게 하는 행위를 하였다는 공소사실과 관련하여 문자메시지로 전송된 문자정보를 휴대전화기 화면에 띄워 촬영한 사진은 피고인이 그 성립 및 내용의 진정을 부인하더라도 증거능력이 있다.

③ 진술자의 진술내용을 보충하기 위해 검증조서나 감정서에 첨부된 사진은 진술증거의 일부를 이루는 보조수단으로 진술증거인 검증조서나 감정서와 일체로 증거능력이 판단된다.

④ 사법경찰관이 작성한 실황조사서에 피고인이 자백한 범행내용을 현장에서 진술·재연한 내용이 기재되고 이 재연과정을 촬영한 사진이 첨부되어 있다면, 그 사진은 피고인이 부인하면 증거능력이 없다.

해설

① (×) 현장사진의 전문법칙 적용 여부에 대하여 ㉠ 학설은 (비진술증거설도 있으나) 대체로 전문법칙을 적용한다는 입장이 다수설이다(진술증거설·검증조서유추설). 진술증거설은 현장사진도 진술증거로 보아 전문법칙을 적용한다는 입장이고, 검증조서유추설은 현장사진은 비진술증거이나 조작의 위험이 있으므로 검증조서에 준하여 전문법칙을 적용한다는 입장이다(검증조서유추설은 작성주체에 따라 제311조, 제312조 제6항, 제313조 제1항·제2항 적용). ㉡ 판례는 비진술증거라는 입장(비진술증거설)이나, 현장사진의 촬영일자 부분은 전문증거에 해당된다고 판시하고 있다. 따라서 판례의 입장에 의하더라도 현장사진의 촬영일자 부분은 전문법칙이 적용될 수 있다.

[판례] 사진을 촬영한 제3자가 그 사진을 이용하여 피고인을 공갈할 의도였다고 하더라도 사진의 촬영이 임의성이 배제된 상태에서 이루어진 것이라고 할 수는 없으며, 그 사진은 범죄현장의 사진으로서 피고인에 대한 형사소추를 위하여 반드시 필요한 증거로 보이므로, 공익의 실현을 위하여는 그 사진을 범죄의 증거로 제출하는 것이 허용되어야 하고, … <u>피고인이 이 사건 사진의 촬영일자 부분에 대하여 조작된 것이라고 다툰다고 하더라도 이 부분은 전문증거에 해당되어 별도로 증거능력이 있는지를 살펴보면 족한 것이다</u>(대법원 1997.9.30, 97도1230).

② (○) <u>전문증거가 아니므로</u> 피고인이 성립의 진정을 인정하지 아니하더라도 증거능력이 있다.

[판례] <u>정보통신망을 통하여 공포심이나 불안감을 유발하는 글을 반복적으로 상대방에게 도달하게 하는 행위를 하였다는 공소사실에 대하여 휴대전화기에 저장된 문자정보가 그 증거가 되는 경우, 그 문자정보는 범행의 직접적인 수단이고 경험자의 진술에 갈음하는 대체물에 해당하지 않으므로, 형사소송법 제310조의2에서 정한 전문법칙이 적용되지 않는다</u>(대법원 2008.11.13, 2006도2556).

③ (○) 진술의 일부인 사진은 그 사진이 진술자의 진술내용을 보충하기 위하여 진술증거의 일부로 사용되는 경우, 예를 들어 검증

조서나 감정서에 사진이 첨부되었거나, 참고인이 사진을 이용하여 진술하고 이를 진술조서에 첨부한 경우 등을 말한다. 진술의 일부인 사진의 증거능력은 진술증거의 일부를 이루는 보조수단에 불과하므로, 그 사진의 증거능력 또한 진술증거인 검증조서나 감정서 등과 일체로 판단된다고 할 것이다.

④ (○) 사법경찰관 작성 실황조사서(검증조서)에 기재된 피의자의 진술 및 범행재연 부분에 대하여는 제312조 제3항이 적용된다. [판례] 사법경찰관이 작성한 실황조사서에 피의자이던 피고인이 검사 이외의 수사기관 앞에서 자백한 범행내용을 현장에 따라 진술·재연한 내용이 기재되고 그 재연과정을 촬영한 사진이 첨부되어 있다면, 그러한 기재나 사진은 피고인이 공판정에서 그 진술내용 및 범행재연의 상황을 모두 부인하는 이상 증거능력이 없다(대법원 2006.1.13, 2003도6548).

정답 ①

---

160 ✓ 유사 ◆◆◇   경찰1차 2019 변형

사진 및 영상녹화물의 증거능력에 대한 설명으로 가장 적절하지 않은 것은? (다툼이 있는 경우 판례에 의함)

① 「성폭력범죄의 처벌 등에 관한 특례법」 제30조에 의하면 성폭력 범죄의 피해자가 19세 미만인 경우 피해자의 진술내용과 조사과정을 영상녹화하여야 하는데, 해당 영상물에 수록된 피해자의 진술은 적법한 절차와 방식에 따라 영상녹화된 것으로서 공판기일 등에 피고인 등이 피해자를 신문할 수 있었던 경우에는 증거로 할 수 있다.

② 사법경찰관이 작성한 검증조서에 피의자이던 피고인이 검사 이외의 수사기관 앞에서 자백한 범행내용을 현장에 따라 진술·재연한 내용이 기재되고 그 재연 과정을 촬영한 사진이 첨부되어 있다면, 그러한 사진은 피고인이 공판정에서 그 진술내용 및 범행재연의 상황을 모두 부인하는 이상 증거능력이 없다.

③ 「정보통신망 이용촉진 및 정보보호 등에 관한 법률」에 의하면 정보통신망을 통하여 공포심을 유발하는 글을 반복적으로 상대방에게 도달케 하는 행위를 처벌하고 있는데, 검사가 위 죄에 대한 증거로 휴대전화기에 저장된 문자정보를 촬영한 사진을 법원에 제출한 경우, 해당 증거에 대해서는 피고인이 성립 및 내용의 진정을 부인하면 증거능력이 부정된다.

④ 검사가 피의자와 그 사건에 관하여 대화하는 내용과 장면을 녹화한 비디오테이프에 대한 법원의 검증조서는 이러한 비디오테이프의 녹화내용이 피의자의 진술을 기재한 피의자신문조서와 실질적으로 같다고 볼 것이므로 피의자신문조서에 준하여 그 증거능력을 가려야 한다.

해설 ↓

③ (✕) 정보통신망을 이용하여 공포심이나 불안감을 유발하는 글을 반복적으로 상대방에게 도달하게 하였다는 공소사실에 대하

여 휴대전화기에 저장된 문자정보는 범행의 직접적인 수단이 되는 것이므로 전문법칙이 적용될 여지가 없다(대법원 2010.2.25, 2009도13257).

① (○) 2023.7.11. 개정 성폭력처벌법(2023.10.12. 시행) 제30조의2에 의하면, 해당 성폭력피해자 진술에 대한 영상녹화물은, 성폭력처벌법 제30조 제4항부터 제6항까지에서 정한 (적법한) 절차와 방식에 따라 영상녹화된 것으로, 공판기일 등에 피고인 측의 피해자에 대한 반대신문권이 보장되었거나(적+반, 제30조의2 제1항 제1호), 사망 등의 사유로 진술할 수 없는 경우에는 특신상태가 증명된 때(적+필+특, 동항 제2호)에 증거로 할 수 있다.

> **성폭력처벌법 제30조의2(영상녹화물의 증거능력 특례)** ① 제30조 제1항에 따라 19세 미만피해자등의 진술이 영상녹화된 영상녹화물은 같은 조 제4항부터 제6항까지에서 정한 절차와 방식에 따라 영상녹화된 것으로서 다음 각 호의 어느 하나의 경우에 증거로 할 수 있다.
> 1. 증거보전기일, 공판준비기일 또는 공판기일에 그 내용에 대하여 피의자, 피고인 또는 변호인이 피해자를 신문할 수 있었던 경우. 다만, 증거보전기일에서의 신문의 경우 법원이 피의자나 피고인의 방어권이 보장된 상태에서 피해자에 대한 반대신문이 충분히 이루어졌다고 인정하는 경우로 한정한다.
> 2. 19세 미만피해자등이 다음 각 목의 어느 하나에 해당하는 사유로 공판준비기일 또는 공판기일에 출석하여 진술할 수 없는 경우. 다만, 영상녹화된 진술 및 영상녹화가 특별히 신빙(信憑)할 수 있는 상태에서 이루어졌음이 증명된 경우로 한정한다.
>   가. 사망
>   나. 외국 거주
>   다. 신체적, 정신적 질병·장애
>   라. 소재불명
>   마. 그 밖에 이에 준하는 경우
> ② 법원은 제1항 제2호에 따라 증거능력이 있는 영상녹화물을 유죄의 증거로 할지를 결정할 때에는 피고인과의 관계, 범행의 내용, 피해자의 나이, 심신의 상태, 피해자가 증언으로 인하여 겪을 수 있는 심리적 외상, 영상녹화물에 수록된 19세 미만피해자등의 진술내용 및 진술태도 등을 고려하여야 한다. 이 경우 법원은 전문심리위원 또는 제33조에 따른 전문가의 의견을 들어야 한다.
> **제30조(19세 미만피해자등 진술내용 등의 영상녹화 및 보존 등)** ① 검사 또는 사법경찰관은 19세 미만피해자등의 진술내용과 조사과정을 영상녹화장치로 녹화(녹음이 포함된 것을 말하며, 이하 "영상녹화"라 한다)하고, 그 영상녹화물을 보존하여야 한다.
> ② 검사 또는 사법경찰관은 19세 미만피해자등을 조사하기 전에 다음 각 호의 사실을 피해자의 나이, 인지적 발달단계, 심리상태, 장애 정도 등을 고려한 적절한 방식으로 피해자에게 설명하여야 한다.
> 1. 조사과정이 영상녹화된다는 사실
> 2. 영상녹화된 영상녹화물이 증거로 사용될 수 있다는 사실
> ③ 제1항에도 불구하고 19세 미만피해자등 또는 그 법정대리인(법정대리인이 가해자이거나 가해자의 배우자인 경우는 제외한다)이 이를 원하지 아니하는 의사를 표시하는 경우에는 영상녹화를 하여서는 아니 된다.
> ④ 검사 또는 사법경찰관은 제1항에 따른 영상녹화를 마쳤을 때에는 지체 없이 피해자 또는 변호사 앞에서 봉인하고 피해자로 하여금 기명날인 또는 서명하게 하여야 한다.

⑤ 검사 또는 사법경찰관은 제1항에 따른 영상녹화 과정의 진행 경과를 조서(별도의 서면을 포함한다. 이하 같다)에 기록한 후 수사기록에 편철하여야 한다.

⑥ 제5항에 따라 영상녹화 과정의 진행 경과를 기록할 때에는 다음 각 호의 사항을 구체적으로 적어야 한다.
1. 피해자가 영상녹화 장소에 도착한 시각
2. 영상녹화를 시작하고 마친 시각
3. 그 밖에 영상녹화 과정의 진행 경과를 확인하기 위하여 필요한 사항

⑦ 검사 또는 사법경찰관은 19세 미만피해자등이나 그 법정대리인이 신청하는 경우에는 영상녹화 과정에서 작성한 조서의 사본 또는 영상녹화물에 녹음된 내용을 옮겨 적은 녹취서의 사본을 신청인에게 발급하거나 영상녹화물을 재생하여 시청하게 하여야 한다.

⑧ 누구든지 제1항에 따라 영상녹화한 영상녹화물을 수사 및 재판의 용도 외에 다른 목적으로 사용하여서는 아니 된다.

⑨ 제1항에 따른 영상녹화의 방법에 관하여는 「형사소송법」 제244조의2 제1항 후단을 준용한다.

[전문개정 2023.7.11.]

[2023.7.11. 법률 제19517호에 의하여 2021.12.23. 헌법재판소에서 위헌결정된 이 조를 개정함]

형사소송법 제244조의2(피의자진술의 영상녹화) ① 피의자의 진술은 영상녹화할 수 있다. 이 경우 미리 영상녹화사실을 알려주어야 하며, 조사의 개시부터 종료까지의 전 과정 및 객관적 정황을 영상녹화하여야 한다.

② (○) 사법경찰관 작성의 검증조서에 대하여 피고인이 증거로 함에 동의만 하였을 뿐 공판정에서 검증조서에 기재된 진술내용 및 범행을 재연한 부분에 대하여 그 성립의 진정 및 내용을 인정한 흔적을 찾아 볼 수 없고 오히려 이를 부인하고 있는 경우에는 그 증거능력을 인정할 수 없고, 위 검증조서 중 범행에 부합되는 피고인의 진술을 기재한 부분과 범행을 재연한 부분을 제외한 나머지 부분만을 증거로 채용하여야 한다(대법원 1998.3.13, 98도159).

④ (○) 대법원 1992.6.23, 92도682

정답 ③

甲은 휴대전화기를 이용하여 A에게 공포심을 유발하는 글을 반복적으로 도달하게 한 혐의로 정보통신망이용촉진 및 정보보호등에관한법률위반죄로 기소되었다. 검사는 乙이 甲의 부탁을 받고 甲의 휴대전화기를 보관하고 있다는 사실을 알고 乙에게 부탁하여 甲의 휴대전화기를 임의제출 받았다. 한편 A는 B의 휴대전화기에 "甲으로부터 수차례 협박 문자메시지를 받았다"는 내용의 문자메시지를 발송하였다. 이에 대한 설명으로 옳은 것은? (다툼이 있는 경우 판례에 의함)

① 甲의 휴대전화기는 甲의 승낙이나 영장 없이 위법하게 수집된 증거로서 증거능력이 부정된다.

② 甲의 휴대전화기 자체가 아니라 甲의 휴대전화기 화면에 표시된 문자메시지를 촬영한 사진이 증거로 제출된 경우 甲이 그 성립 및 내용의 진정을 부인하는 때에는 이를 증거로 사용할 수 없다.

③ 甲의 휴대전화기 화면을 촬영한 사진을 증거로 사용하려면 甲의 휴대전화기를 법정에 제출할 수 없거나 그 제출이 곤란한 사정이 있고, 그 사진의 영상이 甲의 휴대전화기 화면에 표시된 문자정보와 정확하게 같다는 사실이 증명되어야 한다.

④ B의 휴대전화기에 저장된 문자메시지는 본래증거로서 형사소송법 제310조의2가 정한 전문법칙이 적용될 여지가 없다.

해설

③ (○) 검사가 문자정보가 저장되어 있는 휴대전화기를 법정에 제출하는 경우 휴대전화기에 저장된 문자정보는 그 자체가 범행의 직접적인 수단으로서 이를 증거로 사용할 수 있다. 또한 검사는 휴대전화기 이용자가 그 문자정보를 읽을 수 있도록 한 휴대전화기의 화면을 촬영한 사진을 증거로 제출할 수도 있을 것인바, 이를 증거로 사용하기 위해서는 문자정보가 저장된 휴대전화기를 법정에 제출할 수 없거나 그 제출이 곤란한 사정이 있고, 그 사진의 영상이 휴대전화기의 화면에 표시된 문자정보와 정확하게 같다는 사실이 증명되어야 한다(대법원 2008.11.13, 2006도2556).

① (×) 검사, 사법경찰관은 피의자 기타인의 유류한 물건이나 소유자, 소지자 또는 보관자가 임의로 제출한 물건을 영장 없이 압수할 수 있다(제218조). 검사는 보관자인 乙이 임의로 제출한 휴대전화기를 압수한 것은 적법하므로 휴대전화기는 증거 능력이 부정되지 아니한다.

② (×) "정보통신망을 통하여 공포심이나 불안감을 유발하는 글을 반복적으로 상대방에게 도달하게 하는 행위를 하였다"는 공소 사실에 대하여 휴대전화기에 저장된 문자정보가 그 증거가 되는 경우와 같이 그 문자정보가 범행의 직접적인 수단이 될 뿐 경험자의 진술에 갈음하는 대체물에 해당하지 않는 경우에는 형사소송법 제310조의2에서 정한 전문법칙이 적용될 여지가 없다(대법원 2008.11.13, 2006도2556).

④ (×) (피해자 A가 남동생 B에게 도움을 요청하면서 피고인이 협박한 말을 포함하여 공갈 등 피해를 입은 내용이 들어 있는) 문자메시지의 내용을 촬영한 사진은 피해자의 진술서에 준하는 것으로 취급함이 상당하다(대법원 2010.11.25, 2010도8735).

정답 ③

162 ✓유사 ◆◆◇

사인이 동의를 받고 피해자와 피고인이 아닌 자 간의 대화 내용을 촬영한 비디오테이프의 증거능력에 대한 설명으로 가장 적절한 것은? (다툼이 있는 경우 판례에 의함)

① 수사기관이 아닌 사인이 피고인 아닌 사람들 간의 대화 내용을 촬영한 비디오테이프는 수사과정에서 피고인이 아닌 자가 작성한 진술서에 관한 규정이 준용된다.

② 피고인이 비디오테이프를 증거로 함에 동의하지 아니하는 이상, 그 진술부분에 대하여 증거능력을 부여하기 위해서는 비디오테이프가 원본이어야만 한다.

③ 비디오테이프는 공판준비나 공판기일에서 작성자인 촬영자의 진술에 의하여 그 비디오테이프에 녹음된 진술내용이 진술한 대로 녹음된 것이라는 점이 인정되어야 성립의 진정을 인정할 수 있다.

④ 비디오테이프의 내용에 인위적인 조작이 가해지지 않은 것을 전제로, 원진술자가 비디오테이프의 시청을 마친 후 피촬영자인 자신의 모습과 음성을 확인하고 자신과 동일인이라고 진술한 것은 비디오테이프에 녹음된 진술내용이 자신이 진술한 대로 녹음된 것이라는 취지의 진술을 한 것으로 보아야 한다.

해설

① (×), ② (×), ③ (×), ④ (○) 수사기관이 아닌 사인(私人)이 피고인 아닌 사람과의 대화 내용을 촬영한 비디오테이프는 형사소송법 제311조, 제312조의 규정 이외에 피고인 아닌 자의 진술을 기재한 서류와 다를 바 없으므로, 피고인이 그 비디오테이프를 증거로 함에 동의하지 아니하는 이상 그 진술 부분에 대하여 증거능력을 부여하기 위하여는, 첫째 비디오테이프가 원본이거나 원본으로부터 복사한 사본일 경우에는 복사과정에서 편집되는 등 인위적 개작 없이 원본의 내용 그대로 복사된 사본일 것, 둘째 형사소송법 제313조 제1항에 따라 공판준비나 공판기일에서 원진술자의 진술에 의하여 그 비디오테이프에 녹음된 각자의 진술내용이 자신이 진술한 대로 녹음된 것이라는 점이 인정되어야 할 것인바, 비디오테이프는 촬영대상의 상황과 피촬영자의 동태 및 대화가 녹화된 것으로서, 녹음테이프와는 달리 피촬영자의 동태를 그대로 재현할 수 있기 때문에 비디오테이프의 내용에 인위적인 조작이 가해지지 않은 것이 전제된다면, 비디오테이프에 촬영, 녹음된 내용을 재생기에 의해 시청을 마친 원진술자가 비디오테이프의 피촬영자의 모습과 음성을 확인하고 자신과 동일인이라고 진술한 것은 비디오테이프에 녹음된 진술내용이 자신이 진술한 대로 녹음된 것이라는 취지의 진술을 한 것으로 보아야 한다(대법원 2004.9.13, 2004도3161).

정답 ④

2. 거짓말탐지기 검사결과의 증거능력

163 ✓대표 ◆◆◇

전문법칙에 관한 다음 설명 중 옳지 않은 것은 모두 몇 개 인가? (다툼이 있으면 판례에 의함)

> ㉠ 공소제기 전 피고인을 피의자로 신문한 사법경찰관이 그 진술내용을 법정에서 진술한 경우 형사소송법 제316조 제1항의 적용대상이 될 수 없다.
>
> ㉡ 압수물인 디지털 저장매체로부터 출력한 문건을 증거로 사용하려면 디지털 저장매체 원본에 저장된 내용과 출력한 문건의 동일성이 인정되어야 하고, 이를 위하여는 디지털 저장매체 원본이 압수된 이후 문건 출력에 이르기까지 변경되지 아니하였음이 담보되어야 한다.
>
> ㉢ 압수된 디지털 저장매체로부터 출력한 문건을 진술증거로 사용하는 경우 그 기재 내용의 진실성에 관하여는 전문법칙이 적용되므로 형사소송법에 따라 그 작성자 또는 진술자의 진술에 의하여 그 성립의 진정함이 증명된 때에 한하여 이를 증거로 사용할 수 있다.
>
> ㉣ 사법경찰관의 수사과정에서 피의자가 작성한 진술서의 증거능력은 제313조에 의해 성립의 진정이 증명되면 증거로 할 수 있다.
>
> ㉤ 거짓말탐지기의 검사는 일정한 조건이 모두 충족되어 증거능력이 있는 경우에도 그 검사 결과는 검사를 받는 사람의 진술의 신빙성을 가늠하는 정황증거로서의 기능을 하는데 그친다.

① 2개　　　　　　② 3개
③ 4개　　　　　　④ 5개

해설

㉠ (×) 조사자증언은 전문진술로서 제316조 제1항의 적용대상이 될 수 있다.

> **제316조(전문의 진술)** ① 피고인이 아닌 자(공소제기 전에 피고인을 피의자로 조사하였거나 그 조사에 참여하였던 자를 포함한다. 이하 이 조에서 같다)의 공판준비 또는 공판기일에서의 진술이 피고인의 진술을 그 내용으로 하는 것인 때에는 그 진술이 특히 신빙할 수 있는 상태하에서 행하여졌음이 증명된 때에 한하여 이를 증거로 할 수 있다.

㉡, ㉢ (○) 압수물인 디지털 저장매체로부터 출력한 문건을 증거로 사용하기 위해서는 디지털 저장매체 원본에 저장된 내용과 출력한 문건의 동일성이 인정되어야 하고, 이를 위해서는 디지털 저장매체 원본이 압수 시부터 문건 출력 시까지 변경되지 않았음이 담보되어야 한다. 그리고 압수된 디지털 저장매체로부터 출력한 문건을 진술증거로 사용하는 경우, 그 기재 내용의 진실성에 관하여는 전문법칙이 적용되므로 형사소송법 제313조 제1항에 따라 공판준비나 공판기일에서의 그 작성자 또는 진술자의 진술에 의하여 그 성립의 진정함이 증명된 때에 한하여 이를 증거로 사용할 수 있다(대법원 2013.6.13, 2012도16001).

[보충] 판례에 의하여 풀어야 하는 문제이므로 맞는 지문으로 처리한다. 다만, 2016.5. 개정법 동 제2항 본문에 의하여 과학적 방법에 의한 대체증명 방법이 신설되었다.

ⓔ (×) 피의자의 진술을 녹취 내지 기재한 서류 또는 문서가 수사기관에서의 조사과정에서 작성된 것이라면, 그것이 '진술조서, 진술서, 자술서'라는 형식을 취하였다고 하더라도 피의자신문조서와 달리 볼 수 없다(대법원 2010.5.27, 2010도1755). 따라서, 제312조 제3항의 요건을 갖추어야 한다.

ⓜ (○) 거짓말탐지기의 검사는 그 기구의 성능, 조작기술 등에 있어 신뢰도가 극히 높다고 인정되고 그 검사자가 적격자이며, 검사를 받는 사람이 검사를 받음에 동의하였으며 검사서가 검사자 자신이 실시한 검사의 방법, 경과 및 그 결과를 충실하게 기재하였다는 등의 전제조건이 증거에 의하여 확인되었을 경우에만 형사소송법 제313조 제2항에 의하여 이를 증거로 할 수 있는 것이고 위와 같은 조건이 모두 충족되어 증거능력이 있는 경우에도 그 검사결과는 검사를 받는 사람의 진술의 신빙성을 가늠하는 정황증거로서의 기능을 하는데 그치는 것이다(대법원 1987.7.21, 87도968).

정답 ①

---

6 당사자의 동의와 증거능력

I 증거동의의 의의와 성질

II 동의의 방법

164 ✅ 대표 ◆◆◇   경찰3차 2018 유사   국가7급 2021

증거동의에 대한 설명으로 옳지 않은 것은? (다툼이 있는 경우 판례에 의함)

① 경찰의 검증조서 가운데 범행부분은 부동의하고 현장상황 부분에 대해서만 동의하는 것도 가능하고, 그 효력은 동의한 부분에 한하여 발생한다.

② 재전문진술을 기재한 조서도 동의의 대상이 된다.

③ 검사가 제시한 모든 증거에 대하여 동의한다는 포괄적 방식은 효력이 없다.

④ 증거신청 시 그 입증취지를 명시하여 개별적으로 하지 않았음에도 증거동의를 거쳐 법원이 증거로 채택하는 결정을 하였다면 그 결정이 취소되지 않는 이상 단순히 입증취지를 명시하여 개별적으로 신청하지 않았다는 이유만을 내세워 그 증거에 대한 조사가 위법하다고 할 수 없다.

해설

③ (×) 포괄적인 동의도 허용된다(대법원 1983.3.8, 82도2873).
① (○) 대법원 1990.7.24, 90도1303
② (○) 대법원 2004.3.11, 2003도171
④ (○) 형사소송규칙 제132조의2 제2항, 제132조의3 제1항이 증거신청은 그 입증취지를 명시하여 개별적으로 하도록 한 취지는 증거능력이 없거나 불필요한 증거에 대한 증거신청을 효율적으로 가려내고 쟁점을 명확히 하며 상대방의 반박준비 기회를 보장하기 위한 것으로, 입증취지의 명시 등은 증거신청의 요건이지 증거조사의 적법요건은 아닌바, 증거동의를 거쳐 법원이 증거로 채택하는 결정을 하였다면 그 결정이 취소되지 않는 이상 단순히 입증취지를 명시하여 개별적으로 신청하지 않았다는 이유만을 내세워 그 증거에 대한 조사가 위법하다고 할 수는 없다(대법원 2009.10.

29, 2009도5945).

정답 ③

---

165 ✅ 대표 ◆◆◇   국가9급 2022 유사   법원9급 2018

증거동의에 관한 다음 설명 중 가장 옳지 않은 것은? (다툼이 있는 경우 판례에 의하고, 전원합의체 판결의 경우 다수의견에 의함)

① 증거동의는 공판절차의 갱신이 있거나, 심급을 달리하는 경우에도 미친다. 따라서 제1심에서 한 증거동의는 항소심에서도 그 효력이 있다.

② 약식명령에 불복하여 정식재판을 청구한 피고인이 정식재판절차에서 2회 불출석하여 법원이 피고인의 출석 없이 증거조사를 하는 경우에 증거동의가 간주된다.

③ 증거동의는 구두변론 종결시까지 철회할 수 있다.

④ 피고인의 명시적 의사에 반하지 않는 한 변호인은 피고인을 대리하여 증거동의를 할 수 있다.

해설

③ (×) 간주의 대상인 증거동의는 증거조사가 완료되기 전까지 철회 또는 취소할 수 있으나 일단 증거조사를 완료한 뒤에는 취소 또는 철회가 인정되지 않는다(대법원 2010.7.15, 2007도5776).

① (○) 증거동의는 공판절차의 갱신이나 심급을 달리하여도 그 효력을 유지한다. "약식명령에 불복하여 정식재판을 청구한 피고인이 정식재판절차의 제1심에서 2회 불출정하여 형사소송법 제318조 제2항에 따른 증거동의가 간주된 후 증거조사를 완료한 이상, 간주의 대상인 증거동의는 증거조사가 완료되기 전까지 철회 또는 취소할 수 있으나 일단 증거조사를 완료한 뒤에는 취소 또는 철회가 인정되지 아니하는 점, 증거동의 간주가 피고인의 진의와는 관계없이 이루어지는 점 등에 비추어, 비록 피고인이 항소심에 출석하여 공소사실을 부인하면서 간주된 증거동의를 철회 또는 취소한다는 의사표시를 하더라도 그로 인하여 적법하게 부여된 증거능력이 상실되는 것이 아니다(대법원 2010.7.15, 2007도5776)."

② (○) 약식명령에 불복하여 정식재판을 청구한 피고인이 정식재판절차에서 2회 불출정하여 법원이 피고인의 출정 없이 증거조사를 하는 경우에 위 법 제318조 제2항에 따른 피고인의 증거동의가 간주된다(대법원 2010.7.15, 2007도5776).

④ (○) 증거로 함에 대한 동의의 주체는 소송주체인 당사자라 할 것이지만 변호인은 피고인의 명시한 의사에 반하지 아니하는 한 피고인을 대리하여 이를 할 수 있음은 물론이므로 피고인이 증거로 함에 동의하지 아니한다고 명시적인 의사표시를 한 경우 이외에는 변호인은 서류나 물건에 대하여 증거로 함에 동의할 수 있고 이 경우 변호인의 동의에 대하여 피고인이 즉시 이의하지 아니하는 경우에는 변호인의 동의로 증거능력이 인정되고 증거조사 완료 전까지 앞서의 동의가 취소 또는 철회하지 아니한 이상 일단 부여된 증거능력은 그대로 존속한다(대법원 1999.8.20, 99도2029).

정답 ③

166 ✅ 대표 ◆◆◇

증거동의에 관한 설명 중 옳지 않은 것은?

① 사법경찰관이 소유자, 소지자 또는 보관자가 아닌 자로부터 임의로 제출받은 물건을 영장 없이 압수한 경우, 그 '압수물' 및 '압수물을 찍은 사진'은 피고인이나 변호인이 증거로 함에 동의하였다 하더라도 이를 유죄의 증거로 사용할 수 없다.

② 피고인이 증거동의의 법적 효과에 대하여 잘 모르고 동의한 것이었다고 주장하나 그렇게 볼 만한 자료가 없고 변호인이 공판정에 재정하고 있으면서 피고인이 하는 동의에 대하여 아무런 이의나 취소를 한 사실이 없다면 그 동의에 법률적 하자가 있다고는 할 수 없다.

③ 피고인이 출석한 공판기일에서 증거로 함에 부동의한다는 의견을 진술한 후 피고인이 출석하지 아니한 공판기일에 변호인만이 출석하여 종전 의견을 번복하여 증거로 함에 동의하였다면 이는 특별한 사정이 없는 한 증거동의의 효력이 없다.

④ 피고인이 제1심 법정에서 경찰의 검증조서 중 범행에 관한 현장진술 부분에 대해서만 부동의하고 범행현장상황 부분에 대해서는 증거동의한 경우, 위 검증조서 중 동의한 범행현장상황 부분만을 증거로 채용할 수는 없다.

⑤ 수사기관이 A로부터 피고인의 폭력행위등 처벌에 관한 법률 위반(단체 등의 구성·활동) 범행에 대한 진술을 듣고 추가적인 정보를 확보할 목적으로, 구속수감 되어 있던 A에게 그의 압수된 휴대전화를 제공하여 피고인과 통화하게 하고 위 범행에 관한 통화내용을 녹음하게 한 경우, 그 녹음 자체는 물론 이를 근거로 작성된 녹취록 첨부 수사보고는 설령 피고인의 증거동의가 있는 경우에도 이를 유죄의 증거로 사용할 수 없다.

해설

④ (×) 피고인들이 제1심 법정에서 경찰의 검증조서 가운데 범행부분만 부동의하고 현장상황 부분에 대해서는 모두 증거로 함에 동의하였다면, 위 검증조서 중 범행상황 부분만을 증거로 채용한 제1심 판결에 잘못이 없다(대법원 1990.7.24, 90도1303).

① (○) 소유자, 소지자 또는 보관자가 아닌 자로부터 제출받은 물건을 영장 없이 압수한 경우 그 '압수물' 및 '압수물을 찍은 사진'은 이를 유죄인정의 증거로 사용할 수 없는 것이고, 헌법과 형사소송법이 선언한 영장주의의 중요성에 비추어 볼 때 피고인이나 변호인이 이를 증거로 함에 동의하였다고 하더라도 달리 볼 것은 아니다(대법원 2010.1.28, 2009도10092).

② (○) 피고인이 사법경찰관작성의 피해자진술조서를 증거로 동의함에 있어서 그 동의가 법률적으로 어떠한 효과가 있는지를 모르고 한 것이었다고 주장하더라도 변호인이 그 동의 시 공판정에 재정하고 있으면서 피고인이 하는 동의에 대하여 아무런 이의나 취소를 한 사실이 없다면 그 동의에 무슨 하자가 있다고 할 수 없다(대법원 1983.6.28, 83도1019).

③ (○) 피고인이 출석한 공판기일에서 증거로 함에 부동의한다는 의견이 진술된 경우에는 그 후 피고인이 출석하지 아니한 공판기

일에 변호인만이 출석하여 종전 의견을 번복하여 증거로 함에 동의하였다 하더라도 이는 특별한 사정이 없는 한 효력이 없다고 보아야 한다(대법원 2013.3.28, 2013도3).

⑤ (○) 수사기관이 갑으로부터 피고인의 마약류관리에 관한 법률위반(향정) 범행에 대한 진술을 듣고 추가적인 증거를 확보할 목적으로, 구속수감 되어 있던 갑에게 그의 압수된 휴대전화를 제공하여 피고인과 통화하고 위 범행에 관한 통화 내용을 녹음하게 한 행위는 불법감청에 해당하므로, 그 녹음 자체는 물론 이를 근거로 작성된 녹취록 첨부 수사보고는 피고인의 증거동의에 상관없이 그 증거능력이 없다(대법원 2010.10.14, 2010도9016).

정답 ④

167 ✅ 대표 ◆◇◇

증거동의에 대한 설명으로 옳지 않은 것은? (다툼이 있는 경우 판례에 의함)

① 증거동의의 의사표시는 증거조사가 완료되기 전까지 취소 또는 철회할 수 있으나, 일단 증거조사가 완료된 뒤에는 취소 또는 철회가 인정되지 아니한다.

② 증거동의는 명시적으로 하여야 하므로 피고인이 신청한 증인의 전문진술에 대하여 피고인이 별 의견이 없다고 진술한 것만으로는 그 증언을 증거로 함에 동의한 것으로 볼 수 없다.

③ 피고인의 증거동의 의사표시가 하나하나의 증거에 대하여 형사소송법상의 증거조사방식을 거쳐 이루어진 것이 아니라 검사가 제시한 모든 증거에 대하여 증거로 함에 동의한다는 방식으로 이루어졌더라도 증거동의의 효력이 있다.

④ 필요적 변호사건이라 하여도 피고인이 재판거부의 의사를 표시하고 재판장의 허가 없이 퇴정하고 변호인마저 이에 동조하여 퇴정해 버렸다면, 법원은 피고인이나 변호인의 재정 없이도 심리판결할 수 있고 이 경우 피고인의 진의와는 관계없이 증거동의가 있는 것으로 간주된다.

해설

② (×) 증거동의의 방식에 관하여 다수설은 적극적 의사의 명시적 표시를 요한다고 하나, 판례는 반대신문권을 포기한다는 적극적 의사라면 묵시적 동의도 포함된다는 입장이다. "피고인이 신청한 증인의 증언이 피고인 아닌 타인의 진술을 그 내용으로 하는 전문진술이라고 하더라도 피고인이 그 증언에 대하여 별 의견이 없다고 진술하였다면 그 증언을 증거로 함에 동의한 것으로 볼 수 있으므로 이는 증거능력이 있다(대법원 1983.9.27, 83도516)."

① (○) 대법원 1999.8.20, 99도2029

③ (○) 포괄적 동의도 가능하다(대법원 1983.3.8, 82도2873).

④ (○) 대법원 1991.6.28, 91도865

정답 ②

168 ☑ 대표 ◆◆◆ 〔법원 2016〕

증거동의에 관한 다음 설명 중 가장 옳지 않은 것은?
(다툼이 있는 경우 판례에 의함)

① 수사기관이 영장주의에 위반하여 수집하였거나 불법감청으로 수집한 증거물은 비록 피고인이나 변호인이 이를 증거로 함에 동의하였다 하더라도 이를 유죄인정의 증거로 쓸 수 없다는 것이 판례이다.

② 피고인의 출정 없이 증거조사를 할 수 있는 경우에 피고인 및 그 대리인이나 변호인이 모두 출정하지 아니한 때에는 동의가 있는 것으로 간주한다.

③ 피고인과 변호인이 재판장의 허가 없이 퇴정한 경우 피고인의 진의와 관계없이 동의가 있는 것으로 간주한다.

④ 피고인이 공시 송달의 방법에 의한 공판기일의 소환을 2회 이상 받고도 출석하지 않아 소송촉진 등에 관한 특례법에 따라 피고인의 출정 없이 증거조사를 하는 경우에는, 증거동의를 간주할 수 없다.

〔해설〕

④ (×) 소송촉진 등에 관한 특례법(이하 '소촉법'이라 한다) 제23조는 "제1심 공판절차에서 피고인에 대한 송달불능보고서가 접수된 때부터 6개월이 지나도록 피고인의 소재를 확인할 수 없는 경우에는 대법원규칙으로 정하는 바에 따라 피고인의 진술 없이 재판할 수 있다. 다만, 사형, 무기 또는 장기 10년이 넘는 징역이나 금고에 해당하는 사건의 경우에는 그러하지 아니하다."라고 규정하고 있고, 형사소송법 제318조 제2항은 "피고인의 출정 없이 증거조사를 할 수 있는 경우에 피고인이 출정하지 아니한 때에는 피고인의 동의가 있는 것으로 간주한다. 단, 대리인 또는 변호인이 출정한 때에는 예외로 한다."고 규정하고 있는바, 소촉법 제23조의 경우 피고인의 출정 없이도 심리·판결할 수 있고 공판심리의 일환으로 증거조사가 행해지게 마련이어서 피고인이 출석하지 아니한 상태에서 증거조사를 할 수밖에 없는 경우에는 형사소송법 제318조 제2항의 규정상 피고인의 진의와는 관계없이 형사소송법 제318조 제1항의 동의가 있는 것으로 간주하게 되어 있는 점, 형사소송법 제318조 제2항의 입법 취지가 재판의 필요성 및 신속성, 즉 피고인의 불출정으로 인한 소송행위의 지연 방지 내지 피고인 불출정의 경우 전문증거의 증거능력을 결정하지 못함에 따른 소송 지연 방지에 있는 점 등에 비추어, <u>피고인이 공시 송달의 방법에 의한 공판기일의 소환을 2회 이상 받고도 출석하지 아니하여 법원이 피고인의 출정 없이 증거조사를 하는 경우에는 형사소송법 제318조 제2항에 따른 피고인의 증거동의가 있는 것으로 간주된다</u>고 할 것이다(대법원 2011.3.10, 2010도15977).

[보충] 위 ②번 지문의 예시가 ④번 지문의 경우이다.

① (○) 전기통신의 감청을 하지 못한다고 규정하며, 나아가 제4조는 제3조의 규정에 위반하여, 불법감청에 의하여 지득 또는 채록된 전기통신의 내용은 재판 또는 징계절차에서 증거로 사용할 수 없다고 규정하고 있다. 이에 따르면 전기통신의 감청은 제3자가 전기통신의 당사자인 송신인과 수신인의 동의를 받지 아니하고 전기통신 내용을 녹음하는 등의 행위를 하는 것만을 말한다고 풀이함이 상당하다고 할 것이므로, 전기통신에 해당하는 전화통화 당사자의 일방이 상대방 모르게 통화 내용을 녹음하는 것은 여기의 감청에 해당하지 아니하지만, 제3자의 경우는 설령 전화통화 당사자 일방의 동의를 받고 그 통화 내용을 녹음하였다 하더라도 그 상대방의 동의가 없었던 이상, 이는 여기의 감청에 해당하여 법 제3조 제1항 위반이 되고(대법원 2002.10.8, 2002도123 참조), 이와 같이 법 제3조 제1항에 위반한 불법감청에 의하여 녹음된 전화통화의 내용은 법 제4조에 의하여 증거능력이 없다(대법원 2001.10.9, 2001도3106 등). 그리고 사생활 및 통신의 불가침을 국민의 기본권의 하나로 선언하고 있는 헌법규정과 통신비밀의 보호와 통신의 자유 신장을 목적으로 제정된 통신비밀보호법의 취지에 비추어 볼 때 <u>피고인이나 변호인이 이를 증거로 함에 동의하였다고 하더라도 달리 볼 것은 아니다</u>(대법원 2009.12.24, 2009도11401 참조)(대법원 2010.10.14, 2010도9016).

② (○) 제318조 제2항 참조.

> **제318조(당사자의 동의와 증거능력)** ① 검사와 피고인이 증거로 할 수 있음을 동의한 서류 또는 물건은 진정한 것으로 인정한 때에는 증거로 할 수 있다.
> ② 피고인의 출정 없이 증거조사를 할 수 있는 경우에 피고인이 출정하지 아니한 때에는 전항의 동의가 있는 것으로 간주한다. 단, 대리인 또는 변호인이 출정한 때에는 예외로 한다.

[정리] 증거동의의 의제: ㉠ 피고인의 불출석재판(대리인·변호인 출정 시는 예외, 제318조 제2항), ㉡ 간이공판절차의 특칙(검·피·변 이의 시 예외, 제318조의3)

③ (○) 필요적 변호사건이라 하여도 <u>피고인이 재판거부의 의사를 표시하고 재판장의 허가 없이 퇴정하고 변호인마저 이에 동조하여 퇴정해 버린 것은 모두 피고인 측의 방어권의 남용 내지 변호권의 포기로 볼 수밖에 없는 것이므로 수소법원으로서는 형사소송법 제330조에 의하여 피고인이나 변호인의 재정 없이도 심리판결 할 수 있다.</u> 이와 같이 피고인과 변호인들이 출석하지 않은 상태에서 증거조사를 할 수밖에 없는 경우에는 형사소송법 제318조 제2항의 규정상 피고인의 진의와는 관계없이 형사소송법 제318조 제1항의 동의가 있는 것으로 간주하게 되어 있다(대법원 1991.6.28, 91도865).

〔정답〕 ④

Ⅳ 동의의 효과

169 ✓ 대표 ◆◆◆ 경찰 2014 국가9급 2022 유사

다음은 증거동의에 대한 설명이다. 가장 적절하지 않은 것은? (다툼이 있는 경우 판례에 의함)

① 피의자를 긴급체포할 때 압수한 물건에 관하여 형사소송법 관련 규정에 의한 압수·수색영장을 발부받지 않고도 즉시 반환하지 않은 경우, 그 후 피고인이나 변호인이 이를 증거로 함에 동의하였더라도 증거능력이 인정되지 않는다.

② 필요적 변호사건에서 피고인이 무단퇴정하고, 변호인도 이에 동조하여 퇴정한 경우에는 법원으로서는 피고인이나 변호인의 재정 없이도 심리할 수 있고, 피고인과 변호인의 불출석하에 증거조사를 할 경우 증거동의가 간주된다.

③ 약식명령에 불복하여 정식재판을 청구한 피고인이 정식재판절차의 제1심에서 2회 불출정하여 증거동의가 간주된 후 증거조사가 완료되었다면, 항소심에 출석하여 간주된 증거동의를 철회 또는 취소한다는 의사표시를 하더라도 그로 인하여 적법하게 부여된 증거능력이 상실되는 것이 아니다.

④ 공판기일에서 피고인이 출석하여 증거로 함에 부동의한다는 의견을 진술하였으나, 그 후 피고인이 출석하지 아니한 공판기일에 변호인만이 출석하여 종전 의견을 번복하고 증거로 함에 동의하였다면 증거동의의 효력이 인정된다.

해설

④ (×) 변호인의 증거동의 대리권은 피고인의 묵시적 의사에 반하여 행사할 수 있는 독립대리권에 불과하므로, 피고인의 명시적 부동의 의사가 있다면 변호인은 증거동의를 할 수 없다. "형사소송법 제318조에 규정된 증거동의의 주체는 소송 주체인 검사와 피고인이고, 변호인은 피고인을 대리하여 증거동의에 관한 의견을 낼 수 있을 뿐이므로 피고인의 명시한 의사에 반하여 증거로 함에 동의할 수는 없다. 따라서 피고인이 출석한 공판기일에서 증거로 함에 부동의한다는 의견이 진술된 경우에는 그 후 피고인이 출석하지 아니한 공판기일에 변호인만이 출석하여 종전 의견을 번복하여 증거로 함에 동의하였다 하더라도 이는 특별한 사정이 없는 한 효력이 없다고 보아야 한다(대법원 2013.3.28, 2013도3).

① (○) 형사소송법 제216조 제1항 제2호, 제217조 제2항, 제3항은 사법경찰관은 형사소송법 제200조의3(긴급체포)의 규정에 의하여 피의자를 체포하는 경우에 필요한 때에는 영장 없이 체포현장에서 압수·수색을 할 수 있고, 압수한 물건을 계속 압수할 필요가 있는 경우에는 지체 없이 압수수색영장을 청구하여야 하며, 청구한 압수수색영장을 발부받지 못한 때에는 압수한 물건을 즉시 반환하여야 한다고 규정하고 있는바, 형사소송법 제217조 제2항, 제3항에 위반하여 압수수색영장을 청구하여 이를 발부받지 아니하고도 즉시 반환하지 아니한 압수물은 이를 유죄인정의 증거로 사용할 수 없는 것이고, 헌법과 형사소송법이 선언한 영장주의의 중요성에 비추어 볼 때 피고인이나 변호인이 이를 증거로 함에 동의하였다고 하더라도 달리 볼 것은 아니다(대법원 2009.12.24,

2009도11401).

② (○) 필요적 변호사건이라 하여도 피고인이 재판거부의 의사를 표시하고 재판장의 허가 없이 퇴정하고 변호인마저 이에 동조하여 퇴정해 버린 것은 모두 피고인 측의 방어권의 남용 내지 변호권의 포기로 볼 수밖에 없는 것이므로 수소법원으로서는 형사소송법 제330조에 의하여 피고인이나 변호인의 재정 없이도 심리판결 할 수 있다(대법원 1991.6.28, 91도865).

③ (○) 증거조사가 완료된 뒤에는 취소 또는 철회가 인정되지 아니하므로 제1심에서 한 증거동의를 제2심에서 취소할 수 없고, 일단 증거조사가 종료된 후에 증거동의의 의사표시를 취소 또는 철회하더라도 취소 또는 철회 이전에 이미 취득한 증거능력이 상실되지 않는다(대법원 1996.12.10, 96도2507). 1심에서든 2심에서든, 증거조사가 일단 완료되면 증거동의를 취소할 수 없다는 것에 주의해야 한다.

정답 ④

170 ✓ 유사 ◆◆◆ 경찰승진 2024

증거동의에 관한 설명으로 옳은 것을 모두 고른 것은? (다툼이 있는 경우 판례에 의함)

> ㉠ 피고인이 증거로 함에 동의하지 않는 명시적인 의사표시를 한 경우 이외에는 변호인은 서류나 물건에 대하여 증거로 함에 동의할 수 있고, 이 경우 변호인의 동의에 대하여 피고인이 즉시 이의하지 않는 경우에는 변호인의 동의로 증거능력이 인정된다.
>
> ㉡ 증거동의의 대상이 될 서류는 원본에 한하며 그 사본은 포함되지 않는다.
>
> ㉢ 당사자가 제출한 서류에 대하여 법원이 직권으로 증거조사를 하는 경우에 당해 서류를 제출한 당사자는 그것을 증거로 함에 동의하고 있음이 명백한 것이므로 상대방의 동의만 얻으면 충분하다.

① ㉠, ㉡   ② ㉠, ㉢

③ ㉡, ㉢   ④ ㉠, ㉡, ㉢

해설

㉠ (○) 증거로 함에 대한 동의의 주체는 소송주체인 당사자라 할 것이지만 변호인은 피고인의 명시한 의사에 반하지 아니하는 한 피고인을 대리하여 이를 할 수 있음은 물론이므로 피고인이 증거로 함에 동의하지 아니한다고 명시적인 의사표시를 한 경우 이외에는 변호인은 서류나 물건에 대하여 증거로 함에 동의할 수 있고 이 경우 변호인의 동의에 대하여 피고인이 즉시 이의하지 아니하는 경우에는 변호인의 동의로 증거능력이 인정되고 증거조사 완료 전까지 앞서의 동의가 취소 또는 철회하지 아니한 이상 일단 부여된 증거능력은 그대로 존속한다(대법원 1999.8.20, 99도2029).

㉡ (×) 증거동의의 대상은 증거능력 없는 전문증거를 말하고 서류인 경우 원본인가 사본인가는 불문한다.
[판례] 형사소송법 제318조 제1항에 의하여 피고인이 증거로 할 수 있음을 동의한 서류 또는 물건은 진정한 것으로 인정한 때에는 증거로 할 수 있는 것이고, 여기에서 말하는 동의의 대상이 될 서류는 원본에 한하는 것이 아니라 그 사본도 포함된다(대법원

1986.7.8, 86도893).

ⓒ (○) 형사재판에 있어서는 유죄의 자료로 쓸 수 있는 서류는 그 진정성립이 인정되거나 피고인과 검사가 증거로 함에 동의해야만 하게 되어 있으며 이 동의는 법원이 직권으로 증거조사를 할 때에는 양 당사자의 동의가 필요함은 물론이라 하겠으나 <u>당해 서류를 제출한 당사자는 그것을 증거로 함에 동의하고 있음은 명백한 것이므로 상대방의 동의만 얻으면 충분</u>하다(대법원 1989.10.10, 87도966).

정답 ②

V 동의의 철회 및 취소

171 ✓대표 ◆◆◆ 경찰 2015

증거동의에 관한 다음 설명 중 가장 적절하지 않은 것은?
(다툼이 있으면 판례에 의함)

① 검사와 피고인이 증거로 할 수 있음을 동의한 서류 또는 물건은 진정한 것으로 인정한 때에는 증거로 할 수 있다.

② 피고인은 증거로 할 수 있음에 동의하는 의사표시를 하였더라도 증거조사가 완료되기 전까지 그 의사를 철회할 수 있다.

③ 정식재판절차의 제1심에서 2회 불출정하여 증거동의가 간주된 후 증거조사를 완료하였더라도 항소심에 출석하여 공소사실을 부인하면서 간주된 증거동의를 철회한다는 의사표시를 하면 제1심에서 부여된 증거의 증거능력은 상실된다.

④ 형사소송법 제318조 제1항은 전문증거 금지의 원칙에 대한 예외로서 반대신문권을 포기하겠다는 피고인의 의사표시에 의하여 서류 또는 물건의 증거능력을 부여하려는 규정이다.

해설

③ (×) 증거동의는 공판절차의 갱신이나 심급을 달리하여도 그 효력을 유지한다. "약식명령에 불복하여 정식재판을 청구한 피고인이 정식재판절차의 제1심에서 2회 불출정하여 형사소송법 제318조 제2항에 따른 증거동의가 간주된 후 증거조사를 완료한 이상, 간주의 대상인 증거동의는 증거조사가 완료되기 전까지 철회 또는 취소할 수 있으나 일단 증거조사를 완료한 뒤에는 취소 또는 철회가 인정되지 아니하는 점, 증거동의 간주가 피고인의 진의와는 관계없이 이루어지는 점 등에 비추어, 비록 피고인이 항소심에 출석하여 공소사실을 부인하면서 간주된 증거동의를 철회 또는 취소한다는 의사표시를 하더라도 그로 인하여 적법하게 부여된 증거능력이 상실되는 것이 아니다(대법원 2010.7.15, 2007도5776)."

① (○) 제318조 제1항
② (○) 대법원 1996.12.10, 96도2507
④ (○) 대법원 1983.3.8, 82도2873

정답 ③

172 ✓유사 ◆◇◇ 경찰승진 2022 유사 법원9급 2019

당사자의 동의와 증거능력에 관한 다음 설명 중 가장 옳지 않은 것은?

① 약식명령에 불복하여 정식재판을 청구한 피고인이 정식재판절차의 제1심에서 2회 불출정하여 증거동의로 간주되어 증거조사를 완료한 경우에 피고인이 항소심에 출석하여 공소사실을 부인하면서 간주된 증거동의를 철회 또는 취소하면 제1심에서 부여된 증거능력은 상실된다.

② 임의성이 인정되지 아니하여 증거능력이 없는 진술증거는 피고인이 증거로 함에 동의하더라도 증거로 삼을 수 없다.

③ 피고인의 출정 없이 증거조사를 할 수 있는 경우에 피고인이 출정하지 아니한 때에는 피고인의 증거동의가 있는 것으로 간주한다. 단, 대리인 또는 변호인이 출정한 때에는 예외로 한다.

④ 피고인이 출석한 공판기일에서 증거로 함에 부동의 한다는 의견이 진술된 경우에는 그 후 피고인이 출석하지 아니한 공판기일에 변호인만이 출석하여 종전 의견을 번복하여 증거로 함에 동의하였다 하더라도 이는 특별한 사정이 없는 한 효력이 없다.

해설

① (×) 일단 증거조사를 완료한 뒤에는 취소 또는 철회가 인정되지 아니하는 점 등에 비추어, 비록 피고인이 항소심에 출석하여 공소사실을 부인하면서 간주된 증거동의를 철회 또는 취소한다는 의사표시를 하더라도 그로 인하여 적법하게 부여된 증거능력이 상실되는 것이 아니다(대법원 2010.7.15, 2007도5776).

② (○) 기록상 진술증거의 임의성에 관하여 의심할 만한 사정이 나타나 있는 경우에는 법원은 직권으로 그 임의성 여부에 관하여 조사를 하여야 하고, 임의성이 인정되지 아니하여 증거능력이 없는 진술증거는 피고인이 증거로 함에 동의하더라도 증거로 삼을 수 없다(대법원 2006.11.23, 2004도7900 등).

③ (○) 제318조 제2항 참조.

> **제318조(당사자의 동의와 증거능력)** ① 검사와 피고인이 증거로 할 수 있음을 동의한 서류 또는 물건은 진정한 것으로 인정한 때에는 증거로 할 수 있다.
> ② 피고인의 출정 없이 증거조사를 할 수 있는 경우에 피고인이 출정하지 아니한 때에는 전항의 동의가 있는 것으로 간주한다. 단, 대리인 또는 변호인이 출정한 때에는 예외로 한다.

④ (○) 변호인은 피고인을 대리하여 증거동의에 관한 의견을 낼 수 있을 뿐이므로 피고인의 명시한 의사에 반하여 증거로 함에 동의할 수는 없다(대법원 2013.3.28, 2013도3).

정답 ①

173 ✓ 유사 ◆◆◆ 국가7급 2018

증거동의에 대한 설명으로 옳은 것만을 모두 고르면?
(다툼이 있는 경우 판례에 의함)

> ㄱ. 「형사소송법」 제318조 제1항은 "검사와 피고인이 증거로 할 수 있음을 동의한 서류 또는 물건은 진정한 것으로 인정한 때에는 증거로 할 수 있다."라고 규정하고 있을 뿐 진정한 것으로 인정하는 방법을 제한하고 있지 아니하므로, 증거동의가 있는 서류 또는 물건은 법원이 제반 사정을 참작하여 진정한 것으로 인정하면 증거로 할 수 있다.
>
> ㄴ. 변호인의 증거동의에 대하여 피고인이 즉시 이의하지 아니하는 경우에는 변호인의 동의로 증거능력이 인정되어 증거조사 완료 전까지 그 동의가 취소 또는 철회되지 아니한 이상 일단 부여된 증거능력은 그대로 존속한다.
>
> ㄷ. 제1회 공판기일에서 피고인과 변호인이 함께 출석하여 검사가 제출한 일부 증거에 대하여 증거로 함에 부동의한다는 의견이 진술된 경우, 그 후 피고인이 출석하지 아니한 제2회 공판기일에 변호인만이 출석하여 종전 의견을 번복하여 이들 증거에 대하여 증거로 함에 동의하였다 하더라도 이는 특별한 사정이 없는 한 효력이 없다.
>
> ㄹ. 변호인이 검사가 공판기일에 제출한 증거 중 뇌물공여자가 작성한 고발장에 대하여는 증거부동의 의견을 밝히고, 같은 고발장을 첨부 문서로 포함하고 있는 검찰주사보 작성의 수사보고에 대하여는 증거에 동의하여 증거조사가 행하여진 경우, 수사보고에 대한 증거동의의 효력은 첨부된 고발장에도 당연히 미친다.

① ㄱ, ㄹ   ② ㄴ, ㄷ
③ ㄱ, ㄴ, ㄷ   ④ ㄱ, ㄴ, ㄷ, ㄹ

해설

ㄱ. (○) 대법원 2008.9.11, 2008도6136 등.

ㄴ. (○) 형사소송법 제318조에 규정된 증거동의의 의사표시는 증거조사가 완료되기 전까지 취소 또는 철회할 수 있으나, 일단 증거조사가 완료된 뒤에는 취소 또는 철회가 인정되지 아니하므로 제1심에서 한 증거동의를 제2심에서 취소할 수 없고, 일단 증거조사가 종료된 후에 증거동의의 의사표시를 취소 또는 철회하더라도 취소 또는 철회 이전에 이미 취득한 증거능력이 상실되지 않으며, 또한 증거로 함에 대한 동의의 주체는 소송주체인 당사자라 할 것이지만 변호인은 피고인의 명시한 의사에 반하지 아니하는 한 피고인을 대리하여 증거로 함에 동의할 수 있으므로 피고인이 증거로 함에 동의하지 아니한다고 명시적인 의사표시를 한 경우 이외에는 변호인은 서류나 물건에 대하여 증거로 함에 동의할 수 있고, 이 경우 변호인의 동의에 대하여 피고인이 즉시 이의하지 아니하는 경우에는 변호인의 동의로 증거능력이 인정되어 증거조사 완료 전까지 그 동의가 취소 또는 철회하지 아니한 이상 일단 부여된 증거능력은 그대로 존속한다(대법원 1988.11.8, 88도1628; 1999.8.20, 99도2029 등).

ㄷ. (○) 형사소송법 제318조에 규정된 증거동의의 주체는 소송주체인 검사와 피고인이고, 변호인은 피고인을 대리하여 증거동의에

관한 의견을 낼 수 있을 뿐이므로 피고인의 명시한 의사에 반하여 증거로 함에 동의할 수는 없다(대법원 2013.3.28, 2013도3).

ㄹ. (×) 수사기관이 수사과정에서 수집한 자료를 기록에 현출시키는 방법으로 자료의 의미, 성격, 혐의사실과의 관련성 등을 수사보고의 형태로 요약·설명하고 해당 자료를 수사보고에 첨부하는 경우, 수사보고에 기재된 내용은 수사기관이 첨부한 자료를 통하여 얻은 인식·판단·추론이거나 자료의 단순한 요약에 불과하여 원 자료로부터 독립하여 공소사실에 대한 증명력을 가질 수 없고, 피고인이나 변호인도 수사보고의 증명력을 위와 같은 취지로 이해하여 공소사실을 부인하면서도 수사보고의 증거능력을 다투지 않은 것으로 보이는 등의 제반 사정에 비추어, 위 고발장은 군사법원법에 따른 적법한 증거신청·증거결정·증거조사 절차를 거쳤다고 볼 수 없거나 공소사실을 뒷받침하는 증명력을 가진 증거가 아니므로 이를 유죄의 증거로 삼을 수 없다(대법원 2011.7.14, 2011도3809).

정답 ③

174 ✓ 유사 ◆◇◇ 경찰 2014 유사 경찰1차 2022

증거동의에 관한 설명으로 가장 적절하지 않은 것은?
(다툼이 있는 경우 판례에 의함)

① 피고인이 공소사실을 부인하고 있는 상황에서 검사가 신청한 증인의 법정진술이 전문증거로서 증거능력이 없는 경우, 피고인 또는 변호인에게 의견을 묻는 등의 적절한 방법으로 그러한 사정에 대하여 고지가 이루어지지 않은 채 증인신문이 진행되었다면, 피고인이 그 증거조사 결과에 대하여 별 의견이 없다고 진술하였더라도 증인의 법정증언을 증거로 삼는 데에 동의한 것으로 볼 수 없다.

② 피고인이 출석한 공판기일에서 증거로 함에 부동의한다는 의견이 진술된 경우에는 그 후 피고인이 출석하지 아니한 공판기일에 변호인만이 출석하여 증거로 함에 동의하였더라도 이는 특별한 사정이 없는 한 효력이 없다.

③ 증거동의의 의사표시는 증거조사가 완료되기 전까지 취소 또는 철회할 수 있으나, 일단 증거조사가 완료된 뒤에는 취소 또는 철회가 인정되지 아니하므로 이를 취소 또는 철회하더라도 이미 취득한 증거능력은 상실되지 않는다.

④ 피고인의 변호인이 증거부동의 의견을 밝힌 고발장을 첨부문서로 포함하고 있는 검찰주사보 작성의 수사보고가 수사기관이 첨부한 자료를 통하여 얻은 인식·판단·추론이거나 자료의 단순한 요약에 불과하더라도, 피고인이 증거에 동의하여 증거조사가 행하여졌다면 그 수사보고에 대한 증거동의의 효력은 첨부된 고발장에도 당연히 미친다고 볼 것이므로 이를 유죄의 증거로 삼을 수 있다.

해설

④ (×) 고발장에 피고인 측의 증거부동의가 있다면, 이를 첨부문서

로 포함하고 있는 수사보고에 대한 증거동의가 있다 하더라도, 그 증거동의의 효력은 위 고발장에 미친다고 볼 수 없다. "검찰관이 공판기일에 제출한 증거 중 뇌물공여자 甲이 작성한 고발장에 대하여 피고인의 변호인이 증거 부동의 의견을 밝히고, 같은 고발장을 첨부문서로 포함하고 있는 검찰주사보 작성의 수사보고에 대하여는 증거에 동의하여 증거조사가 행하여졌는데, 수사기관이 수사과정에서 수집한 자료를 기록에 현출시키는 방법으로 자료의 의미, 성격, 혐의사실과의 관련성 등을 수사보고의 형태로 요약·설명하고 해당 자료를 수사보고에 첨부하는 경우, 수사보고에 기재된 내용은 수사기관이 첨부한 자료를 통하여 얻은 인식·판단·추론이거나 자료의 단순한 요약에 불과하여 원 자료로부터 독립하여 공소사실에 대한 증명력을 가질 수 없고, 피고인이나 변호인도 수사보고의 증명력을 위와 같은 취지로 이해하여 공소사실을 부인하면서도 수사보고의 증거능력을 다투지 않은 것으로 보이는 등의 제반 사정에 비추어, 위 고발장은 군사법원법에 따른 적법한 증거신청·증거결정·증거조사 절차를 거쳤다고 볼 수 없거나 공소사실을 뒷받침하는 증명력을 가진 증거가 아니므로 이를 유죄의 증거로 삼을 수 없다(대법원 2011.7.14, 2011도3809)."

① (O) 피고인이 새마을금고 이사장 선거와 관련하여 대의원 甲에게 자신을 지지해 달라고 부탁하면서 현금 50만원을 제공하였다고 하여 새마을금고법 위반으로 기소되었는데, 검사는 사법경찰관 작성의 공범 甲에 대한 피의자신문조서 및 진술조서를 증거로 제출하고, 검사가 신청한 증인 乙은 법정에 출석하여 '甲으로부터 피고인에게서 50만원을 받았다는 취지의 말을 들었다'고 증언한 경우, 甲이 법정에 출석하여 위 피의자신문조서 및 진술조서의 성립의 진정을 인정하였더라도 피고인이 공판기일에서 그 조서의 내용을 모두 부인한 이상 이는 증거능력이 없고, 한편 제1심 및 원심 공동피고인인 甲은 원심에 이르기까지 일관되게 피고인으로부터 50만원을 받았다는 취지의 공소사실을 부인한 사실에 비추어 원진술자 甲이 사망, 질병, 외국거주, 소재불명 그 밖에 이에 준하는 사유로 인하여 진술할 수 없는 때에 해당하지 아니하여 甲의 진술을 내용으로 하는 乙의 법정증언은 전문증거로서 증거능력이 없으며, 나아가 피고인은 일관되게 甲에게 50만원 자체를 교부한 적이 없다고 주장하면서 적극적으로 다툰 점, 이에 따라 사법경찰관 작성의 甲에 대한 피의자신문조서 및 진술조서의 내용을 모두 부인한 점, 乙의 법정증언이 전문증거로서 증거능력이 없다는 사정에 대하여 피고인 또는 변호인에게 의견을 묻는 등의 적절한 방법으로 고지가 이루어지지 않은 채 증인신문이 진행된 다음 증거조사 결과에 대한 의견진술이 이루어진 점, 乙이 위와 같이 증언하기에 앞서 원진술자 甲이 피고인으로부터 50만원을 제공받은 적이 없다고 이미 진술한 점 등을 종합하면 피고인이 乙의 법정증언을 증거로 삼는 데에 동의하였다고 볼 여지는 없고, 乙의 증언에 따른 증거조사 결과에 대하여 별 의견이 없다고 진술하였더라도 달리 볼 수 없으므로, 결국 사법경찰관 작성의 甲에 대한 피의자신문조서 및 진술조서와 乙의 전문진술은 증거능력이 없다(대법원 2019.11.14, 2019도11552).

② (O) 대법원 2013.3.28, 2013도3

③ (O) 대법원 2008.9.11, 2008도6136

정답 ④

---

175 ⓥ 유사 ◆◇◇

증거동의에 대한 설명으로 옳지 않은 것은? (다툼이 있는 경우 판례에 의함)

① 피고인이 제1심에서 사법경찰관 작성 조서에 대해 증거로 함에 동의하고 증거조사를 마쳤다면, 그 후 항소심에서 범행인정 여부를 다투고 있다 하여도 이미 한 증거동의의 효과에 아무런 영향이 없다.

② 피고인의 증거동의가 있으면 별도로 변호인의 동의는 필요 없지만, 변호인은 피고인의 명시한 의사에 반하지 않는 한 피고인을 대리하여 증거동의를 할 수 있다.

③ 피고인의 유죄증거에 대한 반대증거로 제출된 서류는 그것이 유죄사실을 인정하는 증거가 되지 않는 이상 증거 동의가 없더라도 증거판단의 자료로 삼을 수 있다.

④ 피고인이 참고인의 진술조서에 대하여 이견이 없다고 진술하고 공판정에서도 그 진술조서의 기재내용과 부합되는 진술을 하였다 하더라도 증거동의에 대한 명시적 의사표시가 없는 한, 그 진술조서를 증거로 채용하는 데 동의한 것으로 볼 수 없다.

해설

④ (×) 피고인이 신청한 증인의 증언이 피고인 아닌 타인의 진술을 그 내용으로 하는 전문진술이라고 하더라도 피고인이 그 증언에 대하여 별 의견이 없다고 진술하였다면 그 증언을 증거로 함에 동의한 것으로 볼 수 있으므로 이는 증거능력 있다(대법원 1983.9.27, 83도516).

① (O) 피고인들이 제1심법정에서 경찰작성 조서들에 대하여서 증거로 함에 동의하였다면 그 후 항소심에서 범행인정 여부를 다투고 있다하여도 이미 동의한 효과에 아무런 영향을 가져오지 아니한다(대법원 1990.2.13, 89도2366).

② (O) 대법원 1988.11.8, 88도1628; 1999.8.20, 99도2029 등.

③ (O) 유죄의 자료가 되는 것으로 제출된 증거의 반대증거 서류에 대하여는 그것이 유죄사실을 인정하는 증거가 되는 것이 아닌 이상 반드시 그 진정성립이 증명되지 아니하거나 이를 증거로 함에 있어서의 상대방의 동의가 없다고 하더라도 증거판단의 자료로 할 수 있다(대법원 1981.12.22, 80도1547).

정답 ④

당사자의 동의와 증거능력에 대한 설명으로 가장 적절한 것은? (다툼이 있으면 판례에 의함)

① 피고인의 변호인은 피고인의 명시한 의사에 반하지 아니하는 한 피고인을 대리하여 증거동의를 할 수 있으나 피고인이 증거조사 완료 후에 변호인의 증거동의에 관해 이의를 제기하였다면 법원은 해당증거의 증거능력을 인정하여서는 아니 된다.

② 검사 작성의 피고인 아닌 자에 대한 진술조서에 관하여 피고인이 공판정진술과 배치되는 부분은 부동의 한다고 진술한 것은 조사 내용의 특정부분에 관하여 증거로 함에 동의한다는 특별한 사정이 있는 때와는 달리 그 조서를 증거로 함에 동의하지 아니한다는 취지로 해석하여야 한다.

③ 피고인이 사법경찰관 작성의 피해자진술조서를 증거로 동의함에 있어서 그 동의가 법률적으로 어떠한 효과가 있는지를 모르고 한 것이었다고 주장한다면 설령 변호인이 그 동의 시 공판정에 재정하고 있었고 피고인이 하는 동의에 대하여 아무런 이의나 취소를 제기한 사실이 없다 하더라도 그 동의에는 법률상 하자가 존재한다고 볼 수밖에 없다.

④ 긴급체포를 하며 압수한 물건에 관하여·형사소송법·제217조 제2항, 제3항에 위반하여 압수수색영장을 청구하여 이를 발부받지 아니하고도 즉시 반환하지 아니한 압수물은 이를 유죄인정의 증거로 사용할 수 없으나 피고인이 이를 증거로 함에 동의하였다면 유죄인정의 증거로 사용할 수 있다.

> 해설

② (○) 대법원 1984.10.10, 84도1552

① (×) 증거로 함에 대한 동의의 주체는 소송주체인 당사자라 할 것이지만 변호인은 피고인의 명시한 의사에 반하지 아니하는 한 피고인을 대리하여 이를 할 수 있음은 물론이므로 피고인이 증거로 함에 동의하지 아니한다고 명시적인 의사표시를 한 경우 이외에는 변호인은 서류나 물건에 대하여 증거로 함에 동의할 수 있고 이 경우 변호인의 동의에 대하여 피고인이 즉시 이의하지 아니하는 경우에는 변호인의 동의로 증거능력이 인정되고 <u>증거조사 완료 전까지 앞서의 동의가 취소 또는 철회하지 아니한 이상 일단 부여된 증거능력은 그대로 존속한다</u>(대법원 1999.8.20, 99도2029).
[보충 1] 피고인이나 그 변호인이 검사 작성의 당해 피고인에 대한 피의자신문조서의 성립의 진정함을 인정하는 진술을 하였다 하더라도, 그 피의자신문조서에 대하여 구 형사소송법(2007.6.1. 법률 제8496호로 개정되기 전의 것) 제292조에서 정한 증거조사가 완료되기 전에는 최초의 진술을 번복함으로써 그 피의자신문조서를 유죄인정의 자료로 사용할 수 없도록 할 수 있으나, 그 피의자신문조서에 대하여 위의 증거조사가 완료된 뒤에는 그와 같은 번복의 의사표시에 의하여 이미 인정된 조서의 증거능력이 당연히 상실되는 것은 아니다. 다만, 적법절차 보장의 정신에 비추어 성립의 진정함을 인정한 최초의 진술에 그 효력을 그대로 유지하기 어려운 중대한 하자가 있고 그에 관하여 진술인에게 귀

책사유가 없는 경우에 한하여 예외적으로 증거조사 절차가 완료된 뒤에도 그 진술을 취소할 수 있고, 그 취소 주장이 이유 있는 것으로 받아들여지게 되면 법원은 구 형사소송규칙(2007.10.29. 대법원규칙 제2106호로 개정되기 전의 것) 제139조 제4항의 증거배제결정을 통하여 그 조서를 유죄인정의 자료에서 제외하여야 한다(대법원 2008.7.10, 2007도7760).
[보충 2] 증거동의의 취소가 증거조사 완료 후 가능한가의 문제: ㉠ 원칙적으로 안 되고, ㉡ 예외적으로 중대한 하자가 있고 피고인에게 귀책사유가 없는 경우에만 취소가 가능하다. 이 경우 법원은 증거배제결정을 내려야 한다.

③ (×) 피고인이 사법경찰관 작성의 피해자진술조서를 증거로 동의함에 있어서 그 동의가 법률적으로 어떠한 효과가 있는지를 모르고 한 것이었다고 주장하더라도 <u>변호인이 그 동의시 공판정에 재정하고 있으면서 피고인이 하는 동의에 대하여 아무런 이의나 취소를 한 사실이 없다면 그 동의에 무슨 하자가 있다고 할 수 없다</u>(대법원 1983.6.28, 83도1019).

④ (×) 형사소송법 제217조 제2항, 제3항에 위반하여 압수수색영장을 청구하여 이를 발부받지 아니하고도 즉시 반환하지 아니한 압수물은 이를 유죄인정의 증거로 사용할 수 없는 것이고, 헌법과 형사소송법이 선언한 영장주의의 중요성에 비추어 볼 때 피고인이나 변호인이 이를 증거로 함에 동의하였다고 하더라도 달리 볼 것은 아니다(대법원 2009.12.24, 2009도11401).

> 정답 ②

Ⅰ 의의와 성질

Ⅱ 허용범위와 자격

Ⅲ 탄핵의 대상과 범위

177 ☑ 대표 ◆◆◇   변호사 2018

탄핵증거에 관한 설명 중 옳은 것은?

① 「형사소송법」 제318조의2 제2항에 따른 영상녹화물의 탄핵증거로의 사용에 대해서 논란은 있으나, 영상녹화물의 재생은 법원의 직권이나 검사의 신청이 있는 경우에 한하고, 기억의 환기가 필요한 피고인 또는 피고인 아닌 자에게만 이를 재생하여 시청하게 하여야 한다.

② 탄핵증거에 대하여는 그 진정성립이 증명되지 않더라도 무방하다.

③ 탄핵증거는 범죄사실을 인정하는 증거가 아니므로 엄격한 증거조사를 거칠 필요는 없는바, 증명력을 다투고자하는 증거의 어느 부분에 의하여 진술의 어느 부분을 다투려고 한다는 것까지 사전에 상대방에게 알릴 필요는 없다.

④ 피고인이 법정에서 내용부인을 한 사법경찰관 작성의 피의자신문조서에 대하여 검사가 증거제출 당시 탄핵증거라는 입증취지를 명시하지 아니하였다면 피고인의 법정진술에 대한 탄핵증거로서의 증거조사절차가 대부분 이루어졌다고 하더라도 그 조서를 피고인의 법정진술에 대한 탄핵증거로 사용할 수 없다.

⑤ 사법경찰관 작성의 피고인에 대한 피의자신문조서는 피고인이 그 내용을 부인하는 이상 증거능력이 없는바, 그러한 증거는 「형사소송법」 제312조 제3항의 특별한 입법 취지에 비추어 설령 임의로 작성된 것이라 하더라도 피고인의 법정에서의 진술을 탄핵하기 위한 반대증거로도 사용될 수 없다.

[해설]

② (○) 증거능력이 없어도 탄핵증거가 될 수 있다. "유죄의 자료가 되는 것으로 제출된 증거의 반대증거 서류에 대하여는 그것이 유죄사실을 인정하는 증거가 되는 것이 아닌 이상 반드시 그 진정성립이 증명되지 아니하거나 이를 증거로 함에 있어서의 상대방의 동의가 없다고 하더라도 증거판단의 자료로 할 수 있다(대법원 1981.12.22, 80도1547).

① (×) 법원의 직권은 허용되지 않고, 검사의 신청이 있는 경우에 한한다(규칙 제134조의5 제1항).

③ (×) 탄핵증거는 범죄사실을 인정하는 증거가 아니므로 엄격한 증거조사를 거쳐야 할 필요 없음은 형사소송법 제318조의2의 규정에 따라 명백하나 법정에서 이에 대한 탄핵증거로서의 증거조사는 필요한 것이고, 한편 증거신청의 방식에 관하여 규정한 형사소송규칙 제132조 제1항의 취지에 비추어 보면 탄핵증거의 제출에 있어서도 상대방에게 이에 대한 공격 방어의 수단을 강구

할 기회를 사전에 부여하여야 한다는 점에서 그 증거와 증명하고자 하는 사실과의 관계 및 입증취지 등을 미리 구체적으로 명시하여야 할 것이므로, 증명력을 다투고자 하는 증거의 어느 부분에 의하여 진술의 어느 부분을 다투려고 한다는 것을 사전에 상대방에게 알려야 한다(대법원 2005.8.19, 2005도2617).

④ (×), ⑤ (×) 피고인이 내용을 부인하여 증거능력이 없는 사법경찰리 작성의 피의자신문조서에 대하여 비록 당초 증거제출 당시 탄핵증거라는 입증취지를 명시하지 아니하였지만 피고인의 법정 진술에 대한 탄핵증거로서의 증거조사절차가 대부분 이루어졌다고 볼 수 있는 점 등의 사정에 비추어 위 피의자신문조서를 피고인의 법정진술에 대한 탄핵증거로 사용할 수 있다(대법원 2005.8.19, 2005도2617).

[정답] ②

178 ☑ 대표 ◆◆◇   변호사 2017

탄핵증거에 관한 설명 중 옳지 않은 것은? (다툼이 있는 경우 판례에 의함)

① 탄핵증거는 진술의 증명력을 감쇄하기 위하여 인정되는 것이므로 범죄사실 또는 그 간접사실을 인정하는 증거로서는 허용되지 않는다.

② 탄핵증거는 범죄사실을 인정하는 증거가 아니므로 엄격한 증거조사를 거쳐야 할 필요가 없으나, 법정에서 이에 대한 탄핵증거로서의 증거조사는 필요하다.

③ 검사가 피고인이 아닌 자의 진술을 기재한 조서는 원진술자가 성립의 진정을 부인하더라도 그의 증언의 증명력을 다투기 위한 증거로 할 수 있다.

④ 사법경찰관 작성의 피고인에 대한 피의자신문조서는 피고인이 그 내용을 부인하는 경우, 그것이 임의로 작성된 것이 인정되더라도 피고인의 법정진술을 탄핵하기 위한 반대증거로 사용할 수 없다.

⑤ 탄핵증거를 제출하는 경우, 증명력을 다투고자 하는 증거의 어느 부분에 의하여 진술의 어느 부분을 다투려고 한다는 것을 사전에 상대방에게 알려야 한다.

[해설]

④ (×) 사법경찰리 작성의 피고인에 대한 피의자신문조서는 피고인이 그 내용을 부인하는 이상 증거능력이 없으나, 그것이 임의로 작성된 것이 아니라고 의심할 만한 사정이 없는 한 피고인의 법정에서의 진술을 탄핵하기 위한 반대증거로 사용할 수 있다(대법원 2014.3.13, 2013도12507).

① (○) 대법원 2012.10.25, 2011도5459

② (○) 대법원 2005.8.19, 2005도2617

③ (○) 제318조의2 제1항 참조.

> **제318조의2(증명력을 다투기 위한 증거)** ① 제312조부터 제316조까지의 규정에 따라 증거로 할 수 없는 서류나 진술이라도 공판준비 또는 공판기일에서의 피고인 또는 피고인이 아닌 자(공소제기 전에 피고인을 피의자로 조사하였거나 그 조사에 참여하였던 자를 포함한다. 이하 이 조에서 같다)의 진술의 증명력을 다투기 위하여 증거로 할 수 있다.

⑤ (○) 대법원 2005.8.19, 2005도2617

정답 ④

179 ✓ 대표 ◆◆◆ 경찰1차 2018 유사 · 2021

탄핵증거에 대한 설명으로 가장 적절하지 않은 것은? (다툼이 있는 경우 판례에 의함)

① 탄핵증거는 범죄사실을 인정하는 증거가 아니어서 엄격한 증거능력을 요하지 아니한다.

② 법정에서 증거로 제출된 바가 없어 전혀 증거조사가 이루어지지 아니한 채 수사기록에만 편철되어 있는 증거를 피고인의 진술을 탄핵하는 증거로 사용할 수는 없다.

③ 검사가 유죄의 자료로 제출한 사법경찰리 작성의 피고인에 대한 피의자신문조서는 피고인이 그 내용을 부인하는 이상 증거능력이 없지만, 그것이 임의로 작성된 것이 아니라고 하더라도 피고인의 법정에서의 진술을 탄핵하기 위한 반대증거로는 사용할 수 있다.

④ 비록 증거목록에 기재되지 않았고 증거결정이 있지 아니하였다 하더라도 공판과정에서 그 입증취지가 구체적으로 명시되고 제시까지 된 이상, 그 제시된 증거에 대하여 탄핵증거로서의 증거조사는 이루어졌다고 보아야 할 것이다.

해설

③ (×) 임의성 없는 진술은 탄핵증거로 사용될 수 없다. "검사가 유죄의 자료로 제출한 사법경찰리 작성의 피고인에 대한 피의자신문조서는 피고인이 그 내용을 부인하는 이상 증거능력이 없으나, 그것이 임의로 작성된 것이 아니라고 의심할 만한 사정이 없는 한 피고인의 법정에서의 진술을 탄핵하기 위한 반대증거로 사용할 수 있다(대법원 2005.8.19, 2005도2617)."

① (○) 대법원 1998.2.27, 97도1770

② (○) 탄핵증거도 이에 대한 증거조사는 필요하다(대법원 1998.2.27, 97도1770).

④ (○) 대법원 2006.5.26, 2005도6271

정답 ③

180 ✓ 대표 ◆◆◆ 법원 2016

탄핵증거에 관한 다음 설명 중 옳은 것(○)과 옳지 않은 것(×)을 올바르게 조합한 것은? (다툼이 있는 경우 판례에 의함)

ㄱ. 탄핵증거는 유죄증거에 관한 소송법상의 엄격한 증거능력을 요하지 아니한다.

ㄴ. 사법경찰리 작성의 피고인에 대한 피의자신문조서와 피고인이 작성한 자술서들은 모두 검사가 유죄의 자료로 제출한 증거들로서 피고인이 각 그 내용을 부인하는 이상 증거능력이 없으나 그러한 증거라 하더라도 그것이 임의로 작성된 것이 아니라고 의심할 만한 사정이 없는 한 피고인의 법정에서의 진술을 탄핵하기 위한 반대증거로 사용할 수 있다.

ㄷ. 검사가 피고인의 부인진술을 탄핵하기 위해 신청한 체포·구속인접견부 사본은 피고인의 진술의 증명력을 다투기 위한 탄핵증거가 될 수 있다.

	ㄱ	ㄴ	ㄷ
①	○	×	○
②	×	○	×
③	○	○	×
④	○	○	○

해설

ㄱ. (○) 형사소송법 제318조의2에 규정된 소위 탄핵증거는 범죄사실을 인정하는 증거가 아니므로 그것이 증거서류이던 진술이던 간에 유죄증거에 관한 소송법상의 엄격한 증거능력을 요하지 아니한다(대법원 1985.5.14, 85도441).

ㄴ. (○) 사법경찰리 작성의 피고인에 대한 피의자신문조서와 피고인이 작성한자술서들은 모두 검사가 유죄의 자료로 제출한 증거들로서 피고인이 각 그 내용을 부인하는 이상 증거능력이 없으나 그러한 증거라 하더라도 그것이 임의로 작성된 것이 아니라고 의심할 만한 사정이 없는 한 피고인의 법정에서의 진술을 탄핵하기 위한 반대증거로 사용할 수 있다(대법원 1998.2.27, 97도1770).
[보충] 탄핵증거의 자격: 증거능력 없는 전문증거: 성립의 진정 불요, 피고인이 내용을 부인한 사경작성 피신조서도 인정.

ㄷ. (×) 범죄사실의 인정은 합리적인 의심이 없는 정도의 증명에 이르러야 하나(형사소송법 제307조 제2항), 사실인정의 전제로 행하여지는 증거의 취사선택 및 증명력에 대한 판단은 자유심증주의의 한계를 벗어나지 않는 한 사실심 법원의 재량에 속한다(형사소송법 제308조). 그리고 탄핵증거는 진술의 증명력을 감쇄하기 위하여 인정되는 것이고 범죄사실 또는 그 간접사실의 인정의 증거로서는 허용되지 않는다. 따라서 검사가 탄핵증거로 신청한 체포·구속인접견부 사본은 피고인의 부인진술을 탄핵한다는 것이므로 결국 검사에게 입증책임이 있는 공소사실 자체를 입증하기 위한 것에 불과하므로 형사소송법 제318조의2 제1항 소정의 피고인의 진술의 증명력을 다투기 위한 탄핵증거로 볼 수 없다(대법원 2012.10.25, 2011도5459).

정답 ③

181 ✓ 대표 ◆◆◆ 　　　　　　　　　국가7급 2015

탄핵증거에 대한 설명으로 옳지 않은 것은? (다툼이 있는 경우 판례에 의함)

① 유죄증거에 대하여 반대증거로 제출된 진술기재서류는 유죄 사실인정의 증거가 되는 것이 아닌 이상 그 성립의 진정이 인정될 것을 요하지 않는다.

② 탄핵증거는 엄격한 증거조사를 거칠 필요가 없으며, 법정에서 이에 대한 탄핵증거로서의 증거조사도 필요하지 않다.

③ 검사가 탄핵증거로 신청한 체포·구속인접견부 사본은 피고인의 부인진술을 탄핵한다는 것이므로 결국 검사에게 입증책임이 있는 공소사실 자체를 입증하기 위한 것에 불과하기 때문에 탄핵증거로 볼 수 없다.

④ 피고인이 공판정에서 내용을 부인하는 사법경찰관 작성의 피의자신문조서는 임의로 작성된 것이 아니라고 의심할 만한 사정이 없는 한 피고인의 진술을 탄핵하기 위한 반대증거로 사용할 수 있다.

> **해설**

② (×) 검사가 유죄의 자료로 제출한 사법경찰리 작성의 피고인에 대한 피의자신문조서는 피고인이 그 내용을 부인하는 이상 증거능력이 없으나, 그것이 임의로 작성된 것이 아니라고 의심할 만한 사정이 없는 한 피고인의 법정에서의 진술을 탄핵하기 위한 반대증거로 사용할 수 있으며, 또한 탄핵증거는 범죄사실을 인정하는 증거가 아니므로 <u>엄격한 증거조사를 거쳐야 할 필요가 없음은 형사소송법 제318조의2의 규정에 따라 명백하나 법정에서 이에 대한 탄핵증거로서의 증거조사는 필요한 것이고</u>, 한편 증거신청의 방식에 관하여 규정한 형사소송규칙 제132조 제1항의 취지에 비추어 보면 탄핵증거의 제출에 있어서도 상대방에게 이에 대한 공격방어의 수단을 강구할 기회를 사전에 부여하여야 한다는 점에서 그 증거와 증명하고자 하는 사실과의 관계 및 입증취지 등을 미리 구체적으로 명시하여야 할 것이므로, 증명력을 다투고자 하는 증거의 어느 부분에 의하여 진술의 어느 부분을 다투려고 한다는 것을 사전에 상대방에게 알려야 한다(대법원 2005.8.19, 2005도2617).

① (○) 유죄의 자료가 되는 것으로 제출된 증거의 반대 증거서류에 대하여는 그것이 유죄사실을 인정하는 증거가 되는 것이 아닌 이상 반드시 그 진정성립이 증명되지 아니하거나 이를 증거로 함에 있어서의 상대방의 동의가 없다고 하더라도 증거판단의 자료로 할 수 있는 것이다(대법원 1972.1.31, 71도2060).

③ (○) 범죄사실의 인정은 합리적인 의심이 없는 정도의 증명에 이르러야 하나(형사소송법 제307조 제2항), 사실인정의 전제로 행하여지는 증거의 취사선택 및 증명력에 대한 판단은 자유심증주의의 한계를 벗어나지 않는 한 사실심 법원의 재량에 속한다(형사소송법 제308조). 그리고 탄핵증거는 진술의 증명력을 감쇄하기 위하여 인정되는 것이고 범죄사실 또는 그 간접사실의 인정의 증거로서는 허용되지 않는다. 따라서 검사가 탄핵증거로 신청한 체포·구속인접견부 사본은 피고인의 부인진술을 탄핵한다는 것이므로 결국 검사에게 입증책임이 있는 공소사실 자체를 입증하기 위한 것에 불과하므로 형사소송법 제318조의2 제1항 소정의 피고인의 진술의 증명력을 다투기 위한 탄핵증거로 볼 수 없다(대법원 2012.10.25, 2011도5459).

④ (○) 사법경찰리 작성의 피고인에 대한 피의자신문조서와 피고인이 작성한 자술서들은 모두 검사가 유죄의 자료로 제출한 증거들로서 피고인이 각 그 내용을 부인하는 이상 증거능력이 없으나 그러한 증거라 하더라도 그것이 임의로 작성된 것이 아니라고 의심할 만한 사정이 없는 한 피고인의 법정에서의 진술을 탄핵하기 위한 반대증거로 사용할 수 있다(대법원 1998.2.27, 97도1770).

> **정답** ②

---

182 ✓ 대표 ◆◆◆ 　　　　　　경찰 2014 유사·2015

탄핵증거에 대한 설명으로 가장 적절한 것은? (다툼이 있으면 판례에 의함)

① 자백배제법칙(「형사소송법」 제309조)에 의하여 임의성이 없어 증거능력이 없는 자백이라도 탄핵증거로는 사용할 수 있다.

② 탄핵증거는 범죄사실을 인정하는 증거가 아니므로 엄격한 증거조사를 거쳐야 할 필요가 없음은 「형사소송법」 제318조의2의 규정에 따라 명백하므로 법정에서 이에 대한 증거조사는 필요하지 않다.

③ 탄핵증거의 제출에 있어서 상대방에게 이에 대한 공격방어의 수단을 강구할 기회를 사전에 부여하여야 한다.

④ 피고인이 내용을 부인하여 증거능력이 없는 사법경찰리 작성의 피의자신문조서가 당초 증거 제출 당시 탄핵증거라는 입증취지를 명시하지 아니하였다면 탄핵증거로서의 증거조사절차가 대부분 이루어졌더라도 위 피의자신문조서를 피고인의 법정 진술에 대한 탄핵증거로 사용할 수 없다.

> **해설**

③ (○) 증거신청의 방식에 관하여 규정한 형사소송규칙 제132조 제1항의 취지에 비추어 보면 탄핵증거의 제출에 있어서도 상대방에게 이에 대한 공격방어의 수단을 강구할 기회를 사전에 부여하여야 한다는 점에서 그 증거와 증명하고자 하는 사실과의 관계 및 입증취지 등을 미리 구체적으로 명시하여야 할 것이므로, 증명력을 다투고자 하는 증거의 어느 부분에 의하여 진술의 어느 부분을 다투려고 한다는 것을 사전에 상대방에게 알려야 한다(대법원 2005.8.19, 2005도2617).

[보충] 탄핵증거의 증거신청 시 입증취지 명시 필요. 단, 입증취지 명시 안 해도 탄핵증거로 증거조사 되면 적법

① (×) 자백배제법칙에 위반한 자백은 사용을 철저히 제한할 필요가 있으므로, 탄핵증거로도 사용할 수 없는 것이 통설의 태도이다.

② (×) 탄핵증거는 범죄사실을 인정하는 증거가 아니므로 엄격한 증거조사를 거쳐야 할 필요가 없음은 형사소송법 제318조의2의 규정에 따라 명백하나 법정에서 이에 대한 탄핵증거로서의 증거조사는 필요한 것이다(대법원 2005.8.19, 2005도2617).

④ (×) 피고인이 내용을 부인하여 증거능력이 없는 사법경찰리 작성의 피의자신문조서에 대하여 비록 당초 증거제출 당시 탄핵증거라는 입증취지를 명시하지 아니하였지만 피고인의 법정 진술에 대한 탄핵증거로서의 증거조사절차가 대부분 이루어졌다고 볼 수 있는 점 등의 사정에 비추어 위 피의자신문조서를 피고인의 법정 진술에 대한 탄핵증거로 사용할 수 있다(대법원 2005.8.19, 2005도2617).

> **정답** ③

183 ✓ 대표 ◆◇◇

탄핵증거에 대한 설명으로 옳은 것은? (다툼이 있으면 판례에 의함)

① 탄핵증거로 사용될 수 있는 전문증거에는 전문서류만이 포함되며 전문진술은 제외된다.

② 탄핵증거로 사용되기 위해서는 상대방이 증거로 함에 동의함을 요한다.

③ 탄핵증거는 진술의 증명력을 감쇄하기 위해서 뿐만 아니라 범죄사실 또는 그 간접사실의 인정증거로서도 허용된다.

④ 탄핵증거의 제출에 있어서는 증명력을 다투고자 하는 증거의 어느 부분에 의하여 진술의 어느 부분을 다투려고 한다는 것을 사전에 상대방에게 알려야 한다.

해설

④ (○) 대법원 2005.8.19, 2005도2617

① (×), ② (×) 전문증거로서 증거로 할 수 없는 서류나 진술이라도 상대방의 증거동의 여부와 관계없이 탄핵증거로 사용할 수 있다(제318조의2 제1항).

③ (×) 탄핵증거는 진술의 증명력을 감쇄하기 위하여 인정되는 것이고 범죄사실 또는 그 간접사실의 인정의 증거로서는 허용되지 않는다(대법원 2012.10.25, 2011도5459).

정답 ④

184 ✓ 유사 ◆◆◆

탄핵증거에 관한 설명으로 가장 적절한 것은? (다툼이 있는 경우 판례에 의함)

① 공소사실에 부합하는 증거인 피해자의 진술을 탄핵하는 증거로 삼은 변호인 제출의 신용카드 사용내역승인서 사본이 비록 공판과정에서 그 입증취지가 구체적으로 명시되고 제시까지 되었다고 하더라도 증거목록에 기재되지 않았고 증거결정이 있지 아니하였다면, 탄핵증거로서의 증거조사는 이루어졌다고 볼 수 없다.

② 사법경찰리 작성의 피고인에 대한 피의자신문조서는 피고인이 그 내용을 부인하는 이상 증거능력이 없을 뿐만 아니라, 그것이 임의로 작성된 것이라도 피고인의 법정에서의 진술을 탄핵하기 위한 반대증거로 사용할 수 없다.

③ 검사가 A에 대하여 참고인조사를 한 후 그 진술조서를 증거로 제출하였는데, A가 공판정에 나와 참고인진술조서에 기재된 내용과 모순되는 진술을 하면서 그 조서의 진정성립을 부인하는 경우, 그 참고인진술조서는 A의 위 법정진술에 대한 탄핵증거로 사용될 수 있다.

④ 탄핵증거의 제출에 있어서도 상대방에게 이에 대한 공격방어의 수단을 강구할 기회를 사전에 부여하여야 할 것이지만, 증명력을 다투고자 하는 증거의 어느 부분에 의하여 진술의 어느 부분을 다투려고 한다는 것을 사전에 상대방에게 알려야 할 필요는 없다.

해설

③ (○) 형사소송법 제312조 제4항의 요건을 갖추지 못하여 증거능력 없는 전문증거에 해당하나 동일인의 자기모순진술에 대한 증명력을 다투기 위한 증거로 사용될 수 있다. 제318조의2 제1항 참조.

① (×) 탄핵증거의 증거조사의 방법은 <u>상당하다고 인정되는 방법</u>으로 실시할 수 있다.

[판례] 원심이 공소사실에 부합하는 증거인 피해자의 진술을 탄핵하는 증거로 삼은 변호인 제출의 신용카드 사용내역승인서 사본 및 현금서비스 취급내역서 사본에 관하여 살펴보면, 변호인은 항소이유서에 현금서비스 취급내역서 사본을 첨부하여 제출하면서 2004. 4. 2.자 공소사실을 탄핵하였고, 원심 제1회 공판기일에는 피고인반대신문을 하면서 신용카드 사용내역승인서 사본과 함께 다시 이를 제시하여 2004. 3. 15.자 공소사실까지 아울러 탄핵하였는바, 비록 증거목록에 기재되지 않았고 증거결정이 있지 아니하였다 하더라도 공판과정에서 그 입증취지가 구체적으로 명시되고 제시까지 된 이상 위 각 서증들에 대하여 탄핵증거로서의 증거조사는 이루어졌다고 보아야 할 것이다(대법원 2006.5.26, 2005도6271).

② (×) <u>사법경찰리 작성의 피고인에 대한 피의자신문조서와 피고인이 작성한 자술서들은 모두 검사가 유죄의 자료로 제출한 증거들로서 피고인이 각 그 내용을 부인하는 이상 증거능력이 없으나 그러한 증거라 하더라도 그것이 임의로 작성된 것이 아니라고 의심할 만한 사정이 없는 한 피고인의 법정에서의 진술을 탄핵하기 위한 반대증거로 사용할 수 있다</u>(대법원 1998.2.27, 97도1770).

> **제318조의2(증명력을 다투기 위한 증거)** ① 제312조부터 제316조까지의 규정에 따라 증거로 할 수 없는 서류나 진술이

PART 04 · CHAPTER 02 증거

라도 공판준비 또는 공판기일에서의 피고인 또는 피고인이 아닌 자(공소제기 전에 피고인을 피의자로 조사하였거나 그 조사에 참여하였던 자를 포함한다. 이하 이 조에서 같다)의 진술의 증명력을 다투기 위하여 증거로 할 수 있다.

④ (×) 탄핵증거의 제출에 있어서도 상대방에게 이에 대한 공격방어의 수단을 강구할 기회를 사전에 부여하여야 한다는 점에서 그 증거와 증명하고자 하는 사실과의 관계 및 입증취지 등을 미리 구체적으로 명시하여야 할 것이므로, 증명력을 다투고자 하는 증거의 어느 부분에 의하여 진술의 어느 부분을 다투려고 한다는 것을 사전에 상대방에게 알려야 한다(대법원 2005.8.19, 2005도2617).

정답 ③

---

185 ☑ 유사 ◆◆◇   군무원9급 2024

탄핵증거에 대한 설명으로 가장 옳지 않은 것은? (다툼이 있는 경우 판례에 의함)

① 내용부인으로 증거능력이 상실된 피의자진술조서에 문자전송내역이 첨부되어 있는 경우 검사는 그 진술조서를 피고인의 법정 진술의 증명력을 다투기 위한 탄핵증거로 사용할 수 있다.

② 수사기관이 조사과정에서 촬영한 영상녹화물은 피고인 또는 제3자의 기억을 환기시키거나 녹화된 진술의 증명력을 다투기 위한 탄핵증거로 사용할 수 있다.

③ 탄핵증거의 제출에 있어서도 상대방에게 이에 대한 공격방어의 수단을 강구할 기회를 사전에 부여하여야 한다는 점에서 탄핵증거의 어느 부분에 의하여 진술의 어느 부분을 다투려고 한다는 것을 사전에 상대방에게 알려야 한다.

④ 탄핵증거에 대한 증거조사는 법정에서 피고인과 변호인에게 탄핵증거에 관한 의견진술권 등 방어권이 충분히 보장된 상태로 이루어져야 한다.

해설

② (×) 성폭력피해자 진술에 대한 영상녹화물이 유죄를 입증하는 본증이 되는 경우를 제외하고는, 수사기관이 조사과정에서 촬영한 영상녹화물의 용도는 진술조서의 실질적 진정성립의 대체증명과 (형사소송법 제318조의2 제1항과 제2항의 규정을 비교할 때 탄핵증거가 될 수 없고) 기억환기의 용도로 제한된다. 따라서 수사기관의 영상녹화물은 탄핵증거로 사용할 수 없다(통설).

> **제318조의2(증명력을 다투기 위한 증거)** ① 제312조부터 제316조까지의 규정에 따라 증거로 할 수 없는 서류나 진술이라도 공판준비 또는 공판기일에서의 피고인 또는 피고인이 아닌 자(공소제기 전에 피고인을 피의자로 조사하였거나 그 조사에 참여하였던 자를 포함한다. 이하 이 조에서 같다)의 진술의 증명력을 다투기 위하여 증거로 할 수 있다.
> ② 제1항에도 불구하고 피고인 또는 피고인이 아닌 자의 진술을 내용으로 하는 영상녹화물은 공판준비 또는 공판기일에 피고인 또는 피고인이 아닌 자가 진술함에 있어서 기억이

명백하지 아니한 사항에 관하여 기억을 환기시켜야 할 필요가 있다고 인정되는 때에 한하여 피고인 또는 피고인이 아닌 자에게 재생하여 시청하게 할 수 있다.

[판례] 수사기관의 영상녹화물의 용도를 진술조서의 실질적 진정성립을 증명하거나 기억을 환기시키기 위한 것으로 한정하고 있는 현행 형사소송법의 규정 내용을 영상물에 수록된 성범죄 피해자의 진술에 대하여 독립적인 증거능력을 인정하고 있는 성폭력범죄처벌법 등의 규정과 대비하여 보면, 수사기관이 참고인을 조사하는 과정에서 형사소송법 제221조 제1항에 따라 작성한 영상녹화물은, 다른 법률에서 달리 규정하고 있는 등의 특별한 사정이 없는 한, 공소사실을 직접 증명할 수 있는 독립적인 증거로 사용될 수는 없다고 해석함이 타당하다(대법원 2014.7.10, 2012도5041).

① (○) 증거능력 없는 전문증거는 탄핵증거가 될 수 있다.
[판례] 검사가 유죄의 자료로 제출한 사법경찰리 작성의 피고인에 대한 피의자신문조서는 피고인이 그 내용을 부인하는 이상 증거능력이 없으나, 그것이 임의로 작성된 것이 아니라고 의심할 만한 사정이 없는 한 피고인의 법정에서의 진술을 탄핵하기 위한 반대증거로 사용할 수 있는바(대법원 2004.9.3, 2004도3588; 2005.8.19, 2005도2617 등), 문자전송내역이 첨부된 피고인에 대한 경찰 진술조서를 피고인의 법정 진술의 증명력을 다투기 위한 탄핵증거로 사용한 것은 적법하다(대법원 2014.3.13, 2013도12507).

③ (○) 대법원 2005.8.19, 2005도2617

④ (○) 탄핵증거의 제출 및 증거조사를 함에 있어서는 공격·방어의 수단을 강구할 기회를 부여함으로써 피고인 측의 의견진술권 등 방어권이 충분히 보장된 상태를 갖추어주어야 한다.
[판례] '피고인의 경찰 피의자신문조서'를 피고인의 진술을 탄핵하는 증거로 기재한 부분은 피고인이 위 피의자신문조서를 증거로 사용함에 동의하였더라도 공판기일에서 그 기재 내용과 실질적으로 다른 사실을 주장한 것이어서 증거능력을 인정할 수 없고, 검사가 형사소송규칙 제132조의2 제1항에 따라 이를 탄핵증거로 신청하였다거나 이를 전제로 하여 피고인과 변호인에게 이에 관한 의견진술권 등 방어권이 충분히 보장된 상태로 법정에서 탄핵증거에 대한 증거조사를 거쳤다고 볼 수도 없으므로, 이 부분 원심의 판단에는 탄핵증거의 증거조사절차에 관한 법리를 오해한 잘못이 있다(대법원 2022.10.14, 2022도9284).

정답 ②

Ⅳ 탄핵증거의 조사방법

186 ✓ 대표 ◆◆◇ 경찰 2016 국가9급 2013 유사

탄핵증거에 관한 다음 설명 중 가장 적절하지 않은 것은? (다툼이 있는 경우 판례에 의함)

① 검사가 유죄의 자료로 제출한 사법경찰리 작성의 피고인에 대한 피의자신문조서는 피고인이 그 내용을 부인하는 이상 증거능력이 없으나, 그것이 임의로 작성된 것이 아니라고 의심할 만한 사정이 없는 한 피고인의 법정에서의 진술을 탄핵하기 위한 반대증거로 사용할 수 있다.

② 탄핵증거는 범죄사실을 인정하는 증거가 아니므로 엄격한 증거조사를 거쳐야 할 필요가 없음은 형사소송법 제318조의2의 규정에 따라 명백하고 법정에서 이에 대한 탄핵증거로서의 증거조사도 필요 없다.

③ 탄핵증거의 제출에 있어서도 상대방에게 이에 대한 공격방어의 수단을 강구할 기회를 사전에 부여하여야 한다는 점에서 그 증거와 증명하고자 하는 사실과의 관계 및 입증취지 등을 미리 구체적으로 명시하여야 할 것이므로, 증명력을 다투고자 하는 증거의 어느 부분에 의하여 진술의 어느 부분을 다투려고 한다는 것을 사전에 상대방에게 알려야 한다.

④ 형사소송법 제318조의2에 규정된 이른바 탄핵증거는 범죄사실을 인정하는 증거가 아니어서 엄격한 증거능력을 요하지 아니하는 것이다.

해설

① (O), ② (X), ③ (O) 검사가 유죄의 자료로 제출한 사법경찰리 작성의 피고인에 대한 피의자신문조서는 피고인이 그 내용을 부인하는 이상 증거능력이 없으나, 그것이 임의로 작성된 것이 아니라고 의심할 만한 사정이 없는 한 피고인의 법정에서의 진술을 탄핵하기 위한 반대증거로 사용할 수 있으며, 또한 탄핵증거는 범죄사실을 인정하는 증거가 아니므로 엄격한 증거조사를 거쳐야 할 필요가 없음은 형사소송법 제318조의2의 규정에 따라 명백하나 법정에서 이에 대한 탄핵증거로서의 증거조사는 필요한 것이고, 한편 증거신청의 방식에 관하여 규정한 형사소송규칙 제132조 제1항의 취지에 비추어 보면 탄핵증거의 제출에 있어서도 상대방에게 이에 대한 공격방어의 수단을 강구할 기회를 사전에 부여하여야 한다는 점에서 그 증거와 증명하고자 하는 사실과의 관계 및 입증취지 등을 미리 구체적으로 명시하여야 할 것이므로, 증명력을 다투고자 하는 증거의 어느 부분에 의하여 진술의 어느 부분을 다투려고 한다는 것을 사전에 상대방에게 알려야 한다(대법원 2005.8.19, 2005도2617).

④ (O) 형사소송법 제318조의2에 규정된 이른바 탄핵증거는 범죄사실을 인정하는 증거가 아니어서 엄격한 증거능력을 요하지 아니하는 것이므로, 이를 유죄 증거의 증명력을 다투기 위한 반대증거로 채택함에는 아무런 잘못이 없다(대법원 1996.1.26, 95도1333).

정답 ②

187 ✓ 유사 ◆◆◇ 경찰 2013

탄핵과 탄핵증거에 대한 다음 설명 중 가장 적절하지 않은 것은? (다툼이 있는 경우 판례에 의함)

① 증인신문에서는 반대신문뿐만 아니라 주신문에서도 진술의 증명력을 다투기 위한 신문을 할 수 있지만, 피고인신문에서는 반대신문이 아닌 주신문에서 진술의 증명력을 다투기 위한 신문을 할 수 없다.

② 피고인이나 변호인이 무죄에 관한 자료로 제출한 서증 가운데 도리어 유죄임을 뒷받침하는 내용이 있다 하여도 법원은 상대방의 원용이나 동의가 없는 한 그 서류의 진정성립 여부 등을 조사하고 아울러 그 서류에 대한 피고인이나 변호인의 의견과 변명의 기회를 준 다음이 아니면 그 서증을 유죄인정의 증거로 쓸 수 없다.

③ 검사가 유죄의 자료로 제출한 증거들이 그 진정성립이 인정되지 아니하고 이를 증거로 함에 상대방의 동의가 없더라도, 이는 유죄사실을 인정하는 증거로 사용하는 것이 아닌 이상 공소사실과 양립할 수 없는 사실을 인정하는 자료로 쓸 수 있다.

④ 탄핵증거는 엄격한 증거조사를 거쳐야 할 필요가 없지만 법정에서 이에 대한 탄핵증거로서의 증거조사는 필요한 것이고, 탄핵증거의 제출에 있어서도 증명력을 다투고자 하는 증거의 어느 부분에 의하여 진술의 어느 부분을 다투려고 한다는 것을 사전에 상대방에게 알려야 한다.

해설

① (X) 피고인신문의 방식도 증인신문의 방식에 의한다. 교호신문의 주신문에서도 탄핵신문이 가능하다. 제77조 제1항 참조.

> **제77조(증언의 증명력을 다투기 위하여 필요한 사항의 신문)**
> ① 주신문 또는 반대신문의 경우에는 증언의 증명력을 다투기 위하여 필요한 사항에 관한 신문을 할 수 있다.

② (O) 증거공통의 원칙이란 증거의 증명력은 그 제출자나 신청자의 입증취지에 구속되지 않는다는 것을 의미하고 증서의 증거능력이나 증거에 관한 조사절차를 불필요하게 할 수 있는 힘은 없으므로 피고인이나 변호인이 무죄에 관한 자료로 제출한 서증가운데 도리어 유죄임을 뒷받침하는 내용이 있다 하여도 법원은 상대방의 원용(동의)이 없는 한 그 서류의 진정성립 여부 등을 조사하고 아울러 그 서류에 대한 피고인이나 변호인의 의견과 변명의 기회를 준 다음이 아니면 그 서증을 유죄인정의 증거로 쓸 수 없다고 보아야 한다(대법원 1989.10.10, 87도966).

③ (O) 유죄의 자료가 되는 것으로 제출된 증거의 반대증거 서류에 대하여는 그것이 유죄사실을 인정하는 증거가 되는 것이 아닌 이상 반드시 그 진정성립이 증명되지 아니하거나 이를 증거로 함에 있어서의 상대방의 동의가 없다고 하더라도 증거판단의 자료로 할 수 있다(대법원 1981.12.22, 80도1547).

④ (O) 검사가 유죄의 자료로 제출한 사법경찰리 작성의 피고인에 대한 피의자신문조서는 피고인이 그 내용을 부인하는 이상 증거능력이 없으나, 그것이 임의로 작성된 것이 아니라고 의심할 만한 사정이 없는 한 피고인의 법정에서의 진술을 탄핵하기 위한 반대증거로 사용할 수 있으며, 또한 탄핵증거는 범죄사실을 인정하는 증거가 아니므로 엄격한 증거조사를 거쳐야 할 필요가 없음

은 형사소송법 제318조의2의 규정에 따라 명백하나 법정에서 이에 대한 탄핵증거로서의 증거조사는 필요한 것이고, 한편 증거신청의 방식에 관하여 규정한 형사소송규칙 제132조 제1항의 취지에 비추어 보면 탄핵증거의 제출에 있어서도 상대방에게 이에 대한 공격방어의 수단을 강구할 기회를 사전에 부여하여야 한다는 점에서 그 증거와 증명하고자 하는 사실과의 관계 및 입증취지 등을 미리 구체적으로 명시하여야 할 것이므로, 증명력을 다투고자 하는 증거의 어느 부분에 의하여 진술의 어느 부분을 다투려고 한다는 것을 사전에 상대방에게 알려야 한다(대법원 2005.8.19, 2005도2617).

정답 ①

---

188 ✓유사 ◆◆◇   변호사 2023

건설업을 하는 甲은 시청 건설 담당 공무원인 乙에게 자신의 회사를 신청사 공사의 시공사로 선정해 줄 것을 부탁하면서 현금 1천만원을 건네주었으나 다른 회사가 시공사로 선정되었다. 이에 甲은 乙에게 전화를 걸어 뇌물로 준 1천만원을 돌려줄 것을 요구했으나 乙은 이미 주식투자로 소비하여 이를 거부하였다. 그런데 甲은 乙과 전화로 나눈 대화를 휴대전화로 몰래 녹음하였고, 여기에는 뇌물을 받은 사실을 인정하는 乙의 진술이 포함되었다. 이후 甲은 乙의 집을 찾아가 뇌물로 준 1천만원을 당장 돌려주지 않으면 녹음한 내용을 수사기관과 언론사에 보내겠다고 말하였다. 이에 겁을 먹은 乙은 甲이 지정한 은행 예금계좌로 1천만원을 입금하였다. 乙의 배우자 丙은 乙의 사전 언급에 따라 甲과 乙의 대화 내용을 옆방에서 자신의 휴대전화로 甲 모르게 녹음하였다. 이에 관한 설명 중 옳은 것은? (다툼이 있는 경우 판례에 의함)

① 乙은 甲으로부터 받은 1천만원을 돌려주지 아니하고 주식투자로 임의 소비하였으므로, 뇌물수수죄와 별도로 횡령죄가 성립한다.

② 만일 甲이 위 예금계좌에 입금된 1천만원을 인출하지 않았다면 甲에게 공갈죄의 미수범이 성립한다.

③ 甲이 乙과의 전화상 대화를 휴대전화로 몰래 녹음한 것은 「통신비밀보호법」상 비밀녹음에 해당하여 甲의 뇌물공여죄나 乙의 뇌물수수죄에 대한 유죄의 증거로 사용할 수 없다.

④ 丙이 甲과 乙의 대화내용을 휴대전화로 몰래 녹음한 것은 대화 당사자인 乙의 사전 동의에 의한 것이므로, 甲의 공갈죄에 대한 유죄의 증거로 사용할 수 있다.

⑤ 만일 뇌물수수죄로 기소된 乙이 법정에서 뇌물수수의 사실을 부인하는 진술을 하는 경우, 검사가 유죄의 자료로 제출한 사법경찰관 작성의 乙에 대한 피의자신문조서는 乙이 그 내용을 부인하더라도 임의로 작성된 것으로 인정되는 한 乙의 법정진술의 증명력을 다투기 위한 탄핵증거로 사용할 수 있다.

해설

⑤ (○) 검사가 유죄의 자료로 제출한 사법경찰리 작성의 피고인에 대한 피의자신문조서는 피고인이 그 내용을 부인하는 이상 증거능력이 없으나, 그것이 임의로 작성된 것이 아니라고 의심할 만한 사정이 없는 한 피고인의 법정에서의 진술을 탄핵하기 위한 반대증거로 사용할 수 있다(대법원 2005.8.19, 2005도2617).

① (×) 乙이 지급받은 금원은 불법원인으로 인한 것이므로, 이를 돌려주지 아니하고 임의로 소비하였다고 하여 타인의 물건을 보관하던 중 횡령하였다고 볼 수는 없다.

[판례] 민법 제746조에 불법의 원인으로 인하여 재산을 급여하거나 노무를 제공한 때에는 그 이익의 반환을 청구하지 못한다고 규정한 뜻은 급여를 한 사람은 그 원인행위가 법률상 무효임을 내세워 상대방에게 부당이득반환청구를 할 수 없고, 또 급여한 물건의 소유권이 자기에게 있다고 하여 소유권에 기한 반환청구도 할 수 없어서 결국 급여한 물건의 소유권은 급여를 받은 상대방에게 귀속된다는 것이므로 조합장이 조합으로부터 공무원에게 뇌물로 전달하여 달라고 금원을 교부받은 것은 불법원인으로 인하여 지급받은 것으로서 이를 뇌물로 전달하지 않고 타에 소비하였다고 해서 타인의 재물을 보관 중 횡령하였다고 볼 수는 없다(대법원 1988.9.20, 86도628).

② (×) 乙이 甲이 지정한 예금계좌로 1천만원을 입금하여 甲이 이를 송금받은 때 공갈죄는 기수에 이른다.

③ (×) 전기통신의 감청은 제3자가 전기통신의 당사자인 송신인과 수신인의 동의를 받지 아니하고 전기통신내용을 녹음하는 등의 행위를 하는 것만을 말한다고 해석함이 타당하므로, 전기통신에 해당하는 전화통화 당사자의 일방이 상대방 모르게 통화내용을 녹음하는 것은 여기의 감청에 해당하지 않는다(대법원 2021.8.26, 2021다236999).

④ (×) 丙이 甲과 乙의 대화내용을 몰래 녹음한 행위는 乙의 사전 동의에 의한 것이나 甲의 동의를 얻은 것은 아니므로, 통신비밀보호법에서 금하는 감청에 해당한다. 따라서 이는 유죄의 증거로 사용할 수 없다.

[판례] 제3자가 전화통화자 중 일방만의 동의를 얻어 통화내용을 녹음한 경우, 통신비밀보호법 제3조 제1항 소정의 전기통신감청에 해당한다(대법원 2002.10.8, 2002도123).

정답 ⑤

---

8 자백과 보강증거

I 의의

189 ✓ 대표 ◆◆◆ | 변호사 2021 |

甲과 乙은 합동하여 평소 알고 지내던 A의 집에서 현금 1,000만원을 절취하였다는 사실로 특수절도로 공소가 제기되어 함께 재판을 받고 있다. 이에 관한 설명 중 옳은 것을 모두 고른 것은? (다툼이 있는 경우 판례에 의함)

> ㄱ. 乙이 피고인으로서 공판정에서 자백진술을 하면 그 진술은 甲에 대한 유죄의 증거로 사용할 수 있다.
> ㄴ. 甲과 乙의 소송절차가 분리되면 甲은 乙에 대한 공소사실에 관하여 증인이 될 수 있다.
> ㄷ. 경찰과 검찰에서 甲은 범행을 모두 부인하였고, 乙은 범행을 모두 자백하였는데, 사법경찰관 작성의 乙에 대한 피의자신문조서는 甲이 그 내용을 부인하면 甲에 대한 유죄의 증거로 사용할 수 없다.
> ㄹ. 사법경찰관 작성의 검증조서에 甲이 A의 거실에서 현금을 가지고 나오면서 "빨리 도망가자"라고 말한 진술기재 부분과 범행을 재연하는 사진이 첨부되어 있는 경우, 甲이 법정에서 검증조서에 대해서만 증거로 활용함에 동의하고 진술기재 부분과 재연사진에 대해서는 그 성립의 진정 및 내용을 부인하였다면, 위 진술기재 부분과 재연사진은 유죄의 증거로 사용할 수 없다.
> ㅁ. 검사가 유죄의 자료로 제출한 사법경찰관 작성의 甲에 대한 피의자신문조서는 甲이 그 내용을 부인하는 이상 증거능력이 없으나, 그것이 임의로 작성된 것이 아니라고 의심할 만한 사정이 없는 한 甲의 법정에서의 진술을 탄핵하기 위한 반대증거로 사용할 수 있다.

① ㄱ, ㄴ, ㄹ
② ㄱ, ㄴ, ㄷ, ㅁ
③ ㄱ, ㄷ, ㄹ, ㅁ
④ ㄴ, ㄷ, ㄹ, ㅁ
⑤ ㄱ, ㄴ, ㄷ, ㄹ, ㅁ

해설

ㄱ. (○) 판례에 의하면, 공동피고인의 자백은 이에 대한 피고인의 반대신문권이 보장되어 있어 증인으로 신문한 경우와 다를 바 없으므로 독립한 증거능력이 있다(대법원 1987.7.7, 87도973). 甲과 乙은 특수절도죄의 공동피고인의 관계이므로, 乙이 피고인으로서 공판정에서 한 자백진술은 甲에 대한 유죄의 증거로 사용할 수 있다.

ㄴ. (○) 공범인 공동피고인은 당해 소송절차에서는 피고인의 지위에 있으므로 다른 공동피고인에 대한 공소사실에 관하여 증인이 될 수 없으나, 소송절차가 분리되어 피고인의 지위에서 벗어나게 되면 다른 공동피고인에 대한 공소사실에 관하여 증인이 될 수 있다(대법원 2008.6.26, 2008도3300).

ㄷ. (○) 형사소송법 제312조 제3항은 검사 이외의 수사기관이 작성한 당해 피고인에 대한 피의자신문조서를 유죄의 증거로 하는 경우뿐만 아니라 검사 이외의 수사기관이 작성한 당해 피고인과 공범관계에 있는 다른 피고인이나 피의자에 대한 피의자신문조서를 당해 피고인에 대한 유죄의 증거로 채택할 경우에도 적용되는

바, 당해 피고인과 공범관계가 있는 다른 피의자에 대한 검사 이외의 수사기관 작성의 피의자신문조서는 그 피의자의 법정진술에 의하여 그 성립의 진정이 인정되더라도 당해 피고인이 공판기일에서 그 조서의 내용을 부인하면 증거능력이 부정된다(대법원 2004.7.15, 2003도7185 전원합의체; 2008.9.25, 2008도5189; 2014.4.10, 2014도1779).

ㄹ. (○) 대법원 1998.3.13, 98도159

ㅁ. (○) 대법원 2005.8.19, 2005도2617

정답 ⑤

---

190 ✓ 대표 ◆◆◇ | 변호사 2018 |

자백과 보강증거에 관한 설명 중 옳지 않은 것은? (다툼이 있는 경우 판례에 의함)

① 「국가보안법」상 회합죄를 피고인이 자백하는 경우, 회합 당시 상대방으로부터 받았다는 명함의 현존은 보강증거로 될 수 있다.

② 전과에 관한 사실은 누범가중의 사유가 되는 경우에도 피고인의 자백만으로 인정할 수 있다.

③ 약 3개월에 걸쳐 8회의 도박을 하였다는 혐의로 검사가 피고인에 대해 상습도박죄로 기소한 경우, 총 8회의 도박 중 3회의 도박사실에 대해서는 피고인의 자백 외에 보강증거가 없는 경우에도 법원은 소위 진실성담보설에 입각하여 8회의 도박행위 전부에 대하여 유죄판결을 할 수 있다.

④ 2017.2.18. 01:35경 자동차를 타고 온 甲으로부터 필로폰을 건네받은 후 甲이 위 차량을 운전해 갔다고 한 A의 진술과 2017.2.20. 甲으로부터 채취한 소변에서 나온 필로폰 양성 반응 결과는, 甲이 2017.2.18. 02:00경의 필로폰 투약으로 정상적으로 운전하지 못할 우려가 있는 상태에서 운전하였다는 자백을 보강하는 증거가 되기에 충분하다.

⑤ 실체적 경합범의 경우 각 범죄사실에 관하여 자백에 대한 보강증거가 있어야 한다.

해설

③ (×) 포괄일죄 중 상습범에 대해서는 각 행위에 대한 보강증거가 필요하므로, 자백 외에 보강증거가 없는 부분에 대해서 전부 유죄판결 할 수는 없다(제310조, 대법원 1996.2.13, 95도1794).

① (○) 국가보안법상 회합죄를 피고인이 자백하는 경우 회합 당시 상대방으로부터 받았다는 명함의 현존은 보강증거로 될 수 있다(대법원 1990.6.22, 90도741).

② (○) 전과에 관한 사실은 엄격한 의미에서의 범죄사실과는 구별되는 것으로서 피고인의 자백만으로서도 이를 인정할 수 있다(대법원 1973.3.20, 73도280).

④ (○) 2010.2.18. 01:35경 자동차를 타고 온 피고인으로부터 필로폰을 건네받은 후 피고인이 위 차량을 운전해 갔다고 한 갑의 진술과 2010.2.20. 피고인으로부터 채취한 소변에서 나온 필로폰 양성 반응은, 피고인이 2010.2.18. 02:00경의 필로폰 투약으로 정상적으로 운전하지 못할 우려가 있는 상태에 있었다는 공소사실 부분에 대한 자백을 보강하는 증거가 되기에 충분하다(대

법원 2010.12.23, 2010도11272).

⑤ (○) 대법원 2008.2.14, 2007도10937

정답 ③

---

191 ✓ 대표 ◆◆◇　　　　　　　국가9급개론 2018

자백보강법칙에 대한 설명으로 옳은 것(○)과 옳지 않은 것(×)을 바르게 연결한 것은? (다툼이 있는 경우 판례에 의함)

> ㄱ. 피고인이 위조신분증을 제시·행사한 사실을 자백하고 있는 때에는 그 신분증의 현존은 자백을 보강하는 간접증거가 된다.
>
> ㄴ. 피고인이 범행을 자인하는 것을 들었다는 피고인 아닌 자의 진술은 피고인의 자백의 보강증거가 될 수 있다.
>
> ㄷ. 즉결심판이나 소년보호사건에서는 피고인의 자백만을 증거로 범죄사실을 인정할 수 있다.

	ㄱ	ㄴ	ㄷ
①	○	×	○
②	×	○	×
③	×	○	○
④	○	×	×

해설

ㄱ. (○) 자백에 대한 보강증거는 피고인의 임의적인 자백사실이 가공적인 것이 아니고 진실하다고 인정될 정도의 증거이면 직접증거이거나 간접증거이거나 보강증거능력이 있다 할 것이고, 반드시 그 증거만으로 객관적 구성요건에 해당하는 사실을 인정할 수 있는 정도의 것임을 요하는 것이 아니라 할 것이므로, 피고인이 위조신분증을 제시 행사한 사실을 자백하고 있고, 위 제시·행사한 신분증이 현존한다면 그 자백이 임의성이 없는 것이 아닌 한 위 신분증은 피고인의 위 자백사실의 진실성을 인정할 간접증거가 된다고 보아야 한다(대법원 1983.2.22, 82도3107).

ㄴ. (×) 피고인이 범행을 자인하는 것을 들었다는 피고인 아닌 자의 진술내용은 형사소송법 제310조의 피고인의 자백에는 포함되지 아니하나 이는 피고인의 자백의 보강증거로 될 수 없다(대법원 2008.2.14, 2007도10937).

ㄷ. (○) 자백보강법칙은 일반형사소송절차에는 모두 적용되므로 간이공판절차, 약식명령절차에는 적용된다. 다만, 즉결심판절차에서는 명시적으로 즉결심판에 관한 절차법에서 형사소송법 제310조의 적용을 배제하고 있으므로 이에는 적용된다고 볼 수 없다. 또한, 일반형사소송절차가 아닌 소년보호사건에서도 자백보강법칙이 적용되지 않는다(대법원 1982.10.15, 82모36).

정답 ①

---

192 ✓ 유사 ◆◆◆　　　　　　　법원 2015

자백의 보강법칙에 관한 다음 설명 중 가장 옳지 않은 것은? (다툼이 있는 경우 판례에 의함)

① 피고인의 공판정에서의 자백에는 자백의 보강법칙이 적용되지 않는다.

② 자백에 대한 보강증거는 범죄사실의 전부 또는 중요부분을 인정할 수 있는 정도가 되지 아니하더라도 피고인의 자백이 가공적인 것이 아닌 진실한 것임을 인정할 수 있는 정도만 되면 족하다.

③ 보강증거는 증거가치에 있어서 자백과 독립된 증거여야 하므로 피고인의 자백을 내용으로 하는 피고인이 아닌 자의 진술은 보강증거가 될 수 없다.

④ 공범인 공동피고인들의 각 진술은 상호간에 서로 보강증거가 될 수 있다.

해설

① (×) 판례는 보강이 필요한 제310조의 자백을 <u>공판정 자백이나 공판정 외의 자백을 불문한다</u>는 입장이다(대법원 1960.6.22, 4292형상1043).
[보충] 공판정 자백도 오판의 위험성이 존재하기 때문에, 역시 보강증거가 필요하다.

② (○) 자백에 대한 보강증거는 범죄사실의 전부 또는 중요 부분을 인정할 수 있는 정도가 되지 아니하더라도 피고인의 자백이 가공적인 것이 아닌 진실한 것임을 인정할 수 있는 정도만 되면 족한 것으로서, 자백과 서로 어울려서 전체로서 범죄사실을 인정할 수 있으면 유죄의 증거로 충분하다(대법원 2008.5.29, 2008도2343)(보강증거의 필요범위: 진실성담보설).

③ (○) 보강증거는 자백과는 독립된 증거능력 있는 증거이어야 한다. "피고인이 범행을 자인하는 것을 들었다"는 피고인 아닌 자의 진술내용은 형사소송법 제310조의 피고인의 자백에는 포함되지 아니하나 이는 피고인의 자백의 보강증거로 될 수 없다(대법원 2008.2.14, 2007도10937).

④ (○) 형사소송법 제310조 소정의 '피고인의 자백'에 공범인 공동피고인의 진술은 포함되지 아니하므로 공범인 공동피고인의 진술은 다른 공동피고인에 대한 범죄사실을 인정하는 증거로 할 수 있는 것일 뿐만 아니라 공범인 공동피고인들의 각 진술은 상호간에 서로 보강증거가 될 수 있다(대법원 1990.10.30, 90도1939).

정답 ①

193 ✓ 유사 ◆◆◇ 법원9급 2023

자백보강법칙에 관한 다음 설명 중 가장 옳지 않은 것은?

① 공동피고인의 자백은 이에 대한 피고인의 반대신문권이 보장되어 있어 증인으로 신문한 경우와 다를 바 없으므로 독립한 증거능력이 있으나, 피고인들 간에 이해관계가 상반되는 경우에는 독립한 증거로 보기 어렵다.

② 직접증거가 아닌 간접증거나 정황증거도 보강증거가 될 수 있고, 자백과 보강증거가 서로 어울려서 전체로서 범죄사실을 인정할 수 있으면 유죄의 증거로 충분하다.

③ 피고인의 습벽을 범죄구성요건으로 하며 포괄일죄인 상습범에 있어서도 이를 구성하는 각 행위에 관하여 개별적으로 보강증거를 요구하고 있는 점에 비추어 보면 투약습성에 관한 정황증거만으로 향정신성의약품관리법위반죄의 객관적 구성요건인 각 투약행위가 있었다는 점에 관한 보강증거로 삼을 수는 없다.

④ 사람의 기억에는 한계가 있는 만큼 자백과 보강증거 사이에 어느 정도의 차이가 있어도 중요부분이 일치하고 그로써 진실성이 담보되면 보강증거로서의 자격이 있다.

해설

① (×) <u>공동피고인의 자백은 이에 대한 피고인의 반대신문권이 보장되어 있어 증인으로 신문한 경우와 다를 바 없으므로 독립한 증거능력이 있고, 이는 피고인들 간에 이해관계가 상반된다고 하여도 마찬가지라 할 것이다</u>(대법원 2006.5.11, 2006도1944).

② (○) 자백에 대한 보강증거는 범죄사실의 전부 또는 중요부분을 인정할 수 있는 정도가 되지 않더라도 피고인의 자백이 가공적인 것이 아닌 진실한 것임을 인정할 수 있는 정도만 되면 충분하다. 직접증거가 아닌 간접증거나 정황증거도 보강증거가 될 수 있고, 또한 자백과 보강증거가 서로 어울려서 전체로서 범죄사실을 인정할 수 있으면 유죄의 증거로 충분하다(대법원 2017.12.28, 2017도17628).

③ (○) <u>소변검사 결과는 1995.1.17.자 투약행위로 인한 것일 뿐 그 이전의 4회에 걸친 투약행위와는 무관하고, 압수된 약물도 이전의 투약행위에 사용되고 남은 것이 아니므로, 위 소변검사 결과와 압수된 약물은 결국 피고인이 투약습성이 있다는 점에 관한 정황증거에 불과하다 할 것인바, 피고인의 습벽을 범죄구성요건으로 하며 포괄1죄인 상습범에 있어서도 이를 구성하는 각 행위에 관하여 개별적으로 보강증거를 요구하고 있는 점에 비추어 보면 투약습성에 관한 정황증거만으로 향정신성의약품관리법위반죄의 객관적 구성요건인 각 투약행위가 있었다는 점에 관한 보강증거로 삼을 수는 없다</u>(대법원 1996.2.13, 95도1794).

④ (○) 자백에 대한 보강증거는 범죄사실의 전부 또는 중요부분을 인정할 수 있는 정도가 되지 아니하더라도 피고인의 자백이 가공적인 것이 아닌 진실한 것임을 인정할 수 있는 정도만 되면 족한 것으로서, 자백과 서로 어울려서 전체로서 범죄사실을 인정할 수 있으면 유죄의 증거로 충분하고, 나아가 <u>사람의 기억에는 한계가 있는 만큼 자백과 보강증거 사이에 어느 정도의 차이가 있어도 중요부분이 일치하고 그로써 진실성이 담보되면 보강증거로서의 자격이 있다</u>(대법원 2008.5.29, 2008도2343).

정답 ①

Ⅱ 보강법칙의 적용범위

194 ✓ 대표 ◆◆◆ 경찰 2013 유사 법원 2014

보강증거에 관한 설명 중 가장 옳지 않은 것은? (다툼이 있는 경우 판례에 의함)

① 형사소송법 제310조 소정의 "피고인의 자백"에 공범인 공동피고인의 진술은 포함되지 아니하므로 공범인 공동피고인의 진술은 다른 공동피고인에 대한 범죄사실을 인정하는 증거로 할 수 있고, 공범인 공동피고인들의 각 진술은 상호간에 서로 보강증거가 될 수 있다.

② 피고인이 범행을 자인하는 것을 들었다는 피고인 아닌 자의 진술내용은 형사소송법 제310조의 피고인의 자백에는 포함되지 아니하나 이는 피고인의 자백에 대한 보강증거가 될 수 없다.

③ 자백에 대한 보강증거는 직접증거가 아닌 간접증거나 정황증거도 보강증거가 될 수 있으며, 또한 자백과 보강증거가 서로 어울려서 전체로서 범죄사실을 인정할 수 있으면 유죄의 증거로 충분하다.

④ 전과에 관한 사실을 보강증거 없이 피고인의 자백만으로 이를 인정한 경우에는 법령위반에 해당하므로 상소이유가 된다.

해설

④ (×) <u>전과에 관한 사실은 엄격한 의미에서의 범죄사실과는 구별되는 것으로서 피고인의 자백만으로서도 이를 인정할 수 있다 할 것이다</u>(대법원 1981.6.9, 81도1353; 1973.3.20, 73도280). 즉 보강증거를 필요로 하지 않으므로 상소이유에 해당하지 않는다.
[보충] 보강증거: ⊙ 필요한 부분: 객관적 구성요건, ⓒ 필요 없는 부분(자백만으로도 증명력 인정): 주관적 구성요건, (구성요건 외 사실로서) 처벌조건, 누범가중사유인 전과, 확정판결의 존부, 정상관계사실

① (○) 대법원 1990.10.30, 90도1939

② (○) 대법원 2008.2.14, 2007도10937; 1981.7.7, 81도1314

③ (○) 자백에 대한 보강증거는 범죄사실의 전부 또는 중요 부분을 인정할 수 있는 정도가 되지 아니하더라도 피고인의 자백이 가공적인 것이 아닌 진실한 것임을 인정할 수 있는 정도만 되면 족할 뿐만 아니라 <u>직접증거가 아닌 간접증거나 정황증거도 보강증거가 될 수 있으며, 또한 자백과 보강증거가 서로 어울려서 전체로서 범죄사실을 인정할 수 있으면 유죄의 증거로 충분하다</u> 할 것이다(대법원 2011.1.27, 2010도1191).

정답 ④

195 ✅유사 ◆◆◇ 경찰 2014 유사·2016

〈보기〉의 사례에 관한 다음 설명 중 가장 적절하지 않은 것은? (다툼이 있는 경우 판례에 의함)

┌ 보기 ─────────────────────┐
甲과 乙은 공동으로 공원에서 술에 취하여 잠을 자고 있는 피해자 丙의 손목시계를 절취하였다는 공소사실로 기소되어 공동피고인으로 재판을 받고 있다. 공판정에서 甲은 공소사실을 자백하고 있으나, 乙은 공소사실을 부인하고 있다.
└──────────────────────────┘

① 형사소송법 제310조의 피고인의 자백에는 공범인 공동피고인의 진술은 포함되지 않는다.
② 乙의 진술은 甲에 대한 범죄사실을 인정하는데 있어서 증거로 쓸 수 있다.
③ 위 ②항의 경우 그에 대한 보강증거의 요부는 법관의 자유심증에 맡긴다.
④ 甲이 범행을 자백하는 것을 들었다는 丁의 진술내용은 형사소송법 제310조의 피고인의 자백에는 포함되지 아니하나 이는 피고인의 자백의 보강증거로는 될 수 있다.

해설

④ (×) 피고인이 범행을 자인하는 것을 들었다는 피고인 아닌 자의 진술내용은 형사소송법 제310조의 피고인의 자백에는 포함되지 아니하나 이는 피고인의 자백의 보강증거로 될 수 없다(대법원 2008.2.14, 2007도10937).
① (○) 형사소송법 제310조의 피고인의 자백에는 공범인 공동피고인의 진술은 포함되지 않으며, 이러한 공동피고인의 진술에 대하여는 피고인의 반대신문권이 보장되어 있어 독립한 증거능력이 있다(대법원 1992.7.28, 92도917).
② (○) 형사소송법 제310조 소정의 '피고인의 자백'에 공범인 공동피고인의 진술은 포함되지 아니하므로 공범인 공동피고인의 진술은 다른 공동피고인에 대한 범죄사실을 인정하는 증거로 할 수 있는 것일 뿐만 아니라 공범인 공동피고인들의 각 진술은 상호간에 서로 보강증거가 될 수 있다(대법원 1990.10.30, 90도1939).
③ (○) 형사소송법 제310조의 피고인의 자백에는 공범인 공동피고인의 진술이 포함되지 아니하므로 공범인 공동피고인의 진술은 다른 공동피고인에 대한 범죄사실을 인정하는데 있어서 증거로 쓸 수 있고 그에 대한 보강증거의 여부는 법관의 자유심증에 맡긴다(대법원 1985.3.9, 85도951).

정답 ④

196 ✅유사 ◆◆◇ 경찰간부 2023

다음 사례에 대한 설명으로 옳은 것은 모두 몇 개인가? (다툼이 있는 경우 판례에 의함)

┌──────────────────────────┐
(1) X카페의 주인 甲은, 쓰레기문제로 평소 자주 다투던 옆집 Y식당 주인 乙에게 화가 나 乙이 1층에 세워 놓은 Y식당 광고판(홍보용 배너와 거치대)을 그 장소에서 제거하여 컨테이너로 된 상가창고로 옮겨 놓아 乙이 사용할 수 없도록 하였다.
(2) 이 사실을 알게 된 乙은 甲에 대한 상해의 고의로 불 꺼진 X카페로 들어가 甲으로 추정되는 자에게 각목을 내리쳐 코뼈를 부러뜨렸으나 실제로 맞은 사람은 甲에게 총구를 겨누던 丙이었다.
└──────────────────────────┘

┌──────────────────────────┐
가. (1)에서 甲에게는 재물손괴죄가 성립한다.
나. (2)에서 착오에 대한 판례의 입장에 의하면, 乙에게 丙에 대한 상해죄의 고의기수범 성립을 인정한다.
다. (2)의 상황에서 엄격책임설의 입장에 의하면, 착오에 정당한 이유가 없는 경우 乙에게 상해죄 성립을 인정한다.
라. (2)의 사실에 대하여 검사가 乙에게 무혐의결정을 하였다가 다시 공소를 제기한 경우, 이는 일사부재리의 원칙에 위배되므로 다시 수사를 재개하거나 공소를 제기할 수 없다.
마. (2)의 사실에 대하여 수사기관에서 혐의를 부인하던 乙이 피고인의 신분으로 공판정에서 자백을 한 경우, 자백보강법칙은 적용되지 아니한다.
└──────────────────────────┘

① 1개   ② 2개
③ 3개   ④ 4개

해설

② 2개

가. (○) 甲이 홍보를 위해 광고판(홍보용 배너와 거치대)을 1층 로비에 설치해 두었는데, 피고인이 乙에게 지시하여 乙이 위 광고판을 그 장소에서 제거하여 컨테이너로 된 창고로 옮겨 놓아 甲이 사용할 수 없도록 한 경우, 비록 물질적인 형태의 변경이나 멸실, 감손을 초래하지 않은 채 그대로 옮겼더라도 위 광고판은 본래적 역할을 할 수 없는 상태로 되었으므로 피고인의 행위는 재물손괴죄에서의 재물의 효용을 해하는 행위에 해당한다(대법원 2018.7.24, 2017도18807).
나. (○) ('착오'에 대한 판례의 입장에 의할 것을 조건으로 제시하였음을 보면, 출제의도는 구성요건적 착오에 관한 판례의 입장인 법정적 부합설에 관하여 묻는 것으로 보인다) 乙이 丙을 甲으로 오인하고 상해한 것은 구체적 사실의 착오 중 객체의 착오로, 학설의 대립 없이 발생사실에 대한 고의기수범이 인정되는 경우이다.
다. (×) 乙에게 정당방위의 주관적 정당화요소는 없으나 객관적 정당화상황(丙이 甲에게 총구를 겨누던 상황)이 있으므로, 이는 우연적 방위에 해당한다. 따라서 주관적 정당화요소 필요설(상해죄의 불능미수 또는 상해죄의 기수)과 주관적 정당화요소 불요설(정당방위로서 무죄)이 대립할 뿐, 오상방위 등의 위법성 전제사실의 착오에 관한 학설인 엄격책임설을 적용할 수는 없다.

라. (×) 검사의 <u>무혐의결정(불기소처분)</u>에는 기판력이 인정되지 아니하므로, 불기소처분 이후에도 수사를 재개할 수 있다.

마. (×) 피고인이 공판정에서 법관의 면전에서 행하는 자백에도 허위개입으로 인한 오판의 위험성은 존재하므로 <u>보강법칙이 적용</u>된다(대법원 1960.6.22, 4292형상1043).

(정답) ②

---

197 ✅ 유사 ◆◇◇ 국가7급 2016

자백과 보강증거에 대한 설명으로 옳은 것(○)과 옳지 않은 것(×)을 바르게 표시한 것은? (다툼이 있는 경우 판례에 의함)

> ㄱ. 피고인이 범행을 자인하는 것을 들었다는 피고인 외의 제3자의 진술이 기재된 검찰 진술조서는 피고인의 자백에 대한 보강증거로 사용할 수 없다.
>
> ㄴ. 자백에 대한 보강증거는 범죄사실의 전부 또는 중요부분을 인정할 수 있는 정도이어야 하고, 자백과 보강증거가 서로 어울려서 전체로서 범죄사실을 인정할 수 있어야 한다.
>
> ㄷ. 일정한 증거가 발견되면 자백하겠다고 한 피의자의 약속이 검사의 강요나 위계에 의하여 이루어진 것이 아니라 경한 죄의 소추 등 이익과 교환조건으로 이루어진 경우, 그 약속에 의한 자백은 임의성 없는 자백이라 할 수 없다.
>
> ㄹ. 피고인이 피해자의 재물을 절취하려다가 미수에 그쳤다는 내용의 공소사실을 자백한 경우, 피고인을 현행범인으로 체포한 피해자가 수사기관에서 한 진술 또는 현장사진이 첨부된 수사보고서는 피고인 자백의 진실성을 담보하기에 충분한 보강증거가 될 수 있다.

	ㄱ	ㄴ	ㄷ	ㄹ
①	○	×	×	○
②	○	○	×	×
③	×	○	○	×
④	○	×	○	○

(해설)

ㄱ. (○) 대법원 2008.2.14, 2007도10937

ㄴ. (×) 자백에 대한 보강증거는 <u>범죄사실의 전부 또는 중요부분을 인정할 수 있는 정도가 되지 아니하더라도 피고인의 자백이 가공적인 것이 아닌 진실한 것임을 인정할 수 있는 정도만 되면 족할</u> 뿐만 아니라 직접증거가 아닌 간접증거나 정황증거도 보강증거가 될 수 있으며, 또한 자백과 보강증거가 서로 어울려서 전체로서 범죄사실을 인정할 수 있으면 유죄의 증거로 충분하다(대법원 2002.1.8, 2001도1897).

ㄷ. (×) 일정한 증거가 발견되면 피의자가 자백하겠다고 한 약속이 검사의 강요나 위계에 의하여 이루어졌다던가 또는 불기소나 경한 죄의 소추 등 이익과 교환조건으로 된 것으로 인정되지 않는다면 위와 같은 자백의 약속 하에 된 자백이라 하여 <u>곧 임의성</u>

<u>없는 자백이라고 단정할 수는 없다</u>(대법원 1983.9.13, 83도712). 단순 수뢰죄의 가벼운 형으로 처벌되도록 하겠다고 약속하고 자백을 유도한 것으로 위와 같은 상황하에서 한 자백은 그 임의성에 의심이 가고 따라서 진실성이 없다는 취지에서 이를 배척하였다 하여 자유심증주의의 한계를 벗어난 위법이 있다고는 할 수 없다(대법원 1984.5.9, 83도2782).

ㄹ. (○) 대법원 2011.9.29, 2011도8015
  [보충] 또한 재산죄 관련 압수된 피해품의 존재도 보강증거가 될 수 있다.

(정답) ①

Ⅲ 보강증거의 자격

Ⅳ 보강증거의 범위

198 ✅ 대표 ◆◆◆ 국가9급 2016

자백의 보강 증거에 대한 설명으로 옳은 것만을 모두 고른 것은? (다툼이 있는 경우 판례에 의함)

> ㄱ. 피고인 甲이 업무수행에 필요한 자금을 지출하면서, 스스로 그 지출한 자금내역을 자료로 남겨두기 위해 뇌물자금과 기타자금을 구별하지 아니하고 그 지출내역을 그때그때 계속적, 기계적으로 수첩에 직접 기재한 기재내용은 뇌물 공여사실에 대한 보강증거가 될 수 있다.
>
> ㄴ. 형사소송법 제310조 소정의 '피고인의 자백'에 공범인 공동피고인의 진술은 포함되지 아니하므로 공범인 공동피고인의 진술은 다른 공동피고인에 대한 범죄사실을 인정하는 증거로 할 수 있을 뿐만 아니라 공범인 공동피고인들의 각 진술은 상호 간에 서로 보강증거가 될 수 있다.
>
> ㄷ. 피고인 甲이 乙로부터 필로폰을 매수하면서 그 대금을 乙이 지정하는 은행계좌로 송금한 사실에 대한 압수·수색·검증영장 집행보고는 피고인 甲의 필로폰 매수행위와 실체적 경합범 관계에 있는 필로폰 투약행위에 대한 보강증거가 될 수 있다.
>
> ㄹ. 자백에 대한 보강증거는 범죄사실 전부나 그 중요부분의 전부에 일일이 그 보강증거를 필요로 하는 것이며, 간접증거 내지 정황증거는 보강증거가 될 수 없다.

① ㄱ, ㄴ ② ㄴ, ㄷ
③ ㄷ, ㄹ ④ ㄱ, ㄴ, ㄹ

(해설)

ㄱ. (○) 피고인이 뇌물공여 혐의를 받기 전에 이와는 관계없이 준설공사에 필요한 각종 인·허가 등의 업무를 위임받아 이를 추진하는 과정에서 그 업무수행에 필요한 자금을 지출하면서, 스스로 그 지출한 자금내역을 자료로 남겨두기 위하여 뇌물자금과 기타자금을 구별하지 아니하고 그 지출 일시, 금액, 상대방 등 내역을 그때그때 계속적, 기계적으로 기입한 수첩의 기재 내용은, 피고인이 자신의 범죄사실을 시인하는 자백이라고 볼 수 없으므로, 증거능력이 있는 한 피고인의 금전출납을 증명할 수 있는 별개의

증거라고 할 것인즉, 피고인의 검찰에서의 자백에 대한 보강증거
가 될 수 있다(대법원 1996.10.17, 94도2865 전원합의체).

ㄴ. (○) 형사소송법 제310조 소정의 "피고인의 자백"에 공범인 공
동피고인의 진술은 포함되지 아니하므로 공범인 공동피고인의
진술은 다른 공동피고인에 대한 범죄사실을 인정하는 증거로 할
수 있는 것일 뿐만 아니라 공범인 공동피고인들의 각 진술은 상
호간에 서로 보강증거가 될 수 있다(대법원 1990.10.30, 90도
1939).

ㄷ. (×) [1] 피고인이 범행을 자인하는 것을 들었다는 피고인 아닌
자의 진술내용은 형사소송법 제310조의 피고인의 자백에는 포
함되지 아니하나 이는 피고인의 자백의 보강증거로 될 수 없다.
[2] 실체적 경합범은 실질적으로 수죄이므로 각 범죄사실에 관하
여 자백에 대한 보강증거가 있어야 한다.
[3] 필로폰 매수 대금을 송금한 사실에 대한 증거가 필로폰 매수
죄와 실체적 경합범 관계에 있는 필로폰 투약행위에 대한 보강증
거가 될 수 없다(대법원 2008.2.14, 2007도10937).

ㄹ. (×) 자백에 대한 보강증거는 범죄사실의 전부 또는 중요부분을
인정할 수 있는 정도가 되지 아니하더라도 피고인의 자백이 가공
적인 것이 아닌 진실한 것임을 인정할 수 있는 정도만 되면 족할
뿐만 아니라 직접증거가 아닌 간접증거나 정황증거도 보강증거
가 될 수 있으며, 또한 자백과 보강증거가 서로 어울려서 전체로
서 범죄사실을 인정할 수 있으면 유죄의 증거로 충분하다고 할
것이다(대법원 2007.5.31, 2007도1419).

정답 ①

---

199 ✓ 대표 ◆◆◇ 경찰 2015

**자백보강법칙에 관한 다음 설명 중 가장 적절하지 않은
것은? (다툼이 있으면 판례에 의함)**

① 피고인이 범행을 자인하는 것을 들었다는 피고인 아닌
자의 진술내용은 피고인의 자백에 대한 보강증거가 될
수 없다.

② 공범인 공동피고인의 진술은 다른 공동피고인의 자백
에 대한 보강증거가 될 수 있다.

③ 자백에 대한 보강증거는 범죄사실의 전부 또는 중요부
분을 인정할 수 있는 정도가 되지 아니하더라도 피고
인의 자백이 가공적인 것이 아닌 진실한 것임을 인정
할 수 있는 정도만 되면 족할 뿐만 아니라, 직접증거가
아닌 간접증거나 정황증거도 보강증거가 될 수 있다.

④ 제1심법원이 증거의 요지에서 피고인의 자백을 뒷받침
할 만한 보강증거를 거시하지 않았음에도, 항소심이
적법하게 증거조사를 마쳐 채택한 증거들로 피고인의
자백을 뒷받침하기에 충분한 경우 제1심법원의 판단을
유지한 것은 정당하다.

해설

④ (×) 자백보강증거를 제시하지 않은 것은 그 자체로 판결결과에
영향을 미친 위법이 있으므로 원심판결은 파기하여야 한다. "제1심
법원이 증거의 요지에서 피고인의 자백을 뒷받침할 만한 보강증거
를 거시하지 않았음에도, 원심이 적법하게 증거조사를 마쳐 채택한
증거들로 피고인의 자백을 뒷받침하기에 충분하므로 제1심법원의
잘못이 판결 결과에 아무런 영향을 미치지 않았다고 본 원심판결에

대하여, 형사소송법 제310조, 제361조의5 제1호 위반을 이유로
파기하고 자판한다(대법원 2007.11.29, 2007도7835)."

① (○) 피고인이 범행을 자인하는 것을 들었다는 피고인 아닌 자의
진술내용은 형사소송법 제310조의 피고인의 자백에는 포함되지
아니하나 이는 피고인의 자백의 보강증거로 될 수 없다(대법원
2008.2.14, 2007도10937).

② (○) 대법원 1990.10.30, 90도1939

③ (○) 자백에 대한 보강증거는 범죄사실의 전부 또는 중요부분을
인정할 수 있는 정도가 되지 아니하더라도 피고인의 자백이 가공
적인 것이 아닌 진실한 것임을 인정할 수 있는 정도만 되면 족할
뿐만 아니라 직접증거가 아닌 간접증거나 정황증거도 보강증거
가 될 수 있으며, 또한 자백과 보강증거가 서로 어울려서 전체로
서 범죄사실을 인정할 수 있으면 유죄의 증거로 충분하다 할 것
이다(대법원 2011.1.27, 2010도1191).

정답 ④

---

200 ✓ 대표 ◆◆◇ 법원 2017

**자백의 보강법칙에 관한 다음 설명 중 옳지 않은 것은
모두 몇 개인가? (다툼이 있는 경우 판례에 의함)**

ㄱ. 소년보호사건에서는 피고인의 자백만을 증거로 범
죄사실을 인정할 수 있다.

ㄴ. 공판정의 자백에 대해서도 보강법칙은 적용된다.

ㄷ. 공동피고인의 자백은 이에 대한 피고인의 반대신문
권이 보장되어 있어 증인으로 신문한 경우와 다를
바 없으므로 독립한 증거능력이 있고, 이는 피고인들
간에 이해관계가 상반된다고 하여도 마찬가지이다.

ㄹ. 피고인이 범행을 자인하는 것을 들었다는 피고인 아
닌 자의 진술내용은 피고인의 자백에 대한 보강증거
가 될 수 있다.

ㅁ. 고의는 자백만으로도 인정할 수 있다.

① 1개   ② 2개
③ 3개   ④ 4개

해설

ㄱ. (○) 소년보호사건은 형사소송절차가 아니므로 자백보강법칙이
적용되지 아니한다(대법원 1982.10.15, 82모36).

ㄴ. (○) 통설과 판례의 입장이다. 대법원 1981.7.7, 81도1314 참조.

ㄷ. (○) 대법원 2006.5.11, 2006도1944

ㄹ. (×) 피고인이 범행을 자인하는 것을 들었다는 피고인 아닌 자의
진술내용은 형사소송법 제310조의 피고인의 자백에는 포함되지
아니하나 이는 피고인의 자백의 보강증거로 될 수 없다(대법원
2008.2.14, 2007도10937).

ㅁ. (○) 대법원 1961.8.16, 61도171

정답 ①

201 ⊘ 유사 ◆◆◆ 국가9급 2022 유사 법원9급 2019

자백의 보강법칙에 관한 다음 설명 중 가장 옳지 않은 것은?

① 필로폰 매수 대금을 송금한 사실에 대한 증거는 필로폰 매수죄와 실체적 경합범 관계에 있는 필로폰 투약행위의 자백에 대한 보강증거가 될 수 있다.

② 2010.2.18. 01:35경 자동차를 타고 온 피고인으로부터 필로폰을 건네받은 후 피고인이 위 차량을 운전해 갔다고 한 甲의 진술과 2010.2.20. 피고인으로부터 채취한 소변에서 나온 필로폰 양성 반응은, 피고인이 2010.2.18. 02:00경의 필로폰 투약으로 정상적으로 운전하지 못할 우려가 있는 상태에 있었다는 공소사실 부분에 대한 자백을 보강하는 증거가 되기에 충분하다.

③ 피고인이 자신이 거주하던 다세대주택의 여러 세대에서 7건의 절도행위를 한 것으로 기소되었는데 그중 4건은 범행 장소인 구체적 호수가 특정되지 않은 사안에서, 위 4건에 관한 피고인의 범행 관련 진술이 매우 사실적·구체적·합리적이고 진술의 신빙성을 의심할 만한 사유도 없어 자백의 진실성이 인정되므로, 피고인의 집에서 해당 피해품을 압수한 압수조서와 압수물 사진은 위 자백에 대한 보강증거가 된다.

④ 자동차등록증에 차량의 소유자가 피고인으로 등록·기재된 것이 피고인이 그 차량을 운전하였다는 사실의 자백 부분에 대한 보강증거가 될 수 있고, 결과적으로 피고인의 무면허운전이라는 전체 범죄사실의 보강증거로 충분하다.

해설

① (×) 실체적 경합범은 실질적으로 수죄이므로 각 범죄사실에 관하여 자백에 대한 보강증거가 있어야 한다(대법원 1959.6.30, 4292형상122; 2008.2.14, 2007도10937).

② (○) 대법원 2010.12.23, 2010도11272

③ (○) 대법원 2008.5.29, 2008도2343

④ (○) 대법원 2000.9.26, 2000도2365

정답 ①

202 ⊘ 유사 ◆◇◇ 국가7급 2014

피고인의 자백에 대한 보강증거가 될 수 없는 것은? (다툼이 있는 경우 판례에 의함)

① 피고인 갑이 위조신분증을 제시·행사하였다고 자백하는 때에, 그 위조신분증이 제출된 경우

② 피고인 을이 주거침입의 범행을 자백하는 때에, 주거침입행위의 동기에 관한 참고인의 전문진술이 제출된 경우

③ 피고인 병이 간통사실을 자백하는 때에, 그 범행 시점에 가출과 외박이 잦아 의심을 하게 되었다는 남편의 진술조서가 제출된 경우

④ 피고인 정이 반지를 편취하였다고 자백하는 때에, 피고인으로부터 반지를 매입하였다는 참고인의 진술이 제출된 경우

해설

[정리] 보강증거: 대체로 될 수 있다. 단, 범행동기에 관한 정황증거나 필로폰 투약의 습성에 관한 증거만으로는 자백의 보강증거가 될 수 없다.

② (×) 검사가 보강증거로서 제출한 증거의 내용이 피고인과 공소외 갑이 현대자동차 춘천영업소를 점거했다가 갑이 처벌받았다는 것이고, 피고인의 자백내용은 현대자동차 점거로 갑이 처벌받은 것은 학교 측의 제보 때문이라 하여 피고인이 그 보복으로 학교총장실을 침입 점거했다는 것이라면, 위 증거는 공소사실의 객관적 부분인 주거침입, 점거사실과는 관련이 없는 범행의 침입 동기에 관한 정황증거에 지나지 않으므로 위 증거와 피고인의 자백을 합쳐 보아도 자백사실이 가공적인 것이 아니고 진실한 것이라 인정하기에 족하다고 볼 수 없으므로 검사 제출의 위 증거는 자백에 대한 보강증거가 될 수 없다(대법원 1990.12.7, 90도2010).

① (○) 자백에 대한 보강증거는 피고인의 임의적인 자백사실이 가공적인 것이 아니고 진실하다고 인정될 정도의 증거이면 직접증거이거나 간접증거이거나 보강증거능력이 있다 할 것이고, 반드시 그 증거만으로 객관적 구성요건에 해당하는 사실을 인정할 수 있는 정도의 것임을 요하는 것이 아니라 할 것이므로, 피고인이 위조신분증을 제시 행사한 사실을 자백하고 있고, 위 제시 행사한 신분증이 현존한다면 그 자백이 임의성이 없는 것이 아닌 한 위 신분증은 피고인의 위 자백사실의 진실성을 인정할 간접증거가 된다고 보아야 한다(대법원 1983.2.22, 82도3107).

③ (○) 피고인이 간통사실을 자인하는 것을 들었고 공소사실 기재의 간통범행 일시 경에 피고인의 가출과 외박이 잦아 의심을 하게 되었다는 취지의 피고인의 남편에 대한 진술조서 기재는 피고인의 간통사실 자백에 대한 보강증거가 될 수 있다(대법원 1983.5.10, 83도686).

④ (○) 검사의 피고인에 대한 피의자신문조서기재에 피고인이 성명불상자로부터 반지 1개를 편취한 후 이 반지를 1984.4.20경 소송외 갑에게 매도하였다는 취지로 진술하고 있고 한편 검사의 갑에 대한 진술조서기재에 위 일시경 피고인으로부터 금반지 1개를 매입하였다고 진술하고 있다면 위 갑의 진술은 피고인이 자백하고 있는 편취물품의 소재 내지 행방에 부합하는 진술로서 형식적으로 피고인의 자백의 진실성을 보강하는 증거가 될 수 있다(대법원 1985.11.12, 85도1838).

정답 ②

203 ☑ 유사 ◆◆◇ 변호사 2022

자백과 보강증거에 관한 설명 중 옳지 않은 것을 모두 고른 것은? (다툼이 있는 경우 판례에 의함)

ㄱ. 피고인이 다세대주택의 여러 세대에서 7건의 절도 행위를 한 것으로 기소되었는데 그중 4건은 범행 장소인 구체적 호수가 특정되지 않은 사안에서, 위 4건에 관한 피고인 자백의 진실성이 인정되는 경우라면, 피고인의 집에서 압수한 위 4건의 각 피해품에 대한 압수조서와 압수물 사진은 위 자백에 대한 보강증거가 된다.

ㄴ. 피고인이 범행을 자인하는 것을 들었다는 피고인 아닌 자의 진술은 피고인의 자백에 포함되지 아니하므로, 피고인 자백의 보강증거가 될 수 있다.

ㄷ. 2021.10.19. 채취한 소변에 대한 검사 결과 메스암페타민 성분이 검출된 경우, 위 소변검사 결과는 2021.10.17. 메스암페타민을 투약하였다는 자백에 대한 보강증거가 될 수는 있지만, 각 투약행위에 대한 자백의 보강증거는 별개의 것이어야 하므로, 같은 달 13. 메스암페타민을 투약하였다는 자백에 대한 보강증거는 될 수 없다.

ㄹ. 공소장에 기재된 대마 흡연일자로부터 한 달 후 피고인의 주거지에서 압수된 대마잎은 비록 피고인의 자백이 구체적이고 그 진실성이 인정된다고 하더라도 피고인의 자백에 대한 보강증거가 될 수 없다.

① ㄱ
② ㄱ, ㄷ
③ ㄴ, ㄷ
④ ㄴ, ㄹ
⑤ ㄴ, ㄷ, ㄹ

해설

ㄱ. (○) 대법원 2008.5.29, 2008도2343
ㄴ. (×) 대법원 1981.7.7, 81도1314
ㄷ. (×) 2000.10.19. 채취한 소변에 대한 검사결과 메스암페타민 성분이 검출된 경우, <u>위 소변검사결과는 2000.10.17. 메스암페타민을 투약하였다는 자백에 대한 보강증거가 될 수 있음은 물론 같은 달 13. 메스암페타민을 투약하였다는 자백에 대한 보강증거도 될 수 있다</u>(대법원 2002.1.8, 2001도1897).
[보충] 원심이 피고인의 자백에 대한 보강증거로 삼을 수 없다고 판단한 대구광역시 보건환경연구원장 작성의 시험성적서는 2000. 10.19. 21:50경 피고인으로부터 채취한 소변을 검사한 결과 메스암페타민 성분이 검출되었다는 취지의 검사결과를 기재한 것이고, 그와 같은 검사결과에 의하여 검출된 메스암페타민 성분은 주로 피고인이 2000.10.17. 투약한 메스암페타민에 의한 것으로 보이기는 하지만, 피고인이 <u>2000.10.13. 메스암페타민을 투약함으로 인하여 피고인의 체내에 남아 있던 메스암페타민 성분도 그에 포함되어 검출되었을 가능성을 배제할 만한 합리적 근거가 없으므로 위 소변검사결과가 오로지 2000.10.17. 투약행위로 인한 것이라기 보다는 2000.10.13. 투약행위와 2000.10.17. 투약행위가 결합되어 나온 것으로 보아야 할 것이어서 그 결과는 위 각 투약행위에 대한 보강증거로 될 수 있다고 할 것이다</u>(위 판례).
[비교] 소변검사 결과는 1995.1.17.자 투약행위로 인한 것일 뿐 그 이전의 4회에 걸친 투약행위(1994.6. 중순, 같은 해 7. 중순,

같은 해 10. 중순, 같은 해 11.20.)와는 무관하고, 압수된 약물도 이전의 투약행위에 사용되고 남은 것이 아니므로, <u>위 소변검사 결과와 압수된 약물은 결국 피고인이 투약'습성'이 있다는 점에 관한 정황증거에 불과하다 할 것인바, 피고인의 습벽을 범죄구성요건으로 하며 포괄1죄인 상습범에 있어서도 이를 구성하는 각 행위에 관하여 개별적으로 보강증거를 요구하고 있는 점에 비추어 보면 투약습성에 관한 정황증거만으로 향정신성의약품관리법위반죄의 객관적 구성요건인 각 투약행위가 있었다는 점에 관한 보강증거로 삼을 수는 없다</u>(대법원 1996.2.13, 95도1794).
ㄹ. (×) 기소된 대마 흡연일자로부터 한 달 후 피고인의 주거지에서 압수된 대마잎도 피고인의 자백에 대한 보강증거가 된다(대법원 2007.9.20, 2007도5845).
[보충] 위 ㄷ.의 판례와도 유사한 판례이다.

정답 ⑤

204 ☑ 유사 ◆◇◇ 경찰승진 2022

자백보강법칙에 대한 설명으로 가장 적절하지 않은 것은? (다툼이 있는 경우 판례에 의함)

① 「형사소송법」 제310조에서 말하는 피고인의 자백에는 공범인 공동피고인의 진술은 포함되지 않으며, 이러한 공동피고인의 진술에 대하여는 피고인의 반대신문권이 보장되어 있어 독립한 증거능력이 있다.

② 피고인의 습벽을 범죄구성요건으로 하며 포괄일죄인 상습범에 있어서는 이를 구성하는 각 행위에 관하여 개별적으로 보강증거를 요구하고 있는 것이 아니라 포괄적으로 보강증거를 요구한다.

③ 피고인이 범행을 자인하는 것을 들었다는 피고인 아닌 자의 진술내용은 「형사소송법」 제310조에서 말하는 피고인의 자백에는 포함되지 아니한다.

④ 직접증거가 아닌 간접증거나 정황증거도 보강증거가 될 수 있고, 자백과 보강증거가 서로 어울려서 전체로서 범죄사실을 인정할 수 있으면 유죄의 증거로 충분하다.

해설

② (×) 소변검사 결과는 1995.1.17.자 투약행위로 인한 것일 뿐 그 이전의 4회에 걸친 투약행위와는 무관하고, 압수된 약물도 이전의 투약행위에 사용되고 남은 것이 아니므로, 위 소변검사 결과와 압수된 약물은 결국 피고인이 투약습성이 있다는 점에 관한 정황증거에 불과하다 할 것인바, <u>피고인의 습벽을 범죄구성요건으로 하며 포괄1죄인 상습범에 있어서도 이를 구성하는 각 행위에 관하여 개별적으로 보강증거를 요구하고 있는 점에 비추어 보면 투약습성에 관한 정황증거만으로 향정신성의약품관리법위반죄의 객관적 구성요건인 각 투약행위가 있었다는 점에 관한 보강증거로 삼을 수는 없다</u>(대법원 1996.2.13, 95도1794).
① (○) 대법원 1992.7.28, 92도917
③ (○) 대법원 1981.7.7, 81도1314
④ (○) 대법원 1999.3.23, 99도338

정답 ②

205 ✓ 유사 ◆◇◇ 국가7급 2019

자백보강법칙에 대한 설명으로 옳은 것은? (다툼이 있는 경우 판례에 의함)

① 자백보강법칙은 「즉결심판에 관한 절차법」에 따른 즉결심판절차에 적용된다.

② 피고인의 습벽을 범죄구성요건으로 하는 포괄일죄로서의 상습범에 있어서는 이를 구성하는 각 행위에 관하여 개별적으로 보강증거를 필요로 하지 않는다.

③ 피고인이 범행을 인정하는 것을 들었다는 참고인의 검찰진술조서의 진술기재는 피고인의 자백에 대한 보강증거가 될 수 있다.

④ 자동차등록증에 차량의 소유자가 피고인으로 등록·기재된 사실은 피고인이 그 차량을 운전하였다는 사실의 자백 부분에 대한 보강증거가 될 수 있고, 결과적으로 피고인의 무면허운전이라는 전체 범죄사실의 보강증거가 될 수 있다.

[해설]

④ (○) 제1심 판결이 적법하게 채용한 자동차등록증의 기재에 의하면 이 사건 차량이 피고인의 소유로 등록되어 있으므로 이는 피고인이 그 소유 이 사건 차량을 운전하였다는 사실의 자백 부분에 대한 보강증거가 될 수 있고, 결과적으로 피고인이 운전면허 없이 운전하였다는 전체 범죄사실의 보강증거로 충분하다 할 것이다(대법원 2000.9.26, 2000도2365).

① (×) 즉결심판에는 자백보강법칙이 적용되지 아니한다(즉결심판절차법 제10조 참조).
[보충] 소년보호사건에도 적용되지 아니한다.

> **즉결심판절차법 제10조(증거능력)** 즉결심판절차에 있어서는 형사소송법 제310조, 제312조 제3항 및 제313조의 규정은 적용하지 아니한다.
> **형사소송법 제310조(불이익한 자백의 증거능력)** 피고인의 자백이 그 피고인에게 불이익한 유일의 증거인 때에는 이를 유죄의 증거로 하지 못한다.

② (×) 피고인의 습벽을 범죄구성요건으로 하며 포괄1죄인 상습범에 있어서도 이를 구성하는 각 행위에 관하여는 개별적으로 보강증거가 요구된다(대법원 1983.7.26, 83도1448,83감도266).
[보충] 포괄일죄에 대한 보강증거는 전체적으로 있으면 되나, 상습범만큼은 각 행위에 관한 개별적인 보강증거가 필요하다.

③ (×) 공소외 1에 대한 검찰 진술조서의 진술기재는 피고인이 이 사건 범행을 자인하는 것을 들었다는 진술로서 전문증거이기는 하나 간이공판절차에 의하여 심판할 것을 결정한 이 사건에 있어서는 같은 법 제318조의3의 규정에 의하여 피고인의 동의가 있는 것으로 간주되어 증거능력이 인정되고, 또한 이러한 진술조서는 자백자 본인의 진술 자체를 기재한 것은 아니므로 같은 법 제310조의 자백에는 포함되지 않는다 할 것이지만, 피고인의 자백을 내용으로 하고 있는 이와 같은 진술기재 내용을 피고인의 자백의 보강증거로 삼는다면 결국 피고인의 자백을 피고인의 자백으로서 보강하는 결과가 되어 아무런 보강도 하는 바 없는 것이니 보강증거가 되지 못하고, 오히려 보강증거를 필요로 하는 피고인의 자백과 동일하게 보아야 할 성질의 것이라고 할 것이므로 피고인의 자백의 보강증거로 될 수 없다(대법원 1981.7.7, 81도1314).

[정답] ④

206 ✓ 유사 ◆◆◇ 경찰2차 2016

자백에 대한 보강증거에 관한 설명으로 가장 적절하지 않은 것은? (다툼이 있으면 판례에 의함)

① 자백에 대한 보강증거는 피고인의 임의적인 자백사실이 가공적인 것이 아니고 진실하다고 인정될 정도의 증거이면 직접증거이거나 간접증거이거나 보강증거능력이 있다 할 것이나 적어도 그 증거만으로 객관적 구성요건에 해당하는 사실을 인정할 수 있는 정도는 되어야 한다.

② '형사소송법' 제310조 소정의 "피고인의 자백"에 공범인 공동피고인의 진술은 포함되지 아니하므로 공범인 공동피고인의 진술은 다른 공동피고인에 대한 범죄사실을 인정하는 증거로 할 수 있는 것일 뿐만 아니라 공범인 공동피고인들의 각 진술은 상호간에 서로 보강증거가 될 수 있다.

③ 자동차등록증에 차량의 소유자가 피고인으로 등록·기재된 것이 피고인이 그 차량을 운전하였다는 사실의 자백 부분에 대한 보강증거가 될 수 있고 결과적으로 피고인의 무면허운전이라는 전체 범죄사실의 보강증거로 충분하다.

④ 뇌물공여의 상대방인 공무원이 뇌물을 수수한 사실을 부인하면서도 그 일시 경에 뇌물공여자를 만났던 사실 및 공무에 관한 청탁을 받기도 한 사실 자체는 시인하였다면, 이는 뇌물을 공여하였다는 뇌물공여자의 자백에 대한 보강증거가 될 수 있다.

[해설]

① (×) 자백에 대한 보강증거는 피고인의 임의적인 자백사실이 가공적인 것이 아니고 진실하다고 인정될 정도의 증거이면 직접증거이거나 간접증거이거나 보강증거능력이 있다 할 것이고, 반드시 그 증거만으로 객관적 구성요건에 해당하는 사실을 인정할 수 있는 정도의 것임을 요하는 것이 아니라 할 것이므로, 피고인이 위조신분증을 제시 행사한 사실을 자백하고 있고, 위 제시 행사한 신분증이 현존한다면 그 자백이 임의성이 없는 것이 아닌 한 위 신분증은 피고인의 위 자백사실의 진실성을 인정할 간접증거가 된다고 보아야 한다(대법원 1983.2.22, 82도3107).

② (○) 대법원 1990.10.30, 90도1939

③ (○) 대법원 2000.9.26, 2000도2365

④ (○) 대법원 1995.6.30, 94도993

[정답] ①

207 ✓ 유사 ◆◆◆

자백에 관한 설명으로 가장 적절하지 않은 것은? (다툼이 있는 경우 판례에 의함)

① 수사기관이 작성한 압수조서에 기재된 피의자였던 피고인의 자백 진술 부분은 피고인 또는 변호인이 내용을 부인하는 이상 증거능력이 없다.

② 상업장부나 항해일지, 진료일지 등의 문서가 우연히 피고인에 의해 작성되었고 그 문서의 내용 중 피고인의 범죄사실의 존재를 추론해 낼 수 있는 공소사실에 일부 부합되는 사실의 기재가 있다고 하더라도, 피고인이 범죄사실을 자백하는 문서라고 볼 수 없다.

③ 자동차등록증에 차량의 소유자가 피고인으로 등록·기재된 것은 피고인이 그 차량을 운전하였다는 사실의 자백 부분에 대한 보강증거가 될 수 있지만, 피고인의 무면허운전이라는 전체 범죄사실의 보강증거가 될 수는 없다.

④ 피고인이 증거로 동의한 압수조서 중 '압수경위'란에 피고인의 범행 장면(휴대전화기로 여성의 치마 속 몰래촬영)을 현장에서 목격한 사법경찰관리가 이를 묘사한 진술내용이 포함된 경우, 이러한 내용은 지하철역 에스컬레이터에서 휴대전화기의 카메라를 이용하여 여성 피해자의 치마 속을 몰래 촬영하였다는 피고인의 자백에 대한 보강증거가 될 수 있다.

해설

③ (×) 자동차등록증에 차량의 소유자가 피고인으로 등록·기재된 것이 피고인이 그 차량을 운전하였다는 사실의 자백 부분에 대한 보강증거가 될 수 있고 결과적으로 피고인의 무면허운전이라는 전체 범죄사실의 보강증거로 충분하다(대법원 2000.9.26, 2000도2365).

① (○) 형사소송법 제312조 제3항에 의하면, 검사 이외의 수사기관이 작성한 피의자신문조서는 그 피의자였던 피고인 또는 변호인이 그 내용을 인정할 때에 한하여 증거로 할 수 있다. 피의자의 진술을 기재한 서류 내지 문서가 수사기관의 수사과정에서 작성된 것이라면 그 서류나 문서의 형식과 관계없이 피의자신문조서와 달리 볼 이유가 없으므로, 수사기관이 작성한 압수조서에 기재된 피의자였던 피고인의 자백 진술 부분은 피고인 또는 변호인이 내용을 부인하는 이상 증거능력이 없다(대법원 2024.5.30, 2020도16796).

② (○) 대법원 1996.10.17, 94도2865 전원합의체

④ (○) 압수조서 중 '압수경위'란에 기재된 내용은 피고인이 범행을 저지르는 현장을 직접 목격한 사람의 진술이 담긴 것으로서 형사소송법 제312조 제5항에서 정한 '피고인이 아닌 자가 수사과정에서 작성한 진술서'에 준하는 것으로 볼 수 있고, 이에 따라 휴대전화기에 대한 임의제출절차가 적법하였는지에 영향을 받지 않는 별개의 독립적인 증거에 해당하여, 피고인이 증거로 함에 동의한 이상 유죄를 인정하기 위한 증거로 사용할 수 있을 뿐 아니라 피고인의 자백을 보강하는 증거가 된다고 볼 여지가 많다(대법원 2019.11.14, 2019도13290).

정답 ③

208 ✓ 유사 ◆◆◆

자백에 관한 설명 중 옳은 것(○)과 옳지 않은 것(×)을 올바르게 조합한 것은? (다툼이 있는 경우 판례에 의함)

ㄱ. 변론을 분리하지 아니한 채 이루어진 공범인 공동피고인의 공판정에서의 자백은 피고인에 대하여 불리한 증거로 사용할 수 없다.

ㄴ. 상업장부나 금전출납부 등과 같이 범죄사실의 인정 여부와는 관계없이 우연히 피고인이 자기에게 맡겨진 사무를 처리한 사무 내역을 그때그때 계속적, 기계적으로 기재한 문서라도 공소사실에 일부 부합되는 사실의 기재가 있다면 이는 범죄사실을 자백하는 문서로 보아야 한다.

ㄷ. 피고인이 그 범죄혐의를 받기 전에 이와는 관계없이 자기의 업무수행에 필요한 자금을 지출하면서 스스로 그 지출한 자금내역을 자료로 남겨두기 위하여 뇌물자금과 기타 자금을 구별하지 아니하고 그 내역을 기입한 수첩은 피고인의 검찰에서의 자백에 대한 보강증거가 될 수 없다.

ㄹ. 횡령죄의 피고인이 제출한 항소이유서에 "피고인은 돈이 급해 지어서는 안 될 죄를 지었습니다.", "진심으로 뉘우치고 있습니다."라고 기재되어 있더라도, 이어진 검사와 재판장 및 변호인의 각 신문에 대하여 범죄사실을 일관되게 부인한다면 범죄사실을 자백한 것이라고 볼 수 없다.

ㅁ. 자백에 대한 보강증거는 자백이 가공적인 것이 아닌 진실한 것임을 인정할 수 있는 정도로 충분하지만, 자백과 보강증거만으로도 유죄의 증거로 충분하다고 볼 수 있으므로, 간접증거나 정황증거는 보강증거가 될 수 없다.

	ㄱ	ㄴ	ㄷ	ㄹ	ㅁ
①	○	×	×	○	×
②	×	×	○	×	×
③	○	×	×	×	○
④	×	○	○	×	○
⑤	×	×	×	○	×

해설

ㄱ. (×) 공동피고인의 자백은 이에 대한 피고인의 반대신문권이 보장되어 있어 증인으로 신문한 경우와 다를 바 없으므로 독립한 증거능력이 있다(대법원 1987.7.7, 87도973).

ㄴ. (×) 상업장부나 항해일지, 진료일지 또는 이와 유사한 금전출납부 등과 같이 범죄사실의 인정 여부와는 관계없이 자기에게 맡겨진 사무를 처리한 사무 내역을 그때그때 계속적, 기계적으로 기재한 문서 등의 경우는 사무처리 내역을 증명하기 위하여 존재하는 문서로서 그 존재 자체 및 기재가 그러한 내용의 사무가 처리되었음의 여부를 판단할 수 있는 별개의 독립된 증거자료이고, 설사 그 문서가 우연히 피고인이 작성하였고 공소사실에 일부 부합되는 사실의 기재가 있다고 하더라도, 이를 일컬어 피고인이 범죄사실을 자백하는 문서라고 볼 수는 없다(대법원 1996.10.17,

94도2865 전원합의체).

ㄷ. (×) 피고인이 뇌물공여 혐의를 받기 전에 이와는 관계없이 준설공사에 필요한 각종 인·허가 등의 업무를 위임받아 이를 추진하는 과정에서 그 업무수행에 필요한 자금을 지출하면서, 스스로 그 지출한 자금내역을 자료로 남겨두기 위하여 뇌물자금과 기타 자금을 구별하지 아니하고 그 지출 일시, 금액, 상대방 등 내역을 그때그때 계속적, 기계적으로 기입한 수첩의 기재 내용은, 피고인이 자신의 범죄사실을 시인하는 자백이라고 볼 수 없으므로, 증거능력이 있는 한 피고인의 금전출납을 증명할 수 있는 별개의 증거라고 할 것인즉, 피고인의 검찰에서의 자백에 대한 보강증거가 될 수 있다(대법원 1996.10.17, 94도2865 전원합의체).

ㄹ. (○) 피고인이 제출한 항소이유서에 '피고인은 돈이 급해 지어서는 안 될 죄를 지었습니다.', '진심으로 뉘우치고 있습니다.'라고 기재되어 있고 피고인은 원심 제2회 공판기일에 위 항소이유서를 진술하였으나, 곧 이어서 있은 검사와 재판장 및 변호인의 각 심문에 대하여 피고인은 범죄사실을 부인하였고, 수사단계에서도 일관되게 그와 같이 범죄사실을 부인하여온 점에 비추어 볼 때, 위와 같이 추상적인 항소이유서의 기재만을 가지고 이 사건 범죄사실을 자백한 것으로 볼 수 없다(대법원 1999.11.12, 99도3341).

ㅁ. (×) 자백에 대한 보강증거는 범죄사실의 전부 또는 중요부분을 인정할 수 있는 정도가 되지 않더라도, 피고인의 자백이 가공적인 것이 아닌 진실한 것임을 인정할 수 있는 정도만 되면 충분하다. 또한 직접증거가 아닌 간접증거나 정황증거도 보강증거가 될 수 있고, 자백과 보강증거가 서로 어울려서 전체로서 범죄사실을 인정할 수 있으면 유죄의 증거로 충분하다(대법원 2007.7.12, 2007도3041; 2008.11.27, 2008도7883; 2018.3.15, 2017도20247).

정답 ⑤

209 ☑ 유사 ◆◆◇

군무원9급 2024

자백의 보강법칙에 대한 설명으로 가장 옳지 않은 것은? (다툼이 있는 경우 판례에 의함)

① 피고인이 범죄사실을 부인하고 있는데 공범관계에 있는 자의 자백만이 있고 그에 대한 보강증거가 없는 경우에는 피고인에게 유죄판결을 내릴 수 없다.

② 자백에 대한 보강증거는 범죄사실의 전부 또는 중요부분을 인정할 수 있는 정도가 되지 않더라도, 피고인의 자백이 가공적이 아닌 진실한 것임을 인정할 수 있는 정도만 되면 족하고, 직접증거가 아닌 간접증거나 정황증거도 보강증거가 될 수 있다.

③ 고의와 같은 주관적 구성요건은 물론 범인의 내적인 상태도 이에 준하여 자백의 대상이 되고, 이러한 자백에도 보강증거가 필요하다.

④ 피고인이 범행을 자인하는 것을 들었다는 피고인 아닌 자의 진술내용은 피고인의 자백의 보강증거로 될 수 없다.

해설

① (×) 공범자의 자백은 보강증거가 필요 없다.

[보충] 또한 피고인의 자백이 있는 경우 공범자의 자백은 보강증거가 될 수 있다.

[판례] 형사소송법 제310조의 피고인의 자백에는 공범인 공동피고인의 진술은 포함되지 않으며, 이러한 공동피고인의 진술에 대하여는 피고인의 반대신문권이 보장되어 있어 독립한 증거능력이 있다(대법원 1992.7.28, 92도917).

② (○) 피고인의 자백에 대한 보강증거를 필요로 하는 범위(보강증거의 필요범위)에 대해서는 진실성담보설이 통설·판례의 입장이다(대법원 2018.3.15, 2017도20247).

③ (○) (객관식 문제에서는 △로 풀 것) 고의나 목적과 같은 범죄의 주관적 구성요건요소에 대하여 보강증거가 필요한가에 대해서 판례는 보강증거불요설(범의는 피의자의 자백만으로 인정할 수 있다는 입장으로서 주로 종래의 판례, 대법원 1961.8.10, 4294형상171, 통설도 불요설)과 보강증거필요설(2010년 이후 판례의 입장, 대법원 2010.12.23, 2010도11272 등)을 모두 취하고 있다.

[기출] 대체로는 판례의 입장이 보강증거불요설로 출제되나, 2024년 9급 군무원시험에서는 판례의 입장이 보강증거필요설로 출제됨

④ (○) 대법원 1981.7.7, 81도1314

정답 ①

210 ☑ 유사 ◆◆◆

경찰간부 2024

형사법상 자백에 관한 설명으로 옳지 않은 것은? (다툼이 있는 경우 판례에 의함)

① 무고사건의 피의자가 수사기관에서 피의자신문을 받는 과정에서 피의사실에 관해 자백한 때에도 그 피의자는 형을 감경 또는 면제받는다.

② 고의나 목적 등과 같은 범죄의 주관적 구성요건 요소에 대하여 자백한 경우에는 보강증거가 필요하지 않다.

③ 피고인이 그 범죄혐의를 받기 전에 이와는 관계없이 자기의 업무수행에 필요한 자금을 지출하면서 스스로 그 지출한 자금내역을 자료로 남겨두기 위하여 뇌물자금과 기타 자금을 구별하지 아니하고 그 내역을 기입한 수첩은 피고인의 경찰에서의 자백에 대한 보강증거가 될 수 없다.

④ 즉결심판절차에서는 피고인의 자백과 별개의 독립된 증거로서 증거능력이 있는 보강증거가 없더라도 자백만으로 유죄를 인정할 수 있다.

해설

③ (×) 피고인이 자신의 범죄사실을 시인하는 자백이라고 볼 수 없으므로, 증거능력이 있는 한 피고인의 금전출납을 증명할 수 있는 별개의 증거라고 할 것인즉, 피고인의 검찰에서의 자백에 대한 보강증거가 될 수 있다(대법원 1996.10.17, 94도2865 전원합의체).

① (○) 형법 제157조, 제153조는 무고죄를 범한 자가 그 신고한 사건의 재판 또는 징계처분이 확정되기 전에 자백 또는 자수한 때에는 그 형을 감경 또는 면제한다고 하여 이러한 재판확정 전의 자백을 필요적 감경 또는 면제사유로 정하고 있다. 위와 같은 자백의 절차에 관해서는 아무런 법령상의 제한이 없으므로 그가

신고한 사건을 다루는 기관에 대한 고백이나 그 사건을 다루는 재판부에 증인으로 다시 출석하여 전에 그가 한 신고가 허위의 사실이었음을 고백하는 것은 물론 <u>무고사건의 피고인 또는 피의자로서 법원이나 수사기관에서의 신문에 의한 고백 또한 자백의 개념에 포함된다</u>(대법원 2018.8.1, 2018도7293).

② (○) 피고인의 자백이 있을 때 범죄의 객관적 구성요건 요소에 해당하는 사실에 대해서 보강증거가 필요하다는 것이 통설·판례이다. 이에 비하여 고의나 목적과 같은 범죄의 주관적 구성요건 요소에 대하여 보강증거가 필요한가에 대해서는, 보강증거불요설(통설)과 보강증거필요설(소수설)이 대립하고, 판례는 종래 범의는 피의자의 자백만으로 인정할 수 있다는 입장을 보이다가(보강증거불요설, 대법원 1961.8.10, 4294형상171) 2010년 이후에는 고의에 대해서도 자백의 보강증거를 따지는 입장을 보여주고 있다(근래의 판례의 입장은 보강증거필요설, 대법원 2010.12.23, 2010도11272 등).

[정리] 고의·목적과 같은 범죄의 주관적 구성요소에 대해서도 피고인의 자백에 대한 보강증거가 필요한가에 대한 판례의 입장은 <u>보강증거불요설과 필요설이 모두 있음. 따라서 수험에서는 상대적으로 풀 것.</u>

[예시] 대체로는 판례의 입장이 보강증거불요설로 출제되나, 2024년 9급 군무원시험에서는 판례의 입장을 보강증거필요설로 출제하고 맞는 지문으로 처리된 바 있음.

[판례정리] 피고인이 고의가 있었음을 자백한 경우 보강증거필요설을 취한 근래의 판례

[판례1] <u>고의와 같은 주관적 구성요건도 자백의 대상이 된다고 할 것이므로, 피고인이 필로폰 투약으로 인하여 정상적으로 운전하지 못할 우려가 있는 상태에 있었다는 구성요건도 자백의 대상이 된다.</u> 위 공소사실에 "자동차 등의 운전자는 마약·대마 및 향정신성의약품 등 약물의 영향으로 정상적으로 운전하지 못할 우려가 있는 상태에서 자동차 등을 운전하여서는 아니된다."라고 적시하고 있고, <u>피고인은 제1심에서 위 공소사실에 대하여 자백하고 검사 제출의 증거에 대하여 모두 동의하였음이 기록상 명백하다.</u> … 자백에 대한 보강증거는 범죄사실의 전부 또는 중요 부분을 인정할 수 있는 정도가 되지 아니하더라도 피고인의 자백이 가공적인 것이 아닌 진실한 것임을 인정할 수 있는 정도만 되면 족할 뿐만 아니라, 직접증거가 아닌 간접증거나 정황증거도 보강증거가 될 수 있고, 또한 자백과 보강증거가 서로 어울려서 전체로서 범죄사실을 인정할 수 있으면 유죄의 증거로 충분하다. 공소외인은 2010. 2. 18. 01:35경 위 스타렉스 차량을 타고 온 피고인으로부터 필로폰 0.06g을 건네받은 후 피고인이 위 차량을 운전해 갔다고 진술하였고, 2010. 2. 20. 피고인으로부터 채취한 소변에서 필로폰 양성 반응이 나왔다는 것인바, 앞서 본 법리에 의하면 <u>위와 같은 증거는 피고인이 필로폰 투약으로 정상적으로 운전하지 못할 우려가 있는 상태에 있었다는 공소사실 부분에 대한 자백을 보강하는 증거가 되기에 충분하다</u>(고의가 있었음을 자백한 데 대한 보강증거필요설, 대법원 2010.12.23, 2010도11272 등).

[판례2] <u>고의와 같은 주관적 구성요건도 자백의 대상이 된다. 피고인은 이 사건 공소사실을 자백하였고, 그에 대한 보강증거가 있으므로,</u> 피고인에게 공직선거법 위반죄의 고의와 당선의 목적이 인정된다(대법원 2019.9.10, 2019도9062).

④ (○) 즉결심판법 제10조 참조.

> **즉결심판법 제10조(증거능력)** 즉결심판절차에 있어서는 형사소송법 제310조, 제312조 제3항 및 제313조의 규정은 적용하지 아니한다.

정답 ③

---

211 ✓ 유사 ◆◆◆

증거 또는 증명에 대한 설명으로 옳지 않은 것은? (다툼이 있는 경우 판례에 의함)

① 혈중알코올농도의 측정 없이 '위드마크 공식'을 사용하여 피고인의 운전 당시 혈중알코올농도를 추산하는 경우, 알코올의 분해소멸에 따른 혈중알코올농도의 감소기(위드마크 제2공식, 하강기)에 운전이 이루어진 것으로 인정되면, 피고인에게 가장 유리한 음주 시작 시점부터 곧바로 생리작용에 의하여 분해소멸이 시작되는 것으로 보아야 한다.

② 자백에 대한 보강증거는 범죄사실의 전부 또는 중요 부분을 인정할 수 있는 정도가 되지 않더라도, 피고인의 자백이 가공적인 것이 아닌 진실한 것임을 인정할 수 있는 정도가 되면 충분하고, 직접증거가 아닌 간접증거나 정황증거도 보강증거가 될 수 있다.

③ 공모공동정범에 있어서 공모 또는 모의는 '범죄될 사실'에 해당하므로, 이를 인정하기 위하여는 엄격한 증명에 의하여야 한다.

④ 형사소송법 제310조의 '피고인의 자백'에 공범인 공동피고인의 진술이 포함되고, 공범인 공동피고인의 진술은 다른 공동피고인에 대한 범죄사실을 인정하는 증거로 사용할 수 없으며, 공범인 공동피고인들의 각각의 진술은 상호간에 보강증거가 될 수 없다.

⑤ 피고인에게 불리한 증거인 증인으로서 피해자가 검사의 주신문의 경우와 달리 반대신문에 대하여는 답변을 하지 않아서, 진술 내용의 모순이나 불합리를 그 증인신문 과정에서 드러내어 이를 탄핵하는 것이 사실상 곤란하였고, 그것이 피고인 또는 변호인에게 책임 있는 사유로 인한 것이 아닌 경우라면, 이를 정당화할 수 있는 특별한 사정이 없는 이상, 그와 같이 실질적 반대신문권의 기회가 부여되지 않고서 이루어진 증인의 법정진술은 위법한 증거이다.

해설

④ (✕) <u>형사소송법 제310조 소정의 "피고인의 자백"에 공범인 공동피고인의 진술은 포함되지 아니하므로 공범인 공동피고인의 진술은 다른 공동피고인에 대한 범죄사실을 인정하는 증거로 할 수 있는 것일 뿐만 아니라 공범인 공동피고인들의 각 진술은 상호간에 서로 보강증거가 될 수 있다</u>(대법원 1990.10.30, 90도1939).

① (○) 혈중알코올농도 측정 없이 위드마크 공식을 사용해 피고인이 마신 술의 양을 기초로 피고인의 운전 당시 혈중알코올농도를 추산하는 경우로서 알코올의 분해소멸에 따른 혈중알코올농도의 감소기(위드마크 제2공식, 하강기)에 운전이 이루어진 것으로 인정되는 경우에는 피고인에게 가장 유리한 음주 시작 시점부터 곧바로 생리작용에 의하여 분해소멸이 시작되는 것으로 보아야 한다. 이와 다르게 음주 개시 후 특정 시점부터 알코올의 분해소멸이 시작된다고 인정하려면 알코올의 분해소멸이 시작되는 시점이 다르다는 점에 관한 과학적 증명 또는 객관적인 반대 증거가

있거나, 음주 시작 시점부터 알코올의 분해소멸이 시작된다고 보는 것이 그렇지 않은 경우보다 피고인에게 불이익하게 작용되는 특별한 사정이 있어야 한다(대법원 2022.5.12, 2021도14074).

② (○) 자백에 대한 보강증거는 범죄사실의 전부 또는 중요 부분을 인정할 수 있는 정도가 되지 않더라도 피고인의 자백이 가공적인 것이 아닌 진실한 것임을 인정할 수 있는 정도만 되면 충분하고, 직접증거가 아닌 간접증거나 정황증거도 보강증거가 될 수 있으며, 자백과 보강증거가 서로 어울러서 전체로서 범죄사실을 인정할 수 있으면 유죄의 증거로 충분하다(대법원 2019.9.10, 2019도9062).

③ (○) 공모공동정범에 있어서의 공모나 모의는 범죄사실을 구성하는 것으로서 이를 인정하기 위하여는 엄격한 증명이 요구된다(대법원 1998.11.24, 98도2654).

⑤ (○) 피고인에게 불리한 증거인 증인이 주신문의 경우와 달리 반대신문에 대하여는 답변을 하지 아니하는 등 진술 내용의 모순이나 불합리를 그 증인신문 과정에서 드러내어 이를 탄핵하는 것이 사실상 곤란하였고, 그것이 피고인 또는 변호인에게 책임 있는 사유에 기인한 것이 아닌 경우라면, 관계 법령의 규정 혹은 증인의 특성 기타 공판절차의 특수성에 비추어 이를 정당화할 수 있는 특별한 사정이 존재하지 아니하는 이상, 이와 같이 실질적 반대신문권의 기회가 부여되지 아니한 채 이루어진 증인의 법정진술은 위법한 증거로서 증거능력을 인정하기 어렵다(대법원 2022.3.17, 2016도17054).

정답 ④

---

212 ✓ 유사 ◆◆◇   경찰간부 2023

다음 사례에 대한 설명으로 옳은 것은 모두 몇 개인가? (다툼이 있는 경우 판례에 의함)

> 甲은 乙과 자신의 부유한 삼촌 A의 집에 있는 금괴를 훔치기로 공모하였다. 다음날 01:00시 경 甲은 A의 집 담장에서 망을 보고, 乙은 담장을 넘어 거실 창문을 열고 안으로 들어가 금괴를 가지고 나오다가 A에게 발각되었고, 그 순간 A는 담장에서 뛰어가는 甲의 뒷모습도 보게 되었다. A는 사법경찰관에게 甲과 乙을 신고하였으며, 수사를 받던 중 乙은 변호사 L을 선임하였다. 이후 검사는 甲과 乙을 기소하였다.

> 가. 乙의 절도목적이 인정되지 않는다면 乙은 야간에 주거에 침입하였으므로 특수주거침입죄가 성립한다.
>
> 나. 사법경찰관이 작성한 甲에 대한 피의자신문조서를 甲이 법정에서 진정성립 및 내용을 인정하더라도 乙이 공판기일에서 그 조서의 내용을 부인하면 이를 乙에 대한 유죄인정의 증거로 사용할 수 없다.
>
> 다. 공동피고인 甲과 乙은 수사기관에서 계속 혐의를 부인하다가 乙이 공판정에서 자백한 경우, 甲의 반대신문권이 보장되어 있으므로 乙의 자백은 별도의 보강증거 필요 없이 甲에 대한 유죄의 증거능력이 인정된다.
>
> 라. A는 甲과 乙 모두를 처벌해달라고 하였으나 항소심 중에 甲에 대해서만 고소를 취소하였다면, 법원은 甲에 대해서는 공소기각판결을, 乙에 대해서는 실체판결을 하여야 한다.

① 1개 ② 2개
③ 3개 ④ 4개

해설

② 2개

가. (✕) 형법은 야간주거침입을 제320조의 특수주거침입죄의 구성요건으로 규정하고 있지 아니하다.

> **형법 제320조(특수주거침입)** 단체 또는 다중의 위력을 보이거나 위험한 물건을 휴대하여 전조의 죄를 범한 때에는 5년 이하의 징역에 처한다.

나. (○) 당해 피고인과 공범관계가 있는 다른 피의자에 대한 검사 이외의 수사기관 작성의 피의자신문조서는 그 피의자의 법정진술에 의하여 그 성립의 진정이 인정되더라도 당해 피고인이 공판기일에서 그 조서의 내용을 부인하면 증거능력이 부정된다(제312조 제3항 적용, 대법원 2008.9.25, 2008도5189).

다. (○) 공동피고인의 (공판정) 자백은 이에 대한 피고인의 반대신문권이 보장되어 있어 증인으로 신문한 경우와 다를 바 없으므로 독립한 증거능력이 있다(대법원 2006.5.11, 2006도1944).

라. (✕) 고소인 A가 고소를 취소할 수 있는 시기는 제1심 판결선고 전까지이다. 따라서 항소심 중에 甲에 대해서만 고소를 취소하였다고 하더라도 이는 효력이 없다(甲에 대해서는 공소기각판결이 아닌 실체판결). 또한 A는 乙과는 상대적 친고죄를 구성하는 친

족관계가 존재하지 아니하므로(친고죄가 아님), 검사의 乙에 대한 공소제기에는 A의 고소를 요하지 아니한다(비친고죄이므로 乙에 대해서는 실체판결).

[보충] 만약 제1심 판결선고 전에 A가 甲에 대해서만 고소를 취소하였다고 하더라도, 乙에 대해서는 역시 고소불가분의 원칙이 적용되지 아니한다.

정답 ②

---

213 ☑ 유사 ◆◆◇ 　　　　　　　　　　변호사 2024

甲은 평소 주벽과 의처증이 심한 남편 A와의 불화로 인해 이혼소송을 준비하던 중 A의 운전기사 乙에게 A를 살해하도록 부탁하였다. 乙은 甲의 부탁대로 술에 취하여 자고 있던 A의 목을 졸라 살해하였다. 검사는 乙을 살인죄로, 甲을 살인교사죄로 기소하였고 법원은 甲과 乙을 병합심리하고 있다. 이에 관한 설명 중 옳지 않은 것을 모두 고른 것은? (다툼이 있는 경우 판례에 의함)

ㄱ. 甲이 사법경찰관의 피의자신문에서는 교사사실을 인정하였으나 법정에서는 이를 부인하는 경우, 甲이 내용을 부인한 甲에 대한 사법경찰관 작성 피의자신문조서는 임의성이 인정되는 한 甲의 법정 진술을 탄핵하기 위한 반대증거로 사용될 수 있다.

ㄴ. 乙의 친구 W가 법정에 출석하여 乙로부터 '자신이 A를 살해하였다'는 이야기를 들은 적이 있다고 진술한 경우, 원진술자인 乙이 법정에 출석하여 있는 한 W의 진술은 乙에 대한 유죄의 증거로 사용될 수 없다.

ㄷ. 甲과 乙이 모두 공소사실을 자백하고 있으나 달리 자백을 뒷받침할 다른 증거가 없는 경우, 甲과 乙에게 무죄를 선고하여야 한다.

ㄹ. 甲이 법정에서 A에 대한 살인교사 혐의를 자백한 경우, 甲의 진술은 乙에 대한 유죄의 증거로 사용될 수 있다.

ㅁ. 제1심법원이 甲에게 형의 선고를 하면서 乙이 A의 목을 졸라 살해한 사실을 적시하지 않았더라도, 甲의 방어권이나 甲의 변호인의 변호권이 본질적으로 침해되지 않았다고 볼만한 특별한 사정이 있다면, 판결에 영향을 미친 법령의 위반은 아니다.

① ㄱ, ㄴ, ㄹ
② ㄴ, ㄷ, ㄹ
③ ㄴ, ㄷ, ㅁ
④ ㄷ, ㄹ, ㅁ
⑤ ㄴ, ㄷ, ㄹ, ㅁ

해설

ㄱ. (○) 사법경찰리 작성의 피고인에 대한 피의자신문조서와 피고인이 작성한 자술서들은 모두 검사가 유죄의 자료로 제출한 증거

들로서 피고인이 각 그 내용을 부인하는 이상 증거능력이 없으나 그러한 증거라 하더라도 그것이 임의로 작성된 것이 아니라고 의심할 만한 사정이 없는 한 피고인의 법정에서의 진술을 탄핵하기 위한 반대증거로 사용할 수 있다(대법원 1998.2.27, 97도1770).

ㄴ. (×) 피고인의 진술을 원진술로 하는 전문진술에 해당하여 형사소송법 제316조 제1항이 적용되므로, 전문진술자가 진술한 피고인의 원진술이 특히 신빙할 수 있는 상태하에서 행하여졌음이 증명된 때에는 그 증거능력을 인정할 수 있다.

[보충] 위 지문은 형사소송법 제316조 제2항의 요건인 원진술자의 진술 불능을 표현한 것으로서 틀린 것이다.

ㄷ. (×) 甲과 乙이 모두 공소사실을 자백하고 있다면 공범인 공동피고인의 진술은 상호간에 보강증거로 인정되므로, 甲과 乙 모두에게 유죄를 선고할 수 있다.

[판례] 형사소송법 제310조 소정의 "피고인의 자백"에 공범인 공동피고인의 진술은 포함되지 아니하므로 공범인 공동피고인의 진술은 다른 공동피고인에 대한 범죄사실을 인정하는 증거로 할 수 있는 것일 뿐만 아니라 공범인 공동피고인들의 각 진술은 상호간에 서로 보강증거가 될 수 있다(대법원 1990.10.30, 90도1939).

ㄹ. (○) 공범자인 공동피고인의 공판정에서의 자백은 증거능력이 있다. 또한 형사소송법 제310조의 피고인의 자백에는 공범인 공동피고인의 진술이 포함되지 아니하므로 공범인 공동피고인의 진술은 다른 공동피고인에 대한 범죄사실을 인정하는데 있어서 증거로 쓸 수 있다(대법원 1986.10.28, 86도1773).

ㅁ. (×) 형사소송법 제323조 제1항에 의하면, 형의 선고를 하는 때에는 판결이유에 범죄될 사실, 증거의 요지와 법령의 적용을 명시하여야 한다. 교사범·종범은 정범의 범죄사실도 명시하여야 한다.

[판례] 대저, 정범의 성립은 교사범, 방조범의 구성요건의 일부를 형성하고 교사범, 방조범이 성립함에는 먼저 정범의 범죄행위가 인정되는 것이 그 전제요건이 되는 것은 공범의 종속성에 연유하는 당연한 귀결이며, 따라서 교사범, 방조범의 사실 적시에 있어서도 정범의 범죄 구성요건이 되는 사실 전부를 적시하여야 하고, 이 기재가 없는 교사범, 방조범의 사실 적시는 죄가 되는 사실의 적시라고 할 수 없다(대법원 1981.11.24, 81도2422).

정답 ③

9 공판조서의 배타적 증명력

I 총설

II 배타적 증명력이 인정되는 범위

III 배타적 증명력 있는 공판조서

214 ☑ 유사 ◆◆◇ 법원승진 2014

공판조서에 관한 다음 설명 중 가장 옳지 않은 것은? (다툼이 있는 경우 판례에 의함)

① 피고인의 공판조서에 대한 열람 또는 등사청구에 법원이 불응하여 피고인의 열람 또는 등사청구권이 침해된 경우에는 그 공판조서를 유죄의 증거로 할 수 없을 뿐만 아니라, 공판조서에 기재된 당해 피고인이나 증인의 진술도 증거로 할 수 없다.

② 공판조서의 기재가 명백한 오기인 경우를 제외하고는 공판기일의 소송절차로서 공판조서에 기재된 것은 조서만으로써 증명하여야 하고, 그 증명력은 공판조서 이외의 자료에 의한 반증이 허용되지 않는 절대적인 것이다.

③ 법원은 검사, 피고인 또는 변호인의 신청이 있는 때에는 특별한 사정이 없는 한 공판정에서의 심리의 전부 또는 일부를 속기사로 하여금 속기하게 하거나 녹음장치 또는 영상녹화장치를 사용하여 녹음 또는 영상녹화하여야 하며, 필요하다고 인정하는 때에는 직권으로도 이를 명할 수 있다.

④ 법원은 위 속기록·녹음물 또는 영상녹화물을 공판조서와 함께 기록에 첨철하여야 한다.

해설

④ (×) 공판조서와 별도로 보관함이 원칙이다(법 제56조의2). [보충] 전자적 형태로 보관할 수 있으며 재판확정 시 폐기하나, 조서의 일부가 된 경우에는 예외이다(규칙 제39조).

① (○) 형사소송법 제55조 제1항은 공판조서의 정확성을 담보함과 아울러 피고인의 방어권을 충실하게 보장하려는 취지에서 피고인에게 공판조서의 열람 또는 등사청구권을 인정하고, 제3항은 피고인의 위와 같은 청구에 응하지 아니하는 때에는 공판조서를 유죄의 증거로 할 수 없다고 규정하고 있다. 따라서 피고인이 공판조서의 열람 또는 등사를 청구하였음에도 법원이 불응하여 피고인의 열람 또는 등사청구권이 침해된 경우에는 공판조서를 유죄의 증거로 할 수 없을 뿐만 아니라 공판조서에 기재된 당해 피고인이나 증인의 진술도 증거로 할 수 없다고 보아야 한다. 다만 그러한 증거들 이외에 적법하게 채택하여 조사한 다른 증거들만에 의하더라도 범죄사실을 인정하기에 충분하고, 또한 당해 공판조서의 내용 등에 비추어 보아 공판조서의 열람 또는 등사에 응하지 아니한 것이 피고인의 방어권이나 변호인의 변호권을 본질적으로 침해한 정도에 이르지는 않은 경우에는, 판결에서 공판조서 등을 증거로 사용하였다고 하더라도 그러한 잘못이 판결에 영향을 미친 위법이라고 할 수는 없다(대법원 2012.12.27, 2011도15869).

② (○) 공판조서의 기재가 명백한 오기인 경우를 제외하고는 공판

기일의 소송절차로서 공판조서에 기재된 것은 조서만으로써 증명하여야 하고 그 증명력은 공판조서 이외의 자료에 의한 반증이 허용되지 않는 절대적인 것이므로, 검사 제출의 증거에 관하여 동의 또는 진정성립 여부 등에 관한 피고인의 의견이 증거목록에 기재된 경우에는 그 증거목록의 기재는 공판조서의 일부로서 명백한 오기가 아닌 이상 절대적인 증명력을 가지게 된다(대법원 2012.6.14, 2011도12571).

③ (○) 규칙 제30조의2 제1항, 규칙 제38조 제1항 참조.

> **규칙 제30조의2(속기 등의 신청)** ① 속기, 녹음 또는 영상녹화(녹음이 포함된 것을 말한다. 다음부터 같다)의 신청은 공판기일·공판준비기일을 열기 전까지 하여야 한다.
> ② 피고인, 변호인 또는 검사의 신청이 있음에도 불구하고 특별한 사정이 있는 때에는 속기, 녹음 또는 영상녹화를 하지 아니하거나 신청하는 것과 다른 방법으로 속기, 녹음 또는 영상녹화를 할 수 있다. 다만, 이 경우 재판장은 공판기일에 그 취지를 고지하여야 한다.
> **제38조(녹취서의 작성등)** ① 재판장은 필요하다고 인정하는 때에는 법원사무관 등 또는 속기사 등에게 녹음 또는 영상녹화된 내용의 전부 또는 일부를 녹취할 것을 명할 수 있다.

정답 ④

215 ☑ 유사 ◆◆◇ 변호사 2019

공판조서에 관한 설명 중 옳지 않은 것은? (다툼이 있는 경우 판례에 의함)

① 공판기일의 소송절차에 관하여는 수소법원의 재판장이 아니라 참여한 법원사무관 등이 공판조서를 작성한다.

② 공판기일의 소송절차로서 공판조서에 기재된 것은 그 조서만으로 증명하고, 명백한 오기인 경우를 제외하고는 다른 자료에 의한 반증이 허용되지 않는다.

③ 검사가 제출한 증거에 대하여 동의 또는 진정성립 여부 등에 관한 피고인의 의견이 증거목록에 기재된 경우, 그 증거목록의 기재도 명백한 오기가 아닌 이상 절대적인 증명력을 가진다.

④ 피고인이 공판조서에 대해 열람 또는 등사를 청구하였는데 법원이 불응하여 피고인의 열람 또는 등사청구권이 침해된 경우, 그 공판조서를 유죄의 증거로 할 수 없으나 그 공판조서에 기재된 증인의 진술은 다른 절차적 위법이 없는 이상 증거로 할 수 있다.

⑤ 피고인이 차회 공판기일 전 등 원하는 시기에 공판조서를 열람·등사하지 못하였다 하더라도 그 변론종결 이전에 이를 열람·등사한 경우에는 그 열람·등사가 늦어짐으로 인하여 피고인의 방어권 행사에 지장이 있었다는 등의 특별한 사정이 없는 한, 그 공판조서를 유죄의 증거로 할 수 있다.

해설

④ (×) 피고인의 공판조서에 대한 열람 또는 등사청구에 법원이 불응하여 피고인의 열람 또는 등사청구권이 침해된 경우에는 그 공

판조서를 유죄의 증거로 할 수 없을 뿐만 아니라, 공판조서에 기재된 당해 피고인이나 증인의 진술도 증거로 할 수 없다(대법원 2003.10.10, 2003도3282).

① (○) 제51조 제1항

② (○) 공판조서의 기재가 명백한 오기인 경우를 제외하고는 공판기일의 소송절차로서 공판조서에 기재된 것은 조서만으로써 증명하여야 하고, 그 증명력은 공판조서 이외의 자료에 의한 반증이 허용되지 않는 절대적인 것이다(대법원 2003.10.10, 2003도3282).

③ (○) 검사 제출의 증거에 관하여 동의 또는 진정성립 여부 등에 관한 피고인의 의견이 증거목록에 기재된 경우에는 그 증거목록의 기재는 공판조서의 일부로서 명백한 오기가 아닌 이상 절대적인 증명력을 가지게 된다(대법원 2011.7.28, 2011도6164).

⑤ (○) 피고인이 차회 공판기일 전 등 원하는 시기에 공판조서를 열람·등사하지 못하였다 하더라도 그 변론종결 이전에 이를 열람·등사한 경우에는 그 열람·등사가 늦어짐으로 인하여 피고인의 방어권 행사에 지장이 있었다는 등의 특별한 사정이 없는 한 형사소송법 제55조 제1항 소정의 피고인의 공판조서의 열람·등사청구권이 침해되었다고 볼 수 없어, 그 공판조서를 유죄의 증거로 할 수 있다고 보아야 한다(대법원 2007.7.26, 2007도3906).

정답 ④

---

216 ✓ 유사 ◆◆◇ 법원9급 2023

공판조서의 증명력에 관한 다음 설명 중 가장 옳지 않은 것은?

① 피고인에게 증거조사결과에 대한 의견을 묻고 증거조사를 신청할 수 있음을 고지하였을 뿐만 아니라 최종 의견진술의 기회를 주었는지 여부와 같은 소송절차에 관한 사실은 공판조서에 기재된 대로 공판절차가 진행된 것으로 증명되고 다른 자료에 의한 반증은 허용되지 않는다.

② 동일한 사항에 관하여 두개의 서로 다른 내용이 기재된 공판조서가 병존하는 경우 양자는 동일한 증명력을 가지는 것으로서 그 증명력에 우열이 있을 수 없다고 보아야 할 것이므로 그중 어느 쪽이 진실한 것으로 볼 것인지는 공판조서의 증명력을 판단하는 문제로서 법관의 자유로운 심증에 따를 수밖에 없다.

③ 공판조서에 기재되지 않은 소송절차는 공판조서 이외의 자료에 의한 증명이 허용되므로 공판조서에 피고인에 대하여 인정신문을 한 기재가 없다면 같은 조서에 피고인이 공판기일에 출석하여 공소사실신문에 대하여 이를 시정하고 있는 기재가 있다 하더라도 인정신문이 있었던 사실이 추정된다고 할 수는 없다.

④ 공소사실이 최초로 심리된 제1심 제4회 공판기일부터 피고인이 공소사실을 일관되게 부인하여 경찰 작성 피의자신문조서의 진술내용을 인정하지 않는 경우, 제1심 제4회 공판기일에 피고인이 위 서증의 내용을 인정한 것으로 공판조서에 기재된 것은 착오기재 등으로 보아 위 피의자신문조서의 증거능력을 부정하여야 한다.

해설

③ (×) 공판조서에 기재되지 아니한 소송절차는 공판조서 이외의 자료에 의한 증명이 허용된다. 이는 소송법적 사실에 관한 증명이므로 자유로운 증명으로 족하다. 다만, 공판조서에 기재되지 아니하였다고 하여 그 소송절차의 부존재가 추정되는 것은 아니고, 법원이 통상 행하는 소송절차인 경우에는 당해 절차가 적법하게 행하여졌다는 점이 사실상 추정된다(적법한 소송절차의 사실상 추정).

[판례] 공판조서에 피고인에 대하여 인정신문을 한 기재가 없다 하여도 같은 조서에 피고인이 공판기일에 출석하여 공소사실신문에 대하여 이를 시정하고 있는 기재가 있으니 인정신문이 있었던 사실이 추정된다 할 것이고 다만 조서의 기재에 이 점에 관한 누락이 있었을 따름인 것이 인정된다(대법원 1972.12.26, 72도2421).

① (○) 피고인에게 증거조사결과에 대한 의견을 묻고 증거조사를 신청할 수 있음을 고지하였을 뿐만 아니라 최종 의견진술의 기회를 주었는지 여부와 같은 소송절차에 관한 사실은 공판조서에 기재된 대로 공판절차가 진행된 것으로 증명되고 다른 자료에 의한 반증은 허용되지 않는다(대법원 1990.2.27, 89도2304).

② (○) 동일한 사항에 관하여 두개의 서로 다른 내용이 기재된 공판조서가 병존하는 경우 양자는 동일한 증명력을 가지는 것으로서 그 증명력에 우열이 있을 수 없다고 보아야 할 것이므로 그중 어느 쪽이 진실한 것으로 볼 것인지는 공판조서의 증명력을 판단하는 문제로서 법관의 자유로운 심증에 따를 수밖에 없다(대법원 1988.11.8, 86도1646).

④ (○) 공소사실이 최초로 심리된 제1심 제4회 공판기일부터 피고인이 공소사실을 일관되게 부인하여 경찰 작성 피의자신문조서의 진술내용을 인정하지 않는 경우, 제1심 제4회 공판기일에 피고인이 위 서증의 내용을 인정한 것으로 공판조서에 기재된 것은 착오기재 등으로 보아 위 피의자신문조서의 증거능력을 부정하여야 하고, 이와 반대되는 원심판단에 법리오해의 위법이 있다(대법원 2010.6.24, 2010도5040).

[유사] 피고인은 검찰 이래 원심법정에 이르기까지 이 사건 공소사실 중 감금의 점에 대하여 부인하고 있으므로, 이는 감금 부분에 대하여 자백한 취지가 포함되어 있는 경찰 작성의 피의자신문조서의 진술내용을 인정하지 않는 것이라고 보아야 할 것이고, 한편 기록에 편철된 증거목록을 보면 제1심 제1회 공판기일에서 피고인이 경찰 작성의 피의자신문조서의 내용을 인정한 것으로 기재되어 있으나, 이는 착오기재이었거나 아니면 피고인이 그와 같이 진술한 사실이 있었다는 것을 내용인정으로 조서를 잘못 정리한 것으로 이해될 뿐 이로써 위 피의자신문조서가 증거능력을 가지게 되는 것은 아니다(대법원 2001.9.28, 2001도3997).

정답 ③

217 ✓ 유사 ◆◆◇

공판조서의 증명력에 대한 설명 중 옳은 것만을 모두 고르면? (다툼이 있는 경우 판례에 의함)

> ㄱ. 공판기일에 검사가 제출한 증거에 관하여 동의 또는 진정성립 여부 등에 관한 피고인의 의견이 증거목록에 기재된 경우에 그 증거목록의 기재는 공판조서의 일부로서 명백한 오기가 아닌 이상 절대적인 증명력을 가진다.
> ㄴ. 동일한 사항에 관하여 두 개의 서로 다른 내용이 기재된 공판조서가 병존하는 경우에 그중 어느 쪽이 진실한 것으로 볼 것인지는 법관의 자유로운 심증에 따를 수밖에 없다.
> ㄷ. 피고인이 변호인과 함께 출석한 공판기일의 공판조서에 검사가 제출한 증거에 대하여 동의한다는 기재가 되어 있다면 이는 피고인이 증거동의를 한 것으로 보아야 하고, 그 기재는 절대적인 증명력을 가진다.
> ㄹ. 공판조서에 재판장이 판결서에 의하여 판결을 선고하였음이 기재되어 있다면 검찰서기의 판결서 없이 판결선고되었다는 내용의 보고서가 있더라도 공판조서의 기재내용이 허위라고 판정할 수 없다.

① ㄱ, ㄹ
② ㄴ, ㄷ
③ ㄴ, ㄷ, ㄹ
④ ㄱ, ㄴ, ㄷ, ㄹ

해설
ㄱ. (○) 대법원 2012.5.10, 2012도2496
ㄴ. (○) 대법원 1988.11.8, 86도1646
ㄷ. (○) 대법원 2016.3.10, 2015도19139
ㄹ. (○) 대법원 1983.10.25, 82도571

정답 ④

218 ✓ 유사 ◆◇◇

증거에 관한 설명으로 옳은 것은 모두 몇 개인가? (다툼이 있는 경우 판례에 의함)

> ㉠ 간접증거만으로 유죄를 인정하는 경우에는 여러 간접사실로 보아 피고인이 범행한 것으로 보기에 충분할 만큼 압도적으로 우월한 증명이 있어야 한다.
> ㉡ 피고인이 수표를 발행하였으나 예금부족 또는 거래정지처분으로 지급되지 아니하게 하였다는 부정수표단속법위반의 공소사실을 증명하기 위하여 제출되는 수표는 증거물의 예에 의하여 증거능력을 판단하여야 한다.
> ㉢ 타인의 진술을 내용으로 하는 진술이 전문증거인지 여부는 요증사실과의 관계에서 정하여지는바, 원진술의 내용인 사실이 요증사실인 경우에는 전문증거가 아니라 본래증거이다.
> ㉣ 「형사소송법」 제150조 증언거부사유의 소명, 제184조 제3항 증거보전청구사유의 소명, 제221조의2 제3항 증인신문청구 사유의 소명은 증명의 정도에 이르지 않더라도 입증이 허용된다.
> ㉤ 공판기일 외의 증인신문·검증에 대하여는 공판조서의 배타적 증명력이 인정되지 않는다.

① 1개
② 2개
③ 3개
④ 4개

해설
㉠ (○) 살인죄와 같이 법정형이 무거운 범죄의 경우에도 직접증거 없이 간접증거만으로도 유죄를 인정할 수 있으나, 그 경우에도 주요사실의 전제가 되는 간접사실의 인정은 합리적 의심을 허용하지 않을 정도의 증명이 있어야 하고, 그 하나하나의 간접사실이 상호 모순, 저촉이 없어야 함은 물론 논리와 경험칙, 과학법칙에 의하여 뒷받침되어야 한다. 그러므로 유죄의 인정은 <u>범행 동기, 범행수단의 선택, 범행에 이르는 과정, 범행 전후 피고인의 태도 등 여러 간접사실로 보아 피고인이 범행한 것으로 보기에 충분할 만큼 압도적으로 우월한 증명이 있어야 하고</u>, 피고인이 고의적으로 범행한 것이라고 보기에 의심스러운 사정이 병존하고 증거관계 및 경험법칙상 고의적 범행이 아닐 여지를 확실하게 배제할 수 없다면 유죄로 인정할 수 없다. 피고인은 무죄로 추정된다는 것이 헌법상의 원칙이고, 그 추정의 번복은 <u>직접증거가 존재할 경우에 버금가는 정도</u>가 되어야 한다(대법원 2017.5.30, 2017도1549).
㉡ (○) 대법원 2015.4.23, 2015도2275
㉢ (×) 타인의 진술을 내용으로 하는 진술이 전문증거인지는 요증사실과 관계에서 정하여지는데, 원진술의 내용인 사실이 요증사실인 경우에는 전문증거이나, 원진술의 존재 자체가 요증사실인 경우에는 본래증거이지 전문증거가 아니다(대법원 2012.7.26, 2012도2937).
㉣ (○) 소명(疏明)은 증명과 달리, 법관이 어떠한 사실의 존부에 관하여 확신은 얻지 못하지만, 사실의 존부를 추측할 수 있게 하는 정도('그럴 수도 있겠다')의 심증을 갖도록 하는 것을 말한다. 소명의 대상은 특별히 법률에 정해져 있다.
예 기피사유(제19조 제2항), 국선변호인선정청구사유(청구국선 피고인의 소명자료 제출, 규칙 제17조의2), 증거보전청

구사유(제184조 제3항), 공판준비기일종료 후 실권효저지사유(제266조의13 제1항), 증인신문청구사유(제221조의2 제3항), 증언거부사유(제150조), 상소권회복청구사유(제346조 제2항), 정식재판청구권회복청구사유(제458조 제2항, 제364조 제2항)

⑩ (O) 공판조서의 배타적 증명력은 공판기일의 소송절차에 한한다(법 제56조). 따라서 공판기일 외의 증인신문조서나 검증조서는 그 증거능력은 인정되나, 증명력에 대해서는 공판기일의 증거조사를 거쳐 법관의 자유심증에 따라 판단되어야 한다.

[정답] ④

1 재판의 기본개념

001 ☑ 유사 ◆◆◇

재판서에 관한 다음 설명 중 옳지 않은 것은 모두 몇 개인가? (다툼이 있는 경우 판례에 의함)

가. 판결서에는 기소한 검사의 관직, 성명과 변호인의 성명을 기재하여야 하나, 공판에 관여한 검사의 관직과 성명은 기재할 필요가 없다.

나. 형사소송법 제38조의 규정에 의하면 재판은 법관이 작성한 재판서에 의하여야 하고, 같은 법 제41조의 규정에 의하면 재판서에는 재판한 법관의 서명날인을 하여야 하나, 재판장이 서명날인할 수 없는 때에는 다른 법관이 서명날인하지 않더라도 형사소송법 제383조 제1호 소정의 판결에 영향을 미친 법률 위반에 해당하지 않는다.

다. 재판의 선고 또는 고지는 주심 판사가 하고, 판결을 선고함에는 이유의 요지를 설명하고 주문을 낭독하여야 한다.

라. 재판은 법관이 작성한 재판서에 의하여야 하나, 결정 또는 명령을 고지하는 경우에는 재판서를 작성하지 아니하고 조서에만 기재하여 할 수 있다.

① 1개 ② 2개
③ 3개 ④ 4개

해설

옳지 않은 것은 가, 나, 다 3개이다.

가. (×) 판결서에는 기소한 검사와 공판에 관여한 검사의 관직, 성명과 변호인의 성명을 기재하여야 한다(제40조 제3항).

나. (×) 형사소송법 제38조의 규정에 의하면, 재판은 법관이 작성한 재판서에 의하여야 하고, 같은 법 제41조의 규정에 의하면 재판서에는 재판한 법관이 서명날인을 하여야 하며 재판장이 서명날인할 수 없는 때에는 다른 법관이 그 사유를 부기하고 서명날인하도록 되어 있으므로, 이러한 법관의 서명날인이 없는 재판서에 의한 판결은 같은 법 제383조 제1호 소정의 판결에 영향을 미친 법률위반으로서 파기사유가 된다(대법원 1990.2.27, 90도145).

다. (×) 재판의 선고 또는 고지는 재판장이 한다. 판결을 선고함에는 주문을 낭독하고 이유의 요지를 설명하여야 한다(제43조).

라. (○) 제38조

정답 ③

2 종국재판

Ⅰ 유죄의 판결

002 ☑ 대표 ◆◆◇

유죄판결에 명시될 이유에 관한 다음 설명 중 가장 옳은 것은? (다툼이 있는 경우 판례에 의하고, 전원합의체 판결의 경우 다수의견에 의함)

① 유죄판결을 선고하면서 판결이유에 범죄사실, 증거의 요지, 법령의 적용 중 어느 하나를 전부 누락한 경우에는 판결에 영향을 미친 법률 위반으로 파기사유가 된다.

② 유죄판결 이유에서 그에 대한 판단을 명시하여야 할 '형의 감면의 이유되는 사실'에는 형의 필요적 감면사유뿐만 아니라 임의적 감면사유도 이에 포함된다.

③ 피고인이 자수감경에 관한 주장을 하였음에도 판결 이유에서 이에 대하여 판단하지 아니한 것은 위법하다.

④ 판결에 범죄사실에 대한 증거를 설시함에 있어 어느 증거의 어느 부분에 의하여 어느 범죄사실을 인정한다고 구체적으로 설시하지 아니하였다 하더라도 그 적시한 증거들에 의하여 범죄사실을 인정할 수 있으면 이를 위법한 증거설시라고 할 수 없으므로, 항소심판결이 '피고인의 법정 진술과 적법하게 채택되어 조사된 증거들'로만 기재된 제1심 판결의 증거의 요지를 그대로 인용하였다고 하여 위법하다고 할 수 없다.

해설

① (○) 형사소송법 제323조 제1항에 따르면, 유죄판결의 판결이유에는 범죄사실, 증거의 요지와 법령의 적용을 명시하여야 하는 것인바, 유죄판결을 선고하면서 판결이유에 그중 어느 하나를 전부 누락한 경우에는 형사소송법 제383조 제1호에 정한 판결에 영향을 미친 법률위반으로서 파기사유가 된다(대법원 2014.6.26, 2013도13673).

② (×) 형사소송법 제323조 제2항은 '법률상 범죄의 성립을 조각하는 이유 또는 형의 가중, 감면의 이유되는 사실의 진술이 있을 때에는 이에 대한 판단을 명시하여야 한다'고 규정하고 있다. 여기에서 '형의 가중, 감면의 이유되는 사실'이란 형의 필요적 가중, 감면의 이유되는 사실을 말하고 형의 감면이 법원의 재량에 맡겨진 경우, 즉 임의적 감면사유는 이에 해당하지 않는다(대법원 2017.11.9, 2017도14769).

③ (×) 형법 제52조의 규정에 의하면 자수는 형의 필요적 감경 또는 면제 사유가 아님이 명백하므로 자수사실에 관한 주장은 형의 양정에 영향을 미치는 사유에 지나지 아니하여 형사소송법 제323조 소정의 유죄판결에 명시할 이유에 해당한다고 할 수 없으므로(대법원 1983.4.12, 83도503) 원심이 피고인의 위와 같은 주장에 대하여 아무런 판단을 하지 않았다 하여 거기에 판단 유탈의 위법이 있다고 할 수 없다(대법원 1987.7.7, 87도945)

④ (×) 형사소송법 제323조 제1항은 형의 선고를 하는 때에는 판결이유에 범죄될 사실, 증거의 요지와 법령의 적용을 명시하여야 한다고 규정하고 있는바, 여기에서 '증거의 요지'는 어느 증거의 어느 부분에 의하여 범죄사실을 인정하였나 하는 이유 설명까지 할 필요는 없지만 적어도 어떤 증거에 의하여 어떤 범죄사실을 인정하였는가를 알아볼 정도로 증거의 중요부분을 표시하여야 하고, 피고인의 자백이 그 피고인에게 불이익한 유일의 증거인 때에는 이를 유죄의 증거로 하지 못하는 것이므로, "피고인의 법정 진술과 적법하게 채택되어 조사된 증거들"로만 기재된 제1심 판결의 증거의 요지를 그대로 인용한 항소심판결은 증거 없이 그 범죄사실을 인정하였거나 형사소송법 제323조 제1항을 위반한 위법을 저지른 것이라고 아니할 수 없다(대법원 2000.3.10, 99도5312).

정답 ①

---

003 ⊘ 대표 ◆◆◇ 국가9급 2015

유죄판결에 명시될 이유의 기재에 대한 설명으로 옳지 않은 것은? (다툼이 있는 경우 판례에 의함)

① 유죄판결을 선고하면서 판결이유에 범죄사실, 증거의 요지, 법령의 적용 중 어느 하나를 전부 누락한 경우 판결에 영향을 미친 법률위반에 해당한다.

② 사기죄의 법률적용에 있어서 형법 제347조만을 적시하고 그것이 동조 제1항에 해당하는 범죄인지 제2항에 해당하는 범죄인지를 밝히지 않았다면 위법이다.

③ 사실인정에 배치되는 증거에 대한 판단을 반드시 판결이유에 기재하여야 하는 것은 아니므로 피고인의 알리바이를 내세우는 증인들의 증언에 관한 판단을 하지 아니하였더라도 위법이 아니다.

④ 항소심에서 제1심 형량이 적절하다고 판단하여 항소기각의 판결을 선고하는 경우 양형의 조건이 되는 사유는 판결에 일일이 명시하지 아니하여도 위법이 아니다.

해설

[정리] 유죄판결에 명시될 이유: 사/요/법, 주

② (×) 조는 밝히되 항은 밝히지 않아도 된다. "사기죄의 법률적용에 있어서 본조만을 적시하고 그것이 본조 제1항에 해당하는 범죄인지, 제2항에 해당하는 범죄인지를 밝히지 않았다 하여도 형사소송법 제323조 제1항의 규정에 위배된 것이라 할 수 없다(대법원 1971.8.2, 71도1334)."

① (○) 이유 불비로서 절대적 항소이유(제361조의5 제11호) 내지 상대적 상고이유(제383조 제1호)에 해당한다. "형사소송법 제323조 제1항에 따르면, 유죄판결의 판결이유에는 범죄사실, 증거의 요지와 법령의 적용을 명시하여야 하는바, 유죄판결을 선고하면서 판결이유에 이 중 어느 하나를 전부 누락한 경우에는 형사소송법 제383조 제1호에 정한 판결에 영향을 미친 법률위반으로서 파기사유가 된다(대법원 2012.6.28, 2012도4701)."

③ (○) 소극적 증거까지 증거요지로서 거시하여야 할 필요는 없다. 따라서 알리바이 부분에 대한 판단을 유죄판결의 이유로 명시할 필요는 없다(≠ 엄격한 증명). "사실인정에 배치되는 증거에 대한 판단을 반드시 판결이유에 기재하여야 하는 것은 아니므로 피고인이 알리바이를 내세우는 증인들의 증언에 관한 판단을 하지 아니하였다 하여 위법이라 할 수 없다(대법원 1982.9.28, 82도1798)."

④ (○) 양형의 조건을 참작하면 제1심의 형량이 적절하다고 판단된다고 하여 항소기각의 판결을 선고하였는바, 양형의 조건이 되는 사유에 관하여는 이를 판결에 일일이 명시하지 아니하여도 위법이 아니다(대법원 1994.12.13, 94도2584).

[보충] ㉠ 필요적 감면사유: 거시 필요, ㉡ 임의적 감면사유 및 양형의 조건: 거시 불요

정답 ②

---

004 ⊘ 유사 ◆◆◇ 국가7급 2021

판결서의 작성에 대한 설명으로 옳은 것만을 모두 고르면? (다툼이 있는 경우 판례에 의함)

> ㄱ. 변론을 종결한 기일에 판결을 선고하는 경우에는 판결의 선고 후에 판결서를 작성할 수 있다.
>
> ㄴ. 유죄판결의 판결이유에는 범죄사실, 증거의 요지와 법령의 적용을 명시하여야 하고, 유죄판결을 선고하면서 판결이유에 그중 어느 하나를 전부 누락한 경우에는 「형사소송법」 제383조 제1호에 정한 판결에 영향을 미친 법률위반으로서 파기사유가 된다.
>
> ㄷ. 무죄판결의 경우, 공소사실에 부합하는 증거를 배척하는 취지를 합리적 범위 내에서 판결이유에 기재하여야 하고, 만일 주문에서 무죄를 선고하고도 그 판결이유에는 이에 관한 아무런 판단도 기재하지 않았다면 항소 또는 상고이유가 될 수 있다.
>
> ㄹ. 사실인정에 배치되는 증거에 대한 판단은 반드시 판결 이유에 기재하여야 하므로 이를 기재하지 않은 때에는 항소 또는 상고이유가 될 수 있다.

① ㄱ, ㄷ   ② ㄴ, ㄹ
③ ㄱ, ㄴ, ㄷ   ④ ㄱ, ㄴ, ㄹ

해설

ㄱ. (○) 제318조의4

ㄴ. (○) 대법원 2012.6.28, 2012도4701

ㄷ. (○) 대법원 2014.11.13, 2014도6341

ㄹ. (×) 증거의 요지에 관해서는 범죄될 사실을 증명할 <u>적극적 증거</u>를 명시하면 족하고, 범죄사실 인정에 배치되는 소극적 증거까지 거시하여 판단할 필요는 없다. <u>"사실인정에 배치되는 증거에 대한 판단을 반드시 판결이유에 기재하여야 하는 것은 아니므로</u> 피고인이 알리바이를 내세우는 증인들의 증언에 관한 판단을 하지 아니하였다 하여 위법이라 할 수 없다(대법원 1982.9.28, 82도1798)."

정답 ③

005 ✓ 유사 ◆◆◇

재판에 대한 설명으로 옳지 않은 것은? (다툼이 있는 경우 판례에 의함)

① 유죄판결을 함에 있어서 형의 가중 또는 감면의 이유되는 사실의 진술이 있는 때에는 이에 대한 판단을 명시해야 하므로, 임의적 감경사유인 자수의 주장에 대하여 판단을 하지 아니하는 것은 위법하다.

② 상습범으로서 포괄일죄의 관계에 있는 여러 개의 범죄사실 중 일부에 대하여 유죄판결이 확정되어 상습범으로 처단된 후 그 확정판결의 사실심 선고 전에 저질러진 나머지 범행에 대해 공소가 제기된 때에는 면소판결을 선고하여야 한다.

③ 포괄일죄의 일부에 대하여는 유죄의 증거가 없고 나머지 부분에 대하여 공소시효가 완성된 경우에는 주문에 무죄를 표시하고 면소부분은 판결이유에서 설명하면 된다.

④ 공소사실에 대해서 모두 공소시효가 완성되었다는 이유로 면소판결이 선고된 경우 피고인은 범죄혐의가 없음을 이유로 무죄판결을 구하는 상소를 제기할 수 없다.

[해설]

① (×) 피고인이 자수하였다 하더라도 자수한 자에 대하여는 법원이 임의로 형을 감경할 수 있음에 불과한 것으로서 원심이 자수감경을 하지 아니하였다거나 자수감경 주장에 대하여 판단을 하지 아니하였다 하여 위법하다고 할 수 없다(대법원 2013.11.28, 2013도9003).

② (○) 대법원 2004.9.16, 2001도3206 전원합의체

③ (○) 포괄일죄나 상상적 경합과 같은 소송법상 일죄에 대한 무죄판결을 판시하는 방법은 "피고인은 무죄"라는 하나의 주문만 내리는 것이다(대법원 1977.7.12, 77도1320).

④ (○) 대법원 2005.9.29, 2005도4738

[정답] ①

006 ✓ 유사 ◆◆◇

유죄판결의 이유를 설시하는 방법에 대한 설명으로 옳지 않은 것은? (다툼이 있는 경우 판례에 의함)

① 공모공동정범의 공모에 대해서는 모의의 구체적인 일시, 장소, 내용 등을 상세하게 설시할 필요는 없고, 범행에 관하여 의사의 합치가 성립되었다는 것만을 설시하면 된다.

② 증거의 요지를 명시할 때 어느 증거의 어느 부분에 의하여 범죄사실을 인정하였느냐 하는 이유까지 설명할 필요는 없고, 어떤 증거에 의하여 어떤 범죄사실을 인정하였는가를 알 수 있을 정도로 증거의 중요부분을 표시하면 된다.

③ 공정증서원본부실기재죄로 공소제기된 피고인이 당해 등기가 실체적 권리관계에 부합하는 유효한 등기라고 주장하는 경우, 그 주장이 받아들여지지 아니하는 경우에는 유죄의 선고를 하는 것으로 부족하고 그에 대한 판단을 판결이유 중에 명시하여야 한다.

④ 자수가 임의적 감경사유인 경우에는 법원이 유죄판결을 하면서 이유에서 자수감경 주장에 대하여 판단을 하지 아니하여도 위법하지 않다.

[해설]

③ (×) 공정증서원본불실기재죄 및 그 행사죄로 공소가 제기된 경우 피고인이 당해 등기가 실체적 권리관계에 부합하는 유효한 등기라고 주장하는 것은 공소사실에 대한 적극부인에 해당할 뿐, 범죄의 성립을 조각하는 사유에 관한 주장이라고는 볼 수 없으므로 그 주장이 받아들여지지 아니한다면 그대로 유죄의 선고를 함으로써 족하고 반드시 그에 대한 판단을 판결이유에 명시하여야만 하는 것은 아니다(대법원 1997.7.11, 97도1180).

[보충] 제323조 제2항의 범죄성립조각의 이유: 구성요건해당성 조각사유는 명시 불요(판례) ∴ 고의·과실 부인 등 단순한 범죄사실의 부인도 명시 불요

① (○) 공모공동정범에 있어 그 공모에 관하여는 모의의 구체적인 일시, 장소, 내용 등을 상세하게 설시하여야 할 필요는 없고, 범행에 관하여 의사가 합치되었다는 것만 설시하면 된다(대법원 2008.11.13, 2006도755).

② (○) 형사소송법 제323조 제1항은 형의 선고를 하는 때에는 판결이유에 범죄 될 사실, 증거의 요지와 법령의 적용을 명시하여야 한다고 규정하고 있는바, 여기에서 '증거의 요지'는 어느 증거의 어느 부분에 의하여 범죄사실을 인정하였냐 하는 이유 설명까지 할 필요는 없지만 적어도 어떤 증거에 의하여 어떤 범죄사실을 인정하였는가를 알아볼 정도로 증거의 중요부분을 표시하여야 한다(대법원 2000.3.10, 99도5312).

④ (○) 형법 제52조 제1항에서 말하는 '자수'란 범인이 스스로 수사책임이 있는 관서에 자기의 범행을 자발적으로 신고하고 그 처분을 구하는 의사표시이므로, 수사기관의 직무상의 질문 또는 조사에 응하여 범죄사실을 진술하는 것은 자백일 뿐 자수로는 되지 아니하고, 나아가 자수는 범인이 수사기관에 의사표시를 함으로써 성립하는 것이므로 내심적 의사만으로는 부족하고 외부로 표시되어야 이를 인정할 수 있는 것이다. 또한 피고인이 자수하였다 하더라도 자수한 이에 대하여는 법원이 임의로 형을 감경할 수 있음에 불과한 것으로서 원심이 자수감경을 하지 아니하였다거나 자수감경 주장에 대하여 판단을 하지 아니하였다 하여 위법하다고 할 수 없다(대법원 2011.12.22, 2011도12041).

[정답] ③

007 ✓ 대표 ◆◆◇

재심에 대한 설명으로 옳은 것은? (다툼이 있는 경우 판례에 의함)

① '무죄 등을 인정할 명백한 증거'에 해당하는지 여부는 새로 발견된 증거만을 독자적·고립적으로 고찰하여 그 증거가치만으로 판단하여야 한다.

② 약식명령에 대하여 정식재판 청구가 이루어지고 그 후 진행된 정식재판 절차에서 유죄판결이 선고되어 확정된 경우, 재심사유가 존재한다고 주장하는 피고인은 약식명령을 대상으로 재심을 청구하여야 한다.

③ 자신에 대한 유죄판결이 확정된 증인이 공범에 대한 피고사건에서 증언할 당시 앞으로 재심을 청구할 예정이라면, 이를 이유로 증인에게 형사소송법 제148조에 의한 증언거부권이 인정된다.

④ 재심이 개시된 사건에서 형벌에 관한 법령이 재심판결 당시 폐지되었다 하더라도 그 폐지가 당초부터 헌법에 위배되어 효력이 없는 법령에 대한 것이었다면 형사소송법 제325조 전단이 규정하는 '범죄로 되지 아니한 때'의 무죄사유에 해당한다.

해설

④ (○) 대법원 2010.12.16, 2010도5986 전원합의체

① (×) 형사소송법 제420조 제5호에 정한 '무죄 등을 인정할 명백한 증거'에 해당하는지 여부를 판단할 때에는 법원으로서는 새로 발견된 증거만을 독립적·고립적으로 고찰하여 그 증거가치만으로 재심의 개시여부를 판단할 것이 아니라, 재심대상이 되는 확정판결을 선고한 법원이 사실인정의 기초로 삼은 증거들 가운데 새로 발견된 증거와 유기적으로 밀접하게 관련되고 모순되는 것들은 함께 고려하여 평가하여야 한다(대법원 2009.7.16, 2005모472 전원합의체).

[보충] 신증거 재심사유의 명백성 판단＝총합평가＋재평가

② (×) 약식명령에 대하여 정식재판 청구가 이루어지고 그 후 진행된 정식재판 절차에서 유죄판결이 선고되어 확정된 경우, 재심사유가 존재한다고 주장하는 피고인 등은 효력을 잃은 약식명령이 아니라 유죄의 확정판결을 대상으로 재심을 청구하여야 한다(대법원 2013.4.11, 2011도10626).

[보충] 만일 약식명령에 대하여 재심청구가 있으면, 재심의 심판대상이 없으므로 법원은 아무런 재판을 하지 않는다.

③ (×) 자신에 대한 유죄판결이 확정된 증인이 공범에 대한 피고사건에서 증언할 당시 앞으로 재심을 청구할 예정이라고 하여도, 이를 이유로 증인에게 형사소송법 제148조에 의한 증언거부권이 인정되지는 않는다(대법원 2011.11.24, 2011도11994).

정답 ④

008 ✓ 유사 ◆◆◇

무죄판결에 대한 설명으로 가장 적절하지 않은 것은? (다툼이 있는 경우 판례에 의함)

① 포괄일죄의 관계에 있는 공소사실에 대하여는 그 일부가 무죄로 판단되는 경우에도 이를 판결 주문에 따로 표시할 필요가 없으므로, 이를 판결 주문에 표시한 경우에는 판결에 영향을 미친 위법사유에 해당한다.

② 포괄일죄의 일부에 대하여는 유죄의 증거가 없고 나머지 부분에 대하여 공소시효가 완성된 경우, 피고인에게 유리한 무죄를 주문에 표시하고 면소부분은 이유에서만 설시하면 족하다.

③ 「헌법재판소법」 제47조 제3항 본문에 따라 형벌에 관한 법률조항에 대하여 위헌결정이 선고된 경우 그 조항은 소급하여 효력을 상실하므로, 법원은 당해 조항이 적용되어 공소가 제기된 피고사건에 대하여 「형사소송법」 제325조 전단에 따라 무죄를 선고하여야 한다.

④ 피고인에게 가장 유리한 판결인 무죄판결에 대한 피고인의 상고는 부적법하다.

해설

① (×) 포괄일죄의 관계에 있는 공소사실에 대하여는 그 일부가 무죄로 판단되는 경우에도 이를 판결 주문에 따로 표시할 필요가 없으나 이를 판결 주문에 표시하였다 하더라도 판결에 영향을 미친 위법사유가 되는 것은 아니다(대법원 1993.10.12, 93도1512).

② (○) 대법원 1977.7.12, 77도1320

③ (○) 대법원 2020.9.3, 2019도9271

④ (○) 대법원 1994.7.29, 93도1091

정답 ①

무죄판결에 대한 설명으로 가장 옳지 않은 것은? (다툼이 있는 경우 판례에 의함)

① 소송조건의 흠결이 확인되고 동시에 범죄사실없음이 증명된 경우에는 원칙적으로 무죄판결이 아니라 형식재판을 하여야 한다.
② 공소장에 기재된 사실이 진실하다 하더라도 범죄가 될 만한 사실이 포함되지 아니하는 때에는 무죄판결을 하여야 한다.
③ 당시 유효한 형벌법령을 적용하여 공소가 제기되었더라도 당해 법령이 헌법재판소의 위헌결정으로 인하여 소급하여 그 효력을 상실하였거나 법원에서 위헌·무효로 선언된 경우에는 피고사건에 대하여 무죄판결을 하여야 한다.
④ 공소가 제기된 범죄사실의 전부가 인정되지 않고 그에 포함된 가벼운 범죄사실만 공소장변경 없이 직권으로 인정할 수 있는 경우에 현저히 정의와 형평에 반하지 않는 한 축소사실의 유죄판결을 하지 않고 무죄판결을 할 수도 있다.

해설

② (✕) 공소장에 기재된 사실이 진실하다 하더라도 범죄가 될 만한 사실이 포함되지 아니하는 때에는, <u>공소기각결정</u>을 하여야 한다 (328조 제4호).

> **328조(공소기각의 결정)** ① 다음 경우에는 <u>결정으로 공소를 기각하여야 한다.</u>
> 1. 공소가 취소되었을 때
> 2. 피고인이 사망하거나 피고인인 법인이 존속하지 아니하게 되었을 때
> 3. 제12조 또는 제13조의 규정에 의하여 재판할 수 없는 때
> 4. <u>공소장에 기재된 사실이 진실하다 하더라도 범죄가 될 만한 사실이 포함되지 아니하는 때</u>

① (○) <u>소송조건의 흠결을 이유로 형식재판을 먼저 하여야 한다.</u>
[참고] 피고인이 신호를 위반하여 차량을 운행함으로써 사람을 상해에 이르게 한 교통사고로서 교통사고처리특례법 제3조 제1항, 제2항 단서 제1호의 사유가 있다고 하여 공소가 제기된 사안에 대하여, 공판절차에서의 심리 결과 피고인이 신호를 위반하여 차량을 운행한 사실이 없다는 점이 밝혀지게 되고, 한편 위 교통사고 당시 피고인이 운행하던 차량은 교통사고처리특례법 제4조 제1항 본문 소정의 자동차종합보험에 가입되어 있었으므로, 결국 교통사고처리특례법 제4조 제1항 본문에 따라 공소를 제기할 수 없음에도 불구하고 이에 위반하여 공소를 제기한 경우에 해당하고, 따라서 <u>위 공소제기는 형사소송법 제327조 제2호 소정의 공소제기절차가 법률의 규정에 위반하여 무효인 때에 해당하는바,</u> 이러한 경우 법원으로서는 위 교통사고에 대하여 피고인에게 <u>아무런 업무상 주의의무 위반이 없다는 점이 증명되었다 하더라도 바로 무죄를 선고할 것이 아니라, 형사소송법 제327조의 규정에 의하여 소송조건의 흠결을 이유로 공소기각의 판결을 선고하여야 한다</u>(대법원 2004.11.26, 2004도4693).
③ (○) 법원은, 형벌에 관한 법령이 <u>헌법재판소의 위헌결정으로 인하여 소급하여 그 효력을 상실하였거나 법원에서 위헌·무효로 선언된</u> 경우, 당해 법령을 적용하여 공소가 제기된 피고사건에 대

하여 <u>법 제325조에 따라 무죄를 선고하여야 한다</u>(대법원 2010.12.16, 2010도5986 전원합의체).
④ (○) 법원은 공소사실의 동일성이 인정되는 범위 내에서 공소가 제기된 범죄사실에 포함된 보다 가벼운 범죄사실이 인정되는 경우에 심리의 경과에 비추어 피고인의 방어권 행사에 실질적 불이익을 초래할 염려가 없다고 인정되는 때에는 공소장이 변경되지 않았더라도 직권으로 공소장에 기재된 공소사실과 다른 범죄사실을 인정할 수 있지만, 이와 같은 경우라고 하더라도 공소가 제기된 범죄사실과 대비하여 볼 때 실제로 인정되는 범죄사실의 사안이 중대하여 공소장이 변경되지 않았다는 이유로 이를 처벌하지 않는다면 적정절차에 의한 신속한 실체적 진실의 발견이라는 형사소송의 목적에 비추어 <u>현저히 정의와 형평에 반하는 것으로 인정되는 경우가 아닌 한</u> 법원이 직권으로 그 범죄사실을 인정하지 아니하였다고 하여 위법한 것이라고까지 볼 수는 없다(<u>축소사실 인정은 예외적 의무</u>, 대법원 2010.12.16, 2010도5986 전원합의체).

정답 ②

Ⅲ 관할위반의 재판

종국재판에 관한 다음 설명 중 가장 옳지 않은 것은?

① 피고인의 신청이 없으면 토지관할에 관하여 관할 위반의 선고를 하지 못하고, 관할 위반의 신청은 증거조사를 마치기 전에 하여야 한다.
② 피고인에 대하여 재판권이 없는 때에는 판결로써 공소기각의 선고를 하여야 한다.
③ 형의 집행유예 판결이 선고된 때에는 구속영장은 즉시 효력을 잃는다.
④ 종국재판에서 압수물에 대하여 몰수 또는 피해자환부의 선고가 없는 때에는 압수를 해제한 것으로 간주한다.

해설

① (✕) 관할 위반의 신청은 증거조사를 마치기 전에 하여야 하는 것이 아니라 피고사건에 대한 진술 전에 하여야 한다(제320조 제2항 참조). 구체적으로는 피고인 모두진술 시이다.

> **제320조(토지관할 위반)** ① 법원은 피고인의 신청이 없으면 토지관할에 관하여 관할 위반의 선고를 하지 못한다.
> ② 관할 위반의 신청은 <u>피고사건에 대한 진술 전에</u> 하여야 한다.

② (○) 제327조 제1호 참조.

> **제327조(공소기각의 판결)** 다음 각 호의 경우에는 판결로써 공소기각의 선고를 하여야 한다. 〈개정 2020.12.8.〉
> 1. <u>피고인에 대하여 재판권이 없을 때</u>

③ (○) 석방내용의 판결이 선고되면 구속은 실효된다. 제331조 참조.

> **제331조(무죄 등 선고와 구속영장의 효력)** 무죄, 면소, 형의 면제, 형의 선고유예, 형의 집행유예, 공소기각 또는 벌금이나 과료를 과하는 판결이 선고된 때에는 구속영장은 효력을 잃는다.

④ (○) 제332조 참조.
[보충] 만일 환부하지 않으면: 준항고가 아니라, 재판집행 이의신

청에 의함

> **제332조(몰수의 선고와 압수물)** 압수한 서류 또는 물품에 대하여 몰수의 선고가 없는 때에는 압수를 해제한 것으로 간주한다.

정답 ①

---

011 ✓ 유사 ◆◆◇ 경찰승진 2024

종국재판에 관한 설명으로 가장 적절하지 않은 것은?
(다툼이 있는 경우 판례에 의함)

① 이중기소의 경우 공소기각판결을 하도록 규정한 「형사소송법」 제327조 제3호의 취지는 동일 사건에 대하여 피고인으로 하여금 이중위험을 받지 않게 하고 법원이 2개의 실체판결을 하지 않도록 함에 있는 것이다.

② 형벌에 관한 법령이 헌법재판소의 위헌결정으로 인하여 소급하여 그 효력을 상실하였거나 법원에서 위헌·무효로 선언된 경우, 법원은 그 법령을 적용하여 공소가 제기된 피고사건에 대하여 무죄를 선고하여야 하므로, 이 경우 법원이 면소판결을 선고하면 그에 대한 상소가 가능하다.

③ 국회의원의 면책특권에 속하는 행위에 대하여 공소가 제기되었다면 공소권 없음에도 불구하고 공소가 제기된 것이므로 법원은 공소기각의 판결을 하여야 한다.

④ 「형사소송법」 제319조의 관할위반의 판결은 종국재판에 해당하지 않는다.

해설

④ (×) 관할위반의 판결이란 피고사건이 법원의 관할에 속하지 아니할 때 하는 판결을 말하며(형사소송법 제319조), 이는 형식재판인 동시에 (해당 사건의 당해 법원에 대한 소송계속을 종결하는) 종국재판이다.

> **제319조(관할위반의 판결)** 피고사건이 법원의 관할에 속하지 아니한 때에는 판결로써 관할위반의 선고를 하여야 한다.

① (○) 대법원 2004.8.20, 2004도3331

② (○) 형벌에 관한 법령이 <u>위헌결정</u>을 받은 경우 당해 법령을 적용한 피고사건은 <u>무죄가 선고되어야</u> 하고, 이에 대한 <u>면소판결을 선고한 경우</u>에는 무죄를 구하는 <u>상소</u>를 할 수 있다.
[판례1] 형벌에 관한 법령이 <u>헌법재판소의 위헌결정</u>으로 인하여 소급하여 그 효력을 상실하였거나 법원에서 위헌·무효로 선언된 경우, 당해 법령을 적용하여 공소가 제기된 피고사건에 대하여는 <u>형사소송법 제325조에 따라 무죄를 선고하여야</u> 한다(대법원 2013.5.16, 2011도2631 전원합의체).
[판례2] 형벌에 관한 법령이 재심판결 당시 폐지되었다 하더라도 그 '폐지'가 당초부터 헌법에 위배되어 효력이 없는 법령에 대한 것이었다면 같은 법 제325조 전단이 규정하는 '<u>범죄로 되지 아니한 때</u>'의 무죄사유에 해당하는 것이지, 같은 법 제326조 제4호의 면소사유에 해당한다고 할 수 없다. 따라서 면소판결에 대하여 <u>무죄판결인 실체판결</u>이 선고되어야 한다고 주장하면서 상고할 수 없는 것이 원칙이지만, <u>위와 같은 경우</u>에는 이와 달리 면소를 선

할 수 없고 피고인에게 무죄의 선고를 하여야 하므로 <u>면소를 선고한 판결에 대하여 상고가 가능하다</u>(대법원 2010.12.16, 2010도5986 전원합의체).

③ (○) 국회의원의 면책특권에 속하는 행위에 대하여는 공소를 제기할 수 없으며 이에 반하여 공소가 제기된 것은 결국 공소권이 없음에도 공소가 제기된 것이 되어 형사소송법 제327조 제2호의 "공소제기의 절차가 법률의 규정에 위반하여 무효인 때"에 해당되므로 공소를 기각하여야 한다(대법원 1992.9.22, 91도3317).

정답 ④

Ⅳ 공소기각의 재판

012 ✓ 대표 ◆◆◇ 국가9급 2020

법원이 甲에 대하여 공소기각의 재판을 해야 하는 경우는?
(다툼이 있는 경우 판례에 의함)

① 甲이 반의사불벌죄로 기소되어 제1심에서 유죄판결을 받았으나 항소심에서 피해자가 처벌희망의 의사표시를 철회한 경우

② 구 정치자금에 관한 법률위반으로 기소된 甲이 재판과정에서 자신과 동일한 범죄구성요건에 해당하는 행위를 한 사람이 다수 존재함에도 불구하고 오로지 자신만이 공소제기 되어서 평등권 침해에 의한 공소권 남용에 해당한다고 주장하는 경우

③ 甲과 乙이 공모하여 공동으로 A의 명예를 훼손하는 발언을 하였고, A가 甲과 乙을 명예훼손으로 고소하여 공소제기되었으나, A가 곧 乙에 대하여는 처벌을 희망한다는 의사표시를 철회한 경우

④ 乙이 수사과정에서 甲의 성명을 모용하여 甲에게 약식명령이 송달되자 甲이 정식재판을 청구하였고, 그 정식재판의 심리과정에서 乙이 甲의 성명을 모용하였음이 밝혀진 경우

해설

④ (○) 피모용자가 약식명령을 송달받고 이에 대하여 정식재판의 청구를 하여 피모용자를 상대로 심리를 하는 과정에서 성명모용사실이 발각되고 검사가 공소장을 정정하는 등 사실상의 소송계속이 발생하고 형식상 또는 외관상 피고인의 지위를 갖게 된 경우에는 법원으로서는 피모용자에게 적법한 공소의 제기가 없었음을 밝혀주는 의미에서 형사소송법 제327조 제2호를 유추적용하여 공소기각의 판결을 함으로써 피모용자의 불안정한 지위를 명확히 해소해 주어야 한다(대법원 1997.11.28, 97도2215).

① (×) 피고인은 반의사불벌죄인 근로기준법 위반죄로 기소되었고, 제1심 법원은 소송촉진법 제23조에 따라 공시송달의 방법으로 공소장 부본과 피고인 소환장 등을 송달한 다음 피고인이 불출석 상태에서 심리를 진행하여 유죄를 선고한 사실, 이후 피고인은 확정된 제1심 판결에 대하여 항소권회복청구를 하였고 위 청구가 인용됨에 따라 진행된 항소심 절차에서 피해자들이 더 이상 피고인에 대한 처벌을 원하지 않는다는 취지의 처벌불원서를 제출한 사실 등을 알 수 있다. 이러한 사실관계를 앞서 본 법리에 비추어 살펴보면, 피해자들이 한 처벌을 희망하는 의사표시의 철회는 제1심 판결 선고 후에 이루어진 것임이 분명하므로, 반의사불벌죄에 있어 처벌희망의사의 철회로서의 효력을 인정할 수 없

다. 같은 취지에서 원심이 이 사건 공소를 기각하지 아니한 것은 정당하다(대법원 2016.11.25, 2016도9470).

② (×) 검사는 피의자의 연령·성행·지능과 환경, 피해자에 대한 관계, 범행의 동기·수단과 결과, 범행 후의 정황 등의 사항을 참작하여 공소를 제기할 것인지의 여부를 결정할 수 있는 것으로서(형사소송법 제247조 제1항), 똑같은 범죄구성요건에 해당하는 행위라고 하더라도 그 행위자 또는 그 행위 당시의 상황에 따라서 위법성이 조각되거나 책임이 조각되는 경우도 있을 수 있는 것이므로, 자신의 행위가 범죄구성요건에 해당된다는 이유로 공소가 제기된 사람은 단순히 자신과 동일한 범죄구성요건에 해당하는 행위를 하였음에도 불구하고 공소가 제기되지 아니한 다른 사람이 있다는 사유만으로는 평등권이 침해되었다고 주장할 수 없다(대법원 2006.12.22, 2006도1623).

③ (×) 형사소송법이 고소와 고소취소에 관한 규정을 하면서 제232조 제1항, 제2항에서 고소취소의 시한과 재고소의 금지를 규정하고, 제3항에서는 반의사불벌죄에 제1항, 제2항의 규정을 준용하는 규정을 두면서도, 제233조에서 고소와 고소취소의 불가분에 관한 규정을 함에 있어서는 반의사불벌죄에 이를 준용하는 규정을 두지 아니한 것은 처벌을 희망하지 아니하는 의사표시나 처벌을 희망하는 의사표시의 철회에 관하여 친고죄와는 달리 공범자 간에 불가분의 원칙을 적용하지 아니하고자 함에 있다고 볼 것이지, 입법의 불비로 볼 것은 아니다(대법원 1994.4.26, 93도1689). 따라서 A의 甲에 대한 처벌희망의사의 철회가 인정되지 않으므로, 甲에 대해서는 공소기간판결이 아니라 실체재판을 해야 한다.

정답 ④

---

013 ✓ 대표 ◆◆◇ 법원9급 2018

공소기각의 재판에 관한 다음 설명 중 가장 옳지 않은 것은? (다툼이 있는 경우 판례에 의하고, 전원합의체 판결의 경우 다수의견에 의함)

① 공소가 제기된 사건에 대하여 피고인이 사망하거나 피고인인 법인이 존속하지 아니하게 되었을 때에는 결정으로 공소를 기각한다.

② 공소장 기재 사실 및 적용법조에 대한 판단만으로도 공소시효가 완성된 것이 명백한 때에는 공소기각 결정으로 사건을 종결시킬 수 있다.

③ 검사가 공소를 취소한 경우에는 공소기각 결정을 하여야 하고, 공소기각 결정이 확정된 후 그 범죄사실에 대해 다른 중요한 증거가 발견되지 않았음에도 다시 공소가 제기된 때에는 공소기각 판결을 하여야 한다.

④ 검사의 공소제기가 소추재량을 현저히 일탈하였다고 판단되는 경우에는 공소기각 판결을 할 수 있다.

해설

② (×) 제326조 제3호 참조.

> 제326조(면소의 판결) 다음 경우에는 판결로써 면소의 선고를 하여야 한다.
> 3. 공소의 시효가 완성되었을 때

① (○) 제328조 제1항 제2호 참조.

> 제328조(공소기각의 결정) ① 다음 경우에는 결정으로 공소를 기각하여야 한다.
> 2. 피고인이 사망하거나 피고인인 법인이 존속하지 아니하게 되었을 때

③ (○) 제328조 제1항 제1호, 제329조 참조.

> 제328조(공소기각의 결정) ① 다음 경우에는 결정으로 공소를 기각하여야 한다.
> 1. 공소가 취소 되었을 때
> 제329조(공소취소와 재기소) 공소취소에 의한 공소기각의 결정이 확정된 때에는 공소취소 후 그 범죄사실에 대한 다른 중요한 증거를 발견한 경우에 한하여 다시 공소를 제기할 수 있다.

④ (○) 검사가 자의적으로 공소권을 행사하여 피고인에게 실질적인 불이익을 줌으로써 소추재량권을 현저히 일탈하였다고 보여지는 경우에 이를 공소권의 남용으로 보아 공소제기의 효력을 부인할 수 있는 것이고, 여기서 자의적인 공소권의 행사라 함은 단순히 직무상의 과실에 의한 것만으로는 부족하고 적어도 미필적이나마 어떤 의도가 있어야 한다(대법원 1999.12.10, 99도577).

정답 ②

---

014 ✓ 대표 ◆◆◇ 국가7급 2014 유사 국가9급 2018

다음 각각의 경우에 법원이 어떤 재판을 하여야 하는지 옳은 것으로만 연결된 것은? (다툼이 있는 경우 판례에 의함)

> ㄱ. 소년법상 보호처분이 확정된 사건에 대해 다시 공소가 제기된 경우
> ㄴ. 공소제기된 범죄사실에 대한 적용법조가 헌법재판소의 위헌결정으로 효력을 상실한 경우
> ㄷ. 공소취소로 공소기각이 확정된 후 그 범죄사실에 대한 다른 중요한 증거가 발견되지 않았음에도 다시 공소를 제기한 경우

	ㄱ	ㄴ	ㄷ
①	면소판결	면소판결	공소기각판결
②	공소기각판결	면소판결	공소기각결정
③	면소판결	무죄판결	공소기각결정
④	공소기각판결	무죄판결	공소기각판결

해설

ㄱ. (공소기각판결) 소년법 제30조의 보호처분을 받은 사건과 동일한 사건에 대하여 다시 공소제기가 되었다면 동조의 보호처분은 확정판결이 아니고 따라서 기판력도 없으므로 이에 대하여 면소판결을 할 것이 아니라 공소제기절차가 동법 제47조의 규정에 위배하여 무효인 때에 해당한 경우이므로 공소기각의 판결을 하여야 한다(대법원 1985.5.28, 85도21).

ㄴ. (무죄판결) 형벌에 관한 법령이 헌법재판소의 위헌결정으로 인하여 소급하여 그 효력을 상실하였거나 법원에서 위헌·무효로 선언된 경우, 당해 법령을 적용하여 공소가 제기된 피고사건에 대

하여는 형사소송법 제325조에 따라 무죄를 선고하여야 한다(대법원 2013.5.16, 2011도2631 전원합의체).
ㄷ. (공소기각판결) 제327조 제4호, 제329조 참조.

정답 ④

015 ✓ 대표 ◆◆◇   법원 2013 변형

다음 중 공소기각 판결을 하여야 하는 경우가 아닌 것은?
(다툼이 있는 경우 판례에 의함)

① 범의를 가지지 아니한 자에 대하여 수사기관이 사술이나 계략 등을 써서 범의를 유발케 하여 범죄인을 검거하는 함정수사에 기하여 공소를 제기한 때
② 친고죄에 대하여 고소가 없거나 고소가 취소된 경우, 그 수단으로 사용된 또는 그에 수반하여 저질러진 비친고죄의 점을 따로 떼어내어 공소를 제기한 때
③ 공소취소 후 그 범죄사실에 대한 다른 중요한 증거가 발견되지 않았음에도 다시 공소를 제기한 때
④ 경범죄처벌법에 의하여 통고처분을 받고 범칙금을 납부한 후 그 범칙행위와 동일한 범죄사실로 다시 공소가 제기된 때

해설

④ (×) 양 사실의 기초가 되는 사회적 사실관계가 기본적인 점에서 동일하여 이 공소사실에 대하여는 이미 확정판결이 있었다고 보아야 하기 때문에 기판력은 이 사건 공소사실의 전부에 미치게 된다. 따라서 면소판결(제326조)을 하여야 한다(대법원 1990.3.9, 89도1046; 1987.2.10, 86도2454 등).
① (○) 범의를 가진 자에 대하여 단순히 범행의 기회를 제공하거나 범행을 용이하게 하는 것에 불과한 수사방법이 경우에 따라 허용될 수 있음은 별론으로 하고, 본래 범의를 가지지 아니한 자에 대하여 수사기관이 사술이나 계략 등을 써서 범의를 유발케 하여 범죄인을 검거하는 함정수사는 위법함을 면할 수 없고, 이러한 함정수사에 기한 공소제기는 그 절차가 법률의 규정에 위반하여 무효인 때에 해당한다고 볼 것이다(대법원 2008.10.23, 2008도7362; 2005.10.28, 2005도1247 등).
② (○) 대법원 2002.5.16, 2002도51 전원합의체
③ (○) 제327조 제4호 참조.

> **제327조(공소기각의 판결)** 다음 각 호의 경우에는 판결로써 공소기각의 선고를 하여야 한다. 〈개정 2020.12.8.〉
> 4. 제329조를 위반하여 공소가 제기되었을 때)
> **제329조(공소취소와 재기소)** 공소취소에 의한 공소기각의 결정이 확정된 때에는 공소취소 후 그 범죄사실에 대한 다른 중요한 증거를 발견한 경우에 한하여 다시 공소를 제기할 수 있다.

정답 ④

016 ✓ 대표 ◆◆◇   국가9급 2017

다음 중 공소기각판결을 해야 하는 경우는 모두 몇 개인가?
(다툼이 있으면 판례에 의함)

> ㄱ. 공소장 기재사실 자체에 대한 판단으로 그 사실 자체가 죄가 되지 아니함이 명백한 경우
> ㄴ. 친고죄에서 공범 중 일부에 대하여만 처벌을 구하고 나머지에 대하여는 처벌을 원하지 않는 내용의 고소를 하였다가 공소제기 전에 고소를 취소한 경우
> ㄷ. 공소장변경절차에 의하여 변경된 공소사실에 대한 법정형을 기준으로 공소제기 당시 이미 공소시효가 완성된 경우
> ㄹ. 수표발행자가 수표발행 후 예금부족으로 인하여 제시 기일에 지급되지 아니하게 하였으나 제1심 판결 선고 전에 부도수표가 회수된 경우
> ㅁ. 공소제기 이후 피고인이 사망하거나 피고인인 법인이 존속하지 아니하게 된 경우

① 1개   ② 2개
③ 3개   ④ 4개

해설

ㄱ. (×) 법원은 공소기각결정을 고지하여야 한다(제328조 제1항 제4호).
ㄴ. (○) 공범 중 1인에 대한 고소취소는 고소인의 의사와 상관없이 다른 공범에 대하여도 효력이 있다(대법원 2009.1.30, 2008도7462).
ㄷ. (×) 공소제기 당시의 공소사실에 대한 법정형을 기준으로 하면 공소제기 당시 아직 공소시효가 완성되지 않았으나 변경된 공소사실에 대한 법정형을 기준으로 하면 공소제기 당시 이미 공소시효가 완성된 경우에는 면소판결을 선고하여야 한다(대법원 2013.7.26, 2013도6182).
ㄹ. (○) 부도수표 회수나 수표소지인의 처벌을 희망하지 아니하는 의사의 표시가 제1심 판결 선고 이전까지 이루어지는 경우에는 공소기각의 판결을 선고하여야 한다(대법원 2009.12.10, 2009도9939).
ㅁ. (×) 법원은 공소기각결정을 고지하여야 한다(제328조 제1항 제2호).

정답 ②

017 ✓ 유사 ◆◇◇

공소기각의 판결에 대한 설명으로 옳지 않은 것은?

① 검사가 서면인 공소장에 전자문서나 저장매체를 첨부하는 방식으로 공소를 제기한 경우, 서면인 공소장에 기재된 부분만으로는 공소사실이 특정되지 않고 검사가 법원의 특정요구에 응하지 않으면 그 부분에 대해 공소기각의 판결을 선고하여야 한다.

② 공소를 제기할 수 없는 법률상의 사유가 있어 공소기각의 판결을 하여야 할 사건에서 그 사건의 실체에 관한 심리가 이미 완료되어 무죄로 판명된 경우라도 무죄의 실체판결을 선고하는 것은 위법하다.

③ 피고인이 공소를 기각한 제1심판결에 대해 무죄를 주장하며 항소한 경우, 공소기각 판결에 대하여 피고인에게 상소권이 인정되지 않으므로 이 항소는 법률상의 방식에 위반한 것이 명백한 때에 해당한다.

④ 기소 당시에는 이중기소된 위법이 있었다 하여도 그 후 공소사실과 적용법조가 적법하게 변경되어 새로운 사실의 소송계속상태가 있게 된 때에는 공소기각의 판결을 하여야 할 위법상태가 계속 존재한다고 할 수 없다.

해설

② (×) 교통사고처리 특례법 제3조 제1항, 제2항 단서, 형법 제268조를 적용하여 공소가 제기된 사건에서, 심리 결과 교통사고처리 특례법 제3조 제2항 단서에서 정한 사유가 없고 같은 법 제3조 제2항 본문이나 제4조 제1항 본문의 사유로 공소를 제기할 수 없는 경우에 해당하면 공소기각의 판결을 하는 것이 원칙이다. 그런데 사건의 실체에 관한 심리가 이미 완료되어 교통사고처리 특례법 제3조 제2항 단서에서 정한 사유가 없는 것으로 판명되고 달리 피고인이 같은 법 제3조 제1항의 죄를 범하였다고 인정되지 않는 경우, 같은 법 제3조 제2항 본문이나 제4조 제1항 본문의 사유가 있더라도, 사실심법원이 피고인의 이익을 위하여 교통사고처리 특례법 위반의 공소사실에 대하여 무죄의 실체판결을 선고하였다면, 이를 위법이라고 볼 수는 없다(대법원 2015.5.14, 2012도11431).

① (○) 대법원 2017.2.15, 2016도19027

③ (○) 피고인이 공소를 기각한 제1심판결에 대해 무죄를 주장하며 항소하자, 원심이 항소를 기각하지 않고 제1심판결을 파기하여 제1심법원으로 환송한 사안에서, 공소기각 판결에 대하여 피고인에게 상소권이 인정되지 않으므로 위 항소는 법률상의 방식에 위반한 것이 명백한 때에 해당한다(항소기각결정, 대법원 2008.5.15, 2007도6793).

④ (○) 기소 당시에는 이중기소된 위법이 있었다 하여도 그 후 공소사실과 적용법조가 적법하게 변경되어 새로운 사실의 소송계속상태가 있게 된 때에는 이중기소된 위법상태가 계속 존재한다고 할 수는 없다(대법원 1989.2.14, 85도1435).

정답 ②

018 ✓ 유사 ◆◆◇

기소와 재판에 대한 설명으로 옳지 않은 것은? (다툼이 있는 경우 판례에 의함)

① 공소기각의 판결은 피고인에게 불이익한 재판이라고 할 수 없으므로 이에 대하여 피고인은 상소권이 없다.

② 공소사실의 동일성이 인정되지 아니하고 실체적 경합관계에 있는 수개의 공소사실의 전부 또는 일부를 철회하는 공소취소에 따라 공소기각의 결정이 확정된 때와 마찬가지로, 포괄일죄로 기소된 공소사실 중 일부에 대하여 공소장변경의 방식으로 이루어진 공소사실의 일부 철회가 있는 경우에 그 범죄사실에 대하여도 다른 중요한 증거가 발견되지 않는 한 재기소할 수 없다.

③ 무죄의 제1심 판결에 대하여 검사가 채증법칙 위배 등을 들어 항소하였으나 공소기각의 사유가 있다고 인정될 경우, 항소심 법원은 직권으로 판단하여 제1심 판결을 파기하고 피고인에 대한 공소사실에 관하여 유·무죄의 판단을 하기에 앞서 공소기각의 판결을 선고하여야 한다.

④ 위법한 함정수사에 기한 공소제기는 그 절차가 법률의 규정에 위반하여 무효인 때에 해당하여 공소기각의 판결을 하여야 한다.

해설

② (×) 공소사실의 동일성이 인정되지 아니하고 실체적 경합관계에 있는 수개의 공소사실의 전부 또는 일부를 철회하는 공소취소의 경우 그에 따라 공소기각의 결정이 확정된 때에는 그 범죄사실에 대하여는 형사소송법 제329조의 규정에 의하여 다른 중요한 증거가 발견되지 않는 한 재기소가 허용되지 아니하지만, 이와 달리 포괄일죄로 기소된 공소사실 중 일부에 대하여 형사소송법 제298조 소정의 공소장변경의 방식으로 이루어지는 공소사실의 일부 철회의 경우에는 그러한 제한이 적용되지 아니한다(대법원 2004.9.23, 2004도3203).

① (○) 피고인을 위한 상소는 피고인에게 불이익한 재판을 시정하여 이익된 재판을 청구함을 그 본질로 하는 것이므로 피고인은 재판이 자기에게 불이익하지 아니하면 이에 대한 상소권이 없다. 공소기각의 재판이 있으면 피고인은 유죄판결의 위험으로부터 벗어나는 것이므로 그 재판은 피고인에게 불이익한 재판이라고 할 수 없어서 이에 대하여 피고인은 상소권이 없다(대법원 2008.5.15, 2007도6793).

③ (○) 대법원 1994.10.14, 94도1818

④ (○) 대법원 2005.10.28, 2005도1247

정답 ②

재판에 대한 설명으로 옳지 않은 것은? (다툼이 있는 경우 판례에 의함)

① 특별사면으로 형선고의 효력이 상실된 유죄확정판결에 대하여 재심개시결정이 이루어진 경우, 재심심판절차에서 그 심급에 따라 다시 심판하여 실체에 관한 유·무죄 등의 판단을 하여야 하지, 특별사면이 있음을 들어 면소판결을 하여서는 아니 된다.

② 법령의 적용은 유죄판결 이유에 명시하여야 할 사항이지만 공동정범을 인정하면서 「형법」 제30조를 명시하지 않았더라도 판결 이유설시 자체에 비추어 실행의 분담을 한 공동정범을 인정함이 명백하다면 판결에 영향을 미친 위법이 있다고 할 수 없다.

③ 국회의원의 면책특권에 속하는 행위에 대한 공소제기가 있는 경우, 피고인에 대한 재판권이 없는 경우에 해당하므로 공소기각판결을 하여야 한다.

④ 「경범죄처벌법」상 범칙금 통고를 받고 범칙금을 납부하였다면, 이는 확정판결에 준하는 효력이 있는 경우로 동일사건에 대하여 다시 공소가 제기된 때에는 면소판결을 하여야 한다.

해설

③ (✕) 재판권이 없는 것이 아니라 <u>공소권이 없는 것</u>이다(대법원 1992.9.22, 91도3317).

① (○) 대법원 2015.5.21, 2011도1932 전원합의체

② (○) 원심판결이 피고인이 "타인들과 공동하여" 재물을 손괴하고 사람들의 신체를 상해하였다고 판시함으로써 <u>형법 제30조를 적용하고 있음이 판결서에 비추어 명백한 이상, 같은 법조의 적용을 명시하지 않았더라도, 법령을 잘못 적용하여 판결에 영향을 미친 위법이 있다고 볼 수 없다</u>(대법원 1990.4.27, 90도527).

④ (○) 대법원 2021.4.1, 2020도15194

정답 ③

종국재판에 대한 설명으로 가장 옳은 것은? (다툼이 있는 경우 판례에 의함)

① 유죄판결을 선고하면서 판결이유에 명시해야 할 내용 중 어느 하나를 전부 누락했더라도 그것만으로 파기사유에 해당하지는 않는다.

② 피고인이 즉결심판에 대해 정식재판을 청구했으나 검사가 법원에 사건기록과 증거물을 그대로 송부하지 않고 즉결심판이 청구된 위반내용과 동일성 있는 범죄사실에 대해 약식명령을 청구한 경우, 법원은 검사의 청구에 대해 공소기각판결을 선고해야 한다.

③ 무죄의 제1심판결에 대해 검사가 항소했으나 공소기각 사유가 있다고 인정되는 경우, 항소심법원은 피고인의 이익을 위해 항소를 기각하고 제1심의 무죄판결을 유지해야 한다.

④ 불법구금 또는 구금장소의 임의적 변경등 위법사유가 있는 상태에서 공소가 제기된 경우, 공소제기의 절차가 법률의 규정을 위반하여 무효인 때에 해당하므로 공소기각판결을 선고해야 한다.

해설

② (○) 피고인이 즉결심판에 대하여 정식재판청구를 한 경우 검사가 법원에 사건기록과 증거물을 그대로 송부하지 않고 즉결심판이 청구된 위반내용과 동일성 있는 범죄사실에 대하여 약식명령을 청구하면, 법원은 공소가 제기된 사건에 대하여 다시 공소가 제기되었을 때에 해당한다는 이유로 <u>공소기각판결을 선고하여야 한다</u>(대법원 2019.11.29, 2017모3458).

① (✕) 형사소송법 제323조 제1항에 따르면, 유죄판결의 판결이유에는 범죄사실, 증거의 요지와 법령의 적용을 명시하여야 하는바, <u>유죄판결을 선고하면서 판결이유에 이 중 어느 하나를 전부 누락한 경우에는 형사소송법 제383조 제1호에 정한 판결에 영향을 미친 법률위반으로서 파기사유가 된다</u>(대법원 2012.6.28, 2012도4701).

③ (✕) 무죄의 제1심판결에 대하여 검사가 채증법칙 위배 등을 들어 항소하였으나 공소기각 사유가 있다고 인정될 경우, 항소심법원은 직권으로 판단하여 제1심판결을 파기하고 피고인에 대한 공소사실에 관하여 무죄라는 판단을 하기에 앞서 <u>공소기각의 판결을 선고하여야</u> 하고, 공소기각 사유가 있으나 <u>피고인의 이익을 위한다는 이유로 검사의 항소를 기각하여 무죄의 제1심판결을 유지할 수 없다</u>(대법원 1994.10.14, 94도1818).

④ (✕) 공소기각의 판결을 할 경우 중 형사소송법 제327조 제2호에 규정된 공소제기의 절차가 법률의 규정에 의하여 무효인 때라 함은 무권한자에 의하여 공소가 제기되거나 공소제기의 소송조건이 결여되거나 또는 공소장의 현저한 방식위반이 있는 경우를 가리키는 것인바, <u>불법구금, 구금장소의 임의적 변경 등의 위법사유가 있다고 하더라도 그 위법한 절차에 의하여 수집된 증거를 배제할 이유는 될지언정 공소제기의 절차 자체가 위법하여 무효인 경우에 해당한다고 볼 수 없다</u>(대법원 1996.5.14, 96도561).

정답 ②

V 면소판결

021 ✓ 대표 ◆◆◇ 국가9급/개론 2020

면소판결을 할 수 있는 것은?(다툼이 있는 경우 판례에 의함)

① 피고인이 유죄판결에 대하여 상고하였는데, 그 후에 헌법재판소가 처벌의 근거가 된 법률조항에 대해 헌법불합치결정을 선고하면서 개정시한을 정하여 입법개선을 촉구하였는데도 위 시한까지 법률 개정이 이루어지지 아니한 경우

② 유죄판결 확정 후 피고인에 대하여 형 선고의 효력을 상실케 하는 특별사면이 있었는데, 이후 재심개시결정이 확정되어 재심심판절차를 진행하게 된 경우

③ 피고인이 외국에서 유죄판결을 받고 판결이 확정된 후 우리나라에서 같은 행위로 다시 기소된 경우

④ 구「형법」상 혼인빙자간음죄(제304조)로 기소되었는데, 그 후 해당 조문의 혼인빙자간음죄 부분이 헌법재판소의 결정에 의하여 위헌으로 판단되었고, 이를 삭제하는「형법」개정을 하면서 부칙 등에서 그 시행 전 행위(음행의 상습 없는 부녀에 대한 위계에 의한 간음)에 대한 벌칙의 적용에 관하여 아무런 경과규정을 두지 아니한 경우

[해설]

④ (○) 위 개정에 앞서 구 형법 제304조 중 혼인빙자간음죄 부분은 헌법재판소 2009.11.26, 2008헌바58 등 결정에 의하여 위헌으로 판단되었고, 또한 위 개정 형법 부칙 등에서 그 시행 전의 행위에 대한 벌칙의 적용에 관하여 아무런 경과규정을 두지 아니하였다. 이러한 사정 등에 비추어 보면, 구 형법 제304조의 삭제는 법률이념의 변천에 따라 과거에 범죄로 본 음행의 상습 없는 부녀에 대한 위계간음 행위에 관하여 현재의 평가가 달라짐에 따라 이를 처벌대상으로 삼는 것이 부당하다는 반성적 고려에서 비롯된 것으로 봄이 타당하므로, 이는 범죄 후의 법령개폐로 범죄를 구성하지 않게 되어 형이 폐지되었을 때에 해당한다. 그렇다면 구 형법 제304조에 해당하는 위계간음 행위는 형사소송법 제326조 제4호에 의하여 면소판결의 대상이 될 뿐이므로, 이 사건 공소사실에 대하여 직권으로 구 형법 제304조의 위계간음죄를 인정하여 처벌하여야 한다는 상고이유의 주장은 더 나아가 판단할 필요 없이 받아들일 수 없다(대법원 2014.4.24, 2012도14253).

① (×) 헌법불합치결정은 위헌결정의 취지로 해석되어야 한다. 따라서 면소판결이 아니라 무죄판결을 선고하여야 한다. "피고인이 야간옥외집회를 주최하였다는 취지의 공소사실에 대하여 원심이 집회 및 시위에 관한 법률 제23조 제1호, 제10조 본문을 적용하여 유죄를 인정하였는데, 원심판결 선고 후 헌법재판소가 위 법률조항에 대해 헌법불합치결정을 선고하면서 개정시한을 정하여 입법개선을 촉구하였는데도 위 시한까지 법률 개정이 이루어지지 않은 경우, 위 법률조항은 소급하여 효력을 상실하므로 이를 적용하여 공소가 제기된 위 피고사건에 대하여 무죄를 선고하여야 한다(대법원 2011.6.23, 2008도7562 전원합의체)."

② (×) 면소판결 사유인 형사소송법 제326조 제2호의 '사면이 있는 때'에서 말하는 '사면'이란 일반사면을 의미할 뿐, 형을 선고받아 확정된 자를 상대로 이루어지는 특별사면은 여기에 해당하지

않으므로, 재심대상판결 확정 후에 형 선고의 효력을 상실케 하는 특별사면이 있었다고 하더라도, 재심개시결정이 확정되어 재심심판절차를 진행하는 법원은 그 심급에 따라 다시 심판하여 실체에 관한 유·무죄 등의 판단을 해야지, 특별사면이 있음을 들어 면소판결을 하여서는 아니 된다(대법원 2015.5.21, 2011도1932 전원합의체).

③ (×) 피고인이 동일한 행위에 관하여 외국에서 형사처벌을 과하는 확정판결을 받았다 하더라도 이런 외국판결은 우리나라에서는 기판력이 없으므로 여기에 일사부재리의 원칙이 적용될 수 없다(대법원 1983.10.25, 83도2366). 즉, 면소판결이 선고될 수 없다.

[정답] ④

---

022 ✓ 대표 ◆◆◇ 법원 2016

재판에 관한 다음 설명 중 가장 옳지 않은 것은? (다툼이 있는 경우 판례에 의함)

① 면소판결의 사유인 사면이 있을 때란 일반사면이 있을 때를 말하는 것이므로, 특별사면 이전에 저지른 것으로 공소제기된 공소사실은 면소판결의 대상에 해당하지 아니한다.

② 소년법에 따라 보호처분을 받은 사건과 동일한 사건에 대하여 다시 공소제기가 되었다면 공소기각의 결정을 하여야 한다.

③ 기소된 공소사실에 대한 적용법조가 헌법재판소의 위헌결정으로 소급하여 실효된 경우, 법원은 당해 법조를 적용하여 기소한 피고 사건에 대하여 무죄를 선고하여야 한다.

④ 제1심 판결 선고 전에 공범에 의하여 부도수표가 회수된 경우 공소기각의 판결을 하여야 한다.

[해설]

② (×) 소년법 제30조의 보호처분을 받은 사건과 동일한 사건에 대하여 다시 공소제기가 되었다면 동조의 보호처분은 확정판결이 아니고 따라서 기판력도 없으므로 이에 대하여 면소판결을 할 것이 아니라 공소제기절차가 동법 제47조의 규정에 위배하여 무효인 때에 해당한 경우이므로 공소기각의 판결을 하여야 한다(대법원 1985.5.28, 85도21).
[보충] 현재는 소년법 제33조에 의함

> **제327조(공소기각의 판결)** 다음 각 호의 경우에는 판결로써 공소기각의 선고를 하여야 한다. 〈개정 2020.12.8.〉
> 1. 피고인에 대하여 재판권이 없을 때
> 2. 공소제기의 절차가 법률의 규정을 위반하여 무효일 때
> 3. 공소가 제기된 사건에 대하여 다시 공소가 제기되었을 때
> 4. 제329조를 위반하여 공소가 제기되었을 때
> 5. 고소가 있어야 공소를 제기할 수 있는 사건에서 고소가 취소되었을 때
> 6. 피해자의 명시한 의사에 반하여 공소를 제기할 수 없는 사건에서 처벌을 원하지 아니하는 의사표시를 하거나 처벌을 원하는 의사표시를 철회하였을 때

제328조(공소기각의 결정) ① 다음 경우에는 결정으로 공소를 기각하여야 한다.
1. 공소가 취소 되었을 때
2. 피고인이 사망하거나 피고인인 법인이 존속하지 아니하게 되었을 때
3. 제12조 또는 제13조의 규정에 의하여 재판할 수 없는 때
4. 공소장에 기재된 사실이 진실하다 하더라도 범죄가 될 만한 사실이 포함되지 아니하는 때
② 전항의 결정에 대하여는 즉시항고를 할 수 있다.

① (○) 형사소송법 제326조 제2호 소정의 면소판결의 사유인 사면이 있을 때란 일반사면이 있을 때를 말하는 것인데, 기록에 의하면, 피고인은 1998.3.13. 사면법 제5조, 제7조의 규정에 의하여 1997.12.29. 수원 지방법원에서 부정수표단속법위반죄로 징역 6월, 집행유예 2년의 선고를 받은 형의 언도의 효력을 상실케 하는 특별사면을 받았음을 알 수 있으므로, 위 특별사면 이전에 저지른 것으로 공소제기된 부정수표단속법위반의 점에 대한 주위적 공소사실은 면소판결의 대상에 해당하지 아니한다(대법원 2000.2.11, 99도2983).
③ (○) 위헌결정으로 인하여 형벌에 관한 법률 또는 법률조항이 소급하여 그 효력을 상실한 경우에는 당해 법조를 적용하여 기소한 피고 사건은 범죄로 되지 아니한 때에 해당한다(대법원 2006.6.9, 2006도1955).
④ (○) 부정수표단속법 제2조 제4항에서 부정수표가 회수된 경우 공소를 제기할 수 없도록 하는 취지는 부정수표가 회수된 경우에는 수표소지인이 부정수표 발행자 또는 작성자의 처벌을 희망하지 아니하는 것과 마찬가지로 보아 같은 조 제2항 및 제3항의 죄를 이른바 반의사불벌죄로 규정한 취지로서 부도수표 회수나 수표소지인의 처벌을 희망하지 아니하는 의사의 표시가 제1심 판결 선고 이전까지 이루어지는 경우에는 공소기각의 판결을 선고하여야 할 것이고, 이는 부정수표가 공범에 의하여 회수된 경우에도 마찬가지라고 할 것이다(대법원 2005.10.7, 2005도4435).

정답 ②

---

023 대표 ◆◆◇ 변호사 2020

「형사소송법」 제326조에 따라 면소판결이 선고되어야 할 사건(○)과 그렇지 않은 사건(×)을 올바르게 조합한 것은? (다툼이 있는 경우 판례에 의함)

> ㄱ. 甲이 간통죄로 기소된 이후에 간통죄는 헌법재판소의 위헌결정으로 인하여 소급하여 그 효력을 상실하였다.
>
> ㄴ. 乙은 절도범행으로 소년법에 따라 보호처분을 받은 이후에 동일한 절도범행으로 다시 공소가 제기되었다.
>
> ㄷ. 丙은 절도죄로 징역 1년의 판결을 선고받아 그 판결이 확정된 이후에 그 선고 전에 저지른 절도범행이 발견되어 상습절도죄로 기소되었다.
>
> ㄹ. 丁은 신호위반으로 인한 교통사고를 일으켜 A의 자동차를 손괴하였다는 취지의 도로교통법위반죄로 벌금 50만원의 약식명령을 받아 그 약식명령이 확정되었다. 그 이후에 丁은 위 교통사고로 A에게 상해를 입게 하였다는 취지의 교통사고처리특례법위반(치상)죄로 공소가 제기되었다.
>
> ㅁ. 戊에 대하여 2019.1.1.부터 2019.6.30.까지 신고 없이 분식점을 운영하였다는 취지의 식품위생법위반죄로 벌금 100만원의 약식명령이 2019.8.16. 발령되고 2019.10.1. 확정되었다. 戊는 2019.9.1.부터 2019.9.30.까지 같은 장소에서 신고 없이 동일한 분식점을 운영하였다는 취지의 식품위생법위반죄로 공소가 제기되었다.

	ㄱ	ㄴ	ㄷ	ㄹ	ㅁ
①	○	○	○	○	○
②	×	○	○	○	×
③	○	○	×	×	×
④	×	×	×	○	×
⑤	○	×	○	×	○

해설

ㄱ. (×) 위헌결정으로 인하여 형벌에 관한 법률 또는 법률조항이 소급하여 그 효력을 상실한 경우에는 당해 조항을 적용하여 공소가 제기된 피고사건은 범죄로 되지 아니한 때에 해당한다고 할 것이어서 법원은 그 피고사건에 대하여 형사소송법 제325조 전단에 따라 무죄를 선고하여야 한다(대법원 2011.9.29, 2009도12515).
ㄴ. (×) 소년법 제30조의 보호처분을 받은 사건과 동일한 사건에 대하여 다시 공소제기가 되었다면 동조의 보호처분은 확정판결이 아니고 따라서 기판력도 없으므로 이에 대하여 면소판결을 할 것이 아니라 공소제기절차가 동법 제47조의 규정에 위배하여 무효인 때에 해당한 경우이므로 공소기각의 판결을 하여야 한다(대법원 1985.5.28, 85도21).
ㄷ. (×) 상습범으로서 포괄적 일죄의 관계에 있는 여러 개의 범죄사실 중 일부에 대하여 유죄판결이 확정된 경우에, 그 확정판결의 사실심판결 선고 전에 저질러진 나머지 범죄에 대하여 새로이 공소가 제기되었다면 그 새로운 공소는 확정판결이 있었던 사건과

동일한 사건에 대하여 다시 제기된 데 해당하므로 이에 대하여는 판결로써 면소의 선고를 하여야 하는 것인바(형사소송법 제326조 제1호), 다만 이러한 법리가 적용되기 위해서는 전의 확정판결에서 당해 피고인이 상습범으로 기소되어 처단되었을 것을 필요로 하는 것이고, 상습범 아닌 기본 구성요건의 범죄로 처단되는 데 그친 경우에는, 가사 뒤에 기소된 사건에서 비로소 드러났거나 새로 저질러진 범죄사실과 전의 판결에서 이미 유죄로 확정된 범죄사실 등을 종합하여 비로소 그 모두가 상습범으로서의 포괄적 일죄에 해당하는 것으로 판단된다 하더라도, 뒤늦게 앞서의 확정판결을 상습범의 일부에 대한 확정판결이라고 보아 그 기판력이 그 사실심판결선고 전의 나머지 범죄에 미친다고 보아서는 아니 된다(대법원 2004.9.16, 2001도3206 전원합의체).

ㄹ. (○) 자동차운전자가 타차량을 들이받아 차량을 손괴하고 동시에 차량에 타고 있던 승객에게 상해를 입힌 경우, 이는 동일한 업무상과실로 발생한 수개의 결과로서 형법 제40조 소정의 상상적 경합관계에 있다(대법원 1986.2.11, 85도2658). 도로교통법위반죄에 대한 확정된 약식명령의 기판력은 이후에 공소제기된 교통사고처리특례법위반(치상)죄에 미치므로 형사소송법 제326조에 따라 법원은 면소판결을 선고하여야 한다.

ㅁ. (×) 포괄일죄의 관계에 있는 범행의 일부에 대하여 약식명령이 확정된 경우에는 그 약식명령의 발령 시를 기준으로 하여 그 이전에 이루어진 범행에 대하여는 면소의 판결을 선고하여야 한다(대법원 2013.6.13, 2013도4737). → 법원은 실체재판을 하여야 한다.

정답 ④

---

024 ✓ 대표 ◆◆◇　　　　법원9급 2018

면소판결에 관한 다음 설명 중 가장 옳지 않은 것은? (다툼이 있는 경우 판례에 의하고, 전원합의체 판결의 경우 다수의견에 의함)

① 피고인은 면소판결에 대하여 무죄의 실체판결을 구하는 상소를 할 수 없는 것이 원칙이다.
② 소년법상의 보호처분을 받은 사건과 동일한 사건에 대하여 다시 공소가 제기가 되었다면 면소판결을 하여야 한다.
③ 판결의 확정 없이 공소제기 후 25년이 경과하면 면소판결을 선고하여야 한다.
④ 면소판결을 하는 경우 몰수형도 선고할 수 없다.

해설

② (×) 소년법 제47조는 제30조의 보호처분을 받은 소년에 대하여는 그 심리·결정된 사건은 다시 공소제기할 수 없고 소년부에 송치하지 못한다라고 규정하고 있으므로 제30조의 보호처분을 받은 사건과 동일(상습죄 등 포괄일죄 포함)한 사건에 대하여 다시 공소제기가 되었다면 소년법 제30조의 보호처분은 확정판결이 아니고 따라서 기판력도 없으므로 이에 대하여 면소판결을 할 것이 아니라 공소제기의 절차가 법률의 규정에 위배하여 무효인 때에 해당한 경우이므로 형사소송법 제327조 제1호의 규정에 의하여 공소기각의 판결을 하여야 한다(대법원 1985.5.28, 85도21).
① (○) 실체결판청구권이 없는 것이므로 면소판결에 대하여 무죄의 실체판결을 구하여 상소를 할 수 없는 것이다(대법원 1984.11.27, 84도2106).

---

③ (○) 제249조 제2항, 제326조 제3호 참조.

> 제249조(공소시효의 기간) ② 공소가 제기된 범죄는 판결의 확정이 없이 공소를 제기한 때로부터 25년을 경과하면 공소시효가 완성한 것으로 간주한다.
> 제326조(면소의 판결) 다음 경우에는 판결로써 면소의 선고를 하여야 한다.
> 3. 공소의 시효가 완성되었을 때

④ (○) 형법 제49조 단서는 행위자에게 유죄의 재판을 하지 아니할 때에도 몰수의 요건이 있는 때에는 몰수만을 선고할 수 있다고 규정하고 있으나, 우리 법제상 공소의 제기 없이 별도로 몰수만을 선고할 수 있는 제도가 마련되어 있지 아니하므로 실체판단에 들어가 공소사실을 인정하는 경우가 아닌 면소의 경우에는 원칙적으로 몰수도 할 수 없다(대법원 1992.7.28, 92도700).

정답 ②

---

025 ✓ 대표 ◆◆◇　　　　변호사 2017

면소판결에 관한 설명 중 옳지 않은 것은? (다툼이 있는 경우 판례에 의함)

① 공소제기된 사건에 적용된 법령이 헌법재판소의 위헌결정으로 효력이 소급하여 상실된 경우는 '범죄후의 법령 개폐로 형이 폐지되었을 때'에 해당하므로 법원은 면소판결을 선고하여야 한다.
② 피고인은 면소판결에 대하여 무죄의 실체판결을 구하는 상소를 할 수 없는 것이 원칙이다.
③ 면소의 재판을 할 것이 명백한 사건에 관하여는 공판기일에 피고인의 출석을 요하지 아니한다.
④ 면소판결의 사유 중 '사면이 있은 때'란 일반사면이 있은 때를 말한다.
⑤ A죄와 B죄가 상상적 경합관계에 있는 경우에 A죄에 대한 판결이 확정되었다면 법원은 공소제기된 B죄에 대하여 면소판결을 선고하여야 한다.

해설

① (×) 위헌결정으로 인하여 형벌에 관한 법률 또는 법률조항이 소급하여 효력을 상실한 경우에 당해 법조를 적용하여 기소한 피고사건은 범죄로 되지 아니하는 때에 해당한다(대법원 2015.11.12, 2015도12372). 따라서 무죄판결을 선고해야 한다.
② (○) 대법원 2004.9.24, 2004도3532
③ (○) 제277조(경미사건 등과 피고인의 불출석) 다음 각 호의 어느 하나에 해당하는 사건에 관하여는 피고인의 출석을 요하지 아니한다. 이 경우 피고인은 대리인을 출석하게 할 수 있다.
　2. 공소기각 또는 면소의 재판을 할 것이 명백한 사건
④ (○) 대법원 2015.5.21, 2011도1932 전원합의체
⑤ (○) 대법원 2009.4.9, 2008도5634

정답 ①

026 ✅ 유사 ◆◇◇ 국가9급 2024

면소판결에 대한 설명으로 옳지 않은 것은?

① 범죄 후 법령의 개폐로 그 형이 폐지되었을 경우에 해당하여 면소판결을 하여야 할 사안이라고 하더라도 이에 대해 피고인의 이익을 위해 무죄의 실체적 재판을 한 것은 파기의 대상이 되는 위법한 판결이다.

② 아동학대범죄의 공소시효 정지 규정인 「아동학대범죄의 처벌 등에 관한 특례법」 제34조에 관하여 소급적용에 관한 명시적인 경과규정을 두지 않은 경우, 이 조항은 그 시행일 당시 범죄행위가 종료된 범죄에 대해서는 적용되지 않으므로, 이 조항이 시행되기 전의 법률에 의하여 공소시효가 완성되었다면 면소판결의 선고 대상이 된다.

③ 영업으로 성매매의 장소를 제공하는 행위를 하여 성매매알선등행위의처벌에관한법률위반(성매매알선등)죄 일부에 대하여 판결이 확정된 경우, 사실심 판결선고 시를 기준으로 그 이전에 이루어진 범행이 판결이 확정된 범행과 포괄일죄의 관계에 있다면 면소의 판결을 선고하여야 한다.

④ 범죄 후 법률의 변경에 의하여 그 행위가 범죄를 구성하지 아니하게 되었으나, 개정 법률의 부칙 등에서 '개정 법률의 시행 전의 행위에 대한 벌칙의 적용에 있어서는 종전의 규정에 의한다'는 내용의 경과규정을 두고 있는 경우 면소사유에 해당하지 않는다.

해설

② (×) 아동학대처벌법은 제34조 제1항의 소급적용에 관하여 명시적인 경과규정을 두고 있지는 않다. 그러나 이 규정의 문언과 취지, 아동학대처벌법의 입법 목적, 공소시효를 정지하는 특례조항의 신설·소급에 관한 법리에 비추어 보면, 이 규정은 완성되지 않은 공소시효의 진행을 일정한 요건에서 장래를 향하여 정지시키는 것으로서, <u>그 시행일인 2014. 9. 29. 당시 범죄행위가 종료되었으나 아직 공소시효가 완성되지 않은 아동학대범죄에 대해서도 적용된다고 봄이 타당하다</u>(부진정소급효 긍정, 대법원 2021.2.25, 2020도3694).

① (○) 범죄 후 법령의 개폐로 그 형이 폐지되었을 경우에는 형사소송법 제326조에 의하여 실체적 재판을 하기에 앞서 면소판결을 하여야 할 것이므로, 원심이 이에 관하여 무죄로서의 실체적 재판을 한 것은 위법하여 파기를 면할 수 없다(대법원 2010.7.15, 2007도7523).

③ (○) '영업으로' 성매매 장소를 제공하는 행위를 하였다면 영업범으로서 포괄일죄에 해당한다. 포괄일죄의 관계에 있는 범행 일부에 대하여 판결이 확정된 경우에는 사실심 판결선고 시를 기준으로 그 이전에 이루어진 범행에 대하여는 확정판결의 기판력이 미쳐 면소의 판결을 선고하여야 할 것이다.

④ (○) 범죄 후 법률의 변경에 의하여 그 행위가 범죄를 구성하지 아니하게 된 때에는 신법을 적용하여야 하고(형법 제1조 제2항), 이는 범죄 후 법령의 개폐로 형이 폐지된 때에 해당하여 면소사유가 될 것이다(형사소송법 제326조 제4호). 그러나 이 경우에도 그 개정 법률의 부칙 등에서 '개정 법률의 시행 전의 행위에 대한 벌칙의 적용에 있어서는 종전의 규정에 의한다'는 내용의 경과규정을 두고 있는 때에는, 구법 당시의 행위에 대하여 구법을 적용하여야 하므로, 법률의 개정으로 범죄를 구성하지 않게 되거나 형이 폐지되었다고 할 수 없어 위의 면소사유에 해당하지 않는다(대법원 2018.2.8, 2016도16757).

정답 ②

027 ✅ 대표 ◆◆◇ 국가9급개론 2021

재판에 대한 설명으로 옳지 않은 것은? (다툼이 있는 경우 판례에 의함)

① 공소가 취소된 경우 법원은 결정으로 공소를 기각하여야 한다.

② 항고의 제기가 법률상의 방식에 위반하거나 항고권 소멸 후인 것이 명백한 때에는 원심법원은 결정으로 항고를 기각하여야 한다.

③ 판결선고 전 미결구금일수는 그 전부가 법률상 당연히 본형에 산입되므로 판결에서 별도로 미결구금일수 산입에 관한 사항을 판단할 필요가 없다.

④ 상습범으로서 포괄적 일죄의 관계에 있는 여러 개의 범죄사실 중 일부에 대하여 유죄판결이 확정된 경우에, 그 확정판결의 사실심판결 선고 전에 저질러진 나머지 범죄에 대하여 새로이 공소가 제기되었다면 판결로 공소를 기각하여야 한다.

해설

④ (×) 상습범으로서 포괄적 일죄의 관계에 있는 여러 개의 범죄사실 중 일부에 대하여 유죄판결이 확정된 경우에, 그 확정판결의 사실심판결 선고 전에 저질러진 나머지 범죄에 대하여 새로이 공소가 제기되었다면 그 새로운 공소는 확정판결이 있었던 사건과 동일한 사건에 대하여 다시 제기된 데 해당하므로 이에 대하여는 <u>판결로써 면소의 선고</u>를 하여야 한다(대법원 2004.9.6, 2001도3206 전원합의체).

① (○) 제328조 제1항 제1호

② (○) 제407조 제1항

③ (○) 대법원 2009.12.10, 2009도11448

정답 ④

028 ☑ 유사 ◆◆◇◇ 국가9급 2019

면소판결에 대한 설명으로 옳지 않은 것만을 모두 고르면? (다툼이 있는 경우 판례에 의함)

ㄱ. 일반사면과 특별사면을 불문하고 사면이 있는 경우에는 법원은 별도의 실체적 심리를 진행함이 없이 면소판결을 하여야 한다.

ㄴ. 여러 개의 범죄사실 중 일부에 대하여 상습범이 아닌 기본범죄로 유죄판결이 확정되었더라도, 판결이 확정된 범죄사실과 판결 선고 전에 저질러진 나머지 범죄사실이 상습범으로서 포괄일죄의 관계가 있다면, 새로이 공소 제기된 그 나머지 범죄사실에 대해 법원은 면소판결을 하여야 한다.

ㄷ. 피고인이 사물변별능력 또는 의사능력이 없는 상태에 있는 경우에는 당해 사건에 대한 면소판결이 명백히 예견되더라도 공판절차를 정지하여야 할 것이고 피고인의 출정 없이 재판할 수 없다.

ㄹ. 몰수나 추징이 공소사실과 관련이 있다 하더라도 그 공소사실에 관하여 이미 공소시효가 완성되어 면소판결의 사유에 해당하는 경우에는 몰수나 추징도 할 수 없다.

ㅁ. 면소판결은 유죄 확정판결이라 할 수 없으므로 면소판결을 대상으로 한 재심청구는 부적법하다.

① ㄱ, ㄴ, ㄷ ② ㄱ, ㄴ, ㅁ
③ ㄴ, ㄷ, ㄹ ④ ㄷ, ㄹ, ㅁ

[해설]

ㄱ. (×) 면소판결 사유인 형사소송법 제326조 제2호의 '사면이 있는 때'에서 말하는 '사면'이란 일반사면을 의미할 뿐(대법원 2000.2.11, 99도2983 참조), 형을 선고받아 확정된 자를 상대로 이루어지는 특별사면은 여기에 해당하지 않으므로, 재심대상판결 확정 후에 형 선고의 효력을 상실케 하는 특별사면이 있었다고 하더라도, 재심개시결정이 확정되어 재심 심판절차를 진행하는 법원은 그 심급에 따라 다시 심판하여 실체에 관한 유·무죄 등의 판단을 해야지, 위 특별사면이 있음을 들어 면소판결을 하여서는 아니 된다(대법원 2015.5.21, 2011도1932 전원합의체).

ㄴ. (×) 상습범으로서 포괄적 일죄의 관계에 있는 여러 개의 범죄사실 중 일부에 대하여 유죄판결이 확정된 경우에, 그 확정판결의 사실심판결 선고 전에 저질러진 나머지 범죄에 대하여 새로이 공소가 제기되었다면 그 새로운 공소는 확정판결이 있었던 사건과 동일한 사건에 대하여 다시 제기된 데 해당하므로 이에 대하여는 판결로써 면소의 선고를 하여야 하는 것인바(제326조 제1호), 다만 이러한 법리가 적용되기 위해서는 전의 확정판결에서 당해 피고인이 상습범으로 기소되어 처단되었을 것을 필요로 하는 것이고, 상습범 아닌 기본 구성요건의 범죄로 처단되는 데 그친 경우에는, 가사 뒤에 기소된 사건에서 비로소 드러났거나 새로 저질러진 범죄사실과 전의 판결에서 이미 유죄로 확정된 범죄사실 등을 종합하여 비로소 그 모두가 상습범으로서의 포괄적 일죄에 해당하는 것으로 판단된다 하더라도 뒤늦게 앞서의 확정판결을 상습범의 일부에 대한 확정판결이라고 보아 그 기판력이 그 사실심판결 선고 전의 나머지 범죄에 미친다고 보아서는 아니 된다(대법원 2004.9.16, 2001도3206 전원합의체).

ㄷ. (×) 무죄, 형 면제, 공소기각, 면소의 재판을 할 것이 명백하다면 공판절차를 정지하지 않고 피고인의 출정 없이 재판할 수 있다(제306조 제4항).

> **제306조(공판절차의 정지)** ① 피고인이 사물의 변별 또는 의사의 결정을 할 능력이 없는 상태에 있는 때에는 법원은 검사와 변호인의 의견을 들어서 결정으로 그 상태가 계속하는 기간 공판절차를 정지하여야 한다.
> ② 피고인이 질병으로 인하여 출정할 수 없는 때에는 법원은 검사와 변호인의 의견을 들어서 결정으로 출정할 수 있을 때까지 공판절차를 정지하여야 한다.
> ③ 전2항의 규정에 의하여 공판절차를 정지함에는 의사의 의견을 들어야 한다.
> ④ 피고사건에 대하여 무죄, 면소, 형의 면제 또는 공소기각의 재판을 할 것으로 명백한 때에는 제1항, 제2항의 사유 있는 경우에도 피고인의 출정 없이 재판할 수 있다.
> ⑤ 제277조의 규정에 의하여 대리인이 출정할 수 있는 경우에는 제1항 또는 제2항의 규정을 적용하지 아니한다.

ㄹ. (○) 몰수나 추징을 선고하기 위하여서는 몰수나 추징의 요건이 공소가 제기된 공소사실과 관련되어 있어야 하고, 공소사실이 인정되지 않는 경우에 이와 별개의 공소가 제기되지 아니한 범죄사실을 법원이 인정하여 그에 관하여 몰수나 추징을 선고하는 것은 불고불리의 원칙에 위반되어 불가능하며, 몰수나 추징이 공소사실과 관련이 있다 하더라도 그 공소사실에 관하여 이미 공소시효가 완성되어 유죄의 선고를 할 수 없는 경우에는 몰수나 추징도 할 수 없다(대법원 1992.7.28, 92도700).

ㅁ. (○) 형사재판에서 재심은 형사소송법 제420조, 제421조 제1항의 규정에 의하여 유죄 확정판결 및 유죄판결에 대한 항소 또는 상고를 기각한 확정판결에 대하여만 허용된다. 면소판결은 유죄 확정판결이라 할 수 없으므로 면소판결을 대상으로 한 재심청구는 부적법하다(대법원 2014.4.25, 2013재도29).

[정답] ①

029 ☑ 유사 ◆◇◇◇ 경찰1차 2019

다음 중 사례와 판결의 종류가 바르게 연결된 것은? (다툼이 있으면 판례에 의함)

① 공판심리 중 위헌결정으로 인하여 형벌에 관한 법률조항이 소급하여 효력을 상실한 경우: 무죄판결

② 「소년법」 제32조의 보호처분을 받은 사건과 동일한 사건에 대하여 다시 공소가 제기된 경우: 면소판결

③ 본래 범의를 가지지 아니한 자에 대하여 수사기관이 사술이나 계략을 써서 범의를 유발케 하여 범죄인으로 검거하고, 이러한 함정수사에 기해 검사가 공소를 제기한 경우: 공소기각결정

④ 공소제기 이후 피고인이 사망하거나 피고인인 법인이 존속하지 아니하게 된 경우: 공소기각판결

[해설]

① (○) 위헌결정으로 형벌에 관한 법률 또는 법률조항이 소급하여 효력을 상실한 경우는 무죄사유에 해당한다(대법원 1992.5.8, 91도2825).

② (×) 소년법 제30조의 보호처분을 받은 사건과 동일한 사건에 대하여 다시 공소제기가 되었다면 동조의 보호처분은 확정판결이 아니고 따라서 기판력도 없으므로 이에 대하여 면소판결을 할 것이 아니라 공소제기절차가 동법 제47조의 규정에 위배하여 무효인 때에 해당한 경우이므로 공소기각의 판결을 하여야 한다(대법원 1985.5.28, 85도21).

③ (×) 수사기관이 사술·계략을 사용하여 범의를 유발시킨 위법한 함정수사는 공소기각판결로 종결되어야 한다(대법원 2005.10.28, 2005도1247).

④ (×) 공소기각결정사유에 해당한다(제328조 제1항 제2호).

정답 ①

---

030 ✓ 유사 ◆◆◇ 　　　　　국가9급/개론 2023

재판에 대한 설명으로 옳지 않은 것은?

① 대한민국헌법 제13조 제1항에서 규정하고 있는 이중처벌금지의 원칙에서 '처벌'은 원칙적으로 범죄에 대한 형벌부과를 의미하고, 국가가 행하는 일체의 제재나 불이익처분이 모두 여기에 포함되는 것은 아니다.

② 항소심이 제1심의 재판서에 대한 경정결정을 하면서 제1심이 선고한 판결의 내용을 실질적으로 변경하는 것은 허용되지 않는다.

③ 공소제기 후 판결의 확정이 없이 공소를 제기한 때로부터 25년이 경과한 때에는 면소판결을 하여야 한다.

④ 간통사건에 대한 유죄판결이 간통죄에 대한 헌법재판소의 종전 합헌결정 이전에 확정된 경우, 이 판결에 대한 재심개시결정이 간통죄에 대한 헌법재판소의 위헌결정일 이후에 확정되었다면 재심심판법원은 무죄판결을 하여야 한다.

해설

④ (×) 간통사건에 대한 유죄판결이 간통죄에 대한 헌법재판소의 종전 합헌결정 이전에 확정된 경우, 재심심판법원은 면소판결을 하여야 한다.

[판례] 형사소송법 제326조 제4호는 '범죄 후의 법령개폐로 형이 폐지되었을 때'를 면소판결을 선고하여야 하는 경우로 정하고 있으므로, 종전 합헌결정일 이전의 범죄행위에 대하여 재심개시결정이 확정되었는데 그 범죄행위에 적용될 법률 또는 법률의 조항이 위헌결정으로 헌법재판소법 제47조 제3항 단서에 의하여 종전 합헌결정일의 다음 날로 소급하여 효력을 상실하였다면 범죄행위 당시 유효한 법률 또는 법률의 조항이 그 이후 폐지된 경우와 마찬가지이므로 법원은 형사소송법 제326조 제4호에 해당하는 것으로 보아 면소판결을 선고하여야 하는 점에 비추어 보면, 공소사실 기재 범행일이 종전 합헌결정일 이전이고, 구 형법 제241조가 위 위헌결정으로 인하여 종전 합헌결정일의 다음 날인 2008.10.31.로 소급하여 효력을 상실하므로 공소사실을 심판하는 제1심은 형사소송법 제326조 제4호에 따라 면소판결을 선고하여야 한다(대법원 2019.12.24, 2019도15167).

① (○) 헌법은 제13조 제1항에서 "모든 국민은 … 동일한 범죄에 대하여 거듭 처벌받지 아니한다."라고 규정하여 이른바 이중처벌금지의 원칙 내지 일사부재리의 원칙을 선언하고 있다. 이는 한 번 판결이 확정되면 그 후 동일한 사건에 대해서는 다시 심판하는 것이 허용되지 않는다는 원칙을 말한다. 여기에서 '처벌'이란 원칙적으로 범죄에 대한 국가의 형벌권 실행으로서의 과벌을 의미하고, 국가가 행하는 일체의 제재나 불이익처분이 모두 여기에 포함되는 것은 아니다(대법원 2017.8.23, 2016도5423).

② (○) 법원은 '재판서에 잘못된 계산이나 기재, 그 밖에 이와 비슷한 잘못이 있음이 분명한 때'에는 경정결정을 통하여 위와 같은 재판서의 잘못을 바로잡을 수 있다(형사소송규칙 제25조 제1항). 그러나 이미 선고된 판결의 내용을 실질적으로 변경하는 것은 위 규정에서 예정하고 있는 경정의 범위를 벗어나는 것으로서 허용되지 않는다. 그리고 경정결정은 이를 주문에 기재하여야 하고, 판결이유에만 기재한 경우 경정결정이 이루어졌다고 할 수 없다(대법원 2021.1.28, 2017도18536).

③ (○) 제249조 제2항, 제326조 제3호 참조.

> **제249조(공소시효의 기간)** ② 공소가 제기된 범죄는 판결의 확정이 없이 공소를 제기한 때로부터 25년을 경과하면 공소시효가 완성한 것으로 간주한다.
> **제326조(면소의 판결)** 다음 경우에는 판결로써 면소의 선고를 하여야 한다.
> 3. 공소의 시효가 완성되었을 때

정답 ④

031 ☑ 유사 ◆◆◇ 〔법원 2014〕

다음 설명 중 가장 옳지 않은 것은? (다툼이 있는 경우 판례에 의함)

① 하나의 행위가 부작위범인 직무유기죄와 작위범인 허위 공문서작성·행사죄의 구성요건을 동시에 충족하는 경우, 공소제기권자는 재량에 의하여 작위범인 허위공문서 작성·행사죄로 공소를 제기하지 않고 부작위범인 직무유기죄로만 공소를 제기할 수 있다.

② 확정판결을 받은 범죄사실과 그 확정판결의 사실심판결 선고 전에 저질러진 범죄사실이 상습범으로서 포괄일죄에 해당하는 것으로 평가될 수 있다고 하더라도, 그 확정판결의 기판력이 그 전에 저질러진 범죄사실에까지 미치기 위하여는 그 확정판결에서 당해 피고인이 상습범으로 공소제기되어 처단되었어야 하고 상습범이 아닌 기본 구성요건의 범죄로 처단된 데에 그친 경우에는 설령 그 확정판결을 받은 범죄사실과 그 전에 저질러진 범죄사실을 종합하여 비로소 모두가 상습범으로서의 포괄적 일죄에 해당하는 것으로 판단된다고 하더라도 그 확정판결의 기판력이 그 사실심판결 선고 전에 저질러진 범죄사실에 미치는 것으로 볼 수 없다.

③ 공범인 공동피고인은 당해 소송절차에서는 피고인의 지위에 있으므로 다른 공동피고인에 대한 공소사실에 관하여 증인이 될 수 없으나, 소송절차가 분리되어 피고인의 지위에서 벗어나게 되면 다른 공동피고인에 대한 공소사실에 관하여 증인이 될 수 있다.

④ 포괄일죄의 관계에 있는 범행의 일부에 대하여 판결이 확정된 경우에는 그 판결확정시를 기준으로 그 이전에 이루어진 범행에 대하여는 확정판결의 기판력이 미쳐 면소의 판결을 선고하여야 할 것이다.

〔해설〕

④ (×) 포괄일죄의 관계에 있는 범행의 일부에 대하여 판결이 확정된 경우, 확정판결의 기판력이 미치는 기준 시점은 '판결확정 시'가 아니라 '사실심판결 선고 시'가 된다. 포괄일죄의 관계에 있는 범행 일부에 대하여 판결이 확정된 경우에는 <u>사실심 판결 선고 시를 기준으로 그 이전에 이루어진 범행에 대하여는 확정판결의 기판력이 미쳐 면소의 판결을 선고하여야 하고</u>, 이러한 법리는 영리를 목적으로 무면허 의료행위를 업으로 하는 자의 여러 개의 무면허 의료행위가 포괄일죄의 관계에 있고 그중 일부에 대하여 판결이 확정된 경우에도 마찬가지로 적용되며, 그 확정판결의 범죄사실이 '보건범죄 단속에 관한 특별조치법' 제5조 제1호 위반죄가 아니라 단순히 의료법 제27조 제1호 위반죄로 공소제기된 경우라고 하여 달리 볼 것이 아니다(대법원 2014.1.16, 2013도11649).
[보충] 기판력의 시간적 범위: 사실심판결 선고 시, (항소이유서 미제출)항소기각결정 시, 상고심 파기환송 후 항소심판결 선고 시, 약식명령 발령 시

① (○) 대법원 2008.2.14, 2005도4202; 1999.11.26, 99도1904

② (○) 대법원 2004.9.16, 2001도3206 전원합의체

③ (○) 대법원 2012.12.13, 2010도10028; 2008.6.26, 2008도3300 등

〔정답〕 ④

---

3 재판의 확정과 효력

Ⅰ 재판의 확정

Ⅱ 재판의 확정력

Ⅲ 기판력

032 ☑ 대표 ◆◆◇ 〔법원9급 2020〕

다음 설명 중 가장 옳지 않은 것은?

① 일사부재리의 효력이 미치는 객관적 범위는 법원의 현실적 심판의 대상인 공소사실은 물론이고, 그 공소사실과 단일하고 동일한 관계에 있는 사실 전부에 미친다.

② 상습범의 범죄사실에 대한 공판심리 중에 그 범죄사실과 동일한 습벽의 발현에 의한 것으로 인정되는 범죄사실이 추가로 발견된 경우에는 검사는 공소장변경절차에 의하여 그 범죄사실을 공소사실로 추가할 수 있다.

③ 공소제기된 사건에 적용된 법령이 헌법재판소의 위헌결정으로 효력이 소급하여 상실된 경우 '범죄 후의 법령개폐로 형이 폐지되었을 때'에 해당하므로 법원은 면소판결을 선고하여야 한다.

④ 형법 제40조 소정의 상상적 경합 관계의 경우에는 그 중 1죄에 대한 확정판결의 기판력은 다른 죄에 대하여도 미치는 것이고, 여기서 1개의 행위라 함은 법적 평가를 떠나 사회 관념상 행위가 사물자연의 상태로서 1개로 평가되는 것을 의미한다. 따라서 일죄에 대한 판결이 확정되었다면 다른 일죄에 대하여도 기판력이 미친다.

〔해설〕

③ (×) 위헌결정으로 인하여 형벌에 관한 법률 또는 법률조항이 소급하여 그 효력을 상실한 경우에는 당해 법조를 적용하여 기소한 피고사건이 범죄로 되지 아니한 때에 해당한다고 할 것이고, 범죄 후의 법령의 개폐로 형이 폐지되었을 때에 해당한다거나, 혹은 공소장에 기재된 사실이 진실하다 하더라도 범죄가 될 만한 사실이 포함되지 아니하는 때에 해당한다고는 할 수 없다(대법원 1992.5.8, 91도2825). 즉, 형벌에 관한 법률조항이 소급하여 효력을 상실한 경우에 당해 조항을 적용하여 공소가 제기된 피고사건은 <u>범죄로 되지 아니한 때에 해당하고</u>, <u>법원은 이에 대하여 형사소송법 제325조 전단에 따라 무죄를 선고하여야 한다</u>.

① (○) 일사부재리의 효력은 법원의 현실적 심판대상인 공소사실은 물론, 그 공소사실과 단일하고 동일한 관계에 있는 사실의 전부에 미친다는 것이 다수설과 판례의 입장이다.

② (○) 대법원 2000.3.10, 99도2744

④ (○) 대법원 2007.2.23, 2005도10233

〔정답〕 ③

기판력에 관한 다음 설명 중 가장 옳지 않은 것은? (다툼이 있는 경우 판례에 의함)

① 상습범으로 공소제기된 피고사건이 항소된 경우 기판력의 기준시점은 항소심 판결선고 시이다.

② 상습범으로서 포괄적 일죄의 관계에 있는 여러 개의 범죄사실 중 일부에 대하여 유죄판결이 확정되었는데, 그 확정판결의 사실심판결 선고 전에 저질러진 나머지 범죄에 대하여 새로이 공소가 제기된 경우에 전의 확정판결에서 당해 피고인이 상습범으로 기소되지 않았더라도 법원은 면소판결을 하여야 한다.

③ 확정된 즉결심판에도 기판력이 있다.

④ 상상적 경합관계에 있는 1죄에 대한 확정판결의 기판력은 다른 죄에 대하여도 미친다.

해설

② (×) 상습범으로서 포괄적 일죄의 관계에 있는 여러 개의 범죄사실 중 일부에 대하여 유죄판결이 확정된 경우에, 그 확정판결의 사실심판결 선고 전에 저질러진 나머지 범죄에 대하여 새로이 공소가 제기되었다면 이에 대하여는 판결로써 면소의 선고를 하여야 하는 것인바, 다만 이러한 법리가 적용되기 위해서는 전의 확정판결에서 당해 피고인이 상습범으로 기소되어 처단되었을 것을 필요로 하는 것이고, 상습범 아닌 기본 구성요건의 범죄로 처단되는 데 그친 경우에는 앞서의 확정판결을 상습범의 일부에 대한 확정판결이라고 보아 그 기판력이 그 사실심판결 선고 전의 나머지 범죄에 미친다고 보아서는 아니된다(대법원 2004.9.16, 2001도3206 전원합의체).

① (○) 대법원 1983.4.26, 82도2829

③ (○) 즉결심판에 관한 절차법 제16조

④ (○) 대법원 2009.4.9, 2008도5634

정답 ②

재판의 효력에 관한 다음 설명 중 가장 적절하지 않은 것은? (다툼이 있으면 판례에 의함)

① 범칙행위와 같은 시간과 장소에서 이루어진 행위라 하더라도 범칙행위의 동일성을 벗어난 형사범죄행위에 대하여는 범칙금의 납부에 따라 확정판결에 준하는 일사부재리의 효력이 미치지 아니한다.

② 피고인이 동일한 행위에 관하여 외국에서 형사처벌을 과하는 확정판결을 받았다 하더라도 이런 외국판결은 우리나라에서는 기판력이 없으므로 여기에 일사부재리의 원칙이 적용될 수 없다.

③ 검사의 불기소처분에는 확정재판에 있어서의 확정력과 같은 효력이 없어 일단 불기소처분을 한 후에도 공소시효가 완성되기 전이면 언제라도 공소를 제기할 수 있다.

④ 구(舊) 행형법상의 징벌은 형법 법령에 위반한 행위에 대한 형사책임과 그 목적, 성격을 달리하는 것이 아니므로, 징벌을 받은 뒤에 형사처벌을 하는 것은 일사부재리의 원칙에 반하는 것이다.

해설

④ (×) 피고인이 행형법에 의한 징벌을 받아 그 집행을 종료하였다고 하더라도 행형법상의 징벌은 수형자의 교도소 내의 준수사항 위반에 대하여 과하는 행정상의 질서벌의 일종으로서 형법 법령에 위반한 행위에 대한 형사책임과는 그 목적, 성격을 달리하는 것이므로 징벌을 받은 뒤에 형사처벌을 한다고 하여 일사부재리의 원칙에 반하는 것은 아니다(대법원 2000.10.27, 2000도3874).

[보충] 행정법상 징계, 공무원의 통고처분, 행정벌(과태료): 기판력 없음

① (○) 경범죄처벌법상 범칙금제도는 형사절차에 앞서 경찰서장 등의 통고처분에 의하여 일정액의 범칙금을 납부하는 기회를 부여하여 범칙금을 납부하는 사람에 대하여는 기소를 하지 아니하고 사건을 간이하고 신속·적정하게 처리하기 위하여 처벌의 특례를 마련해 둔 것이라는 점에서 법원의 재판절차와는 제도적 취지 및 법적 성질에서 차이가 있다. 그리고 범칙금의 납부에 따라 확정판결에 준하는 효력이 인정되는 범위는 범칙금 통고의 이유에 기재된 당해 범칙행위 자체 및 범칙행위와 동일성이 인정되는 범칙행위에 한정된다. 따라서 범칙행위와 같은 시간과 장소에서 이루어진 행위라 하더라도 범칙행위의 동일성을 벗어난 형사범죄행위에 대하여는 범칙금의 납부에 따라 확정판결에 준하는 일사부재리의 효력이 미치지 아니한다(대법원 2012.9.13, 2012도6612).

② (○) 형법 제7조의 규정취지는 외국에서 형의 전부 또는 일부를 받은 자에 대하여 법원의 재량으로 형을 감경 또는 면제할 수 있다는 것이므로 외국에서 형의 집행을 받은 자에 대하여 형을 선고한 것을 위법하다고 할 수 없다(대법원 1979.4.10, 79도831).

③ (○) 검사의 불기소처분에는 확정재판에 있어서의 확정력과 같은 효력이 없어 일단 불기소처분을 한 후에도 공소시효가 완성되기 전이면 언제라도 공소를 제기할 수 있다(대법원 2009.10.29, 2009도6614).

정답 ④

035 ✅ 유사 ◆◆◇　　　　　　　　군무원9급 2022

재판의 효력에 대한 설명으로 가장 옳지 않은 것은? (다툼이 있는 경우 판례에 의함)

① 대법원판결에 대하여도 판결의 정정이 허용되므로 그 선고로써 확정되는 것이 아니라 판결정정신청기간의 경과, 정정판결 또는 정정신청기각의 결정에 의하여 확정된다.

② 약식명령도 확정되면 유죄판결과 동일한 효력이 인정되므로 일사부재리의 효력이 인정된다.

③ 가정폭력처벌법 제37조 제1항 제1호의 불처분결정이 확정된 후에 검사가 동일한 범죄사실에 대하여 다시 공소를 제기하였다거나 법원이 이에 대하여 유죄판결을 선고하였더라도 이중처벌금지의 원칙 내지 일사부재리의 원칙에 위배된다고 할 수 없다.

④ 가정폭력처벌법에 따른 보호처분결정이 확정된 경우에 그 보호처분을 받은 사건과 동일한 사건에 대하여 검사가 다시 공소를 제기하였다면, 법원은 공소기각의 판결을 하여야 한다.

해설

① (×) 대법원판결에 대하여도 판결의 정정이 허용되므로(제400조, 제401조), 종래에는 판결정정신청기간의 경과, 정정판결이나 정정신청기각결정에 의하여 확정된다는 견해가 있었으나(종래의 다수설), 대법원판결도 제400조 소정의 판결정정신청기간(10일)을 기다릴 필요 없이 선고와 동시에 확정된다는 견해가 현재의 통설·판례(대법원 1967.6.2, 67초22)의 입장이다.

> **제400조(판결정정의 신청)** ① 상고법원은 그 판결의 내용에 오류가 있음을 발견한 때에는 직권 또는 검사, 상고인이나 변호인의 신청에 의하여 판결로써 정정할 수 있다.
> **제401조(정정의 판결)** ① 정정의 판결은 변론없이 할 수 있다.
> ② 정정할 필요가 없다고 인정한 때에는 지체 없이 결정으로 신청을 기각하여야 한다.

[판례] 대법원판결은 그 선고로써 확정되는 것이고 본법 제400조 소정의 판결정정신청기간을 기다릴 필요가 없다 할 것이다(대법원 1967.6.2, 67초22).

② (○) 제457조 참조.

> **제457조(약식명령의 효력)** 약식명령은 정식재판의 청구기간이 경과하거나 그 청구의 취하 또는 청구기각의 결정이 확정한 때에는 확정판결과 동일한 효력이 있다.

③ (○) 가정폭력범죄의 처벌 등에 관한 특례법(이하 '가정폭력처벌법'이라고 한다)에 규정된 가정보호사건의 조사·심리는 검사의 관여 없이 가정법원이 직권으로 진행하는 형사처벌의 특례에 따른 절차로서, 검사는 친고죄에서의 고소 등 공소제기의 요건이 갖추어지지 아니한 경우에도 가정보호사건으로 처리할 수 있고(가정폭력처벌법 제9조), 법원은 보호처분을 받은 가정폭력행위자가 보호처분을 이행하지 아니하거나 집행에 따르지 아니하면 직권으로 또는 청구에 의하여 보호처분을 취소할 수 있는 등(가정폭력처벌법 제46조) 당사자주의와 대심적 구조를 전제로 하는 형사소송절차와는 내용과 성질을 달리하여 형사소송절차와 동일하다고 보기 어려우므로, 가정폭력처벌법에 따른 보호처분의 결정 또는 불처분결정에 확정된 형사판결에 준하는 효력을 인정할

수 없다(대법원 2017.8.23, 2016도5423).

④ (○) 가정폭력처벌법에 따른 보호처분의 결정이 확정된 경우에는 원칙적으로 가정폭력행위자에 대하여 같은 범죄사실로 다시 공소를 제기할 수 없으나(가정폭력처벌법 제16조), 보호처분은 확정판결이 아니고 따라서 기판력도 없으므로, 보호처분을 받은 사건과 동일한 사건에 대하여 다시 공소제기가 되었다면 이에 대해서는 면소판결을 할 것이 아니라 공소제기의 절차가 법률의 규정에 위배하여 무효인 때에 해당한 경우이므로 형사소송법 제327조 제2호의 규정에 의하여 공소기각의 판결을 하여야 한다(대법원 2017.8.23, 2016도5423).

정답 ①

036 ✅ 유사 ◆◇◇

기판력 또는 일사부재리의 효력에 대한 설명으로 옳지 않은 것은? (다툼이 있는 경우 판례에 의함)

① 과태료를 납부한 후에 다시 형사처벌을 하는 것은 일사부재리의 원칙에 반하는 것이 아니다.

② 피고인이 성명을 모용한 경우 기판력은 피모용자에게 미치지 않는다.

③ 면소판결이 확정된 경우에는 일사부재리의 효력이 인정된다.

④ 약식명령에 대한 기판력의 시간적 범위는 약식명령의 도달 시를 기준으로 한다.

해설

④ (×) 약식명령 도달 시가 아니라 약식명령 발령 시가 기준이 된다. "유죄의 확정판결의 기판력의 시적범위 즉 어느 때까지의 범죄사실에 관하여 기판력이 미치느냐의 기준시점은 사실심리의 가능성이 있는 최후의 시점인 판결선고 시를 기준으로 하여 가리게 되고, 판결절차 아닌 약식명령은 그 고지를 검사와 피고인에 대한 재판서 송달로써 하고 따로 선고하지 않으므로 약식명령에 관하여는 그 기판력의 시적범위를 약식명령의 송달 시를 기준으로 할 것인가 또는 그 발령시를 기준으로 할 것인지 이론의 여지가 있으나 그 기판력의 시적 범위를 판결절차와 달리 하여야 할 이유가 없으므로 그 발령 시를 기준으로 하여야 한다(대법원 1984.7.24, 84도1129)."

① (○) 일사부재리는 판결이 내려진 어떤 사건(확정판결)에 대해 두 번 이상 심리·재판을 하지 않는다는 형사상의 원칙이다. 확정판결에는 정식재판에서 선고된 유죄판결과 무죄의 판결 및 면소의 판결뿐만 아니라, 확정판결과 동일한 효력이 있는 약식명령이나 즉결심판 등이 모두 포함되는 것이지만 행정벌에 지나지 않는 과태료의 부과처분은 위 "확정판결"의 범주에 속하지 않는다.

② (○) 성명모용의 경우 그 공소의 효력과 판결의 효력은 명의를 사칭한 자(甲)에 대해서만 미치고 그 명의를 모용당한 자(乙)에 대하여는 미치지 않는 것이다(대법원 1992.4.24, 92도490).

③ (○) 면소판결은 유무죄의 판단을 하지 않는 형식재판임에도 불구하고, 기판력 내지 일사부재리의 효력이 발생하는 것으로 인정되는 것에 특징이 있다.

정답 ④

甲은 장물취득죄로 제1심에서 징역 1년을 선고받고 항소하였으나 공범이 검거되어 강도상해죄로 처벌될 상황에 이르자 항소를 취하하여 확정되었다. 이후 검사가 甲에 대하여 강도상해죄로 공소제기 한 경우 법원이 취할 조치에 대한 설명으로 옳은 것은? (다툼이 있는 경우 판례에 의함)

① 두 죄의 기본적 사실관계가 동일한가의 여부는 그 규범적 요소를 전적으로 배제한 채 순수하게 사회적·전 법률적 관점에서 파악하여야 한다.
② 확정된 장물취득의 범죄사실과 강도상해의 공소사실은 동일성이 인정되므로 공소기각판결을 하여야 한다.
③ 확정된 장물취득의 범죄사실과 강도상해의 공소사실은 동일성이 인정되므로 면소판결을 하여야 한다.
④ 확정된 장물취득의 범죄사실과 강도상해의 공소사실은 동일성이 인정되지 않으므로 유·무죄의 실체 판결을 하여야 한다.

해설

④ (○) 가. 유죄로 확정된 장물취득죄와 이 사건 강도상해죄는 범행일시가 근접하고 위 장물취득죄의 장물이 이 사건 강도상해죄의 목적물 중 일부이기는 하나, 그 범행의 일시, 장소가 서로 다르고, 강도상해죄는 피해자를 폭행하여 상해를 입히고 재물을 강취하였다는 것인 데 반하여 위 장물취득죄는 위와 같은 강도상해의 범행이 완료된 이후에 강도상해죄의 범인이 아닌 피고인이 다른 장소에서 그 장물을 교부받았음을 내용으로 하는 것으로서 그 수단, 방법, 상대방 등 범죄사실의 내용이나 행위가 별개이고, 행위의 태양이나 피해법익도 다르고 죄질에도 현저한 차이가 있어, 위 ②·③·④ 장물취득죄와 이 사건 강도상해죄 사이에는 동일성이 있다고 보기 어렵고, 따라서 피고인이 장물취득죄로 받은 판결이 확정되었다고 하여 강도상해죄의 공소사실에 대하여 면소를 선고하여야 한다거나 피고인을 강도상해죄로 처벌하는 것이 일사부재리의 원칙에 어긋난다고는 할 수 없다.
나. 공소사실이나 범죄사실의 동일성은 형사소송법상의 개념이므로 이것이 형사소송절차에서 가지는 의의나 소송법적 기능을 고려하여야 할 것이고, 따라서 ① 두 죄의 기본적 사실관계가 동일한가의 여부는 그 규범적 요소를 전적으로 배제한 채 순수하게 사회적, 전법률적인 관점에서만 파악할 수는 없고, 그 자연적, 사회적 사실관계나 피고인의 행위가 동일한 것인가 외에 그 규범적 요소도 기본적 사실관계 동일성의 실질적 내용의 일부를 이루는 것이라고 보는 것이 상당하다(대법원 1994.3.22, 93도2080 전원합의체).

정답 ④

다음 설명 중 옳지 않은 것은? (다툼이 있는 경우 판례에 의함)

① 피고인이 동일한 행위에 관하여 외국에서 형의 확정판결을 받았더라도 이 외국판결에 대해서는 일사부재리의 원칙이 적용되지 않는다.
② 같은 일시·장소에서 도로교통법 상 안전운전의무위반의 범칙행위와 교통사고처리 특례법 위반의 범죄행위를 한 경우 안전운전의무 불이행을 이유로 통고처분을 받아 범칙금을 납부한 자를 교통사고처리 특례법 위반죄로 처벌하더라도 이중처벌에 해당하지 않는다.
③ 피고인이 공소사실의 내용이 된 사기범행과 관련하여 유사 수신행위의 규제에 관한 법률 에서 금지하고 있는 유사수신행위를 하였다는 범죄사실로 이미 유죄의 확정판결을 받았다면 다시 사기죄로 처벌할 수 없다.
④ 근접한 일시·장소에서 각각 '음주소란'과 '흉기휴대협박행위'를 한 경우 '음주소란'에 대하여 경범죄처벌법상 통고처분을 받아 범칙금을 납부한 자를 '흉기휴대협박행위'에 대하여 폭력행위 등 처벌에 관한 법률 위반죄로 처벌하더라도 이중처벌에 해당하지 않는다.

해설

③ (✕) 피고인이 공소사실의 내용이 된 사기의 범행과 관련하여 유사수신행위의 규제에 관한 법률 제3조에서 금지하고 있는 유사수신행위를 하였다는 범죄사실로 이미 유죄판결을 받아 확정되었으나, 위 법률 위반죄와 사기죄는 그 기본적 사실관계에 있어서 동일하다고 볼 수 없어, 확정판결의 효력이 사기 공소사실에 미치지 아니한다(대법원 2006.3.23, 2005도9678).
[보충] 유-사: 실
① (○) 형법 제7조의 규정취지는 외국에서 형의 전부 또는 일부를 받은 자에 대하여 법원의 재량으로 형을 감경 또는 면제할 수 있다는 것이므로 외국에서 형의 집행을 받은 자에 대하여 형을 선고한 것을 위법하다고 할 수 없다(대법원 1979.4.10, 79도831).
② (○) 운전자가 차량을 운전함에 있어서 도로교통법 제43조 소정의 안전운전의 의무를 위반하는 행위와 차량운전 중과실로 사람을 충격하여 인체에 상해를 입히는 소위 업무상 과실치상행위는 별개의 것이라 할 것이므로 피고인이 위 전단의 안전운전의무 위반으로 통고처분에 따른 범칙금을 납부하였다 하여도 이는 별개의 행위인 본 건 교통사고처리특례법위반(업무상과실치상)의 점에 무슨 영향을 미칠 바 아니므로 본 건을 이중처벌이라 할 수 없다 할 것이니 이와 같은 견해아래 피고인의 항소를 기각한 원심의 판단은 정당하고 반대의 의견으로 일사부재리의 원칙을 내세워 면소하여야 한다고 되풀이 주장하는 소론은 이유 없다(대법원 1983.7.12, 83도1296).
[보충] 운/협/칼/공/중-기부
④ (○) 경범죄처벌법 제1조 제25호(음주소란 등)의 범칙행위와 폭력행위 등 처벌에 관한 법률 위반 공소사실인 흉기휴대협박행위는, 범행 장소와 일시가 근접하고 모두 피고인과 피해자의 시비에서 발단이 된 것으로 보이는 점에서 일부 중복되는 면이 있으나, 범죄사실의 내용이나 행위의 수단 및 태양, 각 행위에 따른 피해법익이 다르고, 죄질에도 현저한 차이가 있으며, 범칙행위의 내용이나 수단 및 태양 등에 비추어 그 행위과정에서나 이로 인한 결과에 통상적으로 흉기휴대협박행위까지 포함된다거나 이를

예상할 수 있다고 볼 수 없으므로 기본적 사실관계가 동일한 것으로 평가할 수 없다는 이유로, 범칙행위에 대한 범칙금 납부의 효력이 공소사실에 미치지 않는다(대법원 2012.9.13, 2012도6612).

정답 ③

---

039 ✓ 유사 ◆◆◇ 경찰 2014

기판력에 관한 다음 설명 중 가장 적절하지 않은 것은? (다툼이 있으면 판례에 의함)

① 회사의 대표이사가 업무상 보관하던 회사 자금을 빼돌려 횡령한 다음 그중 일부를 더 많은 장비납품 등의 계약을 체결할 수 있도록 해달라는 취지의 묵시적 청탁과 함께 배임증재에 공여한 경우, 위 횡령의 점에 대하여 약식명령이 확정되었다고 하더라도 그 기판력이 배임증재의 점에는 미치지 아니한다.

② 사기죄에 있어서 동일한 피해자에 대하여 수회에 걸쳐 기망행위를 하여 금원을 편취한 경우, 그 범의가 단일하고 범행 방법이 동일하다면 사기죄의 포괄일죄만이 성립한다고 할 것이나, 포괄일죄의 중간에 별종의 범죄에 대한 확정판결이 끼어 있다면 그로 인해 사기죄의 포괄적 범죄는 둘로 나뉘는 것이다.

③ 검사의 불기소처분에는 확정재판에 있어서의 확정력과 같은 효력이 없어 일단 불기소처분이 있더라도 공소시효가 완성되기 전이면 언제라도 공소를 제기할 수 있다.

④ 과실로 교통사고를 발생시켰다는 각 '교통사고처리 특례법 위반죄'와 고의로 교통사고를 낸 뒤 보험금을 청구하여 수령하거나 미수에 그쳤다는 '사기 및 사기미수죄'는 서로 행위 태양이 전혀 다르고, 그 기본적 사실관계가 동일하다고 볼 수 없으므로, 위 전자에 관한 확정판결의 기판력이 후자에 미친다고 할 수 없다.

해설

② (×) 사기죄에 있어서 동일한 피해자에 대하여 수회에 걸쳐 기망행위를 하여 금원을 편취한 경우, 그 범의가 단일하고 범행 방법이 동일하다면 사기죄의 포괄일죄만이 성립한다 할 것이고, 포괄일죄는 그 중간에 별종의 범죄에 대한 확정판결이 끼어 있어도 그 때문에 포괄적 범죄가 둘로 나뉘는 것은 아니라 할 것이고, 또 이 경우에는 그 확정판결 후의 범죄로서 다루어야 한다(대법원 2002.7.12, 2002도2029).

① (○) 회사의 대표이사가 업무상 보관하던 회사 자금을 빼돌려 횡령한 다음 그중 일부를 더 많은 장비 납품 등의 계약을 체결할 수 있도록 해달라는 취지의 묵시적 청탁과 함께 배임증재에 공여한 경우, 위 횡령의 범행과 배임증재의 범행은 서로 범의 및 행위의 태양과 보호법익을 달리하는 별개의 행위라고 보아, 위 횡령의 점에 대하여 약식명령이 확정되었다고 하더라도 그 기판력이 배임증재의 점에는 미치지 아니한다(대법원 2010.5.13, 2009도13463).

③ (○) 검사의 불기소처분에는 확정재판에 있어서의 확정력과 같

은 효력이 없어 일단 불기소처분을 한 후에도 공소시효가 완성되기 전이면 언제라도 공소를 제기할 수 있다(대법원 2009.10.29, 2009도6614).

④ (○) 공소사실의 동일성이 인정되지 아니하므로, 공소장변경도 불가하고 기판력도 인정되지 아니한다.

[1] 형사재판이 실체적으로 확정되면 동일한 범죄에 대하여 거듭 처벌할 수 없고(헌법 제13조 제1항), 확정판결이 있는 사건과 동일사건에 대하여 공소의 제기가 있는 경우에는 판결로써 면소의 선고를 하여야 하는 것인바(형사소송법 제326조 제1호), 피고인에 대한 각 '교통사고처리 특례법 위반죄'의 확정판결의 기판력이 '사기 및 사기미수죄'에 미치는 것인지의 여부는 그 기본적 사실관계가 동일한 것인가의 여부에 따라 판단하여야 할 것이다. 또한 기본적 사실관계가 동일한가의 여부는 규범적 요소를 전적으로 배제한 채 순수하게 사회적, 전법률적인 관점에서만 파악할 수는 없고, 그 자연적, 사회적 사실관계나 피고인의 행위가 동일한 것인가 외에 그 규범적 요소도 기본적 사실관계 동일성의 실질적 내용의 일부를 이루는 것이라고 보는 것이 상당하다.

[2] 과실로 교통사고를 발생시켰다는 각 '교통사고처리 특례법 위반죄'와 고의로 교통사고를 낸 뒤 보험금을 청구하여 수령하거나 미수에 그쳤다는 '사기 및 사기미수죄'는 서로 행위 태양이 전혀 다르고, 각 교통사고처리특례법 위반죄의 피해자는 교통사고로 사망한 사람들이나, 사기 및 사기미수죄의 피해자는 피고인과 운전자보험계약을 체결한 보험회사들로서 역시 서로 다르며, 따라서 위 각 교통사고처리 특례법 위반죄와 사기 및 사기미수죄는 그 기본적 사실관계가 동일하다고 볼 수 없으므로, 위 전자에 관한 확정판결의 기판력이 후자에 미친다고 할 수 없다(대법원 2010.2.25, 2009도14263).

정답 ②

확정판결의 기판력에 관한 다음 설명 중 가장 옳지 않은 것은? (다툼이 있는 경우 판례에 의하고, 전원합의체 판결의 경우 다수의견에 의함)

① 판결의 확정력은 사실심리의 가능성이 있는 최후의 시점인 판결선고 시를 기준으로 하여 그때까지 행하여진 행위에 대하여만 미치는 것으로서, 제1심판결에 대하여 항소가 된 경우 판결의 확정력이 미치는 시간적 한계는 현행 형사항소심의 구조와 운용실태에 비추어 볼 때 항소심 판결선고 시라고 보는 것이 상당하다.

② 가정폭력처벌법에 따른 보호처분의 결정이 확정된 경우에는 원칙적으로 가정폭력행위자에 대하여 같은 범죄사실로 다시 공소를 제기할 수 없으나, 보호처분은 확정판결이 아니고 따라서 기판력도 없으므로, 보호처분을 받은 사건과 동일한 사건에 대하여 다시 공소제기가 되었다면 이에 대해서는 면소판결을 할 것이 아니라 공소제기의 절차가 법률의 규정에 위배하여 무효인 때에 해당한 경우이므로 형사소송법 제327조 제2호의 규정에 의하여 공소기각의 판결을 하여야 한다.

③ 상습범으로 유죄의 확정판결을 받은 사람이 그 후 동일한 습벽에 의해 후행범죄를 저질렀는데 유죄의 확정판결에 대하여 재심이 개시된 경우, 동일한 습벽에 의한 후행범죄가 재심대상판결에 대한 재심판결 선고 전에 범하여졌다면 재심판결의 기판력이 후행범죄에 미친다.

④ 상상적 경합은 1개의 행위가 수개의 죄에 해당하는 경우를 말하는 것으로, 여기에서 1개의 행위란 법적 평가를 떠나 사회관념상 행위가 사물자연의 상태로서 1개로 평가되는 것을 의미하고, 상상적 경합 관계의 경우에는 그중 1죄에 대한 확정판결의 기판력은 다른 죄에 대하여도 미친다.

〔해설〕

③ (×) 상습범으로 유죄의 확정판결을 받은 사람이 그 후 동일한 습벽에 의해 후행범죄를 저질렀는데 유죄의 확정판결에 대하여 재심이 개시된 경우, 동일한 습벽에 의한 후행범죄가 재심대상판결에 대한 재심판결 선고 전에 저지른 범죄라면 재심판결의 기판력이 후행범죄에 미치지 않는다(대법원 2019.6.20, 2018도20698 전원합의체).

① (○) 대법원 2021.2.4, 2019도10999

② (○) 가정폭력처벌법에 따른 보호처분의 결정이 확정된 경우에는 원칙적으로 가정폭력행위자에 대하여 같은 범죄사실로 다시 공소를 제기할 수 없으나(가정폭력처벌법 제16조), 보호처분은 확정판결이 아니고 따라서 기판력도 없으므로, 보호처분을 받은 사건과 동일한 사건에 대하여 다시 공소제기가 되었다면 이에 대해서는 면소판결을 할 것이 아니라 공소제기의 절차가 법률의 규정에 위배하여 무효인 때에 해당한 경우이므로 형사소송법 제327조 제2호의 규정에 의하여 공소기각의 판결을 하여야 한다(대법원 2017.8.23, 2016도5423).

④ (○) 대법원 2017.9.21, 2017도11687

〔정답〕 ③

기판력에 대한 설명으로 가장 적절하지 않은 것은? (다툼이 있는 경우 판례에 의함)

① 경찰서장이 범칙행위에 대하여 통고처분을 한 경우, 통고처분에서 정한 범칙금 납부기간까지는 원칙적으로 경찰서장은 즉결심판을 청구할 수 없지만, 검사는 통고처분에서 정한 범칙금 납부기간이 지나지 않더라도 동일한 범칙행위에 대하여 공소를 제기할 수 있다고 보아야 한다.

②「소년법」제32조의 보호처분을 받은 사건과 동일한 사건에 대하여 다시 공소제기가 되었다면 면소판결을 할 것이 아니라 공소기각의 판결을 하여야 한다.

③ 피고인이 외국에서 형사처벌을 과하는 확정판결을 받았더라도 그 외국 판결은 우리나라 법원을 기속할 수 없고 우리나라에서는 기판력도 없어 일사부재리의 원칙이 적용되지 않는다.

④ 회사의 대표이사가 업무상 보관하던 회사 자금을 빼돌려 횡령한 다음 그중 일부를 더 많은 장비 납품 등의 계약을 체결할 수 있도록 해달라는 취지의 묵시적 청탁과 함께 배임증재에 공여한 경우, 횡령의 점에 대하여 약식명령이 확정되었다고 하더라도 그 기판력이 배임증재의 점에는 미치지 아니한다.

〔해설〕

① (×) 경찰서장이 범칙행위에 대하여 통고처분을 한 이상, 범칙자의 위와 같은 절차적 지위를 보장하기 위하여 통고처분에서 정한 범칙금 납부기간까지는 원칙적으로 경찰서장은 즉결심판을 청구할 수 없고, 검사도 동일한 범칙행위에 대하여 공소를 제기할 수 없다. 또한 범칙자가 범칙금 납부기간이 지나도록 범칙금을 납부하지 아니하였다면 경찰서장이 즉결심판을 청구하여야 하고, 검사는 동일한 범칙행위에 대하여 공소를 제기할 수 없다(대법원 2021.4.1, 2020도15194).

② (○) 대법원 1985.5.28, 85도21

③ (○) 대법원 2017.8.24, 2017도5977 전원합의체

④ (○) 대법원 2010.5.13, 2009도13463

〔정답〕 ①

042 ✓유사 ◆◆◇ 국가9급 2014 유사 변호사 2023

기판력 등에 관한 설명 중 옳은 것을 모두 고른 것은? (다툼이 있는 경우 판례에 의함)

ㄱ. 헌법 제13조 제1항이 규정하고 있는 이중처벌금지의 원칙 내지 일사부재리의 원칙에서의 '처벌'에는 범죄에 대한 국가의 형벌권 실행으로서의 과벌 이외에도 국가가 행하는 일체의 제재나 불이익처분이 모두 포함된다.

ㄴ. 상습범으로서 포괄일죄의 관계에 있는 여러 개의 범죄사실 중 일부에 대하여 유죄판결이 확정된 경우에 그 확정판결의 사실심판결 선고 전에 저질러진 나머지 범죄에 대하여 새로 공소가 제기되었다면 이에 대하여 법원은 면소판결을 선고하여야 하는바, 다만 이러한 법리가 적용되기 위해서는 전의 확정판결에서 피고인이 상습범으로 기소되어 처단되었을 것을 필요로 한다.

ㄷ. 제1심 판결에 대하여 항소가 제기된 경우 판결의 확정력이 미치는 시간적 한계는 항소심 판결선고 시라고 보는 것이 상당하고, 항소이유서를 제출하지 아니하여 결정으로 항소가 기각된 경우에는 항소기각 결정 시가 그 기준시점이 된다.

ㄹ. 한 개의 행위가 여러 개의 죄에 해당하는 「형법」 제40조의 상상적 경합관계에 있는 경우에는 그중 일죄에 대한 확정판결의 기판력은 다른 죄에 미치지 않는다.

① ㄱ, ㄴ   ② ㄴ, ㄷ
③ ㄷ, ㄹ   ④ ㄱ, ㄴ, ㄷ
⑤ ㄴ, ㄷ, ㄹ

해설

ㄱ. (×) 헌법은 제13조 제1항에서 "모든 국민은 … 동일한 범죄에 대하여 거듭 처벌받지 아니한다."라고 규정하여 이른바 이중처벌금지의 원칙 내지 일사부재리의 원칙을 선언하고 있다. 이는 한 번 판결이 확정되면 그 후 동일한 사건에 대해서는 다시 심판하는 것이 허용되지 않는다는 원칙을 말한다. 여기에서 '처벌'이란 원칙적으로 범죄에 대한 국가의 형벌권 실행으로서의 과벌을 의미하고, 국가가 행하는 일체의 제재나 불이익처분이 모두 여기에 포함되는 것은 아니다(가정폭력처벌법에 따른 보호처분의 결정 또는 불처분결정에 확정된 형사판결에 준하는 효력을 인정할 수 없다는 사례, 대법원 2017.8.23, 2016도5423).
[비교] 무죄추정의 원칙에서 말하는 불이익은 비단 형사절차 내에서의 불이익뿐만 아니라, 기타 일반 법생활 영역에서의 기본권 제한과 같은 경우에도 적용된다.
[판례] 우리 헌법 제27조 제4항은 "형사피고인은 유죄의 판결이 확정될 때까지는 무죄로 추정된다."고 하여 무죄추정의 원칙을 천명하고 있다. 무죄추정의 원칙이라 함은, 아직 공소제기가 없는 피의자는 물론 공소가 제기된 피고인이라도 유죄의 확정판결이 있기까지는 원칙적으로 죄 없는 자에 준하여 취급하여야 하고 불이익을 입혀서는 안 되며 가사 그 불이익을 입힌다 하여도 필요한 최소한도에 그쳐야 한다는 원칙을 말한다(헌법재판소 1990. 11.19, 90헌가48 전원재판부; 2010.9.2, 2010헌마418). 그리고 무죄추정의 원칙상 금지되는 '불이익'이란 '범죄사실의 인정 또는 유죄를 전제로 그에 대하여 법률적·사실적 측면에서 유형·무형의 차별취급을 가하는 유죄인정의 효과로서의 불이익'을 뜻하고, 이는 비단 형사절차 내에서의 불이익뿐만 아니라 기타 일반 법생활 영역에서의 기본권 제한과 같은 경우에도 적용된다(헌법재판소 2005.5.26, 2002헌마699; 2010.9.2, 2010헌마418; 2011. 4.28, 2010헌마474).

ㄴ. (○) 상습범으로서 포괄적 일죄의 관계에 있는 여러 개의 범죄사실 중 일부에 대하여 유죄판결이 확정된 경우에, 그 확정판결의 사실심판결 선고 전에 저질러진 나머지 범죄에 대하여 새로이 공소가 제기되었다면 그 새로운 공소는 확정판결이 있었던 사건과 동일한 사건에 대하여 다시 제기된 데 해당하므로 이에 대하여는 판결로써 면소의 선고를 하여야 하는 것인바(형사소송법 제326조 제1호), 다만 이러한 법리가 적용되기 위해서는 전의 확정판결에서 당해 피고인이 상습범으로 기소되어 처단되었을 것을 필요로 하는 것이고, 상습범 아닌 기본 구성요건의 범죄로 처단되는 데 그친 경우에는, 가사 뒤에 기소된 사건에서 비로소 드러났거나 새로 저질러진 범죄사실과 전의 판결에서 이미 유죄로 확정된 범죄사실 등을 종합하여 비로소 그 모두가 상습범으로서의 포괄적 일죄에 해당하는 것으로 판단된다 하더라도 뒤늦게 앞서의 확정판결을 상습범의 일부에 대한 확정판결이라고 보아 그 기판력이 그 사실심판결 선고 전의 나머지 범죄에 미친다고 보아서는 아니 된다(대법원 2004.9.16, 2001도3206 전원합의체).

ㄷ. (○) 판결의 확정력은 사실심리의 가능성이 있는 최후의 시점인 판결선고 시를 기준으로 하여 그때까지 행하여진 행위에 대하여만 미치는 것으로서, 제1심 판결에 대하여 항소가 된 경우 판결의 확정력이 미치는 시간적 한계는 현행 형사항소심의 구조와 운용 실태에 비추어 볼 때 항소심 판결선고 시라고 보는 것이 상당한데 항소이유서를 제출하지 아니하여 결정으로 항소가 기각된 경우에도 형사소송법 제361조의4 제1항에 의하면 피고인이 항소한 때에는 법정기간 내에 항소이유서를 제출하지 아니하였다 하더라도 판결에 영향을 미친 사실오인이 있는 등 직권조사사유가 있으면 항소법원이 직권으로 심판하여 제1심 판결을 파기하고 다시 판결할 수도 있으므로 사실심리의 가능성이 있는 최후시점은 항소기각결정 시라고 보는 것이 옳다(대법원 1993.5.25, 93도836).

ㄹ. (×) 형법 제40조의 상상적 경합관계의 경우에는 그중 1죄에 대한 확정판결의 기판력은 다른 죄에 대하여도 미친다(대법원 2011. 2.24, 2010도13801).

정답 ②

043 ☑유사 ◆◆◇

다음 설명 중 옳지 않은 것은?

① 공소취소에 의한 공소기각의 결정이 확정된 때에는 공소취소 후 그 범죄사실에 대한 다른 중요한 증거를 발견한 경우에 한하여 다시 공소를 제기할 수 있다.

② 상습범으로 유죄의 확정판결을 받은 사람이 그 후 동일한 습벽에 의해 후행범죄를 범하였는데 유죄의 확정판결에 대하여 재심이 개시된 경우, 동일한 습벽에 의한 후행범죄가 재심대상판결에 대한 재심판결 선고 전에 범하여졌다면 재심판결의 기판력이 후행범죄에 미친다.

③ 피고인에게 불리한 증거인 증인이 주신문의 경우와 달리 반대신문에 대하여는 답변을 하지 아니하는 등 진술 내용의 모순이나 불합리를 그 증인신문 과정에서 드러내어 이를 탄핵하는 것이 사실상 곤란하였고, 그것이 피고인 또는 변호인에게 책임 있는 사유에 기인한 것이 아닌 경우, 이를 정당화할 수 있는 특별한 사정이 존재하지 않는 이상 증인의 법정진술은 위법한 증거로서 증거능력을 인정하기 어렵다.

④ 이미 선고된 판결의 내용을 실질적으로 변경하는 것은 「형사소송규칙」에서 예정하고 있는 경정의 범위를 벗어나는 것으로서 허용되지 않으며, 경정결정은 이를 주문에 기재하여야 하고, 판결 이유에만 기재한 경우 경정결정이 이루어졌다고 할 수 없다.

해설

② (×) 상습범으로 유죄의 확정판결(이하 앞서 저질러 재심의 대상이 된 범죄를 '선행범죄'라 한다)을 받은 사람이 그 후 동일한 습벽에 의해 범행을 저질렀는데(이하 뒤에 저지른 범죄를 '후행범죄'라 한다) 유죄의 확정판결에 대하여 재심이 개시된 경우, 동일한 습벽에 의한 후행범죄가 재심대상판결에 대한 재심판결 선고 전에 저질러진 범죄라 하더라도 재심판결의 기판력이 후행범죄에 미치지 않는다(대법원 2019.6.20, 2018도20698 전원합의체).

① (○) 제329조 참조.

> **제329조(공소취소와 재기소)** 공소취소에 의한 공소기각의 결정이 확정된 때에는 공소취소 후 그 범죄사실에 대한 다른 중요한 증거를 발견한 경우에 한하여 다시 공소를 제기할 수 있다.

③ (○) 피고인에게 불리한 증거인 증인이 주신문의 경우와 달리 반대신문에 대하여는 답변을 하지 아니하는 등 진술 내용의 모순이나 불합리를 그 증인신문 과정에서 드러내어 이를 탄핵하는 것이 사실상 곤란하였고, 그것이 피고인 또는 변호인에게 책임 있는 사유에 기인한 것이 아닌 경우라면, 관계 법령의 규정 혹은 증인의 특성 기타 공판절차의 특수성에 비추어 이를 정당화할 수 있는 특별한 사정이 존재하지 아니하는 이상, 이와 같이 실질적 반대신문권의 기회가 부여되지 아니한 채 이루어진 증인의 법정진술은 위법한 증거로서 증거능력을 인정하기 어렵다(대법원 2022.3.17, 2016도17054).

④ (○) 법원은 '재판서에 잘못된 계산이나 기재, 그 밖에 이와 비슷한 잘못이 있음이 분명한 때'에는 경정결정을 통하여 위와 같은

재판서의 잘못을 바로잡을 수 있다(형사소송규칙 제25조 제1항). 그러나 이미 선고된 판결의 내용을 실질적으로 변경하는 것은 위 규정에서 예정하고 있는 경정의 범위를 벗어나는 것으로서 허용되지 않는다. 그리고 경정결정은 이를 주문에 기재하여야 하고, 판결 이유에만 기재한 경우 경정결정이 이루어졌다고 할 수 없다(대법원 2021.1.28, 2017도18536).

정답 ②

---

4 소송비용 및 기타 절차

044 ☑유사 ◆◇◇

소송비용에 관한 설명 중 가장 옳은 것은? (다툼이 있는 경우 판례에 의함)

① 소송비용의 부담은 피고인에게 부담을 지우는 것으로 실질적인 의미에서 형에 준하여 평가되어야 하므로 불이익변경금지 원칙이 적용된다.

② 피고인의 경제적 사정으로 소송비용을 납부할 수 없는 때에도 형의 선고를 하는 때에는 피고인에게 소송비용의 전부 또는 일부를 부담하게 하여야 한다.

③ 고소 또는 고발에 의하여 공소를 제기한 사건에 관하여 피고인이 무죄 또는 면소의 판결을 받은 경우에 고소인 또는 고발인에게 고의 또는 중대한 과실이 있는 때에는 그 자에게 소송비용의 전부 또는 일부를 부담하게 할 수 있다.

④ 소송비용의 부담을 명하는 재판에 그 금액을 표시하지 아니한 때에는 검사의 신청에 따라 법원이 산정한다.

해설

③ (○) 제188조 고소인 등의 소송비용 부담조항의 내용이다.

① (×) 형사소송법 제186조 제1항은 "형의 선고를 하는 때에는 피고인에게 소송비용의 전부 또는 일부를 부담하게 하여야 한다."고 규정하고 있고, 같은 법 제191조 제1항은 "재판으로 소송절차가 종료되는 경우에 피고인에게 소송비용을 부담하게 하는 때에는 직권으로 재판하여야 한다."고 규정하고 있는바, 소송비용의 부담은 형이 아니고 실질적인 의미에서 형에 준하여 평가되어야 할 것도 아니므로 불이익변경금지원칙의 적용이 없다(대법원 2001.4.24, 2001도872).

② (×) 형의 선고를 하는 때에는 피고인에게 소송비용의 전부 또는 일부를 부담하게 하여야 한다. 다만, 피고인의 경제적 사정으로 소송비용을 납부할 수 없는 때에는 그러하지 아니하다(제186조).

④ (×) 소송비용의 부담을 명하는 재판에 그 금액을 표시하지 아니한 때에는 집행을 지휘하는 검사가 산정한다(제194조).

정답 ③

memo

백광훈

통합 기출문제집

[형사소송법]

1 상소 통칙

I 소송의 의의와 종류

II 상소권

001 ✔ 대표 ◆◇◇ 국가7급 2021 법원9급 2022 유사

상소권회복에 대한 설명으로 옳은 것만을 모두 고르면?
(다툼이 있는 경우 판례에 의함)

> ㄱ. 피고인이 상피고인의 기망에 의하여 항소권을 포기하였음을 항소제기 기간 도과 이후 비로소 알게 된 경우 이러한 사정은 「형사소송법」 제345조의 '책임질 수 없는 사유'에 해당한다.
>
> ㄴ. 제1심판결에 대하여 검사의 항소에 의한 항소심판결이 선고된 후, 피고인이 동일한 제1심판결에 대하여 항소권 회복청구를 하는 경우, 이는 적법하다고 볼 수 없어 법원은 「형사소송법」 제347조 제1항에 따라 결정으로 이를 기각하여야 한다.
>
> ㄷ. 상소권을 포기한 자가 상소제기기간이 도과한 다음에 상소포기의 효력을 다투는 한편, 자기 또는 대리인이 책임질 수 없는 사유로 인하여 상소제기기간 내에 상소를 하지 못하였다고 주장하는 경우, 상소를 제기함과 동시에 상소권회복청구를 할 수 있다.
>
> ㄹ. 피고인이 소송이 계속 중인 사실을 알면서 법원에 거주지 변경 신고를 하지 아니하였더라도, 공시송달을 명하기에 앞서 피고인이 송달받을 수 있는 장소를 찾아보는 조치들을 다하지 아니한 채 공소장 기재의 주거나 주민등록부의 주소로 우송한 공판기일소환장 등이 이사불명·폐문부재 등의 이유로 송달불능되었다는 것만으로 공시송달을 하고, 이에 터 잡아 피고인의 진술 없이 공판을 진행하여 피고인이 출석하지 않은 기일에 판결을 선고하였다면 이를 「형사소송법」 제345조의 '책임질 수 없는 사유'로 볼 수 있다.

① ㄱ, ㄷ ② ㄴ, ㄷ
③ ㄴ, ㄹ ④ ㄴ, ㄷ, ㄹ

해설

ㄱ. (×) 책임질 수 없는 사유에 해당한다고 볼 수 없다(대법원 1984. 7.11, 84모40).

ㄴ. (○) 제1심판결에 대하여 피고인 또는 검사가 항소하여 항소법원이 판결을 선고한 후에는 상고법원으로부터 사건이 환송 또는 이송되는 경우 등을 제외하고는 항소법원이 다시 항소심 소송절차를 진행하여 판결을 선고할 수 없다. 따라서 항소심판결이 선고되면 제1심판결에 대한 항소권이 소멸되어 제1심판결에 대한 항소권 회복청구와 항소는 적법하다고 볼 수 없다. 이는 제1심 재판 또는 항소심 재판이 소송촉진 등에 관한 특례법이나 형사소송법 등에 따라 피고인이 출석하지 않은 가운데 불출석 재판으로 진행된 경우에도 마찬가지이다. 따라서 제1심판결에 대하여 검사의 항소에 의한 항소심판결이 선고된 후 피고인이 동일한 제1심판결에 대하여 항소권 회복청구를 하는 경우 이는 적법하다고 볼 수 없어 형사소송법 제347조 제1항에 따라 결정으로 이를 기각하여야 한다(대법원 2017.3.30, 2016모2874).

ㄷ. (○) 상소권을 포기한 자가 상소제기기간이 도과한 후에 상소포기의 효력을 다투는 경우, 상소제기와 함께 상소권회복청구를 할 수 있다. "상소권회복은 자기 또는 대리인이 책임질 수 없는 사유로 인하여 상소제기기간 내에 상소를 하지 못한 사람이 이를 청구하는 것이므로, ⊙ 상소권을 포기한 후 상소제기기간이 도과하기 전에 상소포기의 효력을 다투면서 상소를 제기한 자는 원심 또는 상소심에서 그 상소의 적법 여부에 대한 판단을 받으면 되고, 별도로 상소권회복청구를 할 여지는 없다고 할 것이나, ⓒ 상소권을 포기한 후 상소제기기간이 도과한 다음에 상소포기의 효력을 다투는 한편, 자기 또는 대리인이 책임질 수 없는 사유로 인하여 상소제기기간 내에 상소를 하지 못하였다고 주장하는 사람은 상소를 제기함과 동시에 상소권회복청구를 할 수 있고, 그 경우 상소포기가 부존재 또는 무효라고 인정되지 아니하거나 자기 또는 대리인이 책임질 수 없는 사유로 인하여 상소제기기간을 준수하지 못하였다고 인정되지 아니한다면 상소권회복청구를 받은 원심으로서는 상소권회복청구를 기각함과 동시에 상소기각결정을 하여야 한다(대법원 2004.1.13, 2003모451).

ㄹ. (○) 대법원 2006.2.8, 2005모507

정답 ④

002 ✓ 대표 ◆◇◇ | 국가7급 2018 | 법원 2014 유사

「형사소송법」 제345조에서 상소권회복의 청구요건으로 규정하고 있는 '자기 또는 대리인이 책임질 수 없는 사유'에 해당하는 경우가 아닌 것은? (다툼이 있는 경우 판례에 의함)

① 피고인이 당해 사건의 공동피고인의 기망에 의하여 항소권을 포기하였음을 항소제기 기간이 도과한 뒤에야 비로소 알게 된 경우

② 교도소장이 형집행유예취소결정정본을 송달받고 1주일이 지난 뒤에 그 사실을 구속된 피고인에게 알렸기 때문에 피고인이나 그 배우자가 항고제기 기간 내에 항고장을 제출할 수 없게 된 경우

③ 공시송달로 피고인을 소환하였으나 피고인이 불출석한 가운데 공판절차가 진행되고 제1심판결이 선고되었지만, 피고인으로서는 공소장부본 등을 송달받지 못한 관계로 공소가 제기된 사실은 물론이고 판결 선고 사실에 대하여 알지 못한 나머지 항소제기 기간 내에 항소를 제기하지 못한 경우

④ 피고인이 출석한 가운데 제1심 형사재판이 변론 종결되어 판결 선고기일이 고지되었지만 그 선고기일에 피고인이 불출석하자, 「소송촉진 등에 관한 특례법」에 의하여 공시송달로 피고인을 소환한 최초의 공판기일에 곧바로 피고인의 불출석 상태에서 판결을 선고하였으나 피고인이 그 선고 사실을 알지 못하여 항소제기 기간을 도과한 경우

해설

① (×) 상소권 포기가 비록 기망에 의한 것이라도 형사소송법 제354조에 의하여 다시 상소를 할 수 없으며, 상소권 회복은 자기가 책임질 수 없는 사유로 인하여 상소제기기간 내에 상소를 하지 못한 사람이 이를 청구하는 것이므로 재항고인이 상피고인의 기망에 의하여 항소권을 포기하였음을 항소제기 기간이 도과한 뒤에야 비로소 알게 되었다 하더라도 이러한 사정은 재항고인이 책임질 수 없는 사유에 해당한다고 볼 수 없다(대법원 1984.7.11, 84모40).

② (○) 상소권회복신청의 요건을 규정한 형사소송법 제345조의 "대리인"이란 피고인을 대신하여 상소에 필요한 행위를 할 수 있는 지위에 있는 자를 말하는 것이고 교도소장은 피고인을 대리하여 결정정본을 수령할 수 있을 뿐이고 상소권 행사를 돕거나 대신할 수 있는 자가 아니어서 이에 포함되지 아니하므로, 만일 교도소장이 결정정본을 송달받고 1주일이 지난 뒤에 그 사실을 피고인에게 알렸기 때문에 피고인이나 그 배우자가 소정 기간 내에 항고장을 제출할 수 없게 된 것이라면 상소권회복신청은 인용할 여지가 있을 것이다(대법원 1991.5.6, 91모32).

③ (○) 공시송달의 방법으로 피고인이 불출석한 가운데 공판절차가 진행되고 판결이 선고되었으며, 피고인으로서는 공소장부본 등을 송달받지 못한 관계로 공소가 제기된 사실은 물론이고 판결 선고 사실에 대하여 알지 못한 나머지 항소기간 내에 항소를 제기하지 못한 경우에는, 이와 같은 항소기간의 도과는 피고인의 책임질 수 없는 사유에 기인한 것으로 봄이 상당하다(대법원 1985.2.23, 83모3738; 2004.1.30, 2003모447 등).

④ (○) 피고인이 출석한 가운데 제1심 형사재판이 변론종결되어 판

결 선고기일이 고지되었으나 선고기일에 피고인이 불출석한 후, 소송촉진 등에 관한 특례법 제23조, 같은 법 시행규칙 제19조에 의하여 공시송달로 피고인을 소환한 최초의 공판기일에 곧바로 피고인의 불출석 상태에서 판결을 선고한 것이, 피고인의 출석 없이 재판을 하기 위하여는 공시송달의 방법으로 소환 받은 피고인이 2회 이상 불출석할 것을 요구하고 있는 위 시행규칙 제19조 제2항의 규정에 위배되는 위법한 조치이므로 이와 같은 위법사유는 피고인의 상소기간 도과와 무관하다 할 수 없어 피고인의 상소기간 도과가 피고인의 책임질 수 없는 사유로 인한 것으로 볼 여지도 있다(상소권회복청구를 배척한 원심결정을 파기한 사례, 대법원 1991.12.17, 91모23).

정답 ①

---

003 ✓ 대표 ◆◆◇ | 법원9급 2023

다음 설명 중 가장 옳은 것은?

① 형사소송법은 상소할 수 있는 자는 자기 또는 대리인이 책임질 수 없는 사유로 상소제기기간 내에 상소를 하지 못한 경우에는 상소권회복의 청구를 할 수 있도록 정하고 있으나, 약식명령에 대하여 정식재판을 청구하는 경우에는 정식재판회복의 청구를 할 수 있는 규정을 두고 있지 않다.

② 상소권회복의 청구가 있는 때에는 법원은 이에 대한 결정을 할 때까지 재판의 집행을 정지하는 결정을 하여야 한다. 따라서 벌금을 납부하지 아니하여 노역장유치의 집행을 당한 자도 상소권회복의 청구에 대한 결정을 할 때까지 일단은 석방되어야 한다.

③ 형사소송법 제343조 제2항에서 "상소의 제기기간은 재판을 선고 또는 고지한 날로부터 진행한다."고 규정하고 있으므로, 형사소송에 있어서는 판결등본이 당사자에게 송달되는 여부에 관계없이 공판정에서 판결이 선고된 날로부터 상소기간이 기산되며, 이는 피고인이 불출석한 상태에서 재판을 하는 경우에도 마찬가지이다.

④ 자기 또는 대리인이 책임질 수 없는 사유로 상소제기기간 내에 상소를 하지 못한 경우에는 우선 상소권회복의 청구를 하고, 그로부터 상당한 기간 내에 상소를 제기하여도 적법하다.

해설

③ (○) 형사소송법 제343조 제2항에서는, "상소의 제기기간은 재판을 선고 또는 고지한 날로부터 진행한다."고 규정하고 있으므로, 형사소송에 있어서는 판결등본이 당사자에게 송달되는 여부에 관계없이 공판정에서 판결이 선고된 날로부터 상소기간이 기산되며, 이는 <u>피고인이 불출석한 상태에서 재판을 하는 경우에도 마찬가지라고 할 것이다(대법원 2002. 9.27, 2002모6).

① (×) 정식재판청구권회복청구는 상소권회복청구의 규정을 준용한다(제345조 및 제458조 참조).

> 제345조(상소권회복 청구권자) 제338조부터 제341조까지의 규정에 따라 상소할 수 있는 자는 자기 또는 대리인이 책

임질 수 없는 사유로 상소제기기간 내에 상소를 하지 못한 경우에는 상소권회복의 청구를 할 수 있다.

제458조(준용규정) ① 제340조 내지 제342조, 제345조 내지 제352조, 제354조의 규정은 정식재판의 청구 또는 그 취하에 준용한다.

② (×) 상소권회복청구의 경우, 법원의 재판집행정지는 필요적이 아니라 임의적 결정에 의한다(제348조 제1항).

제348조(상소권회복청구와 집행정지) ① 상소권회복의 청구가 있는 때에는 법원은 전조의 결정을 할 때까지 재판의 집행을 정지하는 결정을 할 수 있다.
② 전항의 집행정지의 결정을 한 경우에 피고인의 구금을 요하는 때에는 구속영장을 발부하여야 한다. 단, 제70조의 요건이 구비된 때에 한한다.

④ (×) 상소권회복청구와 동시에 상소를 제기하여야 한다(제346조 제3항).

제346조(상소권회복 청구의 방식) ① 상소권회복을 청구할 때에는 제345조의 사유가 해소된 날부터 상소 제기기간에 해당하는 기간 내에 서면으로 원심법원에 제출하여야 한다.
③ 상소권회복을 청구한 자는 그 청구와 동시에 상소를 제기하여야 한다.

정답 ③

---

004 ☑ 대표   ◆◆◇   경찰3차 2018 유사   법원9급 2018

상소권회복청구에 관한 다음 설명 중 가장 옳지 않은 것은? (다툼이 있는 경우 판례에 의하고, 전원합의체 판결의 경우 다수 의견에 의함)

① 상소권회복의 청구는 사유가 종지한 날로부터 상소의 제기기간에 상당한 기간 내에 서면으로 상소권회복청구를 함과 동시에 상소를 제기하여야 한다.

② 상소권회복청구에서 상소권자 또는 그 대리인이 단순히 질병으로 입원하였었기에 상소하지 못하였다는 것은 상소권회복의 사유에 해당하지 아니한다.

③ 제1심이 공시송달의 방법으로 진행되어 피고인이 공소제기 사실이나 판결선고 사실을 전혀 몰랐다면, 피고인이 제1심판결에 대한 항소를 법정기간 내에 제기하지 못한 것은 피고인이 책임질 수 없는 사유로 인한 때에 해당한다.

④ 제1심 재판 또는 항소심 재판이 소송촉진 등에 관한 특례법이나 형사소송법 등에 따라 피고인이 출석하지 않은 가운데 불출석 재판으로 진행되었다면, 제1심판결에 대하여 검사의 항소에 의한 항소심판결이 선고되었더라도 피고인은 제1심판결에 대하여 적법하게 항소권회복청구를 할 수 있다.

해설↓
④ (×) 제1심판결에 대하여 피고인 또는 검사가 항소하여 항소법원

이 판결을 선고한 후에는 상고법원으로부터 사건이 환송 또는 이송되는 경우 등을 제외하고는 항소법원이 다시 항소심 소송절차를 진행하여 판결을 선고할 수 없다. 따라서 항소심판결이 선고되면 제1심판결에 대한 항소권이 소멸되어 제1심판결에 대한 항소권 회복청구와 항소는 적법하다고 볼 수 없다. 이는 제1심 재판 또는 항소심 재판이 소송촉진 등에 관한 특례법이나 형사소송법 등에 따라 피고인이 출석하지 않은 가운데 불출석 재판으로 진행된 경우에도 마찬가지이다(대법원 2017.3.30, 2016모2874).

① (○) 제346조 제1항·제3항 참조.

제346조(상소권회복청구의 방식) ① 상소권회복을 청구할 때에는 제345조의 사유가 해소된 날부터 상소 제기기간에 해당하는 기간 내에 서면으로 원심법원에 제출하여야 한다.
② 상소권회복을 청구할 때에는 제345조의 책임질 수 없는 사유를 소명하여야 한다.
③ 상소권회복을 청구한 자는 그 청구와 동시에 상소를 제기하여야 한다.
[전문개정 2020.12.8.]

② (○) 형사소송법 제345조에서 말하는 대리인 중에는 본인의 보조인으로서 본인의 부탁을 받아 상소에 관한 서면을 작성하여 이를 제출하는 등 본인의 상소에 필요한 사실행위를 대행하는 사람을 포함하며, 책임질 수 없는 사유란 상소를 하지 못한 사유가 상소권자 본인 또는 대리인의 고의 또는 과실에 기하지 아니함을 말한다 할 것이므로 상소권자 또는 대리인이 단순히 질병으로 입원하였거나 기거불능 하였었기 때문에 상소를 하지 못하였다는 것은 상소권회복의 사유에 해당하지 아니한다(대법원 1986.9.17, 86모46).

③ (○) 소송촉진 등에 관한 특례법 제23조, 동법시행규칙 제19조의 규정에 따라 공시송달의 방법으로 공소장 등이 송달되고 피고인이 불출석한 상태에서 심리가 진행되고 판결이 선고되어 피고인은 유죄판결이 선고된 것조차 모른 채 이에 대한 상소기간이 도과되었다면, 이와 같은 경우 비록 제1심 공판절차가 적법하게 이루어졌다 하더라도 1심판결에 대한 상소기간의 도과는 피고인의 책임질 수 없는 사유에 기인한 것으로서 그 상소권회복청구는 이유 있다(대법원 1985.2.23, 83모3738).

정답 ④

상소권회복의 사유에 해당되지 않는 것은? (다툼이 있는 경우 판례에 의함)

① 수감 중인 피고인을 대리하여 법원결정정본을 수령한 교도소장이 1주일이 지난 뒤에 그 사실을 피고인에게 알림으로써 항고 제기기간 내에 항고장을 제출할 수 없게 된 경우

② 부적법한 공시송달에 의해 피고인의 진술 없이 공판절차를 진행하여 판결이 선고되고, 동 판결 등본이 공시송달 되었으나 피고인이 판결 선고 사실을 알지 못하여 상소제기기간 내에 상소를 하지 못한 경우

③ 소송촉진 등에 관한 특례법 제23조에 따라 피고인이 불출석한 상태에서 재판이 진행되어 유죄판결이 선고된 것도 모른 채 상소제기기간이 도과된 경우

④ 공소제기 후 이사한 피고인이 신주소지를 법원에 제출하지 않아 소송서류가 송달되지 아니하여 공판기일에 출석하지 못하고 판결 선고 사실을 알지 못한 채 상소제기기간이 도과된 경우

해설

④ (×) 형사소송법 제345조의 상소권회복청구는 자기 또는 대리인이 책임질 수 없는 사유로 인하여 상소의 제기기간 내에 상소를 하지 못한 때에만 청구할 수 있는바, 형사피고사건으로 법원에 재판이 계속되어 있는 사람은 공소제기 당시의 주소지나 그 후 신고한 주소지를 옮길 때에는 자기의 새로운 주소지를 법원에 신고하거나 기타 소송 진행 상태를 알 수 있는 방법을 강구하여야 하고, 만일 이러한 조치를 취하지 않았다면 소송서류가 송달되지 않아서 공판기일에 출석하지 못하거나 판결 선고사실을 알지 못하여 상고기간을 도과하는 등 불이익을 받는 책임을 면할 수 없다(대법원 2008.3.10, 2007모795).

① (○) 형사소송법 제345조의 "대리인"이란 피고인을 대신하여 상소에 필요한 행위를 할 수 있는 지위에 있는 자를 말하는 것이고 교도소장은 피고인을 대리하여 결정정본을 수령할 수 있을 뿐이고 상소권 행사를 돕거나 대신할 수 있는 자가 아니어서 이에 포함되지 아니하므로, 만일 교도소장이 결정정본을 송달받고 1주일이 지난 뒤에 그 사실을 피고인에게 알렸기 때문에 피고인이나 그 배우자가 소정 기간 내에 항고장을 제출할 수 없게 된 것이라면 상소권회복 신청은 인용할 여지가 있을 것이다(대법원 1991.5.6, 91모32).

② (○) 공시송달의 요건이 갖추어지지 않았음에도 일심법원이 피고인의 소환을 공시송달의 방법으로 하고 피고인의 진술 없이 공판절차를 진행하여 판결이 선고되고 동 판결 등본이 공시송달되었다면 피고인은 자기가 책임질 수 없는 사유로 인하여 동 판결에 대하여 항소제기기간 내에 항소를 하지 못한 것이라 할 것이므로 상소권회복청구를 할 수 있다(대법원 1984.9.28, 83모55).

③ (○) 소송촉진 등에 관한 특례법 제23조, 동법시행규칙 제19조 소정의 절차에 따라 공시송달의 방법으로 공소장부본 등이 송달되고 피고인의 출석 및 진술 없이 판결을 선고한 후 그 판결등본을 같은 방법으로 송달하여 피고인이 공소제기사실이나 판결 선고사실을 전혀 몰랐다면, 피고인이 제1심 판결에 대한 항소를 법정기간 내에 제기하지 못한 것은 피고인이 책임질 수 없는 사유로 인한 때에 해당한다(대법원 1986.2.12, 86모3).

정답 ④

상소권회복에 관한 다음 설명 중 가장 옳지 않은 것은?

① 피고인에 대하여 공시송달의 방법에 의하여 공소장 등이 송달되고 피고인이 불출석한 가운데 판결이 선고되어 확정된 후 검거되어 수용된 경우에는, 특별한 사정이 없는 한 그 판결에 의한 형의 집행으로 수용된 날 상소권회복청구의 대상판결이 선고된 사실을 알았다고 보아야 한다.

② 상소권회복의 청구를 하는 때에는 그 청구와 동시에 상소를 제기하여야 하므로, 상소권회복의 청구와 동시에 상소를 제기하지 아니한 경우에는 상소권회복의 청구는 부적법하므로 불허되어야 한다.

③ 공소기각이나 관할위반의 판결이 형식적으로 확정된 후 상소권회복의 결정이 있으면 판결의 확정으로 진행되었던 공소시효의 진행이 다시 정지된다.

④ 징역형의 실형이 선고되었으나 피고인이 집행유예를 선고받은 것으로 잘못 전해 듣고 또한 판결주문을 제대로 알아들을 수가 없어서 항소제기기간 내에 항소하지 못한 것이라면 상소권회복 사유인 '자기 또는 대리인이 책임질 수 없는 사유로 상소제기기간 내에 상소하지 못한 경우'에 해당된다.

해설

④ (×) 형사소송법 제345조가 규정한 '자기 또는 대리인이 책임질 수 없는 사유로 상소제기기간 내에 상소하지 못한 경우'에 해당된다고 볼 수 없다(대법원 2000.6.15, 2000모85).

① (○) 상소권회복의 청구는 사유가 종지한 날로부터 상소의 제기기간에 상당한 기간 내에 서면으로 원심법원에 제출하여야 하고, 그 청구와 동시에 상소를 제기하여야 한다(형사소송법 제346조 제1항, 제3항). 피고인에 대하여 공시송달의 방법에 의하여 공소장 등이 송달되고 피고인이 불출석한 가운데 판결이 선고되어 확정된 후 검거되어 수용된 경우에는, 특별한 사정이 없는 한 그 판결에 의한 형의 집행으로 수용된 날 상소권회복청구의 대상판결이 선고된 사실을 알았다 할 것이고, 그로써 상소를 하지 못한 책임질 수 없는 사유가 종지하였다고 보아야 한다(대법원 2017.9.22, 2017모2521).

② (○) 이 사건 상소권회복청구와 동시에 상소를 제기하였어야 함에도 불구하고, 이를 제기하지 아니하였음이 분명하다고 하여 이 사건 상소권회복청구를 기각한 제1심결정은 정당하다(대법원 1997.5.23, 97모56).

③ (○) 상소권회복청구 인용결정이 확정된 경우 상소권회복청구와 동시에 한 상소제기가 적법하게 되어 일단 발생하였던 재판의 확정력이 배제된다. 따라서 공소기각·관할위반 재판이 확정되면 공소의 제기로 정지되었던 공소시효가 다시 진행되나, 상소권회복이 되면 공소시효의 진행은 정지된다.

> **제253조(시효의 정지와 효력)** ① 시효는 공소의 제기로 진행이 정지되고 공소기각 또는 관할위반의 재판이 확정된 때로부터 진행한다.

정답 ④

007 ✓ 유사 ◆◇◇   법원승진 2013

**상소권회복청구에 관한 다음 기술 중 가장 옳지 않은 것은?
(다툼이 있는 경우 판례에 의함)**

① 상소권회복은 피고인 등이 책임질 수 없는 사유로 상소제기기간을 준수하지 못하여 소멸한 상소권을 회복하기 위한 것일 뿐, 상소의 포기로 인하여 소멸한 상소권까지 회복하는 것이라고 볼 수는 없다.

② 상소권회복의 청구는 사유가 종지한 날로부터 상소의 제기기간에 상당한 기간 내에 서면으로 원심법원에 제출하여야 하며, 그 청구와 동시에 상소를 제기하여야 한다.

③ 상소권회복의 청구를 받은 법원은 청구의 허부에 관한 결정을 하여야 하며, 이 결정에 대하여는 즉시항고를 할 수 없다.

④ 상소권회복의 청구가 있는 때에는 법원은 결정을 할 때까지 재판의 집행을 정지하는 결정을 할 수 있는데, 이러한 집행정지의 결정을 한 경우에 피고인의 구금을 요하고 구속사유를 구비한 때에는 구속영장을 발부하여야 한다.

해설

③ (×) 제347조 참조.

> **제347조(상소권회복에 대한 결정과 즉시항고)** ① 상소권회복의 청구를 받은 법원은 청구의 허부에 관한 결정을 하여야 한다.
> ② 전항의 결정에 대하여는 <u>즉시항고를 할 수 있다.</u>

① (○) 대법원 2002.7.23, 2002모180

② (○) 제346조 제1항·제3항 참조.

> **제346조(상소권회복청구의 방식)** ① <u>상소권회복을 청구할 때에는 제345조의 사유가 해소된 날부터 상소 제기기간에 해당하는 기간 내에 서면으로 원심법원에 제출하여야 한다.</u>
> ② 상소권회복을 청구할 때에는 제345조의 책임질 수 없는 사유를 소명하여야 한다.
> ③ <u>상소권회복을 청구한 자는 그 청구와 동시에 상소를 제기하여야 한다.</u>
> [전문개정 2020.12.8.]

④ (○) 구법에서는 필요적 정지였으나, 07년 개정에 의하여 임의적 집행정지제도로 바뀌었다(제348조).

> **제348조(상소권회복청구와 집행정지)** ① 상소권회복의 청구가 있는 때에는 법원은 전조의 결정을 할 때까지 재판의 집행을 정지하는 결정을 할 수 있다.
> ② 전항의 집행정지의 결정을 한 경우에 피고인의 구금을 요하는 때에는 구속영장을 발부하여야 한다. 단, 제70조의 요건이 구비된 때에 한한다.

정답 ③

Ⅲ 상소의 이익

008 ✓ 대표 ◆◇◇   법원 2015 변형

상소에 관한 다음 설명 중 가장 옳지 않은 것은? (다툼이 있는 경우 판례에 의함)

① 즉시항고는 이를 허용하는 명문의 규정이 있는 때에만 제기할 수 있다.

② 상소의 종류에는 항소·상고 및 항고가 있는데, 그중에서 결정에 대한 상소는 항고이다.

③ 피고인은 공소기각의 판결에 대하여 상소할 수 있다.

④ 즉시항고의 제기기간은 7일로 한다.

해설

③ (×) 상소의 이익이 없다(상소이익결여설). "피고인을 위한 상소는 피고인에게 불이익한 재판을 시정하여 이익 된 재판을 청구함을 그 본질로 하는 것이므로 피고인은 재판이 자기에게 불이익하지 아니하면 이에 대한 상소권이 없다고 할 것인바, <u>공소기각의 재판이 있으면 피고인은 유죄판결의 위험으로부터 벗어나는 것이므로 그 재판은 피고인에게 불이익한 재판이라고 할 수 없어서 이에 대하여 피고인은 상소권이 없다</u>(대법원 2008.5.15, 2007도6793; 1997.8.22, 97도1211; 1983.5.10, 83도632)."

① (○) 즉시항고는 즉시항고를 할 수 있다는 명문의 규정이 있는 경우에만 인정된다. 예컨대 공소기각결정(제328조 제2항), 상소기각결정(제360조 제2항, 제362조 제2항, 제376조 제2항), 기피신청기각결정(제23조 제1항) 등에 인정된다.

② (○) 항소는 제1심 판결에 대한 상소이며, 상고는 제2심 판결에 대한 상소이다. 법원의 결정에 대한 상소를 항고라고 한다.

④ (○) 제405조 제3항 참조.

> **제405조(즉시항고의 제기기간)** 즉시항고의 제기기간은 <u>7일</u>로 한다.

[보충] 2018.12.27. 헌법재판소는 즉시항고 제기기간이 지나치게 짧아 실질적으로 즉시항고 제기를 어렵게 하고 제도를 단지 형식적이고 이론적인 권리로서만 기능하게 하므로 재판청구권을 침해한다고 하여 헌법불합치결정을 하였다. 이에 2019.12.31. 개정법에서는 헌법불합치 결정의 취지에 따라 즉시항고 및 준항고 제기기간을 현행 3일에서 7일로 연장하였다(제405조, 제416조 제3항).

정답 ③

009 ⊘ 대표 ◆◆◇ 국가7급 2015

상소의 이익에 대한 설명으로 옳지 않은 것은? (다툼이 있는 경우 판례에 의함)

① 재판의 주문뿐만 아니라 판결의 이유만을 다투기 위하여도 피고인은 상소할 수 있다.

② 공소기각의 판결이 있으면 유죄판결의 위험으로부터 벗어나는 것이므로 피고인은 무죄를 주장하여 상소할 수 없다.

③ 면소판결이 있으면 실체판결청구권이 없는 것이므로 피고인은 무죄를 주장하여 상소할 수 없다.

④ 제1심판결에 대하여 피고인은 상소권을 포기하였는데 검사만이 양형이 가볍다는 이유로 항소하였다가 이유 없다고 기각된 항소심판결에 대하여 피고인은 상소할 수 없다.

〔해설〕

① (×) 재판의 주문에 관한 것이어야 하고 재판의 이유만을 다투기 위하여 상소하는 것은 허용되지 않는다(대법원 1993.3.4, 92모21).
[보충] 피고인은 무죄판결에 대하여 상소할 수 없다. 상소의 이익이 없기 때문이고, 판결이유를 다툴 수는 없다.

② (○) 피고인을 위한 상소는 피고인에게 불이익한 재판을 시정하여 이익 된 재판을 청구함을 그 본질로 하는 것이므로 피고인은 재판이 자기에게 불이익하지 아니하면 이에 대한 상소권이 없다고 할 것인바, 공소기각의 판결이 있으면 피고인은 유죄판결의 위험으로부터 벗어나는 것이므로 그 판결은 피고인에게 불이익한 재판이라고 할 수 없다(대법원 1997.8.22, 97도1211).

③ (○) 면소판결에 대하여는 실체 판결을 구하여 상고할 수 없다 할 것이다(대법원 2004.9.24, 2004도3532).
[보충] 실체판결청구권결여설이 나타난 판례이다.

④ (○) 피고인은 항소를 포기하고 검사만이 제1심의 양형이 부당하게 가볍다는 이유로 항소하였다가 이유 없다고 기각된 항소심판결은 피고인에게 불이익한 판결이라고 할 수 없어 위 항소심판결에 대하여 피고인은 상고권이 없다(대법원 1986.9.5, 86도1919).

〔정답〕 ①

Ⅳ 상소의 제기와 포기·취하

010 ⊘ 대표 ◆◆◇ 법원 2016

형사재판에서의 상소에 관한 다음 설명 중 가장 옳지 않은 것은? (다툼이 있는 경우 판례에 의함)

① 피고인은 자기에게 불리한 재판에 대하여만 상소할 수 있으나, 검사는 피고인의 이익을 위하여도 상소할 수 있다.

② 변호인, 대리인은 고유의 상소권이 인정되지 않으므로 피고인의 상소권이 소멸된 후에는 상소를 제기할 수 없다.

③ 상소의 제기는 서면에 의하여야 하고, 구술에 의한 상소는 허용되지 않는다.

④ 사형, 무기징역, 무기금고 등 중형을 선고한 판결이라 하더라도 피고인 측은 상소를 포기할 수 있다.

〔해설〕

④ (×) 사형·무기 선고판결에 대해서는 피고인 측은 상소포기가 금지된다(제349조 단서).

> **제349조(상소의 포기, 취하)** 검사나 피고인 또는 제339조에 규정한 자는 상소의 포기 또는 취하를 할 수 있다. 단, 피고인 또는 제341조에 규정한 자는 사형 또는 무기징역이나 무기금고가 선고된 판결에 대하여는 상소의 포기를 할 수 없다.

[보충] ㉠ 사/무: 상소포기 금지, ㉡ 사/무/10: 소재불명 불출석 재판 금지, 사실오인·양형부당의 상고이유

① (○) 피고인을 위한 상소는 피고인에게 불이익한 재판을 시정하여 이익 된 재판을 청구함을 그 본질로 하는 것이므로 피고인은 재판이 자기에게 불이익하지 아니하면 이에 대한 상소권이 없다고 할 것인바, 공소기각의 판결이 있으면 피고인은 유죄판결의 위험으로부터 벗어나는 것이므로 그 판결은 피고인에게 불이익한 재판이라고 할 수 없다(대법원 1997.8.22, 97도1211).
검사는 공익의 대표자로서 법령의 정당한 적용을 청구할 임무를 가지므로 이의신청을 기각하는 등 반대당사자에게 불이익한 재판에 대하여도 그것이 위법일 때에는 위법을 시정하기 위하여 상소로써 불복할 수 있지만 불복은 재판의 주문에 관한 것이어야 하고 재판의 이유만을 다투기 위하여 상소하는 것은 허용되지 않는다(대법원 1993.3.4, 92모21).

② (○) 형사소송법 제341조 제1항에 원심의 변호인은 피고인을 위하여 상소할 수 있다 함은 변호인에게 고유의 상소권을 인정한 것이 아니고 피고인의 상소권을 대리하여 행사하게 한 것에 불과하므로, 변호인은 피고인의 상소권이 소멸된 후에는 상소를 제기할 수 없는 것이고, 상소를 포기한 자는 형사소송법 제354조에 의하여 그 사건에 대하여 다시 상소를 할 수 없다(대법원 1998.3.27, 98도253; 1983.8.31, 83모41 등).
[보충] 법정대리인이든(명시적 의사에 반하여 행사할 수 있는) 변호인 등이든(묵시적 의사에 반하여 행사할 수 있는) 독립대리권에 불과하기 때문이다.

③ (○) 제343조 제1항 참조. 상소제기와는 달리 상소포기의 경우에는 공판정에서 구술로 할 수 있는 예외가 인정된다(제352조).

> **제343조(상소 제기기간)** ① 상소의 제기는 그 기간 내에 서면으로 한다.
> [비교] **제352조(상소포기 등의 방식)** ① 상소의 포기 또는

취하는 서면으로 하여야 한다. 단, 공판정에서는 구술로써 할 수 있다.

② 구술로써 상소의 포기 또는 취하를 한 경우에는 그 사유를 조서에 기재하여야 한다.

정답 ④

---

011 ✓ 대표 ◆◇◇ 국가9급개론 2020

상소의 포기 또는 취하에 대한 설명으로 옳지 않은 것은? (다툼이 있는 경우 판례에 의함)

① 피고인이 상소를 포기한 후 그 포기의 무효를 주장하기 위해서는 상소제기 기간이 경과하기 전이라도 상소권회복청구를 하여야 한다.

② 피고인은 사형 또는 무기징역이나 무기금고가 선고된 판결에 대하여는 상소의 포기를 할 수 없다.

③ 변호인의 상소취하에 피고인의 동의가 없다면 상소취하의 효력은 발생하지 아니한다.

④ 피고인의 상소취하가 착오에 기인한 경우, 그 착오에 관하여 피고인에게 과실이 있으면 피고인이 착오를 일으키게 된 과정에 교도관의 과실이 개입되었더라도 상소취하는 무효로 되지 않는다.

해설

① (✕) 상소권회복은 자기 또는 대리인이 책임질 수 없는 사유로 인하여 상소제기기간 내에 상소를 하지 못한 사람이 이를 청구하는 것이고, 상고를 포기한 후 그 포기가 무효라고 주장하는 경우 상고제기기간이 경과하기 전에는 상고포기의 효력을 다투면서 상고를 제기하여 그 상고의 적법 여부에 대한 판단을 받으면 되고, 별도로 상소권회복청구를 할 여지는 없다(대법원 1999.5.18, 99모40).

② (○) 제349조

③ (○) 대법원 2015.9.10, 2015도7821

④ (○) 대법원 1992.3.13, 92모1

정답 ①

---

012 ✓ 유사 ◆◇◇ 경찰2차 2019 유사 법원9급 2019

상소의 취하 및 포기에 관한 다음 설명 중 가장 옳지 않은 것은?

① 상소의 취하는 상소법원에 하여야 하지만 소송기록이 상소법원에 송부되지 아니한 때에는 상소취하서를 원심법원에 제출할 수 있다.

② 구금된 피고인이 교도관이 내어 주는 상소권포기서를 항소장으로 잘못 믿고 이를 확인해 보지도 않은 채 자신의 서명무인을 하여 교도관을 통해 법원에 제출하였더라도 이는 항소포기로서 유효하다.

③ 피고인의 동의 없이 이루어진 변호인의 상소취하는 효력이 발생하지 않는데 이때 피고인의 동의는 서면으로 하여야 한다.

④ 상소권을 포기한 후에 상소기간이 도과된 상태에서 상소포기의 효력을 다투려는 사람은 상소권회복청구를 할 수 있다.

해설

③ (✕) 변호인의 상소취하에 대한 피고인의 동의도 공판정에서 구술로써 할 수 있다. 다만 상소를 취하하거나 상소의 취하에 동의한 자는 다시 상소를 하지 못하는 제한을 받게 되므로(제354조), 상소취하에 대한 피고인의 구술 동의는 명시적으로 이루어져야만 한다(대법원 2015.9.10, 2015도7821).

① (○) 제353조 참조.

② (○) 과실이 없다고 보기는 어렵고, 따라서 항소포기는 유효하다(대법원 1995.8.17, 95모49).

④ (○) 상소권을 포기한 후 상소제기기간이 도과하기 전에 상소포기의 효력을 다투면서 상소를 제기한 자는 원심 또는 상소심에서 그 상소의 적법여부에 대한 판단을 받으면 되고, 별도로 상소권회복청구를 할 여지는 없다고 할 것이나(대법원 1999.5.18, 99모40), 상소권을 포기한 후 상소제기기간이 도과한 다음에 상소포기의 효력을 다투는 한편, 자기 또는 대리인이 책임질 수 없는 사유로 인하여 상소제기기간 내에 상소를 하지 못하였다고 주장하는 사람은 상소를 제기함과 동시에 상소권회복청구를 할 수 있다(대법원 1984.7.11, 84모40; 2002.7.23, 2002모180 등).

정답 ③

013 ✓ 유사 ◆◇◇ 국가9급 2019

상소에 대한 설명으로 옳지 않은 것은? (다툼이 있는 경우 판례에 의함)

① 공소기각의 재판이 있으면 피고인은 유죄판결의 위험으로부터 벗어나는 것이므로 그 재판은 피고인에게 불이익한 재판이라고 할 수 없어서 이에 대하여 피고인은 상소권이 없다.

② 공판기일에 출석한 피고인이 변호인의 상소취하에 대한 동의 여부를 묻는 재판장의 질문에 특별히 의사를 표시하지 않았다면 상소취하에 동의한 것으로 볼 수 있다.

③ 「형법」 제37조 전단의 경합범 관계에 있는 죄에 대하여 일부는 유죄, 일부는 무죄를 선고한 원심판결 전체에 대하여 검사만이 상소한 경우, 무죄 부분에만 상소이유가 있더라도 상소심은 원심판결 전부를 파기하여야 한다.

④ 검사와 피고인 쌍방이 항소하였으나 검사가 항소이유서를 제출하지 아니하여 검사의 항소를 기각하여야 하는 경우에는 불이익변경금지의 원칙이 적용된다.

해설

② (✕) 변호인이 상소취하를 할 때 원칙적으로 피고인은 이에 동의하는 취지의 서면을 제출하여야 하나(규칙 제153조 제2항), 피고인은 공판정에서 구술로써 상소취하를 할 수 있으므로(법 제352조 제1항 단서), 변호인의 상소취하에 대한 피고인의 동의도 공판정에서 구술로써 할 수 있다. 다만 상소를 취하하거나 상소의 취하에 동의한 자는 다시 상소를 하지 못하는 제한을 받게 되므로(법 제354조), 상소취하에 대한 피고인의 구술 동의는 명시적으로 이루어져야만 한다(대법원 2015.9.10, 2015도7821).

① (○) 대법원 1983.5.10, 83도632; 1997.8.22, 97도1211 등.

③ (○) 형법 제37조 전단의 경합범 관계에 있는 죄에 대하여 일부는 유죄, 일부는 무죄를 선고한 원심판결에 대하여 피고인은 상소하지 아니하고 검사만이 무죄 부분에 한정하지 아니하고 전체에 대하여 상소한 경우, 무죄 부분에 대한 검사의 상소만 이유 있는 때에도 원심판결의 유죄 부분은 무죄부분과 함께 파기되어야 하므로 상소심으로서는 원심판결 전부를 파기하여야 한다(대법원 2005.9.15, 2005도40 등).

④ (○) 피고인과 검사 쌍방이 항소하였으나 검사가 항소 부분에 대한 항소이유서를 제출하지 아니하여 결정으로 항소를 기각하여야 하는 경우에는 실질적으로 피고인만이 항소한 경우와 같게 되므로 항소심은 불이익변경금지의 원칙에 따라 제1심판결의 형보다 중한 형을 선고하지 못한다(대법원 1998.9.25, 98도2111).

정답 ②

Ⅴ 일부상소

014 ✓ 대표 ◆◆◇ 국가9급 2018

상소에 대한 설명으로 옳은 것은? (다툼이 있는 경우 판례에 의함)

① 피고사건에 대한 판결 중 몰수 또는 추징에 관한 부분만을 불복대상으로 삼아 상소가 제기된 경우 상소의 효력은 그 몰수 또는 추징의 부분에 한정된다.

② 적법한 공소기각판결 또는 면소판결에 대해 피고인은 무죄를 주장하며 상소할 수 있다.

③ 경합범관계에 있는 수개의 공소사실에 대하여 일부는 유죄, 다른 일부는 무죄의 판결이 선고된 경우 검사만이 무죄부분에 대해 항소를 하였더라도 항소심은 피고인을 위하여 피고인이 항소하지 아니한 유죄부분을 심판할 수 있다.

④ 상고법원은 필요한 경우 특정사항에 관하여 변론을 열고 참고인의 진술을 들을 수 있다.

해설

④ (○) 상고심은 서면심리에 의할 수 있으나, 필요한 경우 변론을 열 수 있다.

> 제390조(서면심리에 의한 판결) ① 상고법원은 상고장, 상고이유서 기타의 소송기록에 의하여 변론 없이 판결할 수 있다.
> ② 상고법원은 필요한 경우에는 특정한 사항에 관하여 변론을 열어 참고인의 진술을 들을 수 있다.

① (✕) 피고사건의 주위적 주문과 몰수 또는 추징에 관한 주문은 상호 불가분적 관계에 있어 상소불가분의 원칙이 적용되는 경우에 해당한다. 따라서 피고사건의 재판 가운데 몰수 또는 추징에 관한 부분만을 불복대상으로 삼아 상소가 제기되었다 하더라도, 상소심으로서는 이를 적법한 상소제기로 다루어야 하고, 그 부분에 대한 상소의 효력은 그 부분과 불가분의 관계에 있는 본안에 관한 판단 부분에까지 미쳐 그 전부가 상소심으로 이심된다(대법원 2008.11.20, 2008도5596 전원합의체).

② (✕) 피고인을 위한 상소는 피고인에게 불이익한 재판을 시정하여 이익 된 재판을 청구함을 그 본질로 하는 것이므로 피고인은 재판이 자기에게 불이익하지 아니하면 이에 대한 상소권이 없다고 할 것인바, 공소기각의 판결이 있으면 피고인은 유죄판결의 위험으로부터 벗어나는 것이므로 그 판결은 피고인에게 불이익한 재판이라고 할 수 없다(대법원 1997.8.22, 97도1211). 또한 면소판결에 대하여는 실체판결을 구하여 상고할 수 없다 할 것이다(대법원 2004.9.24, 2004도3532).

③ (✕) 경합범 중 일부에 대하여 무죄, 일부에 대하여 유죄를 선고한 제1심판결에 대하여 검사만이 무죄 부분에 대하여 항소를 한 경우 피고인과 검사가 항소하지 아니한 유죄판결 부분은 항소기간이 지남으로써 확정되어 항소심에 계속된 사건은 무죄판결 부분에 대한 공소뿐이라 할 것이고, 그에 따라 항소심에서 이를 파기할 때에는 무죄 부분만을 파기할 수밖에 없다 할 것이다(대법원 2009.6.11, 2009도2684).

정답 ④

015 ✓ 대표 ◆◆◇

일부상소에 관한 다음 설명 중 가장 옳지 않은 것은?

① 제1심이 단순일죄의 관계에 있는 공소사실의 일부에 대하여만 유죄로 인정한 경우에 피고인만이 항소하여도 그 항소는 그 일죄의 전부에 미쳐서 항소심은 무죄부분에 대하여도 심판할 수 있다.

② 포괄일죄의 일부만이 유죄로 인정된 경우 그 유죄 부분에 대하여 피고인만이 상고하였을 뿐 무죄나 공소기각으로 판단된 부분에 대하여 검사가 상고를 하지 않았다면, 상소불가분의 원칙에 의해 유죄 이외의 부분도 상고심에 이심되기는 하나 사실상 심판대상에서 이탈하게 되므로 상고심으로서도 무죄나 공소기각 부분에 대하여 판단할 수는 없다.

③ 필수적 몰수 또는 추징 요건에 해당하는 사건에서 몰수 또는 추징에 관한 부분만을 불복대상으로 삼아 상소가 제기되었다 하더라도, 상소심으로서는 이를 적법한 상소제기로 다루어야 하나, 상소의 효력은 그 불복대상인 몰수 또는 추징에 관한 부분에 한정된다.

④ 포괄일죄의 관계에 있는 공소사실의 일부에 대하여만 유죄로 인정하고 나머지는 무죄가 선고되어 검사는 위 무죄부분에 대하여 불복상고하고 피고인은 유죄부분에 대하여 상고하지 않은 경우, 원심에서 유죄로 인정된 부분도 상고심에 이심되어 심판의 대상이 된다.

해설

③ (×) 피고사건의 재판 가운데 몰수 또는 추징에 관한 부분만을 불복대상으로 삼아 상소가 제기되었다 하더라도, 상소심으로서는 이를 적법한 상소제기로 다루어야 하고, 그 부분에 대한 상소의 효력은 그 부분과 불가분의 관계에 있는 본안에 관한 판단 부분에까지 미쳐 그 전부가 상소심으로 이심된다(대법원 2008.11. 20, 2008도5596 전원합의체).

① (○) 대법원 2001.2.9, 2000도5000

② (○) 포괄일죄의 일부만이 유죄로 인정된 경우 그 유죄 부분에 대하여 피고인만이 상고하였을 뿐 무죄나 공소기각으로 판단된 부분에 대하여 검사가 상고를 하지 않았다면, 상소불가분의 원칙에 의하여 유죄 이외의 부분도 상고심에 이심되기는 하나 그 부분은 이미 당사자 간의 공격·방어의 대상으로부터 벗어나 사실상 심판대상에서부터도 이탈하게 되므로, 상고심으로서도 그 부분에까지 나아가 판단할 수 없다(대법원 2004.10.28, 2004도5014).

④ (○) 대법원 1989.4.11, 86도1629

정답 ③

016 ✓ 대표 ◆◆◇

일부상소에 대한 설명으로 옳지 않은 것은? (다툼이 있는 경우 판례에 의함)

① 경합범 중 일부에 대하여 무죄, 일부에 대하여 유죄를 선고한 제1심판결에 대하여 검사만이 무죄 부분에 대하여 항소를 한 경우, 피고인과 검사가 항소하지 아니한 유죄판결 부분은 항소기간이 지남으로써 확정되므로, 항소심에서 이를 파기할 때에는 유죄부분만을 파기하여야 한다.

② 수개의 범죄사실에 대하여 항소심이 일부는 유죄, 일부는 무죄의 판결을 하고, 그 판결에 대하여 피고인 및 검사 쌍방이 상고를 제기하였으나, 유죄 부분에 대한 피고인의 상고는 이유 없고 무죄 부분에 대한 검사의 상고만 이유 있는 경우, 항소심이 유죄로 인정한 죄와 무죄로 인정한 죄가 형법 제37조 전단의 경합범 관계에 있다면 항소심판결의 유죄 부분도 무죄 부분과 함께 파기되어야 한다.

③ 제1심이 단순일죄의 관계에 있는 공소사실의 일부에 대하여만 유죄로 인정한 경우에 피고인만이 항소하여도 그 항소는 그 일죄의 전부에 미쳐서 항소심은 무죄부분에 대하여도 심판할 수 있다.

④ 형법 제37조 전단의 경합범 관계에 있는 죄에 대하여 일부는 유죄, 일부는 무죄를 선고한 원심판결에 대하여 피고인은 상소하지 아니하고, 검사만이 무죄부분에 한정하지 아니하고 전체에 대하여 상소한 경우에 무죄부분에 대한 검사의 상소만 이유 있는 때에도 원심판결의 유죄부분은 무죄부분과 함께 파기되어야 하므로 상소심으로서는 원심판결 전부를 파기하여야 한다.

해설

① (×) 경합범으로 동시에 기소된 사건에 대하여 일부 유죄, 일부 무죄를 선고하는 등 판결주문이 수개일 때에는 그 1개의 주문에 포함된 부분을 다른 부분과 분리하여 일부상소를 할 수 있고 당사자 쌍방이 상소하지 아니한 부분은 분리 확정되므로, 경합범 중 일부에 대하여 무죄, 일부에 대하여 유죄를 선고한 제1심판결에 대하여 검사만이 무죄 부분에 대하여 항소를 한 경우, 피고인과 검사가 항소하지 아니한 유죄판결 부분은 항소기간이 지남으로써 확정되어 항소심에 계속된 사건은 무죄판결 부분에 대한 공소뿐이며, 그에 따라 항소심에서 <u>이를 파기할 때에는 무죄 부분만을 파기하여야 한다</u>(대법원 2010.11.25, 2010도10985).
[보충] 실수할 수 있는 부분이므로, 주의할 것.

② (○) 수개의 범죄사실에 대하여 항소심이 일부는 유죄, 일부는 무죄의 판결을 하고, 그 판결에 대하여 피고인 및 검사 쌍방이 상고를 제기하였으나, 유죄 부분에 대한 피고인의 상고는 이유 없고, 무죄 부분에 대한 검사의 상고만 이유 있는 경우, 항소심이 유죄로 인정한 죄와 무죄로 인정한 죄가 형법 제37조 전단의 경합범 관계에 있다면 항소심판결의 유죄 부분도 무죄 부분과 함께 파기되어야 한다(대법원 2002.7.26, 2001도4947).
[보충] 일부＋일부＝전부상소
위 ①·②는 경합범에 대해 일부상소가 된 경우이다. 이때 검사만 상소한 경우는 일부파기, 쌍방이 상소한 경우는 전부파기한다.

③ (○) 제1심이 단순일죄의 관계에 있는 공소사실의 일부에 대하여만 유죄로 인정한 경우에 피고인만이 항소하여도 그 항소는 그 일죄의 전부에 미쳐서 항소심은 무죄부분에 대하여도 심판할 수 있다 할 것이고, 그 경우 항소심이 위 무죄부분을 유죄로 판단하였다 하여 그로써 항소심판결에 불이익변경금지원칙에 위반하거나 심판범위에 대한 법리를 오해한 위법이 있다고 할 수 없다(대법원 2001.2.9, 2000도5000).

④ (○) 형법 제37조 전단의 경합범 관계에 있는 죄에 대하여 일부는 유죄, 일부는 무죄를 선고한 원심판결에 대하여 피고인은 상소하지 아니하고, 검사만이 무죄부분에 한정하지 아니하고 전체에 대하여 상소한 경우에 무죄부분에 대한 검사의 상소만 이유 있는 때에도 원심판결의 유죄부분은 무죄부분과 함께 파기되어야 하므로 상소심으로서는 원심판결 전부를 파기하여야 한다(대법원 2004.10.15, 2004도5035).

정답 ①

---

017 ✓ 유사 ◆◇◇ 법원 2013 유사 | 법원9급 2022

상소제기에 관한 다음 설명 중 가장 옳지 않은 것은? (다툼이 있는 경우 판례에 의하고, 전원합의체 판결의 경우 다수의견에 의함)

① 교도소 또는 구치소에 있는 피고인이 제출하는 상소장에 대하여 상소의 제기기간 내에 교도소장이나 구치소장 또는 그 직무를 대리하는 사람에게 이를 제출한 때에 상소의 제기기간 내에 상소한 것으로 간주하는 형사소송법 제344조 제1항의 특칙은 재정신청 기각결정에 대한 재항고의 경우에는 적용되지 않는다.

② 항소장에 경합범으로서 2개의 형이 선고된 죄 중 일죄에 대한 형만을 기재하고 나머지 일죄에 대한 형을 기재하지 아니하였다면 항소이유서에서 그 나머지 일죄에 대하여 항소이유를 개진하였더라도 판결 전부에 대한 항소로 볼 수는 없다.

③ 경합범 중 일부에 대하여 무죄, 일부에 대하여 유죄를 선고한 항소심 판결에 대하여 검사만이 무죄 부분에 대하여 상고를 한 경우 피고인과 검사가 상고하지 아니한 유죄판결 부분은 상고기간이 지남으로써 확정되고 상고심에서는 무죄 부분만 파기할 수 있다.

④ 제1심판결에 대하여 피고인은 항소하지 아니하고 검사만 항소하여 항소가 기각된 경우 피고인은 이에 대하여 상고할 수 없다.

해설

② (×) 판례는 상소 범위의 판단에 있어서(일부상소·전부상소) 상소장뿐만 아니라 상소이유서도 고려하는 입장이다(상소장·상소이유서 기준설, 소수설·판례). "항소장에 경합범으로서 2개의 형이 선고된 죄 중 일죄에 대한 형만을 기재하고 나머지 일죄에 대한 형을 기재하지 아니하였다 하더라도 항소이유서에서 그 나머지 일죄에 대하여도 항소이유를 개진한 경우에는 판결 전부에 대한 항소로 봄이 상당하다(대법원 2004.12.10, 2004도3515)."

① (○) 대법원 2015.7.16, 2013모2347 전원합의체

---

③ (○) 대법원 2000.2.11, 99도4840
④ (○) 대법원 1991.12.24, 91도1796

정답 ②

---

018 ✓ 유사 ◆◇◇ 국가7급 2014 유사 | 국가9급 2020

상소에 대한 설명으로 옳은 것은? (다툼이 있는 경우 판례에 의함)

① 검사는 법령의 정당한 적용을 청구할 임무를 가지므로 재판의 이유만을 다투기 위하여 상소할 수 있다.

② 소송비용부담의 재판에 대하여는 본안의 재판에 관하여 상소하지 않는 경우에도 불복할 수 있다.

③ 필요적 몰수를 요하는 범죄사건에서 몰수 또는 추징에 관한 부분만을 불복대상으로 삼아 상소가 제기되었더라도 상소심으로서는 이를 적법한 상소제기로 다루어야 하고, 그 부분에 대한 상소의 효력은 그 부분과 불가분의 관계에 있는 본안에 관한 판단 부분에까지 미쳐 그 전부가 상소심으로 이심된다.

④ 변호인의 상소취하에 대한 피고인의 동의는 공판정에서 구술로써 할 수 있으며, 피고인의 구술동의는 묵시적 동의로도 충분하다.

해설

③ (○) 대법원 2008.11.20, 2008도5596 전원합의체

① (×) 검사는 공익의 대표자로서 법령의 정당한 적용을 청구할 임무를 가지므로 이의신청을 기각하는 등 반대당사자에게 불이익한 재판에 대하여도 그것이 위법일 때에는 위법을 시정하기 위하여 상소로써 불복할 수 있지만 불복은 재판의 주문에 관한 것이어야 하고 재판의 이유만을 다투기 위하여 상소하는 것은 허용되지 않는다(대법원 1993.3.4, 92모21).

② (×) 소송비용의 재판에 대한 불복은 본안의 재판에 대한 상소의 전부 또는 일부가 이유 있는 경우에 한하여 허용되고, 본안의 상소가 그 이유가 없는 경우에는 허용되지 아니하며, 이러한 법리는 형사소송절차에서 소송비용의 재판에 대한 불복이 있는 경우에도 마찬가지로 적용된다(대법원 2008.7.24, 2008도4759).

④ (×) 변호인이 상소취하를 할 때 원칙적으로 피고인은 이에 동의하는 취지의 서면을 제출하여야 하나(형사소송규칙 제153조 제2항), 피고인은 공판정에서 구술로써 상소취하를 할 수 있으므로(형사소송법 제352조 제1항 단서), 변호인의 상소취하에 대한 피고인의 동의도 공판정에서 구술로써 할 수 있다. 다만 상소를 취하하거나 상소의 취하에 동의한 자는 다시 상소를 하지 못하는 제한을 받게 되므로(형사소송법 제354조), 상소취하에 대한 피고인의 구술 동의는 명시적으로 이루어져야만 한다(대법원 2015.9.10, 2015도7821).

정답 ③

019 ✓유사 ◆◆◆　국가7급 2018

일부상소에 대한 설명으로 옳은 것(○)과 옳지 않은 것(×)을 바르게 연결한 것은? (다툼이 있는 경우 판례에 의함)

> ㄱ. 확정판결 전의 공소사실과 확정판결 후의 공소사실에 대하여 따로 유죄를 선고하여 두 개의 형을 정한 제1심판결에 대하여 피고인만이 확정판결 전의 유죄판결 부분에 대하여 항소한 경우, 항소심에 계속된 사건은 확정판결 전의 유죄판결 부분뿐이므로 항소심이 심리·판단하여야 할 범위는 확정판결 전의 유죄판결 부분에 한정된다.
>
> ㄴ. 「형법」 제37조 전단 경합범관계에 있는 공소사실 중 일부에 대하여 유죄, 나머지 부분에 대하여 무죄를 선고한 제1심판결에 대하여 검사만이 항소하면서 무죄부분에 대하여는 항소이유를 기재하고 유죄부분에 대하여는 이를 기재하지 않았으나 항소범위는 '전부'로 표시한 경우, 항소심이 제1심판결의 무죄부분을 유죄로 인정하는 때에는 제1심판결 전부를 파기하고 경합범 관계에 있는 공소사실 전부에 대하여 하나의 형을 선고하여야 한다.
>
> ㄷ. 환송 전 항소심판결에서 경합범관계에 있는 A죄에 대해서는 무죄를 선고하고 B죄에 대해서는 유죄로 인정하여 형을 선고하였는데, 검사만 무죄로 선고된 A죄에 대하여 상고를 하자 대법원이 원심판결 중 A죄에 대해서만 파기하고 이를 원심법원에 환송한 경우, 환송 후의 원심에는 파기환송된 A죄 부분만이 계속된 것이므로 환송 후의 원심으로서는 이 부분만을 심리하여야 한다.
>
> ㄹ. 환송 전 원심에서 상상적 경합관계에 있는 수죄에 대하여 모두 무죄가 선고되었고, 이에 검사가 무죄부분 전부에 대하여 상고하였으나 그중 일부 무죄부분에 대하여는 이를 상고이유로 삼지 않은 경우, 상고이유로 삼지 아니한 무죄부분도 상고심에 이심되므로 상고심은 그 무죄부분까지 판단할 수 있다.

	ㄱ	ㄴ	ㄷ	ㄹ
①	×	×	○	○
②	○	×	○	○
③	○	○	×	×
④	○	○	○	×

해설

ㄱ. (○) 형법 제37조 전단의 경합범으로 동시에 기소된 수개의 공소사실에 대하여 일부 유죄, 일부 무죄를 선고하거나 수개의 공소사실이 금고 이상의 형에 처한 확정판결 전후의 것이어서 형법 제37조 후단, 제39조 제1항에 의하여 각기 따로 유·무죄를 선고하거나 형을 정하는 등으로 판결주문이 수개일 때에는 그 1개의 주문에 포함된 부분을 다른 부분과 분리하여 일부상소를 할 수 있고, 이때 당사자 쌍방이 상소하지 아니한 부분은 분리확정

된다. 그러므로 확정판결 전의 공소사실과 확정판결 후의 공소사실에 대하여 따로 유죄를 선고하여 두 개의 형을 정한 제1심판결에 대하여 피고인만이 확정판결 전의 유죄판결 부분에 대하여 항소한 경우, 피고인과 검사가 항소하지 아니한 확정판결 후의 유죄판결 부분은 항소기간이 지남으로써 확정되어 항소심에 계속된 사건은 확정판결 전의 유죄판결 부분뿐이고, 그에 따라 항소심이 심리·판단하여야 할 범위는 확정판결 전의 유죄판결 부분에 한정된다(대법원 2018.3.29, 2016도18553).

ㄴ. (○) 형법 제37조 전단 경합범 관계에 있는 공소사실 중 일부에 대하여 유죄, 나머지 부분에 대하여 무죄를 선고한 제1심판결에 대하여 검사만이 항소하면서 무죄 부분에 관하여는 항소이유를 기재하고 유죄 부분에 관하여는 이를 기재하지 않았으나 항소 범위는 '전부'로 표시하였다면, 이러한 경우 제1심판결 전부가 이심되어 원심의 심판대상이 되므로, 원심이 제1심판결 무죄 부분을 유죄로 인정하는 때에는 제1심판결 전부를 파기하고 경합범 관계에 있는 공소사실 전부에 대하여 하나의 형을 선고하여야 한다(대법원 2014.3.27, 2014도342).

ㄷ. (○) 피고인에 대한 병역법위반죄와 하천법위반죄의 경합범에 대하여 항소심이 전자에 대해서는 유죄, 후자에 대해서는 무죄를 선고하자 검사만이 후자에 대해서 상고하여 상고심이 후자 부분만을 파기환송 하였으면 항소심은 후자에 대해서만 심판해야 한다(대법원 1974.10.8, 74도1301).

ㄹ. (×) 환송 전 원심에서 상상적 경합 관계에 있는 수죄에 대하여 모두 무죄가 선고되었고, 이에 검사가 무죄 부분 전부에 대하여 상고하였으나 그중 일부 무죄 부분(A)에 대하여는 이를 상고이유로 삼지 않은 경우, 비록 상고이유로 삼지 아니한 무죄 부분(A)도 상고심에 이심되지만 그 부분은 이미 당사자 간의 공격방어의 대상으로부터 벗어나 사실상 심판대상에서 이탈하게 되므로, 상고심으로서도 그 무죄 부분에까지 나아가 판단할 수 없다. 따라서 상고심으로부터 다른 무죄 부분(B)에 대한 원심판결이 잘못되었다는 이유로 사건을 파기환송 받은 원심은 그 무죄 부분(A)에 대하여 다시 심리·판단하여 유죄를 선고할 수 없다(대법원 2008.12.11, 2008도8922).

[보충] 소위 편면적 공방대상론을 취한 판례이다.

정답 ④

020 ✓ 유사 [◆◇◇] 경찰3차 2018 국가9급 2013 유사

일부상소에 대한 설명으로 가장 적절하지 않은 것은? (다툼이 있는 경우 판례에 의함)

① 종국판결에 대한 상고 없이 추징의 선고부분에 한하여 독립상고는 할 수 없다.

② 1개의 형이 선고된 경합범에서 일부의 죄에 대한 상소의 효력은 상소불가분의 원칙상 피고사건 전부에 미쳐 그 전부가 상소심에 이심된다.

③ 원심이 두개의 죄를 경합범으로 보고 한 죄는 유죄, 다른 한 죄는 무죄를 각 선고하자 검사가 무죄부분만에 대하여 불복상고하였다면, 설령 위 두죄가 상상적 경합관계에 있다 하더라도 유죄부분은 상고심의 심판대상이 되지 않는다.

④ 포괄일죄의 일부만이 유죄로 인정된 경우 그 유죄부분에 대하여 피고인만이 상고하였을 뿐 무죄로 판단된 부분에 대하여 검사가 상고를 하지 않았다면, 무죄부분도 상고심에 이심되기는 하나 그 부분은 상고심으로서도 판단할 수 없다.

해설

③ (×) 원심이 두개의 죄를 경합범으로 보고 한 죄는 유죄, 다른 한 죄는 무죄를 각 선고하자 <u>검사가 무죄부분만에 대하여 불복상고 하였다고 하더라도 위 두죄가 상상적 경합관계에 있다면 유죄부분도 상고심의 심판대상이 된다</u>(대법원 1980.12.9, 80도384 전원합의체).

① (○) 피고사건의 재판 가운데 몰수 또는 추징에 관한 부분만을 불복대상으로 삼아 상소가 제기되었다 하더라도, 상소심으로서는 이를 적법한 상소제기로 다루어야 하고, 그 부분에 대한 상소의 효력은 그 부분과 불가분의 관계에 있는 본안에 관한 판단 부분에까지 미쳐 그 전부가 상소심으로 이심된다(대법원 2008.11.20, 2008도5596 전원합의체).

② (○) 형사소송법 제342조는 제1항에서 일부 상소를 원칙적으로 허용하면서, 제2항에서 이른바 상소불가분의 원칙을 선언하고 있다. 따라서 <u>불가분의 관계에 있는 재판의 일부만을 불복대상으로 삼은 경우 그 상소의 효력은 상소불가분의 원칙상 피고사건 전부에 미쳐 그 전부가 상소심에 이심되고, 이러한 경우로는 일</u>부 상소가 피고사건의 주위적 주문과 불가분적 관계에 있는 주문에 대한 것, 일죄의 일부에 대한 것, <u>경합범에 대하여 1개의 형이 선고된 경우 경합범의 일부 죄에 대한 것</u> 등에 해당하는 경우를 들 수 있다(대법원 2008.11.20, 2008도5596 전원합의체).

④ (○) 포괄일죄의 일부만이 유죄로 인정된 경우 그 유죄부분에 대하여 피고인만이 상고하였을 뿐 무죄나 공소기각으로 판단된 부분에 대하여 검사가 상고를 하지 않았다면, <u>상소불가분의 원칙에 의하여 유죄 이외의 부분도 상고심에 이심되기는 하나 그 부분은 이미 당사자 간의 공격·방어의 대상으로부터 벗어나 사실상 심판대상에서부터도 이탈하게 되므로, 상고심으로서도 그 부분에까지 나아가 판단할 수 없다</u>(대법원 2004.10.28, 2004도5014).

정답 ③

021 ✓ 유사 [◆◇◇] 군무원9급 2024

일부상소에 대한 설명으로 가장 옳지 않은 것은? (다툼이 있는 경우 판례에 의함)

① 필요적 몰수·추징과 같은 부수적 주문은 주형의 주문과 일체를 이루는 것이므로, 부수적 주문에 대하여만 독립하여 상소를 할 수 없다.

② 동일한 사실관계에 대하여 서로 양립할 수 없는 법조를 적용하여 주위적·예비적으로 공소제기된 사건에서 예비적 공소사실만 유죄로 인정되고 그 부분에 대하여 피고인만 상소한 경우 주위적 공소사실도 상소심의 심판대상에 포함된다.

③ 원심이 두 개의 죄를 경합범으로 보고 한 죄는 유죄, 다른 한 죄는 무죄를 각 선고하자 검사가 무죄부분에 대하여만 불복하여 상고한 경우, 위 두 죄가 상상적 경합관계에 있다면 유죄부분도 상고심의 심판대상이 된다.

④ 경합범 중 무죄부분에 대하여 검사만이 상소를 한 경우 상소심에서 무죄부분에 대해 상소 이유가 인정되는 때에는 유죄부분도 함께 하나의 주문을 선고해야 하므로 사안 전부를 파기하여야 한다.

해설

④ (×) <u>경합범 중 일부 유죄, 일부 무죄가 선고되어 검사가 무죄부분에 대하여 상소한 경우는 전형적인 일부상소의 경우이다.</u>
[판례] 형법 제37조 전단의 경합범으로 같은 법 제38조 제1항 제2호에 해당하는 경우 하나의 형으로 처벌하여야 함은 물론이지만 위 규정은 이를 동시에 심판하는 경우에 관한 규정인 것이고 <u>경합범으로 동시에 기소된 사건에 대하여 일부 유죄, 일부 무죄의 선고를 하거나 일부의 죄에 대하여 징역형을, 다른 죄에 대하여 벌금형을 선고하는 등 판결주문이 수개일 때에는 그 1개의 주문에 포함된 부분을 다른 부분과 분리하여 일부상소를 할 수 있는 것이고 당사자 쌍방이 상소하지 아니한 부분은 분리 확정된다고 볼 것이므로, 경합범 중 일부에 대하여 무죄, 일부에 대하여 유죄를 선고한 제1심판결에 대하여 검사만이 무죄 부분에 대하여 항소를 한 경우 피고인과 검사가 항소하지 아니한 유죄판결 부분은 항소기간이 지남으로써 확정되어 항소심에 계속된 사건은 무죄판결 부분에 대한 공소뿐이라 할 것이고, 그에 따라 항소심에서 이를 파기할 때에는 무죄 부분만을 파기할 수밖에 없다</u>(대법원 1992.1.21, 91도1402 전원합의체; 2000.2.11, 99도4840 등).

① (○) 피고사건의 주위적 주문과 몰수 또는 추징에 관한 주문은 <u>상호 불가분적 관계에 있어 상소불가분의 원칙이 적용되는 경우</u>에 해당한다. 따라서 피고사건의 재판 가운데 몰수 또는 추징에 관한 부분만을 불복대상으로 삼아 상소가 제기되었다 하더라도, 상소심으로서는 이를 적법한 상소제기로 다루어야 하고, 그 부분에 대한 상소의 효력은 그 부분과 불가분의 관계에 있는 본안에 관한 판단 부분에까지 미쳐 그 전부가 상소심으로 이심된다(대법원 2008.11.20, 2008도5596 전원합의체).

② (○) 원래 주위적·예비적 공소사실의 일부에 대한 상소제기의 효력은 나머지 공소사실 부분에 대하여도 미치는 것이고, 동일한 사실관계에 대하여 서로 양립할 수 없는 적용법조의 적용을 주위적·예비적으로 구하는 경우에는 <u>예비적 공소사실만 유죄로 인정되고 그 부분에 대하여 피고인만 상소하였다고 하더라도 주위적</u>

공소사실까지 함께 상소심의 심판대상에 포함된다(대법원 2006. 5.25, 2006도1146).
③ (○) 소송법상 일죄로 판명된 경우에는 전부이심된다는 것이 판례의 입장이다.
[판례] 원심이 두개의 죄를 경합범으로 보고 한 죄는 유죄, 다른 한죄는 무죄를 각 선고하자 검사가 무죄부분만에 대하여 불복상고 하였다고 하더라도 위 두죄가 상상적 경합관계에 있다면 유죄부분도 상고심의 심판대상이 된다(대법원 1980.12.9, 80도384 전원합의체).

정답 ④

---

022 ⊘ 유사 ◆◆◇ 　　변호사 2022

재판에 관한 설명 중 옳은 것을 모두 고른 것은? (다툼이 있는 경우 판례에 의함)

ㄱ. 원심판결 선고 후 헌법재판소가 원심판결 대상인 법률조항에 대하여 헌법불합치결정을 선고하면서 개정시한을 정하여 입법개선을 촉구하였는데도 그 시한까지 법률개정이 이루어지지 않은 경우, 위 법률조항은 소급하여 효력을 상실하므로 이를 적용하여 공소가 제기된 피고사건에 대하여는 무죄를 선고하여야 한다.

ㄴ. 공소제기 당시의 공소사실에 대한 법정형을 기준으로 하면 공소제기 당시 아직 공소시효가 완성되지 않았으나 변경된 공소사실에 대한 법정형을 기준으로 하면 공소제기 당시 이미 공소시효가 완성된 경우에는 공소시효의 완성을 이유로 면소판결을 선고하여야 한다.

ㄷ. 피고인을 금고 이상의 형에 처한 판결이 확정된 다음, 확정판결 전의 공소사실과 확정판결 후의 공소사실에 대하여 따로 유죄를 선고하여 두 개의 형을 정한 제1심 판결에 대하여 피고인만이 확정판결 전의 유죄판결 부분에 대하여 항소한 경우, 피고인과 검사가 항소하지 아니한 확정판결 후의 유죄판결 부분은 항소기간이 지남으로써 확정되어 항소심에 계속된 사건은 확정판결 전의 유죄판결 부분뿐이고, 그에 따라 항소심이 심리·판단하여야 할 범위는 확정판결 전의 유죄판결 부분에 한정된다.

ㄹ. 소년법 제32조의 보호처분을 받은 사건과 동일한 사건에 대하여 다시 공소제기가 되었다면 소년법 제32조의 보호처분은 확정판결이어서 기판력을 가지므로 면소판결을 하여야 한다.

① ㄱ 　　　　　　 ② ㄱ, ㄴ
③ ㄴ, ㄹ 　　　　　 ④ ㄷ, ㄹ
⑤ ㄱ, ㄴ, ㄷ

해설
ㄱ. (○) 대법원 2011.6.23, 2008도7562 전원합의체

ㄴ. (○) 대법원 2001.8.24, 2001도2902
ㄷ. (○) 대법원 2018.3.29, 2016도18553
ㄹ. (✕) 소년법 제32조의 보호처분을 받은 사건과 동일(상습죄 등 포괄일죄 포함)한 사건에 관하여 다시 공소제기가 되었다면, 이는 공소제기절차가 법률의 규정에 위배하여 무효인 때에 해당한 경우이므로 형사소송법 제327조 제2호의 규정에 의하여 공소기각의 판결을 하여야 한다(대법원 1996.2.23, 96도47).

정답 ⑤

■ **VI　불이익변경금지의 원칙**

023 ⊘ 대표 ◆◆◇ 　　변호사 2018 변형

불이익변경금지의 원칙에 관한 설명 중 옳지 않은 것을 모두 고른 것은? (다툼이 있는 경우 판례에 의함)

ㄱ. 피고인이 약식명령에 불복하여 정식재판을 청구한 사건에서 그 죄명이나 적용법조가 약식명령에 비하여 불이익하게 변경되었다면, 선고한 형이 약식명령과 같은 경우에도 이는 불이익변경금지의 원칙에 위배된 조치이다.

ㄴ. 피고인만의 상고에 의하여 원심판결을 파기하고 사건을 항소심에 환송한 경우, 환송 전 원심판결과의 관계에서도 불이익변경금지의 원칙이 적용된다.

ㄷ. 제1심에서 소년임을 이유로 징역 장기 10년, 단기 5년의 부정기형을 선고한 데 대하여 피고인만이 항소한 경우, 항소심이 위 피고인이 항소심에 이르러 성년이 되었음을 이유로 제1심 판결을 파기하고 징역 8년을 선고하였다면 이는 위법하다.

ㄹ. 제1심이 뇌물수수죄를 인정하여 피고인에게 징역 1년 6월 및 추징을 선고한 데 대하여 피고인만이 항소한 경우, 항소심이 제1심이 누락한 필요적 벌금형 병과규정을 적용하여 피고인에게 징역 1년 6월에 집행유예 3년, 추징 및 벌금 5,000만원을 선고하였다면 이는 위법하다.

ㅁ. 제1심에서 징역 1년에 처하되 형의 집행을 면제한다는 판결을 선고한 데 대하여 피고인만이 항소한 경우, 항소심이 위 피고인에 대해 징역 8월에 집행유예 2년을 선고하였다면 이는 위법하다.

① ㄱ, ㄷ 　　　　　 ② ㄱ, ㅁ
③ ㄴ, ㄷ 　　　　　 ④ ㄴ, ㄹ
⑤ ㄷ, ㅁ

해설
ㄱ. (✕) 형사소송법 제457조의2에서 규정한 불이익변경금지의 원칙은 피고인이 약식명령에 불복하여 정식재판을 청구한 사건에서 약식명령의 주문에서 정한 형보다 중한 (종류의) 형을 선고할 수 없다는 것이므로, 그 죄명이나 적용법조가 약식명령의 경우보다 불이익하게 변경되었다고 하더라도 선고한 형이 약식명령과 같거나 약식명령보다 가벼운 경우에는 불이익변경금지의 원칙에 위배된 조치라고 할 수 없다(대법원 2013.2.28, 2011도14986).
ㄴ. (○) 피고인의 상고에 의하여 상고심에서 원심판결을 파기하고,

사건을 항소심에 환송한 경우에는 환송 전 원심판결과의 관계에서도 불이익변경금지의 원칙이 적용되어 그 파기된 항소심판결보다 중한 형을 선고할 수 없다 할 것이다(대법원 1964.9.17, 64도298 전원합의체).

ㄷ. (○) 부정기형은 장기와 단기라는 폭의 형태를 가지는 양형인 반면 정기형은 점의 형태를 가지는 양형이므로 불이익변경금지 원칙의 적용과 관련하여 양자 사이의 형의 경중을 단순히 비교할 수 없는 특수한 상황이 발생한다. 결국 피고인이 항소심 선고 이전에 19세에 도달하여 부정기형을 정기형으로 변경해야 할 경우 불이익변경금지 원칙에 반하지 않는 정기형을 정하는 것은 부정기형과 실질적으로 동등하다고 평가될 수 있는 정기형이 부정기형의 장기와 단기 사이의 어느 지점에 존재하는지를 특정하는 문제로 귀결된다. 이는 정기형의 상한으로 단순히 부정기형의 장기와 단기 중 어느 하나를 택일적으로 선택하는 문제가 아니라, 단기부터 장기에 이르는 수많은 형 중 어느 정도의 형이 불이익변경금지 원칙 위반 여부를 판단하는 기준으로 설정되어야 하는지를 정하는 '정도'의 문제이다. 따라서 부정기형과 실질적으로 동등하다고 평가될 수 있는 정기형을 정할 때에는 형의 장기와 단기가 존재하는 특수성으로 인해 발생하는 요소들, 즉 부정기형이 정기형으로 변경되는 과정에서 피고인의 상소권 행사가 위축될 우려가 있는지 여부, 소년법이 부정기형 제도를 채택한 목적과 책임주의 원칙이 종합적으로 고려되어야 한다. 이러한 법리를 종합적으로 고려하면, 부정기형과 실질적으로 동등하다고 평가될 수 있는 정기형은 부정기형의 장기와 단기의 정중앙에 해당하는 형(예를 들어 징역 장기 4년, 단기 2년의 부정기형의 경우 징역 3년의 형이다. 이하 '중간형'이라 한다)이라고 봄이 적절하므로, 피고인이 항소심 선고 이전에 19세에 도달하여 제1심에서 선고한 부정기형을 파기하고 정기형을 선고함에 있어 불이익변경금지 원칙 위반 여부를 판단하는 기준은 부정기형의 장기와 단기의 중간형이 되어야 한다(대법원 2020.10.22, 2020도4140 전원합의체).

ㄹ. (○) 제1심이 뇌물수수죄를 인정하여 피고인에게 징역 1년 6월 및 추징 26,150,000원을 선고한 데 대해 피고인만이 항소하였는데, 원심이 제1심이 누락한 필요적 벌금형 병과규정인 특정범죄 가중처벌 등에 관한 법률(2008.12.26. 법률 제9169호로 개정된 것) 제2조 제2항을 적용하여 피고인에게 징역 1년 6월에 집행유예 3년, 추징 26,150,000원 및 벌금 50,000,000원을 선고한 경우, 집행유예의 실효나 취소가능성, 벌금 미납 시 노역장 유치 가능성과 그 기간 등을 전체적·실질적으로 고찰할 때 원심이 선고한 형은 제1심이 선고한 형보다 무거워 피고인에게 불이익하다(대법원 2013.12.12, 2012도7198).

ㅁ. (×) 관할관의 확인조치에 의하여 변경된 육군본부 보통군법회의의 판결로서 그 내용은 피고인을 징역 1년에 처하되 그 형의 집행을 면제한다는 것이고, 한편 원심판결은 피고인을 징역 8월에 처하되, 위 판결확정일로부터 2년간 위 형의 집행을 유예한다는 것인 바, 무릇 불이익변경원칙의 적용에 있어서는 이를 개별적, 형식적으로 고찰할 것이 아니라 전체적, 실질적으로 고찰하여 결정하여야 할 것인데 형의 집행유예의 판결은 소정 유예기간을 특별한 사유 없이 경과한 때에는 그 형의 선고의 효력이 상실되나 형의 집행면제는 그 형의 집행만을 면제하는데 불과하여, 전자가 후자보다 피고인에게 불이익한 것이라 할 수 없다(대법원 1985.9.24, 84도2972 전원합의체).

정답 ②

---

024 ✓ 대표 ◆◆◇ 변호사 2017

제1심 판결에 대하여 피고인만 항소한 사건에서 항소심의 판결선고 내용이 불이익변경금지원칙에 위배되는지에 관한 설명 중 옳지 않은 것은? (다툼이 있는 경우 판례에 의함)

① 항소심이 제1심과 동일한 벌금형을 선고하면서 성폭력 치료프로그램 이수명령을 병과한 것은 피고인에게 불이익하게 변경된 것이어서 허용되지 아니한다.

② 제1심이 피고인에게 금고 5월의 실형을 선고하였는데, 항소심이 징역 5월, 집행유예 2년, 보호관찰 및 40시간의 수강명령을 선고하였다면 피고인에게 불이익하게 변경된 것이어서 허용되지 아니한다.

③ 징역형의 선고유예를 변경하여 벌금형을 선고하는 것은 피고인에게 불이익하게 변경된 것이어서 허용되지 아니한다.

④ 제1심에서는 청구되지 않았고 항소심에서 처음 청구된 검사의 전자장치부착명령 청구에 대하여 항소심에서 부착명령을 선고하는 것은 불이익변경금지원칙에 위배되지 아니한다.

⑤ 제1심과 항소심의 선고형이 동일한 경우, 제1심에서 일죄로 인정한 것을 항소심에서 검사의 공소장변경신청을 받아들여 경합범으로 선고하더라도 불이익변경금지원칙에 위배되지 아니한다.

해설

② (×) 형기의 변경 없이 금고형을 징역형으로 바꾸어 집행유예를 선고하는 것은 불이익변경금지의 원칙에 위반되지 아니한다(대법원 2013.12.12, 2013도6608).
① (○) 대법원 2015.9.15, 2015도11362
③ (○) 대법원 1999.11.26, 99도3776
④ (○) 대법원 2010.11.25, 2010도9013
⑤ (○) 대법원 1984.4.24, 83도3211

정답 ②

025 ✓ 대표 ◆◆◇ 경찰1차 2018 유사 | 법원9급 2020

불이익변경금지 원칙에 관한 다음 설명 중 가장 옳지 않은 것은?

① 피고인만 상고한 사건에서 원심판결을 파기하고 사건을 항소심에 환송한 경우, 환송 후 공소장이 변경되어 새로운 범죄사실이 유죄로 인정되면 환송 전 원심보다 중한 형이 선고되더라도 위법하지 않다.

② 제1심에서 징역형의 집행유예를 선고하였고 피고인만 항소한 경우, 항소심이 징역형의 형기를 단축하여 실형을 선고하는 것은 위법하다.

③ 제1심에서 징역 1년에 처하되 형의 집행을 면제한다는 판결을 선고한 데에 대하여 피고인만이 항소한 경우, 항소심이 피고인에 대하여 징역 8월에 집행유예 2년을 선고하였더라도 이는 위법하지 않다.

④ 징역형의 선고유예를 변경하여 벌금형을 선고하는 것은 피고인에게 불이익하게 변경된 것이어서 허용되지 않는다.

[해설]

① (×) 피고인의 상고에 의하여 상고심에서 원심판결을 파기하고 사건을 항소심에 환송한 경우에 그 항소심에서는 그 파기된 항소심판결의 형보다 더 중한 형을 선고할 수 없으며 환송 후에 공소장 변경이 있어 이에 따라 항소심이 새로운 범죄사실을 유죄로 인정하는 경우에도 그 법리를 같이 한다(대법원 1980.3.25, 79도2105).

② (○) 대법원 2016.3.24, 2016도1131

③ (○) 대법원 1985.9.24, 84도2972 전원합의체

④ (○) 징역형의 선고유예에 대하여 벌금형을 선고하는 것은 불이익변경에 해당한다(대법원 1999.11.26, 99도3776).

[정답] ①

026 ✓ 대표 ◆◆◇ 국가9급 2018

불이익변경금지의 원칙에 대한 설명으로 옳지 않은 것은? (다툼이 있는 경우 판례에 의함)

① 피고인만 상고한 상고심에서 항소심판결을 파기하고 사건을 항소심에 환송한 경우에 그 항소심에서는 파기된 항소심판결보다 중한 형을 선고할 수 없다.

② 피고인만 항소한 항소심판결에 대해 검사만 상고한 경우 상고심에서도 불이익변경금지의 원칙이 적용된다.

③ 제1심에서 사문서위조죄로 벌금형의 선고를 받은 피고인만 항소한 항소심에서 동일한 공소사실에 대해 법정형에 벌금형이 없는 사서명위조죄가 인정되었다면 항소심법원은 불이익변경금지의 원칙에도 불구하고 벌금형을 선고할 수는 없다.

④ 징역형의 집행유예가 확정된 사건에 대한 재심에서 원판결보다 주형을 경하게 하면서 집행유예를 없앤 경우에는 불이익변경금지의 원칙에 위배된다.

[해설]

③ (×) 공소장변경은 공소사실의 동일성이 기준이 되나, 이와는 관계없이 불이익변경금지원칙은 준수되어야 한다. "두 공소사실은 기초가 되는 사회적 사실관계가 범행의 일시와 장소, 상대방, 행위태양, 수단과 방법 등 기본적인 점에서 동일할 뿐만 아니라, 주위적 공소사실이 유죄로 되면 예비적 공소사실은 주위적 공소사실에 흡수되고 주위적 공소사실이 무죄로 될 경우에만 예비적 공소사실의 범죄가 성립할 수 있는 관계에 있어 규범적으로 보아 공소사실의 동일성이 있다고 보이고, 나아가 피고인에 대하여 사서명위조와 위조사서명행사의 범죄사실이 인정되는 경우에는 비록 사서명위조죄와 위조사서명행사죄의 법정형에 유기징역형만 있다 하더라도 형사소송법 제457조의2에서 규정한 불이익변경금지 원칙이 적용되어 벌금형을 선고할 수 있다(대법원 2013.2.28, 2011도14986)."

① (○) 피고인의 상고에 의하여 상고심에서 원심판결을 파기하고 사건을 항소심에 환송한 경우에 그 항소심에서는 환송 전 원심판결과의 관계에서도 불이익변경금지의 원칙이 적용되어 그 파기된 항소심판결보다 중한 형을 선고할 수 없다(대법원 2006.5.26, 2005도8607).

② (○) 제1심 유죄판결에 대하여 검사의 항소가 없고 피고인만의 항소가 있는 제2심 유죄판결에 대하여 검사상고가 있는 경우에 상고심은 검사의 불복 없는 제1심 판결의 형보다 중한 형을 과할 수 없다(대법원 1957.10.4, 4290형비상1).

④ (○) 재심대상사건에서 징역형의 집행유예를 선고하였음에도 재심사건에서 원판결보다 주형을 경하게 하고, 집행유예를 없앤 경우는 형사소송법 제439조에 의한 불이익변경금지원칙에 위배된다(대법원 2016.3.24, 2016도1131).

[정답] ③

다음 사례에 대한 설명으로 옳지 않은 것은? (다툼이 있는 경우 판례에 의함)

> 검사는 甲에 대하여 피해자 A로부터 금품을 절취하였다는 내용을 공소사실로 하는 절도죄로 공소를 제기하였다. 이후 검사는 甲이 A를 위협하고 금품을 강취하였다는 내용을 공소사실로 하는 강도죄로 공소장변경을 신청하였고 법원은 이를 허가하였다.

① 법원은 위 사건을 합의부로 이송하여야 한다.
② 법원은 검사의 공소제기일을 기준으로 강도죄의 공소시효 기간이 도과하였는지를 판단하여야 한다.
③ 만일 법원이 징역 3년을 선고하자 甲만 항소하였으나 기각되었고, 그 후 검사가 상고하여 원심이 파기환송되었다면 환송받은 법원은 징역 3년보다 더 중한 형을 선고할 수 있다.
④ 만일 항소심이 제1심의 토지관할 인정을 법률위반으로 판단하여 제1심 판결을 파기하는 때에는 사건을 관할권 있는 제1심 법원으로 이송하여야 한다.

[해설]

③ (×) 제368조, 제396조 제1항·제2항 참조.

> **제368조(불이익변경의 금지)** 피고인이 항소한 사건과 피고인을 위하여 항소한 사건에 대해서는 원심판결의 형보다 무거운 형을 선고할 수 없다. 〈개정 2020.12.8.〉
> **제396조(파기자판)** ① 상고법원은 원심판결을 파기한 경우에 그 소송기록과 원심법원과 제1심법원이 조사한 증거에 의하여 판결하기 충분하다고 인정한 때에는 피고사건에 대하여 직접 판결을 할 수 있다.
> ② 제368조의 규정은 전항의 판결에 준용한다.

상고심이 원심판결을 파기환부한 경우에 항소심은 그 파기된 원판결과의 관계에 있어서 불이익변경금지원칙의 적용을 받는다(대법원 1964.9.17, 64도298 전원합의체).
→ 갑만이 항소하였으므로 상고심에서는 불이익금지원칙에 따라 징역 3년보다 중한 형을 선고할 수 없고, 파기환송되어 이를 환송받은 법원에도 마찬가지로 불이익금지원칙이 적용되므로 징역 3년보다 더 중한 형을 선고할 수 있다고 한 것은 옳지 않다.

① (○) 법원조직법 제32조, 형법 제333조 참조.

> **법원조직법 제32조(합의부의 심판권)** ① 지방법원과 그 지원의 합의부는 다음의 사건을 제1심으로 심판한다.
> 3. 사형, 무기 또는 단기 1년 이상의 징역 또는 금고에 해당하는 사건. 다만, 다음 각 목의 사건은 제외한다.
> 가.~사. (생략)
> **형법 제333조(강도)** 폭행 또는 협박으로 타인의 재물을 강취하거나 기타 재산상의 이익을 취득하거나 제삼자로 하여금 이를 취득하게 한 자는 3년 이상의 유기징역에 처한다.
> **형사소송법 제8조(사건의 직권이송)** ② 단독판사의 관할사건이 공소장변경에 의하여 합의부 관할사건으로 변경된 경우에 법원은 결정으로 관할권이 있는 법원에 이송한다.

→ 공소장변경에 따라 합의부 사건인 강도죄로 공소사실이 변경되었으므로 법원은 위 사건을 합의부로 이송하여야 한다.
② (○) [1] 공소장 변경이 있는 경우에 공소시효의 완성 여부는 당초의 공소제기가 있었던 시점을 기준으로 판단할 것이고 공소장 변경 시를 기준으로 삼을 것은 아니다.
[2] 공소장변경절차에 의하여 공소사실이 변경됨에 따라 그 법정형에 차이가 있는 경우에는 변경된 공소사실에 대한 법정형이 공소시효기간의 기준이 된다(대법원 2002.10.11, 2002도2939).
④ (○) 제367조 참조.

> **제367조(관할법원에의 이송)** 관할인정이 법률에 위반됨을 이유로 원심판결을 파기하는 때에는 판결로써 사건을 관할법원에 이송하여야 한다. 단, 항소법원이 그 사건의 제1심관할권이 있는 때에는 제1심으로 심판하여야 한다.

[정답] ③

028 ✓ 대표 ◆◆◇ 변호사 2023

甲은 자신의 소유 부동산에 근저당권설정등기를 해 주고 A로부터 돈을 빌렸다. 그 후 甲은 사업자금이 더 필요해지자 A에게 근저당권설정등기를 해 주기 1주일 전에 인터넷을 통하여 열람·출력한 등기사항전부증명서 하단의 열람 일시 부분을 수정 테이프로 지우고 복사한 것을 B에게 보여 주면서 "사업자금으로 한 달만 1억원을 빌려 달라. 만일 한 달 후 돈을 갚지 못하면 내가 소유하고 있는 부동산에 근저당권을 설정해 주겠다."라고 말했다. 이에 속은 B는 해당 부동산에 충분한 담보가치가 있는 것으로 믿고 甲에게 1억원을 빌려 주었다. 그러나 B는 변제기일까지 차용금을 변제받지 못하고 A의 선순위근저당권으로 인해 甲 소유 부동산은 담보가치가 거의 없다는 사실을 알게 되자 甲을 고소하였다. 이에 관한 설명 중 옳지 않은 것을 모두 고른 것은? (다툼이 있는 경우 판례에 의함)

ㄱ. B에게 제시한 위 등기사항전부증명서는 복사한 문서로서 열람 일시가 지워져 있다는 점을 확인하지 못한 책임이 B에게 있으므로 甲에게 사기죄는 성립하지 않는다.

ㄴ. 등기사항전부증명서의 열람 일시는 등기부상 권리관계의 기준 일시를 나타내는 역할을 하므로 甲에게 공문서변조 및 동행사죄가 성립한다.

ㄷ. 만일 B가 甲을 고소한 후 차용금 1억원을 곧바로 변제받아 甲에 대한 고소를 취소하고자 한다면 공소제기 전에는 고소사건을 담당하는 수사기관에, 공소제기 후에는 고소사건의 수소법원에 대하여 하여야 한다.

ㄹ. 만일 제1심 재판부가 甲에게 사기죄, 공문서변조 및 동행사죄에 대해 유죄를 인정하여 징역 1년을 선고하자 甲만 항소한 경우에 항소심이 甲에 대하여 제1심이 유죄로 인정한 공문서변조 및 동행사의 범죄사실을 무죄로 인정하면서 제1심과 동일한 징역 1년을 선고하였다면 이는 「형사소송법」 제368조 소정의 불이익변경금지원칙에 위배된다.

① ㄱ, ㄴ　　　　② ㄱ, ㄹ
③ ㄴ, ㄷ　　　　④ ㄴ, ㄹ
⑤ ㄷ, ㄹ

해설

ㄱ. (×) 피고인은 이 사건 부동산에 아무런 담보가 설정되어 있지 아니한 것처럼 열람 일시를 지우고 복사하여 변경한 등기사항전부증명서를 피해자에게 교부함으로써 기망하였고, 피해자는 이 사건 부동산에 담보가 설정되어 있지 아니하다고 믿고 이에 속아 돈을 빌려주었다고 인정할 수 있다.

ㄴ. (○) 피고인이 인터넷을 통하여 열람·출력한 등기사항전부증명서 하단의 열람 일시 부분을 수정 테이프로 지우고 복사해 두었다가 이를 타인에게 교부하여 공문서변조 및 변조공문서행사로

기소된 경우, 등기사항전부증명서의 열람 일시는 등기부상 권리관계의 기준 일시를 나타내는 역할을 하는 것으로서 권리관계나 사실관계의 증명에서 중요한 부분에 해당하고, … 법률가나 관련 분야의 전문가가 아닌 평균인 수준의 사리분별력을 갖는 일반인의 관점에서 볼 때 그 등기사항전부증명서가 조금만 주의를 기울여 살펴보기만 해도 그 열람 일시가 삭제된 것임을 쉽게 알아볼 수 있을 정도로 공문서로서의 형식과 외관을 갖추지 못했다고 보기 어려운 점을 종합하면, 피고인이 등기사항전부증명서의 열람 일시를 삭제하여 복사한 행위는 등기사항전부증명서가 나타내는 권리·사실관계와 다른 새로운 증명력을 가진 문서를 만든 것에 해당하고 그로 인하여 공공적 신용을 해할 위험성도 발생하였다고 볼 수 있으므로 공문서변조 및 동행사죄가 성립한다(대법원 2021.2.25, 2018도19043).

ㄷ. (○) 고소의 취소나 처벌을 희망하는 의사표시의 철회는 수사기관 또는 법원에 대한 법률행위적 소송행위이므로 공소제기 전에는 고소사건을 담당하는 수사기관에, 공소제기 후에는 고소사건의 수소법원에 대하여 이루어져야 한다(대법원 2012.2.23, 2011도17264).

ㄹ. (×) 피고인만이 항소한 사건에서 항소심이 피고인에 대하여 제1심이 인정한 범죄사실의 일부를 무죄로 인정하면서도 제1심과 동일한 형을 선고하였다 하여 그것이 형사소송법 제368조 소정의 불이익변경금지원칙에 위배된다고 볼 수 없다(대법원 2003.2.11, 2002도5679).

정답 ②

029 ✓ 대표 ◆◆◇ 경찰1차 2018 유사 법원 2015

불이익변경금지의 원칙에 관한 다음 설명 중 가장 옳지 않은 것은? (다툼이 있는 경우 판례에 의함)

① 재심사건에서도 불이익변경금지의 원칙이 적용된다.
② 피고인이 정식재판을 청구한 사건에 대하여는 약식명령의 형보다 중한 종류의 형을 선고하지 못한다.
③ 피고인만의 상고에 의하여 원심판결을 파기하고 사건을 항소심에 환송한 경우 환송 전 원심판결과의 관계에서도 불이익변경금지의 원칙이 적용된다.
④ 불이익변경금지의 원칙은 상소사건을 그 대상으로 하므로, 즉결심판에 대한 정식재판 청구 시에는 적용되지 아니한다.

해설

④ (×) 판례는 즉결심판에 대하여 정식재판을 청구한 사건에 있어서도 불이익변경금지의 원칙이 적용된다는 입장이다.
즉결심판에 관한 절차법 제14조 제1항 및 제2항의 규정에 의하면, 피고인 및 경찰서장은 즉결심판에 불복하는 경우 정식재판을 청구할 수 있고, 같은 법 제19조의 규정에 의하면 즉결심판절차에 있어서 위 법에 특별한 규정이 없는 한 그 성질에 반하지 아니한 것은 형사소송법의 규정을 준용하도록 하고 있으며, 한편 형사소송법 제453조 및 제457조의2의 규정에 의하면 검사 또는 피고인은 약식명령에 불복하는 경우 정식재판을 청구할 수 있되, 피고인이 정식재판을 청구한 사건에 대하여는 약식명령의 형보다 무거운 형을 선고하지 못하도록 하고 있는바, 약식명령에 대한 정식재판청구권이나 즉결심판에 대한 정식재판청구권 모두 벌금형 이하의 형벌에 처할 범죄에 대한 약식의 처벌절차에 의한

재판에 불복하는 경우에 소송당사자에게 인정되는 권리로서의 성질을 갖는다는 점에서 동일하고 그 절차나 효력도 유사한 점 등에 비추어, 즉결심판에 대하여 피고인만이 정식재판을 청구한 사건에 대하여도 즉결심판에 관한 절차법 제19조의 규정에 따라 형사소송법 제457조의2 규정을 준용하여, 즉결심판의 형보다 무거운 형을 선고하지 못한다(대법원 1999.1.15, 98도2550).

① (○), ② (○) 불이익변경금지원칙은 피고인의 상소권 행사를 보장하기 위하여 마련된 장치이므로 상소사건에 한하여 적용된다. 그러나 형사소송법은 상소가 아닌 재심사건(제439조)과 약식명령에 대한 정식재판 청구사건(제453조, 제457조의2)에도 불이익변경금지원칙을 규정하고 있다.

> **제439조(불이익변경의 금지)** 재심에는 원판결의 형보다 무거운 형을 선고할 수 없다. 〈개정 2020.12.8.〉
> **제457조의2(형종 상향의 금지 등)** ① 피고인이 정식재판을 청구한 사건에 대하여는 약식명령의 형보다 중한 종류의 형을 선고하지 못한다.

③ (○) 피고인만의 상고에 의하여 상고심에서 원심판결을 파기하고 사건을 항소심에 환송한 경우에는 환송 전 원심판결과의 관계에서도 불이익변경금지의 원칙이 적용되어 그 파기된 항소심판결보다 중한 형을 선고할 수 없다(대법원 1992.12.8, 92도2020).

정답 ④

용될 여지는 없다(대법원 2007.7.13, 2007도3448).

② (○) 형사소송법 제186조 제1항 본문은 "형의 선고를 하는 때에는 피고인에게 소송비용의 전부 또는 일부를 부담하게 하여야 한다."고 규정하고 있고, 같은 법 제191조 제1항은 "재판으로 소송절차가 종료되는 경우에 피고인에게 소송비용을 부담하게 하는 때에는 직권으로 재판하여야 한다."고 규정하고 있는바, 소송비용의 부담은 형이 아니고 실질적인 의미에서 형에 준하여 평가되어야 할 것도 아니므로 불이익변경금지원칙의 적용이 없다(대법원 2001.4.24, 2001도872).

③ (○) 항소법원은 제1심의 형량이 너무 가벼워서 부당하다는 검사의 항소이유에 대한 판단에 앞서 직권으로 제1심판결에 양형이 부당하다고 인정할 사유가 있는지 여부를 심판할 수 있고, 그러한 사유가 있는 때에는 제1심 판결을 파기하고 제1심의 양형보다 가벼운 형을 정하여 선고할 수 있다고 할 것이다(대법원 1980.11.11, 80도2097).

④ (○) 피고인의 상고에 의하여 상고심에서 원심판결을 파기하고 사건을 항소심에 환송한 경우에 그 항소심에서는 환송 전 원심판결과의 관계에서도 불이익변경금지의 원칙이 적용되어 그 파기된 항소심판결보다 중한 형을 선고할 수 없다(대법원 2006.5.26, 2005도8607). 그리고 이러한 법리는 환송 후의 원심에서 적법한 공소장변경이 있어 이에 따라 그 항소심이 새로운 범죄사실을 유죄로 인정하는 경우에도 마찬가지이다(대법원 1980.3.25, 79도2105).

정답 ①

---

030 ☑ 대표 ◆◆◇ 법원9급 2019

불이익변경금지 원칙에 대한 다음 설명 중 가장 옳지 않은 것은?

① 판결을 선고한 법원이 판결서의 경정을 통하여 당해 판결서의 명백한 오류를 시정하는 것도 피고인에게 유리 또는 불리한 결과를 발생시키거나 피고인의 상소권 행사에 영향을 미칠 수 있으므로 불이익변경금지 원칙이 적용된다.

② 소송비용의 부담은 형이 아니고 실질적인 의미에서 형에 준하여 평가되어야 할 것도 아니므로 불이익변경금지원칙의 적용이 없다.

③ 불이익변경금지 원칙은 이익변경까지 금하는 것은 아니므로 검사만이 양형부당을 이유로 항소한 경우에도 항소심법원은 직권으로 심판하여 제1심의 양형보다 가벼운 형을 선고할 수 있다.

④ 불이익변경금지 원칙은 피고인의 상고로 항소심판결이 상고심에서 파기되어 환송한 경우에서도 적용되므로 파기환송 후의 항소심에서 공소장변경에 의해 새로운 범죄사실이 추가됨으로써 피고인의 책임이 무거워졌더라도 파기된 항소심판결에 비하여 중한 형을 선고할 수는 없다.

해설

① (×) 판결을 선고한 법원에서 당해 판결서의 명백한 오류에 대하여 판결서의 경정을 통하여 그 오류를 시정하는 것은 피고인에게 유리 또는 불리한 결과를 발생시키거나 피고인의 상소권 행사에 영향을 미치는 것이 아니므로, 여기에 불이익변경금지원칙이 적

---

031 ☑ 대표 ◆◆◇ 국가9급 2016

불이익변경금지의 원칙에 대한 설명으로 옳은 것은? (다툼이 있는 경우 판례에 의함)

① 제1심판결에 대하여 피고인만이 항소한 사건에서 항소심이 검사의 공소장변경신청을 받아들여 그 변경된 적용 법률에 따라 판결을 선고한 경우에는 그 선고된 항소심의 형이 제1심의 그것보다 무겁다고 하더라도 불이익변경금지의 원칙에 위배 되지 아니한다.

② 피고인만이 항소한 사건에서 항소심법원이 제1심판결을 파기하고 새로운 형을 선고함에 있어 피고인에 대한 주형에서 그 형기를 감축하고 제1심판결이 선고하지 아니한 압수장물을 피해자에게 환부하는 선고를 추가하였더라도 그것만으로는 피고인에 대한 형이 제1심판결보다 불이익하게 변경되었다고 할 수 없다.

③ 제1심의 징역형의 선고유예의 판결에 대하여 피고인만이 항소한 경우에 제2심이 벌금형을 선고한 것은 불이익변경금지의 원칙에 위배되지 아니한다.

④ 형벌인 몰수에는 불이익변경금지의 원칙이 적용되지만 몰수에 대신 하는 처분인 추징에 대해서는 불이익변경금지의 원칙이 적용되지 아니한다.

해설

② (○) 피고인만이 항소한 사건에서 항소심법원이 제1심판결을 파기하고 새로운 형을 선고함에 있어 피고인에 대한 주형에서 그 형기를 감축하고 제1심판결이 선고하지 아니한 압수장물을 피해자에게 환부하는 선고를 추가하였더라도 그것만으로는 피고인에

대한 형이 제1심판결보다 불이익하게 변경되었다고 할 수 없다(대법원 1990.4.10, 90도16)

[정리] 불이익변경인지의 판단에서는 주형을 먼저 비교할 것

① (×) 불이익변경금지의 원칙은 피고인의 또는 피고인을 위한 상소사건에 있어서 원심의 형, 즉 판결주문의 형보다 중한 형을 선고할 수 없다는 것에 불과하므로, 제1심판결에 대하여 피고인들만이 항소한 경우, 항소심이 검사의 공소장변경신청을 허가하고 그 변경된 적용 법률에 의하여 판결을 선고하였다 하더라도, 선고된 항소심의 형이 제1심의 그것보다 가벼운 이상 불이익변경금지의 원칙에 위배된다고 할 수 없다(대법원 1999.10.8, 99도3225). 그러므로 무겁게 변경된 경우에는 동원칙에 위배된다.

③ (×) 제1심의 징역형의 선고유예의 판결에 대하여 피고인만이 항소한 경우에 제2심이 벌금형을 선고한 것은 제1심판결의 형보다 중한 형을 선고한 것에 해당된다(대법원 1999.11.26, 99도3776).

④ (×) 추징도 몰수에 대신하는 처분으로서 몰수와 마찬가지로 형에 준하여 평가하여야 할 것이므로 그에 관하여노 형사소송법 제368조의 불이익변경금지의 원칙이 적용된다(대법원 2006.11.9, 2006도4888).

정답 ②

---

032 ✓ 대표 ◆◆◇ 경찰 2014 | 국가9급 2022 유사

불이익변경금지의 원칙에 관한 다음 설명 중 가장 적절하지 않은 것은? (다툼이 있으면 판례에 의함)

① 피고인과 검사 쌍방이 항소하였으나 검사가 항소 부분에 대한 항소이유서를 제출하지 아니하여 결정으로 항소를 기각하여야 하는 경우에는 항소심은 불이익변경금지의 원칙에 따라 제1심판결의 형보다 중한 형을 선고하지 못한다.

② 피고인이 정식재판을 청구한 사건에 대하여는 약식명령의 형보다 중한 종류의 형을 선고하지 못한다.

③ 피고인이 약식명령에 대하여 정식재판을 청구한 사건과 공소가 제기 된 다른 사건을 병합하여 심리한 결과 형법 제37조 전단의 경합범 관계에 있어 하나의 벌금형으로 처단하는 경우에는 약식명령에서 정한 벌금형보다 중한 벌금형을 선고하는 것은 불이익변경금지의 원칙에 어긋나는 것이다.

④ 제1심에서 별개의 사건으로 징역 1년에 집행유예 2년과 추징금 1천만원 및 징역 1년 6월과 추징금 1백만원의 형을 선고받고 항소한 피고인에 대하여 사건을 병합심리한 후 경합범으로 처단하면서 제1심의 각 형량보다 중한 형인 징역 2년과 추징금 1,100만원을 선고한 것은 불이익변경금지의 원칙에 어긋나지 아니한다.

해설

③ (×) 피고인이 약식명령에 대하여 정식재판을 청구한 사건에서 다른 사건을 병합심리한 후 경합범으로 처단하면서 약식명령의 형량보다 중한 형을 선고한 것은 형사소송법 제457조의2가 규정하는 불이익변경금지의 원칙에 어긋나지 아니한다(대법원 2003.5.13, 2001도3212).

[보충] 병합사건에서 보다 중한 벌금형을 선고하는 것은 적법

---

① (○) 피고인과 검사 쌍방이 항소하였으나 검사가 항소 부분에 대한 항소이유서를 제출하지 아니하여 결정으로 항소를 기각하여야 하는 경우에는 실질적으로 피고인만이 항소한 경우와 같게 되므로 항소심은 불이익변경금지의 원칙에 따라 제1심판결의 형보다 중한 형을 선고하지 못한다(대법원 1998.9.25, 98도2111).

② (○) 제457조의2 제1항 참조.

> 제457조의2(형종 상향의 금지 등) ① 피고인이 정식재판을 청구한 사건에 대하여는 약식명령의 형보다 중한 종류의 형을 선고하지 못한다.

④ (○) 항소심이 제1심에서 별개의 사건으로 따로 두 개의 형을 선고받고 항소한 피고인에 대하여 사건을 병합 심리한 후 경합범으로 처단하면서 제1심의 각 형량보다 중한 형을 선고한 것은 불이익변경금지의 원칙에 어긋나지 아니한다(대법원 2001.9.18, 2001도3448).

정답 ③

---

033 ✓ 대표 ◆◆◇ 국가9급 2013 유사 | 국가9급/개론 2017

불이익변경금지의 원칙에 대한 설명으로 옳지 않은 것은? (다툼이 있는 경우 판례에 의함)

① 두 개의 벌금형을 선고한 환송 전 원심판결에 대하여 피고인만이 상고하여 파기 환송되었는데, 환송 후 원심이 징역형의 집행유예와 사회봉사명령을 선고한 것은 불이익변경금지의 원칙에 위배된다.

② 피고인이 약식명령에 대하여 정식재판을 청구한 사건과 다른 사건이 병합된 경우, 심리 결과 하나의 벌금형으로 처단하면서 약식명령의 형보다 중한 벌금형을 선고한 것은 불이익변경금지의 원칙에 위배된다.

③ 제1심에서 징역형의 집행유예를 선고한 데 대하여 피고인만이 항소한 경우 제2심이 징역형의 형기를 단축하여 실형을 선고하는 것은 불이익변경금지의 원칙에 위배된다.

④ 피고인만이 항소한 사건에서 항소심이 제1심 판결을 직권으로 파기하고 다른 형은 동일하게 선고하면서 위치추적 전자장치부착명령의 기간만을 제1심 판결보다 장기의 기간으로 부과한 것은 불이익변경금지의 원칙에 위배된다.

해설

② (×) 피고인이 약식명령에 대하여 정식재판을 청구한 사건과 공소가 제기된 다른 사건을 병합하여 심리한 결과 형법 제37조 전단의 경합범 관계에 있어 하나의 벌금형으로 처단하는 경우에는 약식명령에서 정한 벌금형보다 중한 벌금형을 선고하더라도 불이익변경금지의 원칙에 어긋나는 것이 아니다(대법원 2016.5.12, 2016도2136).

① (○) 대법원 2006.5.26, 2005도8607

③ (○) 대법원 2016.3.24, 2016도1131

④ (○) 대법원 2014.3.27, 2013도9666

정답 ②

034 ☑ 유사 ◆◆◇   경찰 2013 유사 | 해경승진 2023

다음 〈보기〉 중 불이익변경금지원칙에 관한 설명으로 옳지 않은 것을 모두 고른 것은? (다툼이 있는 경우 판례에 의함)

┤ 보기 ├
㉠ 피고인이 약식명령에 불복하여 정식재판을 청구한 사건에서 그 죄명이나 적용법조가 약식명령에 비하여 불이익하게 변경되었다면, 선고한 형이 약식명령과 같은 경우에도 이는 불이익변경금지의 원칙에 위배된 조치이다.
㉡ 피고인만의 상고에 의하여 원심판결을 파기하고 사건을 항소심에 환송한 경우, 환송 전 원심판결과의 관계에서도 불이익변경금지의 원칙이 적용된다.
㉢ 제1심에서 소년임을 이유로 징역 장기 10년, 단기 5년의 부정기형을 선고한 데 대하여 피고인만이 항소한 경우, 항소심이 위 피고인이 항소심에 이르러 성년이 되었음을 이유로 제1심 판결을 파기하고 징역 7년을 선고하였다면 이는 위법하다.
㉣ 제1심에서 징역 1년에 처하되 형의 집행을 면제한다는 판결을 선고한 데 대하여 피고인만이 항소한 경우, 항소심이 위 피고인에 대해 징역 8월에 집행유예 2년을 선고하였다면 이는 위법하다.

① ㉠, ㉡
② ㉠, ㉡, ㉣
③ ㉠, ㉢, ㉣
④ ㉡, ㉢, ㉣

해설

㉠ (×) 형사소송법 제457조의2에서 규정한 불이익변경금지의 원칙은 피고인이 약식명령에 불복하여 정식재판을 청구한 사건에서 약식명령의 주문에서 정한 형보다 중한 (종류의) 형을 선고할 수 없다는 것이므로, 그 죄명이나 적용법조가 약식명령의 경우보다 불이익하게 변경되었다고 하더라도 <u>선고한 형이 약식명령과 같거나 약식명령보다 가벼운 경우에는 불이익변경금지의 원칙에 위배된 조치라고 할 수 없다</u>(대법원 2013.2.28, 2011도14986).

㉡ (○) 피고인의 상고에 의하여 상고심에서 원심판결을 파기하고, 사건을 항소심에 환송한 경우에는 환송 전 원심판결과의 관계에서도 불이익변경금지의 원칙이 적용되어 그 파기된 항소심판결보다 중한 형을 선고할 수 없다 할 것이다(대법원 1964.9.17, 64도298 전원합의체).

㉢ (×) <u>중간형기준설</u>에 의하여 항소심에서 선고하는 정기형은 징역 7년 6개월을 초과하지 아니하는 한 위법하지 아니하다.
[판례] 부정기형은 장기와 단기라는 폭의 형태를 가지는 양형인 반면 정기형은 점의 형태를 가지는 양형이므로 불이익변경금지원칙의 적용과 관련하여 양자 사이의 형의 경중을 단순히 비교할 수 없는 특수한 상황이 발생한다. 결국 피고인이 항소심 선고 이전에 19세에 도달하여 부정기형을 정기형으로 변경해야 할 경우 불이익변경금지원칙에 반하지 않는 정기형을 정하는 것은 부정기형과 실질적으로 동등하다고 평가될 수 있는 정기형이 부정기형의 장기와 단기 사이의 어느 지점에 존재하는지를 특정하는 문제로 귀결된다. 이는 정기형의 상한으로 단순히 부정기형의 장기와 단기 중 어느 하나를 택일적으로 선택하는 문제가 아니라, 단기부터 장기에 이르는 수많은 형 중 어느 정도의 형이 불이익변경금지원칙 위반 여부를 판단하는 기준으로 설정되어야 하는지

를 정하는 '정도'의 문제이다. 따라서 부정기형과 실질적으로 동등하다고 평가될 수 있는 정기형을 정할 때에는 형의 장기와 단기가 존재하는 특수성으로 인해 발생하는 요소들, 즉 부정기형이 정기형으로 변경되는 과정에서 피고인의 상소권 행사가 위축될 우려가 있는지 여부, 소년법이 부정기형 제도를 채택한 목적과 책임주의원칙이 종합적으로 고려되어야 한다. 이러한 법리를 종합적으로 고려하면, <u>부정기형과 실질적으로 동등하다고 평가될 수 있는 정기형은 부정기형의 장기와 단기의 정중앙에 해당하는 형</u>(예를 들어 징역 장기 4년, 단기 2년의 부정기형의 경우 징역 3년의 형이다. 이하 '중간형'이라 한다)이라고 봄이 적절하므로, 피고인이 항소심 선고 이전에 19세에 도달하여 제1심에서 선고한 부정기형을 파기하고 정기형을 선고함에 있어 <u>불이익변경금지원칙 위반 여부를 판단하는 기준은 부정기형의 장기와 단기의 중간형이 되어야 한다</u>(대법원 2020.10.22, 2020도4140 전원합의체).
[보충] 피고인만이 항소한 이 사건에서 피고인에게 원심이 선고한 부정기형의 장기인 6년과 단기인 4년의 중간형인 징역 5년을 초과하는 형을 선고할 수 없다 … (서울고등법원 2022.2.11, 2021노2010).

㉣ (×) 형집행유예가 형집행면제에 비하여 불이익하다고 할 수 없다.
[판례] 관할관의 확인조치에 의하여 변경된 육군본부 보통군법회의의 판결로서 그 내용은 피고인을 징역 1년에 처하되 그 형의 집행을 면제한다는 것이고, 한편 원심판결은 피고인을 징역 8월에 처하되, 위 판결확정일로부터 2년간 위 형의 집행을 유예한다는 것인바, 무릇 불이익변경원칙의 적용에 있어서는 이를 개별적, 형식적으로 고찰할 것이 아니라 전체적, 실질적으로 고찰하여 결정하여야 할 것인데 형의 집행유예의 판결은 소정 유예기간을 특별한 사유 없이 경과한 때에는 그 형의 선고의 효력이 상실되나 형의 집행면제는 그 형의 집행만을 면제하는 데 불과하여, 전자가 후자보다 피고인에게 불이익한 것이라 할 수 없다(대법원 1985.9.24, 84도2972 전원합의체).

정답 ③

---

035 ☑ 유사 ◆◇◇   법원 2013

다음 중 불이익변경금지의 원칙에 위배되지 않는 것은? (다툼이 있는 경우 판례에 의함)

① 주형이 동일하더라도 몰수가 새로 부가되는 경우
② 벌금형의 액수가 같고 벌금형에 대한 환형유치기간이 길어졌다 하더라도, 징역형의 형기가 징역 1년에서 징역 10월로 단축된 경우
③ 제1심의 징역형의 선고유예의 판결에 대하여 피고인만이 항소한 경우 제2심이 벌금형을 선고하는 경우
④ 벌금액수가 동일하나 벌금을 완납하지 아니할 때의 환형 유치기간에 있어서 원심의 그것이 제1심의 그것보다 2.5배나 되는 경우

해설

② (○) 징역형의 형기가 징역 1년에서 징역 10월로 단축되었다면 <u>벌금형의 액수가 같고 벌금형에 대한 환형유치기간이 길어졌다 하더라도 형량이 불이익하게 변경되었다고 할 수 없다</u>(대법원 1994.1.11, 93도2894).

① (×) [1] 피고인만의 상고에 의하여 상고심에서 원심판결을 파기하고 사건을 항소심에 환송한 경우에는 환송 전 원심판결과의 관계에서도 불이익변경금지의 원칙이 적용되어 그 파기된 항소심판결보다 중한 형을 선고할 수 없다.
[2] 환송 후 원심판결이 환송 전 원심판결에서 선고하지 아니한 몰수를 새로이 선고하는 것은 불이익변경금지의 원칙에 위배된다(대법원 1992.12.8, 92도2020).
③ (×) 제1심의 징역형의 선고유예의 판결에 대하여 피고인만이 항소한 경우에 제2심이 벌금형을 선고한 것은 제1심판결의 형보다 중한 형을 선고한 것에 해당된다(대법원 1999.11.26, 99도3776).
④ (×) 벌금형 액수는 같으나 노역장 유치기간이 길어졌다면 불이익변경에 해당한다(대법원 1976.11.23, 76도3161 참조).

정답 ②

---

036 ✓ 유사 ◆◇◇ 국가9급 2014 변형 법원 2014 유사

불이익변경금지원칙에 대한 설명으로 옳지 않은 것은? (다툼이 있는 경우 판례에 의함)

① 약식명령에 대하여 피고인만이 정식재판을 청구한 사건에서 약식명령의 형보다 중한 종류의 형을 선고하지 못한다.
② 피고인과 검사 쌍방이 항소했으나 법원이 피고인의 항소만을 받아들여 원심판결 전부를 파기하고 피고인의 형량을 다시 정해야 하는 경우에도 이 원칙이 적용된다.
③ 부정기형과 정기형 사이에 그 경중을 가리는 경우에는 부정기형 중 중간형과 정기형을 비교하여야 한다.
④ 벌금형이 감경되었어도 그 벌금형에 대한 노역장유치기간이 더 길어졌다면 형이 불이익하게 변경되었다고 보아야 한다.

해설
④ (×) 대법원 1977.9.13, 77도2114 전원합의체
① (○) 제457조의2 제1항
② (○) 피고인과 검사 쌍방이 항소하였으나 검사가 항소 부분에 대한 항소이유서를 제출하지 아니하여 결정으로 항소를 기각하여야 하는 경우에는 실질적으로 피고인만이 항소한 경우와 같게 되므로 항소심은 불이익변경금지의 원칙에 따라 제1심판결의 형보다 중한 형을 선고하지 못한다(대법원 1998.9.25, 98도2111).
[비교] 불이익변경금지의 원칙은, 피고인의 상소권을 보장하기 위하여 피고인이 상소한 사건과 피고인을 위하여 상소한 사건에 있어서는 원심판결의 형보다 중한 형을 선고하지 못한다는 것이므로, 피고인과 검사 쌍방이 상소한 결과, "검사의 상소가 받아들여져" 원심판결 전부가 파기됨으로써, 피고인에 대한 형량 전체를 다시 정해야 하는 경우에는 적용되지 아니하는 것이다(대법원 2008.11.13, 2008도7647).
③ (○) 대법원 2020.10.22, 2020도4140 전원합의체

정답 ④

---

037 ✓ 유사 ◆◆◆ 국가7급 2020

불이익변경금지원칙에 대한 설명으로 옳지 않은 것은? (다툼이 있는 경우 판례에 의함)

① 피고인만이 항소한 사건에서 항소심이 제1심과 동일한 형을 선고하면서 제1심에서 정한 취업제한기간보다 더 긴 취업제한명령을 부가한 것은 불이익변경금지원칙에 반한다.
② 원판결이 선고한 집행유예가 실효 또는 취소됨이 없이 그 유예기간이 지난 후에 새로운 형을 정한 재심판결이 선고되었다면 비록 그 재심판결의 형이 원판결의 형보다 중하지 않더라도 불이익변경금지원칙에 반한다.
③ 피고인만이 약식명령에 대하여 정식재판을 청구한 사건과 공소가 제기된 다른 사건을 병합하여 심리한 결과「형법」제37조 전단의 경합범 관계에 있어 하나의 벌금형으로 처단하는 경우, 약식명령에서 정한 벌금형보다 중한 벌금형을 선고하더라도 불이익변경금지원칙에 반하지 않는다.
④ 피고인만이 상고하여 상고심에서 원심판결을 파기하고 사건을 항소심에 환송한 경우, 항소심에서는 파기된 항소심판결보다 중한 형을 선고할 수 없다.

해설
② (×) 원판결이 선고한 집행유예가 실효 또는 취소됨이 없이 유예기간이 지난 후에 새로운 형을 정한 재심판결이 선고되는 경우에도, 그 유예기간 경과로 인하여 원판결의 형 선고 효력이 상실되는 것은 원판결이 선고한 집행유예 자체의 법률적 효과로서 재심판결이 확정되면 당연히 실효될 원판결 본래의 효력일 뿐이므로, 이를 형의 집행과 같이 볼 수는 없고, 재심판결의 확정에 따라 원판결이 효력을 잃게 되는 결과 그 집행유예의 법률적 효과까지 없어진다 하더라도 재심판결의 형이 원판결의 형보다 중하지 않다면 불이익변경금지의 원칙이나 이익재심의 원칙에 반한다고 볼 수 없다(대법원 2018.2.28, 2015도15782).
① (○) 대법원 2019.10.17, 2019도11540
③ (○) 대법원 2004.8.20, 2003도4732
④ (○) 피고인만의 상고에 의하여 상고심에서 원심판결을 파기하고 사건을 항소심에 환송한 경우에는 환송전 원심판결과의 관계에서도 불이익변경금지의 원칙이 적용되어 그 파기된 항소심판결보다 중한 형을 선고할 수 없다(대법원 1992.12.8, 92도2020).

정답 ②

038 ✓ 유사 ◆◆◇

불이익변경금지의 원칙에 대한 설명으로 가장 적절하지 않은 것은? (다툼이 있는 경우 판례에 의함)

① 피고인만이 항소한 항소심이 제1심판결에서 정한 형과 동일한 형을 선고하면서 제1심에서 정한 취업제한기간보다 더 긴 취업제한명령을 부가하는 것은 허용되지 않는다.

② 피고인의 상고에 의하여 상고심에서 원심판결을 파기하고 사건을 항소심에 환송한 경우에 그 항소심에서는 환송 전 원심판결과의 관계에서도 불이익변경금지의 원칙이 적용되지만, 환송 후의 원심에서 이루어진 공소장변경에 따라 그 항소심이 새로운 범죄사실을 유죄로 인정하는 경우에는 그러하지 아니한다.

③ 소송비용의 부담은 불이익변경금지의 원칙이 적용되지 않는다.

④ 재심판결의 확정에 따라 원판결이 효력을 잃게 되는 결과, 원판결에서 선고된 집행유예의 법률적 효과까지 없어진다 하더라도 재심판결의 형이 원판결의 형보다 중하지 않다면 불이익변경금지의 원칙에 반한다고 볼 수 없다.

해설

② (×) 피고인만의 상고에 의하여 상고심에서 원심판결을 파기하고 사건을 항소심에 환송한 경우에는 <u>환송 전 원심판결과의 관계에서도 불이익변경금지의 원칙이 적용되어</u> 그 파기된 항소심판결보다 중한 형을 선고할 수 없고 환송 후 원심판결이 환송 전 원심판결에서 선고하지 아니한 몰수를 새로이 선고하는 것도 불이익변경금지의 원칙에 위배된다(대법원 1992.12.8, 92도2020).

① (○) 대법원 2019.10.17, 2019도11540

③ (○) 대법원 2001.4.24, 2001도872

④ (○) 대법원 2018.2.28, 2015도15782

정답 ②

039 ✓ 유사 ◆◆◆

불이익변경금지원칙에 대한 설명으로 옳지 않은 것은? (다툼이 있는 경우 판례에 의함)

① 피고인만 항소한 경우 제1심법원이 소송비용의 부담을 명하는 재판을 하지 않았음에도 항소심법원이 제1심의 소송비용에 관하여 피고인에게 부담하도록 재판을 하였다면 불이익변경금지원칙에 위배된다.

② 경합범 관계에 있는 수개의 범죄사실을 유죄로 인정하여 한 개의 형을 선고한 불가분의 확정판결에서 그중 일부의 범죄사실에 대하여만 재심청구의 이유가 있는 것으로 인정되었으나 그 판결 전부에 대하여 재심개시의 결정을 한 경우, 불이익변경금지원칙이 적용되어 원판결의 형보다 중한 형을 선고하지 못한다.

③ 피고인이 항소심 선고 이전에 19세에 도달하여 제1심에서 선고한 부정기형을 파기하고 정기형을 선고함에 있어 불이익변경금지원칙 위반 여부를 판단하는 기준은 부정기형의 장기와 단기의 중간형이 되어야 한다.

④ 벌금형의 환형유치기간이 징역형의 기간을 초과한다고 하더라도, 벌금형이 징역형보다 경한 형이라고 보아야 한다.

해설

① (×) 소송비용의 부담을 명하는 재판에 대해서는 불이익변경금지원칙이 적용되지 않는다(대법원 2001.4.24, 2001도872).

② (○) 대법원 2014.11.13, 2014도10193

③ (○) 대법원 2020.10.22, 2020도4140 전원합의체

④ (○) 대법원 1980.5.13, 80도765

정답 ①

040 ☑ 유사 ◆◆◇

불이익변경금지원칙에 대한 다음 설명 중 가장 옳지 않은 것은? (다툼이 있는 경우 판례에 의함)

① 특별사면으로 형 선고의 효력이 상실된 유죄의 확정판결에 대하여 재심개시결정이 이루어져 재심심판법원이 심급에 따라 다시 심판한 결과 유죄로 인정되는 경우에는 원판결보다 중하지 아니한 형을 선고하여야 한다.

② 약식명령을 받고 피고인만이 정식재판을 청구한 사건에서 검사의 공소장변경신청이 허가되어 법정형에 유기징역형만 규정되어 있는 범죄사실이 인정된 경우에는 법원은 벌금형을 선고할 수 있다.

③ 피고인만의 상고에 의하여 상고심에서 원심판결을 파기하고 사건을 항소심에 환송한 경우에는 그 파기된 항소심판결보다 중한 형을 선고할 수 없다.

④ 즉결심판에 대하여 피고인만이 정식재판을 청구한 사건에 대하여는 즉결심판의 형보다 중한 종류의 형을 선고하지 못한다.

해설 |

① (✕) 특별사면을 받았으므로 원판결보다 중하지 아니한 형을 선고하여서는 아니 되고, "형을 선고하지 아니한다"고 선고하여야 한다.
[판례] 특별사면으로 형 선고의 효력이 상실된 유죄의 확정판결에 대하여 재심개시결정이 이루어져 재심심판법원이 심급에 따라 다시 심판한 결과 무죄로 인정되는 경우라면 무죄를 선고하여야 하겠지만, 그와 달리 유죄로 인정되는 경우에는, 피고인에 대하여 다시 형을 선고하거나 피고인의 항소를 기각하여 제1심판결을 유지시키는 것은 이미 형 선고의 효력을 상실하게 하는 특별사면을 받은 피고인의 법적 지위를 해치는 결과가 되어 이익재심과 불이익변경금지의 원칙에 반하게 되므로, 재심심판법원으로서는 '피고인에 대하여 형을 선고하지 아니한다.'는 주문을 선고할 수밖에 없다(대법원 2015.10.29, 2012도2938).

② (○) 공소사실의 동일성이 인정되므로 검사의 공소장변경신청은 허가되어야 하고, 피고인만이 정식재판을 청구한 사건이므로 형종상향금지원칙(아래 판례가 나온 당시에는 불이익변경금지원칙이었음)을 적용하여 벌금형을 선고한다.
[판례] 약식명령에 대하여 피고인만이 정식재판을 청구하였는데, 검사가 당초 사문서위조 및 위조사문서행사의 공소사실로 공소제기하였다가 제1심에서 사서명위조 및 위조사서명행사의 공소사실을 예비적으로 추가하는 내용의 공소장변경을 신청한 경우, … 공소사실의 동일성이 있다고 보이고, 나아가 피고인에 대하여 사서명위조와 위조사서명행사의 범죄사실이 인정되는 경우에는 비록 사서명위조죄와 위조사서명행사죄의 법정형에 유기징역형만 있다 하더라도 형사소송법 제457조의2에서 규정한 불이익변경금지원칙이 적용되어 벌금형을 선고할 수 있다(대법원 2013.2.28, 2011도14986).
[보충] 불이익변경금지원칙 등을 이유로 공소장변경을 불허할 것은 아닌데도, 이를 불허한 채 원래의 공소사실에 대하여 무죄를 선고한 제1심판결을 그대로 유지한 원심의 조치에 공소사실의 동일성이나 공소장변경에 관한 법리오해의 위법이 있다고 한 사례이다.

③ (○) 피고인만의 상고에 의하여 상고심에서 원심판결을 파기하

고 사건을 항소심에 환송한 경우에는 환송 전 원심판결과의 관계에서도 불이익변경금지의 원칙이 적용되어 그 파기된 항소심판결보다 중한 형을 선고할 수 없다(대법원 1992.12.8, 92도2020).

④ (○) (출제의도를 고려하여 해설함) 즉결심판에 대하여 피고인만이 정식재판을 청구한 사건에 대하여는 제457조의2 제1항에 따라 형종상향금지원칙(중한 종류의 형 선고 금지)이 적용된다고 본 문제이다.
[보충] 다만, 아직 판례는 즉결심판에 대하여 피고인만이 정식재판을 청구한 사건에 대하여도 불이익변경금지원칙(중한 형 선고 금지)이 적용된다는 입장이므로, '다툼이 있으면 판례에 의함'이라는 조건하에 출제된 문제임을 고려하면 논쟁의 여지가 있다. 참고로 다른 시험에서는 불이익변경금지원칙으로 출제된 바도 있다[2022 해경승진(경위) 형사소송법].
[판례] 즉결심판에 관한 절차법 제14조 제1항 및 제2항의 규정에 의하면, 피고인 및 경찰서장은 즉결심판에 불복하는 경우 정식재판을 청구할 수 있고, 같은 법 제19조의 규정에 의하면 즉결심판절차에 있어서 위 법에 특별한 규정이 없는 한 그 성질에 반하지 아니한 것은 형사소송법의 규정을 준용하도록 하고 있으며, 한편 형사소송법 제453조 및 제457조의2의 규정에 의하면 검사 또는 피고인은 약식명령에 불복하는 경우 정식재판을 청구할 수 있되, 피고인이 정식재판을 청구한 사건에 대하여는 약식명령의 형보다 무거운 형을 선고하지 못하도록 하고 있는바, 약식명령에 대한 정식재판청구권이나 즉결심판에 대한 정식재판청구권 모두 벌금형 이하의 형벌에 처할 범죄에 대한 약식의 처벌절차에 의한 재판에 불복하는 경우에 소송당사자에게 인정되는 권리로서의 성질을 갖는다는 점에서 동일하고 그 절차나 효력도 유사한 점 등에 비추어, 즉결심판에 대하여 피고인만이 정식재판을 청구한 사건에 대하여도 즉결심판에 관한 절차법 제19조의 규정에 따라 형사소송법 제457조의2 규정을 준용하여, 즉결심판의 형보다 무거운 형을 선고하지 못한다(대법원 1999.1.15, 98도2550).

> 제457조의2(형종 상향의 금지 등) ① 피고인이 정식재판을 청구한 사건에 대하여는 약식명령의 형보다 중한 종류의 형을 선고하지 못한다.
> ② 피고인이 정식재판을 청구한 사건에 대하여 약식명령의 형보다 중한 형을 선고하는 경우에는 판결서에 양형의 이유를 적어야 한다.
> [전문개정 2017.12.19.]

[조언] "즉결심판에 대하여 피고인만이 정식재판을 청구한 경우, 즉결심판의 형보다 중한 종류의 형을 선고하지 못한다."고 출제되었다면, 출제자의 의도를 추측컨대 옳은 지문으로 출제하였을 확률이 보다 높다고 할 수 있다. 다만, 현행 제457조의2 제1항의 형종상향금지원칙을 적용한다는 명시적인 판례가 아직 없으므로, 만일 실전에서 만나면 △ 표시를 하고 다른 지문들을 검토하면서 신중하게 풀 것을 권고한다.

정답 | ①

불이익변경금지원칙에 대한 설명으로 옳은 것만을 모두 고르면? (다툼이 있는 경우 판례에 의함)

> ㄱ. 제1심이 징역형을 선고하고 피고인만이 항소하였는데, 항소심에서는 범죄사실 중 일부를 무죄로 판단하면서 제1심과 동일한 형을 선고하면 불이익변경금지원칙에 위배된다.
>
> ㄴ. 제1심이 금고형의 실형을 선고하고 피고인만이 항소하였는데, 항소심에서는 형기의 변경 없이 금고형을 징역형으로 바꾸어 집행유예를 선고하면 불이익변경금지원칙에 위배된다.
>
> ㄷ. 제1심이 소송비용의 부담을 명하는 재판을 하지 아니하고 피고인만이 항소하였는데, 항소심에서 제1심 및 항소심 소송비용의 부담을 명한 조치는 불이익변경금지원칙에 위배되지 않는다.
>
> ㄹ. 제1심은 소년인 피고인에게 징역 장기 15년, 단기 7년의 부정기형을 선고하고 피고인만이 항소하였는데, 항소심에서 피고인이 성년에 이르러 정기형을 선고하여야 하는 경우, 부정기형의 단기인 징역 7년을 초과한 징역 10년을 선고하더라도 불이익변경금지원칙에 위배되지 않는다.

① ㄱ, ㄴ　　　　　　② ㄱ, ㄷ
③ ㄴ, ㄹ　　　　　　④ ㄷ, ㄹ

해설

④ ㄷ, ㄹ이 옳은 지문이다.

ㄱ. (×) 피고인만이 항소한 사건에서 항소심이 피고인에 대하여 제1심이 인정한 범죄사실의 일부를 무죄로 인정하면서도 제1심과 동일한 형을 선고하였다 하여 그것이 형사소송법 제368조 소정의 불이익변경금지원칙에 위배된다고 볼 수 없다(대법원 2003.2. 11, 2002도5679).

ㄴ. (×) 형기의 변경 없이 금고형을 징역형으로 바꾸어 집행유예를 선고하더라도 불이익변경금지원칙에 위배되지 않는다(대법원 2013.12.12, 2013도6608).

ㄷ. (○) 대법원 2018.4.10, 2018도1736

ㄹ. (○) 중간형기준설(대법원 2020.10.22, 2020도4140 전원합의체)에 따라 징역 11년을 넘지 아니하면 된다.

정답 ④

불이익변경금지에 관한 다음 설명 중 가장 옳지 않은 것은? (다툼이 있는 경우 판례에 의함)

① 제1심이 뇌물수수죄를 인정하여 피고인에게 징역 1년 6월 및 추징 26,150,000원을 선고한 데 대해 피고인만이 항소하였는데, 항소심이 제1심이 누락한 필요적 벌금형 병과규정을 적용하여 피고인에게 징역 1년 6월에 집행유예 3년, 추징 26,150,000원 및 벌금 50,000,000원(미납시 1일 50,000원으로 환산한 기간 노역장 유치)을 선고한 것은 피고인에게 불이익하게 변경한 것이 아니다.

② 성폭력범죄의 처벌 등에 관한 특례법에 따라 병과하는 수강명령 또는 이수명령은 이른바 범죄인에 대한 사회 내 처우의 한 유형으로서 형벌 자체가 아니라 보안처분의 성격을 가지는 것이지만, 실질적으로는 신체적 자유를 제한하는 것이 되므로, 항소심이 제1심판결에서 정한 형과 동일한 형을 선고하면서 새로 수강명령 또는 이수명령을 병과하는 것은 피고인에게 불이익하게 변경한 것이다.

③ 피고인만의 상고에 의하여 상고심에서 원심판결을 파기하고 사건을 항소심에 환송한 경우에는 환송 전 원심판결과의 관계에서도 불이익변경금지의 원칙이 적용되어 그 파기된 항소심판결보다 중한 형을 선고할 수 없으므로, 환송 후 원심판결이 환송 전 원심판결에서 선고하지 아니한 몰수를 새로이 선고하는 것은 불이익변경금지의 원칙에 위배된다.

④ 재심대상사건에서 징역형의 집행유예를 선고하였음에도 재심사건에서 원판결보다 주형을 경하게 하고 집행유예를 없앤 경우, 불이익변경금지원칙에 위배된다.

해설

① (×) 집행유예의 실효나 취소가능성, 벌금 미납 시 노역장 유치가능성과 그 기간 등을 전체적·실질적으로 고찰할 때 원심이 선고한 형은 제1심이 선고한 형보다 무거워 피고인에게 불이익하다(대법원 2013.12.12, 2012도7198).

② (○) 대법원 2018.10.4, 2016도15961

③ (○) 대법원 1992.12.8, 92도2020

④ (○) 대법원 2016.3.24, 2016도1131

정답 ①

043 ☑유사 ◆◆◇ 경찰 2013

불이익변경금지의 원칙에 대한 다음 설명 중 가장 적절하지 않은 것은? (다툼이 있는 경우 판례에 의함)

① 검사만 상소한 사건이나 검사와 피고인 모두 상소한 사건에 대하여는 불이익변경금지의 원칙이 적용되지 않는다.

② 소송비용의 부담은 형이 아니고 실질적인 의미에서 형에 준하여 평가되어야 할 것도 아니므로 불이익변경금지원칙의 적용이 없다.

③ 벌금 150만원의 약식명령을 고지 받고 정식재판을 청구한 '당해 사건'과 정식 기소된 '다른 사건'을 병합·심리한 후 두 사건을 경합범으로 처단하여 벌금 900만원을 선고한 제1심판결에 대해, 피고인만이 항소한 원심에서 다른 사건의 공소사실 전부와 당해 사건의 공소사실 일부에 대하여 무죄를 선고하고 '당해 사건'의 나머지 공소사실은 유죄로 인정하면서 그에 대하여 벌금 300만원을 선고한 사안에서, 원심판결은 형사소송법 제457조의2에서 규정한 불이익변경금지의 원칙을 위반한 위법이 있다.

④ 아동·청소년 대상 성폭력범죄의 피고인에게 '징역 15년 및 5년 동안의 위치추적 전자장치 부착명령'을 선고한 제1심판결을 파기한 후 '징역 9년, 5년 동안의 공개명령 및 6년 동안의 위치추적 전자장치 부착명령'을 선고한 원심의 조치는 불이익변경금지원칙에 위반된다.

해설

④ (×) '특정 성폭력범죄자에 대한 위치추적 전자장치 부착에 관한 법률'에 의한 전자감시제도는 성폭력범죄자의 재범 방지와 성행교정을 통한 재사회화를 위하여 그의 행적을 추적하여 위치를 확인할 수 있는 전자장치를 신체에 부착하게 하는 부가적인 조치를 취함으로써 성폭력범죄로부터 국민을 보호함을 목적으로 하는 일종의 보안처분으로서 형벌과 구별되며 그 본질을 달리한다(대법원 2011.4.14, 2010도16939).

① (○) 불이익변경금지의 원칙은, 피고인의 상소권을 보장하기 위하여 피고인이 상소한 사건과 피고인을 위하여 상소한 사건에 있어서는 원심판결의 형보다 중한 형을 선고하지 못한다는 것이므로, 피고인과 검사 쌍방이 상소한 결과 검사의 상소가 받아들여져 원심판결 전부가 파기됨으로써 피고인에 대한 형량 전체를 다시 정해야 하는 경우에는 적용되지 아니하는 것이다(대법원 2007.6.28, 2005도7473).

② (○) 형사소송법 제186조 제1항은 "형의 선고를 하는 때에는 피고인에게 소송비용의 전부 또는 일부를 부담하게 하여야 한다."고 규정하고 있고, 같은 법 제191조 제1항은 "재판으로 소송절차가 종료되는 경우에 피고인에게 소송비용을 부담하게 하는 때에는 직권으로 재판하여야 한다."고 규정하고 있는바, 소송비용의 부담은 형이 아니고 실질적인 의미에서 형에 준하여 평가되어야 할 것도 아니므로 불이익변경금지원칙의 적용이 없다(대법원 2001.4.24, 2001도872).

③ (○) 벌금 150만원의 약식명령을 고지 받고 정식재판을 청구한 '당해 사건'과 정식 기소된 '다른 사건'을 병합·심리한 후 두 사건을 경합범으로 처단하여 벌금 900만원을 선고한 제1심판결에 대해, 피고인만이 항소한 원심에서 다른 사건의 공소사실 전부와 당해 사건의 공소사실 일부에 대하여 무죄를 선고하고 '당해 사건'의

나머지 공소사실은 유죄로 인정하면서 그에 대하여 벌금 300만원을 선고한 사안에서, 원심판결은 당해 사건에 대하여 당초 피고인이 고지 받은 약식명령의 형보다 중한 형을 선고하였음이 명백하므로, 형사소송법 제457조의2에서 규정한 불이익변경금지의 원칙을 위반한 위법이 있다(대법원 2009.12.24, 2009도10754).

정답 ④

044 ☑유사 ◆◇◇ 법원9급 2022

항소심에 관한 다음 설명 중 가장 옳지 않은 것은? (다툼이 있는 경우 판례에 의하고, 전원합의체 판결의 경우 다수의견에 의함)

① 항소심은 제1심의 형량이 너무 가벼워서 부당하다는 검사의 항소이유에 대한 판단에 앞서 직권으로 제1심판결에 양형이 부당하다고 인정할 사유가 있는지 심판하여 이를 파기하고 보다 가벼운 형을 정하여 선고할 수 있다.

② 항소심으로서는 특별한 사정이 없는 한 제1심 증인이 한 진술의 신빙성 유무에 대한 제1심의 판단이 항소심의 판단과 다르다는 이유만으로 이에 대한 제1심의 판단을 함부로 뒤집어서는 안 된다.

③ 검사가 일부 유죄, 일부 무죄로 판단한 제1심판결 전부에 대하여 항소하면서 항소장이나 항소이유서에 단순히 '양형부당'이라는 문구만 기재하였을 뿐 그 구체적인 이유를 기재하지 않았다면 항소심은 제1심판결의 유죄 부분의 형이 너무 가볍다는 이유로 파기하고 그보다 무거운 형을 선고할 수 없다.

④ 제1심이 실체적 경합범 관계에 있는 공소사실 중 일부에 대하여 재판을 누락한 경우, 항소심으로서는 당사자의 주장이 없더라도 직권으로 제1심의 누락부분을 파기하고 그 부분에 대하여 재판하여야 하고, 이 경우에는 피고인만이 항소하였더라도 제1심의 형보다 중한 형을 선고할 수 있다.

해설

④ (×) 제1심이 실체적 경합범 관계에 있는 공소사실 중 일부에 대하여 재판을 누락한 경우, 항소심으로서는 당사자의 주장이 없더라도 직권으로 제1심의 누락부분을 파기하고 그 부분에 대하여 재판하여야 하고(재판의 누락부분은 상소심의 직권조사사항임), 다만 피고인만이 항소한 경우라면 불이익변경금지의 원칙상 제1심의 형보다 중한 형을 선고하지 못한다(대법원 2009.2.12, 2008도7848).

① (○) 대법원 2010.12.9, 2008도1092

② (○) 대법원 2008.1.31, 2007도10869

③ (○) 형사소송법 제361조의5 제15호가 "형의 양정이 부당하다고 인정할 사유가 있는 때"를 항소이유로 규정하고 있고, 형사소송규칙 제155조가 "항소이유서 또는 답변서에는 항소이유 또는 답변내용을 구체적으로 간결하게 명시하여야 한다"고 규정하고 있는 점 등에 비추어, 다른 구체적인 이유의 기재 없이 단순히 항소장의 '항소의 범위'란에 '양형부당'이라는 문구가 기재되어 있다고 하여 이를 적법한 항소이유의 기재라고 볼 수는 없다. …

일부 유죄, 일부 무죄가 선고된 제1심판결 전부에 대하여 검사가 항소하였더라도 검사가 유죄 부분에 대하여는 아무런 항소이유도 주장하지 아니하였다면 유죄 부분에 대하여는 법정기간 내에 항소이유서를 제출하지 아니한 경우에 해당하므로, 가사 제1심의 양형에 잘못이 있더라도 그러한 사유는 형사소송법 제361조의4 제1항 단서의 직권조사사유나 같은 법 제364조 제2항의 직권심판사항에 해당한다고 볼 수 없다(대법원 2008.1.31, 2007도8117).

정답 ④

Ⅶ 파기판결의 구속력

045 ✅ 대표 ◆◇◇ 법원 2013

파기환송에 관한 다음 기술 중 가장 옳지 않은 것은?
(다툼이 있는 경우 판례에 의함)

① 파기환송 전의 원심에 관여한 법관이 환송 후의 재판에 관여한 경우 법관이 사건에 관하여 전심재판에 관여한 때에 해당하지 않는다.

② 상고심의 환송 전 원심에서 선임된 변호인의 변호권은 사건이 환송된 뒤에는 항소심에서 다시 생긴다.

③ 파기환송을 받은 법원은 그 파기이유로 한 사실상 및 법률상의 판단에 기속되는 것이지만 그에 따라 판단한 판결에 대하여 다시 상고를 한 경우에 그 상고사건을 재판하는 상고법원은 앞서의 파기이유로 한 판단에 기속되지 않는다.

④ 대법원의 파기환송 판결에 의하여 사건을 환송받은 법원은 형사소송법 제92조 제1항에 따라 2월의 구속기간이 만료되면 특히 계속할 필요가 있는 경우에는 2차(대법원이 형사소송규칙 제57조 제2항에 의하여 구속기간을 갱신한 경우에는 1차)에 한하여 결정으로 구속기간을 갱신할 수 있다.

해설

③ (×) (원칙) 파기환송 받은 법원은 그 사건 처리에 있어 상고법원의 파기이유로 한 사실상 및 법률상의 판단에 기속되며 이에 따라 행한 판결에 대하여 재차 상고된 경우 그 상고사건을 재판하는 상고법원도 앞서 한 스스로의 파기이유로 한 판단에 기속되게 되고 이를 변경할 수 없다(대법원 1983.4.18, 83도383).
[보충] (예외) 다만, 대법원의 환송판결에 대해 대법원 전원합의체가 법률상 판단을 변경할 필요가 있다고 인정하는 경우에는 파기판결의 기속력이 제한된다. "대법원은 법령의 정당한 해석적용과 그 통일을 주된 임무로 하는 최고법원이고, 대법원의 전원합의체는 종전에 대법원에서 판시한 법령의 해석적용에 관한 의견을 스스로 변경할 수 있는 것인바(법원조직법 제7조 제1항 제3호), 환송판결이 파기이유로 한 법률상 판단도 여기에서 말하는 '대법원에서 판시한 법령의 해석적용에 관한 의견'에 포함되는 것이므로 대법원의 전원합의체가 종전의 환송판결의 법률상 판단을 변경할 필요가 있다고 인정하는 경우에는, 그에 기속되지 아니하고 통상적인 법령의 해석적용에 관한 의견의 변경절차에 따라 이를 변경할 수 있다고 보아야 할 것이다(대법원 2001.3.15, 98두15597 전원합의체)."

[정리] 상급법원의 파기판결의 구속력: 당해사건(사실관계·법령·판례 동일)의 하급법원 및 자기법원에 대해 소극적·부정적 판단에 한하여 구속력을 가짐, 적극적·긍정적 판단은 구속력이 없고, 상급법원은 구속하지 않음

① (○) 환송판결 전의 원심에 관여한 재판관이 환송 후의 원심재판관으로 관여하였다 하여 군법회의법 제48조나 형사소송법 제17조에 위배된다고 볼 수 없다(대법원 1979.2.27, 78도3204).

② (○) 상고심에서의 환송 전의 항소심에서의 변호인선임이 환송 후의 항소심에서도 효력을 가지는지에 대해서는 명문의 규정이 없다. 형사소송규칙은 (항소심에서의) 환송 또는 이송 전 원심에서의 변호인선임은 파기환송 또는 파기이송 후에도 효력이 있다고 규정하고 있다(규칙 제158조). 그러나 이 규정이 상고심에는 준용되지 않고 있다(규칙 제164조는 제158조를 준용하지 않음). 다만 변호권 공백의 방지를 위하여 상고심에도 준용되는 취지로 보아야 한다는 것이 다수설이다.

> **규칙 제158조(변호인 선임의 효력)** 원심법원에서의 변호인 선임은 법 제366조 또는 법 제367조의 규정에 의한 환송 또는 이송이 있은 후에도 효력이 있다.
> **제164조(준용규정)** 제155조, 제156조의2, 제157조 제1호, 제2호의 규정은 상고심의 절차에 이를 준용한다.

[보충] 이에 관한 명시적인 판례는 없다. "환송 전 원심에서 선임된 변호인의 변호권은 사건이 환송된 뒤에는 항소심에서 다시 생기는 것은 군법회의법 제61조의 규정에 비추어 명백하다(대법원 1968.2.27, 68도64)."는 판결이 존재하지만 동 사안은 군법회의법에 명문규정이 있는 사안이므로 이를 일반적으로 적용하기에는 무리가 있다. 그럼에도 불구하고 판례의 결론을 고려할 때, 환송 전 원심의 변호인 선임의 효력이 유지된다고 보는 수험의 원칙에는 변함이 없다.

④ (○) 대법원의 파기환송 판결에 의하여 사건을 환송받은 법원은 형사소송법 제92조 제1항에 따라 2월의 구속기간이 만료되면 특히 계속할 필요가 있는 경우에는 2차(대법원이 형사소송규칙 제57조 제2항에 의하여 구속기간을 갱신한 경우에는 1차)에 한하여 결정으로 구속기간을 갱신할 수 있는 것이고, 한편 무죄추정을 받는 피고인이라고 하더라도 그에게 구속의 사유가 있어 구속영장이 발부, 집행된 이상 신체의 자유가 제한되는 것은 당연한 것이므로, 이러한 조치가 무죄추정의 원칙에 위배되는 것이라고 할 수는 없다(대법원 2001.11.30, 2001도5225).

정답 ③

파기판결의 구속력에 관한 다음 설명 중 옳지 않은 것은?

① 파기판결의 기속력은 파기의 직접 이유가 된 원심판결에 대한 소극적인 부정 판단에 한하여 생긴다.

② 상고심에서 상고이유의 주장이 이유 없다고 판단되어 배척된 부분은 그 판결 선고와 동시에 확정력이 발생하여 이 부분에 대하여는 피고인은 더 이상 다툴 수 없고, 또한 환송받은 법원으로서도 이와 배치되는 판단을 할 수 없다.

③ 파기환송을 받은 법원은 그 파기이유로 한 사실상 및 법률상의 판단에 기속되지만 그에 따라 판단한 판결에 대하여 다시 상고를 한 경우에 그 상고사건을 재판하는 상고법원은 앞서의 파기이유로 한 판단에 기속되지 않는다.

④ 상고법원으로부터 사건을 환송받아 심리하는 과정에서 상고법원의 기속적 판단의 기초가 된 사실관계에 변동이 생긴 때에는 상고법원이 파기이유로 한 법률적 판단의 기속력은 미치지 않는다.

해설

③ (×) 파기환송을 받은 법원은 그 파기이유로 한 사실상 및 법률상의 판단에 기속되는 것이고, 그에 따라 판단한 판결에 대하여 다시 상고를 한 경우에 그 상고사건을 재판하는 상고법원도 앞서의 파기 이유로 한 판단에 기속되므로 이를 변경하지 못한다(대법원 2013.2.15, 2012도2843).

① (○) 대법원 2004.4.9, 2004도340

② (○) 대법원 2009.2.12, 2008도8661

④ (○) 대법원 2020.3.12, 2019도15117

정답 ③

상고심의 파기판결의 기속력(구속력)에 대한 설명으로 옳지 않은 것은? (다툼이 있는 경우 판례에 의함)

① 파기판결의 기속력은 파기판결을 행한 상고법원에 대하여서는 미치지 아니한다.

② 환송받은 법원은 환송 후의 심리과정에서 새로운 증거가 제시되어 기속적 판단의 기초가 된 증거관계에 변동이 생긴 때에는 상고법원이 파기이유로 한 사실상 및 법률상의 판단에 기속되지 않는다.

③ 몰수형 부분의 위법을 이유로 원심판결 전부가 파기환송된 경우 환송받은 법원은 환송 전 원심이 피고인의 항소를 기각한 것과 달리 피고인의 양형부당의 항소이유를 받아들여 주형을 변경하여 선고할 수 있다.

④ 환송받은 법원에서 공소사실이 변경된 경우 환송받은 법원은 파기판결이 한 사실판단에 기속될 필요가 없다.

해설

① (×) 파기환송을 받은 법원은 환송판결이 파기이유로 삼은 사실상 및 법률상의 판단에 기속되는 것이고, 그에 따라 판단한 판결에 대하여 다시 상고를 한 경우에 그 상고사건을 재판하는 상고법원도 앞서의 파기이유로 한 판단에 기속되므로 이를 변경하지 못하는 것이다(대법원 2008.2.28, 2007도5987).

② (○) 사실관계·법령·판례의 변경이 있으면 구속력이 배제된다. "상고심으로부터 사건을 환송받은 법원은 그 사건을 재판함에 있어서 상고법원이 파기이유로 한 사실상 및 법률상의 판단에 기속되는 것이지만, 환송 뒤 심리과정에서 새로운 증거가 제출되어 기속적 판단의 기초가 된 증거관계에 변동이 생기는 경우에는 그러하지 아니하다(대법원 2003.2.26, 2001도1314).

③ (○) 소극적·부정적 판단에만 기속된다. "환송 전 원심이 제1심판결 중 몰수형에 관한 부분을 그대로 유지한 조치가 위법하다는 점만을 이유로 하여 피고인에 대한 환송 전 원심판결을 전부 파기하고 사건을 원심법원에 환송하였음이 기록상 분명하므로, 환송 전 원심이 피고인의 항소를 기각하여 피고인에게 징역형의 집행유예를 선고한 제1심판결을 그대로 유지한 것과는 달리, 환송 후 원심이 피고인의 양형부당의 항소이유를 받아들여 제1심판결을 파기하고 피고인에게 벌금형을 선고하였다고 하여, 환송 후 원심의 이 부분 조치가 환송판결의 기속력에 저촉된다고 볼 수는 없다(대법원 2004.9.24, 2003도4781)."

④ (○) 환송 후 원심에서 공소사실이 변경된 경우 환송 후 원심이 이에 대하여 새롭게 사실인정을 할 재량권을 가지게 되는 것이고 더 이상 파기환송판결이 한 사실판단에 기속될 필요는 없다(대법원 2004.4.9, 2004도340).

정답 ①

048 ✓ 대표 ◆◆◇　　　　　　　　　변호사 2019

甲은 종중으로부터 명의신탁된 시가 10억원 상당의 임야에 대하여 ⑦ 2013.7.3. 자신의 채무를 담보하기 위하여 A에게 채권최고액 2억원의 근저당권을 임의로 설정하여 주었고, ⑥ 2018.7.4. 다시 B에게 이를 임의매도하고 대금 8억원을 받아 소비하였다. 甲은 ⑦, ⑥죄의 경합범으로 기소된 후 제1심에서 전부 유죄로 인정되어 징역 2년을 선고받았다. 이에 甲만 무죄라는 취지로 항소하였다. 항소심 법원은 ⑦죄에 대하여는 무죄를 선고하고, ⑥죄에 대하여는 유죄로 인정하여 징역 2년을 선고하였다. 검사는 ⑦부분에 대하여만 상고하였고 대법원은 ⑦죄도 유죄라고 판단하였다. 이에 관한 설명 중 옳은 것(○)과 옳지 않은 것(×)을 올바르게 조합한 것은? (다툼이 있는 경우 판례에 의함)

> ㄱ. ⑦행위는 횡령죄를 구성한다.
> ㄴ. ⑥행위는 특정경제 범죄가중 처벌 등에 관한 법률 위반(횡령)죄를 구성한다.
> ㄷ. ⑦, ⑥죄에는 1개의 형이 선고되어야 하므로 대법원은 ⑦, ⑥죄 전부에 대하여 파기 환송하여야 한다.
> ㄹ. 환송받은 법원은 상고심 판단의 기초가 된 증거관계에 변동이 생기지 않는 한 ⑦죄 부분을 유죄로 판단하여야 한다.
> ㅁ. 환송받은 법원은 ⑦죄 부분을 유죄로 판단하더라도 형을 선고하지 아니한다는 주문을 선고하여야 한다.

	ㄱ	ㄴ	ㄷ	ㄹ	ㅁ
①	○	○	○	○	○
②	○	○	×	○	○
③	×	○	×	○	○
④	○	○	×	×	×
⑤	×	×	×	×	×

해설

ㄱ. (○) 타인의 부동산을 보관 중인 자가 불법영득의사를 가지고 그 부동산에 근저당권설정등기를 경료함으로써 일단 횡령행위가 기수에 이르렀다 하더라도 그 후 해당 부동산을 매각함으로써 기존의 근저당권과 관계없이 법익침해의 결과를 발생시켰다면, 이는 당초의 근저당권 실행을 위한 임의경매에 의한 매각 등 그 근저당권으로 인해 당연히 예상될 수 있는 범위를 넘어 새로운 법익침해의 위험을 추가시키거나 법익침해의 결과를 발생시킨 것이므로 특별한 사정이 없는 한 불가벌적 사후행위로 볼 수 없고, 별도로 횡령죄를 구성한다(대법원 2013.2.21, 2010도10500 전원합의체).

ㄴ. (○) 횡령으로 인한 이득액이 5억원 이상이므로 ⑥ 행위는 특정경제범죄 가중처벌 등에 관한 법률 위반(횡령)죄를 구성한다(특경법 제3조 제1항).

ㄷ. (×) 경합범 중 일부에 대하여 무죄, 일부에 대하여 유죄를 선고한 항소심판결에 대하여 검사만이 무죄 부분에 대하여 상고를 한 경우 피고인과 검사가 상고하지 아니한 유죄판결 부분은 상고기

간이 지남으로써 확정되어 상고심에 계속된 사건은 무죄판결 부분에 대한 공소뿐이라 할 것이므로 상고심에서 이를 파기할 때에는 무죄 부분만을 파기할 수밖에 없다(대법원 1992.1.21, 91도1402 전원합의체).

ㄹ. (○) 상고심으로부터 사건을 환송받은 법원은 그 사건을 재판함에 있어서 상고법원이 파기이유로 한 사실상 및 법률상의 판단에 대하여 환송 후의 심리과정에서 새로운 증거가 제시되어 기속적 판단의 기초가 된 증거관계에 변동이 생기지 않는 한 이에 기속된다(대법원 2009.4.9, 2008도10572).

ㅁ. (○) 불이익변경의 금지라고 하는 것은 피고인이 상소권 행사를 주저하는 일이 없도록 상소권 행사를 보장하기 위한 것으로 그 원칙을 지키기 위하여 필요한 경우에는 법률이 규정한 형기에 구애받지 아니하는 것이므로 이미 선고된 형 이외에 다시 형을 선고하는 것이 피고인에게 불리한 결과가 된다면 그러한 이유로 형을 선고하지 아니한다는 주문을 선고할 수 있다고 해석하여야 한다(대법원 1992.1.21, 91도1402 전원합의체).

정답 ②

---

2 항소

Ⅰ 항소의 의의와 항소심의 구조
Ⅱ 항소이유
Ⅲ 항소심의 절차

049 ✓ 대표 ◆◆◇　　　　　　　　　법원 2017

항소법원의 소송기록접수통지에 관한 다음 설명 중 가장 옳지 않은 것은? (다툼이 있는 경우 판례에 의함)

① 피고인에게 소송기록 접수통지가 되기 전에 사선변호인이 선임된 경우에는 사선변호인에게도 소송기록 접수통지를 하여야 한다.

② 피고인에게 소송기록 접수통지가 된 후에 사선변호인이 선임된 경우에는 사선변호인에게 별도로 소송기록 접수통지를 하지 않는다.

③ 필요적 변호사건에서 법원이 정당한 이유 없이 국선변호인을 선정하지 않고 있는 사이에 피고인 스스로 사선변호인을 선임하였으나 이미 피고인에 대한 항소이유서 제출기간이 도과한 경우에도 법원은 그 사선변호인에게 소송기록 접수통지를 해야 한다.

④ 국선변호인 선정 이후 변호인이 없는 다른 사건이 병합된 경우 병합된 사건에 관하여는 그 국선변호인에게 소송기록 접수통지를 하지 아니한다.

해설

④ (×) 국선변호인 선정의 효력은 선정 이후 병합된 다른 사건에도 미치는 것이므로 항소심에서 국선변호인이 선정된 이후 변호인이 없는 다른 사건이 병합된 경우에는 형사소송법 제361조의2, 형사소송규칙 제156조의2의 규정에 따라 항소법원은 지체 없이 국선변호인에게 병합된 사건에 관한 소송기록 접수통지를 함으로써 병합된 다른 사건에도 마찬가지로 국선변호인으로 하여금

피고인을 위하여 항소이유서를 작성·제출할 수 있도록 하여야 한다(대법원 2015.4.23, 2015도2046).
① (O), ② (O) 대법원 2011.5.13, 2010모1741
③ (O) 대법원 2009.2.12, 2008도11486

정답 ④

050 ✓ 대표 ◆◆◇ 법원9급 2019

소송기록접수통지 및 항소이유서와 관련한 다음 설명 중 가장 옳지 않은 것은?

① 항소이유서 제출기간 내에 변론이 종결되었는데 그 후 위 제출기간 내에 항소이유서가 제출되었다면, 특별한 사정이 없는 한 항소심법원으로서는 변론을 재개하여 항소이유의 주장에 대해서도 심리를 해 보아야 한다.
② 필요적 변호사건이 아니고 형사소송법 제33조 제3항에 의하여 국선변호인을 선정하여야 하는 경우도 아닌 사건에 있어서 피고인이 항소이유서 제출기간이 도과한 후에야 비로소 형사소송법 제33조 제2항의 규정에 따른 국선변호인 선정청구를 하고 법원이 국선변호인 선정결정을 한 경우에는 그 국선변호인에게 소송기록접수통지를 할 필요가 없다.
③ 기록을 송부 받은 항소법원은 항소이유서 제출기간이 도과하기 전에 이루어진 형사소송법 제33조 제2항의 국선변호인 선정청구에 따라 변호인을 선정한 경우 그 변호인에게 소송기록 접수통지를 하여야 한다.
④ 피고인의 항소대리권자인 배우자가 피고인을 위하여 항소한 경우에는 소송기록접수통지는 피고인뿐만 아니라 항소대리권자인 배우자에게도 하여야 하므로, 배우자가 적법하게 소송기록접수통지서를 받지 못하였다면 항소이유서 제출기간은 진행되지 않고, 피고인이 적법하게 소송기록접수통지를 받았다고 하더라도 그 날로부터 20일 이내에 항소이유서가 제출되지 않았다는 이유로 항소기각결정을 할 수 없다.

해설
④ (×) 피고인의 항소대리권자인 배우자가 피고인을 위하여 항소한 경우(제341조)에도 소송기록접수통지는 항소인인 피고인에게 하여야 하는데(제361조의2), 피고인이 적법하게 소송기록접수통지서를 받지 못하였다면 항소이유서 제출기간이 지났다는 이유로 항소기각결정을 하는 것은 위법하다(대법원 2018.3.29, 2018모642).
① (O) 형사소송법 제361조의3, 제364조의 각 규정에 의하면 항소심의 구조는 피고인 또는 변호인이 법정기간 내에 제출한 항소이유서에 의하여 심판하는 것이고, 이미 항소이유서를 제출하였더라도 항소이유를 추가·변경·철회할 수 있으므로, 항소이유서 제출기간의 경과를 기다리지 않고는 항소사건을 심판할 수 없다(대법원 2004.6.25, 2004도2611; 2007.1.25, 2006도8591). 따라서 항소이유서 제출기간 내에 변론이 종결되었는데 그 후 위 제출기간 내에 항소이유서가 제출되었다면, 특별한 사정이 없는

한 항소심법원으로서는 변론을 재개하여 항소이유의 주장에 대해서도 심리를 해 보아야 한다(대법원 2015.4.9, 2015도1466).
② (O) 그 국선변호인에게 소송기록접수통지를 따로 할 필요가 없다. 또한 이러한 경우 설령 국선변호인에게 같은 통지를 하였다고 하더라도 국선변호인의 항소이유서 제출기간은 피고인이 소송기록접수통지를 받은 날로부터 계산된다(대법원 2013.6.27, 2013도4114).
③ (O) 항소법원은 항소이유서 제출기간이 도과하기 전에 이루어진 형사소송법 제33조 제2항의 국선변호인 선정청구에 따라 변호인을 선정한 경우 그 변호인에게 소송기록 접수통지를 하여야 하며(규칙 제156조의2 제2항), 항소법원이 그와 같이 선정된 국선변호인에게 소송기록 접수통지를 하지 아니한 채 판결을 선고하는 것은 위법하다(대법원 2010.5.27, 2010도3377).

정답 ④

051 ✓ 대표 ◆◆◇ 국가7급 2014

항소심에 대한 설명으로 옳은 것은? (다툼이 있는 경우 판례에 의함)

① 피고인이나 변호인이 항소이유서에 포함시키지 아니한 사항을 항소심 공판정에서 진술한 경우, 그 진술에 포함된 주장과 같은 항소이유가 있다고 볼 수 없다.
② 항소법원이 항소이유에 포함되지 아니한 사유를 직권으로 심리하여 제1심판결을 파기하고 다시 판결하는 경우, 항소이유에 관한 판단을 따로 설시하여야 한다.
③ 항소법원이 피고인에게 소송기록 접수통지를 함에 있어 2회에 걸쳐 그 통지서를 송달한 경우, 항소이유서 제출기간의 기산일은 최후 송달의 효력이 발생한 날의 다음 날부터이다.
④ 항소인 또는 변호인이 법정기간 내에 항소이유서를 제출하였으나 항소이유를 특정하여 구체적으로 명시하지 아니한 경우, 기간 내에 항소이유서가 제출되지 않은 것으로 보아야 하므로 항소법원은 결정으로 항소를 기각하여야 한다.

해설
① (O) 항소인 또는 변호인은 항소법원의 소송기록접수통지를 받은 날부터 20일 이내에 항소이유서를 항소법원에 제출하여야 하고(형사소송법 제361조의3 제1항), 항소이유서에 포함되지 아니한 사항을 항소심 공판정에서 진술한다고 하더라도 그러한 사정만으로 그 진술에 포함된 주장과 같은 항소이유가 있다고 볼 수는 없다(대법원 2014.7.10, 2014도5503).
[보충] 항소이유서도 제출하여야 한다.
② (×) 항소심도 또 다른 사실심으로서 파기자판 시 항소이유의 당부에 관한 판단을 명시할 것을 요하지 아니한다. "항소심이 항소이유에 포함되지 아니한 사유를 직권으로 심리하여 제1심판결을 파기하고 자판할 때에는 피고사건의 유죄 여부에 관한 사실인정 및 법률적용에 관하여 사실심으로서 심리·판단하게 되므로 항소인이 주장하는 항소이유의 당부도 위와 같은 피고사건의 심리·판단 과정에서 판단된 것으로 볼 것이고 별도로 그 항소이유의 당부에 대한 판단을 명시하지 아니하였다고 하여 판단누락이라

고 볼 것이 아니다. 이 사건에서 원심이, 항소 후 공소장이 변경되었음을 들어 직권으로 제1심판결을 파기하고 자판을 하면서 항소이유에 대한 판단을 명시하지 아니한 채 피고인에게 유죄의 판결을 선고하였다고 하여도 거기에 판단을 누락한 위법이 있다 할 수 없다(대법원 2012.9.13, 2010도11338).”

③ (×) 형사소송법 제361조의2 제1항에 따라 항소법원이 피고인에게 소송기록 접수통지를 함에 있어 2회에 걸쳐 그 통지서를 송달하였다고 하더라도, 항소이유서 제출기간의 기산일은 최초 송달의 효력이 발생한 날의 다음 날부터라고 보아야 한다(대법원 2010.5. 27, 2010도3377).

④ (×) 항소인 측이 항소이유서를 제출하였다면 항소이유가 구체적으로 명시되지 않았다 하여도 항소이유서 미제출로 볼 수는 없다. “형사소송법 제361조의4 제1항은 항소인이나 변호인이 같은 법 제361조의3 제1항의 기간 내에 항소이유서를 제출하지 아니한 때에는 직권조사사유가 있거나 항소장에 항소이유의 기재가 있는 경우를 제외하고 결정으로 항소를 기각하여야 한다고 규정하고 있으므로, 항소인이나 변호인이 항소이유서에 항소이유를 특정하여 구체적으로 명시하지 아니하였다고 하더라도 항소이유서가 법정의 기간 내에 적법하게 제출된 경우에는 이를 항소이유서가 법정의 기간 내에 제출되지 아니한 것과 같이 보아 형사소송법 제361조의4 제1항에 의하여 결정으로 항소를 기각할 수는 없다(대법원 2006.3.30, 2005모564).”
[보충] 항소이유에 “도저히 납득할 수 없는 억울한 판결”로 기재되어 있어도 선해한다. 단, 검사의 항소이유서에 “양형부당”, “사실오인·법리오해”라고 기재된 것은 항소이유가 기재된 것으로 인정하지 않는다.

정답 ①

---

052 ✓ 대표 ◆◇◇ 경찰 2015 변형

상소에 관한 다음 설명 중 가장 적절하지 않은 것은?
(다툼이 있으면 판례에 의함)

① 피고인의 법정대리인은 피고인의 동의를 얻어 상소를 취하할 수 있다.

② 상소는 재판의 일부에 대하여 할 수 있으며, 일부에 대한 상소는 그 일부와 불가분의 관계에 있는 부분에 대하여도 효력이 미친다.

③ 변호인은 독립한 상소권자로서 피고인의 상소권이 소멸한 후에도 상소를 제기할 수 있다.

④ 상소제기기간은 항소 및 상고의 경우에는 7일이며, 즉시항고의 경우에도 7일이다.

해설

③ (×) 형사소송법 제341조 제1항에 원심의 변호인은 피고인을 위하여 상소할 수 있다함은 변호인에게 고유의 상소권을 인정한 것이 아니고 피고인의 상소권을 대리하여 행사하게 한 것에 불과하므로, 변호인은 피고인의 상소권이 소멸된 후에는 상소를 제기할 수 없는 것이고, 상소를 포기한 자는 형사소송법 제354조에 의하여 그 사건에 대하여 다시 상소를 할 수 없다(대법원 1998.3.27, 98도253).
[보충] 묵 - 기/동/상
[정리] 원심의 변호인은 ㉠ 상소제기에 있어서는 묵시적 의사에 반하여 행사할 수 있는 독립대리권(묵 - 기/동/상), ㉡ 상소취하

에 있어서는 종속대리권을 가진대(종 - 관/정/상).

① (○) 제351조
[보충] 법정대리인: 상소제기에 있어서는 명시적 의사에 반할 수 있으나, 상소취하에 있어서는 피고인의 동의를 얻어야 함
② (○) 제342조
④ (○) 제358조, 제374조, 제405조(2019.12.31. 개정에 의하여 7일로 연장).

정답 ③

---

053 ✓ 대표 ◆◆◇ 소방간부 2023

상소에 관한 설명으로 옳지 않은 것은? (다툼이 있는 경우 판례에 의함)

① 항소법원의 소송계속은 제1심 판결에 대한 항소에 의하여 사건이 이심된 때로부터 그 법원의 판결에 대하여 상고가 제기되거나 그 판결이 확정되는 때까지 유지된다.

② 법정대리인이 있는 피고인이 상소의 포기 또는 취하를 함에는 법정대리인의 동의를 얻어야 하므로, 미성년자인 피고인이 상고제기 후 법정대리인인 친권자의 동의 없이 상고취하를 하였다면 친권자의 동의를 얻을 수 없는 때를 제외하고는 그 효력이 없다.

③ 필요적 변호사건에서 국선변호인의 교체가 피고인의 귀책사유에 의하지 아니한 사정으로 이루어진 경우 항소이유서 제출기간은 새로이 선정된 변호인이 소송기록접수통지를 받은 날부터 20일 이내이다.

④ 검사는 반대당사자에게 불이익한 재판에 대하여도 그 위법을 시정하기 위하여 상소로써 불복할 수 있지만 불복은 재판의 주문에 관한 것이어야 하고 재판의 이유만 다투기 위하여 상소하는 것은 허용되지 않는다.

⑤ 항소법원은 피고인이 공판기일에 출정하지 아니한 때에는 다시 기일을 정하지 아니하고 피고인의 진술 없이 판결을 할 수 있다.

해설

⑤ (×) 형사소송법 제370조, 제276조에 의하면, 항소심에서도 피고인의 출석 없이는 원칙적으로 개정하지 못하며, 다만 같은 법 제365조에 의하여 피고인이 항소심 공판기일에 출정하지 아니한 때에는 다시 기일을 정하고 피고인이 정당한 사유 없이 다시 정한 기일에도 출정하지 아니한 경우에 피고인의 진술 없이 판결할 수 있다. 이와 같이 피고인의 진술 없이 판결할 수 있기 위해서는 피고인이 적법한 공판기일 소환을 받고도 정당한 사유 없이 출정하지 아니할 것을 필요로 한다(대법원 2012.2.9, 2010도11199).

┌───┐
│ **제365조(피고인의 출정)** ① 피고인이 공판기일에 출정하지 │
│ 아니한 때에는 다시 기일을 정하여야 한다.   │
│ ② 피고인이 정당한 사유 없이 다시 정한 기일에 출정하지   │
│ 아니한 때에는 피고인의 진술 없이 판결을 할 수 있다.   │
└───┘

① (○) 다수설인 소송기록송부시설에 의하면, 상고가 제기된 후 상고심법원에 소송기록이 송부되기 전까지일 것이나, 판례는 아래

와 같이 표현한 예가 있다.

[판례] 형사사건에 있어 항소법원의 소송계속은 제1심판결에 대한 항소에 의하여 사건이 이심된 때로부터 그 법원의 판결에 대하여 상고가 제기되거나 그 판결이 확정되는 때까지 유지된다 할 것이니, 항소법원은 항소피고사건의 심리 중 또는 판결선고 후 상고제기 또는 판결확정에 이르기까지 수소법원으로서 형사소송법 제70조 제1항 각 호의 사유 있는 불구속피고인을 구속할 수 있다 할 것이고 … 구속기간의 만료로 피고인에 대한 구속의 효력이 상실된 후 원심법원이 피고인에 대한 판결을 선고하면서 피고인을 구속하였다 하여 위법하다 할 수 없다(대법원 1985.7.23, 85모12).

② (○) 제350조 참조.

> **제350조(상소의 포기등과 법정대리인의 동의)** 법정대리인이 있는 피고인이 상소의 포기 또는 취하를 함에는 법정대리인의 동의를 얻어야 한다. 단, 법정대리인의 사망 기타 사유로 인하여 그 동의를 얻을 수 없는 때에는 예외로 한다.

③ (○) 국선변호인의 교체가 피고인의 귀책사유에 의하지 아니한 사정으로 이루어진 경우에는 법원은 형사소송규칙 제156조의2 규정을 적용하여 새로이 선정된 국선변호인에게 소송기록접수통지를 하여야 하고, 그 경우 항소이유서 제출기간은 새로이 선정된 변호인이 소송기록접수통지를 받은 날로부터 20일 이내라 할 것이다(대법원 2006.3.9, 2005모304).

④ (○) 검사는 공익의 대표자로서 법령의 정당한 적용을 청구할 임무를 가지므로 반대당사자에게 불이익한 재판에 대하여도 그것이 위법일 때에는 위법을 시정하기 위하여 상소로써 불복할 수 있지만 불복은 재판의 주문에 관한 것이어야 하고 재판의 이유만을 다투기 위하여 상소하는 것은 허용되지 않는다(대법원 2017. 2.21, 2016도20488).

정답 ⑤

---

054 ⊘ 유사 ◆◇◇ 법원 2015

항소절차와 관련된 다음 설명 중 가장 옳지 않은 것은?

① 항소의 제기기간은 7일로 한다.

② 항소를 함에는 항소장을 항소심법원에 제출하여야 한다.

③ 항소인 또는 변호인은 소송기록접수 통지를 받은 날로부터 20일 이내에 항소이유서를 항소법원에 제출하여야 한다.

④ 상대방은 항소이유서 부본 또는 등본을 송달받은 날로부터 10일 이내에 답변서를 항소법원에 제출하여야 한다.

해설

② (×) 항소장을 항소심법원이 아니라 원심법원에 제출하여야 한다(제359조).

> **제359조(항소제기의 방식)** 항소를 함에는 항소장을 원심법원에 제출하여야 한다.

① (○) 제358조 참조.

> **제358조(항소제기기간)** 항소의 제기기간은 7일로 한다.

③ (○) 제361조의3 제1항 참조.

> **제361조의3(항소이유서와 답변서)** ① 항소인 또는 변호인은 전 조의 통지를 받은 날로부터 20일 이내에 항소이유서를 항소법원에 제출하여야 한다. 이 경우 제344조를 준용한다.

④ (○) 제361조의3 제3항 참조.

> **제361조의3(항소이유서와 답변서)** ③ 상대방은 전항의 송달을 받은 날로부터 10일 이내에 답변서를 항소법원에 제출하여야 한다.

정답 ②

---

055 ✅ 유사 ◆◇◇

항소심절차에 대한 설명으로 가장 적절하지 않은 것은? (다툼이 있는 경우 판례에 의함)

① 피고인이 제1심판결 선고 당시 「소년법」상 소년이어서 부정기형이 선고되었으나 그 후 항소심판결 선고일에 피고인이 성년이 되었다 하더라도 항소심은 부정기형을 선고한 제1심 판결을 유지하여야 한다.

② 교도소 또는 구치소에 있는 피고인이 항소이유서의 제출기간 내에 항소이유서를 교도소장 또는 구치소장 또는 그 직무를 대리하는 자에게 제출한 때에는 항소이유서의 제출기간 내에 제출한 것으로 간주한다.

③ 현행법상 형사항소심의 구조가 오로지 사후심으로서의 성격만을 가지고 있는 것은 아니므로 항소심에서도 공소장의 변경을 할 수 있다.

④ 일부 유죄, 일부 무죄가 선고된 제1심판결 전부에 대하여 검사가 항소하였더라도 검사가 유죄 부분에 대하여는 아무런 항소이유도 주장하지 아니하였다면, 유죄 부분에 대하여는 법정기간 내에 항소이유서를 제출하지 아니한 경우에 해당한다.

[해설]
① (×) 항소심판결 선고당시 성년이 되었음에도 불구하고 정기형을 선고함이 없이 부정기형을 선고한 제1심판결을 인용하여 항소를 기각한 것은 위법하다(대법원 1990.4.24, 90도539).
② (○) 제361조의3 제1항
③ (○) 대법원 1986.7.8, 86도621
④ (○) 검사가 일부 유죄, 일부 무죄가 선고된 제1심판결 전부에 대하여 항소하면서 유죄 부분에 대하여는 아무런 항소이유도 주장하지 않은 경우에는, 유죄 부분에 대하여 법정기간 내에 항소이유서를 제출하지 않은 것이 되고, 그 경우 설령 제1심의 양형이 가벼워 부당하다 하더라도 그와 같은 사유는 형사소송법 제361조의4 제1항 단서의 직권조사사유나 같은 법 제364조 제2항의 직권심판사항에 해당하지 않으므로, 항소심이 제1심판결의 형보다 중한 형을 선고하는 것은 허용되지 않는데, 이러한 법리는 검사가 유죄 부분에 대하여 아무런 항소이유를 주장하지 않은 경우뿐만 아니라 검사가 항소장이나 법정기간 내에 제출된 항소이유서에서 유죄 부분에 대하여 양형부당 주장을 하였으나, 항소이유 주장이 실질적으로 구두변론을 거쳐 심리되지 아니한 경우에도 마찬가지로 적용된다(대법원 2015.12.10, 2015도11696).

[정답] ①

056 ✅ 유사 ◆◆◇

항소이유서 제출기간에 관한 다음 설명 중 가장 옳지 않은 것은? (다툼이 있는 경우 판례에 의하고, 전원합의체 판결의 경우 다수의견에 의함)

① 항소인이나 변호인이 항소이유서에 항소이유를 특정하여 구체적으로 명시하지 아니하였다고 하더라도 항소이유서가 법정기간 내에 적법하게 제출된 경우에는 결정으로 항소를 기각할 수 없다.

② 관공서의 공휴일에 관한 규정 제2조 제11호에 따라 정부에서 수시로 지정하는 임시공휴일은 형사소송법 제66조 제3항에서 정한 공휴일에 해당하지 않으므로 항소이유서 제출기간의 말일이 임시공휴일이더라도 피고인이 그날까지 항소이유서를 제출하지 아니하였다면 항소이유서가 제출기간 내에 적법하게 제출되었다고 볼 수 없다.

③ 피고인과 국선변호인이 모두 법정기간 내에 항소이유서를 제출하지 아니하였다고 하더라도, 국선변호인이 항소이유서를 제출하지 아니한 데 대하여 피고인에게 귀책사유가 있음이 특별히 밝혀지지 않는 한, 항소법원은 종전 국선변호인의 선정을 취소하고 새로운 국선변호인을 선정하여 다시 소송기록접수통지를 함으로써 새로운 변호인으로 하여금 항소이유서 제출기간 내에 피고인을 위하여 항소이유서를 제출하도록 하여야 한다.

④ 항소이유서는 적법한 기간 내에 항소법원의 지배권 안에 들어가 사회통념상 일반적으로 알 수 있는 상태에 있으면 도달한 것이고, 항소법원의 내부적인 업무처리에 따른 문서의 접수, 결재과정 등까지 이루어져야 하는 것은 아니다.

[해설]
② (×) 형사소송법 제361조의2와 제361조의3 제1항에 의하면, 항소법원이 기록의 송부를 받은 때에는 즉시 항소인과 그 상대방에게 통지하여야 하고, 이 통지 전에 변호인의 선임이 있는 때에는 변호인에게도 통지를 하여야 하며, 항소인 또는 변호인은 이 통지를 받은 날로부터 20일 이내에 항소이유서를 제출하도록 되어 있다. 그리고 같은 법 제66조 제3항에 의하면, 시효와 구속의 기간을 제외하고는 기간의 말일이 공휴일 또는 토요일에 해당하는 날은 항소이유서 제출기간에 산입하지 아니하도록 되어 있다. 이때 기간의 말일이 공휴일인지 여부는 '공휴일에 관하여 규정하고 있는 '관공서의 공휴일에 관한 규정' 제2조 각호에 해당하는지에 따라 결정되고, 같은 조 제11호가 정한 '기타 정부에서 수시 지정하는 날'인 임시공휴일 역시 공휴일에 해당한다(대법원 2021.1.14, 2020모3694).
[보충] 피고인이 제1심판결에 대해 항소를 제기하여 2020.7.27. 원심으로부터 소송기록접수통지서를 송달받고 2020.8.18. 항소이유서를 제출하였는데, 원심이 국선변호인을 선정하거나 피고인이 사선변호인을 선임한 바는 없으며, 정부는 2020.7.경 국무회의의 심의·의결, 대통령의 재가 및 관보 게재를 통해 2020.8.17.을 임시공휴일로 지정한 경우, 피고인이 소송기록접수통지를 받은 2020.7.27.부터 계산한 항소이유서 제출기간의 말일인 2020.8.

16.은 일요일이고, 다음 날인 2020.8.17. 역시 임시공휴일로서 위 기간에 산입되지 아니하여 그 다음 날인 2020.8.18.이 위 기간의 말일이 되므로, 2020.8.18. 제출된 피고인의 항소이유서는 제출기간 내에 적법하게 제출된 것이다. 이와 달리 보아 피고인의 항소를 기각한 원심결정에는 항소이유서 제출기간에 관한 법리오해의 잘못이 있다(위 판례).

① (○) 형사소송법 제361조의4 제1항은 항소인이나 변호인이 같은 법 제361조의3 제1항의 기간 내에 항소이유서를 제출하지 아니한 때에는 직권조사사유가 있거나 항소장에 항소이유의 기재가 있는 경우를 제외하고 결정으로 항소를 기각하여야 한다고 규정하고 있으므로, 항소인이나 변호인이 항소이유서에 항소이유를 특정하여 구체적으로 명시하지 아니하였다고 하더라도 항소이유서가 법정의 기간 내에 적법하게 제출된 경우에는 이를 항소이유서가 법정의 기간 내에 제출되지 아니한 것과 같이 보아 형사소송법 제361조의4 제1항에 의하여 결정으로 항소를 기각할 수는 없다(대법원 2006.3.30, 2005모564).
[보충] 비록 검사가 제출한 항소이유서에는 적법한 항소이유가 기재되어 있지 않다고 하더라도 위 항소이유서가 법정의 기간 내에 적법하게 제출된 이상, 이를 항소이유서가 법정의 기간 내에 제출되지 아니한 것과 같게 보아 형사소송법 제361조의4 제1항에 의하여 결정으로 항소를 기각할 수는 없다고 할 것이다. 그럼에도 불구하고, 원심은 검사가 항소이유를 특정하여 구체적으로 명시하지 아니하여 부적법하게 된 위 항소이유서를 법정의 기간 내에 제출하였다고 하더라도 이는 항소이유서가 법정의 기간 내에 제출되지 아니한 경우에 해당하여 형사소송법 제361조의4 제1항에 의하여 항소를 기각할 수 있다고 보아 검사의 항소를 결정으로 기각하고 말았는바, 앞서 본 법리에 비추어 보면 이러한 원심의 결정은 형사소송법 제361조의4 제1항에 관한 법리를 오해하여 재판의 결과에 영향을 끼친 위법이 있음이 분명하므로, 원심결정은 더 이상 유지될 수 없게 되었다(위 판례).

> **제361조의4(항소기각의 결정)** ① 항소인이나 변호인이 전조 제1항의 기간 내에 항소이유서를 제출하지 아니한 때에는 결정으로 항소를 기각하여야 한다. 단, 직권조사사유가 있거나 항소장에 항소이유의 기재가 있는 때에는 예외로 한다.
> ② 전항의 결정에 대하여는 즉시항고를 할 수 있다.

[보충] 검사가 제출한 항소이유서에 적법한 항소이유가 기재되어 있지 않다는 의미 : 제1심 무죄판결에 대한 검사의 이 사건 항소장에는 '항소의 이유'란에 '사실오인 및 법리오해'라는 문구만 기재되어 있을 뿐 다른 구체적인 항소이유가 명시되어 있지 않음을 알 수 있는바, 위와 같은 항소장의 기재는 적법한 항소이유의 기재에 해당하지 않는다고 봄이 상당하고(대법원 2003.12.12, 2003도2219), 또한 검사가 항소이유서 제출기간 내 제출한 항소이유서에는 제1심판결에 대하여 불복하는 사유로서 형사소송법 제361조의5 소정의 항소이유를 구체적으로 명시한 바가 전혀 없고 단지 항소심에서 공소장변경을 한다는 취지와 변경된 공소사실에 대하여 유죄의 증명이 충분하다는 취지의 주장만 하고 있을 뿐이므로, 이를 적법한 항소이유의 기재라고 볼 수 없다(위 판례).
[정리] ㉠ 검사의 '사실오인 및 법리오해'라는 항소이유 : 적법한 항소이유의 기재 ×, ㉡ 검사가 제출한 항소이유서에 적법한 항소이유가 기재되어 있지 않은 경우 : 항소이유서는 제출된 것이므로 항소기각결정 不可

③ (○) 대법원 2019.7.10, 2019도4221
④ (○) 대법원 1997.4.25, 96도3325

정답 ②

---

057 ✓ 유사 ◆◆◇ 경찰1차 2020

상소제도에 대한 다음의 설명(㉠~㉣) 중 옳고 그름의 표시(○, ×)가 바르게 된 것은? (다툼이 있는 경우 판례에 의함)

> ㉠ 변호인의 상소취하에 대한 피고인의 동의는 공판정에서 구술로써 가능하고, 이 경우 피고인의 구술 동의는 명시적으로 이루어질 필요는 없다.
>
> ㉡ 상소의 포기는 원심법원에, 상소의 취하는 상소법원에 하여야 한다. 단, 소송기록이 상소법원에 송부되지 아니한 때에는 상소의 취하를 원심법원에 제출할 수 있다.
>
> ㉢ 피고인이 몰수 또는 추징에 관한 부분만을 불복대상으로 삼아 상소를 제기해도 상소심으로서는 이를 적법한 상소제기로 다루어야 하므로 상소의 효력은 그 불복범위인 몰수 또는 추징에 관한 부분에 한정된다.
>
> ㉣ 항소이유서의 제출을 받은 항소법원은 지체 없이 그 부본 또는 등본을 상대방에게 송달하여야 하며, 상대방은 이를 송달받은 날로부터 7일 이내에 답변서를 항소법원에 제출해야 한다.

① ㉠ (×) ㉡ (×) ㉢ (○) ㉣ (×)
② ㉠ (×) ㉡ (○) ㉢ (×) ㉣ (×)
③ ㉠ (○) ㉡ (×) ㉢ (×) ㉣ (○)
④ ㉠ (○) ㉡ (×) ㉢ (○) ㉣ (×)

해설

㉠ (×) 변호인이 상소취하를 할 때 원칙적으로 피고인은 이에 동의하는 취지의 서면을 제출하여야 하나(형사소송규칙 제153조 제2항), 피고인은 공판정에서 구술로써 상소취하를 할 수 있으므로(형사소송법 제352조 제1항 단서), 변호인의 상소취하에 대한 피고인의 동의도 공판정에서 구술로써 할 수 있다. 다만 상소를 취하하거나 상소의 취하에 동의한 자는 다시 상소를 하지 못하는 제한을 받게 되므로(형사소송법 제354조), 상소취하에 대한 피고인의 구술 동의는 명시적으로 이루어져야만 한다(대법원 2015.9.10, 2015도7821).

㉡ (○) 제353조

㉢ (×) 피고사건의 재판 가운데 몰수 또는 추징에 관한 부분만을 불복대상으로 삼아 상소가 제기되었다 하더라도, 상소심으로서는 이를 적법한 상소제기로 다루어야 하고, 그 부분에 대한 상소의 효력은 그 부분과 불가분의 관계에 있는 본안에 관한 판단 부분에까지 미쳐 그 전부가 상소심으로 이심된다(대법원 2008.11.20, 2008도5596 전원합의체).

㉣ (×) 항소이유서의 제출을 받은 항소법원은 지체 없이 부본 또는 등본을 상대방에게 송달하여야 하며, 상대방은 이를 송달받은 날로부터 10일 이내에 답변서를 항소법원에 제출해야 한다(제361조의3 제2항·제3항).

정답 ②

058 ✓ 유사 ◆◇◇　　　　　　　법원9급 2021

피고인신문에 관한 다음 설명 중 가장 옳지 않은 것은?
(다툼이 있는 경우 판례에 의함)

① 재판장은 소송관계인의 진술 또는 신문이 중복된 사항이거나 그 소송에 관계없는 사항인 때에는 소송관계인의 본질적 권리를 해하지 아니하는 한도에서 이를 제한할 수 있다.

② 검사 또는 변호인은 항소심의 증거조사가 종료한 후 항소이유의 당부를 판단함에 필요한 사항에 한하여 피고인을 신문할 수 있다.

③ 항소심 재판장은 검사 또는 변호인이 피고인 신문을 실시하는 경우에도 제1심의 피고인신문과 중복되거나 항소이유의 당부를 판단하는 데 필요 없다고 인정하는 때에는 그 신문의 전부 또는 일부를 제한할 수 있다.

④ 항소심 재판장이 피고인신문을 하겠다는 의사를 표시한 변호인에게 일체의 피고인신문을 허용하지 않는 것은 변호인의 피고인신문권에 관한 본질적 권리를 해하는 것에 해당하지 않는다.

해설

④ (×) 형사소송법 제370조, 제296조의2 제1항 본문은 "검사 또는 변호인은 증거조사 종료 후에 순차로 피고인에게 공소사실 및 정상에 관하여 필요한 사항을 신문할 수 있다."라고 규정하고 있으므로, 변호인의 피고인신문권은 변호인의 소송법상 권리이다. 한편 재판장은 검사 또는 변호인이 항소심에서 피고인신문을 실시하는 경우 제1심의 피고인신문과 중복되거나 항소이유의 당부를 판단하는 데 필요 없다고 인정하는 때에는 그 신문의 전부 또는 일부를 제한할 수 있으나(형사소송규칙 제156조의6 제2항) 변호인의 본질적 권리를 해할 수는 없다(형사소송법 제370조, 제299조 참조). 따라서 재판장은 변호인이 피고인을 신문하겠다는 의사를 표시한 때에는 피고인을 신문할 수 있도록 조치하여야 하고, 변호인이 피고인을 신문하겠다는 의사를 표시하였음에도 변호인에게 일체의 피고인신문을 허용하지 않은 것은 <u>변호인의 피고인신문권에 관한 본질적 권리를 해하는 것으로서 소송절차의 법령위반</u>에 해당한다(대법원 2020.12.24, 2020도10778).

① (○) 제299조

② (○) 규칙 제156조의6 제1항

③ (○) 규칙 제156조의6 제2항

정답 ④

059 ✓ 유사 ◆◆◇　　　　　　　법원9급 2020

항소심 재판에 관한 다음 설명 중 가장 옳지 않은 것은?

① 피고인이 항소이유서를 제출하지 않았다고 하더라도 항소장에 '양형부당'이라고 기재되어 있는 경우에는, 항소심법원은 항소이유서 미제출을 이유로 항소기각 결정을 할 수 없다.

② 당사자의 재판받을 권리는 보장되어야 하므로, 항소이유 없음이 명백하다고 하더라도 변론 없이 판결로써 항소를 기각할 수 없다.

③ 항소이유가 있다고 인정한 때에는 원심판결을 파기하고 다시 판결을 하여야 한다.

④ 형사소송법 제364조의2는 '피고인을 위하여 원심판결을 파기하는 경우에 파기의 이유가 항소한 공동피고인에게 공통 되는 때에는 그 공동피고인에게 대하여도 원심판결을 파기하여야 한다.'라고 규정하고 있는데, 위 규정은 공동피고인 사이에서 파기의 이유가 공통되는 해당 범죄사실이 동일한 소송절차에서 병합심리된 경우에만 적용되어야 한다.

해설

② (×) 항소이유없음이 명백한 때에는 항소장, 항소이유서 기타의 소송기록에 의하여 변론 없이 판결로써 항소를 기각할 수 있다(무변론 항소기각판결, 제364조 제5항).

① (○) 검사가 항소하면서 다른 구체적인 이유의 기재 없이 단순히 항소장의 '항소의 범위'란에 '양형부당'이라는 문구가 기재되어 있다고 하여 이를 적법한 항소이유의 기재라고 볼 수는 없다(대법원 2008.1.31, 2007도8117). 그러나 항소이유서를 제출하지 않았다 하더라도 직권조사사유(피고인의 이익을 위해 직권으로 조사해야 할 사유와 피고인인의 이익을 위하여 판단할 수 있는 양형부당·사실오인 사유)가 있거나 항소장에 항소이유의 기재가 있는 경우에는 항소기각결정을 해서는 안 된다(법 제361조의4 제1항 단서). 특히 판례는 피고인이 항소장을 제출한 경우에는 널리 직권조사 또는 직권심판이 가능하다는 취지로 판시하고 있다(예컨대, 대법원 1990.9.11, 90도1021; 2003.5.16, 2002도338; 2006.3.30, 2005모564 등).

③ (○) 제364조 제6항

④ (○) 형사소송법 제364조의2는 "피고인을 위하여 원심판결을 파기하는 경우에 파기의 이유가 항소한 공동피고인에게 공통되는 때에는 그 공동피고인에게 대하여도 원심판결을 파기하여야 한다."라고 정하고 있고, 이는 공동피고인 상호 간의 재판의 공평을 도모하려는 취지이다. 위와 같은 형사소송법 제364조의2의 규정 내용과 입법 목적을 고려하면, 위 규정은 공동피고인 사이에서 파기의 이유가 공통되는 해당 범죄사실이 동일한 소송절차에서 병합심리된 경우에만 적용된다고 보는 것이 타당하다(대법원 2019.8.29, 2018도14303 전원합의체).

정답 ②

060 ✅ 유사 ◆◇◇

강도상해 혐의로 체포된 甲은 수사과정에서 피해자와 원만히 합의하였음에도 불구하고 강도상해죄로 구속기소되어 2016.4.11. 제1심 법원에서 징역 1년 6월을 선고받고 항소하고자 한다. 이에 대한 설명으로 옳지 않은 것은? (다툼이 있는 경우 판례에 의함)

① 甲은 항소장을 원심법원에 2016.4.18.까지 제출하여야 한다.

② 甲뿐만 아니라 검사도 형의 양정이 부당하다는 이유로 항소할 수 있다.

③ 甲이 제출한 항소이유서에 "위 사건에 대한 원심판결은 도저히 납득할 수 없는 억울한 판결이므로 항소를 한 것입니다."라고만 기재되어 있다면, 항소심이 이를 제1심 판결에 사실오인 또는 양형부당의 위법이 있다는 항소이유를 기재한 것으로 선해하여 그에 대해 심리하는 것은 허용되지 않는다.

④ 甲이 제1심판결에 대하여 양형부당만을 이유로 항소하였다가 그 항소가 기각된 경우, 甲은 항소심판결에 대하여 법령위반 또는 사실오인이 있다는 것을 이유로 삼아 상고할 수 없다.

해설

③ (×) 형사소송법은 상고이유를 엄격히 제한함과 동시에 상고이유서에는 소송기록과 원심법원의 증거조사에 표현된 사실을 인용하여 그 이유를 명시하도록 규정하고 있음에 반하여 항소이유서에 대하여는 그와 같은 규정을 두고 있지 아니할 뿐 아니라, 상고심은 원칙적으로 법률심으로서 사후심인 데 반하여, 항소심은 사후심적 성격이 가미된 속심인 점에 비추어 항소인들이 항소이유서에 '위 사건에 대한 원심판결은 도저히 납득할 수 없는 억울한 판결이므로 항소를 한 것입니다'라고 기재하였다고 하더라도 항소심으로서는 이를 제1심판결에 사실의 오인이 있거나 양형부당의 위법이 있다는 항소이유를 기재한 것으로 선해하여 그 <u>항소이유에 대하여 심리를 하여야 한다</u>(대법원 2002.12.3, 2002모265).

① (○) 항소제기기간은 7일(제358조)이며, 항소를 함에는 항소장을 원심법원에 제출하여야 한다(제359조).

② (○) 항소권은 검사와 피고인 모두에게 인정된다. 형의 양정이 부당하다고 인정될 사유 있는 때(제361조의5 15.)를 항소이유로 할 수 있다.

④ (○) 대법원 1999.6.25, 98도3927

정답 ③

061 ✅ 유사 ◆◆◇

피고인은 A사건으로 구속영장이 집행되어 서울구치소에 구금되었다. 그 후 피고인은 2023.4.20. 서울중앙지방법원에서 A사건으로 징역형을 선고받고 항소하였다. 항소심법원인 서울고등법원은 2023.5.6. 소송기록접수통지서 등을 발송하였고, 서울구치소장은 2023.5.7. 이를 송달받았으며, 피고인은 2023.5.8. 이를 수령하였다(2023.5.28.은 일요일, 2023.5.29.은 임시공휴일이며, 변호인의 존재 여부 및 변호인의 기간준수는 고려하지 아니함). 이 사실관계를 바탕으로 한 다음 설명 중 가장 옳지 않은 것은?

① 만일 피고인이 2023.4.27. 서울구치소장에게 항소장을 제출하였다면, 그 항소장이 2023.4.28. 제1심법원에 도착하였더라도 피고인의 항소는 항소기간(7일) 내에 적법하게 제기된 것이다.

② 구속피고인에 대한 송달은 그 수용 중인 교도소 또는 구치소의 장에게 하여야 하므로, 서울구치소장이 피고인보다 먼저 서울고등법원으로부터 2023.5.7. 소송기록접수통지서를 받은 것은 적법하다.

③ 만일 피고인이 2023.5.28. 항소이유서를 서울구치소장에게 제출하였으나, 그날은 일요일이고, 다음 날인 2023.5.29.은 임시공휴일인 관계로 2023.5.30.에 이르러서야 법원에 항소이유서가 도착되었더라도 항소이유서는 기간(20일) 내에 적법하게 제출된 것이다.

④ 만일 피고인이 제1심판결 선고 이후인 2023.4.30. 보석허가결정을 받아 출소하였고 2023.5.8. 피고인의 주거지에서 직접 서울고등법원의 소송기록접수통지서를 송달받았는데, 2023.5.28. 항소이유서를 발송하였으나 그날은 일요일이고, 다음 날인 2023.5.29.은 임시공휴일인 관계로 2023.5.30.에 이르러서야 법원에 항소이유서가 도착되었다면, 항소이유서는 기간(20일)을 도과하여 부적법하게 제출된 것이다.

해설

④ (×) 2023.5.8. 소송기록접수통지서를 송달받은 경우, 초일을 제외한 2023.5.9.을 기준으로 20일 내에 항소를 제기하여야 하므로, 2023.5.28.까지 항소이유서를 제출하여야 한다. 하지만 그날은 일요일이고, 다음 날인 2023.5.29.은 임시공휴일인 관계로 <u>2023.5.30.에 이르러서야 법원에 항소이유서가 도착되었다면, 이는 적법하게 제출된 것</u>이라고 할 수 있다.

> **제66조(기간의 계산)** ① 기간의 계산에 관하여는 시(時)로 계산하는 것은 즉시(卽時)부터 기산하고 일(日), 월(月) 또는 연(年)으로 계산하는 것은 초일을 산입하지 아니한다. 다만, 시효(時效)와 구속기간의 초일은 시간을 계산하지 아니하고 1일로 산정한다.
> ② 연 또는 월로 정한 기간은 연 또는 월 단위로 계산한다.
> ③ 기간의 말일이 공휴일이거나 토요일이면 그날은 기간에

산입하지 아니한다. 다만, 시효와 구속기간에 관하여는 예외로 한다.

① (○) 제344조의 재소자특칙에 의하여 상소제기기간 내에 서울구치소장에게 항소장을 제출하였다면, 그 항소장이 상소제기기간 이후에 실제 법원에 도착하였다고 할지라도, 이는 적법하게 제기된 것이다.

> **제344조(재소자에 대한 특칙)** ① 교도소 또는 구치소에 있는 피고인이 상소의 제기기간 내에 상소장을 교도소장 또는 구치소장 또는 그 직무를 대리하는 자에게 제출한 때에는 상소의 제기기간 내에 상소한 것으로 간주한다.

② (○) 구속피고인에 대한 소송서류의 송달은 소장에게 하는 것이고, 나아가 통지는 그 대상자에게 도달함으로써 효력이 발생한다. [판례] 교도소 또는 구치소에 구속된 자에 대한 송달은 그 소장에게 송달하면 구속된 자에게 전달된 여부와 관계없이 효력이 생기는 것이다(대법원 1995.1.12, 94도2687). 교도소·구치소 또는 국가경찰서의 유치장에 체포·구속 또는 유치된 사람에게 할 송달은 교도소·구치소 또는 국가경찰관서의 장에게 하여야 하고(형사소송법 제65조, 민사소송법 제182조), 재감자에 대한 송달을 교도소 등의 장에게 하지 아니하였다면 그 송달은 부적법하여 무효이다. 한편 통지는 법령에 다른 정함이 있다는 등의 특별한 사정이 없는 한 서면 이외에 구술·전화·모사전송·전자우편·휴대전화 문자전송 그 밖에 적당한 방법으로도 할 수 있고, 통지의 대상자에게 도달됨으로써 효력이 발생한다(대법원 2017.9.22, 2017모1680).
[보충] 구치소에 재감 중인 재항고인이 제1심판결에 대하여 항소하였는데, 항소심법원이 구치소로 소송기록접수통지서를 송달하면서 송달받을 사람을 구치소의 장이 아닌 재항고인으로 하였고 구치소 서무계원이 이를 수령한 경우, 송달받을 사람을 재항고인으로 한 송달은 효력이 없고, 달리 재항고인에게 소송기록접수의 통지가 도달하였다는 등의 사정을 발견할 수 없으므로, 소송기록접수의 통지는 효력이 없다(위 판례).

③ (○) 제361조의3 참조.

> **제361조의3(항소이유서와 답변서)** ① 항소인 또는 변호인은 전조의 통지를 받은 날로부터 20일 이내에 항소이유서를 항소법원에 제출하여야 한다. 이 경우 제344조를 준용한다.

정답 ④

항소심의 절차에 대한 설명으로 가장 적절하지 않은 것은? (다툼이 있는 경우 판례에 의함)

① 피고인에게 소송기록접수통지가 되기 전에 변호인의 선임이 있는 때에는 변호인에게도 소송기록접수통지를 하여야 하고, 변호인의 항소이유서 제출기간은 변호인이 이 통지를 받은 날로부터 계산하여야 할 것이다.

② 필요적 변호사건에서 항소법원이 피고인과 국선변호인에게 소송기록접수통지를 하였으나 피고인과 국선변호인이 항소이유서를 제출하지 않고 있는 사이에 항소이유서 제출기간 내에 피고인이 사선변호인을 선임함에 따라 항소법원이 직권으로 기존 국선변호인 선정결정을 취소하였다면, 특별한 사정이 없는 한 새로 선임된 사선변호인에게 소송기록접수통지를 하여 그 변호인에게 항소이유서 작성·제출을 위한 기간을 보장해 주어야 한다.

③ 항소인 또는 변호인이 항소이유서에 추상적으로 제1심판결이 부당하다고만 기재함으로써 항소이유를 특정하여 구체적으로 명시하지 아니하였다고 하더라도 항소이유서가 법정의 기간 내에 적법하게 제출된 경우에는 이를 항소이유서가 법정의 기간 내에 제출되지 아니한 것과 같이 보아 형사소송법 제361조의4 제1항에 의하여 결정으로 항소를 기각할 수는 없다.

④ 이미 항소이유서를 제출하였더라도 항소이유를 추가·변경·철회할 수 있으므로, 항소이유서 제출기간의 경과를 기다리지 않고는 항소사건을 심판할 수 없다고 보아야 한다.

해설

② (×) 형사소송법은 항소법원이 항소인인 피고인에게 소송기록접수통지를 하기 전에 변호인의 선임이 있는 때에는 변호인에게도 소송기록접수통지를 하도록 정하고 있으므로(제361조의2 제2항), 피고인에게 소송기록접수통지를 한 다음에 변호인이 선임된 경우에는 변호인에게 다시 같은 통지를 할 필요가 없다. 이는 필요적 변호사건에서 항소법원이 국선변호인을 선정하고 피고인과 그 변호인에게 소송기록접수통지를 한 다음 피고인이 사선변호인을 선임함에 따라 항소법원이 국선변호인의 선정을 취소한 경우에도 마찬가지이다. 이러한 경우 항소이유서 제출기간은 국선변호인 또는 피고인이 소송기록접수통지를 받은 날부터 계산하여야 한다. 한편 형사소송규칙 제156조의2 제3항은 항소이유서 제출기간 내에 피고인이 책임질 수 없는 사유로 국선변호인이 변경되면 그 국선변호인에게도 소송기록접수통지를 하여야 한다고 정하고 있는데, 이 규정을 새로 선임된 사선변호인의 경우까지 확대해서 적용하거나 유추적용할 수는 없다. 결국, 형사소송법이나 그 규칙을 개정하여 명시적인 근거규정을 두지 않는 이상 현행 법규의 해석론으로는 필요적 변호사건에서 항소법원이 국선변호인을 선정하고 피고인과 국선변호인에게 소송기록접수통지를 한 다음 피고인이 사선변호인을 선임함에 따라 국선변호인의 선정을 취소한 경우 항소법원은 사선변호인에게 다시 소송기록접수통지를 할 의무가 없다고 보아야 한다(대법원 2018.11.22, 2015도10651 전원합의체).
[보충] 위 지문은 위 전원합의체 판결의 반대의견(소수의견)에 해당한다.

PART 05 CHAPTER 01 상소

① (○) 대법원 2018.11.22, 2015도10651 전원합의체
③ (○) 대법원 2002.12.3, 2002모265
④ (○) 대법원 2018.4.12, 2017도13748

정답 ②

063 ☑유사 ◆◆◇ 군무원9급 2024

항소심에 대한 설명으로 가장 옳지 않은 것은?

① 항소법원은 공소기각결정의 사유가 있거나 원심의 공소기각판결을 파기하는 때에는 사건을 원심법원에 환송하여야 한다.

② 항소인이나 변호인이 법정기간 내에 항소이유서를 제출하지 아니하더라도 직권조사사유가 있는 경우에는 항소기각결정을 할 수 없다.

③ 항소법원이 원심(제1심)법원으로부터 기록의 송부를 받을 때에는 즉시 항소인과 상대방 모두에게 그 사유를 통지하여야 한다.

④ 항소에 대한 원심법원의 항소기각결정이든 항소법원의 항소기각결정이든 그 결정에 대하여는 즉시항고를 할 수 있다.

해설

① (×) 항소심에서 파기환송판결을 하는 경우는 원심의 공소기각 또는 관할위반의 재판이 법률에 위반되는 경우이다(형사소송법 제366조). 항소심에서 공소기각결정사유가 있는 경우에는 항소심의 재판으로서 공소기각의 결정을 한다(동 제363조).

> **제363조(공소기각의 결정)** ① 제328조 제1항 각 호의 규정에 해당한 사유가 있는 때에는 항소법원은 결정으로 공소를 기각하여야 한다.
> ② 전항의 결정에 대하여는 즉시항고를 할 수 있다.
> **제366조(원심법원에의 환송)** 공소기각 또는 관할위반의 재판이 법률에 위반됨을 이유로 원심판결을 파기하는 때에는 판결로써 사건을 원심법원에 환송하여야 한다.

② (○) 항소이유서 미제출 시에도 직권조사사유가 있거나 항소장에 항소이유의 기재가 있는 때에는 항소기각결정을 하여야 하는 것은 아니다. 제361조의4 제1항 참조.

> **제361조의4(항소기각의 결정)** ① 항소인이나 변호인이 전조 제1항의 기간 내에 항소이유서를 제출하지 아니한 때에는 결정으로 항소를 기각하여야 한다. 단, 직권조사사유가 있거나 항소장에 항소이유의 기재가 있는 때에는 예외로 한다.

③ (○) 제361조의2 제1항 참조.

> **제361조의2(소송기록접수와 통지)** ① 항소법원이 기록의 송부를 받은 때에는 즉시 항소인과 상대방에게 그 사유를 통지하여야 한다.

④ (○) 제360조 제2항 및 제362조 제2항 참조.
[보충] 상고기각결정의 경우는 다르다. 상고심법원의 상고기각결정에 대해서는 불복이 불가하다.

> **제360조(원심법원의 항소기각 결정)** ① 항소의 제기가 법률상의 방식에 위반하거나 항소권소멸 후인 것이 명백한 때에는 원심법원은 결정으로 항소를 기각하여야 한다.
> ② 전항의 결정에 대하여는 즉시항고를 할 수 있다.
> **제362조(항소기각의 결정)** ① 제360조의 규정에 해당한 경우에 원심법원이 항소기각의 결정을 하지 아니한 때에는 항소법원은 결정으로 항소를 기각하여야 한다.
> ② 전항의 결정에 대하여는 즉시항고를 할 수 있다.

정답 ①

064 ☑유사 ◆◆◇ 법원9급 2023

항소심에 관한 다음 설명 중 가장 옳은 것은?

① 피고인을 위하여 제1심판결을 파기하는 경우에 파기의 이유가 '항소한 공동피고인'에게 공통되는 때에는 그 공동피고인에 대하여도 제1심판결을 파기하여야 하는데, 이때 '항소한 공동피고인'에는 제1심의 공동피고인으로서 자신이 항소한 경우만 해당되고, 제1심의 공동피고인에 대하여 검사만 항소한 경우는 이에 포함되지 않는다.

② 피고인의 항소대리권자인 배우자가 피고인을 위하여 항소한 경우에도 소송기록접수통지는 항소인인 피고인에게 하여야 하는데, 피고인이 적법하게 소송기록접수통지서를 받지 못하였다면 항소이유서 제출기간이 지났다는 이유로 항소기각결정을 하는 것은 위법하다.

③ 항소심에서도 피고인이 불출석한 상태에서 그 진술 없이 판결하기 위해서는 피고인이 적법한 공판기일 통지를 받고서도 2회 연속으로 정당한 이유 없이 출정하지 않은 경우에 해당하여야 하는데, 이때 '적법한 공판기일 통지'란 소환장의 송달(형사소송법 제76조) 및 소환장 송달의 의제(형사소송법 제268조)의 경우에 한정된다.

④ 제1심법원이 공소사실의 동일성이 인정되는 범위 내에서 공소가 제기된 범죄사실에 포함된 보다 가벼운 범죄사실을 유죄로 인정하면서 법정형이 보다 가벼운 다른 법조를 적용하여 피고인을 처벌하고, 유죄로 인정된 부분을 제외한 나머지 부분에 대하여는 범죄의 증명이 없다는 이유로 판결이유에서 무죄로 판단한 경우, 피고인만이 유죄 부분에 대하여 항소하고 검사는 무죄로 판단된 부분에 대하여 항소하지 아니한 경우에도, 그 죄 전부가 피고인의 항소와 상소불가분의 원칙으로 인하여 항소심에 이심되었으므로 무죄 부분도 항소심의 심판대상이 된다.

해설

② (○) 피고인의 항소대리권자인 배우자가 피고인을 위하여 항소

한 경우(형사소송법 제341조)에도 소송기록접수통지는 항소인인 피고인에게 하여야 하는데(형사소송법 제361조의2), 피고인이 적법하게 소송기록접수통지서를 받지 못하였다면 항소이유서 제출기간이 지났다는 이유로 항소기각결정을 하는 것은 위법하다(대법원 2018.3.29, 2018모642).

① (×) 공동파기조항은 검사만이 항소한 원심의 공동피고인에게도 적용된다. 즉, 제1심의 공동피고인 중 일부 피고인은 항소하고 나머지 피고인은 항소하지 아니하였는데 검사만이 이들에 대하여 항소하였다면, 항소한 피고인의 항소를 받아들여 원심판결을 파기하는 경우에 그 이유가 공통되는 때에는, 검사만이 항소한 나머지 피고인도 제364조의2의 '항소한 공동피고인'으로 보아 이들에 대한 원심판결도 파기하여야 한다.
[판례] 형사소송법 제364조의2는 항소법원이 피고인을 위하여 원심판결을 파기하는 경우에 파기의 이유가 항소한 공동피고인에게 공통되는 때에는 그 공동피고인에 대하여도 원심판결을 파기하여야 함을 규정하였는데, 이는 공동피고인 상호간의 재판의 공평을 도모하려는 취지이다(대법원 2003.2.26, 2002도6834; 2019.8.29, 2018도14303 전원합의체). 이와 같은 형사소송법 제364조의2의 규정 내용과 입법 목적·취지를 고려하면, 위 조항에서 정한 '항소한 공동피고인'은 제1심의 공동피고인으로서 자신이 항소한 경우는 물론 그에 대하여 검사만 항소한 경우까지도 포함한다. 원심이 피고인 C에 대하여도 피고인 A·B에 대한 파기이유가 공통되고, 비록 피고인 C에 대하여 검사만 항소하였으나 형사소송법 제364조의2의 '항소한 공동피고인'에 해당한다고 보아, 위 조항에 따라 직권으로 제1심 판결 중 피고인 C에 대한 부분을 파기한 후 그 판시와 같이 무죄로 판단한 것에는 법리를 오해한 잘못이 없다(대법원 2022.7.28, 2021도10579).

③ (×) 피고인 불출석 재판의 진행이 가능한 경우인 항소심에서의 2회 연속 불출석 조항(제365조)에서 '다시 기일을 정하였는데도'의 의미에는 소환장의 송달, 소환장 송달의 의제뿐만 아니라 공판기일 변경명령을 송달받은 경우도 포함된다.
[판례] 항소심에서도 피고인의 출석 없이 개정하지 못하는 것이 원칙이지만(형사소송법 제370조, 제276조), 피고인이 항소심 공판기일에 출정하지 않아 다시 기일을 정하였는데도 정당한 사유 없이 그 기일에도 출정하지 않은 때에는 피고인의 진술 없이 판결할 수 있다(형사소송법 제365조). 이와 같이 피고인이 불출석한 상태에서 그 진술 없이 판결하기 위해서는 피고인이 적법한 공판기일 통지를 받고서도 2회 연속으로 정당한 이유 없이 출정하지 않은 경우에 해당하여야 한다. 이때 '적법한 공판기일 통지'란 소환장의 송달(형사소송법 제76조) 및 소환장 송달의 의제(형사소송법 제268조)의 경우에 한정되는 것이 아니라 적어도 피고인의 이름·죄명·출석일시·출석장소가 명시된 공판기일 변경명령을 송달받은 경우(형사소송법 제270조)도 포함된다(대법원 2022.11.10, 2022도7940).

> 제76조(소환장의 송달) ① 소환장은 송달하여야 한다.
> ② 피고인이 기일에 출석한다는 서면을 제출하거나 출석한 피고인에 대하여 차회기일을 정하여 출석을 명한 때에는 소환장의 송달과 동일한 효력이 있다.
> ③ 전항의 출석을 명한 때에는 그 요지를 조서에 기재하여야 한다.
> ④ 구금된 피고인에 대하여는 교도관에게 통지하여 소환한다.
> ⑤ 피고인이 교도관으로부터 소환통지를 받은 때에는 소환장의 송달과 동일한 효력이 있다.
> 제268조(소환장송달의 의제) 법원의 구내에 있는 피고인에 대하여 공판기일을 통지한 때에는 소환장송달의 효력이 있다.
> 제270조(공판기일의 변경) ① 재판장은 직권 또는 검사, 피고인이나 변호인의 신청에 의하여 공판기일을 변경할 수 있다.
> ② 공판기일 변경신청을 기각한 명령은 송달하지 아니한다.

④ (×) 공소사실의 동일성이 인정되는 경우에는 불가분의 관계에 있다 할 것이므로, 그 일부에 대한 피고인의 항소가 제기되면 전부상소로서 그 전부가 이심되나, 피고인의 이익을 위하여 피고인이 항소를 제기한 부분만을 판단대상으로 삼아야 한다(편면적 공방대상론).
[판례] 제1심법원이 공소사실의 동일성이 인정되는 범위 내에서 공소가 제기된 범죄사실에 포함된 보다 가벼운 범죄사실을 유죄로 인정하면서 법정형이 보다 가벼운 다른 법조를 적용하여 피고인을 처벌하고, 유죄로 인정된 부분을 제외한 나머지 부분에 대하여는 범죄의 증명이 없다는 이유로 판결이유에서 무죄로 판단한 경우, 그에 대하여 피고인만이 유죄 부분에 대하여 항소하고 검사는 무죄로 판단된 부분에 대하여 항소하지 아니하였다면, 비록 그 죄 전부가 피고인의 항소와 상소불가분의 원칙으로 인하여 항소심에 이심되었다고 하더라도 무죄 부분은 심판대상이 되지 않는다. 따라서 그 부분에 관한 제1심판결의 위법은 형사소송법 제361조의4 제1항 단서의 '직권조사사유' 또는 같은 법 제364조 제2항에 정한 '항소법원은 판결에 영향을 미친 사유에 관하여는 항소이유서에 포함되지 아니한 경우에도 직권으로 심판할 수 있다'는 경우에 해당하지 않으므로, 항소심법원이 직권으로 심판대상이 아닌 무죄 부분까지 심리한 후 이를 유죄로 인정하여 법정형이 보다 무거운 법조를 적용하여 처벌하는 것은 피고인의 방어권 행사에 불이익을 초래하는 것으로서 허용되지 않는다. 이는 제1심판결에 무죄로 판단된 부분에 대한 이유를 누락한 잘못이 있다고 하더라도 동일하다(대법원 2008.9.25, 2008도4740).

정답 ②

065 ✓ 유사 ◆◇◇

경찰승진 2022 유사 | 법원 2014 유사 | 법원승진 2013

다음 소송서류 중 재소자특칙이 적용되지 않는 경우는 몇 개인가? (다툼이 있는 경우 판례에 의함)

> ⓐ 재정신청서
> ⓑ 상소장
> ⓒ 상소이유서
> ⓓ 상소권회복청구서
> ⓔ 상소포기서 및 취하서
> ⓕ 재심청구서 및 그 취하서

① 1개　　　　② 2개
③ 3개　　　　④ 4개

해설

ⓐ (×) 재정신청서에 대하여는 형사소송법에 제344조 제1항과 같은 특례규정이 없으므로 재정신청서는 같은 법 제260조 제2항이 정하는 기간 안에 불기소 처분을 한 검사가 소속한 지방검찰청의 검사장 또는 지청장에게 도달하여야 하고, 설령 구금중인 고소인이 재정신청서를 그 기간 안에 교도소장 또는 그 직무를 대리하는 사람에게 제출하였다 하더라도 재정신청서가 위의 기간 안에 불기소 처분을 한 검사가 소속한 지방검찰청의 검사장 또는 지청장에게 도달하지 아니한 이상 이를 적법한 재정신청서의 제출이라고 할 수 없다(대법원 1998.12.14, 98모127).
ⓑ (○) 제344조 제1항 참조.

제344조(재소자에 대한 특칙) ① 교도소 또는 구치소에 있는 피고인이 상소의 제기기간 내에 상소장을 교도소장 또는 구치소장 또는 그 직무를 대리하는 자에게 제출한 때에는 상소의 제기기간 내에 상소한 것으로 간주한다.

ⓒ (○) 제361조의3 제1항, 제344조 제1항 참조.

제361조의3(항소이유서와 답변서) ① 항소인 또는 변호인은 전 조의 통지를 받은 날로부터 20일 이내에 항소이유서를 항소법원에 제출하여야 한다. 이 경우 제344조를 준용한다.

ⓓ (○), ⓔ (○) 제355조, 제344조 제1항 참조.

제355조(재소자에 대한 특칙) 제344조의 규정은 교도소 또는 구치소에 있는 피고인이 상소권회복의 청구 또는 상소의 포기나 취하를 하는 경우에 준용한다.

ⓕ (○) 제344조, 제430조 참조.

제430조(재소자에 대한 특칙) 제344조의 규정은 재심의 청구와 그 취하에 준용한다.

정답 ①

---

3 상고

Ⅰ 상고의 의의와 상고심의 구조

Ⅱ 상고이유

066 ✓ 대표 ◆◆◇ 해경승진 2023

다음 중 「형사소송법」에 규정된 상고이유 가운데 가장 옳지 않은 것은?

① 판결 후 형의 폐지나 변경 또는 사면이 있는 때
② 재심청구의 사유가 있는 때
③ 판결에 영향을 미친 헌법·법률·명령 또는 규칙의 위반이 있는 때
④ 사형, 무기 또는 7년 이상의 징역이나 금고가 선고된 사건에 있어서 중대한 사실의 오인이 있어 판결에 영향을 미친 때 또는 형의 양정이 심히 부당하다고 인정할 현저한 사유가 있는 때

해설

④ (×) 사실오인·양형부당 상고이유는 사형, 무기 또는 7년 이상의 징역이나 금고가 선고된 사건이 아니라, 10년 이상의 징역이나 금고가 선고된 사건에 대한 것이다(제383조 제4호).

제383조(상고이유) 다음 사유가 있을 경우에는 원심판결에 대한 상고이유로 할 수 있다.
1. 판결에 영향을 미친 헌법·법률·명령 또는 규칙의 위반이 있는 때
2. 판결 후 형의 폐지나 변경 또는 사면이 있는 때
3. 재심청구의 사유가 있는 때
4. 사형, 무기 또는 10년 이상의 징역이나 금고가 선고된 사건에 있어서 중대한 사실의 오인이 있어 판결에 영향을

미친 때 또는 형의 양정이 심히 부당하다고 인정할 현저한 사유가 있는 때

정답 ④

067 ✓ 대표 ◆◆◇ 법원9급 2018

상고이유에 관한 다음 설명 중 가장 옳지 않은 것은? (다툼이 있는 경우 판례에 의하고, 전원합의체 판결의 경우 다수의견에 의함)

① 사형, 무기 또는 10년 이상의 징역이나 금고가 선고된 사건에서만 피고인의 양형부당을 이유로 한 상고가 허용된다.
② 검사는 항소심의 형의 양정이 가볍다는 사유를 상고이유로 주장할 수 없다.
③ 제1심판결에 대하여 검사만이 양형부당을 이유로 항소하였을 뿐 피고인은 항소하지 아니한 경우에도 항소심이 검사의 항소를 받아들여 피고인에 대하여 제1심보다 무거운 형을 선고하였다면 피고인으로서는 항소심판결에 대하여 사실오인, 채증법칙 위반, 심리미진 또는 법령위반 등의 사유를 들어 상고이유로 삼을 수 있다.
④ 피고인이 제1심판결에 대하여 양형부당만을 항소이유로 내세운 경우, 이를 일부 인용한 항소심판결에 대하여 피고인은 법리오해나 사실오인의 점을 상고이유로 삼을 수 없다.

해설

③ (×) 제1심판결에 대하여 검사만이 양형부당을 이유로 항소하였을 뿐 피고인은 항소하지 아니한 경우에는, 피고인으로서는 항소심판결에 대하여 사실오인, 채증법칙 위반, 심리미진 또는 법령위반 등의 사유를 들어 상고이유로 삼을 수 없다(대법원 2009. 5.28, 2009도579).

① (○) 제383조 제4호 참조.

제383조(상고이유) 다음 사유가 있을 경우에는 원심판결에 대한 상고이유로 할 수 있다. 〈개정 1961.9.1, 1963.12.13.〉
4. 사형, 무기 또는 10년 이상의 징역이나 금고가 선고된 사건에 있어서 중대한 사실의 오인이 있어 판결에 영향을 미친 때 또는 형의 양정이 심히 부당하다고 인정할 현저한 사유가 있는 때

② (○) 제383조 제4호는 형의 양정이 심히 부당하다고 인정할 현저한 사유가 있어 상고이유로 삼을 수 있는 경우를 '사형·무기 또는 10년 이상의 징역이나 금고가 선고된 사건'으로 제한하고 있으므로, 이에 해당하지 않는 사건에 대한 양형부당의 상고이유는 부적법할 뿐만 아니라, 이러한 경우 사실심인 원심이 피고인에 대한 양형조건이 되는 범행의 동기 및 수법이나 범행 전후의 정황 등의 제반 정상에 관하여 심리를 제대로 하지 아니하였음을 들어 상고이유로 삼을 수도 없다(대법원 2010.2.11, 2009도12627).

④ (○) 피고인이 제1심판결에 대하여 양형부당만을 항소이유로 내세워 항소하였다가 그 항소가 기각된 경우 피고인은 원심판결에 대하여 사실오인 또는 법리오해의 위법이 있다는 것을 상고이유

로 삼을 수 없다(대법원 2003.2.11, 2002도7115; 2005.9.30, 2005도3345,2005감도14).

정답 ③

---

068 ✅ 대표 ◆◆◇ 국가7급 2023

상소심의 양형판단과 상소이유에 대한 설명으로 옳은 것은?

① 항소법원이 피고인에게 공소가 제기된 범행을 기준으로 형법 제51조가 정한 양형조건으로 포섭되지 않는 별도의 범죄사실에 해당하는 사정에 관하여, 그것이 합리적인 의심을 배제할 정도의 증명력을 갖춘 증거에 의하여 증명되지 않았음에도 핵심적인 형벌가중적 양형조건으로 삼아 형의 양정을 함으로써 피고인에 대하여 사실상 공소가 제기되지 않은 범행을 추가로 처벌한 것과 같은 실질에 이른 경우, 그 부당성을 다투는 피고인의 주장은 적법한 상고이유가 된다.

② 항소심이 양형부당을 이유로 제1심판결을 파기하는 경우, 항소심의 판단에 근거가 된 양형자료와 그에 관한 판단내용이 모순 없이 설시되어 있더라도 양형의 조건이 되는 사유에 관하여 일일이 명시하지 않았다면 법령위반에 해당한다.

③ 검사가 일부 유죄, 일부 무죄로 판단한 제1심판결 전부에 대하여 항소하면서 항소장이나 항소이유서에 구체적인 이유를 기재하지 않고 단순히 '양형부당'이라는 문구만 기재한 경우에도 항소심은 제1심판결의 양형의 부당 여부에 관하여 심리·판단할 수 있고, 따라서 제1심판결의 유죄부분의 형이 너무 가볍다는 이유로 파기하고 그보다 무거운 형을 선고할 수 있다.

④ 사형·무기 또는 10년 이상의 징역이나 금고가 선고된 사건이 아닌 경우에는 양형부당을 이유로 상고할 수 없지만 항소심이 양형의 기초사실에 관하여 사실을 오인하였다거나 범행의 동기 및 수법 등 양형의 조건이 되는 제반 정상에 관하여 심리를 제대로 하지 않았음을 이유로 상고할 수 있다.

해설

① (○) 공소가 제기된 범행에 대한 양형조건으로 포섭되지 아니한 별도의 범죄사실이 증명되지 아니하였는데도, 핵심적인 형벌가중적 양형조건으로써 형의 양정을 하여 피고인에 대하여 사실상 공소가 제기되지 아니한 범행을 추가로 처벌한 것과 같은 실질에 이른 경우, 이는 판결에 영향을 미친 법령위반에 해당하므로 이를 다투는 피고인의 주장은 적법한 상고이유가 된다.

[판례] 사실심법원이 피고인에게 공소가 제기된 범행을 기준으로 범행의 동기나 결과, 범행 후의 정황 등 형법 제51조가 정한 양형조건으로 포섭되지 않는 별도의 범죄사실에 해당하는 사정에 관하여 합리적인 의심을 배제할 정도의 증명력을 갖춘 증거에 따라 증명되지 않았는데도 핵심적인 형벌가중적 양형조건으로 삼아 형의 양정을 함으로써 피고인에 대하여 사실상 공소가 제기되지

않은 범행을 추가로 처벌한 것과 같은 실질에 이른 경우에는 단순한 양형판단의 부당성을 넘어 죄형균형원칙이나 책임주의원칙의 본질적 내용을 침해하였다고 볼 수 있다. 따라서 그 부당성을 다투는 피고인의 주장은 이러한 사실심법원의 양형심리와 양형판단 방법의 위법성을 지적하는 것으로 보아 적법한 상고이유라고 할 수 있다(대법원 2020.9.3, 2020도8358).

② (×) 항소심이 자신의 양형판단과 일치하지 아니한다고 하여 양형부당을 이유로 제1심판결을 파기하는 것이 바람직하지 아니한 점이 있다고 하더라도 이를 두고 양형심리 및 양형판단 방법이 위법하다고까지 할 수는 없다. 그리고 원심의 판단에 근거가 된 양형자료와 그에 관한 판단내용이 모순 없이 설시되어 있는 경우에는 양형의 조건이 되는 사유에 관하여 일일이 명시하지 아니하여도 위법하다고 할 수 없다(대법원 2015.7.23, 2015도3260 전원합의체).

③ (×) 검사가 일부 유죄, 일부 무죄로 판단한 제1심판결 전부에 대하여 항소하면서 항소장이나 항소이유서에 단순히 '양형부당'이라는 문구만 기재하였을 뿐 구체적인 이유를 기재하지 아니한 경우, 항소심이 제1심판결의 유죄부분의 형이 너무 가볍다는 이유로 파기하고 그보다 무거운 형을 선고할 수 없다.

[판례 1] 일부 유죄, 일부 무죄가 선고된 제1심판결 전부에 대하여 검사가 항소하였더라도 검사가 유죄부분에 대하여는 아무런 항소이유도 주장하지 아니하였다면(다른 구체적인 이유의 기재 없이 단순히 항소장의 '항소의 범위'란에 '양형부당'이라는 문구 기재) 유죄부분에 대하여는 법정기간 내에 항소이유서를 제출하지 아니한 경우에 해당하므로, 가사 제1심의 양형에 잘못이 있더라도 그러한 사유는 형사소송법 제361조의4 제1항 단서의 직권조사사유나 같은 법 제364조 제2항의 직권심판사항에 해당한다고 볼 수 없다(대법원 2008.1.31, 2007도8117).

[판례 2] 검사가 제1심 유죄판결 또는 일부 유죄, 일부 무죄로 판단한 제1심판결 전부에 대하여 항소하면서, 항소장이나 항소이유서에 단순히 '양형부당'이라는 문구만 기재하였을 뿐 구체적인 이유를 기재하지 않았다면, 이는 적법한 항소이유의 기재라고 볼 수 없다. 한편 검사가 항소한 경우 양형부당의 사유는 직권조사사유나 직권심판사항에 해당하지도 않는다. 그러므로 위와 같은 경우 항소심은 검사의 항소에 의해서든 직권에 의해서든 제1심판결의 양형이 부당한지 여부에 관하여 심리·판단할 수 없고, 따라서 제1심판결의 유죄부분의 형이 너무 가볍다는 이유로 파기하고 그보다 무거운 형을 선고하는 것은 허용되지 않는다(대법원 2020. 8.27, 2020도8615).

④ (×) 사형·무기 또는 10년 이상의 징역·금고가 선고된 사건이 아닌 경우, 양형부당은 상고이유에 해당하지 아니한다(제383조 제4호).

[판례] 양형의 조건에 관한 형법 제51조는 형을 정하는 데 참작할 사항을 정하고 있다. 형을 정하는 것은 법원의 재량사항이므로, 형사소송법 제383조 제4호에 따라 사형·무기 또는 10년 이상의 징역·금고가 선고된 사건에서 양형의 당부에 관한 상고이유를 심판하는 경우가 아닌 이상, 사실심법원이 양형의 기초사실에 관하여 사실을 오인하였다거나 양형의 조건이 되는 정상에 관하여 심리를 제대로 하지 않았다는 주장은 적법한 상고이유가 아니다(대법원 2020.9.3, 2020도8358).

> **제383조(상고이유)** 다음 사유가 있을 경우에는 원심판결에 대한 상고이유로 할 수 있다.
> 4. 사형, 무기 또는 10년 이상의 징역이나 금고가 선고된 사건에 있어서 중대한 사실의 오인이 있어 판결에 영향을 미친 때 또는 형의 양정이 심히 부당하다고 인정할 현저한 사유가 있는 때

정답 ①

069 ✓ 유사 ◆◇◇ 국가7급 2021

상소심에 대한 설명으로 옳은 것만을 모두 고르면? (다툼이 있는 경우 판례에 의함)

> ㄱ. 형사사건에 있어 항소법원의 소송계속은 제1심판결에 대한 항소에 의하여 사건이 이심된 때로부터 그 법원의 판결에 대하여 상고가 제기되거나 그 판결이 확정되는 때까지 유지된다 할 것이니, 항소법원은 항소피고사건의 심리 중 또는 판결선고 후 상고제기 또는 판결확정에 이르기까지 수소법원으로서 「형사소송법」 제70조 제1항 각 호의 사유 있는 불구속피고인을 구속할 수 있다.
>
> ㄴ. 제1심법원이 법관의 면전에서 사실을 검토하고 법령을 적용하여 판결한 사유에 대해 피고인이 항소하지 않거나 양형부당만을 항소이유로 주장하여 항소함으로써 죄의 성부에 관한 판단 내용을 인정하는 태도를 보였다면 그에 관한 판단 내용이 잘못되었다고 주장하면서 상고 하는 것은 허용될 수 없다.
>
> ㄷ. 상소의 제기·포기·취하는 서면으로 하며 공판정에서 구술로써 할 수 없다.
>
> ㄹ. 검사와 피고인 양쪽이 상소를 제기한 경우, 어느 일방의 상소는 이유 없으나 다른 일방의 상소가 이유 있어 원판결을 파기하고 다시 판결하는 때에는 이유 없는 상소에 대해서도 판결이유 중에서 그 이유가 없다는 점을 적는 것만으로는 부족하고 주문에서 그 상소를 기각해야 한다.

① ㄱ, ㄴ   ② ㄴ, ㄷ
③ ㄷ, ㄹ   ④ ㄱ, ㄴ, ㄹ

해설

ㄱ. (○) 대법원 1985.7.23, 85모12

ㄴ. (○) 상고이유 제한의 법리를 다시 확인한 판례의 내용이다. "제1심 및 항소심과 상고심에 있어 심리절차상의 차이를 공판중심주의 및 실질적 직접심리주의의 정신에 비추어 살펴보면, 제1심법원이 법관의 면전에서 사실을 검토하고 법령을 적용하여 판결한 사유에 대해 피고인이 항소하지 않거나 양형부당만을 항소이유로 주장하여 항소함으로써 죄의 성부에 관한 판단 내용을 인정하는 태도를 보였다면 그에 관한 판단 내용이 잘못되었다고 주장하면서 상고하는 것은 허용될 수 없다고 보아야 한다(대법원 2019. 3.21, 2017도16593-1 전원합의체)."

ㄷ. (×) 상소의 제기는 반드시 서면으로(법 제343조 제1항), 상소의 포기와 취하는 서면 또는 공판정에서 구술로도 가능하다(법 제352조).

ㄹ. (×) 검사와 피고인 양쪽이 상소를 제기한 경우, 어느 일방의 상소는 이유 없으나 다른 일방의 상소가 이유 있어 원판결을 파기하고 다시 판결하는 때에는 이유 없는 상소에 대해서는 판결이유 중에서 그 이유가 없다는 점을 적으면 충분하고 주문에서 그 상소를 기각해야 하는 것은 아니다(대법원 2020.6.25, 2019도17995).

정답 ①

---

070 ✓ 유사 ◆◆◇ 경찰2차 2021

소송절차에 관한 설명으로 가장 적절한 것은? (다툼이 있는 경우 판례에 의함)

① 검사 또는 변호인이 항소심에서 피고인신문을 실시하는 경우 재판장은 제1심의 피고인신문과 중복되거나 항소이유의 당부를 판단하는 데 필요 없다고 인정하는 때에는 그 신문의 전부 또는 일부를 제한할 수 있으므로, 변호인이 피고인을 신문하겠다는 의사를 표시하였음에도 변호인에게 일체의 피고인신문을 허용하지 않았다고 하여 소송절차의 법령위반이 있다고 할 수 없다.

② 증인채택 결정을 취소하는 것은 법원의 재량이므로 제보자가 「특정범죄신고자 등 보호법」에 따라 보호되는 범죄신고자 등에 해당한다는 이유로 제보자에 대한 소재탐지나 구인장 발부 없이 제보자에 대한 증인채택 결정을 취소한 것은 위법하다고 할 수 없다.

③ 제1심법원에서 증거로 할 수 있었던 증거는 항소법원에서도 증거로 할 수 있으므로 제1심법원에서 이미 증거능력이 있었던 증거는 항소심에서도 증거능력이 그대로 유지되나, 항소심에서 피고인이 범행을 부인하는 경우 그것을 심판의 기초로 하기 위해서는 다시 증거조사를 하여야 한다.

④ 상고심은 항소심까지의 소송자료만을 기초로 하여 항소심판결 선고 시를 기준으로 그 당부를 판단하여야 하므로, 직권조사 기타 법령에 특정한 경우를 제외하고는 새로운 증거조사를 할 수 없을 뿐만 아니라 항소심판결 후에 나타난 사실이나 증거는 비록 그것이 상고이유서 등에 첨부되어 있다 하더라도 사용할 수 없다.

해설

④ (○) 형사소송법상 상고인이나 변호인은 소정의 기간 내에 상고법원에 상고이유서를 제출하여야 하고, 상고이유서에는 소송기록과 항소법원의 증거조사에 표현된 사실을 인용하여 그 이유를 명시하여야 한다(제379조 제1항, 제2항). 상고법원은 원칙적으로 상고이유서에 포함된 사유에 관하여 심판하여야 하고(제384조 본문), 상고이유가 있는 때에는 판결로써 항소심판결을 파기하여야 하는데(제391조), 파기하는 경우에도 환송 또는 이송을 통해 항소심으로 하여금 사건을 다시 심리·판단하도록 함이 원칙이며 자판은 예외적으로만 허용된다(제393조 내지 제397조). 또한 상고심은 항소심까지의 소송자료만을 기초로 하여 항소심판결 선고 시를 기준으로 그 당부를 판단하여야 하므로, 직권조사 기타 법령에 특정한 경우를 제외하고는 새로운 증거조사를 할 수 없을뿐더러 항소심판결 후에 나타난 사실이나 증거의 경우 비록 그것이 상고이유서 등에 첨부되어 있다 하더라도 사용할 수 없다. 위 규정 및 법리를 종합해 보면, 상고심은 항소심판결에 대한 사후심으로서 항소심에서 심판대상으로 되었던 사항에 한하여 상고이유의 범위 내에서 그 당부만을 심사하여야 한다. 그 결과 항소인이 항소이유로 주장하거나 항소심이 직권으로 심판대상으로 삼아 판단한 사항 이외의 사유는 상고이유로 삼을 수 없고 이를 다시 상고심의 심판범위에 포함시키는 것은 상고심의 사후심 구조에 반한다. 이러한 점에서 이른바 '상고이유 제한에 관한 법리'는 형사소송법이 상고심을 사후심으로 규정한 데에 따른

귀결이라고 할 수 있다(대법원 2019.3.21, 2017도16593-1 전원합의체).

① (×) 재판장은 검사 또는 변호인이 항소심에서 피고인신문을 실시하는 경우 제1심의 피고인신문과 중복되거나 항소이유의 당부를 판단하는 데 필요 없다고 인정하는 때에는 그 신문의 전부 또는 일부를 제한할 수 있으나 변호인의 본질적 권리를 해할 수는 없다. 따라서 재판장은 변호인이 피고인을 신문하겠다는 의사를 표시한 때에는 피고인을 신문할 수 있도록 조치하여야 하고, 변호인이 피고인을 신문하겠다는 의사를 표시하였음에도 변호인에게 일체의 피고인신문을 허용하지 않은 것은 변호인의 피고인신문권에 관한 본질적 권리를 해하는 것으로서 소송절차의 법령위반에 해당한다(대법원 2020.12.24, 2020도10778).

② (×) 모든 국민은 법정에 출석하여 증언할 의무를 부담한다. 법원은 소환장을 송달받은 증인이 정당한 사유 없이 출석하지 아니한 경우에 대해 불출석으로 인한 소송비용을 증인이 부담하도록 명하고, 500만원 이하의 과태료를 부과할 수 있으며(형사소송법 제151조 제1항 전문), 정당한 사유 없이 소환에 응하지 아니하는 경우에는 구인할 수 있다(형사소송법 제152조). 또한 법원은 증인 소환장이 송달되지 아니한 경우에는 공무소 등에 대한 조회의 방법으로 직권 또는 검사, 피고인, 변호인의 신청에 따라 소재탐지를 할 수도 있다(형사소송법 제272조 제1항 참조). 이는 '특정범죄신고자 등 보호법'이 직접 적용되거나 준용되는 사건에 대해서도 마찬가지이다. … 형사소송법이 증인의 법정 출석을 강제할 수 있는 권한을 법원에 부여한 취지는, 다른 증거나 증인의 진술에 비추어 굳이 추가 증인신문을 할 필요가 없다는 등 특별한 사정이 없는 한 사건의 실체를 규명하는 데 가장 직접적이고 핵심적인 증인으로 하여금 공개된 법정에 출석하여 선서 후 증언하도록 하고, 법원은 출석한 증인의 진술을 토대로 형성된 유죄·무죄의 심증에 따라 사건의 실체를 규명하도록 하기 위함이다. 따라서 다른 증거나 증인의 진술에 비추어 굳이 추가 증거조사를 할 필요가 없다는 등 특별한 사정이 없고, 소재탐지나 구인장 발부가 불가능한 것이 아님에도 불구하고, 불출석한 핵심증인에 대하여 소재탐지나 구인장 발부 없이 증인채택 결정을 취소하는 것은 법원의 재량을 벗어나는 것으로서 위법하다(대법원 2020.12.10, 2020도2623).

③ (×) 가사 항소심에 이르러 범행을 부인하였다고 하더라도 제1심 법원에서 증거로 할 수 있었던 증거는 항소법원에서도 증거로 할 수 있는 것이므로 제1심법원에서 이미 증거능력이 있었던 증거는 항소심에서도 증거능력이 그대로 유지되어 심판의 기초가 될 수 있고 다시 증거조사를 할 필요가 없다(대법원 1998.2.27, 97도3421; 2005.3.11, 2004도8313).

정답 ④

---

071 ☑ 유사 ◆◆◇ 변호사 2017

甲은 A가 운영하는 식당에 들어가 금품을 절취하기로 마음먹고 야간에 A의 식당 창문과 방충망을 그대로 창틀에서 분리만 한 후 식당 안으로 들어갔으나 곧바로 방범시스템이 작동하여 그 경보 소리를 듣고 달려온 A와 근처를 순찰 중이던 경찰관 B에게 발각되자 체포를 면탈할 목적으로 A와 B를 폭행하고 도주하였다. 이러한 상황은 식당에 설치된 CCTV에 모두 녹화되었다. 甲은 공소제기되어 제1심 법원에서 재판 진행 중이다. 이에 관한 설명 중 옳지 않은 것을 모두 고른 것은? (다툼이 있는 경우 판례에 의함)

> ㄱ. 甲은 A에 대하여 준강도미수죄, B에 대하여 준강도미수죄와 공무집행방해죄가 성립하고, 각 죄는 실체적 경합관계에 있다.
> ㄴ. 만일 甲이 위와 같은 방법으로 식당 안에 침입하여 현금을 절취한 후 발각되지 않고 도주하였다면, 甲은 「형법」 제331조 제1항(야간손괴침입절도)의 특수절도죄의 죄책을 진다.
> ㄷ. 만일 상습으로 단순절도를 범했던 甲이 오후 3시에 A의 식당에 들어가 현금을 절취한 후 발각되지 않고 도주하였다면, 甲에게는 상습절도죄와 별개로 주거침입죄가 성립한다.
> ㄹ. 검사가 위 CCTV 녹화기록을 증거로 제출하였는데, 제1심 법원이 공판기일에 CCTV에 대한 검증을 행한 경우, 그 검증결과가 바로 증거가 되는 것이고 그 검증의 결과를 기재한 검증조서가 서증으로서 증거가 되는 것은 아니다.
> ㅁ. 위 사건에 대한 제1심 법원의 판결에 대하여 검사만이 양형부당을 이유로 항소한 경우, 피고인 甲은 항소심판결에 대하여 사실오인, 채증법칙 위반, 심리미진 또는 법령위반 등의 사유를 들어 상고이유로 삼을 수 없다.

① ㄱ, ㄴ
② ㄴ, ㄷ
③ ㄱ, ㄴ, ㄹ
④ ㄱ, ㄷ, ㅁ
⑤ ㄷ, ㄹ, ㅁ

해설

ㄱ. (×) 절도범인이 체포를 면탈할 목적으로 경찰관에게 폭행·협박을 가한 때에는 준강도죄와 공무집행방해죄를 구성하고 양 죄는 상상적 경합관계에 있다(대법원 1992.7.28, 92도917).

ㄴ. (×) 피고인이 창문과 방충망을 창틀에서 분리한 사실만을 인정할 수 있을 뿐 달리 창문과 방충망을 물리적으로 훼손하여 그 효용을 상실하게 하였음을 인정할 만한 증거가 없다면 형법 제331조 제1항의 특수절도죄는 성립하지 아니한다(대법원 2015.10.29, 2015도7559).

ㄷ. (○) 형법 제332조에 규정된 상습절도죄를 범한 범인이 그 범행의 수단으로 주간에 주거침입을 한 경우 그 주간 주거침입행위는 상습절도죄와 별개로 주거침입죄를 구성한다. 또 형법 제332조에 규정된 상습절도죄를 범한 범인이 그 범행 외에 상습적인 절도의 목적으로 주간에 주거침입을 하였다가 절도에 이르지 아니

하고 주거침입에 그친 경우에도 그 주간 주거침입행위는 상습절도죄와 별개로 주거침입죄를 구성한다(대법원 2015.10.15, 2015도8169).

ㄹ. (○) 수소법원이 공판기일에 검증을 행한 경우에는 그 검증결과 즉 법원이 오관의 작용에 의하여 판단한 결과가 바로 증거가 되고, 그 검증의 결과를 기재한 검증조서가 서증으로서 증거가 되는 것은 아니다. 기록에 의하면, 원심이 2009.1.21.자로 실시한 CCTV 동영상에 대한 검증은 서울중앙지방법원 제370호 영상실에서 제6회 공판기일을 진행하면서 재판부전원, 참여 사무관, 피고인, 검사, 피고인의 변호인, 송일국 대리인 등이 참석한 가운데 진행하였음을 알 수 있다. 따라서 위 검증은 검증결과가 바로 증거가 된다고 할 것이므로 설령 그 검증의 결과를 검증조서에 일부기재하지 않았다고 하더라도 이에 관하여 원심에 심리미진의 위법이 있다고 할 수 없다(대법원 2009.11.12, 2009도8949).

ㅁ. (○) 상고심은 항소법원 판결에 대한 사후심이므로 항소심에서 심판대상이 되지 않은 사항은 상고심의 심판범위에 들지 않는 것이어서 피고인이 항소심에서 항소이유로 주장하지 아니하거나 항소심이 직권으로 심판대상으로 삼은 사항 이외의 사유에 대하여는 이를 상고이유로 삼을 수 없다(대법원 2015.10.29, 2015도9010).

〔정답〕 ①

Ⅲ 상고심의 절차

072 ✓ 대표 ◆◆◇ 〔법원 2016〕

상고심에 관한 다음 설명 중 가장 옳지 않은 것은? (다툼이 있는 경우 판례에 의함)

① 상고심은 항소법원판결에 대한 사후심이므로 항소심에서 심판대상이 되지 않은 사항은 상고심의 심판범위에 들지 않는다.

② 항소심판결 선고 당시 미성년이었던 피고인이 상고 이후에 성년이 되었다고 하여 항소심의 부정기형의 선고가 위법이 되는 것은 아니다.

③ 상상적 경합관계에 있는 두 죄에 대하여 한 죄는 무죄, 한 죄는 유죄가 선고되어 검사만이 무죄 부분에 대하여 상고하였다 하여도 유죄 부분도 상고심의 심판대상이 된다.

④ 항소심이 몰수나 추징을 선고하지 아니하였음을 이유로 파기하는 경우 항소심판결의 유죄부분 전부를 파기하는 것이 아니라 그 부분만 특정하여 파기하여야 한다.

〔해설〕

④ (✕) 주형과 부가형은 일체이므로 전부 파기한다. "주형과 몰수 또는 추징을 선고한 항소심판결 중 몰수 또는 추징부분에 관해서만 파기사유가 있을 때에는 상고심이 그 부분만을 파기할 수 있으나, 항소심이 몰수나 추징을 선고하지 아니하였음을 이유로 파기하는 경우에는 항소심판결에 몰수나 추징부분이 없어 그 부분만 특정하여 파기할 수 없으므로, 결국 항소 심판결의 유죄부분 전부를 파기하여야 한다(대법원 2005.10.28, 2005도5822; 2014.5.16, 2014도1547)."

① (○) 상고심은 원칙적 사후심·법률심이다. "상고심은 항소법원판결에 대한 사후심이므로 항소심에서 심판대상이 되지 않은 사항은 상고심의 심판범위에 들지 않는 것이어서 피고인이 항소심에서

항소이유로 주장하지 아니하거나 항소심이 직권으로 심판대상으로 삼은 사항 이외의 사유에 대하여는 이를 상고이유로 삼을 수 없다(대법원 2000.3.28, 99도2831 등)(대법원 2006.6.30, 2006도2104)."

② (○) 소년인가의 판단기준시점은 사실심 판결선고 시, 즉 항소심 판결선고 시이다. "상고심에서의 심판대상은 항소심 판결 당시를 기준으로 하여 그 당부를 심사하는 데에 있는 것이므로 항소심판결 선고 당시 미성년이었던 피고인이 상고 이후에 성년이 되었다고 하여 항소심의 부정기형의 선고가 위법이 되는 것은 아니다(대법원 1998.2.27, 97도3421)."

③ (○) 상상적 경합이므로 전부상소이다. "상상적 경합관계에 있는 두 죄에 대하여 한 죄는 무죄, 한 죄는 유죄가 선고되어 검사만이 무죄부분에 대하여 상고하였다 하여도 유죄부분도 상고심의 심판대상이 되는 것이고, 공소사실 중 일부에 대하여는 유죄를, 실체적 경합관계에 있는 일부에 대하여는 무죄를 각 선고하고, 그 유죄 부분과 상상적 경합관계에 있는 다른 일부에 대하여는 무죄임을 판시하면서 주문에 별도의 선고를 하지 않은 항소심판결에 대하여, 검사가 무죄 부분 전체에 대하여 상고를 한 경우 그 유죄 부분은 형식상 검사 및 피고인 어느 쪽도 상고한 것 같아 보이지 않지만 그 부분과 상상적 경합관계에 있는 무죄 부분에 대하여 검사가 상고함으로써 그 유죄 부분은 그 무죄 부분의 유·무죄 여하에 따라서 처단될 죄목과 양형을 좌우하게 되므로, 결국 그 유죄 부분도 함께 상고심의 판단대상이 된다(대법원 2005.1.27, 2004도7488)."

〔정답〕 ④

073 ✓ 대표 ◆◆◇ 〔법원9급 2021〕

다음 설명 중 가장 옳지 않은 것은? (다툼이 있는 경우 판례에 의함)

① 상고의 제기가 법률상의 방식에 위반하거나 상고권 소멸 후인 것이 명백해 원심법원이 결정으로 상고를 기각한 경우 원심법원은 상고장을 받은 날부터 14일 이내에 소송기록과 증거물을 상고법원에 송부하여야 한다.

② 상고법원이 소송기록의 송부를 받은 때에는 즉시 상고인과 상대방에 대하여 그 사유를 통지하여야 하고, 통지 전에 변호인의 선임이 있는 때에는 변호인에 대하여도 전항의 통지를 하여야 한다.

③ 필요적 변호사건에서 항소법원이 국선변호인을 선정하고 피고인과 국선변호인에게 소송기록접수통지를 한 다음 피고인이 사선변호인을 선임함에 따라 국선변호인의 선정을 취소한 경우 항소법원은 사선변호인에게 다시 소송기록접수통지를 할 의무가 없다.

④ 제1심판결에 대한 상고는 그 사건에 대한 항소가 제기된 때에는 그 효력을 잃는다.

〔해설〕

① (✕) 상고의 제기가 법률상의 방식에 위반하거나 상고권소멸 후인 것이 명백한 때에는 원심법원은 결정으로 상고를 기각하여야 하며(제376조 제1항), 이 경우(제376조)를 제외하고는 원심법원은 상고장을 받은 날부터 14일 이내에 소송기록과 증거물을 상고법원에 송부하여야 한다(제377조).

② (○) 제378조 제1항·제2항
③ (○) 대법원 2018.11.22, 2015도10651 전원합의체
④ (○) 제373조

정답 ①

---

074 ✓ 대표 ◆◇◇ 법원9급 2019 법원승진 2014 유사

상고심 절차에 대한 다음 설명 중 가장 옳지 않은 것은?

① 형사소송법상 상고대상인 판결은 제2심판결이지만 제1심판결에 대하여도 항소를 제기하지 않고 바로 상고할 수 있는 경우가 있다.

② 형사소송법상 상고이유서에는 소송기록과 원심법원의 증거조사에 표현된 사실을 인용하여 그 이유를 명시하여야 하므로 원심에서 제출하였던 변론요지서를 그대로 원용한 방식의 상고이유는 부적법하다.

③ 형사소송법상 항소심판결에 중대한 사실의 오인이 있어 판결에 영향을 미쳤고 현저히 정의에 반하는 때에는 그러한 내용이 상고이유서에 포함되어 있지 않더라도 상고심이 이를 직권으로 심판할 수 있도록 되어있다.

④ 상고장 및 상고이유서에 기재된 상고이유의 주장이 형사소송법 제383조 각호에 열거된 상고이유 중 어느 하나에 해당하지 아니함이 명백한 경우에는 결정으로 상고를 기각하여야 한다.

해설

③ (×) 법령위반, 판결 후 형의 폐지 등, 재심청구사유의 세 가지는 상고심의 직권심판사항에 속하나, 양형부당과 사실오인은 –항소심의 직권심판사항에 속할 뿐– 상고심의 직권심판사항에 속하지 않는다. 제384조 참조.
[보충] 이에 비하여 항소심의 직권심판사항은 판결에 영향을 미친 사항이다.

> **제383조(상고이유)** 다음 사유가 있을 경우에는 원심판결에 대한 상고이유로 할 수 있다. 〈개정 1961.9.1, 1963.12.13.〉
> 1. 판결에 영향을 미친 헌법·법률·명령 또는 규칙의 위반이 있는 때
> 2. 판결후 형의 폐지나 변경 또는 사면이 있는 때
> 3. 재심청구의 사유가 있는 때
> 4. 사형, 무기 또는 10년 이상의 징역이나 금고가 선고된 사건에 있어서 중대한 사실의 오인이 있어 판결에 영향을 미친 때 또는 형의 양정이 심히 부당하다고 인정할 현저한 사유가 있는 때
> **제384조(심판범위)** 상고법원은 상고이유서에 포함된 사유에 관하여 심판하여야 한다. 그러나, 전조 제1호 내지 제3호의 경우에는 상고이유서에 포함되지 아니한 때에도 직권으로 심판할 수 있다. 〈개정 1961.9.1, 1963.12.13.〉

① (○) 법령위반 등을 이유로 한 비약적 상고가 가능하다.

> **제372조(비약적 상고)** 다음 경우에는 제1심판결에 대하여 항소를 제기하지 아니하고 상고를 할 수 있다. 〈개정 1961.9.1.〉
> 1. 원심판결이 인정한 사실에 대하여 법령을 적용하지 아니

하였거나 법령의 적용에 착오가 있는 때
> 2. 원심판결이 있은 후 형의 폐지나 변경 또는 사면이 있는 때

② (○) 상고인 또는 변호인은 소송기록접수통지를 받은 날로부터 20일 이내에 상고이유서를 상고법원에 제출하여야 하고(제379조 제1항), 상고이유서에는 소송기록과 원심법원의 증거조사에 표현된 사실을 인용하여 그 이유를 명시하여야 한다(동 제2항). 즉, 상고이유서에는 상고이유를 특정하여 원심판결의 어떤 점이 법령에 어떻게 위반되었는지에 관하여 구체적이고도 명시적인 이유의 설시가 있어야 하는 것이다. 지문은 대법원 1996.2.13, 95도2716; 2004.3.11, 2002도606 등 참조.

④ (○) 제380조 제2항 참조.

> **제380조(상고기각 결정)** ① 상고인이나 변호인이 전조 제1항의 기간 내에 상고이유서를 제출하지 아니한 때에는 결정으로 상고를 기각하여야 한다. 단, 상고장에 이유의 기재가 있는 때에는 예외로 한다. 〈개정 1961.9.1, 2014.5.14.〉
> ② 상고장 및 상고이유서에 기재된 상고이유의 주장이 제383조 각 호의 어느 하나의 사유에 해당하지 아니함이 명백한 때에는 결정으로 상고를 기각하여야 한다. 〈신설 2014.5.14〉

정답 ③

---

075 ✓ 유사 ◆◆◆ 법원9급 2024

상고 절차에 관한 다음 설명 중 가장 옳지 않은 것은?

① 상고를 제기한 검찰청 소속 검사가 그 이름으로 상고이유서를 제출하여도 유효한 것으로 취급되고, 이 경우 상고를 제기한 검찰청이 있는 곳을 기준으로 법정기간인 상고이유서 제출기간이 형사소송법 제67조에 따라 연장된다.

② 상고장 및 상고이유서에 기재된 상고이유의 주장이 형사소송법 제383조 각 호의 어느 하나의 사유에 해당하지 아니함이 명백한 때에는 결정으로 상고를 기각하여야 한다.

③ 상고법원은 필요한 경우에는 특정한 사항에 관하여 변론을 열어 참고인의 진술을 들을 수 있다.

④ 상고심은 사후심으로서, 원심까지의 소송자료만을 기초로 삼아 원심판결의 당부를 판단하여야 하므로, 원심판결 후에 나타난 사실이나 증거의 경우 비록 그것이 상고이유서 등에 첨부되어 있다고 하더라도 사용할 수 없음이 원칙이다.

해설

① (×) 상고를 제기한 검찰청 소속 검사가 그 이름으로 상고이유서를 제출하여도 유효하다. 다만 상고를 제기한 검찰청이 있는 곳을 기준으로 법정기간인 상고이유서 제출기간이 형사소송법 제67조에 따라 연장될 수 없다(대법원 2003.6.26, 2003도2008).
[참고] ㉠ 검사가 상고한 경우에는 상고법원에 대응하는 검찰청 소속 검사가 소송기록접수통지를 받은 날로부터 20일 이내에 그 이름으로 상고이유서를 제출하여야 한다. 다만, ㉡ 상고를 제기한 검찰청 소속 검사가 그 이름으로 상고이유서를 제출하여도 유

효한 것으로 취급되지만 ⓒ 이 경우 상고를 제기한 검찰청이 있는 곳을 기준으로 법정기간인 상고이유서 제출기간이 형사소송법 제67조에 따라 연장될 수 없다. 이 사건에서 보면, 원심법원에 대응하는 광주지방검찰청 소속 검사가 상고를 제기하고, 이 법원이 대검찰청 소속 검사에게 소송기록접수통지를 하여 2003. 4. 22. 그 송달이 되었는데, 대검찰청 소속 검사는 상고이유서를 제출하지 아니하였고, 상고한 광주지방검찰청 소속의 검사는 상고이유서 제출기간이 지난 2003. 5. 14. 상고이유서를 제출하였으며, 상고장에도 상고이유의 기재가 없다. 그러므로 상고를 기각한다(위 판례).

> **법 제67조(법정기간의 연장)** 법정기간은 소송행위를 할 자의 주거 또는 사무소의 소재지와 법원 또는 검찰청 소재지와의 거리 및 교통통신의 불편정도에 따라 대법원규칙으로 이를 연장할 수 있다.
>
> **규칙 제44조(법정기간의 연장)** ① 소송행위를 할 자가 국내에 있는 경우 주거 또는 사무소의 소재지와 법원 또는 검찰청, 고위공직자범죄수사처(이하 "수사처"라고 한다) 소재지와의 거리에 따라 해로는 100킬로미터, 육로는 200킬로미터마다 각 1일을 부가한다. 그 거리의 전부 또는 잔여가 기준에 미달할지라도 50킬로미터 이상이면 1일을 부가한다. 다만, 법원은 홍수, 천재지변등 불가피한 사정이 있거나 교통통신의 불편정도를 고려하여 법정기간을 연장함이 상당하다고 인정하는 때에는 이를 연장할 수 있다.
> ② 소송행위를 할 자가 외국에 있는 경우의 법정기간에는 그 거주국의 위치에 따라 다음 각호의 기간을 부가한다.
> 1. 아시아주 및 오세아니아주: 15일
> 2. 북아메리카주 및 유럽주: 20일
> 3. 중남아메리카주 및 아프리카주: 30일

② (○) 제380조 제2항 참조.

> **제380조(상고기각 결정)** ② 상고장 및 상고이유서에 기재된 상고이유의 주장이 제383조 각 호의 어느 하나의 사유에 해당하지 아니함이 명백한 때에는 결정으로 상고를 기각하여야 한다.

③ (○) 제390조 제2항 참조.

> **제390조(서면심리에 의한 판결)** ② 상고법원은 필요한 경우에는 특정한 사항에 관하여 변론을 열어 참고인의 진술을 들을 수 있다.

④ (○) 상고심은 사후심으로서, 원심까지의 소송자료만을 기초로 삼아 원심판결의 당부를 판단하여야 하므로, 직권조사 기타 법령에 특정한 경우를 제외하고는 새로운 증거조사를 할 수 없을뿐더러, 원심판결 후에 나타난 사실이나 증거의 경우 비록 그것이 상고이유서 등에 첨부되어 있다 하더라도 사용할 수 없음이 원칙이다(대법원 2010.10.14, 2009도4894).

정답 ①

---

076 ✓ 유사 ◆◇◇ 국가7급 2019

상고심에 대한 설명으로 옳지 않은 것은? (다툼이 있는 경우 판례에 의함)

① 항소인이 항소이유로 주장하거나 항소심이 직권으로 심판대상으로 삼아 판단한 사항 이외의 사유는 상고이유로 삼을 수 없고, 이를 상고심의 심판범위에 포함시키는 것은 상고심의 사후심 구조에 반한다.

② 상고심으로부터 사건을 환송받은 법원은 그 사건을 재판함에 있어서 상고법원이 파기이유로 한 법률상의 판단에는 기속되지만, 사실상의 판단에는 기속되지 않는다.

③ 사형·무기 또는 10년 이상의 징역이나 금고가 선고된 사건에서는 검사가 양형부당을 이유로 피고인에게 불이익한 상고를 제기하는 것이 허용되지 않는다.

④ 항소법원이 판결을 할 당시 피고인이 소년이었기 때문에 부정기형이 선고되었다면, 그 후 상고심에서 성년이 되었다고 하더라도 부정기형을 선고한 항소심판결을 파기할 사유가 되지 않는다.

해설

② (×) 법원조직법 제8조는 '상급법원 재판에서 한 판단은 해당 사건에 관하여 하급심을 기속한다.'고 정하고, 민사소송법 제436조 제2항 후문은 상고법원이 파기의 이유로 삼은 사실상·법률상 판단은 하급심을 기속한다고 정하고 있다. 형사소송법에는 이에 상응하는 명문의 규정이 없지만, 위와 같은 법 규정의 취지, 심급제도의 존재 이유, 대법원에서 상고이유를 판단하면서 사실인정에 관한 원심판결의 당부에 관하여 개입할 수 있는 점 등에 비추어 형사소송에서도 상고심 판결의 파기이유가 된 사실상의 판단도 기속력을 가진다고 보아야 한다. 따라서 상고심으로부터 형사사건을 환송받은 법원은 환송 후의 심리과정에서 새로운 증거가 제시되어 기속력 있는 판단의 기초가 된 증거관계에 변동이 생기지 않는 한 그 사건의 재판에서 상고법원이 파기이유로 제시한 사실상·법률상의 판단에 기속된다(대법원 2009.4.9, 2008도10572 등).

① (○) 상고심은 항소심판결에 대한 사후심으로서 항소심에서 심판대상으로 되었던 사항에 한하여 상고이유의 범위 내에서 그 당부만을 심사하여야 한다. 그 결과 항소인이 항소이유로 주장하거나 항소심이 직권으로 심판대상으로 삼아 판단한 사항 이외의 사유는 상고이유로 삼을 수 없고 이를 다시 상고심의 심판범위에 포함시키는 것은 상고심의 사후심 구조에 반한다고 할 것이다. 이러한 점에서 상고이유 제한 법리는 형사소송법이 상고심을 사후심으로 규정한 데에 따른 귀결이라고 할 수 있다(대법원 2019. 3.21, 2017도16593-1 전원합의체).

③ (○) 피고인에 대하여 사형, 무기 또는 10년 이상의 징역이나 금고의 형이 선고된 경우에 있어서도 형사소송법 제383조 제4호의 해석상 검사는 그 형이 너무 가볍다는 이유로 상고할 수 없다(대법원 2016.4.15, 2016도1108,2016전도12).

④ (○) 항소심 판결 선고 당시 소년법 제2조 소정의 소년이어서 부정기형이 선고되었다면 그 후 상고심에 와서 피고인이 성년이 되었다고 하더라도 부정기형을 선고한 항소심판결을 파기할 사유가 되지 않는다(대법원 1990.7.27, 90도1118).

정답 ②

Ⅳ 비약적 상고

077 ✓ 대표 ◆◇◇　　　　　　　　법원 2014

상고심에 관한 설명 중 가장 옳지 않은 것은?

① 제1심판결에 대한 비약적 상고는, 그 사건에 대한 상대방의 항소가 제기 된 때에는, 그 항소가 취하되더라도 효력을 잃게 된다.

② 상고법원은 상고장, 상고이유서 기타의 소송기록에 의하여 변론 없이 판결할 수 있다.

③ 상고심의 공판기일에는 피고인의 소환을 요하지 아니한다.

④ 피고인의 이익을 위하여 원심판결을 파기하는 경우에 파기의 이유가 상고한 공동피고인에 공통되는 때에는 그 공동피고인에 대하여도 원심판결을 파기하여야 한다.

해설

① (×) 비약적 상고: 1심판결에 대하여 법령위반/폐지·변경·사면을 이유로 대법원에 직접 상고하는 것이며, 항소가 제기되면 효력을 잃지만, 항소취하·항소기각결정시 예외(비약적 상고의 부활)로 한다. 제373조 단서 참조.

> **제373조(항소와 비약적 상고)** 제1심판결에 대한 상고는 그 사건에 대한 항소가 제기 된 때에는 그 효력을 잃는다. <u>단, 항소의 취하 또는 항소기각의 결정이 있는 때에는 예외로 한다.</u>

② (○) 상고심은 사후심이며 임의적 변론에 의한다. 제390조 제1항 참조.

> **제390조(서면심리에 의한 판결)** ① 상고법원은 상고장, 상고이유서 기타의 소송기록에 의하여 변론 없이 판결할 수 있다.

[보충] 상고심에서는 검사와 변호인은 상고이유서에 의하여 변론하고, 참고인(전문가)은 필요한 경우 변론을 열어 진술을 청취할 수 있다.

③ (○) 제389조의2 참조.
[보충] 다만, 공판기일통지서는 송달하여야 한다.

> **제389조의2(피고인의 소환 여부)** 상고심의 공판기일에는 피고인의 소환을 요하지 아니한다.

④ (○) 제392조 참조.

> **제392조(공동피고인을 위한 파기)** 피고인의 이익을 위하여 원심판결을 파기하는 경우에 파기의 이유가 상고한 공동피고인에 공통되는 때에는 그 공동피고인에 대하여도 원심판결을 파기하여야 한다.

정답 ①

078 ✓ 대표 ◆◆◇　　　　　　　　법원9급 2023

비약적 상고에 관한 다음 설명 중 가장 옳지 않은 것은?

① 비약적 상고는 제1심판결이 인정한 사실에 대하여 법령을 적용하지 않았거나 법령의 적용에 착오가 있는 때 또는 제1심판결이 있은 후 형의 폐지나 변경 또는 사면이 있는 때에 제기할 수 있다.

② '제1심판결이 인정한 사실에 대하여 법령을 적용하지 아니하거나 법령의 적용에 착오가 있는 때'라 함은, 제1심판결이 인정한 사실이 옳다는 것을 전제로 하여 볼 때 그에 대한 법령을 적용하지 아니하거나 법령의 적용을 잘못한 경우를 말하는 것이다.

③ 제1심판결에 대한 비약적 상고는 그 사건에 대한 항소가 제기된 때에는 효력을 잃고, 다만 항소의 취하 또는 항소기각의 결정이 있는 때에는 예외로 한다.

④ 피고인이 비약적 상고를 제기한 후 검사가 항소를 제기하면 피고인의 비약적 상고는 효력을 잃는데, 그와 같이 효력이 없어진 비약적 상고에 항소로서의 효력을 부여할 수 없다.

해설

④ (×) 형사소송법 제372조, 제373조 및 관련 규정의 내용과 취지, 비약적 상고와 항소가 제1심판결에 대한 상소권 행사로서 갖는 공통성, 이와 관련된 피고인의 불복의사, 피고인의 상소권 보장의 취지 및 그에 대한 제한의 범위와 정도, 피고인의 재판청구권을 보장하는 헌법합치적 해석의 필요성 등을 종합하여 보면, <u>제1심판결에 대하여 피고인은 비약적 상고를, 검사는 항소를 각각 제기하여 이들이 경합한 경우 피고인의 비약적 상고에 상고의 효력이 인정되지는 않더라도, 피고인의 비약적 상고가 항소기간 준수 등 항소로서의 적법요건을 모두 갖추었고, 피고인이 자신의 비약적 상고에 상고의 효력이 인정되지 않는 때에도 항소심에서는 제1심판결을 다툴 의사가 없었다고 볼 만한 특별한 사정이 없다면, 피고인의 비약적 상고에 항소로서의 효력이 인정된다고 보아야 한다</u>(대법원 2022.5.19, 2021도17131,2021전도170 전원합의체).

① (○) 비약적 상고의 사유는 <u>법령적용의 위법과 판결 후 형의 폐지·변경 또는 사면</u> 두 가지로 규정되어 있다(제372조).

> **제372조(비약적 상고)** 다음 경우에는 제1심판결에 대하여 항소를 제기하지 아니하고 상고를 할 수 있다.
> 1. 원심판결이 인정한 사실에 대하여 법령을 적용하지 아니하였거나 <u>법령의 적용에 착오가 있는 때</u>
> 2. 원심판결이 있은 후 <u>형의 폐지나 변경 또는 사면이 있는 때</u>

② (○) 형사소송법 제372조에 의하면 비약적 상고는 제1심판결이 그 인정한 사실에 대하여 법령을 적용하지 아니하였거나 법령의 적용에 착오가 있는 때 또는 제1심판결이 있은 후 형의 폐지나 변경 또는 사면이 있는 때에 제기할 수 있다. 여기서 말하는 '<u>제1심판결이 인정한 사실에 대하여 법령을 적용하지 아니하거나 법령의 적용에 착오가 있는 때</u>'라 함은 <u>제1심판결이 인정한 사실이 옳다는 것을 전제로 하여 볼 때 그에 대한 법령을 적용하지 아니하거나 법령의 적용을 잘못한 경우를 말한다</u>(대법원 2020.7.9, 2020도4161).

③ (○) 비약적 상고는 제1심판결이 인정한 사실에 대하여 법령을 적용하지 않았거나 법령의 적용에 착오가 있는 때 또는 제1심판

결이 있은 후 형의 폐지나 변경 또는 사면이 있는 때에 제기할 수 있다(형사소송법 제372조). 제1심판결에 대한 비약적 상고는 그 사건에 대한 항소가 제기된 때에는 효력을 잃고, 다만 항소의 취하 또는 항소기각의 결정이 있는 때에는 예외로 한다(형사소송법 제373조)(대법원 2022.5.19, 2021도17131, 2021전도170 전원합의체).

> **제373조(항소와 비약적 상고)** 제1심판결에 대한 상고는 그 사건에 대한 항소가 제기된 때에는 그 효력을 잃는다. 단, 항소의 취하 또는 항소기각의 결정이 있는 때에는 예외로 한다.

정답 ④

---

079 ☑ 유사 ◆◆◇ 　　　변호사 2024

상소에 관한 설명 중 옳지 않은 것은? (다툼이 있는 경우 판례에 의함)

① 항소심에서 변호인이 피고인을 신문하겠다는 의사를 표시하였음에도 변호인에게 일체의 피고인신문을 허용하지 않은 재판장의 조치는 소송절차의 법령위반으로서 상고이유에 해당한다.

② 피고인만이 상소한 사건에서 상소심이 원심법원이 인정한 범죄사실의 일부를 무죄로 인정하면서도 피고인에 대하여 원심법원과 동일한 형을 선고하였더라도 불이익변경금지 원칙을 위반한 것은 아니다.

③ 피고인이 유죄가 인정된 제1심판결에 대하여 항소하지 않거나 양형부당만을 이유로 항소하고 검사는 양형부당만을 이유로 항소하였는데 항소심이 검사의 항소를 받아들여 제1심판결을 파기하고 그보다 높은 형을 선고한 경우, 피고인은 상고심에서 사실오인이나 법령위반 등 새로운 사유를 상고이유로 내세울 수 없다.

④ 경합범 중 일부에 대하여 무죄, 일부에 대하여 유죄를 선고한 항소심판결에 대하여 검사만이 무죄 부분에 대하여 상고를 제기한 경우, 상고심에서 이를 파기할 때에는 무죄 부분만을 파기하여야 한다.

⑤ 제1심판결에 대하여 피고인은 비약적 상고를, 검사는 항소를 각각 제기하여 이들이 경합한 경우, 피고인의 비약적 상고는 효력을 잃게 되므로, 피고인의 비약적 상고가 항소기간 준수 등 항소로서의 적법요건을 모두 갖추었을 뿐만 아니라 피고인이 항소심에서 제1심판결을 다툴 의사가 있었더라도 피고인의 비약적 상고에 항소로서의 효력을 부여할 수 없다.

해설

⑤ (×) 제1심판결에 대하여 피고인은 비약적 상고를, 검사는 항소를 각각 제기하여 이들이 경합한 경우 피고인의 비약적 상고에 상고의 효력이 인정되지는 않더라도, 피고인의 비약적 상고가 항소기간 준수 등 항소로서의 적법요건을 모두 갖추었고, 피고인이 자신의 비약적 상고에 상고의 효력이 인정되지 않는 때에도 항소심에서는 제1심판결을 다툴 의사가 없었다고 볼 만한 특별한 사

정이 없다면, 피고인의 비약적 상고에 항소로서의 효력이 인정된다고 보아야 한다(대법원 2022.5.19, 2021도17131, 2021전도170 전원합의체).

① (○) 항소심에서 변호인이 피고인을 신문하겠다는 의사를 표시하였음에도 변호인에게 일체의 피고인신문을 허용하지 않은 재판장의 조치는 소송절차의 법령위반으로서 상고이유에 해당한다(대법원 2020.12.24, 2020도10778).

② (○) 피고인만이 상소한 사건에서 상소심이 원심법원이 인정한 범죄사실의 일부를 무죄로 인정하면서도 피고인에 대하여 원심법원과 동일한 형을 선고하였다고 하여 그것이 불이익변경금지 원칙을 위반하였다고 볼 수 없다(대법원 2021.5.6, 2021도1282).

③ (○) 피고인이 유죄가 인정된 제1심판결에 대하여 항소하지 않거나 양형부당만을 이유로 항소하고 검사는 양형부당만을 이유로 항소하였는데, 항소심이 검사의 항소를 받아들여 제1심판결을 파기하고 그보다 높은 형을 선고한 경우, 피고인이 항소심의 심판대상이 되지 않았던 법령위반 등 새로운 사항을 상고이유로 삼아 상고하는 것이 적법하지 않다(대법원 2019.3.21, 2017도16593-1 전원합의체).

④ (○) 항소심이 경합범으로 공소제기된 수 개의 범죄사실 중 그 일부에 대하여 유죄, 일부에 대하여 무죄를 각 선고하고 무죄 부분에 대하여는 검사가 상고하였으나 유죄 부분에 대하여는 피고인과 검사 모두 상고하지 아니한 경우, 그 유죄 부분은 상소기간의 도과로 확정되므로 무죄 부분의 상고가 이유 있는 경우에도 그 무죄 부분만이 파기되어야 한다(대법원 2007.6.28, 2005도7473).

정답 ⑤

---

4 항고

I 항고의 의의와 종류

080 ☑ 대표 ◆◆◇ 　　　국가9급/개론 2021

상소에 대한 설명으로 옳지 않은 것은? (다툼이 있는 경우 판례에 의함)

① 즉시항고의 제기기간은 7일로 한다.

② 항소를 함에는 항소장을 원심법원에 제출하여야 한다.

③ 형사소송에서는 판결등본이 당사자에게 송달되는 여부에 관계없이 공판정에서 판결이 선고된 날부터 상소기간이 기산되며, 이는 피고인이 불출석한 상태에서 재판을 하는 경우에도 마찬가지이다.

④ 항고는 즉시항고 외에는 재판의 집행을 정지하는 효력이 없으므로 원심법원 또는 항고법원이 결정으로 항고에 대한 결정이 있을 때까지 집행을 정지할 수 없다.

해설

④ (×) 항고는 즉시항고 외에는 재판의 집행을 정지하는 효력이 없다. 단, 원심법원 또는 항고법원은 결정으로 항고에 대한 결정이 있을 때까지 집행을 정지할 수 있다(제409조).

① (○) 제405조

② (○) 제359조

③ (○) 대법원 2002.9.27, 2002모6

정답 ④

081 ✓ 대표 ◆◆◆

재판의 불복에 대한 설명으로 옳은 것만을 모두 고른 것은?

> ㄱ. 지방법원이 재판장 또는 수명법관의 압수물환부에 관한 재판의 취소를 청구받은 때에는 합의부에서 결정하여야 한다.
> ㄴ. 약식명령은 재심의 대상이 되지 않는다.
> ㄷ. 증거보전청구 기각결정에 대한 항고는 3일 이내에 할 수 있다.
> ㄹ. 항소의 제기가 법률상의 방식에 위반하거나 항소권 소멸 후인 것이 명백한 때에는 원심법원은 즉시 소송기록과 증거물을 항소법원으로 송부하고 항소법원은 결정으로 항소를 기각하여야 한다.

① ㄱ, ㄷ
② ㄱ, ㄹ
③ ㄴ, ㄷ
④ ㄴ, ㄹ

해설

ㄱ. (○) 제416조 제1항·제2항 참조.

> **제416조(준항고)** ① 재판장 또는 수명법관이 다음 각 호의 1에 해당한 재판을 고지한 경우에 불복이 있으면 그 법관소속의 법원에 재판의 취소 또는 변경을 청구할 수 있다.
> 2. 구금, 보석, 압수 또는 압수물환부에 관한 재판
> ② 지방법원이 전항의 청구를 받은 때에는 합의부에서 결정을 하여야 한다.

ㄴ. (×) 제457조 참조.

> **제457조(약식명령의 효력)** 약식명령은 정식재판의 청구기간이 경과하거나 그 청구의 취하 또는 청구기각의 결정이 확정한 때에는 확정판결과 동일한 효력이 있다.

→ 재심은 확정판결을 대상으로 한다. 약식명령이 확정된 때에는 확정판결과 같은 효력이 있으므로 재심의 대상이 되므로 옳지 않은 지문이다.

ㄷ. (○) 제184조 제1항·제4항 참조.

> **제184조(증거보전의 청구와 그 절차)** ① 검사, 피고인, 피의자 또는 변호인은 미리 증거를 보전하지 아니하면 그 증거를 사용하기 곤란한 사정이 있는 때에는 제1회 공판기일 전이라도 판사에게 압수, 수색, 검증, 증인신문 또는 감정을 청구할 수 있다.
> ④ 제1항의 청구를 기각하는 결정에 대하여는 3일 이내에 항고할 수 있다.

ㄹ. (×) 제360조 제1항 참조.

> **제360조(원심법원의 항소기각 결정)** ① 항소의 제기가 법률상의 방식에 위반하거나 항소권소멸 후인 것이 명백한 때에는 원심법원은 결정으로 항소를 기각하여야 한다.

정답 ①

---

082 ✓ 대표 ◆◇◇

「형사소송법」상 즉시항고가 허용되는 결정을 모두 고른 것은?

> ㉠ 공소기각결정
> ㉡ 원심법원에서의 상고기각결정
> ㉢ 재정신청인에 대한 비용부담결정
> ㉣ 구속집행정지결정

① ㉠, ㉣
② ㉢, ㉣
③ ㉠, ㉡, ㉢
④ ㉠, ㉡, ㉢, ㉣

해설

㉠ (○) 제328조 제2항

㉡ (○) 제376조 제2항

㉢ (○) 제262조의3 제3항

㉣ (×) 구속집행정지결정에 대한 검사의 즉시항고를 인정하는 이 사건 법률조항은 검사의 불복을 그 피고인에 대한 구속집행을 정지할 필요가 있다는 법원의 판단보다 우선시킬 뿐만 아니라, 사실상 법원의 구속집행정지결정을 무의미하게 할 수 있는 권한을 검사에게 부여한 것이라는 점에서 헌법 제12조 제3항의 영장주의원칙에 위배된다. 또한 헌법 제12조 제3항의 영장주의는 헌법 제12조 제1항의 적법절차원칙의 특별규정이므로, 헌법상 영장주의원칙에 위배되는 이 사건 법률조항은 헌법 제12조 제1항의 적법절차원칙에도 위배된다(헌법재판소 2012.6.27, 2011헌가36).

정답 ③

083 ☑ 유사 ◆◆◇   법원9급 2023

항고에 관한 다음 설명 중 가장 옳은 것은?

① 법원의 관할 또는 판결 전의 소송절차에 관한 결정에 대하여는 특히 즉시항고를 할 수 있는 경우 외에는 항고를 하지 못한다. 그러나 관할이전의 신청을 기각한 결정은 피고인의 방어권을 침해할 가능성이 있는 결정이므로 즉시항고는 불가능하더라도 보통항고로서 불복할 수 있다.

② 원심법원은 항고가 이유 있다고 인정하더라도 심급제의 속성상 사건기록을 항고심법원에 송부하여야 하고, 스스로 결정을 경정할 수는 없다.

③ 항고는 즉시항고 외에는 재판의 집행을 정지하는 효력이 없다. 따라서 원심법원 또는 항고법원은 보통항고의 경우 항고에 대한 결정이 있을 때까지 집행을 정지할 수 없다.

④ 검사의 체포영장 또는 구속영장 청구에 대한 지방법원판사의 재판은 형사소송법 제402조의 규정에 의하여 항고의 대상이 되는 '법원의 결정'에 해당하지 아니하고, 제416조 제1항의 규정에 의하여 준항고의 대상이 되는 '재판장 또는 수명법관의 구금 등에 관한 재판'에도 해당하지 아니한다.

[해설]

④ (○) 검사의 체포영장 또는 구속영장 청구에 대한 지방법원판사의 재판은 형사소송법 제402조의 규정에 의하여 항고의 대상이 되는 '법원의 결정'에 해당되지 아니하고, 제416조 제1항의 규정에 의하여 준항고의 대상이 되는 '재판장 또는 수명법관의 구금 등에 관한 재판'에도 해당되지 아니함이 분명하다고 할 것이다(대법원 2006.12.18, 2006모646).

① (×) 법원의 관할이전신청 기각결정에 대하여는 즉시항고나 보통항고 모두 불가하다. 제402조, 제403조 제1항 참조.

> **제402조(항고할 수 있는 재판)** 법원의 결정에 대하여 불복이 있으면 항고를 할 수 있다. 단, 이 법률에 특별한 규정이 있는 경우에는 예외로 한다.
>
> **제403조(판결 전의 결정에 대한 항고)** ① 법원의 관할 또는 판결 전의 소송절차에 관한 결정에 대하여는 특히 즉시항고를 할 수 있는 경우 외에는 항고를 하지 못한다.

[판례] 법원의 관할 또는 판결 전의 소송절차에 관한 결정에 대하여는 특히 즉시항고를 할 수 있는 경우 외에는 항고를 하지 못한다(형사소송법 제403조 제1항). 그런데 관할이전의 신청을 기각한 결정에 대하여 즉시항고를 할 수 있다는 규정이 없으므로, 원심결정에 대하여 재항고인이 불복할 수 없다(대법원 2021.4.2, 2020모2561)(대법원 2013.1.24, 2012모1393 참조).

② (×) 판결에 대한 상소절차에서는 원심법원이 원판결을 고칠 수 없으나, 결정에 대한 항고절차에서는 원심법원이 원결정을 고칠 수 있다. 이러한 원심법원의 경정결정을 재도의 고안이라고도 한다. 제408조 참조.

> **제408조(원심법원의 갱신결정)** ① 원심법원은 항고가 이유 있다고 인정한 때에는 결정을 경정하여야 한다.
> ② 항고의 전부 또는 일부가 이유 없다고 인정한 때에는 항

경정을 받은 날로부터 3일 이내에 의견서를 첨부하여 항고법원에 송부하여야 한다.

③ (×) 보통항고의 경우에도 원심법원 또는 항고법원은 항고에 대한 결정이 있을 때까지 집행을 정지할 수 있다(임의적 집행정지, 제409조 단서).

> **제409조(보통항고와 집행정지)** 항고는 즉시항고 외에는 재판의 집행을 정지하는 효력이 없다. 단, 원심법원 또는 항고법원은 결정으로 항고에 대한 결정이 있을 때까지 집행을 정지할 수 있다.
>
> **제410조(즉시항고와 집행정지의 효력)** 즉시항고의 제기기간 내와 그 제기가 있는 때에는 재판의 집행은 정지된다.

[정답] ④

---

084 ☑ 유사 ◆◆◇   국가7급 2023

형사소송법상 항고와 즉시항고에 대한 설명으로 옳은 것만을 모두 고르면?

> ㄱ. 제184조 제1항의 증거보전청구를 기각하는 결정에 대하여는 항고가 허용되지 않는다.
>
> ㄴ. 제433조에 따라 재심의 청구가 법률상의 방식에 위반하거나 청구권의 소멸 후인 것이 명백하여 이를 기각하는 결정에 대하여는 즉시항고가 허용되지 않는다.
>
> ㄷ. 제266조의4에 따라 법원이 검사에게 수사서류 등의 열람·등사 또는 서면의 교부를 허용할 것을 명한 결정에 대하여는 항고가 허용되지 않는다.
>
> ㄹ. 제192조 제1항에 따라 재판으로 소송절차가 종료되는 경우에 피고인 아닌 자에게 소송비용을 부담하게 하는 결정에 대하여는 즉시항고를 할 수 있다.

① ㄱ, ㄴ   ② ㄱ, ㄹ

③ ㄴ, ㄷ   ④ ㄷ, ㄹ

[해설]

④ ㄷ, ㄹ

ㄱ. (×) 제184조 제4항 참조.

> **제184조(증거보전의 청구와 그 절차)** ① 검사, 피고인, 피의자 또는 변호인은 미리 증거를 보전하지 아니하면 그 증거를 사용하기 곤란한 사정이 있는 때에는 제1회 공판기일 전이라도 판사에게 압수, 수색, 검증, 증인신문 또는 감정을 청구할 수 있다.
> ④ 제1항의 청구를 기각하는 결정에 대하여는 3일 이내에 항고할 수 있다.

ㄴ. (×) 제433조, 제437조 참조.

> **제433조(청구기각 결정)** 재심의 청구가 법률상의 방식에 위반하거나 청구권의 소멸 후인 것이 명백한 때에는 결정으로 기각하여야 한다.

제437조(즉시항고) 제433조, 제434조 제1항, 제435조 제1항과 전조 제1항의 결정에 대하여는 즉시항고를 할 수 있다.

ㄷ. (○) 형사소송법 제402조는 "법원의 결정에 대하여 불복이 있으면 항고를 할 수 있다. 단, 이 법률에 특별한 규정이 있는 경우에는 예외로 한다."고 규정하고, 제403조 제1항은 "법원의 관할 또는 판결 전의 소송절차에 관한 결정에 대하여는 특히 즉시항고를 할 수 있는 경우 외에는 항고하지 못한다."고 규정하고 있다. 그런데 형사소송법 제266조의4에 따라 법원이 검사에게 수사서류 등의 열람·등사 또는 서면의 교부를 허용할 것을 명한 결정은 피고사건 소송절차에서의 증거개시(開示)와 관련된 것으로서 제403조에서 말하는 '판결 전의 소송절차에 관한 결정'에 해당한다할 것인데, 위 결정에 대하여는 형사소송법에서 별도로 즉시항고에 관한 규정을 두고 있지 않으므로 제402조에 의한 항고의 방법으로 불복할 수 없다고 보아야 한다(대법원 2013.1.24, 2012모1393).

ㄹ. (○) 제192조 제1항·제2항 참조.

제192조(제삼자부담의 재판) ① 재판으로 소송절차가 종료되는 경우에 피고인 아닌 자에게 소송비용을 부담하게 하는 때에는 직권으로 결정을 하여야 한다.
② 전항의 결정에 대하여는 즉시항고를 할 수 있다.

정답 ④

---

085 ✓유사 ◆◆◇　　　　국가9급/개론 2020

항고에 대한 설명으로 옳은 것만을 모두 고르면? (다툼이 있는 경우 판례에 의함)

ㄱ. 판사가 증거보전청구(「형사소송법」 제184조)를 기각한 결정에 대해서는 항고할 수 없다.
ㄴ. 압수물에 대하여 몰수의 선고가 없어 압수가 해제된 것으로 간주되었음(「형사소송법」 제332조)에도 불구하고 검사가 그 해제된 압수물의 인도를 거부하는 조치에 대해서는 준항고로 불복할 수 없다.
ㄷ. 약식명령에 대한 정식재판청구를 기각하는 결정에 대해서는 즉시항고할 수 있다.
ㄹ. 「국민의 형사재판 참여에 관한 법률」에 따라 사건을 국민참여재판으로 진행 또는 배제하기로 하는 법원의 결정에 대해서는 즉시항고할 수 있다.

① ㄱ, ㄴ
② ㄴ, ㄷ
③ ㄴ, ㄹ
④ ㄱ, ㄷ, ㄹ

해설
ㄱ. (×) 증거보전청구를 기각하는 결정에 대하여는 3일 이내에 항고할 수 있다(제184조 제4항).
ㄴ. (○) 대법원 1984.2.6, 84모3
ㄷ. (○) 제455조 제1항·제2항
ㄹ. (×) 국민의 형사재판 참여에 관한 법률에 의하면 제1심 법원이 국민참여재판 대상사건을 피고인의 의사에 따라 국민참여재판으로 진행함에 있어 별도의 국민참여재판 개시결정을 할 필요는 없고, 그에 관한 이의가 있어 제1심 법원이 국민참여재판으로 진행

하기로 하는 결정에 이른 경우 이는 판결 전의 소송절차에 관한 결정에 해당하며, 그에 대하여 특별히 즉시항고를 허용하는 규정이 없으므로 위 결정에 대하여는 항고할 수 없다(대법원 2009.10.23, 2009모1032).

정답 ②

---

086 ✓유사 ◆◆◇　　　　법원9급 2020

항고에 관한 다음 설명 중 가장 옳지 않은 것은?

① 법원이 사건을 국민참여재판으로 진행하기로 하는 결정 또는 배제하기로 하는 결정에 대하여는 즉시항고를 할 수 있다.
② 검사의 체포영장 또는 구속영장 청구에 대한 지방법원판사의 재판은 항고나 준항고의 대상이 되지 않는다.
③ 재정신청에 관한 법원의 공소제기결정에 대하여 재항고가 허용되지 않으므로, 공소제기결정에 대하여 재항고가 제기되면 결정으로 이를 기각하여야 한다.
④ 국선변호인선임청구 기각결정에 대하여는 보통항고를 할 수 없다.

해설
① (×) 법원이 사건을 국민참여재판에서 배제하기로 하는 결정에 대하여는 즉시항고를 할 수 있으나(국민의 형사재판 참여에 관한 법률 제9조 제3항), 국민참여재판으로 진행하기로 하는 결정에 대하여는 즉시항고를 할 수 없다(대법원 2009.10.23, 2009모1032).
② (○) 검사의 체포영장 또는 구속영장 청구에 대한 지방법원판사의 재판은 형사소송법 제402조의 규정에 의하여 항고의 대상이 되는 '법원의 결정'에 해당하지 아니하고, 제416조 제1항의 규정에 의하여 준항고의 대상이 되는 '재판장 또는 수명법관의 구금 등에 관한 재판'에도 해당하지 아니한다(대법원 2006.12.18, 2006모646).
③ (○) 형사소송법(이하 '법'이라고 한다) 제262조 제2항, 제4항은 검사의 불기소처분에 따른 재정신청에 대한 법원의 재정신청기각 또는 공소제기의 결정에 불복할 수 없다고 규정하고 있는데, 법 제262조 제2항 제2호의 공소제기결정에 잘못이 있는 경우에는 그 공소제기에 따른 본안사건의 절차가 개시되어 본안사건 자체의 재판을 통하여 대법원의 최종적인 판단을 받는 길이 열려 있으므로, 이와 같은 공소제기의 결정에 대한 재항고를 허용하지 않는다고 하여 재판에 대하여 최종적으로 대법원의 심사를 받을 수 있는 권리가 침해되는 것은 아니고, 따라서 법 제262조 제2항 제2호의 공소제기결정에 대하여는 법 제415조의 재항고가 허용되지 않는다고 보아야 한다(대법원 2012.10.29, 2012모1090).
④ (○) 형사소송법 제33조 제5호에 의한 국선변호인선임청구를 기각한 결정은 판결 전의 소송절차이므로 그 결정에 대하여 즉시항고를 할 수 있는 근거가 없는 이상 그 결정에 대하여는 항고도 할 수 없다(대법원 1986.9.5, 86모40).

정답 ①

087 ✓ 유사 ◆◇◇ 　　　　경찰1차 2018

불복기간이 3일인 것을 모두 고른 것은?

> ㉠ 「형사보상 및 명예회복에 관한 법률」 제20조의 형사보상결정에 대한 즉시항고
> ㉡ 「즉결심판에 관한 절차법」 제14조의 즉결심판에 대한 정식재판청구
> ㉢ 「형사소송법」 제23조의 기피신청기각결정에 대한 즉시항고
> ㉣ 「소년법」 제43조의 보호처분결정에 대한 항고
> ㉤ 「형사소송법」 제184조의 증거보전청구기각결정에 대한 항고

① ㉠, ㉡　　　　　　　② ㉠, ㉢, ㉤
③ ㉢, ㉤　　　　　　　④ ㉤

[해설]

㉠ (×) 형사보상결정에 대한 즉시항고기간은 1주일 이내이다(형사보상 및 명예회복에 관한 법률 제20조 제1항).
㉡ (×) 즉결심판에 대한 정식재판청구는 즉결심판의 선고·고지를 받은 날부터 7일 이내이다(즉결심판에 관한 절차법 제14조 제1항 전문).
㉢ (×) 즉시항고의 제기기간은 7일이다(2019.12.31. 개정 제405조).
㉣ (×) 보호처분결정에 대한 항고의 제기기간은 7일이다(소년법 제43조).

> **소년법 제43조(항고)** ① 제32조에 따른 보호처분의 결정 및 제32조의2에 따른 부가처분 등의 결정 또는 제37조의 보호처분·부가처분 변경 결정이 다음 각 호의 어느 하나에 해당하면 사건 본인·보호자·보조인 또는 그 법정대리인은 관할 가정법원 또는 지방법원 본원 합의부에 항고할 수 있다.
> 1. 해당 결정에 영향을 미칠 법령 위반이 있거나 중대한 사실 오인(誤認)이 있는 경우
> 2. 처분이 현저히 부당한 경우
> ② 항고를 제기할 수 있는 기간은 <u>7일</u>로 한다.

㉤ (○) 증거보전청구기각결정에 대하여는 <u>3일</u> 이내에 항고할 수 있다(제184조 제4항).

[정답] ④

Ⅱ 항고심의 절차

088 ✓ 대표 ◆◆◇ 　　　　법원 2017

항고에 관한 다음 설명 중 가장 옳지 않은 것은? (다툼이 있는 경우 판례에 의함)

① 항고는 즉시항고 외에는 재판의 집행을 정지하는 효력이 없다. 단, 항고법원은 결정으로 항고에 대한 결정이 있을 때까지 집행을 정지할 수 있으나 원심법원에는 이러한 권한이 없다.
② 즉시항고의 제기기간 내와 그 제기가 있는 때에는 재판의 집행은 정지된다.
③ 항고의 제기가 법률상의 방식에 위반하거나 항고권소멸 후인 것이 명백한 때에는 원심법원은 결정으로 항고를 기각하여야 한다.
④ 재정신청에 관한 법원의 공소제기결정에 대하여는 재항고가 허용되지 않는다.

[해설]

① (×) 항고는 즉시항고 외에는 재판의 집행을 정지하는 효력이 없다. 단, 원심법원 또는 항고법원은 결정으로 항고에 대한 결정이 있을 때까지 집행을 정지할 수 있다(제409조).
② (○) 제410조
③ (○) 제407조 제1항
④ (○) 제262조 제4항 전단

[정답] ①

Ⅲ 준항고

089 ✅ 대표 ◆◆◇ 국가7급 2021

준항고에 대한 설명으로 옳지 않은 것은? (다툼이 있는 경우 판례에 의함)

① 준항고는 그 대상이 되는 재판의 고지나 수사기관의 처분이 있는 날로부터 7일 이내에 하도록 「형사소송법」에 명기하고 있다.

② 「형사소송법」 제416조, 제417조의 준항고에 관한 결정에 대하여는 재판에 영향을 미친 헌법, 법률, 명령, 규칙의 위반이 있음을 이유로 하는 때에 한하여 대법원에 즉시항고할 수 있는바, 이는 동법 제419조, 제415조에 의한 재항고에 해당한다.

③ 수사기관의 압수물의 환부에 관한 처분의 취소를 구하는 준항고는 일종의 항고소송이므로, 통상의 항고소송에서와 마찬가지로 그 이익이 있어야 하고, 소송계속 중 준항고로써 달성하고자 하는 목적이 이미 이루어졌거나 시일의 경과 또는 그 밖의 사정으로 인하여 그 이익이 상실된 경우에는 준항고는 그 이익이 없어 부적법하게 된다.

④ 수소법원을 구성하는 재판장 또는 수명법관의 재판에 대한 준항고만이 허용되고 검사의 청구에 의하여 영장을 발부하는 지방법원판사가 한 영장발부의 재판에 대하여는 준항고가 허용되지 않는다.

해설

① (×) 법관(재판장·수명법관)의 재판에 대한 준항고는 재판의 고지 있는 날로부터 7일 이내에 하여야 하지만(형사소송법 제416조 제3항), 수사기관의 처분에 대한 준항고는 청구기간의 제한이 없으므로 준항고의 이익이 있는 시점까지는 언제든지 제기할 수 있다.

② (○) 준항고법원의 결정에 대해서는 법령위반사유에 한하여 (별도의 항고를 거침이 없이) 대법원에 재항고가 가능하다(대법원 1983. 5.12, 83모12).

③ (○) 대법원 1999.6.14, 98모121

④ (○) 수임판사나 수탁판사의 재판은 준항고의 대상이 아니다. "검사의 체포영장 또는 구속영장 청구에 대한 지방법원판사의 재판은 형사소송법 제402조의 규정에 의하여 항고의 대상이 되는 '법원의 결정'에 해당하지 아니하고, 제416조 제1항의 규정에 의하여 준항고의 대상이 되는 '재판장 또는 수명법관의 구금 등에 관한 재판'에도 해당하지 아니한다(대법원 2006.12.18, 2006모646)."

정답 ①

090 ✅ 유사 ◆◇◇ 국가7급 2016 변형

항고에 대한 설명으로 옳은 것은? (다툼이 있는 경우 판례에 의함)

① 소송비용부담의 결정과 보석허가결정에 대해서는 즉시항고 할 수 없다.

② 공소장변경허가결정과 국선변호인선임청구 기각결정에 대해서는 보통항고 할 수 있다.

③ 변호인과의 접견교통권의 침해와 구금 장소의 임의변경에 대해서는 준항고가 허용된다.

④ 상소기각결정과 법원의 구속집행정지 결정에 대해서는 즉시항고 할 수 있다.

해설

③ (○) 제416조, 제417조

① (×) 소송비용부담결정에 대하여 즉시항고 할 수 있으나(제192조 제2항), 보석허가결정은 보통항고만 가능하다.

② (×) 법원의 관할 또는 판결 전의 소송절차에 관한 결정에 대하여는 특히 즉시항고를 할 수 있는 경우 외에는 항고하지 못한다(제403조 제1항). 둘 다 할 수 없다.

④ (×) 항소기각 결정 및 상고기각 결정에 대하여 즉시항고할 수 있으나(제360조 제2항, 제362조 제2항, 제376조), 구속집행정지 결정에 대한 즉시항고 규정은 헌법재판소의 위헌결정으로(헌법재판소 2012.6.27, 2011헌가36) 2015년 개정에서 삭제되었다.

정답 ③

091 ✅ 유사 ◆◇◇ 국가7급 2019 국가9급 2014 유사

항고에 대한 설명으로 옳지 않은 것은? (다툼이 있는 경우 판례에 의함)

① 즉시항고에 있어서는 다른 특별한 규정이 없는 한, 즉시항고의 제기기간 내와 그 제기가 있는 때에는 재판의 집행이 정지된다.

② 형사피고사건에 대한 법원의 소년부송치 결정은 판결 전의 소송절차에 관한 결정이므로, 이 결정에 대하여 불복이 있을 때에는 항고를 할 수 없다.

③ 검사가 압수·수색영장의 청구 등 강제처분을 위한 조치를 취하지 않은 것에 대해 고소인은 준항고로 불복할 수 없다.

④ 「형사소송법」 제33조의 국선변호인 선임청구를 기각한 결정은 판결 전의 소송절차에 관한 결정이므로, 그 결정에 대하여 즉시항고를 할 수 있는 근거가 없는 이상 항고도 할 수 없다.

해설

② (×) 형사피고사건에 대한 법원의 소년부송치결정은 형사소송법 제403조가 규정하는 판결전의 소송절차에 관한 결정에 해당하는 것이 아니므로, 이 결정에 대하여 불복이 있을 때에는 같은 법 제402조에 의한 항고를 할 수 있다(대법원 1986.2.12, 86트1).

① (○) 제410조 참조.

> **제410조(즉시항고와 집행정지의 효력)** 즉시항고의 제기기간 내와 그 제기가 있는 때에는 재판의 집행은 정지된다.

③ (○) 불기소처분에 대하여 형사소송법상의 재정신청이나 검찰청법상의 항고·재항고 등으로써 불복하는 것은 별론으로 하고, 검사가 압수·수색영장의 청구 등 강제처분을 위한 조치를 취하지 아니한 것 그 자체를 형사소송법 제417조 소정의 '압수에 관한 처분'으로 보아 이에 대해 준항고로써 불복할 수는 없다고 할 것이다(대법원 2007.5.25, 2007모82).

④ (○) 국선변호인선임청구를 기각한 결정은 판결 전의 소송절차이므로, 그 결정에 대하여 즉시항고를 할 수 있는 근거가 없는 이상 그 결정에 대하여는 재항고도 할 수 없는 것이다(대법원 1986.9.5, 86모40).

정답 ②

---

092 ✓ 유사 ◆◆◇ 국가9급개론 2017

다음 설명 중 옳지 않은 것은? (다툼이 있는 경우 판례에 의함)

① 수사기관의 압수물환부에 관한 처분의 취소를 구하는 준항고에서는 통상의 항고소송과 마찬가지로 그 이익이 있을 것을 요한다.

② 법원이 사건을 국민참여재판으로 진행하기로 하는 결정 또는 배제하기로 하는 결정에 대해서는 즉시항고를 할 수 있다.

③ 검사의 체포영장 또는 구속영장 청구에 대한 지방법원 판사의 재판은 항고나 준항고의 대상이 되지 않는다.

④ 재정신청사건에서 고등법원의 공소제기결정에 대하여는 재항고가 허용되지 아니하므로, 공소제기결정에 대하여 재항고가 제기된 경우에는 고등법원이 결정으로 이를 기각하여야 한다.

해설

② (×) 법원의 국민참여재판 배제결정에 대하여는 즉시항고를 할 수 있으나, 국민참여재판으로 진행하기로 하는 결정에 대하여는 즉시항고를 할 수 없다(국민참여재판법 제9조 제3항, 대법원 2009. 10.23, 2009모1032).

> **국민참여재판법 제9조(배제결정)** ① 법원은 공소제기 후부터 공판준비기일이 종결된 다음 날까지 다음 각 호의 어느 하나에 해당하는 경우 국민참여재판을 하지 아니하기로 하는 결정을 할 수 있다.
> ③ 제1항의 결정에 대하여는 즉시항고를 할 수 있다.

① (○) 대법원 2015.10.15, 2013모1970
③ (○) 대법원 2006.12.18, 2006모646
④ (○) 대법원 2012.10.29, 2012모1090

정답 ②

1 재심

I 재심의 의의와 구조

II 재심이유

001 ✓ 대표 ◆◆◆ 법원9급 2021

재심에 관한 다음 설명 중 가장 옳지 않은 것은? (다툼이 있는 경우 판례에 의함)

① 유죄의 확정판결과 달리 항소 또는 상고의 기각판결은 재심의 대상이 될 수 없다.

② 형사소송법 제420조 제5호에서 정한 재심사유인 무죄 등을 인정할 '증거가 새로 발견된 때'라 함은 재심대상이 되는 확정판결의 소송절차에서 발견되지 못하였거나 또는 발견되었다 하더라도 제출할 수 없었던 증거로서 이를 새로 발견하였거나 비로소 제출할 수 있게 된 때를 말한다.

③ 재심판결이 확정됨에 따라 원판결이나 그 부수처분의 법률적 효과가 상실되고 형선고가 있었다는 기왕의 사실 자체의 효과가 소멸하는 것은 재심의 본질상 당연한 것으로서, 원판결의 효력 상실 그 자체로 인하여 피고인이 어떠한 불이익을 입는다 하더라도 이를 두고 재심에서 보호되어야 할 피고인의 법적 지위를 해치는 것이라고 볼 것은 아니다.

④ 면소판결을 대상으로 한 재심청구는 부적법하다.

> **해설**

① (×) 형사재판에서 재심은 <u>유죄의 확정판결</u>(제420조)과 유죄판결에 대한 <u>항소 또는 상고를 기각한 확정판결</u>(제421조 제1항)을 그 대상으로 한다.

> **제421조(동전)** ① 항소 또는 상고의 기각판결에 대하여는 전조 제1호, 제2호, 제7호의 사유있는 경우에 한하여 그 선고를 받은 자의 이익을 위하여 재심을 청구할 수 있다.

② (○) 대법원 2010.10.14, 2009도4894
③ (○) 대법원 2018.2.28, 2015도15782
④ (○) 대법원 2018.5.2, 2015모3243

> **정답** ①

002 ✓ 대표 ◆◆◇ 변호사 2018

재심의 대상에 해당하는 것은?

① 재정신청기각의 결정
② 항소심에서 파기된 제1심 판결
③ 공소기각의 판결
④ 특별사면으로 형 선고의 효력이 상실된 유죄의 확정판결
⑤ 약식명령에 대한 정식재판청구에 따라 유죄의 판결이 확정된 경우의 약식명령

> **해설**

④ (○) 특별사면으로 형 선고의 효력이 상실된 유죄의 확정판결도 형사소송법 제420조의 '유죄의 확정판결'에 해당하여 재심청구의 대상이 될 수 있다(대법원 2015.5.21, 2011도1932 전원합의체).

① (×), ③ (×) 재심의 대상은 확정된 유죄의 재판이다. 재정신청기각결정이나 무죄·면소·공소기각(96모51)·관할위반의 판결은 재심의 대상이 아니다.

② (×) 항소심에서 파기되어버린 제1심판결에 대해서는 재심을 청구할 수 없다(대법원 2004.2.13, 2003모464).

⑤ (×) 약식명령에 대한 정식재판청구가 이루어지고 그 후 진행된 정식재판절차에서 유죄판결이 선고되어 확정된 경우 효력을 잃은 약식명령은 재심의 대상이 될 수 없다(대법원 2013.4.11, 2011도10626).

> **정답** ④

재심에 관한 다음 설명 중 가장 옳지 않은 것은? (다툼이 있는 경우 판례에 의하고, 전원합의체 판결의 경우 다수의견에 의함)

① 형벌에 관한 법령이 당초부터 헌법에 위배되어 법원에서 위헌·무효라고 선언한 경우도 형사소송법 제420조 제5호의 재심사유인 '무죄 등을 인정할 증거가 새로 발견된 때'에 해당한다.

② 유죄의 확정판결 후 형 선고의 효력을 상실케 하는 특별사면이 있었다면 이미 재심청구의 대상이 존재하지 않아 그러한 판결을 대상으로 하는 재심청구는 부적법하다.

③ 항소심의 유죄판결에 대한 상고심 재판 계속 중 피고인이 사망하여 공소기각 결정이 확정되었다면 형사소송법상 재심절차의 전제가 되는 '유죄의 확정판결'이 존재하는 경우에 해당한다고 할 수 없다.

④ 재심청구인이 재심 청구를 한 후 청구에 대한 결정이 확정되기 전에 사망한 경우 재심청구절차는 재심청구인의 사망으로 당연히 종료하게 된다.

해설

② (✕) 특별사면으로 형 선고의 효력이 상실된 유죄의 확정판결도 형사소송법 제420조의 '유죄의 확정판결'에 해당하여 재심청구의 대상이 될 수 있다(대법원 2015.5.21, 2011도1932 전원합의체).
① (○) 형사소송법 제420조 제5호의 재심사유에서 무죄 등을 인정할 '증거가 새로 발견된 때'란 재심대상이 되는 확정판결의 소송절차에서 발견되지 못하였거나 또는 발견되었다 하더라도 제출할 수 없었던 증거로서 이를 새로 발견하였거나 비로소 제출할 수 있게 된 때는 물론이고, 형벌에 관한 법령이 당초부터 헌법에 위배되어 법원에서 위헌·무효라고 선언한 때에도 역시 이에 해당한다(대법원 2013.4.18, 2010모363).
③ (○) 형사소송법 제420조 본문에 의하면 재심은 유죄의 확정판결에 대하여 그 선고를 받은 자의 이익을 위하여 청구할 수 있다. 항소심의 유죄판결에 대하여 상고가 제기되어 상고심 재판이 계속되던 중 피고인이 사망하여 형사소송법 제382조, 제328조 제1항 제2호에 따라 공소기각결정이 확정되었다면 항소심의 유죄판결은 이로써 당연히 그 효력을 상실하게 되므로, 이러한 경우에는 형사소송법상 재심절차의 전제가 되는 '유죄의 확정판결'이 존재하는 경우에 해당한다고 할 수 없다(대법원 2013.6.27, 2011도7931).
④ (○) 형사소송법이나 형사소송규칙에는 재심청구인이 재심의 청구를 한 후 청구에 대한 결정이 확정되기 전에 사망한 경우에 재심청구인의 배우자나 친족 등에 의한 재심청구인 지위의 승계를 인정하거나 형사소송법 제438조와 같이 재심청구인이 사망한 경우에도 절차를 속행할 수 있는 규정이 없으므로, 재심청구절차는 재심청구인의 사망으로 당연히 종료하게 된다(대법원 2014.5.30, 2014모739).

정답 ②

재심제도에 대한 설명으로 옳지 않은 것은? (다툼이 있는 경우 판례에 의함)

① 군사법원이 재판권이 없음에도 재심개시결정을 한 후에 비로소 사건을 일반법원으로 이송하였다면 사건을 이송 받은 일반법원은 재심개시절차를 처음부터 다시 진행하여야 한다.

② 경합범 관계에 있는 A죄와 B죄의 범죄사실을 유죄로 인정하여 한 개의 형이 확정된 판결에서 A죄에 대하여만 재심청구의 이유가 있는 것으로 인정된 경우에는 그 판결 전부에 대하여 재심개시의 결정을 하여야 하지만 B죄 부분을 다시 심리하여 유죄인정을 파기할 수는 없다.

③ 피고인이 원판결 이후에 형 선고의 효력을 상실하게 하는 특별사면을 받은 경우라면, 재심절차에서 형을 다시 선고함으로써 특별사면에 따른 피고인의 법적 지위를 상실하게 하여서는 안 된다.

④ 재심청구인이 재심청구를 한 후 청구에 대한 결정이 확정되기 전에 사망한 경우에는 배우자나 친족 등이 재심청구인의 지위를 승계할 수 없으므로 재심청구절차는 종료된다.

해설

① (✕) 재심심판절차는 물론 재심사유의 존부를 심사하여 다시 심판할 것인지를 결정하는 재심개시절차 역시 재판권 없이는 심리와 재판을 할 수 없는 것이므로, 재심청구를 받은 군사법원으로서는 먼저 재판권 유무를 심사하여 군사법원에 재판권이 없다고 판단되면 재심개시절차로 나아가지 말고 곧바로 사건을 군사법원법 제2조 제3항에 따라 같은 심급의 일반법원으로 이송하여야 한다. 이와 달리 군사법원이 재판권이 없음에도 재심개시결정을 한 후에 비로소 사건을 일반법원으로 이송한다면 이는 위법한 재판권의 행사이다. 다만 군사법원법 제2조 제3항 후문이 "이 경우 이송 전에 한 소송행위는 이송 후에도 그 효력에 영향이 없다."고 규정하고 있으므로, 사건을 이송 받은 일반법원으로서는 다시 처음부터 재심개시절차를 진행할 필요는 없고 군사법원의 재심개시결정을 유효한 것으로 보아 후속 절차를 진행할 수 있다(대법원 2015.5.21, 2011도1932 전원합의체).
② (○) 경합범 관계에 있는 수개의 범죄사실을 유죄로 인정하여 한 개의 형을 선고한 불가분의 확정판결에서 그중 일부의 범죄사실에 대하여만 재심청구의 이유가 있는 것으로 인정된 경우에는 형식적으로는 1개의 형이 선고된 판결에 대한 것이어서 그 판결 전부에 대하여 재심개시의 결정을 할 수밖에 없지만, 비상구제수단인 재심제도의 본질상 재심사유가 없는 범죄사실에 대하여는 재심개시결정의 효력이 그 부분을 형식적으로 심판의 대상에 포함시키는데 그치므로 재심법원은 그 부분에 대하여는 이를 다시 심리하여 유죄인정을 파기할 수 없고 다만 그 부분에 관하여 새로이 양형을 하여야 하므로 양형을 위하여 필요한 범위에 한하여만 심리를 할 수 있을 뿐이다(대법원 1996.6.14, 96도477).
③ (○) 형사소송법은 유죄의 확정판결과 항소 또는 상고의 기각판결에 대하여 각 선고를 받은 자의 이익을 위하여 재심을 청구할 수 있다고 규정함으로써 피고인에게 이익이 되는 이른바 이익재심만을 허용하고 있으며(제420조, 제421조 제1항), 그러한 이익재심의 원칙을 반영하여 제439조에서 "재심에는 원판결의 형보다 중

한 형을 선고하지 못한다."라고 규정하고 있는데, 이는 실체적 정의를 실현하기 위하여 재심을 허용하지만 피고인의 법적 안정성을 해치지 않는 범위 내에서 재심이 이루어져야 한다는 취지로서, 단순히 재심절차에서 전의 판결보다 무거운 형을 선고할 수 없다는 원칙만을 의미하고 있는 것이 아니라, 피고인이 원판결 이후에 형 선고의 효력을 상실하게 하는 특별사면을 받아 형사처벌의 위험에서 벗어나 있는 경우라면, 재심절차에서 형을 다시 선고함으로써 특별사면에 따라 발생한 피고인의 법적 지위를 상실하게 하여서는 안 된다는 의미도 포함되어 있다(대법원 2015.10.29. 2012도2938).

④ (○) 형사소송법이나 형사소송규칙에는 재심청구인이 재심의 청구를 한 후 청구에 대한 결정이 확정되기 전에 사망한 경우에 재심청구인의 배우자나 친족 등에 의한 재심청구인 지위의 승계를 인정하거나 형사소송법 제438조와 같이 재심청구인이 사망한 경우에도 절차를 속행할 수 있는 규정이 없으므로, 재심청구절차는 재심청구인의 사망으로 당연히 종료하게 된다(대법원 2014.5.30. 2014모739).

정답 ①

---

005 ✅ 대표 ◆◆◇ 변호사 2020

재심에 관한 설명 중 옳지 않은 것은? (다툼이 있는 경우 판례에 의함)

① 형사재판에서 재심은 유죄의 확정판결 및 유죄판결에 대한 항소 또는 상고를 기각한 확정판결에 대하여만 허용되며, 면소판결을 대상으로 한 재심청구는 부적법하다.

② 수사기관이 영장주의를 배제하는 위헌적 법령에 따라 영장 없는 체포·구금을 한 경우는 '공소의 기초된 수사에 관여한 검사나 사법경찰관이 그 직무에 관한 죄를 범한 것이 확정판결에 의하여 증명된 때'라는 재심사유에 해당하지 아니한다.

③ 재심심판절차는 원판결의 당부를 심사하는 종전 소송절차의 후속절차가 아니라 사건 자체를 처음부터 다시 심판하는 완전히 새로운 소송절차로서, 종전의 확정판결은 재심판결이 확정된 때 효력을 상실한다.

④ '재심에는 원판결의 형보다 중한 형을 선고하지 못한다.'라는 것은 단순히 원판결보다 무거운 형을 선고할 수 없다는 원칙일 뿐만 아니라, 실체적 정의를 실현하기 위하여 재심을 허용하지만 피고인의 법적 안정성을 해치지 않는 범위 내에서 재심이 이루어져야 한다는 취지이다.

⑤ 재심사유로서 '원판결이 인정한 죄보다 경한 죄를 인정할 경우'라 함은 원판결에서 인정한 죄와는 별개의 경한 죄를 말하는 것이지, 원판결에서 인정한 죄 자체에는 변함이 없고 다만 양형상의 자료에 변동을 가져올 사유에 불과한 경우를 말하는 것은 아니다.

해설

② (✕) 재심제도의 목적과 이념, 형사소송법 제420조 제7호의 취

지, 영장주의를 배제하는 위헌적 법령에 따른 체포·구금으로 인한 기본권 침해 결과 등 제반 사정을 종합하여 보면, 수사기관이 영장주의를 배제하는 위헌적 법령에 따라 영장 없는 체포·구금을 한 경우에도 불법체포·감금의 직무범죄가 인정되는 경우에 준하는 것으로 보아 형사소송법 제420조 제7호의 재심사유가 있다고 보아야 한다(대법원 2018.5.2. 2015모3243).

① (○) 대법원 2018.5.2. 2015모3243
③ (○) 대법원 2019.2.28. 2018도13382
④ (○) 대법원 2018.2.28. 2015도15782
⑤ (○) 대법원 2017.11.9. 2017도14769

정답 ②

---

006 ✅ 대표 ◆◆◇ 경찰 2015

재심사유에 관한 다음 설명 중 가장 적절하지 않은 것은? (다툼이 있으면 판례에 의함)

① 형사소송법 제420조 제5호에 정한 무죄 등을 인정할 '증거가 새로 발견된 때'란 재심대상이 되는 확정판결의 소송절차에서 발견되지 못하였거나 또는 발견되었다 하더라도 제출할 수 없었던 증거를 새로 발견하였거나 비로소 제출할 수 있게 된 때를 말한다.

② 피고인이 새로운 증거를 발견하였다고 하여 재심을 청구한 경우 재심대상판결의 소송절차 중에 그러한 증거를 제출하지 못한 데 피고인의 과실이 있는 경우에는, 그 증거에 대해서는 신규성이 부인된다.

③ 형사소송법 제420조 제7호의 재심사유에 해당하는지 여부를 판단함에 있어 '사법경찰관 등이 범한 직무에 관한 죄'가 사건의 실체관계에 관계된 것인지 여부나 당해 사법경찰관이 직접 피의자에 대한 조사를 담당하였는지 여부도 고려해야 한다.

④ 형사소송법 제420조 제5호의 '형의 면제를 인정할 명백한 증거가 새로 발견될 때'에서 '형의 면제'는 형의 필요적 면제만을 의미하고 임의적 면제는 해당하지 않는다.

해설

③ (✕) [1] 형사소송법 제420조 제7호의 재심사유 해당 여부를 판단함에 있어 사법경찰관 등이 범한 직무에 관한 죄가 사건의 실체관계에 관계된 것인지 여부나 당해 사법경찰관이 직접 피의자에 대한 조사를 담당하였는지 여부는 고려할 사정이 아니다.
[2] 형사소송법상 재심절차는 재심개시절차와 재심심판절차로 구별되는 것이므로, 재심개시절차에서는 형사소송법을 규정하고 있는 재심사유가 있는지 여부만을 판단하여야 하고, 나아가 재심사유가 재심대상판결에 영향을 미칠 가능성이 있는가의 실체적 사유는 고려하여서는 아니 된다(대법원 2008.4.24. 2008모77).

① (○), ② (○) 형사소송법 제420조(증/증/무/재/신/저/직) 제5호에 정한 무죄 등을 인정할 '증거가 새로 발견된 때(신증거재심사유)'란 재심대상이 되는 확정판결의 소송절차에서 발견되지 못하였거나 또는 발견되었다 하더라도 제출할 수 없었던 증거를 새로 발견하였거나 비로소 제출할 수 있게 된 때를 말한다. 이때 증거의

신규성을 누구에 대한 신규성으로 볼 것인가에 대하여 판례는 법원과 재심청구인에게 모두 새로운 증거이어야 한다는 입장이다(판례는 법원 및 재심청구인 기준설)(엄밀히는 재심청구인에 대해서는 절충설이나 객관식 수험에서는 논외로 함). 따라서 판례에 의하면, 재심청구인이 증거를 제출하지 못한 것에는 고의·과실이 없어야 한다. 판례는 다음과 같다. "증거의 신규성을 누구를 기준으로 판단할 것인지에 대하여 위 조항이 그 범위를 제한하고 있지 않으므로 그 대상을 법원으로 한정할 것은 아니다. 그러나 재심은 당해 심급에서 또는 상소를 통한 신중한 사실심리를 거쳐 확정된 사실관계를 재심사하는 예외적인 비상구제절차이므로, 피고인이 판결확정 전 소송절차에서 제출할 수 있었던 증거까지 거기에 포함된다고 보게 되면, 판결의 확정력이 피고인이 선택한 증거제출 시기에 따라 손쉽게 부인될 수 있게 되어 형사재판의 법적 안정성을 해치고, 헌법이 대법원을 최종심으로 규정한 취지에 반하여 제4심으로서의 재심을 허용하는 결과를 초래할 수 있다. 따라서 피고인이 재심을 청구한 경우 재심대상이 되는 확정판결의 소송절차 중에 그러한 증거를 제출하지 못한 데 과실이 있는 경우에는 그 증거는 위 조항에서의 '증거가 새로 발견된 때'에서 제외된다고 해석함이 상당하다(대법원 2009.7.16, 2005모472 전원합의체)."

④ (○) 형사소송법 제420조 제5호는 형의 선고를 받은 자에 대하여 형의 면제를 인정할 명백한 증거가 새로 발견된 때를 재심사유로 들고 있는바, 여기서 형의 면제라 함은 형의 필요적 면제의 경우만을 말하고 임의적 면제는 해당하지 않는다(대법원 1984.5.30, 84모32).

[정리] 유죄의 선고를 받은 자에 대하여는 무죄 또는 면소를, 형의 선고를 받은 자에 대하여는 형의 면제 또는 원판결이 인정한 죄보다 경한 죄를 인정할 명백한 증거가 새로 발견된 때이어야 한다(무면/경면).

정답 ③

---

007 ✓ 대표   ◆◆◇

재심사유로서 '유죄의 선고를 받은 자에 대하여 무죄 또는 면소를 인정할 명백한 증거가 새로 발견된 때(형사소송법 제420조 제5호)'에 대한 설명으로 옳지 않은 것은? (다툼이 있는 경우 판례에 의함)

① '증거가 새로 발견된 때'란 재심대상이 되는 확정판결의 소송절차에서 발견되지 못하였거나 또는 발견되었다 하더라도 제출할 수 없었던 증거를 새로 발견하였거나 비로소 제출할 수 있게 된 때를 말한다.

② 피고인이 재심을 청구한 경우, 재심대상이 되는 확정판결의 소송절차 중에 그러한 증거를 제출하지 못한 데 과실이 있다면 그 증거는 '증거가 새로 발견된 때'에서 제외된다.

③ '명백한 증거'에 해당하기 위해서는 새로 발견한 증거를 독립적으로 고찰하여 그 증거가치만으로 재심대상이 되는 확정판결을 그대로 유지할 수 없을 정도로 고도의 개연성이 인정되어야 한다.

④ 공범자 중 일부에 대하여는 무죄, 다른 일부에 대하여는 유죄의 확정판결이 있는 경우, 무죄확정 판결의 증거자료를 자기의 증거자료로 하지 못하였고 또 새로 발견된 것이 아닌 한 무죄확정판결 자체만으로는 새로운 증거에 해당하지 않는다.

해설

③ (✕) 신증거만 단독평가·고립 평가하여 명백성을 판단하여야 한다면(신증거 자체의 객관적 우위성을 따지는 구 판례의 단독평가설) 재심사유가 과도하게 제한되므로, 09년 전원합의체 판례는 고립평가설이 아니라 종합평가설을 취하고 있다. "'무죄 등을 인정할 명백한 증거'에 해당하는지 여부를 판단할 때에는 법원으로서는 새로 발견된 증거만을 독립적·고립적으로 고찰하여 그 증거가치만으로 재심의 개시 여부를 판단할 것이 아니라, 재심대상이 되는 확정판결을 선고한 법원이 사실인정의 기초로 삼은 증거들 가운데 새로 발견된 증거와 유기적으로 밀접하게 관련되고 모순되는 것들은 함께 고려하여 평가하여야 한다(대법원 2009.7.16, 2005모472 전원합의체)."

[정리] 판례-종합평가설: 명백성이 인정되려면 구증거와 신증거를 종합평가(총합평가)하고, 신증거와 유기적으로 관련되고 모순되는 구증거에 대해서는 원판결법원의 심증에 구속되지 않고 재평가하여, 무죄 등을 인정할 고도의 개연성이 인정되어야 한다.

※ 종합평가(구증거＋신증거)＋재평가(신증거관련 구증거)＝무죄 등 인정 고도 개연성＝명백성

① (○) 대법원 2009.7.16, 2005모472 전원합의체
② (○) 대법원 2009.7.16, 2005모472 전원합의체
④ (○) 공범자에 대한 모순된 판결만 가지고는 재심사유가 인정되지 않으며, 이것이 자기의 무죄 등을 인정할 명백한 증거에 해당하여야 한다(대법원 1984.4.13, 84모14).

정답 ③

008 ☑ 유사 ◆◆◇ 변호사 2022

재심에 관한 설명 중 옳은 것은? (다툼이 있는 경우 판례에 의함)

① 피고인이 재심을 청구한 경우 재심대상이 되는 확정판결의 소송절차 중에 형사소송법 제420조 제5호에 정한 무죄 등을 인정할 증거를 제출하지 못한 데에 피고인의 과실이 있는 경우에는, 그 증거는 형사소송법 제420조 제5호에 정한 재심사유인 '증거가 새로 발견된 때'에서 제외된다.

② 형사소송법상 재심개시절차에서는 형사소송법 등에서 규정하고 있는 재심사유가 있는지 여부를 판단할 뿐만 아니라, 재심사유가 재심대상판결에 영향을 미칠 가능성이 있는가의 실체적 사유도 함께 고려하여야 한다.

③ 형사소송법은 원칙적으로 피고인의 이익을 위해 피고인의 법적 안정성을 해치지 않는 범위 내에서 재심이 이루어지도록 하고 있으며, 예외적으로 실체적 진실발견을 위해 이른바 불이익재심도 허용한다.

④ 상습범으로 유죄의 확정판결을 받은 사람이 그 후 동일한 습벽에 의해 범행('후행범죄'라 함)을 저질렀는데 유죄의 확정판결에 대하여 재심이 개시된 경우, 후행범죄가 재심대상판결에 대한 재심판결 선고 전에 저지른 범죄라면 재심판결의 기판력은 후행범죄에 미친다.

⑤ 소송촉진 등에 관한 특례법 제23조에 규정된 제1심 공판의 특례에 따라 진행된 제1심의 불출석 재판에 대하여 검사만 항소하고 항소심도 불출석 재판으로 진행한 후에 제1심판결을 파기하고 새로 또는 다시 유죄판결을 선고하여 유죄판결이 확정된 경우, 피고인은 귀책사유 없이 제1심과 항소심의 공판절차에 출석할 수 없었더라도 항소심 법원에 유죄판결에 대한 재심을 청구할 수 없다.

해설

① (O) [다수의견] 형사소송법 제420조 제5호에 정한 무죄 등을 인정할 '증거가 새로 발견된 때'란 재심대상이 되는 확정판결의 소송절차에서 발견되지 못하였거나 또는 발견되었다 하더라도 제출할 수 없었던 증거를 새로 발견하였거나 비로소 제출할 수 있게 된 때를 말한다. <u>증거의 신규성을 누구를 기준으로 판단할 것인지에 대하여 위 조항이 그 범위를 제한하고 있지 않으므로 그 대상을 법원으로 한정할 것은 아니다.</u> 그러나 재심은 당해 심급에서 또는 상소를 통한 신중한 사실심리를 거쳐 확정된 사실관계를 재심사하는 예외적인 비상구제절차이므로, 피고인이 판결확정 전 소송절차에서 제출할 수 있었던 증거까지 거기에 포함된다고 보게 되면, 판결의 확정력이 피고인이 선택한 증거제출시기에 따라 손쉽게 부인될 수 있게 되어 형사재판의 법적 안정성을 해치고, 헌법이 대법원을 최종심으로 규정한 취지에 반하여 제4심으로서의 재심을 허용하는 결과를 초래할 수 있다. 따라서 <u>피고인이 재심을 청구한 경우 재심대상이 되는 확정판결의 소송절차 중에 그러한 증거를 제출하지 못한 데 과실이 있는 경우에는 그 증거는 위 조항에서의 '증거가 새로 발견된 때'에서 제외된다고 해석함이 상당하다</u>(대법원 2009.7.16, 2005모472 전원합의체).

[보충] [소수의견] 형사소송법 제420조 제5호는 그 문언상 '누구에 의하여' 새로 발견된 것이어야 하는지 그 범위를 제한하지 않고 있는데, 다수의견과 같이 그 증거가 법원이 새로 발견하여 알게 된 것임과 동시에 재심을 청구한 피고인에 의하여도 새로 발견된 것이어야 한다고 보는 것은 피고인에게 명백히 불리한 해석에 해당하며, 법적 안정성의 측면만을 강조하여 위 조항에 정한 새로운 증거의 의미를 제한 해석하는 것은 위 조항의 규정 취지를 제대로 반영한 것은 아니다. 또한, 다수의견이 예정하는 피고인의 귀책사유 때문에 신규성이 부정된다는 이유로 재심사유로 인정받지 못하게 되면 정의의 관념에 현저히 반하는 결과를 초래할 수 있으며, 법원이 종전 소송절차에서 인식하였는지 여부만을 기준으로 하여 새로운 증거인지 여부를 판단하고 그에 의하여 판결확정 후에도 사실인정의 문제에 한하여 이를 재론할 수 있다는 것 자체가 대법원을 최종심으로 규정한 헌법의 취지에 반한다고 할 수는 없다. 따라서 형사소송법 제420조 제5호에서 무죄 등을 인정할 증거가 '새로 발견된 때'에 해당하는지는, 재심을 청구하는 피고인이 아니라 어디까지나 재심 개시 여부를 심사하는 법원이 새로이 발견하여 알게 된 것인지 여부에 따라 결정되어야 한다. → 위 전원합의체 판례의 소수의견이므로, 시험에서 이렇게 나오면 틀린 지문이다.

[보충] 증거의 신규성 요건과 관련하여, 증거가 피고인 등 재심청구인에게 새로운 것이어야 하는가에 대하여 필요설, 불요설(다수설) 및 절충설이 대립하고, 판례의 입장은 절충설로 분류하는 것이 보통이다. 즉, 판례는 피고인에게 원칙적으로 신규성은 요구되지 않지만, 재심대상판결의 소송절차에서의 증거미제출에 피고인의 고의·과실이 있다면 증거의 신규성이 부정된다는 입장이다.

[참고] 다만, 판례는 필요설에 가깝다고 이해하는 것이 수험을 위해서는 간명한 정리방법이다.

② (×) 형사소송법상 재심절차는 재심개시절차와 재심심판절차로 구별되는 것이므로, 재심개시절차에서는 형사소송법에서 규정하고 있는 재심사유가 있는지 여부만을 판단하여야 하고, 나아가 <u>재심사유가 재심대상판결에 영향을 미칠 가능성이 있는가의 실체적 사유는 고려하여서는 아니 된다</u>(대법원 2008.4.24, 2008모77).

③ (×) 불이익재심은 허용하지 않는다.

④ (×) 동일한 습벽에 의한 후행범죄가 재심대상판결에 대한 재심판결 선고 전에 저질러진 범죄라 하더라도 <u>재심판결의 기판력이 후행범죄에 미치지 않는다</u>(대법원 2019.6.20, 2018도20698 전원합의체).

⑤ (×) 재심 규정을 유추 적용하여 귀책사유 없이 제1심과 항소심의 공판절차에 출석할 수 없었던 피고인은 재심 규정이 정한 기간 내에 항소심 법원에 유죄판결에 대한 재심을 청구할 수 있다(대법원 2015.6.25, 2014도17252 전원합의체).

정답 ①

009 ✓ 대표 ◆◆◇ | 경찰 2014 | 법원 2014 유사

재심에 관한 다음 설명 중 가장 적절하지 않은 것은?

① 재심의 대상은 유죄의 확정판결과 항소 또는 상고의 기각판결이다.

② 재심의 청구는 형의 집행을 정지하는 효력이 없다. 다만, 관할법원에 대응한 검찰청 검사는 재심청구에 대한 재판이 있을 때까지 형의 집행을 정지할 수 있다.

③ 재심의 청구에 대하여 결정을 함에는 청구한 자와 상대방의 의견을 들어야 한다. 단, 유죄 선고를 받은 자의 법정대리인이 청구한 경우에는 유죄의 선고를 받은 자의 의견을 들어야 한다.

④ 재심의 청구는 취하할 수 있고, 재심의 청구를 취하한 자는 동일한 이유로써 다시 재심을 청구할 수 있다.

해설

④ (×) 재심청구를 취하한 자는 동일 이유 재심청구가 금지된다(제429조 제2항).

> **제429조(재심청구의 취하)** ① 재심의 청구는 취하할 수 있다.
> ② 재심의 청구를 취하한 자는 동일한 이유로써 다시 재심을 청구하지 못한다.

① (○) 제420조, 제421조 참조.
[보충] 상소기각판결에 대한 재심사유는 증/증/직으로 제한

> **제420조(재심이유)** 재심은 다음 각 호의 어느 하나에 해당하는 이유가 있는 경우에 유죄의 확정판결에 대하여 그 선고를 받은 자의 이익을 위하여 청구할 수 있다. 〈개정 2020. 12.8.〉
> **제421조(동전)** ① 항소 또는 상고의 기각판결에 대하여는 전조 제1호, 제2호, 제7호의 사유 있는 경우에 한하여 그 선고를 받은 자의 이익을 위하여 재심을 청구할 수 있다.

② (○) 재심청구시 검사에 의한 임의적 정지만이 가능할 뿐이다. 제428조 참조.

> **제428조(재심과 집행정지의 효력)** 재심의 청구는 형의 집행을 정지하는 효력이 없다. 단 관할법원에 대응한 검찰청검사는 재심청구에 대한 재판이 있을 때까지 형의 집행을 정지할 수 있다.

③ (○) 제432조 참조.

> **제432조(재심에 대한 결정과 당사자의 의견)** 재심의 청구에 대하여 결정을 함에는 청구한 자와 상대방의 의견을 들어야 한다. 단, 유죄의 선고를 받은 자의 법정대리인이 청구한 경우에는 유죄의 선고를 받은 자의 의견을 들어야 한다.

정답 ④

010 ✓ 유사 ◆◇◇ | 경찰 2013

재심에 관한 다음 설명 중 옳은 것은 모두 몇 개인가? (다툼이 있는 경우 판례에 의함)

> ㉠ 재심의 청구에 대하여 결정을 함에는 청구한 자와 상대방의 의견을 들어야 한다. 단, 유죄의 선고를 받은 자의 법정대리인이 청구한 경우에는 유죄의 선고를 받은 자의 의견을 들어야 한다.
>
> ㉡ 증거가 새로 발견된 때라 함은 확정된 원판결의 소송절차에서 발견되지 못하였거나 또는 발견되었다고 하더라도 이를 제출할 수 없었던 증거로서 제출 할 수 있게 된 때를 말한다.
>
> ㉢ 신증거에 의한 재심이유에서 의미하는 증거의 명백성이라 함은 새로운 증거가 확정판결을 파기할 고도의 가능성 내지 개연성이 인정되는 것을 말한다. 이러한 명백성의 판단방법에 관하여 변경된 판례는 새로 발견된 증거만을 독립적으로 고찰하여 그 증거가치만으로 재심의 개시여부를 판단할 것이 아니라 사실인정의 기초로 삼은 증거들 가운데에서 새로 발견된 증거와 유기적으로 밀접하게 관련되고 모순되는 것들은 함께 고려하여 평가하여야 하고, 그 결과 단순히 재심대상이 되는 유죄의 확정판결에 대하여 그 정당성이 의심되는 수준을 넘어 그 판결을 그대로 유지할 수 없을 정도로 고도의 개연성이 인정되는 경우라면 그 새로운 증거는 '명백한 증거'에 해당한다고 보고 있다.
>
> ㉣ 재심이유 중에서 '원판결의 증거 된 증언이 확정판결에 의하여 허위인 것임이 증명된 때'라 함은 원판결의 증거 된 증언을 한 자가 그 재판과정에서 자신의 증언과 반대되는 취지의 증언을 한 다른 증인을 위증죄로 고소하였다가 그 고소가 허위임이 밝혀져 무고죄로 유죄의 확정판결을 받은 경우를 포함한다.

① 1개   ② 2개
③ 3개   ④ 4개

해설

㉠ (○) 제432조 참조.

> **제432조(재심에 대한 결정과 당사자의 의견)** 재심의 청구에 대하여 결정을 함에는 청구한 자와 상대방의 의견을 들어야 한다. 단, 유죄의 선고를 받은 자의 법정대리인이 청구한 경우에는 유죄의 선고를 받은 자의 의견을 들어야 한다.

㉡ (○), ㉢ (○) 형사소송법 제420조 제5호에 정한 무죄 등을 인정할 '증거가 새로 발견된 때'란 재심대상이 되는 확정판결의 소송절차에서 발견되지 못하였거나 또는 발견되었다 하더라도 제출할 수 없었던 증거를 새로 발견하였거나 비로소 제출할 수 있게 된 때를 말한다. 또한, '무죄 등을 인정할 명백한 증거'에 해당하는지 여부를 판단할 때에는 법원으로서는 새로 발견된 증거만을 독립적·고립적으로 고찰하여 그 증거가치만으로 재심의 개시 여부를 판단할 것이 아니라, 재심대상이 되는 확정판결을 선고한 법원이 사실인정의 기초로 삼은 증거들 가운데 새로 발견된 증거

와 유기적으로 밀접하게 관련되고 모순되는 것들은 함께 고려하여 평가하여야 하고, 그 결과 단순히 재심대상이 되는 유죄의 확정판결에 대하여 그 정당성이 의심되는 수준을 넘어 그 판결을 그대로 유지할 수 없을 정도로 고도의 개연성이 인정되는 경우라면 그 새로운 증거는 이 사건 조항에서의 '명백한 증거'에 해당한다고 할 것이다(대법원 2009.7.16, 2005모472 전원합의체). [보충] 종합평가＋재평가＝고도의 개연성(명백성)

ⓔ (×) 위증죄로 확정판결이 나야 한다. "형사소송법 제420조 제2호 소정의 '원판결의 증거 된 증언'이라 함은 원판결의 증거로 채택되어 범죄사실을 인정하는 데 사용된 증언을 뜻하는 것이고 단순히 증거 조사의 대상이 되었을 뿐 범죄사실을 인정하는 증거로 사용되지 않은 증언은 위 '증거 된 증언'에 포함되지 않는 것이며, '원판결의 증거 된 증언이 확정판결에 의하여 허위인 것이 증명된 때'라 함은 그 증인이 위증을 하여 그 죄에 의하여 처벌되어 그 판결이 확정된 경우를 말하는 것이고, 원판결의 증거 된 증언을 한 자가 그 재판 과정에서 자신의 증언과 반대되는 취지의 증언을 한 다른 증인을 위증죄로 고소하였다가 그 고소가 허위임이 밝혀져 무고죄로 유죄의 확정판결을 받은 경우는 위 재심사유에 포함되지 아니한다(대법원 2005.4.14, 2003도1080)."

정답 ③

011 유사 ◆◆◇ 경찰 2016

재심에 관한 다음 설명 중 옳은 것은 모두 몇 개인가? (다툼이 있으면 판례에 의함)

> ㉠ 특별사면으로 형 선고의 효력이 상실된 유죄의 확정판결도 형사소송법 제420조의 '유죄의 확정판결'에 해당하여 재심청구의 대상이 될 수 있다.
> ㉡ 특별사면으로 형 선고의 효력이 상실된 유죄의 확정판결에 대하여 재심개시결정이 이루어져 재심심판법원이 심급에 따라 다시 심판한 결과 무죄로 인정되는 경우라면 무죄를 선고하여야 하겠지만, 그와 달리 유죄로 인정되는 경우에는, 재심심판법원으로서는 '피고인에 대하여 다시 형을 선고 한다'는 주문을 선고할 수밖에 없다.
> ㉢ 형사소송법 제420조 제7호의 재심사유 해당 여부를 판단함에 있어 사법경찰관 등이 범한 직무에 관한 죄가 사건의 실체관계에 관계된 것인지 여부나 당해 사법경찰관이 직접 피의자에 대한 조사를 담당하였는지 여부는 고려할 사정이 아니다.
> ㉣ 재심청구인이 재심의 청구를 한 후 청구에 대한 결정이 확정되기 전에 사망한 경우라도 재심청구절차는 재심청구인의 사망으로 당연히 종료하게 되는 것은 아니다.

① 1개   ② 2개
③ 3개   ④ 4개

해설

㉠ (○) 유죄판결 확정 후에 형 선고의 효력을 상실케 하는 특별사면이 있었다고 하더라도, 형 선고의 법률적 효력만 장래를 향하

여 소멸될 뿐이고 확정된 유죄판결에서 이루어진 사실인정과 그에 따른 유죄 판단까지 없어지는 것은 아니므로, 유죄판결은 형 선고의 효력만 상실된 채로 여전히 존재하는 것으로 보아야 하고, 한편 형사소송법 제420조 각 호의 재심사유가 있는 피고인으로서는 재심을 통하여 특별사면에도 불구하고 여전히 남아 있는 불이익, 즉 유죄의 선고는 물론 형 선고가 있었다는 기왕의 경력 자체 등을 제거할 필요가 있다. 그리고 형사소송법 제420조가 유죄의 확정판결에 대하여 선고를 받은 자의 이익을 위하여 재심을 청구할 수 있다고 규정하고 있는 것은 유죄의 확정판결에 중대한 사실인정의 오류가 있는 경우 이를 바로잡아 무고하고 죄 없는 피고인의 인권침해를 구제하기 위한 것인데, 만일 특별사면으로 형 선고의 효력이 상실된 유죄판결이 재심청구의 대상이 될 수 없다고 한다면, 이는 특별사면이 있었다는 사정만으로 재심청구권을 박탈하여 명예를 회복하고 형사보상을 받을 기회 등을 원천적으로 봉쇄하는 것과 다를 바 없어서 재심제도의 취지에 반하게 된다. 따라서 특별사면으로 형 선고의 효력이 상실된 유죄의 확정판결도 형사소송법 제420조의 '유죄의 확정판결'에 해당하여 재심청구의 대상이 될 수 있다(대법원 2015.5.21, 2011도1932 전원합의체).

ⓛ (×) 특별사면으로 형 선고의 효력이 상실된 유죄의 확정판결에 대하여 재심개시결정이 이루어져 재심심판법원이 심급에 따라 다시 심판한 결과 무죄로 인정되는 경우라면 무죄를 선고하여야 하겠지만, 그와 달리 유죄로 인정되는 경우에는, 피고인에 대하여 다시 형을 선고하거나 피고인의 항소를 기각하여 제1심판결을 유지시키는 것은 이미 형 선고의 효력을 상실하게 하는 특별사면을 받은 피고인의 법적 지위를 해치는 결과가 되어 이익재심과 불이익변경금지의 원칙에 반하게 되므로, 재심심판법원으로서는 '피고인에 대하여 형을 선고하지 아니한다.'는 주문을 선고할 수밖에 없다(대법원 2015.10.29, 2012도2938).

ⓒ (○) [1] 형사소송법 제420조 제7호의 재심사유 해당 여부를 판단함에 있어 사법경찰관 등이 범한 직무에 관한 죄가 사건의 실체관계에 관계된 것인지 여부나 당해 사법경찰관이 직접 피의자에 대한 조사를 담당하였는지 여부는 고려할 사정이 아니다. [2] 형사소송법상 재심절차는 재심개시절차와 재심심판절차로 구별되는 것이므로, 재심개시절차에서는 형사소송법을 규정하고 있는 재심사유가 있는지 여부만을 판단하여야 하고, 나아가 재심사유가 재심대상판결에 영향을 미칠 가능성이 있는가의 실체적 사유는 고려하여서는 아니 된다(대법원 2008.4.24, 2008모77).

ⓔ (×) 형사소송법이나 형사소송규칙에는 재심청구인이 재심의 청구를 한 후 청구에 대한 결정이 확정되기 전에 사망한 경우에 재심청구인의 배우자나 친족 등에 의한 재심청구인 지위의 승계를 인정하거나 형사소송법 제438조와 같이 재심청구인이 사망한 경우에도 절차를 속행할 수 있는 규정이 없으므로, 재심청구절차는 재심청구인의 사망으로 당연히 종료하게 된다(대법원 2014.5.30, 2014모739). [보충] ㉠ 재심청구 후 재심개시결정 전 사망: 절차 종료, ㉡ 재심개시결정 후 재심판결 전 사망: 절차 진행(공소기각결정 규정 적용 배제, 제438조 제2항 제2호), ㉢ 사망자를 위한 재심청구: 배/직/형, 변호인 가능

정답 ②

012 ✓ 대표 ◆◆◇   법원 2016

형사소송절차의 재심에 관한 다음 설명 중 가장 옳지 않은 것은? (다툼이 있는 경우 판례에 의함)

① 재심청구는 피고인이었던 자의 사망 후에도 할 수 있다.
② 재심절차에서는 공소취소가 불가능하다.
③ 재심에서도 원판결의 형보다 중한 형을 선고하지 못한다.
④ 약식명령에 대한 정식재판절차에서 유죄판결이 선고되어 확정된 경우라도 그 약식명령은 재심청구의 대상이 된다.

해설

④ (×) 제456조는 약식명령은 정식재판의 청구에 의한 판결이 있는 때에는 그 효력을 잃도록 규정하고 있다. 위 각 규정에 의하면, 약식명령에 대하여 정식재판 청구가 이루어지고 그 후 진행된 정식재판 절차에서 유죄판결이 선고되어 확정된 경우, 재심사유가 존재한다고 주장하는 피고인 등은 효력을 잃은 약식명령이 아니라 유죄의 확정판결을 대상으로 재심을 청구하여야 한다(대법원 2013.4.11, 2011도10626).
[보충] 유사한 경우: 항소심 유죄판결에 대하여 상고가 제기되어 상고심 진행 중 피고인이 사망하여 공소기각결정이 내려진 경우, 항소심의 유죄판결을 대상으로 재심을 청구할 수 없다. 공소기각결정에 의하여 이미 효력을 상실하였기 때문이다.
① (○) 재심은 검사, 유죄의 선고를 받은 사람(피고인이었던 사람), 그의 법정대리인, 그가 사망하거나 심신장애가 있는 경우에는 그 배우자, 직계친족, 형제자매, 변호인 등이 청구할 수 있다(제424조). 재심제도는 오류를 시정하고 정의를 실현하기 위함에 그 취지가 있기 때문이다.
② (○) 공소취소는 1심 판결 선고 전에만 가능하다. "형사소송법 제255조 제1항에 의하면 공소는 제1심 판결의 선고 전까지 취소할 수 있다고 규정되어 있는바 이건 공소 사실에 대하여는 이미 오래전에 제1심 판결이 선고되고 동 판결이 확정되어 이에 대한 재심소송절차가 진행 중에 있으므로 이 재심절차 중에 있어서의 공소취소는 이를 할 수 없는 것이라고 볼 것인즉 같은 취지에서 이건 공소취소는 허용될 수 없어 그 효력이 없는 것이라고 한 원심 판단은 정당하다 할 것이고 형사소송법 제438조 제2항을 들거나 동법 제255조 제1항에서의 제1심 판결은 이건과 같은 재심청구 사건에서의 제1심 판결도 당연히 포함될 것이라는 반대견해를 전제로 원판결에 공소취소의 효력에 관한 법리오해 있다고 하는 논지는 이유 없다(대법원 1976.12.28, 76도3203)."
③ (○) 제439조에서 "재심에는 원판결의 형보다 중한 형을 선고하지 못한다."라고 규정하고 있는데, 이는 실체적 정의를 실현하기 위하여 재심을 허용하지만 피고인의 법적 안정성을 해치지 않는 범위 내에서 재심이 이루어져야 한다는 취지로서, 단순히 재심절차에서 전의 판결보다 무거운 형을 선고할 수 없다는 원칙만을 의미하고 있는 것이 아니라, 피고인이 원판결 이후에 형 선고의 효력을 상실하게 하는 특별사면을 받아 형사처벌의 위험에서 벗어나 있는 경우라면, 재심절차에서 형을 다시 선고함으로써 특별사면에 따라 발생한 피고인의 법적 지위를 상실하게 하여서는 안 된다는 의미도 포함되어 있다(대법원 2015.10.29, 2012도2938).

정답 ④

013 ✓ 대표 ◆◆◇   법원 2017

재심에 관한 다음 설명 중 가장 옳지 않은 것은? (다툼이 있는 경우 판례에 의함)

① 항소심에서 파기되어버린 제1심판결에 대해서도 재심을 청구할 수 있다.
② 재심은 확정된 유죄판결뿐만 아니라 항소 또는 상고를 기각한 판결도 그 대상이 될 수 있다.
③ 형사소송법 제420조 제5호에 정한 재심사유인 무죄 등을 인정할 '증거가 새로 발견된 때'란 재심대상이 되는 확정판결의 소송절차에서 발견되지 못하였거나 또는 발견되었다 하더라도 제출할 수 없었던 증거로서 이를 새로 발견하였거나 비로소 제출할 수 있게 된 때를 말한다.
④ 재심청구를 받은 군사법원은 먼저 재판권 유무를 심사하여 군사법원에 재판권이 없다고 판단되면 재심개시절차로 나아가지 말고 곧바로 사건을 군사법원법 제2조 제3항에 따라 같은 심급의 일반법원으로 이송하여야 한다.

해설

① (×) 항소심에서 파기되어버린 제1심판결에 대해서는 재심을 청구할 수 없다(대법원 2004.2.13, 2003모464).
② (○) 제421조
③ (○) 대법원 2009.7.16, 2005모472 전원합의체
④ (○) 대법원 2015.5.21, 2011도1932 전원합의체

정답 ①

014 ✓ 유사 ◆◆◇   법원9급 2020

재심에 관한 다음 설명 중 가장 옳지 않은 것은?

① 재심청구인이 재심청구를 한 후 청구에 대한 결정이 확정되기 전에 사망한 경우 재심청구절차가 종료한다.
② 조세심판원이 재조사결정을 하고 그에 따라 과세관청이 후속처분으로 당초 부과처분을 취소하였다면 부과처분은 처분 시에 소급하여 효력을 잃게 되어 원칙적으로 그에 따른 납세의무도 없어지므로, 형사소송법 제420조 제5호에 정한 재심사유에 해당한다.
③ 위헌으로 결정된 법률 또는 법률의 조항이 종전의 합헌결정이 있는 날의 다음 날로 소급하여 효력을 상실하는 경우, 합헌결정이 있는 날의 다음 날 이후에 유죄판결이 선고되어 확정되었다고 하더라도 범죄행위가 그 이전에 행하여졌다면 재심을 청구할 수 없다.
④ 유죄의 확정판결에 대하여 재심개시결정이 확정되어 법원이 그 사건에 대하여 다시 심판을 한 후 재심의 판결을 선고하고 그 재심판결이 확정된 때에는 종전의 확정판결은 당연히 효력을 상실한다.

해설

③ (×) 위헌으로 결정된 법률 또는 법률의 조항이 같은 조 제3항

단서에 의하여 종전의 합헌결정이 있는 날의 다음 날로 소급하여 효력을 상실하는 경우 합헌결정이 있는 날의 다음 날 이후에 유죄판결이 선고되어 확정되었다면, 비록 범죄행위가 그 이전에 행하여졌더라도 그 판결은 위헌결정으로 인하여 소급하여 효력을 상실한 법률 또는 법률의 조항을 적용한 것으로서 '위헌으로 결정된 법률 또는 법률의 조항에 근거한 유죄의 확정판결'에 해당하므로 이에 대하여 재심을 청구할 수 있다(대법원 2016.11.10, 2015모1475).
① (○) 형사소송법이나 형사소송규칙에는 재심청구인이 재심의 청구를 한 후 청구에 대한 결정이 확정되기 전에 사망한 경우에 재심청구인의 배우자나 친족 등에 의한 재심청구인 지위의 승계를 인정하거나 형사소송법 제438조와 같이 재심청구인이 사망한 경우에도 절차를 속행할 수 있는 규정이 없으므로, 재심청구절차는 재심청구인의 사망으로 당연히 종료하게 된다(대법원 2014. 5.30, 2014모739).
② (○) 대법원 2015.10.29, 2013도14716
④ (○) 대법원 2017.9.21, 2017도4019

<u>정답</u> ③

---

015 ✓ 유사 ◆◆◇　　　　　국가9급/개론 2017

재심에 관한 다음 설명 중 옳은 것은 모두 몇 개인가? (다툼이 있으면 판례에 의함)

㉠ 항소심의 유죄판결에 대하여 상고가 제기되어 상고심재판이 계속되던 중 피고인이 사망하여 공소기각결정이 확정된 경우는 재심절차의 전제가 되는 유죄의 확정판결이 존재하는 경우에 해당하지 않는다.

㉡ 재심청구의 대상이 된 원판결의 심리에 관여한 법관이 재심청구사건을 심판하더라도 제척 또는 기피사유에 해당하지 않는다.

㉢ 경합범 관계에 있는 수개의 범죄사실을 유죄로 인정하여 한 개의 형을 선고한 불가분의 확정판결에서 그 중 일부의 범죄사실에 대해서만 재심청구의 이유가 있는 것으로 인정된 경우에는 그 일부에 대해서만 재심개시의 결정을 하여야 하고 양형을 위해 필요한 범위에 한하여 나머지 범죄사실을 심리할 수 있다.

㉣ 특별사면으로 형선고의 효력이 상실된 유죄의 확정판결에 대하여 재심개시결정이 이루어져 재심 심판법원이 심급에 따라 다시 심판한 결과 무죄로 인정되는 경우에는 면소판결을 선고하여야 한다.

---

① ㉠, ㉡　　　　　　② ㉡, ㉢
③ ㉢, ㉣　　　　　　④ ㉠, ㉡, ㉢

<u>해설</u>

㉠ (○) 대법원 2013.6.27, 2011도7931
㉡ (○) 대법원 1982.11.15, 82모11
㉢ (×) 경합범 관계에 있는 수개의 범죄사실을 유죄로 인정하여 한 개의 형을 선고한 불가분의 확정판결에서 그중 일부의 범죄 사실에 대하여만 재심청구의 이유가 있는 것으로 인정된 경우에는 형식적으로는 1개의 형이 선고된 판결에 대한 것이어서 그 판결 전

부에 대하여 재심개시의 결정을 할 수밖에 없지만, 재심사유가 없는 범죄사실에 대하여는 재심개시결정의 효력이 그 부분을 형식적으로 심판의 대상에 포함시키는 데 그치므로 재심법원은 그 부분에 대하여는 이를 다시 심리하여 유죄인정을 파기할 수 없고, 다만 그 부분에 관하여 새로이 양형을 하여야 하므로 양형을 위하여 필요한 범위에 한하여만 심리를 할 수 있을 뿐이다(대법원 1996.6.14, 96도477; 2016.3.24, 2016도1131).
㉣ (×) 특별사면으로 형선고의 효력이 상실된 유죄의 확정판결에 대하여 재심개시결정이 이루어져 재심심판법원이 그 심급에 따라 다시 심판한 결과 무죄로 인정되는 경우라면 무죄를 선고하여야 한다(대법원 2015.10.29, 2012도2938).

<u>정답</u> ①

---

016 ✓ 유사 ◆◇◇　　　　　법원9급 2019

재심에 관한 다음 설명 중 가장 옳지 않은 것은?

① 유죄판결 확정 후에 형선고의 효력을 상실케 하는 특별사면이 있는 경우 특별사면으로 형선고의 효력이 상실된 위 유죄의 확정판결도 재심청구의 대상이 된다.
② 재심청구를 받은 군사법원이 재판권이 없음에도 재심개시결정을 한 후에 비로소 사건을 일반법원으로 이송한 경우, 이는 위법한 재판권의 행사이나 사건을 이송받은 일반법원은 다시 처음부터 재심개시절차를 진행할 필요는 없다.
③ 형사소송법 제420조 제5호는 형의 선고를 받은 자에 대하여 형의 면제를 인정할 명백한 증거가 새로 발견된 때를 재심사유로 들고 있는바, 여기에서 형의 면제라 함은 형의 필요적 면제의 경우만을 말하고 임의적인 면제는 이에 해당하지 않는다.
④ 재심개시절차에서는 형사소송법에서 규정하고 있는 재심사유가 있는지 여부와 함께 재심사유가 재심대상판결에 영향을 미칠 가능성이 있는가의 실체적 사유도 고려하여야 한다.

<u>해설</u>

④ (×) 형사소송법상 재심절차는 재심개시절차와 재심심판절차로 구별되는 것이므로, 재심개시절차에서는 형사소송법에서 규정하고 있는 재심사유가 있는지 여부만을 판단하여야 하고, 나아가 재심사유가 재심대상판결에 영향을 미칠 가능성이 있는가의 실체적 사유는 고려하여서는 아니 된다고 할 것이다(대법원 2008. 4.24, 2008모77).
① (○) 대법원 2015.5.21, 2011도1932 전원합의체
② (○) 군사법원이 재판권이 없음에도 재심개시결정을 한 후에 비로소 사건을 일반법원으로 이송한다면 이는 위법한 재판권의 행사라고 할 것이다. 다만 군사법원법 제2조 제3항 후문이 "이 경우 이송 전에 한 소송행위는 이송 후에도 그 효력에 영향이 없다."고 규정하고 있으므로, 사건을 이송 받은 일반법원으로서는 다시 처음부터 재심개시절차를 진행할 필요는 없고 군사법원의 재심개시결정을 유효한 것으로 보아 그 후속 절차를 진행할 수 있다(대법원 2015.5.21, 2011도1932 전원합의체).
③ (○) 대법원 1984.5.30, 84모32

<u>정답</u> ④

017 ✓유사 ◆◆◆ | 법원9급 2022 유사 | 변호사 2021

재심에 관한 설명 중 옳은 것을 모두 고른 것은? (다툼이 있는 경우 판례에 의함)

> ㄱ. 「형사소송법」제420조 제4호의 "원판결의 증거된 재판이 확정재판에 의하여 변경된 때"의 "원판결의 증거된 재판"이라 함은 원판결의 이유 중에서 증거로 채택되어 죄로 되는 사실을 인정하는 데 인용된 다른 재판을 뜻한다.
>
> ㄴ. 재심대상판결 확정 후에 형선고의 효력을 상실케 하는 특별사면이 있었다고 하더라도, 재심개시결정이 확정되어 재심심판절차를 진행하는 법원은 그 심급에 따라 다시 심판하여 실체에 관한 유·부죄의 판단을 하여야 하고, 특별사면이 있음을 들어 면소판결을 하여서는 아니 된다.
>
> ㄷ. 군사법원의 판결이 확정된 후 피고인에 대한 재판권이 더 이상 군사법원에 없게 된 경우에 군사법원의 판결에 대한 재심사건의 관할은 원판결을 한 군사법원과 같은 심급의 일반법원에 있다.
>
> ㄹ. 상습범인 선행범죄(A)로 유죄의 확정판결을 받은 사람이 그 후 동일한 습벽에 의해 다시 후행범죄(B)를 저질렀는데 유죄의 확정판결에 대하여 재심이 개시된 경우에, 동일한 습벽에 의한 후행범죄(B)가 선행범죄(A)에 대한 재심판결 선고 전에 저지른 범죄라 하더라도 재심판결의 기판력은 후행범죄(B)에 미치지 않는다.

① ㄱ, ㄴ ② ㄴ, ㄷ
③ ㄷ, ㄹ ④ ㄱ, ㄴ, ㄷ
⑤ ㄱ, ㄴ, ㄷ, ㄹ

해설

ㄱ. (○) 같은 조 제4호 소정의 "원판결의 증거된 재판"이라 함은 원판결의 이유 중에서 증거로 채택되어 죄로 되는 사실을 인정하는 데 인용된 타의 재판을 뜻한다고 할 것인바, 재항고인이 내세우는 원판결의 공동피고인 에 대한 항소심 및 상고심 판결이 원판결이유 중에 증거로 채택되지 아니하였음은 기록상 뚜렷하므로 이 논지 또한 채택할 수 없다(대법원 1986.8.28, 86모15).

ㄴ. (○) 대법원 2015.5.21, 2011도1932 전원합의체

ㄷ. (○) 대법원 2020.6.26, 2019모3197

ㄹ. (○) 상습범으로 유죄의 확정판결(이하 앞서 저질러 재심의 대상이 된 범죄를 '선행범죄'라 한다)을 받은 사람이 그 후 동일한 습벽에 의해 범행을 저질렀는데(이하 뒤에 저지른 범죄를 '후행범죄'라 한다) 유죄의 확정판결에 대하여 재심이 개시된 경우, 동일한 습벽에 의한 후행범죄가 재심대상판결에 대한 재심판결 선고 전에 저질러진 범죄라 하더라도 재심판결의 기판력이 후행범죄에 미치지 않는다. 재심심판절차에서 선행범죄, 즉 재심대상판결의 공소사실에 후행범죄를 추가하는 내용으로 공소장을 변경하거나 추가로 공소를 제기한 후 이를 재심대상사건에 병합하여 심리하는 것이 허용되지 않으므로 재심심판절차에서는 후행범죄에 대하여 사실심리를 할 가능성이 없다. 또한 재심심판절차에서 재심개시결정의 확정만으로는 재심대상판결의 효력이 상실되지 않으므로 재심대상판결은 확정판결로서 유효하게 존재하고 있

고, 따라서 재심대상판결을 전후하여 범한 선행범죄와 후행범죄의 일죄성은 재심대상판결에 의하여 분단되어 동일성이 없는 별개의 상습범이 된다. 그러므로 선행범죄에 대한 공소제기의 효력은 후행범죄에 미치지 않고 선행범죄에 대한 재심판결의 기판력은 후행범죄에 미치지 않는다. 만약 재심판결의 기판력이 재심판결의 선고 전에 선행범죄와 동일한 습벽에 의해 저질러진 모든 범죄에 미친다고 하면, 선행범죄에 대한 재심대상판결의 선고 이후 재심판결 선고 시까지 저지른 범죄는 동시에 심리할 가능성이 없었음에도 모두 처벌할 수 없다는 결론에 이르게 되는데, 이는 처벌의 공백을 초래하고 형평에 반한다(대법원 2019.6.20, 2018도20698 전원합의체).

정답 ⑤

---

2 비상상고

018 ✓대표 ◆◇◇ | 군무원9급 2024

비상상고에 대한 설명으로 가장 옳지 않은 것은?

① 비상상고는 확정판결에 대한 비상구제절차라는 점에서 상고나 비약적 상고와 구별되며 재심과 공통된다.

② 판결이 확정한 후 그 사건의 심판이 법령에 위반한 것을 발견할 때 검찰총장은 대법원에 비상상고를 할 수 있다.

③ 원심소송절차가 법령에 위반한 때에는 그 위반된 절차와 원판결을 모두 파기하여야 한다.

④ 원판결이 법령에 위반하고 피고인에게 불이익한 때에는 원판결을 파기하고 피고사건에 대하여 다시 판결을 하여야 한다.

해설

③ (×) 소송절차가 법령에 위반한 때에는 그 위반된 절차 부분만 파기하는 것이다. 제446조 제2호 참조.

> **제446조(파기의 판결)** 비상상고가 이유 있다고 인정한 때에는 다음의 구별에 따라 판결을 하여야 한다.
> 2. 원심소송절차가 법령에 위반한 때에는 그 위반된 절차를 파기한다.

① (○) 비상상고는 확정된 재판에 대한 비상구제절차라는 점에서 아직 미확정된 상태의 재판에 대한 불복제도인 항소, 상고, 비약적 상고 등 상소와 구별된다.
[보충] 재심은 유죄의 확정판결을 대상으로 하고, 비상상고는 모든 확정재판을 그 대상으로 한다.

② (○) 제441조 참조.

> **제441조(비상상고이유)** 검찰총장은 판결이 확정한 후 그 사건의 심판이 법령에 위반한 것을 발견한 때에는 대법원에 비상상고를 할 수 있다.

④ (○) 원판결이 피고인에게 불이익함을 이유로 파기자판을 하는 경우에는 원판결을 파기하여 그 효력을 잃게 하고 다시 판결을 하여야 하는데, 이 경우는 비상상고에 의한 판결의 효력이 예외적으로 피고인에게 미치는 경우이다(제446조 제1호).
[보충] 이러한 파기자판의 경우를 제외하고는, 비상상고의 판결의 효력은 피고인에게 미치지 아니한다('재판의 옷을 걸친 학설'

에 불과한 이론적 효력만 있는 것이 원칙, 제447조).

> **제446조(파기의 판결)** 비상상고가 이유 있다고 인정한 때에는 다음의 구별에 따라 판결을 하여야 한다.
> 1. 원판결이 법령에 위반한 때에는 그 위반된 부분을 파기하여야 한다. 단, 원판결이 피고인에게 불이익한 때에는 원판결을 파기하고 피고사건에 대하여 다시 판결을 한다.
>
> **제447조(판결의 효력)** 비상상고의 판결은 전조 제1호 단행의 규정에 의한 판결 외에는 그 효력이 피고인에게 미치지 아니한다.

정답 ③

---

019 ✓ 대표 ◆◇◇ 　　　　　法院 2015

재심과 비상상고에 관한 다음 설명 중 가장 옳지 않은 것은?

① 재심은 확정된 유죄판결을 대상으로 하지만, 비상상고는 확정된 모든 판결을 대상으로 한다.

② 재심 및 비상상고의 관할은 원판결을 선고한 법원이다.

③ 재심 및 비상상고의 청구 시기는 제한이 없다.

④ 비상상고의 신청권자는 검찰총장에 한한다.

해설

	재심	비상상고
① 대상	확정된 유죄판결 (제420조)	확정된 모든 판결 (제441조)
② 관할	원판결을 선고한 법원 (제423조)	대법원 (제441조)
③ 청구시기	제한이 없음(제427조 참조)	제한이 없음
④ 신청권자	검사, 유죄를 선고 받은 자 등 (제424조)	검찰총장에 한함 (제441조)

정답 ②

---

020 ✓ 유사 ◆◆◇ 　　　　　국가9급/개론 2023

상소 및 특별절차에 대한 설명으로 옳은 것은?

① 약식명령에 대한 정식재판 절차에서 유죄판결을 확정 받은 자가 재심을 청구할 경우, 재심청구의 대상은 유죄의 확정판결이 아니라 약식명령이다.

② 공소시효가 완성된 사실을 간과한 채 피고인에 대하여 약식명령을 발령하여 확정된 경우는 판결에 관한 법령의 위반에 해당하므로 비상상고의 대상이 된다.

③ 제1심법원이 결정으로 인정한 사실에 대해 법령을 적용하지 않았거나 법령의 적용에 착오가 있는 경우, 그 결정은 비약적 상고의 대상이 된다.

④ 약식명령을 발부한 법관이 그 정식재판 절차의 항소심 판결에 관여한 경우, 이는 제척사유인 '법관이 사건에 관하여 전심재판 또는 그 기초되는 조사, 심리에 관여한 때'에 해당하지 않는다.

해설

② (○) 공소시효가 완성된 사실을 간과한 채 피고인에 대하여 약식명령을 발령한 원판결은 법령을 위반한 잘못이 있고, 또한 피고인에게 불이익하다고 할 것인바, 이 점을 지적하는 이 사건 비상상고는 이유가 있다(대법원 2006.10.13, 2006오2).

① (×) 약식명령에 대하여 정식재판 청구가 이루어지고 그 후 진행된 정식재판 절차에서 유죄판결이 선고되어 확정된 경우, 재심사유가 존재한다고 주장하는 피고인 등은 효력을 잃은 약식명령이 아니라 유죄의 확정판결을 대상으로 재심을 청구하여야 한다(대법원 2013.4.11, 2011도10626).

③ (×) 비약적 상고는 제1심판결에 대하여 할 수 있다. 따라서 제1심법원의 결정에 대하여는 비약적 상고가 허용되지 아니한다.

④ (×) 약식명령을 발부한 법관이 그 정식재판 절차의 항소심판결에 관여함은 형사소송법 제17조 제7호, 제18조 제1항 제1호 소정의 법관이 사건에 관하여 전심재판 또는 그 기초되는 조사심리에 관여한 때에 해당하여 제척, 기피의 원인이 된다(대법원 1985.4.23, 85도281).

정답 ②

다음 설명 중 옳지 않은 것은? (다툼이 있는 경우 판례에 의함)

① 비상상고제도는 법령 해석·적용의 통일성을 도모하려는 제도로서, 상급심의 파기판결에 의해 효력을 상실한 재판도 「형사소송법」 제441조에 따른 비상상고의 대상이 될 수 있다.

② 성폭력범죄의 재판에 있어서 '성추행 피해자가 추행 즉시 행위자에게 항의하지 않은 사정'이나 '피해신고 시 성폭력이 아닌 다른 피해사실을 먼저 진술한 사정'만으로 곧바로 피해자 진술의 신빙성을 부정할 것은 아니다.

③ 재심판결이 확정됨에 따라 원판결이나 그 부수처분의 법률적 효과가 상실되고 형 선고가 있었다는 기왕의 사실 자체의 효과가 소멸하는 것은 재심의 본질상 당연한 것으로서, 원판결의 효력상실 그 자체로 인하여 피고인이 어떠한 불이익을 입는다 하더라도 이를 두고 재심에서 보호되어야 할 피고인의 법적 지위를 해치는 것이라고 볼 것은 아니다.

④ 제1심에서 피고인에 대하여 무죄판결이 선고되어 검사가 항소한 후, 수사기관이 항소심 공판기일에 증인으로 신청하여 신문할 수 있는 사람을 특별한 사정 없이 미리 수사기관에 소환하여 작성한 진술조서는 피고인이 증거로 할 수 있음에 동의하지 않는 한 증거능력이 없다.

해설

① (✕) 형사소송법 제441조는 "검찰총장은 판결이 확정한 후 그 사건의 심판이 법령에 위반한 것을 발견한 때에는 대법원에 비상상고를 할 수 있다."라고 규정하고 있다. 상급심의 파기판결에 의해 효력을 상실한 재판의 법령위반 여부를 다시 심사하는 것은 무익할 뿐만 아니라, 법령의 해석·적용의 통일을 도모하려는 비상상고제도의 주된 목적과도 부합하지 않는다. 따라서 <u>상급심의 파기판결에 의해 효력을 상실한 재판은 위 조항에 따른 비상상고의 대상이 될 수 없다</u>(대법원 2021.3.11, 2019오1).

② (○) 대법원 2020.9.24, 2020도7869

③ (○) 원판결이 선고한 집행유예가 실효 또는 취소됨이 없이 유예기간이 지난 후에 새로운 형을 정한 재심판결이 선고되고, 재심판결의 확정에 따라 원판결이 효력을 잃게 되는 결과 집행유예의 법률적 효과까지 없어졌으나 <u>재심판결의 형이 원판결의 형보다 중하지 않은 경우, 불이익변경금지원칙이나 이익재심원칙에 반하지 아니한다</u>(대법원 2018.10.25, 2018도13150).

④ (○) 대법원 2019.11.28, 2013도6825

정답 ①

1 재판의 집행

Ⅰ 재판집행의 일반원칙

001 ✓대표 ◆◆◇ 법원9급 2018

벌금형의 집행에 관한 다음 설명 중 가장 옳지 않은 것은? (다툼이 있는 경우 판례에 의하고, 전원합의체 판결의 경우 다수 의견에 의함)

① 벌금형이 확정된 사람이 납부명령이나 납부독촉을 받고도 일정한 기간 내에 벌금을 완납하지 아니할 경우 검사는 민사집행법에 의한 강제집행 또는 국세징수법에 의한 체납처분 절차를 진행하여 벌금액을 강제로 징수할 수 있다.

② 사법경찰관리가 벌금형을 받은 사람에 대한 노역장 유치의 집행을 위하여 구인하려면 검사로부터 발부받은 형집행장을 상대방에게 제시하여야 한다.

③ 500만원 이하의 벌금형이 확정된 벌금 미납자로서 경제적 능력이 없는 사람은 검사의 납부명령일부터 30일 이내에 노역장 유치를 대체하는 사회봉사를 신청할 수 있는 제도가 마련되어 있다.

④ 18세 미만의 소년에 대해서는 벌금형을 선고할 때 노역장유치의 선고를 하지 못하므로 이를 간과하여 18세 미만의 소년에 대해 노역장유치의 선고를 한 판결이 확정되었다고 하더라도 집행할 수는 없다

해설

① (○) 법 제477조 참조.

> **제477조(재산형 등의 집행)** ① 벌금, 과료, 몰수, 추징, 과태료, 소송비용, 비용배상 또는 가납의 재판은 검사의 명령에 의하여 집행한다.
> ② 전항의 명령은 집행력 있는 채무명의와 동일한 효력이 있다.
> ③ 제1항의 재판의 집행에는 「민사집행법」의 집행에 관한 규정을 준용한다. 단, 집행 전에 재판의 송달을 요하지 아니한다.
> ④ 제3항에도 불구하고 제1항의 재판은 「국세징수법」에 따른 국세체납처분의 예에 따라 집행할 수 있다.

② (○) 벌금형에 따르는 노역장 유치는 실질적으로 자유형과 동일하므로, 그 집행에 대하여는 자유형의 집행에 관한 규정이 준용된다(형사소송법 제492조). 따라서 구금되지 아니한 당사자에 대하여 형의 집행기관인 검사는 그 형의 집행을 위하여 이를 소환할 수 있으나, 당사자가 소환에 응하지 아니한 때에는 형집행장을 발부하여 이를 구인할 수 있는데(같은 법 제473조), 이 경우의 형집행장의 집행에 관하여는 형사소송법 제1편 제9장(제68조 이하)에서 정하는 피고인의 구속에 관한 규정이 준용된다(같은 법 제475조). 그리하여 사법경찰관리가 벌금형을 받은 이를

그에 따르는 노역장 유치의 집행을 위하여 구인하려면, 검사로부터 발부받은 형집행장을 그 상대방에게 제시하여야 한다(대법원 2010.10.14, 2010도8591).

[보충] 2022.2.3. 개정 제85조 제1항에 의하여, 형집행장을 그 상대방에게 제시하고, 그 사본을 교부하여야 한다.

③ (○) 벌금미납자법 제4조 제1항, 동법 시행령 제2조 참조.

> **벌금미납자법 제4조(사회봉사의 신청)** ① 대통령령으로 정한 금액 범위 내의 벌금형이 확정된 벌금 미납자는 검사의 납부 명령일부터 30일 이내에 주거지를 관할하는 지방검찰청(지방검찰청지청을 포함한다)의 검사에게 사회봉사를 신청할 수 있다. 다만, 검사로부터 벌금의 일부납부 또는 납부연기를 허가받은 자는 그 허가기한 내에 사회봉사를 신청할 수 있다.
> **벌금미납자법 시행령 제2조(사회봉사의 신청과 벌금액)** 「벌금 미납자의 사회봉사 집행에 관한 특례법」(이하 "법"이라 한다) 제4조 제1항 본문에 따른 벌금형의 금액은 500만원으로 한다. 〈개정 2020.1.7.〉

④ (○) 소년법 제62조 참조.

> **소년법 제62조(환형처분의 금지)** 18세 미만인 소년에게는 「형법」 제70조에 따른 유치선고를 하지 못한다. 다만, 판결 선고 전 구속되었거나 제18조 제1항 제3호의 조치가 있었을 때에는 그 구속 또는 위탁의 기간에 해당하는 기간은 노역장(노역장)에 유치된 것으로 보아 「형법」 제57조를 적용할 수 있다.

정답 없음

002 ✓대표 ◆◇◇ 국가7급 2015 변형

재판의 집행에 대한 설명으로 옳지 않은 것은? (다툼이 있는 경우 판례에 의함)

① 판결 전 미결구금일수는 그 전부가 법률상 당연히 본형에 산입하게 되었으므로 판결에서 별도로 미결구금일수 산입에 관한 사항을 판단할 필요가 없다.

② 사법경찰관리가 노역장 유치의 집행을 위하여 벌금미납자를 구인하는 것은 사법경찰관의 직무범위 안에 속하므로, 그 상대방에게 형 집행장을 제시할 필요가 없다.

③ 피고인이 상소제기 후 상소취하한 때까지의 구금일수에 관하여는 형사소송법 제482조 제1항을 적용하여 그 전부를 본형에 산입하여야 한다.

④ 미결구금기간이 확정된 징역 또는 금고의 본형기간을 초과한 결과가 생겼다고 하여 위법하다고 할 수 없다.

해설

② (×) 급속을 요하는 경우가 아닌 한 형집행장을 제시하여야 한다.

"사법경찰관리가 벌금형을 받은 사람을 그에 따르는 노역장 유치의 집행을 위하여 구인하려면 검사로부터 발부받은 형 집행장을 그 상대방에게 제시하여야 하지만, 형 집행장을 소지하지 아니한 경우에 급속을 요하는 때에는 그 상대방에 대하여 형 집행사유와 형 집행장이 발부되었음을 고하고 집행할 수 있다(형사소송법 제85조 제3항 참조). 그리고 형 집행장의 제시 없이 구인할 수 있는 '급속을 요하는 때'란 애초 사법경찰관리가 적법하게 발부된 형 집행장을 소지할 여유가 없이 형 집행의 상대방을 조우한 경우 등을 가리킨다(대법원 2013.9.12, 2012도2349)."

[보충] 2022.2.3. 개정 제85조 제1항에 의하여, 형집행장을 그 상대방에게 제시하고, 그 사본을 교부하여야 한다. 또한 형집행장 제시 없는 긴급집행은 구속규정을 준용한다(제475조).

① (○) 형법 제57조 제1항 중 "또는 일부" 부분은 헌법재판소 2009.6.25, 2007헌바25 사건의 위헌결정으로 효력이 상실되었다. 그리하여 판결 선고 전 미결구금일수는 그 전부가 법률상 당연히 본형에 산입하게 되었으므로, 판결에서 별도로 미결구금일수 산입에 관한 사항을 판단할 필요가 없다고 할 것이다(대법원 2009.12.10, 2009도11448).

③ (○) 피고인이 상소를 제기하였다가 그 상소를 취하한 경우에는, 상소심의 판결 선고가 없었다는 점에서 형사소송법 제482조 제1항 또는 형법 제57조가 적용될 수 없고, 상소제기 전의 상소제기기간 중의 구금일수가 아니라는 점에서 형사소송법 제482조 제2항이 적용될 수 없으며, 달리 이를 직접 규율하는 규정은 없다. 그러나 '상소제기 후 상소취하한 때까지의 구금' 또한 피고인의 신체의 자유를 박탈하고 있다는 점에서 실질적으로 자유형의 집행과 다를 바 없으므로 '상소제기기간 중의 판결확정 전 구금'과 구별하여 취급할 아무런 이유가 없고, 따라서 '상소제기 후 상소취하한 때까지의 구금일수'에 관하여는 형사소송법 제482조 제2항(현행 형사소송법 제482조 제1항)을 유추 적용하여 그 '전부'를 본형에 산입하여야 한다고 봄이 상당하다(대법원 2010.4.16, 2010모179).

④ (○) 미결구금기간이 확정된 징역 또는 금고의 본형기간을 초과한 결과가 생겼다 하여 위법하다고 할 수 없다(대법원 1989.10.10, 89도1711).

정답 ②

---

003 ☑ 대표 ◆◇◇ 국가7급 2023

재판의 집행에 대한 설명으로 옳지 않은 것은?

① 재판은 확정한 후에 집행하는 것이 원칙이므로 법원이 징역형의 집행유예를 함에 있어 그 집행유예기간의 시기(始期)는 집행유예를 선고한 판결확정일로 하여야 하고, 법원이 판결확정일 이후의 시점을 임의로 선택할 수는 없다.

② 구금되지 아니한 당사자에 대하여 검사는 그 형의 집행을 위하여 당사자를 소환할 수 있고, 당사자가 소환에 응하지 아니한 때에는 형집행장을 발부하여 구인할 수 있는데, 형집행장의 집행에 관하여는 형사소송법상 구속의 사유(제70조)나 구속이유의 고지(제72조)에 관한 규정이 준용되지 않는다.

③ 2개 이상의 형을 집행하는 경우에 자격상실, 자격정지, 벌금, 과료와 몰수 외에는 무거운 형을 먼저 집행하여야 하지만, 검사는 법원의 허가를 얻어 무거운 형의 집행을 정지하고 다른 형의 집행을 할 수 있다.

④ 검사가 형을 집행함에 있어 무죄로 확정된 사건에서의 미결구금일수를 유죄가 확정된 다른 사건의 형기에 산입하지 않는다고 하더라도 헌법상의 행복추구권이나 평등권을 침해하였다고 볼 수 없다.

해설

③ (×) 형 집행의 주체는 검사이다(검사주의, 제460조 제1항 본문). 형 집행의 순서는 중형 우선집행의 원칙이 적용되나(제462조 본문), 법무부장관의 허가에 의하여 중형 집행정지 후 경형 우선집행의 예외가 인정된다(동조 단서).

> **제462조(형 집행의 순서)** 2 이상의 형을 집행하는 경우에 자격상실, 자격정지, 벌금, 과료와 몰수 외에는 무거운 형을 먼저 집행한다. 다만, 검사는 소속 장관의 허가를 얻어 무거운 형의 집행을 정지하고 다른 형의 집행을 할 수 있다.

① (○) 우리 형법이 집행유예기간의 시기(始期)에 관하여 명문의 규정을 두고 있지는 않지만 형사소송법 제459조가 "재판은 이 법률에 특별한 규정이 없으면 확정한 후에 집행한다."고 규정한 취지나 집행유예제도의 본질 등에 비추어 보면 집행유예를 함에 있어 그 집행유예기간의 시기는 집행유예를 선고한 판결확정일로 하여야 하고 법원이 판결확정일 이후의 시점을 임의로 선택할 수는 없다(대법원 2002.2.26, 2000도4637).

② (○) 벌금형에 따르는 노역장 유치는 실질적으로 자유형과 동일한 것으로서 그 집행에 대하여는 자유형의 집행에 관한 규정이 준용된다(형사소송법 제492조). 구금되지 아니한 당사자에 대하여 형의 집행기관인 검사는 그 형의 집행을 위하여 당사자를 소환할 수 있고, 당사자가 소환에 응하지 아니한 때에는 형집행장을 발부하여 구인할 수 있다(형사소송법 제473조). 형사소송법 제475조는 이 경우 형집행장의 집행에 관하여 형사소송법 제1편 제9장에서 정하는 피고인의 구속에 관한 규정을 준용한다고 규정하고 있고, 여기서 '피고인의 구속에 관한 규정'은 '피고인의 구속영장의 집행에 관한 규정'을 의미한다고 할 것이므로, 형집행장의 집행에 관하여는 구속의 사유에 관한 형사소송법 제70조나 구속이유의 고지에 관한 형사소송법 제72조가 준용되지 아니한다(대법원 2013.9.12, 2012도2349).

④ (O) 검사가 형을 집행함에 있어 판결에서 산입을 명한 당해 사건의 미결구금일수나 그 사건에서 상소와 관련하여 형사소송법 제482조에 의하여 당연히 산입되는 미결구금일수를 제외하고는 <u>다른 사건에서의 미결구금일수는 법률상 산입할 근거도 없고, 또한 구속은 원칙적으로 구속영장이 발부된 범죄사실에 대한 것이어서 그로 인한 미결구금도 당해 사건의 형의 집행과 실질적으로 동일하다고 보아 그 미결구금일수를 형에 산입하려는 것이므로, 그와 같은 제도의 취지에 비추어 보면 확정된 형을 집행함에 있어 무죄로 확정된 다른 사건에서의 미결구금일수를 산입하지 않는다고 하여 헌법상의 행복추구권이나 평등권을 침해하였다고 볼 수도 없다</u>(대법원 1997.12.29, 97모112).

[정답] ③

---

004 ☑ 대표 ◆◇◇　　　　　군무원9급 2022

재판의 집행에 대한 설명으로 가장 옳은 것은?

① 형사소송법에 근거한 판결선고 후 판결확정 전 구금일수는 전부를 본형에 산입하지만 형법에 근거한 판결선고 전의 구금일수는 법원의 재량으로 일부를 본형에 산입할 수 있다.

② 심신의 장애로 의사능력이 없는 상태에 있는 때에는 심신장애가 회복될 때까지 검사의 지휘에 의하여 사형, 징역, 금고 또는 구류의 집행을 정지한다.

③ 재판의 해석에 대한 의의신청에 대한 법원의 결정은 즉시항고의 대상이지만 검사의 재판집행에 대한 이의신청에 대한 법원의 결정에는 즉시항고를 할 수 없다.

④ 사형, 징역, 금고 또는 구류의 선고를 받은 자가 도망하거나 도망할 염려가 있는 때 또는 현재지를 알 수 없는 때에는 검사가 직접 형집행장을 발부하여 구인할 수 있다.

[해설]

④ (O) 제473조 제3항 참조.

> **제473조(집행하기 위한 소환)** ① 사형, 징역, 금고 또는 구류의 선고를 받은 자가 구금되지 아니한 때에는 검사는 형을 집행하기 위하여 이를 소환하여야 한다.
> ② 소환에 응하지 아니한 때에는 검사는 형집행장을 발부하여 구인하여야 한다.
> ③ 제1항의 경우에 형의 선고를 받은 자가 도망하거나 도망할 염려가 있는 때 또는 현재지를 알 수 없는 때에는 소환함이 없이 형집행장을 발부하여 구인할 수 있다.

① (X) 모두를 전부 산입하여야 한다. 형사소송법 제482조 제1항, 형법 제57조 제1항 참조.

> **제482조(판결확정 전 구금일수 등의 산입)** ① 판결선고 후 판결확정 전 구금일수(판결선고 당일의 구금일수를 포함한다)는 전부를 본형에 산입한다.
> **형법 제57조(판결선고전구금일수의 통산)** ① 판결선고 전의 구금일수는 그 전부 또는 일부를 유기징역, 유기금고, 벌금이나 과료에 관한 유치 또는 구류에 산입한다.

② (X) ㉠ <u>사형</u>은 징역·금고·구류와 달리 <u>법무부장관의 명령에 의하여 집행하고</u>(제463조), 그 집행정지 역시 법무부장관의 명령에 의한다(제469조 제1항). 이에 비하여 ㉡ <u>징역·금고·구류는 검사의 형집행지휘서에 의하여 집행하고</u>(제460조), <u>그 필요적 집행정지 역시 검사의 지휘에 의한다</u>(제470조 제1항).

cf. 징역·금고·구류의 임의적 집행정지도 검사의 지휘에 의하나(제471조 제1항), 소속 고등검찰청검사장 또는 지방검찰청검사장의 허가를 요한다(동조 제2항).

> **제463조(사형의 집행)** 사형은 법무부장관의 명령에 의하여 집행한다.
> **제469조(사형 집행의 정지)** ① <u>사형선고</u>를 받은 사람이 심신의 장애로 의사능력이 없는 상태이거나 임신 중인 여자인 때에는 법무부장관의 명령으로 집행을 정지한다.
> ② 제1항에 따라 형의 집행을 정지한 경우에는 심신장애의 회복 또는 출산 후에 법무부장관의 명령에 의하여 형을 집행한다.
> **제460조(집행지휘)** ① 재판의 집행은 그 재판을 한 법원에 대응한 검찰청검사가 지휘한다. 단, 재판의 성질상 법원 또는 법관이 지휘할 경우에는 예외로 한다.
> **제470조(자유형집행의 정지)** ① 징역, 금고 또는 구류의 선고를 받은 자가 심신의 장애로 의사능력이 없는 상태에 있는 때에는 형을 선고한 법원에 대응한 검찰청검사 또는 형의 선고를 받은 자의 현재지를 관할하는 검찰청검사의 지휘에 의하여 심신장애가 회복될 때까지 형의 집행을 정지한다.
> **제471조(동전)** ① 징역, 금고 또는 구류의 선고를 받은 자에 대하여 다음 각 호의 1에 해당한 사유가 있는 때에는 형을 선고한 법원에 대응한 검찰청검사 또는 형의 선고를 받은 자의 현재지를 관할하는 검찰청검사의 지휘에 의하여 형의 집행을 정지할 수 있다.
> 1. 형의 집행으로 인하여 현저히 건강을 해하거나 생명을 보전할 수 없을 염려가 있는 때
> 2. 연령 70세 이상인 때
> 3. 잉태 후 6월 이상인 때
> 4. 출산 후 60일을 경과하지 아니한 때
> 5. 직계존속이 연령 70세 이상 또는 중병이나 장애인으로 보호할 다른 친족이 없는 때
> 6. 직계비속이 유년으로 보호할 다른 친족이 없는 때
> 7. 기타 중대한 사유가 있는 때
> ② 검사가 전항의 지휘를 함에는 소속 고등검찰청검사장 또는 지방검찰청검사장의 허가를 얻어야 한다.

③ (X) 재판의 해석에 대한 의의(疑義)신청(제488조)에 대한 법원의 결정과 검사의 재판집행에 대한 이의신청(제489조)에 대한 법원의 결정(제491조 제1항) 모두 즉시항고의 대상이다(동조 제2항).

> **제488조(의의신청)** 형의 선고를 받은 자는 집행에 관하여 재판의 해석에 대한 의의가 있는 때에는 재판을 선고한 법원에 의의신청을 할 수 있다.
> **제489조(이의신청)** 재판의 집행을 받은 자 또는 그 법정대리인이나 배우자는 집행에 관한 검사의 처분이 부당함을 이유로 재판을 선고한 법원에 이의신청을 할 수 있다.
> **제491조(즉시항고)** ① 제487조 내지 제489조의 신청이 있는 때에는 법원은 결정을 하여야 한다.
> ② 전항의 결정에 대하여는 즉시항고를 할 수 있다.

[정답] ④

005 ✅ 대표 ◆◆◇

미결구금일수의 산입에 대한 설명으로 옳은 것은? (다툼이 있는 경우 판례에 의함)

① 정식재판청구기간을 도과한 약식명령에 기하여 피고인을 노역장에 유치한 후 정식재판청구권회복결정에 따라 사건을 공판절차에 의하여 심리하는 경우, 법원은 노역장 유치기간을 미결구금일수로 보아 이를 본형에 산입할 수 있다.

② 판결 선고 후 판결확정 전 구금일수는 판결선고 당일의 구금일수를 포함하여 전부를 본형에 산입한다.

③ 기피신청에 의하여 소송 진행이 정지된 기간은 미결구금일수에 산입되지 않는다.

④ 피고인에 대한 감정유치기간은 미결구금일수에 산입되지 않는다.

〔해설〕

② (○) 제482조 제1항

① (×) 정식재판청구기간을 도과한 약식명령에 기하여 피고인을 노역장에 유치하는 것은 형의 집행이므로 그 유치기간은 형법 제57조가 규정한 미결구금일수에 해당하지 아니한다(대법원 2007.5.10, 2007도2517).

③ (×) 형사소송법 제92조 제3항에 의하면 '제22조에 의한 기피신청으로 인하여 공판절차가 정지된 기간은 구속기간에 산입하지 아니한다.'고 규정되어 있는바 기피신청으로 인하여 공판절차가 정지된 상태의 구금기간도 판결 선고 전의 구금일수에는 산입되어야 한다(대법원 2005.10.14, 2005도4758). 즉, 피고인에 대한 구속기간에 제외되는 기간이라 하더라도 구금되어 있는 기간임이 분명하여 미결구금일수에는 전부 산입되는 것은 당연하다.

④ (×) 감정유치는 미결구금일수의 산입에 있어서는 이를 구속으로 간주한다(제172조 제8항).

〔정답〕 ②

---

2 형사보상

006 ✅ 대표 ◆◇◇

형사보상 및 명예회복에 관한 법률에 따른 형사보상에 대한 설명으로 옳지 않은 것은?

① 미결구금을 당하여 이 법에 따라 보상을 청구할 수 있는 자가 그 청구를 하지 아니하고 사망한 경우, 그 상속인이 이를 청구할 수 있다.

② 1개의 재판으로 경합범의 일부에 대하여 무죄재판을 받고 다른 부분에 대하여 유죄재판을 받았던 경우에는 법원은 재량으로 보상청구의 전부 또는 일부를 기각할 수 있다.

③ 형사보상을 받을 자가 다른 법률에 따라 손해배상을 청구하는 것은 금지된다.

④ 보상청구가 이유 있을 때에는 보상결정을 하여야 하며, 이러한 보상결정에 대하여는 1주일 이내에 즉시항고할 수 있다.

〔해설〕

③ (×) 이 법은 보상을 받을 자가 <u>다른 법률에 따라 손해배상을 청구하는 것을 금지하지 아니한다</u>(형사보상법 제6조 제1항).

> **형사보상법 제6조(손해배상과의 관계)** ① 이 법은 보상을 받을 자가 다른 법률에 따라 손해배상을 청구하는 것을 금지하지 아니한다.
> ② 이 법에 따른 보상을 받을 자가 같은 원인에 대하여 다른 법률에 따라 손해배상을 받은 경우에 그 손해배상의 액수가 이 법에 따라 받을 보상금의 액수와 같거나 그보다 많을 때에는 보상하지 아니한다. 그 손해배상의 액수가 이 법에 따라 받을 보상금의 액수보다 적을 때에는 그 손해배상 금액을 빼고 보상금의 액수를 정하여야 한다.
> ③ 다른 법률에 따라 손해배상을 받을 자가 같은 원인에 대하여 이 법에 따른 보상을 받았을 때에는 그 보상금의 액수를 빼고 손해배상의 액수를 정하여야 한다.

① (○) 형사보상법 제3조 제1항

② (○) 형사보상법 제4조 제3호

④ (○) 형사보상법 제17조 제1항, 제20조 제1항

〔정답〕 ③

---

007 ✅ 대표 ◆◇◇ 법원 2014

형사재판의 공시 등과 관련한 설명 중 가장 옳지 않은 것은?

① 피해자의 이익을 위하여 필요하다고 인정할 때에는 피해자의 청구가 있는 경우에 한하여 피고인의 부담으로 판결공시의 취지를 선고할 수 있다.

② 피고사건에 대하여 무죄 또는 면소의 판결을 선고할 때에는 판결공시의 취지를 선고할 수 있다.

③ 재심에서 무죄의 선고를 한 때에는 그 판결을 관보와 그 법원소재지의 신문지에 기재하여 공고할 수 있다.

④ 법원은 형사보상결정이 확정되었을 때에는 2주일 내에 보상결정의 요지를 관보에 게재하여 공시하여야 한다. 이 경우 보상결정을 받은 자의 신청이 있을 때에는 그 결정의 요지를 신청인이 선택하는 두 종류 이상의 일간신문에 각각 한 번씩 공시하여야 하며 그 공시는 신청일부터 30일 이내에 하여야 한다.

해설

② (×) 무죄판결 시 필요적 공시가 원칙인 것으로 개정되었다. 2014.12.30. 개정형법 제58조 제2항·제3항 참조.

> **형법 제58조(판결의 공시)** ② 피고사건에 대하여 무죄의 판결을 선고하는 경우에는 무죄판결공시의 취지를 선고하여야 한다. 다만, 무죄판결을 받은 피고인이 무죄판결공시 취지의 선고에 동의하지 아니하거나 피고인의 동의를 받을 수 없는 경우에는 그러하지 아니하다.
> ③ 피고사건에 대하여 면소의 판결을 선고하는 경우에는 면소판결공시의 취지를 선고할 수 있다.

③ (×) 재심 무죄판결의 공고도 원칙적으로 의무적이다(제440조 참조).

> **제440조(무죄판결의 공시)** 재심에서 무죄의 선고를 한 때에는 그 판결을 관보와 그 법원소재지의 신문지에 기재하여 공고하여야 한다. 다만 무죄의 선고를 받은 사람 등이 이를 원하지 아니하는 의사를 표시한 경우에는 그러하지 아니하다. 〈전문개정 2016.5.29.〉

① (○) 형법 제58조 제1항 참조.

> **형법 제58조(판결의 공시)** ① 피해자의 이익을 위하여 필요하다고 인정할 때에는 피해자의 청구가 있는 경우에 한하여 피고인의 부담으로 판결공시의 취지를 선고할 수 있다.

④ (○) 형사보상법 제25조 제1항 참조.

> **형사보상법 제25조(보상결정의 공시)** ① 법원은 보상결정이 확정되었을 때에는 2주일 내에 보상결정의 요지를 관보에 게재하여 공시하여야 한다. 이 경우 보상결정을 받은 자의 신청이 있을 때에는 그 결정의 요지를 신청인이 선택하는 두 종류 이상의 일간신문에 각각 한 번씩 공시하여야 하며 그 공시는 신청일부터 30일 이내에 하여야 한다.

정답 ② · ③

CHAPTER
04 특별절차

1 약식절차

I 의의 및 취지

II 약식명령의 청구

001 ✅ 대표 ◆◇◇   국가7급 2021

약식명령에 대한 설명으로 옳은 것은?

① 법원은 약식명령으로 추징을 할 수 없다.

② 약식명령은 법원의 명령에 해당하므로 이에 대한 불복은 이의신청과 준항고에 의한다.

③ 법원사무관등은 약식명령청구가 있는 사건을 「형사소송법」 제450조의 규정에 따라 공판절차에 의하여 심판하기로 한 때에는 즉시 그 취지를 검사, 피고인, 변호인에게 통지하여야 한다.

④ 즉결심판의 경우와 달리 약식명령에 의하여는 무죄, 면소, 공소기각을 할 수 없다.

해설

④ (○) 약식명령에 의하여 과할 수 있는 형은 벌금·과료·몰수에 한하고(제448조 제1항) 추징 기타 부수처분을 할 수 있을 뿐이다(동 제2항). 따라서 <u>약식명령으로 징역·금고·구류 등 자유형을 과할 수 없으며, 무죄, 면소, 공소기각, 관할위반의 재판도 할 수 없다.</u>

① (×) 지방법원은 그 관할에 속한 사건에 대하여 검사의 청구가 있는 때에는 공판절차 없이 약식명령으로 피고인을 벌금, 과료 또는 몰수에 처할 수 있다(제448조 제1항). 이 경우에는 <u>추징 기타 부수의 처분을 할 수 있다</u>(동조 제2항).

② (×) 약식명령에 대하여 불복이 있는 자는 <u>정식재판의 청구</u>를 할 수 있다(제453조 제1항).

③ (×) <u>공판절차회부결정은 검사에게 통지하는 것이지 피고인·변호인에게 통지하는 것이 아니다</u>(규칙 제172조 제1항). 이후 검사는 공소장부본을 법원에 제출하고, 법원은 그 공소장부본을 정식재판의 제1회 공판기일 전 5일까지 피고인 또는 변호인에게 송달해야 한다.

> **규칙 제172조(보통의 심판)** ① 법원사무관등은 약식명령의 청구가 있는 사건을 법 제450조의 규정에 따라 공판절차에 의하여 심판하기로 한 때에는 <u>즉시 그 취지를 검사에게 통지하여야 한다.</u>
> ② 제1항의 통지를 받은 <u>검사는 5일 이내에 피고인수에 상응한 공소장 부본을 법원에 제출하여야 한다.</u>
> ③ 법원은 제2항의 공소장 부본에 관하여 법 제266조에 규정한 조치를 취하여야 한다.

정답 ④

002 ✅ 대표 ◆◆◇   법원9급 2018

약식명령과 그에 대한 정식재판에 관한 설명 중 가장 옳지 않은 것은? (다툼이 있는 경우 판례에 의하고, 전원합의체 판결의 경우 다수의견에 의함)

① 약식명령의 고지는 검사와 피고인에 대한 재판서의 송달에 의하여 하고, 피고인에게 변호인이 있는 경우에도 변호인에게 약식명령 등본을 송달해야 하는 것은 아니다.

② 피고인은 정식재판의 청구를 포기할 수 없다.

③ 피고인이 정식재판을 청구한 사건에 대하여는 약식명령의 형보다 중한 형을 선고하지 못한다.

④ 약식명령은 정식재판의 청구에 의한 판결이 있는 때에는 그 효력을 잃는다.

해설

③ (×) 약식명령의 형보다 중한 벌금형은 선고할 수 있다.

> **제457조의2(형종 상향의 금지 등)** ① 피고인이 정식재판을 청구한 사건에 대하여는 약식명령의 형보다 중한 종류의 형을 선고하지 못한다.
> ② 피고인이 정식재판을 청구한 사건에 대하여 약식명령의 형보다 중한 형을 선고하는 경우에는 판결서에 양형의 이유를 적어야 한다.
> [전문개정 2017.12.19.]

① (○) 제452조 참조.

> **제452조(약식명령의 고지)** 약식명령의 고지는 검사와 피고인에 대한 재판서의 송달에 의하여 한다.

② (○) 제453조 제1항

④ (○) 제456조 참조.

> **제456조(약식명령의 실효)** 약식명령은 정식재판의 청구에 의한 판결이 있는 때에는 그 효력을 잃는다.

정답 ③

003 ✓ 대표 ◆◆◇　　　　　　　　　국가9급 2018

약식절차에 대한 설명으로 옳은 것은? (다툼이 있는 경우 판례에 의함)

① 법원은 검사의 청구가 있는 때에는 공판절차 없이 약식명령으로 피고인을 벌금, 구류 또는 과료에 처할 수 있다.

② 약식절차에서 자백배제법칙은 적용되지만 자백보강법칙과 전문법칙은 적용되지 않는다.

③ 벌금형이 고지된 약식명령에 대해 피고인만이 정식재판을 청구한 경우 법원은 벌금액을 상향하여 선고할 수 있다.

④ 약식명령에 대한 정식재판청구가 있으면 약식명령은 효력을 상실한다.

해설

③ (○) 2017.12.19. 개정에 의하여 중한 종류의 형만 선고하지 못하며, 중한 형은 선고할 수 있게 되었다.

> **제457조의2(형종 상향의 금지 등)** ① 피고인이 정식재판을 청구한 사건에 대하여는 약식명령의 형보다 중한 종류의 형을 선고하지 못한다.
> ② 피고인이 정식재판을 청구한 사건에 대하여 약식명령의 형보다 중한 형을 선고하는 경우에는 판결서에 양형의 이유를 적어야 한다.
> 〈전문개정 2017.12.19.〉

① (×) 구류에 처할 수는 없다.

> **제448조(약식명령을 할 수 있는 사건)** ① 지방법원은 그 관할에 속한 사건에 대하여 검사의 청구가 있는 때에는 공판절차 없이 약식명령으로 피고인을 벌금, 과료 또는 몰수에 처할 수 있다.

② (×) 약식절차는 서면심리에 의하므로 전문법칙 및 증거동의는 적용되지 아니한다. 다만, 자백배제법칙 및 자백의 보강법칙, 위법수집증거배제법칙은 약식절차에도 적용된다.

④ (×) 정식재판청구만 있다고 약식명령이 효력을 상실하는 것은 아니고, 정식재판에 의한 판결이 내려지면 효력을 잃는 것이다.

> **제456조(약식명령의 실효)** 약식명령은 정식재판의 청구에 의한 판결이 있는 때에는 그 효력을 잃는다.

정답 ③

004 ✓ 대표 ◆◇◇　　　　　　　　　경찰 2015

「형사소송법」제450조에 대한 내용이다. ( ) 안에 들어갈 말로 가장 적절한 것은?

> 약식명령의 청구가 있는 경우에 그 사건이 약식명령으로 할 수 없거나 약식명령으로 하는 것이 적당하지 아니하다고 인정한 때에는 ( )하여야 한다.

① 공판절차에 의하여 심판

② 무죄판결을 선고

③ 결정으로 약식명령청구를 기각

④ 검사에게 공소장의 보정을 요구

해설

① (○) 제450조 참조.

> **제450조(보통의 심판)** 약식명령의 청구가 있는 경우에 그 사건이 약식명령으로 할 수 없거나 약식명령으로 하는 것이 적당하지 아니하다고 인정한 때에는 공판절차에 의하여 심판하여야 한다.

정답 ①

Ⅲ 약식절차의 심판

005 ✓ 대표 ◆◆◇　　　　　　　　　법원 2013

다음은 약식명령에 관한 설명이다. 가장 옳지 않은 것은?

① 약식명령의 청구는 공소의 제기와 동시에 서면으로 하여야 한다.

② 검사와 피고인은 약식명령의 고지일로부터 7일 이내에 정식재판을 청구할 수 있고, 단 피고인은 그 청구를 포기할 수 없다.

③ 약식명령에는 범죄사실, 적용법령, 주형, 증거의 요지 등과 함께 정식재판을 청구할 수 있음을 명시하여야 한다.

④ 약식명령에 대한 정식재판의 청구는 제1심판결이 선고 전 까지 이를 취하할 수 있다.

해설

③ (×) 약식명령에 유죄판결(제323조)에서와 같은 증거요지를 명시하여야 하는 것은 아니다(제451조 참조).
[보충] 유죄판결의 명시할 이유인 사/요/법 중 '요'가 빠짐

> **제451조(약식명령의 방식)** 약식명령에는 범죄사실, 적용법령, 주형, 부수처분과 약식명령의 고지를 받은 날로부터 7일 이내에 정식재판의 청구를 할 수 있음을 명시하여야 한다.

① (○) 제449조 참조.

> **제449조(약식명령의 청구)** 약식명령의 청구는 공소의 제기와 동시에 서면으로 하여야 한다.

② (○) 제453조 제1항 참조.

> **제453조(정식재판의 청구)** ① 검사 또는 피고인은 약식명령의 고지를 받은 날로부터 7일 이내에 정식재판의 청구를 할 수 있다. 단, 피고인은 정식재판의 청구를 포기할 수 없다.

[보충] 약식명령(벌/과/몰): 14 + 7

[보충] 포기 ×: 고/환/약/진/상(사무)

④ (○) 제454조 참조.

[보충] 취하 시 재청구 금지

> **제454조(정식재판청구의 취하)** 정식재판의 청구는 제1심판결 선고 전까지 취하할 수 있다.

정답 ③

---

006 ✓ 대표 ◆◆◇ 경찰1차 2020

약식절차에 대한 설명 중 가장 적절한 것은? (다툼이 있는 경우 판례에 의함)

① 지방법원은 그 관할에 속한 사건에 대하여 검사의 청구가 있는 때에는 공판절차 없이 약식명령으로 피고인을 벌금, 구류, 과료 또는 몰수에 처할 수 있으며, 이 경우에는 추징 기타 부수의 처분을 할 수 있다.

② 변호인이 약식명령에 대해 정식재판청구서를 제출할 것으로 믿고 피고인이 스스로 적법한 정식재판의 청구기간 내에 정식 재판청구서를 제출하지 못하였다면 그것은 피고인 또는 대리인이 책임질 수 없는 사유로 인하여 정식재판의 청구기간 내에 정식 재판을 청구하지 못한 때에 해당한다.

③ 약식명령의 고지는 검사와 피고인에 대한 재판서의 송달에 의하도록 규정하고 있으므로 약식명령은 그 재판서를 피고인에게 송달함으로써 효력이 발생하고, 변호인이 있는 경우라도 반드시 변호인에게 약식명령 등본을 송달해야 하는 것은 아니다.

④ 피고인이 정식재판을 청구한 사건에 대하여는 약식명령의 형보다 중한 형을 선고하지 못한다.

해설

③ (○) 형사소송법 제452조에서 약식명령의 고지는 검사와 피고인에 대한 재판서의 송달에 의하도록 규정하고 있으므로, 약식명령은 그 재판서를 피고인에게 송달함으로써 효력이 발생하고, 변호인이 있는 경우라도 반드시 변호인에게 약식명령 등본을 송달해야 하는 것은 아니다(대법원 2017.7.27, 2017모1557).

① (×) 지방법원은 그 관할에 속한 사건에 대하여 검사의 청구가 있는 때에는 공판절차 없이 약식명령으로 피고인을 벌금, 과료 또는 몰수에 처할 수 있으며, 이 경우에는 추징 기타 부수의 처분을 할 수 있다(제448조 제1항·제2항). 즉, 약식명령으로 구류에 처할 수는 없다.

② (×) 변호인이 정식재판청구서를 제출할 것으로 믿고 피고인이 스스로 적법한 정식재판의 청구기간 내에 정식재판청구서를 제출하지 못하였더라도 그것이 피고인 또는 대리인이 책임질 수 없는 사유로 인하여 정식재판의 청구기간 내에 정식재판을 청구하지 못한 때에 해당하지 않는다(대법원 2017.7.27, 2017모1557).

④ (×) 피고인이 정식재판을 청구한 사건에 대하여는 약식명령의

형보다 중한 종류의 형을 선고하지 못하고, 피고인이 정식재판을 청구한 사건에 대하여 약식명령의 형보다 중한 형을 선고하는 경우에는 판결서에 양형의 이유를 적어야 한다(제457조의2 제1항·제2항). 즉, 중한 종류의 형을 선고하지 못하는 것이지 중한 형을 선고하지 못하는 것은 아니다.

정답 ③

▌Ⅳ 정식재판의 청구

007 ✓ 대표 ◆◆◇ 법원 2015

약식명령에 관한 다음 설명 중 가장 옳지 않은 것은? (다툼이 있는 경우 판례에 의함)

① 피고인이 약식명령에 불복하여 정식재판을 청구한 사건에서 죄명이나 적용법조가 약식명령의 경우보다 불이익하게 변경되었다고 하더라도 선고한 형이 약식명령과 같거나 약식명령보다 가벼운 경우에는 불이익변경금지의 원칙에 위배된 조치라고 할 수 없다.

② 확정된 약식명령은 확정판결과 동일한 효력이 있으므로, 기판력과 집행력이 발생한다.

③ 포괄일죄의 일부에 대하여 약식명령이 확정된 때에는 그 명령의 발령 시까지 행하여진 행위에 대하여는 기판력이 미치므로 그 행위에 대하여 공소가 제기되면 면소판결을 하여야 한다.

④ 정식재판의 청구는 항소심 판결 선고 전까지 취하할 수 있다.

해설

④ (×) 제1심판결 선고 전까지 취하할 수 있다(제454조).

> **제454조(정식재판청구의 취하)** 정식재판의 청구는 제1심판결 선고 전까지 취하할 수 있다.

① (○) 형사소송법 제457조의2에서 규정한 불이익변경금지의 원칙은 피고인이 약식명령에 불복하여 정식재판을 청구한 사건에서 약식명령의 주문에서 정한 형보다 중한 형을 선고할 수 없다는 것이므로, 그 죄명이나 적용법조가 약식명령의 경우보다 불이익하게 변경되었다고 하더라도 선고한 형이 약식명령과 같거나 약식명령보다 가벼운 경우에는 불이익변경금지의 원칙에 위배된 조치라고 할 수 없다(대법원 2013.2.28, 2011도14986).

② (○) 약식명령은 유죄의 확정판결과 동일한 효력이 있으므로(제457조), 기판력과 집행력이 발생하며, 재심 또는 비상상고의 대상이 될 수 있다.

> **제457조(약식명령의 효력)** 약식명령은 정식재판의 청구기간이 경과하거나 그 청구의 취하 또는 청구기각의 결정이 확정한 때에는 확정판결과 동일한 효력이 있다.

③ (○) 여러 개의 업무상 횡령행위라 하더라도 피해법익이 단일하고, 범죄의 태양이 동일하며, 단일 범의의 발현에 기인하는 일련의 행위라고 인정될 때에는, 포괄하여 1개의 범죄라고 봄이 타당하고, 포괄일죄의 관계에 있는 범행의 일부에 대하여 약식명령이 확정된 경우에는 그 약식명령의 발령시를 기준으로 하여 그 이전에 이루어진 범행에 대하여는 면소의 판결을 선고하여야 한다(대법원 2013.6.13, 2013도4737; 2001.12.24, 2001도205; 1994.8.9, 94도1318 등).

정답 ④

약식명령에 관한 설명 중 가장 옳지 않은 것은? (다툼이 있는 경우 판례에 의함)

① 약식명령은 정식재판의 청구기간이 경과하거나 그 청구의 취하 또는 청구기각의 결정이 확정된 때에는 확정판결과 동일한 효력이 있다.

② 약식명령의 기판력이 미치는 시적 범위는 약식명령의 송달시를 기준으로 하여야 한다.

③ 정식재판청구권회복결정이 부당하더라도 이미 그 결정이 확정되었다면, 정식재판청구사건을 처리하는 법원으로서는 정식재판청구권회복청구가 적법한 기간 내에 제기되었는지 여부나 그 회복사유의 존부 등에 대하여는 살펴볼 필요 없이 통상의 공판절차를 진행하여 본안에 관하여 심판하여야 한다.

④ 법정대리인이 있는 피고인이 정식재판청구를 취하함에는 법정대리인의 동의를 얻어야 하는데, 법정대리인의 사망 기타 사유로 인하여 그 동의를 얻을 수 없는 때에는 예외로 한다.

해설

② (×) 유죄의 확정판결의 기판력의 시적범위 즉 어느 때까지의 범죄사실에 관하여 기판력이 미치느냐의 기준시점은 사실심리의 가능성이 있는 최후의 시점인 판결 선고 시를 기준으로 하여 가리게 되고, 판결절차 아닌 약식명령은 그 고지를 검사와 피고인에 대한 재판서 송달로써 하고 따로 선고하지 않으므로 약식명령에 관하여는 그 기판력의 시적범위를 약식명령의 송달시를 기준으로 할 것인가 또는 그 발령 시를 기준으로 할 것인지 이론의 여지가 있으나 그 기판력의 시적 범위를 판결절차와 달리 하여야 할 이유가 없으므로 그 발령 시를 기준으로 하여야 한다(대법원 1984.7.24, 84도1129; 1981.6.23, 81도1437; 1979. 2.27, 79도82).

① (○) 제457조 참조.

> **제457조(약식명령의 효력)** 약식명령은 정식재판의 청구기간이 경과하거나 그 청구의 취하 또는 청구기각의 결정이 확정한 때에는 확정판결과 동일한 효력이 있다.

③ (○) 대법원 2005.1.17, 2004모351

④ (○) 제458조 제1항, 제350조 참조.

> **제458조(준용규정)** ① 제340조 내지 제342조, 제345조 내지 제352조, 제354조의 규정은 정식재판의 청구 또는 그 취하에 준용한다.
> **제350조(상소의 포기등과 법정대리인의 동의)** 법정대리인이 있는 피고인이 상소의 포기 또는 취하를 함에는 법정대리인의 동의를 얻어야 한다. 단, 법정대리인의 사망 기타 사유로 인하여 그 동의를 얻을 수 없는 때에는 예외로 한다.

[보충] 상소취하: 피고인과 법정대리인의 상호 동의 요함

정답 ②

다음 설명 중 가장 옳지 않은 것은? (다툼이 있는 경우 판례에 의함)

① 약식명령으로 과할 수 있는 형은 벌금·과료·몰수에 한정된다.

② 관할위반·공소기각·면소·무죄를 선고하는 것은 약식명령으로 할 수 없다.

③ 약식명령에 대한 정식재판의 청구는 제1심판결 선고 전까지 취하할 수 있다.

④ 약식명령이 확정된 경우 그 기판력의 시간적 범위는 약식명령을 발령한 때가 아니라, 피고인이 약식명령을 고지 받은 때라는 것이 판례이다.

해설

④ (×) 유죄의 확정판결의 기판력의 시적범위 즉 어느 때까지의 범죄사실에 관하여 기판력이 미치느냐의 기준시점은 사실심리의 가능성이 있는 최후의 시점인 판결 선고 시를 기준으로 하여 가리게 되고, 판결절차 아닌 약식명령은 그 고지를 검사와 피고인에 대한 재판서 송달로써 하고 따로 선고하지 않으므로 약식명령에 관하여는 그 기판력의 시적범위를 약식명령의 송달시를 기준으로 할 것인가 또는 그 발령 시를 기준으로 할 것인지 이론의 여지가 있으나 그 기판력의 시적 범위를 판결절차와 달리 하여야 할 이유가 없으므로 그 발령 시를 기준으로 하여야 한다(대법원 1984.7.24, 84도1129).

① (○) 제448조 제1항 참조.

> **제448조(약식명령을 할 수 있는 사건)** ① 지방법원은 그 관할에 속한 사건에 대하여 검사의 청구가 있는 때에는 공판절차 없이 약식명령으로 피고인을 벌금, 과료 또는 몰수에 처할 수 있다

② (○) 제448조 제1항
→ 관할위반·공소기각·면소·무죄의 재판은 할 수 없다. 이 경우 공판절차로 회부하여야 할 것이다.

③ (○) 제454조 참조.

> **제454조(정식재판청구의 취하)** 정식재판의 청구는 제1심판결 선고 전까지 취하할 수 있다.

정답 ④

약식명령에 대한 설명으로 옳은 것(○)과 옳지 않은 것(×)을 바르게 표시한 것은? (다툼이 있는 경우 판례에 의함)

ㄱ. 약식명령의 청구가 있는 경우에 그 사건이 약식명령으로 할 수 없거나 약식명령으로 하는 것이 적당하지 아니하다고 인정한 때에는 청구를 기각하여야 한다.

ㄴ. 검사는 약식명령의 청구와 동시에 약식명령을 하는데 필요한 증거서류 및 증거물을 법원에 제출하여야 하고, 법원은 그 청구가 있은 날로부터 14일 이내에 약식명령을 하여야 한다.

ㄷ. 검사 또는 피고인은 약식명령의 고지를 받은 날로부터 7일 이내에 정식재판의 청구를 할 수 있으며, 피고인은 그 기간 내에 정식재판의 청구를 포기할 수 있다.

ㄹ. 약식명령에 대해 피고인만 정식재판을 청구한 경우, 법원은 약식명령의 형보다 중한 종류의 형을 선고하지 못하기 때문에 검사는 공소사실의 동일성이 인정된다고 하더라도 법정형에 유기징역형만 있는 죄의 공소사실을 예비적으로 추가하는 공소장변경을 할 수 없다.

	ㄱ	ㄴ	ㄷ	ㄹ
①	×	×	×	×
②	○	×	○	○
③	×	○	×	×
④	○	○	○	○

해설

ㄱ. (×) 제450조 참조.

> **제450조(보통의 심판)** 약식명령의 청구가 있는 경우에 그 사건이 약식명령으로 할 수 없거나 <u>약식명령으로 하는 것이 적당하지 아니하다고</u> 인정한 때에는 공판절차에 의하여 심판하여야 한다.

ㄴ. (○) 규칙 제170조, 제171조 참조.

> **규칙 제170조(서류 등의 제출)** 검사는 약식명령의 청구와 동시에 약식명령을 하는데 <u>필요한 증거서류 및 증거물을 법원에 제출하여야 한다.</u>
> **규칙 제171조(약식명령의 시기)** <u>약식명령은 그 청구가 있은 날로부터 14일내에</u> 이를 하여야 한다.

ㄷ. (×) 제453조 제1항 참조.

> **제453조(정식재판의 청구)** ① 검사 또는 피고인은 약식명령의 고지를 받은 날로부터 7일 이내에 정식재판의 청구를 할 수 있다. 단, <u>피고인은 정식재판의 청구를 포기할 수 없다.</u>

ㄹ. (×) 약식명령에 대하여 피고인만이 정식재판을 청구하였는데, 검사가 당초 사문서위조 및 위조사문서행사의 공소사실로 공소제기하였다가 제1심에서 사서명위조 및 위조사서명행사의 공소

사실을 예비적으로 추가하는 내용의 공소장변경을 신청한 사안에서, 두 공소사실은 기초가 되는 사회적 사실관계가 범행의 일시와 장소, 상대방, 행위 태양, 수단과 방법 등 기본적인 점에서 동일할 뿐만 아니라, 주위적 공소사실이 유죄로 되면 예비적 공소사실은 주위적 공소사실에 흡수되고 주위적 공소사실이 무죄로 될 경우에만 예비적 공소사실의 범죄가 성립할 수 있는 관계에 있어 규범적으로 보아 공소사실의 동일성이 있다고 보이고, 나아가 피고인에 대하여 사서명위조와 위조사서명행사의 범죄사실이 인정되는 경우에는 비록 사서명위조죄와 위조사서명행사죄의 법정형에 유기징역형만 있다 하더라도 형사소송법 제457조의2에서 규정한 불이익변경금지 원칙이 적용되어 벌금형을 선고할 수 있으므로, 위와 같은 <u>불이익변경금지 원칙 등을 이유로 공소장변경을 불허할 것은 아닌데도,</u> 이를 불허한 채 원래의 공소사실에 대하여 무죄를 선고한 제1심판결을 그대로 유지한 원심의 조치에 공소사실의 동일성이나 공소장변경에 관한 법리오해의 위법이 있다(대법원 2013.2.28, 2011도14986).

[보충] 공소장변경은 허가하고, 형 선고 시에는 불이익변경금지 원칙 적용하면 됨

정답 ③

011　✓ 유사　◆◆◆　경찰2차 2021

약식명령에 관한 설명으로 옳은 것을 모두 고른 것은? (다툼이 있는 경우 판례에 의함)

> ㉠ 지방법원은 그 관할에 속한 사건에 대하여 검사의 청구가 있는 때에는 공판절차 없이 약식명령으로 피고인을 벌금, 과료 또는 몰수에 처할 수 있으나, 그 사건이 약식명령으로 할 수 없거나 약식명령으로 하는 것이 적당하지 아니하다고 인정할 때에는 검사의 청구를 기각하여야 한다.
>
> ㉡ 검사가 약식명령을 청구함에 있어서는 공소장부본을 첨부할 것을 요하지 아니하나, 법원이 약식명령청구 사건을 공판절차에 의하여 심판하기로 하고 그 취지를 검사에게 통지한 때에는 5일 이내에 피고인 수에 상응한 공소장부본을 법원에 제출하여야 한다.
>
> ㉢ 약식명령의 고지는 검사와 피고인에 대한 재판서의 송달에 의하여야 하고 변호인이 있는 경우라도 반드시 변호인에게 약식명령 등본을 송달해야 하는 것은 아니며, 변호인이 있는 피고인의 정식재판 청구기간은 피고인에 대한 약식명령 고지일을 기준으로 하여 기산하여야 한다.
>
> ㉣ 피고인이 절도죄 등으로 벌금 300만원의 약식명령을 발령받은 후 정식재판을 청구하였는데, 제1심법원이 정식재판청구 사건을 통상절차에 의해 공소가 제기된 다른 점유이탈물횡령 등 사건들과 병합한 후 각 죄에 대해 모두 징역형을 선택한 다음 경합범으로 처단하여 징역 1년 2월을 선고하는 것은 형종상향금지의 원칙을 위반하는 것이라고 할 수 없다.

① ㉠, ㉢　　　　② ㉡, ㉢
③ ㉡, ㉣　　　　④ ㉢, ㉣

해설

㉠ (×) 지방법원은 그 관할에 속한 사건에 대하여 검사의 청구가 있는 때에는 공판절차 없이 약식명령으로 피고인을 벌금, 과료 또는 몰수에 처할 수 있으나(제448조 제1항), 그 사건이 약식명령으로 할 수 없거나 약식명령으로 하는 것이 적당하지 아니하다고 인정한 때에는 공판절차에 의하여 심판하여야 한다(제450조).

㉡ (○) 약식명령청구를 받은 법원이 공판절차에 회부하였을 때에는 검사는 공소장부본을 제출하여야 한다. 이는 피고인 또는 변호인에게 송달하기 위함이다. 규칙 제172조 제1항·제2항
[보충] 이와 달리 약식명령에 대하여 정식재판청구가 있는 때에는 법원은 지체 없이 검사 또는 피고인에게 그 사유를 통지하는데(제453조 제3항), 이때 공소장부본을 송달할 필요는 없다. 피고인에게는 이미 약식명령서가 송달되어 있기 때문이다.
[정리] 공소장부본 송달은 공판절차회부 시 要, 정식재판청구 시 不要

㉢ (○) 대법원 2017.7.27, 2017모1557

㉣ (×) 피고인이 절도죄 등으로 벌금형의 약식명령을 발령받은 후 정식재판을 청구하였는데, 제1심법원이 위 정식재판청구 사건을 통상절차에 의해 공소가 제기된 다른 점유이탈물횡령 등 사건들과 병합한 후 각 죄에 대해 모두 징역형을 선택한 다음 경합범으로 처단한 징역형을 선고하자, 피고인과 검사가 각 양형부당을

이유로 항소한 경우, 제1심판결 중 위 정식재판청구 사건 부분은 형사소송법 제457조의2 제1항에서 정한 형종 상향 금지의 원칙을 위반한 잘못이 있다(대법원 2020.1.9, 2019도15700).

정답　②

012　✓ 유사　◆◆◇　국가7급 2022

약식명령에 대한 설명으로 옳지 않은 것은? (다툼이 있는 경우 판례에 의함)

① 약식명령에 대하여 정식재판청구가 제기되었음에도 법원이 증거서류 및 증거물을 검사에게 반환하지 않고 보관하고 있다면, 공소장일본주의에 반하여 위법한 공소제기가 된다.

② 「형사소송법」 제457조의2 제1항에서 정한 형종 상향의 금지 원칙은 피고인만이 정식재판을 청구한 사건과 다른 사건이 병합·심리된 다음 경합범으로 처단되는 경우에도 정식재판을 청구한 사건에 대하여는 그대로 적용된다.

③ 포괄일죄의 관계에 있는 범행 일부에 관하여 약식명령이 확정된 경우, 약식명령의 발령 시를 기준으로 하여 그 전의 범행에 대하여는 면소의 판결을 하여야 하고, 그 이후의 범행에 대하여서만 한 개의 범죄로 처벌하여야 한다.

④ 약식명령 청구사건을 공판절차에 의하여 심판할 경우, 공소장 부본을 피고인에게 송달하지 않았다 하더라도 검사와 피고인이 공판기일에 출석하여 피고인을 신문하고 피고인도 이에 대하여 이의를 제기함이 없이 신문에 응하고 변론을 하였다면 이러한 하자는 모두 치유된다.

해설

① (×) 검사가 약식명령을 청구하는 때에는 약식명령의 청구와 동시에 약식명령을 하는 데 필요한 증거서류 및 증거물을 법원에 제출하여야 하는바(형사소송규칙 제170조), 이는 약식절차가 서면심리에 의한 재판이어서 공소장일본주의의 예외를 인정한 것이므로 약식명령의 청구와 동시에 증거서류 및 증거물이 법원에 제출되었다 하여 공소장일본주의를 위반하였다 할 수 없고, 그 후 약식명령에 대한 정식재판청구가 제기되었음에도 법원이 증거서류 및 증거물을 검사에게 반환하지 않고 보관하고 있다고 하여 그 이전에 이미 적법하게 제기된 공소제기의 절차가 위법하게 된다고 할 수도 없다(대법원 2007.7.26, 2007도3906).

② (○) 형사소송법 제457조의2 제1항은 "피고인이 정식재판을 청구한 사건에 대하여는 약식명령의 형보다 중한 종류의 형을 선고하지 못한다."라고 규정하여, 정식재판청구 사건에서의 형종 상향 금지의 원칙을 정하고 있다. 위 형종 상향 금지의 원칙은 피고인이 정식재판을 청구한 사건과 다른 사건이 병합·심리된 후 경합범으로 처단되는 경우에도 정식재판을 청구한 사건에 대하여 그대로 적용된다(대법원 2020.3.26, 2020도355).

③ (○) 대법원 2013.6.13, 2013도4737

④ (○) 법원은 약식명령의 청구가 있는 경우에 그 사건이 약식명령

을 할 수 없거나 약식명령으로 하는 것이 부적당하다고 인정한 때에는 공판절차에 의하여 심판하여야 하고(형사소송법 제450조), 법원이 약식명령 청구사건을 공판절차에 의하여 심판하기로 함에 있어서는 사실상 공판절차를 진행하면 되고, 특별한 형식상의 결정을 할 필요는 없으며, 제1심법원이 피고인에 대하여 다시 인정신문을 하고 위 공소장에 기하여 피고인 신문을 하는 등 제2회 공판기일을 진행한 것은 위 약식명령 청구에 대하여 공판절차 회부를 하여 그 공판절차를 진행한 것으로 볼 수 있다 할 것이다. 형사소송규칙에 의하면, 공판절차회부를 한 때에는 법원사무관 등은 즉시 검사에게 그 취지를 통지하여야 하고(형사소송규칙 제172조 제1항), 그 통지서를 받은 검사는 5일 이내에 피고인 수에 상응하는 공소장부본을 법원에 제출하여야 하며(위 규칙 제172조 제2항), 법원은 공소장부본이 제출되면 제1회 공판기일 전 5일까지 이를 피고인에게 송달하여야 하도록 규정하고 있고(위 규칙 제172조 제3항), 이 사건의 경우 기록상 공소장부본을 피고인에게 송달하였음을 인정할 자료가 없으나, 검사와 피고인이 공판기일에 출석하여 피고인을 신문하고 피고인도 이에 대하여 이의를 제기하지 아니하고 신문에 응하고 변론을 한 이상 이러한 하자는 모두 치유되었다고 할 것이다(대법원 2003.11.14, 2003도2735).

정답 ①

013 ✓ 유사 ◆◆◇

약식절차에 관한 다음 설명 중 가장 옳은 것은? (다툼이 있는 경우 판례에 의함)

① 지방법원은 그 관할에 속한 사건에 대하여 검사의 청구가 있는 때에는 공판절차 없이 약식명령으로 피고인을 벌금, 과료 또는 몰수에 처할 수 있으나, 이 경우 추징 기타 부수의 처분을 할 수 없다.

② 피고인이 정식재판을 청구한 사건에 대하여는 약식명령의 형보다 중한 형을 선고하지 못한다.

③ 약식절차에서는 공소장 변경이 허용되지 아니하므로, 포괄일죄에 해당하는 각각 따로 청구된 약식명령의 범죄사실이 포괄일죄의 관계에 있다고 하더라도, 나중에 제기된 약식명령 청구에 전후로 기소된 각 범죄사실 전부를 포괄일죄로 처벌하여 줄 것을 신청하는 공소장변경의 취지가 포함되어 있다고 볼 수 없다.

④ 정식재판의 청구는 항소심 판결선고 전까지 취하할 수 있다.

해설

③ (○) 약식절차에서는 공소장변경이 허용되지 아니하므로, 약식명령청구에 공소장변경을 청구하는 취지가 포함되어 있다고 볼 수 없다.

① (×) 지방법원은 그 관할에 속한 사건에 대하여 검사의 청구가 있는 때에는 공판절차 없이 약식명령으로 피고인을 벌금, 과료 또는 몰수에 처할 수 있으며 이 경우 추징 기타 부수의 처분을 할 수 있다(제448조 제1항·제2항).

② (×) 피고인이 정식재판을 청구한 사건에 대하여는 약식명령의 형보다 중한 종류의 형을 선고하지 못한다(제457조의2 제1항).

④ (×) 정식재판의 청구는 제1심 판결선고 전까지 취하할 수 있다(제454조).

정답 ③

014 ✓ 유사 ◆◇◇

약식절차에 대한 설명으로 가장 옳지 않은 것은? (다툼이 있는 경우 판례에 의함)

① 약식명령에 대하여 정식재판청구를 한 검사 또는 피고인은 제1심판결선고 전에는 정식재판청구를 취하할 수 있다.

② 약식명령에 대하여 피고인은 정식재판청구를 포기할 수 없지만 검사는 정식재판청구를 포기할 수 있다.

③ 피고인만이 정식재판청구를 한 경우 형종 불이익변경금지 원칙이 적용되는데, 정식재판에서 다른 일반 사건을 병합하여 경합범으로 징역형을 선고하는 것은 법령위반에 해당한다.

④ 약식명령에 의하여 면소, 공소기각 또는 관할위반의 재판을 할 수는 없으나 무죄의 재판을 할 수 있다.

해설

④ (×) 약식명령에 의하여 과할 수 있는 형은 벌금·과료·몰수에 한하고(제448조 제1항), 추징 기타 부수처분을 할 수 있을 뿐이다(동조 제2항). 따라서 약식명령에 의하여 징역·금고·구류 등 자유형을 과할 수 없으며, 무죄·면소·공소기각·관할위반의 재판도 할 수 없다.

> **제448조(약식명령을 할 수 있는 사건)** ① 지방법원은 그 관할에 속한 사건에 대하여 검사의 청구가 있는 때에는 공판절차 없이 약식명령으로 피고인을 벌금, 과료 또는 몰수에 처할 수 있다.
> ② 전항의 경우에는 추징 기타 부수의 처분을 할 수 있다.

① (○) 제454조 참조.

> **제454조(정식재판청구의 취하)** 정식재판의 청구는 제1심판결선고 전까지 취하할 수 있다.

② (○) 제453조 제1항 참조.

> **제453조(정식재판의 청구)** ① 검사 또는 피고인은 약식명령의 고지를 받은 날로부터 7일 이내에 정식재판의 청구를 할 수 있다. 단, 피고인은 정식재판의 청구를 포기할 수 없다.

③ (○) 제457조의2 제1항의 형종 상향 금지의 원칙은 피고인만이 정식재판을 청구한 사건과 다른 사건이 병합·심리되는 경우에도 정식재판청구 사건에 대하여는 그대로 적용된다.
[판례] 피고인이 절도죄 등으로 벌금형의 약식명령을 발령받은 후 정식재판을 청구하였는데, 제1심법원이 위 정식재판청구 사건을 통상절차에 의해 공소가 제기된 다른 점유이탈물횡령 등 사건들과 병합한 후 각 죄에 대해 모두 징역형을 선택한 다음 경합범으로 처단한 징역형을 선고하자, 피고인과 검사가 각 양형부당을 이유로 항소한 경우, 제1심판결 중 위 정식재판청구 사건 부분에는 형사소송법 제457조의2 제1항에서 정한 형종 상향 금지의 원칙을 위반한 잘못이 있다(대법원 2020.1.9, 2019도15700).

정답 ④

015 ✓ 유사 ◆◇◇　경찰1차 2019

약식절차에 대한 설명으로 가장 적절한 것은? (다툼이 있는 경우 판례에 의함)

① 약식명령에 대한 정식재판 청구기간은 피고인에 대한 약식명령 고지일을 기준으로 기산한다.

② 포괄일죄의 관계에 있는 범행 일부에 관하여 약식명령이 확정된 경우, 피고인에 대한 약식명령 고지일을 기준으로 하여 그 전의 범행에 대하여는 면소판결하여야 한다.

③ 「형사소송법」 제453조에 의하면 피고인은 재판의 신속을 위해 정식재판의 청구를 포기할 수 있다.

④ 법원은 피고인이 정식재판을 청구한 사건에 대하여 약식명령에서 발령한 벌금보다 중한 벌금을 선고할 수 없다.

해설

① (○) 제453조 제1항 참조.

> **제453조(정식재판의 청구)** ① 검사 또는 피고인은 약식명령의 고지를 받은 날로부터 7일 이내에 정식재판의 청구를 할 수 있다. 단, 피고인은 정식재판의 청구를 포기할 수 없다.

② (×) 유죄의 확정판결의 기판력의 시적범위 즉 어느 때까지의 범죄사실에 관하여 기판력이 미치느냐의 기준시점은 사실심리의 가능성이 있는 최후의 시점인 판결선고시를 기준으로 하여 가리게 되고, 판결절차 아닌 약식명령은 그 고지를 검사와 피고인에 대한 재판서 송달로써 하고 따로 선고하지 않으므로 약식명령에 관하여는 그 기판력의 시적범위를 약식명령의 송달시를 기준으로 할 것인가 또는 그 발령시를 기준으로 할 것인지 이론의 여지가 있으나 그 기판력의 시적 범위를 판결절차와 달리 하여야 할 이유가 없으므로 그 발령시를 기준으로 하여야 한다(대법원 1984.7.24, 84도1129).

③ (×) 제453조 제1항 단서 참조.

> **제453조(정식재판의 청구)** ① 검사 또는 피고인은 약식명령의 고지를 받은 날로부터 7일 이내에 정식재판의 청구를 할 수 있다. 단, 피고인은 정식재판의 청구를 포기할 수 없다.

④ (×) 중한 종류의 형을 선고할 수 없을 따름이고, 중한 형은 선고할 수 있다. 제457조의2 제1항 참조.

> **제457조의2(형종 상향의 금지 등)** ① 피고인이 정식재판을 청구한 사건에 대하여는 약식명령의 형보다 중한 종류의 형을 선고하지 못한다.
> ② 피고인이 정식재판을 청구한 사건에 대하여 약식명령의 형보다 중한 형을 선고하는 경우에는 판결서에 양형의 이유를 적어야 한다.
> [전문개정 2017.12.19.]

정답 ①

016 ✓ 유사 ◆◇◇　군무원9급 2024

다음의 괄호 안에 들어갈 숫자의 합으로 옳은 것은?

> ㄱ. 장기 10년 이상의 징역 또는 금고에 해당하는 범죄의 공소시효는 (　)년이다.
> ㄴ. 즉시항고의 제기기간은 (　)일로 한다.
> ㄷ. 제1회 공판기일은 소환장의 송달 후 (　)일 이상의 유예기간을 두어야 한다.
> ㄹ. 약식명령에는 범죄사실, 적용법령, 주형, 부수처분과 약식명령의 고지를 받은 날로부터 (　)일 이내에 정식재판의 청구를 할 수 있음을 명시하여야 한다.

① 26　　　　② 29
③ 30　　　　④ 32

해설

ㄱ. (10) 제249조 제1항 참조.

> **제249조(공소시효의 기간)** ① 공소시효는 다음 기간의 경과로 완성한다.
> 3. 장기 10년 이상의 징역 또는 금고에 해당하는 범죄에는 10년

ㄴ. (7) 제405조 참조.

> **제405조(즉시항고의 제기기간)** 즉시항고의 제기기간은 7일로 한다.

ㄷ. (5) 제269조 제1항 참조.

> **제269조(제1회 공판기일의 유예기간)** ① 제1회 공판기일은 소환장의 송달 후 5일 이상의 유예기간을 두어야 한다.

ㄹ. (7) 제451조 참조.

> **제451조(약식명령의 방식)** 약식명령에는 범죄사실, 적용법령, 주형, 부수처분과 약식명령의 고지를 받은 날로부터 7일 이내에 정식재판의 청구를 할 수 있음을 명시하여야 한다.

정답 ②

017 ✓ 유사 ◆◇◇ 　　　국가7급 2018

약식명령에 대한 설명으로 옳지 않은 것은? (다툼이 있는 경우 판례에 의함)

① 약식명령은 그 재판서를 피고인에게 송달함으로써 효력이 발생하고, 변호인이 있는 경우라도 반드시 변호인에게 약식명령 등본을 송달해야 하는 것은 아니다.

② 변호인이 정식재판청구서를 제출할 것으로 믿고 피고인이 스스로 적법한 정식재판의 청구기간 내에 정식재판청구서를 제출하지 못하였더라도, 그것이 피고인 또는 대리인이 책임질 수 없는 사유로 인하여 정식재판의 청구기간 내에 정식재판을 청구하지 못한 때에 해당하지 않는다.

③ 검사가 사기죄에 대하여 약식명령의 청구를 한 다음, 피고인이 약식명령의 고지를 받고 정식재판의 청구를 하여 그 사건이 제1심법원에 계속 중일 때, 사기죄의 수단의 일부로 범한 사문서위조 및 동행사죄에 대하여 추가로 공소를 제기하였다면, 일사부재리의 원칙에 위반되므로 공소제기의 절차가 법률의 규정에 위반하여 무효인 때에 해당한다.

④ 약식명령에 대한 정식재판청구가 제기되었음에도 법원이 증거서류 및 증거물을 검사에게 반환하지 않고 보관하고 있다고 하여 그 이전에 이미 적법하게 제기된 공소제기의 절차가 위법하게 되는 것은 아니다.

해설

③ (×) 일사부재리의 원칙에 위반되거나, 공소권을 남용한 것으로서 공소제기의 절차가 법률의 규정에 위반하여 무효인 때에 해당한다고 볼 수 없다(대법원 1990.2.23, 89도2102).

① (○) 형사소송법 제452조에서 약식명령의 고지는 검사와 피고인에 대한 재판서의 송달에 의하도록 규정하고 있으므로, 약식명령은 그 재판서를 피고인에게 송달함으로써 효력이 발생하고, 변호인이 있는 경우라도 반드시 변호인에게 약식명령 등본을 송달해야 하는 것은 아니다. 따라서 정식재판 청구기간은 피고인에 대한 약식명령 고지일을 기준으로 하여 기산하여야 한다(대법원 2016.12.2, 2016모2711).

② (○) 대법원 2007.1.12, 2006모658

④ (○) 검사가 약식명령을 청구하는 때에는 약식명령의 청구와 동시에 약식명령을 하는 데 필요한 증거서류 및 증거물을 법원에 제출하여야 하는바(형사소송규칙 제170조), 이는 약식절차가 서면심리에 의한 재판이어서 공소장일본주의의 예외를 인정한 것이므로 약식명령의 청구와 동시에 증거서류 및 증거물이 법원에 제출되었다 하여 공소장일본주의를 위반하였다 할 수 없고, 그 후 약식명령에 대한 정식재판청구가 제기되었음에도 법원이 증거서류 및 증거물을 검사에게 반환하지 않고 보관하고 있다고 하여 그 이전에 이미 적법하게 제기된 공소제기의 절차가 위법하게 된다고 할 수도 없다(대법원 2007.7.26, 2007도3906).

정답 ③

---

018 ✓ 유사 ◆◆◇ 　　　전의경 2024

공판절차에 관한 설명으로 가장 적절하지 않은 것은? (다툼이 있는 경우 판례에 의함)

① 사실심 변론종결 후 검사나 피해자 등에 의해 피고인에게 불리한 새로운 양형조건에 관한 자료가 법원에 제출되었다면, 사실심법원으로서는 변론을 재개하여 그 양형자료에 대하여 피고인에게 의견진술 기회를 주는 등 필요한 양형심리절차를 거침으로써 피고인의 방어권을 실질적으로 보장해야 한다.

② 형사사건의 실체를 규명하는 데 가장 직접적이고 핵심적인 증거는 법정에서 증거조사를 하기 곤란하거나 부적절한 경우 또는 다른 증거에 비추어 굳이 추가 증거조사를 할 필요가 없다는 등 특별한 사정이 없는 한 공개된 법정에서 그 증거방법에 가장 적합한 방식으로 증거조사를 하는 것이 「형사소송법」이 채택한 증거재판주의, 공판중심주의 및 그 한 요소인 실질적 직접심리주의의 정신에 부합한다.

③ 피고인의 상소는 불이익한 원재판을 시정하여 이익된 재판을 청구함을 그 본질로 하는 것이어서 재판이 자기에게 불이익하지 아니하면 이에 대한 상소권을 가질 수 없으므로 피고인에게 가장 유리한 판결인 무죄판결에 대한 피고인의 상고는 부적법하다.

④ 피고인뿐만 아니라 검사가 피고인에 대한 약식명령에 불복하여 정식재판을 청구한 사건에 있어서는 「형사소송법」 제457조의2에서 정한 '약식명령의 형보다 중한 종류의 형을 선고하지 못한다'는 형종 상향의 금지 원칙이 적용된다.

해설

④ (×) 피고인뿐만 아니라 검사가 피고인에 대한 약식명령에 불복하여 정식재판을 청구한 사건에 있어서는 형사소송법 제457조의2에서 정한 '약식명령의 형보다 중한 종류의 형을 선고하지 못한다.'는 형종 상향의 금지 원칙이 적용되지 않는다(대법원 2020.12.10, 2020도13700).

① (○) 대법원 2021.9.30, 2021도5777

② (○) 형사사건의 실체를 규명하는 데 가장 직접적이고 핵심적인 증거는 법정에서 증거조사를 하기 곤란하거나 부적절한 경우 또는 다른 증거에 비추어 굳이 추가 증거조사를 할 필요가 없다는 등 특별한 사정이 없는 한 공개된 법정에서 그 증거방법에 가장 적합한 방식으로 증거조사를 하고, 이를 통해 형성된 유죄·무죄의 심증에 따라 사건의 실체를 규명하는 것이 형사사건을 처리하는 법원이 마땅히 취하여야 할 조치이고, 그것이 우리 형사소송법이 채택한 증거재판주의, 공판중심주의 및 그 한 요소인 실질적 직접심리주의의 정신에도 부합한다고 할 것이다(대법원 2019.11.28, 2015도12742).

③ (○) 상소의 이익은 상소권, 상소제기의 방식과 함께 상소제기의 적법성을 이루는 요건이다(대법원 2016.9.28, 2016도10089).

정답 ④

2 즉결심판절차

Ⅰ 의의 및 성질

Ⅱ 즉결심판의 청구

019 ✓ 대표 ◆◆◇ 국가9급 2014

다음 사례에 대한 설명 중 옳지 않은 것은? (다툼이 있는 경우 판례에 의하고, 다른 소송조건은 충족된 것으로 봄)

> (가) 즉결심판청구가 기각되어 경찰서장이 사건을 관할 지방검찰청으로 송치하였으나, 검사가 이를 즉결심판에 대한 피고인의 정식재판청구가 있는 사건으로 오인하여 그 사건기록을 법원에 송부하였다. 법원은 검사에 의한 공소제기가 있는 것으로 판단하고 제1회 공판기일을 진행하였다.
> (나) 위 제1회 공판기일의 인정신문 진행 중 공소제기절차상의 문제점이 드러나 이를 검토하기 위하여 공판기일이 연기되었다. 그 후 검사는 약식명령을 청구하는 공소장을 법원에 제출하였고, 법원은 별도의 공판절차회부 없이 이 공소장에 의하여 인정신문 등 공판절차를 다시 진행하였다.

① (가)에서는 검사에 의한 공소장의 제출이 없으므로 소송행위로서의 공소제기가 성립되었다고 할 수 없다.
② (나)의 약식명령을 청구하는 공소장이 제출되었다고 하여 (가)의 기록송부행위가 기록 송부 시로 소급해서 공소제기의 소송행위로 성립되는 것은 아니다.
③ (나)의 약식명령을 청구하는 공소장이 제출되었으므로 법원은 (가)의 기록송부행위에 대하여 공소를 기각하여야 한다.
④ (나)의 공판절차를 진행한 법원은 유무죄의 실체 판단을 하여야 한다.

해설
법원이 경찰서장의 즉결심판 청구를 기각하여 경찰서장이 사건을 관할 지방검찰청으로 송치하였으나 검사가 이를 즉결심판에 대한 피고인의 정식재판청구가 있은 사건으로 오인하여 그 사건기록을 법원에 송부한 경우, 공소제기의 본질적 요소라고 할 수 있는 ① (○) 검사에 의한 공소장의 제출이 없는 이상 기록을 법원에 송부한 사실만으로 공소제기가 성립되었다고 볼 수 없다. 소송행위로서 요구되는 본질적인 개념요소가 결여되어 소송행위로 성립되지 아니한 경우에는 소송행위가 성립되었으나 무효인 경우와는 달리 ② (○) 하자의 치유문제는 발생하지 않으나, ③ (×) 추후 당해 소송행위가 적법하게 이루어진 경우에는 그 때부터 위 소송행위가 성립된 것으로 볼 수 있다. 원래 공소제기가 없었음에도 피고인의 소환이 이루어지는 등 사실상의 소송계속이 발생한 상태에서 ④ (○) 검사가 약식명령을 청구하는 공소장을 제1심법원에 제출하고, 위 공소장에 기하여 공판절차를 진행한 경우 제1심법원으로서는 이에 기하여 유·무죄의 실체 판단을 하여야 한다(대법원 2003.11.14, 2003도2735).

정답 ③

---

020 ✓ 대표 ◆◆◇ 경찰2차 2021

즉결심판에 관한 설명 중 가장 적절하지 않은 것은? (다툼이 있는 경우 판례에 의함)

① 즉결심판에 대하여 피고인의 정식재판 청구가 있었음에도 검사가 정식재판이 청구된 즉결심판 사건에 대하여 법원에 사건기록과 증거물을 송부하지 아니하고 그와 동일성 있는 범죄사실에 대하여 약식명령을 청구하였다고 하여, 공소제기의 절차가 법률의 규정에 위반하여 무효인 때에 해당하거나 공소가 제기된 사건에 대하여 다시 공소가 제기되었다고 할 수 없다.
② 법원이 경찰서장의 즉결심판 청구를 기각하여 경찰서장이 사건을 관할 지방검찰청으로 송치하였으나 검사가 이를 즉결심판에 대한 피고인의 정식재판청구가 있은 사건으로 오인하여 그 사건기록을 법원에 송부하였다면 적법한 공소제기가 있다고 볼 수 없다.
③ 피고인이 경범죄처벌법위반으로 즉결심판에 회부되었다가 정식재판을 청구한 경우, 정식재판청구로 제1회 공판기일 전에 사건 기록 및 증거물이 관할 법원에 송부된다고 하여 그 이전에 이미 적법하게 제기된 경찰서장의 즉결심판청구의 절차가 위법하게 된다고 볼 수 없다.
④ 경범죄처벌법위반죄의 범죄사실과 폭력행위 등 처벌에 관한 법률 위반죄의 공소사실이 모두 범행장소가 동일하고 범행일시도 같으며 모두 피해자와의 시비에서 발단한 일련의 행위인 경우, 양 사실은 그 기본적 사실관계가 동일하므로 이미 확정된 경범죄처벌법위반죄에 대한 즉결심판의 기판력은 폭력행위 등 처벌에 관한 법률 위반죄의 공소사실에도 미친다.

해설
① (×) 즉결심판에 관한 절차법 제14조 제1항, 제3항, 제4항 및 형사소송법 제455조 제3항에 의하면, 경찰서장의 청구에 의해 즉결심판을 받은 피고인으로부터 적법한 정식재판의 청구가 있는 경우 경찰서장의 즉결심판청구는 공소제기와 동일한 소송행위이므로 공판절차에 의하여 심판하여야 한다(대법원 2012.3.29, 2011도8503). 즉결심판에 대하여 피고인의 정식재판 청구가 있는 경우 경찰서는 검찰청으로, 검찰청은 법원으로 정식재판청구서를 첨부한 사건기록과 증거물을 그대로 송부하여야 하고 검사의 별도의 공소제기는 필요하지 아니한데도 검사가 정식재판을 청구한 즉결심판 사건에 대하여 법원에 사건기록과 증거물을 그대로 송부하지 아니하고 즉결심판이 청구된 위반 내용과 동일성 있는 범죄사실에 대하여 약식명령을 청구하였다는 이유로, 이 사건 공소제기절차는 법률의 규정에 위반하여 무효인 때에 해당하거나 공소가 제기된 사건에 대하여 다시 공소가 제기되었을 때에 해당한다(대법원 2017.10.12, 2017도10368).
② (○) 대법원 2003.11.14, 2003도2735
③ (○) 대법원 2011.1.27, 2008도7375
④ (○) 대법원 1996.6.28, 95도1270

정답 ①

021 ✓ 대표 ◆◆◇ 국가9급 2016

즉결심판절차에 대한 설명으로 옳지 않은 것은? (다툼이 있는 경우 판례에 의함)

① 즉결심판절차에서는 형사소송법 제310조의 자백의 보강법칙이 적용되지 않는다.

② 판사는 피고인에게 피고사건의 내용과 형사소송법 제283조의2에 규정된 진술거부권이 있음을 알리고 변명할 기회를 주어야 한다.

③ 정식재판을 청구하고자 하는 피고인은 즉결심판의 선고 고지를 받은 날부터 7일 이내에 정식재판청구서를 경찰서장에게 제출하여야 한다.

④ 즉결심판을 받은 피고인이 정식재판청구를 함으로써 공판절차가 개시된 경우에는 통상의 공판절차와 달리 국선변호인의 선정에 관한 형사소송법 제283조의 규정이 적용되지 않는다.

해설

④ (×) 즉결심판에 관한 절차법상 적용을 배제하는 규정이 없으므로 적용된다.
[비교] 자백보강법칙은 적용되지 아니함(약식절차와의 차이). 단, 자백배제법칙·위법수집증거배제법칙은 약식·즉결 모두 적용됨

① (○) 즉결심판법 제10조 참조.

> **즉결심판법 제10조(증거능력)** 즉결심판절차에 있어서는 형사소송법 제310조, 제312조 제3항 및 제313조의 규정은 적용하지 아니한다.

② (○) 즉결심판법 제9조 참조.

> **즉결심판법 제9조(기일의 심리)** ① 판사는 피고인에게 피고사건의 내용과 「형사소송법」 제283조의2에 규정된 진술거부권이 있음을 알리고 변명할 기회를 주어야 한다.

③ (○) 즉결심판법 제14조 제1항 참조.

> **즉결심판법 제14조(정식재판의 청구)** ① 정식재판을 청구하고자 하는 피고인은 즉결심판의 선고·고지를 받은 날부터 7일 이내에 정식재판 청구서를 경찰서장에게 제출하여야 한다. 정식재판청구서를 받은 경찰서장은 지체 없이 판사에게 이를 송부하여야 한다.

[보충] 즉결심판절차: 즉시+7

정답 ④

022 ✓ 대표 ◆◆◇ 경찰 2015 국가9급 2022 유사

즉결심판에 대한 설명으로 가장 적절하지 않은 것은?

① 지방법원, 지원 또는 시·군법원의 판사는 즉결심판절차에 의하여 피고인에게 20만원 이하의 벌금, 구류 또는 과료에 처할 수 있다.

② 판사는 즉결심판절차에서 구류의 선고를 받은 피고인이 일정한 주소가 없거나 또는 도망할 염려가 있을 때에는 5일을 초과하지 아니하는 기간 경찰서유치장에 유치할 것을 명령할 수 있다. 다만, 이 기간은 선고기간을 초과할 수 있다.

③ 벌금 또는 과료를 선고하는 경우에는 피고인이 출석하지 아니하더라도 심판할 수 있다.

④ 유죄의 즉결심판서에는 피고인의 성명 기타 피고인을 특정할 수 있는 사항, 주문, 범죄사실과 적용법조를 명시하고 판사가 서명·날인하여야 한다.

해설

② (×) 선고기간 초과하지 않는 범위 내에서 5일 내 유치명령이 가능하다. 즉결심판법 제17조 제1항 참조.

> **즉결심판법 제17조(유치명령등)** ① 판사는 구류의 선고를 받은 피고인이 일정한 주소가 없거나 또는 도망할 염려가 있을 때에는 5일을 초과하지 아니하는 기간 경찰서유치장(지방해양경비안전관서의 유치장을 포함한다)에 유치할 것을 명령할 수 있다. 다만, 이 기간은 선고기간을 초과할 수 없다.

① (○) 즉결심판법 제2조 참조.

> **즉결심판법 제2조(즉결심판의 대상)** 지방법원, 지원 또는 시·군법원의 판사(이하 "판사"라 한다)는 즉결심판절차에 의하여 피고인에게 20만원 이하의 벌금, 구류 또는 과료에 처할 수 있다.

③ (○) 즉결심판법 제8조의2 제1항 참조.

> **즉결심판법 제8조의2(불출석심판)** ① 벌금 또는 과료를 선고하는 경우에는 피고인이 출석하지 아니하더라도 심판할 수 있다.

④ (○) 즉결심판법 제12조 제1항 참조.

> **즉결심판법 제12조(즉결심판서)** ① 유죄의 즉결심판서에는 피고인의 성명 기타 피고인을 특정할 수 있는 사항, 주문, 범죄사실과 적용법조를 명시하고 판사가 서명·날인하여야 한다.

정답 ②

023 ✓ 대표 ◆◇◇　경찰 2015

즉결심판절차에 관한 다음 설명 중 가장 적절하지 않은 것은? (다툼이 있으면 판례에 의함)

① 즉결심판은 관할경찰서장 또는 관할해양경비안전서장이 관할법원에 이를 청구하며, 지방법원·지원 또는 시·군법원의 판사는 즉결심판절차에 의하여 피고인에게 20만원 이하의 벌금, 구류 또는 과료에 처할 수 있다.

② 판사는 상당한 이유가 있는 경우에는 개정 없이 피고인의 진술서와 경찰서장이 제출한 서류 또는 증거물에 의하여 심판할 수 있으나, 이 경우 벌금 또는 과료는 선고할 수 있지만 구류를 선고할 수는 없다.

③ 판사는 사건이 즉결심판을 할 수 없거나 즉결심판절차에 의하여 심판함이 적당하지 아니하다고 인정할 때에는 결정으로 즉결심판의 청구를 기각하여야 하며, 이 경우 경찰서장은 7일 이내에 사건을 관할지방검찰청 또는 지청의 장에게 송치하여야 한다.

④ 즉결심판이 확정된 때에는 확정판결과 동일한 효력이 생긴다.

> **해설**
>
> ③ (×) 판사는 사건이 즉결심판을 할 수 없거나 즉결심판절차에 의하여 심판함이 적당하지 아니하다고 인정할 때에는 결정으로 즉결심판의 청구를 기각하여야 한다. 이 경우 경찰서장은 지체 없이 사건을 관할지방검찰청 또는 지청의 장에게 송치하여야 한다(즉결심판법 제5조).
>
> ① (○) 즉결심판법 제3조 제1항, 제2조
> ② (○) 즉결심판법 제7조 제3항
> ④ (○) 즉결심판법 제16조

> **정답** ③

024 ✓ 유사 ◆◇◇　경찰승진 2022

즉결심판절차에 대한 설명으로 가장 적절하지 않은 것은? (다툼이 있는 경우 판례에 의함)

① 즉결심판을 청구할 때에는 사전에 피고인에게 즉결심판의 절차를 이해하는 데 필요한 사항을 서면 또는 구두로 알려주어야 한다.

② 벌금 또는 과료를 선고하는 경우에는 피고인이 출석하지 아니하더라도 심판할 수 있다.

③ 지방법원, 지원 또는 시·군법원의 판사는 정식재판청구서를 받은 날부터 7일 이내에 경찰서장에게 정식재판청구서를 첨부한 사건기록과 증거물을 송부하고, 경찰서장은 지체 없이 관할지방검찰청 또는 지청의 장에게 이를 송부하여야 하며, 그 검찰청 또는 지청의 장은 지체 없이 관할법원에 이를 송부하여야 한다.

④ 즉결심판은 정식재판의 청구기간의 경과, 정식재판청구권의 포기 또는 그 청구의 취하에 의하여 확정판결과 동일한 효력이 생기지만, 정식재판청구를 기각하는 재판이 확정된 때에는 그러하지 아니하다.

> **해설**
>
> ④ (×) 즉결심판은 정식재판의 청구기간의 경과, 정식재판청구권의 포기 또는 그 청구의 취하에 의하여 확정판결과 동일한 효력이 생긴다. 정식재판청구를 기각하는 재판이 확정된 때에도 같다(즉결심판법 제16조).
>
> ① (○) 즉결심판법 제3조 제3항
> ② (○) 즉결심판법 제8조의2 제1항
> ③ (○) 즉결심판법 제14조 제3항

> **정답** ④

025 ✓ 대표 ◆◇◇　경찰 2013 유사　해경승진 2023

다음 중 즉결심판에 대한 설명으로 가장 옳지 않은 것은?

① 판사는 사건이 즉결심판을 할 수 없거나 즉결심판절차에 의하여 심판함이 적당하지 아니하다고 인정할 때에는 결정으로 즉결심판의 청구를 기각하여야 한다.

② 즉결심판은 관할경찰서장 또는 관할해양경찰서장이 관할법원에 이를 청구한다.

③ 즉결심판은 정식재판의 청구에 의한 판결이 있는 때에는 그 효력을 잃는다.

④ 즉결심판의 판결이 확정된 때에는 지체 없이 즉결심판서 및 관계서류와 증거를 관할지방검찰청의 장에게 송치하여야 한다.

> **해설**
>
> ④ (×) 즉결심판이 확정되면 즉결심판서 등은 관할경찰서 또는 지방해양경찰관서가 보존한다(즉결심판법 제13조).

즉결심판법 제13조(즉결심판서등의 보존) 즉결심판의 판결이 확정된 때에는 즉결심판서 및 관계서류와 증거는 관할경찰서 또는 지방해양경찰관서가 이를 보존한다.

[보충] 사건을 관할지방검찰청 또는 지청의 장에게 송치하는 경우는 판사가 즉결심판청구 기각결정을 하는 때이다(즉결심판법 제5조 제2항).

즉결심판법 제5조(청구의 기각등) ② 제1항의 결정이 있는 때에는 경찰서장은 지체 없이 사건을 관할지방검찰청 또는 지청의 장에게 송치하여야 한다.

① (○) 즉결심판법 제5조 제1항 참조.

즉결심판법 제5조(청구의 기각등) ① 판사는 사건이 즉결심판을 할 수 없거나 즉결심판절차에 의하여 심판함이 적당하지 아니하다고 인정할 때에는 결정으로 즉결심판의 청구를 기각하여야 한다.

② (○) 즉결심판법 제3조 제1항 참조.

즉결심판법 제3조(즉결심판청구) ① 즉결심판은 관할경찰서장 또는 관할해양경찰서장(이하 "경찰서장"이라 한다)이 관할법원에 이를 청구한다.

③ (○) 즉결심판법 제15조 제1항 참조.

즉결심판법 제15조(즉결심판의 효력) ① 즉결심판은 정식재판의 청구에 의한 판결이 있을 때에는 그 효력을 잃는다.

정답 ④

---

026 ✓ 대표 ◆◆◇　　　　　　　　　　경찰 2014

즉결심판에 관한 다음 설명 중 가장 적절한 것은? (다툼이 있으면 판례에 의함)

① 즉결심판의 대상은 20만원 이하의 벌금 또는 구류나 몰수에 처할 범죄사건이다.

② 경찰서장은 즉결심판의 청구와 동시에 즉결심판을 함에 필요한 서류 또는 증거물을 검사에게 제출하여야 한다.

③ 판사는 구류선고를 받은 피고인이 일정한 주소가 없거나 도망할 염려가 있는 때에는 7일을 초과하지 아니한 범위 내에서 경찰서 유치장에 유치할 것을 명할 수 있다.

④ 즉결심판절차에서는 유죄의 선고뿐만 아니라 무죄, 면소 또는 공소기각의 선고를 할 수 있다.

해설

④ (○) 즉결심판법 제11조 제1항·제5항 참조.

제11조(즉결심판의 선고) ① 즉결심판으로 유죄를 선고할 때에는 형, 범죄사실과 적용법조를 명시하고 피고인은 7일 이내에 정식재판을 청구할 수 있다는 것을 고지하여야 한다. ⑤ 판사는 사건이 무죄·면소 또는 공소기각을 함이 명백하다고 인정할 때에는 이를 선고·고지할 수 있다.

① (✕) 몰수가 아니라 과료이다. 즉결심판법 제2조 참조.

즉결심판법 제2조(즉결심판의 대상) 지방법원, 지원 또는 시·군법원의 판사(이하 "판사"라 한다)는 즉결심판절차에 의하여 피고인에게 20만원 이하의 벌금, 구류 또는 과료에 처할 수 있다.

② (✕) 검사가 아니라 판사이다. 즉결심판법 제4조 참조.

즉결심판법 제4조(서류·증거물의 제출) 경찰서장은 즉결심판의 청구와 동시에 즉결심판을 함에 필요한 서류 또는 증거물을 판사에게 제출하여야 한다.

③ (✕) 7일이 아니라 5일이다. 즉결심판법 제17조 제1항 참조.

즉결심판법 제17조(유치명령등) ① 판사는 구류의 선고를 받은 피고인이 일정한 주소가 없거나 또는 도망할 염려가 있을 때에는 5일을 초과하지 아니하는 기간 경찰서유치장(지방해양경비안전관서의 유치장을 포함한다)에 유치할 것을 명령할 수 있다. 다만, 이 기간은 선고기간을 초과할 수 없다.

정답 ④

---

027 ✓ 유사 ◆◇◇　　　　　　　　해경승진 2022

다음 중 「즉결심판법」상 즉결심판에 관한 설명으로 가장 옳지 않은 것은? (다툼이 있는 경우 판례에 의함)

① 즉결심판절차에 의한 심리와 재판의 선고는 공개된 법정에서 행하되, 그 법정은 경찰관서(해양경찰관서)에 설치되어야 한다.

② 즉결심판은 정식재판청구기간의 경과, 정식재판청구권의 포기, 정식재판청구의 취하 또는 정식재판청구를 기각하는 재판의 확정에 의하여 확정판결과 동일한 효력이 생긴다.

③ 즉결심판에 대한 정식재판청구권자는 판사의 즉결심판에 불복이 있는 피고인 또는 경찰서장이다.

④ 즉결심판에 대하여 피고인만이 정식재판을 청구한 사건에서는 즉결심판의 형보다 중한 형을 선고할 수 없다.

해설

① (✕) 경찰관서(해양경찰관서를 포함) 외의 장소에 설치되어야 한다(즉결심판법 제7조 제1항).

즉결심판법 제7조(개정) ① 즉결심판절차에 의한 심리와 재판의 선고는 공개된 법정에서 행하되, 그 법정은 경찰관서(해양경찰관서를 포함한다) 외의 장소에 설치되어야 한다.

② (○) 즉결심판법 제16조 참조.

즉결심판법 제16조(즉결심판의 효력) 즉결심판은 정식재판의 청구기간의 경과, 정식재판청구권의 포기 또는 그 청구의 취하에 의하여 확정판결과 동일한 효력이 생긴다. 정식재판청구를 기각하는 재판이 확정된 때에도 같다.

③ (○) 즉결심판법 제14조 참조.

즉결심판법 제14조(정식재판의 청구) ① 정식재판을 청구하고자 하는 피고인은 즉결심판의 선고·고지를 받은 날부터

7일 이내에 정식재판청구서를 경찰서장에게 제출하여야 한다. 정식재판청구서를 받은 경찰서장은 지체 없이 판사에게 이를 송부하여야 한다.
② 경찰서장은 제11조 제5항의 경우에 그 선고·고지를 한 날부터 7일 이내에 정식재판을 청구할 수 있다. 이 경우 경찰서장은 관할지방검찰청 또는 지청의 검사(이하 "檢事"라 한다)의 승인을 얻어 정식재판청구서를 판사에게 제출하여야 한다.

제11조(즉결심판의 선고) ⑤ 판사는 사건이 무죄·면소 또는 공소기각을 함이 명백하다고 인정할 때에는 이를 선고·고지할 수 있다.

④ (O) 판례는 즉결심판에 대하여 정식재판을 청구한 사건에 있어서도 불이익변경금지의 원칙이 적용된다는 입장이다.
[보충] 제457조의2는 형종상향금지원칙을 규정하고 있으나, 이것이 즉결심판에 대한 피고인의 정식재판청구사건에 그대로 적용된다는 판례는 아직 없다.
[판례] 즉결심판법 제14조 제1항 및 제2항의 규정에 의하면, 피고인 및 경찰서장은 즉결심판에 불복하는 경우 정식재판을 청구할 수 있고, 같은 법 제19조의 규정에 의하면 즉결심판절차에 있어서 위 법에 특별한 규정이 없는 한 그 성질에 반하지 아니한 것은 형사소송법의 규정을 준용하도록 하고 있으며, 한편 형사소송법 제453조 및 제457조의2의 규정에 의하면 검사 또는 피고인은 약식명령에 불복하는 경우 정식재판을 청구할 수 있되, 피고인이 정식재판을 청구한 사건에 대하여는 약식명령의 형보다 무거운 형을 선고하지 못하도록 하고 있는바, 약식명령에 대한 정식재판청구권이나 즉결심판에 대한 정식재판청구권 모두 벌금형 이하의 형벌에 처할 범죄에 대한 약식의 처벌절차에 의한 재판에 불복하는 경우에 소송당사자에게 인정되는 권리로서의 성질을 갖는다는 점에서 동일하고 그 절차나 효력도 유사한 점 등에 비추어, <u>즉결심판에 대하여 피고인만이 정식재판을 청구한 사건</u>에 대하여도 즉결심판법 제19조의 규정에 따라 형사소송법 제457조의2 규정을 준용하여, <u>즉결심판의 형보다 무거운 형을 선고하지 못한다</u>(대법원 1999.1.15, 98도2550).

정답 ①

028 ✓ 유사 ◆◇◇ 　　전의경 2024

즉결심판절차에 관한 설명으로 가장 적절하지 않은 것은? (다툼이 있는 경우 판례에 의함)

① 피고인이 기일에 출석하지 아니한 때에는 「즉결심판에 관한 절차법」 또는 다른 법률에 특별한 규정이 있는 경우를 제외하고는 개정할 수 없다. 다만, 벌금 또는 과료를 선고하는 경우에는 피고인이 출석하지 아니하더라도 심판할 수 있다.
② 정식재판을 청구하고자 하는 피고인은 즉결심판의 선고·고지를 받은 날부터 7일 이내에 정식재판청구서를 관할법원에 제출하여야 한다. 정식재판청구서를 받은 관할법원은 지체없이 경찰서장에게 이를 송부하여야 한다.
③ 법원이 경찰서장의 즉결심판 청구를 기각하여 경찰서장이 사건을 관할 지방검찰청으로 송치하였으나 검사가 이를 즉결심판에 대한 피고인의 정식재판청구가 있은 사건으로 오인하여 그 사건기록을 법원에 송부한 경우, 공소제기의 본질적 요소라고 할 수 있는 검사에 의한 공소장의 제출이 없는 이상 기록을 법원에 송부한 사실만으로 공소제기가 성립되었다고 볼 수 없다.
④ 경찰서장의 청구에 의해 즉결심판을 받은 피고인으로부터 적법한 정식재판의 청구가 있는 경우 경찰서장의 즉결심판 청구는 공소제기와 동일한 소송행위이므로 공판절차에 의하여 심판하여야 한다.

해설

② (×) 즉결심판에 대한 피고인의 정식재판청구서는 관할법원이 아니라 경찰서장에게 제출하여야 한다. 즉결심판법 제14조 제1항 참조.

> **즉결심판법 제14조(정식재판의 청구)** ① 정식재판을 청구하고자 하는 피고인은 즉결심판의 선고·고지를 받은 날부터 7일 이내에 정식재판청구서를 경찰서장에게 제출하여야 한다. 정식재판청구서를 받은 경찰서장은 지체없이 판사에게 이를 송부하여야 한다.

① (O) 즉결심판법 제8조 및 제8조의2 참조.

> **즉결심판법 제8조(피고인의 출석)** 피고인이 기일에 출석하지 아니한 때에는 이 법 또는 다른 법률에 특별한 규정이 있는 경우를 제외하고는 개정할 수 없다.
> **제8조의2(불출석심판)** ① 벌금 또는 과료를 선고하는 경우에는 피고인이 출석하지 아니하더라도 심판할 수 있다.

③ (O) 대법원 2003.11.14, 2003도2735
④ (O) 경찰서장의 청구에 의하여 관할법원이 즉결심판을 내렸고 이에 대해 피고인이 정식재판청구를 한 경우, <u>경찰서장의 즉결심판청구는 기소독점주의의 예외</u>에 해당한다.
[판례] 즉결심판에 관한 절차법 제14조 제1항, 제3항, 제4항 및 형사소송법 제455조 제3항에 의하면, <u>경찰서장의 청구에 의해 즉결심판을 받은 피고인으로부터 적법한 정식재판의 청구가 있는 경우 경찰서장의 즉결심판청구는 공소제기와 동일한 소송행위이므로 공판절차에 의하여 심판하여야 한다</u>(대법원 2017.10. 12, 2017도10368).

정답 ②

즉결심판과 약식명령에 대한 설명으로 가장 적절하지 않은 것은? (다툼이 있는 경우 판례에 의함)

① 경찰서장의 청구에 의해 즉결심판을 받은 피고인으로부터 적법한 정식재판의 청구가 있는 경우 경찰서장의 즉결심판청구는 공소제기와 동일한 소송행위이므로 공판절차에 의하여 심판하여야 한다.

② 피고인이 정식재판을 청구한 즉결심판 사건에 대하여 검사가 법원에 사건기록과 증거물을 그대로 송부하지 아니하고 즉결심판이 청구된 위반 내용과 동일성 있는 범죄사실에 대하여 약식명령을 청구하였다면, 이는 공소제기절차가 법률의 규정에 위반하여 무효인 때 또는 공소가 제기된 사건에 대하여 다시 공소가 제기되었을 때에 해당한다.

③ 약식명령은 그 재판서를 피고인에게 송달함으로써 효력이 발생하고, 변호인이 있는 경우라도 반드시 변호인에게 약식명령등본을 송달해야 하는 것은 아니다.

④ 약식명령에 대하여 정식재판절차에서 유죄판결이 선고되어 확정된 경우 피고인 등은 약식명령이 아니라 유죄의 확정판결을 대상으로 재심을 청구하여야 하나, 피고인 등이 약식명령에 대하여 재심을 청구하여 재심개시결정이 확정되었다면 재심절차를 진행하는 법원은 재심이 개시된 대상을 유죄의 확정판결로 변경할 수 있다.

해설

④ (×) 약식명령에 대하여 정식재판 청구가 이루어지고 그 후 진행된 정식재판 절차에서 유죄판결이 선고되어 확정된 경우, 재심사유가 존재한다고 주장하는 피고인 등은 효력을 잃은 약식명령이 아니라 유죄의 확정판결을 대상으로 재심을 청구하여야 한다. 그런데도 피고인 등이 약식명령에 대하여 재심의 청구를 한 경우, 법원으로서는 재심의 청구에 기재된 재심을 개시할 대상의 표시 이외에도 재심청구의 이유에 기재된 주장 내용을 살펴보고 재심을 청구한 피고인 등의 의사를 참작하여 재심청구의 대상을 무엇으로 보아야 하는지 심리·판단할 필요가 있다. 그러나 법원이 심리한 결과 재심청구의 대상이 약식명령이라고 판단하여 <u>그 약식명령을 대상으로 재심개시결정을 한 후 이에 대하여 검사나 피고인 등이 모두 불복하지 아니함으로써 그 결정이 확정된 때에는</u>, 그 재심개시결정에 의하여 재심이 개시된 대상은 약식명령으로 확정되고, <u>그 재심개시결정에 따라 재심절차를 진행하는 법원이 재심이 개시된 대상을 유죄의 확정판결로 변경할 수는 없다.</u> 이 경우 그 재심개시결정은 이미 효력을 상실하여 재심을 개시할 수 없는 약식명령을 대상으로 한 것이므로, 그 재심개시결정에 따라 재심절차를 진행하는 법원으로서는 심판의 대상이 없어 아무런 재판을 할 수 없다(대법원 2013.4.11, 2011도10626).

① (○), ② (○) 대법원 2017.10.12, 2017도10368

③ (○) 대법원 2017.7.27, 2017모1557

정답 ④

특별형사절차에 관한 설명 중 옳은 것을 모두 고른 것은? (다툼이 있는 경우 판례에 의함)

ㄱ. 경찰서장이 범칙행위에 대하여 통고처분을 한 이상, 통고처분에 따라 범칙금을 납부한 범칙자에 대하여는 형사소추와 형사처벌을 면제받을 기회가 부여되므로 통고처분에서 정한 범칙금 납부기간까지는 원칙적으로 경찰서장은 즉결심판을 청구할 수 없고, 검사도 동일한 범칙행위에 대하여 공소를 제기할 수 없다.

ㄴ. 즉결심판절차에서는 사법경찰관이 적법한 절차와 방식에 따라 작성한 피의자신문조서는 그 피의자였던 피고인이 내용을 인정하지 않더라도 증거능력이 있고, 자백에 대한 보강증거는 요하지 않으나 자백배제법칙은 여전히 적용된다.

ㄷ. 약식명령은 그 재판서를 피고인에게 송달함으로써 효력이 발생하고, 변호인이 있는 경우라도 반드시 변호인에게 약식명령 등본을 송달해야 하는 것은 아니므로, 정식재판 청구 기간은 피고인에 대한 약식명령 고지일을 기준으로 하여 기산하여야 한다.

ㄹ. 「형사소송법」 제457조의2 제1항에서 규정하는 형종 상향 금지의 원칙은 피고인만이 정식재판을 청구한 사건과 다른 사건이 병합심리된 후 경합범으로 처단되는 경우에도 정식재판을 청구한 사건에 대하여 그대로 적용되며, 이는 피고인만이 정식재판을 청구해 벌금형이 선고된 제1심판결에 대한 항소사건에서도 마찬가지이다.

ㅁ. 동일 죄명에 해당하는 여러 개의 행위를 단일하고 계속된 범의 아래 일정 기간 계속하여 행하고 그 피해법익도 동일하여 포괄일죄의 관계에 있는 범행의 일부에 관하여 약식명령이 확정된 경우, 그 약식명령의 발령 시를 기준으로 하여 그 전의 포괄일죄의 일부에 해당하는 범행뿐만 아니라 그와 상상적 경합관계에 있는 다른 죄에도 약식명령의 기판력이 미친다.

① ㄱ, ㄷ, ㅁ   ② ㄴ, ㄹ, ㅁ

③ ㄱ, ㄴ, ㄷ, ㄹ   ④ ㄴ, ㄷ, ㄹ, ㅁ

⑤ ㄱ, ㄴ, ㄷ, ㄹ, ㅁ

해설

ㄱ. (○) 경찰서장이 범칙행위에 대하여 통고처분을 한 이상, 범칙자의 위와 같은 절차적 지위를 보장하기 위하여 통고처분에서 정한 <u>범칙금 납부기간까지는 원칙적으로 경찰서장은 즉결심판을 청구할 수 없고, 범칙행위에 대한 형사소추를 위하여 이미 한 통고처분을 임의로 취소할 수 없으며, 검사도 동일한 범칙행위에 대하여 공소를 제기할 수 없다고 보아야</u> 한다(대법원 2023.3.16, 2023도751).

ㄴ. (○) 즉결심판법 제10조 참조.

즉결심판법 제10조(증거능력) 즉결심판절차에 있어서는 형사소송법 제310조, 제312조 제3항 및 제313조의 규정은 적용하지 아니한다.

ㄷ. (○) 형사소송법 제452조에서 약식명령의 고지는 검사와 피고인에 대한 재판서의 송달에 의하도록 규정하고 있으므로, 약식명령은 그 재판서를 피고인에게 송달함으로써 효력이 발생하고, 변호인이 있는 경우라도 반드시 변호인에게 약식명령 등본을 송달해야 하는 것은 아니다. 따라서 정식재판 청구기간은 피고인에 대한 약식명령 고지일을 기준으로 하여 기산하여야 한다(대법원 2017.7.27, 2017모1557).

ㄹ. (○) 형사소송법 제457조의2 제1항은 "피고인이 정식재판을 청구한 사건에 대하여는 약식명령의 형보다 중한 종류의 형을 선고하지 못한다."라고 정하여, 정식재판청구 사건에서 형종 상향 금지의 원칙을 정하고 있다. 형종 상향 금지의 원칙은 피고인이 정식재판을 청구한 사건과 다른 사건이 병합·심리된 다음 경합범으로 처단되는 경우에도 정식재판을 청구한 사건에 대하여 그대로 적용된다. 이는 피고인이 정식재판을 청구해 벌금형이 선고된 제1심판결에 대한 항소사건에서도 마찬가지이다(대법원 2020. 6.11, 2020도4231).

ㅁ. (○) 포괄일죄 관계인 범행의 일부에 대하여 판결이 확정된 경우에는 사실심 판결선고시를 기준으로, 약식명령이 확정된 경우에는 약식명령 발령 시를 기준으로, 그 이전에 이루어진 범행에 대하여는 확정판결의 기판력이 미친다. 또한 상상적 경합범 중 1죄에 대한 확정판결의 기판력은 다른 죄에 대하여도 미친다. 따라서 포괄일죄 관계인 범행의 일부에 대하여 판결이 확정되거나 약식명령이 확정되었는데 그 사실심 판결선고 시 또는 약식명령 발령 시를 기준으로 그 이전에 이루어진 범행이 포괄일죄의 일부에 해당할 뿐만 아니라 그와 상상적 경합관계에 있는 다른 죄에도 해당하는 경우에는 확정된 판결 내지 약식명령의 기판력은 위와 같이 상상적 경합관계에 있는 다른 죄에 대하여도 미친다(대법원 2023.6.29, 2020도3705).

정답 ⑤

Ⅳ 정식재판의 청구

031 ✓ 대표 ◆◇◇

경찰2차 2016

즉결심판절차에 대한 설명으로 가장 적절하지 않은 것은? (다툼이 있으면 판례에 의함)

① 지방법원 또는 그 지원의 판사는 소속지방법원장의 명령을 받아 소속법원의 관할사무와 관계없이 즉결심판청구사건을 심판할 수 있다.

② 판사는 상당한 이유가 있는 경우 개정 없이 피고인의 진술서와 경찰서장이 제출한 서류 또는 증거물에 의하여 심판할 수 있으나 피고인을 구류에 처할 경우에는 개정해야 한다.

③ 판사가 피고인에게 과료를 선고하는 경우에는 피고인이 출석하지 아니하더라도 심판할 수 있으나 벌금을 선고하기 위해서는 피고인이 출석한 상태에서 심판해야 한다.

④ 정식재판을 청구하고자 하는 피고인은 즉결심판의 선고·고지를 받은 날부터 7일 이내에 정식재판청구서를 경찰서장에게 제출하여야 한다.

해설

③ (×) 즉결심판법 제8조의2 제1항

> **즉결심판법 제8조의2** ① 벌금 또는 과료를 선고하는 경우에는 피고인이 출석하지 아니하더라도 심판할 수 있다.

① (○) 즉결심판법 제3조의2
② (○) 즉결심판법 제7조 제1항·제3항
④ (○) 즉결심판법 제14조 제1항

정답 ③

032 ✓ 대표 ◆◆◇ 　경찰 2013 유사　 국가7급 2022

즉결심판절차에 대한 설명으로 옳지 않은 것은? (다툼이 있는 경우 판례에 의함)

① 경찰서장의 청구에 의해 즉결심판을 받은 피고인으로부터 적법한 정식재판의 청구가 있는 경우 경찰서장의 즉결심판청구는 공소제기와 동일한 소송행위이므로 별도의 공소제기 없이 공판절차에 의하여 심판하여야 한다.

② 즉결심판을 받은 피고인이 정식재판청구를 함으로써 공판절차가 개시된 경우에는 통상의 공판절차와 마찬가지로 국선변호인의 선정에 관한 「형사소송법」 제283조의 규정이 적용된다.

③ 법원은 즉결심판절차에 의하여 심판하는 경우에도 양형기준을 벗어난 판결을 할 때에는 당해 양형을 하게 된 사유를 합리적이고 설득력 있게 표현하는 방식으로 이유를 기재하여야 한다.

④ 법원이 경찰서장의 즉결심판 청구를 기각하여 경찰서장이 사건을 관할 지방검찰청으로 송치하였으나 검사가 이를 즉결심판에 대한 피고인의 정식재판청구가 있는 사건으로 오인하여 그 사건기록을 법원에 송부한 경우, 공소제기가 성립되었다고 볼 수 없다.

해설

③ (×) 양형기준을 벗어난 판결 시 판결서 양형이유기재의무는 약식명령과 즉결심판에는 적용되지 아니한다. 법원조직법 제81조의7 제2항 참조.

> **법원조직법 제81조의7(양형기준의 효력 등)** ② 법원이 양형기준을 벗어난 판결을 하는 경우에는 판결서에 양형의 이유를 적어야 한다. 다만, 약식절차 또는 즉결심판절차에 따라 심판하는 경우에는 그러하지 아니하다.

① (○) 피고인이 경찰서장의 청구에 따라 즉결심판을 받고 적법한 정식재판청구를 한 경우 경찰서장의 즉결심판청구는 공소제기와 동일한 소송행위이므로, 관할 법원은 공판절차에 따라 심판하여야 한다(대법원 2019.11.29, 2017모3458).

② (○) 대법원 1997.2.14, 96도3059

④ (○) 대법원 2003.11.14, 2003도2735

정답 ③

3 　소년형사절차

Ⅰ 의의

Ⅱ 소년사건의 처리

Ⅲ 소년형사절차의 특칙

033 ✓ 대표 ◆◆◇ 　경찰2차 2020

소년사건에 대한 설명으로 가장 적절한 것은? (다툼이 있는 경우 판례에 의함)

① 「소년법」 제60조 제2항의 적용대상인 '소년'인지 여부는 범죄행위 시를 기준으로 판단한다.

② 검사는 소년과 소년의 친권자·후견인 등 법정대리인의 동의가 없더라도 피의자에 대하여 범죄예방자원봉사위원의 선도, 소년의 선도·교육과 관련된 단체·시설에서의 상담·교육·활동 등에 해당하는 선도 등을 받게 하고, 피의사건에 대한 공소를 제기하지 아니할 수 있다.

③ 「소년법」 제18조 제1항 제3호에 따른 소년분류심사원에 위탁하는 임시조치에 따른 위탁기간은 「형법」 제57조 제1항의 판결선고 전 구금일수에 포함되지 않는다.

④ 징역 또는 금고를 선고받은 소년에 대하여는 특별히 설치된 교도소 또는 일반 교도소 안에 특별히 분리된 장소에서 그 형을 집행한다. 다만, 소년이 형의 집행 중에 23세가 되면 일반 교도소에서 집행할 수 있다.

해설

④ (○) 소년법 제63조 참조.

> **소년법 제63조(징역·금고의 집행)** 징역 또는 금고를 선고받은 소년에 대하여는 특별히 설치된 교도소 또는 일반 교도소 안에 특별히 분리된 장소에서 그 형을 집행한다. 다만, 소년이 형의 집행 중에 23세가 되면 일반 교도소에서 집행할 수 있다.

① (×) 소년법이 적용되는 '소년'이란 심판시에 19세 미만인 사람을 말하므로, 소년법의 적용을 받으려면 심판시에 19세 미만이어야 한다. 따라서 소년법 제60조 제2항의 적용대상인 '소년'인지의 여부도 심판시, 즉 사실심판결 선고시를 기준으로 판단되어야 한다(대법원 2009.5.28, 2009도2682).

② (×) 검사는 선도조건부 기소유예를 하는 소년과 법정대리인의 동의를 받아야 한다(소년법 제49조의3).

> **소년법 제49조의3(조건부 기소유예)** 검사는 피의자에 대하여 다음 각 호에 해당하는 선도(善導) 등을 받게 하고, 피의사건에 대한 공소를 제기하지 아니할 수 있다. 이 경우 소년과 소년의 친권자·후견인 등 법정대리인의 동의를 받아야 한다.
> 1. 범죄예방자원봉사위원의 선도
> 2. 소년의 선도·교육과 관련된 단체·시설에서의 상담·교육·활동 등

③ (×) 소년분류심화원 위탁기간은 미결구금일수로 본다(소년법 제61조).

소년법 제61조(미결구금일수의 산입) 제18조 제1항 제3호의
조치가 있었을 때에는 그 위탁기간은 「형법」 제57조 제1항
의 판결선고 전 구금일수(拘禁日數)로 본다.

정답 ④

---

034 ✓ 유사 ◆◇◇ 　　　　　　　　법원 2013

소년의 형사절차와 관련된 설명 중 가장 옳지 않은 것은?

① 범죄 당시 18세 미만인 소년에 대하여 사형 또는 무기
형으로 처할 경우에는 15년의 유기징역으로 한다.

② 18세 미만인 소년에게는 형법 제70조(노역장유치)에
따른 유치 선고를 하지 못하고, 판결 선고 전 구속되었
다고 하더라도 그 구속기간을 노역장에 유치된 것으로
산정할 수 없다.

③ 항소심판결 선고 당시 미성년이었던 피고인이 상고 이
후에 성년이 되었다고 하여 항소심의 부정기형의 선고
가 위법하게 되는 것은 아니다.

④ 소년이 법정형으로 장기 2년 이상의 유기형에 해당하
는 죄를 범한 경우에는 그 형의 범위에서 장기와 단기
를 정하여 선고하되, 장기는 10년, 단기는 5년을 초과
하지 못한다.

해설

② (×) 소년법 제62조 참조.

> **소년법 제62조(환형처분의 금지)** 18세 미만인 소년에게는
> 「형법」 제70조에 따른 유치 선고(필자 주: 벌금 또는 과료를
> 선고할 때에는 납입하지 아니하는 경우의 노역장 유치 선고)
> 를 하지 못한다. 다만, 판결 선고 전 구속되었거나 제18조 제
> 1항 제3호의 조치가 있었을 때에는 그 구속 또는 위탁의 기
> 간에 해당하는 기간은 노역장(勞役場)에 유치된 것으로 보아
> 「형법」 제57조(판결선고 전 구금일수의 통산)를 적용할 수
> 있다.

① (○) 소년법 제59조 참조.

> **소년법 제59조(사형 및 무기형의 완화)** 죄를 범할 당시 18세
> 미만인 소년에 대하여 사형 또는 무기형(無期刑)으로 처할
> 경우에는 15년의 유기징역으로 한다.

③ (○) 상고심에서의 심판대상은 항소심 판결 당시를 기준으로 하
여 그 당부를 심사하는 데에 있는 것이므로 항소심판결 선고 당
시 미성년이었던 피고인이 상고 이후에 성년이 되었다고 하여 항
소심의 부정기형의 선고가 위법이 되는 것은 아니다(대법원 1998.
2.27, 97도3421).

④ (○) 소년법 제60조 제1항 참조.

> **소년법 제60조(부정기형)** ① 소년이 법정형으로 장기 2년
> 이상의 유기형(有期刑)에 해당하는 죄를 범한 경우에는 그
> 형의 범위에서 장기와 단기를 정하여 선고한다. 다만, 장기
> 는 10년, 단기는 5년을 초과하지 못한다.

정답 ②

Ⅰ　배상명령절차의 의의

Ⅱ　배상명령의 요건

Ⅲ　배상명령의 절차

---

035 ✓ 대표 ◆◆◇ 　　경찰 2013 유사 ｜법원 2016

배상명령에 관한 다음 설명 중 가장 옳지 않은 것은?

① 배상명령은 법원이 직권으로 할 수도 있다.

② 무죄·면소 또는 공소기각의 재판을 할 때에도 배상명
령을 할 수 있다.

③ 피해자가 증인으로 법정에 출석한 경우에는 말로써 배
상을 신청할 수 있다.

④ 배상신청기간은 제1심 또는 제2심 공판의 변론이 종결
될 때까지이다.

해설

② (×) 배상명령은 오로지 유죄판결을 선고할 경우 행하는 부대사
소이다. 소송촉진법 제25조 제1항 참조.

> **소송촉진법 제25조(배상명령)** ① 제1심 또는 제2심의 형사
> 공판 절차에서 다음 각 호의 죄 중 어느 하나에 관하여 유죄
> 판결을 선고할 경우, 법원은 직권에 의하여 또는 피해자나
> 그 상속인(이하 "피해자"라 한다)의 신청에 의하여 피고사건
> 의 범죄행위로 인하여 발생한 직접적인 물적(物的) 피해, 치
> 료비 손해 및 위자료의 배상을 명할 수 있다.

① (○) 직권이나 신청 모두 가능하다.

③ (○), ④ (○) 소송촉진법 제26조 제1항·제5항 참조.

> **소송촉진법 제26조(배상신청)** ① 피해자는 제1심 또는 제2
> 심 공판의 변론이 종결될 때까지 사건이 계속(係屬)된 법원
> 에 제25조에 따른 피해배상을 신청할 수 있다. 이 경우 신청
> 서에 인지(印紙)를 붙이지 아니한다.
> ⑤ 피해자가 증인으로 법정에 출석한 경우에는 말로써 배상
> 을 신청할 수 있다. 이때에는 공판조서(公判調書)에 신청의
> 취지를 적어야 한다.

정답 ②

036 ☑유사 ◆◆◇ 경찰 2013 유사 경찰2차 2020

배상명령제도에 대한 설명으로 가장 적절하지 않은 것은? (다툼이 있는 경우 판례에 의함)

① 상소심에서 원심의 유죄판결을 파기하고 피고사건에 대하여 무죄, 면소 또는 공소기각의 재판을 할 때에는 원심의 배상명령을 취소하여야 한다.

② 배상신청을 각하하거나 그 일부를 인용한 재판에 대하여 신청인은 동일한 배상신청은 할 수 없으나, 불복신청은 할 수 있다.

③ 피고인이 재판과정에서 배상신청인과 민사적으로 합의하였다는 내용의 합의서를 제출하였을지라도 그 합의서 내용만으로는 피고인의 민사책임에 관한 구체적인 합의 내용을 알 수 없다면 사실심법원은 배상신청인이 처음 신청한 금액을 바로 인용할 수 없다.

④ 확정된 배상명령 또는 가집행선고가 있는 배상명령이 기재된 유죄판결서의 정본은 「민사집행법」에 따른 강제집행에 관하여는 집행력 있는 민사판결 정본과 동일한 효력이 있다.

[해설]

② (×) 배상신청 각하, 일부인용 재판에 대하여 <u>신청인은 불복을 신청하지 못한다</u>(소송촉진법 제32조 제4항).

> **소송촉진법 제32조(배상신청의 각하)** ① 법원은 다음 각 호의 어느 하나에 해당하는 경우에는 결정(決定)으로 배상신청을 각하(却下)하여야 한다.
> 1. 배상신청이 적법하지 아니한 경우
> 2. 배상신청이 이유 없다고 인정되는 경우
> 3. 배상명령을 하는 것이 타당하지 아니하다고 인정되는 경우
> ② 유죄판결의 선고와 동시에 제1항의 재판을 할 때에는 이를 유죄판결의 주문에 표시할 수 있다.
> ③ 법원은 제1항의 재판서에 신청인 성명과 주소 등 신청인의 신원을 알 수 있는 사항의 기재를 생략할 수 있다.
> ④ <u>배상신청을 각하하거나 그 일부를 인용(認容)한 재판에 대하여 신청인은 불복을 신청하지 못하며, 다시 동일한 배상신청을 할 수 없다.</u>

① (○) 소송촉진법 제33조 제2항 참조.

> **소송촉진법 제33조(불복)** ② 상소심에서 원심(原審)의 유죄판결을 파기하고 피고사건에 대하여 무죄, 면소(免訴) 또는 공소기각(公訴棄却)의 재판을 할 때에는 원심의 배상명령을 취소하여야 한다. 이 경우 상소심에서 원심의 배상명령을 취소하지 아니한 경우에는 그 배상명령을 취소한 것으로 본다.

③ (○) 소송촉진 등에 관한 특례법 제25조 제1항의 규정에 의한 배상명령은 피고인의 범죄행위로 피해자가 입은 직접적인 재산상 손해에 대하여 피해금액이 특정되고 피고인의 배상책임 범위가 명백한 경우에 한하여 피고인에게 배상을 명함으로써 간편하고 신속하게 피해자의 피해회복을 도모하고자 하는 제도로서, 위 특례법 제25조 제3항 제3호의 규정에 의하면 피고인의 <u>배상책임의 유무 또는 그 범위가 명백하지 아니한 경우에는 배상명령을 하여서는 아니되고</u>, 그와 같은 경우에는 위 특례법 제32조 제1항에 따라 <u>배상명령신청을 각하하여야 한다</u>. 이러한 취지에 비추어 볼 때, 피고인이

재판과정에서 배상신청인과 민사적으로 합의하였다는 내용의 합의서를 제출하였고, 합의서 기재 내용만으로는 배상신청인이 변제를 받았는지 여부 등 피고인의 민사책임에 관한 구체적인 합의 내용을 알 수 없다면, 사실심법원으로서는 배상신청인이 처음 신청한 금액을 바로 인용할 것이 아니라 구체적인 합의 내용에 관하여 심리하여 피고인의 배상책임의 유무 또는 그 범위에 관하여 살펴보는 것이 합당하다(대법원 2013.10.11, 2013도9616).

④ (○) 소송촉진법 제34조 제1항 참조.

> **소송촉진법 제34조(배상명령의 효력과 강제집행)** ① 확정된 배상명령 또는 가집행선고가 있는 배상명령이 기재된 유죄판결서의 정본은 「민사집행법」에 따른 강제집행에 관하여는 집행력 있는 민사판결 정본과 동일한 효력이 있다.

정답 ②

037 ☑유사 ◆◇◇ 국가7급 2023

배상명령에 대한 설명으로 옳지 않은 것은?

① 법원은 배상명령으로 인하여 공판절차가 현저히 지연될 우려가 있다고 인정되는 경우에는 배상명령을 하여서는 아니 된다.

② 범죄행위로 인하여 재산상 이익을 침해당한 피해자가 이미 그 재산상 피해의 회복에 관한 채무명의를 가지고 있는 경우에도 이와 별도로 배상명령을 신청할 이익이 있다.

③ 피고인은 유죄판결에 대하여 상소를 제기하지 아니하고 배상명령에 대하여만 상소제기기간에 형사소송법에 따른 즉시항고를 할 수 있고, 즉시항고 제기 후 상소권자의 적법한 상소가 있는 경우에는 즉시항고는 취하된 것으로 본다.

④ 확정된 배상명령 또는 가집행선고가 있는 배상명령이 기재된 유죄판결서의 정본은 민사집행법에 따른 강제집행에 관하여 집행력 있는 민사판결 정본과 동일한 효력이 있다.

[해설]

② (×) 배상명령제도는 범죄행위로 인하여 재산상 이익을 침해당한 피해자로 하여금 당해 형사소송절차 내에서 신속히 그 피해를 회복하게 하려는 데 그 주된 목적이 있으므로 <u>피해자가 이미 그 재산상 피해의 회복에 관한 채무명의를 가지고 있는 경우에는 이와 별도로 배상명령신청을 할 이익이 없다</u>(대법원 1982.7.27, 82도1217).

> **소송촉진법 제26조(배상신청)** ⑦ 피해자는 피고사건의 범죄행위로 인하여 발생한 피해에 관하여 <u>다른 절차에 따른 손해배상청구가 법원에 계속 중일 때에는 배상신청을 할 수 없다.</u>

① (○) 소송촉진법 제25조 제3항 제4호 참조.

> **소송촉진법 제25조(배상명령)** ① 제1심 또는 제2심의 형사공판절차에서 다음 각 호의 죄 중 어느 하나에 관하여 유죄판결을 선고할 경우, 법원은 직권에 의하여 또는 피해자나

그 상속인(이하 "피해자"라 한다)의 신청에 의하여 피고사건의 범죄행위로 인하여 발생한 직접적인 물적(物的) 피해, 치료비 손해 및 위자료의 배상을 명할 수 있다.

1. 「형법」 제257조 제1항, 제258조 제1항 및 제2항, 제258조의2 제1항(제257조 제1항의 죄로 한정한다)·제2항(제258조 제1항·제2항의 죄로 한정한다), 제259조 제1항, 제262조(존속폭행치사상의 죄는 제외한다), 같은 법 제26장, 제32장(제304조의 죄는 제외한다), 제38장부터 제40장까지 및 제42장에 규정된 죄
2. 「성폭력범죄의 처벌 등에 관한 특례법」 제10조부터 제14조까지, 제15조(제3조부터 제9조까지의 미수범은 제외한다), 「아동·청소년의 성보호에 관한 법률」 제12조 및 제14조에 규정된 죄
3. 제1호의 죄를 가중처벌하는 죄 및 그 죄의 미수범을 처벌하는 경우 미수의 죄

② 법원은 제1항에 규정된 죄 및 그 외의 죄에 대한 피고사건에서 피고인과 피해자 사이에 합의된 손해배상액에 관하여도 제1항에 따라 배상을 명할 수 있다.

③ 법원은 다음 각 호의 어느 하나에 해당하는 경우에는 배상명령을 하여서는 아니 된다.

1. 피해자의 성명·주소가 분명하지 아니한 경우
2. 피해금액이 특정되지 아니한 경우
3. 피고인의 배상책임의 유무 또는 그 범위가 명백하지 아니한 경우
4. 배상명령으로 인하여 공판절차가 현저히 지연될 우려가 있거나 형사소송절차에서 배상명령을 하는 것이 타당하지 아니하다고 인정되는 경우

③ (○) 소송촉진법 제33조 제5항 참조.

> **소송촉진법 제33조(불복)** ⑤ 피고인은 유죄판결에 대하여 상소를 제기하지 아니하고 배상명령에 대하여만 상소제기기간에 「형사소송법」에 따른 즉시항고(即時抗告)를 할 수 있다. 다만, 즉시항고 제기 후 상소권자의 적법한 상소가 있는 경우에는 즉시항고는 취하된 것으로 본다.

④ (○) 소송촉진법 제34조 제1항 참조.

> **소송촉진법 제34조(배상명령의 효력과 강제집행)** ① 확정된 배상명령 또는 가집행선고가 있는 배상명령이 기재된 유죄판결서의 정본은 「민사집행법」에 따른 강제집행에 관하여는 집행력 있는 민사판결 정본과 동일한 효력이 있다.

정답 ②

✓ 유사 ◆◇◇ 경찰승진 2024

배상명령에 관한 설명으로 가장 적절한 것은? (다툼이 있는 경우 판례에 의함)

① 피해자는 약식절차 또는 즉결심판절차에서 배상신청을 할 수 있다.

② 재산상 이익을 침해당한 피해자가 그 재산상 피해의 회복에 관한 채무명의(집행권원)를 이미 가지고 있는 경우라 하더라도, 이와 별도로 배상신청을 할 이익이 없는 것은 아니다.

③ 피고인이 재판과정에서 배상신청인과 민사적으로 합의하였다는 내용의 합의서를 제출하였다면, 그 합의서 기재 내용만으로는 배상신청인이 변제를 받았는지 여부 등 피고인의 민사책임에 관한 구체적인 합의 내용을 알 수 없다 하더라도 사실심법원은 배상신청인이 처음 신청한 금액을 바로 인용하여야 한다.

④ 법원은 배상신청이 있을 때에는 신청인에게 공판기일에 알려야 하고, 신청인이 공판기일을 통지받고도 출석하지 않은 경우에는 신청인의 진술 없이 재판할 수 있다.

해설

④ (○) 배상명령 신청인이 출석하지 아니한 때에는 불출석재판이 가능하다. 소송촉진법 제29조 제2항 참조.

> **소송촉진법 제29조(공판기일 통지)** ① 법원은 배상신청이 있을 때에는 신청인에게 공판기일을 알려야 한다.
> ② 신청인이 공판기일을 통지받고도 출석하지 아니하였을 때에는 신청인의 진술 없이 재판할 수 있다.

① (×) 배상명령은 제1심 또는 제2심의 형사공판절차에서 유죄판결을 선고하는 경우에 한하여 할 수 있다(소송촉진법 제25조 제1항). 따라서 약식절차나 즉결심판절차에서는 배상신청을 할 수 없다.

> **소송촉진법 제25조(배상명령)** ① 제1심 또는 제2심의 형사공판 절차에서 다음 각 호의 죄 중 어느 하나에 관하여 유죄판결을 선고할 경우, 법원은 직권에 의하여 또는 피해자나 그 상속인(이하 "피해자"라 한다)의 신청에 의하여 피고사건의 범죄행위로 인하여 발생한 직접적인 물적(物的) 피해, 치료비 손해 및 위자료의 배상을 명할 수 있다. (이하 생략)

② (×) 피해자가 이미 당해 재산 피해의 회복에 관한 채무명의를 가지고 있는 경우에는 배상명령신청을 할 수 없다.

[보충] 마찬가지 취지로, 피해자는 피고사건의 범죄행위로 발생한 피해에 관하여 다른 절차에 의한 손해배상청구가 법원에 계속 중인 때에는 배상신청을 할 수 없다(소송촉진법 제26조 제8항).

[판례] 배상명령제도는 범죄행위로 인하여 재산상 이익을 침해당한 피해자로 하여금 당해 형사소송절차내에서 신속히 그 피해를 회복하게 하려는데 그 주된 목적이 있으므로 피해자가 이미 그 재산상 피해의 회복에 관한 채무명의를 가지고 있는 경우에는 이와 별도로 배상명령 신청을 할 이익이 없다(대법원 1982.7.27, 82도1217).

[비교] 배상명령은 소송촉진법에 규정된 배상명령 대상으로 정한 사건 외에도 그 이외의 범죄에 대한 피고사건에 있어서 피고인과 피해자 사이에 합의된 손해배상액에 관해서도 배상을 명할 수

PART 05 CHAPTER 04 특별절차

CHAPTER 04 특별절차 **691**

있다(소송촉진법 제25조 제2항).

③ (×) 피고인의 배상책임의 유무 또는 그 범위가 명백하지 아니한 때에는 배상명령을 하여서는 아니 된다(소송촉진법 제25조 제3항 제3호). 합의된 손해배상액에 관해서도 배상명령을 내릴 수 있으나(소송촉진법 제25조 제2항), 합의서 기재 내용만으로 배상신청인이 변제를 받았는지 여부 등 피고인의 민사책임에 관한 구체적인 합의 내용을 알 수 없는 경우에는 배상신청인이 처음 신청한 금액을 바로 인용해서는 안 된다.

소송촉진법 제25조(배상명령) ③ 법원은 다음 각 호의 어느 하나에 해당하는 경우에는 배상명령을 하여서는 아니 된다.

1. 피해자의 성명·주소가 분명하지 아니한 경우
2. 피해 금액이 특정되지 아니한 경우
3. 피고인의 배상책임의 유무 또는 그 범위가 명백하지 아니한 경우
4. 배상명령으로 인하여 공판절차가 현저히 지연될 우려가 있거나 형사소송 절차에서 배상명령을 하는 것이 타당하지 아니하다고 인정되는 경우

[판례] 피고인이 재판과정에서 배상신청인과 민사적으로 합의하였다는 내용의 합의서를 제출하였고, 합의서 기재 내용만으로는 배상신청인이 변제를 받았는지 여부 등 피고인의 민사책임에 관한 구체적인 합의 내용을 알 수 없다면, 사실심법원으로서는 배상신청인이 처음 신청한 금액을 바로 인용할 것이 아니라 구체적인 합의 내용에 관하여 심리하여 피고인의 배상책임의 유무 또는 그 범위에 관하여 살펴보는 것이 합당하다(대법원 2013.10.11, 2013도9616).

정답 ④

백광훈

통합 기출문제집

[형사소송법]

PART

06

종합문제

형사소송법의 내용으로 옳지 않은 것만을 모두 고르면?

> ㄱ. 사법경찰관이 작성한 피의자신문조서는 적법한 절차와 방식에 따라 작성된 것으로서 공판준비 또는 공판기일에 그 피의자였던 피고인 또는 변호인이 그 내용을 인정할 때에 한하여 증거능력이 있다.
>
> ㄴ. 공판기일에 검사는 공소장에 의하여 공소사실·죄명 및 적용법조를 낭독하여야 한다. 다만 재판장은 필요하다고 인정하는 때에는 검사에게 공소장의 낭독 또는 공소요지의 진술을 생략하도록 할 수 있다.
>
> ㄷ. 형을 선고하는 경우 재판장은 상소할 기간뿐만 아니라 상소할 법원을 피고인에게 고지해야 한다.
>
> ㄹ. 공판준비기일의 지정 신청에 관한 법원의 결정에 대해서는 항고할 수 있다.
>
> ㅁ. 법원은 소송관계를 분명하게 하기 위해 직권 또는 검사, 피고인 또는 변호인의 신청으로 전문심리위원을 지정하여 소송절차에 참여하게 할 수 있으며, 이러한 전문심리위원은 재판장의 허가를 받으면 피고인, 변호인, 증인 등 소송관계인에게 필요한 사항에 관하여 직접 질문할 수 있다.

① ㄱ, ㄷ ② ㄴ, ㄹ
③ ㄴ, ㄷ, ㅁ ④ ㄴ, ㄹ, ㅁ

해설

ㄱ. (○) 제312조 제3항
ㄴ. (×) 검사의 모두진술 자체를 생략할 수는 없다. "검사는 공소장에 의하여 공소사실·죄명 및 적용법조를 낭독하여야 한다. 다만, 재판장은 필요하다고 인정하는 때에는 검사에게 공소의 요지를 진술하게 할 수 있다(제285조)."
ㄷ. (○) 제324조
ㄹ. (×) 검사, 피고인 또는 변호인은 법원에 대하여 공판준비기일의 지정을 신청할 수 있다. 이 경우 당해 신청에 관한 법원의 결정에 대하여는 불복할 수 없다(제266조의7 제1항).
ㅁ. (○) 제279조의2 제1항·제3항

정답 ②

다음 설명 중 옳은 것을 모두 고른 것은? (다툼이 있는 경우 판례에 의함)

> ㄱ. 사물관할이 같고 토지관할을 달리하는 수개의 제1심 법원들에 관련사건이 계속된 경우에 그 소속 고등법원이 같은 경우에는 그 고등법원이, 그 소속 고등법원이 다른 경우에는 대법원이, 위 제1심 법원들의 '공통되는 직근상급법원'에 해당한다.
>
> ㄴ. 약식명령을 한 판사가 그 정식재판 절차의 항소심판결에 관여함은 제척의 원인이 된다.
>
> ㄷ. 친고죄에 대한 수사가 장차 고소가 있을 가능성이 없는 상태하에서 행하여졌다는 등의 특단의 사정이 없는 한, 고소가 있기 전에 수사를 하였다는 이유만으로 그 수사가 위법한 것은 아니다.
>
> ㄹ. 범의를 유발케 하여 범죄인을 검거하는 함정수사에 기하여 공소를 제기한 경우 법원은 무죄판결을 하여야 한다.
>
> ㅁ. 모든 국민은 형사상 자기에게 불리한 진술을 강요당하지 아니할 권리가 보장되어 있으므로, 법원이 피고인의 진술거부권 행사를 가중적 양형의 조건으로 삼는 것은 어떠한 경우에도 허용될 수 없다.

① ㄱ, ㄷ ② ㄹ, ㅁ
③ ㄱ, ㄴ, ㄷ ④ ㄱ, ㄷ, ㅁ
⑤ ㄴ, ㄹ, ㅁ

해설

ㄱ. (○) 사물관할은 같지만 토지관할을 달리하는 수개의 제1심 법원(지원을 포함한다. 이하 같다)들에 관련 사건이 계속된 경우에 있어서, 그 소속 고등법원이 같은 경우에는 그 고등법원이, 그 소속 고등법원이 다른 경우에는 대법원이 위 제1심 법원들의 공통되는 직근상급법원으로서 위 조항에 의한 토지관할 병합심리 신청사건의 관할법원이 된다(대법원 2006.12.5, 2006초기335 전원합의체).
ㄴ. (○) 약식명령을 한 판사가 그 정식재판 절차의 항소심판결에 관여함은 형사소송법 제17조 제7호 소정의 "법관이 사건에 관하여 전심재판 또는 그 기초되는 조사, 심리에 관여한 때"에 해당하여 제척의 원인이 된다(대법원 2011.4.28, 2011도17).
ㄷ. (○) 대법원 2011.3.10, 2008도7724
ㄹ. (×) 본래 범의를 가지지 아니한 자에 대하여 수사기관이 사술이나 계략 등을 써서 범의를 유발케 하여 범죄인을 검거하는 함정수사는 위법함을 면할 수 없고, 이러한 함정수사에 기한 공소제기는 그 절차가 법률의 규정에 위반하여 무효인 때에 해당한다고 볼 것이다(대법원 2007.7.13, 2007도3672). → 형사소송법 제327조 제2호에 의하여 공소기각판결을 하여야 한다.
ㅁ. (×) 형법 제51조 제4호에서 양형의 조건의 하나로 정하고 있는 범행 후의 정황 가운데에는 형사소송절차에서의 피고인의 태도나 행위를 들 수 있는데, 모든 국민은 형사상 자기에게 불리한 진술을 강요당하지 아니할 권리가 보장되어 있으므로(헌법 제12조 제2항), 형사소송절차에서 피고인은 방어권에 기하여 범죄사실에 대하여 진술을 거부하거나 거짓 진술을 할 수 있고, 이 경우 범죄사실을 단순히 부인하고 있는 것이 죄를 반성하거나 후회하고 있지 않다는 인격적 비난요소로 보아 가중적 양형의 조건으로

삼는 것은 결과적으로 피고인에게 자백을 강요하는 것이 되어 허용될 수 없다고 할 것이나, 그러한 태도나 행위가 피고인에게 보장된 방어권 행사의 범위를 넘어 객관적이고 명백한 증거가 있음에도 진실의 발견을 적극적으로 숨기거나 법원을 오도하려는 시도에 기인한 경우에는 가중적 양형의 조건으로 참작될 수 있다(대법원 2001.3.9, 2001도192).

정답 ③

003 ✅ 종합 ◆◆◇ 법원승진 2013

공동피고인과 관련한 다음 기술 중 옳은 것은 몇 개인가? (다툼이 있는 경우 판례에 의함)

ⓐ 공동피고인과 피고인이 뇌물을 주고받은 사이로 필요적 공범관계에 있다고 하더라도 검사는 수사단계에서 피고인에 대한 증거를 미리 보전하기 위하여 필요한 경우에는 판사에게 공동피고인을 증인으로 신문할 것을 청구할 수 있다.

ⓑ 피고인과 공범관계에 있는 공동피고인에 대하여 검사 이외의 수사기관이 작성한 피의자신문조서는 그 공동피고인의 법정진술에 의하여 성립의 진정이 인정되더라도 피고인이 공판기일에서 그 조서의 내용을 부인하면 피고인의 공소사실에 대하여 증거능력이 부정된다.

ⓒ 피고인과 다른 사실로 기소되어 병합심리 중인 공동피고인이 선서 없이 한 법정진술은 피고인의 공소사실을 인정하는 증거로 할 수 없다.

ⓓ 피고인을 위하여 원심판결을 파기하는 경우에 파기의 이유가 상소한 공동피고인에게 공통되는 때에는 그 공동피고인에게 대하여도 원심판결을 파기하여야 한다.

ⓔ 공범인 공동피고인의 법정에서의 자백은 피고인의 자백에 대한 보강증거가 된다.

ⓕ 공범 관계에 있는 피고인들 중 일부가 국민참여재판을 원하지 아니하여 국민참여재판의 진행에 어려움이 있다고 인정되는 경우, 법원은 국민참여재판을 하지 아니하기로 하는 결정을 할 수 있다.

① 3개 　　　　② 4개
③ 5개 　　　　④ 모두

해설

ⓐ (○) 대법원 1988.11.8, 86도1646

ⓑ (○) 형사소송법 제312조 제3항은 검사 이외의 수사기관이 작성한 당해 피고인에 대한 피의자신문조서를 유죄의 증거로 하는 경우뿐만 아니라, 검사 이외의 수사기관이 작성한 당해 피고인과 공범관계에 있는 다른 피고인이나 피의자에 대한 피의자신문조서를 당해 피고인에 대한 유죄의 증거로 채택할 경우에도 적용된다. 따라서 당해 피고인과 공범관계에 있는 공동피고인에 대하여 검사 이외의 수사기관이 작성한 피의자신문조서는 그 공동피고인의 법정진술에 의하여 성립의 진정이 인정되더라도 당해 피고

인이 공판기일에서 그 조서의 내용을 부인하면 증거능력이 부정된다(대법원 2010.1.28, 2009도10139).

ⓒ (○) 피고인과 별개의 범죄사실로 기소되어 병합심리 중인 공동피고인은 피고인의 범죄사실에 관하여는 증인의 지위에 있다 할 것이므로 선서 없이 한 공동피고인의 법정진술이나 피고인이 증거로 함에 동의한 바 없는 공동피고인에 대한 피의자 신문조서는 피고인의 공소 범죄사실을 인정하는 증거로 할 수 없다(대법원 1982.9.14, 82도1000).

ⓓ (○) 제364조의2 참조.

> **제364조의2(공동피고인을 위한 파기)** 피고인을 위하여 원심판결을 파기하는 경우에 파기의 이유가 항소한 공동피고인에게 공통되는 때에는 그 공동피고인에게 대하여도 원심판결을 파기하여야 한다.

ⓔ (○) 형사소송법 제310조 소정의 "피고인의 자백"에 공범인 공동피고인의 진술은 포함되지 아니하므로 공범인 공동피고인의 진술은 다른 공동피고인에 대한 범죄사실을 인정하는 증거로 할 수 있는 것일 뿐만 아니라 공범인 공동피고인들의 각 진술은 상호간에 서로 보강증거가 될 수 있다(대법원 1990.10.30, 90도1939).

ⓕ (○) 국민참여재판법 제9조 제1항 제2호 참조.

> **국민참여재판법 제9조(배제결정)** ① 법원은 공소제기 후부터 공판준비기일이 종결된 다음 날까지 다음 각 호의 어느 하나에 해당하는 경우 국민참여재판을 하지 아니하기로 하는 결정을 할 수 있다.
> 2. 공범 관계에 있는 피고인들 중 일부가 국민참여재판을 원하지 아니하여 국민참여재판의 진행에 어려움이 있다고 인정되는 경우

정답 ④

004 ✓종합 ◆◆◇ 경찰2차 2019 유사 국가9급 2019

소송주체 및 소송행위에 대한 설명으로 옳은 것은? (다툼이 있는 경우 판례에 의함)

① 항소심에서 공소장변경에 의하여 단독판사의 관할사건이 합의부 관할사건으로 변경된 경우에는 단독판사가 소속된 지방법원 본원 합의부가 관할한다.

② 피고인에 대하여 제1심법원이 집행유예를 선고하였으나 검사만이 양형부당을 이유로 항소한 사안에서, 항소심이 검사의 항소를 받아들여 변호인이 선임되어 있지 않은 피고인에게 징역형을 선고하는 경우 피고인의 권리보호를 위해 판결 선고 전 공판심리 단계에서부터 「형사소송법」 제33조 제3항에 따라 국선변호인을 선정해 주는 것이 바람직하다.

③ 「가정폭력범죄의 처벌 등에 관한 특례법」에 따른 보호처분의 결정이 확정된 경우 당해 보호처분은 확정판결과 동일하고 기판력도 있으므로, 보호처분을 받은 사건과 동일한 사건에 대하여 다시 공소제기가 되었다면 이는 면소사유에 해당하며 공소제기의 절차가 법률의 규정에 위배하여 무효인 때에 해당하지 않는다.

④ 법관이 당사자의 증거신청을 채택하지 아니하거나 이미 한 증거결정을 취소한 사정만으로도 법관이 불공평한 재판을 할 염려가 있는 때에 해당한다.

해설

② (○) 헌법 제12조 제4항은 "누구든지 체포 또는 구속을 당한 때에는 즉시 변호인의 조력을 받을 권리를 가진다."라고 규정하고 있고, 형사소송법은 헌법에 의하여 보장된 변호인의 조력을 받을 권리를 보장하기 위해 구속 전 피의자심문 단계에서 "심문할 피의자에게 변호인이 없는 때에는 직권으로 변호인을 선정하여야 한다."라고 규정하고 있으며(제201조의2 제8항), '피고인이 구속된 때에 변호인이 없으면 법원이 직권으로 변호인을 선정하여야 한다.'고 규정하고 있다(제33조 제1항 제1호). 이와 같은 헌법상 변호인의 조력을 받을 권리와 형사소송법의 여러 규정, 특히 형사소송법 제70조 제1항, 제201조 제1항에 의하면 구속사유는 피고인의 구속과 피의자의 구속에 공통되고, 피고인의 경우에도 구속사유에 관하여 변호인의 조력을 받을 필요가 있는 점 및 국선변호인 제도의 취지 등에 비추어 보면, 이 사건과 같이 피고인에 대하여 제1심법원이 집행유예를 선고하였으나 검사만이 양형부당을 이유로 항소한 사안에서 항소심이 변호인이 선임되지 않은 피고인에 대하여 검사의 양형부당 항소를 받아들여 형을 선고하는 경우에는 판결 선고 후 피고인을 법정구속한 뒤에 비로소 국선변호인을 선정하는 것보다는, 피고인의 권리보호를 위해 판결 선고 전 공판심리 단계에서부터 형사소송법 제33조 제3항에 따라 피고인의 명시적 의사에 반하지 아니하는 범위 안에서 국선변호인을 선정해 주는 것이 바람직하다는 점을 지적하여 둔다(대법원 2016.11.10, 2016도7622).

① (×) 항소심에서 공소장변경에 의하여 단독판사의 관할사건이 합의부 관할사건으로 된 경우에도 법원은 사건을 관할권이 있는 법원에 이송하여야 하고, 항소심에서 변경된 위 합의부 관할사건에 대한 관할권이 있는 법원은 고등법원이라고 봄이 상당하다(대법원 1997.12.12, 97도2463).

③ (×) 가정폭력처벌법에 따른 보호처분의 결정이 확정된 경우에

는 원칙적으로 그 가정폭력행위자에 대하여 같은 범죄사실로 다시 공소를 제기할 수 없으나(가정폭력처벌법 제16조), 그 보호처분은 확정판결이 아니고 따라서 기판력도 없으므로, 보호처분을 받은 사건과 동일한 사건에 대하여 다시 공소제기가 되었다면 이에 대해서는 면소판결을 할 것이 아니라 공소제기의 절차가 법률의 규정에 위배하여 무효인 때에 해당한 경우이므로 형사소송법 제327조 제2호의 규정에 의하여 공소기각의 판결을 하여야 한다(대법원 1985.5.28, 85도21; 2017.8.23, 2016도5423).

④ (×) 대법원 1995.4.3, 95모10

정답 ②

005 ✓종합 ◆◇◇ 국가7급 2016

소송행위에 대한 설명으로 옳지 않은 것은? (다툼이 있는 경우 판례에 의함)

① 기피신청을 받은 경우에는 기피신청에 대한 재판이 있을 때까지 소송절차를 정지해야 하므로, 피고인이 변론종결 뒤 재판부에 대한 기피신청을 하였으나 법원이 소송 진행을 정지하지 아니하고 판결을 선고한 것은 위법하다.

② 제1심법원이 국민참여재판 대상이 되는 사건임을 간과하여 피고인의 의사를 확인하지 아니한 채 통상의 공판절차로 재판을 진행하였더라도, 피고인이 항소심에서 국민참여재판을 원하지 아니한다고 하면서 제1심의 절차적 위법을 문제 삼지 아니할 의사를 명백히 표시한 경우에는 하자가 치유된다.

③ 필요적 변호사건에서 제1심 법원이 변호인 없이 소송행위를 하여 피고인에게 유죄판결을 선고하고 이에 대하여 피고인이 항소한 경우, 항소심법원은 변호인이 있는 상태에서 소송행위를 새로이 한 후 위법한 제1심 판결을 파기하고 항소심에서의 심리 결과에 기하여 다시 판결하여야 한다.

④ 증거로 함에 대한 동의의 주체는 소송주체인 당사자이지만, 변호인은 피고인이 증거로 함에 동의하지 아니한다고 명시적인 의사표시를 한 경우 이외에는 서류나 물건에 대하여 증거로 함에 동의할 수 있다.

해설

① (×) 법관에 대한 기피신청이 있는 경우 형사소송법 제22조에 따라 정지되는 소송 진행에 판결의 선고는 포함되지 아니하므로, 피고인이 변론 종결 뒤 재판부에 대한 기피신청을 하였지만, 원심이 소송 진행을 정지하지 아니하고 판결을 선고한 것은 정당하고, 거기에 상고이유의 주장과 같이 판결에 영향을 미친 절차위반 등의 위법이 없다(대법원 2002.11.13, 2002도4893).

② (○) 대법원 2012.4.26, 2012도1225

③ (○) 대법원 1995.4.25, 94도2347

④ (○) 대법원 1999.8.20, 99도2029

정답 ①

소송행위에 대한 설명으로 옳은 것은? (다툼이 있는 경우 판례에 의함)

① 송달 당시 영수인이 10세 정도라면 송달로 인하여 생기는 형사소송절차에 있어서의 효력까지 이해하였다고 볼 수는 없으나 그 송달 자체의 취지를 이해하고 이를 아버지인 피고인에게 교부하는 것을 기대할 수 있으므로 피고인에 대한 소송기록접수통지서의 송달은 적법하다.

② 피고인이 공판정에 재정하지 않더라도 피고인에게 이익이 되는 경우라면 구술에 의한 공소장변경을 허가할 수 있다.

③ 경찰서장의 청구에 의해 즉결심판을 받은 피고인으로부터 적법한 정식재판의 청구가 있는 경우, 경찰서장의 즉결심판청구는 공소제기와 동일한 소송행위라고 할 수 없고 검사의 공소제기에 의하여 심판하여야 한다.

④ 검사가 공소사실의 일부가 되는 범죄일람표를 컴퓨터 프로그램을 통하여 열어보거나 출력할 수 있는 전자적 형태의 문서로 작성한 후, 종이문서로 출력하여 제출하지 아니하고 위 전자적 형태의 문서가 저장된 저장매체 자체를 서면인 공소장에 첨부하여 제출한 경우, 그 저장매체나 전자적 형태의 문서를 공소장의 일부로서의 '서면'으로 볼 수 있다.

해설

① (○) 피고인의 아들이 이 사건 송달 당시 10세 정도라면 송달로 인하여 생기는 형사소송절차에 있어서의 효력까지 이해하였다고 볼 수는 없으나 그 송달 자체의 취지를 이해하고 영수한 서류를 송달을 받을 사람인 아버지(피고인)에게 교부하는 것을 기대할 수 있는 능력 정도는 있다고 볼 것이므로(대법원 1995.8.16, 95모20; 1968.5.7, 68마336), 원심에 있어서의 피고인에 대한 소송기록접수통지서의 송달은 적법하다고 하겠다(대법원 1996.6.3, 96모32).

② (×) 구술에 의한 공소장변경신청은 피고인이 재정하는 경우에만 가능하다(규칙 제142조 제5항).

규칙 제142조(공소장의 변경) ① 검사가 법 제298조 제1항에 따라 공소장에 기재한 공소사실 또는 적용법조의 추가, 철회 또는 변경(이하 "공소장의 변경"이라 한다)을 하고자 하는 때에는 그 취지를 기재한 공소장변경허가신청서를 법원에 제출하여야 한다. 〈개정 2007.10.29.〉

⑤ 법원은 제1항의 규정에도 불구하고 피고인이 재정하는 공판정에서는 피고인에게 이익이 되거나 피고인이 동의하는 경우 구술에 의한 공소장변경을 허가할 수 있다. 〈신설 1996.12.3.〉

③ (×) 즉결심판법 제14조 제1항, 제3항, 제4항 및 형사소송법 제455조 제3항에 의하면, 경찰서장의 청구에 의해 즉결심판을 받은 피고인으로부터 적법한 정식재판의 청구가 있는 경우 경찰서장의 즉결심판청구는 공소제기와 동일한 소송행위이므로 공판절차에 의하여 심판하여야 한다(대법원 2012.3.29, 2011도8503).

④ (×) 검사가 공소사실의 일부가 되는 범죄일람표를 컴퓨터 프로그램을 통하여 열어보거나 출력할 수 있는 전자적 형태의 문서로

작성한 후, 종이문서로 출력하여 제출하지 아니하고 전자적 형태의 문서가 저장된 저장매체 자체를 서면인 공소장에 첨부하여 제출한 경우에는, 서면인 공소장에 기재된 부분에 한하여 공소가 제기된 것으로 볼 수 있을 뿐이고, 저장매체에 저장된 전자적 형태의 문서 부분까지 공소가 제기된 것이라고 할 수는 없다. 이러한 형태의 공소제기를 허용하는 별도의 규정이 없을 뿐만 아니라, 저장매체나 전자적 형태의 문서를 공소장의 일부로서의 '서면'으로 볼 수도 없기 때문이다. 이는 전자적 형태의 문서의 양이 방대하여 그와 같은 방식의 공소제기를 허용해야 할 현실적인 필요가 있다거나 피고인과 변호인이 이의를 제기하지 않고 변론에 응하였다고 하여 달리 볼 것도 아니다(대법원 2016.12.15, 2015도3682).

정답 ①

다음 중 옳은 것을 모두 고른 것은? (다툼이 있는 경우 판례에 의함)

ㄱ. 위법하게 압수된 물건이라도 물건 자체의 성질·형상에 변경을 가져오는 것은 아니므로 그 물건에 대해서는 원칙적으로 증거능력이 인정된다.

ㄴ. 국민참여재판제도는 일반 국민 중에서 선정된 배심원이 형사재판에 있어서의 사실인정뿐만 아니라 형의 양정에 대해서도 의견을 제시하는 제도이다.

ㄷ. 향정신성의약품을 제조·판매하여 영리를 취할 목적으로 그 원료가 되는 물질을 소지한 것이라는 공소사실에 대하여 영리의 목적이 인정되지 않는다면 무죄를 선고하여야 하며, 위 공소사실에 포함된 향정신성의약품을 제조할 목적으로 그 원료가 되는 물질을 소지한 범죄사실을 공소장 변경 없이 유죄로 인정하여서는 안 된다.

ㄹ. 공소장에 수개의 공소사실에 대하여 그 죄명을 일괄 표시한 경우 공소사실을 보면 그 죄명과 적용법조를 알아차릴 수 있더라도 이는 죄명이 특정되었다고 볼 수 없으므로 그와 같은 공소제기는 무효이다.

ㅁ. 고소는 범죄사실을 특정해서 행해져야 하지만 고소인 스스로가 직접 범행의 일시 및 장소와 방법 등을 구체적으로 상세히 지적해야 할 필요까지는 없다.

① ㄴ, ㄷ　　　　　② ㄴ, ㅁ
③ ㄷ, ㄹ　　　　　④ ㄱ, ㄹ, ㅁ

해설

ㄱ. (×) 수사기관의 강제처분인 압수수색은 그 과정에서 관련자들의 권리나 법익을 침해할 가능성이 적지 않으므로 엄격히 헌법과 형사소송법이 정한 절차를 준수하여 이루어져야 한다. 절차조항에 따르지 않는 수사기관의 압수수색을 억제하고 재발을 방지하는 가장 효과적이고 확실한 대응책은 이를 통하여 수집한 증거는 물론 이를 기초로 하여 획득한 2차적 증거를 유죄인정의 증거로 삼을 수 없도록 하는 것이다. 이와 달리, 압수물은 그 압수절차가 위법이라 하더라도 물건 자체의 성질, 형상에 변경을 가져오는 것은 아니므로 그 형상 등에 관한 증거가치에는 변함이 없다 할 것이므로 증거능력

이 있다는 취지로 판시한 대법원 1968.9.17, 68도932; 1987. 6.23, 87도705; 1994.2.8, 93도3318; 1996.5.14, 96초88; 2002.11.26, 2000도1513; 2006.7.27, 2006도3194 등은 이 판결의 견해에 배치되는 범위 안에서 이를 변경하기로 한다(대법원 2007.11.15, 2007도3061 전원합의체).

ㄴ. (○) 국민참여재판법 제12조 제1항 참조.

> **제12조(배심원의 권한과 의무)** ① 배심원은 국민참여재판을 하는 사건에 관하여 사실의 인정, 법령의 적용 및 형의 양정에 관한 의견을 제시할 권한이 있다.

ㄷ. (×) 향정신성의약품을 제조·판매하여 영리를 취할 목적으로 그 원료가 되는 물질을 소지한 것이라는 공소사실에 대하여 비록 영리의 목적이 인정되지 않더라도 무죄를 선고할 것이 아니라 위 공소사실에 포함된 향정신성의약품을 제조할 목적으로 그 원료가 되는 물질을 소지한 범죄사실을 공소장 변경 없이 유죄로 인정하여야 한다(대법원 2002.11.8, 2002도3881).

ㄹ. (×) 공소장에 수개의 공소사실에 대하여 그 죄명을 일괄표시하였다 하여도 공소사실을 보면 그 죄명과 적용법조를 알아차릴 수 있는 경우에는 그 죄명과 적용법조가 특정되어 있지 않다 할 수 없고 그 방어권 행사에 지장이 된다고도 할 수 없다(대법원 1969.9.23, 69도1219).

ㅁ. (○) 대법원 1984.3.27, 84도50

정답 ②

---

① (○) 형사소송법 제303조는 "재판장은 검사의 의견을 들은 후 피고인과 변호인에게 최종의 의견을 진술할 기회를 주어야 한다."라고 정하고 있으므로, 최종의견 진술의 기회는 피고인과 변호인 모두에게 주어져야 한다. 이러한 최종의견 진술의 기회는 피고인과 변호인의 소송법상 권리로서 피고인과 변호인이 사실관계의 다툼이나 유리한 양형사유를 주장할 수 있는 마지막 기회이므로, 피고인이나 변호인에게 최종의견 진술의 기회를 주지 아니한 채 변론을 종결하고 판결을 선고하는 것은 소송절차의 법령위반에 해당한다(대법원 2018.3.29, 2018도327).

② (○) 형사소송규칙 제142조 제3항은 공소장변경허가신청서가 제출된 경우에 법원은 그 부본을 피고인 또는 변호인에게 즉시 송달하여야 한다고 규정하고 있는데, 피고인과 변호인 모두에게 부본을 송달하여야 하는 취지가 아님은 문언상 명백하므로, 공소장변경신청서 부본을 피고인과 변호인 중 어느 한 쪽에 대해서만 송달하였다고 하여 절차상 잘못이 있다고 할 수 없다(대법원 2001.4.24, 2001도1052; 2013.7.12, 2013도5165 등).

③ (○) 형사소송법 제32조 제1항에서 변호인의 선임은 심급마다 변호인과 연명날인한 서면으로 제출하여야 한다고 규정하고 있다. 그리고 변호인 선임신고서를 제출하지 않은 변호인이 변호인 명의로 재항고장을 제출한 경우, 그 재항고장은 적법·유효한 재항고로서의 효력이 없다(대법원 2005.1.20, 2003모429 등).

정답 ④

---

008 종합 ◆◇◇ 국가7급 2018 법원9급 2022 유사

다음 설명 중 옳지 않은 것은? (다툼이 있는 경우 판례에 의함)

① 공판절차에서 피고인이나 변호인에게 최종의견 진술의 기회를 주지 아니한 채 변론을 종결하고 판결을 선고하는 것은 소송절차의 법령위반에 해당한다.

② 공소장변경신청서 부본을 피고인과 변호인 중 어느 한 쪽에 대해서만 송달하였다고 하여 절차상 잘못이 있다고 할 수 없다.

③ 재항고인이 제1심에서만 변호인 선임신고서를 제출하였고, 항고심과 재항고심에서는 법정기간 내에 별도의 변호인 선임신고서를 제출하지 않은 상태에서 변호인이 변호인 명의로 재항고장을 제출한 경우, 그 재항고장은 재항고로서의 효력이 없다.

④ 변호인의 상소취하에 대한 피고인의 동의는 공판정에서 구술로써 할 수 있으며, 이때의 구술 동의는 묵시적으로도 가능하다.

해설

④ (×) 피고인은 공판정에서 구술로써 상소취하를 할 수 있으므로(형사소송법 제352조 제1항 단서), 변호인의 상소취하에 대한 피고인의 동의도 공판정에서 구술로써 할 수 있다. 다만 상소를 취하하거나 상소의 취하에 동의한 자는 다시 상소를 하지 못하는 제한을 받게 되므로(형사소송법 제354조), 상소취하에 대한 피고인의 구술 동의는 명시적으로 이루어져야만 한다(대법원 2015.9.10, 2015도7821).

---

009 종합 ◆◆◆ 국가7급 2018

다음 사례에 대한 설명으로 옳은 것은? (다툼이 있는 경우 판례에 의함)

> 민원인 甲이 건축허가 담당공무원 乙에게 건축허가를 신청하자 乙이 건축허가와 관련하여 뇌물을 요구하였고, 이에 甲은 뇌물을 제공하였다. 이후 검사는 뇌물죄에 대한 혐의로 甲과 乙을 공동피고인으로 기소하였다.

① 甲과 乙이 서로 뇌물을 주고받은 사실이 없다고 주장하며 다투는 경우, 이들은 소송절차가 분리되어 피고인의 지위에서 벗어나더라도 다른 공동피고인에 대한 공소사실에 관하여 증인이 될 수 없다.

② 甲이 공판정에서 "乙로부터 '해외여행을 가려고 하는데 여행사에 대금을 대신 내주면 잘 봐 주겠다'라는 말을 들었다."는 취지의 진술을 한 경우, 甲의 진술로 증명하고자 하는 사실이 '乙이 위와 같은 내용의 말을 하였다'는 것이라면 甲이 乙로부터 위와 같은 말을 들었다고 하는 진술은 전문증거가 아니라 본래증거에 해당한다.

③ 만약 甲만이 검거되어 검사가 甲을 증뢰죄로 기소하였다면, 그로 인한 공소시효 정지의 효력은 乙의 수뢰죄에 대하여도 미친다.

④ 공판정에서 甲은 범행을 자백하였으나 乙이 범행을 부인하고 있는 경우, 甲의 자백이 乙에게 불이익한 유일한 증거라면 법원은 甲의 자백을 乙의 범죄사실을 인정하는 데 있어서 증거로 쓸 수 없다.

② (○) 타인의 진술을 내용으로 하는 진술이 전문증거인지 여부는 요증사실과의 관계에서 정하여지는바, 원진술의 내용인 사실이 요증사실인 경우에는 전문증거이나, 원진술의 존재 자체가 요증사실인 경우에는 본래증거이지 전문증거가 아니다(대법원 2008. 9.25, 2008도5347). 공소외 2는 전화를 통하여 피고인으로부터 2005.8.경 건축허가 담당 공무원이 외국연수를 가므로 사례비를 주어야 한다는 말과 2006.2.경 건축허가 담당 공무원이 4,000만원을 요구하는데 사례비로 2,000만원을 주어야 한다는 말을 들었다는 취지로 수사기관, 제1심 및 원심 법정에서 진술하였음을 알 수 있는데, 피고인의 위와 같은 원진술의 존재 자체가 이 사건 알선수재죄에 있어서의 요증사실이므로, 이를 직접 경험한 공소외 2가 피고인으로부터 위와 같은 말들을 들었다고 하는 진술들은 전문증거가 아니라 본래증거에 해당된다(대법원 2008. 11.13, 2008도8007).

① (×) 피고인의 지위에 있는 공동피고인은 다른 공동피고인에 대한 공소사실에 관하여 증인이 될 수 없으나, 소송절차가 분리되어 피고인의 지위에서 벗어나게 되면 다른 공동피고인에 대한 공소사실에 관하여 증인이 될 수 있고, 이는 대향범인 공동피고인의 경우에도 다르지 않다(대법원 2008.6.26, 2008도3300).

③ (×) 형사소송법 제248조 제1항, 제253조 제1항, 제2항에서 규정하는 바와 같이, 형사소송법은 공범 사이의 처벌에 형평을 기하기 위하여 공범 중 1인에 대한 공소의 제기로 다른 공범자에 대하여도 공소시효가 정지되도록 규정하고 있는데, … 특히 위 조항은 공소제기 효력의 인적 범위를 확장하는 예외를 마련하여 놓은 것이므로 원칙적으로 엄격하게 해석하여야 하고 피고인에게 불리한 방향으로 확장하여 해석해서는 아니 된다. 뇌물공여죄와 뇌물수수죄 사이와 같은 이른바 대향범 관계에 있는 자는 강학상으로는 필요적 공범이라고 불리고 있으나, 서로 대향된 행위의 존재를 필요로 할 뿐 각자 자신의 구성요건을 실현하고 별도의 형벌규정에 따라 처벌되는 것이어서, 2인 이상이 가공하여 공동의 구성요건을 실현하는 공범관계에 있는 자와는 본질적으로 다르며, 대향범 관계에 있는 자 사이에서는 각자 상대방의 범행에 대하여 형법총칙의 공범규정이 적용되지 아니한다. 이러한 점들에 비추어 보면, 형사소송법 제253조 제2항에서 말하는 '공범'에는 뇌물공여죄와 뇌물수수죄 사이와 같은 대향범 관계에 있는 자는 포함되지 않는다(대법원 2015.2.12, 2012도4842).

④ (×) 형사소송법 제310조의 피고인의 자백에는 공범인 공동피고인의 진술이 포함되지 아니하므로 공범인 공동피고인의 진술은 다른 공동피고인에 대한 범죄사실을 인정하는데 있어서 증거로 쓸 수 있고 그에 대한 보강증거의 여부는 법관의 자유심증에 맡긴다(대법원 1985.3.9, 85도951).

정답 ②

---

010 ✓ 종합 ◆◆◇ 경찰 2015

체포·구속·압수·수색에 대한 설명으로 가장 적절한 것은? (다툼이 있으면 판례에 의함)

① 긴급체포 후 구속영장을 청구하지 않고 석방한 피의자는 영장 없이는 동일한 범죄사실에 관하여 다시 긴급체포를 할 수 없으나, 구속영장을 발부받지 못하여 석방한 경우라면 긴급체포의 요건을 갖출 경우 다시 동일한 범죄사실로 긴급체포하는 것도 가능하다.

② 수사기관이 압수·수색에 착수하면서 그 장소의 관리책임자에게 영장을 제시하였다면, 물건을 소지하고 있는 다른 사람으로부터 이를 압수하고자 할 때 그 사람에게 따로 영장을 제시할 필요가 없다.

③ 사법경찰관이 피의자 체포 통지를 할 때 급속을 요하는 경우에는 체포되었다는 취지 및 체포의 일시·장소를 전화 또는 모사전송기 기타 상당한 방법에 의하여 통지할 수 있다. 이 경우 체포통지를 다시 서면으로도 하여야 한다.

④ 검사 등이 아닌 이에 의하여 현행범인이 체포된 후 불필요한 지체 없이 검사 등에게 인도된 경우라면, 검사 등이 현행범인을 구속하기 위해서는 현행범인을 인도받은 때부터가 아니라 체포 시부터 48시간 이내에 구속영장을 청구하여야 한다.

해설

③ (○) 규칙 제100조 제1항, 제51조 제3항 참조.

> **규칙 제100조(준용규정)** ① 제46조, 제49조 제1항 및 제51조의 규정은 검사 또는 사법경찰관의 피의자 체포 또는 구속에 이를 준용한다. 다만, 체포영장에는 법 제200조의2 제1항에서 규정한 체포의 사유를 기재하여야 한다.
> **규칙 제51조(구속의 통지)** ① 피고인을 구속한 때에 그 변호인이나 법 제30조 제2항에 규정한 자가 없는 경우에는 피고인이 지정하는 자 1인에게 법 제87조 제1항에 규정한 사항을 통지하여야 한다.
> ② 구속의 통지는 구속을 한 때로부터 늦어도 24시간 이내에 서면으로 하여야 한다. 제1항에 규정한 자가 없어 통지를 하지 못한 경우에는 그 취지를 기재한 서면을 기록에 철하여야 한다.
> ③ 급속을 요하는 경우에는 구속되었다는 취지 및 구속의 일시·장소를 전화 또는 모사전송기 기타 상당한 방법에 의하여 통지할 수 있다. 다만, 이 경우에도 구속통지는 다시 서면으로 하여야 한다.

① (×) 형사소송법은 양자를 구별하고 있지 않다. 긴급체포 후 석방된 자는 다시 동일한 사실로 긴급체포할 수 없다. 제200조의4 제2항·제3항 참조.

> **제200조의4(긴급체포와 영장청구기간)** ② 제1항의 규정에 의하여 구속영장을 청구하지 아니하거나 발부받지 못한 때에는 피의자를 즉시 석방하여야 한다.
> ③ 제2항의 규정에 의하여 석방된 자는 영장 없이는 동일한 범죄사실에 관하여 체포하지 못한다.

② (×) 압수·수색영장은 처분을 받는 자에게 반드시 제시하여야 하

는바, 현장에서 압수·수색을 당하는 사람이 여러 명일 경우에는 그 사람들 모두에게 개별적으로 영장을 제시해야 하는 것이 원칙이다. 수사기관이 압수·수색에 착수하면서 그 장소의 관리책임자에게 영장을 제시하였다고 하더라도, 물건을 소지하고 있는 다른 사람으로부터 이를 압수하고자 하는 때에는 그 사람에게 따로 영장을 제시하여야 한다(대법원 2009.3.12, 2008도763).

④ (×) 현행범인은 누구든지 영장 없이 체포할 수 있고(형사소송법 제212조), 검사 또는 사법경찰관리(이하 '검사 등'이라고 한다) 아닌 이가 현행범인을 체포한 때에는 즉시 검사 등에게 인도하여야 한다(형사소송법 제213조 제1항). 여기서 '즉시'라고 함은 반드시 체포 시점과 시간적으로 밀착된 시점이어야 하는 것은 아니고, '정당한 이유 없이 인도를 지연하거나 체포를 계속하는 등으로 불필요한 지체를 함이 없이'라는 뜻으로 볼 것이다. 또한 검사 등이 현행범인을 체포하거나 현행범인을 인도받은 후 현행범인을 구속하고자 하는 경우 48시간 이내에 구속영장을 청구하여야 하고 그 기간 내에 구속영장을 청구하지 아니하는 때에는 즉시 석방하여야 한다(형사소송법 제213조의2, 제200조의2 제5항). 위와 같이 체포된 현행범인에 대하여 일정 시간 내에 구속영장 청구 여부를 결정하도록 하고 그 기간 내에 구속영장을 청구하지 아니하는 때에는 즉시 석방하도록 한 것은 영장에 의하지 아니한 체포 상태가 부당하게 장기화되어서는 안 된다는 인권보호의 요청과 함께 수사기관에서 구속영장 청구 여부를 결정하기 위한 합리적이고 충분한 시간을 보장해 주려는 데에도 그 입법취지가 있다고 할 것이다. 따라서 검사 등이 아닌 이에 의하여 현행범인이 체포된 후 불필요한 지체 없이 검사 등에게 인도된 경우 위 48시간의 기산점은 체포 시가 아니라 검사 등이 현행범인을 인도받은 때라고 할 것이다(대법원 2011.12.22, 2011도12927).

정답 ③

011 ✓종합 ◆◆◇ 국가9급 2014

다음 괄호 안에 들어갈 숫자를 모두 합한 것은?

ㄱ. 공소제기 후 확정판결 없이 (   )년을 경과하면 공소시효가 완성된 것으로 간주한다.

ㄴ. 항고기각결정을 받은 고소권자의 재정신청서를 제출받은 지방검찰청 검사장 또는 지청장은 재정신청서를 제출 받은 날로부터 (   )일 이내에 재정신청서, 의견서, 수사 관계 서류 및 증거물을 관할 고등검찰청을 거쳐 관할 고등법원에 송부하여야 한다.

ㄷ. 사법경찰관이 2014년 2월 15일 토요일 23:30에 피의자 甲을 사기혐의로 구속한 경우에는 2014년 2월 (   )일 24:00 이내에 피의자 甲을 검사에게 인치하지 아니하면 석방하여야 한다.

ㄹ. 법원은 공소제기가 있으면 지체 없이 공소장부본을 피고인 또는 변호인에게 송달하여야 한다. 단, 제1회 공판기일 전 (   )일까지 송달되어야 한다.

① 60   ② 61
③ 62   ④ 64

해설

② (○) 합은 25+7+24+5=61이 된다.

ㄱ. (25) 제249조 제2항 참조.

> **제249조(공소시효의 기간)** ② 공소가 제기 된 범죄는 판결의 확정이 없이 공소를 제기한 때로부터 25년을 경과하면 공소시효가 완성한 것으로 간주한다.

ㄴ. (7) 제261조 본문 참조.

> **제261조(지방검찰청검사장 등의 처리)** 제260조 제3항에 따라 재정신청서를 제출받은 지방검찰청검사장 또는 지청장은 재정신청서를 제출받은 날부터 7일 이내에 재정신청서·의견서·수사관계 서류 및 증거물을 관할 고등검찰청을 경유하여 관할 고등법원에 송부하여야 한다. 다만, 제260조 제2항 각 호의 어느 하나에 해당하는 경우에는 지방검찰청검사장 또는 지청장은 다음의 구분에 따른다.
> 1. 신청이 이유 있는 것으로 인정하는 때에는 즉시 공소를 제기하고 그 취지를 관할 고등법원과 재정신청인에게 통지한다.
> 2. 신청이 이유 없는 것으로 인정하는 때에는 30일 이내에 관할 고등법원에 송부한다.

ㄷ. (24) 제202조, 제66조 제1항 단서 참조.

> **제202조(사법경찰관의 구속기간)** 사법경찰관이 피의자를 구속한 때에는 10일 이내에 피의자를 검사에게 인치하지 아니하면 석방하여야 한다.
> **제66조(기간의 계산)** ① 기간의 계산에 관하여는 시(時)로 계산하는 것은 즉시(卽時)부터 기산하고 일(日), 월(月) 또는 연(年)으로 계산하는 것은 초일을 산입하지 아니한다. 다만, 시효(時效)와 구속기간의 초일은 시간을 계산하지 아니하고 1일로 산정한다. 〈개정 2020.12.8.〉

ㄹ. (5) 제266조 참조.

> **제266조(공소장부본의 송달)** 법원은 공소의 제기가 있는 때에는 지체 없이 공소장의 부본을 피고인 또는 변호인에게 송달하여야 한다. 단, 제1회 공판기일 전 5일까지 송달하여야 한다.

정답 ②

012 ✅ 종합 ◆◆◇ 국가9급 2015

다음 설명 중 옳은 것은? (다툼이 있는 경우 판례에 의함)

① 3인 간의 대화에서 그중 1인이 그 대화를 녹음한 경우 다른 2인의 발언은 그 녹음자에 대한 관계에서 '타인 간의 대화'라고 할 수 있으므로 위 녹음행위는 통신비밀보호법에 위배된다.

② 제1심에서 징역 1년 6월에 집행유예 3년의 형을 선고받고, 항소심에서 징역 1년 형의 선고유예를 받은 데 대하여, 상고심에서 파기환송 받은 법원에서 제1심 판결을 파기하고 벌금 4,000만원과 추징금 1,500만원의 선고를 모두 유예한 것은 불이익변경금지의 원칙에 반한다.

③ 피고인이 빈곤을 사유로 국선변호인 선정청구를 하면서 제출한 소명자료에 의하면 빈곤으로 인하여 변호인을 선임할 수 없는 경우에 해당하는 것으로 인정할 만한 여지가 충분한 경우 법원은 특별한 사정이 없는 한 국선변호인 선정 결정을 하여야 한다.

④ 특정범죄 가중처벌 등에 관한 법률 제5조의9 제1항 위반죄의 행위자에게 '보복의 목적'이 있었다는 점은 검사가 증명하여야 하되, 자유로운 증명으로 충분하다.

해설

③ (○) 형사소송법 제33조는 헌법 제12조에 의하여 피고인에게 보장된 변호인의 조력을 받을 권리가 공판심리절차에서 효과적으로 실현될 수 있도록 일정한 경우에 직권 또는 피고인의 청구에 의한 법원의 국선변호인 선정의무를 규정하는 한편(제1항, 제2항), 피고인의 연령·지능 및 교육 정도 등을 참작하여 권리보호를 위하여 필요하다고 인정되는 때에도 피고인의 명시적 의사에 반하지 아니하는 범위 안에서 법원이 국선변호인을 선정하여야 한다고 규정하고 있다(제3항). 헌법상 변호인의 조력을 받을 권리와 형사소송법상 국선변호인 제도의 취지에 비추어 보면, 법원은 피고인으로부터 형사소송법 제33조 제2항에 의한 국선변호인 선정청구가 있는 경우 또는 직권으로 소송기록과 소명자료를 검토하여 피고인이 형사소송법 제33조 제2항 또는 제3항에 해당한다고 인정되는 경우 즉시 국선변호인을 선정하고, 소송기록에 나타난 자료만으로 그 해당 여부가 불분명한 경우에는 제1회 공판기일의 심리에 의하여 국선변호인의 선정 여부를 결정할 것이며, 제1심에서 피고인의 청구 또는 직권으로 국선변호인이 선정되어 공판이 진행된 경우에는 항소법원은 특별한 사정변경이 없는 한 국선변호인을 선정함이 바람직하다(국선변호에 관한 예규 제6조 내지 제8조 참조)(대법원 2013.7.11, 2013도351).

① (×) 3인 간의 대화에서 그중 한 사람이 그 대화를 녹음 또는 청취하는 경우에 다른 두 사람의 발언은 그 녹음자 또는 청취자에 대한 관계에서 통신비밀보호법 제3조 제1항에서 정한 '타인 간의 대화'라고 할 수 없으므로, 이러한 녹음 또는 청취하는 행위 및 그 내용을 공개하거나 누설하는 행위가 통신비밀보호법 제16조 제1항에 해당한다고 볼 수 없다(대법원 2006.10.12, 2006도4981).

② (×) 피고인에 대하여 제1심이 징역 1년 6월에 집행유예 3년의 형을 선고하고, 이에 대하여 피고인만이 항소하였는데, 환송 전 원심은 제1심판결을 파기하고 징역 1년 형의 선고를 유예하였으며, 이에 대하여 피고인만이 상고하여 당원이 원심판결을 파기하고 사건을 원심에 환송하자, 환송 후 원심은 제1심판결을 파기하

고, 벌금 40,000,000원 형과 금 16,485,250원 추징의 선고를 모두 유예하였다면, 환송 후 원심이 제1심이나 환송 전 원심보다 가볍게 그 주형을 징역 1년 6월 형의 집행유예 또는 징역 1년 형의 선고유예에서 벌금 40,000,000원 형의 선고유예로 감경한 점에 비추어, 그 선고를 유예한 금 16,485,250원의 추징을 새로이 추가하였다고 하더라도, 전체적·실질적으로 볼 때 피고인에 대한 형이 제1심판결이나 환송 전 원심판결보다 불이익하게 변경되었다고 볼 수는 없다(대법원 1998.3.26, 97도1716 전원합의체).

④ (×) 대법원 2014.9.26, 2014도9030

정답 ③

013 ✅ 종합 ◆◆◇ 국가9급 2016

수사에 대한 설명으로 옳은 것은? (다툼이 있는 경우 판례에 의함)

① 임의동행의 형식으로 수사기관에 연행된 피내사자에게는 변호인 또는 변호인이 되려는 자와의 접견교통권은 인정되지 아니한다.

② 보석보증금을 몰수하려면 반드시 보석취소와 동시에 하여야만 하고 보석취소 후에 별도로 보증금몰수결정을 할 수는 없다.

③ 위법한 함정수사에 기한 공소제기는 그 절차가 법률의 규정에 위반하여 무효인 때에 해당한다.

④ 형사소송법 제244조의5에 의해서 피의자와 신뢰관계에 있는 자가 피의자 신문에 동석하여 피의자신문조서가 작성된 경우에, 동석한 자가 피의자를 대신하여 진술한 부분은 피의자신문조서의 증거능력의 요건을 충족하여야 증거능력이 인정된다.

해설

③ (○) 대법원 2008.10.23, 2008도7362

① (×) 임의동행의 형식으로 수사기관에 연행된 피의자에게도 변호인 또는 변호인이 되려는 자와의 접견교통권은 당연히 인정된다고 보아야 하고, 임의동행의 형식으로 연행된 피내사자의 경우에도 이는 마찬가지이다(대법원 1996.6.3, 96모18).

② (×) 보석보증금을 몰수하려면 반드시 보석취소와 동시에 하여야만 가능한 것이 아니라 보석취소 후에 별도로 보증금몰수결정을 할 수도 있다. 그리고 형사소송법 제104조가 구속 또는 보석을 취소하거나 구속영장의 효력이 소멸된 때에는 몰수하지 아니한 보증금을 청구한 날로부터 7일 이내에 환부하도록 규정되어 있다고 하여도, 이 규정의 해석상 보석취소 후에 보증금몰수를 하는 것이 불가능하게 되는 것도 아니다(대법원 2001.5.29, 2000모22 전원합의체).

④ (×) 만약 동석한 사람이 피의자를 대신하여 진술한 부분이 조서에 기재되어 있다면 그 부분은 피의자의 진술을 기재한 것이 아니라 동석한 사람의 진술을 기재한 조서에 해당하므로 그 사람에 대한 진술조서로서의 증거능력을 취득하기 위한 요건을 충족하지 못하는 한 이를 유죄인정의 증거로 사용할 수 없는 것이다(대법원 2009.6.23, 2009도1322).

정답 ③

014 ✓ 종합 ◆◆◇

다음 설명 중 옳은 것은? (다툼이 있는 경우 판례에 의함)

① 형의 선고를 받은 자가 집행에 관하여 재판의 해석에 대한 의의(疑義)가 있는 때에는 형을 집행하는 검사에게 의의신청을 할 수 있다.

② 현행범 체포 당시 임의제출 방식으로 압수된 피고인 소유 휴대전화기에 대한 압수조서 중 '압수경위'란에 기재된 내용에 피고인이 범행을 저지르는 현장을 직접 목격한 사람의 진술이 포함되어 있다면, 그 내용은 휴대전화기에 대한 임의제출 절차가 적법하였는지에 영향을 받지 않는 별개의 독립적인 증거에 해당한다.

③ 구속 전 피의자 심문에서 피의자에게 변호인이 없는 경우 지방법원판사는 직권으로 변호인을 선정하여야 하고, 영장의 청구가 기각되더라도 변호인 선정의 효력은 제1심까지 지속된다.

④ 피의자를 긴급체포하면서 영장 없이 압수한 후에 사후 압수·수색영장을 발부받지 않고 즉시 반환하지 않은 압수물이라도 피고인이나 변호인이 공판정에서 증거동의를 하면 증거능력이 인정된다.

해설

② (○) 피고인이 지하철역 에스컬레이터에서 휴대전화기의 카메라를 이용하여 성명불상 여성 피해자의 치마 속을 몰래 촬영하다가 현행범으로 체포되어 성폭력범죄의 처벌 등에 관한 특례법 위반(카메라등이용촬영)으로 기소된 경우, 피고인은 공소사실에 대해 자백하고 검사가 제출한 모든 서류에 대하여 증거로 함에 동의하였는데, 그 서류들 중 체포 당시 임의제출 방식으로 압수된 피고인 소유 휴대전화기(이하 '휴대전화기')에 대한 압수조서의 '압수경위'란에 '지하철역 승강장 및 게이트 앞에서 경찰관이 지하철 범죄 예방·검거를 위한 비노출 잠복근무 중 검정 재킷, 검정 바지, 흰색운동화를 착용한 20대 가량 남성이 짧은 치마를 입고 에스컬레이터를 올라가는 여성을 쫓아가 뒤에 밀착하여 치마 속으로 휴대폰을 집어넣는 등 해당 여성의 신체를 몰래 촬영하는 행동을 하였다'는 내용이 포함되어 있고, 그 하단에 피고인의 범행을 직접 목격하면서 위 압수조서를 작성한 사법경찰관 및 사법경찰리의 각 기명날인이 들어가 있으므로, 위 압수조서 중 '압수경위'란에 기재된 내용은 피고인이 범행을 저지르는 현장을 직접 목격한 사람의 진술이 담긴 것으로서 형사소송법 제312조 제5항에서 정한 '피고인이 아닌 자가 수사과정에서 작성한 진술서'에 준하는 것으로 볼 수 있고, 이에 따라 휴대전화기에 대한 임의제출절차가 적법하였는지에 영향을 받지 않는 별개의 독립적인 증거에 해당하여, 피고인이 증거로 함에 동의한 이상 유죄를 인정하기 위한 증거로 사용할 수 있을 뿐 아니라 피고인의 자백을 보강하는 증거가 된다고 볼 여지가 많다. 따라서 이와 달리 피고인의 자백을 뒷받침할 보강증거가 없다고 보아 무죄를 선고한 원심판결에 자백의 보강증거 등에 관한 법리를 오해하거나 필요한 심리를 다하지 아니한 잘못이 있다(대법원 2019.11.14, 2019도13290).

① (×) 형의 선고를 받은 자는 집행에 관하여 재판의 해석에 대한 의의가 있는 때에는 '재판을 선고한 법원'에 이의신청을 할 수 있다(제488조).

[보충] 판결주문의 취지가 불분명하여 주문의 해석에 의문이 있는 경우에 한하여 제기하는 재판해석에 대한 의의신청은 형을 선고한 법원에 하는 것이다. 따라서 상소를 기각한 경우 원심법원이

관할법원이 되고 상소기각법원은 여기에 해당되지 아니한다(대법원 1996.3.28, 96초76,95도2958). 재판해석 의의신청에 대한 법원의 결정에 대해서는 즉시항고를 할 수 있다(제491조).

[참고] 이에 비하여, 재판의 집행을 받은 자 또는 그 법정대리인이나 배우자가 집행에 관한 검사의 처분이 부당함을 이유로 재판을 선고한 법원에 제기하는 것은 재판집행에 대한 이의신청이다(제489조). 즉, 재판해석 의의신청은 판결의 취지가 명료하지 않아 그 해석에 의의가 있는 경우이고, 재판집행 이의신청은 재판집행에 관한 검사의 처분이 부당함으로 이유로 하는 경우 적용된다. 따라서 재판의 내용 자체를 부당하다고 주장하는 것은 그 어디에도 해당되지 않는 것이다(대법원 1987.8.20, 87초42).

③ (×) 심문할 피의자에게 변호인이 없는 때에는 지방법원판사는 직권으로 변호인을 선정하여야 한다. 이 경우 변호인의 선정은 피의자에 대한 구속영장 청구가 기각되어 효력이 소멸한 경우를 제외하고는 제1심까지 효력이 있다(제201조의2 제8항).

④ (×) 형사소송법 제216조 제1항 제2호, 제217조 제2항, 제3항은 사법경찰관은 형사소송법 제200조의3(긴급체포)의 규정에 의하여 피의자를 체포하는 경우에 필요한 때에는 영장 없이 체포현장에서 압수·수색을 할 수 있고, 압수한 물건을 계속 압수할 필요가 있는 경우에는 지체 없이 압수수색영장을 청구하여야 하며, 청구한 압수수색영장을 발부받지 못한 때에는 압수한 물건을 즉시 반환하여야 한다고 규정하고 있는바, 형사소송법 제217조 제2항, 제3항에 위반하여 압수수색영장을 청구하여 이를 발부받지 아니하고도 즉시 반환하지 아니한 압수물은 이를 유죄인정의 증거로 사용할 수 없는 것이고, 헌법과 형사소송법이 선언한 영장주의의 중요성에 비추어 볼 때 피고인이나 변호인이 이를 증거로 함에 동의하였다고 하더라도 달리 볼 것은 아니다(대법원 2009.12.24, 2009도11401).

정답 ②

015 ✅종합 ◆◆◆ 변호사 2022

甲은 식당을 운영하는 乙과 乙의 건물 증축공사에 필요한 형틀공사 계약을 체결한 후 그 공사를 완료하였는데, 乙이 공사대금을 주지 않자 건물 입구에 쌓아두었던 건축 자재를 일부러 치우지 않았고 이로 인해 乙은 추가공사를 진행할 수 없었다. 이후 증축공사를 전부 완료하였으나 乙은 영업이 제대로 이루어지지 않아 건물을 담보로 X은행에서 3억원의 대출을 받고, 채권최고액 3억 6천만원의 근저당권을 설정해주었다. 그럼에도 영업이 나아질 기미가 없자 A에게 건물을 5억원에 매각하기로 약정하고 계약금과 중도금을 받았다. 이후 乙 건물 인근에 도로확충개발 소문이 돌자 B가 시가 상당액인 7억원에 건물을 매입하겠다고 하여, 乙은 B에게 매매대금을 받고 소유권이전등기를 해주었다. 한편 乙이 농수산물의 원산지표시 등에 관한 법률위반으로 단속에 걸리자 이 소식을 들은 부동산업자 丙이 "담당공무원을 잘 알고 있으니, 나에게 현금으로 500만원만 주면 잘 해결해주겠다."라고 하여 乙은 丙에게 500만원을 이체해주었다. 이에 관한 설명 중 옳지 않은 것을 모두 고른 것은? (다툼이 있는 경우 판례에 의함)

ㄱ. 甲이 건축자재를 일부러 치우지 않은 행위는 乙의 증축공사 업무에 대하여 하는 적극적인 방해행위와 동등한 형법적 가치를 가진다고 볼 수 없으므로 부작위에 의한 업무방해죄가 성립하지 아니한다.

ㄴ. 乙에게는 A에 대한 특정경제범죄 가중처벌 등에 관한 법률위반(배임)죄가 성립한다.

ㄷ. 乙에게는 특정범죄 가중처벌 등에 관한 법률위반(알선증재)죄가, 丙에게는 특정범죄 가중처벌 등에 관한 법률위반(알선수재)죄가 성립한다.

ㄹ. 검사가 乙의 이중매매에 대해 丙이 관여하였다고 보아 丙을 공동정범으로 기소하였으나 법원이 丙에게 방조의 죄책이 인정된다고 판단하여 공소장 변경 없이 방조범을 인정하는 경우, 심리과정에서 방조범에 대해 전혀 언급이 없거나 공방이 이뤄지지 않았다 하더라도 이는 丙의 방어권 행사에 실질적인 불이익을 초래한 것이 아니므로 위법하지 아니하다.

① ㄱ
② ㄴ
③ ㄴ, ㄷ
④ ㄴ, ㄷ, ㄹ
⑤ ㄱ, ㄴ, ㄷ, ㄹ

해설

ㄱ. (○) 대법원 2017.12.22, 2017도13211

ㄴ. (×) 乙이 A에게 매도하기로 한 건물(7억원)에는 근저당권(3억원)이 설정되어 있었으므로, 乙의 배임죄 이득액(4억원)이 특정경제범죄 가중처벌 등에 관한 법률(이하 특경법)의 이득액 기준인 5억원보다 적다. 따라서 A에 대한 특경법위반(배임)죄는 성립하지 않는다.

[판례] 배임행위로 얻은 재산상 이익의 일정한 액수 자체를 가중

적 구성요건으로 규정하고 있는 특정경제범죄 가중처벌 등에 관한 법률 제3조 제1항의 적용을 전제로 하여 이중매매 대상이 된 부동산 가액을 산정하는 경우, 부동산에 아무런 부담이 없는 때에는 부동산 시가 상당액이 곧 가액이라고 볼 것이지만, 부동산에 근저당권설정등기가 경료되어 있거나 압류 또는 가압류 등이 이루어진 때에는 특별한 사정이 없는 한 아무런 부담이 없는 상태의 부동산 시가 상당액에서 근저당권의 채권최고액 범위 내에서 피담보채권액, 압류에 걸린 집행채권액, 가압류에 걸린 청구금액 범위 내에서 피보전채권액 등을 뺀 실제 교환가치를 부동산 가액으로 보아야 한다(대법원 2011.6.30, 2011도1651).

특경법 제3조(특정재산범죄의 가중처벌) ① 「형법」 제347조(사기), 제347조의2(컴퓨터등 사용사기), 제350조(공갈), 제350조의2(특수공갈), 제351조(제347조, 제347조의2, 제350조 및 제350조의2의 상습범만 해당한다), 제355조(횡령·배임) 또는 제356조(업무상의 횡령과 배임)의 죄를 범한 사람은 그 범죄행위로 인하여 취득하거나 제3자로 하여금 취득하게 한 재물 또는 재산상 이익의 가액(이하 이 조에서 "이득액"이라 한다)이 5억원 이상일 때에는 다음 각 호의 구분에 따라 가중처벌한다.
1. 이득액이 50억원 이상일 때: 무기 또는 5년 이상의 징역
2. 이득액이 5억원 이상 50억원 미만일 때: 3년 이상의 유기징역
② 제1항의 경우 이득액 이하에 상당하는 벌금을 병과(倂科)할 수 있다.

ㄷ. (×) 특정범죄 가중처벌 등에 관한 법률(이하 특가법)은 알선수재를 처벌하나, 알선증재에 대한 처벌규정은 별도로 두고 있지 않다.

[보충] 특경법도 수재, 증재 및 알선수재를 처벌하나, 알선증재죄에 대해서는 역시 별도의 처벌규정을 두고 있지 않다.

[참조] 특가법 제3조(알선수재) 공무원의 직무에 속한 사항의 알선에 관하여 금품이나 이익을 수수·요구 또는 약속한 사람은 5년 이하의 징역 또는 1천만원 이하의 벌금에 처한다.

특경법 제7조(알선수재의 죄) 금융회사등의 임직원의 직무에 속하는 사항의 알선에 관하여 금품이나 그 밖의 이익을 수수, 요구 또는 약속한 사람 또는 제3자에게 이를 공여하게 하거나 공여하게 할 것을 요구 또는 약속한 사람은 5년 이하의 징역 또는 5천만원 이하의 벌금에 처한다.

ㄹ. (×) 공소사실의 동일성이 인정되는 범위 내에서 공소가 제기된 범죄사실보다 가벼운 범죄사실이 인정되는 경우 법원이 공소장변경 없이 직권으로 그 범죄사실을 인정할 수는 있으나, 그 경우에도 심리의 경과 등에 비추어 이로 인하여 피고인의 방어에 실질적인 불이익을 주는 것이 아니어야 한다(대법원 2011.11.24, 2009도7166). 따라서 배임죄의 공동정범으로 기소된 丙에 대한 심리과정에서 방조범에 대해 전혀 언급이 없거나 공방이 이뤄지지 않았음에도 공소장변경 없이 방조범의 죄책을 인정하는 것은, 丙의 방어권 행사에 실질적인 불이익을 초래한 것으로서 위법하다고 해야 한다.

[판례] 공동정범으로 기소된 피고인이 정범으로서의 공동가공 의사나 실행행위의 분담이 없었다고 다투는 것과 범행을 주도하는 정범의 존재를 전제로 하여 그 정범의 실행행위를 인식하면서 단순히 이를 돕는 행위를 한다는 방조의 의사 및 방조행위의 내용을 다투는 것은 방어권 행사의 내용과 접근방식에서 크게 다를 수 있다. 한편 … 법원이 당초의 공소사실과 다른 사실을 심판대상으로 삼아 유죄로 인정하고자 할 경우에는 공소장변경절차를 거치는 것이 불고불리 원칙 등 형사소송의 기본원칙에 부합한다 할 것이다. 다만 공판과정에서 이미 변경하여 인정하려는 사실이 심판대상으로 드러나 공방이 되었다거나 당초의 공소사실에 대

한 심판범위에 변경하여 인정하려는 사실이 포섭되어 있다는 등 특별한 사정이 있어 피고인의 방어권 행사를 해치지 아니할 정도라고 인정되는 경우라면 예외적으로 공소장 변경 없이도 직권에 의하여 공소사실과 동일성이 인정되는 범위 내에서 그와 다른 사실을 인정하여 유죄로 판단하는 것이 허용된다고 할 것이다. 이러한 취지에서 공소사실의 동일성이 인정되는 범위 내에서 공소가 제기된 범죄사실보다 가벼운 범죄사실이 인정되는 경우 법원이 공소장변경 없이 직권으로 그 범죄사실을 인정할 수는 있으나, 그 경우에도 심리의 경과 등에 비추어 이로 인하여 피고인의 방어에 실질적인 불이익을 주는 것이 아니어야 한다. … 피고인은 폭탄업체를 정범으로 한 조세포탈범행의 공동정범으로 공소가 제기되어 제1심에서는 공소사실대로 공동정범으로 인정된 사실, 이에 대하여 피고인이 공동가공의 의사 및 실행행위의 분담 등을 다투며 항소하여 항소심에서 위 쟁점들을 중심으로 공방이 이루어진 사실, 반면 제1심 및 항소심 심리과정에서 피고인이 공동정범이 아닌 방조범으로서 유죄로 인정될 수 있는지에 대해서는 전혀 언급되거나 공방이 이루어진 바가 없고, 공소장변경과 관련된 논의도 없었던 사실, 그럼에도 원심은 피고인이 조세포탈의 공동정범으로 인정되지는 않지만 그 방조범으로는 인정이 된다고 하여 공소장변경 없이 조세포탈범행의 방조범으로 유죄의 판결을 선고한 사실을 알 수 있는바, 법원이 위와 같이 최종판결에서 갑자기 직권으로 방조범의 성립을 인정하게 되면 피고인의 방어권 행사에 실질적 불이익을 초래할 우려가 있다고 하지 않을 수 없다(대법원 2011.11.24, 2009도7166).

정답 ④

016 ✓종합 ◆◆◆ 국가9급 2019

甲과 乙은 함께 강도를 행하였고, 이러한 사실을 알고 있는 丙은 甲 등이 강취한 물건을 매수하였다. 검사는 甲과 乙을 강도죄의 공범으로, 丙을 장물취득죄로 기소하였고, 법원은 이들을 공동피고인으로 병합심리 중에 있다. 이에 대한 설명으로 옳은 것만을 모두 고르면? (다툼이 있는 경우 판례에 의함)

> ㄱ. 甲의 사건에서, 乙은 피고인의 지위에 있으므로 소송절차를 분리하지 않는 한 증인이 될 수 없다.
> ㄴ. 사법경찰관이 작성한 甲에 대한 피의자신문조서는 甲이 내용을 인정하면 乙의 범죄사실 인정의 증거로 사용할 수 있다.
> ㄷ. 검사가 작성한 甲에 대한 피의자신문조서는 甲이 진정성립과 임의성을 인정하더라도, 乙이 증거사용에 부동의하면 乙의 범죄사실 인정의 증거로 사용할 수 없다.
> ㄹ. 丙은 甲과 乙의 사건에 대한 증인적격이 인정되고, 이에 법원은 丙에 대해 증인신문을 할 수 있다.

① ㄱ, ㄷ   ② ㄱ, ㄹ
③ ㄴ, ㄷ   ④ ㄴ, ㄹ

해설

ㄱ. (○) 공범인 공동피고인은 당해 소송절차에서는 피고인의 지위

에 있어 다른 공동피고인에 대한 공소사실에 관하여 증인이 될 수 없으나, 소송절차가 분리되어 피고인의 지위에서 벗어나게 되면 다른 공동피고인에 대한 공소사실에 관하여 증인이 될 수 있다(대법원 2008.6.26, 2008도3300 등).

ㄴ. (×) 형사소송법 제312조 제3항은 검사 이외의 수사기관이 작성한 당해 피고인에 대한 피의자신문조서를 유죄의 증거로 하는 경우뿐만 아니라 검사 이외의 수사기관이 작성한 당해 피고인과 공범관계에 있는 다른 피고인이나 피의자에 대한 피의자신문조서를 당해 피고인에 대한 유죄의 증거로 채택할 경우에도 적용되는바, 당해 피고인과 공범관계가 있는 다른 피의자에 대한 검사 이외의 수사기관 작성의 피의자신문조서는 그 피의자의 법정진술에 의하여 그 성립의 진정이 인정되더라도 당해 피고인이 공판기일에서 그 조서의 내용을 부인하면 증거능력이 부정된다(대법원 2004.7.15, 2003도7185 전원합의체; 2008.9.25, 2008도5189 등).

ㄷ. (○) 형사소송법 제312조 제1항에서 정한 '검사가 작성한 피의자신문조서'란 당해 피고인에 대한 피의자신문조서만이 아니라 당해 피고인과 공범관계에 있는 다른 피고인이나 피의자에 대하여 검사가 작성한 피의자신문조서도 포함되고, 여기서 말하는 '공범'에는 형법 총칙의 공범 이외에도 서로 대향된 행위의 존재를 필요로 할 뿐 각자의 구성요건을 실현하고 별도의 형벌 규정에 따라 처벌되는 강학상 필요적 공범 또는 대향범까지 포함한다. 따라서 피고인이 자신과 공범관계에 있는 다른 피고인이나 피의자에 대하여 검사가 작성한 피의자신문조서의 내용을 부인하는 경우에는 형사소송법 제312조 제1항에 따라 유죄의 증거로 쓸 수 없다(대법원 2023.6.1, 2023도3741).

ㄹ. (○) 공동피고인인 절도범과 그 장물범은 서로 다른 공동피고인의 범죄사실에 관하여는 증인의 지위에 있다 할 것이므로, 피고인이 증거로 함에 동의한 바 없는 공동피고인에 대한 피의자신문조서는 공동피고인의 증언에 의하여 그 성립의 진정이 인정되지 아니하는 한 피고인의 공소 범죄사실을 인정하는 증거로 할 수 없다(대법원 1982.6.22, 82도898; 1982.9.14, 82도1000 등).

정답 출제 당시에는 ②, 현재는 없음

017 ✓종합 ◆◆◇

형사절차에 대한 설명으로 옳지 않은 것은? (다툼이 있는 경우 판례에 의함)

① 법원이 판결의 선고 전에 피고인이 이미 사망한 사실을 알지 못하여 공소기각의 결정을 하지 않고 실체판결에 나아감으로써 법령위반의 결과를 초래한 경우, 이에 대한 검찰총장의 비상상고는 적법하다.

② 피고인이 정식재판을 청구한 사건에 대하여는 약식명령의 형보다 중한 종류의 형을 선고하지 못하고, 약식명령의 형보다 중한 형을 선고하는 경우에는 판결서에 양형의 이유를 적어야 한다.

③ 피의자는 미리 증거를 보전하지 아니하면 그 증거를 사용하기 곤란한 사정이 있는 때에는 제1회 공판기일 전이라도 판사에게 증인신문을 청구할 수 있는데, 판사가 이를 기각하는 결정에 대하여는 3일 이내에 항고할 수 있다.

④ 甲이 수사기관에서 조사를 받을 때 乙의 성명, 주소, 본적 등 인적 사항을 모용하였기 때문에 검사가 이를 오인하여 乙의 표시로 공소를 제기한 경우, 검사가 공소제기 후 피고인표시정정을 함으로써 그 모용관계가 바로 잡혔다고 볼만한 사정이 없는 이상 이 공소는 「형사소송법」 제254조의 공소제기의 방식에 관한 규정에 위반하여 무효로 된다.

[해설]

① (×) 형사소송법 제441조는 "검찰총장은 판결이 확정한 후 그 사건의 심판이 법령에 위반한 것을 발견한 때에는 대법원에 비상상고를 할 수 있다."고 규정하고 있는바, 이러한 비상상고 제도는 법령 적용의 오류를 시정함으로써 법령의 해석·적용의 통일을 도모하려는 데에 주된 목적이 있는 것이므로, '그 사건의 심판이 법령에 위반한 것'이라고 함은 확정판결에서 인정한 사실을 변경하지 아니하고 이를 전제로 한 실체법의 적용에 관한 위법 또는 그 사건에 있어서의 절차법상의 위배가 있음을 뜻하는 것이라고 할 것이다(대법원 1962.9.27, 62오1). 따라서 단순히 그 법령 적용의 전제사실을 오인함에 따라 법령위반의 결과를 초래한 것과 같은 경우는 법령의 해석적용을 통일한다는 목적에 유용하지 않으므로 '그 사건의 심판이 법령에 위반한 것'에 해당하지 않는다고 해석함이 상당하다(대법원 2005.3.11, 2004오2).

[보충] 누범가중전과가 없음에도 누범가중을 한 경우, 피고인이 이미 사망하였음에도 공소기각결정을 하지 않고 유죄판결을 한 경우는 사실의 오인이므로 법령위반에 해당하지 않음

② (○) 2017.12.19. 개정 제457조의2 참조.

> **제457조의2(형종 상향의 금지 등)** ① 피고인이 정식재판을 청구한 사건에 대하여는 약식명령의 형보다 중한 종류의 형을 선고하지 못한다.
> ② 피고인이 정식재판을 청구한 사건에 대하여 약식명령의 형보다 중한 형을 선고하는 경우에는 판결서에 양형의 이유를 적어야 한다.
> [전문개정 2017.12.19.]

③ (○) 제184조 제1항·제4항 참조.

> **제184조(증거보전의 청구와 그 절차)** ① 검사, 피고인, 피의자 또는 변호인은 미리 증거를 보전하지 아니하면 그 증거를 사용하기 곤란한 사정이 있는 때에는 제1회 공판기일 전이라도 판사에게 압수, 수색, 검증, 증인신문 또는 감정을 청구할 수 있다.
> ② 전항의 청구를 받은 판사는 그 처분에 관하여 법원 또는 재판장과 동일한 권한이 있다.
> ③ 제1항의 청구를 함에는 서면으로 그 사유를 소명하여야 한다.
> ④ 제1항의 청구를 기각하는 결정에 대하여는 3일 이내에 항고할 수 있다. 〈신설 2007.6.1.〉

④ (○) 대법원 1985.6.11, 85도756

[정답] ①

다음 설명 중 옳은 것만을 모두 고르면? (다툼이 있는 경우 판례에 의함)

ㄱ. 국가는 무죄판결이 확정되어 당해 사건의 피고인이 었던 자에 대하여 그 재판에 소요된 비용을 보상할 경우에 그 비용의 보상은 피고인이었던 자의 청구에 따라 무죄판결을 선고한 법원의 합의부에서 결정으로 한다. 다만, 이 청구는 무죄판결이 확정된 사실을 안 날부터 3년, 무죄판결이 확정된 때부터 5년 이내에 하여야 한다.

ㄴ. 피의자의 지위에 있지 아니한 자가 한 진술은 수사기관에 의하여 진술거부권이 고지되지 아니하였더라도 증거능력을 부정할 것은 아니다.

ㄷ. 사법경찰관이 피의자에게 진술거부권을 행사할 수 있음을 알려 주고 그 행사 여부를 질문하였더라도, 진술거부권 행사 여부에 대한 피의자의 답변이 자필로 기재되어 있지 아니하거나 그 답변 부분에 피의자의 기명날인 또는 서명이 되어 있지 아니한 사법경찰관 작성의 피의자신문조서는 특별한 사정이 없는 한 적법한 절차와 방식에 따라 작성된 조서라 할 수 없으므로 증거능력이 인정되지 않는다.

ㄹ. 음주운전자가 정당한 이유 없이 상당한 시간이 경과한 후에야 경찰관의 호흡측정 결과에 이의를 제기하면서 2차 호흡측정 또는 혈액채취의 방법에 의한 측정을 요구하는 경우에, 경찰공무원이 2차 호흡측정 또는 혈액채취의 방법에 의한 측정을 실시하지 않았다고 하더라도 1차 호흡측정기에 의한 측정의 결과만으로 음주운전 사실을 증명할 수 있다.

① ㄱ, ㄴ
② ㄱ, ㄷ, ㄹ
③ ㄴ, ㄷ, ㄹ
④ ㄱ, ㄴ, ㄷ, ㄹ

해설

ㄱ. (○) 제194조의3 제1항·제2항

ㄴ. (○) 피의자에 대한 진술거부권 고지는 피의자의 진술거부권을 실효적으로 보장하여 진술이 강요되는 것을 막기 위해 인정되는 것인데, 이러한 진술거부권 고지에 관한 형사소송법 규정내용 및 진술거부권 고지가 갖는 실질적인 의미를 고려하면 수사기관에 의한 진술거부권 고지 대상이 되는 피의자 지위는 수사기관이 조사대상자에 대한 범죄혐의를 인정하여 수사를 개시하는 행위를 한 때 인정되는 것으로 보아야 한다. 따라서 이러한 피의자 지위에 있지 아니한 자에 대하여는 진술거부권이 고지되지 아니하였더라도 진술의 증거능력을 부정할 것은 아니다(대법원 2011.11.10, 2011도8125).

ㄷ. (○) 대법원 2013.3.28, 2010도3359

ㄹ. (○) 대법원 2002.3.15, 2001도7121

정답 ④

다음의 ( ) 안에 들어갈 숫자의 합은 얼마인가?

㉠ 최초의 공시 송달은 공시를 한 날로부터 ( )주일을 경과하면 그 효력이 생긴다. 단, 제2회 이후의 공시송달은 ( )일을 경과하면 그 효력이 생긴다.

㉡ 구인한 피고인을 법원에 인치한 경우에 구금할 필요가 없다고 인정한 때에는 그 인치한 때로부터 ( )시간 내에 석방하여야 한다.

㉢ 피고인이 사형, 무기 또는 장기 ( )년이 넘는 징역이나 금고에 해당하는 죄를 범한 때에는 보석을 허가하지 아니할 수 있다.

㉣ 판결정정의 신청은 판결의 선고가 있는 날로부터 ( )일 이내에 하여야 한다.

① 39
② 48
③ 51
④ 55

해설

③ (○) 합은 (2+5)+24+10+10=51이 된다.

㉠ (2, 5) 제64조 제4항 참조.

> **제64조(공시 송달의 방식)** ④ 최초의 공시 송달은 제2항의 공시를 한 날로부터 2주일을 경과하면 그 효력이 생긴다. 단, 제2회 이후의 공시 송달은 5일을 경과하면 그 효력이 생긴다.

㉡ (24) 제71조 참조.

> **제71조(구인의 효력)** 구인한 피고인을 법원에 인치한 경우에 구금할 필요가 없다고 인정한 때에는 그 인치한 때로부터 24시간 내에 석방하여야 한다.

㉢ (10) 제95조 제1호 참조.

> **제95조(필요적 보석)** 보석의 청구가 있는 때에는 다음 이외의 경우에는 보석을 허가하여야 한다.
> 1. 피고인이 사형, 무기 또는 장기 10년이 넘는 징역이나 금고에 해당하는 죄를 범한 때

㉣ (10) 제400조 제2항 참조.

> **제400조(판결정정의 신청)** ② 전항의 신청은 판결의 선고가 있는 날로부터 10일 이내에 하여야 한다.

정답 ③

020 ✓ 종합 ◆◆◇

음주측정에 관한 다음 설명 중 가장 적절한 것은? (다툼이 있으면 판례에 의함)

① 도로교통법의 음주측정불응죄를 근거로 영장 없이 호흡측정기에 의해 음주측정을 하는 것은 강제수사에 해당하는 것으로 영장주의에 반한다.

② 음주운전과 관련한 도로교통법위반죄의 범죄수사를 위하여 미성년자인 피의자의 혈액채취가 필요한 경우, 피의자에게 의사능력이 없다면 피의자의 법정대리인이 피의자를 대리하여 피의자의 혈액채취에 관한 유효한 동의를 할 수 있다.

③ 도로교통법상 음주측정에 관한 규정들을 근거로 음주운전을 하였다고 인정할 만한 상당한 이유가 있는 자에 대하여 경찰관서에 강제연행 하여 음주측정을 요구할 수 있다.

④ 술에 취한 상태에서 자동차를 운전한 것으로 보이는 피고인을 경찰관이 적법하게 보호조치한 상태에서 3회에 걸쳐 음주측정을 요구한 것은 적법한 음주측정요구에 해당한다.

해설

④ (○) 대법원 2012.2.9, 2011도4328

① (×) 진술강요에 해당하지 않으므로 진술거부권 침해가 아니다. 헌법재판소 1997.3.27, 96헌가11 참조.

② (×) 형사소송법상 소송능력이란 소송당사자가 유효하게 소송행위를 할 수 있는 능력, 즉 피고인 또는 피의자가 자기의 소송상의 지위와 이해관계를 이해하고 이에 따라 방어행위를 할 수 있는 의사능력을 의미하는데, 피의자에게 의사능력이 있으면 직접 소송행위를 하는 것이 원칙이고, 피의자에게 의사능력이 없는 경우에는 형법 제9조 내지 제11조의 규정의 적용을 받지 아니하는 범죄사건에 한하여 예외적으로 법정대리인이 소송행위를 대리할 수 있다(형사소송법 제26조). 따라서 음주운전과 관련한 도로교통법 위반죄의 범죄수사를 위하여 미성년자인 피의자의 혈액채취가 필요한 경우에도 피의자에게 의사능력이 있다면 피의자 본인만이 혈액채취에 관한 유효한 동의를 할 수 있고, 피의자에게 의사능력이 없는 경우에도 명문의 규정이 없는 이상 법정대리인이 피의자를 대리하여 동의할 수는 없다(대법원 2014.11.13, 2013도1228).

③ (×) 교통안전과 위험방지를 위한 필요가 없음에도 주취운전을 하였다고 인정할 만한 상당한 이유가 있다는 이유만으로 이루어지는 음주측정은 이미 행하여진 주취운전이라는 범죄행위에 대한 증거수집을 위한 수사절차로서의 의미를 가지는 것인데, 구 도로교통법상의 규정들이 음주측정을 위한 강제처분의 근거가 될 수 없으므로 위와 같은 음주측정을 위하여 당해 운전자를 강제로 연행하기 위해서는 수사상의 강제처분에 관한 형사소송법상의 절차에 따라야 하고, 이러한 절차를 무시한 채 이루어진 강제연행은 위법한 체포에 해당한다(대법원 2006.11.9, 2004도8404).

정답 ④

021 ✓ 종합 ◆◆◇

아래 ㉠부터 ㉣까지의 설명 중 옳은 것(○)과 옳지 않은 것(×)을 바르게 연결한 것은? (다툼이 있으면 판례에 의함)

㉠ 공소장에 기재된 사실이 진실하다 하더라도 범죄가 될 만한 사실이 포함되지 아니하는 때는 공소기각판결 사유에 해당한다.

㉡ 재심이 개시된 사건에서 범죄사실에 대하여 적용하여야 할 법령은 재심판결 당시의 법령이므로, 법원은 재심대상판결 당시의 법령이 변경된 경우에는 그 범죄사실에 대하여 재심판결 당시의 법령을 적용하여야 하고, 폐지된 경우에는 「형사소송법」 제326조 제4호를 적용하여 그 범죄사실에 대하여 면소를 선고하는 것이 원칙이다.

㉢ 포괄일죄의 관계에 있는 범행일부에 관하여 약식명령이 확정된 경우, 약식명령의 송달시를 기준으로 하여 그 전의 범행에 대하여는 면소의 판결을 하여야 하고, 그 이후의 범행에 대하여서만 일개의 범죄로 처벌하여야 한다.

㉣ 특별사면으로 형 선고의 효력이 상실된 유죄의 확정판결에 대하여 재심개시결정이 이루어져 다시 심판한 결과 유죄로 인정되는 경우, 재심심판법원으로서는 '피고인에 대하여 형을 선고하지 아니 한다'는 주문을 선고할 수밖에 없다.

① ㉠ (○), ㉡ (×), ㉢ (○), ㉣ (×)
② ㉠ (○), ㉡ (×), ㉢ (×), ㉣ (○)
③ ㉠ (×), ㉡ (○), ㉢ (×), ㉣ (○)
④ ㉠ (×), ㉡ (○), ㉢ (○), ㉣ (×)

해설

㉠ (×) 공소장에 기재된 사실이 진실하다 하더라도 범죄가 될 만한 사실이 포함되지 아니하는 때에는 법원은 공소기각결정을 고지하여야 한다(제328조 제1항 제4호).

㉡ (○) 대법원 2010.12.16, 2010도5986 전원합의체

㉢ (×) 포괄일죄의 관계에 있는 범행일부에 관하여 약식명령이 확정된 경우, 약식명령의 발령 시를 기준으로 하여 그 전의 범행에 대하여는 면소의 판결을 하여야 하고, 그 이후의 범행에 대하여서만 일개의 범죄로 처벌하여야 한다(대법원 1994.8.9, 94도1318).

㉣ (○) 대법원 2015.10.29, 2012도2938

정답 ③

甲은 2021.1.20.부터 영업허가를 받지 아니하고 음식점 영업행위를 하였다. 이에 ㉠ 검사는 2021.6.21. 甲에 대해 '2021.1.20.부터 2021.5.31.까지'의 식품위생법위반죄로 공소제기하였다. 그럼에도 甲은 계속해서 무허가 영업을 하였고, 이로 인해 이웃 乙과 다툼이 잦았다. 어느 날 ㉡ 乙은 도박으로 돈을 잃고 밤에 귀가하던 중 甲의 음식점 문을 뜯고 들어가 보관함에 있던 현금을 가지고 나왔다. 다음 날 甲이 간밤에 도둑이 들었다면서 乙을 의심하며 큰소리로 다툼을 하자, ㉢ 뛰쳐나온 이웃주민 A, B가 있는 자리에서 乙은 "甲은 징역 살다온 전과자다."라고 수회 소리를 쳤다. 이에 관한 설명 중 옳은 것은? (다툼이 있는 경우 판례에 의함)

① ㉠의 기소로 제1심 공판절차 진행 중 甲이 2021.3.20.부터 2021.5.20.까지의 동일한 식품위생법위반죄로 2021.6.3. 벌금 100만원의 약식명령을 발령받아 그 무렵 확정되었음이 밝혀졌다면, 법원은 甲에게 공소기각의 판결을 선고해야 한다.

② ㉠의 약식명령이 확정되었음이 밝혀지자 검사는 범행일자를 '2021.6.4.부터 2021.10.20.까지'로 변경하는 내용의 공소장변경허가신청을 하였다면, 법원은 이를 허가하여야 한다.

③ 검사가 ㉡의 범죄사실로 기소한 경우, 도박죄의 법정형은 1천만원 이하의 벌금이고, 특수절도죄의 법정형은 1년 이상 10년 이하의 징역이므로, 법원은 징역형과 벌금형을 병과하여 형을 선고하여야 한다.

④ ㉡과 관련하여, 乙의 특수절도죄가 형법의 누범에 해당한다면, 특수절도에 대해서는 법정형의 단기와 장기 모두 2배를 가중한 범위 내에서 선고형을 정하여야 한다.

⑤ ㉢과 관련하여, 명예훼손죄 판단에 있어서 乙 발언의 전파가능성에 대한 증명은 검사의 자유로운 증명으로 충분하다.

해설

③ (O) 동시적 경합범의 각 죄의 법정형이 무기징역·무기금고 외의 이종(異種)의 형에 해당하므로 병과주의에 의한다(형법 제38조 제1항 제3호).

> **형법 제37조(경합범)** 판결이 확정되지 아니한 수개의 죄 또는 금고 이상의 형에 처한 판결이 확정된 죄와 그 판결확정 전에 범한 죄를 경합범으로 한다.
> **제38조(경합범과 처벌례)** ① 경합범을 동시에 판결할 때에는 다음 각 호의 구분에 따라 처벌한다.
> 3. 각 죄에 대하여 정한 형이 무기징역, 무기금고 외의 다른 종류의 형인 경우에는 병과한다.

① (×) 확정된 약식명령의 발령 시를 기준으로 그 이전에 범한 동일성이 인정되는 범죄사실에 해당하므로, 제326조 제1호에 따라 법원은 甲에게 (공소기각판결이 아니라) 면소판결을 선고하여야 한다.

② (×) 검사가 처음에 기소한 공소사실은 '2021.1.20.부터 2021.5.31.까지의 식품위생법위반죄'이고, 변경하려는 공소사실은 '2021.6.4.부터 2021.10.20.까지의 동법위반죄'이다. 후자의 사실은 2021.6.3. 확정된 약식명령 발령 시를 기준으로 그 이후에 범한 범죄로, 이미 공소제기한 전자의 공소사실과는 동일성이 인정되지 않는다. 따라서 이러한 경우에 심판대상을 변경하려면, 검사는 공소장변경이 아니라 별도의 공소제기(추가기소)를 하여야 한다.

[판례] 처음 공소제기된 범죄사실과 위 약식명령이 확정된 범죄사실은 모두 범행일자만 다를 뿐 같은 장소에서 영업신고를 하지 아니하고 동일한 음식점 영업행위를 하였다는 것이어서 이른바 영업범으로서 포괄일죄의 관계에 있는 한편, 원심에서 공소장변경절차에 의하여 변경된 범죄사실은 위 약식명령 확정 후인 '2016.1.28.부터 2016.8.18.까지' 이루어진 음식점 영업행위에 관한 것이어서 처음 공소제기된 범죄사실과 동일성이 없는 별개의 범죄이다. 따라서 검사는 위 기간의 음식점 영업행위에 관하여 별도로 공소를 제기하여야 하고, 공소장변경절차에 의하여 범죄사실의 범행일자를 위 기간으로 변경하거나 위 기간의 범죄사실을 추가할 수는 없다(대법원 2017.4.28, 2016도21342).

④ (×) 누범의 형은 그 죄에 대하여 정한 형의 장기(長期)의 2배까지 가중한다(형법 제35조 제2항). 형법상 누범의 경우, 그 단기는 가중하지 않는다.

⑤ (×) 공연성은 명예훼손죄의 구성요건으로서, 특정 소수에 대한 사실적시의 경우 공연성이 부정되는 유력한 사정이 될 수 있으므로, 전파될 가능성에 관하여는 검사의 엄격한 증명이 필요하다(대법원 2020.11.19, 2020도5813 전원합의체).

정답 ③

023 ⊘ 종합 ◆◇◇

다음 설명 중 옳지 않은 것은? (다툼이 있는 경우 판례에 의함)

① 임의동행의 적법성은 오로지 피의자의 자발적인 의사에 의하여 수사관서 등에의 동행이 이루어졌음이 객관적인 사정에 의하여 명백하게 입증된 경우에 한하여 인정될 수 있다.

② 경찰이 피의자의 집에서 20m 떨어진 곳에서 피고인을 체포하여 수갑을 채운 후 피고인의 집으로 가서 집안을 수색하여 칼과 합의서를 압수하였고 적법한 시간 내에 압수·수색영장을 청구하여 발부받지도 않았다면, 사후에 경찰이 피의자로부터 칼과 합의서에 대한 임의제출동의서를 받았다고 하더라도 증거능력이 인정되지 아니한다.

③ 검사 작성의 피의자신문조서에 작성자인 검사의 서명날인이 되어 있지 아니하더라도 그 피의자신문조서에 진술자인 피고인의 서명날인이 되어 있거나 피고인이 법정에서 그 피의자신문조서에 대하여 진정성립과 임의성을 인정하였다면 증거로 할 수 있다.

④ 검사가 유죄의 자료로 제출한 사법경찰관 작성의 피고인에 대한 피의자신문조서는 피고인이 그 내용을 부인하는 이상 증거능력이 없으나, 그것이 임의로 작성된 것이 아니라고 의심할 만한 사정이 없는 한 피고인의 법정에서의 진술을 탄핵하기 위한 반대증거로 사용할 수 있다.

해설

③ (×) 검사 작성의 피의자신문조서에 작성자인 검사의 서명날인이 되어 있지 아니한 경우 그 피의자신문조서는 공무원이 작성하는 서류로서의 요건을 갖추지 못한 것으로서 위 법규정에 위반되어 무효이고 따라서 이에 대하여 증거능력을 인정할 수 없다고 보아야 할 것이며, 그 피의자신문조서에 진술자인 피고인의 서명날인이 되어 있다거나, 피고인이 법정에서 그 피의자신문조서에 대하여 진정성립과 임의성을 인정하였다고 하여 달리 볼 것은 아니다(대법원 2001.9.28, 2001도4091).

① (○) 대법원 2006.7.6, 2005도6810
② (○) 대법원 2010.7.22, 2009도14376
④ (○) 대법원 2005.8.19, 2005도2617

정답 ③

024 ⊘ 종합 ◆◇◇

다음 설명 중 옳지 않은 것은? (다툼이 있는 경우 판례에 의함)

① 즉결심판청구를 받은 지방법원 또는 그 지원의 판사는 사건이 즉결심판을 할 수 없거나 즉결심판절차에 의하여 심판함이 적당하지 아니하다고 인정할 때에는 공판절차에 의하여 심판하여야 한다.

② 조세범처벌법에 의한 고발은 범죄사실에 대한 소추를 요구하는 의사표시로서 그 효력은 고발장에 기재된 범죄사실과 동일성이 인정되는 사실 모두에 미친다.

③ 소년법에 의해 보호처분을 받은 사건과 동일(상습죄 등 포괄일죄 포함)한 사건에 관하여 다시 공소제기가 되었다면, 이는 공소제기절차가 법률의 규정에 위배하여 무효인 때에 해당하므로 공소기각의 판결을 하여야 한다.

④ 상고심은 항소심 판결 당시를 기준으로 하여 그 당부를 심사해야 하므로 항소심 판결 선고 당시 미성년이었던 피고인이 상고 이후에 성년이 되었다고 하여 항소심의 부정기형의 선고가 위법이 되는 것은 아니다.

해설

① (×) 즉결심판법 제5조 제1항 참조.

> **즉결심판법 제5조(청구의 기각 등)** ① 판사는 사건이 즉결심판을 할 수 없거나 즉결심판절차에 의하여 심판함이 적당하지 아니하다고 인정할 때에는 결정으로 즉결심판의 청구를 기각하여야 한다.

② (○) 대법원 2009.7.23, 2009도3282
③ (○) 대법원 1996.2.23, 96도47
④ (○) 대법원 1998.2.27, 97도3421

정답 ①

소송행위에 대한 설명으로 옳지 않은 것은? (다툼이 있는 경우 판례에 의함)

① 기피신청을 받은 법관이 소송 진행을 정지해야 함에도 정지하지 않고 한 소송행위의 경우 그 후 기피신청에 대한 기각결정이 확정되면 그 하자가 치유된다.

② 필요적 변호사건의 제1심 공판절차에서 변호인이 없는 피고인에 대하여 법원이 국선변호인을 선정하지 않은 채 개정함으로써 이루어진 증거조사와 피고인신문 등의 소송행위는 무효이다.

③ 피고인이 스스로 선임한 사선변호인에게 「변호사법」상 수임제한 규정을 위반한 위법이 있다고 하더라도 다른 특별한 사정이 없는 한, 그 소송절차가 무효로 된다고 볼 수 없다.

④ 공소장 기재의 방식에 관하여 피고인이 이의를 제기하지 않았고, 법원도 실체를 파악하는 데 지장이 없다고 판단하여 공판절차를 진행하고 증거조사절차가 마무리되어 법관의 심증형성이 이루어진 단계에서는 공소장일본주의 위배를 주장하여 이미 진행된 소송절차의 효력을 다툴 수 없다.

해설

① (×) 기피신청을 받은 법관이 형사소송법 제22조에 위반하여 본안의 소송절차를 정지하지 않은 채 그대로 소송을 진행하여서 한 소송행위는 그 효력이 없고, 이는 그 후 그 기피신청에 대한 기각결정이 확정되었다고 하더라도 마찬가지이다(대법원 2012.10.11, 2012도8544).

② (○) 대법원 1995.4.25, 94도2347; 2002.6.14, 2002도1639; 2002.9.24, 2002도2544 등.

③ (○) 피고인들의 제1심 변호인에게 변호사법 제31조 제1호의 수임제한 규정(1. 당사자 한쪽으로부터 상의(相議)를 받아 그 수임을 승낙한 사건의 상대방이 위임하는 사건)을 위반한 위법이 있다 하여도, 피고인들 스스로 위 변호사를 변호인으로 선임한 이 사건에 있어서 다른 특별한 사정이 없는 한 위와 같은 위법으로 인하여 변호인의 조력을 받을 피고인들의 권리가 침해되었다거나 그 소송절차가 무효로 된다고 볼 수는 없다(대법원 2009.2.26, 2008도9812).

④ (○) 대법원 2009.10.22, 2009도7436 전원합의체

정답 ①

다음 사례에 대한 〈보기〉의 설명으로 옳은 것만을 모두 고르면? (다툼이 있는 경우 판례에 의함)

> 2018.5.7. 21:00경 乙은 자신의 집에서 甲에게 금품을 강취당하면서 甲이 "돈을 안 주면 죽이겠다."라고 말하는 것을 자신의 휴대폰으로 녹음하였다. 한편, 사정을 모르는 乙의 친구 A가 전화를 걸자, 乙은 甲의 지시에 따라 평상시와 같이 A의 전화를 받고 통화를 마쳤으나 전화가 미처 끊기기 전에 A는 '악' 하는 乙의 비명소리와 '우당탕' 하는 소리를 듣게 되었다. 검사는 甲을 강도죄로 기소하고, 乙의 휴대폰에 저장된 甲의 협박이 담긴 녹음파일의 사본을 증거로 제출하였다. 또한, A는 수사기관의 참고인 조사에서 乙과의 통화 도중 들은 것에 대하여 진술하였다. 한편, 甲은 녹음파일의 사본과 A의 진술을 증거로 하는 것에 동의하지 않았다.

보기

ㄱ. 乙의 녹음파일 사본에 대한 증거능력이 인정되기 위해서는, 해당 사본이 복사과정에서 편집되는 등 인위적 개작 없이 원본 내용 그대로 복사된 것임이 증명되어야 한다.

ㄴ. 녹음파일에 있는 甲의 진술을 증거로 함에 있어서는 공판준비 또는 공판기일에서 乙의 진술에 의하여 녹음파일에 있는 진술내용이 甲이 진술한 대로 녹음된 것임이 증명되고, 그 진술이 특히 신빙할 수 있는 상태하에서 행하여진 것임이 인정되어야 한다.

ㄷ. 乙의 '악' 하는 비명소리는 「통신비밀보호법」에서 보호하는 타인 간의 '대화'에 해당하여 증거로 할 수 없지만, '우당탕' 하는 소리는 「통신비밀보호법」에서 보호하는 타인 간의 '대화'에 해당하지 않아 甲의 폭행사실에 대한 증거로 사용할 수 있다.

① ㄱ, ㄴ   ② ㄱ, ㄷ
③ ㄴ, ㄷ   ④ ㄱ, ㄴ, ㄷ

해설

출제의 의도를 고려하여, ㄱ.과 ㄴ.을 맞는 지문으로 처리한다. 다만, 엄밀히는 출제의 오류에 속하며, ㄱ.만 맞는 지문으로 보아야 한다.

ㄱ. (○) 대법원 2002.6.28, 2001도6355; 2005.2.18, 2004도6323 등.

ㄴ. (○) 맞는 지문으로 출제되었지만, 틀린 지문으로 보는 것이 타당하다. 진술의 존재 자체가 증명의 대상이라면 전문법칙이 적용되지 않기 때문이다.
[참고판례] 타인의 진술을 내용으로 하는 진술이 전문증거인지 여부는 요증사실과의 관계에서 정해진다. 원진술의 내용인 사실이 요증사실인 경우에는 전문증거이나, 원진술의 존재 자체가 요증사실인 경우에는 본래증거이지 전문증거가 아니다(대법원 2012. 7.26, 2012도2937 등).

ㄷ. (×) 공소외인이 들었다는 '우당탕' 소리는 사물에서 발생하는 음향일 뿐 사람의 목소리가 아니므로 통신비밀보호법에서 말하는 타인 간의 '대화'에 해당하지 않는다. '악' 소리도 사람의 목소리이

기는 하나 단순한 비명소리에 지나지 않아 그것만으로 상대방에게 의사를 전달하는 말이라고 보기는 어려워 특별한 사정이 없는 한 타인 간의 '대화'에 해당한다고 볼 수 없다. 나아가 위와 같은 소리는 막연히 몸싸움이 있었다는 것 외에 사생활에 관한 다른 정보는 제공하지 않는 점, 공소외인이 소리를 들은 시간이 길지 않은 점, 소리를 듣게 된 동기와 상황, 공소외인과 피해자의 관계 등 기록에 나타난 여러 사정에 비추어 볼 때, 통신비밀보호법에서 보호하는 타인 간의 '대화'에 준하는 것으로 보아 증거능력을 부정할 만한 특별한 사정이 있다고 보기도 어렵다. 그리고 공소외인의 청취행위가 피해자 등의 사생활의 영역에 관계된 것이라 하더라도, 위와 같은 청취 내용과 시간, 경위 등에 비추어 개인의 인격적 이익 등을 형사절차상의 공익과 비교형량하여 보면, 공소외인의 위 진술을 상해 부분에 관한 증거로 사용하는 것이 피해자 등의 사생활의 비밀과 자유 또는 인격권을 위법하게 침해한다고 볼 수 없어 그 증거의 제출은 허용된다고 판단된다(대법원 2017.3.15, 2016도19843).

정답 ①

027 종합 ◆◆◆

다음 설명 중 옳은 것만을 모두 고르면? (다툼이 있는 경우 판례에 의함)

> ㄱ. 수사기관이, 정보저장매체에 기억된 정보 중에서 키워드 또는 확장자 검색 등을 통해 범죄 혐의사실과 관련 있는 정보를 선별한 다음, 정보저장매체와 동일하게 비트열 방식으로 복제하여 생성한 파일을 제출받아 압수한 경우, 수사기관이 수사기관 사무실에서 위와 같이 압수된 이미지 파일을 탐색·복제, 출력하는 과정에서도 피의자 등에게 참여의 기회를 보장하여야 하는 것은 아니다.
>
> ㄴ. 수사기관이 범죄 증거를 수집할 목적으로 피의자의 동의 없이 피의자의 소변을 채취하는 경우, 법원으로부터 감정허가장 또는 감정유치장을 받아야 하고, 압수·수색의 방법으로는 할 수 없다.
>
> ㄷ. 「통신비밀보호법」상 '전기통신의 감청'은 전기통신이 이루어지고 있는 상황에서 실시간으로 전기통신의 내용을 지득·채록하는 경우, 통신의 송·수신을 직접적으로 방해하는 경우, 이미 수신이 완료된 전기통신에 관하여 남아 있는 기록이나 내용을 열어보는 경우 등을 의미한다.
>
> ㄹ. 피고인이 아닌 자가 수사과정에서 진술서를 작성하였지만 수사기관이 그에 대한 조사과정을 기록하지 아니하여 「형사소송법」 제244조의4 제3항 및 제1항에서 정한 절차를 위반한 경우, 특별한 사정이 없는 한 '적법한 절차와 방식'에 따라 수사과정에서 진술서가 작성되었다 할 수 없으므로 증거능력을 인정할 수 없다.

① ㄱ, ㄴ
② ㄱ, ㄹ
③ ㄴ, ㄷ
④ ㄷ, ㄹ

해설

ㄱ. (○) 형사소송법 제219조, 제121조에 의하면, 수사기관이 압수·수색영장을 집행할 때 피의자 또는 변호인은 그 집행에 참여할 수 있다. 압수의 목적물이 컴퓨터용디스크 그 밖에 이와 비슷한 정보저장매체인 경우에는 영장 발부의 사유로 된 범죄 혐의사실과 관련 있는 정보의 범위를 정하여 출력하거나 복제하여 이를 제출받아야 하고, 피의자나 변호인에게 참여의 기회를 보장하여야 한다. 만약 그러한 조치를 취하지 않았다면 이는 형사소송법에 정한 영장주의 원칙과 적법절차를 준수하지 않은 것이다. (그러나) 수사기관이 정보저장매체에 기억된 정보 중에서 키워드 또는 확장자 검색 등을 통해 범죄 혐의사실과 관련 있는 정보를 선별한 다음 정보저장매체와 동일하게 비트열 방식으로 복제하여 생성한 파일(이하 '이미지 파일')을 제출받아 압수하였다면 이로써 압수의 목적물에 대한 압수·수색 절차는 종료된 것이므로, 수사기관이 수사기관 사무실에서 위와 같이 압수된 이미지 파일을 탐색·복제·출력하는 과정에서도 피의자 등에게 참여의 기회를 보장하여야 하는 것은 아니다(대법원 2018.2.8, 2017도13263).

ㄴ. (×) 수사기관이 범죄 증거를 수집할 목적으로 피의자의 동의 없이 피의자의 소변을 채취하는 것은 법원으로부터 감정허가장을 받아 형사소송법 제221조의4 제1항, 제173조 제1항에서 정한 '감정에 필요한 처분'으로 할 수 있지만(피의자를 병원 등에 유치

할 필요가 있는 경우에는 형사소송법 제221조의3에 따라 법원으로부터 감정유치장을 받아야 한다), 형사소송법 제219조, 제106조 제1항, 제109조에 따른 압수·수색의 방법으로도 할 수 있다. 이러한 압수·수색의 경우에도 수사기관은 원칙적으로 형사소송법 제215조에 따라 판사로부터 압수·수색영장을 적법하게 발부받아 집행해야 한다(대법원 2018.7.12, 2018도6219).

ㄷ. (×) '전기통신의 감청'은 위 '감청'의 개념 규정에 비추어 전기통신이 이루어지고 있는 상황에서 실시간으로 그 전기통신의 내용을 지득·채록하는 경우와 통신의 송·수신을 직접적으로 방해하는 경우를 의미하는 것이지 이미 수신이 완료된 전기통신에 관하여 남아 있는 기록이나 내용을 열어보는 등의 행위는 포함하지 않는다 할 것이다(대법원 2016.10.13, 2016도8137).

ㄹ. (○) 특별한 사정이 없는 한 '적법한 절차와 방식'에 따라 수사과정에서 진술서가 작성되었다 할 수 없으므로 그 증거능력을 인정할 수 없다(대법원 2015.4.23, 2013도3790).

정답 ②

---

028 ✅ 종합 ◆◇◇   국가7급 2018

다음 설명 중 옳지 않은 것은? (다툼이 있는 경우 판례에 의함)

① 서면인 공소장의 제출 없이 공소를 제기한 경우에는 이를 허용하는 특별한 규정이 없는 한 소송행위로서의 공소제기가 성립되었다고 볼 수 없다.

② 필요적 변호사건의 공판절차가 사선변호인과 국선변호인이 모두 불출석한 채 개정되어 국선변호인 선정취소결정이 고지된 후 변호인 없이 피해자에 대한 증인신문 등 심리가 이루어진 경우, 당해 공판절차에서 이루어진 피해자에 대한 증인신문 등 일체의 소송행위는 모두 무효이다.

③ 유죄판결 확정 후에 형 선고의 효력을 상실케 하는 특별사면이 있었던 경우, 당해 사건에 대하여 재심개시결정이 확정되어 재심심판절차를 진행하는 법원은 면소판결을 해야 한다.

④ 당해 공판기일에 열석하지 아니한 판사가 재판장으로서 서명·날인한 공판조서는 소송법상 무효이므로 공판기일에 있어서의 소송절차를 증명할 공판조서로서의 증명력이 없다.

해설

③ (×) 면소판결 사유인 형사소송법 제326조 제2호의 '사면이 있는 때'에서 말하는 '사면'이란 일반사면을 의미할 뿐, 형을 선고받아 확정된 자를 상대로 이루어지는 특별사면은 여기에 해당하지 않으므로, 재심대상판결 확정 후에 형 선고의 효력을 상실케 하는 특별사면이 있었다고 하더라도, 재심개시결정이 확정되어 재심심판절차를 진행하는 법원은 그 심급에 따라 다시 심판하여 실체에 관한 유·무죄 등의 판단을 해야지, 특별사면이 있음을 들어 면소판결을 하여서는 아니 된다(대법원 2015.5.21, 2011도1932 전원합의체).

① (○) 형사소송법이 공소제기에 관하여 서면주의와 엄격한 요식행위를 채용한 것은 앞으로 진행될 심판의 대상을 서면에 명확하

게 기재하여 둠으로써 법원의 심판 대상을 명백하게 하고 피고인의 방어권을 충분히 보장하기 위한 것이므로, 서면인 공소장의 제출은 공소제기라는 소송행위가 성립하기 위한 본질적 요소라고 보아야 한다. 또한 이와 같은 절차법이 정한 절차에 따라 재판을 받을 권리는 헌법 제27조 제1항이 규정하는 '법률에 의한 재판을 받을 권리'에 해당한다. 따라서 서면인 공소장의 제출 없이 공소를 제기한 경우에는 이를 허용하는 특별한 규정이 없는 한 공소제기에 요구되는 소송법상의 정형을 갖추었다고 할 수 없어 소송행위로서의 공소제기가 성립되었다고 볼 수 없다(대법원 2016.12.15, 2015도3682).

② (○) 필요적 변호사건의 공판절차가 사선 변호인과 국선 변호인이 모두 불출석한 채 개정되어 국선 변호인 선정 취소 결정이 고지된 후 변호인 없이 피해자에 대한 증인신문 등 심리가 이루어진 경우, 그와 같은 위법한 공판절차에서 이루어진 피해자에 대한 증인신문 등 일체의 소송행위는 모두 무효라고 할 것이고, 다만 필요적 변호사건에서 변호인이 없거나 출석하지 아니한 채 공판절차가 진행되었기 때문에 그 공판절차가 위법한 것이라 하더라도 그 절차에서의 소송행위 외에 다른 절차에서 적법하게 이루어진 소송행위까지 모두 무효로 된다고 볼 수는 없다(대법원 1999.4.23, 99도915).

④ (○) 공판조서에 서명·날인할 재판장은 당해 공판기일에 열석한 재판장이어야 하므로 당해 공판기일에 열석하지 아니한 판사가 재판장으로서 서명·날인한 공판조서는 적식의 공판조서라고 할 수 없어 이와 같은 공판조서는 소송법상 무효라 할 것이므로 공판기일에 있어서의 소송절차를 증명할 공판조서로서의 증명력이 없다(대법원 1983.2.8, 82도2940).

정답 ③

029 ✓종합 ◆◆◆ 국가7급 2018

다음 사례에 대한 〈보기〉의 설명으로 옳은 것만을 모두 고르면?

> (가) 검사는 甲을 강도혐의로 긴급체포하여 수사하였으나 甲은 범행을 부인하였다.
> (나) 이에 검사는 수사 중 A가 강도사건의 유일한 목격자임을 알고 A에게 전화하여 검찰청에 출석해서 참고인으로 진술을 해줄 것을 요청하였으나 A가 거절하자 A에게 출석요구서를 발송하였다.
> (다) 그러나 A는 정당한 이유 없이 검사의 출석요구에 계속 불응하였다.
> (라) 이에 검사는 A의 진술을 확보하기 위하여 공소제기 전에 판사에게 A에 대한 증인신문을 청구하였다.

┤ 보기 ├

> ㄱ. (가)와 관련하여, 검사는 법원으로부터 즉시 긴급체포에 대하여 사후 승인을 받아야 한다.
> ㄴ. (나)와 관련하여, 검사가 A의 출석을 전화로 요구한 것은 위법하다.
> ㄷ. (다)와 관련하여, 검사가 A를 조사하기 위하여 출석불응을 이유로 체포영장을 청구할 수는 없다.
> ㄹ. (라)와 관련하여, 판사가 A에 대하여 증인신문을 한 경우 지체 없이 해당 증인신문조서를 검사에게 송부하여야 한다.

① ㄱ, ㄴ   ② ㄱ, ㄹ
③ ㄴ, ㄷ   ④ ㄷ, ㄹ

해설

ㄱ. (×) 검사가 피의자를 긴급체포한 경우 법원의 승인은 필요가 없다.

> ① 검사가 서면으로 피의자에게 출석을 요구하는 경우에는 별지 제16호서식, 별지 제16호의2서식 또는 별지 제16호의3서식에 따른 출석요구서에 따르고, 피의자 외의 사람에게 출석을 요구하는 경우에는 별지 제17호서식, 별지 제17호의2서식 또는 별지 제17호의3서식에 따른 참고인출석요구서에 따른다. 이 경우 별지 제18호서식에 따른 출석요구통지부에 해당 사항을 기재하여야 한다. 〈개정 2018.5.2.〉
> ② 검사는 필요한 경우에 전화·모사전송 기타 상당한 방법으로 제1항에 따른 피의자등의 출석을 요구할 수 있다. 〈개정 2011.8.8.〉

ㄴ. (×) 피의자신문·참고인조사를 위한 출석요구는 출석요구서 이외의 방식으로도 가능하다(수사준칙 제19조 제3항·제6항).

> **수사준칙 제19조(출석요구)** ③ 검사 또는 사법경찰관은 피의자에게 출석요구를 하려는 경우 피의사실의 요지 등 출석요구의 취지를 구체적으로 적은 출석요구서를 발송해야 한다. 다만, 신속한 출석요구가 필요한 경우 등 부득이한 사정이 있는 경우에는 전화, 문자메시지, 그 밖의 상당한 방법으로 출석요구를 할 수 있다.
> ⑥ 제1항부터 제5항까지의 규정은 피의자 외의 사람에 대한 출석요구의 경우에도 적용한다.

> ㄷ. (○) 참고인이 검사의 출석요구에 응하지 않더라도 체포영장을 청구할 수는 없다.
> ㄹ. (○) 수사상 증인신문청구에 의한 증인신문에 관한 서류는 지체 없이 검사에게 송부하여야 한다.

> **제221조의2(증인신문의 청구)** ① 범죄의 수사에 없어서는 아니될 사실을 안다고 명백히 인정되는 자가 전조의 규정에 의한 출석 또는 진술을 거부한 경우에는 검사는 제1회 공판기일 전에 한하여 판사에게 그에 대한 증인신문을 청구할 수 있다.
> ⑥ 판사는 제1항의 청구에 의한 증인신문을 한 때에는 지체 없이 이에 관한 서류를 검사에게 송부하여야 한다. 〈개정 2007.6.1.〉

정답 ④

030 ✓종합 ◆◇◇ 국가9급 2019 변형

공판 및 상소절차에 대한 설명으로 옳은 것은? (다툼이 있는 경우 판례에 의함)

① 재판장은 여러 공판기일을 일괄하여 지정할 수 없다.
② 간이공판절차로 진행된 제1심에서 「형사소송법」 제318조의3에 의하여 증거동의가 의제되어 증거능력이 인정된 증거라도 피고인이 항소심에서 진술을 번복하여 범행을 부인한다면 그 증거능력은 그대로 유지될 수 없다.
③ 제1심이 위법한 공시송달결정에 터 잡아 피고인의 진술 없이 심리·판단하였다면, 항소심은 검사만이 양형부당을 이유로 항소한 경우라도 직권으로 제1심의 위법을 시정하는 조치를 취하여야 한다.
④ 준항고의 청구는 재판의 고지 있는 날로부터 5일 이내에 하여야 한다.

해설

③ (○) 위법한 공시송달 결정에 터 잡아 공소장 부본과 공판기일 소환장을 송달하고 최초 공판기일에 피고인 출석 없이 재판절차를 진행한 위법이 제1심에 있는데도, 직권으로 제1심의 위법을 시정하는 조치를 취하지 않은 채 제1심이 조사·채택한 증거들에 기하여 검사의 양형부당 항소이유만을 판단한 원심판결에는 법리오해의 위법이 있다(대법원 2011.5.13, 2011도1094).

① (×) 일괄지정이 가능하다.

> **제267조의2(집중심리)** ① 공판기일의 심리는 집중되어야 한다.
> ② 심리에 2일 이상이 필요한 경우에는 부득이한 사정이 없는 한 매일 계속 개정하여야 한다.
> ③ 재판장은 여러 공판기일을 일괄하여 지정할 수 있다.

② (×) 제1심법원에서 이미 증거능력이 있었던 증거는 항소심에서도 증거능력이 그대로 유지되어 심판의 기초가 될 수 있고 다시 증거조사를 할 필요가 없다(대법원 1998.2.27, 97도3421 등).
④ (×) 법관의 재판에 대한 준항고는 재판의 고지가 있는 날로부터 7일 이내에 하여야 한다(제416조 제3항). 2019.12.31. 개정에 의하여 종래의 3일에서 7일로 연장되었다.

[참고] 수사기관의 처분에 대한 준항고는 청구기간의 제한이 없으므로 준항고의 이익이 있다면 언제든지 제기할 수 있다.

> **제416조(준항고)** ① 재판장 또는 수명법관이 다음 각 호의 1에 해당한 재판을 고지한 경우에 불복이 있으면 그 법관소속의 법원에 재판의 취소 또는 변경을 청구할 수 있다.
> 1. 기피신청을 기각한 재판
> 2. 구금, 보석, 압수 또는 압수물환부에 관한 재판
> 3. 감정하기 위하여 피고인의 유치를 명한 재판
> 4. 증인, 감정인, 통역인 또는 번역인에 대하여 과태료 또는 비용의 배상을 명한 재판
> ② 지방법원이 전항의 청구를 받은 때에는 합의부에서 결정을 하여야 한다.
> ③ 제1항의 청구는 재판의 고지 있는 날로부터 7일 이내에 하여야 한다.

[보충] 2018.12.27. 헌법재판소는 즉시항고 제기기간이 지나치게 짧아 실질적으로 즉시항고 제기를 어렵게 하고 제도를 단지 형식적이고 이론적인 권리로서만 기능하게 하므로 재판청구권을 침해한다고 하여 헌법불합치결정을 하였다. 이에 2019.12.31. 개정법은 헌법불합치 결정의 취지에 따라 즉시항고 및 준항고 제기기간을 현행 3일에서 7일로 연장하였다(제405조, 제416조 제3항).

정답 ③

---

031 ✔ 종합 ◆◆◇ 국가9급/개론 2020

「형법」의 강도죄를 범한 자와 관련하여 형사소송법의 기간의 적용에 대한 설명으로 옳지 않은 것은? (기간 연장은 고려하지 않음)

① 2020년 6월 1일(월) 23시에 피의자를 구속한 경찰관은 2020년 6월 10일(수) 24시까지 피의자를 검사에게 인치하여야 한다.
② 2020년 6월 2일(화) 17시에 공소가 제기된 피고인에 대한 제1심의 구속기간은 2020년 8월 1일(토) 24시까지이다.
③ 2020년 6월 2일(화) 14시에 제1심 공판정에 출석하여 유죄판결을 선고받은 피고인은 2020년 6월 8일(월) 24시까지 항소를 제기할 수 있다.
④ 2020년 6월 1일(월) 14시에 항소장을 받은 원심법원은 항소를 기각하는 경우가 아닌 한 2020년 6월 15일(월) 24시까지 소송기록과 증거물을 항소법원에 송부하여야 한다.

해설

> **제66조(기간의 계산)** ① 기간의 계산에 관하여는 시(時)로 계산하는 것은 즉시(即時)부터 기산하고 일(日), 월(月) 또는 연(年)으로 계산하는 것은 초일을 산입하지 아니한다. 다만, 시효(時效)와 구속기간의 초일은 시간을 계산하지 아니하고 1일로 산정한다. 〈개정 2020.12.8.〉

③ (×) 항소의 제기기간은 7일로 한다(제358조). 즉, 초일이 불산

입되므로 2020년 6월 3일(수)부터 기산하여 2020년 6월 9일(화) 24시까지 항소를 제기할 수 있다.
① (○) 사법경찰관이 피의자를 구속한 때에는 10일 이내에 피의자를 검사에게 인치하지 아니하면 석방하여야 한다(제202조). 즉, 초일을 산입하여 2020년 6월 1일(월) 23시에 피의자를 구속한 경찰관은 2020년 6월 10일(수) 24시까지 피의자를 검사에게 인치하여야 한다.
② (○) 구속기간은 2개월로 한다(제92조 제1항). 즉, 초일을 산입하여 2020년 6월 2일(화) 17시에 공소가 제기된 피고인에 대한 제1심의 구속기간은 2020년 8월 1일(토) 24시까지이다.
④ (○) 제360조의 경우를 제외하고는 원심법원은 항소장을 받은 날부터 14일 이내에 소송기록과 증거물을 항소법원에 송부하여야 한다(제361조). 즉, 초일이 불산입되므로 2020년 6월 1일(월) 14시에 항소장을 받은 원심법원은 항소를 기각하는 경우가 아닌 한 2020년 6월 15일(월) 24시까지 소송기록과 증거물을 항소법원에 송부하여야 한다.

정답 ③

032 ✅ 종합 ◆◆◇ 국가7급 2018

소송행위에 있어서 절차에 하자가 있으나 사후적으로 하자의 치유가 인정되지 않는 것은? (다툼이 있는 경우 판례에 의함)

① 변호인이 없는 피고인을 일시 퇴정하게 하고 증인신문을 한 후 피고인에게 실질적인 반대신문의 기회를 부여하지 아니한 채, 그 다음 공판기일에서 재판장이 피고인에게 증인신문 결과 등을 공판조서에 의하여 고지하였는데 피고인이 '변경할 점과 이의할 점이 없다'고 진술한 경우

② 항소심이 피고인에게 검사의 항소이유서 부본을 송달하지 아니하였는데, 검사의 항소이유서의 요지는 제1심의 피고인에 대한 형량은 너무 가벼워 부당하다는 것이고, 피고인 역시 항소이유로서 사실오인과 양형과중의 사유를 들고 있는 경우, 항소심이 쌍방의 항소를 변론 없이 기록에 나타난 양형의 조건이 되는 제반사항을 참작하여 한 제1심의 형의 양정이 적절하고 무겁거나 가볍다고 볼 수 없다고 하여 쌍방의 항소를 기각한 경우

③ 증인신문 과정에서 검사가 주신문을 하면서 유도신문을 하였으나 그 다음 공판기일에서 재판장이 피고인에게 증인신문 결과 등을 공판조서에 의하여 고지하였는데 피고인과 변호인이 '변경할 점과 이의할 점이 없다'고 진술한 경우

④ 검사가 새로운 범죄사실을 추가하기 위하여 공소장변경신청을 하였으나 법원이 이를 받아들이지 않자 공소장부본 송달 등의 절차 없이 공판기일에서 당해 공소장변경신청서로 공소장을 갈음한다는 구두진술을 하였고, 피고인의 성명 기타 피고인을 특정할 수 있는 사항, 적용법조 등을 당해 공소장변경신청서에 기재하지 않는 등 공소의 제기에 현저한 방식 위반이 있었지만, 이에 대하여 피고인과 변호인이 이의를 제기하지 아니하고 변론에 응한 경우

해설

④ (×) 형사소송법이 공소의 제기에 관하여 서면주의와 엄격한 요식행위를 채용한 것은 공소의 제기에 의해서 법원의 심판이 개시되므로 심판을 구하는 대상을 명확하게 하고 피고인의 방어권을 보장하기 위한 것이다. 따라서 위와 같은 엄격한 형식과 절차에 따른 공소장의 제출은 공소제기라는 소송행위가 성립하기 위한 본질적 요소라고 할 것이므로, 공소의 제기에 현저한 방식 위반이 있는 경우에는 공소제기의 절차가 법률의 규정에 위반하여 무효인 경우에 해당하고, 위와 같은 절차위배의 공소제기에 대하여 피고인과 변호인이 이의를 제기하지 아니하고 변론에 응하였다고 하여 그 하자가 치유되지는 않는다(대법원 2009.2.26, 2008도11813).

① (○) 형사소송법 제297조에 따라 변호인이 없는 피고인을 일시 퇴정하게 하고 증인신문을 한 다음 피고인에게 실질적인 반대신문의 기회를 부여하지 아니한 채 이루어진 증인의 법정진술은 위

법한 증거로서 증거능력이 없다고 볼 여지가 있으나, 그 다음 공판기일에서 재판장이 증인신문 결과 등을 공판조서(증인신문조서)에 의하여 고지하였는데 피고인이 '변경할 점과 이의할 점이 없다'고 진술하여 책문권 포기의사를 명시함으로써 실질적인 반대신문의 기회를 부여받지 못한 하자가 치유되었다고 하여야 한다(대법원 2010.1.14, 2009도9344).

② (○) 항소이유서 부본을 상대방에게 송달하지 아니하였어도 상대방으로부터 그 방어의 기회를 박탈했다고 볼 수 없는 특별사정이 있으면 그 하자는 치유되는바, 검사의 항소 이유서 부본(요지는 양형부당임)을 피고인에게 송달하지 아니하였으나 피고인도 사실오인과 양형과중을 이유로 항소하였고, 항소심은 변론 없이 기록에 의하여 양형조건이 되는 제반사항을 참작하여 한 제1심의 형의 양정이 적절하다 하여 쌍방 항소를 기각하고 있으니, 검사의 항소에 대한 피고인의 방어권을 충분히 참작하였다고 보이고, 피고인에게 양형에 있어 불이익하게 변경된 바 없으므로 위 하자는 치유되었다 할 것이다(대법원 1981.9.8, 81도2040).

③ (○) 검사가 제1심 증인신문 과정에서 증인 갑 등에게 주신문을 하면서 형사소송규칙상 허용되지 않는 유도신문을 하였다고 볼 여지가 있었는데, 그 다음 공판기일에 재판장이 증인신문 결과 등을 각 공판조서(증인신문조서)에 의하여 고지하였음에도 피고인과 변호인이 '변경할 점과 이의할 점이 없다'고 진술한 경우, 피고인이 책문권 포기의사를 명시함으로써 유도신문에 의하여 이루어진 주신문의 하자가 치유되었다고 하여야 한다(대법원 2012.7.26, 2012도2937).

정답 ④

甲(17세)은 친구들과 술을 마셔 혀가 꼬부라진 발음을 하며 걸음을 제대로 걷지 못한 채 비틀거리는 등 만취한 상태에서 00:45경 자동차를 운전하다가 행인 A를 뒤늦게 발견하고 미처 피하지 못하여 A에게 전치 4주의 상해를 입히고 B 소유의 상점 출입문을 들이받아 파손한 후 의식을 잃고 곧바로 사고현장 인근 병원 응급실로 후송되었다. 병원 응급실로 출동한 경찰관 P는 甲에게서 술 냄새가 강하게 나는 등 음주운전의 가능성이 현저하자 같은 날 01:50경 甲의 아버지의 동의를 받고 그 병원 의료인에게 의학적인 방법에 따라 필요최소한의 한도 내에서 甲의 혈액을 채취하게 한 후 그 혈액을 영장 없이 압수하였다. 그 후 P는 그 혈액을 국립과학수사연구원에 감정의뢰하였고 甲의 혈중알코올농도는 0.15%로 회신되었다. 이에 관한 설명 중 옳지 않은 것은? (다툼이 있는 경우 판례에 의함)

① 甲이 A에게 상해를 입힌 점은 교통사고처리특례법위반(치상)죄와 특정범죄 가중처벌 등에 관한 법률 위반(위험운전치상)죄를 구성하고 양자는 상상적 경합관계에 있다.

② 甲이 B 소유의 상점 출입문을 파손한 점은 도로교통법위반죄를 구성하지만, B가 甲을 처벌하지 말아달라는 의사표시를 한 경우 검사는 甲을 도로교통법위반죄로 기소할 수 없다.

③ 甲의 동의를 기대할 수 없었던 상황이었다고 하더라도 甲의 법정대리인인 아버지의 동의만으로는 혈액채취에 관한 유효한 동의가 있었다고 볼 수 없다.

④ 甲이 후송된 병원 응급실은 「형사소송법」 제216조 제3항의 범죄 장소에 준한다.

⑤ P가 혈액을 압수한 후 지체 없이 압수·수색영장을 발부받지 않았다면 국립과학수사연구원이 작성한 감정의뢰회보는 증거능력이 없다.

해설

① (×) "음주로 인한 특정범죄 가중처벌 등에 관한 법률 위반(위험운전치사상)죄는 그 입법 취지와 문언에 비추어 볼 때, 주취상태에서의 자동차 운전으로 인한 교통사고가 빈발하고 그로 인한 피해자의 생명·신체에 대한 피해가 중대할 뿐만 아니라 사고발생 전 상태로의 회복이 불가능하거나 쉽지 않은 점 등의 사정을 고려하여, 형법 제268조에서 규정하고 있는 업무상과실치사상죄의 특례를 규정하여 가중처벌함으로써 피해자의 생명·신체의 안전이라는 개인적 법익을 보호하기 위한 것이므로(대법원 2008.11.13. 2008도7143 참조), 그 죄가 성립되는 때에는 차의 운전자가 형법 제268조의 죄를 범한 것을 내용으로 하는 위 교통사고처리특례법위반죄는 그 죄에 흡수되어 별죄를 구성하지 아니한다고 볼 것이다(대법원 2008.12.11. 2008도9182)."

② (○) 교통사고처리법 제3조 제2항 참조.

교통사고처리법 제3조(처벌의 특례) ① 차의 운전자가 교통사고로 인하여 「형법」 제268조의 죄를 범한 경우에는 5년 이

하의 금고 또는 2천만원 이하의 벌금에 처한다.
② 차의 교통으로 제1항의 죄 중 업무상과실치상죄(業務上過失致傷罪) 또는 중과실치상죄(重過失致傷罪)와 「도로교통법」 제151조의 죄를 범한 운전자에 대하여는 피해자의 명시적인 의사에 반하여 공소(公訴)를 제기할 수 없다.

③ (○) 따라서 음주운전과 관련한 도로교통법 위반죄의 범죄수사를 위하여 미성년자인 피의자의 혈액채취가 필요한 경우에도 피의자에게 의사능력이 있다면 피의자 본인만이 혈액채취에 관한 유효한 동의를 할 수 있고, 피의자에게 의사능력이 없는 경우에도 명문의 규정이 없는 이상 법정대리인이 피의자를 대리하여 동의할 수는 없다(대법원 2014.11.13. 2013도1228).

④ (○) 피의자의 신체 내지 의복류에 주취로 인한 냄새가 강하게 나는 등 형사소송법 제211조 제2항 제3호가 정하는 범죄의 증적이 현저한 준현행범인의 요건이 갖추어져 있고 교통사고 발생 시각으로부터 사회통념상 범행 직후라고 볼 수 있는 시간 내라면, 피의자의 생명·신체를 구조하기 위하여 사고 현장으로부터 곧바로 후송된 병원 응급실 등의 장소는 형사소송법 제216조 제3항의 범죄 장소에 준한다 할 것이므로, 검사 또는 사법경찰관은 피의자의 혈중알코올농도 등 증거의 수집을 위하여 의료법상 의료인의 자격이 있는 자로 하여금 의료용 기구로 의학적인 방법에 따라 필요최소한의 한도 내에서 피의자의 혈액을 채취하게 한 후 그 혈액을 영장 없이 압수할 수 있다(대법원 2012.11.15. 2011도15258).

⑤ (○) 수사기관이 법원으로부터 영장 또는 감정처분허가장을 발부받지 아니한 채 피의자의 동의 없이 피의자의 신체로부터 혈액을 채취하고 사후에도 지체 없이 영장을 발부받지 아니한 채 혈액 중 알코올농도에 관한 감정을 의뢰하였다면, 이러한 과정을 거쳐 얻은 감정의뢰회보 등은 형사소송법상 영장주의 원칙을 위반하여 수집하거나 그에 기초하여 획득한 증거로서, 원칙적으로 절차위반행위가 적법절차의 실질적인 내용을 침해하여 피고인이나 변호인의 동의가 있더라도 유죄의 증거로 사용할 수 없다(대법원 2012.11.15. 2011도15258).

정답 ①

외국 국적자인 甲은 주간에 A가 운영하는 휴대폰 판매 가게에서 A가 잠시 자리를 비운 틈을 타 중고 휴대폰 여러 대를 훔친 후 자신의 집에 숨겨두었다. 며칠 뒤 사법경찰관이 노래방에서 나오는 甲을 긴급체포하였다. 검사는 검찰수사관과 통역인을 참여시킨 상태에서 甲을 신문하여 피의자신문조서를 작성하였고 영상녹화는 하지 않았다. 이에 관한 설명 중 옳은 것을 모두 고른 것은? (다툼이 있는 경우 판례에 의함)

> ㄱ. 사법경찰관은 甲이 보관하고 있는 중고 휴대폰을 긴급히 압수할 필요가 있는 경우에 甲을 체포한 때부터 24시간 이내에 한하여 영장 없이 압수·수색할 수 있고, 압수한 중고 휴대폰을 계속 압수할 필요가 있는 경우에는 압수한 때부터 48시간 이내에 압수·수색영장을 청구하여야 한다.
> ㄴ. 甲에 대한 공소제기 전 체포 및 구속기간은 제1심 법원의 구속기간에 산입하지 아니하고, 공판과정에서 구속을 계속할 필요가 있는 때에는 제1심 법원은 결정으로 2개월 단위로 2차에 한하여 구속기간을 갱신할 수 있다.
> ㄷ. 검사가 甲에 대하여 구속영장을 청구한 경우 구속영장을 청구받은 판사는 甲을 심문하여야 하고, 심문할 甲에게 변호인이 없는 경우에는 필요적 변호사건이 아니기 때문에 지방법원판사는 甲의 청구가 있는 경우에 한하여 변호인을 선정할 수 있다.
> ㄹ. 甲이 공판과정에서 검사가 작성한 공범자에 대한 피의자신문조서를 증거로 함에 부동의하는 경우, 공범자에 대한 피의자신문에 참여하였던 통역인이 공판정에 증인으로 출석하여 공범자가 진술한 대로 기재되어 있다고 증언한 것만으로는 피의자신문조서의 실질적 진정성립을 인정할 수 없다.
> ㅁ. 만일 검사가 피의자신문 시 甲의 진술을 영상녹화하려면 영상녹화에 대한 甲의 동의를 얻어야 한다.

① ㄱ, ㄷ
② ㄱ, ㄹ
③ ㄴ, ㄹ
④ ㄴ, ㅁ
⑤ ㄷ, ㅁ

해설

ㄱ. (×) 제217조 제1항·제2항 참조.

> **제217조(영장에 의하지 아니하는 강제처분)** ① 검사 또는 사법경찰관은 제200조의3에 따라 체포된 자가 소유·소지 또는 보관하는 물건에 대하여 긴급히 압수할 필요가 있는 경우에는 <u>체포한 때부터 24시간</u> 이내에 한하여 영장 없이 압수·수색 또는 검증을 할 수 있다.
> ② 검사 또는 사법경찰관은 제1항 또는 제216조 제1항 제2호에 따라 압수한 물건을 계속 압수할 필요가 있는 경우에는 <u>지체 없이</u> 압수수색영장을 청구하여야 한다. 이 경우 압수수색영장의 청구는 <u>체포한 때부터 48시간</u> 이내에 하여야 한다.

ㄴ. (○) 제92조 제2항·제3항 참조.

> **제92조(구속기간과 갱신)** ① 구속기간은 <u>2개월</u>로 한다. 〈개정 2007.6.1.〉
> ② 제1항에도 불구하고 특히 구속을 계속할 필요가 있는 경우에는 심급마다 <u>2개월 단위로 2차</u>에 한하여 결정으로 갱신할 수 있다. 다만, 상소심은 피고인 또는 변호인이 신청한 증거의 조사, 상소이유를 보충하는 서면의 제출 등으로 추가 심리가 필요한 부득이한 경우에는 3차에 한하여 갱신할 수 있다. 〈개정 2007.6.1.〉
> ③ 제22조, 제298조 제4항, 제306조 제1항 및 제2항의 규정에 의하여 공판절차가 정지된 기간 및 <u>공소제기전의 체포·구인·구금 기간</u>은 제1항 및 제2항의 기간에 산입하지 아니한다.

ㄷ. (×) 제201조의2 제8항 참조.

> **제201조의2(구속영장 청구와 피의자 심문)** ① 제200조의2·제200조의3 또는 제212조에 따라 체포된 피의자에 대하여 구속영장을 청구받은 판사는 지체 없이 피의자를 심문하여야 한다. 이 경우 특별한 사정이 없는 한 구속영장이 청구된 날의 다음 날까지 심문하여야 한다.
> ⑧ 심문할 피의자에게 변호인이 없는 때에는 지방법원판사는 직권으로 변호인을 선정하여야 한다. 이 경우 변호인의 선정은 피의자에 대한 구속영장 청구가 기각되어 효력이 소멸한 경우를 제외하고는 제1심까지 효력이 있다.

ㄹ. (○) 형사소송법 제312조 제4항에 규정된 '영상녹화물이나 그 밖의 객관적인 방법'이란 … 그 외에 조사관 또는 조사과정에 참여한 통역인 등의 증언은 이에 해당한다고 볼 수 없다(제31조 제1항에 대한 판례로는 대법원 2016.2.18, 2015도16586).

ㅁ. (×) 피의자에게 미리 영상녹화사실을 알려주어야 하고 동의는 요하지 않는다.

> **제244조의2(피의자진술의 영상녹화)** ① 피의자의 진술은 영상녹화할 수 있다. 이 경우 미리 영상녹화사실을 알려주어야 하며, 조사의 개시부터 종료까지의 전 과정 및 객관적 정황을 영상녹화하여야 한다.

정답 ③

035 ✔종합 ◆◆◇

사법경찰관 P1은 甲이 지하철역 에스컬레이터에서 휴대전화 카메라를 이용하여 A의 치마 속을 몰래 촬영하는 것을 발견하고 甲을 현행범인으로 체포하면서 甲의 휴대전화를 압수하였고, 사건을 인계받은 사법경찰관 P2는 甲을 피의자로 신문한 후 석방하였다. 이후 甲은 음주 후 승용차를 운전하던 중 음주단속을 피하기 위하여 도망가다가 운전 중인 승용차로 단속 중이던 사법경찰관 P3을 고의로 들이받아 전치 6주의 상해를 입혔다. 검사는 甲을 위 범죄사실로 기소하였다. 이에 관한 설명 중 옳지 않은 것을 모두 고른 것은? (다툼이 있는 경우 판례에 의함)

> ㄱ. P1의 현행범인 체포절차가 적법하지 않은 경우, 체포를 면하려고 저항하는 과정에서 甲이 P1을 폭행하더라도 이는 정당방위로서 공무집행방해죄가 성립하지 않는다.
> ㄴ. P1이 甲의 휴대전화를 적법하게 압수하면서 작성한 압수조서의 '압수경위'란에 '甲이 지하철역 에스컬레이터에서 짧은 치마를 입고 올라가는 여성을 쫓아가 뒤에 밀착하여 치마 속으로 휴대전화를 집어넣는 등 해당 여성의 신체를 몰래 촬영하는 행동을 하였다'는 내용이 기재되어 있고, 그 하단에 甲의 범행을 직접 목격하고 위 압수조서를 작성한 P1의 기명날인이 있는 경우, 위 압수조서의 '압수경위'란에 기재된 내용은 형사소송법 제312조 제5항의 '피고인이 아닌 자가 수사과정에서 작성한 진술서'에 준하는 것으로 볼 수 있다.
> ㄷ. 만약 위 휴대전화에 대한 압수가 위법한 경우, P1이 작성한 압수조서 중 '압수경위'란에 기재된 내용은 위법하게 수집된 증거에 터잡아 획득한 2차적 증거로서 피고인이 증거로 함에 동의하더라도 원칙적으로 증거능력이 없다.
> ㄹ. P2는 조사과정의 영상녹화를 위해 미리 영상녹화사실을 甲과 A에게 각각 알려주었으나 甲은 촬영을 거부하고 A는 이에 동의한 경우, 甲에 대한 영상녹화물은 기억환기를 위한 자료로 활용할 수 없지만, A에 대한 영상녹화물은 참고인진술조서의 실질적 진정성립을 증명하기 위한 방법으로 사용할 수 있다.
> ㅁ. P3에 대한 범죄사실과 관련하여 甲에게는 특수공무집행방해치상죄만 성립하고 이와 별도로 특수상해죄는 성립하지 않는다.

① ㄱ, ㄷ
② ㄴ, ㅁ
③ ㄱ, ㄴ, ㄹ
④ ㄱ, ㄷ, ㄹ
⑤ ㄴ, ㄷ, ㄹ, ㅁ

해설

ㄱ. (×) 공무원의 직무집행이 적법하지 않은 경우, 공무집행방해죄

해당 여부가 문제되는 행위는 구성요건에 해당하지 않는다. "경찰관이 적법절차를 준수하지 아니한 채 실력으로 현행범인을 연행하려고 하였다면 적법한 공무집행이라고 할 수 없고, 현행범인이 그 경찰관에 대하여 이를 거부하는 방법으로써 폭행을 하였다고 하여 공무집행방해죄가 성립하는 것은 아니다(대법원 2000.7.4, 99도4341)."
[보충] 이에 비해 폭행죄, 폭행치상죄 및 상해죄의 구성요건에 해당하는 행위는 정당방위로서 위법성이 조각되게 된다.

ㄴ. (○) 대법원 2019.11.14, 2019도13290

ㄷ. (×) 압수조서 중 '압수경위'란에 기재된 내용은 피고인이 범행을 저지르는 현장을 직접 목격한 사람의 진술이 담긴 것으로서 형사소송법 제312조 제5항에서 정한 '피고인이 아닌 자가 수사과정에서 작성한 진술서'에 준하는 것으로 볼 수 있고, 이에 따라 휴대전화기에 대한 임의제출절차가 적법하였는지에 영향을 받지 않는 별개의 독립적인 증거에 해당하여, 피고인이 증거로 함에 동의한 이상 유죄를 인정하기 위한 증거로 사용할 수 있을 뿐 아니라 피고인의 자백을 보강하는 증거가 된다고 볼 여지가 많다(대법원 2019.11.14, 2019도13290).

ㄹ. (×) 피의자 甲이 촬영을 거부하였더라도 사전에 고지하면 영상녹화를 할 수 있다(제244조의2 제1항). 따라서 이러한 영상녹화물은 기억환기를 위한 자료로 활용하는 것이 가능하게 된다(제318조의2 제2항).
[보충] A는 피해자로서 피의자 이외의 자이므로 그 진술을 영상녹화하려면 동의를 얻어야 하고(제221조 제1항 제2문), 그 영상녹화물은 당해 진술조서에 대한 실질적 진정성립의 대체증명수단(제312조 제4항) 및 기억환기용(제318조의2 제2항)으로 사용할 수 있다.

> **제244조의2(피의자진술의 영상녹화)** ① 피의자의 진술은 영상녹화할 수 있다. 이 경우 미리 영상녹화사실을 알려주어야 하며, 조사의 개시부터 종료까지의 전 과정 및 객관적 정황을 영상녹화하여야 한다.
> **제318조의2(증명력을 다투기 위한 증거)** ② 제1항에도 불구하고 피고인 또는 피고인이 아닌 자의 진술을 내용으로 하는 영상녹화물은 공판준비 또는 공판기일에 피고인 또는 피고인이 아닌 자가 진술함에 있어서 기억이 명백하지 아니한 사항에 관하여 기억을 환기시켜야 할 필요가 있다고 인정되는 때에 한하여 피고인 또는 피고인이 아닌 자에게 재생하여 시청하게 할 수 있다.

ㅁ. (○) 직무를 집행하는 공무원에 대하여 위험한 물건을 휴대하여 고의로 상해를 가한 경우에는 특수공무집행방해치상죄만 성립할 뿐, 이와는 별도로 폭력행위 등 처벌에 관한 법률 위반(집단·흉기 등 상해)죄를 구성하지 않는다(대법원 2008.11.27, 2008도7311).

정답 ④

다음 사례에 대한 설명 중 옳은 것은 모두 몇 개인가? (다툼이 있는 경우 판례에 의함)

> 甲과 乙은 인터넷 채팅을 통하여 알게 된 A와 B를 승용차에 태우고 함께 남산 부근을 드라이브하던 중, A와 B가 잠시 차에서 내린 사이에 甲이 乙에게 A와 B를 한 사람씩 나누어 강간하자고 제의하자 乙은 아무런 대답도 하지 않고 따라 다니다가 자신의 강간 상대방으로 남겨진 B에게 일체의 신체적 접촉도 시도하지 않은 채 B와 이야기만 나눴다. 甲은 A를 숲속에서 강간하려고 하였으나 A가 수술한지 얼마 안 되어 배가 아프다면서 애원하자 강간행위를 중지하였다. 며칠 후 乙은 친구 C를 만나 "甲이 A를 강간하려고 하는 동안 나는 그냥 가만히 있었다."라고 말하였다. 사법경찰관 P는 甲을 수사하는 과정에서 C를 참고인으로 조사하여 C가 乙로부터 들은 위 진술내용이 기재된 진술조서를 적법하게 작성하였다. 검사는 甲을 강간미수죄로 기소하면서 C에 대한 진술조서를 증거로 제출하였으나, 甲은 이를 증거로 함에 부동의하였다.

> ㉠ 乙은 강간 범행에 공동으로 가공할 의사가 있었다고 볼 수 없다.
> ㉡ 甲은 강간죄의 중지미수에 해당한다.
> ㉢ 진술조서에 기재된 乙의 진술부분은 재전문증거에 해당한다.
> ㉣ 진술조서의 실질적 진정성립과 특신상태가 증명이 되고, 변호인이 C를 신문할 수 있었던 때에는 C의 진술조서 전부에 대해 증거능력이 인정된다.

① 1개   ② 2개
③ 3개   ④ 4개

해설

㉠ (○) 피해자 일행을 한 사람씩 나누어 강간하자는 피고인 일행의 제의에 아무런 대답도 하지 않고 따라 다니다가 자신의 강간 상대방으로 남겨진 공소외인에게 일체의 신체적 접촉도 시도하지 않은 채 다른 일행이 인근 숲 속에서 강간을 마칠 때까지 공소외인과 함께 이야기만 나눈 경우, 피고인에게 다른 일행의 강간 범행에 공동으로 가공할 의사가 있었다고 볼 수 없다(대법원 2003.3.28, 2002도7477).

㉡ (×) 피고인 甲, 乙, 丙이 강도행위를 하던 중 피고인 甲, 乙은 피해자를 강간하려고 작은 방으로 끌고가 팬티를 강제로 벗기고 음부를 만지던 중 피해자가 수술한 지 얼마 안되어 배가 아프다면서 애원하는 바람에 그 뜻을 이루지 못하였다면, 강도행위의 계속 중 이미 공포상태에 빠진 피해자를 강간하려고 한 이상 강간의 실행에 착수한 것이고, 피고인들이 간음행위를 중단한 것은 피해자를 불쌍히 여겨서가 아니라 피해자의 신체조건상 강간을 하기에 지장이 있다고 본 데에 기인한 것이므로, 이는 일반의 경험상 강간행위를 수행함에 장애가 되는 외부적 사정에 의하여 범행을 중지한 것에 지나지 않는 것으로서 중지범의 요건인 자의성을 결여하였다(대법원 1992.7.28, 92도917).

㉢ (○) 乙의 진술을 원진술로 하는 C의 전문진술이 기재된 서류로서 재전문서류에 해당한다.

㉣ (×) C의 진술조서는 乙(피고인 아닌 자, 사례에서 검사는 甲을 강간미수로 기소함)의 진술을 원진술로 하는 전문진술이 기재된 것으로서 재전문서류에 해당한다. 판례는 재전문서류에 대해서는 전문법칙의 예외가 인정될 수 있다는 입장이다. 사안의 재전문서류에 대해서는, 전문진술에 대한 제316조 제2항과 진술조서에 대한 제312조 제4항의 요건을 모두 갖추어야 한다. 그런데 위 지문에는 법 제312조 제4항의 요건만 언급되고 있다.

[판례] 전문진술이나 전문진술을 기재한 조서는 형사소송법 제310조의2에 따라 원칙적으로 증거능력이 없다. 다만 전문진술은 형사소송법 제316조 제2항에 따라 원진술자가 사망, 질병, 외국거주, 소재불명, 그 밖에 이에 준하는 사유로 진술할 수 없고, 그 진술이 특히 신빙할 수 있는 상태하에서 행하여졌음이 증명된 때에 한하여 예외적으로 증거능력이 있다. 그리고 전문진술이 기재된 조서는 형사소송법 제312조 또는 제314조에 따라 증거능력이 인정될 수 있는 경우에 해당하여야 함은 물론 형사소송법 제316조 제2항에 따른 요건을 갖추어야 예외적으로 증거능력이 있다. 형사소송법 제316조 제2항에서 말하는 '그 진술 또는 작성이 특히 신빙할 수 있는 상태하에서 행하여졌음'이란 진술내용이나 조서 또는 서류의 작성에 허위가 개입할 여지가 거의 없고, 진술내용의 신빙성이나 임의성을 담보할 구체적이고 외부적인 정황이 있는 경우를 가리킨다(대법원 2017.7.18, 2015도12981,2015전도218).

정답 ②

다음 사례에 관한 설명 중 옳지 않은 것을 모두 고른 것은?
(다툼이 있는 경우 판례에 의함)

┌─ 보기 ┐
ⓐ 甲과 乙은 날치기 범행을 공모한 후 혼자 걸어가는
여성 A를 발견하고 乙은 A를 뒤쫓아 가고 甲은 차량
을 운전하여 뒤따라가면서 망을 보았다. 乙은 A의
뒤쪽에서 접근한 후 A의 왼팔에 끼고 있던 손가방의
끈을 잡아당겼으나 A가 가방을 놓지 않으려고 버티
다가 바닥에 넘어졌다. 넘어진 A가 손가방의 끈을
놓지 않은 채 버티자 乙은 계속하여 손가방 끈을 잡
이당겨 A를 5미터 가량 끌고 갔고 A는 힘이 빠져 손
가방을 놓치게 되었다. 乙은 손가방을 빼앗은 후 甲
이 운전하는 차량에 올라타 도망갔다. A는 약 3주간
의 치료를 요하는 상해를 입었다.
ⓑ A는 경찰 수사과정에서 피해사실에 관한 진술서를
작성하였으나 사법경찰관은 특별한 사정이 없음에도
조사과정을 기록하지 아니하였다.
ⓒ 사법경찰관은 위 사건을 목격한 B에 대하여 진술조
서를 작성하였고 사법경찰관은 그 조사과정을 기록
하였다.
ⓓ 사법경찰관은 甲, 乙의 범행과정을 재연한 검증조서를
작성하면서 범행재연사진을 검증조서에 첨부하였다.
└──────────────────────────────┘

┌─────────────────────────────┐
ㄱ. ⓐ사실과 관련하여 강제력의 행사가 점유탈취 과정
에서 우연히 가해진 경우로서 甲, 乙은 특수절도죄
및 폭력행위등처벌에관한법률위반(공동상해)죄의 죄
책을 진다.
ㄴ. ⓑ사실과 관련하여 검사가 증거로 신청한 A의 진술
서를 甲, 乙이 부동의한 경우에도, A가 증인으로 출
석하여 실질적 진정성립을 인정하고 특신상태가 인
정되며 甲, 乙의 A에 대한 반대신문권이 보장된 경
우에는 진술서의 증거능력이 인정된다.
ㄷ. ⓒ사실과 관련하여 검사가 증거로 신청한 B에 대한
진술조서를 甲, 乙이 부동의하여 검사가 B를 증인
으로 신청하였으나 증인소환장이 송달되지 않은 경
우, 추가적인 조치가 없더라도 위 진술조서는「형사
소송법」제314조에 따라 증거능력이 인정된다.
ㄹ. ⓓ사실과 관련하여 甲, 乙이 검증조서에 첨부되어
있는 범행재연사진에 대하여 부동의하는 경우, 범
행재연사진은 증거능력이 없다.
└─────────────────────────────┘

① ㄱ, ㄴ　　　　　② ㄷ, ㄹ
③ ㄱ, ㄴ, ㄷ　　　　④ ㄱ, ㄴ, ㄹ
⑤ ㄴ, ㄷ, ㄹ

해설

ㄱ. (×) 강제력의 행사가 사회통념상 객관적으로 상대방의 반항을
억압하거나 항거불능케 할 정도의 것이라면 이는 강도죄에서의

폭행에 해당하므로(대법원 2004.10.28, 2004도4437 등), 날
치기 수법의 점유탈취 과정에서 이를 알아채고 재물을 뺏기지 않
으려는 피해자의 반항에 부딪혔음에도 계속하여 피해자를 끌고
가면서 억지로 재물을 빼앗은 행위는 피해자의 반항을 억압한 후
재물을 강취한 것으로서 강도의 죄로 의율함이 마땅하다(대법원
2007.12.13, 2007도7601).

ㄴ. (×) 피고인이 아닌 자가 수사과정에서 진술서를 작성하였지만
수사기관이 그에 대한 조사과정을 기록하지 아니하여 형사소송
법 제244조의4 제3항, 제1항에서 정한 절차를 위반한 경우에는,
특별한 사정이 없는 한 '적법한 절차와 방식'에 따라 수사과정에
서 진술서가 작성되었다 할 수 없으므로 그 증거능력을 인정할
수 없다(대법원 2015.4.23, 2013도3790).

ㄷ. (×) 형사소송법 제314조에 의하여 같은 법 제312조의 조서나
같은 법 제313조의 진술서, 서류 등을 증거로 하기 위하여는 공판
기일에 진술을 요하는 자가 사망·질병·외국거주·소재불명 그
밖에 이에 준하는 사유로 인하여 공판정에 출석하여 진술을 할
수 없는 경우이어야 하고, 그 진술 또는 서류의 작성이 특히 신빙
할 수 있는 상태하에서 행하여진 것이어야 한다는 두 가지 요건을
갖추어야 한다. 그리고 직접주의와 전문법칙의 예외를 정한 형사
소송법 제314조의 요건 충족 여부는 엄격히 심사하여야 하고,
전문증거의 증거능력을 갖추기 위한 요건에 관한 증명책임은 검
사에게 있으므로, 법원이 증인이 소재불명이거나 그밖에 이에 준
하는 사유로 인하여 진술할 수 없는 때에 해당한다고 인정할 수
있으려면, 증인의 법정출석을 위한 가능하고도 충분한 노력을 다
하였음에도 불구하고 부득이 증인의 법정 출석이 불가능하게 되었
다는 사정을 검사가 증명한 경우여야 한다(대법원 2013.4.11, 2013
도1435; 2013.10.1, 2013도5001).

ㄹ. (○) 수사기관 작성 검증조서에 기재된 현장지시와 현장진술을
구별하여 전자는 제312조 제6항, 후자는 제312조 제3항이 적용
된다. "사법경찰관 작성의 검증조서에 대하여 피고인이 증거로
함에 동의만 하였을 뿐 공판정에서 검증조서에 기재된 진술내용
및 범행을 재연한 부분에 대하여 그 성립의 진정 및 내용을 인정
한 흔적을 찾아 볼 수 없고 오히려 이를 부인하고 있는 경우에는
그 증거능력을 인정할 수 없다(대법원 1998.3.13, 98도159)."

정답 ③

038 ✔종합 ◆◆◇ 　변호사 2018

甲과 乙은 식당에서 큰 소리로 대화를 하던 중 옆 테이블에서 혼자 식사 중인 丙이 甲, 乙에게 "식당 전세 냈냐, 조용히 좀 합시다."라고 말하자, 甲, 乙은 丙에게 다가가 甲은 "식당에서 말도 못하냐?"라고 소리치며 丙을 밀어 넘어뜨리고, 乙은 이에 가세하여 발로 丙의 몸을 찼다. 이로 인하여 丙은 약 3주간의 치료를 요하는 상해를 입었는데 甲, 乙 중 누구의 행위에 의하여 상해가 발생하였는지는 불분명하다. 한편, 丙은 이에 대항하여 甲의 얼굴을 주먹으로 때려 약 2주간의 치료를 요하는 상해를 가하였는데 수사기관에서 자신의 범행을 부인하였다. 검사는 甲, 乙, 丙을 하나의 사건으로 기소하였고 甲, 乙, 丙은 제1심 소송계속 중이다. 이에 관한 설명 중 옳지 않은 것을 모두 고른 것은? (다툼이 있는 경우 판례에 의함)

> ㄱ. 甲, 乙 중 누구의 행위에 의하여 상해의 결과가 발생되었는가를 불문하고 甲, 乙은 상해의 결과에 대하여 책임을 진다.
> ㄴ. 만일 乙이 甲과 상해에 대해 공모한 사실이 없고 발로 丙의 몸을 찬 사실, 즉 丙에게 폭행을 가한 사실 자체도 분명하지 않은 경우, 「형법」 제263조 동시범의 특례 규정이 적용되지 아니하여 乙은 상해죄의 죄책을 지지 아니한다.
> ㄷ. 乙이 자신에 대한 사법경찰관 작성 피의자신문조서의 내용을 인정하였다면 그 피의자신문조서는 甲이 부동의하더라도 甲의 공소사실에 대하여 증거능력이 있다.
> ㄹ. 甲이 선서 없이 피고인으로서 한 공판정에서의 진술도 丙에게 반대신문권이 보장되어 있으므로 丙의 동의여부와 관계없이 丙에 대한 유죄의 증거로 사용할 수 있다.
> ㅁ. 甲, 乙의 공소사실에 대하여 丙을 증인으로 신문하는 과정에서 丙에게 증언거부권이 고지되지 않고 증인신문절차가 진행된 경우, 丙이 자신의 기억에 반하여 甲의 얼굴을 주먹으로 때리지 않았다고 허위로 증언하였더라도, 丙이 증언거부권을 행사하는 데 사실상 장애가 초래되었다고 볼 수 있는 경우에는 위증죄가 성립하지 않는다.

① ㄱ, ㄷ　　　　　　② ㄴ, ㄷ
③ ㄷ, ㄹ　　　　　　④ ㄷ, ㅁ
⑤ ㄹ, ㅁ

해설

ㄱ. (○) 형법 제30조 참조.

> **형법 제30조(공동정범)** 2인 이상이 공동하여 죄를 범한 때에는 각자를 그 죄의 정범으로 처벌한다.

ㄴ. (○) 상해죄에 있어서의 동시범은 두 사람 이상이 가해행위를 하여

상해의 결과를 가져올 경우에 그 상해가 어느 사람의 가해행위로 인한 것인지가 분명치 않다면 가해자 모두를 공동정범으로 본다는 것이므로 가해행위를 한 것 자체가 분명치 않은 사람에 대하여는 동시범으로 다스릴 수 없다(대법원 1984.5.15, 84도488).

ㄷ. (×) 갑이 내용인정을 해야 한다. "피고인이 사법경찰관 앞에서의 진술의 내용을 부인하고 있는 이상 피고인을 수사한 경찰관이 증인으로 나와서 수사과정에서 피고인이 범행을 자백하게 된 경우를 진술한 증언은 위 형사소송법 제312조 제2(현행법상 제3항)항의 규정과 그 취지에 비추어 볼 때 역시 증거능력이 없다 할 것이고(대법원 1983.6.14, 83도1011; 1984.2.2.8, 83도3223,83감도538; 1985.2.13, 84도2897 등), 이러한 결론은 피고인이 당해 피고사건과 전혀 별개의 사건에서 피의자로 조사받은 경우에 이 피의자신문조서에 형사소송법 제312조 제2항(현행법상 동 제3항)을 적용하고 있는 이상 전혀 별개의 사건에서 피고인이 범행을 자백하게 된 경우를 수사경찰관이 진술한 경우에도 동일하게 적용되어야 할 것이다(대법원 1995.3.24, 94도2287).

ㄹ. (×) 피고인과 별개의 범죄사실로 기소되어 병합심리 중인 공동피고인은 피고인의 범죄사실에 관하여는 증인의 지위에 있다 할 것이므로 선서 없이 한 공동피고인의 법정진술이나 피고인이 증거로 함에 동의한 바 없는 공동피고인에 대한 피의자 신문조서는 피고인의 공소 범죄사실을 인정하는 증거로 할 수 없다(대법원 1982.9.14, 82도1000).

ㅁ. (○) 재판장이 신문 전에 증인에게 증언거부권을 고지하지 않은 경우에도 당해 사건에서 증언 당시 증인이 처한 구체적인 상황, 증언거부사유의 내용, 증인이 증언거부사유 또는 증언거부권의 존재를 이미 알고 있었는지 여부, 증언거부권을 고지 받았더라도 허위진술을 하였을 것이라고 볼 만한 정황이 있는지 등을 전체적·종합적으로 고려하여 증인이 침묵하지 아니하고 진술한 것이 자신의 진정한 의사에 의한 것인지 여부를 기준으로 위증죄의 성립 여부를 판단하여야 한다. 그러므로 헌법 제12조 제2항에 정한 불이익 진술의 강요금지 원칙을 구체화한 자기부죄거부특권에 관한 것이거나 기타 증언거부사유가 있음에도 증인이 증언거부권을 고지 받지 못함으로 인하여 그 증언거부권을 행사하는 데 사실상 장애가 초래되었다고 볼 수 있는 경우에는 위증죄의 성립을 부정하여야 할 것이다(대법원 2010.1.21, 2008도942 전원합의체).

정답 ③

甲은 주점에서 여주인 A와 함께 술을 마시다가 단 둘만 남게 되자 A를 폭행·협박하여 반항을 억압한 상태에서 강간행위 실행 도중 범행현장에 있던 A 소유의 핸드백을 빼앗고 그 자리에서 강간행위를 계속한 후 핸드백을 가지고 도주하였다. A의 신고를 받고 현장에 출동한 사법경찰관 P는 테이블 위에 놓여 있던 A 소유의 맥주컵에서 甲의 지문 8점을 현장에서 직접 채취한 후, 해당 맥주컵을 압수하였다. 검사는 甲이 범행 직후 "내가 주점 여주인 A를 강간했다."라고 말하는 것을 들었다는 甲의 친구 B를 참고인으로 불러 조사한 후, 위 범죄사실과 관련하여 甲을 기소하면서 맥주컵에서 채취한 지문과 B에 대한 참고인진술조서 등을 증거로 제출하였다. 이에 관한 설명 중 옳지 않은 것을 모두 고른 것은? (다툼이 있는 경우 판례에 의함)

ㄱ. 위 사안은 강간범이 강도의 범의를 일으켜 그 부녀의 재물을 강취하는 경우로서, 甲에게는 강간죄와 강도죄의 경합범이 성립한다.

ㄴ. 위 맥주컵에 대한 P의 압수가 적법절차에 위반된 경우, 해당 맥주컵에서 채취한 甲의 지문은 위법하게 압수한 지문채취 대상물로부터 획득한 2차적 증거에 해당하여 원칙적으로 증거능력이 없다.

ㄷ. 제1회 공판기일에 증인으로 출석한 B가 검사 앞에서의 진술과 달리 범행 직후 甲이 자신에게 "내가 주점 여주인 A를 강간했다."라고 말했는지 정확히 기억이 나질 않는다고 증언하자, 검사가 B를 다시 소환하여 추궁한 후 증언내용을 번복하는 진술조서를 작성하여 이를 증거로 제출하고, 그 후 공판기일에 B가 다시 법정에 출석하여 그 진술조서의 성립의 진정함을 인정하고 피고인 측에 반대신문의 기회가 부여된 경우, 그 진술조서의 증거능력은 인정된다.

ㄹ. 제1심 법원이 甲이 국민참여재판을 원하는지에 대한 의사확인절차를 거치지 아니하고 통상의 공판절차로 재판을 진행한 경우, 제1심의 공판절차는 위법하고 항소심에서도 그 하자의 치유가 인정될 수 없다.

---

① ㄹ
② ㄱ, ㄷ
③ ㄴ, ㄹ
④ ㄱ, ㄴ, ㄷ
⑤ ㄱ, ㄴ, ㄷ, ㄹ

[해설]

ㄱ. (×) 강간범이 강간행위 후에 강도의 범의를 일으켜 그 부녀의 재물을 강취하는 경우에는 강도강간죄가 아니라 강간죄와 강도죄의 경합범이 성립될 수 있을 뿐이지만, 강간행위의 종료 전 즉 그 실행행위의 계속 중에 강도의 행위를 할 경우에는 이때에 바로 강도의 신분을 취득하는 것이므로 이후에 그 자리에서 강간행위를 계속하는 때에는 강도가 부녀를 강간한 때에 해당하여 형법 제

339조에 정한 강도강간죄를 구성한다(대법원 2010.12.9, 2010도9630).

ㄴ. (×) 범행 현장에서 지문채취 대상물에 대한 지문채취가 먼저 이루어진 이상, 수사기관이 그 이후에 지문채취 대상물을 적법한 절차에 의하지 아니한 채 압수하였다고 하더라도(한편, 이 사건 지문채취 대상물인 맥주컵, 물컵, 맥주병 등은 피해자 공소외 1이 운영하는 주점 내에 있던 피해자 공소외 1의 소유로서 이를 수거한 행위가 피해자 공소외 1의 의사에 반한 것이라고 볼 수 없으므로, 이를 가리켜 위법한 압수라고 보기도 어렵다), 위와 같이 채취된 지문은 위법하게 압수한 지문채취 대상물로부터 획득한 2차적 증거에 해당하지 아니함이 분명하여, 이를 가리켜 위법수집증거라고 할 수 없으므로, 원심이 이를 증거로 채택한 것이 위법하다고 할 수 없다(대법원 2008.10.23, 2008도7471).

ㄷ. (×) 공판준비 또는 공판기일에서 이미 증언을 마친 증인을 검사가 소환한 후 피고인에게 유리한 증언 내용을 추궁하여 이를 일방적으로 번복시키는 방식으로 작성한 진술조서를 유죄의 증거로 삼는 것은 당사자주의·공판중심주의·직접주의를 지향하는 현행 형사소송법의 소송구조에 어긋나는 것일 뿐만 아니라, 헌법 제27조가 보장하는 기본권, 즉 법관의 면전에서 모든 증거자료가 조사·진술되고 이에 대하여 피고인이 공격·방어할 수 있는 기회가 실질적으로 부여되는 재판을 받을 권리를 침해하는 것이므로, 이러한 진술조서는 피고인이 증거로 할 수 있음에 동의하지 아니하는 한 증거능력이 없고, 그 후 원진술자인 종전 증인이 다시 법정에 출석하여 증언을 하면서 그 진술조서의 성립의 진정함을 인정하고 피고인 측에 반대신문의 기회가 부여되었다고 하더라도 그 증언 자체를 유죄의 증거로 할 수 있음은 별론으로 하고 위와 같은 진술조서의 증거능력이 없다는 결론은 달리할 것이 아니다(대법원 2013.8.14, 2012도13665).

ㄹ. (×) 제1심법원이 국민참여재판 대상인 강제추행치상 사건의 피고인에게 국민참여재판을 원하는지 확인하지 아니한 채 통상의 공판절차에 따라 재판을 진행하여 유죄를 인정하였는데, 원심법원이 제7회 공판기일에 국민참여재판으로 재판받기를 원하는지 물어보고 그에 관한 안내서를 교부한 후 선고기일을 연기한 다음 피고인이 답변서와 국민참여재판 의사 확인서를 제출하면서 '국민참여재판으로 진행하기를 원하지 않는다'는 의사를 밝히자 제8회 공판기일에 제1심판결을 파기하고 무죄를 선고한 경우, 제1심이 피고인의 국민참여재판을 받을 권리를 침해하여 위법하게 절차를 진행하고 그에 따라 제1심 소송행위가 무효라 하더라도, 원심(항소심)이 피고인에게 국민참여재판에 관하여 안내하고 숙고의 기회를 부여하였으며, 피고인도 그에 따라 숙고한 후 제1심의 절차적 위법을 문제삼지 않겠다는 의사를 명백히 밝혔으므로, 제1심의 공판절차상 하자는 치유되었다고 볼 수 있다(대법원 2012.6.14, 2011도15484).

[정답] ⑤

甲은 집에서 필로폰을 투약한 다음, 함께 사는 사촌언니 A의 K은행 예금통장을 몰래 가지고 나와 K은행 현금자동지급기에 넣고 미리 알고 있던 통장 비밀번호를 입력하여 A 명의의 예금잔고 중 100만원을 甲 명의의 M은행 계좌로 이체한 후 집으로 돌아와 예금통장을 원래 자리에 가져다놓았다. 이후 甲은 자신의 신용카드로 M은행 현금자동지급기에서 위와 같이 이체한 100만원을 인출하였다. 마침 부근을 순찰 중인 경찰관이 필로폰 기운으로 비틀거리는 甲을 수상히 여겨 甲에게 동행을 요구하였으나 甲은 그대로 도주하였다. 필로폰 투약 사실을 알게 된 A의 설득으로 甲은 다음 날 경찰서에 자진출석하였으나 필로폰 투약사실을 일관되게 부인하며 소변의 임의제출도 거부하므로 경찰관은 소변 확보를 위해 압수·수색·검증영장을 발부받았다. 이에 관한 설명 중 옳지 않은 것은? (다툼이 있는 경우 판례에 의함)

① A의 예금통장을 가지고 나온 행위에 대하여 甲이 비록 예금통장을 그 자리에 가져다 놓았다고 하더라도 절도죄가 인정되지만 A의 고소가 있어야 처벌이 가능하다.

② A의 예금계좌에서 甲의 계좌로 100만원을 이체한 행위는 컴퓨터 등 사용사기죄에 해당되고 이 경우 친족상도례가 적용되지 않는다.

③ 甲이 자신의 신용카드로 현금자동지급기에서 100만원을 인출한 행위는 별도로 절도죄나 사기죄의 구성요건에 해당하지 않는다.

④ 甲은 경찰서에 자진 출석하였으나 혐의를 부인하고 있으므로 필로폰 투약 사실에 대한 자수로서의 효력이 없다.

⑤ 사법경찰관은 압수·수색·검증영장의 효력에 의하여 甲의 동의 없이 그 신체에서 소변을 채취할 수 있고, 이 경우 별도로 감정처분허가장까지 필요한 것은 아니다.

해설

① (×) 동거친족의 경우 형이 면제된다(형법 제328조 제1항, 제344조).

> **제328조(친족간의 범행과 고소)** ① 직계혈족, 배우자, 동거친족, 동거가족 또는 그 배우자간의 제323조의 죄는 그 형을 면제한다.

② (○) 친척 소유 예금통장을 절취한 자가 그 친척 거래 금융기관에 설치된 현금자동지급기에 예금통장을 넣고 조작하는 방법으로 친척 명의 계좌의 예금 잔고를 자신이 거래하는 다른 금융기관에 개설된 자기 계좌로 이체한 경우, 그 범행으로 인한 피해자는 이체된 예금 상당액의 채무를 이중으로 지급해야 할 위험에 처하게 되는 그 친척 거래 금융기관이라 할 것이고, 거래 약관의 면책 조항이나 채권의 준점유자에 대한 법리 적용 등에 의하여 위와 같은 범행으로 인한 피해가 최종적으로는 예금 명의인인 친척에게 전가될 수 있다고 하여, 자금이체 거래의 직접적인 당사자이자 이중지급 위험의 원칙적인 부담자인 거래 금융기관을 위와 같은 컴퓨터 등 사용사기 범행의 피해자에 해당하지 않는다고

볼 수는 없으므로, 위와 같은 경우에는 친족 사이의 범행을 전제로 하는 친족상도례를 적용할 수 없다(대법원 2007.3.15, 2006도2704).

③ (○) 절취한 타인의 신용카드를 이용하여 현금지급기에서 계좌이체를 한 행위는 컴퓨터 등 사용사기죄에서 컴퓨터 등 정보처리장치에 권한 없이 정보를 입력하여 정보처리를 하게 한 행위에 해당함은 별론으로 하고 이를 절취행위라고 볼 수는 없고, 한편 위 계좌이체 후 현금지급기에서 현금을 인출한 행위는 자신의 신용카드나 현금카드를 이용한 것이어서 이러한 현금인출이 현금지급기 관리자의 의사에 반한다고 볼 수 없어 절취행위에 해당하지 않으므로 절도죄를 구성하지 않는다(대법원 2008.6.12, 2008도2440).

④ (○) 자수서를 소지하고 수사기관에 자발적으로 출석하였으나 자수서를 제출하지 아니하고 범행사실도 부인하였다면 자수가 성립하지 아니하고, 그 이후 구속까지 된 상태에서 자수서를 제출하고 범행사실을 시인한 것을 자수에 해당한다고 인정할 수 없다(대법원 2004.10.14, 2003도3133).

⑤ (○) 판례는 소위 택일설을 취하므로, 압수수색검증영장의 효력애 의해 채취하면 되고 감정처분허가장까지는 필요하지 않다. "수사기관이 범죄 증거를 수집할 목적으로 운전자의 동의 없이 혈액을 취득·보관하는 행위는 형사소송법상 '감정에 필요한 처분' 또는 '압수로서 법원의 감정처분허가장이나 압수영장이 있어야 가능하고, 다만 음주운전 중 교통사고를 야기한 후 운전자가 의식불명 상태에 빠져 있는 등으로 호흡조사에 의한 음주측정이 불가능하고 채혈에 대한 동의를 받을 수도 없으며 법원으로부터 감정처분허가장이나 사전 압수영장을 발부받을 시간적 여유도 없는 긴급한 상황이 발생한 경우에는 수사기관은 예외적인 요건 하에 음주운전 범죄의 증거수집을 위하여 운전자의 동의나 사전영장 없이 혈액을 채취하여 압수할 수 있으나 이 경우에도 형사소송법에 따라 사후에 지체 없이 법원으로부터 압수영장을 받아야 한다(대법원 2016.12.27, 2014두46850)."

정답 ①

041 ✅종합 ◆◆◇ 변호사 2018

외국인 해적들인 甲, 乙, 丙, 丁은 선박을 강취하여 선원들을 인질로 삼아 석방대가를 요구하기로 공모하고, 공해상에서 운항 중인 한국인 선원이 승선한 선박 ○○호를 강취하였다. 이에 대한민국 해군이 선원의 구조를 위해 ○○호에 접근하자, 甲, 乙, 丙, 丁은 총기를 소지한 채 해군을 살해하여서라도 저지하기로 공모하고, 甲, 乙, 丙은 해군의 보트를 향해서 일제히 조준사격을 하여 해군 3인이 총상을 입었다. 이때 소총을 소지한 丁은 역할 분담에 따라 통신실에서 통신장비를 감시하고 있었기 때문에 외부의 총격전에는 가담하지 않았다. 해군의 공격에 더 이상 버티기 힘든 상황이 되자, 두목 甲은 같이 있던 乙, 丙에게 총기를 조타실 밖으로 버리고 선실로 내려가 피신하라고 명령하였다. 乙, 丙은 명령을 따랐고, 실질적으로 해적들의 저항은 종료되었다. 이후 甲은 조타실에서 한국인 선장 A를 살해하려고 총격을 가하여 복부관통상을 가하였으나 A는 사망에 이르지 아니하였다. 해군은 甲 등을 총격 종료 직후 현장에서 체포하여 비행기로 부산 김해공항으로 이송하였고, 공항에서 사법경찰관에게 신병을 인도하였다. 이에 관한 설명 중 옳지 않은 것은? (다툼이 있는 경우 판례에 의함)

① 해군이 甲 등을 체포한 것은 수사기관이 아닌 이에 의한 현행범인 체포이다.

② 현행범인 체포 시 구속영장 청구는 체포한 때로부터 48시간 이내에 이루어져야 한다. 사례의 경우 그 기산점은 해군에 의한 체포 시이다.

③ 토지관할은 범죄지, 피고인의 주소, 거소 또는 현재지가 기준이 되는데, 적법한 강제에 의한 현재지도 이에 해당한다.

④ 해군 3인에게 총상을 입힌 행위에 대하여 丁은 해상강도 살인미수죄의 공동정범이 인정된다.

⑤ 선장 A를 살해하려는 행위에 대하여 乙, 丙은 해상강도 살인미수죄의 공동정범이 인정되지 않는다.

해설

② (✕) 검사 등이 아닌 이에 의하여 현행범인이 체포된 후 불필요한 지체 없이 검사 등에게 인도된 경우 위 48시간의 기산점은 체포시가 아니라 검사 등이 현행범인을 인도받은 때라고 할 것이다(대법원 2011.12.22, 2011도12927).

① (○) 해군은 수사기관이라고 볼 수 없으므로, 이 경우 사인의 현행범인 체포에 해당한다.

③ (○) 형사소송법 제4조 제1항은 "토지관할은 범죄지, 피고인의 주소, 거소 또는 현재지로 한다."라고 정하고, 여기서 '현재지'라고 함은 공소제기 당시 피고인이 현재한 장소로서 임의에 의한 현재지뿐만 아니라 적법한 강제에 의한 현재지도 이에 해당한다(대법원 2011.12.22, 2011도12927).

④ (○) 甲, 乙, 丙, 丁은 총기를 소지한 채 해군을 살해하여서라도 저지하기로 공모하고 행위 공동역시 인정되므로 해군 3인에게 총상을 입힌 행위에 대하여 丁은 해상강도살인미수죄의 공동정

범이 인정된다.

⑤ (○) 소말리아 해적인 피고인들 등이 공모하여 공해상에서 대한민국 해운회사가 운항 중인 선박을 납치하여 대한민국 국민인 선원 등에게 해상강도 등 범행을 저질렀다는 내용으로 국내법원에 기소된 경우, 피고인 갑이 선장 을을 살해할 의도로 을에게 총격을 가하여 미수에 그친 사실을 충분히 인정할 수 있으나, 나머지 피고인들로서는 피고인 갑이 을을 살해하려고 할 것이라는 점까지 예상할 수는 없었다고 보아야 한다(대법원 2011.12.22, 2011도12927).

정답 ②

042 ✅종합 ◆◆◇ 변호사 2018

甲이 공무원 乙에게 뇌물 4,000만원을 제공하였다는 범죄사실로 甲과 乙이 함께 공소제기되어 공동피고인으로 재판을 받으면서 甲은 자백하나, 乙은 뇌물을 받은 사실이 없다고 주장하며 다투고 있다. 이에 관한 설명 중 옳지 않은 것은? (다툼이 있는 경우 판례에 의함)

① 위 뇌물수수사실이 인정되는 경우 甲, 乙은「특정범죄 가중처벌 등에 관한 법률」에 따라 가중처벌된다.

② 乙이 그 직무의 대상이 되는 사람으로부터 금품 기타 이익을 받은 때에는 특별한 사정이 없는 한 직무와의 관련성이 없다고 할 수 없고, 비록 사교적 의례의 형식을 빌어 금품을 주고받았다고 하더라도 그것이 乙의 직무와 관련된 이상 그 수수한 금품은 뇌물이 된다.

③ 甲은 소송절차가 분리되지 않는 한 乙에 대한 공소사실에 관하여 증인이 될 수 없다.

④ 변론분리 후 甲이 증언하는 과정에서 "뇌물을 제공받은 乙이 저에게 '국가와 민족을 위해 잘 쓰겠습니다.'라고 말했습니다."라고 진술한 경우, 乙의 위 진술내용은 특신상태가 증명된 때에 한하여 증거로 할 수 있다.

⑤ 「형법」제134조는 뇌물 또는 뇌물에 공할 금품을 필요적으로 몰수하고 이를 몰수하기 불가능한 때에는 그 가액을 추징하도록 규정하고 있는바, 몰수는 특정된 물건에 대한 것이고 추징은 본래 몰수할 수 있었음을 전제로 하는 것임에 비추어 뇌물 또는 뇌물에 공할 금품이 특정되지 않았던 것은 몰수할 수 없고 그 가액을 추징할 수도 없다.

해설

① (✕) 공무원인 을은 특정범죄 가중처벌 등에 관한 법률에 따라 가중처벌되나, 갑은 가중처벌되지 않는다. 특가법 제2조 제1항 참조.

② (○) 공무원이 직무의 대상이 되는 사람으로부터 금품 기타 이익을 받은 때에는 그것이 그 사람이 종전에 공무원으로부터 접대 또는 수수받은 것을 갚는 것으로서 사회상규에 비추어 볼 때에 의례상의 대가에 불과한 것이라고 여겨지거나, 개인적인 친분관계가 있어서 교분상의 필요에 의한 것이라고 명백하게 인정할 수 있는 경우 등 특별한 사정이 없는 한 직무와 관련성이 있다고 볼

수 있다. 그리고 공무원의 직무와 관련하여 금품을 주고받았다면 비록 사교적 의례의 형식을 빌려 금품을 주고받았다고 하더라도 수수한 금품은 뇌물이 된다(대법원 2017.1.12, 2016도15470).

③ (○) 공범인 공동피고인은 당해 소송절차에서는 피고인의 지위에 있으므로 다른 공동피고인에 대한 공소사실에 관하여 증인이 될 수 없으나, 소송절차가 분리되어 피고인의 지위에서 벗어나게 되면 다른 공동피고인에 대한 공소사실에 관하여 증인이 될 수 있다(대법원 2008.6.26, 2008도3300).

④ (○) 피고인의 진술을 원진술로 하는 전문진술자의 진술이므로 제316조 제1항에 의하여 원진술의 특신상태가 증명된 때에 한하여 증거로 할 수 있다.

> 제316조(전문의 진술) ① 피고인이 아닌 자(공소제기 전에 피고인을 피의자로 조사하였거나 그 조사에 참여하였던 자를 포함한다. 이하 이 조에서 같다)의 공판준비 또는 공판기일에서의 진술이 피고인의 진술을 그 내용으로 하는 것인 때에는 그 진술이 특히 신빙할 수 있는 상태하에서 행하여졌음이 증명된 때에 한하여 이를 증거로 할 수 있다. 〈개정 2007.6.1.〉
> ② 피고인 아닌 자의 공판준비 또는 공판기일에서의 진술이 피고인 아닌 타인의 진술을 그 내용으로 하는 것인 때에는 원진술자가 사망, 질병, 외국거주, 소재불명 그 밖에 이에 준하는 사유로 인하여 진술할 수 없고, 그 진술이 특히 신빙할 수 있는 상태하에서 행하여졌음이 증명된 때에 한하여 이를 증거로 할 수 있다. 〈개정 1995.12.29, 2007.6.1.〉

⑤ (○) 형법 제134조는 뇌물에 공할 금품을 필요적으로 몰수하고 이를 몰수하기 불가능한 때에는 그 가액을 추징하도록 규정하고 있는바, 몰수는 특정된 물건에 대한 것이고 추징은 본래 몰수할 수 있었음을 전제로 하는 것임에 비추어 뇌물에 공할 금품이 특정되지 않았던 것은 몰수할 수 없고 그 가액을 추징할 수도 없다(대법원 1996.5.8, 96도221).

정답 ①

---

043 종합 ◆◆◇   변호사 2018

甲은 A 소유의 부동산을 매수하면서 A와 매매계약을 한 후 소유권이전등기는 명의신탁약정을 맺은 乙 앞으로 경료하였다. 乙은 등기가 자신 명의로 되어있음을 기화로 친구인 丙과 공모하여 甲의 승낙 없이 이 부동산을 丙에게 헐값으로 처분하였다. 이 사실을 안 甲이 乙과 丙에게 폭언을 퍼붓자, 乙과 丙은 서로 짜고 B를 포함한 여러 사람들에게 甲을 모욕하는 말을 떠들고 다녔다. 이에 甲은 乙과 丙을 횡령과 모욕의 범죄사실로 고소하였다. 이후 甲은 도로상에서 만난 丙이 "왜 나를 고소했느냐?"라고 따지면서 대들자 마침 그곳을 지나가는 동생 丁에게 "강도인 저 사람이 칼을 갖고 형을 협박하니 좀 때려라."라고 하면서 상해의 고의로 옆에 있던 위험한 물건인 몽둥이를 건네주었고, 甲의 말만 믿은 丁은 甲을 방위할 의사로 丙에게 약 3주간의 치료를 요하는 상해를 가하였다. 이에 관한 설명 중 옳지 않은 것은? (다툼이 있는 경우 판례에 의함)

① 甲은 신탁부동산의 소유권을 가지지 아니하고, 甲과 乙 사이에 위탁신임관계를 인정할 수도 없어 乙을 甲의 부동산을 보관하는 자라고 할 수 없으므로, 乙이 신탁받은 부동산을 임의로 처분하여도 甲에 대한 관계에서 횡령죄가 성립하지 아니한다.

② 丁이 丙을 강도로 오인한 데 대하여 정당한 이유가 인정되지 않는 경우, 엄격책임설에 의하면 甲은 특수상해죄의 교사범이 성립한다.

③ 乙과 丙이 모욕죄의 공범으로 기소되어 제1심 공판심리 중 甲이 乙에 대한 고소를 취소하면 수소법원은 乙과 丙 모두에 대하여 공소기각의 판결을 선고해야 한다.

④ 乙과 丙의 모욕죄에 대한 공판심리 중 피해자인 甲은 B를 증인으로 신문해 줄 것을 수소법원에 신청할 수 있다.

⑤ 만일 검사로부터 丙을 모욕죄로 공소를 제기하지 아니한다는 통지를 받은 甲이 관할 고등법원에 재정신청을 하였다면 재정결정이 확정될 때까지 공소시효의 진행은 정지되며, 법원의 공소제기 결정에 대하여 검사는 즉시항고 등의 방법으로 불복할 수 없다.

해설

④ (×) 피해자가 공판심리 중 제3자를 증인으로 신문해 줄 것을 수소법원에 신청할 수 있는 권리 즉, 증거신청권에 대한 규정은 없다. 제294조의2 제1항과 비교할 것

① (○) 명의신탁자가 매수한 부동산에 관하여 부동산실명법을 위반하여 명의수탁자와 맺은 명의신탁약정에 따라 매도인으로부터 바로 명의수탁자 명의로 소유권이전등기를 마친 이른바 중간생략등기형 명의신탁을 한 경우, 명의신탁자는 신탁부동산의 소유권을 가지지 아니하고, 명의신탁자와 명의수탁자 사이에 위탁신임관계를 인정할 수도 없다. 따라서 명의수탁자가 명의신탁자의 재물을 보관하는 자라고 할 수 없으므로, 명의수탁자가 신탁받은 부동산을 임의로 처분하여도 명의신탁자에 대한 관계에서 횡령

죄가 성립하지 아니한다(대법원 2016.5.19, 2014도6992 전원합의체).

② (○) '위법성조각사유의 전제사실의 착오'에 대한 것이다. 이에 대해 법률의 착오로 보아, 그 착오에 정당한 이유가 있으면 책임이 조각된다고 보는 견해는 엄격책임설이다. 엄격책임설에 의하면 정당한 이유가 없는 경우 정범은 특수상해죄, 교사자인 甲은 특수상해죄의 교사범이 성립한다.

③ (○) 고소불가분의 원칙상 공범 중 일부에 대하여만 처벌을 구하고 나머지에 대하여는 처벌을 원하지 않는 내용의 고소는 적법한 고소라고 할 수 없고, 공범 중 1인에 대한 고소취소는 고소인의 의사와 상관없이 다른 공범에 대하여도 효력이 있다(대법원 2009.1.30, 2008도7462).

[보충] 결국 공소기각판결을 선고해야 한다는 판례이다.

⑤ (○) 제262조의4 제1항 참조.

> 제262조의4(공소시효의 정지 등) ① 제260조에 따른 재정신청이 있으면 제262조에 따른 재정결정이 확정될 때까지 공소시효의 진행이 정지된다. 〈개정 2016.1.6.〉

정답 ④

044 ✅ 종합 ◆◆◇ 변호사 2018

다음 판결문에 관한 〈보기〉의 설명 중 옳은 것을 모두 고른 것은?

> [원심판결] ○○지방법원 2017.8.10. 선고 2017노3456 판결 【폭행】
> [이유]
> 폭행죄에 있어서의 폭행이라 함은 사람의 신체에 대하여 물리적 유형력을 행사함을 뜻하는 것으로서 욕설을 한 것 외에 별다른 행위를 한 것이 없다면 이는 유형력의 행사라고 보기 어려울 것이다. 원심이 이와 같은 취지에서 무죄를 선고한 조치는 정당하다.

┤ 보기 ├
ㄱ. 재판부는 상고를 기각하였다.
ㄴ. 위 사건의 2심 재판의 관할 법원은 고등법원이다.
ㄷ. 피고인이 2심 판결에 불복하여 제기한 재판에서 내려진 판결이다.
ㄹ. 피고인의 행위가 폭행죄의 구성요건에 해당하지 않는다는 판단이 내려졌다.

① ㄱ, ㄷ ② ㄱ, ㄹ
③ ㄴ, ㄷ ④ ㄷ, ㄹ
⑤ ㄱ, ㄴ, ㄷ, ㄹ

해설
ㄱ. (○) 재판부는 원심의 조치를 정당하다고 판단하였고, 판례번호를 보면 '노'로 되어 있어 원심은 2심이고, 본 판결은 2심에 대해 상고한 것이고 재판부는 상고를 기각한 것이다.
ㄴ. (×) 원심판결을 보면 '지방법원'이라고 되어 있으므로 1심의 사물관할이 단독판사의 관할에 속하는 사건으로서 그 항소심은 지

방법원 본원 합의부가 담당하는 사건이다. 따라서 고등법원이 아니다.
ㄷ. (×) 이유 부분을 보면, 본 판결은 원심이 무죄를 선고하였고 이에 대해 검사가 불복하여 제기한 재판에서 내려진 판결이다.
ㄹ. (○) 폭행죄의 구성요건인 '폭행은 유형력의 행사가 인정되어야 하는데, 판결이유에서 유형력의 행사로 보기 어렵다고 하였으므로, 피고인의 행위가 폭행죄의 구성요건에 해당하지 않는다는 판단이 내려졌다는 지문은 옳다.

정답 ②

045 ✅ 종합 ◆◆◇ 변호사 2018

A 금융컨설팅 주식회사 대표이사 甲은 금융기관에 청탁하여 B 주식회사가 20억원의 대출을 받을 수 있도록 알선행위를 하고 그 대가로서 컨설팅 용역계약 수수료 명목으로 1억원을 A 주식회사의 계좌로 송금 받았다. 위 1억원 중 1,000만원은 직원급여로 지급되었다. 검사는 甲을 특정경제범죄 가중처벌 등에 관한 법률 위반(알선수재)죄로 기소하였고 제1심 법원은 甲의 유죄를 인정하고 징역 및 추징을 선고하였다. 이에 甲은 추징액이 잘못되었다고 주장하면서 추징 부분에 대하여만 항소를 제기하였다. 이에 관한 설명 중 옳지 않은 것을 모두 고른 것은? (다툼이 있는 경우 판례에 의함)

> ㄱ. 대출 알선행위의 대가로 받은 수수료에 대한 권리가 A회사에 귀속되므로 수수료로 받은 금원의 가액을 A 회사로부터 추징하여야 한다.
> ㄴ. 甲이 위 1억원 중 개인적으로 실제 사용한 금원이 있을 경우 그 금원에 한해 그 가액을 추징할 수 있다.
> ㄷ. 위 사례에서 법원이 선고하여야 할 추징 액수는 직원에게 지급된 급여를 제외한 9,000만원이다.
> ㄹ. 甲이 추징에 관한 부분만을 불복대상으로 삼아 항소를 제기하였더라도 항소심의 심리 범위는 본안에 관한 판단부분에까지 미친다.

① ㄱ, ㄷ ② ㄴ, ㄹ
③ ㄱ, ㄴ, ㄷ ④ ㄱ, ㄷ, ㄹ
⑤ ㄴ, ㄷ, ㄹ

해설
ㄱ. (×) ㄴ. (×) 주식회사의 대표이사로서 특정경제범죄 가중처벌 등에 관한 법률 제7조에 해당하는 행위를 하고 당해 행위로 인한 대가로 수수료를 받았다면, 수수료에 대한 권리가 위 회사에 귀속된다 하더라도 행위자인 피고인으로부터 수수료로 받은 금품을 몰수 또는 그 가액을 추징할 수 있으므로, 피고인이 개인적으로 실제 사용한 금품이 없다고 하더라도 마찬가지이다(대법원 2015.1.15, 2012도7571).
ㄷ. (×) 직원에게 지급된 급여를 제외할 수 없다. "그 추징의 범위는 범인이 실제로 취득한 이익에 한정된다고 봄이 상당하고, 다만 범인이 성매매알선 등 행위를 하는 과정에서 지출한 세금 등의 비용은 성매매알선의 대가로 취득한 금품을 소비하거나 자신의 행위를 정당화시키기 위한 방법의 하나에 지나지 않으므로 추징

액에서 이를 공제할 것은 아니다(대법원 2008.6.26, 2008도 1392 등)(대법원 2009.5.14, 2009도2223)."

ㄹ. (○) 피고사건의 주위적 주문과 몰수 또는 추징에 관한 주문은 상호 불가분적 관계에 있어 상소불가분의 원칙이 적용되는 경우에 해당한다. 따라서 피고사건의 재판 가운데 몰수 또는 추징에 관한 부분만을 불복대상으로 삼아 상소가 제기되었다 하더라도, 상소심으로서는 이를 적법한 상소제기로 다루어야 하고, 그 부분에 대한 상소의 효력은 그 부분과 불가분의 관계에 있는 본안에 관한 판단 부분에까지 미쳐 그 전부가 상소심으로 이심된다(대법원 2008.11.20, 2008도5596 전원합의체).

정답 ③

---

046 ✔ 종합 ◆◆◇ 〔변호사 2017〕

甲은 2016.12.4. 02:30경 A의 자취방에서 A로부터 심한 욕설을 듣자 격분하여 부엌칼로 A를 찔러 살해하였다. 甲은 같은 날 05:00경 피 묻은 자신의 옷을 A의 점퍼로 갈아입고 나오려 하다가 A의 점퍼 주머니 안에 A 명의의 B은행 계좌의 예금통장(예금액 500만원)과 도장이 들어 있는 것을 발견하였다. 甲은 A의 점퍼를 입고 집으로 돌아간 후에 2016.12.5. 10:30경 B은행으로 가서 위 예금통장과 도장을 이용하여 A 명의로 예금청구서를 작성하여 이를 은행직원에게 제출하고 예금 500만원을 모두 인출하였고, 위 예금통장과 도장은 甲의 집에 보관하고 있었다. 이에 관한 설명 중 옳은 것은? (다툼이 있는 경우 판례에 의함)

① 甲이 A를 살해하고 A의 예금통장과 도장이 들어 있는 점퍼를 입고 나온 행위는 강도살인죄가 성립한다.

② 甲이 A 명의로 예금청구서를 작성하고 이를 은행직원에게 제출하여 예금을 인출한 행위는 사문서위조죄 및 위조사문서행사죄, 사기죄가 성립하고, 그중 위조사문서행사죄와 사기죄는 상상적 경합관계에 있다.

③ 만일 甲이 위 예금통장을 B은행 현금자동지급기에 넣고 甲 명의의 C은행 계좌로 500만원을 계좌이체한 후, 이체된 500만원을 현금자동지급기를 이용하여 인출하였다면, 이러한 행위는 컴퓨터 등 사용사기죄 및 절도죄가 성립하고 양 죄는 실체적 경합관계에 있다.

④ 만일 사법경찰관이 2016.12.6. 14:00에 甲의 집에서 약 10킬로미터 떨어져 있는 버스터미널에서 甲을 적법하게 긴급체포하였다면, 사법경찰관은 긴급히 압수할 필요가 있는 때에는 2016.12.7. 14:00 이내에 한하여 甲의 집에서 위 예금통장과 도장을 영장 없이 압수·수색할 수 있다.

⑤ 검사가 긴급체포된 甲에 대하여 구속영장을 청구한 경우 구속영장을 청구 받은 판사는 지체 없이 甲을 심문하여야하며, 심문할 甲에게 변호인이 없는 때에는 甲의 신청이 있는 경우에 한하여 변호인을 선정하여 주어야 한다.

해설

④ (○) 제217조 제1항 참조.

> **제217조(영장에 의하지 아니하는 강제처분)** ① 검사 또는 사법경찰관은 제200조의3에 따라 체포된 자가 소유·소지 또는 보관하는 물건에 대하여 긴급히 압수할 필요가 있는 경우에는 체포한 때부터 24시간 이내에 한하여 영장 없이 압수·수색 또는 검증을 할 수 있다.

① (×) 피해자를 살해한 방에서 사망한 피해자 곁에 4시간 30분쯤 있다가 그곳 피해자의 자취방 벽에 걸려 있던 피해자가 소지하는 물건들을 영득의 의사로 가지고 나온 경우 피해자가 생전에 가진 점유는 사망 후에도 여전히 계속되는 것으로 보아야 하므로 피고

인의 행위는 피해자의 점유를 침탈한 것으로서 절도죄에 해당한다(대법원 1993.9.28, 93도2143).

② (×) [1] 절취한 은행예금통장을 이용하여 은행원을 기망해서 진실한 명의인이 예금을 찾는 것으로 오신시켜 예금을 편취한 것이라면 새로운 법익의 침해로 절도죄 외에 따로 사기죄가 성립한다(대법원 1974.11.26, 74도2817).
[2] 예금통장과 인장을 갈취한 후 예금 인출에 관한 사문서를 위조한 후 이를 행사하여 예금을 인출한 행위는 공갈죄 외에 별도로 사문서위조, 동행사 및 사기죄가 성립한다(대법원 1979.10.30, 79도489). 위조사문서행사죄와 사기죄는 법익이 다르므로 실체적 경합관계라는 것이 판례의 입장이다(대법원 1974.11.26, 74도2817).

③ (×) 피고인이 절취한 타인의 신용카드를 이용하여 현금지급기에서 계좌이체를 한 행위는 컴퓨터 등 사용사기죄에 해당함은 별론으로 하고 이를 절취행위라고 볼 수는 없고, 한편 계좌이체 후 현금지급기에서 현금을 인출한 행위는 자신의 신용카드나 현금카드를 이용한 것이어서 이러한 현금인출이 현금지급기 관리자의 의사에 반한다고 볼 수 없어 절취행위에 해당하지 않으므로 절도죄를 구성하지 않는다(대법원 2008.6.12, 2008도2440).

⑤ (×) 제201조의2 참조.

> **제201조의2(구속영장 청구와 피의자 심문)** ⑧ 심문할 피의자에게 변호인이 없는 때에는 지방법원판사는 직권으로 변호인을 선정하여야 한다. 이 경우 변호인의 선정은 피의자에 대한 구속영장 청구가 기각되어 효력이 소멸한 경우를 제외하고는 제1심까지 효력이 있다.

정답 ④

---

047 ✓ 종합 ◆◆◇　　　　　　　　　　변호사 2017

채무자 甲은 채권자 A의 가압류집행을 면탈할 목적으로, 자신이 제3채무자 乙에 대해 가지고 있는 채권을 2016.12.8. 丙에게 허위로 양도하였다. 한편 A는 甲의 乙에 대한 위 채권에 대하여 2016.12.1. 법원에 가압류신청을 하였고 법원의 가압류결정 정본은 2016.12.8. 乙에게 송달되었다. 이에 관한 설명으로 옳지 않은 것은? (다툼이 있는 경우 판례에 의함)

① 만일 A가 가압류신청을 한 상태가 아니라 甲을 상대로 가압류신청을 할 태세를 보이고 있는 상황이었더라도 甲에게 강제집행면탈죄가 성립할 수 있다.

② 만일 A가 가압류가 아닌 담보권 실행을 위한 경매를 신청한 경우라면 甲에게 강제집행면탈죄가 성립하지 않는다.

③ 검사가 甲을 강제집행면탈죄로 공소제기한 경우, 법원이 가압류결정 정본 송달과 채권양도행위의 선후에 대해 심리·판단하지 않고 무죄를 선고하였다면 위법하다.

④ 만일 甲의 乙에 대한 채권이 '장래의 권리'일지라도 甲과 乙 사이에 장래청구권이 충분하게 표시되었거나 결정된 법률관계가 존재한다면 강제집행면탈죄가 성립할 수 있다.

⑤ 위 사안에서 강제집행면탈죄가 성립하는 경우, 공소시효는 甲이 乙에게 채권양도의 통지를 한 때가 아니라 丙에게 채권을 허위양도한 때부터 진행한다.

해설

⑤ (×) 강제집행면탈의 목적으로 채무자가 그의 제3채무자에 대한 채권을 허위로 양도한 경우에 제3채무자에게 채권 양도의 통지가 행하여짐으로써 통상 제3채무자가 채권 귀속의 변동을 인식할 수 있게 된 시점에서는 채권 실현의 이익이 해하여질 위험이 실제로 발현되었다고 할 것이므로, 늦어도 그 통지가 있는 때에는 그 범죄행위가 종료하여 그때부터 공소시효가 진행된다(대법원 2011.10.13, 2011도6855).

① (○) 대법원 2012.6.28, 2012도3999

② (○) 대법원 2015.3.26, 2014도14909

③ (○) 채무자인 피고인이 채권자 甲의 가압류집행을 면탈할 목적으로 제3채무자 乙에 대한 채권을 병에게 허위양도하였다고 하여 강제집행면탈로 기소된 경우, 가압류결정 정본이 제3채무자에게 송달된 날짜와 피고인이 채권을 양도한 날짜가 동일하므로 가압류결정 정본이 乙에게 송달되기 전에 채권을 허위로 양도하였다면 강제집행면탈죄가 성립하는데도, 가압류결정 정본 송달과 채권양도 행위의 선후에 대해 심리·판단하지 아니한 채 무죄를 선고한 원심판결에는 법리오해 등의 위법이 있다(대법원 2012.6.28, 2012도3999).

④ (○) 대법원 2011.7.28, 2011도6115

정답 ⑤

048 ✓ 종합 ◆◆◇ 변호사 2017

음주운전으로 자동차운전면허가 취소된 甲은 술을 마신 상태로 도로에서 자동차를 운전하다가 단속 중인 경찰관에게 적발되어 음주측정한 결과 혈중알코올농도 0.078%로 측정되었다. 이 사건을 송치 받은 검사는 甲에 대하여 벌금 200만원의 약식명령을 청구하면서 필요한 증거서류 및 증거물을 법원에 제출하였고, 법원은 검사가 청구한 대로 벌금 200만원의 약식명령을 발령하였다. 이에 관한 설명 중 옳지 않은 것을 모두 고른 것은? (다툼이 있는 경우 판례에 의함)

ㄱ. 甲의 행위는 도로교통법위반(무면허운전)죄 및 도로교통법위반(음주운전)죄가 성립하고, 양 죄는 상상적 경합관계에 있다.
ㄴ. 甲이 약식명령에 대하여 불복하여 정식재판을 청구하였음에도 법원이 증거서류 및 증거물을 검사에게 반환하지 않고 보관하고 있다면 공소제기의 절차가 위법하게 된다.
ㄷ. 甲만이 약식명령에 불복하여 정식재판을 청구한 경우, 약식명령 절차와 그 심급을 같이 하므로 정식재판을 담당하는 법원은 약식명령보다 중한 벌금 300만원을 선고할 수 없다.
ㄹ. 약식명령이 검사나 甲의 정식재판 청구 없이 그대로 확정된 경우, 약식명령은 그 고지를 검사와 피고인에 대한 재판서 송달로 하고 따로 선고하지는 않으므로 그 기판력의 시적 범위는 약식명령 송달시를 기준으로 한다.
ㅁ. 약식명령을 발부한 법관이 그 정식재판 절차의 항소심 판결에 관여한 경우, 이는 제척사유인 '법관이 사건에 관하여 전심재판 또는 그 기초되는 조사, 심리에 관여한 때'에 해당한다.

① ㄱ, ㄹ
② ㄴ, ㄷ
③ ㄱ, ㄷ, ㅁ
④ ㄴ, ㄷ, ㄹ
⑤ ㄴ, ㄹ, ㅁ

해설

ㄱ. (○) 대법원 1987.2.24, 86도2731
ㄴ. (✕) 약식명령에 대한 정식재판청구가 제기되었음에도 법원이 증거서류 및 증거물을 검사에게 반환하지 않고 보관하고 있다고 하여 그 이전에 이미 적법하게 제기된 공소제기의 절차가 위법하게 된다고 할 수도 없다(대법원 2007.7.26, 2007도3906).
ㄷ. (✕) 제457조의2 제1항 참조.

제457조의2(형종 상향의 금지 등) ① 피고인이 정식재판을 청구한 사건에 대하여는 약식명령의 형보다 중한 종류의 형을 선고하지 못한다.

ㄹ. (✕) 포괄일죄의 관계에 있는 범행의 일부에 대하여 약식명령이 확정된 경우에는 그 약식명령의 발령시를 기준으로 하여 그 이전에 이루어진 범행에 대하여는 면소의 판결을 선고하여야 한다(대법원 2013.6.13, 2013도4737).

049 ✓ 종합 ◆◆◇ 변호사 2017

입시학원 강사인 甲은 A사립대학에 재직 중인 입학처장 乙에게 요청하여 A대학의 신입생전형 논술시험문제를 전자우편으로 전송받았다. 甲은 공모에 따라 A대학에 진학하고자 하는 학생들에게 시험문제와 답안을 알려주었고, 학생들은 답안지를 그대로 작성하여 그 정을 모르는 시험 감독관에게 제출하였다. 이에 관한 설명 중 옳지 않은 것은? (다툼이 있는 경우 판례에 의함)

① 甲은 위계로써 입시감독업무를 방해하였으므로 업무방해죄가 성립한다.
② 乙이 자신의 범행발각을 두려워하여 A대학의 입학관련 메인컴퓨터의 비밀번호를 변경하고 그 비밀번호를 입학담당관에게 알려주지 않은 경우, 乙에게는 컴퓨터 등 장애 업무방해죄가 성립한다.
③ 검사가 乙의 전자우편을 압수·수색하는 과정에서 급속을 요하는 때에는 압수·수색영장을 집행하면서 참여권자에 대한 사전통지를 생략하였다고 하더라도 적법절차원칙에 위배되지 않는다.
④ 공소제기 후, 검사가 제출한 증거에 대한 피고인 甲의 동의 또는 진정성립 여부 등에 관한 의견이 증거목록에 기재되었다면 증거목록의 기재는 공판조서의 일부로서 명백한 오기가 아닌 이상 절대적인 증명력을 가지게 된다.
⑤ 검사가 제출한 증거에 대해 甲이 증거동의 하였다면, 공판기일에서의 증거조사가 완료된 후 甲이 증거동의의 의사표시를 취소하더라도 이미 취득한 증거능력이 상실된다고 볼 수 없다.

해설

② (✕) 홈페이지 관리자의 비밀번호를 무단으로 변경한 행위가 컴퓨터장애 업무방해죄를 구성한다는 판례는 대학 측의 전보발령으로 웹서버를 관리·운영할 권한이 없는 상태임을 전제로 한다(대법원 2007.3.16, 2006도6663). 지문에서 乙은 A사립대학의 입학처장이므로 입학관련 메인컴퓨터의 비밀번호를 변경한 것은 정보처리장치에 부정한 명령을 입력하는 등의 행위로 볼 수 없다. 또한 그 비밀번호를 입학담당관에게 알려주지 않았다고 하더라도 정보처리장치의 작동에 직접 영향을 주어 그 사용목적에 부합하는 기능을 하지 못하게 하거나 사용목적과 다른 기능을 하게 하였다고 볼 수 없어 컴퓨터 등 장애 업무방해죄는 성립하지 아니한다(대법원 2004.7.9, 2002도631).
① (○) 대법원 1991.11.12, 91도2211
③ (○) 대법원 2012.10.11, 2012도7455
④ (○), ⑤ (○) 대법원 2015.8.27, 2015도3467

정답 ②

공무원인 甲은 건설회사 대표 乙에게 자신이 속한 부서가 관장하는 관급공사를 수주할 수 있게 해주겠다고 약속하고, 그 대가로 乙로부터 2016.3.15. 1,000만원을, 2016.4.1. 1,500만원을 받았다. 그 후 甲은 乙에게 직무상 비밀인 관급공사의 예정가격을 알려주어 乙이 공사를 수주하게 되었다. 검사는 甲이 변호인의 참여를 원한다는 의사를 명백하게 표시하였음에도, 정당한 사유 없이 변호인을 참여하게 하지 아니한 채 甲을 신문하여 피의자신문조서를 작성하였고, 추가조사를 거친 후에 甲과 乙에 대해 공소제기 하였다. 이에 관한 설명 중 옳지 않은 것은? (다툼이 있는 경우 판례에 의함)

① 甲에 대한 임용결격사유가 밝혀져 당초의 임용행위가 무효가 되더라도, 甲은 뇌물수수죄에 규정된 공무원에 해당한다.

② 甲에게는 수뢰후부정처사죄 및 공무상비밀누설죄가 성립하고, 양 죄는 상상적 경합관계에 있다.

③ 검사는 수사단계에서 甲에 대한 증거를 미리 보전하기 위하여 필요한 경우라도 甲과 乙은 필요적 공범이므로 판사에게 乙을 증인으로 신문할 것을 청구할 수 없다.

④ 검사가 작성한 피의자신문조서는 「형사소송법」 제312조 제1항에 정한 '적법한 절차와 방식'에 위반된 증거일 뿐만 아니라, 「형사소송법」 제308조의2에서 정한 '적법한 절차에 따르지 아니하고 수집한 증거'에 해당하므로 이를 증거로 할 수 없다.

⑤ 위 사건에서 심리결과 1,500만원에 대한 부분만 무죄로 판단되는 경우에는 판결이유에만 기재하고 주문에서 따로 무죄를 선고할 것이 아님에도 불구하고 법원이 그 판결주문에 무죄를 표시하였더라도 이러한 잘못이 판결에 영향을 미친 위법사유가 되는 것은 아니다.

해설

③ (×) 공동피고인과 피고인이 뇌물을 주고받은 사이로 필요적 공범관계에 있다고 하더라도 검사는 수사단계에서 피고인에 대한 증거를 미리 보전하기 위하여 필요한 경우에는 판사에게 공동피고인을 증인으로 신문할 것을 청구할 수 있다(대법원 1988.11.8, 86도1646).

① (○) 대법원 2014.3.27, 2013도11357

② (○) 수뢰 후 부정처사죄의 부정행사가 공도화변조 및 동행사나 허위공문서작성 및 동행사와 같은 다른 범죄를 구성하는 경우에는 수뢰후부정처사죄와 이들 각죄 간에는 상상적 경합관계가 인정된다(대법원 1983.7.26, 83도1378; 2001.2.9, 2000도1216). 사안의 경우에도 같은 법리가 적용된다.

④ (○) 대법원 2013.3.28, 2010도3359

⑤ (○) 대법원 1993.10.12, 93도1512

정답 ③

채권자인 甲과 그의 아내 乙은 빚을 갚지 못하고 있는 채무자 A를 찾아가 함께 심한 욕설을 하였다. 이에 관한 설명 중 옳은 것(○)과 옳지 않은 것(×)을 올바르게 조합한 것은? (다툼이 있는 경우 판례에 의함)

ㄱ. 위 사건현장에 甲, 乙, A만 있었다면 모욕죄는 성립하지 않는다.

ㄴ. 위 사건현장에 있던 A의 아들 B(5세)가 사건을 목격하였고 당시 상황을 이해하고 답변할 수 있다고 하더라도, B는 16세 미만의 선서무능력자이므로 그의 증언은 증거로 할 수 없다.

ㄷ. 검사가 甲과 乙을 모욕죄로 공소제기한 이후라도 A가 제1심 법원에 고소장을 제출하여 고소가 추완된 경우에는 제1심 법원은 공소기각의 판결이 아니라 실체재판을 하여야 한다.

ㄹ. A가 경찰청 인터넷 홈페이지에 '甲과 乙을 철저히 조사해 달라'는 취지의 민원을 접수하는 형태로 甲과 乙에 대한 조사를 촉구하는 의사표시를 하였더라도 「형사소송법」에 따른 적법한 고소를 한 것으로 볼 수 없다.

ㅁ. 만일 甲과 乙이 심한 욕설과 함께 A의 사무실 유리 탁자 등 집기를 손괴하면서 당장 빚을 갚지 않으면 조직폭력배를 동원하여 A의 가족에게 해를 가하겠다고 말하였더라도 甲과 乙은 채권자로서 권리를 행사한 것이므로 공갈죄는 성립할 수 없다.

	ㄱ	ㄴ	ㄷ	ㄹ	ㅁ
①	○	×	×	○	×
②	○	×	×	×	×
③	×	×	○	×	○
④	○	×	×	○	○
⑤	×	○	×	○	×

해설

ㄱ. (○) 공연성이 인정되지 않는다. 유사판례를 소개하면 다음과 같다. "피고인이 자신의 아들 등에게 폭행을 당하여 입원한 피해자의 병실로 찾아가 그의 모 甲과 대화하던 중 甲의 이웃 乙 및 피고인의 일행 丙 등이 있는 자리에서 "학교에 알아보니 피해자에게 원래 정신병이 있었다고 하더라."라고 허위사실을 말하여 피해자의 명예를 훼손하였다는 내용으로 기소된 경우, 피고인이 丙과 함께 피해자의 병문안을 가서 피고인·甲·乙·丙 4명이 있는 자리에서 피해자에 대한 폭행사건에 관하여 대화를 나누던 중 위 발언을 한 것이라면 불특정 또는 다수인이 인식할 수 있는 상태라고 할 수 없고, 또 그 자리에 있던 사람들의 관계 등 여러 사정에 비추어 피고인의 발언이 불특정 또는 다수인에게 전파될 가능성이 있다고 보기도 어려워 공연성이 인정되지 아니한다(대법원 2011.9.8, 2010도7497).

ㄴ. (×) 증인의 증언능력은 증인 자신이 과거에 경험한 사실을 그 기억에 따라 공술할 수 있는 정신적인 능력이라 할 것이므로, 유아의 증언능력에 관해서도 그 유무는 단지 공술자의 연령만에 의

할 것이 아니라 그의 지적수준에 따라 개별적이고 구체적으로 결정되어야 함은 물론 공술의 태도 및 내용 등을 구체적으로 검토하고, 경험한 과거의 사실이 공술자의 이해력, 판단력 등에 의하여 변식될 수 있는 범위 내에 속하는가의 여부도 충분히 고려하여 판단하여야 한다(대법원 2006.4.14, 2005도9561). 판례는 이를 근거로 사고 당시 만 3세 3개월 내지 만 3세 7개월가량이던 피해자인 여아의 증거능력을 인정한 바 있으므로, 설문의 경우에도 증거로 할 수 있다고 보아야 한다.

ㄷ. (×) 판례는 고소의 추완을 인정하지 않는 태도를 견지하므로(대법원 1982.9.14, 82도1504), 설문의 경우 공소기각의 판결을 하여야 한다(제327조 제2호).

ㄹ. (○) 피해자가 경찰청 인터넷 홈페이지에 민원을 접수하는 형태로 피고인에 대한 조사를 촉구하는 의사표시를 한 경우에 형사소송법의 고소에 해당하는지 여부를 판단함에 있어서는, 고소라 함은 범죄의 피해자 기타의 고소권자가 수사기관에 단순히 피해사실을 신고하거나 수사 및 조사를 촉구하는 것에 그치지 않고 범죄사실을 신고하여 범인의 소추·처벌을 요구하는 의사표시인 점, 특히 친고죄에 있어서의 고소는 고소요건의 충족, 고소기간의 경과, 고소 효력의 범위 등과 관련하여 중요한 의미가 있어 절차의 확실성이 요구되는 점, 현재 형사소송법 제237조 제1항은 고소의 형식으로 서면과 구술로 한정하고 있는 점 등을 고려하여야 한다. 원심이 이와 같은 취지에서 피해자가 경찰청 인터넷 홈페이지를 통해 이 사건 신고민원을 접수한 것은 형사소송법에 따른 적법한 고소가 아니라고 판단하여 이 사건 공소제기의 절차가 법률의 규정에 위반하여 무효인 때에 해당한다고 보아 이 사건 공소사실에 대하여 공소기각을 선고한 것은 정당하고, 거기에 상고이유로 주장하는 것과 같이 친고죄에 있어서 고소에 관한 법리를 오해한 등의 위법이 없다(대법원 2012.2.23, 2010도9524).

ㅁ. (×) 피고인이 피해자에 대하여 채권이 있다고 하더라도 그 권리행사를 빙자하여 사회통념상 용인되기 어려운 정도를 넘는 협박을 수단으로 상대방을 외포케 하여 재물의 교부 또는 재산상의 이익을 받았다면 공갈죄가 되는 것이다(대법원 2000.2.25, 99도4305).

정답 ①

✅ 종합 ◆◆◇　　변호사 2017

다음 설명 중 옳은 것을 모두 고른 것은? (다툼이 있는 경우 판례에 의함)

> ㄱ. 전자우편이 송신되어 수신인이 이를 확인하는 등으로 이미 수신이 완료된 전기통신에 관하여 남아 있는 기록이나 내용을 열어보는 등의 행위는 「통신비밀보호법」에서 규정하는 '전기통신의 감청'에 포함되지 않는다.
>
> ㄴ. 「통신비밀보호법」 제3조 제1항은 "공개되지 아니한 타인간의 대화를 녹음 또는 청취하지 못한다."라고 규정하고 있는데, 3인 간의 대화에서 그중 한 사람이 그 대화를 녹음 또는 청취하는 경우에 다른 두 사람의 발언은 그 녹음자 또는 청취자에 대한 관계에서 위 규정에서 말하는 '타인 간의 대화'라고 할 수 없다.
>
> ㄷ. 수사기관이 구속수감되어 있던 甲으로부터 피고인의 마약류관리에관한법률위반(향정) 범행에 대한 진술을 듣고 추가적인 증거를 확보할 목적으로, 甲에게 그의 압수된 휴대전화를 제공하여 피고인과 통화하고 위 범행에 관한 통화 내용을 녹음하게 한 경우, 甲이 통화당사자가 되므로 그 녹음을 증거로 사용할 수 있다.
>
> ㄹ. 경찰관이 노래방의 도우미 알선 영업단속 실적을 올리기 위하여 그에 대한 제보나 첩보가 없는데도 손님을 가장하고 들어가 도우미를 불러줄 것을 요구하였으나 한 차례 거절당한 후에 다시 찾아가 도우미를 불러 줄 것을 요구하여 도우미가 오자 단속하였다면 이는 위법한 함정수사에 해당한다.
>
> ㅁ. 위법한 함정수사에 기하여 공소를 제기한 피고사건은 범죄로 되지 아니하므로 「형사소송법」 제325조의 규정에 따라 법원은 판결로써 무죄를 선고하여야 한다.

① ㄱ, ㄴ, ㄷ　　　　② ㄱ, ㄴ, ㄹ
③ ㄱ, ㄷ, ㅁ　　　　④ ㄴ, ㄹ, ㅁ
⑤ ㄷ, ㄹ, ㅁ

해설

ㄱ. (○) 대법원 2013.11.28, 2010도12244
ㄴ. (○) 대법원 2014.5.16, 2013도16404
ㄷ. (×) 수사기관이 구속수감된 甲으로 하여금 피고인의 범행에 관한 통화 내용을 녹음하게 한 행위는 수사기관 스스로가 주체가 되어 구속수감된 자의 동의만을 받고 상대방인 피고인의 동의가 없는 상태에서 그들의 통화 내용을 녹음한 것으로서 범죄수사를 위한 통신제한조치의 허가 등을 받지 아니한 불법감청에 해당한다고 보아야 할 것이므로, 그 녹음 자체는 물론이고 이를 근거로 작성된 수사보고의 기재 내용과 첨부 녹취록 및 첨부 mp3 파일도 모두 피고인과 변호인의 증거동의에 상관없이 증거능력이 없다(대법원 2010.10.14, 2010도9016).
ㄹ. (○) 대법원 2008.10.23, 2008도7362
ㅁ. (×) 본래 범의를 가지지 아니한 자에 대하여 수사기관이 사술이나 계략 등을 써서 범의를 유발케 하여 범죄인을 검거하는 함정수사는 위법함을 면할 수 없고 이러한 함정수사에 기한 공소제기

종합문제 **733**

는 그 절차가 법률의 규정에 위반하여 무효인 때에 해당한다고 볼 것이다(대법원 2008.10.23, 2008도7362). 따라서 공소기각판결을 선고해야 한다(제327조 제2호).

정답 ②

053 ✅ 종합 ◆◆◇ 국가7급 2014 유사 | 변호사 2017

「형법」 제37조 후단의 사후적 경합범에 관한 설명 중 옳지 않은 것은? (다툼이 있는 경우 판례에 의함)

① 2004.1.20. 법률 제7077호로 공포·시행된 「형법」 개정 법률에서는 「형법」 제37조 후단의 '판결이 확정된 죄'를 '금고 이상의 형에 처한 판결이 확정된 죄'로 개정하면서 특별한 경과규정을 두지 않았다. 그러나 피고인에게 불리하게 되는 등의 특별한 사정이 없는 한 위 개정법률 시행 당시 법원에 계속 중인 사건 중 위 개정법률 시행 전에 벌금형에 처한 판결이 확정된 경우에도 개정 법률이 적용되는 것으로 보아야 한다.

② 경합범 중 판결을 받지 아니한 죄가 있는 때에는 그 죄와 판결이 확정된 죄를 동시에 판결할 경우와 형평을 고려하여 그 죄에 대하여 형을 선고한다. 이 경우 그 형을 감경 또는 면제할 수 있다.

③ '판결이 확정된 죄'라 함은 수개의 독립된 죄 중의 어느 죄에 대하여 확정판결이 있었던 사실 그 자체를 의미하나, 일반사면으로 형의 선고의 효력이 상실된 경우에는 '판결이 확정된 죄'에 해당하지 않는다.

④ 피고인이 경합범 관계에 있는 A, B, C, D의 죄를 순차적으로 범하였는데 B와 C 범죄의 중간 시점에 금고이상의 형에 처한 판결이 확정된 경우, 판결 주문은 "피고인을 판시 제1죄(A, B)에 대하여 징역 1년에, 판시 제2죄(C, D)에 대하여 징역 2년에 각 처한다."라는 형식으로 기재된다.

⑤ 위 ④의 경우 피고인만 판시 제1죄에 대하여만 무죄를 주장하며 항소를 하였다면, 판시 제2죄 부분은 항소기간이 지남으로써 확정된다.

해설

③ (×) 형법 제37조 후단의 경합범에 있어서 '판결이 확정된 죄'라 함은 수개의 독립된 죄 중의 어느 죄에 대하여 확정판결이 있었던 사실 자체를 의미하고 일반사면으로 형의 선고의 효력이 상실된 여부는 묻지 않는다고 해석할 것이므로, 사면됨으로써 형의 선고의 효력이 상실되었다고 하더라도 확정판결을 받은 죄의 존재가 이에 의하여 소멸되지 않는 이상 형법 제37조 후단의 판결이 확정된 죄에 해당한다(대법원 1996.3.8, 95도2114).

① (○) 대법원 2005.7.14, 2003도1166
② (○) 형법 제39조 제1항 참조.

> **형법 제39조(판결을 받지 아니한 경합범, 수개의 판결과 경합범, 형의 집행과 경합범)** ① 경합범 중 판결을 받지 아니한 죄가 있는 때에는 그 죄와 판결이 확정된 죄를 동시에 판결

할 경우와 형평을 고려하여 그 죄에 대하여 형을 선고한다. 이 경우 그 형을 감경 또는 면제할 수 있다.

④ (○) 대법원 2010.11.25, 2010도10985
⑤ (○) 수개의 판결주문으로 수개의 형이 선고된 경우도 일부상소가 허용된다.

정답 ③

054 ✅ 종합 ◆◆◇ 변호사 2018

검사는 특수(합동)절도(㉠)를 범한 甲과 乙에 대하여 공소를 제기하였다. 그러면서 甲에 대하여는 甲이 단독으로 범한 절도(㉡)도 경합범으로 함께 기소하였다. 검사는 제1회 공판기일에 기소요지를 진술하면서 증거목록을 제출하였는데, 甲은 증거목록상의 증거들을 부동의하면서 자신은 사건 당시 집에 있었으므로 공동피고인 乙과 합동한 사실이 없고 단독으로 절도를 범한 사실도 없다고 하면서 범행을 부인하고 있다. 한편, 乙은 자신의 범행을 자백하였고, 乙의 진술 중 甲의 진술과 배치되는 부분에 대하여는 甲의 변호인이 乙에 대하여 반대신문을 실시하였다. 이에 관한 설명 중 옳지 않은 것은? (다툼이 있는 경우 판례에 의함)

① 甲의 ㉠ 범죄사실에 대하여 제출된 乙에 대한 사법경찰관 작성의 피의자신문조서에 "甲과 함께 절도를 하였습니다."라는 내용이 기재되어 있는 경우, 이 조서는 증거능력이 없다.

② 甲의 ㉠ 범죄사실에 대하여 제출된 乙에 대한 검사 작성의 피의자신문조서에 "甲은 망을 보고, 제가 절도를 하였습니다."라는 내용이 기재되어 있고 乙이 법정에서 이 조서에 자신이 말한 대로 기재되어 있다고 말할 뿐 아니라 조서가 적법한 절차와 방식에 따라 작성되었고 임의성 및 특신상태도 증명되었다면 이 조서는 증거능력이 있다.

③ 甲의 변호인이 "합동범이 성립하기 위하여는 주관적 요건으로서의 공모와 객관적 요건으로서의 실행행위의 분담이 있어야 하고, 그 실행행위에 있어서는 시간적으로나 장소적으로 협동관계가 있음을 요한다."라고 주장하는 경우, 이 주장은 판례의 입장과 부합한다.

④ 甲의 ㉡ 범죄사실과 관련하여 乙이 피고인신문 과정에서 "甲이 절도를 하는 것을 보았습니다."라고 진술한 경우, 이 진술은 ㉡ 범죄사실에 대한 증거능력이 있다.

⑤ 甲의 ㉡ 범죄사실에 대하여 제출된 乙에 대한 검사 작성의 피의자신문조서에 "丙으로부터 甲이 절도를 하였다는 말을 들었습니다."라는 내용이 기재되어 있는 경우, 丙이 이 사건 법정에 증인으로 출석하여 "甲이 절도를 하는 것을 보았고, 이 이야기를 乙에게 하였습니다."라는 내용으로 증언하였더라도 이 조서는 증거능력이 없다.

해설

② (×) 형사소송법 제312조 제1항에서 정한 '검사가 작성한 피의자 신문조서'란 당해 피고인에 대한 피의자신문조서만이 아니라 당해 피고인과 공범관계에 있는 다른 피고인이나 피의자에 대하여 검사가 작성한 피의자신문조서도 포함되고, 여기서 말하는 '공범'에는 형법 총칙의 공범 이외에도 서로 대항된 행위의 존재를 필요로 할 뿐 각자의 구성요건을 실현하고 별도의 형벌 규정에 따라 처벌되는 강학상 필요적 공범 또는 대항범까지 포함한다. 따라서 피고인이 자신과 공범관계에 있는 다른 피고인이나 피의자에 대하여 검사가 작성한 피의자신문조서의 내용을 부인하는 경우에는 형사소송법 제312조 제1항에 따라 유죄의 증거로 쓸 수 없다(대법원 2023.6.1, 2023도3741).

④ (×) (이 문제는 2018년 변호사시험 기출문제이며 이에 출제의 의도를 최대한 존중하여 해설하자면,) 갑의 ⓒ범죄와 관련하여 을은 공범자 아닌 공동피고인으로서 증인의 지위에 있다고 볼 수 있다. 사안은 피고인신문을 하였다고 제시되어 있고, 증인으로서 선서가 없고 증인신문으로 진행되었다는 내용은 제시되어 있지 않기 때문에 을이 피고인 신문과정에서 한 진술은 증거능력이 없다. [판례] 피고인과 별개의 범죄사실로 기소되어 병합심리 중인 공동피고인은 피고인의 범죄사실에 관하여는 증인의 지위에 있다 할 것이므로 선서 없이 한 공동피고인의 법정진술이나 피고인이 증거로 함에 동의한 바 없는 공동피고인에 대한 피의자신문조서는 피고인의 공소 범죄사실을 인정하는 증거로 할 수 없다(대법원 1982.9.14, 82도1000). [보충] 다만, 공범자의 공판정 자백의 증거능력에 대하여, 판례는 공범자인 공동피고인에 대한 피고인신문절차에서 피고인의 반대신문권이 보장되어 있으므로 공범자인 공동피고인의 공판정 자백은 피고인의 공소사실에 대하여 증거능력이 있다는 입장이다(적극설, 대법원 1992.7.28, 92도917 등). 따라서 위 지문이 틀린 것으로 처리가 되려면 "선서를 하지 아니하고 증인신문 과정에서"라는 표현으로 바뀌어야 한다. 판례에 의하여 정답을 고르는 문제이므로, 출제가 섬세하지 못한 부분으로 생각된다.

① (○) 당해 피고인과 공범관계가 있는 다른 피의자에 대한 검사 이외의 수사기관 작성의 피의자신문조서는 그 피의자의 법정진술에 의하여 그 성립의 진정이 인정되더라도 당해 피고인이 공판기일에서 그 조서의 내용을 부인하면 증거능력이 부정되므로 그 당연한 결과로 그 피의자신문조서에 대하여는 사망 등 사유로 인하여 법정에서 진술할 수 없는 때에 예외적으로 증거능력을 인정하는 규정인 형사소송법 제314조가 적용되지 아니한다(대법원 2004.7.15, 2003도7185 전원합의체).

③ (○) 형법 제331조 제2항 후단에 정한 합동범으로서의 특수절도가 성립되기 위하여서는 주관적 요건으로서의 공모와 객관적 요건으로서의 실행행위의 분담이 있어야 하고 그 실행행위에 있어서는 시간적으로나 장소적으로 협동관계가 있음을 요한다(대법원 1989.3.14, 88도837).

⑤ (○) 사안은 재전문서류에 해당하여 제312조와 제316조의 요건을 충족한다면 증거능력을 인정할 수 있다. 그러나 원진술자가 증인으로 출석하여 진술하였으므로 제316조 제2항의 요건을 충족하지 못해 증거능력을 인정할 수 없다(제310조의2). [조문] 제316조(전문의 진술) ② 피고인 아닌 자의 공판준비 또는 공판기일에서의 진술이 피고인 아닌 타인의 진술을 그 내용으로 하는 것인 때에는 원진술자가 사망, 질병, 외국거주, 소재불명 그 밖에 이에 준하는 사유로 인하여 진술할 수 없고, 그 진술이 특히 신빙할 수 있는 상태하에서 행하여졌음이 증명된 때에 한하여 이를 증거로 할 수 있다.

정답 ② · ④

---

055 ✓ 종합 ◆◆◇ 변호사 2019

다음 설명 중 옳은 것은? (다툼이 있는 경우 판례에 의함)

① 불심검문하는 사람이 경찰관이고 검문하는 이유가 자신의 범죄행위에 관한 것임을 피고인이 충분히 알고 있었다고 보이더라도, 경찰관이 신분증을 제시하지 않았다면, 그 불심검문은 위법하다.

② 벌금형에 따르는 노역장유치의 집행을 위하여 형집행장을 발부하여 구인하는 경우에도 구속이유의 고지에 관한 「형사소송법」 제72조가 준용된다.

③ 피고인이 증거서류의 진정성립을 묻는 검사의 질문에 대하여 진술거부권을 행사하여 진술을 거부한다면 이는 「형사소송법」 제314조의 '그 밖에 이에 준하는 사유로 인하여 진술할 수 없는 때'에 해당한다.

④ 구속영장 발부에 의하여 적법하게 구금된 피의자가 피의자신문을 위한 수사기관 조사실 출석을 거부하는 경우 수사기관은 구속영장의 효력에 의하여 피의자를 조사실로 구인할 수 있다.

⑤ 우편물 통관검사절차에서 이루어지는 검사는 행정조사에 해당하지만 압수·수색영장 없이 우편물을 개봉하는 것은 위법하다.

해설

④ (○) 구속영장 발부에 의하여 적법하게 구금된 피의자가 피의자신문을 위한 출석요구에 응하지 아니하면서 수사기관 조사실에 출석을 거부한다면 수사기관은 그 구속영장의 효력에 의하여 피의자를 조사실로 구인할 수 있다고 보아야 한다(대법원 2013.7.1, 2013모160).

① (×) 불심검문을 하게 된 경위, 불심검문 당시의 현장상황과 검문을 하는 경찰관들의 복장, 피고인이 공무원증 제시나 신분 확인을 요구하였는지 여부 등을 종합적으로 고려하여, 검문하는 사람이 경찰관이고 검문하는 이유가 범죄행위에 관한 것임을 피고인이 충분히 알고 있었다고 보이는 경우에는 신분증을 제시하지 않았다고 하여 그 불심검문이 위법한 공무집행이라고 할 수 없다(대법원 2014.12.11, 2014도7976).

② (×) 형사소송법 제475조는 형집행장의 집행에 관하여 형사소송법 제1편 제9장에서 정하는 피고인의 구속에 관한 규정을 준용한다고 규정하고 있고, 여기서 '피고인의 구속에 관한 규정'은 '피고인의 구속영장의 집행에 관한 규정'을 의미한다고 할 것이므로, 형집행장의 집행에 관하여는 구속의 사유에 관한 형사소송법 제70조나 구속이유의 고지에 관한 형사소송법 제72조가 준용되지 아니한다(대법원 2013.9.12, 2012도2349).

③ (×) 형사소송법 제314조의 문언과 개정 취지, 진술거부권 관련 규정의 내용 등에 비추어 보면, 피고인이 증거서류의 진정성립을 묻는 검사의 질문에 대하여 진술거부권을 행사하여 진술을 거부한 경우는 형사소송법 제314조의 '그 밖에 이에 준하는 사유로 인하여 진술할 수 없는 때'에 해당하지 아니한다(대법원 2013.6.13, 2012도16001).

⑤ (×) 우편물 통관검사절차에서 이루어지는 우편물의 개봉, 시료채취, 성분분석 등의 검사는 수출입물품에 대한 적정한 통관 등을 목적으로 한 행정조사의 성격을 가지는 것으로서 수사기관의 강제처분이라고 할 수 없으므로, 압수·수색영장 없이 우편물의 개봉, 시료채취, 성분분석 등 검사가 진행되었다 하더라도 특별한 사정이 없는 한 위법하다고 볼 수 없다(대법원 2013.9.26,

2013도7718).

정답 ④

056 ✅종합 ◆◆◇ 법원승진 2014 유사 변호사 2019

뇌물 수수자 甲과 뇌물 공여자 乙에 대한 뇌물 사건을 수사하던 검사는 乙의 동창생 丙을 참고인으로 불러 "乙이 '甲에게 뇌물을 주었다'고 내게 말했다."라는 취지의 진술을 확보하고 甲과 乙을 공동피고인으로 기소하였다. 그러나 공판정에 증인으로 출석한 丙은 일체의 증언을 거부하였고, 오히려 그 동안 일관되게 범행을 부인하던 乙이 심경의 변화를 일으켜 뇌물공여 혐의를 모두 시인하였다. 이에 관한 설명 중 옳은 것은? (다툼이 있는 경우 판례에 의함)

① 丙이 정당하게 증언거부권을 행사했다면, 丙에 대한 진술조서는 증거능력이 인정된다.

② 丙에 대한 진술조서 중 '甲에게 뇌물을 주었다'는 부분은 甲의 혐의에 대해서는 증거능력이 인정된다.

③ 乙이 공판정에서 한 자백은 丙에 대한 진술조서로 보강할 수 있다.

④ 乙이 공판정에서 한 자백은 甲의 혐의에 대해서는 유죄인정의 증거가 될 수 없다.

⑤ 소송절차가 분리되면 乙은 甲에 대한 공소사실에 관하여 증인이 될 수 있다.

해설

⑤ (○) 피고인의 지위에 있는 공동피고인은 다른 공동피고인에 대한 공소사실에 관하여 증인이 될 수 없으나, 소송절차가 분리되어 피고인의 지위에서 벗어나게 되면 다른 공동피고인에 대한 공소사실에 관하여 증인이 될 수 있고, 이는 대향범인 공동피고인의 경우에도 다르지 않다(대법원 2012.3.29, 2009도11249).

① (×) 형사소송법 제314조의 문언과 개정 취지, 증언거부권 관련 규정의 내용 등에 비추어 보면, 법정에 출석한 증인이 형사소송법 제148조, 제149조 등에서 정한 바에 따라 정당하게 증언거부권을 행사하여 증언을 거부한 경우는 형사소송법 제314조의 '그 밖에 이에 준하는 사유로 인하여 진술할 수 없는 때'에 해당하지 아니한다고 할 것이다(대법원 2012.5.17, 2009도6788 전원합의체).

② (×) 丙에 대한 참고인진술조서는 피고인의 진술을 그 내용으로 하는 전문진술이 기재된 전문서류로서(재전문서류), … 나아가 형사소송법 제316조 제2항의 규정에 따른 위와 같은 조건을 갖춘 때에 예외적으로 증거능력을 인정하여야 할 것이다(대법원 2012.5.24, 2010도5948). 사안의 경우, 우선 丙의 실질적 진정성립 인정이 없으므로 제312조 제4항에 의하여 그 증거능력이 인정되지 않는다(제312조 제4항에 의할 때 영상녹화물 등 객관적 방법에 의한 대체증명이 가능하나, 문제에 적시되지 않은 것으로 보아 이는 배제함). 또한 피고인 甲의 혐의에 대한 증거능력이 문제되므로 원진술자 乙은 피고인 아닌 자이다. 따라서 전문진술의 증거능력 인정의 예외를 정한 제316조 제2항의 요건을 갖추어야 하는데, 사안에서 원진술자 乙의 법정출석 및 진술이 있는 경우이므로(소재불명 등 요건충족 안 됨) 역시 그 증거능력

이 인정되지 않는다.

③ (×) 보강증거도 증거능력이 있어야 한다. 따라서 전문법칙의 예외에 해당하지 않아 증거능력이 없는 전문증거는 보강증거가 될 수 없다(대법원 2017.9.21, 2015도12400). 丙에 대한 참고인진술조서는 증거능력이 없으므로 乙의 자백에 대한 보강증거가 될 수 없다.

④ (×) 형사소송법 제310조의 피고인의 자백에는 공범인 공동피고인의 진술이 포함되지 아니하므로 공범인 공동피고인의 진술은 다른 공동피고인에 대한 범죄사실을 인정하는데 있어서 증거로 쓸 수 있고 그에 대한 보강증거의 여부는 법관의 자유심증에 맡긴다(대법원 1985.3.9, 85도951). 또한 공동피고인의 자백은 이에 대한 피고인의 반대신문권이 보장되어 있어 증인으로 신문한 경우와 다를 바 없으므로 독립한 증거능력이 있다(대법원 1987.7.7, 87도973).

정답 ⑤

甲은 2014.1.9. A를 상대로 ○○지방검찰청에, "2010. 9.1. A로부터 건물창호공사를 도급받아 시공한 공사대금을 9,000만원으로 정산하고 위 건물 201호를 대물변제받기로 하였으나, A가 자신에게 소유권이전등기를 해주지 않고 다른 사람에게 매도하였으므로 처벌해 달라."라는 내용으로 고소장을 제출하였다. 그러나 수사과정에서 사실은 공사대금이 700만원에 불과하고 위 금원마저 모두 지급되어 둘 사이의 채권채무관계가 정산되었음이 확인되었다. 이에 검사는 2014.9.1. A에 대하여 불기소처분을 하였고, 甲을 무고죄로 기소하였다. 한편 甲이 A를 고소할 당시, 대법원은 '채권담보로 부동산에 관한 대물변제예약을 체결한 채무자가 그 부동산을 처분한 경우 배임죄가 성립한다.'고 보았으나, 2014.8.21. 판례를 변경하여 '배임죄가 성립하지 않는다.'고 하였다. 이에 관한 설명 중 옳지 않은 것은? (다툼이 있는 경우 판례에 의함)

① 변경된 대법원 판례에 따르면 A는 타인의 사무를 처리하는 자가 아니다.

② 판례가 변경되었다고 하더라도 특별한 사정이 없는 한 이미 성립한 甲의 무고죄에는 영향을 미치지 않는다.

③ 만약 甲이 제1심 법원에서 공소사실을 자백하여 간이공판절차로 진행된 후 甲이 항소심에서 범행을 부인하면, 간이공판절차의 효력이 상실되므로 다시 증거조사를 하여야 한다.

④ 만약 甲이 제1심 법원에서 징역 1년 6월, 집행유예 3년의 판결을 선고받아 甲만이 항소한 경우, 항소심 법원이 징역 1년의 실형을 선고하였다면, 「형사소송법」 제368조에 정해진 불이익변경금지원칙에 위배된다.

⑤ 만약 구치소에 있는 甲이 검사의 불기소처분에 대하여 재정신청을 하였으나 법원으로부터 기각결정을 받고 이에 재항고를 제기하고자 한다면, 그 재항고에 대한 법정기간의 준수 여부는 재항고장이 법원에 도달한 시점을 기준으로 판단하여야 하고, 거기에 「형사소송법」 제344조 제1항에서 정한 재소자 피고인 특칙은 준용되지 아니한다.

해설

③ (×) 피고인이 제1심법원에서 공소사실에 대하여 자백하여 제1심법원이 이에 대하여 간이공판절차에 의하여 심판할 것을 결정하고, 이에 따라 제1심법원이 제1심판결 명시의 증거들을 증거로 함에 피고인 또는 변호인의 이의가 없어 형사소송법 제318조의3의 규정에 따라 증거능력이 있다고 보고, <u>상당하다고 인정하는 방법으로 증거조사를 한 이상, 가사 항소심에 이르러 범행을 부인하였다고 하더라도 제1심법원에서 증거로 할 수 있었던 증거는 항소법원에서도 증거로 할 수 있는 것</u>이므로 제1심법원에서 이미 증거능력이 있었던 증거는 항소심에서도 증거능력이 그대로 유지되어 심판의 기초가 될 수 있고 <u>다시 증거조사를 할 필요가 없다</u>(대법원 1998.2.27, 97도3421).

① (○) 피고인이 대물변제예약에 따라 甲에게 부동산의 소유권이전등기를 마쳐 줄 의무는 민사상 채무에 불과할 뿐 타인의 사무

라고 할 수 없어 피고인이 '타인의 사무를 처리하는 자'의 지위에 있다고 볼 수 없는데도, 피고인이 이에 해당된다고 전제하여 유죄를 인정한 원심판결에 배임죄에서 '타인의 사무를 처리하는 자'의 의미에 관한 법리오해의 위법이 있다(대법원 2014.8.21, 2014도3363 전원합의체).

② (○) 허위로 신고한 사실이 무고행위 당시 형사처분의 대상이 될 수 있었던 경우에는 국가의 형사사법권의 적정한 행사를 그르치게 할 위험과 부당하게 처벌받지 않을 개인의 법적 안정성이 침해될 위험이 이미 발생하였으므로 무고죄는 기수에 이르고, 이후 그러한 사실이 형사범죄가 되지 않는 것으로 판례가 변경되었더라도 특별한 사정이 없는 한 이미 성립한 무고죄에는 영향을 미치지 않는다(대법원 2017.5.30, 2015도15398).

④ (○) 제1심에서 징역형의 집행유예를 선고한데 대하여 제2심이 그 징역형의 형기를 단축하여 실형을 선고하는 것도 불이익변경금지원칙에 위배된다(대법원 1986.3.25, 86모2).

⑤ (○) 법정기간 준수에 대하여 도달주의 원칙을 정하고 재소자 피고인 특칙의 예외를 개별적으로 인정한 형사소송법의 규정 내용과 입법 취지, 재정신청절차가 형사재판절차와 구별되는 특수성, 법정기간 내의 도달주의를 보완할 수 있는 여러 형사소송법상의 제도 및 신속한 특급우편제도의 이용가능성 등을 종합하여 보면, 재정신청 기각결정에 대한 재항고나 그 재항고 기각결정에 대한 즉시항고로서의 재항고에 대한 법정기간의 준수 여부는 도달주의 원칙에 따라 재항고장이나 즉시항고장이 법원에 도달한 시점을 기준으로 판단하여야 하고, 거기에 재소자 피고인 특칙은 준용되지 아니한다고 해석함이 타당하다(대법원 2015.7.16, 2013모2347 전원합의체).

정답 ③

백광훈

통합 기출문제집

[형사소송법]

부록

판례색인

판례색인

| 헌법재판소 |

memo

memo